省农村发展促进会、四川省灾后重建促进会联合编纂出版40万字的《中国力量——“5·12”汶川特大地震灾后重建纪实》；2019年10月，中华人民共和国成立70周年之际，与《四川农村》编辑部、四川省农村发展促进会联合编纂《四川“三农”70年大事记（1949—2019）》。10余年来，《四川农村年鉴》相继获得省级、国家级多项大奖。其中，2012年卷获得四川省第十五次地方志优秀成果奖。2013年卷被中国版协评为第五届年鉴编纂出版质量综合二等奖。2016年12月，2014年卷被四川省地方志工作办公室、四川省地方志学会评为四川省第十七次地方志优秀成果二等奖。2017年3月，2015年卷被中国出版协会年鉴工作委员会评为2015—2016年度年鉴编校质量检查评比一等奖。2018年12月，2017年卷被四川省地方志工作办公室评为四川省第十八次地方志优秀成果（年鉴类）三等奖。2019年1月，2017年卷被中国出版协会评为第六届年鉴编纂出版质量（综合奖）二等奖；被中国出版协会年鉴工作委员会评为第六届年鉴编纂出版质量框架设计，条目编写，装帧设计，检索、编校质量和出版时效四个单项二等奖。2021年1月，2019年卷被四川省地方志工作办公室等单位评为四川省第十九次地方志优秀成果（年鉴类）二等奖。

《四川农村年鉴》坚持以习近平新时代中国特色社会主义思想为指导，继续当好全省农村经济社会发展的记录者、农业大省向农业强省跨越的见证者、擦亮农业大省金字招牌的传播者，全面、翔实记载省委、省政府事关“三农”的重大战略决策部署和各项目标完成情况，客观、系统地记述四川全面建设社会主义现代化国家的发展历程，为全省农村经济社会持续健康发展提供重要参考。

2021 SICHUAN NONGCUN NIANJIAN

四川農村年鑒

四川农村年鉴编辑委员会 编纂

赠 阅

四川農村年鑒编辑部

联系电话：028-86691186

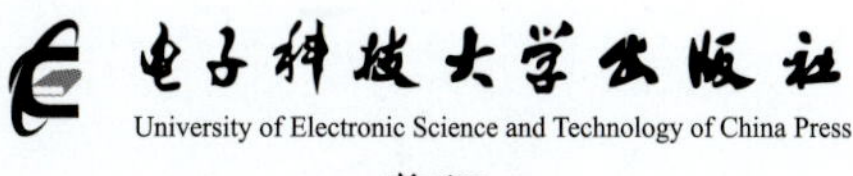

· 成都 ·

图书在版编目（CIP）数据

四川农村年鉴. 2021 / 四川农村年鉴编辑委员会编纂.—成都：电子科技大学出版社，2021.12

ISBN 978-7-5647-9320-3

Ⅰ.①四… Ⅱ.①四… Ⅲ.①农村经济－四川－2021－年鉴 Ⅳ.①F327.71-54

中国版本图书馆CIP数据核字(2021)第245487号

四川农村年鉴 2021

四川农村年鉴编辑委员会 编纂

策划编辑 谢应成
责任编辑 谢应成

出版发行 电子科技大学出版社
成都市一环路东一段159号电子信息产业大厦九楼 邮编 610051
主 页 www.uestcp.com.cn
服务电话 028-83203399
邮购电话 028-86691186,83201495

印 刷 成都紫星印务有限公司
成品尺寸 210mm×285mm
印 张 30.5 彩页13.75
字 数 1110千字
版 次 2021年12月第1版
印 次 2021年12月第1次印刷
书 号 ISBN 978-7-5647-9320-3
定 价 408.00元（1光盘+本册）

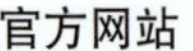
官方网站

编纂说明

《四川农村年鉴》是逐年记录全省农村经济社会发展、工作经验和研究成果的大型综合年刊；是新时代各级党委、政府、机关、企（事）业单位解决“三农”问题、决策“三农”工作、实施乡村振兴、全面建设社会主义现代化国家的重要参考书；是帮助国内外人士了解、认识、研究、投资四川的重要工具书，具有资政、存史的重要作用，自2005年创刊以来，截至2021年，已连续编纂出版17卷。

《四川农村年鉴（2021）》编纂出版工作坚持以马克思列宁主义、毛泽东思想、邓小平理论、“三个代表”重要思想、科学发展观、习近平新时代中国特色社会主义思想为指导，坚持辩证唯物主义和历史唯物主义的立场、观点和方法，汇集了2020年度四川“三农”各个方面发展状况的文献资料、图片、研究成果以及农村工作经验，如实反映了全省农村经济社会的新发展、新成果、新情况。为全省各级党委、政府决策“三农”工作提供重要借鉴，为广大科研和教学工作者、国内外各界人士研究四川“三农”提供权威资料，增进各省、市、自治区及世界各国与四川在农村、经济、科技、文化及社会各个方面的交流合作，促进四川农村经济社会发展。

《四川农村年鉴（2021）》为大16开精装版本，入编资料均由各有关省直部门，各市（州）、县（市、区）政府及相关单位提供，图文并茂地专题介绍全省农村经济社会发展，分篇目、章目、类分目及条目编辑。为保持相关篇章的完整性和连贯性，对部分内容做了适当回顾，对一些篇章涉及2021年的内容亦做了相应保留。所刊载的数据以统计局的统计口径为准，辅以行业主管部门提供的数据，由于统计口径和使用方法的不同，个别数据稍有出入。聚焦“三农”篇目中的涉农统计数据均来自《四川统计年鉴》。

《四川农村年鉴》的组稿、编辑、出版、发行等工作得到了各级各部门领导和社会各界人士的大力支持。由于本年鉴的入编单位较多，涉及面较广，工作量较大，书中难免存在不足之处，恳请广大读者尤其是供稿单位撰稿人批评指正，以便我们更好地改进工作，提高质量，服务四川发展。

《四川农村年鉴》专家评审指导委员会

（按姓氏拼音排序）

《四川农村年鉴》编辑部

名誉总编辑

张作哈

执行总编辑

刘　洁

副总编辑

文心田　王德才　廖亚兰

编　审

刘金明

编辑部主任

汤金丹

责任编辑

闵　慧　林　毅

美　编

李春玲

编　辑

唐　洁　谢秋燕

专栏负责人

王利主　罗　斌　吴华忠　车忠其　吴小楼

胡　鑫　樊晓东　尤绍良　赵　健　李兴贵

伍金田　李祥发　余　刚

发行部主任、副主任

梁　蓉　贺易彬

《四川农村年鉴》协办单位

（排名不分先后）

四川省农业科学院

成都市人民政府

阿坝藏族羌族自治州人民政府

甘孜藏族自治州人民政府

凉山彝族自治州人民政府

成都市双流区人民政府

崇州市人民政府

蒲江县人民政府

攀枝花市仁和区人民政府

德阳市旌阳区人民政府

绵竹市人民政府

中江县人民政府

绵阳市游仙区人民政府

绵阳市安州区人民政府

雅安市名山区人民政府

汉源县人民政府

洪雅县人民政府

丹棱县人民政府

马尔康市人民政府

九寨沟县人民政府

壤塘县人民政府

泸定县人民政府

白玉县人民政府

昭觉县人民政府

西昌学院

四川省昭觉中学

四川省德昌县职业高级中学

目 录

特 载

关于推进“三农”工作补短板强弱项确保如期实现全面小康的意见……001
四川农村经济和社会发展报告……005

大 事 记

大事记……013

四 川 概 况

自然资源……020
气候状况……023
行政区划及变更……024
人口情况……025

农业发展概况

种植业……026
林业和草原……028
综述……028
林草产业……030
森林资源保护管理……031
草原资源保护管理……031
野生动植物保护……032
森林和草原防灭火……032
森林和草原病虫害防治……033
林草旅游……033
畜牧业……034
水产业……035
中药材产业……036
特色经济林产业……037
国有林场林区……037
种业发展……037

农业装备发展……038
农业机械化……038
农产品精深加工业……040
新型农业经营主体培育……040
农村科技……041
农田水利建设……042
农产品市场安全监管……043
农业对台合作与交流……044

农村基础设施建设与管理

水利建设……046
综述……046
水资源管理……046
水利工程建设与管理……047
防汛抗旱……048
防汛……048
抗旱……048
水文工作……049
水情预警预报……049
水质监测与评价……050
水资源监测与评价……050
饮水民生工程……050
水利科技……050
流域治理……051
河（湖、库）管理……051
河（湖）长制工作……052
水土保持……053
交通建设与管理……054
综述……054
农村公路建设……055
农村交通运输……056
农村信息化建设……057
农村通信建设……057
四川农村信息网建设……058
农村邮政事业……058
综述……058
农村邮政综合服务体系建设……059
农业气象服务……060

公共服务体系建设

农村教育事业……061
综述……061
农村基础教育……061
农村职业教育及成人教育……062
民族地区教育……062
农村体育……063
涉农广播电视工作……063
农村居民家庭生活……064
农村居民社会保障……066
农村基层治理……067
农村社会治安综合治理……068

农村生态环境

生态建设……069
综述……069
自然生态……069
造林绿化……070
自然保护地建设和管理……070
湿地资源保护管理……071
大熊猫国家公园……071
荒漠化防治……073
生态县建设……073
生态旅游……074
环境保护……074

大气污染防治……074
水污染防治……075
土壤污染防治……075
集中式饮用水水源地保护……076
农村生活污水治理……076
农村黑臭水体治理……077
农村环境综合整治……077

农村财政、金融与市场监管

农村财政与金融……078
农村金融……078
中国农业发展银行四川省分行涉农工作……078
新型农村金融机构……079
综述……079
小额贷款公司……079
金融体制改革……080
涉农保险……080
管理与监督……080
涉农工商管理……080
涉农审计……082
农产品标准化体系建设……083

扶 贫 开 发

综述……084
扶贫攻坚……086
移民工作……087

市(州)、县(市、区)农村工作概况

成都市……088
锦江区……096
青羊区……097
金牛区……099
武侯区……099
成华区……100
龙泉驿区……100
青白江区……101
新都区……104
温江区……105
双流区……107
郫都区……109
新津区……112
都江堰市……114
彭州市……118
邛崃市……121
崇州市……123
简阳市……124
金堂县……126
大邑县……128
蒲江县……130
自贡市……132
自流井区……132
贡井区……133
大安区……133
沿滩区……136
荣县……139
富顺县……140
攀枝花市……141
东区……142
西区……142
仁和区……144
米易县……147
盐边县……148
泸州市……148
江阳区……151

龙马潭区……153
纳溪区……156
泸县……159
合江县……161
叙永县……166
古蔺县……167
德阳市……168
旌阳区……174
罗江区……178
广汉市……182
什邡市……185
绵竹市……189
中江县……191
绵阳市……196
涪城区……197
游仙区……197
安州区……201
江油市……203
梓潼县……204
平武县……204
北川羌族自治县……205
三台县……205
盐亭县……206
广元市……206
利州区……207
昭化区……208
朝天区……208
旺苍县……209
剑阁县……210
青川县……210
苍溪县……211
遂宁市……212
船山区……213
安居区……213
射洪市……214
蓬溪县……215
大英县……216
内江市……216
市中区……217
东兴区……220
隆昌市……221
资中县……222
威远县……222
乐山市……223
市中区……230
五通桥区……230
沙湾区……230
金口河区……231
峨眉山市……231
犍为县……232
井研县……232
夹江县……232
沐川县……233
峨边彝族自治县……233
马边彝族自治县……234
南充市……234
顺庆区……235
高坪区……236
嘉陵区……236
阆中市……237
南部县……237
西充县……238
仪陇县……238
营山县……239
蓬安县……239
宜宾市……240
翠屏区……241
南溪区……241
叙州区……241
江安县……242

长宁县……242
高县……243
筠连县……243
珙县……243
兴文县……244
屏山县……245
广安市……245
广安区……252
前锋区……253
华蓥市……254
岳池县……255
武胜县……257
邻水县……260
达州市……261
通川区……262
达川区……262
万源市……263
宣汉县……263
大竹县……264
渠县……267
开江县……267
巴中市……268
巴州区……269
恩阳区……269
南江县……270
通江县……270
平昌县……271
雅安市……271
雨城区……272
名山区……272
天全县……273
芦山县……274
宝兴县……274
荥经县……274
汉源县……275
石棉县……276
眉山市……276
东坡区……277
彭山区……278
仁寿县……282
洪雅县……283
丹棱县……287
青神县……290
资阳市……293
雁江区……293
安岳县……297
乐至县……299
阿坝藏族羌族自治州……303
马尔康市……304
汶川县……304
理县……305
茂县……305
松潘县……306
九寨沟县……306
金川县……307
小金县……307
黑水县……308
壤塘县……308
阿坝县……309
若尔盖县……310
红原县……311
甘孜藏族自治州……312
康定市……313
泸定县……313
丹巴县……314
九龙县……315
雅江县……316
道孚县……317
炉霍县……318
甘孜县……318

新龙县……318
德格县……319
白玉县……319
石渠县……320
色达县……321
理塘县……322
巴塘县……324
乡城县……324
稻城县……325
得荣县……325
凉山彝族自治州……326
西昌市……327
木里藏族自治县……328
盐源县……329
德昌县……330
会理县……331
会东县……335
宁南县……337
普格县……339
布拖县……343
金阳县……344
昭觉县……345
喜德县……347
冕宁县……350
越西县……350
甘洛县……351
美姑县……352
雷波县……353

调查与研究

加快推进农业科技创新 把“藏粮于地、藏粮于技”战略真正落实到位……359
中国银行四川省分行根植县域“热土” 为乡村振兴注入金融动能……360
提升品质 全力推进全省“平安百年品质工程”建设……361
优化体制机制 创新发展模式 全力激发集体经济发展新动能……363
双流区聚力“四抓”“四融合” 高质量推进城乡融合发展……364
彭州市食用菌产业发展现状及对策建议……365
打通全链条服务环节 助力农业生产现代化……369
仁和区推进城乡融合发展综合改革试点 助推乡村振兴……370
旌阳区“三变”改革实践与探索……372
关于广汉市推动家庭农场高质量发展的几点思考……374
提升气“智” 精准构筑灾害防线……377
注重改革创新 全面实施乡村振兴的安州实践……380
大英县以做实两项改革“后半篇”文章为抓手全面推进乡村振兴……382
坚持农业农村优先发展 助力乡村振兴……383
武胜县深入实施农业供给侧结构性改革 助推乡村振兴……385
小农户“嵌入”大农业 花果山变成“聚宝盆”……387
“做特三片” 推动洪雅农业现代化发展……388
西部丘陵地区乡村振兴均衡发展之路的探索与研究……390
立足绿色生态 加快打造现代高原特色农牧业基地……391
巩固拓展脱贫攻坚成果 助力乡村振兴……392
脱贫攻坚成效显 乡村振兴面貌新……393
新龙县在发展乡村特色产业中面临的问题及破解思路……395
白玉县乡村振兴发展现状与下步思路探索……396
补短强弱防返贫 全力推进谋振兴
——实现巩固拓展脱贫攻坚成果同乡村振兴有效衔接的思考……398
继往开来新征程 不忘初心续辉煌……400
脱贫攻坚我们在行动……402

附 录

新任（变动）省级领导……………………………404
表彰…………………………………………………405
2020年农业农村部畜禽养殖标准化示范场名单（四川省部分）……………………………405
2020年国家现代农业产业园创建名单 ……………405
全国农村承包地确权登记颁证工作先进集体和先进个人名单（四川省部分）………………………405
国家级旅游度假区名单（四川省部分）……………405
2020年中国“美丽休闲乡村”名单（四川省部分）…………………………………………………405
2020年第二批全国乡村旅游重点村名单（四川省部分）………………………………………………405
2020年国家湿地公园名单（四川省部分）…………406
2020年第二批国家全域旅游示范区名单（四川省部分）………………………………………………406
2020年第四批中国特色农产品优势区名单（四川省部分）……………………………………406
2020年农业产业化国家重点龙头企业递补名单（四川省部分）……………………………………406
2020年第四批国家生态文明建设示范市（县）名单（四川省部分）……………………………………406
2020年度四川省乡村振兴先进县（市、区）、先进乡镇、示范村名单……………………………406
2020年度四川省农村改革工作先进县（市、区）名单……………………………………………409
2020年度全省农民增收工作先进县（市、区）名单………………………………………………409
四川省十大最美草原名单…………………………409
四川省五大最美草地景观名单……………………409
四川省2020年度（第八批）省级水利风景区名单………………………………………………410
第二批文化旅游特色小镇名单……………………410
2020年四川省第四批“四好农村路”省级示范县名单………………………………………………410
2020年度四川省星级现代农业园区名单……………410
2020年四川省乡村旅游重点村名单（100个） ……411
2020年四川省级文化生态保护实验区名单…………412
2020年度四川省级就业扶贫基地名单………………413
第三批川台农业合作示范基地名单…………………414
四川省首批乡村治理示范村镇名单…………………415
农业农村系统抗击新冠肺炎疫情先进集体、先进个人和抗击新冠肺炎疫情突出贡献农民名单……419
2020年四川省级畜禽标准化养殖场名单……………420
第六批四川省家庭农场省级示范场名单……………426
四川省畜禽核心育种场名单（第三批）……………441
四川省第十批农业产业化省级重点龙头企业名单………………………………………………441
2020年四川名村、农村疫情防控先进村和杰出“村主任”名单……………………………………451
2020年四川省“平安农机”示范乡（镇）及示范岗位名单…………………………………………452
2020年度四川省“优秀职业农民”名单……………452
政策法规选编………………………………………453
四川省人民政府关于落实生态保护红线、环境质量底线、资源利用上线制定生态环境准入清单实施生态环境分区管控的通知……………………453
四川省人民政府办公厅关于切实加强高标准农田建设巩固和提升粮食安全保障能力的实施意见……454
四川省人民政府办公厅关于印发四川省农村集体聚餐食品安全管理办法的通知……………………456
四川省人民政府办公厅关于印发四川省深化农村公路管理养护体制改革实施方案的通知……………458
四川省人民政府办公厅关于印发四川省城镇生活污水和城乡生活垃圾处理设施建设三年推进总体方案（2021—2023年）的通知……………………460

编写组

《四川农村年鉴》省级部门编写组……462
《四川农村年鉴》市（州）编写组……463
《四川农村年鉴》县（市、区）编写组……464

索引

索引……470

彩色图片

四川省农业科学院……002
四川省河湖保护和监管事务中心
（四川省农村水电中心）……007
中国银行股份有限公司四川省分行……008
四川省都江堰水利发展中心……014
四川省交通工程质量监督站……016
成都市……022
崇州市……030
简阳市……038
四川省农村发展促进会……043
成都市双流区……044
蒲江县……052
攀枝花市仁和区……058
泸州市江阳区……062
德阳市气象局……064
德阳市旌阳区……065
广汉市……068
绵竹市……070
中江县……074
绵阳市游仙区……078
绵阳市安州区……084
射洪市……090
内江市市中区……096
广安市……102
武胜县……108
雅安市名山区……114
汉源县……119
资阳市雁江区……124
乐至县……130
洪雅县……136
丹棱县……142
仁寿县……147
壤塘县……148
九寨沟县……153
甘孜藏族自治州……156
泸定县……162
四川省昭觉中学……167
新龙县……170
白玉县……172
理塘县……176
凉山彝族自治州……178
昭觉县……180
雷波县……184
凉山彝族自治州农业农村局……185
凉山彝族自治州医疗保障局……186
四川省德昌县职业高级中学……187
西昌学院……190
四川省滨水城乡发展有限责任公司……192
金阳县马依足小学……200

Contents

Features

Events

Sichuan Profile

Natural Resources ········· 020
Climate ········· 023
Administrative Divisions and Changes ········· 024
Population ········· 025

Overview of Agricultural Development

Planting Industry ········· 026
Forestry and Grassland ········· 028
Overview ········· 028
Forestry and Grassland Industry ········· 030
Protection and Management of Forest Resources ········· 031
Protection and Management of Grassland Resources ········· 031
Wildlife Conservation ········· 032
Forest and Grassland Fire Prevention and Extinction ········· 032
Forest and Grassland Pest Control ········· 033
Forest and Grassland Tourism ········· 033
Animal Husbandry ········· 034
Aquaculture ········· 035
Industry of Traditional Chinese Medicinal Materials ········· 036
Characteristic Economic Forestry ········· 037
State-Owned Forest Farm and Forest Field ········· 037
Seed Industry Development ········· 037
Agricultural Equipment Development ········· 038
Agricultural Mechanization ········· 038
Agricultural Product Deeply Processing ········· 040
Cultivation of New Agricultural Business Entity ········· 040
Rural Science & Technology ········· 041
Agricultural Water Conservancy Construction ········· 042
Agricultural Product Market Security Supervision ········· 043
Agricultural Cooperation and Exchange with Taiwan ········· 044

Rural Infrastructure Construction and Management

Water Conservancy Construction ········· 046
Overview ········· 046
Water Resource Management ········· 046

Hydro Project Construction and Management …… 047
Flood Control and Drought Relief …… 048
Hydrological Work …… 049
Human Drinking Water Project …… 050
Hydraulic Science and Technology …… 050
Watershed Management …… 051
River (Lake, Reservoir) Management …… 051
River (Lake) Chief Work …… 052
Soil and Water Conservation …… 053
Traffic Construction and Management …… 054
Overview …… 054
Rural Highway Construction …… 055
Rural Transportation …… 056
Rural Informatization Construction …… 057
Rural Communication Construction …… 057
Sichuan Rural Information Network Construction …… 058
Rural Postal Service …… 058
Overview …… 058
Rural Comprehensive Postal Service System Construction …… 059
Agrometeorological Service …… 060

Construction of Public Service System

Rural Education …… 061
Overview …… 061
Rural Basic Education …… 061
Rural Vocational Education and Adult Education …… 062
Education in Ethnic Regions …… 062
Rural Sports …… 063
Agriculture-Related Radio and Television Work …… 063
Rural Household Lives …… 064
Rural Residential Social Security …… 066
Rural Grassroots Governance …… 067
Comprehensive Management of Rural Public Security …… 068

Rural Ecological Environment

Ecological Construction …… 069
Overview …… 069
Natural Ecology …… 069
Afforestation …… 070
Construction and Management of Nature Reserves …… 070
Protection and Management of Wetland Resources …… 071
Giant Panda National Park …… 071
Desertification Prevention and Control …… 073
Ecological County Construction …… 073
Ecotourism …… 074
Environmental Protection …… 074
Air Pollution Control …… 074
Water Pollution Control …… 075
Soil Pollution Control …… 075
Centralized Drinking Water Source Protection …… 076
Treatment of Rural Domestic Sewage …… 076
Treatment of Black and Odorous Water Bodies in Rural Areas …… 077
Comprehensive Improvement of Rural Environment …… 077

Rural Fiscal, Financial and Market Supervision

Rural Fiscal and Financial …… 078
Rural Financial …… 078
Agriculture-Related Work of Sichuan Branch of the Agricultural Development Bank of China …… 078
New-Type Rural Financial Institutions …… 079

Financial System Reform ······ 080
Agriculture-Related Insurance ······ 080
Management and Supervision ······ 080
Agriculture-Related Commercial and Business Administration ······ 080
Agriculture-Related Audit ······ 082
Agricultural Products Standardization System Construction ······ 083

Poverty Alleviation and Development

Overview ······ 084
Poverty Alleviation ······ 086
Relocation Work ······ 087

Overview of Rural Work of Municipalities (Prefectures) and Counties (Cities and Districts)

Chengdu ······ 088
Zigong ······ 132
Panzhihua ······ 141
Luzhou ······ 148
Deyang ······ 168
Mianyang ······ 196
Guangyuan ······ 206
Suining ······ 212
Neijiang ······ 216
Leshan ······ 223
Nanchong ······ 234
Yibin ······ 240
Guang'an ······ 245
Dazhou ······ 261
Bazhong ······ 268
Ya'an ······ 271
Meishan ······ 276
Ziyang ······ 293
Ngawa Tibetan and Qiang Autonomous Prefecture ······ 303
Garze Tibetan Autonomous Prefecture ······ 312
Liangshan Yi Autonomous Prefecture ······ 326

Investigation and Research

Appendix

Newly Appointed (Changed) Provincial Leaders ······ 404
Commendation ······ 405
Selected Policies and Regulations ······ 453

Compilation Group

Provincial Department Compilation Group of Sichuan Rural Yearbook ······ 462
Municipal (Prefecture) Compilation Group of Sichuan Rural Yearbook ······ 463
County (City and District) Compilation Group of Sichuan Rural Yearbook ······ 464

Index

Color Image

始终把解决好“三农”问题作为工作的重中之重 奋力推动新发展阶段全省“三农”工作不断开创新局面

习近平总书记在中央农村工作会议上发表的重要讲话，深刻总结了党的十八大以来我国农业农村发展成就与经验，精辟阐述了新发展阶段“三农”工作肩负的使命和任务，对巩固拓展脱贫攻坚成果、全面推进乡村振兴、加快农业农村现代化提出明确要求，是我们党“三农”工作理论创新的最新成果，是做好新发展阶段“三农”工作的根本遵循和行动指南。

要持续用力巩固拓展脱贫攻坚成果。把做好巩固拓展脱贫攻坚成果同乡村振兴有效衔接作为整个“十四五”时期农村工作最重要的任务，摆在突出重要位置抓紧抓好。着力健全防止返贫动态监测和帮扶机制，精准实施帮扶举措。坚持开发式帮扶方针，注重激发群众内生动力。

要坚决守住粮食安全这条底线。全面落实粮食安全党政同责，深入实施“藏粮于地、藏粮于技”战略，充分保护和调动农民种粮的积极性，切实稳定粮食产能。实行最严格的耕地保护制度，严守耕地保护红线。

要发展壮大农村集体经济。深入推进农村集体产权制度改革，在清产核资、成员确认的基础上，全面开展农村集体资产主要是经营性资产股份合作制改革，同步全面规范建立农村集体经济组织，通过登记赋码确立特别法人地位，依法赋予市场主体资格，指导集体经济组织规范制定组织章程，建立健全法人治理机制。

要抓紧补齐“10+3”现代农业体系的支撑性短板。全省现代农业种业、装备和烘干冷链物流等产业发展相对滞后，是影响农业园区建设和产业发展的关键因素，也是下一步发力突破的重点。要坚决打好种业翻身仗，加强种质资源保护和利用，实施新一轮现代种业提升工程，加快建立育种创新联合体，扶持一批领军型种业企业。抓紧开展现代农业装备技术攻关，提升农业装备数字化水平，落实新一轮农机购置补贴政策，建强科技服务体系，用科技力量牵引推动农业现代化。

要深入实施“美丽四川・宜居乡村”建设行动。坚持规划先行、有序推进，坚持行政区和经济区适度分离的原则，实事求是、科学布局乡村生产生活生态空间，严格按照规划规范管理乡村建设行为，注重保护传统村落和乡村特色风貌。加快推动农村基础设施提档升级。

实现乡村振兴，关键在党，必须切实加强党对“三农”工作的全面领导。各级党委要发挥好牵头抓总、统筹协调作用，各级党政主要负责人要切实担负政治责任、主动担当作为，县委书记要把主要精力放在“三农”工作上，当好乡村振兴的“一线总指挥”。要推动资源要素下沉，发挥财政投入的引领作用，撬动金融资本和社会力量参与乡村振兴。

要准确把握和认真贯彻党中央和省委关于做好新发展阶段“三农”工作的决策部署，切实增强紧迫感、责任感、使命感，着力做好巩固拓展脱贫攻坚成果同乡村振兴有效衔接、保障粮食安全和重要农副产品生产供给、促进农民富裕富足、加强农村基础设施建设、强化推进乡村振兴要素保障等重点工作，加强组织领导，落实“四个优先”要求，严格考核督查，持续有力纠治形式主义、官僚主义，真抓实干推动“十四五”全省“三农”工作开好局起好步，为治蜀兴川再上新台阶做新的更大贡献。

2021年2月19日，省委农村工作会议在成都召开，省委书记彭清华出席会议并讲话。彭清华强调，要深入学习贯彻习近平总书记在中央农村工作会议上的重要讲话精神和党中央决策部署，紧紧围绕把握新发展阶段、贯彻新发展理念、融入新发展格局、促进高质量发展，始终把解决好“三农”问题作为工作的重中之重，认真落实省委提出的“稳农业”工作思路，巩固拓展脱贫攻坚成果，全面推进乡村振兴，加快农业农村现代化，奋力推动新发展阶段全省“三农”工作不断开创新局面，为实现四川由农业大省向农业强省跨越接续奋斗。第一次全体会议以电视电话会议形式开至县一级。省长黄强主持会议，省政协主席柯尊平、省委副书记邓小刚出席会议。

2021年3月29日，省委书记彭清华（前排左二）到丹棱县齐乐镇丹橙现代农业园区调研，走进果园与果农一起采摘果实，询问了解品种特性、亩均产量、品牌打造、市场行情等情况。彭清华强调，一个优良品种成就一个产业、致富一方百姓，充分说明选育优质特色品种的重要性。要加强与科研院所合作，做好果树新品种培育，因地制宜推广应用管护新技术，努力为农民带来更多“致富果、幸福果”。

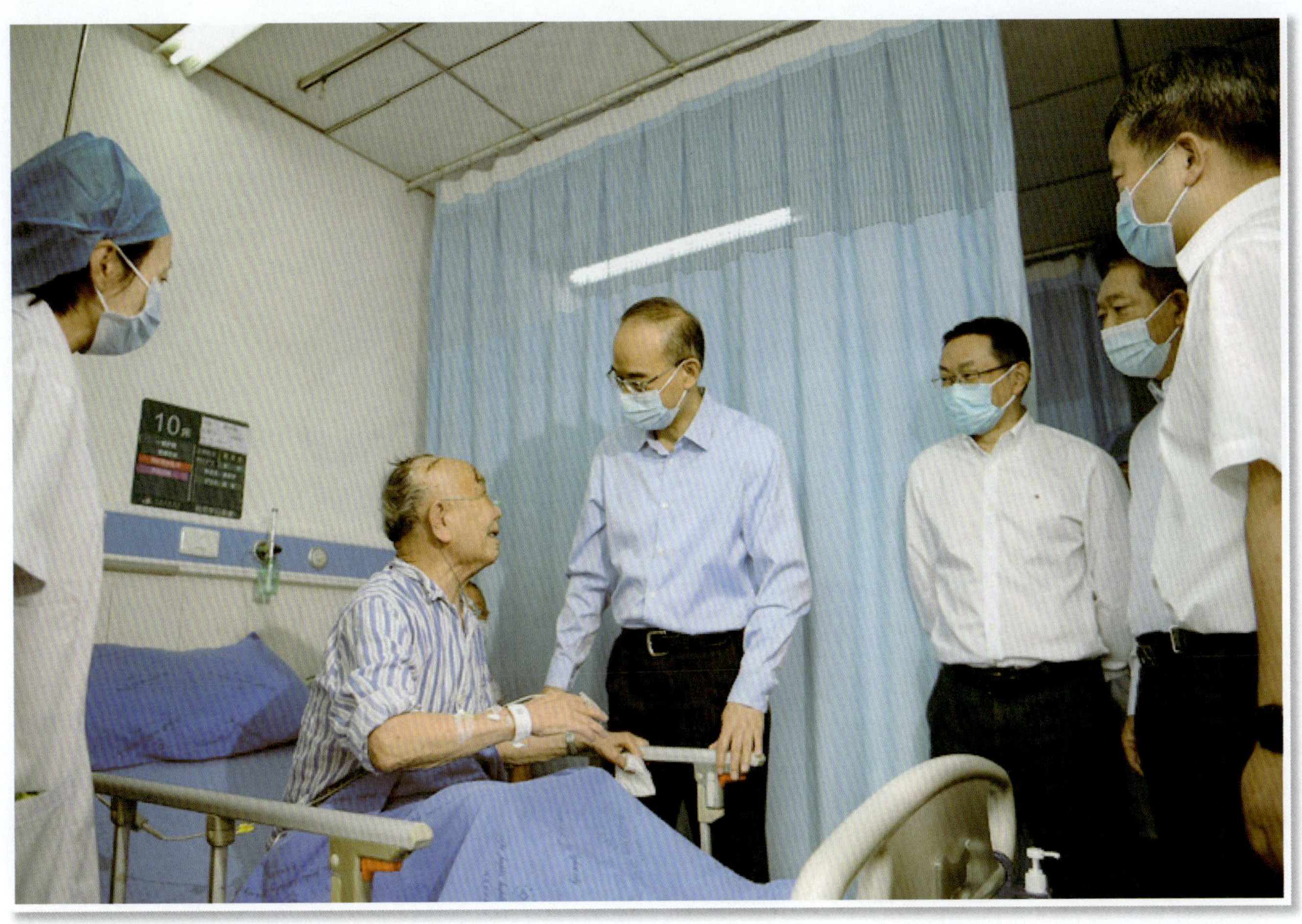

2021年9月19日，省长黄强（中）看望泸县6.0级地震受灾群众和奋战在一线的救援人员，转达习近平总书记和党中央国务院的关心关怀，研究部署下一步抗震救灾工作。黄强强调，要深入贯彻习近平总书记重要指示精神和李克强总理等中央领导同志重要批示要求，认真落实省委常委会会议和省政府常务会议部署，始终把人民群众生命安全放在第一位，全力以赴、从细从实做好抗震救灾各项工作。

2021年5月11日—13日，省政协主席柯尊平（中）率队到南充市调研党史学习教育开展情况并作专题党课报告。5月12日，柯尊平到阆中市天宫镇五龙村村民家中详细了解生产生活情况，并对该镇开展“我为群众办实事”实践活动的推进情况进行实地调研。柯尊平指出，在全党开展党史学习教育，是以习近平同志为核心的党中央作出的重大决策。省委以高度的政治自觉坚决贯彻党中央决策部署，推动全省党史学习教育扎实深入开展，开展好党史学习教育是政协必须完成好的一项重大政治任务。

2021年10月19日，副省长尧斯丹（中）到西昌市调研农村宅基地改革、集体经济发展和两项改革等工作。尧斯丹强调，要深入贯彻习近平总书记关于“三农”工作重要论述，认真落实党中央、国务院和省委、省政府决策部署，做深做实两项改革“后半篇”文章，稳慎推进农村宅基地改革试点，积极培育壮大农村集体经济，扎实做好巩固拓展脱贫攻坚成果同乡村振兴有效衔接。

第十二届乡村文化旅游节

春

2021年3月26日，四川省第十二届（春季）乡村文化旅游节开幕式在泸州市江阳区分水岭镇董允坝伞乡景区蔬式广场举行。该届乡村文化旅游节由文化和旅游厅、农业农村厅、泸州市政府主办，泸州市文广旅局、泸州市农业农村局、泸州市江阳区政府承办。除开幕式外，还举行了“伞韵江阳”非遗文旅周和“幸福江阳”蔬式生活集市等主体活动，以及泸酒定制DIY、钓鱼争霸、蔬式趣跑、蔬菜品赏等“畅玩江阳”主题活动和赏花季、踏青季、采摘季、美食季等11个“春暖四季”配套活动，为广大游客全方位展现江阳区的文化底蕴、风土人情、乡村旅游、非物质文化遗产以及乡村振兴成果。

夏

2021年7月27日，四川省第十二届（夏季）乡村文化旅游节在万源市开幕。该届乡村文化旅游节以“安逸四川·亲爽万源”为主题，由文化和旅游厅、农业农村厅、达州市政府主办，达州市文体旅局、达州市农业农村局、万源市政府承办，旨在宣传推广万源市丰富的文化旅游资源和文旅融合助力乡村振兴的经验，展示乡村振兴及乡村旅游发展的成果，助推全省文化旅游高质量发展。旅游节举办了两项前期活动和三大主体活动，其中《秘境龙潭》山水实景演出以“龙凤文化”为文脉，以风情民俗文化为本底，通过剧情演绎龙潭河的由来，突出“龙凤祥地”的内涵，展现龙潭之“奇”、龙潭之“秘”、龙潭之“福”，烘托出“幸福万源长”的美好期许。该届乡村文化旅游节期间，多方位展示万源文旅特色，做足“亲爽”文章，全面整合全市特色文旅资源，推出六大系列文旅活动。此外，还举办了富硒茶艺品鉴、乡村花田漫游、山水实景演艺、温泉漂流体验、红色遗迹巡览等活动。

2021年10月20日，四川省第十二届（秋季）乡村文化旅游节开幕式在黑水县奶子沟彩林公园举行。该届乡村文化旅游节以“安逸四川·多彩黑水”为主题，由文化和旅游厅、农业农村厅、阿坝州政府主办，来自四川各级相关部门、旅游企业的嘉宾代表200余人参加开幕式。旅游节开幕式活动由《生态之城》《非遗史话》《乡村交响》三个篇章组成，10余个本土文艺表演原汁原味地展示了“圣洁冰川·多彩黑水”的民俗文化魅力，彰显了黑水作为“中国民间文化艺术之乡”的底蕴，感受黑水人民在新时代蓬勃进取、积极向上的精神风貌。

2021年12月17日，四川省第十二届（冬季）乡村文化旅游节在石棉县开幕。该届乡村文化旅游节以“安逸四川·阳光石棉”为主题，由文化和旅游厅、农业农村厅、雅安市政府主办，雅安市文体旅局、雅安市农业农村局、雅安市乡村振兴局、石棉县政府承办。旅游节共包含四项主体活动，分别为开幕式、《石棉壮歌》主题演出剧、篝火晚会和参观考察，其中主题演出剧《石棉壮歌》以“火”为意向元素，将石棉的自然风光和精神人文结合在一起，展现了石棉得天独厚的人文历史资源、旅游生态资源、红色文化资源和奋勇前进的精神面貌。

2021年中国农民丰收节

2021年9月23日，2021年中国农民丰收节（四川）庆丰收群众联欢活动在广汉市三星堆镇三星村口袋公园举行。农业农村部策划了长江经济带四川、重庆、湖南、江西、浙江、贵州、青海、西藏等11省（区、 市）开展联动庆丰收，其中四川省德阳市、湖南省长沙市、浙江省嘉兴市分别代表长江上中下游承担国家层面的三个主场活动，呼应长江经济带高质量发展和长江大保护战略。该届农民丰收节充分融入长江流域和三星堆等主题元素，分为《远古印象 祈盼丰收》《改革奋进 拥抱丰收》《新的时代 共享丰收》三个篇章，采取原创音乐舞台剧、报告剧、歌舞、情景合唱等多种艺术表现形式，展示了在党的领导下中国农民、农村、农业翻天覆地的变化，呈现了长江上游地区各民族喜迎丰收的美好景象，勾勒出新时代中国农民的崭新形象。活动现场，还举行了农业农村改革优秀案例颁奖仪式，视频连线各地庆丰收场景和开镰启动仪式等。

（四川）庆丰收群众联欢活动

年末户籍人口

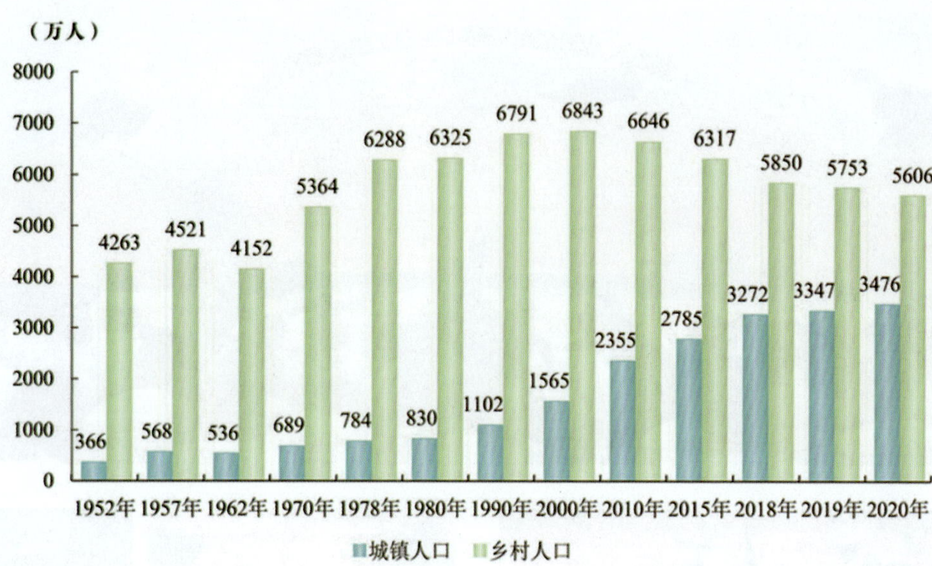

（万人）
8000
7000
6000
5000
4000
3000
2000
1000
0
366 4263
568 4521
536 4152
689 5364
784 6288
830 6325
1102 6791
1565 6843
2355 6646
2785 6317
3272 5850
3347 5753
3476 5606
1952年 1957年 1962年 1970年 1978年 1980年 1990年 2000年 2010年 2015年 2018年 2019年 2020年
城镇人口 乡村人口

（万人）
5000
4500
4000
3500
3000
2500
2000
1500
1000
500
0
2028
2258
2102
2738
3087
3260
4265
4658
4677
4652
4690
4714
4745
1952年 1957年 1962年 1970年 1978年 1980年 1990年 2000年 2010年 2015年 2018年 2019年 2020年

就业人员

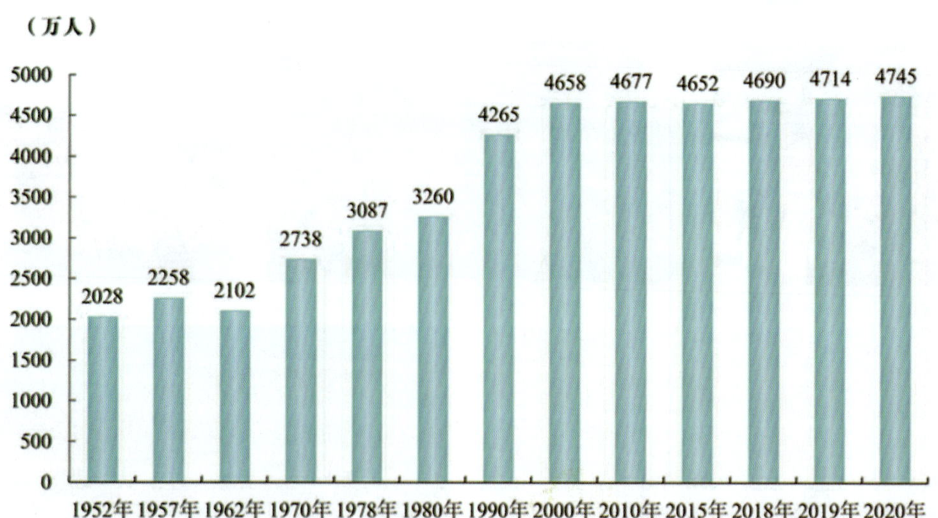

三次产业就业人员构成

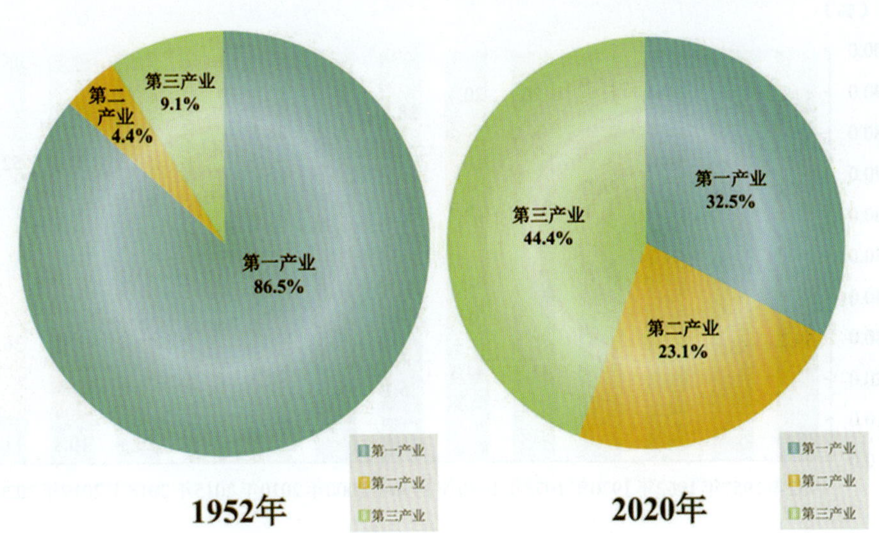

地区生产总值和增长速度

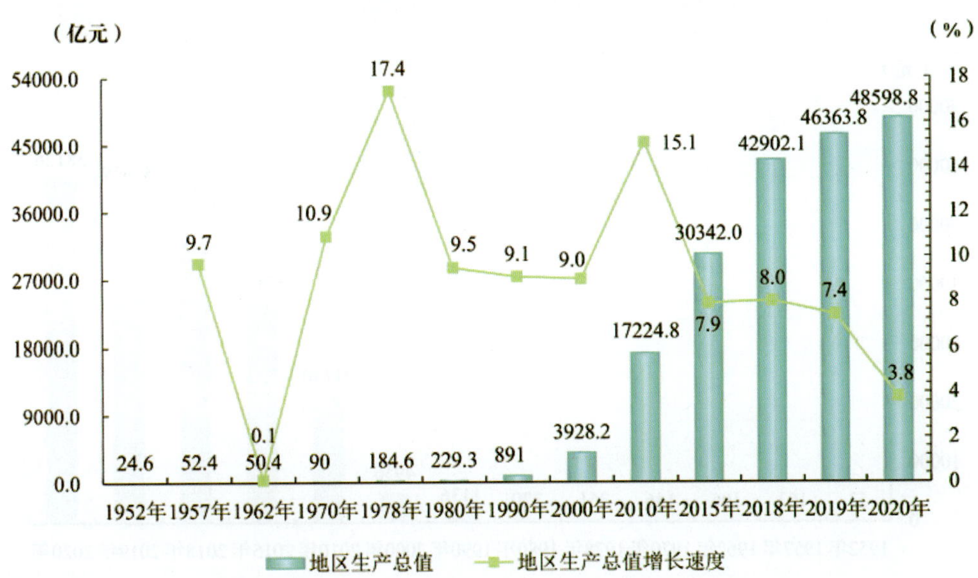

地区生产总值构成

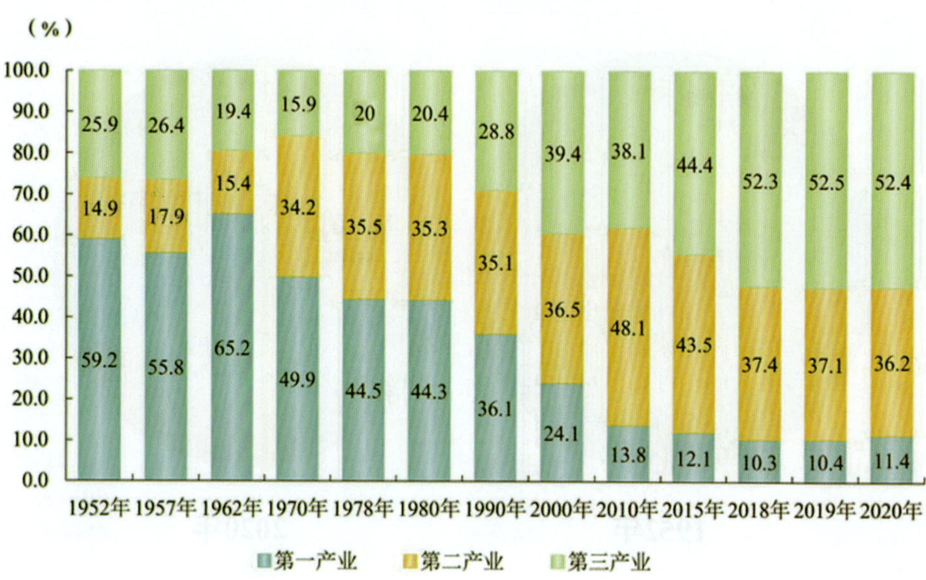

人均地区生产总值

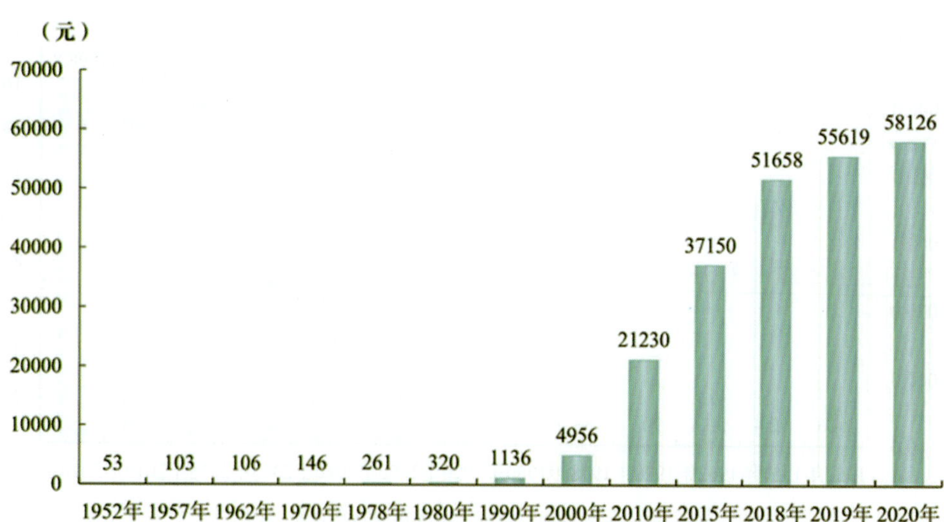

农林牧渔业总产值

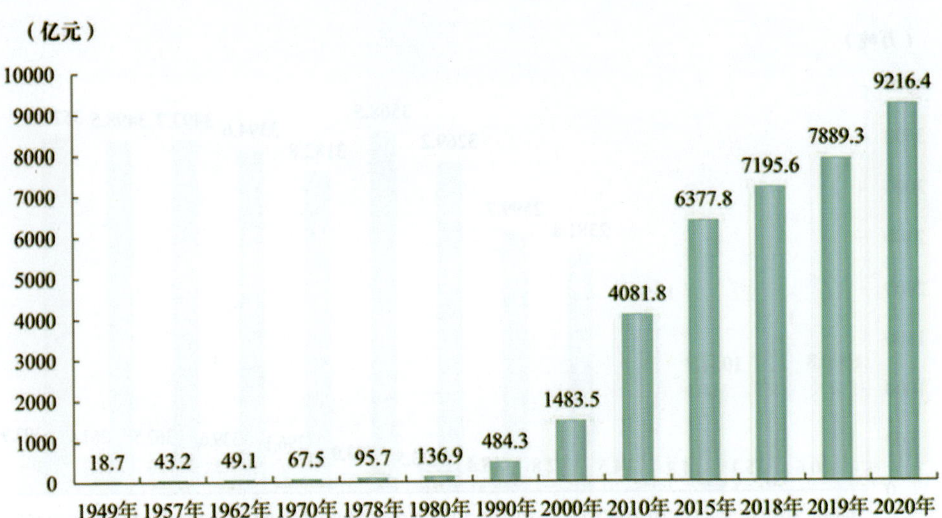

粮食作物和油料作物播种面积

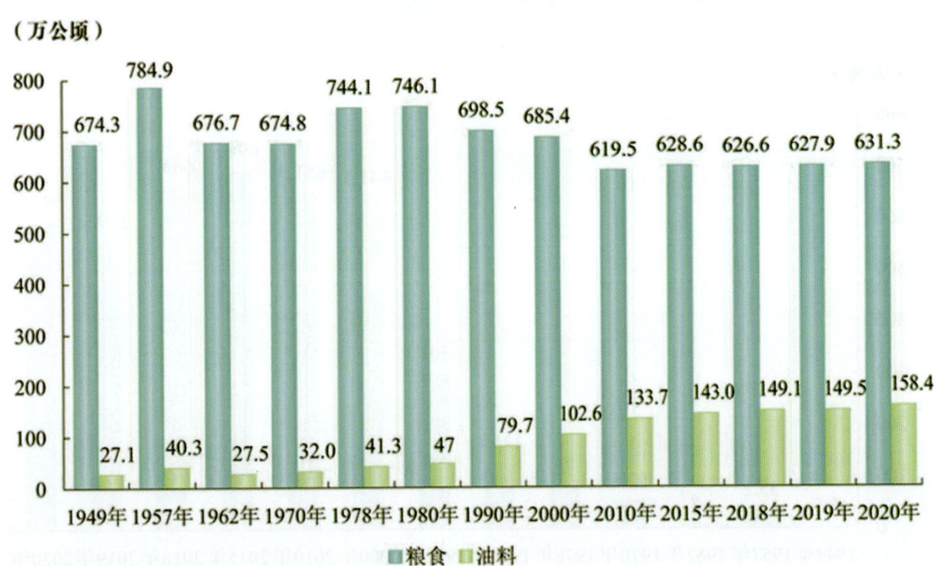

粮食产量和油料产量

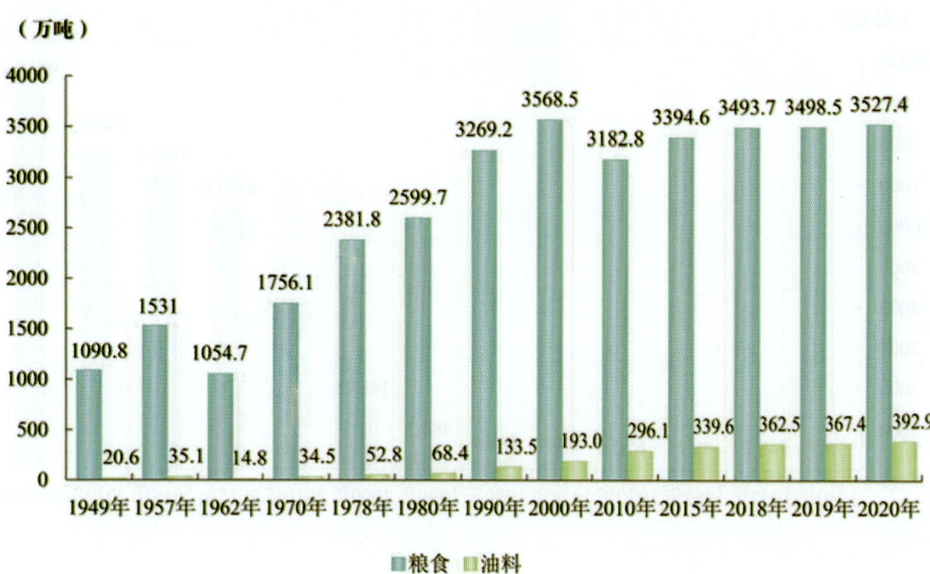

肉类总产量

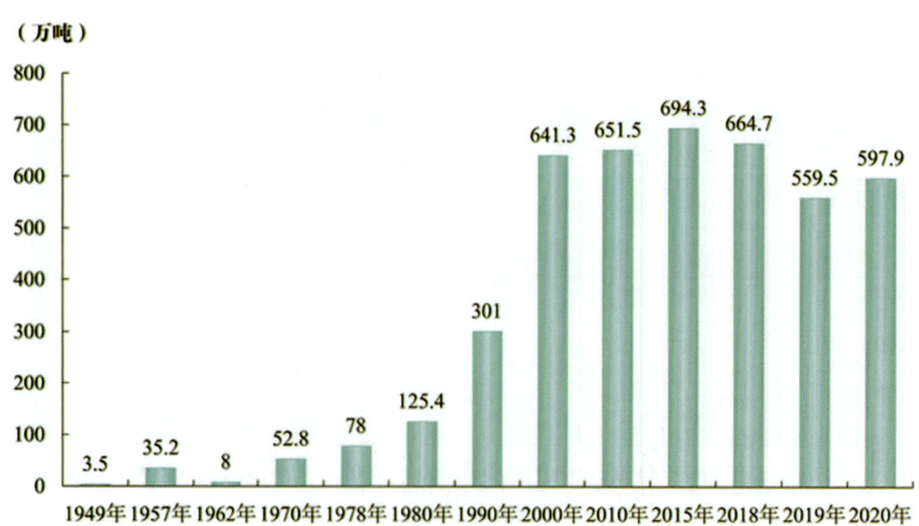

聚焦三农
JUJIAO SANNONG

（万吨）
300
250
200
150
100
50
0
0.4
1
4
11.5
62.5
80.4
143.9
212.6
248
252.1
235.2
222.8
210.8
1952年
1957年
1962年
1970年
1978年
1980年
1990年
2000年
2010年
2015年
2018年
2019年
2020年

（亿千瓦时）
250
200
150
100
50
0
2.2
7.7
9.4
19.3
33
61.2
82.8
112.9
141.7
174.8
198.6
205.8
205.9
1971年
1978年
1980年
1985年
1990年
1995年
2000年
2005年
2010年
2015年
2018年
2019年
2020年

化肥施用量

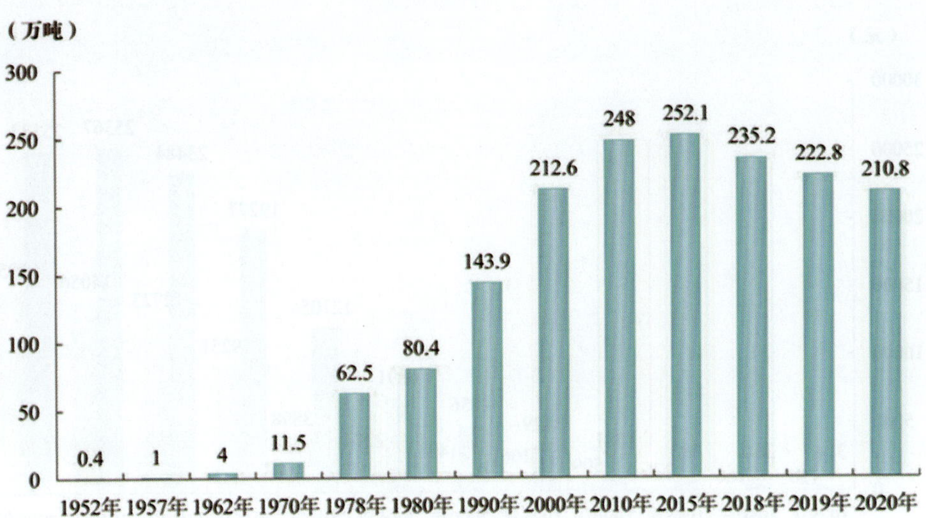

农村用电量

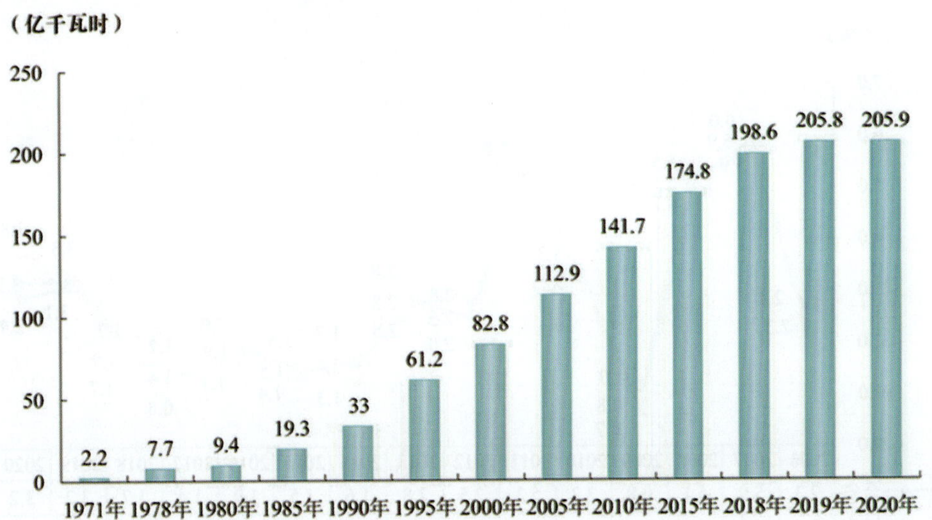

城乡居民人均消费支出

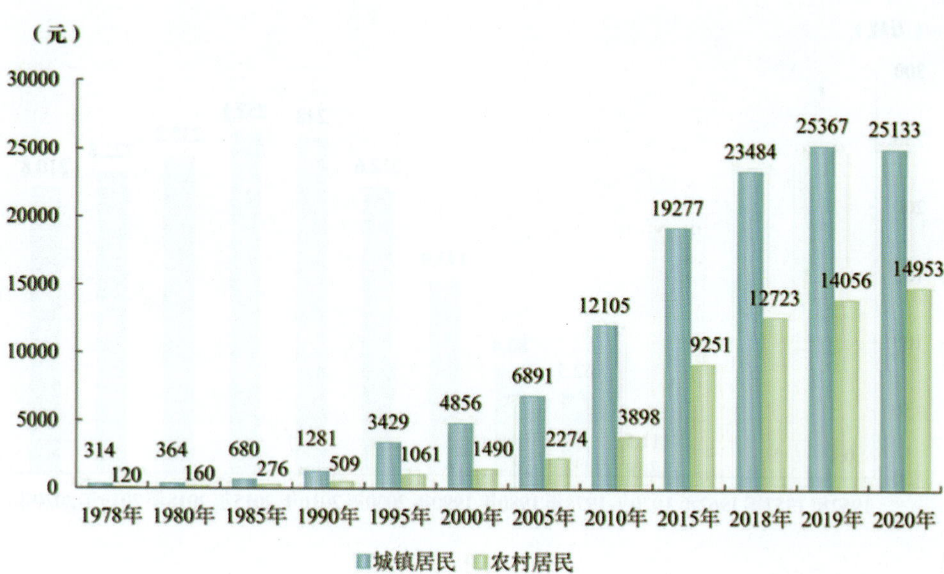

居民消费价格涨跌情况

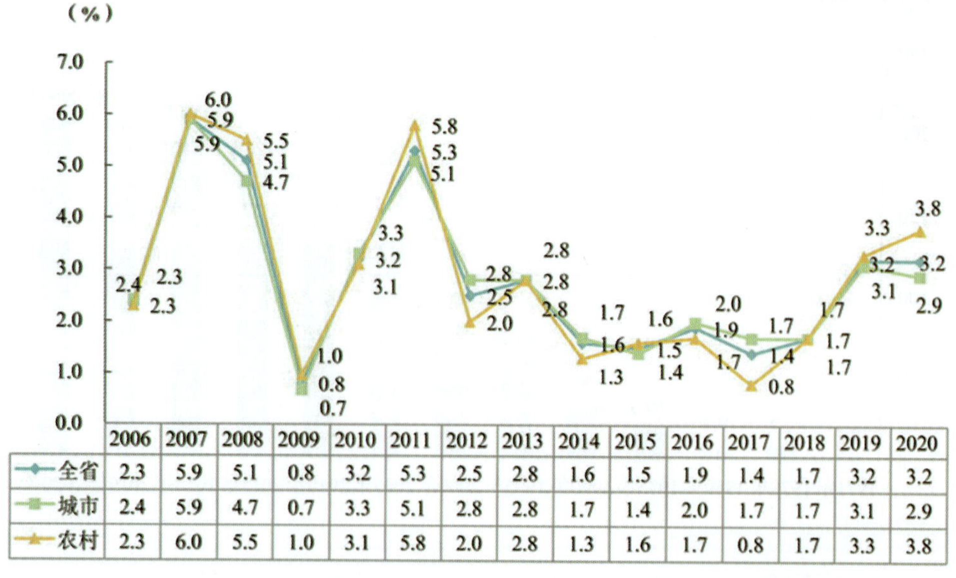

	2006	2007	2008	2009	2010	2011	2012	2013	2014	2015	2016	2017	2018	2019	2020
全省	2.3	5.9	5.1	0.8	3.2	5.3	2.5	2.8	1.6	1.5	1.9	1.4	1.7	3.2	3.2
城市	2.4	5.9	4.7	0.7	3.3	5.1	2.8	2.8	1.7	1.4	2.0	1.7	1.7	3.1	2.9
农村	2.3	6.0	5.5	1.0	3.1	5.8	2.0	2.8	1.3	1.6	1.7	0.8	1.7	3.3	3.8

特 载

关于推进“三农”工作补短板强弱项确保如期实现全面小康的意见

（川委发〔2020〕1号 2020年1月30日）

各市（州）党委和人民政府，省直各部门：

2020年是全面建成小康社会目标实现之年，是全面打赢脱贫攻坚战收官之年。做好我省“三农”工作，要坚持以习近平新时代中国特色社会主义思想为指导，深入贯彻党的十九大和十九届二中、三中、四中全会精神，全面落实习近平总书记对四川工作系列重要指示精神和中央农村工作会议、中央1号文件精神，扎实抓好省委十一届三次、四次、五次、六次全会决策部署落实，紧扣全面建成小康社会目标任务，集中力量完成打赢脱贫攻坚战和补上全面小康“三农”领域突出短板两大重点任务，加快建设“10+3”现代农业体系，持续推进“美丽四川·宜居乡村”建设，不断深化农业农村改革，提高乡村治理水平，提升农民群众获得感、幸福感、安全感，确保脱贫攻坚战圆满收官，确保我省农村与全国同步全面建成小康社会。

一、以攻克深度贫困堡垒为重点，坚决打赢脱贫攻坚战

（一）挂牌督战打赢深度贫困歼灭战。实现全省剩下的7个贫困县摘帽、300个贫困村退出、20万贫困人口脱贫。挂牌督战凉山州7个未摘帽县和重点村，全面落实综合帮扶凉山州脱贫攻坚34条支持政策和16条工作措施，尽快完成住房安全、饮水安全建设任务，确保“两不愁三保障”达标。加强彝区教育和医疗卫生服务体系基础设施及配套建设，深入开展“学前学会普通话”行动和“洁美家庭”建设，解决控辍保学、禁毒防艾、计划生育、自发搬迁、移风易俗等特殊难题。持续加强东西部扶贫协作、定点扶贫、省内对口帮扶和驻村帮扶。

（二）高质量完成脱贫任务。抓好落实“两不愁三保障”回头看大排查和“三落实”“三精准”“三保障”回头看发现问题整改，同步抓好脱贫攻坚巡视督查、成效考核、第三方评估等反馈问题整改。坚持现行脱贫标准，确保质量成色，制定实施年度扶贫专项方案。因地制宜发展特色优势产业，促进扶贫产业发展壮大，完善产业扶贫带贫益贫机制。抓好消费扶贫，大力推广“四川扶贫”公益品牌，完善扶贫产品销售体系。推动就业扶贫，加大贫困村创业致富带头人培育力度，规范扶贫车间和扶贫公益性岗位管理，促进贫困地区劳动力稳定就业。加大易地扶贫搬迁后续扶持力度。持续抓好成阿、甘眉、德阿、成甘等飞地园区建设。严格落实“四不摘”要求，保持脱贫攻坚期内扶贫政策总体稳定，建立健全返贫监测预警和动态帮扶机制，加强对不稳定脱贫户、边缘户的动态识别，将返贫人口和新发生贫困人口及时纳入帮扶。对已实现稳定脱贫的县，将根据实际情况统筹安排专项扶贫资金，加强对非贫困县、非贫困村脱贫攻坚的支持。

（三）抓好总结宣传和普查工作。全面系统总结展示四川脱贫攻坚实践创造和历史成就，提炼好脱贫攻坚伟大精神。组织开展脱贫攻坚系列宣传报道，讲好脱贫攻坚四川故事。依规开展脱贫攻坚奖、脱贫榜样评选和第七个扶贫日系列活动。总结推广以奖代补、星级激励、积分制管理等有效做法，更好激发贫困群众内生动力。做好涉贫舆情处置。从严从实开展贫困退出验收工作，严格执行贫困退出验收的程序和标准。对脱贫摘帽县开展全面普查。

（四）探索建立解决相对贫困长效机制。脱贫攻坚任务完成后，扶贫工作重心转向解决相对贫困，扶贫工作方式由集中作战调整为常态推进，推动减贫战略和工作体系平稳转型。把解决相对贫困问题纳入实施乡村振兴战略统筹安排，将有效的、管长远的脱贫攻坚举措逐步调整为支持乡村振兴的常态化帮扶措施。抓紧研究制定脱贫攻坚与实施乡村振兴战略有机衔接的政策举措。

二、以保障重要农产品有效供给为重点，加快建设“10+3”现代农业体系

（五）稳定粮食生产。粮食安全要稳字当头，稳政策、稳面积、稳产量，落实粮食安全省长责任制，加快推进地方粮食安全保障立法，确保主粮基本自足、口粮绝对安全，粮食播种面积稳定在9000万亩以上，粮食总产量稳定在700亿斤左右，油菜籽产量达到300万吨。以90个粮食主产县和48个产油大县为重点，加快建立一批现代粮油产业园区。实施部省级粮油绿色高质高效创建项目，集成示范绿色高质高效技术模式。推广国标二级以上优质稻、优质油菜、青贮饲用玉米、酿酒专用粮、专用马铃薯等优质品种，发展生态循环综合种养模式。深入实施“优质粮食工程”和“天府菜油”行动。抓好草地贪夜蛾等重大病虫害防控。落实产粮大县奖励政策，优先安排农产品加工用地指标。支持产粮大县开展高标准农田建设新增耕地指标跨省域调剂使用，调剂收益按规定用于建设高标准农田。优化完善粮食补贴政策，新增粮食补贴向主产区、主产县及新型农业经营主体倾斜。按程序申报设立粮食生产“稻香杯”丰收奖。

（六）全力抓好生猪稳产保供。落实“省负总责”，压实“菜篮子”市长负责制，强化县级抓落实责任，将全省2020年6000万头生猪出栏任务分解落实到市(州)、县(市、区)，确保生猪产能基本恢复到常年水平。优化生猪生产布局，推动生猪产业转型升级。坚持补栏增养和疫病防控相结合，推动生猪标准化规模养殖，加强对中小散养户的防疫服务，做好饲料生产保障工作。纠正随意扩大限养禁养区和搞“无猪市”“无猪县”问题。严格落实国家和我省扶持生猪生产的政策举措，抓紧打通环评、用地、信贷等瓶颈。建立畜禽养殖基本用地保底管理制度，满足畜禽养殖设施多样化用地需求，保障生猪养殖生产的废弃物处理等设施用地需要。实施新增能繁母猪补贴和企业盘活闲置猪场、新(改、扩)建规模化养殖场、带动农户养猪贴息政策，稳妥开展生猪活体抵押贷款试点和生猪价格保险试点。加大对中小养殖场的政策扶持和技术支持力度，用好用活产业扶贫资金，推行“公司+农户(贫困户)”等利益兜底发展模式。严格落实非洲猪瘟等重大动物疫病防控措施，强化属地管理责任和生猪养殖、宰杀、运输和销售全链条监管措施，引导生猪屠宰加工向养殖集中区转移，逐步减少活猪长距离调运，推进“运猪”向“运肉”转变。在有条件的地方推进非洲猪瘟无疫区和无疫小区建设。严格执行非洲猪瘟报告制度。根据非洲猪瘟疫情和恢复生产需要，依托现有资源加强基层畜牧兽医体系建设，配齐配强技术力量，由县级农业农村主管部门或乡镇政府统一管理。

（七）推进优势特色产业和先导性支撑产业发展。开展川茶、川菜、川酒、川竹、川果、川药、川牛羊、川鱼等优质生产基地建设行动，推进全国优质特色农产品供给基地建设，创建一批国家级、省级特色农产品优势区。实施“以草换肉”“以秸秆换肉奶”工程，推进牛羊禽兔蜂等产业高质量发展。实施川竹“五大工程”。提升川药品质，加强道地药材种源质量管理，推广中药材生态种植。推进川鱼产业振兴。实施农产品加工业提升行动，强化农产品产地初加工和精深加工。重点培育家庭农场、农民合作社等新型农业经营主体，通过订单农业、入股分红、托管服务等方式，将小农户融入农业产业链。围绕“10+3”现代农业体系培育一批龙头企业和万亿产业。实施“川字号”农产品品牌创建行动。推动成立四川品牌发展联盟。加强古镇古村落古民居保护和乡村非遗保护传承。实施休闲农业和乡村旅游精品工程。稳步提升10大产业良种化率，推进四川省种质资源中心库建设，规划建设一批种质资源圃和原生境保护点。加快国家级种子生产基地、国家区域农作物良种繁育基地、南繁基地和畜禽(水产)良种繁育基地建设。落实农机购置补贴政策，实施“引机入川”计划，主要农作物机械化率达到63%。启动农产品仓储保鲜、冷链烘干物流设施建设工程。配套中央预算内投资，支持建设一批骨干冷链烘干物流基地。支持家庭农场、农民合作社、供销社、邮政快递企业、产业化龙头企业建设产地分拣包装、冷藏保鲜、仓储运输、初加工等设施，对其在农村建设的保鲜烘干仓储设施用电实行农业生产用电价格。强化现代农业园区示范引领，加快推进广汉粮油、邛崃种业、安岳柠檬等国家现代农业产业园和安宁河流域现代特色农业示范区建设。择优遴选一批现代农业园区深化培育，继续开展现代农业园区考评激励。

（八）大力开展农田水利建设。坚持最严格的耕地保护制度，将永久基本农田作为国土空间规划的核心要素。完善耕地占补平衡责任落实机制，确保建设占用耕地及时保质保量补充到位。开展耕地质量保护，新建集中连片、旱涝保收、宜机作业、稳产高产、生态友好的高标准农田380万亩，同步建设高效节水灌溉面积46万亩。开展高标准农田建设专项清查，编制全省高标准农田建设规划。优先在粮食生产功能区、重要农产品生产保护区布局建设高标准农田。开展高标准农田建设整县示范试点。各市(州)、县(市、区)对标高标准农田建设任务，统筹整合相关涉农项目资金，分区域、分类型科学确定高标准农田建设补助标准，确保中央和省、市(州)、县(市、区)财政补助资金每亩共计不低于3000元。加快实施“再造都江堰”水利大提升行动，加快构建“五横六纵”引水补水生态水网，推进向家坝灌区北总干渠一期、亭子口灌区一期等重大水利工程建设，继续实施已成灌区续建配套与节水改造。

（九）构建农民持续增收长效机制。落实农民增收县(市、区)委书记和县(市、区)长负责制，实现农村居民人均可支配收入增长9%。推进农村一二三产业融合发展，构建农民分享全产业链增值收益机制，增加农民经营性收入和财产性收入。落实加强农民工服务保障16条政策措施，实现农民工转移就业稳定在2400万人左右。农民工失业后，可在常住地进行失业登记，享受均等化公共就业服务。以政府投资项目和工程建设领域为重点，开展农民工工资支付情况排查整顿，执行拖欠农民工工资“黑名单”制度，落实根治欠薪各项举措。落实进城务工农民同工同酬政策，增加农民工资性收入。保持强农惠农富农政策的连续性和稳定性，确保农民转移性收入不减少。

三、以分类有序推进农村人居环境整治为重点，加快建设“美丽四川·宜居乡村”

（十）持续推进农村人居环境整治重点工程。坚持实事求是确定目标任务，因地制宜、分类有序推进农村人居环境整治“五大行动”。推进农村“厕所革命”示范村建设，重点推进一类县无害化卫生厕所改造，稳步扩大二类县农村卫生厕所覆盖面，三类县在基本实现人居环境干净整洁的基础上稳妥推进改厕。实施新一轮城乡垃圾处理设施建设三年推进方案，因地制宜推动农村生活垃圾分类，健全户分类、村收集、乡镇运输、县处理的农村生活垃圾处理体系，推动农村生活垃圾就地源头减量和资源化利用，确保90%以上行政村生活垃圾得到有效处理。制定农村生活污水治理三年推进方案，持续推进农村生活污水治理“千村示范工程”建设，50%的行政村生活污水得到有效治理。实施畜禽粪污资源化利用整县推进项目，带动全省畜禽粪污综合利用率达到75%以上，规模养殖场粪污处理设施装备配套率达到95%以上。全面实施村庄清洁行动，加快推进村容村貌改造提升。

（十一）建立“美丽四川·宜居乡村”建设长效机制。坚持规划先行，遵循乡村发展演变规律，分类确定县域内乡村的空间布局，编制“多规合一”的实用性村规划。实施乡村建设规划许可管理制度，健全村民参与村规划建设机制，建立规划“留白”机制。建立政府财政投入引导、农村集体和农民投入相结合、受益主体付费、社会力量积极支持的农村人居环境整治多元化投入机制。鼓励将地方政府债券资金用于符合规定的农村人居环境整治、农村基础设施等重点领域。鼓励金融机构将县域新增贷款重点支持特色小城镇、特色村庄、特色产业建设。建立完善村庄常态化保洁制度，逐步实现村民小组专职保洁员全覆盖，有条件的地方建立健全城乡统一的保洁机制、农村生活垃圾分类和“绿色家庭”建设积分奖励制度。建立“厕污共治”长效利用和管护机制。推广城镇周边就近接入污水管网、聚居区建设集中污水处理站的治理模式。开展农村黑臭水体整治。将农村人居环境整治要求纳入村规民约。

（十二）加大农村基础设施建设力度。推进“四好农村路”示范创建提质扩面，启动省域、市域范围内示范创建。在完成具备条件的建制村通硬化路和通客车任务基础上，有序推进较大人口规模自然村（组）等通硬化路建设，支持村内道路建设和改造。深化农村公路管理养护体制改革，全面推行县乡村三级“路长制”。新（改）建农村公路1万公里。全面完成农村饮水安全巩固提升工程任务，在人口相对集中的地区推进规模化供水工程建设，基本完成集中式饮用水水源地环境问题整治。加快新一轮农村电网改造升级。推动沼气、太阳能等清洁能源设施建设，逐步推动天然气向农村覆盖。

（十三）推进乡村信息化建设。争创国家数字乡村试点。推进“数字三农”大数据平台建设，加快物联网、大数据、区块链、人工智能、5G、智慧气象等现代信息技术在农业领域的应用。扩大电子商务进农村覆盖面，支持供销社、邮政快递企业等延伸乡村生产生活服务网络，加强村级电商服务站点建设，推动农产品进城、工业品下乡双向流通，扩大“川货出川”网络销售渠道。推进“电信普遍服务试点”“智慧乡村”“宽带乡村”等建设。

（十四）加强农村生态环境治理。推进长江廊道、大小凉山、川西藏区等重点区域造林绿化，打好大规模绿化全川行动决胜战。落实农业生产“一控两减三基本”要求，做好农用地分类管控利用。推进森林质量精准提升等工程。健全生态保护补偿机制，推进建立以国家公园为主体的自然保护地体系。加强古树名木保护和乡村绿化美化。抓好长江流域重点水域禁捕和水生生物保护工作。加快实施中小河流治理、山洪灾害水毁工程修复。建立健全村级河（湖）长体系，深入实施“一河（湖）一策”管理保护方案。落实修复保护黄河生态环境重点任务，抓好长江经济带生态环境问题整改。开展水系连通及农村水系综合整治试点工作。

（十五）补齐农村公共服务短板。加强乡镇寄宿制学校建设，统筹乡村小规模学校布局，改善办学条件。有效解决农民工随迁子女上学问题。全面推行义务教育阶段教师“县管校聘”，有计划安排县城学校教师到乡村支教。落实中小学教师平均工资收入水平不低于或高于当地公务员平均工资收入水平政策。办好县级医院，推进标准化乡镇卫生院建设，改造提升村卫生室，消除医疗服务空白点。在37个试点县（市、区）稳步推进紧密型县域医疗卫生共同体建设。对应聘到艰苦边远地区乡村工作的应届高校医学毕业生，给予大学期间学费补偿、国家助学贷款代偿。适当提高城乡居民基本医疗保险财政补助和个人缴费标准。地级市市域范围内实现“一站式服务、一窗口办理、一单制结算”。推动进城灵活就业人员和农业产业化从业人员参加城镇职工基本养老保险。重点发展面向农村留守儿童、妇女、老人、残疾人和其他特殊困难群体的关爱帮扶等服务。实施乡村文化振兴“百千万工程”，推进乡村公共文化服务提质增效。推进农村公益性公墓建设。

四、以加强资源要素保障为重点，深化农业农村改革和开放合作

（十六）深化农村土地制度改革。落实农村承包地“三权分置”制度，保持土地承包关系稳定并长久不变，按照中央部署开展第二轮土地承包到期后再延长30年试点。推广颁发土地经营权证做法，依法平等保护土地承包者和农业经营者的权益。在农民自愿前提下，鼓励结合农田基本建设项目组织开展互换并地，实现土地连片耕种。基本完成“房地一体”的农村宅基地、集体建设用地确权登记颁证工作。严格农村宅基地管理，加强对乡镇审批宅基地的监管，防止土地占用失控。深化农村宅基地制度改革试点。支持农村集体经济组织及其成员采取自营、出租、入股、合作等多种方式，利用闲置宅基地和闲置农房发展农村新产业新业态。研究完善配套制度，依法稳妥推进农村集体经营性建设用地入市。完善乡村产业发展用地政策，明确用地类型和供地方式，实行分类管理。将农业种植养殖配建的保鲜冷藏、晾晒存贮、农机库房、分拣包装、废弃物处理、管理看护房等辅助设施用地纳入农用地管理，根据生产实际合理确定辅助设施用地规模上限。农业设施用地可以使用耕地。新编县乡级国土空间规划应安排不少于10%的建设用地指标，重点保障乡村产业发展用地。制定土地利用年度计划时，应安排至少8%新增建设用地指标保障乡村重点产业和项目用地。探索以乡镇为基本实施单元，开展全域土地综合整治。农村集体建设用地可以通过入股、租用等方式直接用于发展乡村产业。按照“放管服”改革要求，对农村集体建设用地审批进行全面梳理，简化审批审核程序。

（十七）创新乡村振兴投入保障机制。健全财政支农投入稳定增长机制，落实涉农县（市、区）每年公共财政支出中对乡村振兴投入要达到一定比例的政策规定。建立全省统一、相对稳定的乡村振兴财政投入统计科目口径。各地政府要在一般债券支出中安排一定规模，支持符合条件的易地扶贫搬迁和乡村振兴项目建设。各地应有序扩大用于支持乡村振兴的专项债券发行规模。按照“取之于农、主要用之于农”要求，落实调整完善土地出让收入使用范围进一步提高农业农村投入比例的政策规定。实行财政涉农资金“大专项+任务清单”管理模式，按照目标、任务、资金、权责“四到县”要求，统筹整合使用涉农资金。加快建立惠民惠农财政补贴资金“一卡通”管理长效机制。深化农村信用社改革，坚持县域法人地位。加强考核引导，合理提升资金外流严重县的存贷比。鼓励商业银行发行“三农”、小微企业等专项金融债券。开展金融机构服务乡村振兴评估。继续实施乡村振兴“川农贷”工程，完善乡村振兴农业产业发展贷款风险补偿金制度，引导金融资本推动“10+3”现代农业体系建设。符合条件的家庭农场等新型农业经营主体可按规定享受现行小微企业相关贷款税收减免政策。推动温室大棚、养殖圈舍、大型农机、土地经营权依法合规抵押融资。稳妥扩大农村普惠金融改革试点。抓好农业保险保费补贴政策落实，督促保险机构及时足额理赔生猪保险。继续实施国有经济支持乡村振兴计划，整合现有省级国有企业用于农业方面的资源和农口经营性资产，推动按规定组建省级农业投资企业，支持有条件的市县成立农业投资企业。优化乡村营商环境。在农村小型公共基础设施建设中，依法采取村民自建、民办公助等方式，充分调动农民投入积极性。

（十八）强化乡村发展人才保障。落实促进返乡下乡创业22条政策措施，实施优秀农民工回引培养工程，把优秀农民工逐步培养成为新型农业经营主体带头人、村社干部、职业农民。按规定评选一批省级返乡创业明星、企业和返乡下乡创业示范市、示范县、示范园区。深入实施农村创新创业带头人培育行动，办好农村双创基地，将符合条件的返乡创业农民工纳入一次性创业补贴范围。全面落实鼓励县域事业单位专业技术人员创新创业政策，支持农业、水利、林业等事业单位专业技术人员离岗创业。落实县域内人才统筹培养使用制度。有组织地动员城市科研人员、工程师、规划师、建筑师、教师、医生下乡服务。城市中小学教师、医生晋升高级职称前，原则上要有1年以上农村基层工作服务经历。推行岗编适度分离机制，对卫生、教育等行业新招聘的事业单位人员实行“县招乡用”“县管校用”“乡聘村用”。推广公费师范生、免费医学生等高校毕业生定向服务基层的做法。建立县乡学校、医院帮扶制度，开展乡村实用人才“传帮带”。实施民族地区人才支持行动。优化涉农学科专业设置，探索对急需紧缺涉农专业实行“提前批次”录取。继续实施新型职业农民培养计划。

（十九）推进农业科技创新。深入实施科技特派员制度，建立农业科技特派员与“10+3”现代农业产业发展对接服务机制，实现科技特派团县域全覆盖。实施优势特色产业瓶颈技术创新工程，加强“10+3”现代农业产业全产业链技术创新。实施农业科技成果转化工程，开展成果转移转化示范、重大农业技术协同推广，完善基层农技服务体系，建设农业科技园区、“星创天地”、科技特派员站点、专家大院、产业技术研究院等成果孵化转化平台。推进国家现代农业产业技术体系四川创新团队建设，建立农业科技区域协同创新联盟和创新中心。落实科研成果转化及农业科技创新激励相关政策，提高科技人员的科技推广和服务收益占比。拓展“四川科技扶贫在线”平台，构建新型农业农村科技服务体系。

（二十）统筹推进其他各项改革。继续深化供销社综合改革，加快推进农垦、国有林区林场改革，深入推进户籍制度、集体林权制度、农业综合水价、草原承包经营制度等改革。深化粮食等重要农产品收储制度改革，完善地方粮食储备管理体制机制。抓好全国农村改革试验区新试点任务。启动国家城乡融合发展试验区成都西部片区建设和农村公共基础设施管护体制改革试点。推动建立水资源补偿机制，培育水权交易市场。在现代农业园区集成农村改革举措，打造农业农村改革试验田。

（二十一）扩大农业开放合作。按照“四向拓展、全域开放”部署，加快推动农业“走出去”，深入实施深化南向开放合作三年行动计划，发挥川港、川澳合作会议机制作用，深化与粤港澳大湾区、北部湾经济区对接合作，支持企业积极参与“南南合作”和“一带一路”建设，深化农业国际合作，探索建立一批境外农业产业园。继续推进农业“引进来”，建好中法、中以等合作产业园，引进建设更多国别合作园区。推动中国（成都）国际农产品加工产业园和中国青白江区农业对外开放合作试验区建设，扩大农产品进出口。推动成渝地区双城经济圈建设，深化成渝农业农村开放合作，建设现代高效特色农业产业带，打造一批巴蜀美丽乡村。加快建设中国天府农业博览园。办好西博会、农博会、农民丰收节等特色节会和“川货全国行”“万企出国门”等市场拓展活动。

五、以加强农村基层治理为重点，提高做好“三农”工作的能力和水平

（二十二）加强党对农村工作的全面领导。深入宣传贯彻《中国共产党农村工作条例》，研究制定我省实施办法。健全省负总责、市县乡抓落实的农村工作领导体制，落实党政一把手抓乡村振兴第一责任人制度。加强各级党委农村工作机构建设，切实履行决策参谋、统筹协调、政策指导、推动落实、督导检查等职能。市（州）党委要把农村工作摆上重要议事日程，发挥以市带县作用。县（市、区）委书记要把主要精力放在农业农村工作上，当好乡村振兴的“一线总指挥”。完善党委农村工作领导决策机制，注重发挥人大代表和政协委员作用，落实县（市、区）政府向同级人大报告、向同级政协通报乡村振兴进展情况的制度。推动出台四川省乡村振兴促进条例。

（二十三）完善村党组织领导村级治理体制机制。坚持县乡村联动，推进社会治理和服务重心向基层下移，把更多资源下沉到乡镇和村，提高乡村治理效能。建立县级领导干部和县直部门主要负责人包村制度。加强村党组织书记监督管理，完善村务监督机制。加强村级组织运转经费保障。完善村民（代表）会议制度，推进民主选举、民主协商、民主决策、民主管理、民主监督实践。全面实施村级事务阳光工程，完善党务、村务、财务“三公开”制度，推广“互联网+村级事务”阳光公开监管平台。深化平安乡村建设，坚持和发展新时代“枫桥经验”。全面推进农村社会组织发展。开展省级层面乡村治理示范村镇创建。做好乡镇行政区划调整改革“后半篇”文章和村级建制调整改革。

（二十四）建立健全村集体经济组织运行机制。加快集体资源资产“三权分置”改革，推动农村资源变资产、资金变股金、农民变股东。全面推开农村集体产权制度改革试点，有序开展集体成员身份确认、集体资产折股量化、股份合作制改革、集体经济组织登记赋码等工作。完善村集体经济组织法人治理结构，健全经营、管理、监督、分配等机制。探索拓宽农村集体经济发展路径，强化集体资产管理。推动农村集体经济组织、供销社、农民合作社优势互补、融合发展，促进农村集体经济发展壮大。村党组织提名推荐集体经济组织管理层负责人，选配好经营管理人员和发展带头人。村级集体经济组织要加强与家庭农场、农民合作社等新型农业经营主体和工商资本的联合与合作，把小农户带入现代农业发展轨道。农村集体经济组织依法依规接受监察审计等监督。健全农村产权流转交易市场。推动农村集体经济组织地方立法。

（二十五）加强农村干部队伍建设。按照懂农业、爱农村、爱农民的基本要求，加强农村工作干部队伍的培养、配备、管理、使用，健全培养锻炼制度，选派优秀干部到县乡挂职任职、到村任“第一书记”，把到农村一线工作锻炼、干事创业作为培养干部的重要途径，注重提拔使用实绩优秀的农村工作干部。实施村党组织带头人队伍优化提升行动。深入实施村级后备力量培育工程。建立“第一书记”派驻长效工作机制，全面向贫困村、软弱涣散村和集体经济空壳村派出“第一书记”，并向乡村振兴、反分维稳任务重的村拓展。农村工作干部要增强做群众工作的本领，改进工作作风，深入基层，认真倾听农民群众呼声，增进与农民群众的感情，力戒形式主义、官僚主义。各级组织要关心爱护农村工作干部，帮助解决实际困难。

（二十六）加强乡村振兴督查考核。健全五级书记抓乡村振兴考核机制，上级党委、政府要对下级党委、政府主要负责人、农村基层党组织书记履行第一责任人职责情况开展督查考核，并将考核结果作为干部选拔任用、评先奖优、问责追责的重要参考。建立健全市县党政领导班子和领导干部推进乡村振兴战略实绩考核制度。落实各级党委、政府每年向上级党委、政府报告乡村振兴战略实施情况工作制度。开展实施乡村振兴战略考评激励。强化问责约谈机制，市、县、乡党政领导班子和主要负责人不履行或不正确履行农村工作职责的，依照有关规定予以问责；对农村工作履职不力、工作滞后的，上级党委要约谈下级党委，本级党委要约谈同级有关部门。探索建立涉农地区生产总值考核激励机制，制定农业及相关产业统计分类并加强统计核算，全面准确反映农业生产、加工、物流、营销、服务等全产业链价值。把党的十九大以来中央和省委“三农”政策贯彻落实情况作为巡视巡察重要内容。

四川农村经济和社会发展报告

四川省社会科学院农村发展研究所

2020年是全面建成小康社会目标实现之年，是全面打赢脱贫攻坚战收官之年，为四川全省开展下一步的乡村振兴打下了坚实的基础。脱贫攻坚战的结束标志着四川消灭了绝对贫困，实现了千百年来未有之改变。2020年在新冠疫情的压力之下，四川省顶住压力，稳步推进全省全省农业农村持续健康发展，农业充分发挥了“压舱石”作用，实现了“农业多贡献”的年度任务。2021年是巩固脱贫攻坚成果以及全面开展乡村振兴的第一年，接续推进全面脱贫与乡村振兴有效衔接，是脱贫攻坚与乡村振兴交会和过渡时期的一项重大战略任务。四川农业农村发展将围绕巩固脱贫攻坚成果，实施乡村振兴战略，全面落实党中央决策部署，坚持稳中求进工作总基调，坚持新发展理念，努力克服新冠肺炎疫情带来的不利影响，确保完成决战决胜脱贫攻坚目标任务，全面建成小康社会。四川省将以中央“一号文件”和四川省委“一号文件”为指导，以《四川省国民经济和社会发展第十四个五年规划和二〇三五年远景目标》为纲领引导，为下一个五年计划开好局、起好步，为实现2035年远景目标奠定坚实的基础。

一、四川省农业农村发展现状

四川省2020年省级财政预算安排“三农”资金620亿元，占省级财力的26.3%，较上年增长8.1%，增速高于四川省GDP增速，既体现了四川省对“三农”领域的重视，又为全省农业农村保持良好发展提供了坚实支撑。

（一）脱贫攻坚任务圆满完成

凉山州普格县、布拖县等7个县于11月17日被省政府批准退出贫困县序列。至此，四川省实现剩余7个贫困县脱贫“摘帽”、300个贫困村退出、20万名贫困人口脱贫，“十三五”期间累计减贫约625万人，88个贫困县全部清零。

1.易地搬迁脱贫

把易地扶贫搬迁作为脱贫攻坚“头号工程”，“十三五”易地扶贫搬迁任务全部完成，37.93万户136.05万名农村建档立卡贫困人口搬进新居，搬迁规模位居全国第二。在推动搬迁的同时，四川省加大后续帮扶力度，其中有108万余人通过产业和就业脱贫，有16万余人通过社会保障兜底方式脱贫，有近5万人通过资产收益方式脱贫。

2.生态补偿脱贫

2020年，四川省依托“天保工程”实施三大扶贫措施，重点向88个贫困县倾斜，拓展林农增收渠道，实现依托生态建设脱贫。一是聘请生态护林员。财政厅、省林草局调剂天保工程国有林管护费16000万元，在88个贫困县聘请建档立卡贫困人口作为生态护林员，帮助约2.6万户贫困户脱贫。二是公益林建设助农增收。公益林建设资金积极向贫困地区倾斜，88个贫困县安排47.8万亩公益林建设任务，投资8780万元，占全省公益林建设资金的87.8%。三是全面落实“天保工程”惠农政策。88个贫困县集体和个人所有的国家级和省级公益林补偿资金达到101209万元，补偿面积6438.25万亩；集体和个人所有天然商品林停伐补助资金20067万元，补助面积1276.54万亩。

3.发展教育脱贫

“十三五”以来，四川省各级财政投入资金793.33亿元用于教育脱贫攻坚，并且投入连续5年增加。四川省首创“一村一幼”计划，用于消除儿童教学语言障碍，并且持续改善园舍条件，培训提升辅导员保教保育水平，共计开办幼教点4706个，聘用辅导员16577人，招收幼儿20.9万人。同时，四川省财政还按照“每个幼教点配备2名辅导员、每名辅导员每月补助2000元劳务报酬”的标准给予定额补助，减免幼儿保教费并提供午餐。四川省义务教育政策实施“两免一补”和营养改善计划，包括免费提供教科书、免学杂费，对家庭经济困难学生进行生活补助并提供营养膳食补助。其中，家庭经济困难寄宿生补助标准达到每年1000元对小学生每生，初中生每生每年达到1250元；非寄宿生补助标准是寄宿生补助标准的一半。营养改善计划则是为国家试点地区农村义务教育阶段学生提供营养膳食补助，为每位学生提供每年800元的补助标准。拓展“9+3”免费教育政策覆盖范围，对未实行“9+3”免费教育计划的集中连片特困地区，在一年级、二年级中职在校生全面享受中职助学金政策的基础上，参照藏区州内“9+3”免费教育政策，对三年级在校生按每生每年1000元的标准给予生活补助，所需资金由省财政全额承担。自实施大小凉山彝区教育扶贫提升工程以来，累计投入资金14.7亿元，保证贫困地区办学条件改善计划、民族教育十年行动计划、大小凉山彝区教育扶贫提升工程等项目稳步推进，改善基本办学条件，补齐硬件设施短板。在民族地区，“一人成才、全家脱贫”的教育成效正在显现。

4.社会保障脱贫

四川省将符合条件的建档立卡贫困户全部纳入农村低保范围，提高了低保对全面脱贫的贡献率，而且四川省为建档立卡贫困人口、低保对象、特困人员等困难群体代缴城乡居民基本养老保险费，并实施残疾人扶贫对象生活费补贴、重度残疾人护理补贴和困难残疾人生活补贴制度，加大对贫困残疾人的帮扶力度。四川省农村低保人数约373.7万人，跟2019年比较，增加19.4万人；城乡特困人员46.7万人，减少0.9万人。截至2020年11月，全省农村低保标准低限超过国家扶贫标准，达到4680元/年，并且明确特困人员救助供养标准不低于低保标准的1.3倍。

（二）农业生产稳中有升

四川省努力克服宏观经济下行以及新冠疫情带来的不利影响，采取多项措施，保障了农业增产增收。2020年，四川省农林牧渔总产值9216.4亿元，相比2019年增加1327.05亿元，是1949年农林牧渔业总产值18.7亿元的492.9倍。其中，农业总产值4701.88亿元、林业总产值379.82亿元、牧业总产值3613.81亿元、渔业总产值287.54亿元。四川农业产值占比降至51%，比1949年下降33.8个百分点；畜牧业产值占比提高至39.2%，比1949年提高26.3个百分点（见表1、图1）。

表1　四川省农林牧渔业总产值

单位：亿元

指标	农林牧渔业总产值	农业	林业	牧业	渔业	农林牧渔业服务业
2018年	7195.65	4153.71	358.74	2246.08	247.94	189.18
2019年	7889.35	4395.04	372.21	2647.88	263.47	210.75
2019年增速(%)	9.64	5.81	3.75	17.89	6.26	11.4
2019年各产业比例	—	55.71	4.72	33.56	3.34	2.67
2020年	9216.4	4701.88	379.82	3613.81	287.54	233.35
2020年增速(%)	16.82	6.98	2.04	36.48	9.14	10.72
2020年各产业比例	—	51.02	4.12	39.21	3.12	2.53

（资料来源：国家统计局，华经产业研究院整理）

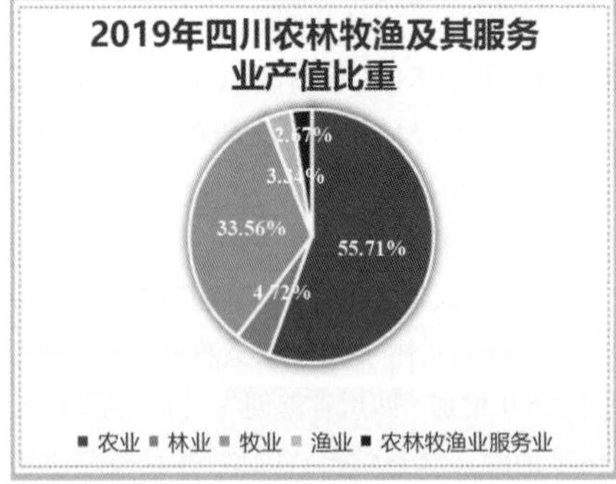

图1 2019年和2020年四川省农林牧渔及其服务业产值比重结构对比图

1.粮食生产稳中向好

四川省在疫情影响下，为了保障粮食安全主要采取了3项措施，克服了人员跨区域流动受到严格限制、农资运输不畅等不利影响，2020年，四川省粮食产量3527.4万吨，相比2019年增加28.9万吨。一是新冠肺炎疫情进入常态化防控后，抢抓农时，提前备战春耕；二是各地综合施策，推动粮食扩产增面；三是在粮食作物生长期间，各地加强田间管理，将自然灾害和病虫害损失降至低水平。2020年，全省粮食播种面积达9468.9万亩，居全国第7位，同比增长0.5%，比2019年增加49.9万亩；单位面积产量达372.5千克/亩，是1949年107.8千克/亩的近3.5倍，同比增长0.3%，比2019年增加1.1千克/亩；粮食总产量达352.7亿千克，居全国第9位，增长0.8%，比2019年增加2.85亿千克（见表2）。

2.经济作物总体稳定

2020年，全省经济作物播种面积达5305.9万亩，占农作物总播种面积的35.9%，比1949年提高20.2个百分点。经济作物中，油料产量392.9万吨，同比增长7%，增速提高5.7个百分点；烟叶产量16.2万吨，增长0.7%，增速由负转正，提高2个百分点；蔬菜及食用菌产量4813.4万吨，增长3.8%，增速下降0.7个百分点；茶叶产量34.4万吨，增长5.8%，增速下降2.4个百分点；园林水果产量1083.6万吨，增长8.3%，增速提高2.8个百分点；中草药材产量52.7万吨，增长7.5%，增速下降1.9个百分点（见表3）。

3.畜牧产能回升有力

2020年，全省猪（牛、羊、禽）肉总产量574.9万吨，较上年增长7.1%，其中牛出栏296.4万头，增长1.6%；羊出栏1792.1万只，增长0.7%；家禽出栏77444.5万只，减少1.7%。猪肉产量增长11.7%，牛肉产量增长1.6%，羊肉产量增长0.8%，禽蛋产量增长3.8%，牛奶产量增长1.9%。2020年，全省猪牛羊禽肉总产量主要依靠生猪的产能增加而增加，全年出栏生猪5614.4万头，稳居全国第1位，同比增长15.7%，为2017年（非洲猪瘟发生前）的85.3%；年末存栏3875.4万头，实现恢复性回升，生猪存栏快速恢复、出栏增加，猪肉价格回调，供应紧张局面得到缓解，完成了下达任务（见表4）。

4.林业生态持续改善

全省生态环境不断改善，全年完成营造林830万亩，是目标任务800万亩的1.04倍。全年完成新造林363.46万亩，其中人工

表2 2013—2020年四川省粮食播种面积和产量

单位：万公顷、亿千克

年份	2013年	2014年	2015年	2016年	2017年	2018年	2019年	2020年
播种面积	627	625	628.6	629.1	629.2	626.6	627.93	631.3
产量	333.6	332.5	339.5	347	348.9	349.4	349.9	352.7

表3 四川省2020年主要经济作物产量及变化

	油料	烟叶	蔬菜及食用菌	茶叶	园林水果	中草药材
2020产量（万吨）	392.9	16.2	4813.4	34.4	1083.6	52.7
比2019年增长(%)	7	0.7	3.8	5.8	8.3	7.5
增速（百分点）	5.7	2	–0.7	–2.4	2.8	–1.9

表4 2013—2020年四川省猪、牛、羊和家禽出栏数量

单位：万头、万只

年份	2013年	2014年	2015年	2016年	2017年	2018年	2019年	2020年
猪	7314	7445	7236.5	6907.8	6579.1	6638.3	4852.2	5614.4
肉牛	242	251.6	263.3	268.6	267.3	276.2	291.7	296.4
肉羊	1583.6	1632.7	1698	1739.2	1780.4	1740.9	1780.2	1792.1
家禽	63774.7	64667.6	66154.9	68489.8	65259.8	66071	78756.6	77444.5

造林167.3万亩、封山育林196.16万亩；完成森林经营466.54万亩，其中人工更新19万亩、低效林改造及退化林修复163.41万亩、中幼林抚育284.13万亩。全省森林覆盖率达40.03%，比2019年提高0.43个百分点；森林蓄积量19.16亿立方米，较2019年增加1848万立方米，同比增长0.97%；修复治理退化草原902万亩，草原综合植被盖度达85.8%，比2019年提高0.2个百分点。完成长江干支流植树造林250万亩，退耕还林还草27.4万亩，退牧还草181万亩，退化草原人工种草195万亩，共计退还403.4万亩。治理沙化土地5.8万亩；综合治理石漠化60万亩、干旱河谷1.9万亩、川西高原生态脆弱区11.75万亩，共计治理79.45万亩。

5.渔业持续平稳发展

2020年，四川省全年水产养殖面积达289.5万亩，水产品产量达160.4万吨，同比增长1.7%。创建全国渔业健康养殖示范县2个、国家级水产健康养殖示范场30个，新增稻渔综合种养30万亩。依托龙头企业的品牌优势、渠道优势和技术优势，建立"龙头企业+现代园区""龙头企业+基地"等模式，培育了一批长江上游特有生态渔业产品和品牌。落实长江禁渔10年政策，长江禁捕退捕涉及四川45个水生生物保护区和长江干流、岷江、沱江、赤水河、嘉陵江、大渡河流域，退捕水域分布在18个市（州）的115个县（市、区）。

（三）现代农业产业建设和发展取得新成效

1.农业基础设施建设成效明显

（1）高标准农田建设持续增强

为了确保高质量完成建设任务，四川省明确2020年立项高标准农田项目要全面落实"中央、省级和市县财政补助资金每亩不低于3000元"的要求，省财政下达抗疫特别国债19亿元用于缓减基层财政压力，主要保证高标准农田建设县级财政配套，这是四川省抗疫特别国债十大支持方向中唯一用于"三农"的资金。2020年，四川省新增耕地35万亩、高标准农田380万亩，累计建成高标准农田4430万亩。

（2）农业科技创新能力不断加强

"十三五"期间，四川省农作物及畜禽育种攻关取得明显成效，其中水稻领域取得突破性成效。一是新品种选育取得突破。首次培育出"德粳6号"等3个重金属吸附品种，认定"德优4727""旌优华珍"等6个品种为超级稻。"德优4938"等207个新品种通过审定，川康优丝苗等110个品种通过国家审定，四川水稻国审品种较"十二五"增长168.29%、优质米品种增长222.5%、优质与高产结合品种增长275%。二是分子育种技术创新取得突破。开发、优化的杂交水稻新品种通过审定16个。三是新品种转化推广取得突破。207个审定品种转化率达50%以上，累计示范推广1.4亿亩以上，其中在四川推广7400万亩以上。科技特派员制度不断深化，其中2020年德阳市首次成立特派团，组建6个科技特派团，全年共开展现场科技服务2188次，接受服务群众达19573人次，吸引四川省、云南省农村科技发展中心到德阳考察。此外，特派员与企业、专合社共建市级科技特派员专家工作站15家，签订服务协议119个，共建科技示范基地105个，累计实施创新转化项目194项。

（3）现代农业装备快速发展

根据《四川省省级财政现代农业发展工程共同财政事权转移支付资金管理办法》等规定，财政厅、农业农村厅为支持各地加快提升现代农业发展水平，下达2020年省级财政现代农业发展工程共同财政事权转移支付资金4000万元。2020年，四川补贴农机具数量大幅度增长，共申请农机购置补贴机具16.9万台（套），增长46%。其中，拖拉机增长39%，达到4202台；水稻插秧机增长74%，达到4202台。同时，推进智慧农业发展。一是推进"信息化"布局。实施农业信息进村入户工程，依托益农信息社推进农业物联网、农民手机应用技能培训等农业信息化工作。二是发展"智能化"生产。引进卫星遥感、无人机巡检等"大数据"手段，开展大田种植、畜禽养殖等数字农业试点。三是加强"数字化"营销。扩大与淘宝、京东等国内领先电商平台及"绿蚂蚁"等本地农业的电商合作，采取直播带货、线上直销等营销方式。

2.现代农业园区得到完善

苍溪县、广汉市、邛崃市和安岳县4个现代农业园区被认定为第三批国家现代农业产业园，占第三批认定总数的10.53%。自贡市大安区肉鸡现代农业园区等41个园区获评省三星级现代农业园区，汉源县花椒现代农业园区等11个园区获评省四星级现代农业园区，宁南县蚕桑现代农业园区等7个园区获评省五星级现代农业园区。同时，四川省聚焦川粮油、川茶、川菜、川果、川药、川牛羊、川鱼、种业八大类产业61个现代农业园区，对每个园区安排1000万元省级财政资金开展培育工作。

3.农产品品牌建设稳步推进

全省大力发展绿色食品、有机农产品、地理标志农产品，"三品一标"农产品数量累计达到5600个，新增243个。建设省级农产品地理标志核心保护区9个。实施"川字号"农产品品牌创建行动，省级重点培育优秀区域公用品牌10个、优质农产品品牌15个，新申报全国名特优新农产品10个。纳溪特早茶、四川泡菜等11个地理标志产品进入中欧地理标志协定首批保护名录，数量位居全国第一。安岳柠檬、通江银耳等11个品牌入选中国农业品牌目录，郫县豆瓣、蒲江雀舌等19个品牌荣登中国品牌价值评价(地理标志产品)百强榜，宜宾早茶、合江荔枝等20个品牌入选《美味中国—2021年全国优质农产品品牌日历》(见表5)。同时，四川省创新农产品品牌推广营销方式，依托线上线下各类展示展销平台，加强农产品品牌宣传推介。四川农产品网络零售额实现304.19亿元，同比增长46.42%，较全国高出8.72个百分点。

(四)农业开放合作持续推进

2020年，增补认定眉山天府新区为省级农业对外开放合作试验区，认定四川楚瓦什农业园为省级境外农业合作示范区。以中法农业科技园等重点项目为示范引领，链式推进国内外农业科技成果转化及各类招商引资重大项目落地，引入国内外各大投资主体，注资注智促进农业产业创新发展。但在疫情的影响下，农产品进出口受到较大影响，2020年，四川省进口农产品57.5亿元，同比仅增长1.5%；出口农产品44.9亿元，同比减少9.9%(见表6)。

(五)农业农村改革不断深化

1.乡(镇)行政区划和村级建制调整改革全面推进

为了改变镇、村"多、小、密、弱"的空间格局，增强资源要素统筹配置能力、提升集成治理效能，推进乡(镇)行政区划和村级建制调整改革。通过次轮改革，全省分别减少乡(镇)1509个、建制村18429个、村民小组15713个，减幅分别为32.7%、40.6%和39.8%，不仅大幅提升了镇村幅员面积和人口规模，而且优化了基层干部配置和职能职责，入选中国改革年度唯一省级特别案例，为做好乡(镇)行政区划和村级建制调整改革"后半篇"文章奠定了坚实的基础。

2.农村集体产权制度改革深入推进

持续开展清产核资工作，涉及全省41万个村一级的集体经济组织，建立33822个集体经济组织并通过全国系统登记赋码，完成845.4亿元的集体资产的股份量化。截至2020年11月，全省已建立新型村级集体经济组织22936个，占全省村级建制调整前村总数的50.47%。全省各地在规范管理、发展壮大集体经济方面进行探索，以低风险、可持续的方式放活经营权，探索创新村集体资产所有权与经营权分离的运营机制，通过承包、租赁、参股、联营、股份合作等多种方式增加集体收益，同时加强集体资产管理监督和村民权益保障，推动集体经济在乡村振兴中发挥更大作用。

3.农村土地制度改革稳步推进

四川省保持农村土地承包关系稳定并长久不变，健全土地经营权流转服务体系，有序推进农村集体经营性建设用地入市、宅基地改革试点，成都市郫都区、泸县、眉山市彭山区、宜宾市翠屏区、西昌市成为全国新一轮农村宅基地制度改革试点地区。全面启动全域土地综合整治试点，试点范围包括38个镇2个街道1个乡。试点设立了"两个5%"的底线要求，即全域综合整治后整治区域内的新增耕地面积原则上不少于原有耕地面积的5%；在整治区域内必须确保新增永久基本农田面积原则上不少于调整面积的5%。通过土地综合整治，验收后腾退的建设用地中将不低于实施建设用地复垦总规模的30%统一预留给试点乡(镇)，节余指标调剂所得收益全部用于巩固脱贫攻坚成果和支持乡村振兴战略，从而实现乡村用地指标和土地出让收益受益"双增加"。

(六)农民生活水平持续提高

全年农村居民人均可支配收入同比增加1259元，达到15929元，同比增长8.6%，高于全国平均水平1.7个百分点。从结构来看，2020年，全省农村居民工资性收入4978元、经营净收入6152元、财产性收入510元、转移性净收入4289元，其中经营性收入、工资性收入和与转移性净收入占比较大，分别为

表5　四川省2020年主要农产品品牌数量

四川省农产品品牌	入选数目
中欧地理标志协定首批保护名录	11
中国农业品牌目录	11
中国品牌价值评价百强榜	19
《美味中国—2021年全国优质农产品品牌日历》	20

表6　四川省农业对外开放合作试验区

序号	四川省农业对外开放合作试验区名录	四川省级境外农业合作示范区名录
1	青白江农业对外开放合作试验区	缅甸—中国粮食产业示范区
2	蒲江县农业对外开放合作试验区	八益(柬埔寨)农业合作示范区
3	苍溪县农业对外开放合作试验区	山水美地农业合作示范区(老挝)
4	旌阳区农业对外开放合作试验区	四川楚瓦什农业园
5	天府新区眉山片区农业对外开放合作试验区	—

图2 2019年和2020年四川省农村居民人均可支配收入结构对比图

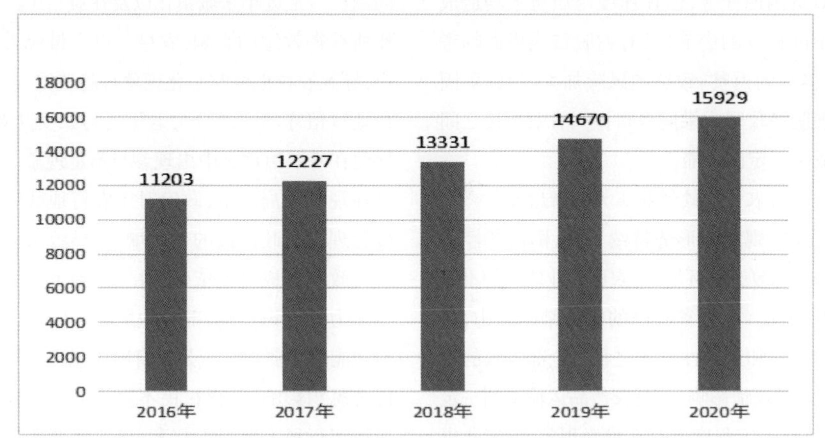

图3 2016—2020年四川省农村居民人均可支配收入变化趋势图

38.6%、31.3%和26.9%，财产性收入占比最小，仅为3.2%。从增速来看，财产性收入由于基数低，增速最快，同比增长11.8%；其次是转移性净收入，同比增长9.7%；再者是经营性净收入，同比增长9.1%。在疫情影响下，只有工资性收入的增速低于农村居民人均可支配收入增速，同比增长6.8%（见图2）。

2020年，农民居民消费价格指数高于城市居民，全省农村居民人均消费支出为14953元，增长6.4%。其中，居住消费支出增长4.3%，生活用品及服务消费支出下降1.3%，交通通信支出增长7%，医疗保健消费支出增长1.8%（见图3、表7）。

（七）农村人居环境明显改善

全省利用中央预算内投资1.6亿元，以县为单位实施农村人居环境整治专项行动，重点用于农村污水治理、垃圾处理、“厕所革命”、禽畜粪污资源化利用、村庄清洁“五大行动”和农村路、水、电、气、信“五网”基础设施建设，基本解决村内道路泥泞、村民出行不便等问题。通过实施“千村示范工程”建设对农村生活污水进行治理，完成1845个村的农村环境整治。农村厕改持续推进，农村卫生厕所普及率达86%。因地制宜建设污水处理设施，统筹农村改厕和污水、黑臭水体治理。推进源头分类减量、资源化处理利用，建设一批有机废弃物综合处置利用设施，健全农村生活垃圾收运处置体系。各地探索保洁员薪酬保障机制，合理设定保洁员岗位数量和职责任务，优先配备中心村、重点村、特色村的保洁员，全省行政村保洁员配备率达95%以上。

（八）乡村振兴政策体系衔接有效

1. 乡村振兴考评持续深入

省委农办、农业农村厅牵头组织开展2020年度全省实施乡村振兴战略工作先进县（市、区）、先进乡（镇）、示范村的考评工作，拟命名成都市崇州市等10个县（市、区）为全省实施乡村振兴战略工作先进县（市、区），成都市龙泉驿区洪安镇等50个乡（镇）为全省实施乡村振兴战略工作先进乡（镇），成都市温江区和盛镇陈家渡村等500个村为四川省实施乡村振兴战略工作示范村，并对先进县

表7 2020年四川省居民消费价格比上年涨跌幅度(%)

指标	全省	城市	农村
居民消费价格	3.2	2.9	3.8
食品烟酒	11	10.6	11.8
粮食	0.7	1.2	0.3
鲜菜	10.4	9.4	12.6
畜肉	39.3	38.9	40.1
水产品	3.8	2.9	5.7
蛋	–5.1	–4.3	–6.5
鲜果	–8.4	–8.7	–8
衣着	–0.3	–0.3	–0.3
居住	–1.1	–1.4	–0.4
生活用品及服务	–0.1	–0.1	–0.2
交通和通信	–3.6	–3.7	–3.4
教育文化和娱乐	1.2	1.4	0.7
医疗保健	0.7	0.5	1.1
其他用品和服务	3.1	2.9	3.8

(市、区)、先进乡(镇)、示范村分别一次性给予6000万元、500万元、60万元的补助。

2.乡村振兴投入持续增加

全省全年一般公共预算收入为4258亿元,同比增长4.6%,增速下降3.1个百分点。面对突出的收支矛盾和新冠疫情的影响,四川省在财政投入因新冠疫情而大幅增加的背景下,做出坚持财政扶贫资金投入只增不减、农业专项资金只增不减的决定,全省各级财政计划投入脱贫攻坚资金908亿元,较2019年年初预算增加66亿元,增长7.8%;安排农业专项资金185.2亿元,同比增加22亿元,增长13.5%,分别比省级一般公共预算支出平均增幅2.6%高出5.2个百分点和10.9个百分点,为决战脱贫攻坚、决胜全面小康提供了强有力的财政支撑。

二、存在的主要问题与挑战

四川省在2020年疫情影响下仍然实现了农业农村工作稳步推进,但四川省幅员广阔,人口众多,情况复杂,依然面临着土地“非农化”与“非粮化”带来的粮食安全保障压力持续加大、疫情对农业农村造成深远影响、农村居民持续增收压力增大、农产品竞争力相对不足以及乡村治理与建设困境等方面的问题与挑战,这些问题如不能得到有效解决,必将成为四川今后乡村振兴工作道路上的阻碍与隐患。

(一)粮食安全保障压力持续加大

四川省是农业大省,近年来四川粮食生产连年丰收,为国家粮食安全做出了应有的贡献。在新冠疫情全球蔓延的背景下,国际形势剧烈变化,全球粮食市场剧烈震荡,通过国内粮食生产来满足全国粮食消费需求的要求越来越高。但是,四川省也不同程度地存在耕地“非农化”“非粮化”问题,对“藏粮于地”形成了挑战。一是由于种植经济作物的经济价值基本高于种植粮食作物,部分村民用承包地种植经济作物造成农地非粮化现象凸显;二是部分农户由于长期在外务工或家庭缺少劳动力等情况,承包地因无人耕种而产生抛荒现象;三是部分个人或组织打着流转土地的幌子,在流转土地后进行非农化、非粮化的经营与使用等,这些问题如果得不到有效解决,将对粮食安全造成极为不利的影响。

(二)疫情对农业农村的影响深远

2020年年初,新型冠状病毒感染肺炎疫情在武汉暴发,而后蔓延至全国。后由于疫情持续致使各地纷纷采取严格防疫措施,受此影响,农业生产以及农村建设与生活受到冲击。尽管中国已进入“后疫情”时代,经济逐步复苏,但新冠疫情对农村的生产、生活、社会等都有着深远的影响。首先,在产业端,表现为产值受损、经营主体收缩规模甚至破产、信息不对称以及销售渠道单一问题暴露;其次,在生活方面表现为人与人之间的关系疏远、享乐主义有抬头趋势;最后,从脱贫攻坚以及乡村振兴战略角度看,脱贫工作因疫情的突然爆发被打乱,虽然如期完成了消除绝对贫困的任务,但在速度与质量上均造成了不同程度的影响,已有的脱贫成果面临考验,群众的返贫、致贫的风险加大,导致巩固拓展脱贫攻坚成果同乡村振兴有效衔接之间形成了一定的迟滞。

(三)农民持续增收压力不断增大

在宏观经济形势持续下行、国内外经济形势错综复杂的环境下,农民就业增收的不确定性增加。在全省农民的收入结构当中,经营性收入和工资性收入之和占全部收入的近70%。受疫情影响,一是农产品运输受到一定影响,在一定程度上存在难卖现象,旅游业也受到严重打击,从管制措施最为严格的上半年来看,1—6月乡村旅游接待游客4865万人次,同比下降61.3%;实现总收入797亿元,同比下降50.2%。二是外出务工人员的跨区域流通受到限制,用工单位也因出现经营困难而采取减少用工以及降低工资的措施进行应对,虽然全省借助率先建立健康证明互认机制、开展农民工外出务工健康证明服务、实施“点对点、一站式”送农民工安全返岗的“春风行动”、对企业进行纾困帮扶等措施,在一定程度上缓解了疫情对外出务工的不利影响,但无法完全消除疫情带来的影响,在疫情无法短时间消解的背景下,农民的增收压力不断增大。

(四)农产品市场竞争力相对不足

四川是全国重要的粮油、生猪生产基地,许多农产品产量处于全国前列,但目前在产品品质、生产成本方面竞争力相对不足。一是相比全国其他地区,四川农作物病虫害呈多发、频发、重发态势,仅年发生面积占种植面积20%以上或常年年均损失在15%以上或重发年份潜在产量损失达30%以上的病虫害就多达15种之多。二是农民对化肥、农药、除草剂、杀虫剂、农膜等化学投入品的过度依赖和不合理使用导致四川省化学制剂的使用常年保持在5万吨左右的高位水平,在增加了生产成本的同时加重了土地的面源污染,导致四川农产品的产品成本和产品质量竞争力不够强。三是四川农产品发展存在区域布局不合理的现象,部分优势品种区域主导产业地位不突出、上下游产业之间相互衔接不够紧密,在很大程度上削弱了四川农产品的竞争优势。

(五)乡村治理以及建设面临的困境

在乡村治理中存在乡村精英群体流失严重、村民自治功能弱化、民主监督落实不力等问题。一是近年来城镇化以及在城市生活工作所获得效用的影响,农村人口大量流入城市,导致农村地区空心化现象日趋严重,在农村地区留守的大部分为老年人与妇女儿童,导致在基层治理之中出现参与不足现象。二是在现有格局之下,政府对于农村地区的直接管理与行政推进的项目增多,导致部分村民对政府形成过度依赖,对于自治事务的参与能力与意识不足,部分地区原有的村民自治功能趋于弱化。三是自身民主意识缺乏和传统思想影响,使得村民不愿或不能正确合理地实行民主监督的权利,导致在部分乡村中民主监督落实不力。四是随着我国改革进入深水区以及多元主体进入乡村,各方因利益产生的冲突以及纠纷增多,使得乡村治理变得更为复杂。

三、2021年四川省农业农村经济形势预测与展望

2021年是“十四五”开局之年,是第二个百年奋斗目标新征程的开启之年。在这前一个五年计划的收尾和后一个五年计划的开篇过渡阶段,2021中央“一号文件”《关于全面推进乡村振兴加快农业农村现代化的意见》是党中央连续十八年发布聚焦“三农”问题,习近平总书记在决战决胜脱贫攻坚座谈会上指出,要接续推进全面脱贫与乡村振兴有效衔接。在新的历史时期,四川省农业农村的发展面临重大的机遇,但未来发展道路上也将面对国内外经济社会环境的一系列不稳定和不确定因素,也是机遇与挑战并存的一年。

(一)发展机遇

面对前所未有的新冠肺炎疫情的冲击以及错综复杂的国内外政治和经济环境,四川省委、省政府立足自身,统筹开展常态化和应急性疫情防控措施,取得疫情防控的胜利,为经济建设环境营造以及国内大循环格局形成奠定了安全基础。全省经济持续稳定恢复，为高质量发展的经济强省建设打下了坚实基础。全省“一干多支、五区协同”的区域新格局加速形成，以成渝地区双城经济圈建设上升为国家战略为重要发展契机，成德眉资同城化战略快速推进，并以成德眉资形成城市多个中心构筑的城市群和都市圈建设将在“十四五”期间极大地改变城乡空间格局，重塑大城市、城镇和乡村的资源配置和空间，对形成有机融合的城乡体系将有重大推动作用，并将带动与此相关的重大基础设施、交通公路建设等，为乡村振兴带来不可估量的机遇。城市产业的重新构建将直接推动城乡的快速融合，未来实现脱贫攻坚与乡村振兴有效衔接的途径更为广阔，城乡三产融合和农民收入来源拓展紧密结合。2020年，四川省在新冠肺炎疫情影响下缓慢复工复产，政府通过刺激消费、提升营商环境等各项举措并进，为经济增长的基本面打好了基础。

与此同时，全省“一干多支、五区协同”的区域新格局加速形成，经济发展协调性不断增强。2020年，成都平原经济区GDP增长4%；川南经济区、川东北经济区GDP分别增长4.2%、3.8%；攀西经济区增长3.9%；川西北生态经济区加快发展，增长3.4%，各区域显示了强劲的经济恢复发展的势头。数据显示，2021年一季度，四川全省实现社会消费品零售总额5628.4亿元，同比增长29.9%，两年平均增长6.3%，消费市场延续了上一年逐季恢复的态势，呈现恢复性较快增长。2021年，在成渝经济圈建设的国家战略和成德眉资同城化战略的共同加持下，四川经济社会发展将迈上历史新台阶，四川农业和农村的发展和乡村振兴战略的落地实施也处于变革和深入推进的新的历史阶段。

（二）挑战和风险

尽管国内经济进入常态化的增长轨道，特别是国内复工复产逐步有序推进，极大振奋了城乡消费者的信心。但从全球来看，当前我国发展的外部环境依然复杂严峻，新冠肺炎疫情的影响未根本消除，不稳定不确定因素较多；国内发展不平衡不充分问题仍比较突出，经济恢复基础不牢固，国内外有效需求不足，城乡低收入人群就业和增收难度大，实现共同富裕的目标任重而道远。主要面临的挑战有以下方面：

1.新冠疫情“外防输入，内防反弹”的压力一直存在

全球新冠疫情尚未被最终遏制，尤其印度疫情的大面积爆发给世界经济带来巨大威胁。四川和中国其他区域也零星出现过多点散发病情以及聚集性疫情的反弹，因此，从大方向来看，政府还会继续加强疫情总体防控，常态化疫情防控措施不得放松，严格“外防输入，内防反弹”，这对未来经济恢复的信心和潜在的投资产生不可持续的影响。在“十四五”的开局之年，最首要的发展基础就是保持“疫情不发生，发生了不蔓延”，为国民经济和社会发展创造一个安定的环境，而内外疫情防控的压力不减，国内内需市场的恢复缓慢，要稳定农业和农产品的产业链和供应链，以及增强出口供给能力和扩大进口需求等都是不小的挑战，尤其是恢复和拓展国外市场的难度更大。自从2008年金融危机以后，中国的国际市场增长放缓甚至萎缩，新冠疫情防控期间，过去这种出口带动的经济发展模式面临巨大挑战，国外市场和消费信心的快速恢复尚需时日。

2.世界经济形势直接影响我国经济外循环战略

2021年，世界经济复苏和疫情控制效果的相关性极大，严峻的形势对我国经济的外循环带来很大影响。首先，新冠疫苗的接种尚未普及，多国疫情防控隔离措施收紧，产业链、供应链断裂风险将增加，全球产出缺口短期内难以填补，经济复苏可能更加漫长曲折；其次，世界金融风险加大。2020年，为应对疫情冲击推出空前规模的财务政策和货币政策，世界主要经济体债务水平突破历史高位。根据国际金融协会数据，其债务水平是全球GDP的370%，尽管数据显示2020年三季度西方发达国家经济强劲回升，但四季度又重陷收缩，因此，2021年全球经济形势具有较大不确定性和风险，直接影响到我国经济的外循环战略的实施。同时，中国与一些国家的贸易摩擦逐步加剧，直接影响到国际粮食贸易。疫情下全球粮食安全受到巨大冲击，一些重要粮食出口国限制粮食出口，其粮食安全也受到威胁。国际粮食贸易的不确定性凸显我国粮食安全的重要性，保障14亿人的基本口粮，继续立足自身做好粮食的自给，也要确保全球粮食贸易的顺畅和有序，落实我国提出的“双循环”战略，需要我国更高水平的开放和外循环来支撑和促进。

3.国内经济内循环有效需求不足

中国共产党第十九届中央委员会第五次会议提出“加快形成以国内大循环为主体、国内国际双循环相互促进的发展新格局”的大战略，以国内大循环为主的经济发展模式，在进一步拓展国内市场、刺激消费的过程中，如何培养国内市场新的增长点至关重要。但是目前来看，市场还在疫情后的逐步复苏中，消费者的有效需求严重不足，最突出的是消费恢复仍然滞后，民间投资规模还没有完全恢复。2020年，社会消费品零售销售总额同比下降3.9%，消费比投资增速低了6.8个百分点。制造业投资市场70%以上是民间投资，且制造业投资市场低迷，市场不被看好。疫情冲击下，居民收入增长放缓，消费倾向明显下降。国内大循环的主体是城市消费群体，但受国内外疫情影响，其消费能力和水平受到很大抑制和下降。在后疫情时代，尚需拓展城市消费群体在乡村和农产品的消费，而乡村消费群体的消费行为和习惯仍需培育，乡村居民的整体收入水平仍需大幅提升，因此要实现我国通过内循环逐步改善民生为根本导向、提高收入、实现共同富裕的目标还有诸多障碍。

4.农村劳动力就业形势不容乐观

线下个体工商户和中小企业的发展仍在缓慢恢复中，餐饮、旅游、交通等服务行业仍没有完全恢复，而这些行业对就业的带动力非常大，是吸纳就业尤其是农村劳动力的主体。全国2021年就业的大学生再创新高，预计达到909万人，再创历史新高。他们面临巨大的就业压力，低文凭和专业技术能力欠缺的农村劳动力的就业形势更不容乐观，而对技术和学历要求相对不高、吸纳劳动就业比重较高的服务业在过去一年受到巨大冲击，制造业投资的水平相当于疫情前的96%左右，制造业投资同比增长29.8%，两年平均减少2%，企业的投资热情不足，对农民工就业吸纳的能力就有限。农民工在大城市及其周边地区就业形成的务工收入在其家庭收入结构中占比最高，而在目前农村外出务工人员就业难的形势下，要增收甚至恢复常年务工收入的困难都很大。

（三）预测与展望

1.“三农”“压舱石”作用将继续发挥

2021年，在四川省委、省政府的科学统筹疫情防控和促进经济发展的共同举措下，根

据2020年省委、省政府提出的“农业多贡献、工业挑大梁、投资唱主角、消费促升级”工作思路，2020年四川省农林牧渔业增加值总量突破5000亿元，增速创近15年新高。2021年一季度四川省地区生产总值11859.24亿元，同比增长15.8%，两年平均增长6%。其中，第一产业增加值888.57亿元，同比增长10.3%，两年平均增长4.3%，对经济增长支撑作用明显。2021年，随着疫情的缓解，国内经济大循环模式将发挥作用，三农的“压舱石”作用将更为显现，为国内大循环的消费群体提供基本的粮食安全和重要农产品保供基础，为都市圈的建设和可持续发展发挥出重要的基础作用。

首先，2021年要继续稳步提高粮食产量。落实“藏粮于地”“藏粮于技”战略，确保粮食播种面积和产量只增不减，实行粮食安全党政同责。保护和调动农民种粮的积极性，采取“长牙齿”的硬措施，压实耕地保护主体责任，落实最严格的耕地保护制度，提升粮食主产县综合生产能力，划定非主产县粮食面积、产量和自给率底线，继续推进“优质粮食工程”，深化“天府菜油”行动，建设一批“鱼米之乡”。分类压实粮食生产责任，尽快出台四川省粮食安全保障条例。

其次，确保“菜篮子”产品的供给。落实“菜篮子”市长负责制；预计2021年生猪生产基本恢复到常年水平；稳定蔬菜、水果等生产面积，推进牛羊、小家畜禽和水产健康养殖；确保“菜篮子”产品的生产、储存、加工、物流、销售整个产业链的通畅有序；继续开展对非洲猪瘟的疫病防控和对生猪生产的扶持，加快产业转型升级，为“菜篮子”产品建立健全重要农产品市场预测预警机制，增加绿色优质农产品供给。

再次，建设高标准农田工程。预计2021年新建高标准农田470万亩，“十四五”期间新建1000万亩以上。加大高标准农田建设补助力度，确保中央和省、市、县财政补助资金每亩共计不低于3000元。

2.农产品产供销全产业链将更加通畅

新冠疫情对农业经济造成的最大影响在农业产业链中的运输环节，并直接影响到农产品的产供销的全产业链的通畅。因受疫情影响，各地实施严格的交通封锁，致使农产品运销受阻，部分出口渠道被封，出现产销对接问题。2021年，在实施农业现代化的建设的过程中，需提升农产品产供销产业链的现代化水平，加强农产品现代化基地建设、物流冷链、交通设施、农产品流通网络等各个环节，畅通农产品全产业链环节。

3.金融继续支持加强农业现代化建设

据2020年统计数据显示，全省农业融资担保公司新增农业担保业务超过100亿元。累计全省到位的乡村振兴农业产业发展贷款风险补偿金21.3亿元。同期，全省累计发放贷款超过155亿元、发行乡村振兴专项债95.4亿元，有力支持了人居环境整治、高标准农田建设和现代农业园区建设等重大工程。根据四川省农业农村“十四五”规划确定的六大目标任务和23个专项规划，2021年，四川将继续搭建政府、银行、保险、担保、主体等多方合作平台，加大农业贷款和乡村振兴专项债的发行力度支持实施乡村振兴战略，全面实现农业现代化，全面建立多方参与的金融支持“三农”工作长效机制。

4.脱贫攻坚后人才支撑体系逐步建立

2021年，四川省将脱贫攻坚与乡村振兴紧密地衔接起来。脱贫攻坚“摘帽”后，设立五年的过渡期，是“三农”工作重心的历史性转移。省委、省政府将继续围绕过去的深度贫困县经济社会发展急需领域特别是产业扶贫项目，采取“人才+团队+项目”模式，聚焦决策咨询、技术指导、人才培养等重点任务，为深度贫困地区产业发展、脱贫奔康提供了强有力的科技支撑和人才保障。同“科技扶贫万里行”活动一并，2021年启动了“科技下乡万里行”活动，将“科技扶贫万里行”整体拓展为“科技下乡万里行”活动，以科技下沉、人才下沉助力全面推进乡村振兴。在四川全省遴选374项需求作为帮扶项目，保持“三州一市”原45个深度贫困县专家服务团总体稳定，其他17个市按主导产业需求，跨单位、跨层级、跨领域重新遴选专家，新增60个专家服务团，对受援地开展定点科技服务。同时，在做好组织保障、组织协调、信息沟通的基础上，统筹整合现有专家智力优势项目，提高服务的针对性和实效性。

5.现代农业体系的支撑性短板将继续补齐

2021年，省委“一号文件”提出实施乡村振兴战略，全面实现农业现代化，是推动四川农业现代化的关键一年。到2022年年底，四川将建成现代农业产业融合示范园区1000个，形成产业链完整、功能齐全、业态多样、利益联结紧密、产城融合更加协调的新格局。针对四川省现代农业种业、装备和烘干冷链物流等产业发展相对落后的现状，农业现代化的实现首要是筑牢农业基础，加强种质资源保护和利用，基本实现种养业循环协调发展；针对农业现代化装备和设施还比较落后的现状，抓好农业装备数字化水平，开展新一轮农机购置补贴政策，以科技为引领实现农业现代化；针对农产品运输过程的保鲜储存问题，建设农产品仓储保鲜物流设施，发展乡村现代物流业，解决农产品产地“最先一公里”和城市配送“最后一公里”问题，构建农村现代流通体系；针对各地产业不突出、特色挖掘不充分的现状，强调发展现代农业园区，发展“一村一品”“一乡一业”“一县一特”，由此来辐射带动区域的产业发展，建设农业产业强镇、优势特色产业集群、特色农产品优势区，实现优质资源的重新组合，全面推动农业现代化发展。

大 事 记

一 月

【1月6日】 中央农办、农业农村部、中央宣传部、民政部、司法部联合发出通知，公布全国乡村治理示范村镇名单，都江堰市柳街镇、自贡市贡井区建设镇、射洪市金华镇、大竹县庙坝镇、眉山市东坡区白马镇、安岳县岳新乡6个乡(镇)获评全国乡村治理示范乡(镇)，成都市温江区和盛镇土桥村等60个村获评全国乡村治理示范村。

【1月9日】 省委书记、省脱贫攻坚领导小组组长彭清华主持召开省脱贫攻坚领导小组第三十次会议并讲话。彭清华强调，要深入学习贯彻习近平总书记关于扶贫工作的重要论述，全面落实党中央和省委各项决策部署，切实增强时不我待、只争朝夕的紧迫感责任感，聚焦“两不愁三保障”标准，聚焦深度贫困地区，一鼓作气、乘势而上、决战决胜，全力以赴高质量打赢脱贫攻坚收官之战。

【1月10日】 宜宾林竹产业研究院和宜宾学院竹学院授牌仪式在宜宾市临港经开区举行。宜宾市政府、浙江农林大学和宜宾学院三方共同签署共建宜宾学院竹学院协议书。

同日 由四川省歌舞剧院有限责任公司、雅安市委宣传部、雅安市文化体育和旅游局联合出品的国家艺术基金资助项目、民族舞剧《茶马古道》在四川大剧院首演。

【1月14日】 全省粮食安全和生猪稳产保供工作会议召开。省长尹力出席会议并讲话，强调要深入贯彻习近平总书记重要指示精神，落实李克强总理重要要求，压紧压实粮食安全责任制和“菜篮子”责任制，以高度的责任感紧迫感扎实做好生猪稳产保供和粮食安全各项工作，更好满足全省群众日常生活需求，为全国农产品供应做出贡献。省委副书记邓小刚主持会议。

【1月16日】 全省农田水利基本建设现场会暨川粮油产业体系建设推进会在西充县召开。全省将推动建设380万亩高标准农田，力争到2022年建成高标准农田4500万亩以上。省委常委、省直机关工委书记曲木史哈出席会议并讲话。

同日 四川省第六届“稻香杯”优质米评选结果出炉，“宜香优2115”等25个品种榜上有名，其中“宜香优2115”等5个品种获得“稻香杯”优质米特等奖、“野香优2998”等10个品种获得“稻香杯”优质米一等奖、“秋乡851”等10个品种获得“稻香杯”优质米奖。

【1月19日】 科技厅等5部门联合印发《关于切实推进四川省农业科技园区建设发展的指导意见》《四川省农业科技园区管理办法》，提出到2022年全省重点建设国家园区10家、省级农业科技示范园区20家。

同日 省委农村工作领导小组2020年第一次会议在成都市召开会议。会议要求要深入学习贯彻习近平总书记关于“三农”工作的重要论述，落实中央农村工作会议和省委、省政府有关会议精神，总结上年工作，研究部署全年工作，确保全省农村同步全面建成小康社会。省委副书记、省委农村工作领导小组组长邓小刚主持会议并讲话。

【1月20日】 2020年四川民族团结进步示范村建设项目评审结果揭晓，若尔盖县辖曼镇西仓村、九寨沟县陵江乡七里村、松潘县毛尔盖镇索花村、小金县沃日镇官寨村，稻城县色拉乡八美村、康定市金汤镇青杠一村、德格县达马镇美丽村、乡城县香巴拉镇色尔宫村，西昌市裕隆乡兴富村、喜德县冕山镇五合村10个村被评为民族团结进步示范村，每个示范村将获得1000万元补助。

二 月

【2月8日】 四川省应对新型冠状病毒肺炎疫情应急指挥部印发通知，要求各地各部门组织实施《加强疫情防控期间农村群体性聚餐监管八条措施》，将疫情防控期间禁止农村群体性聚餐工作纳入疫情防控工作统筹部署，并明确所称群体性聚餐是指2户及以上家庭人员聚集聚餐(含农村自办群体性宴席)；单户家庭，即日常生活在一起的一家人用餐不视为群体性聚餐。

【2月9日】 全省“春风行动”全面启动，蓬溪县169名农民工经过健康检查乘专用客运

车到广东省各地返岗。

【2月12日】 省应对新型冠状病毒肺炎疫情应急指挥部第十次会议暨全省春耕生产工作视频会在成都市召开。会议要求,各地各有关部门务必要确保农村疫情防控和农业生产两手抓、两不误。省委常委、省直机关工委书记,省农村地区疫情防控工作专班召集人曲木史哈出席会议并讲话。副省长、省农村地区疫情防控工作专班副召集人尧斯丹主持会议。

【2月13日】 省长、省应对新型冠状病毒肺炎疫情应急指挥部指挥长尹力主持召开专题会议,研究部署全省农村疫情防控和农业生产工作,强调要一手抓疫情防控,一手抓春耕生产,坚决遏制农村地区疫情蔓延扩散,坚决把农业生产发展好,努力完成全省经济社会发展各项目标任务。

【2月16日】 广元市昭化区与浙江省嘉善县联合组织154名四川农民工乘坐包机到嘉善县返岗就业。

【2月18日】 省政府发布《关于批准叙永县等31个县(市)退出贫困县的通知》,同意31个县(市)退出贫困县序列。至此,四川藏区贫困县全部"摘帽"。凉山州有4个县退出贫困县,这是凉山州首次有贫困县"摘帽"。

【2月21日】 省林草局印发《关于做好2020年四川草原工作的通知》,提出2020年四川草原保护与发展工作的目标,计划修复治理退化草原900万亩,草原综合植被盖度达到85.8%。

【2月28日】 国家发展改革委下发《关于印发生态综合补偿试点县名单的通知》,汶川县、若尔盖县、红原县、白玉县、色达县获批全国生态综合补偿试点县。

三　月

【3月2日】《挂牌督战凉山州脱贫攻坚工作方案》印发。全省将对凉山州7个未"摘帽"贫困县和300个未退出贫困村进行挂牌督战,确保剩余贫困人口如期脱贫、贫困村顺利退出、贫困县全部"摘帽"。

【3月13日】 省脱贫攻坚办印发《挂牌督战凉山州易地扶贫搬迁等6个工作方案》,对凉山州一些薄弱环节和重点工作分行业组建工作专班,挂牌督战易地扶贫搬迁、农村危房改造、安全饮水、就业扶贫、农业产业扶贫、消费扶贫六项工作。

【3月23日】 农业农村厅提出推进全省畜牧业机械化"路线图",今后6年,全省将重点锁定规模化养殖场、主要畜牧种类等,研发推广畜禽饲养管理设备。预计到2025年年底,全省畜牧业总体机械化率将突破50%;"路线图"总体目标主要建立在主要畜牧种类机械化水平提升上,预计到2025年年底,全省奶牛规模化养殖机械化率超过80%,生猪和家禽规模化养殖机械化率超过70%。同时,川内大型规模养殖场基本实现全程机械化。

【3月24日】 人力和资源社会保障厅和省扶贫开发局联合发出通知,决定从提高思想认识、夯实就业扶贫基础数据、加大有组织劳务输出力度、促进就近就地转移就业、统筹公益性岗位安置就业、做好重点区域就业帮扶、推动务农就业增收、优化线上服务线上培训、加强关心关爱、强化组织领导十个方面做好全省就业扶贫工作。

同日 自然资源厅与成都理工大学签署战略合作协议,双方将在地质灾害隐患早期识别、地质灾害监测预警、突发重大地质灾害应急调查等方面展开合作,计划联合成立四川省地质灾害监测预警技术服务中心,为全省科技防灾工作提供技术支撑。

【3月27日】 全省乡(镇)行政区划调整改革工作总结暨村级建制调整改革工作推进会议在成都市召开。省委书记、省人大常委会主任彭清华出席会议并讲话。彭清华强调,乡(镇)行政区划调整改革和村级建制调整改革都是打基础、利长远、系全局的重大改革,全省上下要总结用好全省乡(镇)行政区划调整改革经验,顺势而为推进村级建制调整改革,以更大决心、更大力度把改革推向深入,为推动治蜀兴川再上新台阶奠定基层基础。

【3月31日】 省委农村工作会议在成都市召开。会议要求要深入学习贯彻习近平总书记关于"三农"工作的重要论述和对四川工作系列重要指示精神,认真落实中央农村工作会议精神,以及省委书记彭清华和省长尹力对做好全年"三农"工作的批示要求,总结工作、分析形势,安排部署全省"三农"重点工作。省委副书记、省委农村工作领导小组组长邓小刚出席会议并讲话。会议宣读了四川省实施乡村振兴战略工作先进县(市、区)、先进乡(镇)、示范村,四川省星级现代农业园区,2019年度全省农村改革和农民增收工作先进县(市、区)文件。成都、绵阳、广元、内江、南充、眉山6个市作了交流发言。会议以电视电话会议形式开到市、县。副省长杨洪波主持会议,副省长尧斯丹对全年工作作具体安排,省人大常委会副主任、党组成员刘作明、李云泽,省政协副主席祝春秀出席会议。

同日 凉山州木里县、西昌市、冕宁县、盐源县发生森林火灾。省委、省政府高度重视,省委书记彭清华、省长尹力第一时间作出批示,对救灾工作提出明确要求。

四　月

【4月1日—2日】 省委书记彭清华到凉山森林火灾一线督促指导扑火救援工作,推动习近平总书记对凉山森林火灾作出的重要指示在凉山州落地落实。彭清华强调,凉山州要坚决把思想和行动统一到习近平总书记重要指示和党中央、国务院部署要求上来,坚持安全第一、生命至上,坚持科学扑救、精准调度,切实压紧压实各级主体责任,统筹用好各方救援力量,尽快扑灭凉山境内所有山火,坚决遏制事故灾难多发势头,确保人民群众生命财产安全。

【4月2日】 由文化和旅游厅、农业农村厅、南充市政府主办,仪陇县政府、南充市文广旅局、南充市农业农村局承办的四川省第十一届(春季)乡村文化旅游节在仪陇县朱德故里景区举行。副省长杨兴平宣布旅游节开幕。该届乡村文化旅游节以"安逸走四川·春游到仪陇"为主题,是新冠肺炎疫情逐步缓解后四川省举办的第一项省级文化旅游活动。南充市市长吴群刚主持开幕式。文化和旅游厅、农业农村厅、省民族宗教委、公安厅、人力资源社会保障厅、住房和城乡建设厅、交通运输厅、省市场监管局、省统计局、省经济合作局有关负责人,以及全省21个市(州)政府及文旅部门、天府旅游名县及候选县有关负责人、旅游行业人员、新闻媒体代表参加开幕式。开幕式上,文化和旅游厅发布了50条2020四川乡村旅游春夏精品线路和六大乡村旅游主题产品。由四川省自驾与营地协会发起的"自驾游仪陇"活动发车仪式同步启动。全省各市(州)、县(市、区)分会场同步开展157项文化旅游活动。同时,举行四川省乡村文化旅游节会旗交接

仪式，四川省第十一届（夏季）乡村文化旅游节将移师南江县。

【4月9日】 人力资源社会保障厅、省扶贫开发局、省发展改革委联合发出通知，要求从6个方面着力进一步促进建档立卡贫困劳动力就业增收，加大转移就业促增收，各地依托东西部扶贫劳务协作、省际劳务协作等多渠道促进建档立卡贫困劳动力转移就业；年满16周岁以上建档立卡贫困劳动力通过多种途径得到的全部劳动报酬和各种福利计入建档立卡贫困户就业扶贫收入。

【4月10日】 长江经济带小水电清理整改工作电视电话会议举行。会议通报，全省共有小水电5010座，需整改完善和退出的小水电4705座，占比为94%。其中，需整改完善的小水电3737座、退出小水电968座。

【4月14日】 自然资源厅发布全省耕地和永久基本农田保护情况，截至4月，全省耕地总面积1.0084亿亩，比国家确定的9448万亩耕地保有量目标多出636万亩。全省21个市（州）、183个县（市、区）划定永久基本农田7806万亩，超过国家确定的7793万亩永久基本农田保护目标任务。全省184个县（市、区）共划定永久基本农田储备区253万亩。

同日 根据国家部委安排，全省已完成大豆扩种50万亩分解下达任务，并落实到具体地块。扩种的50万亩大豆每亩将补助150元，这是四川省首次对大豆种植予以补贴。

【4月21日】 印发《四川省农村生活污水治理三年推进方案》，明确各阶段目标，将农村生活污水治理工作开展情况纳入省级生态环境保护督察范畴。根据《方案》，到2020年年底，全省50%以上的行政村生活污水得到有效治理，污水处理率和资源化利用率明显提高，生活污水乱排乱放现象明显减少；到2021年年底，全省60%以上的行政村生活污水得到有效治理，生活污水乱排乱放现象得到有效管控；到2022年年底，力争全省65%以上的行政村生活污水得到有效治理，农村人居环境质量明显提升，走出具有四川特色的农村生活污水治理之路。

同日 农业农村部、财政部组织完成2020年优势特色产业集群建设评审工作，并公示2020年全国优势特色产业集群建设名单，这是全国首次启动相关建设。列入名单的50个产业集群中，四川省有两处上榜，分别是四川川猪产业集群、四川晚熟柑橘产业集群。

同日 55名专家到凉山州布拖、普格、昭觉等12个县同步开展决战决胜脱贫攻坚智力服务基层示范活动。这是2020年全省首期专家智力服务基层示范活动，也是该活动自2007年开展以来单次成团人数最多、规模最大的一次，参与活动的55名专家来自电子科技大学、四川省人民医院、四川省农业科学院等32家在川高校、医院和科研院所，包括四川省学术和技术带头人、四川省有突出贡献的优秀专家、四川省海外高层次留学人才和享受国务院政府特殊津贴专家等。

【4月23日】 攀枝花市举行150万头优质生猪产业化投资项目签约仪式。四川巨星企业集团与攀枝花市盐边县、仁和区、米易县分别签订合作协议，计划投资45亿元，6年内在攀枝花市建设具有世界一流水准的生猪产业链。

【4月26日】 水利部公布55个第一批水系连通及农村水系综合整治试点县名单，四川省崇州市、隆昌市、米易县入选，是入围县（市、区）最多的省份之一。

同日 昭觉县易地扶贫搬迁县城集中安置点住房分配大会在昭觉县拉莫足球场举行。该安置点是全省规模最大的易地扶贫搬迁安置点，将安置昭觉县28个乡（镇）、92个边远山村的3900余户1.8万余名贫困群众。

【4月29日】 国务院扶贫办与省委、省政府联合召开四川省深度贫困地区脱贫攻坚工作推进会。国务院扶贫办副主任洪天云，省委常委、省直机关工委书记曲木史哈出席会议并讲话。会议通报，凉山州未脱贫贫困户住房建设完成率达90%以上，集中安置点分房到户工作全面启动。

同日 生态环境厅与中国农业发展银行四川省分行签署合作协议。根据协议，中国农业发展银行四川省分行将在3年内力争向全省生态环境领域重点项目提供总额不低于500亿元的融资支持。

五　月

【5月2日】 国家林草局发文批准组建10家国家级林草工程技术研究中心，其中四川省占3家，这也是四川省林草系统首次获批组建国家级林业草原工程技术研究中心。3家中心分别是依托四川凌盾生态农业科技开发有限责任公司组建的国家林业草原漆树工程技术研究中心，依托四川农业大学组建的国家林业草原红豆杉西南工程技术研究中心，依托四川省草原科学研究院组建的国家林业草原青藏高原高寒草地生态修复工程技术研究中心。

【5月6日】 "万企帮万村"精准扶贫行动提质增效推进大会在成都市召开。会议组织民营企业捐款捐物，共捐赠脱贫攻坚资金1005万元；签署12个协议，涉及投资项目、消费扶贫、教育扶贫及就业技能培训等，项目投资金额达7.15亿元，将提供就业技能培训3000人次、就业岗位1745个。

【5月12日】 国务院办公厅印发通报，包括四川省在内的全国14个省（区、市）在2019年脱贫攻坚成效考核中被认定为完成年度计划、减贫成效显著、综合评价好，中央财政专项扶贫资金分配给予奖励。

【5月19日】 联合国粮农组织（FAO）召开亚洲粮食安全国际研讨视频会。农业农村厅植保站作交流发言，这是四川省首次在联合国粮农组织发言。

【5月20日】 省委农村工作领导小组印发《川粮油产业振兴工作推进方案》，下达今后3年全省粮油产业绿色高质量发展目标。预计到2022年，四川粮食总产量稳定在350亿千克，油菜籽产量超过31.5亿千克，继续保持全国第一油菜生产大省地位。

【5月21日】 国务院四川森林草原防灭火专项整治督导组一行到汶川县漩口镇、卧龙特别行政区督导调研森林草原防灭火工作。督导组先后听取了漩口镇、卧龙特别行政区开展森林草原防灭火工作的汇报，查阅了相关工作资料和值班值守记录，检查了森林草原防灭火工作物资储备情况，并临时设置应急演练项目，要求就近紧急集结地方半专业扑火队伍，以检验乡（镇）扑火能力。

【5月22日】 省财政下达2020年度第二批财政专项扶贫资金45.5亿余元，其中中央资金29.4亿元、省级资金16.1亿元。该批资金将重点用于改善建档立卡贫困村、建档立卡贫困户生产生活条件和增收脱贫，结合当地脱贫攻坚实际因地制宜自主确定项目，主要包括扶贫发展、少数民族发展、国有贫困农场、国有贫困林场四大支出方向。

【5月31日】 省委农村工作领导小组印发《川粮油产业振兴工作推进方案》，勾勒出今后3年全省粮油产业发展蓝图。

六　月

【6月2日】 全省下达2020年度第三批财政专项扶贫资金约4.5亿元，其中中央资金4.2亿元、省级资金2800万元。该批资金将重点用于改善建档立卡贫困村、建档立卡贫困户生产生活条件和增收脱贫。

【6月8日】 来自浙江省湖州市南浔区的5000余只优质湖羊抵达广安市广安区石笋镇龙岩村万只湖羊基地，标志着全国首个万只湖羊基地正式投用。

【6月12日】《四川省凉山州森林草原防灭火标本兼治总体方案(2020—2025年)》通过评审。《方案》旨在通过加快推进基础设施项目建设落地，从根本上提升凉山州森林草原防灭火能力。

同日　四川"天府龙芽·品质川茶"上海营销推广中心揭牌暨宣传品鉴活动周在上海市启幕，这是全省在省外建立的首个川茶营销推广中心。

【6月13日】 省植物工程研究联合达古冰川风景名胜区管理局在四川三打古省级自然保护区开展"四川省植物资源共享平台建设"科研项目外业调查，已发现2个国家一级重点保护野生植物独叶草分布地，数量8万～12万株。

【6月14日】 省林草局、省发展改革委、财政厅、自然资源厅联合印发《四川省天然林保护修复制度实施方案》，提出有效保护全省2.5亿亩天然林资源；到2035年，天然林持续稳定，生态承载力显著提高；到21世纪中叶，全面建成以天然林为主体的健康稳定、布局合理、功能完备的森林生态系统，全面实现天然林保护治理体系和治理能力现代化。

【6月15日】 全省粮食扩面增产和生猪生产转型升级现场推进会召开。会议通报，全省大春粮食扩种任务已基本完成。截至5月，全省已实现生猪存栏连续7个月增长。

【6月19日】 全省村级建制调整改革总结暨村民小组调整优化工作推进会议在成都市召开。会议强调，要坚决贯彻落实好省委、省政府的决策部署，认真总结村级建制调整改革经验，压茬推进村民小组调整优化，切实做好改革"后半篇"文章，为推动治蜀兴川再上新台阶奠定坚实的基层基础。省委常委、组织部部长王正谱出席会议并讲话。

同日　全省食用农产品合格证试行暨质量安全追溯管理推进培训会在洪雅县举行。会议通报，自2020年起，全省食用农产品合格证和追溯工作被正式纳入市(州)食品安全考核，以确保"舌尖上的安全"。

【6月25日】 全省完成大春粮食播栽面积7425万亩，占计划播种面积的95%以上，实际播种面积较上年略有增长，剩余未播栽部分基本预留为晚秋粮食种植地块。

【6月29日】 11时25分，世界第七、中国第四大水电站——金沙江乌东德水电站首批6号、7号机组完成72小时试运行，这标志着乌东德水电站首批机组正式投产发电，进入商业运行。全部机组计划于2021年7月前建成投产。

同日　全省"十三五"易地扶贫搬迁任务已全部完成，37.9万户136万余名农村建档立卡贫困人口搬进新居，搬迁规模位居全国第二。

同日　四川全域旅游示范区创建工作推进会在崇州市召开。会上，成都市青羊区、阆中市、兴文县、剑阁县等17家首批省级全域旅游示范区获得授牌。

【6月30日】 13时23分，随着理县110千伏夹壁变电站开关合闸成功，夹壁—马塘110千伏输变电工程正式投运。该线路是"三区三州"深度贫困地区电网建设四川境内最后一个项目。至此，四川境内1240个深度贫困地区电网建设项目全部完工，惠及1107个行政村、数十万人。

七　月

【7月2日】 第九届四川国际茶博会在成都世纪城新国际会展中心启幕。全省11个茶叶主产市1000余家企业集中亮相，川茶省级大区域公共品牌"天府龙芽"领衔名优绿茶、工夫红茶、茉莉花茶和藏茶等1300余个川茶产品同台斗艳，这是常态化疫情防控后国内举行的首个茶业展会。

【7月3日】 全省水产高质量发展现场推进会在眉山市举行。会议通报，截至6月中旬，全省已退捕渔船7700余艘，占总任务量的76%；已退捕渔民万余人，占总任务量的64.8%。

【7月6日】 在若尔盖县召开的黄河上游川甘青水源涵养区生态环境保护司法协作会上，四川省阿坝州、甘肃省甘南州、青海省果洛州的法院、检察院共同签署《黄河上游川甘青环境资源保护司法协作框架协议》，探索构建内部联动、外部协作、跨省跨区域的黄河上游生态保护协作机制，共同推动黄河上游生态环境资源保护和高质量发展。

【7月12日】 省发展改革委、省能源局联合举办四川省"三区三州"农网改造升级三年行动计划工作收官发布会。会议通报，全省"三区三州"农网改造升级三年行动计划全面收官，完成总投资68.3亿元，2415个行政村实现农网提档升级。

【7月17日】 省天然林保护修复研究中心挂牌成立，将为全省天然林保护修复提供技术保障和科技支撑，这是全国首家省级天然林保护修复研究中心。

同日　由文化和旅游厅、农业农村厅、巴中市政府主办，南江县政府、巴中市文广旅局、巴中市文旅集团承办的四川省第十一届(夏季)乡村文化旅游节在南江县光雾山景区举办，副省长杨兴平宣布旅游节开幕。该次乡村文化旅游节以"安逸走四川·避暑光雾山"为主题，成为跨省团队游恢复后全省举办的第一个省级文化旅游活动。开幕式上，巴中市副市长邱成平向游客发布了一批精品旅游线路。同时，四川省营地与自驾游协会对外发布了2020首批四川精品营地名单，并启动自驾游南江露营地活动。现场举行了乡村文化旅游节会旗交接仪式，四川省第十一届(秋季)乡村文化旅游节将移师自贡市自流井区。

【7月22日—28日】 国务院扶贫开发领导小组对四川省2020年脱贫攻坚工作情况开展督查。省委书记彭清华会见督查组一行。28日，在成都市召开的国务院扶贫开发领导小组督查四川省脱贫攻坚工作意见反馈会上，督查组组长、水利部副部长魏山忠反馈督查意见，省长尹力主持会议并作表态发言，省委副书记邓小刚汇报全省脱贫攻坚工作情况。

【7月23日】 由文化和旅游厅、乐山市政府共同主办的2020四川国际文化旅游节在犍为县开幕。开幕式上，2020中国四川(云端)大熊猫文化旅游周启动，向全球发布4条大熊猫栖息地之旅线路。这是文化和旅游厅开启的首个"云端"大熊猫文化旅游周。

【7月24日】 农业农村部办公厅、国家卫生健康委办公厅、生态环境部办公厅联合印发《农村厕所粪污处理及资源化利用典型模

式》，四川省蒲江县农村改厕范例入选全国9种农村厕所粪污处理及资源化利用典型模式，这也是全省唯一入选范例。

【7月29日】 若尔盖狼生态保护监测站在四川若尔盖湿地国家级自然保护区揭牌。这是全省首个狼生态保护监测站，将针对狼系统开展资源调查、种群监测、科学研究等工作。

【7月30日】 农业科技支撑脱贫攻坚与乡村振兴现场推进会在西昌市召开。会上，省农科院与凉山州政府签订"脱贫攻坚+乡村振兴"科技合作协议，并为共建的四川省农业科学院凉山分院揭牌。双方将重点围绕高效水果、马铃薯、食用菌等特色主导产业，通过联合技术攻关、共建研发平台等形式开展广泛合作，科技助力凉山7个未"摘帽"贫困县按时"摘帽"、已脱贫县依托产业发展不返贫，强化现代农业高质量发展科技支撑。

八 月

【8月3日】 省政府办公厅印发《关于切实加强高标准农田建设巩固和提升粮食安全保障能力的实施意见》。《意见》提出，2020年，全省累计建成4430万亩集中连片、旱涝保收、宜机作业、节水高效、稳产高产、生态友好的高标准农田。到2022年，建成5000万亩高标准农田，稳定保障全省粮食年产量350亿千克以上。

【8月7日】 阿坝州松潘综合应急救援大队和阿坝州松潘森林草原专业扑火大队揭牌仪式在松潘县川主寺镇消防站举行，实行"一套人马、两块牌子"，标志着阿坝州首支地方政府综合应急救援大队和森林草原专业扑火大队成立。

【8月11日—12日】 全省草原生态保护和现代草原畜牧业高质量发展现场推进会在红原县和若尔盖县召开。会议通报，"十三五"期间，全省每年实施草原禁牧7000万亩。

【8月18日】 省长尹力到乐山市指导抗洪抢险工作，看望慰问受灾群众和奋战在抗洪抢险一线的部队官兵、地方干部群众；到省气象局会商近期气象趋势，视频连线调度有关地方防汛减灾救灾工作，强调要认真学习贯彻习近平总书记关于防汛救灾工作的重要指示精神，坚持把人民群众生命安全放在第一位，统筹力量、科学救灾，坚决确保受威胁群众和救援人员生命安全，千方百计将洪水带来的损失降到最低。

【8月19日】 农业农村部重大技术协同推广项目全省茶叶标准化机采技术现场培训会在夹江县举行。会议通报，截至7月底，全省茶园采摘面积442.5万亩、毛茶产量24.8万吨、产值278.7亿元，分别增长6.5%、12.3%、21.8%；茶叶出口实现逆势增长，成都海关出口茶叶78批次、1349吨、228.8万美元，分别增长136.4%、272%、157.9%；186家规上茶企营业收入128.6亿元、利润8.6亿元，分别增长9.6%、2.4%。

【8月24日】 作为全省"两项改革"内容之一的全省村级建制调整改革工作取得阶段性成效：全省首批涉改建制村已全部完成挂牌运行，第一批涉改县（市、区）共减少建制村18110个，建制村平均辖区面积从10.7平方千米增加至17.7平方千米，超过全国平均水平；建制村平均常住人口从877人增加至1458人，达到全国平均水平，建制村数量多、分布密、"空心化"等问题得到解决。

【8月25日】 全省66个国家级贫困县入驻贫困地区农副产品网络销售平台（简称"扶贫832平台"），扶贫产品累计销售总额突破亿元，达到1.09亿元。

【8月27日】 "大竹海"文旅发展联盟在长宁县成立。四川、重庆、贵州、云南4省（市）的40个县（市、区）携手，将整合竹类资源，优化要素配置，共同搭建品牌发展一体化新平台，做实、叫响、擦亮"大竹海"品牌。

九 月

【9月2日】 全国稻渔综合种养发展提升现场会在隆昌市举行。会议发布了《稻渔综合种养技术规范稻虾》《稻渔综合种养技术规范稻鳅》和《稻渔综合种养技术规范稻鳖》3个种养模式标准。

【9月3日】 国家自然资源督察成都局召开2020年土地例行督察动员部署会，标志着国家对四川省新一轮土地例行督察启动。

【9月4日】 四川省消费扶贫月活动启动仪式暨"四川消费扶贫馆"开馆仪式在成都农产品中心批发市场举行，标志着四川首个消费扶贫馆正式开馆。

【9月11日】 借助第27届上海国际茶文化旅游博览会开幕之机，四川天府龙芽·品质川茶推介暨"给消费者一杯好茶"活动在上海展览中心启动，全省11个茶叶主产市携品质川茶抱团拓展华东市场。

【9月14日】 "金秋购物助脱贫 四川扶贫产品销售周"暨"扶贫832"四川产品采购对接会在广州市启动。广东、四川两地40余家企业及相关单位举行了扶贫产品采购合作签约，签约金额3020万元。

【9月17日】 甘孜藏族自治州成立70周年庆祝大会在康定市举行。全国人大常委会、国务院向甘孜藏族自治州成立70周年发来贺电。中央有关部门祝贺团团长、国家民委副主任郭卫平，省祝贺团团长、省委书记、省人大常委会主任彭清华出席大会并讲话，省祝贺团副团长、省委副书记邓小刚出席。

【9月21日】 第二届世界柠檬产业发展大会开幕式暨国际食品（柠檬）加工产业发展峰会在资阳市举行，来自国内外的行业专家汇聚"中国柠檬之乡"，为推动安岳柠檬转型升级建言献策。

【9月22日】 2020年中国农民丰收节四川省庆丰收活动在成都市新津区天府农业博览园拉开帷幕。省委副书记、省委农村工作领导小组组长邓小刚传达习近平总书记重要指示精神并致辞，中国农业大学校长孙其信出席启动仪式。

【9月25日】 四川省长江流域重点水域禁捕和退捕渔民安置保障工作专题会议在成都市召开。会议通报，截至9月24日，全省已退捕渔船10190艘，占总任务数的99.35%；已退捕渔民16346人，占总任务数的99.19%，基本实现长江流域禁捕退捕"四清"（"清船""清网""清江""清湖"）任务目标。

【9月26日】 四川长江流域退捕涉及的10257艘渔船、16480名渔民已全部实现退捕上岸，标志着全省已全面完成长江流域退捕任务。

十 月

【10月7日】 省委农村工作领导小组办公室、农业农村厅联合印发《四川省现代农业园区认定评分标准（修订稿）》和《四川省现代种业园区考核评分标准》，再次厘定全省农业园区考核方式方法。全省已初步构建以国家级园区为龙头、省级园区为骨干、市（县）级园区为基础的梯次推进体系，累计建成各级园区948个。

【10月8日】 白鹤滩水电站库区首个特大型农村安置点——会理县积水安置点房屋实现全面封顶。

【10月13日】 2020年四川省脱贫攻坚奖获奖名单出炉，成都市武侯区水务局等60个先进集体、简阳市云龙镇龙潭村党支部副书记王承等120名先进个人获得表彰。

【10月16日】 2020“农民喜爱的百种图书”在四川成都天府书展上向社会公布。2020“农民喜爱的百种图书”包括20种政经类图书、10种科技类图书、20种医卫生活类图书、20种文化类图书、30种少儿类图书等，其中既有《习近平谈治国理政》第三卷、《中国制度面对面》等党的创新理论著作和主题出版物，也有《脱贫攻坚手记》《抖音短视频直播农产品营销全指导》等一批反映脱贫攻坚伟大实践、帮助农民脱贫致富的优秀图书。

同日 四川省黄河流域河长制湖长制工作推进视频会举行。会议指出，全省黄河流域涉及的阿坝、甘孜2个州和松潘、阿坝、若尔盖、红原、石渠5个县，是全省川西北生态示范区的重要组成部分，在全省乃至全国生态安全和区域发展格局中地位十分重要。

【10月17日】 全国脱贫攻坚奖表彰大会暨先进事迹报告会在北京市举行。全省4人获得全国脱贫攻坚奖，其中是蓬安县海田乡三青沟村党支部书记陈建清获得奋进奖；凉山州政府副秘书长，州扶贫开发局党组书记、局长王永贵获得贡献奖；四川青川海伶山珍商贸有限责任公司董事长兼总经理赵海伶获得奉献奖；北川县委常委、统战部部长，县脱贫攻坚办主任李光辉获得创新奖。

同日 “美丽四川”建设战略规划研究项目启动会暨专家研讨会在成都市举行，标志着全省正式启动“美丽四川”建设重大战略规划编制工作和相关研究。

【10月18日】 中国农业科学院茶叶研究所科技新成果展示推介会暨宜宾市茶产业研究院揭牌仪式在宜宾市举行。活动现场，宜宾市茶产业研究院挂牌成立，并聘任中国工程院院士刘仲华为首任院长。

【10月19日】 全省印发《关于规范和加强村（社区）法律顾问工作的意见》，并配套印发法律顾问服务标准、绩效考核评估办法、法律顾问协议等规范文本，明确了法律顾问服务范围、服务方式、行为标准、工作规范和回避事项。2020年年底，全省将实现村（社区）法律顾问人员全覆盖。

【10月19日—23日】 由省台办、农业农村厅组织的“台资农业企业委员会服务基层面对面——川渝行”活动举行，13位在川台资农企负责人、专家到内江、遂宁以及重庆市荣昌区等地考察当地台资农业企业、现代农业园区和产业基地建设情况，与农口部门、园区（基地）负责人等交流座谈，到田间与农户现场交流相关生产种植技术和经验。

【10月21日】 2020年四川环保世纪行组委会和执委会召开会议，启动2020年四川环保世纪行活动。这是四川省连续28年开展环保世纪行活动，该次活动的主题是“共同守护赤水河清水绿岸”。

【10月22日】 第四届四川村主任论坛暨村社发展大会在长宁县竹海镇永江村开幕，会上发布了2020四川名村50强、10个农村疫情防控先进村和10名四川杰出“村主任”名单。省委常委、省直机关工委书记曲木史哈出席开幕式并致辞。

同日 德康集团年300万头生猪屠宰、肉食品精深加工及冷链项目在宜宾市南溪区开建。项目总投资15.2亿元，建成后将实现年屠宰加工300万头生猪，并配套现代冷链物流体系和贸易业务，年产值有望达到150亿元，成为全国一流生猪养殖及肉食品加工产业基地。

同日 由文化和旅游厅、农业农村厅、自贡市政府共同主办的“安逸四川·秋约盐都”四川省第十一届（秋季）乡村文化旅游节在自贡市自流井区尖山风景区拉开帷幕。第三届自贡国际恐龙灯光节也同期亮相。副省长罗强出席开幕式并宣布开幕。省委宣传部副部长、文化和旅游厅厅长戴允康，自贡市委书记范波，农业农村厅二级巡视员肖祥贵在开幕式上致辞。开幕式由自贡市市长何树平主持。省政府副秘书长刘全胜，文化和旅游厅党组成员、副厅长严飒爽，省经济合作局一级巡视员吴燕翔，文化和旅游厅二级巡视员卢锋等出席开幕式。开幕式上，文化和旅游厅发布了四川乡村旅游六大主题产品（秋冬版），自贡市推介了文旅农旅项目，同时举行了四川省乡村文化旅游节会旗交接仪式，四川省第十一届（冬季）乡村文化旅游节将在广元市朝天区举办。

【10月27日】 四川农业大学脱贫攻坚与乡村振兴工作推进会在四川农业大学成都校区举行。推进会上，成渝乡村振兴学院（成都）正式挂牌成立，将打造成为“懂农业、爱农村、爱农民”的“三农”人才培育基地。副省长尧斯丹出席会议并讲话。

十 一 月

【11月3日】 2020中国国际竹产业交易博览会·首届数字国际熊猫节在青神县开幕，来自国内外竹业领域的400余名专家和1000余名客商齐聚开幕式现场，展示展览最新竹产业成果的同时共谋竹产业发展之道，探讨竹业经济复兴之法。

同日 四川省农业科学院、重庆市农业科学院联合川渝两省（市）涉农科研院所、农业科技园区、龙头企业及新型经营主体等共同发起成立成渝地区双城经济圈农业科技创新联盟。

【11月4日】 四川省农村人居环境研究院在成都市揭牌。

【11月5日】 根据四川省全面推进农村集体产权制度改革新闻发布会通报，全省已有41万个农村集体经济组织摸清家底，3.38万个集体经济组织拥有合法“身份证”，获得市场主体地位。2021年10月底前，全省将完成农村集体产权制度改革试点任务。

同日 “决战决胜谱新篇·文化扶贫在行动”网络主题传播活动四川站在北川县启动。在为期3天的活动中，来自央视网、人民网、新华网等中央媒体和川观新闻、四川观察等省级媒体的记者团到绵阳市北川县、安州区，阿坝州茂县、汶川县等地探访当地文化扶贫工作成效。

【11月7日】 省政府下发《关于同意各市（州）征地青苗和地上附着物补偿标准的批复》，原则同意各市（州）制定并经自然资源厅审核的征收土地青苗和地上附着物补偿标准。

【11月12日】 全省生态环境保护督察组已进驻雅安、遂宁、乐山、广安、广元、眉山6市，这意味着全省第二轮第三批省级生态环境保护督察进驻工作全面完成。

【11月13日】 省减灾委员会向全省受灾困难群众发送御寒物资启运仪式在省救灾物资储备中心举行，价值约2000万元的御寒物资将分别运往全省20个市（州），并于11月30日前发放到受灾困难群众手中。

【11月17日】 省政府批准凉山州普格县、布拖县、金阳县、昭觉县、喜德县、越西县、美姑县退出贫困县序列。至此，全省161个有脱贫攻坚任务的县建档立卡贫困人口全部脱贫、11501个贫困村全部退出、88个贫困县全部清零。

【11月20日】 全省全面启动2020年度乡村振兴战略先进县乡村、省星级现代农业园区、农民增收书记县长负责制、农村改革4项考评激励工作。

【11月22日】 眉州东坡·世界川菜园项目启动仪式在眉山市举行，该项目正式动工。该项目总投资103亿元，建成后将融合食材分拣加工、集中采购配送、教育培训体验、特色美食旅游等多业态，成为川菜全产业链综合基地。

同日 第十一届中国·四川(彭州)蔬菜博览会在彭州市天府蔬香博览园开幕。该届菜博会以“擦亮川菜金字招牌建设中国西部菜都”为主题，集田间展、场景展、线上展于一体，开展招商引资、贸易洽谈、展示展销、行业交流、乡村旅游等活动，促进农商文旅体融合办会。

【11月23日】 四川省推进“厕所革命”三年行动工作总结电视电话会举行。会议通报，自《四川省推进“厕所革命”三年行动方案(2018—2020年)》实施以来，全省已累计新(改)建公厕17946座，新(改)建农村户厕217.2万户，农村卫生厕所普及率达85%。

同日 水利部公布全国首批深化小型水库管理体制改革样板县(市、区)名单，全国47个县(市、区)入选，眉山市东坡区、中江县、威远县名列其中。

【11月25日】 省委组织部印发《关于进一步落实省委关心激励脱贫攻坚帮扶干部政策措施的通知》，提出兑现落实省委、省政府关心激励政策，优先提拔重点对象，分线推进晋级晋升，持续落实待遇保障，组织开展表彰宣传，制作发放纪念物品六条举措，以加强对脱贫攻坚帮扶干部关心关爱，激励引导更多优秀干部人才投身巩固拓展脱贫攻坚成果和有效衔接乡村振兴帮扶工作。

【11月26日】 四川省2020年农民工及企业家返乡入乡创业项目推介暨集中签约活动在成都市举行。13个返乡入乡创业项目签约，签约总金额达36.49亿元。这是全省首次举行农民工及企业家返乡入乡创业项目集中签约活动。13个签约项目涵盖现代农业、文旅康养、食品加工、科技研发等多个领域。

【11月27日】 省政府办公厅印发《四川省深化农村公路管理养护体制改革实施方案》，就加快建立农村公路管理养护长效机制提出明确要求。

同日 由农业农村部主办的第十八届中国国际农产品交易会在重庆市开幕。四川省共组织400余家参展企业、2000余个农特产品参展，参展总面积近4000平方米，是近10年来参展规模最大、参展企业和参展产品最多的一次。

十 二 月

【12月1日】 在第十一届攀枝花欢乐阳光节开幕式上，“云、贵、渝、成、攀”康养旅居生活发展联盟签约成立，联盟旨在促进西南地区康养旅居一体化高质量发展。

【12月5日】 第十二届中国国际商标品牌节暨2020中华品牌商标博览会在江西省南昌市拉开帷幕，“川货全国行·南昌站”活动也同步开展。全省78家企业赴赣，其中45家使用“四川扶贫”公益商标的企业参与活动，集中展示四川脱贫攻坚成果。

【12月13日】 四川金融战贫成果推选结果出炉，20个金融扶贫创新案例和20张优秀摄影作品脱颖而出。

【12月15日】 农业农村厅会同省检察院、公安厅、生态环境厅、交通运输厅、水利厅、省市场监管局、省林草局联合发布《四川省长江流域重点水域禁捕范围和时间通告》。《通告》明确了禁捕范围、禁捕时间、专项(特许)捕捞等，自2021年1月1日零时起施行。

【12月16日】 四川省农民工返乡入乡创业专家服务团、四川省农民工法律维权服务团成立大会在成都市举行。两个服务团的成立标志着全省农民工服务保障工作向专业化、科学化方向迈出了新的坚实步伐。

【12月17日】 四川省城乡建设研究院正式揭牌。该院将立足于打造全省住建系统新型智库，为全省住房和城乡建设提供重要技术支撑。

【12月18日】 四川省“守护青山·2020”扑救森林草原火灾综合演练在冕宁县举行。国务院督导组副组长戴建国、副省长尧斯丹观摩指导。演练旨在检验提升森林草原防灭火专项整治阶段性成效，规范扑救森林草原火灾的组织指挥、队伍协同、技战术运用、协调保障等处置工作，筑牢“人民至上、生命至上”理念，增强各级应对森林草原火灾的分级响应、联合行动、综合保障能力。

【12月24日】 全省长江禁捕退捕工作推进视频会议举行。会议通报，截至12月3日，全省提前完成退捕渔民“能就业的全帮扶、该参保的全参保”任务，实现转产就业、社会保障“双百”目标，全省16480名建档立卡退捕渔民中，有劳动能力和就业意愿的13144人已全部实现转产就业，就业率达100%；养老保险参保人数16339人，占应参保人数的100%。

四 川 概 况

自 然 资 源

【基本情况】 四川省地处中国西南腹地、长江上游，介于东经97° 21′ ~ 108° 33′、北纬26° 03′ ~ 34° 19′。南北跨度为916千米，东西跨度为1062千米，东连重庆市，南邻云南省、贵州省，西接西藏自治区，北接青海省、甘肃省和陕西省。

【土地资源】 四川省辖区面积48.6万平方千米，占全国国土总面积的5.1%，居全国第5位，但人均国土面积低于全国平均水平，人多地少的矛盾十分突出。

四川地貌复杂多样，有山地、丘陵、平原和高原4种地貌类型，分别占全省辖区面积的77.1%、12.9%、5.3%和4.7%。土壤类型丰富，据第二次土壤普查结果显示，全省土壤类型共有25个土类、66个亚类、137个土属、380个土种，土类和亚类数分别占全国总数的43.48%和32.6%。

全省的土地利用类型共分8个一级利用类型、45个二级利用类型和62个三级利用类型。除橡胶园以外，其他省的一、二级土地利用类型四川省均有，在全国极富代表性。土地利用以林牧业为主，林牧地集中分布于盆周山地和西部高山高原，占总土地面积的68.9%；耕地集中分布于东部盆地和低山丘陵区，占全省耕地面积的85%以上；园地集中分布于盆地丘陵和西南山地，占全省园地面积的70%以上；交通用地和建设用地集中分布在经济较发达的平原区和丘陵区（见表1）。

【气候资源】 四川气候复杂多样，且地带性和垂直变化十分明显。根据水热条件和光照条件的差异，全省分为三大气候区。

四川盆地中亚热带湿润气候区。该区热量条件好，全年温暖湿润，年均温16℃ ~ 18℃，积温4000℃ ~ 6000℃，气温日较差小，年较差大，冬暖夏热，无霜期230~340天。盆地云量多，晴天少，年日照时间较短，仅为1000 ~ 1400小时，比同纬度的长江流域下游地区少600 ~ 800小时。雨量充沛，年降水量1000 ~ 1200毫米，50%以上集中在夏季，多夜雨。

川西南山地亚热带半湿润气候区。该区全年气温较高，年均温12℃ ~ 20℃，日较差大，年较差小，早寒午暖，四季不明显。云量少，晴天多，日照时间长，年日照时间为2000 ~ 2600小时。干湿季分明，全年有7个月为旱季，年降水量900 ~ 1200毫米，90%集中在5—10月。河谷地区受焚风影响形成典型的干热河谷气候，山地形成显著的立体气候。

川西北高山高原高寒气候区。该区海拔高差大，气候立体变化明显，从河谷到山脊依次出现亚热带、暖温带、中温带、寒温带、亚寒带、寒带和永冻带。总体以寒温带气候为主，河谷干暖，山地冷湿，冬寒夏凉，水热不足，年均温4℃ ~ 12℃，年降水量500 ~ 900毫米。天气晴朗，日照充足，年日照时间为1600 ~ 2600小时。

总的特点是：季风气候明显，雨热同季；区域间差异显著，东部冬暖、春早、夏热、秋雨、多云雾、少日照、生长季长，西部则寒冷、冬长、基本无夏、日照充足、降水集中、干雨季

表1　四川省土地资源利用现状

土地利用类型	辖区	耕地	园地	林地	草地	城镇村及工矿用地	交通运输用地	水域及水利设施用地	其他用地
面积：万公顷	4861.16	673.07	72.76	2214.89	1221.13	157.15	36.28	103.74	383.14
比例(%)	100	13.85	1.5	45.56	25.12	3.23	0.75	2.13	7.86

分明；气候垂直变化大，气候类型多；伴随气象灾害种类多、发生频率高、范围大，主要是干旱，其次是暴雨、洪涝和低温等。

【水资源】 四川省水资源丰富，居全国前列。全省多年平均降水量约为4889.75亿立方米。水资源以河川径流最为丰富，境内共有大小河流近1400条，号称“千河之省”。全省水资源总量共计约为3489.7亿立方米，其中多年平均天然河川径流量为2547.5亿立方米，占水资源总量的73%；上游入境水资源量942.2亿立方米，占水资源总量的27%。地下水资源量约546.9亿立方米，可开采量为115亿立方米。境内遍布湖泊冰川，有湖泊1000余个、冰川200余条，在川西北和川西南还分布有一定面积的沼泽，湖泊总蓄水量约15亿立方米，加上沼泽蓄水量，共计约35亿立方米。

总的特点是：总量丰富，人均水资源量高于全国，但时空分布不均，形成区域性缺水和季节性缺水；水资源以河川径流最为丰富，但径流量的季节分布不均，大多集中在6—10月，洪旱灾害时有发生；河道迂回曲折，利于农业灌溉；天然水质良好，但部分地区也有污染。

【生物资源】 四川省生物资源十分丰富，保存有许多珍稀、古老的动植物种类，是全国乃至世界重要的生物基因宝库。

动物资源丰富，全省有脊椎动物近1300种，约占全国总数的45%以上；兽类和鸟类约占全国总数的53%，其中兽类217种、鸟类625种、爬行类84种、两栖类90种、鱼类230种。国家重点保护野生动物145种，占全国总数的39.6%，居全国之冠。据第四次全国大熊猫调查，四川省野生大熊猫种群数量达1387只，占全国野生大熊猫总数的74.4%，其种群数量居全国第一位。四川雉类资源也极为丰富，雉科鸟类达20种，占全国雉科总数的40%，素有“雉类的乐园”之称，其中有许多珍稀濒危雉类，如国家一类保护动物雉鹑、四川山鹧鸪和绿尾虹雉等。全省动物中可供经济利用的种类占50%以上，其中毛皮、革、羽用动物200余种，药用动物340余种。

植物资源种类繁多，有高等植物1万余种，占全国总数的1/3，仅次于云南省，其中苔藓植物500余种，维管束植物230余科、1620余属，蕨类植物708种，裸子植物100余种（含变种），被子植物8500余种，松、杉、柏类植物87种（居全国之首）。被列入国家珍稀濒危保护植物的有84种，占全国总数的21.6%。有各类野生经济植物5500余种，其中药用植物4600余种，所产中药材占全国药材总产量的1/3，是全国最大的中药材基地；芳香及芳香类植物300余种，是全国最大的芳香油产地；野生果类植物达100余种，其中以猕猴桃资源最为丰富，居全国之首，并在国际上享有一定声誉；菌类资源十分丰富，野生菌类资源达1291种，占全国的95%。截至2020年年底，全省森林覆盖率达40%，提高0.4个百分点。

【能源资源】 四川省能源资源十分丰富，主要以水能、煤炭和天然气为主，水能资源约占75%，煤炭资源约占23.5%，天然气及石油资源约占1.5%。

全省水能资源理论蕴藏量达1.43亿千瓦，占全国总量的21.2%，仅次于西藏，其中技术可开发量1.03亿千瓦，占全国总量的27.2%；经济可开发量7611.2万千瓦，占全国总量的31.9%，均居全国首位，是全国最大的水电开发和西电东送基地。全省水能资源集中分布于川西南山地的大渡河、金沙江、雅砻江三大水系，约占全省水能资源蕴藏量的2/3，也是全国最大的水电“富矿区”，其技术开发量占理论蕴藏量的79.2%以上，占全省技术开发量的80%。

四川省煤炭种类比较齐全，有无烟煤、贫煤、瘦煤、烟煤、褐煤、泥炭。全省保有煤炭资源量122.7亿吨，主要分布在川南，其中位于泸州市和宜宾市的川南煤田赋存全省70%以上的探明储量。油、气资源以天然气为主，石油资源储量很小。

四川盆地的天然气资源十分丰富，是国内主要的含油气盆地之一，已发现天然气资源储量达7万余亿立方米，约占全国天然气资源总量的19%，主要分布在川南片区、川西北片区、川中片区、川东北片区。

四川省生物能源也比较丰富，每年有可开发利用的人畜粪便3148.53万吨、薪柴1189.03万吨、秸秆4212.24万吨、沼气约10亿立方米。

此外，四川省太阳能、风能、地热资源也较为丰富。

【矿产资源】 四川地质构造类型多样，地层发育完整，岩浆活动频繁，成矿条件有利，矿产资源丰富，矿产种类比较齐全，是全国矿藏资源蕴藏量极为丰富的省份，矿产资源供应能力较强，是西部乃至全国的矿物原材料生产加工大省。有世界级的钒钛、锂、稀土等重要矿产资源，钛储量占全国总量的93%，位列全球第一；钒储量占全国总量的63%，位列全球第三；钒钛原料产量占全国总量的65%以上。具有查明资源储量的矿种92种（亚矿种123种），有33种矿产排位进入全国同类矿产查明资源储量的前三位。天然气、钒、钛、二氧化碳气、锂矿（Li_2O）等共14种矿产在全国查明资源储量中排第一位，铁矿、铂族金属、稀土矿（稀土氧化物）等共10种矿产在全国查明资源储量中排第二位。

四川矿产资源的特点：一是资源总量丰富，但人均占有量低于全国水平；资源种类齐全，但多数矿种储量不足。除钒钛磁铁矿、岩盐、芒硝、铅锌、硫、铁矿、石棉、云母、金、磷、水泥灰岩等储量可满足开发需要外，多数矿产资源都存在资源数量不足，质量差、探明矿山不足的问题。二是大型或特大型矿床分布集中，区域特色明显，有利于形成综合性的矿物原料基地。矿产集中分布在川西南（攀西）、川南、川西北三个区，并各具特色：川西南以黑色、有色金属和稀土资源为优势，其他矿产也很丰富且组合配套好，是全国的冶金基地之一；川南以煤、硫、磷、岩盐、天然气为主的非金属矿产种类多，蕴藏量大，是全国化工工业基地之一；川西北稀贵金属（锂、铍、金、银）和能源矿产（铀、泥炭）资源丰富，是潜在的尖端技术产品的原料供应地。三是部分重要矿产以贫矿和低品质矿为主，富矿不足。除铅、锌、镉、银、岩盐、钙芒硝等品位稍高外，其他矿产多为中、贫矿。四是矿床的共生、伴生矿多，具有重要的综合利用价值，但增加了采矿和选冶工艺难度。如攀西的钒钛磁铁矿为铁、钒、钛共生，川南的煤矿为煤、硫共生，川西北的锂矿为锂、铍共生。

【旅游资源】 四川省旅游资源极其丰富，具有数量多、类型全、分布广、品位高的特点，资源数量和品位均在全国名列前茅。有世界遗产5处，其中世界自然遗产3处（九寨沟、黄龙、大熊猫栖息地），世界文化与自然遗产1处（峨眉山—乐山大佛），世界文化遗产1处（青城山—都江堰）。被列入世界《人与生物圈保护网络》的保护区有4处（九寨沟、黄龙、卧龙、稻城亚丁）。有“中国旅游胜地40佳”5处（峨眉山、九寨沟—黄龙、蜀南竹海、乐山大佛、自贡恐龙博物馆）。有中国优秀旅游城市21座、国家历史文化名城8座。全省5A级景区达15家，在全国排名第四位。全省有自然保护区166个，总面积14.8万平方千米，占全省土地面积的30.5%，其中国家级自然保护区32个。全省共有湿地公园54个，其中国家级湿地公园（含试点）29个。全省有国家级风景名胜区15处、省级风景名胜区79处。全省有森林公园137处，总面积232.48万公顷，占全省土地总面积的4.78%，其中国家级森林公园44处，森林公园总数位列全国前十。由于全省地质构造复杂、地质地貌景观丰富，地质遗迹类型多样，已发现地质遗迹220余处，有世界级地质公园3处、国家级地质公园19处，数量居全国前列。截至2020年年底，共有博物馆251个、全国重点文物保护单位262处、省级文物保护单位1215处，国家级非物质文化遗产名录139项、省级非物质文化遗产名录611项。四川还是全国红色旅游资源大省之一，点多面广、类型丰富，有红色旅游重要景区（景点）120余个，分布在全省80%以上的市（州），包括战争或重大事件的发生地、重要会议会址、各种重要机构的办公地旧址、杰出人物的故居或纪念堂、革命烈士陵园、纪念馆和各类革命建筑文物类型。拥有全国红色旅游经典景区9处，其中包括“5·12”汶川特大地震抗震救灾系列景区（见表2）。

表2　四川省主要资源及其地位

资源类型		地位
土地资源	国土面积	全国第5位，西部第4位
	耕地面积	全国第6位，西部第1位
	林地面积	全国第2位，西部第1位
	牧草面积	全国第5位，西部第4位
森林资源	森林面积	全国第4位
	森林蓄积	全国第3位
生物资源	高等植物种类	全国第2位
	蕨类植物种类	全国第2位
	裸子植物种类	全国第1位
	被子植物种类	全国第2位
	药用植物种类	全国第2位
	芳香油植物	全国第1位
	野生果类植物	全国第1位
	菌类资源	全国第1位
	国家重点保护野生动物种类	全国第1位
	陆生野生动物种类	全国第2位
	野生大熊猫种群数量	全国第1位
	鸟类	全国第2位
水能资源	理论蕴藏量	全国第2位
	技术可开发量	全国第1位
	经济可开发量	全国第1位
旅游资源	世界自然文化遗产数量	全国第2位
	5A级景区数量	全国第4位
	地质公园数量	全国第1位
矿产资源	天然气等14种矿产查明资源储量	全国第1位
	铁矿、铂族金属等10种矿产查明资源储量	全国第2位

气候状况

【基本情况】 2020年，全省平均降水量1132.2毫米，偏多18%，位居历史第2多位；平均气温15.4℃，较常年偏高0.5℃，排历史第9高位。年内暴雨天气频繁，分布范围广，强降水过程多，属暴雨偏多年份。全省气象干旱总体为中旱年份，春旱和夏旱范围广，局地旱情偏重，伏旱不明显。夏季高温天气范围广但大部地区强度一般。秋绵雨开始期和结束期均较常年有所推迟，秋雨期长度偏短，综合强度属正常年份。年内大风冰雹造成损失局地较重，全省平均雾日数接近常年，暴雨引发的洪涝及地质灾害发生次数多。

【暴雨】 全省暴雨天气多、范围广，属暴雨总体偏多年。

全省共计发生暴雨552站次，比常年多145站次，暴雨站次数列历史第1多位，其中大暴雨123站次，比常年平均多60站次。8县站（郫都区、蒲江县、绵竹市、什邡市、西昌市、蓬溪县、芦山县、乐至县）日最大降水量为本站历史最大。芦山县站8月10日的日降水量为423.2毫米，为2020年全省最大日降水量。江油市站8月10日—17日过程降水量达654.8毫米，为2020年全省最大过程降水量。

全省共出现9次区域性暴雨天气过程，分别为6月15日—17日、6月25日—27日、7月9日—10日、7月14日—16日、7月23日—26日、8月10日—13日、8月15日—18日、8月22日—24日、8月28日—31日，主要集中在盆地中部到北部，其中8月中旬到下旬连续出现4次区域性暴雨。与常年相比，区域性暴雨次数偏多5次。

【干旱】 全省气象干旱总体为中旱年，春旱和夏旱局地偏重，伏旱不明显。

春旱。共有69县（盆地39县）发生春旱，其中轻旱29县（盆地19县）、中旱10县（盆地5县）、重旱9县（盆地0县）、特旱21县（盆地15县），主要分布在攀西地区大部、甘孜州西南部和盆地西北部。与常年比较，春旱县数接近常年，部分地方旱情较重。春旱总体属中旱年。

夏旱。共有114县（盆地80县）发生夏旱，其中轻旱63县（盆地37县）、中旱8县（盆地7县）、重旱13县（盆地10县）、特旱30县（盆地26县）。中度以上旱区主要分布在攀西地区西南部、盆地西部和中部。与常年比较，盆地重特旱站数较多。夏旱总体属偏重旱年。

伏旱。全省共有42县（盆地34县）发生伏旱，其中轻旱33县（盆地27县）、中旱2县（盆地2县）、重旱7县（盆地5县）。中度以上旱区主要分布在盆东北局部。全年发生伏旱县数较常年偏少，旱情偏轻。伏旱总体属轻旱年。

【高温】 全省共有118站出现高温天气（日最高气温大于等于35℃）。全省有40站日最高气温达38℃，分布于盆西、盆东和攀西地区局地，其中攀枝花、泸州、阿坝、宜宾4市（州）有6站日最高气温在40℃及以上，盐边日最高气温41℃，为全省最高。全省平均高温日数为11.2天，较常年偏多4.8天，位列历史同期第11多位。全省共有33站高温日数在20天及以上，其中攀枝花、泸州、达州、宜宾、凉山5市（州）有10站高温日数达30天及以上，盐边高温日数达66天，为全省最多。双流和新津2站高温日数破历史记录。高温天气为偏强年。

【秋绵雨】 全省秋季（9—11月）平均降水日数41.6天，较常年偏多2.6天，位列历史同期第21多位。甘孜州南部和攀西地区大部降水日数偏少1 ~ 10天。其余地区降水日数偏多，盆北大部、川西高原北部偏多1 ~ 5天。全省平均日照时数为301.4小时，偏多3%，位列历史同期第26多位。全省大部地区日照时数偏多，盆西北、盆中及攀西地区大部偏少1 ~ 6成。

全省平均最长连续降水日数10.6天，偏多2.4天，位列历史同期第6多位。全省大部地区最长连续降水日数7 ~ 14天，其中盆西南、盆南及川西高原局地达14 ~ 21天；最长连续降水日数偏多，其中盆西北、盆西南及川西高原部分地方偏多5 ~ 10天。

根据华西秋雨监测指标，秋绵雨开始于9月9日，于11月1日结束，雨期长度为53天，秋雨量为179.5毫米。与常年比较，秋绵雨开始期与结束期均较常年推迟，雨期长度偏短，综合强度等级为3级。秋绵雨属正常年。

【大风、冰雹】 全省大风、冰雹天气较常年偏重。4月13日，攀枝花市出现风雹灾害，造成63631人受灾，农作物受灾面积5493公顷，绝收面积368.1公顷，造成直接经济损失9506万元。5月4日—5日，汉源县、石棉县遭受大风、冰雹袭击，造成14603人受灾，农作物受灾面积867.5公顷，绝收面积55公顷，损坏房屋19间，造成直接经济损失约1858.8万元。5月4日—5日，宜宾市、泸州市和自贡市部分县（区）也遭受大风、冰雹袭击，造成62876人受灾，2人受伤，农作物受灾面积1867.6公顷，绝收面积61.6公顷，造成直接经济损失7275.6万元。

【雾】 全年平均雾日数为30.4天，比常年偏多0.2天。除1月、3月、11月、12月雾日数较常年偏少外，其余各月雾日数均多于常年，其中7月、10月全省雾日数较常年分别偏多1.3天、1天，1月、11月全省雾日数较常年分别偏少1.2天、1.3天。除盆西北、盆中大部地区外，盆地其余大部地区全年雾日数在30 ~ 70天之间，峨眉、巴中、营山、渠县和江安5站雾日数在100 ~ 120天，宜宾、屏山、兴文和长宁4站，超过150天，峨眉山站年内雾日数达325天，为全省最多。

盆地区域性雾天气过程（连续3天以上范围超过20站）共出现10次，其中3—8月无区域性雾天气过程。全年范围超过30站的区域性雾天气共出现21天，主要集中在10月和12月，分别为4天和10天，其中12月21日、27日雾天气发生范围分别达到71站和87站。

四川省气象局编写组

行政区划及变更

【撤县设区】 推进撤县设市(区)相关工作，6月，新津县撤县设区获得国务院批复同意。

【乡(镇)行政区划调整改革】 启动并完成第二批2019年脱贫“摘帽”的县、乡(镇)行政区划调整改革，减少乡(镇、街道)210个。从2019年启动改革以来，共减少乡(镇、街道)1380个(第二批改革后(含2020年脱贫“摘帽”的凉山州7个县，2021年完成改革)，预计乡(镇、街道)减少1500余个，减少32%以上；乡(镇、街道)平均面积从106平方千米增加到156.39平方千米，平均户籍人口从1.8万人增加到2.93万人，实现面积扩大、人口集中、资源整合、要素聚集的目标任务(见表1)。

【推进两项改革“后半篇”文章】 7月2日，为巩固深化乡(镇)行政区划调整改革成果，印发了《中共四川省委四川省人民政府关于乡镇行政区划调整和村级建制调整改革“后半篇”文章的指导意见》(川委办〔2020〕14号)。按照省委书记彭清华7月下旬在绵阳蹲点调研指示精神，从优化资源配置、提升发展质量、增强服务能力、提高治理效能四个方面入手，以领导小组名义印发了《全省乡镇行政区划和村级建制调整改革“后半篇”文章专题调研分工方案》和《做好乡镇行政区划和村级建制调整改革“后半篇”文章近期工作安排》，围绕“四大任务”细化明确28个专题的调研重点，开展两项改革“后半篇”文章相关工作，28个专题调研组调研报告和专项工作方案已形成初稿，报领导小组审定。

【地名管理】 按照《四川省加强地名文化保护清理整治不规范地名工作实施方案》要求，开展地名文化保护和清理整治不规范地名工作，严格地名命名更名管理，完善地名公共服务，推进地名标准化建设。全省乡(镇)行政区划和村级建制调整改革后，有266个乡(镇、街道)名字重复使用，被使用705次，减少681次。同时，清理出“大、洋、怪、重”不规范地名合计1420条。根据民政部区划地名司10月在江西省南昌市举办的清理整治不规范地名暨区划地名信息更新业务培训会上要求，10月30日，对全省21个市(州)民政局进行业务培训和工作安排，要求各市(州)于11月15日上报排查成果，将在专家论证后，确定拟清理整治不规范地名清单并上报民政部审定。

【界线管理】 完成四川省与贵州省级行政区域界线第四轮联检；做好行政区划调整后的勘界，根据行政区划调整情况，会同成都地图出版社编撰出版《四川省行政区划简册(2019)》，及时开展行政区划调整涉及的行政区域界线勘定，指导相关地区完成部分乡(镇)行政区域界线勘定。截至2020年年底，全省涉改的176个县(市、区)已有156个县(市、区)不同程度开展该项工作，其中66个县(市、区)完成招标启动勘测作业，部分县(市、区)的勘界成果资料已上省民政厅备案；推进勘界成果的开发利用，投资1318万元的“编制出版县级行政区域界线详图”项目已完成21个市(州)56册1.12万本县级行政区域界线详图集的矢量数据入库和印刷出版。开展平安边界线创建活动，结合界线联检，抓好平安边界创建协议落实工作，继续巩固创建成果，持续将平安边界建设纳入社会管理综合治理考评范围，完成全省平安边界建设考评。结合推进成渝地区双城经济圈建设有关工作要求，按照四川省民政厅和重庆市民政局印发的《推动成渝地区民政合作工作机制》的相关要求，和重庆市民政局签订《关于川渝线平安边界建设协议书》。

【参与全国行政区划管理制度建设】 民政厅研究起草《行政区划代码管理办法(草案)》和《行政区划代码编制规则(草案)》(征求意见稿)。

【启动《四川省建制镇设立标准与审批程序研究》《四川省街道设立标准与审批程序研究》两项课题研究】 完成《四川省建制镇设立标准与审批程序研究》和《四川省街道设立标准与审批程序研究》两个课题初稿，并开展适应性分析与专家评审工作，截至2020年年底，形成《四川省建制镇设立标准与审批程序》和《四川省街道设立标准与审批程序》两个征求意见稿。

表1 四川省行政区划统计表

序号	市(州)	县(市、区)					乡(镇、街道)				
		合计	市辖区	县级市	县	自治县	合计	乡		镇	街道
								小计	其中民族乡		
1	成都市	20	12	5	3	—	261		—	100	161
2	自贡市	6	4	—	2	—	90	2	—	63	25
3	攀枝花市	5	3	—	2	—	49	15	10	23	11
4	泸州市	7	3	—	4	—	126	8	8	92	26
5	德阳市	6	2	3	1	—	84	4	—	67	13
6	绵阳市	9	3	1	4	1	166	31	14	122	13
7	广元市	7	3	—	4	—	142	23	2	112	7
8	遂宁市	5	2	1	2	—	95	3	—	72	20
9	内江市	5	2	1	2	—	83	—	—	70	13
10	乐山市	11	4	1	4	2	132	18	2	103	11
11	南充市	9	3	1	5	—	242	38	1	162	42

续表

12	宜宾市	10	3	—	7	—	136	17	12	105	14
13	广安市	6	2	1	3	—	124	10	—	99	15
14	达州市	7	2	1	4	—	200	30	4	149	21
15	巴中市	5	2	—	3	—	139	6	—	116	17
16	雅安市	8	2	—	6	—	96	29	13	57	10
17	眉山市	6	2	—	4	—	80	5	—	62	13
18	资阳市	3	1	—	2	—	89	13	—	67	9
19	阿坝藏族羌族自治州	13	—	1	12	—	174	92	1	82	—
20	甘孜藏族自治州	18	—	1	17	—	289	177	3	110	2
21	凉山彝族自治州	17	—	1	15	1	433	272	13	145	16
全省合计		183	55	18	106	4	3230	793	83	1978	459

四川省民政厅编写组

人口情况

【户籍人口基本情况】 截至2020年11月30日，全省户籍总人口为9081.59万人，共3170.11万户，户籍人口比上年减少18.61万人；人口增长率为-0.2%，其中男性4653.73万人、女性4427.86万人，男女性别比为105.1 ：100。全年出生登记94.3万人，死亡注销104.51万人；省外迁入12.26万人，迁往省外20.69万人；省内迁入46.35万人，省内迁出46.31万人。整体上看，2020年，全省人口增长量和增长率均为近年来的较低水平。

【户籍人口城镇化进程】 截至2020年11月30日，全省乡村地区登记的户籍人口为5606.14万人，占全省户籍总人口的61.73%。全省183个县（市、区）中，城镇化率超过50%的县（市、区）共有36个，占比为18.58%，其中成都市20个县（市、区）中，城镇人口超过50%的县（市、区）有15个，与上年持平，占全省超过50%城镇化率县（市、区）的总数41.66%。

2020年，全省户籍人口城镇化率达38.27%，因全省乡（镇）级行政区划调整及村级建制调整改革，人员户籍地城乡属性因“镇改街道、乡（镇）合并、村改社区”而发生变化，全省乡村人口转移城镇人口达339.8万人，比上年增加239.04万人，其中按照来自地区统计，“来自本市地”共331.89万人，占乡村人口转移城镇人口总数的比例为97.67%；“来自本省外地市”共5.98万人，占乡村人口转移城镇人口总数的比例为1.76%；“来自外省”共1.93万人，占乡村人口转移城镇人口总数的比例为0.57%。从统计分析情况，全省乡村转移人口数量明显减少，同时，各地城镇化进程中还有一些突出问题未解决，如一些地方已拆迁安置的农村居民户籍仍登记在已拆迁安置村（组）中，一些地方为完成户籍城镇化率任务将城乡分类代码修改，导致部分农村人口被统计为城镇居民。

【户籍人口流动趋势】 常住人口人户不一致现象普遍存在。随着“两化”建设全面加快，在本县（市、区）范围内，常住人口因就业、婚嫁、子女上学等各种原因，在户籍地址房屋以外新购房屋、租借房屋居住现象日益普遍，但其户籍并未迁移到实际居住地，导致其实际居住地址与户籍登记地址不一致现象普遍存在，且比例日益增加。截至2020年年底，全省实际居住地址和户籍登记地址不一致的人口占实有人口总数的比例在19.01%左右。在经济越发达的地区和新建房屋越多的地方，人户不一致比例越高。

人口流动区域性、多样性特征日趋明显。主要呈现由农村向城镇流动、小城市向大城市流动、欠发达地区向发达地区流动的趋势，省内流动人口主要集中在大中城市。截至2020年年底，全省各市（州）实有人口和流动人口最多的均是成都市，实有人口已达2381.54万人，占全省实有人口的比例为30.15%，其中44.22%都是流动人口。除成都市外，流入人口较多的市（州）有：绵阳市100.99万人、南充市46.56万人、宜宾市44.96万人、乐山市44.14万人。

局部区域已经出现人口比例“倒挂”。全省大城市城区及城郊接合部、新兴乡（镇）因产业聚集，流入人口数量剧增，一些近郊乡（镇、街道）、工业园区、开发新区等局部区域已出现户籍人口与流动人口“倒挂”现象，呈现出东部发达地区流动人口特点。

向省外流动人口总量大，但回流趋势明显。四川省是劳务输出大省，农业剩余劳动力大量向省外发达地区流动一直是全省流动人口一大特点，全省每年流出省外务工人员均在1000万人以上。2020年，全省户籍人口流出去往地主要集中在珠三角、长三角等南方经济发达地区，流出到北方地区相对较少。近年来，随着全省经济社会发展全面加快，产业聚集能力增强，加上沿海地区发展转型，全省在外务工人员回流趋势日趋明显，由外省回乡创业的人员逐年增多。

农民工群体“半城镇化”状态比较突出。在整个流动人口中，农民工群体数量最大，是流动人口的主力军。随着全省“两化”建设加快，大量农民工进入城镇从事二、三产业，近千万农民工群体虽然在城镇工作生活，但未将户籍迁移到城镇，处于“半城镇化”状态，在城乡之间两栖流动。许多农民工平时在城市务工经商，周末和节假日回到农村老家，城市近郊的一些农民工白天进入城镇务工，夜晚回农村住宅居住，处于“离乡不离土”状态。

四川省公安厅编写组

农业发展概况

种 植 业

【基本情况】 2020年，全省粮食作物播种面积6313万公顷，增长0.5%；油料作物播种面积158.4万公顷，增长5.9%；中草药材播种面积14.4万公顷，增长5.9%；蔬菜及食用菌播种面积144.4万公顷，增长22%。全年粮食总产量3527.4万吨，增长0.8%，其中小春粮食总产量增长0.89%、大春粮食产量增长0.8%。主要经济作物：油料产量392.9万吨，增长7%；烟叶产量16.2万吨，增长0.7%；蔬菜及食用菌产量4813.4万吨，增长3.8%；茶叶产量34.4万吨，增长5.8%；园林水果产量1083.6万吨，增长8.3%；中草药材产量52.7万吨，增长7.5%。

【粮食作物生产】 全省粮食总产量352.75亿千克，增加2.9亿千克，增长0.8%。分季节看：小春粮食产量42.65亿千克，增加0.35亿千克，增长0.8%；大春粮食产量310.1亿千克，增加5.1亿斤，增长0.8%，分作物看：小麦面积减少21.5万亩，因单产提升幅度较大，总产量增加0.05亿千克；大豆面积增加46万亩，总产量增加0.65亿千克。

【水稻生产】 全省水稻种植面积2799.5万亩，减少55万亩；亩产527千克，增加3千克；总产量147.53亿千克，增加0.55亿千克。全省国标三级以上优质稻种植面积2135.5万亩，占水稻总面积的76.3%；水稻旱育秧面积1875万亩，抛秧178.7万亩；水稻超高产强化栽培技术示范推广面积3115万亩；超级稻示范推广面积795.5万亩。

【小麦生产】 全省小麦播种面积895.2万亩，减少215万亩；亩产275.6千克，增加7.2千克；总产量24.65亿千克，增加0.05亿千克。推广以绵阳、川麦等系列为主的小麦良种面积810万亩，占小麦播种总面积的90.5%；稻茬麦免耕栈培面积302万亩。

【玉米生产】 全省玉米播种面积2759万亩，减少7万亩；亩产386千克，增加2千克；总产量106.5亿千克，增加0.3亿千克。玉米良种推广面积约2205万亩，约占玉米总播栽面积的80%；育苗移栽约830万亩，占玉米播栽总面积的30%；玉米地膜覆盖栽培面积约413万亩，占玉米播栽总面积的15%。

【红薯生产】 全省红薯种植面积877.9万亩，增加6.4万亩；亩产299.5千克，增加23千克；总产量26.3亿千克，增加0.4亿千克。红薯良种推广面积550万亩，其中脱毒薯推广面积约95万亩。

【马铃薯生产】 全省马铃薯种植面积1025.4万亩，增加6.3万亩；单产281.6千克，增加24千克；总产量289亿千克。加大马铃薯良繁基地建设扶持力度，马铃薯脱毒种薯推广率近35%。

【高粱生产】 全省高粱种植面积82.4万亩，增加7.4万亩；单产331.3千克，减少114千克；总产量27.5亿千克，增加0.2亿千克。重点推广"金糯梁1号""川糯梁1号"等杂交高粱新品种和"国窖红1号""泸州红1号""宜糯红2号"等常规高粱优良品种，全省优质高粱品种覆盖率达93%以上。

【大豆生产】 全省大豆播种面积649万亩，增加46万亩；亩产1559千克，减少1.1千克；总产量10.1亿千克，增加0.65亿千克。推广以玉米—大豆带状复合种植技术为重点的绿色高效技术模式，发展非转基因高蛋白大豆，四川省成为全国大豆主产省。

【油料生产】 全省油料种植面积2375.8万亩，增加133.1万亩；亩产165.4千克，增加1.6千克；总产量39.3亿千克，增加2.55亿千克，其中油菜籽面积1938.2万亩，增加104.3万亩；亩产163.7千克，增加2千克；总产量31.7亿千克，增加2.1亿千克。花生面积425.1万亩，增加28万亩；亩产173.5千克，增加1.3千克；总产量7.4亿千克，增加0.55亿千克。

【茶叶生产】 全年全省茶园面积586万亩，产量34.4万吨，增长5.8%。全省无性系良种茶园面积477.2万亩，全程绿色防控面积136万亩，机采茶园面积1923万亩，分别占总面积的813%、23.2%和32.8%；有机茶园面积6.5万亩，抽检合格率为99%。育成“川沐318”“川茶8号”2个茶树新品种。

【蔬菜及食用菌生产】 全省蔬菜及食用菌播种面积2166万亩，增长22%；产量4813.4万吨，增长3.8%；产值2210亿元，增长5.4%。全省花椒面积570万亩，增长3.6%；产量10万吨，增长12.3%；产值100亿元，减少19.3%。示范推广蔬菜新品种20余个。全年泡菜产量460万吨，居全国第一位。

【水果生产】 全省水果面积1180万亩，产量1040万吨，综合产值880亿元。全年核桃种植面积180万亩，干果产量56万吨，综合产值148.4亿元。“安岳柠檬”“苍溪猕猴桃”品牌价值分别达174亿元、32亿元，并进入中国地理标志区域品牌百强榜。优化产业布局，柑橘早中熟比例由1∶8∶1调整为1∶4∶5，建设包括“春见”“不知火”“塔罗科血橙”等全国最大晚熟柑橘生产基地。以安岳县为核心，带动遂宁、南充、内江等发展，川中80万亩柠檬产业带基本成型。建成攀西60万亩晚熟芒果产业带。发挥世界红心猕猴桃起源地和最大生产基地优势，猕猴桃红黄绿肉比例稳定在8∶1∶1；建成龙门山脉和秦巴山区70万亩红心猕猴桃产业带。

【中药材生产】 全省中药材种植面积81684万亩(含三木药材)，产量336.45万吨。新引进中药材品种资源库2个，选育审定药材新品种18个。山银花、黄述、川尊、川明参、丹参、黄柏、厚朴、杜仲、乌梅9个品种的种植面积在10万亩以上，上万亩的单品53种，其中川掌、川贝母等7个大宗药材人工种植面积为全国第一。形成四川盐地药材生产区、盐地边像山地药材生产区、川西高原及川西高山峡谷药材生产区、攀西地区药材生产区四大药材生产集中区。

【棉麻糖生产】 全省棉麻特色产业总面积44.25万亩，减少0.59%；产量40.63万吨，减少0.1%。其中，棉花面积3.65万亩、产量0.23万吨，分别减少14.52%、17.86%；糖料14.2万亩、产量37万吨，分别减少1.39%、0.54%；麻类26.4万亩，产量3.4万吨，分别增长2.33%、6.25%，全省棉花产业分布在绵阳、遂宁等地，其中遂宁市安居区种植面积占全省面积的97%以上。麻类产业分布在达州、绵阳、广安和甘孜4个市(州)5县(区)，其中达州市大竹县和达川区苎麻种植面积占全省面积的95%以上。汉麻(工业大麻)种植全部集中在得荣县。糖料产业分布在宜宾、泸州、内江等10个市(州)20个县(区)。

【蚕桑生产】 全省桑园面积230万亩，养蚕210万张，产茧8.3万吨，蚕桑综合产值380亿元。建设果桑基地15万亩，桑果产量20万吨，桑果产量占全国产量的60%以上。推广优质高效新品种、新技术、新机具，全省主推蚕品种占比达97%以上，优良桑品种覆盖面达90%以上。开展蚕桑种质资源普查、收集整理，全省保存桑蚕种质资源688份、柞蚕种质资源10份、桑树种质资源1172份。发展桑枝多元化利用，武胜基地与食用菌生产企业合作，年生产桑枝食用菌700万袋。

【热作产业】 加大产业结构、品种结构和品质结构调整力度，全省热带作物总面积747.12万亩，增长0.13%；总产量779.38万吨，增长0.38%；热带作物总产值239.01亿元，增长6.18%。开展热作标准化生产示范园建设和热作病虫害监测与防治，累计建成热作标准化生产示范园33个，热作示范园面积达34716亩，其中建成核心标准化生产示范园16488亩。热作产品质量安全检测合格率达100%，辐射面积60余万亩。全省优质晚熟芒果、晚熟荔枝、晚熟龙眼面积占全省热带作物总面积的33%。建成投用病虫害监测站6个、热作病虫害监测与防治观测点10个。

【蚕桑种业管理】 对全省7个企种质检机构依规开展检监检测，检验检疫覆盖率达100%。春手检验检疫越年用原种27万米、一代杂交种50万张，均全部合格；夏、秋季检验检疫桑蚕原种43万张、一代杂文种116万余张，合格率分别为99.65%、100%，未发生种子安全事故。

【农业转基因生物安全】 印发《四川省2020年农业转基因生制监管实施方案》《关于做好2020年制种基地和水稻、玉米品种自生试验转基因检洲的通知》等文件，对767个品种和62个备用种子开展转基因排查分子检测，均未检测出阳性样品。开展苗期转基因抽检，检测样品864个，检测结果均为阴性。

【植物保护】 全省农作物病虫草害总体偏重发生，病虫草害发生面积2.44亿亩次，防治面积3.53亿亩次，挽回粮食损失337.6万吨，占粮食总产量的10%以上；挽回蔬菜损失147.3万吨、果品损失112.8万吨。全省主要农作物病虫害危害损失率控制在4%以下，主要农作物病虫害绿色防控覆盖率达45.7%，专业化统防统治覆盖率达41.9%。粮经作物主产区农药包装废弃物回收率达70%以上，农药使用量继续下降。草地贪夜蛾发生危害得到遏制，春玉米危害损失率控制在2%以内，夏秋玉米损失率控制在3%以内，挽回粮食损失6400万千克。

【现代农业园区建设】 推动“10+3”产业园区落地，在南充市召开全省现代农业园区建设现场会。中央农办在《农村要情》第36期)专题刊登题为《四川省以现代农业园区建设为抓手做大农业大省金字招牌》文章，介绍四川现代农业园区建设经验。新创建国家级现代产业园4个，累计达11个；评出省级星级园区59个，累计达94个，带动市、县级建设现代农业园区1000余个。创建晚熟柑橘和生猪国家特色产业集群2个。新建中国特色农产品优势区5个，累计达17个。累计创建国家农业产业强镇54个、全国“一村一品”示范村镇173个。资中县生猪柑橘、南江县黄羊金银花2个产业园入选国家产业园创建名单，祟州市粮油、三台县麦冬生猪2个产业园被纳入国家产业园创建管理体系。广汉市粮油、邛崃市种业、安岳县柠檬等5个产业园通过农业农村部、财政部中期评估，成绩排名全国前十位。苍溪县猕猴桃、广汉市粮油、邛崃市种业和安岳县柠檬产业园入选第三批国家现代农业产业园认定名单。遴选出第二批61个省级培育园区名单，全省累计培育园区129个。命名认定省级星级园区35个，其中五星级8个、四星级12个、三星级15个。

【高标准农田建设】 开展农田建设“百日会战”，推进高标准农田建设和耕地质量提升。实施“能排能津、旱涝保收、宜机作业”，实行“每周一调度、每月一运报”，逗硬考核奖惩。全年完成高标准农田建设28.37万公顷，新增有效灌溉面积5S万公顷，年末有效灌溉面积296.2万公顷。

【农产品质量品牌建设】 在全国率先建立“两个名单”(农产品生产主体质土安全“重点监控名单”和“黑名单”)制度，创新“合格证+追溯码+品牌”模式。新认定省级农产品质量安全示范县5个，创建国家农产品质量安全县4个，32万家农业主体入驻追溯平台。新发布省级农业地方标准47项。全省通过“双认证”的农产品检测机构达202家，数量位居全国第一。部级农产品质量安全监测合格率达98.8%。“三品一标”农产品5729个，新增全国名特优新农产品13个；“蒲江雀舌”等19个品牌进入全国区域品牌百强榜；纳溪特早茶、四川泡菜等18个产品进入中欧地理标志协定保护常录，总量居全国第一。创新实施“县级申报、市级推荐、省级评议”

项目评定方式，支持茂县苹果等10个区域公用品牌、仁和牌芒果等15个产品品牌建设。举办云上2020年中国品牌日活动，全方位、多角度展示四川特色产品。组织市（州）参加中国农业品牌目录2020农产品品牌申报，五丰黎红花椒油、米仓山茶等22个产品品牌入选。举办“乡村优品上头条”市、县长直播带货活动，在52个县（市、区）开展直播58场，累计销售农产品2.2万余件，销售额超5000万元。举办中国·四川首届国际直播电商节，线下设置“乡村优品”全景式直播间和220个网红达人直播间，线上推出“云上直播节”，直播产品200余种。启动12个全国地理标志农产品保护工程项目建设。

四川省农业农村厅编写组

林业和草原

综　述

【基本情况】 2020年，全省林草系统积极应对新冠疫情带来的不利影响，抢抓成渝地区双城经济圈建设机遇，各项工作取得积极成效。全年落实省级以上财政资金93.6亿元，完成营造林830万亩，森林覆盖率提高0.4个百分点，达到40%；森林蓄积增加1600万立方米，达到19亿立方米；实施草原生态修复902万亩，草原综合植被盖度提高0.2个百分点，达到85.8%；林草总产值突破4000亿元；森林火灾受害率0.08‰，林业有害生物成灾率0.05‰，均远低于国家控制指标。

【竹林风景线】 建成并认定翠竹长廊（竹林大道）24条、480千米，全省竹林总面积达1815万亩；认定省级竹产业高质量发展县4个、省级现代竹产业园区4个、省级现代竹产业基地23个，全年竹产业综合产值突破720亿元。

【营造林工程】 完成长江主干流域营造林250万亩、森林质量精准提升8万亩，世行贷款长江上游森林生态系统恢复项目完成营造林42.9万亩。实施退耕还林还草27.41万亩，巩固退耕还林成果1400余万亩。退牧还草181万亩。天保工程管护国有林1.83亿亩，管护集体和个人所有公益林和天然商品林0.99亿亩。组织194家履责单位1.2万余名干部职工到龙泉山开展春季义务植树活动，完成植树面积600亩。

【古树名木保护】 实施古树名木保护三年行动，制定古树名木认定、认养及专家库管理办法，发布70868株古树名木名录。建设古树名木信息管理系统，10811株一级古树名木实现挂牌管理。11个古树公园建设有序推进。

【生态治理】 全年退化草原人工种草生态修复195万亩；治理沙化土地面积5.8万亩，完成石漠化综合治理60万亩、干旱河谷生态综合治理1.9万亩；修复退化湿地4.8万亩，实施川西高原生态脆弱区综合治理11.75万亩。

【大熊猫国家公园体制试点】 成都、绵阳、雅安、广元、阿坝、德阳、眉山7个管理分局全面运转。实施黄土梁、土地岭、泥巴山等6条大熊猫生态廊道建设工程，修复廊道植被68平方千米，恢复大熊猫栖息地面积28平方千米。联合7部门印发《关于推进全民自然教育发展的指导意见》，创建自然教育基地128处，11处跻身全国自然教育基地。设立7个片区法庭，推动建立国家公园司法保障。成立第一支资源环境综合行政执法队伍，探索国家公园综合执法新模式。打桩定标试点项目顺利完成，设置界碑界桩436个。各分局与村委会签订集体所有自然资源合作保护协议334份，总保护面积642万亩。体制试点通过国家评估验收。

【自然保护地体制改革】 建立省统筹推进自然保护地体制改革工作厅际联席会议制度。省委办公厅、省政府办公厅印发《四川省建立以国家公园为主体的自然保护地体系实施方案》。完成自然保护地摸底调查和综合评估，形成自然保护地“一张图”和保护价值评估报告。科学编制《四川省自然保护地整合优化预案》并上报国家审批。上报国家级自然保护地规划9个，批复省级自然保护地规划11个，调整自然保护区范围和功能分区13个，批复涉自然保护地建设项目111个，核实项目与自然保护地位置关系81个。完成自然保护地“1+55”系列画册编辑出版，《自然之赐》画册获评2020“林版”好书。建立自然保护区范围调整联审制度，全面完成保护地内环保督察问题整改。开展违建别墅问题清查整治专项行动，核实涉及保护地点位374处，环境保护工作获得省政府表彰。

【若尔盖国家公园创建】 启动若尔盖国家公园创建，若尔盖国家公园被纳入国家公园总体布局和黄河流域生态保护与高质量发展规划纲要等国家战略规划。印发前期工作方案，论证公园范围划定方案，编制完成国家公园设立方案等“三大申报要件”。

【国家草原自然公园】 在巴塘县格木草原、理塘县藏坝草原、红原县瓦切草原启动四川国家草原自然公园首批创建试点，面积达5365公顷。

【发展生态产业】 发挥林草资源优势，发展“1+10”特色生态产业，出台《促进林草生态旅游产业高质量发展的指导意见》，全省全年举办花卉（果类）、红叶、大熊猫等生态旅游节会50余场，以大熊猫为核心的生态旅游业全年接待游客3.5亿人次，实现生态旅游直接收入1690亿元。新增现代林业产业基地125万亩、现代草牧业示范基地60万亩，打造草原生态旅游、特色草牧业两大产业园区。创建全国森林康养基地试点建设单位18个、省级森林康养基地15个，评定四星级森林人家33个。

【推动生态创业】 搭建“三区”平台，推动大众生态创业。在自然保护地一般控制区规划建设特色小镇、民俗村落，有序开展生态旅游、特许性经营等生态创业活动。在国家公园建设特色入口社区，引导原住民向入口社区集中居住创业。协调推动绵竹入口社区打造“大熊猫国家公园创新示范区”、绵竹熊猫谷写进《成渝地区双城经济圈建设规划纲要》，推动“大熊猫+”产业发展，健全“大熊猫原生态产品”认证体系，探索建立社区协调发展新机制。实施现代林草园区“521”工程，全省园区林产品初加工率达60%，吸引各类1058家林业企业进驻园区，全省园区综合产值超330亿元，园区内林农人均收入近1万元。

【推动生态就业】 统筹增绿与增收，推动生态就业。扩大护林员、草管员等公益岗位规模，培育以林草专合社、森林人家、竹林人家为主的新型林业经营主体，支持深度参与天然林保护、退耕还林、荒漠化防治等重点生态工程，促进生态就业。全省组建脱贫攻坚造林专合社1317个，共吸纳社员4.42万人，带动人均增收近2000元；选聘生态护林员8.18万名，落实补助资金5亿余元，人均增收6100元，带动33.5万名贫困人口稳定脱贫。大熊猫国家公园入口社区设立公益岗位9324个，当地居民参与人数占总数的87.89%。全面完成《汶川县脱贫攻坚2020年帮扶方案》确定的各项任务，建成“汶川三宝”基地6万亩，实现甜樱桃等经济林果产值约8亿元。

【森林草原防火】 全年发生森林草原火灾111起，下降20%。西昌“3·30”森林火灾发生后，牵头制订《森林草原防灭火标本兼治总体方案》，修订《四川省森林草原火灾应急预案》。牵头制订3个、配合制订7个专项整治方案，170项整治任务有序实施，落实专项整治资金2.76亿元，占全局筹资任务的75.87%；制定完善责任追究、奖励惩罚等系列制度。采用“责任制+清单制”“拉网式+地毯式”整治风险隐患，累计排查隐患7.1万余个，完成整治6.1万余个。率先启动森林草原火灾风险普查试点。116个高危区、高风险区（县）中已有100个完成地方专业扑火队伍组建，队员总数达9268人，购置队伍和单兵装备3.5万余套、各类车辆173辆。开展“开学第一课”，发放读本186.6万册。争取国家林草局、中央编办新增四川省森林草原防火行政编制306人。争取国家林草局下达全省森林草原防火项目6个，总投资9179万元。

【禁食野生动物】 新冠疫情发生以来，全省迅速落实全国人大常委会《决定》精神，第一时间出台标准，封控隔离人工繁育场所2919处，阻断疫情可能由野生动物传播的途径。牵头制定《关于稳妥做好禁食野生动物有关工作指导意见》《四川省禁食陆生野生动物人工繁育主体退出补偿及动物处置工作方案》《四川省禁食陆生野生动物退出补偿指导标准》，从项目资金、金融信贷、转型转产、就业创业、贫困户重点帮扶等方面综合施策，最大限度减少养殖主体的损失。全省1425家移交农业农村主管部门管理，429家转为科研、药用、展示等非食用性用途；确需退出的禁食类仅1065家。全年累计处置禁食类存栏野生动物250余万头（条、只），兑付补偿资金2.68亿元，实现全退全补。

【加强林草地管理】 全面完成国家移交四川省的3.6万个森林督查遥感图斑判读、现地核实、举证调查及成果上报，更新占全国1/8数量的林地图斑1400余万个，形成全省最新森林资源“一张图”。加强基本草原保护，除国家重点工程和重要基础设施、民生项目外，严禁随意占用基本草原。持续推进川西北木材替代行动。

【加强林草法治保障】 完成《四川省〈中华人民共和国野生动物保护法〉实施办法》《四川省天然林保护条例》等3部地方性法规、1部省政府规章的修订调研以及《大熊猫国家公园（四川）管理条例》的立法调研。指导“三州一市”开展地方森林防灭火立法工作。省委深改委通过《四川省天然林保护修复制度实施方案》并由4部门联合印发。

【林草病虫害防治】 将攀西地区、秦巴山区23个县（区）列为松材线虫病重点预防区。实施秦巴山区林业有害生物防控能力基础设施项目建设。全省主要林业有害生物发生面积1001.3万亩，减少22.96万亩，发生率达2.69%。实施草原鼠害防治340万亩、虫害防治185万亩。

【民生保障】 编制完成全省“十四五”期间年森林采伐限额，国家林草局批复1797.45万立方米，较“十三五”增长10.3%。审核批准采伐林木11.16万宗、316.5万立方米。全面实施公平竞争审查制度。率先出台疫情防控期间林草地征占用政策，优先保障疫情防控建设项目、国省重点项目、脱贫攻坚等建设项目用地，同时建立绿色通道备案管理制度，平均提速80%以上。争取国家追加备用林地定额3万亩，保障全省重大基础设施建设。完成74个国家、省重点建设项目先行使用林草地备案，允许先行使用林草地5.7万亩；依法批准生猪养殖使用林地项目804个、2.4万亩；受理依申请类办件3271件，征收植被恢复费15亿余元，按时办结率、现场办结率、群众满意率、提前办结率均为100%。

【数字国际熊猫节】 举办首届数字国际熊猫节，线上线下互动，共吸引全球1.5亿名“猫粉”，招商签约项目38个、193亿元。开展“四川省大熊猫保护突出贡献奖”表彰奖励活动，评选“表彰先进集体”89个、“先进个人”178名。发布四川古树名木、自然保护地和草原画册。

【成渝地区双城经济圈林草行动】 两省（市）签订《筑牢长江上游重要生态屏障助推成渝地区双城经济圈建设合作协议》，共建美丽竹林风景线，评选首届“最美竹林风景”18个。联合重庆市林业局组织举办党务干部专题培训班2期、50人。

【林草宣传】 开展四川省“十大树王”暨“百佳古树名木”“探秘四川——不得不去的88个最美林草景观”“寻找四川最美高原湿地”等征集评选活动。开通“学习强国”、抖音四川林草官方账号推送8部四川林草宣传片、微视频。与峨影集团开展战略合作，共创大熊猫影视文化作品。在新华社、《人民日报》、中央电视台、《四川日报》、四川电视台等中央、省重点媒体主要版面发表（播出）四川林草新闻165篇（条）。局网站发布信息4000余条，国家林草局网站转发3500余条，转发量居全国省级林草部门第1位。官方微博、微信累计发布信息3600余条。

【数字林草】 印发《四川林草“天空地人”一体化监测系统技术指南》，启动实施大熊猫国家公园“天空地人”一体化监测体系建设，实施唐家河试点项目；举办四川林草科技论坛，发布《四川林草最新科技成果宣传片》；推进林科院、规划院、草科院、大熊猫院和数字林草“四院一网”建设。

【林草科技】 获批成立3个国家林草局工程中心、2个国家长期科研基地、1个国家级创新团队，批准建设13个省级长期科研基地。培育41项林草重大科技成果，82项成果进入国家林业科技推广成果库，获得省政府科技进步奖9项，项目成果获得外省成果奖3项。获聘10名全国林草乡土专家，获评6名最美林草科技推广员。全省实施林草科技推广示范项目98个，投入资金6900万元，推广技术130项，建立科技示范基地146个，建立、改建生产线35条。建设示范林（草）17万亩，辐射带动面积72万亩。全省林草科技成果推广转化率达63%，林草标准采用率达59%，科技进步贡献率达55.1%。

【林草良种】 印发《全省林木良种目录清单》，审（认）定林木良种23个；建设林草繁育基地15万亩，推进13个国家良种基地、3个国家种质资源库建设。全省42个种苗质检室建设项目全面完成并通过验收。159个县（区）完成林木种质资源普查外业调查，形成55个县级普查成果。完成3个国家林木种质资源库建设，新确定4个省级林木种质资源库。林草种业被纳入全省现代农业“10+3”产业发展体系。修订印发《四川省木本粮油树种种苗管理办法》。

【创新激励机制】 印发《四川省林业和草原工程技术人员职称申报评审基本条件（试行）》，完成副高级职称申报评审300余人。印发科研医疗单位绩效工资专项据实核增管理暂行办法，将核增绩效重点向做出重要贡献的科研人员倾斜，激发科研人员创新创业的内生动力。

【国有林场林区改革】 全面完成国有林场改革，全省有158个国有林场，其中公益事业单位155个、公益性企业单位3个，“保生态、保民生”的改革目标如期实现。基本完成国有林区改革，全省91个国有林保护机构中7个被确定为公益性事业单位，其余被确定为公益性企业单位。森林资源保护管理体制不断完善，林区民生得到改善。

【林草综合行政执法体制改革】 做好森林公安机构职能划转，全年共举办林草涉法培训班等专题培训6场、培训5000余人次。指导各地全面承接行政执法工作。打击破坏林草资源的违法犯罪行为，全年共查处林草行政案件4594起，处罚1349人，行政罚款1亿余元。

【集体林权制度改革】 推进“三权分置”，放活林地林木经营权。修订印发《林权抵押贷款办法》，推动林权类不动产档案移交和数据整合建库，建立承包经营权纠纷调处考核机制。指导成都市、巴中市巴州区完成集体林业综合改革试验区评估验收，提炼总结林业职业经理人、职业林农培训、林权交易指导价等一批改革经验。支持盐源县开展国家集体林业综合改革试点，创新推进国家储备林建设。鼓励依法依规通过多种形式流转林权，建立“园区+公司+合作社(家庭林场牧场)+农户”等利益联结机制，引导社会资本适度参与集体林业经营。

【草原保护制度】 开展草原生态修复，与农牧民签订减畜责任书，引导乡村将草原禁牧休牧和草畜平衡制度推行纳入村规民约。加强放牧巡查核查和草原执法监督。坚持草原承包稳定不变政策，规范草原经营权流转。

【规划引领】 围绕成渝地区双城经济圈建设发展规划、“十四五”藏区发展规划、“十四五”特殊类型地区规划等，科学编制“十四五”林草改革发展相关规划。对接“国家双重规划”，加强基本建设项目储备，向国家申报2021年中央预算内投资项目42个，总投资31.69亿元。

【盘活资源资产】 建立健全先造后补、以奖代补等机制。发行林草行业相关地方政府专项债券项目58个、51.8亿元。组织完成5家直属单位主要负责人离任经济责任审计和13家直属单位审计发现问题整改。组织开展部门预算执行自查工作，形成自查报告。配合审计署和审计厅完成生态环保资金和财政收支省本级专项审计。

【林草灾害应急】 基本完成九寨沟灾后重建，累计恢复震损林地6.9万亩、草地11.7万亩。落实中央、省资金1700万元，支持长宁地震灾区实施生态修复3.5万亩。落实中央资金2500万元，支持白格堰塞湖实施生态修复5万亩。落实中央、省资金940万元，支持汶川县和卧龙开展“8·20”暴雨洪灾恢复重建。

【资金资产监管】 对163个县(市、区)中央、省财政项目开展全面稽查和绩效评价。对“十三五”期间森林草原防火中央、省项目开展专项稽查，资金总量达16亿元。加强部门预决算、国有资产监督管理。

【国有林场林区建设】 争取国家下达林区林场道路建设资金7.21亿元，建设林下经济节点公路494.2千米、通场部道路硬化路134千米、防灭火专用道路819.1千米。开展省示范国有林场建设。

四川省林业和草原局编写组

林草产业

【基本情况】 2020年，全省林草产业以供给侧结构性改革为主线，推进“1+10”特色生态产业发展，推动“521”现代林业园区建设行动，突出抓好林业产业扶贫，持续推动直属企业改革发展，全省林草产业呈稳中有增发展态势。

【川竹产业】 研究制订《川竹(花卉)产业高质量发展工作推进方案》，印发《四川省林业和草原局关于2020年进一步推进竹林风景线建设的意见》，将建设任务分解到市(州)。全省竹林面积已达1812万亩，现代竹产业基地面积突破950万亩，规划建设翠竹长廊和竹林大道45条、770余千米，全省竹业综合产值达720亿元，较上年增长18.8%。

印发《四川省现代竹产业园区认定管理办法》等文件，按程序组织开展第一批竹产业高质量发展示范县等认定工作，命名省级竹产业高质量发展县4个、现代竹产业园区4个、竹林小镇10个和一批省级现代竹产业基地、翠竹长廊和竹林人家，并兑现奖补资金1.25亿元，极大地调动和激发了各地发展竹产业和建设竹林风景线的积极性、主动性。

与眉山市共同举办2020中国国际竹产业交易博览会·首届数字国际熊猫节，招商签约总金额193亿元，实现线上销售额5000万元、线下销售额6800万元，带动“双十一”预售5.5亿元。与重庆市林业局共同主办成渝地区双城经济圈首届最美竹林风景公众评选活动，评选出“最美竹景区”“最美竹廊道”“最美竹林盘”等共15处竹林风景。分别在眉山市和宜宾市召开全省竹林风景线建设现场推进会和全省竹林风景线暨林业园区建设现场会。

【川花产业】 全省花卉产业基地面积达120万亩，实现综合产值210亿元；销售额101亿元，增长55%。指导攀西地区积极应对新冠疫情，重振花卉生产，印发《关于应对新冠肺炎疫情促进花卉产业持续健康发展的通知》，出台支持花卉主产区复工复产的措施，要求各地林草部门搭建供需平台，落实扶持政策，促进花卉产销两旺；召开银企座谈会，联系省农行对接花企、花农资金需求，配合农行推进为花卉产业量身定做信贷产品；指导建设第十届中国花博会四川展区，支持成都市成功申办2024年世园会。

【示范园区建设】 持续支持基地提质改造，统筹省级财政林草改革发展资金5600万元支持各园区开展基地提质改造，培育现代林业产业基地320余万亩，累计建成生产作业道路3861千米、灌溉水池496万立方米，全省园区综合产值超330亿元。发展就近就地加工，全省园区布局建设初加工点386个、精深加工点125个；招引培育企业1058家，其中省级以上龙头企业82家；培育农民合作社、家庭林场和专业大户近2000家，园区大宗林产品产地初加工率达60%。培育多元新业态，全省园区建设森林康养基地60个、森林人家310家，接待游客833万余人次，实现旅游收入近57亿元，全省林业园区综合年产值约330亿元。加强园区建设指导，调研全省现代林业园区发展现状，对比农业园区和农产品加工园区，编制《深入推进现代林(草)业园区高质量发展的实施意见》《四川省现代林(草)业园区评定管理办法(试行)》，完成2020年度调研课题《关于推进全省林业产业园区发展的思考》，组织7个林业产业园区申报2020年国家林业产业示范园区。

【林业产业扶贫】 印发《四川省林业和草原局关于印发全力支持凉山州决胜脱贫攻坚八条帮扶措施的通知》，指导凉山州推进林业园区建设和木本油料产业提质增效，发展优质高效的花卉产业、林下经济产业和生态旅游业。持续推进广元市朝天区、普格县等2个贫困县建设省级现代林业园区，道孚县、南江县等8个贫困县建设市(州)级现代林业园区。认定叙永县为省级竹产业高质量发展县，合江和沐川县为省级现代竹产业园区，叙永县水尾镇、江门镇、北川县擂鼓镇和沐川县沐溪镇为省级竹林小镇。推选朝天核桃文化旅游节、开江油橄榄采摘节加入中国农民丰收节经济林品牌节庆活动。全年在“四大片区”培育现代林业产业基地60万亩。

【林草供给侧结构性改革】 做好重点林业企业融资推荐工作，推进林业产业与政策性金融的深化合作，向国家局推荐3个省林业产业重点投融资项目被纳入政策性金融支持林业产业项目储备库。印发《四川省林业和草原产业化重点龙头企业认定和管理办法》，组织开展第五批省级林草产业化重点龙头企业申报，并对第三批国家林业重点龙头企业和第三批、第四批省级林业产业化重点龙头企业开展运行监测。组织开展21家省级农民合作示范社（林草类）监测工作，并推荐申报新一批省级农民合作示范社（林草类）35家，推荐10家专合社申报国家级农民合作示范社。指导林产联合会召开重点企业木制品加工座谈会，推荐大渡河造林局等7家企业申报中国林草产业5A级诚信（企业）单位。组织举办四川林草绿色发展论坛。

四川省林业和草原局编写组

森林资源保护管理

【基本情况】 四川省作为森林资源大省，是全国第二大林区的重要组成部分（全国三大林区分别是东北林区、西南林区、南方林区），在长江上游生态屏障建设中具有基础性、关键性和主体性作用。2020年，全省林地面积3.7亿亩，居全国第3位，排在内蒙古自治区、云南省之后，占全省辖区面积的51%；森林面积居全国第4位，排在内蒙古自治区、云南省、黑龙江省之后；森林蓄积量居全国第3位，排在西藏自治区、云南省之后；森林覆盖率位列长江经济带11个省（区、市）第8位。全省森林资源管理工作围绕四川林草高质量发展，践行新发展理念，全面加强森林资源监督管理，持续实现森林资源“双增长”，全省森林覆盖率提高0.4个百分点，达到40%；森林蓄积量达19亿立方米。

【保障使用林地】 在全国率先出台疫期建设项目“先行使用林地”政策，全省全年办理疫情防控，国、省重点建设，脱贫攻坚三类项目备案82宗，允许先行使用林地5.83万亩。争取国家备用定额支持重大基础设施建设，全年审核批准重点项目使用林地125宗3.57万亩。服务生猪稳产保供大局，研究出台使用林地政策支持文件3个，优化程序开展43个重点区（县）委托办理试点，科学测算并下达各市（州）生猪养殖使用林地定额，确保节约集约用地，全年共批准生猪养殖使用林地804宗2.41万亩。

【森林督查】 推进2020年度国家森林督查工作，全面完成国家局移交四川省3.6万个遥感疑似变化图斑的判读、现地核实、举证调查及自查成果上报任务。全面启动遥感即时监测图斑季度核查，核实完成国家下发的第一期疑似变化图斑1496个，及时移交第二期图斑373个。督导推进2019年森林督查问题查处整改，全省立案3388起，处罚1349人，行政罚款11337万元，问责431人，回收林地341公顷，补种树木45万余株。配合成都专员办重点督办案件77起并开展森林巡查、目标责任制考核、行政许可抽查等监督，督促指导地方批次建设用地、政府工程项目使用林地问题整改取得阶段性成效。

【森林采伐限额】 按照“三上三下、上下结合”要求，严格工作进度，加强跟踪督导，依托组建的专家队伍编制完成全省“十四五”期间年森林年采伐限额，报经省政府批准和国家局备案后，分解下达限额指标至21个市（州）、178个县（市、区）和655个编限单位。国家局批复四川省“十四五”期间年森林采伐限额1797.45万立方米，较“十三五”增长10.3%。

【林地林木管理政策】 实施分类分级管理，落实各类建设项目使用林地3382宗15.72万亩。启动全省新一轮林地保护利用规划（2021—2035年）编制前期工作。坚持便民服务，审核批准采伐林木11.16宗316.5万立方米。依法追加使用省备用采伐限额34宗7.01万立方米，满足基层森林抚育、储备林项目建设、灾害木采伐清理等需要。指导全省280个森林经营单位编制完成森林经营方案，占编案单位总数的75%。组织开展雅安市雨城区森林资源可持续经营试点评估验收。

【“一张图”管理】 统筹开展2020年度森林督查、“一张图”和公益林更新工作，组织自下而上采集并审核占全国1/8的矢量数据，将3.7亿亩林地和2.6亿亩公益林落到地块，汇总形成全省森林资源管理“一张图”最新成果。推进“一张图”与国土“三调”成果对接融合，启动开展5个县（区）对接试点。指导34个县级单位完成森林资源“二类调查”成果验收。

【挂牌督办案件】 落实“一案双查”“三个到位”督办要求，推动国家林草局挂牌督办的攀枝花市黄桷垭风电场项目违法占用林地案件查处整改相关工作，得到国家林草局资源司和国家林草局驻成都专员办的肯定。举一反三发文规范全省风电项目使用林地，开展专项清理整顿行动。全面调查核实金川县独松沟水电站舆情反映的涉林问题，及时向省政府工作组提交报告，并向国家调研组和成都专员办汇报，对舆情后续工作跟进做出安排。对中央生态环境保护督察办公室转来的“古蔺酱香酒谷产业园区”涉林审批举报问题，全面完成调查核实，并及时向省政府报告。

四川省林业和草原局编写组

草原资源保护管理

【基本情况】 2020年，全省有草原面积3.13亿亩，占全省辖区面积的43%，其中可利用天然草原面积2.65亿亩，占全省草原总面积的84.7%。全省天然草原面积中有2.46亿亩集中连片分布在甘孜、阿坝、凉山三个民族自治州，属全国五大牧区之一。全年完成中央和省级财政投资5.5亿元，实施草原生态修复治理902万亩。在52个县次集中安排17个县开展人工种草生态修复和退牧还草工程。

【退牧还草工程】 在“三州”19个县实施天然草原退牧还草工程，落实中央预算内投资1.58亿元，完成退牧还草工程181万亩。

【草原生态修复治理工程】 落实财政资金3.9亿元，实施退化草原人工种草修复195.4万亩。完成省级项目抽查。在红原、阿坝县建设机械化种草示范区。

【科技支撑及草原监测】 落实草原科技支撑资金1200万元，推进全省乡土草种保育体系、退化草原生态修复标准体系等建设。编制完成《四川草原保护修复利用“十四五”规划》。编印《2020年林草生态效益监测报告》《四川省草原鼠虫害监测预警实施方案》。

【“最美草原”评选及草业经济】 开展首届“四川十大最美草原”评选工作，评选出“四川省十大最美草原”和四川省五大最美草地景观。全省草原综合植被盖度达85.8%，增长0.2%；天然草原鲜草总产量912亿千克，同比增产3%；牧草产品加工企业150家，加工牧草产品总产量900吨，牧草产品进口产量600吨，实现加工产值150亿元。有草原旅游点200个，接待游客100万人以上。

四川省林业和草原局编写组

野生动植物保护

【基本情况】 四川省地处全国西南部的长江和黄河上游地区，横跨四川盆地、青藏高原、横断山脉、云贵高原和秦巴山地五大地貌单元，纬度差异显著，海拔差异巨大，造就了四川独特的地形、地貌、气候、水文和土壤，南北物种在此得以交汇，现存动植物区系组成复杂，而第四纪冰川时期在这里没有直接受到北方大陆冰川的严重侵袭和破坏，许多古老物种在此得以保存，并在这独特的环境中继续演化，因而孑遗物种多、特有物种多，如此构成的生物多样性不可谓不丰富之极。四川是全球生物多样性34个保护热点地区之一，是具有全球保护价值的高原物种起源和进化中心，也是全国特有物种最多的省份、孑遗种和濒危种最为丰富的地区，全省分布高等植物近1.4万余种，占全国总数的1/3，其中木本植物3924种。在全国389种（类）重点保护野生植物中，四川省分布有72种，其中国家一级保护野生植物13种，包括光叶蕨、攀枝花苏铁、红豆杉、峨眉拟单性木兰、珙桐等；全世界约有900余种，全国有600余种，四川省就有180余种，占全国所有种类的35%以上，占世界种类的20%以上。在四川省分布的杜鹃花种类多数是狭域而且稀有，90%以上的种类为全国特有种，省特有种占全部种类的40%以上。全省有脊椎动物1300余种，占全国总数的45%以上，被列入全国重点保护的野生动物145种，其中国家一级重点保护野生动物32种，包括大熊猫、川金丝猴、扭角羚、雪豹、白唇鹿、四川山鹧鸪等。在陆生脊椎动物中，全省特有野生动物数量居全国第一位。四川是大熊猫的模式标本产地和现代分布中心，有野生大熊猫1387只、人工圈养大熊猫521只，分别占全国总数的74.4%和86.8%。

【禁食野生动物】 全面加强野生动物管控，疫情防控期间，印发封控隔离“四条要求”，发出“不食野生动物、共建生态文明”倡议，组建疫情防控专家组，单独或会同有关部门出台相关文件25个以上。2月1日前，全省2919处人工繁育场所全部完成封控隔离。

推进全国人大《决定》贯彻落实，会同农业农村厅、财政厅争取国家林草局、农业农村部、财政部政策资金支持，禁食退出1065家，占总数的36.5%，最大程度减少了群众损失。印发《关于贯彻落实〈决定〉有关工作的通知》，召开贯彻落实《决定》视频会议。印发《关于切实做好禁食野生动物退出有关工作的紧急通知》，并召开全省禁食野生动物后续有关工作座谈会。疫情防控期间，全省林草系统累计派出检查组3.4万个次，检查人工繁育场所2.9万处次，检查各类市场5.2万家次。

谋划禁食《决定》后续举措，形成《四川省陆生野生动物人工繁育现状、存在问题与对策建议》调研报告并报省委、省政府，省人大。省政府办公厅转发《省林草局关于稳妥做好禁食野生动物有关工作指导意见的通知》，省林草局印发《四川省禁食陆生野生动物退出补偿指导标准的函》，明确退出范围、补偿标准、动物处置、转产政策等。印发8期《四川林业草原要情》，每周通报全省禁食野生动物处置及退出补偿工作进度。全年接待禁食野生动物方面的群众来访来电来信500余人次、集访7批380人次。

9月30日前，全省21个市（州）、139个有野生动物人工繁育主体退出任务的县（市、区）1065户繁育主体全部退出养殖并完成存栏动物处置，累计处置禁食类存栏野生动物250余万头（条、只），圆满完成禁食野生动物退出及处置工作。12月1日，全省退出补偿按标准全部兑现，共兑付资金26796万元，以最少的省级补助提前完成国务院办公厅转发自然资源部等五部局工作意见中的工作要求。

【野外种群保护】 印发加强候鸟保护的通知。全面加强野生动物重要栖息地等重要区域监测巡护，在新龙县持续开展猫科动物监测，在雅安市栗子坪保护区开展林麝野化放归，在甘孜阿坝开展盘羊专题调查监测，在唐家河组织开展豺野化放归前期技术论证。

【人工种群监管】 对林麝、黑熊、猕猴等药用动物人工驯养繁殖单位加强管理，提高笼舍和饲喂标准。全年审核涉及野生动物驯养繁育、运输、经营利用的行政许可100余件。

【疫源疫病监测】 坚持重点时段野生动物疫病日报告制度，组建野生动物疫源疫病监测防控专家组，先后3次召开专家座谈会，会商全面加强野生动物疫源疫病监测措施及建议意见。及时研究处置广元市昭化区、崇州市等地发生的疑似疫情。

【大熊猫保护】 加强大熊猫野生种群动态监测，全年救护野外大熊猫5次。规范大熊猫人工繁育种群管理，成都大熊猫繁育研究基地和大熊猫保护研究中心全年繁育成活38仔。

【救护与致害补偿】 依托成都动物园挂牌成立省野生动物救护中心，全年全省救护野生动物15117只（头、条），已放归8594只（头、条）。全年全省野生动物致人死亡4人、伤人745人，损害农作物54.6万亩、家畜家禽49057头（只），折合经济损失4.3亿元。

【极小种群植物保护】 组织实施极小种群野生植物迁地保护工程，光叶蕨人工孢子繁殖育苗试验取得突破，在峨眉山发现新居群；宣汉县通过扦插和种子育苗已培育出崖柏幼苗。

【兰科植物专项】 全省兰科植物资源专项调查基本完成，通过调查，在通江县发现长圆叶山黑豆，在汶川、松潘、九寨沟等地发现保存良好的巴郎山杓兰野外居群，在盐源县发现斑叶杓兰野外居群。

四川省林业和草原局编写组

森林和草原防灭火

【基本情况】 2020年，全省共发生森林草原火灾111起，较2019年的138起下降20%，较2018年的224起下降50%，火灾次数呈现逐年递减趋势，森林草原防火形势持续好转。

【增强指挥能力】 修订完善《四川省森林草原火灾应急预案》，加快《四川省森林草原防火条例》修订进度，压实“防”和“救”责任链条，完善工作机制。理顺指挥体系，省级林草部门负责人在应急管理厅交叉任职，15个市（州）107个县明确对应兼职，8个市（州）和108个县核定专职副指挥长。在扑火过程中始终将“三先四不打”作为铁的纪律，坚决避免人员伤亡。

【夯实基层基础】 全省107个县（市、区）共组建地方专业扑火队伍9937人，共建立乡（镇）扑火队伍2501支93048人，购置扑火装备69089件（台、套）、单兵防护装备24372套、各类车辆278台。开展常态化培训1445次18.1万人次，开展演练1452次6.9万人次。投入资金13亿余元，开工建设基础设施项目216个，新（改）建防火通道1.1万千米，开设隔离带8000余千米，修建蓄水池1.5万余口。

【开展隐患整治】 开展森林草原火灾风险普查和拉网式巡查排查，采取“责任制+清单制+问责制”推进隐患整治，自展开专项整治以来，全省各地累计排查隐患7.3万余个，完成整治6.6万余个。对35个高危区开展包县联系，突出重点目标和重要设施，督促指导开展隐患排查整治工作，35个高危区共排查出重点目标、重要设施隐患2561个，已整治

2336个，正在整治225个，其中军事设施、加油站、液化站、炸药库四类极重、极危设施隐患325处已全部完成整改。开展输配电线路火灾隐患排查整治，排查线路4万余千米，治理重大风险隐患1.8万余处。“三州一市”共实施林下可燃物计划烧(清)除347.6万亩，建设防火隔离带10.26万亩。

【有效处置火灾】 各地各部门按照“早发现、早报告、早出动、早处置”的要求，快速反应、领导靠前指挥、部门协调联动、扑火力量协同扑救，克服多种不利因素和困难，有力有效组织开展扑救，及时处置红原县瓦切镇“2·12”、攀枝花市银江镇“3·5”、木里县项脚乡“3·28”、西昌市安哈镇“3·30”、甘孜州九龙县上团乡“4·2”等系列森林草原火灾，减少了损失，保护了群众的生命财产安全。

【加强宣传教育】 全省开展防灭火宣传5000余场次，参与人数400余万人，发放宣传资料1200万余份，张贴横幅标语76万余条，推送信息3273万条，媒体刊发专项整治报道3000余条。编写《中小学森林草原防火教育读本》，指导各地开展新学期“开学安全教育第一课”，发放读本186.6万册、挂图25.75万幅，全省中小学生创作“森林草原防灭火安全教育手抄报”578832份。举办“四川省首届防灭火微视频大赛”，共征集153部微视频。

【压实责任】 细化部门职责分工，完善防救结合、高度协同的应急管理职责体系。将森林草原防灭火纳入省政府对市(州)年度目标绩效管理考核，对责任不落实、履职不到位的依纪依法严肃追责问责，省政府成立调查组对西昌“3·30”火灾开展调查。按照“四不放过”要求，从重、从严、从快查处火案，全年各级共制止1.5万余起野外违规用火行为，治安处罚1728件，打击处理违法犯罪人员929人；省森防指办约谈火灾多发、频发的10个县(市)政府主要领导，省、市、县三级共约谈干部342名，1066人受到党纪政纪处理。

四川省林业和草原局编写组

森林和草原病虫害防治

【基本情况】 2020年，全省林业有害生物发生面积1001.33万亩，减少22.96万亩(其中病害197.02万亩，增加8.43万亩；虫害753.54万亩，减少30.95万亩；鼠害50.66万亩，减少0.55万亩)；成灾面积1.83万亩，成灾率0.05‰；防治面积824.43万亩次，无公害防治率达93.57%；测报准确率达98.14%，产地检疫实现全覆盖。除治松材线虫病疫木160万株、除治面积85万亩。全年新发疫区2个，疫区总数42个；疫情面积93.1万亩，增长20.6%(统计方式调整)；病死松树36万余株，与上年基本持平；秋普2个疫区和25个疫点乡(镇)实现无疫情。

【落实防控责任】 省重大植物疫情应急指挥部修订印发《四川省松材线虫病疫情应急预案》。对国家《2015—2017年重大林业有害生物防控目标责任书》考核反馈的问题提出20条整改措施，印发整改清单，省政府办公厅向国家林草局反馈了整改情况。调整完善省林草局重大林业有害生物防治领导小组。组织6个工作组到疫区督导疫木除治、监理监督和检疫封锁等工作。编印《重大林业有害生物防控工作要情》12期，制作《疫情除治周报表》4期，发出紧急督办函1份。

【加强监测预警】 召开趋势会商会，在四川电视台发布2020年主要有害生物趋势预报。根据日常监测情况，及时发布半年、季度趋势预报及预警信息。加强中心测报点的骨干和辐射作用，国家和省级中心测报点共直报监测信息2879条。开展春秋季专项普查，推广使用松材线虫病防控大数据平台，实现对枯死松树的定位管理。指导4个国家级测报点完成松墨天牛监测预报试点任务，组织1个国家级测报点制定松毛虫监测预报办法。

【病虫害防治防控】 审核松材线虫病疫区年度防治实施方案，40个疫区共组建除治队伍1433支，共除治病(枯)死松树160万余株，全面完成年度疫木除治任务。安排资金200万元购买服务开展松材线虫病春季除治质量、秋季除治成效省级评估。下发通知安排春季防治，指导各地安全使用林用农药，推广无公害防治。开展地面人工和飞机防治，降低蜀柏毒蛾、云南松毛虫、松褐天牛等主要林业有害生物危害。会同农业农村厅到广元、凉山和攀枝花调研指导红火蚁防控。

【加强检疫监管】 发布2020年全省检疫性林业有害生物疫区公告、松材线虫病疫点公告。共办理林业植物检疫证书138368份、植物检疫要求书24734份。完成西昌天喜园艺有限责任公司引种的隔离试种监管。签订《川渝两地重大林业有害生物联防联治合作协议》，组织召开川黔、川滇林业有害生物联防联治会议。

【增强支撑保障】 落实国家和省级防治补助资金7521万元，其中国家2400万元、省级5121万元。争取国家投资3870万元，在达州、巴中、广元、广安实施防控基础设施建设项目。建立39名林业有害生物防治检疫专家库。完成全省新增220名专职检疫员上岗培训考核。利用无人机低空遥感监测技术对广元市、凉山州部分区域开展松材线虫病疫情监测。全年在省级林业和森防宣传平台发布信息850条，被中国林草防治网采用60条。针对网络舆情反映的仪陇县“飞蛾”扰民问题，组织调查核实，及时向省政府反馈调查情况。举办2020年全省林业有害生物防治技能比赛。

四川省林业和草原局编写组

林草旅游

【基本情况】 四川素有“天府之国”“大熊猫故乡”之称，是长江上游生态屏障建设的重要战略高地，也是我国生态旅游资源最为丰富的省份之一。截至2020年年底，全省森林覆盖率达40%，森林面积居全国第四位，是全国第二大林区重要组成部分，被誉为生物资源宝库、自然景观胜地、中国西部花园。四川森林覆盖于多形地貌之上，有世界遗产5处、森林公园140个、湿地公园64个、风景名胜区93个、地质公园33个、自然保护区160个；生态旅游示范市(县)17个，省级以上森林小镇115个、星级森林人家1315个。大熊猫国家公园在四川涉及成都、德阳、绵阳、广元、眉山、雅安、阿坝7个市(州)，都江堰、崇州、彭州、大邑、什邡、绵竹、安州、平武、北川、青川、洪雅、荥经、天全、宝兴、芦山、石棉、九寨沟、松潘、汶川、茂县20个县(市)，总面积20177平方千米。

【森林和湿地】 依托唐家河国家级自然保护区、海螺沟国家森林公园、邛海国家湿地公园，形成了森林和湿地生态休闲养生、野生动植物观赏等生态旅游精品景区。若尔盖湿地被列为国际重要湿地名录，海螺沟、瓦屋山成为全国最具影响力森林公园，邛海湿地、老君山自然保护区成为全国最佳野生鸟类观赏地。依托林业产业基地、家庭林场、森林人家、林家乐，形成了一大批赏花型、品果型、避暑型、园艺型等乡村生态旅游产品，开发了木竹、干果、菌类、药材等系列旅游商品，使得省内外游客不仅能欣赏到优美的自然风光，更能体验瓜果采摘、森林漂流、农家美食等休闲旅游项目，生态旅游吸引能力大大增强，其中被誉为“地球之肾”的湿地资源在四川尤为丰富，全省湿地面积约2621.7万亩，占全省土地面积的3.6%。全省建立湿地类型自然保护区52个，甘孜州海子山、措普，阿坝州九寨沟、若尔盖，凉山州泸沽湖、邛海等地的湿地资源给人以原始古朴、神秘悠远、青翠苍茫之感，以其独特的自然景观吸引了大批游客前往览胜。

【生物多样性】 四川森林植被类型多样，垂直带谱完整，生物多样性极为丰富。拥有野生脊椎动物近1300种，其中大熊猫、金丝猴、扭角羚、白唇鹿等国家重点保护动物高达140余种。憨态可掬的大熊猫更是作为国宝名扬中外，已成为四川生态旅游的一大亮点，全省野生大熊猫数量、栖息地面积和人工圈养大熊猫数量三项都位居全球第一。大熊猫国家公园在四川涉及成都、德阳、绵阳、广元、眉山、雅安、阿坝7个市（州），都江堰、崇州、彭州、大邑、什邡、绵竹、安州、平武、北川、青川、洪雅、荥经、天全、宝兴、芦山、石棉、九寨沟、松潘、汶川、茂县20个县（市），总面积20177平方千米。围绕大熊猫这一珍稀自然资源所开展的文化生态之旅深深地吸引着中外游客纷至沓来。全省拥有包含各类珍稀高等植物10000余种，其中涵盖有着“活化石”之称的珙桐，以及攀枝花苏铁、水青冈、连香树、桫椤等72种国家重点保护野生植物，为中国乃至世界自然生物资源宝库保留了珍稀的植物物种资源。

四川省林业和草原局编写组

畜牧业

【基本情况】 全年肉猪出栏5614.4万头，增长15.7%；牛出栏296.4万头，增长1.6%；羊出栏1792.1万只，增长0.7%；家禽出栏77444.5万只，减少1.7%。全省肉类总产量为534.3万吨，其中猪肉产量增长11.7%、牛肉产量增长1.6%、羊肉产量增长0.8%。蛋产量167.9万吨，增长3.8%。奶产量68万吨，增长1.9%。活家禽出栏77444.5万羽，存栏43406.2万羽。

【生猪生产】 全年生猪出栏5614.4万头，增长15.7%；年末生猪存栏3875.4万头，增长35%，其中能繁母猪存栏372.1万头，增长35.8%。全省累计新开工生猪标准化养殖场建设项目3532个，其中完工2703个，完工养殖场项目仔猪产能达1431.98万头，项目总投资491.5亿元。落实国家和省级投入16.43亿元，其中中央资金9.61亿元、省级资金6.82亿元；市、县两级财政累计投入生猪养殖支持资金24.67亿元，带动社会资本投入618亿元。印发《关于进一步完善设施农业用地管理有关问题的通知》，配套出台《关于做好新（改扩）建生猪养殖场规模认定的通知》，拓宽规模养殖场用地范围，下达生猪养殖使用林地定额1900公顷，占全省总定额的24%。完成畜禽养殖禁养区调整，全省调减禁养区7811个、12591平方千米，禁养区面积减少12.3%。将生猪贷款贴息支持范围由原出栏5000头以上规模扩展到500头以上规模养殖场，为出栏5000头以上规模场贷款贴息3231.4万元，为500～4999头规模场贷款贴息393.8万元，撬动贷款投资18亿元。

【牛（羊）生产】 全年牛出栏296.4万头，增长1.6%；羊出栏1792.1万只，增长0.7%。牛肉产量增长1.6%，羊肉产量增长0.8%。印发《川牛羊（畜禽饲草）产业振兴工作推进方案》，落实中央和省级资金1.41亿元，支持川牛羊畜禽饲草产业高质量发展。

【奶业生产】 全年生产牛奶68万吨。登记奶牛场（户）414家（户）、50～500头养殖场101个、生鲜乳收购站30家，核发生鲜乳运输准运证车辆79辆。推动奶牛养殖标准化创建活动，提升奶牛标准化规模养殖水平；支持壮大专合社和家庭牧场。将农业农村部首蓿发展行动项目资金1020万元分解下达到8个市（州）的17个县（市），完成苜蓿播种5490亩。

【非洲猪瘟疫情防控】 开展违规调运生猪百日专项打击行动，设置省际间临时检查站289个、县域间临时检查站865个，检查生猪运输车辆112896台、生猪238.43万头，查处违法违规运输生猪车辆479台、生猪9036头。开展疫情全覆盖排查监测，全年累计检测非洲猪瘟样品8.37万份；设立24小时省级非洲猪瘟疫情有奖举报电话，全年受理举报33起，查实15起。2家企业通过国家非洲猪瘟无疫小区评审。开展兽用消毒药品专项监测，抽检绵阳、眉山、内江产品30批，结果全部合格。

【畜禽粪污资源化利用】 全省有63个禽养殖大县和22个非畜牧大县实施国家畜禽粪污资源化利用整县推进项目，累计落实中央支持资金29.7亿元。项目重点支持畜禽养殖场粪污处理利用设施设备提档升级及节水设施改造，提高畜禽粪污处理利用水平。截至2020年年底，全省畜禽粪污资源化利用整县推进项目开工率、完工率均达100%，畜禽粪污综合利用率达95.8%；全省21503个规模养殖场全部配套粪污处理设施，装备配套率达100%。

【病死畜禽无害化处理】 全年新增畜禽无害化处理企业2家（宜宾彬技有限公司和红原县宝霖阳光环仁限公司）。全省病死畜禽集中专业处理企业增至9家，其中成都3家，遂宁、泸州、宜宾、绵阳、阿坝各1家，日处理能力达600吨。建成集中收集点51个，专业集中无害化处理覆盖13市和81个区（县）。全年养殖和屠宰环节共无害化处理病死猪59.2万头，其中养殖环节55.5万头、屠宰环节3.7万头。

【饲料质量安全监管】 全年注销饲料企生产许可证34家。抽检饲料样品1590批次，合格率98.7%；执法抽检免用饲料样品52批次，对检出的不合格产品和2家涉事企业给予处罚。全年出动执法人员5.2万人次，检查饲料生产经营企业和自配料养殖场2万余家次，提出整改意见983条，查处案件80件，货值金额30万元，罚没140余万元。对省级抽检不合格的16家饲料兽药生产企业给予警示备案，召开警示企业座谈会，约谈企业负责人。

【兽药质量安全监管】 开展兽药质量监督抽检、兽药风险监测、动物源细菌耐药性监测等，全年抽检兽药样品658批次，合格率98.2%；开展风险监测102批，无不合格产品。全年共出动兽药执法人员2.3万人次，检查兽药经营企业6000余家次，清理注销兽药经营许可证90个，吊销兽药经营许可证4个，取缔无证经营企业4家；查处兽药违法案件69件，货值金额37万余元，罚没款235万余元。开展兽药产品批准文号现场技术审查和抽样，全年完成兽药产品批准文号现场核查2307批次。开展兽药产品文号清理和专项检查，协助农业农村部换发已修订为“兽药字”的兽药产品批准文号63个，注销兽药产品批准文号86个。

【禽种业管理】 全年完成现场验收种畜禽场29家，验收合格28家，合格率达96.55%；对宣汉县等6个项目县的90头种公畜精液进行抽检。做好四川省种畜禽生产经营许可管理系统试运行试点工作。

四川省农业农村厅编写组

水产业

【基本情况】 2020年，全省水产养殖面积290万亩，增长0.03%；水产品产量160.4万吨，增长1.73%；实现渔业经济总产值536.28亿元，增长6.37%；农民人均渔业收入932元，增收92元，渔业经济持续回升，增长态势好于预期，实现水产多做贡献的目标。

【园区建设】 贯彻"立足园区育水产，发展水产壮园区"理念，结合乡村振兴工作实际，推动建设产业特色鲜明、加工水平高、产业链条完善、生产方式绿色、品牌影响力较大、农村一二三产业融合、辐射带动有力的水产园区。在泸州市龙马潭区、盐亭县、内江市市中区、乐山市市中区、营山县、天全县6个县(区)培育以水产为主导产业的省级现代农业园区。在眉山市东坡区建设省级现代水产种业园区，隆昌市、开江县、新津区分别被认定为省级五星级、四星级、三星级稻渔现代农业园区。

【水产绿色发展】 制发《四川省稻渔综合种养技术指南》，在4个整县、10个乡(镇)开展以稻渔综合种养为主导产业的"鱼米之乡"创建试点。推进养殖水域滩涂规划编制工作，全省应独立编制规划的108个县(市、区)、18个市(州)及省级规划均颁布实施，省、市、县三级养殖水域滩涂规划体系基本建立。全省水产高质量发展现场推进会在眉山市东坡区召开，省人大常委会副主任刘作明出席会议并对川鱼绿色高质量发展提出了重要要求，全国稻渔综合种养发展提升现场会、第四届全国稻渔综合种养产业发展高峰论坛在隆昌市召开，农业农村部于康震副部长、副省长尧斯丹出席会议。在邛崃市、隆昌市和资中县开展全国渔业健康养殖示范县创建，创建72家国家级水产健康养殖示范场。启动实施水产绿色健康养殖"五大行动"，建立生态健康养殖、养殖尾水治理、新品种试验等示范推广基地82个。农业农村厅会同生态环境厅、省林业和草原局印发《关于推进大水面生态渔业发展的实施意见》，发展大水面生态渔业。加强新型经营主体培育，新增省级水产示范合作社20个，总数达118个。

【品牌建设】 全省共认定无公害水产品950个、绿色水产品3个、有机水产品9个，登记水产品地理标志12个；"新津黄辣丁"入围中国百强农产品区域公共品牌，"雅鱼"被评为省级优秀农产品区域公用品牌，"通威鱼""白龙湖亭子湖有机鱼""润兆鱼子酱""弯哥鱼米""昇鱼尚水"等获得省级优质品牌农产品称号。2个小龙虾品牌获评国家地理标志证明商标，分别为"开江小龙虾"和"雁江中和小龙虾"。

【水产品质量安全监管】 完成国家水生动物疫病监测任务共75份样本；全面实施水产苗种产地检疫，完成水产苗种产地检疫联网电子出证2243份，其中跨省1886份、省内357份。组织完成部级和省级水产品质量安全监测工作，共抽检3939批次，合格率达99.8%，并完成福建省、河南省产地水产品质量监测工作，抽检样品149批次，共检测参数1490项次。开展渔资打假专项检查、针对沙星类药物使用的专项检查、苗种生产过程质量安全专项检查和质量安全随机检查。制修订水产地方标准，新增立项标准6个。指导水产品质量安全监管标准化示范基地创建，全省共建成示范基地137个。

【长江禁捕退捕】 全省落实禁捕退捕资金19.5亿元。国家核定的10257艘退捕渔船已全部回收处置，16480名退捕渔民已全部退捕上岸，做到证注销、船拆解、网销毁，9月底实现"清船""清网""清江""清湖"的"四清"目标。加强执法监管力度，抓好各类执法专项行动，保持严打高压态势。全省建档立卡退捕渔民中，劳动年龄内有劳动能力和有就业愿望的13144人已全部转产就业，符合参保条件的16339人全部参保。基层执法能力得到一定程度提升，构建了省、市、县三级农业综合执法监管体系。

【资源养护】 落实长江流域春季禁渔、黄河流域禁渔、赤水河流域十年禁渔制度，部署开展2020春季禁渔同步联合执法行动、"亮剑2020"渔政执法专项行动，加强专项执法和交叉执法检查，严厉整治电鱼、毒鱼、炸鱼和使用违规渔具等非法捕捞行为。全省查处案件788起，参加执法人员48455人次，取缔违禁渔具8006件，查处电鱼器371台(套)，没收违法捕捞渔获物2987.89千克，行政处罚案件393件492人，移交刑事案件262件346人，追究刑事责任111人，罚款34.03万元。全省使用中央资金共向天然水域放流各类淡水物种4276.5万尾、珍稀濒危物种114.7万尾。继续开展渔业环境监测，对岷江、沱江、黄河(四川段)进行水质监测，全年共监测水样34个，监测溶解氧、总磷、总氮、高锰酸盐指数等14个指标，共计476项参数；对井研县宝五镇大光明村池塘养殖点抽取水样13个，共检测参数52项次。

【科技创新】 多项水产科研成果获得国家、省科技进步奖，其中由省农业科学院水产研究所牵头完成的"稻渔生态种养提质增效关键技术创新与应用"获得省科技进步奖一等奖及"范蠡奖"一等奖，省农科院水产研所完成的"鲟鱼高效健康养殖及鱼子酱加工技术创新与应用"和四川农业大学完成的"大口黑鲈秋季繁育及生态养殖关键技术创新与集成应用"获得省科技进步奖二等奖，省农科院水产研所完成的"主要养殖鱼类肝脏保护技术体系构建及应用""白乌鱼生态健康养殖模式创新与应用推广""岷江中游大渡河河口段水生生态系统保护策略应用"三项成果和雅砻江公司、省水产研究所完成的"水电开发流域裂腹鱼类保护关键技术研究与应用""长江上游名优鱼类资源保护与利用"获得省科技进步三等奖；全省3项水产科研成果获得2020年度"中华神农奖"。四川淡水鱼创新团队规模持续壮大，新增虾、鳅育种与推广、冷水鱼繁育与推广两个岗位，岗位专家增至12人。启动农业农村部重大技术协同推广项目——四川省稻渔综合种养关键技术集成与推广应用项目，在全省分四个片区开展专项技术培训，培训人员500余人次，开展调研、科技服务等活动20余次。组织实施农业农村部2020年水产绿色健康养殖"五大行动"，在成都、广元、内江、宜宾和江油等市(州)、县(市、区)建立"五大行动"示范基地59个。

【产业扶贫】 制订《四川省2020年渔业产业扶贫工作计划》，发展水产健康养殖，在有扶贫任务的县建设水产示范养殖基地47个，完成既定目标。组建省委组织部"科技扶贫万里行"水产技术专家团队，全年分别到喜德县、雷波县、普格县、昭觉县等深度贫困县开展水产技术帮扶，对7个水产养殖基地建设、生产、市场开拓等开展技术指导。

【河(湖)长制】 调整完善农业农村厅河(湖)长制工作领导小组和工作机构，印发河(湖)长制工作责任分工方案，召开农业农村厅生态环境保护及河长制湖长制工作推进会，年度工作目标按时保质保量完成。对长江(金沙江)流域27个县开展河(湖)长制暗访督查2次,发现问题均完成整改。推进川滇两省河湖治理协调联动工作,川滇两省省级河长签署印发《四川省云南省共同推进长江(金沙江)管理保护和治理工作协调联动协议》,对长江(金沙江)12个县533千米界河河(湖)长制开展情况进行了督导调研。12月17日,在宜宾市向家坝库区召开川滇两省长江(金沙江)河(湖)长制联席会议,四川省委常委、省直机关工委书记曲木史哈和云南省副省长和良辉出席会议并讲话。

四川省水产局编写组

中药材产业

【基本情况】 林草中药材是生长在森林和草原环境中植物药和动物药的总称,包括木本药材、草原(高原)珍稀植物药材、人工驯养动物药材和林下种植药材。全省林草中药材主要包括以杜仲、黄柏、厚朴、乌梅、辛夷、银杏、红豆杉等为主的木本药材,以金银花、黄连、白芨、重楼、石斛、天麻、柴胡等为主的林下药材。

【专题调研】 采取问卷调研与实地考察相结合的方式了解林草中药材情况,调研组在收集和分析相关资料的基础上,分别到成都、阿坝、广元、巴中、绵阳、雅安等市(州)采取实地查看、座谈交流等方式,对全省林草中药材产业发展现状进行了专题调研,基本摸清了全省林草中药材种植发展的成效和问题,形成《四川省林草中药材种植发展调研报告》,为促进工作的有序开展提供了基础资料。

【落实资金支持】 通过整合退耕还林、造林补贴、林木良种补贴、森林植被恢复、现代林草产业发展等资金和贷款贴息等项目,支持规划范围内林草中药材种植。从省级林草改革发展专项资金中安排1100万元,支持北川县、宣汉县、宝兴县、广元市昭化区4个省级中药材发展重点县的林草中药材规范化基地建设,其中北川县规划建设的以厚朴为主的中药材产业园被绵阳市认定为三星级现代农业园区。通过良种补贴项目,下拨44万元支持通江县银杏国家重点林木良种基地建设。

【制定技术标准】 制定《林下黄精种植技术规程》《油樟低产低效林改造技术规程》《人工养麝饲养管理技术规范》《人工养麝主要疫病防治技术规范》《厚朴低效林改造技术规程》《厚朴育苗技术规程》《白及林下栽培技术规程》7项中药材地方标准。申报8项中药材地标,立项1项。出台《四川省林草中药材种植技术指导意见》,对林草中药材的种源要求、基本种植技术、采收与加工技术、包装贮藏技术四大方面做出了具体规定和要求。

【加强主体带动】 发挥各类新型经营主体的示范带动作用,天全县众汇中药材合作社致力于野生重楼的驯化栽培并取得成功;四川金鼎产融控股有限公司在通江县建成11000亩矮化密植杜仲基地、科技示范园、文化公园;广元佳华中药材种植有限公司在昭化区建立4000余亩茯苓规范化种植基地,带动青川、利州等区(县)1570余户农户种植茯苓近10000余亩,提出的"种一休三"发展模式被国家林草局推广。

【推进"10+3"川药产业建设】 按照省委、省政府《关于加快建设现代农业"10+3"产业体系推进农业大省向农业强省跨越的意见》要求,根据现代农业"10+3"产业总体战略部署,省中医药局作为"川药"产业第一牵头单位,会同相关省级部门推进川药产业发展,印发《2021年川药产业工作要点》。9月9日,在川药产业发展专题研究会上,省政协副主席、党组副书记曲木史哈听取了省中医药局、农业农村厅、经济和信息化厅、省林草局等单位的情况汇报,分析研判2021年川药产业发展形势及下一步工作。

【推进中药材溯源建设】 安排省级专项经费1600万元,将三台、彭州、筠连等16个中药材产业重点发展县纳入省级中药材溯源建设试点县,省级溯源试点工作全面启动。4月,在三台县组织召开全省中药材溯源试点县培训暨工作推进会,对国家溯源试点县和省级溯源试点县的各有关市(州)中医药管理局具体负责中药材溯源建设的负责人和各溯源试点县承担单位分管领导及具体负责人开展培训;5月,发布《四川省中医药管理局关于印发2020年省级中药材溯源试点县工作推进方案的通知》;6月,指导省级各溯源试点县拟制了溯源建设方案,成立了领导小组,建立了工作机制;9月,收集汇总各溯源试点县建设存在的问题,各溯源试点县各项工作有序开展,省级溯源平台已完成建设。

【推进花椒药用研发】 为贯彻落实《四川省人民政府办公厅关于推进花椒产业持续健康发展的意见》文件精神,争取专项资金1000万元,实施花椒药用研发,力争具有成药性的花椒先导化合物或部位通过行业内认可、以花椒为组方的中药复方新药获得临床批件或受理书,延长产业链、提升附加值,为川产竹叶花椒进军药材市场打下坚实基础,助力打造花椒产业第一大省。

【中医药标准化建设】 由全省主导研究制定的川芎、姜黄2项国际标准分别于7月31日、10月6日正式获得ISO国际标准化组织立项,新发布中医药省级地方标准4项。自2018年以来,设立省级中医药标准化研究专项,共投入资金207万元,共支持标准化项目73项,通过对标准化项目的监管以及对承担项目团队的培训孵化标准化项目,培养标准化人才队伍,推进中医药省级地方标准发布,共立项中医药类省级地方标准45项,审批发布20项。

【开展道地药材生态种植技术示范推广】 组织开展道地药材生态种植技术示范推广,打造川芎、丹参、川佛手、姜黄、秦艽等川产道地药材生态栽培技术示范基地6个,核心示范基地面积740亩;打造川芎、丹参、川佛手、姜黄、秦艽种苗繁育基地5个;打造川芎、丹参、川佛手、姜黄川产道地药材种质资源圃4个,收集保存道地中药材品种资源600余份;集成生态栽培技术及病虫害绿色防控技术5项;组织开展技术培训,培训1000余人次。

【举办第三届四川省中药产业产销用对接洽谈会】 10月20日,第三届四川省中药产业产销用对接洽谈会在成都市举行,洽谈会由省中医药局、商务厅主办,副省长杨兴平出席开幕式并讲话。杨光平强调要扩大产业聚集效应,推进中医药资源优势转化为竞争优势。洽谈会以"加强产销用对接、建设中医药强省"为主题,旨在搭建川产道地药材产销用对接平台,以畅通中药流通渠道,提升川药品牌形象,构建更加完善的中药现代营销体系,350余家单位参加活动,展场面积3000余平方米。会上,省中医药局对2020年认定的10个中药材产业扶贫基地和10个定制药园进行了授牌。

【举办2021年四川省中药材生产技术骨干培训班】 12月7日，由省中医药管理局、农业农村厅、省林草局、重庆市中医药管理局主办，四川省中医药科学院、达州市中医药管理局承办的2021年四川省中药材生产技术骨干培训班在达州市开班，培训主要全面贯彻落实习近平总书记关于部署推进成渝地区双城经济圈建设重要指示精神，以及全省中医药传承创新发展大会指示精神，省委、省政府《关于促进中医药传承创新发展的实施意见》等精神，加快培养一批中药材生产技术服务的核心骨干，促进川渝中药材产业发展，助力乡村振兴。川渝两地线上线下同步开班，来自川东北地区、其他市（州）及重庆市共计346人参加培训。

四川省林业和草原局编写组、四川省中医药管理局编写组

特色经济林产业

【基本情况】 2020年，全省经济林总面积约5244.2万亩（其中新造经济林约88.5万亩、改培面积约159.1万亩、结果面积约2951.3万亩），年总产量达1232.4万吨，年产值达1153.9亿元；经济林从业人数约1033.1万人，以种植、采收为主。广元市全年核桃产量达21.1万吨，连续六年居全省市（州）产量第一位；油橄榄鲜果产量达2.5万吨，居全国第二位；木本油料综合产值达162.7亿元以上，再创历史新高。

【政策措施】 对接省发展改革委，将木本食用油料主要品种纳入《四川省增强油料供给保障能力实施方案》政策措施支持范围。出台《关于促进全省木本油料产业高质量发展的意见》。举办凉山州核桃产业提质增效培训班，出台《关于促进凉山州核桃产业改造提质的意见》。

【资金保障】 安排省级财政资金2800万元支持木本油料产业提质改造，重点支持凉山州、广元市、巴中市等核桃主产县建设保障性核桃良种采穗圃和就地初加工点。

【基地建设】 全省木本油料基地面积保持在1970万亩左右，综合产值达165亿元，增长7.8%，其中核桃面积1860余万亩，综合产值达148.6亿元。

四川省林业和草原局编写组

国有林场林区

【基本情况】 2020年，全省国有林场以天然林保护工程、贫困国有林场扶贫项目、造林和森林抚育补贴项目等为依托，实施森林草原管护4142万亩，完成人工造林28.1万亩（其中速生丰产林1万亩）、新封山（沙）育林5.3万亩、低产低效林改造66万亩、森林抚育36.4万亩、人工更新0.57万亩；生产木材12.1万立方米；接待生态旅游527.2万人次，实现生态旅游收入3.12亿元；建设林区公路738千米、林道1.16万千米、防火线8119.4千米、瞭望塔208座、输电线路255.1千米、通信线路163千米、房屋2.58万平方米。配合财政厅组织开展的13个国有林场2017—2019年中央和省级财政贫困国有林场专项扶贫资金的绩效评价工作获得肯定和好评。

【推荐先进】 13个市（州）推荐申报邛崃市国有林场等22个国有林场为“四川省示范国有林场”建设候选单位。通江县海鹰寺国有林场获得中国林场协会“全国十佳林场”称号，洪雅县国有林场工作人员获得国家林草局办公室等颁发的“全国国有林场职工主题演讲大赛优秀奖”。

【开展调研】 组织4个调研组到成都、凉山等11个市（州）40余个国有林场实地开展国有林场状况与发展策略调研，形成调研报告及杂志文稿各1篇。

【开展宣传及规划编制】 为《中国绿色时报》撰稿组稿，宣传全省贫困国有林场专项扶贫资金带动、撬动国有林场脱贫致富，推动国有林场持续健康发展所取得的成效，全省贫困国有林场总体上实现了脱贫。形成《四川省国有林场中长期发展规划（2021—2035年）》。

四川省林业和草原局编写组

种 业 发 展

【基本情况】 2020年，全省杂交水稻制种面积26.59万亩，玉米制种面积7.21万亩，油菜制种面积3.5万亩，小麦繁种面积5.59万亩。开展“冬查企业、春（秋）查市场、夏查基地”例行抽检，全省各级种子管理部门共抽检各类种子样品7265个，样品合格率达98.3%。全省建有畜禽资源保种场（区）44个、国家级核心育种场13家；新增省级核心育种场6家（含蜂育种场1家），省级及以上核心育种场达41家。全省建有鱼类种质资源保护区39个（国家级31个、省级8个），黄颡鱼苗种生产量居全国第一位，初步形成以国家级、

省级水产良种场为龙头，各水产主产区重点苗种场为骨干，水产企业和个体苗种场（点）为补充的水产种苗繁育供给体系。全年生产蚕种210万张、桑苗6000万株，蚕桑良种覆盖率达90%以上，检验检疫蚕种合格率达99%以上。

【种质资源保护】 省种质资源中心库建设项目开工建设。依托省农科院为主要技术支撑单位，完成500份地方农作物种质资源的初步鉴定评价。7月，得荣树椒入选农业农村部公布的《2019年十大优异农作物种质资源名录》。利用畜禽遗传资源动态监测平台对全省44个保种场（保护区）的38个保护品种群体进行监测，群体总本保持稳定。6个地方猪保种场的备份场建成投产。“四川地方猪遗传资源保护技术体系创建与产业化开发利用”“四川麻鸭遗传资源的抢救性保护与开发利用”分别获得省科学技术进步奖一等奖、三等奖。完成青藏高原区域九龙牦牛、昌台牦牛、木里牦牛、布拖黑绵羊的资源调查和样品采集；完成8个国家级畜禽遗传资源保护单位的初审和上报。完成1100份内江猪体细胞的制作和保存；完成内江猪、成华猪、乌金猪、雅南猪4个地方猪品种共2.5万余剂冷冻精液的制作和保存；采集并保存九龙牦牛血样312份、木里牦牛血样224份、昌台牦牛血样60份。向天然水域放流各类淡水物种4276万尾、珍稀濒危物种115万尾。组建长江鲟巡护队，协同开展珍稀濒危鱼类巡护、救护等工作，解救长江鲟、胭脂鱼、大鲵等多种珍稀濒危水生生物。建设蚕种质资源保护单位7家、桑种质资源保护单位6家，蚕桑种质资源保存数量位居全国前列。

【品种选育】 开展新品种试验584个，设立组别58个、试验点504个，加大品种的筛选力度。指导35家新品种试验联合体、5家育繁推企业省级绿色通道开展新品种试验748个，指导自主或自主联合特殊类型试验品种54个、试验组次9个。审定通过主要农作物新品种202个，其中优质品种76个；认定通过非主要农作物新品种42个。全年受理、审查、上报农业农村部复核登记品种244个，涉及单位56家，作物16种。培育蜀新1号肉兔、大恒799肉鸡新品种配套系。在全省35个部、省级畜禽核心育种场开展性能测定，测定种畜禽6.23万头（只）；对优然牧业等7家规模奶牛场的2500头奶牛进行检测，每月检测奶样7500余剂。建设实验室基点5个、农村基点4个，开展蚕桑新品种区域化鉴定。修订完善《四川省蚕品种审定指南》，审定通过“川蚕30号”“川柞3号”2个新蚕品种，“川山X蜀水”等具有自主知识产权的优质新蚕品种占比达70%。

【良繁基地建设】 全省11个制种大县获得国家大县奖励资金支持，安排省级专项资金建设优势农作物种子基地12个。支持南繁公共实验室建设，统一流转463亩土地用于开展南繁科研工作。全省6个单位被遴选为省级核心育种场。全省持有种畜禽经营许可证的种猪场330个，其中原种场（曾祖代场）26个、一级扩繁场38个、二级扩繁场266个。新增省级以上水产原良种场5个，省级水产原良种场达45个。建设蚕种场13个，凉山州蚕种场和西昌蚕种场全年生产蚕种105.5万张，占全省总数的50.1%。在冕宁、高县等重点县分批建设标准化桑树良繁基地1000亩。

四川省农业农村厅编写组

农业装备发展

农业机械化

【基本情况】 2020年，全省农机化发展着力补短板、强弱项，为统筹推进新冠肺炎疫情防控与农机春耕备耕、“三夏”抢种抢收发挥了“挑大梁”的作用，为保障粮食、生猪等重要农产品生产供应、打赢脱贫攻坚战贡献了机械化力量。

农机化发展政策扶持持续优化。出台《四川省现代农业装备转型升级推进方案》。完成全国人大常委会首次《农业机械化促进法》执法检查迎检。推进农机购置补贴综合奖补、报废更新补贴和新产品补贴三项创新。

装备总量持续增长，结构不断优化。实施中央农机购置补贴资金2.6亿元，增长47%；带动新增农机总动力100万千瓦，增长2%。大中型拖拉机、联合收割机、水稻插秧机和粮食烘干机呈井喷增长态势。

作业水平持续提升，质量不断优化。全年完成主要农作物耕种收机械化作业面积1.41亿亩，主要农作物耕种收综合机械化水平预计达63%，提高2个百分点，增速高于全国平均水平，农机作业由种植业向养殖业、农产品初加工等领域延伸。

服务水平持续提升。全省有农机户230万户、农机合作社1350个，机械化作业面积达1375.6万亩。创建全国主要农作物生产全程机械化示范县（市、区）3个。

科技创新水平持续进步。实施国家、省级科研项目98余项，金额796万元，取得专利15项。完成科技成果鉴定3项，制定四川省地方标准1项，获得省科技进步三等奖1项。

农机作业基础条件持续改善。开展机耕道、高标准农田、机电提灌等设施建设，建成宜机化高标准农田385万亩、提灌站1110座，基本实现“宜机作业”，农机作业通达率持续提高。

农机安全形势持续稳定。开展全国“平安农机”示范县创建行动，拖拉机、联合收割机上牌率、年检率、持证率均超过70%，农机事故发生起数、死亡人数实现“双下降”，农机安全形势稳定好转。

【实施农机购置补贴政策】 扩大补贴范围。不断优化分档参数和补贴标准，将支持生猪等畜产品生产、助力丘陵山区和贫困地区产业发展所需机具纳入全省补贴范围，较上年增加18个品目，扩大到15大类39小类126个品目，实现“应补尽补、敞开补贴”。

加大创新力度。推进农机购置补贴综合奖补、报废更新补贴和新产品补贴三项创新，开展“三合一”补贴农机具658台，31个试点县薄弱环节机械化作业补贴面积约66万亩；德阳市办理5台农机具贷款贴息；报废更新补贴实现法定的涉及人身财产安全的7种机具全覆盖；对组装式钢主体结构猪舍和禽类养殖设备给予新产品补贴。

精简操作程序。全面实行辅助管理系统

常年连续开放和信息化自主投档，实现“无缝、随时”申请补贴。压缩补贴资金公示、兑付时限，实现“最多跑一次”。省级财政支持在全国率先建设农机购置补贴综合奖补平台，开通手机APP申请、二维码远程监控、作业轨迹监测等功能，农民在家中就可完成补贴申请。举办农机购置补贴操作培训和廉政警示教育，配合财政补贴资金“一卡通”审批系统建设。农机购置补贴助力农业“多贡献”，呈现三个“大幅度”特征：补贴力度大幅度提升。实施中央财政资金2.63亿元，增长47%；补贴农机具大幅度增长。申请农机购置补贴农机具17.1万台（套），增长45%。撬动效应大幅度提高。中央财政资金撬动13.4万个农民或农业生产经营组织投入社会资金7.07亿元，增长43%。

【开展农机化生产推广】 组织开展农机化生产，逐级分解下达2020年农机化生产任务，组织开展重要农时季节农机化生产。全省累计检修各类农机207.1万台，设置跨区作业服务站454个，投入联合收割机、插秧机等机械近15.1万台。全面完成农机化生产统计，组织报送“春耕”“三夏”“三秋”及“跨区小麦”“跨区水稻”生产报表共54期，做好2019年农机化管理统计年报数据审核、汇总、确认、监测、延伸督查等。组织开展农机化技术推广与应用示范，水稻机械化种植同步侧深施肥、马铃薯生产全程机械化作业、水稻机械化育秧、马铃薯机械化收获4项技术入选2020—2021年度农业主推技术。加强农机化技术与装备的试验示范，联合中国农大在三台县建设丘陵山区主要粮食作物适度规模生产全程机械化关键技术集成与示范基地500亩。做好粮食安全责任制考核，细化评分标准，对21个市（州）政府农机化指标完成情况进行考核。做好国家对省政府粮食安全责任制农机化指标考核自评工作，完成“小麦、水稻耕种收综合机械化率至少提高1个百分点”任务并获得满分。组织开展农机防灾减灾，落实农机防灾减灾责任制，开展春季农机安全生产、隐患排查和整改工作，做到整体联动、人员统一组织，机具统一调动。全省共投入抗旱机械20万台，其中拖拉机1.6万台、排灌机械17万台。

【推进农业园区“五良融合”破题】 分产业制定《四川省现代农业园区“五良”融合农业装备指南及考核标准》，在现代农业园区内应用良种、推广良法、建设良田、配套良机、推行良制，并将其作为五星级现代农业园区考核认定的重要内容；明确10大产业园区的农机首席专家，组建65名专家团队。按照“一盘棋”工作思路，坚持统筹协调、分类指导、合力推进，制定《现代农业园区“五良”融合工作推进机制》，召开“五良”融合协调联络会议1次，举办“五良”融合暨农业装备推进（现场）培训班1期。制定《关于开展“五良”融合全程机械化示范区创建工作的通知》，以“五良”融合为突破口，以现代农业园区、高标准农田建设区为主战场，以水稻等主要农作物为重点，加快补齐机械化短板。率先在全国开展直播稻品种试验，开展玉米、油菜机收品种试验，初步筛选出适宜机收品种5个。推荐大邑县、金堂县、江油市申报第五批全国主要农作物生产全程机械化示范县，25个全程机械化示范区基本符合创建标准出台《四川省“全程机械化+综合农事”服务中心发展指引》。在省级园区培育、产业提质增效绿色发展、农机智能农机装备提升等省级项目中，加大对合作社农机装备、烘干场地、机库棚等设施设备建设的扶持力度。向农业农村部农机化司推荐“全程机械化+综合农事”服务中心、畜牧养殖机械化、丘陵山区农田宜机改造等典型案例8个。

【持续攻关农业装备科技创新】 做好科研项目的申报、实施和储备，组织省内科研机构、大专院校、企业申报2021年度省级科技计划项目31项（含参与）、市（州）级科技计划项目2项。实施国家重点研发计划项目子课题3项、科技厅项目45项、其他项目23项，完成项目结题验收17项。开展薄弱环节农业机械化关键技术研发攻关，利用省级财政现代农业发展工程资金，依托省农机院、农机鉴定站、西华大学开展薄弱环节农业机械化关键技术研发攻关，研制出第九代麦冬收获机、机械化养蚕设备2.0、第三代川牛膝收获机、单行自走式采茶机、马铃薯精量播种机、烟草无人机喷洒系统等特色专用农业机械10台。支持彭州等10个县（市、区）开展智能农机装备提升示范，购置先进适用农机具168台（套），完善机库棚等基础设施建设1.37万平方米，试验示范3337亩。注重科技成果的凝练、鉴定和转化，取得专利15项，发表论文30篇（其中SCI期刊1篇），完成科技成果鉴定3项，制定四川省地方标准1项，获得四川省科技进步三等奖1项。

【提升农机试验鉴定能力】 优化实施农机试验鉴定制度。围绕现代农业装备需要，开展专项鉴定，制定专项鉴定指南，实现零突破，发布2批农业机械试验鉴定产品种类指南，推广鉴定产品种类131种、专项鉴定4种。接收部级国推鉴定任务63项，企业申请省级鉴定191项，在“全国农机试验鉴定管理服务信息化平台”发布114个产品的农机推广鉴定结果的通报。按要求对2015—2019年拖拉机部级推广鉴定采信的翻倾防护装置、拖拉机可靠性报告或证书802份进行清理报告。

加强农机等农业投入品质量监管。首次多级联动完成全省在用饲料粉碎机300个样本入户质量调查，完成碾米机、饲料粉碎机、脱粒机3类农机产品75批次监督抽查。完成19家企业66张省级证书和17家企业22张部级证书的监督检查，注（撤）销证书22张。开展以“聚力提质量护农保春耕”为主题的农机“3·15”消费者权益日活动和2020年全国“质量月”活动。上报农业农村部农业机械试验鉴定总站并发布8个农机质量投诉典型案例。

开展职业技能鉴定与职业技能竞赛。组织7批次343人开展中初级农机修理工职业技能鉴定，获证321人。在全省推选2人参加农机职业技能鉴定考评员培训取证和2人参加督导员培训并取证。指导推荐4篇农机技能培训课件参与全国评比，1篇获得优秀课件。举办2020年四川植保无人机操作技能大赛，组织选拔组队参加全国农业行业农机修理工竞赛并获得佳绩。

【开展标准化提灌站建设】 农村标准化提灌站建设有序推进。利用省级现代农业发展工程资金1250万元，在36个县新建和改造机电提灌站55座，并组织专家对全省新建提灌站进行评审，落实标准化提灌站建设指南。将机电提灌建设融入现代农业园区、高标准农田、智慧灌溉助力现代农业园区建设。撬动各地投入提灌建设资金2.6亿元，新建、改造和维修农村机电提灌设施6.1万台次63万千瓦，其中新建和改造提灌站1110座3.3万千瓦，提灌机械出勤61.1万台次，提水量26.6亿立方米，灌溉面积2363万亩，为全省粮食增产、农业产业结构调整和农民增收做出了重要贡献。

信息化管理稳步推进。四川省机电灌溉信息管理与服务平台接入“政务云”，加入平台的21个市（州）、123个县（市、区）共录入3.5万个提灌站的属性信息、1.3万个提灌站的位置信息，80%以上的固定提灌站实现信息化管理。52个信息化泵站稳定运行，实现了机电提灌智能化、信息化管理。

【农业安全生产】 发挥牵头协调作用，突出抓好隐患排查整治。推进“平安农机”创建，推行农机合作社安全生产清单制管理。配合开展变型拖拉机联合执法检查，存量变拖总数由2015年年底的9.5万台减少到6.7万台。建立农村安全专项整治联席会议制度，印发《应急管理责任清单》。研究制订《农村安全（渔业船舶、农业机械、农村沼气、农村建房）专项整治三年行动方案》《“排险除患”集中整治工作方案》。抓好去冬今春安全生产集中整治和“冬安”暗访暗查，组织开展全省农业行业安全生产工作推进情况督导、“中秋国庆”安全监管，进行暗访检查。全年组织检查组2000余个次，检查企事业单位15000余家，排查出一般隐患2243项，整治2233项，落实隐患整改资金21.38万元，打击非法违法行为136起，整治违规违章行为269起。

加强组织领导，健全行业系统安全生产责任体系。严格落实安全生产“党政同责、一岗双责、齐抓共管、失职追责”“管行业必须管安全，管业务必须管安全，管生产经营必须管安全”和“分级负责、属地为主”要求，签订2020年安全生产责任书，将行业安全工作纳入对厅安委会成员单位和市（州）有关绩效考核内容，对发生重大及以上生产安全责任事故实行一票否决。

加强宣传教育，抓好安全生产。开展安全生产月、安全宣传“进农村”等系列活动，“进企业”313场、“进农村”441场、“进社区”578场、“进学校”262场、“进家庭”5179场、“进寺庙”3场，参与人数达109.91万人次。印制“拖拉机联合收割机、微耕机安全操作”挂图3万份并发放到村、到户。组织开展全省农村沼气安全生产月活动、全省农机事故应急处置演练、全省新任农机监理人员培训、消防安全培训、全省农机监理统计和农机报废更新补贴培训。联合应急厅创建“平安农机”示范乡（镇）11个。

【重点规划方案编制和调研】 会同经济和信息化厅制订《四川省现代农业装备转型升级推进方案》。研究制订《四川省现代农业装备发展“十四五”推进方案（2021—2025）》，成立编制工作专班，组织5个调研组分别到21个市（州）、园区、企业、合作社、科研院所等开展调研。完成全国人大常委会副委员长白玛赤林率全国人大常委会执法检查组到全省开展《中华人民共和国农业机械化促进法》执法检查迎检，配合农业农村部农机化管理司司长冀名峰等来川调研。针对省委第一巡视组反馈的有关问题，加强使命意识，细化整改措施，抓紧抓实整改。参加“1+5”调研指导，转变工作作风，摸排“三农”重点工作实情。

【农机产业扶贫】 加大对贫困地区农业生产薄弱环节和提灌建设的支持力度，加快推进农村基础设施建设。全省161个有扶贫任务县新增农机总动力超过40万千瓦，88个贫困县新（改）建提灌站285座，完成扶贫任务。协助农机化司做好“三州三区”扶贫工作，支持越西县、普格县开展禽类养殖设备新产品补贴试点，协调畜禽养殖项目资金1666万元；陪同相关专家到红原县开展无人机撒播草籽技术指导和扶贫调研。党支部和巴中市恩阳区万寿村3户贫困户开展结对帮扶，2名二级调研员坚持开展驻村帮扶，指导机电提灌站建设、新型农业经营主体培育、增产增收等。

四川省农业农村厅编写组

农产品精深加工业

【基本情况】 2020年，全省规模以上农产品精深加工企业实现营业收入4438.6亿元，增长6.1%；实现利润总额324.2亿元，增长10%，全行业持续呈现稳定发展态势；规模以上农副食品加工企业实现营业收入2561.2亿元，增长5.7%；实现利润总额168亿元，增长34.1%；规模以上食品制造企业实现营业收入1171.6亿元，增长4.4%；实现利润总额100.4亿元，增长12.8%。

【推动农产品加工园区建设】 认定第二批16个省级农产品加工示范园区，给予工业发展资金支持技术创新、企业培育等方面建设，促进企业聚集集约发展。举办全省农产品加工园区推进会，总结农产品加工园区建设成效，专题部署园区下步工作。

【加强细分行业研究】 聚焦方便食品疫情防控期间逆势上涨现象，走访调研企业，研究产业发展对策建议。围绕川猪精深加工短板，召开专题座谈会，研究起草《推动全省肉制品产业加快发展的措施》。支持指导遂宁市创建“中国肉类罐头之都”。

【加强市场主体培育】 开展四川省精制川茶自动化清洁化示范企业认定工作，认定首批示范企业20家，打造一批精制茶加工标准化、自动化、清洁化标杆企业。

【加强项目建设】 支持企业开展新一轮技术改造，引导产业以高端化、智能化、绿色化、服务化为引领，采用先进适用技术改造提升装备技术水平，加快推动产业转型升级，实施以产品换代、生产换线等为主要内容的技术改造项目。

【加强市场拓展】 举办川茶、川酒重点企业对接会，邀请川酒、川茶企业和经销商、行业协会、金融机构等共同探索茶酒合作发展模式，促成24家川茶与川酒重点企业签订合作协议。创新展会活动形式，指导举办全省食品饮料重点企业与新零售平台招商对接活动、首届中国方便速食大会、首届中国辣味产业大会、“遇见巴蜀·国际融合”采洽会等各类活动。

【抓好食品安全】 召开经信系统食品安全工作会，压紧压实责任。举办全省重点食品工业企业诚信体系建设培训，加强企业诚信管理体系建设，提高食品质量安全保障能力。

四川省经济和信息化厅编写组

新型农业经营主体培育

【基本情况】 2020年，全省家庭农场入库16.9万家，新培育县级以上家庭农场示范场4662家、高素质农民4万人。新注册农民合作社7347个，总数达10.57万个；新评定农民合作社省级示范社600个，累计培育省级示范社3000个；新增农民合作社质量提升整县推进省级试点县30个，省级试点县达40个；国家级试点县5个。新增国家级重点龙头企业2家、省级重点龙头企业170家。

【家庭农场】 全省共评定各级示范家庭农场1.6万家，其中评选第六批家庭农场省级示范场621家。在16个县(市、区)启动省级家庭农场示范县创建，探索整县推进家庭农场高质量发展的政策体系和工作机制。

【农民专业合作社】 举办第十一届农民合作社优质农产品迎春大联展，210家农民合作社参展，现场销售778.6万元，签约金额3.13亿元。举办第十二届农民合作社省级示范社理事长专题培训，培训农民合作社带头人600余人次。举办全省推进家庭农场和农民合作社高质量发展现场会、中国邮政助力农民合作社高质量发展交流活动。石棉县坪阳黄果柑专业合作社、成都市温江区富农蔬菜专业合作社入选第二批全国农民合作社典型案例。蓬溪县质量提升整县试点经验入选全国整县提升典型案例。

【农业产业化龙头企业】 以“10+3”产业体系建设为统领，培育壮大龙头企业队伍，修订《四川省农业产业化省级重点龙头企业监测认定办法》，建立《四川省农业产业化联席会议制度》，构建推进农业产业化龙头企业培育工作机制。开展第九批国家重点龙头企业和第十批省级重点龙头企业监测和认定，新增国家级重点龙头企业2家、省级重点龙头企业170家；建立以75家国家重点龙头企业为核心、902家省级重点龙头企业为骨干、近3000家市级重点龙头企业为基础的龙头企业队伍，涵盖10大优势特色产业和三大先导性支撑产业，其中国家重点龙头企业数量位居西部第一。在西南财大举办龙头企业创新型企业家培训，参训企业70家；结合第十批省级龙头企业认定，对新增170家龙头企业负责人进行扶持政策解读和经营管理能力提升培训。引导龙头企业参与脱贫攻坚，开展深度贫困地区特色产业产销对接活动，744家企业被评为省级扶贫龙头企业。

【产业化联合体】 以产业化联合体培育为抓手，提升农业产业化经营水平。围绕10大优势特色产业和现代农业园区，培育农业产业化联合体90个，推行“龙头企业+合作社+家庭农场(种植大户)”联合经营模式，促进企业经营、合作经营、家庭经营协同发展，引导小农户与现代农业发展有机衔接。全省创建联合体207个，联合体内成员农户户均增收2806元，带动农户77万户。实现县域优势产业和现代农业园区全覆盖，参与农业产业化龙头企业264家、专业合作社1106家、家庭农场2305家，实现销售总收入264亿元。

四川省农业农村厅编写组

农村科技

【基本情况】 2020年，全省围绕成渝地区双城经济圈建设、现代农业“10+3”产业体系建设，实施优质专用品种培育引进、优势特色产业瓶颈技术创新、农业机械化和信息化技术创新、农业科技创新体系建设、农业科技成果转化五大工程，推进科技扶贫、县域科技创新两个专项，育成农作物及畜禽新品种235个，突破关键共性技术30余项，示范转化先进适用成果50余项，实施科技扶贫项目300余项，“四川科技扶贫在线”入选国务院扶贫办《全国产业扶贫优秀案例选编》，为全省现代农业高质量发展和脱贫攻坚取得决定性胜利贡献了科技力量。

【农作物及畜禽新品种选育】 实施优质专用品种培育引进工程，推进四川农业新品种源头创新。支持商业化育种、公益性育种和高技术育种平台项目，235个新品种通过审定(认定、登记)。四川农业大学发掘的小麦Yr41基因是全国学者发现并被国际认可的第一个抗条锈病新基因。育成的“泸98A”“泸优9803”镉低积累三系杂交水稻不育系创制达到国际同类研究领先水平。育成的“川油47”“饲油36”首次突破油菜远缘杂交技术瓶颈，实现油菜与诸葛菜、菘蓝体细胞融合，开创的非对称细胞融合核质互换种质创新技术达到国际领先水平。研发的金针菇单核原生质体分离和诱导子实体形成技术打破了国外技术垄断。牧草“长江2号”通过北美AOSCA认证，标志着我国自主选育牧草品种成功进入北美等国际市场。19个育种类项目获得2019年度四川省科技进步奖，其中省农科院“绿色优质高产玉米种质创新与新品种培育利用”项目获得2019年度四川省科技进步奖一等奖。

【农业关键技术创新】 实施优势特色产业瓶颈技术创新工程和农业机械化信息化技术创新工程，聚焦“10+3”现代农业产业，编制形成川猪、川粮油、现代农业种业、川竹、川菜、川果、川药、现代农业装备等产业技术攻关路线图，明确重点攻关技术与实施路径。聚焦农产品精深加工，部署重大项目，支持川猪产业链提质增效、川味特色方便菜肴工业化、绿色环保竹深加工制品产业化等，推动新营养源创制与高效饲料、经典川菜工业化、竹源纤维素环保化纺丝、川茶特征性风味成分评价与生产线示范等重大技术创新。围绕关键共性技术创新，开展香型糯稻品种开发及速冻汤圆生产、规模猪场新发病原精准检测剔除、泡菜现代加工连续工艺、浓香大曲产乙酸能力关键调控等关键技术研究与集成示范。突破智能化花椒动态干制成套设备、白酒和酱油发酵功能菌群代谢调控、非洲猪瘟镧系荧光快速诊断检测试剂盒、鲟鱼高效健康养殖及鱼子酱加工等关键共性技术30余项。四川农业大学“草鱼健康养殖营养技术创新与应用”获得2019年度国家科技进步二等奖。23个项目获得2019年度四川省科技进步奖，其中“碳水化合物提高母猪繁殖效率的调控机制研究与应用”等3个项目获得四川省科技进步奖一等奖。

【农业科技成果转化】 实施农业科技成果转化专项，重点支持农畜新品种及标准化种养殖、农产品精深加工及配送、绿色农业与土壤污染防控、农机装备及设施等领域先进适用农业科技成果的中试熟化和产业化示范。持续推进96家国家备案“星创天地”建设，优化提升“四川星创联盟”服务能力。加强创业孵化、创业培训等扶持政策落实，依托龙头企业，聚集创新资源和创业要素，促进农业科技成果转化与产业化，培养创新创业人才，孵化一批家庭农场、专业大户、专业合作社、小微企业等农村新型经营主体。开发并转化四川泡菜、牛肉制品、茶叶蒸汽热风杀青机等新产品10余个。建成1000t/a传统泡菜自控连续、无硫高效黄花、五倍子天然提取与外用搽剂等中试生产线6条。在西南5省及陕西等茶叶主产区推广100余套，新增产值5000余万元。建立“贡秋豆8号”“朝地椒1号”等核心示范区14个，示范推广22.2万余亩，新增产值1.15亿元。推广应用“蜀优217”“川谷优23”“蜀麦830”“成单99”“国豪油8号”等良种，在梓潼县、德阳市、崇州市建设高产示范区3个，亲本繁殖、制种基地4600余亩，繁殖亲本2.95万千克，生产种子106.27万千克；在合江、通川、苍溪、旌阳、江油、绵竹、宜宾等地示范推广13余万亩，辐射推广148.85万亩，实现产值27.28亿元。

【农业科技园区和创新平台建设】 实施农业科技创新体系建设工程。组织成都、宜宾等市（州）创建国家农业高新技术产业示范区，宜宾市已完成建设规划，成都市创建为国家农业科技园区，内江、南充、广安国家农业科技园区通过综合评估，内江园区获得“优秀”等级。印发《关于组织开展省级农业科技园区综合评估工作的通知》，对全省93个省级农业科技园区创新创业、产业发展、企业培育、成果转化等方面开展评估。实施农业科技园区创新专项，推动农业高新技术集成创新、新品种培育与产业化示范、农产品精深加工与应用、智能农机装备等产业技术创新、成果转移转化、科技平台建设，促进国、省农业科技园区提质增效、提档升级。新建农业装备、酱香型白酒生态酿造、蛋鸡产业、油樟、杂粮产业化等5家省工程技术研究中心，持续推进农业领域重点实验室、产业技术研究院等创新平台建设。

【科技扶贫专项实施】 突出抓好支撑产业发展和完善服务体系两大任务，印发《科技扶贫专项2020年实施方案》。实施产业发展类项目，引导50余家科研院所和高等学校、100余家企业投身科技扶贫主战场，助力贫困群众脱贫攻坚。实施平台建设类项目，持续推进88个重点贫困县、12个市（州）在线平台优化提升与运行维护，组建专家队伍1.99万名、信息员队伍6.11万余名。“四川科技扶贫在线”网站全年访问量超过2525万次，实现专家在线技术咨询21.3万次。全年兑现“四川科技扶贫在线”平台11693名专家、信息员服务类补助1288.82万元。在年初新冠肺炎疫情吃紧阶段，“四川科技扶贫在线”平台紧急推出“新型冠状病毒防控科普”专栏、“复工复产实用技术”专栏，推送疫病防控、复工复产政策、春耕生产技术等600余条，网页浏览量80余万人次。“四川科技扶贫在线”9月正式入选国务院扶贫办《全国产业扶贫优秀案例选编》。科技厅作为2019年定点扶贫先进单位被省委、省政府表彰，科技扶贫专项2019年度工作成效考核被省委、省政府评为“好”。

【县域创新驱动发展加快推进】 贯彻省政府办公厅《关于加快县域创新驱动发展的实施意见》（川办发〔2018〕60号）要求，支持县域企业科技创新能力培育和科技示范村建设，新建科技型企业33家、科技示范村34个，支持县域开展以科技创新为核心的全面创新。围绕成渝地区双城经济圈建设，支持绵阳市游仙区、隆昌市等县域集成改革试点。推进国家创新型县（市）建设，推荐金堂县、隆昌市、什邡市申报科技部创新型县（市）科技投资项目、科技部和财政部“科技抗疫—先进技术推广应用‘百城百园’行动”项目，结合地方特色，确定主题产业、重点任务、资金安排等，指导编制“百城百园”行动实施方案并推进项目实施。

【科技特派员制度】 加强顶层设计，科技厅等11部门联合印发《关于深入推行科技特派员制度的实施意见》（川科农〔2020〕6号），提出允许兼职取酬、支持离岗创业、完善职称评定等11条政策措施。健全科技特派员组织管理体系，印发《关于成立43个科技特派员服务团的通知》《关于成立“10+3”产业科技特派团的通知》，采用“一县一团”“一业一团”方式组建省级科技特派员服务团196个，选派各级科技特派员7037人，实现183个县全覆盖、11501个贫困村全覆盖、“10+3”现代农业产业全覆盖。建立农业科技专家大院、科技特派员站点、“星创天地”、农村产业技术服务中心等科技服务平台。激励科技特派员创新创业，带动返乡人员、“田秀才”、“土专家”参与创新，助力脱贫攻坚和乡村振兴。印发《关于通报表扬科技特派员工作先进集体和先进个人的通知》，对50个科技特派员工作先进集体、150名科技特派员先进个人给予通报表扬。

四川省科学技术厅编写组

农田水利建设

【大型灌区续建配套与节水改造】 都江堰和石盘滩灌区实施续建配套与节水改造项目共投资38170万元（其中中央投资30536万元、地方投资7634万元），共计11个子项目，整治改建渠道154.16千米，配套建筑物2399处；新增灌溉面积0.36万公顷，改善灌溉面积0.83万公顷，新增年节水能力4239.27万立方米，年新增粮食产能4775.34万千克。

【中型灌区续建配套与节水改造】 在富顺县木桥沟水库灌区等11个重点中型灌区实施续建配套与节水改造工程，总投资26397万元，其中中央补助22000万元，整治渠道237.87千米，整治渠系建筑物1491座，项目实施后新增和恢复灌溉面积0.58万公顷，改善灌溉面积1.29万公顷，年新增粮食产能4300万千克。

【农村小型水源工程建设】 完成省级水利发展资金投资3700万元，清淤整治山坪塘470处；完成省级水利发展资金投资5500万元，在泸定县、丹巴县、炉霍县、石渠县、巴塘县、乡城县、得荣县、九龙县、德格县开展太阳能光伏泵站建设，总装机功率达1475千瓦。

四川省水利厅编写组

农产品市场安全监管

【开展“双认证”工作】 开展“双认证”，即检验检测机构资质认定(CMA)和农产品质量安全检测机构考核认证(CATL)(简称“双认证”)，采用“一次审批、共同采信、分别发证”的审批模式对农产品检测机构实施许可，确保农产品质量安全。全省有农业农村系统建设农产品检测机构近200家，150余家通过“双认证”，加上系统外公益性机构和社会经营性机构，全省通过“双认证”的农产品检测机构总数达200余家，数量居全国第一位。全年首次、复查含扩项的农产品检验检测机构56家，扩项5家。

【推动“三农”领域质量认证体系建设】 助力涉农市场主体增强创新动能；推进有机产业健康发展，促进有机产品认证示范区规范提升。截至2020年年底，全省共有食品农产品认证获证企业1484家，认证证书2631张；有机农产品认证企业1086家，认证证书1466张，均居全国第二位。

【推进四川省有机产品认证示范区创建】 推进四川省有机产品认证示范区创建，各申报单位围绕有机产业发展，出台扶持政策，构建“大市场、大质量、大监管”的联动监管机制，重帮扶、严监管，实现了较好的生态效益、经济效益和社会效益。全省共培育广元市利州区等13个县(区)为四川省有机产品认证示范区，三台县等4个县(区)为四川省有机产品认证示范创建区。

【开展有机产品认证有效性监督检查】 制定下发《关于开展2020年度有机产品认证专项监督抽查的通知》(川市监办〔2020〕45号)，于6—11月对全省范围内有机产品认证示范(创建)区生产、流通领域的500批次有机产品开展监督抽查工作，涉及16个市(州)60个县(区)的有机获证企业194家、36家认证机构、243张有机产品证书，抽检企业合格率、认证证书合格率、产品抽检合格率分别达93.8%、95.1%、96.2%。

【加强农资产品质量安全监管】 2月，印发《关于发布〈2020年省级重点农产品质量监管目录〉的公告》(川市监办函〔2020〕年第11号)，加强磷肥、复混肥料、脱粒机、碾米机、饲料粉碎机、农用薄膜等农资产品质量安全监管，维护广大农民群众的根本利益。印发《关于加强春耕生产农资产品质量安全监管的通知》(川市监办函〔2020〕第38号)，保障春耕生产农资产品质量安全，全年省级监督抽查磷肥、复混肥料、碾米机、农用薄膜等11种819家企业1109批次产品，及时公布监督抽查结果并通报相关部门，严格抽查后处理。省市场监管部门共安排市、县级食用农产品抽检任务83020批次，实际完成89121批次，抽样覆盖全省21个市(州)、183个县(市、区)，共涉及21949个被抽样单位，抽样以农贸市场、批发市场、超市等流通环节为主，涉及7个食品亚类、27个食品次亚类、101个食品细类，共检出不合格样品2223批次，总体不合格率2.49%，不合格率较2019年减少0.96个百分点，抽检结果表明，全省食用农产品安全状况总体平稳、风险可控。

【推进现代农业“10+3”产业体系建设】 制订《四川省市场监督管理局关于加强市场监管加快建设现代农业“10+3”产业体系的实施方案》，健全推进工作机制，量化工作目标，突出工作重点，确保各项重点任务有序有力推进。以川酒、川猪、川牛羊、川菜、川鱼、川竹等产业为重点，组织有关部门和科研机构有针对性地开展调研工作，完成《加快推进现代农业“10+3”产业体系中川鱼产业高质量发展的现状分析和前景展望》编制，为下一步工作提供导向性作用。推进“四川白酒品质提升工程”，拓展农产品溯源体系建设专项行动，持续推进国家桑茶标准化区、农村综合改革标准化试点和食品小作坊治理提升工作，为农业产业高质量发展夯实基础。

【农产品精深加工产业良性发展】 为严格疫情防控期间有效监管，抓好主体责任落实，加强复工复产企业监管，科学制定主体责任清单，开展警示教育和责任约谈，推动小作坊治理提升与农产品精深加工有机结合。开展食品安全专项整治，突出砖茶等重点类别食品监管，会同相关部门共同研究砖茶质量安全、市场销售、储备保障等，压实监管责任，加强技术攻关，提高低氟砖茶供应保障能力，净化市场环境秩序。疫情防控期间，为确保食品安全监管工作科学有效，召开全省“保价格、保质量、保供应”视频工作会，组织新希望乳业、高金集团等7家企业通过视频连线的方式分别向消费者作出公开承诺，跟踪指导各市(州)局做好食品生产企业复工复产，加强复工复产企业监管，确保产品质量安全。

【加强主体责任落实】 制定主体责任清单，促使企业结合主体责任清单，制定完善食品安全自查管理制度；组织百余家白酒企业开展“提升白酒质量企业公开承诺”活动，营造依法诚信生产经营的浓厚氛围；加强警示教育，全省系统组织对2560余家问题企业开展责任约谈；连续两年对50余家问题企业开展飞行检查；指导各市(州)局开展对企业食品安全管理人员的抽查考核；召开小作坊治理提升推进会和现场会，推动各地加强小作坊治理提升与农产品精深加工有机结合。

【保障粮油产品质量安全】 针对全省产粮及粮食加工大省建设的现状，严格落实“四个最严”要求，保障全省粮食安全。推动以省委办公厅、省政府办公厅的名义印发《四川省省级党政领导干部食品安全工作责任清单》，压紧压实粮食质量安全的属地责任；高度重视德阳涉舆粮食安全问题，以违法案件问题查处为突破口，用最短的时间逐项排查核清相关情况并据实上报核实情况，同时召开涉舆食品安全问题专题研究会，指导德阳市修订完善《德阳市大米生产经营专项治理工作方案》；全面落实粮食生产企业主体责任，严格获证粮食生产监管和企业的双向责任，召集成都、德阳、绵阳、眉山4个面源污染较大、稻谷易出现问题且食品生产经营企业集中程度较高的市开展大米监管责任约谈；开展专项整治和监督抽检，对重点企业、重点区域和重点环节，建立检查、检验和风险监测联动机制，严格粮食生产企业产品标签标识规范治理，形成对违法违规行为的打击合力。

【突出重点类别食品风险监管】 针对白酒、调味品、肉制品等重点品种，开展体系检查，为重点行业风险防控提供了借鉴和指导；加强砖茶生产监管，协调联系产、销区双方及相关部门，加强信息交流沟通，共同做好低氟砖茶监管；实施白酒品质提升工程，通过开展“五大专项行动”，助推全省白酒产业高质量发展；开展固体饮料、压片糖果、代用茶等食品安全专项整治（全省共检查相关生产企业1099家次，发现问题企业147家，责令整改79家，责令停产3家，立案查处6起）；启动开展肉制品生产企业监督检查和规范产品标签标识相关工作。

【加强农村集体聚餐食品安全监管】 指导遂宁市发布全国首个农村集体聚餐食品安全监管地方标准《遂宁市农村集体聚餐监督管理规范》（DB5109/T5—2020）；雅安市制定《雅安市农村集体聚餐食品安全管理办法实施细则》（雅食安办〔2020〕18号）；自贡市印发《自贡市农村集体聚餐食品安全监督管理工作规范》（自食药安办〔2020〕32号）；乐山市印发《乐山市农村集体聚餐食品安全管理办法实施细则》（乐食安办〔2020〕20号）；眉山市印发《眉山市农村集体聚餐食品安全管理办法实施细则（送审稿）》。开展在线监管试点显现成效，试点在线监管的5个市（州）均建立在线监管平台（达州市“智慧食安”、泸州市“食安云”、自贡市“食安链”），通过采集承办乡厨的食品安全信息实现对农村群宴食品安全信息实施远程在线监管。同时，运用各地智慧监管试点成果，会同省大数据中心在四川省一体化平台“天府通办”上实施食品小经营店、食品摊贩备案管理全程网办，发放电子备案证。指导成都市温江区探索出一条群宴管理的“温江路子”，截至6月底，成都市温江区共建成标准化集中办宴点13个，其中9个办宴点已投入使用，已承办宴席118场，覆盖人群2.3万余人次。蒲江县印发《蒲江县食品安全委员会办公室关于推进农村自办群宴集中办宴点（场所）规范化打造工作的通知》（蒲食安办〔2020〕2号），拟在全县推行农村自办群宴集中办宴点（场所）规范化打造，该项工作已完成验收并将投入使用。雅安市石棉、荥经、天全、名山等县（区）试点将农村集体聚餐引入固定场所举办，加强对农村集体聚餐固定场所的隐患排查和现场指导力度。

【实施农村食品安全治理提升行动】 全年共办理农村假冒伪劣食品案件1939件，移送公安机关37件。对一些突出的问题，如对乌鸡乌鱼豆芽和散装白酒经营突出问题进行了重点打击，该项子行动共办理案件808件，案值194万元，罚没金额472万元。通过治理，成效明显，乌鸡乌鱼豆芽抽检不合格率从35%下降到11%以下。开展农村地区食品经营许可核查，通过严格规范许可审核、精细开展现场核查，对农村食品经营者主体资格、现场环境、经营事项、安全条件等食品安全经营情况进行排查，对是否存在应取证而未取证等情况进行重点核查，6月、10月安排部署集中开展2次食品风险隐患排查整治，共计抽查1100余户食品经营者，共计发现问题隐患1200余个，6月抽查检查发现的620个问题隐患转发到各市（州）要求按期整改；10月，结合冷链食品疫情防控，再次组织开展“双随机”检查，共发现问题584个，逐一通报各地落实整改。截至2020年年底，共发现问题2723件，完成整改处置2723件，整改处置率达100%。

【协调主流媒体宣传农产品安全监管】 加强农村食品安全宣传，采取集中培训、发放宣传资料、“监督检查+政策宣讲”等多种形式宣传食品安全法律法规，增强农村群众食品安全法治意识，增强农村群众自我保护能力，全年共组织开展宣传活动900余次。围绕农产品质量安全监管检测、农业标准化建设、品牌培育保护、壮大龙头企业、加强服务支撑等重点工作，重点做好白酒产业品质提升工程、地理标志精准扶贫、食品安全“你点我检”活动、食品专项整治工作、“双随机、一公开”专项监督抽检、“5·20”世界计量日主题活动、“经营放心食品制止餐饮浪费”集中公开承诺活动、食品安全突发事件应急演练、“食品安全专家上网课”等专项工作的宣传报道。

四川省市场监督管理局编写组

农业对台合作与交流

【基本情况】 2020年，全省对台工作聚焦擦亮农业大省金字招牌，落实省委关于以现代农业园区建设为重点推进农业农村现代化的要求，做好新冠肺炎疫情防控中的对台工作，出台“四川支持台企12条”措施，实施《川台农业合作助推乡村振兴星晖计划》，成立首个涉台产业专项功能委员会——台资农业企业委员会。新设立10家川台农业合作示范基地，6家在川台资农业企业增资982.23万美元。截至2020年年底，全省共有2家国家级台湾农民创业园、30家省级川台农业合作示范基地，近300家台资农业企业投资总额超过140亿元。

【做好涉台农业疫情防控及政务服务】 8月5日，省发展改革委、省委台办等10部门联合印发《关于应对疫情统筹做好四川省支持台资企业发展和推进台资项目有关工作的通知》（简称“四川支持台企12条”），立足常态化疫情防控，紧扣“六稳”“六保”要求，提出持续帮扶台资企业复工复产、统筹协调推进重大台资项目、促进台资企业参与新型和传统基础设施建设、支持台资企业稳外贸、全面落实规费减免政策、有力支持台资中小企业发展、主动做好台资企业服务工作等12条具体措施，其中明确提出发挥台湾农民创业园、川台农业合作示范基地等载体平台优势，支持相关重大台资农业项目纳入省重点项目名单，依法依规做好用地保障服务等惠及台资农业企业的政策措施。10月30日，省委台办、省发展改革委在成都市召开“川台70条”联络员工作推进会，总结交流工作成效，研究部署落实“川台70条”等惠台利民政策的工作举措。涉农惠台政策持续见效，冕宁元升农业、苍溪杉立农业等台资农业企业获得项目补贴300余万元，夹江天福观光茶园有限公司在全省服务业发展大会上获评“四川优秀服务业企业”，四川广绿农业科技有限公司获评“四川省第二批扶贫龙头企业”，台胞林春福被国家林业和草原局聘为第二批林草乡土专家。

【举办多场涉台农业交流活动】 克服疫情影响，搭建交流平台，发挥在川台企台农优势，推动台企台农参与全省“10+3”现代农业产业发展、成渝地区双城经济圈建设和脱贫攻坚、乡村振兴事业。

5月6日—9日，省委台办、农业农村厅联合举办“台资农业企业家专家服务基层面对面——川南行”活动，组织5位在川台资农业企业负责人、台湾农业专家到自贡、泸州、宜宾和眉山4市与当地农业企业负责人交流有机生态农业发展理念、特色农产品种养殖技术和经验等，提高川台农业合作水平。5月20日、6月17日—18日，省委台办先后组织省农科院农业专家、在川农业企业台商代表到省委台办对口帮扶的泸定县海子村、桤木林村开展帮扶活动，传授猕猴桃、辣椒、羊肚菌等种植技术，交流果树、家禽、水产等各类种养殖经验。7月15日—17日，省委台办组织定点帮扶村泸定县德威镇堡子村的种植大户和大学生代表20余人到川台农业合作示范基地——成都钧乔农业科技开发有限公司、洪雅县蓝翔合作社、西充县四川广绿农业科技公司、四川双龙农牧开发有限公司和都江堰农科院两家猕猴桃种植基地参观考察，学习农业技术，并引进火龙果、番石榴等台湾热带水果种苗在堡子村试种。10月10日，台资企业达州市中蓝瑞翔生物科技有限公司联合四川中蓝农业科技发展有限公司在达州市通川区共同举办2020年达州现代农业企业精英、种子教官育成班，台湾农技专家为培训班授课，来自成都、重庆、达州等地的村书记、种田大户、合作社负责人共计200余人参加培训。10月19日—23日，省委台办举行“台资农业企业委员会服务基层面对面——川渝行”活动，在川台资农业企业家到内江、遂宁和重庆市，与当地农户现场交流，指导、分享技术，并与当地农业部门就农业发展模式等进行研讨座谈。11月30日，泸州市泸台人才交流中心举办以“共建农业振兴生态共 创美好生活集群”为主题的泸台两地线上交流论坛，20余位川台两地农业专家、农业企业负责人围绕农业旅游、农业数字化、农产品品牌打造和小型农业企业碎片化问题等开展交流。

【涉台农业园区和基地加快建设】 持续推动涉台农业园区（基地）建设，完善基础设施，提升政务服务水平。涉台农业园区（基地）在落实惠台利民政策措施、助力乡村振兴和农业产业提档升级等方面发挥了较好的桥梁纽带和示范带动作用。

7月27日，省委台办、农业农村厅联合批准10家在川涉农台资企业为第三批“川台农业合作示范基地”，并给予每个基地20万元奖补资金，分别是成都吉食道食品有限公司、攀枝花宗展农业开发有限公司、合江安豪农业有限公司、中江县长盛林业有限公司、四川杉立农业开发有限公司、西充星河生物科技有限公司、四川爱吾农业综合开发有限公司、达州市中蓝瑞翔生物科技有限公司、四川川台缘农业开发有限公司、洪雅县蓝翔养殖专业合作社。新津台湾农民创业园开展“送政策、帮企业、送服务、解难题”专项行动，为园区内的台商台企取得疫情防控和企业发展“双胜利”提供全方位服务保障。园区成立“一对一”服务专班，派驻专员开展蹲点纾困解难120余人次，协助申报各类补贴政策20余万元，帮助解决短期用工、农机借用、政策申报、示范店创建等问题30余项，协调支持一次性口罩3300个、消毒液200千克，4月，园区内企业复工率达100%、满产率达98%以上。同时，园区举办、承办智青帮扶“手心翻转计划”活动、山西乡宁和成都新津两地交流活动、特色农创美食研发培训、2020中国农民丰收节四川分会场、蓉台农业文化创意设计赛等活动。12月22日，成都市台联、新津区侨台办在新津台创园设立“台胞服务站林盘驿站示范点”。

【成立台资农业企业委员会】 发挥在川台资农业企业的示范带动作用，创新工作平台，探索成立首个涉台产业专项功能委员会——台资农业企业委员会，提升在川台胞台企的参与感，激发其责任感。

8月27日—28日，省委台办在成都市郫都区举行川台农业合作推进暨台资农业企业委员会成立大会。该委员会由省委台办发起，隶属于四川省海峡两岸交流促进会，是全省首个涉台产业专项功能委员会，主要从事川台农业领域的交流合作，为在川台资农业企业搭建平台，组织在川台资农业企业服务乡村振兴战略，将在惠台惠企政策宣介、行业动态信息分享、先进农业理念技术传播、现代农业示范带动、产业合作提质增效等方面发挥积极作用，提升川台农业合作水平。该委员会共有会员企业44家，由四川省广绿农业科技有限公司董事长、台商李义洋担任主任委员。

【加强对台农业合作调研指导和规划】 全省重视深化对台农业交流合作，聚焦问题开展调研指导，锚定方向制定长期发展规划。5月18日和6月3日，省委台办组织到眉山、德阳、广元3市专题调研川台农业合作示范基地建设情况，考察申报新设基地的台资农业企业，检查疫情防控和落实惠台利民政策措施情况。调研期间，在广元市召开政企对接座谈会，加强与基地所在地方政府的协同，推动川台农业合作做实、做细、做精。6月10日，省委台办、农业农村厅联合印发实施《川台农业合作助推乡村振兴星晖计划》，从培育壮大台资农业产业、加强政策支持、创新业态创建品牌、加强人才智库建设等12个方面对未来3～5年提升川台农业交流合作质量和水平进行规划，制定目标任务，推进川台农业合作现代化、专业化水平再上新台阶。8月26日，省长尹力带队调研台资农业企业西充星河生物科技有限公司，鼓励企业进一步发挥好产业主体作用，把脱贫攻坚和现代农业发展紧密结合起来，在打好产业基础高级化、产业链现代化的攻坚战中干在实处、走在前列。10月16日，省委台办主任罗治平率队到邛崃市、大邑县调研回访四川乡村旅游带头人赴台学习交流项目成果，研究推动川台交流合作助力乡村文旅融合发展，促进乡村振兴。

中共四川省委台湾工作办公室编写组

农村基础设施建设与管理

水利建设

综　　述

【基本情况】 2020年，全省水利系统围绕"水利工程补短板夯弱项、水利行业强监管优服务"工作主线，推进水利改革发展。截至2020年年底，全省蓄引提水能力达347亿立方米，有效灌溉面积达4488万亩，分别是中华人民共和国成立初期的10倍、5.6倍；建成水库7757座(水利部门管理)，位于全国前列；主要江河已建成亭子口、紫坪铺、武都水库等控制性枢纽，建成堤防9031千米，水利建设取得显著效益，为经济社会发展提供了支撑。

【聚焦脱贫攻坚，农村饮水安全问题总体解决】 实施农村饮水安全巩固提升工程，累计300.1万名贫困人口受益。以"户"为对象开展达标复核，全省第一轮脱贫攻坚普查的73.9万贫困户饮水安全全部达标。采取超常规措施，坚决啃下凉山州脱贫攻坚饮水安全这一"硬骨头"，完成脱贫攻坚饮水安全任务。

【水利投资与建设稳步推进】 统筹推进疫情防控和水利改革发展，全年共落实水利投资265亿元，占年度目标的101%；完成投资275亿元，占落实投资总额的104%。发行地方政府专项债46.4亿元，发行到位规模是上年的2.3倍。纳入省政府目标考核的亭子口灌区、固军水库按时开工建设；加快建设李家岩水库、中江石泉水库等62处大中型工程，基本建成叙永县倒流河水库等13处中型工程。

【水旱灾害应对有力有序】 面对严峻的防汛减灾形势，持续开展隐患排查和督导暗访，对重点区域"点对点"调度30余次，累计发布洪水预警3955站次、山洪预警1.4万次。面对"8·18"特大洪水，果断启动Ⅰ级防汛应急响应，实现应对特大洪水人员零死亡、零失踪。汛期实现防洪减灾经济效益49.5亿元。积极应对春旱连夏旱，临时解决42万人饮水困难，挽回经济损失约8.8亿元。

【水利强监管有效落实】 开展"清河、护岸、净水、保水"行动，推进河湖管理范围划定、河湖"清四乱"、小水电清理整改。全面实施节水行动方案，省政府出台《四川省节约用水办法》(四川省人民政府令第343号)，开展141个水利行业节水机关建设。水资源考核成绩进入全国"良好"等级前列。深化水资源税改革。印发实施跨市(州)主要江河流域水量分配方案，编制8条主要江河流域水资源调度方案，建立三大流域片水资源调度协调机制。建立省、市、县三级水保委机制，完成综合治理任务4950平方千米。

【水利行业改革】 省水利发展集团有限公司于7月29日正式成立。省水利水电勘测设计研究院、省电力设计院、省水利电力工程局改制以及都江堰产业集团与省直大型灌区管理单位脱钩等工作有序推进。将省水文局年终考核纳入省政府对水利厅目标考核范畴，17个地区水文局已基本落实地方目标奖。按照中央和省委统一部署，水利厅被纳入深化事业单位改革试点，并被人力资源和社会保障部选为四川唯一实地调研单位，各项举措有序推进。

四川省水利厅编写组

水资源管理

【落实最严格水资源管理制度】 全省21个市(州)2020年度水资源考核平均得分为92.36分，较2019年度90.95分增加1.41分，提高1.6个百分点。全省将最严格水资源管理制度考核纳入省政府对市(州)政府目标考核体系，促进最严格水资源管理制度重点任务的推动落实。

【完成取用水管理专项整治行动】 全省共计2.8万个取水项目建立"三个一"台账，其中保留类项目1.15万个、退出类项目550个、整改类项目1.6万个，逐步形成“一张信息图、一个管理系统、一支监管队伍、一套长效机制”的“四个一”取用水管理工作体系。截至2020年年底，全面完成取水工程整改提升工作，整改完成率达100%。

【完成跨县（区）主要江河流域水量分配】 四川省在全国率先完成跨县区主要江河流域水量分配，确定了158条河流、550余个水量分配管控单元、190余个断面最小下泄流量目标。配合长江委完成岷江等8条跨省江河流域水量分配工作，其中6条跨省江河水量分配方案已由水利部印发实施。

【加强水资源统一调度管理】 印发《四川省水资源调度管理办法（试行）》《安宁河流域水资源调度方案（试行）》，初步建立岷江、沱江、嘉陵江流域水资源调度协调机制。组织开展嘉陵江等7条江河流域水资源调度断面水量巡测。加强岷江向沱江常态补水，逐旬统计补水量数据。

【推进河湖生态流量管控】 水利厅完成水利部下达河湖生态流量管控3年任务的85%，剩余河湖生态流量目标确定工作将于2021年年底前全面完成，并根据四川省实际情况，新增18条河湖生态流量目标确定工作。省政府授权水利厅印发《四川省第一批重点河湖生态流量保障目标（试行）》，共确定36条河湖58个省考断面生态流量保障目标值。同时，确定38条河湖140余个生态流量管理断面，其下泄流量监测数据接入四川省水资源监控系统。水利厅向21市（州）水行政主管部门下达71条河湖生态流量目标确定任务。

【推进污染防治攻坚战水利工作任务】 制订《2020年四川省水利厅生态环境保护工作方案》，2018年、2019年长江经济带国家移交整改任务“内江市64座水库水质为劣V类”“遂宁市唐家渡电航侵占河道”已于12月底完成整改销号，全年共完成16项中央、省环保督察整改任务。采取应急措施及时处置“3·14”彭州鸿迪贸易有限公司柴油外泄事件、“3·24”都江堰经开区油污倒灌事件、“4·12”通江县坝溪尾矿库泄漏事件。配合有关部门完成2019年度岷江、嘉陵江、沱江、安宁河生态环境补偿相关工作。配合开展生态环境损害赔偿制度改革试点，参与四川省首例生态环境损害案件（彭州市“3·14”水质污染案件）赔偿相关工作，获得生态损害赔偿金32万余元。会同四川大学帮扶指导污染防治重点县（仁寿县、井研县）如期完成污染防治结对攻坚任务，重点县流域水环境质量得到有效改善。

【取水许可电子证照实现省、市、县三级全面贯通】 建设省、市、县三级跨层级贯通应用电子证照系统，实现取水许可审批业务在省政务一体化平台中“一网通办”。截至2020年年底，省、市、县三级201个取水许可审批单位全面实现电子证照发放功能，共签发取水许可电子证照456本。

【推进水资源税改革】 2017年以来，四川省作为南方片区唯一的水资源费改税试点省，水资源税征管工作进展良好，全年征收水资源税25.9亿元，较2016年提高51%。

【开展地下水水位变化通报】 依托国家地下水监测工程，采取有效措施动态监测地下水水位，收集地下水监测数据，计算分析地下水水位、蓄变量与上季度、上年同期对比变化情况，并按季度编制《四川省地下水通报》，对地下水水位、蓄变量和同比、环比变动情况进行通报。

【水资源管理信息化建设】 加强水资源管理信息化建设，通过水利部对全省国控系统检查评估验收，实现全省水资源监测点建设规范化，水资源管理水平显著提升。全省在线监测1917个取水点，较“十三五”初增加1400余个，全年累计监测取水量达110余亿立方米；38个全国重要饮用水水源地优于Ⅲ类水质标准的点天占比92%；按月发布《四川省水资源管理工作月报》及其清单。利用水资源考核补助资金1200万元提升水资源监测体系建设，完善水资源管理系统功能，支持省、市、县三级水资源管理部门统一使用，全面提升水资源强监管能力现代化水平。

四川省水利厅编写组

水利工程建设与管理

【“172”重大水利工程建设】 全省共有19处工程被列入全国172项节水供水重大水利工程名录，总库容（年引水量）100亿立方米，设计灌溉面积约2400万亩，总投资规模1000亿元。除新开工项目外，截至2020年年底，总投资530.7亿元，已完成总投资330.2亿元，总投资完成率达66%；2020年下达年度投资计划40.6亿元，涉及项目9处，截至2020年年底，完成年度投资40.2亿元，年度投资计划完成率的99%。12月新开工重大水利工程3处，分别为亭子口灌区一期、固军水库、邛海流域水生态修复与治理工程。在建重大水利工程达15处（不含大型灌区续建配套），其中武引二期灌区、升钟水库灌区二期、毗河供水一期3处工程处于工程完建期，已开展扫尾及通水验收准备工作；蓬溪船山灌区等7处工程进行主体工程建设，其中红鱼洞水库及灌区大坝已填筑至顶，并于11月通过水库枢纽下闸蓄水技术预验收；李家岩水库于12月启动大坝填筑；向家坝灌区一期一步工程已完成全部主体工程招标，全线开工建设。龙塘水库及灌区已基本完成主体工程招标；江家口水库主体工程进入招标阶段。

【中型水利工程建设】 全省在建中型水利工程共计84处，总库容（或年引水量）19.8亿立方米，设计灌面565万亩，总供水人口1012万人，总投资434.9亿元。截至2020年年底，完成总投资359.7亿元，总投资完成率达83%；2020年下达年度投资计划30亿元，涉及10个市（州）14个项目，已完成投资28.5亿元，年度投资完成率达95%；枢纽工程69处，已完建55处；渠系工程81处，其中已建成23处、在建55处；已完成大坡上、油房沟水库等24处工程蓄水验收，完成永定桥、马鞍山水库等10处工程通水验收，完成新华水库枢纽工程竣工验收。

【投资完成情况】 水利厅负责管理的基本建设项目共下达投资计划143亿元，其中中央投资86.5亿元、地方投资56.5亿元；已完成投资140亿元，完成率为98%。其中，大型水利工程9处，投资计划40.6亿元，已完成年度投资40.2亿元，年度投资完成率达99%。

【项目推进及验收】 加快建设石泉水库等62处大中型水利工程，基本建成金鸡沟水库等13处中型水利工程，新开工亭子口灌区一期、固军水库和邛海生态治理工程3处重大水利工程。水利厅印发《四川省水利厅关于印发四川省水利工程验收三年行动方案的通知》（川水函〔2020〕654号），开展全省水利工程验收三年攻坚行动，梳理历史沉账项目3602处，已验收工程1683处，占验收总任务的46.7%，占年度验收任务的96.5%。

【水利建设市场监管】 4月，制订《加强水利建设市场监督管理“1311”总体方案》，规范水利建设市场秩序和市场主体行为。印发《关于加强水利建设市场主体信用监管规范信用修复的通知》，加强水利建设市场信用监督管理，加强信用对市场主体的约束作用，建立健全信用修复机制。市（州）、县（市、区）水行政主管部门对不良行为记录信息和良好行为记录信息要面向社会公开，并将相关信息及时报送水利部建设司，实现信用扣分或加分，并推送至全国水利建设市场监管平台，实现全国公开。7月，印发《关于深入开展招投标系统治理切实加强市场监管和服务的通知》，全面开展水利工程招投标领域突出问题系统治理，加强水利工程建设市场监管。

【水利工程建设管理创新】 4月，水利厅联合财政厅印发《关于探索建立省管大型灌区直接管理水利工程维修养护、应急抢险抢修和重大水毁修复保障机制的指导意见》（川水发〔2020〕2号），明确对于重大水毁修复工程，在不能结合灾后恢复重建、灌区续建配套与现代化改造、中小河流治理实施时，或通过上述渠道筹集后还有的资金缺口，省财政、水管单位、受益市、县按照3∶3∶4的比例分担，共同保障。6月，印发《政府投资水利工程建设管理工作操作指南（试行）》，根据有关法律、法规以及水利部有关水利工程建设管理的规章、规定并结合四川实际，发挥政府投资作用，规范水利工程建设，加强水利工程建设的行业管理，落实分级监督管理职责。9月，印发《深化水利工程建设改革推行水利建设项目工程总承包指导意见（试行）通知》，以创新为动力推行水利建设项目工程总承包模式，促进工程设计、采购、施工等各阶段深度融合，提高水利工程建设管理水平。

四川省水利厅编写组

防汛抗旱

防　汛

【加强防灾备战】 省委办公厅、省政府办公厅印发《关于进一步强化县级党委、政府防范应对汛期洪涝地质灾害主体责任的紧急通知》，压实县级党政主要负责人第一责任人责任，逐一公示28156个山洪灾害危险区以及水库、江河、城镇等防汛抗旱责任人。加强督导检查，省领导集中对联系市（州）进行专项督导；省防汛抗旱指挥部及时开展汛前检查，汛期派出21个工作专班赴各地蹲点督导，累计督导4033处（项）点位（内容）；省防汛抗旱办公室每晚抽查30座水库和20个山洪灾害危险区责任人，不定期抽查县级党政主要负责人。夯实保障基础，编制《四川省2020年防汛抗旱应急预案》，制定岷江、沱江等江河和有防洪任务的县级以上城市超标洪水防御预案。落实抢险队伍8400余支、25万余人和防汛物资4.73亿元，组织各类演练2万余次近100万人次。加强宣传教育，形成良好的防汛救灾社会氛围。

【落实抗灾措施】 加强预警转移，坚持“一日一会商、一日一调度”，对暴雨蓝色及以上预警发布后易成灾致灾的重点区域“点对点”调度29次。全覆盖开展常住人口靶向预警和外来人员提示预警，全省发布洪水预警3955站次，发布山洪预警3.5万次，发送预警短信1700万条，省级组织三大运营商向公众发送防汛提醒短信1500万条。开展隐患排查，坚持动态开展防汛隐患排查，累计出动排查队伍8万余组次29万余人次，排查点位17.6万余处，发现整改隐患16723处，做到险情隐患早发现、早处置。科学实施流域水库群联合调度，在防御“8·18”特大洪水过程中，调度紫坪铺、瀑布沟、瓦屋山、武都、宝珠寺、亭子口、升钟水库共拦洪20亿立方米，岷江乐山五通桥和绵阳城区洪峰由“100年一遇”降为“50年一遇”，峨边、金口河、沙湾等县城洪峰由“100年一遇”降为常年洪水，苍溪、阆中等县城洪峰由“20年一遇”降为常年洪水，主要江河沿线减淹深度1.3 ~ 4.1米、减淹县级以上城区13座、减少转移人口47.6万人，实现应对“8·18”特大洪水人员零死亡、零失踪。

【构建救灾合力】 健全体制机制，设立省水利发展保障中心，明确水旱灾害防御的支撑机构。实行水利部门与应急管理部门领导交叉兼职，开展18项具体职责事权划分，厘清部门职责边界，形成各司其职、高效协同的工作格局。加强临战应对，先后派出工作组23组次赴重点地区指导。及时向受灾地区调拨冲锋舟、防汛主动网、钢丝网箱等防汛抢险物资，下拨中央和省级水利救灾资金3.41亿元。加强综合救灾，根据“8·11”“8·18”特大洪水汛情变化，省级先后启动1次Ⅳ级、2次Ⅲ级、1次Ⅱ级防汛应急响应。8月18日5时，首次紧急启动Ⅰ级应急响应，组织各类救援力量25.1万余人次，紧急派出12组次水利抢险组入驻重点地区，统筹调度两支国家综合性消防救援队伍指战员1.8万余人、49支省级救援队伍1.2万余人次携带装备1.7万余台（套）到雅安、宜宾、乐山、绵阳等地抢险救援，紧急转移安置92万人，成功处置涪江三台县明台库区防洪堤、夹江县毛滩和千佛岩电站水毁堤防等险情；协调西部战区、消防、交通海事等“水陆空”队伍全力营救乐山市凤洲岛受困群众，1020名群众全部安全转移。组织开展灾后核查，推进灾后恢复重建，汛期，减少受灾人口138.1万人，实现防洪减灾经济效益49.5亿元。

【重点突出抓“四预”保障】 督导各地逐座水库落实预报、预警、预演、预案“四预”措施，并要求逐座水库结合调度方案、应急预案开展应急演练或推演，全年共举办应急演练场次1645余场，应急演练覆盖水库5536座，覆盖率达70.7%，参演人数87048人；动态监管预警系统覆盖水库4294座，覆盖率达54.9%。

【分级分库抓渠道畅通】 编制《水库安全管理“七到位”》《水库安全管理群众参与“五须知”》《土石坝应急处置“十一要点”》。在全省推广水库安全管理“三卡制”，向水库安全度汛政府行政责任人发放《履职提示卡》，向水库主管部门、管理单位技术责任人和巡查值守责任人发放《水库防灾减灾工作卡》，向库区影响群众发放《水库安全避险明白卡》。逐库设立《水库大坝安全管理和安全度汛责任公示牌》，注明水库主要特征参数、应急疏散转移路线图、警示标语、责任人信息、监督举报电话，并附有水库信息二维码，广泛接受社会公众监督。

【“不落一库”抓病库度汛】 印发通知，要求各地对水库工程安全状况进行全面摸底调查，要求地方逐库建立病险水库安全隐患和度汛措施工作台账，对病险水库严格低水位控制运用，对存在重大安全隐患的一律空库度汛。逐库落实抢险队伍和应急物资，宁可“备而不用”，不可“用而不备”，严防因水库溃坝等造成群死群伤的重特大事故发生，最大限度减少人员伤亡和财产损失。

【全面开展抓专项检查】 组建7个水利厅专项检查组和8个农水局综合督导检查组，于4—10月到各市（州）开展水库安全运行专项检查，已检查水库326座，同时，要求市、县两级同步开展水库安全运行专项检查，市级检查覆盖率达20%，县级自查100%全覆盖。

四川省水利厅编写组

抗　旱

【压实抗旱责任】 4月，水利厅发布《四川省防汛抗旱指挥部关于四川省2020年防汛抗旱责任人名单的通报》，并在《四川日报》公示全省各市（州）辖区内防汛抗旱行政责任人名单，广泛接受社会和舆论的监督，推进抗旱行政首长责任制的落实。各旱区结合本地实际，逐级落实并严格执行抗旱责任制，相关具体责任人履行抗旱工作职责，在需要开展拉水送水的旱区，保障每个存在饮水困难的村社、住户的用水，并协调用水纠纷，化解用水矛盾，维护用水安定。

【加强研判督导】 6月8日，省委书记彭清华主持召开全省防汛减灾工作推进会，再次对当前抗旱减灾作了部署。副省长尧斯丹于6月9日主持召开防汛抗旱指挥部2020年第一次全体会议，对防范化解当前全省风险隐患作再强调、再安排。省级应急响应启动后，水利厅分别于5月22日、23日召开抗旱工作会商会及抗旱减灾调度会，第一时间传达省领导的批示指示精神，研判分析最新旱情及趋势发展，部署抗旱减灾新举措。省防指办针对近年来实际情况修订并印发《四川省2020年防汛抗旱预案》，增强旱情监测预警、会商研判的科学性、实用性。

【保供群众饮水】 水利厅督导各旱区按照“先生活、后生产”的原则，统一调配水资源，优先保障群众生活用水。对部分缺水场镇采取分时、分段供水等措施抗旱保供；对严重缺水的村（社区）通过应急打井、购置蓄水罐、组织拉水送水等方式确保群众生活饮水。

【保障大春用水】 水利厅印发《2020年全省水利工程抗旱保栽预测分析》，指导各地提前为春灌备足水源。5月24日召开全省大型灌区工作会，要求各灌区按照“六稳”“六保”任务要求，优化水资源配置，加强水源调度，千方百计确保群众生产生活用水。在旱情较重的攀西地区、盆地西北部、盆地中部局部地区完善做实春灌用水计划和预案，提前抓好抗旱工作，在确保人饮安全的基础上为抗旱保栽多备水源，对无水源保障的旱山村及无工程覆盖的望天田等，落实“走旱路”措施，保障粮食生产不松劲。

【减灾成效】 针对灾情，各级政府及水利部门积极应对，全省下达省级农业生产和水利救灾资金1500万元用于支持旱情较重地区做好抗旱减灾工作。市、县财政投入4183万元，出动各类抗旱机具16.48万余台（套）、拉水车2.31万余辆次，抗旱浇地243万亩，临时解决因旱饮水困难人口62万人，挽回因旱经济损失约14.72亿元，抗旱减灾工作有序进行，旱区社会稳定。

四川省水利厅编写组

水文工作

水情预警预报

【基本情况】 2020年，四川水文系统围绕“全面预警、滚动预报、全力支撑水工程调度”工作思路，按照“融入地方、服务地方、共建共享”的工作机制，完成水情预警预报工作清单任务，做到情报及时、预报准确、调度科学。深化水文监测方式改革，聚焦“抓好三张清单、夯实两个支撑、强化两项保障”七大任务，水文工作再上新台阶，被授予“全国文明单位”和“全省防汛抗旱减灾先进集体”等称号。

【基础设施建设】 完成四川省大江大河水文监测（二期）工程广安水文站，达县、三汇站水位站测流能力提升，以及成都水质分中心改造项目建设，项目总投资690万元。四川省经历了“8·11”“8·18”等特大洪水，对德阳、雅安、乐山、成都等地区水文局水文基础设施造成了较大损失，灾情发生后，全省第一时间完成灾情核实、统计和上报，落实农业生产水利救灾资金、水利发展资金共1200万元水毁修复资金，按计划完成水毁修复任务。

【水文站网管理】 全省有基本水文站141个、基本水位站29个、专用水文站2个、专用水位站1个、生态实验站1个、独立雨量站565个、独立水质站446个、地下水监测站174个（人工监测点44个、自动监测点130个）、墒情站109个（固定人工监测点11个、移动墒情监测点98个）、中小河流防汛专用站（水文站205个、水位站244个、雨量站2586个）实施监测。共有172个站实施水位项目监测、144个站实施流量项目监测、56个站实施悬移质含沙量项目监测、13个站实施颗分项目监测、736个站实施降水量项目监测、77个站实施蒸发项目监测、446个站实施水质项目监测、11个站实施水温项目监测、109个站实施土壤墒情监测项目监测、174个站实施地下水项目监测。

【水文监测】 按照“中低水巡间测、中高水驻站测、特大洪水应急测”的原则，建立以测报中心为基本单位的巡测管理新模式。全省除18个水文站继续实行驻测外划分了57个巡测片区，建立水文测报中心开展水文巡测工作。基本完成水文测报中心“1+1”（1名劳务人员常年看守、1名在职人员汛期值守）管理模式建设，做好常规巡测与应急监测。各水文测报中心围绕辖区内水文监测、设备维护、水资源管理、资料整编、区域与流域水文水资源规律的研究等方面开展工作。在“6·15”“6·26”“7·14”“7·21”“8·11”“8·18”洪水期间，各测报中心及时启动水文应急监测预案和超标洪水测验方案，提前到达水文测站，及时安排巡测人员开展基本站和中小河流水文站施测流量，在完成基本站的测验任务同时也兼顾了中小河流监测站点的测验任务。省水文局和各地区水文局根据应急需要统筹安排各科室人员，及时派出应急监测队伍进行应急监测，汛期共出动应急监测队194次、应急人员816人次，投入应急监测设备543台（套），部分地区局还开展洪水调查51场次。1月底前，组织完成四川省国家基本水文站水文资料的集中复审、验收工作，完成全省2019年度水位171站年、流量141站年、含沙量55站年、颗分13站年、水温11站年、岸温1站年、降水量733站年、蒸发量78站年、地下水44站年等共计1250站年的水文资料的集中复审验收工作，水文资料入库率达100%，测验资料综合优良率达95%以上。省水文局组织长江委上游局、重庆市、甘肃省、陕西省水文局和四川省各地区局等单位有关技术人员开展年度《中华人民共和国水文年鉴》第6卷第8册岷沱江区和第6卷第9册嘉陵江区水文资料会审工作，会审成果通过长江水利委员会和黄河水利委员会的流域验收和国家终审验收，验收后的水文资料刊被印在《中华人民共和国水文年鉴》上。省水文局组织开展枯季岷江、沱江、渠江、嘉陵江、涪江、青衣江、大渡河7条河流共计116个水资源调度断面水量监测，组织开展四川省市、县交界108个断面水量监测。

【水情服务】 汛期，全省多条主要江河干流发生超警戒或超保证水位洪水，其中岷江、涪江、沱江、青衣江发生超历史或接近历史纪录的特大洪水，全省共133条河流427站次发生超警戒水位洪水，其中75条河流164站次发生超保证水位洪水。全省水文系统按照省委、省政府和水利厅党组的安排部署，连续迎战多轮暴雨洪水，完成全年水、旱灾害防御支撑工作。

加强责任落实，全面做好汛前各项准备工作，汛前对各地区水文局水情各项汛前准备情况进行督导检查，开展洪水预报方案修编，参加流域洪水调度推演和应急演练。加强值班值守力度，保障报汛质量稳步提升，全年省水文局水情预报中心共接收水情信息1.74亿条，报送水情信息6099万条，发送水情预报短信52.34万条，全省平均30分钟到报率为99%，15分钟到报率为98.2%。

落实全面预警预报任务清单。预报河段由2019年的109处提升至2020年的261处。全年共制作发布740站次常态化预报、主要江河干流控制站径流量预报15处、洪水趋势预测4047站次、洪水预警3976站次。发布中长期预报123站，合格率达33.3%；短期洪水预报968站次，合格率达90%。汛期共向省防汛办提供水库调度建议近60次。

【水文分析研究】 省水文局水情预报中心加强四川省预警、预报、调度和公众服务体系建设，全面提升水文服务于防汛抗旱减灾工作的能力。加强省局、地区局及测报中心三级会商力度，开展重点区域"点对点"会商调度，利用气象预警、临近24小时和72小时网格化降雨数值预报超前预警江河洪水，延长预见期，并结合气象数值预报成果制作山洪风险预警图；利用洪水预警成果对相应流域具有一定调节能力的水库提出合理的预泄建议；根据实际降雨情况滚动制作发布精细化预警预报，利用洪水预报成果提出洪水错峰调度、下游补偿调度等水库优化调度建议。省水文局水情预报中心参加四川省省级平台升级改造和预报调度一体化平台报告设计，助推水情现代化建设。结合水情业务需求，着手打造面向省、市、县三级防汛人员，满足防汛值班、山洪防治、预警预报、会商调度等工作任务的预报调度一体化平台，完成招标工作，进入技术开发阶段；在汛前制定《洪水预测预警预报管理办法》和水情值班管理制度及其细则，并下发至各地区水文局，推进水情工作制度化、规范化进程。

四川省水利厅编写组

水质监测与评价

【基本情况】 全面开展全国重点水质站、重要饮用水水源地、大中型及重要小型水库和地下水水质监测；为服务于河（湖）长制，开展重要河流市（州）、县（区）行政交界断面水质监测，沱江流域枯水期生态调水水质、水量同步开展监测。

【常规水质监测服务】 完成450余个常规水质监测断面水质监测与评价工作，监测评价范围覆盖170个全国重点水质站，42个全国重要饮用水水源地，160余座大中型和人饮功能的重要小型水库，80余座地下水监测井，52个市（州）、县（区）交界断面。指导各市（州）开展全国重要饮用水水源地安全保障达标建设评估，完成《全国重要饮用水水源地安全保障达标建设评估报告》（四川部分）。监督、指导各市（州）对全国重要饮用水水源地水质自动监测站进行运维、管理。参与国家或流域机构对四川省饮用水源保护的监督检查。

【加强行业监管】 加强检验检测机构资质认定管理，完成全省9个实验室监督检查和管理体系内审工作，并通过国家市场监督管理总局（国家认证认可监督管理委员会）水利评审组资质认定复查换证评审。抓好实验室质量控制和质量体系运行管理，组织参加国家认监委和水利部实验室能力验证试验并合格。

【为河（湖）长制工作提供技术支撑服务】 组织开展52个重要河流市（州）、县（区）行政断面水质监测，14个沱江生态断面枯水期水质监测与评价。开展黄龙溪断面量质同步旬测，为全省水资源调度提供强力技术支撑。组织开展河湖健康评价体系研究，完成青衣江、安宁河河流健康评价，为河湖管理保护和河（湖）长决策提供依据。

【信息化建设】 按照《四川省生态环境监测网络建设规划（2019—2020年）》方案要求推进水质监测信息共享，推动全省水资源质量综合服务系统、实验室信息管理系统建设，逐步实现实验室管理信息化、自动化。

四川省水利厅编写组

水资源监测与评价

【江河流域水量分配纵深发展】 按照水利部水量分配技术规范和省委"一干多支、五区协同"战略部署对水资源的要求，省水文中心参与编制了《四川省主要江河流域水量分配方案》《四川省第一批重点河湖生态流量保障目标》等方案。同时，乐山、德阳、达州、眉山、泸州等地区水文中心支撑了市（州）水量分配方案的编制工作，在省级62个水量分配管控单元的基础上不断做实、做细。

【水资源调度技术支撑】 编制四川省沱江、岷江、嘉陵江等8条河流水资源调度控制方案，初步建立起省水资源调度监测数据接收系统，指导市（州）政府完成152个水资源调度控制断面在线监测，完成率达100%。

【水生态保护技术支撑】 加强地下水资源管理保护，建立并动态更新地下水取水井台账，编制完成地下水限采控制区划分报告和地下水管控指标方案。组织全省水文系统对岷江、沱江等7条主要河流114个断面按旬开展水量监测，按旬发布89期监测专报，向市（州）政府发布预警79站次；对流域面积在1000平方千米以上的32条重要河流每月定期开展交界断面水量监测；对全省重点河流55个市交界断面开展水质监测，并发布监测专报，为全省水生态保护提供了技术支撑。

四川省水利厅编写组

饮水民生工程

【推进农村饮水安全巩固提升】 全省"十三五"农村饮水安全巩固提升项目规划投资53.8亿元，计划受益人口1147万人，其中建卡贫困人口289.2万人。截至2020年年底，"十三五"期间全省完成总投资197.8亿元，巩固提升受益人口2765.9万人。全省共建成各类农村供水工程183万处，总供水能力1063万吨/天，覆盖农村人口6061.9万人，建立了"大中小微"结合的农村供水工程体系。全省农村集中供水率达86.1%，自来水普及率达82%，水质达标率达70.2%。全年实施农业水价综合改革面积共计57.5万公顷，涉及19个市（州）、125个县（市、区），其中改革典型县14个。

【村镇供水工程规范化管理】 印发《四川省水利厅关于推行村镇供水规范化运行管理的指导意见》（川水函〔2020〕413号），并配套出台《四川省村镇集中供水工程规范化管理评价办法》《四川省村镇供水工程运行管理手册》等子文件，明确了逐年分批推进农村供水工程规范化管理的工作机制。启动村镇供水工程规范化管理达标建设工作，全省全年共有8235处农村集中供水工程实现规范化管理达标，占年度目标任务的104.6%。

【农村饮水安全监管】 全面贯彻农村饮水安全地方行政首长负责制，将农村饮水安全工作纳入四川省政府"十项民生工程"和最严格水资源管理考核。督促指导市、县制定出台农村供水工程运行管理办法，将地方政府主体责任落实到乡（镇），把运行管理责任延伸到村（组）。全年落实工程运行管理经费1.85亿元，88个贫困县落实村镇管水员23573人。制定细化农村集中供水工程名录，落实运行管护责任，实行动态管理，推动"三个责任"和"三项制度"从有名向有实转变。

四川省水利厅编写组

水利科技

【科技政策及科研项目】 全省水利行业省级科技项目结题3项，其中科技厅项目2项、行业科技项目1项；新增23项，其中科技厅科技计划项目4项、行业科技项目19项；正在执行38项，其中科技厅科技计划项目7项、行业科技项目31项。水利厅全年共批复立项19个科研项目，科研经费达2100余万元，科研项目数量和经费均达到历史最高水平。

【试点示范】 四川省都江堰管理局实施的部级水利先进实用技术示范项目“四川省丘陵灌区标准化水肥一体化智能灌溉系统应用示范项目”完成自查验收，并报送水利部国际合作与科技司备案。四川省水利科学研究院和四川省都江堰东风渠管理处共同建成东风渠水利科研试验站，开展都江堰灌区内的作物需水规律与灌溉制度研究与示范工作。都江堰人民渠第二管理处根据《水利部关于印发全国灌溉试验站网建设规划的通知》（水农〔2015〕239号）要求，基本建成都江堰灌区灌溉试验站，为规划建设的四川省重点站。龙泉山灌区“大三围”水稻覆膜栽培技术示范推广工作取得明显成效。

【应用推广】 向水利部科技推广中心推荐1项实用技术——“现代灌区信息化平台”。以都江堰灌区水利信息化项目为重点推进“智慧水利”建设。四川省都江堰东风渠管理处与四川省水利科学研究院共同持有的“闸门测控一体化技术转化与示范”项目在科技厅2021年成果转化立项。四川省农田水利局全面推广农村集中供水自动化控制管理升级，打造“智慧水务大平台”等信息化管理平台。推动水库动态监管预警系统建设，已完成3994座水库动态监管预警系统安装。推进全省河长制湖长制信息化建设，开展规模以下河湖数据入库工作。四川省都江堰外江管理处利用地理信息系统(GIS)、Angular8等技术构建外江灌区水利工程动态管理平台信息系统。

【成果奖励】 四川省河长制湖长制基础信息平台获得“首届数字四川创新大赛十佳案例优秀成果奖”。四川水利职业技术学院全年发表论文137篇，取得专利57项、软件著作等科技成果，出版《四川水电科教》刊物3期。四川省水利科学研究院全年发表学术论文24篇，取得专利授权7项。

【技术标准】 水利厅组建四川省水利标准化技术委员会，秘书处单位为四川省水利科学研究院。完成19个水利地方标准初稿并向省市场监督管理局申报2021年度立项计划。

【国际合作、技术交流】 配合中国大坝工程学会争取到2024年国际大坝委员会第28届大会暨第92届年会在成都市召开的承办权，8月，中国大坝工程学会水库大坝管理新技术产学研分会在成都市召开坝工新技术研讨会。四川水利职业技术学院组织开展四川技能大赛——水利行业职业技能竞赛。四川省水利学会组织开展水利行业工法关键技术鉴定，向中国水利学会推荐24个水利行业工法关键技术项目，其中19个项目通过水利行业工法关键技术鉴定。组织开展第七届“李冰杯”水利水电科普知识竞赛。

四川省水利厅编写组

流 域 治 理

【中小河流治理】 全年下达主要支流治理投资计划26.4亿元，涉及20个市（州）共74个项目，新建、整治、加固堤防244.3千米，完成年度投资计划22.1亿元，年度投资完成率达84%；中小河流治理下达投资计划13.7亿元，涉及21个市（州）共90个项目，治理河长446千米，完成年度投资计划12.1亿元，年度投资完成率达89%。

【长江清江行动联动推动】 按照《长江水利委员会关于开展长江干流河道采砂统一清江行动的通知》（长砂管函〔2020〕32号）要求，组织人员现场巡江，明确清江任务要求，细化清江责任措施；泸州、宜宾两市联合公安、海事和生态环境等部门开展联合巡江行动，出动执法人员370余人次、执法车船87辆（艘）次，销毁拆解“三无采”砂船1艘。

【黄河专项整治】 水利厅制定并印发《四川省水利厅关于开展四川省黄河流域河道采砂专项整治行动的通知》，建立黄河流域6个重点河段、敏感水域河道采砂管理“四个责任人”名录；阿坝州完善“河长+检察长”联防联控机制，加强黄河流域（含若尔盖湿地）水环境治理行刑衔接；黄河流域采砂规划、许可、问题查处实行台账管理，及时整治水利部黄河水利委员会明察暗访反馈问题7个，规范黄河河道采砂管理秩序。

【“扫黑除恶”净化采砂环境】 水利厅与公安厅、省扫黑办联合开展河道采砂涉乱涉黑涉恶“六清”行动。实施水利等十大行业乱点乱象专项治理，开展“四川省河道清零”行动，全面排查涉砂乱点乱象线索，跟踪盯办涉砂“涉黑涉恶”线索，集中力量解决涉黑涉恶问题，深挖黑恶势力“关系网”“保护伞”，收集整理跟踪销号河道采砂“涉黑涉恶涉乱”线索3039条，净化采砂环境。

【打击涉砂违规问题】 水利厅从严整治水利部、生态环境部等相关部门通报的问题，向广安市、宜宾市、阿坝州下发整改提示单3份，就武胜县超采问题约谈广安市人民政府并向全省水利部门通报问题处理情况；水利厅4次派工作人员到现场督导江安县陡坎子堆砂场整治情况，接受水利部、公安部和交通运输部的检查验收。加强行刑衔接，联合公安厅等部门到遂宁市调查核实大英县“飞地”问题；办理非法采砂砂石价值认定4起，共涉及金额近5000万元，打击非法采砂。

四川省水利厅编写组

河（湖、库）管理

【基本情况】 2020年，全省共有流域面积50平方千米及以上河流2816条，省内总长度为9.9万千米；流域面积50平方千米以下河流4599条，省内总长度为2.8万千米；全省河流总计7415条，省内总长度为12.7万千米。全省共有沱江、岷江、嘉陵江、涪江、长江（金沙江）、渠江、青衣江、大渡河、安宁河、雅砻江、黄河11条主要河流，省内干流全长8077千米；省内长江流域面积46.7万平方千米，省内黄河流域面积1.9万平方千米。省境内湖泊主要分布于黄河、金沙江上段和雅砻江流域。其中，全省常年水面面积1平方千米及以上湖泊有29个，全部为淡水湖，省内水面面积120.57平方千米，主要分布于“三州”（阿坝州6个、甘孜州19个、凉山州4个）地区；常年水面面积1平方千米以下湖泊有364个，省内水面面积41.52平方千米；常年水面面积10平方千米以上湖泊有2个，分别是位于四川和云南两省交界处的泸沽湖（湖面面积为51.6平方千米）和位于西昌市的邛海（湖面面积为26.9平方千米）。全省已完成全国水普名录中流域面积50平方千米以上的2816条河流、共计95367千米以及171个天然湖泊的河湖管理范围划定任务。在河湖划界工作的基础上，于2019年9月全面启动全省流域面积1000平方千米以上河流和常年水面面积1平方千米以上湖泊的岸线保护与利用规划编制。

【全省河（湖）水环境持续向好】 全省河（湖）水环境质量持续改善，创“十三五”以来最佳水平。87个国考断面中，水质优良断面增加至86个，占比98.9%，同比上升1.2个百分点，V类、劣V类断面全面消除。

【“清河护岸净水保水行动”】 开展清河护岸净水保水“四项行动”，深化清河行动，完成卫星遥感河湖疑似“四乱”问题图斑复核22328个，核实并完成全部问题1478个。加快城乡生活垃圾处理设施建设，完成农村生活垃圾处理项目投资18.9亿元，生活垃圾收转运处置体系覆盖全省92%的行政村,整治非正规垃圾堆放点1611个。推进河道采砂"清零行动"、长江干流河道采砂统一清江行动、黄河流域采砂专项整治等,出动执法人员370余人次、执法车船87辆(艘)次,收集整理河道采砂"涉黑涉恶涉乱"线索3039条并全部办结。深化"护岸行动",完成2942条河流和171个湖泊划界、32个经营性码头环境保护设施和船舶污染物接收设施建设、380座非法码头的拆除复绿等整治任务。深化净水行动,全省9个长江流域劣V类国、省考断面全部消除,纳入长江"三磷"专项排查整治行动的136家企业全部按要求完成整治。治理完成纳入全国城市黑臭水体整治监管平台的105个黑臭水体。完成全省2107艘100吨以上船舶生活污水收集和处理设施配备改造。深化保水行动,完成16764个取水项目问题整改。新增河湖生态治理面积4640平方千米,完成河湖公园建设改革试点9个,建成"水美新村"1000个。加强四川黄河流域湿地生态系统保护,推动若尔盖国家公园建设,修复退化湿地6400公顷。推进长江流域重点水域禁捕退捕,落实禁捕退捕资金14.72亿元,国家核定的10257艘退捕渔船全部回收处置、16480名渔民全部退捕上岸。

【河(湖)生态保障能力建设】 安排财政资金158亿元,落实债券资金154亿元、PPP项目资金1488亿元,用于全省水污染防治、水环境保护治理、农业农村污染防治、河湖保护治理等工作。推进河(湖)长制地方立法。编制全省规模以上河湖"一河(湖)一策"管理保护方案3562册,构建河湖"一张图"数据库。开发建设的河湖长制基础信息平台获得2020年首届数字四川创新大赛"政务大数据应用赛十佳案例",并被水利部评为智慧水利优秀应用案例。与周边7个省(区、市)全面建立联防联控合作机制,川渝、川滇、川黔联合巡河7次。21个市(州)、183个县(市、区)分别签署联防联控协议43个、386个,实现省内跨界河流联防联控全覆盖。在全省24个县(市、区)开展河湖管理保护示范县创建,成都市、西昌市完成锦江、邛海国家示范河湖建设并通过水利部验收。开展点赞"十三五"·川流不息——行走长江黄河四川段主流媒体采访活动、第一批水美新村典型村网络评选活动、"寻找最美河湖卫士"和"创建示范河湖"微视频公益大赛等。举办全省河(湖)长制新闻发布会、在线访谈等各类宣传活动。处理投诉与网络舆情100余件。制作河湖管理保护暗访发现问题警示片2部。

【小型水库除险加固】 全省共实施列入《加快灾后水利薄弱环节建设实施方案》小型水库除险加固项目611座;启动列入《防汛抗旱水利提升工程实施方案》小型水库除险加固项目388座。

【水利风景区、河湖公园建设】 新创建省级水利风景区2个,截至2020年年底,全省共有国家水利风景区42个、省级水利风景区84个,规划面积近1万平方千米,数量稳居西部第一位、全国第六位;共有河湖公园9个、河湖公园试点3个。通过系统治理、生态修复,全省77%的水利风景区水生态环境较批准前得到好转,23%的景区水生态环境维持稳定;多渠道整合资金3600余万元,开展水利风景区"厕所革命",改善人居环境;全省水利旅游年收入超过70亿元,直接带动就业10万人;通过树立蜀水文化自信,讲好四川水利故事,水利风景区已成为构建"长江、黄河上游生态屏障"、建设"美丽四川"的重要窗口。

四川省水利厅编写组

河(湖)长制工作

【基本情况】 2020年,全省践行"绿水青山就是金山银山"的理念,统筹推进疫情防控和河湖管护,推动全省河(湖)长制工作取得新成效。省委、省政府牢固树立"上游意识、一盘棋思维",省委十一届七次全体会议审议通过《加快推动成渝地区双城经济圈建设的决定》,协同推进长江上游生态保护修复,加强川西北黄河上游水源涵养补给生态功能,全面落实河(湖)长制。省委书记、省总河长彭清华在《学习时报》上发表《筑牢长江上游生态屏障谱写美丽中国四川篇章》,主持召开省总河长全体会议,并到基层一线亲自指挥、亲自部署、亲自推动,以更大力度推动河(湖)长制各项部署落地落实,确保长江黄河出川清水向东流。省长、省总河长主持召开全省河(湖)长制工作推进会议,要求全省各级、各部门自觉将思想和行动统一到党中央、国务院和省委、省政府决策部署上来,形成共同抓好河湖保护的强大合力;省总河长带头巡河问河,督促水资源水环境保护,推动绿色发展高质量发展。设立琼江(川渝河流)和赤水河省级河长,全年24位省级河长湖长巡河问河30余次,召开沱江、岷江、黄河等河(湖)长制专题会议18次,督促问题整改。在省级河长的带动下,全省各级5万余名河长湖长明责知责,巡河湖55万次,发现问题45075个,落实整改44968个,整改率达99.7%,推动全省主要河湖水质持续好转。

【加强顶层设计】 按照水利部要求,学习借鉴北京、辽宁等地实施总河长令的经验做法,结合全省实际,制定《四川省总河长令制发工作办法》,明确令的制发内容和工作流程,加强督促各级河(湖)长履职尽责,推动河(湖)长制重点任务落地落实,增强全省河湖管理保护的强制性和权威性。

【落实分办督办职能】 贯彻落实习近平总书记对锦江"一年治污、两年筑景、三年成势"的要求,督促成都市及有关部门开展黄龙溪断面水质达标及锦江雨污分流工作,锦江水环境治理持续改善,黄龙溪国考断面平均水质达到Ⅲ类,取得阶段性成果。按照《川滇两省共同保护治理泸沽湖"1+3"方案》要求,及时督促涉及市(州)、省直有关部门落实任务,泸沽湖主要入湖河流水质稳定改善,总体达到Ⅰ类水质。

【督查暗访机制】 制定《四川省河长制湖长制暗访工作制度(试行)》《四川省河长制湖长制电话抽查工作制度》等制度,为加快推动问题整改提供了坚实的制度保障。采取"电话抽查+实地暗访"的督查模式,电话抽查500余名基层河湖长,开展两轮实地暗访,对发现的364个问题实行清单式提示交办。

【深化联防联控联治】 与重庆市共同发表《川渝跨界河流管理保护联合宣言》,签订深化川渝两地水生态环境共建共保协议,开展川渝跨界河流治理试点,挂牌成立"川渝河长制联合推进办公室"并互派工作人员,共同推进跨界河流"清四乱""治三排(偷排乱排直排)"行动,举办两省(市)河长制联合培训。落实与相邻省(市)跨界河湖联防联控合作协议,川滇、川渝、川贵等开展跨省(市)联合巡河巡湖7次。加强"两法"衔接,建立"河长+警长+检察长+法院院长"机制,不断形成河湖问题岸上岸下统筹治理良好格局。

【建立技术支撑体系】 利用互联网、大数据等现代技术,建成河长制基础信息平台和"一张图"数据库,实现与国家、市(县)和各主要职能部门河湖数据互联互通。四川省智慧河长"一张图"被水利部评为智慧水利优秀应用案例,被中央电视台《发现之旅》栏目予以专题报道。

【河(湖)长制工作立法】 完成省内、外立法调研,多次征求社会及有关部门意见,并召开专家评审会,形成《四川省河(湖)长制工作条例(草案代拟稿)》,《赤水河流域保护条例》抓紧制定,不断推动河(湖)长制工作从"有章可循"到"有法可依"。

【推动河(湖)管理范围划定】 基本完成全省流域面积50平方千米规模以上河流和常年水面面积1平方千米以上湖泊划界。推进河湖岸线规划编制,全面拟定规模以上河湖岸线规划编制工作方案,为"十四五"规划提供依据。在嘉陵江、渠江、涪江、岷江、金沙江、沱江、赤水河7条主要通航河流开展非法码头整治,截至2020年年底,380座非法码头已全面完成整治,完成率为100%,其中220座应取缔非法码头已全部完成拆除复绿;160座拟规范提升码头全面完成整治,其中规范提升89座、提前拆除71座。锦江、邛海国家级示范河湖创建完成验收,全省各地累计建成城乡沿河绿道1.85万千米。

【开展劣Ⅴ类水质断面消除行动】 全省9个长江流域劣Ⅴ类国、省考断面已全部消除。全面完成"三磷"排查整治,全省纳入长江"三磷"专项排查整治行动的136家企业已严格按照要求完成整治。完成污水处理项目投资866.8亿元,完成项目1816个,完工率达95.2%,1532个建制镇已具备污水处理能力。完成长江经济带18家国家级工业园区和116家省级以上工业园区工业废水处理设施建设,被纳入"全国城市黑臭水体整治监管平台"的105处黑臭水体已全部治理竣工。全省秸秆综合利用率、规模化畜禽养殖场配套废弃物处理设施比率、畜禽粪污资源化利用率分别达90%、75%以上。全省100总吨及以上船舶共2107艘,均已完成生活污水收集和处理设施配备及改造,完成全年目标任务。

【推动河湖生态持续巩固】 加强取水许可管理。16764个取水项目问题整改完成整改16764个,完成率达100%。加快水利行业节水机关、县域节水型社会达标、公共机构节约用水等节水载体建设,建成自贡、内江、资阳省级节水城市。确定全省岷江干流、锦江、马边河等第一批重点河湖生态流量保障目标,保障河湖基本生态用水,支撑经济社会高质量发展。全社会新增水土流失治理面积4640平方千米,完成河湖公园建设改革试点9个,建成水美新村1000个。完成若尔盖国际重要湿地保护与修复工程,修复退化湿地6400公顷。投入中央资金3000万元在若尔盖、长沙贡玛国家级自然保护区(国际重要湿地)开展湿地生态效益补偿,投入省级资金2205万元在红原、理塘、稻城、松潘县开展省级湿地生态效益补偿试点。抓实渔民退捕转产和禁捕系统工作,落实禁捕补偿资金14.65亿元,涉及退捕转产的16480名渔民、10257艘渔船已全部上岸。

【小水电清理整改】 省委、省政府将修复长江生态摆在压倒性位置,高度重视长江经济带小水电整改,省委常委会研究部署,省政府多次召开全省小水电整改专题会议,要求坚决贯彻习近平总书记重要指示批示精神,落实国家和省系列决策部署,加强底线思维和风险防范,加快小水电清理整改进度,健全病险水库除险加固和运行管护机制,确保党中央、国务院相关决策部署在四川落地落实。水利厅、发改、自然资源、生态环境、林草等部门专班集中办公,联合制订专项行动方案,建立省、市、县三级联动机制,开展小水电整改工作。全省需要清理整改的小水电5131座,其中保留类243座、整改类3638座、退出类1250座(立即退出类1012座、限期退出类238座)。截至2020年年底,已按照要求基本完成整改任务。

按照"保留类、整改类、退出类"总体要求分类处理,严格销号验收,把严把准实验收销号要求及程序流程。县(区)政府组织相关成员单位按照"一站一策"整改方案逐站开展自查验收,通过验收的小水电名单在县级及以上的官方网站或媒体公示。各市(州)对辖区县(市))清理整改工作进行抽查,抽取不低于电站总数20%的小水电进行现场复核,省级工作组对市(州)清理整改工作进行抽查,对每个市(州)抽取不低于电站总数10%的小水电进行现场复核,对整改不到位、验收不合格的单位和个人进行严肃问责处理,确保整改工作有力有序有效开展,高标准验收销号。

【加强宣传引导】 以先行示范为抓手,成都市通过全链条水环境治理、建立供排净治一体化机制、实行河长AB岗制度、探索河湖治理投融资等模式推动锦江治理,实现经济社会高质量发展和生态环境高水平保护有效统一;西昌市通过地方立法保障、调整行政区划、创新管理机制等方式开展邛海保护,实现邛海水生态健康和地区经济社会良性协调发展,为国家示范河湖治理提供了样板和经验。凝聚社会各方合力,组织开展"点赞'十三五'·'川'流不息——行走长江黄河四川段"主流媒体采访、"寻找最美河湖卫士"和"创建示范河湖"微视频公益大赛等活动,讲好老百姓身边爱河护河的感人故事,不断凝聚河湖保护工作正能量,扩大社会影响,形成河湖保护工作新共识。

回应群众期盼,召开全省河(湖)长制新闻发布会和河(湖)长制在线访谈,"四川河湖"微信公众号社会关注量达14余万人,共发布河(湖)长制工作和宣传信息300余条,中央、省主流媒体报道全省工作情况400余次,处理投诉与网络舆情100余件,同时回应社会关切问题,引导群众广泛参与形成全民共治的新局面。

四川省地方电力局(四川省河湖保护局)
编写组

水土保持

【基本情况】 2020年,全省统筹推进水土保持综合治理、人为水土流失监管等,在全国水土保持规划实施情况考核评估中连续两年获得"优秀"等次,连续4年在全国水土保持会议上作经验交流,履职督查考核位居长江流域第一。省、市、县分别出台《水土保持目标责任制考核办法》,并将考核内容纳入各级政府政务目标考核管理。

【水土流失预防监督】 全省共审批各类生产建设项目水土保持方案7782个;完成生产建设项目水土保持监督检查8049个;行政处罚490万元;依法依规认定"重点关注名单"28个;现场复核水利部下发疑似违法违规图斑(含新发现)9113个;接受水土保持设施自主验收报备2745个;征收水土保持补偿费8.13亿元。

【水土流失综合治理】 建立省、市、县三级水保委机制,完成综合治理任务4950平方千米。水土保持重点工程共治理水土流失面积643平方千米,创建1个省级水土保持科技示范园、5条省级水土保持生态清洁小流域。

【水土保持监测与信息化】 完成水土流失动态监测与消长分析评价,全省20个水土保持直属监测站点全面恢复正常运行。采用遥感、无人机和移动终端对国家水土保持重点工程和生产建设项目进行信息化监管。

【宣传教育】 在《四川日报》等主流媒体宣传水保工作87次,各级党校把水土保持列入干部培训内容,在全省中小学开展形式多样的水土保持科普知识教育。

四川省水利厅编写组

交通建设与管理

综　　述

【坚持防控一线当先锋、运输一线保畅通，筑牢疫情防控交通防线】 交通运输厅作为省应急指挥部交通运输组组长单位，牵头会同海关、民航、铁路、公安等部门，建立"铁、公、水、航"立体大交通联防联控机制，率先提出交通运输应对疫情的"八项举措"和客运"七不出站"，率先提出保障公路畅通"七条措施"和"一检通认"，阻断了病毒通过交通工具传播，保障了防疫物资和生产生活物资运输。创新实施农民工返岗"春风行动"，"零事故"开行专车专列专机3.4万趟次，保障80余万名农民工安全有序返岗，在全国推广。同时，坚持"两线作战"，复工复产争先行，一手抓疫情防控、一手抓复工复产，及时提出转段翻篇，率先全面复工。推动省政府出台缓解疫情防控期间交通运输企业生产经营困难十条措施，减免收费公路车辆通行费63亿元。

【聚焦"两通"，全面完成交通脱贫任务】 6月30日，全国最后一个通公路的村——阿布洛哈村开通乡村客运，标志着全省提前3个月全面完成"两通"目标。截至2020年年底，仁沐新高速公路沐川段和马边支线建成通车，小凉山腹地通了第一条高速公路；汶马高速公路全线通车，彻底结束了"三州"州府不通高速公路的历史。全年新（改）建农村公路1.68万千米。省政府印发《深化农村公路管理养护体制改革实施方案》《"四好农村路"示范市示范县评选办法》，"四好农村路"高质量发展体系加快构建。抓好定点帮扶，交通运输厅被省委、省政府表彰为定点扶贫先进集体，高速公路服务区"交通扶贫专柜"获评2020年全国消费扶贫优秀典型案例。

【落实"投资唱主角"，严格"红黑榜"看板管理】 全年完成公路水路建设投资1918亿元，连续10年投资超千亿元。高速公路招商9个项目、609千米，新开工10个项目、597千米，建成10个项目、620千米，通车总里程达8140千米。新（改）建国、省干线2355千米，实施大中修工程1824千米，完成"十三五"干线公路迎部检工作，路面使用性能指数(PQI)接近90，达到历史最高水平。内河水运新增高等级航道116千米，四级以上高等级航道达1648千米。岷江犍为枢纽完成一期蓄水并网发电，龙溪口枢纽等项目加快建设，老木孔和渠江风洞子枢纽开工建设。综合枢纽建设提速，建成攀枝花客运南站等4个综合客运枢纽，全省建成和在建综合客运枢纽达52个，覆盖95%的高铁站。建成宜宾传化公路港等3个公路货运枢纽，实现70%以上的市（州）均建有公路货运枢纽(物流园区)。

【交通强省建设进入全面加速期】 省委、省政府印发《加快建设交通强省的实施意见》，省政府召开推进会动员部署，全省交通强省建设进入全面加速期。申报成渝地区双城经济圈交通一体化发展、高原山区公路建设创新等6项交通强国建设试点任务。系统谋划2035年远景目标和"十四五"交通发展，全省综合立体交通网规划纲要、"十四五"交通运输"1+1+12"规划等形成初步成果。围绕都市圈交通"同城同网"，编制完成《成德眉资同城化综合交通发展专项规划(2020—2025年)》。围绕重点区域、重点任务，印发实施《川陕革命根据地红军烈士陵园交通专项改善工程》《长征干部学院交通基础设施实施方案》等专项规划。

【推动川渝交通一体化发展先行突破】 与重庆市对接签订"1+6"合作协议。川渝交通部门建立定期磋商和常态化对接机制，召开川渝毗邻地区交通融合发展推进会等联席会议7次。建成通车成资渝、广安绕城高速，新开工开江至梁平等高速公路4条，川渝间建成及在建高速公路通道达17条。深化港口合作联动，泸州、宜宾港至重庆"水水中转"班轮实现常态化运行，嘉陵江广元—重庆集装箱班轮成功首航，集装箱班轮航线达12条。实现成渝公交、轨道"一码"通乘，开通省际公交线路8条。两地数据中心开通通信专线，实现监控视频互通和数据交换共享。试点跨区域组建联合执法队伍，开启两地交通运输"跨界+联合"执法新模式。

【推动客运服务提质转型、货运物流降本增效】 创新打造"金通工程"等一批运输服务亮点品牌，在全国率先实施人民满意乡村客运"金通工程"，推动农村客运站(牌)、车身标识、驾驶员着装、监管系统"四统一"，推进农村客运与乡村旅游、电商物流、邮政快递等融合发展，在全国"四好农村路"现场会上作交流发言。县级以上城市定制客运实现全覆盖。全省城市公共交通覆盖率达99%，绵阳市涪城区通过全国城乡交通运输一体化示范创建验收。试点建设"司机之家"6个。累计新（改）建行业厕所1155座，完成"厕所革命"三年行动任务。全省70%的营运高速创建为"五好高速公路"。推进大宗货物"公转铁""公转水"，完成运输结构调整三年目标任务，全省铁水联运班列达11条，集装箱铁水联运量达4.3万标箱。颁发首张网络平台道路货运经营许可证。全年完成公路水路货物周转量1909亿吨米，增长4.2%，超额完成省政府下达的经济调度目标。深化"交邮合作"，全省乡(镇)和建制村邮政网点覆盖率均达100%，攀枝花盐边"聚优购"、成都金堂"金乡运"创建为全国首批农村物流服务品牌。

【坚持创新驱动、绿色发展，智慧绿色交通动能持续增强】 新立项《高速公路景观及绿化设计指南》等地方标准12项。获得省部级科技进步奖等奖项14项。自动化作业技术和卫星技术应用2个行业研发中心在全国评选中脱颖而出，获得交通运输部批准授牌。完成"两院"院士四川行专题活动，签约项目数量居全省第二位。高速公路监控结算及灾备中心提前建成投运，为统一调度指挥打下了基础。四川交投都汶高速龙池连接线车路协同试验场基本建成。四川铁投成都二绕西段等平安智慧高速建设取得初步成果。全面完成长江经济带船舶和港口污染突出问题整治，实现全省经营性港口码头船舶垃圾、生活污水、油污水接收设施全覆盖，经营性集装箱码头全面建成港口岸电。成都、泸州城市绿色货运共同配送项目通过国家初审验收。新增和更新公交车辆中，新能源车比重超过90%。

【行业治理能力和治理体系现代化水平不断提升】 省交通运输综合行政执法总队挂牌成立，攀枝花、泸州等15个市(州)和127个县(市、区)明确组建综合执法管理机构。修订实施《四川省道路旅客运输管理办法》,在全国率先将定制客运纳入政府规章。出台《四川省高速公路车辆通行费定价办法》,完成高速公路货车收费标准优化调整工作。内遂高速公路率先试点REITS。深化"放管服"改革,被省政府表彰为先进集体,实现省、市、县交通运输行政许可办理"一张网"全覆盖,全年办件118万件,好评率达100%。制定《四川省交通运输严重违法失信行为联合惩戒实施办法》,高速公路等重点领域实现多部门信用联合惩戒。完成"扫黑除恶"专项斗争三年行动目标任务,道路运输等五大重点领域乱象治理成效明显,共建共治共享的行业治理新格局加快形成。

【坚守安全底线,推进平安交通建设】 全省交通运输安全生产事故发生起数(123起)和死亡人数(153人)比上年分别下降28.5%、26.4%,全年未发生重特大事故。针对性出台安全管理硬措施,开展各类安全专项整治行动。新建农村公路生命安全防护工程8433千米,完成渡改桥31座、危桥改造188座。全省3.13万辆"两客一危"车辆实现主动安全智能防控系统安装全覆盖。有力应对"8·10"暴雨洪灾等重大自然灾害。完成"9·20"雅西高速公路姚河坝大桥高位塌方抢通保通和恢复重建。组建省级常备应急抢险队伍。

【全面从严治党,为建设交通强省提供政治保障】 坚持把党的政治建设摆在首位,持续巩固深化"不忘初心、牢记使命"主题教育成果,交通运输厅党组被省直机关工委评为"四好一强"先进领导班子。落实党风廉政、全面从严治党"两个责任",一体推进"不敢腐不能腐不想腐",持续正风肃纪。培育推荐百千万人才工程国家级人选等高端人才46人次。四川交通职业学院在国家第一届职业技能大赛中获得1金2银1铜4个优胜奖的成绩。弘扬新时代"两路"精神,培育先进典型,宜宾市交通运输局等单位获评全国交通运输系统先进集体。讲好"交通故事",四川交通56次登上《人民日报》、中央电视台《新闻联播》等中央主流媒体,推出《蜀道向天开》《大道兴川》等系列交通文艺作品。

四川省交通运输厅编写组

农村公路建设

【基本情况】 2020年,全省农村公路建设完成总投资197亿元,新(改)建农村公路1.68万千米,全省农村公路总里程达34.7万千米,规模居全国第一位;农村公路等级以上比例达95.8%,"四好农村路"建设多点开花,助推交通脱贫攻坚质量和成效全面提升,全省以县为中心、乡(镇)为节点、建制村为网点的农村公路网络基本形成。农村公路管养体制改革继续落地落实,农村公路行业管理体系不断健全。

【交通脱贫攻坚】 交通运输厅公路局配合制定交通脱贫攻坚挂牌督战工作方案和工作手册,开展督战工作专题培训。派出多名党员干部参与挂牌督战,逐项逐村核实"两通"成果,发现问题并督促立行立改,实施"销号管理",提升交通扶贫脱贫质量和成效。全省完成"畅返不畅"破损路面整治4765千米,对排查发现的问题全部整改完成,高质量通过全国、全省脱贫攻坚普查验收。加强组织领导,成立普通公路重点工作推进协调服务工作组,完善"领导带队、部门配合、分片开展"工作机制,明确责任分工和重点任务,加强督导服务组织保障。制订《2020年交通扶贫领域腐败和作风问题治理专项工作方案》《2020年定点扶贫和协助帮扶贫困县工作方案》等,压实工作责任,推进各项扶贫任务,召开普通公路脱贫攻坚领导小组会议,分析研判形势、研究解决问题、部署重点工作;组织召开甘孜、凉山等扶贫任务较重地区专题视频会,逐项研究解决问题,补齐扶贫工作短板。精确锁定任务,按照部、省共建协议将年度普通公路扶贫目标细化分解至各县(市、区),利用卫星遥感对全省所有通乡通村公路进行全覆盖核查,组织市(州)公路局进行现场核实和省级复核,锁定"畅返不畅"目标任务,并督促按期完成整治任务。明确工作标准,与省扶贫开发局、省铁路机场办等单位对接,联合印发《关于进一步明确交通脱贫攻坚"两通"工作标准的通知》,明确重点项目建设、地质灾害损坏、生态环境保护等影响通乡通村硬化路实施标准,统一"两通"工作思路和实施方式。实施精细管理,以项目为单位建立清单,形成扶贫工作台账,明确项目各建设阶段责任单位及责任人,落实专人跟踪指导,实行"每月一专报、季度一通报"、扶贫项目全过程管理,保障所有扶贫项目有序推进。

【"四好农村路"建设】 交通运输厅公路局率先启动"四好农村路"示范市创建,并创建1个省级示范市、25个省级示范县,省级示范县总数累计达70个。在邻水县召开"四好农村路"高质量发展体系现场会、举办"行在乡村,游在路上"脱贫攻坚自驾主题活动,展现四川农村公路发展成就。"美丽农村路"评选再创佳绩,平昌县板青路获评全国"十大最美农村路",邛崃市平临夹路入围"最具人气的路"。

完善评定实施细则。在总结前三批次示范县创建经验的基础上,突出工作成效导向,加大实地考评权重分值,优化内、外业考评方式,保障考评结果公平公正,完善形成示范县和示范市评定实施细则并联合财政厅、农业农村厅和省扶贫开发局共同印发。

公开公正严把评定标准。坚持"优中选优、宁缺毋滥、公开公正"原则,严格考评程序,严把评定标准,开展第四批省级示范县创建考评工作。

筹备现场会确保示范效果。结合中央深化农村公路管理养护体制改革要求,以农村公路管养体制改革为主题,遴选确定邻水县为"四好农村路"现场会承办地。组建筹备工作专班,制订筹备工作分工方案,进行现场踏勘,精心选择参观路线,确定参观点位主题和内容,细化点位提升方案,确保现场会议示范效果,12月,"四好农村路"高质量发展体系现场会在邻水县召开。

探索建设成渝地区双城经济圈"四好农村路"示范区。贯彻落实成渝地区双城经济圈建设战略部署,推动成渝地区双城经济圈"四好农村路"高质量发展,与重庆市公路事务中心进行对接,形成成渝地区双城经济圈"四好农村路"示范区建设工作方案,并就示范区共建范围、共建目标、共建任务达成共识,在重庆市签订共建协议,推动各项工作落地落实。

【农村公路管养体制改革】 制订改革实施方案。全面落实国务院和交通运输部、财政部深化农村公路管养体制改革要求,11月,省政府办公厅印发《四川省深化农村公路管理养护体制改革实施方案》,对完善农村公路管理养护体制、加强农村公路管理养护资金保障、建立农村公路管理养护长效机制等提出了明确要求。推进改革试点,组织开展改革试点推荐工作,综合评估分析申报单位工作基础、改革思路、政策保障、具体举措等要素,向交通运输部推荐工作基础较好、典型示范带动性强、特色亮点突出、推广价值高的改革试点区,交通运输部、财政部联合发文确定四川省和成都市及蒲江县、乐山市市中区、江安县、宣汉县、邻水县7个县(区)为省、市、县级深化农村公路管养体制改革试点区,四川省为全国试点区最多的省份。推进实施路长制,将推进农村公路路长制作为深化农村公路管养体制改革重点工作之一,推动将路长制纳入省政府对各市(州)政府目标绩效考核,加强关于推进农村公路路长制的指导意见贯彻落实,加强农村公路管理政府主导作用。截至2020年年底,全省共有14个市(州)、62个县(市、区)建立农村公路路长组织体系,路长制工作取得阶段性成效。建立管理养护考核机制,按照每个县100千米的频率,委托第三方机构开展农村公路路面技术状况现场抽检,检验农村公路管养成效。研究起草《四川省农村公路管理养护绩效考核办法》,将路况评定、资金使用、应急保障、管养能力建设等纳入考核指标体系,建立省、市、县、乡、村五级绩效考核机制,将考核结果与交通投资计划、管养经费、评先评优等挂钩,推动改革各项任务落地落实。

【农村公路行业管理体系健全】 细化重点专项工程管理,印发推进藏区通寺庙硬化路建设的通知,明确建设任务、示范试点、技术标准、资金筹集等要求。组建督导协调工作组和现场计划帮扶多次到甘孜、凉山等地进行现场考察,推进项目建设。加强与甘孜、雅安等交通主管部门及中铁二院等参建单位的对接协商,明确川藏铁路配套农村公路设计原则和审查方式,组织专班到天全、泸定、雅江、巴塘等地现场踏勘,逐个项目确定技术方案。加强信息技术运用,总结推广蒲江县农村公路信息化管理工作经验,将蓬溪县、西充县、邻水县、华蓥市和乐山市市中区纳入全省普通公路综合管理与决策支持平台建设试点地区,指导开发各具特色的农村公路信息化应用模式。挖掘传统管理手段潜能,坚持“点”“面”结合,持续用好农村公路建设项目管理平台,从“面”上掌握建设计划项目执行情况,坚持一季度一通报,整体推动项目实施;借力交通扶贫挂牌督办、日常督导调研、信访投诉处理等方式,从“点”上摸清情况、准确发力,推动“面”上项目实施。

四川省交通运输厅编写组

农村交通运输

【基本情况】 2020年,全省全年公路运输完成客运量50670万人次、旅客周转量3063610万人千米、货运量164294万吨、货物周转量16161448万吨千米,与上年同期相比,分别增长-30%、-30%、1%、5.8%。

【疫情防控取得阶段性成效】 4万余名道路运输抗疫大军发挥抗击疫情的“防火墙”“保障队”作用,为全省疫情防控取得重大战略成果提供了坚强道路运输保障,交通运输厅运管局获评“全国交通运输系统抗疫先进集体”。全力阻击,坚决筑牢道路运输“防火墙”,把汽车客运站“六不出站”升级为“七不出站”,落实交通运输应对疫情的“八项举措”和“三个100%”,无一例病例通过道路运输工具和场站传播。联合腾讯云开发四川省道路客运乘客信息登记系统,入选科技战疫2020中国数字化转型成功案例。全力保畅,当好复工复产“先行官”,制定下发恢复道路运输服务“六条要求”,指导各地从2月9日起恢复暂停的道路运输服务。建立省、市两级交通运输物流保障协调机制,协调解决42次疫情防控物资和农资运输难题。在全国率先实施以“春风送暖、情满旅途”为主题的“春风行动”,将552530人次农民工“点对点、门到门、一站式”安全有序送达务工岗位,覆盖除港澳台地区之外的全国所有省份,支撑脱贫攻坚、推动复工复产走在各行业前列,中央电视台《新闻联播》、《人民日报》、新华社等中央和部、省级主流媒体累计报道“春风行动”300余次。

【打赢道路运输脱贫攻坚战】 完成乡(镇)和建制村通客车任务。聚焦符合条件的乡(镇)和建制村100%通客车交通运输脱贫攻坚兜底性任务,发挥省级补助资金的扶持、激励和导向作用,通过厅全覆盖督战、局“分片包干”蹲点督导、市(州)交通运输部门全覆盖交叉检查三级联动强力推进,提前3个月实现全省具备条件的乡(镇)和建制村100%通客车,并高质量通过交通运输部乡(镇)和建制村通客车三方评估,乡(镇)和建制村通客车被首次纳入省政府对各市(州)政务目标绩效考评体系。创新实施乡村客运“金通工程”,巩固脱贫攻坚成果并“无缝衔接”乡村振兴发展战略,结构性调整交通财政专项资金1.2亿元,分三批次在全省183个县(市、区)全覆盖启动实施“金通工程”,以车身外观、驾驶员工牌工装、乡村客运标识、监管投诉平台“四个统一”为抓手,以做实“客运网”、融合“邮快网”、延伸“物流网”、拓展“商业网”“四张网络”为核心,不断丰富“金通工程”建设内涵,推动乡村客运高质量发展,“金通工程”被纳入省政府2020年重点工作任务推进。

【道路客运体系优化升级】 全省道路客运助力新冠肺炎疫情灾后复工复产,结合脱贫攻坚,开展“金通工程”,推动乡村客运和城市客运结构不断优化、转型升级。在全国率先启动服务农民工返岗复工的“春风行动”,按照“省级统筹、属地负责”和“政府牵头、部门协同,统一组织、供需对接,全程管控、安全温馨”的原则,组织开展“点对点、一站式”直达运输服务,实现疫情“零感染”、安全“零事故”、服务“零投诉”,支撑脱贫攻坚、推动复工复产走在各行业前列,全年累计运送农民工73万人次到全国31个省(区、市)的近300个地级市和省内用工目的地。有序恢复道路运输服务,制定下发恢复道路运输服务“六条要求”,按照“预约响应为主,班线运输为辅,应急保障兜底”的思路,督促采取全面停运的市、县恢复或开通必要运输方式保障群众应急出行需求。帮助企业纾困解难,安排省级补助资金5703万元,对省际“春风行动”车辆给予补助,弥补了企业因疫情防控及执行50%客座率的政策性亏损;制定延长道路客运经营期限政策,开辟业务办理绿色通道,推动落实财税金融优惠政策落地,减轻疫情对道路客运企业的影响,维护行业就业和社会稳定。服务成渝地区双城经济圈建设,推进成渝地区跨城客运服务一体化,以四川乡村客运“金通工程”和重庆“金佛快巴”为载体,支持毗邻的广安、泸州、资阳、内江、遂宁、达州6个县(市、区)按照金通工程“四统一”要求,对现有跨省农村客运班线进行改造,加快发展毗邻地区农村客运班线、响应式服务,截至2020年年底,已实施川渝毗邻地区跨省农村客运班线金通工程“四统一”线路改造5条。服务成德眉资一体化发展,推进班线客运公交化改造,成都已实现“11+2”范围内以及三圈层建成区范围内公交化运营;德阳市已实施市内班线客运公交化改造37条;眉山市已实施市内班线客运公交化改造25条。全面完成通客车脱贫攻坚任务,聚焦各地通客车目标任务和交通运输厅督战组发现“通返不通”问题，制定乡（镇）和建制村通客车“五有”标准，落实5000万元省补资金新（改）建招呼站（牌），推动完成4124个“通返不通”问题整改。以通客车质量第三方评估为契机，完善农村客运发展保障体系，推动市、县全覆盖制定出台支持农村客运发展的财政补贴制度，省政府将乡（镇）和建制村通客车工作纳入年度市（州）政务目标绩效考评体系。创新实施乡村客运“金通工程”，安排省级财政交通专项资金1.21亿元，分三批次在全省178个县（市、区）全覆盖启动实施“金通工程”，以车身外观、驾驶员工牌工装、乡村客运标识、监管投诉平台“四个统一”为抓手，推动乡村客运高质量发展。加快推进定制客运发展，推动修订《四川省道路旅客运输管理办法》，在全国率先将定制客运纳入政府规章，指导各地规范有序发展定制客运，截至2020年年底，全省定制客运线路发展到168条，基本实现县级以上城市定制客运全覆盖。推动包车客运规范发展，利用电子围栏加强包车异地经营整治，研究新《客规》包车管理贯彻意见。引导超长客运转型升级，按月对超速、疲劳驾驶和疲敝GPS等违法违规行为次数最多的5辆客车进行核查，定期通报接驳运输不规范的车辆，并督促整改。开展餐饮经营者勾结客车司机宰客乱象专项整治并取得初步成效。全省超长客运车辆有序退出154台。开展联程运输试点，指导甘孜州制订公空联程运输方案，以格萨尔机场为中心，开行旅游公交环线，推进“旅游+公空”联程运输试点。

四川省交通运输厅编写组

农村信息化建设

农村通信建设

【基本情况】 2020年，全省通信行业累计完成电信业务总量7525.94亿元，增长46%；实现电信业务收入661.54亿元，增长3.7%，全年固定资产投资额累计完成170亿元。全省电话用户总数1.11亿户，固定宽带用户2956万户，移动互联网用户7554万户，均排名全国第五；IPv6活跃连接数7710万户，IPTV用户数达2761万户，全国排名第一位。全省4G基站达29万个，全国排名第六位；建成5G基站3.6万个，全国排名第六位；光缆长度达343.29万皮长千米，光纤接入端口占比达97.5%，高于全国5个百分点。全省行政村4G通达率达98%，光纤通达率达100%。

【网络强省建设】 完成信息通信脱贫攻坚任务。实现全省“村村通光纤、村村通4G”，以电信普遍服务和民生实事为抓手，解决2128个行政村4G网络覆盖问题，实现全省行政村100%通光纤、100%通4G网络的历史跨越。精准降费提升贫困群众获得感。建档立卡贫困用户优惠套餐资费比城市同等服务套餐资费低35%以上，部分套餐低至五折。全省网络精准降费已惠及176万名贫困人口，降费金额达2.3亿元。推广农村信息化应用，助力衔接乡村振兴。全面普及“互联网+教育”，实现全省具备条件的农村中小学（含教学点）100%宽带网络覆盖；推动“互联网+农业发展”，建成3.7万个益农社，覆盖80%以上的行政村，农村电商平台交易金额累计超过240亿元，助推贫困群众增收致富。

【推进提速降费】 宽带网络不断提档升级，打造成渝双城经济圈“千兆城市群”，实现乡（镇）级以上千兆网络接入和宽带网络“百兆入村”。全省百兆以上宽带用户占比89.6%，千兆宽带用户达79.9万户，全国排名第三位，移动宽带用户普及率达87.5%。完成IPV6规模部署三年行动计划，IPV6网络性能全国排名靠前。资费持续下降，推动企业宽带和专线平均资费水平降低28%，惠及企业137.8万家，累计降费5.8亿元。加大扶贫助残力度，推动企业推出残疾人专属优惠资费。

【5G与工业互联网新基建建设】 推动5G规模化建设，建成5G基站3.6万个；在实现全省21个市（州）5G网络覆盖的基础上，再加码实施“县县通5G”工程，引导5G网络向县级延伸，全省143个县（市、区）建设5G基站1338个，实现所有县有5G网络覆盖。推动5G良性发展，举办“四川省2020年5G创新应用大赛”；推动“5G+医疗健康协作”，助力打造5G智慧医疗公卫应急协同平台；支持成都索贝、四川有线广播电视网络等公司开展基于5G+4K/8K超高清视频制播创新应用基础设施、支撑平台建设合作。培育西部地区工业互联网标识解析生态，完成四川工业互联网标识解析节点资金引导支持项目遴选；开展“5G+工业互联网”512工程建设，推动基础电信企业与工业企业深度合作。

【电信监管】 精简行政审批，优化办理事项。四川增值电信企业数量达4185家，共办理1404家，增长132.4%。

维护用户权益。健全申诉举报定期通报机制，溯源整治热点难点问题。推进携号转网，组织开展专项检查30次，同时委托第三方对省内15个重点市（州）开展实证监督调查，对查实的违规行为进行惩处。

通信建设突破跨行业共建共享瓶颈。推动省政府出台《四川省跨行业信息通信基础设施合作建设指导意见》，在国内开创性地推进实施信息通信行业与各相关行业相互合作开放共享基础设施。调整完善省（市）两级电信基础设施共建共享协调机构，四川杆路、管道共享率达90%以上，杆路、管道共建率达70%以上。

【网络与信息安全】 健全网络安全防护体系。完成重点地区固网管控平台建设和移动网系统扩容升级，开展数据安全监管技术手段试点，完成互联网诈骗电话防范拦截系统建设，初步建成工业互联网安全态势感知平台，优化互联网信息安全管理系统，初步形成立体化、多层次的网络安全保障技术体系。建立行业网络安全威胁监测预警、信息通报及处置反馈的闭环工作机制，开展威胁信息共享平台部、省对接试点，处置量和处置率全国排名靠前。完成特殊地区重点保障任务。

夯实互联网基础管理。加强互联网基础资源管理，鼓励企业为用户提供全线上ICP备案服务，探索APP备案工作。开展互联网金融、境外赌博、“扫黑除恶”等专项整治行动，完善跨部门、跨省协同查处机制。加强网络数据安全保护，推进APP侵害用户权益专项治理。防范打击新型网络犯罪，加强和巩固电话用户实名登记成果，开展督导检查和执法调查，四川电话用户实名登记准确率和人证一致率均达99.5%以上。健全失信惩戒制度和技术防治措施，制定《四川省涉嫌电信网络诈骗电话用户黑名单管理意见（试行）》；与省、市公安部门实现涉案数据互通和诈骗信息联动处置。

【提升应急通信保障能力】 特殊时期全力支撑疫情防控。建成通信大数据平台，为疫情防控提供数据支撑，累计向全省疫情防控应急指挥部办公室报送疫情防控大数据分析漫游数据885份，为快速研判疫情、精准追踪涉疫人群、有效隔离管控提供了重要技术保障。保障疫情防控期间网络畅通，加强网络运行监测及排障，快速审批通过四川省心理援助热线96111、成都市新冠肺炎心理援助热线96008。开展宽带网络助教助学，开展为教师、学生家庭宽带免费提速至300M活动，已惠及近22万户用户；免费开放IPTV教育包资源，为近136万户家庭提供精品教育服务内容；为教师、学生免费赠送10G全国通用流量，已惠及22.5万户用户。做好防汛减灾应急通信保障，开展防汛专项检查，优化完善预警短信发布机制，汛期累计发送各类应急预警短信18.2亿余条。做好森林草原防灭火工作和演练，开展"三州一市"专项督导，对地区通信设施进行大摸排，杜绝火灾安全风险隐患。

四川省通信管理局编写组

四川农村信息网建设

【基本情况】 四川农村信息网（原四川农经网www.scnjw.com）是省政府主办、省气象局承办的农村经济综合信息网站。网站于2001年7月18日开通，主要开展农村经济综合信息和气象信息服务。四川农村信息网建有1个省级信息中心、20个市（州）信息分中心和分布全省的23个市场价格信息采集点。网站涵盖主站、20个市（州）分站、农产品价格供求发布系统、四川E农和农产品气候品质认证溯源等多个平台，开设有气象、政策、科技、教育、减灾、休闲和市场等主要栏目，助力农民增产增收，为政府提供农经综合信息和气象决策服务。

全年组织发布农业科技、涉农法律政策和市场分析等各类农经信息2.88万余条、农产品价格信息11.54万余条、供求信息1.42万余条，为广大农村用户提供农经信息服务。通过网站农产品价格供求模块完成全省及全国范围内农产品价格行情信息和供求信息的采集、编辑和发布，采集粮油、蔬菜和农资共25个种类的农产品市场行情信息，定期向公众及政府决策部门发布《农产品价格供求情况分析》12期。面向农业经营主体的"四川e农"手机APP被广泛应用于"直通式气象服务"，把气象服务延伸到乡（镇）、社区、专合组织和种养殖大户，覆盖全省60.2%的新型农业经营主体。

【乡村信息员队伍建设】 推广全国智慧气象信息员管理平台，截至2020年年底，全省气象信息员总数达25914人，阿里钉钉软件激活率达69.1%；平台预警浏览163317条、预警分发量24091条，培训查看12544次，累计登陆132306次，灾情上报112条，总活跃度达35.4%，较上年提高1.3倍，平台使用率居全国第三位。

【"气候好产品"】 推进国家级和省级生态气象品牌创建活动，创建"中国气候康养之乡"1个、"中国天然氧吧"2个、"中国气候好产品"1个，授牌四川特色气候小镇11家。蒙顶山茶作为2020年全国第一批"中国气候好产品"认证农产品，成为四川首个、全国第四个获得认证的农产品。开展特色旅游气候资源调查评估，挖掘乡村旅游气候资源潜力，逐步形成"气候小镇+农产品""气候小镇+民宿"等乡村旅游产品，地方优势生态资源、产品效益转化明显。通过"气候好产品"认证与溯源系统面向公众提供农产品气候品质认证溯源信息查询业务，全年发放溯源农产品二维码标签5000枚。

四川省气象局编写组

农村邮政事业

综　述

【基本情况】 2020年，中国邮政集团有限公司四川省分公司发挥邮政渠道覆盖广、产品体系多元、品牌信任度高的优势，响应国家全面推进乡村振兴战略，加强资源整合、业态融合，按照省委、省政府建设现代农业"10+3"产业体系和集团公司开展惠农合作要求，探索邮政惠农服务创新模式，乡村普遍服务质量提升，农村电商做大规模，普惠金融系统推进，打造农村邮政综合服务体系，不断提升邮政服务的广度、深度。四川邮政在2020全国邮政"惠农比学赶帮超"评比中位列第一，惠农合作项目被评为2020年全国"对标先进最佳实践奖"一等奖。10月18日—19日，农业农村部与中国邮政集团有限公司在雅安市联合举办中国邮政助力农民合作社高质量发展交流活动。

【脱贫攻坚】 定点扶贫。11月17日，凉山州分公司帮扶的4个贫困村已全部退出贫困县序列，四川邮政帮扶的贫困村已全部脱贫。教育扶贫。全省邮政开展教育和农技培训50余期，培训村民3000余人。加强电商培训，发展脱贫带头人，指导其借助邮政线上渠道销售农特产品；邀请厉四川农业大学教授现场指导3场，600余名农户参加；凉山州驻村扶贫干部劝返学生67人，援助帮助困难学生17名，每月提供资助金300元/名，并对172户在册吸毒人员进行入户宣传帮教。电商扶贫。引导帮扶村发展种养殖业，通过邮政电商推广、"以购代捐"等方式定向销售和推广贫困村农产品，推进"造血式"邮政产业扶贫，累计帮扶贫困人口4.16万人，助农增收6466万元。"邮乐网"平台建成扶贫地方馆66个，覆盖全省所有国家贫困县，平台实现交易订单70万笔，打造万单扶贫能产品65款。金融扶贫。联动邮储银行、中邮保险、中邮证券共同践行普惠金融服务、服务"三农"和各地乡村振兴项目，为打赢精准脱贫攻坚战提供邮政金融支持。邮储银行四川分行与农业农村厅、省担保公司创新开发

"乡村振兴贷""惠农快贷";针对特色产业,开发"甜樱桃贷""花椒贷""芒果贷"等特色产品,新增发放贷款合作社3421家,增长413%。全年累计发放"三农"贷款15.71万笔,金额392.6亿元。中邮保险四川分公司量身定做保险扶贫计划,在贫困地区开展扶贫赠险,惠及贫困人口2.08万人次,累计提供风险保额达5.67亿元。中邮证券四川分公司与雅安汉源永丰和农业开发有限公司开展"新三板"挂牌上市合作。

【打造邮政惠农合作四川模式】 加强顶层设计,联动政企合作。省分公司廖涛总经理多次向省委、省政府、省政协汇报惠农合作项目情况,争取政策支持。与农业农村厅开展联合调研、制订共同促进农民合作社质量提升实施方案、签订金融助力合作协议、召开现场推进会,从金融、销售、物流、数据共享等方面进行整体安排。与省总工会合作开展"普惠到家"线上生活服务活动,自9月试点以来,带动农产品线上销售100余万元。市、县层面,参与41个电子商务进农村示范县建设;凉山、遂宁、德阳等地与商务部门合作,获得物流、仓储以及便民服务站运营等项补贴支持。

板块协同,整合资源。推出"十八般武艺"(6免6惠6专属)惠农礼包,对合作社提供免平台、仓储、农技费,降低贷款利率等18项惠农服务。推出"5+12"惠农综合服务方案,服务涵盖贷款、销售、寄递、农资、保险5项基本服务及农技培训、农品推广和基地打造等12项增值服务。根据合作程度对合作社进行星级分类,提供不同优惠幅度的邮政服务。与四川邮政签订合作协议的合作社近3000家,实际产生业务合作的合作社达1.4万余家。

示范基地树模板。政府、邮政、合作社在21个市(州)36个县(区)共建惠农示范基地40个,即由政府提供融资贴息、信贷担保、消费扶贫等支持,合作社负责基地生产和运营管理,邮政提供金融、农技、品牌赋能,为合作社、农户开设结算账户,提供惠农贷款、工资代发、资金回笼、保险证券等金融服务,共开立合作社对公账户5630户,资金回笼37.6亿元,代理保险覆盖合作社和农户2.64万户;建立农资供应和农技指导体系,提供新型农机具,开展集中培训和线上培训,累计培训40万余人次;授权基地使用"邮政农品"品牌,汉源西溪甜樱桃基地成为全国邮政第1个销售过千万元惠农示范基地。

打造生态链,扩大惠农朋友圈。构建"邮政+合作社+上下游企业"产业链,与农资龙头企业合作,建立1500处农资直销服务点和近百人"农技专家团",提供优质农资、免费农具和配套服务;与农产品加工企业合作,从贷款、销售、资金结算、寄递,甚至上市规划全产业链介入;与科研院校合作,联合四川农业大学为合作社无偿提供农技服务,23个示范基地成为教学科研实习和创业孵化基地。

【推进乡村文化繁荣】 丰富惠民活动形式。成都、乐山、巴中、达州、遂宁、宜宾、资阳等分公司开展各式活动,带动后疫情时期基层经济复苏,特别是资阳分公司开展的"寻找最美女掌柜"活动掀起了基层民众"我为自己代言,奋起拼搏,战胜疫情"信心,活动报名人数136人,大众累计投票4万余人次,总访问量超10万人次。全省累计开展"乡村文化"类惠民活动40余场,覆盖人数7万余人。

利用新媒体宣传推广乡村文化。策划汉源大樱桃直播带货活动,发挥网红效应,推动线上销售,直播观看人数超130万人次,把"阳光汉源"推向全国。

持续开展关爱农民工项目。从重树后疫情时代发展信心、助力农民工返乡就业、宣传和拉动地方特产销售等方面入手,开展"温暖回家路 关爱农民工"项目,开展活动25场。宣传推广乡村振兴战略,协助政府做好返乡人员各项服务工作,提升返乡务工人员幸福感,其中达州分公司实现所有县(区)全覆盖。

中国邮政集团公司四川省分公司编写组

农村邮政综合服务体系建设

【基本情况】 2020年,四川邮政以渠道赋能为抓手,构建线上线下全业务协同场景,做实渠道建设和营投管理工作,推进自有渠道转型和社会渠道培优,加快渠道共享合作。搭建农产品销售体系,加强乡村综合物流体系建设,完善农村电子商务公共服务体系,构建"网络代购+平台批销+农产品进城+公共服务+普惠金融+物流配送+电商培训"综合服务体系。

【乡村普遍服务】 履行"人民邮政为人民"服务宗旨,普遍服务提质达标,乡(镇)邮政局所覆盖率、建制村通邮率、报刊妥投率、邮政服务申诉处理满意率均达100%,建制村投递打卡率达99%以上。普通邮件时限指标全部达标,机要通信失密丢损率为零。自有渠道转型加快,全省收入低于1万元的纯邮务类网点1956处,减少1286处;打造转型网点样板143处。社会渠道培优提质,累计建成邮乐购站点2.8万个,信息完善率达57.79%;数字化优质站点达标4669个,培育优质站点5555个,实现邮件代收自提438.28万件。便民服务业务扩面,警邮项目覆盖全省21个市(州)183个县(市、区),累计建设585个网点,实现全省县域全覆盖;甘孜、凉山、攀枝花、雅安、资阳、绵阳、德阳、巴中、广安、成都、自贡、乐山、广元、眉山和阿坝等15个市(州)71个县(区)172个网点实现税邮项目代开代征,累计代开发票15.77万张,代征税额2.57亿元。

【农村电商项目】 全省邮政收寄农产品3898万件,拉动实现农产品销售收入19.49亿元,其中"极速鲜"项目收寄生鲜农产品231万件,增长200%;"易邮箱"项目收寄农产品3667万件,增长148.73%。搭建"川货出川"农产品销售体系,线上采取"自营+社会"入驻方式,遵循"原汁原味原产地"原则,通过秒杀、优惠券、拼团等促销方式,以流量带动销量,打造"川货出川"平台。全省发展58.7万家邮乐小店主,组建500人"买手团",实现零售交易额7825万元,打造"川货龙门阵"直播平台。同时在拼多多开设"易邮铺"省店,将优势农产品上线"学习强国",拓展"天虎云商"等社会化电商平台,实现开源扩量。线下建立客户超值购、商户同城购、平台跨省购等渠道,打造爆款农品,培育汉源甜樱桃等单品销售过千万,凯特芒果、安岳柠檬、龙安柚等销售过百万的特色农产品,实现自营农产品销售额1.29亿元。

【普惠金融服务】 改善乡村支付结算环境,将手机银行、快捷支付绑卡、收单业务纳入2020年全省普惠金融服务重点工作,手机银行激活客户新增140.33万户,快捷支付绑卡新增客户197.17万户,收单商户新增客户31.95万户。丰富金融服务产品,上线大额存单、靠档计息、递增计息等存款产品,推出工会联名卡、邮储闪光卡、农民丰收卡等新的结算类产品,完善二类账户在线开办、定活互转、手机号支付等手机银行新功能,丰富基金、理财产品。加快新增空白乡(镇)网点,全年规划新设7个代理金融网点，均取得四川银保监分局筹建批复。邮银协同开展普惠保险活动，保障项目涵盖个人人身意外、住院定向慰问金、个人公共交通意外、驾乘意外等内容，邮银合计赠送2.08万份。

【乡村综合物流体系建设】 增开支线及县下重点乡（镇）邮路频次，组开二频次进口县下邮路31条，覆盖日均进口投递量500件以上的44个重点乡（镇）。全省有农村投递网点3190个，加大农村投递车辆投入，推进农村投递汽车化。推进邮快合作，全省建设共享寄递站点1646个，与22家快递企业合作共用邮政网络，全年邮快合作作业务量达1216万件，日均代投6.51万件。全省实现邮快合作县（区）全覆盖，较上年新增10个市（州）160个县。9个市（州）、14个县（区）开展交邮合作，37条线路利用公交班车代运邮件。加强仓储配送体系建设，全省建成仓储物流中心132处、涉农仓储6.7万平方米、气调库近万平方米，配备900台县、乡、村运输车辆和16台冷链车。推进邮政寄递提速提质，寄往全国62个重点城市的农产品特快专递超70%实现次日递；省内互寄超92%实现次日递；同城互寄近96%实现次日递。推进邮政寄递降本增效，降低农产品物流成本，提升农产品寄递物流服务质量，针对樱桃、葡萄、鸡蛋等农产品物流损耗问题设计特殊包装，保障农产品寄递运得好、运得快、损耗小。全年寄递农产品3898万件，助力价值近20亿元的“川字号”农产品通过邮政渠道出川。

中国邮政集团有限公司四川省分公司编写组

农业气象服务

【农村气象防灾减灾标准化建设】 为提升基层防灾减灾能力，继续在全省122个县开展基层防灾减灾预警服务能力建设（简称“六个一”建设），实现全省21个市（州）183个县（市、区）全覆盖。“一平台”即四川省基层气象灾害预警服务平台基本建成，基层气象灾害预警服务平台实现综合显示分析、超阈值自动报警等必备功能，并在市、县级开展部署应用；“一张图”绘制完成，结合重点区域、重点部位、高影响人群，绘制高分辨率防灾减灾作战地图122张，为当地防灾减灾服务指挥提供决策依据；“一本账”不断更新，共收集基层气象防灾减灾数据12.6万条，实现全省基层气象防灾减灾“一本账”数据收集全覆盖；气象灾害预警信息发布“一张网”覆盖更广，实现预警信息一键式发布，覆盖11.5万名防灾减灾责任人；基层气象防灾减灾“一队伍”更加完备，全省气象信息员总数达25914人，95%以上的信息员接受过培训；基层气象防灾减灾业务制度规范“一把尺”更加健全，全省各级气象部门修订完善气象灾害“叫应”制度150余个、雨量现报阈值21个。

【智慧农业气象服务】 以“乡村振兴”气象服务专项为抓手，开展农业气象大数据能力建设、智慧农业气象服务平台建设等，持续推进为农气象服务。四川省农业气象综合业务系统完成改造升级，18种作物农气条件、10类作物灾害监测预报、6类主要气象灾害全部实现监测及预报产品实时自动生成。“四川e农”完成升级，增加气候秀、气象扶贫特产馆功能，并与“农业天气通”完成对接。全省组建为农服务专家联盟65个，召开会商研讨92次。

优化农村气象灾害监测站网布局，在农村气象监测薄弱区域新建、改造雷达8部，新建气象观测站347个，全省区域自动站实现乡（镇）全覆盖，同比提升17%。推进气象灾害风险普查试点工作，完成3个试点县气象灾害综合风险普查数据近10万条。优化农业气象数据库，省级15套农业气象观测站接入全国农业气象大数据平台，农业气象数据支撑业务服务能力增强。创新研发农业气象观测AI自动识别系统，自主开展人工智能自动观测技术研发。完成西南地区首个农业气象服务国家级标准化试点项目。建设都市农业产业功能区示范基地、果蔬示范基地、智慧农业气象实验基地三大基地，制作西南首个“AI+农业”智慧化农业气象服务产品。全省农业气象指标体系建设团队完成指标体系40余套，发表相关论文30余篇，编制地方标准2项，编写专著或气象科普著作3部，编写《四川盆南地区晚熟龙眼坑熏防冻技术》等农业气象适用技术8项。

【人工影响天气服务】 优化干旱、冰雹多发地区人影业务布局，增强乡村抵御干旱、冰雹灾害风险能力，泸州、凉山、雅安等地更新装备高炮27门，宜宾、泸州等地升级改造智能火箭架8管。完成弹药终端配备356套，全省配备率达60%。

人工增雨服务农业生产、森林防灭火和生态文明建设。全年省级实施飞机增雨作业22架次，航时57小时，作业范围覆盖四川盆地和攀西地区，影响面积约20万平方千米。全省实施地面增雨（雪）作业790次，发射炮弹3000余发、火箭弹2000余枚，增加降水4亿立方米。省级和成都市春冬两季开展改善空气质量飞机增雨作业，盆地各市在秋、冬季开展改善空气质量的地面人工增雨消减雾霾作业260次。凉山、内江、宜宾、绵阳等市（州）常态化开展森林草原防灭火作业48次，发射火箭弹160余枚，降低了森林草原火险等级。春季，凉山州冕宁县、木里县、西昌市和甘孜州九龙县等地出现森林火灾，省、州、县三级联动开展空地结合人工增雨作业，实施飞机作业5架次、地面作业70余次，为最终扑灭火灾发挥了重要作用。

人工防雹助力乡村振兴。全年在冰雹灾害频发区和重点防控区——凉山、攀枝花、泸州、宜宾、成都等市（州）开展地面防雹作业2000余次，影响面积4万余平方千米，使用炮弹4万余发、火箭弹近6000枚，减轻了冰雹灾害对农经作物（烤烟、中药材、水果等）生产的影响，保障了农民增产增收，助力乡村振兴。

人工消减雨保障重大活动。阿坝、绵阳、内江、甘孜等市（州）全年开展重大活动保障作业64次，消耗火箭弹247枚。各地先后开展第八届中国（绵阳科技城）国际科技博览会、2020年四川省先进制造业发展现场会、甘孜藏族自治州建州70周年庆祝活动、黄河上游川甘青水源涵养区生态保护和高质量发展协商协作研讨会等重大活动的消云减雨作业服务，保障了活动顺利开展。

四川省气象局编写组

公共服务体系建设

农村教育事业

综　述

【基本情况】 2020年，全省有农村幼儿园9220所，在园幼儿163.84万人，专任教师6.21万人；有农村小学4703所，校舍面积（含教学点）3092.91万平方米，在校学生367.12万人（含在读农村留守儿童85.09万人），专任教师19.32万人，生师比为19∶1；有农村初中学校3118所，校舍面积2976.33万平方米，在校学生190.86万人（含在读农村留守儿童48.47万人），专任教师15.27万人，生师比为12∶1。

【教育扶贫】 全年共召开教育扶贫专题会议17次，投入资金245.03亿元，开展督导指导1984人次。落实教育扶贫工作责任，全面落实“五长”责任制，116.2万名建档立卡贫困家庭学生应读尽读，无因贫失学辍学情况发生。教育部“控辍保学”系统反馈的28639名学生全部劝返或核销，劝返销号率达100%。实施“深度贫困县人才振兴工程”、大小凉山彝区“教育扶贫提升工程”“三区三州”项目等，投入项目资金10.3亿元，安排扶贫项目598个，完工433个，占比达72.4%。实施15年免费教育，全部免除民族地区51个县（市）学前到高中阶段学生保教费、学费和教科书费，惠及172万名学生。为253.6万名家庭贫困学生提供生活补助，全面免除民族自治地区学前在园幼儿保教费和普通高中学生学费、教科书费。投入专项补助资金4亿元，用于88个贫困县的农村教师生活补贴。成都、绵阳等10个市74个县（市、区）的1150所学校对口帮扶45个深度贫困县的学校1287所，选派1300余名教师到边远贫困地区、民族地区开展支教活动。126所高校发挥教育、人才、知识、科技、创新等综合优势，为脱贫攻坚提供人才智力支持和文化科技支撑。实施凉山州“一对一”精准帮扶提升工程，采用“1个教育部专家团队+1所省内师范院校（教研机构）”对口帮扶凉山州未“摘帽”深度贫困县1个片区学校的模式，对当地教师进行培训，该项目作为典型案例入选联合国教科文组织教师教育中心发布的《“国培计划”蓝皮书（2010—2019）》。

【东西部对口支援】 加强与广东、浙江两省教育厅的沟通衔接，推进东西部协作，全年接受援助资金4.25亿元，建设乡（镇）幼儿园55所，资助家庭贫困学生2.6万名。各市（州）、县（市、区）加强项目规划，协调两省加大资金投入力度，支持受援地改善学校办学条件、资助家庭贫困学生、开展教师培训、推进信息化建设等。浙江、四川两省736所学校建立帮扶结对关系，广东省与甘孜州合作开展五年制中高职贯通教育。加强教师互派，广东、浙江两省共派出教师437人次，四川省派出教师249人次，通过讲学送教、跟岗学习、共享数字教育资源等方式帮助提高农村中小学教师、“一村一幼”辅导员的教学能力和管理水平。

四川省教育厅编写组

农村基础教育

【农村学前教育】 全省各地继续实施第三期学前教育行动计划，在中央、省级公办园建设补助资金的基础上，单列地方政府债券资金支持乡镇公办园建设，原则上每个乡（镇）至少办好一所公办中心幼儿园，扩大农村公办学前教育资源。截至2020年年底，全省2771个乡（镇）共建有乡（镇）公办园3677所，基本实现每个乡（镇）至少建有一所公办中心幼儿园。支持农村地区幼儿园改善办园条件，鼓励城区示范园结对口帮扶农村幼儿园，提高农村幼儿园的办园水平。

【改善农村义务教育办学条件】 实施“义务教育薄弱环节改善与能力提升”“校舍安全保障长效机制”“深度贫困县寄宿制学校建设”“乡中心校和寄宿制学校建设”等重大教育工程，通过新增预算、盘活存量等方式，多渠道筹措学校建设项目经费。全年累计投入中央和省级财政专项资金76.7亿元，建设校舍面积350.86万平方米、运动场面积127.5万平方米，购置仪器设备97.6万件(台、套)，改善贫困地区、农村地区义务教育学校办学条件。

【农村义务教育学生营养改善计划】 继续在61个国家试点县、58个省级地方试点县实施农村义务教育学生营养改善计划，全年全省共下达农村义务教育学生营养改善计划膳食补助资金26.4亿元，其中中央补助资金22.2亿元、省级补助资金2.8亿元、市(州)及县级补助资金1.4亿元，涉及学校9282所，受益学生340.7万余人。

【教师培训】 实施2020年“国培计划”，通过组织实施中西部深度贫困县教师素质能力提升项目、乡村中小学教师专业能力建设项目等13类培训项目，共计培训中小学幼儿园教师和校(园)长855374人次。实施2020年“省培计划”，通过组织实施农村小学全科教师示范培训等4类培训项目，共计培训中小学幼儿园教师和校(园)长4789人次。

【入选“全国乡村优秀青年教师培养奖励计划”】 教育部教师工作司、中国教师发展基金会继续实施“全国乡村优秀青年教师培养奖励计划”，通过培养和奖励相结合的方式，帮助其专业成长，造就一批“下得去，留得住，教得好”的乡村骨干教师。经教育行政部门推荐、专家审核等环节，成都市都江堰市青城山高级中学高国丽等24名教师入选。

【公费师范生培养和顶岗实习支教】 全年共招录公费师范生3000名，由四川师范大学等12所高等院校为全省农村公办义务教育阶段学校、幼儿园和特殊教育学校进行定向培养。组织16所师范类高校学生3461人到凉山州11个深度贫困县顶岗实习支教，缓解了凉山州义务教育阶段教师不足的问题。

【特岗教师招聘与“银龄讲学计划”】 全年共招聘特岗教师2314人，为德阳、甘孜、阿坝、凉山等11个市(州)的55个县(区)补充乡村教师，优化乡村教师队伍结构。实施“银龄讲学计划”，招募到岗教师289人，其中中小学正高级教师2人、中小学高级教师85人、中小学一级教师200人、其他高级职称2人。

四川省教育厅编写组

农村职业教育及成人教育

【实施职业教育脱贫攻坚】 依托东西部协作计划，协调浙江、广东25所优质中职学校与四川省贫困地区20所中职学校开展对口支援，3365名建档立卡贫困学生出省就读，529名毕业生实现当地就业。高职院校开展定点扶贫工作，选派技术专家351人次、驻村干部203人次，开展高素质农民、基层农技人员职业培训14万人次，带动投入扶贫资金1.34亿元。7个职教扶贫经典案例入选《中国高等职业院校精准扶贫报告(2013—2020)》。

【开展青壮年农牧民和基层干部普通话培训】 在阿坝县、若尔盖县和巴塘县开展青壮年农牧民普通话培训，完成2019—2020年规划的600人培训任务。利用教育部语用司专项培训经费50万元，在甘孜州、阿坝州、凉山州对730名农牧民和290名基层干部开展普通话示范培训。利用全省126所高校结对帮扶7291户贫困户的有利契机，将推广普及普通话培训融入帮扶中，举办农民夜校和技能培训班9655期，培训群众26.94万人次。

【开放教育体系建设】 经省政府批复同意，四川广播电视大学更名为四川开放大学、成都广播电视大学更名为成都开放大学，其任务是服务全省全民终身学习，推进全省开放教育体系建设，探索高等教育、职业教育与继续教育融合发展。省财政投入800万元支持学分银行数字化公共服务平台建设，2020年开始试运行。

【社区教育与老年教育】 截至2020年年底，全省共建立省级社区教育服务指导中心1个、市(州)级社区教育管理机构13个、县(市、区)社区学院48个，乡(镇、街道)建立社区学校1238个，村(社区)建立社区教育工作站(社区教育学习中心)11139个。对13个市(州)和100万人口以上的17个县(区)的老年大学进行重点扶持，推进示范性老年大学创建工作，建成省级示范老年大学35所。

四川省教育厅编写组

民族地区教育

【基本情况】 2020年，全省共有民族自治地方51个县(市、区)幼儿园、中小学校3534所，在校(园)学生172.8万人，专任教师8.7万人。51个县(市)义务教育基本均衡全面完成，45个深度贫困县全部“摘帽”，实现适龄儿童少年应读尽读，全面实现“义务教育有保障”的目标。

【开展“铸牢中华民族共同体意识主题教育实践活动”】 确定红原、茂县、理县、九龙、盐源、宁南、马边、北川8个县为“铸牢中华民族共同体意识主题教育实践活动”示范试点县，开展以爱国主义为核心的民族团结进步教育和中华民族共同体意识主题教育。推进民族团结进步先进集体、先进个人争创，全年共有5所学校(单位)、3名教师分别获得省政府授予的“四川省民族团结进步模范集体”“四川省民族团结进步模范个人”称号。

【“学前学会普通话”行动试点】 以“学好普通话、养成好习惯、融入新时代”为目标，在大小凉山彝区持续推进“学前学会普通话”行动试点，共计投入省级资金、企业捐款、帮扶资金等3.6亿元，补充配齐村幼教玩具、幼儿图书等教学生活设施设备；培训辅导员、幼儿教师8万余人次。37万名幼儿在园系统学习普通话，学前学普儿童进入小学后语言发展水平合格率达99.06%。向教育部推荐报送的《决不让孩子输在起跑线上——凉山州实施“学前学会普通话”行动试点》《四川民族学院——夯实学前学习普通话基础，阻断贫困代际传播》《四川推普脱贫进行时，重点聚焦“甘阿凉”》典型案例入选国家推普脱贫创新工作案例集。

【实施“9+3”免费教育计划】 制定《关于新时代民族地区“9+3”免费教育计划的实施意见》，将“9+3”工作纳入各学校常规管理和教育教学，面向涉藏地区、大小凉山彝区共招生9640人。统筹中央和省级改善中职学校办学条件资金，对凉山州“摘帽”的7个县中唯一的一所中职学校——越西县职业技术学校安排专项资金604万元，用于学校基本办学条件标准化建设。宜宾职业技术学院对接越西县职业技术学校开展中高职衔接五年贯通培养工作，下达招生计划50人。21所公办高职院校承担普通类“9+3”高职单招任务，中高职衔接五年贯通免费定向培养试点共录取涉藏地区、彝区应往届毕业生3424人；7所公办高职院校承担涉藏地区“1+2”模式高职教育，共招录79人；6所公办高职院校承担“9+3”高职单招定向培养计划，共招录74人。

【推动国家通用语言文字教育】 编制《四川省积极推进国家统编教材民族地区全覆盖全面加强国家通用语言文字教育工作方案》，推进四川省民族自治地方义务教育《道德与法治》《语文》《历史》三科统编教材使用，9月秋季开学，全省民族自治地方小学和初中一年级已全部使用三科统编教材。完成《彝语文》教材的挖补替换、审查、出版和发行，民族文字教材质量持续提升。

【实施“校对校”对口帮扶】 组织1152所学校结对帮扶45个深度贫困县1286所学校，

选派2700余人次教师和管理人员支教，招收3100余名学生到内地学校就读；接收深度贫困县1000余名骨干教师和管理人员到内地学校跟岗学习挂职锻炼。安排专项资金实施远程教育，通过"四川云教"等优质教育直播平台采取学前教育观摩、小学植入、初中录播、高中直播四种方式将内地优质教育资源传送到民族地区493所学校2468个班，7000名教师跟随省内优秀教师同步研修学习，10万余名学生享受到省内最优质教育资源。

【实施"少数民族高层次骨干人才培养计划"】 截至2020年年底，通过四川政务服务网完成2021年硕士研究生资格审查1232名，北京大学、清华大学等70余所高校共录取四川省"少数民族高层次人才培养计划"研究生292名，其中硕士研究生255名、博士研究生37名。

【实施"三州"民族地区本土人才培养工程】 继续实施"三州"民族地区本土人才培养工程，省级财政安排专项资金6600万元，用于支持西昌学院、四川民族学院、阿坝师范学院开展民族地区人才培养，其中招录本地生源587人，提升成人教育学历培训8734人，培训技能人才2563人。

四川省教育厅编写组

农村体育

【健身设施供给】 全年投入中央、省级资金1.04亿元，建设村级农民体育健身设施9254个，累计建成46706个，实现全省行政村农民体育健身设施全覆盖。投入省级资金3250万元，支持建设乡(镇)健身中心、体育公园、健身步道等示范项目45个，彝家新寨体育设施配套项目100个，并持续推动各地加大健身场地设施建设投入力度。投入中央、省级资金1.1亿元，补助221个公共体育场馆向群众实施免费或低收费开放服务，全年服务群众达4496万人次。

【群众赛事活动】 全省共举办各级各类群众体育赛事活动1.8万余场次，其中县级以上线下赛事活动7152场次，吸引5000万人次直接参与。创新举办四川省第一届"云健身"网络运动会，吸引310万名群众参与，开创了全民健身的新场景。举办第二届川籍农民工运动会(云健身)，吸引全国各地的23.2万名农民工参加，在疫情防控期间搭建了体育"连心桥"，传递了省委、省政府对川籍农民工的特殊关爱。组织开展"百城千乡万村・社区"系列赛事活动，覆盖全省167个县(市、区)、2600个乡(镇、街道)、20236个村(社区)，直接参与人数达500万人次以上，助力全民抗疫和乡村振兴发展。

【青少年体育发展】 全年先后举办25个竞赛大项、39项次的全省青少年锦标赛，参赛人数达1.2万余人。举办全省青少年棒垒球、曲棍球、航天航空科技体育、健身操、定向越野、国防体育等冬夏令营项目，共吸引来自全省21个市(州)的2200余名青少年(儿童)参加。开展"圆梦工程"四川省农村未成年人体育夏令营，100名农村青少年参加活动。举办川渝幼儿趣味滑步车嘉年华、第一届川渝青少年体育交流、川渝青少年科学健身普及线上知识竞赛等活动，参与人数近15万人。疫情防控期间，创新举办四川省首届线上亲子运动会、川渝首届"庆六一"线上亲子运动会，全省21个市(州)169个县(市、区)的2800所小学和幼儿园参加，报名运动打卡家庭达53万余个，直接参与人数185万人，活动平台总浏览量达4795万次，在川渝两地掀起了"线上亲子运动"的热潮。加强体育师资梯队建设，组织600余名青少年体育管理人员、业余训练教练员参加体育总局举办的线上线下培训班。采用线上视频教学形式，举办"2020年四川省幼儿体育师资线上培训班"，共有来自全省21个市(州)950所幼儿园的1600余名幼儿体育教师参加培训。开展体育助学行动，资助2510名学生运动员602.4万元。

【体育帮扶】 作为省直定点帮扶部门，省体育局继续牵头帮扶武胜县并参与帮扶雷波县。实施"冠军扶贫"计划，帆船奥运冠军殷剑、蹦床世界冠军张雒到联系点开展扶贫扶智活动。推进帮扶项目建设，投入101万元用于受扶县中小学乒乓球馆、散打拳击场馆、赛艇皮划艇多功能训练房等基础设施维修建设、器材采购和芭蕉芋等特色产业发展。动员局系统各级工会开展"以购代扶"活动，局机关"以购代捐"总额达5万元。指导武胜县承办骑遍四川・2020年四川省青少年自行车锦标赛暨2020年四川省儿童滑步车锦标赛。2月，雷波县退出贫困县序列，实现脱贫"摘帽"。

四川省体育局编写组

涉农广播电视工作

【基本情况】 2020年，全省涉农广播电视工作加大中央、省委重大决策部署和新冠肺炎疫情防控等宣传力度，持续推进农村广播电视公共服务体系建设，提升广播电视节目制播能力，把宣传教育触角延伸到农村基层，把党和政府的声音传播到田间地头，取得明显成效。截至2020年年底，全省广播综合覆盖人口达9220.58万人，广播覆盖率由2019年年底的98.23%提高到98.87%，其中农村广播综合人口覆盖率98.47%，提高0.77个百分点；全省电视综合覆盖人口达9263.14万人，电视覆盖率由2019年年底的98.95%提高到99.33%，其中农村电视综合人口覆盖率99.24%，提高0.49个百分点。全省农村广播节目制作时间4.28万小时，增加0.34万小时，增长8.62%，占广播节目制作总时长的13.57%；全省农村广播节目播出时间19.38万小时，减少2.3万小时，减少10.6%，占公共广播节目播出总时长的27.17%。全省农村电视节目制作2.81万小时增加0.2万小时，增长7.66%，占电视节目制作总时长的18.88%。全省农村电视节目播出时间25.39万小时，减少0.83万小时，减少3.16%，占公共电视节目播出总时长的21.75%。

【广播电视宣传】 指导协调全省广播电视播出机构围绕全面决胜脱贫攻坚、疫情防控等重大主题，全方位、多视角、立体性展现四川乡村幸福美丽画卷，宏观、精准记录四川农业强省跨越的步伐，重点结合农村地区森林草原防灭火、疫情防控、生态环境保护、农民丰收节、农民工服务保障、“天府菜油”行动等重要内容开展脱贫攻坚主题宣传活动，推动创作扶贫主题文艺节目，开设专题专栏，倡导消费扶贫新风尚，促进贫困地区农民丰产丰收，指导协调全省各级播出机构推动广播剧《绿水青山》、广播节目《决胜关头 三区三州看巨变》、纪录片《直与天地争春回——2020四川战疫纪实》等创作生产。开展“乡约小康”脱贫攻坚融媒体新闻行动，引导从业人员到脱贫攻坚一线调研采访，反映全省脱贫攻坚实绩。推广“媒体+精准扶贫”等模式，突出产业扶贫、消费扶贫，营造良好社会舆论氛围。

【广播电视民生工程】 加快深度贫困县应急广播体系建设、藏区州、县广播电视节目覆盖工程建设、贫困地区县级广播电视播出机构制播能力工程建设。实施广播电视进藏区寄宿制学校第五期工程，惠及藏区寄宿师生12422名。完成136座广播电视无线发射台站基础设施改造、93个贫困地区县级广播电视播出机构制播能力建设和176座中央广播电视节目无线数字化覆盖工程。各地结合实际加强节目覆盖，加快地面数字电视建设，乐山市成立地面数字电视运行管理中心，推进本地节目全覆盖；马边县、峨边县、乐山市金口河区将地面数字电视纳入综合扶贫开发和彝家新寨建设；松潘县创新融合传输技术，传送了包括本地节目在内的70余套节目。在松潘县组织召开涉藏广播电视公共服务现场会，推广“松潘经验”，为涉藏地区长治久安和高质量发展提供了借鉴，民族地区广播电视事业得到长足进步，实现基础设施跨越发展、县级应急广播系统率先建成和州、县本地节目全域覆盖。

【广播电视公共服务体系建设】 坚持以标准化促进均等化、规范化，制定《四川省广播电视公共服务标准和规范》《四川省广播电视公共服务运行维护绩效评价暂行办法》《广播电视公共服务网点管理办法》和《2020年广播电视民生实事实施方案》，发布广播电视公共服务9条《惠民承诺》。完善运行管理和监督考核制度，推动省、市、县、乡、村各级运行维护机构和人员队伍建设，提升服务标准化、规范化水平。简阳市和巴中市恩阳区成为全国县级广播电视基本公共服务标准化试点，探索县级广播电视公共服务机构设置、制度规范、考核验收等全流程运行标准。推进1000个广播电视公共服务网点建设，全面完成全省10000个网点建设和系统录入，并按照管理办法推进网点规范运行和服务。以“惠民服务解难题，智慧广电进万家”为主题，在全省21个市（州）同步开展第一届“广电惠民服务月”活动，解决老百姓听广播看电视用宽带的“烦心事、揪心事、操心事”，完成“两项便民服务”和“六项惠民活动”任务，惠及全省200余万户家庭。顺应群众无线多屏的新视听需求，在全省各乡（镇）和村建设50543个WiFi网络，利用公共服务产品打包传播、跨屏互动等方式向群众提供免费无线上网、高清电视、数字音频广播等数字公共文化服务。实施“视听乡村”和智慧社区工程，智慧广电公共服务覆盖19个市（州）100余个县。各地发挥广播电视媒体优势，开展广告和短视频精准扶贫，党委、政府和群众满意度大幅提升。新冠肺炎疫情防控期间，全省农村广播高强度运转，日均播放次数达5次以上，时长达6～8小时；全省已建成的10000个广播电视公共服务网点快速响应，共投入技术力量6万人次处理广播故障，保障了全省46240个“村村响”平台和26万个“大喇叭”广播终端在线率98%以上；为各级党委、政府及防疫指挥部等提供视频会议支撑保障1000余场。

【广播电视脱贫攻坚】 省广电局召开全省决战决胜广播电视脱贫攻坚视频会议，举办决战决胜广播电视脱贫攻坚凉山片区培训班，到凉山州最后脱贫“摘帽”的7个县督导帮扶。牵头并与8家省级帮扶单位共计投入1155.84万元，加大对石渠县脱贫攻坚的帮扶力度，省广电局在全省定点帮扶工作成效考核评价和扶贫专项年度工作成效考核评价中均获最高等次“好”，被评为2020年省直部门（单位）定点扶贫先进集体。

【应急广播】 省委、省政府高度重视应急广播体系建设和作用发挥，将应急广播列入防灾减灾专项规划和扶贫攻坚，并列入民生工程和基层公共文化建设重要内容加以推进。利用“村村通”向“户户通”升级的机遇，将农村广播“村村响”运维经费纳入财政保障。省应急委将应急广播纳入全省应急管理体系，省卫健委将应急广播作为疫情常态化防控重要手段。四川省成为中国地震局、中国气象局、国家广电总局确定的首批地震、气象预警信息播发试点省。全省已建成省级应急广播平台1个、市级平台4个、县级平台105个、广播“村村响”4.6万个。全省各地坚持将应急广播建设、管理和使用与地方党委、政府应急管理、政策宣传、便民服务等有机结合，建立全省统一技术标准体系和四川特色的内容供给体系，构建平战结合、建养并重的长效运行保障机制，其中宜宾市争取党委、政府支持，全面建成覆盖全市的应急广播体系；剑阁县采取“县乡共建”，解决应急广播建设资金缺口；盐边县采用IP技术推动广播“村村响”向“户户响”升级；大英县推动全县农村广播从模拟调频升级为全光纤网络传输的数字广播；平昌县采取室内收扩机转播方式，解决了区划改革后乡村广播不能互联互通的过渡性问题；雅安市、珙县等地推进应急广播平台与融媒体中心、数字政务等共建共享，提升了应急信息传输渠道和用户到达率，在雅安特大暴雨、木里森林火灾和智慧社会建设中发挥了作用。各地优化“村村响”平时播出，突出本土特色，讲好身边发生的故事，办基层满意的“人民广播”，疫情防控期间，全省26万个大喇叭高频次全方位立体发声，为农村疫情防控做出了重大贡献，凸显了在非常时期不可替代的重要作用。

四川省广播电视局编写组

农村居民家庭生活

【基本情况】 2020年是全面建成小康社会和“十三五”规划收官之年，省委、省政府统筹推进疫情防控和经济社会发展，千方百计稳就业保民生，兜牢民生底线，确保农民收入稳步增长、生活水平持续提高。全省全年农村居民人均可支配收入达15929元，增长8.6%，扣

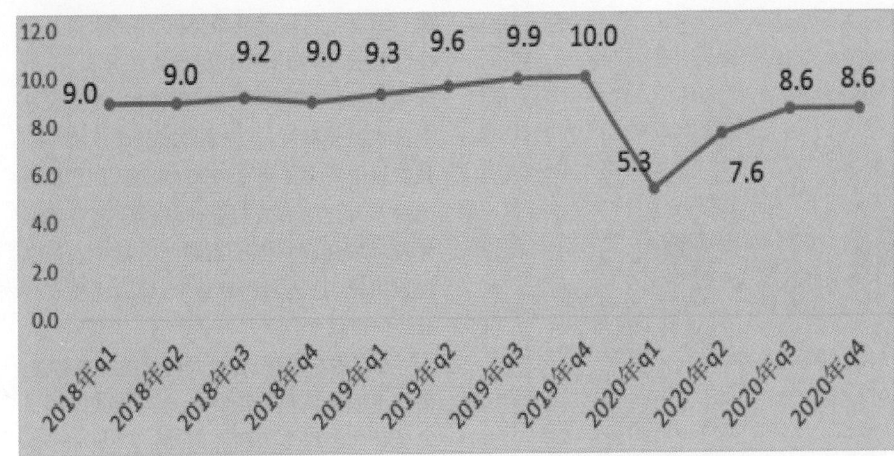

图1 2018—2020年四川省农村居民人均可支配收入增长情况(%)

除价格因素,实际增长4.6%;农村居民人均生活消费支出14953元,增长6.4%。

【农村居民增收主要特点】 从总体看,收入增速回升势头强劲。受疫情影响,全省农村居民可支配收入增速呈现"先跌后升"的变动趋势。全年农村居民人均可支配收入达15929元,增长8.6%,与前三季度增速持平,比上半年和一季度分别加快1和3.3个百分点,比上年同期略有回落(见图1)。

城乡对比看,收入差距进一步缩小。由于疫情对以第一产业为主的农村经济影响较小,全省农村居民收入增速比城镇居民高出3个百分点,差距较上年(1.2个百分点)拉大1.8个百分点,城乡居民收入比由上年的2.46下降为2.4,城乡居民收入差距进一步缩小。

从构成看,收入增长各具特点。工资性收入稳步回升。随着经济社会秩序逐步恢复、复工复产持续推进、就业保障措施更加积极,疫情对就业的影响逐步减少,农村居民工资性收入稳步回升。全年农村居民人均工资性收入4978元,增长6.8%。工资性收入稳步增长成为农民增收的压舱石。经营净收入持续恢复。全省夏秋粮食稳产增收,川茶川果量价齐升,畜牧业生产稳步回升,特别是生猪、牛、羊等畜产品价格持续高位运行,受其影响,农村居民人均经营净收入6152元,增长9.1%,其中第一产业经营净收入4140元,增长8.6%;畜牧业收入1529元,增长22.8%。经营净收入增收贡献率达40.6%,是推动农村居民收入实现稳步回升的主要依托。但随着生猪产能的持续恢复和农牧产品价格回归理性,对农村居民经营净收入的增收支撑力将逐步减弱。财产净收入较快增长。出于对疫情影响下经济发展不稳定因素的考虑,居民消费意愿下降,储蓄理财意愿上升,加之农村集体经济加快发展,土地流转价格上涨,带动农村居民财产性收入增加,农村居民人均财产净收入510元,增长11.8%。转移净收入稳定增长。全省各级政府推动脱贫攻坚和乡村振兴,更加注重社会保障和救助,养老金和低保标准逐步提高,生猪补贴等惠农政策力度加大,民生保障支出不断增加,促进农民转移收入较快增长。全省农村居民人均转移净收入4289元,增长9.7%,增收贡献率达30.1%,对保障基本民生发挥了重要的兜底保障作用(见图2)。

从占比看,呈"三升一降"态势。从收入四大类占比情况看,经营净收入占比最大,为38.6%,比上年提升0.2个百分点;工资性收入次之,占比为31.2%,较上年减少0.6个百分点;转移净收入占比26.9%,较上年提升0.3个百分点,提升势头强劲;财产净收入占比最小,仅3.2%,但较上年提升0.1个百分点。农村居民收入占比变化表明随着脱贫攻坚和乡村振兴战略持续推进,四川农村居民家庭收入来源、渠道更趋多元化。

横向比较看,增速排位大幅提升。全省农村居民人均可支配收入绝对值在全国31省(区、市)中排第21位,在西部12省份中排第3位,次于内蒙古自治区和重庆市;较上年增长8.6%,高于全国平均增速1.7个百分点,在全国31省(区、市)中排第2位,较上年提升5位;在西部12个省(区、市)中排第2位,较上年提升4位。四川占全国平均水平(17131元)的比重为93%,提高1.4个百分点,全省农民人均可支配收入稳步接近全国平均水平。

纵向对比看,实现持续较快增长。全省农村居民人均可支配收入15929元,是2015年(10247元)的1.6倍,是2010年(5140元)的3.1倍,扣除价格因素,比2010年实际增长142.8%,高质量实现了收入翻番目标。"十三五"期间,四川农村居民收入年均增速9.2%,保持了持续较快增长态势。

【农村居民消费变动主要特点】 面对疫情冲击,省委、省政府坚定实施扩大内需战略,持续激发消费活力,带动全年农村居民生活消费支出恢复回升,但从消费八大类别看,消费结构还不够平衡。

消费增速波动回升。全省农村居民人均生活消费支出14953元,增长6.4%,增速较一季度回升3.1个百分点,较前三季度和上半年分别回落1.1个和0.1个百分点。疫情之后,各级政府迅速出台刺激消费的各项政策,消费逐步回暖,但受疫情反复和消费者心态的影响,消费增速在经历了一季度的谷底后呈现震荡回升的态势,消费增速恢复至疫前水平尚需时日。

消费结构不够平衡。农村恩格尔系数略有回升。疫情下居民外出消费活动受到限制,倾向于居家饮食,加之猪肉等畜产品价格上涨,导致四川农村居民恩格尔系数不降反升,

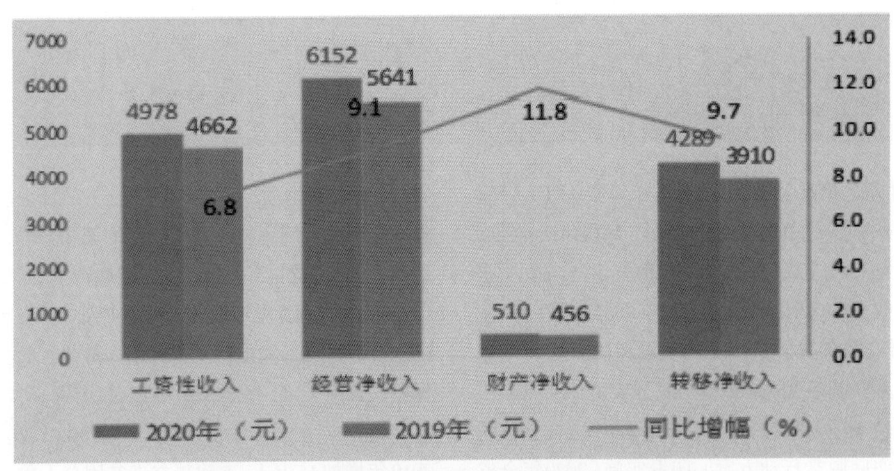

图2 2020年四川省农村居民人均可支配收入增长情况

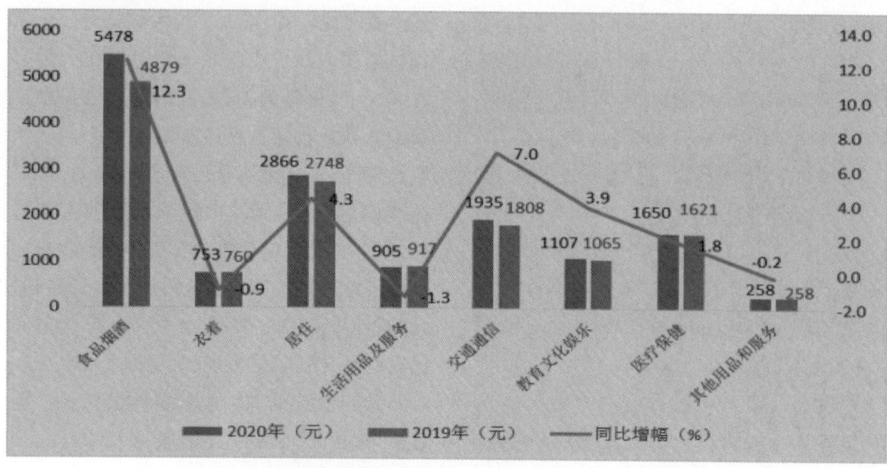

图3 2020年四川省农村居民人均生活消费支出增长情况

从上年的34.7%上升到36.6%，提升1.9个百分点。发展、享受类消费支出占比下降。八大项支出中，医疗保健、交通通信、教育文化娱乐和居住等发展、享受类消费支出项占比由上年的51.5%下降至50.5%。服务性消费占比下降明显。全年农村居民人均服务性消费占比较上年下降7.6%，服务性消费占比由上年的43.9%下降至41%，占比下降明显。从服务性消费细项看，除居住增加3.1%外，其他七项服务消费支出均下降，其中教育文化娱乐服务占比降幅最大，下降13%。

除食品烟酒外，其他分项消费增速较上年不同程度回落。食品消费快速增长。受居家时间增多及食品价格上涨影响，农村居民人均食品烟酒支出5478元，增长12.3%，增速较上年提升3.5个百分点，其中饮食服务消费476元，增长4.1%，增速回落0.4个百分点；其他用品及服务、生活用品及服务和衣着三项消费均比上年同期有所下降，分别下降0.2%、1.3%和0.9%。受疫情影响，医疗保健、交通通信、教育文化娱乐和居住四类消费增速分别为1.8%、7%、3.9%和4.3%，虽均实现增长，但较上年分别回落12.8、7.5、10.1和5.6个百分点，增速落差较大（见图3）。

网络消费逆势上扬。在常态化疫情防控条件下，全省各地出台了一系列推动新型消费快速发展、激活消费潜力的政策措施，促进了居民消费回补。互联网和各类消费业态深度整合，直播带货等持续兴旺，农村居民通过互联网购买商品和服务的次数大幅增加，人均邮费支出增长7.2%。

【促进农村居民收入消费稳步增长建议】 坚持就业优先，推动农村居民就业增收。坚持做好“六稳”“六保”，健全更充分更高质量就业的促进机制。拓宽农村劳动力转移就业渠道，注重农民工技能培训和产业发展提质增效并重，加大政策扶持力度，完善金融支持机制，加强服务体系建设，畅通信息咨询渠道，为农民工就业和返乡创业提供全方位支持。

加快产业转型，促进农村居民经营增收。结合乡村振兴战略契机，推进农村基础设施建设，继续实施高标准农田建设、改造和复垦，注重新技术的推广使用，提高农业生产机械化程度，促进农业现代化发展。加强农村电商主体培育和人才培育，加快推进流通基础设施和农村电子（物流）服务体系建设。依托农村电子商务网络拓展农产品销售渠道，打造农产品品牌，助力优质农产品走向市场。

盘活农村资源，促进农村居民财产增收。畅通土地承包和流转渠道，创新方式多渠道发展壮大农村集体经济，不断提升集体经济分红收入和土地承包收入。合理利用闲置农房，根据区域特色开发“新农村+养老”“新农村+旅游”“新农村+民宿”等新型业态，带动农村居民房租等财产性收入平稳增长。

加强保障力度，促进农村居民转移增收。持续加大财政支农投入，确保公共财政投入上对农业农村优先保障。改革财政扶贫方式，通过增设农村公益性岗位等多种方式帮助困难群众就近就业。继续推行低保、特困群体参加基本医疗保险全面资助，健全低收入群体基本生活保障标准与物价挂钩的联动机制，确保农村居民转移收入继续保持较快增长。

结合消费升级特点，提升农村居民消费质量。推进农村地区基础设施建设，推动城乡基础设施互联互通，为农村消费升级打牢基础。完善“互联网+”消费生态体系，推动生活消费网络化。加快农村融资平台建设，鼓励支持银行开展农村生产信贷和个人消费信贷业务，鼓励农村居民适度超前消费。建立健全质量管理体系，维护消费者合法权益，增强其消费信心。

国家统计局四川调查总队编写组

农村居民社会保障

【基本情况】 2020年，全省统筹实施社会保障扶贫专项、社会救助兜底脱贫、凉山州挂牌督战“三大行动”，打赢决战决胜脱贫攻坚、全面小康收官之战，社会救助兜底脱贫取得决定性成果。

【工作部署】 牵头人力资源和社会保障厅、省残联制定实施《2020年脱贫攻坚社会保障扶贫专项》，联合省扶贫开发局印发《社会救助兜底脱贫行动方案》，印发实施《2020年全省农村低保专项治理工作要点》《关于开展社会救助兜底脱贫问题整改清零行动的通知》，推进“两不愁三保障”大排查问题整改清零、低保兜底、农村低保专项治理等重点工作。

【兜底保障】 加大建档立卡贫困人口纳入低保兜底保障力度，截至2020年年底，全省165万名建档立卡贫困对象被纳入低保兜底，较2019年增加15万人，占建档立卡贫困总人数的26%。单列“三区三州”深度贫困地区困难群众救助补助资金4.43亿元，保障深度贫困地区资金供给。

【挂牌督战】 推动建立部、省、州、县四级联动督战机制，民政部副部长唐承沛等多批次亲临凉山州督战督导。创新实践实地督战“十步工作法”，出动24批次巡回督战剩余未脱贫县，随机走访救助对象户608户1844人，帮助基层解决实际困难和问题。采取政府购买服务方式，精选第三方专业机构对7个未“摘帽”县兜底脱贫工作开展调查评价、以评促改，确保如期脱贫问题清零。

【保障水平显著提高】稳步调整低保标准低限，明确特困人员救助供养标准不低于低保标准低限的1.3倍，21个市（州）按不低于全省低保标准低限制定发布本地城乡低保标准和特困人员基本生活供养标准。全省城乡低保平均标准分别达到613.5元/月和432元/月，临时救助平均标准达到人均1000元。

四川省民政厅编写组

农村基层治理

【推进全省村级建制调整改革】2月23日，省委、省政府出台《关于推进村级建制调整改革的指导意见》（川委发〔2020〕6号），3月27日组织召开全省改革推进会后，各地深入贯彻省委、省政府决策部署和省委书记彭清华重要讲话精神，统筹新冠疫情防控和经济社会发展大局，推进村级建制调整改革，取得了阶段性成果。截至2020年年底，全省第一批村级建制调整改革顺利完成，共减少建制村18110个。通过改革，全省村庄布局得到优化、产业空间得到拓展、公共服务得到优化、干部队伍得到提升、创业激情得到激发、执政基础得到夯实，实现了村规模调大、布局调优、实力调强、服务调好、队伍调活、机制调新的预期目标。

在基本完成乡（镇）行政区划调整和村级建制调整“两项改革”的基础上，启动村民小组调整优化、社区建制调整及社区治理优化工作，四川省村级建制调整改革领导小组印发《关于村民小组调整优化改革的实施意见》（川村改发〔2020〕1号）《关于进一步做好社区建制调整和社区治理优化的实施意见》（川村改发〔2020〕4号），先后召开全省村民小组调整优化工作推进会议、全省村民小组调度暨社区建制调整治理优化部署会议，各地贯彻落实会议精神，有序推进村民小组和社区建制调整优化相关工作。截至10月30日，社区建制调整优化工作已全省铺开；105个县（市、区）已完成村民小组调整优化。

【以重点项目为抓手，推动社区治理项目化清单化】以贯彻落实省委《决定》的城乡社区建设示范工程、社区综合服务设施“补短板”达标工程、“互联网+社区”行动计划、“三社联动”机制创新试点工程、街道管理服务创新实验区工程、开展社区服务项目化试点等重点项目为抓手，围绕补短板、强弱项、建机制、提能力，不断探索破解街道、社区治理体制机制难题，提升街道、社区治理水平。

加强社区治理制度创新。印发《四川省民政厅四川省财政厅关于开展城乡社区治理试点工作的通知》（川民发〔2020〕39号）、《城乡社区建设示范工程实施方案》（川民发〔2020〕40号）、《开展省级社区治理和服务创新实验区及街道服务管理创新实验区工作实施方案》（川民发〔2020〕79号）等文件，起草《城乡社区综合服务设施“补短板”达标工程实施方案》《“互联网+社区”行动计划实施方案》，征求省级相关部门意见。

着力社区服务设施补“短板”。通过省级财政资金引导，加快推进社区综合服务设施面积达标、功能完善。结合乡（镇）行政区划调整改革和村级建制调整改革实际，适当提高村（社区）补助资金标准，重点用于城乡社区公共服务设施建设和设备购置更新，用于支持社区亲民化改造、服务场地维建和服务功能提升。经民政厅党组会研究通过，确定2020年社区公共服务设施建设和设备购置更新项目100个，省级财政共安排补助资金3876万元。

启动县域街道社区治理实验区建设。经县（市、区）申报、市（州）推荐、省级审核，民政厅正式确定成都市龙泉驿区、金堂县、绵阳市游仙区、遂宁市船山区、乐山市市中区、广安市广安区6个单位为首批省级社区治理服务创新实验区；成都市锦江区、武侯区，宜宾市翠屏区3个单位为首批省级街道服务管理创新实验区。

以试点示范为手段，推动社区治理工作落地落实。牵头实施城乡社区治理试点示范“三年行动计划”，从2020年开始，坚持分层分类示范引领、分期分批统筹推进原则，用3年时间(2020—2022年）在全省择优选取120个左右县（市、区）开展试点示范，每年评选8个省级示范区县（市、区）、30个省级示范街道和100个省级示范社区并予以授牌，坚持“三治”并举，促进“三社”联动，以点带面、以优促建，探索社区治理新理念、新机制、新模式、新场景，实现“硬件”与“软件”的同步提升，提升全省城乡基层治理水平。经与财政厅反复沟通协调，争取省级财政资金对试点县（市、区）给予适当支持。根据县（市、区）申报、各市（州）推荐、省审核，经征求相关处室和财政厅、省委组织部意见后，确定了成都市锦江区等44个县（市、区）为2020年城乡社区治理试点单位，明确了“三社联动”机制创新试点街道21个、“社区服务项目化”试点镇（街道）23个、便民服务型社区45个、智慧科技型20个、社会组织参与型32个、社会企业带动型13个、社区服务项目化23个、其他特色社区17个。采取“以奖代补”及“年初预拨、据效调整”的方式对承担社区试点工作的县（市、区）予以补助，共安排省级财政补助资金12780万元，并会同财政厅拟定了试点示范工作绩效评价办法。各试点县（市、区）梳理各部门在基层治理方面的项目、资金、资源、力量集中向开展试点的社区、街道投放，形成开展试点工作合力。10月，民政厅会同省委组织部在成都金牛宾馆举办全省城乡社区治理试点示范工作培训会，通过政策讲解、专家授课、现场观摩、交流发言等形式进行，为下一步全力推动试点项目落地落实打下了坚实基础。

以社区防疫为契机，推动社区治理能力迈上新台阶。会同农业农村厅、省卫生健康委印发《全省村（社区）进一步加强新型冠状病毒肺炎疫情防控工作方案》（川民发〔2020〕10号），指导全省村（社区）科学有序防控疫情。指导村（社区）按照严格落实“外防输入、内防反弹”工作措施，加强社区防控网格化管理，健全常态化防控机制，保障村（社区）防控的物资、资金、技术、人员落实到位，提高社区防控与服务工作精准化精细化水平，助力全面推进复工复产。与中国建设银行合作，推广“智慧社区管理平台防控系统”，运用信息化手段开展疫情排查、数据分析等服务，既为社区工作者开展工作提供了便利，也最大限度减少了被病毒感染风险。《关于全面落实疫情防控一线城乡社区工作者关心关爱措施的通知》（国发明电〔2020〕8号）（以下简称《通知》）下发后，按照省委、省政府领导安排，迅速开展调研摸底、座谈交流、测算资金规模、起草实施方案、落实决策程序等工作，推动出台了《关于全面落实疫情防控一线社区（村）工作者关心关爱措施的实施方案》。截至2020年年底，全省已为430545名城乡社区工作者发放疫情防控工作补贴6.4185亿元。成都市高新区合作街道天骄西路社区党委书记钟建、汶川县三江镇乐活村村委会主任赵勇被评为“全国抗击新冠肺炎疫情先进个人”，蓬安县周口街道磨子西街社区原党委书记陈茂英被评为“抗击新冠肺炎疫情全国三八红旗手”，推荐成都市金牛区营门口街道长庆社区党委书记钟燕、锦江区牛市口街道莲花社区刘鸿博等20人参评民政部全国抗击新冠肺炎疫情优秀城乡社区工作者。

以换届选举为牵引，提升基层群众自治能力。以基层党建为引领，健全完善选举制度和基层治理政策，推动修订《四川省村民委员会选举条例》《四川省〈中华人民共和国城市居民委员会组织法〉实施办法》；依法依规开展非户籍常住居民和党员参加社区“两委”换届试点，筹划村（居）委会换届选举，会同省委组织部印发工作方案和通知，明确提出候选人“双好四强”标准和8种不得提名的“负面清单”，严格落实人选资格条件县级联审机制，分类推进“一肩挑”。健全完善基层群众自治组织依法依规履行职责事项清单、依法协助政府工作事项清单、政府购买服务清单等“三项清单”制度，开展街道办事处工作地方立法课题研究，推动社区工作准入备案、民事代办等制度落实，推动人财物和责权利向社区下沉。深化党领导下的基层群众自治实践，构建新形势下的共建共治共享的城乡社区治理体系。

四川省民政厅编写组

农村社会治安综合治理

【以乡（镇）行政区划调整改革为契机，全面优化农村派出所力量布局】 针对“一乡（镇）一所”建设带来的全省派出所“多、小、密、弱”、警力资源严重分散、警务运行效能不高等问题，公安厅抓住全省乡（镇）行政区划调整改革机遇，着眼社会治安实际需要，打破行政区划界限，在城市按照人口、警情需要设置派出所，在农村推行“中心派出所+警务室”模式，推动派出所力量布局更优化、警力使用更高效。截至2020年年底，全省派出所数量从改革前的4461个减少至2943个，实际运转数量压缩至2244个，警力由平均每所5人上升为11人。

【以村级建制调整改革为引领，全面改革重塑乡村警务体系】 公安厅连续三年召开派出所会议或创枫工作会议，连续两年下发加强派出所工作“一号文件”，将加强派出所工作作为各级公安机关“一号工程”组织实施，并明确将“推进社区治理”作为新时代派出所的职责任务。全面推行派出所“一室两队”（勤务指挥室、社区警务队、办案队）改革，推动公安机关重心向派出所下移、派出所重心向社区下移，社区（农村）警务室与居委会（村）同址办公，社区民警由“下社区”向“在社区”转变。全省社区（农村）专职民警由改革前的4200人增加至7132人，其中3789名社区民警兼任社区（村）副书记或副主任，实现社区警务与社区治理的深度融合。组织整合社会力量资源，成立各类“义警组织”“平安联盟”，实现警民联动、平安共创，促进了基层治理工作共建共治共享。

【以“枫桥式公安派出所”创建为载体，全面提升平安建设成效】 贯彻落实习近平总书记关于把新时代“枫桥经验”坚持好发展好，把党的群众路线坚持好贯彻好的重要指示，部署全省公安派出所围绕“基础牢、出事少、治安好、党和人民满意”的目标，全面开展“枫桥式公安派出所”创建活动，激励全省公安派出所和广大民（辅）警勇于探索创新、积极担当作为，不断坚持和发展新时代“枫桥经验”，努力做到矛盾不上交、平安不出事、服务不缺位，推动平安四川建设迈上新台阶。全省6个派出所被公安部命名为首批“枫桥式公安派出所”，为全国最多；2020年，全省100个派出所被命名为省级“枫桥式公安派出所”。

【以城乡治理融合发展为目标，全面夯实农村基层治理根基】 开展“六进六边”工作。指导全省公安派出所进农村、进社区、进家庭、进企业、进学校、进寺庙，将“六进六边”工作与“一标三实”信息采集紧密结合，推动人、地、事、物、组织等基础要素的全面采集、动态维护。全年共到农村走访容易藏污纳垢“小场所”新增采集从业人员12万人，走访农村空巢老人、留守儿童92.5万人，在采集信息的同时，会同有关部门和基层力量加强情报信息收集，坚持“一事一策”，共排查重大涉稳涉访、治安消防风险隐患35395起，并开展调处化解工作。截至2020年年底，全省共采集标准地址5720.6万个、实有房屋4540.4万套、实有人口信息7898.5万条、实有单位265.4万家、从业人员信息1575.1万条。

【以专项行动为契机，严厉打击农村突出违法犯罪行为】 贯彻落实省委、省政府《加强农民工服务保障十六条措施》精神，加强农民工群体安全稳定服务工作，在妥善处置因欠薪引发的涉稳事件的同时，履行职责，开展打击恶意拖欠农民工工资违法犯罪专项行动，维护农民工合法权益。协助组织部门对全省4000余个软弱涣散村（社区）党组织开展整顿转化，依法对受过刑事处罚和党纪处分人员进行调整清理，巩固了党的执政根基。深化“扫黑除恶”专项斗争，全省刑事案件、八类严重暴力犯罪案件在2020年明显下降，社会大局稳定的良好局面不断巩固，人民群众的安全感、满意度不断提升。

四川省公安厅编写组

农村生态环境

生态建设

综　　述

【基本情况】 2020年，全省生态环境系统统筹推进疫情防控、社会经济发展和生态环境保护，全力打好污染防治攻坚战，全省生态环境质量持续向优。在党中央开展的2019年度省（区、市）污染防治攻坚战成效考核中，全省获评“优秀”等次。生态环境厅发挥牵头抓总、协调联动作用，初步形成齐抓共管的“大环保”格局。省委、省政府高度重视，成立以省委书记、省长为双主任的省生态环境保护委员会，加强对全省生态文明建设和生态环境保护的组织领导，设立绿色发展、生态保护与修复、污染防治、农业农村污染防治4个专项工作委员会，协调解决实际工作中存在的问题和困难。召开2次省环委会全体会议、省污染防治攻坚战领导小组会议等，地方党委、政府和省直部门压紧压实“党政同责、一岗双责”。将生态环境保护工作纳入省委、省政府综合目标绩效考核并赋予较高权重，同时纳入党政同责考核，同时严格考核结果运用，连续3年对党政同责考核排名靠后的3个市（州）进行约谈，压紧压实地方责任，确保生态文明建设决策部署落地落实。

自然生态

【基本情况】 2020年，全省生态环境状况为“良”，生态环境状况指数为71.3，同比下降0.6。生态环境状况二级指标中，生物丰度指数、植被覆盖指数、水网密度指数、土地胁迫指数和污染负荷指数分别为63.7、86.7、32.6、83.2和99.8，同比上升-0.1、-1.2、-1.7、0.1和0。

【市域生态环境状况】 21个市（州）的生态环境质量为“优”和“良”，生态环境状况指数值（EI值）介于60.6～83.6。其中，广元市、乐山市、雅安市和凉山州的生态环境状况为“优”，占全省面积的21.5%，占市域数量的19%；其余17个市（州）的生态环境状况为“良”，占全省面积的78.5%，占市域数量的81%。

【县域生态环境状况】 183个县（市、区）生态环境状况以“优”和“良”为主，占全省总面积的99.9%，占县域数量的96.7%。其中，生态环境状况为“优”的县有41个，生态环境状况指数值介于75～90.4，占全省面积的23.4%，占县域数量的22.4%；生态环境状况为“良”的县有136个，生态环境状况指数值介于55.2～74.8，占全省总面积的76.5%，占县域数量的74.3%；生态环境状况为“一般”的县有6个，生态环境状况指数值介于39.5～50.7，占全省总面积的0.1%，占县域数量的3.3%。

【生物多样性】 全省共有高等植物1万余种，占全国总数的1/3，仅次于云南，其中苔藓植物500余种，维管束植物230余科、1620余属，蕨类植物708种，裸子植物100余种（含变种），被子植物8500余种，松、杉、柏类植物87种，居全国之首。被列入国家珍稀濒危保护植物的有84种，占全国的21.6%；野生菌类1291种，占全国的95%。全省有脊椎动物近1300种，约占全国总数的45%以上；兽类和鸟类约占全国总数的53%，其中兽类217种、鸟类625种、爬行类84种、两栖类90种、鱼类230种。国家重点保护野生动物145种，占全国总数的39.6%，居全国第一位。据第四次全国大熊猫调查，四川省野生大熊猫种群数量达1387只，占全国野生大熊猫总数的74.4%，其种群数量居全国第一位。

野生高等动植物区域分布差异明显，四川东部盆地低海拔平原丘陵区生物多样性相对较低；盆周中海拔山地区和川西高山高原区的生物多样性相对较高。大体上，由北至南纵贯川西高山高原区，即岷山—邛崃山—

大雪山—大凉山—沙鲁里山一带区域是全省野生动植物最为丰富的区域，亦是全省生物多样性保护的关键区。全省21个市(州)中，野生脊椎动物种类排名前三的分别是凉山州、阿坝州和甘孜州，野生维管束植物种类排名前三的分别是凉山州、阿坝州和宜宾市。

四川省生态环境厅编写组

造林绿化

【基本情况】 2020年，省林草局组织基层单位学习国办关于国土绿化和禁止耕地“非粮化”等系列重要文件精神，指导各地贯彻落实国办要求，科学推进造林绿化。协调落实中央和省级财政投入造林绿化资金4.1亿元，支持并指导各地持续开展重点工程造林、长江廊道造林等九大行动，全省累计完成营造林830万亩，其中完成人工造林150万亩、封山育林170万亩、人工更新造林17万亩、退化林修复155万亩。

【“包山头”义务植树】 组织开展2020年省、市领导义务植树活动。会同省直机关工委等单位印发《四川省直机关、高校、企业、金融机构龙泉山城市森林公园“包山头”植树履责活动2020年度实施方案》，组织举行2020年“包山头”开工仪式，194家履责单位约1.2万名干部职工到龙泉山开展春季义务植树活动，完成植树600亩。总结提炼“包山头”履责活动经验，以省绿委名义印发通知在全省各地推广。遂宁、攀枝花等地相继组织推广开展“包山头”模式义务植树活动，社会反响良好。指导各地创新全民义务植树履责机制，拓宽义务植树履责渠道，成都市探索推行公民义务植树积分激励制度，将义务植树积分与居民生活有机融合；遂宁市打造“互联网+义务植树”平台，实现义务植树“线上线下”良性互动，为公众开展义务植树提供便捷渠道。全省全年参与义务植树人数达2340万人次，义务植树8363万株，折合78万亩。

【古树名木保护】 组织开展《四川省古树名木保护条例》宣传和条款解读，制发《四川省古树名木保护三年行动方案》《四川省古树名木认定办法》《四川省古树名木专家库管理办法》《四川省古树名木认养办法》《加快推进古树名木认定与挂牌保护等工作的通知》《关于做好绿化树木保护工作的通知》《关于做好古树公园建设工作》等系列文件，指导各地纵深推进古树名木保护。组建四川省古树名木专家库，会同住建厅组织各地古树名木主管部门完成新一轮古树和名木的鉴定、审核及申报，完成全省70868株古树名木名录公布。编制完成《四川省古树名木管理养护和复壮技术规程》，科学指导地方开展古树名木抢救复壮试点，协调省财政筹集资金300万元，支持剑阁、南部两县开展一级濒危古树抢救性保护复壮试点。支持省绿化基金会向民政部门申请公募许可，开通古树名木捐资认养通道，引导社会各界通过认捐、认养等形式参与古树名木保护。联合四川省绿化基金会在全省范围建设10个省级古树公园。初步建成全省古树名木信息管理系统，进入系统调试和试运行阶段。

【林草碳汇】 启动实施与阿拉善SEE基金会合作的天全大熊猫栖息地植被恢复碳汇项目。完成世行贷款长江上游森林生态系统恢复项目子项目——林业碳普惠项目招标。完成诺华川西南林业碳汇社区和生物多样性项目造林成效外业检查。完成全省造林和森林经营碳汇潜力评估报告编制。完善宜汉县和温江区林业碳汇项目设计文件，完成平武县、理县和黑水县森林经营碳汇项目设计文件。

【森林城市建设】 启动《四川省森林城市建设标准》编制。指导达州市完成申请国家森林城市命名所需的文件资料准备。完成德昌县创建国家森林城市备案。协调国家林草局组织专家评审并通过资阳市、南充市、大竹县、荥经县4个城市的国家森林城市建设总体规划。组织专家完成对芦山县创建绿化模范县的验收工作。开展创建成果动态监测，完成攀枝花市、宜宾市、绵阳市和巴中市4个国家森林城市的动态评估及材料上报。按国家局要求完成全省已命名11个国家森林城市指标达标情况的摸底调查。完成省绿化模范县西充县、富顺县、炉霍县，省绿化模范单位雅安市名山区前进乡中心小学，省绿化示范村隆昌市李市镇三合村、马尔康市卓米村等的动态评估。完成成渝地区市(县)森林城市创建基础数据现状的摸底调查，成渝地区19个城市基本具备创建条件，并有意愿开展创建。

【生态修复】 全年中央、省级共投资3.95亿元，共治理沙化、石漠化、干旱河谷等生态脆弱区面积47380公顷。推进省级财政沙化治理项目，2020年省级财政投入0.59亿元，在11个县计划完成沙化土地治理3866公顷，实际完成3051公顷，完成封禁保护试点667公顷；实施川西藏区生态保护与建设工程沙化土地治理项目，国家发展改革委下达石渠县、色达县、理塘县沙化土地治理任务4827公顷，落实投资0.65亿元，项目处于实施前期阶段。推进川西高原生态脆弱区综合治理工程，2020年省级财政投入0.95亿元，完成沙化土地治理3079公顷。组织开展石漠化综合治理，2020年下达中央预算内资金1亿元，在10个县实施人工造林、人工种草，新建生产便道、蓄水池、沟渠等，治理岩溶区面积40000公顷。组织开展干旱河谷地区生态治理，2020年省级财政在16个县(市、区)共投入0.75亿元，主要在干旱河谷地区开展防护林带、生态隔离带、生态景观林带建设，治理面积1250公顷。

四川省林业和草原局编写组

自然保护地建设和管理

【管理体制改革】 研究制定《四川省统筹推进自然保护地体制改革工作厅际联席会议制度》并获得省政府批准。协调省委办公厅、省政府办公厅印发《四川省建立以国家公园为主体的自然保护地体系实施方案》，省领导多次专题听取改革进展汇报。组织完成自然保护地摸底评估，形成全省自然保护地“一张图”和《四川省自然保护地摸底评估报告》。成立整合优化科学委员会，围绕“一保护地一评估方案”，在全国率先对自然保护地保护价值进行评估，形成《四川省自然保护地保护价值评估报告》。衔接生态保护红线、永久基本农田、城镇开发边界等控制线，编制形成《四川省自然保护地整合优化预案》并报国家审批。

【保护地管理】 审查上报13个自然保护区范围或功能区调整并获得省政府批准，按要求公布13个自然保护区范围或功能区。全年共审查风景名胜区总体规划4个、详细规划9个，协调国家林草局和省政府批准3个，组织批复1个。指导编制森林公园总体规划18个，协调国家林草局批准4个，组织批复9个。指导开展世界地质公园再评估准备工作，新增屏山环崖丹霞国家地质公园(资格)。成立世界遗产专家委员会，启动四川大熊猫栖息地世界自然遗产保护规划修编和矿业权处置意见研究，配合完成乐山硝斗岩天坑申报世界遗产专家现场考察。部署开展自然保护地内桥梁安全隐患排查处置和森林草原防灭火专项整治工作。配合完善自然保护区项目资金绩效评价体系。督促推进黑竹沟、小寨子沟、攀枝花苏铁、马边大风顶等自然保护区基础设施建设。

【行政许可】 全年共组织审批涉自然保护地建设项目111个(其中基础设施类75个、旅游设施类20个、民生设施类10个、环保设施类6个),核实项目与自然保护地位置关系81个。及时批复川藏铁路进入自然保护地的行政许可,组织专家评审成渝中线高铁、两河口水电站500千伏送出工程等重大项目。参与制定长江经济带小水电清理整改涉林政策,办理保留类小水电进入自然保护地手续14个。参与九寨沟地震灾后恢复重建成果收集、项目结题审定等工作,基本完成九寨沟—黄龙世界自然遗产重建任务。

【执法监管】 全面完成中央环保督察涉自然保护地反馈问题整改销号工作。完成全国自然保护地监督检查管理平台下发的66个点位核查上报。完成"绿盾2020"自然保护地强化监督行动方案制定,下发38个点位核查整改。完成全省进一步清理自然保护区内违法违规建设活动41个问题整改,并向省政府报送总结。配合国家林草局驻成都专员办实地核查4个自然保护区13个点位。加强对批复项目的动态监管,组织开展自然保护地建设项目和森林草原防灭火专项检查。配合开展违建别墅问题清查整治专项行动,对涉自然保护地的374个点位进行核实。参与长江干流岸线利用项目清理整治验收销号、长江经济带小水电清理整改、30万吨/年以下煤矿分类处置等工作。

【夯实管理基础】 制定自然保护区范围调整联审制度并获得省政府批准,优化完善自然保护区调整审查机制。初步制定地方级自然保护区建设项目分类分级审批和管理办法、水生动植物自然保护区建设项目管理规范和审批流程、世界遗产地建设项目管理规范和流程,以及《世界遗产地建设项目影响评价技术导则》和《四川省自然保护地自然教育体系建设技术规程》。组织完成自然保护地"1+55"系列画册编辑出版和开展2020年"文化和自然遗产日"活动,《自然之赐》画册被评为2020"林版"好书。联合完成自然保护区巡护员摄影作品和"最美巡护员"评选活动。

四川省林业和草原局编写组

湿地资源保护管理

【湿地资源状况】 全省湿地总面积2621.7万亩(不计水稻田),占全省总面积的3.6%,其中自然湿地面积2498.4万亩(河流678.45万亩、湖泊55.95万亩、沼泽1763.85万亩),占全省湿地总面积的95.29%;人工湿地面积123.3万亩(库塘119.7万亩,运河、输水河1.65万亩,水产养殖1.95万亩),占全省湿地总面积的4.71%。截至2020年年底,全省被列入国际重要湿地名录2处(分别为若尔盖、长沙贡玛);建立湿地公园64处,规划面积约为231.75万亩(公园内湿地面积137.25万亩,约占60%),其中国家级湿地公园34个(含国家试点11个);建立各级湿地自然保护区52个,其中国家级湿地类型自然保护区8个。

【完善保护管理体系】 开展国家湿地公园建设和验收工作,绵阳三江湖等5处国家试点湿地公园通过国家验收。报请省政府同意后发布新津白鹤滩等7处省级重要湿地名录。依法依规批准设立广元苍溪梨仙湖省级公园,批准高县七仙湖等省级湿地公园总体规划,取消四川护安、龙女湖等11个省级湿地公园的建设资格,协助自然保护地优化整合。严格湿地用途管控,同意亭子口灌区、西昌饮用水等9个国家重大工程和民生工程进入湿地公园,助推地方经济高质量发展。

【湿地保护与修复】 继续推进湿地保护修复工程,全面完成若尔盖国际重要湿地保护与恢复工程,持续实施四川理塘海子山湿地保护与修复工程,启动实施石渠长沙贡玛湿地保护与修复工程。争取中央财政资金4375万元、省级财政资金300万元,实施湿地保护修复项目19个。争取中央财政资金3000万元、省级财政资金2205万元,继续在重要湿地实施湿地生态效益补偿,保护川西北高原490万亩湿地。

【泥炭沼泽碳库调查】 全面完成泥炭沼泽碳库面上调查,野外核查小班15892个,面积超过123万公顷;完成包括若尔盖湿地在内的1米以上测量点1399个,采集泥炭、土壤、植物等样品3800余份。多次同自然资源部门对接,配合开展"国土三调"湿地资源数据核查,为泥炭沼泽湿地、滩涂湿地的判读和认定提出意见。协助国家林草局昆明院完成若尔盖、长沙贡玛国际重要湿地的年度生态监测和数据更新。

【成渝双城湿地保护】 学习中央、省文件,形成《如何推动成渝地区双城经济圈高品质湿地建设(怎么办)》和《成渝地区双城经济圈生态廊道高品质宜居湿地建设路径探讨》等调研成果。依托重庆大学技术团队,编制完成《成渝地区双城经济圈生态廊道高品质宜居湿地保护修复项目》,做好项目储备。贯彻落实《筑牢长江上游重要生态屏障助推成渝地区双城经济圈建设合作协议》精神,共抓川渝湿地保护,10月19日—21日,重庆市林业局和市人大、政协等调研组来川协商省重要湿地认定和川渝两地建立姊妹湿地公园事宜,实现川渝互访。

【湿地保护宣传】 组织开展"世界湿地日"活动,邀请湿地专家、群众、学生参与湿地保护。组织开展"最美高原湿地"评选,展示川西高原湿地保护成效。持续推动"扩大中国四川省湿地保护面积并增强湿地管理能力(GEF)项目"落地、落实。加强同世界自然基金会(WWF)、保护国际(CI)等国际组织的合作,履行湿地保护公约。

【规划引领】 开展《四川省湿地保护修复制度实施方案》任务销号,提交工作总结报告。协助国家林草局完成全国湿地保护"十三五"规划总结和"十四五"实施规划编制。配合省发展改革委等相关部门完成区域编制和相关领域中长期规划编制,做好湿地保护同相关规划衔接。

四川省林业和草原局编写组

大熊猫国家公园

【基本情况】 2020年,大熊猫国家公园体制试点区涉及面积20177平方千米,其中核心保护区面积15517平方千米、一般控制区面积4659平方千米,占大熊猫国家公园总面积的74.36%;有野生大熊猫1227只,占大熊猫国家公园野生大熊猫总数的75.23%。原有各类自然保护地66个。

【大熊猫国家公园体制试点】 2020年是大熊猫国家公园体制试点收官之年。5月,按照中期评估反馈的问题清单,牵头逐项梳理分解,落实整改任务,细化《大熊猫国家公园体制试点验收任务责任清单》。7月,按照国家林业和草原局对国家公园体制试点区评估验收工作的总体部署以及《国家公园管理办公室关于启动国家公园体制试点评估验收工作的函》(园办督函〔2020〕8号)和大熊猫国家公园体制试点评估验收工作会议精神,抽调专人牵头组建专班,组织开展自评工作,形成《四川省大熊猫国家公园体制试点自评报告》。9月,组织筹备大熊猫国家公园体制试点评估验收四川汇报会,并邀请省政府副秘书长李君臣主持会议,四川省通过国家公园体制试点评估验收专家组实地核查。

【管理机构整合】 按照省委组织部、省委编办、财政厅、省林草局(大熊猫国家公园四川省管理局)联合印发的《四川省大熊猫国家公园各管理分局运行机制意见》(川林发〔2019〕20号)要求,指导各管理分局机构组建工作,配合建管处协调省编办批复了各分局机构设置方案和基层管护机构整合设置方案,持续探索形成"省管理局—市(州)管理分局—县(市、区)管理总站"的管理机构体系,7个分局内设机构、人员配备、领导基本到位,已落实专职人员79名,保障分局正常运转。落实设立20个管理总站、103个管理(管护、保护)站、1个巡护监测中心,落实在编专职管护人员1075名,落实生态管护岗位6857个,确保巡护、保护力度不减。全面推动公园内的各类保护地整合,基本消除了保护地机构重合、权责不一等问题,较好地解决了"九龙治水"。

【自然资源确权】 省大熊猫局配合自然资源厅开展自然资源确权登记工作,制订工作方案,组织召开20个县的工作安排部署会,召开3次厅局确权登记对接会。主动做好技术单位与县(市、区)林草、自然资源部门的沟通协调。截至7月30日,已配合自然资源部委托的技术单位完成数据收集、调查核实、登记上图工作。针对因历史遗留问题、林权与所有权冲突问题导致权属不清的土地问题,及时督促涉及地方政府逐步开展清理整顿。

【编制规划】 参与国家林草局主导的《大熊猫国家公园总体规划》编制工作,组织开展总规意见征求。6月,国家林业和草原局正式印发《大熊猫国家公园总体规划(试行)》。落实省级专项资金220万元,编制《大熊猫国家公园四川试点区建设空间发展规划》《大熊猫国家公园四川试点区社区发展和生态搬迁规划》《大熊猫国家公园四川试点区绿色产业发展专项规划》《大熊猫国家公园四川试点区自然教育与生态体验建设专项规划》《大熊猫国家公园信息化建设总体规划(2020—2025)》《数字大熊猫国家公园专项方案》等专项规划,并主动对接"十四五"国家和省相关规划。

【分区分类管控】 坚持分区分类管控,继续深化重大项目进入大熊猫国家公园建设管理机制。对川藏铁路、都四山地轨道、九绵高速等需要进入国家公园区域的重大发展项目,鼓励以隧道、桥梁、预留交流通道等方式穿越,科学制定消减措施,组织第三方专家开展生态影响评估,严格保护大熊猫栖息地的完整性和连通性,最大限度减少人类活动对大熊猫栖息地原生境的影响,全年组织评审项目15个。探索建立矿权退出机制,引导企业采取"避让退出"的方式逐步变更退出。

【业务培训】 11月15日—17日,在四川省林干校举办"2020年大熊猫国家公园建设能力提升培训班"。培训班重点聚焦公园管理最紧迫、最急切的业务需求,开设了大熊猫国家公园总规解读、法规政策、科研指南、社区发展、自然教育和生态体验六大类课程,涵盖国家公园保护发展管理知识、体制试点经验推广和问题难题探讨交流,来自成都、德阳、绵阳、广元、雅安、眉山、阿坝熊猫分局及所辖区内管理总站、管理(管护、保护)站、巡护监测中心的共100余名学员参加培训。

【项目管理】 争取财政资金支持,申报落实文旅提升工程国家公园项目2个、2200万元,下达中央财政国家公园补助项目资金2.172亿元(含2021年提前下达的1.03亿元)。加强项目资金管理,印发《大熊猫国家公园四川省管理局关于关于组织实施好2020年中央财政国家公园补助资金项目的通知》(川熊猫局函〔2020〕24号),制订《2020年中央财政国家公园补助资金项目实施方案(参考提纲)》,指导各分局用好国家公园补助资金。推进大熊猫国家公园专项规划和项目储备入库,全年申报各类项目4批次、50亿元。启动一批地方标准建设工作,立项启动《四川省大熊猫国家公园标识规范》制定工作。

【公园立法】 探索开展地方性法规立法,《大熊猫国家公园(四川)管理条例》被列入省政府2020年立法调研计划。配合国家林草局开展法制建设工作,会同省编办、财政、生态环境、自然资源等部门,从立法角度对《国家公园法(草稿)》提出了解决国家公园管理体制、运行机制、生态保护方面问题的意见建议,并配合做好国家公园立法调研组来川调研工作。配合大熊猫国家公园管理局制定《大熊猫国家公园管理办法》《大熊猫国家公园自然资源管理办法》《大熊猫国家公园野外巡护管理办法》等规章制度,多次提出修改完善意见。

【资源环境综合行政执法试点】 按照"先行先试,因地制宜"的原则,在雅安熊猫分局开展资源环境综合行政执法试点,在分局内设机构法规督查部加挂"大熊猫国家公园雅安管理分局资源环境综合执法支队"牌子,并建立大熊猫国家公园雅安片区资源环境联合执法机制,标志着全省正式开启对大熊猫国家公园管理机构资源环境综合执法队伍的探索。在总结试点经验的基础上完成《四川省大熊猫国家公园资源环境综合执法改革研究》调研报告,并按照大熊猫国家公园管理局要求组织开展四川片区严厉打击破坏自然资源环境综合执法专项行动,保护了大熊猫国家公园自然资源和生态环境。

【行政权力清单】 配合大熊猫国家公园管理局对分散在自然资源、生态环境、农业农村、水利、林业主管部门的资源环境管理行政权力(包括行政处罚权)进行清理,已完成第一批85项拟授权行政权力清单清理工作,并报请省政府分批授权全省国家公园管理机构行使。

【司法试点】 加强与司法部门联系,协助省法院在试点区内设立成都、德阳、绵阳、广元、雅安、眉山、卧龙等7个片区法庭,形成保护大熊猫国家公园的强大合力,其中雅安片区法庭以专业化法庭方式审理全国首例大熊猫国家公园范围涉环境资源案件,探索构建大熊猫国家公园涉及资源环境刑事、民事和行政案件"三审合一"的专门化审判模式。

【数字国际熊猫节】 完成首届数字国际熊猫节的申报筹备与举办等系列工作,取得圆满成功。熊猫节共执行10类41项活动,其中线上举行9类25项活动,包括熊猫云探访、熊猫保护突出贡献表彰,7个论坛和研讨会,8个公众评选,59个自然保护地和熊猫文化视频展播,3项展览,2项政策、4部文献和300余项科技成果集成发布;线下举行7类16项活动,包括开幕式、"天空地人"数字林草工程启动、国际熊猫日、熊猫邮票展、竹博会、竹林风景线建设现场会和自然教育大会。《人民日报》、新华社、《中国日报》等60余家中央、省级主流媒体通过门户网和APP宣传报道了"首届数字国际熊猫节"开幕式及系列活动,百度"首届数字国际熊猫节开幕"资讯达24400篇,熊猫节主题网站访问量达55万次,新浪微博和腾讯微信"数字国际熊猫节"话题阅读量达3140万次;日本等13个亚洲国家和德国、法国、意大利、英国等8个欧洲国家共计225家国际媒体(亚媒93家、欧媒132家)分别用英、德、日、法、荷兰、意大利和西班牙等8种以上语言报道和转载了熊猫节开幕式。通过国际国内多平台联动、多角度扩散、多语言传送,累计吸引全球1.5亿名"猫粉"关注,媒体覆盖人群1.537亿人次(其中国外4773万余人次),最大限度地宣传和推广了自然保护地生态、大熊猫和竹产业文化,提升了"川熊猫""川竹"和大熊猫国家公园的知名度、美誉度，为擦亮“三九大”文旅强省名片产生了积极而重大的影响力。数字熊猫节共计促成招商签约合作项目38个、签约总金额193亿元，共接待客商和游客15万人次，带动地方直接旅游收入超1亿元。

【大熊猫国家公园科研】 完成编制《大熊猫国家公园（四川）科研指导意见》，明确了大熊猫国家公园重点支持科研方向。完成大熊猫国家公园（四川）科研和自然教育重点项目编制，储备了相关项目。指导大熊猫科学研究院实施全球环境基金（GEF）保护地国家公园项目，已争取两期资金119万元，用于大熊猫国家公园周边社区培训、发展规划、能力建设等；争取西部大开发重大项目前期支持资金220万元，用于大熊猫国家公园四川片区专规编制。

【宣传推广】 与WWF合作，北京地铁、杭州机场、西安银泰，以及《财新周刊》发布大熊猫保护公益广告，发行“大熊猫国家公园（四川）邮册”。组织完成大熊猫国家公园文创产品设计征集大赛，遴选出15名优胜作品。与阿拉善SEE四川中心合作完成第二届“最美巡护员”评选，评选出8名“最美巡护员”和2个集体。编辑出版《自然之赐——四川自然保护地》画册。

【社区发展典型示范】 编制《大熊猫国家公园（四川园区）社区发展规划》，形成了生态搬迁和安置点建设规划、入口社区建设规划、产业转型和生态补偿专章。出台《大熊猫国家公园（四川）入口社区建设管理标准（试行）》，引导地方建成荥经龙苍沟、青川县青溪镇等10个熊猫生态小镇。召开大熊猫国家公园社区与熊猫生态小镇研讨会，筛选出青川落衣沟村打破二元结构、绵竹清平镇关停矿山发展生态产业等10个社区发展案例并推广。

【社区保护管理新机制】 组织7个管理分局分别与村委会签订集体所有自然资源合作保护协议334份，形成管理机构、村委会合作保护新机制。协调青川县、平武县、宝兴县、北川县等地筹措资金190万元，探索林业政策性保险与特色保险、商业保险相结合，推动野生动物伤人损物保险补助试点。围绕社区群众增收，抓“大熊猫+”生态产业发展，鼓励355个社区发展水果（坚果）、中药材、食用菌、竹林等经济林（作物）117.8万亩，培植蜜蜂养殖户1.3万户，成立326个家庭农场。推动生态诚品、桃花制、红石河蜂蜜、山水伙伴等一批符合“三品一标”的企业使用“产自大熊猫国家公园”标记，推进原住民生态产品品牌化。出台《关于进一步推进大熊猫国家公园（四川）社区协调发展的意见》，支持社区生态产业发展。

四川省林业和草原局编写组

荒漠化防治

【基本情况】 2020年，中央、省级共投入资金3.95亿元，共治理沙化、石漠化、干旱河谷等生态脆弱区面积47380公顷。

【项目管理】 下达2020年省级防沙治沙资金0.6亿元、长江上游干旱河谷生态治理资金0.75亿元，配合转下达岩溶地区石漠化综合治理投资1亿元、沙化土地治理投资0.65亿元。指导脱贫攻坚造林专合社做好防沙治沙项目对接、技术培训和项目建设工作。做好若尔盖县、石渠县全国防沙治沙综合示范区自查自评工作。组织开展石渠县、稻城县沙化土地治理工程实施成效监测评价，形成《2020年度川西北防沙治沙成效监测评价报告》。第六次荒漠化和沙化监测工作已完成外业调查。

【完善政策制度】 依法推进沙区植被保护和沙化防治，《川西北地区沙化土地立地分类》等4个地方标准自1月1日起施行。完善《四川省省级林业草原改革发展专项资金管理办法》，省级财政继续专项支持防沙治沙和干旱河谷生态治理。

【科技支撑】 省林业科学院、省草原科学院和省林业规划院组织专家和技术人员多次到荒漠化防治现场进行技术讲解、现场培训和技术推广。研究推广省草科院选育沙化治理草品种和黑土滩草地治理技术。

四川省林业和草原局编写组

生态县建设

【创新川西北生态示范区建设水平评价考核工作】 按照省委“一干多支、五区协同”要求，报请省委督查绩效办转发《川西北生态示范区建设水平评价指标体系》和《川西北生态示范区建设水平评价考核办法》，启动阿坝州、甘孜州及所辖31个县（市）生态示范区建设水平评价考核，考评结果被纳入省委、省政府对市（州）生态环境保护党政同责目标考核。

【推进生态文明示范创建】 指导35个县（市、区）编制国家生态文明建设示范县规划，推荐上报邛崃市、盐亭县、仪陇县、九寨沟县和峨眉山市获得第四批国家生态文明建设示范县命名，推荐上报平昌县获得第四批“绿水青山就是金山银山”实践创新基地命名。全省已累计建成国家生态文明建设示范县14个、“绿水青山就是金山银山”实践创新基地4个。

【推进自然保护地和生态保护红线科学评估调整】 落实《关于建立以国家公园为主体的自然保护地体系的指导意见》和《关于在国土空间规划中统筹划定落实三条控制线的指导意见》，依法履职加强对自然保护地优化调整的全过程监管。按照“生态优先、应划尽划、应保尽保”原则，与省直相关部门对全省生态保护红线和自然保护地进行充分论证和评估调整，全省上报方案显示全省生态保护红线面积达14.93万平方千米，比2018年版增加约1300平方千米，其中自然保护地优化整合为365个，面积达12.12万平方千米。

【依法监督推进生态环境问题整改】 以生态环境保护督察为契机，全力遏制自然保护地内生态破坏问题，指导督促上一轮中央环保督察发现的自然保护区内1252个问题全部完成整改，其中整治矿业权334宗，全部关闭退出；整治水电站309座，退出162座。印发《四川省“绿盾2020”自然保护地强化监督工作实施方案》，对32个国家级自然保护区可能存在的采石、挖砂等8类问题进行重点清理督导，对其他自然保护区进行抽查，对卫星遥感发现的问题加强调度和整改力度，整改完成率达94%。完成第一批4个自然保护区保护成效评估试点，启动第二批21个自然保护区保护成效评估工作。加强长江流域重点水域问题整改，全面启动长江流域重点水域十年禁渔。持续加强生物多样性保护，指导部分地区开展重点野生动植物物种资源调查，组织开展生物多样性日宣传活动，包括稀有物种大熊猫在内的重点野生动植物得到较好保护。

【帮助基层解决历史遗留问题】 对涉及自然保护区原住民日常生产生活、管护道路建设、生态环境影响较小的文旅设施建设、脱贫攻坚等项目实事求是处理，对重大基础设施、民生改善项目组织专家充分论证，全年共召开建设项目不可避让占用生态保护红线和规划选址及用地论证会19批次，审查通过高铁、高速公路、特高压输电工程和水库等项目59个，并推动解决了一批历史遗留问题。

四川省生态环境厅编写组

生态旅游

【基本情况】 2020年，省林草局按照《关于全面推动四川林业高质量发展的意见》和《四川省林业和草原局关于实施生态“三业”工程推进绿色脱贫振兴的意见》精神，实施“生态旅游+”工程，探索林业生态旅游与教育、文化、康养、运动等产业的融合发展，稳步推进森林小镇、森林人家、森林步道等生态旅游载体建设，促进森林康养、自然教育、运动体验等新业态蓬勃发展，丰富新时代生态文明建设的林草业内涵。全省全年实现接待生态旅游游客3.5亿人次，生态旅游直接收入1690亿元。

【完善机制】 建立和完善省林草生态旅游产业发展机制，印发《四川省林业和草原局关于促进林草生态旅游产业高质量发展的指导意见》，成立省林草局生态旅游产业发展领导小组和省林草生态旅游专家委员会，为提高全省林草生态旅游发展质量和服务品质打下坚实基础。

【生态旅游节会】 规范全省花卉(果类)、红叶、成都森林文化旅游节等生态资源节会活动，全年支持并指导全省举办花卉(果类)生态旅游节47场、红叶节5场、大熊猫节2场，配套发布花卉(果类)观赏信息5期、红叶观赏指数4期。节会活动在加强生态保护、活跃地方经济、促进脱贫奔康、增进民族团结等方面效果明显，亮点突出，收到了较好的生态效益、经济效益和社会效益。

【“大熊猫+”生态旅游行动】 紧扣作响“天府三九大”新名片，构建“大熊猫+”生态旅游产业体系，与《四川日报》合作开展“熊猫健康游”系列宣传推介活动，活动相关稿件在人民网、《四川日报》、四川在线、川报观察等多家媒体平台同步发布，同时省政府、文化和旅游厅官网转发了该活动，提升了四川林草生态旅游的影响力和知名度。

【示范创建】 加强对森林小镇总体规划编制、绿化美化建设和生态产业发展的指导，全年创建省级森林小镇35个，全省已累计创建省级森林小镇150个。按照《森林人家等级划分与评定》标准，全年认定省级森林人家33个，全省已累计认定省级森林人家200个。

【森林康养】 推进森林康养基地培育和建设。发挥森林资源优势，依据林业、健康、卫生、养老等法律法规和政策规定，有序推进全省森林康养基地培育和建设。全年评定省级森林康养基地15处，平武县和荥经县入选2020年全国森林康养基地试点建设县(市、区)，15个森林康养基地入选2020年全国森林康养基地试点建设单位，2个森林康养人家入选2020年中国森林康养人家。

【自然教育】 调研起草并同省发展改革委、教育厅、财政厅、农业农村厅、文化和旅游厅、团省委、省关工委与省林草局共八部门联合印发全国首个《关于推进全民自然教育发展的指导意见》，这是全国首个多部门推进全民自然教育的文件。新评27处自然教育基地，其中青神县竹编产业园区被授予“四川省自然教育(竹文化)国际实训基地、宜宾市翠屏区高桥竹村被授予“四川省自然教育(竹类)国际交流基地”。启动大熊猫国家公园自然教育和生态体验先行试验区建设。推动唐家河、王朗、龙苍沟被评为大熊猫国家公园自然教育基地。举办首届大熊猫国家公园自然教育研讨会暨中国(四川)第四届森林自然教育大会。组织完成“最受欢迎自然教育导师”评选，评选出20名最受欢迎自然教育导师。牵头并指导省林学会、省保护协会、省生态文明促进会完成《自然教育基地》建设标准研究制定，通过省质量技术监督局发布《自然教育基地建设》标准。支持成立大熊猫国家公园自然教育联盟、四川省自然教育国际合作创新联盟等。指导各基地因地制宜开展自然教育。四川自然教育工作经验在《中国绿色时报》专版介绍。

四川省林业和草原局编写组

环境保护

大气污染防治

【基本情况】 2020年，全省21个市(州)政府所在地城市环境空气质量按《环境空气质量标准》(GB3095-2012)评价，平均优良天数率为90.8%，同比提高1.7个百分点，较“十三五”初期提高5.6个百分点。重污染天数平均为0.6天，同比减少0.2天。全省环境空气质量达标城市新增3个，总数达14个，分别是攀枝花市、绵阳市、广元市、遂宁市、内江市、乐山市、广安市、巴中市、雅安市、眉山市、资阳市、阿坝州、甘孜州、凉山州。

【农村空气质量监测】 全省10个农村区域空气自动站分布于成都平原、川东北区域，反映了成都、德阳、绵阳、广元、南充、雅安、遂宁7个市的农村区域环境空气质量状况，监测项目为二氧化硫、二氧化氮、可吸入颗粒物、细颗粒物、一氧化碳、臭氧。7个市农村区域环境空气质量较好，全省总优良率为93.2%，其中优为54.2%、良为39%。二氧化硫、二氧化氮、可吸入颗粒物、细颗粒物、一氧化碳(第95百分位数)、臭氧(第90百分位数)年平均浓度分别为7微克/立方米、14微克/立方米、40微克/立方米、23微克/立方米、0.9毫克/立方米、123微克/立方米，同比，二氧化硫年平均浓度无变化，二氧化氮、一氧化碳、可吸入颗粒物、细颗粒物年平均浓度分别降低12.5%、10%、11.1%、11.5%，臭氧年平均浓度升高11.8%。

【加大统筹力度】 把大气污染治理作为全省环境保护“一号工程”，出台《四川省打赢蓝天保卫战实施方案》《四川省打好柴油货车污染治理攻坚战实施方案》《四川省挥发性有机物综合治理方案》。修订《四川省〈中华人民共和国大气污染防治法〉实施办法》《四川省环境空气质量激励约束考核办法》。划定大气污染防治重点区域，执行大气污染物特别排放限值。定期召开成都平原、川南、川东北地区片会。加快推动川渝地区大气污染联防联控，开展毗邻地区交叉执法检查。制定挥发性有机物排放地方标准，印发四川省钢铁超低排放改造、工业窑炉治理和挥发性有机物治理项目清单，制订家具、化工、制药、LDAR等6项技术指南。

【加强城乡面源污染防治】 出台《四川省建筑工地扬尘控制标准》，加强工地扬尘管控。不断提高城市道路机械化清扫率，城市建成区机械化清扫率超72%。省政府出台《关于加快推进农作物秸秆综合利用实施意见》《四川省支持推进秸秆综合利用政策措施》，全省秸秆综合利用率达89.5%，严控城市“五烧”

(烧落叶、烧垃圾、烧秸秆、熏腊肉、燃放烟花爆竹),基本消除大面积露天焚烧污染。

【开展臭氧污染防控攻坚】 针对2020年夏季出现的臭氧连片污染,省政府召开专题攻坚会议,印发《四川省臭氧污染防控方案》,编制挥发性有机物治理技术指南、现场检查要点和监测方案。举办臭氧污染防控帮扶视频培训(两期共约4000人参训)。开展臭氧污染防控攻坚,由5位厅领导带队,对10个重点城市开展为期3个月的驻点帮扶指导,开展现场培训和专项执法。全省出动人员2622人次,统一调配移动走航车和便携式监测设备,开展VOCs走航388次,累积走航时长804小时,对重点行业开展连续监测,每日发布臭氧污染形势预报,收集地方工作动态,推送臭氧污染防控专报,指导各市开展臭氧攻坚。

【加强科技支撑】 全省累计建成大气质量监测国控站94个、省控站158个、区域传输通道站19个、空气质量网格化微站2750个、超级站6个,有移动走航车35辆。组建院士、专家支持团队,依托清华大学建成"四川省空气质量调控综合决策系统"。联合重庆市推进"成渝地区大气污染联防联控技术与集成示范"重大科技专项,联合北京大学等11家国家级科研机构开展成都平原臭氧联合观测。建立成都院士(专家)工作站。

四川省生态环境厅编写组

水污染防治

【基本情况】 2020年,全省水污染防治工作成效显著,87个国考断面中86个断面水质达到优良标准,优良率98.9%,同比上升1.2个百分点,10个出川断面水质全部达到优良标准。长江干流(四川段)、黄河干流(四川段)、金沙江、嘉陵江水系优良比例为100%,岷江和沱江水系优良水质断面占比分别为94.9%、86.1%。153个国、省控监测断面中,优良水质断面146个,占95.4%;Ⅳ类水质断面7个,占4.6%;无Ⅴ类、劣Ⅴ类水质断面。

【打好打赢重点流域防治战役】 督促开展釜溪河、威远河、球溪河达标攻坚,完善枯水期补水调水机制,累计向沱江补水12.3亿立方米,沱江流域16个国考断面"优Ⅲ好水"比例达93.8%,较"十三五"初增加81.3个百分点。召开黄龙溪断面达标攻坚省级河长联席会议,进一步夯实地方主体责任,黄龙溪断面由2019年同期Ⅳ类改善到Ⅲ类水质,氨氮、化学需氧量、总磷浓度同比分别下降70.4%、13.7%、25.8%。开展加密监测、加强日常预警,坚持每月现场帮扶,资阳市、遂宁市与重庆市潼南区开展联防联控,全面推动流域水质改善。全年跑马滩和光辉断面水质稳定达到Ⅲ类。全面梳理81条川渝跨界河流,筛选出30条纳入共治名单。与重庆市召开川渝跨界流域联防联治联席会议,签订系列联防联治协议。

【推进水污染基础设施建设】 完成18家国家级、116家省级园区污水处理设施建设,督促安装在线监测设施;完成1720个污水和城乡垃圾三年推进项目,完工率达93.6%;推动完成岷沱江污水处理设施提标改造337座,涉及日处理规模688.5万吨。开展2020年四川省城市黑臭水体专项行动,城市建成区105个城市黑臭水体全部完成整治。审批311个入河排污口,赤水河流域排污口整治试点工作完成工程量的92%。谋划200余个污水处理设施建设、水生态修复等三年巩固提升项目,涉及投资300亿余元。组织申报水生态环境保护中央库项目278个,总投资191.69亿元。

【加强水污染防治综合治理和保护】 23条重点小流域22条完成挂牌督办年度目标要求,府河、新津南河等19条河流水质达到优良标准。开展2019、2020年度水环境承载能力评估,完成县级河流水功能区划定137条。完成"十四五"国、省控断面设置,设置"十四五"国考断面203个、省考断面140个,实现水功能区考核断面与国考、省考断面有效整合。

【健全水污染防治体系建设】 8万余名河(湖)长共巡河巡湖145万余次、整治问题34万余个。不断健全完善"五个一"工作机制,对威远河、岳阳河等流域组织专题会商,全年系统分析水质形势4次,通报水质状况12次。制订实施沱江、琼江、流江河等流域枯水期水质管控方案,枯水期达标率同比增加14.5个百分点。组织科研院所对"三磷""涌水"等难点问题开展现场帮扶指导,纳入长江"三磷"专项排查整治行动136家企业涉及的问题和广元市52家涌水矿企问题全部完成整改。推进地方法律规章制定,推动赤水河、嘉陵江流域跨省协同立法,拟定四川省泡菜行业水污染物排放标准草案。

【落实河(湖)长制】 加大黄河源头生态环境保护力度。编制黄河源若尔盖湿地功能涵养区"山水林田湖草"项目方案、石渠县黄河流域(查曲河段)水生态保护和污染治理实施方案。开展黄河流域河道采砂专项整治,完成历史遗留废弃矿山生态修复面积112.1公顷。

持续推进沱江治理成效巩固。印发实施《2020年沱江流域河(湖)长制工作清单》《沱江流域水生态环境2020年工作要点》等方案。召开沱江流域污染治理工作第五次专题会议,沱江省级河长邓小刚、副省长杨洪波开展现场巡河并作重要讲话。

实施府河黄龙溪污染攻坚。围绕府南河污水直排、提标改造、面源防控和基流保障四个方面突出问题,编制印发黄龙溪工作方案,建立"月通报、季排名"工作制度,实施加密监测,开展黄龙溪断面达标攻坚战跟踪研究。

深化琼江污染防治成效。资阳市、遂宁市与重庆市建立琼江生态环境联防联控合作协议,开展联合执法、联合巡河、联合监测。

开展赤水河流域入河排污口先行整治试点,审批二郎入河排污口等3个赤水河流域入河排污口项目;落实《赤水河流域横向生态保护补偿协议》,加快生态补偿项目实施建设;推进赤水河流域小水电清理整改和废弃矿山地质环境问题整治,不断加强生态修复治理。四川省生态环境厅与重庆市生态环境局召开川渝跨界流域联防联治联席会议并开展联合巡河,审议《川渝铜钵河流域水污染联防联治方案》,签订《四川省生态环境厅重庆市生态环境局深化川渝两地水生态环境共建共保协议》《四川省达州市人民政府重庆市梁平区人民政府铜钵河流域水生态环境保护联防联治协议》。134家省级及以上工业园区完成污水处理设施建设和问题整改。完成1720个污水和城乡垃圾三年推进项目,完工率达93.6%;实施岷沱江提标改造,完成岷沱江污水处理设施提标改造337座,涉及日处理规模688.5万吨。破解资金短缺难题,生态环境厅与农发行四川分行、中国农业银行四川分行签订合作协议,未来3年为生态环境领域提供总额不低于1000亿元的融资支持。加大对水污染防治项目申报,组织申报水生态环境保护中央库项目278个,总投资191.69亿元。

四川省生态环境厅编写组

土壤污染防治

【基本情况】 2020年,全省对21个饮用水源地周边的61个土壤监测点和14个畜禽养殖场周边73个风险监测点位进行监测,饮用水源地周边36个点综合评价结果Ⅰ类点占比86.11%，Ⅱ类点占比13.89%；畜禽养殖场周边66个点综合评价结果Ⅰ类点占比74.24%，Ⅱ类点占比25.76%；102个土壤点综合评价结果Ⅰ类点占比78.43%，Ⅱ类点占比21.57%。

【完成耕地土壤污染成因排查和分析试点工作】 四川省作为全国开展耕地土壤污染成因排查和分析试点工作的九省之一，制订《四川省耕地土壤污染成因排查和分析试点工作实施方案》，选择在德阳市什邡市、乐山市井研县开展试点工作，主要任务是开展污染成因排查和分析、研究源头管控对策及建议、探索制定耕地土壤污染源成因排查和分析的操作规范。

【完成治理修复试点项目】 "十三五"期间，全省承担6个国家级土壤污染治理与修复技术应用试点项目，包括5个农用地治理修复和1个污染地块治理修复项目，截至2020年年底按期完成任务，成果总结报告已上报生态环境部。

【推进农用地周边涉镉等重金属重点企业整治】 按照《关于印发〈四川省涉镉等重金属重点行业企业污染源整治清单〉的通知》（川环办函〔2018〕671号）要求，2018年，全省共排查492个重点区域、723家在产和关闭搬迁涉重企业，列入第一批整治清单131家企业。加强对涉镉等重金属企业的污染防治监管，指导企业编制污染防治方案。全省142家整治企业制订"一企一策"排查整治方案，已全面完成整治任务。

【分解落实目标任务】 将国家下达全省农用地安全利用等目标任务，并分解落实到各市（州）政府。完成耕地土壤环境质量类别划定，完成国家下达全省受污染耕地安全利用面积335万亩、严格管控面积17.85万亩目标要求。

【开展土壤污染防治宣传】 主动加入保护土壤生态环境行列中，制作宣传视频，在四川生态环境官方微信、微博、抖音、快手以及今日头条等新媒体平台发布《欢宝小课堂：土壤保护知多少》《啥？还可以给土壤做"体检"？》《来给土壤治个病～》《"喂，你要对我负责！"》4条原创土壤保护科普视频，各平台累计阅读量超45万次。

【动态更新名录】 严格审查污染地块风险评估和成效评估报告，两次动态更新《四川省建设用地土壤污染风险管控和修复名录》，共新增11个地块，移出7个，纳入名录地块29个。对列入该名录的地块，不得实施任何与风险管控或修复无关的项目；对达到确定的风险管控、治理修复目标且可以安全利用的地块，土壤污染责任人、土地使用权人可以申请移出风险管控和修复名录。

四川省生态环境厅编写组

集中式饮用水水源地保护

【基本情况】 2020年，全省纳入水质监测范围的县级及以上集中式饮用水水源水质均达到或优于Ⅲ类，实现2002年《地表水环境质量标准》（GB3838）修订以来全省县级及以上集中式饮用水水源水质年度全面达标。农村集中式饮用水水源水质达标率首次突破90%，为2000年以来最好水平。

【地级及以上集中式饮用水水源地保护】 21个市（州）政府所在地46个在用集中式饮用水水源地46个断面（点位）所测项目全部达标（达到或优于Ⅲ类标准），达标率达100%。全年取水总量208841.7万吨，达标水量208841.7万吨，水质达标率达100%。

【县级集中式饮用水水源地保护】 21个市（州）145个县的217个县级集中式地表饮用水水源地开展监测，总计监测断面（点位）220个（地表水型185个、地下水型35个），所有断面（点位）所测项目全部达标（达到或优于Ⅲ类标准），达标断面所占比例为100%；取水总量140938.58万吨，达标水量140938.58万吨，水质达标为100%。

【乡（镇）及以下集中式饮用水水源地保护】 21个市（州）169个县开展乡（镇）及以下集中式饮用水水源地水质监测，共监测2778个断面（点位），其中地表水型1884个（包括河流型1347个、湖库型537个）、地下水型894个。按实际开展的监测项目评价标准，全省乡（镇）集中式饮用水水源地断面达标率为93.6%。

【集中式饮用水水源地保护"划、立、治"工作】 报请省政府批复划定24个、调整4个、撤销13个县级及以上饮用水水源保护区。全面完成2615个农村集中式饮用水水源地保护区划定和保护标志牌设置，工作进度在全国领先。在完成国家部委下达任务后自加砝码，在2023个饮用水水源地安装围栏围网。开展县级及以上集中式饮用水水源地环境问题整治"回头看"专项行动和农村集中式饮用水水源地环境问题大排查，完成问题整改958个。

【饮用水水源保护监管能力】 推进《四川省老鹰水库饮用水水源保护条例》立法工作。中央环保督察及"回头看"、省级环保督察等共发现488个问题，已基本整改到位。同时，加强饮用水源地应急管理工作，全省县级及以上饮用水水源地全部制定应急预案。

四川省生态环境厅编写组

农村生活污水治理

【基本情况】 2020年，全省17075个行政村（含涉农社区）生活污水得到有效治理，占比58.37%，超额完成全省总体目标任务，其中污水进入处理设施（或城镇管网）的行政村（含涉农社区）占比17.9%，通过改厕后进行资源化利用得到有效治理的行政村（含涉农社区）占比40.47%。

【构建治理体系】 2020年1月1日起实施的四川省《农村生活污水处理设施水污染物排放标准》为农村生活污水处理设施建设提供了标尺，解决了设施建设排放标准乱象问题。经省政府同意，生态环境厅等8部门联合印发《四川省农村生活污水治理三年推进方案》，明确了8项治理措施，分市（州）确定了目标任务，绘制了全省治理蓝图；督促指导21个市（州）制订农村生活污水治理实施方案，183个县（市、区）系统编制县域农村生活污水治理专项规划，解决了怎么干的问题；编制《四川省农村生活污水治理业务知识参考读本》，分五大经济区、高寒区、敏感区等择优推荐适宜的技术模式，可指导市、县因地制宜选择适宜的工艺模式，解决了盲目治理的问题。

【开展调查研究】 在2019年摸清面上底数的基础上，开展分类调查和实地调研，理清现状，找准症结，发掘典型。开展面上基础信息再调查，获取数据2.9万条、75万余个，建立农村生态环境信息系统，摸清了纳管、集中处理设施、分散处理设施、资源化利用、运维管理成本等情况。开展3个专项调查，先后开展乡政府驻地、乡（镇）行政区划和村级建制调整改革条件乡（镇）政府驻地、农村大型集中居住区农村生活污水治理情况调查。开展4个专题调研，分别以丘陵山区和贫困地区农村生活污水治理现状、做好"两项改革"后半片文章、农村生活污水治理工艺和技术模式、农村生活污水处理设施用电4个主题先后到绵阳市、眉山市、南充市、凉山州等12个市(州)实地调研。向生态环境部报送典型案例8个,其中2个入选全国农村生活污水治理典型案例集;向省委提交《乡镇行政区划和村级建制调整改革下全省农村生活污水治理工作面临的问题和对策建议》。

【聚力试点示范】 争取将苍溪县、阆中市、仪陇县、巴中市巴州区、南江县5个县(市、区)纳入全国农村生活污水综合治理试点县,通过试点示范,带动全省各地推进农村生活污水治理。分解下达1800个行政村生活污水治理"千村示范"建设任务。10月20日,以省政府名义在眉山市洪雅县召开全省农村生活污水治理工作现场会,现场观摩了洪雅县不同治理技术模式,观看了南充市和广元市农村生活污水治理视频,眉山市、成都市和绵阳市交流了经验和做法。

【完善监管机制】 建立农村生活污水治理月、季调度机制,将日处理量20吨以上的农村生活污水处理设施纳入地方环境例行监测,将农村生活污水治理纳入省级环保督察重要内容,将目标任务完成情况纳入污染防止攻坚战、城乡基层治理、农村人居环境整治三年行动、乡村振兴示范县评选等考核评选内容,其中对农村人居环境整治三年行动实行"一票否决",同时将考核结果作为评选农村人居环境整治先进的重要参考依据。联合财政厅、省发展改革委联合出台《四川省农村生活污水治理"千村示范工程"以奖代补资金管理办法》。争取中央农村环境整治资金2.22亿元,省财政安排4亿元资金,专项用于农村生活污水治理"千村示范工程"建设,市、县两级配套资金近20亿元。同时,加大银政合作力度,协调农行、农发行先期支持农村生活污水治理贷款资金12亿元。支持指导各地申报中央和省级环保项目储备库的农村环境综合整治等项目,顺应区划调整改革,发挥资金效益。

【做好宣传指导】 4月,生态环境厅会同农业农村厅、省市场监管局举办《四川省农村生活污水处理设施水污染物排放标准》和《四川省农村生活污水治理三年推进方案》新闻通报会。利用全省农村生态环境专题视频培训、全省农村人居环境整治工作培训,对21个市(州)分管负责人和技术骨干进行全面系统培训;通过综合业务专题讲座到市(州)开展以专题培训等形式的农村生活污水治理专题培训指导。印发《关于进一步做好疫情防控期间农村地区污染防治有关事宜的通知》《关于在新型冠状病毒感染肺炎疫情防控期间加强集中式饮用水水源和农村地区生活污水监管工作的通知》,督促各地加强疫情防控期间农村生活污水治理,助力农村地区疫情防控。以省生态环境保护督察工作领导小组办公室名义印发《关于加快推进乡镇行政区划和村级建制调整改革完善乡镇和农村生活污水治理及乡镇集中式饮用水水源地保护工作的通知》,指导各地结合乡(镇)行政区划和村级建制调整改革,加强农村生活污水治理。

四川省生态环境厅编写组

农村黑臭水体治理

【初步摸清农村黑臭水体底数】 印发《关于开展农村黑臭水体排查工作的通知》,会同相关科研单位组织市(州)、县(市、区)生态环境部门对全省农村黑臭水体进行了初排、现场核查、二次复核,形成了初步清单,各县(市、区)生态环境部门在征求水利、农业农村部门意见后,形成了农村黑臭水体县级清单,并以县为单位进行了公示。生态环境厅汇总后,按照生态环境部要求,划分国家级和省级黑臭水体,邀请专家对清单内容进行充分论证,同时面向社会公示,根据相关意见进行了完善,最终形成了《四川省农村黑臭水体清单》,并建立农村黑臭水体信息化平台。

【试点示范】 按照《农村生活污水(黑臭水体)治理综合试点工作方案》安排,阆中市市和苍溪县为农村黑臭水体治理试点示范县,开展第一轮为期3年的试点工作,生态环境厅督促指导两县印发县域农村黑臭水体治理方案,对治理进展实施月调度。两县共计有43条农村黑臭水体,针对农村生活污水、垃圾、畜禽养殖污染等主要污染成因,开展农村生活污水、垃圾治理、畜禽污染防治、清淤疏浚、生态治理等。通过开展试点工作,阆中市探索出了丘陵地区农村污水治理"技术精准化、建管专业化、投入多元化"的模式;苍溪县通过调查评估、建立清单,逐一对水体提出治理措施,建立后期管理体系,保证水环境持续稳中向好,试点示范工作初见成效。

【编制完成治理方案】 生态环境厅组织编制《四川省推进农村黑臭水体治理工作方案(2021-2025年)》(试行)初稿,根据排查形成的《四川省农村黑臭水体清单》修改完善工作方案,先后2次召开专家评审会,并征求相关部门意见,将印发实施。

四川省生态环境厅编写组

农村环境综合整治

【基本情况】 2020年,全省分解下达的1800个行政村环境综合整治任务完成1845个,超额完成年度目标任务。2016年、2017年、2018年和2019年分别完成1825个、1979个、1835个和1841个,"十三五"期间总计完成9325个行政村农村环境综合整治任务,超额完成生态环境部"十三五"下达的9000个行政村整治任务。实施整治的行政村四项指标达到国家考核要求:生活污水处理率≥60%,生活垃圾无害化处理率≥70%,畜禽粪便综合利用率≥70%,饮用水卫生合格率≥90%。

【开展成效评估】 按照生态环境部办公厅《关于开展农村环境综合整治项目成效评估的通知》《关于印发〈农村环境整治成效评估工作方案(试行)〉的通知》要求,为全面掌握全省农村环境整治任务完成情况,以及中央农村环境整治专项资金使用、项目进展及成效,生态环境厅组织21个市(州)生态环境部门开展2019年、2020年和"十三五"期间农村环境综合整治项目自查自评,在市(州)自查的基础上组织开展复查审核,并完成四川省农村环境综合整治项目自查自评报告。

四川省生态环境厅编写组

农村财政、金融与市场监管

农村财政与金融

农村金融

【加大信贷投放力度】 四川银保监局印发专项通知部署"三农"金融服务工作，以实施乡村振兴战略为"三农"金融服务工作总抓手，发展农村普惠金融，支持农业农村优先发展。加强监管考核引领，采取按季监测通报涉农贷款投放进度、及时约谈涉农贷款考核不达标机构等方式引导金融机构加大"三农"信贷投放，引导金融资源向四川省农村重点领域和薄弱环节倾斜，向"10+3"特色产业体系聚集，支持农业供给侧结构性改革，助力四川省由农业大省向农业强省跨越。截至2020年年底，全省银行业金融机构涉农贷款余额1.94万亿元，比年初增加2086.09亿元，增速为12.05%，实现连续6年持续增长。

【提升县域资金适配性】 针对资金外流严重县域（存贷比在30%以下），四川银保监局指导属地分局和银行业金融机构制定分级次年度提升计划。通过"下沉服务重心、下放审批权限、开通绿色通道、优化流程减少环节、加强基层从业人员力量建设"等倾斜政策，督促机构加大县域信贷投入力度，提升县域存贷比，缓解地区信贷供给不平衡问题，支持城乡融合发展。资金外流严重县已全部完成年度存贷比提升计划，全省128个县（含县级市、自治县）平均存贷比较年初提升2.41个百分点。

【开展"三农"金融服务创新】 引导银行业金融机构立足地区资源禀赋特点，通过创新金融产品、定制信贷方案、主动减费让利、支持技术改造等方式，帮助四川特色农业做大做强。同时，支持"川字号"优质农产品品牌建设，培育川酒、川菜、川茶、川果、川药、川猪、川烟、川油（油菜籽）等知名品牌。辖内银行机构推出"郫县豆瓣贷""生猪N+1产业链代养贷款""惠农果蔬贷""砂茶贷"和"柠檬贷"等系列特色信贷产品。

【推进农村基础金融服务基本全覆盖】 为提升全省农村基础金融服务质效，基本实现"基础金融服务不出村，综合金融服务不出镇"的目标，四川银保监局多次召开党委会专题研究部署农村基础金融服务覆盖工作事项，印发《中国银保监会四川监管局办公室关于进一步加强基础金融服务提升覆盖工作质效的通知》，对全省3230个乡（镇）和36323个行政村的金融服务现状开展摸排，对发现的问题要求机构即查即改，并督促各银行保险机构通过增设机具、增加服务频次等方式提高服务质效。同时，采取"挂图作战"、按周监测的方式，督导相关银保监分局和银行业金融机构抓好银行网点建设，全年共完成171个空白乡（镇）银行网点设立。截至2020年年底，全省银行业金融机构共实现网点覆盖2939个乡（镇），覆盖率达90.99%，较年初提升6.98个百分点，全省乡（镇）保险服务覆盖率和全省行政村基础金融服务覆盖率均达100%。

中国银保监会四川监管局编写组

中国农业发展银行四川省分行涉农工作

【基本情况】 中国农业发展银行四川省分行成立于1995年1月18日，下辖113个分支机构，包括省分行机关、省分行营业部、21个市（州）分行、2个处级直属支行和89个县级支行，共有在职员工近2700人。

农发行四川省分行贯彻落实党中央、国务院，省委、省政府，监管部门各项决策部署，在总行党委的领导下，始终坚持政策性银行办行方向，以服务“三农”为己任，服务国家粮食安全、脱贫攻坚、乡村振兴、农业产业化、区域重大战略和重大领域，支持防疫抗疫和企业复工复产，发挥了“当先导、补短板、逆周期”的战略支撑作用。全年审批贷款1232亿元，增加413亿元；发放贷款926亿元，增加259亿元；年末各项资产总额突破3500亿元，其中贷款余额3004亿元，比年初增加491亿元，增长19%，净增数居全国农发行系统首位；精准扶贫贷款余额1157亿元，比年初增加137亿元，精准扶贫贷款投放数、余额数、净增数均位居全省金融同业首位；重点建设基金业务运营平稳，余额377亿元。

【全力驰援保供给，助力抗疫救灾】 坚决贯彻落实党中央关于疫情防控系列重要部署，第一时间建立领导和工作机制，启动疫情防控应急通道和复工复产绿色通道，简化办贷流程，下放审批权限，采取容缺办理，畅通支付结算，服务防疫医药物资生产供应、重要农产品稳供保价。落实临时性延期还本付息政策，帮助企业渡过难关。全年审批防疫应急贷款46亿元，发放39亿元；审批复工复产贷款223笔、419亿元。针对夏季乐山等地突发严重洪灾，及时响应，审批抗洪应急贷款7笔、8亿元，助力地方政府灾后重建。

【攻克深贫堡垒，助力打赢脱贫攻坚战】 在接续服务已脱贫“摘帽”地区后续发展的同时，聚焦凉山州7个未“摘帽”贫困县，实施挂牌督战，组建脱贫攻坚党员先锋队蹲点贴近服务，用好用足59条差异化优惠政策，全面提升扶贫信贷工作质效。全年发放扶贫贷款341亿元，增加76亿元。与普格县探索共建农业政策性金融扶贫示范县，审批7个未“摘帽”县扶贫项目20笔51亿元，全覆盖新投放14亿元，比年初增加12亿元。向藏区等深度贫困地区投放扶贫贷款40亿元，发放“三保障”贷款57亿元、产业扶贫贷款140亿元、易地扶贫搬迁后续支持贷款108亿元。邀请浙江分行到四川省开展东西部协作扶贫，与商务厅联合推动万企帮万村扶贫，组织开展消费扶贫和扶贫捐赠。辖内机构和个人97次获得各级脱贫攻坚先进表彰，其中12个单位被评为“省金融精准扶贫劳动竞赛先进集体”，创历年和省内金融机构获奖人数之最。

【保障粮食安全，助力守护好“天府粮仓”】 全年累收累放粮食贷款310亿元，同比增加90亿元。全年粮食市场收购份额近80%，粮食市场收购资金供给主渠道地位更加巩固。配合落实疫情防控期间省政府23万吨临储粮油计划，向116家粮油客户发放贷款8亿元，确保省内粮油保供稳价。全力服务“藏粮于地、藏粮于技”战略，发放农地类贷款46亿元。

【服务“美丽四川·宜居乡村”建设】 围绕城乡基础设施和公共服务建设，持续支持农村基础设施补短板，共发放农村基础设施类贷款541亿元。其中，向水利建设、生态环境建设与保护、农村人居环境等长江黄河大保护类项目发放贷款254亿元，余额574亿元，比年初增加169亿元；发放林业资源开发与保护贷款15亿元。

中国农业发展银行四川省分行编写组

新型农村金融机构

综　述

【基本情况】 截至2020年年底，四川新型农村金融机构共56家，其中村镇银行53家、贷款公司2家、农村资金互助社1家；设立网点303个，比年初新增9个，已覆盖除攀枝花、甘孜和阿坝以外的18个市(州)、77个县(市、区)，其中国定贫困县17个、地震灾区29个、革命老区38个。

【加强支农支小市场定位监管】 截至2020年年底，四川新型农村金融机构各项贷款余额483.77亿元，其中村镇银行各项贷款余额483.4亿元，比年初增长5.5%；各项存款余额623.65亿元，其中村镇银行各项存款余额623.4亿元，比年初增长0.04%。全省村镇银行“支农支小”指标持续优化，坚守定位四项基础指标比年初均有好转，各项贷款占比较年初提升2.09个百分点；户均贷款42.11万元，比年初下降1.1万元；农户和小微企业贷款占比91.77%，比年初提升0.93个百分点；新增可贷资金用于当地比例超过100%。

【合规意识和风险意识增强】 四川银保监局督促新型农村金融机构坚持支农支小市场定位，加快转型发展，加强风险防控，推动辖内重点风险机构风险化解工作。推进机构改革，持续开展村镇银行股东股权问题整改，按季监测前期排查问题的整改情况，及时更新整改台账。完善公司治理，编制《四川村镇银行监事会工作手册》，搭建村镇银行监事长沟通交流平台，组织召开成都13家村镇银行监事会履职评估会。化解信用风险，全年四川新型农村金融机构通过清收、核销、转让等方式化解不良贷款合计15.37亿元，风险压降效果明显。加强市场定位监管，通过监测分析、现场督导、监管约谈、定期通报等方式，全省新型农村金融机构坚守本位、回归主业的意识不断增强，全省村镇银行整体完成小微贷款“两增两控”目标和涉农贷款增长目标。

中国银保监会四川监管局编写组

小额贷款公司

【基本情况】 截至2021年11月底，全省在营小额贷款公司212家，实收资本417.19亿元，贷款余额467.08亿元。与开展防范化解金融风险攻坚战之前相比，行业退出无法正常提供金融服务的“僵尸”机构100余家，行业平均注册资本增长2200万元。从行业评级情况看，行业中优质机构增加近1成，不良机构减少1成，行业机构的质量分布结构呈现良性好转趋势。行业经营情况方面，“三农”贷款余额62.9亿元，占比13.4%；小微企业、个体工商户贷款余额313.71亿元，占比66.81%；个人消费等其他类贷款余额92.96亿元，占比19.79%。

【评级有效推行】 自2017年由省小额贷款公司协会牵头首次开展小额贷款公司行业评级以来，已累计开展两轮。评级办法从资本运营、业务经营、风险控制、社会贡献度、内部管理、合规经营、贡献创新协作等方面对公司进行综合评价，坚持公平、公开、公正并注重监管部门和市场的反馈意见，采用两年一评、公开公示和动态调整等方式进行。第二轮评级优选的A级小额贷款公司注册资本占全行业的30%，贷款余额占全行业的39%，较好地起到了行业示范对标作用，行业评级实现了对公司规范发展的方向引导作用。

【行业自律作用提升】 自全省开展防范化解金融风险攻坚战以来，小额贷款公司坚持践行普惠金融理念，提高对“三农”、小微企业等普惠小微领域的服务水平，主动接受行业自律行为约束的意识逐步提高。与开展防范化解金融风险攻坚战之前相比，省行业协会的公司入会率增长22%，行业评级工作中的公司参评率增长51%，行业标准推行的对标工作中的公司申报率增长28.75%。在省行业协会的带领下，公司纷纷签署《行业自律服务公约》，主动接受自律管理，参加业务培训900余人次；参与“以购代捐”、捐赠“励志奖学金”等贫困地区脱贫攻坚工作。行业全部实现基层党组织“应建尽建”工作要求，不断规范全省小额贷款公司合规经营。

四川省地方金融监督管理局编写组

金融体制改革

【研究农村信用社改革思路和实施路径】加大与省金融局、财政厅、人民银行的工作沟通交流，在坚持银保监会改革总体思路的基础上，将四川银保监局的总体判断和工作建议转化为省政府决策，配合省政府制订全省深化农村信用社改革总体方案，得到银保监会的总体认可。

【农商行组建工作推进】全年共启动11家机构改制组建农商行，甘孜、江油、旺苍3家农商银行已于当年获批开业，其中甘孜农商行为四川藏区首家农商银行，蓬安农商行已获批筹建。

【推动发行专项债券补充中小银行资本】多次向省政府报告银保监会政策要求，会同省直部门研究确定全省专项债发行要求和目标银行，银保监会已原则同意全省方案，17家农合机构有望通过专项债补充资本，提升风险抵御能力和服务实体经济能力。

中国银保监会四川监管局编写组

涉农保险

【基本情况】2020年，四川银保监局围绕“抓服务、严监管、防风险、促发展”的方针，聚焦农险发展大局，主动攻坚克难，克服新冠肺炎疫情、生猪疫情等不利因素影响，实现全省农业保险健康有序发展，总体运行态势稳中有进。全省农业保险保费收入33.04亿元，增长24.32%；为1446.54万户次农户提供风险保障2169.85亿元，向257.64万户次农户支付赔款28.01亿元。全省共有687个农村营销服务部、5693个乡（镇）工作站、48753个村级服务点、基层服务人员4.73万人，覆盖所有县级行政区域，基本实现“承保到户、定损到户、理赔到户”。

【推动农业稳产保供】生猪养殖保险。四川银保监局联合地方政府部门出台《关于推动生猪保险工作促进生猪稳产保供的通知》《关于完善生猪保险产品促进生猪稳产保供的通知》《关于加大力度加快进度做好生猪保险工作的通知》等系列配套措施，将生猪保险费率统一调整为5.5%，保险期限从4个月延长至6个月。修订完善中央补贴型生猪保险条款，拓宽生猪保障范围，并采取续保生猪取消观察期、扑杀生猪保险先行赔付等措施提升生猪保障的广度和深度。全省生猪保险保费收入11.98亿元，承保生猪2631.81万头，承担风险保障金额235.39亿元，赔款支出12.47亿元，受益农户58.88万户次，保费规模全国排名第五，赔款支出全国排名第一。

开展粮油生产保险。扩大稻谷、小麦、玉米三大主粮作物大灾保险试点范围，将原有的14个试点县扩大至35个县。扩大关系国计民生和国家粮食安全的大宗农产品保险覆盖面，逐步实现从直接物化成本到完全成本全覆盖。加大对种粮大户、家庭农场、专业合作社等新型农业经营主体参与农业保险的政策支持，发挥新型农业经营主体对小农户参加农业保险的带动作用。

地方特色保险产品。落实中央财政对地方特色优势农产品保险奖补政策，结合四川现代农业“10+3”产业体系建设，创新开发“川菜”“川果”地方特色行业示范条款，并优化育肥猪价格保险试点方案。联合出台《四川省2020年度中央财政优势特色农产品保险以奖代补试点实施细则》。调研牦牛保险经营情况，降低承保要求，统一理赔标准，逐步完善中央补贴牦牛保险示范条款。

【深化农业保险领域改革】落地农险高质量发展文件，四川银保监局联合地方政府部门出台全省农业保险发展的纲领性文件《四川省加快农业保险高质量发展的实施方案》，召开全省农业保险高质量发展推进会，成立四川省农业保险工作小组。提高农险业务经营标准，在全国第二个落地出台全省农业保险业务经营条件，按照标准对申报公司进行审核，公布符合条件的16家财险公司省级分公司名单，实现市场良性循环。

【拓展农业保险功能和作用】推广“农业保险+”。鼓励保险机构开展价格保险、收入保险、气象指数保险、“保险+期货”、“保险+贷款”等试点，已有“保粮惠农贷”“政银保”“农业保险+险资直投”等为农业项目提供资金支持。助力脱贫攻坚，持续推广“扶贫保”业务，增强贫困人口的抗风险能力，全省“扶贫保”实现保费收入5924.59万元，共为140.57万户次贫困户提供风险保障1436.42亿元，累计向15.29万户次贫困户支付赔款6417.83万元。鼓励农业保险科技赋能，加强技术管控手段，推动四川省农业保险电子化承保平台上线，解决农业保险承保数据不真实、不准确的问题。截至2020年年底，电子平台出单率达98%，全国排名第一，实现线上运作、线上监控。做好灾害事故应急处理工作，针对“8·18”特大暴雨洪灾，实地走访乐山市受灾一线，指导现场查勘、施救等，跟踪理赔进度，与政府有关部门现场督导解决实际困难和问题，督促保险机构做好农业保险理赔。截至2020年年底，农险已结赔案1.68万件，已支付赔款2.13亿元。

中国银保监会四川监管局编写组

管理与监督

涉农工商管理

【农村市场监管】“春雷行动2020”期间，面对突如其来的新冠肺炎疫情，省市场监管局及时将疫情防控中的市场监管和“春雷行动2020”有机结合起来，自觉将疫情防控作为重要政治任务摆在首位，第一时间制定并下发《关于统筹做好“春雷行动2020”与新冠肺炎疫情防控市场监管工作的通知》，将野生动物违规交易作为疫情防控市场监管重点之一，筑牢疫情防控市场监管的坚强防线。行动期间，共查办野生动物违法交易行为案件26件，案值6.94万元，罚没72.84万元。截至2020年年底，全省市场监管部门累计出动执法人员98万人次，责令违规经营者停业整顿7250户，查封经营场所58个，隔离饲养繁育场所703个，查获野生动物及制品464只、总重量545.06千克，立案查处违法案件34件，已结案31件，罚没款81.59万元，移送公安机关查办案件5件。

【农产品广告监管】省市场监管局对160家市（州）级电视、广播、报纸广告开展全天候监测和对全省互联网网站、21个市（州）所在城市中心城区户外广告开展抽查监测，截至2020年年底，累计监测广告760.6万条次，发现涉嫌违法广告1.8万条次；监测普通食品广告426692条次，其中农产品广告3911条次，发现涉嫌违法普通食品广告635条次，涉嫌违法线索均已被及时派发、处置，未发现涉嫌违法农产品广告。截至2020年年底，全省共查处虚假违法广告案件2111件，罚没款3003.97万元。在广告监管中，将农产品广告归类在普通食品广告类别中，自1月1日以来，全省共监测普通食品广告986359条次，其中农产品广告32020条次、涉嫌违法普通食品广告1825条次，未发现涉嫌违法农产品广告。

【打造强省农产品商标】 1月1日以来，以政府主导强化顶层设计，部门协同形成合力，企业主体重视品牌引领，构建地理标志梯次培育库，开展地理标志品牌提升行动，因地制宜打造特色产业链，吸纳就业、助农增收，释放地理标志品牌的财富效应，培育了“大凉山”“净土阿坝”“圣洁甘孜”等特色农产品区域品牌，打造了“郫县豆瓣”“苍溪红心猕猴桃”“会理石榴”“蒲江丑柑”“南江黄羊”等知名度高、市场占有率高、竞争力强的地理标志品牌。全省地理标志产品保护示范区在产业规模、产品质量等方面逐步增长，共有4个国家级地理标志产品保护示范区（另有1个国家级待批）、18个省级地理标志产品保护示范区。截至2020年年底，全省新增地理标志商标176件，其中1—8月88个贫困县新增142件。截至6月22日，已有21个市（州）2610家企业（含农村新型经营主体）和5606个产品通过审核使用“四川扶贫”商标，其中88个贫困县审核通过1557家企业，用标产品数为3478个；甘孜、阿坝、凉山深度贫困地区审批数为425家企业，用标产品数为965个。全省累计注册地理标志商标421件，位居全国第四；全省累计有地理标志产品295件，位居全国第一。全省有15件地理标志证明商标获得中国驰名商标认定保护，11个地理标志入选首批“100+100”地理标志互认名单，开启国际高水平保护。为帮助地理标志产品更好地走向市场，省市场监管局每年组织凉山“盐源苹果”、雅安“蒙顶山茶”、自贡“刀刀爽”等上千种“四川扶贫”集体商标产品作为“川货全国行”主力军在中华品牌商标博览会亮相，并依托四川特色非物质文化遗产、传统知识、民间文艺等资源，鼓励和支持开发蜀锦、蜀绣、绵竹年画、泸州油纸伞、藏区唐卡、祥巴、彝族漆器及服饰、羌绣、青神竹编、南充丝绸、简阳古琴、邛窑陶瓷等地理标志产品。同时，利用网络电商平台和各类媒体开展品牌推广，全省地理标志品牌的知名度、美誉度日益提升。

【加强计量器具强制检定】 通过印发《全省计量工作要点》，督促指导法定计量技术机构对粮食贸易结算用非自动衡器、水分测定仪和谷物容重器等计量器具依法开展强制检定，确保做到应检尽检、及时检定。围绕“菜篮子”“米袋子”等民生关注的米、面粉等粮食定量包装商品，加强监督抽查，依据《定量包装商品计量监督管理办法》《定量包装商品净含量计量检验规则》要求，针对定量包装商品净含量标注和定量包装商品净含量两个指标进行计量检验。

【打击野生动物违法交易活动】 新冠疫情发生后，第一时间牵头会商农业农村厅、省林草局下发加强野生动物和畜禽市场监管积极做好疫情防控的紧急通知，部署指导全省加强畜禽交易宰杀和野生动物监管。联合公安厅、农业农村厅、成都海关和省林草局下发开展打击野生动物违规交易专项执法行动的通知，制发《关于加强新冠病毒防控期间食品安全工作的通知》《关于防控新冠病毒疫情特别时期的市场监管执法法律适用的指导意见》等，将开展野生动物保护和作为重点工作，指导各地市监部门依法查处打击野生动物违法交易、食用行为。制发局内《野生动物保护市场监管责任清单》，明确系统各业务口野保市场监管责任，建立系统内常态化野保协同监管长效机制。配合林草等主管部门开展野生动物保护和禁食工作。组织开展线下场所野生动物交易清理整顿，督促农（集）贸市场、食用农产品批发市场、水产品（海鲜）市场等开办方、商场超市经营者严把畜禽、水产进销货关口，严查野生动物贩售违法行为。加强网络订餐平台监管，对第三方平台提供者进行专项检查，截至2020年年底，共检查经营场所151.6万余个次，其中农（集）贸市场45.6万余个次、商场超市106万余个次；检查经营户486.7万余户次，其中市场内经营者220万余个次、餐饮店266.7万余个次。开展线上野生动物交易清理，构建专项网络监测模型，根据保护名录，对电商平台内经营者、本地电商平台和自建网站销售野生动物及其制品等开展监测，共监测电商平台（网站）36.1万余个次，督促下架涉野交易信息637条。严查严打违法交易，指导各地聚焦集贸市场、餐饮店等重点查处非法经营野生保护动物、非法经营野生动物及食品、网络涉野违法交易等行为，全年累计出动执法人员92万余人次，责令停业整顿7250户，查封经营场所58个，查获野生动物及制品464只544.88千克，查处案件34件，结案30件，罚没款81.55万元（移送公安机关5件）。

【加强涉农产品消费者权益保护】 全省全年消委组织受理“农用生产资料类”投诉共计279件，其中质量类投诉170件、安全类投诉2件、价格类投诉4件、计量类投诉31件、假冒类投诉2件、合同类投诉4件、虚假宣传类投诉2件、售后服务类投诉19件、其他类投诉45件；组织受理“农业生产技术服务”投诉共计6件，其中质量类投诉1件、价格类投诉1件、售后服务类投诉1件、其他类投诉3件。

【涉农专利保护】 围绕涉农专利保护，突出涉农假冒专利行为打击力度；发挥行政裁决在化解专利侵权纠纷中的重要作用，快速处理涉及涉农专利侵权纠纷工作。采取“线上线下”齐头并进的方式推进工作落实，全省共查处涉农假冒专利行为案件17件，处理涉农专利侵权纠纷6件。开展全省专利监管执法部门严查涉农专利假冒侵权违法行为和快速处理涉农专利侵权纠纷指导，推动构建联合执法、齐抓共管的工作机制，与网监等部门加强线上排查、源头追溯，全年共排查涉农专利线索200余条，保障涉农专利健康发展。

【维护农产品市场价格稳定】 为维护疫情防控期间节假日消费市场价格秩序，1月22日，省市场监管局在省政府网站发布《四川市场监管部门严查借机涨价等违法行为》，在全国率先公开提出严查发“疫情财”，对扰乱“粮、油”等重要生活物资市场价格秩序予以严肃查处。1月31日，政府办公厅印发《关于切实做好重要民生商品市场保供稳价工作的通知》（川办发〔2020〕8号），要求对重要民生商品质量和价格开展监管，及时查处捏造散布涨价信息、囤积居奇、哄抬价格、价格欺诈、串通涨价、假冒伪劣等违法行为。2月5日，省市场监管局出台《关于新冠疫情防控期间加强价格监管维护重要民生商品价格秩序的通知》，部署开展防疫用品和米油蛋菜等重点商品价格监测，加强价格监管行政指导，加大市场巡查检查力度和违法案件查处力度，并做好舆情应对及价格监管信息协调。3月5日，省市场监管局出台《关于印发2020年价格监管工作要点的通知》，部署开展全省价格和收费监管工作，要求加大对猪肉、粮油、蛋菜等重点民生商品价格的监管力度，密切关注价格异常波动情况，严厉查处哄抬价格、价格串通等违法行为，并配合有关部门做好保供稳价工作。4月30日，向市（州）市场监管部门及局相关处（室、局）印发《关于进一步做好粮油市场监管工作的通知》（川市监办函〔2020〕92号），全省各地开展粮油经营主体市场运行调研、粮油产品价格监测预警预判和质量安全工作，依法打击粮油领域哄抬价格、传统涨价、囤积居奇、以次充好等违法行为，维护了粮油市场价格秩序。9月3日，省市场监管局印发《关于应对秋冬季新冠肺炎疫情持续做好重点商品价格监管工作的通知》，要求各地提前应对秋冬季疫情下粮油等重点商品的价格监管，做好重要商品市场动态信息掌握。全省21个市（州）共建立价格监测点300余个，对中心城市主要超市或农贸市场的4类重要防疫用品（一次性医用外科口罩、84消毒液、医用酒精、额温枪）和9类重要商品（大米、面粉、大豆油、猪肉、鸡蛋、白菜、生姜、大蒜、苹果）市场价格实施每周监测和采价，并加强市场价格形势分析和价格监测运用，对可能引起市场价格异常波动的倾向性、苗头性问题及时进行预报预警。12月28日，省市场监管局印发《关于加强2021年元旦春节期间市场价格监管的通知》（川市监办便函〔2020〕356号），部署米面油等生活物资和口罩、医用酒精等防疫物资以及旅游出行、购物消费市场价格监管措施，保障"两节"期间市场价格秩序稳定。截至2020年年底，动态分析研判重要民生商品市场价格28期，为把握经济运行、了解市场变化、增强宏观调控和价格监管提供了决策参考。全省各地市场监管部门价监条线靠前作战，加强部门联合协作，全省米、面、油等涉农产品价格运行平稳，未出现大幅波动，未发现典型价格违法行为；货源渠道畅通，供应较为充足，全年未出现缺供、短供现象，涉农产品市场价格秩序稳定。

四川省市场监管局编写组

涉农审计

【基本情况】 2020年，全省88个贫困县全部脱贫"摘帽"，脱贫攻坚顺利收官，乡村振兴稳步推进。审计厅推进全省扶贫审计和乡村振兴专项审计，发挥审计"治已病、防未病"功能，促进"三农"领域重大政策措施的落地落实，取得显著成效。

【加强扶贫审计】 审计厅克服新冠疫情影响，持续推进全省扶贫审计全覆盖，分阶段统一组织对喜德县等7个未脱贫县和理县等81个已脱贫县、73个"插花"扶贫县开展审计监督。全年促进统筹盘活资金12.32亿元，追回或挽回损失资金1.23亿元，促进政策落实206项，促进追责问责174人，促进完善法规规章制度191项。形成的《关于2020年一季度18个县（市、区）扶贫审计结果的综合报告》《关于2019年省级单位和政府脱贫攻坚成效考核有关情况的报告》《关于2018年脱贫攻坚专项审计结果的综合报告》《关于昭觉县脱贫攻坚审计相关情况的报告》《关于布拖县脱贫攻坚审计相关情况的报告》《审计反映我省东西部扶贫协作和对口支援工作仍需加强》《全省扶贫审计发现问题整改成效明显》等多篇专报和信息得到省委书记、省长等多位省领导的肯定性批示，要求狠抓审计整改，推动相关部门、行业整改落实，审计成果促进省级部门完善行业性管理制度机制12项，促进审计对象完善管理制度4项，促进市（州）专项治理或综合治理1项，促进开展全省行业性专项治理或综合治理6项，为全省脱贫攻坚成果巩固、凉山州最后7个贫困县全部"摘帽"、全省脱贫攻坚取得决定性成效提供了坚强的监督保障。

【开展乡村振兴审计】 开展恢复生猪生产政策措施落实情况审计。紧扣省委、省政府出台的"猪八条""猪九条"等政策措施，围绕生猪稳产保供目标，审计厅组织审计30个生猪生产大县恢复生猪生产财政扶持资金安全绩效、金融保险扶持政策落实、用地保障、环评与用电、生产目标实现等情况，揭示在恢复生猪生产系列政策落地中的困难，促进恢复生猪生产各项政策及时落地，促进提高财政资金使用绩效，保障资金安全。形成的《生猪存栏出栏"双降"生产恢复较慢亟须重视》要情信息受到省委、省政府的高度重视，4位省领导5次批示要求狠抓审计发现问题整改。省级林草部门先后下达生猪养殖使用林地定额1900公顷，自然资源厅和农业农村厅拓宽规模养殖场用地范围，省级财政新增2.99亿元用于新增能繁母猪补助并提前安排2021年转移支付资金2.23亿元，省银保监局联合相关部门拓宽生猪保障范围，扩大保险覆盖面，全省超额完成2020年存栏任务。

开展粮食生产保障政策落实情况审计。新冠疫情暴发以来，粮食安全问题受到党委、政府和社会各界的格外关注。为推动保障四川粮食安全，审计厅组织审计30个粮食生产重点县落实稳定粮食生产政策措施和耕地地力保护补贴等资金管理使用情况，重点关注县级政府执行中央、省粮食生产保障相关政策情况，关注耕地地力保护补贴、农机购置补贴、适度规模经营补贴、耕地轮作休耕补助、现代化农业发展资金、农业生产发展资金、培育新型农业经营主体资金、种植业保险财政补贴等8类资金政策保障情况，形成的《部分县落实粮食安全责任制不够有力》要情信息引起省委、省政府高度重视，4位省领导作出整改督办批示。相关省级主管部门加大财政资金投入力度，建立定期督导和通报机制，加强考核要求，提高保障粮食安全能力。

开展乡村治理情况专题审计。为贯彻落实省委第十一届六次全会《中共四川省委关于深入贯彻党的十九届四中全会精神、推进城乡基层治理制度创新和能力建设的决定》，审计厅紧扣国务院办公厅《关于加强和改进乡村治理的指导意见》等相关政策要求，组织审计50个县、乡、村治理情况，重点关注财政投入村级资金管理使用、推进乡村治理体制机制完善、推进村级财务管理制度落实、推进"四议、两公开、一监督"制度落实、推进村集体资产经营管理等情况，形成的《审计反映我省乡村治理中的资金资产管理短板亟待补齐》信息简报被省委《每日要情》采用，推动做好"两项改革"后半篇文章。

持续推动"一卡通"治理。在2018年推动全省开展"一卡通"专项治理，2019年推动全省实现社会保障"一卡通"发放惠民惠农财政补贴资金的基础上，全年组织审计40个县"一卡通"信息平台的完善情况，形成的《审计反映惠民惠农财政补贴资金"一卡通"工作仍需不断完善》专报得到省纪委书记的批示，推动了"一卡通"平台逐步实现阳光审批、阳光发放、阳光监管。财政部、审计署等七部门2020年印发的《关于进一步加强惠民惠农财政补贴资金"一卡通"管理的指导意见》，借鉴了四川等地"一卡通"管理经验，要求搭建集中统一管理平台，并鼓励推行以社会保障卡为载体发放补贴资金。

【抓实整改，推动整改清零】 坚持"查病、治病、防病"并举齐抓，对涉农审计中发现的问题坚持发现一起、查处一起，审计一点、整治一片，确保问题真解决、整改见实效。

坚持边审计边促进整改。在审计现场及时沟通审计情况，促进和帮助各地立行立改，维护群众切身利益和财政资金安全。在第一、二季度扶贫审计期间，审计促进197个问题有效整改，促进政策落实或完善规章制度47

项，处理处分1名责任人员，追回、盘活财政资金2.84亿元，449个项目完善手续和加快建设，23.93万人的饮水、住房、教育和医疗得到保障，惠民惠农补贴及时足额发放到位。

加强问题整改跟踪督导。审计机关帮助各地理清问题实质，研究整改措施，提高整改质量，推进举一反三。通过召开专题会议、现场督导等方式，向扶贫干部解析扶贫领域常见问题及改进方法，指导其提高加强审计整改的能力。将扶贫审计发现问题整改情况纳入常态化跟踪审计，适时开展扶贫审计整改工作“回头看”，对问题整改严格把关，确保整改见实效。

全面推进问题整改清零。加强与审计署成都特派办的协作，共同推进审计查出问题全面整改。按照与纪检监察机关构建的扶贫领域问题线索移送机制，及时移送扶贫审计发现的违法违纪问题线索，促进及时追责问责。与省乡村振兴局等省级部门配合，将审计发现的问题同时纳入“挂牌督战”，合力促进问题整改到位。

四川省审计厅编写组

农产品标准化体系建设

【加强标准制修订】 加快国际标准制修订，指导省中医药科学院、中测院开展《传统中医药川芎》《传统中医药姜黄》和《气体分析取样指南》等国际标准制修订项目，推动全省优势领域抢占国际标准“制高点”。加快国家标准制修订，围绕“5+1”现代工业化和现代农业标准化体系建设，鼓励科研院所、高等院校、骨干企业等单位参与国家、行业标准制修订，主导或参与制修订《信息技术大数据工业应用参考架构》等127项国家标准，全省企事业单位在更高层面的标准“话语权”不断增强。中国标准创新贡献奖获得项目奖2项、组织奖1项。加快地方标准制修订，围绕疫情防控、农业农村、先进制造业、现代服务业、节能环保、社会管理和公共服务等重点领域，批准立项《川酒(浓香型)年份酒生产技术规范》《公共场所新型冠状病毒肺炎疫情防控技术规范》等地方标准229项，批准发布《四川省公共厕所信息标志标准》等省级地方标准共81项，废止648项省级、市(州)地方标准，解决了全省地方标准交叉重复、矛盾落后等问题，标准服务优势产业发展、规范社会管理的功能不断凸显。

【加快标准化改革】 引导团体标准制修订，根据省委、省政府关于推进优质白酒产业发展和省局《四川白酒品质提升工程实施方案》部署，多次召开座谈会，引导龙头企业开展川酒年份酒团体标准体系建设。指导相关团体发布《一次性儿童用防护口罩》《口罩用熔喷非织造布》团体标准。成都市制定了全国首个商务写字楼新冠肺炎疫情防控团体标准。截至2020年年底，全省各类团体制定、发布并自我声明公开团体标准106项，市场标准需求得到不断满足。推进农产品企业标准管理改革，指导各市(州)深化农产品企业标准备案和监督制度改革，引导农产品企业落实标准化主体责任，及时准确公开产品执行标准。全省有2876家企业在信息公共服务平台上自我声明公开11880项标准，涵盖20845种产品，其中执行国家标准523项、行业标准221项、地方标准12项、团体标准54项、企业标准11071项。同时，监督抽查口罩、消毒剂、钢质门、润滑油、危化品及管材管件产品团体标准、企业标准463项。加强企业标准事中、事后监管，对企业在标准整改工作进行“一对一”帮扶，帮助企业提升产品质量。引导企业瞄准国际标准提高水平，培育一批企业标准“领跑者”，截至2020年年底，全省已有6家企业的标准被国家市场监管总局评估为“领跑者”。持续开展质量对标行动，加强对成都等5个试点城市的指导，全省农产品企业在“百千万对标达标专项行动”信息平台上自我声明对标结果475项。推进四川省质量对标提升行动，以国际标准和国外先进标准为参照，组织技术机构编制完成合成树脂乳液外墙涂料、铅酸蓄电池、预应力钢筒混凝土管用密封件3个对标产品的先进指标体系，认定九洲光电LED路灯、华邦保和内墙乳胶漆、耐特宏内墙乳胶漆3个达标产品，助推四川品牌打造和产品质量提升。

【推动标准化示范试点】 农业方面，围绕乡村振兴战略，结合各地农业发展优势，组织申报国家农业、农村综改标准化试点示范项目，争取立项，温江园艺、嘉陵桑茶、眉山鹌鹑等第十批国家农业标准化示范区项目、成都市郫都区农村综改第四批国家农村综合改革标准化试点项目正式获批。考核绵阳“香桂”等4个省级农业标准化示范项目，增补“现代农业综合标准化示范县”等2个省级示范项目，标准化对农业增效、农户增收和农村经济发展的促进作用持续显现。服务业方面，持续推进服务业、社会管理和公共服务标准化试点项目建设，广元七盘关公安检查站、成都社会保险经办服务等6个第六批全国社会管理和公共服务标准化试点项目获批，成都市高新区、新都区、成华区、锦江区4个国家基本公共服务标准化试点项目获得市场监管总局、国家发展改革委、财政部联合批准。在政务服务、养老、家政、物流、文化、旅游等领域征集17个第九批省级服务业试点项目。考核国、省级标准化项目20个，推动服务业和社会事业的规范发展。

【夯实标准制修订能力基础】 根据《四川省专业标准化技术委员会管理办法》相关规定，指导筹建四川省生态环境标准化技术委员会、四川省水利标准化技术委员会并批复成立。开展14个四川省专业标准化技术委员会考核评估工作，推进省级标准化技术组织的规范管理和能力提升，提升标准制修订能力水平。开展世界标准日宣传活动。举办标准化基础能力提升培训班2期。推进国家技术标准创新基地制度完善、机构健全和任务落实，出台相关实施方案和办法，批复成立分中心3个，立项重要技术标准项目28个。在农产品标准化体系建设工作中，省市场监管局督促相关行业主管部门加强研究，立足全省农业产业特点和遇到的实际问题，完善全省现代农业产业标准体系。全年共发布农产品相关地方标准47项，全省农业产业标准体系不断优化完善，为全省现代农业建设提供了技术基础，其中4月15日发布《大蚕蚕台饲育技术规程》等地方标准13项，7月14日发布《非洲猪瘟防治技术规范》等地方标准10项，10月21日发布《大恒699肉鸡配套系》等地方标准15项，12月17日发布《玉米施肥技术规程》等地方标准9项。

四川省市场监督管理局编写组

扶贫开发

综　述

【基本情况】 截至2020年年底，全省88个贫困县全部"摘帽"、11501个贫困村全部退出、625万名建档立卡贫困人口"两不愁三保障"全面达标，脱贫攻坚取得全面性胜利。2016—2020年，在国家对四川省级党委和政府扶贫开发工作成效考核中，连续5年综合评价为"好"。

高质量打赢脱贫攻坚战，贫困地区面貌发生历史性巨变。习近平总书记多次到四川视察指导，多次作出重要指示批示。遵循习近平总书记关于扶贫工作的重要论述和来川视察的重要嘱托，省委、省政府把脱贫攻坚作为最大的政治责任、最大的民生工程、最大的发展机遇，全省上下团结一致、攻坚克难，四川绝对贫困问题历史性得到解决。

从基本温饱到吃穿不愁，脱贫群众生活水平发生巨大变化。坚持人民至上的发展理念，实施产业就业扶贫，351万名脱贫群众依靠产业和就地产业务工脱贫，没有劳动能力的贫困人口都享受到低保兜底。全面解决309.32万名脱贫群众的安全饮水问题、510万名脱贫群众供电质量不达标问题。2020年，全省贫困家庭人均纯收入达9480元，是2013年年底的3.46倍，实现吃穿不愁、稳定增产增收，生活品质大幅提升。

从无房危房到入住新居，脱贫群众住房安全发生巨大变化。抓安全住房建设，"十三五"期间共实现易地扶贫搬迁人口136.05万人（规模居全国第二位），完成农村危房改造62.21万户，353.78万名脱贫群众住上通电通水、安全敞亮的"安心房"，贫困群众千百年来的安居乐业梦想成真。

从缺医少学到全面保障，脱贫地区社会事业发生巨大变化。实施健康扶贫，脱贫群众全部被纳入基本医保、大病保险、医疗救助制度覆盖范围，贫困患者县域内住院医疗费用个人支付的占比控制在10%以内，涉藏乡村包虫病检出率下降至0.02%，大骨节病连续8年没有新增病例。改善贫困地区办学条件，全面实行民族地区15年免费教育、"9+3"免费职业教育，教育扶贫新（改、扩）建校舍3133万平方米，开办"一村一幼"幼教点4888个，"学前学普"行动试点惠及42.98万名学龄前儿童，教育力量深刻地改变着贫困地区和贫困家庭的未来。

从产业匮乏到百业竞兴，脱贫地区发展动能发生巨大变化。发展特色优势产业，推行"一村一品"，扩大种养规模、提升产品品质、做长产业链条，全省农业产业扶贫项目累计落地1.9万余个，共推出优质农产品品牌149个、区域公共品牌12个，实现每个贫困县有现代农业园区、每个贫困村有集体经济。

从交通闭塞到内联外畅，脱贫地区基础条件发生巨大变化。开展交通扶贫，全省新增16个贫困县通高速，新（改）建农村公路19万千米，新增346个乡（镇）和1.65万个建制村通硬化路。建成溜索改桥77座，"三州"州府不通高速公路的历史彻底结束，"溜索时代"全面终结，"乡乡通油路、村村通硬化路"全面实现。同时，全省建成一大批能源、水利、通信等基础设施项目，实现贫困村光纤、4G网络通达率"双百"，最偏远的乡村能用上电灯、看上电视，可以打手机、上互联网。

从陈规陋习到文明新风，脱贫群众精神面貌发生巨大变化。推进移风易俗，开展感恩奋进教育，开办"农民夜校"4.6万所，创建省级"四好村"5481个。推广"星级激励""村民积分制管理"扶志模式，实施千村文化扶贫行动、"万千百十"文学扶贫活动，贫困群众内生动力有效激发，广大贫困群众的精神状态、思维眼界、科学认知、生活方式、法治观念发生巨大转变，不仅从物质贫困中"走了出来"，更从精神贫困中"站了起来"。

【压实工作责任，加强脱贫攻坚组织保障】 落实"省负总责，市、县抓落实"工作机制，加强"党政一把手负总责、五级书记一起抓"的责任链、任务链，层层签订责任书、立下"军令状"，脱贫攻坚期内保持脱贫任务重的市（州）和88个贫困县党政正职稳定，对每个贫困县选派增加1名副书记专职抓脱贫，形成党政主责、部门主抓、基层主推、干部主帮的攻坚格局。2015年7月，省委召开十届六次全会专门研究扶贫开发，出台打赢扶贫开发攻坚战《决定》，会后配套出台10个专项方案。之后，每年制订若干专项实施方案，与之前省委、省政府出台的新10年扶贫《纲要》、省人大颁布的扶贫《条例》形成"3+10+N"组合拳。鲜明落实到基层、落实靠基层工作导向，把基层党组织建设成为带领群众脱贫致富的坚强战斗堡垒，累计选派11501个驻村工作队、10.7万名"第一书记"和驻村干部，同数百万基层干部一起投身脱贫攻坚主战场。

【扶贫移民资金监管】 印发《关于积极应对新冠肺炎疫情影响加强财政专项扶贫资金项目管理工作确保全面如期完成脱贫攻坚目标任务的通知》《关于做好2020年财政专项扶贫资金管理贫困县涉农资金统筹整合试点及资产收益扶贫等工作的通知》，加强财政专项扶贫资金和涉农整合资金管理。创新建立扶贫资金项目"三盯三公开"公告公示机制，全面公开财政专项扶贫资金分配、使用等九大类情况，推进公告公示向基层延伸。加强扶贫项目资产后续管理，出台扶贫项目资产管理《操作指南》，分类分级摸清扶贫项目资产家底。加强水库移民项目资金监管，委托第三方机构对蓬溪船山灌区工程和升钟水库二期工程征地补偿和移民安置资金管理情况开展稽察，对中江县、仪陇县及屏山县开展移民后期扶持稽察，对安岳县、泸县大中型水库移民后期扶持资金开展内部审计。

【聚焦目标标准，下足"绣花"功夫，确保"靶向"精准、扶到根上】 围绕解决好扶持谁、谁来扶、怎么扶、如何退等问题，严格落实"六个精准""五个一批"，坚持因村因户因人施策、因贫困类型施策、因致贫原因施策，把精准扶贫贯穿到脱贫攻坚工作全过程各方面。建立脱贫攻坚大数据平台，对贫困人口实施动态管理，与行业部门数据互联互通，确保对象精准。建立脱贫攻坚项目库，逐县逐村逐户编制扶贫规划和实施"五个一批"行动计划，对不同类型的贫困人口开展差异化帮扶，确保帮扶精准。制订脱贫滚动规划和年度计划，对标贫困县"一低三有"、贫困村"一低五有"、贫困户"一超六有"指标进行实地评估验收，确保退出精准。

【补齐短板，改善发展条件，增强贫困地区"造血"功能】 发展现代农业园区，结合"10+3"现代农业体系建设，推行"一村一品""一乡一业""一县一特"，建成"扶贫车间"、扶贫基地，优质农产品贴上"四川扶贫"公益性集体商标标识，走出了深山、卖出了好价钱。加强劳务输出合作、就业技能培训、公益性岗位开发等，帮助有劳动能力的贫困群众学会一技之长，通过就近就业、进城务工增加稳定收入，2020年，全省贫困家庭人均纯收入达9480元，是2013年的3.46倍。

【聚焦重点区域，破解特殊难题，攻克深度贫困堡垒】 把深度贫困地区作为重中之重，举全省之力集中攻坚，对大小凉山彝区，选派5700余名干部开展综合帮扶，出台34条支持政策和16条工作措施给予特殊支持；全面推行"一村一幼"，统筹解决禁毒防艾、控超保学、自发搬迁等特殊难题，彻底扫除阻碍脱贫的深层问题；为应对疫情、灾情冲击影响，对凉山州最后剩余7个贫困县、300个贫困村开展"挂牌督战"，组织13个工作专班会同州、县力量攻坚冲刺。对高原涉藏州（县），推进"六项民生工程计划"，开展产业、就业、健康、基础设施、生态等攻坚行动，"9+3"免费职业教育、15年免费教育全面实施，大骨节病、包虫病等一些危害群众生命健康的地方病、传染病得到有效控制。

【注重资源统筹、汇聚各方力量，形成脱贫攻坚合力】 发挥政府和社会各方面力量作用，统筹整合使用财政涉农资金，构建专项扶贫、行业扶贫、社会扶贫互为补充的大扶贫格局，引领市场、社会协同发力，形成全社会广泛参与的攻坚格局。8年来，累计投入财政专项扶贫资金735亿元，累计整合使用财政涉农资金超1000亿元，累计投入行业扶贫资金7900余亿元。开展东西部扶贫协作和定点帮扶，广东、浙江两省17个市61个县结对帮扶四川省68个贫困县，累计投入111亿元。24家中央单位定点帮扶四川省36个贫困县，累计投入帮扶资金58.19亿元，帮助引进各类帮扶资金29.39亿元；驻川部队结对和定点帮扶260余个贫困村，省内经济较发达的7个市35个县结对帮扶45个深度贫困县，379个省级单位全覆盖定点帮扶88个贫困县。社会各界广泛参与，"脱贫攻坚——人大代表再行动"、政协委员"我为扶贫做件事"和"国企入凉""万企帮万村""巾帼扶贫行动"等活动开展不断深化，7.6万家民营企业、商协会与8273个贫困村结对，1500余家社会组织参与脱贫攻坚。

【加强感恩教育，激发贫困群众内生动力】 坚持扶贫和扶志、扶智相结合，建立健全村规民约，推进移风易俗，创新改进帮扶方式，贫困群众精神面貌发生明显变化，安贫守旧的思想观念、厚葬薄养的陈规陋习发生改变，科学观念、文明方式、法治意识、奋斗精神日益提升，广大脱贫群众从物质贫困中"走了出来"，在精神贫困中"站了起来"，"宁愿苦干、不愿苦熬"成为脱贫地区广大干部群众的精神写照。

【做到真扶贫、扶真贫、脱真贫】 把全面从严治党要求贯穿脱贫攻坚全过程和各环节，把群众满意度作为衡量脱贫成效的重要尺度，不搞花拳绣腿，不搞繁文缛节，不做表面文章，较真碰硬为群众办实事、解难题。脱贫攻坚进程中，统筹运用督查暗访、专项巡视、审计稽查，实施最严格的考核评估，确保扶贫工作务实、脱贫过程扎实、脱贫结果真实，社会认可、老百姓"认账"。对扶贫领域腐败问题"零容忍"，组织开展惠民惠农财政补贴资金"一卡通"管理问题专项整治，做到阳光扶贫、廉洁扶贫。持续推进扶贫领域作风建设，切实减轻基层负担，让基层干部从文山会海、材料报表中解放出来，把更多精力放在抓工作落实上。

【提高政治站位，推动党中央大政方针和决策部署落地落实】 党中央将脱贫攻坚纳入"五位一体"总体布局、"四个全面"战略布局进行统筹谋划、强力推进。省委、省政府坚定以习近平总书记关于扶贫工作的重要论述为指导，全面落实党中央决策部署，用非常之力推进非常之事，夺取了决战脱贫攻坚的全面胜利，不断开创治蜀兴川事业发展新局面。

【坚持以人民为中心的发展思想】 在脱贫攻坚人民战争中，始终坚定人民立场，把实现好、维护好、发展好最广大人民根本利益作为一切工作的出发点和落脚点，集中力量解决贫困群众基本民生需求，全省广大党员干部与群众同甘共苦，贫困群众感恩奋进、不等不靠、艰苦奋斗，保持了党同人民的血肉联系更加密切。

【坚持科学方法，因时因势精准施策破解发展难题】 四川取得脱贫攻坚战全面胜利关键在于决心坚定、标准明确、路子对头、措施到位，对扶贫工作实行精细化管理、对扶贫资源实行精确化配置、对扶贫对象实行精准化扶持。始终聚焦"两不愁三保障",始终聚焦大小凉山彝区和高原涉藏州(县),坚持分类施策,开展调查研究,因地制宜、科学决策,突出重点、主动作为,把资源力量投入到最需要的地方、发挥出最有效的作用。

【统筹协调各方,汇聚事业发展力量】 在脱贫攻坚中大力弘扬和衷共济、团结协作精神,抓好东西部扶贫协作和定点帮扶,引导社会各界共同关爱贫困群众、关心减贫事业、投身脱贫行动,整合各方资源力量,营造了全社会扶危济困的浓厚氛围,汇聚起推动四川发展进步的强大力量。

【严实作风,保持克难攻坚的奋斗精神】 脱贫攻坚经历了许多要事急事苦事难事,考验着党员干部的觉悟、担当和作风,面对各种困难挑战,全省广大党员干部以"敢教日月换新天"的必胜信心、"咬定青山不放松"的坚定决心和"不破楼兰终不还"的坚强意志,成功攻克脱贫路上的一个又一个"夹金山""泸定桥";始终保有越是艰险越向前、狭路相逢勇者胜的昂扬斗志,以"钉钉子"精神抓好落实,一步步把宏伟蓝图变成美好现实。

四川省乡村振兴局编写组

扶贫攻坚

【基本情况】 2020年,全省落实精准方略,既做好"必答题",又做好"加试题",全省贫困家庭人均纯收入达9480元,实现最后7个贫困县全部"摘帽"、300个贫困村全部退出、20万名贫困人口全部脱贫。至此,现行标准下625万名农村贫困人口全部脱贫、88个贫困县全部"摘帽"、11501个贫困村全部出列,区域性整体贫困得到解决,绝对贫困全面消除。

【克服疫情、灾情对脱贫攻坚的影响】 坚持人民至上,出台就业、产业、财政、金融等疫情灾情应对政策,全力降低疫情、灾情对脱贫攻坚的影响。创新实施农民工安全有序返岗就业"春风行动"、跨省健康检测互认等举措,全省返岗务工贫困人口达220.9万人,增长10.7%。开发公益性岗位,累计安置贫困劳动力28.9万人。出台促进贫困群众稳定增收"八条政策",全省903家扶贫龙头企业、814个"扶贫车间"全部复工,受益贫困人口7万余人。加强产销对接,拓展线上销售渠道,疫情防控期间销售扶贫产品4.06亿元。加大灾情帮扶,紧急转移安置贫困群众1.12万人、生活救助0.6万人,全省没有1户贫困户因疫因灾返贫致贫。

【挂牌督战凉山脱贫攻坚】 省委书记彭清华2次主持召开挂牌督战凉山州脱贫攻坚座谈会,专题研究部署凉山州7个未"摘帽"县和297个未退出村挂牌督战。省、州、县联动发力,省级领导督战到县、省级12个行业专班作战到村、7个工作组参战到点、省绩效办定期督查。省脱贫办召开12次视频调度会,统筹施工力量、保障建材供应,解决凉山州贫困群众住房、安全饮水等突出问题。中央和省级财政下达专项扶贫资金54.23亿元、中央脱贫攻坚补短板综合财力补助资金32.64亿元,广东、浙江到位财政帮扶资金5.2亿元,东部521家民营企业和社会组织结对帮扶297个未退出村,10家中央定点扶贫单位投入帮扶资金3.13亿元,106家省直定点扶贫单位投入帮扶资金1.49亿元,省内对口帮扶7个未"摘帽"县落实到位资金1.98亿元。

【巩固提升脱贫攻坚成果】 着眼巩固拓展脱贫攻坚成果同乡村振兴有效衔接,在全省"五大流域"、5个市(州)53个县(市、区)开展建立解决相对贫困长效机制试点,探索推动减贫战略和工作体系平稳转型。先后制订《关于建立防止返贫监测和帮扶机制的实施意见》《防止返贫监测和帮扶工作方案》,全力保障脱贫实效。按照核定措施、确定效果、议定成果、审定结果、认定销号"五定"工作法,对落实"两不愁三保障"回头看大排查、中央巡视、国省考核等发现的问题较真逗硬一体整改,并组织3600余人对161个县全覆盖检查整改情况,全面消除脱贫不稳定户和边缘易致贫户7.77万户25.59万人风险。

【开展脱贫攻坚普查】 全面检验脱贫成效,开展国家脱贫攻坚普查和省内调查。7月,启动第一批67个县国家普查工作,1.82万个村74.25万户建档立卡户数据通过国家验收;9月,启动87个非贫困县省内调查,完成2.44万个村101.1万户建档立卡户数据比对分析、审核验收。

【资金投入整合】 全年投入中央和省级财政专项扶贫资金199.52亿元,增加44亿元,增幅达28.29%,其中中央资金117.33亿元,增加25.86亿元,增长28.28%;省级资金82.19亿元,增加18.14亿元,增长28.3%。66个国家连片特困县和扶贫开发工作重点县共整合涉农资金234.08亿元。全省累计发放扶贫小额信贷293.6亿元,贷款余额71.77亿元,助力67万户次脱贫群众发展产业、持续增收。

【开展产业扶贫】 分别安排中央、省级农业产业扶贫项资金49.15亿元、34.49亿元支持特色农业产业发展,累计落地农业产业扶贫项目19095个。在全省有扶贫任务的县建设高标准农田356.04万亩,建设村级集体经济组织9750个,全省实现9万名建档立卡贫困人口依靠农业产业发展脱贫。构建"带得稳""带得准"的产业扶贫带贫减贫新机制,促进贫困群众稳定增收,印发《关于加强产业扶贫带贫减贫机制建设的通知》《关于印发做好2020年产业扶贫工作促进贫困群众稳定增收八条政策措施的通知》进行安排部署。聚焦深度贫困地区产业发展,出台"加强贫困村产业扶持基金管理、加快农业产业扶贫项目实施推进、'能养尽养''能种尽种'、完善利益联结机制"5个工作指南,帮助贫困户发展"短平快"产业。

【推进易地扶贫搬迁后续发展】 精准制定搬迁后续稳定发展特色农林业、劳务经济、现代服务业、金融服务、资产收益和社保兜底6条致富增收路径措施,印发《关于推动凉山州易地扶贫搬迁集中安置点治理和后续发展的指导意见》,从健全基层组织体系、加强产业培育和发展壮大集体经济等方面制定18条工作措施,推动易地扶贫搬迁安置点后续扶持政策措施落地见效。凉山州301个易地扶贫搬迁安置点19747户96886人安全住房建设工程如期完成,10个3000人以上易地扶贫搬迁大型安置点配套教育医疗项目建设按期投入使用。

【全面开展东西部扶贫协作】 谋划推动浙川、粤川协作工作,省委书记彭清华先后到广安、凉山、达州等地调研指导,把脉问诊扶贫协作工作。省长尹力率党政代表团到浙江省、广东省对接东西部扶贫协作，并召开两省联席会议；浙江、广东两省财政帮扶资金到位35.7亿元，实施帮扶项目999个，覆盖68个贫困县、55.9万名贫困人口；引进浙江、广东两省481家企业到贫困地区投资兴业助贫，实际投资320亿元，带动贫困人口8.8万人；浙江、广东两省选派149名挂职干部和1967名专技人才来川挂职帮扶，四川选派187名干部和600名专技人才到浙江、广东挂职锻炼；浙江、广东两省分别到四川68个贫困县开展乡（镇）、村村、村企、学校、医院结对214对、165对、2296对、555对、415对。

【开展驻村帮扶】 建立提拔使用驻村帮扶干部管理台账，督促指导各地各部门提拔使用驻村干部，截至2020年年底，累计提拔使用驻村干部2.77万人。全年组织2.28万名已轮换驻村干部回原派驻村宣传党的政策，总结脱贫成效，听取意见建议。

【推动消费扶贫】 推进消费扶贫，在广东省开展“金秋购物助力脱贫·四川扶贫产品展销周”和省内举办“消费扶贫月”活动，“四川扶贫”公益品牌累计用标产品6228个。入选《全国扶贫产品目录》产品达14086个，销售额达162亿元。印发《关于开展消费扶贫行动的实施方案》《消费扶贫行动推进方案》《四川省消费扶贫智能专区专柜专馆目实施方案》等系列文件，先后组织开展“四川省直部门（单位）定点扶贫成效展”活动。向中央电视台“广告精准扶贫”推荐播出大凉山青花椒、通江银耳等“四川扶贫”公益品牌用标产品14个，在四川电视台“公共乡村频道”推荐播出“四川扶贫”公益品牌用标产品36个，在浙江政采云平台建设“四川省扶贫馆”，在广东东西部协作交易市场建成线下展销馆。

【光伏扶贫】 加强光伏扶贫电站发电收益，用于设置公益性岗位6187个，支付公益性工资和劳务费用1541万元。成立光伏扶贫电站验收评估工作终验委员会，统筹开展县级自验、市（州）初验和省级终验工作，全省91座光伏扶贫电站验收率、合格率均为100%。探索建机构、交档案、逐级报、县级批“四步工作法”，对光伏扶贫电站资产进行确权，颁发登记证书，1229个关联村集体通过确权拥有持续稳定的经济来源。

【“雨露计划”全面落实】 持续组织实施“雨露计划”项目，全面引导贫困家庭新成长劳动力提素质、学技能、稳就业、增收入，阻断贫困代际传递，累计补助符合标准的贫困家庭学生24.48万人，春、秋两季累计发放“雨露计划”补助款项3.97亿元。

【外资扶贫】 完成中国援助柬埔寨减贫示范合作技术援助项目建设任务，项目新建71户特困户住房，新建132户贫困户厕所，改善82户贫困户照明用电，解决2个示范村800户4000人饮水困难。全年累计完成省世行第六期项目投资47196万元。

【扶贫宣传】 四川脱贫攻坚新闻媒体宣传报道达13万余篇（条），国务院新闻办脱贫攻坚首场新闻发布会在四川省举行，4场全省脱贫攻坚主题新闻发布会和“向祖国汇报”大型文艺特别节目成功举办。先后完成3集大型脱贫攻坚专题片《伟大的决战》录制和脱贫攻坚书系、图志、大事记编纂。全省举行扶贫文艺演出8800余场次，拍摄电影、专题片、短视频等2000余部（条），创作文艺作品1.4万余部（篇）。电视剧《金色索玛花》在中央电视台热播，《珙桐花开》《生来倔强》《他去哪儿了》等影视精品力作在全国产生较大影响。凉山州脱贫攻坚全域实景展示全面建成。

四川省乡村振兴局编写组

移民工作

【基本情况】 2020年，全省坚决贯彻落实中央和省委、省政府关于水库移民工作决策部署，坚守全面小康底线，水库移民年度安置5.2万人，申报移民后期扶持人口31049人。

【推进移民安置项目实施】 明确省管41座水利水电工程移民安置任务计划746项，完成资金计划160.4亿元。完成13座工程截流验收、23座工程蓄水验收和1座中型水电工程竣工验收。乌东德水电站顺利投产发电，1.26万名移民搬迁任务提前完成。两河口水电站工程探索涉藏地区宗教寺庙搬迁路径，历史性实现蓄水时移民无一人临时过渡，为全省乃至全国涉藏地区移民安置工作提供了宝贵经验。打响白鹤滩水电站移民安置攻坚战，制定“红黑榜”激励鞭策机制，形成“月月详细安排，周周具体调度，天天现场作战”的攻坚态势，白鹤滩移民各项工作明显加速，35个居民点全面启动建设，13280户实现“应开尽开”，5.05万名移民大搬迁有序开展。提前完成2021年全省重点项目中4座大型电站移民安置规划，为核准开工提供了保障。

【抓好移民后期扶持】 开展新增移民后期扶持人口申报工作，全年新增农村移民31049人，核减10187人，全省享受后扶政策的农村移民达111.3万人。探索建立移民长效增收机制，实施移民美丽家园项目1570个，建成移民美丽新村115个、“一村一品”移民村75个，培训移民劳动力17332人，巩固提升贫困移民脱贫成效15359人，增加移民人均可支配收入1277元，移民群众幸福感、获得感不断提升。

【遗留疑难问题化解】 推进政策衔接和疑难问题处理，合理解决白鹤滩等水电站移民诉求，处理野牛坪调剂土地困难、城镇国有土地处置、房屋单价调整等问题。高质量推进乌东德水电站移民安置后续工作，解决攀枝花跨江大桥等疑难问题。瀑布沟水电站移民资金项目清理工作全面完成，2772人十几年未得到安置和库区十几年不交电费的问题得到妥善解决。主动对接行业部门，做好移民信息公开、行政复议等工作，移民群众工作整体稳定。

【政策监管体系完善】 推进基础工作，梳理建立506座大中型水利水电工程和197座实施阶段工程移民工作清单。完成17个移民规划大纲、19个规划报告、12个规划调整报告、4个规划重编报告、5个新增影响区规划报告、8个实物指标调查细则征求意见、13个停建通告的审核审查，20个移民安置规划报告行政许可事项在一体化平台全程运行。出台《四川省大中型水利水电工程建设征地范围内禁止新增建设项目和迁入人口通告管理办法》，完成《四川省水电移民逐年货币补偿安置模式研究》课题，启动大中型水利水电工程建设征地移民养老保障安置标准调整工作。

四川省乡村振兴局编写组

市(州)、县(市、区)农村工作概况

成都市

【基本情况】 2020年，全市辖11区5市4县，辖区面积1.24万平方千米。

【年度农业和农村经济运行】 2020年，全市第一产业增加值655.2亿元，增长3.3%。全市城镇和农村居民人均可支配收入分别达48953元、26432元，城乡居民收入比缩小到1.84∶1。累计签约引进农业农村项目187个、协议投资额1190.2亿元，新建成高标准农田25.1万亩、高效节水灌溉面积3.6万亩，粮食作物播种面积568.5万亩、产量227.9万吨，蔬菜播种面积261.9万亩、产量610.4万吨，农业适度规模经营率达72.67%，主要农作物耕种收综合机械化水平达80%，"三品一标"认证数达1401个。邛崃天府现代种业园被认定为国家现代农业产业园，崇州市、大邑县等7个试点县(市、区)获批开展中国农业社会化服务平台试点，郫都区获评2020全国县域数字农业农村发展先进县，大邑县祥和村获评中国美丽休闲乡村，郫都区、金堂县创建为全国农村一二三产业融合发展先导区，郫都区获批开展全国新一轮农村宅基地制度改革试点。主要农产品产量见表1。

表1　2020年成都市主要农产品产量

主要农产品	单位	产量	同比(%)
粮食	万吨	227.86	0.87
油菜籽	万吨	30.44	-2.65
肉类	万吨	44.14	0.96
猪肉	万吨	28.1	4.62
禽肉	万吨	12.25	-7.06
牛奶	万吨	8.02	4.02
禽蛋	万吨	18.47	-5.28
蔬菜及食用菌	万吨	227.86	0.87
水果	万吨	172.22	1.09
水产品	万吨	14.95	0.13
生猪出栏	万头	400.39	8.44

农业产业化发展。出台《关于推进家庭农场培育计划的实施意见》，鼓励各类人才创办、领办农民合作社和家庭农场；组织学习新修订的《中华人民共和国农民专业合作社法》，指导农民合作社、家庭农场完善内部管理机制、加强规范运行。全年争取中央财政农业生产发展资金3735万元，支持农民合作社和家庭农场改善生产经营条件；指导温江区、邛崃市、简阳市、金堂县、蒲江县农民合作社质量提升整县推进省级试点，简阳市开展省级家庭农场示范县创建工作。截至2020年年底，全市有农业职业经理人17180人。新培育农民合作社539家，累计11075家，其中市级以上示范社达565家(其中国家级示范社42家、省级示范社293家)。新培育家庭农场1982家，累计达9223家，其中市级以上示范场322家、省级示范场138家。修改完善《农业产业化市级重点龙头企业认定和运行监测管理办法》，调整总资产、固定资产、销售收入等主要指标；完成成都市农业产业化省级重点龙头企业第九批运行监测和第十批推荐申报；开展全市农业产业化省级重点龙头企业第九批158家企业的运行监测和认定；进行农业产业化市级重点龙头企业的运行监测和认定，新申报45家，淘汰38家。崇州市、

都江堰市、彭州市新申报农业产业化联合体项目3个，争取中央项目资金900万元。

农村集体产权制度改革。完成全国农村集体产权制度改革整市试点任务；开展2018年、2019年、2020年度农村集体资产定期清查工作，截至2020年年底，全市农村集体资产总量达335.47亿元，资源性资产达1369万亩；推进以经营性资产为主的股份合作制改革，全市有经营性资产的村改革完成率达100%。2456个村级集体经济组织完成登记赋码，完成率达100%。开展探索农村集体经济新的实现形式和运行机制试验，探索形成集体经济联营型、集体经济"四合一"等多种集体经济发展模式，打造温江区岷江村、郫都区战旗村、简阳市尤安村、大邑县新福社区等一批集体经济发展典型；建立健全农村产权交易机制，以成都市农交所为"主干"，德阳市、眉山市、资阳市、宜宾市、乐山市等平台为"支点"的全省农村产权要素市场格局基本形成，实现与省内18个市（州）、120个县（市、区）联网运行，累计交易各类农村产权2.26万宗、面积300.63万亩，成交金额达1273.75亿元。选优配强集体经济组织负责人，全市1869个村实现村党组织书记担任集体经济组织负责人；提升集体经济组织治理能力，指导农村集体经济组织制定完善组织章程，建立健全成员大会、理事会、监事会"三会"制度；以项目化思维创新集体经济发展路径，推出《成都市2020年集体经济项目清单》，汇总集体经济项目发展需求52个、融资需求38.7亿元。

农产品品牌战略实施。加强农产品品牌孵化服务能力建设，按照"立足成都、服务全川"思路打造农产品品牌孵化服务平台；完成"天府拾味"四川特色农产礼包开发；"天府源"市级农产品区域公用品牌累计准入基地数量达120个，累计准入产品品类达225个。重点培育农产品区域公用品牌，新都区农产品区域公用品牌"蠡都味"获评四川省优秀农产品区域公用品牌并获得55万元品牌培育资金；加强资金支持，帮助100个农业生产经营主体（部门、单位）的184个项目获得市财政奖补金额3089.27万元，其中组织品牌宣传策划项目48个、奖补金额1542.03万元，开展品牌推介展示项目54个、奖补金额819.62万元，开设品牌农产品专营店项目13个、奖补金额113.65万元，发展品牌电子商务项目6个、奖补金额40.97万元，标准化认证项目63个、奖补金额573万元。农业"天府源"品牌打造。市农业农村局利用市级公用品牌优势资源，搭建小微企业、民营企业品牌孵化培育平台，打造代表成都特色的优质拳头产品，提高合作主体产品的品牌市场竞争力和影响力；开展产品品质对标、包装文创提升、活动营销推广等相关服务，提高合作主体产品市场竞争力；策划开展进公园绿道、进景区、进机关等不低于50场次品牌产品推介等展示展销活动；开放"天府源"品牌线上线下营销渠道，帮助企业搭建城市关键大型卖场、精品生活超市、新零售场景等品质农产品销售通道。

现代农业园区建设。蒲江县现代农业产业园、邛崃市天府现代种业园创建为国家现代农业产业园，崇州市粮油现代农业园区被纳入国家现代农业产业园创建管理体系，中国（成都）国际农产品加工产业园得到农业农村部支持创建全国第三个国际农产品出口加工园，新津区入选第二批国家农村产业融合发展示范园创建名单。2019—2020年，全市累计纳入省级培育园区8个；崇州市粮油现代农业园区获评省五星级农业园区，新津区稻渔现代农业园区获评省四星级园区，金堂县食用菌现代农业园区、大邑县粮油现代农业园区获评省三星级农业园区。2019—2020年，全市共认定命名市星级现代农业园区28个。

【种植业】 全市粮食作物播种面积568.5万亩，增加3.6万亩，增长0.64%；产量227.9万吨，增加2万吨，增产0.86%；单产400.8千克/亩，提高0.8千克/亩，增产0.22%。全市油料作物种植面积201.7万亩，减少8.3万亩，减产4%；产量34.6万吨，减少0.82万亩，减产2.7%；单产171.5千克/亩，增加2.9千克/亩，增产1.7%。全市主要经济作物播种面积524.8万亩，减少1.9%。开展有机肥替代化肥，推广"有机肥（堆肥）+配方肥""果（茶）—沼—畜""有机肥+水肥一体化"等技术模式；新冠肺炎疫情防控期间，鼓励蔬菜种植户根据市场需求适当增加叶菜和速生蔬菜生产，增加新鲜蔬菜产出，同时开展蔬菜、水果生产情况动态监测，及时掌握蔬菜生产信息，开展社会化服务，保障果蔬稳定生产；推进三产融合，举办第34届龙泉国际桃花节。成都市"水蜜桃""双流枇杷""双流冬草莓""新都柚""温江大蒜""双流二荆条辣椒""郫都唐元韭黄""新繁泡菜""青白江龙王贡韭"获得国家农产品地理标志认证，"蒲江丑柑""金堂脐橙""蒲江猕猴桃""都江堰猕猴桃"获得国家地理标志保护产品称号，蔬菜加工品"鹃城郫县豆瓣"获得国家地理标志保护产品、"中华老字号"称号，"丹丹"香油豆瓣获得中国驰名商标称号；位于彭州市濛阳镇的四川国际农产品交易中心形成"买全国、卖全国"的蔬菜物流集散中心，发布的"中国彭州（雨润）蔬菜指数"成为中西部地区蔬菜批发价格的"风向标"。

【林业】 全年实现林业产业总产值867.4亿元，增长1.68%，其中第一产业257亿元、第二产业182.6亿元、第三产业427.8亿元。全市全年新增木竹原料林2844公顷，总面积12万公顷；新增木本油料990公顷，总面积2.1万公顷；新增木本药材200公顷，总面积1.9万公顷；新创建省级竹林人家2家、省级自然教育基地12家、市级森林人家16家，新认定省级林业产业龙头企业5家。川西竹海景区被评为成渝地区双城经济圈首届"最美竹林风景"。

森林康养产业发展。按照《成都市森林康养产业发展规划（2019—2035年）》，推进成都市森林康养产业健康发展。9月26日，成都市公园城市局举办"生态康养 天府森活"2020年公园城市场景营城康养产业推介会，整合和展示生态康养资源，实现优质生态旅游链条的上游输出，政府搭台，为产业资源基地及运营企业搭建市场机遇平台。截至2020年年底，全市累计创建33个省级森林康养基地、10个省级森林康养人家，实现森林康养产业产值67.6亿元。

【畜牧业】 全年生猪出栏400.4万头、存栏260万头，出栏肉牛3.8万头，出栏肉羊83万只，出栏家禽7650万羽。肉类总产量44.14万吨，其中猪肉产量28.1万吨、禽肉产量13.18万吨；禽蛋产量18.41万吨，牛奶产量8.02万吨。全年加工业饲料产量273.56万吨，实现加工饲料总产值121.8亿元。全年实现畜牧业产值303.15亿元，其中生猪产值182.57亿元，占畜牧业总产值的60.2%。按照《农业农村部办公厅关于开展2020年畜禽养殖标准化示范创建活动的通知》《四川省农业农村厅关于开展2020年省级畜禽标准化养殖场创建活动的通知》《四川省农业农村厅畜牧兽医局关于开展2020年畜禽标准化养殖场创建活动的补充通知》要求组织创建活动，开展技术培训、服务，指导养殖场开展圈舍提档升级改造，完善生产、防疫、粪便资源化利用设施设备，规范并完善生产档案资料。推进生猪养殖项目建设，推动生猪养殖重点县（市、区）结合辖区实际情况研究制定规模养殖场建设推进实施方案，开展养殖龙头企业招商引资，落实土地、金融等要素保障，规划建设的规模猪场完工142个，新增种猪规模存栏能力5.07万头、育肥猪存栏能力42.09万头。印发《关于印发稳定生猪生产保障市场供应十条措施的通知》《关于印发成都市"菜篮子"强基行动方案的通知》，稳定恢复生猪生产；对生猪养殖重点县（市、区）、规模养殖场建设、地方品种资源保护及育种、扩大生产等给予相关政策支持，按照"鼓励建设高度集约化的多层生猪规模养殖场，市级财政按照多层生猪规模养殖场建造总成本的20%一次性给予补助，单场最高不超过1000万元"标准，建成并验收合格后一次性兑现奖补资金。彭州市金猪农业开发有限公司种猪场通过四川省生猪核心育种场认定，成都市级财政给予50万元的一次性奖励。全市全年通过部级标准化场认定2家、省级标准化场认定21家、市级标准化场认定16家，其中通过省级生猪标准化养殖认定19家、市级生猪标准化养殖认定15家，部级畜禽养殖标准化示范场认定2家、省级畜禽标准化养殖场认定1家，省级畜禽标准化养殖场认定1家、市级畜禽标准化养殖场认定1家。

【水产业】 全市养殖面积11654公顷，增加129公顷，增长1.12%；水产品总产量149464吨，增加43吨，增长0.1%；实现渔业经济总产值1343489.39万元，增加52415.97万元，增长4.06%。全市有水产品加工企业6家、休闲渔业基地65个、苗种生产场站38个、水产专业合作社269个、水产专业协会7个、家庭渔场48个、水产养殖面积在30亩以上的养殖大户710户，总面积2304公顷。

稻田综合种养。全市有稻渔综合种养面积12.03万亩，稻田养殖水产品产量13315吨。有国家级稻渔综合种养示范区1家、省级稻渔综合种养示范基地1家。稻渔综合种养主要集中在简阳市、崇州市、大邑县等县（市、区），主要是"稻—鱼"结合、"稻—虾"结合、"稻—蟹"结合、"稻—鳖"结合等5种模式，实现一地两用、一水两用，达到"水稻+水产=粮食提质+水产增产+生态安全+农民增收"效果。

水产科技推广应用。实施"生态健康养殖模式推广行动""养殖尾水治理模式推广行动""水产养殖用药减量行动""水产种业提升行动"，推动水产转型升级；推广池塘循环水养殖模式，开展池塘精养技术指导，推广生态制剂调水、底排污等科学养殖技术以及养殖尾水生态处理技术，促进都市现代渔业发展；编制《稻鱼菜立体生态种养技术规程》《成都鳜驯养技术规范》2项四川省区域性地方标准，规范成都市范围内稻鱼菜立体生态种养和成都鳜驯养。

【乡村振兴】 加大资金投入力度，建立财政投入稳定增长机制，全市各级财政投入154.9亿元；组织实施项目招引攻坚行动，完成项目投资511.8亿元。组织开展年度乡村振兴县乡村市级评选和省级创建申报，创建省级先进县（市、区）2个、先进乡（镇）3个、示范村40个，获得奖补资金1.59亿元；评定市级先进县（市、区）4个、先进镇10个、示范村（社区）120个和星级园区13个，安排资金2.5亿元给予激励。

乡村产业振兴。以现代农业园区建设为重点推进乡村产业振兴；加强耕地质量保护与提升，坚决遏制耕地"非粮化""非农化"，推进农村乱占耕地建房问题整治；在全省率先完成成都江堰精华灌区333.54万亩粮食生产功能区和重要农产品生产保护区划定，新建高标准农田25.1万亩。保障粮食安全，加大县（市、区）粮食安全省长责任制考核力度，推动环城生态区10万亩优质耕地种植粮食，支持粮食种植面积10万亩以上的县（市、区）开展市级粮食生产重点县建设，全年粮食作物播种面积568.5万亩、粮食产量227.9万吨；推动生猪生产恢复发展，落实补栏支持政策，新（改、扩）建规模猪场135个，生猪存栏290万头、出栏360万头。推动现代种业发展，加大种业创新力度，国标二级以上优质水稻种植面积83万亩；安排财政资金1289万元用于优良种猪引进；搭建种业展示交流平台，打造"种博会""鱼凫杯"两张名片；开展全产业链招商，关注先正达、中国种子集团等种业国际20强、国内10强企业重点招引。加快构建现代农业产业体系，紧扣全省"10+3"现代农业产业体系建设，推进特色蔬菜、优质粮油、茶等产业带发展；开展国家、省、市、县级园区培育创建工程，创建国家现代农业产业园2个、市级星级园区28个、县级园区60个，全市农业适度规模经营率达72.67%；推进35个产业化重大项目建设，新开工项目69个，全年完成投资200亿元。

乡村人才振兴。以专业人才返乡下乡为支撑，推进乡村人才振兴，加大高端人才引进力度，编制发布《成都市人才开发指引（2020）》，精准梳理55类紧缺岗位，开展"蓉漂人才荟"校园招引活动，鼓励农业企业引进培育急需紧缺专业技术人才。修订《成都市乡村规划师管理办法》，举办新时代全国乡村规划师高端对话活动，引导人才向农村农业集聚；培育创新创业人才，全面落实成都市扶持返乡下乡创业15条措施，在全省率先成立青年农民学院，并与省内各市（州）共同建立网络职业技能培训分院。建立"服务专班+服务专员"工作机制，带动2万名农民工返乡创业；加大促进农民工返岗就业力度，举办线上线下"春风行动"专场招聘会，为131家重点企业保障用工35.68万人；加强基层"三农"工作队伍建设，制定《在体制机制改革中全面加强村（社区）班子建设的实施意见》，做好干部分流安置和风险防控等工作；依托四川村政学院等，联合川内高校、规划设计单位，对3500名县（市、区）委组织部、镇（街道）负责人开展专题培训。

乡村文化振兴。以天府文化传承发展为根脉，推进乡村文化振兴，持续做好"文明旅游、文明交通、文明餐桌"等宣传引导和政策解读，打造市级"三美"示范村36个，探索设立村（社区）新时代文明实践站36个；推进先进典型示范行动进乡村，持续加强乡村道德建设，树立孝老爱亲等好家风典型，广泛开展"文明之星""道德之星""文明户"等评选活动，在"三美"示范村中新选树各类先进典型2000人，评选出1000个文明院落、清洁之家，村民参与率达90%以上；推进文化兴村育人创新探索，开展农村公共文化建设，加大村（社区）综合性文化服务中心、村史馆等建设和提档升级；结合天府文化润城行动，打造"一镇一亮点""一村一特色"公共文化服务品牌，组织开展"我们的节日"等主题文化活动3万场，建设孝善文化示范点10个。

乡村生态振兴。以农村人居环境整治为突破，推进乡村生态振兴，加强农村污染防治，实施垃圾治理等"八大专项行动"，立法通过《成都市生活垃圾管理条例》。全面完成农村人居环境整治三年行动目标任务，改造农村户厕53.98万户，农村无害化卫生厕所普及率达92.98%；行政村生活污水有效处理率达83.1%，农村保洁员覆盖率、农村生活垃圾收运处置覆盖率和无害化处理率均达100%，1294个行政村达到"美丽四川·宜居乡村"建设标准；加强农村公共基础设施建设，完成"四好农村路"建设任务200千米，农村集中供水率达90%，乡（镇）及以下集中式饮用水水源水质达标率为99.86%，完成480家基层医疗卫生机构硬件提升；加强山、水、林、田、湖系统治理，健全市、县、镇、村四级水生态治理保护合作机制，实施龙泉山城市森林公园

"减人减房"项目和水利工程建设，创建省级森林康养基地33个，开展水土流失综合治理122平方千米，建设水美乡村40个，启动灌区现代化改造10万亩。

乡村组织振兴。以党建统领共治共享为保障，推进乡村组织振兴，推进乡（镇、街道）行政区划调整和村（社区）体制机制改革，全市共调减114个乡（镇、街道）、1327个村（社区）和20800个组，调减比例分别为30.4%、30.37%和36.95%。做好改革"后半篇文章"，探索撤并乡（镇）资源盘活新模式，推进村（组）集体"三资"清查核实、集体资产资源重新分割处置等重点工作，培育出大邑县斜源街区等一批资源活化利用典型；加强农村基层党组织领导的核心地位，深化"三分类三升级"，对358个村（社区）软弱涣散党组织进行"回头看"，完成中组部、农业农村部关于农村新型领域基层党组织建设试点任务；全面推行村党组织书记通过法定程序实现"一肩挑"，村"两委"班子成员交叉任职，对新建村（社区）党组织书记开展全覆盖业务提能轮训；加强乡村发展治理，出台全国首部全面聚焦"社区发展治理"地方性法规《成都市社区发展治理促进条例》，社区、社会组织、社会工作"三社联动"机制不断完善，评选乡村社区发展治理示范村73个。

【扶贫开发】 推进86个（原116个）贫困村、76813名（动态管理）建档立卡贫困人口脱贫攻坚巩固提升，解决出行难、吃水难、看病难、增收难等问题，全面保障义务教育、基本医疗、住房安全，建档立卡贫困户家庭人均年收入12669元；实施扶贫开发，完成46个（原58个）经济薄弱村和1935户（动态管理）产业帮扶户退出验收工作，村、户人均可支配收入达到所在县（市、区）同期水平的70%以上。自代管简阳市以来，在全市连续5年在全省脱贫攻坚成效考核综合评价中简阳市获得最高等次"好"。

【乡村旅游】 坚持"景观化、景区化，可进入、可参与"理念，探索特色镇、川西林盘、农业园区（景区）多元融合模式，初步形成以绿道为纽带，特色镇、川西林盘、精品民宿相互支撑的乡村旅游目的地。全市全年接待乡村旅游游客13366.25万人次，增长1.07%；实现乡村旅游总收入515.6亿元，增长5.4%。以现代农业产业功能区（园区）、特色镇、川西林盘为载体，加快推动形态塑造、场景营造、产业再造，促进农业与加工流通、旅游康养、文化体育、电子商务等产业深度融合，打造农商文旅体融合发展消费新场景1160个；实施农商文旅融合暨集体产权制度改革试点项目建设30个，应用农村产权制度改革成果，支持新型集体经济组织通过农商文旅体融合发展建设休闲农业精品示范经营性项目；提升建设服务全川的农商文旅体融合发展平台，成立成都天府农商文旅体融合发展联盟，精选150个休闲农业和乡村旅游点位（含德阳市、眉山市、资阳市各5个点位）和50条线路（含德阳市、眉山市、资阳市各1条线路）通过成都商报"YOU农旅"新媒体平台向社会进行推介，点击量达100万人次；组织多家旅行社到全市1000个居民小区进行线下宣传。打造休闲农业和乡村旅游精品，大邑县沙渠街道祥龙社区（原董场镇祥和村）被农业农村部授予"中国美丽休闲乡村"称号，龙泉驿区山泉镇桃源村等9个村入选省级乡村旅游重点村名录（居副省级城市第1位），有省级文旅特色小镇6个、省级示范农业主题公园17个、省级示范休闲农庄40个；评选推出180家"新旅游·潮成都"主题旅游目的地和50佳休闲农业和乡村旅游目的地，"四川郫都林盘农耕文化系统"申报中国重要农业文化遗产；组织郫都区、金堂县创建全国农村一二三产业融合发展先导区，举办2020年中国农民丰收节四川分会场系列活动。推动休闲农业和乡村旅游提档升级，实施休闲农业和乡村旅游精品工程，向农业农村部推介10条2020中国美丽乡村休闲旅游行精品景点线路，组织都江堰市、邛崃市参加农业农村部举办的全国现场推介活动；在文化和旅游厅发布的50条2020四川乡村旅游春夏精品线路和六大乡村旅游主题产品中，全市8条精品线路和1个主题产品入选。指导开展"乡约·天府田野"2020农业新场景消费&休闲农业系列活动；联合市文广旅局在"五一"节前推出20条精品旅游线路；在"十一"期间举办以"喜迎祖国华诞·畅游川西林盘"为主题的2020金秋"美丽乡村"消费新场景推介活动，向社会推介10条乡村旅游精品线路、100个乡村消费新场景，吸引了50家主流媒体网站与新闻报刊、客户端自媒体账号转发400条，累计新闻转发量达550条，曝光量330万次，点赞评论人数23000人。开展休闲农业安全生产大检查，督促休闲农业经营单位建立健全安全管理制度，摸清成都市休闲农业底数，建立休闲农业全覆盖名单和休闲农业领域游乐设施台账，截至2020年年底，全市共有418家休闲农业，其中有目录外游乐设施的企业67家；开展农业农村系统组织检查抽查休闲农业企业（单位）644次，发现问题134个。

【农村水利】 坚持以促进农业发展方式转变为抓手，将高效节水灌溉作为优化水资源配置、推动用水结构调整、确保水资源供给的有效举措，结合高标准农田建设，优选农村土地流转初具规模、产业结构优化调整到位的区域发展以管道输水灌溉和微灌、喷灌为主要灌溉措施的高效节水灌溉；配合实施"化肥、农药使用量零增长行动"，实施水肥药一体化等技术，在实现精准灌溉、节约用水量的同时，减少灌溉弃水和田间水的深层渗漏，减轻面源污染，全年建设高效节水灌溉面积5.51万亩。

灌区现代化建设。推进灌区现代化建设任务，青白江区东支七渠系节水改造工程竣工验收，蒲江县20万亩农业灌溉现代化示范区建设项目完工，金堂县九龙滩灌区、东风水库灌区、彭州市湔江堰灌区、大邑县出江灌区现代化建设按计划推进。截至2020年年底，全市共实施灌区现代化建设与改造70万亩。

【农业机械化】 全市主要农作物耕种收综合机械化水平80%，增长3%。农机总量30.9万台（套），农机总动力达414万千瓦。全年完成机械化作业面积1749万亩，其中机耕724万亩、水稻机械化种植172.2万亩、小麦机收53.8万亩、油菜机收175.6万亩。

农机新技术新机具推广。围绕"良种、良法、良制、良田、良机"配套，针对水稻、油菜、毛豆、柑橘等作物开展新机具新技术试验示范，并对生猪智能养殖等薄弱环节进行试验，促进农机农艺融合；制定生菜、胡萝卜等区域性机械化生产技术规范，被成都市市场监督管理局列入2020年地方标准计划；推动农机化从传统主要农作物向经济作物覆盖转型升级。大邑县、金堂县申报全国主要农作物全程机械化示范县。

【农村科技】 推进成都国家现代农业产业科技创新中心建设、农业科技创新服务平台建设、新型职业农民培育工程、农业农村创新创业等，促进农业科技推广和农业产业结构优化升级，打造创新高效型农业，提升农民科技素质，促进农民增收。全市全年培育新型职业农民6000人、粮油种植农户102万人次；举办培训1360期，印发技术资料157.1万份。

【农业信息化建设】 全市涉农县（市、区）被纳入全国县域数字农业农村发展水平评价，郫都区被农业农村部信息中心确定为"2020全国县域数字农业农村发展先进县"。大邑县被中央网信办、农业农村部等确定为首批国家数字乡村试点地区,农业农村部政策与改革司审批同意《四川省成都市(限大邑县)发展数字农业试验方案》(试验内容包括编制数字农业农村发展专项规划、促进数字技术与农业政务监管深度融合、提升数字农业社会化服务水平、开展数字农业农村示范应用、加强数字农业农村人才队伍建设5个方面)。市农业农村局根据《关于开展市智慧治理中心有关数据大会战工作的通知》要求,对现有业务系统数据进行全面梳理,编制形成农业数据目录清单,建设完成成都市农业农村局基础数据库;自建的10个业务系统部分数据已导入基础数据库,形成数据资源目录管理平台、农业农村数据资源中心系统、基础数据库大屏展示系统3部分,截至11月底,基础数据库已汇聚6530万条数,总量达11G(千兆字节);梳理出数据资源目录182条(业务系统目录149条、履职目录33条)、目录数据项3407项。10月29日,2020成都全球创新创业交易会暨首届国际区块链产业博览会在中国西部国际博览城开幕,大会以“数字为链,农业为本,助力乡村振兴”为主题,通过“智慧发展·农业新时代、智慧生产·农业新技术、智慧服务·农业新模式”三个篇章展现以区块链、大数据、人工智能、5G(第五代移动通信技术)为代表的信息技术服务于农业农村建设,寻求前沿科技和传统产业的融合。

【农村卫生】 推进农村户厕改造提升,将年度农村户厕改造目标任务分解到县(市、区);加强新国标与《成都市农村户厕改造技术指导手册》的衔接,督促县(市、区)按标施工,确保改厕质量。截至2020年年底,全市已改厕16.13万户,占年度任务的133.4%,提前超额完成12.09万户农村户厕无害化改造的市民生实事目标,三年累计完成改厕53.2万户,农村无害化卫生厕所普及率达92.98%;264个农村“厕所革命”整村推进示范村无害化卫生厕所普及率达90%以上;蒲江县“以新型农业经营主体为主导”粪污处理模式被农业农村部、国家卫生健康委及生态环境部评为全国农村厕所粪污处理及资源化利用九大典型模式之一。印发《成都2020年农村生活垃圾治理攻坚行动方案》《成都市农村人居环境综合整治指导标准》《关于规范农村生活垃圾收集点建设标准和管理的意见》等文件,新建和改造提升农村生活垃圾收集点3000处,拆除不达标设施1300处,新购置垃圾收集转运车辆120辆,99%以上的行政村(社区)生活垃圾得到有效治理,农村生活垃圾无害化处理率达100%,农村生活垃圾收储设施覆盖率达100%,农村保洁员覆盖率达100%,农村集中居住区开展垃圾分类覆盖率达81%。围绕村庄清洁美化提升“三清三改一治理”重点内容,开展村庄清洁美化提升行动,在每月7日定期开展“爱国卫生大扫除”活动,发动农村群众户户参与、人人动手,清理庭院居室杂物、清除垃圾污垢;组织开展“美丽庭院·卫生家庭”创建活动和“公园城市·美丽乡村·共建共享”爱国卫生运动农村人居环境整治主题月活动,引导农户整齐堆放生产工具、生活用品、农用物资等物品,促进庭院内外整洁有序、室内卫生舒适,全市1294个行政村全部达到“美丽四川·宜居乡村”建设标准。

【农村法制建设】 市农业农村局参与《龙泉山森林公园管理条例》《三岔湖管理条例》《成都市大气污染防治条例》《成都市锦城公园保护条例》《成都市美丽宜居公园城市建设条例(草案)》等立法相关工作。

农业行政审批。市农业农村局推进“放管服”改革;落实“照后减证”,持续深化“多证合一”“证照分离”改革,印发实施《中国(四川)自由贸易试验区成都区域“证照分离”改革全覆盖试点(涉及农业农村事项)工作方案》,梳理改革事项清单531项,其中涉及农业农村事项53项。开展“证照分离”信息系统改造和数据归集共享工作,全年市本级及4个落地区范围内累计办件50件。市农业农村局推进政务服务“一网通办”,将审批事项纳入“蓉易办”政务服务体系。实施高频政务服务事项流程再造,印发《成都市农业农村局推进政务服务审批“不见面”工作方案》并执行,梳理“容缺受理”政务服务事项清单19项,明确可容缺受理材料、时限、后补方式,服务事项100%实现“一次办、全程办、网上办”,50%以上实现“马上办”。市农业农村局深化行政审批制度改革,落实中央和省压减的行政许可事项,全面推广证明事项告知承诺制;推进“向产业功能区下放市级管理事项清单”工作。

农业综合执法。全面推行行政执法“三项制度”,推进包容审慎执法,定期召开培训会,采取以案说法的方式进行执法案示范讲解,编印农业行政处罚自由裁量基准120册并发放给全市农业执法机构。开展农产品质量安全、长江流域“十年禁捕”、打击违法违规调运、生猪屠宰行业违法行为整治百日行动、种子苗木市场检查、“绿剑护农”、农机安全生产、“春雷”农资打假等专项执法行动,全年共出动执法人员39409人次,检查生产经营主体26638户次;办理农业行政处罚案件392件,罚没款866.2881万元(其中罚没款5万元以上的案件38件、移送司法机关18件);没收、转商、销毁违规物品7287千克,其中市执法总队直接办理的违法案件23起、罚没款256.5131万元。全年开展市场检查7236次,出动执法人员48279人次,检查生产经营主体24556户次;处理农业执法简易程序处罚案件30件,一般程序行政处罚案件240件(其中大案要案29件、移送司法机关案件8件),罚没款672.33万元,没收、转商、销毁违规物品1645.3千克。全市全年获得全国农业行政处罚优秀案卷2件、全国优秀执法文书2份、全国渔业行政执法优秀案卷2件、全省农业行政处罚优秀案卷6件,某饲料生产企业违规使用药物饲料添加剂案获评“2019年全国农资打假十大典型案例和农业行政执法十大典型案例”,邛崃市农业农村局、龙泉驿区农业农村局被命名为“全国农业综合行政执法示范单位”,金堂县农业综合行政执法大队被命名为“全国农业综合行政执法示范窗口”。

【农业重大项目建设】 全市农业农村领域全年在建省、市重点项目41个,完成总投资133.9亿元,完成计划的126.4%,第一产业固定资产完成投资215亿元;累计签约招引农业农村重大项目187个,协议投资额1190.2亿元,其中招引总投资100亿元以上高能级项目3个(四川天府新区“中国企业家小镇项目”、双流区“城投生命健康小镇项目”、龙泉驿区“锦绣天府综合开发项目”)以及总投资30亿～50亿元项目6个。以农业产业功能区为重点,发布农业产业功能区投资机会清单358项;以农业产业链高端为核心,加快补齐高标准农田、农产品仓储保鲜冷链物流设施、农村人居环境整治等农业农村重点领域补短板,策划包装强链补链项目265个;针对114个撤并乡(镇)、100个川西林盘,策划推出资源禀赋和生态价值比较优势突出的农商文旅体融合发展项目206个,其中特色镇(街区)和川西林盘保护修复项目147个;走访重点目标企业700家,在重庆、厦门、泉州、烟台、北京等城市举办“共享新机遇、共谋新发展”等各类投资推介活动、集中签约仪式、集中开工仪式23场。

【农村生态建设及环境保护】 秸秆综合利用和焚烧。印发《成都市2020年农作物秸秆综合利用和禁烧工作实施方案》《2020年秸秆综合利用和禁烧工作手册》，完善禁烧网格化管理机制，落实市、县、镇、村各级责任；推进市级部门包片督查巡查，由以往多个部门包片调整为由市农业农村局和市生态环境局分别包片南部15个、北部7个区域。全面落实联防联控工作机制，持续加强与德阳市、绵阳市等周边城市的协作配合，解决输入性污染问题；于4月30日牵头召开成都经济区秸秆禁烧联防联控和综合利用区域合作联席会议，共同签署《成都经济区农作物秸秆禁烧联防联控和综合利用区域合作工作协议》；推动秸秆综合利用工作，继续围绕秸秆"五化"利用，稳步提高秸秆利用率，秸秆综合利用率达98.5%；推广田边地角堆沤还田、机械化粉碎还田、免耕沃土还田、作食用菌基料、生物质燃料等成熟技术，在适宜机械化作业的地区提升机械化粉碎还田技术应用水平。落实各项政策，对纳入四川省农机购置补贴农机具范围的秸秆综合利用机械，按照中央、省、市相关政策试行进行补贴；对规模化利用秸秆达到1000吨以上的经营主体给予市级财政资金支持，共计175.31万元。

沼气安全管理体系建设。发展农村清洁能源，制订《成都市加大农村清洁能源推广应用实施方案(2020—2025年)》，明确提出到2025年基本形成以电力和天然气为基础，沼气、太阳能、浅层地温能以及其他清洁能源优势互补的能源体系，农村清洁能源推广利用达到全国领先水平；加强农村沼气管护体系建设，确保沼气利用实现规范化、高效化、安全化；印发《成都市农业农村局关于加强农村沼气池管护制度建设的通知》，指导各县(市、区)围绕农村沼气安全生产清单制管理、沼气项目管理、安全检查、安全处置、宣传培训、应急处置、台账管理七个方面制定和完善农村沼气管护制度，统筹推进农村清洁能源推广工作，引导农村沼气管护步入规范、高效、安全的健康发展轨道；制定全年工作目标任务，并纳入政府目标考核范围；引入第三方机构，开展农村沼气安全隐患排查，实现全年大中型沼气工程安全检查全覆盖。开展全市农村沼气"安全生产月"活动，开展咨询日活动485次，发放资料14.2万份，制作板报192期、条幅1609条，广播宣传4840次，视频播放830次；开展农村沼气安全主题宣讲场次336次，听课人数21341人，观看安全警示片人数20791人；组织开展沼气安全突发事件应急演练活动79次，参加人数8264人。在支农专项资金中设立沼气池运维管护项目，通过对沼气池的维修服务、安全管理、宣传培训、网络应用四个方面加强沼气池运维管护体系建设。

【农产品质量安全监管】 全市主要农产品例行监测合格率达98.9%，没有发生重大农产品质量安全事件。

国家农产品质量安全市建设。组织各县(市、区)按照国家农产品质量安全市"五化""五率先"要求深化示范创建，落实产地环境管理、生产过程管控、农业品牌发展、应急处置等工作措施，加强生产主体责任的落实，逐步实现由被动监管向行为自律的根本性转变；按照《四川省农产品质量安全监管示范县评定管理办法》，落实属地管理责任，加强日常监督检查，持续做好示范县资格复审工作，不断提升县(市、区)农产品质量安全监管能力和水平。成都市通过深化国家农安县建设工作检查，彭州市和金堂县通过省级示范县资格复核评审。

农产品"三品一标"认证。推进"三品一标"(无公害农产品、绿色食品、有机农产品认证和农产品地理标志)农产品认证登记，全市"三品一标"农产品1401个；组织实施9个市级农产品地理标志核心保护区建设，创建农产品地理标志培育样板。

食用农产品合格证制度推行。市农业农村局会同市市场监督管理局制订《成都市试行食用农产品合格证制度实施方案》《成都市食用农产品合格证制度整体推进工作方案》，将5类试行品类和7类实施主体纳入试行范围，在全市推行食用农产品合格证制度，引导全市规模生产主体开具合格证，合力推动形成产地准出和市场准入的有效衔接。

【农村市场体系建设】 农业金融保险政策落实。调整和修改政策性农业保险条款，围绕粮油、蔬菜、畜禽三大主导产业，启动2020年政策性农业保险有关事项调整，运用金融手段提升农业风险管理水平；优化蔬菜价格指数保险、政策性生猪价格指数保险等政策性特色农业保险险种，开展水稻收入保险、"鸡蛋+期货"保险试点，推进全市特色产业健康发展。全市全年政策性农业保险签单保费收入达6.1亿元。

农村金融服务综合改革。创新乡村振兴投入机制，加大财政支农力度，分类制定全市涉农县(市、区)乡村振兴投入占比，明确中心城区涉农县(市、区)每年公共财政支出中对乡村振兴投入不得低于40%、远郊新城和成都东部新区每年公共财政支出中对乡村振兴投入不得低于60%；推动涉农资金整合，市级财政支农资金已全部实行"大专项+任务清单"管理机制，实现专项资金、任务清单、绩效目标同步下达；研究制定《农田建设专项资金管理办法》，完善高标准农田项目建设资金投入管理方式。创新涉农金融产品和金融服务，推进农村土地经营权、农民住房财产权直接抵押融资，做大农村集体建设用地使用权抵押融资规模，全市全年农村产权抵押贷款金额累计达234.3亿元；运用金融手段提升农业风险管理水平，市级建立规模1.69亿元的"农贷通"风险补偿资金，累计引导金融机构发放涉农贷款260.77亿元，其中2020年贷款76.65亿元。对符合条件的种植业、养殖业和第一二三产业融合发展项目分别给予100% ~ 30%的贴息。

【涉农节会会展】 推进"会展之都"建设。会同市博览局共同引进由中国国际商会主办、北京太克会展有限公司承办的中国国际集约化畜牧展览会，会同法国驻成都总领事馆商务投资处以及成都市饲料工业协会、成都市猪业协会、成都市畜牧兽医学会举办2020成都中法养猪业合作与交流研讨会，会同中国农业国际合作促进会举办2020中国—中东欧农业国际合作论坛。组织开展"成都造"农产品推介活动，先后组团参加四川国际茶业博览会、2020首届成都青岛啤酒节、第二十八届中国(深圳)国际礼品及家居展览会、第二十六届哈尔滨种业博览会、第十八届中国国际农产品交易会5个重要农业展会及活动，参展面积1368平方米，参展企业105家，发放参展企业补助26.824万元，实现现场销售收入472.278万元，意向签约3345.1万元，拓展潜在客户380个，投资促进5.25亿元，获评第十八届中国国际农产品交易会最佳支持单位；组织4家水果企业参加意大利果蔬展。

"中国农民丰收节"。9月22日，2020年"中国农民丰收节"四川省"庆丰收、迎小康、兴乡村"活动启动仪式在新津区天府农博园举行，省、市相关部门领导和负责人，各县(市、区)分管领导，农业农村局部门负责人以及农民代表400人参加。启动仪式围绕"金秋硕果喜庆丰收""众志成城抗疫保供""产业助推脱贫奔康"三个主题展开，举行了"四川省2019年度粮食生产丰收杯""第四届乡村手工艺大师""金秋消费季"农特产品和精品旅游线路等颁奖典礼、抗疫先进事迹分享、特色品牌及精品线路发布等活动，"中国农业大学四川现代农业产业研究院”揭牌成立，省、市、区重大产业化项目签约。期间举办了2020四川省数字“三农”发展高峰论坛，聚焦农业数字化改造、农村数字化治理、农民数字化生活，探讨推动数字乡村建设；表彰了第三届成都市乡村振兴十大案例中的“十大脱贫攻坚奉献人物”“十大川西林盘消费新场景”“十大人居环境优美村”等十二大类获奖集体和个人。丰收节通过“全面建成小康社会，打赢脱贫攻坚战”扶贫成果展、四川省第四届农村手工艺大师作品展、“金秋消费季”四川省特色农产品展、“智慧+”农业机械展、“成都特色及新津特色”农业产品和农业文创展五大板块集中展示了脱贫攻坚成果、四川农村特色手工艺文化、特色农产品、智慧农业机具以及新津本地农业产业化企业发展面貌。全市各县(市、区)以“主会场+乡(镇)分会场”的形式开展活动，大邑县在董场镇祥和村稻乡渔歌田园综合体举行了以“成渝大融合共庆丰收共迎小康”为主题的第二届天府丰收节和“天府健康跑”活动，崇州市在隆兴镇青桥村举行了“丰年万穗”农民丰收节系列庆祝活动的开镰仪式，简阳市在平泉镇荷桥村举行了2020年简阳市第三届农民丰收节，青白江区、新都区、双流区、都江堰市、彭州市、蒲江县等县(市、区)根据当地农时农事特点、乡村优秀文化传统和“三农”发展实际开展特色庆祝活动。

2020品牌农业发展国际研讨会。10月30日，由中国优质农产品开发服务协会、中国检验检疫学会、国际农业协会联盟、四川省农业厅、成都市人民政府共同主办的2020品牌农业发展国际研讨会采取线上直播的方式召开，全国政协、四川省农业农村厅相关领导，美国驻华大使馆农业贸易处主任肖美玲、MsLashondaMcleod，国际农业协会联盟主席拿督张创迪以及来自多个国家的专家学者、农业行业组织和国内有关省(市)、行业部门、企业代表参加会议。会议以“区域经济合作挖掘增长新动力”为主题，来自马来西亚、摩洛哥、巴基斯坦等国的代表和中国媒体、企业代表就品牌农业发展与国际交流共同探讨。会议期间，200万余人次通过网络收听收看会议直播。

彭州菜博会。11月22日—26日，以“擦亮川菜金字招牌建设中国西部菜都”为主题的第十一届中国·四川(彭州)蔬菜博览会在彭州市濛阳街道中国·四川天府蔬香博览园举行。菜博会通过田间展、场景展、云上展三大展陈方式开展，“线上+线下”参会、参观总人数100万人次。会议期间，签订农业投资项目18个，协议资金190亿元；产销对接项目5个，蔬菜产销额达85万吨，协议金额12亿元。

【农村大事记】 2月10日，市农业农村局召开局党组会暨局疫情防控专题工作会，传达了市委、市政府以及市疫情防控指挥部相关会议精神，并对下一步相关疫情防控工作情况进行了安排部署。

3月19日，市委农村工作会议召开，传达学习全面落实中央、省、市有关重要会议部署精神，对标高标准全面建成小康社会目标任务，研究部署2020年全市“三农”工作。省委常委、市委书记范锐平和市长罗强分别作批示。市委常委左正出席会议并讲话，市人大常委会副主任韩春林、副市长刘旭光、市政协副主席杨建德出席会议。会上宣读了关于命名表彰2019年度成都市实施乡村振兴战略推进城乡融合发展先进县(市、区)、先进乡(镇、街道)、示范村(社区)的通报；关于命名崇州市天府优质粮油融合发展园区等15个农业园区为成都市星级现代农业园区的通知以及关于表彰2019年度全市农村改革和农民增收工作先进县(市、区)的通报。新都、简阳、都江堰、金堂、新津、大邑6个县(市、区)通过视频作大会发言。

4月17日，温江区被农业农村部确定为第二批全国农村集体产权制度改革试点典型单位。

4月20日，新津县宝墩镇被农业农村部和财政部列入2020年农业产业强镇建设名单。

4月27日，全市农业生产工作调度会召开。会议落实中央和省委农村工作会议精神，分析当前全市粮食生产、生猪供需形势，安排部署当前和今后一个时期全市粮食和生猪生产工作。市委常委左正出席并讲话。

5月8日—10日，市农业农村局同市商务局组织开展成凉农商合作对接活动。两地农业农村局、商务局共同召开成凉农商合作助推凉山脱贫攻坚座谈会，重点就成凉农商合作协议及相关实施项目内容等进行了交流，确定了以“1+4+N”为核心的农商合作协议内容，在共同加快推进成都“菜篮子”保供基地建设、“以购代捐”活动以及助力提升凉山州特色优势农业产业、开展品牌孵化、加大大凉山农特产品产销衔接等方面明确了项目、措施。双方还就合作意向、合作模式、农产品供需情况等进行了交流对接，初步达成了一批农产品购销、基地建设和产业投资合作项目。

5月27日，全市出台《成都市“米袋子”“菜篮子”强基行动方案》。《方案》提出，到2020年，全市粮食播种面积稳定在568万亩左右，产量稳定在227万吨左右；蔬菜播种面积稳定在260万亩左右，产量稳定在600万吨左右，叶菜自给率达到100%；地产生猪年出栏稳定达到400万头，通过生态补偿在市外建设200万头生猪生产基地；“菜篮子”产品质量安全抽检合格率稳定在98%以上。到2022年年底，全市“米袋子”“菜篮子”生产稳中有进、质量更加优良、流通更加顺畅、储备更加充足、监管更加完善。

7月2日，第九届四川国际茶博会在成都世纪城会展中心正式开幕，省委常委曲木史哈，副省长尧斯丹，省政协副主席祝春秀，省委农办主任、农业农村厅厅长杨秀彬，副市长刘旭光等省、市领导出席开幕式，市农业农村局局长张俊国参加开幕式。茶博会以“千亿茶产业·创新大发展”为主题，规模6万平方米，全省11个茶叶主产市和重庆、贵州、云南、广西、广东、湖南、福建等地数十个名茶产区1000余家企业参展。该届茶博会是疫情防控常态化条件下全国首个茶业展会，为加快构建四川省特色优势产业体系，茶博会首次规模化融合精制川茶、川竹、四川好水、优质白酒等产业进行集中展示。茶博会成都馆聚集了邛崃市、蒲江县等9个县(市、区)28家涉茶龙头企业，展示了包括绿茶、红茶、黑茶、白茶及各类茶产品等特色产品和川味小饼、贡茶小饼、桂花糕、姜糖等配茶小食，以及茶多酚、茶叶茶氨酸等茶类深加工产品。活动集中展示了全市以精制茶为代表的茶产业发展成果。展期内在邛崃市文君茶公园举办第九届四川省国际茶业博览会成都市产销对接系列活动，并举办了崇州枇杷茶申报中国重要农业文化遗产启动仪式。

7月14日，农业农村部、国家卫生健康委、生态环境部三部委办公厅联合印发《农村厕所粪污无害化处理与资源化利用指南》《农村厕所粪污处理及资源化利用典型模式》，9种农村厕所粪污处理及资源化利用典型模式上榜，其中蒲江县以新型农业经营主体为主导的模式入选。

8月5日，市农业农村局召开全市农业农村项目招引攻坚工作调度会。市农业农村局局长张俊国出席会议。会议通报了全市农业农村部门开展项目招引攻坚工作情况，各县(市、区)农业农村部门汇报了工作开展情况及下一步工作安排。

8月26日，文化和旅游部、国家发展改革委公布第二批全国乡村旅游重点村名单，崇州市白头镇五星村、成都市龙泉驿区山泉镇桃源村、彭州市桂花镇蟠龙村、都江堰市龙池镇飞虹社区、都江堰市青城山镇泰安社区入围。

9月8日，成都市首届天府大地艺术季在邛崃市开幕。该届艺术季历时一个月，以"天府大地·风物共生"为主题，通过大地艺术装置作品和系列主题活动，把成都人的生活方式、文化特质与川西林盘、天府大地有机融合，让广大市民游客领略天府文化的独特魅力。省委常委、市委书记范锐平，省委常委、省直机关工委书记曲木史哈，市人大常委会主任唐川平，市政协主席李仲彬出席开幕式。

9月17日，农业农村部办公厅印发《关于公布2020年中国美丽休闲乡村的通知》（农办产〔2020〕11号），推介246个村为2020年中国美丽休闲乡村，大邑县董场镇祥和村位列其中，全市累计已有10个中国美丽休闲乡村。

9月22日，2020年中国农民丰收节四川省庆丰收活动在新津区拉开帷幕。省委副书记邓小刚，省委常委、省直机关工委书记曲木史哈，中国农业大学校长孙其信，副省长尧斯丹，省委副秘书长杨天宗，省委农办主任、农业农村厅厅长杨秀彬，市委副书记朱志宏，市委常委左正，副市长刘旭光等领导出席启动仪式，市委农办主任、农业农村局局长张俊国及市级有关部门、各县（市、区）相关负责人参加启动仪式。启动仪式围绕"金秋硕果喜庆丰收""众志成城抗疫保供""产业助推脱贫奔康"三个主题篇章，举行了"四川省2019年度粮食生产丰收杯""第四届乡村手工艺大师"颁奖、"金秋消费季"农特产品和精品旅游线路发布，以及抗疫先进事迹分享等活动；举办了2020四川省数字"三农"发展高峰论坛，聚焦农业数字化改造、农村数字化治理、农民数字化生活，探讨推动数字乡村建设；揭晓了第三届成都市乡村振兴十大案例"十大脱贫攻坚奉献人物""十大特色镇川西林盘消费新场景""十大农村人居环境优美村"等十二大类获奖名单并颁奖。启动仪式还开展省（区、市）重大产业化项目签约，全市共签约项目6个，涉及签约额24.8亿元。丰收节还在天府农业博览园田间地头举办农博田园展，通过"全面建成小康社会，打赢脱贫攻坚战"扶贫成果展、四川省第四届农村手工艺大师作品展、"金秋消费季"四川省特色农产品展，以及"智慧+"农业机械展和"成都特色及新津特色"农业产品、农业文创展五大板块集中展示了脱贫攻坚成果、四川农村特色手工艺文化、特色农产品、智慧农业机具以及新津本地农业产业化企业发展面貌，呈现出新乡村经济发展美好前景。

10月16日，成都市与雅安市签署战略合作协议，将进一步深化区域协同合作，共促成都平原经济区一体化发展加快成势。省委常委、成都市委书记范锐平，市长王凤朝，市人大常委会主任唐川平，市政协主席李仲彬，雅安市委书记兰开驰、市人大常委会主任李伊林、市长邹瑾、市政协主席杨承一出席签约仪式，其中四川天府新区成都管委会和雅安市政府签订了合作共建四川区域协同发展总部基地加快两地联动发展战略合作协议，成都市农业农村局和雅安市农业农村局签订了加快成都都市圈绿色优质农产品生产保供合作协议，成都市新经济委和雅安市经信局签订了共同打造成雅大数据产业协同区合作协议。

10月18日，成都市第七届"鱼凫杯"优质稻米品鉴活动在温江区举办。市委农办主任、市农业农村局局长张俊国，农业农村厅二级巡视员付洪，市农业农村局副局长姚光贵，省种子站，温江区、省种子协会等相关负责人和专家出席活动。全年参评优质水稻品种达104个，增加22个。经过田间初选和现场评选两个环节的角逐，活动最终评选出了"锦城优雅禾""川优6709""泰香优1918"等35个获奖优质水稻品种，其中钻石奖2个、金奖5个、银奖10个、铜奖18个。活动还面向现场观众开展人气奖评选，广8优龙丝苗、野香优明月丝苗2个品种获得最佳人气奖。

10月20日，市农业农村局在深圳市举办以"共享新机遇·共创新未来"为主题的成都市都市现代农业投资推介会，吸引了华侨城集团、深农集团、禾茂控股集团等40余家深圳企业参会。市农业农村局总农艺师黄挺出席推介会。青白江区、郫都区等6个县（市、区）分别从农业产业功能区投资环境、农商文旅融合发展、重点招商项目、特色农产品等多个方面介绍了全市现代农业优势资源和营商环境。同期，还组织田岭涧农业、青城茶叶等20家"成都造"龙头企业参加第二十八届中国（深圳）国际礼品及家居用品展览会。

10月30日，由市农业农村局主办，市农林科学院承办的成都市数字农业农村联盟成立大会在市农林科学院举行。市农业农村局局长张俊国，成都市农林科学院党委书记、院长冯秀富等出席会议，市农业农村局总农艺师黄挺主持会议，各县（市、区）农业农村主管部门负责人，有关高校、科研院所、企事业单位代表参加大会。大会审议通过了联盟章程和联盟代表大会、理事单位、副理事长单位及理事长单位名单，选举产生了联盟理事长、副理事长，通过了联盟秘书处秘书长、副秘书长及专家团队名单，研究确定了联盟主要工作思路。

11月11日，农业农村部公示91个全国乡村特色产业10亿元镇和136个全国乡村特色产业亿元村，邛崃市夹关镇龚店村、郫都区友爱镇农科村、青白江区福洪镇杏花村入选全国乡村特色产业亿元村。

△ 农业农村部公示423个第十批全国"一村一品"示范村镇名单，金堂县竹篙镇、成都市青白江区福洪镇三元村入选。

11月22日，第十一届中国·四川（彭州）蔬菜博览会在彭州市天府蔬香博览园开幕。第十三届全国政协经济委员会副主任房爱卿，全国政协委员、国家食物与营养咨询委员会主任、中国农业技术经济学会会长陈萌山，国务院参事室特约研究员、中国农产品市场协会会长张玉香，中国蔬菜流通协会会长戴中久，农业农村部市场与信息化司一级巡视员陈萍，农业农村部信息中心总工程师刘桂才，省政协副主席陈放，省委农办主任、农业农村厅厅长杨秀彬，省农业科学院院长牟锦毅，市委常委左正，副市长刘旭光，市政协副主席杨建德，市委农办主任、市农业农村局局长张俊国以及彭州市相关负责人等出席开幕式。该届菜博会以"擦亮川菜金字招牌建设中国西部菜都"为主题，扩大和深化市场化办会的运作模式，实现多会联办、多地联动的展陈形式，围绕集招商引资、贸易洽谈、展示展销、行业交流、田园体验、乡村旅游于一体的"农商游"等展示内容分别打造了精彩纷呈的活动和体验内容，旨在展示四川蔬菜产业发展成果，推进蔬菜产业供给侧结构性改革，提升蔬菜产业发展质量，促进农业提质增效和农民持续增收。该届菜博会以"立足大循环谋篇双循环·构建高质量发展新格局"为主题，开展了中国蔬菜产业高质量发展高峰论坛、中国蔬菜产业科技创新高峰论坛、中国蔬菜产业人才发展高峰论坛暨彭州现代农业职业经理人培训会、四川（成都）项目推介暨产销对接签约仪式等多场活动。

11月25日，"乡约天府之国寻梦川西林盘"2020年成都市农商文旅体、特色镇（街区）和川西林盘消费场景宣传暨招商引资推介活动在陕西省西安市举行。副市长刘旭光出席活动;市委农办主任、市农业农村局局长张俊国,市规划和自然资源局、市住建局等相关单位和县(市、区)有关负责人参加活动。活动向西安农创企业、文旅企业和旅行社代表展示了全市特色镇(街区)建设和川西林盘保护修复的成果、乡村旅游的新场景、新业态,以及全市良好的生态本底、丰富的人文历史资源和优良的营商环境,并向与会嘉宾发出了诚挚的邀请。推介活动现场签约6个投资项目,总金额101亿元,其中签约金额最大的是天府国际本草文旅(康养)小镇项目,总投资额达40亿元。

12月7日—9日,市委农办主任、市农业农村局局长张俊国率队到凉山州看望慰问市农业农村系统选派的援彝干部人才。张俊国一行实地调研了越西县申普乡果吉村村级脱贫奔康产业园和越西县现代农业产业(苹果)园区,到喜德县鲁基乡坛罐窑村实地了解援彝干部人才工作、生活情况,向奋战在脱贫攻坚一线的援彝干部人才表示慰问。

12月18日,农业农村部管理干部学院和中国农村合作经济管理学会发布《国家农民合作社示范社发展指数研究报告(2019)》,评选出"2019年度国家农民合作社示范社发展指数300强";龙泉驿区十陵禽业合作社、邛崃市蟲鑫蜂业专业合作社入围,分别名列154名、224名。

【主要领导人】 市委书记:范锐平;市人大常委会主任:唐川平;市长:王凤朝;市政协主席:李仲彬;分管农业副市长:刘旭光。

成都市编写组

锦江区

【基本情况】 2020年,全区辖3个涉农街道11个涉农社区,辖区面积62平方千米。

【农村集体产权制度改革】 制订《村级集体经济组织调整改革实施方案》,完成潘家沟社区与生研所社区合并,成立锦阳社区集体经济组织;完成3个涉农街道11个集体经济组织的清产核资;完成8个村级集体经济组织的登记赋码;完成3个涉农街道24个组4636人的承包经营权证核对核实。

【新冠肺炎疫情与重大动物疫病"双防控"】 组建疫情防控工作专班,以静渝路农资经营市场和涉农区域的疫情防控为重点,统筹推进新冠肺炎疫情防控与非洲猪瘟、高致病毒禽流感等重大动物疫病防控,共出动疫情防控巡查、后勤保障、疫情联动工作人员9063人次,检查农贸市场2876家次,公园、绿道1219个次。

【动物诊疗机构、农业投入品经营企业日常监督检查】 以禁止活禽宰杀、野生动物交易及宠物医院监管为重点开展日常巡查检查,查处动物违规规模寄养5起,责令现场整改21家。结合兽药农药、瘦肉精等农产品质量安全开展专项整治行动,出动执法车655辆次、执法人员2120人次,检查农业投入品经营企业1565家次,完成农药、兽药、饲料10个抽样品种。

【对口帮扶】 按照《成都市对口支援藏区工作领导小组关于印发〈进一步做好新形势下对口支援省内藏区工作实施方案〉的通知》(成援领〔2020〕3号)和《锦江区对口支援炉霍县工作领导小组办公室、区委督查室关于印发〈锦江区对口帮扶炉霍县2020年工作目标任务分解表〉的通知》(锦援炉办发〔2020〕2号)要求,制订《锦江区公园城市局2020年对口帮扶炉霍县工作计划》,组织人员和专家教授到炉霍县开展对口帮扶,推进援藏项目和人才培训。

【推进"三圣花乡"转型升级】 围绕打造"美丽宜居公园城市"的田园乡愁新样本、城乡融合发展新典范的建设目标和实现涉农区域"产业兴旺、生态宜居、乡风文明、治理有效、生活富裕"总要求,克服新冠疫情带来的不利影响,推进"三圣花乡"转型升级。落实到位地方专项债券资金2亿元,完成"花乡农居"基础设施提升改造项目,推进"花乡农居"田园风貌打造项目,全面完成"花乡农居"人居环境整治项目和"幸福梅林"违建拆除工作。

【农村人居环境综合整治】 制订《锦江区农村人居环境整治年度行动计划》,实施垃圾治理、开展污水治理、推进"厕所革命"、面源污染治理、改善村容村貌、推进农村基础设施提升等,清理农村生活垃圾612吨,拆除违建8.9万平方米,清运建渣62000余立方米,回填种植土65000余立方米,累计拆除违建面积约168269平方米,完成23个排污下河口治理,清理村沟淤泥5800吨,新建、维修改造公厕3座,清除残垣断壁22处,新建绿道153千米,改建停车场30个、生态旅游公厕5座、共享厕所3座。

【农作物秸秆综合利用和禁烧】 加强组织领导,逐项落实目标任务,采取有效措施,加强宣传力度,抓好督促检查,实行"横向到边,纵向到底"的严防死守,实现了"不见烟雾、不见火光、不见黑斑"的目标,全区在秸秆禁烧期间未发生一起焚烧秸秆行为,综合利用率达100%,全面完成市、区政府下达的农作物秸秆综合利用和禁烧工作任务。

【农业农村人才建设】 坚持人才优先发展战略,开展人才政策宣传,加强人才引进培育和人才环境营造,开展招才引智和人才队伍建设,参与开展"蓉漂"人才荟等系列活动,推进"花乡良师工作室"建设,搭建人才创新创业和成长发展平台,为乡村振兴、现代农业发展和高品质打造美丽宜居公园城区提供智力支撑。组织企业进行2020年度四川省留学人员回国创业项目择优资助申报和重点产业、领域、行业紧缺人才岗位需求申报、实体经济新经济领域人才奖励等申报;邀请仲衍种业股份有限公司负责人参加"四川农产品出海视频公益培训课";组织三圣玫瑰谷和金蓉棕编工作室参加锦江区"春'锦'乐市"人才音乐市集活动,推荐项目与人才互动交流,展示全区良好人才发展环境;开展"三室一站"建设,锦江区公园城市局会同锦江区委宣传部、锦江区文化体育和旅游局制定《成都市锦江区"花乡良师工作室"建设实施细则》,推荐"花乡良师工作室"(农业类)2人,为推进乡村振兴和"三圣花乡"转型升级,加速聚集培育一批急需紧缺的文旅创意、都市农业、花卉产业、乡村旅游等领域的领军人才。

【农资保供】 针对全区农资市场企业商家集中的特点,采取有效措施,帮助和指导企业在严格落实疫情防控和安全生产有关工作措施前提下有序复工复业。针对农资企业存在的农资运输、生产资料前端供给紧张、部分农资库存积压等方面问题,通过出具春耕生产物资和人员运输车辆通行证等措施解决企业燃眉之急,为全省、全市春耕生产农作物种子、农资供应提供保障。

【农业综合执法】 全年受理并查处群众举报51起,制止垂钓行为为550起,劝导违法垂钓385人次;开展违法违规调运生猪车辆专项整治行动,设置高速公路检查点2个,张贴监督电话公示6份,检查运输生猪270头、生猪产品30吨、家禽车辆8台次、家禽1400只,全年共立案查处农业行政违法案件(一般程序)7起,罚没款11.032万元。

【企业复工复产】 开展"送政策、帮企业、送服务、解难题"专项行动,制订《锦江区农村领域"送政策、帮企业,送服务、解难题"专项行动工作方案》《农业企业复工复产新冠肺炎疫情防控工作应急预案》等工作方案和应急预案，建立锦江区公园城市局班子成员对口联系企业、专人负责联系制度，开展政策宣传，加强指导和协调服务，全区农业产业化龙头企业、农资经营企业商家、动物诊疗机构全面复工。宣传成都市有效应对疫情稳定经济运行20条政策措施和锦江区25条执行措施，缓解企业防疫物资紧缺矛盾，推动企业复工复产、稳产、满产。

【主要领导人】 区委书记：陈志勇；区人大常委会主任：何立祥；区长：缪晓波；区政协主席：张松；分管农业副区长：张敏。

锦江区编写组

青 羊 区

【基本情况】 2020年，全区辖12个街道67个社区（其中涉农街道5个、社区30个），辖区面积66平方千米（其中永久基本农田面积188公顷）。年末常住人口116.23万人、户籍人口73.33万人，人口出生率10.95‰，人口自然增长率5.35‰。全区绿化覆盖率46%。

2020年，全区GDP1304.8亿元，增长2.2%，其中第一产业增加值0.05亿元，增长221.1%；第二产业增加值180.9亿元，增长5.7%；第三产业增加值1123.9亿元，增长1.5%；三次产业结构比为0∶13.9∶86.1。全口径税收收入246.08亿元。一般公共预算收入完成86.7亿元，减少6.7%；一般公共预算支出58.92亿元，增长1.5%。完成固定资产投资327.4亿元，增长6.3%。社会消费品零售总额924.5亿元，减少3.9%。全区有国家级产业园区1个、省级产业集聚区（开发区）4个、市级产业功能区3个、市级文创产业园6个。

有区属各类学校50所，在校学生9.0074万人，其中普通小学32所，在校学生6.08万人；普通中学14所，在校学生2.36万人；普通中等专业学校4所，在校学生5690人；学龄儿童入学率100%。有区属图书馆、文化馆、有线电视台各1个，省、市科技馆、图书馆、美术馆、博物馆、剧场、体育中心等公共文化设施12个，有A级景区4个、文物保护单位43个，道教、佛教、伊斯兰教、天主教、基督教宗教场所5个。有各级各类医疗卫生机构788家，病床位13380张。

【年度农业和农村经济运行】 2020年，全区城乡居民基本养老保险覆盖率、基本医疗保险参保率分别达95%、98%以上。全区“十三五”规划收官，获评“四川省首批全域旅游示范区”“四川省促进服务业发展工作先进单位”“全省平安建设先进县（市、区）”“四川省现代服务业集聚区创新发展先进单位”等。

农业产业化发展。全区优化以龙头企业为主的农业企业服务，落实各项惠企政策，及时足额拨付补贴资金，加强协调沟通，为企业解决资金和产品销路难题，组织企业参加线上线下相关推介会和展销会，助力企业克服疫情影响，全力支持企业发展。全年农业产业化龙头企业实现销售额（交易额）175.36亿元，上缴税金1.02亿元，均比上年有较大幅度增长。区发改局获得第九届四川茶业博览会优秀组织奖和第24届中国（四川）新春年货购物节优秀组织奖。

【农村集体“三资”管理】 建立健全区级、街道、社区三级管理机构机制和农村集体“三资”管理制度，依托“三资”管理平台开展实时监管，及时处理问题投诉、预警报警等问题。全年未发生因农村集体“三资”问题引发的信访等涉稳问题。

【农村集体资产股份化改革】 通过开展清产核资、成员界定、股份量化等清理核实全区涉农集体资产3.24亿元、货币资金2.63亿元、集体土地总面积146.33公顷（合计2.195万亩）。加快推进产权制度改革，处置涉农社区建制调整改革集体“三资”和债权债务的锁定，组建工作专班，开展调研，摸清涉农社区集体经济组织现状及面临的风险，制发《青羊区建立健全涉农社区集体经济组织推进机制改革的实施方案》《青羊区涉农街道集体产权制度改革工作方案模板》《农村集体产权制度改革工作流程图》《农村集体经济组织登记赋码工作培训指南》等指导文件，完成集体经济组织成员身份认定、集体“三资”和债权债务锁定、集体资产股份量化以及档案资料管理等改革，全区建立村级农村集体经济股份联合社21个，完成20个集体经济组织登记赋码。成都市农业农村局和农业农村厅官网刊发《青羊区有序推进涉农社区机制体制改革》，推介青羊区做法。

【农村土地流转监管】 健全区、街道、社区三级监管机构，建立农村土地流转价格增长机制，做好街道、社区和群众政策咨询和问题反馈处理等，全年未收到土地流转监管方面的问题投诉。

【乡村振兴战略实施】 制发《2020年成都市青羊区实施乡村振兴战略推进城乡融合发展行动计划》（成青委农领发〔2020〕3号），形成任务分工明确、主管部门主导、涉农街道合力、成员部门配合齐抓共管增效的涉农区域融合发展格局。培育发展龙头企业，推进品牌发展，组织7家农业企业参加第八届成都农博会等大型展会7场次，提供企业展览展示和品牌宣传推广平台。推动“文化进农村”活动，开展“文化四季风”群众文化活动4场、“走基层”文化惠民演出40场，开展各类培训、讲座、活动等共计2737场次，共惠及群众30万人次。

【涉农企业疫情防控帮扶】 帮助涉农企业快速有序复工复产，对54家涉农企业988名员工进行全覆盖排查。对农贸市场开展全方位消毒灭源督促指导，累计消毒面积50.16万平方米。在企业验收合格基础上进行复工备案登记，54家涉农企业全部复工，企业复工率为100%。针对疫情发生涉农企业面临的问题，开展政策宣传、企业走访，加强分析研判，收集整理涉农企业问题29个，通过区级协调、向上争取等各种渠道帮助5家企业申报省发展改革委疫情防控企业信贷资金、3家企业获得低息贷款1.2亿元。

【对口帮扶】 对口帮扶得荣县。全区持续按照标准及时投入财政帮扶资金2260万元，重点用于解决得荣县“两不愁三保障”等突出问题，实施财政帮扶项目11个，项目建设进度均完成年度任务；选派73名援得干部开展挂职帮扶；加强两区（县）领导干部互访对接交流，全年青羊区、得荣县“四大班子”领导互访29次，区（县）级部门互动交流30余次，全年共先后召开对口帮扶工作联席会4次。按照《成都市青羊区对口帮扶得荣县全域结对帮扶工作实施方案》要求，全区12个街道与得荣县10个乡（镇）开展结对帮扶并签订帮扶协议，区法院、区委宣传部、区发改局、区住建局、区统计局、区行政执法局等单位先后到得荣县开展专业技术指导；支教支医的教师、医生开展“传帮带”活动；组织社会力量开展帮扶活动20次，“扶贫日”青羊区认购“扶贫爱心礼包”2718份，合计40余万元，交付捐款47374元；疫情防控期间，全区为得荣县捐赠医用口罩5000个、84消毒液3.8吨，40余名青羊援得队员全部返岗开展战疫疫情保稳定扶贫援得任务。区委统战部获评“2020年全省脱贫攻坚工作先进集体”。

对口帮扶简阳市。按照《成都市青羊区关于实施三年巩固提升行动进一步打好精准脱贫攻坚战的实施意见》（成青扶贫领办〔2018〕6号）要求，青羊区继续对口帮扶简阳市（东部新区）武庙乡团堡村、贾家镇快乐村、壮溪乡高产村和工农村，全年安排落实专项财政资金80万元，实施帮扶项目5个，支持农业产业和集体经济发展；接续实施堰塘清淤、塘沙河桥重建等农村基础项目建设；坚持发展产业扶贫，培育形成桃、李子、樱桃等水果主导产业，升级改造青脆李、黄金梨水果产业园区，发展"快乐老家"农家乐等旅游项目；以"以购代捐"形式帮助村民销售樱桃、枇杷、李子等当季水果，提高村民收入。青羊区获评"2020年度成都市对口支援工作先进集体"。

【耕地保护】 印发《关于加强耕地保护管理提高耕地利用的通知》《关于青羊区2020年度加强耕地保护管理发展都市现代农业项目申报通知》，加强组织协调和督促检查，鼓励涉农街道加强耕地保护和巡查管理，对撂荒、闲置耕地及时复耕复种，提高耕地利用水平；区发改局联合区统计局召开相关会议，利用现有耕地安排落实蔬菜播种面积和产量等种植任务，全区农作物播种面积1470亩，产量1473吨，均比上年实现增长。

【"菜篮子"保供稳价】 推进"菜篮子"工程建设，确保"菜篮子"供应充足，组织力量到涉农街道、社区调查研究实施科学研判，鼓励涉农街道加强耕地保护和巡查管理，采取奖补惠农政策，对撂荒、闲置耕地及时复耕复种，提高耕地利用水平，完成市政府下达青羊区2020年年度农业生产任务，推动全区农业增加值增长率重点经济指标的完成。全区第一产业实现增加值0.05亿元，增长221.1%；种植业实现产值692万元，增长300%，对全区实现市委、市政府"两个继续保持"目标的完成起到了积极作用。

【惠农政策】 全面落实国家各项惠农政策，及时兑现各项扶持资金，全年拨付2019年农业标准化品牌化奖补资金65.3万元。为全区4家农业产业化龙头企业标准化品牌化建设项目申报2020年奖励资金156.4万元，获批141.78万元。全年发放年度耕地保护基金81.47万元，涉及农户1859户、耕地面积201.17公顷（合3017.59亩）；发放农业支持保护补贴金额1556.1元，累计受益52人次，兑现资金全部通过"一折（卡）通"形式全额兑付到农户（种植户）手中。

【都市阳台农业】 支持公益机构和社会资本发展都市阳台农业，探索都市现代农业的发展路径，印发《成都市青羊区2020年度都市阳台农业项目补助申报指南》，对符合申报条件的成都市青羊区社区教育与青少年服务中心的阳台农业发展项目、成都香馨农业科技有限公司的楼顶农业示范项目进行补贴，拨付补贴资金4万元。

【农村人居环境整治】 以推进"公园城市"建设为契机，加强农村人居环境整治，通过制订工作方案、召开工作会议、开展检查等方式持续推进"厕所革命"、垃圾治理、污水治理等工作，确保整治任务全面推进。11月11日，青羊区通过成都市农村人居环境整治考核小组对全区现场检查的考核验收。

【农产品质量安全监管】 加强食用农产品安全监管，建立健全区、街道、社区三级农产品质量安全网格化监管机制；依托互联网、大数据分析，推进"智慧云莱市"民生工程建设。加强农产品质量安全监管，全年完成农产品快检2万批次，其中蔬菜快检1200个样本，未发现农残超标问题；通过现场宣传教育、发放"明白卡"等形式开展农产品质量安全宣传；配合市农业综合执法总队对全区农资生产经营主体进行排查、检查，未发现假冒伪劣农资。

【生猪定点屠宰及监督】 持续保持对非法生猪屠宰行为的高压态势，安排巡查人员、执法人员分片包干，会同各涉农街道及涉农社区加强对涉农地区的生猪禁宰巡查和监督检查，严厉打击生猪私屠滥宰和生猪注水违法行为。全年开展各种检查15次，出动90余人次，依法查处应当检疫而未检疫运输生猪案件1起，并对当事人罚款56544元。

【动物疫病防控及防疫监管】 面对新冠疫情，加强动物疫情防控监管，结合全区实际合理布局免疫点35个，开展动物疫病防控知识宣传，全年累计发放动物疫病防控宣传资料1.1万份，免疫犬只狂犬病12131只，开展犬只狂犬病监测240只份，合格率100%；开展产地检疫，严格检疫申报制度，全年累计受理犬、猫检疫申报268起，全年编发各类动物疫病防控工作简报12期，全年无一例重大动物疫情发生，获评"2020年度全市重大动物疫病防控及人畜共患病防治先进单位"。做好非洲猪瘟防控工作，加大对5个涉农街道的巡查排查力度，确保全区无疫情发生；加强动物诊疗机构监管，严格执业兽医备案注册，全年备案注册兽医134人。

【秸秆综合利用和禁烧管理】 按照"因地制宜、多措并举、疏堵结合、以用促禁"的原则，加强督查巡查和完善保障措施，逐级签订目标责任书，加强对农户、捡种人员的宣传，加强全面巡查、重点巡查，加强目标管理和严格考核。采取田边堆沤、远运处理等利用方式，农作物秸秆综合利用率达100%，实现"不见烟雾、不见火光、不见黑斑"的禁烧目标。大小春期间，全区共计悬挂宣传标语、横幅50幅，发放宣传资料500份，每天出动汽车、摩托车42辆次，巡查人员100人次。

【公园绿地建设与管理】 聚焦成都建设践行新发展理念的公园城市示范区，聚力实施锦江公园（青羊段）绿道建设，建成西郊河段绿道3千米、饮马河段绿道2.1千米，综合整治下同仁路等12条沿江街区道路，启动锦江公园府河段滨水街区综合提升工程；实施"'老公园·新活力'三年提升行动计划"，改造同瑞园、金沙滨河公园、万花公园景观业态，促进公园生态价值创造性转化；推进全市"百个公园"建设，建成百仁生态区蕴初园，启动蔡桥公园、清水河绿道公园建设，并以廊道建设贯穿绿道、步道、水道，串联起环城生态区与城区绿地，建设复合型功能区，形成理水、亲水、乐水公园景观；推动区域三级绿道体系建设，建成磨底河绿道、非遗星河绿道等城区和社区级绿道12千米，完成"回家的路"绿道建设50条；持续实施小游园微绿地建设，编制小游园微绿地建设方案，建成龙嘴3组幼儿园北侧绿地、锦绣光华等8个小游园微绿地。全区新增绿地面积20万平方米，全区绿化覆盖率达46%。

【河长制管理】 在全区完成行政区划调整改革后，修订完善河长制管理各项制度，制定《成都市青羊区河长述职评议制度》，编发《青羊区2020年河长制管理重点工作及任务清单》，清单式、台账式推动各项目标任务落实；开展"基层河长多走一公里行动"，全年区级河长巡河170次，街道级河长巡河3200余次，社区级河长巡河1.1万余次，共发现上报问题588个，均及时进行处置；加强督查考核，出台《成都市青羊区河长制管理月度考核办法（试行）》（成青河办〔2020〕11号），全年制发河长制旬通报42份，对街道河长开展月度考核9次，印发河长制督办通知70份，督办河道管理突出问题100余个，累计对考核排名靠后的街道扣缴资金72万元；启动江安河、清水河、二道河、磨底河"一河一策"管理保护方案（2021—2025）编制，完成江安河、清水河、二道河、磨底河管理范围划定，明确河道空间及其水域岸线、水体管控范围。

【主要领导人】 区委书记：戴志勇；区人大常委会主任：蔡祯文；区长：詹庆（8月止），蒋蔚炜（8月始）；区政协主席：沈萍；分管统筹城乡工作常务副区长：王志刚。

青羊区编写组

金 牛 区

【基本情况】 2020年，全区辖13个街道，辖区面积108平方千米，其中耕地面积2.083万亩，人均耕地面积0.55亩；基本农田0.5053万亩。全区户籍人口76.82万人，增长0.09%。

2020年，全区GDP1329.9亿元，增长2.8%，其中第一产业增加值0.08亿元，增长2.5%。农业产业化龙头企业国家级、省级、市级均为1家。

【年度农业和农村经济运行】 2020年，全区实现农业总产值0.123亿元，增长2.5%；全区全年农业增加值达0.08亿元，增长2.5%。主要农产品产量见表1。

农业产业化发展。区农业和水务局为2家企业申请农业标准化、品牌化建设奖励补助245.8万元，将1家纳入“蓉易贷”白名单管理，新申请市级龙头企业1家，变更市级龙头企业1家。截至12月，全区共有各级产业化农业龙头企业3家，其中国家级1家，为四川徽记食品股份有限公司；省级1家，为成都孔师傅食品有限公司；市级1家，为成都山妹子蜂业有限公司。变更1家（成都中际投资集团有限公司），新申报1家（成都市万家欢商贸有限公司）待市局批准。

【对口帮扶简阳市】 全年投入帮扶资金790万元，从加强组织帮扶、产业帮扶、就业帮扶和社会帮扶着手，帮扶简阳市养马街道、石盘街道、宏缘镇建成产业帮扶项目7个。举办精准扶贫暨“十百千”特色产品进机关展销活动（第四季），推动帮扶贫困村合作社实现销售收入4.34万元。打造“就业服务不打烊、网上招聘不停歇”的线上春风行动，达成初步就业意向221人。

【农产品质量安全监管】 区农业和水务局调整执法案件审查委员会，细化农产品质量监管工作计划和创建评价细则。全年出具蔬菜农药残留快速检验监测报告12份；完成农贸市场主要食用农产品质量检测样本2400个，合格率达99.6%，检测结果公示24次。创新农产品质量监管社会甄别机制，优选成立金牛区公诺生态农业服务中心，开展“3+3”公诺农业模式农产品质量社会甄别机制研究，助推农产品质量提升和诚信体系建设。

【主要领导人】 区委书记：金城；区人大常委会主任：何维楷；区长：周德强；区政协主席：岳李；分管农业副区长：袁明。

表1　2020年金牛区主要农产品产量

主要农产品	单位	产量	同比(%)
粮食	万吨	0.0045	67
水稻	万吨	0.0045	67
油菜籽	万吨	0.0038	−24
蔬菜	万吨	0.3421	1

金牛区编写组

武 侯 区

【基本情况】 2020年，全区辖11个街道71个社区，辖区面积75.36平方千米。有常住人口120.66万人，户籍人口26.53万户66.68万人。有绿道120千米，绿地面积2351.2公顷，绿地率39.8%；绿化覆盖面积2707.8公顷，绿化覆盖率46.2%；人均公园绿地面积16.6平方米。

2020年，全区GDP1232.3亿元，增长2.3%。一般公共预算收入完成95.2亿元，减少4.3%。社会消费品零售总额1098.9亿元，减少2.1%。全社会固定资产投资增长8.9%。全年外贸进出口总额110.2亿元。

【农业产业化发展】 全区有农业产业化龙头企业6家，其中新希望集团有限公司为国家级龙头企业，成都香香嘴食品有限公司、四川隆生集团有限公司、四川省老邻居商贸连锁有限责任公司为省级龙头企业，成都中际投资有限公司、成都现代农业发展投资有限公司为市级龙头企业。农业产业化龙头企业全年累计实现销售收入1068.5亿元。武侯区被四川省农村经营管理总站评为“2020年农村集体资产管理突出单位”；被省脱贫攻坚领导小组评为“四川省脱贫攻坚奖先进集体”。

【农村集体产权制度改革】 按照《成都市农村集体产权制度改革试点方案》要求，完成23个村（社区）级集体经济组织成员身份确认，基本厘清集体经济组织成员边界，制定完善组织章程。组建股份经济合作联合社，完成登记赋码，取得农村集体经济组织登记证，并通过选举、推选等方式产生成员代表大会、理事会和监事会，基本建立组织内部民主管理机构。

【集体经济组织调整改革】 区水务局、区委社治委等7部门联合印发《成都市武侯区村（社区）级集体经济组织调整改革实施方案》，结合全区社区体制机制调整实际，通过锁定集体“三资”和债权债务开展群众意见征集与公示、指导集体经济组织合理编制调整合并方案，平稳推进村（社区）级集体经济组织调整改革。改革后，原村（社区）级集体经济组织基本保留，原收益分配关系不变。

【农村集体资产清产核资】 区水务局组织开展2018年度、2019年度清产核资，做好资产清查报表填报、公示、审核，并按照相关要求完成全国农村集体资产清产核资管理系统数据交汇，2018年度武侯区村（社区）级集体经济组织资产总计102734.67万元，组级集体经济组织资产总计9547.1万元；2019年度武侯区村（社区）级集体经济组织资产总计110804.14万元，组级集体经济组织资产总计11440.04万元。

【耕地保护】 严守政策红线，加强落实耕地保护责任，完善耕地保护目标年度考核制度。全区年度耕地保有量目标为3300亩，三调耕地为4000.4亩，其中城市周边永久基本农田划定目标1326亩、实际划定1332亩。区规划和自然资源局对新增违法用地行为坚持“早预防、早发现、早制止、早查处”，依法依规做好违法用地的预防和查处。加强与属地街道的联动机制，提高执法效能。全年出动巡查人员680余人次，开展日常动态巡查192次，未发现新增违法用地。

【动物重大疫病防控】 区水务局为辖区饲养宠物居民、信鸽协会开展犬猫类狂犬病以及信鸽类高致病性禽流感疫苗注射，累计为2.3万只犬猫类居民宠物注射狂犬病疫苗，免疫率达98%以上；为7万余羽信鸽注射禽流感疫苗，应免率100%。指导部分街道开展农贸市场环境消杀，累计清运垃圾13566.57吨，消杀面积4137.26万平方米。加强狂犬病监测，组织采集犬、猫鼻/咽拭子、粪便、腹水和血清样品30份，检测全部合格。全年无动物重大疫情发生。

【动物卫生监督】 利用四川智慧动监信息化平台为33家生猪运输企业和个人办理二维码电子注册生猪运输备案表。运用国家兽药综合查询系统提升兽药药政信息化管理水平，督促辖区19家兽药经营企业实现兽药追溯率100%。加强动物检疫报检点建设，执行官方兽医报备检疫和申报出证制度，实现动物检疫合格证明联网电子出证，依法依规出具动物检疫合格证488份。

【动物诊疗机构管理】 严格依法规范动物诊疗许可办证条件，新增动物诊疗机构3家。截至2020年年底，全区共有动物诊疗机构49家。区水务局依法开展动物诊疗行业监管检查，加强与成都市动监支队、区综合执法局的联合执法监管，依法查处1家动物诊疗机构无证行医行为，联合查处1家宠物门店违规经营和2个商超综合体在售无批文卫生杀虫剂行为。

【大中型水库移民扶持政策落实】 区水务局按照《四川省大中型水利水电工程移民工作条例》及《成都市惠民惠农财政补贴资金社会保障卡"一卡通"发放管理暂行办法》要求，向辖区移民按时足额发放移民后期扶持直发直补资金33350元。

【秸秆禁烧和综合利用】 区水务局组织开展大小春期间农作物秸秆综合利用和禁烧工作，加强督导检查，防范大气污染，保障航空安全。全年出动禁烧巡查车2000余台次、巡查人员7700余人次，开展秸秆综合利用和禁烧工作宣传活动25场次，发放禁烧宣传资料9600余份，悬挂宣传横幅80余条，张贴禁烧宣传标语420余条、宣传画报28份，禁止露天焚烧秸秆和生产生活垃圾，禁止向河道、沟渠抛弃秸秆和生产生活垃圾，实现"不见烟雾、不见火光、不见黑斑"目标，全区秸秆综合利用率达100%。全年发现并制止焚烧香蜡纸钱、树枝等行为36起，立案处罚2起。

【供销社资产管理和处置】 撤销区供销社机关，在区水务局加挂区供销社牌子，将区供销社行政职能交由区水务局承接，其他职责交由区水务局所属事业单位区水务服务中心承接。区供销社按照《武侯区供销合作社联合社理事会所属物业实行分类确定租价暂行办法》，对17处社有房屋重新实施市场价格评估，建立租赁收款动态管理台账。开展社有房屋资产消防安全讲堂和应急演练培训活动，组织各类安全检查22次，全年无安全事故发生。

【主要领导人】 区委书记：陈麟；区人大常委会主任：王力平；区长：林丽；区政协主席：伍本康；分管农业副区长：潘永革。

武侯区编写组

成 华 区

【基本情况】 2020年，全区辖11个街道，辖区面积109.3平方千米，有常住人口138.18万人。

【文旅品牌创建】 持续打造国际非遗节成华分会场活动品牌。开展国际展览、国际论坛、国际竞技、国际展演和互动体验等各类国际文化交流活动。成华区政府连续两届被省政府表彰为"非遗节工作先进集体"。围绕品牌塑造、榜样力量、抗疫先进等核心价值观、社会正能量，推出舞台剧《勋章》、诗朗诵《致敬逆行者》、电视剧《大东郊》等原创文艺精品。打造"大熊猫""东郊文创"两大核心旅游品牌，发展熊猫主题旅游、东郊主题文创两大主导产业。打造生态场景、体验场景、消费场景，呈现熊猫野趣度假、公园生态游憩、文艺风尚品鉴等体验消费场景。依托东郊文创产业集聚区为辐射核，加快特色产业园区规划建设，促进区域内优势要素集聚，不断浓厚城市艺术氛围，带动全区音乐影视产业协同健康快速发展。举办友城青年国际音乐周、东郊戏剧展演季、第四届天府银杏艺术季、"爱成都·迎大运"——2020年成都世界自行车日天府绿道健康行自行车骑游活动、"爱成都·迎大运"——2020中国成渝双城万人瑜伽大会、"爱成都·迎大运"2020年成华区社区运动节绿道全民健身系列活动等特色品牌文化活动，其中银杏艺术周线上活动点播量达280万人次，成渝双城万人瑜伽大会创下大世界吉尼斯纪录。

【文旅融合发展】 成华区创建为省级全域旅游示范区。成立成都大熊猫繁育研究基地"5A级景区创建小组"，启动熊猫基地"创5A"工作。新创建国家3A级景区、省级生态旅游示范区等旅游品牌4个，龙湖滨江东里潮趣街区等获评成都市第四批"新旅游.潮成都"主题旅游目的地。优化全域旅游厕所布局，完善景区(景点)标识标牌，加快旅游厕所改(扩)建工程，新建公厕65座，新增及完善标识标牌1000余个，大熊猫繁育基地、东郊记忆道路导引标识实现全市各交通枢纽全覆盖。全年签约引进中旅集团成都国际免税广场、艾格拉斯总部基地等重大文旅项目11个，推动CMC & Discovery华人国际探索世界项目和成都熊猫国际文化商娱HUB乐园项目集中签约，总投资额200亿元。举办区文旅产业项目招商推介会暨文化创意产权保护沙龙，签订投资5亿元的祥源旅游开发合作协议。

【公共文化服务体系建设】 全面推进成都自然博物馆项目、华天演绎中心建设。特色化打造街道综合文体活动中心11处，建成社区文体活动室83处，新建及更换全民健身路径点位共计47处，新建室内健身房2个，"15分钟公共文体服务圈"基本形成。区图书馆和区文化馆均被评为国家一级馆，全区11个街道文化活动中心在五城区率先达标成都市一级站。打造府青路街道桃蹊书院、二仙桥街道院坝文化、保和街道和美综合文体活动中心等示范点位。开展"走基层"文化惠民活动、"文化四季风"系列文化活动及"三下乡""非遗进社区"等群众文化活动，共计组织开展各类文体活动5067场，参与活动总人数687716人。

【以场景营造提升城市消费】 培育发展首店名店经济，新引进途家斯维登、笨酒店等一批全国名店首店。建成卡丁熊猫车馆、飞蛙攀岩等9个体育消费新场景，几何书店、成都味道·339时尚夜消费等11个夜间经济示范点位，猛追湾街道望平滨河路获评首批"四川文创集市"。依据东客站城市级TOD项目设计方案，完成龙之梦酒店、鹏瑞利国际医疗健康中心、鹰阁医院落户，初步形成"旅游+枢纽+酒店会展""旅游+枢纽+大健康"等产业集群。完美文创公园二期进入快速推进轨道；建成投用合纵Alive壹·现场、繁星戏剧村、大喜时代—成都国际剧院等多个文化场馆，构建剧场聚落。全年游客接待量为1846.37万人次，旅游收入为272.02亿元。全年实现文创增加值113.8亿元，增速37.9%，增幅排名五城区第一位。

【主要领导人】 区委书记：赵春淦；区人大常委会主任：刘鸿；区长：蒲发友；区政协主席：李榕；分管农业副区长：韩际舒。

成华区编写组

龙 泉 驿 区

【基本情况】 2020年，全区辖10个镇(街道)123个村(社区)，辖区面积557平方千米，其中建成区面积97.8平方千米。有常住人口134.6万人。

2020年，全区GDP1355.2亿元，经济总量连续8年居全省县(区)域经济首位。工业总产值1745亿元，全口径税收达346.99亿元，区域综合实力列全国百强区第27位、218家国家级经开区第18位。

【旅游提档升级】 全区打造国家A级景区6个，累计落地约上云兮等民宿30余家。创建博瑞花园星级酒店1家，恒鼎世纪等绿色饭店4家，金龙长城、龙泉山庄等林盘景区4个。

加强旅游资源提档升级“云里小坐”“两忘”等5家新业态被评为乡村旅游“四改一提升”示范点。山泉镇桃源村创建为全国乡村旅游重点村和四川省乡村旅游重点村，洛带镇宝胜村被评为成都市第三届乡村振兴“十大案例”十大乡村周末旅游目的地，漫香庄园莲花堰林盘景区、龙泉山庄林盘景区创建为成都市第三批3A级林盘景区，水云涧·生态庭院、桃源深处被命名为第四批“新旅游·潮成都”主题旅游目的地。

【文体旅融合发展】 打造“天府桃花源”民宿品牌，依托龙泉山聚集民宿新业态近30家次；落地仙人掌音乐节、星巢音乐节等节会品牌；推动西部体育赛事中心建设，组织实施总投资567亿元（其中区级投资443亿元）的重大赛事保障项目40个。支持华侨城集团打造文商农旅体融合项目锦绣天府，推动赛事名城建设。

【公共文化服务体系建设】 新增洛带镇老街社区、大面街道师大社区2个基层综合性文化服务中心示范点。完成“厕所革命”目标任务，新建洛带镇金龙长城旅游厕所1座，改建洛带古镇旅游厕所1座。免费开放文化馆总分馆3个、图书馆总分馆5个（怡和24小时自助图书馆24小时开放），每周开放70小时以上；10个镇（街道）综合性文化服务中心（一级站）每周开放56小时以上；123个村（社区）综合性文化服务中心每周开放42小时以上。市民艺术学校总分校及教学点全年开班344个，惠及群众15000余人。“两馆”通过微信公众号、文化天府APP等数字化公共服务平台开展线上服务，点击量约100万余人次。

【文化惠民活动】 全年开展各类文体惠民活动共计4200场，惠及群众约90万人次。全区艺术团开展各类“走基层”惠民演出59场，举办第十四届市民文化共享季暨龙泉驿区首届社区文化艺术月活动75场、“社区音乐会”15场，开展关爱老人、“义务馆员”等文化志愿服务活动72场，开展“道德讲堂”、百姓故事会等活动28场。举办第13届市民文化艺术节，惠及群众5万人次。开展“与祖国同心·与阅读同行”世界读书日活动、少儿国学经典诵读比赛、“馆校牵手，诵读中华经典诗文”展演活动120场次，吸引8500余名读书爱好者参与活动。

【主要领导人】 区委书记：何勋；区人大常委会主任：任闻宇；区长：杜海波；区政协主席：孙波；分管农业副区长：曾勇达。

龙泉驿区编写组

青白江区

【基本情况】 2020年，全区辖5镇2个街道，辖区面积378.94平方千米，其中耕地面积28.32万亩，减少0.69%，人均耕地面积约1.3亩；基本农田21.64万亩。年末总人口42.3029万人（户籍人口），减少0.175%；人口出生率10.7‰，减少1个千分点；人口自然增长率-2.4‰，减少4.2个千分点。全区耕地有效灌面和保证灌面分别达到耕地总面积的60%和50%；本地水资源总量1.9亿立方米，人均占有水资源量435.96立方米。有林业用地0.365万公顷，有林地面积0.365万公顷，活立木总蓄积量53.4万立方米，森林覆盖率33.78%。

2020年，全区GDP559.07亿元，增长5.7%，其中第一产业增加值19.34亿元，增长3.2%；第二产业增加值169.82亿元，增长5.6%；第三产业增加值369.91亿元，增长6%。三次产业对经济增长的贡献率分别为1.8%、38.2%、60%。三次产业结构比为3.5 ∶ 30.4 ∶ 66.1。劳务输出71803人，收入205166.9万元。全年接待游客1539万人，实现旅游收入332000万元，其中乡村旅游收入282200万元。

乡村公路通车里程957.57千米，密度2.53米/平方千米。社会消费品零售总额134.17亿元，减少1.4%。一般公共预算收入完成38.5亿元，增长19.4%；一般公共预算支出完成71.5亿元，增长11.2%，其中农林水支出完成5.13亿元，增长18.4%。金融机构各项存款余额510.99亿元，比上年初增长36.22%；各项贷款余额302.73亿元，比年初增长40.19%，其中涉农贷款余额89.6亿元。农业产业化龙头企业省级、市级分别为5家、4家。

有各类学校28所，在校学生45636人，教职工2892人，其中普通中学14所，在校学生17510人；小学12所，在校学生23670人；学龄儿童入学率100%。有艺术表演团体8个，文化馆9个，公共图书馆12个，博物馆1个。有卫生机构241个，病床位3902张，卫生技术人员3466人。新型农村社会养老保险参保人数115120人，参保率90%；被征地农民养老保险参保人数76478人。

【年度农业和农村经济运行】 2020年，全区实现农业总产值32.28亿元，增长3.4%；全市（州）全年农业增加值达20.37亿元，增长3.6%。农民年人均可支配收入达27099元，增长8.4%。全区建成20个村级农产品质量安全检测室，农药残留定量检测合格率达99.37%。主要农产品产量见表1。

农用地产权制度改革。围绕正确处理农民和土地关系这一改革主线，逐步建立规范高效的“三权”运行机制，不断健全归属清晰、权能完整、流转顺畅、保护严格的农村土地产权制度，推广以“土地股份合作社+农业职业经理人+农业综合服务体系”为核心的“农业共营制”。成都农村产权交易所青白江分公司为流转双方提供流转交易、信息发布、政策咨询等服务，农村土地经营权流转鉴证面积1931.4393亩，金额6175.97万元。全年累

表1 2020年青白江区主要农产品产量

主要农产品	单位	产量	同比(%)
粮食	万吨	6.42	0.6
水稻	万吨	2.9	—
小麦	万吨	0.48	-0.6
玉米	万吨	1.74	2.3
马铃薯	万吨	0.35	-5.4
油菜籽	万吨	1.06	-9.5
蔬菜	万吨	20.39	4.5
水果	万吨	3.55	11.3
肉类	万吨	0.4147	-36.1
猪肉	万吨	0.2176	-45.4
牛肉	万吨	0.0137	33.8
羊肉	万吨	0.111	-31.8
禽肉	万吨	0.1501	-26.7
兔肉	万吨	0.222	12.7
禽蛋	万吨	0.3502	-43.3
水产品	万吨	0.76	29.44
牛奶	万吨	0.5258	-13.9

计培育新型农业经营主体1260家，耕地适度规模经营率达79%。

农产品品牌战略实施。鼓励区内经营主体集成“青溯”授权产品和区内名优特新农产品在交通要道建成“青溯”形象门店1家。组织区内企业参加市内外各类展会、洽谈会等交流活动。申报2021年农业标准化品牌化建设奖补资金13.45万元，用以支持成都宜家食品有限公司和成都红旗油脂有限公司品牌化标准化发展。

【种植业】 全区农作物总播种面积2.21万公顷，其中粮食作物播种面积1.13万公顷（大春粮食作物播种面积0.87万公顷、小春粮食作物播种面积0.26万公顷）；经济作物播种面积1.08万公顷，其中油料作物0.44万公顷；其他农作物播作面积0.64万公顷，其中蔬菜（含菜用瓜）种植面积0.49万公顷。

【畜牧业】 鼓励区内生猪养殖场（户）增养补栏，做好生物安全措施，生猪规模养殖场省外点对点调运仔猪2845头，保障生猪市场供应；鼓励畜禽养殖场增养蛋鸡、肉鸡、奶牛，并开展畜禽养殖标准化示范建设，成都友宏农业有限公司被评为“省级畜禽标准化示范场”。全年肉类总产量414.7万千克，减少36.1%；奶类总产量525.8万千克，减少13.9%；禽蛋总产量350.2万千克，减少43.3%。生猪出栏2.77万头，减少58.1%；牛出栏387头，减少32.82%；羊出栏6478只，减少41%；家禽出栏38.47万只，减少13.63%。

【水产业】 推广稻渔综合种养技术，全区水产品产量达758.5万千克，其中克氏螯虾养殖面积2300亩（含“稻—虾”共生），产量60万千克。巩固提升64个省级水产健康养殖示范场，涉及养殖水面4000亩，完成500亩养殖品种提档升级。开展“三鱼两药”专项执法、水产品质量安全专项整治行动，重点检查鱼药购买及用药记录制度、休药期制度、处方药管理制度等落实情况。协助完成市级监督抽样10次共66个样品，合格率达100%。

【乡村振兴】 研究印发《2021年度成都市青白江区乡村振兴重点任务分工方案》《关于深入实施乡村振兴战略推进城乡融合发展加快农业农村现代化的意见》《高质量推进龙泉山城市森林公园国际康养运动片区保护发展实施方案》等文件，将实施乡村振兴战略情况纳入目标绩效考核重要内容，确保工作责任层层压实。做好两项改革“后半篇”文章，完成镇村换届，深化九龙县结对帮扶。新签约引进蓉欧对外开放农业示范园、四川供销现代种业等农业产业化项目10个，中国（成都）国际农产品加工产业园区、中智（四川）农业科技合作示范园、“一带一路”农产品供应链中心等重点项目加快建设，青白江区粮蔬现代农业园区被纳入省级现代农业园区培育名单，对外开放市级五星级现代农业园区，市级三星级“万亩粮油”现代农业园区通过复评。“以开放促振兴”做法被《人民日报》评为“乡村振兴优秀案例”，获评首批国家级农业国际贸易高质量发展基地、国家生态文明建设示范区、全国首个学前教育普及普惠县、省级“四好农村路”示范县。

【扶贫开发】 持续开展区内扶贫开发和对口帮扶简阳市工作。全区有产业帮扶户11户32人，其中区级产业帮扶户7户22人、市级产业帮扶户4户10人，共安排市、区两级财政专项扶贫资金7.4万元，因户施策，扶持产业帮扶户发展水果蔬菜种植、家畜家禽养殖等产业，产业帮扶户人均可支配收入达27458元，超全区同期平均水平（27099元），经区农村扶贫开发工作领导小组批准，均退出帮扶序列。投入帮扶资金200万元，用于支持简阳市平泉街道协义村、方家村、龙王村，施家镇兴隆村、三合村、悦乐村6个省定贫困村和施家镇天才村（经济薄弱村）的“一村一品”产业发展，全区对口帮扶的简阳市6个贫困村、1个经济薄弱村均达到“一达到一实现五有”标准，通过省级脱贫攻坚成效考核。

【乡村旅游】 加快城厢天府文化古镇建设，实施绣川书院、武庙、觉皇殿等古建筑修缮及家珍公园改造。加快云溪漫谷建设，完成景观竹和景观树种植，加紧开展土地上市。推进凤凰湖4A级景区创建，完成改造提升项目立项。全年签约洲际酒店、先锋书店、喜林苑、瓦当瓦舍、咏归川文旅项目10个，锦绣田园、台湾农业科技文化创意园、蓉欧园艺岛等农旅融合项目3个，计划总投资近28亿元。完成拜访祥源集团、禾茂集团、山海文旅等20余家企业；与华侨城洽谈欢乐海岸PLUS项目，与芸耕公司洽谈桃蹊芸耕田园综合体项目。打造文旅消费新场景，我的田园·自然王国投运水上乐园、天空之境、热气球等60余个运动旅游项目被评为“成都十大最佳婚纱摄影基地”；亚蓉欧国家（商品）馆、杏花山上精品民宿等正式对外营业，成为区域文旅新地标。杏花村创建为省级乡村旅游重点村，白马村汤家院子林盘创建为3A级林盘景区。全年文创产业增加值23.7亿元。全年接待游客1539万人次，实现旅游综合收入33.2亿元，增长9.9%。

【农村水利】 实施“水美乡村”建设、人工湖病险整治、姚渡镇黄埧村高效节水灌溉、石龙堰姚渡镇永和村段水利水保整治4个涉水农田水利项目工程，浆砌土渠1000米，新建深井1口，新建高效节水灌溉面积400亩。对石龙堰总长1.1千米进行全面整治，新建混凝土护坡1.8千米及完成渠道清淤。对鉴定为三类坝的东风人工湖、东风三组人工湖、三元村七组人工湖、三元十一组和车站七组人工湖5座人工湖进行病险整治。实施姚渡镇龙王社区、梁塆村、天平堰村、三方村和红树村共5个村的“水美乡村”建设。

【农业机械化】 区、乡两级拥有农机管理人员12人，其中农机专业技术人员8人。有农机专业大户20户、农机专业合作社6个、农机维修点18个。全年共推广各类先进适用新型农机具77台，其中拖拉机20台、旋耕机21台、联合收割机2台、施肥机4台、秸秆粉碎还田机5台、微耕机5台、简易保鲜储藏设备1台、高性能轮式自走式植保机械2台、水稻插秧机5台、播种机3台、谷物烘干机5台、平地机2台、铧式犁2台。签订青白江区农村机电提灌站安全生产工作责任书133份、农业（农机）生产企业安全生产工作责任书2份，全年共开展农村安全生产检查机电提灌站7座、农机维修网点3家、农机生产企业2家、农机（含农业）专业合作社5家，配合局委托的安全生产第三方巡查机构检查农机专业合作社、农机生产企业3家。全年新注册拖拉机28台，转入辖区3台，转出辖区1台、辖区内过户5台、公告注销拖拉机（联合收割机）111台；共年检拖拉机112台、联合收割机4台，年检率达48%；驾驶证到期换证76人；召开农机安全生产培训会3次，培训车主（驾驶员）200余人；发放《微耕机操作手册》、《拖拉机安全驾驶手册》和《安全告知书》等宣传资料1000余份。

【农村科技】 举办油桃产业发展专题培训会。10月27日，组织区老科协农业专家在福洪镇三元村举办油桃产业发展专题培训会，培训会邀请区农业农村局农业推广研究员、区老科协会员果树专家赵琼英以“油桃新品种及高效栽培技术”为主题对油桃主要种类、如何选择品种、品种老化的改良、如何科学施肥、病虫害的发生种类及防治方法等方面进行了详细讲解，引导村民科学管理果树，应对和解决在油桃种植中发现的问题，三元村村民40余人参加培训。开展“送科技下乡”活动。通过开展“三下乡”活动、全国科普日活动、绿道科普活动等，组织科技志愿者开展农业科普知识宣传，发放宣传资料10000余份，受众30000余人。

构建多元传播体系，宣传农技科普知识。深化科普中国e站建设，制定《青白江区科普中国e站暂行管理办法》，指导全区40个科普中国e站依托已有的基层网络、阅读终端、活动场所等科普设施，借助基层传播渠道（平台）和移动应用等，细分公众，在科普e站中融入农技科普知识，通过大屏订阅的方式将科普知识精准推送至目标人群，全年共推送科普信息6000余条。发展终端信息平台，整合新媒体资源，用好科普微博、“青白江科普”官方微信公众号、头条号等平台，发布科学种养殖知识等，使农民能够第一时间掌握科普资讯。加快推进科技志愿服务平台建设，成立区级科技志愿服务队伍并在科技志愿服务信息平台注册，不断引导农业专家、科普志愿者等科技人才加入科技志愿者队伍，开展科技志愿服务活动，助力农民科学素质提升。

探索专业化路径，推动天府科技云“保姆式”服务。以园区科协作为“一大抓手”，延伸专业保姆服务，引进成都双新孵化器管理有限公司、成都爱泽天下教育科技有限公司等多家专业服务机构，开展实地走访调研、进行细致摸底，针对农业科普基地、家庭农场等提出的科技咨询及科技所能所需，开展“一对一”“面对面”深度服务。融通“线上+线下”服务方式，深化科协保姆服务。除“天府科技云”大数据分析数字技术系统精准匹配需求方或供应方之外，区科协采取“三问”（问领域、问方向、问条件）方式，在明确科创需求方向后开展线下匹配服务。指导中国国际石斛研究和发展中心、贵和高科农业公园、我的田园等申报天府科技云科普惠民共享基地。围绕科创服务全过程，推进服务技能专业化。着眼“宣传推介、主动联系、引导注册、发布信息、匹配撮合、对接洽谈、促成合作”科创服务全过程，针对服务对象产业方向、业务范围、扶持政策等重点领域，对科协保姆有针对性进行全流程理论和业务培训，实现“一单一策、一人一策、一企一策”，精准匹配科协保姆服务，全流程服务青白江勇胜家庭农场、青白江祥子家庭农场等，并引导其在“天府科技云”平台发布科技创新所能所需。

【农村教育】 印发《深入实施小学“强基计划”行动工作方案》和《青白江区初中强校工程实施方案》，全面启动为期三年的小学“强基计划”和初中“强校工程”，从资源配置、学校内涵、教学改革、自主办学、教育督导等方面着手，全面提升农村学校办学水平。推进“名师、名校长工程”建设，发挥示范、辐射和引领作用，启动为期两年的领航名师名校长培育工程。经过市级初评、省级复核、国家初检、国家认定等程序，成为全国第一个通过督导评估国家认定的学前教育普及普惠区。实施教育建设项目18个，总投资约13.8亿元，已完成投资7.1亿元，完成大弯中学新建初中部、大同小学扩建、日新小学新建学生食堂、新河幼儿园、红阳幼儿园、宏翔幼儿园、铁路港幼儿园、天星幼儿园、陆港幼儿园、清泉东山新城幼儿园、人和乡三元村幼儿园等11个项目，新增校舍建筑面积88282平方米，新增幼儿学位2820个、小学学位270个、初中学位2250个。加快推进城厢中学扩建、新建凤凰小学、祥福镇新建普通小学等项目，启动铁路港小学、大弯小学南校区、特教学校综合楼建设、福洪中学新建学生食堂等项目，建成后将新增校舍建筑面积141136平方米，新增小学学位6750个、初中学位600个。持续支持民族地区教育事业发展，推进对口帮扶，选派25名骨干教师到甘孜州支教，选派3名骨干教师到凉山州支教。完成各项资助任务，全年共资助学生12919人次，资助金额合计1690.11万元，实现“应帮尽帮、应助尽助”，不让一个孩子因家庭经济困难而失学。获评“成都市社区教育先进集体”1个；创建成都市学习型示范社区1个、学习型社区5个，成都市老年教育星级示范点1个、示范点4个，成都市夜间经济（学习）示范点2个。

【农村文化】 全区7个镇（街道）综合文化站（中心）图书室总藏量达5.43万册，83个村（社区）图书室总藏量达22万册，全区120个农家（社区）书屋总藏量达25万册，按照每周不少于5天、每天不少于4小时正常免费开放；利用农家（社区）书屋平台开展读书、讲座等阅读活动50余次。组织开展“百村”文艺大联动、百姓才艺秀、文化惠民演出及“文化四季风”等文化活动2000余场次。完成70个基建工地的文物勘探，勘探面积4506.855亩。

【农村卫生】 全年孕产妇死亡率为零，婴儿死亡率为1.07‰，5岁以下儿童死亡率为2.14‰；免费实施婚前医学检查2758对，婚前医学检查率为95.72%；家庭医生签约率为53.44%，重点人群签约率为82.7%。免费建立健康档案累计41万份，规范化电子建档率为95.63%；管理高血压病人27240名，规范管理率为80.88%。推进“十三五”基层医疗卫生机构硬件提升工程，完成大弯社区卫生服务中心改建项目、清泉镇公立中心卫生院，继续实施姚渡镇卫生院迁建项目；共完成96家公有化、标准化村卫生室建设。

【农村法制建设】 深化“法律进乡村、进社区”，重点开展《宪法》《民法典》的学习宣传教育，开展《农业法》《农村土地承包法》《农民专业合作社法》等法律法规的宣传教育，开展疫情防控、食品安全、生态环境保护、禁毒、防范非法集资等与农村群众生产、生活密切相关的法律知识的宣传普及，全年组织开展“法律进乡村、进社区”活动近300场次。把公共法律服务融入乡村治理工作，为全区各镇（街道）及村（社区）配齐法律顾问，建成镇（街道）公共法律服务工作站7个、村（社区）“法律之家”83个，覆盖率均达100%。探索建立智慧公共法律服务平台“铁港法务”，与12348法律服务热线并线运行，为群众提供“不打烊”公共法律服务，全年提供法律咨询5千余人次。加强农村矛盾纠纷排查调处，各村（社区）调委会落实“一周一排查”制度，组织排查矛盾纠纷1983次，排查发现矛盾纠纷524件，共化解矛盾纠纷3374件，调解成功率达100%，维护了农村社会稳定。

【农村交通】 全区农村公路总里程达957.57千米，与2010年相比，公路密度由1.8千米/平方千米增加到2.53千米/平方千米。全区自然村硬化路通达率达100%，农村公路优良中等路率在75%以上，区内建制村客车通达率达100%。

【涉农招商引资】 全区3000万元以上的农业招商引资重大项目8个，总投资129.1亿元。

【农村社会保障】 城乡居民基本养老保险全业务下延至各镇（街道）便民服务中心，提升就近就地办理社保服务水平。全年城乡居民基本养老保险参保人数115120人，覆盖率保持在90%以上。为全区2027名符合条件的贫困人员代缴城乡居民养老保险费161.83万元，确保符合代缴条件的贫困人员“应缴尽缴”“应享尽享”。在做好疫情防控的同时，及时完成待遇核定和发放审批，确保待遇按时足额发放，惠及城乡居民养老待遇领取39570人。同时城乡居民养老保险基础养老金首次分年龄段进行调整，分别调查为60～64周岁110元/月，65～79周岁112元，80周岁及以上115元。稳慎推进被征地农民养老保障新政，确保新老政策平稳有序过渡。

【农村生态建设及环境保护】 印发《关于深

入推进“十四五”期间化肥农药减量增效工作的通知》《青白江区2021年度农业主推技术的通知》等方案和生产指导意见，依托区级财政预算资金，实施茗果汇绿色发展先行先试支撑体系建设项目、逸明家庭农场绿色防控示范项目等项目7个。开展农药化肥减量技术示范，统筹推进农药化肥减量化工作。印发《2021年秸秆综合利用和禁烧工作实施方案》《关于切实做好农药包装废弃物和废旧农膜回收工作的通知》，推进《固废法》宣传贯彻。实行全年全域秸秆禁烧，印发资料14万余份，张贴标语200幅，成立3个综合组、2个执法组、11个巡查组、61个巡查队开展禁烧巡查督查；培育4家秸秆综合利用企业，兑付上年度秸秆综合利用奖补资金99万元。推进农药包装废弃物及废旧农膜回收处置项目，设置农药包装废弃物回收网点63个、农膜回收网点10个，回收农药包装废弃物280万余个、废旧农膜30余万吨。对辖区内245户水产养殖户5919亩鱼塘进行拉网式排查，建立问题排查整改台账，制定水产养殖尾水综合治理“一场一策”整改措施，分批次进行养殖尾水集中治理。加强水产投入品监管，重点检查“改良剂”“非药品”的使用情况。利用现有病死畜禽集中无害化处理体系，对病死水产品进行集中无害化处理。开展绿色生产技术联合攻关，划定2万亩示范基地，集成推广绿色高效配套种养技术应用试验4项，突出投入品减量化、生产清洁化、废弃物资源化、产业模式生态化，实现主推品种和绿色技术覆盖率100%。

【农产品质量安全监管】 开展农药残留定量检测957个，合格率为99.37%。开展生产环节种植业产品化学农药残留快速检测13666个，合格率为100%。市级生产环节主要农产品质量安全例行监测合格率达100%，“菜篮子”产品抽检合格率达100%。新增有机产品认证3个，即四川田园农业科技有限责任公司种植的桃子、杏、李子；完成2个绿色食品的续展工作；完成无公害农产品复查换证5个；开展农产品地理标志三元油桃内在品质特色指标检测，并形成研究报告1份；拍摄制作三元油桃宣传视频，并在“学习强国”、四川电视台等新媒体播出。持续推进省级追溯示范县项目建设，培育省级追溯示范企业10家，入驻省级、国家级追溯平台主体268家。全面推进食用农产品承诺达标合格证制度，全区有实施合格证主体240家，开具合格证16万余张，附带合格证上市农产品1434.52吨。

【农村市场体系建设】 加强与金融机构的信息互通，开展“农贷通”“蓉易贷”“青松贷”等农村金融政策的宣传推广，对有需求的新型农业经营主体实现“应贷尽贷”，做好“农贷通”补贴申报，通过“农贷通”平台放款50笔、5.22亿元。增强担保公司服务“三农”的能力，实现区属担保公司注册资本金翻番，实收资本金总额从18000万元增加至36000万元。全年单户融资担保金额500万元及以下的小微企业和“三农”平均担保费率为1.95%，单户担保金额500万元以上的小微企业和“三农”平均担保费率为2%。截至2020年年底，全区各项存款余额510.99亿元，增长20.65%，增速位列成都市中心城区第一；各项贷款余额302.73亿元，增长21.74%，增速位列成都市中心城区第二。

【农村留守家庭(儿童、学生)帮扶】 建立未成年人保护工作领导小组，联合印发《关于进一步健全农村留守儿童和困境儿童关爱服务体系的实施意见》。开展普法宣传150余次，加大特殊群体儿童巡查力度。督促120名农村留守儿童监护人与委托人签订《监护责任书》，儿童主任每月入户走访特殊群体儿童成长情况，建立工作台账。推动儿童友好城市建设，立足“五个友好”总体要求，打造儿童友好城市青白江模式，推进依托社工站建立未保站，打造区妇女儿童中心和区青少年法治教育基地、7个“儿童友好幸福场景”、11个家庭教育示范基地。推动“青葵守护”“微光处处”“童心护航”等多个关爱留守儿童、帮扶涉罪未成年、促进儿童成长项目开展。链接社会资源，启动“一对一持续性”“爱心助力成长”等助学项目，共捐助2.6万元助学金、价值20.9万元的学习生活物资，为8名困难儿童家庭实施“旧家换新颜”居家环境改造项目。全区户籍未成年人6.58万人，其中农村留守儿童、孤儿、困境儿童等特殊群体儿童163人(有留守儿童120名)，每年发放基本生活费、生活补贴48余万元。区综合社会福利中心(区未成年人救助保护中心)总体负责未成年人保护工作，各镇(街道)已设立儿童督导员7名，村(社区)设立儿童主任83名。

【劳务开发与返乡创业】 全区新增农村富余劳动力向非农产业转移就业4152人，动态清除“零就业家庭”。全年依托区人力资源市场举办现场招聘会122场次，组织企业、培训机构到全区11个乡(镇、街道)及村(社区)举行就业巡回服务活动、欧洲产业城项目等专场招聘会29场次，累计提供就业岗位2万余个次，为青年人才、农村富余劳动力及用人单位搭建供需对接平台。开展失保金人员技能培训29期、1145人，直补个人培训44人，省级劳务品牌培训146人，返乡农民工创业意识培训10期、323人，“返乡创业+技能培训”11期、304人。为四川新蓝农业开发有限公司等6家小微企业办理创业担保贷款1310.8万元，补贴贷款利息20.08万元。举办青白江区“蓉漂杯”暨“蓉欧之星”创业大赛，遴选逸明“农夫之星”计划、创新型农业投融服务平台项目等12个优质返乡创业项目。推荐指导构树种养循环农旅产业园项目等3个区内优质返乡创业项目参加成都市第四届就业创业大赛暨“天府杯”成都选拔赛决赛，其中丰科国际(蓉欧)食品加工产业基地项目获得大赛三等奖；推荐成都欧滋农业开发有限责任公司法人代表丁宪强获评“四川省返乡下乡创业明星”，推荐成都时代创绿园艺有限公司获评“四川省返乡下乡创业明星企业”。

【主要领导人】 区委书记:张胜(10月止)，池勇(11月始)；区人大常委会主任:张丽；区长:池勇(11月止)，王林(12月始)；区政协主席:范维；分管农业副区长:张彬。

青白江区编写组

新 都 区

【基本情况】 2020年，全区辖2镇7个街道，辖区面积496平方千米，有户籍人口83.31万人。

【农业产业化发展】 加强产业链发展。“百万亩高标准农田”项目清流泉映田园30682亩完成初验，1.7万亩高标准农田勘察设计完成。全年粮食总产量18.32万吨、油菜产量1.64万吨，出栏生猪46081头；主要农作物耕种收综合机械化水平达94.14%；农产品精深加工营销收入92.6亿元，农产品精深加工率达71.5%；农业电商销售额4.5亿元；乡村旅游总收入11.9亿元，增长10%。

壮大农业经营主体。全年申报市级重点龙头企业3家，新增省级示范社4家、区级示范合作社5家；开展各类人才培育4000人，新增初级农业职业经理人53名、中级15名、高级2名；20家企业准入区级农业公用品牌“蠡都味”，7家龙头企业准入市级公用品牌“天府源”。

提升农业质效。新都区申报为成都市农业物联网示范基地，与四川省农业科学院合作项目——新都园艺作物智慧农业新技术示范完成验收；培育引进优质稻麦油新品种19个，“新都大蒜”通过农业农村部农产品地理标志登记专家评审；新增ISO22000食品安全管理体系认证1个、绿色食品认证3个、有机产品认证1个、农产品地理标志产品1个；多科室联动开展农产品、农药、种子、农机行政执法，确保产业健康发展，全年无重大疫情发生。

【农村改革】 农村集体产权制度改革。2840个集体经济组织农村集体资产清产核资工作通过省、市验收并获得好评；开展16个村（社区）集体资产股份化改革扩面提速试点工作，赋码登记9个农村集体经济组织；新民镇“天府花香”、斑竹园镇“音乐小镇消费场景植入”项目获得市农业农村局、市财政局农商文旅融合促进集体产权制度改革试点备案。

促进土地流转规范。全年新增土地流转41宗、面积7641亩；开展土地流转准入联合审查15宗、面积4822.85亩；办理土地流转入场交易129宗、面积1.46万亩，金额9146.99万元；开展农村土地流转巡查项目31个，建立整改台账8个。

创新农村金融服务方式。创新“农村产权+农村金融”模式，“农贷通”平台累计受理贷款申请387笔，实现贷款3.5亿元，落实贷款利息补贴15.796万元。

【对口帮扶】 指导简阳市申报、立项、实施帮扶项目2个，帮扶资金落实到位600万元。毗河供水一期工程完成建设征地并移交2854.77亩，任务完成率达100%；社保安置1134人，完成补偿安置投资约4.68亿元。

【农商文旅体融合发展】 突出现代农业园区建设，完成“三图一表”和规划成果编制，命名清流泉映田园等3个区级现代农业产业园区，省、市级示范园区创建工作加快推进。突出特色镇和林盘经济打造，按照“产业植入+场景营造”加快建设17个特色小镇和25个川西林盘，已完成投资33.4亿元，开工建设特色小镇11个、川西林盘18个，天府沸腾小镇入选《成都市公园城市生态价值转化典型案例（第一期）》，被纳入全市30个重点建设特色小镇名单；清流大书房等8个林盘相继完成项目包装示范和展示开放，并被纳入全市107个高品质精品林盘名单。突出项目招大引强，以“百日擂台赛”为抓手开展招商推介5次，完成重大项目签约和注册各1个，其中总投资50亿元的木兰花开国际田园综合体项目签约；新增入库项目34个，新增入库项目总投资80523万元。

【农村人居环境整治】 成立新都区农村人居环境整治工作领导小组，印发《成都市新都区农村人居环境整治村庄清洁美化提升行动方案》等规范性文件13份，建立工作例会、评比排名、竞进拉练等工作制度，在全社会营造起人人参与整治、村村竞进争先的浓厚氛围。以“三清四改一创建”为重点，累计清理农村垃圾4.9万余吨，清理村沟村塘淤泥1200吨，清除私搭乱建835处，实现村庄环境清洁整治覆盖率100%。完成农村户用厕所改造40282户及26个村（社区）“厕所革命”示范村建设任务。形成月度拉练、季度考核、年度考评的考核评价体系，召开现场推进会4次、月度拉练4场；通过“五个明察”“三个暗访”指导解决整治过程中的重点、痛点和难点问题，组织开展月度考评3轮，下发督办通知45期。完成20个“美丽蓉城·宜居乡村”示范村（社区）和115个“美丽四川·宜居乡村”达标村（社区）建设任务。

【农村生态建设及环境保护】 “全域增绿”有序推进，全年新增香城绿道29千米，新增绿化面积45350平方米；新植树木10.06万株，造林410亩，成活率达90%以上；开展林业有害生物防治和检疫，各项指标达到目标任务；加强野生动植物保护，清理整顿区内野生动物养殖和经营利用单位21家；加强林业资源保护，开展挤占生态空间清理整治专项行动，实现森林资源“双增长”。加强农业面源污染治理，推广测土配方施肥技术面积38.15万亩；完成禁养区46家畜禽养殖场（户）的关闭、搬迁，实施畜禽粪污异地循环综合利用5.12万立方米；做好秸秆综合利用和禁烧工作，农作物秸秆综合利用率达99%。

【主要领导人】 区委书记：许兴国；区人大常委会主任：戴军；区长：王忠诚；区政协主席：方正行；分管农业副区长：张文豪。

新都区编写组

温江区

【基本情况】 2020年，全区辖3镇6个街道，辖区面积277平方千米，有户籍人口529388人。全区实现第一产业增加值23.15亿元，增长4.3%。农民年人均可支配收入达32635元，增长8.3%，增量位居全省第一。

【新型农业主体培育】 新扶持打造2个标准化示范基地和5个专业合作社。截至2020年年底，全区累计扶持打造标准化示范基地10个、市级以上示范专业合作社17个，其中国家级合作社2个、省级11个、市级4个。全年新培育农民专合社10家、家庭农场75家，截至2020年年底，累计培育农民专合社225家、家庭农场115家，其中省级家庭农场3家、市级3家。

【农村改革】 农村集体产权制度改革。制定并印发《成都市温江区支持村级集体经济组织参与项目建设的指导意见》，完成村级集体经济组织登记赋码和调整改革，赋码登记集体经济组织1023个，集体资产总额达9.56亿元。开展村级集体经济组织调整改革，转接村级集体资产19709万元、村级集体资金14698万元，村级债权6399万元、村级债务19526万元。温江区农村集体产权制度改革2020年被确定为全国第二批60个试点典型之一。开展农村集体资产股权继承、有偿退出、抵押、担保融资改革，累计登记办理股权质押54宗529万元、股权继承20宗、有偿退出392宗。探索生态资源价值转化机制，在万春镇幸福村试点，评估量化生态资产，估值达到3.91亿元，并折算为集体资产股权。推广全链条联农带农利益联结机制，完善“集体经济组织+农户+社会组织+项目业主”“农户+合作社+家庭农场”等合作模式，推进花语印象、水族小镇等乡村振兴示范项目建设。

【农产品品牌战略实施】 协调农产品加工业协会及企业参加农产品进地铁活动，在中华品牌商标博览会、成都市第七届新米品鉴会、第六届成都开秧门农耕文化节、温江区第三届农民丰收节等省、市、区展示展销5次。完成全区农产品电商网络销售调查统计，全区2020年农产品电商网络销售总计28603.56万元。

【养殖业】 生猪养殖。调整优化禁养区划定方案，对畜禽禁止养殖区域范围和禁止规模养殖等相关规范和标准进行优化调整。抓好生猪稳定恢复发展，以“种养平衡 种养循环”模式推进“以地定畜、种养循环、环境友好”的技术路线，指导养殖场（户）因地制宜选择粪污资源化利用模式和种养循环方式，为规范畜禽养殖打好基础。以“粪污还田、种养循环，多元利用”的粪污资源化为利用原则，做好养殖废弃物的无害化处理与利用，实现养殖业健康发展。全区散养户约390户，存栏约2800余头。完成省外调运补栏仔猪2000头。全年出栏生猪6300余头。

严防非洲猪瘟。严把生猪定点屠宰企业的入场关、静养关、屠宰关、消毒关、无害化处理关，落实“六符合”，执行消毒制度，完善厂区生物安全措施，落实“批批检、全覆盖”的要求。组织开展以非洲猪瘟为重点的动物疫病“大消毒、大培训、大宣传”活动。针对养殖场、屠宰企业等，开展全面集中检查、突击检查，累计出动检查车辆近100辆次、人员300余人次，查处违反动物防疫法方面案件6起，结案4起，罚款17.2664万元。

动物疫病防控。全年防疫猪瘟、猪口蹄疫4191头，防疫率达100%；佩戴生猪电子耳标4100套；禽流感8.4万羽，其中信鸽6.0495万羽；狂犬病防疫犬只27680只；牛口蹄疫89头，羊口蹄疫40只，羊小反刍兽疫26头。开展非洲猪瘟等重大动物疫病防控，落实“3+1”网格化监管模式，坚持新冠疫情防控期间重大动物疫病日排查报告制度。对农村畜禽圈舍、屠宰企业、农贸市场等开展环境消毒，共发放消毒药4.59吨，累计消毒面积达400万平方米；开展非洲猪瘟、狂犬病、口蹄疫、禽流感等多种重大动物疫病和人畜共患疫病监测2333份，全年无重大动物疫情发生。

【畜禽废弃物利用】 制订《成都市温江区畜禽养殖废弃物资源化利用工作方案》，指导养殖户做好配套畜禽粪污处理设施建设，指导散养户因地制宜选择粪污资源化利用和配套粪污处理设施，采取种养结合模式开展畜禽废弃物综合利用，确保畜禽粪污不渗漏溢流。优化种养布局，发展绿色生态循环种养业，把减量控制和末端治理作为重点，实现畜禽粪污持续整治成果，全年畜禽粪污资源化利用率达98%。

饲料管理。按照《饲料质量安全管理规范》要求，对区内10家饲料生产企业进行5大项26个内容专项查验，完成部、省、市对饲料生产企业30个产品质量抽查抽检。开展饲料安全生产检查20次。按照“送政策、帮企业、送服务、解难题”工作方案，推进饲料生产企业在2月全面复工复产，出具保民生运输证明42份，推进“六稳”“六保”工作开展。

兽药生产经营清理。加强兽药生产和经营环节质量安全监管，对区内7家兽药生产企业和26家兽药经营企业实现全覆盖《国家兽药产品追溯系统》注册管理。开展净化兽药专项整治行动，规范兽药生产经营行为，严厉打击制售假劣兽药、违法销售违禁和未经批准使用的兽用抗菌药物，保证兽用抗菌药和生物制品生产使用安全。规范兽药生产经营行为专项检查9次、例行检查7次、非洲猪瘟假疫苗检查1次；二维码追溯执法检查2次，完成省、市抽查抽检13次，核查兽药新报产品流水号102个，加强兽药生产经营质量安全。

兽医医政管理。对区内36家动物诊疗机构进行清查和备案管理，加强动物诊疗净化活动和诊疗管理。加强病死动物的无害化处理管理。严厉打击乡村兽医无证经营、违规售药、非法行医、执业行为失范等违法行为，促进动物诊疗市场的健康发展。

【水产业】 水产管理。抓好渔业安全宣传和隐患排查，加强对鱼苗来源、病死鱼无害化处理的日常监管及水产品质量抽检，对发现的问题及时进行整改，开展日常检查3次、专项检查2次。开展水产品质量风险抽样12个。全年水产养殖产量610吨，实现产值1210万元。

渔政执法。重点抓好长江流域温江区重点水域禁捕、退捕工作，结合“中国渔政亮剑2020”等执法行动，开展联合执法行动4次，部门、镇(街道)共出动巡查及执法人员近2千人次，收缴违禁捕鱼网具5副，暂扣违规渔具2副，劝离、警告教育违规垂钓人员240余人，处理群众举报29次，及时放生娃娃鱼3条，发放宣传资料4000余份，杜绝销售、收购、经营水(野)生动物行为。

【乡村振兴】 优化顶层设计。区委农村工作领导小组印发《温江区2020年落实乡村振兴战略推进城乡融合发展和农业农村现代化“十大行动”工作要点》，聚焦聚力乡村振兴“十大行动”，深化现代农业功能区建设，持续推进国家农高区创建、国家城乡融合试验区建设和都市现代农业高质量发展，不断深化农业农村改革，提高乡村治理水平。

典型示范。获评全市第三届乡村振兴“十大案例”9类10个单项奖，其中万春先锋村川派盆景示范园、编艺公园获评“十大乡村周末旅游目的地”；紫薇公园获评“十大最美观花公园”；万春镇黄石社区获评“十佳‘三美’示范乡村”；寿安镇百花社区获评“十大人居环境优美村”；温江区万春镇探索乡(镇)治理现代化新模式获评“十大乡村基础治理创新案例”；和盛镇龙腾梵谷庄园获评“十大川西林盘消费新场景”。

争先创优。开展省、市、区实施乡村振兴战略考评激励工作，寿安镇新长青村、陈家渡村被省委、省政府命名为2020年度四川省乡村振兴示范村；寿安镇，寿安镇新长青村、万春镇鱼凫村、和盛镇渡桥村、和盛镇玉河村、寿安镇复兴社区、永宁街道八角社区被市委办公厅、市政府办公厅命名为2020年度成都市实施乡村振兴战略推进城乡融合发展先进镇、示范村(社区)。

“一村一品”。扩大温江大蒜、稻米、桂花衍生食品等特色农产品的社会知名度和美誉度，营造全社会关注乡村振兴、关心粮食安全、厉行节约反对浪费的浓厚氛围。举办和盛美食节、和盛“紫薇花开”、金马“踏梦而行”、温江花协“云上花木节”和万春“开秧门”农耕文化节、农民丰收节、“鱼凫杯”稻米品鉴、玫瑰节等休闲农业与乡村旅游活动。

【扶贫开发】 全年完成8户巩固提升户调整，全区有在册巩固提升户151户。定点帮扶简阳市禾丰镇、三合镇8个省定贫困村，确定定点帮扶项目14个，拨付帮扶资金400万元。

【新村建设】 特色镇建设和川西林盘保护修复，实施川西林盘保护修复项目28个。推进幸福田园音乐艺术小镇、友庆景观园艺小镇等4个特色小镇建设，引导产业集聚、功能复合、联城带村发展，构建以特色小镇为引领的城乡融合发展格局。

村庄美化提升行动。落实《村庄清洁美化提升行动方案》《“美丽温江·宜居乡村”推进方案(2019—2020年)》，以农村“垃圾革命”“污水革命”“厕所革命”、村容村貌提升为重点，推动村庄美化提升。截至2020年年底，全区累计完成农村户厕改造18898户，无害化卫生厕所普及率达94%；农村生活垃圾无害化处理率、行政村生活垃圾收运处置体系覆盖率、农村保洁员行政村覆盖率均达100%，农村区域行政村污水处理设施有效覆盖率达70%，畜禽粪污综合利用率达98%以上。

【农业机械化】 全年落实农机购置补贴机具37台(套)，实施购补资金75.103万元，其中中央资金55.073万元、市级资金20.03万元。完成水稻机械化插秧1.35万亩、机收1.5万亩，油菜机收0.28万亩、机播0.24万亩，主要农作物机耕1.85万亩。

新机具试验示范。引进大蒜播种机、收获机，全区已有各类大蒜机械化生产设备30台(套)，完成大蒜机械化播种1000余亩，机械化收获取得实质性进展。引进水稻密植无人插秧机同步施肥(即在一台插秧机上同时展示水稻密植、无人驾驶、同步侧深施肥技术)及农机北斗智能终端开展水稻绿色高效机械化生产技术集成试验。无人驾驶插秧机在温江区试验成功。在全省率先开展无人机飞播油菜试验演示，对促进全省油菜生产全程机械化起到了良好作用，具有推广应用价值。

农机安全监理执法。开展农机安全生产集中培训2次，培训机手120人次。开展农机安全生产宣传4次，发放宣传资料6200余份。加大农机执法检查力度，开展农机安全生产专项整治和隐患排查12次，出动检查人员42人次，检查农机生产企业、农机经营门市、农机专业合作社38个次，排查隐患15处，整改15处。健全农机、公安、区道安办等部门协调联动机制，配合公安部门开展上路行驶拖拉机专项整治3次，检查上路拖拉机22台，处罚违规违章拖拉机3台。全年未发生重大农机安全生产责任事故。

【农村金融】 创新金融产品。推进实施"花木贷""金秋贷""惠农产权贷""苗木仓单""农贷通—惠农贷""家庭农场贷款"等多个农村金融服务产品，发行"一带一路"蓉欧花木自贸区项目政府债券3亿元，累计实现农村产权抵押融资28.67亿元。建立金融风险补偿分担机制，筹集资金500万元，建立乡村振兴农业产业发展贷款风险补偿资金制度，区内金融机构与省农担公司合作，政府、银行、省农担公司分别按照30∶30∶40的比例分担风险，形成合作规模1亿元的贷款资金池，全年实现放贷800万元。

【农业从业人员培训】 全年开展新增农业职业经理人培训60人、基层农技人员脱产培训60人、新型职业农民精英培训20人、国家成都市农业科技中心人才基地培训20人、乡村专业人才培训18人、省外先进基地培训1人。开展农业职业经理人等级评定工作，评定初级农业职业经理人60人、中级农业职业经理人10人。推荐人员参加相关新型职业农民评选，其中刘国通被评为"省级农村手工艺大师"，陈宏宇被评为"成都市十大手工艺大师"，王琦被评为"成都市优秀农业职业经理人"。

【农业科技示范】 确定成都市温江区农业"五新基地"、稻田创意大地景观基地和食用菌林下种植基地作为2020年农业科技示范基地，主要开展水稻机直播生产技术、水稻机械化种植同步侧深施肥技术、"马铃薯—水稻"轮作全程机械化生产技术、"油菜—水稻"轮作全程机械化生产技术、杂交水稻暗化催芽无纺布覆盖高效育秧技术、水稻病虫害全程绿色防控技术、稻田创意大地景观定植栽培技术、稻田综合种养技术（稻鱼共作）、油菜全程机械化轻简高效生产技术、大蒜规范化栽培技术和林下大球盖菇高效栽培技术、林下竹荪高效栽培技术等展示推广。

【农业招商引资】 签约花仙境花木直播总部基地、鱼凫·水生态科创园、新尚植物研究院等农创、农旅、农养融合发展项目9个，协议总投资约50亿元。新开工建设新尚植物研究院、极乐汤温泉酒店、"五新"双创园等6个农业农村重大项目。

【营商环境建设】 举办"共享新机遇，投资金温江"投资推介活动3场，联合四川农业大学、成都农业技术职业学院等高校举办成都首届"邮储杯"农创挑战赛，推介温江农业农村投资机遇。提升农高创新中心一期管理运营水平，入驻农业科技企业38家，CNG农业链上线运行。

【农产品质量安全监管】 全区开展日常监管4400家次、日常巡查1200家次，印发《情况通报》12期。指导镇（街道）检测室开展农药残留定性快速检测12345个样，检测合格率达99%；完成监督、风险农残专项定量检测1100个样，合格率达98.5%；接受市级监督抽样检测28个样，合格率达100%。全区40家规模生产经营主体具备开具食用农产品合格证能力，开具品类包括蔬菜、水果、食用菌、水稻、水产品等，开具合格证4298张。新增14个无公害农产品认证。

【供销合作社经营】 供销综合改革。全年供销系统购进总额5.76亿元，增长20.75%；销售总额6.66亿元，增长21.75%；利润总额219万元，减少3.52%。农业社会化服务能力不断增强，土地托管等农业社会化服务面积2000余亩；庄稼医院51个；生产性为农服务中心1个；农村综合服务社95家，行政村覆盖率100%；领办农民专业合作社44家，其中国家级和省级示范社11家。基层组织建设不断夯实，已建成城武社区村级基层社、北街社区村级基层社2个。联合社治理机制创新，建成三会治理结构，探索建立供销合作社与社有资产管理运营主体统一领导、统一管理、一体化运行的组织架构，加强社有资产监管，确保社有资产保值增值。整合全区涉农部门资源，成立温江区农村合作经济组织联合会。乡村生态环境治理不断改善，探索构建"市场主体回收、公共财政扶持、专业机构处置"机制。开展农药包装废弃物和废旧农膜回收处置，减少农业面源污染。

夯实为农服务基础。对全区供销系统90家农资放心店开展监督管理，全力做好农资保障，全年组织调运供应各种肥料2.5万吨、农药300吨、农膜100吨。累计建成蔬菜便民店21家，缓解新建城区配套不足、群众"买菜难"问题。

【主要领导人】 区委书记：王道明；区人大常委会主任：万雪梅；区长：马烈红；区政协主席：艾志秋；分管农业副区长：景仁志。

温江区编写组

双 流 区

【基本情况】 2020年，全区辖4镇5个街道，辖区面积1067平方千米（实际管辖面积466平方千米），其中耕地面积21.6万亩，人均耕地面积0.32亩；基本农田12.72万亩。年末总人口67.3万人（户籍人口），增长3.2%；人口自然增长率6.22‰。林地保有量3.3万亩，活立木总蓄积量40万立方米，森林覆盖率20.86%。

2020年，全区GDP1002.04亿元，增长2.1%，其中第一产业增加值18.58亿元，增长0.9%；第二产业增加值331.05亿元，增长7.6%（工业产值291.12亿元，增长8.4%）；第三产业增加值652.41亿元，减少1.5%。三次产业对经济增长的贡献率分别为1.9%、33%和65.1%。全年接待游客1606.82万人，实现旅游收入129亿元，其中乡村旅游接待游客800万人次，实现旅游收入60亿元，增长6%。

公路通车里程628.82千米，密度1349.4米/平方千米，9.34千米/万人。社会消费品零售总额394.32亿元，减少2.3%。一般公共预算收入完成77.56亿元，增长8.2%。实现全口径财政总收入275.25亿元，增长22.9%；全口径财政总支出257.34亿元，其中一般公共预算支出102.36亿元，减少3.3%。金融机构各项存款余额189.14亿元，比上年初增长14.4%；各项贷款余额1389.36亿元，比年初增长20.9%，其中支持农业产业化发展项目贷款214万元。全区人寿保险业实现保费收入9.9亿元；财产保险业实现保费收入9.8亿元，其中政策性农业保险收入945万元。农业产业化龙头企业国家级、省级、市级分别为2家、5家、10家。

有各类学校243所，在校学生162751人，教职工11560人，其中普通中学34所，在校学生37806人；小学23所，在校学生68120人；学龄儿童入学率100%。全区建有各级创新平台187个，其中国家级31个、省级85个、市级71个。有公共图书馆11个，大型体育场馆2个，村（社区）基层综合性文化服务中心118个。有卫生机构598家，病床位5879张，卫生技术人员8205人。全区城乡居民养老保险参保人数7.26万人，参保率达95%；城乡居民基本医疗保险参保人数45.69万人，参保率达98%。

【年度农业和农村经济运行】 2020年，全区

表1　2020年双流区主要农产品产量

主要农产品	单位	产量	同比(%)
粮食	万吨	3.87	0.5
水稻	万吨	2.55	–2.7
小麦	万吨	0.16	–5.9
玉米	万吨	0.65	–4.4
马铃薯	万吨	0.28	33
油菜籽	万吨	0.68	–8.1
蔬菜	万吨	30.3	2.4
水果	万吨	3.1	–16
肉类	万吨	0.34	–42
禽蛋	万吨	0.08	–46
水产品	万吨	0.86	4.5
牛奶	万吨	0.11	–64

实现农业总产值32.26亿元，增长2.3%；全区全年农业增加值达18.58亿元，增长0.9%。农民年人均可支配收入达31898元，增长8.3%。全区蔬菜、水果农残检测合格率为98%。主要农产品产量见表1。

农业产业化发展。双流区入选“全国第四批率先基本实现主要农作物生产全程机械化示范县(市、区)”，建成高标准农田1.2万亩，建成牧山香梨等精品种植基地20个；推进土地适度规模经营，培育市级以上农业产业化重点龙头企业17家、示范合作社2家、家庭农场3家。

农村集体产权制度改革。全面完成涉农村(社区)登记赋码改革，完成村级集体经济组织登记赋码127个、组级173个；规范有序流转土地，办理土地流转业主经营权证书313宗，流转面积12676亩；开展村(社区)财务审计；完善“农贷通”金融综合服务平台，通过平台发布涉农特色金融产品66个，发放贷款4254笔、15.43亿元；对符合条件的集体经济组织自愿成立集体组织股份合作社，全区成立经济合作社328个。

农产品品牌战略实施。全区依托临空和近郊两大核心优势，以扩大绿色、有机农产品供给为重点，推行设施化、标准化种植，建成冬草莓、永安葡萄等精品种植园36个。依托古树竹林、传统民居、川西林盘聚落等自然资源，打造华侨城农创园、海蒂的花园等集农村电商、文化创意、旅游观光等产业跨界融合于一体的“都市田园会客厅”。利用国际空港和蓉欧快铁，实现年均直供农产品至港澳、欧洲等1.2万吨以上。品牌竞争力不断增强，构建“区域品牌+自主品牌”体系，持续做大做强“黄甲麻羊”“双流二荆条辣椒”等国家地理标志产品，9个品牌进入“天府源”目录。

【种植业】 全区大春粮油作物播种面积8.67万亩，其中水稻播种面积4.61万亩，亩产553千克；玉米播种面积1.55万亩，亩产420千克；薯类播种面积0.92万亩，亩产310千克；花生播种面积0.75万亩，亩产236千克；豆类播种面积0.84万亩，亩产193千克。小春粮油作物播种面积5.49万亩，其中小麦播种面积0.51万亩，亩产320千克；油菜播种面积4.98万亩，亩产173千克；种植葡萄5000亩、梨740亩、草莓1800亩、优质桃1500亩、蓝莓1080亩、柑橘3500亩。

【林业】 全区实现森林面积、森林蓄积“双增长”，净增森林面积140亩、森林蓄积40万立方米，森林覆盖率由2016年的20.79%增长到20.86%；实现林业总产值25.85亿元。健全森林防火及野生动物资源保护山头长机制，对全区森林资源实行全覆盖网格化管理，开展森林草原防灭火专项整治、综合防控能力提升建设，截至2020年年底，已连续34年无较大级别及以上森林火灾发生。全年林业有害生物应施监测面积3.3万亩，实际监测面积3.3万亩，监测覆盖率达100%，无公害防治率达100%，成灾率为零。对全区范围内提出申请的种子、花卉、苗木等生产场所进行产地检疫，办理《产地检疫合格证》38份，产地检疫率达100%。

【畜牧业】 全区存栏生猪11411头(其中能繁母猪757头)、牛361头、羊2376只、家禽36.9738万羽(只)，出栏生猪6233头、牛161头、羊2682只、家禽119.4166万羽(只)；肉类总产量3355吨，禽蛋产量869吨，牛奶产量1119吨；实现畜牧产值2.8191亿元。开展动物防疫外包服务，应免生猪、牛、羊、鸡、鸭以及其他禽类免疫率全部达100%；开展“瘦肉精”检测1285头份，无一例阳性。

【水产业】 全区水产养殖面积8696亩，渔业产量8550吨，增加370吨，增长4.5%；生产鱼苗1.5亿尾，实现渔业产值1.87亿元。制订《双流区天然水域禁捕工作实施方案》，明确相关部门职责，并设立禁捕管理、打击非法捕捞、市场监管、打击涉渔犯罪4个工作专班，严厉打击非法捕捞行为，劝阻违法垂钓人员308人次；检查水产制品生产企业、加工小作坊79户次、农贸(批发)市场407个次。

【乡村振兴】 全区一手抓疫情防控一手抓乡村振兴，坚持问题导向和目标导向，以重点工作为抓手，推进乡村振兴落地落实；开展《双流区“十四五”农业农村现代化规划暨“一带一区一走廊”规划》编制；推进9个省、市乡村振兴激励奖补项目建设，创建省级乡村振兴先进镇1个、示范村(社区)2个和市级示范村(社区)5个，连续6年被评为“全省农民增收工作先进县(市、区)”。

【幸福美丽新村建设】 全区完成12个村庄规划编制，建成永安镇景山村等6个新村，惠及5770人，新建住房面积约26万平方米，流转节余集体建设用地指标300亩。围绕幸福美丽新村建设，加强乡村基础配套设施建设，实施农村饮水安全巩固提升工程，农村自来水普及率达99%。完成永安水库灌区3000亩覆盖范围示范区建设。新建、提升农村公路5.28千米。推进农村天然气基础设施建设项目14个，完成农网项目5个。

【扶贫开发】 持续完善扶贫长效工作机制，印发《双流区防止返贫监测和帮扶工作方案》，探索建立稳定脱贫长效机制和相对贫困帮扶机制，组织各镇(街道)做好监测对象摸底和动态监测，并落实预警监测对象的对标补短和帮扶救助；落实财政资金4.7万元，实施“扶贫保”参保，实现“扶贫保”参保率达100%。开展对口帮扶简阳市工作，拨付示范基地建设补助238.8万元，完成产业扶持项目验收。完善全区688户1465人的移民信息档案，做好移民稳控工作，总体平稳。

【乡村旅游】 举办“源起巢上 丰收双流 荣耀航都”——2020年中国农民丰收节、2020年首届国家地理标志保护产品双流永安葡萄文化节，依托项目业主开展欢乐田园“乐夏戏水季”、黄龙溪古镇“国潮文化季”、空港花田首届郁金香节“美好生活节”等重大节会活动8场次，提升乡村文创基地2个，建成乡村旅游“四改一提升”示范点3个，新增“新旅游·潮成都”主题旅游目的地1个，黄龙溪·欢乐田园获评成都市第三届乡村振兴“十大乡村周末游目的地”。全区乡村旅游接待游客800万人次，实现旅游收入60亿元。

【农业机械化】 全年完成小麦、水稻、油菜、土豆等机播、机耕、机收任务，主要农作物耕种收机械化作业面积40.3万亩。新购大中型农机具19台（套），按照“自主购机、定额补贴、县（乡）结算、直补到卡（户）”方式补贴，审核拨付农机购置补贴中央、省、市资金556134元。全区农业机械化综合水平达89.1%，被农业农村部评为“全国第四批率先基本实现主要农作物生产全程机械化示范县（市、区）”。

【农村科技】 深化科技兴农工作，加强与四川大学、成都农科院等科研院所的深度合作，完善成立现代农业专家顾问团。深化院区合作，加强共建课题研究、专业人才培养等合作，新引进知名农业专家1名，引进专业技术人才22名，新建农业科技创新团队2个。

【农村文化】 开展农村精神文明和文化建设，评选星级院落571个，打造“风尚新美、环境秀美、生活乐美”示范村（社区）4个；创建全国文明村镇1个，新建基层综合性文化服务中心示范点2个。组织开展“走基层”“空港群音荟”系列文化惠民活动100场。

【涉农招商引资】 新签约引进蓝田景观型蔬菜基地、城投生命健康小镇、棠湖.云栖里等农商文旅体融合项目3个，计划总投资144亿元，其中蓝田景观型蔬菜基地项目已开工建设。加快推动华侨城欢乐田园、空港花田和金马乡韵田园综合体等项目建设，累计投入建设资金2.63亿元。

【农村社会保障】 全区实现城乡居民基本医疗保险参保率99%，实现城乡居民基本养老保险参保率96%。全年救助农村低保2.46万人次，发放低保救助金1595.85万元；农村医疗累计救助1514人次，发放医疗救助金147.74万元，救助率达100%。

【农村法治建设】 组织开展“法律进小区”活动108次，开展“法律七进”讲堂126次；持续开展“扫黑除恶”专项斗争，对1355名村（社区）“两委”干部逐一“过筛子”式联审，从源头上为实施乡村振兴战略筑牢基础。

【农村生态建设及环境保护】 深化农村人居环境整治，印发《双流区2020年农村人居环境整治攻坚行动实施方案》《“我爱我家”村庄清洁行动方案》《“公园城市.美丽乡村.共建共享”农村人居环境整治主题月方案》等，提升农村户厕4193户，无害化卫生厕所普及率达90%以上；生活垃圾收运处置覆盖率达100%；推进畜禽粪污资源化利用，规模养殖场粪污处理设施配套率达98%以上，畜禽粪污综合利用率达98.38%以上；加强秸秆综合利用，实现农作物秸秆综合利用率达98.5%以上；开展农田“白色污染”整治，实现废旧农膜、农药废弃包装回收率均达80%。以重塑乡村形态为重点，推进特色镇、川西林盘建设，重点推进双流生物医药特色小镇建设，实施黄龙溪镇川江村等5个村的水美乡村水利设施整治工程；推进黄龙溪镇周家粉房等5个精品林盘、黄水镇杨家院子等10个一般林盘保护修复，创建云华新村、八角水寨、帅家院子3个2A级林盘景区。

【农产品质量安全监管】 建成区、镇、村和生产基地四级农产品质量安全检测体系，全年蔬菜、水果农残检测合格率达98%。印发《双流区试行食用农产品合格证制度实施方案》，在全区范围内推行食用农产品合格证制度；开展农产品合格证专题培训8次，培训1000人，发放宣传资料5000份；在全区50家生产经营主体试点推行食用农产品合格证，逐步实现产品凭证上市、入市查验。全区共开具食用农产品合格证48197张，附带合格证上市农产品2195.62吨。

【农村市场体系建设】 打造线上线下融合的乡村消费新场景，支持成都农产品中心批发市场等开展供应链体系建设试点，打造西航港跨境电商O2O体验店、彭镇老茶馆文创体验中心、公兴漫咖啡品质文化生活空间等“互联网+”社区服务示范点。引进电子商务企业5家，网络零售额超过170亿元。挖掘古镇文化、三国文化、槐轩文化等历史文化资源，培育出空港花田、彭镇老茶馆、海蒂花园、黄龙溪.欢乐田园等“IP+产业”、场景体验、文化感知等新业态，空港花田、彭镇老茶馆获评“四川100个网红打卡地”。

【主要领导人】 区委书记：韩轶（6月止），鲜荣生（6月始）；区人大常委会主任：陈琳；区长：鲜荣生（6月止），袁顺明（7月始）；区政协主席：李德龙；分管农业副区长：陈建霖（11月止），胡劲松（11月始）。

双流区编写组

郫 都 区

【基本情况】 2020年，全区辖9个街道3镇62个社区120个行政村，辖区面积437.5平方千米，其中耕地面积20562.8万亩，人均耕地面积305.31亩。年末总人口67.35万人（户籍人口），增长3.07%；人口出生率13.69‰，减少1.64个千分点；人口自然增长率4.46‰，减少0.43个千分点。年度用水总量共计2.5388亿立方米，农田用水效率指数为0.565。有林业用地0.09万公顷，有林地面积10.78万公顷，活立木总蓄积量33.74万立方米，森林覆盖率18.02%。

2020年，全区GDP1233.6亿元，增长5.6%，其中第一产业增加值29.5亿元，增长0.5%，农、林、牧、渔及农林牧渔服务业之比为729∶10∶38∶33∶298；第二产业增加值701.8亿元，增长7.4%（工业产值302.9亿元，增长6.4%）；第三产业增加值502.2亿元，增长2.3%。三次产业对经济增长的贡献率分别为0.6%、71.9%和27.5%。乡（镇）中小企业增加值60.4亿元，增长12.5%；从业人员12000人。全年接待游客1497万人，实现旅游收入100.3万元，其中乡村旅游收入14亿元。

公路通车里程1293千米。社会消费品零售总额150.1亿元。地方公共财政预算总收入完成47.2亿元，减少5.7%；公共财政预算总支出69.2亿元，增长17%，其中农业投入41223万元，占支出的6%。金融机构各项存款余额961.7亿元，比上年初增长11.04%；各项贷款余额594.4亿元，比年初增长2.77%。“农贷通”平台累计发放贷款561笔，金额247445.71万元。农业产业化龙头企业国家级、省级、市级分别为2家、12家、21家。

有各类学校60所，在校学生93391人，教职工6919人，其中普通高校10所，在校本（专）科学生22027人；普通中学42所，在校学生32089人；小学18所，在校学生61302人，学龄儿童入学率100%。有艺术表演团体32个，文化馆10个，公共图书馆1个，博物馆14个。有卫生机构607个，病床位5424张，卫生技术人员7016人。新型农村合作医疗参合人数51.2万人，参合率99.9%；新型农村社会养老保险参保人数15.8万人，参保率96%；被征地农民养老保险参保人数1282人，占总人数的68.4%。

【年度农业和农村经济运行】 2020年，全区实现农业总产值51.3亿元，增长0.1%；全区全年农业增加值达30.8亿元，增长0.9%。农民年人均可支配收入达30897元，增长8.2%。主要农产品产量见表1。

农业产业化发展。加大市级农业产业化经营龙头企业培育力度，组织汇菇源、绿源行、金品花卉、品品食品、丽通食品5家企业申报市级重点龙头企业，组织四川省成都红灯笼食品有限公司申报并创建为第十批省级重点龙头企业。农村建制调整后成立1613

表1　2020年郫都区主要农产品产量

主要农产品	单位	产量	同比(%)
粮食	万吨	4.43	2.93
水稻	万吨	3.99	3
小麦	万吨	0.14	–3.4
油菜籽	万吨	0.86	–0.94
蔬菜	万吨	81.24	–9.23
水果	万吨	0.47	0.6
肉类	万吨	0.068	24.1
猪肉	万吨	0.049	37.7
禽肉	万吨	196	0.5
禽蛋	万吨	0.012	–58.4
牛奶	万吨	0.0087	85.1

个农村集体经济组织，基本完成登记注册。全年清理农村集体资产24.92亿元。有农民专业合作社392个，成员总数达1.67万户，其中获得市级以上的示范社27个。

农用地产权制度改革。围绕“交易规则、交易程序、监管规则”，以“三建三化”（建规则、建制度建平台，组织化、民主化、市场化）完善多方参与监督机制和重大问题集体研判机制，出台包括不动产登记、专项规划、入市主体、调节金收取、收益分配等方面的配套办法21个，通过“制度到实践，定践到制度”的反复验证，构建起较为完备的使用与管理制度体系。截至2020年年底，共完成集体经营性建设用地入市地块93宗、面积2223.298亩，收取增值收益调节金4.64亿元，土地成交总额20.38亿元。

农产品品牌战略实施。发挥都江堰首灌精华区生态优势，加强天府水源地公共品牌建设，形成“品牌运营孵化+供应链整合者+新经济合伙人”的运营方式，创新“公共品牌+子品牌”线上线下互动营销和境内外展会营销模式，实现唐元韭黄、圆根萝卜等优质地理标志产品溢价2～5倍，并热销北京、上海、深圳等，提升天府水源地区域品牌影响力。引进专业研发设计团队，丰富品牌产品体系，开发“望丛祠”矿泉水、钵钵鸡、“文创伴手礼”等自营产品。

现代农业园区建设。规划建设唐元现代农业韭黄产业园、天府水源地现代农业园区、德源蒜稻产业现代农业园、唐昌工厂化食用菌产业园区四大园区，天府水源地现代农业园区的生态圆根萝卜、韭菜、韭黄等蔬菜全年产量达9万吨，产值达4.2亿元；唐元现代农业韭黄产业园获得绿色食品认证基地、有机农产品认证基地、国家良好农业规范认证称号、出口备案基地，集中种植韭菜（韭黄）面积1.2万亩，产量4.16万吨，产值达5亿元；德源蒜稻产业现代农业园的大蒜、水稻年产量11550吨，产值达17160万元；唐昌工厂化食用菌产业园区是成都市乃至西南地区领军型食用菌现代化企业，食用菌核心产区面积达428万亩，年产量3.2万吨，产值达3.8亿元。

【种植业】 全区粮食作物播种面积86900亩，增加4327亩，增长5.24%；粮食总产量44268.4吨，增加1259.4吨，增长2.93%。油菜播种面积47539亩，减少1849亩，减少3.74%；油料产量8625.3吨，减少81.7吨，减少0.94%。蔬菜播种面积247237亩（含复种），减少25142亩，减少9.23%；蔬菜总产量704122吨，减少76343吨，减少9.78%；总产值25.74亿元。食用菌生产面积6280万袋（折合面积6280亩），增加70万袋（折合面积70亩）；食用菌总产量30000吨，增加3625吨；总产值22000万元。

【畜牧业】 为贯彻落实成都市第十三次党代会关于“西控”“中优”的战略部署，依据相关法律法规对辖区内畜禽养殖禁养区范围进行调整，同时调整畜禽养殖适度规模标准，全区畜禽养殖场基本完成关闭或搬迁，以散养形式存在。全年出栏生猪6968头，增加2083头，增长42.6%。全年肉类总产量687.29吨，增加134.29吨，增长24.3%，其中猪肉产量489吨，增加134吨，增长37.7%；禽肉产量196吨，增加1吨，增长0.5%；禽蛋产量123吨，减少173吨，减少58.4%；牛奶产量87吨，增加40吨，增长85.1%。

【水产业】 开展水产养殖隐患排查、投入品管理，先后排查企业、渔场100家次，无存放及购买违禁药物现象；在10个镇（街道）随机开展水产品质量检测21批次，合格率达100%。推广水产健康养殖，开展水产实用技术培训，累积培训300人次。在全区推广水产健康养殖基地570亩，占全区水产养殖总面积的68%。全区水产养殖面积840亩，水产品总产量1091吨，实现渔业总产值2187万元。

【乡村振兴】 全区乡村振兴重点工作任务全面完成，农村居民年人均可支配收入达3896元，增长8.2%。举办中国乡村振兴高峰会议并发布全国第一个县（区）《乡村振兴技术导则》，获得“2020全国县域数字农业农村发展先进县”等5项国家级称号。以创建天府旅游名县为抓手，打造广福韭菜（黄）产业基地、42千米乡村振兴示范环线，建成袁隆平杂交水稻科学园、天府农耕文化博物馆等示范点位，获评“2020年度成都市实施乡村振兴战略推进城乡融合发展先进区”，平乐村、钓鱼村等8个村（社区）被评为“2020年度市级乡村振兴示范村（社区）”。

【扶贫开发】 开展简阳市、凉山州（昭觉县、普格县、越西县、金阳县）、甘孜州道孚县综合帮扶工作。自2016—2020年开展对口帮扶简阳市江源镇、镇金镇以来，累计投入帮扶资金3456.8万元，实施扶贫项目150个。通过派驻干部挂职、扶持产业发展等多种形式，引导多利（成都）公司、成都蜀源公司在道孚县建基地，完成分公司注册，促进帮扶由“输血”式向“造血”式转变，道孚县在2019年实现脱贫“摘帽”，形成的郫都区“造血”式扶贫模式连续多次被《成都日报》等进行典型宣传；2018年7月以来，按照省委及省委组织部的决定和安排，选派17名专业干部到凉山州开展综合帮扶工作，做好脱贫攻坚、易地搬迁等工作，综合抓好治愚、治病、治毒等工作。

【乡村旅游】 抓好乡村旅游新业态培育、项目招引促建、品牌塑造提升、服务质量提升和形象宣传营销“五大工程”。实施乡村旅游核心区带动连片发展，包装整合战旗村、青杠树村、农科村等3A级景区，带动景区周边乡村旅游连片发展；推动乡村旅游融合发展，培育陌上花开、袁隆平种业硅谷等27个观光农业和体验农业重点项目，建成犀牛夜市、龙城红光里、影视城光影街区3个特色精品街区和战旗乡村十八坊等农村生活消费场景，建成赏花观叶基地、采摘基地等体验式农业项目1.5万亩。全年接待游客450万人次，受疫情影响，减少50%；实现休闲农业与乡村旅游综合性收入14亿元，减少44.7%。

【农村水利】 制订《郫都区2020年春季重点渠道集中清淤工作方案》等系列工作方案，组织完成水毁修复工程点位79处，各级渠道清掏275.5千米、清淤21万立方米。加大全区渠道防渗整治力度，支渠整治率达92.8%、小支渠整治率达84%、斗渠整治率达82%、农毛渠整治率达17.07%，灌溉水利用系数提高至0.565。持续开展水土流失动态监测，完成全区水土保持监督管理信息录入及复核，对113个图斑进行现场复核。

【农业机械化】 全区机耕作业面积34.66万亩（复种）、机播面积11.41万亩、机收作业面积12.72万亩，主要农作物耕种收综合机械化水平达95.01%。根据国家农机购置补贴政策，制订《成都市郫都区2018—2020年农业机械购置补贴政策实施方案》，全年发放补贴资金418.43万元（包括中央财政资金补贴269.46万元、市级资金148.98万元），补贴农机具159台，购机补贴结算率达100%。

【农村科技】 实施“院区合作”项目，以“院（校）+示范村+企”模式推动省农科院与广福村、西华大学与陌上花开公司及汉姜村、川农大与棋田村及金品公司、省林科院与横山村、市农林科学院与永盛村和棋田村开展合作，开展农业科技服务体系建设、农民实用技术培训、“科技下乡”等工作，建立专家库共计174人，转化科技成果10余项。联合省农科院专家到各街道（镇）开展“三下乡”活动6场；协调各街道开展“送科技进社区、进农家”活动，发放宣传品1.1万份、技术资料90万份。

【农村教育】 新（改、扩）建石室蜀都中学、泡小蜀都分校2所中小学（新增学位1470个），郫筒望丛幼儿园、郫筒凉水井幼儿园、犀浦校园路幼儿园、红光高店幼儿园等22所公益幼儿园（新增学位8700个），“上学难”问题逐步缓解；实施公办初中“强校工程”，培育三道堰学校、安靖学校2所“家门口的好学校”。全年为2365名非民族自治地区幼儿减免保教费132.79万元，免除9331名中职学生学费793.14万元，免除3870名公办中职学校及民办中职学校困难学生住宿费116.1万元，为618名义务教育阶段家庭经济困难非寄宿生提供生活费补助16.5万元。

【农村文化】 推进文化人才队伍建设，遴选“星探”20人，汇聚文艺“土专家”和爱好者206名，组建文化队伍32支，天府农耕文化博物馆投用。助力发展乡村艺术，参加过第六届中国诗歌节的艺术家百余名走进战旗村，四川民盟书画院乡村书画创作基地落户广福村，创作《川西坝上》《战旗飘飘》《老兵董贵生》等影视作品。

【农村卫生】 围绕“全面提升农村人居环境，助推美丽宜居公园城市建设”总体目标，完成《成都市郫都区农村人居环境整治：导则》编制，组织实施农村人居环境整治“三清一改”，推动创建“美丽四川宜居乡村”达标村全覆盖；做好全区农村人居环境整治，完成农村人居环境整治工作目标任务，被中农办表彰为“全国村庄清洁先进县”。全年开展农村户厕改造提升修建技术专题培训会20次，完成农村户厕改造4080户，无害化卫生厕所普及率达92.77%，群众不良卫生习惯得到明显改善，粪污无害化处理和资源化利用率得到提升。

【农村法制建设】 推广使用线上智慧公共法律服务，全区10个镇（街道）均形成自己的专业咨询二维码；运用“社区公共法律服务平台(PLS)”建立“抬头能见、举手能及、扫码可得”的公共法律服务场景累计为企业提供专业法律服务212次；开展根治拖欠农民工工资专项法律援助，设立农民工法律援助绿色通道，对全区企业、在建工地开展农民工劳动合同普查52038份。受理各类法律援助案件510件。印发《成都市郫都区新冠肺炎疫情防控法律问题通识读本》等法律读本10000册。开展法治训练营、法治文艺巡演等各类法治宣传活动2500场，覆盖50万人次。

【农村交通】 推进公路养护精细化管理，建立郫都区农村公路管理平台，利用手机移动端设备对农村公路进行日常巡查，及时上报和处置公路和配套设施受损情况，提高公路信息化管理水平；加强对镇、村公路的监管和考核，兑现以奖代补农村公路养护资金，对年底考核前3位的镇（街道）分别给予10万元的奖励；通过购买服务，委托有资质的桥隧、道路检测单位完成22座大中型桥梁的常规检测工作。按照“三固化、四包干”等区级工作安排部署，支持乡村道路提档升级，完成20000平方米的路面铺筑，同时给予村道建设资金293万元。

【农村社会保障】 全区基本养老保险参保完成率达90%，养老保险待遇领取人员资格核查认证率达95%；为年满16周岁以上、60周岁以下的困难人员建立城乡居民养老保险台账，由政府代缴金额71.05万元；退休人员社会化管理及养老金社会化发放率持续保持100%。做好扶弱助困工作，加强“救急难”体系建设，保护未成年人、老年人、妇女、残疾人、困难职工等社会弱势群体权益，有意愿且符合条件的特困人员集中供养率达100%，为符合条件的困难人口、重度残疾人发放生活及护理补贴734.06万元，为875名困难人员代缴基本养老保险70.16万元，为1018名建档困难职工和环卫工人进行免费体检；按照社会救助和保障标准与物价上涨挂钩联动机制的要求，向困难群众发放价格临时补助和一次性补贴12次，共2265.12万元，惠及低收入人群11万人次。

【农村生态建设及环境保护】 开展农作物秸秆禁烧和综合利用、化肥农药减量、畜禽养殖污染综合防治、农业再生资源回收和综合利用、水产养殖污染防治等工作，建立农作物秸秆禁烧和综合利用常态化工作机制，实现农作物秸秆不见火光、不见烟雾、不见黑斑的“三零目标”；实施畜禽养殖污染治理长效管理，建立完善科学施肥管理和技术体系，依托新型农业生产经营主体、专业化社会组织推进生态农业、绿色防控、统防统治等生产技术，推进“两减”行动；探索以“市场运作、政府扶持、属地管理”的方式，推进农药固体废弃物和废旧农膜回收处置利用。

【农产品质量安全监管】 加强农产品质量安全监测，全年共抽检种植业农产品21917批次，检测合格率为100%。开展农产品质量安全专项整治行动，共出动各类监管人员2091人次、车辆563台次，检查各类生产经营户683家次。加大对农业投入品的监管力度，严厉打击生产、经营假劣农业投入品行为，确保农业生产安全和农产品质量安全，辖区未发生农业安全事故。全面推行食用农产品合格证制度，全区范围生产主体注册50余家，新发展生产主体50家，共开具合格证10892张。开展国家农产品质量安全溯源信息平台及省级农产品质量安全溯源平台系统推广，市级及以上平台入驻企业240余家。组织开展《中华人民共和国种子法》《农药管理条例》《农药包装废弃物回收处理管理办法》等法律法规培训500人次。

【农村市场体系建设】 开展“互联网+农产品”营销，与新希望、京东、美团、四川糖酒等公司合作，完善食品电商、食材配送、大宗农产品、乡村物资等供应链。引进专业研发设计团队丰富品牌产品体系，推进“蜀都直播产业研究院”“蜀都直播电商学施衣”“天府水源地食品直播基地”建设，开展农村电商、直播、短视频等农业农村新型教育培训，招引全国知名MCN机构，全国首个直播新经济产业园区落地郫都区。加强“农贷通”平台宣传、推广和运用，截至2020年年底，郫都区“农贷通”平台累计发放贷款561笔，金额247445.71万元。

【劳务开发与返乡创业】 组织开展各类补贴性职业技能培训18856人，完成农民工劳务品牌培训1245人，为退役军人提供就业岗位8000个，为各功能区引进各类人员6800人，农村富余劳动力向非农产业转移就业4625人；开展各类招聘会240场，吸纳大学生就业创业3559人；新建"青年之家"，蜀都新邮社区店开展活动85场，服务青年蓉漂1200人；常态化运营青年人才驿站，免费为800名本科以上的来蓉大学生提供7天以内的住宿服务。

【主要领导人】 区委书记：杨东升；区人大常委会主任：王洁；区长：刘印勇；区政协主席：刘航；分管农业副区长：黄金龙。

郫都区编写组

新 津 区

【基本情况】 2020年6月，经国务院批准，根据《四川省人民政府关于同意撤销新津县设立成都市新津区的批复》（川府函〔2020〕127号）《中共成都市委成都市人民政府关于切实做好新津县撤县设区工作的通知》（成委发〔2020〕10号）等文件精神，撤销新津县，设立成都市新津区。全区辖4镇4个街道，辖区面积330平方千米，其中耕地面积14.62万亩、基本农田16.24万亩。年末常住人口36.36万人。森林面积8.8万亩，林地面积3.12万亩，森林覆盖率25.99%，森林蓄积21.89万立方米。

2020年，全区GDP400.59亿元，增长6%，其中第一产业增加值23.3亿元，增长5.3%，农、林、牧、渔及农林牧渔服务业产值之比为47：0.8：43.4：6.6：2.2；第二产业增加值165.36亿元，增长5%（工业增加值138.68亿元，增长5.2%）；第三产业增加值211.93亿元，增长7.4%。

【年度农业和农村经济运行】 2020年，全区实现农业总产值38.6亿元，增长5.7%；全年农业增加值达23.3亿元，增长5.3%。农民年人均可支配收入达26482元，增长8.8%。主要农产品产量见表1。

农业产业化发展。全年实现农产品精深加工销售收入190亿元以上。有农业产业化龙头企业32家，其中国家级、省级、市级分别为4家、9家、19家。

农村土地规模流转。按照《关于完善农村土地所有权承包权经营权分置办法的实施细则》要求，加大对流转业主的资格审查，规范土地流转审核、备案等程序。全年审查农用地4批，面积1866.06亩。全区实现土地规模经营17.96万亩，适度规模经营率达78.6%。

农产品品牌战略实施。全区共有"三品一标"农产品89个，其中有机产品62个、绿色产品3个、无公害农产品22个（新增无公害农产品4个）、地理标志农产品2个（新津韭黄、新津黄辣丁）。全区无公害农产品种植面积14313.13公顷，绿色农产品种植面积6738公顷，有机农产品种植面积126公顷，地理标志农产品（新津韭黄）种植面积7256公顷。

现代农业园区建设。推进2019年省级现代农业园区培育项目，项目总投资2080万元，其中省级奖补资金1000万元。启动新津区市级现代农业园区项目，项目总投资1580万元，其中市级奖补资金500万元。启动新津区省级现代农业园区建设项目，项目总投资1982.5万元，其中省级奖补资金1000万元。成都市新津区稻渔现代农业园区创建为四川省三星级现代农业园区。

【种植业】 全区粮食作物播种面积13.24万亩，产量6.27万吨，其中水稻播种面积8.9万亩，产量4.86万吨；小麦面积2.64万亩，产量0.81万吨。油菜种植面积5.75万亩，油菜籽总产量1.01万吨。全年蔬菜产量22.57万吨，总产值5.6亿元。水果产量5.25万吨，总产值3.69亿元。全年印发《植物病虫情报》14期，重大病虫害预报准确率达98%以上。主要农作物绿色防控覆盖率达50%以上，主要农作物专业化统防统治覆盖率达50%以上。引进蔬菜新品种18个，示范柑橘、葡萄、李子、梨等水果新品种10个；引进水稻新品种20个，示范新品种5个，推广优质稻品种10个；在田间种植展示各类蔬菜品种800余个。

【林业】 全年净增森林面积0.0098万亩，净增森林蓄积0.6万立方米。加强建设项目使用林地审核审批管理，严格执行林地保护利用规划，引导节约集约利用林地，全年共办理建设项目使用林地10宗，涉及林地面积0.0673万亩。加强森林资源监测和相关数据更新管理，聘请专业技术单位完成成都市新津区2020年森林资源管理"一张图"年度更新，实行森林资源数据动态管理。加强林木采伐许可监管，执行林木采伐许可制度，森林采伐审批严格控制在年度森林采伐限额内，制止了乱砍滥伐行为。

【畜牧业】 全年实现畜牧业总产值16.77亿元，占农林牧渔业总产值的43.4%。全年出栏生猪16.9万头、家禽1022.4万只、兔144.1万只，分别增长34.1%、-2.8%、-1.3%；肉类总产量3.3万吨、禽蛋产量1万吨、牛奶产量0.1万吨。开展畜禽养殖场问题排查整治，梳理畜禽养殖场（户）污染问题，建立台账，逐户落实整改措施，限期整改，完成率达100%；开展企业安全检查40余家次，指导企业70余家次，检查指导覆盖率达100%；开展饲料、兽药行业质量、生产安全、职业健康等培训，推广"公司+农户""合作社+农户""公司+养殖场"等新型养殖模式，引导和支持养殖业发展"畜—沼—粮""畜—沼—菜"等农业种养循环经济模式，共完成4家规模

表1 2020年新津区主要农产品产量

主要农产品	单位	产量	同比(%)
粮食	万吨	6.25	1.16
水稻	万吨	4.84	0.67
小麦	万吨	0.81	0.69
玉米	万吨	0.41	12.9
马铃薯	万吨	0.11	-0.19
油菜籽	万吨	1.01	0.25
蔬菜	万吨	22.57	-1.86
水果	万吨	5.25	0.04
肉类	万吨	3.33	0.51
猪肉	万吨	1.1251	0.2008
牛肉	万吨	0.0044	0.0003
羊肉	万吨	0.0076	0.0019
禽肉	万吨	1.4584	-0.1734
兔肉	万吨	0.2147	-0.0016
禽蛋	万吨	1.03	-0.0808
水产品	万吨	1	-0.2
牛奶	万吨	0.0967	-0.4063

养殖场标准化场建设。

【水产业】 全年养殖水面8565亩，其中池塘8400亩。全年水产品产量由上年的12600吨下降到10000吨，减少20%；水产品产值由上年的20349万元增加到25318万元，增长24%，渔业总产值占农业总产值的6.8%；名特优养殖面积占全县养殖面积的35%。推广稻田综合种养面积7000亩。推广池塘高效增氧技术、池塘微生态制剂水质调控技术、鱼菜共生循环养殖技术、渔用膨化饲料技术、池塘内循环养殖、玻璃钢循环养殖、稻田底排污循环养殖等健康养殖技术5000亩。全年完成水产品质量安全20次，合格率达100%，未发现水产品质量安全隐患。

【农村扶贫和移民工作】 开展产业帮扶户新增识别，通过村（户）申请、村民代表大会民主评议、镇（街道）初审、区扶贫办审核、区扶贫领导小组审定、多级公示，无新增产业帮扶户、经济薄弱村动态调整为农村扶贫开发对象。印发《新津区巩固扶贫开发成果确保高标准全面建成小康社会的实施方案》，聚焦聚力巩固脱贫成效、提升发展质量、坚实乡村振兴基础，构建完善稳定脱贫防止返贫和解决相对贫困的长效机制，推动扶贫开发与实施乡村振兴战略有效衔接。开展简阳市云龙镇对口帮扶，完成农业产业园500亩核心区及五合乡新型产业发展项目建设，全镇金秋砂糖橘面积达2300余亩，形成以金秋砂糖橘、晚白桃、核桃为主的“一橘两桃”产业支柱格局，全乡5000亩现代农业产业园初步建成。全年移民后期扶持人口核减7人、核增2人，有移民后期扶持人口1032人；协助人社、财政部门完成“一卡通”平台建设，实现后期扶持直发直补资金通过“一卡通”系统安全、及时、足额发放。

【乡村旅游】 开展2020新津梨花季系列营销活动，坚持“线上+线下”，策划“花精灵不见了”活动，设置梨花溪核心区、花舞人间、艺术街区、天府农博园、智能制造产业园、湿地公园等线下打卡场景，线上推出VR云游、网红直播游、智游新津等云旅游产品，配套开展“梨花溪山地MINI跑”、花漾新津·梨花集市、“工业研学亲子游”“菜花映象·约会花精灵”“民俗农耕嘉年华”、九莲乐学村“乐享亲子游”等系列活动，策划推出工业游、乡村游、休闲游等精品线路。结合天府农博园丰收节主题，邀请2位100万余粉丝网红主播围绕金秋畅游农博园、走进新津田园美食节主题进行网络直播，累计观众量达600万人次。到乡（镇）调查林盘资源，挖掘可培育的林盘景区并指导其提升改造，将宝墩镇“天府水碾”黄林盘景区、兴义镇纪碾石鱼河林盘景区打造为成都市2A级林盘景区。将花样年知美术馆、诺威·骑士马术中心、心道天堂、慵也谷打造为“新旅游·潮成都”主题旅游目的地。指导白鹤滩湿地公园创建国家A级景区。

【农村水利】 围绕“超级绿叶”城市总体构架，以“公园城市+全域旅游”策略高标准编制《新津水生态系统2025规划》《新津“公园城市+全域旅游”规划建设导则河道（湿地）篇》，探索实践“农博+水文化”，实施红石涵养湿地品质提升工程、杨柳河水环境治理工程，启动羊马河生态治理工程，累计打造滨河生态空间1700亩，建成生态岸线8千米，完成安西月花村、兴义张河村2个水美乡村建设。严格落实“三条红线”，印发《新津区关于落实最严格水资源管理考核制度的实施方案》。完成水利行业节水型机关建设，核查95家企业取水工程（设施）取用水情况，整改销号率为100%。下达非居民用水计划93家，完成节水载体创建79家。开展重点行业企业和农田水利设施节水改造，通过湿地补水加强再生水利用，节水企业建成率达46.7%，灌溉水利用系数达0.56，再生水利用率达45%。

【农业机械化】 全区有各类农业机械2.23万台（套），总动力16.62万千瓦。主要农作物综合机械化水平达89%，其中农业机械耕作18.19万亩，作业率100%；机械化收割16.24万亩，作业率89.27%；机播12.95万亩，作业率69.62%；机械化植保作业53.6万亩，作业率95%。全年引进高性能拖拉机、粮食清选机、粮食烘干机、旋耕机、撒肥机、水稻插秧机、秸秆还田机等农用机械57台（套），完成农机购置补贴186.784万元，购机补贴资金结算进度达100%。全区有农机专业合作社19个，农机合作社作业服务面积达26.3万亩。参加年检的拖拉机交强险参保率为100%，农机安全监理上牌发证合法性抽查合格率达100%。

【农村科技】 全年开展市级新型职业农民培训136人、高素质农民培训242人。开展农业职业经理人评定工作，评定初级43人、中级12人，推荐评定高级5人。开展农业职业经理人社保补助工作，补贴193人，共补贴72.96万元。推荐市级“十佳”返乡大学生1人、市级优秀农业职业经理人1人，推荐表彰“新津工匠”10人。成都伍田食品有限公司、成都市中以津惠农业科技有限公司、成都希望食品有限公司等家企业获得省级科技项目立项各1项，共计获得项目支持资金130万元，其中成都希望食品有限公司“肉制品精深加工工程技术研究中心”获批省级工程技术研究中心，全区共有省级工程技术研究中心2个。

【农村文化】 按照“两项试点”建设要求，先后投入5000余万元对区文化馆和图书馆、镇（街道）综合文化站、村（社区）综合文化服务中心（综合文化活动室）进行提档升级，实现县、乡（镇）、村（社区）公共文化服务三级网络全覆盖，全区共有81个基层综合性文化服务中心、86个村广播室，基本形成具有“5+4+N+1”的基层公共文化服务模式。发展各类文化社团及业余文艺队伍150个（支），每个镇（街道）打造了1支特色文艺团队，每个村（社区）建立了1～2支业余文艺团队。全区各镇（街道）、村（社区）围绕“我们的节日”“成都文化四季风”“爱成都·迎大运”等主题，广泛开展文艺演出、读书看报、文化鉴赏、观看影视、公益培训、公益展览等各类群众文化活动3700余场次。

【农村卫生】 新津区创建国家卫生县城，金华镇、安西镇、兴义镇创建国家卫生镇，创建省级卫生单位7个、省级无烟单位11个，创建市级健康镇1个、健康村（社区）4个、健康单位11个、健康家庭82户，区卫健局《慢病防控营养助力》获评“成都市十佳健康实践案例”。持续推进“十三五”基层医疗卫生机构硬件能力提升工程，完成花桥镇、安西镇、金华镇3个乡（镇）卫生院基础设施提升改造项目，全面完成84个村卫生室公有化、标准化建设项目。全面升级“健康新津”微信服务平台，提供分时段预约挂号、报告及费用查询、在线支付、智能导诊、核酸检测、接种查询等10余项线上服务，全年预约挂号服务共计58.7万余人次，线上支付61.28万人次，查阅检查检验报告32万人次。

【农村法制建设】 开展“一村（社区）一法律顾问”工作，创新“五四三”工作方式，实现全区81个村（社区）法律顾问全覆盖。全年共接访咨询2388人次，开展法治讲座183场，调解矛盾纠纷21件，审查合同32份，推送法律资讯1922条。健全矛盾纠纷预防化解全链条模式，建成个人调解室14个，专业性、行业性人民调解组织15支；组建由574名优秀调解员组成的三级调解架构，加强“公调对接”“访调对接”等对接平台联动调处，基本实现“矛盾不上交”,共排查预防纠纷69件,成功调处矛盾纠纷2325件。线下规范建设8个镇(街道)公共法律服务工作站、81个村(社区)法律服务工作室以及文化长廊、文化广场等阵地,让法治宣传更接地气。每月突出一个宣传主题,提高法治宣传效果,开展各类主题宣传活动87场次,发放宣传资料2万余份。

【农村交通】 完成兴义镇金马河桥梁病害整治,完成农博园核心区部分乡村道路提升工程等,新(改)建农村公路17.3千米。农村公路路面使用性能指数PQI值为80.02。开展公路日常巡查、定期巡查及养护维修工作,建立巡查台账,及时完善、修复公路设施,累计完成路面维修40100平方米,涵洞清淤45立方米,更新标志牌59套、警示桩176根、路面标线19100平方米,维护桥栏杆1252米、井盖5套、波形护栏190米、中央分隔带防眩板184块,增设限高架2套。加强桥梁养护,对管辖桥梁开展每月不少于一次的经常性检查,完成99座农村公路桥梁防护设施安全风险评估、49座公路桥梁定期检查。

【涉农招商引资】 全年完成招商引资项目27个,完成农业投资14.2亿元,其中行业龙头(重点)项目1个、成长型(创新型)项目5个、新经济类项目5个、产业链(生态圈)项目5个、品牌类项目11个;协议投资金额7.6亿元。

【农村社会保障】 加强对被征地农民社会保障政策的研究解读,通过进村入户开展政策宣讲,保证每一个被征地农民“看得明、读得懂”。与区民政局对接,实时掌握最新的贫困和低保人员信息,做实数据台账动态管理,实现符合条件人员城乡居民基本养老保险政府代缴“应代尽代”、待遇发放“应享尽享”。落实城乡居民养老保险制度,提升城乡居民基本养老保险参保覆盖率。实施全民参保计划,全面推进城乡社会保障体系建设,稳步提高城乡居民养老保障水平,运用全民参保计划扩面专项行动成果推进精准扩面的效果凸显,社保基金规模不断扩大,养老保险待遇每月按时足额兑现。

【农村生态建设及环境保护】 在6个村开展农村环境综合整治,分别为普兴街道宝峰社区、花源街道柳河社区、花桥街道黄桷树社区、兴义镇杨牌村、宝墩镇太平场社区、永商镇梨花村,按照生活污水处理率≥60%、生活垃圾无害化处理率≥70%、畜禽粪便综合利用率≥70%、饮用水卫生合格率>90%目标要求,涉及的6个村(社区)均完成目标。落实《新津县打好饮用水水源地问题整治攻坚战实施方案》,常态化保持和巩固西河白溪堰集中式饮用水水源地和花源二水厂饮用水水源地整治成果。加强水源地日常巡查和定期水质检测,在水源一级保护区增设禁止钓鱼标牌10余个,相关部门联合开展专项检查,对在饮用水源一级保护区内的钓鱼者进行劝离,并运用区级饮用水水源地水质自动站监测指标和高清摄像监控,坚持“水、岸”监管全覆盖,并按要求定期开展水源地突发环境事件应急演练,水源地水质达标率为100%。

【农产品质量安全监管】 推进区、镇、村三级农产品质量安全监管体系建设,生产环节食用农产品质量安全例行监测合格率达99.9%,全区未发生重大农产品质量安全事故。推进食用农产品合格证制度,将全区458家规模生产主体纳入合格证试行制度管理,遴选150家规模农业生产主体试行电子化开具合格证,全年共开具合格证8万余份。召开国家、省农产品质量安全追溯管理平台应用培训会议2次,137个生产经营主体被纳入国家级农产品质量安全追溯监管信息平台,130个生产经营主体被纳入市级农产品质量安全追溯监管信息平台,其中无公害、绿色、有机和地理标志农产品全部被纳入追溯平台。做好农产品质量安全宣传,印制发放合格证制度试行操作指南,畜产品、“放心肉”科普知识等农产品质量安全宣传资料7000余份;利用微信等新媒体开展农产品质量安全相关宣传报道7次。签署《畜禽收购贩运诚实守信承诺书》及《畜禽运输诚实守信承诺书》100余份,开展法制宣传10余次。开展四川省县级农产品质量安全监测抽检150个、成都市农产品质量安全检测县级监督抽检1000个、新津区农产品质量监管农残快速检测57260个,农产品质量安全监管覆盖率达100%。

【农村市场体系建设】 新津区创建为省级食品安全示范县。开展“春雷行动2020”暨知识产权保护等专项行动、打击市场销售长江流域及天然水域非法捕捞渔获物专项行动,张贴宣传资料3000余份。加强农村群宴监管,打造农村群宴集中办宴点2个。

【农村留守家庭(儿童、学生)帮扶】 实施留守儿童教育工作方案,对留守儿童情况展开调查,对其学习、生活、心理、安全、健康状况进行调查登记,全面了解留守儿童的生存状况和成长需求,并建立留守儿童档案。通过对留守儿童问题的调查、分析与研究,找到影响留守儿童健康成长的原因,有针对性地提出行之有效的措施和办法,全面推广“关爱工程”,为留守儿童营造健康、快乐、平等、和谐的成长环境,确保留守儿童入学率、巩固率均达100%。

【劳务开发与返乡创业】 实施跨区域劳务合作,落实稳岗补贴等多项惠企政策,发挥企业吸纳农民工作用,加强农民工就业创业指导,开展农民工技能提升培训,促进农民工就业创业增收。全面启动农民工走访慰问、就业专场招聘、根治欠薪冬季攻坚、各类证照办理、“旅途暖冬”服务专项行动,走访慰问返乡农民工,及时兑现车(船)票补助。做好企业疫情防控监督检查,“一对一”做好中高风险地区返乡农民工健康监测,开通“健康新津”网上门诊、心理服务热线,对返乡农民工因疫情而出现的焦虑、紧张等情绪进行心理指导和预防。开展线上线下主题招聘活动112场,为农民工等重点群体提供岗位4.5万余个。开展劳务品牌培训22期、返乡下乡创业培训11期。

【主要领导人】 区委书记:唐华;区人大常委会主任:孙英元;区长:钟静远;区政协主席:蒋莉;分管农业副区长:王胜。

新津区编写组

都江堰市

【基本情况】 2020年,全市辖5镇6个街道1个经济开发区,辖区面积1208平方千米,其中耕地面积395213.42亩。户籍人口62.05万人,常住人口71.01万人;出生人口4194人,人口自然增长率-0.17‰。本地水资源总量20.89亿立方米,人均占有水资源量3366立方米。森林覆盖率60.28%。

2020年,全市GDP441.7亿元,增长4.1%,其中第一产业增加值36.76亿元,增长3.5%,农、林、牧、渔及农林牧渔服务业之比为72.7∶0.2∶20.9∶0.5∶5.7;第二产业增加值146.27亿元,增长3.3%(工业增加值110.39亿元,增长4.9%);第三产业增加值258.66亿元,增长4.9%。三次产业对经济增长的贡献率分别为6.2%、33.2%和60.6%。全年接待游客2622万人次,其中乡村游接待游客1405万人次;实现旅游综合收入312.76亿元,其中乡村旅游综合收入56.71亿元。

公路通车里程2023千米(其中乡村公路1534千米),密度1.675千米/平方千米、28.493千米/万人。社会消费品零售总额150.9亿元,减少1.5%。地方公共财政预算总收入完成

36.21亿元，增长18.84%；公共财政预算总支出57.18亿元，增长20.4%。金融机构各项存款余额649.47亿元，比年初增长10.32%；各项贷款余额337.91亿元，比年初增长17.21%。农业产业化龙头企业省级、市级分别为2家、2家。

有各类学校136所，在校学生132012人，教职工11729人，其中普通高校5所，在校本（专）科学生49720人，增长5.7%；普通中学27所，在校学生25006人；小学25所，在校学生36683人；学龄儿童入学率100%。有市级文艺社团协会35支，文化馆1个，公共图书馆1个，博物馆7个。有卫生机构532个，病床位4981张，卫生技术人员6271人。新型农村社会养老保险参保人数14.78万人，参保率95%；被征地农民养老保险参保人数2657人。

【年度农业和农村经济运行】 2020年，全市实现农业总产值60.71亿元，增长3.9%；全市全年农业增加值达39.15亿元，增长4%。农民年人均可支配收入达25980元，增长8.9%。全市农产品质量抽检合格率比当年第一季度提高0.17个百分点；设立4个农业综合服务中心、7个农业畜牧业服务站。主要农产品产量见表1。

农业产业化发展。新培育省级龙头企业2家。全市新增农民合作社21家、家庭农场23家，新评县级以上合作社13家（其中省级4家、县级9家），新评县级以上家庭农场17家（其中省级3家、成都市级3家、县级11家）。猕猴桃园区、茶溪谷园区培育为成都市三星级现代农业园区，茶溪谷园区被同步纳入省级园区培育体系。建成首批四川省级特色农产品优势区。全国首批12个四川唯一的天府源（国家级）田园综合体以高分通过国家验收，建设经验被农业农村部以专刊向全国推广。

农用地产权制度改革。推进农村产权制度改革，做到农村土地所有权、承包经营权应确尽确，全市农村集体土地所有权确权颁证2069宗、77426.59公顷。全年办理农村土地承包经营权合并、分立、变更等登记事项4800件，涉及面积11760亩；开展农用地流转，按照国家政务服务一体化及“放管服”要求，建立流转合同市、镇、村分级备案制度，流转面积100亩以下的由镇组织备案登记，全市实现农用地流转800亩；通过成都农交所都江堰分公司开展各类农村产权交易鉴证20宗，涉及流转土地面积1181.98亩，其中农村土地经营权流转交易鉴证8宗、面积659.52亩，金额2950万元；集体建设用地使用权流转交易10宗、农村房屋租赁1宗。

村级集体经济组织。完成村级集体经济组织合并调整工作，出台《都江市村级集经济组织调整改革实施方案》，将全市原189个村级集体经济组织调整合并为130个，并依法选举社区党组织书记为集体经济组织法人，颁发农村集体经济组织登记证。

农产品品牌战略实施。新增绿色食品2个、有机（转换）农产品6个，全市“三品一标”认证农产品达85个。都江堰红心猕猴桃、都江堰绿心猕猴桃2个产品被纳入全国名特新优农产品名录，7个优质农产品被纳入全国名特优新农产品名录，6个产品获得国家生态原产地产品保护。建设农产品地理标志核心保护区。建设都江堰茶叶农产品地理标志保种场1个，完善茶叶种植加工设施设备，开展都江堰茶叶资源性状普查工作并形成普查报告，编制都江堰茶叶种植加工技术规范，拍摄都江堰茶叶专题宣传片。以“大青城”农产品区域公用品牌为引领，开展特色农产品品牌营销，举办三月三网上采茶节、猕猴桃采摘节等活动；组织农业企业参加四川省第九届茶博会、第27届上海国际茶文化旅游博览会等集会展会，都江堰市“灌州黑茶”“洞青白茶”“贡品道茶”“茗门良匠红茶”“龙池雪芽”获得茶博会金奖；都江堰猕猴桃获得“中国2020年度十大区域公用品牌”“2020中国农产品百强标志性品牌”，入围粤港澳大湾区“菜篮子”生产基地，品牌价值达21.84亿元，连续4年出口国际市场。都江堰玫瑰花溪谷获评省级示范农业主题公园。

表1　2020年都江堰市主要农产品产量

主要农产品	单位	产量	同比(%)
粮食	万吨	6.25	1.16
水稻	万吨	4.84	0.67
小麦	万吨	0.81	0.69
玉米	万吨	0.41	12.9
马铃薯	万吨	0.11	–0.19
油菜籽	万吨	1.01	0.25
蔬菜	万吨	22.57	–1.86
水果	万吨	5.25	0.04
肉类	万吨	3.33	0.51
猪肉	万吨	1.1251	0.2008
牛肉	万吨	0.0044	0.0003
羊肉	万吨	0.0076	0.0019
禽肉	万吨	1.4584	–0.1734
兔肉	万吨	0.2147	–0.0016
禽蛋	万吨	1.03	–0.0808
水产品	万吨	1	–0.2
牛奶	万吨	0.0967	–0.4063

【种植业】 全市符合粮食规模生产奖补条件的种植业主共计13家，规模种植粮食奖补面积4002.83亩。全年稻谷补贴面积46514.82亩，补贴标准53.77元/亩，实际发放补贴资金226.42万元。

【农业绿色发展】 继续做好猪肉、蔬菜等“菜篮子”产品生产流通组织工作，市政府制定《都江堰市“米袋子”“菜篮子”工作实施方案》（都办发〔2020〕22号）和《都江堰市农业种植结构调整实施细则》（都办函〔2020〕23号），以稳定粮食生产。在天马镇实施有机肥替代化肥项目，建立病虫害绿色防控示范区，5家农业公司推广使用有机肥替代化肥，共投放344.828吨有机肥并完成1000亩绿色蔬菜基地施用。在稻菜、猕猴桃、葡萄等农产品基地安装杀虫灯193盏、黄板13.66万张、蛾诱捕器2051套；引导农户开展绿色生产，推广使用有机肥替代化肥以及生物肥料、生物农药等，两镇化肥、农药均减量20%以上，示范区绿色防控面积达6000亩，绿色防控率达98%。

【“菜篮子”工作市长负责制】 推进全市“菜篮子”工程能力建设，建立都江堰市“菜篮子”工程会商机制，全年蔬菜基地种植面积稳定在11万亩以上。建立蔬菜价格信息发布及预警平台，通过平台建设辐射全市蔬菜价格信息及种植信息，指导全市蔬菜生产，品种、技术、设施交流。

【林业】 率先提出美丽宜居公园城市和国际

化生态旅游城市的发展定位，根据区域自然条件结合林产业发展实际，科学规划和发展林业产业。通过对三木药材、笋用竹、林下中药材（森林蔬菜）等林业产业基地进行培育和提升，提高林农的直接收入。全市厚朴面积保持在15.3万亩，笋用竹基地面积达8万亩，林下草本中药材面积达4万亩，花卉苗木基地面积达2.65万亩，特色水果基地面积达10.59万亩，其他经济林面积3.65万亩。依托得天独厚的自然资源和地理条件以及林产业基地和川西林盘等开展森林公园、森林康养基地、森林自然（生态文明）教育、森林人家、特色民宿等，发展森林生态旅游、森林康养等生态产业，提升做强森林生态旅游及康养产业，全市有国家森林康养基地（人家）2家，国家级、省级森林康养基地（人家）达13家，省、市级森（竹）林人家16家，省级自然教育基地达10家，国家森林乡村8个，四川省森林小镇1个，四川省生态文明教育基地5个。通过打造高山杜鹃、玫瑰、海棠、梅花等特色花卉基地，结合青城山道文化、都江堰水文化、酒文化、川西民俗及农耕文化等开展“特色花卉+”产业。成都青暇山居文化传播有限公司（青暇山居）、都江堰市瀚霖农家院被评为“成都市森（竹）林人家”，都江堰青暇山居自然教育基地（青暇山居文化传播有限公司）、都江堰茶溪谷自然教育基地（都江堰市茶溪谷家庭农场）、都江堰玫瑰花溪谷自然教育基地（成都市绿沃农业有限公司）、都江堰见素山居自然教育基地（四川省一二三万农业科技有限公司）被认定为“四川省省级自然教育基地”。全年实现林业产业总产值698977万元，其中第一产业产值234272万元、第二产业产值101005万元、第三产业产值363700万元。

【畜牧业】 发展高端种业，提高标准化水平。依托正大集团，指导四川正磐农业发展有限公司在蒲阳街道鹿池社区建设存栏4000头种猪的种猪场1个和存栏200头种公猪的种公猪站1个，在国家级生猪核心育种场（都江堰巨星猪业科技有限公司）的基础上完善全市生猪良繁体系。按照全封闭、自动喂料、自动饮水、环境控制、疫病防控等现代化标准，指导建设、改造提升一批标准化生猪规模养殖场，提高全市生猪生产标准化水平。

畜禽粪污资源化利用。指导全市682个畜禽养殖场（户）建设与养殖规模相适应的“防雨、防渗、防溢”的粪污收集、贮存、处理设施，保证其正常运行，确保污染物不外排。支持符合规划的畜禽规模养殖场开展设施设备提档升级等标准化建设，提高畜禽规模养殖场粪污处理能力。推广“畜+沼+粮（果、蔬）”等种养结合、循环利用生态养殖模式，对养殖场周边有种植用地的，指导其通过流转周边农田，或与周边农户签订消纳协议支持其在田间地头配套建设管网和储粪（液）池，就近就地消纳畜禽养殖粪污；对不能就近还田消纳的，引导养殖场（专业户）与第三方签订协议，通过异地转运粪污，采取“养殖场（专业户）→第三方主体→种植基地（农户）”模式，实现畜禽养殖粪污的异地还田利用，从而有效治理畜禽养殖污染。

加强监管，保障畜产品质量安全。落实养殖场（户）质量安全主体责任，督促养殖场（户）健全安全承诺制度和出栏无“瘦肉精”保证制度，严格用药和休药期制度，继续组织开展养殖环节猪、牛、羊“瘦肉精”拉网监测，共对1170个养殖场（户）的5048头（份）样品进行检测，结果均为阴性。在成都市每季度对全市猪肉、禽肉、禽蛋产品进行例行抽检中均未发现不合格畜禽产品。同时，会同农业综合执法大队严厉打击各种违法违规行为，保障全市畜产品质量安全。

【水产业】 推动水产绿色健康养殖。全年水产养殖产量1313吨，实现产值5186万元。开展生态健康养殖模式推广，指导有条件的水产养殖场户在发展水产养殖的同时，结合青城山—都江堰风景名胜区旅游资源优势，探索发展以娱乐、观赏为主的休闲渔业，优化水产养殖结构调整。推广稻田综合种养模式，发放《四川省稻田综合种养技术指南》100余册，指导都江堰市集广水稻种植农民专业合作社等新型经营主体在确保水稻稳产的前提下，通过“沟凼式稻田养鱼”适度开展水产养殖，实施完成稻田综合种养项目1300余亩。加强养殖尾水治理，在新冠肺炎疫情防控工作开展的同时，组织水产专业技术人员到水产养殖场户就养殖尾水治理模式进行宣传和技术指导，建议水产养殖场户对传统养殖池塘进行升级改造，完善尾水治理设施设备，严格监测养殖用水水质和排放废水水质，严禁超过国家和地方标准外排污染物。推进水产养殖用药减量行动，结合渔业生产检查等，组织水产养殖专业技术人员到养殖场所开展水产养殖用药减量行动技术指导服务，同时开展《兽药管理条例》《水产养殖用药明白纸》等相关法规和知识宣传培训，教育水产养殖者不使用孔雀石绿、硝基呋喃类等禁用药品。督促指导水产养殖生产场所完善苗种生产档案，检查药物、饲料库房有无禁用渔药（孔雀石绿等）、违规鱼饲料和非法添加剂等。全年组织检查宣传人员40余人次、车辆10余台次，排查水产养殖户20余家次，发放宣传资料1000余份，对查出的不规范问题督促业主进行及时整改。在2020第四届中国水产科技大会上，都江堰新联水产养殖有限公司获得2020中国水产行业十大科技进步奖。

开展长江流域水生生物保护。在全市天然水域设立禁渔区，建立3月1日—6月30日的禁渔期制度，制发自9月1日起暂定期10年的《都江堰市天然水域禁捕工作实施方案》，发布《都江堰市天然水域实施全面禁捕的通告》。会同市市场监管、公安、交通等部门及各镇（街道）开展禁捕工作巡查300余次、联合执法检查10次，检查水产品交易市场30余次、涉鱼餐馆200余家、渔具经营店6家，发放宣传资料12000余份，签订生活自用及特定功能船禁捕承诺书74份，初步形成“不敢捕、不能捕、不想捕”的良好氛围。完成小水电站水生生物影响评价，督促指导全市49家整改类小水电站全面完成水生生态影响评价及补救措施审批，结合全市小水电站水生生物影响评价报告编制，会同第三方公司于9月7日启动水生生物现状调查。严格水生野生动物经营利用管理，把好审核关，对捕捉、驯养繁殖、运输、经营利用水生野生动物等各环节进行规范。健全救护快速反应体系，对误捕、受伤的大鲵等珍稀水生野生动物及时进行救治、暂养和放生，共救治放生大鲵11尾。

【乡村振兴】 聚源镇获评成都市乡村振兴先进镇，天马镇金陵社区、青城山镇泊江社区、蒲阳街道棋盘社区获评四川省首批乡村治理示范村；都江堰市创建为第六届全国文明城市。引进西南交大省千人计划专家刘弘涛教授建立都江堰市世界遗产国际研究中心工作站，引进中国农科院学术委员会委员杨其长博导团队促成红托竹荪高产和保鲜技术研发示范等成果转化；成都东软学院大学生创业中心获得“国家级众创空间”称号。社区干部“全岗通”工作法在全省进行推广，《人民日报》予以刊载；都江堰市川西音乐林盘等7个案例上榜“成都市第三届乡村振兴十大案例”。《“3+N”模式食安共治联盟五大系列活动促食品安全共建共享》获得第三届市场监管领域社会共治优政府类秀案例。“猪圈咖啡+川西音乐林盘”获得全国农村创新创业优秀带头人典型案例。“南溪遥”林盘聚落获得2020年世界人居建筑金奖和国家精端科技奖。

【扶贫开发】 坚持推行领导督导和部门定点帮扶责任机制，开展领导挂点、部门包村、干部包户督导帮扶。全年共计安排财政专项扶贫资金217.3万元，用于对3个经济薄弱社区和29户84人产业帮扶户在完善基础设施建设、发展优势主导产业、开发乡村旅游资源等方面进行帮扶。引导动员社会力量参与扶贫开发，开展"10·17"国家扶贫日系列宣传活动，指导市扶贫互助协会开展产业、助学、就业、医疗、消费扶贫等公益活动。通过连续三年(2018—2020年)的扶持，经济薄弱社区的基础设施得到完善，优势主导产业得到发展，社区群众的脱贫致富思路更加清晰，扶贫帮扶对象收入稳步增长，产业帮扶户和经济薄弱社区收入均达到全市同期收入水平的70%以上。按照规定的退出标准和程序，通过组织自验和成都市复核验收，全市3个经济薄弱社区和29户84人产业帮扶户全部实现达标退出。

【乡村旅游】 灌县古城被评为第二批四川省天府旅游名镇，龙池镇飞虹社区、青城山后泰安社区先后入列四川省和全国乡村旅游重点村，蒲阳安缇缦旅游区、茶溪谷林盘景区创建成都市3A级林盘景区，玉堂孙思邈康养庄园入选省级中医药健康旅游示范基地，青城问花村、隐秀养生院子入选省级中医药健康旅游示范项目，打造见素山居、玫瑰花溪谷、青城道茶观光园、途悦·霞客行房车露营地、"乡食聚源"美食街等成都市第四批新旅游·潮成都旅游目的地5个，培育山野山也、九鼎聚、隐谷、桂溪园农家乐、梁鸡肉休闲庄、赵公印象、土灶人家、听泉山庄、龙缘山庄等成都市乡村旅游"四改一提升"示范点9个。举办清明放水节、双遗马拉松、成都夏季熊猫冰雪节等主题节会活动，全市乡村旅游接待游客1405万人次，实现旅游综合收入56.71亿元，分别增长35.5%、35%。

【农村水利】 通过实施农田水利基本建设、春灌应急、"水美乡村"等工程项目，完成5.96千米渠系清淤，新建渠道0.67千米，渠道维修整治及景观提升9.61千米以及闸门和启闭设施的维修维护，改善了区域内水利基础设施状况，保障了春灌大泡田用水。加强流域水生态治理与监管，确保重点河流生态流量和环境用水。推进河湖划界，划定辖区内蒲阳河(青白江)、岷江都江堰市段管理范围，并经政府批准进行公告；完成白沙河、关门山沟、黑石河、江安河等9条河道都江堰市段管理和保护范围划定，并经政府批准进行通告。沟通水管单位外江管理处第一管理站、东风渠管理处都江堰站、人民渠一处渠首管理站对全市水量进行调配，完成天马镇金胜社区和仙鹤社区、聚源镇双土社区、石羊镇马祖社区和七里社区5个(行政区划调整前6个)"水美乡村"项目实施任务，为乡村全面振兴提供水利保障。为确保水库安全度汛，加强对全市两座水库的巡查，不定期对水库的值班值守和巡查情况进行抽查。组织参加2020年"三个责任人"和"三个重点环节"网络培训会，并落实两座水库的大坝安全管理的地方政府、主管部门、管理单位"三个责任人"和水库安全度汛行政、技术、巡查"三个责任人"。同时，编制完成两座水库的《大坝安全管理应急预案》《防汛抢险应急预案》，并结合应急预案组织开展应急演练，确保水库安全度汛。

农业水价综合改革。继续加强对农业水价综合改革的政策宣传和舆论引导，提高有偿用水和节约用水的自觉性，保障农业水价综合改革平稳顺利实施。农业水价综合改革完成28.41万亩新增改革面积。

农村饮水安全。推进农村饮水巩固提升，完善乡(镇)水厂扩能提升、水厂自来水管网进村入户等工程建设。由市岷江水务集团牵头，开展农村管网延伸，制订石羊镇七里社区、青城山镇蒲津社区等农村供水的解决方案，约投资90万元，已完成管网敷设。推进西区水厂三期工程建设，已完成设计、勘察等前期工作。实施向峨乡莲花湖片区加压供水工程，修建加压供水管道总长12.5千米，建设加压泵站1座。

排水管理建设。制订都江堰市2020年农村污水治理工作实施方案，持续开展全市农村生活污水治理规划修编，结合乡村振兴重点项目，协调推进农村生活污水处理设施建设。加强雨污设施管理维护，同步推进污水处理设施移交管理，加快实现"厂、站、网"一体化、专业化运管。推进17座污水处理厂(站)提标扩容改造，按时序开展20户以上的农民集中居住区生活污水处理设施建设任务。各镇(街道)对辖区农聚区灾后重建配套建设的127座小型污水处理站进行运行、维护、管理。结合户厕改造及农村生活污水集中处理设施建设情况，约91%的行政村生活污水得到有效处理。

【农业机械化】 严格进行拖拉机上户、检验，全年上户、年检拖拉机共390余台。严厉打击农业机械无牌行驶、无证驾驶、未检验作业等行为，提高上牌率、检验率、持证率"三率"水平。全市主要农作物综合机械化水平为87.2%，其中油菜机播率78.35%，机耕率98.96%，机收率90.72%；水稻机械化种植率71.42%，机耕率99.7%，机收率98.8%。市农业农村局和市财政局联合印发《都江堰市2019—2020年农业机械购置补贴政策实施方案的通知》(都农〔2019〕77号)，按照文件开展购机补贴，办理购机补贴申请79份，申请机械79台，受益农户54户，申请使用中央资金118.047万元、成都市级资金39.406万元，共补贴资金157.453万元。

【农村教育】 落实公民办学校统一招生入学和均衡分班，妥善解决进城务工人员随迁子女1374人入学就读。26所学校被列为课程教材中心首批"深度学习"教改项目实验学校，10所学校开展数字化教材项目实验。5名教师被评为"成都市优秀青年教师"，5名教师被评为"成都市教坛新秀"，30名教师被评为"都江堰市学科带头人、优秀青年教师、教坛新秀"，100名教师被评为"都江堰市名师名班主任名校(园)长"。完成8所幼儿园改建工程，新增学位600个。安排全市农村义务教育学生营养改善计划专项资金1436万元，惠及学生26100余人。对1284名户籍为都江堰的贫困家庭高校学生办理生源地信用助学贷款，发放贷款874余万元。资助因受疫情影响困难学生110名，救助金20余万元。

【农村科技】 通过微信推送《及时抓好当前水稻苗床田间管理》《水稻前期田间管理技术》《水稻带药移栽技术要点》等技术资料，开展农业技术培训5次、科技宣传20余次，发送技术资料1000余份。到基层做技术指导，派出农技人员200人次。都江堰天赐猕源农业有限公司申报的猕猴桃新品种新技术创新集成与应用示范项目获得成都市科技局立项并资金支持100万元。

【农村文化】 以文化馆图书馆总分馆制建设为抓手，整合全市公共文化场(馆)资源，提升城乡公共文化阵地联动性、利用率和服务效能，以全民艺术普及和全民阅读为重点，加强对文化惠民活动、文艺创作辅导、图书统一编目、图书通借通还及人才队伍培训的上下串联和横向统筹。对接市财政局、市人社局和各镇(街道)落实镇(街道)综合性文化服务中心以常住人口每人每年8元为标准配备公共文化服务经费、1名在编人员担任站长(主任)3名专职文化专干及阵地必备设施设备，合理划分市、乡(镇)两级公共文化服务资金支出，逐步培养一支服务队伍和专兼结合的文化骨干人才队伍。组织开展第四次镇(街道)综合性文化服务中心评估定级。按照成都市文广旅局要求,完成灌口街道南桥社区、石羊镇七里社区基层综合性文化服务中心建设2个。完成“文化四季风”品牌文化活动37场,配合市委宣传部完成“走基层”文化惠民演出10场次。

【农村卫生】 全市有13个乡(镇)卫生院,编制病床位1168张,增加3张;卫生人员1049人,其中卫生技术人员852人,减少18人。乡(镇)卫生院总诊疗人次102.7326万人次,减少8.15%;入院人数5.4355万人次,减少11.67%;医师人均每日担负诊疗人次14.43人次,减少9.19%;医师人均担负住院床日为3.87日,减少9.16日。村卫生室、门诊部、诊所、卫生所、医务室及中小学保健所全年总诊疗人次116.6044万人次,减少14.15%。

【农村法制建设】 “送法进乡村”活动。加强线上线下普法,对群众常态化开展法律法规宣传,编发法治宣传资料3万余份,累计培育“法律明白人”1989人;组织全市法律顾问入驻771个村(社区)微信群,每日进行线上普法。加强法治文化阵地建设,打造法治文化资源库,推动各镇50%的社区建设法治文化阵地。

“法律七进”巡回讲堂。依托“一月一主题”法治宣传活动,加强防疫、《民法典》、宪法“三下乡”服务乡村振兴活动、国家安全教育、反诈骗、环境保护、禁毒等主题法治宣传,开展“法治坝坝会”等“法律进乡村”宣传活动400余场次。通过领导干部带头学、制作统一课件、开展法治讲座、每晚宣传《民法典》等形式组织社区居民走进“巡回法庭”听审判,在全国民主法治示范社区一笆桥社区庭审一起民事案件,现场“以案说法”宣传法治。

民主法治示范社区建设。通过随机抽查、走访等措施,全面复核本级已命名民主法治示范社区。打造石羊镇七里社区、法治绿道等一批乡村振兴法治示范点位。助力村(社区)体制机制改革,对村(居)民会议票决流程进行审核把关,开展合法性监督。定期更新社区法律之家法治设施,挂牌率达100%。加强社区法律服务,为村规民约的修订提供法律依据,推动社区法治、德治、自治“三治”融合。

【涉农招商引资】 全市3000万元以上的农业招商引资重大项目9个,均为内资项目,增长80%;项目总投资33.99亿元,协议资金33.99万元,完成全年任务的100%;到位资金5.55万元,完成年度任务的100.9%。

【农村社会保障】 深化“全民参保登记”成果运用,农村居民可以灵活选择购买企业职工基本养老保险和城乡居民基本养老保险。梳理编制并发布企业各项业务一次性告知事项清单和办事指南,加强社保大数据平台分析运用,实现单位办理社会保险登记“零跑路”,群众到社保经办大厅窗口办理业务平均等待时间缩减为3分钟,业务办理时间缩减为5分钟。推进成都市社保经办管理服务现代治理体系改革,个体参保缴费等业务已经全部实现成都市范围内“全城通办”,服务对象就近就地即可办理社保业务。

【水污染防治】 推进成都市级和本市级饮用水源保护区电子围栏、全流域重要河道视频监控系统、紫坪铺水库特殊水源保护区应急物资仓库建设。完成西区水厂饮用水源二级保护区排口整治,编制完成8个乡(镇)级集中式饮用水水源地保护区划分技术报告。全市各集中式饮用水水源地、主要河流出境断面水质达标率持续保持100%,主要河流出境断面水质均达到地表水Ⅱ类标准。

【农产品质量安全监管】 结合行政区域划分调整情况,全市确定市农业农村局统筹、11个属地网格、70个基础网格三级农产品监管网络及监管(协管、检测)员100余名,对调整后的人员进行专题培训,提升队伍监管水平。指导镇和村级检测室完成定性检测1.9万余批次,开展农产品质量安全日常监管巡查并上传平台1600余次。打造追溯示范企业(基地)12家,全市160余家生产主体入驻国家、省级追溯系统,运用追溯平台录入产品生产信息及销售信息2000余批次。印发《都江堰市食用农产品合格证制度实施方案》和《都江堰市食用农产品合格证制度整体推进工作方案》,全市240家食用农产品生产主体、33家规模市场经营主体被纳入食用农产品合格证制度管理,开具合格证10万余张,附证农产品80余万吨。

【农村市场体系建设】 推进农村金融改革,与金融机构对接,在石羊镇顺江社区开展给予集体经济组织授信(试点),支持集体经济组织发展产业;试点建设都江堰天府源田园综合体农村金融服务示范窗口2个。推行政策性农业保险25种,在全国首创“涉农贷款履约保证保险”“猕猴桃价格指数保险”试点。组织开展2019年度职业经理人政策性农业保险补助项目申报,涉及成都市财政减免补助资金516184.66元;持续完善“农贷通”综合服务体系,累计放贷1613笔,共计19.21亿元。2020年第二批“农贷通”平台贷款贴息资金共计115笔,涉及全市补贴资金157.79万元。

【农村留守家庭(儿童、学生)帮扶】 开展“合力监护、相伴成长”关爱保护专项行动,确保新增农村留守儿童监护人100%签订《农村留守儿童委托监护责任确认书》,将全市所有农村留守儿童纳入有效监护范围;全面开展农村留守儿童关爱保护“政策宣讲进基层活动”,12月2日,开展全市“合力监护相伴成长”儿童督导员、儿童主任培训,指导镇(街道)、村(社区)将留守儿童关爱救助工作纳入常态化内容,建立健全农村留守儿童关爱保护机制,建立特殊群体儿童巡查机制,确保每月至少一次对辖区内每名特殊群体儿童进行巡查看望。同时,通过政府购买社工服务项目,利用社会工作专业的服务理念和手法开展儿童节假日各类服务以及“六一”主题活动,协助儿童家庭解决实际困难,陪伴引导儿童更加健康快乐成长。截至2020年年底,全市有农村留守儿童126人,累计签订监护委托责任书380份。

【劳务开发与返乡创业】 做好疫情防控常态化背景下农民工服务保障,建立完善市、镇、社区三级农民工服务机构,实施“乡村振兴、人才先行”农民工技能提升系列活动,举办“春风行动”等活动,开展优秀农民工定向回引培养计划,部门联动推动“五大行动计划”,提升农民工获得感、幸福感和归属感。全年农村劳务转移输出规模109339人。建立功能完善的市、镇、社区三级农民工服务平台,其中市级3个、镇(街道)级11个、社区窗口166个,为农民工提供社保、就业等服务126940人次。全市返乡创业农民工猪圈咖啡和川西音乐林盘创始人宋建明获得“全国优秀农民工”称号。

【主要领导人】 市委书记:李云;市人大常委会主任:王聪;市长:张亚丹;市政协主席:丁小平;分管农业副市长:陈丽娜。

都江堰市编写组

彭州市

【基本情况】 2020年,全市辖9个镇4个街道,辖区面积1421.36平方千米,其中耕地面积66万亩,人均耕地面积0.83亩;基本农田66.02万亩。年末总人口79.51万人(户籍人口),减少0.4%;人口出生率7.39‰,人口自然增长率0.01‰。全市耕地有效灌面为57.945万亩,保证灌面为49.253万亩。本地水资源多年平均量11.83亿立方米，人均占有水资源量930立方米。林地面积6.1万公顷，森林蓄积量450.02万立方米，森林覆盖率42.56%。

2020年，全市GDP507.37亿元，减少4.1%，其中第一产业增加值66.71亿元，增长3.3%；第二产业增加值260.4亿元，减少7.2%；第三产业增加值180.25亿元，增长0.2%。三次产业对经济增长的贡献率分别为–7.9%、109.4%和–1.5%。全年接待游客1305.03万人，实现旅游收入54.57万元，其中乡村旅游收入35.41万元。

公路通车里程2754.198千米(其中乡村公路2534.901千米)，密度1938米/平方千米，34.17千米/万人。社会消费品零售总额107.86亿元，减少2.5%。地方公共财政预算总收入完成79.3亿元，增长11.2%；公共财政预算总支出107.4亿元，增长23.4%，其中农业投入5.1亿元，占支出的4.7%。金融机构各项存款余额726.75亿元，比上年初增长9.6%；各项贷款余额367.35亿元，比年初增长13.7%，。全年农业保费收入1.2亿元，增长15%；处理各项赔款和给付金额4800万元，增长12%。完成农业固定资产投资9.8亿元。农业产业化龙头企业国家级、省级、市级分别为1家、13家、16家。

有各类学校165所，在校学生92304人，教职工9108人，其中普通中学32所，在校学生30579人；小学26所，在校学生39729人；学龄儿童入学率100%。完成省级以上科技成果3项。有文化馆1个，公共图书馆1个，博物馆1个。有卫生机构561个，病床位6911张，卫生技术人员7369人。城乡居民基本医疗保险参保人数499615人，参保率达98.74%；城乡居民养老保险实际参保人数252896人，参保率达90%以上；被征地农民养老保险参保人数77123人，占参保总人数的15.9%。

【年度农业和农村经济运行】 2020年，全市出台《天府蔬香现代农业产业园总体规划》《彭州蔬菜产业提升计划暨现代农业全产业链研究》和《中国(成都)国际农产品加工产业园(彭州)核心区总体规划》规划、政策。全市实现农业总产值99.8亿元，增长4.6%；全市全年农业增加值达67.49亿元，增长3.3%。农民年人均可支配收入达25520元，增长8.6%。在粮食、生猪、蔬菜生产中，科技投入的占比或科技贡献率65%。全市农产品质量抽检合格率100%；建成13个基层农业综合服务站。主要农产品产量见表1。

农业产业化发展。全市共培育农民合作社1330家，其中彭州市级示范社6家、成都市级示范社4家、省级示范社11家、国家级示范社2家；新增合作社65家，增长5.1%。共有各类家庭农场713家，其中彭州市级示范家庭农场18家、成都市级示范家庭农场17家、省级示范家庭农场4家；新增家庭农场84家，增长13.4%。新培育四川省旺达瑞生态农业开发有限责任公司、成都市宁升绿康食品有限公司2家企业为省级重点龙头企业，四川迪菲特药业有限公司、彭州市全方禽业发展有限公司2家企业为成都市级重点龙头企业。全市有农业产业化成都市级以上重点龙头企业30家，其中国家级1家、省级13家、成都市级16家。

表1 2020年彭州市主要农产品产量

主要农产品	单位	产量	同比(%)
粮食	万吨	24.91	1.1
水稻	万吨	18.16	1.6
小麦	万吨	0.48	–4
玉米	万吨	3.16	23
马铃薯	万吨	2.37	6.8
油菜籽	万吨	1.38	1.68
蔬菜	万吨	233	100.5
水果	万吨	6.34	–65
肉类	万吨	3.67	8.4
猪肉	万吨	2.45	20
牛肉	万吨	0.07	9.2
羊肉	万吨	0.01	2.3
禽肉	万吨	1.09	–10
兔肉	万吨	0.05	–15
禽蛋	万吨	1.18	3.4
水产品	万吨	0.31	–17.6
牛奶	万吨	0.63	5.2

集体经济组织发展。全市13个镇(街道)191个村(社区)2520个组级集体经济组织以12月31日为基准日开展农村集体资产清产核资，共清理核实农村集体资产48.4亿元，其中流动资产12亿元、林木资产0.52亿元、长期资产0.7亿元、固定资产34.42亿元、其他资产0.59亿元；集体土地总面积141.7万亩，其中农用地131.01万亩、建设用地8.79万亩、未利用地1.9万亩。在明晰农村集体资产产权关系、明确农村集体资产管理主体的基础上，完善农村集体资产管理制度，健全农村集体资产监管机制，指导村级集体经济组织成立股份经济合作联合社，采取单独或联合开发的方式推进集体资产资源有效开发利用。印发《关于2020年探索农村集体经济新的实现形式和运行机制的试验方案》，探索“以村集体资产股份量化为基础，以镇、村两级集体经济组织股权合作为路径，以项目为载体，以收益分配为激励”的共建联营模式，提升集体产业发展层次和结构，实现农村集体所有权“统”的能力不断增强，农村集体产权权能更加完善，实现形式更加丰富；农村集体经济组织参与市场的主体地位更加巩固，集体经济组织运行能力显著提升；农村集体经济发展质量明显增强，农民财产性收入稳步提高。全年共成立村级集体经济组织股份经济合作联合社65家。引导集体资产股份制经营主体通过农村土地经营权的租赁创新农村集体经济运营机制，通过试点改革，实现集体经济收入1.2亿元，增长30%以上。

农产品品牌战略实施。举办第十一届中国·四川(彭州)蔬菜博览会，组织企业参加上海·全国优质农产品博览会、深圳礼品展、“游绿道公园品时令佳果”成都特色农产品品鉴展销活动等展示展销。对九尺板鸭、“盈棚”泡菜、润兆鱼子酱等品牌农产品进行展示展销和宣传推介，其中九尺板鸭入选“2020年四川省庆丰收金秋消费季最受消费者喜爱农产品”“2020年成德眉资地方名优产品名录”。截至2020年年底，全市已创建“彭州大蒜”“敖平川芎”省级特色农产品优势区，培育“龙门山”蔬菜区域公用品牌和广乐、盈棚等企业自主特色农产品品牌，拥有“三品一标”农产品认证126个。“彭州大蒜”获评国家地理标志保护产品，“彭州莴笋”“彭州川芎”获得“国家农产品地理标志产品登记保护”称号，“九尺板鸭”“彭县黄鸡”获评国家地理标志证明商标。

现代农业园区建设。天府蔬香现代农业产业园总体定位于建设成渝双城地区重要的“菜篮子”保供基地，为国家级现代农业园区、国家农村产业融合发展示范园和国家农业高新技术产业示范区，已创建为成都市五星级现代农业园区和四川省级示范农业主题公园，并被纳入第三批国家农村产业融合发展示范园创建名单。

【种植业】 全市农作物总播种面积118.47万亩，其中粮食作物播种面积54.22万亩，产量24.91万吨；油料作物播种面积8.59万亩，产量1.54万吨；中药材播种面积6.4万亩，产量1.71万吨；蔬菜及食用菌播种面积45.95万亩，产量117.78万吨；水果种植面积3.22万亩，产量3.95万吨。

【林业】 全年净增森林面积4095亩，净增森林蓄积8.14万立方米，森林覆盖率达42.56%，被评为“国家森林乡村”。开展森林防火、林业有害生物防治等工作。全年发放生态保护资金791.66万元，其中集体公益林（地）生态保护资金327.46万元、森林生态效益补偿资金164.12万元、集体和个人天然商品林停伐管护补助资金19.47万元、退耕还生态林森林抚育资金280.61万元。

【畜牧业】 全年生猪出栏34.91万头，增长22.4%；牛出栏0.5万头，增长0.2%；羊出栏0.74万只，增长1.2%；兔出栏33.95万只，减少18.1%；家禽出栏667.58万只，减少9.5%；肉类总产量3.67万吨，增长8.4%。

【水产业】 全市水产养殖面积2896亩，其中冷水鱼469.8亩；水产品总产量3131吨，实现水产总产值6262万元、休闲渔业产值约7200余万元，其中冷水鱼产量约650吨，产值约2600万元。

【乡村振兴】 按照“五级书记”抓乡村振兴要求，加强对“三农”工作的组织领导，成立由市委书记和市长担任“双组长”的农村工作领导小组。建立乡村振兴人才名录，出台乡村振兴配套政策12条、人才新政7条，引进乡村振兴人才85名，培育农业职业经理人1916人；全年财政直接投入33.27亿元，占一般公共预算支出的77.55%。

【扶贫开发】 根据《彭州市农村扶贫开发领导小组关于印发〈彭州市2020年高标准全面建成小康社会城乡扶贫开发工作实施方案〉的通知》等指导性文件，巩固城乡扶贫开发成效，做好高城乡扶贫开发工作。全市补贴2个经济薄弱村（隆丰街道玉皇村、桂花镇插旗村）产业发展（含基础设施）建设项目成都市、彭州市级扶贫专项资金80万元；全市补贴15户52人产业帮扶户到户生产资料5.2万元，每人补贴标准为1000元。全市经济薄弱村均按照相关政策要求编制产业发展规划，发展地瓜产业、优质水稻、花卉苗木等相关产业，孵化培育蓉测点蔬菜种植家庭农场、玉皇生态蔬菜种植专业合作社等新型农业经营主体，辐射带动村民产业发展，完成当年扶贫对象增收目标。经济薄弱村人均可支配收入达19030.06元，达到当地农民人均可支配收入的74.28%，增长8.48%；全市15户产业帮扶户人均可支配收入达22237.11元，达到当地农民人均可支配收入的86.8%，收入增幅为13.76%。

【乡村旅游】 全市以创建天府旅游名县、全域旅游示范区为目标，挖掘乡村山水资源和历史文化，依托现有的优质文化、旅游资源，以音乐、川剧、鲜花、陶瓷等为主题，发展特色村镇、特色林盘、乡村绿道、田园赏花、精品民宿等乡村旅游，呈现以农业观光、亲子研学、康体健身、乡村美食、采摘体验和亲水避暑于一体的农商文旅体大融合的发展态势，不断优化产业结构，创新业态发展，丰富产品内涵，完善配套设施，创新经营模式和管理模式，健全管理机制，提升服务品质，促进旅游业实现传统观光旅游到休闲度假旅游的转型升级。全年乡村旅游接待游客948.03万人次，实现乡村旅游总收入35.41亿元。

【农村水利】 “水美乡村”建设。为夯实乡村振兴水利基础，确保水资源有保证、水安全有保障、水生态有保护、水文化有底蕴、水景观有特色、水价值有体现、水管理有创新，打造“生态宜居，产业兴旺”的美丽新村，全年“水美乡村”建设共投资657.41万元，涉及4个村，分别是龙门山镇渔江楠村、通济镇天台山村、葛仙山镇云居村、九尺镇玉源村。

农业水价综合改革。全年完成人民渠灌区农业水价综合改革面积28.53万亩，主要涵盖人民渠灌区内7个镇，包括9条支渠，投资493.41万元，在银定堰分干渠所有斗渠首段和末端开展自动计量，成立54个农业用水终端管理单元，对银定堰分干渠及其所有斗渠首段和末端开展自动计量。

【农业机械化】 全年完成机耕面积108万亩、机播面积32.2万亩、机收面积44.35万亩，机械化秸秆粉碎还田11.05万亩，农机合作社机械化作业面积19.93万亩，常年提水保灌面积30.315万亩，主要农作物综合机械化水平达83.58%。全年农机购置补贴农机具152台，农机购置补贴中央资金结算进度达90%以上。全市农机总动力达403957.19万千瓦，其中拖拉机4243台、配套农具5407台（套）、联合收割机235台、插秧机84台；农机年检率达53%。全年未发生农机致人员死亡事故。

【农村教育】 全年新设学校（园）6所，撤并小规模学校4所，加快中小学（园）建设5所。全市普惠性幼儿园覆盖率达86.79%、公办幼儿园在园幼儿占比达50.22%，义务教育校际均衡指数为0.19，居成都市郊区新城第一位。实行公民办中小学校同步招生，义务教育阶段民办学校报名人数超过招生计划，均首次实行100%电脑随机录取，实现义务教育免试就近入学全覆盖，适龄儿童少年就近入学率达100%。保障1699名外来务工随迁子女顺利入学，“三类残疾儿童（少年）”入学应入尽入。推进“编制+员额”教师补充机制，完善教师激励体系，在新建学校试点管理机制改革，实现义务教育教师年平均工资收入水平高于本地公务员年平均工资收入水平。

【农村文化】 完善县、镇、村三级公共文化服务体系，全市已全面建立布局合理、门类齐全、功能齐备、便捷高效的县、镇、村三级公共文化服务体系。落实全市各级各类公共文化旅游设施免费开放、错时开放、延时开放，抓好镇（街道）综合文化站、村（社区）文化服务中心阵地、经费、人员、活动“四落实”。全市13个镇（街道）综合文化站被评选为一级站。推进文化馆、图书馆总分馆制建设，逐步形成以文化馆图书馆为总馆，镇（街道）综合文化站为分馆，村（社区）文化服务中心等为服务点的总分馆服务体系，将优质服务向农村延伸。

【农村卫生】 利用家庭医生团队，主动融入返（来）彭人员排查工作，为交通卡点，镇、村工作人员提供简单防控指导，持续做好健康追踪管理工作，共出动家庭医生1700余人，完成3.2万余名返（来）彭人员健康跟踪工作，体温检测52余万人次。对湖北、北京、乌鲁木齐、青岛、喀什、郫都区、成华区等重点地区来（返）彭人员进行核酸采样检测，累计核酸检测1490人，结果均为阴性。

【农村法制建设】 推进乡（镇）综合行政执法体制改革，下沉35名执法人员至13个镇（街道）和2个产业功能区，统一行使行政处罚权。制订落实行政执法“三项制度”实施方案，通过网站、微博、微信等公示行政处罚、权责清单809条。完善公共法律服务体系，推进基层依法治理，开通“12348”公共法律服务热线，建成1个市级公共法律服务中心，打造镇级公共法律服务工作站13个、产业功能区法律服务工作站2个。建成集法律服务工作室、人民调解室、法律援助联系点、社区矫正工作站、多元化普法阵地5个微型平台于一体的村（社区）“法律之家”共计202个，覆盖率达100%。累计为群众提供法律服务634件次，服务3000余人次。为全市202个村（社区）派驻法律服务人员，全市所有村（社区）均实现“一村一法律顾问”配备。

【农村交通】 全市公路通车总里程2754.198千米（其中乡村公路2534.901千米），其中乡道548.224千米、村道1679.542千米；有公交线路35条。彭州市创建为四川省“四好农村路”示范县。

【涉农招商引资】 全市3000万元以上的农业招商引资重大项目12个，均为内资项目，增长300%；项目总投资24亿元，增长26.3%。协议资金24亿元，增长26.3%，完成全年任务的100%；到位资金4.04万元，完成年度任务的100%。

【农村生态建设及环境保护】 实施2020年度彭州市农村生活污水治理“千村示范工程”项目，分别于6月、7月完成《2020年度彭州市农村生活污水治理“千村示范工程”实施方案》《彭州市桂花镇蟠江河沿线农村水环境综合治理实施方案（2020年）》编制并按程序上报成都市生态环境局、成都市财政局。根据《成都市财政局关于下达省级2020年第二批生态环境保护专项资金（第三次）预算的通知》（成财环发〔2020〕93号），全市获得专项资金537万元，其中桂花镇312万元，其余相关镇共计225万元，项目总受益人口37862人。完成2020年及“十三五”农村环境整治成效评估自查，编制完成《彭州市农村环境综合整治项目可行性研究报告》（2020—2022年）并获得市发改局批复，该项目已进入省生态环境资金项目库。

【农产品质量安全监管】 全市新制定和修订《彭州市农业农村局农产品质量安全检打联动办法》《中共彭州市委农村工作领导小组办公室关于加强农产品质量安全监管的实施意见》《彭州市农产品质量安全“黑名单”监督管理制度》《彭州市农产品质量安全事故应急预案》等20余项制度、方案、办法、实施意见，明确和落实主体责任、监管责任等，全面推动全市农产品质量安全监管工作。同时，制订《彭州市试行食用农产品合格证实施方案》并启动该项工作，截至2021年1月，全市43家市场经营主体、550家食用农产品生产主体被纳入试点管理，共发放食用农产品合格证告知书3000张，开具合格证159万余张，位居全省前列。全市全年未发生农产品质量安全事故，农产品质量安全监管实现全覆盖，农产品质量安全监管对象数据更新全面完成，农药经营许可审查证核发工作全面完成，逐步扩大农药集中配送面，健全农产品质量安全日常检测制度，每月定期对全市农业标准化生产基地、批发市场主要农产品质量安全状况进行检测分析，全市镇、村两级检测机构共检测农产品样品71175个，平均合格率在99%以上。1038家“三品一标”农产品认证企业、合作社、家庭农场注册入驻国家农产品质量安全追溯管理信息平台。全市“三品一标”农产品达113个，其中地理标志保护农产品认证5个、有机农产品认证51个、绿色食品认证14个、无公害农产品认证43个。规模经营业主全面建立完善农产品生产档案，加强对规模经营业主、农资经营商家、检测人员、监管、协管人员的宣传培训，同时将全市农产品生产主体质量监管纳入农产品质量溯源平台，逐步实现在线监管。

【农村市场体系建设】 开展农村金融服务改革，创新推动现代农业全产业链发展，全市各镇、村建立服务中心、“农贷通”服务平台和21个村级市场化服务示范站；全市17家各类金融机构全面入驻“农贷通”平台，发布53个农村金融产品。截至2020年年底，全市“农贷通”平台贷款3490笔、28.09亿元，分别增长40%和56%。

【农村留守家庭（儿童、学生）帮扶】 开展留守儿童关爱活动，以全市各级“童伴之家”为载体，整合社会各界资源，加强对留守儿童、困难学生的关爱，购买关爱留守儿童社会服务36场，丰富“童伴之家”关爱活动。组织开展“关爱情·暖冬行”困难留守儿童慰问、镇（街道）留守儿童温暖过冬慰问活动20余场。

【劳务开发与返乡创业】 全市有农村劳动力28.93万人，转移就业25.24万人，其中转移输出劳动力主要务工地区为成都周边地区，人数为23.2万人，占输出总数的92%；省内转移就业0.7万人，占输出总数的2.8%；省外转移就业1.3万人，占输出总数的5.2%；境外转移就业0.04万人，占输出总数的0.2%。全市新增返乡农民工创业人数52人，创办企业、个体工商户等10家，实现产值1630.25万元，吸纳就业138人。

【主要领导人】 市委书记：王锋君；市人大常委会主任：谢扬；市长：陈茂禄；市政协主席：吴石泉；分管农业副市长：龚昌华。

彭州市编写组

邛　崃　市

【基本情况】 2020年，全市辖8镇6个街道，辖区面积1377平方千米，其中耕地面积66.53万亩、永久基本农田面积62.6万亩、粮食生产功能区和重要农产品生产保护区“两区”划定面积37万亩。年末总人口64.99万人（户籍人口）。本地水资源总量9.91亿立方米。有林地面积534.71平方千米，采伐蓄积量11996.98立方米，森林覆盖率48.89%。

2020年，全市GDP350.84亿元，增长5.1%，其中第一产业增加值53.73亿元，增长4.5%；第二产业增加值144.25亿元，增长5.8%；第三产业增加值152.86亿元，增长4.4%。农村外出务工人数达23.39万人。全年接待游客1366万人次，实现旅游总收入100.05亿元，分别减少16.2%和40.8%。

公路通车里程2794.3千米，其中等级公路2794.3千米、高速公路39.64千米。完成农业固定资产投资16亿元。社会消费品零售总额100.09亿元，减少1.6%。全年一般公共预算收入完成27.65亿元，增长10.2%；一般公共预算支出54.26亿元，增长7.9%。金融机构各项存款余额553.83亿元，比上年初增长18.6%；各项贷款余额285.82亿元，比年初增长21.1%。有成都市级以上农业产业化龙头企业40家，其中省级13家、国家级4家。

有普通中小学校63所，在校学生5.22万人，专任教师3458人；学龄儿童入学率100%，初中升学率125.33%。新上科技项目22项，新认定高新技术企业14家，全年共申请专利590件。有文化馆1个，公共图书馆1个。有卫生机构446个，病床位5140张，卫生技术人员4249人。全市城乡居民养老保险参保人数22.32万人，城乡居民基本医疗保险参保人数44.22万人。

【年度农业和农村经济运行】 2020年，全市实现第一产业增加值53.73亿元，增长4.5%。农村居民年人均可支配收入达24497元，增长8.9%。全市农产品质量抽检合格率达98%以上，未发生重大农产品质量安全事件；建成14个基层农业综合服务中心。邛崃市获得四川省首批实施乡村振兴战略工作先进县、2019年度成都市实施乡村振兴战略推进城乡融合发展先进县、四川省粮食生产"丰收杯"、成都市农民增收工作先进县等称号。主要农产品产量见表1。

农业产业化发展。全市有成都市级以上农业产业化龙头企业40家，其中2020年新培育农业产业化省级龙头企业3家、市级龙头企业5家，累计带动农户22.98万户，全市农业产业化带户面达88%。全市申报为省级合作社质量整县提升试点县。截至2020年年底，全市工商注册合作社974家，全年新注册合作社72家，其中国家级示范社2家、省级示范社28家、市级示范社18家、县级示范社3家。截至2020年年底，全市工商注册家庭农场2172家，全年新注册家庭农场694家，其中省级家庭农场19家、市级家庭农场28家、县级家庭农场6家。全市66.5万亩绿色食品原料标准化生产基地获得全国绿色食品原料标准化生产基地证书，有效期为2020年1月—2025年1月。天府现代种业园被认定为第三批国家现代农业园区，入选四川省种业园区，被命名成都市五星级现代农业园区，建成面积21.31平方千米，核心区茶叶种植面积10448亩。建成稻渔综合种养示范区6000余亩，带动全市发展稻渔综合种养1.5万亩，其中发展稻虾种养9000余亩，实现亩均增收3000元以上。

农村产权制度改革。推进农村集体资产股份化改革，完成农村集体经济组织登记赋码164个。开展农村产权确权登记和抵押融资工作，累计办理农村土地经营权证215宗、农业设施所有权证31宗，其中2020年新增办理农村土地经营权证6宗、农业设施所有权证6宗；累计完成农村土地经营权抵押融资60宗、贷款15611万元，农业生产设施所有权抵押融资20宗、贷款8395万元，其中2020年新增农村土地经营权抵押融资2宗、贷款200万元，农业生产设施所有权抵押融资4宗、贷款1285万元。

农产品品牌战略实施。全市有"三品一标"农产品56个，其中有机农产品27个、绿色农产品13个、无公害农产品11个、国家地理标志保护农产品5个。承办2020第九届四川国际茶业博览会成都市产销对接系列活动，提高"邛崃黑茶"的品牌美誉度与知名度；开展云上云油菜花节等农业节庆活动；联合京东物流开展"百位公仆·西南101大联播"线上活动，采用线上直播和视频展播的形式为"邛崃黑茶"助力；开展农商互联直采直供活动，为邛崃市农产品合作社、种植大户和销售商家搭建产销对接合作平台；组织名优特产品产销企业参加第24届中国(四川)新春年货购物节、四川茶博会、北京展销周、深圳礼品展、中国农交会等，提升本地农产品品牌形象，助力邛崃特色农产品销售。

【城乡融合发展试验区改革】 探索"龙头企业(行业协会)+合作社+农户"农业产业化联合体经营机制，农业农村部对邛崃试点工作已完成中期评估。新增农民专业合作社质量提升整县推进、中国农业社会化服务平台和新型职业农民制度3项省级试点，完成首批130个家庭农场主纳入省级职业农民制度试点任务，培育农业职业经理人1610人，新认定省级农业产业化龙头企业3家。推进农村集体产权制度改革，完成164个村(社区)农村集体经济组织登记赋码。依托政府融资平台、地方商业银行开展土地承包经营权、土地经营权和农业设施所有权抵押融资，累计实现农村产权抵押融资80宗、2.4亿元。发布《邛崃市集体经营性建设用地开发利用实施办法(试行)》，制定《邛崃市规范农村宅基地审批和住房建设管理实施办法(试行)》，新增集体经营性建设用地入市7宗、面积17.2679亩。

表1　2020年邛崃市主要农产品产量

主要农产品	单位	产量	同比(%)
粮食	万吨	24.2	1.68
水稻	万吨	14.97	1.39
小麦	万吨	3.16	-1.27
玉米	万吨	4.56	3.28
马铃薯	万吨	0.94	14.2
油菜籽	万吨	2.44	9.2
蔬菜	万吨	31.59	3.1
水果	万吨	17.58	2
肉类	万吨	6.39	-0.5
猪(牛、羊)肉	万吨	5.04	0.2
猪肉	万吨	4.97	0.1
禽蛋	万吨	1.03	0.5
水产品	万吨	1.76	5.6
牛奶	万吨	4.2	35.6

【农商文旅体融合发展示范带建设】 探索"产业功能区+特色镇+川西林盘"模式，坚持特色化、差异化发展，统筹谋划产业业态和主题功能，完成天府红谷·大窖林盘等6个精品林盘、花楸村林盘等34个一般林盘保护修复，实施茶兰林盘、徐上林盘等4个精品林盘以及蔚崃林盘等15个一般林盘建设；茶兰林盘获评成都市第三届乡村振兴"十大案例——十大川西林盘消费新场景"；推进邛窑小镇、种业小镇、丝路音乐小镇、双新产业小镇4个特依托川西林盘独特的自然风貌、人文气息，探索"政府引导+群众主体+项目带动+社会投入"发展模式，植入生活消费场景，开展农商文旅体融合发展乡村酒店、民宿等生活场景培育，形成"我们的院子""守拙""竹上花楸""破土咖啡"等一批农商文旅体融合发展经营主体，打造"椒兰山房""竹上花楸"等高端精品民宿20余个。依托镇域特色重塑产业发展，"多彩大同""云上南宝""茶乡夹关""红色高何"等一批产镇融合发展初具形态。推进天府现代种业园区种子检测实验中心等7个项目建设，承办成都市首届大地艺术季，实现园区农田景观化打造；有序推进成都临邛文博创意产业示范区公共及基础设施配套建设等项目建设；完成邛崃市现代茶产业示范园区复评考核与晋升申报。

【农村金融服务改革】 加快推动农村信用体系构建，开展信用户、信用村、信用镇(街道)评定，全年评定信用镇7个、信用村(社区)58个、信用户59户、信用人1926人。完善农村金融服务平台及风险防控机制，用好"农贷通""天府信用通"等平台，截至2020年年底，"农贷通"平台累计注册用户2042户，发放贷款1455笔、13.25亿元，其中2020年新增发放贷款6.02亿元。

【农业标准生产体系建设】 依托邛茶、生猪、粮油、猕猴桃4个产业协会，推广"五统一"标准生产模式，制定生产规程14个(套)，建成规模化标准产业基地66.5万亩、养殖场66家，其中成都市级以上生猪标准化养殖场34家。建成高标准农田35.5万亩，主要农作物耕种收综合机械化水平达86.2%，农村土地适度规模经营比重达78.1%。

【乡村振兴】 推进140个乡村振兴项目实施，完成投资70亿元。新评定邛崃市级乡村振兴先进镇2个、示范村（社区）17个，其中社区2个；新评定成都市级乡村振兴先进镇1个、示范村（社区）9个，其中社区1个；新评定省级乡村振兴示范村3个。印发《邛崃市乡村振兴干部包村结对名单》。

【种植业】 全市粮食作物播种面积56.5万亩，增长0.71%；粮食总产量24.2万吨，增长1.68%；粮食单产达428.32千克，增长1.1%；50亩以上粮食规模化种植面积达19.43万亩，增长4.2%。油菜种植面积13.56万亩，增长8.9%；产量2.44万吨，增长9.2%。经济作物种植面积、产量保持稳定，蔬菜种植面积15.25万亩，产量31.59万吨；水果种植面积17.2万亩，产量17.58万吨；茶叶种植面积9.3万亩，干茶产量1.14万吨；中药材种植面积1.37万亩，产量约1.1万吨；食用菌种植面积约3500亩，总产量约7000吨。

【水产业】 全市渔业养殖面积2.57万亩，其中水域滩涂面积1.07万亩、稻渔综合种养面积1.5万亩；水产品总产量1.76万吨，总产值5.06亿元；建成特色水产养殖基地32家，创建省级水产养殖健康养殖示范场5家、国家级水产健康养殖示范场4家，先后获得"国家级稻渔综合种养示范区""第一批省级稻渔综合种养示范基地"等称号。

【农产品质量安全监管】 修订《邛崃市农业农村局农产品质量安全监测结果分析制度（试行）》《邛崃市农业农村局农产品质量安全问题约谈制度（试行）》《邛崃市农业农村局农产品质量安全检打联动办法（试行）》，召开监测结果分析会4次，约谈生产主体13家、监管主体6人。试行食用农产品合格证制度，与市市场监管局联合下发《邛崃市试行食用农产品合格证制度实施方案》，为全市50家规模生产主体配备食用农产品合格证打印机，为其他生产主体免费印发手写版食用农产品合格证5000余本，开具合格证218808张，附带合格证上市农产品44937.492吨。实行农产品质量安全追溯挂钩制度，制订《邛崃市农产品质量安全追溯与农业农村重大创建认定等工作挂钩的实施方案》，促进全市1300余家生产经营主体入驻成都市级以上追溯平台，在国家和省追溯平台上录入产品批次信息1万余条。建立邛崃农产品生产主体质量安全"重点监控名单"和"黑名单"制度，增强农产品生产主体自律意识。

【乡村治理】 推进乡村治理，和腾讯公司合作，利用"为村"信息平台创新实施全域"为村"工程，探索实践线上线下相结合的"为党建、为服务、为治理、为产业"的"两轨四为"工作模式，搭建数字乡村治理平台，不断创新完善乡村治理体系。推进"为党建"，加强党组织领导作用，搭建线上农民夜校、"微党校"，建立《党建之家》栏目；创新党员管理方式，通过线上"三会一课"活动室在线直播党内组织生活。开展"为服务"，畅通"书记信箱""村友圈"等干群沟通渠道，提升群众服务效能；实施"为治理"，拓展乡村治理路径，实施"为村+公共法律服务"，依托《法律援助》等功能栏目，加强治理保障；发展"为产业"，推动乡村产业振兴，整合邛崃文君酒、黑猪、黑茶等区域特色产品，发布"邛崃为村·特色农产品地图"，助力特色产品销售；搭建"为村智库"，培育新型职业农民，挖掘村庄历史沿革、文化名人等资源，打造村庄电子名片，助推文旅融合发展。

【美丽宜居乡村建设】 实施农村人居环境整治，累计完成农村户厕改造2.8万余户，《四川省邛崃市实施全域"为村"工程创新"两轨四为"工作模式推动数字乡村治理》被农业农村部刊载。推进种业小镇、茶悦小镇等4个特色镇建设。按照四川省、成都市"美丽四川·宜居乡村"达标村创建要求，细化分解"美丽四川·宜居乡村"达标村创建等重点任务，推动高埂街道火星村等246个"美丽四川·宜居乡村"达标村、文君街道文笔山村等70个"美丽蓉城·宜居乡村"示范村创建。

【农村生态建设及环境保护】 推进畜禽粪污肥料化和能源化利用，全市规模养殖场粪污处理设施配套率达100%，畜禽粪污综合利用率达92%以上；组织开展夏季秋季秸秆禁烧工作，细化完善秸秆禁烧网格化管理制度，农作物秸秆综合利用率达99.25%；开展农田"白色污染"整治，废旧农膜回收利用率达86.3%。全市农资经营单位共267家，农药包装废弃回收点、回收桶配备率达100%，农药废弃包装回收处理率达86%。结合城乡环境综合治理，对农村区域生活垃圾清扫保洁、清运等工作进行督查指导，配置农村区域保洁人员2400余人，农村保洁员行政村覆盖率达100%；90%以上的行政村（社区）生活垃圾得到治理，基本实现农村生活垃圾"日产日清"，农村生活垃圾无害化处理率达100%，农村地区工业危险废弃物无害化利用处置率达95%以上，垃圾收转运处置体系覆盖达100%。

【主要领导人】 市委书记：王乾；市人大常委会主任：刘忠；市长：王林；市政协主席：欧俊波；分管农业副市长：秦宁俊。

邛崃市编写组

崇州市

【基本情况】 2020年，全市辖6个街道9镇94个行政村78个社区，辖区面积1089平方千米。有常住人口735723人、户籍总户数245358户，总人口657925人，其中男性327588人、女性330337人，城镇人口288968人、乡村人口368957人。

2020年，全市GDP405.85亿元，增长5.8%，增幅分别高于全国（2.3%）、全省（3.8%）和全成都市（4.0%）3.5、2和1.8个百分点，位于郊区新城第2位，其中第一产业实现增加值50.23亿元，增长4.1%；第二产业实现增加值190.92亿元，增长7.6%；第三产业实现增加值164.7亿元，增长3.3%。农村居民年人均可支配收入达25747元，增长9%，城乡居民收入比缩小至1.61∶1。

【乡村振兴】 坚持农业农村优先发展，加快推进乡村价值统筹利用，入选全国乡村治理体系建设首批试点单位。"林业共营制"被中央改革办推广，土地经营权入股发展农业产业化经营"崇州经验"得到农业农村部肯定。引进帝亚吉欧威士忌主题酒店、亚洲礼爱等知名消费品牌；沉浸式动物园、法国地中海俱乐部、希尔顿温泉度假酒店等引领性项目启动建设；青城山国际颐养中心机构养老项目建成试运营；与途牛科技共同开展旅游目的地融合营销；打造宫保里、"归野民宿"等一批高品质消费场景。街子古镇、元通古镇、天府国际慢城、竹艺村4个国家4A级景区创建为国家全域旅游示范区。实施"米袋子""菜篮子"强基行动，优化农业产业结构，落实强农惠农政策，推动农业现代化发展。种植业生产平稳，全年粮食总产量18.5万吨，增长1.1%；蔬菜产量32.7万吨，增长3.3%。畜牧业生产稳步恢复，全年生猪出栏45.7万头，增长24.9%。

【乡村旅游品牌创建】 白头镇五星村创建为省级乡村旅游重点村和全国乡村旅游重点村；崇州市创建为第二批国家全域旅游示范区；余花龙门子、大雨村2个特色林盘创建为成都市3A级林盘景区。增加四川太一三丰太极拳俱乐部、耳隐禅意、鲜道·幸福里、一满田园、崇州天演博物馆等5个"新旅游·潮成都”主题旅游目的地，成都惠丰酒店被评为SL五花级商旅酒店。创建天府国际慢城、竹艺村2个国家4A级景区。

【公共文化阵地建设】 完成15个镇(街道)综合文化站(活动中心)成都级文化站点的评估定级。完成大划捷普社区、隆兴镇桤泉综合文化站2个成都市基层综合性文化服务中心示范点规划设计，建成成都市级基层综合性文化服务中心示范点36个。

【全民阅读活动和“一卡通”工程】 全市形成以市图书馆为总馆，26个文化站、图书室为分馆，近100个图书流通服务点为支点的公共阅读服务体系。通过线下、线上多种形式推广系列阅读活动，打造“书香崇州”，全年开展各类活动达60余场次，参与人数达1万余人次。完成图书馆自习室、少儿阅览室、洗手间等场馆改造升级。持续使用社保卡作为图书借阅证，即“一卡通”工程。

【“音乐之都”建设】 以“我们的节日”为主题，组织开展各类音乐艺术活动50余场。举办“2020成都国际友城青年音乐周崇州分会场”系列活动；在街子镇常态化开展街头艺人表演，分别举办2020成都·街子国际音乐季暨相约街子—古典森林音乐会、2020萨克斯管中国作品创作论坛、2020年第二届成都·街子萨克斯管艺术季等音乐品牌活动；坚持“共建共治共享”理念，在街子镇天顺村域内引导入驻街子专业文化社会组织参与社区特色文化建设，并以溪云书院公共文化空间为依托，建立1个街子音乐小镇康养产业社区示范点，为区域内新居民、老居民提供管家式公共文化服务，共同促进产业社区治理效能提升。

【探索实践“文化管家”向“文旅管家”转型升级】 通过文化挖掘、队伍培育、宣传教育、乡村旅游等服务活动的开展，推行“文化管家”公共文化服务模式，逐步实践“文化管家”向“文旅管家”转型。26个综合文化站(活动中心)由群众文体活动场所拓展为旅游咨询服务点、广播电视公共服务网点、新时代文明实践服务点，形成了公共文化空间、民宿文化院坝、政企共享社区、公共文化阅读空间等。

【全民健身】 实施“增花填绿项目”，为群众提供良好健身环境；为三江街道办、江源街道办、大划街道办等安装40余条全民健身路径。全年组织开展群众健身活动70余场、社区运动234场，“凡跑”百公里绿道挑战赛、绿道彩妆跑、绿道萤光夜跑、绿道亲子跑、赏花节健身跑、无根山越野赛等绿道健身活动参与群众达1000余人次。举办8月8日全民健身日啦啦操比赛暨全民健身大展示活动、游泳比赛等活动30余场。

【文化惠民活动】 以“成都文化四季风”为主题，组织开展“民俗闹春”“音乐消夏”“欢歌庆秋”“劲舞暖冬”等线上线下群众文化活动100余场；开展“线上书画展览”活动及“线上艺术普及”活动，网上参与活动人数达20万余人；开展2020成都市(崇州)走基层文化惠民活动演出40场；开展“崇州市市民文化艺术培训学校”书画作品巡展，举办展览11场。

【主要领导人】 市委书记：欧昭；市人大常委会主任：易孔盛；市长：尹念红；市政协主席：杨火清；分管农业副市长：郑文学。

崇州市编写组

简阳市

【基本情况】 2020年，全市辖21镇16个街道，辖区面积2213平方千米(含成都东部新区)，总人口150.3万人。有各类学校213所，在校学生114735人，教职工8095人，其中普通中学5所，在校学生1395人；小学67所，在校学生1201人；学龄儿童入学率100%。

【种植业】 全年小春粮食作物播种面积15.9万亩，减少2%，其中小麦1.89万亩、豆类12.11万亩、马铃薯1.9万亩；小春粮食产量2.43万吨，增长3%，其中小麦0.44万吨、豆类1.47万吨、马铃薯0.52万吨。全年粮食产量137.37万亩，产量45.7万吨。

【畜牧业】 全年生猪出栏63.25万头，山羊出栏451.15万只，禽兔出栏1005.85万只；禽蛋产量3万吨。全年实现畜牧业年产值52.9亿元，畜牧业产值占农林牧渔业总产值的比重达43.02%。建立生猪三级良种繁育体系，生猪良种面达93.85%，肉牛良种面达91.24%，山羊良种面达99%，禽兔良种面达97%。全年共创建成都市级标准化示范场8个，其中生猪标准化示范场4个、肉羊标准化示范场3个、放养鸡标准化示范场1个。建立畜产品质量安全追溯体系，规模化养殖企业生产记录档案建档率达100%，屠宰企业规范化管理率达100%，全市未发生重大畜禽养殖污染事件。

【水产业】 全市完成渔船退捕182艘(含成都市东部新区)、渔民337人，共发放禁捕退捕资金2547.8万元。发展高位池养殖30口、稻渔综合种养5000亩。完成水产品质量抽检217个，合格率达100%。新申报无公害基地1个。

【乡村振兴】 简阳市被中央农办、农业农村部表彰为全国农村土地承包确权登记颁证工作典型地区。

完善工作体系和乡村振兴投入机制。制发《2020年简阳市实施乡村振兴战略推进城乡融合发展行动计划》等指导性文件，完善乡村振兴战略内容框架体系和工作推动机制。健全财政支农稳定增长的机制体制，截至11月，市本级财政乡村振兴方面支出47.12亿元，占公共财政支出的比重为78.34%。健全农业金融融资体系，创新推出“助农贷”“助小贷”“抵押快贷”“云税贷”、房押、二次贷款等新型金融产品，推进农村金融服务综合改革试点和三站三中心“农贷通”平台建设，累计融资232笔2.62亿元，激发乡村发展活力。

推进乡村振兴连片发展示范区建设。持续推进6个乡村振兴连片发展示范区建设，加快形成示范亮点。示范区全年完成投资8.6亿元，新增产业基地1.8万亩，新(改)建村(组)道路24千米、乡村绿道10千米、生产便道50千米。策划将乡村振兴连片发展示范区提档升级为示范8个组团，共涉及9个镇(街道)32个村(社区)，规划面积192.28平方千米。

农村基础设施提升工程。对标全面建成小康社会，优化配置农村基础设施和公共服务，全年完成县、乡道建设190千米，村(组)道路建设656千米，全市建制村道路硬化率达100%，所有贫困村(组)道均实现硬化率100%。完成土坯房改造6154户；天然气通达村405个，通气率达78.03%。完成4个镇(街道)污水处理厂提升改造。农村“884工程”5年行动计划已有14个工程提前完成建设任务，工程总量已完成85%。

【扶贫攻坚】 实施22个镇(街道)级500亩以上规模的园区规划建设，打造231平方千米简阳市扶贫产业功能区，初步构建“11+22”现代农业园区体系；投入资金37.67万元，发展产业31.97万亩；培育新型农业经营主体，累计新增贫困村专合社294个、家庭农场130个。创新脱贫攻坚动态监测系统，对全市脱贫不稳定户、边缘易致贫户常态化开展监测预警。全市建档立卡贫困户家庭年人均纯收入达12670元，较2016年增长8812元，年均增长34.63%。

【“十大重点工程”建设】 实施全域乡村规划提升工程。启动《简阳市镇(街道)国土空间总体规划(2020—2035)》编制，结合最新行政区划调整情况，启动第一批施家镇、江源镇、云龙镇等12镇国土空间总体规划编制工作以及《简阳市城乡规划管理技术规定》和《简阳市农村风貌管控导则》编制工作，《平泉—禾丰城乡融合发展单元规划》编制工作基本完成。

实施特色镇（街区）建设工程。累计完成特色小镇投资5500万元，全面启动20个一般林盘规划设计，加快推进东溪百果小镇、小四川民俗小镇2个特色镇（街区）建设。

实施川西林盘修复保护工程。累计完成精品林盘投资6038.46万元、一般林盘投资600万元；完成平泉街道十里荷花长廊林盘等3个精品林盘的备案、立项工作，丙灵村林盘、月湾村林盘规划设计方案获得全球征集活动（专业组）优胜奖。

实施大地景观再造工程。推进三星镇土地综合整治与利用项目，已启动农民安置点建设工作。推进青龙镇白庙村、三星镇桐麻岭村、平泉街道群乐村等16个幸福美丽新村建设。完成9个城乡建设用地增减挂钩项目施工建设，节余土地指标1000余亩。

实施农村人居环境整治工程。全域推进农村人居环境“三大革命”，配置农村生活垃圾收集点3054个、收集站16座、转运车辆144辆，建成农村污水处理设施131处，完成农村户厕改造83302户。

实施农业品牌工程。聚焦“7+3”产业体系建设，统筹推进“11+22”现代农业园区建设，简州大耳羊现代农业园区创建成都市级星级园区，并被列入省级培育园区。全市新发展现代农业产业1.22万亩，建成高标准农田3.5万亩，农业规模经营率提升至60%。

实施乡村人才培育集聚工程。建立农民工工作站7个，回引农民工返乡下乡创业就业1.75万人。有意向性回引项目7个，其中鼎正优创、网易联合创新中心已落地建成。从农民工中选用村干部961人，其中党组织书记105人。

实施农民增收促进工程。组织开展招聘会18场，通过“简阳就业创业”微信公众号等精准推送就业岗位10800余个。发放农村自主创业农民创业担保贷款140.5万元、农民工小微企业创业担保贷款1300万元，创业吸纳就业220余人，农村居民人均可支配收入增长9%以上。

实施农村文化现代化建设工程。营造“新旅游·潮成都”主题旅游目的地4个，开展文明旅游活动5场、“三下乡”活动8场，新建健身路径60条，构建市、镇、村三级全民健身设施网络和城市社区“15分钟健身圈”。评选简阳市第七批市级非物质文化遗产代表性项目2个、第三批市级非物质文化遗产代表性传承人3人。

实施城乡社区发展治理工程。组织社会各界力量30余万人次抓好新冠肺炎疫情社区防控工作，做实村（社区）末端疫情防控。优化“诉源治理”、推行“1+3+N”专群联动模式，设立人民调解“百米服务调解圈”调节点1207个，“群众工作之家”实现全覆盖。丰富天府市民云简阳特色门户，新增简阳特色服务16项。

【“五项重点改革”】 深化农业供给侧结构性改革。按程序推动市级示范合作社和家庭农场评定工作，新评定成都市级示范农民合作社11家、省级7家，新增成都市级示范家庭农场6家、省级1家。累计创建“三品一标”农产品106个。

深化农村集体产权制度改革。利用产权改革工作成果，全面推广农村集体经济“四合一”改革，探索“3＋N”集体经济增收模式，实现平台搭建、业务运营、集体经济增长和集体经济人才“四个突破”，成立“四合一”集体经济组织636个，全市集体经济增长21.5%，集体经济年收入超过100万元的村（社区）增加至5个。

深化农村金融服务改革。开展“农贷通”“银政担”“战役贷”等金融支农业务，通过“农贷通”平台发放贷款198笔、总金额2.15亿元，发放“银政担”担保贷款34笔、总金额4697万元。全市共实现农村产权交易36宗，年交易总额达6.5亿元。

深化公共服务生产供给机制改革。简阳网易联合创新中心开展网上直播，升级改造大华国际和德盛2个物流配送中心，邮政、德盛及第三方物流公司在全市开通7条物流线路，面向镇（街道）、行政村全面延伸。引导电子商务平台企业开展农产品产销对接合作，全年销售农副产品1000余万元，解决了农副产品滞销问题。

深化农村行政管理体制改革。推动农村行政管理体制改革，全市22个镇（街道）的村（社区）数量由536个撤减为291个，撤减比例45.7%，所有涉改村（社区）已于6月挂牌运行。

【农村社会保障】 实施农村社会保障提升行动，继续在社保征缴、基金监管、服务能力提升等关键环节持续发力，提升保障能力。实施全民参保计划，成立工作领导小组，组建工作专班，统筹推进全民参保计划实施。制发《简阳市全民参保计划扩面专项行动实施方案》，召开专项行动工作会议，继续扩大城乡居民基本养老保险覆盖面，不断完善城乡居民社会养老制度，做到“应保尽保”。加强政策宣传，开展“送政策、送服务到群众”活动，运用互联网、手机短信、微信等媒介宣传城乡居民养老保险参保政策，编印“一户一册”政策宣传资料，针对未参保城乡居民上门开展针对性政策解读、宣传，提高政策知晓率和群众参保积极性。提升业务经办水平，加强城乡居民养老保险业务经办政策等业务学习培训，解决工作中出现的问题，提升经办人员业务水平。全市城乡居民养老保险参保人数46.53万人，参保率达95.21%。截至11月，全市镇（街道）养老服务总人数达5917人，其中基本养老服务人数达4608人；失能半失老年人护理补贴达1309人，服务金额共计642.6728万元。

实施就业社保精准扶贫行动。开展就业扶贫，制订《简阳市2020年就业扶贫实施方案》《简阳市脱贫攻坚就业帮扶挂牌督战工作实施方案》，组织召开简阳市2020年就业扶贫工作会，部署2020年工作。建立有外出务工意愿且无就业岗位的贫困劳动力台账，对228人采取动态销号式管理。通过网络招聘、现场招聘和人力资源机构职业介绍等方式搭建就业平台，提供职业介绍服务。拓展宣传渠道，印发就业扶贫政策宣传单3万余份，印制企业用工需求海报1500张，更新105个贫困村人力资源和社会保障政策宣传栏。做好有劳动能力贫困户岗位托底安置，已安置贫困村公益性岗位523人。开发专用安置贫困劳动力的临时性公益性岗位和短期公益性岗位1700余个，已安置1494人。

社保扶贫。加强社会保险托底帮扶，落实政府为缴费困难群众代缴养老保险费政策。结合全成参保计划，为建档立卡贫困人员、低保对象、特困人员等困难群体代缴全部最低标准养老保险费，为7246名未超龄低保和特困对象代缴城乡居民养老保险582.16万元，为4232名超龄建档立卡贫困人员代缴城乡居民养老保险6088.68万元。

实施农民工权益保障提升行动。加强源头管控，建立市政府负总责、30个市级部门及6家平台公司按职能治理欠薪的协同工作机制，按照“属地管理、谁主管谁负责”原则，层层压实责任、明确任务。完善农民工实名制管理、专用账户管理、工资保证金、“黑名单”惩戒以及欠薪预警等制度体系。加强日常监管，坚持定期走访、台账管理，开展农民工工资支付专项督查、根治欠薪专项行动，保障农民工合法权益，共检查用人单位243家，发出询问通知书30份，通报并限期责令整改8家，立案处理6件，涉及297人，涉及金额272.2万元，实现"两清零"的工作目标。加强维权力度，贯彻《保障农民工工资支付条例》，建立行刑衔接机制，将恶意拖欠工资的企业依法移交公安机关侦办。同时，整合法院、公安、司法等部门力量，到企业现场提供劳动争议调解、司法确认、法律援助等"一站式"服务，解决好拖欠工资问题。

实施基层公共服务提升行动。加强基层平台建设，在22个镇（街道）建立就业和社会保障综合服务中心，在村（社区）设立271个就业和社会保障服务站，村（社区）站点覆盖率达93%。配备经办设备和自助终端，落实业务经办人员，构建起完善的县、乡、村三级人社公共服务体系。规范简化办理流程，推广实施"互联网+社保"，深化"最多跑一次"改革，下延人社公共服务事项84项到镇（街道）、村（社区）服务平台办理，群众"足不出村"即可办理社保业务。加强业务培训，组织开展全市基层平台经办人员业务培训，全市325名业务经办人员参加培训。通过职工轮岗、举办业务集中培训、开展"练兵比武强技能"活动等多种方式加强队伍能力建设，提升业务经办能力，为群众提供优质、高效、便捷的服务。

【农产品质量安全监管】 将镇（街道）检测样品数、监管巡查频次、成都市监管平台统计数据以及信息报送情况作为年底目标考核的依据，全市监管巡查以及快检数据上传达6万余次。持续开展监管协管、快检技术、标准化技术等培训，累计培训2000余人次，发放各类宣传资料20000余份。以"三品一标"企业为突破口，加强食用农产品合格证制度推广，要求全市所有"三品一标"企业规范开具食用农产品合格证，为实现农产品质量溯源打下基础。

【劳务开发与返乡创业】 以促就业政策落实为重点，开展线上线下招聘活动。组织开展简阳市2020春季大型网络招聘会、"春风行动暨就业援助月"、"春风送暖 就业先行"等招聘会18场；通过"简阳就业创业"微信公众号等推送就业岗位10800余个。组织人力资源机构"送岗上门"，张贴招工海报1500张，开展职介服务3500余人次，达成就业意向1300余人。鼓励创业带动就业，共兑现返乡农民、建档立卡、贫困劳动力、农村户籍大学生创业补贴34人34万元。发放农村自主创业农民创业担保贷款140.5万元、农民工小微企业创业担保贷款1300万元，创业吸纳就业220余人，季节性用工带动周边3600余农户实现就业增收，在22个镇（街道）、社区建立"双创"服务平台109个。实施重点群体就业援助，做好就业困难人员认定工作，加大再就业帮扶力度，确保零就业家庭动态清零。开发公共卫生、消毒保洁、等临时公益性岗位830个，过渡性托底安置农民工和下岗失业人员360人。加强技能提升培训，摸清全市农民工技能水平和培训需求，组织专业机构开展定向、定岗、订单技能培训，提升农民工就业能力，全年共开展各类职业培训54期5453人次，发放培训补贴3813人次506.81万元，涉及中式烹调师、汽车维修工、焊工、计算机操作员等20余个专业。创先开展关心关爱农民工"风筝行动"，以"情系家乡、共谋发展"为主题，在北京、广州、昆明等地召开乡情恳谈会11场，宣传成都"东进"战略、家乡发展形势、返乡创业优惠政策和人才政策。建立农民工工作站7个，回引农民工返乡下乡创业就业1.75万人。有意向性回引项目7个，其中鼎正优创、网易联合创新中心已落地建成。

【主要领导人】 市委书记：詹庆；市人大常委会主任：钟世全；市长：罗开敏；市政协主席：李崇喜；分管农业副市长：罗胤。

简阳市编写组

金 堂 县

【基本情况】 2020年，全县辖16个镇（街道），辖区面积1155.62平方千米。

2020年，全县GDP468.9亿元。实现农业总产值101.5亿元，增长4.5%，其中第一产业增加值达66亿元，增长4.1%。农民年人均可支配收入达23153元，增加1848元，增长8.7%。主要农产品产量见表1。

表1 2020年金堂县主要农产品产量

主要农产品	单位	产量	同比(%)
粮食	万吨	26.2	0.1
油菜籽	万吨	4.7	4.4
蔬菜	万吨	93.5	1.6
水果	万吨	25.5	2.3
肉类	万吨	5.8	4.4
猪肉	万吨	3.4	1.7
牛（羊）肉	万吨	0.5	3.6
禽肉	万吨	1.4	3.2
禽蛋	万吨	3.1	4.7
水产品	万吨	1.7	5.3
牛奶	万吨	1.3	14.7

【品牌创建】 组织金堂羊肚菌、油橄榄、柑橘等特色农产品参加福建、广州、深圳、重庆等展会、展销周及品牌宣传推广10余场次。开展"游绿道公园·品时令佳果"等品牌宣传推广活动20余场次；擦亮金堂县农村电商"金字招牌"，促进农村电商上下联动，全年农村电商重点在"创品牌、强基础、树典型"等方面持续发力，实现农村电商销售额5.96亿元，增长12.5%。

【种植业】 抓好现代农业园区建设，加快构建"一镇一园区、多镇一园区"现代农业园区格局，全年新建金堂县种养循环现代农业园区等县级现代农业园区6个，金堂县食用菌现代农业园区通过市级现代农业园区复查考评，金堂县柑橘现代农业园区、鑫瑞现代农业园区分别创建市级四星级和三星级现代农业园区。全年粮食作物播种面积73.99万亩，增长0.85%；总产量26.38万吨，增长0.61%。蔬菜产量93.53万吨，增长1.61%。水果产量25.51万吨，增长2.28%。

【林产业】 发展油橄榄和森林康养产业，注重核桃和花卉苗木品种优化，确保产业存量。全年新栽植油橄榄1.38万亩，全县油橄榄种植面积达7.73万亩，挂果面积3万亩，产鲜果9152吨，榨油832.84吨；通过整合实施植被恢复、竹林风景线建设、产业园区建设、森林康养基地提升等项目，开发以主题观光、康养运动、油橄榄文化体验、乡村旅游、非遗体验等为主的"金"字品牌特色康养产品，全县建成全国森林康养试点建设单位2个，省级森林康养基地（自然教育基地）6个，省、市级森林人家6个，市级竹林人家1个，全县林业生态旅游产值达3.93亿元。

【畜牧业】 开展畜禽粪污资源化利用整县推进项目，创建省、市级畜禽标准化示范养殖场5个。发展绿色循环经济，新建标准化种养循环点93个、循环面积14000亩。全年出栏生猪47.25万头、肉牛1.57万头、肉羊18.84万只、家禽823.22万只、兔376.01万只，分别增长4.32%、6.11%、8.09%、3.94%、29.03%；肉类总产量5.8万吨，增长4.39%；禽蛋总产量3.11万吨，增长4.66%；牛奶产量1.29万吨，增长14.72%。

【水产业】 全县淡水养殖面积22800亩，其中池塘养殖面积19905亩、水库生态养殖面积2895亩；全年水产品总产量16841吨，实现渔业总产值3.47亿元。贯彻落实中央、省、市长江流域重点水域“十年禁捕”精神，8月28日，全县11艘合法捕捞渔船提前完成退捕任务，渔民退捕上岸，并建立“十年禁捕”考核机制、退捕渔民安置保障机制、联动协作执法机制、风险防控和应急处置机制、退捕效果评估机制，确保“十年禁捕”落实。

【乡村振兴】 制订《金堂县2020年农村人居环境整治攻坚行动实施方案》，统筹推进农村垃圾、污水、厕所“三大革命”，全县农村生活垃圾无害化处理率达100%；完成农村户厕改造71817户，完成率达100%；建成72个微污站，农村人居环境整治三年行动工作通过各级考核验收。制订《金堂县特色镇（街区）建设和川西林盘保护修复2020年行动计划》，推进淮口橄榄小镇、五凤山江小镇、竹篙菌乡小镇3个特色镇建设，持续实施竹篙花熳天下林盘等15个林盘保护修护。完成“1+6”（橄榄小镇和6个精品林盘）项目建设，橄榄小镇和花熳天下林盘规划提升方案在成都市首批特色小镇和川西林盘规划设计全球征集活动中分别获得一、二等奖。印发《金堂县竹林风景线建设实施方案（2020—2025年）》，启动近20千米竹林风景线、3处竹林景观建设。开展县级乡村振兴考评激励工作，开展“最美雅居庭院”“最美靓妆楼台”“最美小区院落”等系列评选，三溪镇、五凤镇等5个镇被评为县级乡村振兴先进镇，竹篙镇金简河村等32个村（社区）被评为县级乡村振兴示范村（社区）。金堂县获得全国新型城镇化建设示范县、全国电商进农村综合示范县、中国体育旅游十佳目的地、全市农村改革先进县、全市乡村振兴先进县等多项称号；被农业农村部办公厅评为全国第五批率先基本实现主要农作物生产全程机械化示范县，被市委办公厅、市政府办公厅评为2019年度全市农村改革工作先进县（市、区），被市政府评为国家农产品安全市（县），被农业农村部兽医局评为2019—2020年度畜牧业统计监测工作综合考评优秀生产监测县，被认定为成都市金堂县金堂羊肚菌四川省特色农产品优势区，被农业农村厅通报为绿色植保示范县，被国家统计局四川调查总队评为2020年生猪调出大县监测调查工作先进县（市、区）。金堂县四川玉皇养生谷农业主题公园被农业农村厅认定为四川省第二批省级示范农业主题公园；玉皇山谷菊花观花基地、花熳天下、宝塔山樱花公园、玉皇养生谷在市广播电视台承办的成都市第三届乡村振兴“十大案例”评选活动中获评“十大最美观花公园”。

【农村改革】 深化农村集体产权制度改革，推进村级集体经济组织调整改革，制订《金堂县村级集体经济组织调整改革专项工作方案》，完成66个村级集体经济组织改革和173个村级集体经济组织登记赋码。运用产权制度改革成果，以农村集体经营性资产和资源为抓手，探索推进闲置资产、资源盘活利用新方式，涌现出又新镇祝新村、淮口镇龚家村等一批经济收入较强的新型集体经济组织；深化农村金融服务综合改革，完成500万元农村产权交易风险基金建立，依托“农贷通”平台，提升农村金融服务能力，截至2020年年底，通过平台申请贷款2195笔金额30.94亿元，放款1617笔金额23.59亿元。深化城乡融合发展综合配套改革试点，以破解城乡要素流动障碍、提升乡村治理能力为导向，重点聚焦乡村振兴重点领域、关键环节，建立健全推动乡村振兴政策体系，探索形成推动农村人才、土地、资金、产业良性循环体制机制，着力构建双向融合、互促互补、共同繁荣的新型城乡关系，城乡融合发展综合改革取得成效，《以改革为突破特色小镇建设为依托全力打造乡村振兴新示范》等经验亮点在农业农村部官网刊发，《金堂县以产业功能区建设引领城乡融合发展》在《成都改革》刊发。

【扶贫开发】 通过发展产业、改善基础设施，截至2020年年底，4个经济薄弱村农民人均可支配收入达17405元，增加3323元，增幅达23.6%；49户产业帮扶户可支配纯收入达17009元，增加3084元，增幅达22.15%；296户相对困难户可支配纯收入达17309元，增加2853元，增幅达23.6%。4个经济薄弱村、49户产业帮扶户和296户相对困难户人均可支配收入均超过全县同期水平的70%（16256元），完成目标任务。

【乡村旅游】 持续举办各类节会活动，因地制宜“分区分类”发展乡村旅游，指导乡（镇）举办第二届乡村旅游季“摘桃品李”活动、伏季水果采摘节、“云游资水·合美乡村”2020资水河畔第三届农民丰收节活动等乡村旅游节庆活动10余次。推出金堂县四季休闲旅游“一日游”“二日游”精品旅游线路5条，休闲农业与乡村旅游精品点位8个，“五一”、国庆等节假日乡村旅游精品攻略4篇。标上企业全年完成文创产业增加值132.1万元。全县接待游客848.41万人次，实现旅游收入50.9亿元，其中接待乡村旅游游客631.98万人次，实现乡村旅游收入37.04亿元。完成产业强镇项目建设，竹篙镇成为宜业宜居宜游的农业产业强镇。

【农业设施提升】 推进农业机械化，主要农作物机耕面积66.56万亩、机播面积32.5万亩、机收面积38.65万亩、全县主要农作物综合机械化水平达71.4%。落实农机购置补贴政策，全年推广补贴农机具126台（套），落实补贴资金82.5万元。将高标准农田建设作为改善农业生产条件、提高耕地产出能力、增强农业发展后劲的重要抓手，实施“藏粮于地，藏粮于技”战略，推动农田及高效节水灌溉项目建设，建成竹篙镇、淮口街道、官仓街道等镇（街道）高标准农田2.3万亩（其中高效节水灌溉6000亩），采取“田网”“渠网”“路网”“灌溉网”等措施，提高项目区农田抗灾减灾、农田排灌和农机作业能力。

【涉农招商引资】 聚焦提升涉农项目政策效果和专项资金使用效益，科学总结涉农项目推进中的成效和措施，补齐项目前期、中期、后期运行程序短板，健全完善项目管理运行机制，加强财政支农项目精细化管理。规范管理财政支农在建项目159个，涉及资金5.5亿元。推进全县104个乡村振兴项目建设，促进牧原集团100万头生猪产业、聚峰谷农村产业融合发展项目园2个重大项目建设。新引进项目60个，计划总投资77.27亿元，完成农业固定资产投资22.3亿元。

【农村生态建设及环境保护】 完成沱江流域水污染防治专项督察反馈问题。实施“畜禽—有机肥—种植”循环发展，畜禽养殖粪污综合利用率达95.23%，规模化养殖场粪污设施配套率达100%。全县秸秆理论资源量30.15万吨，秸秆可收集资源量26.82万吨，秸秆收集资源量26.3万吨，全年秸秆综合利用率达98.06%。完成86个养殖场、3个农业种植园区和1家沼液收运企业的粪污收集处理设施配备，90个项目全部完工，完工率达100%。完成土壤环境质量类别划定，完成耕地质量

88个新增调查点取土化验，完成长期定位监测点运行和新建点布点。开展粮食烘干企业清洁能源改造后期督查工作，防止反弹。全年绿色防控率达75%，农药有效利用率达45%；实现农药使用负增长农药化肥用量减少3%以上，利用率达40%以上。

【农产品质量安全监管】 实施品牌建设，"金堂橄榄油"获得国家农产品地理标志证明商标；"金堂葡萄""金堂黑山羊"入选2020年全国名特优新农产品名录。实施标准化生产，新增有机、绿色食品和无公害农产品认证32个。加强农产品质量安全监管，通过四川省农产品质量安全监管示范县资格复审、国家农产品质量安全县（市）交叉检查。实施信息化监管，616家农产品生产经营主体入驻、使用国家农产品质量安全追溯平台，全年开具食用农产品合格证37.9万张。监管、检测体系有效运转，全年监管农产品生产基地9809次；快检农产品77351批次，合格率达99.9%；定量检测农产品1535批次，合格率达99.8%；国家、省、市对金堂县例行农产品监测抽样检测合格率达99.1%。加强农产品质量安全执法，执法监督抽样农产品、农资产品588个；查处农业案件36件，其中动物卫生类违法案件23件，立案查处结案率达100%。

【主要领导人】 县委书记：钟静远；县人大常委会主任：龚亚明；县长：古建桥；县政协主席：尹贤鹏；分管农业副县长：唐毅。

金堂县编写组

大 邑 县

【基本情况】 2020年，全县辖8镇3个街道，辖区面积1284平方千米。年末总人口50.68万人（户籍人口），减少0.5%；人口出生率6.95‰；人口自然增长率-0.62‰。

2020年，全县GDP300.67亿元，增长4.2%，其中第一产业增加值47.62亿元，增长6%，农、林、牧、渔及农林牧渔服务业之比为15.8%；第二产业增加值116.05亿元，增长4.5%（工业产值95.35亿元，增长6.1%）；第三产业增加值136.99亿元，增长3.1%。三次产业对经济增长的贡献率分别为6%、4.5%和3.1%。从业人员24.86万人。劳务输出14.76万人。全年接待游客1568.07万人，实现旅游收入76.39亿元，其中乡村旅游收入6亿元。

公路通车里程1640.14千米（其中乡村公路1241.5千米），密度1.28千米/平方千米，32.36千米/万人。社会消费品零售总额84.1亿元，减少2.2%。地方公共财政预算总收入完成47.29亿元，减少9.2%；公共财政预算总支出5.95亿元，增长5.3%，其中农业投入48660万元，占支出的7.9%。金融机构各项存款余额403.25亿元；各项贷款余额199.64亿元，其中支持农业产业化发展项目贷款11万元。全县农业保险总金额4554.95万元。完成农业产业化项目15个，完成投资13亿元。农业产业化龙头企业省级、市级分别为6家、14家。

有各类学校40所，在校学生46363人，教职工3391人，其中普通中学20所，在校学生18057人；小学17所，在校学生25008人；学龄儿童入学率100%。有文化馆1个，公共图书馆1个。有卫生机构443个，病床位4693张，卫生技术人员3538人。城乡居民养老保险参保人数21.03万人，城乡居民基本医疗保险参保人数34.52万人。

【年度农业和农村经济运行】 2020年，全县水产品产量9610吨，实现产值2.6亿元。举办"天府春耕节""天府丰收节"等农业节庆活动，加大农耕文化传承影响。农业签约项目8个，协议总投资47.14亿元。主要农产品产量见表1。

新型农业经营主体培育。全县新增合作社8家，总数达1065家。全县新增家庭农场78家，总数达623家。新创建省级示范农场1家、县级示范农场2家。全县有国家级示范合作社1家、省级示范合作社1家、市级示范合作社3家、县级示范合作社2家，省级示范农场8家、市级示范农场6家、县级示范农场14家。新培育高素质农民358人，累计培育2544人；新培育职业经理人200人，累计培育1787人。新增成都六汇鑫邦农业科技有限公司、成都万良菌业开发有限公司2家农业产业化省级重点龙头企业，新增成都慧康农业开发有限公司为农业产业化市级重点龙头企业，全县农业产业化市级以上（含市级）重点龙头企业达20家，其中省级6家、市级14家。

农村集体经营管理。全面开展集体资产清产核资股份量化工作，全县农村集体资产清产核资数据全部录入全国清产核资系统。推进集体资产股份合作制改革，制订股份量化方案，完成清产核资和股份量化。128个村（涉农社区）组建股份经济合作联合社，完成登记赋码颁证。加强"三资"信息化监管平台常态化管理。开展村干部任期经责审计。

农用地产权制度改革。制定《大邑县关于进一步规范农村土地经营权流转的通知》，采取多种渠道、多种方式广泛宣传，加强承包土地管理，提高基层干部依法办事和农户依法维权意识。加强农村土地承包经营权登记管理，严格按照提出申请、核查受理、审核登记程序规范开展登记工作。加强农村土地承包经营档案管理，指导镇、村组集体经济组织做好土地承包合同和承包台账管理。加强农村经营管理综合业务系统建设，加强系统推广和应用，做好土地承包经营权、土地经营权等农村产权数据信息和土地流转相关数据录入工作。

农产品品牌战略实施。以"大流通"理念和"互联网思维"为切入点，以开展电子商务为抓手推动农产品品牌培育发展。全县"三品一标"认证产品数量92个，其中无公害农产品26个、绿色食品9个、有机转换产品26

表1　2020年大邑县主要农产品产量

主要农产品	单位	产量	同比(%)
粮食	万吨	16.15	3
水稻	万吨	9.67	2
小麦	万吨	3.43	4
马铃薯	万吨	0.257	18
油菜籽	万吨	0.87	21
蔬菜	万吨	22.63	3.3
水果	万吨	3.62	6.5
肉类	万吨	4.69	9.3
猪肉	万吨	2.93	—
牛肉	万吨	0.03	—
羊肉	万吨	0.031	—
禽肉	万吨	1.5	—
兔肉	万吨	0.21	—
禽蛋	万吨	2.5	0.4
水产品	万吨	0.916	-0.8

个、有机产品18个、地理标志产品10个、地理标志证明商标3个。扩大"西岭绿源"农业公共品牌的品牌影响力，通过"邑方良品"电商平台加强农产品品牌线上线下的推广力度，"西岭绿源"授权使用主体12家，带动农户10000户，年销售额1.8亿元；"邑方良品"平台入驻商家160余家，平台交易总额150万余元，举办实际操作培训会28次、300余人次。

现代农业园区建设。实施以县级为基础、市级为示范，省级、国家级为引领的"四级联创"，建成县级农业园区3个、市级星级现代农业园区2个，1个现代农业产业园被列入省级培育，加快构建国家级、省级、市级、县级四级现代农业园区体系。

【种植业】 全县农作物播种面积60.93万亩，其中粮食作物播作面积37.81万亩、经济作物23.11万亩；实现种植业总产值28.42亿元、增加值19.84亿元，分别增长1%和1.1%，其中粮食产值5.28亿元、油菜产值0.63亿元、蔬菜食用菌等产值15.96亿元、水果和坚果等产值6.83亿元、中药材产值0.37亿元。

【乡村振兴】 编制出台《关于印发〈2020年大邑县实施乡村振兴战略推进城乡融合发展行动计划〉的通知》《关于印发〈落实县委农村工作会议和2020年行动计划部署重点工作任务责任分工〉的通知》。制定乡村振兴考评激励机制，新福村、祥和村获评2019年度四川省实施乡村振兴战略推进城乡融合发展示范村，分别获得考评激励补助资金（省级）60万元，2个村分别同时启动实施补助资金建设项目。安仁镇获评2019年度成都市实施乡村振兴战略推进城乡融合发展先进镇，获得考评激励补助资金200万元；庙湾村、蒲墩村、七一村、桐林村、新福村、祥和村、分水社区、兰田社区获评2019年度成都市实施乡村振兴战略推进城乡融合发展示范村。庙湾村、七一村等8个村（社区）分别各获得考评激励补助资金（市级）50万元，共计获得市级考评激励资金600万元。安仁镇和8个村（社区）分别启动实施补助资金建设项目。启动实施2020年度成都市实施乡村振兴战略推进城乡融合发展先进县、示范村（社区）创建，大邑县参加2020年度成都市实施乡村振兴战略推进城乡融合发展先进县创建，新场镇、王泗镇、出江镇参加2020年度成都市实施乡村振兴战略推进城乡融合发展先进镇创建，黄土村、梓檀村、尚河村等11个村（社区）参加创建2020年度成都市实施乡村振兴战略推进城乡融合发展示范村（社区）创建。启动实施2020年度四川省实施乡村振兴战略推进城乡融合发展示范村创建，王泗镇庙湾村、七一村，安仁镇蒲墩村参加2020年度四川省实施乡村振兴战略推进城乡融合发展示范村创建。

【扶贫开发】 通过帮扶增收，由县扶贫开发领导小组负责，县扶贫办牵头，组织县农业农村局等10个部门（单位）组成县级验收工作组进行验收，全县有28户78人产业帮扶户家庭人均可支配收入为2.21万元，达到全县同期水平的85.39%，超额完成市定目标，圆满完成高标准扶贫开发巩固提升工作。

【乡村旅游】 依托乡村资源，发掘都市现代农业新功能新价值，推进农业与生态旅游、科普教育、健康养生、文化传承等"农业+"多业态融合，加快建设稻乡渔歌、南岸美村等精品项目，提升润地农业、向阳花等5个科普教育基地，加强天府花溪谷、锦绣安仁等乡村旅游网红亮点推介，加快乡村休闲旅游全面复苏。在疫情防控背景下，全年乡村旅游接待300万余人次，乡村旅游综合收入6亿余元。

【高标准农田建设】 依托成都市"菜篮子""米袋子"强基行动方案，谋划一批"集中连片""旱涝保收"的高标准农田建设项目。依托高标准农田建设项目营造"茂林修竹、美田弥望"乡村公园场景，打造"成温邛"片区粮油产业核心示范带，提升"成温邛高速""成温邛快速""成蒲铁路""天新大快速路"等重要交通沿线大地景观，高标准农田建设重点向"两区"倾斜。以灌区或流域为单元划分依据，坚持集中连片、整村整乡推进的统一布局理念，2020年度项目区位于安仁镇和沙渠街道，属于永济堰灌区，将项目区划分为1个片区，位于在建的"天新大快速路"两侧，集中连片，建设高标准农田1.7万亩，投入资金5100万元。

【农业机械化】 全县农机化总投入3577万元，其中各级财政投入2907万元。全县农机总动力达26.5141万千瓦。全县有农机化作业服务组织24个、200人，全年培训农机驾驶操作人员共1100人次。全县农作物耕种收综合机械化水平达88.89%。整合各类涉农项目资金，建设机耕道路32.4千米。

【农业培训】 全县培育高素质农民358人，其中省级调训2人、农业产业领军人才2人、2019年度现代青年农场主孵化培训3人（纳入新型经营主体类别）、农业经理人2人；市级调训农业职业经理人8人、高素质农民培育341人。

【农村科技】 建设农业大数据平台。以"政府引导、企业主体、市场运作"建设模式，搭建"大邑数字农业监管平台""润地吉时雨数字农业服务平台"，建立信息管控、教育培训、农资集配、农机调配、金融保险、应用展示"六中心"的数字农业服务中心，创新构建"平台+中心+农场"的应用模式。在生产环节、运营环节、融资环节和监管环节上，创新构建四大应用场景，实现"政企农社"多方共赢格局，形成可复制可推广成果，已在成德眉资、湖北武汉、吉林延边、河南商丘等地实现落地转化。

农业技术推广。全县建成粮油绿色高质高效生产示范片3个，其中在安仁镇、王泗镇、沙渠街道建成水稻全程机械化生产核心示范片各1个，在安仁镇建成水稻机插秧侧根深施肥技术示范片1个，在安仁镇建成"天府菜油"示范基地1个。进行新技术示范展示，主要实施水稻、小麦、油菜3类作为全程机械化生产技术展示、水稻机插秧测根深施肥技术展示、小麦免耕浅旋条播生产技术展示。小麦、油菜秸秆粉碎还田综合利用，推广机插秧面积180000余亩。全面推广葡萄设施栽培，实现葡萄设施栽培面积9000余亩。

全县推广良种24个。全年推广土肥技术5项，即继续推广测土配方施肥技术、水稻侧根深施肥技术、耕地保护与质量提升技术、菜粮高标准农田建设项目、增施有机肥技术、水肥一体化技术、无人机施穗肥技术。对全县主要粮油作物主要病虫、鼠害进行预测预报，测报准确率达95%上。全年通过《大邑植保》、农技特刊等形式印发病、虫、草、鼠害防治技术信息12期。开展草地贪夜蛾监测预警应急防控，购置和安装高空测报灯2台、性诱诱捕器100套；设置柑橘木虱和柑橘黄龙病调查点20个，定期监测检查发生情况，对染疫柑橘桩头及时进行全面彻底清理、砍除销毁。在全县范围内的水稻制繁种基地设置20个点重点开展稻水象甲监测调查，未发现稻水象甲；在全县范围内的西瓜种植基地设置20个点位进行黄瓜绿斑驳花叶病毒调查，未发现黄瓜绿斑驳花叶病毒。示范区主要推广灯光诱杀、害虫性诱、免疫诱抗、色板诱杀等绿色防控关键技术替代化学农药防治，减少农药使用量，提高农产品质量。推广使用高效施肥器械，提高肥效利用率。大面积推广使用无人机飞防技术。主要推广的新技术有肉牛短期育肥技术、肉牛青储饲料饲喂技术；麻羊舍饲技术、全价草粉颗粒饲料养殖技术、高床养殖技术、麻羊人工授精技术、补饲精料技术；猪低精量输精技术、人工授精技术、仔猪高床保育技术、早期补饲技术、早期断奶技术、仔猪补铁技术、全程育肥技术、自动喂料和饮水技术、自动刮粪技术；蛋鸡集约化养殖技术、人工断喙技术、多层养殖技术、自动饲喂和饮水技术、自动刮粪技术、自动捡蛋技术；肉鸡林下放养技术、高床养殖技术；肉鸭高床养殖技术、高密度舍饲技术；肉兔全价草粉颗粒饲料饲喂技术、短期育肥技术、人工授精技术、早期断奶技术、仔兔补饲技术。深化校地合作，与川农大、市农林科学院等科研院所协同推广农业重大技术项目。发挥大邑智慧农业产业园公共平台功能，先后与国家农业信息工程中心、中国农业科学院、京东数字农业等12家科研院所和企业签订战略合作协议。

【农村卫生】 实施“垃圾革命”，健全户分类、村收集、镇（街道）运输、县处理的农村垃圾处理体系，全县行政村（社区）生活垃圾100%得到有效处理。实施“污水革命”，梯次推进农村生活污水治理。实施“厕所革命”，推进20个农村“厕所革命”示范村建设，带动全县新（改）建户厕1.53万户，卫生厕所普及率达95.4%。全县全域创建为“美丽四川·宜居乡村”达标村，建成“美丽蓉城·宜居乡村”示范村15个。

【农村生态建设及环境保护】 加强养殖面源污染治理，将120余家规模化养殖场纳入农业农村部直报直联系统进行监管。投入资金约8000余万元对33家规模化养殖场实施标准化提升改造，创建省级标准化示范场11家；新建区域性粪污集中处理中心1处，培育有机肥生产企业2家。培育畜禽粪污异地循环利用实施主体4个，参与畜禽粪污异地转运的车辆共计15台，均安装GPS由专人负责监管。全县规模化养殖场粪污治理设施装配配套率达100%，畜禽粪污综合利用率达98.5%。做好种植业面源污染防治，开展农作物病虫害绿色防控、统防统治，推广低毒、低残留农药使用补助试点，引导和鼓励农业生产者及时回收处理农业废弃包装物和农膜，探索建立市场化的农业废旧农膜和肥料包装物回收处理体系，基本实现废旧农膜和肥料包装物回收利用或无害化处理。开展测土配方施肥，制定小麦、油菜、玉米、水稻等作物4个施肥配方，推广测土配方施肥技术50万余亩，测土配方施肥技术覆盖率达93%以上。推进施肥方式转变，加大侧根深施肥技术示范推广，全县核心示范推广面积达3000亩；在水稻生产上示范穗肥施用5000亩，同时依托川农大，利用无人机在水稻小麦上进行根外追肥3000亩。

【农产品质量安全监管】 推进四川省农产品质量安全监管示范县和国家农产品质量安全县建设，开展蔬菜农药残留检测、农资打假、生猪屠宰、“三鱼两药”、非法使用“瘦肉精”、试行食用农产品合格证管理、“三品一标”认证和证后监管等专项工作，参与国家食品安全示范城市创建。7月，被成都市政府评为“国家农产品质量安全市”。

【农村市场体系建设】 农村金融。为助力农业生产经营主体复工复产、稳产满产，缓解资金困难，推动现代农业“10+3”产业体系建设，推行“战疫贷”“蓉易贷”“农贷通”平台贷款贴息等金融综合服务，为农业经营主体缓解“融资难、融资贵”瓶颈难题。

农业保险。开展小麦、水稻、玉米、油菜、马铃薯、育肥猪、能繁母猪、生猪价格指数、有机农业、猕猴桃、水果、森林、水产、小家禽、食用菌、农村居民住房、蔬菜、蔬菜价格指数、农民工意外伤害保险19个品种农业保险，农险不同，中央、省、市、县级财政和农户承担比例不同，19个农业保险品种总计保险4554.95万元，其中县级配套资金940.87万元。

【主要领导人】 县委书记：李燎（11月止），连华（11月始）；县人大常委会主任：马良清；县长：连华（11月止），陈大用（12月始）；县政协主席：张昌勇；分管农业副县长：李建康。

大邑县编写组

蒲 江 县

【基本情况】 2020年，全县辖2个街道6镇，辖区面积583平方千米，总人口28万人。森林覆盖率66.89%。

【年度农业和农村经济运行】 2020年，全县实现农业增加值25.09亿元，增长2.3%。农村居民年人均可支配收入达25805元，增长8.5%，城乡居民收入比缩小为1.51∶1。

农业产业化发展。全年新增培育县级示范家庭农场8家、市级示范家庭农场6家、省级示范家庭农场2家；新增培育县级示范农民合作社5家、市级示范农民合作社1家、省级示范农民合作社1家。全县工商注册登记的农民合作组织523家；各级示范农民合作社30家，其中国家级示范农民合作社1家、省级示范农民合作社17家、市级示范农民合作社7家、县级示范农民合作社5家。全县市级以上农业产业化重点龙头企业21家，其中国家级龙头企业2家、省级8家、市级11家。四川好好吃食品有限公司、成都永安制药有限公司等10家龙头企业全年实现销售总收入5000万元以上。

土地承包合同与土地流转管理。建立健全农村土地承包经营权变更登记的常态化管理机制，健全农村产权登记管理服务体系，推进农村产权登记的常态化、信息化管理，探索推进农村土地承包经营权抵押融资。全年变更登记399例，应变更率达100%。

土地规模经营。全县农业适度规模经营耕地面积达232172亩，按流转形式划分为出租105216亩、托管17210亩、园区带动146491亩。累计办理农村土地经营权证116宗，面积达18371亩；累计办理农村经营权抵押贷款31宗，抵押金额1.03亿元。

【乡村振兴】 印发《蒲江县实施乡村振兴战略2020年目标任务分解方案》，明确58项年度目标，培育省、市、县级乡村振兴示范创建单位14个，其中成佳镇麟凤村等3个村获评“2020年度四川省实施乡村振兴战略示范村”，成佳镇获评“2020年度成都市实施乡村振兴战略推进城乡融合发展先进镇”，成佳镇麟凤村等9个村（社区）获评“2020年度成都市实施乡村振兴战略推进城乡融合发展示范村（社区）”。全面完成农村人居环境整治三年行动，相关做法被《三农要情》刊发，农村厕所粪污处理及资源化利用模式被列为“全国十大典型范例”。加强党建引领，推进“党建引领高质量发展23条”，被四川农村日报社列为“乡村振兴调研基地”，被省社会科学院列为“农业硕士教学实践基地”。

【农村综合改革】 农村集体产权制度改革。以集体经济组织调整改革为契机，在利用2011年集体经济组织股份量化工作成果和2015—2019年集体资产股份化改革试点工作成果的基础上，100%的村级集体经济组织全面完成农村集体产权制度改革，95个村级集体经济组织共确认集体经济组织成员75931户207092人，量化集体资产207092股。

农村土地制度改革。全县共腾退20宗闲置宅基地，涉及腾退宗地面积12.1亩，腾退金额677.67万元；共20宗集体经营性建设用地挂牌交易，涉及交易宗地面积约14.25亩，交易金额686.66万元。

农村金融综合服务改革。“农贷通”平台建设完成县级平台、乡（镇、街道）“三中心合一”、村（社区）“三站合一”平台搭建和站点设施设备购买，累计采集新型经营主体信息505条、农业大户信息16323条，发布村务信

全面建设社会主义现代化四川

聚焦

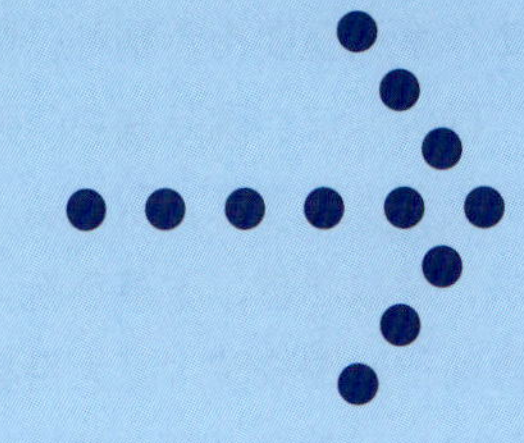

用镜头记录四川擦亮农业金字招牌、由农业大省向农业强省跨越的发展历程。

四川省农业科学院

省委书记彭清华（左三）到省农业科学院调研并主持召开座谈会

副省长尧斯丹（中）、省政府副秘书长李君臣（右四）出席四川乡村振兴产业技术海南研究院揭牌仪式

2021年是中国共产党成立100周年，是“十四五”开局之年，也是全面建设社会主义现代化国家新征程开启之年，在省委、省政府坚强领导下，省农业科学院坚持以习近平新时代中国特色社会主义思想为指导，深入学习贯彻党的十九大和十九届历次全会以及省委十一届历次全会精神，全面贯彻落实习近平总书记对四川工作系列重要指示精神，坚决落实省委、省政府决策部署，聚焦“国内一流、国际知名”强院建设，准确把握新发展阶段，全面贯彻新发展理念，积极融入新发展格局，坚决落实高质量发展要求，解放思想、改革创新，以史为鉴、面向未来，埋头苦干、奋勇前行，围绕院“三大目标”和“五个四”发展思路，扎实开展党史学习教育，深入推进对标管理，着力抓好人才培养和创新转化，强化条件平台建设，真抓实干求实效，全院各项事业发展取得新成效。

着力制度建设，推进管理创新。出台《关于学习贯彻习近平总书记重要指示和省委十一届九次全会精神 加快农业关键核心技术攻关的决定》《关于贯彻落实彭清华书记到省农林畜草科研院所调研座谈重要讲话精神的决定》，制定《四川省农业科学院学术活动管理办法（试行）》，改革院重大专项组织实施方式，实施种源“1+3”关键核心技术攻关项目，将国家自然科学基金申报工作纳入年度科技创新绩效考核目标。

坚持目标导向，成果产出丰硕。科研经费实现“十三连增”，到位经费19428万元，“十三五”以来连续6年超过1.5亿

四川省农业科学院“1+9揭榜挂帅”重点学科领域科技攻关座谈会

雅安市政府、农业农村厅、科技厅、四川农业大学、四川省农业科学院创建雅安国家现代农业产业科技创新中心合作框架协议签约仪式

元。承担各级各类课题975项，牵头申报的科技部重点专项部省联动项目“芒果、柑橘、软籽石榴等特色水果产业关键技术研究与应用示范”获准立项，总经费达6140万元，创全院承担国家级项目经费纪录，至此，由省农业科学院牵头主持的国家重点研发计划项目达到6项；“1+3”种源关键技术攻关项目年度经费达到1400万元；“我国小农户结构性分化视角下新型农业经营体系构建机制与路径研究”获得国家社科基金资助，全院历史上第二次获得国家社科基金项目；“四川省数字乡村发展战略研究”获得科技厅软科学项目100万元经费支持，实现软科学项目资助经费重大突破。获得省部级成果奖20项，其中一等奖3项；通过审定（认定、登记）农作物新品种145个，其中国审（登记）67个、省审（认定）78个；52项技术入选2021－2022年度四川省农业主推技术，占全省的42%；获得国家标准和行业标准各1项，获得地方标准13项；发表学术论文497篇，其中SCI/EI收录刊物上发表论文102篇，以第一作者第一单位发表SCI期刊收录50篇，较上年增加11篇，增幅28%；申请专利137件，获得专利授权139件，其中国际发明专利2件、国家发明专利50件、实用新型87件；申请植物新品种权60件，授权植物新品种权16件。

强化平台建设，夯实创新基石。新增甜樱桃、猕猴桃、花卉3个国家现代农业产业技术体系综合实验站，全院综合实验站达到21个，继续保持在全国省级农科院中的优势地位；“四川省长江鲟保护中心”“四川省长江鲟野化驯养基地”和“农业农村部彭州生物育种科研试验基地”3个建设项目获得立项批复，项目总投资达到8100万元，经费支持创历年之最；“粮油作物绿色种质创新与遗传改良四川省重点实验室”获得科技厅立项建设批复，全院省重点实验室达到3+1个，位居全省科研院所前列；“长江上游鱼类资源与环境四川省野外科学观测研究站”获批省首批野外科学观测研究站，也是全省第一个鱼类资源与环境野外科学观测研究站；“四川省桑蚕品种种质资源共享服务平台”将建成中国中西部地区唯一的蚕种资源茧丝质量检测中心；完成全院大型仪器设备清单编制工作，推进大型仪器设备并入省大型科研仪器设备网络管理平台，实现资源共享。

聚焦自立自强，提升创新能力。扎实推进丹巴、金川、小金等5个重点县种质资源系统调查与抢救性收集工作，全年共收

《四川“藏粮于地　藏粮于技”战略研究报告》发布仪式

省农业科学院食用菌专家李小林博士到平昌县指导食用菌产业发展

省农业科学院油菜专家蒋俊副研究员为村民传授油菜种植技术

集各类资源486份，截至2021年年底，全院累计收集保存各类种质资源达68000余份，其中粮油作物种质资源达46000余份。新收集米易梯田红米、合江带绿荔枝、彭州大蒜、得荣树椒和达川乌梅，分别被收入2018年、2019年和2020年“全国农作物种质资源普查与收集十大重要成果”；积极参与第一次全国水产养殖种质资源普查工作，牵头开展“四川省长江流域重点水域禁捕效果评估”项目，为构建渔业资源数据库和共享平台奠定了基础。

种业关键核心技术攻关加快推进，重点针对水稻“镉大米”、玉米黄曲霉毒素、小麦赤霉病等关键核心问题开展“1+3”种源关键核心技术攻关；率先启动主要粮油作物核心种质资源测序工作，已开展水稻、玉米、小麦、油菜、薯类五大作物共计1500余份核心材料测序。

优质高产特色专用新品种育种取得新进展。一级优米新品种“品香优稠珍”百亩示范片亩产量达817.2千克，达到农业农村部超级稻认定标准；育成全省首个通过审定的粮饲通用型玉米新品种“成单399”；高黄酮含量（1.33克/千克）小麦新品种“川麦98”，面粉呈奶黄色，是开发无添加、营养健康型功能食品的重要资源；"川油71"具有较强的抗裂荚性和抗倒性，是适宜机械化收获的双低优质油菜新品种；发掘利用粉色毛木耳资源育成“粉耳1号”，并成功转化；内江白乌鱼新品种“玉龙1号”将有望成为全省首个通过国家审定的特色水产新品种，也是国内唯一的白乌鱼新品种。西南小麦绿色高质高效生产技术入选2021年度中国主要粮油作物绿色发展报告经典案例；“小蚕共育环境智能化控制系统”入选“2021中国农业农村十大重大新

省农业科学院植保所陈德西副研究员到越西县指导农户蔬菜生产

省农业科学院植保专家李洪浩副研究员为村民讲授病虫害防控知识

省农业科学院葡萄专家刘伟研究员到阿坝州开展技术指导

省农业科学院苹果专家谢红江研究员到凉山州指导村民种植苹果

省农业科学院资环所沈学善博士到会理县冬马铃薯绿色高产栽培示范基地与农户一起收获，平均亩产4700千克

省政府参事任光俊研究员在南繁基地田间工作

装备”，在全国18个重要蚕桑省（区、市）推广应用。

深化学术交流，展示创新成果。成功召开四川省第三届“藏粮于技”院士讲堂暨首届天府国际种业高峰论坛、成渝地区双城经济圈农业科技创新联盟第一届第二次理事会和年度学术交流会，主办9期院青年科技人员联谊会和院青年理论学习小组活动，举办全院性学术交流活动17次；首次组织召开全院加快农业科技攻关二级专家座谈会，积极为“科技攻关年和人才队伍建设深化年”出谋划策；主办“天府菜油”多功能利用现场培训会等科技创新成果展示现场会5次，推荐发布新成果157项，在成渝地区双城经济圈农业科技创新联盟第一届第二次理事会展示85项，实现了新优科技成果率先在川渝毗邻区展示推广。

省农业科学院食用菌专家团队到甘孜州开展技术指导

省农业科学院植保所专家团队到旺苍县针对猕猴桃溃疡病提供防病技术指导

省农业科学院驻村干部实地查看农作物生长情况

省农业科学院专家为彩色油菜花授粉

省农业科学院资环所专家团队到阿坝州开展科技帮扶

“十三五”期间，省农业科学院科技转化取得重大成效

省农业科学院科技助力乡村振兴服务团到凉山州开展科技服务

省农业科学院“我为群众办实事”实践活动——省农业科学院科技助力遂宁市安居区永丰绿色五二四红苕专业合作社高质量发展

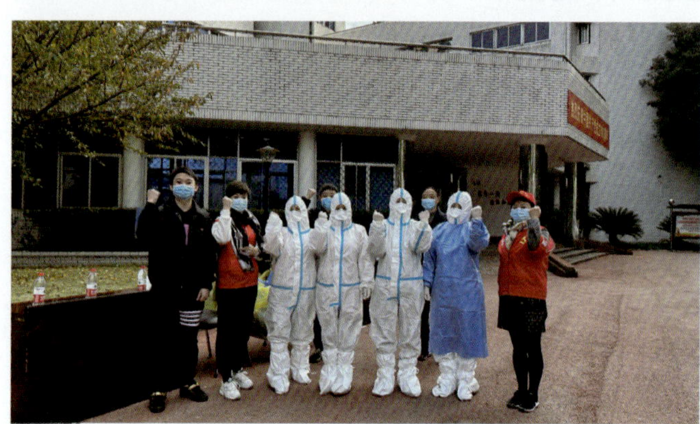

省农业科学院“我为群众办实事”实践活动——省农业科学院联系社区到成都市锦江区净居寺办公区为广大居民设置核酸检测点

省农业科学院水稻高粱所专家在田间察看水稻长势

省农业科学院攀西分院科技人员开展科技帮扶途中

“凝聚青春力量　赋能乡村振兴”——省农业科学院青年理论小组开展主题活动

省农业科学院举办“学党史　强党性　提能力　展作为”2021年党务干部培训班

四川省河湖保护和监管事务中心（四川省农村水电中心）

四川省河湖保护和监管事务中心党委书记、主任刘锐

根据四川省委编办《关于印发四川省农村水利中心等事业单位机构职能编制规定的通知》（川编发〔2021〕29号）文件精神，原四川省地方电力局更名为“四川省河湖保护和监管事务中心”，挂“四川省农村水电中心”牌子，为四川省水利厅所属参照公务员法管理的公益一类事业单位，副厅级。

四川省河湖保护和监管事务中心（四川省农村水电中心）贯彻落实党中央关于河湖长制、河湖保护和农村水电管理工作的方针政策和省委决策部署。主要职责为：承担河湖长制政策法规研究、起草等事务性工作；承担河湖保护和调研工作；承担全省河湖信息库建设及河湖信息平台的建设、运行，负责相关业务技术统计工作；承担河湖保护年度考核方案编制、考核、督查的事务性工作；参与全省主要河湖治理保护规划制定和实施，承担全省河湖水域岸线保护和涉河事项管理的事务性工作；参与农村水环境治理工作；参与河湖采砂的规划编制和执行，承担河湖采砂管理和监督检查的事务性工作；按规定承担农村水能资源开发、国家政策性水电项目建设的辅助工作；承担水利系统小水电安全生产监管的事务性工作。

自河湖长制实施以来，四川省坚持以习近平总书记新时代中国特色社会主义思想为指导，认真践行习近平总书记生态文明思想，自觉扛起维护国家生态安全的政治责任，创新机制体制，建立了完备的河湖名录体系、明晰的河湖长责任体系、系统的政策制度体系、科学的河湖治理体系和现代的技术支撑体系，着力推进水污染治理、水资源保护、水生态修复，河湖管理保护工作取得显著成效。

按照新时期四川水利高质量发展“3226”总体工作思路，2021年，四川省围绕河湖长制六大任务，持续深化河湖长制激励、考核、暗访、进驻式督查、“5+9”重点工作、长江保护协调机制六个方面相关内容，聚焦“5+9”重点工作，加快构建以法治为基础、以科技为保障、以现代信息化为手段、以河长制“七进”为载体的新时代河湖长制工作新格局，奋力打造不一样的“十四五”河湖长制升级版，不断提升群众的获得感、幸福感、安全感。

2021年，全省上下近5万名河湖长巡河巡湖360万余次，整治各类河湖问题37万余个；全省203个国考断面中195个达到Ⅲ类以上，优良断面占比96.1%；140个省考断面中130个达到Ⅲ类以上，优良断面占比92.9%，主要河流出川断面水质全部达到优良，优秀断面数量为全国第一。

2021年，共清理整治河湖“四乱”问题586个，完成长江黄河岸线利用项目清理整治258个；建立189个重点河段、敏感水域河道采砂管理“四个责任人”制度，发放采砂许可证728个；全省纳入清理整改的5131座小水电站保留239座，整改完成3508座，已退出电站1223座，全面完成年度任务；实现岷江向沱江枯水期常态化生态补水约12亿立方米；行政处罚违反下泄流量规定电站19座，解网电站82座，暂停结算电站26座。四川省切实担起了筑牢长江黄河上游生态屏障的重任，有效保障了“一江清水向东流”。

四川省河湖保护和监管事务中心挂牌仪式

四川省河湖保护和监管事务中心开展庆祝建党100周年“坚决听党话 永远跟党走”主题演讲比赛

中国银行股份有限公司四川省分行

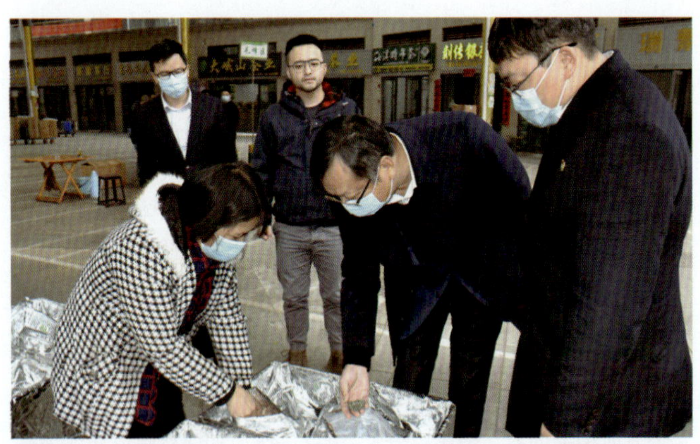

中国银行四川省分行行长王果（右二）一行到雅安市名山区茶叶市场开展乡村振兴调研

中国银行四川省分行行长王果（右三）一行到蓬溪县常乐镇拱市村开展乡村振兴调研

中国银行于1912年2月正式成立，是中国持续经营时间最久的银行。1915年，中国银行在四川设立分支机构，始终根植川蜀大地，服务地方发展。四川中行下辖营业机构逾500家、全行员工数超万人，已成长为业务品类齐全，专业人才汇聚，全球化、综合化优势突出的国有控股大型商业银行一级分行，为客户提供全面的金融服务。四川中行被中共中央、国务院、中央军委授予“全国抗震救灾先进集体”，以优异的服务质量在全省政风行风群众满意度测评中荣获服务行业第一名，成为市民心目中的“五星级银行”，荣获“全国金融五一劳动奖章”“年度最具社会责任金融机构奖”“成都最佳雇主”等多项荣誉，在2021年度银行机构服务乡村振兴考核评估结果为优秀，得到社会各界的认可和赞誉。

近年来，中国银行高度重视金融服务乡村振兴工作，在“十四五”规划和2021年全年工作会议明确指出，将乡村振兴和县域金融协同发展，全面高质量助推乡村振兴和农业农村现代化。四川中行坚决落实党中央国务院、省委省政府乡村振兴发展战略，持续提升金融服务乡村振兴的能力，有效促进涉农业务健康发展，助力农业农村现代化。四川中行与省农业农村厅签订

中国银行四川省分行与农业担保公司合作，为客户“雪中送炭”

刘家坪村彝族“第一书记”文根（中）落实产业扶持政策，帮助当地群众养猪

中行驻阆中市鹤峰乡太阳包村“第一书记”许跃帮助当地群众收割小麦

中行驻巴中市巴州区枣林镇清溪沟村“第一书记”张纯凯（左）通过政策救助、产业扶持解决当地群众治病和生活难题

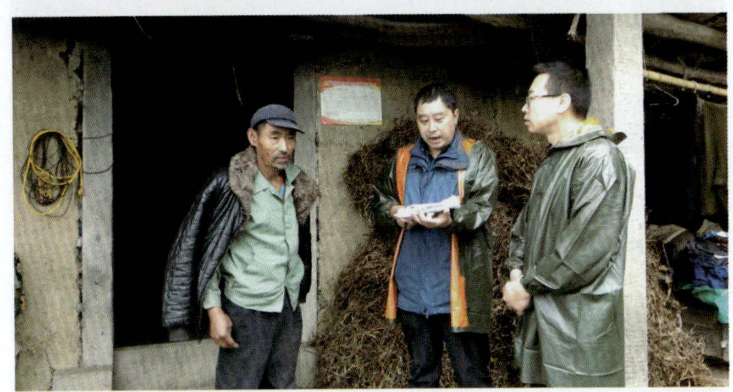
中行驻村干部开展入户调查

《共同推进乡村振兴战略合作框架协议》，在5年内提供600亿元授信支持，助推四川现代农业“10+3”产业发展。

四川中行积极扩大县域机构覆盖面，累计在73个县域设立226家网点，覆盖率达52%。14家行在当地农村地区开办助农取款点70个，创新推出便携式智能柜台，覆盖174家县域网点，覆盖率77%。

四川中行将按照政府和监管要求，高质量服务乡村振兴。聚焦国家粮食安全和稳产保供，做好粮食生产、加工和流通、农机装备等全产业链金融服务，加大对高标准农田、粮食全产业链、绿色农业、种业发展等重点领域支持。聚焦国家现代农业产业园、农业产业强镇、优势特色产业集群建设，深挖农业产业链发展机遇。聚焦县域城镇化“补短板、强弱项”项目。重点支持城镇基础设施类、基本公共服务类、产业支撑类等项目。

四川中行将担负“融通世界、造福社会”的崇高使命，践行“卓越服务、稳健创造、开放包容、协同共赢”价值观，激发活力、敏捷反应、重点突破，奋力建设全球一流现代银行集团，与地方社会经济发展同频共振，为助力成渝地区双城经济圈建设做出新的更大贡献。

中国银行四川省分行为涉农企业提供贷款，助力乡村振兴高质量发展

中国银行四川省分行支持蔬菜种植户，助力新型农业经营主体蓬勃发展

四川中行支持成都市青白江区福洪镇农文旅项目“我的田园”

中国银行简阳支行上门为养殖户量身制订乡村振兴融资服务方案，解决农户面临的资金瓶颈问题

中国银行四川省分行因地制宜创新“美丽乡村贷”产品体系，为柑橘企业提供贷款“及时雨”，解决果农燃眉之急

工作人员帮助村民收割水稻

中国银行凉山分行走村入户，来到田间地头，“用脚步丈量乡村振兴的宽度”

“扫码献爱心　苦荞助脱贫”助凉山助学扶贫

中国银行凉山分行到刘家坪彝族村开展助学帮扶

中国银行凉山分行工作人员祝正清帮助彝族群众推进“彝家新寨”建设

中国银行凉山分行工作人员祝正清在农民夜校普及金融知识

中国银行四川省分行支持简阳羊肉汤品牌企业发展，为乡村振兴“加油扩能”

中国银行四川省分行在珙县灾区集中安置点设置移动金融服务点

中国银行眉山支行开展助农宣传

中国银行攀枝花支行到米易县开展助农宣传

中行组织专业人员向村民宣讲反假币常识

彝族群众来中行

四川中行连续三年创新"扫码献爱心 苦荞助脱贫"模式

四川中行"流动服务银行"提供便民措施，服务群众

中国银行巴中分行为遭遇洪灾的明阳镇林家庙村村民新建饮水点，解决村民饮水难问题

四川中行在偏远村镇建立102个助农取款服务点

中国银行支持农村基础设施建设

中国银行四川省分行支持农村基础设施建设

四川省都江堰水利发展中心

副省长尧斯丹（左六）、省政协副主席祝春秀（右六）出席活动并为四川省都江堰水利发展中心揭牌

2021年是具有里程碑意义的一年。中国共产党迎来百年华诞，开启了向着第二个百年奋斗目标进军的新征程。四川省都江堰水利发展中心（简称“都发中心”）正式成立，实现了都江堰灌区建设、管理、运行的集中统一指挥和调度，标志着全国第一大灌区——都江堰灌区迈入了崭新的发展阶段。

回首2021年，都发中心深入开展党史学习教育和庆祝建党100周年系列活动，开拓创新、砥砺奋进、硕果累累，再次证明了都江堰水利人是一支政治过硬、作风过硬、本领过硬、素质过硬的队伍。

这一年，都发中心主动出击、预研预判、超前准备，年度水旱灾害防御、供水服务保障、工程规划建设管理等业务工作和灌区一体化管理改革物理整合全面如期完成，推动新阶段都江堰水利高质量发展迈出了有力步伐，实现了“十四五”良好开局。

这一年，都发中心敢想敢干、善想善干、敢为人先，紧紧围绕新时期四川水利高质量发展“3226”工作思路和建设“国际知名、国内一流”灌区榜样目标，高质量编制了《建设“国际知名、国内一流”灌区榜样三年行动纲要》并经水利厅党组审议通过，为当前和今后一个时期都江堰水利改革发展提供了科学指南。

这一年，都发中心精诚团结、齐心协力、担当担责，荣获全国五一劳动奖状荣誉，成功承办四川省都江堰水利发展中心成立暨灌区榜样建设行动启动大会；组队代表水利厅出征四川省直机关第五届职工运动会，荣获广播体操比赛一等奖；东风渠管理处在第二届“节水在身边”全国短视频大赛中荣获二等奖；人民渠

“传承古堰文明、引领现代水利，共商‘国际知名、国内一流’灌区榜样建设”座谈会成功举办

第一管理处荣获省级河湖长制督查工作先进集体；都江堰灌区（人民渠第二管理处片）成功入选全国灌区水效领跑者，成为全省唯一入选灌区；外江管理处成功入选全国水利文明单位；都江堰灌区毗河供水一期工程正式通水；黑龙滩管理处荣获全省水利行业职业技能竞赛团体一等奖；都江堰水利工程申报国家水利遗产通过初审……成绩可圈可点，收获来之不易。

征途漫漫，唯有奋斗。2022 年是四川水利高质量发展“两年强推进”之年，也是都江堰建设“国际知名、国内一流”灌区榜样攻坚之年。站在新征程、新奋斗的起点，都发中心坚定以习近平新时代中国特色社会主义思想为指导，全面贯彻落实省委、省政府和水利厅党组的决策部署，深入践行新时期四川水利高质量发展“3226”工作思路，强化“三个一”运用，聚焦问题、转变作风，加强“六化”建设，锚定“国际知名、国内一流”灌区榜样建设目标，实干担当、笃定前行，高标准要求、高效率工作、高质量发展，奋力谱写现代化都江堰新篇章，以实际行动迎接党的二十大和省第十二次党代会胜利召开！

全国五一劳动奖状

都发中心组队代表水利厅出征四川省直机关第五届职工运动会，荣获广播体操比赛一等奖

都发中心隆重举行2021年度退休职工集体欢送会，该项活动为都江堰历史上首次举行

四川省交通工程质量监督站

四川省交通工程质量监督站认真贯彻落实交通运输厅党组决策部署，紧紧围绕交通运输厅年度目标任务和工作重点，着力加强监督体系和监督能力建设，强化交通建设工程质量安全监督，统筹对全省 37 个高速公路项目 3537 千米、2 个重点水运项目、11 个地方铁路项目 812 千米、21 个市（州）国省干线及农村公路实施全覆盖、全过程、全方位监督，特别是对高速公路项目中 151 座特大桥、190 座特殊结构桥梁、96 座特长隧道、99 座瓦斯隧道进行重点管控，实现在建工程质量安全形势总体稳定可控，为成渝地区双城经济圈建设、“一干多支”等重大发展战略提供质量安全支撑。

强化基础保障，完善监督体系。一是监督制度不断完善。出台《四川省农村公路质量监督办法（试行）》《关于进一步加强农村公路建设质量监督管理的指导意见》《四川省高速公路桥梁荷载试验管理工作实施意见》等制度办法，进一步规范质量安全监督工作。二是监督方式不断完善。“监督工作组 + 专家 + 第三方检测机构”的监督方式在高速公路、重点水运等交通建设项目广泛运用，取得良好效果。投入专项资金建设质量安全监督管理信息化平台，利用互联网、信息技术等先进技术逐步构建智慧质监，提升监督工作的深度和广度。三是监督范围进一步扩大。2020 年，对 24 个高速公路、10 个地方铁路、3 个重点水运、10 个地方铁

路项目及国省干线和农村公路实现全覆盖、全过程监督检查，综合监督、日常监督、专项监督、交叉监督等总次数超过 1500 次。同时将环保监督纳入综合督查，更新环保检查要点，实行按表检查，对 6 个项目发现的 10 个环保问题全部督促整改完毕。

严格质量把关，不断提升工程品质。一是加大重点抽检力度。利用专项经费开展工程实体和主要原材料盲样抽检，高速公路实体抽检 68667 点，主要原材料盲样抽检 20 个高速公路项目 755 组，总体合格率与全国平均水平持平，高速公路路基、路面、隧道、原材料等合格率略高于全国平均水平，全省交通建设项目质量状况总体可控。二是交竣工验收严格把关。严格交竣工验收质

宣汉县巴山大峡谷内环线

工程建设

量检测，把好最后一道质量关口，确保建设项目质量水平。2020年通车项目为15个798千米，已完成营达高速交验检测，德简、蒲都、天府机场等项目正在加快开展。申请竣工验收质量鉴定专项复测经费，完成遂西、遂广等6个项目405千米的竣工验收质量检测工作，绵遂高速绵阳段已出具鉴定报告，其余5个项目后续工作有序开展。三是四新技术全面推广。在建高速公路项目全部实现混凝土集中拌合、钢筋集中加工、人员集中管理，实现“工地 + 工点 + 工艺”三个标准化。落后工艺、设备、材料加快淘汰，其中闪光对焊、自卸车运输混凝土、隧道矮边墙等工艺实现100%淘汰和限制。11项“四新技术”得到全面应用，并以点带面，全省交通建设项目共引入100余项“四新技术”。四是品质工程建设取得进展。仁沐新、宜彝、成宜、乐西等10余个项

2020年试验检测机构比对试验

2020年试验检测机构比对试验

目制订了品质工程实施方案并纳入招标文件，24 个高速公路项目 7607 个班组标准化改造率 86%，在全国品质工程现场会上全省多个项目获得交流材料加展板的“双展示”机会，获得交通运输部一致好评。

着重强基固本，加快推进平安工地。一是专项行动全面推进。全面开展安全生产专项整治三年行动，制定细分 8 类 33 项交通建设领域三年行动任务清单，明确工作任务和责任措施；深入推进“红线行动”，细化 4 类 14 项红线问题的处理措施，督导市（州）及在建高速项目全面开展专项整治，截至目前，累计发现红线问题 204 个，责令停工整改 11 次，开展安全生产约谈、通报批评

四川省2020年度试验检测机构能力比对

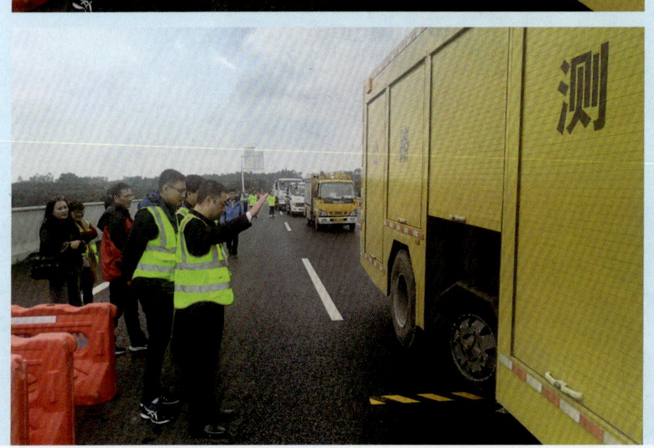

2020年试验检测机构比对试验

2020年试验检测机构比对试验

全省公路水运项目建设安全隐患排查治理部署工作会

8次；深入开展特种设备安全整治专项行动，建立全省高速公路建设项目架桥机台账，现有架桥机106台分布在17个市（州），涉及13个项目；会同省市场监督管理局、应急管理厅和成都市铁路监督管理局抽取16个项目联合开展大型起重机械专项监督检查；持续开展“森林防火”“电气火灾”“瓦斯隧道专项检查”等安全生产专项行动。二是双重预防机制不断完善。完善清单台账、分级负责、挂牌督办、整改闭合四个机制，实行公路建设监管清单化管理，全面排查建库、分类登记建档，建立全省高速公路建设项目特大桥、瓦斯隧道管理等台账，对138座特大桥梁、28座瓦斯隧道、38处重大风险实施跟踪监管和重点督查，严格乐汉高速1处重点隐患挂牌督办，督促项目坚决隐患闭环销号，按照责任、措施、资金、时限和预案“五落实”要求对隐患动态“清零”。三是安全监督检查持续深入。开展节假日安全检查、安全生产专项检查、汛期专项检查等，共派出督导组22支178人次，组织安全检查40次，覆盖62个项目，发现534个安全问题，已全部整改到位。针对突出问题开展桥梁质量安全风险隐患专项整治，共排查28个在建高速公路项目2648座桥梁，均未发现重大安全隐患。四是安全问题整治力度加大。对发现的安全问题实行跟踪督促整改，对发生安全生产事故的单位，如路桥集团、仁沐新高速等进行安全生产约谈，督促相关单位深入查找问题、深刻剖析原因，全面完成整改工作。综合运用通报、约谈、信用评价等逗硬措施加大处罚力度，对6家企业13名人员进行了追责问责和经济处罚，共计70.2万元。还将对事故单位进行信用评价扣分处理，进一步加大警示教育力度。五是安全生产形势总体稳定。参与平安工地考核评价的26个建设单位、251个施工合同段和89个监理合同段，考核结果均达到合格。截至目前，全省在建交通建设领域累计接报安全生产事故5起，死亡8人（上年同期13起、17人），同比分别下降61.5%、52.9%。交通建设领域未发生重特大安全生产事故，节假日未发生 安全事故，特别是水运建设项目实现事故零发生。

厅质监局检查仁沐新高速复工情况

质监机构参与社区疫情联防工作

质监人员检查成资渝高速节后复工暨疫情防控工作

质监人员在攀大高速现场进行防疫宣传

充分发挥合力，全面助力交通脱贫。一是脱贫项目监督检查深入开展。分片区组织开展国省干线及农村公路督查工作，实现监督检查3个“全部覆盖”，即覆盖全部市（州）、覆盖部定点扶贫的全部县、覆盖存在问题的全部项目。选派3名技术骨干到任务艰巨的凉山州、甘孜州、阿坝州开展现场督战普查工作。组织45家检测机构对省级贫困县农村公路质量进行免费义务检测帮扶。二是加大扶贫领域问题整改力度。对各级巡视和专项治理问题等进行全面梳理，归纳整理出11个质量安全问题，针对问题制定专项工作方案，制订整改措施15条，全部问题整改到位并通过验收，为高质量实现通乡、通村两个100%提供质量安全支撑。

细化工作举措，全力做好疫情防控。一是强化复工条件核查。按照“八个不”措施，2月派出3个督导组15人次对犍为航电项目、成宜、仁沐新及蒲都高速公路项目检查疫情防控措施、施工人员健康状况摸排、现场复工准备情况、施工组织安排等。2—3月复工复产关键时期，安排专人收集交通建设领域项目复工情况，跟踪掌握项目复工数量、进场人员、存在的问题和困难等信息，督促项目开工后人员不减、工作力度不减。二是切实加强疫情防控监督检查。成立抗击疫情党员先锋队与市（州）质监机构形成合力，疫情期间对全省所有在建高速公路项目进行监督检查，特别对22个处于施工高峰期的高速公路项目进行全覆盖现场巡查和暗访，督促在建项目严格落实厅“八个不”等措施，确保在做好疫情防控的基础上有序推进复工开工，强化质量安全管控，为全面完成交通运输厅投资计划和通车任务提供服务。

质监人员加入党员先锋突击队

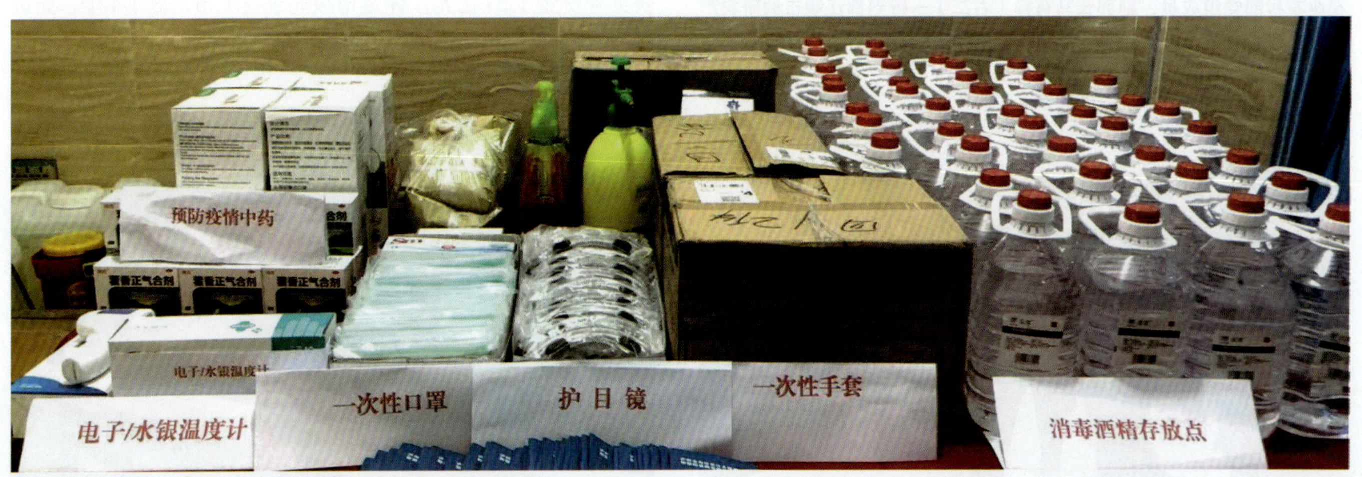

质监机构为在建项目申请的防护物资

成 都 市

中华全国供销合作总社党组书记、理事会副主任韩立平（左二）率队到崇州市调研供销社耘丰土地托管中心运行情况

团中央书记处书记傅振邦（中）一行到郫都区唐昌镇战旗村调研乡村振兴工作

农业农村部党组成员、副部长马有祥（右二）一行到都江堰市调研农产品质量安全监管工作

成都市全面落实党中央、国务院和省委、省政府关于农业农村工作的系列部署，实施乡村振兴战略，推进城乡融合发展。2020 年，成都市聚焦“十大重点工程”“五项重点改革”“七大共享平台”建设，积极应对新冠肺炎疫情影响，推进乡村振兴战略实施，推动“三农”工作再上新台阶；持续加大资金投入力度，建立财政投入稳定增长机制，全市各级财政投入 154.9 亿元；组织实施项目招引攻坚行动，完成项目投资 511.8 亿元。成都市组织开展年度乡村振兴县、乡、村市级评选和省级创建申报，创建省级先进县（市、区）2 个、先进乡（镇）3 个、示范村 40 个，获奖补资金 1.59 亿元；评定市级先进县（市、区）4 个、先进

省委常委、省直机关工委书记曲木史哈（右二）一行到大邑县智慧田园调研

副省长尧斯丹（左四）一行到简阳市调研退捕工作

省委经济工作会议在成都市举行

镇10个、示范村（社区）120个和星级园区13个，安排资金2.5亿元给予激励。

乡村产业振兴。成都市以现代农业园区建设为重点推进乡村产业振兴；加强耕地质量保护与提升，坚决遏制耕地“非粮化”“非农化”，推进农村乱占耕地建房问题整治工作；在全省率先完成都江堰精华灌区333.54万亩粮食生产功能区和重要农产品生产保护区划定工作，新建成高标准农田25.1万亩；保障粮食安全，加大对县（市、区）粮食安全省长责任制考核力度，推动环城生态区10万亩优质耕地种植粮食，支持粮食种植面积10万亩以上的县（市、区）开展市级粮食生产重点县建设，粮食播种面积568.5万亩、粮食产量227.9万吨；推动生猪生产恢复发展，落实补栏支持政策，新（改、扩）建规模猪场135个，生猪存栏290万头、出栏360万头。成都市持续推动现代种业发展，加大种业创新力度，国标二级以上优质水稻种植面积达83万亩，安排财政资金1289万元用于优良种猪引进；搭建种业展示交流平台，打造“种博会”“鱼凫杯”两张名片；开展全产业链招商，关注先正达、中国种子集团等种业国际20强、国内10强企业重点招引。成都市加快构建现代农业产业体系，紧扣全省“10+3”现代农业产业体系，推进特色蔬菜、优质粮油、茶等产业带发展；开展国家、省、市、县级园区培育创建工程，创建国家现代农业产业园2个、市级星级园区28个、县级园区60个，全市农业适度规模经营率达72.67%；推进35个产业化重大项目建设，新开工项目69个，全年完成投资200亿元。

乡村人才振兴。成都市以专业人才返乡下乡为支撑，推进乡

省委农村工作会议在成都市召开

时任市长罗强（右二）一行到大邑县润地智慧农业产业园调研

省政协农业农村委主任郑学炳（中）一行到新希望种子乐园调研

省供销社主任任晓春（前排左三）带队到都江堰市调研蓝莓项目

村人才振兴，加大高端人才引进力度，编制发布《成都市人才开发指引（2020）》，精准梳理55类紧缺岗位，开展“蓉漂人才荟”校园招引活动，鼓励农业企业引进培育急需紧缺专业技术人才，修订《成都市乡村规划师管理办法》，举办新时代全国乡村规划师高端对话活动，引导人才向农村农业集聚；培育创新创业人才，全面落实成都市扶持返乡下乡创业15条措施，在全省率先成立青年农民学院，与省内各市（州）共同建立网络职业技能培训分院，建立“服务专班+服务专员”工作机制，带动2万名农民工返乡创业；加大促进农民工返岗就业力度，开展线上线下“春风行动”专场招聘会，为131家重点企业保障用工35.68万人；加强基层

农业农村厅党组成员、副厅长卿足平（右二）一行到简阳市调研农村地区疫情防控情况

在成都市国家城乡融合发展试验区建设动员会暨“西控”工作推进会召开前夕，市委常委左正（中）率与会代表到彭州市调研龙门山镇渔江楠新型社区鱼凫湿地项目

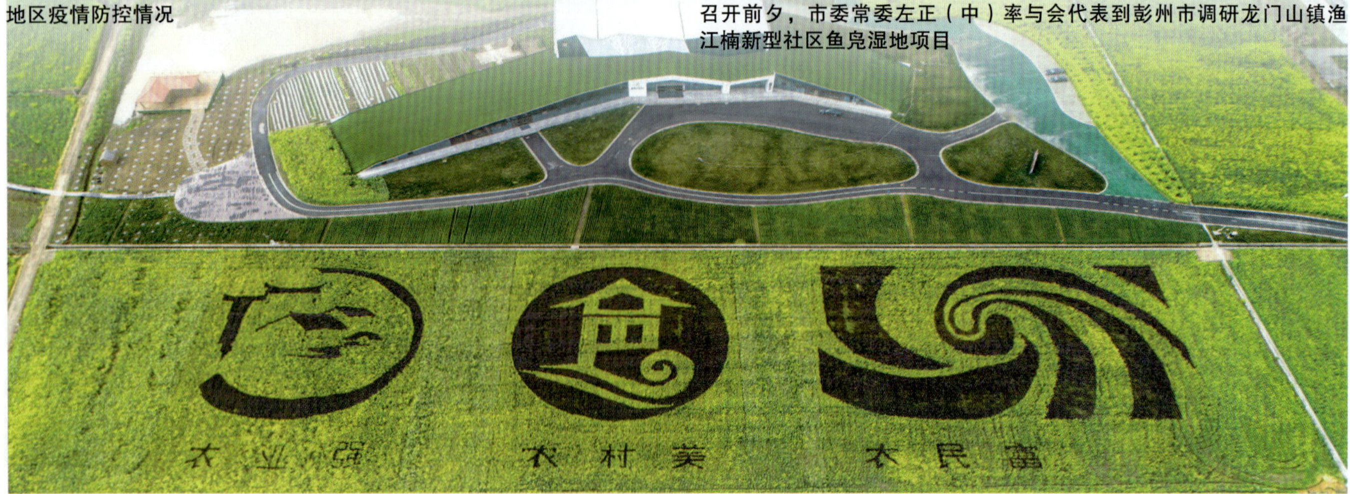

大邑县智慧农业园2020创意农耕田园春季

成都警备司令部司令李元祥（左四）一行到益农公司关心企业复工复产和疫情防控工作

副市长刘旭光（中）一行到简阳市调研农村地区疫情防控情况

"三农"工作队伍建设，制定《在体制机制改革中全面加强村（社区）班子建设的实施意见》，做好干部分流安置和风险防控等工作；依托四川村政学院等，联合川内高校、规划设计单位，对3500名县（市、区）委组织部、镇（街道）负责人开展专题培训。

乡村文化振兴。成都市以天府文化传承发展为根脉，推进乡村文化振兴，持续做好"文明旅游、文明交通、文明餐桌"等宣传引导和政策解读，打造市级"三美"示范村36个，探索设立村（社区）新时代文明实践站36个；推进"先进典型示范行动进乡村"，持续加强乡村道德建设，树立孝老爱亲等好家风典型，广泛开展"文明之星""道德之星""文明户"等评选活动，在"三美"示范

市农业农村局局长张俊国（右二）带队到蒲江县西来镇铁牛村、甘溪镇明月村调研农贷通及乡村振兴工作

智利驻华大使路易斯·施密特一行到青白江区考察中智（四川）农业科技示范园

市农业农村局纪检监察组组长朱晓静（左二）带队到青白江区调研供销工作

中国·成都第二届天府大地艺术季在郫都区德源街道东林艺术村开幕

由国家乡村振兴局、四川省人民政府与中国农业银行共建的乡村振兴金融创新示范区启动仪式在成都市举行

参加全国农业社会化服务工作座谈会暨西部片区典型交流活动与会代表一行到蒲江县鹤山街道团结村、新朝阳猕猴桃国际公园参观

村中新选树各类先进典型2000人，评选出1000个“文明院落”“清洁之家”，村民参与率达90%以上；推进文化兴村育人创新探索，深入开展农村公共文化建设，加大村（社区）综合性文化服务中心、村史馆等建设和提档升级，结合天府文化润城行动，打造“一镇一亮点”“一村一特色”公共文化服务品牌，组织“我们的节日”等主题文化活动3万场，建设孝善文化示范点10个。

乡村生态振兴。成都市以农村人居环境整治为突破，推进乡村生态振兴，加强农村污染防治，深入实施垃圾治理等“八大专项行动”，立法通过《成都市生活垃圾管理条例》，全面完成农村人居环境整治三年行动目标任务，农村户厕改造53.98万户，农村无害化卫生厕所普及率达92.98%，行政村生活污水有效处理率达83.1%，农村保洁员覆盖率、农村生活垃圾收运处置覆盖率和无害化处理率均达100%，1294个行政村达到“美丽四川·宜居乡村”建设标准；加强农村公共基础设施建设，完成“四好农村路”建设任务200千米，农村集中供水率达90%，乡（镇）及以下集中式饮用水水源水质达标率为99.86%，完成480家基层医疗卫生机构硬件提升；加强山水林田湖系统治理，健全市、县、镇、村四级水生态治理保护合作机制，实施龙泉山城市森林公园“减人减房”项目和水利工程建设，创建省级森林康养基地33个，开展水土流失综合治理122平方千米，建设水美乡村40个，启动灌区现代化改造10万亩。

乡村组织振兴。成都市以党建统领共治共享为保障，推进乡村组织振兴，推进乡（镇、街道）行政区划调整和村（社区）体制机制改革，全市共调减114个乡（镇、街道）、1327个村（社区）和20800个组，调减比例分别为30.4%、30.37%和36.95%；做好改革“后半篇文章”，探索撤并乡（镇）资源盘活新模式，推进村（组）集体“三资”清查核实、集体资产资源重新分割处置等重点工作，培育出大邑县斜源街区等一批资源活化利用典型；

国家现代农业产业园核心区——天府农创园

全国农村创业创新工作现场交流会在郫都区战旗村乡村振兴培训学院召开

中国乡村振兴高峰会议暨第二届县（市、区）委书记共话乡村振兴研讨会在成都市召开

市农业农村系统庆祝中国共产党成立100周年暨第四届乡村振兴“十大案例”评选活动颁奖仪式在新津区斑竹林拉开序幕

第五届四川“村长”论坛暨首届乡村振兴县委书记峰会在崇州市白头镇五星村举行

2020年中国农民丰收节四川省庆丰收活动在新津区天府农博园启幕

成都市2020年乡村振兴暨一产业重大项目集中开工仪式及生猪生产和疫病防控工作会在彭州市举行

2020中国—中东欧农业国际合作论坛在青白江区举行

6月6日全国“放鱼日”在金堂县举行放鱼仪式

病虫害统防统治

蒲江猕猴桃规模化种植

成都市蒲江县（茶产业）成佳十万亩茶园种植基地

天府现代种业园

都江堰市春风拾里

强化农村基层党组织领导核心地位，持续深化“三分类三升级”，对 358 个村（社区）软弱涣散党组织进行“回头看”，完成中组部、农业农村部关于农村新型领域基层党组织建设试点任务；全面推行村党组织书记通过法定程序实现“一肩挑”，村“两委”班子成员交叉任职，对新建村（社区）党组织书记开展全覆盖业务提能轮训；强化乡村发展治理，出台全国首部全面聚焦“社区发展治理”地方性法规《成都市社区发展治理促进条例》，社区、社会组织、社会工作“三社联动”机制不断完善，评选乡村社区发展治理示范村 73 个。

崇州市现代粮食产业园区四川农业大学现代农业研发基地

简阳市平泉街道荷桥村蓝剑·牧马岛超级农场

成都市新都区泉映田园现代农业产业园区

“美丽四川·宜居乡村”——都江堰市圣寿社区民居

青白江区福洪镇杏花社区示范建设

川西林盘——崇州市道明镇竹艺村

简阳市三星镇共和村新居

联通成都国际铁路港—欧洲产业城的港城大道建成通车

崇 州 市

中华全国供销合作总社党组书记、理事会副主任韩立平（左二）率队到崇州市调研崇州市供销社耘丰土地托管中心运行情况

文化和旅游部副部长张旭（左）率队到国家4A级景区道明镇竹艺村竹编博物馆了解崇州市实现“艺术点亮乡村、文化延续未来”的实践路径

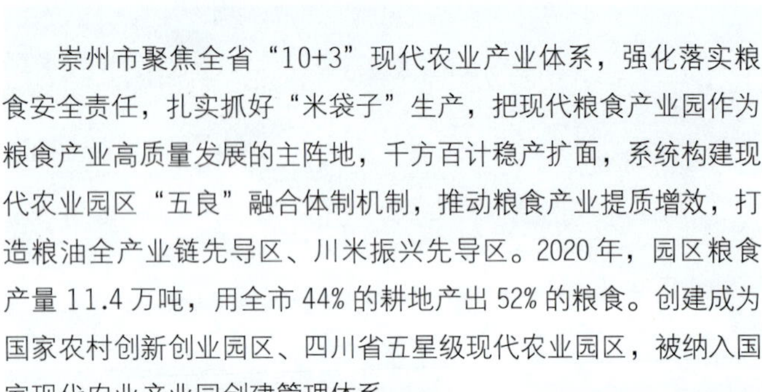

崇州市聚焦全省“10+3”现代农业产业体系，强化落实粮食安全责任，扎实抓好“米袋子”生产，把现代粮食产业园作为粮食产业高质量发展的主阵地，千方百计稳产扩面，系统构建现代农业园区“五良”融合体制机制，推动粮食产业提质增效，打造粮油全产业链先导区、川米振兴先导区。2020年，园区粮食产量11.4万吨，用全市44%的耕地产出52%的粮食。创建成为国家农村创新创业园区、四川省五星级现代农业园区，被纳入国家现代农业产业园创建管理体系。

一、以种业小镇为载体，构建良种引繁机制

聚焦“科技赋能、品牌提效”，规划建设集种业研发、中试熟化、育繁推广等功能于一体的隆兴种业小镇，推动新品种率先中试、率先育繁、率先推广。联合中国农科院、中国种业集团等院校企业，建成长江中上游优质粮油中试熟化基地等种业平台6个，促进蜀州水稻研究所功能大米开发。建立集品种展示、品比鉴定、选种订购等于一体的“田间种子超市”，常年中试品种及组合近1500个。筛选出“宜香优2115”“川康优丝苗”“川种优3877”等59个优质品种在全省推广，园区部颁一二级米质水稻品种覆盖面达50%以上。

二、以合作经营为路径，构建良法推广机制

聚焦“节本增效、产量提高”，坚定走好合作化道路，深化提升“农业共营制”，培育农业职业经理人2184人，园区发展土地合作社96家，农户入社率92%。集成推广粮油产业链现代

副省长尧斯丹（中）率队到崇州市调研生态环境保护、重大项目推进等情况

省政协副主席祝春秀（前排左二）率视察组到崇州市视察高标准农田建设和粮食生产情况

市委农村工作会议召开

农业先进机具应用，2020年园区推广水稻工厂化育秧、水稻机插秧面积占水稻种植面积的90%，水稻单产达575千克，高出全市平均水平20千克。引进中化农业建成MAP服务总部，整合育秧、农机、烘储等社会化服务经营主体为粮食生产提供品种规划、测土配肥、定制植保、质量检测、农机服务、烘干仓储等“7+3”全程解决方案，推广工厂化育秧、无人机飞防、稻田综合种养等现代农业技术40余项，服务全省10个市（州）36个县85万亩粮油基地。

省政协副主席崔保华（右二）率调研组到崇州市就“发掘林盘历史文化价值，促进川渝地区双城经济圈美丽乡村建设”开展调研

农业农村部党组成员、人事司司长廖西元（右二）率队到崇州市就农业共营制下的现代农业新型经营体系和高素质农民培育体系开展调研

农业农村部合作经济司副司长毛德智（左二）率队到崇州市调研全市推动全国乡村治理体系建设试点工作情况

农业农村厅党组副书记、副厅长卿足平（中）调研崇州市家庭农场高质量发展、农民增收等工作

成都市委常委、统战部部长、市总工会主席吴凯（左一）到崇州市乡村振兴职业培训学院调研

成都市副市长刘旭光（中）到崇州市调研李家岩水库项目推进情况

成都市国资委主任袁旭（中）率成都市国资国企代表到崇州市调研全市乡村振兴工作

三、以“七网”配套为关键，构建良田统建机制

聚焦“藏粮于地、产能提高”，坚持田网、路网、渠网、观光网、信息网、服务网、设施用地网“七网”同步规划建设，建成高标准农田23.1万亩，10万亩核心区实现高标准农田全覆盖，水稻产业集中度达95%。2020年园区水稻扩面1800亩。依托高标准农田，绘制彩色水稻、彩色油菜大地景观，通过绿道串联，植入研学、购物、度假等消费场景，推动农区变景区、产品变礼品，“五一”期间园区乡村旅游逆势上扬，农民经营性收入同比增长27.1%。

四、以装备提能为重点，构建良机应用机制

聚焦“智能引领、装备提升”，推进农业机械化与信息化、

市委书记、市总河长陈茂禄（右）调研西河流域河长制工作

市长饶程（中）率队调研消费电子产业园高质量发展情况

时任市委书记欧昭（右二）率队到元通镇调研位于该镇清溪村永家碾林盘的重大项目推进工作

时任市长尹念红（右二）到永康西路调研景观业态改造工程推进情况

市人大常委会主任易孔盛（前排右二）率队调研农村闲置宅基地和闲置农房盘活利用试验工作

市政协主席杨火清（左二）到江源街道督导防汛救灾工作

智能化有机融合发展。注重宜机先行、优化农机结构，重点推广大型复合、绿色环保、智能高效先进农机。聚焦“全程机械化+综合农事”，统筹布局粮源基地、加工基地、烘干仓储、循环种养等功能设施，培育社会化农机服务主体 26 家。搭建“农机智慧云仓”平台，线上线下结合实现农情监测、农机调度、机手培训一体化发展，园区农机化率、信息化水平分别达 95%、92%，被评为全国首批基本实现主要农作物生产全程机械化示范市。

五、以激活要素为核心，构建良制益农机制

聚焦“机制创新、联农提升”，构建农机社会化服务联结机制，探索形成水稻“专业化育秧、产业化供秧、育插协作”一体

市委副书记骆良云（右二）到元通镇检查指导防汛及山洪灾害防治工作

市委常委、组织部部长刘学鹏（中）率队到农业企业走访调研

副市长郑宇（右二）率队到崇阳街道北溪湿地调研农村人居环境整治及高标准农田建设工作

市农业农村局局长杨忠（右二）一行到羊马街道民乐村王家堡指导川西林盘保护修复工作

崇州市乡村振兴局挂牌成立

市农业农村局传达学习中央农村工作会议精神

成都市委宣讲团到崇州市宣讲党的十九届六中全会和省委十一届十次全会精神

崇州市幸福美好生活十大工程工作推进领导小组第二次会议召开

化服务模式，建成四川农村社会化服务总部崇州中心，形成农机化服务智慧调度一体化、服务标准一体化、服务收费一体化“三大机制”。积极探索流转交易、股份合作、抵押融资等集体建设用地开发利用机制和“点状供地＋组合供地”用地模式，实施天府国际慢城、东方稻创小镇等重大项目 18 个、总投资 171 亿元，促进资源变资产、资金变股金、农民变股东。构建“龙头企业＋合作社＋经营联合体”运营机制，联合京东、苏宁等组建“天府好米联盟”，培育“稻虾藕遇”“小亭米”等品牌，隆兴大米获评国家农产品地理标志，粮油品牌化销售比重达 85% 以上，带动农民分享产业链增值收益。

崇州市委农村工作会议暨农村人居环境推进大会

2021年农民增收工作会

文化和旅游部等多部门组织的“中国民间文化艺术之乡”工作推进现场会在崇州市召开

崇州市对口支援马尔康市工作队新一批对口帮扶干部人才行前动员暨对口帮扶干部人才座谈会

中国农业科学院、中国水稻研究所、华中农业大学、沈阳农业大学专家学者应邀到崇州市考察位于崇州都市农业产业功能区长江上游的优质粮油中试熟化基地

国家统计局专题调研崇州市现代农业发展和生猪生产工作

省政府参事室、省农业科学院等领导专家一行40余人集体考察崇州市现代农业产业发展和乡村振兴工作情况

全省120余名村主任参观崇州市乡村振兴成果

成都市2020—2021年小春品种展示现场会在崇州市召开

市农业农村局开展“执法打假护春耕　放心农资下乡村”宣传周活动

羊马街道四川省养老服务中心正式投入使用

李家岩水库移民的“富丽”新生活

崇州市现代粮食产业园区“5G+农业”无人驾驶水稻收割作业

崇州市现代粮食产业园区水稻病虫害统防统治作业

崇州市现代粮食产业园区四川农业大学现代农业研发基地

崇州市现代粮食产业园区优质水稻生产基地

崇州市现代粮食产业园区油菜赏花景点

崇州市现代粮食产业园区隆兴镇青桥土地股份合作社

四川农村社会化服务总部崇州中心示范基地

俯瞰县城一角

观胜镇联义村严家弯湾川西林盘

川西林盘——道明镇竹艺村

林盘“∞”建筑

崇州市陇海三郎国际旅游度假区

历史文化古镇——元通镇古塔

崇州市慢享湿地小镇天府国际慢城项目建成的“风吹稻花”慢城酒店

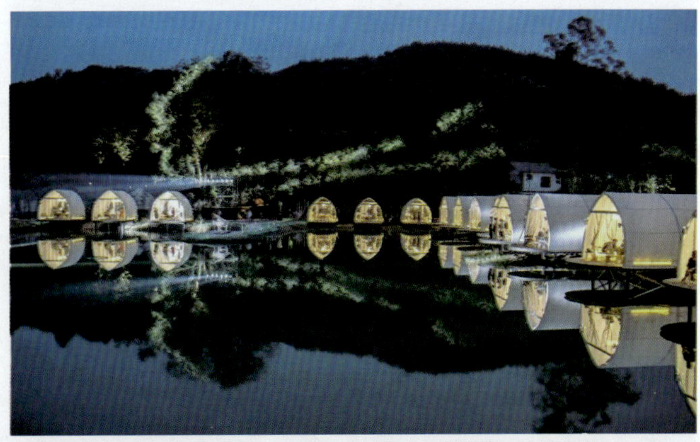
农商文旅体融合发展项目——白头镇大雨村“鲜道·幸福里”

简阳市

机构设置情况。市农业农村局共有机构12个，其中市农业农村局行政机关1个、二级参公单位2个（市农村经济发展服务中心、市农业综合执法大队）、二级事业单位9个（市乡村发展服务中心、市农业技术推广中心、市农机化技术推广服务站、市农产品质量安全检验检测站、四川省农业广播电视学校简阳市分校、市水产技术服务中心、市动物疫病预防控制中心、市植保植检站、市简州大耳羊养殖技术服务中心）。

各镇（街道）涉农机构中，简城、射洪坝、新市、石桥4个街道由便民服务中心负责农业农村工作，其余18个镇（街道）均设置了农业综合服务中心（副局级事业单位），专职负责农业农村工作，其中禾丰、云龙2个镇单独设置乡村振兴办公室，其余16个镇（街道）在社区治理办公室加挂乡村振兴办公室牌子。

人员组成情况。市农业农村局现有人员350人，其中局行政机关编制数40个，实有人员67人（公务员51人、工勤6人、临聘人员10人）；二级单位11个，编制数292个，实有人员283人（参公51人、事业干部176人、工勤56人）。

稳产保供。全市小春粮食作物播种面积达15.9万亩，较2019年减少2%，其中小麦1.89万亩、豆类12.11万亩、土豆1.9万亩；小春粮食产量2.43万吨，较2019年增长3%，其中小麦0.44万吨、豆类1.47万吨、土豆0.52万吨。预计今年大春粮食播种面积达121.47万亩，产量43.27万吨，其中水稻17.2万亩，产量8.53万吨；玉米59.7万亩，产量23.2万吨；红薯31.7万亩，产量9.7万吨；大豆10.5万亩，产量1.56万吨。全年粮食产量达45.7万吨，较上年略增。2020年，生猪出栏63.25万头，山羊出栏451.15万只，禽兔出栏1005.85万只，禽蛋产量3万吨，实现畜牧业年产值52.9亿元，畜牧业产值占农林牧渔业总产值的比重43.02%。建立生猪三级良种繁育体系，生猪良种面达93.85%，肉牛良种面达91.24%，山羊良种面达99%，禽兔良种面达97%。2020年，简阳市共创建成都市级标准化示范场8个，其中生猪标准化示范场4个、肉羊标准化示范场3个、放养鸡标准化示范场1个。建立畜产品质量安全追溯体系，规模化养殖企业生产记录档案建档率100%，屠宰企业规范化管理率100%，全市未发生重大畜禽养殖污染事件。预计完成水产品总产量2.76万吨（含东部新区6个镇街），同比增长0.4%；产值5.7亿元，增长0.5%，产量居成都市第一名，完成目标任务的100%。完成渔船退捕182艘（含成都市东部新区）、渔民退捕337人，禁捕退捕资金共2547.8万元。发展高位池养殖30口、稻渔综合种养5000亩。完成水产品质量抽检217个，合格率100%。新申报无公害基地1个。

乡村振兴。预计全市实现农业固定资产投资19亿元，第一产业增加值同比增长3.5%，农村居民年人均可支配收入同比增长9%以上，农村集体经济收入同比增长21.5%，累计完成66

平泉街道太阳村十里荷花长廊

加强乡村振兴资源聚合·综合服务平台建设 促进四川乡村全面振兴

四川省农村发展促进会

四川省农村发展促进会（简称“省农发会”）成立于1995年，是由民政厅批准，历经省经委、省委农办、农业厅主管的省级社团，现业务主管单位为农业农村厅。省农发会是省委、省政府联系全省农村基层的桥梁和纽带，是各级党委、政府决策“三农”的参谋和助手，是全省加强农村对内、对外交流与合作的平台和窗口。

省农发会现设专家指导委员会（智库）、秘书处、总编室、三农课题调研部、科教培训中心、融媒体中心及乡村振兴研究院、乡韵艺术院、花椒产业专业委员会、合作社发展专业委员会、特色乡镇经济工作委员会、乡村教育与卫生专业委员会、种养循环经济委员会、草产业发展中心、诗酒田园志愿服务队、法治乡村与产业振兴分会等机构，现有专职员工37人，外聘“三农”专家106名。拥有会刊《四川农村》（双月刊，省农科院主管）、《四川农村观察》微信服务号、《四川农村》微信公众号、官网“四川农村发展”网等自有宣传平台，有四川广播电视台公共·乡村频道和百度成都频道等战略合作宣传平台，共同打造《乡村会客厅》栏目和乡村振兴专题。与省社科院、省农科院、重庆市农科院、省植物工程研究院、川农大、成都市农业职业学院、国家开发银行四川省分行、农业发展银行四川省分行、农业银行四川省分行、四川省农村信用联社、邮储银行四川省分行、华夏银行成都分行、四川省冶堪设计集团、锦泰保险股份公司及省供销社、省水产局、成都市农业农村局、自贡市农业农村局、宜宾市农业农村局等近30个科研院所、大专院校、金融保险和政府职能部门建立了战略合作关系。

省农发会成立27年来，通过调查研究、实地走访、举办涉农论坛、编辑出版涉农出版物等形式开展各类研学活动，在政策解读、产业孵化、农产品品牌打造、农村专业技术人才培养、农业科技推广、脱贫攻坚、乡村振兴等方面开展了一系列卓有成效的工作，共计举办国家级论坛2次、省级学术交流活动及论坛20次，线下培训班100余班次，培训人员近1万人次；线上培训15期，参与人数达160万人次；建立“三农”调研基地77个，撰写调研报告、学术报告近100篇；出版《四川农村》（杂志）、《四川现代农业发展报告》《四川三农70年大事记》等“三农”书籍近10种（类）40余卷，出版总字数超1.3亿字，多次获得国家级和省级奖项。省农发会先后被评为四川省“5·12”抗震救灾先进社会组织、四川省先进学会，多人多次获得“先进个人”称号，经民政厅评估为AAA社会组织。

自国家实施乡村振兴战略以来，省农发会紧跟时代步伐，发挥自身优势，成立乡村振兴研究院，致力于乡村振兴资源聚合与综合服务平台建设，加大课题调研力度服务地方乡村振兴，承担了《自贡市乡村振兴战略规划（2018—2022）》《理县乡村振兴战略规划（2018—2022）》及《丘陵地区现代特色农业助力乡村振兴的“隆昌模式”》《理县十三五农文旅融合发展》《甘孜藏族自治州生态农牧业发展研究》《郫都区唐昌镇农业产业强镇建设实施方案》《雅安市脱贫攻坚的机制创新与经验总结》《名山区脱贫攻坚与乡村振兴有机衔接实践案例研究》《崇州市农业产业功能区农业高质量发展战略研究》等近20个课题研究和项目规划工作；《简阳市传统农业向现代都市农业转型路径研究》获省委常委曲木史哈签批：调研报告有现实指导意义，请成都市、简阳市市委市政府领导参阅。

省农发会不忘初心、牢记使命，全面致力于促进和提升四川农村经济社会发展的质量和效益，为乡村全面振兴努力奋进！

成都市双流区

近年来，成都市双流区认真贯彻落实中央、省、市全面推进乡村振兴的重大决策部署，深入推进城乡融合发展，聚力"四抓""四融合"，乡村振兴实现良好开局，城乡融合发展纵深推进，探索出一条城乡业态叠加、同步更新、美美与共的城乡融合发展新路。2020年，城乡居民可支配收入分别增长5.6%、8.3%，连续6年获评全省农民增收工作先进区，荣获中国全面小康百佳示范区、中国最具幸福感城区等荣誉称号。

一、抓规划，一盘棋统筹推进城乡空间融合

着力破解城乡二元结构，坚持"先策划后规划，不设计不建设"的原则，以科学规划、全局思维统筹推进全域乡村规划提升工程。

（一）战略引领明晰发展路径。以高质量建设践行新发展理念的"中国航空经济之都"为统揽，重塑城乡空间格局，高质量编制完成《双流区农业农村现代化"十四五"规划暨"一带一区一走廊"规划》和"大美田园""天府农耕"2条市级乡村振兴示范走廊规划，重点以建设全域乡村大数据云和实施农村空间综合整治、乡村产业换挡、高端要素聚集等"五大工程"为抓手，承接和转化空港"物流、人流"实体资源和"信息流、价值流"虚拟资源，推进乡村全要素数据化、农事全主体在线化，农业全过程智能化，推动形成城乡融合、虚实融合的全国"双一流"融合发展典范。

（二）精心布局做强产业支撑。坚持做优乡村振兴的顶层设计，出台《双流区乡村振兴战略发展规划2018—2022》，依托全区国土空间规划编制，会同规划部门，围绕航空经济区、成都芯谷、天府国际生物城三大功能区，布局三大农商文旅融合发展功能区。在牧马山片区突出枢纽服务、高端商务、大地景观建设，布局打造世界一流的牧马山国际文旅会客区，在成新蒲片区突出智慧农业、数字乡村、科普研学，布局打造活力迸发的成新蒲乡贤智创留客区，在锦江流域片区融入旅游、康养、医美养生，布局打造绿色生态的锦江流域乡村旅居待客区。

（三）多规合一优化城镇体系。打破镇（街道）、村（社区）行政区划界线和城乡空间边界，按照"镇镇连片""村村连片"思路，以项目为导向，依托产业功能区、生态功能区和综合交通枢纽，构建"功能区＋特色镇（街区）＋新型社区（林盘聚落）"

成都市双流区第十九届人民代表大会第一次会议

区委农村工作领导小组会议召开

城镇体系，编制永安镇景山村、彭镇兴福社区四村连片等5个“多规合一”的实用性乡村规划，形成历史文脉、经济流向、绿色廊道、产业分布交互融合的城乡空间结构。

二、抓生态，一主题践行推进城乡形态融合

以绿色田园为本底，以幸福美丽乡村为映衬，全域推进乡村景区化景观化建设，为乡村注入“绿色活力”。

（一）新农村更加“靓丽”。深入开展农村人居环境整治，健全农村人居环境治理和长效管护机制，对标南京市江宁区，建立“最美农户”评选积分管理制度，每年评选100个“最美农家”，给予1000元/户一次性奖励，调动村民积极性，营造农村人居环境人人参与、共建共管浓厚氛围，累计改造农村户厕7600余户，建成农村垃圾收集点586个，城乡集中居住区生活垃圾分类覆盖

中国航空经济之都金融助力城乡融合发展启动仪式

成都双流国际机场

省委常委、副省长李云泽（中）到成都市双流区川商西南冷鲜城进口冷链食品集中监管仓调研冷链物流疫情防控工作

原成都市人大常委会主任李仲彬（前排左一）到双流区调研全国文明典范城市创建工作

农业农村厅副厅长肖小余（中）到双流区调研商业草坪整治情况

率达 98% 以上，20 户以上的农民集中居住区生活污水处理设施覆盖率达 90% 以上。开展农村地区违建棚房、拆而未用土地专项整治，借鉴苏州工业园植绿添景、拆墙透绿的方法，打造“可食绿地”“小游园”“微绿地”景观，进一步优化、美化农村环境，创建省级“四好村”20 个、市级“四好村”44 个。

（二）新家园更加“宜居”。按照“新村＋林盘＋绿道”模式，推进升级版幸福美丽新村建设，进一步优化农村居住环境，累计建成幸福美丽新村 22 个，惠及农户 8803 户 26400 余人，中央电视台《新闻联播》栏目深度聚焦双流，向全国推广双流幸福美丽新村建设经验。推进农村地区配套设施建设，坚持城乡路网、水网、管网一体规划设计、一体推进的原则，大力实施饮水安全工程、乡村道路建设和城乡主要道路“有路无灯”“有灯不亮”专项治理，累计建成“四好农村路”示范路 125 千米，农村地区自来水普及率达 95%，成功创建“美丽四川・宜居乡村”达标村 57 个、“美丽蓉城・宜居乡村”示范村 12 个。

（三）新乡村更加“绿色”。以化肥农药减量化、畜禽养殖污染治理为重点，采取水溶性高效肥替代传统化肥，推广高效低毒低残留农药等治理方式，精细化开展农业面源污染防治，实现畜禽粪污综合利用率达 90% 以上、农作物秸秆综合利用率达 98.5% 以上、农药包装废弃物和农膜回收率达 80% 以上，化肥、农药用量连续 4 年实现负增长。大力实施生态惠民示范工程，加快推进绿道蓝网体系构建，扎实开展川西林盘保护修复，结合山水田林湖草等自然资源和空港观光农业、槐轩文化和古蜀农耕等要素，打造八角水寨、帅家院子、吴家染坊等具有地域文化特色的林盘、农村微景观，构建“城中有田、田中有城”的空港公园城市大美乡村形态。黄水镇白塔社区帅家院子林盘获评“十大川西林盘年度消费新场景”。

三、抓产业，一张网联动推进城乡业态融合

立足都市消费人群和千万级航空旅客流量的优势，创新推动农商文旅体深度融合，以产业叠加创造新供给，以产业融合催生新业态，横纵结合编织城乡业态资源要素流通网络，构建城乡产业融合发展体系。

时任区委书记鲜荣生（中）一行到成都芯谷调研

区长杨钒（左一）到东升小学调研疫情防控和“双减”工作

原区政协主席李德龙（右三）到黄水镇白塔社区瞿上新村、板坡良舍视察乡村振兴推进情况

区委常委、区纪委书记、区监委主任罗万能（中）巡查锦江水环境攻坚治理情况

区委常委、区总工会主席苏巍（中）到欢乐田园调研

副区长薛燕（左二）调研乡村国土空间规划和“两项改革”后半篇文章

（一）农业本底更加夯实。大力推进现代农业经营体系建设，全面贯彻实施“米袋子”“菜篮子”强基行动，扛稳粮食安全重任，完成8.12万亩高标准农田建设，稳定粮食播种面积8.5万亩、蔬菜种植面积15万亩。立足“近郊”“空港”优势，持续推进农产品标准化品牌化建设，创建“双流冬草莓”“双流二荆条辣椒”等地标产品4个，6个品牌进入“天府源”目录。

（二）项目融合更加多元。牢固树立“生产即生态，生产即景观”的观念，坚持运用商业逻辑推进乡村产业的跨界融合，依托古树竹林、传统民居、川西林盘聚落等特色资源，打造天府桃源、欣悦草莓、永安四友葡萄、海蒂和噜噜的花园等集农村电商、文化创意、旅游观光等产业跨界融合为一体的都市田

2021年中国航空经济之都农民丰收节庆祝活动

欢乐田园

区农业农村局组织召开水果与蔬菜机械化生产现场培训会

名优农产品——付家坝韭黄

园会客厅。坚持“景区化、景观化、可进入、可参与”理念，以绿道为脉串联建设全域绿色网络，有机植入三国文化、古镇文化、航空文化等元素，建成永安湖城市森林公园、空港花田、华侨城欢乐田园等一批重大农商文旅体融合项目，华侨城欢乐田园荣获“中国旅游景区欢乐指数2020年度乡村田园类优质体验景区”第一名。

（三）载体承接更加丰富。坚持以产业功能区、特色镇、川西林盘和绿道蓝网等为载体，进一步优化提升“特色镇、川西林盘、景区”的多元融合模式，积极推进模式、项目创新，促进田园景观与林盘、绿道、新村、公园等有机融合，打造了“空港花田+

助农增收——黄水镇花龙村胭脂脆桃

地理标志保护品牌——双流二荆条辣椒

地理标志保护产品——双流冬草莓

地理标志保护品牌——双流黄甲麻羊

"百佳"示范创建获得全市第一名

弘扬志愿精神，双流区表彰"四个十佳"志愿服务与"新时代好少年"

云华新村""八角水寨林盘＋新村""黄龙溪古镇＋欢乐田园"等高质量高水平的农商文旅体融合发展消费新场景，其中空港花田获评成都市第四届乡村振兴"十大乡村周末游目的地"。2020年，全区乡村旅游接待游客800万人次，实现旅游收入60亿元。

四、抓基础，一条龙普惠推进城乡公共服务融合

坚持以提升群众获得感和幸福感为出发点，推动基础设施和公共服务重点向农村延伸、倾斜，大幅度提高农村地区的公共服务供给水平。

（一）教育服务向农村靠拢。深化"区域教育联盟"发展和"区管校聘"改革，推动名校（园）领办新建学校（幼儿园）、薄弱学校（幼儿园）和托管农村学校（幼儿园），探索完善教师交流制度，推进优质教育资源向农村覆盖。截至目前，全区在办的名校（园）领办、委托管理学校（幼儿园）34所，新建棠湖中学新校区等48所中小学（幼儿园），新增学位4.7万座，成为全国学前教育普及普惠县。

（二）医疗和公共卫生服务向农村集聚。高标准实施基层医疗卫生机构硬件提升工程，分别完成镇卫生院（社区卫生服务中心）基础设施提升改造项目9个、诊疗设备提档升级12家，

成都（双流）空铁国际联运港首趟国际班列开行

黄甲街道八角社区阳光家园"扶贫车间"工人加工纸盒

成双大道互通工程正式开通（5分钟可到机场）

"空港1号中邮跨境全球购"亮相第十八届中国西部国际博览会

双流区获得“成都党建引领城乡社区发展治理示范单位”称号

村卫生室（社区卫生站）公有化标准化建设66家。创新“区管院用”“城乡中医药一体化”等工作机制，实施“空港健康英才”引育计划，推进农村地区基层医疗卫生机构人才队伍建设。深化医联体建设和合作办医，在全省率先推行“一统三制家庭医生团队服务模式”，全区基层医疗卫生机构全部达到全国“优质服务基层行”标准，创建社区医院3家，基层医疗服务能力位居成都市前列，农村地区医疗和公共卫生水平大幅提升。

（三）文体服务向农村延伸。双流区以政府投入为主，社会资本投资为辅，促进区、镇、村三级现代公共文化设施的均衡发展，打通了公共文化服务“最后一公里”。实现镇（街道）、村（社区）综合性文化服务中心提档升级全覆盖、体育健身场地全覆盖、广电网络通达全覆盖、图书馆文化馆分馆建设全覆盖。按照“区里有品牌、镇街有特色、村社有亮点”的原则，围绕“15分钟公共文化服务圈”，用丰富多彩的公共文化服务满足城乡群众多层次、多样化的文化需求，打造“一镇一特色·百姓大舞台”、群众文化艺术节等主题文艺活动，每年举办“走基层”等各类文体惠民活动400余场次，建成全民健身路径6000余条、篮球场476个、乒乓球台1103个、公益性室内健身房24个，人均体育场地面积2.2平方米。

双流区“5+2”道路提升改造项目工程启动仪式

成都市2020年8月现代服务业重大项目集中开工仪式在双流区举行

川投国际网球中心

双流区入选“2020中国最具幸福感城市（城区）”

中国（四川）自贸试验区成都天府新区片区双流区块

永安镇双坝村新农村风貌

彭镇临江村

彭镇柑梓社区新村

胜利镇云华新村

空港花田

凤翔湖公园

蒲 江 县

全国农业社会化服务工作座谈会暨西部片区典型交流活动在蒲江县举行

蒲江县位于成都、眉山、雅安三市交汇处，属成都"半小时经济圈"，全县辖区面积 583 平方千米，辖 2 个街道 6 镇，总人口 28 万人，森林覆盖率 66.93%。获评全国首批国家生态文明建设示范县、全国农业标准化示范区、全国出口食品农产品质量安全示范区、国家有机产品认证示范区、全国农业信息化示范基地、全国农产品加工示范基地、全国休闲农业和乡村旅游示范县、全国电子商务进农村综合示范县等荣誉称号。

近年来，蒲江县坚持以习近平新时代中国特色社会主义思想为指导，坚持"生态优先、绿色发展"理念，深入实施"五化联动"战略，抢抓成渝地区双城经济圈、国家城乡融合发展试验区建设机遇，主动服务国家战略，大力发展都市农业，全面推进农业农村现代化步伐，2021 年 12 月被农业农村部、财政部、国家发展改革委列入全国首批 100 个创建农业现代化示范区名单。

一、推进农业设施化，着力打造区域农产品流通中心

一是围绕主导产业提质增效，大力提升现代农业设施装备水平，全县建成高标准农田 21.98 万亩、高效节水灌溉面积 6.2 万亩，主要农作物耕种收综合机械化率达 80.5%，引进培育健康植保、现代农机、生物防控等涉农企业 30 余家，农业综合配套能力不

全国农业社会化服务工作座谈会暨西部片区典型交流活动参会领导、专家学者一行到鹤山街道团结村、大兴镇猕猴桃国际公园等参观

2021年全国"宪法进农村"主题活动在甘溪镇明月村举行

断提升。二是着力建设具备区域影响力的现代农业加工物流集群，建成阿里巴巴四川农产品集运加工中心、原乡农业、申通物流等冷链物流项目 187 个，静态库容达 16 万吨以上，引进先进水果自动分选线 35 条，建成蒲江原产地水果物流中心、新发地水果物流基地、蒲江电商产业园等产地交易市场，初步形成集冷藏加工、分选包装、外贸出口于一体的农产品产业化企业集群，集聚农产品加工企业 200 余家，农产品初加工转化率达 95% 以上，获评全省农产品加工示范区。

二、推进农业园区化，构建“一核两园”发展格局

一是按照“要素集中、产业集聚、企业集群”园区建设理念，实施现代农业提升行动，建设以柑橘、猕猴桃为主导产业的国家现代农业产业园和以茶叶为主导产业的绿色有机绿茶产业园，茶叶、柑橘、猕猴桃规模化连片种植基地面积分别达 10 万亩、25 万亩、10 万亩。二是建成园区核心区天府农创园，打造集科技贸易、创业孵化、政务服务于一体的科创空间，区域农业综合服务中心和“蒲江雀舌”“蒲江丑柑”“蒲江猕猴桃”以及全县数十种精深加工农产品的品牌展示和体验中心。三是以园区为载体，突出家庭农场、合作社两类经营主体培育，促进小农户与现代农业有机衔接。积极探索“村两委 + 专业服务主体 + 农户”托管模式，全县成功获评全国农业社会化服务创新试点县、全国农民合作社质量整县提升试点县和全省深化职业农民制度改革试点县。2021 年 10 月 15 日，全国农业社会化服务工作座谈会在蒲江县召开，全县代表全市作了经验交流发言；12 月 10 日，蒲江县“整村托管，助力小农户发展模式”被农业农村部列为全国农业社会化服务典型向全国推介。四是坚持“区域公共品牌”和“企业品牌”双轮驱动，“蒲江雀舌”“蒲江猕猴桃”“蒲江丑柑”进入全国区域公共品牌价值前 40 强，综合价值达 415.73 亿元；“蒲江耙耙柑”获批国家地理标志证明商标，“蒲江雀舌”入选首批中欧地标保护名录。培育“阳光味道”“良峰”“嘉竹”“水口红”等一大批企业品牌，主导农产品品牌销售率达 70% 以上。

县委农村工作会议

成都市都市农业和食品产业生态圈项目集中签约仪式在天府农创园科创中心举办，“蓉欧国际冷链蒲江基地”“西南果都冷链物流产业园”等8个项目集中签约

成都益民投资集团与蒲江县签署《战略合作协议》

成都市副市长刘旭光（中）一行到蒲江县调研现代农业产业园建设情况

时任农业农村厅副厅长薛学深（前排左一）到蒲江县开展现代农业产业园建设工作调研

成都市农业农村局局长张俊国（右二）一行到西来镇江铁牛村、甘溪镇明月村调研农贷通及乡村振兴工作

三、推进农业融合化，打造农商文旅体融合发展示范

一是坚持以节为媒发展休闲农业，已连续举办18届樱桃节、11 届采茶节、6 届丑柑节、14 届猕猴桃节、9 届春笋节，并通过不断创新场景模式，促进茶叶、猕猴桃、柑橘等特色农产品转化为上百种旅游商品。因地制宜推动发展乡村农旅融合项目，打造多元消费场景，大力实施“人居环境塑形、全域景观提质、文化品质铸魂、品牌业态聚人”，保护修复川西林盘 15 个，建成农业主题公园 3 个、省级乡村旅游示范镇 3 个、农旅融合示范村 15 个、2A 级以上景区 5 个，实现“田园变公园、农区变景区、农房变客房、农产品变商品”。二是采取建设用地“点

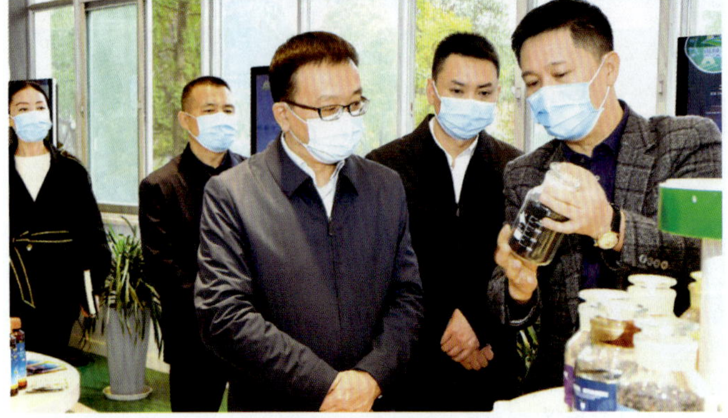
县委书记蒲发友（中）调研天府农创园建设推进情况

时任县人大常委会主任安建东（左一）率队到比昂科技智慧农业示范园、晚熟柑橘工程技术中心等视察农业农村工作

县长赵钢（右三）调研农机社会化服务工作

时任县政协主席杨亚群（左二）到大塘镇调研“幸福美好生活十大工程”推进情况

品牌农业发展国际研讨会连续4年在蒲县江召开

状供地”、农村闲置宅基地“有偿腾退”等多种方式供地1000余亩，培育云顶水乡、明月国际陶艺村、猕猴桃公园、蓝莓谷等一批示范项目，建成特色农庄和乡村酒店民宿105家，农业观光、采摘体验、康体健身、乡村美食、休闲度假等一大批农旅融合业态在乡间兴起，促进旅游综合收入持续增长。2021年，全县休闲农业和乡村旅游接待625.84万人次，旅游综合收入35.74亿元。

四、推进农业绿色化，不断实现生态价值转化

一是实施水土共治工程，开展全域水环境治理，完成耕地质量提升75万亩次，全县“耕地质量保护提升服务模式”被列为农业农村部干部学院教学案例。二是实施畜禽粪污还田沃土13万立方米，开展农药包装物回收处理试点，秸秆、果袋等废弃物资源化利用率达98%，获评国家循环经济示范县。三是实施绿色有机生产，制定绿色有机生产技术导则，引进南京国环等国际互认的有机认证机构，全面实施有机肥替代化肥、绿色防控替代化学防治“两个替代”工程，农产品抽检合格率达100%，绿色防控覆盖率达72%，化肥农药使用量实现零增长，绿色有机认证面积6.4万亩，获评全国绿色农产品标准化生产基地、全国农作物病虫害绿色防控示范县、全国畜牧业绿色发展示范县。

五、推进农业数字化，积极打造现代农业智慧场景

一是建成村级益农信息社77个，组织搭建了蒲江现代农业产业园综合信息管理平台涵盖农业生产、经营、管理、服务等功能，囊括实时数据近100条。二是集成运用物联网、5G通信、区块链等技术，培育阿里巴巴数字农业等信息化应用基地20余个，获评全国农业信息化示范基地。三是积极发展社交电商模式，以“原产地+直播”等方式，打造蒲江抖音电商直播基地，“买全国、卖全国”的农村电商发展模式持续完善。全县电商主体6300余家、从业人员3万余人，获评国家电子商务进农村综合示范县、阿里巴巴全国农产品电商百强县，电商发展经验获国务院办公厅督查激励。

（茶产业）成佳十万亩茶园种植基地

（柑橘产业）柑橘标准化规模化种植基地

（猕猴桃产业）蒲江猕猴桃规模化种植基地

"蒲江雀舌""蒲江猕猴桃""蒲江丑柑"三个地标产品进入全国区域品牌（地理标志产品）前40强

（设施化）无人农机果园作业

（园区化）国家现代农业产业园

（绿色化）病虫害统防统治

（融合化）猕猴桃国际公园

（数字化）重大病虫害预报系统

猕猴桃分选线

蒲江猕猴桃网购节

蒲江丑柑电商直播网购节暨蒲江丑柑产销对接会

成都（蒲江）采茶节

车迷健身节

甘溪镇明月村（国际陶艺村）

成佳镇麟凤村（茶海之岛）

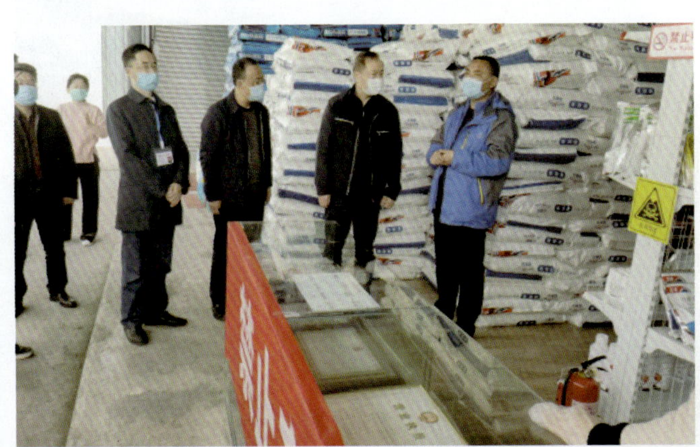

蒲江县开展省、市、县三级联合农资打假执法“春雷行动”

蒲江县召开农产品质量安全监管、协管员专题培训

攀枝花市仁和区

省长黄强（右一）参加全省巩固拓展脱贫攻坚成果同乡村振兴有效衔接现场会（攀枝花线）

省政协副主席、党组副书记曲木史哈（前排右二）到仁和区调研农业发展情况

攀枝花市委书记张正红（中）调研26度果园发展情况

仁和区情。攀枝花市仁和区地处川滇交界，辖区面积1729平方千米，辖5乡8镇1个街道，有汉、彝等36个民族杂散居住。有常住人口28万人，其中农业人口13.9万人（农村劳动力8.4万人）。

农业经济指标。2020年，仁和区农业总产值46.3亿元，增长5.5%；农业增加值30亿元，增长5%；农村居民人均可支配收入达20898元，增长8.6%。

农业产业情况。构建现代农业“5+3”产业体系，即“果、畜、烟、菜、粮”5大优势特色产业，“现代农业种业、现代农业装备、现代农业烘干冷链物流”3大先导性支撑产业。全区特

仁和日出

新村一角

千年古村——平地镇迤沙拉村

色水果种植面积48.1万亩，其中芒果40.1万亩，年产量23.2万吨，实现产值16.1亿元（亩产578.5千克，1.75元/千克）；软籽石榴1.9万亩、酿酒葡萄1.5万亩、温带小水果4.6万亩；烤烟1.5万亩，产量0.2万吨；蔬菜8.2万亩，产量29.7万吨；粮食11.87万亩，产量4.4万吨。有规模养殖场39家，生猪出栏15.8万头、存栏9.86万头，牛出栏0.86万头、存栏1.7万头，羊出栏13.12万只、存栏12.1万只。

仁和区芒果品种。全国现有芒果品种351份，仁和区有220份，几乎涵盖全国所有优质主推品种，其中“凯特”种植面积占比为85%；第二为“金煌”，占比为10%。

芒果种质资源圃。2008年，开始建设农业部芒果种质资源保护四川创新基地，面积24亩，培育“攀育2号”等12个中晚熟优良品种，其中7个品种来源于中国热科院、5个为仁和区本土培育品种“攀育1号~5号”。其中，“攀育2号”亩产效益达2万元以上（亩产1000千克以上，5元/千克）。

四川省五星级现代农业园区基本情况。园区位于大龙潭乡、仁和镇，覆盖2个乡（镇）12个行政村，园区面积380.65平方千米，涉及7095户2.5万人，有乡村从业人员1.27万人，园区面积380.65平方千米。截至2020年年底，园区已建成晚熟芒果种植基地10.8万亩，芒果年产量5.4万吨，实现产值3.78亿元（亩产500千克，1.75元/千克），园区农民人均可支配收入达2.84万元。2018年以来，园区共计投入资金1.76亿元。

农产品集散地

气调库

金沙江智慧物流商贸城

芒果加工厂

攀枝花市仁和区芒果现代农业园区（省五星级园区）

平地镇迤沙拉村葡萄种植基地

仁和镇板桥社区火龙果种植基地

高标准农田

烤烟丰收

跃进水库

脱贫攻坚

万宝营森林康养基地

大田会址

迤沙拉姊妹节

莲乡布德景区荷花盛开

“石榴之乡”——大田镇石榴花节

布德镇老村子村

太平乡红岩村

啊喇彝族乡

大龙潭乡

大田镇全景

泸州市江阳区

泸州市江阳区位于四川省东南端，是全国现代农业示范区、全国农业标准化示范区、全国科技进步示范区、全国科普示范区。2020年，江阳区现代农业发展提质增效，全面深化农业供给侧结构性改革，启动全省职业农民制度试点，全面完成国家农村集体产权制度试点改革。全区蔬菜、高粱、水果种植面积突破46万亩，董允坝现代农业园区获评全省三星级现代农业园区、优秀农业科技园区。“菜篮子”“米袋子”安全稳定，非洲猪瘟防控有力，新（改、扩）建生猪规模化养殖场18个，生猪产能达30万头；新建高标准农田2万亩，粮食产量稳定在20万吨以上。品牌影响力持续增强，新纳入“三品一标”农产品12个，新认定市级以上龙头企业2家、农民示范合作社7家、家庭示范农场25家。深入实施乡村振兴战略，深化“百镇建设行动”，启动“多规合一”村庄规划编制，完成小城镇建设投资12.5亿元。分水岭镇获评全省文明镇，黄舣镇马道子村、丹林镇梨花村等10个村创建为市级以上实施乡村振兴战略工作示范村。提质推进农村“五网”建设，江北片、江南片干线及联网路全线通车，新（改）建农村道路132千米，打造乡村客运“金通工程”全省示范标杆；实施低电压地区农网升级，新（改）造线路110千米。深入开展农村人居环境整治“五大行动”，新（改）建垃圾收集点118个、农村公厕21座、无害化卫生厕所6007户，行政村生活垃圾和生活污水有效处理实现全覆盖，荣获“全国村庄清洁行动先进县（市、区）”称号。

新型农业发展

分水岭镇董允坝伞里古街

董允坝现代农业

通滩镇凤龙村菜粱轮作基地

高粱红了

黄舣镇罗湾村桂圆喜获丰收

泰安街道咀阳村荷花种植基地

黄舣镇马道子新村

分水岭镇晏石坝聚居点

全域公交

董允坝蔬菜大丰收

丹林镇樱花谷

德阳市气象局

中国气象局副局长宇如聪（右三）到绵竹市调研

省气象局党组书记彭广（左二）到德阳市气象局指导工作

德阳市气象局成立于1994年，辖广汉、什邡、绵竹、中江、罗江5个区（市、县）气象局。市局下设3个内设机构、8个直属单位。主要承担气象综合观测、天气预报、气象灾害防御及预警、气象信息、气候变化、气候资源开发和利用、农业气象、环境气象、防雷、人工影响天气等气象业务工作，负责德阳市辖区内的气象行业管理及气象行政执法。

实地查看"我为群众办实事"项目——绵竹市多要素城市环境气象观测站

近年来，在市委、市政府和省气象局的坚强领导下，德阳市气象局紧紧围绕市委、市政府中心工作，以提高自身能力建设为着力点，在业务服务、防灾减灾、文明创建等方面取得了明显成效，建成"全国文明单位""全国节约型机关""全国气象科普教育基地"，获得全国气象部门公务员集体二等功奖励、"全国气象工作先进集体"称号，被省政府评为"防汛减灾先进集体"；连年获得省气象局"全省气象服务先进集体""特别优秀达标单位""重大气象服务先进单位"表彰；被市委、市政府评为"社会主义核心价值观示范点""依法行政示范单位""学法用法示范单位""安全生产一等示范单位"。

气象科普进校园活动

息1241条；开展宣传培训14场次；引导金融、保险和担保机构入驻平台并完善金融产品，平台入驻金融机构14家，发布涉农金融产品32个；累计发放贷款1228笔、14.16亿元。创新“政银担”金融支农模式，组建“蒲江县乡村振兴农业产业发展贷款风险补偿金”，累计筹集2700万元，撬动金融资本助力产业发展，通过风险补偿金完成授信贷款172笔、信贷金额18703万元。

【现代农业发展】 巩固国家现代农业产业园建设，阿里巴巴数字农业加工集运中心等重大项目落户园区；推进茶叶现代农业园区建设，打造“最美茶庄”9个，引进茶文旅融合项目8个。创新市场主体建园区模式，中加都市现代农业园区落户蒲江。“全员抓园区、全域建园区、全链强园区”工作做法在全省园区建设现场会上作书面交流。

加强产业项目带动，编制完成西南水果科创商贸中心规划，签约引进西南特色水果冷链物流贸易港等重大项目6个，总投资55亿元。

夯实现代农业基础。新建高标准农田1.5万亩，建设经验在全省农田水利现场会上作书面交流。“耕地质量保护提升服务模式”被列为农业农村部干部学院教学案例。加强科技支撑，全年引进、试验、示范、推广农业（畜禽）新品种10个，农业先进实用技术18项，农业新机具7类。推进绿色有机产业发展，实施“两个替代”行动，推广柑橘、茶叶、猕猴桃等主要农作物绿色防控面积36万亩次，绿色防控覆盖率达65%以上。推进金沟村有机柑橘、橙海阳光柑橘示范园、新朝阳柑橘出口示范园等智慧农业示范区建设，已培育百绿天成柑橘、泰禾有机猕猴桃等信息化基地20余个，覆盖面积5万亩。推进生猪稳产保供，引进中际、德康等，年出栏生猪约40万头。创建省级标准化生猪养殖场1个、市级标准化生猪养殖场4个。

【惠农政策】 全年耕地地力保护补贴面积29.4412万亩，补贴资金2679.1482万元；粮食规模化种植补贴面积486.3亩，补贴资金9.726万元；稻谷补贴面积1226.88亩，补贴资金6.5969万元；农业职业经理人社保补贴人数627人，补贴资金243.593136万元。对从事大宗粮食种植的贷款项目，按当期银行贷款基准利率给予贷款主体80%的贴息；对从事特色种养业生产的贷款项目，按当期银行贷款基准利率给予贷款主体50%的贴息；对从事一二三产业融合发展的贷款项目，按当期银行贷款基准利率给予贷款主体30%的贴息。每个贷款项目贴息资金总额不超过200万元（贷款额度不超过1000万元）。全年共对45名贷款主体给予贴息，贴息金额累计163.03万元。

【农业保险】 按照“政府引导、市场运作、自主自愿、协同推进”的原则，通过开展专场培训、媒体宣传、入户宣传等方式提高政策性农险知晓率，全县开展水果、生猪、森林、有机农业、土地流转履约保证保险、农民工用工意外险等传统险、特色险等19个品种，全年总保费收入4939.74万元，惠及农户2.9万户。

【一二三产业融合发展】 加强品牌建设。举办丑柑网购节、猕猴桃网购节等节会，与谊品生鲜、永辉等合作建立直采基地，向盒马、伊藤洋华堂等高端商超供货。开展“川货出川”活动，在中央电视台、地铁、高铁等进行品牌宣传。“蒲江雀舌”“蒲江丑柑”“蒲江猕猴桃”进入2020全国区域品牌价值前50强，综合价值达384.9亿元；“蒲江耙耙柑”获批国家地理标志证明商标。全年农产品网络零售额18.49亿元，增长42.87%，电商发展经验在全国商务扶贫培训会上交流，获评“国家电子商务进农村综合示范典型县”。

农旅融合发展。打造插旗山村等融合发展示范村、猕猴桃国际公园等农业主题公园，明月村获评“中国传统村落活化最佳案例”“四川生态宜居名村”。打造“最美茶庄”9个，“产业园+特色镇+川西林盘”融合发展模式被农业农村部拟列为全国范例。全县乡村旅游接待游客492.65万人，增长6.38%；实现乡村旅游收入26.08亿元，增长6.62%。

对外开放合作。与丹棱、雁江等地打造农业区域联合体，实施全省农业对外开放试验区建设。举办品牌农业国际研讨会和中加（蒲江）现代农业产业园授牌仪式，融入国际农业舞台。

【农产品质量安全监管与认证】 农产品质量安全监管。加强宣传引导，通过“3·15”消费者权益保护日、“质量月”“食品安全宣传周”等主题宣传活动以及开展食用农产品合格证制度培训、农产品质量安全追溯项目培训等，发放宣传资料8.9万余份，宣传绿色标准化生产模式，普及农产品质量安全相关知识，引导广大农民遵守农药安全间隔期、兽药休药期规定。加大对生产主体的巡查力度，以“三品”认证基地为重点，以“违禁超限”农产品为核心，督促生产经营主体落实农产品质量安全主体责任，指导生产者科学使用农药，严格遵守安全间隔期规定，规范建立生产记录档案。全年检查农业生产主体300余家次、冻库820家次，发放生产档案记录本400余本，联合执法大队开展检打联动4次，执法抽样送检茶叶1个，监管协管员在市级农产品质量安全检测监管溯源平台上传监管记录1993条。试行农产品合格证制度，将试行食用农产品合格证制度作为压实生产主体责任、创新监管手段的重要举措，召开动员部署会3次、培训会2次，开展线上培训3次，发放合格证宣传资料5000余份，微信推送4期。联合县市场监管局印发《蒲江县试行食用农产品合格证制度实施方案》，并将合格证与项目申报、评优评奖挂钩。全县发放合格证打印机100台、手填式合格证1100余本，全县571家生产主体共开具合格证33万张。

农产品质量检测。结合全县农产品生产结构，制定有针对性的年度监测计划，确保监测结果能有效反映全县农产品质量安全总体情况。加大农产品抽检力度，严防不合格产品流入市场，开展农残定量抽检1056批次、农残快检2.4万余批次，合格率分别为98.7%、99.9%；配合部、省、市各级检测机构对蒲江县开展农产品质量安全例行、专项抽检270批次，合格率达99.3%。

农产品认证。协助企业、专合社等开展“三品”（无公害农产品、绿色食品、有机产品）认证申报和复查换证，全年新增“三品”及GAP认证（含换证）产品15个、面积2.9万亩；全县“三品”、GAP认证及出口备案基地产品125个、面积14.62万亩。建成省级地理标志核心保护区1个（蒲江杂柑），“蒲江樱桃”“明月雷竹笋”2个农产品地理标志保护产品通过农业农村部答辩评审并公示。

有机农业基地建设。全县茶叶有机认证面积2070亩，茶叶良种优质率达99%。全县猕猴桃产业获得无公害、绿色、有机、GAP认证面积3.3万亩，其中绿色、有机认证面积2.74万亩，获评“全国绿色食品原料（猕猴桃）标准化生产基地”。全县柑橘产业获得无公害、绿色、有机、GAP认证面积7.09万亩，其中绿色、有机认证面积5.22万亩。蒲江县长秋山古佛柑橘专业合作社、蒲江县金鹅山猕猴桃专业合作社被生态环境部有机食品发展中心认定为国家有机食品生产示范基地。

【主要领导人】 县委书记：刘刚；县人大常委会主任：安建东；县长：赵钢；县政协主席：杨亚群；分管农业副县长：赵武斌。

蒲江县编写组

自 贡 市

【基本情况】 2020年，全市辖4区2县，辖区面积154平方千米。户籍总人口3178387人，家庭总户数1060189户，其中乡村人口1964815人。全市森林覆盖率35.3%，增加0.1个百分点。

2020年，全市GDP1458.44亿元，增长3.9%，列全省第12位、川南四市第3位，增幅分别高于全国、全省平均水平1.6个百分点和0.1个百分点，其中第一产业增加值231.35亿元，增长5.6%；第二产业增加值567.94亿元，增长4.8%；第三产业增加值659.15亿元，增长2.4%。三次产业对经济增长的贡献率分别为16.5%、58.4%和25.1%。三次产业机构比由上年的14.4：39.8：45.8调整为15.9：38.9：45.2。

有各级各类学校721所，在校学生46.21万人，教职工3.1万人（专任教师2.59万人），其中幼儿园443所（另有附设园207个），在园幼儿6.7万人，学前教育三年毛入园率91.05%，普惠性幼儿园在园幼儿比例达83%；小学113所（另有教学点160个），在校学生16.03万人，小学学龄儿童净入学率100%；初中（含九年制学校）117所，在校学生9.39万人，义务教育巩固率99.5%；普通高中22所，在校学生4.05万人，高中阶段毛入学率91.8%；中等职业学校16所（含暂停招生学校），在校学生2.63万人；特殊教育学校6所，在校学生937人；工读学校1所，在册学生22人；高等院校3所，在校学生7.3万人（含非全日制）。有市、县（区）美术馆7个，乡（镇）综合文化站65个，街道文化活动中心25个，村级综合性文化服务中心705个，社区综合性文化服务中心284个。有医疗卫生机构2162个（含村卫生室1395个），其中医院68所、基层医疗卫生机构2067个、专业公共卫生机构26个、其他医疗卫生机构1个；病床位23646张，每千人口拥有床位数8.09张；卫生技术人员25790人，每千人口拥有卫生技术人员7.09人。

【年度农业和农村经济运行】 2020年，全市农村居民人均可支配收入达18788元，增长8.7%，城乡居民收入比由2019年的2.12缩小至2.06。农村居民年人均消费支出达14742元，增长3.3%。全年水产养殖面积9107公顷，增加36公顷；水产品产量8.38万吨，增长4.1%。农业机械总动力120.15万千瓦，增长3.2%。全市有农民专业合作社1718个、家庭农场5233个、县级以上龙头企业176家。

【种植业】 全市粮食作物播种面积23.38万公顷，增加2326公顷；油料作物播种面积7.42万公顷，增加2888 公顷；蔬菜及食用菌种植面积 6.24万公顷，增加768公顷。全年粮食产量140.8万吨，增长1.5%。经济作物中，油料产量16.75万吨，增长5.5%；蔬菜及食用菌产量235.55万吨，增长6%；茶叶产量1.45万吨，增长2.7%；水果产量41.77万吨，增长9.1%。

【林业】 全年完成人工造林面积12.35万亩（中央财政造林补贴项目面积2.25万亩），改造低产低效林面积3.61万亩，森林抚育总面积3.83万亩，“四旁”植树1180.89万株。

【畜牧业】 全年猪、牛、羊禽肉产量17.87万吨，增长9.9%，其中猪、牛、羊肉产量13.08万吨，增长16%。肉猪出栏160.53万头，增长20.9%；肉用牛出栏2.12万头，减少0.2%；肉用羊出栏94.4万只，增长2.4%；肉用活家禽出栏3174.82万只，减少2.2%。

【农村市场体系建设】 全市有便民服务站1280个、村邮站57个。全市65个乡（镇）均建立快递网点，已建成网点261个、农村快递公共取送点90个，实现乡（镇）快递全覆盖；有村级快递网点73个，已通快递的建制村数量达532个。

【主要领导人】 市委书记：范波；市人大常委会主任：谭豹；市长：何树平；市政协主席：游开余；分管农业副市长：鲜光鹏。

自贡市编写组

自 流 井 区

【基本情况】 2020年，全区辖3镇9个街道29个村66个社区，辖区面积154.99平方千米，有户籍人口37.48万人。

【年度农业和农村经济运行】 2020年，全区实现农林牧渔业总产值12.98亿元，其中农业增加值7.9亿元，增长5.7%。农村居民年人均可支配收入达20568.7元，同增长8.8%。建成水美新村4个。实现村集体经济收入1010.32万元，村均收入39万元。建成高标准农田2万亩，完成农村道路改善提升工程21.8千米。尖山柑橘主题农业公园创建为市级农业主题公园。

【种植业】 全区粮食作物播种面积5766公顷，减少0.2%；油料种植面积2643公顷，减少0.04%；蔬菜种植面积3046公顷，增长1.94%。全年粮食产量3.06万吨，增长0.97%；油料产量0.66万吨，增长7.7%；蔬菜产量9.6万吨，增长7.84%。

【畜牧业】 全年肉类总产量0.64万吨，减少3.96%，其中猪肉产量0.33万吨，增长1.5%；牛肉产量0.01万吨，增长6.85%；羊肉产量0.01万吨，增长1.4%。生猪出栏4.73万头，增长7.82%；肉牛出栏0.06万头，增长5.59%；肉羊出栏0.92万只，增长2.6%；家禽出栏100.49万只，减少21.21%。

【农村卫生】 截至2020年年底，全区有建档立卡贫困人口3263人，全部参加医疗保险，参保率100%。建档立卡贫困人口县域内住院789人次，住院总费用636.3万元，报销政策范围内费用574.04万元（其中基本医疗保险报销317.38万元，大病保险报销87.92万元，医保兜底支付117.18万元），报销其他救助97.52万元（其中医疗救助42.23万元、卫生扶贫52.9万元、公立医疗机构减免1.39万元），个人支付16.30万元（个人支付占比2.56%），实现控制在10%以内的目标任务。

【农村交通】 在服务“两区”建设、支撑脱贫攻坚和乡村振兴发展中，在全市率先实现100%乡（镇）和建制村通硬化路、通客车。全面推行农村公路路长制工程，全区覆盖区、镇（街道）、村（社区）三级的路长制组织体系基本建立，路长工作步入正轨，乱贴乱挂、乱搭乱建、乱倒乱放、乱挖掘路面等问题得到有效防控。落实节假日值班和日常巡查制度，加强公路巡查，提前制定突发事件应急预案，做好突发事件应对工作；及时修复路面病害，培植绿化植被，完善沿线排水设施，常态化开展清扫、冲洗等路面清扫保洁。

【农村生态建设及环境保护】 开展清漂保洁、清淤疏浚、面源防治、截污控污、生态修复、设施建设“六大工程”，完成区级巡河143次、镇巡河348次，共整治修复城区管网55处，清漂7300余吨，清淤疏浚12千米，规范整顿水产养殖、畜禽养殖90余户，拆除2个散养畜禽养殖点。推进釜溪河、旭水河等流域湿地修复治理，保护修复生态湿地119.62公顷。推进“千村示范工程建设”，依托户厕改造对仲权镇、舒坪街5个行政村开展综合整治，辖区55%的行政村生活污水得到有效管控。

【主要领导人】 区委书记：黄志勇；区人大常委会主任：何永海；区长：向军；区政协主席：刘茂常；分管农业副区长：贾小龙。

自流井区编写组

贡 井 区

【基本情况】 2020年，全区辖3个街道7镇，辖区面积410平方千米，有户籍人口28.03万人。

【公共文化服务体系建设】 全年投入资金259万余元，完成盐都时代悲鸿文化传播中心建设；完成区图书馆分馆、文化馆分馆及文化云平台、区美术馆二期工程建设以及长土街综合文化中心升级改造。投入资金2万元，新增区图书馆图书533本。组织开展"唱响盐都·贡享消费"文化音乐周"万人赏月诵中秋"等各类主题的文化惠民活动100余场，开展"送文化下乡""送春联下乡进社区""非遗剪纸进校园"等活动16场次；开展自贡西城荷花文化节暨送文化到景区活动等。全年放映公益电影1788场，举办"三馆一站"各类文艺演出、展览和讲座等文化活动100余场，受益群众15万余人次。开展社区文化专干、社区文艺骨干和文艺爱好者指导培训15次。指导开展区文艺活动节目，到基层调研群众文化1次，到乡（镇、街道）开展群众文化辅导讲座4场。区文化馆开设舞蹈、美术和书法少儿艺术培训班，秋季新增免费少儿舞蹈艺术团；开设暑、秋和寒假培训班3期，到馆学员900余人次，成为留守儿童和未成年人校外活动的主阵地。

【广电建设】 投入资金5万元，实施乡（镇）广播电视服务网点升级改造；整合资金15.61万元，实施广播电视"户户通""村村响"设施设备运行维护，最大限度确保全区"村村响"广播高效、精准、及时"发声"。组织开展2020年决战脱贫攻坚百日攻坚行动，整合资源，先后为贫困户更换安装"户户通"卫星接收器设备74户，协调解决电视机问题54户，确保了所有建档立卡贫困户正常接收电视信号。完成春节、全国两会、省两会、国庆等重大活动和重要保障期广播电视安全播出工作，实现零停播、零插播，确保广播电视安全播出、安全传输。开展卫星电视地面接收设施专项整治行动，共拆除违规安装使用卫星地面接收设施125台。

【文旅招商引资】 全年包装项目6个，报送招商线索32条，其中文化旅游招商小分队报送19条、文化广电旅游局报送13条；签约项目4个，共计金额2.9亿元。其中，参加第六届中国（四川）国际旅游投资大会，现场签约贡井区贡之源生态旅游建设项目，签约金额1.1亿元。全年外出招商10次，拜访重点企业22家次，邀请客商20余家到贡井区进行实地考察。

【主要领导人】 区委书记：黄劲；区人大常委会主任：林勇；区长：张洪涛；区政协主席：罗洪艳；分管农业副区长：吴正刚。

贡井区编写组

大 安 区

【基本情况】 2020年，全区辖9镇6个街道，辖区面积397.5平方千米，其中耕地面积28.92万亩，减少1.7%；基本农田20.2万亩。年末总人口42.68万人（户籍人口），人口出生率7.18‰，人口死亡率5.13‰，人口自然增长率2.05‰。本地水资源总量4.1636亿立方米，人均占有水资源量635立方米，有效灌面16323公顷。林地面积0.47万公顷，其中有林地面积0.41万公顷，活立木总蓄积量24.64万立方米，森林覆盖率24.86%。

2020年，全区GDP168.34亿元，增长3.6%，其中第一产业增加值23.38亿元，增长5.6%，农林牧渔与农林牧渔服务业增加值之比为99.1 ∶ 0.9；第二产业增加值78.65亿元，增长3.7%（工业产值减少4.9%）；第三产业增加值66.31亿元，增长2.8%。三次产业对经济增长的贡献率分别为14.1%、60.5%和25.4%。劳务输出110335人，收入31.8452万元。全年接待游客896.36万人，实现旅游收入100.32亿元，其中乡村旅游收入26.9亿元。

公路通车里程1058.2千米（其中乡村公路1015.859千米），密度2547米/平方千米，23千米/万人。地方公共财政预算总收入完成38.91亿元，增长29.51%；公共财政预算总支出37.26亿元，增长40.55%，其中农业投入5.88亿元，占支出的15.78%。农业产业化龙头企业省级2家、市级17家。

有各类学校122所，在校学生63006人，教职工3800人，其中普通高校3所，在校本（专）科学生19000人，增长217%；普通高中学校4所（含民办十二年制自贡嘉祥外国语学校），在校学生3574人；初级中学3所、九年制学校6所，在校学生8532人；小学34所（含23所村级小学），在校学生15711人；学龄儿童入学率100%。有艺术表演团体5个，文化馆1个，公共图书馆1个。有卫生机构237个，病床位2956张，卫生技术人员2533人。城乡居民基本医疗保险参保人数300179人，参保率97%；新型农村社会养老保险参保人数178678人；被征地农民养老保险参保人数26948人。

【年度农业和农村经济运行】 2020年，全区实现农业总产值38.48亿元，增长5.9%；全区全年农业增加值达23.59亿元，增长5.7%；肉鸡、生猪等特色优势农产品产量保持稳定增长。农民年人均可支配收入达18535元，增长8.7%。全区农产品质量抽检合格率比年初提高1.2个百分点；建成11个镇（街道）级快检站及5个村级快检室。主要农产品产量见表1。

表1 2020年大安区主要农产品产量

主要农产品	单位	产量	同比(%)
粮食	万吨	11.22	0.89
水稻	万吨	4.41	0.7
玉米	万吨	3.15	–3.58
马铃薯	万吨	0.42	3.37
油菜籽	万吨	1.76	5
蔬菜	万吨	27.72	3.97
水果	万吨	1.31	13.92
肉类	万吨	3.1757	33.47
猪肉	万吨	0.8983	9.74
牛肉	万吨	0.1153	9.19
羊肉	万吨	0.1094	1.11
禽肉	万吨	1.505	59.33
兔肉	万吨	0.4821	2.97
禽蛋	万吨	0.7582	14.55
水产品	万吨	0.9236	3.51
牛奶	万吨	0.4485	–0.49

农业产业化发展。全区共有农业产业化龙头企业19家，其中省级2家、市级17家。企业全年营业总收入83460万元，其中种养殖产品销售收入29965万元、农产品加工产品销售收入53495万元。全年实现利润总额4107.8万元，上缴税金592万元。企业年末固定资产总额31617万元，带动农户14565户，其中订单带动农户7302户。全区经工商登记在册的农民专业合作社218个，其中2020年新注册1个。注册资金100万元，入社成员61人，带动农户65户，入社成员人均年增收1000元，带动农民人均纯收入增收650元。

农村产权制度改革。截至2020年年底，共完成清产核资单位1778个，共清理核实集体资产3.37亿元，其中经营性资产0.7亿元、非经营性资产2.67亿元；货币资金1.1亿元；清查核实集体土地总面积42.8万亩，其中农用地面积37.3万亩。全区所有行政村全部建立集体"三资"台账。集体经济组织有序组建，已组建农村集体经济联合社18个、农村集体资产经营管理公司10家。

农产品品牌战略实施。全区有"三品一标"农产品30个，其中种植业6个、畜牧业3个、水产品21个。复查换证企业3家。长明集团自贡市天花井食品有限公司申报的火边子牛肉和自贡市大安区团结镇农业综合服务中心申报的团结镇生姜、萝卜分别于2012年和2017年完成认证，自贡市天花井食品有限公司的"自贡火边子牛肉"于2015年2月获准使用地理标志保护产品专用标志企业，长明牌牛肉、长明牌冷吃兔、牛佛牌烘肘于2017年3月被授予四川名牌称号，长明、牛佛被授予四川省著名商标称号。组织开展无公害农产品产地认定，全区无公害生产面积达214890亩，占全区耕地总面积的99%。于2017年完成全区无公害农产品产地认定的复查换证。

现代农业园区建设。大安区肉鸡现代农业园区对标省星级园区创建标准，被纳入省级园区培育，并争取到省级园区培育资金1000万元。完成鸡棚新建47条，累计达180条，肉鸡出栏540万羽。建有种鸡场、孵化场、肉鸡养殖基地、饲料厂、有机肥料厂、交易中心，逐步形成"肉鸡育种—苗鸡孵化—饲料生产—现代养殖—分拣筛选—屠宰加工—市场销售"的全产业链体系；巩固提升柑橘产业基地，完成5900亩柑橘产业基地提质增效。依托省级园区培育项目、农业产业强镇项目建设，新建产业道路12千米，提档升级改造15千米，建成围栏27.5千米、渠道4千米，完成肉鸡标准养殖棚提档升级29400平方米，完成肉鸡饲料厂二期建设。农旅融合稳步推进，申报省级农业示范主题公园和省级实施乡村振兴战略示范村，打造八甲祠堂遗址广场、八甲观景平台、老糖房广场、周家坝广场、黑盐滩坝大桥等多个节点，建设彩色休闲游步道10千米。

【种植业】 全年大小春粮食作物播种面积33万余亩，粮食总产量11.38万吨；油料作物种植面积17.58万亩，油料总产量2.54万吨。巩固发展粮油特色产业示范基地6个，粮食规模化经营面积新增5%。蔬菜播种面积11余万亩，其中新建蔬菜基地0.1万亩、改建0.1万亩；配套水肥一体化设施设备0.03万亩，新建蔬菜种养循环示范基地0.03万亩，新(改)建蔬菜钢架大棚0.02万亩。全年新发展优质杂柑0.4万亩，改建柑橘基地0.2万亩，全区柑橘产业基地实施土地整理(深沟高厢起垄栽培)0.1万亩，配套水肥一体化设施设备0.2万亩，实现柑橘种养循环示范基地建设0.5万亩目标。

【林业】 截至2020年年底，全区创建绿色单位19个，其中星级森林人家8个，森林康养基地、森林乡(镇)、绿色单位各1个，绿色校园6个，绿色美丽新村2个。开展全民义务植树活动，完成营造林1.48万亩，实施威远河、旭水河等流域(大安段)植绿补绿工作。

【畜牧业】 全年出栏生猪13.15万头、家禽1018.49万羽、肉牛0.88万头、肉兔433.08万只、肉羊7.33万只。推进100万头生猪产业化生态循环经济暨食品加工综合项目。与正邦集团、德康公司等已签约新建的生猪养殖场有176个单元已建成投产76个，正邦10万头(100个单元)优质生猪一体化项目有序建设。建设畜禽标准化养殖场7个。全年畜禽规模养殖场粪污设施装备配套率达100%，实现畜禽养殖废弃物资源化利用率达91.36%。对畜禽养殖禁养区、249个整改养殖场(户)、86个关闭养殖场(户)进行监管巡查12次。常态化开展非洲猪瘟等重大动物疫病防控，排查生猪养殖场3258场次，排查生猪13.72万余头次；排查生猪屠宰场291场次，排查待宰生猪12000头。对重点环节、重要场点进行非洲猪瘟持续监测，累计采样682份，均为阴性，全区未有非洲猪瘟疫情发生。在6个街道设立5个犬只狂犬病免疫注射点，确保农村犬只免疫密度不低于85%。

【水产业】 全年水产品产量0.92万吨。全面完成长江流域重点水域禁捕退捕，全区登记注册的合法捕捞渔船152艘、渔民297人(其中建档立卡贫困户8户13人，已死亡船主4人)已于9月10日全部退捕上岸，并从10月1日起实现全面禁捕，共发放补偿补助资金1314.09万元，拨付率达100%。全省农产品质量安全例行监测抽检6批次，检测合格率达100%。全面完成市级财政水产健康养殖和稻鱼综合种养示范项目。引进推广南美白对虾、澳洲龙虾、小龙虾、黄颡鱼、台湾泥鳅名特优新品种5个。举办水产技术讲座4次，受训人员达200人次，发放宣传资料300余份。

【乡村振兴】 修订完善大安区《乡村振兴总体规划(2020—2022年)》。创建乡村振兴战略市级先进镇1个、示范村3个，乡村振兴战略省级先进乡(镇)1个、示范村2个。完成大安区《党建引领乡村治理示范村镇建设工作方案》编制，印发《2020年乡村治理重点工作项目清单》文件，完成3镇15村、市级1镇8村、省级1镇5村乡村治理区级示范创建申报。落实乡村振兴奖补资金转移支付项目，对已创建为先进的镇、村开展"回头看"，补齐各项短板。完成2019年高标准农田建设任务1.5万亩。

【扶贫开发】 全区26个贫困村"摘帽"、6810户18996名贫困人口脱贫，大安区被省委、省政府表彰为"2020年脱贫攻坚先进县"。安排财政专项扶贫资金300余万元，以奖代补发展种养殖业，惠及贫困户4000余户。安排180万元财政资金全覆盖开展住房安全鉴定，确保贫困户住房安全。同步谋划搬迁后续脱贫措施，配套建成产业基地22个、扶贫专业合作社80个、"扶贫车间"16个，确保贫困群众搬得出、稳得住、能致富。整合财政资金、扶贫"过桥贷款"等各类资金8.1亿元，新(改)建乡村道路230千米，实现所有行政村通村道路硬化、黑化，26个贫困村道路拓宽改造至4.5米以上，乡村通畅能力全面提升；建强基层组织堡垒，新(改)建贫困村党群综合服务中心26个，文化室、卫生室等高标准达标，公共基础条件显著改善；实施安全饮水工程，建成水渠、囤水田等小型农田水利项目125个，建设输配水主支管网320余千米，饮水安全100%达标。

【乡村旅游】 推进全区旅游扶贫示范村创建，团结镇朝天村创建为旅游扶贫示范村，三多寨镇三多寨村申报为四川乡村旅游重点村。新增星级饭店1家、星级乡村酒店1家、星级农家乐29家。邀请四川旅游学院副教授鄢赫、四川省旅游培训中心专家王东明、张亚丹到大安区开展乡村旅游从业人员培训，提高乡村旅游服务质量。创新宣传营销方式，第二十二届三多寨梨花风筝节开幕式采用网络云直播，直播间点击率达40余万次。举办第二届牛佛端午（龙舟）美食节、玫瑰乡村旅游节等乡村旅游节庆活动。

【农村水利】 全区已建成各类水利工程3356处，其中中型水库1座，小型水库41座，山坪塘、石河堰1849处，提水工程91处，蓄引提供水能力达0.503亿立方米，有效灌溉面积为24.48万亩；累计综合治理水土流失面积11.41平方千米，建成堤防11.6千米。

【农业机械化】 全区新增农机总动力0.9万千瓦，农机总动力达14.39万千瓦。完成农机购置补贴389台（套），发放补贴资金19.338万元，涉及农户326户。自贡文豪农机专合社在何市镇、牛佛镇流转土地面积750余亩种植水稻和油菜，从耕地、播种、病虫防治、收割、烘干等环节实行全程机械化操作，带动全区耕种收机械化面积达47万亩，全区主要农作物耕种收机械化率达59.4%。

【农村科技】 全区培育并认定四川吉星动物药业有限公司、自贡天花井食品有限公司2家企业为农业科技型中小企业；完成8个省、市级农业科技项目的储备和申报，其中《火边子风味牛肉保鲜加工新技术研究与应用》等4个农业科技项目获得立项，获得专项支持资金12万元；自贡市立华牧业有限公司和自贡市咏义农业开发有限公司获批自贡市第九批专家工作站。开展“送科技下乡”活动12次。在全区各乡（镇）创办农民夜校，开展种养殖培训，发放种养殖宣传资料3000余份，培训农民1000余人；引导农业企业加强产学研合作，主动“招院引所”，搭建企业与高校、科研院所的产学研深度合作平台，全区有5家农业科技企业与四川农业大学、四川省畜科院、自贡市农科所等高校院所建立协作创新机制，以合作共建、技术合作、技术支撑等多种方式开展产学研合作。

【农村教育】 推进国家义务教育优质均衡发展县创建，完成6所小规模学校的撤并工作，投入1.07亿元新（改、扩）建校舍及运动场地3.41万平方米，完成永嘉中学等18所学校校舍维修改造，动态消除校舍危房。提升教师队伍素养，1人被评为省特级教师，5人当选市名师名校长，获得市级以上教育教学成果奖653人次。实施骨干教师退出机制和青年教师培养“三航”工程，调整补充校级干部10名，派出支援教师58名，招考教师57名，引进研究生10名。深化学区制改革，采取“城带乡、强带弱”模式设立“江中”“何市”教育集团2个，采取“5+”模式试点推进“何新”“牛佛”学区联盟。创新课后管理，各校结合特色开设乡土、棋类、科创等社团课程20余种，课后服务覆盖率达100%，学生参与率达99%以上。新创建市一、二级示范幼儿园7所，新认定民办普惠性幼儿园2所，普惠园覆盖率95.13%，公办在园幼儿数占比为50.5%，完成学前教育“80·50”攻坚目标。巩固扶贫成果，全年发放教育资助14338人次、768万元，发放大学生生源地信用助学贷款1921人、1444万元。

【农村文化】 实施完成桑海井文物保护利用设施建设和桑海井消防工程项目。完成楼房湾水库淹没区李庄宅院搬迁保护工程项目复建选址、地勘暨复建方案编制。创新举办大安区三多寨第二十一届梨花风筝节线上活动，实现云赏梨花、云尝美食、云放风筝，当日直播间点击率达40余万次。举办第二届牛佛龙舟美食季开幕式，打造出“特色鲜明、务实节俭、安全有序”的文旅精品。举办千车万人乐游大安活动，推出特色景区、美食、商品等优惠促销活动。联合中国联通对大安区知名旅游景区、旅游资源进行网络直播，当天线上人数13.2万人次，热度峰值49.59万人次。年均开展现场书写、义赠春联活动15场次，累计赠送春联5000余幅、灯笼3000余个。组织开展“我们的中国梦”文化进万家、2020大安区春节联欢会、第一届团结萝卜农旅文化节等群众文化活动。全面推行“三馆一站”等文化阵地免费开放、延时错时服务，累计接待群众8500余人次。开展各级各类培训及交流100余场。新建基层文化馆分馆、图书馆分馆共计12个。

【农村卫生】 龙井街被四川省爱卫办命名为四川省卫生乡（镇），打造三多寨镇卫生院为区级医院党建示范点。全区基层医疗卫生单位已实现中医馆（中医综合服务区）全覆盖，70%以上的村卫生室均开展中医药相关适宜技术服务。按照“一站一特色”打造基层医疗机构健康管理站15个，为辖区群众定制“个性化”医疗健康及公共卫生服务。创新推行贫困村卫生室“健康服务站”试点建设，就近提供基本公共卫生服务，解决服务贫困群众“最后一公里”问题。创新推行健康扶贫“一站式”服务，优化“先诊疗、后结算”，开展“医院帮垫资、群众少跑腿”服务，为贫困患者住院提供“一站式”服务6078人次，患者从入院到出院只支付10%以内的自付费用；将辖区贫困户申请卫生扶贫基金救助归口到乡（镇）卫生院，贫困户只需将申报资料交卫生院，由卫生院负责资料的上报，资料审核通过后贫困户就能领到打卡直发的救助金。创新贫困群众医疗保障信息协调交换机制，乡（镇）、卫生院及村（组）、村医之间建立信息交换机制，落实专人定期对贫困人口进行动态的、精细化的信息交换和跟踪服务，解决外出务工人员返乡后参加免费健康体检、协助报销医疗费用、申请民政医疗救助、卫生扶贫救助基金救助等问题，第一时间上门宣传政策，确保医疗健康扶贫政策落实不留空白。全年共安排使用卫生扶贫基金救助4162人次，支付卫生扶贫基金247.839万元；开展辖区建档立卡贫困人口免费健康体检17740人，体检率达100%。

【农村法制建设】 建成乡（镇、街道）调委会15个、村民调委会88个，居民调委会34个。全区各级人民调解组织共调处纠纷1940件，调解成功率达99%；开展矛盾纠纷排查4225次，排查发现矛盾纠纷66件；为农村农业人口解答法律咨询971人次，提供法律援助44件。培养乡村“法律明白人”1263人，为26个贫困村聘请法律顾问。组织开展法治宣传活动25场次，发放资料1.5万余份。

【农村交通】 全区农村公路里程达1015.859千米，其中乡道290.279千米、村道529.557千米。有农村客运线路17条，农村客运车辆106台。农村公路管养里程1015.859千米。

【涉农招商引资】 全区3000万元以上的农业招商引资重大项目7个，增长40%；项目总投资6.3亿元，增长84.21%。到位资金109734万元，增长11.8%。

【农村社会保障】 全区农村居民参保人数159829人，三类贫困人员中符合养老保险兜底政策的人数为15724人。城乡居民养老保险实际代缴16274人，完成市下目标任务的103.5%，区级资金实际拨付162.74万元，100%拨付到位。累计发放城乡居民养老保险待遇58.08万人，发放养老金6501.79万元，追回冒领金321.45万元。

【农村生态建设及环境保护】 围绕生活污水、畜禽粪污、生活垃圾、饮用水源整治等开展农村环境综合整治，完成何市镇黄桷村等6个行政村整治目标，共建成一体化污水处理设施2座、联户三格式化粪池8座，配套污水管网9.97千米；新增饮用水水源地隔离网约2千米；清理生活垃圾18316吨；新（扩）建无害化厕所1033户。

【农产品质量安全监管】 大安区农产品检验监测中心于9月通过省、市场监督管理局和农业农村厅对其资质认定和机构考核的"双认证",成为自贡市四区范围内首家区(县)级农口系统检验检测专业机构。搭建全区智慧监管平台,实现全区农产品质量安全智能化监管、全域化追溯和信息化服务,保证农产品质量安全。新培育"三品一标"农产品15个,其中绿色食品3个、无公害农产品1个;完成复查换证11个。全区无公害农产品产地面积稳定在21.5万亩。开展农产品产地准出抽检,全区共快速检测农产品样品2620个批次,合格率在99%以上;开展瘦肉精日常检测和拉网式检测,共检测8800个样品,检测结果全部为阴性,完成省级例行抽样工作。生产经营主体入驻国家追溯平台新增至97家,追溯系统建设提质扩面;全面推行试行食用农产品合格证制度,开具农产品食用合格证1920张,附带合格证上市农产品312吨,未发生重大农产品质量安全事件发生。

【农村市场体系建设】 发挥种植业保险在稳定粮油生产、增强其抗风险能力的作用,促进农业生产持续稳定健康发展,增强护航能力,全年种植险投保50643.04亩,缴纳保费合计87.76万元;定损赔付面积11158亩,金额86.74万元。搭建风险监测协作、视频监控等17个农产品质量安全智慧监管与服务平台,农产品网络零售额5910.35万元,占农产品销售总额约3.5%,增加1.2百分点。

【数字农业】 全年农业农村信息化财政支出近200万元,农业农村信息化社会资本投入约100万元,种植业中应用信息技术的播种面积28.96万亩;畜禽养殖中应用信息技术的数量达969.5万头(只),占全区畜禽养殖总数的61.75%;农产品网络零售额5910.35万元,占农产品销售总额约3.5%,较上年增加1.2百分点;种植业实现农产品质量安全追溯的农产品产值8900万元,设施栽培实现农产品质量安全追溯的农产品产值1123.99万元,畜牧业实现农产品质量安全追溯的畜产品产值28554万元,水产养殖业实现农产品质量安全追溯的水域面积2.86万亩。全区89个行政村通过互联网技术和信息化手段实现党务、村务、财务公开。

【妇女、儿童工作】 联合区人社局举办大安区网络招聘会,举办2期女农民工技能培训,共培训102人。举办妇女干部履职能力培训班,共180余人参加。全年联合全区各级部门发放慰问物品和现金约计5.5万元,为90名困难妇女和175名困难儿童送去棉衣、棉被,为18名"两癌"贫困母亲发放全国和省妇联"两癌"救助专项基金18万元。在各镇(街道)全覆盖新建第一批"妇女微家"20个。开展寻找"最美家庭"活动共14场次,获评2020年度四川省"最美家庭"5个、自贡市"最美家庭"11户。评选大安区"三八红旗手"15名、"三八红旗集体"10个;获评自贡市"三八红旗手"1名、"三八红旗集体"1个。举办"巾帼维权大讲堂"10场次,500余人参加。区妇儿工委出台《大安区反家庭暴力多部门联动合作机制工作规程》,建立反家庭暴力多部门联动合作领导小组,印制反家暴宣传海报200份,并分发张贴到各镇(街道)、村(社区)。通过网络多媒体等工作群宣传防疫要求;到包挂社区和村开展宣传和排查;组织居家妇女自制棉布口罩1800个并派发到各镇(街道);联合市妇联为辖区市中医院6户援鄂一线医务人员家庭协调提供蔬菜鸡蛋180千克、水果12件;发动各级妇联干部群众开展防疫工作18万余人次,服务家庭15万余个。

【劳务开发与返乡创业】 全区组织开展专题就业服务活动43场次,提供就业岗位10000余个,推动转移就业10万人以上。累计开发临时性公益性岗位1000个、农村公益性岗位953个,安置劳动者就业2300余人次。引导企业及各类生产经营主体吸纳建档立卡贫困劳动者11名,兑现社保补贴7.72万元;申报灵活就业困难人员社保补贴147人,发放社保补贴21.14万元。加大扶贫基地建设,新打造市级扶贫基地5个。依托北环路—何市—牛佛一线打造现代农业返乡示范园,建立农产品配送中心,新入驻企业6家、专业合作社3家,累计吸纳6000余名农民工就业。依托"方特恐龙王国""彩灯大世界"等建设项目,新增就业岗位3500个。与浙江义乌、江苏启东开展劳务协作。开展养老服务、电工等特色就业培训1753人次,培训贫困劳动力347人。完成全区旅游从业人员培训3.6万人。以自贡佰井沽噜沽噜网络科技有限公司为主体,打造首个川内大学生创新创业网播孵化基地。设置广华、高硐、仁和半岛3个灵活就业摊区。全年发放创业担保贷款1110万元,创业补贴184万元。

【主要领导人】 区委书记:张昭国;区人大常委会主任:钟淳;区长:黄如贝;区政协主席:罗旭东;分管农业副区长:刘勇。

大安区编写组

沿滩区

【基本情况】 2020年,全区辖1乡9镇2个街道,辖区面积469.1平方千米,其中耕地面积26445.7万亩,减少0.3%。年末总人口394589万人(户籍人口),增长0.1%。

2020年,全区GDP219.2593亿元,增长0.8%,其中第一产业增加值24.8419亿元,增长11.1%;第二产业增加值119.9674亿元,减少1%(工业产值92.6472亿元,减少2.7%);第三产业增加值744500亿元,增长0.4%。全年接待游客4270400万人,实现旅游收入348300万元。

公路通车里程1017千米,其中乡村公路955.7582千米。社会消费品零售总额55.0428亿元,减少34%。地方公共财政预算总收入完成4.2513亿元,增长4.5%;公共财政预算总支出18.8286亿元,其中农业投入2.3069万元。金融机构各项存款余额125.2678亿元;各项贷款余额51.0545亿元,其中支持农业产业化发展项目贷款17.9923万元。

有各类学校28所,在校学生37557人,其中普通中学14所,在校学生11733人;小学12所,在校学生18023人。完成省级以上科技成果3项。有文化馆1个,公共图书馆1个。有卫生机构174个,病床位1390张,卫生技术人员1319人。

【年度农业和农村经济运行】 2020年,全区实现农业总产值24.8419亿元,增长11.1%;全区全年农业增加值达2.485亿元。农民年人均可支配收入达18576元,增长8.7%。主要农产品产量见表1。

农用地产权制度改革。制定出台《沿滩区农村宅基地审批及住房建设管理工作细则》,规范区内农村宅基地审批和住房建设。10月,启动沿滩区农村宅基地制度改革试点,成立沿滩区农村宅基地制度改革试点工作推进组,落实人员、经费、办公场所;开展调研和风险评估,对试点点位210余户的人口情况、房屋权属、一户多宅、农民建房意愿等情况进行调查摸底,在结合沿滩区实际情况的基础上,编制"1+8"的《自贡市沿滩区农村宅基地制度改革试点实施方案及相关指导意见》制度体系,同时对接专业技术单位,结合试点点位情况,尊重群众意愿,编制村规划,形成科学合理、村民认可、切实可行的规划体系。

现代农业园区建设。围绕省委、省政府关于建设现代农业"10+3"产业体系的总体

表1 2020年沿滩区主要农产品产量

主要农产品	单位	产量	同比(%)
粮食	万吨	16.5809	0.14
水稻	万吨	9.207	0.24
玉米	万吨	2.6219	-9.05
马铃薯	万吨	0.4655	-75.3
油菜籽	万吨	1.6635	—
蔬菜	万吨	28.7486	11
水果	万吨	0.9123	26.9
肉类	万吨	1.8532	2.4
猪肉	万吨	0.9837	12
牛肉	万吨	0.011	19.6
羊肉	万吨	0.0686	2.2
禽肉	万吨	0.4248	-17.3
兔肉	万吨	0.3522	7
禽蛋	万吨	1.0902	18.6
水产品	万吨	1.417	5.09

部署，推进花椒、柑橘"两个十万亩"现代农业产业建设。成立区委、区政府领导和区级相关部门组成的现代农业产业园管委会，集中21个部门和5名硕士研究生负责专项工作。落实现代农业园区区委书记、区长"园长制"，每年结合实际，列出每个区域发展任务，压实乡（镇）、村（组）工作责任，从严督导考核。设立现代农业发展专项扶持资金，每年安排1000万元，明确土地流转费补助、基础设施补助、财政贴息等7项奖励扶持政策。全年整合涉农资金5000万元以上，吸引社会资本参与花椒产业发展及现代农业园区建设，新引进柑橘、花椒业主13个，新增及巩固提升柑橘、花椒种植基地2万亩，实施完成园区内高标准农田建设1.6万亩。同时，加强金融服务，区政府与省农担、银行开展合作，推出乡村振兴贷、惠农贷等金融产品，可放贷规模达4亿元，帮助业主实现融资5000万元以上，推动获贷业主实现产值5亿元以上，农村"融资难"等问题不断缓解。

【种植业】 全区粮食作物播种面积40.76万亩，粮食总产量16.58万吨，其中小春粮食播栽面积3.82万亩，产量0.88万吨；大春粮食播栽面积36.94万亩，产量15.7万吨，其中高粱播栽面积3.57万亩，增加0.29万亩。

【林业】 全区实现林业总产值5.2587亿元，其中林业生态旅游收入0.3911亿元，农民人均林业收入713元。全区林业用地面积6314.3088公顷，其中有林地面积4520.1157公顷（竹林面积2990.0119公顷）、灌木林地1341.7691公顷、未成林地面积4.1593公顷、疏林地面积24.1996公顷、无立木林地面积362.6808公顷、其他林地61.3843公顷。公益林面积435.4064公顷，商品林5878.9024公顷，森林覆盖率达23.9%。全年巩固退耕还林成果2676.5333公顷。

【扶贫攻坚】 全年累计投入各级扶贫专项资金4723万元，带动投资2.2016亿元，实施扶贫项目64个，项目覆盖175893人次。完善"集体资产公司+农户+业主"模式，加强产业园和贫困户利益联结，拓宽群众增收渠道。推行尊严扶贫，开展"以购代捐""订单扶贫"等活动，购买扶贫产品133.91万元。推动扶贫产品"线上线下"并行销售，加快消费扶贫专区、专柜建设，实现扶贫产品销售额3700余万元。开展精准帮扶"大走访"、"两不愁三保障"回头看大排查和扶贫领域工程项目专项清理，绘制"核查整改+监测帮扶"流程图，全覆盖推进6768户19908名建档立卡贫困户问题排查，发现并整改问题6858个，夯实贫困人口脱贫基础。

建强决战决胜工作体系，脱贫问题排查整改工作成效明显。成立决战决胜脱贫攻坚指挥部，搭建"1+1+13"工作体系，印发"1+6+15"工作方案，区委、区政府主要领导亲自抓、常态化调度指挥；全体县级领导分片抓、专项联系跟进；综合、宣传、督战协调3个工作组定期会商调度；13个挂牌督战队每周跟进交办、重抓落实；各乡（镇、街道）同步建立工作体系，决战决胜脱贫攻坚各项工作有序推进。绘制"核查整改+监测帮扶"流程图，全覆盖推进6768户19908名建档立卡贫困户问题排查，新发现"两不愁三保障"突出问题379个、一般性问题2929个。同步复核整改"两不愁三保障"回头看大排查问题3254个，中央、省级反馈历年存量问题296个。按照"五定"工作法，"清零"脱贫问题6858个，保证既定动作"不走形"。围绕责任、工作、政策"三落实"，全面开展问题整改"回头看"，认定慢性病1915人，开展住房安全鉴定5433户，整改一般性问题3384个，确保自定动作"有特效"。

建强长效脱贫机制。抢抓疫情防控期间政策红利，利用好"春风行动"等平台，点对点精准输出贫困劳动力，实现贫困劳动力外出务工8323人。整合农民工技能培训相关政策，集中组织开展贫困户就业、种养殖等专业技能培训，组织线上线下培训28场、883人次，全覆盖摸排确定红、黄、绿监测对象22户、4045户、2676户，排查边缘户22户，分级分类建立监测台账，"一户一策"制定帮扶整改措施，红色监测对象全部实现销号。利用"农民夜校""道德讲堂"等平台，采取"道德币积分管理""田间地头送课""致富典型巡讲"等模式，持续调动贫困户自力更生、发展致富的精神动力。推行尊严扶贫，发动机关、企事业单位及各类社会力量开展"以购代捐""订单扶贫"等活动，购买扶贫产品133.91万元。推动扶贫产品"线上线下"并行销售，加快消费扶贫专区、专柜建设，实现扶贫产品销售额3700余万元。

推进脱贫调查。成立区、乡脱贫攻坚普查领导小组，印发《沿滩区调查工作方案》，落实区财政专项普查工作经费48万元，全面夯实普查工作"人财物"保障。组织各部门、各乡（镇、街道）分管领导、普查员等300余人次集中参加省、市、区三级脱贫攻坚调查培训会，严格执行考试合格上岗原则，确保普查人员整体思想"过硬"、素质"过关"。抽调123名扶贫干部组建12个调查工作组，全覆盖推进脱贫攻坚现场调查和数据校核工作，集中2个月时间开展入户走访调查及数据质量集中审核修订，完成脱贫攻坚调查工作。

推进脱贫攻坚氛围营造。统筹全区主要办公场所、村居民集中区等，全方位宣传报道习近平总书记关于扶贫工作的重要论述、各级脱贫攻坚巨大成就等内容，累计发放宣传资料12000余份，制作各类宣传标语、公益广告1100余幅、专题宣传栏60余个。主动对接各级主流媒体，用好传统媒介和新媒体，刊载沿滩脱贫攻坚先进经验、先进事迹、先进人物等信息400余条，发布全区脱贫攻坚工作进展、重大动态等报道400余篇。全面开展脱贫攻坚网络舆情监测研判处置，及早发现、尽早处置苗头性问题，引导舆论，形成决战决胜脱贫攻坚良好氛围。

【乡村旅游】 全年接待游客427.04万人次，同比恢复82.84%；实现旅游综合收入34.83亿元，同比恢复75.19%。办好自贡市第十六届乡村旅游节暨第八届九洪西瓜节，集中在8个乡（镇、街道）接续推出“1+4+N”乡村旅游活动，设立九洪乡瓜椒文化广场1个主会场和“中国彩灯之乡”文创园、永安熙园山院、仙市古镇、九洪火箭湖等4个分会场。开展“信步沿滩·美过周末”乡村旅游活动，共举办22场。改善旅游环境，启动火箭湖5千米环湖道路建设，开展瑞鑫火箭湖旅游景区提档升级4A级景区创建工作，加快完善城区、旅游景区交通道路建设。优化线路，实施乡村振兴建设项目和城镇基础设施建设项目建设65千米。

【农村水利】 完成老蛮桥水库扩建工程可研等前期工作的招标，已完成《正常蓄水选择专题报告》《坝址选择专题报告》《施工总布置规划专题报告》的初稿；配合向家坝灌区工程相关工作，开展工程红线范围内的杆管线拆迁工作，协调乡（镇）开展征地拆迁工作。完成沿滩区邓太片区供水管网工程的前期立项工作，已公开招标确定勘察设计单位，初步设计方案编制工作有序推进；实施沿滩区城乡供水一体化项目，其中沿滩区沿滩水厂至王井复线管网工程已完成主管网13千米和支管网5千米的管网铺设，改造九洪加压站，新增400立方米的清水池，已完成主体工程；沿滩水厂至食品工业园区供水工程通过公开招标确定施工单位，已动工新建；沿滩水厂至联络供水工程已完成供水管网铺设2.5千米，沿滩水厂至瓦市供水工程施工图进入设计阶段，国道348线至富全供水工程已完成供水管网铺设0.2千米。针对饮水不安全的贫困户制定“一户一册”整改措施，完成贫困户安全饮水的核查和整改；投入80万元，完成瓦市镇点灯村管网延伸工程，新建供水管网7.5千米；投入238万元，完成王井镇赵湾、鱼塘2座病险水库除险加固工程。

【农业机械化】 全年办理农机购置补贴资金27.412万元，申请农户403户，申请补贴农机具465台（套），按程序结算补贴资金26.077万元，结算补贴农机具444台，受益农户383户。全年印发农机安全宣传材料22000余份，签订农机安全责任书告知书536份。开展农机安全检查和隐患排查，现场纠正农机作业违法违规行为6起，协助区行政审批局注册登记农田作业轮式拖拉机1台，核发拖拉机驾驶证4份，检验农田作业轮式拖拉机1台、联合收割机4台，注销联合收割机1台，配合区公安、交警等部门开展变型拖拉机整治，查处假牌套牌，保障变型拖拉机道路交通安全。全区维修机电灌设备296台4258千瓦（其中电力提灌站维修71台2911千瓦），春灌和抗旱投入机电提灌机械2165台次6714千瓦，机电灌提水1280万立方米，灌面14.65万亩。推进实施沿滩区2020年自贡市农村机电提灌站项目（项目新建提灌站1处，维修提灌站2处）。

【农村科技】 科技特派服务团在全区推广柑橘、花椒等特种养殖，新发展柑橘、花椒0.6万亩和0.82万亩，改造提升均在1.5万亩以上。科技特派员根据柑橘管理季节与中柑所专家对辖区内50余个柑橘种植经营主体进行技术培训，在沿滩镇詹井村、瓦市镇沙溪村柑橘技术示范点开展现场指导10余次，技术培训5次、200人次，印发技术资料2000余份；在瓦市、仙市等乡（镇）开展小龙虾养殖技术培训、现场指导30余场次，培训养殖户近400人次，示范带动大觉村、引水村、沙溪村等地建档立卡贫困养殖户20户，解决贫困户劳动力就业50人。全区农业科技培训3.2万人次，发放技术资料超过50万份。科技特派团重点在产业发展、脱贫攻坚等方面进行帮扶和引导示范，结合全区“两个十万亩”产业，实施科技扶贫柑橘产业技术服务与示范项目，示范面积1000亩，带动农户500余户。实施小龙虾繁育及稻虾共作养殖推广，开发稻虾共作养殖和精养塘口，示范面积500亩，对养殖户提供虾苗，并进行无偿技术支持，同时开展小龙虾养殖技术培训、现场指导。科技特派员荣思文引进柑橘新品种6个、新技术5项，提高了柑橘品质和产量。

【农村教育】 王井、瓦市幼儿园建成并投入使用，邓关等3所幼儿园建设相继启动，完成18中等3个学校运动场和瓦市中学、18中食堂改造，开工建设沿滩中学、联络小学食堂。通过实施“全面改薄”项目、公办幼儿园建设、旱厕改造、运动场软化等项目建设推进农村中小学薄弱学校发展。开展城乡学校结对帮扶和教师交流活动，通过名师工作室、城区学校送教下乡、一线支教和挂职（任教）交流等方式促进城乡学校共进发展。完善“控辍保学”机制，对全区可能有在校学生的3200余户建档立卡家庭进行全覆盖入户调查。落实教育扶贫政策，资助学生19773人次，资金2497万元，其中办理大学生助学贷款2311人，贷款金额达1664万元，全区没有一名学生因贫困而失学，“义务教育有保障”全面落实。建档立卡贫困适龄儿童学前三年入园率达88%（区目标80%、市目标70%），受助率达100%；义务教育建档立卡贫困适龄少年儿童小学、初中入学率均达100%，巩固率达100%；建档立卡贫困初中毕业生升高中入学率达95%（区、市目标均为85%），高中段建档立卡学生100%享受资助；建档立卡贫困大学生享受国家助学贷款等国家资助，覆盖率100%，全区没有一名建档立卡适龄少年儿童在义务教育阶段辍学。

【农村文化】 持续落实“三馆一站”免费开放政策，安排免费开放专项资金120万元，用于免费开放场所设备采购、文化活动开展、房屋维修等，保障了基层群众的精神文化需求；开展群众文化活动，举办“我们的节日”系列活动端午诗会、“万人赏月诵中秋”等，举办以“战疫情”“脱贫攻坚”等为主题的美术书法摄影展，开展“送文化下乡”文艺演出5场，指导基层开展群众文化活动50余场。中国“彩灯之乡”文化创意产业园等项目建设有序推进，王家大院文旅综合体项目通过招商引资已确定建设主体，包装瓦市镇大雁湖项目等7个文旅项目并申请中央预算类资金。争取文物保护资金，申报永安阁乐祠2021年省级文物保护专项资金2000万元。詹井村村史馆作为自贡市唯一申报为四川省乡史村史建设示范项目，省级财政将给予10万～20万元经费补助用于其日常运行和活动开展；做好井盐历史文化遗迹保护，全区6处不可移动文物资源点位被市政府核定为自贡市第一批井盐历史文化遗迹，并被纳入自贡市第一批井盐历史文化遗迹名录。开展非遗工作，组织全区非遗项目和代表性传承人参加自贡市2020年“文化和自然遗产日”网评活动，柳棍获得非遗项目网评第二名；开展“非遗进校园、进社区、进乡村、进景区”活动3次。

【农村卫生】 实施碾子滩县级饮用水水源地整治，对碾子滩饮用水水源地一、二级保护区内的176户居民实施搬迁，建成生态涵养林1300亩。以“清脏、改厕、治污”为重点，实施农村人居环境三年行动。城乡环卫一体化全面运行，打破城乡环卫管理二元结构，全面推行环卫保洁、垃圾清运整体市场化运作，50%以上的行政村实现生活垃圾分类收集设施覆盖，97%的行政村生活垃圾得到有效治理。完成13处乡（镇）污水处理设施提标改造，建成非场镇生活污水处理设施48个。实施35个“厕所革命”整村推进，新

（改）建农村公共厕所55座，完成农村户厕无害化改造12198户。创建省级乡村振兴战略示范村3个、"美丽四川·宜居乡村" 60个、幸福美丽新村112个。

【农村法制建设】 全区共有区公共法律服务中心1个、乡（镇、街道）公共法律服务工作站12个。全区113个村（社区）均配备法律顾问，实现法律顾问全覆盖。开展农民工讨薪维权工作，组织全区各乡（镇）法律援助工作站开展农民工讨薪活动宣传，为农民工办理讨薪、劳动争议及工伤等案件开通绿色通道，指派全区律师、基层法律服务工作者办理农民工讨薪案件；加大对《保障农民工工资支付条例》宣传，了解贯彻实施《条例》的重大意义，做好农民工维权法律援助，为实现根治欠薪目标提供法治保障。

【农村交通】 省道213线沿滩区段改线项目瓦市段除自宜高铁合星村交汇点位外完成全段路基工程，已启动路面施工；仙市段已完成征地拆迁数量调查，并启动拆迁工作。农村公路提升改建扶贫项目和农旅融合发展示范项目有序推进，完工53.03千米。詹井渡改公路桥、大龙渡等5座小桥计划年内完成下部结构。新（改）建农村公路89.2千米，完成全年目标任务的111.5%。安排贫困村交通补短板资金539.9万元。

【涉农招商引资】 全区3000万元以上的农业招商引资重大项目3个，均为内资项目，减少5%；项目总投资6.4亿元，增长60%。协议资金6400万元，增长60%；到位资金4700万元，增长4.7%。

【农村社会保障】 建立贫困劳动力信息库，建设"扶贫车间"，到贫困村举办专场招聘会27场，提供岗位信息3336个。争取到位代缴贫困人员、低保对象、特困人员参加城乡居民养老保险资金166.67万元，惠及困难群体15276人。聘用乡（镇）事业单位工作人员15人，引进7名农业、卫生、规划、环保等领域高层次专家"一对一"帮扶区内重点项目，为脱贫攻坚提供智力支持。组织召开全民参保计划推进会，梳理45317名未参保人员、1753户未参保企业清单，印发宣传资料5.6万份，新增参保企业326家，新增参保职工2814人，征收社保费17381万元，支付社保待遇51971万元。依法处置和打击骗取基本养老金行为，追缴15人以重复或虚假身份信息冒领养老金133.55万元，核查死亡冒领人员6人，追回冒领金额12875元，核查95名服刑人员领取待遇情况，核实23人违规领取待遇，追回违领金额28.98万元。组织开展全区"中人"政策培训会2场，启动"中人"待遇兑现58万余元，涉及"中人" 117人；建立"中人"台账，做好政策解释，锁定缠访、闹访人员对象，建立应急机制，防止集中上访风险。成立退捕渔民社会保险专项工作小组，做好258名退捕渔民社会保险经办。筹集被征地农民养老保险补偿费2642.23万元，发放44名被征地农民生活补贴66.02万元。

【农村生态建设及环境保护】 全面整治水源地生活垃圾、畜禽粪污，常态打击保护区内洗衣、钓鱼等行为，收缴钓具154副（套），行政处罚9人；实施联络高滩水库、富全解放水库物理隔离网安装及生态修复工程；加强应急能力建设，完成1个县级（碾子滩水库）和4个乡（镇）集中式饮用水源地应急预案编制。推进农村污水治理，在王井镇鱼塘村开展污水治理试点，采取三格化粪池、生态湿地、稳定塘相结合综合整治措施。加强流域治理攻坚，严格落实河（湖）长制，区、镇级河长巡河1021次，整改问题118个；严厉打击非法捕捞行为，立案查处3件（其中移送公安1件）。实施垃圾分类项目建设，新建生活垃圾收集点500个，配置垃圾桶2500个。打响春节蓝天保卫战，开展为期30天的集中攻坚，整改问题42个，收缴烟花爆竹700件。打响禁烧攻坚战，加强"区+乡（镇）+村（组）"网格监管，实行区级领导督导、部门"分片负责、交叉巡查"，共出动车辆1000余台次、2500余人次。

【农产品质量安全监管】 全年出动监管执法人员381人次，检查生产经营主体183家次，开展监管抽查样品210批次，发放各类宣传资料880余份；"利剑行动2号"（畜禽产品及生猪屠宰）出动监管执法人员85人次，检查生产经营主体35家次，开展监督抽查样品8批次，媒体宣传4次，发放宣传资料390份，指导培训5场次、228人次；"利剑行动3号"（水产养殖）出动监管执法人员26人次，检查生产经营主体12家次，开展监督抽查样品3批次，发放宣传资料45份，指导培训3场次、18人次。全区发现农产品质量安全问题6起，全部结案。全年完成省级例行抽检34个，合格率达97.06%；市级抽检247个，合格率达100%；全区共计完成农残快速检测3049个，合格率达99.8%。全年完成瘦肉精养殖环节抽检1354头份，检测结果均为阴性。定制"信步沿滩，健康农品"合格证10万张、便携式打印机15台、打印耗材80卷，市农业农村局下发纸质合格证1万张，全部分发给新型业主。进入追溯平台的48家重点生产主体全部开具使用合格证，全年共开具合格证604张，涉及产品948.175吨。完成无公害农产品复查换证5个、绿色食品续展5个，新申报获证8个，全区共有"三品一标"农产品39个。

【劳务开发与返乡创业】 全年共组织开展各类招聘活动38场（其中线上招聘6场），组织企业1335家提供岗位6058个，促进城镇人口就业和农村劳动力转移就业，全年新增贫困家庭转移就业235人。鼓励企业等用工单位招用建档立卡贫困户、就业困难人员等，全年各类用人单位共吸纳就业93人，其中贫困户43人、高校毕业生1人、就业困难人员45人、因疫情无法返岗的农民工2人，并对吸纳就业的用人单位发放岗补、社补、一次性奖补101.25万元；推荐吸纳贫困户就业人数较多、带动作用较强的企业作为扶贫基地，全年共新增扶贫基地3个，其中市级扶贫基地3个、省级扶贫基地1个。鼓励新业态就业，对实现灵活就业的就业困难人员给予一定的社保补贴，全年共发放灵活就业社保补贴460人，发放48.28万元。开发公益性岗位安置就业困难人员、建档立卡贫困户和因疫情无法返岗的农民工，全年农村公益性岗位安置798人，发放岗补326.34万元；过渡性公益性岗位安置1029人，发放岗补646.98万元。

【主要领导人】 区委书记：黄雪智；区人大常委会主任：黄翠梅；区长：易冬；区政协主席：王朝华；分管农业副区长：曾义刚。

沿滩区编写组

荣　县

【基本情况】 2020年，全县辖19乡（镇）2个街道，辖区面积1606平方千米。年末总人口659871万人（户籍人口），减少0.62%。

2020年，全县GDP230.5145亿元，增长4%，其中第一产业增加值78.2028亿元，增长5.6%；第二产业增加值71.3225亿元，增长3.8%（工业产值52.1907亿元，增长4.5%）；第三产业增加值80.9892亿元，增长2.8%。三次产业对经济增长的贡献率分别为37.8%、40.2%和22.1%。社会消费品零售总额92.9747亿元，减少2.3%。公路通车里程3004.23千米，其中乡村公路2558.19千米。

【智慧旅游】 整合县文化旅游云平台资源，融入"智游天府"文化旅游公共服务平台建设，搭建面向公众提供一站式服务的开放性平台。免费开放服务项目群众满意度达

90%以上。利用流动博物馆、流动文化车、流动舞台车开展“结对子、种文化”活动7次，让演出走出剧院、图书走出书屋、展览办到村头。

【省级全域旅游示范区建设】 与重庆市大足区、重庆市潼南区、重庆市荣昌区、遂宁市船山区、安岳县、成都旅游协会签订文旅战略合作框架，达成文旅协同发展初步意向。举办“玉章精英堂——文旅融合暨全域旅游示范区创建专题”干部人才培训班，培训70人；组织编纂天府旅游名县和省级全域旅游示范区申报材料，入围省级全域旅游示范区创建单位名单。

【文旅市场监管】 加强文化旅游市场巡查，持续巩固疫情防控成效，落实人员检测、信息登记、场所消毒等防控措施，指导临时闭馆县、镇、村三级公共文化服务场馆245个，临时关闭或暂停娱乐场所、景区(景点)等文旅场所484家，累计出动执法人员2000余人次，检查经营单位500余家次，办理案件5件，办结率为100%；行政约谈1家，累计处罚款17500元。

【文旅扶贫】 划分5个百日攻坚包片组，按照“五定”工作法，按时完成“两不愁三保障”大排查问题及中央、省、市反馈问题223户；向12户结对贫困户送去春节慰问金、鸡苗等扶贫物资，发动系统单位和职工捐款6400元；拨付文化惠民扶贫资金3万元为观山镇开展脱贫攻坚；拨付文化惠民扶贫资金19.84万元到18个镇，用于32个贫困村文化室巩固提升；投资9.6万元为32个贫困村制作安装阅报栏；联合县农民工服务中心开展农民工技能培训(文旅方向)3期，培训农村转移劳动力90人，其中贫困劳动力31人。

【公共文化服务体系建设】 以“四馆、一站、一中心”为主阵地，以城市书房、文化院坝等新型阵地为补充，建立县级文化馆、图书馆分馆和服务点，形成“纵向到底、横向到边”的公共文化设施服务网络。培育一批荣县特色公共文化服务品牌，形成“一馆一特色”“一县一活动”“一村一队伍”格局。举办2020年荣县春节联欢晚会、第四届荣县大佛文化灯会、自贡市第十六届乡村文化旅游节(荣县分会场)、第九届大佛文化旅游节、四川省万人赏月诵中秋(荣县分会场)等重大活动。参加自贡市2020年“文化和自然遗产日”非遗宣展、自贡市第八届社区艺术节系列展览、展演和比赛，广场舞分别获得青年组一等奖和老年组二等奖，经典诵读比赛分别获得青少年组一等奖、成人组三等奖；组织广场舞团队参加四川省第五届广场舞比赛，获得全省第八名；新增12个项目列入荣县第二批非物质文化遗产保护名录。

【主要领导人】 县委书记：韩明祝；县人大常委会主任：宋成文；县长：郑小清；县政协主席：邹崇霞；分管农业副县长：刘纯忠。

荣县编写组

富顺县

【基本情况】 2020年，全县辖16镇1乡3个街道204个村73个社区，辖区面积1342平方千米。户籍人口105.78万人，其中乡村人口77.41万人。全年出生人口8066人，人口出生率7.33‰；死亡人口6007万人，人口死亡率5.46‰；人口自然增长率1.87‰。常住人口72.21万人，减少3.3万人，减少4.4%，其中乡村人口41.65万人。城镇化率42.32%，减少1.1个百分点。森林覆盖率31.95%。

2020年，全县GDP337.74亿元，增长3.9%，其中第一产业增加值71.91亿元，增长5.5%；第二产业增加值139.54亿元，增长5.1%；第三产业增加值126.28亿元，增长1.1%。三次产业对经济增长的贡献率分别为23.1%、67.3%、9.6%，分别拉动经济增长0.9、2.6、0.4个百分点。人均GDP45727元(按平均常住人口计算)，增长3.9%。三次产业结构比由上年的19.4：42.1：38.5调整为21.3：41.3：37.4。

社会消费品零售总额130.13亿元，减少1.1%，其中乡村消费品零售额50.76亿元，减少0.6%。全年财政一般预算收入完成17.99亿元，减少6.27%，其中地方公共财政预算收入11.23亿元，同口径增长3.59%；地方财政一般预算支出50.49亿元，增长5.97%。金融机构人民币各项存款余额421.46亿元，增长9.32%；人民币各项贷款余额248.51亿元，增长12.86%。

公路总里程3208.8千米，其中等级公路3201.3千米，等级公路中(按照统计口径，包含高等级公路)，高速公路68.8千米、一级公路24.4千米、二级公路75.5千米、三级公路114.4千米、四级公路2918.3千米、等外公路7.4千米。全年完成公路客运量732万人次，公路客运周转量21427.6万人千米；公路货运量358.5万吨，公路货运周转量27248.9万吨千米；水路客运量14.64万人次，水运客运周转量107.06万人千米。

有各类学校(园)199所，其中幼儿园109所，专任教师704人，在园儿童2.21万人；普通小学29所(小学教学点67个)，专任教师3330人，在校学生5.6万人，小学学龄儿童入学率100%，小学毕业生升学率100%；普通中学58所，专任教师3675人，在校学生5.1万人；特殊教育学校1所，专任教师42人，在校学生283人；中等职业教育学校1所，专任教师268人，在校学生5923人；电大进修校1所。

有医疗卫生机构680个(含村卫生室、诊所)，其中村卫生室533个；医疗卫生机构拥有病床位4637张；医疗卫生机构人员5444人，其中执业(助理)医师1675人、注册护士1693人。有公共图书馆1个(藏书8.9万册)，文化馆1个，文物保护单位80个，乡(镇、街道)综合文化站20个，文艺表演协会和团队17个，全年参加县上各类群众文化活动50场次。全县广播节目综合人口覆盖率达100%，电视节目综合人口覆盖率达100%。

【年度农业和农村经济运行】 2020年，全县农村常住居民人均可支配收入达18767元，增长8.9%，其中工资性收入8842元，增长9%；经营净收入5702元，增长8.7%；财产净收入510元，增长4.8%；转移净收入3712元，增长9.4%。年人均生活消费支出达14861元，增长2.9%。水产品产量2.35万吨，增长3.6%。农业机械总动力33.29万千瓦，增长2.4%。有农民专业合作社393家、家庭农场1254家、县级以上龙头企业69家。

【种植业】 全年粮食播种面积8.73万公顷，增加944公顷，增长1.1%；油料作物播种面积2.29万公顷，增加969公顷，增长4.4%；蔬菜播种面积1.28万公顷，增加267公顷，增长2.1%；中药材种植面积257公顷，增加9公顷，增长3.6%。全年粮食总产量54.9万吨，增长1.4%，其中小春粮食产量3.6万吨，增长1.1%；大春粮食产量51.3万吨，增长1.5%。油料产量5.24万吨，增长5.5%；蔬菜产量56.93万吨，增长6.2%；水果产量12.32万吨(不含瓜果类)，增长17.7%。

【畜牧业】 全年肉类总产量7.33万吨，增长7%，其中猪、牛、羊肉产量4.59万吨，增长19.4%。全年出栏生猪54.27万头，增长28.7%；出栏肉牛0.99万头，增长0.3%；出栏肉羊42.98万只，增长0.8%；出栏家禽837.1万只，减少17.7%。

【林业】 全年完成人工造林面积3.49万亩，改造低产低效林地面积0.96万亩，森林抚育总面积18.78万亩，“四旁植树”569.07万株。全县森林总面积3.19万公顷，森林覆盖率31.9%，增加0.26个百分点。

【特色农副产品】 富顺再生稻。2020年10月23日，“共和国勋章”获得者、“杂交水稻之父”

袁隆平院士亲笔题字："富顺，再生稻之乡"。富顺再生稻在富顺具有较长的种植历史和比较完善的配套栽培技术。民国二十八年(1939年)，富顺县在黄葛乡、井河镇、清和乡、河北乡等推广富顺再生稻种植技术，面积达1091亩，最高亩产达80余千克。中华人民共和国成立后，由于优良品种和先进技术的推广应用，以及水利、农机、化肥等方面的发展，农业生产得到迅速发展，富顺再生稻单产水平显著提高。1987年，四川农业大学田彦华教授亲临富顺研究和指导富顺再生稻高产栽培技术，富顺再生稻产量取得较大突破，平均亩产达110余千克。在长期的生产实践中，不断研究、探索和总结富顺再生稻种植技术，集成富顺再生稻高产栽培配套技术，促使富顺再生稻发苗快、生长健壮、成穗率高、有效穗多，富顺再生稻有收面积逐年扩大，单产不断提高。据田间调查和测产统计：富顺再生稻株高一般在90～102厘米，穗长18～22厘米，每穗平均着粒65～100粒，结实率65%～80%，千粒重18～24克。2018年，富顺县水稻种植面积49.36万亩，富顺再生稻有收面积43.80万亩，富顺再生稻总产量7.16万吨，富顺再生稻亩产163.5千克；2019年，富顺县水稻种植面积49.76万亩，富顺再生稻有收面积43.86万亩，富顺再生稻总产量达7.27万吨，富顺再生稻亩产165.8千克；2020年，富顺县水稻种植面积50.06万亩，富顺再生稻有收面积43.8万亩，富顺再生稻总产量达7.1万吨，富顺再生稻亩产161.9千克；2021年，富顺县水稻种植面积50.2万亩，富顺再生稻有收面积43.9万亩，富顺再生稻总产达7.28万吨，富顺再生稻亩产165.8千克。为推动富顺再生稻品种培优、品质提升、品牌打造和标准化生产，2020年9月19日，富顺县人民政府与湖南隆平种业有限公司签订了《四川省富顺县再生稻研发项目战略合作协议》；2021年2月26日，富顺县人民政府与湖南隆平种业有限公司签订了《四川省富顺县再生稻研发项目合作备忘录》。进一步提升富顺再生稻综合生产能力，富顺再生稻在富顺已经形成了比较配套完善的标准化生产、技术研发、稻米加工、品牌打造、市场营销体系，富顺再生稻总产量稳定在7万吨以上，具有很大的潜力和广阔的市场前景，富顺再生稻产业不断做大做强，助推乡村振兴，做出了较大贡献。

富顺再生稻米。富顺再生稻米在富顺具有较长的种植历史和比较完善的配套栽培技术，早在民国二十八年(1939年)就开始种植，富顺的气候条件为富顺再生稻米的种植提供了优越的条件，富顺再生稻米由于生长季节气温适宜(比正季稻气温低5℃～8℃)，且昼夜温差大，灌浆期与正季稻相比明显延长，避免了高温逼熟问题，养分积累比较充分，因而富顺再生稻米米粒色泽洁净鲜亮、晶莹剔透、外形比中稻米细长、偏小，蒸煮时饭香四溢，饭粒结构紧密、洁白、油亮，入口后滑爽，略有粘性，软硬适中，口感细腻。富顺再生稻米整精米率≥52%，胶稠度≥50mm，垩白度≤5.0%，脂肪≥0.25%，直链淀粉(干基)10%～16%，深受大众欢迎，成为富顺农业又一大特色产品。富顺再生稻米在富顺已经形成了比较配套完善的标准化生产、技术研发、稻米加工、品牌打造、市场营销体系，年加工销售优质富顺再生稻米3万吨以上，加之富顺再生稻米与省内外品牌大米比较具有明显的价格优势，符合消费者"价廉物美"的要求，具有很强的竞争力和广阔的市场前景。借助党的惠农政策，借助科学技术进步和市场经济的发展，富顺人将把握机遇，积极探索，真抓实干，做大做强富顺再生稻米品牌。

【主要领导人】 县委书记：邹登权；县人大常委会主任：郭洁；县长：曹友良；县政协主席：程刚；分管农业副县长：王揖辉。

富顺县编写组

攀枝花市

【基本情况】 2020年，全市辖3区2县，辖区面积7401.4平方千米，有户籍人口107.98万人。

【文旅提档升级】 围绕"英雄攀枝　花阳光康养地"制定并正式发布"五大文旅线路"通用标准，推出养身、养心、养智康养文旅线路产品。与重庆长寿、綦江等县(区)签订文旅康养战略协议，在上海、重庆、昆明等地开展康养推荐和宣传，擦亮"三线"建设和阳光康养品牌。编制《四川省攀枝花市全域旅游规划(2019—2030)》《攀枝花市创建国家全域旅游示范区实施方案》《攀枝花市建设国际阳光康养旅游目的地的实施意见》等。米易县创建为第二批天府旅游名县，新山傈僳族乡被评为四川省第二批文旅特色小镇，颛顼龙洞旅游景区申创国家4A级景区通过省级景观质量评估，新增国家3A级景区4个，完成迤沙拉村等7个旅游民宿古村落打造。

【文旅项目建设】 开展项目储备包装前期大会战，共包装策划重点文广旅项目17个，完成率170%；入库项目投资规模27.79亿元，完成率555.74%。梳理出大黑山森林公园项目、"渡口记忆"三线文化精品示范线项目、金沙画廊国际康养旅游度假区项目等精品文旅项目32个，编制"英雄攀枝花阳光康养地"攀枝花市重点文旅项目招商册，开展康养旅游产业"5115"工程项目和"渡口记忆"三线文化精品示范线的画册制作工作。引进仁和区迤沙拉幸福公社项目、米易县艺术家部落2个文旅项目，规划大黑山发射台和"渡口记忆"三线文化精品示范线打造，推进5个国际康养旅游度假区建设，推动100个康养旅居点和50个医养结合点优化调整，推动3个国家3A级景区评定和100个康养旅居点建设。筹备第五届中国康养产业发展论坛和攀枝花康养民宿产业发展论坛。争取金融机构相关政策，申请金融支持项目2批40个，融资5400余万元。全年向上争取资金6669万元。

【文旅融合发展】 出台《中共攀枝花市委攀枝花市人民政府关于加快建设文旅强市的意见》《攀枝花市推动"文旅+"产业融合发展若干政策》《攀枝花市5115项目》，印发《四川省攀枝花市全域旅游规划(2019—2030)》《攀枝花市创建国家全域旅游示范区实施方案》，筹备第五届中国康养产业发展论坛，编制"渡口印象"三线文化精品旅游示范线风貌打造概念设计方案，确定打造点位9个，编制完成概念设计3套，并牵头将该项目纳入市级重点项目。编制发布"五大文旅线"精品旅游线路产品(2020年版)及服务标准、"清凉夏季"优惠政策。

【公共文化服务体系建设】 国家公共文化服务体系示范区创建工作取得突破性进展，对制度设计研究课题方案进行初审，形成课题调研报告，完成第三方评估和六个特色数字资源库建设，制订氛围营造工作方案。开展线上文化惠民服务，公共文化场馆"闭馆不闭网"，利用网络平台、移动APP等方式开展线上展示展演活动，丰富群众"宅"生活。争取和落实资金130余万元，保障1000户"户户通"建设和乡（镇）广播电视设施设备维护，推动广电5G建设，启动700兆地面数字电视迁移。完成攀枝花市"健康码"与"智游天府"一码通。开展网络视听作品申报，战"疫"歌曲《深呼吸》获评四川省优秀网络视听作品奖。深化"放管服"改革，落实"多证合一"改革措施，3个审批事项实行网上备案和审批，消除了缺乏法律法规依据的申报材料和互为前置条件的情况。

【主要领导人】 市委书记：李建勤；市人大常委会主任：黄正富；市长：王波；市政协主席：李群林；分管农业副市长：李仁杰。

攀枝花市编写组

东　区

【基本情况】 2020年，全区辖1镇，辖区面积167.225平方千米，其中耕地面积0.7354万亩。

【年度农业和农村经济运行】 2020年，全区实现农业总产值45035亿元，增长5.9%；全区全年农业增加值达24044亿元，增长5.2%。主要农产品产量见表1。

【文旅项目建设】 实施康养旅游"5115"工程。推进阿署达特色康养村、19个康养旅居地、12个医养结合点建设。其中，阿署达村微博物馆对外开放，旅游民俗古村落漫时光、景别院等7家主题民宿建成营业，自驾车露营地项目启动建设；15个康养旅居地已建成营业，包括限上住宿企业3家、星级农家乐（乡村酒店）7家，新增康养床位2000张；推进景墅苑民宿、漫花山舍民宿2个旅居地提升改造；宏悦妇女儿童医院等6家医养结合点建成投运，新增康养床位1322张；幸福记忆养护院新增中医科，攀民养护院升级护理型床位100张。

加快攀西阳光欢乐谷国际旅游度假区等龙头项目建设。攀西阳光欢乐谷国际旅游度假区完成大三角地带绿化、广告标识打造并投入使用；龙岗水库环路（内环）开展路面扩宽和铺设碎石、开挖沟涵土方、旋挖桩位放线及桩位平整，已完成材料堆场、钢筋加工场地的平整和碎石铺设；12亩民宿签订商业用地的土地监管协议及土地出让合同，办理国土手续和开展民宿方案设计前期工作。"山水鞠"足球小镇项目完成立项、规划、国土、施工许可等手续办理工作，已于6月底启动场坪建设，高边坡抗滑桩挡墙锚索钻孔、场坪内余土外运、雨污管网等项目施工有序开展。

打造三线文化旅游示范线路（东区段）。推动"渡口记忆"十三幢纪念馆周边停车配套、环境风貌打造，督促"渡口记忆广场"项目加快建设，为康养论坛提供考察停车场设施，满足停车需求；十三幢纪念馆对面建筑外墙完成文创改造方案设计；开展大道口街考察线路沿线树木修枝、护栏和建筑雨落管改色、道路修补等环境风貌整治；加强倮果桥至雅江桥沿线1千米范围环境整治，开展雅江桥、倮果桥主干道沿线商户坐商不归店、乱摆摊设点、乱搭乱建等市容"十乱行为"整治，完成雅江桥—倮果桥主干道两侧绿植花卉补种和山体植物补植，持续开展商户卷帘门、破损墙面美化粉刷，破损、陈旧店招、广告牌更换及破损路沿、花池修补等。

表1　2020年东区主要农产品产量

主要农产品	单位	产量	同比(%)
粮食	万吨	0.083	0
水稻	万吨	0.0119	16
玉米	万吨	0.0665	–1
马铃薯	万吨	0.0022	0
蔬菜	万吨	0.8209	18.8
水果	万吨	2.0293	10
肉类	万吨	0.6407	0
猪肉	万吨	0.0908	0.95
牛肉	万吨	0.0019	9.44
羊肉	万吨	0.0039	9.06
禽肉	万吨	0.1386	3.72
兔肉	万吨	0.0025	–3.85
禽蛋	万吨	0.3963	9.35
水产品	万吨	0.0067	1.5

【公共文化服务体系建设】 持续推进四川省现代公共文化服务体系示范区后续建设和国家公共文化服务体系示范区创建。指导6个镇（街道）综合文化站、47个村（社区）基层综合文化中心推进功能室免费开放，文化馆大楼完成文化氛围营造和6楼、7楼功能室改造，图书馆主体工程竣工并启动二次装修，兰尖博物馆提档升级，枣子坪街道、大渡口街道等公共文化服务中心建设持续完善，区、镇（街道）、村（社区）三级公共文化服务设施网不断筑牢。图书馆和文化馆网站、APP基本建成，移动图书馆实现全部覆盖，文化馆微信公众号推送信息85条。举办"锻山·花样"纪念三线建设　活力魅力东区图片系列展、"万人赏月送中秋"等各类文化活动，打造特色文化艺术队伍，开展"五老"网吧义务员监督，申报的志愿文化服务项目《送文艺进戒毒所，助青壮年重拾青春》入围2020年全国文旅志愿服务项目线上大赛终评。以需求为导向，优化线上文化服务供给，推出"同心共唱一首歌"抗疫文艺专栏、献礼攀枝花开发建设55周年、"庆祝攀枝花开发建设55周年"原创文艺作品征集活动等线上品牌栏目22个。举办"我们在一起　大爱无邪"——致敬中国人民抗击新冠肺炎疫情攀枝花东区群众文艺创作精品图片展，展示文艺作品140件。举办东区第四届凤凰花节，先后征集模特50名并选出7模特拍摄100余张照片，向游客展示省内最大规模凤凰花海。建成广播室10个〔乡（镇）1个、村级9个〕，并针对"村村响"扩音喇叭设施设备老化、电路不通畅、信号不稳定等现象启动广播电视运行维护外包工作，安排专业技术人员对设备、电路进行维修改造，兑现2019年广播"村村响"设备维修维护3850元。

【主要领导人】 区委书记：罗勇；区人大常委会主任：何先春；区长：凌永航；区政协主席：张华凯；分管农业副区长：张波。

东区编写组

西　区

【基本情况】 2020年，全区辖1镇，辖区面积123.9平方千米。有耕地面积1063.28公顷，基本农田保有量272公顷。有农村人口12086人，

表1 2020年西区主要农产品产量

主要农产品	单位	产量	同比(%)
粮食	万吨	0.1993	21.5
水稻	万吨	0.0055	—
玉米	万吨	0.191	—
蔬菜	万吨	1.1209	-0.9
水果	万吨	0.66	24.6
肉类	万吨	0.194	5.1
猪肉	万吨	0.0898	—
牛肉	万吨	0.0034	—
羊肉	万吨	0.0068	—
禽肉	万吨	0.0935	—
兔肉	万吨	0.0005	—
禽蛋	万吨	0.1439	0.6
水产品	万吨	0.0553	—

其中农村劳动力7843人。全年完成农林牧渔及服务业总产值45629万元，增长5.7%；第一产业增加值2.67亿元，增长4.9%。主要农产品产量见表1。

【农业产业化发展】 7月，引进模块化陆基地生态水产养殖项目，项目计划总投资1.4亿元，分三期建设，周期为2021—2023年。项目引进圆池式岸基养殖装备，采用新型水产养殖模式，拟建设为辐射川西南、滇西北的淡水渔业批发集散中心。10月，攀枝花沃圃生智慧农业产业园项目完成中高山区26.8公顷水果标准化设施、金家村四社大棚、IGS智慧水肥一体化水肥控制车间及分拣冷链车间等建设；12月30日，创建为市级四星级现代农业园区，形成“一带、一心、一园”的规划布局。

【农用地产权制度改革】 推进农村集体产权制度改革，促进农村集体经济发展。4月，开展集体清产核资。7月，开展成员身份确认和股权量化。采取逐村指导的方式，对成员身份确认、界定程序、股权量化方式等重点环节进行解读。通过召开村民大会制订成员身份确认和股权量化方案，对量化资产的范围和数额、界定成员资格、折股量化、股权设置、发放权证和股权管理等内容进行明确。截至12月，全区共确认农村集体经济组织11244人。全年完成6个村集体资产清查，账面资产总额7079.49万元，其中经营性资产总额101.99万元；核实资产总额33165.68万元，其中经营性资产总额2342.13万元；集体土地总面积11189公顷，其中农用地10318公顷。

【种植业】 全区粮食作物播种面积344公顷，减少0.9%；产量1993吨，增长21.5%。蔬菜种植面积175公顷，产量11209吨，减少0.02%，其中叶菜类种植面积62公顷，产量6067吨；甘蓝、块根、块茎类种植面积24公顷，产量1342吨；瓜菜类、菜用豆类种植面积43公顷，产量1900吨；茄果菜类、葱蒜类种植面积39公顷，产量1839吨；水生菜类、其他蔬菜、食用菌等类产量61吨。水果种植面积1431公顷，产量6600吨，增长24.6%。全年芒果种植面积1263公顷，产量5632吨，增长25%；实现产值5000万元。4月16日，区农业农村和交通运输局邀请市农林科学研究院青花椒种植专家蒋祺到格里坪镇大麦地村、竹林坡村青花椒种植基地开展灾后椒园应急处理农业技术培训，60人参训；开展青花椒实用技术培训3期，参训村民200余人次。4月17日，区农业农村和交通运输局邀请市农林科学研究院芒果种植专家李桂珍、李贵利到格里坪镇新庄村、金家村芒果种植基地开展灾后芒果果园应急处理技术培训，全年区农业农村和交通运输局开展芒果种植管理技术培训5期，参训村民500余人次。

【畜牧业】 全区生猪出栏12023头，增长9.2%；生猪存栏7436头，增长25.2%。牛出栏248头，增长6%；牛存栏515头，增长9.8%。羊出栏4525只，增长6.2%；羊存栏4763只，增长4.4%。家禽出栏613299只，减少4.3%。肉类总产量1940吨，增长5.1%；禽蛋产量1439吨，减少0.6%。全年实现畜牧业总产值12814万元。

【水产业】 区农业农村和交通运输局与攀枝花市西区海事处、西区河长制联合执法，在辖区金沙江流域开展非法捕捞整治行动，未发现违法捕鱼行为。“禁渔期”在巴关河劝离钓鱼人员70余人次，收缴拦河网12副、撒网3副，发现电鱼案件1起并移交公安部门立案调查。9月8日，区农业农村和交通运输局与攀枝花市渔政管理站、攀枝花市仁和区渔政管理站、云南省华坪县公证处等单位共同监督金沙水电站增殖放流工作，共放生岩原鲤、白甲鱼、长薄鳅、圆口铜鱼4个金沙江鱼类品种24.911万余尾。全年利用微信平台、村宣传栏、宣传标语等加强对“禁渔期”和禁止电、毒、炸等非法捕鱼的宣传，张贴禁渔通告宣传60余份；与镇级河长和村级河长、党员、村（社区）干部、退役军人等巡河队伍开展联合执法，开展巡查6次，收缴、销毁渔网15副，批评教育70余人次。

【农业机械化】 1月9日，区农业农村和交通运输局联合攀枝花市公安局西区分局对辖区变型拖拉机开展安全大检查，检查农用拖拉机20台，向驾驶员发放《致变型拖拉机驾驶人的一封信》20份，未发现违法违规行为。5月28日，会同格里坪镇政府，对9台农用拖拉机进行集中年检，年检率达100%，合格率达100%。全年开展农机安全生产检查5次，发放宣传资料60份。辖区未发生农机交通安全事故。

【农村交通】 全区道路通车里程（不含企业内部专用公路、高速公路、国省干道）177.2千米；公路管养里程139.921千米，其中县道8条68.096千米、乡道12条45.426千米、村道24条26.399千米。启动攀盐高速增设格里坪落地互通对接；完成尖山公路连接线工程、新农村建设道路提升工程；完成庄上阳光康养新村道路建设；完成大唐观音岩水电开发有限公司龙庄路大修工程；完成攀钢发电厂运灰路大修工程。全区有城市公交线路12条，农村客运线路7条、农村客运车辆70台。全年公路旅客运输量218.53万人（牛金达旅客周转量126.8万人、海豹旅客周转量91.73万人）。“四好农村路”省级示范区创建，3—8月，对照《四川省创建“四好农村路”示范县评分表》，梳理存在问题，细化分工，完善资料、收集归档。8月25日，将整理好的资料上报交通运输厅审查考核。9月15日—17日，四川省“四好农村路”考评组到西区开展实地考评，现场察看龙庄路、运灰路、西佛山路等县（乡）道以及金家村、庄上村、滥坝村村道。11月26日，在邻水县召开全省加快构建“四好农村路”高质量发展体系现场会，授予西区“四好农村路省级示范县”称号。全年全区完成农村公路新（改）建1.5千米，完成公路大中修89千米。

【农村生态建设及环境保护】 区农业农村和交通运输局根据西区农资安全建设体系，对辖区内的农药、化肥包装废弃物进行规范化管理，开展农药、化肥经营主体及镇、村、社区三级整治12批次，集中清理丢弃在田间地头的农业固体废弃物，回收暂储包装废弃物1000余千克。定期或不定期对辖区农资经营部开展监督检查，发现回收包装废弃物台账建立不完善、回收存放点设置不规范等问题40余个，并现场进行指导整改。全年对辖区13家农资经营主体、20家农业生产经营主体及300余户农户发放《农业面源污染防治知识宣传手册》《农药管理条例》《农药化肥废弃包装物回收告知书》等3600余份。

【农产品质量安全监管】 区农业农村和交通运输局开展农畜产品质量监管工作，采取日常抽查和重点抽检相结合的方式，对辖区农产品生产经营主体进行现场监测，及时记录、上报巡查情况。安排专人在河门口生猪定点屠宰场(A类屠宰场)驻点，实行24小时动态监管。全年完成省级农产品质量安全例行监测抽检6次，抽检样品69个，市级送检200个样，检查合格率达98%；对攀枝花世翔食品有限公司屠宰场生猪实施屠宰检疫，检疫合格生猪53545头，监督销毁病害生猪及产品47头；检疫攀枝花市甲鸟牧业有限责任公司禽类25.82万羽，销毁挤压致死禽类636羽；屠宰、养殖环节共检测“瘦肉精”4134份，全部为阴性；采样送上级检测畜禽水产品145份，均检测合格。

【主要领导人】 区委书记：龙勇；区人大常委会主任：叶勇；区长：胡昱冰；区政协主席：袁大勇；分管农业副区长：张林。

西区编写组

仁 和 区

【基本情况】 2020年，全区辖5乡8镇1个街道87个行政村426个村民小组，辖区面积1728.98平方千米，其中耕地面积28.74万亩。年末总人口23.8万人(户籍人口)。全区GDP228.6亿元，增长3.6%，其中第一产业增加值29.5亿元，增长5%。

【年度农业和农村经济运行】 2020年，全区实现农业总产值46.3亿元，增长5.5%；全区全年农业增加值达29.8亿元，增长5%；生猪、伏季水果、玉米、蔬菜等特色优势农产品产量保持稳定增长。农民年人均可支配收入达20898元，增长8.6%。全区农产品质量抽检合格率比年初提高0.5个百分点。平地镇迤沙拉村获评省级100个乡村旅游重点村，布德镇中心村、平地镇迤沙拉村获评国家3A级景区。主要农产品产量见表1。

表1　2020年仁和区主要农产品产量

主要农产品	单位	产量	同比(%)
粮食	万吨	4.4	3.07
水稻	万吨	0.83	-1.78
小麦	万吨	0.11	-2.44
玉米	万吨	3.12	4.66
马铃薯	万吨	0.04	1.48
油菜籽	万吨	0.01	-0.68
蔬菜	万吨	29.7	4.14
水果	万吨	17.21	9.15
肉类	万吨	1.63	11.4
猪肉	万吨	1.05	16.9
牛肉	万吨	0.11	3.4
羊肉	万吨	0.21	2
禽肉	万吨	0.24	3.1
兔肉	万吨	0.01	-0.7
禽蛋	万吨	0.38	2.8
水产品	万吨	0.28	-4.6
牛奶	万吨	0.01	0.7

农业产业化发展。全区有龙头企业20家，其中省级龙头企业3家、市级龙头企业17家。新增注册农民专业合作社12个、家庭农场216个。创建国家级农民专业示范社1个、省级示范社5个、省级家庭示范场2个，清理“空壳社”27个。扶持省、市级农民专合社95家、家庭农场15家，投入资金510万元。

农用地产权制度改革。开展农村土地承包和农村宅基地管理，已完成519个村民小组农村土地承包经营权颁证，共计颁发经营权证书30624本，完成率达98.21%。6月，联合印发《仁和区农村宅基地审批和住房建设管理暂行实施办法》；9—10月，在大田镇开展农村宅基地审批试点；11月，联合印发《关于印发仁和区农村宅基地管理审批及住房建设实施细则(试行)的通知》，全区农村宅基地审批及住房建设管理全面启动。

农村集体土地征收。全年完成农村集体土地征收补偿安置工作方案编制6个，即《攀西冷链智慧商贸城项目农村集体土地征收补偿安置实施方案》《仁和区城市规划区范围内农村集体土地被征地农民生活安置相关工作的通知》《前进镇胜利村冶金物料及工业物流园项目征地补偿安置实施方案》《攀枝花市仁和区狮子山公墓扩建项目土地征收补偿实施方案》《橄榄坪园区北侧道路改造项目征地补偿安置方案》《仁和区征收农用地区片综合地价标准》等；完成机场迁建项目、中通物流分拨中心、迤沙拉幸福公社、中坝乡田心康养度假基地征地拆迁资金测算；到乡(镇)、村(组)开展政策宣传培训10次，培训约800人次。完成69个股份经济合作社(联合社)村集体经济组织登记赋码，完成已成立的集体经济组织资产、资源、资金股份制量化。

农产品品牌战略实施。新增绿色食品认证产品1个，全区绿色食品认证产品数量累计达7个。对到期的无公害农产品获证企业进行复查换证，办理无公害农产品复查换证企业8家。对绿色食品获证企业开展年检和现场检查5家次，检查企业产地环境、质量控制措施、农事记录，整理各项检查记录资料后报省农产品质量安全中心审核。组织区内2家农产品生产经营主体参加第二十一届中国绿色食品博览会。

现代农业园区建设。建设田间生产道路74.57千米、滴灌20140亩、蓄水池39850立方米、养殖小区4座11246平方米。建设农产品交易市场12900平方米，园区初加工场地面积达33671平方米，全年完成交易27636吨，实现销售收入14723万元。建立20条农产品网上销售渠道，年销售芒果26491.45吨，销售额38271万元。形成26度° 芒果主题公园、混撒拉山庄等规模乡村旅游景区，年接待能力达10万人次。有龙头企业、家庭农场、专业合作社等各类社会化服务组织108个，带动农户15786户，社会化服务覆盖率达60%以上。仁和区芒果现代农业园区被评为四川省五星级现代农业园区。

【种植业】 全区粮食作物播种面积11.87万

亩，产量4.4万吨，分别增长0.37%、3.07%。蔬菜种植面积8.18万亩，产量29.7万吨，分别增长3.99%、4.14%。果园面积35.42万亩，水果总产量17.21万吨，分别增长0.5%、9.15%，其中芒果面积30.5万亩，产量12.52万吨。

烟叶发展。5个乡（镇）的15个村、65个村民小组724户烟农共种烟1000公顷，完成100%；户均1.38公顷。培训烟农3350人次。共收购烟叶4.23万担，完成103.17%；烟叶均价25.47元/千克，收购总额5387.42万元，烟叶税1185.23万元；亩均产值3873.62元，户均收入74411.81元。烟基工程总投资500万元，完成机耕道4条共8.6千米、沟渠4条8.6千米、水池3口共800立方米、管网4片共4.2千米建设。啊喇烟站总投资1040万元，新建烟站综合办公楼592.16平方米、钢架收购大棚1082.89平方米、水泵房23.46平方米及相关配套设施。

重大病虫害防治监测。向省级争取作物检疫、重大病虫害监测预警和防控项目4个、资金217.6万元，实施完成草地贪夜蛾、农区蝗虫、芒果、水稻等农作物病虫害及红火蚁监测及防治面积5.5万余亩。建立芒果病虫害固定观测点8个，病虫害防治面积达90%以上。通过四川省植保短信平台向种植大户、乡（镇）农技人员、农户发布病虫防治信息发布病虫害防治信息5期，发送病虫害防治短信9628条。开展病虫害防治现场指导12次；发布趋势预报6期，预报准确率达95%以上。

【林业】 全县林地面积126573.72公顷，森林覆盖率59.74%，其中国有林16087.3公顷、集体林110486.42公顷。按地类划分：有林地92291.07公顷，灌木林地24464.32公顷，疏林地394.44公顷，未成林造林地75.28公顷，无立木林地3133.28公顷，苗圃地3.85公顷，宜林荒地6164.79公顷，辅助林业生产用地46.4公顷。

森林资源保护。建立由管理人员—护林点—护林员的森林管护体系，明确乡（镇）、村（组）、护林员的管理职责。使用中央专项资金175.6万元，对21.637万亩国有林实施有效管护，落实国有林场管护人员128名，设立护林站（点）6个，完成全部国有林保险投保工作。使用中央和省级专项资金383.07万元，兑付全区24.8535万亩公益林生态效益补偿。

林业有害生物防治。加强森林病虫害防治和监管力度，对全区70余万亩松林进行监控，开展春秋季普查死亡松树8043株；严防松材线虫病，在重点林区采取悬挂诱捕器和设置虫情测报灯方式对松墨天牛进行监测和防治，设置监测点17个，挂设诱捕器135个，设置虫情测报灯3个，全年共计监测诱捕松墨天牛17568头（其中雌虫1167头、雄虫6401头），清理枯死松树1540株。开展林业有害生物防治面积8400亩，林业有害生物防控“四率”达标，成灾率控制在3‰以下。

野生动植物保护。开展大黑山森林公园、苏铁自然保护区、平地、宝鼎猕猴等自然保护地的全面清查和古树名木补充调查隐患排查处理。规范野生动物驯养繁殖经营，组织辖区内15家野生动物经营场所签订《仁和区野生动物驯养繁育和经营利用承诺书》，鼓励依法依规发展野生动物驯养繁殖和经营利用。开展野生动植物保护救助和专项执法检查，联合巡查12次，检查农贸市场19次、餐馆24家、动物商店2家，办理野生动物违法刑事案件1件，撤销野生动物驯养繁殖许可证4家、野生动物经营利用许可证3家；通过110指挥中心转接和热心市民电话救助猫头鹰、鹧鸪、金嘎嘎、猪獾等野生动物45只。

林业行政执法。全年核实森林督查问题图斑211个；办理林业行政案件7件，结案5件，共处罚款263072元。全年净增森林面积7871.62亩，任务完成率为131.19%；净增森林蓄积15.84万立方米，任务完成率为123.4%；林地保有量1898605.8亩，全面完成仁和区2020年森林资源“双增长”目标任务。

森林植物检疫执法。建立联防联检机制，与川滇毗邻区县永仁、华坪签订林业有害生物联防联检协议，实现“信息互通、资源共享、协同配合、联合防控”。对辖区3家涉木加工企业、52家苗圃开展检疫执法检查。

退耕还林。巩固退耕还林成果6.9万亩。督促指导乡（镇）开展退耕还林生态林地块核实，抽查退耕还林地块155.12万亩，合格1309.7亩，不合格245.42亩，合格率84.22%。兑付2019年、2020年退耕还林补助资金共68万元。

造林绿化工程。投入资金2060万元，实施生态功能区大河流域生态修复七期、八期工程390亩，仁和区城市视野区鸡公营森林质量精准提升与生态治理项目686亩，26度果园山体造林项目93.5亩。投入资金720万元，实施太平乡灰嘎村长田组仰天窝完成生态综合治理项目1296亩，务本乡务格路两侧绿化美化项目4.8千米，大田镇小啊喇村樱花大道植被恢复示范项目4千米，乡（镇）义务植树50亩，国有林抚育2000亩，造林补贴3000亩。投入资金504万元，建设生物防火隔离带7200亩。

林业要素保障。加强林地使用审批和监管，报批审批项目建设使用林地55宗100.46公顷。办理木材采伐32宗，采伐面积54.3047公顷，采伐桉树、云南松等共计1571.8立方米。严格执行森林采伐限额，无超限额采伐情况发生。

森林防灭火。加强防火宣传教育，发放宣传资料10万余份，制作安装碑牌161座、标语6000余条，悬挂横幅700余条；组建地方专业扑火队伍108人，分组靠前驻防7个重点乡（镇），并组建半专业队伍60人，确保森林火灾受害率控制在0.5‰以内。排查整治森林火灾风险隐患，形成区级层面“四个清单”，列出重大风险15项、突出问题39个，制定整改任务67项，完善制度机制19项，督促指导乡（镇、街道）和各牵头部门结合本单位实际，全面开展风险隐患排查整治，有效实施计划烧除11.17万亩，烧铲防火隔离带172.6千米；制订领导包乡挂村、干部包组包户工作方案，建立农户“三包”责任制度、村民轮流挂牌值班制度、巡山护林员制度；制订地方专业队伍建设方案和扑火机具、防火车辆采购方案，加快推进防火通道建设，加快整治火灾风险隐患，开工建设渡仁西线1000余亩五色梅山体火灾风险隐患治理项目；清除输配电设施防火隐患12个，完成重点电力设施（杆位）下方除草硬化623处、树木修剪448处5600余棵；结合农村“四好公路”建设，清除农村公路路边可燃物150余千米。印制下发仁和区森林防火“明白卡”38000份、《致村民的一封信》10万份、森林防火互保告知书4万份。全年共发生森林火灾4起（其中较大森林火灾1起、一般火灾3起），总过火面积60.77公顷，受害森林面积8.15公顷，森林火灾受害率为0.0789‰，全面完成森林火灾各项指标任务。

【畜牧水产业】 全年肉类总产量1.63万吨，增长11.4%。牛出栏8637头，增长3.9%；猪出栏147049头，增长19.8%；羊出栏131181只，增长2.2%；禽出栏1513021只，减少4.8%。水产品产量2758吨，减少4.6%；实现产值5125.5吨。

非洲猪瘟防控。全年共排查生猪135.168万头次，未发生生猪不明原因死亡以及其他可疑情况。在平地镇、福田镇等乡（镇）设立27个临时查堵点，对生猪及其产品调运开展检疫监管，在国道、省道等车流量较大道路查堵点配备公安人员协助查堵。全年共发放消毒药品8.26吨。共检测养殖场（户）324家各类非洲猪瘟样品拭子3759个，检测结果全部为阴性。增强非洲猪瘟防控及推进畜禽粪污资源化利用，发放并签署《攀枝花市仁和区非洲猪瘟疫病防控承诺书》63份、《攀枝花市仁和区养殖户环保承诺书》64份、《畜产品质量安全承诺书》61份、《禁止使用泔水（餐厨废弃物）饲喂生猪承诺书》57份。

【乡村振兴】 按照"多规衔接、多规合一"原则，组织启动《仁和区乡村振兴战略规划》编制。苴却砚雕刻技艺入选四川省农村生产生活遗产（第一批）。向农商行拨付乡村振兴农业产业发展贷款风险补偿金1500万元，2073个经营主体获得贷款1.42亿元，为乡村振兴战略实施提供坚实基础。创建大田镇为省级实施乡村振兴战略先进乡（镇），创建平地镇白拉古村、大田镇榴园村、中坝乡团山村为省级实施乡村振兴战略示范村，创建布德镇中心村、大龙潭彝族乡新街村为市级实施乡村振兴战略示范村，创建同德镇共和村、前进镇普达村、大田镇银鹿村为区级实施乡村振兴战略示范村。

【农村扶贫和移民安置】 成立13个乡（镇）交叉检查工作组、5个巡回指导组和作风监督组，抽调359人次持续开展3轮全覆盖大排查，全面摸清"两不愁三保障""三有"存在的突出问题5576个，以问题为导向，统筹整改、一体整改，列出问题、任务、责任、时限"4张清单"，严格按照"五定"工作法，成立12个驻乡（镇）工作组，抽调人员56人协助乡（镇）及部门开展户户问题整改清零，经核定、审定、认定，所有问题于6月30日前全部整改清零。推动脱贫攻坚与乡村振兴有效衔接，围绕产业兴旺，加快发展现代农业，区本级财政投入资金1700万元，整合资金2899万元，实施财政扶贫项目117个、产业提升项目59个。围绕生态宜居，实施农村人居环境整治"五大行动"，新（改）建厕所2193户，创建"美丽四川宜居乡村"示范村18个；围绕乡风文明，创新开展建档立卡贫困户脱贫攻坚先进典型评选表扬工作，共评选出先进典型人物30人、示范户450户；围绕治理有效，持续开展感恩奋进教育，组织脱贫典型开展巡回宣讲，以家庭环境卫生整治为重点开展正反两面典型评比，结合农村公共基础设施管护体制改革试点，引导贫困群众养成好习惯；围绕生活富裕，建立常态化监测预警机制，按区、乡、村建立红、黄、绿三色三级监测台账，每月开展动态监测，时刻关注因疫情或因灾、因病发生的新情况、新变化，将人均收入低于7000元的相对贫困人口列为试点对象，常态化开展"回头看""回头帮"，因户施策，防止返贫致贫，在全省脱贫攻坚县区交叉检查验收工作中通过自贡市自流井区验收。

农业产业扶贫。在大龙潭彝族乡大龙潭村和裕民村新建生猪养殖场2个，投入资金250.57万元；在大龙潭彝族乡裕民村和立柯村建设农产品交易集散地2个，投入资金263.34万元；在玉米种植面积大的布德镇、同德镇、大龙潭彝族乡开展草地贪夜蛾防控，防控面积2000亩，投入资金13万元；加强"三品一标"认证和证后监管，培训农户600人次，其中贫困户130人次。

移民搬迁安置。完成乌东德水电站大龙潭彝族乡、平地镇203户797人移民安置协议签订，共集中安置165户676人；完成命卡安置点、金拉路、防护工程电力、通信设施的设计和搬迁工作；指导配合太平乡完成金沙水电站生产安置100人安置，完成11家企业单位货币补偿工作及7家企事业单位搬迁复建建设，组织对金沙水电站淹没区内进行库底清理；指导配合福田镇政府开展梅子箐水库扩建工程梅子箐组51户249人搬迁安置协议签订，并启动移民建房工作，完成安置点对外连接道路工程建设，对梅子箐水库扩建工程导（截）流阶段移民安置工作进行自验、初验；启动观音岩水电站临时用地复垦工程建设工作，配合福田镇启动金台子移民3亩其他土地配置工作，完成仁和区观音岩水电站建设征地移民安置补偿资金使用情况清理工作。

采煤沉陷区移民搬迁安置。全年召开防汛减灾工作12次，传达省、市、区防汛减灾工作会议精神。修订完善并下发《仁和区扶贫开发局防灾减灾应急管理预案》《关于开展采煤沉陷区危房户安全隐患排查工作通知》，建立煤炭采空区安全隐患台账。通过排查，共排查出采煤沉陷区安全隐患点27处，涉及615户2376人，其中重点部位8处，涉及120户494人。将安全隐患点的所有危房户纳入重点监测和管控，督促各乡（镇）修订完善防汛减灾应急预案，做好防汛应急演练；完成前进镇胜利村8.7千米机耕道路硬化工程，投资734万元。协调相关部门，及时划拨采空区危房户过渡费80.64万元、度汛应急费30万元，确保汛期采空区各项工作有序开展。

【农业机械化】 全区农业机械总动力达243889千瓦。主要粮食作物（水稻、小麦、玉米）种植面积6372公顷，机耕面积6372公顷，机播面积2821公顷，机收面积1386公顷，综合机械化水平达59.95%。

【农村水利】 水利重点建设项目。实施重点水利建设项目130余处，工程总投资1.74亿元，其中完建大河红星段1.49千米新建堤防、2019—2020年31座小型病险水库除险加固、47处农村饮水安全工程、27处抗旱工程、21座水库维修养护工程、新街小流域11.76平方千米水土流失综合治理工程；在建大河立新段2.1千米、大河土城段1.82千米新建堤防；启动2021年16座小型病险水库除险加固工程。

防汛抗旱。落实全区92座水库、84处山洪灾害危险区、12条河流安全生产责任和措施，实现防汛减灾工作"零伤亡"目标。投入水利救灾资金470万元，在太平、中坝、大龙潭、前进等乡（镇）实施27处应急工程项目建设，项目均已完工并发挥效益。

河（湖）长制。组织召开全区河（湖）长制工作推进会2次、专题会5次，制定12条河流2020年度"四张清单"，修编仁和区9条河流"一河一策"管理保护方案，完成13条河流352千米划界工作。完成水利部下发的金沙江（仁和段）遥感事件疑似卫星图斑问题43个上报销号。启动编制区级河流"一河（湖）一策"管理保护方案（2021—2025年）和河（湖）长制工作"四张清单"，宣传制作微视频《母亲河之变》并获得水利部公益大赛优秀奖。

水资源管理。实行最严格水资源管理制度，实施水资源消耗总量和强度"双控"行动，全面建立水资源"三条红线"管控机制。全年水资源用水总量1.68亿立方米，占控制目标总量的88%。全年完成水土流失治理面积任务21平方千米，占年度水土流失治理面积任务20平方千米的105%。推进农业综合水价加快改革，完成水价改革任务1.5万亩，建立健全水费计收机制，不断增强农民主体意识。制定《仁和区农村饮水工程运行管理办法》，推行农村饮水工程市场化运营，形成"以水养水"良性机制。

【高标准农田建设】 完成2019年新建高标准农田1.9393万亩，项目总投资4064.13万元，完成田型调整610亩、地力培肥3000亩；新建田间机耕道7.3859千米；硬化机耕道32.9736千米；整治山坪塘2座；新建蓄水池155口，新建灌溉管网18.4743千米，新建太阳能提灌站2座。在太平乡、啊喇彝族乡、中坝乡、前进镇4个乡（镇）9个社区计划新建高标准农田2万亩，项目总投资3191.38万元。

【农村文化】 加强贫困村文化阵地建设，投入资金5万元，用于双河村、大纸房村、老村子村等10个贫困村巩固村文化室建设成果。完成文化"三下乡"、"仁和大舞台"群众文艺展演、"春满仁和福到万家"新春联谊暨团拜会、流动图书、文化服务进基层演出等文化活动64场。

【农村卫生】 落实计划生育“三项制度”，为农村部分计划家庭奖励扶助对象2879人发放扶助金276.384万元。为农村特别扶助对象100人发放特别扶助金81.6万元、公共交通补贴金7.2万元。为农村230人计划生育手术并发症三级以上纳入特别扶助对象发放扶助金55.44万元。为2651人办理农村《独生子女父母光荣证》子女未满18周岁的父母发放独生子女父母奖励金16.1028万元。

【农村交通】 将“四好农村路”创建工作纳入仁和区2020年重点工程项目，完成项目总投资1200万元。全区通乡、通建制村道路通畅率达100%，硬化路率达90%，县、乡道安隐患排查率达100%，道路列养率达100%，道路建设合格率达100%。全面落实农村公路养护资金，按照县道7000元/年/千米、乡道6000元/年/千米、村道1000元/年/千米标准，将管理养护资金足额纳入区本级财政预算。开通3条农村客运线路服务，开展全区农村道路160个农村客运招呼站建设，完善客运基础设施建设。创建“金通工程”，全区建制村乡（镇）通客车比例达100%，村通客车比例达100%。

【农村人居环境整治】 “厕所革命”。在布德村、共和村、团山村、小啊喇村、波西村5个整村推进，新（改）建厕所1732户，其中无害化卫生厕所1685户、省级民生工程1557户，整村推进示范村无害化卫生厕所普及率达91.72%。

“垃圾革命”。全区有垃圾压缩转运车17辆、环卫设施805个，专（兼）职保洁员598人；各乡（镇）因地制宜对辖区内的垃圾进行不同程度的收集，全年垃圾清运量约9000吨，90%以上的行政村生活垃圾得到有效治理。

“污水革命”。50个行政村农村生活污水得到有效处理，占行政村总数的78.13%。创建宜居乡村18个。

【生态修复】 完成重点生态功能区生态修复六期工程，在棉纱湾下半山造林绿化190余亩；全面完成棉纱湾上半山造林绿化服务项目250亩的土地整理、植苗和基础设施建设；完成重点生态功能区生态修复七八期工程（青山公墓山体）土地整理和基础设施建设；完成渡仁西线2000亩五色梅山体火灾隐患治理和生态修复项目整地、土壤施肥、回填和基础设施建设；完成26度果园山体生态修复治理项目整地工作。完成造林3000亩、国有林抚育2000亩，义务植树48万株。

【农村市场体系建设】 农村农资电子商务交易中心入驻企业达103家，实现线上线下销售额3.7亿元。有快递网点21个，年发单量超420万件。区供销联社实现各类基层社、专合社销售总额2.42亿元，农产品购销8370万元。新建基层社1个，新发展农民专业合作社1个，新发展社区综合服务社5个，培育基层标杆社1个，改造提升薄弱基层社1个，培育农村综合服务星级社2个；基层社农民社员数量新增1000人，新增土地托管及流转服务面积6600亩。组织开展基层社负责人电子商务知识培训。

【农产品质量安全监管】 全年抽检种植产品1226个，所抽样品中氨基甲酸酯类和有机磷类（高毒类）农药残留合格率为100%，未发生重大农产品质量安全事件。试行食用农产品合格证制度。指导农业生产经营主体（公司、专业合作社、家庭农场）加入国家农产品质量安全信息平台，并在国家平台中录入企业基础信息、生产信息和销售信息，全区加入国家农产品质量安全信息平台农业生产经营主体达161个。

【劳务开发】 全年累计开发农村公益性岗位342个，补贴资金161.14万元。对脱贫劳动力开展各类技能培训、创业培训等培训，享受生活（交通）费补贴97人、35.12万元。针对农村重点就业群体开展就业技能培训，提高农村劳动力整体职业技能水平，增强整体素质和劳务市场竞争力，促进就业，全年开展就业技能培训1162人，取得合格证1020本。

【主要领导人】 区委书记：任礴军；区人大常委会主任：谭进；区长：蔡君；区政协主席：孙永发；分管农业副区长：岳洪（9月止），兰敏（9月始）。

仁和区编写组

米易县

【基本情况】 2020年，全县辖7镇4乡73个村814个村民小组13个社区居委会106个居民小组，辖区面积2152.7平方千米，其中耕地面积263.97平方千米、森林面积136933万平方米。总人口228733人。

【年度农业和农村经济运行】 2020年，全县实现农业总产值54.98亿元，其中第一产业增加值36.82亿元，增长7.7%。农村居民年人均可支配收入达22680元，增长10.2%。

农村集体产权制度改革。有序推进农村集体产权制度改革，完成全县73个村、684个村民小组清产核资、成员确认、股份量化等改革任务。73个村、640个组完成赋码登记，同时建立健全集体经济组织法人治理机构和运行机制，明确成员收益分配比例及公积金、公益金、管理费提取比例，并为其领取了登记证书，办理了银行开户，以市场主体资格开展经营活动。开展四川农民共同富裕指标体系课题研究，形成全面掌握米易农民共同富裕面临的基本情况和问题，并提出阶段目标和对策建议的报告，获得全省课题研究一等奖。

农产品品牌战略实施。加强品牌包装提档升级，完成“阳光米易”母子品牌专用系列（米易味道、米易珍享、米易印象）商标注册和6款普通水果包装、4款精品礼盒包装设计，已授权10家经营主体试用新版包装；参加第三届中国蔬菜品牌大会等农产品推荐会，持续推广“阳光米易”区域公用品牌并在第三届中国蔬菜品牌大会上获得“最具影响力蔬菜区域公用品牌”称号。加大品牌培育认证，培育攀农公社、鲜以美等4个省级知名企业品牌，新认证绿色产品1个、无公害产品2个，全县“三品一标”农产品认证数达86个，农产品品牌推广和培育成效凸显。

现代农业产业园区建设。编制《米易县“十四五”农业农村现代化规划》，入围国家农业现代化示范区创建（第一批）名单，参与第三批国家农村产业融合发展示范园创建。米易芒果产业园建成并投入使用。雪梨现代园区完成项目选址、概念性规划编制、项目实施方案编制等前期工作。园区补短板项目推进，实施完成康健惠民土地入股托管经营模式探索项目、佐竹特色农业示范基地等项目，沃圃生智慧农业示范园开工建设。加强园区科技创新服务能力，通过实施2020年农产品仓储保鲜冷链设施项目、2020年川菜绿色示范基地建设项目、2021年省星级现代农业园区激励补助项目等，补齐了发展短板，延伸了产业链条，推动了现代农业园区提档升级。拟申报米易县“蔬菜+水稻”为省五星级现代农业园区，新创建米易新山芒果市三星级现代园区，新晋级撒莲蔬菜市四星级现代农业园区，新认定县级现代农业园区2个。

【种养殖业】 全年粮食作物播种面积26.73万亩，产量11.76万吨；蔬菜产量49.95万吨，水果产量16.7万吨。全县烟农种植烤烟3.31万亩，累计收购烟叶9.49万担，实现烟叶收购金额13955.66万元。全年出栏生猪15.64万头。

【乡村振兴】 制订并印发米易县乡（镇）党政和县级部门（单位）领导班子领导干部推进乡村振兴战略《实绩考核实施方案》和《实绩考核指标分工方案》，完善县、乡、村三级责任体系。印发《关于全面推进乡村振兴战略加快农业农村现代化的意见》，以项目为抓手，实施完成乡村振兴全面推进行动32个重点项目和10个重点工作。完成10个村593户农村户用厕所改造，持续推进“厕所革命”。完成撒莲镇、草场镇乡村振兴点位打造，筹办2021年全省巩固拓展脱贫攻坚成果同乡村振兴有效衔接现场会。坚持以先进示范创建为抓手，推进乡村振兴工作落地见效，申报市级先进乡（镇）1个、示范村6个，省级先进乡（镇）1个、省级示范村3个；创建县级先进乡（镇）2个、示范村7个。

【乡村治理】 米易县通过国家全国乡村治理体系建设试点示范工作中期评估。撒莲镇创建为全国乡村治理示范乡镇，雷窝村乡风文明典型经验入选全国典型案例。“一约三会五员七个好”乡村治理模式在全省交流推广，申报乡村治理省级示范村3个。

【农业基础设施建设】 建成高标准农田2.4万亩，其中高效节水0.81万亩。建设产业道路23条，总长30.1千米，其中硬化道路30.1千米。新建生猪标准化规模养殖场10个，其中年出栏生猪1000头以上的8个、年出栏生猪1万头的2个。建成父母代种猪场1个，每年稳定提供二元母猪2000头，解决了种源供给问题。完成南美白对虾养殖基地扩建，成品虾已进入市场销售。

【绿色农业】 推进农业绿色发展，实施包括生态调控、生物防治、科学用药在内的农作物有害生物绿色防控32.29万亩，绿色防控覆盖率达48.98%。建立病虫害全程绿色防控示范片3个（玉米23913亩、枇杷2000亩、水稻550亩）；建设攀西农作物病虫生物防治天敌繁育基地。加大农业面源污染治理力度，全年秸秆资源量10.44万吨、农膜使用量1951吨，分别回收利用8.99万吨、1844吨，综合利用率分别达89.15%、94.52%。落实长江十年禁捕工作，创新自用船管理“四统一”制度（统一登记备案、统一证件、统一标识、统一管理），建立自用船集中停放区17个（得石6个、白坡11个）。加大禁捕执法力度，全年共办理渔政行政案件15起，行政处罚15人，罚款1.5万元，移送公安机关4起。

【农产品质量安全监管】 巩固省级农产品监管示范县成效，加大检测力度，定期开展例行抽样，全年开展例行检测185个，合格率100%。加大执法力度，加强投入品监管，办理行政处罚案件23起，处罚金28.06元；简易程序11起，处罚金0.32万元；一般程序12起，处罚金27.74万元。在合作社推行食用农产品合格证制度，落实农产品生产主体责任，农产品质量安全能力显著提高。

【主要领导人】 县委书记：蔡君；县人大常委会主任：董明远；县长：代坤宏；县政协主席：罗文跃；分管农业副县长：侯锋。

米易县编写组

盐边县

【基本情况】 2020年，全县辖6乡6镇80个村8个居民委员会，辖区面积3269.45平方千米，总人口209245人。

【文旅规划编制及项目建设】 出台《中共盐边县委盐边县人民政府关于加快文旅融合建设文旅强县的意见》《盐边县推动“文旅+”产业深度融合发展若干政策（试行）》，完成《盐边县全域旅游发展规划》编制，启动《盐边县“十四五”文化和旅游发展规划》《盐边县康养+旅游发展规划》编制。推进红格国际运动康养·温泉度假区项目和康养旅游项目建设。完成红格游客集散中心及旅游厕所建设，开展二滩、高坪等旅游厕所扩建工程。

【文旅市场监管】 全年出动执法人员2433人次，检查文旅企业921家次，排查出一般隐患11项，已整改11项，无“涉黑涉恶”线索。开展文广旅行业乱点乱象排查整治专项行动，与县级相关部门开展联合执法7次，参加由攀枝花市组织的部门联合执法检查2次，办理电话投诉和市民热线5次，开展文旅法律法规宣传6次。

【公共文化服务体系建设】 做好公共文化服务体系示范区创建迎检工作，加大创建国家公共文化服务体系示范区宣传力度，做好迎检资料准备和点位打造。督促指导乡（镇）综合文化站、村（社区）综合文化服务中心开展公共文化服务活动，确保正常运行；督促指导格萨拉彝族乡坪原村完成村文化室建设。组织35个贫困村更新采购图书。创作新冠肺炎疫情防控歌曲3首、小品2个，创作美术书法和摄影作品100余件。实施直播卫星“户户通”工程建设；推进广播电视公共服务体系运行维护，加强广播电视安全播出管理，确保满足全县人民群众听广播、看电视需求。开展“4·23”世界读书日“笮乡悦读慧”阅读分享活动，向图书馆分馆和流动服务点赠送图书1300册。

【文旅节会活动】 承办第十一届攀枝花欢乐阳光节开幕式，展示红格国际运动康养·温泉度假区的独特魅力，扩大盐边文旅对外宣传度。举办迎春群众联欢晚会和笮人集市开市文艺演出。组织参加武胜县四川省乡村艺术节文旅能人技艺展示。全年开展“送文化下乡”活动9场；开展文艺辅导，服务群众6000余人次。

【主要领导人】 县委书记：李春华；县人大常委会主任：任平；县长：谭兴忠；县政协主席：肖方敏；分管农业副县长：李晓康。

盐边县编写组

泸州市

【基本情况】 2020年，全市辖3区4县8个少数民族乡92镇26个街道（其中涉农街道20个）1143个村341个社区（涉农社区168个）10499个村民小组2312个居民小组（涉农居民小组1154个），辖区面积1.2万平方千米。户籍总人口508万人，其中农业人口299.6万人。全市耕地保有量616.27万亩。

【年度农业和农村经济运行】 2020年，全市实现第一产业增加值256.5亿元，增长5.6%，高出全省0.4个百分点。实现农林牧渔业总产值430.3亿元，增长5.9%，其中农业产值208.6亿元，增长4.9%；林业产值17.7亿元，增长4.3%；牧业产值180.7亿元，增长7.4%；渔业产值15.5亿元，增长13.8%。农林牧渔业增加值261.3亿元，增长5.7%。农村居民年人均可支配收入达18035元，增长9.1%，增速居全省第5位，增速比全省平均水平（8.6%）高0.5个百分点，比城镇居民人均可支配收入高2.9个百分点。纳溪区、古蔺县获评“2020年度全省农民增收工作先进县（市、区）”，古蔺县获评“2020年度全省农村改革工作先进县（市、区）”。

新型农业经营主体培育。争取到位中央财政资金1125万元，用于培育发展农民专业合作社，扶持培育77个示范社。争取到位农民专业合作社质量提升整县推进试点县专项发展资金400万元，合江县、古蔺县被列入全省第二批农民专业合作社质量提升整县推进试点县。新发展培育家庭农场1161家、示范类家庭农场147家，录入农业农村部家庭农场各名录系统5772家。新培训高素质农民2038名、农业经理人80名、农村实用人才40名，江阳区被列入全省高素质农民“线上线下”融合培训试点。

农用地产权制度改革。农村集体产权制度改革3个国家级试点、4个省级试点全面完成。累计清查核实集体资产121.5亿元，其中经营性资产7.85亿元、非经营性资产113.65亿元；土地资源总面积1677.41万亩。累计确认集体成员400.4万人，1192个村（涉农社区）集体资产股份合作制改革完成率达100%。累计颁发股权证书31.78万份，成立农村股份经济合作（联合）社1852个，农村集体经济组织登记赋码工作基本完成。泸县被列入全国新一轮农村宅基地制度改革试点；叙永县被通报表彰为全国承包地确权登记颁证工作典型地区；古蔺县被通报表主要农产品产量为全省农村改革工作先进县；合江县、古蔺县被列入全省农民合作社高质量发展试点县；泸县、合江县被通报表主要农产品产量为全省农村经营管理工作突出单位；泸县在全国深化农村宅基地制度改革电视电话会议上作经验交流发言；古蔺县在全省农村土地承包经营纠纷仲裁培训会上作经验交流发言。

农产品品牌战略实施。新认证“三品一标”农产品88个，累计认证“三品一标”农产品432个，其中有效“三品一标”农产品226个。合江荔枝首批出口销往加拿大、美国、日本、韩国等海外市场。“蔺州马蹄甜橙”入选2020年四川优质品牌农产品。合江鸿博果蔬专业合作社“万思成牌合江真龙柚”获得第二十一届中国绿色食品博览会绿博会金奖。

现代农业园区建设。新争取古蔺肉牛现代农业园区、纳溪茶叶现代农业园区、龙马潭区水产现代农业园区被列入2020年省级园区培育，新获得省级培育资金3000万元。合江荔枝现代农业园区新晋升为2020年四川省五星级现代农业园区，泸县“高粱+油菜”现代农业园区、江阳区蔬菜现代农业园区新晋升为2020年四川省三星级现代农业园区。累计建成各类农业园区55个（其中省级园区3个、市级园区12个），园区总面积达87.9万亩，园区农业综合总产值68亿元，园区农户人均可支配收入达2.25万元。

【种植业】 全年粮食作物播种面积599万亩，增加5.5万亩，其中优质稻种植面积达160万亩；总产量231.6万吨，增加2.5万吨。全市种植酿酒高粱28.8万亩，总产量达9.6万吨，种植面积和产量均稳居全省第一位。播栽油菜69.57万亩，油菜籽产量10.25万吨。创建粮食万亩示范片20个、千亩核心示范片40个。现代种业加快发展，全市制种面积3.7万亩，其中水稻制种3.2万亩、杂交玉米制种0.2万亩。新建成合江县省级酿酒高粱良繁基地500亩。高标准农田项目20.9万亩全面建成，同步实施高效节水灌溉2.6万亩，累计建成高标准农田288.97万亩。

全年水果种植面积193万亩（其中精品果业种植面积111万亩），产量73.2万吨，实现产值62亿元。新（扩）建龙眼高换示范园14个，示范面积3584亩；新建柑橘新品种示范园2个，示范面积100亩。荔枝种植面积33万亩，产量4.2万吨，实现综合产值15亿元；龙眼种植面积30.8万亩，产量15万吨，产值达12亿元。继续实施龙眼良种高换项目，引进福建优新晚熟品种，良种高换面积达2800亩。举办泸州市晚熟龙眼展示评优会和世界晚熟龙眼优势区域论证会，泸州市创建为“世界晚熟龙眼优势区域中心”。全年柑橘种植面积90万亩，产量34万吨，其中柚子种植面积38万亩、赤水河甜橙种植面积25万亩。

全年蔬菜种植面积127万亩，产量301万吨，实现产值62亿元。制定《新型冠状病毒感染肺炎疫情防控期间蔬菜、水果应急保供预案》，落实农产品供给保障基地，确保疫情防控期间有菜可调、有果可运；协调解决蔬菜、水果和生产资料运输难、上市难等问题，确保市场供应不断档、不脱销、不滞销。

全年新建茶园1.8万亩，改（扩）建茶叶新品种示范园1个。全市茶叶种植面积45万亩，产量4.1万吨，实现综合产值82亿元。组织全市21家茶企参展第九届中国（四川）国际茶博会，展馆面积504平方米，达成订单22笔共110万元，订单和金额再创历史新高。

全年改（扩）建中药材基地1.1万亩，中药材种植面积23万亩。叙永天麻被纳入国家食药物质管理试点。“赶黄草药食同源”申报成功并通过国家食品安全风险评估中心专家评审委员会技术审查。

【畜牧业】 全年生猪出栏355.1万头，增长9.9%，目标任务完成率超全省5个百分点；肉牛出栏7.45万头，增长5.2%；肉羊出栏52.03万只，增长2.2%；家禽出栏4100.46万羽，增长0.2%。肉类总产量33.2万吨，增长5.7%；禽蛋产量4.75万吨，增长5.2%。

现代化畜禽养殖。引进温氏集团、新希望集团、巨星农牧、德康农牧等大型龙头企业，建成大型种猪场9个并投产运行，存栏能繁母猪5.75万头，年供应优质商品仔猪110万头以上。新（改、扩）建畜禽标准化规模养殖场73个，其中部级标准化示范场1个、省级11个；累计建成以生猪为主的畜禽规模养殖场695个，规模化养殖比例达58%以上。

动物卫生监督。全年开展产地检疫生猪146.8777万头、牛（羊）1.3488万头（只）、禽类518.3108万羽，屠宰检疫生猪75.0341万头、牛（羊）0.6636万头（只）、禽类300.7297万羽，无害化处理病死（害）畜禽3.8225万头（羽）、不合格及不可食用产品91.92吨。检测非洲猪瘟样品75.0341万头份、“瘦肉精”样品8.6539万头份，全年未发生重大畜产品质量安全事故。

非洲猪瘟等重大动物疫病防控。组建县、乡、村、社和生猪定点屠宰场的“4+1”网络监管体系，落实养殖环节四级网格员19934名，实现对316090个养殖场（户）的全覆盖监管。设立58个非洲猪瘟防控临时检查站（点），开展动物检疫出证整顿、生猪调运违法行为、生猪屠宰违法行为整治等行动，全年规范调入种猪、仔猪4.4753万头，调出种猪、仔猪4.8938万头；立案查处违法案件196件，罚款258.44万元。开展夏秋季“大消毒、大培训、大宣传”专项行动。

【水产业】 全年水产养殖面积9335公顷，减少0.8%；投放鱼种1.24万吨，增长2.6%；完成成鱼起水9.78万吨，增长9.9%；实现渔业经济总产值18.45亿元，增长26.8%。推动稻渔综合种养示范带动，稻渔综合种养面积7939公顷，稻渔综合种养水产品产量9480吨。申报创建国家级水产健康养殖示范场4个。

【乡村振兴】 出台《中共泸州市委泸州市人民政府关于全力补齐“三农”短板确保如期实现全面小康的意见》，制定《泸州市乡村振兴考评实施细则和乡村振兴攻坚行动考核办法》，将乡村振兴攻坚行动纳入市委目标绩效考核，保障乡村振兴攻坚行动实施。全年4项工作目标、70项重点工作任务全面完成，54个重点项目完成投资113.93亿元；创建省级实施乡村振兴战略先进乡(镇)3个、示范村18个,命名市级先进县1个、先进乡(镇)7个、示范村50个;编制完成2020年省级乡村振兴转移支付项目实施方案,涉及奖补资金8080万元。

【"宜居乡村"建设】 对标创建"宜居乡村"省级达标村326个、市级达标村390个,创建省级乡村治理示范村20个。农村人居环境整治"三大革命"有序推进,城乡生活垃圾转运处理体系基本建成,服务范围覆盖全市所有乡(镇),91%的行政村生活垃圾得到有效治理;建设农村聚居点生活污水处理厂(站)311个,67.3%的行政村生活污水得到有效处理;改造农村户用厕所3.8万余户,新(改)建农村公共厕所170座,农村卫生厕所普及率达80%以上;所有农业行政村实现农村保洁员全覆盖,并配备保洁员9000余名。新一轮"绿化泸州"行动深入推进,全市森林覆盖率达51%。新(改)建农村公路809.58千米,乡(镇)和行政村通畅率达100%。整治病险水库38座,完成农村电网升级改造1034千米,所有行政村实现电视"户户通"、广播"村村响"、4G网络和"雪亮工程"全覆盖。新安装路灯300余盏,建成照明亮化示范村12个。

【产业扶贫】 20项农业产业扶贫年度目标任务全部完成,到位产业扶贫财政资金1.65亿元,新建、改造贫困地区特色产业基地8万亩,新(改)建提灌站7座,展会推广特色优质农产品240个。市农业农村局被评为脱贫攻坚帮扶工作、援藏援彝工作、东西部扶贫协作市级先进集体,市农业农村局驻村农技员朱建忠被中央办公厅、国务院办公厅授予"全国先进工作者"称号。

【农业机械化】 全市农机化投入3846.41万元,农机总动力达236.53万千瓦,其中柴油机动力81.27万千瓦、汽油机动力51.8万千瓦、电动机动力103.44万千瓦。新建、改造提灌站23座,全市提灌站拥有量达982座。全市完成机耕面积288106公顷,增长3.5%;机播面积82839公顷,增长6.1%;机收面积133866公顷,增长7%;主要农作物耕种收机械化水平达59.45%,增长2.22%。全市有农机化作业服务组织32个,从业人员1357人。有农机作业服务专业户5173个,农机专业户占农机户总数的8.94%。乡村农机从业人员达15.24万人,有农机维修点197个。全年补贴购置各类农机具20096台(套),受益农户15309户,使用中央补贴资金825.153万元,购机总投入资金3472.93万元,结算率达99.8%。全市拖拉机存量1104台,全年注册标准拖拉机7台,报废、注销拖拉机1007台;年检运输型拖拉机593台,年检率达53.71%。联合收割机在册112台,新增注册52台,年检55台。

【长江流域重点水域退捕禁捕】 成立以市长为组长的禁捕退捕工作领导小组,市农业农村局、市人力资源社会保障局、市市场监管局、市公安局分别成立禁捕退捕工作专班。截至6月底,全市长江流域重点水域788艘渔船、1429名渔民退捕工作全面完成。1429名退捕渔民中,应参加社会保险1409人,劳动年龄内有劳动能力和就业意愿1019人,实现参保率100%、转产就业率100%。8月10日起,沱江、永宁河、濑溪河、龙溪河干流非水生生物保护区水域提前实施禁止生产性捕捞。全市长江流域重点水域禁捕退捕多次接受国家和省长江流域重点水域禁捕工作联合督查和专项督查,于2021年1月通过省级考核验收。

【农业资源综合利用】 整合高标准农田建设项目地力培肥资金1283万元,分别在36个乡(镇、街道)、137个村(社区)开展秸秆智能化堆肥示范,处理秸秆1.6万吨,生产秸秆堆肥8000吨,全市秸秆综合利用率达90%。投入资金242万元,其中争取省级财政资金130万元,建成古蔺县丹桂镇四川华方生态养殖有限公司仙寺基地农村沼气种养循环综合利用项目和古蔺县观文镇大兴畜禽养殖专业合作社农村沼气种养循环综合利用项目。

【农村物流服务体系建设】 实施中央财政农产品仓储保鲜冷链物流设施项目24个,加快推进合江县省级"菜篮子"仓储冷链物流推进示范县项目建设。发展农产品产地初加工,新增农产品产地初加工设施30座。培育发展农业生产托管服务组织234个,建立县级社会化托管组织名录库7个,农业生产托管服务覆盖小农户率达80%以上,全年农业生产托管服务面积达131.26万亩次。持续推进"信息进村入户"工程,累计建成益农信息社1291个,村级覆盖率达96.1%。

【种质资源保护利用】 全市有农业种质资源库(场、区、圃)7个,分别为省级湖川山地猪(丫杈猪)遗传资源保种场、省级古蔺马羊遗传资源保护区、濑溪河翘嘴鲌蒙古鲌国家级水产种质资源保护区、龙溪河省级水产种质资源保护区、合江县带绿荔枝种质资源圃、张坝桂圆林种植基因库、泸州市农业科学研究院荔枝龙眼种质资源保护四川创新基地。丫杈猪保种场存栏丫杈猪种猪566头,其中保种核心群原种母猪220头、公猪16头、保种血缘8个;扩繁群母猪323头、公猪7头。古蔺马羊遗传资源保护区内存栏古蔺马羊5000余只。古蔺马羊科技有限公司保种点现存栏保种核心群296只,其中种公羊16只、后备种公羊10只、血缘6个、能繁母羊170只、后备母羊100只。丫杈猪备份保种场竣工投产,古蔺马羊保种场开工。完成蔺乡猪新品种(配套系)选育基础工作。

【农产品质量安全监管】 全市1649家规模以上农产品生产企业全部试行食用农产品合格证制度,食用农产品合格证制度覆盖率排名全省第一位。全年查办农产品质量安全案件102件,农产品质量安全案件查办完成率排名全省第一位。全市省级农产品质量安全例行监测合格率达99%,全年未发生一起重大农产品质量安全事件。市农业农村局获评"2020年度全省农产品质量安全监管示范县创建和农产品合格证制度试行工作成绩突出单位""2020年度全省农产品质量安全专项整治和质量标准工作成绩突出单位""2020年度全省农产品质量安全监测工作成绩突出单位"。

【农业环境保护】 开展主要农作物专业化统防统治面积335.91万亩次,专业化统防统治覆盖率达45%。全年农药使用量同比减少3.01%,连续7年实现农药使用量负增长。分别在叙永县和古蔺县创建化肥减量增效示范区2万亩,集成推广高效施肥技术和新型肥料产品。泸县、叙永县、合江县、古蔺县、纳溪区整县推进畜禽粪污资源化利用项目深入实施,900余户老旧养殖场(户)粪污处理利用设施全部完成改造,全市规模养殖场畜禽粪污处理设施装备配套率达100%,畜禽粪污综合利用率达75%以上。全市农膜回收率达80.6%,粮经作物主产区农药包装废弃物回收率达71.3%。推广"鱼菜共生""鱼萍共生"等生态循环种养模式,建设生态治理示范点72处,取缔施肥养鱼、鱼禽混养77户。

【农业综合执法】 全年办理各类农业执法案件297件,其中种植业投入品38件、养殖业投入品7件、动物卫生监督185件、农机3件、渔政64件,农业执法案件结案率达96%,一般程序案件数达95%,处罚金额294.7万元,其中"销售通过审定但不在适宜区域内种植种子案"等4件案件被评为全省农业行政处罚优秀案卷,5年来未发生因违法行政行为被复议机关和人民法院撤销的情况。3月,市农业农村局被农业农村部授予"全国农业综合行政执法示范单位"称号。

【农业安全生产】 启动为期3年的"农村安全专项整治三年行动",成立7个安全生产工作督查专班，重点整治渔业船舶、农业机械、农村沼气3个重点行业。全面推进安全生产监管责任清单制管理，制定农业行业内部安全生产监管责任清单，指导农机合作社、沼气工程等行业领域重点企业建立企业层面责任清单68个。举办泸州市非洲猪瘟等重大动物疫情桌面推演应急演练。全年共排查并整改隐患221个，打击安全生产非法违法行为为13起，整治违规违章13起，立案查处90起，罚款38.09万元，全年未发生安全生产责任事故。

【大事记】 2月12日，泸州市召开农村地区疫情防控暨春耕生产推进会，安排部署全市农村地区疫情防控、春耕备耕等工作。

3月12日，泸州市召开市委农村工作暨脱贫攻坚领导小组会和市委农村工作暨决战决胜脱贫攻坚工作推进会，市委书记刘强出席会议并讲话。

7月2日—5日，泸州特早茶组团参展第九届中国（四川）国际茶博会，达成订单22笔共110万元。

7月23日，2020年四川省花卉（果类）生态旅游节分会场暨第29届合江荔枝节在合江县开幕。

7月29日，泸州市与贵州省遵义市签订《赤水河流域退捕禁渔联合监管协议》。

8月3日，市公安局、市农业农村局牵头成立联合打击非法捕捞指挥部。

8月10日，泸州市发布《关于泸州境内长江流域重点水域禁捕范围和时间的通告》。

9月22日，第三届中国农民丰收节在泸县举行。

9月22日—23日，财政部、农业农村部、人力资源和社会保障部等开展泸州市禁捕退捕督查工作。

9月21日—22日，泸州市召开世界晚熟龙眼优势区域中心论证会和发布会，专家组论证泸州市为"世界龙眼优势区域中心"。

9月29日，泸县在全国深化农村宅基地制度改革电视电话会议上作经验交流发言。

11月25日—26日，省农村人居环境整治三年行动考核组验收泸州市农村人居环境整治三年行动目标任务完成情况。

11月27日，泸州市2020年天然水域渔业增殖放流活动在江阳区邻玉街道长江河道边举行，共放流国家一级重点保护动物氏鲟1420尾。

12月25日—27日，中国（泸州）第五届农产品交易博览会在泸州市海吉星农产品商贸物流园举行。

12月29日，泸州永川特色产业（茶叶、龙眼荔枝）联盟成立仪式在重庆市永川区举行。

【主要领导人】 市委书记：刘强；市人大常委会主任：曹建国；市长：杨林兴；市政协主席：田亚东；分管农业常委：张文军。

泸州市编写组

江 阳 区

【基本情况】 2020年，全区辖6镇9个街道，辖区面积649平方千米，其中耕地面积45.06万亩，减少0.09%，人均耕地面积0.65亩。年末总人口69.15万人（户籍人口），增长0.51%；人口出生率8.38‰；人口自然增长率0.12‰，减少0.14个千分点。

2020年，全区GDP616.36亿元，增长4.5%，其中第一产业增加值3.083亿元，增长5.2%，农、林、牧、渔及农林牧渔服务业之比为62.1∶0.8∶28.2∶4.4∶4.5；第二产业增加值308.12亿元，增长3.7%（工业产值203.98亿元，增长3.9%）；第三产业增加值277.41亿元，增长5.5%。三次产业对经济增长的贡献率分别为4.7%、48.5%和46.8%。

【年度农业和农村经济运行】 2020年，全区实现农林牧渔总产值46.38亿元，增长11.1%，其中农业总产值28.8亿元，增长5.7%；全区全年农林牧渔增加值达32.13亿元，增长5.6%，增速比前三季度提升3个百分点。蔬菜、高粱、龙眼等特色优势农产品产量保持稳定增长。农民年人均可支配收入达21866元，增长8.8%。全区农产品质量抽检合格率达99%。全区创建省级乡村振兴战略示范村3个、市级先进镇1个、市级示范村10个、市级三星级现代农业园区1个。江阳区被列入全省深化职业农民改革试点单位之一，培育职业农民60名，培训合格率达100%。主要农产品产量见表1。

新型农业经营主体培育。全区有家庭农场871家，其中省级示范场10个、市级示范场30个、区级示范场41个；农民专业合作社281个，其中省级示范社15个、市级示范社19个、区级示范社14个；龙头企业31家，其中国家级龙头企业1家、省级龙头企业5家、市级龙头企业25家。

农用地产权制度改革。全区15个镇（街道）80个行政村12个涉农社区实行村账镇代管。基本完成农村土地承包经营权颁证，全区确权面积36.4万亩，涉及农户76285户，颁发证书66032本，颁证完成率达98.11%。按期完成2020年度农村集体资产年度清查，全区清理镇级资产约57.37万元、村级资产约2.39亿元、组级资产约2.03亿元；清理资源性资产集体土地总面积，其中镇级10.48亩、村级4615亩、组级60.1万亩；公益林6.95万立方米，商品林2.28万立方米。基本完成农村集体产权制度改革，完善法人治理结构，通过财务章程和管理制度。完成村级股份经济合作联合社组织赋码91个，完成率达100%。

农村集体经济。全区村级集体经济组织资产中，经营性资产2.19亿元，村级集体经济收入643.62万元，主要收入来源为资产租赁、土地发包、补助收入等，其中资产租赁收入

表1 2020年江阳区主要农产品产量

主要农产品	单位	产量	同比(%)
粮食	万吨	20.4	0.4
水稻	万吨	11.89	0.61
小麦	万吨	0.12	−5.26
玉米	万吨	3.27	−0.56
马铃薯	万吨	0.93	0
油菜籽	万吨	0.83	3.55
蔬菜	万吨	50.48	3.64
水果	万吨	2.59	2.09
肉类	万吨	2.22	−7.75
猪肉	万吨	1.73	−8.48
牛肉	万吨	0.012	0.83
羊肉	万吨	0.056	0.72
禽肉	万吨	0.43	−6
禽蛋	万吨	0.21	1.65
水产品	万吨	1.05	2.7
牛奶	万吨	674	2.5

199万元、实施工程项目收入85万元、入股经营收入195万元。发展省级集体经济发展项目村10个。

农产品品牌战略实施。开展"三品一标"品牌建设,新获得无公害农产品认证13个,完成无公害农产品复查换证。全区有"泸州桂圆""江之阳蔬菜""江阳区糯红高粱"三大区域公用品牌,其中"泸州桂圆"获得"四川省优秀农产品区域公用品牌""四川省名优特新农产品"称号,泸州市江阳区江之阳蔬菜、泸州市江阳区糯红高粱被认定为四川省首批特色农产品优势区;有效期内无公害农产品31个、绿色食品9个、有机食品1个、地理标志农产品3个,申报认证无公害农产地1个。

现代农业园区建设。打造董允坝现代农业园区、"通滩高粱+水果现代农业园区"等现代农业园区6个(省级三星级现代农业园区1个、市级三星级现代农业园区1个、区级三星级现代农业园区4个),其中董允坝现代农业园区被评选为省级三星级现代农业园区,园区建成面积1.3万亩,水网、路网、电网、物联网等基础设施完备,"八区一带"总体规划布局初具雏形。引进和培育邓氏土特产品有限公司、竹芯食品有限公司、泰丰种业等农业品初加工企业,建设江阳区农产品初加工、集散、配送产业园。创建董允坝"蔬式农业"主题公园、张坝桂圆林主体公园2个省级农业主题公园,申报中国伞乡·董允坝4A级风景区、张坝桂圆林4A级风景区2个农业主题风景区。全区区级园区依据《江阳区现代农业园区建设考评激励方案》(泸江委办〔2019〕46号)中的《江阳区现代农业园区认定考核评分表》打分评级分为三星级、四星级、五星级3个档次。每年区财政安排资金1000万元,对认定的泸州市江阳区现代农业园区给予一次性补助(同等项目),其中五星级补助300万元、四星级补助200万元、三星级补助100万元。全年共整合中央、省、市、区资金1.74亿元投入现代农业园区建设。

【种植业】 全区粮食作物播种面积48.23万亩,产量20.4万吨,面积增加0.4万亩,产量增加0.1万吨,已连续15年保持在20万吨以上;水果种植面积8.53万亩,产量2.59万吨,面积增加0.11万亩,产量增加0.05万吨;高粱种植面积5.97万亩,产量1.89万吨,实现总产值1.65亿元;油菜种植面积6.45万亩,产量0.83万吨,面积增加0.18万亩,产量增加0.03万吨。建成连片粮油万亩示范基地2个,启动建设"粱菜"轮作基地10000亩,建成龙眼良种高换基地600亩。全区蔬菜种植面积达23.71万亩,产量50.48万吨,实现总产值12.25亿元,其中设施蔬菜种植面积8.9万亩,产量26.6万吨。承担农业农村部农业重大技术协同推广试点四川省蔬菜绿色优质高效技术推广应用项目,建立农业科技示范基地2个,推广无苦味优新黄瓜品种500余亩。

【林业】 全区新增森林面积0.03万亩,新增森林蓄积0.31万立方米,森林覆盖率达39.2%,森林覆盖率提高0.03个百分点。全年实现林业总产值21.12亿元,农民人均林业收入1750元。有林业专合社1个。全年检疫种苗生产登记单位33个,检疫生产面积8800亩。全年全区森林火灾损失率为零,林业有害生物成灾率为零。全面实施竹林风景线、沱江廊道、城乡绿化项目等森林植被恢复项目,完成成片造林0.4万亩。全区均在防疫条件下组织干部职工和辖区单位开展春季集中义务植树活动,建立义务植树基地10个,全民义务植树51万株,义务植树尽责率达87.25%。对全区2102株古树开展鉴定、认定和挂牌,其中二级古树12株、三级古树2090株。完成9个群落13块固定碑牌设置,悬挂挂牌475块。继续实施天然林资源保护工程,全区森林管护面积75447亩,其中国有林管护面积6320亩、集体林管护面积69217亩。对集体和个人所有的森林生态公益林实施森林生态效益补偿,全区森林生态公益林面积69217亩,其中国家级公益林面积20206亩、省级公益林面积49011亩;补偿资金109.01万元,其中中央财政资金46.52万元、省级财政资金62.49万元。

野生动物保护。加强野生动物监管,全面禁食野生动物,及时处置非正常来源野生动物。依照《全国人民代表大会常务委员会关于全面禁止非法野生动物交易、革除滥食野生动物陋习、切实保障人民群众生命健康安全的决定》要求,对全区31家野生动物人工繁育、经营场所采取封控隔离措施,并按照有关规定进行分类处置,保留药用(蛇类)1家、观赏(鹦鹉、画眉)2家,处置非正常来源野生动物21只(头)。

【畜牧业】 全区有畜禽养殖场(户)525家。全年出栏生猪23.6346万头、家禽277万只,畜牧产值达13.0754亿元。全区畜禽规模养殖场粪污处理设施设备配套率达100%以上,粪污综合利用率达77.5%以上。新建生猪圈舍51个单元,创建1家省级、7家市级标准化生猪示范场。

动物疫病防控。全年产地检疫生猪3.38万头、家禽42.2万只,屠宰检疫生猪4.67万头、牛0.47万头、家禽112.48万只。清理规范全区官方兽医出证账号,生猪运输车辆、规模养殖场、贩运经营人员等管理相对人电子备案等。执法检查养殖场、屠宰场、动物贩运户和动物诊疗机构160余个次。开展非洲猪瘟等重大动物疫病防控、狂犬病等人畜共患病防控,全区免疫犬(猫)2.57万只,免疫密度达95.8%;免疫注射猪瘟、猪口蹄疫各12.65万头,牛口蹄疫免疫0.55万头,分别免疫羊口蹄疫、小反刍兽疫3.17万头(只),免疫高致病性禽流感174.7万羽,全区应免畜禽免疫密度为100%。消毒畜禽圈舍14.64万个,消毒面积412.97万平方米。新冠肺炎疫情防控期间城区检疫申报点从1月28日起受理批量禽类产品检疫申报工作,管控期间,受理批量禽类产品检疫申报5万余千克,保障主城区禽肉供应。经多次选址,区政府召集相关部门研究决定在全区已完成平场的畜禽集中定点交易屠宰场项目内抢建活禽临时集中屠宰点,由区国资公司兴阳集团按应急管理工程立即启动实施,建设周期为15天,保障全区禽类产品供应,项目于2月14日完成建设任务,项目占地面积约8.3亩,修建钢结构厂房约1300平方米和集装箱面积约100平方米,硬化地面约3000平方米等,投入资金约150万元。2月15日起,禽类临时屠宰点正式运营,日均屠宰约2000只,所屠宰的家禽入场时均检查动物检疫证明(产地),屠宰时驻场官方兽医开展检疫,检疫合格后出具动物检疫合格证明(产品)并加施标识。

【水产业】 全区水产养殖总产量10497吨,实现渔业生产总值23851万元。

长江流域江阳段禁捕。全年开展执法巡查410余次、联合执法检查52次,出动执法人员1000余人次,受理投诉举报142起,收缴涉渔船舶8艘(其中电鱼船舶2艘、当场销毁木质非机动船1艘)、电鱼工具3套、各类非法网具1000余副,挡获可视锚鱼竿锚鱼、晃杆钩鱼等86起,劝离规范钓鱼爱好者1000余人次,放生渔获物350千克。与泸州市农业农村局、长江航运公安泸州分局、江阳区人民法院、江阳区检察院联合开展集中销毁非法渔具1次,销毁涉渔船舶8艘、非法捕捞网具56副、电鱼器具85套、鱼竿338根以及其他工具117套。

【扶贫攻坚】 帮助解决305户建档立卡贫困对象生产资料采购、281户建档立卡贫困对象农产品销售等问题。投入财政专项扶贫资金2022万元,鼓励贫困对象发展产业,完成4

批到户产业发展项目。推进"大园区+小业主"产业发展模式，培育规范化农民合作社207个，发展家庭农场62家、种养殖大户150余户，脆冠梨、江北青花椒等"一村一品"特色产业已初具规模，订单带动贫困群众1000余户。在就业扶贫上，建立稳岗就业工作专班，开通健康证办理绿色通道，借助"春风行动""点对点"组织贫困人口外出务工，鼓励区域内市场主体优先吸纳贫困劳动力就业，全区外出务工贫困人口4182人。每月召开一场专场招聘会，推送"线上招聘不打烊、春风行动送岗位"54期，发布岗位信息3.4万个。利用区级集中和镇街分散培训方式，组织300余名贫困对象参加技能培训，公益性岗位安置就业545人，发放岗位补贴244万元。在消费扶贫上，多形式广泛发动社会各界参与扶贫，全年实现"以购代捐"240万元。申报并使用"四川扶贫"集体商标2个，认定四川扶贫产品5个。建立农产品进超市"直通车"机制，凤龙黄桃等四川扶贫产品实现销售收入500余万元。全区各单位采购农产品价值97.5万元，超额完成采购任务。建成镇（街道）电商服务站18个、村级电商服务站点136个，实现服务站点全覆盖。推进消费扶贫"三专"建设，建成专馆1个、专区4个，完成132个专柜布点，实现销售收入1153万元。小额信贷方面，配合银行做好小额信贷的发贷和还贷，建立定期回访、提前预警、专人包户、风险补偿等制度，化解信贷风险，收回到期贷款391.09万元，每月逾期率均为零。防返贫致贫方面，建立防止返贫监测和帮扶机制，常态化开展扶贫对象"回头看""回头帮"，严格按照"七步工作法"对脱贫不稳定贫困对象和边缘人口进行动态监测，全区监测户、边缘户均落实帮扶补短措施，确保其持续稳定达到脱贫退出标准。义务教育保障方面，全区无建档立卡贫困家庭学生失学辍学；全面落实各年龄阶段贫困学生教育资助政策，全年共发放资助资金2750人次、217.72万元；严格落实"雨露计划"，全年共发放春季职业学历教育补助310人、46.5万元。医疗保障方面，筑牢基本医疗、大病保险、医疗救助、兜底保障等防线，实行"一站式"即时结算，区域内医院就医一律先诊疗后付费。安全住房方面，改造修缮提升建档立卡贫困对象住房98户，对3845户建档立卡贫困对象住房进行安全评定，全区建档立卡贫困对象实现住房安全有保障。

【农业机械化】 全区农业机械总动力24.7万千瓦，其中拖拉机27台782千瓦、种植业机械51552台3.12万千瓦、农产品初加工机械70968台5.45万千瓦、畜牧机械4058台1.72万千瓦、水产机械563台1126千瓦。全年完成机耕面积2.33万公顷、机播面积0.83万公顷、机电灌溉面积1.78万公顷，机械植保面积2.01万公顷、机收面积1.42万公顷。有农机服务组织机构4个，农机服务组织人数869人；农机户数4922户，涉及5604人；农机维修点18个，维修人员23人；乡村农机从业人员4559人，其中持有拖拉机驾驶证27人、持有联合收割机驾驶证54人。全年农机化投入250万元，农业机械购置146.57万元，农机服务收入14150万元。全区推广各类农机具790台，完成农机购置补贴金额49.75万元，其中中央补贴资金35.54万元、市补贴资金7.1万元、区（县）补贴资金7.1万元，涉及补贴的耕地机器481台，受益户数480户；收获机械3台，受益户数3户；农产品初加工机械139台，受益户数139户；畜牧机械134台，受益户数134户。加强拖拉机年检审，依法年审农用拖拉机272台，拖拉机年审率达60%；完成重庆、贵州、云南发函协查拖拉机77台。配合交警、安全等部门，和镇（街道）联合开展农机安全专项整治集中行动，对全区农机市场进行清理整顿，检查农机产品经营户12家、农机维修网点8家，完成农用机械数据维护194台。

【新村建设】 全域推进农村卫生户厕和无害化厕所改造，全区卫生厕所普及率达95.67%，有公厕的行政村覆盖率达100%。实现一、二级场镇污水处理设施全覆盖，生活污水得到有效处理的行政村占比达100%。提升"户分类、村收集、镇统筹、区直运"的农村生活垃圾清运模式，全区行政村生活垃圾日产日清率达100%。持续推进村庄清洁行动和农业废弃物资源化利用，农村人居环境不断改善。加快推进"十个全域"惠民工程（均衡教育、农村公交、安全供水、全民保健、安全供气、同网同价、全面小康、文旅服务、住有所居、基层治理等）建设。新（改）建农村公路196千米，形成"城乡通达、村村相通"的"半小时交通圈"。实现城乡同质饮水，新发展供水5万户、改善用水5万户，入户率达96%以上。实现城乡远程医疗服务网络全域覆盖。推进燃气管网基础设施建设向镇街延伸，农村区域气化率达70%以上，全区村民小组通气率达99%。全域推进电质提升，累计投入1.2亿元实施农网升级改造，彻底解决同区不同网、城乡不同价、供电质量差等问题。全年创建市级宜居乡村15个、省级宜居乡村10个。

【农村基础设施建设】 投入资金17亿元，新（改）建农村公路196千米，全线贯通农村公路末梢。开通农村公交线路52条，投入运营车辆128辆，打造城乡"半小时经济圈"。投入4.4亿元实施全域安全供水，新（改）建一批供水站、加压站，延伸管网4400余千米，新发展供水40000余户、改善用水50000余户；建档立卡贫困对象自来水入户安装3611户，入户率达94%，实现城乡饮水同网同质。投入1.2亿元，对低电压地区实施升级改造，全覆盖完成小水电网并入国家大电网，彻底解决同区不同网、城乡不同价、供电质量差的问题，全域实现同网同质同价供电。投入1.2亿元，新建供气设施，改造老旧设施，建成农村区域燃气管网4000余千米，实现所有镇（街道）、村全覆盖通天然气，农村天然气入户率达75%以上，实现天然气同质同价。

【高标准农田建设】 全年投入资金6000万元，通过土地整理、机耕道建设、修建田间生产便道、修建蓄水池、土壤改良等措施，新建高标准农田2万亩，项目在丹林、通滩、江北、方山、分水岭、况场等6个镇（街道）11个村实施。

【农产品质量安全监管】 开展农产品质量安全监测检测，全年组织完成省级、市级、区级定量农产品检查439个，农产品质量安全抽检（包括快检）共计3831个，总体合格率达99%。建立农业生产经营主体名录，区域内具有代表性的306个生产经营主体入驻国家省农产品质量安全追溯平台。组织开展食用农产品合格证制度试行推广，全年生成农产品生产、销售批次5413批次，开具食用农产品合格证96300余份。

【农业行政执法】 开展畜禽调运监管、禁渔区非法捕捞、农资打假、农兽药监管、生猪屠宰整治等，依法治理行业乱象。全年办理农业综合行政执法案件20件，罚款6.61万元；办理林业执法案件23件，罚款155.01万元。会同区整治办及相关镇（街道）核查卫片执法图斑和举报件共16宗，全部进行处理回复。

【主要领导人】 区委书记：杨长缨；区人大常委会主任：张敏；区长：廖俊；区政协主席：张旭光；分管农业副区长：夏围禄。

江阳区编写组

龙马潭区

【基本情况】 2020年，全区辖8个街道3镇，辖区面积333平方千米，有常住人口50余万人，城镇化率80%。

2020年，全区GDP367.2亿元，增长4.7%；规上工业增加值增速5.2%；全社会固定资产投资增速14.1%；社会消费品零售总额177.96亿元。地方一般预算收入完成17.39亿元，增长3.5%。

【年度农业和农村经济运行】 2020年，全区农林牧渔业总产值19.61亿元，增长5.41%。农民年人均可支配均达23173元，增长8.8%。

新型农业经营主体培育。新创建区级现代农业园区1个、市级现代农业园区1个，申报创建省级现代农业园区1个；新创建市级以上农业产业化龙头企业2家、省级2家；培育省级示范农民专业合作社2个和市级示范社2个，区级示范场15个、市级示范场8个、省级示范家庭农场1个。全区共有区级现代农业园区3个、市级现代农业园区2个，市级以上农业产业化龙头企业23家、省级4家。全区在市场监管部门登记注册的新型农业经营主体共361家(农民专业合作社226家、家庭农场135家)，其中区级示范专业合作社5家、市级36家、省级16家、国家级4家，区级示范家庭农场15家、市级15家、省级7家。

【种植业】 全年粮食作物播种面积17.8万亩，产量7.4万吨，其中小春粮食作物播种面积1.1万亩，减少15亩；产量0.28万吨，增加5吨，其中豆类0.17万亩、产量294吨，油菜1.76万亩、产量0.25万吨。大春粮食作物播种面积16.7万亩，其中水稻6.72万亩、薯类2.3万亩、玉米3万亩、高粱4万亩、大豆0.91万亩。蔬菜播种面积7.88万亩，产量18.29吨。水果种植面积6万亩，产量3万吨。

高粱高产创建。继续实施四川省粮油绿色高产创建项目，整合金龙、胡市、双加、特兴等镇(街道)建成酿酒有机高粱核心示范片4个、示范面积0.6万亩，高粱种植示范基地面积达3.1万亩。与泸州老窖、郎酒公司等企业合作，建立“订单种植+保价收购”机制，按照“龙头企业+专合组织+基地+农户”的产业化经营模式发展酿酒高粱专业合作社10个，落实有机高粱订单2.5万亩。严格执行良种统供、秧苗统育、技术统标、有机肥统供、病虫统防、订单统签和分户经营的“六统一分”生产模式，优化高粱品种，推广高粱直播、“15.25”规范化带状种植、膜侧栽培等高产集成技术，提高酿酒高粱单产。全区高粱平均收购价为8.4元/千克，亩产达300千克，实施高粱产值约1.3亿元，种植户户均增加收入6500元。

【林业】 全年实现林业产值15.12亿元，农民人均从林业获得收入1500元以上。完成营造林(中幼林抚育)1300亩、义务植树30万株，实施国有林管护0.03万亩，巩固退耕还林成果1.2万亩，全面完成0.22万亩国家级集体公益林管护和补偿资金兑现。全年新增森林面积100亩、森林蓄积0.2万立方米，森林覆盖率提高0.16个百分点。加强野生动植物保护，湿地保有量1328.02公顷。

【畜牧业】 全区生猪出栏8.77万头，增长1.64%；家禽出栏480.66万只，增长0.17%。禽蛋产量6620吨，增长14.59%；肉类总产量1.5万吨，减少2.82%。新增能繁母猪1522头，完成目标任务的101.47%。

畜禽防疫。春、秋防共免疫生猪猪瘟、口蹄疫6.7万头，牛(羊)口蹄疫0.32万头(只)，禽流感165万羽，小反刍兽疫0.3万头，群体免疫密度达95%以上，抗体有效率达70%以上；免疫犬21000余只，镇(街道)免疫密度达85%以上。

【水产业】 全区水产品产量8142吨，增长4.5%。水产品上市量销售8093吨，实现产值9704万元，人均收入2214元。

长江流域重点水域禁捕。成立区级长江流域禁捕和退捕渔民安置保障工作领导小组，由点到面统筹推进全区禁捕。区委常委会、区政府常务会专题研究禁捕工作4次，并将禁捕工作纳入年度目标绩效考核；组建专项工作督导队伍15支，落实属地监管责任，对非法捕捞多发易发水域开展分片包干、蹲点驻守式检查，对区(县)、镇(街道)交界水域开展联合巡航执法，定期督查通报，持续传导压力，倒逼责任落地和工作落实。统筹线上线下，创新宣传载体，坚持共治共享，发动全员参与，及时、多面发布禁渔公告，公开举报电话，建立24小时应急值守和举报监督制度，发挥媒体宣传和群众监督作用，广泛宣传退捕禁捕相关政策法规、违法案例等，全面提升公众的参与度和知晓率，营造“人人监督、人人参与”的工作格局，推动形成“不敢捕、不能捕、不愿捕”的舆论氛围。聚焦沿江沿河、场镇、人员密集点等重点区域，设置提示性、警示性标语1000余幅，张贴禁渔通告4500余张，发放宣传资料19200余份，媒体宣传报道71次。建立多部门、跨区域联合执法协调机制，开展水生生物自然保护区、水产种质资源保护区及其他天然水域专项执法和常态化联合执法，加大重点水域、重点时段执法巡查力度，建立人防技防并重执法格局，保持严打高压态势，对鱼馆、渔具店、餐馆等开展市场执法检查588人次，监测电商平台(网站)7家，整改印有“野生河鱼、野生河鲜”等店招、店牌8处，清理菜单260份；开展渔政执法检查715余次，共清理整治三无船舶86艘、自用船舶146艘，查获钓竿552余根、电鱼工具59套、可视锚鱼竿19根，清理地笼网148副，查获放生渔获物432.6千克(其中国家一级保护动物达氏鲟1尾)，劝离教育游钓人员18600余人。农业、公安共联合立案查处涉鱼违法案件18起，移送检察院起诉9起，处理27人(含取保人数)，特别是11月5日联合龙马潭区公安分局破获一起情节极为严重的电鱼案件，缴获非法渔获物182.5千克、电鱼工具1套、“三无”皮艇1艘，该案件非法捕捞的渔获物数量系全区近年来之最，对濑溪河水生生态环境造成了极大破坏，两名当事人涉嫌非法捕捞罪已被公安机关依法拘留。

【疫情防控】 新冠疫情发生后，成立监测消毒、农产品保供等10个工作组开展疫情防控工作。成立龙马潭区新冠肺炎疫情防控指挥部农村工作组和农村地区疫情防控工作专班，加强农村地区疫情防控统一指挥调度，保障工作物资、资金和人员需要；督促各镇(街道)党委、政府和村(社区)“两委”履行防控主体责任，加强返乡人员、农村流动人口服务管理；引导动员农民群众参与群防群控，形成防控合力，防止疫情在农村地区扩散蔓延。

加强动物疫情监测保护。开展动物疫情监测，做好现场流行病学调查，实施全方位消毒，共排查家畜1.525万头、家禽200万羽，使用消毒药4.5吨，消毒面积200万平方米；加强陆生野生动物巡护管理，严禁野生动物交易、对外扩散和转运贩卖，共清除网、套等各类非法猎捕工具8套，封控隔离驯养繁殖野生动物场所12处；无害化处理滞销死亡水产品9吨；加强非洲猪瘟疫病防控，在泸州西等5个高速路口设卡口24小时值守，加强入境人员和车辆排查，加大生猪、猪肉制品、野生动物及制品贩运排查力度，共放行生猪及产品运输车辆823车、生猪2.76万头、生猪产品65吨。

加强农畜产品稳产保供。出台疫情防控期间蔬菜、水果、生猪、畜禽产品等重要农畜产品应急保供预案，保供激励措施和《活禽定点屠宰和白条上市通告》，落实蔬菜规模化种植奖补政策11万元、能繁母猪补贴45余万元；12天建成双加临时活禽集中屠宰点1处，监督该点和3家生猪屠宰场规范化运行，加强农业生产资料监管，保证全区禽肉产品正常供应；开展春耕生产“春风行动”，组建区级技术指导组1个，建立助耕队35个，采取“门店经营+送货上门”的形式保障春耕生产物资供应，共配送种子95吨、农膜35吨、化肥180吨；成立涉农企业复工复产工作专班，细化畜禽养殖、饲料生产、屠宰、农业园区、重点项目建设等7个服务小组职能职责，帮助20家（个）涉农重点企业（项目）、110家农资经营门店复工复产。

【乡村振兴】 完善乡村振兴战略顶层设计，以“农业+文化”为规划主线，发挥龙马潭区的区位优势，突出都市农业发展定位和“龙马乡居·四水归潭”文化主题，按照“一廊两带一基地”产业布局编制宜居乡村建设、乡村生态环境、村庄规划等专项规划。保障财政投入资金，党的十九大以来，全区共统筹整合各级财政资金5.77亿元（其中区级资金1.63亿元）、争取债券资金1.22亿元、直接带动金融资本和社会资金1.75亿元投入基础设施、产业发展、社会事业等各领域。发展乡村旅游立足都市服务型农业发展定位，突出“农业+文化”“农业+旅游”，以“赏花、摘果、观景”为主题，重点打造十里渔湾、柑博园、天香花谷等一批乡村旅游示范园，通过举办乡村文化旅游节、九狮柚采摘节、第五届农产品交易博览会等节庆活动，拉动乡村经济发展，全区接待乡村旅游流游客约122万人次，实现乡村旅游收入4.8亿元。

【农村改革】 农村集体产权制度改革稳步推进。指导全区各村（社区）、村民小组清产核资2018—2019年农村集体资产情况，100%录入全国清产核资系统；全区62个农村（社区）已全面完成村级股权设置与量化工作，村级股份合作制改革完成率达100%；62个农村集体经济组织登记赋码发证工作、200个组级集体经济组织登记赋码相关工作均已全面完成。农村土地承包管理能力不断增强，巩固和完善农村基本经营制度，有序推进农村土地承包经营权流转。全区累计流转土地49523亩（其中出租/转包43768亩、互换297亩、转让1895亩、股份合作859亩、其他形式2704亩），土地流转率增长2%，其中流转入新型经营主体28328亩（其中农民合作社17421亩、家庭农场5395亩、种养大户5956亩）。

龙眼高换。制订《龙马潭区龙眼高换实施方案》，投入龙眼高换财政专项资金35.5万元，按照“集中连片、一镇一品”“就地取穗为主、外调接穗为辅”的原则，选点在特兴街道桐兴村、胡市镇敦和村实施2020年龙眼良种高换嫁接项目，打造龙眼高换样板，助力产业提档升级。全年开展技术培训6次，培训专业嫁接手、锯手99人，同时组建会嫁接、懂技术、善管理的24人本土人才队伍1支，并在一个月内高换优质晚熟龙眼品种“翠香”602株、“福晚8号”7791株，共计面积524.6亩，超额完成市下达全区400亩的龙眼高换嫁接任务，龙眼嫁接成株率76.6%、成刀率54.8%，待2023年全部投产时，亩年产值将提升66%以上，可带动全区龙眼良种率升至65%。

【农村扶贫及移民工作】 扶贫工作。开展贫困人口动态调整，全区自然增加贫困人口51人（其中新生儿19人、户籍迁入13人、婚入15人、其他4人），无整户新增；自然减少贫困人口169人，其中死亡52人、户籍迁出84人、婚出20人、其他13人，动态调整人员已录入国家扶贫开发信息系统，全区有建档立卡贫困户1769户4788人。摸排贫困户产业发展需求，聚力特色农业产业，帮助贫困户发展小型庭院种养殖，通过落实到户项目解决1227户贫困户产业发展需求。组织农技巡回服务小组到田间地头手把手传授种养殖技巧、面对面解决产业发展技术难题，提高贫困户生产发展管理能力。发挥新型农业经营主体在全产业链条发展中的带动作用，推进“龙头企业+基地+贫困户”“园区+业主+贫困户”“合作社+贫困户”等组织方式，完善“持有资产+保底收益+效益分红”等利益联结机制，帮助种养殖户拓宽销售渠道，解决销售难题。推进创业就业扶贫，举办大型线上招聘会，组织100余家企业提供就业岗位8000余个；采取“送培训到镇村”的工作模式，开展技能培训32期，培训贫困劳动者108人次；开发公益性岗位，累计组织504名贫困人口参与绿化、道路保洁、河道巡查等，发放公益性岗位补贴265.33万元。全区有1798名贫困劳动力外出务工，完成国务院扶贫办、四川省脱贫攻坚办公室关于就业扶贫“一超过”的要求。组织辖区6家企业申报使用“四川扶贫”集体公益性标识，建立专柜7个、专区1个、专馆1个。组织机关单位、学校、医院和企业购买贫困村贫困户农产品，帮助销售贫困对象农产品价值133万元。用好“中国社会扶贫网”平台，宣传“10·17”全国扶贫日，动员爱心人士支持参与扶贫，全年筹集资金830余万元。

移民工作。全年通过“一卡通”方式足额发放大中型水库移民直补资金共计19.27万元，惠及移民1285人次。投入96万元实施4个项目用于大中型水库移民后期扶持，改善石洞街道、特兴街道移民群众生产生活条件和基础设施。

对口帮扶普格县。全年投入财政帮扶资金1286万元（比省上要求增加785万元）、社会帮扶资金520万元，在安全住房、产业发展、智力支持、社会帮扶等方面实施项目22个（含新增财政帮扶资金项目），助力普格县全面实现103个贫困村、6.8万名贫困人口全部脱贫“摘帽”。

【农业基础设施建设】 实施新菜地建设基金项目，建成温室大棚2669平方米、钢架拱棚1833平方米、智能温室大棚320平方米，新铺设石板路281米，整治塘坎403米。全年农户新购农机具500余台（套），兑付农机购置补贴资金21余万元；新安装粮食烘干机2台（套），新购大型拖拉机1台（套）；改建双加镇枝子园提灌站1座。完成安宁街道高效节水灌溉项目800亩，建设管网14.52千米，整治山坪塘1处；完成双加镇高效节水灌溉项目500亩，柑橘博文化博览园内的现代农业示范园蓄水池附属设施、排水沟、生产便道和灌溉系统已全面配套完成建设。投入资金2355万元，在双加镇凉坳村、颜坪村和金龙镇曹坝村、金龙社区建成2019年高标准农田建设项目1.5万亩；2020年高标准农田建设项目任务为1.4万亩，施工单位已进场施工。

【农业机械化】 全区新增农机总动力0.25万千瓦，达18.286万千瓦。全年完成机耕作业面积10.8万亩、机播面积3.7万亩、机收面积6万亩，主要农作物耕种收农机化水平达63.63%，提升近1个百分点。

【农村生态建设及环境保护】 农村人居环境整治。开展美丽宜居乡村建设，结合全市“十镇百村”试点，实施乡村振兴省级先进镇、示范村创建，全年共创建市级以上乡村振兴先进镇1个、示范村6个，省、市级“宜居乡村达标村”覆盖率达70%。全区省级“宜居乡村”达标村20个、市级“宜居乡村”达标村22个，市级“四好村”实现全覆盖。推进农村“厕所革命”，启动“厕所革命”整村推进示范村建设项目12个，全区新建、改造农村卫生厕所4918户、农村公厕12座（含乡村旅游厕所3座），全区卫生厕所普及率均超过90%，粪污通过污水管网进入污水站处理或作为肥料还田等方式利用，无溢流和乱排现象。开展农村垃圾分类治理，制订《龙马潭区农村生活垃圾分类方案》，开展相关培训3次，培训业务人员40余人。营造农村生活垃圾分类氛围，开展主题宣传8次，发放宣传资料1000余份。抓好农村保洁员配备工作和相关机制建设,共配备农村保洁员582名,覆盖100%行政村。

农业生态环境保护。实施农药化肥零增长行动,实施绿色防控面积10.84万亩、主要粮食作物病虫防治面积28.32万亩次、重大病虫害专业化统防统治12.91万亩次。全年农药实际使用量159.04吨,减少3.35%,实现农药负增长;完成测土配方施肥技术推广27万亩次,覆盖率达90%以上,减少化肥使用。全区粮经主产区回收农药包装废弃物回收0.24吨,回收率达70.59%。全域禁止秸秆露天焚烧,制订《泸州市龙马潭区农业农村局关于秸秆禁烧重点管控区域秸秆综合利用方案》,重点管控区域小市街道、鱼塘街道、莲花池街道、安宁街道、石洞街道5个镇(街道),以及过境高速公路沿线重点管控区,建立常态化秸秆禁烧巡查机制,推行秸秆腐熟还田等秸秆肥料化、饲料化、基料化等综合利用措施,提高利用率,降低焚烧概率。在全区范围内开展畜禽水产养殖场(户)污染防治监督检查485次,关闭(搬迁)、停产停业畜禽养殖场(户)20家(户),污染整治23家,升级改造规模养殖场粪污处理设施5个,取缔肥水养鱼、鱼鸭混养43家。全面禁止肥水养鱼,推广"渔菜共生"新型环保养殖模式35处、面积1000余亩。增殖放流净化水质鱼苗300余万尾,对濑溪河、龙溪河等重点流域水质净化起到积极作用。严格非洲猪瘟疫病防控,严格落实非洲猪瘟防控15条措施,加强流行病学调查和疫病监测,提升养殖场生物安全防护水平,严格生猪调运监管,全年未发现非洲猪瘟等重大动物疫病。

【农产品质量安全监管】 开展"三品一标"农产品认证,全年新申报无公害农产品2个、复查换证1个;开展试行食用农产品合格证制度,全区应试行食用农产品合格证主体79家,已试行79家,食用农产品合格证试行率达100%。继续完善农产品质量安全追溯体系建设,对"三品一标"生产企业开展日常监督检查,对农产品进行例行抽检,全年速测农产品316个,农药残留检测合格率达100%;委托市检测中心定量检测136个、区市场监督管理局外包定量检测50个,配合省、市级以上抽检249个。龙马潭区通过省级农产品质量安全监管示范县资格复审验收。

【农业行政执法】 全区发生各类农业执法案件17件,结案14件,其中电鱼案件2件、林业案件6件、兽药案件4件、动物卫生监督案件2件。开展农资打假和农资市场整治,完成全覆盖165户农资经营单位和个人检查4次,协助省、市抽检农药、兽药样品115个,检出不合格农药产品3个。加强对好百年、佳轩等3个生猪定点屠宰场的监管,加强52名官方兽医师职业技能培训。对全区61辆生猪运输车辆、15户生猪贩运户、9个规模养殖场、3个生猪定点屠宰场进行"四川智慧动监"电子信息备案,实施进场、入户、到点监督,严厉打击私屠滥宰行为,无害化处理病害猪及产品折合136头。开展农用车监理和变型拖拉机整治,审核合格变型拖拉机183辆,不合格2辆。加强农业安全监管,集中开展农业行业安全生产大检查和八大专项整治行动,突出加强农机、沼气安全,全面排查整治安全隐患,涉农领域未发生较大以上安全事故。加强农业服务体系建设,创新农业社会化服务,共完成高素质农民培育112人、基层农技人员职业能力提升培训43人。完成基层农技体系项目建设,建成金龙镇官渡社区、胡市镇来寺村高粱高产栽培技术示范基地2个。

【农业行业安全】 建立健全农业行业安全生产清单制,实施"农村安全三年行动计划",开展安全生产"排险除患"整治行动。组织力量对全区森林防火安全、渔业船舶安全、农机安全、农业投入品安全、农产品质量安全、畜牧水产安全、新型农业生产经营主体安全、农业行业在建项目安全等进行综合执法检查,加强农业安全监管,全年涉农领域未发生生产安全事故、农产品质量安全事件和区域性重大疫情。全年共计出动安全生产执法车辆(船)471台(艘)次、安全执法人员1417人次(其中安全文艺宣传1场次、安全宣传咨询8场次),开展行业安全生产学习培训6场次,悬挂宣传标语横幅37条,发放宣传资料30000余份。开展应急演练4次,排查出隐患4处,已整改4处。全年未发生森林火灾,森林火灾损失率控制在0.1‰。全年未发生林业有害生物危害事件,林业有害生物成灾率控制在3‰目标范围内。

【主要领导人】 区委书记:刘光明;区人大常委会主任:吴文涛;区长:靳地胜;区政协主席:叶长青;分管农业副区长:徐峰。

龙马潭区编写组

纳 溪 区

【基本情况】 2020年,全区辖10镇3个街道175个村民委员会1838个村民小组25个社区,辖区面积1150.22平方千米。年末户籍总人口460662人,人口出生率7.56‰,人口自然增长率0.6‰。

【年度农业和农村经济运行】 2020年,全区实现农林牧渔业总产值491793万元,其中农业产值242865万元、林业产值32678万元、牧业产值198046万元、渔业产值12653万元、农林牧渔辅助性活动产值5551万元,分别增长5.7%、4.6%、4.4%、7.3%、6.5%、4.4%。"十三五"期间,全区农林牧渔业产值年均增长3.9%,其中农业年均增长4.7%、林业年均增长4.1%、牧业年均增长2%、渔业年均增长4.6%、农林牧渔辅助性活动年均增长9.1%。农村居民年人均可支配收入达19891元,增长9%,从农民家庭收入构成来看,全年人均工资性收入达8701元,增长749元,增幅为9.4%;人均经营净收入实现7158元,增加644元,增幅达9.9%。人均生活消费年支出14720元,增长8.4%。全年水产品产量9225吨,增长3.9%。

【种植业】 全区粮食作物播种面积45941公顷,增加416公顷,其中稻谷19287公顷,减少113公顷;小麦567公顷,减少53公顷;玉米7553公顷,减少107公顷;高粱1647公顷,增加74公顷;豆类2440公顷,增加448公顷;薯类14447公顷,增加167公顷。全区经济作物种植面积15819公顷,增加253公顷。经济作物中,油料作物5100公顷,增加328公顷;油菜籽4778公顷,增加334公顷;甘蔗86公顷,减少4公顷;烟叶17公顷,减少1公顷;药材329公顷,减少14公顷;蔬菜及食用菌9131公顷,增加76公顷。粮食总产量282448吨,增长0.6%,其中稻谷158826吨,增长0.1%;小麦1682吨,减少10%;玉米45207吨,减少0.6%;高粱8225吨,增长4.7%;豆类6845吨,增长24.1%;薯类61663吨,增长0.6%。经济作物中,油料9662吨,增长7.6%,其中油菜籽9015吨,增长8.6%;甘蔗4776吨,减少4.4%;烟叶28吨,减少6.7%;药材833吨,增长3.5%;蔬菜及食用菌252889吨,增长1.9%;茶叶11926吨,增长16.1%;水果25094吨,增长7.4%。"十三五"期间,全区实现粮食产量年均增长0.7%,水果年均产量增长5.1%,茶叶年均产量增长14.1%,蔬菜年均产量增长2.6%。

【林业】 全区有林业面积110万亩。竹林总面积达94.9万亩,其中杂竹82.9万亩,立竹蓄积400万吨;毛竹12万亩,立竹蓄积1800万株。年可采伐杂竹竹片60万吨、楠竹竹材300万根、竹笋3万吨。新增森林面积0.35万亩，新增森林蓄积3.35万立方米，森林覆盖率新增0.2个百分点。全年完成营造林3.7万亩，义务植树147万株。开展乡村绿化美化，按时完成古树名木挂牌。完成第六次沙化监测工作、林木种质资源普查等工作。

竹产业发展。全年实现林业产业总产值68.5亿元（其中竹业产值64.07亿元），农民人均林业收入4900元。新建竹林基地2025亩，改造48150亩，新建竹区公路38千米。全年新造竹林基地0.2万亩，抚育、改建等4万亩，竹下生态种植760亩，建成“白节大旺”“打古普照”“龙车古楼”3个省级现代竹产业基地，总规模54910亩。翠竹种植专业合作社被评为市级示范专合社，通水坳种植专业合作社被评为省级示范专合社。通过加强竹资源培育、基础设施建设、村容村貌整治以及竹资源开发利用等措施，白节镇创建为宜居宜业宜游的省级竹林小镇。

惠林惠农项目。对全区退耕还林补助资金和天保生态效益补偿金涉及的农户进行全面清理并督促办理社会保障卡“一卡通”，并完成项目补助资金及时兑现。其中，实施国有林管护0.85万亩，补偿集体公益林1.13万亩，巩固退耕还林成果5.25万亩。发放退耕还林政策补助和前一轮退耕还林生态林抚育补助140.55万元，发放生态效益补偿金17.74万元。

资源林政管理。全区共办理商品材采伐3875.64立方米，办理木材运输证165份、植物检疫证书457份、森林植物检疫登记证37份；办理林木种子生产经营许可证12份，征占用林地接件26件，年森林采伐消耗指标未超出规定限额。2月，全区申报的天仙洞市级自然保护区范围调整及功能区优化请示获得省政府批复，自然保护地整合优化工作按时间节点推进。

森林防火。针对森林防灭火工作严峻形势，全区“村村通”广播宣传1.2万余次，群发短信（微信）50万余条，制作发放森林防火知识宣传单10万张、森林防灭火告知书15万张，印制《森林防火给家长的一封公开信》8万份，制作固定标牌90块；各镇（街道）成立半专业扑火队伍14支508人，全区物资储备达21种6000余台（个、把、套）；排查火灾风险隐患360起，排查木材加工企业22家，检查28次，对发现的问题及时整改到位。

有害生物防控。全年开展松材线虫病巡查共240次，定期开展松材线虫病春、秋季普查，无松材线虫病发生，测报准确率达100%；加强产地检疫和调运检疫检查，开展32个苗圃产地检疫，检疫苗木575.2934万株；检查木材加工企业34家、竹削片加工厂43家，拒绝签发检疫要求书23件，其中省、市外异地调入松木及其制品的检疫要求书10件，涉及松木324立方米，遏制了松材线虫病等检疫性病虫害的传入，产地检疫率为100%。全面采取物理、生物和人工防治的方式开展林业有害生物无公害防治，无公害防治率达98%，成灾率为零。

【畜牧业】 全区生猪出栏48.56万头，增长10.1%；牛出栏1385头，增长0.6%；羊出栏28676只，增长3.7%；家禽出栏467.7万只，减少2.1%；兔出栏255.6万只，增长4.7%。全年肉类总产量4.52万吨，增长6.1%，其中猪肉产量3.43万吨，增长8.5%；禽蛋产量3854吨，增长5%；牛奶产量651吨，增长9.3%。

【农村水利】 水利扶贫。区水务局通过帮扶责任人、村、镇、区四级联动实施脱贫攻坚农村饮水安全“清零”行动，对全区6862户贫困群众饮水安全问题进行全面排查，发现存在饮水安全问题户348户（其中建档立卡贫困户299户）。截至6月底，饮水安全“清零行动”已全面完成，全区贫困人口实现饮水安全全覆盖。

水土保持。以宣传贯彻落实新修订的《水土保持法》为重点，加强水土保持治理、水土保持监督、水土保持检查和水土保持补偿费征收等工作。全年治理水土流失面积3平方千米，完成水保科普馆装饰装修工程，完成水土保持补偿费征收147万元，完成四川省下达全区355个图斑的水土流失动态监测野外复核。

依法治水。全年共开展水行政执法检查127次，出动执法人次322人次，巡查河道长度累计544千米，巡查湖泊面积达138.1平方千米，发放责令停止违法行为通知书26份；完成2019年两宗非法采砂案行政处罚罚款的追缴工作。

供水体制改革。推进供水管理体制改革，完成全区国有村镇供水站清产核资，并交由云溪水务公司建立专业化、规范化供水管理团队进行运行管理，确保村镇供水工作取得新突破。截至2020年年底，已完成渠坝供水站、新乐供水站等27个国有集中供水站的清产核资并报区政府审核。

“水美新村”建设。全年整合农业、林业、水利、环保等项目资金6300余万元，完成白节镇高峰村、高龙村，丰乐镇马村，护国镇藕花村、东巷口村，龙车镇曹湾村，天仙镇银罗村7个“水美新村”建设。完成《泸州市纳溪区“十四五”水美新村建设方案》编制。

河（湖）长制。完成区级18条河流与2座中型水库“十四五”《一河（湖）一策管理保护方案（2021—2025年）》编制。调整充实区、镇、村、社四级河（段、片）长1209名，累计开展巡河12387次。制订《泸州市纳溪区节水行动分工方案》，全面推动六大重点行动实施。完成11条河流、36座水库管理范围划定。与江安县、合江县、叙永县等地签署《跨界河流（段）联防联控合作协议》等，推动跨界流域协同治理。

防汛减灾。完善区、镇（街道）、村三级防汛指挥网络，调整充实水库、山洪灾害点“三类”责任人170名，构建“专业技术+基层干部+群众”的隐患排查工作格局。坚持防治结合，针对排查出的问题和隐患，建立“问题+责任+整改”清单，确保整改全面彻底。全年共排查风险隐患点326处，排查出隐患8个，整改销号8个。健全水务、气象、应急、自然资源规划等部门监测预警联动机制，及时会商研判雨水情和灾害发展趋势。加强群测群防预警，完善区、镇（街道）、村、组、点五级群测群防体系，加强重点部位防范，汛期发送各类防汛信息33000余条。完善应急预案，做到预案准备全环节、全行业、全覆盖。全面充实防汛物资，健全防汛救灾队伍，做好“防治救”准备工作。加强实战演练，开展应急演练136场次。

【农业机械化】 全区有效灌溉面积达15980公顷，与上年持平。全年农业机械总动力达29.15万千瓦，增长0.9%。全年全区科技项目开发应用18项，其中实施重点科技项目6项、推广新技术12项、新产品开发6项。

【农村卫生】 全区有镇卫生院10个、村卫生室356个。全年为城乡居民免费提供12类基本公共卫生服务。城乡居民电子健康档案完成建档45.3万份，建档率达96.65%。全区所有建档立卡贫困人口在脱贫期间内均进行免费体检。

健康扶贫。为贫困人口免费提供艾滋病抗病毒药物和抗结核一线药物治疗，免费提供基本公共卫生服务。建档立卡贫困人口健康体检率100%，并对重点人群实施“2+1”精准管理。贫困人口家庭医生签约率为100%，重点对居家签约对象中高血压、糖尿病、结核病、严重精神障碍四种慢性病患者提供健康服务，全年开展4次面对面随访。为51名贫困孕产妇提供免费住院分娩服务，救助资金

26.16万元。实施贫困白内障患者复明手术20例，完成目标任务的100%。全区卫生扶贫基金全年救助建档立卡贫困人口180人次，救助金额134.79万元。

疾病预防控制。针对新冠防控，均推出2期以上防控专栏或公告，覆盖全区所有村社开展新冠防控讲座，印制新冠防控宣传资料5万份，发放新冠疫情防控宣传手册350册，推出新冠防控自制音频2类。开展网上培训2次，接受培训26余人次；开展新冠防控社会卫生员培训11场次，培训卫生员679人次。制作工作简报15期，在“健康纳溪”微信公众号刊发信息258期。接受并完成国家级居民健康素养监测和中医药健康素养监测工作任务。

老年健康事业。全区65周岁以上长住老年人54123人，家庭医生签约服务46648人，签约人数占老年人口总数的86%；乡（镇）基层卫生医疗单位与属地养老院医疗协作签约率达70%，超额完成30个百分点。

爱国卫生。开展爱国卫生运动，大渡口镇、护国镇、天仙镇和合面镇被国家爱卫办命名为国家级卫生乡（镇），白节镇创建国家卫生乡（镇）通过市级初级评审，截至2020年年底，全区省级卫生乡（镇）、省级卫生村全覆盖。11个单位被命名为省级卫生单位、31个单位被命名为省级无烟单位。区财政投入经费65万元，完成建成区病媒生物常规防制和春、秋季集中灭“四害”工作。

健康城市创建。推进健康城市建设，持续开展健康城市“十大工程”建设，开展健康村镇建设考核评审。创建大渡口镇、护国镇、白节镇、安富街道4个市级示范健康镇（街道），3个市级示范健康社区，9个市级健康机关，16个市级健康企业，14个市级健康医院，16个市、区级健康学校。全区“二星”健康乡（镇、街道）全覆盖，“一星”健康村创建率达到50%，完成健康城市健康村镇建设年度目标任务。

教育扶贫。常态化开展义务教育“控辍保学”，全区义务教育正常适龄儿童入学率达100%，残疾儿童少年入学率达95%以上，无建档立卡贫困学生辍学失学；全面落实教育资助政策，发放各类教育资助金共计2440.66万元，资助学生37928人次，惠及建档立卡学生15126人次；落实师资教育帮扶政策，持续推进对稻城县的结对帮扶，开展“送教送培”活动26场次。2020年被评为泸州市援彝援藏先进集体。

【新型供销社基层社建设】 按照“党建带社建、村（社区）共同建”要求，以“供销社+村（社区）集体资产组织+社员”模式，联合永宁街道打渔山社区集体资产公司和部分专业合作社打造城市社区新型基层社，以专合社搭桥建立超市。完成对2017年、2018年建设的新型基层社验收，督促各镇加快推进2019年新建基层社建设。7月，召开区供销社第五届社员代表大会第一次会议，完成供销社理事会和监事会机构建设。全年经营服务总额达78750万元，利润总额362万元；完成2019年新建东升国渠、龙车农裕、打古登峰、合面斯乐、安街河西等基层供销社验收，做好永宁街道永润、上马川帮供销社的示范社建设，实现新型基层供销社全覆盖；新培育发展供销社参控股企业1家，新发展加盟企业1家，新发展农民专业合作社1个，培训农村电子商务人员1600人；完成4个“四川扶贫”集体商标申报工作，全区共申报10个。

【电商物流】 子商务双创产业园新入驻企业18家，孵化出园企业2家，淘汰出园企业4家，有从业人员210余人；完成电商人才培养1544人次，超出计划培训人数744人次。依托201个镇、村级电商网点以及已建成的77个村邮站，特色酒、生态食品、蝴蝶画等9大类200余个“纳溪造”产品实现电商网络零售总额1.62亿元，“特早茶”、护国柚、天仙枇杷、打古苕粉等特色扶贫农产品实现网上销售总额5600万元，全年电商网络交易总额达35亿元。石龙岩现代商贸物流园规划用地3300亩，总投资100亿元，已完成投资约1.5亿元，已完成前沿框架160根桩基浇筑，走道梁、横梁、挡土墙等施工有序进行。省级电子商务产业发展示范县通过省、市、区三级验收，推进“国家级孵化器”创建工作。建设纳溪区“天猫优品”新零售体验店。联合实施“村邮站”建设项目，以“村邮站”建设为抓手，不断完善城乡物流配送网点；依托“赶场天”农村电商平台、大型专业合作社，促进“农产品进城”“工业品下乡”，促进城乡双向流通。

【农村交通】 全区有乡道511.155千米、村道385.449千米。全区开行农村客运线路67条，投入农村客运车辆93台，其中村（组）客运车辆52台。全区实现所有乡（镇）通公交，76%的建制村通公交，100%的建制村通客运。全年道路管养里程921.6千米，其中乡道362.2千米、村道525.2千米。

交通项目建设。全区2017—2019年农村公路建设项目已完工，完成总投资3.6亿元，总里程258千米。完成双河场、双河口、乐道子、河沟子、真金滩、湾滩6座渡改桥，完成投资目标7000万元。梅子沟渡改桥进行前期工作，河东长江大桥各项工作有序推进。石龙岩码头建设完成项目前沿水下160根桩基施工，加快挡土墙、横梁及走道梁等建设。进港公路二段（替代路）已完成财评，进入招标阶段；进港公路三段初步方案已送市住建局开展内审；进港铁路完成路线初步走向方案，开展前期论证。

【农村社会保障】 结合脱贫攻坚“挂牌督战”、农村低保专项治理工作，加大困难群众排查力度，将符合救助条件的群众及时纳入低保，新增低保对象1898人。结合“低保扩面”工作，将4895名建档立卡贫困对象纳入农村低保予以兜底。10月1日起率先在全市将城乡居民最低生活保障、特困人员救助供养、临时救助等社会救助审核确认权限下放到镇（街道），打通社会救助兜底保障“最后一公里”。全年累计发放农村低保金3125.8万元，累计救助农民135051人次；累计救助农村特困人员26680人次，累计发放农村特困累供养资金1260.5万元；累计临时救助困难群众1292人次，累计发放救助资金132.5万元；累计发放重度残疾人护理补贴59410人次，累计发放金额342.5万元；累计发放困难残疾人生活补贴50858人次，累计发放救助资金508.58万元。形成区、镇（街道）、村（社区）三级儿童关爱保护服务网络，确立13名儿童工作督导员和157名儿童工作主任，并签订《监护责任确认书》。全年累计发放孤儿生活费740人次66.7万元，累计发放事实无人抚养儿童生活费1532人次74.8万元。全年共救助流浪乞讨人员56人次（其中安置31人），资助返乡或护送返乡人数共51人次。

【劳务开发与创新创业】 全区开发公益性岗位，安置各类就业援助对象876人，其中贫困劳动力771人。全面落实就业创业政策，发放临时性公益性岗位补贴3600元，发放生产配送疫情防控急需物资企业一次性吸纳就业补贴18.8万元，疫情防控期间发放中小企业一次性吸纳就业补贴24万元、疫情防控期间增加就业岗位补贴42.4万元，疫情防控期间发放一次性求职补贴6.12万元、企业吸纳建档立卡贫困劳动者和就业困难人员岗位补贴316.15万元和社保补贴100.62万元、就业见习补贴25.87万元、灵活就业社保补贴79.55万元。开发农村公益性岗位，安置贫困家庭劳动者、残疾人员、低保家庭成员等就业援助对象961人，发放岗位补贴850.1万元、社保补贴17.17万元。完成援藏（稻城）就业扶贫有关工作。区就业局结合区委组织部乡村振兴"特聘村主任"工作，举办纳溪区乡村振兴"特聘村主任"创新创业项目路演大赛暨第二批"特聘村主任"聘任仪式，让"特聘村主任"以项目带动区域经济发展。

返乡创业试点。创建2个创业示范园、7个示范基地，建立就业扶贫基地10个，组织开展17场各类返乡农民工招聘活动，为返乡下乡创业人员发放创业担保贷款900万元。为13000余名返乡农民工提供求职服务，向企业输送5000余人。

【村级建制调整】 制发《泸州市纳溪区村民小组调整优化改革工作方案》，全面启动村民小组调整优化，共调减村民小组510个，调减率达27.85%。村级建制调整改革在原有175个行政村的基础上减少48个，调减率达27.43%，调减数和调减率均居全市第二位。

【公共法律服务】 开通"民工专线"，为农民工提供工资薪酬、疫情期用工合同等法律代理服务。全年受理法律援助案件302件，其中民事案件139件、刑事案件163件、农民工讨薪案件30件，为农民工挽回经济损失200余万元。

【服务农民工返岗】 开辟农民工返岗务工外出"通道"，完成16.25万名农民工健康体检，接受农民工咨询10000余人次。组发至东莞、深圳、浙江慈溪等地的"疫期专车"74班次，共运送农民工返岗2051人。搭建农民工返岗就业平台，走访联系农民工2.79万人，收集农民工建议意见160余条。用活智慧泸州人社、智慧泸州就业、四川e就业等资源平台，推送岗位信息和政策宣传信息34期，覆盖各类劳动者约48万人次。组织开展招聘会8场次，906人已入职，1152人达成双向就业意向。主动与浙江台州、嘉兴等地企业负责人座谈对接用工需求，组织赴浙务工4500人。全年实现农民工省外返岗务工34964人、省内返岗务工66516人。

【优抚安置】 针对贫困家庭劳动者的就业失业状况、技能水平、就业愿望等开展摸底调查，完成对8345名贫困家庭劳动力就业需求信息台账的建立。加大就业扶贫援助力度，开展线上线下公共职介活动7场，转移贫困家庭劳动力就业达5000余人；开发公益性岗位，累计安置农村贫困家庭劳动者896人，落实岗位补贴919.14万元。严格落实社保扶贫政策，全区12033名60周岁以上的精准扶贫人员、低保、特困人员全部享受待遇，应保尽保26475人。全年为代缴建档立卡未标注脱贫的贫困人口、低保对象、特困人员等困难群体城乡居民基本养老保险个人缴费6136人。

【村镇建设】 完成529户存量农村危房改造；汛期因灾新增的36户改造对象户于11月底全面完成；完成农村土坯房改造3483户。指导天仙镇对上争取省级小城镇建设补助资金479万元，专项用于集镇基础设施和环保项目建设。指导5个"百镇建设行动"试点镇完成基础及市政设施建设，全年完成投资2.54亿元。打古镇古纯村传统村落保护项目全面竣工；支持护国镇、大渡口镇等"百镇建设行动"试点镇争创省级中心镇。

【土地整理项目】 新开工上马镇江田村等村、棉花坡棋盘村2个土地整理项目，设计实施整治田间道19.8千米，整治山坪塘15座，新建蓄水池8口，配套生产路17.6千米，整治灌溉渠2.4千米。完成历史已验收的40个土地整理、土地开发项目新增耕地核查。完成白节镇青风村、护国镇藕花村2个土地整理项目扫尾。完成10个土地整理项目终验和国土资源厅核查工作，完成护国镇双才村、渠坝镇双新村、大渡口镇天堂村、白节镇加鱼村4个土地整理项目技术核查。申报白节镇全域土地综合整治试点和白节镇高峰村、赵坪村、回虎村、来龙村土地整理项目。

【耕地保护】 完成永久基本农田储备区划定14319亩。完成全区永久基本农田前期摸底调查，为即将开展的永久基本农田核实整改奠定基础。加强设施农业用地管理，对全区已建、新建和拟建的设施农用地进行全面清理和上图入库，并加强日常监管。

【地质灾害防治】 开展汛前、汛中、汛后隐患排查，汛期排查发现新增地质灾害隐患点17处，均已落实防灾措施。辖区地质灾害隐患点22处，其中3处开展应急排危工程的设计，1处采购治理项目的勘查和设计单位，其余18处将争取被列入避险搬迁安置工程。全部地质灾害隐患点均已落实专职监测人员，4处地灾隐患点实现"群测群防+自动化监测"。天仙镇渠坝驿社区农贸市场滑坡治理工程项目通过竣工最终验收。全区完成农户8户的避险搬迁安置工作。打古镇普照村11社三块石地质灾害隐患点成功避险，被列入省上成功避险案例。

【农村宅基地管理】 农村宅基地审批管理移交区农业农村局。完成农村房地一体和集体建设用地确权登记农房遗留问题审定9个批次，审定农房25723户，核定登记面积4739.844亩，解决了农民办理不动产登记没有建房审批手续的问题。

【主要领导人】 区委书记：谭荣兵；区人大常委会主任：熊杰；区长：袁维荣；区政协主席：潘浩；分管农业副区长：王霞。

纳溪区编写组

泸　县

【基本情况】 2020年，全县辖19镇1个街道，辖区面积1525平方千米，其中耕地面积127.146万亩，人均耕地面积1.2亩。年末总人口106.266万人（户籍人口），人口出生率7.34‰。有林地面积2.2万公顷，活立木总蓄积量106.52万立方米，森林覆盖率41.6%。

2020年，全县GDP393.8671亿元，增长4.5%，其中第一产业增加值9.1203亿元，增长5.8%，农、林、牧、渔及农林牧渔服务业之比为45.33∶2.48∶45.13∶5.81∶1.25；第二产业增加值3.8374亿元，增长3.8%（工业产值114.2556亿元，增长4.7%）；第三产业增加值5.0958亿元，增长5.3%。三次产业对经济增长的贡献率分别为16.36%、53.12%和30.53%。全年接待游客458万人，实现旅游收入469000万元。

公路通车里程5335千米（其中乡村公路5047千米），密度3500米/平方千米，50.33千米/万人。社会消费品零售总额133.9863亿元，减少1.8%。地方公共财政预算总收入完成49.5358亿元，减少1.4%；公共财政预算总支出86.0466亿元，增长12%，其中农业投入71363万元，占支出的8.29%。金融机构各项存款余额435.66亿元，比上年初增长13.5%；各项贷款余额235.0054亿元，比年初增长22.8%。全年农业保费收入4713.18万元；处理各项赔款和给付金额2275.45万元。农业产业化龙头企业市级2家。

有各类学校98所，在校学生133159人，教职工10031人，其中普通中学56所，在校学生71805人；小学38所，在校学生50293人；学龄儿童入学率100%。有公共图书馆1个，博物馆2个。有卫生机构1194个，病床位5358张，卫生技术人员3564人。新型农村合作医疗参合人数922427人，参合率98.47%；新型农村社会养老保险参保人数534995人，参保率92.5%。

【年度农业和农村经济运行】 2020年，全县实现农业总产值49.5亿元，增长4.8%。农民年人均可支配收入达19885元，增长9%。建成20个基层农业综合服务站。创建乡村振兴先进镇市级1个、县级12个，示范村省级4个、市级13个、县级35个。建成高标准农田3.4万亩，主要农作物综合机械化水平达67.6%。全县产品抽检合格率保持在98%以上，未发生农产品质量安全事件。10月，通过省级农产品质量安全监管示范县资格复审。主要农产品产量见表1。

农业产业化发展。全年培育农民合作社534家、家庭农场1138家，新增省级示范社5家、市级示范社7家，省级示范农场11家、市级示范农场30家，市级产业化龙头企业2家。

农用地产权制度改革。通过试点建立"县域配置、法定无偿、跨区有偿、节约有奖、退出补偿"的农村宅基地使用制度和"规划引领、总量管控、底线保障、村民自治"的农村宅基地管理制度，在农村宅基地的取得、退出和管理等方面形成较完善的制度和操作体系，为新一轮农村宅改试点提供了理论依据。以改革为契机，建成幸福美丽新村35个，近5000名农民住进新村；引导10万人口进城镇，882户实现房地置换，550户农民实现跨区居住，512户实现置产经营；159户实现抵押融资，发放农房抵押贷款4740万元；自愿有偿退出农村宅基地结余建设用地指标2.27万亩，农村宅基地退出户户均收益达4.2万元，村集体经济组织收益平均超过100万元。

现代农业园区建设。全县现代农业园区以"双创"为目标，即创建1个省星级泸县"高粱+油菜"现代农业园区、1个市级泸县世界晚熟龙眼现代农业园区。泸县"高粱+油菜"现代农业园区围绕"一线两区"（福清路沿线，谭坝核心区、陈田核心区）串点成线、连线成片，采取轮作倒茬方式，打造"高粱+油菜"主导产业，主导产业种植面积12874亩，并配套水肥一体化，实现种养循环覆盖面达96%。泸县"高粱+油菜"现代农业园区全年实现总产值7868万元；泸县世界晚熟龙眼现代农业园区全年实现农业总产值4555万元。

【种植业】 全县粮食作物播种面积124.57万亩，粮食总产量54.29万吨，增长3%，其中水稻种植面积60万亩，中稻平均亩产650.3千克，产量39.02万吨；再生稻有收面积46万亩，平均亩产167千克，产量7.6万吨。全县龙眼种植面积20.3万亩，集中连片建成潮河—海潮—牛滩、云龙—兆雅—太伏龙眼示范带2个；农户自发高换龙眼4.6万亩；引导嫁接高宝等优良品种2800亩。全年龙眼产量10万吨，实现产值8亿元。

【林业】 全年营造林1.06万亩，义务植树206万株，新建1个面积150亩的县级"四大班子"义务植树示范基地；管护国有林3.34万亩，实施集体与个人公益林生态效益补偿3.3万亩，巩固退耕还林成果7.2万亩；净增森林面积0.4477万亩，净增森林蓄积1.49万立方米，森林覆盖率提升0.18个百分点。投资1200万元，硬化毗卢、石桥、潮河等乡（镇）主要防火通道共14千米，在泸县国有林场宝峰工区、五尖山工区新建森林防火消防水池2口。投资460万元新建高清视频实时监控报警系统，全年未发生森林火灾，森林火灾损失率控制在0.1‰以内。全年实现林业总产值2.7亿元。石桥镇银朝村、吉祥村、玉蟾街道白龙塔村、天兴镇板栗村创建为"国家森林乡村"。

表1　2020年泸县主要农产品产量

主要农产品	单位	产量	同比(%)
粮食	万吨	54.3	3
水稻	万吨	32.8	2.5
小麦	万吨	0.1	-1.6
玉米	万吨	9.01	-1.3
马铃薯	万吨	1.06	-50.7
油菜籽	万吨	4.5	43.3
蔬菜	万吨	66.498	1.37
水果	万吨	15.36	102
肉类	万吨	9.9529	2.71
猪肉	万吨	6.611	4.43
牛肉	万吨	0.0343	7.2
羊肉	万吨	0.1322	3.3
禽肉	万吨	2.4969	-1.3
兔肉	万吨	0.6785	3.3
禽蛋	万吨	1.2922	-2.1
水产品	万吨	4.58	17.13

【水产业】 全年水产品产量45800吨，实现渔业总产值7.81亿元。创建农业农村部水产健康养殖示范场4个、省水产健康养殖示范场5个，水产健康养殖示范面积占养殖总面积的68%。

【扶贫开发】 通过"龙头带动""挂靠帮带""租赁返聘""资产收益股权量化"等方式构建扶贫长效机制。因地制宜发展扶贫项目，全年建设生猪、稻虾、柑橘、青花椒、中草药等特色扶贫产业园40个，优势特色产业不断壮大，实现"村村有扶贫产业，户户有增收门路"，带动贫困户脱贫致富。

【乡村旅游】 完成《龙舞庄园景区旅游总体规划》编制，对龙舞庄园景区进行全面、发展、可行性的规划；在屈氏庄园博物馆处新建旅游厕所1座。

【农村水利】 泸县"全域共饮长江水"项目前期初步设计方案编制工作已完成并经水利厅批复。完成2020年水土保持项目、山洪灾害防治项目，除险加固病险水库10座，"十二五"以来的饮水安全项目、中小河流防洪治理、濑溪河牛滩堤防、三星桥水库等10余个项目竣工验收。持续推进农业水价综合改革，完成改革试点面积4.78万亩。

【农村科技】 泸县"高粱+油菜"现代农业园区被泸州市科技和人才工作局认定为"泸州市第十三批科普基地"之一。3个农业科技项目入围县级科技计划项目，分别是泸县生产力促进中心承担的"泸县科技扶贫产业发展项目（科技特派员）"、四川原森态农业开发有限公司承担的"108个柚子新品种引进、选育及田间基因库建设与示范研究（第一阶段）"、泸县云龙镇供销合作社承担的"泸县云龙镇优质晚香龙眼种植与示范"，共划拨项目资金25万元。

【农村教育】 撤销义务教育阶段小规模法人学校6所，撤并村级教学点46个。开展初中共同体建设。全县义务教育巩固率达99.86%，残疾儿童入学率达95.55%。

【农村文化】 全年组织40个贫困村补充完善文化器材，组织开展群众理论直播车巡演20场。全年开展"送文化下乡"10场，完成扶贫题材特色曲艺创作3部。开展"与健康同宅2020年春期免费开放抖音直播惠大众"活动，开设5门类直播课程，直播时间累计达300小时，点击量达70000人次；开设免费开放春期美术书法线下课程；开展青少年儿童专题免费艺术培训活动和错时延时免费开放秋期课程，共接待学员2800人次。

【农村法制建设】 推进全县公共法律服务体系建设，建立1个县级公共法律服务中心、20个镇（街道）公共法律服务工作站、305个村（社区）公共法律服务工作室。全年办理法律援助案件661件、公证案件1338件，培育乡村"法律明白人""法治带头人"1536名。以"调防结合、以防为主、多种手段、协同作战"为工作原则，结合"扫黑除恶"、防范"民转刑""大排查早调解护稳定迎国庆"等专项活动，组织县内各级各类人民调解组织开展矛盾纠纷排查化解工作，全县各级人民调解组织共调处矛盾纠纷4149件，调解成功4121件，涉案金额2370.61万元，调解成功率达99.33%；排查纠纷14572次，排查发现纠纷881件，预防纠纷80件，无因调解不当造成矛盾纠纷升级恶化案件，发挥了人民调解维护社会稳定的"第一道防线"作用。

【农村交通】 1月2日，泸县合牛路港城大道至云龙段路面改造工程完工，恢复通车。该公路于2019年6月20日正式进场施工，该路段全长5.99千米，路基宽度8.5米，路面宽度7米，为沥青混凝土路面，沿途增设交通安全标示标牌及波形护栏。7月3日，泸县驷马坎桥完工并通车，该项目于2月24日正式开工改建，全长285米（其中桥长43.06米），新建公路241.94米，设计时速为20千米/小时，桥宽8.5米，新建公路路基宽度7.5米，路面宽度6.5米，沿途设置交通安全设施。10月1日，泸县海潮沱江大桥完成附属工程施工，实现功能性通车，这是泸州市在沱江上修建的第一座渡改桥。海潮沱江大桥是泸县"渡改桥"项目之一，位于海潮镇，距离上游海潮渡口约500米，左岸位于海潮镇红合村，右岸连接江阳区通滩镇魏坝村，桥梁全长622米，左右岸桥头引道570米，主桥为95+170+95米的三跨预应力砼连续梁桥，桥面宽度20.5米，为双向四车道，设计时速为60千米/时。11月19日，泸县城区至福集、嘉明至泸县城区农村客运环线开始试运行，该线路从泸县城区出发，途径大田、太和、草坝子、团山堡、嘉明等地，线路全长32千米，全程运行时间约70分钟，实行"阶梯票价制"，起步价2元，全程票价6元。

【农村社会保障】 全县城乡居民养老保险参保扩面5万余人，城乡居民养老保险累计覆盖50.07万人；享受待遇人员18.67万人；城乡居民基础养老金上调5～10元，人均养老金116元/月。贫困人口参加城乡居民养老保险32768人，困难群体政府代缴13845人，享受养老保险待遇34213人。

【农村生态建设及环境保护】 全年新（改）建户用卫生厕所45790户，其中户用无害化卫生厕所20933户。利用中央专项彩票公益资金415万元新（改）建公共厕所24座。创建"美丽泸县·宜居乡村"省级65个、市级86个、县级100个。全县畜禽粪污资源化利用率达93.5%，秸秆综合利用率达91.5%，废旧农膜回收利用率达82.3%，粮经主产区农药包装废弃物回收处置率达80.11%，化肥农药施用量实现负增长。

【农村市场体系建设】 全年建成新型镇级供销社20个、村级供销社9个、农村综合服务社8个、片区为农服务中心3个，有各类为农服务网点达2213个。开展土地托管28865亩、植保服务37000亩。建立特色农产品基地31个、面积32850亩，扶贫产业基地12个、面积17650亩。

【农村留守家庭（儿童、学生）帮扶】 开展"合力监护，相伴成长"专项行动，实现"五落实一打击"，即落实家庭监护责任、强制报告责任、临时监护责任、控辍保学责任、户口登记责任，依法打击遗弃行为。通过专项行动的开展，完成无户籍儿童60人的户籍登记，劝返失学辍学儿童返校复读4人，落实父母一方外出另一方无监护能力的监护责任131人。全县共有儿童福利督导员20名、儿童福利主任302名。将符合条件的210名孤儿（含艾滋病感染儿童）、149名事实无人抚养儿童及时纳入保障范围，按时足额发放基本生活费，全年累计发放314.22万元。

【劳务开发与返乡创业】 全县有农村劳动力56.13万人。开展农民工专场招聘活动、"就业战疫·点亮生涯"送指导送岗位进企业等各类招聘活动21场，提供岗位36038个。全县转移农民工就业43.64万人，增加7500人，实现劳务收入92.65亿元。建成返乡农民工创业园11个、返乡农民工专合社74个。组织69名农民工党员开展返乡创业培训专班。为137名返乡创业农民工发放创业担保贷款2096万元，为首次创业的返乡农民工发放创业补贴51万元。全年回引农民工10852人，其中返乡创业1279人；回引投资50万元以上创业项目96个，总投资3.54亿元，带动就业3377人。

【主要领导人】 县委书记：肖刚；县人大常委会主任：颜习林；县长：曹阳；县政协主席：李镇；分管农业副县长：先泽平。

泸县编写组

合 江 县

【基本情况】 2020年，全县辖19镇2个街道，辖区面积2414平方千米，其中耕地面积107万亩、基本农田86万亩。年末总人口889879万人（户籍人口）；全年出生人口7749人，人口出生率8.69‰，增加0.26个千分点；死亡人口6066人；人口自然增长率1.89‰，增加0.52个千分点。有林业用地12.5014万公顷，有林地面积12.4821万公顷，活立木总蓄积量669.9718万立方米，森林覆盖率57.45%。

2020年，全县GDP255.6亿元，增长4.1%，其中第一产业增加值47.6亿元，增长6.2%，农、林、牧、渔及农林牧渔服务业之比为46.2：2.7：44.7：4.4：2；第二产业增加值112.2亿元，增长3.2%（工业增加值65.7亿元，增长3.4%）；第三产业增加值95.8亿元，增长4.4%。三次产业对经济增长的贡献率分别为25.7%、35.8%和38.5%。劳务输出31.86万人，收入620823万元。全年接待游客453.14万人次，实现旅游总收入48.59亿元，其中乡村旅游收入15.61亿元。

公路通车里程4368千米，其中县道269千米、乡道573千米、村道3156米（乡村公路3998千米），密度1809米/平方千米、48千米/万人。社会消费品零售总额98.9亿元，减少2.1%。地方公共财政预算总收入完成9.73亿元，增长5.15%；公共财政预算总支出45.85亿元，增长4.73%，其中农业投入6.87亿元，占支出的15%。金融机构各项存款余额365.8亿元，比年初增长10.46%；各项贷款余额168.35亿元，比年初增长16.38%，其中支持农业产业化发展项目贷款103.81万元。全年农业保险保费规模为0.28亿元，增长10.5%；处理各项赔款和给付金额1660.31万元，减少19.64%。

有各级各类教育机构330个，其中高职院校1所、普通高中5所、职业高中3所、初中24所、特殊教育学校1所、小学74所、村级小学教学点42个、公办幼儿园33个、民办幼儿园91个、民办非学历教育机构53个、教育体育局直属事业单位3个；教职工12761人，其中公办在职教职工6684人、离退休教职工2849人、退养民师144人、民办教职工3084人；在校学生15.78万人，其中高职院校在校学生11200人、普通高中在校学生19465人、职高在校学生14739人、初中在校学生41424人、小学在校学生52057人、在园幼儿18929人。有艺术表演团体36个，文化馆1个，公共图书馆1个，博物馆2个。有卫生机构833个，病床位5153张，卫生技术人员5353人。新型农村社会养老保险参保人数318136人，参保率94.56%；城乡居民医保参保人数78.49万人，参保率达98%以上；被征地农民养老保险参保人数14280人。

【年度农业和农村经济运行】 2020年，全县出台了《合江县国民经济和社会发展第十四个五年规划和二〇三五年远景目标纲要》。全年实现农业总产值821376亿元，增长6.67%。农村居民年人均可支配收入达18999元，增长8.9%。全县农产品质量抽检合格率比年初提高0.1个百分点；建成21个基层农业技术推广服务中心。主要农产品产量见表1。

农业产业化发展。全县农业产业化龙头企业监测合格26家，其中省级5家、市级21家。26家龙头企业销售总收入8.3亿元，增长6%；净利润0.55亿元，增长15%；资产总额11.9亿元，增长10.5%。全县农村新增流转土地面积1.2万亩，累计达32.65万亩，其中规模流转面积10.6万亩，流转比例达30.8%。合江县申报为四川省农民合作社质量提升整县推进试点县。全县有农民专业合作社785个，其中国家级7个、省级25个、市级48个；有农民专业合作社联合社2个。

规模化特色优势产业基地建设。全县荔枝、真龙柚、金钗石斛、花椒等特色产业种植面积分别达30.6万亩、30.8万亩、5万亩、5万亩，其中合江荔枝首次出口美国、加拿大。以中荔集团为桥梁，推进川粤荔枝产业合作，与广东、海南等荔枝主产区构建七省产业联盟，与重庆市江津区签订《推动成渝现代高效特色农业带建设战略合作协议》。推进合江世界晚熟荔枝种质资源创新基地（荔枝种质资源圃）、荔枝标准示范园等重点项目建设，打造集农产品保鲜、储存、加工等一体化的综合园区。

新型集体经济组织发展。全县有行政村196个，均成立村股份经济合作联合社，集体经济组织类型主要以承包租赁、入股分红和其他收入为主，全县村集体经济年纯收入为1015万元，村均5.18万元，其中年集体经济收入50万元以上的村有5个，占2.6%；10万～50万元之间的村15个，占7.65%；5万～10万元之间的村28个，占 14.3%；5万元以下的村142个，占72.45%，全面消除“空白村”。

农村集体产权制度改革。全县所属镇（街道）、村（组）全面完成清产核资。全县有改革任务的196个行政村全部完成成员身份确认、资产量化以及成立集体经济组织等，完成率达100%。全县成员身份共确认226487户745137人，196个行政村完成村股份经济合作联合社组织登记赋码、刻公章、银行开户等，完成率达100%。

农产品品牌战略实施。推行实施农产品市场准入机制和农产品合格证制度，加强品牌创建、保护、宣传和应用，举办合江荔枝节、真龙柚采摘节等节会，参加各类农产品推介会，打响合江农产品品牌知名度。完善品牌认证登记保护、产品防伪标识使用和证后监管，参与建设产品质量、知识产权等领域失信联合惩戒机制，严厉打击侵犯知识产权和制售假冒伪劣商品行为，保护农产品品牌形象。健全农产品品牌创建奖补制度，对新型农业经营主体取得“两品一标”认证、农交会金奖、国家名牌、省名牌、中国驰名商标和省著名商标、质量管理体系认证等品牌创建的给予政策扶持。

现代农业园区建设。整合县现代农业园区党工委与园区核心区所在镇党委力量，成立联合党委，构建区域党建共同体。成立产业党支部，探索建立“党支部+合作社+党员+农户”的带动模式，组建荔枝、真龙柚、花椒3个联合产业党委。推进荔枝园区提档升级，加强基地建设，完成总投资14510万元，建设残次林砍伐3000亩，完成荔枝苗木补植5200亩、荔枝管护60000亩，荔枝统防统治61000亩、品种改良10300亩、绿色防控4000亩。新（改）建园区产业道路（公路）44.6千米、旅游步道3千米、机耕道1.2千米、生产便道路基2千米，完成土地整理200亩，完成农房风貌提升及庭院整治70余户、文化院坝建设1处，完成百年荔枝林、观音坳等景观打造，完成肥水一体化设施建设2套。健全产业链条，建设荔枝出口基地3000亩，广东中荔集团总部和荔枝加工厂启动平场，中国（西南）特色农产品交易中心启动建设，荷塘荔枝被评定为省级农业主题公园。加强与国家荔枝龙眼产业技术体系、华南农大、广东省农科院等专家团队合作，依托农业园区建立专家工作站。牵头编制世界晚熟荔枝标准体系、标准示范园建设规范，指导建设荔枝种植资源圃，作为种质资源保护、品种展示、产品研发综合基地。加强与周边毗邻地区的合作，与重庆市江津区签订农业合作协议，在品牌建设、市场营销、平台打造等方面加强合作。合江县三江荔枝现代农业园区创建为省五星级现代农业园区，真龙柚现代农业园区创建为市级现代农业园区。

【种植业】 在全县开展“战疫情·保农资——春雨行动”，受益农户达8万余户。全年粮食作物播种面积118.9万亩，产量50.89万吨，其中水稻播种面积51.28万亩，产量30.2万吨；玉米播种面积17.83万亩，产量7.42万吨；小麦播种面积3.35万亩，产量0.6万吨；高粱播种面积9.45万亩，产量3.25万吨；豆类播种面积9.8万亩，产量1.58万吨；马铃薯播种面积10.24万亩，产量2.82万吨；甘薯播种面积16.95万亩，产量5.02万吨。荔枝面积稳定在30.6万亩，产量4000万千克，综合产值突破20亿元。真龙柚面积稳定在30.8万亩，产量8000万千克，综合产值8.5亿元。花椒种植面积5万亩，产量2000万千克，产值1.6亿元。蔬菜面积27.5万亩，产量100万吨，产值达15

表1 2020年合江县主要农产品产量

主要农产品	单位	产量	同比(%)
粮食	万吨	50.89	1.5
水稻	万吨	30.2	1.1
小麦	万吨	0.6	48.9
玉米	万吨	7.42	–1.2
马铃薯	万吨	2.81	–3.4
油菜籽	万吨	0.42	–24.9
蔬菜	万吨	47	4.2
水果	万吨	7.69	5.5
肉类	万吨	6.63	8
猪肉	万吨	4.85	11.3
牛肉	万吨	0.05	4.7
羊肉	万吨	0.26	0.6
禽肉	万吨	1.37	–0.4
兔肉	万吨	0.08	1.5
禽蛋	万吨	1.38	4.9

亿元。中药材种植面积达6.27万亩(其中金钗石斛5万亩、川佛手2000亩、其他药材1.07万亩),产量达2万吨,产值7亿元。

【林业】 开展资源保护,全县湿地保有量8.4138万亩,未出现破坏湿地违法案件;下达年森林采伐限额44379立方米,实际消耗指标蓄积5718立方米,占年森林采伐限额的3.75%,未超出规定限额;与各镇(街道)签订森林资源任期目标责任书,下达年度目标任务,新增森林面积1.08万亩,新增森林蓄积7.65万立方米,森林覆盖率新增0.3个百分点。全年共完成营造林面积8.26万亩,其中新造林1.71万亩、低产低效林改造2.3万亩、森林抚育3.25万亩、封山育林1万亩。常年巩固退耕还林成果10.97万亩。管护公益林81.85万亩,其中管护国有林14.5万亩、集体和个人所有公益林67.35万亩。全县参加义务植树44.3万人,植树190.3万株。基本完成2019年森林督查查处整改。省上下发疑似变化图斑536个,初查核实发现问题图斑78个,其中农民自建房和村级公路未批先建,整改进度已完成70%,其余依法查处类61个已移交林业执法机构查处。完成全县7块自然保护地的整合优化外业核查和整合优化建议方案编制上报,形成省级预案。整合优化后,全县保留长江上游珍稀特有鱼类国家级自然保护区和四川佛宝自然保护区2块自然保护地,面积492.07平方千米,其中长江自然保护区总面积47.8568公顷平方千米、佛宝自然保护区四川佛宝自然保护区总面积444.2142平方千米。开展森林防灭火,全年未发生较大以上森林火灾。实施现代竹产业基地建设工程,开展法王寺、凤鸣、福宝现代竹产业示范基地建设,新建和改造竹林示范基地3.5万亩,竹林抚育1.5万亩;建设以"竹—药""竹—菌"模式为主的竹林立体经营示范基地0.45万亩;新建竹类初加工企业4家;新建和改造竹区道路45千米。实施现代竹产业园区建设工程,全面开展合江现代竹产业园区建设。完成新建、改造竹林2300亩,"竹—药""竹—菌"基地0.45万亩建设有序推进;完成竹区公路建设19千米。实施竹林风景线建设工程,与四川金渝旅游开发集团有限公司和四川符阳文化旅游开发有限公司合作,开展金龙湖、法王寺2条"竹林大道"建设,已完成金龙湖15千米"竹林大道"建设任务、法王寺12千米"竹林大道"一期建设工程。实施"竹林小镇"和"竹林人家"建设工程,完成法王寺半山云舍竹林人家建设任务、法王寺"竹林小镇"建设工程。合江县法王寺现代竹产业基地、合江现代竹产业园区、金龙湖竹林大道和法王寺"半山云舍竹林人家"分别被省委农村工作领导小组认定为"四川省现代竹产业基地""四川省现代竹产业园区""省级竹林大道"和"省级竹林人家"。

【畜牧业】 完成温氏60万头生猪产业一体化项目年度建设任务,榕右永安种猪场、虎头种猪场出栏优质仔猪30余万头;白鹿种猪场主体工程完成50%;建成年出栏1000头的温氏合作家庭农场102个单元;推进7个年出栏6万~8万头的现代生猪养殖园建设,其中先市现代生猪养猪园建成投产(出栏6万头),其余6个养殖园区主体工程建设有序推进。完成畜禽粪污资源化利用项目建设,全县畜禽粪污综合利用率达75%以上,规模养殖场粪污处理设施装备配套率达95%以上。全年生猪出栏68.66万头,存栏50.81万头;肉牛出栏0.4097万头,存栏0.7705万头;山羊出栏12.35万只,存栏18.1万只;家禽出栏635.55万羽,存栏969.55万羽。

【水产业】 全面摸排渔业生产主体,做好水生动物疫病监测防控和水产品质量安全监管,推进全县水产健康养殖。制订《合江县2020年水产养殖尾水治理工作方案》,开展水产养殖尾水治理,禁止施用粪肥、化肥养殖及鱼禽(畜)混养等养殖行为,常态化推广"鱼萍共生""鱼菜共生""鱼藕共生"等生态治理模式、养殖尾水循环利用等,保护养殖水域生态环境。全面推行水产健康养殖、用药和销售三项记录,建立健全水产品质量可追溯制度。申报全省"鱼米之乡"建设项目,获得省级项目资金1000万元投入"巴蜀鱼米之乡"建设。全年水产品养殖产量20020吨,增长2.28%;实现渔业产值3.86亿元,增长2.6%。

【农业项目投资】 全县农业组团项目共有24个,其中竣工项目2个、开工项目11个、前期项目6个、续建项目5个。竣工项目总投资16880万元,完成计划投资9040万元;开工项目总投资268580万元,完成计划投资186640万元;前期项目总投资102800万元;续建项目总投资256874.7万元,完成计划投资42000万元。

【乡村振兴】 完善领导体系,调整合江县实施乡村振兴战略暨脱贫攻坚工作领导小组成员、县乡村振兴办机构设置。制定印发《关于全力补齐"三农"短板,确保实现全面小康的意见》《合江县创建2020年乡村振兴战略工作先进县专项实施方案》等,落实党政"一把手"抓乡村振兴第一责任人制度。对照创建标准,抓好乡村振兴先进示范创建,荔江镇创建为"2020年度四川省实施乡村振兴战略工作先进镇",尧坝镇白村村、白米镇斗笠村、真龙镇集中村创建为"2020年度四川省实施乡村振兴战略工作示范村"。荔枝现代农业园区创建为省五星级现代农业园区,真龙柚现代农业园区创建为市级现代农业园区。创建"美丽四川·宜居乡村"达标村省级87个、市级76个、县级57个。打造示范线路和点位,在白米镇、荔江镇开展乡村振兴试点示范,为全县提供可复制、可推广的经验。投资5756.98万元,将荔江镇、真龙镇等7镇26个村打造为精品线路,将白鹿镇、凤鸣镇等14镇14个村打造为示范线路。

【扶贫开发】 开展脱贫攻坚调查,完成县、村和户表审核上报验收,接受省际间脱贫攻坚成效考核。筹集资金7.48亿元,重点投向18个扶贫专项,全县贫困家庭人均纯收入达9517元,比2013年增长近4.2倍。全县转移贫困劳动力就业2.63万人,净增1099人。

【乡村旅游】 完成《合江县文化和旅游产业发展"十四五"规划》(初稿)编制。福宝项目完成景观绿化工程和景区配套工程建设,土玉路扩建段工程已完工,新建段工程进入施工阶段;金龙湖项目完成景区内外40千米道路建设,完成游客中心、商业街一期、景观广场等项目建设;龙挂山项目完成游客中心、索道、天街四巷主体建设,开展索道施工;尧坝古镇项目完成丝路会馆装饰装修和状元客栈提档升级,完成古镇与尧坝驿连接线区域规划(初稿);石龙太平湖畔度假区等项目有序推进。完成全县文旅资源普查,初步查明全县旅游资源1496处、优良级资源448处,新发现资源中优良级资源共88处。玉兰山景区创建省级旅游度假区已完成景区创建总体规划编制;福宝镇创建为第二批省级文旅特色小镇;尧坝镇白村被列入省级乡村旅游重点村名录。创新文旅宣传方式,打造以尧坝古镇为主题的折扇,以荔枝为主题的T恤、抱枕,以对吻俑为主题的流香小夜灯等系列特色旅游商品;完成文旅画册、手绘地图、智慧导览系统设计制作。创新开展"第29届合江荔枝节"文旅特色节庆活动,现场直播观看人数达120万人以上;通过地铁、高速线下广告与网站、抖音线上相结合的宣传形式宣传合江文旅。

【农村水利】 全年实施项目18个,完成投资1.6亿元。向上争取项目资金4649万元,争取专项债券资金2.5亿元。锁口水库干渠Ⅱ标工程隧洞开挖有序推进，枢纽工程于12月31日完成蓄水移民安置验收。城市供水工程（锁口水库供水工程）投入资金1.2亿元，铺设主线管道29千米、支线管道23千米，于2020年年底完工通水，解决和改善了6个镇（街道）35万名群众安全饮水问题；脱贫攻坚农村饮水安全项目投入资金1946万元，实施饮水安全工程45个，改善1.4万余户农村群众饮水条件。全县农村自来水普及率达83.6%。病险水库除险加固项目投入资金2407万元，实施15座水库病险加固。福宝镇塘河老桥段、尧坝镇合龙溪喻嘴河段防洪治理工程全面完成建设任务，沿河1.79万名群众受益，保护沿河耕地700亩。大頁坝河山洪沟治理工程投入资金800万元。坡耕地水土流失综合治理工程完成形象进度80%，完成治理水土流失面积33平方千米的任务目标。水利厅和财政厅支持的项目已完成6座病险水库、小桥河山洪沟治理、石龙镇小槽河南滩板桥段防洪治理工程、习水河黔鱼洞段防洪治理工程4个项目的初步设计。

【农业机械化】 全县有耕整地机械6068台、水稻插秧机93台、育秧流水线4套、植保机械3850台、植保无人机12台、水稻收割机134台、烘干设备62台（套）、农用提灌站138座，农机总动力达43.591万千瓦。全年完成机耕面积72.77万亩、机插秧（机播）面积28.01万亩、水稻机收面积46.63万亩，全县主要农作物耕种收综合机械化水平达65%以上，秸秆综合利用率达66%。全县有农机专业合作社17个（其中省级示范合作社4个），合作社流转土地面积9608亩。

【农村教育】 全面落实从学前到大学各学段国家资助政策，兑现国家资助资金7738.01余万元。发挥扶贫救助基金作用，资助建档立卡特困生605名，资助金额43.01万元。

【农村科技】 组织292名基层农技人员参加省、市培训基地连续5天以上的脱产业务培训，提高科技人员队伍素质。开展农业实用技术培训，共组织农业领军人才、现代青年农场主、职业经理人参加省、市特色培训34人，县培训新型经营主体带头人105人，培养产业带头人5700人。开展科技帮扶，成立由21人组成的农业技术专家服务团5个，负责全县的农业生产并开展技术指导，同时在64个贫困村各派1名驻村农技员，具体负责所驻贫困村农户开展技术宣传、培训、指导，全年驻村农技人员共组织贫困村农户开展技术培训5000余人次。推广新品种新技术，全县在水果、蔬菜、粮食等产业上推广运用主导品种和主推技术10个以上，主导品种和主推技术到位率达95%以上，覆盖率达80%以上。围绕合江优势农产品和特色产业发展需求，建设的农业科技试验示范基地3个，其中粮油试验示范基地1个、特色水果试验示范基地1个、水产养殖试验示范基地1个。

【农村文化】 文化阵地建设有效巩固，全县农村省级广播电视节目无线数字化覆盖工程全面竣工；完成"智慧广电"系统全面升级，"智慧广电"APP信息录入辖区广播电视用户8.9万户；完成"户户通"维修维护853户、广播"村村响"1024处。改造升级笔架山发射台应急广播主发射机，广电分基站新增数字发射机3台，新建广播电视信号发射基站3座；结合基层综合文化活动室免费WiFi建设项目，延伸发展城区下一代有线电视工程和农村有线网络双向改造工程，光网"村村通"覆盖率60%以上；开展"三馆一站"免费开放，形成县、镇、村"三级一体"的公共文化服务网络；实施尧坝镇水墨山居、白米镇国策大舞台农村特色文化大院试点建设，完成神臂城镇老泸村、凤鸣镇茅山村特色村史馆试点建设。开展"百姓春晚"、第二届尧坝诗会、第29届合江荔枝节等品牌节庆活动；采购"脱贫奔康""乡村振兴"等81场文艺活动到镇（街道）、贫困村和景区等开展文化演出。组织专业文化志愿者到全县各镇、村开展免费基础性艺术培训；创新扩大社会力量购买公共文化服务范围，通过"诗乐舞剧《荔枝情缘》进贫困村巡演、川剧《乌蒙山脊梁》进贫困村巡演、川剧小戏《连心桥》进贫困村巡演"等项目开展"送戏下乡"活动；年均组织流动图书车下乡活动20余次，把书籍送上门。为61个行政村或社区配送体育设施，实现村级体育设施全覆盖。

【农村卫生】 疫情防控期间，实施分类分级管控，创新实施"3+1"居家管控，实行镇（村）干部、警员、医务人员和邻居四方监督模式，向上争取抗疫特别国债项目1.3亿元，完善全县公共卫生应急服务体系，实现县内新冠"零确诊"。全县创建国卫乡镇5个、省卫生乡（镇）3个、省级卫生村30个。全民预防保健体检29.16万人次，建立家庭医生签约服务团队172个，个人、家庭、村（社区）三级健康档案建档率为100%，电子建档率为94.73%。加强计生和养老服务，在白鹿、合江老年公寓探索实施医养结合模式。巩固健康扶贫成果，开展"挂牌督战"和清零行动，健康扶贫问题在全市率先实现清零。

【农村法制建设】 印发《关于加强法治乡村建设的实施意见》。以镇（街道）为单位搭建专业执法网格，建立县、镇两级"综合+专业""日常+阶段"的"1+N"综合行政执法协调配合机制，实行"一支队伍管执法"。规范梳理镇（街道）权责清单，发布《合江县乡镇（街道）行政权力清单和责任清单》。推进镇（街道）合法性审查全覆盖，各镇（街道）建立相关制度，明确合法性审查机构、分管领导以及具体审查人员，并报县司法局备案。延伸农村司法保障触角，落实"酒麒麟·一镇一法官"机制，组织人民法庭在21个镇（街道）设置166个诉讼服务点、9个法官工作室。完善农村公共法律服务，健全镇（街道）和村（社区）法律顾问制度，21个镇（街道）、239个村（社区）全部聘请法律顾问，实现镇、村法律顾问全覆盖，村（社区）法律顾问参与制定、修改村规民约和社区管理制度129次。全面推进"法律进乡村"，结合"一月一主题"主题活动，251名骨干"法治快递员"到"田间地头"共开展法治宣传活动307场次，受教育干部群众44.3万人次。

【农村交通】 制订《交通建设扶贫专项2020年度村级招呼站建设实施方案》《2020年交通扶贫专项实施方案》，继续推行"县级统一组织、镇（街道）监管实施、群众投资投劳"的农村公路建设模式，整合财政、扶贫开发等资金6630万元，新（改）建农村公路71.8千米，整治破损村道69条，提升改造福宝、白沙、榕山（临港街道）客运站3个，新建农村招呼站8个并于6月底前全面完工，实现所有建制村100%通硬化路、100%通客运，提前完成专项脱贫目标任务。启动"十四五"农村公路网规划，对全县农村道路进行核实排查，将尽可能多的项目列入省级数据库，逐步改善农村交通基础设施条件。推进桥梁建设，车辋大桥完工通车，合江长江公路大桥完成主体工程，先市大桥完成总工程量的30%，大沱子大桥完成总工程量的55%，九支大桥完成总工程量的20%，白沙长江大桥完成总工程量的25%，榕山长江大桥开工建设，持续改善沿河群众出行条件。

【涉农招商引资】 2020年，全县新引进3000万元以上的农业招商引资项目26个，项目协议总投资18.66亿元，其中农、林、牧、渔业招商引资到位资金67578万元，增长5%。

【农村社会保障】 全县有农村低保人数387609人次，累计发放农村低保金7947.54

万元。农村低保对象中，建档立卡贫困户由上年的17367人增加到18256人，占55.87%。累计发放困难残疾人生活补贴138191人次，发放金额1381.91万元。7月1日起，全县农村居民最低生活保障标准每人每年由4560元调整为5160元；分散供养月基本生活标准由500元提高到650元，集中供养月基本生活标准由760元提高到810元，农村、城市均实行按月补差发放。全年发放临时救助资金240.053万元，救助2128人次。全县有7.74万名贫困人口医保个人缴费全部由财政代缴，参保率达100%。全县城乡居民医保共有13.55万人次享受住院医疗报销，医保报销32024.16万元，城乡居民医保住院政策范围内报销比例稳定在75%以上；城乡居民医保共有88.63万人次享受门诊医疗报销，医保报销5086.52万元。贫困人口县内就医16.86万人次，医保报销8703.74万元，政策落实100%。制订全民参保工作方案，实现大数据筛查，实现县、镇（街道）、村、社区四级即时筛查。围绕全民参保计划，聚焦各类城乡居民、建档立卡贫困人口、低保、特困等生活困难群体，组织开展"特殊人群代缴居保""全民参保扩面"等专项扩面行动，推进新型农村社会养老保险参保人数持续上升。同时，各镇（街道）发动各级扶贫驻村工作队、下沉干部通过入户核实，利用政策宣传、"坝坝会"等人员集中宣传社保政策，为群众提供养老保险参保缴费、缴费查询、社保卡办理等服务，打通社会保险服务"最后一公里"。省"福康工程"项目集中筛查在合江县进行，对全县6名肢体残疾人进行了筛查。组织全县300余名儿童督导员和儿童福利主任召开全县儿童督导员和儿童福利主任业务知识培训会。印发《合江县事实无人抚养儿童关爱帮扶实施办法（修订）》，为全县事实无人抚养儿童基本生活费发放提供有力依据。举行困境儿童防疫物资公益捐赠活动。

【农村生态建设及环境保护】 全县196个行政村中，137个行政村60%及以上的农户生活污水得到有效治理，占比69.9%。推进"厕所革命"改厕、农户自建化粪池资源化利用等方式，新（改）建卫生厕所2.7万户、农村卫生厕所达标户13万户。开展县域内农村生活污水产生总量、比例构成、村庄污水排放、水体污染等现状摸排，分析周边环境特别是水环境生态容量，梳理辖区内现有处理设施数量、布局、运行等情况并建立台账，编制完成《合江县农村生活污水治理专项规划（2020—2022年）》。开展2020年农村生活污水治理"千村示范"工程，编制印发《2020年度合江县农村生活污水治理"千村示范"工程实施方案》，争取省级生态环境保护资金289万元，完成真龙镇瓦房村、尧坝镇团结村等13个行政村"千村示范"工程。开展农村黑臭水体排查治理，印发《合江县农村黑臭水体专项整治工作方案》（泸合环函〔2019〕132号），组织开展农村黑臭水体排查，全县无农村黑臭水体。

【农产品质量安全监管】 建立完善农产品质量安全监管体系，设立县、镇、村三级网格化监管。开展农药残留快速检测，共抽检6300批次，合格率达100%；县级基地风险监测蔬菜、水果、畜禽产品480批次，合格率达99.8%；市场风险监测420批次，合格率达99.1%。在养殖、运输、屠宰三个环节加大"瘦肉精"检测力度，全县共检测养殖场盐酸克伦特罗2000份、莱克多巴胺2000份、沙丁胺醇2000份。探索农产品质量安全追溯体系机制建设，全县480家生产经营主体入驻国家级追溯平台体系，完成生产录入批次2000余条。推行食用农产品合格证制度，推动落实食用农产品生产经营者主体责任，已开食用农产品合格证15352份。

【农村市场体系建设】 数字农业。全县基本实现农村光纤宽带入户、4G网络全覆盖，60岁以下农民智能手机普及率达90%。农村物流体系基本完善，随着淘宝、京东、拼多多等电商企业的下沉，农村电商交易量增长迅速。邮政、申通、圆通、京东物流等近10家物流快递企业在全县镇（街道）均设有网点，全县快递服务点达121个。农产品线上销售额超过2亿元。乡村消费品零售额43.6亿元，增长11.6%。

农村金融。开展符合条件的新型农业经营主体贷款项目审核，抓好"乡村振兴农业产业发展贷款风险补偿金账户"管理，协助农担公司及银行做好贷款项目审查、贷后管理和欠款追偿等工作。会同担保公司、金融机构定期开展督查，加强监管项目实施、经营情况跟踪监督，确保每一笔资金使用规范，降低代偿风险。与省农担加强沟通，针对农业产业大户，特别是生猪养殖大户，给予适当的贷款额度。对于乡村振兴拟争创的先进乡（镇）、示范村范围内的新型农业经营主体申请农业担保贷款的，给予优先考虑和支持。全县通过风险补偿金累计发放农担贷款53次，累计放款5197万元。从贷款主体来看，共计支持各类新型农业经营主体53家，其中农民专合社6个、家庭农场20家、种养专业大户8户、农业企业19家（含农业龙头企业3家）。从贷款用途看，基本涵盖了粮油、生猪、蔬菜、荔枝、真龙柚、中药材、竹业、畜牧业、渔业九大产业及现代农业种业、现代农业装备、现代农业烘干冷链物流三大先导性产业的"9+3"产业体系，支持全县荔枝、真龙柚、金钗石斛、生猪养殖等重点产业建设。

【农村留守家庭（儿童、学生）帮扶】 全县倡导"政府主导、民政牵头、部门配合、社会参与"运行机制，开展儿童保护工作。通过政府购买服务，与泸州市心源社工合作，在开展"百镇千村·助爱牵手"项目中，以尧坝镇团结村、九支镇李咀村和五通小学、凤鸣镇黄金湾村、临港街道五里坡社区5个村（社区）为试点，完成该5个试点村儿童信息数据录入的培训和2168名0～14岁儿童的录入。在全县范围内开展为期7个月的"儿童福利信息动态管理精准化提升年"专项行动，共摸排困境儿童2216名、农村留守儿童6222名、儿童督导员21名、儿童主任237名、留守妇女654名。四川省儿童保护试点项目启动会在广元市启动，合江县作为全省3个试点地区代表在会上作表态发言。合江县儿童关爱服务项目在北京年会上作交流发言。

【劳务开发与返乡创业】 制定印发《关于推行农民工服务保障工作相关机制》《关于进一步做好农民工外出务工和就近就业等服务保障的通知》等文件，及时对接劳务输入地人社部门开展劳务协作，先后与浙江、江苏、广东、重庆等13个市（县）建立劳务合作关系，提供10万个新岗位，将用工企业"请进来"到15个镇（街道）"点对点直招直聘"；结合疫情防控同步开展"送岗位、送政策"等就业"春风行动"，启动"云端直招"、招募"就业红娘"，开通农民工求职二维码、设立"求职招募专员"公益岗位，"一对一"为求职者开展健康、交通等服务，开展"一企一策"服务，建立重点企业24小时用工保障制度，实现产能、员工总数、缺工人数、空岗结构、问题困难"五清"，促进转移就业和就近就业。全年共转移劳动力就业31.86万人，增长4%。落实《合江县促进返乡下乡创业26条措施》《合江县合力应对疫情影响鼓励农民工返乡就业创业置业十项措施》等扶持政策，通过"政策推动""平台驱动""项目拉动""典型带动"等举措发展"归雁经济"，从土地支持、金融信贷、财政奖补、税费减免、创业培训、项目扶持等方面促进创业带动就业。

【主要领导人】 县委书记：张季頫(6月止)，李仁军(6月始)；县人大常委会主任：王亚容；县长：胥兴贵(12月止)，王波(12月代理)；县政协主席：李子辉；分管农业副县长：张毅。

合江县编写组

叙 永 县

【基本情况】 2020年，全县辖23个乡(镇)212个行政村42个社区，辖区面积2977平方千米，有人口72.42万人。全年乡村旅游接待游客204万人次，实现旅游收入17.3亿元。叙永县是四川省革命老区县、全国造林绿化先进县、四川省竹产业高质量发展县、享受民族地区待遇县，是全省首批历史文化名城。

【年度农业和农村经济运行】 2020年，全县农林牧渔业总产值达60.44亿元，增长5.1%，其中第一产业增加值34.8亿元，增长5%。农村居民年人均可支配收入达14520元，增长9.6%，增速居泸州市第一位。

新型农业经营主体培育。新增农民合作社31家，全县累计登记注册农民合作社852家；新培育家庭农场33家，全县累计登记注册家庭农场483家。

村级集体经济发展。巩固和完善农村集体资产清产核资成果，报表数据录入农业农村部清产核资系统完成率达100%；完成集体经济组织成员身份确认、村级集体经济组织登记赋码和证书制作发放。围绕“改革集体产权制度、壮大新型集体经济、创新扶持方式、财税金融支持、健全完善配套机制”五个重点领域，以“三化三突破”为抓手，配套出台扶持发展村集体经济五类30条措施，推进村集体经济发展，并在发展过程中不断总结、探索壮大集体经济新举措，使得村集体经济得到较快发展。全年村级集体经济经营性收入1110.11万元，村均收入4.42万元，人均收入14.9元；2016—2020年度村级集体经济累计经营性收入6059.86万元，村均收入24.14万元，人均收入81元。

【种植业】 全年粮食作物播种面积111.1万亩，产量36万吨。落实耕地地力补贴面积493427.68亩，补贴农户142861户，补贴资金5639.622434万元。集中打造高粱示范区面积4万亩，实施糯稻基地示范3万亩，建设杂交玉米制种基地2000亩。

植物检疫。开展农作物重大病虫害防控，全年大小春农作物病虫害综合预报准确率达92.34%。实施草地贪夜蛾防控面积3万亩，为害损失率控制在3.75%；开展稻水象甲、柑橘溃疡病、柑橘黄龙病等检疫性有害生物及外来入侵有害生物玉米致死性坏死病、苹果枯枝病等普查。开展应施检疫的植物和植物产品产地和调运检疫，已实施玉米、柑橘、李子、桃等产地检疫48批次，面积1364亩；签发调运检疫证书38批次。落实农作物病虫害综合防控措施，全县农作物重大病虫害发生面积140.8万亩次，防治面积158.3万亩次，挽回产量损失3.17万吨，病虫为害损失率2.67%，实现病虫为害损失率控制在4%以下的目标。全县绿色防控覆盖率和统防统治覆盖率分别达40.63%、41%，化学农药使用量减少5.2%，粮经作物主产区农药废弃包装物回收率达70.17%。

【畜牧业】 全年生猪存栏47.5万头，其中能繁母猪存栏5.9万头、育肥猪出栏61万头；肉牛存栏7.2万头、出栏3.2万头；羊存栏2.52万只、出栏2.8万只；家禽存栏218万只、出栏220万只。

动物疫病防控。指导全县23个乡(镇)全面检测排查重大动物疫病，扩大排查范围，加大检测力度，落实网格化管理责任人和日报告制度，共排查养殖户48087户生猪389562头，检测环境和咽喉试纸15322份；指导乡(镇)对重点区域和环节开展大清洗、大消毒、大防控、大培训、大宣传工作，共使用石灰1200吨、消毒液90吨，完成消毒面积2486万平方米；加强调运监管，严厉打击违法调运行为，落实生猪及产品调运政策，严格限制风险猪群移动，查处违法调运生猪案件73起、未经定点屠宰生猪案1起，查处贩卖白板肉案2起，无害化处理违法调运生猪110头、白板肉300余千克，罚没金额83余万元。

兽医兽药管理。加强对违禁物品的监测，开展“瘦肉精”猪、肉牛、肉羊尿(组织、血)样检测检验3245头(只)份，“瘦肉精”检出率均为零。加强饲料兽药监管，检查饲料经销店102个次、兽药经营门市78家次，并配合市局业务部门开展饲料兽药抽检活动，共抽取饲料、兽药样品6份，均合格。加强养殖环节自配料生产和使用管理，要求各乡(镇)开展摸底排查，建立台账，经排查，全县有用自配饲料养殖户26户，并每月对养殖户进行随机检查，保障养殖投入品安全。加强乡村兽医管理，全县登记备案乡村兽医245人；组织乡村兽医进行职业技能培训和专业技术培训245人次。加强动物诊疗机构管理，注重日常监管，定期进行监督检查，指导诊疗机构规范诊疗场所，按要求进行设置分区，严格诊疗器械和药物管理，完善相关台账，共检查动物诊疗机构3次。

畜牧品种改良。加强生猪人工授精改良，全县生猪人工授精网点实现各乡(镇)全覆盖，人工授精改良推广应用面达80%以上。实施生猪良种改良项目，发展良种母猪5000头、良种公猪100头。继续实施肉牛良种补贴项目，全年实现牛人工授精改良配种2.8万头，改良肉牛每头平均增加体重150千克以上，肉牛良种及杂交改良面超过80%。

【水产业】 全县渔业养殖面积422公顷，特种水产养殖100亩，鱼种投放335吨；渔业水产品总产量达2894吨。完成增殖放流7.5万尾。

【特色产业】 全县水果产业面积达21.43万亩。改造低效竹林3万亩，新增竹林面积1万亩，全县林竹产业基地面积达238万亩。优质蔬菜24.23万亩，茶叶基地面积达7.35万亩，中药材种植面积1.42万亩；烤烟种植面积3.4万亩，产量8.44万担，烟农销售烟叶收入1.013亿元；种植优质稻23万亩。生猪存栏47.5万头、出栏58.6万头，肉牛存栏7.27万头、出栏3.18万头，羊存栏2.52万只、出栏2.88万只，家禽存栏218万只、出栏220万只。

【农业绿色发展】 开展畜禽养殖污染综合治理，实施畜禽粪污资源化利用项目，全县改造23个乡(镇)711家老旧养殖场，建设粪污利用种植基地1万亩；组建社会化服务组织5个，新建年产10万吨有机肥厂，完成老旧场改造、种植基地建设及社会化服务组织的组建，有机肥厂计划2021年4月建设完成。全县畜禽粪污资源化利用率从2016年的60%提升到92%，全县备案登记的162家规模养殖场畜禽粪污资源化利用设备配套率为100%。推进化肥零增长，实施化肥减量增效行动，创建化肥减量增效示范区2万亩。建设耕地质量定位监测点12个，开展田间试验12个；开展2020年度耕地质量调查，完成436个调查点土样采集及检测分析；集成推广高效施肥技术和新型肥料产品，示范带动全县化肥减量增效，保持化肥使用量零增长。

【宜居新村建设】 建成省级宜居乡村达标村25个、市级宜居乡村达标村50个，改建农村户用卫生厕所2625座；改造农村危旧房67户，改造农村土坯房3251户。

【扶贫攻坚】 全县剩余的1520名贫困人口实现脱贫，叙永县退出贫困县序列，摘掉了长达35年的“贫困县”帽子，实现绝对贫困全面消除。

产业扶贫。利用赤水河干热河谷地区的

独特气候优势，建设柑橘、李子等优势精品鲜食水果产业带，建成精品特色水果基地15.7万亩（其中柑橘10万亩、优质李4万亩），投产面积10.2万亩（其中柑橘5.2万亩、优质李3万亩），年产鲜果4.68万吨，年产值2.81亿元。以摩尼、麻城为中心的高寒山区，利用海拔高、生产周期长、错季等生态优势，巩固10万亩高山蔬菜产业带，建成高山蔬菜基地9.2万亩（其中商品菜基地8.6万亩），年产鲜菜13.6万吨，年产值2.72亿元。建成食用菌基地0.6万亩，年产鲜菇0.28万吨，年产值0.47亿元。实施万亩辣椒基地示范，面积1.6万余亩，产量2.4万吨，实现产值1.2亿元。完成烤烟种植面积3.4万亩，收购烤烟8.44万担，产值1.01亿元。建成机采茶园面积1.35万亩。

【农业机械化】 全县农机购置补贴资金19.6848万元，新建和改造村（组）道路目标任务154千米，投入资金6321.5万元，其中财政补助资金4850.75万元、自筹资金1470.75万元；新增农机总动力达40.7185万千瓦；农机动力目标任务0.3万千瓦，推广各类农机具1118台（套），受益农户953户，补贴资金70.29万元，其中中央补贴资金58.575万元、县级累加补贴11.715万元。开展农机安全生产打非治违和变型拖拉机专项整治，接受群众政策咨询和驾驶证查验，全年未登记注册一辆变型拖拉机，彻底做到“增量为零，逐年递减”。同时，在全县范围内开展变型拖拉机摸底调查，建立台账并逐台辨别号牌真伪，为全县农村道路交通安全生产整治奠定基础。

【农村基础设施建设】 全年治理水土流失面积24.29平方千米，维修提灌站2个，新建或改造农田水利渠系2千米，整治山坪塘6口，新建蓄水池28口；新（改）建机耕道200千米，建成高标准农田6.9万亩（2019年项目4.1万亩、2020年项目完成2.8万亩）；新建乡村厕所8座，森林覆盖率达59.05%。县内中小型水库枢纽工程、渠系供（引）水系统已趋完善，小农水项目建设不断推进，缓解了农业农村人畜饮水、生产用水困难。农村水、电、路、房和信息化建设全面提速，宽带互联网基本实现村级全覆盖。

【农村科技】 通过理论学习、实践操作、参观学习、现场答疑等形式实施高素质农民培育，分类型分专业举办培训班8期，共计培训480人，其中经营管理型200人、专业生产与技能服务型256人、农业经理人20人、现代青年农场主4人。依托各类农业产业扶贫项目，通过院坝会、入户指导、现场示范、农民夜校等形式，在春耕生产、关键农时季节、农户需求等环节，累计开展各类实用技术培训270余场，培训农民16340余人次；开展入户技术服务指导8800余次，发放各类技术资料32000余份；开展新技术试验示范推广12项，示范推广新品种6个。

【农产品质量安全监管】 全年开展各类农产品检测7853样次，其中定量检测133样次、定性检测7723样次（种植业3761样次、养殖业3962样次）。农业主要生产基地农作物病虫害绿色防控和专业化通防统治面积达30万亩以上，畜禽水产健康养殖率达到实际存栏数的60%以上。加强农产品质量追溯推广应用，已入驻农产品生产主体达50家，农业投入品经营户达10家。探索推广“合格证+追溯码”模式。落实追溯“四挂钩”要求，率先将绿色食品、有机农产品、地理标志农产品纳入追溯管理。

【农业综合执法】 开展农业综合执法，全年出动执法车辆150次、执法人员507人次，对城区和23个乡（镇）经营种子、农药、肥料的经销户进行拉网式专项检查，检查农产品生产基地及专合社、水产养殖专合社13家、养殖场58家次、屠宰场39家次，抽检农业投入品样品42个；办理案件78件，结案77件，罚没款85万余元。

【劳务开发】 全县外出务工21.0762万人，实现工资性收入55.11亿元。全年提供农村公益性就业岗位2652个、临时性公益性岗位500个（专门安置受疫情影响无法外出务工的贫困劳动力就业）。通过举办招聘会为企业和求职者搭建供需平台，提供更多双向选择的机会，促进农村劳动力转移就业。

【主要领导人】 县委书记：陈景强；县人大常委会主任：周之平；县长：唐杰；县政协主席：马刚；分管农业副县长：夏征勇。

叙永县编写组

古 蔺 县

【基本情况】 2020年，全县辖17镇3个街道3个少数民族乡，户籍总人口87.99万人，其中乡村人口70.5万人、城镇人口17.49万人，户籍人口城镇化率19.9%；人口出生率13.5‰，人口死亡率7.1‰，人口自然增长率6.4‰。森林面积18.8万公顷，森林覆盖率52.6%；森林抚育面积0.44万公顷，木材产量7.49万立方米；公益林8.73万公顷，退耕还林1.7万公顷。

2020年，全县GDP179.8亿元，增长2.7%，其中第一产业增加值33.7亿元，增长5.3%；第二产业增加值68.7亿元，增长0.4%；第三产业增加值77.4亿元，增长5%。一二三产业对经济增长的贡献率分别为28.9%、7%、64.1%，分别拉动经济增长0.8、0.2、1.7个百分点。三次产业结构比为18.7 ： 38.2 ： 43.1。全年接待游客600万人次，实现旅游综合收入70亿元。

公路总里程5883.3千米，其中国道114.5千米、省道201.8千米、县道1061.6千米、乡道1426.9千米；等级公路（含高级、一、二、三和四级公路）5815千米，高速公路里程65千米。全年旅客运输239.9万人次，减少49.7%；公路客运周转量12940万人千米，减少52.8%。地方一般公共预算收入完成16.9亿元，地方一般公共预算支出54.8亿元。固定电话用户15.1万户，移动电话用户61万户，移动互联网用户27.2万户，互联网宽带接入用户19.5万户。全年城乡最低生活保障69.1万人次，其中农村居民最低生活保障65.5万人次。城乡居民养老保险参保人数31.2万人。

有学前教育学校141所，在校学生27367人，专任教师799人；小学学校32所、小学教学点189个、九年一贯制小学部5个，在校学生71102人，专任教师3544人；初级中学校31所、九年一贯制（初中部）5个、完全中学（初中部）1个，在校学生34537人，专任教师2242人；高级中学校3所、完全中学（高中部）1个、附设高中班1个，在校学生12763人，专任教师834人；中等职业学校2所，在校学生6465人，专任教师216人；特殊教育学校1所，在校学生100人，专任教师21人。有卫生机构（包含村卫生室）639个（其中医院13个、基层医疗卫生机构624个、专业公共卫生机构2个），卫生技术人员2850人，病床位3071张。

【年度农业和农村经济运行】 2020年，全县农林牧渔业总产值61.9亿，增长5.6%，其中农业产值29.8亿元、林业产值3.3亿元、牧业产值27.7亿元、渔业产值0.2亿元、农林牧渔专业及辅助性活动产值1亿元。全年实现农林牧渔业增加值34.3亿元，增长5.5%，其中农林牧渔专业及辅助性活动增加值0.6亿元，增长13.5%。农村居民年人均可支配收入达15371元，增长9.5%，其中工资性收入6235元，增长4.2%；经营净收入5843元，增长14.1%；财产净收入（成本法）165元，增长2%；转移净收入3129元，增长12.9%。农村居民年人均生活消费支出达11737元，增长7.4%，其中人均食品烟酒支出4943元，增长4.5%。农村居民恩格尔系数为42.1%。农用机械总动力达28.2万千瓦,农用化肥施用量(折纯)1.3万吨。有农民合作社1766个、家庭农场1093个、重点农业龙头企业45家、农业技术服务机构27个。

【种植业】 全县粮食作物总播种面积7.4万公顷,增长0.6%,其中大春粮食作物播种面积6.56万公顷,增长0.7%(其中谷物播种面积5.66万公顷、豆类播种面积0.38万公顷、薯类播种面积0.52万公顷);小春粮食作物播种面积0.85万公顷,增长0.1%(其中小麦播种面积0.03万公顷、豆类播种面积0.07万公顷、薯类播种面积0.75万公顷)。全县粮食总产量35万吨,增长1.1%,其中大春粮食产量32.13万吨,增长1.1%(其中谷物产量29.27万吨、豆类产量0.69万吨、薯类产量2.17万吨);小春粮食产量2.91万吨,增长0.2%(其中小麦产量0.06万吨、豆类产量0.12万吨、薯类马铃薯产量2.73万吨)。

【畜牧业】 全县生猪出栏55.9万头,增长14.8%;生猪存栏37.7万头,增长21.3%,其中能繁母猪存栏3.8万头,增长19.9%。牛出栏3.5万头,牛存栏9.3万头。羊出栏14.7万只,羊存栏9.9万只。家禽出栏108.3万只。全年肉类总产量4.8万吨,其中猪肉产量4.万吨;禽蛋产量0.7万吨。

【农村水利】 全县已建成水利工程10147处,实际供水总量14125.7万立方米,有效灌溉面积2.7万公顷。有渠道251.2千米、堤防58.9千米、水库68座、水电站46个、机电井155眼、塘坝1309座。

【扶贫开发】 全年实现643户贫困户、2045名贫困人口脱贫,2014～2020年累计实现脱贫11.7万人、117个贫困村退出,脱贫攻坚战取得了全面胜利,扶贫产业发展模式、"扶贫车间"建设经验入选全国扶贫典型案例,获评全国"十三五"易地扶贫搬迁工作成效明显县和2018年、2019年全省脱贫攻坚工作先进县。

【主要领导人】 县委书记:李万忠;县人大常委会主任:曾永刚;县长:陈廷俊;县政协主席:刘松梅。

古蔺县编写组

德 阳 市

【基本情况】 2020年,全市辖4乡67镇13个街道,辖区面积5911平方千米,其中耕地面积372.2万亩,减少0.2%,人均耕地面积0.97亩;基本农田316.62万亩。年末总人口383.3563万人(户籍人口)。全市耕地有效灌面达到耕地总面积的95.5%;本地水资源总量33.2亿立方米,人均占有水资源量931.4立方米。有林业用地19.12万公顷,有林地面积16.7万公顷,活立木总蓄积量1390.1万立方米,森林覆盖率25%。

2020年,全市GDP2404.1亿元,增长2.5%,其中第一产业增加值272.7亿元,增长3.6%,农、林、牧、渔及农林牧渔服务业之比为24.43∶1.15∶17.22∶1.23;第二产业增加值1128.7亿元,增长1.3%;第三产业增加值1002.7亿元,增长3.7%。三次产业对经济增长的贡献率分别为11.34%、46.95%和41.71%。劳务输出118.73万人,实现劳务收入320.39亿元。

公路通车里程10054.453千米(其中乡村公路9116.339千米),密度1700米/平方千米,30千米/万人。社会消费品零售总额851.2亿元,减少4.8%。地方公共财政预算总收入完成132.1亿元,增长5.7%;公共财政预算总支出309.5亿元,增长7.4%。金融机构各项存款余额3301.9亿元,比上年初增长12.9%;各项贷款余额1921.7亿元,比年初增长15.6%。农业产业化龙头企业国家级、省级、市级分别为3家、40家、295家。

有各类学校858所,在校学生570833人,教职工45481人,其中普通高校12所,在校本(专)科学生132409人,增长10.58%;普通中学145所,在校学生137905人;小学305所,在校学生183197人;学龄前儿童入学率95.5%,提高0.36个百分点。有乡(镇、街道)综合文化站119个,村(社)文化活动室1186个,有艺术表演团体52个,文化馆7个,公共图书馆7个,博物馆10个。有卫生机构2822个,病床位26352张,卫生技术人员24743人。城乡居民基本医疗保险参保人数271.21万人,参保率98%以上。

【年度农业和农村经济运行】 2020年,全市农业增加值达272.7亿元,增长3.6%。农民年人均可支配收入达19790元,增长8.4%。全市农产品质量抽检合格率比年初提高0.3个百分点;建成112个基层农业综合服务站。主要农产品产量见表1。

表1 2020年德阳市主要农产品产量

主要农产品	单位	产量	同比(%)
粮食	万吨	196.4	0.56
水稻	万吨	99.9	0.44
小麦	万吨	39.86	0.48
玉米	万吨	38.42	–0.51
马铃薯	万吨	5.57	2.39
油菜籽	万吨	21.9	5.29
蔬菜	万吨	246.9	3
水果	万吨	26.24	2.1
肉类	万吨	31.1	6.8
猪肉	万吨	16.78	13.8
牛肉	万吨	0.84	13.64
羊肉	万吨	0.35	5.72
禽肉	万吨	10.97	–2
兔肉	万吨	2.1	2.71
禽蛋	万吨	1278	1.5
水产品	万吨	6.9	7.64
牛奶	万吨	1.05	–1.08

农业产业化发展。构建“2531”现代农业产业布局，按照“产、加、销”一体化发展思路，突出优质粮油、生猪两大主导产业，全年粮食总产量增长1%左右，实现“十五连增”。构建乡村振兴双环线，突出“连线成片、闭合成环”和“一镇一特色、一园一主业”，推动“村村入园区、户户进合作社”，启动成德大道、北京大道沿线成德一体化乡村振兴先行示范带建设。构建一二三产业融合发展新格局，全市新建农产品初加工设施38座，全市规模以上农产品加工企业达91家。发展乡村旅游业，建成什邡幸福红豆里、绵竹“乡遇画里”文创社区等一批乡村旅游精品项目。支持“农交、农担、农发”（简称“新三农”）工作发展，成都农交所德阳所完成各类交易项目1511宗，累计交易金额25.22亿元；省农担公司德阳办事处累计发放担保贷款747笔，金额5.34亿元；市产投农业发展有限公司已组织各地完成农业产业投入1.92亿元。全市新增省级农业产业化龙头企业9家，递补新增认定为市级农业产业化龙头企业59家（见表2、表3、表4）。

表2 2020年德阳市省级（及以上）农业产业化重点龙头企业名单

企业名称	注册资金（万元）	法人代表	示范等级	年度产值（万元）	主营产品
四川省旌晶食品有限公司	500	陈德长	省级	5477	谷物微粉系列产品
四川在生源面粉有限公司	600	刘家上	省级	6394.18	精制面粉
德阳市洪国种养殖发展有限公司	50	杨洪国	省级	320	生猪
四川畜丰猪业有限公司	100	左　军	省级	3854	肉类
德阳市明润农业开发有限公司	900	兰顺明	省级	1057.14	羊肚菌
德阳市金兴农机制造有限责任公司	1000	解立胜	省级	3917	3.0型联合收割机
四川爱达乐食品有限责任公司	9000	蒋子明	省级	41455.01	吐司
四川御康农业科技有限公司	2000	刘　卫	省级	62771	菜籽油
德阳星桥粮油食品有限公司	216	刘晓英	省级	3790	星桥大米
四川米老头食品工业集团股份有限公司	6225	杨晓勇	国家级	56108.66	杂粮
益海（广汉）粮油饲料有限公司	12600	穆彦魁	省级	512831.37	食用油
四川盛龙食品有限公司	1030	龙会建	省级	9256	白条肉
四川省广汉熊家婆食品有限责任公司	510	黄晓辉	省级	4852	兔肉类制品
广汉市康达食品有限公司	200	刘凤兴	省级	7255	猪肉制品
四川蓝剑饮品集团有限公司	5000	郭一民	省级	124844	其他（植物蛋白饮料）
四川道泉老坛酸菜股份有限公司	5000	周后成	国家级	31294.19	蔬菜类
四川宇豪食品有限公司	500	曹　勇	省级	6499	淀粉制品：粉丝、湿粉条
四川什邡但氏食品有限责任公司	800	但功禄	省级	5181	“但氏”豆腐干
四川朝天香食品有限公司	1000	郭小芳	省级	16739	牛油火锅底料
四川唯怡饮料食品有限公司	280	邹宗凤	省级	54579	紫标唯怡
四川省绵竹市富王粮油公司	3000	王清富	省级	11015	粮食类
绵竹三溪香茗茶叶有限责任公司	107.4	谢世千	省级	3513.57	茶叶类
四川华胜农业股份有限公司	5700	白　峰	省级	869	水果
四川逢春制药有限公司	10000	黎　黎	国家级	75408	中成药
四川万凤粮油有限公司	1000	胡泽万	省级	14458	面粉
四川雄健实业有限公司	10580	陈明雄	省级	77918	小麦粉
四川省奉献农业有限公司	400	谢朝维	省级	4866	生猪
四川来金燕食品有限公司	3080	熊昌建	省级	5874	大豆精深加工
四川德阳市年丰食品有限公司	5000	王长严	省级	219551.37	油料类
四川江中源食品有限公司	1100	黄鹏高	省级	6846	方便火锅
四川正鹏农牧科技有限公司	2000	李小煌	省级	74143.56	饲料
四川翠宏食品有限公司	5000	陈龙华	省级	39000	调味品
四川锦花米业有限责任公司	500	钟昌波	省级	3705	大米加工
四川回乡妹食品有限公司	4600	何　芬	省级	5709	泡菜
中江县颜氏粮油食品有限公司	100	颜明勇	省级	19768.92	小麦、油、水稻
绵竹市剑龙粮油有限责任公司	1510	杨　曦	省级	9130.25	水稻
德阳东升农场绿色蔬菜有限公司	800（港币）	区景泰	省级	4274.6	蔬菜加工、生产
四川省东圣酒业股份有限公司	5642	钟　军	省级	10896.28	小麦、高粱
四川省绵竹市齐福酒业有限责任公司	500	吉栋昌	省级	5868	小麦、高粱

表3　2020年德阳市国家级示范农民专业合作经济组织名单

合作组织名称	注册资金（万元）	法人代表	示范等级	年度产值（万元）	主营产品
旌阳区双东镇东美枣种植专业合作社	891	雍安琼	国家级	1570	果蔬种植
德阳市罗江区西蜀云峰水果专业合作社	197.88	黄友禄	国家级	650	柚子、杂柑
广汉市隆兴农副产品产销专业合作社	116.5	唐小勇	国家级	149.95	蔬菜营销
广汉市南兴镇农胜花木专业合作社	220	曾宪顺	国家级	302	花木
什邡市沿山猕猴桃专业合作社	260	魏先全	国家级	260.8	猕猴桃
中江县龙泉山石垭中药材专业合作社	25.1	田明阔	国家级	288	中江白芍、中江丹参
中江县宝源蚕业专业合作社	120	王　强	国家级	180.1	蚕桑/蚕茧、桑种、桑穗条
德阳市罗江区宝峰山枣子专业合作社	404.41	张瑞青	国家级	273	枣子
广汉市锦花粮食种植专业合作社	423.9	黄明水	国家级	218.22	小麦、水稻种植及销售
广汉市永和农业技物配套服务专业合作社	111	王益金	国家级	525	粮食种植及病虫害统防
什邡市隐丰镇农产品专业合作社	400	段照龙	国家级	555.72	林特产品类(中草药)川芎
什邡市绿友农产品专业合作社	234	喻再军	国家级	103.06	水果、蔬菜、特色农产品销售等
绵竹市鹏辉獭兔养殖专业合作社	644.8	代　春	国家级	600	獭兔及獭兔皮制品、猕猴桃及加工
中江县东东瓜蒌专业合作社	617	王开东	国家级	1129	瓜蒌皮、瓜蒌籽、瓜蒌根
中江鸿发农机服务专业合作社	619	刘玉兰	国家级	559.63	排灌设备和农机服务
德阳市旌阳区普度果蔬专业合作社	50	张帮非	国家级	180	油桃、蔬菜、柑橘种植及销售
广汉市兴隆黄氏粮食种植专业合作社	128	秦丹丹	国家级	338	小麦、水稻
旌阳区双东镇泉音花生专业合作社	370	王道明	国家级	146	花生
德阳市罗江区嘉彬果蔬种植专业合作社	300	余振洋	国家级	185	果蔬/韭菜、韭黄、蘑菇
广汉市惠民农机作业专业合作社	771.1	廖兴华	国家级	800.86	种植业/小麦水稻
什邡市鑫和川芎种植专业合作社	918	曹　义	国家级	1670.44	川芎
什邡市碧源茶叶种植专业合作社	200	陈廷述	国家级	202.64	茶叶/茉莉花茶
绵竹市双坪种植专业合作社	104	罗俊元	国家级	700	收购销售成员的水稻、蔬菜、花卉
中江县金穗源粮食专业合作社	110	李凤辉	国家级	455.62	粮食种植销售/蜀浠香米
中江县众玉辉稻谷专业合作社	600	杜建辉	国家级	334	水稻、小麦、油菜、玉米种植
中江县富祥中药材专业合作社	200	吴德贵	国家级	940	中药材种植
旌阳区杨虎农机专业合作社	200	杨廷虎	国家级	136.3	组织机械化生产、收割,农作物种植
德阳市罗江区蟠龙新型农民合作联合社	417.35	李景华	国家级	1093	粮食作物、油料作物
什邡市黄田坝水稻专业合作社	500	吴江妮	国家级	252	粮食作物
绵竹吉祥龙腾种植专业合作社	91	张　真	国家级	205	有机水果种植与销售
德阳市罗江区三麻子青花椒种植专业合作社	666	杨洪军	国家级	335	香料作物(花椒)

表4　2020年德阳市家庭农场经营情况统计表(前10位)

家庭农场名称	注册资金（万元）	法人代表	年度产值(万元)	主营产品
中江县汶远家庭农场	20	王远成	450	粮食蔬菜、养殖
德阳市为健家庭农场有限责任公司	600	沈维建	420	生猪养殖
德阳市旌阳区兴利生态家庭农场	—	李兴廷	400	百香果种植及育苗
广汉市好耕夫家庭农场	2	吴　春	300	粮油
什邡市千融种植家庭农场	15	吴思千	300	小麦、水稻
罗江区慧渔成家庭农场	—	闫巧萍	300	水产
绵竹市玉泉镇乡香家庭农场	5	钟长兴	268.62	猪、禽养殖
旌阳区悦悦家庭农场	—	刘培勇	260	粮食种植、农机服务
罗江区崔代波家庭农场	—	崔代波	252	种鸽养殖
什邡市南泉镇祥绿蔬菜种植家庭农场	30	曾　翔	243	水稻、蔬菜

农用地产权制度改革。全面完成确权颁证，全市确权证书颁发到户81.1万本，证书发放率达98.02%。全市累计流转土地138.2万亩，流转率达43.2%。全市颁发《土地经营权证》182本，其中业主凭证办理融资担保和土地流转收益保证贷款123笔，贷款金额2.2亿元。全面完成第二轮土地承包到期后再延长30年试点，在什邡市禾丰镇、湔氐镇3个村民小组试点延包土地260户639人437.64亩。全面建成市、县、乡、村四级农村产权交易服务平台，成都农交所德阳所累计成交农村产权交易项目1730宗，交易金额24.34亿元。自成立以来，成都农交所德阳所累计成交农村产权交易项目5545宗，交易金额85.06亿元。

农产品品牌战略实施。全市通过认证的无公害农产品497个、绿色食品44个、有机农产品30个、农产品地理标志4个。承办四川省"2020春风万里·绿食有你——绿色食品宣传月活动启动仪式"，8家绿色食品企业参加展示品鉴，四川省旌晶食品有限公司被中国绿色食品发展中心推荐为"最美绿色食品企业"。农产品地理标志产品"罗江鳜鱼"在农业农村部进行答辩，待公示。全市注册2件地理标志集体商标——罗江花生（29类、注册号34744721）、罗江花生（31类、注册号34744177），注册1件地理标志证明商标——什邡晒烟（34类、注册号42972469）。罗江区获批四川省有机产品认证示范创建区，中江县建成四川省有机产品认证示范区并获批为国家级有机产品认证示范创建区，绵竹市"优质枇杷"通过省级农业标准化项目验收。

现代农业园区建设。全市创建第三批国家现代农业产业园1个（广汉市现代农业产业园），晋升省四星级现代农业园区1个（中江县中药材现代农业园区），创建省三星级现代农业园区2个（旌阳区粮油现代农业园区、绵竹市猕猴桃现代农业园区），新认定市级现代农业园区7个（绵竹市广济粮猪种养循环现代农业园区、中江县凯北粮猪现代农业园区、什邡市马井稻菜现代农业园区、广汉市金轮稻菜现代农业园区、罗江区元宝山柑橘现代农业园区、什邡市湔氐黄背木耳现代农业园区、绵竹市麓棠山玫瑰现代花卉产业园区）。累计培育建设县级以上现代农业园区33个。

【种植业】 全市农作物总播种面积725.4万亩，增加8.5万亩，其中粮食作物播种面积465.8万亩，减少0.3万亩；平均亩产422千克，亩增3千克；粮食总产量196.4万吨，增加1.1万吨，增长0.6%。小春粮食作物播种面积133.8万亩，减少2.4万亩；产量43.7万吨，增加0.3万吨。大春粮食作物播种面积332万亩，增加2.1万亩；产量152.7万吨，增加0.8万吨。

油料作物播种面积134万亩，增加7万亩；产量26.1万吨，增加1.5万吨，增长6.1%。其中，油菜播种面积113.5万亩，增加4.7万亩；亩产193千克，亩增2千克；油菜籽产量21.9万吨，增加1.1万吨。花生播种面积20.3万亩，增加2.1万亩；亩产209千克，亩增1千克；产量4.2万吨，增加0.4万吨。蔬菜及食用菌种植面积99.3万亩，增加1.2万亩；产量246.9万吨，增加7.2万吨。瓜果种植面积3.14万亩，增加0.09万亩；产量9.53万吨，增加0.2万吨。全市园林水果种植面积21.42万亩，增加0.37万亩；产量16.71万吨，增加0.33万吨。其中，柑橘园7.51万亩，产量6.29万吨；梨园4.81万亩，产量4.24万吨；桃园1.5万亩，产量2.43万吨；猕猴桃园1.55万亩，产量0.5万吨；葡萄园1.35万亩，产量0.94万吨。

草本药材种植面积14.02万亩，增加0.71万亩；产量3.4万吨，增加0.2万吨。全市茶园种植面积0.82万亩，减少0.05万亩；产量394吨，增加3吨。全市烟叶种植面积1.59万亩，增加0.13万亩；产量0.45万吨，增加0.05万吨。

【畜牧业】 全市畜牧业总产值172.2亿元，农民畜牧业人均可支配收入868.5元。全市生猪出栏237万头，增长15.7%；小家禽出栏7181.8万只，肉牛出栏6.7万头，肉羊出栏22.6万只；肉类总产量31.1万吨，增长6.8%；禽蛋产量12.8万吨，奶类产量1.05万吨。全市生猪三元杂交面达82%，肉牛改良配种2.9万头，肉羊良种及杂交面达96.5%；肉鸡、肉鸭和肉鹅良种面分别达98%、99%、99%，肉兔良种面达99%。全年建设省、市、县级畜禽标准化养殖场38个，绵竹德康生猪养殖有限公司创建为部级标准化示范场，畜禽规模养殖比重达71%。全市78家生猪屠宰企业全部取得定点屠宰许可证，共屠宰生猪103.59万头，屠宰环节处理病害猪0.0889万头。加强生猪屠宰行业监督管理，严厉打击屠宰违法行为，全市屠宰环节未发生肉品质量安全事件。

【水产业】 全市水产品总产量66067吨，增加1919吨，增长3%；实现渔业经济总产值24.6亿元，增加1.9亿元，增长8%。开展水产品养殖结构调整，全年名特优新水产品产量达13360吨，占水产品总产量的20.2%。推进长江"十年禁渔"工作，打击电、毒、炸等非法捕捞行为，保护天然水域渔业资源，全年共查处各类违法捕捞案件49起，移送司法机关40起，移送涉案人员46人；查办部、省督办大案要案2件，办结农业农村厅交办的"生态环境损害案件线索"32件。

【乡村振兴】 探索"特色小镇+现代农业园区+专合社（家庭农场）"实践模式，围绕自然村落，依托传统农耕文化，走出一条符合德阳实际的乡村振兴道路。绵竹土门玫瑰小镇、什邡元石雪茄小镇等24个特色小镇已崭露头角。全市市级以上农业产业化龙头企业295家，注册登记家庭农场2306家，工商登记农民合作社3746家，培育高素质农民1000余人。95%的行政村生活垃圾治理得到有效治理；63.7%的行政村具备农村生活污水处理能力；农村卫生厕所普及率达86%；整治彩钢棚174万平方米。罗江区获评2020年度四川省乡村振兴先进县，绵竹市九龙镇获评乡村振兴先进乡镇；旌阳区孝泉镇涌泉村、德新镇五星村、天元街道扬嘉村，罗江区金山镇二龙村、新盛镇老君村，广汉市高坪镇李堰村、连山镇沙田村、金鱼镇上岑村，什邡市湔氐镇龙泉村、蓥华镇石门村，绵竹市九龙镇清泉村、广济镇云盖村、剑南街道五星村，中江县会龙镇青杠村、辑庆镇尖寨村、通济镇苕坡村16个村获评乡村振兴示范村。全市累计创建省级乡村振兴先进区1个、先进镇3个、示范村33个，认定市级乡村振兴先进县（市、区）2个、先进乡（镇）12个、示范村60个。

【扶贫开发】 全年2748户5935人如期脱贫，全面完成减贫任务，累计减贫8.14万户17.94万人，彻底消除绝对贫困。新增扶贫小额信贷7124户，金额3.34亿元，为所有受疫情影响的贫困户办理小额信贷延期。开展消费扶贫专馆专柜专区建设，累计布点159个。开展"以购助扶""扶贫产品八进"等活动，全市"四川扶贫"产品和扶贫产品销售总金额15.96亿元。12.71万人依靠产业就业实现脱贫，占贫困人口的70.85%，贫困户工资性收入和生产经营性收入占比达66.22%，自主脱贫能力稳步提高，建档立卡贫困户人均纯收入由2724.53元增加到8811.88元。全市共选派援藏援彝干部2063人，投入帮扶资金5.07

亿元,实施各类项目457个。

【乡村旅游】 推进天府冰雪世界、中国挂面村、高槐田园综合体、中江石林谷、罗江嘉禾庄园、旌阳辣椒小镇等13个市级在建和新开工项目建设,涉及总投资124亿元。绵竹市创建为国家全域旅游示范区,绵竹市九龙镇新龙村创建为第二批全国乡村旅游重点村,绵竹市九龙镇新龙村、绵竹市清平镇盐井村、绵竹市麓棠镇玫瑰新村、广汉市三水镇友谊村、罗江区鄢家镇星光村5个村创建为省级乡村旅游重点村。全年在国家级媒体(网站)上共刊发关于德阳乡村旅游的宣传报道80余篇。推送乡村旅游精品线路12条。通过“网红+直播”的直播电商模式销售乡村特色农产品价值上百万元。签订《2020年成德眉资同城化发展文化旅游合作事项清单》,加强区域协作。全市共新(改)建旅游厕所27座,其中新建8座、改建18座,新建示范厕所1座。

【农村水利】 149处集中供水工程市级评价全部合格,全市147座水库水质均达标。创建“水美新村”45个,清理、整改小水电84座。中江县入选全国第一批深化小型水库管理体制改革全国样板县。罗江区、什邡市、中江县3个大型灌区续建配套与节水改造项目总投资14699.5万元,中江县黄鹿水库灌区续建配套与节水改造项目总投资2375.59万元。全年市级河长巡河43次,县级河长巡河1480次,乡级河长巡河16590次;综合治理河道65.58千米,新建堤防(含加固)51.75千米。完成370个规模以上河湖“四乱”疑似问题卫星图斑复核工作。审批水土保持方案409个,验收水土保持设施项目152个。开展水土保持监督执法检查565次,征收水土保持补偿费1730.79万元,治理水土流失面积78.85平方千米。

【农业机械化】 全年新增农业机械2200台(套),新增农机总动力2万千瓦,总动力达216万千瓦。主要农作物完成机耕面积481万亩、机收面积361万亩、机播面积224万亩,全市主要农作物耕种收机械化综合水平达73.5%,位居全省前列。

【农村科技】 全市被列入省级农村科技计划项目15项,争取省级科研资金1130万元;被列入省级科普培训计划项目3项,争取省级科普资金110万元;被列入市级农村科技计划项目13项,争取市级科研资金125万元。3月,四川德阳国家农业科技园区党工委(管委会)在绵竹市正式揭牌,组建6个科技特派团,选派63名科技特派员,建立科技特派员专家工作站15家,签订服务协议119个,开展现场科技服务2188次,服务群众达19573人次,解决重大问题193个,撰写调研报告23篇,发表科研论文111篇,建立示范基地105个,制定技术标准21个,创造知识产权80件,实施成果转化项目194项,4名特派员被授予“四川省科技特派员先进个人”。组织开展“科技特派团乡村行”“流动科技馆进社区”、科普基地向社会开放等活动20余场次,德阳市科技局获得2020年四川省科普讲解大赛优秀组织奖。

【农村教育】 按照《农村义务教育学校布局专项规划(2018—2020年)》要求,继续加强乡(镇)寄宿制学校和小规模学校建设与管理,全市优质教育覆盖率达85%。落实“联网攻坚”行动,建成市级教育城域网1个和县级教育城域网6个。有县、乡、村成人文化技术学校420所,教学班(点)3553个。有图书37.65万余册,固定资产达9870万元,其中教学、实习仪器设备资产值3461万元。开展各类培训达40余万人次。

【农村文化】 推动农村公共文化服务提质增效,建成乡(镇、街道)综合文化站119个、村(社区)文化活动室1186个,基层文化基础设施覆盖率达100%,构建市、县、乡、村四级公共文化服务网络。全年组织开展温暖的回响·2020德阳市脱贫攻坚主题文艺晚会等文化惠民活动400余场、文化惠民流动车服务24场。投入文化扶贫专项1229万元,农村体育健身设施、民生工程电视“户户通”等文化扶贫项目如期完成,农村电影公益放映项目稳步有序推进。指导创作微视频《心愿》、广播剧《苦荞花开》等一批反映脱贫攻坚成就的作品,指导编辑出版《德阳市精准脱贫攻坚战微剧本专辑》。挂牌成立新时代文明实践中心5个、所76个、站471个、点25个。创建全国文明村镇6个、省级文明村镇10个。

【农村卫生】 全市共有乡(镇)卫生院118家、村卫生室1667家。乡(镇)卫生院在岗职工6265人,其中卫生技术人员5228人、执业(助理)医师2150人、全科医生760人、注册护士1724人;有高级职称141人、中级职称642人。村卫生室共有村医3043人,所有建制行政村均有标准化村卫生室。国家基本公共卫生服务项目12项服务内容全面覆盖农村地区,人均经费达65元/人。全市建档立卡贫困人口参保人员县域内发生住院费用27942万元,符合政策范围费用24648万元,基本医疗保险报销17348万元,大病保险报销955万元,补充保险报销1046万元,倾斜支付2961万元,政策范围内报销比例达90.51%。

【农村法制建设】 德阳市被司法部确立为在川唯一全国司法行政联系点。开展法治宣传教育,推进法律进乡村(社区),发挥村居法律顾问作用,依托农民夜校、法治大讲堂、党员远程现代教育系统实现法治宣讲全覆盖,全年开展“《民法典》宣讲”等宣传活动4000余场次,受教育群众50万余人次。创新构建“四级三能三书”公共法律服务体系,全市建成公共法律服务中心8个、乡(镇、街道)工作站85个、村(社区)公共法律服务工作室1186个。在全国首创闲置农房使用权流转“三书模式”,截至2020年年底,闲置农房流转“三书模式”已累计办结282宗,交易金额5566.29万元。《德阳“三书模式”以法治助力乡村振兴》入选《法治蓝皮书·四川依法治省年度报告(2020)》;注册“三书模式”著作权和“德农三书”“中农三书”商标权,实现使用权跨省转让。推进社会依法治理,推动基层司法所规范化建设,建成省级“枫桥式司法所”3个。集中开展农民工劳动合同普查体检和讨薪维权法律援助专项活动,走访企业(项目)348家,审查劳动合同10000余份,出具《法律意见书》350份,为农民工讨回欠薪329.5万元,挽回经济损失557.4万元。全年走访、座谈慰问援藏援彝和脱贫攻坚帮扶干部、困难干部职工等80人次。开展“金秋助学”“以购代扶”活动助力脱贫,全系统全年捐款25万余元,赠送法治书籍400余册、法治文化用品200余件。

【农村交通】 新(改)建农村公路393千米,完成投资6.35亿元。完成3个市级“示范乡镇”评比考核;绵竹市创建“四好农村路”全国示范县;获评“四川省最美路长”1人、“最美护路员”2名。完成撤并建制村畅通工程119.6千米、产业路旅游路建设54.4千米;完成省定民生工程计划130.7千米,完成投资6224万元;完成市定民生工程计划80.5千米,完成投资5891万元。

【涉农招商引资】 全市3000万元以上的农业招商引资重大项目12个,协议资金602880万元,到位资金121719万元(见表5)。

表5　2020年德阳市3000万元以上招商引资项目表

项目	总投资（万元）	投资内容	投资方	项目进度
中江县“石林谷景区”（二期）开发项目	46000	拟投资4.6亿元，在景区内修建酒店、草原温泉、万人火锅谷、石林观光区、金丝楠木博物馆、石林迷宫等	德阳旅投旅游发展股份有限公司	游步道、栈道加固、堡坎加固、小型水利设施建设有序推进
九寨沟县农业投资开发（绵竹）九寨沟矿泉水厂、蜂蜜深加工项目	12900	九寨沟矿泉水厂、蜂蜜深加工项目投资1.2966万元，建设周期为24个月，项目建成后，预计新增就业100人，实现年产值1.21亿元，年缴纳税收980万元	九寨沟县农业投资开发有限公司	前期准备
九寨庄园葡萄酒业（绵竹）加工储藏建设项目	8000	投资规模为8000万元，项目建设周期为24个月，项目建成后预计新增就业310人，实现年产值1.58亿元，年缴纳税收400万元	九寨沟县九寨庄园葡萄酒业有限公司	前期准备
广东温氏（中江）畜禽高效养殖基地及畜禽屠宰加工项目	306000	建设1000亩种猪、占地1500亩养殖小区；700亩肉鸡养殖基地、230亩屠宰加工厂、出栏生猪50万头养殖基地，配套建设100万头生猪屠宰加工厂；1700万只的高效生态养殖基地和肉鸡屠宰加工车间及鸡熟食深加工车间	广东温氏食品集团	种猪场技改项目已开工
河南牧原集团（绵竹）30万头生猪养殖项目	50000	主要建设年出栏30万头生猪的规模化、标准化养殖场2个	牧原集团	项目一期已建设完成，固定投资金额3.5亿元
什邡市鑫明睿农业气调库、谷物烘干、蔬菜脱水项目	3000	建设气调库车间、谷物烘干车间、蔬菜脱水车间、环保、消防、节能、道路、绿化等设施	鑫明睿农业有限公司	施工建设
四川小帆船（罗江）在水一方项目	100000	该项目规划面积为6000亩，计划分三期6年建设，主要建设1000余亩主题公园，种植梅花、银杏、红枫等十万株色叶树种，推动2万余亩农田形成现代农业产业示范园	四川小帆船农业科技有限责任公司	通过流转土地建成苗木种植基地、鱼塘养殖基地及景观亭等配套设施，进行水产养殖
北大荒农产品物流园区项目	20000	拟分两期建设，一期建设铁路专用线主体工程和附属运营生产设备及建筑，二期建设农产品仓储区、多式联运区、综合物流加工区和仓储加工区等	黑龙江农垦北大荒商贸集团有限责任公司	进行投资
四川森图农业有机肥项目	4480	占地面积6300平方米，修建厂房、实验室、办公用房等，购置双轮盘翻抛机、烘干机、冷却机、水幕除尘器、颗粒滚筒筛分机等	四川森图农业有限公司	完成投资
3600头种猪场新建项目	4000	占地面积300506公顷，修建母猪舍、公猪、配怀舍、分娩舍、饲料塔、场内转运及管理用房，蓄水池仓库、配电间，地磅，冲洗平台、烘干棚、消毒房、检疫房、环保房、集污池、厌氧塘、供水站等	陈南雁（客商）	完成投资
绿色特色辣椒产业园项目	18000	开展绿色订单辣椒产业500亩，管护用房，整理农田200亩；修建农民聚居小区2个，建筑面积约2万平方米，配套建设水、电、气、排污设施等；修建农村道路5千米	冯建（客商）	进行投资
优质粮源基地及社会化服务平台建设项目	30500	拟投资3.05亿元，整理建设3万～10万亩高标准农田；引进现代农业MAP技术服务平台；引进15～20家粮食种植专业合作社，承接3万亩高标准农田租赁和粮食生产；建立农业电商产业园区，实现一二三产业联动；建设3万吨的粮食仓储	中化现代农业有限公司	已引进专业合作社20余家，流转土地15000余亩，种植小麦等，仓储项目抓紧建设

【农村社会保障】 全市城乡居民基本医疗保险参保人数271.21万人，参保率98%以上；基金收入23.61亿元，支出24.09亿元，当期结余-0.48亿元，累积结余18.46亿元；发生住院50.09万人次，发生住院费用32.27亿元，基本医疗保险报销17.29亿元，大病保险报销0.89亿元，补充保险报销0.93亿元，政策范围内报销比例达75.24%（含大病保险），总体情况运行平稳。

【农村生态建设及环境保护】 全年完成66个行政村农村环境综合整治目标任务，已累计完成320个行政村的农村环境综合整治。实施66个行政村农村生活污水治理“千村示范工程”，完善农村生活污水处理设施，全市农村生活污水处理率达63.78%。开展农村黑臭水体摸排，形成全市18条黑臭水体责任清单。推进乡（镇）集中式饮用水水源地规范化建设及环境问题整治，全面完成乡（镇）“千吨万人”集中式饮用水水源地保护区划定、标识标牌设立工作，全市乡（镇）集中式饮用水水源地水质稳定良好。全年对10家污染环境的畜禽养殖场进行处罚，罚款22.8万元。

【农产品质量安全监管】 开展农资打假专项治理行动，全市共出动执法人员2650人次，整顿农资市场950个次，检查农资生产经营单位1865家次，查获假冒伪劣农资320千克，下达整改通知12份，立案查处26件，罚没款10.6万元。开展农产品质量安全专项整治“利剑行动”，全市共出动监管执法人员4781人次，检查生产经营主体2490家次，发现问题14件，整改处理14件。全年立案查处涉及生猪应当检疫而未经检疫、未附《动物检疫合格证明》等农产品质量安全案件24件，罚没款66.6584万元。全市农产品质量安全情况总体良好，未发生重大农产品质量安全事件。省级农产品质量安全例行监测合格率稳定在98%以上，全市6个县（市、区）均被省政府认定为农产品质量安全监管示范县。

【农村市场体系建设】 实施2020年农商互联暨农产品供应链项目，获批中央切块专项资金387.78万元，支持加强产后商品化处理设施建设、发展农产品冷链物流、提升供应链末端惠民服务能力。实施绵竹市2020年国家级电子商务综合示范县项目，获批中央专项资金1000万元，支持农村流通体系转型升级，健全农村电商公共服务体系。实施中心城区农贸市场提质改造项目，出台《关于加快推进中心城区农贸市场提质改造工作的通知》（德办函〔2020〕27号），完成中心城区11个改造项目，总面积6万余平方米，改造摊位108个、公厕9个。

【农村留守家庭（儿童、学生）帮扶】 印发《教育扶贫专项2020年实施方案》，制定《2020年德阳市教育局脱贫攻坚重点工作责任清单》，9875名贫困家庭学生实现“义务教育有保障”。全年发放各类助学资金1.35亿元，受助学生10.4万人次；发放教育救助基金1099.23万元，救助学生9786人。

【劳务开发与返乡创业】 截至2020年年底，全市劳务输出118.73万人，实现劳务收入320.39亿元。将德阳市劳务开发暨农民工工作领导小组更名为德阳市农民工工作领导小组，印发《关于进一步做好疫情防控期间农民工返岗复工相关工作的通知》《关于进一步做好农民工返岗就业和企业用工保障工作的通知》《关于做好当前农民工就业创业工作的实施意见》等12个规范性文件，充实和完善促进企业稳定就业岗位和助力农民工外出务工返岗、就地就近就业、返乡创业、职业技能培训等优惠扶持政策体系。疫情发生以来，全市共出具务工人员健康证明61.85万份，组织专车专列3014车次，输送外出务工返岗农民工3.6万人次。全年新增农民工返乡创业3148人，创办企业、个体工商户3136家（户），实现总产值69.6亿元，吸纳就业1.21万人。全年共为1277名返乡农民工等重点群体发放创业补贴1065.4万元；为736名返乡创业农民工和38家小微企业发放创业担保贷款20508万元。

【涉农节会会展】 举办2020“一带一路”川菜川剧国际文化周、2020年“味美四川 美味德阳”美食活动周及德阳地标名菜大赛、2020中国花椒与火锅食材产业博览会、迎新春欢乐购德阳岁末钜惠车展、第四届德阳市春季车展、第十四届德阳广电房车家居购物周等展会活动。组织开展促销活动7700余场次，参展企业达4500余家次，参展商品13000余种，吸引群众和游客300余万人次，促进消费增长112亿余元，占社会消费零售总额的比重达13.2%。组织56家次名优特新企业分别参加新春大拜年深圳站、第十届中国（贵州）国际酒类博览会、第17届中国（杭州）中华老字号精品博览会、成渝双城消费节、川货全国行·重庆站等活动。

【主要领导人】 市委书记：靳磊；市人大常委会主任：卢也；市长：何礼；市政协主席：张万平。

德阳市编写组

旌 阳 区

【基本情况】 2020年，全区辖7镇6个街道，辖区面积648平方千米，其中耕地面积47.79万亩，减少1%，人均耕地面积0.68亩；基本农田35万亩。年末总人口70.08万人（户籍人口），增长0.1%；人口出生率7.43‰，减少1.3个千分点；人口自然增长率-1.09‰，较上年增加0.1个千分点。全区耕地有效灌面和保证灌面分别达到耕地总面积的67.07%和65.97%；本地水资源总量4.9亿立方米，人均占有水资源量592.9立方米。有林业用地35万公顷，有林地面积7359.44公顷，林木蓄积量63.57万立方米，森林覆盖率13.47%。

2020年，全区GDP708.75亿元，增长3.9%，其中第一产业增加值41.95亿元，增长3.2%，农、林、牧、渔及农林牧渔服务业之比为46.5 ：1.5 ：42.5 ：4.1 ：5.5；第二产业增加值315.76亿元，增长3.3%（工业增加值275.94亿元，增长3.4%）；第三产业增加值351.04亿元，增长4.7%。三次产业对经济增长的贡献率分别为4.59%、42.42%和52.99%。农村劳动力转移就业11.2万人次，累计实现农村劳动力转移收入24.8亿元。全年接待游客436.25万人，实现旅游收入43.34亿元，其中乡村旅游收入26.004亿元。

公路通车里程1188.805千米，其中农村公路1008.377千米，密度183千米/百平方千米，17千米/万人。社会消费品零售总额237.06亿元，减少6.3%。一般公共财政预算总收入完成14.83亿元，增长5.33%；公共财政预算总支出30.95亿元，增长19.78%，其中农业投入4.21亿元，占一般公共支出的13.6%。金融机构各项存款余额1197.01亿元，同比增长8.6%；各项贷款余额858.2亿元，增长16.3%，其中支持农业产业化发展项目贷款13082万元。全年农业保费收入0.1亿元，增长63.8%；处理各项赔款和给付金额614万元，增长63.3%。完成农业产业化项目194个，完成投资4.75亿元。农业产业化龙头企业省级、市级分别为8家、64家。

有各类学校149所，在校学生160090人，教职工10948人，其中普通高校4所，在校本（专）科学生45991人，减少0.84%；普通中学24所，在校学生36319人；小学35所，在校学生45154人，学龄儿童入学率100%。有艺术表演团体23个，文化馆2个，公共图书馆2个，博物馆1个。有卫生机构24个，病床位7027张，卫生技术人员8665人。城乡居民基本医疗保险参保人数32.58万人，参保率99.26%；城乡居民基本养老保险参保人数138316人，参保率97%。

【年度农业和农村经济运行】 2020年，全区实现农业总产值70.88亿元，增长3.4%；全区全年农业增加值达44.36亿元，增长4%。农村居民年人均可支配收入达22122元，增长8.4%。在粮食、生猪、蔬菜生产中，科技投入的占比或科技贡献率59.5%。省级农产品质量安全例行监测合格率高于98%（含）；建成10个基层农业综合服务站。主要农产品产量见表1。

农业产业化发展。全区市级及以上农业产业化经营重点龙头企业64家，其中省级8家、规模以上农产品加工企业15家；农民专业合作社612个，其中省级及以上示范社19个、国家级合作社4个；家庭农场340家，其中省级及以上示范场27家。通过土地股份合作社、新型农业经营主体带动等多种方式实现规模经营，年内规模流转土地面积17.76万亩，占全区耕地总面积的43.3%。龙头企业、专合组织、农村经纪人和农业生产大户共带动农户11.5万户。

农村产权制度改革。全年共清理核实村组两级资产59900.81万元，其中经营性资产11010.62万元、非经营性资产48890.19万元，资源性资产66.94万亩；界定成员资格466947人，其中村级246898人、组级220049人；完成集体股份经济合作社登记赋码108个，其中村级（社区）76个、组级32个。有条件的村（组）量化经营性资产3663.7万元。结合中央“三变”改革精神，在全市率先开展“三变”改革“五社”实践，首批选择6个试点村通过建立集体资产、土地、劳务、旅游、置业五大股份合作社开展土地流转、劳务承包、旅游服务和开发建设等多种形式的股份合作，探索村集体经济发展新模式。继续深化农村土地制度改革，完成农村承包地确权登记颁证工作，确权登记数据实现部级、省级汇交及脱密。出台《进一步加强农村土地经营权流转管理的实施意见》（德市旌府办发〔2019〕44号），明确土地流转必须纳入农村产权交易平台公开交易，规范农村集体土地流转行为。全区共流转土地17.2846万亩，占全区耕地总面积的49%。截至2020年年底，成都农交所德阳所旌阳区交易中心累计成交项目625宗，涉及流转土地面积91283亩，累计交易规模12.19亿元，涉及交易品种14个。

农产品品牌战略实施。全区有“三品一标”农产品88个。四川省旌晶食品有限公司被中国绿色食品发展中心评为“最美绿色食品企业”。打造“旌耘”区域性公共品牌，出台《德阳市旌阳区“旌耘”区域性公共品牌管理办法》。制作一批“优质农产品直供基地”“优质农产品供应商”标识标牌，严格落实使用主体授权、现场检查、日常监测等，在树立生产经营主体品牌意识的同时提高区域性公共品牌含金量。

现代农业园区建设。全区建成旌阳区粮油省三星级现代农业园区1个，旌阳区红光印象果蔬市级现代农业园区1个，旌阳区蔬菜现代农业园区、旌阳区荷韵龙居水果现代农业园区、旌阳区油菜种业现代农业园区、旌阳区青甜扬嘉葡萄现代农业园区区级现代农业园区4个。

表1　2020年旌阳区主要农产品产量

主要农产品	单位	产量	同比(%)
粮食	万吨	23.38	0.43
水稻	万吨	14.42	0.21
小麦	万吨	5.84	0.06
玉米	万吨	1.95	0.89
马铃薯	万吨	0.45	1.62
油菜籽	万吨	3.01	0.09
蔬菜	万吨	40.4	2.52
水果	万吨	1.73	0.1
肉类	万吨	5.29	5.02
猪肉	万吨	2.12	15.3
牛肉	万吨	0.1	7.6
羊肉	万吨	0.02	5
禽肉	万吨	2.76	−1.6
兔肉	万吨	0.27	3.68
禽蛋	万吨	2.41	2.1
水产品	万吨	1.53	1.32
牛奶	万吨	0.47	2.45

【种植业】 全区粮食作物播种面积51.8万亩，产量23.4万吨；油料作物播种面积17.63万亩，产量3.6万吨；蔬菜种植面积18.21万亩，产量40.4万吨；瓜果播种面积0.5万亩，产量1.25万吨。建立油菜绿色高质高效示范片12万亩，开展主要粮油作物社会化服务18万亩。引进优质水稻、玉米、小麦、高粱、油菜品种（系）183个进行试验示范，推广优质米线专用水稻12万亩，推广稻香杯获奖优质稻8万亩、优质专用小麦10万亩、优质专用玉米1.5万亩，推广水稻机械化插秧15万亩、水稻强化栽培技术1万亩，推广玉米地膜覆盖栽培1.5万亩，推广水稻直播技术2万亩，推广小麦机播15万亩。培育种粮大户472户、面积20.03万亩。全年发布病虫害情报12期，病虫害预测预报准确率达95%；综合防治病虫草鼠害429.28万亩次；开展绿色防控17.25万亩，覆盖率达33%；开展统防统治94万亩次，覆盖率达43.01%；病虫害损失率控制在3%以内。在孝感街道、天元街道、德新镇重点新建800亩优质蔬菜产业基地；在孝泉镇新建400亩晚熟柑橘产业基地；在德新镇、孝泉镇新建500亩羊肚菌产业基地。

【林业】 投入生态建设资金128.62万元，开展“绿化全川旌阳行动”，全年完成营造林1.11万亩（其中人造林2380亩、低效林改造150亩、中幼林抚育8550亩），义务植树20万株；组织完成旌阳区天然林保护工程二期建设，实现天保工程森林管护12万亩，巩固退耕还林1.7万亩。加强项目建设占用林地管理，依法办理征占用林地13宗，征占用林地面积23.5142公顷，涉及生猪养殖项目3个、政府重点项目3个。严格执行限额采伐，发放采伐证98份，共采伐林木蓄积4696.2立方米。开展飞机病虫害防治，完成蜀柏毒蛾森林病虫害防治3万亩。开展禁食禁养野生动物退出工作，全区转型野生动物养殖场所2家，清退1家，完成率达100%。

【畜牧业】 全区出栏生猪29.5042万头、肉牛0.752万头、肉羊1.098万只、小家禽2066.3817万只，禽蛋总产量2.4060万吨，实现畜牧业总产值30.0923亿元，占农业总产值的比重为42.45%。新（改、扩）建畜禽养殖场27个，创建省级畜禽标准化示范场2个。用足用活生猪政策，加快生猪恢复生产，在全省率先探索生猪完全成本保险试点，实施生猪调运奖励政策，鼓励种猪场和规模猪场申报银行贷款贴息政策，为5家新建生猪养殖企业办理林地占用许可20.34公顷。推广"公司+家庭农场(农户)""公司+合作社+适度规模养殖户"等发展模式，全区已发展广东温氏、希望特驱肉鸡合作养殖场500余个，年出栏优质肉鸡1300万余只，带动养户增收6500万余元，户均收入12万余元；发展正大、德康、正邦生猪合作养殖场10个，年出栏优质生猪3万余头。推进非畜牧大县畜禽粪污资源化利用整县推进项目，全区153个粪污综合治理单位建设项目已全部完工，拨付项目补助资金1860万元。全年畜牧业对农村居民人均可支配收入贡献达3213.58元。

【水产业】 全年商品鱼总产量15318吨，增加243吨，增长1.6%；实现渔业产值29180万元，增长8.4%。推进水产绿色健康养殖，2个渔业现代化和休闲渔业基地初具雏形，全年休闲渔业产值达4738万元，增长2.8%。推进无公害水产品认证、无公害水产品健康基地认定和农业农村部水产健康养殖示范场创建，累计创建农业农村部水产健康养殖示范场5家。全区水产品接受部、省、市水产品风险检测和监督检测以及自行检测，合格率均达100%。

【乡村振兴】 围绕"五级书记抓乡村振兴"要求，构建起"区委区政府牵头抓总、行业部门全面参与、乡(镇、街道)全力推动"工作格局。探索"中心镇+现代农业园区+专合社(家庭农场)"发展模式，建立"点上典范、线上示范、面上规范"的推进机制，形成"全域规划、全域推进、全域服务"的制度体系，全域规划上，编制完成全区乡村振兴五年总体规划，德新镇、孝泉镇、新中镇3个镇乡村振兴规划及33个村庄规划，统筹推进"多规合一"，全域推进上，制定"美好乡村"创建验收管理办法，以"美好乡村"创建为载体、"幸福家庭"创建为细胞，形成"三三五五、三星六美"的创建机制，同时配套出台"一指南三导则"，建立起大到规划设计、小到房前屋后的"旌阳标准"，全年创建"美好乡村"21个、"幸福家庭"8920户；全域服务上，探索市场化运作模式，与专业团队合作，围绕人才培养、产业培育、市场推广等开展后期精细化运营管理服务，持续推进产业增效、品牌增值、农民增收。开展乡村振兴示范创建，孝泉镇涌泉村、德新镇五星村、天元街道扬嘉村创建为省级乡村振兴示范村，全区创建市级先进镇1个、示范村5个。

【扶贫开发】 全区贫困人口人均纯收入达10103元，增长14%，高于全区农村居民人均可支配收入增幅。利用产业扶持基金支持市级贫困村发展产业，培育省级扶贫龙头企业1家，发展农村新型经营主体861个，认定"四川扶贫"公益品牌产品37个、扶贫产品12个，直接受益贫困户2445户5505人。新创建市级就业扶贫示范村4个、示范基地6个，吸纳贫困户就业64人。安置农村公益性岗位622人，举办专题招聘会11场。通过租用闲置农房、投亲靠友、入住敬老院等方式，确保贫困户住房安全达标率100%。全面开展安全饮水达标复核，建档立卡贫困户均达到饮水安全标准。严格落实"控辍保学"和教育助学政策，确保区内适龄儿童入学率100%，为贫困家庭学生发放各类补助资助2053人次、157.79万元。全面落实贫困人口医疗保障政策，基本医保参保率、家庭医生签约率均达100%，县域内住院治疗个人支付占比9.26%，发放卫生扶贫救助基金90.21万元，县域外住院救助278人次、73.6万元。实行农村低保与扶贫政策有效衔接，纳入农村低保3003人、特困供养360人，发放资金756万元。全面落实兜底扶贫政策，发放各类残疾人补助补贴1889人次、90.54万元，临时救助121人、9.69万元。抓好金融扶贫，做到授信农户应贷尽贷，执行基准利率，新增发放扶贫小额信贷25户、62.5万元，财政贴息106户、34.06万元。投入财政专项扶贫资金5948.37万元，实施"五改三建"、产业扶贫等重点项目47个。在全省率先开展扶贫资产管理试点，完成新中镇白河村扶贫资产清理，确权资产411处。推动"美好乡村""幸福家庭"示范创建，开展"脱贫之星""卫生评比"等活动，营造感恩奋进良好氛围。举办"扶贫日"主题活动，募集扶贫善款230万元。宣传展示脱贫成效，3条典型做法在中央电台《新闻联播》《朝闻天下》等栏目播出，42篇文章在《人民日报》、人民网等中央媒体刊发，旌阳区产业扶贫典型案例在《中国扶贫》杂志刊登。

【乡村旅游】 全区接待游客436.25万人，实现旅游收入43.34亿元，其中乡村旅游收入26.004亿元。整合各类资源，加快推进文、农、体、旅大融合项目，打造生态、体验型的旅游产品，投资1.1亿元，推进旌韵高槐项目建设，建成众创中心、高槐故事馆、田野秀场、停车场等配套设施，打造成集休闲农业、旅游度假、生态宜居、文化创意于一体，融合乡村田园风光、现代人文情怀的乡村休闲旅游目的地，一期工程已基本完成。投资4.3亿元，推进和海时尚田园综合体建设，一期工程已基本完成。投入90万元，保障旅游体育中心免费开放，最大限度发挥全民健身阵地作用，方便广大群众健身。争取国家旅游发展基金7.5万元，完成新建旅游厕所5座，改建旅游厕所3座。

【农村水利】 年初计划总投资7505.5万元，中期调整后计划总投资1.83亿元，其中争取中央、省资金1.23亿元，重点实施绵远河河道清淤、石亭江防洪治理工程、绵远河防洪治理工程等19个水利项目，累计整治河道近30千米，整治加固8处护岸，累计修复垮塌渠道段5.8千米。及时调整防汛减灾各成员单位名单，修订完善各级防汛预案，全面压实水旱灾害防御行政首长责任制以及254处山洪灾害防治点、11处江河险工段、18座水库和12处重要节制闸以及重要城镇等责任人防汛减灾责任，物资储备充裕，区、镇(街道)两级应急演练和山洪灾害防治培训落实到位。严格执行24小时值班值守制度及各项防汛减灾工作规章制度，堤防、山洪危险区和强降雨重合区、水库等重要点位落实专人专守，实现汛期"三零"目标。完成大春用水任务，完成25.8万亩水稻满栽满插，全面保障农业生产用水需求。

【农业机械化】 全区农机具购置总投资1969.135万元，其中中央农机购置补贴资金557.97万元、农户自筹资金1411.165万元，补贴比例为28.3%，353户农户受益，共补贴农机具322台。全区农机化总动力达36.5万千瓦。全年组织检修各类农机具6520台。全区完成提水保灌面积20万亩，农机合作社作业面积17.12万亩，主要农作物耕种收综合机械化水平达82%。

【农村教育】 优化农村教育办学条件，撤并双东初中、千秋中学、德新初中3所农村初中，学校师生分别集中到东湖博爱初中、德阳九中、黄许初中学校工作、就读。加快涪江路幼儿园等城郊接合部幼儿园建设；加快德阳市旌阳区涪江路小学校、四川美丰寿丰实验学校等6所农村学校改(扩)建工程。上好中小学思政课，深化课程改革，严格执行学生体质健康标准，开足体育课，广泛开展校园体育运动，提升学校美育实施水平，加快劳动实践基地建设，全面提升学生综合素质。与"好未来"合作开展的"双师课堂"教学覆盖部分农村学校，全面推广信息化教学手段。抓好孝泉民族小学、黄许博爱小学校、黄许镇初级中学校、孝泉中学4所农村学校“平板教学”管理。创新农村教师队伍建设，适当增加农村学校编制，加大农村教师补充力度，严格将农村学校空编率控制在5%以内。将到乡村学校、薄弱学校任教1年以上的经历作为申报中级、高级教师职称和评聘骨干教师、学科带头人和特级教师的硬性条件，将教师职称评聘向乡村学校教师倾斜，适当降低农村教师评职条件，保证乡村教师职称即评即聘。深化“区管校用”改革，落实中小学校长教师交流轮岗制度，逐步增加“区管校用”直管教师编制，鼓励城区优秀干部教师自愿到农村学校交流轮岗，选派农村优秀青年教师到城市学校顶岗交流学习，实施“1+1”或“1+N”城乡结对交流。加强东泰小学等小规模学校建设，创建市级农村学校“温馨校园”1所。

【农村科技】 以农业科技专家大院和10个农业科技园区（基地）为载体，加强科技服务体系和服务能力建设，提升农业科技创新能力和示范效益，旌阳区农村科技特派团成立并挂牌。油研种业、黄土河专合社获批德阳市第一批科技特派员专家工作站。旌阳区科技特派员涂美艳、陈栋、董官勇获评“四川省优秀科技特派员”。由农科院水稻高粱所科技特派员团队选育的水稻新品种“旌优华珍”被农业农村部确认为2020年度超级稻，成为第一个以“旌”字号品种冠名的超级稻品种。科技特派员张涛团队主持研究的“高品质水稻新品种旌3优177的选育与应用”获得四川省科技进步奖三等奖。以19名市（区）农村科技特派员为依托，先后举办秋冬枇杷管护、特色水果修枝、水稻育种、蔬菜嫁接防病技术等农民先进适用技术培训班80余期，培训5000余人次；引进新品种20余个，集成示范新技术20余项，转化新成果10余项，辐射带动农户500余户，增收200余万元。

【农村文化】 投入资金70万元，建设镇、街道综合文化站，夯实文化基础设施建设，提档配套服务品质。投资23万元，更新基层文化阵地设施设备。开展“三下乡、四进社区”送文化下乡惠民活动，在全区7个镇及4个街道开展“不忘初心、牢记使命”走基层文艺“创城”惠民演出活动18场，开展“书香旌阳·全民阅读”活动，举办四川省2020“万人赏月诵中秋”集中展演德阳市旌阳区分会场展演“诵中秋、迎国庆·月满中秋、诗韵旌阳”活动，开展“宣传服务周”流动图书进景区活动。在双东镇、柏隆镇举行旌阳文化大讲坛“乡村振兴”公益讲座。在孝泉镇武圣宫举办“携手并进·砥砺前行”迎新春传统戏剧惠民公演等农村文化活动。举办成德同城文化惠民群众性公益培训活动10场，举办舞蹈、声乐、非遗、摄影等讲座14场，累计受益1000余人。在已经形成的“正月上九会、二月花卉节、三月李花节、四月月季展、五月蓝莓采摘节、六七月赏荷月、八月山地自行车赛、九月蔬果采摘节、十月孝文化旅游周”的基础上，通过举办动漫节、音乐节、城市灯光秀、摄影展、特色商品大赛、美食大赛等不同主题的特色文化活动，创新开展体验游、美文、美图评选等活动，注入新的元素和活力，打造具有一定影响力和地区风采的文化活动品牌。

【农村卫生】 全区建立电子健康档案人数710855人，电子健康档案建档率为93.53%。0～6岁儿童健康管理率达91.36%。县域内慢性病维持治疗4600人次，卫生扶贫救助基金0.0217万元，个人支付0.0063万元，个人支付占比0.01%；县域内住院治疗2257人次，卫生扶贫救助基金90.2138万元，个人支付97.8498万元，个人支付占比9.26%；县域外住院救助278人次，累计拨付73.6008万元，其中卫生扶贫救助基金再救助15人，累计拨付17.0687万元。2017—2020年完成12346名建档立卡贫困人员免费健康体检。全年开展医疗健康类培训30余次，培训1000余人次。

【农村法制建设】 全面落实乡村振兴法治工作规划，实施“法律明白人”培养工程，全面规范“一村（社区）一法律顾问”，开展“枫桥式司法所”建设，推动形成“司法助理员驻乡、法律顾问包村、法律明白人联户”乡村法治建设网络，助力乡村振兴。创新乡村依法治理模式，通过法治讲座、律师授课等加大乡村基层干部队伍培训模式，逐步形成“法律顾问+村（社区）干部+法律明白人+人民调解员+综治网格员”的基层依法治理骨干体系，德新镇龙泉村、天元街道黄连桥社区、孝泉镇涌泉村3个“全国民主法治示范村（社区）”通过复核。全面推进“法律进乡村”，培训乡村“法律明白人”2000余人；吸纳村（社区）法律顾问、人民调解员、退休干部、普法志愿者等，打造群众身边的普法宣传队伍71支，提高普法宣传的感染力和渗透力，让干部群众通过身边事、身边人感受公平正义，将法治元素根植各镇特色文化，推动法治理念深入人心。全区所有村全覆盖配备法律顾问，法律顾问全年累计开展疫情防控、审查合同、起草村规民约等服务基层管理事项150余件次，开展疫情防控、《中华人民共和国民法典》等各类专题法治宣传100余场次，提供法律咨询2000余人次，出具法律意见和建议书100余份。

【农村交通】 开展农发行贷款项目“十二路一桥”建设，罗新路、孝新路等6个项目已完工，古什路、袁家绵远河大桥等7个项目建设有序推进，完成里程60.298千米，拨付资金14372万元。全区车购税补助村道建设项目共计6个，全部完工；乡村振兴交通项目共11个，其中完工1个、在建1个、开展前期准备工作9个；财政扶贫村组道建设项目共13个，全部完工。省定民生工程任务3千米，市定民生工程任务14千米，均全部完工。严格落实农村公路养护经费省补“7351”养护资金政策，全年公路养护资金预算637万元，完成德茂路、德孝路、古什路、芦德路等路面坑凼修补2400平方米；修补德孝路杨嘉段下穿路肩200余米；更换波形护栏300米，清洗波形护栏16000米；行道树刷白3700株、行道树修剪枝叶645株；清理公路边沟200.39千米。全区有乡村出租客运1家，有城乡公交线路11条、乡村客运线路9条。

【涉农招商引资】 全区3000万元以上的农业招商引资重大项目4个，均为内资项目；项目总投资4.65亿元，增长181.8%。协议资金4.65亿元，增长181.8%；到位资金32337万元，增长96.28%。

【农村社会保障】 全区城乡居民基本医疗保险参保人数32.58万人，参保率达99.26%，10.86万名特殊群体100%参保；基本医疗保险待遇享受人次共计185.37万人次，待遇支付共计46468.22万元。全年养老保险参保人数13.83万人，参保率达97%；领取养老待遇5.47万人，发放待遇7382.59万元。落实城乡居民养老保险代缴政策，按照最低缴费档次为参加城乡居民养老保险的低保对象、特困人员、返贫致贫人员、重度残疾人等缴费困难群体代缴社保费，困难群体100%完成代缴，全年共代缴4121人，代缴41.21万元。农村特困供养应养尽养，农村特困人员供养标准从525元提高到559元，增长6.47%；全区农村特困供养1120人，累计发放农村特困供养金757.89万元。落实农村最低生活保障制度，全区农村低保标准从380元提升至430元，增长13.15%；农村低保3835户、6208人，累计发放农村低保金1590.03万元。

【农村生态建设及环境保护】 统筹推进农村垃圾、污水、厕所、彩钢棚整治“四大行动”，完成9949户农村户用厕所无害化新（改）建、整村推进32个村。优化“户集、村收、镇运、区集中处理”农村垃圾运行模式，行政村保洁员配备率达100%，农村垃圾处置率达100%。实施农村生活污水“千村示范工程”8个，农村生活污水得到有效治理的行政村（含涉农社区）为44个，农村生活污水有效治理率达60.27%。集中开展“三清两改一提升”村庄“清洁行动”，提升“六化工程”，通过镇村动员会，张贴宣传标语，开展文明户、卫生户评选，组织重大节假日环境卫生清扫活动等形式营造人人参与宜居乡村建设的氛围。全年累计清理农村生活垃圾399吨、水塘607口、沟渠1257名气，开展进村入户宣传教育1162次。争取中央资金2000万元用于农村人居环境整治，推进“垃圾革命”“厕所革命”和村容村貌提升等基础设施建设，全区建成“美丽四川·宜居乡村”达标村30个。实施化肥农药减量化行动，探索秸秆综合利用机制，辖区内废旧农膜、农药包装废弃物均得到有效处理和回收利用，农村生态环境持续改善。推进河湖长制工作，完成12条河流、18座水库河湖划界，明确河湖保护范围，孝泉邻姑泉创建为省级水利风景区。以旌阳区槐香谷小流域生态环境治理为切入点，打造河湖治理保护样板，新增生态湿地1450平方米，形成水面30000平方米，清理岸坡1.7万平方米，治理水土流失面积24.36平方千米，被评定为“四川省水土保持生态文明清洁小流域建设工程”。

【农产品质量安全监管】 健全“三全四有”监管体系，全区未发生一起重大农产品质量安全事件。配合部、省、市三级种植业农产品质量安全例行、专项监测和绿色食品抽检，合格率达98%以上；完成区级农产品质量安全例行、专项、监督抽检，定量检测农产品样品400个，合格率达98%以上；完成蔬菜、水果农药残留快速检测样品1200个。

【农村市场体系建设】 7月，玉泉综合市场改造工程启动，截至2020年年底，全区完成7个农贸市场改造。围绕提供“低成本、广覆盖、可持续、好口碑”的融资担保服务目标，全区落实风险补偿金累计1175万元，累计为310家农业经营主体提供担保2.06亿元。全区政策性农业保险涉及7个镇、3个涉农街道，共有20247户农户参保，保险费总额达6377946.47元。创新开展水稻特色保险及蛋鸡、柑橘特色农产品保险品种，护航农户利益。全面建立区、镇、村三级农村产权交易市场体系，德阳农交所旌阳服务中心已累计成交项目625宗，流转面积9.13万亩，交易金额12.19亿元。

【数字农业】 以省级粮油现代农业园区创建为契机，利用项目资金92.3万元，建成旌阳区粮油现代农业园区信息化平台，主要呈现园区核心区的农业生产加工、承包地、物联网、新业态、科技支撑以及组织方式等基本情况。平台使用地理信息系统和三维实景建模技术通过直观的3D模型呈现核心区全景，运用园区建设前后实景对比及在线测量功能为园区耕地非农化、农房和宅基地管理，以及农业项目规划设计和验收提供有效直观的图像和数据支撑。

【农村留守家庭（儿童、学生）帮扶】 加强“童伴之家”“留守儿童之家”“青苗活动室”等关爱阵地建设，拓宽关爱覆盖范围，推动农村留守儿童（学生）帮扶工作提质增效，新增“童伴之家”5个，为辖区农村留守儿童（学生）提供安全的娱乐场所和学习场所。构建一支由社会工作者、心理专家、“童伴妈妈”“五老”、青年志愿者组成的稳固专业帮扶队伍，采取结对帮扶方式探索专业服务手法，累计开展党史学习教育、心理健康关爱、生命安全教育、守护陪伴、课业辅导、兴趣课堂等各类主题活动共计60余场，覆盖农村留守儿童（学生）1200余人次，全面提升农村留守儿童（学生）的综合素质。以旌阳区青志协为关爱资源“集散中心”，撬动民政、关工委、教育局、社会爱心组织（人士）等多方资源投入农村留守儿童（学生）帮扶中，全年共撬动30余万元资金投入到乡村学校少年宫、“快乐留守·志愿行动”“老少牵手·温暖童心”暖冬行、“特困青少年救助”“六一关爱周”等公益项目，惠及农村留守儿童约1500人次。同时，推出“金秋助学”等各类助学项目，发放爱心助学金2.8万元，资助困难留守学生9人。

【劳务开发与返乡创业】 通过德阳公共招聘网举办“春风行动”系列网络招聘会3场，760余家企业参加招聘并提供岗位24072个，达成意向性协议1214个；通过“旌阳人社”公众号发布微信推送12期，220家企业参加招聘并提供岗位3667个，达成意向性协议210余个；通过基层人力资源服务平台推送发布用工信息92期，460余家企业提供岗位6100个，达成意向性协议500余个；开展各类专场招聘会23场，共有630余家企业参加招聘，提供岗位15300余个，达成意向性协议3100余个。统筹协调健康体检、“春风行动”等农民工返岗服务，提前帮助返岗农民工了解务工地疫情形势、防控要求和企业复产用工情况，引导农民工合理制订出行计划，共办理健康证明7.98万人次，组织车辆40余辆点对点输送农民工搭乘专列、专车240余人。鼓励返乡创业、带动就业，优化创业担保贷款经办流程，对返乡创业及时提供额度不超过20万元，期限3年的个人创业担保贷款政策，解决创业融资难题。降低小微企业创业担保贷款申请条件，对符合条件的及时兑现一次性创业补贴、一次性吸纳就业奖励和场租补贴，发放创业类补贴183万元，带动就业1000余人；推荐创业担保贷款3720万元。认定德阳冶轴文创园为旌阳区创新创业园（孵化基地），优先吸纳农民工进驻园区，并提供创业服务。推荐返乡创业农民工李兴廷为省级返乡创业明星，巨强食品有限公司为省级返乡下乡创业明星企业。

【主要领导人】 区委书记：陈天航；区人大常委会主任：徐蓉；区长：谢斌；区政协主席：梁仕全；分管农业副区长：袁敏。

旌阳区编写组

罗 江 区

【基本情况】 2020年，全区辖7镇，辖区面积447.88平方千米，其中耕地面积37.15万亩，人均耕地面积1.46亩；基本农田32.62万亩。本地水资源总量3.09亿立方米，人均占有水资源量1478.5立方米。有林业用地0.6138万公顷，有林地面积0.5893万公顷，活立木总蓄积量44.5万立方米，森林覆盖率40.62%。

2020年，全区GDP145.3亿元，增长2.4%，其中第一产业增加值25.1亿元，增长3.9%；第二产业增加值78.2亿元，增长1.2%；第三产业增加值42.0亿元，增长4.2%。三次产业对经济增长的贡献率分别为23.9%、29.9%和46.2%。劳务输出7.11万人，收入23.5亿元。全年接待游客379.8万人，实现旅游收入28.49亿元，其中乡村旅游收入22.79亿元。

公路通车总里程642.713千米。地方公共财政预算总收入完成4.87亿元，增长15.1%；公共财政预算总支出17亿元，增长5%，其中农业投入43186万元，占支出的25.4%。金融机构各项存款余额141.3亿元，增长21.39%；各项贷款余额78.1亿元，增长17.93%，其中支持农业产业化发展项目贷款6084万元。全年农业保费收入0.046931亿元，增长46.61%；处理各项赔款和给付金额981万元，减少2.42%。完成农业产业化项目1个，完成投资646.85万元。农业产业化龙头企业市级、区级分别为3家、33家。

有各类学校62所，在校学生55906人，教职工3964人，其中普通高校3所，在校本（专）科学生26427人，增长26.43%；普通中学8所，在校学生8811人；小学17所，在校学生10215人；学龄儿童入学率100%。有艺术表演团体3个，文化馆1个，公共图书馆1个，博物馆2个。有卫生机构201个，病床位1626张，卫生技术人员1298人。城乡居民养老保险参保人数108350人，基本实现法定人员全覆盖；城乡居民基本医疗保险参保人数20.16万人，完成市上目标任务的100.8%。

【年度农业和农村经济运行】 2020年，全区实现农业增加值25.0535亿元，增长3.9%，高出全国水平2个百分点。农民年人均可支配收入达17769元，增长8.8%。全区农产品质量抽检合格率比年初提高0.3个百分点；建成7个基层农业综合服务站。支持农业产业化发展项目贷款6084万元。完成农业产业化项目1个，完成投资646.85万元。主要农产品产量见表1。

农用地产权制度改革。根据实际，探索罗江区宅基地"三权分置"改革，金山镇、白马关镇作为农村宅基地"三权分置"试点改革先期试点区域。为规范和加强全区农村宅基地审批和住房建设管理，印发《德阳市罗江区规范农村宅基地审批和住房建设管理实施办法（试行）》。

农村"三变"改革。制订《德阳市罗江区农村"三变"改革工作推进方案》，确定金山镇千鱼欢村、安家村、白马关镇万佛村、接引村、鄢家镇星光村、长堰村、七里村、新盛镇老君村、调元镇顺河村、略坪镇广安村10个村作为"三变"改革试点村，并指导10个村编制实施方案，开展试点工作。

农产品品牌战略实施。全年新增涉农专利授权10件。实施商标品牌富农战略，落实《德阳市罗江区品牌培育计划(2019—2022)》，加强农产品品牌建设，培育区域公共商标品牌，注册国家地理标志集体商标2件。继续推进柑橘、枣、晚熟梨、蔬菜等优质农产品生产经营主体使用"调元牌"罗江区区域品牌，已有23家企业使用调元品牌，同时按条件推荐使用德阳市"蜀道"区域品牌，全区有7家农业企业使用该品牌。新增有机农产品7个、绿色农产品2个，全区"三品一标"农产品总量达68个。"罗江鳜鱼"申请为国家农产品地理保护标志产品。罗江贵妃枣申报地理保护标志认证商标，4个家庭农场进行绿色产品认证。建设"罗江贵妃枣"省级农产品地理标志核心区，建设罗江区畅欣园家庭农场、罗江区碧水映月家庭现场2个省级水产品标准化养殖示范场。

现代农业园区建设。全区现代农业园区建设衔接全域旅游发展与农村人居环境整治，重点聚焦"七大万亩"特色产业，在全区培育29个拟创园区，全年已认定区级现代农业园区9个（罗江区宝峰山贵妃枣现代农业园区、罗江区元宝山晚熟柑橘现代农业园区、罗江区春花秋月优质梨现代农业园区、罗江区山湾湾生态农业现代农业园区、罗江区合圣青花椒现代农业园区、罗江区千鱼欢渔业现代农业园区、罗江区略坪生态蔬菜珍稀菌类现代农业园区、罗江区牧羊河粮油现代农业园区、罗江区芯谷水稻〔种业〕现代农业园区）、市一星级园区1个（罗江区元宝山晚熟柑橘现代农业园区）、市二星级园区1个（罗江区宝峰山贵妃枣现代农业园区）。

表1　2020年罗江区主要农产品产量

主要农产品	单位	产量	同比(%)
粮食	万吨	13.4	1.5
水稻	万吨	9.7	0.87
小麦	万吨	1.2	–0.27
玉米	万吨	1.9	3.4
马铃薯	万吨	0.16	5.5
油菜籽	万吨	4.6	–0.11
蔬菜	万吨	16.4	4.22
水果	万吨	5.3	4.81
肉类	万吨	3.56	12.8
猪肉	万吨	2.4	31.3
牛肉	万吨	0.04	3.7
羊肉	万吨	0.01	7.6
禽肉	万吨	0.98	–14.8
兔肉	万吨	0.12	1.2
禽蛋	万吨	0.81	1.5
水产品	万吨	1.3	—
牛奶	万吨	0.06	–4.4

【种植业】 全区粮食作物总播种面积27.4万亩，其中稻谷播种面积169845亩、小麦播种面积3.9万亩、玉米播种面积44040亩、大豆播种面积7845亩、马铃薯播种面积3960亩、红薯播种面积19005亩。粮食单位面积产量489千克/亩，其中稻谷单位面积产量572千克/亩，小麦单位面积产量314千克/亩，玉米单位面积产量428千克/亩，大豆单位面积产量182千克/亩，马铃薯单位面积产量284千克/亩，红薯单位面积产量305千克/亩；粮食总产量13.4万吨，其中稻谷总产量97151吨、小麦总产量1.2万吨、玉米总产量18849吨、大豆总产量1428吨、马铃薯总产量1125吨、红薯总产量5797吨。油料作物播种面积256650亩，其中油菜籽播种面积241020亩、花生播种面积15630亩；油料单位面积产量188.6千克/亩，其中油菜单位面积产量189千克/亩、花生单位面积产量181.4千克/亩；油料总产量48404吨，其中油菜总产量45569吨、花生总产量2835吨。

【林业】 全区森林资源面积净增920亩，森林蓄积净增0.4万立方米。织牢重点、责任、宣传、源头、应急、备战"六线"防火网，全年森林火灾损失率为零。将白马关镇、万安镇、鄢家镇作为重点区域实施林业有害生物飞机撒药作业2万亩。加强对全区12万亩森林资源的监测巡防，组织完成越冬代虫情调查，为维护生态安全与产业发展保驾护航。为326株古树统一制作并悬挂标牌。按照疫情防控工作要求，依法对18家陆生野生动物繁育场实施封控隔离、疫情监控，实施禁售禁食管理。

【畜牧业】 加强畜牧业产业发展。发挥各项政策措施激励作用，为提高生猪养殖农户补栏积极性，降低养殖风险，推行生猪政策性保险全覆盖。继续推行"公司+代养场"、新型经营主体（家庭农场等）等模式，带动养殖户发展生猪养殖。全年出栏生猪35.15万头、牛0.33万头、羊0.79万只、小家禽590.02万只、兔90.66万只，肉类总产量3.56万吨。

加强生态环保技术指导。完善全区养殖业总体规划布局，推进种养结合以养定地、以地定养循环发展模式，并托养代养模式和统分结合生产经营机制推广企业畜禽养殖标准化生产技术规程、动物防疫技术和养殖废弃物处理利用技术，规范养殖场(户)生产行为，推进标准化生产。加快推进生猪标准化规模养殖发展，鼓励支持有条件的生猪养殖场进行标准化改造升级，加强生猪养殖科技支撑，提高养殖场机械自动化率。探索和完善畜禽粪污资源化运行机制，全区大型规模养殖场粪污处理设施设备装备配套率达100%，畜禽粪污综合处理利用率达95.51%。

【水产业】 全年养殖水产品产量13178吨，实现渔业经济总产值44455.43万元。罗江鳜鱼农产品地理标志申请通过专家评审。在凯江放流罗江鳜鱼苗种2万尾。罗江区七里源家庭农场、罗江区湖江家庭农场获得国家级水产健康养殖示范场(第十五批)称号。回龙水电站、华龙水电站接受电站整改并向凯江河道实施人工增殖放流，共放流鲤鱼、草鱼、鲫鱼、鲢鳙鱼苗种1200尾。引进罗氏沼虾并在全区养殖成功，10亩池塘水面产量4600千克，亩产值3.2万元，亩利润1.9万元。引进40万只大闸蟹投放在彭家坝水库进行生态养殖，捕捞商品蟹规格达2～4两/只，回捕率达50%。鱼上稻在金山镇谭家坝村石庙子水库试种成功，单位面积稻谷亩产量367千克。全年查获违法捕捞案件5起，移交公安机关3起，退回1起，行政处罚3起，没收电鱼器具4台、违禁捕捞船只1艘、地笼网6副，行政处罚3人次，刑事处罚2人，罚款1400元。

8月10日—31日发生的洪灾为全省历史上损失最大的洪涝灾害，全区渔业受灾613户，造成直接经济损失4069.48万元，其中水产养殖受灾面积3015亩，损失养殖水产品产量3113吨，造成经济损失3269.48万元；水产养殖设施堤坝受损5千米，沟渠受损8千米，道路受损3千米，生产用房屋受损300平方米，造成直接经济损失800万元。

【乡村振兴】 坚持乡村振兴和全域旅游深度融合，以创促建，落实“四个优先”，打好新冠疫情防控战，决胜脱贫攻坚，决胜全面建成小康社会，推动农业农村现代化稳步发展。抓好生猪、粮食等重要农产品稳产保供，完成高标准农田、冷链保鲜等重点项目建设，农业现代化发展基础得到夯实。重点规划建设20万亩优质粮油、10万亩晚熟柑橘、3万亩贵妃枣的现代农业园区，元宝山柑橘现代农业产业园创建为市级农业园区。以“四大革命”为抓手，整治农村人居环境，“出门五步走、进门六个好”生活垃圾治理经验在省内得到广泛推广，“厕污共治”举措全面落地，实施农村生活污水治理“千村示范工程”，农村生活污水有效治理率不断提升。以“共同缔造”推进农村住房面貌整治，建立“规划下乡、免费设计、村民自建、适当补助”的农房品质提升机制，为全国美好环境与幸福生活共同缔造活动培训基地县，美丽乡村得到巩固发展；探索“一核五治”，夯实基层治理根基，做强一个核心(支部领导)，坚持自治、法治、德治、智治、共治“五治融合”，推进乡村治理体系和治理能力现代化建设，《探索推行定向议事 提升村民自治能力》入选第二批乡村治理全国典型案例。罗江区获评四川省乡村振兴先进区(综合评分位列全省第二)，金山镇二龙村、新盛镇老君村获评四川省乡村振兴示范村，白马关镇获评德阳市乡村振兴先进镇，金山镇二龙村、白马关镇宝峰村、新盛镇金龙村、鄢家镇星光村获评德阳市乡村振兴示范村。

【扶贫开发】 区脱贫攻坚办被评为“2020年四川省脱贫攻坚奖先进集体”。全区59个单位、36个驻村工作队、5个农技巡回服务小组、101名“第一书记”、2000余名帮扶干部在政策宣传、动态监测、以购代扶、环境整治等方面精准发力。按照1000元/户标准落实种养殖小微项目，8500户次贫困户受益；投入2531万元，建立27个扶贫产业园，3000余名贫困人口直接获得股金收益、务工收益；实施政策兜底，开展“控辍保学”行动，全面落实教育扶贫政策。组建108支家庭医生团队，实现家庭医生建档率和签约率全覆盖；对全区11103户“四类人员”住房进行全覆盖安全评定，对831户“四类人员”住房进行改善提升，“户三有”措施全面覆盖。为2500余户贫困户免费开通广电高清数字电视信号，广播电视信号实现“户户通”；建立贫困劳动力稳岗就业专班，安排353.69万元定向开发农村公益性岗位1400余个，投入就业创业补助资金167.72万元。疫情防控期间，创新“三变”模式，推进消费扶贫进社区、下乡村，变防控站点为扶贫网点、变帮扶难点为购买亮点。2月，全区“创新三变模式战疫情”经验做法被省脱贫攻坚办第7期简报刊发，并在中央电视台《朝闻天下》栏目播出。通过全程信息管理、全域动态监测、全面帮扶补短，按照“收入风险政策补、自然风险保险补、动态风险及时补”的方式补短，选定白马关镇、鄢家镇星光村和初高中毕业后未升学未就业学生(“两后生”)共67户农户、189人以及127名学生作为试点对象，开展建立解决相对贫困长效机制试点，初步探索出“三分类、九到位”做法。

【乡村旅游】 促进自然资源、存量资产、金融资本和人力资源的有效结合，盘活各镇有效农村闲置的土地、农房等资源，激发新的发展动力，发展相关民宿、家庭农场等优质产业。依托科学的经营模式，推进嘉禾庄园、后乐园、隐海、珍果园等高品质乡村旅游项目建设，促进罗江农业经济发展，推动农业强、农村美、农民富目标的实现。

【农村水利】 全年水利建设项目总投资达13990.67万元(其中2020年中央预算内投资水利建设项目下达资金4095万元，完成投资4095万元，开工率达100%，投资完成率达80%。在用水高峰期间，约请都江堰管理局、人民渠二处、人民渠一处到罗江区调研农业用水情况，为全区协调农业用水引水约5800万立方米，完成全区18余万亩大春栽插用水任务。完成生产建设项目水土保持方案审批26个，做到审批规范、无偿服务、要件齐备。开展生产建设项目检查70余次，督促各类生产建设单位开展水土流失综合防护；投资10余万元，对位于金山镇幸福村的国家水土流失监测点进行升级改造，监测数据每季度上报省水土流失监测总站，为水土流失监测提供科学的数据。全年共征收水土保持补偿费132.9万元，并全部缴解入库，做到了审批项目应收尽收。完成水利厅下发罗江区水土保持91个疑是违法图斑认定工作，经实地核定，其中非生产建设项目50个、认定未批先建项目30个、合规项目11个，并建立台账，实时登记情况，对违法图斑认定工作形成闭环管理。

【农业机械化】 全区农机总动力21.94万千瓦。有各类农业机械27322台(套)，其中动力机械986台(套)、收获机械373台(套)、耕整机械8736台(套)，收获后处理机械3140台(套)、田间管理机械6241台(套)、种植施肥机械62台(套)、农产品加工机械4884台(套)、畜牧养殖机械742台(套)、排灌机械2158台(套)。全年完成机耕42.72万亩，占年目标任务的100%；完成机播13.01万亩，占年目标任务的100%；完成机收34.32万亩，占年目标任务的101%；全区主要农作物机械化综合水平达70.2%。全年共投入农机购置补贴总资金1132.0046万元，其中国家补贴资金305.521万元、农民自筹资金826.4836万元，引导农户购买各类补贴机械184台(套)，受益农户118户。全区共年检拖拉机和收割机343台(其中拖拉机299台、收割机44台)，占应年审总数的60%；新注册登记拖拉机和联合收割机73台；转移登记11台；补换行驶证27台；换、补拖拉机驾驶证80本；新增农业机械便携式检测设备1台。

【农村教育】 全区九年义务教育阶段在校学生15888人，义务教育阶段“普九”各项指标均达到国家规定标准，小学入学率100%、毕业率100.28%，初中正常适龄少年入学率100%、巩固率100.26%，辍学率为零，进城务工人员随迁子女和回迁子女入学率100%。全区有特殊儿童少年114名，残疾儿童入学率达99.08%。全面落实建档立卡贫困学生资助政策，全年共为各级各类贫困学生发放资助金1433.3万元。财政补助义务教育公用经费1309.92万元。落实义务教育阶段学生免除教科书和作业本费政策，为15888名学生免除教科书费用共计193.98万元、义务教育作业本费53.6万元。投入694万元，对全区22所农村中小学56个项目校舍、围墙等设施设备进行维修改造。共投入360余万元购置仪器，惠及18所农村学校。通过公开招聘、定向招聘、考核聘用等方式共招聘71名教师，其中20名教师到农村学校任教。

【农村文化】 扶持重点文艺作品，对标省、市“五个一”工程，立项扶持《扶贫路上》《范氏家风》《桑梓笔谈》《高原种出新蔬菜》4个文艺作品。发动全区广大文艺工作者创作一批扶贫题材文艺作品，发挥文化在脱贫攻坚中的“扶志”“扶智”作用。举办“书香罗江·全民阅读”、“我的中国梦·文化进万家”罗江区全民首届器乐才艺展示、“万人赏月诵中秋”等文化惠民活动20余场次，开展社会体育指导员培训和全民健身体育活动6次，累计服务5万余人次。开展线上“云文化”活动40余次。发挥广电网络“最后一公里”作用，“村村响”大喇叭不停歇，覆盖服务全区25万名群众。

【农村科技】 坚持人才下沉、科技下乡、服务“三农”的宗旨，围绕柑橘、枣子、青花椒、梨等特色产业，开展农村科技工作；全区“一对一”指导乡（镇）和农业专合社技术培训40余次，线上线下指导服务农民1000余人次；建立柑橘、青花椒、贵妃枣产业基地3个，实施农业示范试点项目10个，推广新品种10个，应用新技术20个，促进全区经作产业新增扩面0.9万亩，助推“三农”产业兴旺；组织御康农业、大霍山、天府网农、区气象中心、全创公司等申报省科技计划项目，争取项目资金230余万元。落实德阳市农村科技特派员10名，组建罗江区农村科技特派团；依托贵妃枣产业与四川农业大学合作，聘请四川农业大学邓群仙教授为农村科技特派员指导万佛村特色产业发展，邓群仙教授获得科技厅“科技特派员先进个人”表彰。

【农村卫生】 抓实健康扶贫，共救助3035人次，拨付救助金额174.1万元；免除一般诊疗费4.32万人次，免费实施贫困孕产妇住院分娩服务13人；开展白内障复明免费手术50例；开展免费体检14878人次；建档率和家庭医生服务签约率达100%。陆续举行心理健康促进行动等6项行动启动仪式。完成健康咨询、讲座163场次，电台播放《健康新生活》55期，开展全民健康生活方式行动宣传活动6次。以“防疫有我，爱卫同行”为主题，以新冠肺炎疫情防控为重点开展系列爱国卫生活动，制作宣传手册6000册，张贴宣传海报1100张，发放宣传资料10000余份，播放卫生与健康节目20余次，20000余人参加城乡周末卫生大扫除。申报创建国家卫生（镇）1个、省级卫生镇1个、省级卫生村9个、省级卫生单位10个、省级无烟单位10个，金山镇完成创建国家卫生镇县级、市级初评。推进12项基本公共卫生服务做实，组建家庭医生服务团队109个，建立家庭医生双向转诊绿色通道；探索“全专结合”家医签约服务，与99275人签订《家庭医生服务协议书》，签约率43.54%。全年查螺1191.4万平方米，灭螺425万平方米，任务完成率100%，10月14日，通过省级考核评估。压实“三线办”责任，出台“罗江区艾滋病防控”五项联动机制，艾滋病防治考核指标较上年有明显上升。

【农村交通】 新建金山镇大井村路旅融合产业道路2.116千米，总投资219万元；新建金山镇明月村路旅融合产业道路路4.242千米，总投资262万元；鄢家镇双铧村至天台村路旅融合产业道路4.218千米，总投资352万元；罗江区泻洪桥拆除重建工程，总投资60.79万元；罗江区高拱桥重建工程，总投资157万元。在农村公路专项工程实施中，注重与产业园的紧密结合，围绕青花椒、贵妃枣、晚熟柑橘等大批农业产业园规划布局，打造资源路、产业路，为各大产业基地、农业园区修建绿色运输通道，增加沿线群众的农业收入。

【农村社会保障】 全面实施全民参保，继续加强政策宣传引导，优化经办服务手段，将各类群体纳入相应的社会保障制度范围，实现社保应保尽保。截至2020年年底，全县城乡居民养老保险参保人数达108350人，城乡居民基本养老保险基础养老金最低标准为每人每月105元；为39249名城乡居民基本养老保险领待人员发放养老金5479.83万元，人均月养老金水平达到115.76元。全年城乡居民基本医疗保险参保人数20.16万人，完成率居德阳市各县（市、区）第一位，其中建档立卡贫困人口100%参保。资助重点救助对象参加城乡居民基本医疗保险、补充医疗保险5584人195.1万元；实施城乡医疗救助6408人次，发放救助资金448.74万元；医保扶贫政策全面落实，倾斜支付15898人次283.56万元。全区共80.77万人次享受到医保待遇，医保基金支付2.06亿元，居民、职工医保住院政策范围内费用报销比分别达77.9%、92.2%；678人次享受生育保险待遇，基金支付622.84万元。新冠疫情防控期间，向医疗机构预拨100万元用于新冠肺炎确诊和疑似病人的医保支付。在全市率先实施药品集采改革试点，完成三批次采购，涉及112个品种、112.65万元，平均降幅达55%，最高达99%。

【农村生态建设及环境保护】 全区区、镇两级河长全年共计开展河湖巡查1136次，发现问题107个，其中问题移交67个、整改完毕62个。抓好河湖专项整治行动落实，开展河湖“清四乱”专项行动，对全区涉及87处疑似四乱图斑情况进行复核，已按时全部完成核查、佐证资料收集等工作，并已将相关佐证材料上报且审核通过销号87个；完成凯江、沱江罗江段两条模以上河湖管理范围划定，并对境内7条河道、4座小(1)型水库开展规模以下河湖管理范围划定，按评审要求进行修改；加快推进“一河（湖）一策管理保护方案(2021—2025)”编制，明确河湖管理范围“四张清单”，按程序确定编制单位，收集相关资料，加快“管理保护方案”编制并将境内农村河湖纳入河长制日常巡查范畴，从源头上抓好污废水管理。结合环保督察工作，组织各片区人员开展水库环境大排查，促进水库始终保持良好水质。协调、督促各职能部门加快推进最严格水资源管理、小水电清理、厕污共治、农业面源污染防治、畜禽治理、污水处理站及配套管网建设、雨污分流、垃圾治理、采砂管理等方面工作。

【农产品质量安全监管】 全年共开展农产品质量安全抽检168批次，合格率达98.7%，未发生农产品质量安全事故，创建四川省农产品质量安全监管示范县。包括家庭农场、专合社等在内100个新型经营主体被纳入合格证制度实施范围。80个新型经营主体进入国家农产品质量安全追溯系统,扫码即可追溯到农产品生产的全过程。新建农产品仓储保鲜冷链设施3050吨,为农产品质量安全和农产品销售提供"最后一公里"的基础保障。

【农村市场体系建设】 全区通过"1330品质攻坚专项"解决农村网络弱覆盖点位34个,农村整体覆盖提升1.48PP;调整优化网络结构和解决深度4G网络覆盖,对互联网接入的行政村进行相关业务办理。共投资800余万元,完善以金山工业园区和广大农村为主的4G网弱覆盖问题,526个村民小组全部接通4G网,4G网络覆盖率达100%,4G网络水平处于全省同类地区前20%。全区4G用户超13.4万户,基站数量超320个,实现村村通光缆。

【农村留守儿童(学生)帮扶】 全区儿童督导员、儿童主任在落实防控举措的同时,对辖区内困难留守儿童和困境儿童进行全覆盖排查摸底,实时掌握儿童身体状况、监护情况和生活保障等情况,全年开展电话询访400余次,送去生活和防疫物资价值1.5万余元。组织115余名儿童督导员和儿童主任召开农村留守儿童和困境儿童关爱保护"政策宣讲进基层"活动启动仪式暨宣讲培训会,发放工作手册120余本,实施完成3个儿童关爱保护项目,全年开展活动22场次,惠及留守儿童、困境儿童1680余人次。加强农村留守儿童和困境儿童关爱保障,为全区10名孤儿和1名父母养育的艾滋病感染儿童发放孤儿基本生活费12.837万元。将14名儿童纳入实事无人抚养儿童保障范围,发放基本生活费8.633万余元。启动实施"福彩圆梦,孤儿助学工程",按照每人每学年1万元的补助标准,为3名年满18周岁仍在校就读的孤儿发放助学金3万元。六一儿童节期间,为社会散居孤儿9名、事实无人抚养儿童9名及艾滋病感染儿童发放衣服、鞋子、水杯、学习用具及防疫口罩等慰问物资0.7万余元。落实收养登记相关制度,让1名儿童回归正常的家庭。

【劳务开发与返乡创业】 推进返乡下乡创业"三乡工程""五十百千"回引工程,依托三条返乡下乡创业示范带和7个规模型返乡下乡创业示范基地,紧扣青花椒、贵妃枣等七大万亩产业园、金山创新创业孵化园等30余个创新创业平台,通过平台搭建、示范引领,创新"五子登科"模式,引导返乡农民工创办乡村旅游、农事体验等新业态。开通农民工服务"绿色通道",实行"返乡创业秘书制",在各镇、村(社区)设立农民工服务站,为农民工就业创业、维权提供"一站式"服务,为创业者提供全方位服务,提高创业成功率。落实支持创业相关政策,释放以创业带动就业倍增效应,宣传创业补贴政策,对符合条件的返乡农民工、退役士兵、城镇登记失业人员给予一次性1万元的创业补贴及创业担保贷款贴息扶持,全年发放创业补贴及场租补贴共计230.3万元,发放创业担保贷款2100万元,吸引更多外出务工的罗江人员返乡创业。

【主要领导人】 区委书记:刘会英;区人大常委会主任:白光裕;区长:邹远骏;区政协主席:张胜虎;分管农业副区长:屈志新。

罗江区编写组

广 汉 市

【基本情况】 2020年,全市辖9镇3个街道,辖区面积548.68平方千米,其中耕地面积43.88万亩,减少1%,人均耕地面积0.8亩;基本农田38.48万亩。年末总人口59.8万人(户籍人口),减少0.5%;人口出生率7‰,减少1.2个千分点;人口自然增长率-3.3‰,提高0.6个千分点。全市耕地有效灌面和保证灌面分别达到耕地总面积的93.5%和82%;本地水资源总量4.1亿立方米,人均占有水资源量655.4立方米。有林业用地0.33万公顷,有林地面积0.31万公顷,活立木总蓄积量7.3万立方米,森林覆盖率14.22%。

2020年,全市GDP428.96亿元,增长0.1%,其中第一产业增加值38.78亿元,增长3.5%,农、林、牧、渔及农林牧渔服务业之比为61.66 : 0.27 : 28.36 : 3.94 : 5.77;第二产业增加值217.12亿元,减少2.1%(工业增加值195.78亿元,减少2.1%);第三产业增加值173.06亿元,增长2.8%。劳务输出16.9万人,收入405600万元。全年接待游客733.299万人,实现旅游收入101.63亿元,其中乡村旅游收入71.141亿元。

公路通车里程1381.529千米(其中乡村公路1227.434千米),密度243000米/平方千米,20千米/万人。社会消费品零售总额193.1亿元。地方公共财政预算总收入完成22.9345亿元,增长7.07%;公共财政预算总支出40.5749亿元,增长10.12%,其中农业投入56722万元,占支出的13.98%。金融机构各项存款余额621.42亿元,比上年初增长1.66%;各项贷款余额393.68亿元,比年初增长2.1%。全年农业保费收入597.91万元,减少24.61%;处理各项赔款和给付金额1054.19万元,增长45.54%。完成农业产业化项目13个,完成投资12283.24万元。农业产业化龙头企业国家级、省级、市级分别为1家、6家、50家。

有各类学校157所,在校(园)学生62399人,教职工4038人(含特岗教师84人),其中普通高校3所、单设小学20所、小学教学点19个、在校学生17918人;单设初中13所,在校学生6932人;九年一贯制学校11所,在校学生13375人;普通高中4所(含高完中1所),在校学生6233人;特殊学校1所,在校学生87人;学龄儿童入学率100%。10项科技成果获得省级及以上科技进步奖。有艺术表演团体49个,文化馆1个,公共图书馆1个,博物馆1个。有卫生机构444个,病床位4284张,卫生技术人员4106人。全市城乡居民基本医疗保险参保人数44.3万人,征收医保基金37327万元,共计享受城乡居民基本医疗保险待遇996750人次,支付基本医疗保险费用36155万元(其中住院31757万元、门诊4398万元、大病医疗1948万元),政策范围内基本医疗保险住院报销比为76.1%;被征地农民养老保险参保人数15.93万人。

【年度农业和农村经济运行】 2020年,全市出台《广汉市乡村振兴规划(2018—2022年)》《广汉市村级建制调整及社区优化改革村级集体资产清产核资及集体经济发展工作实施方案》等9项规划、政策。实现农业总产值65.2亿元,增长3.7%;全市全年农业增加值达41.3亿元,增长4.2%。农民年人均可支配收入达22024.6元,增长8.4%。在粮食、生猪、蔬菜生产中,科技投入的占比或科技贡献率63%。全市农产品质量抽检合格率比年初提高0.2个百分点;建成11个基层农业综合服务站。主要农产品产量见表1。

农业产业化发展。全市各类新型农业经营主体达1843家,其中家庭农场及规模户共计1279家、专合社564家。培育新型职业农民3097人,认定551人。全市农民专业合作社达564个,成员22406人,带动农户91219户,实现销售总收入109510万元,盈利余额达14863万元。全市农业社会化服务组织达400家,从业人员3000人,年服务小农户10万余户、规模户410户,年服务面积28万亩,年实现营业收入3.5亿元。

农用地流转。全市土地流转总面积16.83万亩,占家庭承包耕地总面积的47.4%,其中30亩以上规模流转面积15.75万亩,占土地流转总面积的93.6%。为规模经营的业主颁发《农村土地经营权证》25本,涉及流转

表1 2020年广汉市主要农产品产量

主要农产品	单位	产量	同比(%)
粮食	万吨	31.4	1
水稻	万吨	20.09	0.48
小麦	万吨	9.74	0.87
玉米	万吨	0.6	–0.47
马铃薯	万吨	0.57	5.39
油菜籽	万吨	2.99	–1.69
蔬菜	万吨	50.8448	3.4
水果	万吨	4.0734	3
肉类	万吨	3.75	–2.8
猪肉	万吨	1.33	–1.69
牛肉	万吨	0.17	19.43
羊肉	万吨	0.01	5.02
禽肉	万吨	1.81	–5.41
兔肉	万吨	0.43	–2.02
禽蛋	万吨	1.54	1.53
水产品	万吨	1.38	4.93
牛奶	万吨	0.18	1.12

面积10189亩。全市已颁发土地承包经营权证11.75万本。

村级集体经济组织发展。全市分别于2019年11月和2020年6月完成乡（镇）区划和村级建制调整改革，“两项改革”后，全市有涉农镇（街道）11个、村（社区）101个（其中村62个、农业社区14个、统征村合并或直接转为社区的有25个），镇、村数量减幅分别达35%和45%。全市共成立村级集体经济组织77个（含61个行政村、14个农业社区，三星堆镇合并后的楠林村、欢喜村分别成立2个村集体经济组织），其中完全合并融合73个，均分别建立成员（代表）大会、理事会、监事会的“三会”运行机制。全市村、组两级集体经济组织共清理核实资产4.51亿元（经营性资产1.35亿元、非经营性资产3.16亿元）、资源性资产65.7万亩。77个村集体经济组织实现总收入1348.43万元，村均17.5万元，2个村实现分红，全市无集体经济“空壳村”。

农产品品牌战略实施。全市有效期内“三品一标”农产品总数达146个，其中无公害农产品125个、绿色农产品6个、有机农产品13个、地理标志登记保护产品2个。借力京东平台拓宽产品销路，打造以京东广汉农产品特产馆“雒禾禾”为主，联合拼多多、淘宝等知名电商，导入本地企业农特产品品牌21个、产品103个，销售总额达800余万元；举办“我要当网红，带火雒禾禾”广汉首届网络直播大赛，打造优质农产品品牌，形成广泛宣传效应，让农产品产得出产得优、卖得出卖得好。

现代农业园区建设。四川省广汉市现代农业产业园通过第三批国家现代农业产业园认定，成为全省首个国家级粮油现代农业产业园。全市累计建成国家级现代农业产业园1个、德阳市级2个、县级2个。广汉市国家现代农业产业园总投资1.638亿元，其中中央奖补资金3000万元、整合项目资金1.338亿元。中央奖补资金项目23个，整合项目21个。

【种植业】 全年农作物播种面积104.9万亩，粮食产量31.4万吨；油菜产量2.99万吨。水稻、小麦、油菜良种覆盖率100%，新技术覆盖率100%。全年发放种粮大户耕地地力保护补贴、稻谷目标价格补贴合计7147.86万元。

【林业】 实施天然林保护工程、退耕还林森林抚育等项目，净增森林面积500亩，净增森林蓄积0.15万立方米，完成全年森林资源“双增长”目标任务。开展“3·12”植树节、“世界湿地日”“爱鸟周”系列宣传活动，严格保护森林、野生动植物和湿地资源。

【畜牧业】 全市创建标准化畜禽养殖场73个。全市新增3500头能繁母猪补贴105万元和65546头生猪出栏补贴65.546万元并已全部发放。农业工程养殖项目已全部建设完工，已对符合要求的养殖场进行补助，保障了优质畜禽产品、水产品的稳定生产和有效供给。

【水产业】 启动全市长江流域重点水域十年禁捕。广汉市川信生态农业专业合作社建成7条漂浮式流水槽787.5平方米，总投资390万元。四川中伦农业发展有限公司研发的“稻渔生态种养提质增效关键技术创新与应用”获得四川省科学技术进步一等奖。完成全市水产养殖主体普查及水产养殖种质资源普查。高坪镇双石村镇蓬家庭农场建成一体化污水处理设施，处理微流水牛蛙养殖尾水，总投资118万元。在南丰镇石坝水产养殖专合社、金鱼镇静园家庭农场、连山镇欣塘农业专业合作社、高坪镇黄氏家庭农场建成陆基高位池47口（直径8、12米），总投资350万元。

【乡村振兴】 广汉市被评选为全省首批22个乡村振兴规划试点县，投入400万元，由西南大学系统编制规划样本，包括1个总体规划、6个专项规划、8个重点镇规划。11月，召开广汉市农村人居环境整治三年行动迎检工作会，通过德阳市级考核验收。高坪镇李堰村、三水镇友谊村、连山镇沙田村被评为2020年度四川省乡村治理示范村；高坪镇李堰村、连山镇沙田村、金鱼镇上岑村被评为2020年度四川省乡村振兴示范村；连山镇被评为2020年度德阳市乡村振兴先进镇，金鱼镇上岑村、向阳镇同花村、三星堆镇龙兴村、连山镇石梯村被评为2020年度德阳市乡村振兴示范村。申报“美丽四川·宜居乡村”达标村50个（合并前行政村）。整治人居环境，投入366万元实施17处聚居点生活污水整治，投入741.5万元对58个村贫困户院落进行改造。

【扶贫开发】 全市“四大班子”主要负责人联系5个相对贫困村，26名在职县级领导干部联系91户贫困户，统筹74个党政机关、55所中小学校、26所医院卫生院作为帮扶单位，选派“第一书记”71人，安排结对帮扶责任人6085人。实行“本级财政大投入+项目资金大整合”，争取中央、省、市专项扶贫资金1355万元，安排本级专项扶贫资金1025万元，设立“四项基金”2882万元用于脱贫攻坚。全面推行“党建+金融”，任命129名“金融村主任”，调动金融机构参与帮扶，涉农金融机构累计向418户建档立卡贫困户发放扶贫小额信贷1781万元，发放扶贫小额信贷贴息115.14万元。利用扶贫捐赠资金62.73万元，与保险公司共同建立“防贫保”基金池。发展壮大村集体经济，投入798万元为5个脱贫任务重的村、24个低收入村建立产业扶持基金，引导其发展投资少、见效快、带动强的助农增收产业，拨付分红32.88万元。扶持就业扶贫基地（车间）建设，兑现稳岗返还资金551.71万元，助力8家扶贫基地复工复产，累计吸纳贫困劳动力168人。举行“送培训下乡”“扶贫专班”等活动41期，让有劳动能力的贫困人口至少掌握一门实用技能。扩充就业渠道，开展“春风行动”，举办各类招聘会113场，提供岗位7.2万余个。特别是为应对疫情影响，开行9趟直达广东、重庆等外出务工集中地的返岗直通车，帮助5816名有就业意愿和就业能力的贫困人员外出务工。开发公益性岗位，安置就业困难人员1160人。投入100万元，为所有建档立卡贫困户购买“扶贫保”及住院医疗商业补充保险；累计为6147名贫困户提供卫生救助，贫困患者县域内住院和慢性病门诊维持治疗医疗费用个人支付占比均控制在10%以内。加强基层卫生服务，为所有贫困人口建立健康档案，建档立卡贫困户家庭医生签约服务实现全覆盖。

实施“五改三建”，投入376.1万元改危90户、改厨261户、改厕96户、建厕239户、建路268户、建场22户，贫困户住房安全达标率达100%。将农村居民最低生活保障标准调整为每人每月430元，为建档立卡贫困低保户3686人发放低保金1000万元，符合低保条件的贫困人口全部被纳入政策保障。精准开展脱贫人口、贫困边缘人口动态监测和及时帮扶，为5043名“三类人员”困难群体代缴城乡居民基本养老保险，为417户次生活陷入临时困难的群众发放救助金111.85万元，实现“应保尽保、应助尽助”。

【乡村旅游】 全市乡村旅游行业直接从业人员近3500余人，基本形成具有一定规模和水平的乡村旅游产业体系。全市乡村旅游共接待733.299万人次，减少1.18%；实现乡村旅游综合收入71.141亿元，减少0.49%。

【农村水利】 广汉市2019年中央财政水利发展资金小型水库维修养护项目于1月3日开工，4月30日完工，10月21日完工验收，项目总投资66.03万元，资金组成为中央财政60万元、县级配套资金6.03万元。广汉市2019年中央财政水利发展资金农业水价综合改革项目于3月9日开工，6月7日完工，建设区域分布在西高镇、高坪镇、新平镇、南丰镇4个乡（镇）9个村，建设内容为维修养护群管渠道9.22千米，新增渠道计量设施26处，项目总投资229.13万元，资金构成为中央财政200万元、县级财政配套29.13万元。项目实施后，可实现改善灌溉面积460亩，新增农业水价综合改革计量灌区面积2万亩、节水能力4万立方米，新增粮食生产能力0.424万千克，新增经济作物产值1.848万元。广汉市引提水工程（农村饮水安全提质增效及农业灌溉用水水源）——安全饮水提质增效引水工程于2019年2月开工，2020年12月主体工程完工，建设内容包括整治及新建输水渠道5千米，铺设引水钢管620米，供水规模达20万吨/天，工程总投资5561万元。“水美乡村”试点工作在金雁街道办白鱼村、向阳镇同花村、高坪镇金光村和李堰村、连山镇红堰村和石梯村6个村开展，在6个村中同步完成产水配套、饮水提升、洁水美村的建设任务，生产、生活、生态供水保障能力明显提升。

【农业机械化】 全市农机总动力达27.4万千瓦，增长0.5万千瓦，增长1.86%；主要农作物农机化综合作业水平达84.14%。实施农机购置补贴中央资金563.101万元，受益农户157户，补贴农机具288台（套）。

【农村科技】 依托小麦、水稻、油菜专家大院，加强农业科技创新、成果转化、试验示范，全年试验、示范绿色、安全、高效种养殖关键技术20个。依托农业龙头企业实施优质专用品种培育引进科技工程，推进广汉市5000亩小麦良种繁育和5万亩杂交水稻制种基地建设。组建农村科技特派员服务团，10名科技特派员与农业专合社、农业龙头企业、家庭农场、专业大户等签订科学技术服务协议；科技特派团开展现场及网络科技服务200余人次，培训种植大户、新型职业农民、农技人员1000余人次。

【农村教育】 启动全市基础教育学校布局调整规划方案的制订，并组织实施首批调整，按照“高中优化到城区、初中进城进片区、小学相对集中、幼儿园就近入园、资源向寄宿制学校集中”的思路，撤销或合并在校生人数小于100人的农村小规模教学点以及在校生人数小于400人的农村中小学，撤销广汉市向阳镇广兴中学、广汉市金轮第二小学、广汉市小汉中学等学校。根据规划，广汉市19个小学教学点因生源极度缩减，农村中小学撤并调整后，乡（镇）保留单设小学13所、单设初中5所、九年一贯制学校7所，合计农村中小学在校学生1.9万余人。

【农村文化】 全市共有乡（镇）综合文化站、乡（镇）文化广场、基层综合性文化服务中心等文化阵地949个，文化活动阵地总面积31.67万平方米；共建体育场地1276个，总面积达123.7万平方米，人均体育场地面积达2.05平方米；“两馆一站一中心”（文化馆、图书馆、乡/镇文化站、文体中心）全面实现免费开放，已基本形成覆盖市、镇（街道）、行政村的三级公共文化服务设施网络和“15分钟健身圈”。全年放映农村公益电影1195场，开展艺术公益培训2期、各类读书活动4次，文体中心和乡（镇）文化站免费服务活动人数达15万余人次。

【农村卫生】 投入资金20亿元，开展人民医院等3个重点项目建设，完成金雁街道社区卫生服务中心等9个基层医疗机构项目建设，新建22个标准化村卫生站。推进连山卫生院项目建设；金雁街道社区卫生服务中心投入使用。开展新丰街道社区卫生服务中心建设项目选址和包装；结合乡（镇）行政区划调整，开展基层卫生健康治理制度创新和能力建设。开展医养结合试点，向阳镇卫生院托管敬老院医养结合项目通过德阳市医养结合试点单位评审，指导向阳镇卫生院建设老年科并增设安宁疗护科。

健康扶贫。卫健班子组成4个督战组，开展健康扶贫挂牌督战工作，全市贫困人口住院和门诊慢病个人支付比分别为8.33%和5.7%，使用卫生扶贫基金229.96万元。完成系统1150户结对帮扶户“大走访”，选派23名医务人员到金阳开展对口支援，助力贫困地区脱贫攻坚。全市贫困人口免费健康体检率100%。全年贫困人口住院4599人次，个人支付比例8.48%；门诊慢病维持治疗2334人次，个人支付比例5.77%，使用卫生扶贫救助基金288.92万元。

农村疫情防控。投入2845万元建成广汉市发热病人医疗救治定点医院（三水病区）（金雁病区）和后备医院（高坪病区），获评“四川省抗击新冠肺炎疫情先进集体”。

农村公共卫生、计生。统筹推进“健康广汉”行动，创建国家卫生镇4个、省级卫生镇（街道）12个。全年农村计划生育家庭奖励扶助金45569人（目标任务数为42773人），发放金额4374.624万元，发放完成率达100%；计划生育特殊家庭特别扶助2658人（目标任务数为2522人），发放金额2521.944万元，发放完成率达100%。

【农村法制建设】 印发《广汉市全面依法治市2020年工作要点》，重点加强法治乡村建设、推进基层依法治理等各项工作。全市121个村（社区）结合开放式党群服务中心设置公共法律服务工作室，逐步选聘社会律师，落实“一村一法律顾问”，为村“两委”、村民提供法律服务。建立村（社区）“两委”班子成员集中学法制度，开展以《民法典》知识为主的法治教育培训，培育农村“法律明白人”，提高基层干部队伍的法治素养和治理能力。全年16名村（社区）法律顾问共向挂点村（社区）提供法律意见22件，为村（社区）民提供法律咨询

590件（人），组织开展法律知识宣传16场次。全市121个行政村（社区）成立人民调解委员会，由村（社区）干部和进村（社区）律师兼任调解员。市人民调解中心组建立市、镇（街道）、村（社区）人民调解微信群，为村级调解工作及时进行指导；定期开展调解员专业培训，全面学习、推广"枫桥经验"，实现就地解决矛盾纠纷。全市调解组织共受理并调处民间纠纷1078件，累计协议金额5554.42万元。

【农村交通】 全市有农村公路1227.434千米，其中乡道252.4千米、村道685.219千米；有桥梁207座。全年完成向新路、蒙阳河桥及13座洪灾受损桥梁建设，建设农村公路62千米。加快换乘枢纽、客运站点等基础设施建设，共增设客运招呼站28个，启用城乡公交站点148个，全市乡（镇、街道）和建制村客车通达率达100%。

【农村社会保障】 全市共15.04万人参加城乡居民养老保险，其中待遇领取人员5.76万人；城乡居民养老保险基金结余43136万元，其中上划投资基金28514万元；共实现保费收入4281.2万元，本级财政补贴224.2万元，代缴保费60.3万元，共计4565.7万元。全年为低保、特困等6147名困难群体代缴保费，完成代缴目标任务的122.4%；发放养老保险待遇8814万元，直接覆盖5.76万人，人均待遇领取标准约为124.2元/月、1490.5元/年，完成全年代发目标任务的104.7%。及时修订《广汉市城乡医疗救助暂行办法》，提高救助"托底"保障水平，全年累计救助21901人次，支出资金888.11万元，其中通过"一站式"即时结算服务平台救助建档立卡贫困人口3463人次，支付救助资金161.21万元。向全市建档立卡贫困人员发放医保扶贫政策明白卡。与扶贫开发、税务等部门协作，建立数据交换机制，实现全市建档立卡贫困人口参保率达100%，参保15331人，财政全额代缴384.55万元；建档立卡贫困人口住院6420人次，医保基金支出3369.8万元。全市集中养育孤儿基本生活费由2016年每人每月1246元提高到每人每月1400元，社会散居孤儿基本生活费由2016年每人每月748元提高到每人每月900元。2016—2020年，共发放孤儿及艾滋病儿童基本生活保障金1571人次、144.2426万元。实施孤儿医疗康复"明天计划"，资助1名高位截瘫孤儿到省民政康复医院进行康复和配套截瘫行走器，资助3.8万余元。实施"福彩圆梦孤儿助学工程"，2019—2020年10月向全市5名在读中专、大专和本科的孤儿发放助学金5万元。

【农村生态建设及环境保护】 全年完成农村户用厕所改造9523户，新（改）建乡村公厕21座，完成"厕污共治"试点建设11个，整合中央、省、市资金1400余万元支持"厕所革命"，改厕后行政村无害化卫生厕所普及率达90%以上。1—4月，以新冠疫情防控为着力点，持续抓好以"三清两改一提升"为主要内容的村庄清洁行动。开展"干净整洁院落"创建活动，共打造"干净整洁院落"24个。推进农村生活污水治理，治理农村聚居点污水17处，新建污水处理及其配套设施16处、污水收集管网200米，共计新增污水处理能力1010吨/日，直接受益人口10661人。

【农产品质量安全监管】 全市农产品质量安全工作通过省级农产品质量安全监管示范县资格复审；省级以上农产品监测合格率达100%，本级农产品监测合格率达98.5%以上，均达到国家和省、市要求。全年抽检种子产品47个、农药产品7批次、肥料产品7批次、兽药产品3批次、饲料和饲料添加剂产品38个，种子、农药、肥料、兽药、饲料和饲料添加剂市场检查覆盖率达100%。各镇（街道）开展农产品农残快速检测7010个，养殖环节、屠宰环节"瘦肉精"专项抽检4440头份；产地检疫生猪5.5632万头、牛5.4201万头、羊0.0479万只、家禽9638.357万只，屠宰检疫生猪10.7098万头、牛（羊）5.6983万头（只），无害化处理病死猪1260头、禽及畜产品69347千克、牛（羊）12头（只）、犬50只。全年查处各类农业违法案件20起，罚没款达10.6万元。全面启动推行食用农产品合格证制度试行，实施食用农产品合格证主体达456家。推进国家（省级）追溯平台推广运用，国家（省级）追溯平台主体入驻数量达70家。配合市食安办完成省级食品安全示范县评估考核。

【农村留守家庭（儿童、学生）帮扶】 全年引入社会资本240余万元，打造集艺术培训、传统文化、社会实践等于一体的综合性、公益性青少年活动中心；联合市禁毒办在向阳镇学校打造校园禁毒微基地，拓展禁毒宣传覆盖面；联合中国民航飞行学院、西南交大等知名高校开展"践行青春担当"系列活动，以镇、村留守儿童为重点开展课业辅导、思想交流等活动，助力留守儿童成长。在新丰镇、雒城街道等地组建"五老"建立工作室，帮助困境青少年解决困难。连续6年开展"10元·微爱"捐款活动，全年募集关爱资金42余万元。常态化开展"暖冬行动""六一慰问"等扶贫慰问活动，慰问困难青少年300余人、特殊儿童82人，专项慰问白血病大病儿童3人次，慰问金和物资合计15余万元。联合壹基金募捐社会资金8万余元，在金阳县高寒山区中小学实施"温暖礼包"公益项目，覆盖贫困中小学生300余名。组织100余名青少年学生开展"小小特种兵"军事夏令营、"童享世界·守望成长"暑期农村留守儿童夏令营、"童享世界·体验成长"暑期农村留守儿童夏令营活动。开展"童伴计划"项目，在金轮镇金角村、五里村新建2个"童伴之家"，通过"一个人，一个家，一条纽带"招募并以"童伴妈妈"为载体在村级建立留守儿童监护网络，为金轮镇留守儿童、低保户家庭儿童等困境儿童提供陪伴，弥补留守儿童情感缺失等问题，帮助其健康成长。落实农村留守儿童和困境儿童信息精准化动态管理，组织各乡（镇）按季度对儿童数据进行排查更新，全市共有农村留守儿童118人、困境儿童288人。建立儿童关爱保护服务机制，保障儿童合法权益，促进儿童身心全面发展，2019—2020年共筹集资金17.7万元，通过政府服务的方式委托社会组织在连山、金轮、高坪等农村留守儿童和困境儿童较多的乡（镇）实施儿童关爱保护服务项目。

【劳务开发与返乡创业】 制定《广汉市劳务开发暨农民工工作领导小组2020年工作要点》，明确农民工重点工作责任分工。全市农村劳动力共23.2万人，农村劳动力转移输出就业16.9万人（其中男性9.34万人、女性7.56万人）；省内就业15.58万人，省外就业1.32万人；全市城镇登记失业率控制在4%以内。全年发放创业担保贷款3048万元，发放创业补贴等81万元，扶持返乡下乡创业103人、小微企业5家，带动就业270余人。高新区创新创业服务中心通过省级创新创业园区复核；三星堆文创项目、"宝力旺农业"创业项目晋级第四届"中国创翼"创业创新大赛省赛，"宝力旺农业"参加全省返乡入乡创业项目广州站推介会。开通9趟直达广东、重庆等外出务工集中地返岗直通车，护航农民工安全返岗。

【主要领导人】 市委书记：张俊懿；市人大常委会主任：蒲为；市长：杜尚武；市政协主席：林波；分管农业副市长：梁筱萍。

广汉市编写组

什 邡 市

【基本情况】 2020年，全市辖8镇2个街道，辖区面积820平方千米，其中耕地面积35.3

万亩，增长0.1%。年末总人口42.2万人(户籍人口)，减少1.5%。全市耕地有效灌面和保证灌面分别达到耕地总面积的80%和90%；本地水资源总量9.8亿立方米，人均占有水资源量2408.6立方米。有林业用地4.2514万公顷，有林地面积3.0358万公顷，活立木总蓄积量372.67万立方米，森林覆盖率38.52%。

2020年，全市GDP372.7亿元，增长3.9%，其中第一产业增加值36.3亿元，增长4.2%；第二产业增加值185.6亿元，增长3.6%（工业产值171亿元，增长3.3%)；第三产业增加值150.8亿元，增长4.6%。三次产业对经济增长的贡献率分别为9%、50.6%和40.4%。劳务输出13.77万人，收入378700万元。全年接待游客531.87万人，实现旅游收入440000万元，其中乡村旅游收入308000万元。

公路通车里程1263.148千米(其中乡村公路1132.232千米)，密度1.538米/平方千米，29.38千米/万人。社会消费品零售总额103.1亿元，减少5%。地方公共财政预算总收入完成21.9亿元，增长12.9%；公共财政预算总支出37.5亿元，增长0.3%，其中农业投入31521万元，占支出的8.4%。金融机构各项存款余额351亿元，比上年初增长16.3%；各项贷款余额196.6亿元，比年初增长13.2%。全年农业保费收入0.049亿元，增长40%；处理各项赔款和给付金额298.07万元，减少64%。农业产业化龙头企业国家级、省级、市级分别为1家、7家、51家。

有各类学校81所，在校学生46435人，教职工3379人，其中普通高校1所，在校本(专)科学生3615人，增长41.4%；普通中学16所，在校学生13189人；小学29所，在校学生18655人；学龄儿童入学率100%。有文化馆1个，公共图书馆1个，博物馆1个。有卫生机构423个，病床位2516张，卫生技术人员3097人。新型农村合作医疗参合人数26.37万人，参合率98.4%；新型农村社会养老保险参保人数68175人；被征地农民养老保险参保人数79542人。

【年度农业和农村经济运行】 2020年，全市实现农业总产值57.3亿元，增长9.7%；全市全年农业增加值达36.3亿元，增长14.6%。农村居民年人均可支配收入达21960元，增长8.5%。什邡市天府蔬香蔬菜现代农业园区进入省级培育园项目，什邡市雪茄现代农业园区、黄背木耳现代农业园区为德阳市级农业园区。主要农产品产量见表1。

农用地产权制度改革。全面完成农村土地确权登记颁证，共颁证99776本，颁证率达99.36%；土地承包信息化管理系统已建成，确保农村土地承包经营权确权登记颁证成果长期惠及千家万户。开展第二轮土地承包到期后再延长30年试点，制订实施方案，明确各阶段目标任务，并组织市级有关部门、试点镇、村、组召开什邡市第二轮土地承包到期后再延长30年先行试点工作启动会，经过前期的基础数据摸底、修正，完成数据公示。加强农村土地流转管理服务，指导各镇(街道)规范签订流转合同，做好市、镇(街道)分级审查备案、台账登记、日常监测等，特别是针对农村土地流转中改变农业用途的，一经发现及时提出整改复耕意见，并限期整改落实；对拒绝执行或已经严重违规违法的，及时转交市自然资源局依法依规处罚。加强农村土地承包经营纠纷调解仲裁能力建设，按照属地管理原则妥善处理土地承包经营纠纷，维护土地承包经营关系和农村社会稳定；草拟《什邡市农村宅基地审批和住房建设管理实施办法(试行)》。

表1 2020年什邡市主要农产品产量

主要农产品	单位	产量	同比(%)
粮食	万吨	19.1	1
水稻	万吨	15.1	0.6
小麦	万吨	2.7	0.2
玉米	万吨	0.5	2
马铃薯	万吨	0.56	2.6
油菜籽	万吨	1	–3.8
蔬菜	万吨	55	6.1
水果	万吨	0.85	0.8
肉类	万吨	2.5	–4.3
猪肉	万吨	1.3	–5.1
牛肉	万吨	0.04	6.6
羊肉	万吨	0.03	9.2
禽肉	万吨	0.8	–5.4
兔肉	万吨	0.3	0.4
禽蛋	万吨	1.6	0.1
水产品	万吨	0.56	1
牛奶	万吨	0.1	0.4

农产品品牌战略实施。全年通过无公害农产品认证24个，黄背木耳申报名特优新产品。全市共有“三品一标”农产品71个，其中无公害认证农产品60个、绿色食品产品5个、有机食品产品5个、地理标志保护产品1个。12月7日，什邡市师古晒菸协会注册“什邡晒烟”国家地理标志证明商标，为全市首次注册国家地理标志证明商标。

【种植业】 全市粮食作物播种面积39.1万亩，产量19.1万吨。蔬菜种植面积31万亩(其中紫皮大蒜8万亩)，蔬菜产量55万吨，实现总产值18.5亿元。食用菌生产种植规模达2.4亿袋(其中黄背木耳2.3亿袋、其他菇类0.1亿袋)，总产量27.3万吨(鲜)，实现销售收入12.1亿元，增加0.1亿元。水果种植面积11859亩，其中猕猴桃7000亩、早熟梨1400亩、葡萄800亩，总产量13000吨，实现总产值16700万元。西瓜种植面积1600亩，产量2900吨，实现产值1200万元。中药材种植面积6.1万亩(其中川芎4万亩、黄连1.5万亩)，总产量12780吨，收入3.6亿元。茶叶采收面积5200亩，单产为45千克/亩(干茶)，总产量234吨；销售均价为260元/千克，总销售收入6100万元。

【林业】 实施天然林保护工程，争取中央资金653.74万元，管护国有林39.72万亩，管护集体国家级公益林1.09万亩，天然商品林停伐管护2.47万亩；完成营造林1.51万亩，全市林地保有量62万亩、湿地保有量2.69万亩。全年未发生重大滥伐、盗伐林木行为，森林火灾受害率控制在0.1‰以内，林业有害生物成灾率控制在3‰以内。严格控制森林采伐，全年采伐限额共计104548立方米，实际采伐16669.81立方米，未突破采伐限额。加强自然保护区保护力度，巩固自然保护区面积19599.89公顷。严厉打击涉林违法犯罪行为，全年查处林业行政案件2宗。全市森林蓄积净增长8.5万立方米，森林面积净增加1847.6亩，实现林业“双增”目标。实施生态扶贫项目，惠及贫困户933户，补助70753.25元。

【畜牧业】 构建“3+1”非洲猪瘟防控网格化监管体系，按照“市领导包镇、镇领导包村、村干部包组”的三级联动和网格化管理工作机制，层层传导压力、逐级落实责任，非洲猪瘟防控实现常态化，全市累计组织10491人次进行排查，已排查生猪养殖场3030场次、屠宰场（点）4147场次、生猪866000余头。持续开展非洲猪瘟日排查和“三大行动”，提高生猪全产业链生物安全水平，全市累积消毒养殖场11285个次，消毒生猪养殖场（户）5989家（户）次，消毒屠宰场户36个次，共计使用消毒药19.87吨；发放宣传资料手册、“明白纸”等5013份，利用微信、抖音、电视等新媒体发布信息1556条；开展进行培训121场次，培训5262人次。全年检测非洲猪瘟、高致病性禽流感、口蹄疫等重大动物疫病样品2600余份；检测布病、血吸虫病等人畜共患病样品1270余份，并对监测阳性畜进行无害化处理。开展全年春秋季重大动物疫病免疫，全年共计免疫禽259.1万羽、猪6.7万只、牛1.27万头、羊0.15万只，全市全年未发生重大肉食品安全事故。全年出动执法人员1020余人次，对辖区139家（户）养殖场（户）、11家饲料及饲料添加剂生产企业、11家兽药及饲料经营企业、7个动物医院和诊所、5家生猪屠宰企业、2个家禽集中宰杀点、2个牛（羊）屠宰点进行监管。完成全年“瘦肉精”全覆盖监测任务，共计检测养殖场95个次，屠宰企业1780家次，检测样品3484份，全部为阴性；牛奶共计抽样11个，饲料共计抽样38个，兽药经营环节抽样3个。全市养殖环节处理病死生猪517头、牛27头、禽68652千克；屠宰环节处理病死猪63头、不合格产品2935千克。全年查处无兽药生产许可证生产兽药案1件，罚款41780元；查处经营、运输依法应当检疫而未经检疫动物案4件，罚款106883元；查处超量使用饲料添加剂案1起，罚款10000元。

【水产业】 全市水产养殖面积177公顷，其中池塘养殖面积170公顷、水库养殖面积7公顷、稻田养鱼面积1800公顷。全年水产品总产量5601吨，增加55吨；投放苗种1005吨，增加6吨；渔业经济总产值25547.8万元。

【乡村振兴】 加快建设“双轴线”产业线，以农业园区为节点，以镇间交通道路为纽带，串点成线，建设全市农业产业轴线和都市休闲农业轴线。促进项目、资金、资源向现代农业园区集中，以“特色小镇+农业园区+专合社”模式，推进雪茄、蔬菜、黄背木耳、川芎、稻鱼种养循环5大现代农业园区建设，园区内有项目28个，争取上级资金8357万元。统筹推进全市87个行政村的农村人居环境整治，建立完善行政村常态化保洁运转机制，实现行政村专职保洁员覆盖率100%。开展“污水革命”，新增具备农村生活污水处理能力的行政村6个，全市68个行政村已具备污水处理能力；开展“厕所革命”，改造10022座农村户用卫生厕所，新（改）建乡村公厕15座。全市申报创建省级乡村振兴示范村2个。

【扶贫开发】 全市已累计投入1652万元对3950户贫困户实施“五改三建”，占建档立卡总户数的57.8%，截至2020年年底，全市已全面完成减贫任务并持续巩固提升，并投入2905万元，建设扶贫入户道路1014条（段），受益贫困户达1100余户。发挥全市10家“四川扶贫”公益品牌企业带动作用，采取“订单”“代销”等方式，提高贫困群众抵御市场风险能力。加快消费扶贫专区及专柜建设，利用“以购助扶”“以购代捐”等扶贫模式，累计帮助800余户贫困群众增收。引进种植优质蔬菜3万余亩，建成特色种植基地12个、扶贫产业园31个，吸纳850余名贫困户务工、入股，带动1000余户贫困户增收致富。推进村容村貌整治提升，整合各类项目资金2.5亿余元，建成“美丽四川·宜居乡村”达标村50个，建成省级“四好村”32个、德阳市级“四好村”61个，创建省级乡村振兴先进镇1个、示范村3个。

【乡村旅游】 包装雪茄风情街、马祖创意产业园、城东精致农业产业园、城北湿地公园等精品文旅、农旅项目。组织成都威十二文化传播有限公司参加中国（四川）国际旅游投资大会，与会企业就蓥华大峡项目与政府签约。结合全市旅游资源特色和优势，通过指导和引导，推进花坞·御景园、马祖故里景区、李冰文化旅游景区提档升级。全市乡村旅游共接待游客372.31万人次，实现乡村旅游收入30.8亿元。

【农村水利】 全市25.39万余亩水稻适时满栽满插，保障后期生产用水。全年治理水土流失面积7 平方千米，报批率、实施率、验收率均达90%以上；审查水土保持方案66个，开展生产建设项目监督检查96次，依法征收水土保持补偿费238.94万元。

【农业机械化】 全市农业机械总动力达18.18万千瓦，农机化总投入0.6393亿元。全年完成机耕面积39533公顷、机播面积13000公顷、机电灌溉面积9600公顷、机收面积26347公顷、水稻机插面积8667公顷；有粮食烘干机47台（套），日烘干能力0.15万吨；农机跨区作业面积12380公顷。全年共实施农机购置补贴资金372.639万元，受益农户132户，补贴农机具233台，全市主要农作物综合农机化水平达80.04%。全市共年检拖拉机346台、联合收割机63台，新注册拖拉机123台、联合收割机11台，换驾驶证、行驶证95人（台）次，新注册拖拉机驾驶员26人。

【农村教育】 开展“两示范一特色”“书香校园”等创建活动，从学校文化建设、校本课程开发等方面拓展办学特色，促进内涵发展。开展“家庭教育名师乡村行”活动3次，邀请名师到基层学校为家长开讲座，帮助家长掌握科学教育方法，受益家长达500余人次。全市学校已与喜德县42所学校全部结对。落实各级各类资助资金1316.76万元，惠及24992人次学生，其中为187名建档立卡中职学生和81名建档立卡本专科学生发放特别资助41.75万元；为580名建档立卡在校学学生办理教育扶贫救助基金救助，发放救助资金126.64万元。为1924名什邡大学生办理生源地助学贷款，贷款金额共计1315.77余万元。将农民工人员随迁子女接受义务教育工作列入什邡市教育发展规划，并全面纳入财政保障体系，全市共接收农民工随迁子女入学2924名，农民工随迁子女入学率达100%。建立以特殊教育学校为骨干、普通学校随班就读为主体、“送教上门”为辅助措施的特殊教育体系，“三残”儿童入学实现100%覆盖。

【农村科技】 实施科技促进农业科技创新行动，与省自然资源研究院共建中国—新西兰猕猴桃“一带一路”联合实验室、成渝猕猴桃产业创新中心和乡村振兴科研创新基地，规范建设省级农业科技园区。收集、保存猕猴桃猴桃种质资源2万余份，累计培育杂交苗3万余株，选育优质株50余个，建成核心区和示范区面积7100余亩，实现产值近2亿元。构建农村创新示范体系，以湔氐镇、湔氐下院村和太乐村为试点，启动德阳市创新型示范镇（村）建设，建立科技示范基地200亩，示范推广新品种4个，集成创新绿色高效配套技术20余项。

【农村文化】 13个镇（街道）综合文化站（中心）全部免费开放。开展四川省第一批现代公共文化服务体系示范县后续创建，安排资金120万元对市图书馆、文化馆和镇综合文化站配套设施、设备进行升级，完善基层村、社区公共文化服务设施，建成市图书馆分馆24个、建成文化馆分馆16个。为全市87个村、

37个社区招募村、社区文化志愿者(服务期一年)124人,11月由市文化馆组织开展基层村、社区文艺人才大培训,对招募的村、社区文化志愿者进行全面培训。成届制开展"什邡之夏"广场文化活动、"送文化进城"演出、"书香什邡·全民阅读"读书系列活动,开展"送文艺下乡演出"活动群众文化活动32场,服务群众累计超过20万人次。

【农村卫生】 持续开展"优质服务基层行"活动,推进马井、师古、蓥华中心卫生院医疗次中心建设,继续推进师古中心卫生院创建二级乙等医院,已有8家卫生院通过优质服务基层行评审标准。87个行政村卫生室均配备能中会西的乡村医生。将283家村卫生室整合为133家。持续促进基本公共卫生服务均等化水平。精准定位推进家庭医生签约服务,全市建立家庭医生签约服务团队135支,已签约重点人群105692人,签约率达71.48%,常住建档立卡贫困人口实现全覆盖签约。全年共采集、检测农村饮用水水样218个。全市10个镇(街道)、124个村(社区)均通过省级卫生镇、村(社区)验收,覆盖率达100%,其中师古镇创建为国家级卫生镇,蓥华镇、湔氐镇争创国家级卫生镇已通过省级暗访并准备接受技术评估。

【农村法制建设】 组建5类法治小组,服务全市新冠肺炎疫情依法防控。加强"一核五治"城乡基层治理体系建设,开展以宪法为核心的社会主义法律体系宣传教育活动。命名新时代"法律明白人"示范骨干467名,完成法治文化主题公园一期建设。举办法治宣传活动230余场次、法治讲座160余场次,推送法治公益广告10部。打造"四点四级"公共法律服务站、室、点共529个,村(居)法律顾问实现全覆盖。全年受理法律援助案件258件、其他法律援助事项2212件,调解民间纠纷2281件,以"三书模式"办理农村闲置房屋使用权流转73宗。开展"最美人民调解员"评选活动,完成乡(镇)行政区划调整后司法所、人民调解委员会合并。

【农村交通】 全市有物流寄递网点或配送服务站116个,其中乡(镇)33个,并有序实施南泉、蓥华、隐峰、马井4个城乡综合服务站建设。公路通镇通村率达100%。什邡班线客运及农村客运安全运行1570万千米,输运旅客68万人次;什邡城乡公交安全运行约400万千米,输运旅客约370万人次,同比下降约27%。稳定农村客运,开行农村客运线路9条,通镇通村覆盖率达100%;"五个到位"实现农村公路路况提升,交通运输厅对全市国、省干线和农村公路PQI检测分数分别达90分和80分以上。

【农村社会保障】 全市城乡居民医疗保险个人缴费标准为第一档250元/人/年、第二档350元/人/年,未满18周岁的未成年人和幼儿园幼儿、中小学、大中专(职)院校在校学生按第一档缴费标准缴费。居民补充医疗保险筹资标准为未成年人(含18周岁以上在校学生)35元/人/年、成年人80元/人/年,其中未成年人(含18周岁以上在校学生)个人缴费25元/人/年,成年人个人缴费70元/人/年,市政府补助标准为10元/人/年。全年完成城乡居民参保26.37万人,完成率达98.4%。

【农村生态建设及环境保护】 全年市、镇、村三级河长累计巡河26000余次,已提示督办水环境问题4件。抓好河湖"清四乱",清理各类河(渠)129条、105.339千米,动用机械235台次,投劳997个,清淤52978.21立方米,改善农村河渊环境。实施长江经济带小水电清理问题整治整改,包含17座水电站问题整治和水态流量下泄监管。持续推进河湖生态修复,建成"水美新村"6个。结合乡村旅游废水治理、小流域整治、"厕所革命"等,全市在5个行政村开展农村生活污水治理"千村示范"工程建设,累积日处理能力达90吨/天,直接受益人口1131人。开展化肥减量增效行动,通过政府项目采购有机肥、专合社利用秸秆和菌渣以及更新替换的老死植株粉粹堆捂腐熟等有机肥替代化肥推广面积合计24.5万亩,全市测土配方施肥技术推广覆盖率达90%以上,农作物化肥用量持续减少。为促进秸秆综合利用,在隐峰镇杨寨村、寿增村等9个村建立秸秆综合利用的万亩示范片;出台《什邡市2020年度农作物秸秆综合利用方案》,对符合秸秆综合利用的新型农业经营主体、企业按秸秆综合利用奖补方案进行奖补,全市秸秆综合利用率达96.8%。投资7000余万元实施畜禽粪污资源化利用整县推进项目,坚持政府支持、企业主体、市场化运作方针,按照填平补齐的原则,针对薄弱环节进行重点整治,全市年产各类畜禽粪污38.5万吨;对68个规模养殖场化粪池、储液池、风机、水帘等设施设备进行升级改造,新建年产约15万吨/年有机肥厂及配套有机肥生产设备等,建设粪污转运体系对未能消纳的污水进行统一收集处理并铺设沼液消纳工程中的沼液管网、安装田间储存罐购置等用于畜禽粪污资源化利用种植产业基地设施建设。

【农村市场体系建设】 引导督促涉农金融分支机构加大对"三农"政策支持和资源配置的支持力度,截至2020年年底,全市涉农贷款余额111.87亿元,比年初增加5.06亿元,占全年贷款的比例为56.89%。加大金融精准扶贫信贷支持力度,投放扶贫小额信贷,通过项目贷款和产业贷款带动提高脱贫内生发展动力,促进贫困户脱贫增收,截至2020年年底,全市有建档立卡贫困户扶贫小额贷款余额618户,金额2208.77万元,较年初增加209.64万元;产业扶贫贷款余额111805.05万元,较年初增加3191万元;项目扶贫贷款余额29774万元,与年初持平。持续加大对产业化龙头企业、农民专合社等新型农村经营主体的信贷支持力度,引导农村企业和农户发展绿色优质农产品和生态产品。继续推进土地流转收益保证贷款和农村产权抵押融资试点,推动农村土地承包经营权等产权流转,改善农村融资环境。截至2020年年底,发放11笔支农再贷款、金额0.61亿元。利用现代金融科技手段改进农村地区支付结算环境,全市银行机构发放各类银行卡195.1万余张。布放各类ATM机201台、各类POS机具1864个,设立助农取款服务点359个,全面实现基础金融服务在农村地区的全覆盖。全年政策性农业保险签单保费392.55万元,各级财政给予保费补贴302.92万元;特色农业保险签单保费102.34万元,市财政补贴66.07万元。

【农村留守(困难)儿童帮扶】 分批次、全覆盖组织13名儿童督导员、124名村居儿童主任开展专题培训。发动组织社会爱心团体和企业开展关心关爱走访慰问活动,向困境儿童送去衣服、奶粉、食品等学习、生活用品。做好事实无人抚养儿童精准认定精准保障工作,全市有纳入保障孤儿23名、事实无人抚养儿童21名,农村留守儿童576名、困境儿童178名,发放孤儿基本生活补贴25.15万元,发放事实无人抚养儿童基本生活补贴13.33万元;为8名大学在校孤儿学生发放助学金8.2万元,个案救助2名特殊困境儿童。按照《收养评估办法(试行)》要求,做好收养登记工作,依法办理收养登记3人。

【劳务开发与返乡创业】 全市农村劳动力资源总量为20.956万人,其中转移就业输出总量13.7728万人(省内12.0961万人、省外1.6767万人),共实现劳务收入38.8392亿元。扶持返乡农民工等重点群体实现创业206人,落实创业补贴资金180.3万元。

【主要领导人】 市委书记:卿伟;市人大常委

会主任：鞠道志；市长：王洪；市政协主席：殷萍；分管农业副市长：赖朋。

什邡市编写组

绵 竹 市

【基本情况】 2020年，全市辖10镇2个街道，辖区面积1246.1951平方千米，其中耕地面积48.84381万亩，减少0.05%；基本农田42.4188万亩。有林业用地6.83万公顷，有林地面积4.42万公顷，活立木总蓄积量545.878万立方米，森林覆盖率32.55%。

2020年，全市GDP340.61亿元，增长3.2%，其中第一产业增加值36.51亿元，增长3.6%；第二产业增加值17.94亿元，增长2.1%（工业产值563亿元，增长2.9%）；第三产业增加值130.17亿元，增长5%。三次产业对经济增长的贡献率分别为11.2%、38.8%和50%。劳务输出164010人，收入468360万元。全年接待游客271.98万人，实现旅游收入21.71万元。

公路通车里程2107.3千米（其中乡村公路1965.6千米），密度1692.6米/平方千米，47.9千米/万人。社会消费品零售总额120.7亿元，增长20%。地方公共财政预算总收入完成22.13亿元，增长5.4%；公共财政预算总支出37.09亿元，增长2.69%，其中农业投入64960万元，占支出的17.52%。金融机构各项存款余额455.84亿元，比上年初增长18.57%；各项贷款余额168.3亿元，比年初增长16.65%。完成农业产业化项目15个，完成投资3200万元。农业产业化龙头企业省级、市级、县级分别为7家、49家、49家。

有各类学校85所，在校学生6.7人，教职工3937人，其中普通高校3所，在校本（专）科学生2.4人，增长10%；普通中学14所，在校学生12519人；小学25所，在校学生19603人；学龄儿童入学率100%。完成省级以上科技成果6项。有文化馆1个，公共图书馆1个，博物馆2个。有卫生机构320个，病床位4316张，卫生技术人员3493人。新型农村社会养老保险参保人数193614人，参保率97%；被征地农民养老保险参保人数56742人，占总人数的34%。

【年度农业和农村经济运行】 2020年，全市实现农业总产值64.4亿元，增长4.1%；全市全年农业增加值达39.5亿元，增长4.6%。农民年人均可支配收入达21905元，增长8.4%。主要农产品产量见表1。

农业产业化发展。改造提升猕猴桃、茶叶、梨和花椒等特色优势产业基地3000亩。全市有德阳市级以上农业产业化龙头企业49家，其中7家为省级农业产业化龙头企业。新命名国家级示范社1家、省级示范社2家。吉祥龙腾种植专合社入选国家示范社，金道生猪养殖专合社、军润种植专合社获评省级示范社，芳益家庭农场、贵菲家庭农场获评省级示范场。

农用地产权制度改革。全年成都农交所德阳所绵竹服务中心挂牌成交项目共253宗，累计交易金额41403.81345万元，累计交易面积14783.7777亩。全年全市所有村集体及组集体均已完成成员资格界定、股份量化、集体经济组织章程制定工作。全年组织土地流转资格审查3次，对14宗土地规模流转会商后同意土地规模流转面积2981.57亩。开展“三变”试点，探索农民持续增收新途径。选择孝德镇年画村、广济镇云盖村、清平镇盐井村等10个村进行农村“三变”改革试点，形成可复制、可推广的经验；完成全市151个行政村（村改前）、187个组农村集体经济组织的登记赋码发证；推广“三书”模式，探寻农村产权交易新方法。全年成都农村产权交易所德阳所绵竹交易中心挂牌成交项目263宗，累计交易金额4.16亿元。金融支持乡村振兴，增添农业产业升级新动能，开展乡村振兴农业产业发展贷款担保，六种模式发放贷款近1.13亿元；实施现代农业产业发展贴息项目，对6家农业龙头企业贴息补助128.48万元。

表1 2020年绵竹市主要农产品产量

主要农产品	单位	产量	同比(%)
粮食	万吨	27.9	0.7
水稻	万吨	18.1	0.5
小麦	万吨	8.3	1.1
玉米	万吨	0.64	2.56
马铃薯	万吨	0.26	—
油菜籽	万吨	1.5	7.1
蔬菜	万吨	36.7	1.8
水果	万吨	1.8	–0.5
肉类	万吨	3.7	15.9
猪肉	万吨	2.6	18.5
牛肉	万吨	0.07	18.9
羊肉	万吨	0.01	5.9
禽肉	万吨	1	1.09
兔肉	万吨	0.1	4.1
禽蛋	万吨	1.1	2.7
水产品	万吨	0.8	1.3
牛奶	万吨	0.2	–11.8

农产品品牌战略实施。培育猕猴桃企业商标5个，有猕猴桃产业植物新品种权证书3个；新申报猕猴桃新品种权2个，有专利技术25项。华胜农业打造“岷岷甜”品牌，山牧农业打造“猕礼”品牌，棚花农业注册“玉妃仙果”商标，佳源专合社打造“佳源果甜”等。绵竹全域农产品通过无公害农产品认证；华胜农业、棚花农业、山牧农业取得绿色食品认证；棚花农业获得有机食品转换认证。华胜农业基地通过GAP（全球良好农业规范）、危害分析与关键控制点（HACCP）体系认证，品牌农产品产量占比达75%以上。实施优质品牌农产品培育项目，通过产品认证、广告宣传、展示推广等形式，提升产品认知度，做好“蜀道”公共品牌的推广。

现代农业园区建设。制定出台农业规模化发展扶持政策，安排资金1000万元，支持“2+4+N”产业发展，加快推进粮油、生猪、猕猴桃、玫瑰、早熟梨、茶叶六大现代农业园区建设；持续巩固猕猴桃省级农产品优势区建设成果，完成猕猴桃现代农业园区省级星级园区培育项目；深化现代农业园区跨区域合作，融入成德眉资都市现代高效特色农业示范区建设。猕猴桃现代农业园区创建全省三星级现代农业园区，麓棠山玫瑰现代花卉产业园区、广济粮猪种养循环现代农业园区获评德阳市一星级现代农业园区。全市有粮油现代农业园区10万亩、绵竹广济粮猪种养循环现代农业园区2.2万亩、粮经复合种植和10万头生猪、绵竹沿山猕猴桃现代农业园区1.2亩、绵竹市麓棠山玫瑰现代花卉产业园区2万亩、绵竹市九龙山早熟梨现代农业园区2

万亩、绵竹市凤凰山山茶叶现代农业园区0.5万亩、绵竹市新市稻渔现代农业园区1万亩。

【种植业】 全年大小春粮食作物总播种面积66.4万亩，粮食产量27.9万吨；油菜播种面积8.71万亩，产量1.53万吨。全年良种使用面积达70.16万亩，其中水稻34.22万亩、小麦27.94万亩、油菜8万亩，良种覆盖率达93.41%。开展大小春技术培训，培训3万人次，主导技术落实覆盖率超过95%；引进包括超级稻、籼稻、粳稻等在内的30余个品种和多个水稻机械化插秧品种进行对比试验。全年发放各项强农惠农政策补贴7043.66万元；新建高标准农田2.2万亩，新(改、扩）建田间灌(排）渠道72.6千米。

【林业】 全年实现林业产业总产值20.89亿元，其中第一产业产值7.15亿元、第二产业产值1.02亿元、第三产业产值12.72亿元。开展2020年(第39个）“爱鸟周”宣传活动，发放宣传资料3000余份。开展禁养陆生野生动物养殖户清退，实施野生动物养场地封控隔离，建立野生动物繁育单位隔离场所22个，发放宣传单10000余份。完成食用类野生动物处置，完成全部存栏动物的无害化处理处理(水律蛇、眼镜蛇共8308千克，豪猪99头)，兑现补偿资金108.48万元。实施野生动物收容救助28次。开展红外线相机监测，安装红外线相机90台次，5月再次拍摄到野生大熊猫活体影像。

造林绿化。全年完成营造林3.65万亩；完成2018年绵竹市大规模绿化示范点建设项目，新建绿地74.5亩；完成绵竹市第六次沙化监测；完成退耕还林生态林抚育补助项目等3个项目收尾工作；完成中央财政林业科技推广示范项目慈竹7号引种及高产示范栽培项目建设，建设基地800亩。全年林业有害生物测报准确率达90%以上，种苗产地检疫率达100%，无公害防治率达85%以上，主要林业有害生物成灾率控制在3‰以下。全市义务植树93.63万株，参加植树25.68万人次，尽责率达93.3%；领导办绿化点1处、面积4900平方米。

【畜牧业】 全年出栏生猪36.79万头、牛0.47万头、羊0.32万只、家禽600.97万只；引进牧原集团建设年出栏30万头生猪养殖项目，于6月动工建设；落实县级财政资金332万元，扶持43家适度规模养殖场对生物安全防控能力进行提档升级，改造完成后通过“公司+农户”的方式推进复养；实施新增能繁母猪补贴项目，给予新增能繁母猪每头300元补贴，共补贴母猪12948头，补贴资金388.44万元(其中省级资金310万元、整合资金78.44万元)。

【水产业】 全年水产品产量8076吨，增长5.7%。制作“长江禁捕”宣传标语横幅52副、宣传短片3部、“长江禁捕打非断链”专项行动公告2000张、宣传资料41740余份。抓好违残抽检，全年风险监测各类水产品24个样，未发现违禁添加物残留；加强水生生物资源养护，常态化开展水生生物监测，开展增殖放流活动1次。

【乡村振兴】 围绕“两廊三区六园区”现代农业发展格局，因地制宜编制完成“1+6+N”乡村振兴规划，为全域推进乡村振兴奠定基础。深化一二三产业融合发展，清平镇践行“两山论”，走好”三变“路，打造整镇推进乡村振兴样板；九龙镇深化农文旅融合，打造画境绵竹·九龙里乡村旅游综合体。实施乡村建设行动，市本级投入1000万元，完成“一镇一基础设施项目”，对12个镇(街道)、23个行政村的基础设施和公共服务设施进行改建提升。坚持党建引领，全面加强和改进乡村治理，夯实乡村振兴根基，九龙镇获评全省乡村治理示范镇，孝德镇年画村、年俗村，九龙镇棚花村，剑南街道五星村获评全省乡村治理示范村。

【扶贫开发】 全市脱贫攻坚目标任务如期完成，累计投入中央、省、市、县各级各类扶贫资金11817.19万元，其中财政专项扶贫资金3912万元，实施完成项目210个。开展“挂牌督战”，针对脱贫攻坚薄弱环节，督促整改问题15个。优先支持贫困劳动力稳岗就业，落实各项就业创业扶贫政策，开发农村公益性岗位2800个，全年5820名建档立卡贫困人口实现务工。加强易返贫致贫人口监测和帮扶，1.1万户1.9万名建档立卡贫困人口稳定达到脱贫标准，全年无返贫和新增致贫发生。完成四川省非国家贫困县脱贫攻坚调查，被省委、省政府评为2020年度脱贫攻坚先进县。

【农业机械化】 全年全市农机总动力26.87万千瓦，完成机耕面积67.4万亩、机收面积63.3万亩、机灌面积30万亩，主要农作物机械化综合水平达81%。更新、改造维修提灌机械1100台次11220千瓦，检修各类农田作业拖拉机3837台、收割机1144台、脱粒机械326台、农用排灌机械3737台(套)、机动植保机械2784台、插秧机633台。实施农村机电提灌站设施设备更新改造项目18处，恢复机电提灌面积约2000亩，投资总额102510.5元，全市共有农村机电提灌站2166座、提灌设备3737台(套)。

【农村教育】 全市共有农村学校56所，在校学生20636人，其中学前教育阶段学生6112人、小学生9775人、初中生4749人。加强农村学校学籍管理和控辍保学工作，无一名学生辍学；“两基”成果成效显著，义务教育巩固率、入学率均达100%。提高农村义务教育保障水平，发挥寄宿制学校全天候育人和农村教育资源的独特优势，合理安排学生在校时间，统筹课堂教学、实践活动、校园文化、学校管理，开展综合实践和校园文化活动。

【农村科技】 发挥绵竹市老专家服务团和农民专家科技服务团技术优势，开展农村实用技术培训及咨询指导服务，推动农村实用技术普及。实施第28批“金桥工程”，引进推广猕猴桃牵引立体栽培技术等先进实用技术16项。建立绵竹市天府科技云服务中心，面向科技工作者和群众精准开展科技服务。加强与科研院所合作，建立四川华胜农业股份有限公司院士专家工作站，引进高科技人才服务猕猴桃、玫瑰等特色产业发展。依托乡村振兴农民大学开展乡村振兴人才培训项目，培训电商销售等新型职业农民160人。

【农村文化】 推进全市文化院坝建设工作；维护好全市应急广播“村村响”系统，全年200个广播站(室）运行状态良好。在孝德镇年俗村建立图书馆分馆。持续保障农家书屋出版物补充更新，全年补充图书1万余册。开展绵竹市“农民读书月”活动，并同步开展“暖冬行·爱传递”志愿服务活动，为农民群众送去贴合“三农”的主题图书。开展排架检查工作及图书员培训工作。组织举办首届绵竹年文化旅游节暨2020年第十九届绵竹年画节。开展特色年画主题群众巡游活动，同时在成都宽窄巷子继续举办第二届宽窄绵竹年画节系列活动。市文旅局以政府购买服务的方式购买228场社区公益电影放映服务，全年共完成228场放映任务。

【农村卫生】 全市在地震灾后重建中按照标准化建设要求，对乡(镇）卫生院及村卫生站进行原址重建或选址重建，每个乡(镇）均建有一所乡(镇）卫生院，全市有乡(镇）卫生院25家，编制病床位1130张，专业技术人员750人；门(急）诊90.17万人次，年住院3.36万人次。每个行政村均有1所或2所村卫生站，共157所，在册乡村医生378名，主要从事基本公共卫生、基本医疗服务。市卫校开展基层医护人员培训、中医药人员培训、基层医疗机构疫情防控培训、乡村医生培训共24期，4800余人次参加培训。九龙镇卫生院达到“优质服务基层行”推荐标准。出台《绵竹市紧密型医疗卫生共同体建设实施方案（试行）》，成立由政府主要领导担任组长、分管领导担任副组长、政府相关部门主要负责人任成员的紧密型医共体建设领导小组，组建以绵竹市人民医院和中医医院为牵头医院、乡（镇）卫生院（社区卫生服务中心）为成员的2个紧密型医供体，基本实现“大病不出县、小病不出镇”。九龙镇卫生院创建为第三批德阳市医养结合试点单位，东北镇卫生院、绵竹市富新镇卫生院被评选为医养结合示范单位。所有乡（镇）卫生院均配备测温门，规范化设置发热诊室、哨点，开展重点人群健康随访、组织动员新冠病毒疫苗接种等。各乡（镇）卫生院对本辖区贫困人口患病状况、健康扶贫政策享受情况进行全覆盖摸排，参与督战总人次达723人次，覆盖全市12个镇（街道）151个行政村，入户调查4574户。健康扶贫工作队成员到村（组）及社区组织开展集中健康扶贫政策宣讲活动420次，参与人数达14250人次。组织巡回医疗108次，义诊巡诊人次达4269人次，发放宣传品15306份。全市建档立卡贫困人口中常住人口家庭医生服务签约率达100%，完成贫困人口免费健康体检16329人。

【农村交通】 推动“四好农村路”建设，打造“快进”“内畅”“慢游”三大交通网络体系，加快形成对外通达、域内便捷、多点循环的“三网融合”格局，推动全域旅游深度发展。编制完成绵竹市“十四五”农村公路网专项规划，并全部被纳入四川省公路局农村公路规划库。全年累计建设农村公路38千米，累计投资680万元。绵竹市沿龙门山滨水环城康养运动休闲环线改建工程、绵金路改造工程全面开工建设；对桑绵路、沿山路、武马路、绵金路等条道路共计40.7千米进行黑化改造；新市部队进出通道改建工程完工交付使用；对广济—金兰桥、古柏路等路面进行维修，维修面积8900平方米。

【涉农招商引资】 全市3000万元以上的农业招商引资重大项目1个，为内资项目；项目总投资5亿元，协议资金50000万元。

【农村社会保障】 全市落实7.75万名城乡居民基本养老保障待遇，享受城乡居民基本养老保险待遇81271人，完成目标任务的104.87%；各级补助资金拨付到位11083.49万元，其中中央补助9519.37万元、省级补助1014.12万元、县级550万元，代缴0.55万名困难群体城乡居民基本养老保险个人缴费，已为9584名符合代缴城乡居民基本养老保险最低缴费档次的贫困人口、低保对象、特困人员实现代缴并计入个人账户，补助资金95.1万元已拨付到位，完成目标任务的174.25%。

【农村生态建设及环境保护】 实施农村垃圾、农村厕所、农村污水“三大革命”，补齐人居环境整治短板。绵竹市入选全省农村厕所革命重点县，争取奖补资金2000万元，完成37个农村“厕污共治”示范点建设及省道216线沿线风貌提升工程，改建农村户厕1.23万户、乡村公厕32座，推行农村生活垃圾“户分类、村收集、镇（公司）运输、市处理”的运行机制，设立农村生活垃圾分类收集亭428座，全市农村生活垃圾有效治理率达96%。农村户用卫生厕所普及率达89%，农村公共厕所覆盖率达91%。全市63%的行政村具备生活污水处理能力，畜禽粪污资源化利用率达95%，农业废弃物资源化利用率达94%。承办德阳市2020年农村人居环境整治现场会，通过全省农村人居环境整治三年行动方案检查验收，获评全国村庄清洁行动先进县；推进畜禽粪污资源化利用，督促各镇（街道）建立畜禽污染防治长效监管机制，坚决防止已关闭的养殖场死灰复燃；督促养殖场正常运维粪污处理设施设备，粪污资源就近还田、种养结合，并建立粪污资源化利用台账；加快推进整县推进项目建设，完成政府配套的32家养殖场建设项目任务及粪污中心处理场建设招投标。

【农产品质量安全监管】 完成农业农村厅下达的县级风险监测任务和本级千人1批次风险监测任务，风险监测蔬菜、水果、茶叶、食用菌、粮食作物等共413个样品，全市未发生重大农产品安全事故。开展水产品质量安全执法，全年共出动执法人员144人次，办理非法捕捞案件6件、行政处罚案件3起，移交公安机关3起。抓好重大动物疫病防控，对804个生猪养殖场开展包场排查；抓好夏季重大动物疫病防控，对861个生猪养殖场开展包场排查；设立3个非洲猪瘟防控检查站。加强兽药饲料质量安全监管，落实监管责任制，依法打击生产、经营、使用禁用兽药饲料等违法行为，全年共出动人员2008次，对251家养殖场进行监督检查，共出动执法人员3996人次，检查饲料生产、经营及兽药经营企业139家1668次；打击违规调运生猪、违法运输生猪、经营未经检疫的生猪产品等违法违纪行为，办结案件3件，罚款79211元。绵竹市农产品质量安全监督检验检测中心6月参加农业农村厅和省市场监管局组织的检测技术能力验证并通过，持续保持认证的检测能力，被农业农村厅评为“2020年度全省农产品质量安全监测工作成绩突出单位”。

【农村留守家庭（儿童、学生）帮扶】 全市义务教育阶段现有1787名农村留守儿童，占义务阶段学生总数的6.5%。部署安排“大手牵小手 惠民暖冬行”、师生结对帮扶“5个一”工程（即一天一辅导、一周一小结、一月一沟通、一季一家访、一年一慰问）、“暑期大走访”等专项活动；建立健全家庭特别困难学生资助制度，通过减免幼儿保教费、为义务教育阶段家庭经济困难学生提供生活补助、为普通高中和中职困难学生提供助学金并免除学费、办理生源地助学贷款、社会资助等方式资助包含农村留守儿童在内的贫困学生24538人次、2246.24655万元。

【劳务开发与返乡创业】 市人社局组建24小时重点用工企业用工调度专班和政策宣讲小分队，到镇（街道）、园区和重点企业进行政策宣讲和调研。摸准培训需求，开发特色风味菜，时尚服装制作，美妆、美甲等39项培训工种，培训工种由2019年的6项扩大到2020年的39项。全市共培训18500余人，其中开展线上培训264人、线下培训18200余人，已实现就业444人。深化技能提升行动，已向30家企业发放以工代训补贴578.5万元，惠及企业职工7855人。为解决农民工创业融资难问题，与财政、金融等部门对接，降低贷款门槛，为75名返乡农民工发放创业担保贷款1149万元。落实各项创业扶持政策，为224名返乡农民工发放创业补贴193.6万元，发放场租补贴36.6万元，发放吸纳奖励2.5万元。为有创业意愿的返乡农民工开展创业培训，全市共开展创业培训班19个，共培训556人。

【主要领导人】 市委书记：陈万见；市人大常委会主任：张应琪；市长：李栋；市政协主席：侯光辉；分管农业副市长：李强。

绵竹市编写组

中 江 县

【基本情况】 2020年，全县辖4乡26镇，辖区面积2200平方千米，其中耕地面积152.4万亩，与上年持平。年末总人口136.74万人（户籍人口），减少0.8%；人口出生率7.43‰，减少0.6个千分点；人口自然增长率–4.6‰，增加3个千分点。本地水资源总量7.41亿立方米，人均占有水资源量686.8立方米。有林业用地5.95万公顷，有林地面积5.86万公顷，活立木总蓄积量472.8万立方米，森林覆盖率29.36%。

2020年，全县GDP391.3亿元，增长0.7%，其中第一产业增加值94.1亿元，增长3.8%；第二产业增加值145.9亿元，减少0.7%（工业产值126.5亿元，减少1.3%）；第三产业增加值151.2亿元，增长0.4%。三次产业对经济增长的贡献率分别为125%、−45%和20%。劳务输出513428人，收入1380270万元。全年接待游客650万人，实现旅游收入40.75万元，其中乡村旅游收入28万元。

公路通车里程3391.4千米（其中乡村公路2973.164千米），密度1.54千米/平方千米，24.6千米/万人。社会消费品零售总额182.4亿元，下降8.1%。地方公共财政预算总收入完成13.21亿元，减少14.82%；公共财政预算总支出57.99亿元，增长3.63%，其中农业投入86300万元，占支出的14.88%。金融机构各项存款余额545.52亿元，比上年初增长15.57%；各项贷款余额234.87亿元，比年初增长17.64%，其中支持农业产业化发展项目贷款12500万元。全年农业保费收入0.41亿元，增长215%；处理各项赔款和给付金额2899万元，增长181%。完成农业产业化项目3个，完成投资6200万元。农业产业化龙头企业国家级、省级、市级、县级分别为1家、7家、33家、22家。

有各类学校359所，在校学生144225人，教职工7970人，其中普通中学56所，在校学生49911人；小学93所，在校学生61642人；学龄儿童入学率100%，提高个百分点。完成省级以上科技成果5项，1项科技成果获得省级及以上科技进步奖。有艺术表演团体33个，文化馆1个（文化馆分馆30个），公共图书馆1个（图书馆分馆5个），博物馆2个。有卫生机构673个，病床位5831张，卫生技术人员4216人。城乡居民医疗保险参保人数1014737人，参保率98.12%；城乡居民基本养老保险参保人数58.57万人，参保率97.79%。

【年度农业和农村经济运行】 2020年，全县实现农业总产值159.76亿元，增长3.6%；全县全年农业增加值达96.3亿元，增长4.1%。农民年人均可支配收入达16903元，增长8.3%。在粮食、生猪、蔬菜生产中，科技投入的占比或科技贡献率56%。全县省级农产品质量安全例行监测合格率达100%。主要农产品产量见表1。

新型农业经营主体培育。申报创建省级农民专业合作社示范社9家、市级7家。向上争取中央财政农业产业发展项目资金220万元，其中省级及以上示范社2个，每个补助30万元；市级及以上示范社2个，每个补助15万元；县级及以上示范社13个，每个补助10万元，已全面完成项目建设。新发展家庭农场114家，培育新型职业农民210人。

农村集体产权制度改革。落实农村承包地“三权分置”，完成2018年度、2019年度农村集体资产清产核资。推进农村集体经济组织登记赋码，全县436个村已全面完成成员身份认定、股权量化及登记赋码。全县村集体经济收入总额1770.8万元，其中20万元以上的村5个，10万～20万元以上的村30个，5万～10万元的村67个。

农村集体“三资”管理。不定期通过农村集体“三资”信息化监管平台对各乡（镇）“三资”进行检查，对检查中存在的问题进行通报，并督促乡（镇）及时进行整改。加强对乡（镇）农村集体“三资”管理服务中心人员的培训，全年共开展培训3次，500余人参训。对村集体资产、资源的承包、租赁、担保等工作开展村（社区）“两委”班子成员离任审计。

农产品品牌战略实施。全年“三品一标”农产品认证数量达130个。全县新通过无公害农产品认证19个，有效期内无公害农产品总数达92个。全县有效期内绿色食品认证企业2家、认证产品3个，有机产品企业21个、认证产品34个，“中江柚”获得农产品地理标志登记证书。县供销社牵头注册“江江好”区域公共品牌，并授权28家企业、组织使用；组织经营主体申报“四川扶贫”集体公益商标51个，助推中江扶贫产品销售8100万元；举办展示展销25场，助力中江优质农产品销售600万元；带动全县注册农产品商标678个，孵化“三品一标”农产品104个。

现代农业园区建设。整合各类资金9071.2万元，建设中江县龙泉山丹参白芍现代农业园区和中江县凯北粮油生猪循环现代农业园区，分别创建为省四星级现代农业园区、市一星级现代农业园区。开展县级农业园区评选，通过现场核查、专家测评、资料审核等环节评选县级现代农业园区128个。在黄鹿等乡（镇）培育20万亩以优质粮油为主导产业的现代农业园区聚集区；在集凤等乡（镇）培育10万亩以中药材等为主导产业的现代农业园区聚集区；在仓山镇乡（镇）培育10万亩以优质蚕桑等为主导产业的现代农业园区聚集区；在回龙等乡（镇）培育发展10万亩以蔬菜为主导产业的现代农业园区聚集区；在永安等乡（镇）培育以中江柚为主导产业的5万亩现代农业园区聚集区。

【种植业】 全县粮油作物总播种面积273.44万亩，其中粮食作物播种面积215.61万亩，粮食产量81.24万吨，增加0.09万吨，增长0.1%；油料作物播种面积57.83万亩，油料产量11.65万吨，增加1.42万吨，增长13.84%。全县小春粮食作物播种面积46.24万亩，产量14.36万吨，增长0.4%。油菜播种面积43.94万亩，产量8.74万吨，增长12.71%；小麦播种面积37.39万亩，产量12.09万吨，增长0.2%。

表1 2020年中江县主要农产品产量

主要农产品	单位	产量	同比(%)
粮食	万吨	81.2	0.1
水稻	万吨	22.5	0.1
小麦	万吨	12.1	0.2
玉米	万吨	32.9	−0.7
马铃薯	万吨	3.4	0.4
油菜籽	万吨	8.7	12.7
蔬菜	万吨	47.5	0.1
水果	万吨	6.2	1.2
肉类	万吨	12.3	9
猪肉	万吨	7	14.3
牛肉	万吨	0.4	14
羊肉	万吨	0.3	5.3
禽肉	万吨	3.6	1.3
兔肉	万吨	0.9	2.8
禽蛋	万吨	5.3	1.4
水产品	万吨	1.1	5.7
牛奶	万吨	0.06	3.5

大春粮食作物播种面积169.37万亩，产量66.88万吨，增长0.05%。花生播种面积13.89万亩，产量2.9万吨，增长17.37%；水稻播种面积41.31万亩，产量22.46万吨，增长0.13%；玉米播种面积77.22万亩，产量32.9万吨，减少0.71%；红薯播种面积18.1万亩，产量5.63万吨，增长1.48%；大豆播种面积26.42万亩，产量4.07万吨，增长3.13%。

中药材产业。中江县龙泉山丹参白芍现代农业园区被评为首批省级现代农业园区，园区包括中药材标准化种植基地和加工物流园，发展标准化种植基地10000亩。全年整合高标准农田资金、扶贫资金、涉农奖励资金等财政资金9071.2万元支持基地建设，中药材产业基础设施配套日益完善。

蚕桑产业。全县桑园面积3.1万亩，发放蚕种44855张，鲜茧总产量1794吨。有蚕桑新型经营主体102个，其中农业公司16家（市级龙头企业1家）、专业合作社32家（国家和省级示范社各1个）、家庭农场6家、种植大户48户。申报国家专项债券“中江县蚕桑产业融合示范园区建设项目”，发行债券资金3000万元。全县开展蚕桑天气指数保险2916张，总保险费17.5万元，理赔2780张，赔付金额32.57万元。开展蚕桑养殖技术专班培训4期，培训520人。加大对蚕桑产业的支持力度，覆盖蚕桑新型经营主体50家，支持资金1890万元。

【林业】 全年参与义务植树活动人数达56万人次，植树160万株。完成营造林总任务3.65万亩，其中森林质量提升2万亩、人工造林1.65万亩。全年完成35426户退耕农户127.588万元直补资金兑付，资金兑付率达100%。完成2019—2020年度林草产业发展项目建设任务。组织林草工程技术人员采取到乡（镇）、到村（社区）、到小班实地检查方式对2019—2020年度林草产业发展建设项目0.5425万亩进行检查验收，项目建设合格率达100%。全年完成特色林草产业基地1.02万亩，其中青花椒产业基地0.2万亩、山桐子产业基地0.3万亩、笋用竹产业基地建设0.1万亩、桃李产业基地0.2万亩、中江柚产业基地0.1万亩、木本中药材产业基地0.12万亩。

竹产业。完成竹林改（扩）建面积1万亩（其中新建笋用竹林0.01795万亩），完成项目总投资494.9万元（其中中央财政林草改革发展专项资金200万元、引导社会资本投入294.9万元）。建成中江县富兴镇观碑国丰竹博览园0.04万余亩，完成项目总投资149.792万元（其中整合县级林草项目资金57.92万元、引导业主投入91.872万元），新栽植各类竹苗10余个品种，园区内竹品种达60余个。建成南华镇中江县涌泉休闲山庄、东北镇中江县锦上花休闲山庄2家省级竹林人家，并完成申报，完成项目总投资11.4684万元（其中整合县级林草种苗资金4.9484万元、业主自筹6.52万元）。

【畜牧业】 全年出栏生猪97.82万头、肉牛3.64万头、肉羊17.36万只、小家禽2206.25万只、兔693.48万只，肉类总产量122593吨，禽蛋总产量52986吨，实现畜牧业产值69.97亿元。全县有年出栏500头以上生猪养殖场500余户，年出栏肉牛100头以上规模场30余家，年出栏肉鸡35000只规模场80余家。建成2个部级和11个省级畜禽标准化养殖示范场。

动物疫病防控。严防非洲猪瘟等动物疫情传入，全县非洲猪瘟4个临时检查点累计出动监管人员13256人次，检查生猪运输车辆3036车次，共计生猪153273头；处置违法调运生猪车次7次，共计生猪450头。全县5个指定通道累计出动官方兽医6218人次，检查生猪运输车辆1543车次，共96372头。全年累计出动监管人员36180人次，检查屠宰场14235场次，监督屠宰场按要求凭“两证两章”出场，累计出动监管人员55654人次，检查生猪养殖场403523场次。

畜产品质量安全监管。严格执行检疫申报制度，全年共受理动物及动物产品检疫77990次，其中开出动物B证41534份31173275头（只、羽），动物A证1572份2602518头（只、羽）；开出动物产品A证130份1868093千克，产品B证34745份10004153千克。无害化处理工作持续开展，养殖环节无害化处理生猪11938头禽类、胎衣等产品496533.5千克。严厉打击生产、使用、销售假劣及违禁药物、添加剂和病害动物产品的违法行为，全县共出动执法车辆5683辆次、执法人员9236人次，立案查处各类违法案件7起，处罚款20万余元。

【水产业】 全县养殖面积3237公顷（其中稻渔综合种养面积595公顷）；成鱼总产量1.0568余万吨，增长5.68%；实现渔业经济总产值3.39亿元，增长9.56%，实现稻渔综合种养助农增收亩均400～5000元。加强渔政执法力度，出动执法车35架次、执法人员130人次，接受网络和电话举报14次，查获非法捕捞案件8起，没收并放流野生鱼类47.501千克。

打造“鱼米之乡”。起草《中江县“鱼米之乡”创建工作方案》，拟在中江县北、中、南3个片区辐射带动稻渔综合种养示范基地10万亩。加强项目整合及项目包装，整合项目资金1000余万元，撬动社会投资3000余万元，包装“中江县‘鱼米之乡’产业融合示范园项目”政府专项债券。印发《中江县2020年特色农业保险实施方案》（江府办发〔2020〕28号），与中国人寿财产保险股份有限公司签署西南地区首个渔业养殖天气指数保险协议。

【乡村振兴】 召开全县乡村振兴现场会4次，承办全市乡村振兴现场会1次。完成30个村11363户的农村户厕无害化卫生厕所改造任务，创建“美丽四川·宜居乡村”达标村100个、省级乡村振兴示范村3个、市级乡村振兴先进乡（镇）1个、示范村7个。

【扶贫开发】 全县2748户5935名贫困人口达到退出标准，退出贫困序列，542户1327人脱贫不稳定户和986户2173人边缘易致贫户“一超六有”达标，全面完成年度脱贫目标任务。截至9月底，全县36213户84177名建档立卡贫困人口“一超六有”全面达标。

27名县领导、62个县级部门和183家企事业单位联系帮扶30个乡（镇）436个村，6838名干部职工结对帮扶所有贫困户，实现县领导联镇、部门包村、干部帮户全覆盖。确定每月17日为“扶贫走访日”，每周六为“扶贫工作日”，万余名县、乡、村干部职工走村入户。联系县领导每周到所联系乡（镇）、村开展脱贫攻坚工作。扶贫专项牵头部门不定期到乡（镇）指导督促工作推进，每月向脱贫攻坚领导小组汇报工作成效。各乡（镇）将每周二明确为乡（镇）“集中攻坚日”，抓好各项政策措施落地落实。统筹安排417家市（县）企业开展“万企帮万村”助力脱贫。推广中国社会扶贫网，广泛开展“人大代表再行动”“政协委员为扶贫做件事”等活动，引导社会力量捐资捐物。开展“扶贫助困·与爱同行”等公益活动，营造出浓厚的合力攻坚社会氛围。

生态扶贫。编制《2020年度中江县生态扶贫专项实施方案》，明确年度工作任务。利用现代科技手段准确核实扶贫对象“社保卡”信息，确保退耕还林管护项目和集体公益林项目等惠农惠民补助资金直接兑付到人、卡。做好扶贫资金兑付前期准备工作，按时完成资金兑付任务，全年共兑付退耕还林和生态公益林补助资金495.16万元，涉及贫困户8216户，资金兑付率达100%。整合县级林草项目资金201万元，采取“以奖代补”方式，完成生态扶贫产业基地建设0.4498万亩，1000余户贫困户参与。全年共争取市级生态扶贫项目2个，争取总资金56.35万元；建成龙台镇生态扶贫产业基地3个,发展栽植连翘、无刺藤椒、桃、李子等0.0627万亩,带动周边68户贫困户参与;建成继光镇生态扶贫产业基地1个,发展山桐子栽植0.03万亩,带动周边36户贫困户参与。组织相关股室对全县生态扶贫项目进行全面督查,保障农户尤其是贫困户的权益。

【乡村旅游】 启动四川盆底大地艺术景区、太安红泉桃花谷3A级景区创建工作。实施乡村旅游提升行动,加快推进中江石林谷、四川盆底大地艺术景区、中国挂面村、沼源博物馆等文旅项目建设,不断提升乡村旅游接待能力。策划的2020“情系英雄故里·漫游多彩田园”乡村旅游节会系列活动先后在辑庆、普兴、永安、集凤、仓山、柏树等地举办,共吸引游客400万余人次,实现乡村旅游收入28亿元。举办集凤镇芍药谷省级生态旅游(赏花)节会(分会场)1场次,指导集凤、永太等16个乡(镇)以乡(镇)为单位小规模范围举办各类生态旅游(赏花)节会16场次,共接待游客155万人次,生态旅游收入达3.1亿元。以林草产业为载体培育新的生态旅游(赏花)景点6个。

【农村水利】 全县共谋划实施重点水利项目21个,总投资77.59亿元,其中续建和新开工项目15个,总投资13.48亿元;加快前期6个项目,总投资64.11亿元。年度计划完成投资5.46亿元,已完成投资5.48亿元。在建水利项目于3月底前实现“应复尽复”。石泉水库成为德阳市首个省重点复工项目,提前200天封顶,总投资6.56亿元,累计完成投资5.11亿元,完成77.89%;黄鹿水库灌区节水改造项目总投资0.24亿元,整治渠道38千米,已完成总工程量的45%;继光水库灌区节水改造工程项目总投资0.26亿元,整治渠道48.292千米,已完工;响滩子右干渠工程总投资1.22亿元,已完成总工程量的60%。全年共排查防汛地灾重点区域和重点部位7236处,发现隐患1470处,完成整改808处;开展防汛演练190次;召开会商分析会17次;发布雨情水情信息7万条;报送动态信息53条;紧急转移安置人口0.48万人,确保防汛减灾“零死亡、零失踪、零责任事故”。实施农村饮水安全巩固提升工程,开工建设各类供水工程21处,已完工18处,完成投资2793万元;受益人口6.2万人,完成率为83.78%。完成全县23条(50平方米以上)河流管理范围划定,并组织开展成果验收。

精准扶贫。实施农村饮水安全巩固提升工程,全县农村饮水安全巩固提升工程受益人口任务数为7.4万人,完成投资2793万元,开工建设各类供水工程21处,已完工18处,新增受益人口6.2万人。“一县一策”,科学编制县级“十四五”供水保障规划,仓山水厂改(扩)建工程已完成总工程量的75%;响滩子水厂改(扩)建工程初步设计已完成。

【农业机械化】 全年完成小麦机耕37.3万亩、机播27.5万亩、机收36万亩,油菜机耕38.5万亩、机播10万亩、机械收获21.5万亩,水稻机耕41万亩、机播(机插)14.5万亩、机械化收获39.7万亩,玉米机耕76.5万亩、机播16.5万亩、机械化收获5.5万亩,主要农作物耕种收综合机械化水平达64.48%,增长0.05%。全县农机总动力达65.65万千瓦,增加0.5万千瓦。培育壮大农机专业合作社6个,社会化作业服务面积达17.5万亩,增加3.5万亩。新机具新技术推广取得成效,暗化育秧31万盘,推广机插秧同步侧深施肥1.55万亩。开展农机户技术培训,全年共计培训500人次。开展新机型播种试验3个,召开水稻机插秧、水稻机收和玉米机收现场会各1次。

【农村教育】 全县投入资金11436万元,新(改、扩)建农村学校59所、面积102574平方米;实施永兴学校、广福中学等教职工公共租赁住房项目建设,建成投用36套。完成2020年度农村学校55套液晶触摸一体机、3套远程课堂主播端配发。全面实施义务教育阶段“三免一补”政策,免除9.63余万名学生学杂费、教科书费、作业本费,发放贫困学生生活费补助资金2825.73余万元;减免3370名贫困家庭幼儿保教费,免除3712名家庭经济困难普通高中生、6987名家庭经济困难中等职业学校学生学费,资助普通高中家庭经济困难学生3712人、中等职业学校家庭经济困难学生990人,共发放资金198万元;办理大学生助学贷款1551.16余万元,惠及大学生2244人。以国培计划、名师工作室为依托,开展“专家下基层”和“名师送教下乡”活动13次。“励志奖学金工程”共计16万元,在“六一”前夕对全县400名品学兼优的贫困学生给予400元/人的奖励。开展“金秋助学”“我要上大学”等项目,争取资金17.5万元,帮助79名贫困学生圆了大学梦。“贫困青少年大病、慢性病救助”行动共救助辑庆镇唐菡等13名青少年,共计13.23万元。“特殊贫困家庭子女补助”行动共计15.8万元,帮助2020年脱贫的小学贫困学生395名,给予400元/人的资助。“暖冬关爱行动”24万元,对全县600名事实孤儿、特困青少年、“五失”青少年进行帮扶,给予400元/人的资助。打造继光镇蓝剑希望小学共计8万元,流动黄继光纪念馆宣传共计1.8万元。支持集凤镇搞好继光精神代代传活动,活动经费共计0.7万元。争取蓝剑集团慰问留守学生263名,每人1000元,共资助26.3万元。

【农村科技】 组织实施农业科技项目8项,其中获得省、市资金支持项目3项。实施“川丹参全产业链提质增效关键技术研究与集成示范”“稻虾稻蛙综合种类循环科技扶贫产业(示范基地)”“优质稻轻简化种植技术集成与产业化示范(科技示范村)”等农业科技项目。四川制药有限公司实施的“川产道地药材品质保障关键技术与产业化应用”项目获得2020年省科技进步奖一等奖。5月27日,四川省中江县2020“文化科技卫生‘三下乡’”暨环境卫生整治物资捐赠活动在永兴镇举行,组织科普成员单位开展科普知识宣传和科学防疫宣传,发放各类资料和物资9000余份。依托市派农村科技特派员及县内农业专家,开展产业现场科技服务323次,培训种养大户、新型职业农民4051人次;与企业、专业合作社、家族农场、专业大户等建立利益联结机制,与服务对象签订27个协议;为服务对象解决重要技术问题30项以上;引进示范或推广转化新技术35以上,建立示范基地24个。

【农村文化】 组织开展“送春联下乡”,覆盖30个乡(镇)45个场镇;组织开展“文艺小分队到基层”文艺演出8场次、春节庙会系列活动10余场次、“科技之春‘三下乡’”文艺演出1场次、中江庙会川剧演出50场次;受疫情影响,创新方式,采用邀请本地演出团队承办演出并给予演出补助的方式,举办中江县2020年文化惠民演出96场次;协助举办或指导乡(镇)开展各类赏花(瓜果采摘)节开幕式文艺演出7场次,共计217场次,受益群众达20余万人次。指导乡(镇)综合文化站、村文化活动室、社区文化活动中心在做好疫情防控的前提下持续实施免费开放,并组织开展基层群众文化活动220余场次;完成中央、省、县拨付乡(镇)文化站免费开放专项资金拨付225万元,确保免费开放工作正常运行,群众文化活动继续蓬勃开展。组织开展全县干部职工业余免费培训班、暑期免费文艺培训班450余班次,共计培训学员8500余人次。

【农村卫生】 全县共建居民纸质健康档案102.77万份,建档率达95.43%;其中建立电子档案102.57万份,建档率达95.24%。家庭医生累计签约66.86万人,其中重点人群签约31.85万人,贫困人口家庭医生签约8.2万人,实现“应签尽签”，常住人口家庭医生服务签约比例达63.45%。为计生特扶对象缴纳城乡居民基本医疗保险和补充医疗保险，投入资金61.144万元；为433名符合条件的特扶对象购买城乡居民养老保险，投入资金4.33万元；为1636名特扶对象、41名再生育关怀对象购买住院护理险，共投入资金33.54万元，全年理赔447人次、49.174万元；为43687户（人）独生子女父母发放奖励金360.912万元。应参加城乡居民医疗保险的建档立卡贫困人口参保率达100%。贫困人口中的常住人口家庭医生签约覆盖率达100%，“先诊疗后付费”“一站式”结算服务等政策全面落实。自脱贫攻坚以来，在册贫困人口累计免费健康体检8.36万人，体检率达99%。贫困人口县域内定点医疗机构住院和慢性病门诊维持治疗费用个人支付占比均控制在10%以内，依规转诊到县域外住院治疗得到有效救助。卫生扶贫救助基金专户全年实际拨付资金1574.17万元，惠及33712人次。

【农村法制建设】 开展农村普法宣传，发挥中江县司法局“獬豸”青年普法宣传队的作用，依托基层司法所、公共法律服务站（室）和村（社区）法律顾问等力量，为农村群众举办各类主题法治宣传40场次，提供法律援助案件400余件。社区矫正和安置帮教工作扎实开展，对两类特殊人群监管到位，社区矫正对象和刑满释放人员的重新犯罪率均严控在2‰以内。开展人民调解工作，加强矛盾纠纷排查调处力度，培训人民调解员2000余人次，排查纠纷3200余次，调解纠纷760余件，调解成功750件，涉案金额315.21万元，调解成功率达98%以上。主动融入乡村振兴，参与其规划制定，建言献策。主动参与、常态化开展禁毒、“扫黑除恶”、预防电信网络诈骗等，不断增强广大群众的法治意识。

【农村交通】 全县共建成农村道路567.6千米，总投资45276万元，其中县、乡道路75.6千米，村（社区）道路492千米。打通乡村“断头路”，投资13173.4388万元，完成继通路改建11.831千米；投资1196余万元，安装农村道路防护栏86.351千米；投资60.51万元，整治农村道路病害路面2326平方米。全县共开行农村客运班线104条，投入班线客车298辆；开行城乡公交线路10条，投入公交车辆40辆；改建客运站1个，新建招呼站牌539个。

【农村社会保障】 全县城乡居民养老保险参保人数达58.57万人，其中16～59周岁35.49万人、60周岁及以上23.06万人；向23.06万名城乡居民基本养老保险待遇领取人员发放养老金，累计发放2.97亿元。完成贫困人口、低保对象、特困人员等困难群体最低标准城乡居民养老保险费（100元/人/年）代缴19566人。从7月1日起，将全省基础养老金最低标准提高至每人每月105元（原每人每月100元基础上增加5元），并对年满65周岁及以上待遇领取人员加发相应的基础养老金，全县城乡居民养老保险基础养老金调待合计受益人数22.12万人，补发总金额924.05万元。完成城乡居民养老保险待遇领取人员资格认证共计22.12万人。配合省、市暂停并核查重复领取和死亡冒领养老金420人，追回金额5.1万元。

【农村生态建设及环境保护】 实施全域全年秸秆（垃圾）露天禁烧，印发水污染防治、大气“10+1”专项攻坚方案和土壤污染防治年度工作方案，推进打好污染防治攻坚战，抽测400辆柴油车。持续推进农村生活污水治理，省级农村生活污水治理“千村示范工程”争取省财政以奖代补资金933万元，对42个村进行农村生活污水治理，于6月开工、12月竣工。

【农产品质量安全监管】 推进农业绿色发展，连续8年实现化肥使用量负增长，连续4年实现农药使用量负增长。新增无公害农产品19个，“三品一标”农产品总数达130个，“中江柚”获得国家农产品地理标志认定。省级农产品质量安全风险监测任务完成率、例行监测合格率均为100%。

【农村市场体系建设】 加快推进农贸市场改造升级，凯北农贸市场、御河市场完成改造升级并投入运营。组织127家次企业参加17场次“川货全国行”“扶贫展”等市场拓展活动，促进销售中江产品2.5亿元。依托全国电子商务进农村综合示范县项目，健全县、乡、村三级物流体系，形成县有中心、乡（镇）有站、村有点的农村电子商务流通服务体系。协助邮政推进“快递下乡”工程，实施电信普遍服务试点，30个乡（镇）快递网点已实现100%全覆盖，有100个村已实现快递到村。全县宽带网络实现村村通，提升了农产品流通的基础设施条件，打通了农产品上行的“最后一公里”。运用各类线上线下交易平台，重点引导中江县“三品一标”扶贫产品开展网络销售。开展中江产品进社区等活动12场，销售农副产品8400万元。年丰菜籽油、雄健挂面等20余个“三品一标”农副产品在淘宝、京东、拼多多等电商平台销售，销售1亿余元。协助指导年丰、雄健、万凤、神龙等31家本地企业申请“四川扶贫”集体商标标识，55个产品取得“四川扶贫”集体商标标识，获得“四川扶贫”集体商标企业通过提供就业岗位、流转土地、收购农产品等方式带动建档立卡贫困户257户476人增收。抓好扶贫产品专区建设，年丰、万凤、雄健、颜氏、欣旺水果等20余家企业的扶贫标识产品进驻阳光盛源超市、洋洋百货超市、好又多超市、中江品牌馆4家扶贫产品销售专柜。组织96家次企业参加德阳市消费扶贫暨“四川扶贫”产品迎春年货大集德阳分会场、2020年“新春大拜年·深圳站”、第24届中国（四川）新春年货购物节、玉兴镇第三届乡村文化旅游节扶贫特色产品展销会、四川花卉（果类）生态旅游节分会场暨第八届中江芍药赏花节、成都美好生活展、德阳“千里眼”创业赛市决赛创客街、重庆双城消费节、“味美四川美味德阳”9场展销对接会，累计带动销售额达4300余万元。雄健、万凤、年丰、钟氏、颜氏、菇视界等10家企业通过京东、淘宝、天猫、阿里巴巴等线上开店销售“四川扶贫”集体商标产品，共计销售扶贫产品约3500万元。

【数字农业】 整合农业农村、供销、商务等部门资源，投入200余万元，建设以“品牌+数字”双驱动为核心内容的中江县数字农业服务中心，接入农业企业12家、农民专业合作社80家、家庭农场35家。中心依托农业大数据和农业物联网，为全县新型农业经营主体提供实时温度、光照强度、土壤肥力等依据。同时，整合农业生产、服务、销售资源，建设农业社会化服务中心，为农民专业合作社、家庭农场、农户等农业新型主体提供产前、产中、产后的供需对接，实现信息共享，打造农业版“滴滴”服务平台。

【劳务开发与返乡创业】 全县劳动力转移输出总量为51.3428万人，其中男性29.3333万人、女性22.0095万人，省内就业30.7913人、省外就业20.5515万人。开展劳务品牌培训3291人、返乡创业培训725人；新增创业人数2448人，创办企业2448家。组织贫困人口参加各类技能培训2152人，直接扶持贫困人口成功创业4人。维护农民工合法权益，开展用人单位日常巡查84次、专项检查62次；办理农民工工资拖欠案件88起，为512名农民工追回欠薪464.7万元；办理农民工法律援助案件130件，有效化解农民工维权纠纷5起，帮助70余农民工第一时间拿到薪资；解答农民工法律咨询500余次。共聚集返乡企业

81家，新增就业岗位3200余个，吸纳就业近3800人。对162名符合条件的创业者发放创业补贴109.8万元；对符合条件的自主创业人员发放创业担保贷款3310万元，完成目标任务的132.4%，带动就业7000余人。

【主要领导人】 县委书记：苏刚；县人大常委会主任：陈立贵；县长：李霞；县政协主席：杨晓刚；分管农业县委常委：袁海。

中江县编写组

绵阳市

【基本情况】 2020年，全市辖5县3区1市，辖区面积2.02万平方千米，其中主城区建成面积167.58平方千米。有人口528.5万人，其中常住人口141.97万人。

2020年，全市GDP3010.08亿元，增长4.4%，其中第一产业增加值370.95亿元，增长5.4%，贡献率为11.8%；第二产业增加值1174.36亿元，增长4%，贡献率为44.8；第三产业增加值1464.77亿元，增长4.5%，贡献率为43.4%。三次产业结构比为12.3∶39∶48.7。全年接待游客6272.06万人次，减少15.4%，其中国内游客6271.48万人次，减少15.4%；入境游客5734人次，减少19.5%。实现旅游总收入639.91亿元，减少11.3%，其中国内旅游收入639.84亿元，减少11.3%；旅游外汇收入106.88万美元，减少61.5%。

规上工业增加值增长5.1%；社会消费品零售总额1394.26亿元；全社会固定资产投资增长10%。一般公共预算收入完成140.96亿元，增长7.5%，其中税收收入完成86.73亿元，增长8.2%。金融机构人民币各项存款余额5082.3亿元，增长14%，比年初增加624.51亿元；人民币各项贷款余额2812.66亿元，增长13.6%，比年初增加336.49亿元。

公路通车里程23652.86千米，公路客运周转量13.39亿人千米，减少37.6%；公路货运周转量68.61亿吨千米，增长6.3%。全年完成电信业务总量469.65亿元，增长43.3%。有固定电话用户119.22万户，移动电话用户643.01万户，互联网宽带接入用户193.32万户。

有各类学校1473所(不含高校、技工学校及职业培训机构)，在校学生73.21万人，教职工5.49万人，其中小学402所，在校学生28.36万人，小学学龄儿童入学率100%；普通中学207所，在校学生26.01万人；中等职业教育学校24所，在校学生4.4万人；学前教育幼儿园833所，在园幼儿14.35万人；高校15所，在校学生15.2万人，专任教师8236人。有公共图书馆10个，艺术馆、文化馆(站)299个，乡(镇)综合文化站273个，博物馆纪念馆15个，美术馆3个。广播覆盖率99.74%，电视覆盖率99.73%。有医疗卫生机构4857个(含社区卫生服务中心、村卫生室)，其中等级医院110个；病床位4.07万张；卫生人员4.62万人、卫生技术人员3.63万人、执业(助理)医师1.41万人、注册护士1.61万人。

【年度农业和农村经济运行】 2020年，全市实现农林牧渔业总产值631.15亿元，增长6%，其中农业产值279.24亿元，增长4.8%；林业产值30.73亿元，增长7.2%；牧业产值275.14亿元，增长7.9%；渔业产值24.22亿元，增长5%；农林牧渔服务业产值21.81亿元，增长5.7%。农村居民年人均可支配收入达19303元，增加1569元，增长8.8%；农村居民年人均生活消费支出达15038元，增加1047元，增长7.5%，其中食品烟酒支出5507元。农村居民恩格尔系数为36.6%。

【种植业】 全年农作物播种面积67.45万公顷，增长1.1%，其中粮食作物播种面积40.15万公顷，增长0.4%；油料作物播种面积17.44万公顷，增长2.6%。粮食总产量231.14万吨，增长0.3%，单产5757千克/公顷，其中大春粮食产量185.68万吨，增长0.2%；小春粮食产量45.46万吨，增长0.6%。水稻产量93.32万吨，增长0.1%；小麦产量36.9万吨，增长0.4%。油料作物产量46.75万吨，增长5.1%；蔬菜及食用菌产量206.6万吨，增长1.8%。

【畜牧业】 全年生猪出栏324.26万头，增长16.2%；牛出栏11.82万头，增长1.4%；羊出栏95.5万只，减少3.2%；家禽出栏7429.99万只，减少1.6%。

【林业】 全年完成造林面积65800公顷。有自然保护区13个，自然保护区面积29.87万公顷。全市森林面积112.74万公顷，森林覆盖率55.7%，提高0.2个百分点。

【农田水利】 全市有水利工程6.57万处，水利工程蓄引能力26.54亿立方米，实际供水18.62亿立方米。年末耕地有效灌溉面积22.15万公顷。

【文旅项目建设】 11月6日，2020绵阳市文化和旅游发展大会召开。全市文旅产业重点推进项目63个，其中在建40个，计划完成投资122.89亿元，实际完成投资125.18亿元，完成率达101.86%；第六届中国(四川)旅游投资大会发布招商项目15个，投资690亿元；集中签约项目7个，已开工5个。建成方特东方神画、潼川古城、蝴蝶谷特色民宿聚集区等重点文旅项目。方特东方神画自开园以来，接待游客82.15万人次，实现营业收入1.49亿元，位于全国同期方特园区前3名。

【文旅品牌创建】 北川县创建为天府旅游名县；江油市入选天府旅游名县候选县并上榜“中国县域旅游综合竞争力百强县市”(全省6个)；江油市新安镇黑滩村获评“中国美丽休闲乡村”。“两弹城”景区创建为4A级景区，新增3A级景区4家，全市A级景区增至35家。新增文旅经营主体102个，总数达2921个。出台《绵阳市支持乡村旅游发展金融服务方案》，花间伴山、安逸·箱几等精品民宿落地运营。雁门镇青龙峡村等5个村入选省级乡村旅游重点村，杨家社区入选全国乡村旅游重点村。

【全域旅游】 完成《绵阳(江油)枢纽性文化旅游发展基地专项规划》《绵阳文化旅游精品线路建设提升方案》编制和首次文旅资源普查，共有文化资源120691项、旅游资源16812项，居全省前列。“两弹城”红色旅游入选全国红色旅游典型案例(全国60个、全省2个)，3条线路被纳入全省“十大非遗之旅”，2条线路进入全省“十大研学旅游”线路。江油市打造华强方特等文旅新地标；北川、平武、梓潼、游仙等地依托精品线路串珠成链，推动资源优势转为产业优势；涪城、安州、三台、盐亭、仙海等主动融入全域旅游格局，推动文旅多元发展。

【公共文化服务体系建设】 全年开展“送文化下乡”65场、“绵州大舞台”惠民演出103场，首批开放凯德广场等4个广场街头艺人表演试点。市新世纪农村电影公司(市艺术剧院公司下属子公司)、三台县文化执法大队获评“全国服务农民、服务基层文化建设先进集体”称号(全省15个)。完成全省首家市级网络视听监管平台建设，江油市入选省智慧广电示范区（全省10个），游仙区、三台县入选省应急广播体系建设（全省25个）。取缔"黑电台"窝点2处，109件作品参加"精彩短视频·记录新时代"省级展播。

【农村社会保障】 城乡居民社会养老保险参保人数220.01万人；城乡居民基本医疗保险参保人数412.12万人。农村最低生活保障标准为410元/月，享受最低生活保障补助的农村居民10.1万人，增长7.6%。

【文旅区域合作】 开发"绵阳旅游"微信公众号，以"绵阳观察""直播绵阳"文旅板块等为主，形成以"绵阳文旅"抖音号、众多本地KOL和"网络达人"为辅的融媒体矩阵。"绵阳旅游"微信公众号全年发文1139篇，粉丝突破10万人。举办"烟火绵阳·乐赏秋实"重庆推介及"向往的生活·寻找最美民宿""秘境之眼·2020美拍绵阳"等推广活动。与重庆市北碚区签订《促进绵碚文化和旅游融合发展合作协议》，建立七大合作机制，商定合作项目26个，已实施项目18个。依托"大蜀道""大九寨"等省级文旅联盟，继续加强与成都平原经济区重要城市的交流合作，实现官微互通。

【主要领导人】 市委书记：刘超；市人大常委会主任：付康；市长：元方；市政协主席：李亚莲；分管农业副市长：经大忠（6月止），郑志恒（9月始）。

绵阳市编写组

涪　城　区

【基本情况】 2020年，全区辖6镇7个街道，辖区面积554.47平方千米。户籍总人口74.97万人，其中乡村人口10.06万人、城镇人口64.91万人；男性36.89万人、女性38.08万人，男女性别比为1∶1.032。

2020年，全区GDP1065.91亿元，增长4.9%，其中第一产业增加值29.84亿元，增长5.4%；第二产业增加值489.07亿元，增长5%；第三产业增加值547.01亿元，增长4.7%。三次产业结构比为2.8∶45.88∶51.32。三次产业对经济增长的贡献率分别为2.2%、57.5%和40.3%。地方一般公共预算收入完成70.72亿元，增长10.1%。全年接待游客792.46万人次，减少14.35%；实现旅游总收入110.78亿元，减少13.64%，其中国内旅游收入110.71亿元，减少13.6%；入境旅游外汇收入95.49万美元，减少54.69%。

公路总里程1355.915千米。等级公路1313.702千米，其中高速公路55.903千米；等级外公路42.213千米。有本地固定电话用户29.31万户，移动电话用户178.28万户，互联网宽带接入用户52.03万户，"三网合一"用户82.34万户。

有小学44所，在校学生8.1万人，小学学龄儿童入学率100%；普通中学42所，在校学生9.8万人；中等职业教育学校9所，在校学生1.27万人；小学、普通中学、中等职业教育学校专任教师分别为3712人、6202人、451人。公共图书馆图书总藏量71.8万册。广播覆盖率100%，电视覆盖率100%。有各类医疗卫生机构（含诊所等）589个，其中医院、卫生院48个，疾病预防控制中心3个，妇幼保健站2个；病床位9551张；卫生机构人员14561人，执业（助理）医师4278人，注册护士5873人。

【年度农业和农村经济运行】 2020年，全区实现农林牧渔业增加值31亿元，增长5.8%。全年实现农林牧渔业总产值49.68亿元，增长6%，其中农业产值20.11亿元，增长4.7%；林业产值2.07亿元，增长6.5%；畜牧业产值22.7亿元，增长6.9%；渔业产值2.84亿元，增长5%；农林牧渔服务业产值1.96亿元，增长5.7%。全年农村居民人均可支配收入达23606元，增长8.9%。全年农村居民人均生活消费支出达18243元，增长6%，其中食品烟酒消费支出6546元，增长8.9%。农村居民恩格尔系数为35.9%。全年造林面积600公顷。耕地灌溉面积达10510公顷，农业机械总动力239732千瓦，机收面积15766公顷。全年化肥施用量（折纯）13179吨。

【种植业】 全年粮食作物播种面积20.69万亩，增长0.1%；粮食产量8.64万吨，增长0.4%。经济作物种植面积19581公顷，减少166公顷，其中蔬菜及食用菌播种面积17.02万亩，增长1.4%。

【农村社会保障】 城乡居民社会养老保险参保人数94636人；基本医疗保险参保人数941580人，其中城乡居民基本医疗保险参保人数515677人。农村居民最低生活保障2760人；农村"五保"供养887人。

【主要领导人】 区委书记：邓辉；区人大常委会主任：顾建；区长：张虚怀；区政协主席：张晓峰；分管农业副区长：林勇。

涪城区编写组

游　仙　区

【基本情况】 2020年，全区辖1个经济开发区1个经济试验区3个街道8个乡（镇）55个社区226个村，辖区面积1018平方千米，其中耕地面积96.32万亩，增长0.3%，人均耕地面积0.96亩；基本农田47.75万亩。年末总人口56.83万人（户籍人口），人口出生率5.31‰，人口自然增长率4.977‰。全区耕地有效灌面和保证灌面分别达到耕地总面积的86%和87%；本地水资源总量3亿立方米，人均占有水资源量527.89立方米。有林业用地6231万公顷，有林地面积6081万公顷，活立木总蓄积量147.19万立方米，森林覆盖率31.19%。

2020年，全区GDP376.38亿元，增长4.2%，其中第一产业增加值36.74亿元，增长5.4%，农、林、牧、渔及农林牧渔服务业之比为24.96∶1.63∶19.62∶3.02∶2.43；第二产业增加值136.29亿元，增长3.7%（工业产值437.28亿元，增长2.4%）；第三产业增加值23.36亿元，增长4.5%。三次产业对经济增长的贡献率分别为9.6%、3.7%和46.8%。劳务输出11.01万人，收入13亿元。全年接待游客920.4万人，实现旅游收入76.3万元。

公路通车里程1888.04千米（其中乡村公路1275.33千米），密度85.47千米/100平方千米，33.24千米/万人。社会消费品零售总额129.01亿元，下降1.5%。地方公共财政预算总收入完成10.75亿元，增长2.45%；公共财政预算总支出33.43亿元，增长12.82%，其中农业投入2.8万元。金融机构各项存款余额343.53亿元，比上年初增长39.6%；各项贷款余额287.68亿元，比年初增长37.45%，其中支持农业产业化发展项目贷款6464万元。全年农业保费收入5.3亿元，增长7%；处理各项赔款和给付金额6.09亿元。完成农业产业化项目15个，完成投资12亿元。农业产业化龙头企业省级、市级分别为8家、52家。

有各类学校157所，在校学生89895人，教职工5155人，其中普通高校9所，在校本（专）科学生14000人；普通中学15所，在校学生26744人；小学133（幼儿园100所）所，在校学生49151人；学龄儿童入学率100%。有文化馆1个，公共图书馆1个，博物馆1个。有卫生机构401个，病床位2100张，卫生技术人员512人。城乡居民基本医疗参合人数36.06万人，参合率102.4%；城乡居民养老参保人数19.22万人，参保率99.8%；被征地农民养老保险参保人数79人。

【年度农业和农村经济运行】 2020年，全区实现农业总产值66.73亿元，增长0.6%。农民年人均可支配收入达20628元，增长0.9%。

主要农产品产量见表1。

农业产业化发展。培育市级现代农业园区1个，建成高标准农田2.3万亩，粮食总产量突破24万吨，出栏生猪18.3万头，优质蔬菜种业园区被纳入省级现代种业园区培育项目。全年新增省级龙头企业1家、市级龙头企业8家；有家庭农场765家，其中新培育新发展家庭农场116家、市级示范场10家；培育省级农民合作社4家。乡村振兴政府担保贷款为新型农业经营主体推荐贷款1.064亿元，金融机构落实贷款3285万元。

农产品品牌战略实施。新增加“三品一标”农产品13个，达132个。“三品一标”新申报、续展、复查换证认证共计45个，无公害农产品复查换证率达90%。为全区2018年获得“三品一标”认证的8家企业、26个产品兑现奖补资金16.6万元。新建无公害农产品、绿色食品标准化基地5个。

现代农业园区建设。围绕“花果桑粮种药菜”特色产业要素，规划建设花舞游仙现代农旅、果满山川（葡萄+青梅水果）、优质蚕桑（桑梓家园）、稻渔共生、优质粮油和水稻制种、道地中药材、蔬菜种业（川菜硅谷）7个现代农业园区。完成回龙湾、青龙湾、印盒湾、金炉谷、红雨龙溪等沿乡村旅游环线及周边重点山湾农庄概念性规划策划，从产业发展、业态融合、文化创意、空间布局、管理运营等方面进行了规划设计。蔬菜种业（川菜硅谷）现代农业园区新发展订单蔬菜良种繁育基地4100亩，订单商品蔬菜生产面积近5000亩。实施高标准农田项目1866.67万平方米，已完成规划设计、项目招标等前期工作。推进燕子菜博园基础设施配套完善，改建内部道路4千米，新建小路部分已投入使用，对外连接桥梁已建成投用；完成电力迁改和杆、管、线等市政配套设施改造，通信设施改造已进场施工，燃气设施改线扩容供需双方已协商妥当，基本建成生产、科博展示等设施；生产管理用房主体基本完工，育苗工厂、“丰”字钢架大棚进入扫尾阶段，新建各类大棚设施1.76万平方米；完成园区农房风貌提升80余户、墙面主题彩绘10幅、庭院整治提升20户。从蔬菜种业园区培育项目中安排资金565万元投入科研相关项目，市农科院与全兴种业公司已引进、保存种质资源共1300余份，鉴定具有优异性状（高产、抗逆或其他特异性状）的种质资源30份。推动蔬菜种业园区专家工作站建设，组建专家指导小组，开展蔬菜品种测试评价、展示推广，完成蔬菜品种展示1500余个，组织召开品种评价及观摩展示会。果满山川”现代农业园区于1月取得立项文件并启动项目融资，期间对接区级相关部门，取得可研批复、环评批复、建设规划许可、用地预审等一系列审批文件，12月取得农发行融资贷款批复（农发川信贷审批〔2020〕00475号），批准贷款金额22000万元；11月进行勘察设计单位招标及监理单位招标，委托游仙区耀东公司承建；与仙鹤镇沟通协调地块面积，与施工单位反复沟通建设任务清单、工期排序及施工组织。完成复检线路中8#、9#、23#道路的拓宽，共计约3千米，环线道路拓宽约2千米；完成葡萄避雨棚建设共计约350亩。

表1 2020年游仙区主要农产品产量

主要农产品	单位	产量	同比(%)
粮食	万吨	24	0.4
水稻	万吨	12.6	持平
小麦	万吨	4.8	持平
玉米	万吨	5.56	0.01
马铃薯	万吨	1.18	2
油菜籽	万吨	4.89	4.3
蔬菜及食用菌	万吨	19.95	3.4
水果	万吨	5.1	2.12
肉类	万吨	2.52	-2.4
猪肉	万吨	1.24	0.4
牛肉	万吨	0.08	4.23
羊肉	万吨	0.05	14.91
禽肉	万吨	1.15	-6.15
兔肉	万吨	0.11	13.67
禽蛋	万吨	1.03	7.9
水产品	万吨	1.32	-0.2
牛奶	万吨	0.17	-52

【种植业】 全区农作物总播种面积96.32万亩，增长0.3%，其中粮食作物播种面积57.85万亩，增长0.3%；油料作物播面26.58万亩，减少0.1%。粮食产量24万吨，增长0.4%；单产415.4千克/亩，增长0.4%。其中，大春粮食产量18.7万吨，增长0.5%；小春粮食产量5.3万吨，与上年持平。水稻产量12.6万吨，与上年持平；小麦产量4.8万吨，与上年持平；油料作物产量4.89万吨，增长4.3%；蔬菜及食用菌产量19.95万吨，增长3.4%。完成“三项惠农补贴”，其中耕地地力保护补贴86028户，资金3581.64万元；种粮大户补贴299户，资金219.39万元；稻谷补贴51344户，资金837.85万元。全区蔬菜生产面积（含复种面积）10.8万亩，总产量19.6万余吨；优质水果面积约3万余亩，产量5.1万吨，实现综合产值3.25亿元；中药材种植面积0.9万亩，综合产值达0.72亿元；花椒种植面积0.28万亩。全区经作产业综合产值达10.1亿元，助农增收在上年同期基础上增加5%以上。全区桑园面积7.7万亩，发蚕种10.82万张，生产蚕茧465万千克，蚕茧产值18843万元。

【林业】 全年零星植树60万株，森林蓄积采伐量5153.14立方米（包括限额指标内采伐2057.36立方米、工程征占等不占限额指标采伐3095.78立方米），折合木材出材量2140.53立方米；竹材产量261吨。游仙区大规模绿化工作获得市政府先进表彰1次和市林业局先进表彰3次。

大规模“绿化游仙”。实施城区绿化提升工程、城乡道路绿化美化、水岸生态林网、森林乡镇美丽新村建设工程、森林资源综合利用工程、湿地保护与恢复工程、绿化模范创建工程等十大工程，人工造林2.7万亩，封育管护0.6万亩，森林质量精准提升工程16万亩（包括中幼龄林抚育12万亩、低效林改造4万亩）实施环城彩林带建设0.7万亩、草原生态修复0.65万亩。

森林生态循环林业发展。通过天保工程、退耕还林工程、中央财政造林补贴、森林抚育补贴、欧投贷款人工造林、低产低效林改造等项目实施，投入资金21亿元，建成规模以上产业基地16个、面积10.5万亩（其中木本油料林3万亩、特色经果林4万亩、短周期木质原料林1.5万亩、珍稀观赏林木产业基地1.5万亩），发展林木种苗花卉生产基地0.5万亩，建设林下种养殖基地1万亩。

森林生态旅游建设。以近郊森林生态旅游项目带动农家乐120余家，利用森林资源10万余亩推动以森林康养等为特色的林业产业新业态的发展，实现林旅有机结合。全区实现林业总产值20.99亿元，农民林业人均纯收入2140元，全区生态旅游收入达6.19亿元。创建国家级森林乡村4个、省级森林康养基地4个、市级森林康养基地6个、市级森林康养人家7户。

森林防灭火。在全区开展全覆盖拉网式大调研、大检查、大排查活动，共排查涉林单位19个、重点区域27处、重点社区60个、责任村112个、旅游景点4处、林区输变电线路120余千米，发现重大隐患30处，全部整改。为全面提升森林防灭火宣传氛围，新增防火标识标牌2005个，印发宣传资料2000份、宣传物品10000份。新组建半专业扑火队伍1支、群众扑火队伍162支。开展全区"森林火灾扑救暨案件查处"演练1次。全区无森林火灾发生，森林火灾受害面积严格控制在0.1‰以内。

现代林业产业发展。以建设省级现代林业产业示范园为依托，推进现代林业产业发展。全面完成游仙区省级现代林业产业示范园区总体规划设计林业产业示范园区规划，范围涉及5个镇6个村（社区）单位，规划总面积6266.3亩。示范区建设规划总投资17886.5万元，已建设0.6万亩特色经果林产业示范基地，并争取到2020年示范区省级财政补助300万元。

【畜牧业】 全年生猪出栏180033头，增长6.9%；生猪存栏123402头，增长45.9%。全年猪、牛、羊、禽肉类总产量25192吨，减少2.4%。其中，猪肉产量12435吨，增长0.4%；禽蛋产量10268吨，增长7.9%；牛奶产量1656吨，减少52%。牛出栏4995头，羊出栏34671只，禽出栏约8239151万羽。蛋产量16503吨。新（改、扩）建畜禽标准化养殖场（小区）26个，全区规模养殖小区已达68个。农民畜牧业人均可支配收入占农民可支配收入的比重提高0.5%，畜牧业助农人均增收70元以上。

【水产业】 全区水产养殖面积45075亩，水产品产量13180吨；渔业经济总产值4.1136亿元，减少0.21%，水产业助农增收80元以上。渔政执法案件办结率90%以上；渔业船舶登记、检验率94%以上；改（扩）建稻虾基地621亩；新申请办理水生野生动物繁育许可证1处。

【乡村振兴】 全年实现农林牧渔业总产值66.72亿元，增长6%；粮食总产24万吨，增长0.4%。生猪生产有序恢复，年出栏18万头。农产品质量安全检测中心通过"双认证"评审。创建为省级实施乡村振兴战略工作先进区，新桥镇新民村、新桥镇柏龙村、仙鹤镇云水村被评为省级示范村，游仙区魏城镇，新桥镇新民村、新桥镇柏龙村、信义镇福星村、仙鹤镇云水村、魏城镇红岩村、忠兴镇酒店村被评为市级先进镇和示范村。全区农村卫生厕所普及率达99.2%，畜禽粪污资源化利用率达93.9%，农作物秸秆综合利用率达96.5%，魏城镇鹤林绿洲获评全国森林康养基地，农村人居环境整治三年行动通过省级验收。完成农村危房改造290户、土坯房改造11388户，配套农民健身工程项目130余处，农村地区建制村"双通"率、卫生饮水率、4G覆盖率、电气通达率等均达100%。两项改革"前半篇"任务基本完成，"后半篇"任务有序推进。土地托管做法入选全国农业社会化服务典型案例，农村集体产权制度改革试点经验被确定为全国典型经验，农村宅基地改革经验被省委农办《三农要情》专刊刊发。

【扶贫开发】 加强脱贫户"两不愁三保障"，坚持"脱贫不脱责任、不脱帮扶、不脱政策、不脱监管"，对联系的378户797名区级建档立卡脱贫户继续开展帮扶，继续落实医疗、教育、住房、低保、公岗、就业等兜底保障政策，防止发生返贫现象。对40户82名区级非建档立卡特殊困难户配备帮扶力量、制定帮扶措施，做好补短工作，防止出现新的贫困。

致贫返贫预警处置。1月2日，区脱贫攻坚领导小组印发《绵阳市游仙区脱贫攻坚致贫返贫预警处置基金使用管理办法》（绵游脱领〔2020〕1号），由区政府筹集建立100万元致贫返贫预警处置基金，对有返贫致贫风险的脱贫户和边缘易致贫户实施救助，防止返贫致贫现象发生。

贫困对象动态管理。为让贫困对象及时得到政策和帮扶力量支持，区移民和扶贫开发服务中心自9月开始将贫困户动态调整周期由一季度一次调整为一月一次，并及时将动态调整结果在全区公布，让贫困对象及时享受医疗、教育、低保、住房等救助政策，同时利用好致贫返贫预警处置基金，对贫困户、边缘贫困户等困难家庭给予及时有效救助，防止致贫返贫现象发生。

脱贫攻坚普查。11月24日—27日，由区纪委、区委绩效办、区移民和扶贫中心及各行业部门成立6个普查工作组在全区开展脱贫攻坚普查，聚焦"一超六有"，对所有区级建档立卡贫困户、边缘易致贫户全覆盖入户走访调查，对脱贫攻坚工作进行一次全面体检，建立工作台账。截至2020年年底，所有问题全部完成整改。

社会扶贫。10月16日，组织辖区爱心企业、集中办公区全体干部职工开展第七个"扶贫日"募捐活动，共募集现金40余万元，获得定向捐赠100余万元。发挥各类市场主体、社会公益组织和社会各界的作用，为贫困村、贫困户提供资金、项目、信息、技术等方面的帮助。在市第四届"脱贫达人"评选中，仙鹤镇龙文村村民李玉斌获得"绵阳市第四届'脱贫达人'奋进奖"称号，辖区企业海上海酒店有限公司董事长文健军、科航商品混凝土有限公司赵小平二人获得"奉献奖"称号。组织帮扶部门和个人开展多种形式的走访慰问活动，各帮扶部门和个人共为贫困户送去价值近10万元的物品，以高于市场价20%以上购买贫困户家禽粮油等近15万元。

对口帮扶。区移民和扶贫开发服务中心负责帮扶壤塘县扶贫开发局，出资2万元解决该局到川北医学院考察学习经费不足问题。响应全区通过"以购助扶"支持对口帮扶地区的号召，该中心采购壤塘县牛肉酱、木耳等农产品，价值5220元。

【乡村旅游】 全年接待游客920.4万人次，减少14.7%；实现旅游总收入76.3亿元，下降11.2%。全区有省、市重点文旅推进项目11个，在建项目4个，总投资37.29亿元，其中省重点文旅项目4个、市重点文旅项目2个。加快前期项目3个（朝阳时光项目、云凤农业综合体新型康养示范基地、梦想田园建设项目）。储备项目3个（中国科技城桃李春风小镇、青龙山大型文旅综合体，绵阳市游仙区小枧生态湿地公园二期）。

【农村水利】 项目建设。全区有在建项目7个，总投资14274.38万元，其中中央财政资金7840万元、省级财政资金2597.26万元、区级财政资金181.03、其他资金3656.04万元。有"8·11"洪灾灾后重建项目、石马镇党家脊堤防建设项目、2021—2025年防汛抗旱提升工程中央财政支持项目等拟建项目共25个，总投资32670万元，拟建项目均已编制方案，加快推进前期工作。

水土保持工作。完成《游仙区水资源综合规划》编制，综合治理建华乡石埡村水土流失面积8.12平方千米；完成2018年市级水土保持项目极乐水库水岸绿化2千米；完成2017年省级水土保持项目和2016年、2017年省级节水社会建设项目的扫尾工作；指导实施小枧镇2019年市级水资源费项目实施工作；落实2019年、2020年区级水土保持补偿费预算资金项目前期准备工作。

河长制工作。区级河长共巡河179次，发现涉河问题9起，整改9起。开展河湖管理保护大排查，共梳理出问题26条，已完成整改14条，剩余12条有序整改。完成涪江、芙蓉溪、魏城河等9条主要河流的“一河一档”、河长信息数据平台更新录入与管理划界工作。召开农业面源污染防治工作培训会议35次，培训1500余人次。开展典型选树活动，对35名镇级河长、61名村级河长、59名巡河员、12名河道警长、22名先进工作者、28个先进集体进行区级表彰。

安全度汛。修订游仙区《防汛总体预案》《超标洪水防御预案》编制工作，编制完成全区12座小(1)型水库的《防汛抢险应急预案》《水库大坝安全管理应急预案》《水库调度规程》。储备编制袋3000条、铅丝10吨、砂石料5万立方米、救生衣210件、冲锋舟1艘，补充自动水位雨量站1处、更换20处，供电保障4处；新建视频监测站点2处，硬件升级完善1处；新建简易雨量报警器40套、简易水位报警器10套、手摇报警器20个、无线预警广播(I型)10套。完成27处防汛隐患点、109处山洪灾害点“两张图”安装工作，并在受山洪威胁特别重要的30个危险区制作危险区警示牌、转移路线指示牌、避灾安置点标识牌，发放“防汛明白卡”3万余张。落实“三个紧急撤离”原则，组织抢险队伍232支、抢险人员4600人在“涪江”“芙蓉溪”“魏城河”等沿线重点镇(街道)开展防汛应急演练、培训20余次(超标洪水、应急抢险、救援转移)，参加应急演练2000余人。

春灌供水。投入310万元，完成整治渠道水毁346处，维修和更换放水口闸45处、闸房门16道、提灌站设备检修、维护和高压线路清障等。6月25日，完成22.5万亩栽插任务，实现满栽满插，灌区总供水量10640.5万立方米(其中武引供水6640.5万立方米)。

【高标准农田建设】 全区高标准农田建设项目总投资6916.39万元，完成高标准农田建设2.3万亩(高效节水灌溉0.35万亩)，修建沟渠54千米，整治塘堰10座，修建机耕路30千米、蓄水池5座、提灌站6座，土地平整3973亩，地力培肥2.1万亩，科技培训800人。探索实行多渠道项目管理工作机制和项目建设升级提档新方式。

【农业机械化】 中央下达全区农机购置、报废更新补贴资金700万元。全年发放农机购置补贴资金四批共计939.337万元(含2018年、2019年二批)，资金拨付比例达134.19%。农机购置受益农户和企业266家，补贴农机462台(其中购置拖拉机175台，联合收割机59台，旋耕机、微耕机192台，秸秆粉碎机4台，谷物烘干机4台，组合米机8台，插秧机8台，其他农用机械12台)，涉及农机销售企业7家。依据省农业机械报废更新实施方案，制定《绵阳市游仙区农机报废更新补贴实施方案》(绵游农〔2020〕192号)，明确报废范围、补贴对象、报废种类、补贴标准、报废条件、回收企业的确定、操作流程和工作举措，推动农机报废更新工作的开展。

拖拉机和联合收割机年度检审。全年共举办农机驾驶培训5期，培训农机驾驶员47人次。拖拉机和联合收割机年检率达67%，超额完成年初任务，并给拖拉机、联合收割机上牌照191个。加强对农机使用者安全知识和操作技能的培训，在农机销售时，要求农机销售单位对购买者进行操作技能和安全使用知识培训，发放安全使用、维护清单。

【农业项目投资】 全年对上已争取2020年高标准农田建设项目、2020年中央财政农业生产发展资金项目、2020年幸福美丽新村建设专项资金等41个项目，合计2.09亿元。申报2020年蔬菜博览园建设项目、2020年洪涝灾害恢复重建项目等5个项目，合计1.2亿元。完成策划包装并储备游仙区2021—2025年高标准农田建设项目、游仙区高标准蔬菜生产及种业基地建设项目等12个项目，合计25.44亿元。

【农村文化】 全区共完成21个镇(场)综合文化站、3个街道综合文化服务中心、172个村(社区)文化活动室设施设备标准化建设，并全面对外免费开放。

文化阵地。全区建成24个镇(街道、场)综合文化站、172个村(社区)级文化活动室，均配备电脑、音响、乐器、表演服装等文化设备，基本满足镇、村两级开展群众文化活动。全年投入公共文化服务体系建设、农村文化建设、文化免费开放等项目资金400余万元，实现区、镇(街道)、村(社区)公共文化服务项目全面实现对外免费开放，累计参与受益群众30余万人次。

文化活动。组织开展“2020年游仙区群众文艺调演”。结合春节、端午、重阳等传统节日，依托“红色文艺轻骑兵”志愿服务队，开展“送传统戏曲下乡”、传统文化读书会、读书分享、送儿童剧“哪吒”进校园等各类文化文艺活动40余次。国庆节期间，举办“迎中秋·庆国庆”书画交流笔会，游仙辖区的书画爱好者20余人参加活动；组织人物、山水、花鸟等70余幅书画作品进行线上展览；组织18支队伍举办“迎中秋庆国庆”群众广场舞展演暨第六届“幸福游仙”广场舞大赛。开展“线上好书品鉴、交流”“学雷锋感言”“最美家乡话评比”活动，号召大家读好书、学雷锋、爱家乡，相关活动共收集群众投报读书心得30余份；推送线上“文艺慕课”活动20余期和读书推文30余期。

文艺作品。打造戏剧作品《山湾农庄的笑声》参加“2020年四川省乡村艺术节群众文艺作品比赛”，获得第三名。摄影作品《春天的“诗行”》入展。新冠疫情防控期间，通过网络平台组织全区文化志愿者开展“文艺抗疫原创作品征集”活动，共征集到音乐、美术、书法、文学、朗诵类原创作品80余件，并在“相约游仙”线上宣传平台向广大群众发布、展示。全区有乡(镇)综合文化站22个。全区广播覆盖率100%，电视覆盖率100%。

【疫情防控】 新冠疫发生后，全区迅速组建区委、区政府应对新冠肺炎疫情工作领导小组、应急指挥部和多个工作专班，全面聚焦人员摸排和社会管控，保障各类应急防护物资，开展“两大一好”活动，“早、快、准、实”推进复工复产复学，多措并举推进常态化防控措施落实。全区未发生聚集性病例和二代传染，无死亡病例。全年摸排管理境外及高疫区来游返游人员27512人，开展核酸检测78899人次；开展疫情防控卫生员培训2轮次，发放合格证书860份；开展社会卫生员培训3期，发放合格书700份；采集监测冷链食品各环节样品9913份；开展重要活动卫生防疫保障50次；疫情常态化防控指导督导实现全覆盖。探索“党员外卖”“红色货郎”等志愿服务配送模式，累计为高疫区返乡人员配送防护口罩6964份、体温表9800份、防控中药25425份、防控知识85981份、生活必备物资4723份，免费接送高疫区来游返游人员和辖区内高热患者100人。疫情防控期间，为全区1350名抗疫一线的医务人才和居住在游仙辖区的绵阳市援鄂医疗队员提供“一对一”的家庭服务，帮助协调解决其生活用品代购、快递代取、水电气费代缴和父母照料等现实困难。同时，开展家属慰问，按照每人600元标准发放慰问金80.22万元，发放慰问信1350份，为医务人才家属解决代办事项1余件。

【农村交通】 全区有乡道610.08千米、村道665.25千米。中玉路(玉河镇—梓棉乡)产业化道路全长8.016千米,拟建为四级公路,水泥混凝土路面,路基宽6.5米,路面宽6米,计划总投资8837万元,主体工程已完工。朝真乡止语产业化道路工程全长5.636千米,拟建为四级公路,水泥混凝土路面,其中止语山庄停车场路基宽6.5米,路面宽6米;止语山庄与主线交叉口至梓潼卧龙界处路基宽5.5米,路面宽4.5米,计划总投资3481万元,于3月全面完工。游仙区危桥改造项目共涉及桥梁11座,位于游仙街道、新桥镇、信义镇、盐泉镇、仙鹤镇、忠兴镇6个镇(街道),计划总投资834万元,预计于2021年1月全面完工。国道108线路面中修工程项目共分为二期,第一期游仙区国道108线2019年度养护工程项目(沉抗桥至芙蓉溪一桥)起点为沉抗桥,终点为芙蓉溪一桥,里程桩号K2061+000 ~ K2073+000,全长12千米,于9月底全面完工;第二期游仙区国道108线2020年普通国道养护工程提前实施项目(魏城镇关帝村至新桥镇锦屏村)起于魏城镇关帝村K2056+000处,止于新桥镇锦屏村K2061+000,全长5千米,于10月底全面完工。省道公路桥梁安全防护能力提升专项养护工程涉及区内省道210线、416线永和桥、广济桥、寇家拱桥、李家河堰、龙桥、罗家桥、麻石桥、齐心桥、双扇桥、兴凤桥、油房桥2等11座桥梁安全防护提升,计划总投资189万元,拟于2021年3月完工。"8·11"洪灾公路水毁整治工程第一批项目(胜黎路、中绵路、刘柏路)总投资662万元,其中胜黎路投资168万元、中绵路投资243万元、刘柏路投资251万元;第二批项目(魏城镇、忠兴镇、仙鹤镇、新桥镇、信义镇、盐泉镇、小枧镇)总投资487万元,其中魏城镇、信义镇、小枧镇、盐泉镇总投资280万元,新桥镇、忠兴镇、仙鹤镇总投资207万元,项目预计于2021年1月完工。

城乡公交建设。对全区建制村通道路通客车状况进行摸底调查,瞄准制约群众出行的"最后一公里",争取市交通运输局等部门的支持,协调市公交集团公司采取新增或延伸线路、迁移终点站等方法,新增4个村通公交车;协调(商)市公交集团公司投入25辆小客车(统一车型、颜色、标识),以魏城、忠兴为基站,采取预约式、响应式、定制包车、赶场车、往返乡村等非公交化的乡村片区运营模式开行乡村短途道路客运,具体为魏城镇牌坊村等48个不通"通返不通"客车的脱贫攻坚建制村群众出行提供服务。

养护管理。全年公路养护总里程1847.66千米,其中县道417.38千米,县道优良率90%;互通公路的乡(镇)占乡(镇)总数的100%,112个村通达率100%;公路绿化年90%。

【农村社会保障】 全区参加城乡居民基本医疗保险人数360634人,减少541人;个人缴费(含代缴)9016万元。参加城乡居民养老保险人数192194人,减少1324人。农村最低生活保障标准为410元/月,享受最低生活保障补助的农村居民累计61056人次。

【农村居民生活】 全年农村居民人均可支配收入达20628元,增长9%,其中工资性收入8772元,增长8.1%;经营净收入7566元,增长9.4%;财产性净收入755元,增长5.8%;转移净收入3535元,增长10.8%。全年农村居民人均消费支出16028元,增长7.9%,其中食品烟酒支出5514元,增长5.3%;衣着支出953元,减少2.5%;居住支出2957元,增长10.3%;生活用品及服务支出1021元,增长14.5%;交通通信支出2868元,增长20.1%;教育文化娱乐支出1103元,减少3.9%;医疗保健支出1311元,增长7.6%;其他用品和服务支出301元,减少4.2%。

【农村生态建设及环境保护】 全区新(改、扩)建农村生活垃圾分类收集点6667个、垃圾分类收集亭1010个;配备垃圾收集箱240个;新建农村生活垃圾压缩转运站13座;每村至少配备1辆人力垃圾运输车和1辆人力保洁车;配备一级生活垃圾转运车辆26台、压缩式对接垃圾车6辆、车厢可卸式垃圾车11辆、各类农村垃圾转运三轮620辆;农村保洁人员数量达2013人。全年处置存量生活垃圾填埋场19处;新增农村生活垃圾再生资源回收点269个乡(镇)、再生资源回收站22个,再生资源主要品种回收率达80%。

污水治理。编制《游仙区农村污水治理规划》,完成农村生活污水治理示范点建设3个;创建"水美新村"1个;治理乡村聚居点生活污水133个。全区改革后120个行政村、22个涉农社区其中98个行政村、22个涉农社区生活污水得到有效治理,治理率达83.3%。完成全区90%的农村黑臭水体重点对象专项整治;建成污水处理厂(站)25座,场镇覆盖率达100%,实现乡(镇)污水处理设施全覆盖,全部规范运行。

"厕所革命"。全区完成户厕改造11767户,新建公厕63座,改建村部公厕224座,农村户用卫生厕所普及率达95%以上,无害化率达90%以上。配备农村粪便抽运一体机255台;建成田间储粪池370个。

畜禽粪污资源化利用。全区修建大型集中供气池6个、集中供气池24个,改造16个养殖场粪污处理综合利用设施,全区畜禽粪污综合利用率达80%以上,规模养殖场粪污处理设施装备配套率达98%以上,大型规模养殖场粪污处理设施装备配套率达100%,畜禽粪污基本实现资源化利用。

面源污染防治。全区秸秆综合利用率稳定在96%以上,还田率达70%,农药包装废弃物回收率达70%以上,测土配方施肥技术到户率达95%,机械施肥占比达35%,农作物肥料利用率达38%。推广水肥一体化技术达3万余亩。

【农产品质量安全监管】 制定下发《2020年农产品质量安全监管与品牌培育工作意见》(绵游农〔2020〕112号)。开展试行食用农产品合格证制度及国家(省级)农产品追溯工作。制订下发《游仙区试行食用农产品合格证制度实施方案》(绵游农〔2020〕47号),对全区8个镇配备农药残留快速检测设备,同时进行快检培训,实现全区各镇农药残留检测设备全覆盖。区农产品质量安全检测中心取得《检验检测资质认定证书》和《农产品质量安全检测机构考核合格证书》。全年配合国家、省、市例行监督抽检蔬菜、水果、畜产品、水产品9次,共计抽检样品217个,合格率达99.9%以上。饲料产品质量合格达标率达100%,动物源性食品的兽药残留抽检合格达标率达100%,重大动物疫病免疫抗体合格率达100%,畜禽屠宰监管率达100%,兽药规范化管理率达100%,农药生产经营单位检查检查率100%。

【主要领导人】 区委书记:江彬;区人大常委会主任:何守君;区长:陈华斌;区政协主席:姜曦;分管农业副区长:林檬(10月止),刘辉(10月始)。

游仙区编写组

安 州 区

【基本情况】 2020年,全区辖1乡9镇,辖区面积1181.14平方千米,其中耕地面积56.6万亩,人均耕地面积1.53亩;基本农田48.65万亩。年末总人口44.1万人(户籍人口)。全区耕地灌溉面积36.735万亩,本地水资源总量17.69亿立方米,人均占有水资源量4490立方米。森林覆盖率40.21%。

2020年,全区GDP196.18亿元,增长3.5%,其中第一产业增加值34.54亿元,增长5.4%;第二产业增加值84.87亿元,增长2.4%(工业产值290.01亿元,减少3.86%);第三产业增加值76.77亿元，增长4.6%。全年接待游客1037.01万人次，实现旅游收入88.21亿元。

公路通车里程2521.81千米(其中乡村公路1616.91千米)，密度181.01千米/百平方千米，49.48千米/万人。社会消费品零售总额87.83亿元，减少1.4%。地方一般公共预算收入完成8.27亿元，增长11.8%；地方一般公共预算支出27.96亿元，增长1.99%。金融机构各项存款余额253.32亿元，比上年初增长13.05%；各项贷款余额154.81亿元，比年初增长15.81%。农业产业化龙头企业省级、市级、区级分别为7家、40家、1家。

有各类学校105所，在校学生50237人，教职工3202人，其中中等职业技术学校1所，在校学生1442人；普通中学18所，在校学生16886人；小学19所，在校学生22380人；学龄儿童入学率100%。有艺术表演团体4个，图书馆、博物馆、文化馆各1个。有卫生机构322个，病床位2055张，卫生技术人员2102人。城乡居民基本医疗保险参保人数36.8522万人，参保率99.51%；新型农村社会养老保险参保人数7.461万人；被征地农民养老保险待遇发放306.89万元。

【年度农业和农村经济运行】 2020年，全区实现农业总产值59.48亿元，增长6%；全区全年农业增加值达34.54亿元，增长5.4%。农民年人均可支配收入达20177元，增长8.8%。区级农产品定量检测合格率为100%。主要农产品产量见表1。

农业产业化发展。全年新发展家庭农场77家、省级示范场3家，新发展农民专业合作社23家，全区共有家庭农场326家、农民专业合作社563家。培育农业产业化市级以上重点龙头企业47家，其中省级7家、市级40家。通过"龙头企业+合作社+基地+农户"模式助农增收5亿元。

农用地产权制度改革。出台《绵阳市安州区农村集体资产股份合作制改革试点方案》和《安州区稳步推进农村集体产权制度改革实施方案》，成立绵阳市安州区农村集体产权制度改革领导小组，实行双组长制。全年共组织开展培训2场次，培训人员达300余人次。落实专项资金30万元用于农村集体产权制度改革的清产核资、成员身份确认，成员证、股权证印制等工作，清理农村集体资产14.74亿元，负债总额6.35亿元，所有者权益总额0.75亿元。完成农村土地承包经营权确权登记55.77万亩(二轮土地家庭承包耕地面积为41.13万亩)，颁证11.2万本，颁证率达98%。全面完成全区市域生态红线调整优化，划定全区生态保护红线面积约185.67平方千米。完成6个土地整理项目的技术核查、终验，其中5个区财政投资建设的项目约新增耕地指标3358亩，推动全区耕地资源总量增加、质量效益提升、生态功能改善。主动对接适应新《土地管理法》实施后的土地报批程序，对年内拟报批的重点项目逐一梳理，制订报批方案，经市政府同意已发布征地公告17批次，取回2019年组卷上报绵阳市2019年第18批乡(镇)和第31批城市建设用地2个批次，新增建设用地52亩。

表1　2020年安州区主要农产品产量

主要农产品	单位	产量	同比(%)
粮食	万吨	26.01	0.23
水稻	万吨	18.27	-0.09
小麦	万吨	3.88	0.33
玉米	万吨	3.16	-0.12
马铃薯	万吨	0.36	3.86
油菜籽	万吨	4.52	4.6
蔬菜	万吨	18.62	-2.7
水果	万吨	1.37	0.6
肉类	万吨	2.87	-2.9
猪肉	万吨	0.96	-14.2
牛肉	万吨	0.03	-14.1
羊肉	万吨	0.02	-9.9
禽肉	万吨	1.76	5.1
兔肉	万吨	0.03	-20.6
禽蛋	万吨	0.01	-22
水产品	万吨	2.32	—
牛奶	万吨	0.9	26.6

农产品品牌战略实施。全年新申报、续展、复查换证认证"三品一标"农产品共计9个，其中新申报绿色食品3个，续展1个；无公害农产品复查换证5个。全年对获得"三品一标"认证的农产品共兑付26.4万元。

现代农业园区建设。打造"一线两区五业十园"，即建设一个现代农业产业环线、发展山区特色产业和丘坝区优势产业，推动五大优质产业协同发展，梯次推进"杂交水稻制种园区、牧业现代农业园区、蔬菜园区、柑橘园区"等十大园区建设，已建成现代农业园区5个。依托园区发展"三品一标"农产品16个，培育专合社23家、家庭农场77家，搭建起"接二连三"的现代农业产业体系。

【种植业】 全区粮食作物播种面积57.3万亩，产量26万吨，增长0.23%；油料作物播种面积25.3万亩，产量4.52万吨。完成"三项惠农补贴"，其中耕地地力保护补贴114566户，资金4624.32万元；种粮大户补贴316户，资金197万元；稻谷补贴61477户，资金1348.55万元。新建高标准农田3.55万亩，其中高效节水0.47万亩。"两区"作物总面积41.3万亩。

【林业】 做好全区林地管理和林地占用征收工作，办理永久占用林地5宗、直接为林业生产服务占用林地9宗、临时占用林地1宗，全面完成2020年森林资源"双增长"目标任务。围绕建设"绿色安州·宜居花城"总体目标，继续实施大规模"绿化安州"行动，有序推进2019年度国家重点生态功能区生态转移支付资金项目、天然林保护工程、退耕还林工程、世行贷款项目等生态项目的实施。组织植树造林，全区森林覆盖率提升到40.21%。

【畜牧业】 全年生猪出栏约13.9012万头，牛出栏6455头，羊出栏13453只，禽出栏1116.5160万羽；蛋产量22270吨。全年实现畜牧业产值约26.4237亿元，畜牧业产值、增加值占农业总产值及增加值的比例增长44.42%。

【水产业】 全区水产养殖面积30675亩，水产品产量23244吨，增长0.09%；实现渔业经济总产值7.43亿元，增长3.5%，水产业助农增收20元以上。全年渔政执法案件办结率达100%以上，渔业船舶登记率达100%以上。

【乡村振兴】 全年创建实施乡村振兴战略命名的先进镇1个、示范村8个。安州区获得绵阳市市级实施乡村振兴战略命名的先进县(市)区1个、先进镇1个、示范村5个。获得四川省省级实施乡村振兴战略命名的示范村3个。

【扶贫开发】 全区投入707.7592万元，兜底保障30631人。全年实施医疗救助5372人次，救助金额209.1万元；教育扶贫救助2116人，救助金额214.31万元。脱贫人口“一站式报销”区内住院费用2281.9万元，个人支付占比控制在9.8%以内。

【农村水利】 全区耕地灌溉面积36.735万亩，年均蓄引提水总量2.53亿立方米（其中工程蓄水7260万立方米、引水12100万立方米、提水5910万立方米）。完成各类水利工程建设18916处，其中水库25座、中型灌区工程4处（一大渠、白水湖、铁骑堰、新勘堰）、山坪塘6800余口、石河堰234道、提灌站62座、机井1075口、渠道3950千米。农村饮用水检测覆盖全区10个乡（镇），共采集水样155份，合格85份，合格率达51.61%。

【农业机械化】 全年购置补申请农机具347台，申请中央补助资金622.762万元，受益农户210户。全年兑付农机购置补贴622.762万元，通过社会保障卡“一卡通”监管平台发放农机购置补贴资金459.21万元。开展安全检查72次、农机作业场所检查17场次，全年无农机死亡事故发生。

【农村文化】 全区建成乡（镇）综合文化站10个、村（社区）综合文化服务中心151个。117个农家书屋全部免费开放，年接待群众20余万人次。开展文艺演出100场次，惠及群众20余万人次。推进文明村（镇）、家庭等细胞建设，创新开展“百家看·千家比”活动，推行文明实践活动，教育引导群众10万余人次，实现村（社区）新时代文明实践所（站）全覆盖，区级以上文明村达70.9%。

【农村法制建设】 公共法律服务工作站室覆盖全区10个乡（镇）、151个村（社区），覆盖率达100%，落实“一村（社区）一法律顾问”全覆盖。建立乡（镇）、村（社区）、专行业调解委员会181个，乡（镇）、村（社区）覆盖率达100%，全年调解各类矛盾纠纷1258件，调解成功1220件，调解成功率达96.9%，全年未发生重大群体性事件和恶性案件。开展“送法进乡村”活动，设立宣传点20余个，悬挂横幅100余幅，张贴标语1300余条，刊登户外广告18处，发放宣传资料8万余份，发放新春法治大礼包400余份、法治文创产品3000余件。组织普法志愿者和法治文艺爱好者编排法治和禁毒文艺节目9个，到各乡（镇）、村（社区）等开展禁毒法治文艺巡演10余场，受教育群众达5万余人次。

【农村社会保障】 全区有农村留守儿童2832人、孤儿25人、事实无人抚养孤儿34人。开展安州区农村留守儿童和困境儿童关爱保护“政策宣讲进基层”活动，参训人员达170余人次，完成目标任务数的170%，社会工作人员在职在岗培训率达100%。为8名孤儿落实“福彩圆梦·孤儿助学工程”政策，完成目标任务的160%，共发放助学金4万元；免费为10名社会散居孤儿开展“明天计划”体检活动，完成目标任务的167%；开展“儿童福利信息动态管理精准化提升年”专项行动，启动关爱保护“政策宣讲进基层”活动，对170余名儿童主任、儿童督导员进行培训，完成目标任务的170%；做好全区23名孤儿、32名事实孤儿的救助管理，完成目标任务的137.5%，共发放孤儿基本生活费57.1万元、临时价格补贴1.35万元。六一儿童节对9名孤儿和18名事实无人抚养儿童开展走访慰问，完成目标任务的180%，共发放慰问金1.08万元。

【涉农招商引资】 全区引进农业项目3个，协议引资31.1亿元，其中重点引进东方希望集团安州区现代化生猪循环产业项目，投资30亿元。

【农产品质量安全监管】 全区在17个乡（镇）100余家生产企业和专业合作社宣传农产品质量安全知识。全年配合省、市例行监督抽检蔬菜、水果、畜产品、水产品3次，共计抽检样品97个，合格率达100%；饲料产品质量合格达标率达100%，动物源性食品的兽药残留抽检合格达标率达100%，重大动物疫病免疫抗体合格率达70%以上，畜禽屠宰监管率达100%，兽药规范化管理率达100%。

【农村市场体系建设】 全区特色农产品保险品种为蛋鸡养殖保险、生猪价格指数保险和猕猴桃保险，实际投保总额277.34万元，各级财政补贴182万元。鼓励区内各家保险公司开展保险业务，并按时拨付2020年政策性农业保险费用1004.9万元。

【主要领导人】 区委书记：姚永红；区人大常委会主任：赵奎；区长：胡斌；区政协主席：任晓军；分管农业副区长：刘军。

安州区编写组

江油市

【基本情况】 2020年，全市辖23个乡（镇）1个街道，辖区面积 272平方千米，有户籍人口85.4万人。

【文旅项目建设及招商引资】 到深圳雁盟文化产业园、广东古兜温泉小镇开展项目招引洽谈。利用绵阳市现代服务业大会“8+1”产业推介会推介江油辛夷花海、松花岭航空动力小镇等文旅项目11个。围绕青莲古镇等重点文旅资源开展委托招商、以商招商、线上招商，完成藏龙潭森林综合体项目、青沟乡村旅游区项目签约。加强与乡（镇）文旅项目联系，建立包片联系乡（镇）工作机制，结合文旅资源普查结果，对接乡（镇）文旅项目包装、招引和入库入统工作任务，推进“屏分春色”项目、“青山绿水”康养项目、吴家后山景区索道项目前期工作，指导藏王寨村归心谷旅游民宿项目建设。推进哪吒电音、皓月酒店等项目入库入统；加快推进李白文化产业园、桃花山汤泉酒店项目建设，推进云岩寺消防工程、东岳殿恢复、青林口消防工程文物项目建设。

【绵阳（江油）枢纽性文化旅游基地建设】 根据“突出特点、打造亮点、形成卖点”及“文旅融合发展思路和布局具体化、项目化”工作要求，优化规划，完善项目支撑，包装项目34个，规划已通过绵阳市政府常务会议审定。

【天府旅游名县和省级全域旅游示范区创建】 组织召开创建天府旅游名县培训会、誓师大会，邀请文化和旅游厅规划指导处专家对相关单位、企业进行创建工作培训，安排部署攻坚任务；邀请专家到江油开展创建辅导，合作开展旅游资源推介、招商代理等；市分管领导带队到北川、青川等地学习创建经验；结合指导专家组意见及全域旅游示范区验收工作需要，协调相关单位按照时间节点完成项目提升和资料整理报送。旅游集散中心、旅游厕所改建等项目有序推进。到成都市开展2020“李白故里·诗意江油”旅游资源推介活动，展示江油文旅形象。召开天府旅游名县宣传氛围营造工作会，全面启动创建天府旅游名县氛围宣传活动。

【公共文化服务体系建设】 组织李白纪念馆馆藏李白诗意精品书画作品到杭州博物馆举办文物外展。推进海灯武术、手工黄杨木梳等非遗传习所建设及红色文化展馆布展，开展红色文化史料实物征集。推进“百年铸魂·红色传承”红色文化展馆布展。完善线上公共文化服务，开设数字文化馆课程和网上图书馆，推出“云观展”等线上特色活动10余种，被《中国报道》等主流媒体报道、转发。策划举办“万人赏月诵中秋”文艺演出、国庆美术作品展览、“同喜同贺中秋国庆同欢同乐精彩圌岭”祈福之旅等文化惠民活动10余场次。落实乡（镇）公共文化场馆达标建设，结合两项改革“后半篇”文章相关工作，提升农村公共文化服务效能，指导有关乡（镇）做好乡(镇)综合文化站、村级文化活动室达标建设及整改,并配送文化设备。

【主要领导人】 市委书记:周涛;市人大常委会主任:胥红;市长:柳江;市政协主席:李平;分管农业副市长:薛长灏。

江油市编写组

梓 潼 县

【基本情况】 2020年,全县辖16个乡(镇)1个经济开发区,辖区面积1443.92平方千米,总人口38万人。

2020年,全县GDP148.94亿元,增长4.2%,其中第一产业增加值增长5.5%;规模以上工业增加值增长5.2%;服务业增加值增长4.3%;全社会固定资产投资增长15.7%;地方一般公共预算收入增长10%;社会消费品零售总额54.53亿元;农村居民人均可支配收入增长8.7%。全县接待游客521.48万人次,实现旅游收入68.41亿元。

【文旅重点项目建设】 全年计划投资4.4亿元,已完成投资4.7亿元,完成率达107%。省重点项目绵阳市"两弹一星"红色经典景区品质提升工程——红色旅游研学营地工程总投资3.008亿元,总建筑面积约5万平方米,涵盖研学区、研学住宿区、餐厅、学术多功能礼堂等基础配套设施,2020年计划投资0.7亿元,已完成投资0.88亿元。市重点项目绵阳"两弹一星"红色旅游经典景区建设(三线建设博物馆、航天科技馆)项目计划总投资4.5亿元,2020年计划投资1亿元,已完成投资1亿元,项目已完成可研、用地预审、立项和规划施工图编制。省重点项目梓潼县七曲山风景区配套及基础设施建设项目总投资6.9亿元,其中南北山门停车场、凤凰湖环湖路、步游道、七曲村安置点建设已全面完工,水观音景区维修改造工程、雷神庙维修改造工程和祈福朝圣广场加紧施工,2020年计划投资1亿元,已完成投资1.1亿元。市重点项目四川文化艺术学院梓潼校区暨四川(梓潼)大学生文化旅游产业创业园项目总投资30亿元,2020年计划投资1.5亿元,已完成投资1.52亿元。市重点项目卧龙牛头山农业观光园项目总投资7亿元,2020年计划投资0.2亿元,已完成投资0.2亿元。

项目包装。梓潼县七曲山编创"文昌圣境"沉浸式演艺项目拟招商引资5000万元,根据七曲山文昌文化内涵、元素等编创"文昌圣境"沉浸式节目,演出队伍培训、设备器材等具有独立演出运作能力,团队长期在七曲山凤凰湖开展演出和巡回展演。梓潼县海峡两岸文化交流基地提质改造项目拟招商引资4500万元,维修、改造文化广场14000平方米及相关附属配套设施,改建步游道7300米及相关附属配套设施,维修、改造观景楼约1600平方米及相关附属配套设施,维修、改造仿古景观建筑、书院及相关附属配套设施,维修、改造公共卫生间、休息亭约20个、景观绿化约80000平方米。拟与中国美院合作,在七曲山风景区建立中国美院写生基地。

【主要领导人】 县委书记:周琳;县人大常委会主任:杜林平;县长:刘强;县政协主席:敬友忠;分管农业副县长:汪敏。

梓潼县编写组

平 武 县

【基本情况】 2020年,全县辖6镇14乡(含12个民族乡),辖区面积5950.12平方千米。有户籍人口17.48万人,有常住人口17.48万人,其中城镇人口2.92万人,占总人口数的16.72%;乡村人口14.56万人,占总人口数的83.28%。男性9.09万人,占总人口数的52.02%;女性8.39万人,占总人口数的47.98%。出生1368人,死亡1498人。有林业用地面积48.61万公顷,占辖区面积的81.61%。新增森林蓄积27.42万公顷,森林覆盖率达77.46%。

【旅游项目建设】 结合旅游扶贫示范项目建设,逐步提升和完善旅游扶贫基础设施建设工程;通过多种渠道引进资金、整合项目投入,完成东西部协作扶贫项目5个、涉农整合资金项目1个、扶贫专项项目4个、省级专项资金项目1个。完成10个旅游接待点的道路、旅游厕所、生态停车场等基础设施改造和提升,全县新(改)建游客中心3个、停车场3个、旅游厕所6座、扶贫超市1处,并对旅游扶贫项目点的交易中心、游步道、休憩设施、卫生、安全设施等进行完善,乡村旅游环境得到优化。

【文旅市场监管】 全年开展各类专项行动12次,共出动执法人员380余人次,检查经营单位130余家次,责令整改6家,处理投诉举报2件,办理各类行政审批事项10项。

【公共文化服务体系建设】 全县有公共图书馆1个(图书藏量20.7677万册、阅览室座席356个),举办文艺活动201次。有国家级文物保护单位1个、省级文物保护单位5个。广播覆盖率100%,有线电视入户率38.5%,城区数字电视转换率100%。县级文化场馆、乡(镇)综合文化站、村(社区)文化活动室及农家书屋免费开放。文化馆免费开放场地300余次,举办各类艺术培训班2次,培训203人次;举办少儿优秀作品画展2次。图书馆借阅工作持续开放,流通3.4598万人次;162个农家书屋和16个社区书屋实现每周开放不少于5天,每天开放时间不低于4小时。发挥25个乡(镇)文化站点和162个村、16个社区文化活动阵地作用,对20名乡(镇)文化工作者、30名"三区"文化志愿者、县级非遗传人、农家乐业主、乡村文旅带头人进行业务培训。完成73个贫困村文化室巩固提升、162个行政村文化室设备购置、2个文化站陈列室建设、1个乡贤讲堂建设。

【文化惠民活动】 全年共组织开展文化惠民活动201场,其中"送戏曲下乡"150场,"非遗进校园"20场,文艺小分队宣演活动14场次,"文化下乡"、书画摄影展、新春音乐会、戏剧表演、百姓春晚、社区广场文艺展、车厘子采摘节音乐会、"非遗进景区""非遗进社区"、迎新春文艺汇演等惠民演出17场。创作防疫公益歌曲《我们的守护神》《渡过难关天地宽》,快板《阳光总在风雨后》,歌曲《鸽子花开幸福来》《杜鹃花开云朵上》《感恩情怀》等文艺节目。组织开展文化科技卫生"三下乡"集中活动1次、春节系列文化活动7场次、"文艺小分队宣演活动"12场次,"戏曲进乡村"150场已实施完成,保证每个贫困村的群众都能看上戏。释放基层文化阵地的惠民效益,每年免费培训基层文艺爱好者380余人次,指导基层文艺团队14支。

【广电建设】 对广播电视节目播出机构进行业务指导和行业监督,完成每季度广播电视节目的推荐评优工作及优秀作品上报36件,获得省、市级优秀作品表彰5件。全年安全播出工作零事故。完成广播电视节目传输、覆盖、检测;对县内广播电视节目播出机构进行常态化安全播出检查,确保县内群众收看到绿色、健康的电视节目,保障了在国家重大节庆期间电视节目转播的正常和安全。全面摸底调查全县困难群众看电视的情况,解决困难群众看电视问题,对摸排出的困难群众看电视问题户共计31户全部完成整改。发挥广电先锋作用,主动开展疫情防控政策宣传,在全县范围内开展防疫及森林防灭火广播宣传,利用"村村响"广播、LED屏幕、电视开机画面、车载扩音器、移动音箱、手持喇叭等进行宣传,不间断播放省、市、县疫情防控通告、最新疫情信息和政府防控工作动态。

【主要领导人】 县委书记:李治平;县人大常

委会主任：何充；县长：黄骏；县政协主席：廖玉平；分管农业副县长：郑茂君。

平武县编写组

北川羌族自治县

【基本情况】 2020年，全县辖9镇10乡，辖区面积3083平方千米。有户籍人口23.18万人。

2020年，全县GDP79.11亿元，增长4.3%，其中第一产业增加值14.66亿元，增长5.3%，贡献率为18.4%；第二产业增加值19.89亿元，增长3.5%，贡献率为27.7%；第三产业增加值44.56亿元，增长4.6%，贡献率为53.9%。三次产业结构比为18.5 ∶ 25.2 ∶ 56.3。全年接待游客753.87万人次，增长13.9%；实现旅游总收入61.44亿元，减少14.9%。

社会消费品零售总额32.12亿元，减少1.3%，其中乡村市场实现零售额12.39亿元，减少1.8%。地方一般公共预算收入完成4.16亿元，增长21.9%，其中税收收入2.91亿元，增长23.2%，占地方一般公共预算收入的比重为70.1%；地方一般公共预算支出24.86亿元，减少16.5%。金融机构人民币各项存款余额157.15亿元，增长16.7%。

公路通车里程2956.08千米，其中国道95.35千米、省道230.12千米、县道290.01千米、乡道637.73千米、村道1702.87千米。有固定电话用户4.09万户，移动电话用户23.75万户，互联网宽带用户7万户。

有公办幼儿园4所、民办幼儿园11所、附设幼儿班23个，幼儿教育阶段专任教师213人，在园幼儿5217人；小学24所、在校学生10970人，专任教师792人；普通初中10所，其中九年一贯制学校2所，在校学生5093人，专任教师480人；义务教育阶段学龄儿童入学率100%。普通高中1所，在校学生3031人，教师207人；职业中学2所，全日制在校学生5123人，专任教师212名。有公共图书馆1个，文化馆1个，乡（镇）综合文化站3个，博物馆1个，美术馆1个，非遗中心1个，剧场1个，影剧院1个。全县广播电视公共服务网点33个，广播覆盖率100%，电视覆盖率100%。有卫生机构379个（含村卫生室、诊所），其中二级及以上医疗机构6个；卫生技术人员1458人，执业（助理）医师472人，注册护士561人；实有病床位1587张；全年诊疗124.68万人次。

【年度农业和农村经济运行】 2020年，全县实现农林牧渔业增加值15.11亿元，增长5.7%，其中农林牧渔服务业增加值0.44亿元，增长13.6%。农村居民年人均可支配收入达15811元，增长9.2%；农村居民人均生活消费支出达13201元，增长7.5%，其中食品烟酒支出5388元。农村常住居民恩格尔系数为40.8%。

【种植业】 全年农作物播种面积3.19万公顷，增长0.3%，其中粮食作物播种面积1.88万公顷，增长0.5%。油料作物播种面积0.54万公顷，增长0.3%。全年粮食总产量8.6万吨，减少1.1%，其中大春粮食产量6.6万吨，减少1.4%；小春粮食产量2万吨，与上年持平。主要经济作物中，油料产量0.9万吨，增长1%；蔬菜及食用菌产量7.76万吨，增长0.3%；中草药材产量0.29万吨，增长0.8 %；园林水果产量 0.49万吨，增长0.3%；茶叶产量 0.08 万吨，茶叶增长0.8%。

【畜牧业】 全年生猪出栏19.51万头，增长11.4%；生猪存栏14.6万头，增长8%。牛出栏0.73万头，增长8.1%；羊出栏15.81万只，减少29.8%；家禽出栏91.13万只，减少11.6%。肉类总产量1.99万吨，增长1.6%，其中猪肉产量1.4万吨，增长10.5%；牛肉产量897吨，增长14.7%；羊肉产量2357吨，减少35.2%；禽蛋产量3690吨，增长3.5%。

【林业】 全县森林面积19.45万公顷，森林覆盖率65.8%。新增造林面积0.053万公顷。实有封山（沙）育林面积0.073万公顷，对森林实施有效管护面积达9.73万公顷。林产品产量2.67万吨，其中水果0.5万吨、干果126吨。

【农田水利】 全县有耕地面积1.72万公顷。有确权农田水利工程1294处，水利耕地灌溉面积达0.23万公顷，农田灌溉面积新增和改善灌溉达标面积2600亩。节水灌溉面积达0.21万公顷，堤防75千米。有农村供水工程189处，累计重点治理水土流失面积3.69万公顷。

【农村社会保障】 城乡居民养老保险参保人数6.89万人；城乡居民基本医疗保险参保人数19.12万人。农村最低生活保障标准为410元/月，享受最低生活保障补助的农村居民0.57万人，增长1.25%。有农村特困人员717人，其中集中供养52人。

【主要领导人】 县委书记：赖俊；县人大常委会主任：张周凯；县长：瞿永安；县政协主席：刘平安；分管农业副县长：唐丽。

北川羌族自治县编写组

三 台 县

【基本情况】 2020年，全县辖33个乡（镇），辖区面积2659平方千米，总人口139.12万人。

2020年，全县GDP407.45亿元，增长4.2%，其中第一产业增加值99.1亿元，增长5.5%；第二产业增加值124.89亿元，增长3.3%；第三产业增加值183.46亿元，增长4.4%。地方一般公共预算收入完成11.68亿元，增长5.3%。城乡居民人均可支配收入分别为37019元、18653元，分别增长6%、8.8%。

【文旅产业融合发展】 加快重点项目建设，潼川古城、印象涪江美丽岛升级为市级重点项目，潼川古城创建为3A级景区，印象涪江美丽岛创建省文化旅游融合示范项目并争取资金800万元。指导狂欢小镇3A级景区创建，优化业态布局。梓州杜甫草堂文化站提升完成方案预审。编制《文化旅游招商手册》，到福建、重庆等地推介鲁班湖、柳林坝等优质资源。推进乡村旅游发展，召开文旅产业领导小组会议，成立乡村旅游协会。开展文旅资源普查，编制《“两江一湖”乡村旅游总体规划》。安装乡村旅游标识标牌31处，指导北坝、潼川等城区周边农家乐提升服务品质。到绵阳市安州区等地学习乡村旅游先进经验，邀请西科大专家进行专题培训。抓好区域协同发展，举办三台—射洪文旅推介活动，联合规划云台观—金华山道教文化旅游等精品线路3条。与射洪市签订旅游路线合作协议，以互赠景区门票等形式构建区域文旅市场。到红原县开展结对帮扶工作。编制《文化旅游宣传画册》，利用新媒体宣传营销。推动文旅行业提质，指导“入规入统”，升级规上企业1家。完善文旅市场综合行政执法，下放执法事项2个。全面落实安全生产属地、部门、企业方责任，开展第三方“体检式、全覆盖、常态化”监管。组织开展消防演练，开展安全与市场秩序检查30余次。

【公共文化服务体系建设】 潼川豆豉博物馆和体验园、萧公馆、梁时民美术馆、郪江历史博物馆等特色文化阵地建成并免费开放。文化馆、图书馆打造提升加快实施。在全县规划区域文化中心2个，创建省文化扶贫示范村3个。疫情防控期间，推进线上服务，文化馆推送音乐、舞蹈等网上慕课400余门；图书馆免费开放中小学语文同步示范音频，推出“朗读打卡”服务，提供电子读物在线阅读服务；博物馆藏品在线开放，群众可“宅家”逛博物馆。策划组织2020年春节联欢晚会、梁时民美术馆开馆仪式等活动20余场，开展“送戏下乡”活动37场。举办郪汉文化活动周等乡村旅游节会10个，组织开展厨艺大赛、小吃大赛和乡土菜评选活动。为贫困村和重点补短村补充广播器材，补助建档立卡贫困户电视收视费。贫困村文化院坝（文化室）实施“补短板、强弱项”建设。开展文化活动，提升设施利用率。常态化开展“万名干部进农家”活动，提升帮扶对象认可度。

【文物保护】 完成云台观和琴泉寺安全消防、潼川古城墙应急抢险等文物保护项目。发挥博物馆研学、爱国主义教育功能，教育引导群众近万人。全县文物保护单位和馆藏文物无安全事故发生。编辑出版《三台诗词200首》，举办绵阳市2020年文化和自然遗产日活动。公布前七批县非遗名录，组织申报县第八批非遗项目和第四批非遗代表性传承人。

【主要领导人】 县委书记：马辉；县人大常委会主任：杨增辉；县长：李昊天；县政协主席：贺强华；分管农业副县长：汪楠。

三台县编写组

盐亭县

【基本情况】 2020年，全县辖16个乡（镇）1个街道，辖区面积1645平方千米，总人口62万人。

2020年，全县GDP174.43亿元，增长4.2%，地方公共预算收入完成4.02亿元，增长3.1%。规模以上工业增加值增长6.8%；社会消费品零售总额减少1.5%；农村居民人均可支配收入增长8.7%。

【文旅项目建设】 推进在建项目。嫘祖陵景区投资近1亿元，完成南大门、环湖路等建设。四川文化艺术学院西部写生创作基地项目投资1亿余元，完成环湖道路、龙门湖堤防工程。西部花都龙凤谷提升改造项目完成龙凤谷大桥主体工程，已启动游客接待中心建设。袁焕仙故居复建工程主体建筑已完成建设，即将进行装修和布展。同时，指导、协助西部水产、花果嫘乡、七里花乡发展乡村旅游。申报对上争取项目，将盐亭县中华龙凤谷景区旅游基础设施建设项目申报为专项债券，待发行债券资金1.6亿元。包装储备项目，挖掘资源特色，包装文星庙、袁诗荛革命烈士纪念园、金峰水库、高山森林公园等文旅项目53个。

【公共文化服务体系建设】 县文化馆完成评估定级网上填报，自评为国家一级馆。博物馆拟申报国家三级博物馆，已通过四川省博物馆学会和省文物局初次评定。投入200万余元，对乡（镇）、村级文化服务阵地进行补短强弱，完成龙凤谷和嫘祖陵两处旅游厕所建设。投入10万余元，编制完成全县应急广播体系及镇、村广播联网技术方案。疫情防控期间，“三馆”利用网络资源开展线上互动，实现“闭馆仍服务”。疫情稳定后，有序开放服务，错时延时服务群众15万余人次。举办流动博物馆展览活动3场次，服务群众0.5万余人次。推进全民艺术普及，组织开展文艺爱好培训300人次。推荐的抗疫题材公益MV《加油，武汉》被省委宣传部、省广播电视局评选为优秀作品，并在天府TV专题站、人民网、新华网、光明网、国际在线、今日头条、四川新闻网等多家媒体网站进行展播和宣传推广。组织开展“万人赏月诵中秋”“嫘祖故里大舞台走基层”“我的中国梦·文艺进万家”“印象天水美丽新村”等文旅活动30余场次。投入400万元，确保全县84个退贫村达到文化脱贫标准，实现广播畅通常响，4668户贫困户、38个敬老院（1760余户“五保户”和城市“三无”人员）、1332户农村散居“五保户”（含城市“三无”人员）、3089户农村低保户全部享受免费看电视，544户优抚对象家庭享受有线数字电视收视费减免。全县有2个村被省委宣传部表彰为“文化扶贫示范村”。

【文物保护】 全面完成文物资源普查，形成文物资源普查数据资料1026份。落实专人对文星庙、花林寺大殿进行日常看护。完成2处国保和16处省保文物的保护标志牌设立。对馆藏“光禄坂行碑”的研究成果在省文物局网站登载，《龙门垭摩崖造像调查报告》被国家级刊物《文物》登录。开展文物征集，接收北京萃林东方书画院院长李宏斌捐赠《瘟疫横行祸国民处处硝烟 中央发国除病毒郇郇防控》疫情防控书法作品1件，接收中国书协会员王佐捐赠书法作品36件、创作手稿21件、个人出版物3册、各类证书35份、学习文献54册；接收王泽堃捐赠收藏品26件。协同市考古研究所对巨龙镇红果社区张家坝遗址进行试掘调查，开挖调查探方7个，发现房基、灰坑、墙体等历史文化遗迹，出土石璧、陶罐、陶豆、鸟头形勺把等历史遗物，与三星堆文化二、三期文化面貌一致，初步确认为距今3200～3900年的聚落生活遗址。

【交通基础设施建设】 全年新（改）建旅游、产业路37.47千米，其中黑化华夏母亲嫘祖国家纪念公园至绵西高速金孔出口连接道路12千米、黑化盐蓬路至天水产业园道路8千米。新建生猪代养场连接线道路15千米，新（改）建连接格润中天道路2.47千米。开展危桥改造工程8座，其中4座已施工。下达新建农村公路建设计划8.12千米，已验收6.8千米。盐亭县三道咀水库道路建设工程挡土墙、路基土石方工程已完成。国道245线高渠至万安大中修工程已完成昆仑山隧道破损路面清除及边沟清理。盐亭县四川文艺西部写生基地（环湖道路建设项目）路基工程已基本完工。

【主要领导人】 县委书记：向赟；县人大常委会主任：何光明；县长：何长鹰；县政协主席：黄加伦；分管农业副县长：衡洪志。

盐亭县编写组

广元市

【基本情况】 2020年，全市辖4县3区23乡112镇7个街道，辖区面积16319平方千米，其中耕地347527.35公顷、园地17415.61公顷、林地1057475.13公顷、草地4816.5公顷、城镇村及工矿用地53518.27公顷、交通运输用地18688.79公顷、水域及水利设施用地52156.41公顷、其他土地80272.47公顷。有常住人口230.7万人，其中乡村人口122.2万人；户籍人口297万人。森林覆盖率57.47%，提高0.25个百分点。

2020年，全市GDP1008.01亿元，增长4.2%，其中第一产业增加值186.79亿元，增长5.8%；第二产业增加值392.93亿元，增长4.2%；第三产业增加值428.29亿元，增长3.5%。一二三次产业对经济增长的贡献率分别为20.6%、47.5%、31.9%，分别拉动经济增长0.9、2、1.3个百分点。三次产业结构比由上年的16∶40.6∶43.4调整为18.5∶39∶42.5。第一产业增加值占GDP的比重比上年提高2.5个百分点，第二产业增加值比重下降1.6个百分点，第三产业增加值比重下降0.9个百分点。

全年接待游客4584.45万人次，减少18.5%；实现旅游产业总收入484.38亿元，减少3.6%。

社会消费品零售总额419.24亿元，减少1.4%，其中乡村消费品零售额134.59亿元，减少1.2%。公共预算总收入完成96.23亿元，增长2.6%，其中地方一般公共预算收入烤完成52.62亿元，增长8.5%；一般公共预算支出289.02亿元，增长11.5%。年末金融机构各项存款余额1685.7亿元，增长8%；金融机构各项贷款余额1017.47亿元，增长10.5%。

公路客货运输周转量54.18亿吨千米，增长4.9%。全年电信主营业务收入17.55亿元，增长3.7%。有固定电话用户53.86万户，增长2.3%；移动电话用户260.36万户，减少5.3%；移动宽带用户普及率76.67%，固定宽带家庭普及率87.57%。

有各类学校742所（不含村小、小学教学点），在校学生38.72万人，专任教师2.81万人，其中高校5所，在校学生2.37万人，专任教师881人；中等职业教育学校12所，在校学生2.26万人，专任教师1227人；普通高中29所，在校学生4.51万人，专任教师3880人；普通初中126所，在校学生7.36万人，专任教师6804人；小学264所，在校学生14.89万人，专任教师12238人；幼儿园296所，在园幼儿6.86万人，专任教师2822人；特殊教育学校5所，在校学生662人，专任教师150人；工读学校1所，在校学生52人，专任教师17人。有国有艺术表演团1个，文化馆8个，乡（镇）综合文化站163个，博物馆（纪念馆）12个，公共图书馆8个。有广播电视台5个，广播覆盖率96%；有线电视用户43万户，直播卫星用户19万户，地面数字电视用户2.8万户，电视覆盖率100%，广播电视综合覆盖率98.1%。有医疗卫生机构3370个（含村卫生室）；卫生技术人员20302人，其中执业（助理）医师7173人、注册护士8811人；病床位24125张；每千人口拥有病床位9.02张，每千人口拥有卫生技术人员7.59个。其中，乡（镇）卫生院247个，病床位5333张，卫生技术人员4170人；社区卫生服务中心（站）22个，病床位366张，卫生技术人员494人；村卫生室2309个，乡村医生和卫生员2516人。

【年度农业和农村经济运行】 2020年，全市农村居民年人均可支配收入达14367元，增加1240元，增长9.4%，其中工资性收入5737元，增长6.8%；经营净收入5271元，增长11.7%；财产净收入225元，增长17.1%；转移净收入3134元，增长10.1%。农村居民年人均生活消费支出达12083元，增长9.6%。城乡居民人均收入比值由上年的2.55缩小为2.49。全年新增农田有效灌溉面积600公顷，发展节水灌溉面积1070公顷，综合治理水土流失面积31740公顷。年末农机总动力达295.28万千瓦，增长1.8%。化肥施用量（折纯）9.17万吨，减少5.7%。全年营造林面积2.95万公顷，其中造林面积0.9万公顷。

【种植业】 全年粮食作物播种面积469.3万亩，增长0.1%。粮食总产量159.4万吨，增长1.1%，其中夏粮产量39.5万吨，增长0.9%；秋粮产量119.9万吨，增长1.2%。油料产量27.16万吨，增长4.5%。

【畜牧业】 全年生猪出栏334.5万头，增长11.2%；牛出栏8.9万头，增长4.1%；羊出栏63.4万只，增长8.9%；家禽出栏3468.3万只，增长33.3%。

【农村社会保障】 全市参加城乡居民基本养老保险人数125.23万人，参加城乡居民基本医疗保险人数227.94万人。全年享受农村最低生活保障17.91万人，发放保障金3.4亿元。全年实施城乡医疗救助30.4万人次，资助城乡低保对象、农村"五保户"等18.9万人，救助额1.29亿元。

【主要领导人】 市委书记：王菲；市人大常委会主任：邓光志；市长：邹自景；市政协主席：杨凯；分管农业副市长：杨浩。

广元市编写组

利 州 区

【基本情况】 2020年，全区辖7个街道5镇3乡，辖区面积1538.53平方千米。有常住人口为621978人，其中男性人口304066人，占48.89%；女性人口317912人，占51.11%。人口性别比为95.64 ：100。有乡村人口149845人，占24.09%。

2020年，全区GDP338.59亿元，增长4.1%，其中第一产业增加值16.36亿元，增长5.3%；第二产业增加值150.54亿元，增长4.2%；第三产业增加值171.69亿元，增长4%。农村居民年人均可支配收入达14867元，增长9.7%，高于全市0.3个百分点，位列全市第一。

【文旅规划编制】 完成《利州区"十四五"文化旅游发展规划》和《利州区全域旅游规划》初稿编制。优化完善全区文旅发展总体布局，明确今后5年全区文旅经济发展的总体思路、具体目标和重点任务。完成文旅资源普查，普查文化资源100个、旅游资源1120个，其中优质旅游资源252个，为文旅产业规划编制夯实了基础。

【文旅品牌创建】 推进文旅特色小镇和乡村旅游重点村创建，白朝乡月坝村创建为国家级和省级乡村旅游重点村，白朝乡创建为广元市第二批文化旅游特色小镇。康辉国际旅行社有限公司被评选为广元第二批文化旅游产业优秀骨干企业。组织参加月坝全省网红打卡地、文创集市等品牌申报。

【公共文化服务体系建设】 按照"标准化建设、规范化管理、常态化运行"的总体要求，构建以区"两馆"为龙头、以乡（镇、街道）文化站为主体、以村（社区）综合性文化服务中心为补充的三级公共文化服务网络，全区文化建设呈现设施不断完善、服务供给有力、价值引领彰显的良好态势。

提升阵地建管水平。根据四川省村级文化服务中心建设标准，完成村级文化服务中心全覆盖建设。上半年通过行业扶贫"回头看"工作进行全面摸排、查找问题，为文化设备不足的贫困村补充购置电视机5台、电脑10台，制作并安装标识标牌300余件，因地制宜建设简易戏台20个，贫困村文化服务中心阵地建设全部达到"十个有"的建设标准，做到功能分区明确、标识标牌规范、软件资料齐备。持续做好场馆免费开放工作，全年区图书馆累计开放236天，开放时间1641.5小时，到馆人次6131人次；区文化馆累计开放245天，开放时间210小时，接待人次2万余人；乡（镇）文化站及社区文化中心累计开放336天，开放时间3740小时。

【群众文化活动】 连续举办利州区春节团拜会，举办广元市首届知客大赛启动仪式暨利州区宝轮赛区初赛选拔活动、广元市2020年"文化和自然遗产日"非遗宣传展示活动（利州专场）。参与筹备2020年"游遍四川"启动仪式暨"欢聚女儿节·畅游嘉陵江"游泳比赛及四川省"百城千乡万村"系列活动。疫情防控期间，举办2020利州"云"运动会，参加人数5000人。线下举办2020年广元市利州区"百城千乡万村"男子篮球联赛、"迎大运——2020世界自行车日骑行活动广元站"，承办2020年"滑启100"中国轮滑巡回赛广元站比赛。全年完成送图书到大石小学、白朝乡白马街社区、万源第一幼儿园、东山特校进基层活动4场次。

【非物质文化遗产及文物保护】 利用"文化遗产日""世界博物馆日"开展文物保护进乡（镇）、进社区、进重点工程宣传活动。组织利州区非遗项目参加第十届大蜀道文化旅游节非遗文创产品展示活动，国家级非物质文化遗产"白花石刻"传习所开展广元非遗之旅。配合市文广旅局在城区举办2020年"文化遗产日"宣传活动，将观音岩石窟石刻争取为现场主题之一。推进各级文物保护单位保护项目的实施，国家级文物保护单位——观音岩石窟总体规划已初步完成，市级文物保护单位——桓侯庙修缮加固工程已竣工并完成审计决算。提升文物保护单位等级，川陕省赤化县红军医院旧址（曹氏祠堂）申报为省级革命文物保护单位。完成文化资源普查，梳理出可移动文物878件、不可移动文物87件，国家级非遗项目1个、市级非遗项目6个（包括2020年新增第六批市级非遗1个）、县（区）级非遗项目14个。

【广电建设】 建立健全广播电视信号运行维护长效机制，将广播、电视的维修维护流程多频次、多渠道地进行宣传引导，确保广播电视故障报修及时。对照2020年度广播维修维护、无线地面数字电视发射铁塔及光缆线路维修维护、"户户通"终端设备维修3个项目的合同约定，完成计定的全区广播电视光缆线路全覆盖巡查，巡查总里程329千米。通过组建应急维修服务队、开通24小时服务热线、建立全覆盖巡查队伍等方式，全天候实现广播电视常响常通。

【主要领导人】 区委书记：李昱隆；区人大常委会主任：陈内召；区长：郭祖炎；区政协主席：陈蕾；分管农业副区长：张磊。

利州区编写组

昭 化 区

【基本情况】 2020年，全区辖12镇，辖区面积1434.71平方千米。

2020年，全区GDP719117万元，增长5.1%，其中第一产业增加值195375万元，增长5.8%；第二产业增加值283718万元，增长5.1%；第三产业增加值240024万元，增长4.5%。三次产业对经济增长的贡献率分别为25.37%、50.17%和24.46%，分别拉动经济增长1.29个、2.56个和1.25个百分点。三次产业结构比由上年的24∶41.6∶34.4调整为27.2∶39.4∶33.4。

【年度农业和农村经济运行】 2020年，全区有效灌溉面积19.56万亩，新建、整治渠系43千米，治理水土流失面积30平方千米。年末农业机械总动力达32.92万千瓦，增长0.9%；机收面积20万亩。年末实有森林管护面积81208.25公顷，森林覆盖率达56.63%。全年营造林4.046万亩，巩固退耕还林9.38万亩。主要农产品产量见表1。

表1 2020年昭化区主要农产品产量

产品名称	单位	产量	同比(%)
粮食产量	吨	126377.23	0.7
水稻	吨	60214.4	-0.02
小麦	吨	7811	-0.01
玉米	吨	38847	0.23
豆类	吨	3329.51	13.9
薯类	吨	16175.32	2.1
油料	吨	27128	3.1
蔬菜及食用菌	吨	427492	3
肉类总产量	吨	45620	7.3
禽蛋总产量	吨	3148	30.1
出栏生猪	头	547558	10.3
出栏牛	头	7935	12.4
出栏羊	只	65832	16.3
出栏家禽	万只	386.46	34.6

【种植业】 全年粮食作物播种面积24487.33公顷，增加232.33公顷；油料作物播种面积10708公顷，增加346公顷；蔬菜播种面积11910公顷，增加271公顷。全年粮食总产量126377.23吨，增加813.23吨，增产0.7%。油料产量27128吨，增产3.1%；烟叶产量750吨，减产50%；蔬菜及食用菌产量427492吨，增产3%。

【畜牧业】 全年生猪出栏547558头，增长10.3%；牛出栏7935头，增长12.4%；羊出栏65832只，增长16.3%；家禽出栏386.46万只，增长34.6%。全年肉类总产量45620吨，比上年增长7.3%，其中猪肉产量37897吨，增长4.9%。

【文旅项目建设】 全面完成昭化古城消防安保项目并通过竣工验收；天雄关修缮项目建设有序推进，完成总工程量的80%；怡心园、益合堂古院落修缮项目完成公开招投标，工程项目建设有序推进，完成总工程量的50%。申报四川省第九批文物保护单位和川陕苏区红色革命文物项目，全面完成长征国家文化公园规划编制资料收集整理任务。大蜀道文旅融合专项债券已到位4000万元。

【公共文化服务体系建设】 区图书馆桂香书屋分馆、210个村文化室（文化院坝）、农家书屋全面免费开放。分期实施区文化馆、图书馆、美术馆升级改造。组织创作战"疫"歌曲《有你就好》《山茶花下》，并参加省文联、省音协网上展播；创作方言快板《文明新风传万家》，并在市委宣传部主办的全市知客大赛颁奖晚会展演。

【主要领导人】 区委书记：陈正永；区人大常委会主任：贾小玲；区长：龙兆学；区政协主席：石含玖。

昭化区编写组

朝 天 区

【基本情况】 2020年，全区辖12个乡（镇）124个行政村15个社区，辖区面积1613平方千米。户籍总户数69019户，总人口199938人，其中农业人口171455人、非农业人口28483人。全年出生人口1942人，人口出生率8.44‰；死亡人口2207人，人口死亡率6.5‰；人口自然增长率1.94‰。

2020年，全区GDP712559万元，增长6.5%，其中第一产业增加值143919万元，增长5.9%；第二产业增加值335275万元，增长7.5%；第三产业增加值233365万元，增长4.9%。三次产业对经济增长的贡献率分别为14.8%、64.4%、20.8%，分别拉动经济增长1个、4.2个和1.3个百分点。

社会消费品零售总额213983万元，减少1.6%，其中乡村完成55583.9万元，减少2.6%。地方公共财政一般预算收入完成26808万元，增长5.7%；地方财政一般公共预算支出215687万元，增长21.1%。年末金融机构各项存款余额61.13亿元，增长2.9%，其中城乡居民储蓄存款余额47.63亿元，增长14.1%；年末各项贷款余额64.46亿元，增长16.4%。

公路总里程2207千米，其中国道43千米、省道133千米、县道398千米、乡道310千米、村道1323千米。按技术等级分，二级公路49千米，三级公路16千米，四级公路1824千米，等外公路318千米。全年完成公路运输总周转量27875万吨千米，增长2.6%，其中公路货运周转量27644万吨千米，增长3.1%；公路客运周转量2315.5万人千米，减少35.2%。完成邮政业务总量1827万元，增长11.2%；实现增加值660万元，增长2.4%。有各类学校49所，在校学生15180人，专任教师1330人。有医疗卫生机构258个，医院、卫生院技术人员936人，病床位1036张。

【年度经济和农村经济运行】 2020年，全区实现农林牧渔业总产值271549万元，增长6.5%。农村居民年人均可支配收入达14127元，净增1244元，增长9.7%。农村居民年恩格尔系数为38.7%。全年造林3833公顷，全区森林覆盖率达65.9%。全年实现林业产值3112万元，增长44.3%。全年水产品产量达220吨，实现渔业产值653万元，增长92.8%。

【种植业】 全年粮食作物播种面积28445公顷，粮食总产量11.97万吨；油料作物播种面积6491公顷，产量1万吨。持续擦亮“5+N”现代农业特色产业金字招牌，核桃种植面积达50万亩，产量4.72万吨。全区蔬菜产量88.5万吨，朝天区被认定为“菜祖文化之乡”。香菇、木耳（干品）产量分别达7446吨、886吨。蚕茧产量582吨。

【畜牧业】 常态化抓好非洲猪瘟防控，生猪产能稳步恢复。全年出栏小家禽318.85万只、生猪16.42万头，肉类总产量达1.82万吨；实现畜牧业产值128617万元，增长17.3%。

【农村水利】 双峡湖水库通过蓄水验收，兰坝、宣河、三滩堤防工程全面完工。新治理水土流失面积21.43平方千米，累计治理水土流失面积82.68平方千米。新建各类供水工程11393处。

【乡村振兴】 完成4个镇8180户全域新村建设任务，农村人居环境整治三年行动收官。创建省级乡村振兴先进乡镇1个、示范村4个，省级乡村治理示范镇1个、示范村2个，省级卫生乡（镇）1个、卫生村10个，两河口镇老林村入选“中国美丽休闲乡村”，朝天区被评为全国农村生活垃圾分类和资源化利用示范县。

【扶贫攻坚】 严格落实“四个不摘”要求，打好百日攻坚战、巩固提升战。504个扶贫项目全部竣工，剩余5户贫困户17名贫困人口如期脱贫，脱贫成效巩固提升。加强返贫致贫预警阻击，全区无一例返贫。通过国家脱贫攻坚普查和省、市脱贫攻坚成效考核。

【乡村旅游】 荣乐·养生谷等项目建设加快推进，荣乐大酒店投入运营，曾家山被评为“世界避暑名山”。争创天府旅游名县，举办第二届嘉陵江文化旅游节等活动，明月峡获评“巴蜀文化旅游走廊新地标”，朝天区创建省级全域旅游示范区。全年接待游客779万人次，实现旅游总收入53亿元。

【农村教育】 城乡教育一体化发展改革纵深推进，新（改、扩）建公办幼儿园4所，幼儿学前三年入园率达92%；义务教育适龄儿童少年入学率、巩固率均达100%。组建劳动教育联盟，全力保障疫情防控期间线上教学、网络授课，基础教育质量考核获得全市二等奖。

【农村文化】 曾家山养生文化展览馆等项目加快建设，朝天阁正式对外开放，脱贫攻坚主题电影《老兵刀锋》完成前期拍摄，举办中子铺细石器学术研讨会。改建全民健身中心1个，新建社会足球场1个，创建省级体育产业示范基地。广播电视公共服务实现全域覆盖，建成区、乡、村三级应急广播联播联控体系，广播电视人口综合覆盖率达100%。

【农村生态建设及环境保护】 打好污染防治攻坚战“八大战役”，建成秸秆回收综合利用体系。落实河湖长制，主要河流水质均保持在Ⅱ类及以上。平溪土壤污染治理修复项目加快实施，土壤环境质量总体稳定。全面禁食野生动物，完成长江流域重点水域禁捕任务。朝天区入选“美丽中国绿色发展十佳示范案例”，获评“新时代·中国最美绿水青山生态名县”称号。

【农村社会保障】 全面完成30件民生实事。城乡居民基本养老保险覆盖10.4万人，基本医疗保险参保率达98%以上。建立特殊困难群体医疗救助基金，实施各类医疗救助28952人次。城乡低保两次提标扩面，残疾人托养中心全面建成投运，社会救助体系不断完善。

【主要领导人】 区委书记：蔡邦银；区人大常委会主任：梁黎；区长：伏玉琼；区政协主席：张晓春；分管农业副区长：杨金军。

朝天区编写组

旺苍县

【基本情况】 2020年，全县辖23个乡（镇）257个行政村，辖区面积2987平方千米，其中耕地面积46401公顷。有总户数172279户，年末户籍人口436774人，其中女性211989人、男性224785人，分别占总人口的48.5%和51.5%；乡村人口324413人、城镇人口112361人，分别占总人口的74.3%和25.7%；人口出生率6.92‰，人口死亡率6.17‰，人口自然增长率0.75‰。有乡村劳动力资源21.87万人，乡村从业人员20.28万人。自然保护区面积2.4万公顷，森林面积21.83万公顷，森林覆盖率66.92%。

2020年，全县GDP138.89亿元，增长3.8%，其中第一产业增加值28.21亿元，增长5.8%；第二产业增加值62.09亿元，增长3.9%；第三产业增加值48.59亿元，增长2.6%。三次产业对经济增长的贡献率分别为24.9%、53.7%、21.4%，分别拉动经济增长1、2、0.8个百分点。全年共接待游客394.98万人次，实现旅游收入33.67亿元。

社会消费品零售总额48.96亿元，减少1.6%，其中乡村市场消费品零售额23.2亿元，减少1.7%。一般公共预算总收入完成7.71亿元，减少6.7%。地方一般公共预算收入完成4.39亿元，增长6.6%；地方一般公共预算支出33.36亿元，增长10.8%。年末全社会各项存款余额180.94亿元，增长11.7%，其中城乡居民储蓄存款余额159.6亿元，增长12.8%；全社会各项贷款余额91.7亿元，增长17.6%，其中短期贷款16.55亿元，增长19%。

公路总里程3079千米，其中等级公路2798千米、高速公路67千米；公路客运周转量7922万人千米，公路货运周转量73264万吨千米。全年实现邮电业务总收入2.8亿元。有固定电话用户5.77万户、移动电话用户36.49万户；互联网宽带用户11.34万户，增长13.7%。

有中心小学36所，普通中学20所，职业中学1所；有小学生20049人、普通中学学生16743人、职业中学在校学生2740人；专任教师3376人，其中小学1788人、普通中学1468人、职业中学120人；学龄儿童入学率100%；有文化馆（站）36个，其中乡（镇）文化站35个；图书总藏量51.41万册，其中公共图书馆藏书29.84万册。广播覆盖率100%，电视覆盖率100%。有医疗卫生机构493个（含村卫生室），其中医院16个，卫生院、社区医院37个，妇幼保健院1个，疾病预防控制中心1个，卫生监督所1个；卫生技术人员2431人，其中执业（助理）医师858人；病床位3211张。

【年度农业和农村经济运行】 2020年，全县实现农林牧渔业增加值28.8亿元，增长5.9%。农村居民年人均可支配收入达14429元，增长9.5%；年人均生活消费支出达12106元，增长9.7%。年末有效灌溉面积9390公顷；农业机械总动力32.97万千瓦，增长2.1%。全年农村用电量4160万千瓦时，农用化肥施用量（折纯）0.98万吨。全县15752户52590名建档立卡贫困人口全部脱贫。

【种植业】 全年农作物总播种面积6.55万公顷，增长3.7%，其中粮食作物播种面积4.34万公顷，粮食总产量23.58万吨，增长0.9%(小春粮食产量6.25万吨，增长1.7%；大春粮食产量17.51万吨，增长1.9%)。油料作物产量2.19万吨，增长13.9%。蔬菜产量24.76万吨，增长5.9%。

【畜牧业】 全年出栏生猪47.18万头，增长3.6%；出栏牛1.36万头，增长4.2%；出栏羊11.2万只，增长11.4%；出栏家禽360万只，增长39.3%。全年肉类总产量4.26万吨，增长4.2%，其中猪肉产量3.46万吨、牛肉产量0.18万吨、羊肉产量0.17万吨；禽蛋产量0.5万吨。全年生猪存栏35.54万头，牛存栏3.68万头，羊存栏6.1万只。

【主要领导人】 县委书记：唐文辉；县人大常委会主任：王尔敏；县长：余飞宇；县政协主席：赵俊科；分管农业副县长：李放。

旺苍县编写组

剑 阁 县

【基本概况】 2020年，全县辖27镇2乡，辖区面积3202.95平方千米，户籍总人口64.37万人。

2020年，全县GDP155.53亿元，人均GDP36338元。三次产业结构比为28.7：33.4：37.9。公共预算总收入完成46.6亿元，其中地方一般公共预算收入3.72亿元。农村居民年人均可支配收入达14135元。

【旅游项目建设】 全年储备文旅体产业项目40个，概算总投资167亿元。完善投资优惠政策，加大招商引资力度，全县文旅招商引资共签约项目19个，资金22.143亿元，到位资金10.8386亿元。加强沟通对接，向上争取文化旅游和体育专项资金2096万元。参与项目“大比武”，推进项目建设，全年完成固定资产投资2.1977亿元。完成红军血战剑门关遗址基础设施、鹤鸣山景区配套设施、碑垭粮油现代农业园区乡村旅游等项目。新（改）建旅游厕所8座，全部录入“全国旅游厕所管理系统”并完成百度地图标注。加快推进双旗美村·剑溪谷、剑门关林园宾馆、剑门蜀汉传奇高峰康养度假区等项目建设。推进剑门渡文化旅游区、剑门石斛康养旅游产业园、五指山旅游度假区等在建项目。

【公共文化服务体系建设】 完成县融媒体中心办公场地改造提升、剑门蜀道剑门—汉阳段—普安段和柳沟—武连段修缮、大蜀道博物馆建设方案审批和选址论证等前期工作。完成35个乡（镇）公共文化服务网点和425个村免费公共WiFi建设、365个村级分会场电视信号接入；新增广电数字电视用户3316户、广电网络宽带用户1527户，累计分别达到68658户、19056户；申报“四川智慧广电试验区”“应急广播体系建设”项目，争取专项资金500万元。

【文化惠民】 县图书馆通过微信公众号开展经典阅读、知识竞猜、儿童手作设计大赛等活动。全年组织开展“文化下乡”130场、“送培训下乡”7场、惠民演出11场；举办美术、书法、摄影作品展12次；举办书法、舞蹈、摄影、合唱、器乐等公益培训班共264课时，参训人员8256人次。全年县图书馆接待到馆读者35000余人次，县文化馆接待到馆人数2000余人次；各乡（镇）综合文化站、村级综合文化中心常年对村民开放。

【文旅扶贫】 文旅行业扶贫。完成村级文化室提升、广播电视设施维护、公益电影放映、农家书屋补充更新及双旗乡村旅游咨询服务点建设；剑门关镇元岭村、东宝镇长梁村、店子镇石岩村创建为文化扶贫示范村；开展文化旅游扶贫、广播电视技术等专项培训5次，共计培训1100人次；通过以购代扶的方式帮助贫困户增产增收累计资金20万元。

东西部协作扶贫。出台丽水市莲都区干部职工到剑阁疗休养优惠政策；到浙江省丽水市莲都区开展第二轮文旅促销，推出浙江户籍“100元旅游年卡”畅游广元活动。全年接待浙江到剑阁疗休养工作人员1000余人次；完成隐逸茶园沟山水度假区东西部协作项目包装。

行业扶贫“回头看”。抽派20名业务工作人员进驻乡（镇），围绕“两不愁三保障”“一超五有”标准，对2016—2020年期间实施的文化旅游扶贫项目开展“回头看”，对项目审批程序、建设进度、建设质量、资金管理四个方面进行清理排查，并分类开展整改，提高群众满意度。

【主要领导人】 县委书记：张世忠；县人大常委会主任：张大勇；县长：范为民；县政协主席：孔金山；分管农业副县长：张晓军。

剑阁县编写组

青 川 县

【基本情况】 2020年，全县辖12镇8乡（2个回族乡）178个行政村（社区），辖区面积3216平方千米。年末户籍总人口224001人，其中女性108263人、男性115738人，分别占总人口的51.7%和48.3%；城镇人口63283人、乡村人口160718人，分别占总人口的28.3%和71.7%；人口出生率4.84‰，人口死亡率5.16‰，人口自然增长率-0.32‰。

2020年，全县GDP520730万元，增长2.5%，其中第一产业增加值126768万元，增长5.6%；第二产业增加值135176万元，增长1.7%；第三产业增加值258786万元，增长1.7%。三次产业对经济增长的贡献率分别为45.6%、24.5%、29.9%，分别拉动经济增长1.1个、0.6个、0.8个百分点。三次产业结构比由上年的21.1：27.7：51.2调整为24.3：26：49.7。全年接待国内外游客980.8万人次，增长12.6%；实现旅游综合收入110.6亿元，增长12.5%。

社会消费品零售总额227065万元，减少1.4%，其中乡村零售额96297万元，减少1.3%。地方一般公共预算收入完成3.15亿元，年均增长15.9%。地方一般公共预算收入31460万元，增长27%；一般公共预算支出214342万元，增长17.9%。年末各项存款余额1047875万元，比年初增加100537万元，增长10.6%；年末各项贷款余额665741万元，比年初增加29670万元，增长4.7%。

公路总里程3241千米，其中等级公路2625千米。全年实现公路运输总周转量22978万吨千米，增长2.4%，其中公路客运周转量3404万人千米，减少43.2%；公路货运周转量22638万吨千米，增长3.6%。全年电信主营业务收入11610万元，增长2.3%。年末固定电话用户24113户，增长4.8%；移动电话用户185598万户，增长8.8%；互联网用户68483户，增长21%。

有各级各类学校73所，教职工2418人，在校学生19209人（普通高中在校学生2461人、职业高中在校学生1002人、初中在校学生3162人、小学在校学生8712人），其中幼儿园23所，在园幼儿3872人。有文化场馆1个，剧场、影剧院10个，公共图书馆1个，博物馆（展览馆）2个，农家书屋198个，社区书屋40个。全县广播覆盖率99.6%，有卫星地面站30914座；光纤电视用户4万户，有线电视入户率68%，广播电视覆盖率99.7%。医疗卫生机构331个（含村卫生室），病床位894张，卫生技术人员1111人，其中乡（镇）卫生院36个，病床位328张，卫生技术人员417人；村卫生室268个，乡（镇）医生、卫生员322人。

【年度农业和农村经济运行】 2020年，全县实现农业总产值253788万元，增长6.1%。农村居民年人均可支配收入达14134元，增长9.6%，其中工资性收入5192元，增长9.7%；经营净收入5261元，增长9.9%；财产净收入279元，增长7.8%；转移净收入3402元，增长9.3%；人均生活消费支出11949元，增长9.9%。农村居民恩格尔系数为36.4%，减少0.1个百分点。城乡居民人均收入倍差为2.41，比上年缩小0.07。

全年完成造林面积6万亩，森林面积达237141公顷，森林覆盖率达74.01%。年末农业机械总动力9.6万千瓦。全年组织开展群众性文旅活动近600场次，放映农村公益电影2376场。乔庄镇张家村、青溪镇阴平村分别入选2020年四川省乡村旅游重点村和全国乡村旅游重点村。

【种植业】 全县粮食作物播种面积44.46万亩，减少0.723万亩；油料作物播种面积18.21万亩，增加1.64万亩；蔬菜及食用菌种植面积6.6万亩，增加0.15万亩；药材播种面积3.75万亩，增加0.56万亩。全年粮食总产量12.71万吨，增产0.3%，其中夏粮产量2.54万吨，减产2.3%；秋粮产量10.17万吨，增产1%。油料作物产量2.05万吨，增产9.3%。蔬菜及食用菌产量11.96万吨，增产8.1%。药材产量0.81万吨，增产21.1%。茶叶产量0.8万吨，增产2.7%。

【畜牧业】 全年肉类总产量19064吨，增长3.8%，其中猪肉产量10915吨，增长1.1%；牛肉产量1540吨，增长2.4%；羊肉产量1259吨，增长8.9%；禽肉产量4507吨，增长23.7%。禽蛋产量4384吨，增长28.7%。全年生猪存栏101085头，增长22.5%；生猪出栏161991头，增长8.4%。

【农村体育】 完善全面健身设施体系，实现县、乡全民健身场所全覆盖，村级农民健身设施全覆盖。全县共建成健身路径328处、篮球场181处。开展全民健身活动，组织开展各类体育健身活动25余次。疫情防控期间全民健身中心限时免费开放，疫情稳定后恢复免费对外开放，全年免费对公众开放达10.3万人次。

【农村社会保障】 全县城乡居民基本养老保险参保人数107661人，城乡居民基本医疗保险参保人数181539人。全年发放十大救助资金563.14万元，救助困难群众11254人次。全县享受农村最低生活保障39179人，发放保障金3222万元。

【主要领导人】 县委书记：罗云；县人大常委会主任：王治；县长：刘自强；县政协主席：杨政国；分管农业副县长：罗建中。

青川县编写组

苍 溪 县

【基本情况】 2020年，全县辖31个乡（镇）454个村（社区），辖区面积2334平方千米。年末总户数26.46万户，户籍总人口74.29万人，其中非农业人口12.86万人、农业人口61.43万人。全年出生人口5119人，人口出生率6.35‰；死亡人口5067人，人口死亡率6.29‰；人口自然增长率0.06‰。

2020年，全县GDP179.76亿元，增长3.8%，高于全国平均水平1.5个百分点，其中第一产业增加值50.93亿元，增长6%；第二产业增加值52.97亿元，增长2.7%；第三产业增加值75.86亿元，增长3.6%。三次产业对经济增长的贡献率分别为37%、26.2%和36.8%，分别拉动经济增长1.4、1和1.4个百分点。三次产业结构比由上年的25 ：31.4 ：43.6调整为28.3 ：29.5 ：42.2。全年接待游客627.06万人次，减少18.2%；实现旅游收入43.72亿元，减少19.7%。

社会消费品零售总额71.36亿元，减少1.3%，其中乡村消费品零售额34.41亿元，减少1%。全年财政总收入18.46亿元，减少17.2%，其中财政一般公共预算收入6.43亿元，增长5.5%；财政总支出65.74亿元，增长15.2%，其中财政一般公共预算支出50.81亿元，增长11.1%。金融机构本外币存款余额343.78亿元，增长7.9%；金融机构本外币贷款余额163.63亿元，增长5.5%。全年保费收入10.48亿元，增长15.9%。

公路总里程3925千米，其中等级公路3613千米；公路运输总周转量71563万吨千米，其中客运周转量9206万人千米、货运周转量70642万吨千米。

有学校156所，在校学生82823人，教职工5635人（专任教师5405人）；初等义务教育入学率、完成率、毕业率均达100%，初级中等义务教育入学率、完成率、毕业率均达100%，农村青壮年文盲率控制在0.7%以下，脱盲学员巩固率保持100%。有文化馆2个，体育场1个，剧场、影剧院4个，展览馆1个，公共图书馆图书总藏量504.2千册。有固定电话用户11.5万户；移动电话57.3万部，每百人拥有移动电话77.2部；宽带用户25.3万户。有卫生机构73个，医院、卫生院病床位4069张，医院、卫生院技术人员2908人。新型农村合作医疗覆盖面100%。

【年度农业和农村经济运行】 2020年，全县实现农林牧渔业总产值88.78亿元，增长6.6%；实现农林牧渔业增加值51.72亿元，增长6.2%；农业对经济增长的贡献率为38.6%，拉动经济增长1.5个百分点。农村居民年人均可支配收入达14532元，增加1232元，增长9.3%。农业机械总动力88.12万千瓦，增长1.2%。全年农村用电量15716万千瓦小时，增长2.6%。黄猫垭镇创建为省级文旅特色小镇，黄猫垭红色生态旅游区创建为国家3A级景区。

【种植业】 全年粮食作物播种面积120.06万亩，增长0.4%；产量44.31万吨，增长1.8%。其中，小春粮食作物播种面积37.35万亩，减少0.4%，产量10.76万吨，增长1.1%；大春粮食作物播种面积82.71万亩，增长0.7%，产量33.55万吨，增长2%。油菜播种面积32.97万亩，扩种4.5万亩，增长15.8%；产量6.93万吨，增长10.1%。水果产量24.14万吨，增长12%。

【畜牧业】 全年猪（牛、羊、禽）肉产量8.09万吨，增长11.7%，其中猪肉产量6.59万吨，增长9.1%；牛肉产量0.29万吨，增长4.9%；羊肉产量0.15万吨，增长1.9%；禽肉产量1.05万吨，增长36.5%。禽蛋产量1.78万吨，增长19.4%。全年生猪存栏66万头，增长23.5%；生猪出栏93.3万头，增长15.6%。

【农业基础设施建设】 新建、整治山坪塘112口，新建、维修渠道20千米，新建防旱池10口，水生态治理21.43千立方米。新增灌溉面积5500亩，新增蓄水量38万立方米，建成高标准农田4万亩，高效节水灌溉0.4万亩。推广各类农机新机具10185台（套），新（改）建农村机电提灌站13座。全县畜禽粪污资源化利用率达95%以上，规模养殖场粪污处理设施装备配套率达100%，离禽粪污资源化利用率、废弃农膜回收利用率和秸秆综合利用率分别达94%、92%、93.1%。

【农村文化】 省级广播电视节目无线数字化覆盖工程完成建设并进入试运行。全县文体公共馆（场）所全年免费开放率达100%，举办线上线下活动120余场。开展梨花节、红心猕猴桃采摘节、广元美术创作苍溪站成果展等品牌活动19场和“送戏曲（文化）下乡”慰问演出活动234场、“抗疫”医务人员公益慰问演出3场。全县有线电视通村464个，有线电视通村率达100%。新增城乡有线电视用户5075户，累计入户11.2万户，其中农村入户7.2万户。

【农村生态建设及环境保护】 持续推进天然林保护和退耕还林两大生态工程，全县森林覆盖率达50.3%。建成集中供水工程146处、分散供水工程83处，解决116户345人饮水安全问题。启动10个乡(镇)污水处理设施建设，提标改造5个乡(镇)污水处理设施，建成乡(镇)污水处理厂(站)24座。开展生活垃圾分类试点，县、乡(镇)生活污水处理率分别达93%、89%以上，生活垃圾无害化处理率达95%以上。实施农村厕所、污水、垃圾"三大革命"，农村生活垃圾有效处理村达100%，污水有效治理村达69.1%，户用卫生厕所普及率达85.5%，村级公共厕所普及率达100%，畜禽粪污资源化利用率达98%，废弃农膜回收利用率和秸秆综合利用率分别达92%、93.1%。

【农村社会保障】 全年城乡居民基本养老保险参保人数31.88万人，城乡居民医疗保险参保人数56.03万人，城乡最低生活保障标准低限分别为590元/月、390元/月。全年享受农村居民最低生活保障5.02万人，发放低保金9891万元。集中供养农村特困人员3724人，发放特困补助金3265万元。全年实施城乡医疗救助53952人次，发放医疗救助资金1773万元；临时救助人口9554人，发放救助金787万元。

【主要领导人】 县委书记：张寿于；县人大常委会主任：冯明；县长：杨祖斌；县政协主席：王天会；分管农业副县长：张祥。

苍溪县编写组

遂 宁 市

【基本情况】 2020年，全市辖1市2区2县，辖区面积5325平方千米。

【年度农业和农村经济运行】 2020年，全市农林牧渔业总产值367.17亿元，增长8.5%，居全省第4位。农村居民年人均可支配收入达19727元，增长10.7%，居全省第5位。

【种养殖业】 全市粮食作物播种面积410.13万亩，增长0.63%；产量146.84万吨，增长1.78%，增速居全省粮食重点产区第一位。全市生猪存栏225.29万头，增长7.62%，其中能繁母猪存栏20.17万头，增长7.29%；累计出栏生猪359.6万头。落实粮食安全党政同责要求，创新撂荒地"三方共耕"模式，经验得到农业农村部、《人民日报》头版刊发推广。推进扩面积、攻单产、优结构、防灾害"四大行动"。生猪产业加快转型升级，在全省率先开展生猪活体临时收储，加大生猪周期调控力度。规划建设"楼房式"智能养殖场31栋，已建成17栋。统筹抓好非洲猪瘟等重大动物疫病防控，前三季度累计出栏生猪230.52万头，增长31.09%，居全省第8位；三季度末，生猪存栏234.71万头，提前完成省下达的任务。全域推进高标准农田建设"12345"工作法，全面完成高标准农田审计问题整改，新建高标准农田18.03万亩，省政府予以600万元配套激励支持。创建全省唯一的高标准农田整区域推进示范市。建立耕地土壤环境质量监测机制，设置长期定位监测点40个、调查点406个，常年开展监测评价。落实市级农机购置累加补贴，主要农作物耕种收综合机械化率达69.1%，超额完成省下达的目标任务。在全省率先实现变型拖拉机注销清零，提前3年完成目标任务。

【特色产业】 推进现代农业园区梯次建设，统筹布局48个现代农业园区，新培育省市级现代农业园区6个，新认定市星级园区6个、晋级4个，力争新创建和升级省级园区2个，船山区生猪种养循环现代农业园区被推荐为国家现代农业产业园。射洪现代种业园区加快建设。以优质粮油、现代畜禽、特色水果、绿色菌菜、道地药材、生态水产为主的六大特色产业带加快形成，新创建国家级农业产业强镇1个、"一村一品"示范村1个，新认定市级特色产业村15个。建设遂潼现代高效特色农业带，启动和新(改)建渝遂绵优质蔬菜生产带核心示范基地10万亩。融合发展深入推进，加快建设以遂宁高新区和农业园区为核心推进农产品加工区和仓储冷链物流聚集区，新增农产品田间地头仓储保鲜设施1万吨，农产品初加工率达61%，蓬溪县争创为省级现代农业烘干冷链物流试点县。推动农文旅等产业融合发展，新增"中国美丽休闲乡村"1个，新认定市级农业主题公园5个、示范休闲农庄40个，全市乡村休闲旅游共接待游客158.36万人次，实现旅游收入2.96亿元。加强农产品质量安全监管，推行农产品追溯和食用农产品承诺达标合格证制度，农产品质量安全省级例行监测合格率达98.8%。推进标准化生产，累计培育"三品一标"农产品628个，居全省前列。持续擦亮"遂宁鲜"区域公用品牌，开展网红直播带货，加快打造"遂宁红薯"等特色农产品品牌，"遂宁红薯"注册为地理标志证明商标。

【美丽宜居乡村建设】 实施乡村振兴"1151"示范工程，全面启动安居区海龙村等6个精品示范村建设，构建村容村貌美、服务设施美、生态环境美、富民产业美、社会和谐美"五美"乡村格局，推荐申报升级乡村振兴先进县1个、成效显著县1个、乡村振兴先进乡(镇)2个、示范村26个、重点帮扶优秀村5个。农业生态环境持续改善，迎接中央环保督察，开展问题大排查大整改，办理交办信访件22件。开展农业面源污染治理，化肥、农药实现零增长，率先整市建设农业投入品废弃物回收处理体系，全市畜禽粪污和秸秆综合利用率分别达96.6%、92.2%以上。全面实施长江禁捕，开展"打击非法捕捞"等执法专项行动，加强常态监管，实现"四清"目标。发挥农村工作组统筹协调作用，压实县、乡、村疫情防控属地责任和经营管理者主体责任，持续巩固农村地区疫情防控来之不易的成果，农业农村安全生产形势保持稳定向好。

【农业农村改革】 农村土地制度改革加快推进，在全省率先开通承包经营权信息应用平台，颁证率达99.8%；主推保底分红、经营权入股等模式，土地流转率达42.5%，两项指标均居全省前列。创新发展新型集体经济，深化全国农村集体产权制度改革整市试点成果，全市1109个村成立股份经济合作社，截至11月底，实现村集体经济总收益2673.9万元，村均2.4万元。率先在64个合并村开展集体经济融合发展试点。率先在市级层面全面推进乡村人才振兴学历提升，每年支持100名以上高素质农民开展全日制学历提升计划并全额补贴学费。实施新型经营主体培育提升行动，新培育省级以上示范农民合作社21家、示范家庭农场55家，累计培育农民合作社3230家、家庭农场8572家、市级龙头企业157家、现代农业产业化联合体10个，新培育高素质农民811人。全市获评全省农业生产社会化服务工作典型市，安居区绍兵农场被农业农村部办公厅公布为第三批家庭农场典型案例。投融资体制逐步健全，在全省率先探索乡村振兴农业产业发展贷款风险补偿金机制，市本级风险补偿金规模居全省第一位，累计发放农业产业发展贷款超13亿元，在贷余额6.7亿元。

【"三农"工作体系建设】 落实五级书记抓乡村振兴工作机制，成立市委书记、市长任双组长的市委农村工作领导小组，下设7个专项工作领导小组，协调推进各领域重点工作。加强统筹谋划，承办市委农村工作暨镇村两项改革"后半篇"文章工作会议、巩固拓展脱贫攻坚成果同乡村振兴有效衔接暨两项改革"后半篇"文章工作推进会议，牵头制订《遂宁新时代"美丽遂宁·宜居乡村"精品村建设行动实施方案(2021—2023)》《"美丽乡村全面振兴对标竞进行动实施方案"》等文件。通过多种形式宣传贯彻《中华人民共和国乡村振兴促进法》，推动相关部门落实法定职责。加强督导考核，出台《遂宁市县(市、区)党政和市直部门(单位)领导班子领导干部推进乡村振兴战略实绩考核办法(试行)》和2021年度考核实施方案，把考核结果纳入市委、市政府综合目标绩效考核。发挥乡村振兴实绩考核"指挥棒"作用，实行督导工作"两单制"，推动各项任务落实落地落细。

【涉农招商引资】 全市储备包装投资3000万元以上的农业招商引资重大项目13个，项目总投资94.2亿元，完成签约项目9个，累计签约金额63.987亿元，完成全年任务的100%；编制招商宣传手册项目20个，预投资金额67.69亿元。

【主要领导人】 市委书记：邵革军；市人大常委会主任：刘云；市长：邓正权；市政协主席：杨军；分管农业副市长：雷刚。

遂宁市编写组

船 山 区

【基本情况】 2020年，全区辖6镇1乡5个街道69个行政村48个社区，辖区面积367.1平方千米，常住人口约83万人。

【文旅重大项目建设及品牌创建】 龙凤古镇二期旅游基础设施建设项目、遂宁电影文化中心等市级重点项目完成全年投资12.2亿元。引进月星集团实施圣莲岛文旅提升项目，投资20亿元，在圣莲岛打造环球港·港口小镇，已签订框架协议。龙凤古镇环球港文商旅综合体项目已达成合作意向。圣莲岛玛歌庄园、1980文创项目、十里荷画乡村旅游精品民宿项目等建设有序推进。向上争取项目资金，圣平岛国际旅游度假区、龙凤古镇旅游基础设施等4个项目入选四川省100个重大文旅项目库。整合"大船山"资源，统筹市区38家责任单位，收集整理各类资料1100余份。编制完成天府旅游名县申报系列资料，做好第三轮申报准备。开展省级全域旅游示范区创建，制发《船山区创建国家全域旅游示范区工作实施方案》，梳理《任务清单》109项，明确10大类79项整改任务，同步推进迎检现场基础设施建设，进入省级全域旅游示范区创建单位之列。龙凤古镇获评"巴蜀文化旅游走廊新地标"。组织妙善·五色赋能丝巾、中国陶—圣莲花旗袍瓶等旅游产品参加2020四川特色旅游商品评选，分别获得各自类别的银奖。

【公共文化服务体系建设】 结合文化脱贫攻坚任务，编制实施《2020年船山区文化扶贫专项实施方案》。投入27.5万元，完成全区27个贫困村和2个乡村振兴示范村文化阵地巩固提升，设置73个村(社区)文化室图书阅览、多功能活动、信息共享服务、露天电影放映点等功能，为群众提供全方位综合服务。投入资金48.9万元，完成300户贫困户电视设施安装、7个行政村广播室信号并联、465个数字点位建设。全区有各类广播终端1025台(套)，整体通响率达90%以上，贫困户电视信号有效覆盖率达100%。推进"厕所革命"，完成1座旅游厕所建设。智慧旅游系统更加完善，完成智游船山小程序、旅游大数据中心、旅游监控指挥中心、智慧停车场、智慧厕所等建设任务。新建旅游咨询点2处、全域全景图5处，张贴宣传海报20余处。申报2020—2021年度全省智慧广电示范区，争取省级项目资金300万元。

开展线上公共文化服务。受疫情影响，开展线上惠民服务，建成数字图书馆和数字文化馆，加强特殊时期公共文化服务供给。区图书馆提供线上好书推荐、看书、听书、视频等服务，每日更新数字资源，推送各类线上视频讲座2500余期，累计点击量超过2.8万人次，直接服务微信读书群10个。区文化馆创新推出首个云上文化馆微信小程序，涵盖文学、哲学、绘画、摄影、音乐、舞蹈等艺术门类，包含上百种电子图书、视频、音频，满足群众各类文艺需求。推出"文艺战役"系列推文14期，线上阅读8000余人次。

【主要领导人】 区委书记：段勇；区人大常委会主任：蒲体德；区长：刘红军；区政协主席：袁旭；分管农业副区长：郑良。

船山区编写组

安 居 区

【基本情况】 2020年，全区辖16镇2个街道，辖区面积1258平方千米，其中耕地面积116.25万亩。年末总人口76.06万人(户籍人口)，减少0.87%。

2020年，全区GDP203.11亿元，增长5.9%，其中第一产业增加值45.09亿元，增长5.7%，农、林、牧、渔及农林牧渔服务业产值之比为47.3∶3.7∶43.8∶3.6∶1.6；第二产业增加值101亿元，增长6.3%(工业产值101.27亿元，增长7.7%)；第三产业增加值57.01亿元，增长4.7%。三次产业对经济增长的贡献率分别为41.2%、43.8%和14.9%。劳务输出32.44万人，收入46.66亿元。全年实现旅游收入371400万元。

社会消费品零售总额44.95亿元，减少1.4%。地方公共财政预算总收入完成9.56亿元，增长21%；公共财政预算总支出40.61亿元，增长3.4%。金融机构各项存款余额203.3亿元，比年初增长15.2%；各项贷款余额112.58亿元，比年初增长17.7%。农业产业化龙头企业省级、市级分别为4家、22家。

有各类学校112所(含民办)，在校学生62801人，教职工4245人，其中普通中学25所，在校学生22410人；小学39所，在校学生27351人。有卫生机构774个，病床位2969张，卫生技术人员1766人。

【年度农业和农村经济运行】 2020年，全区完成卫生厕所改造36837户，其中无害化厕所改造12092户。创建市级乡村振兴先进镇1个(三家镇)、示范村7个，省级实施乡村振兴战略示范村6个、省级乡村治理示范村3个、四川乡风文明名村1个。安居区通过省级农产品质量安全监管示范区复检。主要农产品产量见表1。

农业产业化发展。加强新型农业经营主体培育，新增现代农户家庭农场458个，达1235个；新增农民合作社41个，达744个。全国农民合作社国家级示范社5个、省级示范社22个、市级示范社31个；有家庭农场省级示范场25个、市级示范场42家。有省级重点龙头企业4家，有全省第一家种植业家庭农场——绍兵家庭农场，新培育省级农业产业化龙头企业1家。打造现代农业五大特色基地80万亩，撂荒地复耕3.7万亩，撂荒地复耕典型经验在中央电视台、《四川农村日报》头版头条和省《脱贫攻坚简报》宣传报道。创建省级三星级现代农业园区1个(安居区三家大米现代农业

表1　2020年安居区主要农产品产量

主要农产品	单位	产量
粮食	万吨	40.02
水稻	万吨	13.11
小麦	万吨	6.72
玉米	万吨	12.8
油菜籽	万吨	3.68
蔬菜	万吨	30.98
水果	万吨	0.71
肉类	万吨	7.05
猪肉	万吨	5.93
牛肉	万吨	0.04
羊肉	万吨	0.06
禽肉	万吨	0.88
兔肉	万吨	0.13
禽蛋	万吨	2.15
水产品	万吨	1.74

园区)、市星级园区2个、区级园区10个。

农村集体经济发展。全面完成农村集体资产清产核资,共清理出集体资产17.48亿元,其中经营性资产0.83亿元、非经营性资产16.65亿元、资源性资产141.98万亩。完成农村集体经济组织成员资格确认工作,共确认农村集体经济组织成员21.18万户、65.72万人。完成农村集体资产股权量化工作,量化资产总额13.01亿元,其中经营性资产0.28亿元。安居区获评"2020年度全省农村改革工作先进县"。

农产品品牌战略实施。新增"三品一标"农产品5个,累计申报"三品一标"农产品131个(其中有机产品34个、无公害农产品60个、绿色食品35个、地理标志保护产品2个)。遂宁市安居永丰绿色五二四红苕专业合作社(排行211位)、安居区春阳沙田柚专业合作社(排行261位)进入全国合作社500强排行榜。

【种植业】 全区蔬菜种植面积13.6万亩,产量32.18万吨,实现产值7.86亿元,其中在横山、三家、安居等镇建成绿色蔬菜基地面积3.2万亩。全区水果基地面积16.1万亩(其中柑橘8.7万亩、梨4.7万亩、桃1.1万亩、其他1.6万亩),产量8.85万吨,实现产值3.3亿元。全区农作物总播种面积158.2万亩,其中粮食作物播种面积115.7万亩,粮食产量40.02万吨;小麦播种面积25.8万亩,水稻播种面积25.5万亩,玉米播种面积33.8万亩,红薯播种面积9.8万亩("524红薯"5万亩)。油菜播种面积19.8万亩,产量3.68万吨。获得全市唯一的全省粮食生产"丰收杯"奖。

【畜牧业】 全年出栏生猪81.79万头、肉牛0.95万头、肉羊10万只、家禽1210万只、肉兔120万只,肉类总产量15.07万吨,实现畜牧业产值36.76亿元。完成101家畜禽养殖场粪污处理设施装备实现提升。新(改、扩)建畜禽标准化示范场28个。全年共检测"瘦肉精"3.27万份。全年查处违法违规案件9起,处罚金9.18万元。病死动物无害化处理中心共处理全市病害育肥猪39061头、仔猪12744头、小家禽79194羽以及屠宰废弃物47吨。承办全省粮食扩面增产暨生猪生产转型升级现场推进会。

【水产业】 全区生态水产养殖面积达1875公顷,规模化水产养殖基地净化设施设备率达50%。稻渔综合种养面积5074公顷,其中稻渔综合种养示范面积1300公顷,生产鱼苗4.8亿尾,投放鱼种1850吨,水产品产量1.742万吨,实现渔业经济总产值4.2亿元。升级改造规模水产养殖示范基地2个。全区监测水产品养殖基地49家,抽检样品134个,抽检合格率达100%。对辖区内79艘退捕船网进行集中处置,销毁网具1141张(套)。全年出动966人次,开展联合执法878次,劝离在禁渔期钓鱼人1000余人次,批评教育7人,查获电鱼案件1起,放生违法捕捞野生鱼100余千克。

【农业机械化】 全区有各类机械5万余台,其中拖拉机620台、谷物联合收收割机117台、机动脱粒机12978台、烘干机18台、水稻插秧机49台、无人机11台,农业机械总动力达25.3万千瓦。

【主要领导人】 区委书记:管昭(10月止);区人大常委会主任:邓立;区长:吴军;区政协主席:陈俊;分管农业副区长:余继德。

安居区编写组

射　洪　市

【基本情况】 2020年,全市辖21乡(镇)2个街道,辖区面积1496平方千米,其中耕地面积105.9万亩,增长0.01%,人均耕地面积1.11亩;基本农田60.58万亩。年末总人口94万人(户籍人口),增长0.03%;人口出生率9.06‰,人口自然增长率4.3‰。

2020年,全市GDP414.06亿元,增长3.8%,其中第一产业增加值72.41亿元,增长4.8%,农、林、牧、渔及农林牧渔服务业之比为41:3:51:2:3。劳务输出33.57万人,收入535000万元。

社会消费品零售总额155.33亿元,减少2.3%。地方公共财政预算总收入完成15.09亿元,增长20.5%;公共财政预算总支出81.57亿元,增长13.7%。金融机构各项存款余额449.29亿元,比上年初增长12.5%;各项贷款余额268.89亿元,比年初增长21.6%。

有各类学校241所,教职工8361人,其中普通中学34所,在校学生3.3万人;小学66所,在校学生4.11万人;学龄儿童入学率100%。有卫生机构1122个,病床位5136张,卫生技术人员5328人。新型农村社会养老保险参保人数69.26万人。

【年度农业和农村经济运行】 2020年,全市实现农业总产值100.99亿元,增长7.4%。农民年人均可支配收入达18652元,增长9.1%。主要产品产量见表1。

【乡村旅游】 文旅品牌创建。挖掘"子昂文化""诗酒文化"内涵,打造文艺精品,加大文创商品开发与经营力度,培育射洪特色文创品牌。承办遂宁国际诗歌周暨《诗刊》2019年度陈子昂诗歌奖颁奖活动,举办花开新时代2020年新春文艺晚会、螺湖半岛帐篷音乐周、"金秋赏月庆国庆"广场文化惠民等重大文旅活动。打造乡村文旅品牌,舍得玩酒节、瞿河镇彩菊文化旅游月、复兴镇红叶周等乡村文化旅游惠民活动共吸引游客20万人次,帮助带动农民增收200万元。

文旅规划编制及项目建设。完成全市文旅资源普查,《射洪市全域旅游规划》通过规委会评审,"十四五"文化广电旅游专项规划再次征求修改意见。编报"十四五"文旅储备项目40余个,山水长廊涪江明珠、花果山城市公园、子昂文化旅游提升及舍得酒文化旅游区等重点文旅项目建设有序推进。加强招商引资,引进常州恐龙园项目。螺湖半岛

表1　2020年射洪市主要农产品产量

主要农产品	单位	产量	同比(%)
粮食	万吨	38.66	0.94
水稻	万吨	9.95	0.6
小麦	万吨	5.97	1.2
玉米	万吨	15.51	1.3
马铃薯	万吨	2.2	2.1
油菜籽	万吨	3.7	8.2
蔬菜	万吨	20.97	3
水果	万吨	1.77	0.7
肉类	万吨	7.5	5.6
猪肉	万吨	5.72	6.2
牛肉	万吨	0.18	9.7
羊肉	万吨	0.17	–5.1
禽肉	万吨	1.26	4.1
兔肉	万吨	0.17	3.6
禽蛋	万吨	2.45	1.2
水产品	万吨	1.23	3.6
牛奶	万吨	461	3.2

创建休闲社区，舍得酒文化旅游区创建4A级景区通过省级验收，沱牌特色文旅小镇建设有序推进。

【公共文化服务体系建设】 完成80个贫困村广播联网建设项目和3947个广播电视“村村通”工程向“户户通”工程升级工程。完善公共文化旅游服务体系，推广使用智游天府平台，打造数字博物馆、智慧文化馆，建成新世纪广场无人书屋，开展疫情防控期间云教学、全市文化旅游广电业务知识培训。持续做好公共文化服务机构免费开放，举办税子洺音乐公益讲座、庆祝射洪撤县设市书画展、敬庭尧师生作品展、周光汉中国名山全景国画展等大型展览。

【主要领导人】 市委书记：张韬；市人大常委会主任：袁渊；市长：王能（代理）；市政协主席：邓茂；分管农业副市长：何小江。

射洪市编写组

蓬溪县

【基本情况】 2020年，全县辖19个乡（镇）1个街道，辖区面积1251平方千米，总人口近80万人。

【文旅项目建设】 充实项目储备，以编制“十四五”规划为契机，谋划、储备文化旅游项目22个，总投资78.35亿元。启动“中国·四川红军第一村”项目，项目一期计划2021年3月完工；升级打造中国红海景区“百家姓古镇”，5月已开园迎客；蓬溪仙桃产业基地完成基地扩面0.3万亩、提质0.77万亩；宝梵特色产业园已完成基础设施建设。新建旅游厕所2座、改建1座，完成景区道路修复提升工程10余千米，配套完善游客接待中心1处、休憩站点4个、道路标识30余个、旅游厕所3座、停车场2个，增强旅游服务功能。以“中国书法 蓬溪雅集”活动为契机，向文化和旅游厅申报“书画文化研学基地”，规划设计1条书法文化之旅研学旅游线路，通过与有关旅行社合作，组织7000余名市内外青少年参加红色之旅书法研学活动，截至2020年年底，参观白塔书法主题公园、蓬溪·中国书法展的单位（团队）已达到50余批次、2万余人次，散客3000余人次。为16家旅游企业下达扶持资金20余万元。

【文旅品牌创建】 大石镇牛角沟村被纳入遂宁市乡村旅游重点村名录库；常乐镇拱市村被纳入遂宁市和四川省乡村旅游重点村名录库，并创建为全国休闲农庄示范单位。组织特色商品参加“2020四川特色旅游商品评选”活动，其中麦秆画系列产品、高尊芽小荷系列茶叶获得铜奖。新开发一系列红色旅游文创产品，并在四川省红色旅游文创产品大赛中获得铜奖。

【文旅宣传营销】 以成渝地区双城经济圈发展为契机，与毗邻区（县）签署川渝毗邻地区统筹发展先行示范区合作协议。策划制作《蓬溪红色旅游经典线路形象宣传片》，并在国内各种大型旅游节庆展会、网络电视媒体进行发布、招商引资，同时在重庆市全域用1110台电子阅报屏对蓬溪红色旅游进行全面宣传推广，扩大蓬溪县在重庆市的知名度和美誉度。组织县内涉旅企业参加旅博会、旅投会等国内重要展会活动，并于9月随文化和旅游厅到河南省郑州市、陕西省西安市开展“天府三九大 安逸走四川”文旅营销推广活动。指导举办蓝莓采摘节、吉星樱桃采摘节、拱市村佛莲文化旅游周等乡村旅游节会活动，增强蓬溪旅游的吸引力。利用抖音号、微信公众号、民生报道网等平台宣传推广蓬溪文旅活动、文旅资源，不断提升蓬溪的知名度和美誉度。

【公共文化服务体系建设】 提升已建83个贫困村综合文化服务中心服务功能，完成60个贫困村文化室免费WiFi上网工程，建设村级多媒体阅览室5个、读报栏84个，完成文化扶贫问题清零整改692个，创建省级“文化扶贫示范村”3个。实现“两馆一站”免费开放，县图书馆全年接待读者3000余人，外借读者1500余人次，收藏地方文献6册，免费办理读者借阅证10张；利用微信公众号、数字阅读平台全面开启全民云阅读，举办线上网络培训4期，登载阅读信息34条，提供各类免费图书3万余册、报纸56种、期刊97种，有读者2000余人。县文化馆举办培训班15个，培训学员7500人次；在馆内举办美术、书法、摄影展5场，举办讲座2场，为文艺团队提供教室预约和排练场地服务共计260次，服务人数6500人次。继续推进文化馆、图书馆总分馆制建设，实现乡（镇）、城市社区公共文化服务资源整合和互联互通，促进城乡基本公共服务均等化。

【群众文化活动】 县文化馆围绕脱贫攻坚主题开展“送文化下乡”惠民演出65场次，受众达2.5万人次；县图书馆开展“猜成语挑战赛”线上答题活动暨“4·23”世界读书日系列活动等读书活动5场。先后举办蓬溪县2020年春节联欢晚会、“四川省2020年万人赏月诵中秋”蓬溪县分会场活动、2020中国休闲度假大会暨蓬溪千叶佛莲文化旅游周等大型文化活动17场次。举办“中国书法 蓬溪雅集”系列活动，邀请中央、省、市领导及嘉宾300余名参会，中央电视台四套《今日环球》、中国网、中新网、《中国日报》（英文版）、《中国书法报》《四川日报》等50余家媒体关注报道活动。

【主要领导人】 县委书记：张智勇；县人大常委会主任：黄元章；县长：黄亚军；县政协主席：张璋；分管农业副县长：刘定华。

蓬溪县编写组

大 英 县

【基本情况】 2020年，全县辖9个乡（镇）1个街道，辖区面积701平方千米。

【新型农业经营主体培育】 全县已发展农业产业化龙头企业17家。争取农民合作社质量提升整县推进省级试点县。推进全市唯一家庭农场省级示范县创建，创建国家级示范社1家、省级示范社3个，培育各类家庭农场309家。

【农用地产权制度改革】 完成农村产权制度改革任务。开展“银村直联”，规范村集体经济组织建设。推进农村土地确权颁证信息化平台建设试点。开展农村乱占耕地建房专项整治，完善农村土地流转、农村建房等审批备案制度。试点推动农村集体经济融合发展，全县168个村实现村集体经济收入971.39万元，村均5.78万元。

【现代农业园区建设】 推进现代农业园区“上档升级”，突出龙头企业引领、国有平台公司主导，培育和引进遂宁德创源农业科技、四川康泉生物、大英腾英农业等公司与村集体经济组织、种养大户和新型农业经营主体共进共富联动发展，改造升级中药材、甜桃、柑橘、柠檬等园区主导产业3000余亩。启动以玉峰镇为核心示范区的粮油现代农业园区建设，规划培育优质粮油10万余亩。枳壳刺梨生猪种养循环现代农业园被纳入省级现代农业园区培育，柑橘现代农业园区、甜桃现代农业园区晋级加星。

【农业项目建设】 加大向上争取资金和项目招引力度，争取到位农业农村政策资金2.3亿元，统筹农业发展、高标准农田建设，农业园区建设、中央财政衔接推进乡村振兴资金等项目，投入县级财政362万元、高标准农田建设债券4500万元，全年新建高标准农田2.9万亩。围绕重点补短板夯基础，改造35个村10012户户厕，农村无害化卫生厕所普及率达60%，卫生厕所普及率达95%。争取“天府菜籽油”暨产油大县项目实施县，引进中化集团投资合作发展现代粮油产业。

【种养殖业】 全年粮食作物播种面积59.03万亩，超额0.5万亩；粮食总产量21.24万吨，超额0.33万吨。实施现代农业产业基地提升工程，发展优质粮油产业基地2000余亩，改造提升优质中药材、特色果蔬等产业基地0.3万余亩。加快提升产业链配套，新建果蔬药冷藏库10座，新建农产品冷藏保鲜库6座，培育农产品加工基地5个。全年生猪存栏37.65万头，增长19.45%；出栏37.51万头，增长24.58%。加强动物卫生监督，审批调运生猪35批次34000余头，检疫动物产品1096.98吨。开展农产品抽检267批次，农产品抽检合格率达100%，全年未发生重大农产品质量安全事件。

【乡村振兴】 完善县委农村工作议事协调机制，制定出台县委农村工作领导小组和领导小组办公室两个《工作规则》，完成《大英县“十四五”农业农村发展规划》编制，制定完善县级、镇、村乡村振兴三级联动机制。开展乡村振兴战略实绩考核，清单式落实具体政策、细化具体指标、明确具体任务，确保全县乡村振兴年度任务有序有效推动落实。

协调推进，优化宜居宜业环境。全面完成迎接中央第二轮环保督察，农业农村领域环保实现零投诉。推进农业面源污染治理，实施畜禽养殖治理“3.0版”，畜禽粪污资源化利用率达92%，秸秆综合利用率达90%以上，农膜回收率达90%以上，小春大春作物测土配方施肥技术覆盖率稳定在90%以上。加强长江“十年禁渔”工作，建立三台、中江、大英“三县共治”郪江黄颡鱼国家级水产种质资源保护区保护机制。做好疫情防控农村工作组工作，定期或不定期牵头开展农村疫情防控督查并督促整改防控问题。协调推进乡村治理，持续加强农业农村安全生产监督，保障农业生产安全、农村社会稳定、农民生活健康。

依法监督，优化市场营商服务。围绕返乡农民工法治宣教、“放心农资下乡进村”宣传周、禁渔期打击非法捕捞、农机安全宣传月等活动，开展农业农村普法，开展农资打假“春雷”“秋冬季”专项行动，全覆盖加强种子、农药、化肥等农资产品和农资生产经营网点执法监督，共检查县、镇、村农资门店158个，抽检种子品种18个，立案处罚2起，并依法依规打击非法捕捞和违规垂钓行为。优化营商环境，深化政务服务，建立“双随机、一公开”监管平台和“网上办”机制，执法信息公开率达100%，网上办结审批事项1158件，“最多跑一次”事项达95%以上。依法加强信访，全年处理各类群众信访659件，满意率从63%提升到90%以上。

示范创建，优化提升乡村品质。围绕精品村建设高位推进乡村示范创建，特色示范乡村再添“新名片”，蓬莱镇吊脚楼村创建为全国乡村治理示范村，隆盛镇双龙桥村上榜四川乡风文明名村50强名单，象山镇凤阳村获评全省乡村振兴重点帮扶优秀村，隆盛镇青坪村等3个村获评省级乡村振兴示范村，蓬莱镇获评市级乡村振兴先进镇，隆盛镇土门垭村、玉峰镇星宿村等5个村获评市级乡村振兴示范村。

【巩固扶贫成果】 统筹中央、省乡村振兴衔接资金3622万元，撬动社会资本投入1.2亿元，整合资金1022万元提档升级5个已脱贫村产业。围绕组建乡村振兴志愿服务队，开展“三农”政策宣传、农业科技指导，培养职业农民和农村实用人才，全年培养高素质农民100余人，为巩固脱贫攻坚成果夯实人才技术支撑。全县新认证“三品一标”农产品35个，累计认证产品117个。12家企业41个产品被纳入“遂宁鲜”公共品牌。

【主要领导人】 县委书记：胡道军；县人大常委会主任：朱俊华；县长：胡铭超；县政协主席：张钰；分管农业副县长：杜锐。

大英县编写组

内 江 市

【基本情况】 2020年，全市辖2区1市2县，辖区面积5385平方千米，年末总人口404.9万人。全市林地保有量158.3万亩；森林面积264.96万亩（含四旁），成片森林面积201.06万亩，新增森林面积2.5万亩（其中成片森林面积1.77万亩）；森林蓄积717万立方米，新增森林蓄积25.8万立方米；森林覆盖率为32.8%，提高0.32个百分点；公益林约27.7万亩。

2020年，全市GDP1465.88亿元，增长3.9%，其中第一产业增加值269.1亿元，增长5.8%；第二产业增加值479.08亿元，增长4.2%；第三产业增加值717.7亿元，增长3%。三次产业结构比由上年的16.8 ：34.2 ：49调整为18.4 ：32.7 ：48.9。

全社会固定资产投资比上年增长10.9%。社会消费品零售总额558.93亿元，减少3.2%，按经营地分，乡村消费品零售额203.85亿元，减少3.3%。地方一般公共预算收入完成66.34亿元，增长4.2%；一般公共预算支出276.55亿元，增长1.7%。金融机构本外币各项存款余额2022.74亿元，增长12.2%，其中住户存款余额1583.33亿元，增长12%；金融机构本外币各项贷款余额1180.71亿元，增长15.6%。

全市境内公路总里程12970千米，其中高速公路307千米。全年公路客运量0.31亿人次，客运周转量24.61亿人千米；货运量0.45亿吨，货运周转量42.36亿吨千米。新（改）建通乡、通村公路624千米。

有各类学校1134所，在校学生56.63万人，其中幼儿园650所，在校学生8.58万人；小学276所，在校学生19.69万人；初中137所，在校学生12.33万人；普通高中40所，在校学生6.09万人；高校5所，在校学生6.12万人；特殊教育学校5所，在校学生688人；中等职业教育学校18所，在校学生3.52万人；技工学校2所，在校学生2300人。有艺术表演团体37个，艺术表演场所7个，文化馆6个，乡（镇、街道）文化综合服务中心83个，博物馆5个。有市级广播电台1座，市级电视台1座，县级广播电视台3座，乡（镇）广播站70个，广播覆盖率为97.32%，电视覆盖率为98.36%。有医疗卫生机构3579个，其中医院76个（民营医院55个）、基层医疗卫生机构3476个；病床位2.59万张；卫生技术人员2.28万人，其中执业医师0.69万人、执业助理医师0.25万人、注册护士1.02万人；乡（镇）卫生院110个，执业医师和执业助理医师1582人，注册护士1534人。

【年度农业和农村经济运行】 2020年，全市居民人均可支配收入27315元，增长7.1%。农村居民年人均可支配收入达17918元，增长8.9%，其中工资性收入6985元，增长7.5%；经营净收入5748元，增长9.4%；财产净收入494元，增长10.3%；转移净收入4691元，增长10.4%。农村居民年人均生活消费支出达14076元，增长8.2%，其中居住消费支出增长5.6%、生活用品及服务消费支出增长3.4%、交通通信支出增长1.8%、医疗保健消费支出增长11.1%。农村居民恩格尔系数为39.7%。全年新增农田有效灌溉面积420公顷、节水灌溉面积80公顷，年末有效灌溉面积达135250公顷。巩固提升农村饮水安全供水受益人口6.66万人；新增综合治理水土流失面积7590公顷。

【种养殖业】 全年粮食作物播种面积31.13万公顷，增长0.6%；油料作物播种面积8.12万公顷，增长1.6%；蔬菜播种面积8.01万公顷，增长2.5%。全年粮总产量172.16万吨，增长0.8%，其中秋粮产量164.7万吨，增长0.8%。经济作物中，油料产量17.8万吨，增长2.9%；蔬菜产量331.19万吨，增长5.5%；园林水果产量45.43万吨，增长5.9%。全年生猪出栏225.55万头，增长27.9%；家禽出栏3348.95万只，减少3.2%。全年水产养殖面积0.94万公顷，增长0.5%；水产品产量12.56万吨，增长3.6%。

【农村社会保障】 全市参加城乡居民基本医疗保险305.42万人。全年纳入农村低保人员7.76万人，城乡最低生活保障标准分别为600元/月、420元/月。适老化改造公办养老机构床位2698张。

【主要领导人】 市委书记：马波；市人大常委会主任：戴震；市长：郑莉；市政协主席：康俊；分管农业副市长：徐炼英。

内江市编写组

市 中 区

【基本情况】 2020年，全区辖5个街道7镇，辖区面积386.2平方千米。

【年度农业和农村经济发展】 2020年，全区第一产业增加值21.55亿元，增长5.5%。农村居民年人均可支配收入达18396元，增长9%。完成农业固定资产投资4.998亿元、农业招商引资2.62亿元。

农业产业化发展。全区新发展柑橘（柠檬）0.5万亩、生猪养殖单元81个、特色水产0.148万亩、优质甘蔗0.14万亩。构建“龙头企业+农民合作社+家庭农场”的产业联合体，推广“五统三分”利益联结机制，新发展各类新型农业经营主体255家。

现代农业园区建设。围绕万亩柑橘（柠檬）、优质畜禽、甘蔗产业、特色水产四大主导产业合理布局，制订《内江市市中区特色水产现代农业园区建设规划》《内江市市中区特色水产园区实施方案》等。根据国、省、市现代农业产业园区创建标准，围绕基地建设、设施设备、产品加工、农业新业态、品牌建设、科技支撑、组织方式与保障措施八个方面，不断夯实园区基础、补齐短板，创建2个省级新园区——内江市市中区省级农业科技园区、内江市市中区水产现代农业园区（省级三星），争取省级园区培育资金1000万元；创建2个市级园区——市中区特色水产现代农业园区（市级四星）、市中区朝阳竹苑水乡现代农业园区（市级三星），创建6个区级园区——四川省内江市市中区特色水产现代农业产业园、四川省内江市市中区竹苑水乡现代农业产业园、四川省内江市市中区甜城果乡柑橘现代农业产业园、四川省内江市市中区凌家甘蔗现代农业产业园、四川省内江市市中区白马永博现代农业产业园、四川省内江市市中区龙门柑橘现代农业产业园。

【乡村振兴示范创建】 市中区创建为内江市实施乡村振兴战略工作先进示范区。创建省级实施乡村振兴战略工作先进示范村3个（凌家镇酒房沟村、龙门镇龙门村、全安镇洪坝村）、市级先进镇2个（凌家镇、史家镇）、市级示范村5个（凌家镇酒房沟村、龙门镇龙门村、全安镇洪坝村、凌家镇牛角田村、朝阳镇回龙桥村），评定区级实施乡村振兴战略先进镇3个（全安镇、凌家镇、史家镇）、示范村7个（全安镇花洞村、凌家镇酒房沟村、凌家镇牛角田村、史家镇桐梓村、永安镇大堰村、朝阳镇回龙桥村、龙门镇龙门村）。

【农业结构调整】 按照“两大产业环线，四大主导产业，六大农业园区”发展思路，打造全安—朝阳—永安—凌家产业环线和黄河湖产业环线，发展优质柑橘（柠檬）、优质畜禽、特色水产、优质甘蔗四大主导产业，加快建设全国农村产业融合发展示范园区、10万亩优质柑橘农业园区、现代种养循环农业园区、特色水产农业园区、凌家农副产品加工集中区、黄鹤湖乡村旅游度假区6个园区。

【农村人居环境整治】 推进农村垃圾治理，建成马鞍山、永安镇、龚家镇3个垃圾压缩中转站，全区垃圾收转运处置体系覆盖90%以上的行政村。全区有农村保洁人员807名，行政村生活垃圾得到有效治理率为97%。推进农村生活污水治理，已建成场镇生活污水处理站25个、农村生活污水处理站点74个，55个行政村基本具备污水处理能力，占比为64.7%。推进农村“厕所革命”，完成户厕改造7287户（累计17651户），卫生厕所普及率达87%。推进畜禽粪污综合利用，建成3个标准化、规范化的区域性屠宰场，畜禽粪污综合利用率达85%。持续开展农村“五清行动”，村庄清洁行动开展率达100%。

【重大农业项目】 全年储备中央项目8个，总投资5.94亿元；包装专项债券项目1个（高标准农田项目)，总投资3.3亿元。全年实施高标准农田建设、长江经济带面源污染治理、农业生产发展资金、水产园区等财政专项重点项目17个，总投资2.27亿元，全面推动农业产业、基础设施、人居环境、惠农补贴等重点领域发展。抓好项目管理，压实工作责任，把各项项目投资抓实抓好，明确工作责任、倒排项目工期、加强资金监管，坚持重大项目月报告制度，全力加快建设进度，打造出一批精品工程。同时，做好财政评审及项目审计，确保资金安全。

【种植业】 全区粮食作物播种面积22640公顷，粮食总产量11.82万吨。小春粮食作物播种面积1453.3公顷，产量0.46万吨，其中马铃薯433.33公顷，产量(折粮)0.2万吨；豌(胡)豆526.66公顷，产量0.13万吨。大春粮食作物播种面积21186.67公顷，产量11.36万吨，其中水稻4586.67公顷，产量3.53万吨；玉米8153.33公顷，产量4.75万吨；红薯3706.67公顷，产量1.7万吨；马铃薯493.33公顷，产量(折粮)0.2万吨。经济作物种植面积0.95万公顷，总产量27.29万吨。蔬菜种植面积0.651万公顷，产量23万吨。果树种植面积0.303万公顷，产量4.29万吨，其中柑橘种植面积0.28万公顷，产量3.79万吨；柠檬种植面积0.07万公顷，产量1.1万吨；葡萄种植面积0.0113万公顷，产量0.26万吨。花椒种植面积0.0106公顷，产量0.08万吨。

农业新品种和新技术推广。全年推广水稻新品种9个、玉米新品种6个。推广旱育秧栽培、水稻保优提质绿色高效栽培、水稻病虫害全程绿色防控技术、玉米节本增效技术、玉米乳苗移栽、果/豆间作栽培等农业新技术。完成新技术推广面积20000公顷，其中推广水稻旱育秧栽培技术4300公顷、优质杂交稻保优提质绿色高效栽培技术373公顷、水稻病虫害全程绿色防控技术3267公顷、玉/豆套作栽培技术7167公顷。举办农业新技术培训班20期，培训乡(镇)农技人员、村(社区)干部和农户1.5万人次，发放农业技术资料3万余份、农业技术建议卡2万余张，为2万余户农户免费提供农业种植技术。

植保植检。全年农作物病虫害发生面积183.34万亩次，防治面积185.22万亩次，防治率达101.03%；主要作物专业化统防统治覆盖率达41.8%；主要作物绿色防控覆盖率32.6%；粮经作物主产区农药包装废弃物回收率达70.8%；植物疫情防控处置率达100%。全年病虫害防治挽回粮食损失26575吨，挽回蔬菜水果损失25686吨，挽回油料损失6853吨。稻水象甲发生面积4500亩，主要涉及4个镇16个村，采取“统治越冬代成虫，挑治第一代幼虫，兼治第一代成虫”的防控策略，对疫区采取专业化统防统治，开展稻水象甲阻截防控8700亩次；对全安镇花洞村7社内江市市中区花崖洞种植专业合作社6亩柑橘溃疡病株进行销毁处置；继续对朝阳镇黄桷桥村6社2019年重剪的202亩春见果园实施溃疡病综合防控，并跟踪采样50个，全部为阴性；草地贪夜蛾发生面积0.225万亩，防治面积0.383万亩，防效率达95%以上，未造成灾害性损失。共有柑橘苗木繁育单位3个，新繁育柑橘苗木7亩，累计21万株；开展粮油种子产地检疫530亩，进行产地检疫申报登记，开展产地检疫田间调查，做好产检记录，全部实施产地检疫，未发现检疫性病虫，并严格签发产地检疫合格证书。共开展调运检疫20批次、0.465万千克，未发现检疫性有害生物。

【农业行政执法】 全年对种子、农药、化肥、兽药、鱼饲料经营点开展执法检查56次，发放各类高毒有机磷农药和种子、兽药、鱼饲料宣传资料1500余份，未发现违规经营行为。继续开展产地检疫、调运检疫、生猪屠宰运输检疫、农资市场巡查检疫和非法捕鱼巡查，全年立案8件，其中屠宰生猪未附有检疫证明立案1件，罚款68400元，没收生猪产品15头；运输生猪产品未附有检疫证明立案2件，罚款22020元；猪大肠注水案2件，罚款600元；阻碍动物卫生监督检查案1件，罚款1500元；仔猪配合饲料产品监测不合格案1件，罚款2000元；非法捕鱼立案1件，罚款200元，并没收捕鱼工具。

【畜牧业】 加强“内江黑猪”开发利用产业化项目建设，全区新建标准化(现代化)猪场23个81个养殖单元，改建标准化猪场4个，创建省级标准化示范场9个、市级标准化示范场10个；备案登记生猪养殖家庭农场23个，猪舍面积达68600平方米，共49个养殖单元。全年猪三元杂交面达90%，肉牛良种及杂交面达75%、肉羊良种及杂交面达90%，家禽良种面达99.5%，兔良种面达99.5%。全区规模养殖发展势头良好，500头以上生猪出栏比重占68.9%，50头以上肉牛出栏比重占70%，300只以上肉羊出栏比重占18%，3万只以上肉鸡出栏比重占46%，100头以上奶牛存栏比重占53%，1万只以上蛋鸡存栏比重占96%。受疫情影响，全年生猪出栏22.125万头，增长22.25%；肉牛出栏减少13.84%；肉羊出栏增长0.17%；家禽出栏减少0.69%；肉兔出栏增长3.06%；肉类、禽蛋类产量分别增长8.46%、68.28%；奶类产量减少0.77%。

畜禽养殖污染防治。在禁限养区基础上，针对畜禽养殖加强监督管理，禁养区内不得新建畜禽规模养殖场；限养区根据辖区需要适当发展无污染排放、开展种养循环的养殖场建设；适养区内引导发展适度标准化规模养殖场建设，完善粪污处理设施，加强监督检查，推行种养结合。对新(改、扩)建的畜禽养殖场严格执行环境影响评价制度和“治污设施同时设计、同时施工和同时使用”制度，要求养殖场建立粪污处理台账，确保粪污处理科学化、无害化，做到粪污去向明确，不得外排。逐步实现畜禽粪污治理规范化、常态化管理，完善全区以沼气处理为主的畜禽粪便处理模式，对大中型规模养殖场原则上要建立与其饲养规模相适应的沼气池、厌氧池，对畜禽粪污进行厌氧处理，还田(地)利用，减少粪污对环境的污染，基本实现畜禽养殖与农业生产的良性循环发展。依托项目建设对全区畜禽规模养殖场安排粪污处理设施建设资金，购置畜禽粪便处理设备、生产有机肥，开展农业综合利用，种养循环。全区畜禽粪污综合利用率达91%，畜禽规模养殖场粪污处理设施装备配套率达100%。

重大动物疫病防控。组织开展春、秋季重大动物疫病防控工作，坚持对猪瘟、口蹄疫、仔猪阉割打“双针”，对猪瘟、口蹄疫、禽流感、小反刍兽疫实行春、秋季集中强制免疫，夏、冬季补免，每月16日前后补针，规模养殖场按程序免疫。依法对高致病性禽流感、口蹄疫、猪瘟等重大动物疫病实施强制免疫，做到“应免尽免、不留空档”。全年共免疫猪瘟150100头、猪口蹄疫150100头、牛口蹄疫1900头、羊口蹄疫5300只、羊小反刍兽疫5300只、禽类禽流感2882200只、犬猫狂犬病16175只，动物疫病免疫率达100%。加强畜禽检疫工作，全年产地检疫生猪132626头、牛499头、羊23只、禽类1422149只、兔1090只，屠宰检疫生猪177708头、牛7684头，产地和屠宰检疫率达100%。严格执行病死动物“五不一处理”(不宰杀、不食用、不销售、不转运、不丢弃和集中无害化处理)制度，发挥村级动物疫病健康巡查小组的作用，对发现的病死动物一律做无害化处理，确保全年动物防疫目标任务圆满完成。加强畜禽抽样监测，全年检测畜禽血清样品3080份，其中猪瘟104份，合格率达92.45%；猪口蹄疫104

份，合格率达93.26%；牛（羊）口蹄疫81份，合格率达96.29%；禽流感750份，合格率达98.2%；小反刍兽疫43份，合格率达86.04%，免疫抗体合格率均达到农业农村部要求。检测牛（羊）布病、结核样品648份，非洲猪瘟样品1350份，结果均为阴性。

非洲猪瘟防控。继续开展非洲猪瘟各项防控，全年共发放宣传资料1万余份，张贴宣传画100余张；组织执法人员检查养殖场、屠宰场1.9万余户次，排查生猪100万余头次，行政执法立案6件，结案6件，处理管理相对人6人次，罚款92520元；出动消毒人员3万余人次，使用消毒药剂11余吨，对全区所有畜禽圈舍、屠宰场、载畜工具、无害化处理收集点等进行地毯式消毒灭源。在全区共设立临时检查站5个，实行生猪运输车辆备案登记管理。

畜禽产品安全监管。加强兽药、饲料等养殖业投入品监管，指导规模养殖场建立用药记录制度，初步完成兽药经营追溯体制建设，全面执行兽药安全使用规定，规范兽药经营企业行为。重点开展"瘦肉精"监测和违禁药品专项整治，禁止不合格投入品进入流通和使用环节。加强畜产品安全监测，完成畜产品抽样检测任务。推行养殖场畜产品合格证制度。

畜牧业行政执法。开展饲料、兽药安全宣传教育，发放宣传资料500份，接待群众咨询300人。加强饲料、兽药监督管理，组织执法人员对8个镇（街道）的饲料、兽药经营企（户）业和饲料生产企业进行专项检查，查看购销记录、购销单据、兽药饲料产品标签规范、生产日期、产品有效期等，饲料抽样检测合格率达99%，兽药抽样检测合格率达100%。加大涉嫌添加违禁物质执法检查力度，出动执法和畜牧技术人员260人次，对全区兽药GSP认证的10家兽药店进行执法检查，未发现擅自添加非处方药、禁用兽药、人用药品等行为，合格率达100%。全年未发生畜禽产品安全事故。

【水产业】 全年实现渔业产值98812万元，水产品总产量7157吨，完成水产品电子商务交易额29594万元。全区水产养殖总面积（含稻田养鱼面积）2945公顷，其中池塘养殖面积646公顷，产量3737吨；水库养殖面积371公顷，产量894吨；河沟养殖面积116公顷，产量82吨；工厂化养殖面积1公顷，产量56吨；稻田养殖面积1811公顷，产量2291吨。全年稻渔综合种养产量1029吨，占任务的114.33%；新增稻渔综合种养技术推广面积1430亩，占总任务的143%，主要分布在凌家镇大湾村420亩、花红村30亩、方碑村30亩、酒房沟村110亩，永安镇鹿子村380亩、下元村80亩、白杨村60亩、金马村80亩、梁家沟村110亩，朝阳镇道子田70亩、回龙桥村60亩。

市中区与渔米坊农业科技集团合作建设的"内江市市中区省级水产良种场"项目是全省最大的现代化设施渔业苗种繁育基地。该项目占地50余亩，位于永安镇园坝村，以500口玻璃钢圆形池为养殖载体，采取工厂化养殖模式，配套先进的增氧、杀菌、尾水治理设施以及可人为控制养殖环境和养殖过程的可持续循环水养殖系统。在第一批全国智慧渔业示范创建中，全区4家公司创建成功，有效期自发文之日起至2024年12月31日。

特色水产产业园区建设。根据省级五星级现代农业示范区创造标准要求，全区特色水产现代园区主要从基地建设、农产品加工、农业新业态、质量品牌培育、科技支撑、主体培育6个方面实现园区全域、全产业链、全价值链高质量发展，涉及永安镇、凌家镇3个乡（镇）17个行政村，规划总面积1万亩。

渔业安全。全区申报无公害水产养殖基地7个、无公害水产品21个。全年累计抽检水产品样品50个，涉及全区各个水产养殖场、家庭农场、水产交易市场等，检验合格率达100%。全年对全区养殖场所进行渔业安全检查70场次，检查水产养殖场（户）30余家（户），发放水产品食品安全宣传资料70份，全年全区未发生一起水产品食品安全事故。

渔政管理和行政执法。结合"中国渔政亮剑2020"系列专项执法行动、2020年水产绿色健康养殖"五大行动"、2020年春季禁渔工作，全年出动执法检查车船31次、执法人员256人次，开展打击电炸毒鱼及"扫黑除恶"专项行动宣传，发放宣传资料3000余份，张贴标语5副，办理违法电捕鱼案件1件，没收电捕渔具1套、涉案渔获物重量5千克，罚款200元，清理并销毁违规渔具400余套，劝导游钓人员128人，对31家餐馆的违禁广告、招牌进行现场清除或规范。

沱江流域禁捕退捕。推进全区禁捕退捕和渔民安置保障等各项工作，研究相关政策措施，出台《内江市市中区长江流域重点水域禁捕和建立补偿制度实施方案》，建立县级领导包镇、部门包村、镇（村）包户的帮扶机制，统筹推进禁捕退捕，明确禁捕退捕工作责任主体、方法步骤和补助标准等内容。按照"一人一户一船、一户一档一策、一村一镇一县"工作要求，建立并不断完善全区104艘渔船、207位渔民禁捕退捕台账，录入"长江流域渔民禁捕退捕工作系统，确保"应退尽退、不漏一船、不落一人"。全年共兑付退捕资金1442.69万元，其中中央补助资金553.33万元、省级补助资金398.26万元、市级资金41.6万元、区级配套449.5万元；兑付捕捞证回收、船网回收、转产就业综合补助、提前退捕奖励资金735.58万元，养老保险补助707.113654万元。建立"花钱必问效"的绩效管理机制，抓好资金监管，严格规范资金使用范围，确保资金专款专用。按照"合法合规、属地管理、科学分配"原则，对全区104艘退捕渔船进行分类处理，其中56艘钢质渔船按程序划拨给有需求的镇（街道）作为河流、水库管理常规使用；43艘老旧木质渔船划拨给龙门镇用于发展文化旅游产业，已全部完成渔船移交；对因破损严重无法利用的5艘木船已按程序进行了销毁。同时，做好退捕渔具处置工作，由各镇（街道）牵头，区农业农村局、区财政局协同配合，对辖区内收缴的渔具进行集中销毁，并做好销毁记录。渔民退捕上岸后全部进行转产安置，全区207名退捕渔民全部参保，按3.75万元/人落实养老保险补贴，确保参训率100%、就业率100%、参保率100%，207名退捕渔民中有劳动力的179人全部实现转产就业。

【农业机械化】 全区有农机户4065户、从业人员2392人，其中农机化作业服务专业户7户、从业人员23人，农机维修厂（点）6家（个）、从业人员28人，农机经销点8家、从业人员36人；有乡村农机从业人员4025人，其中拖拉机和联合收割机驾驶员162人、农机维修人员35人；获得农机职业技能鉴定证书人员175人。全区农业机械总动力324903.09千瓦，其中柴油发动机动力136251千瓦、汽油发动机动力82593千瓦、电动机动力65721千瓦；有拖拉机232台1381千瓦、耕整机3263台2473千瓦、农用排灌动力机械2739台36485.09千瓦。全区农业机械原值6530万元，净值2798万元。全年完成机耕面积17329公顷、机播面积9770公顷、机电灌溉面积12605公顷、机械植保面积3084公顷；水稻机耕面积4360公顷、水稻机械种植面积3330公顷，油菜机耕面积5389公顷、油菜机械种植面积4620公顷；农机运输作业总量10.8万吨/千米，其中农业运输作业量3.65万吨/千米；全区主要农作物耕种收综合机械化水平为70.48%。全年完成农机化作业收入20104万元，实现利润9231万元。发放农机购置补贴资金33.56万元，受益农户237户。群众投资629万元，建设机耕便民道10.38千米。

【农村能源建设】 全年推广应用太阳能利用装置500平方米，新(改)建省柴节煤炉灶500台，推广沼气综合利用1000户，新建生态家园模式500户、沼液浸种1100公顷，开展“三沼”综合利用和安全生产大培训50人次，巩固和维护已建户用沼气工程50口，巩固和维护已建规模化大型沼气工程、集中供气沼气工程4处。

【全国农村改革试验区建设】 持续发展壮大农村集体经济，探索构建区、镇、村“公司+中心+合作社”集体经济发展三大体系，筹建扶贫农产品综合超市，结合“四位一体”农合联，构建“线上+线下”双线运营平台，为村集体提供一条稳定的产、供、销链条。完善集体经济组织管理机制，探索形成党支部、村委会、集体经济组织的多元共治的治理模式，三方相互分工，协作配合，促进农村集体经济健康发展。建立奖惩双向激励机制，明确容错免责情况和正向激励情况，增强集体经济带头人发展集体经济的信心和动力。完成发展农村集体经济和探索农村集体经济新的实现形式和运行机制两项试验任务，在农业农村部专家组开展的到期和中期试验任务实地评估验收中获得专家组的高度认可。全区累计实现集体经济收入1527万元，其中2020年新增收入427万元。

创新集体建设用地利用方式。探索零星腾退建设用地“一退两转两使用”做法，盘活农村集体建设用地。通过闲置宅基地有偿腾退“一退”、腾退宅基地与闲置公共服务类建设用地两类地块转化为集体经营性建设用地“两转”、集体经营性建设用地原址使用和集中使用“两使用”拓宽了农村集体经营性建设用地来源，集约高效盘活利用了集体建设用地，提高了农民资产性收入。截至2020年年底，完成11个村庄规划编制，编制2个优化村庄建设用地布局调整方案，实现异地调配建设用地指标30.5032亩。改革信息《内江市探索“一退两转两使用”盘活农村集体建设用地》被《四川改革动态》刊载。

推进宅基地改革。创新开展宅基地所有权、资格权、使用权的“三权分置”改革，出台《市中区农村宅基地“三权分置”改革试点工作暂行办法》，明确与加强村集体经济组织作为农村宅基地所有权者的主导地位，夯实宅基地所有权基础，明确宅基地资格权，鼓励符合条件农户资格权退出，截至2020年年底，完成宅基地资格权退出1宗，共83.02平方米。开展农村闲置宅基地和闲置住宅盘活利用，结合各村实际情况，鼓励通过转让、出租等方式规范流转宅基地使用权，让乡村闲置的最大生产要素得到释放，提高社会资本进驻乡村发展产业推动乡村振兴的积极性，截至2020年年底，流转宅基地与农房使用权17宗、3000平方米。

【农村集体产权制度改革】 继续深化农村集体产权制度改革，建立农村集体资产年度清查制度，结合村级建制调整，完成2018年度和2019年度农村集体资产清查核实。持续推进农村集体经济组织登记赋码工作，制订《市中区农村集体经济组织登记赋码工作方案》，指导农村集体经济组织完善“三会”机构、组织章程等，赋予集体经济组织市场主体地位，发挥农村集体经济组织的功能作用，确保其正常开展经营管理活动。建立健全管理制度，出台《四川省内江市市中区农村集体经济组织管理制度试行)》《内江市市中区农村集体资金、资产、资源管理办法(试行)》《内江市市中区村级建制调整改革农村集体资产清理和保护农民相关合法权益配套措施》，规范农村集体经济组织行为，加强农村集体资金、资产、资源管理，激活农村各类要素，促进集体经济不断壮大。

【农村配套改革】 继续推进金融改革，构建多元金融投入体系。创新“两权抵押+乡村振兴农业产业发展贷款”金融支持体系，出台《内江市市中区农村土地经营权抵押融资试点工作实施方案》《内江市市中区乡村振兴农业产业发展贷款风险补偿金实施方案》等3方案5办法，累计贷款4亿元，破解了村集体和新型农业经营主体产业发展资金难题。成果《内江市市中区构建“三个体系”深化农村金融体制改革》入选2020年农村改革试验区案例集，并与《内江市市中区创新土地利用机制助力乡村振兴》等经验材料在《四川日报》《内江改革专报》等省、市级刊物上刊载。

推进探索乡村治理新方法，推进乡村治理现代化。按照“党建引擎激发乡村治理动力、村民群居增添乡村治理效力、集体经济助推乡村治理活力”的发展思路，以凌家镇酒房沟村为乡村治理的试验点，探索乡村治理“一核三治+智治”新方法新途径，推进乡村治理现代化。

探索财政“补”改“投”改革。加快财政支农方式转变，探索财政“补”改“投”改革，自项目开展以来，引导新型农业经营主体承接“补改投”项目95个，项目总投资达21667.71万元(其中安排落实财政“补改投”资金8405.61万元、整合项目资金4535万元、撬动社会资本7321.1万元)，实现村集体经济累计收益1170.45万元。

探索创新集体收益分配机制。以两个平台为依托，采取抱团联建等方式，形成“村集体+农户”“村集体+公司”“村集体+村集体”“村集体+平台”等多层次、多渠道、多形式的利益联结机制，推进村集体经济良性发展。

【主要领导人】 区委书记：黄俊伟；区人大常委会主任：张晓亮；区长：兰徐；区政协主席：黄文勇；分管农业副区长：柳永胜。

市中区编写组

东 兴 区

【基本情况】 2020年，全区辖19个镇(街道)187个村、102个社区(居委会)，辖区面积1181平方千米。年末总人口89万人，城镇化率50.96%。有林业用地25.74万亩，其中林地7.4万亩、疏林地0.08万亩；无林地8.2万亩，非林地5.2万亩，森林覆盖率达18%。

【年度农业和农村经济运行】 2020年，全区“三农”领域本级财政投入增长22.1%，推动农业增加值增长5.8%。建成高标准农田2.7万亩，扩种粮食1.31万亩。新(改)建圈舍34.76万平方米，出栏生猪53.57万头、小家禽738.69万羽、肉牛(肉羊)12.24万头(只)。特色水产品产量1.51万吨，养殖规模居全市第一。新增“三品一标”农产品7个、“甜城味”优质农产品区域品牌18个。培育发展省级示范专合社8个、家庭农场68个，被纳入第二批农民合作社质量提升整县推进省级试点县。

【天冬产业发展】 围绕区委打造“中国天冬之乡”决策部署，与重庆市中药研究院、四川省人民医院、市农业科学院等单位深化道地中药材种植科研合作，制定出台《天冬规模种植奖补方案》《长江现代农业园区中药材规模种植补贴项目实施办法》等支持政策，石子镇七星村天冬核心基地流转土地10000亩，郭北镇青台村整理天冬核心种植基地流转土地1000亩，白合新栽种天冬800亩。

【乡村振兴】 农村人居环境整治“三年行动”“收官”，推进垃圾、污水、厕所“三大革命”，138个行政村具备污水处理能力，累计建成户用卫生厕所14.06万户。畜禽粪污资源化利用率达84%，超额完成目标任务。联合水库枢纽工程全面完工，渠系工程基本建成。田新路、水永路建成投用，全区187个建制村实现通硬化路、通客车全覆盖，群众生产生活条件持续改善。田家镇正子村、双才镇十字村获得“全国文明村”称号，田家镇云台村、椑木镇红林村、高粱镇慈花村、富溪镇罗井村获评“省级乡村振兴示范村”。

【扶贫攻坚】 实施“十大行动”，深入落实“十项配套措施”，历年反馈的4743个问题全部整改清零。投入财政专项扶贫资金1.15亿元发展产业和改善贫困村基础设施，实施建档立卡贫困户危房改造232户、土坯房提升改造265户、饮水安全改造551户。建立防止致贫返贫监测和帮扶机制，全区229户预警监测户、167户预警边缘户全部消除预警，建档立卡贫困户人均纯收入达9402元。集体经济“空壳村”全面消除，贫困村集体经济人均收入达31.25元。

【污染防治】 大清流河小河口大桥断面水质提升为III类，小青龙河来宝桥断面水质恢复到IV类，小青龙河、黑沱河黑臭水体治理通过国家督查。双才、白合等6座乡（镇）垃圾压缩站建成投用，富溪、双桥等24个100吨以上乡（镇）污水处理厂全部通水调试。

【风险排查】 全年实施地质灾害隐患点排危除险29处、工程治理3处、避险搬迁45户。沉着应对1981年以来沱江内江段最大洪峰过境，紧急避险转移群众39265人，防汛减灾连续实现“三零”目标。开展森林草原防灭火专项整治，不断完善全区森林防火体制机制，全年未发生森林火灾。

【宜居建设】 完成城乡接合部污水处理设施、椑木污水厂提标升级等人居配套项目建设，青龙路等8个基础设施项目建设有序推进。完成棚户区改造502户，新（改）建公厕46座，新增城市绿地16.17公顷。实施老旧院落整治工程3个，整治面积约68万平方米，7069户居民受益。完成“9·8”威远5.4级地震219户房屋灾后重建。

【民生实事】 “十件为民办实事”全部提前或超额完成，全年民生支出26.35亿元，占一般公共预算支出的71.1%，高于全省平均水平。“一老一小”关爱保护得到落实，为6.42万名65岁及以上老年人开展免费体检，区综合养老服务中心一期工程完成主体建设；农村义务教育阶段学校实现免费午餐全覆盖，惠及学生3.55万名。全年向孤儿、事实无人抚养儿童发放各类补贴116.08万元。2.55万名残疾人实现“量体裁衣”式个性化服务全覆盖。全额代缴3.97万名建档立卡贫困人口基本医保，为2.83万名建档立卡贫困人口、低保对象、特困人员代缴城乡居民基本养老保险个人部分。

【惠民事业】 完成阳光学校、十三小学扩建，牛牦山小学开工建设；完成富溪中心校等12所学校校舍维修改造，新增农村义务教育阶段学位1500余个；完成阳光幼儿园、锦巷府幼儿园建设等，新增城乡幼儿学位6500余个，全面完成“8050”目标任务。创作“战疫”主题文艺作品300余件，开展文化惠民演出82场次。区图书馆建成开馆。新江街道东风社区获评“全国十佳志愿服务社区”。

【主要领导人】 区委书记：徐炼英（8月止）；区人大常委会主任：张静；区长：余梅；区政协主席：韩双林；分管农业副区长：李伟。

东兴区编写组

隆 昌 市

【基本情况】 2020年，全市辖11镇2个街道，辖区面积794平方千米，其中耕地面积62.1万亩。

2020年，全市GDP299.03亿元，增长4.6%，其中第一产业增加值46.92亿元，增长6.6%；第二产业增加值97.08亿元，增长5.8%；第三产业增加值155.03亿元，增长3.2%。三次产业对经济增长的贡献率分别为15.7%、32.5%和51.8%。主要农产品产量见表1。

农用地产权制度改革。全面完成农村土地承包经营权确权登记颁证，全市共计确权352个村3676个组149262户（含2012年颁证古宇村7个组480户1348亩）；共确权登记承包地实测面积61.88万亩、自留地实测面积0.69万亩、集体机动地（非耕地）实测面积3.38万亩。全市农村土地承包经营权证书已颁发到户149216本，颁证率达99.97%。12个镇（街道）涉及44个村288个村民小组已书面申请暂缓确权，涉及农户12522户，涉及二轮承包面积25021亩。

【现代农业园区建设】 推进荣昌·隆昌40万亩“稻渔”综合种养绿色发展产业带建设，配套发展优品柑橘、木本油料、特色竹类、内江猪等特色农业产业，构建“1+4+10+16”现代农业园区体系。截至2020年年底，累计发展稻渔产业14.6万亩（其中标准化稻渔产业7.6万亩），建成万亩以上稻渔基地2个、千亩以上稻渔基地12个。创建四川省五星级现代农业园区1个、内江市星级现代农业园区2个；新评定隆昌市星级现代农业园区3个，创造星级现代农业园区2个。

【种植业】 全市农作物总播种面积111.64万亩，其中粮食作物播种面积76.33万亩，产量32.83万吨。小春粮食作物播种面积3.26万亩，产量0.67万吨；大春粮食作物播种面积73.07万亩，产量32.16万吨。油料作物播种面积19.314万亩，产量2.5628万吨，其中油菜种植面积15.81万亩，产量2.1741万吨。蔬菜种植面积14.22万亩，产量46.72万吨。

【畜牧业】 动物疫病防控。开展重大动物疫病免疫，做到“应免全免”，全年共使用猪瘟疫苗免疫生猪14.601万头份，使用猪口蹄疫苗免疫猪13.664万头，使用牛（羊）口蹄疫苗免疫牛0.509万头、羊0.91万只，使用H5H7禽流感疫苗免疫注射鸡88.95万羽、鸭138.5万羽、鹅6.583万羽。建立非洲猪瘟防控“3+1+1”网格化管理体系，加强对养殖、屠宰、关键卡口等环节的重点监管，网格化管理率达100%；开展“大消毒、大培训、大宣传”专项行动，累计消毒养殖场（户）10491家（户）。

生猪生产发展。全市生猪出栏38.03万

表1 2020年隆昌市主要农产品产量

主要农产品	单位	产量	同比(%)
粮食	万吨	32.83	0.92
水稻	万吨	19.26	0.87
玉米	万吨	7.89	0.61
油菜籽	万吨	2.17	7.11
蔬菜	万吨	46.72	5.46
水果	万吨	4.37	8.67
肉类	万吨	4.2597	13.7
猪肉	万吨	2.614	31.2
牛肉	万吨	0.0196	26.5
羊肉	万吨	0.0433	−11.3
禽蛋	万吨	0.7459	−2.7
水产品	万吨	4.5	8.9

头，生猪存栏26.29万头，能繁母猪存栏3.07万头。改(扩)建生猪规模场9个，新建规模场115个(已建成52个)，其中龙市镇德树生态农庄150个种养循环生猪养殖场已建成108个，全年出栏生猪3.54万头；正邦集团石燕桥种猪场设计存栏母猪1.5万头，已完成场地平整；四川蜀驿香农业开发有限公司设计年出栏生猪1.4万头育肥场，基础工程已完成；弛阳公司隆昌市金鹅街道光辉村股份经济合作社设计出栏生猪0.48万头育肥场，已完成场地平整。

畜禽屠宰管理。以取缔私屠滥宰点(户)等为重点，严查生猪私屠滥宰、屠宰病死猪、注水注药等违法行为。加强屠宰企业管理，建设非洲猪瘟自检实验室8个，按规定落实屠宰环节非洲猪瘟自检和瘦肉精自检。落实农业农村部2020年官方兽医驻厂制度，坚持24小时值班。全年下发整改通知14份，责令停产停业整顿企业3家。

兽药饲料管理。开展农产品质量安全专项整治“利剑”行动，开展畜禽违法违规用药及使用违禁物质整治行动，对185个蛋禽、生猪规模养殖场及养殖小区开展全覆盖督查检查，严厉打击蛋禽养殖过程中违法使用禁用药品、超剂量超范围使用兽药、使用未批准在产蛋期使用的药物、不执行休药期规定、销售残留超标禽蛋等行为，以及非法使用“瘦肉精”等禁用物质行为，并在大型规模场推行兽药减量化。全年屠宰环节共抽检“瘦肉精”1.3万余份，全部为阴性；完成兽药饲料抽检15次，产品全部合格。办理兽药案件2起，处罚3.5万元。

动物卫生监督。全市建设非洲猪瘟临时检查站24个，严厉打击违法违规调运生猪。全年执法办案7起，处罚54万余元。开展官方培训5次，共计培训245人次。开展全市畜禽运输车辆管理，完成备案车辆审核备案34车次。

【水产业】 渔政管理。成立市政府主要负责人任组长的隆昌市禁捕退铺工作专班，联合县公安局、县交通运输局开展禁捕工作“联合执法行动”，开展“四清四无”排查，做到“清船、清网、清河、清湖”，确保无捕捞船只、无捕捞网具、无捕捞渔民、无捕捞生产。全年开展禁捕执法行动60余次，派出执法车辆80台次，参与执法人员400余人次，查处非法网具128套，缴获并发放生渔获物30余千克，劝返生产性垂钓人员80余人次。

科技兴渔。培育标准化稻渔综合种养示范基地，开展技术培训6次，培训300人，形成丘陵地区稻渔综合种养的标准技术体系，培育了一批稻渔综合种养农村能人。与上海海洋大学、西南大学等8所科研院所共建研发平台，建成稻渔专家大院1个、科技小院2个，聘请专家团队探索“渔稻共生”“稻菜共生”“稻+白乌鱼”等新模式，推动技术创新、品种优化，为农户发展稻渔种养业提供技术支撑。

养殖设施建设。按照“稻渔产业发展到哪里，基础设施跟进哪里”的原则，统筹推进路网、水网、气网、电网、通讯网“五网”建设，建成江河提灌站217座、稻渔产业环线106千米、配套渠网486千米、高标准农田26.86万亩。光纤宽带实现全覆盖，被纳入全国数字乡村建设试点。打造云湖现代水产业示范基地，引导渔业生产从从传统池塘养殖向设施养殖转型。

【乡村振兴】 探索丘区乡村振兴发展模式，发挥浅丘区冬水田集中和沱灌工程、古宇湖灌区水利优势，创新“六养四联三融”的“稻渔果”立体综合种养模式，连片发展“稻渔果”23万亩，近三年，全市农村居民年人均可支配收入增长32%。创新“一方案、一导则、三统筹、三重点、三补助”的农村人居环境整治“11333机制”，常态化开展清河、清渠、清沟、清路、清院“五清行动”，建成美丽宜居乡村136个。创新“大院长”“伞状+警务网格”等治理模式，健全乡村治理体系，建成全国文明镇2个、省级文明镇村5个。稻渔满仓、花果飘香、青山绿水、民富村美的“中国西部鱼米之乡”初显雏形。

【农业机械化】 全年新建提灌站6座，修复、改造提灌站34座；新增农机总动力4.4万千瓦。全年完成机耕面积67万亩、机播面积28.28万亩、机收面积40.5万亩，主要农作物综合机械化率达70.1%。开展农机宣传培训，共培训500人次。

【农产品质量安全监管】 持续推进农产品质量安全风险监测，共抽检蔬菜样品75个、食用菌样品10个、水果样品21个；农药残留共监测111个样品，合格率100%。开展农产品质量安全执法巡查检查54次，出动执法人员1194人次，检查13个乡(镇、街道)的农资门店和企业294家次，责令限期改正违法行为3起，巡查发现并立案查处1起，其他部门移交并立案查处1起，结案2起，办案结案率为100%。

【主要领导人】 市人大常委会主任：李萍；市长：林双全；市政协主席：谢守涛；分管农业副市长：梁虹。

隆昌市编写组

资中县

【基本情况】 2020年，全县辖22个镇，辖区面积1733.96平方千米。

【全域旅游】 全县文旅资源普查全面完成；资中古城核心区建设项目完成文武庙复原陈展；完成重龙山生态修复方案设计，启动施工图设计；启动文道、武道方案设计。完成古城文化旅游产业示范园项目、万亩血橙主题公园项目、银山镇橙香田园综合体项目、九龙峡农旅结合项目、老寨子康养基地旅游项目5个文旅项目的包装。全县实现旅游总收入77.028亿元，文旅总投资额达3.006亿元。

【公共文化服务体系建设】 抓好文化扶贫，完成102个贫困村文化惠民演出和文化设施设备补充更新，做好鱼溪镇老鹰村、归德镇芦茅沟村、新桥镇太河村3个贫困村省级文化扶贫示范村申报，完成3219个“村村通”(含电视“户户通”)、已建成317个村(621个老村)广播“村村响”的运行维护。巩固完善公共文化基础设施标准化建设，完成鱼溪镇和银山镇综合文化站提档升级工作，24小时图书室投入运行，县图书馆数字化建设有序推进。推进公共文化设施法人治理结构改革，组建成立县图书馆、县文化馆理事会。抓好公共文化设施免费开放、基层文艺骨干和文化志愿者培训及文化志愿者活动。

【交通建设三年攻坚”行动】 全年完成总投资3.63亿元，成自宜高铁(资中段)完成前期工作，配合做好资东、内简、资威、资荣、资宜五条快速通道规划布局。国、省道完成编号命名工作。建成县、乡道改造工程75.96千米，通村公路64.9千米。银山渡改桥项目钢栈桥搭设等工程建成。完成双河桥、归德大桥等6座危桥整治。资中一级客运站完成主体工程。苏家湾航电枢纽工程被纳入四川省综合交通建设三年行动项目。内江市沱江河第一个水上应急救助点资中县沱江河水上应急救助点建成并投入使用。

【主要领导人】 县委书记：曾廷富；县长：林双全；县政协主席：邓方全；分管农业副县长：王冬。

资中县编写组

威远县

【基本情况】 2020年，全县辖14个镇180个村民委员会3021个村民小组58个居民委员会，辖区面积1289平方千米，其中耕地面积55198.46公顷（水田面积21503.81公顷、旱地面积33694.65公顷）。户籍总人口695964人。有林地面积47444.22公顷，森林面积53316.7公顷（含四旁面积），森林覆盖率41.36%，森林蓄积量287.96万立方米。

2020年，全县GDP355.8亿元，增长3.9%。地方一般公共预算收入完成10.45亿元，增长4%。城镇和农村居民年人均可支配收入分别达39631元、18561元，分别增长6.3%、9.2%。

公路里程4825.3千米，其中高速公路90.3千米、国道35千米、省道174千米、县道512千米、乡道458千米、村道3556千米。全年客运量3814万人，旅客周转量449842万人千米，货运量4367万吨，货物周转量335723万吨千米。

【文旅规划编制】 对标全域旅游示范县和天府旅游名县创建标准，结合威远县文旅资源普查发现旅游资源927个、文化资源1941个的新成果，修编《威远全域旅游发展总体规划》（2020—2030），提出“1411”文旅发展战略，以建设国际知名的“穹窿休闲度假旅游目的地”为发展目标，构建“山水游乐、古砦休闲、森林康养、文化体验”四大特色产品体系，打造文旅重点项目11个。起草出台《关于大力发展文旅经济加快建设文化强县旅游强县的实施意见》（威委发〔2020〕12号）、《威远县文化传媒产业发展扶持办法》（威府办发〔2020〕28号），加强政策支撑。

【文旅项目建设】 石板河旅游景区一期建设内容全面完成，打造集山水观光、休闲度假、山地运动于一体的穹窿山水休闲度假旅游区，景区于7月2日举办开园仪式并正式对外营业，完成创建国家4A级景区省级检查评定。自开园以来，累计接待游客13万人次，实现旅游收入790万元。古佛顶景区已完成景区游客中心、停车场、旅游厕所、标识标牌、步游道及重要景观节点建设，于10月通过国家3A级景区验收。康桥恬园前期道路交通基础设施建设、恬湖、果树种植等基本完成，推进游客中心、停车场、旅游厕所等项目建设，并启动国家3A级景区创建。通过新合作e兴未来威远县重点招商引资项目云推介会，对外推介重点文化旅游招商引资项目5个；参加在重庆市举办的“成渝地区双城经济圈中的新威远”投资促进（重庆）推介会暨招商引资项目签约仪式和第24届重庆都市文化旅游节暨国际旅游交易会，全面推介威远文旅资源、文旅项目。与中矿联合投资集团建设产业发展有限公司签订老君山生态康养旅游度假区项目战略合作协议。

【公共文化服务体系建设】 疫情防控期间，按照“馆区封闭，服务不断”原则加强内容供给、线上服务，各类网站、微信公众号、网上数字资源数字图书等移动学习阅读平台保持正常运行，共计开展各类线上服务项目60项，确保群众疫情防控期间在家也能享受各类“精神大餐”。完成已退出贫困村文化室达标“回头看”，组织全县54个贫困村文化管家、14个镇综合文化服务中心负责人开展威远县2020年基层文化管家培训。挖掘和开发根雕、影雕、玉刻、烙画、夏布画、扎染、草编、龙灯扎制、制茶等乡村技艺，组织9名选手及25件参赛作品参加2020年内江市民间手艺人技能大赛。开展“文化四季风”3场、“百姓大舞台”54场、“罗世文大讲堂”4场，时隔六年重启威远县春节联欢晚会。

【非物质文化遗产及文物保护】 建立健全全县非物质文化遗产名录体系，保护、传承和开发好全县濒危非物质文化遗产项目，开展第七批市级非物质文化遗产代表性传承人申报工作，共申报3人。对重点文物保护单位及文物点文物开展安全巡查、检查及汛期和节假日专项检查约70次，协助完成馆藏文物和地面文物普查。组织县文管所分别指导向义镇、山王镇完成静宁寺、威远煤矿小火车及窄轨铁路的环境改善，协助中石油蜀南气矿公司实施红村石油会战指挥部旧址环境整治项目。开展小河贞节牌坊、静宁寺字库塔、威远白塔、北门城楼安全隐患排查鉴定和排危工作，与水利局协调，对省保文物友谊渡槽的附属管理用房部分进行维护与维修，全年投入资金60万元。

【广电建设】 开展脱贫攻坚成效巩固贫困户“有广播电视”达标排查工作，边查边改、立行立改，对排查出的问题形成问题台账、整改台账、分板报告并制订问题整改实施方案，完成脱贫攻坚成效巩固建档立卡贫困户电视收看问题自查整改、巩固脱贫成果“百日攻坚”十大行动以及脱贫攻坚问题整改清零行动相关工作。持续推进和落实县级重点项目“高清威远·智慧广电”建设，已完成高清机顶盒新增、置换25030台，其中置换21125台、新增入网3905台，已累计完成投资750.9万元。落实数字广播“村村响”和电视“户户通”民生实事项目建设，“村村通”服务项目已完成单一来源招投标采购，112个“村村响”已完成终端升级改造。完成2020年全国“两会”、国庆、中秋等重大活动期间广播电视安全播出。

【主要领导人】 县委书记：于进川；县人大常委会主任：周功会；县长：马炬；县政协主席：刘均作；分管农业副县长：王学斌。

威远县编写组

乐 山 市

【基本情况】 2020年，全市辖1市4区6县，辖区面积12720.03平方千米。年末总人口348万人（户籍人口），减少0.42%；人口出生率8.7‰，减少0.8个千分点；人口自然增长率-2.44‰，减少0.58个千分点。有林业用地802629.6万公顷，有林地面积774792.8万公顷，活立木总蓄积量7038.1万立方米，森林覆盖率60.82%。

2020年，全市GDP2003.43亿元，增长4.1%，其中第一产业增加值290.33亿元，增长5.8%；第二产业增加值823.08亿元，增长4.1%（工业产值1603亿元，增长1.9%）；第三产业增加值890.02亿元，增长3.7%。三次产业对经济增长的贡献率分别为15.7%、50.7%和33.6%。三次产业结构比为14.5 ∶ 41.1 ∶ 44.4。全年民营经济增加值1121.84亿元，增长3.3%，民营经济拉动GDP增长1.9个百分点，对GDP增长的贡献率为47%，总量占GDP的56%，其中第一产业增加值140.44亿元，增长5.4%；第二产业增加值573.73亿元，增长5.1%；第三产业增加值407.67亿元，减少1.1%。全社会从业人员178.4万人。全年接待游客7071.69万人次，实现旅游收入1040.34亿元，其中列入统计的乡村旅游点接待游客3135.74万人次，实现营业收入45.35亿元。

公路总里程16057.6千米，其中等级公路15551.89千米。全年新增公路里程3368千米，其中新建里程405千米、改建变更里程2963千米。全市水路通航总里程512千米,其中等级航道410千米。地方一般公共财政预算总收入完成120.6亿元,增长3.3%;一般公共财政预算总支出318.2亿元,增长0.3%,其中农业投入50.6万元,占支出的15.9%。全年农业保费收入8729.77亿元,减少13.92%;处理各项赔款和给付金额23849.83万元,减少26.9%。农业产业化龙头企业国家级、省级、市级分别为7家、44家、181家。

有各类学校1068所,在校学生49.12万人,教职工4.28万人,其中普通高校5所,在校本(专)科学生5.4人,增长10%;普通中学153所,在校学生8.96人;小学214所,在校学生18.41万人;学龄儿童入学率100%。有艺术表演团体5个,文化馆12个,公共图书馆12个,博物馆12个,美术2个,乡(镇、街道)综合文化站200个。有卫生机构3248个,病床位24678张,卫生技术人员21132人。新型农村社会养老保险参保人数1230481人,参保率97%;城乡居民医疗保险参保人数259.82万人,减少7.15万人;被征地农民养老保险参保人数3124人,占总人数的0.27%。

【年度农业和农村经济运行】 2020年,全市实现农业总产值436.6亿元,增长5.6%;全市全年农业增加值达294.05亿元,增长6%;茶叶、猕猴桃、伏季水果、蔬菜等特色优势农产品产量保持稳定增长。农村居民年人均可支配收入达18175元,增长8.6%。全市省级农产品质量安全例行监测抽检合格率达99.7%;共有129个基层农业综合服务站。主要农产品产量见表1,省级(及以上)示范农民专业合作经济组织见表2,家庭农场经营情况统计见表3。

表1　2020年乐山市、县(市、区)主要农产品产量

单位:万亩、千克/亩、万吨

地区	粮食合计			谷物			水稻			玉米		
	面积	单产	产量	面积	单产	产量	面积	单产	产量	面积	单产	产量
乐山市	300.36	386.44	116.07	233.7	435.72	101.83	126.67	516.65	65.44	107.01	339.99	36.38
市市中区	21.52	471.16	10.14	19.52	503.57	9.83	16.32	524.7	8.56	3.2	395.8	1.27
沙湾区	13.25	367.38	4.87	10.22	421.28	4.31	5.22	502	2.62	5	337	1.69
五通桥区	17.94	434.92	7.8	14.77	483.36	7.14	10.46	521.7	5.46	4.31	390.3	1.68
金口河区	4.85	266.83	1.29	3.23	273.48	0.88	0.01	495.2	0	3.21	273.2	0.88
犍为县	63.49	423.64	26.9	49.04	477.33	23.41	33.2	519	17.23	15.84	390	6.18
井研县	63.47	377.18	23.94	39.73	466.29	18.53	22.9	520	11.91	16.83	393.2	6.62
夹江县	22.98	467.54	10.74	20.62	494.57	10.2	15.02	530.5	7.97	5.6	398.2	2.23
沐川县	27.95	339.58	9.49	24.09	368.35	8.87	9.63	486.6	4.69	14.46	289.6	4.19
峨边县	13.96	278.76	3.89	10.03	306.64	3.08	1.04	479	0.5	8.99	286.7	2.58
马边县	28.13	283.39	7.97	22.88	309.2	7.08	1.69	490.1	0.83	21.18	294.9	6.25
峨眉山市	22.81	395.89	9.03	19.57	435.12	8.52	11.18	508	5.68	8.39	338	2.84

表2　2020年乐山市省级(及以上)示范农民专业合作经济组织名单

合作社名称	注册资金(万元)	法人代表	示范等级	年度产值(万元)	主营产品
乐山市继东渔业专业合作社	2000	易继东	国家级	12000	水产
乐山市金松粮业专业合作社	600	刘炳金	国家级	1382.11	稻谷
乐山市市中区山乡稻谷种植专业合作社	1200	龚永和	省级	923.5	稻谷
乐山市市中区平羌荔枝专业合作社	200	张学义	省级	358	荔枝
乐山市市中区泥溪源水果种植专业合作社	500	梁玉富	省级	452	柑橘
乐山市鑫平渔业专业合作社	213	毛小平	省级	323.6	淡水鱼
乐山市市中区文氏畜禽专业合作社	1000	张素容	省级	320	肉鸡养殖
乐山市信庆旺养猪专业合作社	1000.05	梁芸芳	省级	365.9	猪
乐山市顶尚果蔬专业合作社	800	杨云奇	省级	235.5	草莓、柑橘
乐山市市中区同兴渔业专业合作社	800	刘华新	省级	285.1	淡水鱼
乐山市五通桥区牛华芽菜专业合作社	504.8	刘　彬	国家级	389.12	牛华芽菜(酱腌菜)
乐山市五通桥区桃洱河养鱼专业合作社	100	陈有和	国家级	450	虾、淡水鱼
乐山市五通桥区佛手中药材专业合作社	650	干维香	国家级	623	佛手
乐山市五通桥区蔡氏花卉苗木专业合作社	217	蔡久荣	省级	4142.16	城市绿化苗木、造林苗、花灌木
乐山市五通桥区芽芝春茶叶专业合作社	500	彭仲勇	省级	30	茶叶
乐山市五通桥区牛华镇意民猪业专业合作社	110	彭贤强	省级	1400	生猪
乐山市五通桥区马儿沟生态养羊专业合作社	460	廖　桦	省级	60	羊
乐山市五通桥区勤丰生姜专业合作社	500	张小平	省级	500	生姜、蔬菜
乐山市五通桥区明明泽泻专业合作社	100	邓加明	省级	547	泽泻

续表1

乐山市五通桥区星光水果专业合作社	400	张　清	省级	240	柑橘种植技术推广及销售
乐山市五通桥区西坝生姜专业合作社	120	万志强	省级	650	生姜
乐山市五通桥区灵山茶叶专业合作社	70	曾德智	省级	200	茶叶销售、加工
乐山市五通桥区季虹苗木专业合作社	518	吴季虹	省级	3948.01	城市绿化苗木、造林苗、竹类品种
乐山市五通桥区明杰蔬菜专业合作社	100	张建明	省级	280	蔬菜种植、销售、技术服务
乐山市五通桥区日月发中药材专业合作社	300	王发明	省级	650	中药材种植、销售、技术服务
乐山市沙湾区明仕蛋鸡专业合作社	500	明保清	国家级	5000	鸡
乐山市沙湾区范店中药材专业合作社	531	罗云飞	省级	34	中药材
乐山沙湾鸿盛茶叶专业合作社	400	付永成	省级	480	茶叶
乐山市沙湾区鸿兴生猪养殖专业合作社	60	潘绍均	省级	50	猪
乐山市沙湾区龙雾茶叶专业合作社	50	魏先义	省级	200	茶叶
乐山市沙湾区世福生猪技术信息专业合作社	1000	代世文	省级	418	猪
乐山市沙湾区红阳茶叶专业合作社	100	许溯全	省级	350	茶叶
乐山市沙湾区绿顶茶叶种植专业合作社	200	余友强	省级	350	茶叶
乐山市沙湾区长宏中药材种植专业合作社	500	谭长宏	省级	480	中药材
乐山市沙湾区德强果林专业合作社	214	何德强	省级	20	水果
乐山市沙湾区能强肉鸡饲养专业合作社	10	徐九能	省级	210	鸡
乐山市金口河区林丰猕猴桃种植专业合作社	80	李仕元	省级	50	猕猴桃
乐山市金口河区大瓦山食用菌种植专业合作社	100	李　洪	省级	300	食用菌
乐山市金口河区绿芯蔬菜种植专业合作社	50	陈希满	省级	200	蔬菜
乐山市金口河区鑫农肉牛养殖专业合作社	100	何启全	省级	50	肉牛
乐山市金口河区大瓦山中药材专业合作社	50	陈频彧	省级	100	川牛膝
乐山市金口河区常兴中药材种植专业合作社	50	高国林	省级	100	川牛膝
乐山市金口河区金丰核桃种植专业合作社	50	凌志平	省级	100	核桃
乐山市金口河金口大峡谷乡村旅游专业合作社	30	朱桂洪	省级	30	中药材
乐山市金口河区板厂坪天麻种植专业合作社	100	王禄军	国家级	300	天麻
犍为县和风生猪生产专业合作社	1780	郑永贵	国家级	200	生猪
犍为县团结柑橘专业合作社	500	谢召礼	省级	750	柑桔
犍为县铁山茶叶专业合作社	300.55	向中银	省级	200	茶叶
犍为县畜源生猪生产专业合作社	600	喻　涛	省级	0	生猪
犍为县鑫盛源生猪养殖专业合作社	400	汪自盛	省级	60	生猪
犍为县汇农茉莉花专业合作社	500	程　刚	省级	350	茉莉花
犍为县农腾水果专业合作社	510	李成宇	省级	60	水果
犍为县众鑫园砂仁种植专业合作社	527.4	张晓玲	省级	380	砂仁
犍为县二龙水产专业合作社	104.55	林玉成	省级	1800	鱼
犍为县天源山茶叶专业合作社	754.56	邱延洪	省级	230	茶叶
犍为县清溪生猪生产专业合作社	150	刘昌林	省级	500	生猪
犍为县牧泰生猪养殖专业合作社	603	范才斌	省级	3000	生猪
犍为县高龙茶叶专业合作社	503.05	谢石方	省级	64.87	茶叶
犍为县塘坝红星生猪生产专业合作社	480	余智树	省级	315	生猪
犍为县榨鼓生姜专业合作社	102	曹先行	省级	800	生姜
犍为县新民益农黄白姜种植专业合作社	129	汪继承	省级	400	黄白姜
犍为县金井冶官果业专业合作社	480	帅希桃	省级	30	水果
犍为县贸发水稻专业合作社	300	代志军	省级	60	水稻
犍为县平峰果蔬种植专业合作社	500	袁海华	省级	800	水果蔬菜
犍为县柳姜水果种植专业合作社	499	王　军	省级	1200	水果

续表2

井研县千佛镇梅家湾村台柚专业合作社	120	梅智明	国家级	150	柑橘
井研县林翔优质粮食专业合作社	259.5	王世权	国家级	1200	水稻
井研县繁盛杂交柑桔专业合作社	628	范敬超	国家级	800	柑橘
井研县奇能现代农业专业合作社	755	王奇伦	国家级	2000	水稻、农机服务
井研县丝源蚕桑专业合作社	184	谭克华	国家级	312	蚕桑
井研县久盛源生态农业专业合作社	1000	吴中平	国家级	400	柑橘
井研县绿艺花木专业合作社	147	黄小柯	省级	290	花木、柑橘
井研县强生畜禽养殖专业合作社	665	熊富强	省级	660	蛋鸡
乐山市鱼邦养殖专业合作社	5297	李　兵	省级	2000	水产品
乐山市杨家河水产养殖专业合作社	1440	吕旭伦	省级	500	甲鱼
井研县康源生态养殖专业合作社	800	宋　平	省级	200	生猪
井研县惠涛水果专业合作社	700	周春涛	省级	150	柑橘
井研县俊杰惠农农机服务专业合作社	145	周志琼	省级	260	农机服务
井研县顺溜现代农业专业合作社	220	郭俊华	省级	500	柑橘
井研县老农民水稻种植专业合作社	272	周建伟	省级	480	水稻、农机服务
井研县田野植保专业合作社	120	谢兴文	省级	220	农机服务
井研县黄土坎小米花生专业合作社	120	张群英	省级	100	花生
井研县强农生态农产品专业合作社	120	邓劲松	省级	80	水产、柑橘
井研县纯复乡富强水产专业合作社	200	李付祥	省级	400	水产品
夹江县佰农源粮食专业合作社	509	刘海兵	国家级	750	粮油、中药材
夹江县公阙蔬菜农民专业合作社	1200	杨　锦	国家级	440	蔬菜
夹江县青州乡植保粮油农民专业合作社	100	彭少均	国家级	421	粮油、中药材
夹江县龙园茶叶专业合作社	6	王建均	国家级	200	茶叶
夹江县露华蔬菜种植专业合作社	200	吴方明	省级	330	蔬菜
夹江县五星蔬菜专业合作社	100	万建华	省级	654	蔬菜
夹江县熊林竹仙竹笋专业合作社	500	张成军	省级	285	苦笋
夹江县康盛果木种植专业合作社	720	刘　春	省级	110	水果
夹江县金螺茶业专业合作社	1000	费治新	省级	687	茶叶
夹江县龙井沟果业专业合作社	1200	徐玉洪	省级	510	水果
夹江县乐天农业机械化服务专业合作社	480	王　涛	省级	880	粮油、中药材
夹江县鑫圳畜禽养殖专业合作社	1200	李　鑫	省级	410	畜禽养殖
夹江县王沱蔬菜种植专业合作社	500	吴成军	省级	430	蔬菜
夹江县果缘果木产销专业合作社	380	袁均伟	省级	120	蔬菜
夹江县大林果业农民专业合作社	335	刘胜军	省级	200	水果
夹江县兴顺农机服务专业合作社	70	王兴全	省级	110	粮油、中药材
夹江县丰华园生态农业专业合作社	3680	邹　余	省级	300	水果
夹江县春丰藤椒农民专业合作社	120	张开军	省级	200	藤椒
夹江县村姑中药材种植专业合作社	1000	王　念	省级	720	粮油、中药材
沐川县李家山茶叶专业合作社	100	杨明法	省级	400	茶叶
沐川县沐源川乌骨黑鸡养殖专业合作社	100	江朝鲜	省级	280	鸡
沐川县都得利刺梨种植专业合作社	100	刘怀全	省级	600	刺梨
乐山富家坡李子专业合作社	109	范词林	省级	160	李子
沐川县益民猕猴桃专业合作社	180	李道珍	省级	200	猕猴桃
沐川晓三月茶叶专业合作社	100	李　里	省级	230	茶叶
沐川县黄丹镇众利猕猴桃专业合作社	223	赵先泽	省级	150	猕猴桃
沐川县山谷地乌骨鸡养殖专业合作社	212	邓国勋	省级	300	鸡

续表3

沐川县一枝春茶叶专业合作社	200	杨昌银	国家级	330	茶叶
峨边县玉芝茶叶产业专业合作社	600	代明萍	国家级	800	茶叶
峨边县丽华农业科技开发专业合作社	360	廖丽华	国家级	1200	畜禽养殖，藤椒、花椒种植
峨边六六养殖专业合作社	256	李伯均	省级	750	生猪养殖
峨边县金果王种植专业合作社	420	黄凤均	省级	600	猕猴桃种植
峨边县勒乌乡曙光种植专业合作社	52	谢泽汐	省级	500	马铃薯育种
峨边惠民脱毒马铃薯专业合作社	108	张仕清	省级	200	蔬菜种植
峨边三山种养殖专业合作社	272.4	李秋容	省级	120	牛养殖
乐山市峨边县土里吐趣茶叶专业合作社	1000	何继业	省级	210	茶叶种植及加工
峨边县毛坪天然竹笋采集专业合作社	20.12	唐　建	省级	110	竹笋种植及加工
峨边先锋宏源种植养殖专业合作社	300	陈治宏	省级	120	蔬菜种植
峨边毛坪旺发种植专业合作社	1200	徐海霞	省级	200	水果种植
马边彝族自治县东风茶叶专业合作社	98	唐知明	省级	1000	茶叶
马边彝族自治县怀林猕猴桃专业合作社	500	宋怀林	省级	320	猕猴桃
马边彝族自治县文彬绿雪茶叶专业合作社	133	何文彬	省级	1580	茶叶
马边绿康笋材专业合作社	500	蔡明华	省级	80	竹笋
马边民主金辉畜禽养殖专业合作社	51.8	黄辉银	省级	100	生猪养殖
马边下溪镇青山莲畜禽养殖专业合作社	1800	赵兴服	省级	248	肉羊、牛养殖
马边老王坪种养业专业合作社	2613	罗世友	省级	28	生猪养殖
马边老河坝乡金牧肉牛养殖专业合作社	519.8	王贵华	省级	40	生猪养殖
马边劳动乡高山茶叶种植专业合作社	165.92	祝明华 李贤波	省级	160	茶叶
马边荞坝茶业专业合作社	37	李贤春	省级	126	茶叶
马边柏林茶叶专业合作社	120	邓成贵 邓　健	省级	850	茶叶
马边彝乡山寨土鸡养殖专业合作社	293.8	曾昌盛	省级	150	畜禽养殖（鸡）
马边荣丁镇天才藤椒种植专业合作社	301.03	钟元才	省级	7.2	藤椒
马边彝族自治县深山土鸡养殖专业合作社	600	张金秀	省级	20	畜禽养殖（鸡）
峨眉山市万佛藤椒专业合作社	101	刘世群	国家级	1040.21	藤椒
峨眉山农博士蔬菜专业合作社	101.26	唐思兵	国家级	500	蔬菜
峨眉山忠禾农业专业合作社	500	丁荣忠	国家级	698	食用菌、水果
峨眉山市金富天麻种植专业合作社	1000	袁加年	国家级	300	天麻
峨眉山市中旺养猪专业合作社	200	王建军	国家级	660	生猪
峨眉山市峨龙蔬菜专业合作社	231	王怀君	省级	6800	蔬菜
峨眉山市三禾果蔬专业合作社	200	王明历	省级	600	葡萄
峨眉山市大为果蔬专业合作社	200	王　云	省级	115	李子
峨眉山市世海黑鸡养殖专业合作社	360	黄世海	省级	300	黑鸡
峨眉山市绿馨农业种植专业合作社	100	吴良柱	省级	320	水果蔬菜
峨眉山市清香核桃专业合作社	100	梁静容	省级	300	核桃
峨眉山市琼花茶叶专业合作社	100	王国清	省级	650	茶叶
峨眉山市天然有机茶专业合作社	50	王　勤	省级	330	茶叶
峨眉山市黄金源茶叶专业合作社	680	季宝生	省级	500	茶叶
峨眉山市燕露春茶叶专业合作社	500	李永建	省级	1250	茶叶
峨眉山市大树林果蔬种植专业合作社	600	高洪文	省级	500	水果、蔬菜
峨眉山市仙山菌业种植专业合作社	500	范玉平	省级	600	食用菌
峨眉山市龙垦茶叶专业合作社	120	张安建	省级	655	茶叶

表3　2020年乐山市家庭农场经营情况统计表(前10位)

家庭农场名称	注册资金(万元)	法人代表	年度产值(万元)	主营产品
峨眉山市太平畜禽生态养殖家庭农场	—	马作焕	1150	养殖
夹江县蜀佳农场	300	李　鑫	660	畜禽养殖
夹江县华青农场	500	刘树华	610	粮油、中药材
犍为大兴祖成家庭农场	150	杨祖成	600	生猪、鸭、柑橘
夹江县海滨农场	500	刘海兵	560	粮油、中药材
井研县江林家庭农场	1000	邱　林	560	柑橘
夹江县村夫农场	150	王建成	550	粮油、中药材
夹江县宇阳家庭农场	300	刘胜军	480	水果
乐山市沙湾区太平镇风起茶叶种植家庭农场	无	李　将	480	茶叶
夹江县加贵农场	280	杨加贵	420	粮油、中药材

【种植业】 全市粮食作物播种总面积330.97万亩,产量123.54万吨,分别增长4.25万亩、1.32万吨,其中水稻种植面积126.67万亩,产量65.44万吨;玉米播种面积107.01万亩,产量36.38万吨;红薯种植面积30.58万亩,产量8.87万吨;马铃薯种植面积31.29万亩,产量8.16万吨;大豆种植面积30.91万亩,产量4.03万吨。油料作物种植面积79.75万亩,产量9.48万吨,其中油菜籽种植面积72.17万亩,产量8.43万吨,分别增长9.75万亩、1.22万吨。全市蔬菜种植面积55.225公顷,产量138.86万吨,分别增长3.52%、5.02%。全市中药材种植面积12848公顷,产量51261吨。全市佛手种植面积2万亩,联合国药集团打造标准化柔毛淫羊藿基地。全市水果种植面积27768公顷,产量21.52万吨,分别增长7.1%、12.1%。建成1个三星级省级现代农业园区(井研县集益晚熟柑橘园区)、1个省级现代农业园区(峨边县白沙河流域果蔬园区)、5个市级现代农业产业园区(夹江县马村水果园区、马边县荣丁猕猴桃园区、犍为县舞雩兔—柑橘园区、峨边宜坪玉米—枇杷园区、沐川县高笋茶—李园区)。井研县被纳入农业农村部晚熟柑橘产业集群建设重点县,被中国果品流通协会授予全国柑橘产业30强县(市)。全市茶园总面积135万亩,茶叶总产量14.1万吨,茶叶总产值77.5亿元,分别增长0.75%、5.22%和10.7%。新增现代茶叶标准化基地面积5万亩,累计达100万亩,其中新建茶园面积1万亩、改造低产茶园3.2万亩。机采面积55万亩;绿色食品面积52万亩,有机茶园面积2万亩。茶叶鲜叶总产值62亿元,带动全市265万名农民人均可支配收入增加234元。全年茶叶间接或直接出口达3.2万吨,出口额突破10亿元,出口量和出口额居全省前列,夹江县成为全省首个"中国绿茶出口强县"。全市新增省级产业化龙头企业3家,"峨眉山茶"品牌价值达32.44亿元,并入选全国首批中欧地理标志协定保护名录。

【畜牧业】 全市猪、牛、羊、家禽和肉兔分别出栏245.2万头、3.36万头、33.47万只、4468.8万只和729.6万只,分别增长26.94%、8.8%、0.76%、0.34%、40.9%。全年肉类总产量25.45万吨,增长13%;禽蛋产量14.59万吨,增长8.8%。全市猪、牛、羊、家禽和肉兔分别存栏152.9万头、6.44万头、24.14万只、2350万只和201.9万只,分别增长65.3%、11.9%、3.52%、4.53%、17%,全年实现畜牧业总产值159亿元,增长3.2%。创建部、省、市、县畜禽标准化场38个,其中部级示范场1个、省级标准化场18个、市级标准化场14个、县级标准化场5个。

【水产业】 全市水产品产量12.34万吨,增长1%;实现渔业经济总产值34.38亿元,增长9.5%。新增水产养殖面积5000亩。名优特色水产品产量达5.7万吨,占总产量的48%,增长8%。开展水产品质量安全培训活动45次,覆盖养殖户、鱼药、鱼饲料经销商、营销人员达4600人次,出动宣传车52台次,张贴宣传标语260余幅,发放宣传资料10000余份。开展违禁渔药专项检查95次,组织水产品质量快速抽检60批次,合格率达100%,未发现非法添加和滥用食品添加剂行为。

【乡村振兴】 全市创建市级乡村振兴战略先进县1个、乡(镇)10个、村50个,3个乡(镇)、23个村创建为2020年度省级实施乡村振兴战略工作先进乡(镇)和示范村,夹江县甘江镇新生村、市中区大佛街道棕桥村、井研县纯复镇田家沟村分别获评"四川产业兴旺名村""生态宜居名村""改革创新名村"。按照"多规合一"要求,开展75个建制村村庄规划编制。总结推广3个"全国乡村治理示范村"治理模式,3个镇、26个村分别被评为省级首批乡村治理示范乡(镇)、示范村。

【扶贫开发】 持续巩固提升6.8万户21.2万名贫困人口、259个贫困村、4个贫困县脱贫成果。先后召开领导小组会、决战决胜脱贫攻坚工作推进会、视频调度会等24次,部署推进重点工作。制定年度要点、专项方案以及"收官决战"37条措施。全覆盖对11个县(市、区)开展体检式督导,对县反馈问题2613个。加强存量问题整改清零,全市核查整改脱贫攻坚以来中央、省、市脱贫攻坚成效考核、巡视巡察、督查调研、审计、媒体暗访等发现及县、乡、村近期自查发现问题共计10.5万个。全年新增农村公益性岗位安置贫困劳动力5350人,全市贫困劳动力务工达7.2万人。扶贫小额信贷新增获贷贫困户2624户、新增贷款9301万元,销售扶贫产品5.9亿元。分县建立不低于200万元的防止致贫返贫基金,累计对898户脱贫不稳定户、边缘易致贫户开展对标补短。全市到位各级财政专项扶贫资金10.44亿元,增长4.2%。15个扶贫专项完成投资106亿元,实施财政专项扶贫资金和涉农整合资金项目999个,项目库采集录入项目信息1.11万个,扶贫领域工程项目专项清理"回头看"清理项目3325个。

【乡村旅游】 6月8日,市中区悦来镇荔枝湾村、峨眉山市罗目镇青龙社区、峨眉山市胜利街道月南村、金口河永和镇胜利村、犍为县罗城镇菜家村入选省级乡村旅游重点村。10月9日,峨眉山市胜利街道月南村入选全国乡村旅游重点村。

【农业机械化】 全年发放农机购置补贴资金464.805万元,购置各类农机具4816台(套),受益农户达3386户。全年新增农机总动力3.52万千瓦,主要农作物耕种收综合机械化水平达57%。针对年初新冠肺炎疫情和"8·18"洪灾,组织发挥农机户、农机大户、农机合作社农业机械的作用，开展农机保春耕生产和生产自救工作。

【农村教育】 做好基础教育学校布局调整。根据做好乡（镇）行政区划和村级建制调整改革“后半篇”文章的部署，制订《乐山市基础教育学校布局调整工作方案》，指导县（市、区）推进基础基础教育学校布局调整工作。要求结合易地搬迁人口数量，提前锁定自主搬迁群众子女入学需求，合理调整乡村学校布局，坚持先建后撤，防止过急过快撤并村小导致学生上学困难失学。重点指导民族地区做好移民搬迁子女义务教育的巩固和提高工作，精准做好进城（异地）务工人员和搬迁群众学龄儿童入学转学等工作，因地制宜、因户施策。按照“就近入学”原则，对搬迁子女入学搭建绿色通道，确保易地搬迁群众在“新环境”子女“能读书”“读好书”。

改善办学条件。加强农村薄弱学校与“两房”建设，做到硬件“硬”。推进寄宿制集中规模办学，增加城乡学位，补齐硬件短板。继续落实资助政策和帮扶政策，继续实施学生营养改善计划，落实帮扶政策，保证儿童都上得起学、读得起书。

继续开展对口帮扶。保证软件“不软”，实施全域“校对校”结对帮扶提升教育质量，制定下发《关于进一步加强优质学校对口帮扶深度贫困县中小学工作的通知》，实现市内深度贫困县中小学校对口帮扶全覆盖。开展“校对校”工作，推行“多帮一”组团帮扶新模式，对美姑县结对46对，对全市民族地区结对77对。

做好“控辍保学”工作，保证适龄儿童应入尽入。持续常态化开展控辍保学工作，形成义务教育有保障长效机制。抓好防止返贫动态监测帮扶工作。巩固“义务教育有保障”成果，加大监测户学生的资助力度，确保无失辍学现象。加强对农村、边远、贫困、民族等重点地区，初中等重点学段，以及流动儿童、留守儿童、家庭经济贫困儿童等重点群体的监控，重点指导民族地区做好移民搬迁子女义务教育巩固和提高工作。用好民族地区控辍保学动态管理系统，建立控辍保学月报制度，针对辍学风险学生做好“一生一表”，及时劝返。特别是做好农村留守儿童的心理辅导和教育关爱，解决因学习困难而辍学问题。

推进彝区”学前学普”行动计划，阻断贫困代际传递。推进移风易俗，加强感恩、奋进教育。作为促进民族地区学前教育跨越发展、落实“义务教育有保障”、决战决胜脱贫攻坚的重要奠基工程，与“一村一幼”升级建设、彝区文明进程结合。组织开展学前教育结对帮扶，组织13所市内优质幼儿园与民族地区25所“一村一幼”幼教点结对。学前教育帮扶以智力帮扶、送教送培、资源共享、工作坊研修、师徒结对为主，重点是提升普通话教育和保教保育水平，助力打造学普示范基地园（点）。

统筹推进县域内城乡义务教育均衡发展。全市11个县（市、区）均已通过义务教育基本均衡发展国家评估认定，向优质均衡迈进。全市义务教育入学率达100%，残疾儿童、少年入学率达98.5%。全市消除义务教育学校大班额工作取得明显进展，全市已消除65人以上超大班额，55人以上大班额占比减少至0.96%。中小学生课后服务已实现11个县（区）城市农村全覆盖，学生、家长满意率达95%以上。《教育导报》两次对乐山课后服务经验进行了报道。井研县义务教育课后服务创新举措和典型经验入围全国典型案例。全市“双减”工作、“五项管理”（手机、作业、睡眠、读物和体质）稳妥推进，实现“5个100%”（建立作业校内公示制度占比100%、作业控制时间达标占比100%、不给家长布置作业或要求家长批改的学校占比100%、课后提供服务和服务时间达标的学校应开尽开占比100%、建立经费保障机制的县/市/区占比100%），全覆盖开展“5+2”课后服务工作。

开展为群众办实事活动。按照开展解决群众“操心事、烦心事、揪心事”行动工作要求，结合教育实际情况，创新开展机关干部“五走进”活动，重点关注农村困难儿童群体，收集意见建议72个，帮助解决问题220余个，为学校提出工作建议30余条，慰问贫困学生、留守儿童及大学新生298人，发放慰问金18.98万元，为500余名高考学生提供志愿指导服务，帮助78名学生进行心理疏导。

【农村文化】 繁荣乡村文化，加强乡村公共文化服务体系建设。完善县、乡、村文化基础设施建设，向上争取资金232.5万元，完成259个贫困村文化室硬件设施巩固提升。督促指导马边和沙湾区完成图书馆改造提升。增加公共文化服务供给，全年在春节和国庆、中秋节等重要节庆期间开展“文化下乡”活动442场。加强乡村文化人才培养，分别选派2名乡（镇）文化站站长和2名乡村文化组织员参加中央文化和旅游管理干部学院举办的公共文化服务助推乡村振兴培训班学习；选派2名基层文化干部参加群众文艺创作与普及推广人才培训班学习；选派6名县级文化馆和图书馆馆长参加乡村文旅融合发展师资培训培训班学习。持续推进11个县级文化馆、11个县级图书馆、200个乡（镇）综合文化站实施免费开放。

【农村法制建设】 出台《乐山市乡村振兴法治工作规划（2020—2022年）》，为乡村振兴提供14个方面的法治保障。健全群众议事、社区听证、民情恳谈等基层自治机制，完善“一村（社区）一法律顾问”制度，全市村、社区均已配齐法律顾问，覆盖率达100%。在村级“一事一议”项目中引入“法治导师”预审机制。针对农村土地承包、流转合同纠纷、劳动合同纠纷等突出问题，创新“三官一律”工作机制，选派律师到定点联系村（社区）为村民土地流转、签订协议等事项提供法律意见。创办新市民（新农村）法治学校，“七五”普法讲师团、民法典宣讲团围绕农村土地承包法、合同法等法规知识定期普法讲座，累计教育群众90万余人次。编印《以案说法》乡村振兴专辑，为群众提供实用法律知识。对全市原有9个“全国民主法治示范村（社区）”进行复查，经司法部复核均予以保留；新创建7个省级法治示范点以及2个省级“七五”普法特色亮点点位。制订出台《开展法治扶贫“五个一”活动实施方案》，引导各级各类法治资源向全市259个市列贫困村高效整合，开展“送法下乡”“司法支农”和“以案说法”活动，为脱贫攻坚构建法治良序，为乡村振兴保驾护航。制订下发《乐山市律师服务城乡基层治理对口帮扶工作方案》，确定7个市直属律师事务所对口帮扶7个法律服务资源相对贫困的县（区），四川上同律师事务所对口帮扶金口河区工作站已正式落成并投入运营。全市撤乡并镇之后有132个司法所，做好“拆乡并镇”后司法所的整合建立和规范化建设。坚持和发展新时代“枫桥经验”，以全省乡（镇）行政区划、村级建制调整改革为契机，依法规范以县（市、区）、乡（镇、街道）、村（社区）为基点的三级人民调解委员会及其常态化运行机制，建成覆盖乡（镇）、村（社区）的人民调解网络。全市有10个司法所被评为“省级规范化司法所”，夹江县黄土镇司法所被评为全省首批“枫桥式司法所”。

【农村生态建设及环境保护】 全市已建成国家级生态文明示范市1个、省级环境保护模范城市2个、省级生态县（市）6个、国家级生态乡（镇）12个、省级生态乡（镇）87个，省级生态村23个。有国家级自然保护区2个，面积48164公顷。

【农产品质量安全监管】 全市入驻国家(省级)农产品质量安全追溯管理信息平台主体4554家、2170个产品和35万批次量,完善“生产有记录、出场有证明、产品有标识、信息可查询、流通可追踪”的农产品质量安全保障机制。制订《乐山市试行食用农产品合格证制度实施方案》,探索农产品产地准出和市场准入监管新模式。全市1个市级、9个县级农产品质量检验检测机构全部完成“双认证”,实现对农业投入品、种植、养殖、水产品检测全覆盖。开展农资打假“春雷行动”、农产品质量安全“利剑行动”,加强监督检查和执法巡查,排查农产品种养殖环节安全隐患和违法违规行为。全年出动执法人员7814人次,检查生产经营主体4561个次,发放资料2.89万份,查处案件92件(其中移送司法机关3件)。

开展农药门店经营日常巡查和农药企业安全生产巡查,规范农药经营行为,推进农药安全生产。开展农药市场监督抽查,组织抽检55个农药样品,检测合格率达100%。开展农药经营门店示范创建22个,做到农药质量有保证、来源可追溯、流向可追踪、购药有指导,提升农药经营规范化、标准化水平。

【主要领导人】 市委书记:彭琳;市人大常委会主任:赖淑芳;市长:张彤;市政协主席:易凡;分管农业副市长:陈长明。

乐山市编写组

市中区

【基本情况】 2020年,全区辖5个街道12镇,辖区面积825平方千米,常住人口8145万人。

2020年,全区GDP430.9亿元,增长4.3%;规模以上工业增加值增长4%;全社会固定资产投资增长11.5%;社会消费品零售总额同比减少2.1%;一般公共预算收入增长8.4%;城镇、农村居民人均可支配收入分别增长6.2%、8.9%。

【全域旅游】 苏稽古镇一期,荔枝湾乡村旅游公路一期、二期,大渡河风景道,峨眉河风景道一期建成投运,稳步推进荔枝湾文旅综合开发。完成全域文旅资源普查,加大文创商品研发力度,做优“大佛印象”文创品牌,推出系列文创产品300余种。新推出美食旅游公交专线,推动文化设施旅游化运用。

【文旅活动及品牌创建】 配合举办2020四川省文化和旅游发展大会、第六届中国(四川)国际旅游投资大会、第七届四川国际旅游交易博览会、2020世界研学旅游大会等节会。夜游三江·凌云山、苏稽古镇上榜巴蜀文化旅游走廊新地标、乐山“新十景”,上中顺特色街区上榜成渝潮流新地标,嘉定坊入选首批“四川文创集市”,悦来镇荔枝湾村被评为四川省乡村旅游重点村。

【文旅项目建设】 组建巴蜀世界遗产联盟、巴蜀石窟文化旅游走廊联盟、大渡河风景道联盟,推动线路共建、资源共享、品牌共创。加强文旅招商合作,签约奥特莱斯水上购物公园、“数字大佛”等文旅项目9个,总投资306.5亿元。乐山大佛文化广场、北码头游船服务中心、嘉州渡游船码头等项目建成投运,南游客中心、凌云路“景点变景区”、凤洲岛旅游综合开发等项目加快推进。完成“夜游三江”“夜游凌云山”提升改造,上中顺特色街区顺利开街,历史文化遗址重建、战时故宫文物南迁保护和宋祠项目加快推进,实现“游山”“游城”“游江”有机融合。

【文旅市场监管】 完成旅游执法体制改革,推进文旅市场专项整治,拉客喊客、“黑车”“黑导”等一大批涉旅乱象得到整治。实施服务设施标准化国际化提升工程,加快推进智慧旅游大数据平台建设,推进大佛景区5A对标提升,新(改)建旅游厕所4座。全面推进分时预约、错峰游览,严格将接待人数控制在限额以内。健全旅游志愿服务体系,做优“大佛先锋”“嘉州小海棠”志愿者服务品牌。

【主要领导人】 区委书记:周华荣;区人大常委会主任:肖兴军;区长:左小林;区政协主席:刘平;分管农业副区长:赵明。

市中区编写组

五通桥区

【基本情况】 2020年,全区辖8镇,辖区面积473平方千米,有常住人口237933人。

【文旅资源保护开发】 完成丁佑君故居省级文物单位申报,新发现可移动文物《张爷会碑记》石碑1块,挖掘“桥狮”表演技艺、牛华麻辣烫制作技艺等6项非遗;启动丁佑君故居修缮工程,加快工农街57号保护性试点建设,引进乐山作家协会相关项目入驻,完成盐文化博物馆主体工程建设和杨祠堂排危加固工程。完成五通桥区中国根书非物质文化遗产国家A级景区基础设施建设项目立项、环评等前期工作;指导四川永祥新能源有限公司启动工业旅游示范基地创建,已完成《四川永祥新能源有限公司工业旅游规划》编制并通过专家评审;启动泥上行艺术中心建设,打造七彩田园农业生态园、建益家庭农场等乡村旅游点。

【文旅市场监管】 加强文旅市场监管,结合“扫黑除恶”专项斗争,制订专项整治工作方案,组织召开全区文化市场专项整治工作会和经营业主培训会,共出动文旅检查人员200余人次,开展巡查400余家次,发出监督意见书40余份、责令改正通知书6份,行政处罚2家,规范了文旅市场经营秩序。

【惠民工程】 推进公共文化服务体系建设,建成区图书馆竹根镇分馆“半亩方塘”农村书咖;启动数字文化馆、图书馆及分馆建设,受“8·18”洪灾影响,区体育中心受灾严重,恢复重建项目已被纳入市灾后重建项目,区足球中心灾后恢复重建已完成,进入试运营期;新建旅游厕所1座,改建2座。广播电视“村村通”工程和无线数字化电视信号覆盖运行维护良好,精准贫困户的电视信号得到保障;建成古玩文化艺术交流展示中心,开展“送文化下乡”等活动10余场,组织开展“踏浮桥迎新祈福”“百年遗珍”纪念李道熙先生诞辰一百周年书画遗作展、“纪念丁佑君烈士牺牲70周年‘家乡的盐味’”图片展等文化活动。推进“两馆”免费开放,启动文化馆、图书馆线上服务,开展“全民阅读”之“战疫情——五通桥人在行动”征文活动,举办“佑君讲坛”系列讲座5场、“知之读书会”阅读分享会7场。

【主要领导人】 区委书记:张国清;区人大常委会主任:王读红;区长:李良;区政协主席:宿建军;分管农业副区长:陶吉春。

五通桥区编写组

沙湾区

【基本情况】 2020年,全区辖8镇1个街道,辖区面积610.89平方千米,有常住人口144931人。

【文旅品牌创建】 筹备2020年四川省文化和旅游发展大会,戏剧小镇如期对外开放。区政府安排天府旅游名县创建辅导单位采购资金80万元支持创建工作,参加天府旅游名县候选县申报,到文化和旅游厅进行创建汇报;加快省级全域旅游示范区创建,启动沫若戏剧小镇A级景区创建。利用被纳入省级全域研学示范县契机加快全区研学旅游体系建设。

【公共文化服务体系建设】 有序推进民生工程建设,区“三馆一站”(区文化馆、区沫若图书馆、郭沫若纪念馆及13个乡/镇综合文化站)均免费向群众开放,持续为群众提供书刊借阅、讲座、文艺培训、电影放映等公益性文化服务，形成城市“十分钟文化圈”、农村“十里文化圈”。实施阵地建设，推进文化阵地提档升级，启动区沫若图书馆、区文化馆设施设备采购工作，为21个社区配发音响、小蜜蜂扩音器、电子琴、二胡和竹笛等文化器材、设备，全区已实现基层综合文化服务中心文化器材、设备全覆盖。

【文物保护】 加强文物保护，完成市级文物保护单位和“第三次全国文物普查”新公布的区级文物保护单位保护标志的雕刻制作。增强防火宣传，对区境内的文博单位、文保宗教场所以及文物古建筑防火单位进行火灾隐患排查，并进行“三定三禁”宣传，明确责任主体，并对各级文物保护单位进行了消防安全检查。开展文物复核，完成四川省2019年不可移动文物点核查，完成“三普”消失文物点撤销工作。

【沫若文化发扬与传承】 整合文化资源，对郭沫若家风家训进行搜集、整理和调查研究，出版《南丝路铜河家风家训文化研究》。完成铜河家风楼和“铜河十大风景文化艺术墙”的装置与设计。创新文化载体，邀请专业团队打造《少年郭沫若》音乐舞台剧并在全省旅游发展大会期间上演，该剧以郭沫若成长的心路历程为主线，将郭沫若青少年时期在家乡发生的具有代表性的故事搬上舞台，并在剧中融入郭家家风家训、教育理念等中华传统优良文化。

【主要领导人】 区委书记：袁仕伦；区人大常委会主任：费国成；区长：孙慧娟；区政协主席：黄大敏；分管农业副区长：王旭东。

沙湾区编写组

金口河区

【基本情况】 2020年，全区辖2镇3乡（其中2个彝族乡），辖区面积598平方千米，有常住人口38727人。

【文旅项目建设及市场监管】 文旅项目建设。大瓦山旅游扶贫项目道路改造已基本完成，景观配套部分主体工程有序推进，已完成80%；威尔逊特色村落多功能楼室内装修已开始，民宿多功能楼完成图审已报建；大峡谷景区提升项目红色氛围营造、铁博提升改造已基本完成，景区讲解词和文旅手绘地图已完成初稿；改建厕所2座，新建1座厕所进入收尾程序。

【文旅市场监管】 加强标准化管理，开展全区星级农家乐复核，对不达标的严格实行退出机制。全区开展市场检查700余次，检查120家次。开展联合执法检查6次，出动车辆80台次，散发各类宣传单500余张，开展新闻宣传2次、“微金口河”网络宣传1次，发出责令整改通知书4份、卫生监督意见书2份。持续提升景区智慧旅游服务水平，开展文明旅游宣传活动，全方位展示“人人是环境，处处是风景”的旅游环境。

【公共文化服务体系建设】 加大统筹模式，形成以区文化馆为总馆、5个乡（镇）6个文化站为分馆、41个村文化活动室为支馆的服务体系，疫情防控期间，以数字化服务为载体开展文化活动。以图书馆为中心，建成养老服务中心的金夕书屋、景区铁博书吧并投入使用。根据文化馆、各乡（镇）文艺队伍需求，为其采购演出服装及道具一批，发展文艺队伍，丰富群众文化生活，提升群众幸福感和获得感。对41个农家书屋、4个社区书屋进行图书增补。

【文化惠民活动】 协助开展四川省第二十二届“文化列车·同心艺术团”慰问演出暨“我们的中国梦　文化进万家”2020年金口河文化科技卫生“三下乡”集中示范惠民服务启动仪式；协助完成2020年百姓春晚演出活动；协助做好脱贫攻坚微电影《大风车之恋》开机仪式；完成“报春小凉山·诗意金口河”活动采风活动；筹备并举办2020年“文化和自然遗产日”金口河区非遗宣传展示系列活动；完成2020年度“送文化下乡”活动30场；启动“一县一剧”项目策划；协助完成2020年迎国庆庆中秋暨首届道德模范颁奖仪式、2020年扶贫日颁奖晚会、2020年民族团结晚会；摸底全区乡（镇）文化站和村文化室，开展文化扶贫活动；与团区委共同开展青年讲师进学校活动，为青少年学生讲授民族团结共融发展历史和阅读写作课。谋划网络文化服务，做好全民阅读和书香金口河建设。疫情防控期间，利用文化馆、图书馆微信公众号和网站，用好用活数字资源，打网络阅读和网络文化活动“组合拳”，先后推出“品味传统文化、畅享宅家文化”、文化慕课、“传统文化闹元宵猜灯谜”“智慧猜成语”、“我为大家推荐一本书”、美丽金口河·网上文物展厅、“我见证，中国力量”电子朗读比赛、“4·23”世界读书日诗词大赛活动、抗击疫情知识宣传等网络活动，先后推出线上文化活动10余场次，送出文化活动参与礼品600余份，参加群众3000余人次；为乡（镇）文化站、文化室配备喊话器，印制抗疫漫画宣传册，助力全区抗疫；组织开展大瓦山讲坛系列阅读活动，分散组织各学校开展学生“4·23”阅读活动。

【主要领导人】 区委书记：张建红；区人大常委会主任：陈新；区长：段俊辉；区政协主席：何东明；分管农业副区长：周威洋。

金口河区编写组

峨眉山市

【基本情况】 2020年，全市辖2个街道10镇1乡，辖区面积1183平方千米，有常住人口419107人。

【国家级旅游度假区创建】 完成峨秀湖旅游度假区创建申报资料编制、六大类标识标牌建设、综合服务中心提升、智慧导览（微信、网站、电子书）、氛围提升、度假手册和应知应会知识印发工作。开展迎检培训6场次，迎检前落实10名经过培训的机关干部到迎检点位进行指导。

【文旅项目建设】 乐山市级挂图作战项目悦榕庄酒店项目和嘉峨茶谷提升打造项目邀请专家实地指导，启动嘉峨茶谷3A级景区创建。峨眉山悦榕庄酒店项目完成水渠改建、树木移栽等基础工作，一期形象工程会宗书院已竣工并正式开院。完成“三会”乐山智慧文旅项目、保乐力加点位考察接待、全市氛围营造等，会上全省79个重大文旅投资项目进行集中签约，签约总金额达3280亿元；云城文化旅游综合体、保乐力加工业旅游等4个项目签约总金额168亿元。

【文旅宣传营销】 “峨眉文旅”官博、官微，“峨秀湖旅游度假区”官微等平台保持常态更新；与第三方公司合作启动官方抖音专业摄制运营。举办2020年四川省文化和旅游发展大会、第六届中国（四川）国际旅游投资大会、第七届四川国际旅游交易博览会。完成首批天府旅游名县“一年看变化”集中采访报道活动。峨眉山市作为首批天府旅游名县到澳门参加第8届澳门国际旅游（产业）博览会，并举办2020中国（四川）大熊猫文化旅游周活动。牵头成立“大峨眉”文旅发展联盟，联盟成员涵盖成都、乐山、雅安、眉山、宜宾、自贡6个市39个县（市、区）。

【公共文化服务体系建设】 举办峨眉山市2020年迎新年广场文艺展演、峨眉山市迎新春暨峨眉山市美术家协会成立30周年美术作品展和庆祝中华人民共和国成立71周年名家书画笔会，开展“戏曲进校园、进乡村”活动。完成文化馆评估定级网报资料工作，实现“两馆一站”免费开放；创作抗疫音乐作品《永远在一起》《逆风飞翔》，堂灯戏《防控防疫复工复产双丰收》《防控复课两手抓》。

【主要领导人】 市委书记：高鹏凌；市人大常委会主任：辜廷齐；市长：吴小怡；市政协主席：周健；分管农业副市长：谢建平。

峨眉山市编写组

犍为县

【基本情况】 2020年，全县辖15镇，辖区面积1375.4平方千米，有常住人口416673人。

【文旅项目建设】 完成嘉阳·桫椤湖旅游景区、世界茉莉博览园、罗城文旅小镇提升3个市“挂图作战”项目；完成城市景区拓展工程文庙广场、实景剧《儒在犍为·大成礼赞》、古郡·花果溪等5个市列县“挂图作战”项目；推进茉莉花温泉小镇、梁家山国际旅游度假区、龙潭峡生态农业与体育旅游综合开发等10个县“四个一批”项目建设；与滨水城乡签约投资65亿元的“巴蜀文化建设旅游走廊”示范区(清溪湖)、与融创中国签约投资15亿元的罗城古镇4A级景区(二期)2个项目；在谈罗城人家民宿、雅健·悬崖星空书院民宿2个项目；包装曲棍球赛训基地、文峰塔旅游度假区等12个项目。

【文旅节会活动】 受疫情影响，一季度全县文旅市场全面关闭。4月以来，组织开展一系列特色文旅活动，激活文旅市场复苏。罗城古镇戏楼川剧(武术)、世界茉莉博览园《茉莉花开》、犍为文庙《儒在犍为·大成礼赞》等景区演艺开演，罗城古镇戏楼常态化演出36场；在犍为县举办“全省世界文化遗产日”活动、全省国际文化旅游节开幕式等大型活动，在全省展示犍为的安全美丽；开展第五届茉莉花文化艺术节、千年走一回——衢州孔府家庙文物展暨犍为文旅新产品发布会、同舟共济——罗城文旅小镇启航活动等12场国庆、中秋大型文旅活动。

【文旅市场监管】 制订实施《犍为县假日文化旅游工作制度》《犍为县旅游市场联合执法长效监管工作方案》，推进文旅市场监管制度化、常态化、规范化。5月，开展为期3个月的文化市场专项整治；12月，开展为期3个月的文化市场“百日攻坚”整治行动，共计出动执法人员310人次，检查景区56次、旅游经营单位112次、星级农家乐30次、网吧歌城135次，处罚违规经营6起。全县实现“五一”、国庆、中秋节假日文旅市场零投诉。

【主要领导人】 县委书记：谭春秋；县人大常委会主任：高波；县长：孙廷鹏；县政协主席：余德金；分管农业副县长：王勇。

犍为县编写组

井研县

【基本情况】 2020年，全县辖14镇1个街道119个建制村(社区)，辖区面积840平方千米，有常住人口280641人。

【文旅项目建设】 廖平经学堂坐落于研溪湿地公园北区，项目规划占地面积约100亩，建筑总面积2 636.44平方米，集文物陈列、讲经研学、文创工坊、学术交流、湿地观光等功能于一体，项目于9月开馆。廖平经学堂被命名为“四川大学中华文化研究院(井研)研究基地”“四川大学古籍整理研究所(井研)经学研究基地”“四川师范大学中华传统文化学院研究与普及实训基地”“乐山师范学院优秀传统文化(国学)教育实践基地”。熊克武旧居环境整治提升项目对旧居进行环境整治提升，建设“辛亥革命史迹纪念馆”“民革党史教育基地”，已全面完工并验收。井研南门宝五服务区名人馆建设项目开展名人馆室内软装布展，完成雕塑等工厂预制。“成都战役·首战遗址”景区项目作为烈士陵园二期工程建设景区，投资1800万元，景区毗邻的烈士村投资700万元，拟打造成集瞻仰纪念、追思缅怀、文化传承、爱国主义教育活动及观光休闲于一体的红色文化主题景区，陈列馆总建筑面积3331.51平方米。县政府与广州漫城文旅科技发展有限公司签订卡卡文化旅游及配套基础设施建设项目，总投资25亿元。

【文旅节会活动】 举办“大地欢歌”井研县第三届丰收节暨全省文旅发展大会井研分会场启动仪式、廖平经学堂开馆仪式，举办共建中华经学名城“廖平经学堂”发展座谈会。研溪湿地获得“乐山新十景”称号，并成为“跑遍四川”的打卡点。

【公共文化服务体系建设】 继续实施图书馆、文化馆及镇文化综合站、村级文化服务中心免费开放，“两馆”坚持错时、延时开放。有序推进文化馆、图书馆总分馆制建设。加强县城、镇、村(社区)文化站(室)等文化基础设施建设。巩固国家公共文化服务体系示范区创建成果，县文化馆被评估定级为国家一级馆，县图书馆被评为“第二批四川省古籍重点保护单位”。组织开展全民阅读活动，举办魅力井研·幸福井研摄影展、“万人赏月诵中秋”诵读活动、“我为井研文旅代言”演讲比赛及“世界读书日·有奖答题”国学知识挑战赛，推出微信小程序“井研县图书馆数字阅读云平台”。完成旅游厕所新建10座、改建4座。开展涉旅企业专项检查15次、部门联合检查4次。

【文艺创作】 推出巨幅农民画《乡村振兴》，创作原创歌曲《研溪印象》《百里环线柑橘甜》，舞蹈《橘子姑娘》《研溪印象》等。推进艺术“战疫”，创作农民画、书法作品、诗歌，宣传“战疫”正能量，井研县农民画家贾述轩在“防控疫情、众志成城——艺术家在行动艺术展”中受到文化和旅游部表扬。原创说唱《百里橘香话新风》参加由农业农村部选拔的全国“县乡长说唱移风易俗”优秀节目并在北京全国农业展览馆展演。非遗舞蹈《还是我的井研美》代表乐山市参加2020年四川省乡村艺术节。舞蹈《橘乡欢歌》参加四川省第五届群众广场舞展演活动。原创歌曲《还是我的井研美》《有一个地方》两首歌曲入选2020四川广播电视台公共·乡村频道《乡村好声音》栏目并展播。《中国橘乡话井研》被评为省优秀节目。市委宣传部指定井研县承担宣传十九届六中全会快板短视频创作。井研县农民画被编入《传承民间艺术、弘扬巴蜀文化——中国(四川)民间文化艺术之乡集锦》。

【主要领导人】 县委书记：熊建新；县人大常委会主任：杨玉兴；县长：李建伦；县政协主席：杜宏；分管农业副县长：廖雷。

井研县编写组

夹江县

【基本情况】 2020年，全县辖7镇2个街道，辖区面积749平方千米，有常住人口305441人。

【文旅品牌创建】 打响“4A级景区”“千年纸乡”“新十景”“一城一品”文旅示范基地五张招牌，东风堰—千佛岩创建国家级4A景区。“全国书画纸之乡”通过中国轻工业联合会和中国文房四宝协会复评。东风堰—千佛岩景区获评2020年乐山市文化旅游“新十景”。夹江手工造纸研学入围川渝“一城一品”金榜。天福观光茶园获得“首批川台文旅交流合作示范基地”。

【文旅融合发展】 明确巴蜀文化旅游研学重

点县的发展定位，将“研学”作为实现文旅深度融合的重要载体，全年吸引20万余游客前来体验，实现人数翻番。借力世界研学旅游组织落户乐山，指导大千纸故里、状元纸坊、年画研究所等研学基地提档升级，引导峨眉山月花园饭店、天福茶园等传统品牌扩展研学业态，举办2020年“文化和自然遗产日”分会场活动、世界研学旅游大会夹江分会场活动。

【文旅市场监管】 理顺景区管理机制体制，开展景区秩序专项整治行动，游客投诉率不断下降、美誉度不断提升。完成文化旅游综合执法改革，实施文化市场“百日攻坚”专项整治行动，参与“扫黄打非”“扫黑除恶”、禁毒、依法治县等重点工作，全县文旅市场平稳有序。

【公共文化服务体系建设】 全县有镇（街道）文化站9个、分站13个、村文化活动室95个，全县广播电视覆盖率达100%。完成新（改）建旅游厕所24座。全年组织开展各类群众文化活动100余次，惠及群众近20万人次；组队参加省、市体育比赛，获得奖牌99枚，其中金牌20枚。

【主要领导人】 县委书记：龚德勤；县人大常委会主任：张晋锐；县长：漆宾；县政协主席：林建国；分管农业副县长：杨加如。

夹江县编写组

沐 川 县

【基本情况】 2020年，全县辖8镇5乡，辖区面积1408平方千米，有常住人口192313人。

【文旅项目建设】 新包装沐溪河融资贷款项目，争取到“交通+旅游”专项债券持续发行，全年沐溪河、“交通+旅游”专项债券资金到位2.65亿元。针对沐川实际情况，储备“龙溪河”流域、足球场及全民健身、博物馆专项债券包装项目。投资5400万元，完成竹海景区南门至永兴湖段道路建设工程，启动竹海景区国家4A级景区创建。督促指导翔盛公司完成龙门大峡谷漂流灾后恢复重建工程，并争取400万元免息贷款。开工实施解结湖环湖路建设工程，会同交通部门做好解结湖环湖路建设及后期景观打造规划。配合住建、林业等部门推进“沐心谷”民宿、大熊猫生态园、沐川竹海“林荫大道”、“五沐茶韵”、林家岩山体公园建设等项目。

【文旅宣传营销】 在乐宜高速投放沐川文旅形象宣传广告，在各景区、城区宾馆、酒店全覆盖投放沐川文旅宣传手册。参加四川省文旅发展大会、第七届四川国际旅游交易博览会，宣传推介沐川文旅资源。通过“沐川文旅”“乌蒙沐歌”文旅微信公众平台和沐川文旅官方抖音发布沐川文旅讯息152条，文章阅读量及视频点击量达9.12万次。策划开展“乌蒙沐歌送礼啦”“6月6日星期六，邀您免费赏沐歌”“感恩教师节”等线上活动；与成都远方蜗牛科技公司合作，签订策划制作抖音短视频合同。受疫情影响，《乌蒙沐歌》实景剧于5月30日起实现常态化演出，全年演出15场。利用各下属单位、文旅行业LED电子显示屏、网络平台、移动电子宣传平台进行“扫黑除恶”、安全生产、创卫等滚动播放宣传标语100余条，发放宣传资料2000余份。

【公共文化服务体系建设】 与省参事室、文史研究馆联合策划开展“天佑中华·平安沐川”——胡真来馆员书画作品展，共展出胡真来书画作品80幅。举办胡真来书画创作技巧培训交流会1次。承办四川省乡村艺术节——乐山分会场活动；举办沐川县“不忘初心、牢记使命”百姓春节联欢晚会、“2020“抗击疫情 决战脱贫”朗诵比赛、乐山市2020年文化科技卫生“三下乡”、百姓大舞台等文化活动18场；开展2020年沐川县“三百”文化惠民戏曲进乡村巡回演出活动，共计125场次；到浙江省衢州市江山市进行文化交流，并在江山市大陈村开展江山—沐川东西部扶贫协作文化走亲活动暨草龙捐赠仪式；联合县委党校开展“竹乡人文讲坛公益讲座进基层”活动55场次，累计受益2500余人次。以疫情防控为题材，创作绘画作品10个、书法作品2个、音乐作品2个、文学作品1个。做好场馆免费开放，县文化馆、图书馆和美术馆于3月30日起对外免费开放，全年县图书馆接待读者15136人次，外借2870人次，外借图书5103册；在致远琴行建立流动借阅点，共计图书2044册；县美术馆接待参观者36000余人次；在13个乡（镇）开展“送知识、送文化”进基层流动服务活动13场，累计送书800余册。对全县退出贫困村农家书屋存在问题进行详细分类指导，累计培训43次，业务指导43人次。

【广电建设】 全县30个广电网点做到常态化“村村响”巡检、维护和指导，全年出动专用保障车辆46台次、保障人员430人次，排除故障202起，确保全县“村村响”安全有序运行。在专用技术保障车上安装车载广播设备，做好疫情防控流动宣传。同时，做好2020年地面数字电视传输运行覆盖系统维护。

【主要领导人】 县委书记：鲁力；县人大常委会主任：胥大齐；县长：余斌；县政协主席：刘凤枢；分管农业副县长：姜华。

沐川县编写组

峨边彝族自治县

【基本情况】 2020年，全县辖6镇13乡，辖区面积2382平方千米，有常住人口121554人。

【文旅基础设施建设】 干线动脉交通建设有序推进，“一高一铁”、峨美路、峨轸路、国道245线绕城路等国、省干线，毛杨路、五平路等县、乡道路，峨轸路骑游道，通村通组联户路、产业路，形成国、省、县、乡、村、组、户七级联网、内联外畅的交通大格局，峨边“快旅慢游”已显现；黑竹沟旅游客运站主体已完成，麻子坝、九家等服务区建成投用；“峨边记忆一条街”获评乐山新十景，特色城市休闲区精彩呈现；通信、水电、城镇建设、环境保护等基础设施建设有序开展。完成背峰山公园、羊竹坝公园、乾池公园、马里冷旧改造提升；五渡萌萌猪文化馆、田村茶马古道文化馆建成投用，提升甘嫫阿妞陈列馆、胡坝村史馆，从“+旅游”向“旅游+”转变的文旅、农旅、交旅、城旅、商旅融合发展态势凸显。

【智慧旅游】 开发“智慧峨边”手机APP旅游公众号。完善旅游交通标识系统，实现城市、景点主要出入口、城市主干道多语种旅游标识全覆盖；编制完成旅游发展“十四五”规划初稿；改造提升、新建背峰山公园、羊竹坝公园、乾池公园停车场，缓解了县城停车压力。

【“甘嫫阿妞”文化品牌打造】 国庆节期间，古井彝家婚俗文化产业园进行“彝恋黑竹沟”彝家婚俗演出，吸引省内外大批游客，辐射黑竹沟“五朵金花”联动发展。9月26日，“记忆峨边”历史文化街区在第七届四川国际旅博会文旅推介活动发布会上入选2020乐山文化旅游“新十景”，国庆期间该景点开展沉浸式演出商演活动，已成为峨边市民和外来游客的打卡地。

【文旅宣传营销】 加强新媒体营销，开展口碑宣传，参展四川省第7届旅博会，编制发放峨边旅游宣传手册10000余册，编撰出版《峨边史话》《铜河儿女传》等图文画册；拍摄5集旅游宣传视频在四川电视台《天府旅游》栏目播放；文旅“213”宣传工程、星星昆虫节、草坪枇杷节和甘嫫阿妞音乐舞台剧等活动已成为峨边重要的文旅宣传品牌。

【公共文化服务体系建设】 开展“发现峨边·中国著名作家文化扶贫之旅”活动。举办以“文化扶贫之群星照耀黑竹沟”为主题的中国著名作家峨边行文学实践活动，邀请全国著名作家、特邀嘉宾、知名媒体等参加。编撰《发现峨边》文化扶贫系列丛书，丛书出版16本。“文化大篷车”全年乡村巡演40场，观众超过5万人次；打造《记忆峨边》小凉山彝族文化山水实景演出，已演出40余场次。10月，古井“彝恋黑竹沟”彝家婚俗山水实景体验式演出正式拉开序幕。挖掘、收集、整理新的县级非遗项目9项，传统手工技艺“坨坨肉”“峨边老鹰茶”申报为县级非遗项目名录，申报县级非遗项目传承人5人为第七批市级非遗项目传承人。

【主要领导人】 县委书记：谭焰；县人大常委会主任：鲁子军林；县长：栗那针尔；县政协主席：巫新华；分管农业副县长：叶道理。

峨边彝族自治县编写组

马边彝族自治县

【基本情况】 2020年，全县辖12镇3乡，辖区面积2293平方千米，有常住人口188251人。

【文旅市场监管】 完善标准化管理体系，开展星级旅游民宿评定。持续整治文旅市场乱象，加强网吧、娱乐场所执法监管，常态化推进文化旅游市场秩序整治。运用好“心连心”服务热线和市场监督管理投诉举报热线，高效办理各类涉旅消费投诉纠纷，维护消费者合法权益。抓好文化和旅游市场管理，净化未成年人成长环境，规范市场经营秩序，引导游客和市民健康出行、文明旅游。

【文旅节会活动】 举办马边2020年迎新春·欢乐游园活动；按计划组织开展“移风易俗 脱贫攻坚 文化惠民”送戏下乡活动，全年共计开展120场次；完成“东西协作·火把传情”2020年越马双城文化交流活动；到浙江省开展2020年越城·马边东西部扶贫协作“感恩越城　共赴新征程”文化走亲活动。举办酷跑嘉年华小凉山彝风马拉松、民族团结彝乡奔康游泳比赛、扶贫日公益晚会、彝历新年系列活动等文体系列节庆活动，做到“月月有活动、季季有亮点”。

【公共文化服务体系建设】 “两馆一站”逐步实现数字化管理。在持续实行免费开放“两馆一站”的同时，已完成场馆改造、装修和效能提升工作，已恢复文化馆舞蹈、音乐、美术等教学和培训功能，并完成县文化馆评优定级材料上报。县图书馆开设“网上图书馆”，并定期上传更新马边本土图书及书画摄影作品近万幅。连续开展读书有奖活动和征文活动，吸引大批读者参与。完成15个乡（镇）图书室加入县图书馆分馆，开展上网管理。贫困村文化室建设取得新进展，完成省定贫困村文化室“回头看”自查、整改工作。按照《四川省财政厅四川省文化和旅游厅关于下达2020年省级公共文化服务体系建设专项资金预算（文化扶贫）的通知》（川财教〔2020〕27号）要求下达全县村文化室建设任务，拟定《马边彝族自治县文化体育和旅游局关于对全县贫困村文化室进行补充建设的通知》（马文体旅〔2020〕12号）并下发各乡（镇），对各乡（镇）的文化设施设备需求进行整理后，投入省级资金86万元，按照文化室“六个有”的标准对全县95个贫困村文化室进行提升改造。完成2020年度中央文化人才专项培训及年度“三区计划”文化工作者的动态管理、生活补助发放、人员流动递补；开展国画、声乐、涂鸦、月琴、舞蹈、彝文培训班6期，培训文化爱好者320人次。

【非物质文化遗产及文物保护】 完成明王寺围墙修复、浮土清理和遗迹考古工作，接待中国佛协和广东东华寺考察；对荣丁东皇殿—佛殿进行简单维护；对省、市、县级文物保护单位落实看护责任。非物质文化遗产方面，县级非遗申报市级上报3项，省级非遗申报国家级上报1项；开展非遗传承人培训；非遗“彝族刺绣”获得省文化发展资金支持，开展传承培训、设计展出、产品推广、促农增收等工作。

【广电建设】 完成投资240万元的深度贫困县应急广播体系升级改造建设项目，并于5月通过验收，全面实现应急广播信息全时段、全天候、全方位、调度灵活、指挥便捷、快速准确、安全可靠的建设目标。加强对广播电视“户户通”脱贫攻坚项目的监督指导，按照运维合同要求加强日常巡查、维护管理，接到设备故障反馈信息后及时进行处理，确保群众收看到优质的电视节目。完成国家级、省级、市级脱贫攻坚检查组的“户户通”“村村响”检查任务。在做好广播电视日常巡查、监督的同时，做好重大节庆、重要会议、重要时段广播电视安全播出监管，确保全年广播电视安全播出无事故。开展非法无线地面卫星接收设施安装、使用专项整治。

【文旅项目建设】 推进马边福来美丽乡村产业扶贫项目建设，已完成用水、用电、产业路、景观大门、茶叶交易市场、景观亭、旅游厕所等配套项目建设，运营项目一期工程游客中心、树屋工程建设加紧推进。12月，民宿区已破土动工。完成旅游厕所维修、建设任务，在民主镇小谷溪村新建旅游厕所1座，分别对烟峰社区、荍坝镇金华村厕所进行维修改造，全面完成旅游厕所补助项目资金13万元；完成荍坝镇会步村旅游厕所涉及增修的道路和桥梁工作。围绕“山水彝乡、秀美马边”总体定位，谋划马边“一心三环四区”旅游发展布局，根据规划布局，全面梳理全县文旅项目共计23个，结合实际情况重点对4个文旅项目进行包装并作为2021年地方专项债券项目。

【主要领导人】 县委书记：郭正强；县人大常委会主任：胡光；县长：沙万强；县政协主席：孙燕平；分管农业副县长：黄师。

马边彝族自治县编写组

南 充 市

【基本情况】 2020年，全市辖3区1市5县，辖区面积1.25万平方千米。年末户籍总人口719.3万人，减少4.4万人，其中男性375.4万人、女性343.9万人，乡村人口507.7万人、城镇人口211.5万人。全年出生人口6.5万人，死亡人口3.3万人，人口自然增长率4.2‰，出生人口性别比为107.4。有常住人口561万人，城镇化率50.2%，增加0.5个百分点。

2020年，全市GDP2401.1亿元，增长3.8%，其中第一产业增加值460.8亿元，增长6.2%；第二产业增加值910.8亿元，增长2%；第三产业增加值1029.5亿元，增长4.6%。三次产业对经济增长的贡献率分别为31.9%、23%和45.1%。三次产业结构比为19.2 ： 37.9 ： 42.9。全年接待游客8316.5万人次，增长13.7%，其中接待入境游客0.36万人次，减少88.8%；实现旅游总收入785.3亿元，增长5.8%，其中旅游外汇收入136.5万美元，减少87.9%。

社会消费品零售总额1217.6亿元，减少1.9%，其中乡村市场实现零售额372.7亿元，减少1.3%。一般公共预算收入完成133.9亿元，增长8.6%，其中税收收入77.9亿元，增长3.5%；一般公共预算支出574亿元，增长3.4%。年末金融机构人民币各项存款余额3947.5亿元，增长11.5%，其中住户存款余额3064.7亿元，增长14.8%；人民币各项贷款余额2606.2亿元，增长14.9%。全年保费总收入105.6亿元，增长6.4%。

公路总里程2.3万千米，其中高速公路通车里程574.1千米。完成公路货运周转量116.1亿吨千米，增长6.3%；完成公路客运周转量13.2亿人千米，减少47.4%。

有小学532所，在校学生35.1万人，小学学龄儿童入学率99.9%；初中422所，在校学生18.9万人；普通高中61所，在校学生11.6万人；中等职业教育学校31所，在校学生6.2万人；特殊教育学校9所，在校学生1690人；普通高校7所，在校学生9.1万人；研究生培养单位2个，在校学生5307人。有文化馆10个，文化站424个，公共图书馆10个，博物馆8个，文物保护管理机构20个。有广播电视台7座，调频、电视转播发射台12座，广播综合覆盖率99.4%，电视综合覆盖率99.6%；有线电视用户36.3万户。有医疗卫生机构（含村卫生室）8248个，其中医院173个、基层医疗卫生机构8034个；病床位45514张，增长4.1%；卫生技术人员36435人，增长1.5%，其中执业（助理）医师14560人、注册护士15407人。

【年度农业和农村经济运行】 2020年，全市新增农业机械总动力6.6万千瓦，农业机械总动力达310万千瓦，增长2.2%。

【种养殖业】 全年粮食作物播种面积56.2万公顷，增长0.6%。油料作物播种面积17万公顷，增长11.9%。蔬菜播种面积16万公顷，增长3.6%。全年粮食总产量311.6万吨，增长1.3%，其中夏粮产量59.8万吨，增长1%；秋粮产量251.8万吨，增长1.3%。经济作物中，油料产量46.4万吨，增长13.3%；蔬菜产量397.9万吨，增长5.3%；水果产量70.9万吨，增长4.7%。全年生猪出栏521.7万头，增长25.5%；牛出栏12.9万头，增长5.6%；羊出栏201.4万只，增长2.5%。

【林业】 全年完成造林面积0.6万公顷，其中人工造林0.5万公顷。林业重点工程完成造林面积800公顷，占全部造林面积的13.2%。天保工程实有森林管护面积18.7万公顷。全市共有自然保护区3个。森林覆盖率41.5%，增加0.5个百分点。

【水产业】 全年水产养殖面积1.5万公顷，增长0.2%。水产品总产量11.7万吨，增长1.1%，其中养殖水产品总产量11.6万吨，增长4.1%；捕捞水产品产量0.1万吨，减少84.5%。

【农村水利】 全年新增农田有效灌溉面积0.3万公顷，年末有效灌溉面积23.5万公顷。累计综合治理水土流失面积6219.1平方千米，其中全年新增228.9平方千米。

【农村社会保障】 全年被纳入农村低保人员55.9万人，减少0.4万人；农村最低生活保障人均补助标准为167元。符合条件的“五保”供养对象全部纳入供养范围，共计5.6万人，其中集中供养“五保”9880人，集中供养率达17.6%。有养老服务设施总床位3.6万张。建立社区服务机构388个。

【主要领导人】 市委书记：宋朝华；市人大常委会主任：袁险峰；市长：吴群刚；市政协主席：潘国华；分管农业副市长：沈一凡。

南充市编写组

顺　庆　区

【基本情况】 2020年，全区辖7镇1乡12个街道，辖区面积542.86平方千米，其中城市规划面积95平方千米、建成区面积77平方千米。户籍总户数23.69万户，总人口66.58万人，增加0.24万人，其中男性33.45万人、女性33.13万人，男女性别比为100.97∶100；城镇人口44.64万人、农村人口21.95万人，户籍人口城镇化率67%。全年出生人口6250人，人口出生率9.75‰；死亡人口2119人，人口死亡率3.3‰；人口自然增长率6.45‰。

2020年，全区GDP457.99亿元，增长5.1%，其中第一产业增加值28.79亿元，增长5.7%；第二产业增加值177.24亿元，增长5.6%；第三产业增加值251.96亿元，增长4.5%。三次产业结构比为6.3∶38.7∶55，三次产业对经济增长的贡献率分别达7.5%、48.1%、44.4%。全年接待游客1202.67万人次，实现旅游总收入130.72亿元。

社会消费品零售总额336.94亿元，减少2.2%，其中农村市场消费品零售额71.76亿元，减少1.7%。有公共图书馆1个，文化馆1个，乡（镇）文化站7个，图书室192个，文物保护单位18个。全区有线广播电视在看户数53008户，广播覆盖率99.3%，电视覆盖率99.9%。

有卫生机构778个，其中医院51个、社区卫生服务中心（站）48个，卫生院20个，村卫生室248个，门诊部11个，诊所、卫生所、医务室391个，疾病预防控制中心2个，妇幼保健院（所、站）2个，采供血机构1个，卫生监督所（中心）2个，急救中心站1个，其他卫生机构1个；卫生技术人员10251人，其中执业（助理）医师4095人、注册护士5560人；病床位10682张，其中医院9902张、基层医疗机构591张、专业公共卫生机构189张。

【年度农业和农村经济运行】 2020年，全区农村居民人均可支配收入达20938元，增长9.1%，其中工资性收入8117元，增长8.1%；经营净收入7956元，增长9.9%；财产净收入479元，增长10.7%；转移净收入4387元，增长9.3%。农村居民年人均消费支出达15603元，增长7.4%，其中食品烟酒支出5685元，增长7.2%；衣着支出1943元，增长9.8%；居住支出2844元，增长6.2%；生活用品及服务支出960元，增长4%；交通通信支出1356元，增长9.3%；教育文化娱乐支出1548元，增长8.7%；医疗保健支出984元，增长5.9%；其他用品和服务支出283元，增长8.3%。农村居民恩格尔系数36.4%。农业机械总动力13.03万千瓦，增长3.1%。

【种植业】 全年粮食作物播种面积2.59万公顷，增长0.4%，其中稻谷播种面积0.74万公顷，增长0.3%；小麦播种面积0.47万公顷，减少2.2%；玉米播种面积0.72万公顷，增长0.7%；薯类播种面积0.56万公顷，增长2.4%。全年经济作物播种面积2.01万公顷，增长3.7%，其中油料作物播种面积0.63万公顷，增长9.7%；蔬菜播种面积1.21万公顷，增长3.1%；瓜果类播种面积0.05万公顷，增长2.3%。全年粮食总产量14.64万吨，增长0.4%，其中稻谷产量5.95万吨，增长0.3%；小麦产量1.77万吨，减少2.4%；玉米产量4.15万吨，增长0.4%；薯类产量2.49万吨，增长2.5%。经济作物中，油料产量1.77万吨，增长9.4%；蔬菜及食用菌产量33.52万吨，增长3.9%。

【畜牧业】 全年生猪出栏23.02万头，增长27.8%；牛出栏0.66万头，增长2.5%；羊出栏16.27万只，增长0.9%；家禽出栏613.25万只，减少0.5%；兔出栏105.25万头，减少6.3%。全年肉类总产量3.26万吨，增长16%，其中猪肉产量1.83万吨，增长44.2%。

【主要领导人】 区委书记：蒲鹏程；区人大常

委会主任:陈琳;区长:唐鄰波;区政协主席:吴斌;分管农业副区长:何杰。

顺庆区编写组

高坪区

【基本情况】 2020年,全区辖1乡10镇8个街道,辖区面积806.46平方千米,有户籍人口59.35万人。

【文旅项目建设】 推进中法农业科技园等省文旅重点项目建设。立足农耕原乡文化和坐歌堂、唢呐、金钱板等非遗文化,以七彩农庄为基础,打造锦湖特色旅游小镇,一期总投资0.6亿元,于国庆前正式开业。指导阙家凤凰故垒景区提档升级,指导打造走马黄辉文化园、阙家乡村振兴等文旅融合项目。培育四川省乡村旅游重点村1个(长乐镇苏家桥村)、南充市文旅特色村落1个(阙家镇火烽村),申报南充市文旅产业优秀骨干企业1家——南充鹏达嘉陵集团(实业)有限公司。

【文旅宣传营销】 推出六合丝绸—凤仪湾—凌云山—坝上草原—锦湖小镇精品旅游线路,并到成都、重庆参加旅游商品、旅游线路推介会,扩大高坪文旅的知名度。同时,与天运集团、曲江新欧鹏集团、嘉来文旅公司等文旅集团对接,持续推进锦湖小镇、凌云山樱花谷漂流等项目的磋商、洽谈、招引。

【公共文化服务体系建设】 全面启动省级现代公共文化服务体系示范县创建,通过创建中期评估。建成文化馆、图书馆分馆20余个,并在全省公共文化服务培训班上就文化馆、图书馆总分馆建设进行经验交流发言,为全省后续建设提供了可借鉴复制的高坪经验。完成91个贫困村文化活动室提档升级、950余个问题广播点位维护维修、22个旅游厕所百度地图录入。先后承办全省"三区"人才计划资源整合及阅读推广能力培训班、全省文化馆公共数字文化培训班。"两馆一站"探索措施、延时开放,在疫情防控期间,及时开通线上服务,累计点击量163万人次,全年惠及群众200万人次。筹备举办2020年"福满高坪"新春团拜会,开展"文化走亲·五走进""我们的节日"系列活动等文化惠民活动120余场次。文艺精品《一根竹竿刹过河》入选由中宣部等主办的中国当代歌曲创作精品工程——"听见中国听见你"2019年度优秀歌曲推选活动,成为四川省唯一入选节目,全国仅20首入选;《2020春,天气晴》获得2020年四川省乡村艺术节群众文化作品比赛戏剧类第三名、南充市2020年文艺汇演语言类二等奖,并入选"中华颂"第十一届全国小戏小品曲艺大展;合唱《感动》获得南充市2020年文艺汇演音乐类二等奖。

【非物质文化遗产保护】 开展2020年文化自然遗产日系列活动,在鹤鸣山景区举办高坪区非遗、文物宣传展示活动。建设非遗扶贫就业工坊,把"手艺"变"收益",高坪竹编、过江龙牛肉、烟山冬菜、万家腊肉4家市级非遗扶贫就业工坊采取"龙头企业+合作社+贫困户"利益联结模式吸纳贫困群众就近务工,助力脱贫攻坚。高坪竹编《传习高坪竹艺谱写扶贫篇章》被评为"四川省文化和旅游扶贫典型案例"。

【主要领导人】 区委书记:陈多平;区人大常委会主任:杨天武;区长:兰吉春;区政协主席:傅天贵;分管农业副区长:寇兴奎。

高坪区编写组

嘉陵区

【基本情况】 2020年,全区辖17镇2乡5个街道,辖区面积1177平方千米,有户籍人口67.76万人。

【文旅项目建设及规划编制】 区政府与天府江厦实业有限公司签订规划面积约30平方千米、总投资约109亿元的嘉陵区天乐谷国际旅游度假区投资合作协议,已进场施工;推进占地面积436亩、总投资5亿元的南充飞鸿草上运动旅游综合体项目建设;七宝寺书香小镇项目签约四川金能能源集团有限公司,总投资15亿元,已完成项目规划编制;规划和设计"神奇天笙寨"项目,配套旅游公厕等服务功能建设基本完成;完成嘉陵江乌木文化博物馆暨嘉陵江乌木文化产业园工作方案制订;提升双桂桑茶主题公园文化氛围,完善旅游基础设施建设;统筹推进"金凤美樱花海""曲水镇直播村"等项目,完善旅游产业规划布局;完成文旅资源调查及《嘉陵区文化和旅游"十四五"专项规划》、嘉陵全域旅游规划编制。

【文旅提档升级】 以创建天府旅游名县为目标,制定文化和旅游高质量发展实施意见和管理办法;组织邀请专家团队对全区文化旅游品牌创建工作进行"一对一"考察和定位,中国绸都丝绸博物馆拟创建国家3A级景区;规划以丝绸产业园为主体,传承弘扬丝绸文化,推动省级工业旅游示范基地创建;完成世阳镇杨家寺村市级特色村落创建;完善嘉陵区智游天府平台建设,完成景区接入、文化场所接入重点景区平台信息录入,完成预定、流量监测、智慧服务等功能服务;筹建嘉陵区文化和旅游发展平台公司。

【公共文化服务体系建设】 完善文化基础设施。整合资金1920万元用于完善全区公共文化服务体系建设;注册"嘉陵文化"抖音号,多层面开展"云上文化"服务,全面升级"嘉陵文化"微信公众号,推进数字化建设。增设职工书屋,完善区文化馆硬件、软件等功能设施设备,完成区文化馆国家一级馆创建。

【文化惠民活动】 争取资金270万元,用于区文化馆、区图书馆和乡(镇)文化站免费开放。组织举办2020迎春书画展、"岁月留墨"庆祝中国共产党建党九十九周年等展览;举办"清风送诗韵·嘉水泛粽香"端午诗会、"众志成城抗疫情,欢天喜地度重阳"嘉陵区第三届长寿文化节老年人广场舞大赛及"万人赏月诵中秋"等演出;开展"和书香为伴,与文明同行"免费赠书给农民工和宣传全民阅读活动、"书香嘉陵助战役,全民阅读迎未来"主题活动、"送书进军营·书香传真情"八一建军节活动、"走进图书馆·书香伴我行"的小小志愿者主题活动、"传承好家风,欢快迎新年"活动,推行为期一个月的"学习强国"积分免费领书活动。创新文化服务方式,推送5期APP制作"迎春书画展""视觉光影微型摄影展"专题,线上展出书画摄影、推出系列线上文化艺术课件1000余件。举办南充市嘉陵区活跃"五一"假日文旅商贸经济购物周活动;开展舞蹈、合唱、国画、书法、古筝等免费培训班2期。参加"千龙千狮闹新春"活动;组织参加"群星璀璨耀遵义,百馆联动嘉年华"第八届全国部分文化馆观摩学习;参加市图书馆举办的"提升市民信息素养,增强城市竞争力"主题活动。

【广电建设】 完成2020年度广播电视"户户通"运行维护资金拨付;投资657万元,完成区应急广播体系建设任务,区级、乡(镇、街道)、村(社区)所辖区域均能独立播放广播;申报500万元智慧广电示范区和应急广播体系升级建设项目。统筹做好"中国梦"、全面建成小康社会、社会主义核心价值观、新发展理念、乡村振兴战略、文旅融合高质量发展等重大主题宣传;开展庆祝建党99周年宣传、新冠疫情防控和复工复产宣传。加强播出监管,做好各大节日广播电视安全播出工作;会同国安、公安、市场监管等部门,全面查找广播电视安全播出和网络安全存在的问题;开展境外卫星电视传播秩序暨非法卫星地面接收设施专项整治行动；持续规范广播电视无线传输覆盖秩序，配合做好“黑广播”打击治理，广播电视安全播出全年无重大事故。

【主要领导人】 区委书记：史燚；区人大常委会主任：戚辉；区长：张青松；区政协主席：白青云；分管农业副区长：苏长龙。

嘉陵区编写组

阆中市

【基本情况】 2020年，全市辖19镇4乡5个街道，辖区面积1875平方千米。户籍人口824946人，比年初减少6697人。按所在地分，城镇人口285689人、乡村人口539257人，户籍城镇化率为34.6%。按性别分，男性人口420031人、女性人口404915人，男女性别比由上年的103.9 ：100调整为103.7 ：100。全年出生人口7864人，人口出生率9.33%；死亡人口4038人，人口死亡率4.79%；人口自然增长率4.54%，政策生育率99.66%。

2020年，全市GDP265.38亿元，增长5.1%，其中第一产业增加值61.71亿元，增长6.3%，对经济增长的贡献率为29.3%；第二产业增加值83.40亿元，增长5.6%，对经济增长的贡献率为39.8%；第三产业增加值120.26亿元，增长3.9%，对经济增长的贡献率为30.9%。三次产业结构比由上年的21.1 ：33.5 ：45.4调整为23.2 ：31.4 ：45.4。

一般公共预算收入140576万元，增长8.1%，其中税收收入68324万元，减少15.6%，税收收入占一般公共预算收入的比重为48.6%；一般公共预算支出655322万元，增长21.1%。金融机构人民币存款余额392.1亿元，比年初增长13.3%；金融机构人民币贷款余额240.5亿元，比年初增长11.3%。

公路总里程4771千米，其中等级公路4763千米。全年改建公路1267千米，其中农村公路384千米。有各类学校143个，在校学生80265人，其中学前教育17202人、小学生34213人、初中生18462人、高中生10207人、特殊教育181人；有各类学校教职工6725人，其中专任教师6024人。小学学龄儿童入学率100%。有各类卫生医疗机构1044个，其中村卫生室753个、诊所198个；病床位4663张，在岗职工5785人，其中卫生技术人员4342人、执业（助理）医师1954人、注册护士1667人。

【年度农业和农村经济运行】 2020年，全市农村居民人均支配收入达17820元，增长9.3%，城乡居民收入比由上年的2.25 ：1缩小至2.20 ：1。农村居民年人均消费支出达14797元，增长7.5%，农村居民恩格尔系数为38.3%，减少3.7个百分点，城乡居民消费比由上年的1.71 ：1调整为1.57 ：1。农村居民最低生活保障80963人，支出最低生活保障资金14296万元，增加1212万元。

【种养殖业】 全市“东柑、西椒、南果、北药”产业规模近30万亩，新型经营主体累计达3500余家，并承办全省现代农业园区建设现场会。全年实现农林牧渔业总产值105亿元，增长7.1%。全年粮食总产量达44.1万吨，增长1.8%，增产0.8万吨；粮食播种面积达126.3万亩，增长0.9%。生猪存栏49.1万头，增长25.6%，其中能繁母猪存栏4.7万头，增长36.9%；牛存栏5.4万头，增长42.1%；羊存栏12.4万只，增长3.1%。全年出栏生猪67.5万头，增长27%；出栏牛2.2万头，增长8.3%；出栏羊19.3万只，增长2.7%。全年猪肉产量4.68万吨，增长20.3%；牛肉产量0.24万吨，增长6.6%；羊肉产量0.26万吨，增长8%。

【乡村振兴】 开展农村人均环境整治“五大行动”，农村户用卫生厕所普及率、生活垃圾有效处理率、生活污水有效治理率分别达87.6%、97.2%、61.9%，获评全国农村生活污水治理示范市，天宫宝珠村、老观岳林垭村等4个村创建为乡村振兴省级、南充市级示范村。

【乡村旅游】 实施“天府旅游名县”提升行动，全年累计接待游客1480万人次，增长2.9%；实现综合收入181亿元，增长6.5%。全市获得国家级文旅品牌8项和省级文旅品牌6项，入选2020中国旅游百强县等4个国家级榜单，获评“2020成渝文旅新地标”和“首批四川省全域旅游示范区”等。保宁醋酿造工艺入选国家级非遗公示名单，中华传统文化博览城创建为“四川省优秀研学教育基地”，阆中市飞凤镇桥亭村创建为2020年四川省乡村旅游重点村，川陕省苍溪县苏维埃保卫局旧址作为第九批省级文物保护单位。

【农村科技】 开展全市第二十五届“科技之春”科普活动月活动，发放科普宣传资料、手册2000余份、各类蔬菜种子1000余袋，科技培训1400余人次，推广新技术10项。开展“送科技下乡”活动，开展各种养殖技术培训10余次，宣讲扶贫知识10场，发放各类宣传资料2万余份，发放种子、农膜、肥料等农资5万余元，培训农民1万余人次，普及面达10万余人次。

【农村教育】 全年资助学前教育春秋两期“三儿”共计6515人次，共发放资金329.11万元；投入农村义务教育营养改善计划资金1306万元，惠及农村义务教育阶段学生17500名。

【主要领导人】 市委书记：张斌；市人大常委会主任：费国宏；市长：杨德宇；市政协主席：陈绍荣；分管农业副市长：杨劲松。

阆中市编写组

南部县

【基本情况】 2020年，全县辖33镇5乡4个街道，辖区面积2230平方千米。

【旅游开发】 投资14亿元的升钟湖PPP项目5个子项目全面开工，游客中心及生态停车场、伏羲演艺广场、渔猎岛羲皇钓苑、连接线挡墙完成主体工程量的30%，升水小学迁建教学楼完成工程量的50%，环湖公路完成前期设计与报建；投资5.2亿元的八尔湖景区建成9D玻璃栈道、“步步惊心”网红桥、梦里水乡景点、新游客中心等设施并投入使用，群众文化广场建设加快推进；投资14.73亿元的满福水城文旅产业园区项目满福苑二期、城市主干道路、风情商业街主体竣工，嘉陵江三桥完成主体的80%。包装升钟湖旅游综合开发（二期）、禹迹山景区旅游开发、“千里嘉陵·南部段”江滩湿地公园3个重大项目并完成招商推介；签约南部县农旅融合产业园项目1个，协议金额15亿元。

【公共文化服务体系建设】 县图书馆全年流通人次6.7万余人次，借阅文献3.6万册次，新办理读者证768个，接待读者咨询服务1748条，门户网站、微信公众号点击量达到69万次。受新冠疫情影响，1月24日—3月19日，县文化馆采取闭馆措施，从3月20日起，分区域分阶段逐步恢复开馆，采取电话预约、一人一桌、错峰阅读等措施开展阅读服务。根据防疫要求，坚持所有到馆读者测体温、消毒、亮“健康码”入馆，馆内每天定时消毒，所有归还图书统一消毒处理后上架借阅。县图书馆开展线上阅读推广活动，14种电子资源向广大读者免费提供，县图书馆微信公众号累计推出阅读推文216期，开展线上讲座38期、线上展览24期、线上培训16期。完成县图书馆大数据智慧墙及服务平台建设。完成外借部自动化数字化提档升级，全面实现读者自助借还服务。累计建成分馆24个，打造一批“智慧型一站式”农家书屋分馆阅读服务平台，完成图书编目数据20000条。利用“送书下乡”、“农民读书月”、“4·23”世界读书日、大学生志愿者助力新时代乡村阅读季、图书“十进”等开展线下阅读推广活动12次,惠及4.8万余人。完成第五次国家一级文化馆评估定级。开展“送文化、送戏曲、送皮影下乡”演出600余场,推动原198个脱贫村文化室巩固提升及服务实效试点;开通县图书馆线上服务项目14个,上架电子图书20余万册。完成43个行政村阅报栏安装、1039个农家书屋图书补充更新、大数据智慧墙服务平台建设。开展为期15天的暑期幼儿(少儿)软硬笔书法、合唱、舞蹈免费培训,参训幼儿(少儿)160余名;推出“南部县文化馆”微信公众号。组织全县文艺社团、协会、民间队伍开展下乡巡回演出470场。举办四川省乡村文化艺术节南部分会场、圆梦2020年群众文艺汇演、“最美南部人”颁奖晚会、群众舞蹈大赛、“我有绝活”才艺展演、建党99周年文化惠民演出、“五道”主题歌词创作大赛、脱贫攻坚书法美术摄影展、“重阳节爱老敬老”等活动。

【非物质文化遗产及文物保护】 南部皮影亮相第六届中国非遗博览会;重点培养“川北四绝”非遗传承人;4个市级非遗及15个县级非遗项目得到申报评定,南部非遗项目体验基地竣工投用。完成第九批省保单位(革命文物类)补充申报。南部县入选全国第二批革命文物利用片区长征片区(红四方面军)分县名单,川陕省德丰县苏维埃政府旧址、红九军八十一团团部旧址革命文物被列入第九批省保单位名单。推进川陕苏区革命文物保护项目实施,完成全县革命文物名录调查申报,公布保护雍庆寺、陈家大院等20余处文物,完成南部文庙展陈项目设计。县文化馆组织第四代传承人冯仁对《山乡盛开幸福花》进行重新编排,并推荐该项目申报南充市市级非物质文化遗产代表性项目。配合完成长征国家文化公园、川陕苏区红军文化公园规划编制,完成升钟红色文旅小镇规划编制,继续推进红军在盐乡革命文物保护利用项目建设。

【主要领导人】 县委书记:黄波;县人大常委会主任:胡修云;县长:尹成平;县政协主席:时春英;分管农业副县长:杜彬。

南部县编写组

西充县

【基本情况】 2020年,全县辖16镇5乡2个街道,辖区面积1108.6平方千米,有户籍人口58.79万人。

【文旅项目建设】 县城至莲池文旅融合示范项目完成7千米旅游公路建设,张澜故居全面提档升级,建成梅博园、蔷薇花廊等新景观,梅博馆主体工程全面完工,开展梅博馆布展工程;亚洲有机村完成升级改造;古楼充国香桃源景区、有机慢生活公园旅游标识标牌完成制作安装,提升服务接待功能。

【文旅品牌创建】 西充县被列入全省首批省级全域旅游示范区创建单位。莲池镇观音堂村创建为四川省乡村旅游重点村,有机乡村慢生活公园通过国家4A级景区景观质量评审,游客中心、停车场等设施建设加快推进。西充县入选四川省首批全域研学试点县(区),完成《西充县研学旅行线路规划》编制,对接县教科体局等相关部门,启动研学旅行工作。分别培育有机乡村慢生活小镇、义兴镇盐水垭村、古楼村桃博园村、跳墩河山庄、拾山湖·滨水栖居为南充文旅特色小镇、特色村落和特色民宿,义兴镇盐水垭村被评为2020年度南充市文旅特色村落。

【公共文化服务体系建设】 采取“有线为主、无线为辅、卫星为补”三种覆盖方式夯实广播电视基层基础,启动全县2000户“户户通”维修工程,投入160万元,对全县295个行政村(社区)广播室、6000余个“大喇叭”进行日常运行维护。通过42个广播电视公共服务网点对全县所有收视群众,特别是20947户、43653名贫困群众,精准扶贫易地搬迁3518户、8065人的广播电视收听收看进行“回头看”。全县图书馆、文化馆等场馆和23个乡(镇)文化站实现免费开放,将义兴镇盐水垭村农家书屋建成全县农家书屋示范点。

【非物质文化遗产保护】 将灯戏、川剧、西充民歌、竹琴、评书、金钱板等21项非物质文化遗产列入西充县第二批县级非物质文化遗产名录。印发《2020年西充县优秀传统文化进校园种子行动方案》,在西充中学、天宝初级中学等8所学校组织开展非遗传承培训、红色文化进校园活动180余次。承办2020年南充市“文化和自然遗产日”非遗购物周大型直播推介,开展“非遗优选·县长局长带货天团”“非遗生活·非遗掌门人公开课”“非遗现场·活态演绎非遗之美”等系列活动,3个小时直播线上观看总量达到1172万人,实现线下销售600余万元。

【文物保护】 建立健全属地管理责任包联制,由县文广旅局与各乡(镇、街道)社会服务中心签订责任书,各乡(镇、街道)社会服务中心与文物使用人或者所在村“两委”签订责任书,确保文物保护各项工作落实落地。坚持“保护为主、抢救第一、合理利用、加强管理”的方针,加大文物保护工作力度,开展文物保护、管理、开发利用、修缮和宣传等,在节日期间、汛期等敏感节点加大对文物保护单位的巡查检查力度。全年对各级文物保护单位开展巡查检查20次,发现问题并整改2处。为全县55处县级以上文物保护单位配齐灭火器、消防栓等各类消防设备,确保文物安全,县图书馆入选四川省第二批古籍保护单位。

【主要领导人】 县委书记:张光全;县人大常委会主任:张伟;县长:邓强;县政协主席:付杰修;分管农业副县长:何德清。

西充县编写组

仪陇县

【基本情况】 2020年,全县辖29镇7乡1个街道,辖区面积1791平方千米。

【天府旅游名县创建】 县文广旅局配合专业指导团队解读创建标准和检查细则,先后梳理创建任务300余项。组织开展创建业务培训近20场次,为近100个创建单位及时提供创建技术指导。发挥推进办牵头作用,先后筹办全县性创建推进大会14次,印发创建相关文件20余份,起草综合文稿100余份。会同县政府办、目标绩效办等单位,按照“一周一督查,一周一通报”要求,做好创建工作的督促指导,确保创建工作有序推进。

【公共文化服务体系建设】 文化惠民。招募8名文化工作者,充实壮大公共文化服务队伍。“三馆一站”免费开放有序推进,全年接待人次超过40万人。开展“送戏下乡”演出342场;开展《壮丽新时代·筑梦新仪陇》迎春文艺晚会、“离堆欢歌”第十二届歌手大赛暨庆国庆迎中秋等活动;参加四川省2020年“千龙千狮闹新春”集中展演、2020年南充市文艺汇演、四川省2020年“万人赏月诵中秋”南充分会场展演等活动,获得省、市奖项10余个。

完善服务设施。起草出台《仪陇县文物保护管理办法》。建成国道245线新政至马鞍红色旅游风景道,新(改)建公路服务区7座,开通景区旅游专线6条。改造旅游集散中心,建成综合服务中心、全域旅游大数据中心,完善全域全景图等全域旅游导视系统,增设旅游咨询服务点20余处。新(改)建旅游厕所19座。推进图书馆和文化馆总分馆建设,增设仪陇县政务中心、仪陇县出入境管理局等阅读服务点，全年接待读者近2.5万人次。完成文化馆一级馆评估定级资料申报和5个市级非遗项目申报。

【广电建设】 加强农村广播运行维护，投资300余万元，完成撤乡并镇后广播电视、应急广播光纤干线升级改造并网，确保全县广播"村村响"。疫情防控期间，农村应急广播发挥了"战时应急、平时服务"的作用。按进度完成5266个广播电视"村村通"向"户户通"升级后的运行维护民生工程。1月，县文广播旅局被表彰为"全省广播电视工作先进集体"。

【文旅提档升级】 牵头出台《加快文旅产业发展的若干意见》，培育天石寨、德高演艺成为规上企业。推进朱德故里5A级提升工程，投资约4.5亿元，完成朱德故里客家民宿博览园主体工程建设，园区初具雏形。升级改造德园景区游客中心，新建剪纸博物馆、思德书院、3A级旅游厕所等，创建国家4A级景区。橘源国家农业公园建成开放，黎明村、朱德铜像纪念园创建为国家3A级景区。启动马鞍老街古建筑群维修保护工程、仪陇县非物质文化遗产中心建设。全县"一核""两城""三线""多点"的全域旅游格局基本形成。

【主要领导人】 县委书记：陈科；县人大常委会主任：郑元勤；县长：郭宗海；县政协主席：李俊；分管农业副县长：陈智。

仪陇县编写组

营　山　县

【基本情况】 2020年，全县辖18镇8乡3个街道，辖区面积1635平方千米，有户籍人口88.8万人。

【项目建设】 4个省重点项目、37个市重点项目、153个县重点项目分别完成投资28.3亿元、203.1亿元、2602亿元；全年到位各类项目建设资金29.4亿元，提供项目建设用地4600亩，川东北物流配送中心等86个项目进入国省"笼子"；嘉陵江引水工程项目建成使用，县城及周边乡（镇）30余万人喝上嘉陵江水，实现"双水源"供水；固废循环经济产业园项目建成投用，推动营山经济发展和环境保护；争取成达万高铁过境并设立营山西站，营达高速建成通车，顺蓬营一级公路、省道205线绿水至法堂公路、登子河大桥等项目推进，新（改、扩）建县、乡道路68.7千米，建成村道公路150千米、安保工程100千米，完成农村公路"畅返不畅"整治383千米、营山"两通"工作经验在全省推广。

【非物质文化遗产保护】 全县共有非物质文化遗产78项，其中省级保护非物质文化遗产代表性项目1项，为翻山铰子；市级非物质文化遗产代表性项目6项，分别是营山竹编何氏竹丝扇、根雕、红油制作工艺、油豆腐制作工艺、太蓬山朝山会、太蓬山传说（由6项县级非物质文化遗产组成，即北门洞子、朝阳洞、太蓬山的由来、鲁班修千佛岩、红花天子、天子读书台）；县级非物质文化遗产72项。

【主要领导人】 县委书记：黄金盛；县人大常委会主任：斯顺平；县长：罗明远；县政协主席：蔡良斌；分管农业副县长：何铮。

营山县编写组

蓬　安　县

【基本情况】 2020年，全县辖14镇5乡2个街道，辖区面积1332平方千米，有户籍人口66.28万人。

【文旅项目建设及招商引资】 全年文旅产业发展共投资12.17亿元，超额完成目标任务。相如故城景区实现年度投资8.6亿元，完成南门架空平台、县衙、琴台、相如故宅、诗画长廊、北门、炮台、城墙、钟楼、临水轩等基本建设；百牛渡江文旅综合开发项目实现年度投资2.06亿元，完成游客中心、牛街、演绎中心、书墨田园、田园生活馆、田园美宿、风貌打造等建设；蓬安相如文化挖掘创新工程实现年度投资0.32亿元，完成文庙武庙、玉环水苑、文化布展等工程。出台《蓬安县招引文旅优质项目支持政策暂行办法》，在土地供给、市政配套、税收优惠和服务保障等方面对到蓬安县投资文旅项目的企业进行鼓励支持。策划包装嘉陵江旅游度假区投资运营项目、相如故城整体运营项目、相如湖旅游度假区投资运营项目、周子古镇特色文旅小镇投资运营项目、嘉陵江水上运动项目、运山古城综合开发项目、大深南海生态旅游区综合开发项目、白云山国家森林公园综合开发项目8个重点文旅招商项目。新签约项目4个，协议总投资83亿元，其中与上海景域驴妈妈集团签订驴妈妈相如故里全域旅游综合打造项目合作协议，投资60亿元；与上海旗华水上工程建设股份有限公司签订旗华水上娱乐景区综合开发项目合作协议，投资12亿元；与四川中铭基业文化旅游开发有限公司签订中铭百牛渡江"夜经济"打造项目合作协议，投资8亿元；与四川川旅自驾游投资管理有限公司签订川旅自驾游基地打造项目合作协议，投资3亿元。

【文旅品牌创建】 省级全域旅游示范区创建方面，聘请专业团队对全县文化旅游资源进行调查摸底，完成《蓬安县文化旅游资源普查报告》和《蓬安县全域旅游发展规划》（征求意见稿编制）。相如湖省级旅游度假区通过省级基础评价。6月，文化和旅游厅专家到蓬安县进行现场考核验收，针对专家组的验收意见，全县对标整改。大深南海省级生态旅游示范区创建方面，5月，大深南海旅游度假区创建通过省级审核评估后，全县对旅游厕所、通景道路、游步道、游客中心、宣教中心、旅游码头等进行全面整改提升，10月通过省检查组现场考核验收。周子古镇创建省级文旅特色小镇，3月，启动周子古镇创建省级文旅特色小镇申报；5月，省上对周子古镇创建省级文旅特色小镇进行了实地核查，周子古镇被评为省级文旅特色小镇，并在2020年全市文旅发展大会上被授予南充市文化和旅游发展银奖。7月，相如镇油坊沟村被评为"全国乡村旅游重点村"，油坊沟村"田园美宿"被评为"南充市第二批文旅特色民宿"。

【公共文化服务体系建设】 下拨"两馆一站"免费开放资金235万元，其中县级配套资金28.2万元用于免费开放，"两馆一站"及村级文化活动室实现公共文化服务错时延时免费开放，每周开放时长56小时以上。县文化馆在全国第五次文化馆评估定级中申报全国县级一级馆；县文化馆艺术培训线上推文100余篇，开展免费培训班15个、培训学员近500名；县图书馆被评定为全国县级二级馆，县图书馆通过微信公众平台、网站每天推送数字阅读资源和视频讲坛并开办"战役书柜"；举办2020年秋季免费开放课外辅导培训班，为留守儿童和部分贫困学生提供良好的学习条件。除举办常规性冬季农民工返乡读书月、文化科技卫生"三下乡""文化进万家"、全民阅读、"非遗进景区"等活动外，还举办了2020年迎春电视文艺晚会、南充市首届嘉陵江放牛季系列活动、脱贫奔康文艺巡回演出、"习近平谈治国理政"文化微宣讲和江上田园·爱城蓬安——四川省首届"司马相如杯赋圣杯"美术、书法优秀作品展开幕暨颁奖仪式，丰富群众精神文化生活。

【非物质文化遗产保护】 开展蓬安县第三批县级非遗项目评定工作，新收集、确认县级项目18个。新申报“青砖青瓦”“西拱桥白酒”“姚麻花”3个市级非遗项目，承办南充市首届非遗周活动。开展非遗直播带货活动，直播浏览量超过780万人次，销售额突破200万元；完成手账本、字帖、书签、水性笔、文房四宝、帆布袋、笔袋、香囊、抱枕等共20余种文创产品开发并进驻周子古镇、百牛渡江景区。

【广电建设】 做好广播电视基础设施建设，对马鞍山无线发射台部分基础设施进行补充完善，完成中央、省级广播电视节目无线数字化覆盖工程和地面数字电视发射设备搬迁和调试，全面提升地面数字电视网络覆盖面和质量；在相如街道办油坊沟村、帽合沟村开展应急广播试点建设，在项目前期与文化和旅游厅做好对接，争取应急广播体系建设专项资金400万元。投资300万元，搭建融媒体技术支撑平台，整合蓬安电视台、蓬安新闻综合频率、“赋圣蓬安”APP、“无线蓬安”“蓬安播报”微信公众号、蓬安门户网、蓬安网络电视台、相如论坛等多个平台，形成电视、电台、手机报、网站、客户端、微信、论坛、抖音、快手等多种媒体产品；开设专栏聚焦县委、县政府重点工作，围绕环境保护、项目建设、招商引资、文化旅游等方面进行深入报道。新冠肺炎疫情防控期间，发布疫情信息1600余条，制作疫情防控公益广告、小视频20余条，其中金钱板小视频《坚决打赢防疫战》广为传播。策划报道“脱贫攻坚在行动”和“脱贫攻坚中的动人故事”，通过主题报道展现全县决战决胜脱贫攻坚的信心和决心，以及实施脱贫攻坚带来的乡村巨变。在三八妇女节期间，开设了“巾帼风采”专栏，对各行各业涌现的妇女典型进行报道；在五一劳动节期间，开设了“奋斗新时代、劳动最光荣”专栏，报道全县各行各业劳动模范的先进事迹，在全社会形成了强大正能量。对禁毒工作、“七五”普法工作以及天府旅游名县、省级文明城市创建等进行宣传，全年共采写新闻稿件5000余条，中央媒体播发新闻11条、省级媒体发布21条、市级媒体播发48条。做好安全播出工作，县电视台、县网络公司严格执行安全播出的值班值守规定，定期对播出系统设施进行检查维护，建立起畅通、快速、高效的联系机制，对突发事件能做到及时发现、反应迅速、处置得当，保障重大节日、重大活动、重点时段的安全播出，全年节目播出无事故发生。

【主要领导人】 县委书记：崔竹君；县人大常委会主任：何林忠；县长：唐方春；县政协主席：刘晓林；分管农业副县长：陈崛。

蓬安县编写组

宜宾市

【基本情况】 2020年，全市辖3区7县，辖区面积1.33万平方千米，其中耕地面积47.04万公顷。有户籍人口551万人。

【文旅项目建设及招商引资】 蜀南文旅集团、五粮液文旅公司等12家文旅重点企业加快发展，新增江安剧源、筠连兴筠2家文旅公司，蜀南文旅集团完成投资11亿元，五粮液文旅公司年营业收入突破3亿元。梳理文旅项目264个，先后与四川能投、复星集团、伟光汇通等10余家品牌企业对接洽谈，与防城港、钦州、嘉兴等城市在线上互推文旅招商项目，引进域上和美、力方科技、华南文旅、深大智能等品牌企业。建成投运江安长江竹岛、永江竹创新村、竹海连接线等重点文旅项目33个。天宫山茶旅融合度假区、长江生态文旅产业综合开发区等25个文旅重点项目建设加快推进，完成投资75亿元。分管市领导等带队到文化和旅游部、文化和旅游厅、省广电局、省文物局等部门汇报工作54次，争取中央、省专项资金1.28亿元，增长60%。蜀南竹海“创5A”提升、向家坝地面文物复建及马湖府古城2个项目被纳入全省文旅融合示范项目。

【文旅提档升级】 “两海”示范区规划建设加速推进，开展重点规划编制7项，建成投运竹海新游客中心、花溪十三桥、智慧景区和兴文石海休憩驿站、山地户外体验等项目22个，整治竹海景区及周边农房3700余户，蜀南竹海创建国家级旅游度假区通过文化和旅游部基础资料审查。李庄古镇文化抗战博物馆、同济大道改造、新游客中心、月亮田景区、营造人文街等项目建设加快推进。五粮液完成523车间、安乐泉升级改造和陶坛酒库储存基地新建及风貌改造。翠屏山、大雁岭、僰人巨石阵3家景区通过4A级景区景观质量评审，幸福胡坝、世界樟海、雷公山、龙蟠溪、春风村5家景区通过省级生态旅游示范区评审，长江第一湾通过省级旅游度假区景观质量评审。创建省级全域旅游示范区2个，获评省级文旅特色小镇1个、全国乡村旅游重点村1个、省级乡村旅游重点村5个，培育竹特色镇2个、竹特色示范镇3个、竹特色村63个、竹特色示范村6个。

【公共文化服务体系建设】 市文化馆、市博物馆加快建设，屏山县文化馆、图书馆相继投入运行，全省首个县级少儿图书馆在筠连县成立，新增叙州区博物馆、南溪朱德旧居陈列馆2座博物馆，乡（镇、街道）、村（社区）综合性文化服务中心达标建设基本完成。实施文化馆、公共图书馆效能提升“六大行动”和博物馆效能提升“十大行动”，设立文化馆图书馆分馆269个，叙州区创建省级现代公共文化服务体系示范县通过中期评估，南溪区文化馆被文化和旅游部确定为服务功能融合试点单位。免费开放公共文化场馆（站）210个，开展惠民演出、创文巡演和群众文化活动2000余场次，组织开展民俗传承、“我们的节日”、全民阅读等文化活动202场次，举办第四届全省合唱展演、“大竹海”联盟专场文艺演出、“关爱农民工”文艺展演等大型文艺活动。

【广电建设】 利用广播电视、新媒体开展夺取疫情防控和经济社会发展双胜利、加快建成全省经济副中心和成渝地区经济副中心等专题宣传，在全省率先实现市级广播电视台新闻综合和公共频道高标清同播。新发展有线电视用户10万户、地面数字电视用户3万户，市本级电视节目覆盖率达85%、入户率达76%。完成“弘扬社会主义核心价值观·共筑中国梦”“精彩短视频·记录新时代”等网络视听节目的创作展播，评选优秀作品105部，获得省级表彰奖励作品10余部。高标准、全覆盖建设应急广播系统，新（改）建市、县（区）平台11个、乡（镇）广播站131个、村广播室1799个、村民小组终端13006组，在全省率先实现从省到村民小组六级互联互通、可管可控。

【主要领导人】 市委书记：刘中伯；市人大常委会主任：陆振华；市长：杜紫平；市政协主席：

吕晓莉；分管农业副市长：张平。

宜宾市编写组

翠　屏　区

【基本情况】 2020年，全区辖12镇8个街道，辖区面积1530平方千米，有户籍人口88.31万人。

【文旅项目建设】 推动在建项目建设，李庄文化创意产业园、冠英古街、荷花池酒店等重点项目建设稳步推进。投资2.02亿元，推进李庄文化抗战博物馆项目建设。投资600万元，推进宜宾市翠屏区旋螺殿保护利用设施项目建设。新增投资2.9亿元，推进翠屏山景区游客接待中心项目建设。加强文旅项目招商，筹备制定文化旅游招商引资优惠政策。

【文旅品牌创建】 推进翠屏山创建国家4A级景区、高桥竹村创建国家3A级景区，打造李庄镇高桥村、宋家镇胡坝村、宋家镇丘陵村3个竹特色示范村。李庄镇高桥村创建为四川省乡村旅游重点村。

【公共文化服务体系建设】 完成全区7776户贫困户广播电视问题督战工作。投入资金13.6万元，完成430户贫困户电视接收设备配送安装；开展雷波县全域对接帮扶，完成“文旅在线”“问旅翠屏”两个文旅宣传平台建设，培训旅游人才80名。推进应急广播体系全覆盖建设，投入资金700万元，建成区平台1个、镇平台13个、村平台188个、村民小组终端1346个。投入9.7万元，完成11个基点站、3万余户电视用户保障维护。发挥“村村响”广播在新冠肺炎疫情防控中的作用，投入资金43.5万元，完成262个“大喇叭”广播建设，指导镇（街道）组建153处流动音箱、流动宣传车进行疫情知识广泛宣传。加快推进全区图书馆等文旅基础设施建设，完成区文化馆提档升级改造，按照《宜宾市基层综合性文化服务中心建设规范》完成188个村57个社区综合性文化服务中心达标建设。有序推进区文化馆、综合文化站（中心）免费开放。

【文旅活动及文艺创作】 开展“潮动翠屏—星耀酒都”NZDST中国翠屏2020首届哪吒国际街舞挑战赛首站赛暨潮童文化节活动、2020年四川省“千龙千狮闹新春”宜宾市翠屏区惠民展演活动；按照常态化疫情防控要求，以“我们的节日”为主题开展2020年四川省“万人赏月诵中秋”宜宾市翠屏区分会场展演活动、翠屏区2020年“礼赞祖国·诗韵乡村”阅读活动，开展“欢乐百姓大舞台”文化惠民进景区、进乡村演出活动150余场次。宣传疫情防控，推进全区防疫，组织创作人员于1月31日起针对疫情防控连续八天拍摄制作八集微视频宣传短片并在抖音APP平台以及面向社会发布；以“全面奔康　奋斗有我”为主题组织创作一批反映脱贫攻坚、具有思想艺术水平的优秀文艺作品参加宜宾市第十二届“酒都风情”文艺展演。组织创作反映李庄抗战文化题材的话剧剧本《往事留芳》参加省剧目室举办的2020年度四川省舞台艺术重点题材创作征文活动，组织创作的抗疫题材话剧《新新便利店》获得四川省艺术基金青年艺术创作人才培养资助项目。

【主要领导人】 区委书记：何永宏；区人大常委会主任：程政；区长：张林；区政协主席：黄继军；分管农业副区长：邹建。

翠屏区编写组

南　溪　区

【基本情况】 2020年，全区辖8镇3个街道，辖区面积676平方千米，有户籍人口41.26万人。

【重点项目建设】 重点推进欢乐东方、南溪朱德旧居提档升级、南溪区博物馆升级改造等6个优一项目建设进度，其中欢乐东方完成环湖游步道硬化、主管网敷设，启动景观桥梁、东方星动营、new vision商街、MY love时光里、游客中心基础、部分停车场和无动力游乐设施工程等基础建设；南溪朱德旧居提档升级项目对上争取5000万元，完成朱德旧居改陈布展，12月正式对外开放；南溪区博物馆已完成展陈初设方案编制。

【非物质文化遗产及文物保护】 朱德旧居陈列馆经省文物局确认正式进入国有博物馆序列，成为宜宾市第13家国有博物馆，完成省级爱教基地申报材料。推进国保单位南溪城墙保护规划方案编制，签订合同，确定编制单位。推进文明门城楼城墙段抢险修缮设计方案编制，前期踏勘论证有序开展。开展包宽牌坊抢险修缮工程竞争性谈判，确定浙江匀碧文物古建筑工程有限公司为中标单位，已完成修缮。争取国家文物保护专项资金67万元，开展馆藏书画文物抢救性保护修复工作。完成区级文保单位张家祠堂展陈并对外开放。

【特色农副产品】 南溪麻竹笋。南溪麻竹笋是2002年退耕还林栽植的优质巨型笋，是长江流域及其以南重要的经济竹种之一。竹竿高20～25米，胸径15～30厘米，节间长45～60厘米，梢端长下垂或弧形弯曲，主要用于造纸等；每年7—9月进行鲜竹笋采摘，单笋重量可达5千克以上。竹叶长15～35厘米、宽4～8厘米，可用于制作斗笠、船篷、蓑衣及包装用品。

南溪麻竹笋鲜嫩多汁、脆而香甜、鲜美可口，具有淡淡的香甜味，又俗称“甜麻竹”。由于其富含粗纤维，且具有很高的食用和药用价值，能促进人体肠胃蠕动、解油腻、降血脂、排毒养颜、淡化皮肤黑色素，尤其所含的硒（Se）可以消除人体沉积的毒素，对抑制脂肪生长、预防消化道癌及心血管疾病具有显著功效。

南溪麻竹笋种植于宜宾市南溪区长兴镇，面积达12000亩，其中的6511亩被四川省林业和草原局认定为“宜宾市南溪区长兴镇麻竹森林食品基地”。“十四五”期间，竹产业得到中央及各级政府部门的高度重视，把竹产业发展列为重要工作之一，通过出台竹产业优惠扶持政策、建设竹产业园区等手段大力推动竹产业的快速、健康发展。

【主要领导人】 区委书记：张琦；区人大常委会主任：刘吉斌；区长：罗春涛；区政协主席：余水情；分管农业副区长：胡波。

南溪区编写组

叙　州　区

【基本情况】 2020年，全区辖12镇2乡3个街道，辖区面积2570平方千米，有户籍人口100.05万人。

【文旅项目建设及招商引资】 宜宾东楼、蟠龙书院完成主体工程。天宫山国际旅游度假区、成贵高铁智慧旅游集散中心、华侨城长江文旅特色街区、世界樟海康养旅游区等文旅项目有序推进，完成投资13.58亿元。93个农民工文旅创业项目有序推进。开展文旅招商，与四川能投集团签订横江古镇—石城山乡村旅游综合体投资战略协议，与成都沸腾码头餐饮有限公司签订綵山沸腾文旅小镇项目协议，与伟光汇通集团对接建设文化旅游特色街区。申报项目债券资金1.35亿元，已到位债券资金0.8亿元。

【文旅品牌创建】 叙州区获批第二批四川省现代公共文化服务体系示范县创建县（全省7个、宜宾市唯一），并通过中期评估；推进天府旅游名县候选县创建。世界樟海创建省级生态旅游示范区通过现场验收；横江镇被评为四川省文化旅游特色小镇（宜宾市唯一）。推进蜀南里竹特色街区和12个竹特色村创建，命名首届3家区级研学旅游基地。打造话剧品牌，组织开展"戏剧进校园"活动，完成话剧《赵一曼在宜宾》排演30余场。为庆祝建党100周年打造的精品话剧《雾中灯塔》被文化和旅游厅列入2020年艺术创作重点项目库，获得四川省艺术基金项目扶持，并完成首演。话剧《赵一曼》获得宜宾市第十三届阳翰笙文艺奖金奖。

【公共文化服务体系建设】 叙州区被省委宣传部列为全省乡(镇)公共文化服务提质增效试点县(全省12个)。《百村春晚凝民心、文化惠民助脱贫》入选"四川省文旅扶贫典型案例"(宜宾市唯一)。基层综合文化服务中心达标率达100%。应急广播系统实现全覆盖，完成94个广播电视公共服务网点建设；完成省级无线数字基站建设；实现贫困村文化设施提档升级，贫困村"有文化室""有广播电视"全面达标。建成书法艺术收藏馆。完成文化旅游执法队伍改革，文化旅游市场规范有序。新(改)建旅游厕所2座。疫情防控专项资金共补贴文旅企业112家，共发放补贴资金76.15万元，助力疫后文旅企业复工复产。

【主要领导人】 区委书记：刘海昌；区人大常委会主任：罗平；区长：陈良云；区政协主席：钟建华；分管农业副区长：向华。

叙州区编写组

江安县

【基本情况】 2020年，全县辖14镇189个行政村，辖区面积948.49平方千米，有户籍人口58.6万人。

【旅游品牌创建及基础设施建设】 长江竹岛创建3A级景区初步完成，待验收评定；创建竹特色村11个。启动青峰山红色旅游景区创建及夕佳山镇文旅特色小镇创建前期工作。剧源文旅公司进入实体化运营，江悦台酒店正式对外营业。安装维护全县旅游沿线及景点标识标牌100余块；完成新建白李果源乡村振兴示范点综合体旅游厕所1座，改建大妙荷花景区旅游厕所1座；建成文化旅游绿道6千米。

【文旅宣传营销】 组织开展春节、"五一"假期、"5·19"中国旅游日等主题宣传活动3次；参加2020川南旅游营销联盟推介会、第七届四川国际旅游交易博览会等宣传营销活动。通过标识标牌、公交车身广告、智游天府、"文旅江安"微信公众号、手机短信、抖音、今日头条等媒介投放文旅宣传公益广告，推送文旅动态。

【文旅市场监管】 全年出动执法人员920余人次，检查各类文旅经营场所980余家次，排查安全隐患256处；受理举报投诉62件，办理率达100%，办结率达100%，满意率达98%，共开展行政约谈40余家。组织全县文旅市场经营业主400余人次开展培训；利用"3·18"文旅市场法制宣传日、"禁毒宣传月"、"安全宣传月"等节点开展宣传活动，发放各类宣传单5500余张、宣传册800余册，张贴宣传海报60余份，开展"安全诊断"16场，安全宣教"进企业"12场、"进景区"3场，接受咨询500余人次。

【公共文化服务体系建设】 坚持实施"四馆一站"免费开放，推进线上公共文化服务体系建设。全面完成全县215个村(社区)综合性文化服务中心达标建设，江安县观赏石文化特色街区及江安文化市集建成并投入使用。县级财政投入广播"村村响建设"资金642万元，已建成县级应急广播平台1个、镇级平台12个，升级镇级平台2个；新建村级平台27个，升级改造村级平台127个；改造社区平台31个、居民小组终端310个、村民小组终端782个、机房1个。开展贫困户无线电视清零行动，投入资金9.6万元，建设贫困户"户户通"320户，已全面解决全县贫困户收看电视问题。以春节等重大传统节日为契机，组织开展江安县2020年春节联欢晚会、江安县"千龙千狮"新春展演、江安县"迎新春·猜灯谜"、2020年"万人赏月诵中秋"、古韵夕佳风华汉安、江安县农民丰收节、江安文化市集开街暨首届江安烧腊大赛等群众文体活动。坚持文化惠民走基层，及时开展贫困村文化室"回头看"，投入资金25万元，采购补充全县51个贫困村文化室的设施设备、文化器材。组织开展"文化下乡"，共开展"送文化、戏曲、图书下乡"活动约50场，其中流动图书车图书阅读活动8场、流动博物馆展示展览12场。

【非物质文化遗产及文物保护】 完善文物安全应急预案，压实文物安全责任，定期开展文物安全巡查。结合"5·18"国际博物馆日等重要时间节点，依托电视台、《新江安报》、LED、抖音、微信等媒介开展文物保护法律法规和知识宣传。完成全县范围内县级以上文物保护单位标识安装和消失文物点核查认定；完成吴氏民居防雨捡漏工程和场所环境整治工程，完成柏树湾天堂湖宋墓填埋工程。夕佳山民居消防工程消防控制室建设有序推进，完善张文湘旧居抢险排危工程和"江天一览""荡寇勋高"摩崖石刻修缮工程方案设计。完成县级非遗项目申报，全县有国家级非物质文化遗产项目1个、市级非物质文化遗产项目3个、县级非物质文化遗产项目7个，有非遗传承人国家级1名、省级2名、市级7名、县级16名。组织举办非遗展示活动，组织江安竹簧参加2020四川省第六届中国非遗博览会、四川省乡村艺术节"乡村集市"等交流活动。江安县被文化和旅游厅评为"四川省非物质文化遗产项目体验基地"。

【主要领导人】 县委书记：李强；县人大常委会主任：赵文年；县长：宿斌；县政协主席：黄明；分管农业副县长：王文华。

江安县编写组

长宁县

【基本情况】 2020年，全县辖13镇，辖区面积941.71平方千米，有户籍人口43.04万人。

【文旅项目建设】 争取资金2000余万元，实施"五个一批"文旅项目建设68个，其中省重点3个、市重点8个。双河葡萄井、文庙、高山无线发射台等4个灾后重建项目完成建设，石鹿沟、龙竹湾、金潭湾3个观景平台建成投用；碧湖驿站、古河镇厕所等项目完成提升改造，安缇缦运动康养旅游度假区建设有序推进。推进景民一体建设，实施进景区民生项目建设14个，开展旅游技能培训，共计培训2608人次，解决60余人次的旅游就业问题，景区居民人均可支配收入增长11%。

【文旅提档升级】 竹海镇永江村、集贤村创建为省级乡村旅游重点村；七贤阁创建为五星级乡村酒店；双河镇合龙村、长宁镇佛梨村等14个村创建为竹特色村。长宁县创建为全省首批全域旅游示范区。蜀南竹海"创5A"和国家级旅游度假区被文化和旅游厅推荐到文化和旅游部待评定，佛来山创建为国家4A级景区。蜀南金碧酒店"创四星"通过验收。

【文旅宣传营销】 在第八届澳门国际旅游(产业)博览会上开展专题宣传。疫情后第一个到成都市、重庆市举办专题推介活动，到厦门、郑州、西安、洛阳、贵阳、遵义、乐山等城市举办专题推介会。举办佛来山梨花节、枇杷采摘月、蜀南花海"花仙子"大赛等文旅推广活动6场。

【公共文化服务体系建设】 完成基层综合文化服务中心和总分馆服务体系建设。完成全县12个镇20个社区124个村综合性文化服务中心建设，建成文化馆、图书馆分馆18个，基层文化服务点12个，形成县、镇、村三级覆盖的总分馆服务体系。为全县21个贫困村争取文化资金70.5万元，补充更新文化室设备设施。完成省、市文物保护单位葡萄井、中共川南特委会议会址、双河文庙修缮和文庙环境整治，文庙成为长宁县文化地标、网红打卡点。县文化馆开放艺术赏鉴、线上作品展播等6个线上服务。推出《坚韧似竹》《战疫》等抗疫文艺作品200余件。竹海艺术团新创编成品节目12个，其中《竹雕》获得全省乡村艺术节第三名；《等你回家》等5首作品获得市抗击新冠肺炎疫情优秀舞台艺术作品奖励；《乡愁》获得市剧本评比三等奖。举办"万人赏月诵中秋""我们的中国梦，文化进万家"等群众文化活动41场次。县图书馆举办"谷雨听雨"、重阳节读书会等图书"七进"活动10次。

【广电建设】 应急广播实现全覆盖。新（改）建应急广播平台县1个、镇12个、村124个、组终端868个，形成县、镇、村、组四级应急广播体系。完成广播电视民生实事和脱贫攻坚"户户通"建设，为303户贫困户安装"户户通"电视信号接收设备，全面解决贫困户无电视信号问题。全年维修维护转播基站故障5次、卫星电视136次、应急广播1600余次。

【主要领导人】 县委书记：董茂成；县人大常委会主任：宋开云；县长：贾利华；县政协主席：周小平；分管农业副县长：王志刚。

长宁县编写组

高　　县

【基本情况】 2020年，全县辖13镇，辖区面积1323平方千米，其中耕地面积5.65万公顷。有户籍人口52.4万人。

【文旅融合发展】 全面完成文旅资源普查，完成《高县全域生态文化旅游总体规划（2020—2035）（征求意见稿）》。胜天桫椤海生态旅游示范区通过省级验收，大雁岭景区创建国家4A级景区通过省上评前公示。加强项目建设，制订《2020年高县文旅发展推进指挥部工作方案》，推进各重点文旅项目建设；签约总投资6.19亿元的胜天红岩山途居露营综合体项目已完成投资3875万元。加强营销宣传，组织文旅企业参加省、市品牌宣传活动5次，完成高县新宣传片——《南丝路·新坐标》征求稿。

【文旅市场监管】 疫情防控实现常态化，全年共开展文旅市场疫情防控检查153次，检查经营单位2360余家次，整改不达标经营场所80余家次，约谈不达标经营单位3家次。加强旅游安全检查，下发整改通知15份，整改安全隐患15项。加强文化市场监管，开展"扫黑除恶""扫黄打非"等活动，检查各类文化娱乐场所86家次，对违法行为立案2起；开展印刷企业大气污染排查23次，检查印刷企业46家次，整改不达标企业2家次。

【公共文化服务体系建设】 推进综合性文化服务中心达标建设和图书馆、文化馆总分馆制建设，完成图书馆自动化集成系统建设项目。开展"送文化下乡""村晚"等活动30余场，举办文化扶贫公益系列活动、"万人赏月诵中秋"等各类文化活动30余场；以疫情防控为主题创作各类作品100余件，创作竹文化题材节目3个，文旅歌曲《亿万年只为等你》、实景演艺《妈妈最爱喝的茶》剧本初审通过审核；联合出版季刊《翰笙文艺》30余期。

【主要领导人】 县委书记：李康；县人大常委会主任：邓志刚；县长：黄修国；县政协主席：廖益萍；分管农业副县长：龚平。

高县编写组

筠　连　县

【基本情况】 2020年，全县辖7镇5乡，辖区面积1256.35平方千米，有户籍人口44.91万人。

【文旅规划建设及提档升级】 完成《筠连县全域旅游发展规划》《大雪山落木柔国际康养旅游度假区规划》《塘坝片区国际养心小镇旅游规划》编制；与巅峰文旅合作，完成塘坝概念性规划编制；神羊洞片区乡村旅游带景区总体规划编制工作有序进行。腾达镇春风村创建为全国乡村旅游重点村，建成春风村文旅特色村，春风村省级生态旅游示范区创建已接受验收考评组现场复核；天来国际五星级大酒店实现13层封顶；打造筠连镇田丰村、大雪山镇雪山村和迎丰村为竹生态旅游特色村；创建游客集散点1个，建设完成15千米"文旅绿道"，新建旅游厕所2座（团林苗族乡玫瑰基地旅游公厕、川南茶海银星公厕）。

【文化市场监管】 严厉打击无证经营、违规演出、网吧违规接纳未成年人等行为，立案查处5家，共处罚款2.9万元；对印刷厂、书店、电影院等场所进行检查，规范印刷复印行为，打击侵权盗版和各类非法出版物，查堵反制各类政治性有害出版物、网络淫秽色情信息等，净化出版物市场；开展"创文""创卫"专项整治行动4次，下达整改通知书27份；开展"扫黑除恶""禁毒防艾"工作，出动执法人员80余人次，检查经营场所120余家次。

【公共文化服务体系建设】 完成贫困村、非贫困村（社区）综合文化服务中心建设，157个村综合性文化服务中心、17个社区综合性文化服务中心全部完成达标建设。12个乡（镇）综合文化站免费开放。开展大型群众文化活动6场，开展"送文化下乡"活动160余场；支持鼓励文化艺术创作1000余件，小品《"疫"无反顾》获得2020年宜宾市戏剧小品（小戏）剧本比赛三等奖，创办筠连文化名人专刊12期。完成12个图书馆分馆建设，实现通借通还、资源共享；完成农家书屋补充更新。开展全民阅读活动，创办"阅读从娃娃开始幼儿"绘本阅读等品牌活动。8月，四川省图书馆筠连县分馆签约授牌；12月，全省青少年阅读现场经验交流会在筠连县召开。四川省非遗代表性传承人刘光本抢救性保护记录工作已完成前期影像资料采集。

【广电建设】 安装应急广播设备2000余套，建成县应急广播平台1个、乡（镇）应急广播站12个、村应急广播室157个，实现全县应急广播全覆盖。新冠疫情防控期间，筠连县作为全省第一个利用应急广播系统开展疫情防控知识宣传的区（县），向群众及时、准确地传递安全、可靠的信息和防控要求，筠连应急广播"村村响"工作受到中央电视台、四川电视台等多家主流媒体的"点赞"和推广，并获得"四川省广播电视系统先进集体"称号。

【主要领导人】 县委书记：王萍；县人大常委会主任：何跃；县长：刘朝平；县政协主席：黄静；分管农业副县长：徐劲松。

筠连县编写组

珙　　县

【基本情况】 2020年，全县辖10镇3乡，辖区面积1149.5平方千米，有户籍人口42.94万人。

【文旅重点项目建设】 策划包装文博综合体、巡场文旅特色小镇、长征国家文化公园·雨花长征路、"东方之谜·古僰侯国"等"十四五"重点项目10个，推进苗族蜡染技艺传承保护中心、僰人悬棺葬（墓）保护基础设施建设2个中央预算内投资项目，全面完成广播电视无线发射台站建设等4个灾后重建项目以及孝儿镇北京寺壁画加固维修项目。

【公共文化服务体系建设】 珙县被省委宣传部列为四川省乡（镇）公共文化服务提质增效试点县；珙县农民文化理事会机制创新及其标准化被文化和旅游厅推荐申报文化和旅游部2020年行业标准化研究项目；《农民文化

理事会的组建规范》《农民文化理事会群众监督规范》等6个地方标准获得市级立项，并在巡场、珙泉、孝儿、洛表、洛亥等5个乡（镇）开展试点。在珙县农耕文化传习馆等地修建城市惠民书吧4个，举办图书馆总分馆管理员业务培训。广场舞《梨园颂》入选文化和旅游部全国100部推荐作品，四川省仅4个、宜宾市唯一；抗疫歌曲《相拥在春天里》被“学习强国”四川和湖北两省平台推送，获评“宜宾市抗击新冠肺炎疫情优秀舞台艺术作品”；苗族原生态表演唱《朵荡吱哟》获得四川省乡村艺术节群众文艺作品比赛（音乐类）第三名；《温暖的城》被评为2020年宜宾市创建全国文明城市主题文艺创作优秀作品。石板溪娃娃鱼景区何良培入选文化和旅游部2020年度全国乡村文化和旅游能人，珙泉镇、洛表镇被列为全市乡（镇）综合性文化服务中心建设示范乡（镇），罗渡苗族乡楠木村被评定为省级文化扶贫示范村。

【文化惠民行动】 文化和旅游厅社会组织联合党委文化扶贫部门到珙县开展文化惠民演出2场、优秀传统文化公益培训2场，现场赠写书法作品30余幅；“我们的中国梦·文化进万家”暨“文润珙州·戏曲进乡村”文化惠民巡演活动惠及60个贫困村及周边村（社区），覆盖群众15000人；举办苗族特色文化培训、非遗代表性传承人培训、餐饮服务行业人员技能提升培训等系列活动110场、1600课时，发放赠书、春联、年画等手册、书籍18000余份，受益群众2.2万余人次。

【主要领导人】 县委书记：雷涛；县人大常委会主任：翁毅；县长：师世秋；县政协主席：孙怀勇；分管农业副县长：李智。

珙县编写组

兴 文 县

【基本情况】 2020年，全县辖8镇4个苗族乡，辖区面积1379平方千米，有户籍人口48.4万人。

【文旅项目建设】 “四个一批”县重点项目中期调整后，县文旅产业项目组共设置文旅项目15个，其中竣工投产类2个、加快进度类2个、争取开工类7个、加快前期类4个，完成市对县目标任务文旅项目投资5.2亿元。磊兮帐篷酒店建成投运，希尔顿惠庭酒店已签约；兴文世界级旅游目的地旅游服务综合体、世界地质科普教育和国际青少年夏令营户外基地等多个单体投资超亿元重大项目相继落地，其中旅游集散中心已完成主体工程建设，主体装饰有序进行。完成绿道建设8千米，新建厕所2座，改建厕所1座。与石海天下奇公司、蜀南文旅集团和僰苗文旅公司等企业加强合作，加快文家天空牧场、大坝云顶王城、仙峰群鱼木屋等项目建设，有序推进两海连接线——僰王山至石海旅游公路建设。全县已储备“十四五”文旅项目93个，总投资247.2亿元。

【文旅品牌创建】 推进天府旅游名县、全域旅游示范区、A级景区、特色村镇等文旅品牌创建，创建四川省首批全域旅游示范区并全面启动国家全域旅游示范区创建。召开全县文化和旅游发展大会暨创建天府旅游名县百日攻坚誓师大会，希尔顿惠庭酒店在大会上签约，系首家中国县级店。僰人巨石阵景区创建国家4A级景区接受省级现场检查，竹特色镇、村通过市上现场检查，仙云峰启动国家3A级景区创建，兴文石海景区修女祷告厕所入选四川省旅游厕所优秀案例。完成11家竹林人家建设（其中四星级2家、三星级4家、二星级3家、一星级2家）。会同县市场监管局出台《兴文县生态精品民宿评定管理办法》，评定县级生态精品民宿4家。创建省级森林小镇1个。入选全国康养60强县，获评省级乡村旅游重点村1个、四川省中小学生研学实践教育基地1个、四川省第十一批省级科普基地1个、2020四川特色旅游商品铜奖1个、全省文学扶贫“万千百十”活动先进集体1个、宜宾市家庭亲子阅读体验基地1个，2020年宜宾市“十佳乡村旅游景点”2个、2020年宜宾市“十佳特色民宿”1家、2020年宜宾市“十佳地道农家菜”1道。兴文县入选“中国县域旅游发展潜力百强县”名单。

【文旅开放合作】 加快文旅资源转化运用，实施品牌营销战略，擦亮“天下奇观”金字招牌。全县所有A级景区对全国（含港澳台地区）医务工作者、军人、人民警察、消防员、记者、全日制本科及以下学生免景区门票，兴文石海景区年底前对所有游客执行门票半价优惠，组织县内中小学生进行科普研学游。全县接待游客1092万人次，实现旅游综合收入108亿元，国内过夜游客人均每天花费828.8元。加强对外合作，加入大峨眉文旅发展联盟、大竹海文旅发展联盟，先后到厦门、重庆、浙江等地开展全域旅游宣传推荐，主动融入和服务成渝地区双城经济圈建设。开展“巴蜀文化走廊——川渝百万市民免费互游景区”活动，兴文石海、僰王山景区向重庆籍游客免票10000张，巩固优质客源市场。在文化和旅游厅主办刊物《蜀韵文旅》刊发兴文文旅专稿3篇，僰王山龙潭沟桫椤群（新发现资源点）先后被文化和旅游厅官网和川报观察进行宣传推广，文旅外宣信息上稿近700篇；“兴文文旅”微信公众号发布信息895条，其中发布乡（镇）文旅资源推荐“大比武”277期，阅读量达45万人次。举办2020年中国·四川兴文云上苗族花山节暨兴文县文化旅游业全面复工复产启动仪式、“僰王古道”越野跑、四川省2020年万人赏月诵中秋暨“石海花月圆·醉是故乡情”兴文分会场活动、2020年宜宾市我们的节日——七夕节文艺晚会等文旅节庆活动16场次，拉动文旅消费升级。

【文旅建设】 加强僰文化建设，建武明碑保护性设施建设工程已完成4块碑体校正和2座碑亭主体建设及3户农户拆迁。收集整理僰人建立僰侯国，收集整理生存发展、民风民俗、节庆活动、生活生产、服装服饰等僰文化历史资料，为研究僰文化提供基础资料。加强苗族文化建设，举办云上苗族花山节、四川省2020年“万人赏月诵中秋”兴文分场暨“石海生明月·苗乡最风情”活动、2021牛岁苗年节等文旅节庆活动，原创苗族原生态节目《芦笙舞》参加2020年四川省乡村艺术节展演；出版《苗乡风情画集》。坚持文艺抗疫，创作《逆行》《华夏有魂》《万众一心抗击疫情》等文艺作品300余件，其中《逆行》《戴好口罩》等分别在《人民日报》、新华社、学习强国等平台推送；编制《文艺抗疫作品集》进行宣传。加强红色文化建设，争取中央红军长征过境宜宾纪念馆落户兴文建设，参与完成《长征国家文化公园四川宜宾段规划》编制；完成兴珙支部旧址主体结构修缮，红一军团指挥部驻地（龚家民居）修缮（一期）已施工，完成红军理发处展陈完善布展规划设计、红一军团司令部旧址房屋征收、兴珙支部室内陈展规划；完成《红军长征过兴文》《兴文县党史人物传》编写以及红军长征过境兴文纪录片剧本定稿；完成兴文红色纪实文学《红军长征过兴文》实地踏勘取景等工作，兴珙支部路牌处至旧址道路改建升级和新建停车场有序施工。兴文县委旧址修缮工程（一期）通过省文物局竣工验收。加快推进省级非遗项目贾氏微刻传习所建设，公布第六批县级非遗名录43项。举办2020年“文化和自然遗产日”兴文县非遗宣传展示和“非遗购物节”活动。大坝高装文化促进会和苗族文化促进会被四川省非遗保护协会评为“四川省优秀非物质文化遗产优秀传承发展基地”。

【公共文化服务体系建设】 提升公共服务基础设施和服务水平，完成12个乡（镇）15个综合文化服务中心（其中古宋镇、僰王山镇、九丝城镇均为2个）以及178个村级综合文化服务中心达标建设工作，达标率为100%。开展书法、摄影、美术、舞蹈、古筝等各类文艺专业培训252场，培训学员6780人次。开展文艺队伍惠民演出和"戏曲进乡村"等各类"送文化下乡"活动80余场；完成178个农家（社区）书屋出版物补充更新，农家书屋"一张网"数字化建设有序推进。全年放映农村公益电影1400余场。兴文县被列入2020年度四川省智慧广电示范区创建项目支持地区，投入资金511万元，新建乡（镇）平台6个、村级平台107个，升级乡（镇）平台6个、村级平台53个，全县12个乡（镇）实现应急广播全覆盖，12个乡（镇）144个行政村的"雪亮工程"监控视频专网已铺就覆盖。

【主要领导人】 县委书记：张健；县人大常委会主任：陈凡；县长：石进；县政协主席：张红；分管农业副县长：赵仲康。

兴文县编写组

屏 山 县

【基本情况】 2020年，全县辖8镇3乡，辖区面积1504平方千米，有户籍人口31.15万人。

【文旅资金争取】 龙华古镇八仙山景区基础设施建设项目申报政府专项债券资金6000万元。马湖府古城被纳入全省文旅融合发展示范项目库并争取补助资金800万元，已完成古城核心区附属工程一期招标和附属工程二期设计初审。

【文旅行业监管】 疫情发生后，暂停开放景区及文化娱乐场所，为确保关闭成果，出动执法人员检查338次，发放宣传资料200余份。恢复营业后，出动执法人员760余人次，检查经营单位350余家次，办理行政处罚案件2件。全年线上开展"云培训"1次，线下召开培训会2次，共计培训300余人次。联合相关部门集中复核全县星级农家乐，提升重点领域整体安全。

【公共文化服务体系建设】 县图书馆已投入运营，综合博物馆主体建设已完工。全县基层文化服务中心达标率为100%，完成167个农家（社区）书屋图书补充更新。开展"戏曲进乡村""送文化下乡""全民阅读"等文化惠民活动100余场次。完善"彝族新年节"申报市级非遗申报材料。基本厘清楞严寺、屏山炒青历史文化脉络和龙华镇历史，为屏山茶叶推广销售及龙华旅游开发提供文化助力。完成1个县级平台、11个乡（镇）广播站、152个村应急广播工程建设，安装1000余个广播终端设备，完成投资444万元。实现应急广播系统县、乡、村、组互联互通，并实现可管可控和全覆盖。

【主要领导人】 县委书记：廖文彬；县人大常委会主任：余湛；县长：代军；县政协主席：张华全；分管农业副县长：沈蜀华。

屏山县编写组

广 安 市

【基本情况】 2020年，全市辖10乡99镇15街道。人口出生率7.57‰，增加0.39个千分点；人口自然增长率2.62‰，增加1.17个千分点。全市耕地有效灌面和保证灌面分别达到耕地总面积的43.45%和45.42%；本地水资源总量36.01亿立方米，人均占有水资源量1107.8立方米。有林业用地20.72万公顷，有林地面积15.11万公顷，活立木总蓄积量705.54万立方米，森林覆盖率31.57%。

2020年，全市GDP1301.6亿元，增长7.1%，其中第一产业增加值235.3亿元，增长5.6%；第二产业增加值417.1亿元，增长3.5%（工业产值293.3亿元，增长4.6%）；第三产业增加值649.2亿元，增长2.9%。三次产业对经济增长的贡献率分别为24.7%、39.7%和35.6%。劳务输出157.96万人，收入272.46万元。全年接待游客2777.45万人，实现旅游收入280.94亿元，其中乡村旅游收入84.28亿元。

公路通车里程13280.595千米（其中县道2090.690千米、乡道2943.795千米、村道8246.11千米），密度210米/平方千米，35.89千米/万人。社会消费品零售总额549.4亿元，减少2.6%。地方公共财政预算总收入完成86.02亿元，增长0.14%；公共财政预算总支出306.26亿元，增长0.63%，其中农业投入46.98万元，占支出的15.34%。金融机构各项存款余额2197.22亿元，比上年初增长10.82%；各项贷款余额1027.34亿元，比年初增长10.44%。全年农业保费收入0.99亿元，增长12.8%；处理各项赔款和给付金额5578.07万元，减少15.61%。农业产业化龙头企业省级、市级分别为28家、45家。

完成省级以上科技成果5项。有文化馆7个，公共图书馆7个，博物馆4个。有卫生机构3353个，病床位22242张，卫生技术人员18054人。新型农村社会养老保险参保人数161.97人，参保率67.95%%；被征地农民养老保险参保人数17.55人，占总人数的5.09%。

【年度农业和农村经济运行】 2020年，全市实现农林牧渔业总产值384.4亿元，增长5.9%；农、林、牧、渔及农林牧渔服务业之比为47.2∶3.3∶43.9∶3.1∶2.5；全市全年农林牧渔业增加值达241.1亿元，增长5.8%。农民年人均可支配收入达17867元，增长8.6%。全市农产品省级例行抽检合格率稳定在97.5%以上。主要农产品产量见表1，省级农业产业化重点龙头企业名单见表2，省级示范农民专业合作经济组织名单见表3，家庭农场经营情况统计表见表4。

表1 2020年广安市主要农产品产量

主要农产品	单位	产量	同比(%)
蔬菜	万吨	257	4.7
猪肉	万吨	22.5	21.44
牛肉	万吨	0.32	15.19
羊肉	万吨	0.34	13.17
禽肉	万吨	4.81	–4.84
兔肉	万吨	0.73	1.53
禽蛋	万吨	7.89	1.72
牛奶	万吨	0.28	–0.58

表2　2020年广安市省级农业产业化重点龙头企业名单

企业名称	注册资金单位(万元)	法人代表	示范等级	年度产值单位(万元)	行业分类	主营产品
四川安泰茧丝绸集团有限公司	5000	唐定云	省级	42609	农业	蚕茧、生丝、绸、丝绸服装
广安正大有限公司	2450	白宇飞	省级	41032	农业	全价饲料
岳池银城德康畜牧有限公司	500	邓　萍	省级	30309	农业	生猪
广安万千集团有限公司	2000	鲁　力	省级	25355	农业	饲料
四川欧阳农业集团有限公司	2000	欧阳晓玲	省级	18796	农业	广安蜜梨等
四川省银丰食品有限公司	1000	许　斌	省级	15467	农业	“莲桥”牌系列米粉
四川省岳池特曲酒业有限公司	1000	程祝瑜	省级	12521	农业	白酒、高粱红酒
华蓥市德嘉农业科技有限公司	2000	汪　珣	省级	11529	农业	鲜食葡萄、葡萄酒
四川广安春叶食品有限公司	500	叶　友	省级	9542	农业	豆瓣酱
武胜县醉巴斯麻辣牛肉食品有限责任公司	1000	李胜萍	省级	8800	农业	牛肉制品
四川广安和诚林业开发有限责任公司	800	黄志标	省级	8240	农业	青花椒
广安布衣农业有限公司	500	黄　波	省级	8125	农业	蔬菜、鸡蛋
四川缪氏现代农业发展有限公司	2000	缪　敏	省级	6565	农业	葡萄、蔬菜、猪肉、红酒、餐饮、住宿
岳池顺福来油脂有限责任公司	500	吴军华	省级	6258	农业	菜籽油
广安高垭口生态农业有限责任公司	1370	张小林	省级	6139	农业	鸡蛋
华蓥市超奇农产品有限公司	200	何少奇	省级	5015	农业	柠檬
邻水县钰锦现代农业园区有限责任公司	3000	甘元超	省级	4707	农业	脐橙
岳池县久发粮食制品有限公司	1000	彭九华	省级	4392	农业	大米
邻水县柑桔产业开发有限公司	1280	昌定益	省级	4352	农业	脐橙
四川天瑞仁合生态农牧开发集团股份有限公司	9800	屈永强	省级	3866	农业	养殖,农产品
广安聚丰贸易有限公司	500	罗光秀	省级	3326	农业	蔬菜
广安故里情食品有限公司	200	李森林	省级	2840	农业	盐皮蛋
华蓥市新农科技开发有限公司	1000	李天云	省级	2723	农业	紫薇、桃、李子
四川省金泰林业有限公司	1000	张小平	省级	2471	农业	油樟及樟油系列产品
华蓥市益友生态农业科技发展有限公司	500	蒋建华	省级	2400	农业	鲜果葡萄、枇杷
广安鑫农发展有限公司	20000	王合川	省级	1996	农业	柚苗
四川国邦农业开发集团有限公司	5000	刘邦成	省级	900	农业	晚熟柑橘、柠檬、大米、小龙虾、
邻水县东鑫农业发展有限公司	100	包　飞	省级	95	农业	水果(邻水脐橙)
四川省金泰林业有限公司	1000	张小平	省级	3095	林业	油樟苗木、樟油
四川广安和诚林业开发有限责任公司	800	黄志标	国家级	9309	林业	花椒产品
四川林典农业有限责任公司	200	丁　莉	省级	3012	林业	花椒产品

表3　2020年广安市省级示范农民专业合作经济组织名单

合作组织名称	注册资金(万元)	法人代表	示范等级	年度产值(万元)	行业分类	主营产品
广安市初山农谷种养专业合作社	100	王小平	省级	172.5	种养殖	水果、蔬菜、禽类
广安丰玉生态农业专业合作社	180	张启金	省级	352.14	种植	水稻、油菜
广安隆旺稻田生态种养专业合作社	500	吕　波	省级	340.52	种养殖	粮油、水产、蔬菜
广安市广安区大安镇南桥西瓜专业合作社	200	俞金娥	省级	619.2	种植	西瓜、草莓
广安市广安区冯氏柚业种植专业合作社	50	冯　亮	省级	150	种植	龙安柚
广安市广安区金犁头种植专业合作社	500	张　维	省级	177.33	种植、服务	粮油、蔬菜、农机服务
广安市广安区玖盛花椒种植专业合作社	90	石盛琼	省级	148	种植	优质花椒
广安市广安区渝椒农业专业合作社	100	潘咏梅	省级	149.4	种植	优质花椒
广安市森林雨茶叶专业合作社	200	徐　凯	省级	721	种植	茶叶
广安市前锋区世英养殖专业合作社	464	程世英	省级	367.5	养殖	生猪饲养及销售

续表

岳池县晨兴水产养殖专业合作社	500	高长伟	省级	379.2	养殖	水产、龙虾
岳池县佳宇水产养殖专业合作社	1002	刘　艺	省级	178.5	养殖	水产、龙虾、甲鱼
岳池县齐福浩蓉养殖专业合作社	1000.0074	周密	省级	896.22	养殖	肉兔、腊兔、手撕兔
岳池县安佛农业专业合作社联合社	1800	丁仕云	省级	1260	种植	果树、蔬菜、花
岳池县朝门子中药材种植专业合作社	800	沈昌隆	省级	75.85	种植	金银花
广安枣山田园果蔬种植专业合作社	300	姚　春	省级	559.3	种植	西瓜、草莓
武胜县科铭种养专业合作社	100	冯科铭	省级	258.65	种养殖	生猪养殖，晚熟柑橘
武胜县联强水果种植专业合作社	2000	谢小平	省级	765.40	种植	晚熟柑橘
武胜县白坪乡裕丰蚕业专业合作社	318	龙祥明	省级	82	养殖	蚕茧
邻水县富维猕猴桃种植专业合作社	600	甘哲干	省级	429.03	种植	种植销售/猕猴桃
邻水县曙光种植专业合作社	300	廖　平	省级	285.3	种植	梨子
邻水县天河种植专业合作社	1260	李德芬	省级	453.31	种植	种植业/葡萄
邻水县怡康种植专业合作社	225	张晓春	省级	407.65	种植	猕猴桃
邻水县裕东糯谷种植专业合作社	150	游小波	省级	467.26	种植	糯谷、蔬菜、水果
华蓥市锦东种植专业合作社	1000	黄文建	省级	106.03	种养殖	果树/葡萄、水产/鲫鱼
华蓥市松林港湾养殖专业合作社	1000.98	王　林	省级	71.25	养殖	生态鱼，家禽
华蓥市筑梦种植专业合作社	200	陈安斌	省级	69.56	种植	水果
广安市前锋区启成青花椒种植专业合作社	50	黎仁富	省级	168.08	种植	青花椒
武胜飞腾水果种植专业合作社	10	秦　科	省级	——	种植	大雅柑
华蓥市绿明种植专业合作社	168	卢　明	省级	125.46	林业	林业/育苗、产业基地

表4　2020年广安市家庭农场经营情况统计表（前10位）

家庭农场名称	法人代表	年度产值（万元）	行业分类	主营产品
广安市广安区花桥镇林科萍家庭农场	李　胜	600	种养结合	生猪3000头、黄精170亩、鱼50亩
华蓥市星光生态家庭农场	罗海军	573.12	种植业	水果
邻水县安宝家庭农场	朱天贵	350	养殖业	种猪
华蓥市阳和镇陈书养殖家庭农场	陈　书	310	养殖业	生猪
邻水县山里来生态农业家禽养殖场	甘小飞	302	养殖业	土鸡、土鸡蛋
广安市圆梦松针种养家庭农场	汪学琼	300	川茶	茶叶、粮食
华蓥市庆华镇查家湾生态种植家庭农场	查文明	300	种植业	水果
广安市前锋区龙滩镇老徐家庭农场	徐　凯	200	川茶	茶叶
邻水佳瑞家庭农场	凌小强	200	三产融合	种养结合、农副产品销售、餐饮住宿
广安市前锋区飞翔核桃种植家庭农场	谢加祥	186	川果	李子

农产品品牌战略实施。做大做强“华蓥山”公用品牌，利用农交会、优质农产品展销周等营销推广平台举办“华蓥山”公用品牌推介活动，开展“互联网+”品牌农产品展销行动，扩大全市品牌农产品知名度。全市申报认证农业农村部门认可且在有效期内的“三品一标”农产品达271个。

【种植业】 全年粮食作物播种面积443.09万亩，比计划增加7.89万亩，增加12.99万亩，完成省下达扩面任务的276.38%；粮食总产量185.76万吨，比计划增加4.36万吨，增加5.76万吨，完成省上下达增产任务的443.08%。全年小春粮食播种面积50.02万亩，产量11.66万吨，面积与上年持平，产量比上年增加0.09万吨。油菜播种面积61.27万亩，产量8.92万吨，分别增加4.41万亩、0.76万吨。大春粮食作物播栽面积393.07万亩，产量174.1万吨，分别增加13.09万亩、5.72万吨，其中水稻栽插面积199.98万亩，产量107.43万吨，分别增加3.46万亩、2.77万吨；玉米播栽面积108.13万亩，产量46.44万吨，分别增加2.53万亩、1.61万吨。全市撂荒地复耕复种4.61万亩。

农作物病虫害防控。全市草地贪夜蛾发生面积16162.5亩，防治面积49737亩。全市共设置监测点587个，安装性诱捕器3510套、高空测报灯23台、太阳能自动虫情测报灯7台。争取中央、省级农业生产救灾资金200余万元，用于虫情监测和应急防控工作。将草地贪夜蛾扑灭在迁入初期和低龄阶段，全市发生区域防控处置率达100%，危害损失率控制在2%以内。印发《沙漠蝗、草地贪夜蛾等农作物重大病虫害监测防控“1+1”联系指导方案》，采取“1+1”工作方式，即一名市级专家联系一个县（市、区）工作方式开展技术指导，市（县）专家指导组全年共开展技术指导250余次。

【林业】 森林防灭火及专项整治。投入2500万元加强基础设施建设，森林火灾综合防控能力全面提升。协调市财政每年补助100万元，用于各地开设防火隔离带、清理林下可燃物。组织排查并动态建立全市136处林区重点目标、重点设施台账，落实防控责任与措施。探索在林区外设置集中燃放池，引导林区上坟者集中烧纸、放鞭炮，破解因春节、清明祭祀引发森林火灾难题。推广"熊猫护林员APP"安装使用，规范设置防火检查哨（卡）700余处，规范哨（卡）"问、查、扫、宣、劝"履职值守行为。会同相关部门制定《广安市林区违规野外用火举报奖励办法》。开展扑救初期森林火灾应急拉动演练竞赛。

造林绿化。全市完成营造林27.55万亩，组织动员广大干部群众参加义务植树110.59万人次，植树栽花382.73万余株。华蓥山绿化彩化美化工程建设共完成6.82万亩华蓥山绿化彩化美化新（改）建任务。完成乡村绿化美化工程2万亩、嘉陵江流域国家生态文明先行示范区生态屏障建设2万亩。清除危害绿化景观的藤蔓植物3万余株，清理受害树木5万余株。

林业产业发展。新建花卉苗木基地0.41万亩，新建花街15条、花道21条、花园12个、花村39个。新建油樟产业基地1.11万亩，巩固提升5.25万亩。新建竹林0.5万亩，抚育改造竹林3.8万亩，新建翠竹长廊2条。新增农民专业合作社6个、林业加工企业1家、农民合作社省级示范社1个，培育新型经营主体5个。

森林生态旅游成效明显。创建省级森林小镇2个、省级自然教育基地1个，打造竹林人家4个，创建省级竹林人家2个。打造"探秘四川——不得不去的88个最美林草景观体验点""2020熊猫健康游·四川森林康养榜样基地"各1个，实现生态旅游收入25亿元。

林业有害生物防控。全市共监测林业有害生物630万亩次，防治36.67万亩，防治率达100%。除治枯死松树12.23万株，遏制了松材线虫病扩散蔓延。

林业生态扶贫。全年共投入林业生态扶贫建设资金4342.43万元，其中完成天保工程公益林建设任务1.4万亩，完成投资300万元；管护集体和个人所有公益林70.06万亩，兑付补偿资金1103.4万元；巩固退耕还林成果8.68万亩，兑付补助资金1595.03万元；在建档立卡贫困人口中选聘生态护林员2702人，兑付补助资金1344万元。

【畜牧业】 全年出栏生猪324.2万头、家禽3516.5万只、肉牛2.61万头、肉羊23.8万只、肉兔507.4万只，分别增长25.4%、-0.4%、7.7%、13.1%、0.9%；肉、蛋、奶产量分别为28.76万吨、7.89万吨、2754吨，分别增长15.3%、1.7%、-0.6%。全年实现畜牧业产值168.9亿元，增长9.9%。

畜禽标准化建设。推进畜禽标准化养殖生产基地建设，完成新（改、扩）建畜禽标准化养殖场84个，分别创建省级畜禽标准化养殖场14个、市级17个、县级34个。引进新希望六和、正邦集团等龙头企业推进实施生猪产业化项目，规划选址地块30个，开工建设20个，在武胜县龙女镇联合村建成投产全市首个现代化楼房式养猪场。

特色畜牧业发展。在前锋区龙滩镇蜂岩村建成蜜园，在邻水县缪氏庄园、斜岩村和广安区大地花谷等地建设生态蜂业示范点，新发展蜜源植物4.01万亩，推广使用智能蜂箱650个。深化与浙江省湖州市东西部扶贫协作，引进推广湖羊养殖，建成湖羊养殖场62家，全市存栏湖羊达2.6万余只，出栏湖羊0.5万余只。在广安区石笋镇建设全国首个集种羊繁殖、技术培训、科研教学、观光休闲等于一体的湖羊文化主体乐园，已建成标准化羊舍39栋，年可繁育种羊1.25万只、育成商品羔羊1.9万只。

【水产业】 全年水产品总产量6.78万吨，实现渔业经济总产值16.27亿元。全市共争取水产渔政项目资金1.1亿元，新（改、扩）建渔业基地12个，培育新型渔业主体7个，标准化改造池塘2100亩，创建国家级水产健康养殖场4个，建设稻渔综合种养面积12000亩，建设大水面生态养殖1万亩，建成池塘工程化循环水养殖12条、玻璃缸健康养殖49个。推广池塘健康养殖、稻渔综合种养、水库生态养殖、流水养殖、设施渔业及循环水养殖等健康养殖模式，全年发放水产技术资料3.21万份，开展渔民技术培训18期、培训人员1320人次，接受技术咨询1800人次，指导养殖渔民2986户、养殖企业42家、渔业经济合作组织133个。开展水产品质量、养殖渔船安全、渔业生态安全三大"平安渔业"专项整治行动，落实养殖渔船安全生产责任制，加强水产品质量安全监管，加强重大水生动物疫病监测预警，保障渔业水域生态环境安全。组织开展渔民安全学习培训，汛期渔业安全风险隐患排查、冬春渔业船舶安全大检查、水产品质量安全检查等安全执法检查活动，培训2600人次，查处渔船违章作业5件，没收销毁渔船8艘；抽检水产品质量样品95个，质量抽检合格率达100%；抽检水产苗种样品4个，水生动物疫病抽检合格率达100%。

渔业保护。推进长江流域重点水域禁捕退捕，开展水下工程涉渔影响评价，实行春季禁渔制度，加强水产种质资源保护区管理和水生野生动物保护，严厉打击电鱼、炸鱼、毒鱼等非法捕捞活动。全市1041艘渔船、1790名渔民全部退捕，开展水下工程涉渔影响评价45起，向江河放流鱼种611万尾，水生野生动物保护名录管理人工繁育5家、经营利用2家，查处非法捕捞行政案件108件、148人，办理刑事案件73件，采取刑事强制措施124人（起诉63件、107人）。

【乡村振兴】 统筹推进农村地区疫情防控和经济社会发展，加强乡村振兴示范引领，每个县（市、区）建设1～2个乡村振兴示范区，创建省级乡村振兴先进县1个（武胜县）、先进乡（镇）2个（邻水县柑子镇、前锋区代市镇）、示范村26个。构建"一县一特色、一园一支柱"的广安现代农业产业格局，推进产区变景区、田园变公园、产品变商品，全市新（改）建现代经作产业标准化基地15.05万亩，发展精品蔬菜面积8万亩，完成高标准农田建设20.04万亩，新（改、扩）建畜禽标准化规模养殖场83个，创建国家农业科技园区1个、国家农村产业融合发展示范园1个（岳池县）、国家农业产业强镇1个（邻水县柑子镇）、全国"一村一品"示范村镇2个（邻水县菜垭村、武胜县万民村）、省星级现代农业园区2个、省级现代农业培育园区4个，为全省现代农业园区建设现场会提供高质量现场点3个，岳池农家生态文化旅游区创建为国家4A级景区，岳池县郑家村被评为中国最美乡村，广安区牌坊社区、武胜县高洞村创建为全国乡村旅游重点村，武胜县朝门院子成为农旅融合典范。全面实施农村人居环境整治，97%以上的行政村生活垃圾得到有效处理，57.16%的行政村生活污水得到有效处理，农村户用卫生厕所普及率达85.49%，畜禽粪污综合利用率达85.2%，秸秆综合利用率达90%，农膜回收率达83%。深化农业农村改革，全面完成农村集体经济资产清查和组织成员身份确认，236个农村集体经济组织完成登记赋码，101个村级集体经济组织挂牌成立，累计培育市级及以上龙头企业81家、家庭农场259个、农民合作社334个，广安区创建为省级农民合作社质量提升整县推进试点县。加强乡村治理建设，创建全国乡村治理示范村3个，武胜县飞龙镇、华蓥市禄市镇被纳入省级乡村治理试点。开展脱贫攻坚问题整改清零行动，精准落实兜底保障政策，推进东西部扶贫协作，防止贫困群众返贫和新的贫困对象产生。全省东西部扶贫协作现场推进会在广安市召开。

争取到位中央、省财政资金15.86亿元，市本级财政安排乡村振兴专项资金2.54亿元。

【扶贫开发】 落实"五级书记遍访贫困对象"要求，市委书记带头走访扶贫任务重的乡（镇），到贫困村、贫困户调研。印发《2020年全市脱贫攻坚工作要点》《15个扶贫专项2020年实施方案》等文件，细化"项目、政策、资金"三张清单，将目标任务精准分解到县、到村、到户、到人。积极应对新冠疫情，最大限度减少疫情对群众增收的影响，全市贫困群众年人均纯收入达9791元。落实产业发展政策，健全利益联结机制，做实带贫益贫工作，新（改）建粮油基地7万亩、现代经作基地14.8万亩，认定扶贫龙头企业26家，新建农产品初加工设施43座，全市现代农业"363"体系日益完善；累计发放扶贫小额信贷19.25亿元，助力4.73万户贫困家庭产业增收；开展消费扶贫，认定"四川扶贫"公益品牌用标企业120家、产品206个，线上销售扶贫产品4.19亿元，6.4万名贫困群众受益；开展农产品产销对接活动，帮助销售因疫情影响滞销农产品价值1.8亿元。抓好就业扶贫，实现全市有就业意愿的106492名贫困群众全部就业（其中省外务工69230人、县外省内务工9760人、县内务工27502人），超过2019年贫困群众就业水平；实现全市返乡回流的1032名贫困群众全部再次就业，确保贫困群众收入不减。出台县级易地扶贫搬迁后续方案，为40931名搬迁群众量身打造后续发展举措；帮助2万余名搬迁群众因地制宜发展特色产业、养殖畜禽；社会保障兜底搬迁群众5100余人；通过就业扶持实现搬迁群众劳务输出1万余人，就近就地就业6000余人，公益性岗位扶持1100余人，实现有劳动能力和就业意愿的搬迁户每户至少一人就业。巩固医疗保障，继续落实"十免四补助"等政策，共为贫困群众全额代缴医保个人部分7809.56万元，为7.46万人次县域内住院建档立卡贫困群众报销（救助）费用3.14亿元。抓实"控辍保学"工作，全市无1名义务教育阶段建档立卡学生失学辍学。实施贫困学生教育阶段资助全覆盖政策，全年发放助学金3.95亿元，惠及贫困学生53.65万人次。将丧失劳动能力、无法通过产业扶持和就业帮助实现脱贫的贫困人口全部纳入农村低保实施兜底，将农村低保标准提至4680元/人/年；为22.5万名困难群众发放低保金3.8亿元，发放各类残疾人补贴9717.8万元。

【乡村旅游】 广安区百美村宿、大地花谷、前锋区奇幻森林乐园、岳池县中国曲艺百花园、岳池中医药康养旅游区、武胜县乡村艺术部落、邻水县贵人槽文旅融合发展示范园区等乡村旅游项目建设加快推进。做好乡村旅游中、省、市品牌创建，广安区协兴镇牌坊社区、武胜县飞龙镇高洞村、岳池县白庙镇郑家村、华蓥市禄市镇月亮坡村创建为省级乡村旅游重点村，广安区协兴镇牌坊社区、武胜县飞龙镇高洞村创建为全国乡村旅游重点村。印发《广安市文旅特色小镇、文旅特色街区和乡村文旅示范村（社区）评选办法及评分细则》，共评选首批广安市文旅特色小镇3个、文旅特色街区4条、乡村文旅示范村12个。疫情防控期间开展"云游广安"和广安人游广安系列推广活动，发布"四季广安"——十大赏花点、"广安人游广安"——十大景区推出优惠活动等您来玩、云游广安—邓小平故里旅游区等活动信息20余条，阅读量超过100万人次。策划乡村观光体验之旅和乡村亲子研学之旅2条乡村旅游线路，并通过微信、微博、抖音等新媒体线上营销等方式展示广安乡村文旅资源。全市13家A级乡村旅游景区从恢复开放之日起至12月31日对全国医务工作者免门票，刺激乡村文旅市场复苏。先后举办2020年四川省乡村艺术节、广安市2020年中国农民丰收节、第三届大丽花旅游文化节、紫藤花艺术节等各类乡村旅游系列活动共计20余场次，助力乡村旅游发展。

【农村水利】 包装项目被纳入中央、省规划，新规划小南海大型水库等4个总投资约160亿元重大水利项目被纳入全省水利基础设施空间布局规划。全年共争取中央、省及金融水利项目资金8.09亿元，增长37.11%；争取和继续使用中央、省各类水利支持政策23条。猫儿沟、向阳桥、应家沟、回龙寺4座中型水库已基本完成大坝工程建设任务，华蓥河等3处防洪治理工程已完成工程建设任务的81.1%，岳池县嘉陵江水源供水工程等6个省（市）重点水利项目完成年度目标建设任务，16座小型病险水库除险加固工程建设任务全面完成。全年新开工水利项目38个，完工34个，完成水利项目总投资13.7亿元，增长19%。推动各级河长湖长累计巡河16万余次，排查出问题点位1151个，整改销号1115个，整改销号率达96.8%。全市国控、省控断面水质全部达标，嘉陵江、渠江稳定达到地表水Ⅱ类水质，御临河、大洪河稳定达到地表水Ⅲ类水质，城乡集中式饮用水水源水质达标率分别为100%、96.3%。全面加强农村饮水安全集中供水工程管理，全市农村供水水费收取率达96.5%，农村集中供水率达86.5%，水质合格率达82.7%，饮水安全保障率达100%。攻坚解决验收历史遗留问题，43座小型水库通过市级验收。探索创新小型水库管理管护机制，315座水库安装动态视频监控系统，安装率达93.2%，岳池县通过全省第一批小型水库管理体制改革示范县评估。开展水利工程蓄水保水，维修、清淤渠道718.9千米，完成水稻保栽秧面积195.96万亩。

【农业机械化】 新建提灌站28处，修复改造提灌站122处，农机总动力达255.02万千瓦。实施农机购置补贴1094.634万元，新增农机具18840台（套），受益农户1.5万余户。投入各类农机具10.918万台（套），完成机耕整地349万亩、水稻机收174.96万亩，全市主要农作物机械化率达68%。整顿和规范农机销售维修市场、农机补贴产品质量投诉监管和农机消费领域打假，维护农机消费者合法权益，全年检修各类农机具6.391万余台（套）。

【农村科技】 推进广安区、华蓥市、邻水县、岳池县省级农业科技园区建设，组织实施园区创新项目3个，前锋区获批省级农业科技示范园区（创建），打造现代农业发展的先行区和示范区。推进科技特派员工作，新组建省级科技特派团6个，选派科技特派员163人和"三区"科技人才52人，选派6名专家，组建蜜梨、中药材产业技术专家服务团2个。开展农村实用技术培训50余次，培训2200余人次。四川省乡村振兴科技在线广安市（县）平台完成在线技术解答12000余次。组织开展"送科技下乡""科技活动周""科普活动月"等系列科学技术普及活动，共发放科技资料和书籍20余万份，开展科技报告、培训及讲座19次2000余人，制作科普展板、挂图近100个，推广新品种10余个、新技术5项。

【农村教育】 全年财政教育投入64.18亿元，占财政总支出的20.96%，实现"两个只增不减"。推动公办学前教育三年行动计划、义务教育化解"大班额"三年攻坚行动计划、高中阶段教育普及攻坚与质量提升三年行动计划等专项行动，学前教育"入园难""入园贵"问题逐步缓解，义务教育从基本均衡向优质均衡迈进。全年156个项目被纳入中央、省大盘子，争取上级到位教育资金21.48亿元（含教育债券7.83亿元），其中建设类资金13.91亿元，分别增长12.87%、12.99%。全年新开工建设公办幼儿园48所，续建58所；开工建设义务教育学校14所，续建18所；实施中职建设项目4个、重大体育工程4个；启动友谊中学官盛校区建设，确定广安电大选址。860所公民办学校进驻广安市学校食堂食品安全与营养健康平台。印发《广安市“美丽校园”专项行动实施方案》，组织开展校园校舍整治、校园文化建设、校园绿化美化、校园环境整治、校园亮化等6个专项行动，绿化、美化、亮化、净化校园环境，计划通过三年时间把校园建成四季有花、四季有香、四季有景的“百花园”。编制实施全市中小学校校园安防三年计划，校园视频监控安装率达100%，明厨亮灶率达100%，一键式报警装置安装率达74.7%。

教育精准扶贫。探索普惠性资助、助困性资助、奖励性资助和补偿性资助有机结合的“多元混合”资助模式，建立信息共享联动机制，全面取消学生资助家庭经济状况证明环节，在普通高中学生分档资助的基础上，首次在中职家庭经济困难学生中实行分档资助，实现精准资助。全市共实施奖助项目21个，发放奖助学金8.33亿元（含义务教育“三免”资金3.02亿元），惠及学生62.5万人次（其中建档立卡家庭学生43818人），全面实现“三个全覆盖”，全市无一名学生因家庭经济困难而失学。疫情防控期间，对高职和中职家庭经济困难学生发放价格临时补贴399.76万元。全年资助家庭经济困难教师352人，每人发放资助金1万元，共计352万元。开展“走基层、送温暖”春节慰问帮扶活动，做好华蓥市姚家塝村定点帮扶工作。

【农村文化】 创建省级文化扶贫示范村16个，3个案例入选四川省文化和旅游扶贫典型案例。打造“邓小平故里基层公共文化服务示范点”44个、“文旅公共服务融合示范点”13个。探索举办邓小平故里文化惠民券活动120场，惠及群众30余万人次。在7个4A级以上景区试点开展“文化进景区”活动，推进文化旅游深度融合。新建广播电视公共服务网点160个，减免城镇低保家庭电视收视费3.49万户。疫情防控期间，全市129个乡（镇）广播站、14117只应急广播每天不间断循环播放疫情防控新闻、防控知识、公告等各类信息19.5万条次。完成北山小学堂、华蓥廨院寺、岳池王字楼等文物维修工程8处，实施广安白塔、文庙、灵宝山石刻及古石桥、夏绍虞故居及烈士墓等重点文物保护修复工程6处。新建市级社区博物馆和村史馆13个，公布认定第五批市级文物保护单位31处。

【农村卫生】 投入特别国债和地方债券资金1200万余元，在基层医疗卫生机构规范设置发热诊室39个、发热哨点145个，乡（镇）卫生院（社区卫生服务中心）覆盖率达100%；在全市184家乡（镇）卫生院、社区卫生服务中心均设置核酸采样点，每天均安排专业人员值守负责采样工作，满足群众医疗服务需求。通过网络培训、选派业务骨干到市（县）医院集中培训、组织市（县）级专家到农村地区医疗机构现场指导等方式，累计培训基层医护人员6.3万余人次。制做村卫生室接诊流程图、乡村医生疫情防控明白纸，率先建立全市2683家村卫生室与乡（镇）卫生院发热诊室（哨点）、184家乡（镇）卫生院（社区卫生服务中心）发热诊室（哨点）与发热门诊“一对一”转诊机制，明确转诊流程和转诊联系人，确保全市基层医疗机构规范接诊转诊，发热患者及时得到准确诊治和管控。全市6个县（市、区）全面完成乡（镇）卫生院整合、调整及更名等工作；优化资源配置，通过乡（镇）卫生院转型新设置社区卫生服务机构8家。联合市委编办制发《广安市新时期基层医疗卫生机构标准化建设助力高质量乡村治理实施方案》，明确基层医疗机构8个方面的标准化建设任务。初步建立乡村医生养老保障制度，全市6个县（市、区）、3个园区首次补助已基本发放到位。为324.11万名城乡居民免费提供健康档案管理、健康教育等12类基本公共卫生服务项目，完成率达101.73%。借助东西部协作项目，邀请浙江省湖州市南浔区医疗专家为广安区培训基层医护人员及乡村医生250余人，提升基层医疗机构医护人员业务能力。

【农村法治建设】 4月20日，司法厅、农业农村厅下发《关于命名服务乡村振兴示范司法所的决定》（川司法发〔2020〕59号），命名全省47个司法所为“服务乡村振兴示范司法所”，岳池县司法局白庙司法所和顾县司法所获得表彰。岳池县全面建成乡（镇、街道）公共法律服务工作站。依托乡（镇）司法所，全面建成并运行乡（镇）公共法律服务工作站，设立公证协办点、法律援助代办点、行政复议咨询点、行政执法意见收集点、立法民意采集点，推进“一所六站点”建设，担负起法律咨询、基层人民调解、法律援助等公共法律服务工作。利用各村（社区）“6+1”活动中心成立公共法律服务工作室，实现全县公共法律服务工作室全覆盖。在人员分布密集、法律服务资源少的村（社区）建立法律服务联系点，发放便民法律服务联系卡，畅通法律服务联系渠道，发挥便民服务的作用。发挥司法所法治宣传职能，加强乡村法治阵地建设，以“法律七进”为中心，围绕“1+10”主题教育活动，突出“法律进乡村”；以“法治岳池”创建为契机，着力于“学法用法示范机关”“法治示范乡（镇）”等法治细胞创建，重点培育乡村法治示范创建典型；实施“法律明白人”培育工程，推动开展村（社区）“两委”干部、人民调解员等带头培训；将“送法下乡”“法治文化巡演”等法律惠民活动与“3·8”“5·4”“12·4”等重大时间节点融合，组织法律顾问和帮扶干部以全县各乡（镇、街道）和贫困村为重点开展法律惠民知识竞赛、法治讲座、法治漫画巡回展览和法治文艺巡回演出等活动，提高贫困人口法律意识。组建农村法治队伍300余支，开展“法律明白人”培训300余场次。打通法律服务“最后一公里”，为全县群众提供便捷的法律服务，在10个中心乡（镇）建立法律援助工作站，并在村（社区）建立法律援助联系点，设立联络员，近距离为群众提供帮助。以农民工维权讨薪为重点，印发《岳池县司法局关于开展年末岁初为农民工维权法律援助专项活动的紧急通知》，开展农民工维权法律援助专项活动。全年共办理法律援助537件，受理咨询5329人次，开展农民工讨薪、工伤维权专项法律援助活动50余场次，为农民工免费发放《法律援助明白纸》、年历、年画等维权宣传资料10000余份，接受现场咨询800余人次；受理农民工维权法律援助案件222件，为农民工讨回欠薪80余万元。

【农村交通】 建成农村公路生命安全防护工程1300千米、渡改公路桥11座，改造农村公路危（病）桥24座，乡（镇）通硬化路、农村公路列养及乡（镇）建制村通客车率均达100%，以县为骨架、乡为纽带、村为节点的农村公路路网全面形成。各县（市、区）均已建立完善县、乡、村三级路长制。乡（镇）交通管理站实现全覆盖，农村公路列养率达100%，养护管理实现规范化、专业化、机械化。各地路政管理机构健全，建立县有路政员、乡有监管员、村有护路队（员）的路政管理体系。完成乡村客运“金通工程”试点工作，全市2683个建制村全部通客车，783辆农村客运车辆全部按照“四统一”要求完成标志喷印和改色，农村客运不断规范。启动特色集镇综合运输服务中心建设，建成投入运营集邮政、快递、电商、客运于一体的乡（镇）综合运输服务中心10个。开展“四好农村路”示范创建，创建国家级示范县1个、省级示范县5个、示范乡（镇）30个、示范村60个、示范路300千米，获得省政府“以奖代补”补助资金2000万元，并于11月26日在邻水县承办全省“四好农村路”高质量发展现场会。

【涉农招商引资】 全市3000万元以上的农业招商引资重大项目70个；项目总投资128.7亿元，增长69.7%。

【农村社会保障】 落实政府为困难群体代缴养老保险费政策，按100元/人/年的标准为12.91万名参加城乡居民基本养老保险的适龄建档立卡未标注脱贫的贫困人口、低保对象、特困人员等困难群体代缴城乡居民基本养老保险费1291万元，实现“应保尽保”。

【农村生态建设及环境保护】 印发《广安市2020年农村环境综合整治实施方案》，统筹推进全市农村环境综合整治工作。完成省上下达全市的109个行政村农村环境综合整治任务，实现实施整治的109个行政村四项指标达到国家考核要求，即生活污水处理率≥60%、农村生活污水处理设施出水达到四川省《农村生活污水处理设施水污染物排放标准》(DB51/2626–2019)、生活垃圾无害化处理率≥70%、畜禽粪便综合利用率≥75%、饮用水卫生合格率≥90%。按照“以建设美丽宜居村庄为导向，以农村污水、垃圾治理和村容村貌提升为主攻方向，因地制宜、分类指导，突出重点、有序推进，注重保护、留住乡愁，村民主体、激发动力，建管并重、长效运行”的思路持续推进农村环境综合整治。

【农产品质量安全监管】 督促邻水县、岳池县和华蓥市按照国家农产品质量安全县要求提升监管能力和水平。加强农产品质量监测，市级农产品质量安全监督抽检和例行监测共抽检农产品940个，合格率达99.89%；省级例行抽检农产品640个，合格率达99.53%。推广龙安柚、白市柚、黄龙贡米、广安蜜梨、邻水脐橙、武胜大雅柑6个地方标准；全市申报认证农业农村部门认可且在有效期内的“三品一标”农产品271个。开展专项整治行动，开展“治违禁控药残促提升”三年行动，共出动检查人员13200人次，检查生产经营企业11443家次，发放宣传材料18.15万份，被列入市级“两个名单”重点监控的企业1家。加强农产品调查处理，责成相关县（市、区）农业农村局对农产品质量安全风险监测和监督抽检发现的不合格产品生产企业进行调查处置，全市共检查查处问题134起，立案查处行政执法案件58件，已办结58件。推动实施农产品质量安全追溯，全市纳入国家、省级农产品追溯平台管理的企业达到2418家。监管检测执法机构开展巡查检查7562次，生产主体录入生产信息11047批次、销售信息37670批次。持续试行食用农产品合格证制度，全市被纳入合格证制度管理的企业3194家。

【农村市场体系建设】 建立县、乡、村三级电商服务体系。借助国家级、省级电子商务进农村综合示范项目，全市建成电子商务公共服务中心3个（广安区、岳池县、邻水县），建成电子商务公共服务中心6个、县（区）级物流配送中心6个、乡（镇）电商服务站点112个、村级电商服务站点765个、乡（镇）物流配送站121个、村级物流配送站点665个；培训电商人员31556人次。出台《广安市2020年金融工作意见》，修订《广安市2020年金融目标考核办法》及新增信贷目标任务等，引导各地、各金融机构适时适度调整信贷投向、加大涉农贷款投放力度，支持乡村振兴。实施“支付惠农示范工程”，加大农村金融基础设施建设力度，健全完善农村金融组织体系。推广应用新型险种，推进研发“支农融资保险”“农村小额人身保险”等“三农”险种，推动小额贷款保证保险提质扩面。

【农村留守家庭（儿童、学生）帮扶】 全年摸排登记农村留守儿童40523名，通过亲戚代养，指定乡（镇）、村（居）为监护人等方式，全覆盖签订委托监护协议书，为监护缺失农村留守儿童落实兜底监护责任。疫情防控期间因复工返岗等原因重新签订农村留守儿童监护责任确认书3925份。将事实无人抚养儿童纳入基本生活保障范围，参照散居孤儿基本生活费标准补差或全额发放基本生活费，累计为308名事实无人抚养儿童发放基本生活费138.6万元。投入资金70余万元，持续开展“福彩相伴 · 与爱同行”、“合力监护，相伴成长”、“儿童福利信息动态管理精准化提升”、农村留守儿童和困境儿童“政策宣讲进基层”等专项行动，对特别困难农村留守儿童实施结对关怀和物资帮扶，组织开展儿童督导员和儿童主任培训宣讲1200余次，基层农村留守儿童关爱能力不断提升。

【劳务开发与返乡创业】 深化东西部劳务协作，全年新增转移就业3.31万人。出台《广安市促进贫困劳动力就业创业16条措施》，开发城乡公益性岗位1.76万个，安置贫困劳动力、就业困难人员及因疫情无法返岗的农民工1.44万人，10.33万名有外出务工意愿的贫困劳动力全部实现外出务工就业。开展返乡创业培训3041人，新增农民工返乡创业6384名，创办企业862家，实现年产值6.1亿元，以创业带动稳定就业1万余人。评选表彰“返乡下乡创业明星”196人、“返乡下乡创业明星企业”20家。

【重点乡（镇）选介】 广安区龙安乡。龙安乡辖5个村1个社区39个村民小组，共3562户11085人；辖区面积17.2平方千米，其中耕地面积8109亩（田6296亩、土1813亩）、退耕还林3700亩。龙安乡是龙安柚的原产地，种植面积1万余亩。龙安乡坚持“产村相融、农旅结合、标准建设、成片推进”思路，整合资源，建成幸福美丽新村5个。依托大云山和龙安柚产业发展乡村旅游，大云山农业公园创建成3A级景区。完善基础设施，95%以上的村（组）实现通硬化路，90%以上的农户、院落实现通便民路。联动发展龙安柚生产、加工、旅游、服务等产业，打造以“龙安柚文化”为主题的龙安柚产业园，实现产区变景区、田园变公园、产品变商品。3月，获评“2019年度四川省实施乡村振兴战略先进乡（镇）”，龙安柚现代农业园区获评“四川省五星级现代农业园区”。

广安区大龙镇。大龙镇辖16个行政村和1个社区176个村（居）民小组，有1.2万户、3.7万人；辖区面积74.7平方千米，其中耕地面积4.3万亩。大龙镇是广安区粮食主产区之一，是广安现代农业园区核心乡（镇）之一。全镇有广恒快速通道、前枣干线两大主干道交汇，交通运输便利，公路基础设施完善。大龙镇发挥紧邻小平故里、紧邻主城区两大优势，发展水果、乡村旅游产业，将地理、资源、产业优势转化为经济发展的新引擎，促进农业强、农村美、农民富。光明村、战斗村获评“省级乡村振兴示范村”，光明村、战斗村、干埝村获评“四川省首批乡村治理示范村”。

广安区大安镇。大安镇位于广安区中部，距广安城区23千米，东邻石笋镇，南接大龙镇，西连悦来镇，北靠东岳乡。广恒公路、苟梭路穿境而过。全镇辖8个行政村1个社区87个村居民小组，辖区面积30平方千米，有1个党委4个党支部4个党总支475名党员，总人口19882人。全镇以种养业，家禽家畜、优质蔬菜为主，有丰富的石油资源、天然气资源、岩盐等，现已陆续开采。

华蓥市禄市镇。禄市镇辖7村1社区，辖区面积25.6平方千米，总人口23621人，是华蓥市三大片区之一的禄市华蓥山农文旅融合片区中心镇，先后被评为全国农业产业强镇、全国“一村一品”示范村镇、全国卫生乡（镇）、省乡村旅游特色乡（镇）、省实施乡村振兴战略工作先进乡（镇）、省乡村治理示范镇。禄市镇重点发展蜜梨和花卉两大主导产业，建成广安蜜梨省四星级现代农业园区、省级十大花卉产业园区海棠博览园、百万玫瑰·成长田园等特色产业基地，培育1家国家级农业产业化龙头企业、3家省级农业产业化龙头企业，创新发展开国中将毕占云生平事迹展陈、上川东地工委禄市特支展陈、双枪老太婆艺术原型革命展陈等红色旅游产业。

华蓥市高兴镇。高兴镇辖行政村13个，辖区面积85.6平方千米，总人口45065人，是四川省全国特色城镇建设示范镇、全国重点镇、四川省生态乡（镇）、四川省乡村旅游示范镇、四川省环境优美示范镇。境内有"生猪+"现代农业产业园，以特色种养殖业为主导产业，如猕猴桃、柠檬、桃、李子、柑橘、花椒、生猪，年收入1亿元。高兴镇作为华蓥市城市副中心和南翼对渝合作示范区核心，拥有现代物流园区，园区占地面积3.7平方千米，完成投资8亿元，按照"一港五基地"功能布局。

【主要领导人】 市委书记：李建勤；市人大常委会主任：余仪；市长：曾卿；市政协主席：肖雷；分管农业副市长：尹黎明。

广安市编写组

广 安 区

【基本情况】 2020年，全区辖3乡16镇6个街道，辖区面积1027.75平方千米。

2020年，全区GDP231.4亿元，增长3.4%，其中第一产业增加值38.2亿元，增长5.6%；第二产业增加值34.2亿元，增长3.%（工业产值30.4亿元，增长5.3%）；第三产业增加值159亿元，增长3.1%。三次产业对经济增长的贡献率分别为25.6%、15.6%和58.8%。劳务输出26.3万人，收入56.8亿元。全年接待游客851.79万人，实现旅游总收入82.8亿元，其中乡村旅游收入1.1亿元。社会消费品零售总额157.6亿元，减少3%。地方公共财政预算总收入完成7.6亿元，减少7.5%；公共财政预算总支出43.3亿元，增长8.6%。

【年度农业和农村经济运行】 2020年，全区实现农业总产值64.5亿元，增长5.8%；全区全年农业增加值达39.2亿元，增长5.7%。农民年人均可支配收入达17396元，增长8.7%。主要农产品产量见表1。

农业产业化发展。全区流转土地13.5万亩，推行"龙头企业+合作社+基地+农户"模式，吸纳园区农民成为产业工人，带动7000余户贫困户增收脱贫。培育区级合作社11家，申报市级合作社10家、省级合作社8家；新培育发展种养业专业大户21家，种养业专业大户总数达200余户。争取到省级五星级现代农业园区、农村人居环境整治重点县等政策12个。累计争取中央财政农业生产发展资金、中央财政农田建设补助等政策36个，到位资金5.04亿元，增长101.6%。创建龙安柚省五星级现代农业产业、白马柠檬市级现代农业园区。

农用地产权制度改革。全面完成农村集体资产年度清查，并录入农业农村部管理信息系统。抓好农村宅基地管理，农村宅基地管理由区自然资源和规划局调整为区农业农村局。召开农村宅基地管理与改革专题培训会，规范农村宅基地审批管理。

农产品品牌战略实施。全区"三品一标"农产品总数达32个，其中绿色食品7个、无公害农产品25个。广安龙安柚获得第七届四川农业博览会最受欢迎农产品区域公用品牌、第二十一届中国绿色食品博览会金奖。全域试行食用农产品合格证制度。全区农产品抽样检测190个，合格率在97.8%以上；抽样定量检测600个，合格率达99.8%。

表1　2020年广安区主要农产品产量

主要农产品	单位	产量	同比(%)
粮食	万吨	33.1	0.8
水稻	万吨	20.15	0.4
小麦	万吨	0.4	–5.2
玉米	万吨	5.37	0.2
马铃薯	万吨	2.39	2
油菜籽	万吨	2.13	2.5
蔬菜	万吨	43.88	2.2
水果	万吨	1.34	1.3
肉类	万吨	4.88	17.1
猪肉	万吨	1.79	16.9
禽肉	万吨	0.85	1.6
禽蛋	万吨	1.48	–11
水产品	万吨	0.81	–0.8

【特色产业】 完成龙安柚提质增效管护0.6万亩，发展优质蔬菜12.6万亩，黄精、花椒等经作产业1.66万亩，新建优质柑橘、桃、李等水果0.2万亩；发展桑园1.2万亩，养蚕1.2万张。完成悦来镇洞沟、兴平镇新农"跑道养鱼"基地建设，安装12条标准跑道。

【种植业】 全区小春粮食作物播种面积13.73万亩，产量3.52万吨，增产6.5%；油菜播种面积12.5万亩，产量2.126万吨，增产2.5%。大春粮食作物播种面积69.81万亩，增加2.156万亩。全区良种和主推技术覆盖率达97.5%以上。国标三级以上优质稻面积22.5万亩，其中国标二级以上14万亩，增加0.4万亩（"两系"品种面积17.2万亩，"宜香优2115""千优531"等稻香杯品种面积8.5万亩）。建成水稻绿色高质高效示范片15个、面积20万亩，"水稻+早熟蔬菜"种植面积1.5万亩。

【畜牧业】 新建生猪规模养殖场9个，已建成投产5个。全年猪、牛、羊肉总产量4.9万吨，增长17.1%；禽蛋产量1.5万吨，减少11%；禽肉产量0.8万吨，增长1.6%；蚕茧产量330吨，增长2.5%。全年生猪出栏69.4万头，增长19.6%；肉牛出栏4437头，减少3.6%；羊出栏2.8万只，增长80.4%；家禽出栏624.67万只，增长6.6%。新（改、扩）建畜禽标准化示范场17个，其中省级畜禽标准化养殖场1个、市级畜禽标准化养殖场1个。实施"湖羊入川"和"湖羊致富"工程，建成石笋万头湖羊基地，建成圈舍37栋，引进湖羊种羊6000余只；建成湖羊养殖基地（幸福农场）75个，引进湖羊16752只；举办"湖羊致富"工程培训班2期，培训人员300余人次。常态化开展非洲猪瘟和草地贪夜蛾防控等动植物疫病防控，免疫畜禽207.14万头（只、羽）。全区大小春病虫害防治165.13万亩次。

【水产业】 全年水产品总产量0.82万吨，实现产值1.75亿元。推进长江流域重点水域渔船禁捕渔民退捕，退捕渔船242艘、渔民462人，发放退捕补助资金2332.2万元，实现渔船退捕率、渔民安置率两个100%。

【乡村振兴】 创建省级实施乡村振兴战略先进乡镇及示范村，加快建设以龙安乡、大龙镇为核心的乡村振兴示范片，创建省级实施乡村振兴战略示范村6个，创建先进乡（镇）1个、示范村9个。统筹推进农村垃圾治理、污水治理、“厕所革命”、畜禽粪污资源化利用、村庄清洁“五大行动”，整村推进12个村4967户农村“厕所革命”示范村工程。

【扶贫开发】 抓好产业扶贫，投入资金7413.8万元，新建或改造粮油基地0.9万亩、现代经作产业基地1.6万亩；新（改、扩）建畜禽标准化养殖场（小区）23个；新建水产养殖示范基地1个，创建广安区白马柠檬现代农业园区。新建高标准农田0.6万亩，新建和改造提灌站2座，新增农机动力0.4万千瓦。新建沼气工程种养循环利用工程1处。抓好东西部扶贫协作，投入东西部扶贫协作资金3736万元，养殖湖羊16000余只，并配套发展柠檬种养循环产业，带动5829名贫困人口持续增收。实施“跑道养鱼”工程，引进推广“跑道养鱼”模式，在广安区悦来镇洞沟村、兴平镇新农村新建“跑道养鱼”基地90亩，安装12条标准跑道，预计年产值超300万元，带动90余名贫困人口年人均增收230元。抓实涉农项目实施，统筹整合资金8153.5万元，共实施项目26个，其中财政专项扶贫资金1332.993万元、整合其他涉农资金6820.507万元，用于20个贫困村、627户贫困户改善基础设施条件，发展壮大贫困村规模化产业，同时带动24个贫困村981户贫困户发展产业、稳定增收致富。

【农村水利】 新建黄桷水库、广安区官盛大桥至肖家沟堤防工程、2020年水土流失综合治理、病险水库整治项目、广安区肖溪河水环境综合整治工程、渠江广安区段乡（镇）饮用水源地水质提升等项目，总投资约30亿元。开工中远期项目23个，主要包括新建龙孔寨水库、苏溪山泉水库、花桥水库升中型等项目。加强农业基础设施建设，全面完成2019年高标准农田建设3.4万亩。全区农业有效灌面23495公顷，有机电井193眼。

【农业机械化】 开展水稻全程机械化示范县创建、农机购置补贴综合奖补试点和农机报废更新试点，兑付2020年第一批农机购置补贴资金245万元。整合涉农项目资金600万元，统筹开展水稻机耕、统防统治、蔬菜育苗等社会化服务9.61万亩。全年完成机收面积24123公顷，农业机械总动力达52.4万千瓦。

【农村科技】 全区优质高产良种覆盖率达97.5%以上。围绕“节种、节水、节肥、节药、省工”，推广水稻直播、机插秧、机收技术。在悦来、大安、等乡（镇）开展水稻绿色高产高效核心示范区建设；在大安、悦来、花桥等乡（镇）持续开展油菜、玉米、马铃薯、大豆核心示范片区建设，其中油菜2.5万亩、水稻5.5万亩、玉米2.5万亩、大豆2万亩、马铃薯2万亩。

【农村文化】 落实省、市“百千万”工程相关工作要求，制订广安区乡村文化振兴示范村镇建设实施方案，配合市委宣传部完成省级乡村文化振兴样板村、市级乡村文化振兴示范村镇验收命名工作。联合区文广旅局对区级乡村文化振兴示范村镇开展验收。举办全区首届乡村文化振兴魅力乡（镇）竞演活动、“万人赏月诵中秋”及“文化下乡”惠民演出等群众性文化活动，乡村基本公共服务水平得到提升。

【农村卫生】 全区已建成农村片区压缩式垃圾中转站5座，配置垃圾转运车10台、垃圾清运车55台（含电动翻桶三轮车）、压缩式垃圾收运车5台、垃圾渗漏液运转车2台、660升大型塑料垃圾桶700个，建成垃圾房（池）2050余座、垃圾分类亭230余座、垃圾桶（果皮箱）1320余个，全区农村生活垃圾收转运设施覆盖率达97%以上，基本实现垃圾无害化处理全覆盖。

【农村社会保障】 全区城乡居民基本养老保险参保人数33万人，失业保险参保人数2.4万人，工伤保险参保人数2.7万人。有敬老机构25个、敬老机构床位2140张，有社区服务设施55个。农村居民最低生活保障人数30835人。

【农村生态建设及环境保护】 实施测土配方、有机肥替代化肥、化肥减量增效示范等项目，全区建成化肥减量增效技术服务示范区10万亩，示范区配方肥到位率达80%以上，化肥使用量减少3%以上，全区化肥使用量保持零增长。统筹推进农药减量控害，推广病虫害绿色防控新技术，全年农药使用量减少0.5%。抓实农药包装废弃物回收，全区共设置农药包装废弃物回收点365个，废弃物回收率达70%以上。开展农药投入品执法检查，组织区农业综合执法大队、区市场监管局、区公安分局等部门，对全区所有农药门店进行全覆盖排查，督促指导其规范张贴《科学安全使用农药挂图》，共排查不规范经营行为11件，其中处罚1件，罚款1.5万元；责令整改不规范经营行为10件。抓实长江禁捕，印发《广安区长江十年禁捕执法长效管理机制实施方案》，设置渠江广安段渔政协助巡护队伍18人，加强巡查排查。开展非法捕捞专项打击行动6次，查处非法捕捞案件49件，没收、销毁违规钓具130余根、渔网12张。

【农产品质量安全监管】 省、市级对全区农产品抽样检测190个，合格率在97%以上。区农产品质量安全检测检验中心对辖区内的600个农产品（种植产品290个、畜产品240个、水产品60个、土壤环境10个）进行抽样定量检测，整体合格率为99.8%。全区16个乡（镇）农产品质量安全服务站开展快速抽样5300个，检测合格率达97%。全区农产品质量安全状况稳中向好，未发生一起农产品安全事件。

【主要领导人】 区委书记：文建平（6月止），文阁（7月始）；区人大常委会主任：尹才宏；区长：刘永明；区政协主席：刘昌杰；分管农业副区长：龙涛。

广安区编写组

前锋区

【基本情况】 2020年，全区辖7镇2个街道，辖区面积440.5平方千米，总人口44.3万人。

2020年，全区GDP111.8亿元，增长4.6%。全社会固定资产投资增长11.3%；规模以上工业增加值增长5.4%。地方一般公共预算收入完成5.7亿元，增长1.56%。社会消费品零售总额10.8亿元。城乡居民年人均可支配收入分别为38225元、17907元，分别增长5.7%、8.7%。

【年度农业和农村经济运行】 2020年，全区产粮10.9万吨，生猪出栏10.6万头。连片拓展广安青花椒标准化示范基地1万亩，建成西南地区重要青花椒种质资源库，研发无刺青花椒等新品种，“广安青花椒”获得2020中华品牌商标博览会金奖。康养旅游实现破题，大良田园综合体顺利开园，欢喜坪旅游度假区全年接待游客20万人次。全区城乡居民医保参保率达98%，城乡低保标准分别提高到590元/人/月、390元/人/月，低保人员和特困群众基本生活得到保障。公办幼儿园学位占比提升至80%，义务教育超大班额及大班额在全市率先实现“双清零”。大型民族歌舞剧《大良城》进行首演，群舞《连响张兴发》获得四川省乡村艺术节金奖。前锋区获评2020年度全省农民增收工作先进县。

【统筹城乡发展】 全国文明城市、国家卫生城市建设成果持续巩固。打纸岩红枫主题公园、凉水井樱花湖湿地公园建设加快推进。城市人均绿地面积达40平方米，居全市第一位，为全市城市精细化管理现场会提供高质量前锋样板。陡梯子路等5条市政道路投用，芦溪河下游景观工程等13个市政工程全面竣工。蒋家院子等3个安置房项目交房入住，实现商品房销售面积23万平方米。727个脱贫项目高效实施，已脱贫的70个贫困村、6061户贫困户无一返贫，全域无新增贫困户。龙滩镇创建为“省级森林小镇”；代市镇创建为省级乡村振兴先进乡（镇），代市镇帽合村、长五村、观塘镇八里村、虎城镇水口村创建为省级乡村振兴示范村。在全省率先开通广西防城港—四川广安直达冷链班列，开辟陆海贸易新通道。港前大道建成通车。建制村乡村客运实现全覆盖。

【公共文化服务体系建设】 提档升级文化站1个（观塘文化站），建设完成观阁镇观南村、代市镇六桥村等10个文化院坝，提档升级村史馆1个（龙滩镇高岭村），创建市级乡村文旅示范村1个（代市镇会龙村），申报文化扶贫示范村2个（观塘镇京东村、代市镇唐桥村）和代市镇综合文化站、观塘镇京东村村级文化室等邓小平故里基层公共文化服务示范点7个。

【文旅项目建设】 欢喜坪旅游度假区建成区面积约为1000亩，已建成民宿酒店、欢喜餐厅、露营基地、自助烧烤区、跑马场、摩天轮、悬崖秋千、步步惊心吊桥、游客接待中心、职工宿舍等。奇幻谷森林乐园项目入口瀑布景观已完成，打造完成溪流景观基础1000米，假山已完成5000平方米，接待中心已完成场平并启动建设，玻璃桥开始进行桥塔、铆钉施工，启动动物园场地平整及道路施工，启动儿童主题乐园广场、景观施工；建成步游道5.7千米、路基5千米，黑化路面2.5千米。萧家大院已完成内部展陈布置、文化广场建设，完善旅游厕所等基础设施。蜂业小镇已完成蜜源基地打造，完成停车场及便民路等配套设施建设，农副产品交易中心及生产包装车间已完成设计、立项、采购。洞坪水洞片区驴友露营基地配套基础设施建设有序推进；保洞黄连片区启动开发富锶矿泉水前期工作；明光界牌片区包装草原露营观光项目推出招商。编报四方山项目，争取专项债券资金3.4亿元纳入专项债券发行备选库，已发行债券资金4000万元。

【主要领导人】 区委书记：米亮；区人大常委会主任：蔡丽华；区长：张伟；区政协主席：张必伦；分管农业副区长：杨东南。

前锋区编写组

华　蓥　市

【基本情况】 2020年，全市辖8镇1乡3个街道，辖区面积464平方千米。全市GDP171.2亿元，增长3.3%；规上工业增加值增长5.1%。完成固定资产投资178.4亿元，增长7.3%。社会消费品零售总额45.1亿元，减少2.8%。一般公共预算收入完成8.5亿元，增长3.1%。城乡居民年人均可支配收入分别达38182元、19008元，分别增长5.8%、8.4%。

【年度农业和农村经济运行】 2020年，全市实现农业总产值25.2亿元，增长4.8%。创建省级乡村振兴示范村4个。

农业产业化发展。全市新增土地流转面积5000亩。创建省级示范农民专业合作社2个；培育家庭农场（种养大户）50个以上（户）；评选华蓥市市级示范家庭农场20个，创建省级示范家庭农场1家。

农村集体经济发展。开展农村集体经济组织登记赋码试点，已完成所有农村集体经济组织成员身份界定及17个行政村登记赋码。出台《华蓥市农村宅基地管理实施细则》。

【种养殖业】 全年粮食作物播种面积17547公顷，蔬菜播种面积5278公顷。粮食总产量103248吨，其中大春粮食产量93104吨、小春粮食产量10144吨；油料产量2722吨；蔬菜产量145271吨。全年出栏生猪144380头、牛1763头、羊24862只、家禽2165188只，禽蛋产量4261吨，畜禽肉类总产量13956吨。新（改）建生猪养殖场5个。发放耕地地力保护补贴补贴资金1958.6万元，补贴面积13.6万余亩，补贴标准为143.85元/亩，补贴农户6.8万余户；发放稻谷补贴资金323万元，补贴种植农户35579户。

【林业】 建成林区道路19.4千米，完成《省级现代林业园区总体规划（初稿）》编制，招商引进油樟加工厂1个。新建花卉苗木繁育基地1个、面积500亩；新建花道3条、花村3个、乡村花园2个。完成天池湖湿地花海建设，栽植花卉苗木700亩。筹办华蓥市第二届菊花展。加快竹林风景线建设，建成华蓥山翠竹长廊30千米，新植竹苗和花卉共计19万余株，配套建设景观小品6处，建成省级竹林人家2个、省级森林小镇1个。完成自然保护地整合优化分述报告编制，比整合前调减保护地面积60958.35亩。严防森林火灾，砍伐防火隔离带230.5千米，排查整改森林火灾隐患88起，火警发生率减少50%。严格林业行政执法，完成2019年度森林督查案件办理，办结案件13件，办结率为100%，处罚款92万余元。加强林业有害生物防治，实施松材线虫病、马尾松毛虫飞机防治3万亩，林业有害生物防治率达100%，控制了林业有害生物成灾。

【水产业】 全年水产品总产量3700吨，渔业经济总产值达7300万元。申报无公害水产品品种10个，新增无公害农产品（水产品）449亩；新增农业农村部水产健康养殖示范场200亩。编制完成《华蓥市“十四五”渔业产业发展规划》。6月底，完成全市33艘退捕渔船、网具拆解销毁和捕捞许可权的注销，提前半年完成渔船上岸渔民转产。全面实现常年禁捕，发布《华蓥市人民政府关于在全市天然水域实行全面禁捕的通告》和《关于华蓥市长江流域重点水域禁捕范围和时间的通告》，明确自2021年1月1日零时起，实行暂定为期10年的常年禁捕，期间禁止天然渔业资源的生产性捕捞。

【现代农业发展】 全年新（改）建蜜梨基地3000亩、油樟基地1万余亩，新建花卉苗木繁育基地1100亩，发展精品蔬菜1000亩。推广示范以梨棚架建设为重点的设施改善工程300亩，实施以“互联网+”为重点的智慧农业试点项目2000亩。配备配齐多功能柴油牵引机、施肥机、施药机犁土机等多种机械，实现生产管理机械化。构建冷链物流体系，在高兴镇、明月镇新建冷库3个，并依托华蓥市“菜篮子”、农副产品配送有限公司完善配送体系建设，销售本地优质农产品。整合多种涉农资金用于园区基地建设、加工物流、农业新业态、品牌建设等各项补短工程建设，全年认定华蓥市级现代农业园区2个，创建广安蜜梨省三星级现代农业园区。

【农业机械化】 全年完成1138台（套）农机购置补贴兑付，兑付金额42.328万元，资金结算进度达100%。共投资30万元，其中广安市级财政投入6万元、华蓥市的财政投入24万元，新建、改造电灌站3处96千瓦，新（改）建3座提灌站均通过验收，其中新修提灌站1座、维修、改造提灌站2座，恢复灌面0.3万亩。全年水稻耕种收综合机械化率达85%，玉米耕种收综合机械化率达51%。

【农村生态建设及环境保护】 全市秸秆综合利用率达89%，测土配方施肥技术到户率达95%，水肥一体化技术推广面积2万亩，农作物肥料利用率达36%以上。全年农药实际使用量42.65吨，减少0.03吨；农药包装废弃物回收2.419吨，回收率达70.9%；农膜实际使用量247吨，回收212.42吨，回收率达86%，实现化肥、农药、农膜零增长目标。不断配备配齐粪污处理设施，畜禽养殖粪污综合利用率达87%。

【主要领导人】 市委书记：肖伟华；市人大常委会主任：刘光文；市长：谭焰；市政协主席：陈云栋；分管农业副市长：王治伟。

华蓥市编写组

岳 池 县

【基本情况】 2020年，全县辖2乡23镇2个街道，辖区面积1478.71平方千米，其中耕地面积108.6965万亩；永久基本农田100.3965万亩。年末总户数33.2万户，总人口112.66万人（户籍人口）；人口出生率8.88‰，人口自然增长率-4.43‰。本地水资源总量7.21亿立方米，人均占有水资源量919.1立方米，农业用水量达1.02亿立方米，农田灌溉水有效利用系数达50.5%。有林业用地3.3646万公顷，有林地面积2.5889万公顷，活立木总蓄积量51.64万立方米，森林覆盖率22.98%。

2020年，全县GDP262.2亿元，增长3.1%，其中第一产业增加值56.5亿元，增长5.7%，全年实现农林牧渔业总产值89.79亿元，增长6%，农、林、牧、渔及农林牧渔服务业之比为45.64∶1.56∶37.54∶2.9∶2.15；第二产业增加值78.3亿元，增长2.7%（工业增加值44亿元，增长4%）；第三产业增加值127.3亿元，增长2.4%。三次产业对经济增长的贡献率分别为34.3%、32%和33.7%，依次拉动经济增长1.1个百分点、1个百分点和1个百分点，三次产业结构比调整为21.5∶29.9∶48.6。乡（镇）中小企业从业人员39.7万人。全县劳务输出392100人，收入912000万元。全年接待游客725.12万人次，实现旅游收入512600万元，其中乡村旅游收入153780万元。

公路通车里程4405.6千米，其中乡村公路3628.5千米。社会消费品零售总额107.7亿元，减少2.8%。地方公共财政预算总收入完成12.61亿元，减少10.16%；公共财政预算总支出56.79亿元，减少0.46%，其中农业投入131459万元，占支出的23.15%。金融机构各项存款余额421.06亿元，比上年初增长9.71%；各项贷款余额179.06亿元，比年初增长12.77%，其中支持农业产业化发展项目贷款1175569.11万元。全年农业政策性农险保费0.25亿元，增长13.64%；处理各项赔款和给付金额1400万元，减少39.13%。

有各类学校257所，在校学生125051人，教职工7636人，其中普通中学75所，在校学生41611人；小学99所，在校学生54258人；学龄儿童入学率100%。完成省级以上科技成果3项。有艺术表演团体2个，文化馆1个，公共图书馆1个（藏书11.8万册）。有卫生机构973个，病床位5069张，卫生技术人员3089人。新型农村社会养老保险参保人数440815人；被征地农民养老保险参保人数850人，占总人数的0.19%。

【年度农业和农村经济运行】 2020年，全县实现农业总产值89.8亿元，增长15.7%；全县全年农业增加值达56.5亿元，增长5.7%。农民年人均可支配收入达18020元，增长8.7%。在粮食、生猪、蔬菜生产中，科技投入的占比或科技贡献率0.39%。主要农产品产量见表1。

表1 2020年岳池县主要农产品产量

主要农产品	单位	产量	同比(%)
粮食	万吨	48.5	0.8
水稻	万吨	31.9	0.2
小麦	万吨	0.3362	-4.2
玉米	万吨	9.7	0.7
马铃薯	万吨	2.7	3.5
油菜籽	万吨	2.3	15
蔬菜	万吨	76.6	4
水果	万吨	5.2	3.8
肉类	万吨	6.7	16.2
猪肉	万吨	5.3	19.9
牛肉	万吨	0.073	9.2
羊肉	万吨	0.0394	3.4
禽肉	万吨	1.2	3.9
兔肉	万吨	0.0965	2.4
禽蛋	万吨	2.2	3.8
水产品	万吨	1.66	2
牛奶	万吨	0.0638	11.5

农用地产权制度改革。完成全县土地承包经营权确权登记，登记面积111.13万亩。推进农村集体产权制度改革，共清理全县27个乡（镇、街道）406个村集体资产6.68亿元，其中经营性资产1.29亿元，村均资产164.5万元。全面完成白庙镇郑家村等406个村经营性资产股份合作制改革试点，通过登记赋码建立村级集体经济组织406个。扩大农村普惠金融改革试点，持续推进农村产权抵押融资试点，累计发放1012笔、2.42亿元。

农产品品牌战略实施。全县有“黄龙贡米”“顾县豆干”“岳池米粉”“伏龙鸭”等地理标志产品，“华蓥山”“银岳池”等区域品牌，“岳池藤椒”“岳池中药材”“岳池蔬菜”“岳池稻渔香”等特色产品品牌。黄龙贡米被纳入国家地理标志保护产品。注册农产品商标768件，认证“三品一标”农产品60个、森林食品基地3个。建成县级电商服务中心1个、乡（镇）电商旗舰店27个、村级电子商务服务站点305个，引进培育阿里巴巴、海都公众等电商企业80余家，为农特产品提供“线下收购+线上销售”一站式服务，品牌农产品全部实现网上销售。岳池稻米通过线下“三进”（进机关、进食堂、进社区）及线上营销的方式入驻生鲜超市30余家，供应机关食堂30余个，入驻淘宝、邮乐购、832等线上销售平台3个，稻鱼香品牌生态大米于7月1日进入省委、省政府食堂。

【种植业】 全县粮食作物播种面积108.6万亩，产量48.5万吨；蔬菜播种面积31.63万亩，产量76.59万吨。累计建成现代农业产业基地71万亩，其中粮油基地30万亩、中药材基地10万亩、藤椒基地10万亩、蔬菜基地15万亩、柑橘基地6万亩。累计建成高标准农田65.4万亩，占耕地面积的比重达51.8%。花椒基地创建为省级特色农产品优势区，岳池粮油现代农业园区创建为省三星级现代农业园区。

【林业】 新建花卉苗木繁育基地600亩，新建2条“花街”、3条“花道”、2个“花园”、6个“花村”、1个“花海”、1个“景区”，乡村栽植花卉苗木折合面积1300亩。开展“造林绿化”行动，全县完成营造林2.65万亩，其中人工造林1.05万亩。完成乡村绿化彩化美化（补）植1.8万亩、退耕还湿面积200亩、岸线植被恢复3600亩、鸟类生境改造200亩。

【畜牧业】 建成规模以上畜禽养殖场238个，存栏生猪50.05万头，增长20.14%，其中能繁母猪5万头，增长27.88%；累计补栏生猪84.22万头，出栏生猪75.53万头，增长23.94%。家禽出栏882.7万只，增长8.8%；肉牛出栏5780头，增长0.6%；羊出栏27405只，增长4.1%；肉兔出栏64.9万只，增长1.5%。全年肉类总产量6.7万吨，增长16.2%。

【水产业】 全年水产品产量1.66万吨，增长2%；实现产值4.33亿元，增长2.1%。创建国家级水产健康养殖示范场2个，新发展渔业基地12个，新成立水产专业组织5个。新(改)建水产养殖基地12个，面积1000余亩，其中池塘养殖基地2个、工厂化及池塘内循环养殖基地3个、稻渔综合种养基地7个。设立鱼病测报点4个，监测面积达4000亩以上，测报数据10次，测报病害3种，为广大养殖户挽回病害直接经济损失近200万元。

【乡村振兴】 坚持三级党委书记抓乡村振兴，坚持一手抓农村疫情防控，一手抓农业生产，统筹整合各类项目资金，推进乡村振兴工程建设，实现省委"农业多贡献"要求。创新"县引村用、岗编分离"引才模式，探索出一条人才振兴助推脱贫攻坚、乡村振兴、基层治理的人才新路。评定实施乡村振兴战略县级先进乡(镇)5个、示范村30个，创建市级先进乡(镇)2个、示范村12个，创建省级示范村6个。

【扶贫开发】 全县按照"六个精准"要求筹集资金42.76亿元，实施易地扶贫搬迁、C级D级危房改造、"五改三建"等51714户，修建通村硬化路、产业联网路、入户便民路等4550.88千米，打造产业示范带6个，新(改)建特色产业基地37.63万亩，建成奔康产业园100个，培育新型经营主体2229个。全县34名县级领导、169个帮扶单位、280个驻村工作队结对帮扶198个贫困村，选派280名贫困村"第一书记"、113名非贫困村"第一书记"，1.5万名公职人员与2.7万户贫困户结亲结对，实现贫困村"五个一"、20户以上贫困户的非贫困村"三个一"帮扶力量全覆盖，累计帮助群众解决急难愁盼困难问题3.4万个。组织5家四川扶贫公益商标用标企业到广州市参加"金秋购物助脱贫"产品销售周活动，黄龙贡米、莲桥米粉等扶贫产品实现销售收入2636万元。

【乡村旅游】 全县有国家A级景区4个，其中4A级景区1个、3A级2个、2A级景区1个；有省级旅游扶贫示范村8个、乡村旅游合作社10个、休闲农庄2个、农业主题公园1个、民宿达标户15户、乡村旅游点23个、省级乡村旅游特色业态8个。

【农村水利】 全县水利工程设计控灌面积44.55万亩，有效灌面41.31万亩。完成农田水利建设总投资5.45亿元，投劳126.85万个，动工修建各类农田水利设施4318处，完工4156处，实现新增蓄水能力980万立方米，新增农业有效灌面8700亩，恢复改善灌面3500亩，新增节水灌面4600亩。坚持山、水、林、田、路综合治理，完成治理水土流失面积8.3平方千米。

【农业机械化】 全年新增农机动力2.2万千瓦，农机总动力达61.81万千瓦；新(改)建提灌站8座，增加常年机电灌溉面1.5万亩。全年受理申请农机购置补贴4804份，补贴农机具4132台，补贴金额400万元，受益4132户；新增拖拉机20台1633千瓦、耕地机3536台17650千瓦、谷物收获机11台642千瓦、饲料(草)加工机械设备626台1878千瓦、碾米机械601台1202千瓦。全年完成机耕96.1万亩、机播41.85万亩、机收62.34万亩，主要农作物综合机械化水平达69.81%。加强农机安全生产监管，全县拖拉机年检审率达95%以上，实现农机安全事故零发生。

【农村科技】 出台《岳池县技术转移体系建设实施细则》《岳池县科技扶贫专项2020年实施方案》等文件。累计创建国家级"星创天地"3家，建成省级农业科技园区1个、市级产业技术研究院2家，建成科技扶贫示范基地3个，培育涉农科技型中小企业16家。利用"科技下乡""科技之春科普月""科技活动周"等科普活动发放科普宣传资料10万余份、实用技术资料2万余份，接受群众咨询1万余人次，培训科技实用人才300人次、农民6000余人次。推进"四川科技扶贫在线"岳池运管中心建设，组建县本级专家队伍178人、信息员队伍473人，平台开展在线技术咨询服务1606条，开展扶贫在线宣传、业务巩固培训会30余次，发放宣传资料1万余份，培训信息员、专家400人次以上，组建科技扶贫特派团1个、成员54人；依托科技扶贫在线平台为贫困户及农户提供线上农业技术咨询服务800余次，组织开展技术培训50余次，培训农民500人次以上，完成现场技术指导39次。继续接受四川农业大学等高校院所选派的"三区"科技人员7名到全县开展农业技术指导和科技咨询服务，印发农业相关技术资料300余份，引进推广新品种8个、新技术11项，服务带动农户54户，培养基层技术骨干20余人，培训农民209人次。

【农村教育】 全县新(改)建乡(镇)幼儿园4所，新增教学班36个、学位1080个，招聘教师222名(其中公开招聘教师59名、合同制幼儿教师136名、特岗教师10名、考核招聘公费师范生17名)。推行食堂供餐模式，全县实施营养改善计划的农村义务教育学校(含教学点、村小)共有121所，已完成85所乡(镇)中心校、22所基点校、14所民办学校的食堂供餐，惠及学生48553人，覆盖率达100%，营养改善计划人数达目标任务的107.18%。

【农村文化】 全县有全国文明村镇2个、省级文明村镇7个，县级以上文明村镇创评率达70%，建立《岳池农业文化遗产后备库》，岳池米粉、中和陈醋等20余个非遗项目、7个传统制作工艺项目被列入全县第四批非遗代表性项目名录。南宋文化一条街被评选为广安市文旅特色街区，岳池县白庙镇郑家村、顾县镇羊山湖村被评选为广安市乡村文旅示范村。开展"我们的中国梦"——文化进万家、文化科技卫生"三下乡"、岳池农家文化·旅游节等活动。创编的四川清音《小姑出嫁》入围第十一届中国曲艺"牡丹奖"新人提名奖，《娃娃闹春》获得四川省第三届少儿曲艺大赛一等奖，创演的金钱板《打赢疫情防控阻击战》在《人民日报》刊登发布。

【农村卫生】 落实公共卫生服务，建立居民健康电子档案752917份，建档率达95.91%，重点人群签约率达80.81%，贫困户签约率达100%。做好计划生育服务，发放扶助资金3246.89万元，拨付比例达105.69%；建成示范性婴幼儿照护服务机构1所，新增普惠性托位100个。做实妇幼健康服务，实施免费"两癌"筛查7048例、孕前优生健康检查3630对，创建3A规范化预防接种门诊7个，县妇幼保健院启动开展无痛分娩试点。深化医养结合试点，设立医养结合床位170张，组建健康指导团队300余个，为65岁及以上老年人提供服务33000人次。

【农村法制建设】 开通"法润银城"微信公众号，并被纳入岳池播报全媒体宣传矩阵，推送涉农典型案例、宣传《民法典》《农村土地承包法》等法律法规信息140余条。组建"法润银城"志愿服务队到各行政村开展法治讲座15场次，针对群众关心关注的热点问题和难题现场释法。聚焦"脱贫攻坚"，组织司法行政干部、律师、法律服务工作者到村开展普法宣传等活动26场次。构建"1+10+N"公共法律服务体系，在全县建成县级公共法律服务中心1个、乡(镇)公共法律服务站10个、村公共法律服务室400个，所有行政村均配备法律顾问。开展公共法律服务惠民，全年共办理法律援助案件279件，提供法律咨询4066人次，受援4623人次，为困难户、弱势群体减免公证费3.5万元。开展法治宣传活动60余场次，发放普法宣传资料6万余册，惠及群众5万余人次。

【农村交通】 推进“四好农村路”建设，投入约9000万元，完成新（改）建农村公路175千米。全年共实施20处3.962千米县、乡、村道路安全隐患整治。创建2个市级“四好农村路”示范乡（镇）（临溪镇、顾县镇），协助配合广安市创建成为省级“四好农村路”示范市。

【农村社会保障】 全县城乡居民基本养老保险参保人数440815人，其中退捕渔民社保安置、全县退捕渔民参加城乡居民基本养老保险278人（待遇发放39人、代缴养老保险费14人）；全年组织农村劳动力参加品牌培训1257人次、返乡创业培训437人次。组织专机1次、专列3次、客运268班次运送159批6580名农民工到广东、浙江、福建等地有序返岗就业，累计转移劳动力23.46万人次，包机运送145名输变电工人返岗在中央电视台新闻频道刊播。全年发放失业保险稳岗补贴548万元，开发村级公益性岗位2000余个；发放临时救助、大病救助、洪涝灾害补助等资金538.6万元，惠及贫困群众2768人。全县已纳入孤儿保障人数276人，共计发放生活补助306.27万元；纳入事实无人抚养儿童保障人数127人，共计发放生活补助61.5512万元。享受“福彩圆梦・孤儿助学”工程40人，共计发放助学金额60.2501万元。疫情防控期间，共发放事实无人抚养儿童临时价格补贴17234元、孤儿临时价格补贴88688元。

【农村生态建设及环境保护】 创建“厕所革命”示范村62个，建成农村聚居点污水处理设施614处、压缩式生活垃圾转运站10个、农村公共厕所342座、户用无害化卫生厕所11562座，配备保洁员6091名，全县农村生活垃圾处理率达91%，农村生活污水处理率达50%，卫生厕所普及率达85.18%，畜禽规模养殖场粪污处理设施装配率达100%，全面完成岳池县农村人居环境整治三年行动目标任务。严格落实河湖长制，持续开展双脚丈量河流行动，嘉陵江、渠江出川断面水质达到Ⅲ类及以上。推进绿化岳池工程，全县森林覆盖率达33.39%。

【农产品质量安全监管】 推进县、乡、村三级联动的“三三制”分级监管体系规范化、制度化，全年省、市例行监测合格率达100%。467家农产品生产主体入驻国家、省级农产品质量安全追溯平台，其中新注册82家，全县生产主体追溯覆盖率达98.5%，完成使用21.5万余条次追溯码。合格证标识上市18.8万余张，食用农产品合格证监管名录650家，监测合格证主体样品1001个，合格证试行主体宣传培训和监测覆盖率达100%。培育紫晶、高垭口蛋鸡、黍本道等12家合格证标杆企业，共指导开具合格证168254张，附带合格证上市农产品98124吨。推进食用农产品“治违禁 控药残 促提升”三年行动，出动监管执法检查人员810人次，检查生产主体1320家次。完成农产品质量安全案办结4起，其中农药残留超标案3起、生产记录档案1起。岳池县被农业农村厅评为“省级监管示范县创建突出单位及农产品合格证制度试行工作成绩突出单位”，被市农业农村局评为“农产品质量安全监管工作成绩突出单位”及“农资打假‘春雷’行动、农产品质量安全专项整治‘利剑’行动成绩突出单位”。

【农村市场体系建设】 建成1个县级电商服务中心、45个乡（镇）电商旗舰店、50个乡（镇）物流配送站、170余家电商企业、305个村级电子商务服务站点、660个村级益农信息社、5156家各类网商和28家电商扶贫超市线下门店，为扶贫产品提供“线下收购+线上销售”一站式服务，实现线上农特产品销售额月均250余万元，帮助贫困户通过电商销售农副产品250余吨，助农增收200余万元。组织开展“约您来消费・持券更实惠”“重振引擎・助商惠民”“天府里・悦生活——万企联动促消费”等促消费活动，拉动消费3.6亿元。通过电商平台借助“品质川货十百千万网购节”“丰收欢乐购”“川货电商节”等活动开展促销活动，实现农产品网络零售额4650万元，增长43.32%。

【农村留守家庭（儿童、学生）帮扶】 全县有儿童督导员44名、儿童主任882名，建有儿童福利指导中心1处。通过建立儿童领域巡防制度、农村留守老人定期巡防制度，开展防范打击侵害未成年人违法犯罪关爱保护未成年人健康成长、“儿童福利信息动态管理精准化提升年”等各项专项行动，保障农村留守家庭应助尽助、应帮尽帮。

【劳务开发与返乡创业】 制订《岳池县促进返乡下乡创业实施方案》《岳池县支持和促进返乡农民工创业补贴实施方案》等政策文件，加大返乡创业扶持力度，吸引农民工返乡就业创业，共发放创业担保贷款1860万元、返乡创业补贴152万元。完善农民工创业培训体系，突出本地优势资源转化，提高经营管理、市场营销、资本运作等能力，开展IYB、SYB培训，提升创业者管理能力，培训返乡创业1124人。坚持把园区作为农民工返乡创业重要平台，全县打造创业示范园3个，带动（吸纳）就业2000余人次，扶持自主创业927人。利用人社、扶贫、妇联等部门资源，分线分块支持返乡下乡创业，建成基层就业创业服务平台469个，为返乡创业农民工提供创业指导服务4000余次。通过春节、国庆等节假日开展全覆盖走访慰问、农民工联谊会、乡情恳谈会等活动，向返乡农民工宣传就业创业政策，宣传家乡发生的巨大变化，回引2700余名农民工返乡创业。向中央、省、市组织推荐返乡创业明星、明星企业（示范基地），树立农民工返乡创业典型，全年被评为省级返乡创业明星2人、市级返乡创业明星36人，省级明星企业（示范基地）1家、市级明星企业（示范基地）4家。

【主要领导人】 县委书记：郑鹏程（10月止），米亮（11月始）；县人大常委会主任：李廷远；县长：谭云（8月止），刘潜（9月始）；县政协主席：谢帮勇；分管农业副县长：张建春（5月止），刘永红（6月始）。

岳池县编写组

武 胜 县

【基本情况】 2020年，全县辖4乡19镇，辖区面积956.1平方千米，其中耕地面积85.57万亩，基本农田74.07万亩。年末总人口80.75万人（户籍人口），减少0.9%；人口出生率8.9‰，降低1.7个千分点；人口自然增长率-2.69‰，增加0.15个千分点。全县耕地有效灌面和保证灌面分别达到耕地总面积的62%和71%；本地水资源总量4.16亿立方米，人均占有水资源量515.2立方米。有林业用地1.89万公顷，有林地面积1.73万公顷，活立木总蓄积量49.5万立方米，森林覆盖率（含“四旁”）41%。

2020年，全县GDP248.6亿元，增长3.4%，其中第一产业增加值54.4亿元，增长5.8%，农、林、牧、渔及农林牧渔服务业之比为38.2∶2∶52.9∶4.5∶2.4；第二产业增加值73.5亿元，增长2.5%（工业产值54.5亿元，增长3.2%）；第三产业增加值120.7亿元，增长3.3%。三次产业对经济增长的贡献率分别为31.9%、28.3%和39.8%。劳务输出359634人，收入732000万元。全年接待游客381.09万人次，实现旅游收入43.55亿元。

公路通车里程3400千米（其中乡村公路3200千米），密度3556米/平方千米，42.1千米/万人。地方公共财政预算总收入完成7.37亿元，减少46.23%；公共财政预算总支出38.35亿元，减少3.8%，其中农业投入97669万元，占支出的25.47%。金融机构各项存款余额353.96亿元，比年初增长13.68%；各项贷款余额167.52亿元，比年初增长14.35%，其中涉农贷款余额108.39亿元。农业产业化龙头企业9家，其中省级5家、市级4家。

有各类学校232所，在校学生86365人，教职工6028人，其中普通中学52所（含14所一贯制），在校学生30742人；小学62所（含14所一贯制），在校学生37577人；学龄儿童入学率92.6%，增加0.1个百分点。有艺术表演团体6个，文化馆1个，公共图书馆1个，博物馆1个。有卫生机构667个，病床位4193张，卫生技术人员2911人。城乡居民医保参保人数664336人，参保率98.15%；城乡居民社会养老保险参保人数53.31人；被征地农民纳入城乡居民养老保险参保人数282人，占总人数的91.56%。

【年度农业和农村经济运行】 2020年，全县实现农业总产值87.4亿元，增长6.2%；全县全年农业增加值达55.7亿元，增长5.9%。农民年人均可支配收入达18092.8元，增长8.8%。在粮食、生猪、蔬菜生产中，科技投入的占比或科技贡献率62.5%。全县农产品质量抽检合格率97.5%以上；建成276个益农信息社。主要农产品产量见表1。

农业产业化发展。围绕“1+3”现代农业产业体系，全域推进现代农业产业基地建设，建成优质粮油基地2万亩，完成粮食播种75.89万亩，总产量32.6万吨；建成晚熟柑橘基地2万亩、优质蚕桑基地1200亩、稻渔综合种养基地0.8万亩。完成农业项目投资35552.24万元。累计发展农业产业龙头企业9家，其中省级5家、市级4家；发展农民专业合作社748个，其中培育国家级示范社5个、省级示范社15个、市级示范社32个、县级示范社62个，占全县示范社总数的9%；新培育农民专业合作社24个、家庭农场192个。

农用地产权制度改革。完成515个村（2020年村改后为276个村）5066个组的清产核资，清理资产总计4.26亿元，清查核实农用地1017836.89亩。累计颁发土地经营权证763本，涉及流转面积17.41万亩。

农产品品牌战略实施。全县有“三品一标”优质农产品44个，其中无公害农产品36个、绿色食品8个。“武胜大雅柑”于1月20日获批国家地理标志证明商标，浙江农本品牌管理咨询有限公司统一设计“武胜大雅柑”包装，由武胜晚熟柑橘产业协会搭建平台，为全县大雅柑业主统一制作包装，实现品牌化。

现代农业园区建设。全县创建省级四星级现代农业园区1个（武胜县蚕桑现代农业园区）、市级现代农业园区2个（龙女镇生猪+柑橘种养循环现代农业园区、武胜县清平镇稻渔综合种养现代农业园区）、县级园区5个（鸣钟镇柑橘现代农业园区、清平镇稻渔综合种养现代农业园区、飞龙镇柑橘现代农业园区、胜利镇晚熟柑橘现代农业园区、龙女镇绿色循环综合种养现代农业园区）。

表1　2020年武胜县主要农产品产量

主要农产品	单位	产量	同比(%)
粮食	万吨	32.6	0.9
水稻	万吨	18.26	0.16
小麦	万吨	0.51	-1.9
玉米	万吨	9.21	0.54
马铃薯	万吨	1.52	3.4
油菜籽	万吨	1.5	13.2
蔬菜	万吨	36.9	5.1
水果	万吨	0.79	6
肉类	万吨	7.2437	17.94
猪肉	万吨	5.79	25.32
牛肉	万吨	0.0542	17.8
羊肉	万吨	0.0622	21.9
禽肉	万吨	1.1235	-7.4
兔肉	万吨	0.2138	0.94
禽蛋	万吨	1.6792	-0.8
水产品	万吨	2.27	0.4
牛奶	万吨	0.0553	8.6

【种植业】 全县粮食作物播种面积75.89万亩，增加0.5万亩；粮食产量32.6万吨，增加0.3万吨。推广旱育秧栽插面积25.2万亩、水稻规范化栽培28万亩、水稻直播2.5万亩、玉米肥团育苗移栽17万亩，种植田块玉米1.5万亩，推广配方施肥61万亩，病虫害绿色综合防治面积达43万亩。推广优良品种，全县优质粮油种植面积占粮油种植总面积的96.7%，其中国标三级以上优质水稻面积达29万亩、国标二级以上优质稻面积达13.8万亩、“稻香杯”品种推广种植面积达12.1万亩；“两高双低”油菜种植面积10.6万亩，占油菜种植面积的96.7%。全年投入蔬菜基地建设资金100万元，蔬菜种植面积19.8万亩，产量36.9万吨，均达到无公害农产品标准。在现代农业园区提档升级蔬菜基地面积0.6万亩，其中升级现代蔬菜产业基地0.1万亩、改造蔬菜产业基地面积0.5万亩；发展高效设施栽培10余亩；新建晚熟柑橘基地面积2.5万亩，累计建成晚熟柑橘产业基地面积19.29万亩；引进业主600余个，建成基地681个，其中基地规模1000亩以上45个、基地规模500 ~ 1000亩93个、基地规模200 ~ 500亩90个、基地规模200亩以下453个。全县共建设养蚕大棚面积16.89万平方米，其中乡（镇）新建7.93平方米、安泰公司新建8.96万平方米；共建设小蚕共育室6616平方米，其中乡（镇）建设3127平方米、安泰公司建设3489平方米。全年发种37167张，产茧148.5万千克，茧款收入5473万元。全年蚕桑丝绸综合产值达10576万元，粒茧丝长1100米，解舒率达65%，万米吊糙3.5次，基本上缫5A级以上生丝。

【林业】 全县完成营造林2.55万亩，其中乡村增绿人工造林0.54万亩、封山育林0.5万亩、退化林修复1.51万亩；新增森林面积0.82万亩、森林蓄积3.6万立方米，森林覆盖率达41%。建设嘉陵江流域国家生态文明先行示范区嘉陵江生态屏障1万亩、花卉苗木繁育基地610亩，城镇栽植花卉苗木410亩、农村栽植花卉苗木1380亩，打造花街2条、花道3条、花园2个，新建花村6个；新建竹林折合面积500亩，改造低产低效竹林5000亩；发展林下经济，林下种养殖面积2万余亩，产值过亿元。

【畜牧业】 全县出栏生猪82.86万头，增长30.5%；存栏生猪48.34万头，增长18.3%，其中能繁母猪存栏4.95万头，增长16.9%。出栏家禽823.03万只，减少2.6%；存栏家禽598.63万只，减少0.6%。出栏肉牛0.46万头，增长11.9%；存栏肉牛0.9万头，增长38.3%。出栏肉羊5.29万只，增长10.3%；存栏肉羊2.89万只，减少11.6%。出栏肉兔146万只，减少2.5%；存栏肉兔49.75万只，减少0.3%。新（改、扩）建畜禽标准规模养殖场35个，其中建成年出栏优质生猪10000头以上的标准化规模养殖场4个、5000～9999头31个。全县共检测猪血样品344份，猪瘟、猪口蹄疫抗体合格率分别为99%和83%；检测禽血清516份，禽流感H5、H7抗体合格率均为98%；检测牛（羊）血清472份，牛（羊）O型口蹄疫抗体合格率为98.7%；检测羊血清237份，羊小反兽疫抗体合格率为100%。全县屠宰检疫生猪13.36万头，"瘦肉精"监督抽检4009头（份），累计无害化处理三腺及不可食产品9040千克；检测排查非洲猪瘟13.36万头。全年累计出动执法人员236人次，定期或不定期突击检查112次，按规查处屠宰企业屠宰病死生猪、注水猪及"私屠滥宰"等违法违规案件14件，处罚款72895元。

【水产业】 全年水产品产量22716吨，增长0.4%；实现渔业生产总值4.88亿元。建成稻渔综合种养基地1.5万亩，实现产值1.6亿元，清平稻渔综合种养现代农业园区被认定为市级现代农业园区并被纳入2021年省星级园区培育。

【乡村振兴】 全县建成优质粮油基地2万亩、武胜大雅柑基地2万亩、稻渔综合种养基地0.8万亩、高标准农田2.5万亩。出栏生猪82.86万头。累计新建无害化卫生厕所3.5万余户，户用卫生厕所普及率达92%；推进103个新村聚居点污水处理设施建设，新建污水支管网46千米，实现73%以上的行政村生活污水得到有效治理。全县撬动金融资本和社会资本10亿元投入乡村振兴，总支出达298438万元，占一般公共预算收入比例的82.02%。涉农贷款余额1084500万元，增速达18.21%。

【扶贫开发】 全县通过开展就业扶贫、产业扶贫、消费扶贫等方式助力贫困群众增收，确保贫困群众收入达标，贫困人口家庭年人均纯收增长到9317元，增长40%以上。落实资金4.15亿元用于脱贫攻坚，支持6098户贫困户、边缘户发展生态土鸡养殖24.48万只，实现贫困劳动力省外务工12386人、县外省内务工1986人、县内务工5169人，引导680名受疫情影响返乡回流贫困劳动力全部实现再就业，全年公益性岗位安置贫困人口2896人，累计建立"扶贫车间"10个。组织县域内扶贫龙头企业到广东等地参加展销，开展扶贫产品展销活动等，累计帮助销售滞销农产品金额2687万元。建设村级公路181千米，窄路加宽15千米，完成危房改造529户，打机井602口，新建蓄水池16口，整治山坪塘51口，整治河道渠系1千米。

【乡村旅游】 结合休闲农业与乡村旅游资源分布特点，形成"两带三区多节点"（百里嘉陵江水生态旅游带、国道350线休闲观光农业旅游带，白坪—飞龙乡村旅游区、龙女湖旅游区、宝箴塞旅游区，清平、礼安等乡/镇节点）的休闲农业与乡村旅游景点格局，依托白坪—飞龙特色农业产业基地建设休闲农园集群；依托唐家大山、金鸡岭、怡然山庄建设休闲农庄集群；依托百里嘉陵水生态渔业建设休闲企业集群；依托宝箴塞、龙女湖、太极湖旅游区建设农家乐集群。全县累计建成省级农业主题公园1个、县级农业主题公园6个，国家级美丽休闲乡村2个、县级美丽休闲乡村4个，省级休闲农庄2个。全县休闲农业综合经营性收入49183.9万元，其中农副产品销售收入30415.7万元。休闲农业经营主体复工复产率达100%。全年举办相关节庆活动3次，接待游客381.09万人次，实现旅游收入43.55亿元。"武胜麻哥面"被授予"第三届四川省金牌旅游小吃"称号。

【农村水利】 争取农村供水专项债券资金1.5亿元，招商引资签约项目5个，完成固定资产投资入库47086万元。累计建设山坪塘250座、蓄水池420口。累计排查污染源600余处，建立问题台账90余个。通过管网延伸（1250户）、分散式打井（362口）等方式，解决3375名贫困人口饮水安全问题。

【农业机械化】 全县完成机耕面积64.1万亩、机播面积39.12万亩、机械植保39.71万亩、机收面积41.71万亩；常年提水量4200万立方米，机电灌溉面积30.3万亩，主要农作物耕种收机械化水平达70.04%。农机总动力38.96万千瓦，增长1.04%，其中拖拉机114台3806.66千瓦、耕整地机械10145台48853.1千瓦、水稻插秧机273台600.6千瓦、植保机械1120台2799.8千瓦、农用航空机械5台、联合收割机127台2653千瓦、机动脱粒机20921台30961.2千瓦。全年农机购置补贴资金154.503万元，补贴农机具2507台，受益农户2123户。

【农村教育】 全县组建学校社团600余个，创建省级文明校园5所、市级文明校园28所。建设省级艺术教育特色学校3所、市级6所，省级优秀学生艺术团1个、市级20个，优秀文化艺术传承学校1所、中小学生美育实践基地1个。累计完成向上争取资金27565万元，建设公办幼儿园16所，公办幼儿园学位占比达52.27%。落实教育资助金3612.7万元，全覆盖资助困难学生5.3万余人次。落实营养改善计划资金2614万元，3.5万名学生受益。武胜县被评为"全国中小学校责任督导督学挂牌督导创新县""全省老年体育工作先进单位"。

【农村文化】 全县打造5个剪纸文化机关、3所剪纸文化校园、2个剪纸文化社区、1个剪纸文化村落等，建成高脚狮子非遗传承基地、永寿寺豆腐干非遗扶贫基地，申报马氏牛肉传统生产技艺传统工艺提升点和袁氏牛皮鼓制作技艺"师带徒"点；协助省考古研究院对中心古建筑群—文昌宫进行实地测绘，并于10月16日挂牌成立四川省文物考古研究院武胜工作站，为推动武胜宋（蒙）元山城遗址暨宝箴塞联合申报世界文化遗产、深挖嘉陵江流域历史文化、建设巴蜀文旅走廊奠定了坚实基础。

【农村卫生】 全县城乡居民建立健康档案建档率达97.2%；0～6岁儿童健康管理率达71.17%，产后访视率达93.59%，65岁以上老年人健康管理率达63.48%；高血压患者规范管理率达78.82%，严重精神障碍患者规范管理率达96.04%。持续开展家庭医生签约服务，贫困人口签约率达100%。所有乡（镇）卫生院（中心卫生院）建成中医馆，90%的村卫生室、100%的社区卫生服务站村卫生室具备与其功能相适应的中医药服务能力。

【农村法制建设】 发挥司法行政法律服务、法律保障、法治宣传和依法治理等职能作用，加强和改进乡村治理，提升基层群众的获得感、幸福感，实现23个乡（镇）公共法律服务站全覆盖，在324个村（社区）建设公共法律服务工作室，帮助群众化解矛盾纠纷。

【农村交通】 完成乡村旅游度假区旅游环线公路（沿口至白坪）、现代农业产业园区配套公路（三溪至鸣钟）、龙女镇乡村振兴示范片环线公路建设40千米，硬化通村公路181千米，整治"畅返不畅"农村道路65千米。加快推进中心东门渡改桥主桥合拢、引桥T梁架设施工。加快推进遂广高速飞龙出口至现代农业园区内环线连接公路、中心镇狮子口村至象鼻村产业环线公路等产业路建设。飞龙综合运输服务中心完成主体工程。更新纯电动公交车36辆，新增开通县城至鸣钟、三溪、烈面等乡(镇)公交，全县共有城乡公交线路11条，线路覆盖12个乡(镇)。

【涉农招商引资】 2020年，全县3000万元以上的农业招商引资重大项目11个，增长10%；项目总投资10.1亿元，增长8.3%。到位资金82700万元，增长9.5%。

【农村社会保障】 巩固贫困人口基本养老保险全覆盖成果，常态开展待遇领取人员生存认证工作，确保养老金按时足额发放；城乡居民基本养老保险参保覆盖完成53.31万人，新增参保8.06万人。全年共为22359名贫困人口、低保对象、特困人员等困难群体代缴城乡居民基本养老保险个人缴费，实现参保、代缴率均达100%。退捕渔民参保486人，被征地农民参保282人。全县60周岁以上享受待遇领取的人数达130510人，全年累计发放养老金17550.09万元。

【农村生态建设及环境保护】 推进农村生活污水治理，完善31个场镇污水管网；新(改)建无害化卫生厕所3.8万余户、农村户用卫生厕所6.5万户以上；建设农村居民聚居点集中式一体化污水处理设施136处(设计日处理能力达1450吨，排放水质达地标三级(DB51/2626-2019))和人工湿地11处。被评为全国农村人居环境整治激励县、全省实施乡村振兴战略工作先进县。

【农产品质量安全监管】 抓好农产品质量安全宣传培训，开展四川省农产品质量安全监管示范县创建，省、市例行抽检和监督共抽检蔬菜、水果、水稻、玉米、油菜、马铃薯等农产品样品222个，合格率达100%；完成农残快速检测样品7000个。全年检查农资经营门店608家次，纠正不规范种子经营行为9起；种子抽检33个，合格率达100%；立案查处案件11件，罚没款3.2042万元。全县入驻四川省农产品质量追溯平台农产品生产主体538家，全年农产品质量安全事故零发生。

【农村市场体系建设】 在全县农村地区设立银行网点55个，布放ATM机115台，设置助农取款服务点263个，评选出信用户21112户、信用村175个。全年按照要求发放扶贫小额信贷184笔、信贷资金652.25万元。累计发放"两权"抵押贷款1556笔，贷款本金13.43亿元，余额4.22亿元。

【农村留守儿童(孤儿)帮扶】 全县有留守儿童5883人、事实无人抚养儿童69人、孤儿107人。启动事实无人抚养儿童申报、认定、发放工作，补差事实无人抚养儿童917人次，发放资金35.37万元；对符合条件的散居孤儿、事实无人抚养儿童及时予以申报、审核，纳入保障范围。有集中供养孤儿7人、散居孤儿100人，全年发放生活费160.08万元、孤儿和事实无人抚养儿童临时价格补贴3.57万元、孤儿助学款5.25万元。

【劳务开发与返乡创业】 推进返乡创业行动，宣传引导农民工返乡创业，落实返乡创业补贴政策。全县返乡创业农民工累计1858人，新增608人，为符合申请返乡创业农民工拨付创业补贴227万元。推荐评选"四川省返乡下乡创业明星"2人、"广安市返乡创业明星"28人、"广安市返乡创业明星企业"3家。

【主要领导人】 县委书记：谭云；县人大常委会主任：杨承林；县长：陈俊楠(代理)；县政协主席：吴奇雷；分管农业副县长：刘勇。

武胜县编写组

邻 水 县

【基本情况】 2020年，全县辖25镇，辖区面积1907平方千米，其中耕地面积93.83万亩，增长16.3%；基本农田0.94万亩。年末总人口100.15万人(户籍人口)，减少7.5%；人口出生率10.68‰。

2020年，全县GDP243.3亿元，增长3.9%，其中第一产业增加值51.4亿元，增长6.%。

【年度农业和农村经济运行】 2020年，全县实现农业总产值86.8亿元，增长15.3%；全县全年农业增加值达51.4亿元，增长6%。农民年人均可支配收入达17565.6元，增长8.7%。建成25个基层农业综合服务站。主要农产品产量见表1。

【种养殖业】 推广土地托管、代耕代种模式和良种良法，新建高标准农田4.2万亩，在15个重点镇建设优质粮油生产基地32万亩。全年粮食播种面积稳定在116万亩以上，总产量45.73万吨，增长0.6%。新建脐橙产业基地2650亩，创建为四川省特色农产品优势区、全国绿色食品原料标准化生产基地(脐橙)；举办巴蜀风韵·橙意邻水文化旅游周活动，邻水脐橙宣传片登上中央电视台，品牌价值升至16.82亿元。全年出栏生猪71.1万头，增长32.2%；牛出栏7834头，增长12.4%；出栏禽类787.7万只，减少9.2%。

【水产业】 推进名优水产品发展，完成现代渔业健康养殖示范基地建设项目，开展禁止塘库堰施肥养鱼监管。全年水产品总产量达1.14万吨，渔业产值达2.7亿元。

【乡村振兴】 紧扣"一域三带"规划布局，串点成线、连线成面，推进"美丽邻水·宜居乡村"建设，完成丰禾镇鱼鳞滩村、吉安村示范创建，"坛同—高滩"农村人居环境整治示范片已全面完成，袁市美丽乡村产业环线、牟家刘家沟美丽乡村建设基本完成。推进"厕所革命"，完成"厕所革命"47个示范村建设，新(改)建户厕2559户，农村户用卫生厕所普及率达88.75%，全县畜禽粪污综合利用率达97.8%。柑子镇创建为省级实施乡村振兴战略先进镇，观音桥镇大安寨村、柑子镇菜垭

表1　2020年邻水县主要农产品产量

主要农产品	单位	产量	同比(%)
粮食	万吨	45.73	0.6
水稻	万吨	22.19	0.1
小麦	万吨	0.61	-8.6
玉米	万吨	15.43	0.6
马铃薯	万吨	2.42	5.2
油菜籽	万吨	1.93	6.9
蔬菜	万吨	59.94	5.2
水果	万吨	7.9	2.4
肉类	万吨	6.27	17.4
猪肉	万吨	4.89	28.1
牛肉	万吨	0.09	20.4
羊肉	万吨	0.09	5.9
禽肉	万吨	1.08	-13.4
兔肉	万吨	0.08	2.4
禽蛋	万吨	1.61	11.9
水产品	万吨	1.14	2.8
牛奶	万吨	0.07	9.1

村、丰禾镇鱼鳞滩村、柑子镇桅子村、袁市镇大光明社区创建为省级示范村，丰禾镇、石滓镇、两河镇3个镇，鱼鳞滩村等12个村分别被评为“市级乡村振兴先进乡（镇）、示范村”。

【农业机械化】 推进全省“五良”融合全程机械化示范区创建，全县农机总动力达55.79万千瓦，新增1.2万千瓦，其中通过产业扶贫项目新增农机动力0.454万千瓦。全年完成机耕85.4万亩、机收51.36万亩、机播36.18万亩，主要农作物耕种收综合机械化水平达64.76%。新建提灌站2座，新增提灌设备78台418千瓦；整治维修提灌设施设备694台5623千瓦，全年提水量达4310万立方米，灌溉面积36.3万亩，新增灌面0.25万亩。完成农机购置补贴139.275万元，补贴农机具5508台（套）；农机合作社作业面积达11.46万亩。

【主要领导人】 县委书记：赵璞（7月止），黄永鸿（8月始）；县人大常委会主任：李晓瑜；县长：黄永鸿（8月止）；县政协主席：冯永斌；分管农业副县长：杨成。

邻水县编写组

达州市

【基本情况】 2020年，全市辖2区4县1市，辖区面积1.66万平方千米。

【文旅项目建设】 召开省、市重点文旅项目半年交账会，全市重点文旅项目推进工作电视电话会，每月加强对全省文旅重点项目、市级文旅重大项目和“四个一批”文旅项目的调度和通报，推动重点文旅项目建设。从投资看，227个文旅项目固定资产投资总额完成161.78亿元，增长51.6%。从进度看，巴文化示范项目加快推进，三里坪巴人文化旅游产业园主体工程完工、钢琴博物馆建成开放，罗家坝遗址博物馆完成主体工程初步设计审查、概算审查和抗震设防专项审查、施工图审查、预算清单编制及财政预评审，城坝考古遗址公园编制完成规划并启动城址区居民搬迁安置；生态康养项目八台山索道和巴山大峡谷画架沟观光电梯、罗盘顶体验项目、《梦回巴国》剧场建成投运，龙潭河景区提档升级焕然一新，铁山项目游步道提升工程已完工。红色旅游项目川陕革命根据地战史馆、神剑馆基础工程均已完工，万源保卫战战史陈列馆迁建项目全新打造完成并在第二届文旅大会期间试开放，巴山红军公园改造提升项目红三十三军纪念馆完成主体工程建设，石桥古镇建设项目列宁街风貌提升工程全面进场施工。

【文旅提档升级】 宣汉县创建为天府旅游名县，渠县创建省级全域旅游示范区进入验收阶段；马渡关石林景区、乌梅山景区、金山景区、渔人部落创建4A级景区通过景观资源评审，巴山云顶创建省级旅游度假区挂网公示，乌梅山景区创建4A级景区接受省级现场检查并完成整改，八台山景区“创5A”工作全面启动，渠县文峰山创建为4A级景区；通川区磐石镇王家桥社区、万源市石塘镇瓦子坪村、宣汉县蒲江街道洋烈社区、宣汉县渡口土家族乡桃溪村4个村（社区）被评为省级乡村旅游重点村；渡口巴人风情小镇入选“四川文旅特色小镇联盟”并通过文化和旅游厅现场核查；宣汉县入选首批全域研学试点县，达州大竹三线文化研学实践营地、达州通川青少年素质教育实践基地入选首批试点研学旅行基地（营地），全市2名参赛选手获得2020年全省研学旅行指导师技能大赛省级优秀奖。

【智慧文旅】 巴山大峡谷、磐石月湖旅游景区实现智慧服务和管理。全市11家4A级景区开通门票在线预约，并完成与“智游天府”平台预约预订系统、视频监控系统对接；设置“讲解二维码”标识牌600余个，覆盖4A级景区主要景点；新增WIFI服务点100余个，实现景区免费WiFi全覆盖。

【公共文化服务体系建设】 提升文化和旅游公共服务效能，实施“效能提升启动年”行动，组织召开四川省首批公共文化服务示范县（达川区）经验推广现场会。牵头开展文化旅游公共服务场所工作作风专项整治行动，开展乡（镇）综合文化站专项治理，公共文化服务质量和效能不断提升。开展第五次全国文化馆评估定级，全市共7个馆申报一级文化馆。推进旅游厕所建设，共完成新（改）建厕所40座，其中景区（景点）和乡村旅游厕所22座、“三馆”厕所17座、生态环保厕所1座、3A级厕所2座；2015年以来累计完成新（改）建236座，全部进行百度地图标注。宣汉县巴山大峡谷景区厕所和渠县文峰山景区厕所获评“全省最美旅游厕所”。

【非物质文化遗产及文物保护】 推进全国巴文化高地建设。实行“项目化推动、清单式管理”办法，梳理出巴文化高地建设重点任务清单和常规任务清单，明确责任单位和项目阶段进度，推动巴文化高地建设。编制完成《全国巴文化高地建设展示利用总体规划》《达州市主城区文化景观提升指导性规划》，确保巴文化建设全市“一盘棋”思路，全域统筹整体推进。按照《达州市巴遗址遗迹保护条例》要求，起草完成《达州市巴遗址遗迹遴选管理办法》，同时组织省、市、县专家对全市巴遗址遗迹进行遴选，市政府审定公布首批13处达州市巴遗址遗迹保护名录。组织编辑出版《达州上下五千年》《印象达州》。完成国家文物局批复同意的罗家坝遗址800平方米、城坝遗址1000平方米的考古发掘，两大遗址考古发掘均出土大量文物。

构建以文物安全为根基的文物保护管理长效机制。开展“守护巴渠文化遗产行动”，层层签订文物保护目标责任书，形成市、县、乡、村四级文物安全保护网络；建立文物安全巡查制度和通报制度；构建城乡规划、国土、建设、公安等部门整体联动机制；举办文物安全与执法培训班。加强馆藏文物安防、消防设施建设，消除全市馆藏文物保存安全隐患。全市全年无重大文物安全事故发生。

文物挖掘。抢救性清理完成三里坪人文生态园在建设施工时发现的宋代石室墓1座；抢救性清理完成达川区大树镇在拓宽大（树）南（岳）路施工时发现的宋代石室墓1座。完成四川省文物考古研究院文物考古达州工作站的筹备工作以及达州市莲花湖湿地生态修复综合治理项目地面地下文物的考古调查与保护。发挥“流动博物馆”职能，让文物活起来，“流动博物馆”先后走进大竹县、宣汉县和达川区乡（镇）和学校30场次，“送展”乡（镇）15个，参观群众和学生累计约10万人次；举办全市2020年红色文化旅游融合发展专题研讨班，共计50人参训。

推进非遗保护传承与创新发展。20个项目通过第六批达州市非物质文化遗产名录申报，35人通过第四批达州市非物质文化遗产名录代表性传承人申报。完成2018年度7名省级非遗代表性传承人抢救性记录；开展2019年度3名省级非遗代表性传承人（张一珍、袁诗安、袁诗平）抢救性记录。组织10家非遗扶贫就业工坊和非遗企业参加线上销售活动，共计销售500万余元。

【文化惠民活动】 按照公共文化场馆疫情常态化防控工作要求，推行公共图书馆、文化馆等公共文化场馆错时延时服务，采取限流、预约等措施面向公众开放。持续打造"文化惠民在身边""百场文化下乡""文化赶集""流动博物馆展览"等群众文化活动品牌，持续实施"圆梦工程"志愿服务项目，全年各级公共文化单位共开展"文化惠民在身边"系列文化活动1100余场。

【主要领导人】 市委书记：包惠；市人大常委会主任：胥健；市长：郭亨孝；市政协主席：康莲英；分管农业副市长：王全兴。

达州市编写组

通　川　区

【基本情况】 2020年，全区辖13个乡（镇）5个街道，辖区面积900平方千米，有户籍人口59.2万人。

【文旅重点项目建设】 加快建设南山院子农旅生态观光园项目，该项目自3月开工建设以来已完成前期道路硬化、山坪塘整治、环湖藤蔓架、湖心岛、月洞桥、环湖仿真栏杆、水电设施、高端康乐颐养园的样板房等建设；督促龙湖蝴蝶谷旅游项目建设，完成游客中心、漂流道、亲子乐园、旅游厕所、游步道等基础设施建设，并于"五一"开园营业，接待游客6.7万人次，实现旅游收入597万元，直接、间接带动当地就业300人以上。加快建设青宁云门天寨项目，完成游客中心主体、电商综合广场、天盆草原精细化打造、石文化主题公园大门等建设。对照开园标准，督促指导金石云顶野生动物园建设，完成高兴古街、动物圈舍、售票大厅、动物表演馆、旅游厕所等基础设施建设，并于1月开园营业，接待游客7.8万人次，实现旅游收入519万元，直接、间接带动当地就业280人以上。推进川陕革命根据地战史馆建设项目建设，截至2020年年底，战史馆三层主体结构、屋面结构施工已完成；神剑馆钢结构安装基本完成，楼面施工完成10%；游客中心基础施工已完成，主体完成41%；荷塘月色完成50%；导弹基础完成90%；树木种植完成10%。十里水寨水上乐园已完成一期嬉水区、休闲区、餐饮区、演艺区、健身区五大功能区域建设，截至2020年年底，累计接待游客1.4万人次，实现旅游收入132万元。

【文旅招商引资】 新签约文旅招商项目5个，签约金额达111.1亿元，其中与达州市通川区龙洞门半山太阳谷项目签订正式投资协议，总投资60亿元；与四川弦乐博物馆项目签订正式投资协议，总投资10亿元；与龙鼎生态农业观光园暨南山院子项目签订正式投资协议，总投资0.9亿元；与孺果童年自然教育公园签订正式投资协议，总投资5.2亿元；与中青旅海投商业运营管理有限公司签订罗江红色绘本小镇项目，总投资35亿元。开展联动招商5次，其中4月举行通川区重点产业招商网络推介会暨重大产业招商项目集中签约仪式，9月举行通川区"3+2"产业投资推介会暨重大招商项目集中签约仪式，到成都金杯半山集团考察对接川东龙门洞半山康养文旅度假区项目，考察北京环球嘉年华投资公司、成都天府沸腾小镇等项目。

【公共文化服务体系建设】 提升打造6个乡（镇、街道）综合文化站、13个贫困村和42个社区综合文化服务中心，安装健身路径20条。全年区文化馆免费接待群众14000余人次。图书馆组织开展读书送书活动1次，发放各类宣传资料2000余份，共接待读者2100余人次，阅览室接待读者1400余人次，图书外借读者近800人次，图书馆流动书刊1132册。神剑园（红军文化陈列馆）开展各类专题活动7次，免费接待群众5万余人次；各镇综合文化站共组织开展各类文化活动38次，参加人数1.8万人次。开展"书香润通川——读书、说书"活动2场，区、乡、村三级开展文化惠民在身边文艺巡演200场，举行城市社区趣味运动会1次。举办三级社会体育指导员培训3场次，参训人员900余人次。举办"通川有礼"大讲堂50余场，受众10万人次。

【非物质文化遗产及文物保护】 "石莲花的传说""碑庙米豆腐传统制作技艺""何氏剪纸"3个区级非遗代表性项目申报为市级非遗项目，江湾城幼儿园、荔舞飞扬艺术培训学校等4所学校被授予"通川区非遗传承基地示范学校"称号，磐石镇盐井坝村挂牌为省级非物质文化遗产项目体验基地（巴渠童谣），组织开展"非遗相伴童年・通川有礼有你"非遗保护传承演出活动4场。加强文物保护，开展例行文物安全巡查和重要节点安全检查14次，及时排除安全隐患，确保文物安全；争取上级资金推动文物保护单位的维护维修，对红八十八师政治部旧址、凤凰山教会学校、袁炳铣夫妇墓等省、市级文保单位进行了排危维护。中共达县蒲家支部旧址（原达县县立五高小旧址）申报省级文保单位通过省政府发文公布，辖区省级文保单位总数达7处。

【主要领导人】 区委书记：张杰；区人大常委会主任：梅辉太；区长：覃永利；区政协主席：何世清；分管农业副区长：袁安。

通川区编写组

达　川　区

【基本情况】 2020年，全区辖22镇4乡5个街道，辖区面积2107平方千米，有户籍人口108.9万人。

【文旅规划编制及项目建设】 完成《达州市达川区全域旅游规划》《十四五旅游发展规划》《达川区文旅融合发展规划》和石桥古镇、仙女山等项目的总体策划及修建性详细规划等一批规划编制。总投资近10亿元的全国巴文化高地重点项目"两馆一街"建设加速推进；巴人历史文化馆、后照馆主体全面完工，加紧实施外装施工和展陈设计；石桥古镇、仙女山景区、中华银杏谷等文旅项目建设稳步推进。争取到位文旅项目中央预算内资金1.709亿元、文旅项目地方专项债券资金2.76亿元。申报2020年抗疫特别国债项目，33个项目进入国家项目库；申报2021年社会领域中央预算内投资项目52个。

【文旅品牌创建】 成都山玫瑰谷、瑞福蚕桑乐园、帝源家庭农场创建为国家3A级景区。旅游商品乌梅酒、瑞福桑芽茶获得2020四川特色旅游商品铜奖。举办达州首届音乐艺术周活动，借助文化和旅游厅举办的"天府春如故，安逸走四川"文旅节会宣传推荐活动对达川区开展的瑞福・蚕桑品鉴暨桑葚采摘节、成都山玫瑰谷"春晚再相见"音乐玫瑰节进行线上推荐。

【疫情防控】 按照疫情防控与行业复苏"两手抓、两手硬"的工作思路，有序推进各行业复工复产。清明、"五一"、端午、国庆、中秋等节假日期间，采取网上预约订票、限流错峰等举措，促进各景区（景点）开门迎客、经营增收，全年旅游业累计实现收入3.8亿元。拍摄《春暖花开游园正当时》《区长带你看幸福达川VCR》景区宣传片，展示推介达川的文旅资源和魅力。到重庆市梁平区、厦门等地推介达川景区（景点）、旅游精品线路及特色旅游商品和美食。全年实现文旅综合收入37亿元。

【主要领导人】 区委书记：许国斌（11月止），向建平（11月始）；区人大常委会主任：孙忠；区长：向建平（11月止），唐令彬（12月始）；区政协主席：叶祥金；分管农业副区长：张顺超。

达川区编写组

万 源 市

【基本情况】 2020年，全市辖区面积4065平方千米，其中耕地面积5.74万公顷。有常住人口40.67万人。

【文旅项目建设】 万源保卫战战史陈列馆迁建项目主体工程、展陈及相关配套设施已基本完成。龙潭河提升项目全面完成建设任务并投入运营，在达州市第二届文旅发展大会上展露新颜。黑宝山旅游扶贫综合开发项目完成黑宝山旅游扶贫综合开发项目总体规划编制、地质灾害评估等前期工作；徐家坪安置房已动工建设；黑宝山旅游道路路基工程已完成82%、桥涵工程已完成80%；黑宝山水库项目已进行招标，各项工作稳步推进。

【文旅宣传营销】 制定《新媒体矩阵平台宣传工作管理制度》，理顺新媒体宣传工作流程，突出宣传重点，明确每月不同的宣传主题，通过"文旅万源""万源发布""万源融媒体中心"等微信公众平台加强重点景区宣传推介，"文旅万源"微信公众号共发布宣传资讯350余条，总阅读量13万余次，粉丝总量22000余人。完成全市19家文旅企事业单位智游天府平台基础信息录入，累计发布宣传资讯70余条；10家文旅企事业单位已全面推行智游天府码扫码入园。先后到福建、重庆、贵州等地参加各级各类招商推介活动10余次。

【公共文化服务体系建设】 完成龙潭河景区、万源保卫战战史陈列馆"智慧旅游"建设。持续开展"厕所革命"，完成改建厕所3座、新建厕所1座。做好"三馆一站"免费开放、错时延时开放。与市教育和科学技术局联合印发《构建青少年足球人才选拔培训体育实施方案》，加强足球专业人才培训。

【文化惠民活动】 全年完成"送戏下乡"演出300余场。通过互联网组织举办网上"元宵节猜灯谜"、网上读书日以及以"书香满巴山·文化润万源"为主题的"4·23"世界读书日暨"全民阅读·书香万源"系列线上活动等，引导学生和广大市民投入读书的热潮当中。"5·18"国际博物馆日当天，在万源籍开国将军张开基故里石窝镇番坝村举办2020年度"5·18"国际博物馆日宣传活动暨爱国主义教育共建基地授牌仪式。发挥万源保卫战战史陈列馆"全国爱国主义教育示范基地"的社会作用，通过"让文物活起来——文博精品流动展"先后走进草坝中学、草坝小学、石窝学校、魏家学校、大沙学校，将红色讲堂搬进山区学校课堂，5000余名中小学生接受红色教育。

【非物质文化遗产及文物保护】 提升文物保护级别和文物保护力度，完成不可移动文物名录表上报和《巴文化简明读本》资料、巴文化遗址申报，上报完善文物点569处、上报《巴文化简明读本》资料27处。桂花盐井遗址、六块田遗址和赵家岭遗址申报为巴文化遗址。加快万源市红色革命遗址整体保护规划项目推进工作，万源保卫战徐向前战地指挥所项目建设已完成前期便道施工。万源红军石刻标语群和万源保卫战战场遗址增补为第九批省级文物保护单位；邀请省文化考古院古建专家到万源市实地考察古建筑情况，对全市古建筑保护提出指导意见，并将石窝镇走马坪村碾盘湾保存较好的传统三合院古建筑纳入省考古院古建标本库进行整体迁移保护。拍摄、制作省级非遗名录《巴山背二歌》《蚌鹤舞》《钱棍》《薅草锣鼓》小视频参加"2020云上全民艺术"活动并上传国家公共文化云平台。全年共征集到有价值的历史文物6件（套）、革命文物8件（套），包括1934年在北平发行的《世界日报》、四川铜币、马刀、石药碾等，让更多的红色文物成为历史的见证。

【主要领导人】 市委书记：吴晓勇；市人大常委会主任：刘家忠；市长：倪欣；市政协主席：杨晓波；分管农业副市长：李根。

万源市编写组

宣 汉 县

【基本情况】 2020年，全县辖28镇7乡，辖区面积4272平方千米，有户籍人口127.2万人。

【文旅重大项目建设】 巴山大峡谷景区画架沟垂直电梯、大垭口—画架沟索道、罗盘顶悬崖秋千、心跳飞索等34个项目建成投运，夜游巴山项目建设有序推进；巴山红军公园进行提升改造，完成旅游厕所、标识系统、文化景观等项目建设，红三十三军纪念馆改建即将对外开放；完成罗家坝遗址第六次考古发掘工作，揭土面积达到1300平方米，清理墓葬60余座，出土各类器物600余件；总投资2亿元的罗家坝遗址博物馆正式动工建设。

【文旅宣传营销】 承办四川省首届旅游景区发展大会、中国文联"送欢乐、下基层"等活动，举办"让世界看见巴文化"系列活动、第十届薅草锣鼓赛歌会、第二届国际白马花田艺穗节、巴山大峡谷第二届罗盘云顶冰雪节和文艺活动进景区等特色文旅活动，引爆"梦里巴国·山水宣汉"旅游热。参加天府旅游名县联盟推广活动、第七届四川国际旅游交易博览会、第8届澳门国际旅游博览会、第24届重庆都市文化旅游节等对外宣传推广活动12次，展示"梦里巴国·山水宣汉"新形象。加强新媒体传播宣传，依托"智游天府""文旅宣汉"微信公众号（抖音）、直播等平台，多角度、全方位、高密度开展以"春赏百花、夏观云海、秋意巴山、冬滑雪国"为主题的四季旅游推介100余次，提升"梦里巴国·山水宣汉"的知名度和美誉度。

【公共文化服务体系建设】 落实免费开放政策，县文化馆、县美术馆、县图书馆、王维舟纪念馆全年共免费接待群众37.6万人，图书借阅5.5万册次；解决45789户贫困户、10265户非贫困户收看电视难问题，巩固6万余户电视"户户通"和应急广播长期通、优质通，完成4000个广播电视"村村通""户户响"升级维护，全面完成贫困村文化室设备设施采购建设任务。宣汉县被评为全省旅游厕所"一厕一码"试点县，巴山大峡谷游客中心旅游厕所创建为"四川省最美旅游厕所"。

【非物质文化遗产保护】 完成37项非遗资源普查和调查，开展薅草锣鼓非遗传承人口述史记录拍摄，组织承办达州市第十届薅草锣鼓赛歌会、第六届省级非遗土家余门拳展演、"非遗文化进校园"等演出20场，人民日报社刊发《薅草锣鼓唱红扶贫景区》。

【文化惠民活动】 开展"送文化下乡""送戏下乡"演出445场次，举办全民阅读18场次，惠及基层群众15万余人次；培育基层文艺队伍12支，培训业余文艺骨干3000余人；举办各类主题美术书法展、摄影展、图书展、文物展活动9场，收录抗疫作品130余件；先后举办中国文联"送欢乐下基层"慰问演出、"梦里巴国·山水宣汉"全域旅游成果展、醉美巴山大峡谷摄影作品展、"写生中国·走进宣汉"等活动，惠及群众30余万人次。

【主要领导人】 县委书记：唐廷教；县人大常委会主任：李逢友；县长：冯永刚；县政协主席：徐代琼；分管农业副县长：黄冬冬。

宣汉县编写组

大竹县

【基本情况】 2020年，全县辖5乡23镇3个街道，辖区面积2078.79平方千米，其中耕地面积144.01万亩，与上年基本持平，人均耕地面积1.34亩。年末总人口107.81万人（户籍人口）。本地水资源总量12.49亿立方米，人均占有水资源量1148立方米。有林业用地7.35万公顷，有林地面积6.49万公顷，活立木总蓄积量696万立方米，森林覆盖率41.93%。

2020年，全县GDP387.3亿元，增长3.9%，其中第一产业增加值67.5亿元，增长5.2%，农、林、牧、渔及农林牧渔服务业之比为50.85：3.77 ：39.34 ：3.19 ：2.86；第二产业增加值149亿元，增长4.4%；第三产业增加值170.8亿元，增长2.6%。三次产业对经济增长的贡献率分别为24.1%、50.8%和25.1%。全年接待游客370万人，实现旅游收入33.88亿元。

公路通车总里程（含村道）4407.04千米。社会消费品零售总额176.04亿元，减少2.1%。地方公共财政收入完成15.23亿元，增长3.71%；地方公共财政支出54.87亿元，减少1.3%，其中农林水事务支出9.86亿元。金融机构各项存款余额495.61亿元，增长12.09%；各项贷款余额233.08亿元，增长11.93%。全年农业政策性保险收入0.4亿元。完成农业产业化项目2个，完成投资1260万元。农业产业化龙头企业国家级、省级、市级、县级分别为2家、6家、24家、33家。

有各类学校150所，在校学生122973人，教职工8177人，其中普通中学52所，在校学生58448人；小学92所（含村小），在校学生58652人，学龄儿童入学率100%；中等职业教育学校5所，在校学生5769人；特殊学校1所，在校学生104人。有文化馆1个，公共图书馆1个。有卫生机构572个，病床位6649张，卫生技术人员3435人。全县城乡养老保险参保人数521750人，城乡居民医疗保险参保人数877404人，农村居民最低生活保障33606人。

【年度农业和农村经济运行】 2020年，全县出台《大竹县乡村振兴战略规划（2018—2022年）》《大竹县专家服务团队进乡村、进园区管理办法（试行）》等规划、政策。全年实现农林牧渔业及农林牧渔服务业总产值109.1亿元，增长5.4%。有乡村劳动力49.12万人，减少0.4万人；乡村从业人员44.29万人，减少0.61万人；农业从业人员18.79万人，减少0.4万人。农民年人均可支配收入达20153元，增长8.8%。主要农产品产量见表1。

农业产业化发展。发展特色优势产业，新发展苎麻、糯稻、白茶、香椿四大特色产业2.5万亩，百万亩现代农业特色基地基本成型；培育省级现代农业园区1个，创建市级现代农业园区2个。培育规模以上农业产业化龙头企业8家，新增农民专业合作社64家、家庭农场195家，创建省级标准化畜禽养殖场3家。被纳入国家“一县一业”特色产业发展试点，成立苎麻产业发展联盟。合计培育运行机制健全的村级集体经济组织13个，共培育科技示范户570户。

农用地产权制度改革。全县农村集体产权制度改革工作全面完成，2017—2020年度清产核资录入率达100%，认定成员身份762506人；登记赋码村集体经济组织286个（其中235个行政村及涉农社区全面完成），以户为单位发放股权证书133165本。完成全县农村集体经济组织成员信息报送工作，全国产权管理系统股份人员信息录入100%上传。各集体经济组织在完成登记赋码后，所有资料分门别类归档，挂牌办公，设置专门办公场所，理事会、监事会等人员信息及组织章程等各项规章制度均上墙公布。

表1 2020年大竹县主要农产品产量

主要农产品	单位	产量	同比(%)
粮食	万吨	60.8	0
小春粮食	万吨	7.8	-0.5
大春粮食	万吨	53	0.1
油料	万吨	4.8	3.8
蔬菜及食用菌	万吨	54.3	2.6
水果	万吨	3.5	2.3
肉类	万吨	8.32	1.7
猪肉	万吨	4.63	5.2
牛肉	万吨	0.55	16.41
羊肉	万吨	0.41	-0.06
禽肉	万吨	2.74	-5.82
禽蛋	万吨	3.99	2.29
水产品	万吨	2.1	8.8

农产品品牌战略实施。鼓励支持有条件的生产经营主体申报“三品一标”和入驻“巴山食荟”区域公用品牌，截至2020年年底，已入驻“巴山食荟”区域公用品牌生产经营的主体达22家。“东汉醪糟”获得中国驰名商标，“木鱼池黑山羊”“巴蜀玉叶白茶”“东汉醪糟”获评省名特优新农产品。

现代农业园区建设。完成《大竹县现代农业园区建设总体规划》（2019—2023年）编制项目验收，规划成果初稿核验及微调工作有序推进，待交付最终定稿。纳入省级培育园区1个（月华糯稻）、市级培育园区2个（乌木水产、竹阳苎麻），培育县级园区6个。全县承办了全省现代农业园区建设现场会大竹现场会。

【种植业】 全县粮食、油料、苎麻、蔬菜及食用菌播种面积分别为111600公顷、19421公顷、9599公顷、14374公顷，分别增加200公顷、1994公顷、833公顷、338公顷；粮食总产量60.8万吨，油料（含花生）产量4.8万吨。全县水稻种植面积55.13万亩，产量26.53万吨。在高穴镇木牌村和石河村主抓500余亩水稻直播高产示范，比大面积移栽稻亩增产66.26千克，增产13.61%；部级水稻高质高效创建项目在30个乡（镇）建立10万亩水稻绿色高质高效示范片，其中核心示范片3万亩，平均亩产518.43千克；比大面积移栽水稻亩增产36.43千克，增产7.55%。全县集中育秧栽插面积26万余亩，占总面积的47.16%；水稻直播示范面积3.3万亩，平均产量563.28千克。苎麻总产量2.1万吨，产值4.6亿元，增长4%；香椿产量增长10%，产值与上年持平；白茶产值达 8.4亿元，增长11%；糯稻产量8.5万吨，产值2.55亿元。获得全省粮食生产“丰收杯”。

【林业】 推进现代林业园区建设，完成现代林业产业基地建设10000亩；争创四川省竹产业高质量发展示范县，创建竹产业示范基地2个、面积2万亩，新建楠竹、斑竹示范林面积3000亩，评定四川省竹林人家1家，建设国道318线等翠竹长廊示范带。扶持发展香椿、油牡丹、白茶等林业产业基地，发动和鼓励农民林下套种黑花生、魔芋、紫薯等矮秆作物6000亩及林下家禽养殖15800亩；完成林业产业化包装项目2个（四川图拉香实业有限公司竹林基地项目和四川省鼎茗茶业有限公司）；开展品改技改，扶持和推进林木良种选育等工作；开展林业有害防治，加强种苗质量监管，各项工程造林苗木合格率达100%。全年举办林业科技培训班4期，选派林业科技下乡专家24批次，科技扶贫选派林业科技下乡专家10批次。全年全县新增造林面积0.45万亩，中幼龄林抚育1.95万亩。全年实现林业总产值达17.1亿元，其中生态旅游及服务业收入达4.2亿元，农民人均林业纯收入1752元。

【畜牧业】推广果草间作、林草间作模式以及肉羊育肥综合配套技术、种草养畜和秸秆养畜技术，全县种植优质牧草及饲用作物9.53万亩，处理及利用秸秆23.2万吨；开展生猪改良推广、优质肉牛推广工作，引进优良种猪19436头，生猪改良配种93086窝次，完成肉牛改良配种10584窝次，使用国家优质肉牛国补冻精26460只，良种禽推广面达97.95%。全年免疫生猪47万头、羊7.2万只、鸡360万羽、鸭63万羽、鹅22万羽，高致病性禽流感、牲畜口蹄疫等各类应免畜禽重大动物疫病免疫密度均达100%。创建省级标准化示范场2家、市级标准化示范场6家、县级标准化示范场10家，全县累计创建省、市、县标准化示范场45家，累计培育养殖大户860户。全年出栏生猪65万头、大牲畜4.4万头、家禽1827.7万只，肉类总产量8.32万吨，禽蛋产量3.99万吨；实现畜牧业产值42.9亿元，增长5.9%。

【水产业】在杨家、川主等乡（镇）实施2020年省级财政现代农业发展工程共同财政事权转移支付资金支持小龙虾基地建设项目，完成投资329.9万元，建成标准化规模化稻虾综合种养基地600余亩；在乌木、团坝等乡（镇）实施大竹县稻渔种养现代农业示范区建设项目，完成投资9375.78余万元，建成占地1000余亩的小龙虾良种繁育中心1个、占地150亩的水产科技园1个、种养面积达6000亩的稻虾综合种养示范基地1个，年产小龙虾900吨、小龙虾虾苗1.5亿尾、优质有机稻谷3000吨、成鱼225吨；在全县初步形成以稻虾综合种养为主导产业的特色产业1.5万余亩（其中2020年新增稻虾综合种养面积0.9万亩），总产值达2.5亿元。全县新增规模化水产养殖基地5个、水产养殖专业合作社（公司）10个，全县水产养殖总面积达3.03万亩，水产品总产量达2.1万吨，水产品总产值达5.1亿元。李泽玉水产养殖专合社创建为国家级水产健康养殖示范场；四川百岛湖生态农业开发有限公司在乌木镇建成的稻虾综合种养基地创建为市级水产现代农业园区。获得全国农牧渔业丰收奖。

【乡村振兴】统筹推进乡村产业振兴、人才振兴、文化振兴、生态振兴、组织振兴，持续推动全县乡村振兴各项工作，获得2020年达州市级乡村振兴先进县。建成乌木—团坝（川主）乡村振兴示范区。创建省级先进乡（镇）1个、省级示范村5个，市级先进乡（镇）2个、市级示范村10个，县级先进乡（镇）2个、县级先进乡（镇）12个。

【扶贫开发】聚焦90802名已脱贫人口、70个已退出贫困村，巩固提升目标任务，推进扶贫开发。共安排财政专项扶贫项目122个；开展“万企帮万村”活动，参与帮扶企业达105家，惠及受帮扶村70个；参加广州“金秋购物助脱贫，四川扶贫销售”和“秦巴交易会”活动，线上线下销售扶贫产品价值716.98万元；建成“三专一平台”消费扶贫专馆1家、扶贫专区2家；持续开展“10·17”扶贫日系列活动，全县累计捐赠物资128.1362万元；完成易地扶贫搬迁后续扶持项目建设，争取到位财政专项扶贫资金550万元，用于建设“扶贫车间”2个；完成“十三五”易地扶贫搬迁全面评估核查，通过省级抽查验收。省委办公厅、省政府办公厅确定大竹县在全省已“摘帽”贫困县序列综合评价中为“较好”，确定大竹县在全省脱贫攻坚“五个一”帮扶工作成效考核中综合评价为“好”；达州市委、达州市政府表彰大竹县扶贫开发局为脱贫攻坚“十佳帮扶部门”。大竹县以工代赈服务中心获评“四川省2020年脱贫攻坚奖先进集体”，被国家发展改革委表彰为“‘十三五’搬迁工作担当有为集体”。

【乡村旅游】全年培育星级农家乐3家，其中四星级农家乐2家（乌木蓝莓园、亲和鱼庄）、三星级农家乐1家（锦川生态农庄）。庙坝镇渔人部落创建国家4A级景区通过景观质量评审。截至2020年年底，全县先后创建四川省乡村旅游示范乡（镇）5个、乡村旅游示范村4个，中国乡村旅游模范村1个、中国乡村旅游金牌农家乐4家，省级旅游特色乡（镇）1个、省级旅游精品村寨2个、省级旅游扶贫示范村11个，四星级酒店1家、其他星级农家乐（乡村酒店）37家。

【农村水利】完成小型水源工程项目工程量的40%，主体工程施工完成，该项目总投资2000余万元，建设内容为维修、改造农村饮水工程59处，维修、整治山坪塘118口，维修、养护石河堰3处，新建灌溉蓄水池4口，新增蓄水容积3.16万立方米，恢复蓄水容积65.9万立方米，恢复灌面8583亩，供水受益人口10.05万人。启动石桥铺镇铜钵河防洪治理工程项目、清河小流域水土流失综合治理工程项目招投标程序；启动2020年农业水价综合改革项目财评。全面落实农村饮水工程运行管理“三个责任”，明确县集中供水工程以县政府分管领导为地方政府主体责任人、以水行政主管部门主要领导为监管责任人、以供水管理单位负责人为运行管理责任人。全年制定完善乡级山洪灾害防御预案25个、村级山洪灾害防御预案75个。印发《大竹县农村供水工程水费收缴工作方案》，全县228处农村集中供水工程全面完成定价，综合水费收缴率达97.81%。县水务局被水利厅表彰为“2019年度全省农村水利工作先进集体”。

【农业机械化】推进水稻全程机械化，试点示范水稻直播技术和苎麻机械化打剥技术，推进粮经作物全程机械化栽培技术，全县农机专合社等服务组织参与跨区作业、推动托管、示范推广等工作。全县主要农作物机耕面积108.7万亩，其中水稻机耕54万亩、小麦机耕6.7万亩、玉米机耕28万亩、油菜机耕20万亩（机械化直播面积）；机收面积达68万亩。全县主要农作物耕种收综合机械化水平达60%，增长1%。

【农村科技】以农村为主阵地，以科普宣传、科技培训为抓手，组织开展一系列群众性科普活动，参与群众达10000余人次，发放各类科普、技术资料11000余份（册）。在全县70个贫困村开展农村科技扶贫、科技服务和示范引领、辐射带动等工作，将先进实用技术、优良品种和各类科技项目引入农村，全年共引进农业新品种3个，引进试验示范农业新技术1项。

【农村教育】加强农村学校建设，投资2800万元用于庙坝中学教学楼及附属设施建设；投资1500万元用于石河中学教学楼维修及附属设施建设；投资750万元用于庙坝小学综合楼及附属设施建设。全年全县实施农村教师周转宿舍项目4个，总投资2496万元，建设规模为9847平方米。杨家中学、周家中学等乡（镇）学校被纳入大竹县智慧教育学校建设项目规划；名校网络课堂在县内2所乡（镇）学校应用实施，观音中学、石河中学先后共享成都七中网络课堂；实现村小“专递课堂”全覆盖；全县200余名语文、数学教师参加“送教下乡”活动，促进教育均衡发展。全县全年纳入“学生营养改善计划”的农村义务教育阶段学校176所，营养餐实际支付378.61万元，做到“应吃尽吃”，实现受益学生和资金全覆盖。

【农村文化】 开展“送文化进乡（镇）、进农村院坝”等活动。对全县乡（镇、街道）文化站、农家书屋、社区书屋的管理员进行轮训和指导，提高基层文化专干、图书管理员对全民阅读工作的引领水平。所有乡（镇）文化站、农家（社区）书屋、村文化室全部免费向群众开放，全年共计开展“百场文化下乡”活动204场。建成县、乡（镇）、村（社区）三级广播电视公共运行服务网络，做好“户户通”6782个点位的维护。加强新冠肺炎疫情防控宣传，启动应急广播平台40个、“村村响”295个，广播宣传覆盖率达100%。

【农村卫生】 全县有中心卫生院13个（含2个街道、社区卫生服务中心）、乡（镇）卫生院37个、村卫生室382个。全县行政村卫生室“空白点”全面清零，有村卫生室医务人员994人，基本形成“小病在乡（镇），大病进医院，康复回乡（镇）”的就医新格局。全年完成30%的村庄综合整治任务，农村卫生厕所普及率达85%以上，集中式供水比例达96%，农村自来水普及率占农业人口的87%，对生活污水进行处理的行政村提高到15%。竹阳街道南城社区、大同社区，白塔街道卧佛寺社区，团坝镇中元村，中华镇桂花村、四坪村，柏林镇观音村等30个村（社区）通过省级卫生村（社区）评审，全县国家卫生乡（镇）、省级卫生乡（镇）、村覆盖率分别达6.45%、67.7%、45.98%。培育县级健康示范点44个，庙坝镇、庙坝镇长乐村被命名为“市级健康示范乡（镇）/村”。

【农村法制建设】 印发《2020年大竹县普法依法治理工作要点》，开展农村法制宣传教育，发挥普法讲师团、法律巡回顾问团、村（居）法律顾问等普法骨干力量，到乡（镇）、村（社区）开展宣传教育讲座，对《治安管理处罚法》《民法典》等进行正面宣传。开展“3·15”“6·26”“11·9”“12·4”等集中宣传活动及以防范非法集资、反电信诈骗、道路交通安全、环境保护等为主题的学法及普法活动，提高群众法律素质，增强法治意识，营造依法、理性、有序的良好氛围。

【农村交通】 11月，四川省交通运输发展战略和规划科学研究院完成《大竹县农村公路路网布局规划（2021—2035）》编制，并通过、专家组审核。《规划》中大竹县县道为29条、748.132千米，增长56.3%；乡道为124条、702.192千米，增长30.7%；村道为1259条、1696.778千米。制订《关于落实“四好农村路”路长制工作方案》，将路长制工作向乡（镇）、村（组）道路全面铺开，实现道路全覆盖。截至2020年年底，共投运102台“四统一”四川乡村小客运车辆提供建制村预约响应式农村客运服务，实现全县所有建制村通客运全覆盖。全年完成通村公路新（改）建270余千米，完成川主乡、文星镇、朝阳乡等乡（镇）11座村（组）桥梁建设。

【涉农招商引资】 全县3000万元以上的农业招商引资重大项目1个，为内资项目；项目总投资7亿元，增长6%。

【农村社会保障】 撤销黄家、中华、团坝、莲印4家敬老院，将102名农村特困供养对象安置到县中心敬老院；继续在3个街道和乌木、文星2个乡（镇）实施新型临时社会救助体系试点，救助1719人次、44.26万元。将农村低保保障标准提高至400元/人/月，全年全县累计发放低保46.43万人次，低保资金近1.34亿元，其中农村低保38.95万人、1.03亿元。全县城乡居民医疗保险参保人数877404人，城乡养老保险参保人数521750人。全县农村常住居民年人均可支配收入20153元，增长8.8%，其中工资性收入7828元，增长7.3%；经营净收入6338元，增长10.2%。农村居民年人均生活消费支出达13034元，增长8.2%，其中食品烟酒支出5202元，增长12.5%；衣着消费支出1021元，增长1.8%；医疗保健支出1225元，增长14.6%；教育文化娱乐消费支出960元，减少3%，农村居民恩格尔系数为39.9%。

【农村生态建设及环境保护】 编制农村环境综合整治方案，落实整治措施。印发并实施《大竹县2020年化肥使用量零增长行动方案》《大竹县2020年农作物秸秆综合利用和禁烧工作实施方案》《大竹县农村废弃口罩等特殊有害垃圾处置办法》等，完成《大竹县耕地土壤环境质量类别划定成果》并通过专家评审。健全网格化监管机制，建立县、乡、村、组四级环境保护网络，实现全县31个乡（镇、街道）、324个村（社区）全覆盖。开展“散乱污”企业清理整治，对各乡（镇、街道）摸排出的“散乱污”企业进行现场核实、认定，并提出分类整治意见。新建成乡（镇）污水处理厂16座，实现行政区划调整前51个乡（镇、街道）污水处理设施全覆盖。创建“美丽大竹·宜居乡村”达标村85个。

【农产品质量安全监管】 全面抓好农产品质量安全监管，对草莓、西瓜等风险较大农产品出台专项监管文件，加强对农业投入品使用情况检查；开展节前巡查，加强重大节日期间农产品质量安全监管；加大对各种植业主的日常监管检查，从源头上杜绝危害。全年检测样品859个，合格率达98%以上；乡（镇、街道）抽检1719个，合格率达98%以上，高于全省的合格率；配合部、省厅抽检样品73个，其中蔬菜62个、食用菌8个、水果3个，完成率达100%，监测合格率达100%；与县农业执法大队、县农检站监督性抽样40个送至广元农检站检查，未收到不合格样品信息反馈。全年新申报通过有机农产品1个，续展绿色食品4个、无公害农产品认证等4个，四川东汉醪糟有限责任公司被中国绿色食品产业发展中心表彰为“最美绿色食品”企业，大竹县被农业农村厅评为省级农产品质量安全检测示范县。

【农村市场体系建设】 全县建立村镇电商服务站点246个，优化电商综合服务体系；建成全国电子商务进农村综合示范项目；农商互联完善农产品供应链项目通过市级复查验收。鼓励企业参与市场拓展，组织涵盖竹、苎麻、香椿、糯稻和白茶“五张名片”企业136家次参加“惠民购物全川行”“川货全国行”“万企出国门”市场拓展“三大活动”。全县农业政策性保险收入0.4亿元。

【农村留守家庭（儿童、学生）帮扶】 启用全国儿童福利信息系统，共计录入留守儿童信息22412人。启动“百镇千村·助爱牵手”儿童关爱服务项目，引入4家专业社工机构在全县9个乡（镇、街道）、60个村（社区）开展关爱服务活动，覆盖留守儿童6000余人。疫情防控期间，乡（镇、街道）31名儿童督导员和443名儿童主任通过入户、电话、视频等方式全面排查留守儿童、困境儿童、事实无人抚养儿童26261人；到留守儿童家中开展特殊社工个案服务30余次。依托县社会工作服务中心等专业机构，建立防疫知识宣传和心理咨询平台，开展线上疫情防控心理健康知识讲座40次，为留守儿童、留守学生等开展心理疏导60余次。持续开展“守护明天·益起来”巴渠学子关爱农村留守学生活动，推进“童伴计划”项目，在全县31个乡（镇、街道）建立“童伴之家”，服务留守儿童1995名，吸引社会各界爱心人士捐赠物资达3.6万元。开展“童伴之家”家访、“开放日”活动、主题活动等，累计服务留守儿童9672人次。

【劳务开发与返乡创业】 依托“县外流动党组织+县级部门+乡（镇）+村”四级联动机制，

德阳市旌阳区

德阳市农业农村局副局长许万金（左三）到旌阳区调研大春粮食扩种和生产工作

市农业农村局副局长胡智（左四）到旌阳区调研畜牧产业抗洪救灾、恢复生产情况

区委书记陈天航（前排左二）调研督导旌阳区农产品加工园区建设情况

德阳市旌阳区素有“天府粮仓”之称，是国家农产品质量安全县、全国平安农机示范区和全国农村产权制度改革试点县。全区辖区面积 648 平方千米，辖 7 个镇和 6 个街道，耕地面积 47.79 万亩、永久性基本农田 35 万亩，“两区”划定面积 24 万亩；农业主产水稻、小麦、油菜、蔬菜、各类畜禽产品。截至 2020 年年底，全区总人口 70.08 万人（户籍人口）。近年来，旌阳区深入贯彻落实中央、省委和市委关于实施乡村振兴战略的一系列决策部署，紧扣“致力共同富裕，奋力创建百强”目标，紧紧围绕做好两项改革“后半篇”文章，以建设城乡一体的高品质生活宜居地为引领，在全市率先开展“三变”改革“五社”实践试点，积极探索集体经济发展有效路径，大力开展数字农业建设，

区人大常委会主任徐蓉（左二），副主任刘秉光（右二）、吉庆坤（左一）一行到孝感街道督导调研疫情防控及复产复耕情况

代理区长谢斌（右一）调研农业产业发展情况

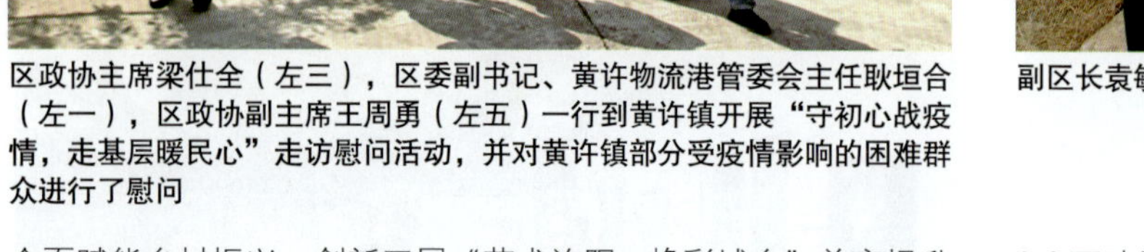
区政协主席梁仕全（左三），区委副书记、黄许物流港管委会主任耿垣合（左一），区政协副主席王周勇（左五）一行到黄许镇开展“守初心战疫情，走基层暖民心”走访慰问活动，并对黄许镇部分受疫情影响的困难群众进行了慰问

副区长袁敏（中）督导现代农业园区建设工作

全面赋能乡村振兴，创新开展“艺术旌阳·焕彩城乡”美育提升行动，推动形成文明乡风，促进农业全面升级、农村全面进步、农民全面发展，走出了一条具有旌阳特色的城乡融合、全域振兴之路。2020 年，全区粮食、油料、蔬菜总产量分别达 23.4 万吨、3.6 万吨和 40.4 万吨，生猪出栏 29.5 万头。农林牧渔服增加值达 44.36 亿元，增长 4%；农村居民人均可支配收入达 22122 元，增长 8.4%，并于 2018 年、2019 年连续两年荣获全省农民增收先进县，2018 年、2019 年、2020 年连续三年脱贫攻坚考核为“好”。

和新镇高治村高标准农田

柏隆镇兴澳种植专业合作社疫情期间有序复工复产

德新镇和庄供销社农产品展示展销中心

金雨农业有限公司

柏隆镇德科电子生产车间（本地企业健康发展，让群众在家门口就业增收）

德阳市旌阳区红花绿禾种植专业合作社联合社青菜大丰收

万亩油菜制种基地

旌耘“米线专用稻”种植基地

羊肚菌

孝感镇红伏村

水肥一体化实现智能灌溉

无人机飞防队伍

新农人众创共建的“高槐模式”

罗新路

旌阳区首批6个农村“三变”改革试点村挂牌成立集体股份、土地、劳务、旅游、置业“五大合作社”

广 汉 市

省委常委曲木史哈（前排右二）到广汉市参观高坪镇金色池塘农庭农场

副省长尧斯丹（前排左一）到高坪镇小农夫家庭农场参观

德阳市委书记靳磊（中）到广汉市“职业农民之家”调研，市委书记张俊懿（前排左一）陪同调研

德阳市政协主席张万平（前排右二）到松林镇调研农村改革工作，市长杜尚武（左二）陪同调研

广汉素有“川西明珠”的美誉，地处“天府之国”成都平原腹心地带，位于成都六环上，辖区面积548平方千米，辖12个镇(街道)，常住人口60万人。先后被评为中国西部百强县(市)第15名、全国营商环境百强县（市）第15名、全国投资潜力百强县第71名。2020年，全市实现地区生产总值429亿元，地方一般公共预算收入22.9亿元，三次产业结构比为9 ：50.6 ：40.4，全社会固定资产投资增长8.1%，城乡居民可支配收入同比分别增长5.8%、8.4%，县域经济综合实力排名西部百强县第15位，入选四川省全国强县培育名单。

广汉是文化名城。境内三星堆遗址距今2800—4800年，是中华文明的重要发源地，被誉为“长江文明之源”、世界第九大奇迹，作为全国唯一大遗址入选首批国家文物保护利用示范区创建名单。

广汉市农村集体产权制度改革动员部署会

西高镇第六届油菜花节现场

2019年“丰收杯”

广汉市国家现代农业产业园丰收（连山镇）

2020年高标准农田建设项目

三星堆被誉为20世纪人类最伟大的考古发现之一，彰显了中华文明的丰富性和多样性，与九寨沟、大熊猫构成了代表四川的“三九大”三张名片。已累计接待党和国家领导人60余人次、外国政要90余人次、国内外游客2200万人次，其文物已走进50余个国家和地区，文物仿制品两度成为国礼。沿袭300余年的“保保节”被列入省级非物质文化遗产保护名录。境内有国家级重点文物保护单位雒城和明代古寺龙居寺，以及广汉文庙、广汉东禅寺、汉代古墓群、房湖公园、金雁湖公园等，被评为省级历史文化名城、全省文明城市、全国文化先进县。

广汉是“改革之乡”。1978年，在全国率先实行“包产到组"联产承包责任制；1980年，第一个摘掉了人民公社的牌子。近年来，大力弘扬敢为人先的改革精神，大胆突破、先行先试，农田水利改革的做法在全省推广，农村集体资产股份合作制改革被誉为“友谊经验”，被确定为全国农村集体产权制度改革试点县、全国新型职业农民培育试点县、全省农村改革综合试验区，2/3的乡镇被纳入“百镇建设行动”，粮食集中种植规模全省第一，现代农业产业园通过国家级认定。

广汉是产业新城。境内有德阳高新区、三星堆文化产业园和广汉工业集中发展区三大园区，拥有亚洲最大的“蓝天大学”中国民航飞行学院、中石油三大研究院，形成了高端装备制造、医药食品、先进材料、通用航空和数字经济的“5+1”产业体系，规上工业企业达346家，工业总产值突破800亿元，是全国最大的油气装备制造基地、全国唯一的国家通用航空创新型产业集群试点、西南地区最大的食用油加工生产基地、全省医药产业聚集度最高的县级区域。2018年，引进京东西南智能运营结算中心，总投资135亿元；2020年，引进一汽解放商用车及配套项目，打造西部中高端商用车生产基地；商贸、会展、旅游等产业发展迅速，2017年、2019年成功举办两届四川国际航展，共吸引20余个国家代表团、300余家国内外企业参展，观展人数超过60万人次，被新闻媒体称为“全国第二大航展”。

广汉是宜居典范。南距成都市区20千米，北距德阳市区19千米，立体交通网络四通八达，距双流机场50分钟车程、天府机场1小时车程；京昆高速、成都二绕及在建的G5扩容线、天府大道北延线等6条高速、快速公路穿境而过，成都市域铁路S11线将于2023年通车。正在建设4000亩水面的生态景观湖泊“三星湖”、14条大小河流构建起“四河八岸、五湖十园”的城市景观体系，城市绿化覆盖率达52.3%，是全国森林城市、全国环境优美示范县城。

国家产业园

水果产业园

中国最美渔村——水产产业园

现代农业项目沟渠及道路建设

高坪镇白里社区

绵竹市

时任市委书记陈万见（右二）调研全市乡村振兴工作（2020年中共绵竹市委农村工作会议暨创建全省实施乡村振兴战略先进县誓师大会）

时任市长李栋参加德阳市2020年农民丰收节并致辞

2020年，全市第一产业增加值实现36.5亿元，增长3.6%；农村居民人均可支配收入实现21905元，增长8.4%。实现2013年底的1.1万户1.9万名建档立卡贫困人口全部脱贫。

以稳定粮猪生产为抓手，高水平保障农产品供给。一是严格落实粮食安全行政首长负责制，粮食产量稳中有增。新建高标准农田2.2万亩，新（改、扩）建田间灌（排）渠道72.6千米。粮食播种面积达66.4万亩，产量27.9万吨，较上年增产0.1万吨。二是严格落实“菜篮子”市长负责制，生猪产能加快恢复。引进

金融支持绵竹乡村振兴——绵竹农商行与绵竹市农业农村局签订战略合作协议

副市长李强（右三）调研农业产业化工作

时任市农业农村局局长田竞（左二）到广济镇指导农业生产

牧原集团来绵投资新建现代化生猪养殖基地，全年全市出栏生猪 36.9 万头。

以现代农业园区为抓手，高质量推进产业振兴。围绕全省现代农业“10+3”产业体系，制定出台农业规模化发展扶持政策，安排资金 1000 万元，支持“2+4+N”产业发展，加快推进粮油、生猪、猕猴桃、玫瑰、早熟梨、茶叶六大农业园区建设；持续巩固猕猴桃省级农产品优势区建设成果，完成猕猴桃现代农业园区省级星级园区培育项目；深化现代农业园区跨区域合作，积极融入成德眉资都市现代高效特色农业示范区。猕猴桃现代农业园区成功创建为全省三星级现代农业园区，麓棠山玫瑰现代花卉产业园区、广济粮猪种养循环现代农业园区获评德阳市一星级现代农业园区。

以先进示范创建为抓手，高标准推进乡村振兴。编制完成绵竹市乡村振兴战略规划；筹资 1000 万元，实施“一镇一基础设施项目”12 个，获评德阳市实施乡村振兴战略先进县，九龙镇、清平镇分别获评省、市实施乡村振兴战略先进镇，麓棠镇玫瑰新村等 6 个村分别获评省、市实施乡村振兴战略示范村。

以人居环境整治为抓手，高起点建设大美乡村。大力实施农村垃圾、农村厕所、农村污水“三大革命”，补齐人居环境整治短板。入选“全省农村厕所革命重点县”，争取奖补资金 2000 万元，完成 37 个农村“厕污共治”示范点建设及省道 216 线沿线风貌提升工程；采用“一清二定三建四利用五标准”的模式新（改）建农村户厕 1.23 万户，按照“四靠近五统一”的思路新（改）建乡村公厕 32 座。全市农村生活垃圾有效治理率达 100%，农村户用卫生厕所普及率达 89%，农村公共厕所覆盖率达 91%，全市 63% 的行政村具备生活污水处理能力，畜禽粪污资源化利用率达

凤凰山茶叶现代农业园区

麓棠山现代花卉产业园

剑南粮油园区

95%，农业废弃物资源化利用率达 94%。成功承办德阳市 2020 年农村人居环境整治现场会，顺利通过全省农村人居环境整治三年行动方案检查验收，获评全国村庄清洁行动先进县。

以深化农村改革为抓手，高效率壮大集体经济。选择汉旺镇高柏村、花石沟村，孝德镇年画村，新市镇白庙村、火石村，广济镇三江村、云盖村，什地镇合结村，玉泉镇龙兴村，清平镇盐井村等 10 个村进行农村“三变”改革试点；完成全市 151 个行政村（村改前）、187 个组农村集体经济组织的登记赋码发证工作。规范农村集体产权交易，依托成都农村产权交易所德阳所绵竹交易中心挂牌成交项目 263 宗，累计交易金额 4.16 亿元。开展乡村振兴农业产业发展贷款担保，六种模式共发放贷款近 1.13 亿元；实施现代农业产业发展贴息项目，对 6 家农业龙头企业共贴息补助 128.48 万元。

猕猴桃现代农业园区

广济粮猪种养循环现代农业园区

新华社采访植保植检站负责人

植保专业化社会组织机构对油菜进行无人机防治

美丽棚花村

美丽年俗村

美丽年画村

中 江 县

农业农村厅党组成员、副厅长卿足平（前排左二）一行到中江县调研粮食稳定生产、生猪恢复生产和高标准农田建设等农业农村重点工作推进情况

中江县是全国“双百人物”、特级战斗英雄黄继光的故乡，地处四川盆地西北部，是典型的丘陵农业大县、人力资源大县。全县辖区面积2200平方千米，辖30个乡（镇）436个行政村86个社区，总人口137万人。先后被评为全国粮食生产先进县、全国食品工业强县、全省“三农”工作先进县、全省县域经济发展先进县、全省脱贫攻坚工作先进县、全省促进服务业发展工作先进县，居2021年中国西部百强县第39位。

区位优势突出。中江西临成都、北依德阳、东靠绵阳、南接遂宁，位于成都“一小时经济圈”内，距成都66千米、绵阳51千米、德阳37千米、遂宁130千米。达成铁路、成南高速、成巴高速、成都三绕、中金快速通道穿境而过。随着德遂高速、成绵高速扩容、成都外环铁路、成巴高铁等重大交通项目的规划建设，“六高八快四轨”综合交通体系加快形成，高速公路总里程居全省前列，交通区位优势将更加明显。

人文历史悠久。中江史载2800年，音乐盛于周朝，壁画彩绘耀于汉代，状元文化始于宋代。孕育了铜山“三苏”（苏易简、苏舜钦、苏舜元）和陈豹隐等一大批历史名人。县城内玄武观、文庙、火神庙、白塔寺、寿宁寺等五庙保存完好，南北二塔鼎足而立；东汉塔梁子崖墓群填补了中国崖墓考古和南方地区汉代美术考古的一项空白。非物质文化遗产仓山大乐源于周朝，被誉为中国“音乐活化石”；中江手工挂面工艺传承千年，“一碗面、一座城”享誉全国。

发展资源丰富。中江林木覆盖率达40%以上，空气质量优良率保持在90%以上。全县土地总面积 330 万亩，耕地面积 150 万亩，城镇建设适宜区面积 178 万亩，是“成都三绕”内土地资源最丰富的地区之一。境内有涪江和沱江水系主要河流23条、中型水库5座、小型水库61座。境内天然气探明储量1500亿立方米，年产气量超10亿立方米。人力资源丰富，劳动力资源总数80万人。县城凯江、东江、西江三江织城，22座小山诗意点缀，为打造50平方千米、50万人口的宜居宜业公园城市奠定了生态本底。

发展前景广阔。新一轮西部大开发、成渝地区双城经济圈建设、成德眉资同城化发展等国省重大战略机遇交汇叠加，中江全域被纳入成都都市圈发展规划，是成渝地区双城经济

成都三绕与成巴高速枢纽互通

凯江河南渡公园

中江大道

已建成的民主至白果公路

“挂面村”——东北镇觉慧村

继光湖落日

圈的重要节点城市，作为连接成都平原经济区、川东北经济区的重要战略支撑点、推进成德同城发展的“桥头堡”，迎来了融入区域协同发展的重大机遇。

2020年，全县实现地区生产总值391.3亿元，三次产业结构比为24.1：37.3：38.6；城乡居民人均可支配收入分别为35613元、16903元，分别增长5.7%、8.3%。

城西中学

集凤镇中心学校石垭分校（成都市泡桐树小学石垭子分校）

凯江石河堰

芦茅沟水库整治后前坝

龙家咀水闸

仓山镇响滩村猕猴桃种植基地

欣旺水果永太镇新店村葡萄种植基地

永太镇多宝村油菜花田

荷韵南山千亩莲藕种植基地

响滩村农家新居

回龙镇"厕所革命"生态振兴

富兴镇李子丰收

向阳原种猪场保育期仔猪

“送春联下乡”

玉兴镇第三届乡村文化旅游节

川剧演出

川渝好物展

中江产品进商圈

中江扶贫产品销售专区

——全国平安农机示范区

——国家区域性蔬菜良种繁育基地

——全国农村集体产权制度改革整县推进试点区

——四川省实施乡村振兴战略工作先进区

——四川省农产品质量安全监管示范区

——四川省特色农产品优势区

绵阳市游仙区

游仙是中国科技城核心区、绵阳市主城区，地处成渝西"黄金三角"、成德绵发展轴，辖区面积1018平方千米，辖1个省级高新技术产业园区、1个经济试验区、3个街道、8个镇、172个村（社区），总人口56万人，其中农村人口24万人。农村和城镇居民人均可支配收入分别增长9%和6%，GDP在四川省排名从68位升至第32位，县域综合实力进入全省前50强。2021年全区农村居民人均可支配收入达22805元，同比增长10.6%。近五年，全区先后被确定为全国农村集体产权制度改革整县推进试点区、国家区域性蔬菜良种繁育基地、全国平安农机示范区，获评四川省实施乡村振兴战略工作先进区、四川省两改"后半篇"文章专项工作先进区、四川省农产品质量安全监管示范区、四川省特色农产品优势区、四川省成渝地区双城经济圈建设县域集成改革试点区、四川省全面依法治县示范试点区；辖区内1镇8村获评省级实施乡村振兴战略先进镇、示范村。

一、主要做法

（一）优先考虑干部配备。进一步强化区委对农业农村工作的领导，充实调整区委书记、区长任双组长的区委农村工作领导小组力量，设置专兼职副主任充实区委农办结构。结合镇村换届，聚焦事业发展需要，进一步充实乡村振兴执政力量，2021年共调整涉及乡村振兴干部4批次56人，乡村振兴部门领导干部平均年龄下降2.6岁，形成了以35～45岁干部为主体的老中青梯次配备干部队伍。坚持把优秀干部充实到"三农"一线，对6个乡村振兴重点帮扶村、10个集体经济薄弱村和8个党组织软弱涣散村，选派24名优秀干部任驻村"第一书记"和12名驻村工作队员，全区教育、卫生、农业、文旅等服务乡村一线人才较上年增加109人，各镇"一办一中心"编制配备和人员配置达到100%。

（二）优先满足要素配置。在《绵阳市游仙区乡村振兴战略规划（2018—2022）》基础上，对112个行政村因地制宜、科

建成高标准农田2.3万亩

区委书记陈华斌（中）参加区委农村工作领导小组扩大会议

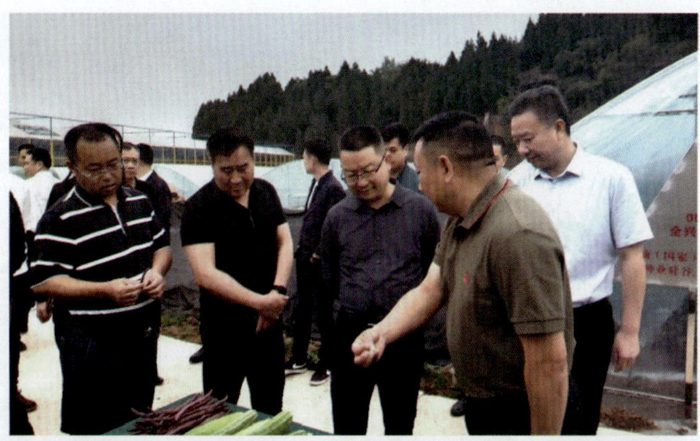
区人大常委会主任何守君（左三）带队视察蔬菜种业现代农业园区规划建设发展情况

学编制“多规合一”的村庄规划，实现镇村规划全覆盖。紧盯市级新一轮国土空间规划编制，统筹布局城乡产业发展、基础设施、公共服务、生态环境，游仙区国土空间规划近期实施方案共 55 个项目，面积 2954.09 亩，用于乡镇产业发展及村民住宅项目面积共 755.93 亩，占总用地面积 25.6%。2021 年度土地利用年度计划中，已安排 25.59% 的新增建设用地指标保障乡村产业发展和村民住宅建设用地。

（三）优先保证资金投入。坚持把乡村振兴投入作为区级财政支出的优先保障领域，全区乡村振兴投入达 25.42 亿元，预计在一般公共预算支出中占比 13.35％，较上年增长 0.08％；区本级投入乡村振兴资金 3.393 亿元，占一般公共预算支出的 13.35％，较上年占比增长 0.27％。积极对接金融机构加快乡村振兴发展贷款，已协助农业企业落实贷款 6954 万元。投资 14.79 亿元打造的“芙蓉花溪”旅游环线全线贯通，串联起沿线 17 个农旅项目，推动乡村农旅融合发展。

（四）优先安排公共服务。2020 年、2021 年区本级财政一般公共预算安排农村教育、医疗卫生、文化、社会保障、民政、法律等公共服务的投入占比分别为 68.31%、68.44%，呈逐年增长

区长韩晓清（左二）调研石马特色小镇建设工程推进情况

区政协主席杨守贵（右二）一行到小枧镇视察“有事来协商”平台建设情况

区委常委、组织部部长李响（右三）带队到盐泉镇调研重点项目推进情况

副区长姚永强（右二）、区政协副主席张梁（左三）到新桥官司河督查河道水质工作

中共绵阳市游仙区第七次代表大会

态势。上年以来，新（扩）建学校 9 所，新增公办学位 5000 个，乡村普惠性幼儿园覆盖率达到 94.92%。积极推进健康游仙建设，"八区三中心"医疗服务新体系改革成果在全省推广。持续深化文体惠民工程，改造提升村（社区）文化活动室 172 个，公益性文化场馆全部免费开放，镇村体育建设设施实现全覆盖。创新建成"智慧司法"区级公共法律服务中心 1 个，全区公共法律服务工作站（室）覆盖率达 100%。

二、主要成效

（一）完善长效帮扶机制，巩固拓展脱贫攻坚成果。严格按照"四个不摘"要求，对原区定建档立卡贫困户 375 户 783 人继续开展帮扶，防止返贫现象发生。针对防返贫动态监测集中排查出的 54 户 118 名监测对象，按照"缺什么补什么"的原则，落实区级帮扶部门精准对症施策，坚决守住不出现规模性返贫底线。瞄准基层经济社会发展和服务群众需求，将 4 项民政事务审批权限赋予各镇（街道），优化社会救助工作审核审批流程，打通服务困难群众"最后一千米"。全区共拨付防返贫预警基金 37 笔 64 万元，累计下拨城乡低保、特困供养、临时救助等扶助资金 3442.7 万元。

（二）大力发展现代农业，推动乡村产业转型升级。落实最严格耕地保护制度，坚决遏制耕地"非农化"、防止"非粮化"，

绵阳市农业农村局副局长刘志平（前排左一）带队检查2020年高标准农田建设情况，区农业农村局副书记、总农艺师刘晓东（左二）陪同

区农业农村局党委书记、局长吴先强（左一）检查长江十年禁渔工作，区农业执法大队副大队长李平（左二）陪同

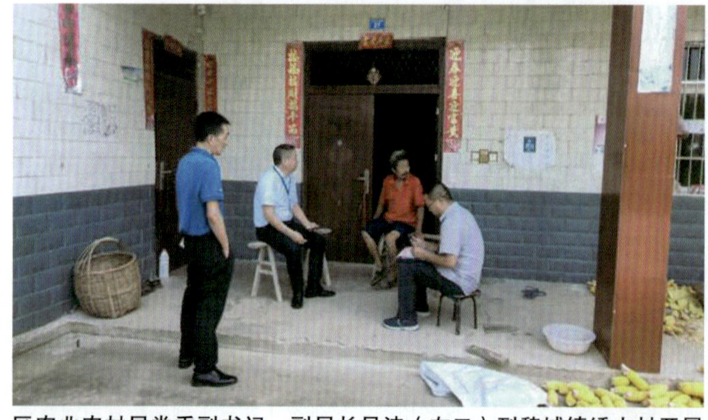
区农业农村局党委副书记、副局长吴波（左二）到魏城镇绣山村开展"双听双问"走访

区农业农村局党委委员、副局长李进（左二）检查、督导环保工作

区委农办工作人员到忠兴镇木龙村督导乡村振兴工作

盐泉镇传达学习区党代会、人代会、政协会精神

持续推进高标准农田建设，建成高标准农田 2.3 万亩。全力保障粮食、生猪等重要农产品有效供给，完成粮食播面 58.12 万亩，年产量 24.4 万吨；招引大型养殖企业 3 家，年出栏生猪 19 万头。立足“优质粮油、绿色蔬菜、花卉林果、优质蚕桑、生态养殖”五大基础产业，着力建设现代农业园区，“川菜硅谷”和特色经果林园区被纳入省级现代园区培育，蔬菜种业列入全市三大种业五年行动计划。已建成优质蔬菜 10.3 万亩、标准化桑园基地 3.5 万亩，发展“三品一标”农产品达 135 个，培育农业企业 223 家、专合社 397 家、家庭农场 1386 家、规模养殖场 90 家、种粮大户 392 户，2021 年农林牧渔业总产值可突破 52.34 亿元。

（三）实施乡村建设行动，打造美丽宜居和谐家园。积极争创省级“乡村振兴交通先行”“金通工程”样板县，完成省厅下达畅通工程项目 6 个、12.7 千米，全区通村公路硬化率、建制村公交（客车）通车率达 100%。大力推进“城乡供水一体化”，近两年整合 840 万元改造农村地区饮水管网，农村饮水达标率达 100%。大力开展“两大一好”爱国卫生运动，全区 112 个行政村中，生活垃圾得到有效处置的村占比 100%，生活污水得到有效处理的村占比 90.9%，农村户用卫生厕所普及率达 99.2%，畜禽粪污资源化利用率达 94%，秸秆综合利用率达 96.6%。魏城镇铁炉村、信义镇曾家垭村分别获评“四川十大最亮眼村居”“四川省十大最美古村落”。

（四）提升基层治理效能，绘就乡风文明美好画卷。扎实推

游仙区2021年油菜花节

魏城镇开展“放心农资下乡进村”宣传活动

秸秆回收利用车间

绵阳仙特粮油优质小麦示范基地

新桥镇王家坝村地膜种植高产田

蔬菜繁育基地

进法治游仙和“新时代文明实践中心”建设，持续开展文明村镇、文明家庭、星级文明户等文明细胞创建，成功创建全国文明村镇2个、省级文明村镇2个，市级文明镇达100%。打造“一核三治（党组织领导+村规民约+评议会+红黑榜）”乡村治理品牌，112个村全部完成村规民约修订工作，组建25个村级道德评议堂，评各项先进典型和反面事迹，议村内重大决策和社会热点。深化全面依法治区示范试点，12个司法所全部建成省级规范，全区刑事案件发案率下降14.11%，建成全国乡村治理示范村2个、省级乡村治理示范村4个。

三、特色亮点

（一）全面完成农村集体产权制度改革试点任务。作为全国农村集体产权制度改革整县推进试点，通过把准改革方向、坚持改革底线、尊重农民意愿、分类有序推进，创新设立镇级股份合作总社、设置农村集体经济临时集体股、预留集体经济发展用地，开发运用农村集体“三资”监管互联网平台，探索集体成员身份确认“户长代表制度”，全面核实资产12.3亿元、资源性资产140.63万亩，建立村级集体经济组织141个，着力构建起归属清晰、权能完整、流转顺畅、保护严格的农村集体产权制度体系，改革试点经验入选全国典型。

（二）盘活用好农村闲置宅基地和闲置住宅。坚持“政府主导、集体主体、群众首位”原则，稳慎开展农村闲置宅基地和闲置住宅盘活利用试点。成立城乡融合发展试验区负责农村集体土地整理入市等工作，制定出台《绵阳市游仙区农村建设用地整理及调整村庄建设用地布局管理办法（暂行）》，形成《游仙区农村集体经营性建设用地入市规定（试行）》等7项配套政策。首批试点镇新桥镇、仙鹤镇共完成闲置宅基地复垦169亩，完成65.88

富乐山

第二批全国乡村治理示范村——魏城镇铁炉村

洛水村新风貌

胜利村居民聚集点

同福博爱新村

亩闲置宅基地复垦验收，集体经济组织预收土地指标使用费630余万元，试点经验在省委农办《三农要情》专刊刊发。

（三）探索推动村级集体经济融合发展。以建设四川省首批村集体经济发展试点区为契机，紧扣村级建制调整中债权债务移交、新建组织、规范管理三大环节，引导村集体经济组织参与改革，全区共移交村级集体资产6.894亿元，负债0.86亿元，办理村级集体经济组织“三资”移交97个，移交完成率100%。出台《游仙区村级集体经济发展五年规划方案》，完善农村产权交易流转市场，加快推进农村产权确权登记颁证，探索推行资源开发、资产利用、产业带动、股份合作、物业经济、服务创收、财政支农“七种模式”发展壮大集体经济。强化监督管理，升级三资管理系统“清风阳光监督平台”，实现农村集体经济阳光透明，典型经验在省委改革办《四川改革专报》刊发。

新桥镇柏龙村水产发展

远眺县城一角

绵阳市安州区

省政协副主席、党组成员李昌平（中）到睢水镇调研机电提灌站建设和“全程机械化+综合农事”发展情况

绵阳市委书记罗增斌（左二）到安州区现代农业园区调研

绵阳市委常委、组织部部长王华蓉（中）到界牌镇和罗浮山温泉康养小镇项目建设现场调研环保建设等工作

绵阳市安州区，原为安县，是绵阳市主城区之一。全区辖区面积1181.14平方千米，辖10个乡(镇)117个行政村34个社区，总人口45.6万人（其中农业人口30.97万人）。安州区是全国文明城市、中国宜居宜业典范县、全国基层中医药工作先进单位、国家农产品质量安全县、第一批全国农村创业创新典型县、全国粮食生产先进县、国家级杂交水稻制种基地县、市级实施乡村振兴战略先进县等。

在全国实施乡村振兴战略的新征程上，安州区深入贯彻落实习近平总书记重要讲话精神和中央、省委农村工作会议精神，紧扣乡村振兴“二十字”方针，加快推进“1+6+4+9”乡村振兴规划，以构建“2+3+4”现代农业产业发展体系为目标，着力打造“一

区委书记胡斌（中）调研乡村振兴工作

时任区委书记姚永红（右）到脱贫户家中查看饮水情况

线两区五业十园”产业格局，持续巩固脱贫成果、坚决守住防止规模性返贫底线同推进乡村振兴有效衔接，全力推动乡村振兴开新局、谋新篇。安州区“狠抓重点、突破难点、打造亮点”，在产业、人才、文化、生态和组织五大振兴领域大胆探索、创新实践，这是安州区推进乡村振兴战略的有益尝试，也是全面实施乡村振兴战略工作在安州的生动实践。

一、加强组织领导，深入推进乡村振兴战略

安州区深入贯彻习近平新时代中国特色社会主义思想，认真落实党中央、省委、市委决策部署，坚持把实施乡村振兴战略作为新时代“三农”工作总抓手，全面构建三级书记抓乡村振兴工作体系，分级分层成立乡村振兴工作领导小组，形成“一级抓一级、层层抓落实”的工作格局。强化激励约束，出台《绵阳市安州区实施乡村振兴战略硬性规定》，健全责任落实、工作保障、督促检查、考核评价、问责奖惩等“五大机制”，切实压紧压实工作责任。

二、强化投入保障，不断夯实乡村振兴基础

坚持用最好的要素保障推动农业农村优先发展。推动编制资源下沉、工作力量下移，乡（镇）行政区划调整中增加事业编制

区人大常委会主任赵奎（中）到花荄镇皂河村调研乡村振兴工作

区长童华建（前排左二）到塔水镇调研隐海·调元文化产业园建设情况

区政协主席任晓军（中）带队到塔水镇水稻制种基地调研

区委副书记江保权（中）到秀水镇大泉村督导巩固脱贫攻坚成果同乡村振兴有效衔接有关工作

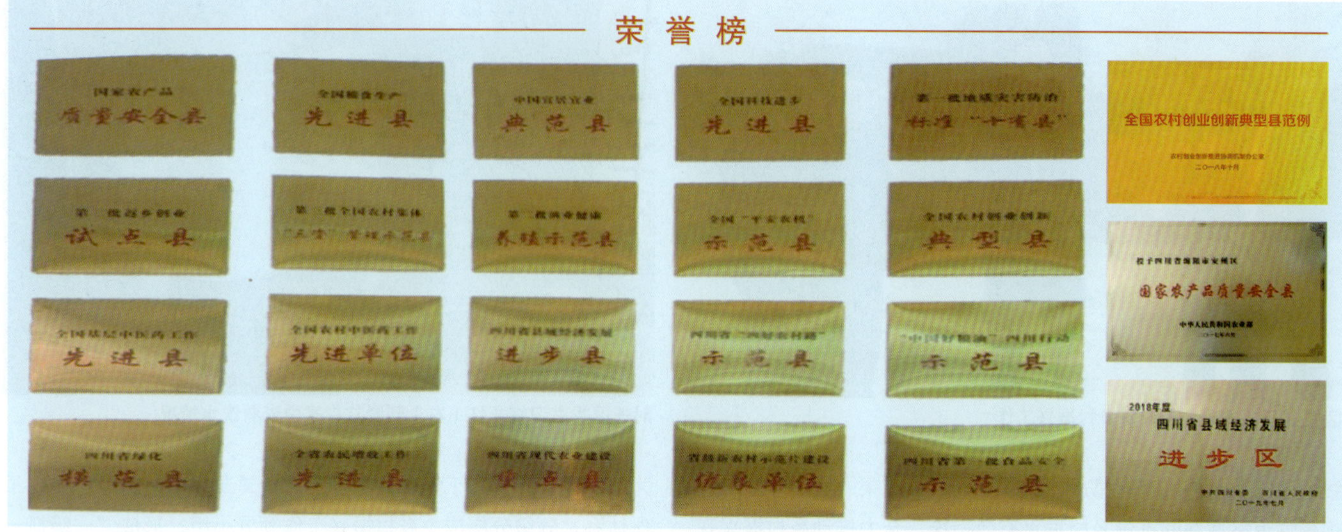

216名，138名科级干部、147名新招录干部、23名退役士兵充实到“三农”系统和乡（镇），乡（镇）乡村振兴办、农业服务中心实现全覆盖设置，在岗率达95%以上。选优配强1480名村（社区）“两委”和后备干部。强化资源保障乡村振兴产业发展，盘活闲置资产6.5万平方米，村民住宅建设用地指标量占年度计划指标的29.38%。加大资金保障力度，全年落实中央、省、市、县资金53.34亿元，设立“乡村振兴农业产业发展贷款风险补偿金”500万元，发放涉农贷款1.1亿元。不断优化公共服务，全区农村地区水电信网和义务教育适龄儿童入学率、乡村文化站点建设及活动覆盖率等均达100%，各项社会保障实现“应保尽保”。

桑枣镇齐心村农旅融合产业发展区“枣皮走廊·蝴蝶谷”冬季美景

全国乡村治理示范村、国家3A级景区、四川省乡村振兴示范村——塔水镇七里村俯瞰图

特色民宿　文旅融合——蝴蝶谷翎谷濯缨

环湖碧荷园

县城风貌

副区长蒋波（右）到绵阳市农村产权流转交易中心安州区分中心调研村集体产权流转交易情况

区农业农村局局长张志勇（左二）调研现代粮油园区建设工作

三、创新体制机制，有效提升乡村振兴质效

一是农业发展质量不断提升。结合安州区优势自然资源禀赋，探索试点党建引领产业发展、“粮食银行”优化农事服务、农旅互融共建等经验做法，推动农业产业高质量发展。围绕“2+3+4”现代产业体系，打造“一线两区五业十园”产业格局，梯次建设10个现代农业园区，建成高标准农田40.32万亩，粮食总产量26.27万吨，油菜籽产量5万吨，发展水稻制种4万亩。严格落实非洲猪瘟“3+3网格化”监管措施，预计全年生猪出栏18.4万头，切实筑牢粮食安全底线。特色产业高质高效，中药材、魔芋、草牧等特色产业面积达25万亩，产值21亿元。不断强化社会服务功能，36家各类社会化服务组织服务总面积58万亩，农机机械化综合水平达85.2%。推动新型经营主体促农增收，900余家各类各级经营主体带动农民人均年增收2000元以上。农业品牌享誉全国，“三品一标”农产品达75个，“安县魔芋”成功创建全国名特优新产品，“安得逸”入选全国区域公共品牌，“川菜王”牌菜籽油获得“中国食用油十大品牌”“四川名牌产品”称号，“蜀好湃”“罗浮山”“哈农宝”获得全国绿博会金奖。

安州区“五联四帮三带”农民工党建模式得到省、市领导肯定

二是乡村人才持续壮大。围绕“人才兴区”战略，探索“翱翔计划”选调生服务“三农”、农民工回引培育等做法，通过强化选育管用不断壮大乡村人才队伍。选调优秀大学毕业生62人到镇、村任职，212名村（社区）干部参加学历提升行动，270名农业农村系统专技干部晋升职称。选树优秀人才，评选“创业菁英”“农业菁英”等涉农优秀人才60余人，成立名师、名医、名家工作室20个服务“三农”。培育农村实用人才1.6万余人、

基础设施建设——桑枣镇污水处理厂

龙头企业——安州区鸿丰奶牛养殖有限公司

全国乡村治理示范村——花荄镇联丰村

“四好”农村路——花荄镇九合村公路驿站

易地扶贫搬迁安置点

水稻制种生产示范基地

高素质农民 2070 人。回引各类返创人才 3000 余名，创办实体达 3200 余个，带动 3 万余名群众就近就业。

三是文化活力有效激发。注重文化宣传引导，坚持文化涵养乡风文明，探索开展"百家看·千家比"活动教育，引导群众树立文明新风等做法，不断丰富群众精神生活。开展"安州春晚""戏剧周""山歌会"等系列本土文化活动，组织文艺单位开展文化公益培训 6000 余人次，丰富群众的精神文化需求。积极开展"传承调元文化、弘扬调元品格"，优秀传统文化研习沁润人心，开展川剧培训、调元诗词、书法篆刻等主题活动 40 余场次，惠及群众 2 万余人。大力挖掘历史文化、红色文化和非物质文化遗产资源，编辑出版《千佛山传奇》《沸水庙传奇》《小西路传奇》等民间故事书籍，加强"被单戏"等非遗传承和文物保护。开展"百家看·千家比"活动教育，推行"文明村镇""文明家庭""星级文明户"等细胞创建活动。建立志愿服务队伍 469 支、志愿服务站点 258 个，开展各类文明实践活动 300 余次，引导教育服务群众 10 万余人次。

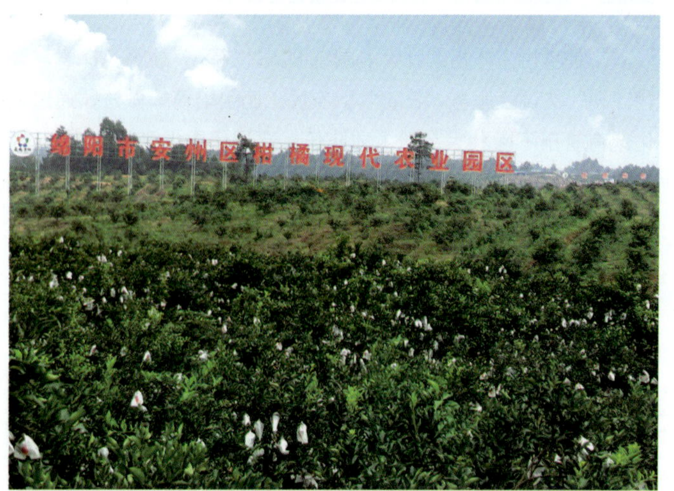

绵阳市安州区柑橘现代产业园区

四是宜居环境成效显著。深入践行"绿水青山就是金山银山"发展理念，着力在交通基础设施建设、农村电网、厕污治理等方面大胆探索，农业农村生产生活基础条件不断改善，农村公路列养率 100%，"美丽四川·宜居乡村"达标村 95 个。通过村电共建，实现供电服务响应速度提升至 15 分钟，综合线损达 3.6%。加强人居环境治理，建成农村生活垃圾压缩中转站 18 个、分类收集点 1500 处，全区行政村生活垃圾转运处置覆盖率达 100%，卫生厕所普及率达 93.66%，85% 的村具备生活污水治理能力，秸秆综合利用率保持在 98.3% 以上。化肥农药连续五年实现负增长，粮油园区建成全省唯一的国家级化肥农药双减集成示范区。

天府菜油

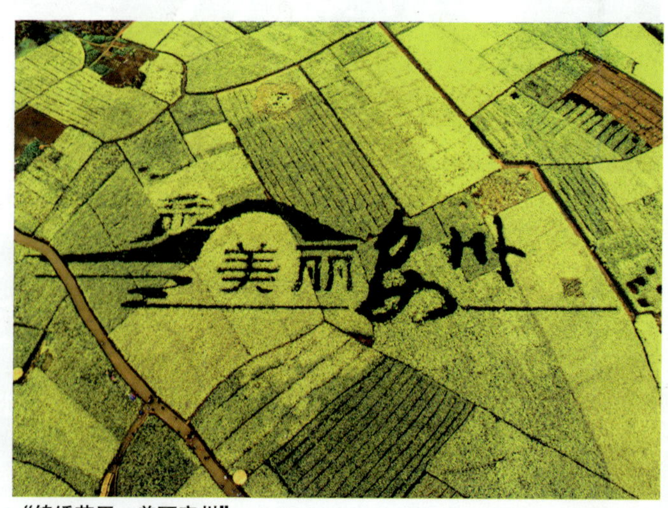

"锦绣花田、美丽安州"

塔水镇七里村产业道路

高标准农田

五是组织建设切实筑牢。把组织振兴作为乡村振兴的第一要务。安州区坚持在“两项改革”、基础组织建设和村集体经济等方面先行先试。换届后，党组织书记中返乡农民工、致富能手、退役军人等人员比例达94%，平均年龄下降到45岁，大专以上学历比例达49%，“一肩挑”比例达99.1%。在全市率先差异化保障村（社区）常职干部待遇报酬及运行经费，薪酬整体增加734.2万元/年，村运行经费最高达30万元/村。深入实施“头雁提能”三年行动计划，完成村（社区）干部全覆盖培训，开展“导师帮带制”试点，800余名村（社区）干部结成帮带对子。探索村民小组长、村（社区）常职干部提级备案管理。通过探索乡村旅游型、资源开发型、项目拉动型3类较成熟的村级集体经济发展模式，实现集体资产保值增值，村级集体经济年收入3万元以上的村达到80个，占比达68.3%。

六是社会治理显著提升。稳妥有序推进基层治理建设，成立以区委书记为主任、32个区级部门为成员单位的区委城乡基层治理委员会，委员会办公室下设乡村治理、城市基层治理等5个工作组。制定《加强基层治理体系和治理能力现代化建设重点任务清单》，明确219项具体工作任务，创新开展基层治理年度“十大专项行动”。成功创建乡村治理示范镇村、基层治理示范社区等国、省示范单位10个。推进“三治协同”，“枣园大管家”“科技赋能社区‘智治’”“枫桥式”税务分局等治理品牌，相关工作经验被中、省、市主流信息平台传报道。安州区先后入选全省城乡社区治理试点区、全省第二批法治示范区。

七是脱贫成果持续巩固。脱贫“摘帽”不是终点，而是新生活、新奋斗的起点。安州区深入贯彻落实中央、省、市关于巩固拓展脱贫攻坚成果衔接推进乡村振兴的决策部署，坚持“四个不摘”和“三个落实”，持续动态监测持续帮扶。充分利用应急处置基金、精准防贫商业保险，以及低保等兜底政策，有效解决因大病或意外事故导致的返贫风险。调整优化“两不愁三保障”政策，全力确保教育、医疗、住房等政策持续稳定。扎实做好驻村帮扶工作，选派新一轮驻村“第一书记”22名、驻村干部43人。抓好就业帮扶，搭建用工信息平台，用好以工代赈、扶贫车间、扶贫赶集日、公益性岗位等政策，确保脱贫群众稳定就业，全区脱贫人口务工9334人，比上年增加88人。

“美丽四川·宜居乡村”青龙村

射 洪 市

射洪市历史悠久，早在旧石器时代就有人类在该地生活，被史学家称为“射洪人”。射洪文化特色鲜明，是唐代大诗人陈子昂的故乡、中国名酒沱牌曲酒的产地，素有“子昂故里，诗酒之乡”的美誉。射洪有陈子昂读书台、楞严阁等古迹，有硅化木化石群地质遗迹，有子昂故里文化旅游区、金华山、太和镇磨嘴村乡村旅游示范带、桃花山风景区、螺湖自然景观等景区（景点）。侏罗纪恐龙化石遗迹埋藏着一亿多年前的秘密，螺湖半岛、湿地走廊、花果山、龙凤峡等自然美景星罗棋布。“子昂、目连、侏罗纪、诗酒”四大文化品牌独树一帜，陈子昂读书台为国家级重点文物保护单位，蜀中四大名观之一的金华山道观闻名遐迩。射洪市先后被授予“全国文化先进县”“中国民间文化（诗画）艺术之乡”“中国曲艺之乡”等称号。全市有公共图书馆 1 个、文化馆 1 个、美术馆 1 个、博物馆 1 个、乡镇（街道）综合文化站 32 个。全市范围内共有可移动文物 4981 件、不可移动文物登记 928 处（其中国家级文物保护单位 2 处、省级文物保护单位 8 处、市级文物保护单位 8 处、县级文物保护单位 67 处、文物保护点 842 处）。非物质文化遗产 40 项，其中新发现 9 项（线索），国家级 1 项、省级 1 项、市级 7 项、县级 22 项。有国家 A 级景区 3 家，其中 4A 级 3 家（沱牌舍得文化旅游区、子昂故里文化旅游区、侏罗纪探秘旅游区）、星级饭店 3 家（四星级 1 家）。

2020 年，全市辖 21 镇 2 个街道，辖区面积 1496 平方千米，其中耕地面积 105.9 万亩，比上年（下同）增长 0.01%，人均耕地面积 1.11 亩；基本农田 60.58 万亩。年末总人口 94 万人（户籍人口），增长 0.03%；人口出生率 9.06‰，人口自然增长率 4.3‰。全市 GDP414.06 亿元，增长 3.8%，其中第一产业增加值 72.41 亿元，增长 4.8%，农、林、牧、渔及农林牧渔服务业之比为 41 ：3 ：51 ：2 ：3。劳务输出 33.57 人，收入 535000 万元。社会消费品零售总额 155.33 亿元，减少 2.3%。地方公共财政预算总收入完成 15.09 亿元，增长 20.5%；公共财政预算总支出 81.57 亿元，增长 13.7%。金融机构各项存款余额 449.29 亿元，比上年初增长 12.5%；各项贷款余额 268.89 亿元，比年初增长 21.6%。有各类学校 241 所、教职工 8361 人，其中普通中学 34 所，在校学生 3.3 万人；小学 66 所，在校学生 4.11 万人；学龄儿童入学率 100%。有卫生机构 1122 个，病床位 5136 张，卫生技术人员 5328 人。新型农村社会养老保险参保人数 69.26 万人。全市实现农业总产值 100.99 亿元，增长 7.4%。农民年人均可支配收入达 18652 元，增长 9.1%。

射洪市生态酒粮现代农业园区

射洪市舍得酿酒专用粮基地

种植基地

机械化收获

机械化耕种

产村相融

武安镇熊家祠村白羽肉鸡标准化养殖场

种业基地

产村相融

金华镇西山坪村农旅融合示范区

射洪勿忘家庭农场产品

天应农业产品菊粉（面）、“玉太香”洋姜泡菜

产村相融

乡村振兴精品村——沱牌镇龙泉村全貌

射洪市现代种业园区种业生产技术培训会

参观调研

“三品一标”金柠在线监测

射洪市与舍得酒业签订共建6万亩酒粮基地战略合作协议

农业产业调研

内江市市中区

2020年，全区辖5个街道7镇，辖区面积386.2平方千米。全区第一产业增加值21.55亿元，增长5.5%。农村居民年人均可支配收入达18396元，增长9%。完成农业固定资产投资4.998亿元、农业招商引资2.62亿元。

农业产业化发展。全区新发展柑橘（柠檬）0.5万亩、生猪养殖单元81个、特色水产0.148万亩、优质甘蔗0.14万亩。构建“龙头企业+农民合作社+家庭农场”的产业联合体，推广“五统三分”利益联结机制，新发展各类新型农业经营主体255家。

现代农业园区建设。围绕万亩柑橘（柠檬）、优质畜禽、甘蔗产业、特色水产四大主导产业合理布局，制订《内江市市中区特色水产现代农业园区建设规划》《内江市市中区特色水产园区实施方案》等规划、方案。根据国、省、市现代农业产业园区的创建标准，围绕基地建设、设施设备、产品加工、农业新业态、品牌建设、科技支撑、组织方式与保障措施八个方面，不断夯实园区基础、补齐短板，创建2个省级新园区——内江市市中区省级农业科技园区、内江市市中区水产现代农业园区（省级三星），争取省级园区培育资金1000万元。创建2个市级园区——市中区特色水产现代农业园区（市级四星）、市中区朝阳竹苑水乡现代农业园区（市级三星），创建6个区级园区——四川省内江市市中区特色水产现代农业产业园、四川省内江市市中区竹苑水乡现代农业产业园、四川省内江市市中区甜城果乡柑橘现代农业产业园、四川省内江市市中区凌家甘蔗现代农业产业园、四川省内江市市中区白马永博现代农业产业园、四川省内江市市中区龙门柑橘现代农业产业园。

乡村振兴示范创建。全区创建为内江市实施乡村振兴战略工作先进示范区。创建省级实施乡村振兴战略工作先进示范村3个（凌家镇酒房沟村、龙门镇龙门村、全安镇洪坝村）、市级先进镇2个（凌家镇、史家镇）、市级示范村5个（凌家镇酒房沟村、龙门镇龙门村、全安镇洪坝村、凌家镇牛角田村、朝阳镇回龙桥村），评定区级实施乡村振兴战略先进镇3个（全安镇、凌家镇、史家镇）、示范村7个（全安镇花洞村、凌家镇酒房沟村、凌家镇牛角田村、史家镇桐梓村、永安镇大堰村、朝阳镇回龙桥村、龙门镇龙门村）。

农业结构调整。按照“两大产业环线，四大主导产业，六大农业园区”发展思路，打造全安—朝阳—永安—凌家产业环线和黄河湖产业环线，发展优质柑橘(柠檬)、优质畜禽、特色水产、优质甘蔗四大主导产业，加快建设全国农村产业融合发展示范园区、10万亩优质柑橘农业园区、现代种养循环农业园区、特色水产农业园区、凌家农副产品加工集中区、黄鹤湖乡村旅游度假区6个园区。

农村人居环境整治。推进农村垃圾治理，建成马鞍山、永安镇、龚家镇3个垃圾压缩中转站，全区垃圾收转运处置体系覆

市中区特色水产现代农业园区

市中区同四川渔米坊农业科技集团有限公司举行"内江市市中区省级水产良种场"项目投资框架协议签约仪式

盖90%以上的行政村。全区有农村保洁人员807名，行政村生活垃圾得到有效治理率为97%。推进农村生活污水治理，已建成场镇生活污水处理站25个、农村生活污水处理站点74个，55个行政村基本具备污水处理能力，占比为64.7%。推进农村"厕所革命"，完成户厕改造7287户（累计17651户），卫生厕所普及率达87%。推进畜禽粪污综合利用，建成3个标准化、规范化的区域性屠宰场，畜禽粪污综合利用率达85%。持续开展农村"五清"行动，村庄清洁行动开展率达100%。

重大农业项目。全年储备中央项目8个，总投资5.94亿元；包装专项债券项目1个（高标准农田项目），总投资3.3亿元。全年实施高标准农田建设、长江经济带面源污染治理、农业生产发展资金、水产园区等财政专项重点项目17个，总投资2.27亿元，全面推动农业产业、基础设施、人居环境、惠农补贴等重点领域发展。抓好项目管理，压实工作责任，把各项项目投资抓实抓好，明确工作责任、倒排项目工期、加强资金监管，坚持重大项目月报告制度，全力加快建设进度，打造出一批精品工程。同时，做好财政评审及项目审计，确保资金安全。

种植业。全区粮食作物播种面积22640公顷，粮食总产量11.82万吨。小春粮食作物播种面积1453.3公顷，产量0.46万吨，其中马铃薯433.33公顷，产量（折粮）0.2万吨；豌（胡）豆526.66公顷，产量0.13万吨。大春粮食作物播种面积21186.67公顷，产量11.36万吨，其中水稻4586.67公顷，产量3.53万吨；玉米8153.33公顷，产量4.75万吨；红薯3706.67公顷，产量1.7万吨；马铃薯493.33公顷，产量（折粮）0.2万吨。经济作物种植面积0.95万公顷，总产量27.29万吨。蔬菜种植面积0.651万公顷，产量23万吨。果树种植面积0.303万公顷，产量4.29万吨，其中柑橘种植面积0.28万公顷，产量3.79万吨；柠檬种植面积0.07万公顷，产量1.1万吨；葡萄种植面积0.0113万公顷，产量0.26万吨。花椒种植面积0.0106公顷，产量0.08万吨。

农业新品种和新技术推广。全年推广水稻新品种9个、玉米新品种6个。推广旱育秧栽培、水稻保优提质绿色高效栽培、水稻病虫害全程绿色防控技术、玉米节本增效技术、玉米乳苗移栽、果/豆间作栽培等农业新技术。完成新技术推广面积20000公顷，其中推广水稻旱育秧栽培技术4300公顷、优质杂交稻保优提质绿色高效栽培技术373公顷、水稻病虫害全程绿色防控技术3267公顷、玉/豆套作栽培技术7167公顷。举办农业新技术培训班20期，培训乡（镇）农技人员、村（社区）干部和农户1.5万人次，发放农业技术资料3万余份、农业技术建议卡2万余张，为2万余户农户免费提供农业种植技术。

植保植检。全年农作物病虫害发生面积183.34万亩次，防治面积185.22万亩次，防治率101.03%；主要作物专业化统防统治覆盖率41.8%；主要作物绿色防控覆盖率32.6%；粮经作物主产区农药包装废弃物回收率70.8%；植物疫情防控处置率100%。全年病虫害防治挽回粮食损失26575吨，挽回蔬菜水果损失25686吨，挽回油料损失6853吨。稻水象甲发生面积4500亩，主要涉及4个镇16个村，采取"统治越冬代成虫，挑治第一代幼虫，兼治第一代成虫"的防控策略，对疫区采取专业化统防统治，开展稻水象甲阻截防控8700亩次；对全安镇花洞村7社内江市市中区花崖洞种植专业合作社6亩柑橘溃疡病株进行销毁处置；继续对朝阳镇黄桷桥村6社2019年重剪的202亩春见果园实施溃疡病综合防控，并跟踪采样50个，全部为阴性；草地贪夜蛾发生面积0.225万亩，防治面积0.383万亩，防效率达95%以上，未造成灾害性损

朝阳镇黄桷桥村柑橘种植基地

凌家镇水口村300亩甘蔗林

失。共有柑橘苗木繁育单位3个，新繁育柑橘苗木7亩，累计21万株；开展粮油种子产地检疫530亩，进行产地检疫申报登记，开展产地检疫田间调查，做好产检记录，全部实施产地检疫，未发现检疫性病虫，并严格签发产地检疫合格证书。共开展调运检疫20批次、0.465万千克，未发现检疫性有害生物。

农业行政执法。全年对种子、农药、化肥、兽药、鱼饲料经营点开展执法检查56次，发放各类高毒有机磷农药和种子、兽药、鱼饲料宣传资料1500余份，未发现违规经营行为。继续开展产地检疫、调运检疫、生猪屠宰运输检疫、农资市场巡查检疫和非法捕鱼巡查，全年立案8件，其中屠宰生猪未附有检疫证明立案1件，罚款68400元，没收生猪产品15头；运输生猪产品未附有检疫证明立案2件，罚款22020元；猪大肠注水案2件，罚款600元；阻碍动物卫生监督检查案1件，罚款1500元；仔猪配合饲料产品监测不合格案1件，罚款2000元；非法捕鱼立案1件，罚款200元，并没收捕鱼工具。

畜牧业。加强“内江黑猪”开发利用产业化项目建设，全区新建标准化（现代化）猪场23个81个养殖单元，改建标准化猪场4个，创建省级标准化示范场9个、市级标准化示范场10个；备案登记生猪养殖家庭农场23个，猪舍面积达68600平方米，共49个养殖单元。全年猪三元杂交面达90%，肉牛良种及杂交面达75%、肉羊良种及杂交面达90%，家禽良种面达99.5%，兔良种面

朝阳镇黄桷桥村竹苑水乡游客中心

达99.5%。全区规模养殖发展势头良好，500头以上生猪出栏比重占68.9%，50头以上肉牛出栏比重占70%，300只以上肉羊出栏比重占18%，3万只以上肉鸡出栏比重占46%，100头以上奶牛存栏比重占53%，1万只以上蛋鸡存栏比重占96%。受疫情影响，全年生猪出栏22.125万头，增长22.25%；肉牛出栏减少13.84%；肉羊出栏增长0.17%；家禽出栏减少0.69%；肉兔出栏增长3.06%；肉类、禽蛋类产量分别增长8.46%、68.28%；奶类产量减少0.77%。

畜禽养殖污染防治。在禁限养区基础上，针对畜禽养殖，加强监督管理，禁养区内不得新建畜禽规模养殖场；限养区根据辖区需要适当发展无污染排放、开展种养循环的养殖场建设；适养区内引导发展适度标准化规模养殖场建设，完善粪污处理设施，加强监督检查，推行种养结合。对新（改、扩）建的畜禽养殖场严格执行环境影响评价制度和“治污设施同时设计、同时施工和同时使用”制度，要求养殖场建立粪污处理台账，确保粪污处理科学化、无害化，做到粪污去向明确，不得外排。逐步实现畜禽粪污治理规范化、常态化管理，完善全区以沼气处理为主的畜禽粪便处理模式，对大中型规模养殖场原则上要建立与其饲养规模相适应的沼气池、厌氧池，对畜禽粪污进行厌氧处理，还田（地）利用，减少粪污对环境的污染，基本实现畜禽养殖与农业生产的良性循环发展。依托项目建设对全区畜禽规模养殖场安排粪污处理设施建设资金，购置畜禽粪便处理设备、生产有机肥，开展农业综合利用，种养循环。全区畜禽粪污综合利用率达91%，畜禽规模养殖场粪污处理设施装备配套率达100%。

重大动物疫病防控。区农业农村局组织开展春、秋季重大动物疫病防控工作，坚持对猪瘟、口蹄疫、仔猪阉割打“双针”，对猪瘟、口蹄疫、禽流感、小反刍兽疫实行春、秋季集中强制免疫，夏、冬季补免，每月16日前后补针，规模养殖场按程序免疫。依法对高致病性禽流感、口蹄疫、猪瘟等重大动物疫病实施强制免疫，做到“应免尽免、不留空档”。全年共免疫猪瘟150100头、猪口蹄疫150100头、牛口蹄疫1900头、羊口蹄疫5300只、羊小反刍兽疫5300只、禽类禽流感2882200只、犬猫狂犬病16175只，动物疫病免疫率达100%。加强畜禽检疫工作，全年产地检疫生猪132626头、牛499头、羊23只、禽类1422149

正园葡萄园盆栽葡萄限根栽培法

四川新茂源农业发展有限责任公司生产车间

只、兔1090只，屠宰检疫生猪177708头、牛7684头，产地和屠宰检疫率达100%。严格执行病死动物“五不一处理”（不宰杀、不食用、不销售、不转运、不丢弃和集中无害化处理）制度，发挥村级动物疫病健康巡查小组的作用，对发现的病死动物一律做无害化处理，确保全年动物防疫目标任务圆满完成。加强畜禽抽样监测，全年检测畜禽血清样品3080份，其中猪瘟104份，合格率92.45%；猪口蹄疫104份，合格率93.26%；牛羊口蹄疫81份，合格率96.29%；禽流感750份，合格率98.2%；小反刍兽疫43份，合格率86.04%，免疫抗体合格率均达到农业农村部要求。检测牛羊“布病、结核”样品648份、非洲猪瘟样品1350份，结果均为阴性。

非洲猪瘟防控。继续开展非洲猪瘟各项防控，全年共发放宣传资料1万余份，张贴宣传画100余张；组织执法人员检查养殖场、屠宰场1.9万余户次，排查生猪100万余头次，行政执法立案6件，结案6件，处理管理相对人6人次，罚款92520元；出动消毒人员3万余人次，使用消毒药剂11余吨，对全区所有畜禽圈舍、屠宰场、载畜工具、无害化处理收集点等进行地毯式消毒灭源。在全区共设立临时检查站5个，实行生猪运输车辆备案登记管理。

畜禽产品安全监管。加强兽药、饲料等养殖业投入品监管，指导规模养殖场建立用药记录制度，初步完成兽药经营追溯体制建设，全面执行兽药安全使用规定，规范兽药经营企业行为。重点开展“瘦肉精”监测和违禁药品专项整治，禁止不合格投入品进入流通和使用环节。加强畜产品安全监测，完成畜产品抽样监测任务。推行养殖场畜产品合格证制度。

畜牧业行政执法。开展饲料、兽药安全宣传教育，发放宣传资料500份，接待群众咨询300人。加强饲料、兽药监督管理，组织执法人员对8个镇（街道）的饲料、兽药经营企业和饲料生产企业进行专项检查，查看购销记录、购销单据、兽药饲料产品标签规范、生产日期、产品有效期等，饲料抽样监测合格率达99%，兽药抽样监测合格率达100%。加大涉嫌添加违禁物质执法

永安镇尚腾新村

市中区蜀丰养殖专业合作社

永安镇南美白对虾养殖基地

检查力度，出动执法和畜牧技术人员260人次，对全区兽药GSP认证的10家兽药店进行执法检查，未发现擅自添加非处方药、禁用兽药、人用药品等行为，合格率达100%。全年未发生畜禽产品安全事故。

水产业。全年实现渔业产值98812万元，水产品总产量7157吨，完成水产品电子商务交易额29594万元。全区水产养殖总面积（含稻田养鱼面积）2945公顷，其中池塘养殖面积646公顷，产量3737吨；水库养殖面积371公顷，产量894吨；河沟养殖面积116公顷，产量82吨；工厂化养殖面积1公顷，产量56吨；稻田养殖面积1811公顷，产量2291吨。全年稻渔综合种养产量1029吨，占任务的114.33%；新增稻渔综合种养技术推广面积1430亩，占总任务的143%，主要分布在凌家镇大湾村420亩、花红村30亩、方碑村30亩、酒房沟村110亩，永安镇鹿子村380亩、下元村80亩、白杨村60亩、金马村80亩、梁家沟村110亩，朝阳镇道子田70亩、回龙桥村60亩。市中区与渔米坊农业科技集团合作建设的“内江市市中区省级水产良种场”项目是全省最大的现代化设施渔业苗种繁育基地。该项目占地50余亩，位于永安镇园坝村，以500口玻璃钢圆形池为养殖载体，采取工厂化养殖模式，配套先进的增氧、杀菌、尾水治理设施以及可人为控制养殖环境和养殖过程的可持续循环水养殖系统。在第一批全国智慧渔业示范创建中，全区4家公司创建成功，有效期自发文之日起至2024年12月31日。特色水产产业园区建设。根据省级五星级现代农业示范区创造标准要求，全区特色水产现代园区主要从基地建设、农产品加工、农业新业态、质量品牌培育、科技支撑、主体培育6个方面实现园区全域、全产业链、全价值链高质量发展，涉及永安镇、凌家镇3个乡（镇）17个行政村，规划总面积1万亩。

渔业安全。全区申报无公害水产养殖基地7个、无公害水产品21个。全年累计抽检水产品样品50个，涉及全区各个水产养殖场、家庭农场、水产交易市场等，检验合格率达100%。全年对全区养殖场所进行渔业安全检查70场次，检查水产养殖场（户）30余家，发放水产品食品安全宣传资料70份，全年全区未发生一起水产品食品安全事故。

渔政管理和行政执法。结合“中国渔政亮剑2020”系列专项执法行动、2020年水产绿色健康养殖“五大行动”、2020年春季禁渔工作，全年出动执法检查车船31次、执法人员256人次，开展打击电炸毒鱼及“扫黑除恶”专项行动宣传，发放宣传资料3000余份，张贴标语5副，办理违法电捕鱼案件1件，没收电捕渔具1套、涉案渔获物重量5千克，罚款200元，清理并销毁违规渔具400余套，劝导游钓人员128人，对31家餐馆的违禁广告、招牌进行现场清除或规范。

沱江流域禁捕退捕。推进全区禁捕退捕和渔民安置保障等各项工作，研究相关政策措施，出台《内江市市中区长江流域重点水域禁捕和建立补偿制度实施方案》，建立县级领导包镇、部门包村、镇（村）包户的帮扶机制，统筹推进禁捕退捕，明确禁捕退捕工作责任主体、方法步骤和补助标准等内容。按照“一人一户一船、一户一档一策、一村一镇一县”工作要求，建立并不断完善全区104艘渔船、207位渔民禁捕退捕台账，录入长江流域渔民禁捕退捕工作系统，确保应退尽退、不漏一船、不落一人。全年共兑付退捕资金1442.693654万元（其中中央补助资金553.33万元、省级补助资金398.26万元、市级资金41.6万元、区级配套449.503654万元）；兑付捕捞证回收、船网回收、转产就业综合补助、提前退捕奖励资金735.58万元，养老保险补助707.113654万元。建立“花钱必问效”的绩效管理机制，抓好资金监管，严格规范资金使用范围，确保资金专款专用。按照“合法合规、属地管理、科学分配”原则，对全区104艘退捕渔船进行分类处理，其中56艘钢质渔船按程序划拨给有需求的镇（街道）作为河流、水库管理常规使用；43艘老旧木质渔船划拨给龙门镇用于发展文化旅游产业，已全部完成渔船移交；对因破损严重无法利用的5艘木船已按程序进行了销毁。同时，做好退捕渔具处置工作，由各镇（街道）牵头，区农业农村局、区财政局协同配合，对辖区内收缴的渔具进行集中销毁，并做好销毁记录。渔民退捕上岸后全部进行转产安置，全区207名退捕渔民全部参保，按3.75万元/人落实养老保险补贴，确保参训率100%、就业率100%、参保率100%，207名退捕渔民中有劳动力的179人全部实现转产就业。

农业机械化。全区有农机户4065户、从业人员2392人，其中农机化作业服务专业户7户、从业人员23人，农机维修厂（点）6户、从业人员28人，农机经销点8家、从业人员36人；有乡村农机从业人员4025人，其中拖拉机和联合收割机驾驶员162人、农机维修人员35人；获得农机职业技能鉴定证书人员175人。全区农业机械总动力324903.09千瓦，其中柴油发动机动力136251千瓦、汽油发动机动力82593千瓦、电动机动力65721千瓦；有拖拉机232台1381千瓦、耕整机3263台2473千瓦、农用排灌动力机械2739台36485.09千瓦。全区农业机械原值6530万元，净值2798万元。全年完成机耕面积17329公顷、机播面积9770公顷、机电灌溉面积12605公顷、机械植保面积3084公顷；水稻机耕面积4360公顷、水稻机械种植面积3330公顷，油菜机耕面积5389公顷、油菜机械种植面积4620公顷；农机运输作业总量10.8万吨千米，其中农业运输作业量3.65万吨千米；全区主要农作物耕种收综合机械化水平为70.48%。全年完成农机化作业收入20104万元，实现利润9231万元。发放农机购置补贴资金33.56万元，受益农户237户。群众投资629万元，建设机耕便民道10.38千米。

农村能源建设。全年推广应用太阳能利用装置500平方米，新（改）建省柴节煤炉灶500台，推广沼气综合利用1000户，新建生态家园模式500户、沼液浸种1100公顷，开展“三沼”综合利用和安全生产大培训50人次，巩固和维护已建户用沼气工程50口，巩固和维护已建规模化大型沼气工程、集中供气沼气工程4处。

全国农村改革试验区建设。持续发展壮大农村集体经济，探索构建区、镇、村“公司+中心+合作社”集体经济发展三大体系，筹建扶贫农产品综合超市，结合“四位一体”农合联，构建“线上+线下”双线运营平台，为村集体提供一条稳定的产、供、销链条。完善集体经济组织管理机制，探索形成党支部、村委会、集体经济组织的多元共治的治理模式，三方相互分工，协作配合，促进农村集体经济健康发展。建立奖惩双向激励机制，明确容错免责情况和正向激励情况，增强集体经济带头人发展集体经济的信心和动力。完成发展农村集体经济和探索农村集体经济新的实现形式和运行机制两项试验任务，在农业农村部专家组开展的到期和中期试验任务实地评估验收中获得专家组的高度认可。全区累计实现集体经济收入1527万元，其中2020年新增收入427万元。创新集体建设用地利用方式。探索零星腾退建设用地“一退两转两使用”做法，盘活农村集体建设用地。通过闲置宅基地有偿腾退“一退”、腾退宅基地与闲置公共服务类建设用地两类地块转化为集体经营性建设用地“两转”、集体经营性建设用地原址使用和集中使用“两使用”，拓宽了农村集体经营性建设用地来源，集约高效盘活利用了集体建设用地，提高了农民资产性收入。截至2020年年底，完成11个村庄规划编制，编制2个优化村庄建设用地布局调整方案，实现异地调配建设用地指标30.5032亩。改革信息《内江市探索“一退两转两使用”盘活农村集体建设用地》被《四川改革动态》刊载。推进宅基地改革。创新开展宅基地所有权、资格权、使用权的“三权分置”改革，出台《市中区农村宅基地“三权分置”改革试点工作暂行办法》，明确与强化村集体经济组织作为农村宅基地所有权者的主导地位，夯实宅基地所有权基础，明确宅基地资格权，鼓励符合条件农户资格权退出，截至2020年年底，完成宅基地资格权退出1宗，共83.02平方米。开展农村闲置宅基地和闲置住宅盘活利用，结合各村实际情况，鼓励通过转让、出租等方式规范流转宅基地使用权，让乡村闲置的最大生产要素得到释放，提高社会资本进驻乡村发展产业推动乡村振兴的积极性，截至2020年年底，流转宅基地与农房使用权17宗、3000平方米。

2020内江市市中区沱江内江段增殖放流活动在沱江流域市中区段金钟岛边举行

永安白乌鱼繁育基地

永安白乌鱼

广 安 市

2020年，全市辖10乡99镇15街道。人口出生率7.57‰，增加0.39个千分点；人口自然增长率2.62‰，增加1.17个千分点。全市耕地有效灌面和保证灌面分别达到耕地总面积的43.45%和45.42%；本地水资源总量36.01亿立方米，人均占有水资源量1107.8立方米。有林业用地20.72万公顷，有林地面积15.11万公顷，活立木总蓄积量705.54万立方米，森林覆盖率31.57%。全市GDP1301.6亿元，增长7.1%，其中第一产业增加值235.3亿元，增长5.6%；第二产业增加值417.1亿元，增长3.5%（工业产值293.3亿元，增长4.6%）；第三产业增加值649.2亿元，增长2.9%。三次产业对经济增长的贡献率分别为24.7%、39.7%和35.6%。全市实现农林牧渔业总产值384.4亿元，增长5.9%；农、林、牧、渔及农林牧渔服务业之比为47.2 ∶ 3.3 ∶ 43.9 ∶ 3.1 ∶ 2.5；全市全年农林牧渔业增加值达241.1亿元，增长5.8%。农民年人均可支配收入达17867元，增长8.6%。

种植业。全年粮食作物播种面积443.09万亩，比计划增加7.89万亩，增加12.99万亩，完成省下达扩面任务的276.38%；粮食总产185.76万吨，比计划增加4.36万吨，增加5.76万吨，完成省上下达增产任务的443.08%。全年小春粮食播种面积50.02万亩，产量11.66万吨，面积与上年持平，产量比上年增加0.09万吨。油菜播种面积61.27万亩，产量8.92万吨，分别增加4.41万亩、0.76万吨。大春粮食作物播栽面积393.07万亩，产量174.1万吨，分别增加13.09万亩、5.72万吨，其中水稻栽插面积199.98万亩，产量107.43万吨，分别增加3.46万亩、2.77万吨；玉米播栽面积108.13万亩，产量46.44万吨，分别增加2.53万亩、1.61万吨。全市撂荒地复耕复种4.61万亩。

森林防灭火及专项整治。投入2500万元加强基础设施建设，森林火灾综合防控能力全面提升。协调市财政每年补助100万元，用于各地开设防火隔离带、清理林下可燃物。组织排查并动态建立全市136处林区重点目标、重点设施台账，落实防控责任与措施。探索在林区外设置集中燃放池，引导林区上坟者集中烧纸、放鞭炮，破解因春节、清明祭祀引发森林火灾难题。推广“熊猫护林员”APP安装使用，规范设置防火检查哨（卡）700余处，规范哨（卡）“问、查、扫、宣、劝”履职值守行为。会同相关部门制定《广安市林区违规野外用火举报奖励办法》。开展扑救初期森林火灾应急拉动演练竞赛。

畜牧业。全市出栏生猪324.2万头、家禽3516.5万只、肉牛2.61万头、肉羊23.8万只、肉兔507.4万只，分别增长25.4%、-0.4%、7.7%、13.1%、0.9%；肉、蛋、奶产量分别为28.76万吨、7.89万吨、2754吨，分别增长15.3%、1.7%、-0.6%。全年实现畜牧业产值168.9亿元，增长9.9%。

水产业。全年水产品总产量6.78万吨，实现渔业经济总产值16.27亿元。全市共争取水产渔政项目资金1.1亿元，新（改、扩）建渔业基地12个，培育新型渔业主体7个，标准化改造池塘2100亩，创建国家级水产健康养殖场4个，建设稻渔综合种养面积12000亩，建设大水面生态养殖1万亩，建成池塘工程化循环水养殖12条、玻璃缸健康养殖

广安区农田水利建设

全市农业农村专题调研座谈暨春耕生产推进会

49 个。推广池塘健康养殖、稻渔综合种养、水库生态养殖、流水养殖、设施渔业及循环水养殖等健康养殖模式，全年发放水产技术资料 3.21 万份，开展渔民技术培训 18 期、培训人员 1320 人次，接受技术咨询 1800 人次，指导养殖渔民 2986 户、养殖企业 42 家、渔业经济合作组织 133 个。开展水产品质量、养殖渔船安全、渔业生态安全三大“平安渔业”专项整治行动，落实养殖渔船安全生产责任制，加强水产品质量安全监管，加强重大水生动物疫病监测预警，保障渔业水域生态环境安全。组织开展渔民安全学习培训，汛期渔业安全风险隐患排查、冬春渔业船舶安全大检查、水产品质量安全检查等安全执法检查活动，培训 2600 人次，查处渔船违章作业 5 件，没收销毁渔船 8 艘；抽检水产品质量样品 95 个，质量抽检合格率达 100%；抽检水产苗种样品 4 个，水生动物疫病抽检合格率达 100%。

大春作物重大病虫害防治专题会

邻水县粮油现代农业园区五彩水稻

岳池县粮油现代农业园区（省三星级现代农业园区）全程机械化收割

邻水县贵人槽城北蔬菜现代农业园区

岳池县朝阳乡“千万工程”基地

邻水县粮油产业

邻水县九龙镇水稻种植基地

邻水县九龙镇田坎玉米种植基地

邻水县袁市镇田坎玉米

岳池县朝阳乡“千万工程”基地

广安蜜梨现代农业园区（省三星级现代农业园区）梨花绽放

武胜县优质粮油产业

田园风光

广安区粮油产业和高标准农田建设

前锋区茶叶

农业社会化服务（无人机植保）

机械化插秧

岳池县农家文化旅游区（稻田酒店）

农村人居环境整治示范村

岳池县朝阳街道打石窝村集中育苗点

岳池县苟角镇水浮山村育苗中心

东西部扶贫协作湖羊养殖基地

现代化生猪养殖育肥场

生猪养殖种养循环现代农业园区

粮油烘干设备

武 胜 县

广安市市长曾卿（右二）到武胜县调研大春生产情况

广安市副市长尹黎明（左二）到龙女镇联合村调研新希望生猪养殖场建设情况

2020 年，全县辖 4 乡 19 镇，辖区面积 956.1 平方千米，其中耕地面积 85.57 万亩，基本农田 74.07 万亩。年末总人口 80.75 万人（户籍人口），减少 0.9%；人口出生率 8.9‰，降低 1.7 个千分点；人口自然增长率 -2.69‰，增加 0.15 个千分点。全县 GDP248.6 亿元，增长 3.4%，其中第一产业增加值 54.4 亿元，增长 5.8%，农、林、牧、渔及农林牧渔服务业之比为 38.2 ：2 ：52.9 ：4.5 ：2.4；第二产业增加值 73.5 亿元，增长 2.5%（工业产值 54.5 亿元，增长 3.2%）；第三产业增加值 120.7 亿元，增长 3.3%。三次产业对经济增长的贡献率分别为 31.9%、28.3% 和 39.8%。劳务输出 359634 人，收入 732000 万元。全年接待游客 381.09 万人次，实现旅游收入 43.55 亿元。全县实现农业总产值 87.4 亿元，增长 6.2%；全县全年农业增加值达 55.7 亿元，增长 5.9%。农民年人均可支配收入达 18092.8 元，增长 8.8%。

乡村振兴。全县建成优质粮油基地 2 万亩、武胜大雅柑基地 2 万亩、稻渔综合种养基地 0.8 万亩、高标准农田 2.5 万亩。出栏生猪 82.86 万头。累计新建无害化卫生厕所 3.5 万余户，户用卫生厕所普及率达 92%；推进 103 个新村聚居点污水处理设施建设，新建污水支管网 46 千米，实现 73% 以上的行政村生活污水得到有效治理。全县撬动金融资本和社会资本 10 亿元投入乡村振兴，总支出达 298438 万元，占一般公共预算收入比例的 82.02%。涉农贷款余额 1084500 万元，增速达 18.21%。

2021年晚熟柑橘种植管护关键技术培训会

武胜大雅柑产销对接洽谈会

县自然资源和规划局义务植树活动

森林防灭火应急演练

增殖放流现场

深圳农交会武胜展馆

三溪镇晚熟柑橘种植基地

飞龙镇武胜大雅柑晚熟柑橘种植基地

白坪乡种植基地除草示范

龙女镇联合村新希望生猪养殖场

生猪产业

蚕台养蚕

方格蔟自动上蔟

小蚕共育

养蚕人

“中国蚕桑之乡”

大雅柑采摘节开园仪式

重庆渝洽会武胜展馆

武胜大雅柑

产村相融

新村建设

“厕所革命”

文化大院

现代农业园区公共服务中心投入使用

“生态武胜　美丽乡村”旅游文化节

旅游产业成为集体增收主要路径

白坪—飞龙乡村旅游度假区

雅安市名山区

时任雅安市委书记兰开驰（中）到名山区调研

时任雅安市副市长朱莉（右）到名山区调研茶产业发展情况

雅安市名山区辖区面积614平方千米，辖2个街道11个镇，人口28万人。2020年，全区农村居民人均可支配收入达17158元，同比增长9.3%。近年来，区委、区政府认真贯彻党中央“优先发展农业农村，全面推进乡村振兴”战略部署，深入落实《中国共产党农村工作条例》，围绕“产业兴旺、生态宜居、乡风文明、治理有效、生活富裕”总要求，按照省委、省政府《关于坚持农业农村优先发展推动实施乡村振兴战略落地落实的意见》部署，把实施乡村振兴战略作

名山区创建省级实施乡村振兴战略先进区工作推进会

时任区委书记金武（右二）到茅河镇调研

区长周万友（左二）到高岗村调研

为新时代“三农”工作总抓手，聚焦“10+3”现代农业产业体系，凝心聚力推动“五大振兴”，先后荣获全国现代农业（茶叶）基地强县、全国绿色食品原料（茶叶）标准化生产基地、全国茶树良种繁育基地县、全国首批无公害茶叶生产示范基地县、全国最美乡村示范县、全国农村产业融合发展试点示范县、全国农村一二三产业融合发展先导区、全国农村生活垃圾分类和资源化利用示范县、四川省农村改革示范区、四川省乡村振兴先进区等荣誉称号。

茶马古道文化

休闲茶文化

茶旅融合——山地自行车赛

多姿多彩的乡村生活

茅河乡龙兴茶花山寨新村

高岗村党群服务中心

蒙山新村

现代新农村——花间堂

月亮湖

茅河乡临溪枫香林新村

幸福美丽新村——高岗村

万亩羊肚菌种植示范基地

标准化茶叶生产车间

名山区北部茶叶集中加工园区

雅安市现代茶业科技中心

跃华茶文化生态科技园

万古镇红草万亩生态观光茶园

俯瞰牛碾坪茶园

蒙顶山茶叶现代农业园区

梯形茶园

茶叶采摘

名山区鲜茶交易市场

牛碾坪茶旅综合体——帐篷酒店

茶山吾舍

名山区文化广场

汉 源 县

省政协副主席、党组成员李昌平（中）到汉源县调研

雅安市委书记李酌（右三）到汉源县调研乡村振兴工作

近年来，汉源县坚持以实施乡村振兴战略为总抓手、总旗帜，以“争创乡村振兴先进县”为总目标、总任务，全县上下“一盘棋”打出系列“组合拳”，农业农村工作保持良好发展态势，取得系列重要突破。依托良好的天然优势，按照“农业景观化、景观生态化、生态效益化”的思路，大力发展农业产业，因地制宜提升特色农产品品质，建成以汉源甜樱桃、红富士苹果、金花梨、黄果柑、优质伏季小水果为特色的五大水果基地，以早春蔬菜、秋延蔬菜、高山蔬菜为特色的三大蔬菜基地和以花椒、核桃为特色的两大干果基地，累计建成“532”十大特色产业79.3万亩。太平产业环线、富林农业公园、花椒现代农业园区建设成效明显，梨乡别院帐篷酒店建成投运，三强民宿文化村、后山朴院精品民宿联盟实现扩面连片发展，花海果乡4A级景区打造提升，景观景点、特色产业和新兴业态有机串联，实现了特色产业规模化、差异化发展。充分发挥独特的温光优势、资源优势、产业优势，坚持以十大特色产业基地为支撑，建园区、搞加工、创品牌，大力发展“农业+旅游”“农业+健康”“农业+互联网”等新业态，推进农村一二三产业融合发展，在山区县乡村振兴实践中不断探索新的汉源路径。汉源县先后荣获国家农业综合标准化示范县、全省“三农”工作先进县、全省农民增收工作先进县、全省现代农业重点县、全省乡村旅游示范县、“中国花椒之乡”“中国甜樱桃之乡”“西部花果第一县”等美誉，不断谱写新时代乡村全面振兴汉源新篇章。

九双环线风光

雅安市长彭映梅（中）到汉源县调研

省老促会会长董玉梅（中）到汉源县调研乡村振兴工作

县委书记郑朝彬（右二）到黄果柑种植基地调研

县委副书记岑永杰（前）到河南乡检查指导产业发展、农村项目建设工作

国家统计局四川调查总队队长赵太想（右二）到汉源县调研

雅安市委副书记刘吉祥（前排右一）到汉源县调研

县长覃建生（中）调研基础设施建设情况

县政府党组成员、雅安市永定桥水库管理中心主任李树敏（左二）到基层调研

电商发展培训会

汉源县贡椒采摘节开幕仪式

万亩贡椒示范基地

经果林发展

汉源县“稻蒜”轮作核心区

皇木镇高山玉米

流沙河两岸金稻飘香

梨花盛会

花椒采摘

黄果柑采摘

甜樱桃产业

甜樱桃采摘

五丰花椒油厂产品

花海果香景区游客中心

水利建设

农村公路建设

清溪镇同心村

小堡集镇

花海果乡九乡镇

顺河创优工程

花海果香帐篷酒店

后山朴园民宿酒店

资阳市雁江区

2020年，全区辖286个村75个社区，辖区面积1633平方千米。全区GDP347.38亿元，增长4%，其中第一产业增加值52.59亿元，增长5.2%；第二产业增加值116.45亿元，增长4.6%（工业产值86.63亿元，增长3.2%）；第三产业增加值178.33亿元，增长3.2%。

农业产业化发展。全区培育龙头企业20家、农民专合社1130个、家庭农场602个、种养大户7000余户，共创建国家级示范社5个、省级农民合作社42个、省级家庭农场22个。引进培育锦橘生态、旭境生态等7家农业农头企业。引进培育正荣、正强等4家养殖企业，年存栏生猪近万头。

农用地产权制度改革。深化农村土地承包经营权流转改革，全区基本完成22个乡（镇）450个村（居）5788个村（居）民小组确权，组应确权率和面积确权率均达99.1%，颁证到户20.7万户，颁证率达95.2%。全区土地流转总面积达36.6万亩，适度规模流转总面积达16.8万亩。颁发《资阳市雁江区农村土地经营权流转证》60余户，贷款1180万元。

集体产权制度改革。出台《关于支持发展壮大村级集体经济的意见》《雁江区村集体组织章程》《资阳市雁江区农村集体经济组织成员资格界定指导意见》《资阳市雁江区农村集体资金资产资源管理办法》等规范性文件。全区已全部完成成员身份确认和股权量化，成员身份确认完成率达100%；完成按建制调整前的486个行政村股权量化，完成率达100%。

种植业。全年粮食作物播种面积166.16万亩，增加0.1万亩，增长0.6%；粮食产量52.91万吨，增加1.1万吨，增长2.1%；增加粮食产值约2640万元，人均增收30元。新建百亩优质蔬菜展示基地2个。全区蔬菜复种面积30.33万亩，减少0.2万亩，减少0.66%；总产量63.03万吨，减少0.46万吨，减产0.7%；蔬菜总产值126876万元，增加4064万元，增长3.2%。水果种植总面积33.1万亩，种植面积最大的柑橘种植面积27.5万亩（其中早熟蜜柑13.5万亩、晚熟杂柑14万亩）；水果产量37.4万吨，其中柑橘产量35万吨。打造13万亩佛山橘海现代农业产业园，

资阳市雁江区创建全省乡村振兴战略先进区工作推进会

中和镇龙嘴村中药材种植基地

中和镇巨善村产村相融

获评四川省四星级现代农业园区。

林业。全年完成 338 株古树名木挂牌保护，其中一级名木古树 3 株、二级 28 株、三级 307 株。全年共出动行政执法人员 920 余人次、执法车辆 230 余台次，开展自然资源和规划领域专项巡（检）查 180 余次，摸排涉自然资源和规划领域违法线索 51 条，办理自然资源领域行政处罚案件 19 件，处理相关违法当事人 19 人，收缴罚没收入 20.9894 万元。完成长期和临时征占用林地上报 16 宗，涉及林地面积 25 公顷，收缴森林植被恢复费 451.7 万元。全区营造林 4.2 万亩，其中人工造林 0.8 万亩、其他措施营林 3.4 万亩；按项目分，中央财政造林补贴项目造林 0.8 万亩、非林业项目支持的其他营林 3.4 万亩。巩固前期绿化成果，

优新柑橘品种区试园

产村相融

组织补植补造苗木 6 万余株。义务植树 88 万株，参加人数达 30 万人次；本年育苗面积 0.2 万亩，共育苗 600 万株；组织开展林业科技培训，培训林农 0.5 万人次。

畜牧业。全区存栏生猪 59.02 万头，其中能繁母猪 6.17 万头；存栏山羊 13.92 万只、牛 0.51 万头。出栏生猪 85.93 万头、山羊 33.21 万只、牛 2724 头、禽 960.02 万羽，分别增长 42.46%、4.13%、2.29%、10.56%；禽蛋产量 21003 吨，增长 8.03%；牛奶产量 1913 吨，减少 7.41%。畜牧业总产值 433872 万元，增长 77.29%，均完成今年畜牧生产目标任务。

水产业。全区水产品总产量达 25340 吨，农民年人均渔业纯收入约 169 元，水产品总产量比上年同期增长 1368 吨，约增长 5.4%；渔业总产值约 48350 万元，增长 3778 万元，约增涨 7.8%。全区新增稻渔综合种养达 6000 余亩，7 个水产养殖基地库率先实现养殖尾水净化，新增国家级水产健康养殖示范场 3 个。全区水库已全面取缔施肥投饵养殖，推广池塘内循环流水养鱼（跑道养鱼）、高低位循环水养殖、圆形循环流水养鱼等新技术。

扶贫开发。严格落实“四个亲自”要求，区级领导点对点督战 18 个镇（街道）、136 个重点区域、9 个行业扶贫专项、17 个薄弱环节，健全区、镇、村三级联动工作机制，推进“四大专项行动”、问题整改清零和“千人下基层”等重点工作落地见效，统筹解决 284 户边缘户、132 户脱贫监测户稳定增收等难点问题，走好脱贫攻坚“最后一千米”。对 18 个镇（街道）、13 个行业部门、67 个帮扶单位开展 5 轮督战，对 15 个单位通报表扬，对 39 个单位通报批评，对 15 个单位挂“黄”牌。以“四大专项行动”、问题整改清零行动等为契机，统筹调度资金 3600 万元，彻底整改住房安全、广播电视、安全饮水等重点领域问题 2669 个，确保全区所有贫困村、贫困户脱贫持续稳定达标。通过开发“疫情防控”公益性岗位 500 余个、补助个体发展产业资金 500 万元、加强劳务输出和低保兜底等多种方式，拓宽贫困群众增收渠道，帮助贫困群众外出务工 1.6 万余人次，增长 32%，防止了贫困户“因疫返贫”。3 月和 5 月，开展两轮脱贫攻坚政策落实清理行动，全区累计 63 万余人次享受教育、医疗、就业等各类扶贫政策，确保扶贫政策“应享尽享”。开展解决相对贫困问题试点，作为全省解决相对贫困问题试点县，设立解决相对贫困基金 2000 万元，精准摸排，将低于 2019 年农村居民人均可支配收入 28% 的人员以户为单位整户纳入识别范围，按照“农户申请、民主评议、村委初审、街道（镇）复审、区级审定”的识别流程确定相对贫困人口，从政策帮扶、产业引导、整合力量、保险兜底和提升内生动力 5 个方面落实帮扶措施。全面摸清家底，开展“千人下基层·问题再发现”活动，统筹调度各级干部 5700 余人，组建 466 个工作单元，全覆盖走访 63 个贫困村 20733 户贫困户。全面开展问题整改“回头看”，核查 2016—2019 年中央和省市反馈问题、区级自查发现问题，梳理汇总具体问题 98 个。开展行业部门大排查，分线过筛、靶向排查，集中排查住房安全、安全饮水等突出问题 2737 个。坚持共性问题统筹解决、个性问题兜底解决的原则，区、镇、村、社四级联动，立行立改。针对项目资金、住房安全、集体经济等重点问题，组建 4 个工作专班，推进 32694 个问题整改，按期全部整改清零。严格落实“阵型不乱、干劲不松”要求，问责驻村帮扶不力 3 人，因轮换退休等原因调整 6 人，因村级建制改革及时增派力量 94 人，持续加强帮扶力量。突出典型示范，以“四川扶贫印记”“讲好脱贫攻坚故事”等活动为载体，总结提炼“两强一带一激”“飞地抱团”、驻村帮扶“十个一”等典型经验，杨清文、秦凯被评为全省“脱贫攻坚榜样”，60 个单位（个人）被评为市级先进，158 个单位（个人）被评为区级先进。依托全国网络媒体大 V 资阳行、两院院士（专家）资阳行等活动，推广宣传雁江晚红血橙、花溪河等扶贫典型。

保和镇宴家坝村

农业基础设施建设

“花舞新村”

高寺镇观光农业园

通旅镇红紫厂村猕猴桃种植园

中天镇现代化蔬菜种植基地

蚕桑产业

川中黑山羊产业科技园

天池镇田家沟村水产养殖基地

林下草鸡

国家林业科技示范园区

桢楠高效栽培示范基地

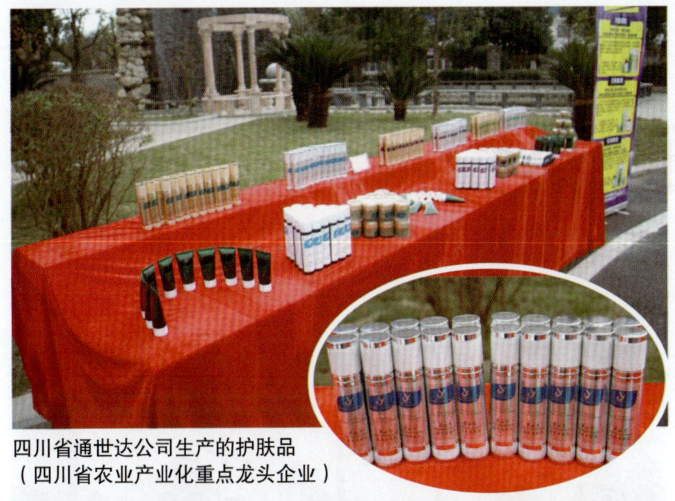
四川省通世达公司生产的护肤品
（四川省农业产业化重点龙头企业）

四川省牧旺农牧有限公司生猪饲养场（四川省农业产业化重点龙头企业）

四川省川龙酿造食品有限公司产品
（资阳市农业产业化重点龙头企业）

帅青花椒礼盒

仙荷藕粉礼盒

农博会参展农产品

省农博会四川英瑞达公司产品销售火爆

洪 雅 县

省政协副主席杜和平（左一）一行到洪雅县就水生态环境保护和河长制实施情况开展无党派人士界别视察工作

眉山市委书记慕新海（中）到洪雅县专题调研党的十九届五中全会精神宣传贯彻及河长制工作落实等情况

洪雅县地处四川盆地西南，属成都平原经济区，是成德眉资同城化发展辐射区，辖区面积1896平方千米，辖12镇，总人口35万人。2019年，全县GDP125.85亿元，固定资产投资完成104亿元，地方公共财政预算收入9.73亿元，城乡居民人均可支配收入分别达32609元、17259元；第一产业增加值增长3.1%，规模以上工业增加值增长8.8%，第三产业增加值增长9%，三次产业比优化为15.5：28.7：55.8。

生态环境，得天独厚。全县森林面积203万亩，森林覆盖率超过71.4%，负氧离子平均浓度达到国家Ⅰ级标准，全年空气优良天数常年超过300天，具有温度适合、高度适宜、纬度适中、绿化度高、洁静度好、负氧度浓、精气度足、优产度强的天然“八度优势”，被誉为“绿海明珠”“天然氧吧”。县域主要河

大美西环线

农业农村厅党组副书记、副厅长卿足平（右三）带队到洪雅县调研种牛园区发展情况

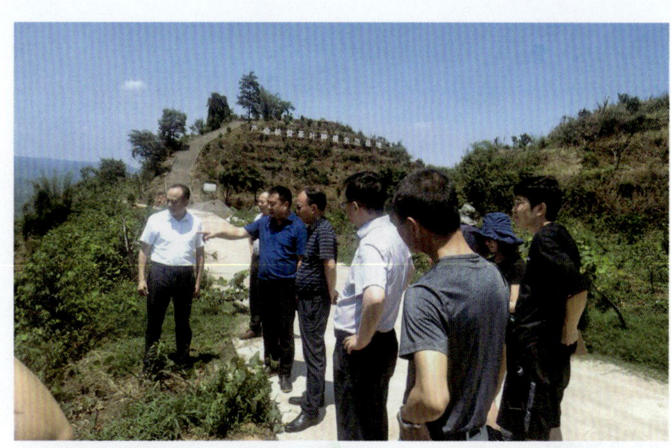

农业农村厅党组成员、总农艺师陈孟坤（左三）到洪雅县调研

流青衣江常年保持Ⅱ类水质，是国家生态县、国家生态文明建设示范县，荣获全省唯一、全国仅19个的首届“中国生态文明奖”。

交通便捷，内通外畅。距成都双流机场110千米、天府国际机场140千米，车程仅1小时左右，属成都“1小时经济圈”。全县按照“两山通高速、轨道达机场、飞机飞成渝”的立体交通目标，加快推进项目建设。省重点工程大峨眉国际旅游西环线县城至柳江段建成通车，柳江至峨眉山零千米段、瓦屋山快速通道有序推进，洪雅平乐通用航空机场开展场址评审工作，荥经至铜梁高速、雅眉乐自城际铁路启动前期工作。

荣誉表彰

成德眉资青年创业先进县

共青团成都市委　共青团德阳市委　共青团眉山市委　共青团资阳市委

二零二零年八月

荣誉证书

四川省眉山市洪雅县：

荣获“2020中国茶业百强县”称号。

中国茶叶流通协会

二〇二〇年十一月

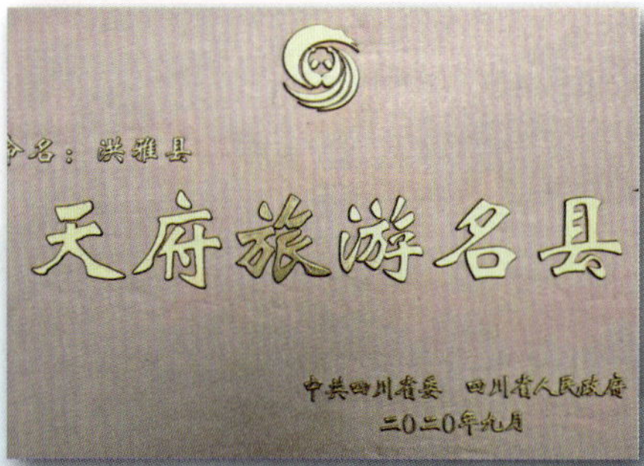

命名：洪雅县

天府旅游名县

中共四川省委　四川省人民政府

二〇二〇年九月

眉山市人大常委会副主任陈万忠（右四）一行到洪雅县视察农产品质量安全监管情况

眉山市人大常委会副主任李永高（左三）率队到洪雅县开展《眉山市农村人居环境治理条例（草案）》立法调研

工业转型，成效明显。洪雅工业园区成为省级经济开发区，全省首个增量配电业务试点项目落地洪雅，全省首个大型工业锅炉“煤改电”试点项目投产运行，黑科技“竹钢”产品登上世界园艺博览会。成立西南地区首个生态食品产业区，培育了幺麻子食品、瓦屋山药业等一批龙头企业。

康养旅游，独树一帜。拥有全国首个“抗衰老健康产业试验区”七里坪，国家森林公园、大熊猫国家公园瓦屋山，4A级景区柳江古镇，“全国首批森林康养体验基地”玉屏山。在全省率先设立县康养产业发展局，成功引进法国PVCP、洲际酒店等国际国内知名品牌企业，成功举办联合国教科文组织“历史村镇的未来”、第三届中国森林康养和乡村振兴大会等会议，先后被评为全国森林旅游示范县、全省唯一的全国森林康养基地试点县、全省旅游强县，成功创建天府旅游名县。

有机农业，全省前列。全县茶叶种植面积28.5万亩，藤椒种植面积3.8万亩，奶牛存栏1.2万头，居全省区（县）前列。拥有中药材2800余种、生态蔬菜基地3.5万亩，无公害绿色有机农产

眉山市副市长肖忠良（中）调研洪雅县农业企业复工复产和春耕生产情况

县委书记宋良勇（前排左一）到中保镇跳水村了解贫困户生产生活情况

县长周代军（右三）调研洪川镇产业发展情况

省扶贫开发局信统处处长卢强一行到洪雅县调研防返贫致贫和人口动态管理工作

天府旅游名县文旅发展联盟大会暨提升建设推进会在洪雅县召开

品基地占耕地总面积的65%，认证无公害、绿色、有机农产品66个，是国家农产品质量安全县、国家有机产品认证示范创建区、国家农业循环经济发展示范县，被省委、省政府表彰为农产品主产区县域经济发展先进县。

当前，洪雅观大势、谋大事，积极抢抓成渝地区双城经济圈建设、成德眉资同城化发展、眉山市委“西优”方针等战略机遇，以建设“生态功能涵养区、高端旅游核心区、绿色产业集聚区”为战略路径，以“生态功能涵养区、高端旅游核心区、绿色产业集聚区”为战略支撑，重塑“做强一区、做精两山、做特三片”战略布局，加快建成成都都市圈“绿水青山”转化“金山银山”示范县。

洪雅县2020年中国农民丰收节暨“零碳农业”行动计划发布会在东岳镇举行

全省食用农产品合格证试行暨质量安全追溯管理推进会在洪雅县召开

成都农交所眉山农村产权交易有限公司洪雅分中心揭牌仪式

“全国竹产业技术创新发展高峰论坛”在七里坪召开

全省农村生活污水治理工作现场会议在洪雅县召开

建设中的凤凰顶有机茶基地

止戈镇原展望村（今止北街社区）党支部书记吴军在脱贫攻坚抱团发展项目基地观察红提长势

中保镇种养循环现代农业园

位于洪雅县西南玉屏山脚下的玉屏梯田

中山镇凤凰顶养猪专业合作社全貌

幺麻子藤椒产业园项目

将军镇保坪村贫困户周华付（左）李子喜获丰收

省农业科学院专家到中保镇指导藤椒生产技术

贫困户领取抱团发展产业分红

四川洪雅消费扶贫馆开馆仪式

中山镇村民安置点

丹 棱 县

眉山市代市长胡元坤（左四）到丹棱县调研产业情况

农业农村部社会事业司副司长何斌（前排右二）到丹棱县调研农业农村重点工作

丹棱古称齐乐郡，隶属眉山市，因城北“红色有棱、状若飞旗”的赤岩山而得名，享有“中国民间艺术（唢呐）之乡”“中国桔橙之乡”的美誉。全县辖区面积450平方千米，辖4镇1乡50个村（社区），总人口16.3万人，是全国首个农村生态文明家园建设试点县、全国绿化模范县、全国农村创业创新典型县、全国农村人居环境整治成效明显激励县、全国村庄清洁行动先进县、全国最大优质不知火生产基地县、国家可持续发展实验区、国家级生态示范区、全国农村一二三产业融合发展先导区、国家卫生县城、四川省乡村振兴工作先进县、四川省农民增收工作先进县、四川省农房风貌整治提升示范县、四川省级文明城市，有生态、文化、区位、桔橙、改革“五张名片”。2020年，全县地区生产总值72.57亿元，同比增长3.8%；全社会固定资产投资完成63.1亿元，同比增长10.1%；地方一般公共预算收入完成4.63亿元；社会消费品零售总额21.99亿元；城镇居民人均可支配收入36764元，农民人均可支配收入21441元。

产业兴盛，发展迅猛。现代农业蓬勃发展，规划建设“桔橙+生猪、九龙山桔橙、脆红李、茶叶、安溪河流域粮猪”五大现代农业园区，发展特色产业基地51万亩，其中晚熟桔橙18万亩，产值突破30亿元。“丹棱桔橙”荣登“四川省十大优秀农产品区域公用品牌”，远销俄罗斯等国家和地区。2020年，“丹棱桔橙”以品牌价值48.25亿元，4次跻身中国区域品牌百强榜。绿色工业强势崛起，科学规划建设丹棱经开区，形成高端装备智能制造、特色新材料、新型建材和陶瓷四大支柱性工业产业。2020年，全县规模工业总产值50.7亿元，同比增长

农业农村厅党组成员、总农艺师陈孟坤（左一）到丹棱县调研指导农业农村工作

国家绿色食品发展中心副主任陈兆云（右二）到丹棱县调研产业融合工作

眉山市政协副主席立胡左格（左三）到丹棱县调研乡村振兴工作

自然资源部耕保司副司长杜舰（前排右二）到丹棱县调研农业结构调整、耕地和永久基本农田保护工作

5.8%。文旅产业融合发展。依托优良的自然文化资源，创建老峨山景区、大雅文化旅游景区、丹棱・桃花源旅游景区3个3A级景区，1个省级森林公园，梅湾村列入省级乡村旅游重点村名录。2018年，创建为“四川省乡村旅游强县”，被中央电视台评为“十大最美探春地”。2020年，全县共接待游客293万人次，实现旅游总收入近30亿元。

区位独特，交通便捷。丹棱县位于成都平原西南边缘，属成渝地区双城经济圈、成都都市圈节点，1小时达双流国际机场、天府机场，半小时达眉山东站、蒲江高铁站。境内公路总里程557千米，其中农村公路474.5千米，公路密度每平方千米1.24千米，国道351线和遂资眉高速公路横跨东西，即将建设的市域铁路S5号线、丹蒲路、丹名路纵贯南北与成新蒲快速通道形成对接。农村公路通达率、通畅率、通客车率、列养率、高等级铺装率、安防工程覆盖率均达100%，初步构建了通达八方的立体化综合交通网。

环境优美，宜居宜业。丹棱县地处北纬30°，地形地貌为平坝、浅丘和深丘，海拔最高为1142米，属亚热带气候，年平均气温16.5℃，年降雨量在1200～1500毫米之间，森林覆盖率近60%。2020年，全县空气优良天数314天，优良率达85.8%；三条河流年平均水质均为Ⅲ类，“美丽宜居乡村”达标率达88.9%。

改革创新，活力迸发。丹棱改革创新，示范样板国、省推广。“一元钱”农村生活垃圾治理机制被住房和城乡建设部等十部委全国推广，并入选2018年中国乡村振兴先锋榜十大榜样。民间众筹文化院坝建设入选中宣部《全国宣传思想文化工作案例选编（2019）》。“道德超市”入选全国村级“乡风文明建设”优秀典型案例。农村生活污水治理模式、党群集中活动日等多项经验在全省推广。携手蒲江县将蒲丹国际生态旅游度假区和蒲丹都市现代农业产业园创建成为成德眉资交界地带同城发展精品示范点位，四川省仅8个。在眉山市率先实施“6+N‘红色代办’制度”，创新实施“模拟审批”程序，营商环境不断优化，上榜2019中国效率“百高县”，全国第三、四川省第一、眉山市唯一。2020年，全县引进重点项目56个，总投资269亿元。

梅湾湖

省农业科学院院长牟锦毅（右三）到丹棱县调研产业发展、农旅融合情况

农业农村厅二级巡视员王犁田（左三）到丹棱县调研特色产业发展情况

农业农村厅二级巡视员胡强（前排左五）到丹棱县调研晚熟柑橘产业集群发展情况

眉山市委常委、统战部部长来建（右二）到丹棱县调研乡村振兴工作情况及丹棱县新联会服务乡村振兴创新实践基地情况

省农业科学院党委副书记、高级工程师钟毅（左四）一行到丹棱县考察现代农业发展情况

省委农办督查处副处长王惠秀（左二）到丹棱县调研农业农村工作领导机制及工作力量、乡村振兴工作推进情况

奔康大道起点

张场镇岐山村集中安置点

张场镇廖店村易地扶贫搬迁安置点

宜居乡村一角

杨场镇农田建设

张场镇田园风光

丹棱县茶叶现代农业园区

丹橙果业园区

丹棱县柑橘生猪种养循环现代农业园区

齐乐镇产业发展

白塔公园

梅湾湖环线道路

杨场镇街景

顺龙乡幸福古村梯田

荣誉表彰

丹棱县：
荣获2019年度四川省实施乡村振兴战略工作
先进县
中共四川省委 四川省人民政府
二〇二〇年三月

丹棱县齐乐镇梅湾村：
荣获2019年度四川省实施乡村振兴战略工作
示范村
中共四川省委 四川省人民政府
二〇二〇年三月

丹棱县齐乐镇狮子村：
荣获2019年度四川省实施乡村振兴战略工作
示范村
中共四川省委 四川省人民政府
二〇二〇年三月

省级示范农业主题公园
四川省农业农村厅
二〇二〇年二月

仁　寿　县

副省长尧斯丹（前排右二）到眉山市督导调研农村疫情防控和农业生产工作

省委巡视工作领导小组成员、省委巡视办主任顾勇到珠嘉镇棚村村调研巡察推动改善乡村人居环境和乡村产业发展情况

仁寿县位于成都市正南方向，境内荣威山脉、二峨山分南北横亘；东接资阳市雁江区、内江市资中县，西邻眉山市东坡区、彭山区、青神县，南接乐山市井研县、自贡市荣县、内江市威远县，北连成都市双流区、简阳市，是成都正南第一城。全域进入天府新区辐射区、影响区，4个镇1个街道被纳入眉山环天府新区经济带，全球最长城市中轴线——天府大道直达县城，紧邻双流、天府两大国际机场，坐拥“成都区位、仁寿成本”比较优势。荣膺全省县域经济发展进步县、天府强县·全国百强县成长之星，连续3年荣获全国投资潜力百强县、全国绿色发展百强县称号。农业资源丰富，是全省三大粮食基地之一，引进云南褚橙、德国通内斯等项目落地。工业资源强劲，全省重点项目、眉山建区设市以来最大工业投资项目——信利国际高端显示项目正式投产，吸引上下游配套企业聚集落户，培育形成千亿级电子信息产业集群。2021年，全县地区生产总值突破500亿元大关；地方一般公共预算收入完成45.4亿元，增长23.1%；城镇、农村居民人均可支配收入预计分别增长8.5%、10.4%。全国综合实力百强县排位提升5位至114位；全国县域经济百强县排位提升30位，至130位。

大豆带状复合种植现场观摩会在仁寿县召开

仁寿县农民丰收节在曹家镇东联村举办

美丽乡村——大化镇水利社区全景

大化镇水利社区一角

高家镇玛瑙村羊业发展

壤塘县

2020年，全县辖11个乡（镇），辖区面积6640平方千米，有户籍人口4.7万人。

文旅节会活动。开展慰问老干部文艺演出、壤塘县上杜柯乡吉拉村“迎新春文艺演出”、2020年，村(社区)党支部书记、村(社区)委员会主任培训人员展演文艺活动；对各乡（镇）普及壤巴拉第二套锅庄动作；开展尚蓝天路旅游宣传活动、高原林海生态旅游区创建省级生态示范区文艺晚会；为11个乡（镇）、村（社区）发放一体机（图书馆）。举办壤巴拉节，到各乡（镇）、村、敬老院、寺庙开展“送戏下乡”巡演活动。

非物质文化遗产保护。先后在县级非遗传承人的基础上优先筛选出藏式陶艺、觉囊唐卡、藏茶等13名县级非遗传承人作为州级非遗传承人申报人选，并选出觉囊梵音、觉囊藏医药、川西北民歌等7个传习所作为州级基地申报候选。举办壤巴拉各传习所与传承人文化研讨会，让各非遗传习所相互交流和沟通，相互借鉴好的管理模式和发展经验。壤巴拉觉囊唐卡传习所与呼伦贝尔蒙古族科研中心在成都市举行动画片《喜一》合作签约仪式，使古老的文化遗产与现代科技交融交汇，与动漫结合，形成新的文化产业发展方式。动员有公司营业及产品制造销售的非遗传习所和非遗工坊在淘宝、京东等各大网店开店并上架产品。派遣非遗传承人、非遗公司化运营管理人员参加在茂县召开的全州非遗培训会议，代表壤塘县经验向全州发言，并做好文化遗产日宣传工作。参加净土阿坝消费扶贫直播节，将代表壤塘县的非遗产品通过直播卖货的形式向全国推广。参加四川省旅博会非遗展、阿坝州文旅大会，将全县非物质文化手工艺产品向当地居民及外来游客进行展示，并推广介绍全县非物质文化遗产。开展2020年壤塘县觉囊唐卡培训、全面非遗工坊建设培训，并先后参加四川乡村文化艺术节、全国丰收节展览及中国进出口博览会、上海手工造展，觉囊唐卡和擦擦参加在大连市举办的中国工艺美术博览会上获得2个非遗作品金奖。

重点文旅项目建设。非物质文化遗产传习基地（藏艺演艺厅）建设项目总投资2900万元，已完成初步验收，进行演艺厅附属设施建设；壤巴拉博物馆建设项目总投资2950万元，进行展陈及室内安装，已完成总工程量的95%；县图书馆、文化馆两馆排危建设项目总投资92.6139万元，已完成竣工验收；州、县广播电视节目无线覆盖工程总投资1324万元，已完成31个点位安装，并完成前端机房设备定货、台站设备定货；日斯满巴

石里乡中大石沟村油菜产业发展

中科院成都生物研究所、省农科院作物研究所、州农科所专家一行到壤塘县调研青稞新品种试验和青稞产业发展情况

2021年全国科普日宣传活动

碉房保护维修工程已完成初步验收，待省级文物保护专家进行最终确认验收；县社会足球场场地设施建设项目下达资金100万元，已竣工并进行初步验收；岗木达镇尕日新区文化健身广场建设项目总投入400万元，已完成财评等前期工作，后续工作逐步开展。有序推进公共服务设施建设项目和中壤塘觉囊文化旅游景区旅游基础设施建设项目续建，公共服务设施建设项目总投资985万元，已完成工程量的70%；觉囊文化旅游景区旅游基础设施建设项目总投资800万元，已完工验收。按计划完成2个浙江援建项目建设，乡村旅游打造项目浙江援建215万元及专业合作社项目浙江援建50万元。有序推进新建项目，中壤塘旅游基础设施项目总投资2000万元，已完成前期工作；岗木达镇生态旅游基础设施建设项目总投资1200万元，已完成前期工作。配合州文旅局完成国道317线最美景观大道旅游基础设施建设。国道317线旅游产业廊道文化提升项目总投资900万元，采用EPC模式建设，已进场施工。

旅游宣传营销。劳动节、端午节、国庆中秋双节等节假日期间，在国道317线沿线黑桥游客中心、腾都驿站、壤金交界处检查旅游商品并及时补充相应的宣传资料及旅游商品，同时进行宣传营销，做好接待游客的各项事宜。开展各类旅游人才培训。参加阿坝州全域旅游重庆推介会。

在设施大棚中发展草莓种植

克久食用菌种植基地菌包中良好生长的菌丝

2021年杜柯河流域基础设施建设重点项目集中开工仪式

“四好农村路”示范路——伊日路

“2021壤塘县乡村旅游讲解员技能培训”在浙江省温州市结业

2021年东西部劳务协作电商技能人才培训合影

县总河长办主任、副县长代胜利巡河检查则曲河河道疏浚情况

巡河员开展河（湖）长制“清四乱”工作

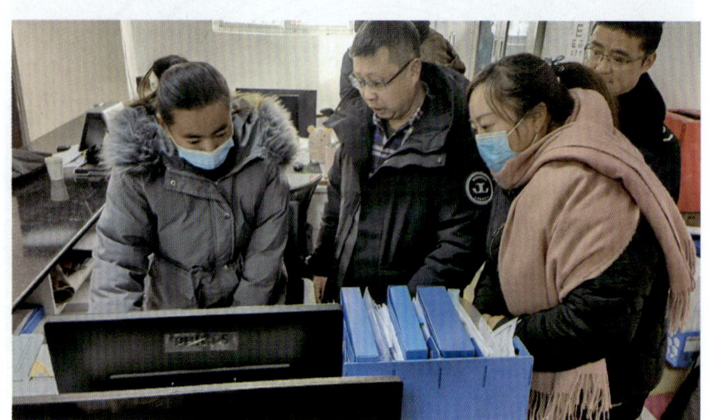

国家医疗保障信息化平台上线运行后，工作人员到各医疗机构现场指导工作

客运站点实现全覆盖

浙江省委网信办为壤塘县中小学生捐赠教辅资料及课外阅读书籍

各敬老院欢度重阳节

壤塘腾都驿站

“双低”油菜种植示范区（宗科乡）

野生动物疫源疫病监测调查

野生动物野外救护

县生态环境局开展土壤环境质量监测

县生态环境局开展农村空气质量监测

2020年生态脆弱区治理项目中壤塘镇伊根门多村标段成效图

“中国壤塘·壤巴拉非物质文化遗产宜兴传习基地揭牌仪式”在江苏省宜兴市举行

棒拓石刻大藏经世界纪录现场认证

壤塘县卫生发展大会

壤塘县医疗队到理县桃坪卡点支援疫情防控工作

县人民医院开展义诊活动

组织动员疫苗接种

2021年壤塘县篮球裁判培训班

全县职工篮球赛

建立36.5万名农民工数据库，引导农民工回乡就业创业。成立返乡创业专家咨询顾问团，筹备返乡创业项目库，构建1名县级领导联系2名优秀农民工机制，帮助创业者解决实际困难。树立创业典型，实施优秀农民工回引工程，全年回引农民工308名，带动就业1700人。与沿海企业签订劳务合作协议，谋求就业岗位1万个。发布就业信息21期，252家企业提供3.7万个岗位，助力农民工实现就地就近就业2.1万余人；7月，大竹县"六大行动"助推农民工就业创业工作受到中央电视台《新闻联播》栏目宣传报道；12月，大竹县以"下好返创'四步棋'，搭建回引'致富路'"工作经验作为全省唯一县级代表在全省推进返乡下乡创业工作暨表彰大会上交流发言。

【主要领导人】 县委书记：何洪波（8月止），李志超（9月起）；县人大常委会主任：蔡文华；县长：李志超（11月止），何长华（11月代理）；县政协主席：曾伟；分管农业副县长：简奎。

大竹县编写组

渠　县

【基本情况】 2020年，全县辖37个乡（镇），辖区面积2018.37平方千米，有户籍人口129.98万人。

【文旅项目建设】 城坝考古遗址公园项目。省政府正式公布城坝遗址保护规划。完成城坝考古遗址公园规划的意见公开征集及初步修改等，协助省文物考古研究院完成城坝遗址发掘面积1000平方米。城坝遗址考古工作站建设方案已报送省文物局审批。

渠城公共文化体育中心建设项目。一期体育馆项目已于9月底前完工；二期田径跑道和足球场项目完成项目立项、规划选址、建设用地规划许可等手续办理和招标，已完成初步设计和概算编制；三期体育场、演艺中心等项目完成项目社会资本、施工、监理招标，社会资本方四川航天建筑工程有限公司上级单位北京航天集团已完成PPP合作资料审核；SPV公司——渠县賨航众建设投资管理有限公司已组建成立，与农发行签订贷款意向协议。

【文旅融合发展】 启动《渠县旅游大数据规划》《渠县文旅融合发展规划》和《渠县全域旅游规划》修编。文峰山文化景区创建为国家4A级景区，秀岭春天和渠县文庙创建为3A级景区。举办渠县文化旅游产业对外发展大会，现场签约文化旅游产业项目11个，总投资达225.8亿元。

【公共文化服务体系建设】 县文化馆、县历史博物馆、县图书馆和60个乡（镇）综合文化站全面实施免费开放，惠及群众50余万人次。建设完成乡（镇）、村级广播电视公共服务网点122个，录入电视"户户通"个人信息42289条（城乡困难群体免费用户7289条）。挂牌成立"渠县宕渠文学院"，启动"中国文学之乡"创建工作。

【文化活动】 组织开展"我们的中国梦"文化进万家、2020年"春节文化大拜年"文艺演出活动、"喜庆七一　决胜脱贫攻坚"文化惠民演出活动、"送文化进军营""万人赏月诵中秋"群众文化活动、迎双庆"共建美好家园"文艺演出、"民间诗歌文化周"、"戏曲进校园"文艺演出、2020文化惠民进基层文艺演出等系列文化惠民活动120余场次。

【全民阅读】 县图书馆征订报刊21种、杂志265种，新增电子图书3500册（件）、新增读者2270余人，累计接待读者2.4万余人次，图书借阅4.13万余册，电子阅览室服务读者1.3万余人次，数字图书馆阅读点击量19万余人次。开展全民阅读"七进"活动和流动图书馆服务20余场次，服务读者6万余人次，免费办理借书证600余张，发放活动宣传单5000余张。

【广电建设】 完成2020年城乡困难群体免费享有广电高清数字电视收视服务2230户。省广电网络公司投入建设资金1.2亿元，完成全县60个"盲村"、300个"盲社"的有线电视网络干线、支干线、用户分配网建设。截至2020年年底，全县广播电视人口综合覆盖率达99.6%。渠县广播电视局被人力资源和社会保障厅、被省广播电视局表彰为"四川省广播电视系统先进集体"。

【文化扶贫】 李馥镇凤凰村和临巴镇麻园村被省委宣传部、文化和旅游厅等6部门命名为四川省2019年"文化扶贫示范村"。创建市级文化振兴示范镇2个（三汇镇、岩峰镇）、市级文化振兴示范村2个（岩峰镇回龙村、万寿镇曹家村）。

【主要领导人】 县委书记：苟小莉（8月止），王飞虎（8月始）；县人大常委会主任：何世斌；县长：王飞虎（10月止），王飞（10月始）；县政协主席：练丹；分管农业副县长：徐远航。

渠县编写组

开　江　县

【基本情况】 2020年，全县辖11镇1乡1个街道，辖区面积1031.5平方千米，有户籍人口57.22万人。

【旅游区域协作】 融入成渝地区双城经济圈建设，与重庆市万州区、重庆市开州区、重庆市梁平区等毗邻区（县）协作，签订旅游合作战略框架协议，协同创建明月山绿色发展示范带，共同挖掘和开发策划推出绿色生态精品旅游线路，吸引游客到大梁山、峨城山、飞云温泉养生，开创文旅高质量融合发展、互惠共赢新局面。

【文旅基础设施建设】 完成第五次全国文化馆评估定级；完成文化馆、图书馆、博物馆"三馆"项目申报及前期建设，51个贫困文化室提档升级项目，全国重点文物开江牌坊本体修缮工程；金山寺天王殿抢险维修工程、开江红色文化陈列馆室内布展、屋顶防漏、下水道处理全部完工；完成市政府下达建设社会化足球场任务5个，调试安装完成15个村的体育健身器材；新建成24小时图书馆1个；新建成地面数字电视无线发射站3个；新（改）建旅游厕所15座，金山寺、"稻田+景区（景点）"新修建一批停车场，景区主要路口新增改造38块旅游交通导向牌，A级景区和乡村旅游区实行无线WiFi全覆盖，开通旅游交通线路，打通服务游客"最后一公里"。普安镇、甘棠镇转洞桥村、新太乡龙形山村分别被市委宣传部、市文体旅游局命名为乡村振兴示范村镇。

【文旅项目建设】 向中央、省、市争取项目，有已纳入项目库的重点项目12个，资金达5.8亿元，支持项目复工复产；开江红色文化陈列室提档升级工程完成投资360余万元；加快推进金山景区"创4A"在建项目建设，已完成市级初验。

【文旅规划编制】 编制完成《开江县全域旅游发展规划》，出台《关于大力发展文旅经济加快建设文化强县旅游强县的实施意见》，明确建设区域文化高地和成渝西休闲养生度假胜地"两大目标"，形成"一核、两心、四区、一廊"文旅发展新格局。

【文化惠民活动】 举办开江县第四届乡村春节联欢晚会、第七届荷花文化节、全民健身系列体育活动、流动舞台进基层等特色文化惠民展演活动100场次，惠及群众30万人次。省级非遗"薅秧歌"以及展俗舞台作品表演唱《我和幺妹挨到来》《荷塘恋曲》和男声独唱《毓秀开江》参加长江三峡晒秋·川渝东北晒秋活动，《薅秧妞妞》代表达州市参加2020年四川省第五届群众广场舞展演活动并获得优秀组织奖；组队参加四川省第一届"云健身”网络大赛太极拳、柔力球比赛，获得一等奖18个、二等奖5个、三等奖11个。疫情防控期间，利用网络新媒体开展线上体育健身、读书征文、百科问答、少年儿童口才特训营、“勠力同心抗疫魔”开江县少年儿童抗击疫魔网络书画作品展、“万众一心抗疫情，翰墨丹青颂党恩”开江县2020年抗疫书画作品网络展、“文化驿站”全民艺术培训云课堂等文体活动200场次，惠及群众50万人次；常态化开展“四馆一站”免费开放，体育中心、文化馆、图书馆、博物馆、各文化站(室)共免费接待群众12.3万人次，图书外借5.1万册次，总流通4.2万人次，新办借阅证162个，新增馆藏图书、电子图书、期刊和报纸30余万册，朗读亭设备1台，图书馆数字资源库服务能力明显提升。通过购买公益性岗位招募“三区”文化志愿者8人、村级文化志愿者196人、达州市“巴山蒲公英”文化志愿者服务团22人。实施基层文化干部“增能提素”工程，举办专题培训班18期，培训1238人次。

【主要领导人】 县委书记：罗建；县人大常委会主任：马林；县长：李文章；县政协主席：袁静；分管农业副县长：陆世斌。

开江县编写组

巴 中 市

【基本情况】 2020年，全市辖2区3县，辖区面积12296.9平方千米，其中耕地面积491.5万亩。年末总人口364.0688万人(户籍人口)。

2020年，全市GDP766.99亿元，按可比价计算，增长2.5%，其中第一产业增加值161.81亿元，增长5.4%；第二产业增加值214.94亿元，增长0.9%；第三产业增加值390.24亿元，增长2.7%。三次产业结构比由上年的16.8∶31.7∶51.5调整为21.1∶28∶50.9。三次产业对经济增长的贡献率分别为31.4%、12.6%和56%，分别拉动经济增长0.8个、0.3个和1.4个百分点。全年转移输出农村劳动力120.15万人，增长0.1%；实现劳务收入202.45亿元。

社会消费品零售总额482亿元，减少5%，其中乡村消费品零售额87.32亿元，减少4.4%。全社会固定资产投资比上年增长4.6%。地方一般公共预算收入完成48.4亿元，增长1.6%；一般公共预算支出310.65亿元，减少0.4%。金融机构人民币存款余额1432.52亿元，比上年末增长10.4%；贷款余额932.73亿元，增长16%。

公路通车里程25729.32千米，其中高速公路392.8千米、国道592.58千米、省道1217.62千米、县道2986.93千米、乡道5456.38千米、村道15083.01千米；公路通村率100%，行政村客运班车通达率100%。全年邮电业务总量212.5亿元，增长52.9%。年末固定电话用户总数48.22万户，增长3%；移动电话用户总数277.75万户(按移动电话出账用户统计)，减少1.8%。

有各级各类学校718所，增加5所；在校学生480951人，专任教师36085人，其中幼儿园279所，在园幼儿86756人，专任教师2734人；普通小学学校203所，小学教学点1537个，在校学生194808人，专任教师16419人，小学学龄儿童净入学率和升学率均为100%，小学辍学率为零；普通初中学校169所，在校学生100056人，毕业生33456人，专任教师9884人，初中学龄人口净入学率100%，辍学率为零，升学率99.5%，三年巩固率99.4%，九年义务教育巩固率99.6%；普通高中学校48所，在校学生68887人，专任教师5645人，高中阶段毛入学率95.5%，辍学率0.2%，升学率87.8%；中等职业教育学校13所，在校学生29826人，专任教师1282人；特殊教育学校5所，在校学生618人，专任教师121人；高等职业教育学校1所，在校学生11364人，专任教师462人。有公共图书馆6个(图书藏量152.7万册)，档案馆5个(档案藏量68.5万卷)，文化馆(站)208个，书店327个。有剧场和影剧院16个，艺术表演团体72个，文艺表演场所145个。有广播电视台6个，广播节目综合人口覆盖率99.4%，电视节目综合人口覆盖率99.9%；直播卫星用户36.01万户，直播卫星入户率28.1%；有线电视用户19.51万户(按使用用户数统计)，有线电视入户率15.2%；光纤电视通村率97.6%。有医疗卫生机构3344个，其中医院78个、妇幼保健院6个、乡(镇)卫生院230个、疾病预防控制中心6个、卫生监督所(中心)6个、社区卫生服务中心(站)32个、诊所(卫生所、医务室)536个、村卫生室2428个；卫生技术人员18162人，增长2.5%，其中执业医师5141人、执业助理医师1974人、注册护师护士7472人、药师676人、技师1125人、其他卫技人员1675人；病床位22687张，其中医院15017张、乡(镇)卫生院6732张、妇幼保健院457张、社区服务中心(站)471张。

【年度农业和农村经济运行】 2020年，全市农村居民人均可支配收入达14429元，增长9%；农村居民人均消费支出达12023元，增长8.4%。农村居民恩格尔系数为40.3%，减少0.9个百分点。全年水产养殖面积18.04万亩，增长0.1%；水产品产量6.9万吨，增长1.3%。建成高标准农田17.6万亩。全年综合治理水土流失面积36.78万公顷。农村饮水安全达标人口264.99万人，增长0.8%。农村自来水通村率和普及率均达100%。年末农业机械总动力达193.78万千瓦，增长1.2%。有无公害农产品品牌179个，有绿色有机食品标志使用权(农产品)91个(增加17个)。

【种植业】 全年粮食作物播种面积33.89万公顷，增长0.1%，其中小春粮食作物播种面积9.27万公顷，减少1.1%；大春粮食作物播种面积24.62万公顷，增长0.6%。全年油料作物播种面积9.63万公顷，增长18.2%；中草药材播种面积2.11万公顷，增长0.8%；蔬菜及食用菌播种面积6.74万公顷，增长1.9%。全年粮食总产量192.78万吨，增长0.9%，其中小春粮食产量38.29万吨，增长1.1%；大春粮食产量154.49万吨，增长0.9%。经济作物中，油料产量19.98万吨，增长18.7%；蔬菜及食用菌产量167.66万吨，增长5%；茶叶产量1.15万吨，增长3.1%；水果产量12.11万吨，增长9.6%；中草药材产量5.08万吨，增长2.8%。

【林业】 全年植树造林面积5213公顷，其中退耕还林工程594公顷。全市实有森林面积77.51万公顷，增长0.8%；森林覆盖率63%，提高0.5个百分点；活立木总蓄积量6494.13万立方米。有森林公园5个，其中国家级4个、省级1个。全市共有动植物自然保护区7个，保护区总面积达13.7万公顷。

【畜牧业】 全年生猪出栏294.31万头，增长17.4%；牛出栏18.27万头，减少6.3%；羊出栏77.05万只，减少21.8%；家禽出栏1183.55万只，减少12%。禽蛋产量6.98万吨，增长4.9%。全年肉类总产量26.26万吨，增长7.7%，其中猪肉产量20.74万吨，增长14.4%；牛肉产量2.13万吨，减少8.8%；羊肉产量1.13万吨，减少0.2%；禽肉产量1.77万吨，减少11.7%。

【农村社会保障】 全年纳入农村最低生活保障人数33.9万人，增长1.6%；农村居民最低生活保障支出5.5亿元，减少0.7%。全年抚恤和补助优抚人员3.74万人，减少14.2%；抚恤和补助支出3.4亿元，增长13.7%。全年优待优抚3002户，减少7.6%；优待优抚支出3711万元，增长8.6%。全年供养"五保户"人员12805人，支出供养费用9325万元。

【主要领导人】 市委书记：罗增斌；市人大常委会主任：魏文通；市长：何平；市政协主席：朱冬；分管农业副市长：王毅。

巴中市编写组

巴州区

【基本情况】 2020年，全区辖2乡14镇6个街道，辖区面积1294.91平方千米，总人口71.34万人（户籍人口）。

2020年，全区GDP200.11亿元，增长2.6%。全社会固定资产投资完成184.2亿元，增长7.7%。社会消费品零售总额131.63亿元，减少6.3%。规上工业增加值减少1.4%。地方一般公共预算收入完成7.89亿元，增长0.1%。城乡居民年人均可支配收入分别达36244元、14523元，分别增长6.3%、9.1%。

【产业发展】 全年新发展中药材3.8万亩，推进6个万亩连片种植区建设。建成高标准农田3.6万亩、优质粮油基地1.6万亩，粮食产量32.8万吨。新建商品蔬菜基地2090亩。承办全国中药材产业扶贫推进会，为全省现代农业园区建设现场会提供点位；巴州区被纳入全省中药材溯源试点县（区）和全省中药材产业发展重点县（区）。

【统筹城乡发展】 实施城镇建设重点项目48个，完成年度投资108亿元；城镇化率62.87%。成立巴中莲山湖新区管委会，完成片区控规编制、道路交通专项规划等工作。完成怡河苑小区、观音井小区等87个老旧小区改造任务，完成东城街、新市街等9条雨污管网改造，建成南池河中下段等4处污水管网14.8千米。申报北龛寺、水磨河2个片区棚改项目。实施"百镇建设行动"，加快完善场镇功能配套，完成鼎山客运中心升级改造、三江农贸市场、天马山垃圾中转站等建设工程。申报化成镇、曾口镇为省级中心镇。建成大和乡等6个乡（镇）污水处理站。完成1.9万户土坯房改造、297户四类人员危房改造。完成193个行政村生活垃圾收集、转运设施建设，初步形成"村收集、乡（镇）运输、区处理"城乡一体化垃圾收集、转运体系。新（改）建乡村公厕39座，完成28个村"厕所革命"。化成镇长潭河村获得"四川十大最亮眼村居"称号。

【农村改革】 全面完成乡（镇）行政区划调整改革和村级建制调整改革。推进农村宅基地"三权分置"改革，开展农村闲置宅基地、住宅综合利用试点，巴州区获评"全省农村改革先进县（区）""全国农村承包地确权登记颁证工作典型地区"。深化"放管服"改革，一体化政务服务平台乡（镇）覆盖率达100%。

【扶贫攻坚】 全区通过国家脱贫攻坚普查和成效考核。建立防止返贫监测和帮扶机制，151户边缘易致贫户、70户脱贫不稳定户如期销号。完成解决相对贫困长效机制试点。全区贫困户年人均纯收入达10872元，增长7.4%。加快推进19个东西部扶贫协作产业项目建设，东西部扶贫协作工作年度考核获得"好"等次。全面完成普格县综合帮扶年度任务。

【农村社会保障】 全区城乡居民基本医疗保险覆盖率达98%以上。全年发放各类救助金2亿元，惠及困难群众10.34万人；发放高龄补贴资金980余万元，惠及高龄老人1.6万人。

【主要领导人】 区委书记：张平阳；区人大常委会主任：杨斌；区长：杨波（7月止），何光平（8月始）；区政协主席：邵瑜（5月止），蒋军辉（5月始）；分管农业副区长：周永红。

巴州区编写组

恩阳区

【基本情况】 2020年，全区辖15镇3个街道，辖区面积1177平方千米，总人口65万人（户籍人口）。

2020年，全区GDP88.15亿元，增长2.6%。全社会固定资产投资增长7.8%。地方一般公共预算收入完成7.01亿元，增长7.4%。城乡居民年人均可支配收入分别达35610元、14695元，分别增长6.6%、8.9%。

【种养殖业】 全区粮食作物播种面积94.17万亩，种植芦笋、葡萄、川明参等果蔬0.8万亩，创建市级现代农业园区2个，入列省级有机产品认证示范区。加快生猪产能恢复，全年出栏生猪46万头。实施蓝润生猪全产业链等重点工业项目12个，完成投资27.5亿元，增长15%。好彩头二期等8个项目竣工投产，恩阳食品工业园二期建设加快推进。商贸服务业加快发展，举办第八届巴人文化艺术节、"食在恩阳·味在古镇"等活动，全年实现文旅综合收入26.23亿元。

【统筹城乡发展】 启动高铁片区、城市绿道体系、城市会客厅等专项规划编制，完成巴中临港产业园控规和"十园六院"策划方案编制，完成全区土地利用总体规划调整。实施城区重点项目52个，完成投资101.8亿元。义阳大桥建成通车，规划54路、马鞍都市山水廊道基本建成，飞凤大桥、琵琶滩大桥等项目建设稳步推进，12个老旧小区改造加快推进。优化城市重要节点景观，码头公园、城市河道景观和滨河绿地绿廊加快建设。制定《恩阳区城市建筑立面管理办法》，拆除各类违建1.95万平方米，规范城市户外广告3500平方米。抓好交通、水利、能源、通信等基础设施建设，实施项目47个，完成投资67.49亿元。X160高店子—双胜段建成投用，新（改）建县、乡联网道路48千米，村（组）联网路106千米，旅游路、产业路45千米。实施土地增减挂钩项目35个。新增城乡雨污管网25千米、燃气管道60千米。黄石盘水库加快建设，除险加固病险水库25座。完成5个行政村农网改造，新（改）建10千瓦线路6.1千米，西龛110千瓦输变电工程投入运行。建成4G基站90座、5G基站20座。

【乡村振兴】 配合市级国土空间规划编制，开展镇、村国土空间规划试点，完成三级乡村振兴规划提升。抓实回引创业，新增百万元以上经济实体108个。实施农村垃圾、污水、厕所"三大革命"，卫生厕所普及率达90.3%；畜禽规模养殖场粪污设施设备配套实现全覆盖，畜禽粪污资源化利用率达95%；实行城乡垃圾一体化处理模式，农村人居环境整治"三年行动"通过省级验收，为全省"美丽四川·宜居乡村"建设工作会提供现场。培育省、市级实施乡村振兴战略工作先进乡（镇）3个、示范村20个。

【脱贫攻坚】 坚持"四个不摘"，整合涉农资金2.59亿元，脱贫攻坚年度任务全面完成。健全返贫监测预警机制，锁定脱贫不稳定户、边缘易致贫户、其他农村低收入人口170户584人。开展"脱贫攻坚问题清零"行动，全面对标补短，消除返贫风险。开展“探索建立解决相对贫困长效机制”省级试点。被表彰为“四川省脱贫攻坚奖先进集体”。

【民生事业】 全面完成“省30件民生实事”和市自选“十件民生实事”任务，全年民生支出29.5亿元，占地方一般公共预算支出的76.2%。全面落实社保政策，完成退役军人“两保”接续，获评“全省双拥先进区”。区残疾人托养中心、社会救助服务中心老年养护院建成投用。整治欠薪行为，抓实农民工转移就业，被省委、省政府表彰为“去冬今春农民工服务保障工作先进区”。

【主要领导人】 区委书记：梁津华(8月止)，杨波(8月始)；区人大常委会主任：朱继中；区长：王清平(10月止)，李玉甫(10月始)；区政协主席：肖平；分管农业副区长：田霞。

恩阳区编写组

南 江 县

【基本情况】 2020年，全县辖2乡29镇1个街道，辖区面积3389.5平方千米，其中耕地面积62.32万亩。年末总人口65.5916万人(户籍人口)。

2020年，全县GDP139.82亿元，增长3.1%。规上工业增加值增长2.9%。社会消费品零售总额83.58亿元。全社会固定资产投资196.36亿元，增长7.8%。地方一般公共预算收入完成7.86亿元，增长1.3%。城乡居民年人均可支配收入分别达35875元、14387元，分别增长6.5%、9%。

【产业发展】 四大特色产业扩面增量。全年南江黄羊出栏18.1万只，新种植茶叶1.6万亩、金银花3.2万亩、核桃2万亩，丰产培育核桃3万亩。蓝润生猪全产业链项目黑池猪场建成投产。新培育市级以上农业龙头企业29家，专业合作社、种养大户210家(户)。新增“三品一标”农产品12个。国家现代农业产业园创建加速推进。东榆工业园创建为省级农产品加工示范园区，新入园企业6家。新培育规上工业企业5家。

【统筹城乡发展】 宏帆二期、文化体育综合体全面开工，城北、城西棚户区改造加快推进，县城雨污分流干管改造全面完成，龙渠大桥至琉璃寺滨河路建成通车，生茂汽修厂至污水处理厂段防洪堤全面开工。新建城市绿道6.2千米，新(改)建城市旅游公厕9座。完成12个特色小镇总体规划。乡(镇)污水处理站实现全覆盖，城乡垃圾无害化处理率分别达95%、90%。新(改)建农村公厕184座，完成50个农村“厕所革命”示范村建设。创建省级乡村振兴先进乡(镇)2个、市级6个，省级示范村10个、市级20个，长赤镇创建为省级乡村振兴示范镇，赤溪镇西厢村入选2020年中国美丽休闲乡村。26条主要河流断面水质均达Ⅲ类及以上标准，城乡集中式饮用水水源地水质达标率达100%。米仓大道、木涪路、西绕二期等重大交通项目加快推进，省道301银玉路、西厢旅游公路、陈家山至大江口防灭火通道等项目全面建成。新(改)建农村公路360千米，整治“畅返不畅”道路219千米，通过“十三五”普通国、省干线公路养护管理评价。红鱼洞水库下闸蓄水验收顺利通过，高桥水库前期工作加快推进，官房沟、杨家沟水库通过水利厅可研审查，群力水库完成初设审批，汇田河水库启动移民征地。第二水厂建成通水，第二批乡(镇)供水工程开工建设。东榆110千伏输变电站项目加快推进。实现城乡4G网络全覆盖，实现县城主城区、光雾山核心景点5G网络全覆盖，有线光纤通村率达100%。全年实施低保、残疾人、孤儿、特困供养、高龄救助8.7万人，医疗救助1.3万人次，“为留守儿童送温暖”活动被中央电视台报道，被评为全省首批社会救助审核确认机制改革试点县。

【农村改革】 全面完成“合村、并组、优社区”工作，全县村由516个合为309个，村民小组由2408个并为1384个，城乡社区优化为105个。全面完成农村土地确权颁证，农房一体化登记有序实施。13个东西部扶贫协作项目如期建成。

【扶贫攻坚】 全面落实“四个不摘”“三个不脱”要求，统筹推进巩固脱贫成果“十大行动”。建成省级就业扶贫基地2个，打造就业扶贫示范村5个，4.07万名贫困群众实现稳定就业。开展消费扶贫，47家企业获批使用“四川扶贫”集体商标，扶贫产品销售额3.7亿元。设立防止返贫补短帮扶专项基金，无返贫和新增致贫户，脱贫质量得到巩固。村政学院获评国、省“脱贫攻坚先进集体”，13个集体、25名个人受到省、市表彰。产业带贫益贫机制、“道德银行”等入选国务院扶贫办《全国产业扶贫典型案例》《扶贫扶志故事选》；易地扶贫搬迁后续发展、扶贫领域工程项目专项清理等做法经验在全省作交流发言。

【乡村旅游】 光雾山创建为国家5A级景区，米仓山入围首批国家森林康养基地，玉湖、桥亭入选省级森林康养基地。承办中国世界地质公园年会、全省第十一届(夏季)乡村文化旅游节、第十八届光雾山红叶节。全年接待游客920万人次，实现旅游综合收入80.75亿元。

【主要领导人】 县委书记：李本勇；县人大常委会主任：万林；县长：李善君；县政协主席：符大纲；分管农业副县长：赵燕飞。

南江县编写组

通 江 县

【基本情况】 2020年，全县辖2乡30镇1个街道，辖区面积4116.58平方千米。有户籍总户数25.62万户，其中农业户数15.99万户；户籍人口71.95万人，其中农业人口55.95万人、城镇人口16万人；人口出生率10.27‰，人口自然增长率6.17‰，人口符合政策生育率98.2%。全县森林面积27.93万公顷，活立木蓄积量2115万立方米，森林覆盖率67.84%。

2020年，全县GDP134.04亿元，增长1.6%，其中第一产业增加值34.39亿元，增长5.5%；第二产业增加值35.64亿元，增长0.4%；第三产业增加值64亿元，增长1%。三次产业结构比由上年的21.2∶30∶48.8调整为25.7∶26.6∶47.7。三次产业对经济增长的贡献率分别为60.9%、8.9%和30.2%，分别拉动经济增长1个、0.1个和0.5个百分点。

公路通车里程5896.1千米，其中国道公路126.7千米、省道公路471.1千米、县道公路816.8千米、乡道公路1301.9千米。全年公路运输货运周转量14.09亿吨千米，客运周转量3.6亿人千米。

有学校(不含幼儿园)107所，专任教师6114人，在校学生7.45万人，其中幼儿园130所，在园幼儿1.73万人；小学73所，在校学生3.86万人，小学学龄儿童净入学率100%；中学30所，在校学生3.09万人，初中学龄人口净入学率100%，初中毕业生升学率93.2%，九年义务教育巩固率95.2%，高中阶段毛入学率91.4%，高中毕业生升学率71.2%；职业中学3所，在校学生4827人。有医疗卫生机构687个，其中医院17家、乡(镇)卫生院49家、社区卫生服务站5个、村卫生室524个、诊所(医务室)90个、疾病预防控制中心和卫生执法监督大队各1个；卫生技术人员3169人，其中执业医师920人、执业助理医师314人、注册护士1347人。有线电视乡通率和村通率分别为100%和98.7%，电视人口覆盖率达100%。

【年度农业和农村经济运行】 2020年，全县农林牧渔业总产值达65.57亿元，增长5.9%，其中农业产值29.55亿元，增长5.2%；林业产值1.74亿元，增长3.2%；牧业产值30.15亿元，增长7.6%；渔业产值2.84亿元，增长4.9%；服务业产值1.29亿元，增长7.6%。农村居民年人均可支配收入达14313元，增加1186元，增长9%，其中工资性收入4205元，增长8.9%；经营净收入6144元，增长8.8%；财产净收入421元，增长14.9%；转移净收入3544元，增长9%。农村居民年人均消费支出达12480元，增长8.3%，其中居住支出增长8.2%、教育文化娱乐支出增长10.5%、医疗保健支出增长11.5%。农村居民恩格尔系数为41.4%。全年农村用电量3.35亿千瓦时。全年水产养殖面积2472公顷，减少0.5%；水产品产量1.55万吨，减少1%。

【种植业】 全年粮食作物播种面积123.51万亩，增长0.2%，其中小春粮食作物播种面积28.4万亩，减少0.7%；大春粮食作物播种面积95.13万亩，增长0.5%。油料作物播种面积30.06万亩，增长3.6%；中草药材播种面积1.45万亩，增长2.1%；蔬菜播种面积16.7万亩，增长0.2%。全年粮食产量46.37万吨，增长1%，其中小春粮食产量7.8万吨，增长2.6%；大春粮食产量38.58万吨，增长0.8%。经济作物中，油料产量4.44万吨，增长4.6%；蔬菜及食用菌产量30.57万吨，增长10.1%；水果产量1.35万吨，增长2.4%；茶叶产量0.17万吨，增长1.3%；中草药材产量0.21万吨，增长3%。

【畜牧业】 全年生猪出栏70.27万头，增长18.9%；牛出栏4.95万头，减少5.9%；羊出栏16.81万只，减少16.9%；家禽出栏239.38万只，减少9.9%。全年肉类总产量6.44万吨，增长9.5%，其中猪肉产量4.94万吨，增长14.7%；牛肉产量5434吨，减少4.5%；羊肉产量3416吨，增长8.1%；禽蛋产量11053吨，增长23%。

【农村水利】 全年水利工程建设总投资4.24亿元，治理水土流失面积4957公顷，恢复改善灌面300公顷。全县水利工程蓄水能力达7987万立方米，年末有效灌溉面积18690公顷。农业机械总动力48万千瓦，其中农用排灌动力10.5万千瓦。

【农村社会保障】 全县有敬老院20所，集中供养老人309人；孤儿院1所，集中供养孤儿27人。享受定期抚恤人数530人，发放抚恤金1569万元；享受定期补助人数6060人，发放补助金4395万元；优待优抚人数625人，发放优待优抚金768.5万元；供养"五保户"2764人，发放救济金1865万元。农村居民享受最低生活保障人数86256人，发放最低生活保障金12322万元。

【主要领导人】 县委书记：孙辉；县人大常委会主任：杨森儒；县长：王军；县政协主席：闫丕川；分管农业副县长：万学成。

通江县编写组

平昌县

【基本情况】 2020年，全县辖28镇9个管委会3个街道，辖区面积2229平方千米，其中耕地面积62.32万亩。年末总人口65.8万人（户籍人口），常住人口29.33万人。

2020年，全县GDP183.07亿元，增长2.3%。全社会固定资产投资242.01亿元；规上工业增加值增长2.3%；社会消费品零售总额106.52亿元；地方一般公共预算收入完成8.26亿元。城乡居民年人均可支配收入分别增长6.2%、9.1%。

【产业发展】 新栽补栽花椒5万亩、茶叶7000亩，培育省级园区1个、省级示范社（场）10家，新增"三品一标"农产品16个，"平昌青芽茶"获得国家地理标志产品认证。

【统筹城乡发展】 邦泰天誉、同昌名邸等一批高品质楼盘陆续入住，实施林产品公司、电力公司家属院等9个老旧小区改造，增设既有住宅电梯64部，新（改）建城市公厕2座、农村公厕34座。完成18个村（居）农村人居环境整治，新增美丽宜居乡村50个。白衣古镇获评全省文化旅游特色小镇，土兴镇获评四川省乡村振兴先进乡（镇）。

【农村改革】 完成乡（镇）行政区划调整和村级建制调整改革，设置街道3个、镇28个、村（社区）393个、村（居）民小组2934个。紧密型县域医共体加快建设，组建平洲、同昌、江口3个医疗集团。平台公司实体化、市场化转型加快推进。综合行政执法、司法体制、财税体制、生态环境等重点领域改革稳妥推进。

【扶贫攻坚】 聚焦"三类"重点对象，实行"四级挂牌督战"，开展脱贫攻坚成效监测评估和问题清零行动，223户524名未脱贫人口稳定脱贫。初步完成扶贫资金项目清理。先后接受贫困县"摘帽"第三方抽查、省委问题整改清零专项督查、国家脱贫攻坚全面普查、全省脱贫攻坚成效县际交叉考核、国家东西部扶贫协作成效考核。

【农村生态建设及环境保护】 完成中央、省环保督察反馈问题整改265项，建成集镇污水处理设施23处、乡（镇）生活垃圾中转站13座，完成三房湾垃圾填埋场生态修复。调整划定场镇集中式饮用水水源保护区。全面完成长江流域"十年禁渔"退捕任务。驷马河国家湿地公园试点建设通过国家验收并授牌。获评全国第四批"绿水青山就是金山银山"实践创新基地。

【农村社会保障】 全县城乡居民养老保险、基本医疗保险参保率分别达97.9%、98%。全省养老服务体系试点县建设有序推进，建成大寨、兴龙2个养老服务中心。完成村（社区）换届、第七次全国人口普查登记。

【主要领导人】 县委书记：蒲开文；县人大常委会主任：谢友先；县长：李余良；县政协主席：郑南贵（5月止），何效德（5月始）；分管农业副县长：吴智明（4月止），郭治平（4月始）。

平昌县编写组

雅安市

【基本情况】 2020年，全市辖2个区6个县，辖区面积1.53万平方千米。

有各级学校535所（高等教育附设中职班和高等教育院校不计校数），在校学生212668人，教职工17266人，其中幼儿园295所，入园儿童16097人，在园儿童（幼儿园、附设班）47539人；小学145所（另有小学教学点109个），在校学生83988人；初中68所（初级中学48所、九年一贯制学校20所），在校学生46487人；特殊教育学校3所，在校学生1014名；普通高中16所，在校学生22168人；中等职业教育学校8所（另有雅安职业技术学院附设中职班1个），在校学生12281人。有文化馆9个，文化站138个，公共图书馆9个，美术馆4个，农家书屋578个，社区书屋101个，寺庙书屋1个。

广播综合人口覆盖率98.22%，提高0.02个百分点；电视综合人口覆盖率99.1%，提高0.01个百分点；有线电视用户23万户。有医疗卫生机构1544个（含医院46个、卫生院133个、社区卫生服务中心（站）8个、村卫生室881个、诊所443个、专业公共卫生机构29个、其他机构4个），病床位13818张，卫生技术人员13201人（其中执业医师3769人、执业助理医师1076人、注册护士5637人）。

【年度农业和农村经济运行】 2020年，全市农村居民人均可支配收入达15890元，增长8.9%。农村居民年人均生活消费支出达13212元，增长8.4%，其中食品烟酒支出增长12.8%、生活用品及服务支出增长7.6%、交通通信支出增长4.5%、医疗保健支出增长4.9%。全年完成营造林27140公顷，实有森林管护面积958380公顷；森林覆盖率69.14%，继续居全省第一位。全年水产养殖面积647公顷，减少22.6%；水产品产量9560吨，减少7.9%，其中养殖产量9560吨。全年新增综合治理水土流失面积172.84平方千米。解决改善农村饮水不安全人口6.25万人。新增农业机械总动力1.02万千瓦，农业机械总动力达166.32万千瓦，增长0.62%。全年农村用电量77116万千瓦时，减少1.5%。全年农村户用卫生厕所普及率达94%。新建农民体育健身工程238个。

【种植业】 全年粮食作物播种面积6.93万公顷，增加0.02万公顷，增长0.3%；油料作物播种面积0.78万公顷，减少1.4%；中草药材播种面积0.76万公顷，增长4.3%；蔬菜播种面积3.12万公顷，增长1.3%。全年粮食总产量36.2万吨，增加0.3万吨，增长0.8%，其中小春粮食产量与上年持平，大春粮食产量增长0.9%。经济作物中，油料产量1.48万吨，减少0.2%；蔬菜产量74.31万吨，增长3.4%；茶叶产量9.34万吨，增长5.9%；园林水果产量51.79万吨，增长14.8%。

【畜牧业】 全年生猪出栏108.4万头，增长9%；牛出栏5.7万头，增长6.8%；羊出栏23.1万只，增长2.6%；家禽出栏730.9万只，减少15.7%；兔出栏380.5万只，减少3.3%。禽蛋产量2.6万吨，减少0.5%；牛奶产量3.6万吨，增长0.9%。

【农村教育】 实现义务教育全免费，全年免除学杂费、教科书费、作业本费共计13万人次，发放义务教育阶段贫困学生生活补助3.42万人；农村义务教育学生营养改善计划覆盖9.1万人；减免学前教育保教费2.45万人；为家庭困难普通高中学生发放助学金共计0.7万人，免除家庭经济困难普通高中学生学费0.7万人；为中等职业学校家庭经济困难学生发放国家助学金0.25万人，免除中等职业学校学生学费0.59万人；资助普通高校家庭经济困难学生0.53万人。投入中央、省级资金6400万元对农村薄弱学校进行改造。

【农村社会保障】 全市城乡居民基本医疗保险覆盖122.17万人，全市城乡居民医疗保险参保覆盖率稳定在98%以上。农村最低生活保障标准为每人每月440元，全年纳入农村低保人数26180人，累计月人均补助352.21元。全市城乡特困人员5405人全部被纳入政府供养范围，其中农村5025人全市重点救助对象政策范围内住院自付费用救助比例达70%。资助26186名困难群众参加基本医疗保险。全市养老服务设施总床位11634张，其中养老机构床位8495张、医养结合机构床位2162张、农村幸福院床位240张、日间照料中心床位737张。

【主要领导人】 市委书记：兰开驰；市人大常委会主任：李伊林；市长：邹瑾；市政协主席：杨承一；分管农业副市长：王双全。

雅安市编写组

雨 城 区

【基本情况】 2020年，全区辖8镇5个街道，辖区面积1067平方千米。

【全域旅游】 推进"厕所革命"，完成旅游厕所新建1座、改建4座的目标任务。推动智慧旅游建设，完善旅游配套设施，与全域旅游发展相匹配的便捷化、高质量、全覆盖旅游公共服务体系初步建立。加强市场监管，开展涉旅经营户培训，加大假日旅游安全监管，确保假日安全有序。摸清资源本地，完成文旅资源普查。启动省级全域旅游示范区创建，做好迎检准备。

【文旅项目建设】 全区有文旅重点项目13个，总投资179.7376亿元，其中市重点项目9个。邀请重庆正大集团、十里芳菲等知名企业和公司到雨城区考察，包装储备周公山旅游景区基础设施项目、上里古镇旅游景区基础设施项目、雨城区博物馆改建项目3个专项债券储备项目，总投资18.2229亿元。

【公共文化服务体系建设】 指导基层文化阵地提升服务质量和水平，推进综合配套建设，组织开展群众文体活动，发挥文化服务中心作用。继续落实区图书馆、文化馆、博物馆错时延时免费开放，初步完成区文化馆、图书馆总分馆制建设，实现镇（街道）分馆全覆盖。疫情防控期间，每周推出线上文化课程，陪同群众居家文艺战"疫"。加强安全播出传输管理，推进农村有线电视网络数字化改造，推进"一省一网"农村有线电视网络整合。升级改造全区应急广播"村村响"系统，实现应急广播无缝覆盖。

【特色文体活动】 举办第十四届年猪文化旅游节，参加四川省2020年"千龙千狮闹新春"集中展演活动、雅安市网络春节联欢晚会，承办文化和自然遗产日雅安市主题活动。落实"全民总动员、周末小演出、每月大演出"活动计划，推出一系列时尚文化主题活动，打造雨城夜经济活力街区。组织开展常规体育赛事，承办2020年四川省"百城千乡万村"篮球比赛（雅安赛区）；承办2020年成渝双城万人瑜伽大会（雅安分会场）活动，创造新一项吉尼斯世界纪录。

【文旅扶贫】 开展脱贫攻坚挂牌督战，针对每个村情况形成单独问题清单，指导贫困村推进完成整改。统筹安排19万元文化扶贫专项资金，实施完成38个贫困村文化墙打造、文化体育活动设施设备补充配送以及提升修整文化活动室项目。落实文化惠民工程，组织开展"三下乡"活动5场、"送戏曲进乡村"活动1场、"科普讲座进校园"活动1场。

【主要领导人】 区委书记：高福强；区人大常委会主任：杨仕全；区长：陈建伟；区政协主席：李建敏；分管农业副区长：廖鹏。

雨城区编写组

名 山 区

【基本情况】 2020年，全区辖2个街道11镇，辖区面积614平方千米。总户数88759户，总人口27.68万人，其中男性人口14.1万人、女性人口13.58万人，性别比为103.8 ：100；60岁及以上人口5.79万人，占户籍人口总数的20.91%。

2020年，全区GDP1000919万元，增长4.3%，其中第一产业增加值298904万元，增长5.7%；第二产业增加值306423万元，增长4.2%（工业增加值25.8亿元，同比增长3.8%，对经济增长的贡献率为27.9%，拉动GDP增长1.18个百分点）；第三产业增加值395592万元，增长3.6%。三次产业对经济增长的贡献率分别为28.8%、34.7%和36.5%，分别拉动GDP增长1.23个百分点、1.47个、1.55个。三次产业结构比调整为29.9 ：30.6 ：39.5。

全社会固定资产投资增长26.6%。社会消费品零售总额36.46亿元，减少3.1%，其中乡村市场消费品零售额20.69亿元，减少3.8%。一般公共预算收入完成2.45亿元，增长10.6%，其中税收1.8亿元，增长4.8%；一般公共预算支出15.41亿元，增长19.7%。全社会各项存款余额173.27亿元，较年初增长16.2%，其中住户存款余额145.52亿元，较年初增长17.8%；全社会各项贷款余额93.57亿元，较年初增长22.5%。

公路总里程1056.8千米，其中等级公路（含高级及一、二、三和四级公路）1022千米、高速公路34.8千米。全年公路客运周转量3597万人千米，公路货运周转量110669万吨千米。全区13个镇（街道）17个社区98个行政村已全部实现通硬化路通客车，通硬化路、通客车覆盖率均达"两个100%"。调整优化公交线路3条，上线乡村客运公交车辆14辆；维修加固港湾式客运站9个，新增设招呼站牌164处。有物流企业63家。

有幼儿园72所、小学18所（含民办学校1所）、初中13所（含3所九年一贯制学校）、高中3所（含民办完全中学1所）；学前教育在校学生8825人、小学生15051人、初中生7727人、高中生3948人；专任教师中，学前教育有493人、小学889人、初中640人、高中304人。有图书馆1个，文化馆1个，博物馆1个，剧场、影剧院1个，体育场馆1个，综合文化站13个。有医疗卫生机构240个，病床位1534张。全区婚检率91.94%，孕检率100%，妇女常见病检查率87%，孕（产）妇零死亡；婴儿死亡率2.74‰，5岁以下儿童死亡率5.54‰。

【年度农业和农村经济运行】 2020年，全区实现农林牧渔业总产值535011万元，增长6.1%，其中种植业产值369721万元，增长5.3%；牧业产值147568万元，增长8.6%；渔业产值4104万元，增长0.7%；林业产值5161万元，增长1.3%；农林牧渔服务业产值8457万元，增长9.9%。农村居民年人均可支配收入达17158元，增长9.3%；年人均生活消费支出达12656元；农村居民恩格尔系数为31%。实施"五美共建"工程，创建精品村3个、特色村4个、先进村4个，省级乡村振兴示范村2个、市级乡村振兴示范村7个，中峰镇海棠村获得"2020中国美丽休闲乡村"称号。完成村级建制调整，原190个建制村调整为98个，原1220个村民小组调整为944个。

【种养殖业】 全区粮食作物播种面积16.3万亩，产量67906吨，增长0.4%。茶园面积23126公顷，茶叶产量52191吨，增长3%。"蒙顶山茶"获得2020年"中国气候好产品"，区域公用品牌价值达37.14亿元，增加3.49亿元，品牌价值规模分别居全国第七位、全省第一位。全区生猪存栏36.21万头，其中能繁母猪存栏3.56万头；生猪出栏48万头；肉类总产量34939吨。

【林业】 全区森林资源总面积3.4万公顷，森林蓄量积达165万立方米，森林覆盖率达56%。全年义务植树林竹73万株。完成营造林3万亩。完成世行贷款造林项目新造及更新造林0.2万亩、"抚育+补植"1万亩。

【乡村旅游】 全区创建国家3A级及以上景区5个，其中牛碾坪、月亮湖2个景区创建为国家4A级景区，蒙顶酒庄、龙滩子、红草坪3个景区创建为国家3A级景区。全年共接待游客536.2万人次，减少20.4%；实现旅游综合收入50亿元，减少16.7%。名山区入选第二批天府旅游名县候选县。

【招商引资】 实施"招商引资百日擂台行动"，包装编制招商项目168个，活动期间引进到位资金40.1亿元，签订项目协议48个，其中正式协议33个、总部经济项目协议9个。引进市外到位资金49.05亿元，增长8.1%，其中引进省外到位资金18.08亿元；引进海外资金1430万元。全年新引进落地亿元以上重大项目11个，签订2000万元以上正式协议33个；新引进总部经济企业9家。

【农村教育】 在2020年度四川省中小学电脑制作活动中，获得省级奖2个、市级奖19个。在2020年度四川省教育教学信息化大赛中，获得省级奖3个。在2020年四川省中小学实验教学说课评选活动中，名山中学伍建君老师初中化学说课获得省级一等奖。

【农村文化】 举办四川省2020年"万人赏月诵中秋"群众文化活动集中展演。提高公共文化服务水平，区文化馆、区图书馆、蒙顶山茶史博物馆坚持免费开放、错时开放，全年图书馆流通人数5万余人次，书刊外借1.5万余册；文化馆流通人数3.5万余人次；博物馆接待人数4.2万余人次。在2020年度四川省校园影视工作中，21个作品获得省级奖，名山中学的《高三祝福》问鼎影视新闻类最高奖项——"春蚕奖"。

【农村生态建设及环境保护】 临溪河团结堰出境断面平均水质为Ⅲ类，蒲江河两合水出境断面平均水质为Ⅳ类，名山河金龙村出境断面平均水质为Ⅴ类。徐家沟、东岭山庄饮用水源地水质达标率为100%；万星渠黄家岗水源地和百丈玉泉供水厂水源地水质达标率为100%。推进农村"厕所革命"，在8个镇（街道）17个村实施农村"厕所革命"示范村整村推进项目，6389户厕所改造任务完成；新建农村公共卫生厕所5座、乡村旅游厕所2座。

【农村社会保障】 全年开展各类专场招聘会20场次，开展"送岗位进乡入村"37期，提供岗位1.6万个。城乡居民养老保险参保人数108499人，增加4979人；医疗保险参保人数260612人，参保率达99.7%。为全区建档立卡贫困人员14675人（含动态调整增加人数）代缴参保费用366.3万元，参保率达100%。全区有农村低保对象3534人，其中低保兜底对象1677人，占农村低保总人数的47.45%；农村低保全年累计支出1415.99万元，其中低保兜底支出690万元。

【主要领导人】 区委书记：金武；区人大常委会主任：高佳秀（提名）；区长：周万友；区政协主席：张忠春；分管农业副区长：廖春雷。

名山区编写组

天全县

【基本情况】 2020年，全县辖7镇3乡，辖区面积2400平方千米，总人口14万人。

【乡村旅游】 项目建设。总投资1.5亿元的二郎山喇叭河景区提升项目于9月竣工并投入使用；天全县小河及仁义基础设施建设项目于10月投入使用，累计完成投资9380万元；第一期总投资1.2亿元的康藏大本营水城民宿聚落项目已完成场平。扶持产业发展核心业态，出台《天全县文化体育和旅游产业发展扶持办法》，完成光头山景区及周边旅游度假综合开发项目招商，并完成项目投资协议签订，项目总投资20亿元；完成仁义镇红军村乡村旅游开发项目投资协议签订，项目总投资1.5亿元。编制文旅"十四五"专项规划，充实文旅项目库，已编制"十四五"规划文旅项目94个，总投资561亿元。

宣传营销。依托"一个神奇二郎山超级IP"开展喇叭河国家5A级景区创建；依托"神奇川藏游、出发在天全"，助推天府旅游名县创建。建设以仁义镇红军村、全省"美丽渔村"思经乡团结村为代表的田园综合体和培育以梅子坡周家大院特色餐饮、以天全院子新兴民宿为代表的乡村旅游核心业态，建设农旅融合示范带，构建全域旅游示范区。整合各界资源，依托新华文化站"文化+"模式，探索完善县、乡、村三级基本公共文化服务保障,开展省级公共文化服务体系示范县创建。编印《发现四川》天全特刊,打造推出网红街区——银杏节和思经街。参与宣传推广活动,面向成渝市场强力推介天全,主动融入成渝地区双城经济圈建设。承办川、渝文旅志愿服务培训会,举办"寻美二郎山安逸耍天全""畅游天全、乐享生活"系列活动,开展特色主题宣传营销活动和行业交流活动。

【公共文化服务体系建设】 探索创新关爱农村留守儿童"3+X"新模式(即政府、公益组织、基金会+地方文化特色),新华乡文化站获评全国第八届"服务农民、服务基层"文化建设先进集体;投资40余万元建设的"淡青工作室"成为乡村文化站"旗舰站"。二郎山艺术团、乡(镇)文化演出小分队全年共演出30余场,覆盖16万名群众。图书馆、文化馆中心馆总分馆服务体系初步建成,天全县红军纪念馆助力初心教育"博物馆+"新模式;"村村响"、应急广播、数字地面电视、公共服务网点、电视"户户通"等广播电视公共服务体系平稳运行。

【主要领导人】 县委书记:余力;县人大常委会主任:陈颖;县长:郑胡勇;县政协主席:李家顺;分管农业副县长:陈强。

天全县编写组

芦山县

【基本情况】 2020年,全县辖1个街道6镇1乡,辖区面积1191.14平方千米,有户籍人口11.79万人。

【文旅项目建设】 完成龙门古镇提升、吾善康养旅游、禾茂田园综合体二期、纱帽山发射塔站基础设施提升4个项目建设;在建总投资1.5亿元的"秀美渔村"项目、已争取到一般债券资金375万元的佛图山地质灾害治理项目2个;在谈龙门古镇景区旅游、飞仙关文旅小镇开发等5个项目;编制储备文旅项目118个,估算总投资429.5亿元,其中完成立项、可研22个,估算投资68.7亿元;新引进四川特霖农业发展有限公司文旅康养项目1个。

【文旅品牌创建】 芦山县创建为2020年度"中国天然氧吧"、四川省文化旅游融合发展强县;县博物馆申报为省级科普惠民文化共享基地,根雕艺术城创建为四川省旅游商品创意设计基地。芦山县俊美有限责任公司制作《九儿》《一朵云上的羌寨》《荷之殇》3件根雕作品获得2020年中国(大连)国际文化旅游产业交易博览会"金牡丹杯"文化创意大赛金奖;大川镇被评定为四川省第四批省级森林小镇,大川自然教育基地创建为省级自然教育基地。

【旅游规划及合作交流】 完成《芦山县文化旅游融合发展规划》编制。普查出文旅资源点1355个,其中优级资源361个;射箭坪入选全省40个优质资源点名单,并在全省推广。到重庆市举办以"你耕田来我织布·悠然芦山嘿清凉"为主题的芦山文化旅游推介会,与重庆市渝中区文化旅游委、渝中区旅游协会签订《文化旅游协同发展合作框架协议》《旅游发展战略合作框架协议》。

【文旅宣传营销】 在芦山旅游微信公众号、抖音、智游天府等6个新媒体平台共发布资讯1583条,被"学习强国"、今日头条号等各类平台采用100余篇。以国家级、省级、市级体育赛事为抓手,推进"体育+文化+旅游"融合发展。举办2020中国·四川(芦山)"慈业体育杯"全国部分城市中老年人气排球邀请赛、骑遍四川·2020年环茶马古道雅安(国际)公路自行车赛芦山赛段活动、四川省2020年"我们的节日·中秋"示范活动暨第四届芦山"八月彩楼会"民俗节、跑遍四川·省级自主品牌系列赛事暨2020年雅安市芦山县第六届"农信杯"大川T3河道越野赛等特色文体旅活动67次,其中环茶马古道雅安(国际)公路自行车赛由人民网、川体在线全媒体平台等12家平台并机进行全国直播,芦山赛段直播阅读量达到3100万人次,人民网、新华网、新华社、《中国体育报》《四川日报》等35家媒体对赛事进行了宣传报道,浏览量达到500万人次。

【公共文化服务体系建设】 文化综合体和图书馆、文化馆总分馆制建设有序推进。县博物馆、图书馆、文化馆、美术馆、乡(镇)综合文化站等公共文化服务阵地基本实现业务互通、同步推进,开启综合文化服务新模式,构建"互联网+文化阵地"服务综合体,完成全县8个乡(镇)文化馆、图书馆分馆及辖区内村级综合文化服务中心挂牌。

【主要领导人】 县委书记:周建华;县人大常委会主任;高永洪;县长:杨俊;县政协主席:马毅强;分管农业副县长:尹清。

芦山县编写组

宝兴县

【基本情况】 2020年,全县辖4乡3镇,辖区面积3114平方千米。

【文旅融合发展】 普查并挖掘文化类资源2714个、旅游类资源2342个;穆坪镇雪山村申报为四川省乡村旅游重点村。组织县文旅集团等相关企业到郑州、重庆、西安等地开展文旅宣传推介活动10余次;在成都宽窄巷子举办农旅产品蓉城推介会暨有机年货节和"熊猫老家·多彩宝兴"摄影展;参加四川省第二批天府旅游名县候选县竞选;完成《宝兴县全域旅游发展规划(2020—2035年)》第三次评审;完善原有3条精品旅游线路,推出四大四川区域精品游线、三大雅安区域精品游线、四大县域游线的"434"旅游线路;开展旅游安全专项整治三年行动。

【公共文化服务体系建设】 举办文化卫生科技"三下乡"惠民活动暨农民读书月启动仪式;举办四川省2020年"万人赏月诵中秋"集中展演——宝兴分会场活动。新建广播电视公共服务网点10个。全年红军长征翻越夹金山纪念馆接待游客30万余人次,接待夹干院培训班次500期、3万余人次。全年县图书馆、文化馆、博物馆共接待3万余人次。开展"5·18"博物馆日文物法律法规宣传活动、"非遗传承,健康生活"宝兴县"文化和自然遗产日"宣传展示活动;指导硗碛藏族乡、硗碛小学成立"非物质文化遗产进校园"活动领导小组。宝兴县获得中央宣传部、财政部、文化和旅游部、国家文物局颁发的"革命文物保护利用区"称号。组织开展疫情防控文艺宣传,创作书画作品70余幅、诗歌50余首,自编自演三句半节目10余个;举办少儿书画公益培训班3期。完成第五次全国文化馆评估定级申报;配合四川省博物院、泸州市博物馆举办文物展。

【文旅扶贫】 发现、整改贫困村文化活动室存在问题14个,并拨付经费7万元进行提升改造;维修"户户通"卫星接收机30余台;节庆期间,给39户贫困户送去慰问品;"10·17"扶贫日向灵关镇云茶村赠送多种运动器材。全年入户走访贫困户10次。

【主要领导人】 县委书记:冯俊涛;县人大常委会主任:董伟;县长:罗显泽;县政协主席:张晶;分管农业副县长:杨现康。

宝兴县编写组

荥经县

【基本情况】 2020年,全县辖11个乡(镇)1个街道,辖区面积1781平方千米,总人口15.3万人。

【文旅项目建设】牛背山世界级山地观光旅游度假园区有序推进山顶组团、双林组团及山顶道路项目建设。中国严道黑砂文化旅游园区已建成108黑砂艺术村、颛顼广场、黑砂艺术馆、黑砂传习所，"中国严道黑砂小镇"创建为国家3A级景区。云峰山天府禅修产业园区禅艺休闲度假项目进行主体收尾。龙苍沟国际森林康养度假产业园区〔大熊猫国家公园南入口(荥经)〕按照"三大圈层"发展模式实施"一线四点"重点建设，建成集熊猫保护、旅游观光、康养度假、教育研学、乡村振兴等多业态于一体的国际森林康养度假产业园区。

【精品旅游线路打造】全面盘活现有旅游资源，培育以龙苍沟叠翠溪为主的"森呼吸之旅"，以大熊猫森林探索学校、丝路砂都国际营地为主的"研学"旅游，以大相岭茶马古道为主的徒步研学之旅，古城田野自然学校等旅游新业态，打造精品旅游线路，形成市场引爆点，拉动全县旅游市场发展。

【文旅企业监管】规范企业经营行为，开展网吧、文博单位、景区、旅行社、"扫黄打非"、出版物市场等专项整治10余次，共检查企业480余家次，出动执法人员1500余人次。做好安全生产工作，排险除患落实到位。要求56家企业编制企业安全生产清单，完成安全隐患系统按月上报。全年开展安全生产专项治理10余次，做到排查到位、台账清楚、整改到位，共计排查出安全隐患14条，整改14条，全县文旅企业实现零安全事故。

【公共文化服务体系建设】完成31个贫困村巩固提升建设项目、26个贫困村阅报栏建设项目、13个贫困村增补资金建设项目等，共投入建设资金49.3万元。图书馆和文化馆总分馆制建设已进入具体实施阶段，建设项目预算金额为80.3万元。全年开展"文化惠民下乡"活动20余场次、广场文化活动10余场次、进社区文艺活动5场次，举办节庆书画、摄影作品等展览6场次，"我们的节日"系列活动3场。县图书馆全面恢复馆内阅览服务，共接待读者3.7万余人次，图书流通1万余册次。县博物馆申报国家二级博物馆。县博物馆全年接待观众3.3万余人次，讲解超过100场次，开展社教活动讲座5场次。举办骑遍四川·2020年环茶马古道雅安(国际)自行车赛荥经赛段的赛事活动，通过引进体育赛事，为探索"体育+旅游+文化"新模式展示荥经旅游景点及历史文化提供了新平台。整理完善全县原有的15个非遗项目资料，新发现非遗项目8个，其中传统技艺4项，民俗2项，传统体育、游艺与杂技1项，传统医药1项。省级非遗代表性传承人朱庆平申报为四川省农村手工艺大师。

【主要领导人】县委书记：李蓉；县人大常委会主任：陈德全；县长：古玉军；县政协主席：张顺昌；分管农业副县长：晋兆平。

荥经县编写组

汉 源 县

【基本情况】2020年，全县辖12镇9乡，辖区面积2388平方千米，总人口28.5558万人。

【年度农业和农村经济运行】2020年，全县实现产业增加值26.82亿元，居全市第3位；增速为6.1%，居全市第1位，增速比全国、全省、全市分别高出3.1、0.9、0.3个百分点。农村居民年人均可支配收入达14749元，居全市第6位；同比增速为9.2%，居全市第2位。

【新型农业经营主体培育】全县累计培育高素质农民1505人；培育省级龙头企业4家、市级15家；培育农民专业合作社1134家，其中国家级9家、省级20家；纳入全国家庭农场名录管理系统2500家，其中省级示范场38家、市级示范场113家。

【农村产权制度改革】全年已颁发农村土地承包经营权证75256本，颁证率达95.4%；全面完成农村集体资产清产核资，完成46个村级集体经济组织的登记赋码。

【种养殖业】全年粮食扩面2784.7亩，完成任务的107.1%；粮食播种面积达28.84万亩，产量9.33万吨。蔬菜播种面积14.32万亩，产量21.22万吨；果树种植面积35.17万亩，产量53.02万吨。花椒种植面积20.4万亩，产量1.703万吨，花椒品牌价值达49.65亿元。汉源县永丰和食品厂生产的汉源花椒和花椒油获得"四川省2020年金秋消费季最受消费者喜爱的农产品"称号，"汉源花椒"入选"全国名特优新农产品名录"并被列入中欧地理标志合作和保护协定产品保护名录。全县出栏生猪229881头，完成市下任务(16万头)的143.67%，完成县下任务(20万头)的114.94%。引导高标准生猪规模养殖场建设，建成22个年出栏500头以上的规模场。

【"3+3"产业】坚持把现代农业园区建设作为践行全省"10+3"、全市"5+3"现代农业产业体系的重要举措，培育发展"3+3"产业，不断提升"532"十大特色产业发展质效。汉源县花椒现代农业园区晋级为省级四星级园区。坚持集约化发展产业，按照"一带一主题、一域一特色"思路，因地制宜在全县规划布局特色产业乡15个、特色产业村108个。累计建成"532"十大特色产业基地79.3万亩，实现特色产业规模化、差异化发展。贯彻落实全省现代农业园区建设现场会议要求，编制《汉源县现代农业园区总体规划》。整合资金5816万元，实施园区建设项目36个，撬动社会资金、金融资金等方面投入31111.26万元。先后建成汉源花椒数字展示馆、汉源花椒产业园区游客接待中心、线下实物交易市场、汉源花椒博览园等，迎接省星级现代农业园区提档升星检查考评。实施品牌引领和塑造计划，打造"汉源红"区域农产品公用品牌，启动"汉源甜樱桃"地理标志认证。全年新申报绿色食品7个，全县"三品一标"农产品达31个。"汉源花椒""九襄挂面"亮相"2020中华商标品牌博览会"，"汉源花椒"获得2020中华品牌商标博览会金奖。

【乡村振兴】九襄镇创建为省级乡村振兴先进乡(镇)，清溪镇同心村创建为省级示范村，获得省级奖励资金560万元。九襄镇创建为市级先进乡(镇)，九襄镇三强村、九襄镇锦新村、清溪镇同心村、宜东镇新林村、皇木镇红花村、富林镇青富村创建为市级示范村，均获得市级奖励资金110万元。建成幸福美丽新村200个、绿美新村39个，成立乡村旅游合作社8家，发展普通农家乐和乡村酒店、特色民宿等180余家，星级农家乐20家。先后被列入全国"邮政+农民合作社"生态圈项目试点县、全国农民合作社质量提升整县推进试点县、全国"互联网+"农产品出村进城工程试点县、全省创建省级家庭农场示范县、全省以项目制拓展农村改革(家庭农场标准体系建设)试验任务县等；先后被通报表彰为全省农产品质量安全监测工作成绩突出单位、全省脱贫攻坚先进县、全省农村经营管理工作突出单位、全省农村创业创新先进单位等；获批国家农业综合标准化示范县；汉源县清溪镇入选第十批全国"一村一品"示范村镇。

【扶贫攻坚】做好技术扶贫、稳岗就业工作。新选派或调整"第一书记"、驻村工作队员、帮扶责任人、驻村农技人员1800余名。设立农业产业技术专家服务团5个，举办培训班300余次，提升贫困户管护技术。通过发放稳岗补贴、稳岗返还、失业补贴金519万元，开发临时公益性岗位265个，开展线上招聘活动20场，降低疫情对农民务工的影响。推进扶贫项目落地落实，全年财政专项扶贫资金项目共138个，涉及资金6568万元，已拨付资金6297.1万元，资金支付率达95.88%。做好省级脱贫攻坚调查工作和省级交叉考核，开展“挂牌督战”、问题整改，开展各类督查暗访、档案专项检查9次，随机抽查6次，督促各乡（镇）、部门对脱贫攻坚方面7167条问题整改落实到位。通过省级脱贫攻坚调查事后数据质量抽查，完成2020年度省级脱贫攻坚检查冕宁县和安岳县交叉迎检。

【高标准农田建设】 2019年高标准农田建设任务已全面完成，建成面积15000亩，完成投资3296万元。2020年高标准农田建设项目已全部开工建设，预计2021年4月前全面完成建设任务。

【农村人居环境整治】 完成2020年度农村“厕所革命”改厕任务，改厕9668户，建成15座“建八改七”农村公共厕所，全县卫生厕所普及率达92.65%。健全垃圾收运处置体系，全县94.4%的行政村生活垃圾得到有效治理。建成投运农村生活污水集中处理设施21个，54个行政村农村生活污水治理率大于60%，千村示范项目全部建设完工。加强畜禽养殖污染监管，畜禽粪污综合利用率达85.47%，全县规模养殖场粪污处理设施装备配套率达100%。全县秸秆资源化利用率达90.33%，废旧农膜回收利用率达85%，农药包装废弃物回收率达70%。持续开展“四沿”整治行动、“全民义务清扫日”活动和“清洁家庭”评选活动，全年评选“清洁家庭”8000户。

【农村市场体系建设】 建成县、乡、村三级电商服务站400余个，覆盖90%的行政村；建成县级物流配送中心2家，发展快递物流企业20余家，培育电子商务支撑配套服务企业15家。

【主要领导人】 县委书记：郑朝彬；县人大常委会主任：贺东风；县长：覃建生；县政协主席：张宗平；分管农业副县长：谢爨（9月止），毛艳燕（9月始）。

汉源县编写组

石 棉 县

【基本情况】 2020年，全县辖3镇8乡1个街道，辖区面积2678平方千米。

【文旅项目建设】 王岗坪景区项目累计完成投资1.21亿元，完成游客中心工程整改验收；完成大坪道路的标识牌安装，并组织验收；完成索道上站安装工程的91%、索道设备安装工程的82%；完成雪具大厅混凝土浇筑，进入安装玻璃幕墙程序；完成弱电工程的50%、造雪管网安装工程的35%。孟获城景区项目累计完成投资0.48亿元，完成森林酒店项目、孟获城景区营林处及灵栖酒店总平项目，游客服务中心1、2、4号楼基础施工有序推进；敬老院项目已开工进行室内改造、硬装施工。田湾河山地温泉旅游休闲度假区累计完成投资0.295亿元，完成温泉博物馆一、二层主体结构施工，建筑结构主体工程施工完成95%（二层顶板浇筑完成100%，三层顶板浇筑完成90%）。温泉体育休闲中心项目累计完成投资0.3亿元，完成水疗馆、温泉中心、地下室基础施工，完成地下室顶板支模和桩基，地下防水工程有序推进。新引进文旅康养项目就挖角温泉阳光小镇项目与藏高公司对接具体合作事项。

【文旅提档升级】 四川省旅游资源规划开发评定委员会于7月24日对王岗坪景区创建4A级景区进行评定前公示，待省级验收组验收。启动茨格达海子创建国家3A级景区工作，已完成前期踏勘，前期设计有序推进。指导石棉温泉大酒店创建四星级旅游饭店，市星评委已进行现场指导。指导安顺场被评定为四川省第二批文化旅游特色小镇，成为雅安市唯一入选并命名的文旅小镇，并在2020年全省文旅大会现场接受授牌。指导蟹螺乡创建为2018—2020年度“中国民间文化艺术之乡”。建成安顺场天府丽景艺家酒店、茨格达浮云海子酒店，并分别获评四川首批康养旅居示范基地、2019年中国民宿榜TOP9称号。

【公共文化服务体系建设】 开展“百千万文化惠民工程”进基层文艺培训25场次。做好公共文化场馆、图书馆、体育场馆、纪念馆、陈列馆免费开放，图书馆免费接待游客12803人次，体育馆低价开放、免费开放接待游客11万人次，纪念馆免费开放接待游客7.2万余人次，陈列馆免费开放接待游客1.8万人次。做好争创县图书馆为国家一级馆工作，共接待游客12803人次，借阅图书1599册次，开展线上阅读推广活动5次、线下活动6次。完成县文化馆原创节目《追梦洓水》提升打造。完成彝族广场舞曲《吉惹拉裹》、尔苏藏族广场舞曲《尔苏舞曲》成品音乐制作，逐步进行推广普及。打造文旅节目《红色怀想》，获得2020年四川乡村艺术节三等奖。

【非物质文化遗产及文物保护】 开展革命文物调查，开展文物安全检查10次。开展非遗宣传，在网络平台播放非遗宣传片，进学校开展非遗摄影展。完成红军强渡大渡河遗址保护规划初稿。县级非物质文化遗产“六合拳”在德阳市参加第十届巴蜀武术国际交流大会赛事，获得团体一等奖。

【文旅市场监管】 组织开展文旅行业从业人员学习培训6次，出动556人次、146车次，检查文旅企业856家次，发现隐患问题17起，责令整改14家次，并及时整改14起。其中，与消防、公安、应急管理、市场监管、交通等部门开展隐患排查、疫情防控等联合执法工作22次，共出动65车次、296人次进行专项检查，未发现相关违法行为及其他消防和疫情防控隐患。

【主要领导人】 县委书记：罗刚；县人大常委会主任：邓西琼；县长：张瑜锋；县政协主席：李权易；分管农业副县长：韩世康。

石棉县编写组

眉 山 市

【基本情况】 2020年，全市辖2区4县13个街道62镇5乡1050个行政村313个社区，辖区面积7140平方千米。年末户籍总人口341.76万人，其中城镇人口133.63万人；人口出生率8.13‰，人口死亡率7.1‰，人口自然增长率1.03‰。

2020年，全市GDP1423.74亿元，增长4.2%，其中第一产业增加值222.85亿元，增长5.7%；第二产业增加值527.64亿元，增长3%；第三产业增加值673.25亿元，增长4.9%。三次产业对GDP增长的贡献率分别为20.2%、32.7%、47.1%，分别拉动GDP增长0.8、1.4、2个百分点。三次产业结构比调整为15.7∶37.1∶47.2。全年接待游客3994.78万人次，减少22.6%；实现旅游总收入363.15亿元，减少23.8%。

全社会固定资产投资增长10.7%。社

会消费品零售总额543.3亿元，减少2.3%，其中乡村市场消费品零售额213.2亿元，减少1.9%。地方一般公共预算收入完成121.62亿元，增长9.8%；地方一般公共预算支出275.54亿元，增长6.3%。金融机构本外币存款余额2651.92亿元，增长14%；金融机构本外币贷款余额1538.11亿元，增长22.3%。

有各类学校819所，其中幼儿园435所、小学177所、初中158所、高中26所、中职学校17所、特殊学校6所；各类学校在校学生40.67万人，其中在园幼儿8.84万人、小学生16.75万人、初中生7.36万人、高中生4.52万人、中职生3.13万人、特殊学校学生770人；各类学校专任教师总数2.79万人，其中幼儿园专任教师0.43万人、小学专任教师1.08万人、普通中学专任教师1.11万人；各类学校校舍总面积481.35万平方米。有文化馆7座，文化站131个，公共图书馆7座，博物馆6座。有医疗卫生机构2136个，病床位2.04万张，医院、卫生院技术人员1.88万人（其中执业医师7062人、注册护士8328人）。农村居民年人均可支配收入达19730元，增长8.5%；农村居民年人均消费性支出达15314元，增长3.5%。

【种植业】 全年农作物播种总面积31.99万公顷，增长0.6%，其中粮食作物播种面积19.73万公顷，增长0.9%；油料作物播种面积5.69万公顷，减少2.2%；药材播种面积2136公顷，增长10%；蔬菜播种面积4.82万公顷，增长1.5%。全年粮食总产量125.87万吨，增长0.7%，其中小春粮食产量6.54万吨，增长0.9%；大春粮食产量119.33万吨，增长0.7%。经济作物中，油菜籽产量12.55万吨，减少1.6%；茶叶产量2.35万吨，增长5.4%；水果产量120.47万吨，增长5.6%；蔬菜产量141.67万吨，增长1.9%。

【畜牧水产业】 全年肉类总产量20.4万吨，增长4%，其中猪肉产量13.38万吨，增长11.1%；牛肉产量3096吨，增长18.9%；羊肉产量6019吨，减少14%。牛奶产量13.87万吨，增长8.2%；禽蛋产量5.28万吨，减少12%。生猪存栏增长46.5%，出栏增长14.2%；羊出栏减少10%，家禽出栏增长2.3%。全年水产品养殖面积14291公顷，减少0.2%；水产品产量13.6万吨，增长2.7%。

【农业机械化】 建成高标准农田201.55万亩。全年机耕作业面积21.95万公顷，主要农作物综合机械化水平70%。农业机械总动力达221.91万千瓦。新建农机化生产道路274.5千米，维修改造提灌机械3231台、39124千瓦；新增提灌站19座、提灌机械775台，新增提灌机械总动力8943千瓦。全年农业生产燃油消耗75547吨。

【农村社会保障】 全市参加城乡居民基本养老保险参保人数211.06万人；城乡居民基本医疗保险参保人数263.61万人，支出城乡居民基本医疗保险待遇17.2亿元。城乡低保保障人数9.14万人，支出保障金2.38亿元。城乡特困供养人员1.99万人，集中供养率达26%。新增、改（扩）建敬老院15所，新增床位837张，每千老年人口养老床位数35.1张。农村社区综合服务设施覆盖率达85%。

【农村生态建设及环境保护】 全年生态建设总投资11亿元。完成营造林16.07万亩、道路绿化145千米、水系绿化56千米；建成市级及以上森林小镇6个、森林村庄26个；创建省级翠竹长廊3条、省级竹林小镇1个；创建三星级、四星级森林人家12家，省级自然教育基地1处，国家级和省级森林康养基地各1个，省级现代竹产业基地3个。全市城乡绿化覆盖率达60.2%，森林覆盖率达50.1%。

【主要领导人】 市委书记：慕新海；市人大常委会主任：刘十庆；市长：胡元坤；市政协主席：王影聪（4月止），吴小可（5月始）；分管农业副市长：肖忠良。

眉山市编写组

东坡区

【基本情况】 2020年，全区辖13镇3个街道，辖区面积1330平方千米。年末全区户籍总户数36.4万户，户籍总人口87.32万人；全年出生人口7059人，人口出生率8.08‰；死亡人口6001人，人口死亡率6.87‰；人口自然增长率1.21‰，符合政策生育率99.3%。

2020年，全区GDP491.47亿元，增长4%，其中第一产业增加值60.96亿元，增长5.7%，对经济增长的贡献率为16.6%，拉动经济增长0.7个百分点；第二产业增加值186.77亿元，增长2.8%，对经济增长的贡献率为32.4%，拉动经济增长1.3个百分点；第三产业增加值243.74亿元，增长4.8%，对经济增长的贡献率为51%，拉动经济增长2个百分点。一二三产业比由上年的11.6 ∶ 39.8 ∶ 48.6调整为12.4 ∶ 38 ∶ 49.6。全年接待国内游客1052.56万人次，减少19.%；实现旅游总收入100.13亿元，减少16.6%。

社会消费品零售总额191.43亿元，减少2.2%，其中乡村市场实现消费品零售额49.43亿元，减少1.1%。全年地方一般公共预算收入完成24.17亿元，增长8.7%；地方一般公共预算支出48.61亿元，增长9%。年末金融机构各项存款余额1043.24亿元，增长9.5%；各项贷款余额629.51亿元，增长17.1%。

有各类学校257所，其中小学54所、初中36所、高中11所、职业中等学校5所、普通高校3所；在校中小学学生12.17万人，其中小学5.02万人、初中2.12万人、高中1.32万人、职业中学0.89万人、特校在校学生466人；中小学专任教师总数8640人，其中小学专任教师2986人、初中1964人、高中1503人、职业中学407人；学龄儿童入学率100%，小学毕业生升学率100%，初中毕业生升学率95.34%，高中毕业生升学率88.16%。广播覆盖率、电视覆盖率均达100%。

【年度农业和农村经济运行】 2020年，全区实现农林牧渔总产值102.66亿元，增长6.2%。农村居民年人均可支配收入达21887元，增加1731元，增长8.6%。从收入构成看，工资性收入9440元，增长9.5%；家庭经营收入8870元，增长3%；财产净收入950元，增长23.2%；转移净收入2627元，增长21.9%。农村居民年人均生活消费支出16129元，增长3.8%，其中居住消费支出3299元，增长17.7%；衣着消费支出1083元，减少2.9%；医疗保健消费支出1541元，增长4.5%；交通和通信支出1870元，减少12.8%；人均食品烟酒消费支出5970元，增长10%，占生活消费支出的比重（恩格尔系数）为37%，比上年上升2个百分点。全年林业实现产值1.94亿元，增长3%。森林面积达5.63万公顷，成片造林0.167万公顷，全区森林覆盖率达42.27%。全年水产品产量4.38万吨，增长3.9%；渔业实现产值6.71亿元，增长4.7%。年末有效灌溉面积3.82万公顷，农业机械总动力达58.37万千瓦。

【种植业】 全年粮食作物播种面积56.97万亩，增长0.6%，占总播种面积的46.5%；油料作物播种面积25.7万亩，减少10.2%，占总播种面积的21%；蔬菜（含菜用瓜）播种面积36.75万亩，增长0.5%，占总播种面积的30.1%。全年粮食总产量29.54万吨，增长0.3%；油菜籽产量3.86万吨，减少10.8%；蔬菜产量70.97万吨，增长1.4%；园林水果产量19.3万吨，增长7.3%；茶叶产量624吨，增长2.8%。全年实现种植业产值64.28亿元，增长4.2%。

【畜牧业】 全年生猪出栏44.98万头，增长

10.2%;牛出栏2693头,减少25.6%;羊出栏5.07万只,增长4.8%;家禽出栏1366.78万只,增长10.7%;兔出栏34.87万只,减少40.8%。全年肉类总产量5.29万吨,增长7.2%,其中猪肉产量3.21万吨,增长7.8%;禽肉产量1.92万吨,增长8.9%;禽蛋产量0.74万吨,减少15.2%;牛奶产量2.12万吨,增长5.9%;天然蜂蜜产量1.09吨,增长10.5%。全年实现畜牧业产值27.49亿元,增长13.2%。

【农村交通】 省道103线(岷东大道东坡区段)、工业大道东坡区段、遂资眉高速公路连接线(永寿互通至岷东大道、江白路连接道路)等干线公路建成通车,总里程55.801千米;完成多土路、永古路等县、乡道路建设92.33千米;建设通村公路304.4千米。建成1.8千米特大桥1座(东坡区岷江一桥改造工程项目);完成秦家镇白堰村桥、崇礼镇石子村漫水桥和丹黑路万胜漫水桥等20座危(病)桥、漫水桥新建、改造。

【农村文化】 组织全区中小学校参加市教体局组织的"宅家学习战疫情"主题作品创作活动,共创作短视频类、绘画类、书法类、征文类、摄影类等主题作品30余万件。组织参加第十八届眉山市青少年科技创新大赛,作品分别获得一等奖41个、二等奖71个、三等奖150个。组织全区中小学校参加"全市2020年中华经典诵写讲演系列活动之写经典"活动,提升东坡学子的书法技艺。推进区域校本教材《品味东坡》(小学版和初中版)进课堂、进讲堂、进校园、进培训。承办四川省"百城千乡万村"群众惠民系列活动暨"2020眉山市东坡区环东坡城市湿地公园健步走活动"和2020年CCTV贺岁杯首届广场舞大赛。

【农村卫生】 全区居民电子健康档案建档率达97.02%,高血压、糖尿病、严重精神障碍、肺结核患者规范化健康管理率分别为84.51%、78.58%、96.44%、100%。做实家庭医生签约服务工作,全区签约服务率达62%。规范村卫生室管理,对村卫生室和村医开展抽查考核,合格率达100%。

【农村生态建设及环境保护】 新建污水管网收集农户1645户、一体化处理设施15套、分散式农村生活污水处理设施1301套,受益农户近3万户,全区161个行政村中113个行政村生活污水得到有效处理。加强巡河清河行动,投入300余万元,清理河道125千米,完成绿化护岸约46千米,清理垃圾2000吨、淤泥2万吨;实施东醴泉河生态治理修复工程。建立秸秆禁烧工作"四包"工作机制,形成"横向到边、纵向到底"的全域禁烧网格化格局,基本实现"不见烟雾、不见火光、不见黑斑、河流不见秸秆"的目标,全区秸秆综合利用率达93%。新建25个空气微站平台,依托已建成的62个空气微站平台实行区、镇(街道)、微站点三级管控,印发《眉山市东坡区环境空气质量网格化管理办法(试行)》,并对空气微站点点长实施季度考核。

【主要领导人】 区委书记:朱莉(4月止),廖小宁(8月始);区人大常委会主任:张晓勇(4月止),何万高(4月始);区长:廖小宁(10月止),杨翔宇(10月始);区政协主席:李胜华;分管农业副区长:王志丹。

东坡区编写组

彭 山 区

【基本情况】 2020年,全区辖3镇5个街道,辖区面积466平方千米。年末总人口32.59万人(户籍人口),人口出生率7.71%,人口自然增长率-0.26‰。

2020年,全区GDP183.39亿元,增长4.5%,其中第一产业增加值17.8亿元,增长5.5%;第二产业增加值82.51亿元,增长3.6%;第三产业增加值83.08亿元,增长5.3%。三次产业对经济增长的贡献率分别为11.7%、41.9%和46.4%。全年接待游客458.41万人,实现旅游收入37亿元。

公路通车里程786千米。社会消费品零售总额73.73亿元,减少2.5%。地方公共财政预算总收入完成16.69亿元,增长2.1%;公共财政预算总支出33.24亿元,增长0.6%。金融机构各项存款余额300.34亿元,比上年初增长15.3%;各项贷款余额170.18亿元,比年初增长37.2%,其中支持农业产业化发展项目贷款682182万元。

有各类学校39所,在校学生39483人,教职工2459人,其中普通中学16所,在校学生12307人;小学23所,在校学生15358人。有文化馆1个,公共图书馆1个,博物馆1个。有卫生机构260个,病床位2020张,卫生技术人员1995人。新型农村合作医疗参合人数261426人,城乡居民社会养老保险参保人数110062人。

【年度农业和农村经济运行】 2020年,全区实现农业总产值29.08亿元,增长5.9%。农民年人均可支配收入达21944元,增长8.7%。建成8个基层农业综合服务站。主要农产品产量见表1。

农村土地制度改革。出台农村宅基地所有权、资格权、使用权分置暂行办法相关文件5个,构建农村宅基地"三权分置"改革制度体系,畅通农村产权流转渠道,找出盘活闲置资源资产的路径。选择锦江镇永泉村余家沟107户农户、公义镇五马村战胜水库25户农户开展农村宅基地"三权分置"改革试点。

农村集体产权制度改革。党组织牵头制定清产核资办法,开展成员身份认定,推进股份合作,指导建章立制,全区所有行政村全面完成清产核资和集体资产股份合作制改革。开展村级党组织领导下的农村集体产权制度改革,初步建立起"归属清晰、权责明确、保

表1 2020年彭山区主要农产品产量

主要农产品	单位	产量	同比(%)
粮食	万吨	95285	0.7
水稻	万吨	79643	0.5
小麦	万吨	539	-2
玉米	万吨	10914	1.98
马铃薯	万吨	2739	2.39
油菜籽	万吨	10077	1.29
蔬菜	万吨	44794	2.89
水果	万吨	1280	5.78
肉类	万吨	13830	-10.7
猪肉	万吨	7075	-8.66
牛肉	万吨	126	82.6
羊肉	万吨	290	0.3
禽肉	万吨	5147	18.8
兔肉	万吨	1109	13.1
禽蛋	万吨	6607	22.5
水产品	万吨	20000	3.8

护严格、流转顺畅”的现代农村集体产权制度，制订资产经营计划，完善股东代表大会、理事会、监事会议事规则，实现“政经分离”、独立运营，确保集体资产运营安全高效。农村产权流转交易服务标准化试点项目被国家标准化管理委员会正式批复合格，全国同类试点仅有10个。

【种植业】 采取多种形式扩大粮食播栽面积1729亩，完成水稻1500亩、玉米200亩、大豆200亩、马铃薯100亩扩面任务；进行试验示范，引进推广粮油新品种19个；推广良种良法配套，良种覆盖率达98%以上，主推技术完成率100%；示范推广“双低”优质油菜面积6.2万亩，产量达1.01万吨。粮食播种面积18.75万亩，产量9.5万吨。全区特色水果种植面积13.2万亩，产量14.28万吨；产值11.7亿元，增长17.9%。蔬菜种植面积6.1万亩，产量9.25万吨，产值3.85亿元。中药材（川芎、川泽泻）种植面积3万亩，干产7000吨；产值1.25亿元，增长31.5%。

植保服务。全区主要农作物绿色防控面积13.9万亩，覆盖率达40.73%；统防统治面积12.8万亩，覆盖率达46.07%；农药使用量183.2吨，减少0.16%；回收农药包装废弃物10.35吨，回收率达70.62%。

按照“四规范”“五统一”“五化”的测报要求，安排专职测报人员从事病虫害监测对象的系统观测和调查，并发布病虫害预报。全年印发病虫害情报6期，开展《农作物病虫害防治条例》宣传，技术指导和培训5000余人次，发放技术资料0.5万张。开展柑橘蛆柑抽样送检，送检样品9个，检出有3种实蝇危害，均不在检疫性有害生物名录中。全区农作物病虫害总体发生程度为中等发生，主要病虫害发生面积127.14万亩次，防治面积266.467万亩次，挽回损失36111.27吨，实际损失2069.219吨。

开展农区鼠情监控，继续抓好农区鼠情监测，在黄丰镇金鱼村、谢家红石村分农舍和农田两种生境设立鼠情监测点，全年布夹7200个，捕获害鼠13只（黑线姬鼠1只、黄胸鼠1只、褐家鼠3只、四川短尾鼩8只），平均捕获率达1.18%；向市级以上农业部门上报鼠情信息36期。

草地贪夜蛾监测，在全区8个乡（镇、街道）（含眉山天管委2个）设立草地贪夜蛾监测点16个，密切监测玉米、水稻、柑橘等作物草地贪夜蛾发生情况，全区未发现草地贪夜蛾危害。

全面推广病虫害绿色防控，推进统防统治，做好农药减量控害，全区推广各种害虫诱杀技术，加大生物防治、物理防治、生态控制、生物农药等应用，使用频振杀虫灯、色板、性诱剂等绿色防控产品。依托现代园区项目推广应用杀虫灯300余台、色板51万余张；打造农药减量示范点16个，宣传农作物病虫害绿色防控措施，推进农药减量控害增效。

植物检疫。依托省级财政农业公共安全与资源保护利用工程项目，在全区6个镇（街道）建立监测点40个，聘请监测员40名，对全区检疫性有害生物进行定期监测，其中柑橘溃疡病35个、水稻稻水象甲5个，未发现有水稻稻水象甲、柑橘溃疡病的危害，柑橘溃疡病得到防控和阻截；向中国农科院柑橘研究所送检柑橘黄龙病样品100个，未发现柑橘黄龙病病菌；自行检测黄瓜绿斑驳花叶病毒病样品50个，未发现黄瓜绿斑驳花叶病毒病；在水稻秧田期、苗期、扬花期分三次对水稻制种进行普查，未发现水稻检疫性有害生物。全年完成杂交水稻种子产地检疫1120亩，签发产地检疫合格证11份，总产量28.8万千克；完成调运检疫24批次，共41.6105万千克；采取网络平台（微信群、QQ群）、手机短信平台、技术培训以及下乡普查等多种形式开展《植物检疫条例》及其相关法律法规宣传，发放宣传资料1000份。

【畜牧水产】 全年水产养殖面积1.8万亩，成鱼产量2万吨，实现渔业经济总产值7.8亿元；出栏生猪22万头，出栏小家禽402万只。

动物疫病防控。全年共免疫牲畜口蹄疫18.73万头、猪瘟17.96万头、禽流感242.55万羽、小反刍兽疫0.64万只、狂犬病6.68万只。彭山区代表眉山市接受省级重大动物疫病防控工作交叉检查，省级评估全区重大动物疫病免疫抗体平均合格率达99.15%，名列全省前茅。完成省、市血清学和病原学采样送检任务1250份、区级重大动物疫病血清学免疫抗体检测3755份、病原学检测200份。全区血吸虫病血检家畜4109头（其中肉牛295头、羊3814只），扩大化疗家畜5194头，发放治疗药物24千克。

非洲猪瘟防控。组织召开非洲猪瘟防控技术培训会10次。制定以区为单位、责任落实到村（组）的非洲猪瘟防控“3+1”网格化管理体系。结合非洲猪瘟防控实际组织开展三轮“大消毒、大培训、大宣传”，重点针对养殖场户、屠宰场、病死猪掩埋场点等地开展彻底清洗消毒，共使用各类消毒药2.63吨，共消毒畜禽养殖场（户）、加工场所、畜产品销售市场28220个次。全区累计发放、张贴各类非洲猪瘟防控宣传资料19000份，签订《非洲猪瘟防控承诺书》1178份。

屠宰行业监管。以开展生猪屠宰专项整治行动为抓手，加大对生猪屠宰行业的管理力度，加强对产地检疫、屠宰检疫的监督检查，产地检疫、屠宰检疫报检率均达100%。全区无不合格动物及其产品进入流通环节，无一起畜产品质量安全责任事故。对屠宰场进行拉网式巡查，全年共出动执法人员1000余人次，组织巡查200余场次，全区屠宰检疫报检率、检疫率均达100%，进场待宰猪耳标佩戴率达100%。加强对“瘦肉精”等违禁物品的监管与监测，与屠宰场点主签订《无“瘦肉精”承诺书》，共发放、回收“瘦肉精”检测卡5000余套，未发现一例阳性。

病死畜禽无害化监管。抓好病死畜禽无害化监管，在每个乡（镇）开展夏季综合无害化处理培训和指导。与成都科农动物无害化处置公司签订协议，抓好病死动物及其产品无害化处置和监督。对科农公司收集工作进行2次暗访，未发现违法违规行为。全年共无害化处理生猪846头、其他畜禽200456千克。

畜牧技术推广。通过开展“技术人员进村入户”活动和举办农村劳动力转移养殖技术培训班，引导群众树立正确的养殖理念，形成环境不破坏、资源循环利用、规模不断扩大的良性循环。全年到各乡（镇）发放各类技术资料800余份。

畜禽粪污治理。与成都科隆动物无害化处理公司签订协议，对全区范围内养殖环节、屠宰环节及江河流域随意丢弃的病死畜禽进行集中收集、集中转运、集中处置，提高全区病死畜禽无害化处置率。推进河长制工作落地落实，针对中央环保督察反馈意见涉及彭山区岷江、通济堰、锦江、醴泉河、毛河、王店河流域畜禽养殖污染问题，对沿线范围内依法关闭搬迁的327个畜禽养殖场，以及建设完善的912个畜禽养殖场的粪污贮存、处理、利用设施运行情况进行专项督查、日常巡查。

水产养殖污染治理。与区生态环境局、区水利局联合制定水产养殖污染防治管理办法，落实全区5亩以上池塘“一包一”监管制度和尾水排放申报许可制度；制定《单个池塘水产养殖尾水治理技术操作规程》《规模化池塘养殖尾水治理十条措施》，实现渔业生产和环境保护良性互动，削减水产养殖尾水对水域环境的影响，保护和修复江河水域，促进水产养殖持续健康发展。

【乡村振兴】 围绕实施乡村振兴战略工作，申报创建乡村振兴先进示范，黄丰镇创建为省级乡村振兴先进乡（镇），团结村、悦园村创建为省级乡村振兴示范村；公义镇、江渔村等1镇6村分别创建为市级乡村振兴先进乡（镇）、示范村；区级先进示范创建完成命名通报。编制上报省、市、区三级共计610万元乡村振兴奖补资金项目实施方案，重点围绕农村人居环境整治、产业基础设施配套等内容，加强资金管理，督促项目执行进度。

成德眉资同城化产业合作。围绕共建规范化绿色猕猴桃种植基地、提升猕猴桃产业质量及安全、推动优质猕猴桃销售和流通，彭山区果业商会与成都知食供应链管理有限公司签署猕猴桃产业合作协议。10月23日，双方在成都市参加成德眉资产业链项目合作集中签约仪式，成都知食供应链管理有限公司入驻彭山区制种大县示范项目基地，并配套电子商务、品牌宣传、技术推广和标准化建设的内容。

乡村振兴审计。抓好彭山区2019年度乡村振兴战略推进乡村治理情况专项审计工作意见回复，牵头起草审计整改情况的报告和审计决定执行结果的报告。组织召开全区农村集体“三资”管理培训会，针对审计中存在的问题进行案例分析，同时梳理现有相关政策，印发农村集体“三资”管理制度汇编，指导基层规范化管理。

【城乡融合发展综合改革试点】 创新金融服务机制，推广农村产权交易标准化建设经验成果，持续推进农村“两权”抵押贷款，确保贷款增量扩面。全年累计发放“两权”抵押贷款2131笔，放款金额10.34亿元。实施新型农业经营主体金融服务主办行制度，完善农业产业发展风险保障体系，探索“政银担”合作支农模式，建立财金互助制度，助推农业产业发展信贷担保合作，与省农担公司签订《乡村振兴助推农业产业发展信贷担保合作协议》，破解融资难题。完善服务下沉工程，推进政务服务事项受理权下沉，建成“1+7”无差别综合受理体系，实现全区1200余项政务服务事项区、镇（街道）无差别受理，解决基层一线服务大厅进驻项目少的问题。将“一窗受理、一网通办”模式延伸到试点村社（区）——果园村，实现村（社区）可办全区所有审批服务事项及企业、群众办理简单服务事项不出门、复杂审批事项不出镇。实施环境提升工程，改善农村人居环境，推进农村安全饮水、垃圾分类整治、污水处理、“厕所革命”，确保区域内行政村庄生活垃圾有效治理全覆盖。

【脱贫攻坚】 打好抗疫脱贫“阻击战”。通过全国扶贫开发信息系统手机APP、电话、微信等“零接触”方式，不落一户地对贫困户进行防疫指导和生产生活支持。多渠道解决贫困户就业问题，密切关注贫困户就业状况和区域内外用工需求，建立就业务工台账，促进供需对接。投入资金327.49万元，开发公益性岗位949个。全区有务工需求的3910名贫困户全部实现就业，就业率达100%。做好消费扶贫。在全区人流量集中场所设置扶贫专柜，倡导全区各级帮扶单位、帮扶干部优先购买、定向采购帮扶对象农副产品价值10余万元。利用“互联网+”、大型商超定向采购等方式，帮助销售农副产品344万元。助力14家符合条件的家庭农场、企业取得“四川扶贫”集体商标使用权证书。

打好问题整改“歼灭战”。开展挂牌督战整改行动。按照全省问题整改清零行动的安排部署，对标“三精准”“三落实”“三保障”工作要求，区、镇、村三级联动，对历年成效交叉考核、2019年大排查和2020年挂牌督战发现的1183个问题进行梳理汇总；采取“责任制+清单制”方式，形成台账清单，制订整改方案，细化整改任务，逐项分解到区级牵头单位和镇（街道），明确整改责任，严格按照“核定措施、确定效果、议定成果、审定结果、认定销号”五定工作法开展清零行动。同时，对所有整改问题开展“回头看”，确保所有问题全部清零。

打好巩固成果“收官战”。加大脱贫攻坚与乡村振兴衔接力度。整合中、省、市及各类涉农扶贫资金2.52亿元，推进基础设施建设、产业扶持等项目实施，开展“最美庭院”“优差村”等评选活动，提升贫困村村级生产生活水平。创建省级乡村振兴示范村3个、四星级省级农业园区1个，被评为市级乡村振兴先进县，2个镇13个村入选市级先进示范。统筹推动脱贫攻坚调查，组织90名素质过硬、业务突出的扶贫干部采取“户到人、人盯人、跟到底”的方式，全覆盖开展贫困人口调查，并坚持“一日一会商、两日一研判”和不定期督导，确保调查过程务实、调查结果真实。建立贫困动态监测机制。建立健全防止返贫监测和动态帮扶机制，重点做好边缘易致贫户和脱贫不稳定户动态监测，有针对性地落实帮扶措施，确保“不漏一户、不掉一人”。

打好总结宣传“舆论战”。加强脱贫攻坚宣传宣讲，举办农民夜校、“道德讲堂”100余场次。组建“决胜全面小康，决战脱贫攻坚”宣讲团下沉基层，把一批生动、鲜活的形象展示在群众面前，惠及群众1.2万人次。建立健全群众参与机制，引导贫困户参与“文明新风示范村”和“文明新风示范户”创建活动，从思想根源激发贫困户脱贫致富、奔向美好生活的强烈愿望。加强脱贫攻坚成效宣传，新闻媒体共发布彭山脱贫攻坚各类信息、宣传稿件56篇。观音街道果园村作为全国8个分会场之一，承办中宣部“走向我们的小康生活”大型主题采访报道活动启动仪式。

【宜居乡村建设】 开展美丽宜居乡村建设，开展农村环境整治、村庄绿化、旧村改造、基础设施建设等，提升村容村貌。安装农村太阳能路灯313组，创建省级美丽宜居乡村3个，完成宜居乡村建设项目验收4个。经过示范创建，黄丰镇团结村、凤鸣街道江渔村被评为省级乡村治理示范村，黄丰镇、公义镇被评为市级乡村治理示范镇。全区创建美丽宜居乡村27个。

【农业机械化】 全年新增农机总动力0.175万千瓦，农机总动力达24.644万千瓦；主要农作物机播面积13.08万亩，机收面积18.37万亩，主要农作物综合机械化水平79.11%。利用项目资金新建提灌站3座。利用2018年智慧灌溉项目结余资金建设提灌站1座。全年共新增和改造提灌站260座，争取本级财政资金600万元。全区有拖拉机322台，其中变型拖拉机169台、传统大中型拖拉机153台；有拖拉机驾驶操作人员649人。有农机专业合作社8个，入社成员43人、从业人员67人，有机具154台（套）（享受补贴政策购买机具45台），服务农户7986户；合作社承包土地面积1660亩，农户托管给合作社土地面积1800亩，作业服务面积26020亩，其中跨区作业面积17100亩、机耕面积14790亩、机播（插）面积8500亩、机收面积5110亩、机械植保面积5300亩、机械灌溉面积380亩、机械烘干粮食2500吨；合作社年度总收入392.1万元，其中农机化服务收入369.7万元。

农机补贴。完善农机购置补贴工作制度，制定购机补贴贷款贴息政策和农机购置补贴更新报废补贴政策。实施农机购置补贴政策，使用中央补贴资金21.418万元，受益农户16户，补贴农机具22台；结算补贴资金21.418万元，结算进度达100%。

农机安全。严格执行拖拉机、联合收割机牌证发放制度，拖拉机报废制度。与农机车主和驾驶员签订责任书和承诺书300余份，年审拖拉机196台，报废车辆47台，新登记注册16台，驾驶员到期换证85本。向每一位农机车主和驾驶员发放“农机安全学习卡”，组织驾驶员安全学习18天、学员1100余人次，发放宣传资料2300余份。开展安全检查132次，检查车辆167台次，发现及纠正违章36台次。

【农村科技】 全区建立农业科技示范基地3个。确定孔雀山庄家庭农场和成林农机专合社为科技示范主体，为家庭农场提供干湿分离机，为农机合作社提供旋耕机等推广先进主推技术所需设备。组织区、乡农技人员85人参加省、市脱产业务培训5天，完成区级基层农业技术人员培训。编制并印发适用农业发展主推技术手册1000份。依托科技示范展示基地和示范主体，结合种植业、畜牧业、渔业相关项目开展农业主推技术示范，农业技术主推到位率达100%。加强农技推广服务信息化建设，引导广大农技员安装使用中国农技推广APP，并加强对APP使用的监督管理，全区农技人员中国农技推广APP使用率达100%。

【农业生态安全】 建立种养循环示范基地1个、畜禽养殖场提升工程5个，规模养殖场粪污处理设施装备配套率、畜禽粪污综合利用率均达100%。全区畜禽粪污综合利用率达96.2%，农作物秸秆综合利用率达97.1%，废旧农膜回收利用率达90%，农药包装废弃物回收率达70.62%。

推进农业面源污染。开展全区农用地土壤环境质量类别划定，耕地主要以优先保护类为主，占全区耕地面积的98.47%；安全利用类耕地较少，面积为4611亩，占全区耕地面积的1.53%；无严格管控类。开展化肥减量工作、农作物秸秆综合利用，在保胜乡金岗村5组完成全国农业面源污染国控监测点项目玉米—大豆试验及样品采集以及径流水样、降雨样品等的采集，全部样品送省农科院土肥所检验科化验。抓好病死畜禽无害化监管，全区共无害化处理生猪846头、其他畜禽2万余千克。推进农业固体废弃物回收，在6个镇（街道）全部设立回收转运站并定点挂牌，在各村（社区）设立回收网点100余个，全年集中无害化处置农业固体废弃物5吨。

【农产品质量安全监管】 开展农产品安全日常监管。全年共开展部、省、市风险、例行抽检156个次，合格率达100%。开展农畜产品安全“利剑行动”，对生产主体使用禁用投入品及生猪屠杀进行执法检查，其中检查蔬菜、水果等种植业产品生产经营主体400余个次，检查畜禽产品生产经营主体150余个次，检查养殖水产品生产经营主体140余个次。

开展农畜产品安全专项整治。开展农药及农药使用、兽用抗生素、瘦肉精、生猪屠宰、“三鱼两药”、生鲜乳、农资打假七大专项行动，其中开展禁限用农药专项整治行动，检查生产经营企业400家次；开展兽用抗菌药专项整治行动，检查生产经营企业200余家次；开展“三鱼两药”专项整治行动，检查生产经营企业140余家次；开展生猪屠宰“扫雷行动”，检查生产经营企业200余家次；开展“瘦肉精”专项整治行动，检查生产经营企业100余家次；开展农资打假专项整治行动，检查生产经营企业400余家次。

开展农产品质量安全追溯体系建设，指导全区省级追溯主体与国家平台对接，新增11个生产主体入驻追溯系统，全区入驻追溯系统主体达61个。做好“农产品质量安全检测站”双认证，完成“双认证”验收。查办涉农违法案件，全年共查办种植、养殖、农资、饲料、动物检疫等案件18起，罚没款13万余元。

【农业行政执法】 饲料兽药监管。全年共组织召开饲料、兽药、农药法律法规培训3期，安全生产2期，“安全农资下乡”2期，农业废弃物培训1期，培训1000余人次，发放资料1200余份，与14家饲料企业签订生产安全责任书和质量安全承诺书。开展饲料药物添加剂使用专项整治，检查饲料生产企业14家、饲料经营摊点13个、养殖场5个，抽取生产企业样品56个、经营单位样品16个，经检测全部合格。组织开展饲料质量安全和安全生产监督管理，出动执法人员286人次，检查生产企业98家次，发现安全隐患9处，并全部完成整改。加强兽药行业监管，对全区兽药生产、经营、使用环节组织开展专项整治24次，出动执法人员90余人次，规范全区兽药市场经营行为。对农业农村部发布的12批假劣兽药进行核查，未发现假劣兽药流入彭山市场。完成兽药经营企业溯源系统建立，全区33家兽药经营企业完成溯源系统注册与上传，实现对兽药行业使用互联网监管。

农资流通监管。开展禁限用农药专项整治行动执法专项检查6次、兽用抗菌药专项整治行动执法专项检查5次、农资打假专项整治行动9次。对全区农资生产经营单位进行拉网式检查，配合有关部门开展农产品质量及食品安全专项整治，检查农资门市110余家，立案查处违法案例18例，其中农业10例、畜牧8例，震慑了不法经营行为。

渔政执法。开展渔政专项整治执法行动，共出动执法车辆200余台次、执法人员1000余人次，对全区天然水域进行巡查，共劝离游钓群众1000余人次，查扣鱼竿30余根，收缴非法捕捞渔具、渔网24套，立案处理3起（其中移交公安机关处理1起）。开展长江十年禁捕工作，会同公安、水利、市场监督部门联合开展长江流域彭山境内天然水域禁捕工作，发布禁捕通告，明确禁捕时间、禁捕范围和禁止捕捞的方式；加强长江十年禁捕工作宣传和排查力度，发放禁止非法捕鱼宣传资料1000余份，张贴公告50余处，电视报道1次，其他新媒体报道5次。成立禁捕工作专班，开展非法捕捞专项整治，出动执法车辆200余台次、执法人员1000余人次，现场纠正违规垂钓1000余人次，查扣非法游钓的鱼竿渔具30余根，查获并销毁非法捕捞网具24副260余米，现场挡获并立案处理2起，移交公安机关处理1起。6月和11月组织非法捕捞涉案人员进行补偿性增殖放流，各放生价值1千元的鱼苗2万余尾。

【新型职业农民培育】 开展新型职业农民遴选，按照业主自愿报名、农业服务中心审核和果业商会推荐的方式，遴选并认定60名职业农民进入培育，培育培训1022人，认定新型职业农民160人。对符合条件的职业农民参加城镇职工养老保险，每人每年按照个人缴费额的50%给予补贴，年度补贴额最高不超过1万元，增加农场主保障。全年兑现社保补助资金36万元。

【涉农项目管理】 提灌站建设项目。利用乡村振兴债券资金600万元改造、新建农机提灌站，完善巩固全区农业农村灌溉体系，建设农机提灌站23座26台754.5千瓦，解决1.5万亩农业生产用水。高标准农田建设项目。推进2020年高标准农田建设项目，项目总投资4800万元，建设高标准农田面积1.6万亩，涉及公义镇连桥村，锦江镇象耳村，黄丰镇丰华村、金渔村、中和村，江口街道办石龙村、凯旋村、双江村4个镇（街道）8个村。耕地质量保护与监测项目通过招投标已完成31个土样的采集、检测。中央财政制种大县奖励资金项目完成中央财政制种大县奖励资金项目实施工作，制种基地核心区域建设占地面积30亩，建成集种子检验监测、烘干晾晒、加工存放、全程机械化生产服务、信息化服务等功能于一体的公共服务基地。其中，建设种子烘干晾晒场所2400平方米，配备立式公共机6台、厢式烘干机15台，每批次烘干量达160余吨；建设农机具维修存放场所3800平方米，配备流水线育秧、母本插秧机、激光平地机、支杆式喷雾机、植保无人机、旋耕机、联合收割机等设备，通过“公司+基地+社会化服务(专合社承包运行)的模式为制种生产提供全程机械化服务，降低了制种生产成本；建设种子临时存放场所4200平方米，存储量达1200余吨，解决了种子收获临时存储问题；建设信息化展示中心800平方米，配套相关仪器设备，按照制种基地资源信息化管理和展示、制种生产过程管理、大田环境信息监测、病虫害防控、大田视频监控五大模块进行建设，主要为制种计划、生产、采收、加工、储藏、物流到销售等环节进行信息化管理和提供服务，提升基地监管和服务能力；建设种子检验检测室900平方米，配备相关仪器设备，主要开展种子扦样、净度分析、发芽、水分、真实性和纯度、转基因等抽样检测和试验工作，提升基地监管和检测能力。德康项目签订投资协议，引进德康集团新建年出栏5000头母猪种猪场1个、年出栏5万头育肥场1个，合作发展年出栏5万头生猪家庭农场，种猪场完成平场工作，主体建筑完成40%。省级家庭农场示范县创建完成家庭农场示范创建等20个制度、细则、计划的编写，初步建立起家庭农场发展所需的政策支撑，按照“公扶民做、民做公用、民做民享”的原则成立家庭农场发展促进联盟会。农业推广项目共实施各类补贴项目3127余万元，涉及补贴农户7.2万余户，全部通过“一卡通”信息系统平台打款。实施彭山葡萄现代农业产业园区培育资金项目、彭山产业化联合体项目等建设类项目，共投资1000余万元。

【惠农补贴】 全年耕地地力保护补贴面积167221.89亩，涉及户数58101户，发放补贴资金2753.15万元；种粮大户补贴面积9633.3亩，涉及户数57户，发放补贴资金100万元；稻谷补贴面积40953.195亩，涉及户数14694户，发放补贴资金274.18万元；实施彭山葡萄现代农业产业园培育资金建设项目12个小项，涉及金额592万元。

【农村“三资”管理】 结合村级建制调整改革，做好农村集体“三资”债权债务的衔接工作，指导改革后的村做好“三资”衔接移交的专项方案；开展2018年、2019年度清产核资工作和村级债务摸底清查，相关数据逐级审核上报全国农村集体资产清产核资系统；开展合并村新型集体经济有关情况和村级经济发展情况调查，相关数据已上报主管部门；开展全区农村集体“三资”培训。完成农村集体经济组织登记赋码46个。

【产权价值评审】 做好“两权”融资抵押工作，为家庭农场、新型经营主体提供融资服务。全年共办理经营权证77份、经营权证注销31份。组织开展农场产权价值评审92件，评审价值达1.4亿元。办理抵押贷款91笔、7566万元，撬动社会投资1.8亿元；办理抵押注销贷款96笔、4733万元。

【农村能源建设】 以“沼改厕”为抓手、以沼气安全管理为重点全面推进“沼改厕”，助推全区人居环境整治，构建农能中心+镇分管领导+村级负责人模式，建立健全沼气工程安全生产主体责任等6个责任清单，形成长效机制。按照“示范引领、整村推进、全面提升”的思路，推进26个村8152户厕所改造，整村推进“包村入户行动”，采取“局班子成员+技术指导+畜牧兽医站+镇班子成员分组包村”的方式规范推进工作。

【主要领导人】 区委书记：罗万东(11月止)，黄秀航(11月始)；区人大常委会主任：钟建成(3月止)，杨兴弘(4月始)；区长：郭红；区政协主席：谭福轩(4月止)，杨红(4月始)；分管农业副区长：王松(4月止)，李昇锦(4月始)。

彭山区编写组

仁 寿 县

【基本情况】 2020年，全县辖2乡26镇4个街道，辖区面积2716.86平方千米，有户籍人口152.27万人。

【年度农业和农村经济运行】 2020年，全县农业总产值达178亿元，其中第一产业增加值102亿元，增长7%。农村居民年人均可支配收入达19753元，增长11%。在禾加镇、龙正镇等6个乡(镇)开展“我为群众办实事、技能培训送到家”活动6场，开展动物疫病防控、果树栽培管理等各类技术培训班4期，上门实地指导8次，培训农民300余人次。

【种植业】 在全市率先禁止耕地“非粮化”流转，编制出台粮食生产激励措施。创新推进“立体种养”“带状复合”“代耕代种”“行间套种”等六种模式，以粮油现代农业园区为核心，引进省供销粮油公司建设粮油种植示范园2万亩，示范带动粮食生产“种、收、储、运、加、研、销”一体化发展。全年粮食作物播种面积174.02万亩，增加0.72万亩；产量65.41万吨，增加0.38万吨。建成高标准农田4.3万亩。

【生猪生产】 全面落实各级生猪恢复生产系列政策，广泛动员养殖户购买生猪保险，并及时提高赔付标准，提振中小养殖户信心。推进德康项目建设，840个生猪养殖单元全面开工，完工800个，投产595个。3个总存栏3万头种猪场建成投用；4座每个年出栏3万头的育肥场全面启动，其中3个已完工。全年出栏生猪113.35万头，存栏78.87万头。

【特色产业】 全县水果种植面积53.56万亩，产量72.65万吨，产值44.67亿元；蔬菜种植面积18.5万亩，产量49.53万吨，产值9.4亿元。推进花椒产业提升改造，改造花椒园1485亩；引进花椒新品种10个，新栽80亩。持续实施枇杷振兴工程，改造枇杷老果园1485亩；引进枇杷新品种10个，新栽枇杷80亩。建成10.5万亩线性枇杷产业带、30万亩环形柑橘产业带、6.9万亩半月形梨产业带、2.5万亩点状花椒产业带，做大做强特色产业基地。

【乡村振兴】 现代农业园区建设成效显著，按照“以点带面、连线成片、全域发展”的工作思路，整合涉农资金2.7亿元，新建高标准产业环线54千米，串联粮油现代园区、橙色田园、褚橙庄园等几大核心园区。围绕粮油现代农业园区核心区域，完成研学中心建设。引进国家级高新技术企业成都中牧生物有限公司，招商引资到位资金2亿元，整合各类园区发展资金3000万元，实施省级园区创建项目15项。承办全市粮食生产现场会。粮油现代农业园区通过省四星级园区标准验收，曹家“梨博苑”“橙色田园”创建为市级现代农业园区，富加枇杷、禄加“茶灵谷”、藕塘“香橘苑”等6个园区创建为县级现代农业园区。种养循环示范区全面升级，晚熟柑橘产业被纳入全国特色产业集群项目，四川省晚熟柑橘研究院完成装修挂牌，完成新品种选育基地200亩、新技术示范基地200亩和初加工研发基地建设。推进区域内重点项目建设，总投资1.3亿元，占地150亩的有机肥配肥中心完成主体工程建设，预计2022年3月开始运行。投资100万元的智慧农业系统项目加快推进，已完成3000亩建设。

产业深度融合发展。围绕粮食、畜牧、果品等优势产业基地，依托远游天下等龙头企业，关联引进中炬高新、佳康食品、双双食品等食品加工生产线，发展农副产品加工产业，加速品牌创建，新增“三品一标”农产品2个，总量达42个，文宫枇杷、曹家梨、张三芝麻糕获得国家地理标准产品认证；累计建成冷链库183座、容量1.9万吨，鲜果采后处理中心、川果智慧冷链物流中心加速建设，冷链物流体系和生鲜农产品配送系统初步成势。统筹推进"线上线下+入村进城"相融互促的"互联网+"模式，扩大销售空间，实现"味在眉山"销售收入224.73亿元。

【农村改革】 健全县、乡、村三级土地流转服务平台，全县规模化土地流转面积达50.7万亩，规模化经营程度不断提高。持续深化集体产权制度改革，全面完成清产核资，核资总额9.1亿元。通过盘活闲置资产、支农资金"拨改投"、发展服务组织和物业经济等多种形式，增加集体经济收入。

发展资金难题成功缓解。建立"三农"财政投入稳定增长机制，加大强农惠农富农政策力度，完善农业支持保护制度，健全商业性金融、合作性金融、政策性金融相结合的农村金融服务体系，拓宽资金筹措渠道，确保"三农"投入力度不断增强、总量持续增加。

发展人才得以保障。整合各渠道培训资金资源，建立政府主导、部门协作、统筹安排、产业带动的培训机制，通过职业教育、参加职业技能培训和技能鉴定提升农户就业和创业成功率，增加农户工资性、经营性收入。持续加大乡村人才队伍建设，累计培育新型职业农民1986人，培育家庭农场1780个、专合组织971个。创优创业环境，全力搭建乡村人才回引机制，吸引工商企业人才、高校毕业生和科研院所专业人才等各类人才到农村投资兴业，形成乡村建设发展合力。

利益联结更加紧密。探索出"公司+工商资本、集体经济组织""公司+支部+合作社+农户""合作社+贫困户""公司+农户"等合作模式，引进工商资本，组织引导农民参与建设、分享红利。

【扶贫开发】 制定《仁寿县健全防止返贫动态监测和帮扶机制办法（试行）》，建立三级联动防致贫返贫长效帮扶机制。常态化开展防止返贫动态监测和帮扶，累计监测对象1544户3791人，并制定"一户一人一策"帮扶措施，精准做好帮扶解困，持续巩固脱贫攻坚成果。

【农村生态建设及环境保护】 全县累计完成"厕污共治"17万户，农村户用卫生厕所普及率达90%以上。生活污水得到有效处理的行政村达83%以上。累计投放户分类垃圾桶29万套、垃圾收集设施（房、桶）1.6万座（个），配备村社保洁车、垃圾转运车4298台，建成垃圾压缩中转站27座、易腐垃圾处理站1座、大件家具、建筑垃圾堆放点50个、再生资源拆解中心7座，垃圾焚烧发电厂建成投用，全县生活垃圾得到有效治理的行政村达100%，农村生活垃圾无害化处理率达97%以上。累计建成"美丽四川·宜居乡村"达标村96个。新申报乡村振兴省级先进镇3个、示范村6个，市级乡村振兴先进镇5个、示范村22个。全面推进乡村治理示范村镇创建，申报市级乡村治理示范村15个、示范镇5个，申报省级乡村治理示范村4个、示范镇1个，创建省级乡村治理示范村4个。

【疫情防控】 激活应急工作机制，全县农村地区疫情防控工作组坚持24小时值守，严格实行"每日报告、每日调度"工作制度，每天汇总上报疫情防控工作情况。加强返乡人员排查，重点做好中高风险地区返乡人员、外来务工人员、红黄码人员的摸排，"一人一档"建立排查台账，统筹落实对返乡人员的分类管控措施，全面掌控流动人员动态信息。加强重点场所和重要环节管控，督促各乡（镇）、村加强对农贸市场、商场超市、茶馆、麻将室、农家乐、坝坝宴等重点场所的管控，严格落实扫码亮码、测体温、戴口罩、通风消毒等常态化防控措施，引导群众不扎堆、不聚集。全年通过劝导停（缓）办坝坝宴80场次，劝导缩小规模43场次，涉及9314人。持续加强宣传引导，利用"村村响"大喇叭、横幅标语、流动宣传车、村（组）微信群等方式加强疫情防控宣传，及时推送各类防控政策和信息，引导群众配合参与疫情防控，提示返乡人员到家后要第一时间按照"疫情防控明白卡"提示向网格员报备近14天的旅居史，做好个人健康监测，累计发放宣传资料56700余份，出动宣传车259台次。持续开展暗访督导，县疫情防控指挥部农村工作组6个专项督查指导组采取"四不两直"的方式开展全覆盖疫情防控督查，先后督导27个乡（镇、街道）、264个村（社区）。

【主要领导人】 县委书记：梁磊（6月止），王岳（10月始）；县人大常委会主任：陈林（5月止），钟建成（5月始）；县长：王岳（10月止），明宇（10月始）；县政协主席：黄海波（5月止），杨建（5月始）；分管农业副县长：黄勇。

仁寿县编写组

洪　雅　县

【基本情况】 2020年，全县辖12镇，辖区面积1896.49平方千米，其中耕地面积20.526万亩，减少1.9%；基本农田32.25万亩。年末总人口34.23万人（户籍人口），减少0.01%；人口出生率1.4‰，增加6.9个千分点；人口自然增长率0.9‰，增加0.1个千分点。全县耕地有效灌面和保证灌面分别达到耕地总面积的73.46%和91.83%；本地水资源总量31.3349亿立方米，人均占有水资源量10595立方米。有林业用地13.67万公顷，有林地面积11.47万公顷，活立木总蓄积量1712万立方米，森林覆盖率71.95%。

2020年，全县GDP129.11亿元，增长4.3%，其中第一产业增加值21.94亿元，增长5.6%；第二产业增加值35.95亿元，增长2.5%（工业产值27.6亿元，增长2.7%）；第三产业增加值71.22亿元，增长5.2%。三次产业对经济增长的贡献率分别为21.7%、22%和56.3%。全年接待游客816.59万人，实现旅游总收入800683万元，其中乡村旅游收入233000万元。

公路通车里程1297.04千米（其中乡村公路1120.16千米），密度665.68米/平方千米，43.86千米/万人。地方公共财政预算总收入完成10.46亿元，增长7.53%；公共财政预算总支出25.19亿元，减少6.62%，其中农业投入4.36万元，占支出的17.32%。金融机构各项存款余额211.65亿元，比上年初增长10.72%；各项贷款余额126.04亿元，比年初增长10.52%，其中支持农业产业化发展项目贷款7.32万元。全年农业保费收入10.26亿元，增长10.26%；处理各项赔款和给付金额52870万元，增长8.6%。完成农业产业化项目26个，完成投资1.2亿元。农业产业化龙头企业省级、市级分别为4家、4家。

有各类学校37所，在校学生28989人，教职工1935人，其中普通中学14所，在校学生9933人；小学21所，在校学生16753人；学龄儿童入学率99.47%。完成省级以上科技成果1项，1项科技成果获得省级及以上科技进步奖。有艺术表演团体10个，文化馆1个，公共图书馆1个，博物馆1个。有卫生机构258个，病床位1647张，卫生技术人员1465人。城乡居民社会养老保险参保人数165178人，基本实现全覆盖；城乡居民基本医疗保险参保人数274775人，参保率99%。

【年度农业和农村经济运行】 2020年，全县实现农业总产值37.4亿元，增长6.17%；全县全年农业增加值达21.94亿元，增长5.6%。农民年人均可支配收入达20564元，增长8.6%。在粮食、生猪、蔬菜生产中，科技投入的占比或科技贡献率9.9%。全县农产品质量抽检合格率为99.36%。有12个基层农业综合服务站。主要农产品产量见表1。

农业产业化发展。全县有农业产业化龙头企业19家，其中省级4家、市级4家。工商部门注册登记各类农民合作社540家，成员总数15209个，其中农民成员14208个；有国家级示范社3个、省级示范社21个、市级示范社30个、县级示范社13个，合作社农产品总产值超过4亿元。

农村集体“三资”管理。制定印发《关于做好村级建制调整改革中村集体资产监督管理的通知》，指导各镇规范开展农村集体资产的清理、锁定、移交，加强对农村集体资产的监督管理；牵头完成眉山市审计局对全县2019年度乡村振兴战略推进乡村治理专项审计反馈问题整改工作并代拟整改报告；制定印发《关于加强农村集体经济组织管理的指导意见》《洪雅县农村集体经济组织收益分配指导意见(试行)》，组织召开洪雅县乡村治理审计问题整改协调会、洪雅县农村集体“三资”信息化管理业务培训会，启动农村集体“三资”管理平台升级，完善农村集体“三资”管理信息平台建设，推进全县农村集体经济组织规范化管理。

农村集体产权制度改革。全县农村集体资产总额55587.01万元，其中经营性资产2187.77万元(村级1792.88万元、组级394.89万元)、非经营性资产53399.24万元(村级36094.82万元、组级17304.42万元)；集体土地总面积1863357.98亩，其中村级532338.79亩、组级1331019.19亩。截至2020年年底，共确认农村集体经济组织成员28.83万人，建立成员登记备案制度并编制成员名册。完成1126个农村集体经济组织登记赋码，其中村(社区)级107个、组级1019个。在68个集体经济组织开展股份合作制改革(其中村级14个、组级54个)，量化集体资产总额4653.8万元(其中村级117.05万元、组级4536.75万元)，发放股权证311本。全县耕地流转总面积达8802公顷，其中规模以上土地流转面积达8508公顷。

现代农业园区建设。完成洪雅县现代农业园区总体规划和四川现代牛种业园区、洪雅县青衣江奶牛现代农业园区规划等4个子规划编制；四川现代牛种业园区被列入四川省星级现代种业园区培育，培育资金3000万元，分3年培育，每年省级培育资金1000万元。四川现代牛种业园区被评为市级种业园区。

【种植业】 全县粮、经、饲作物播种总面积达718725亩，其中粮食作物面积212517亩、经济作物面积428613万亩、饲料作物面积77595万亩，粮、经、饲比为29.57∶59.64∶10.8。全县粮食总产量101402吨。全年水稻、油菜、玉米种植面积分别为143400亩、85665亩、48857亩，产量分别为76002吨、11172吨、20325吨。全县蔬菜基地面积9万亩，年产蔬菜10万吨，年产值4.2亿元。藤椒种植面积3.5万亩，投产面积3万亩，鲜藤椒产量1.05万吨，收入1.25亿元；年加工藤椒油5万吨，年综合产值8亿元。洪雅县是“中国藤椒之乡”。全县中药材种植面积3万亩，产量3万吨，综合产值达3亿元。

茶业。全县茶叶在地面积30.32万亩，其中有机茶认证面积20300亩；年产干茶3.53万吨，产值39亿元，年综合产值50亿元；出口茶叶9800吨，出口值3015万美元；茶叶亩均收入7000余元。全县有茶叶加工企业17家、涉茶专业合作社109家、家庭农场20家、加工作坊500余家，其中国家级示范合作社2个、省级示范合作社6个、市级示范合作社6个，市级龙头企业7家，企业产值上1000万元的生产经营主体11个。洪雅县连续三年获评“中国茶业百强县”，被认定为全省第二批特色农产品(洪雅绿茶)优势区；“洪雅绿茶”被列为农业农村部地理标志保护产品。

表1 2020年洪雅县主要农产品产量

主要农产品	单位	产量	同比(%)
粮食	万吨	10.1402	0.83
水稻	万吨	7.6002	0.57
玉米	万吨	2.0325	4.1
马铃薯	万吨	0.3004	7.36
油菜籽	万吨	1.1172	1.76
蔬菜	万吨	7.695	6.77
水果	万吨	0.5767	4.38
肉类	万吨	1.6624	-6.42
猪肉	万吨	0.9891	-7.96
牛肉	万吨	0.1539	26.46
羊肉	万吨	0.0542	-17.75
禽肉	万吨	0.4304	-11.39
兔肉	万吨	0.0348	21.25
禽蛋	万吨	0.3023	-16.68
水产品	万吨	0.652	9.03
牛奶	万吨	11.1802	7.94

【林业】 全年实现林业产值50.7亿元，其中第一产业(培育业)产值9.7亿元、第二产业(林产加工业)产值16.8亿元、第三产业(森林旅游业)产值24.2亿元。全县森林覆盖率较上年上升0.27个百分点，达71.95%。全年管护森林面积7.61万公顷；补偿生态公益林1.454万公顷，兑现补偿资金327万元。完成林木采伐22.5万立方米。严格林地审批，提前介入、主动服务全县拟征占用林地项目建设单位，依法依规办理林地使用同意书71宗，林地面积88.2公顷，其中永久占用林地面积74.35公顷、临时占用林地面积13.89公顷，收取植被恢复费884.6万元。巩固退耕还林成果1.46万公顷，兑现补偿资金763.5万元。全年参加义务植树达40万人次，零星植树80万株，完成营造林3333.33公顷。创建森林人家31家，建设森林康养基地6个、森林康养人家14家。全年有害生物实施监测面积11.7万公顷，实际监测率达100%。全县林业有害生物发生面积6.65万亩，实施防治面积6.65万亩，防治率达100%；开展“利剑2020”林业植物检疫专项行动，完成出境调运木材检疫10.5万立方米，完成苗木产地检疫0.68万亩。

【畜牧业】 全年省、市、县共投入390.36万元支持全县能繁母猪发展。全县生猪存栏11.19万头(其中能繁母猪存栏1.21万头)，奶牛存栏1.65万头，羊存栏2.99万只，家禽存栏89.33万只，兔存栏12.5万只。生猪出栏13.89万头，肉牛出栏1.1万头，羊出栏3.94万只，家禽出栏323.15万只，兔出栏24.6万只。全年肉类总产量1662吨，鲜奶产量111802吨，禽蛋产量3023吨，实现畜牧业总产值达15.27亿元。全县新建母猪场2家，新建(在建)标准化规模场18个。全县通过GSP认证的兽药经营企业共23家。全年共出动执法人员112人次对23家兽药经营企业进行督查；出动执法人员43人次对11家规模禽鸡养殖场进行突击专项检查，各规模养殖场共签订《饲料兽药安全使用承诺书》257份。对病死动物和动物病理组织进行无害化处理。累计出动执法人员86人次对5家动物诊所开展督查。加强生鲜乳运输环节监管，保障生鲜牛奶运输过程的质量安全，全年共出动检查车辆81车次、人员168人次，检查奶站34站次、奶牛养殖小区174个次、生鲜乳运输车辆37车次；抽检鲜奶样品274份，开展检测项目959个，检测结果均为阴性。配合部、省、市抽样、检测55个，全部合格。

【水产业】 全县工商注册水产养殖企业7家、渔业专合组织25个、水产养殖场360余个。全年繁殖各类鱼苗6000余万尾，其中冷水鱼苗800万尾；培育规格鱼种765吨。全年完成渔业经济总产量5700吨，实现渔业经济总产值13275.4万元。

【乡村振兴】 人居环境有改善。全域推进农村人居环境整治，全县农村户用卫生厕所普及率达87.6%，100%的行政村生活污水得到有效治理，100%的行政村生活垃圾得到有效治理。洪雅县代表四川省接受农业农村部、生态环境部大型畜禽规模养殖场粪污资源化利用情况检查。

示范创建有成效。对照省、市乡村振兴先进示范考评标准，全县创建省级乡村振兴示范村2个，市级乡村振兴先进镇2个、示范村6个。对照省、市乡村治理示范村镇创建标准，全县创建省级乡村治理示范村5个，市级乡村治理示范镇2个、示范村11个。

【扶贫开发】 全县以县委书记、县长为“双组长制”，50名县级领导、146个部门、5000余名帮扶干部带动25万人参与扶贫。中央、省、市下达财政专项扶贫资金6976万元，县财政安排专项资金1.3亿元投入脱贫攻坚，全县5057户14637名脱贫人口全部达到脱贫标准，洪雅县被省委、省政府评为2018年脱贫攻坚先进县，《洪雅县易地扶贫搬迁工作纪实》获得省发展改革委优秀奖。投入财政专项扶贫资金1250万元，帮助建档立卡贫困户住上安全住房。通过实施易地扶贫搬迁、住房补短、灾后重建、新农村建设等，为1300户农户消除危房、改造住房。全年共发放各类教育扶贫补贴8350万元，惠及9.4万人次。累计投入1.8亿元，将贫困人口中符合条件的5086人纳入农村低保、农村特困人员供养、贫困残疾人扶助等。低保兜底，扩面调标，新增389户850人，累计1784户3287人，占建档立卡贫困户总数的35.1%。投资7878万元，新建总岗山水厂、村级供水站等安全饮水工程9个，巩固提升11.6万名农村人口安全饮水问题。新建大峨眉国际旅游西环线、瓦屋山快速通道，硬化农村公路212千米。铺设天然气管道945千米，覆盖11个镇，惠及5.5万户农户。建成全国森林旅游示范县、全国森林康养标准化建设县。兑现森林生态效益等补偿补助6330万元，惠及农户5万户，其中贫困户2000户。实施城乡建设用地增减挂钩项目8个。实施改造完善高标准基本农田项目6个，建成高标准基本农田5.1万亩。实施土地整理项目2个，建设规模1.6万亩，新增耕地960亩。建成全市唯一的县级消费扶贫馆，占地面积2000平方米，全县25家“四川扶贫”商标用标企业和扶贫产品认定企业入驻。机关、企事业单位在832平台采购贫困地区农副产品740万元。“消费促进季”投放财政资金200万元。扶贫产品企业参加薇娅直播带货，累计销售2700万元。全县帮扶干部购销贫困户农副产品50万元。全覆盖摸排建档立卡户，帮扶脱贫不稳定户、边缘易致贫户224户527人，消除风险点224个。开展5轮需求补短，实施补短项目2629个，发放补短资金1225万元。投入扶贫专项资金2300万元，建成扶贫产业基地、资产收益项目41个，覆盖全县12个镇，惠及贫困户3100户。中山镇“支部+合作社+贫困户”抱团发展模式作为后续脱贫发展典型案例在全省推广。

【乡村旅游】 洪雅县创建四川省乡村旅游强县，打造国家级休闲农业与乡村旅游示范点1个、国家级传统村落4个，乡村旅游精品村寨1个，省级传统村落6个、省级乡村旅游重点村2个。建成多样性乡村旅游点20个，农家乐（乡村酒店）、民宿750家，其中评定星级农家乐（乡村酒店）19家、示范休闲农庄5家、森林人家27家。全年接待乡村旅游游客433万人次，实现乡村旅游总收入233000万元。

【农村水利】 完成市、县重点项目各1个，重点堤防建设项目2个，共完成投资1.547亿元。花电公司高庙河花溪水电站和高庙河花溪水电站高庙车间增效扩容改造及河流生态修复工程项目装机容量扩容2300千瓦，修复河道14千米，工程总投资7650万元，于6月建成投运。洪雅县柳江镇花溪河孔石桥段防洪治理工程综合治理3.55千米，新建堤防2.933千米、配套建筑物32处（座），工程总投资2344.69万元，于12月建成投运。洪雅县青衣江文塘大堤江河坝防洪治理工程主要建设内容为整治青衣江右岸洪雅县江河坝段堤防2.3千米，工程总投资2366万元，于10月27日开工。洪雅县2019年小型水库维修养护项目主要建设内容为维修养护丰产、胜利、石桥、骆沟等14座小型水库，工程总投资120.04万元，于7月22日按设计要求完成全部工程建设任务。

【农业机械化】 全县有各类农业机械6.1万台（套），农业机械总动力22.869万千瓦。全年完成机耕面积27.3万亩、机播面积11.07万亩、机收面积15.798万亩、机电灌溉面积9.6万亩，农业综合机械化水平达66.585%。推广茶叶机械4820台（套），建成止戈青杠坪、东岳观音等茶叶机械化示范区10余个。农机购置补贴全年补贴各类农业机械130余台（套），受益农户100余户，补贴资金36.85万元。全年新修、改造提灌站26座557千瓦，完成机电提灌设备维修430台次4630千瓦，新增提水控灌设备58台680千瓦。全年提水2650万立方米，保灌面积9.6万亩。建设农机化生产道路83千米。

【农村教育】 开展“新时代好少年我为祖国点赞”“美好生活，劳动创造”“传承抗疫精神，做新时代少年先锋”“讲好抗疫故事，坚定三个热爱”等主题教育朗诵、征文和演讲比赛12场，参与学生6000余人。开展学生心理健康教育活动，成立心理健康与家庭教育指导中心，推进青少年心理健康教育工作。组织学校300人次参加食品安全培训会，其中15名学校管理人员到青神县参加市教体局组织的学校消防安全应急演练。县市场监管局、县教体局、县卫健局对全县91个食堂进行了全覆盖专项检查。将安全管理责任清单制定工作作为全年安全工作的“头号工程”，做到“有岗必有责、有责必履职”的责任体系建设总体要求，63所中小学、幼儿园安装一键式报警设备，并与公安联网，安装率达100%，与公安联网率达100%；公办学校均安装校园监控系统并接入县教体局监控中心。会同县应急管理局、县消防大队进行学校消防安全检查2次；会同县市场监督管理局对全县学校进行食品安全检查2轮，排查出一般隐患7处；会同县卫健局对学校新型冠状病毒感染肺炎疫情、风疹、手足口病等传染病的防控工作进行检查、指导10次；县教体局、县交通运输局、县公安交警、县应急管理局等部门联合进行校车及学生上学交通安全检查6次，并组织开展消防安全、森林防火教育、校园安保、防汛工作、防溺水宣传教育等方面的检查。

【农村科技】 洪州梅园、雅雨露茶叶2家科技创新型农业经营主体获得批准。组建幺麻子食品产业技术创新联盟1家。新建灵静水果种植专业合作社与四川农业大学产学研联盟1家。成立科技特派团1个,已完成人员选派,公选队员26人,全年开展科技下乡活动2次,开展科技服务12次。组织瓦屋山药业、幺麻子、和鑫农业、正容农业企业实施产业扶贫,全年组织开展科普活动6次,培训农民4000人次,发表科普宣传报道3篇。

【农村文化】 完成群众文化活动开展共计90场,惠及群众约10万人次,公共文化设施实现全覆盖。全县有非物质文化遗产保护名录36项、传承人78人,其中申报非遗名录省级4个、市级13个、县级19个;传承人省级4人、市级43人、县级31人。建立非遗传承所4个、传习体验基地2个,举办活动20余场,共培训传承人500人次,初步形成省、市、县、乡四级保护体系各传承基地。

【农村卫生】 全县共创建国家卫生乡(镇)1个、省级卫生镇10个、省级卫生村(社区)89个,全县国家卫生镇覆盖率为8.3%,省级卫生镇覆盖率为100%,省级卫生村(社区)覆盖率为100%。健全病媒生物防治网络,开展病媒生物孳生地调查与治理,"四害"密度得到有效控制。以农村为重点加大环境整治力度,改善城乡环境卫生面貌,采取多种形式引导群众主动维护公共环境卫生,形成良好的卫生习惯。全县实现0～6岁儿童健康管理1.71万人,肺结核患者健康管理78例。全县无传染病疫情暴发及突发公共卫生事件。对学校饮用水、教学环境、传染病防控进行监督检查,全年检查中小学校28所、托幼机构39所。

【农村法制建设】 完善村级民事代办制度,开展村级民事代办工作。全年代理服务社会救助18.4万人次,兑现资金4642.6万元。推进法治宣传教育,完成《洪雅县法治宣传教育第七个五年规划(2016—2020年)》实施情况总结验收。向农村群众发放普法读物3.2万本、宣传单8万份。组织各镇、村3500人线上观看《民法典》公开课,组织开展《民法典》宣讲7场,培训600人,发放《民法典》宣传册3.1万份。持续推动村(社区)"两委"成员集中学法制度落地落实,在镇、村(社区)开展法治专题培训和宣传30次。推进"法律八进"活动,采取"农村法治夜校""道德讲堂"等多形式向农村群众宣讲政策法律,提供法律服务。结合乡(镇)行政区划调整改革,统筹推进司法所立户列编和规范化建设,完成12个司法所、89个村(居)公共法律服务站、室规范化建设。落实镇、村"法律明白人"、法律顾问全覆盖,组织律师顾问和8名公职律师开展法治讲座125场,参与防疫宣传、农村法治建设,提供基层治理重大决策咨询服务法律意见98条。建立法官联络点90个,覆盖全县所有基层村(社区),公共法律服务已向农村提供法律咨询2197件,化解农村矛盾纠纷2431件,协助办理农村法律援助、公证360余件,引导办理其他法律服务209件。

【农村交通】 完成中山镇杨咀村、将军镇伍村等撤并建制村和加宽窄路项目9个,共计30千米,完成投资1150万元。完成新(改)建2020年民生实事项目,新(改)建村道20千米。瓦屋山镇、余坪镇被评为眉山市第二批"四好农村路"示范乡(镇)。完成4个县级"四好农村路"示范村创建。

【涉农招商引资】 全县3000万元以上的农业招商引资重大项目2个,均为内资项目,增长200%;项目协议资金23000万元,增长230%;到位资金10000万元。

【农村社会保障】 全县城乡居民保险参保人数16.5万人,同比持平,其中代缴低保、特困等困难人员11687人;领取待遇5.2万人,增加0.05万人;基础养老金标准为107元/月,增长4.9%。分批分项目推进272名被征地农民参保。督促建筑项目工伤保险参保1.28万人,保障农民工合法权益。

【农村生态建设及环境保护】 调整和完善《洪雅县畜禽养殖区域划定方案》,严格执行畜禽养殖禁、限养规定。对中央、省环保督察及信访交办问题、全县畜禽规模养殖场(户)、县内主要河流1千米范围内养殖场(户)及已关闭养殖场(户)全面开展"回头看"。建成种养循环示范基地2个,实施畜禽养殖场种养循环提升工程40个,规模养殖场粪污处理设施装备配套率达100%,全县规模养殖场畜禽粪污综合利用率达98.4%,畜禽粪污综合利用率达88.6%;畜禽粪污基本实现资源化利用。推广生态健康养殖方式,安排水产专业技术员到养殖场对养殖户进行现场指导,建立尾水治理示范场28个。制订《洪雅县2020年化肥减量增效工作方案以及化肥减量增效技术方案》《洪雅县2020年农药减量控害增效工作方案》,在中山乡、中保镇、槽渔滩镇等乡(镇)建立绿色防控示范片2.5万亩,在中山乡、余坪镇建立茶叶统防统治示范片5000亩,在东岳镇、柳江镇建立水稻统防统治示范片5000亩。通过使用节膜技术、建立回收站、加强检查等措施,全县农膜使用量239吨,回收利用222吨,回收利用率达92.89%。

沼肥还田利用有机肥替代化肥。坚持种养结合,推进畜禽粪污还田综合利用,实施有机肥替代化肥,依托全程社会化服务PPP项目,全年沼液还田37846立方米,沼渣还田7860立方米,管道输送2131立方米。推广使用商品有机肥替代化肥,依托高标准农田项目发放有机肥960吨。推广秸秆粉碎还田、秸秆覆盖还田、秸秆堆沤还田等,全县秸秆还田率达65%以上。全县化肥使用量折纯7565吨,减少5.16%;农药使用量64.6吨,减少2.12%。

农村"厕所革命"。推进农村公厕建设,新建农村公厕6座。印发《洪雅县全域推进农村"厕所革命"和生活污水治理实施方案》《洪雅县2020年农村"厕所革命"整村推进示范村建设实施方案》,在止戈镇安宁村、将军镇李槽村等27个村实施农村"厕所革命"整村推进示范村建设项目,新(改)建农村无害化卫生厕所8626户,实现示范村无害化卫生厕所普及率达90%以上。全县82845户农户中有卫生厕所的农户达72553户,农村户用卫生厕所普及率达87.6%。采取"接入城镇污水处理厂(站)""微动力三格池+人工湿地""接入一体化处理设备""新建、改造三格化粪池"四种模式处理农村厕所粪污,经验在全县进行推广。

【农产品质量安全监管】 省级财政投入125万元用于巩固提升国家农产品质量安全县和农产品样品抽检。选取花果山家庭农场和雅吉乐种植专业合作社开展农产品全程质量控制技术体系试点。为12个镇、6个村、4家重点企业、专合社、家庭农场等配备快速检测仪器及检测药品,并完善12个镇农产品质量安全监管标准化服务站建设。全年共检测样品250份,检测合格率为100%。全县农、畜、水产品部、省、市抽样总体合格率达99%。

【农村市场体系建设】 全县金融精准扶贫贷款余额为3.33亿元,其中扶贫小额信贷累计发放扶贫小额信贷1971户,发放金额0.7561亿元,扶贫小额信贷覆盖率达38.86%。人保财险完成农险保费收入833.95万元,增长11.8%;赔款867.9万元(其中养殖险737.6万元、种植险30.7万元、林木险99.6万元),增长213.38%。

【数字农业】 全县农村区域光纤共计入户101498户,光缆传输杆程1730千米,光缆皮长11924千米,实现光纤自然村全覆盖。建设康养绿淘电商平台,建成电子商务建设服务网点益农社97个,并整合142家农特产品供应商提供洪雅特色农产品。全县实施“慧眼工程”2113个，建设“视听乡村魔镜”监控点位10060余个。同时，由相关通信公司制订面向数字农业农村领域的资费优惠方案，开通涉农企业专线，286个农家乐、乡（镇）酒店共计5600个房间开通专线。

【农村留守儿童帮扶】 全县有留守儿童1078名，共精准关爱留守儿童500名；开展留守儿童关爱保护主题活动6次，服务儿童200余人；开展监护人能力提升活动5次，服务家庭150余个；开展“欢庆中秋”“共祝国庆”“开心六一”等主题活动3场，参与家庭200余个；开展研学活动1次，参与儿童27人。开展儿童关爱保护“政策宣讲进基层”活动18场，其中县级4场、乡（镇）14场。全县共有“童伴之家”单位8个，其中新建“童伴之家”点位5个，开展活动200余次，受益青少年3000余人次；开展“新年心愿·青春微力量”暖冬行动，实现困境青少年心愿240个，落实助学金2.5万元。合村社区建制调整，新建24个“儿童之家”并开展活动；组建妇儿心理危机干预巾帼志愿服务队，开设心理微课，在线服务妇女、儿童260余人。

【劳务开发】 全县共有农村劳动力18.2万人，转移就业10.13万人，其中省内就业5.8409万人、省外就业4.2891万人；全年累计实现劳务收入26.73亿元。发放创业担保贷款810万元、贫困劳动力创业补贴15万元；178名农民工返乡创业，推荐赵平、陈平和洪雅固力商品混凝土有限公司参加省创业评选活动，分别获得“四川省返乡下乡创业明星”和“返乡下乡创业明星企业”称号。开展网络创业培训300人，举办线上线下招聘会14场，发布招工信息70期，印制招工简章130500份及就业扶贫宣传资料5500份，输送267名农村务工人员到成都富士康就业；为420名贫困劳动力进行登记管理和岗位推介，开发扶贫公益性岗位930个；将创捷通讯、盛丰钛业培育为就业扶贫基地，为创捷通信等企业发放一次性吸纳就业补贴、吸纳贫困劳动力岗位补贴、就业扶贫基地奖补等45.26万元。全年培训贫困户197人，发放培训、交通等补贴27.92万元；举办线上职业培训776人，开展中式烹调、保育员和母婴护理员等职业技能培训603人，开展企业通用素质培训869人。全年累计开展各类培训2548人，发放培训补贴205.15万元。洪雅县被省委、省政府评为“2020年今冬明春农民工服务保障工作先进单位”。

【主要领导人】 县委书记：宋良勇；县人大常委会主任：李文新（5月止），尹斗芳（5月始）；县长：宋良勇（4月止），周代军（5月始）；县政协主席：李明清；分管农业副县长：白海涛。

洪雅县编写组

丹 棱 县

【基本情况】 2020年，全县辖1乡4镇50个村（社区），辖区面积450平方千米，其中耕地面积15.498万亩，人均耕地面积1亩；基本农田15.50万亩。年末总人口16.2423万人（户籍人口），减少0.13%；人口出生率8.8‰，减少1.1个千分点；人口自然增长率–0.3‰，减少1.2个千分点。本地水资源总量4.645亿立方米，人均占有水资源量3121立方米。有林业用地1.6151万公顷，有林地面积1.4776万公顷，活立木总蓄积量134.1万立方米，森林覆盖率57.68%。

2020年，全县GDP72.57亿元，增长3.8%，其中第一产业增加值14.53亿元，增长5.5%，农、林、牧、渔及农林牧渔服务业之比为42.2∶1.4∶22.8∶2.1∶1；第二产业增加值24.85亿元，增长2.3%（规上工业总产值51.8亿元，增长10.2%）；第三产业增加值33.2亿元，增长4.7%。三次产业对经济增长的贡献率分别为26.3%、25.8%和47.9%。劳务输出29611人，收入69222.46万元。全年接待游客293.02万人次，实现旅游收入277877万元，其中乡村旅游收入192553万元。

公路通车里程564.891千米（其中乡村公路288.638千米），密度1258米/平方千米，34.78千米/万人。社会消费品零售总额21.99亿元，减少2.6%。地方公共财政预算总收入完成4.63亿元，增长10%；公共财政预算总支出16.16亿元，增长30.41%，其中农业投入23451万元，占支出的14.51%。金融机构各项存款余额118.05亿元，比上年初增长4.9%；各项贷款余额58.17亿元，比年初增长31.8%。全年农业保费收入0.0805亿元，增长141.7%；处理各项赔款和给付金额1018.93万元，增长393.5%。完成农业产业化项目6个，完成投资25395万元。农业产业化龙头企业省级、市级、县级分别为1家、9家、32家。

有各类学校54所，在校学生234001人，教职工1817人，其中普通高校1所，在校本（专）科学生5706人，增长324.24%；普通中学5所，在校学生2759人；小学12所，在校学生7818人；学龄儿童入学率100%。有文化馆1个，公共图书馆1个，博物馆1个。有卫生机构180个，病床位779张，卫生技术人员1297人。新型农村社会养老保险参保人数139024人，参保率100%。

【年度农业和农村经济运行】 2020年，全县实现农业总产值24.6亿元，增长5.9%；全县全年农业增加值达14.52亿元，增长5.5%；特色优势农产品产量保持稳定增长。农民年人均可支配收入达21441元，增长8.4%。全县农产品质量抽检合格率为98.82%；建有5个基层农业综合服务站。实施省级职业农民制度试点，培训新型职业农民165人，认定新型职业农民50人，截至2020年年底，全县已试点认定职业农民160人。主要农产品产量见表1。

表1 2020年丹棱县主要农产品产量

主要农产品	单位	产量	同比(%)
粮食	万吨	5.417	1.65
水稻	万吨	4.2265	1.28
玉米	万吨	1.0537	2.64
马铃薯	万吨	0.0622	6.87
油菜籽	万吨	0.7528	3.83
蔬菜	万吨	2.7882	4.02
水果	万吨	19.8457	3.73
肉类	万吨	1.2476	–2.67
猪肉	万吨	0.8218	–7.25
牛肉	万吨	0.0086	45.21
羊肉	万吨	0.0258	4.48
禽肉	万吨	0.3433	6.25
兔肉	万吨	0.0273	25.81
禽蛋	万吨	0.5791	–18.1
水产品	万吨	0.5458	4.9
牛奶	万吨	0.095	–87.2

农业产业化发展。全县发展产值5千万元以上初加工企业24家,修建冷藏库621座,引进桔橙分选线23条、冷链物流车5台,农产品初加工率达90%以上。全县新增省级示范家庭农场5家,全县工商登记注册家庭农场累计260家。

农村集体产权制度改革。推进农村集体产权制度改革,完成农村集体资产清产核资,全县50个村(社区)全部开展清产核资,共清查核实资产总额54242.3478万元,其中经营性资产4758.4794万元、非经营性资产49483.8684万元。全面确认农村集体经济组织成员身份,共确认297170名集体经济组织成员并建立完善成员登记备案名册。发放股权(成员)证书31325本,实行"一户一证、分户不增、并户不减、配置到人"管理。开展集体经营性资产股份合作制改革,全县50个建制村(社区)均已完成集体经营性资产股份量化,其中采用"股份"方式开展经营性资产折股量化的34个、采用"份额"方式开展量化的16个。全县所有集体经济组织均已建立健全"三会一程"(成员代表会、理事会、监事会、组织章程)内部治理机制,并完善法人治理结构。组建50个村(社区)集体股份经济联合社,已完成登记赋码并全部挂牌。

农产品品牌战略实施。"丹棱桔橙"第4次登上中国区域品牌(农产品地理标志)百强榜,获得年度十大农产品区域公用品牌,品牌价值达48.25亿元;"丹棱脆红李"创建为全县第二个国家级农产品地理标志登记产品。全县"三品一标"认证农产品保有量30个,其中无公害产品2个、绿色食品26个、农产品地理标志产品2个。

现代农业园区建设。按照"一镇一园区,一园一特色"工作思路,组织开展《丹棱县现代农业园区建设总体规划》《丹棱县丹橙现代农业园区详细规划》编制,规划建设丹棱县桔橙、九龙山、脆红李、茶叶、安溪河流域五大现代农业园区,发展"果、桑、茶、林"特色产业51万亩,其中桔橙18万亩,产值30亿元。启动杨场镇全国农业产业强镇、中国晚熟柑橘商贸物流中心建设。

【种植业】 全县以晚熟柑橘为主的果桑茶林特色产业面积达51万亩,特色优势产业产值占比为80%。水果种植总面积24万亩,总产量37.2万吨,实现总产值35.58亿元。以"不知火"为主的桔橙产业种植总面积18万亩,总产值30亿元。大小春粮食作物总播种面积11.84万亩,总产量5.42万吨,增产870吨,超目标任务1.63%;油料作物播种面积6.55万亩,产量0.75万吨。

【林业】 丹棱县被授予"全国绿化模范县"称号,眉山市被授予"国家森林城市"称号,老峨山被授予"全国森林康养基地试点单位"称号。全年完成营造林1.43万亩。建成古井村雷竹产业基地300亩,绿化道路4千米,建造游步道1千米,河岸绿化2千米,庭院绿化美化40户。创建市级森林小镇1个、森林村庄5个、森林小区3个、森林人家33个。森林蓄积量达128万立方米,全县森林覆盖率达57.41%。全年未出现林业有害生物成灾,未发生较大以上森林火灾。

【畜牧业】 全县出栏生猪11.67万头、肉羊1.9万只、肉兔 52.7万只、家禽220.4万羽;肉类总产量25861吨,禽蛋产量 5791吨,实现牧业产值 8.956亿元。

【水产业】 全县水产品总量5458吨,增加253吨。累计举办培训班和座谈会4期,印发养殖技术资料1200余份,培训养殖人员65人次。

【乡村振兴】 抓住全市现代农业"583"产业体系建设、乡(镇)行政区划调整和村级建制调整改革、成德眉资同城化发展三大机遇,持续推进乡村振兴,促进实现"五美五有"。依托省级财政下达丹棱县省级实施乡村振兴先进示范奖补资金6120万元,编制上报方案,启动实施项目13个。与蒲江县签订同城发展乡村振兴合作协议,围绕协同发展农业、构建信息化体系、开展乡村振兴培训等合作事项,共同打造国家级乡村振兴示范区。万年村、幸福村创建为省级实施乡村振兴战略示范村;杨场镇创建为市级实施乡村振兴战略先进乡(镇),红石村、桂香村、古井村、廖店村创建为市级实施乡村振兴战略示范村。

【扶贫开发】 开展扶贫对象动态调整,全县脱贫人口调整为2623户7491人。开展脱贫攻坚全覆盖挂牌督导、脱贫攻坚问题整改清零行动,梳理2016年以来各级脱贫攻坚成效考核、巡视巡查、督查调研、审计、媒体暗访和县上2019年大排查等发现问题896个(户),6月底前全部整改到位。抓好脱贫普查,成立县、乡两级普查领导小组,组建调查工作队伍,集中用一个月时间完成。协调帮助有意愿务工就业的贫困劳动力实现务工就业,通过劳务输出、推荐引导县内企业和新型农业经营主体优先使用、开发692个公益性岗位安置、全县小微基础设施等建设项目消化等方式,帮助全县脱贫户劳动力实现务工就业2556人,其中省外务工546人,均超过2019年同期务工人数。组织发动各乡(镇)、县级各部门和社会各界人士优先采购脱贫户、边缘户的农副产品,以购代捐,推动消费扶贫。推动36个2114万元财政专项扶贫资金项目落地落实。开展脱贫攻坚总结宣传活动,编制全县脱贫攻坚图册,拍摄脱贫攻坚总结纪实片、微视频《路》和《相约小康》。开展"我与脱贫攻坚"征文活动,编印脱贫攻坚《丹棱文学》专刊。密切监测特殊困难户,对摸排出的16户脱贫不稳定户、11户边缘易致贫户进行常态化关注和持续帮扶,全县通过脱贫攻坚成效考核。

【乡村旅游】 全县接待游客293.02万人次,实现旅游总收入27.79亿元,其中乡村旅游收入19.26亿元。大雅文化旅游景区创建为国家3A级景区,天府橙都景区通过国家2A级景区市级评审。完成文化和旅游资源全覆盖调查普查以及普查成果编制。梅湾村被列入省级乡村旅游重点村名录;威兰特果小酒获得四川省旅游商品大赛金奖。

【农村水利】 全县实施的重点项目有6个,全域饮水安全项目总投资2.2亿元,分为5个标段实施,向全县各乡(镇)延伸140余千米供水主管网,实现青衣江自来水县域全覆盖。完成县域内3条市级河流、6条县级河流及党仲、梅弯等9座水库河湖管理保护范围划定。完成小水电清理整改。落实水污染防治行动计划,统筹推进城乡水生态文明建设,完成综合治理水土流失面积3平方千米。依托中观山抗旱管网改造工程,巩固提升农村饮水安全人数1000人。

【农业机械化】 全年新增农机总动力0.138万千瓦,全县农机总动力达22.74万千瓦,主要农作物耕种收综合机械化水平达76.3%。完成2019年省级财政现代农业发展工程(标准化机电提灌站建设)项目,新增标准化提灌站1座,新增灌溉面积650亩,灌区增收36万元/年,同时为项目区人畜饮水提供了用水保障。全县修复提水设备207台次3305千瓦;新建和改造提水设备18座18台403.2千瓦,新增和恢复灌溉面积1.209万亩。全年完成机电提水保灌面积15.1万亩(其中灌溉水稻面积7.5万亩),提水量2460万立方米(其中提灌站提水1900万立方米)。

【农村教育】 实施"1+N"优质园托管乡(镇)小学附属园办园模式,通过剥离乡(镇)小学附属园、总园托管分园"两步走",挂牌分园5所,形成以"省级示范幼儿园为龙头、乡(镇)中心园为骨干、乡(镇)独立园为主体"的全新格局，改革经验被全省推广。全县普惠幼儿园覆盖率达87.94%，公办园在园幼儿人数占比达50.49%。全面推进义务教育改薄和改（扩）建校舍工作，投入636万元，改善乡村小规模学校和寄宿制学校6所；探索撤校布点、集约化高品质资源配置模式，撤销合并小学2所、初中1所，增设教学点1个。全县义务教育适龄儿童入学率达100%，残疾儿童入学率达100%，巩固率达99.9%以上。丹棱县获评“眉山市教育体育工作先进区(县)”等称号。

【农村科技】 组织正邦饲料、威兰特果小酒2家企业申报市级创新新型农业经营主体；眉山药科职业学院挂牌四川省科普基地。组织丹橙果业、生态源果业等企业申报2022年省级科技计划项目4项，其中科技厅已受理3项，立项1项。组织科技相关部门开展科技活动周、科普宣传月、大众创业万众创新集中宣传活动3次，发放宣传资料8000余份。从四川省农业科学院、西南大学柑橘研究所、四川农业大学、眉山市职业技术学院、县农业农村局选派科技人员14人组建丹棱县省级科技特派员服务团；召开丹棱县科技特派员服务员签约仪式暨专家培训会，培训农业专合社50家。制订《丹棱县科技特派员服务团“三年行动”工作方案》，以“四个一”（县上一支科技特派员服务团，乡/镇一个科技服务专员，村/社区一个农技推广专员、一个产业带头人）方式组建科技服务队伍100余人。

【农村文化】 全县公共“三馆一站”、村(社区)文化活动室全部实现免费开放。全年开展群众文化活动100场以上，覆盖群众约16万人。开展眉山市2020年“乘风破浪 舞动眉州”群众广场舞集中展演、“行在乡村 游在路上”脱贫攻坚自驾主题宣传活动、“万人赏月诵中秋”“戏曲进乡村(进校园)”等专题表演12场次。

【农村卫生】 全县有村卫生室71个。全年基层医疗卫生机构总诊疗量42.27万人次，其中乡(镇)卫生院门诊19.77万人次，减少16.13%；社区卫生服务中心门诊1.37万人次，减少72.27%；乡(镇)卫生院住院0.75万人次，减少21.27%；社区卫生服务中心住院0.01万人次，减少36.69%。

【农村法制建设】 利用重要时间节点到农村开展“老年人权益保障”“安全生产”“反电信网络诈骗”“脱贫攻坚、法治同行”“防控疫情 法治同行”、《民法典》等主题法治宣传活动90余场，发放宣传资料20000余份；开展“法律明白人”培养工作，已实现“一村一法律明白人”全覆盖。开展基层法治示范创建活动，齐乐镇狮子社区通过司法部、民政部全国民主法治示范村(社区)复核。对全县所有的公共法律服务站(室)进行全面梳理，及时更换公示栏。整合律师、法律援助、公证、人民调解和法律服务工作者等力量，参与公共法律服务，全年累计接待法律援助2468人次。坚持和发展新时代“枫桥经验”，严格贯彻《四川省矛盾纠纷多元化解条例》，在各村建立警务室，全面配备“一村一辅警”，把矛盾纠纷排查化解工作延伸至最基层，全年共受理各类矛盾纠纷357件，调解354件，调解成功率达99.16%；防止民间纠纷激化70件。继续开展“扫黑除恶”案件摸排，加强律师代理“涉黑涉恶”案件审查。贯彻落实《中华人民共和国社区矫正法》，开展安置帮教“清仓见底”和减刑假释暂与监外执行清查活动。推进“智慧乡村平安丹棱”建设，运用“小微天网”“平安丹棱110APP”等智能化、科技化手段不断提升基层治理水平，全力编织农村社会治安防控网。

【农村交通】 丹棱县创建为全省“四好农村路”示范县，并在全省“四好农村路”高质量发展现场会作经验发言；交通运输部“行在乡村 游在路上”脱贫攻坚主题宣传活动四川站启动仪式在丹棱县举办。通过县级财政配套、招商引资、投融资平台广泛筹措资金，采用“BOT”模式投资3.7亿元，用于老峨山旅游快速通道(一期、二期)和遂资眉高速公路丹棱互通连接线等项目建设。采用“PPP”模式融资18亿元，建设省道104线丹名路、省道401线丹蒲快速公路和其他农村公路85千米。全县连接各乡(镇)的县道公路、乡道公路以及重要景区的公路全部通达沥青路和水泥路，所有行政村全部通达水泥路且公路等级均为四级及以上，县城到乡(镇)、村道路通达率100%、通畅率100%，农村公路等级公路比例、高等级铺装路面公路比例均达95%。

【农村社会保障】 全县城乡居民养老保险参保人数8.76万人。全年参保缴费人数6.13万人，当期基金收入5417.45万元；全年领取待遇2.63人，当期基金支出3559.74万元，基金累计结余10782.42万元。全年发放养老待遇31.72万人次，共计3557.59万元，基金累计结余10782.42万元。代缴0.66万人贫困人员城乡居民基本养老保险共65.68万元。城乡居民基本医疗保险个人缴费标准260元/人，财政补助标准达550元/人。参保人数13.9万人，征缴收入3614万元，财政补助7645万元，报销15.6万人次，待遇支出9238.3万元；大病保险筹资标准72元，报销0.48万人次，待遇支出703.94万元。农村低保保障标准调整为450元/月、农村分散特困供养标准590元/月，农村集中特困供养标准600元/月，将符合条件的2295名脱贫建档立卡人口全部纳入农村低保、农村特困保障范围，占全县建档立卡贫困人员总数的30.85%。全县共纳入农村低保对象3447户6058人、农村特困对象567人，全年累计投入农村低保资金1616.4万元，投入特困人员救助供养资金467.69万元，投入临时救助资金198.5万元。为2161名农村困难残疾人发放生活补贴263.657余万元，为2510名农村重度残疾人发放护理补贴181.126余万元。全面落实孤儿保障政策，为全县5名孤儿按时足额发放孤儿生活养育金，散居孤儿达900元/月。为全县18名事实上无人抚养困境儿童发放生活保障金14.026万元。

【农村生态建设及环境保护】 全域治理农村生活污水，全县累计建成农村生活污水处理设施1.5万座，48个村生活污水得到有效处理，治理率达100%。乡(镇)集中式饮用水水质达标率达100%，撤销梅湾水库县级集中式饮用水水源保护区。

【农产品质量安全监管】 全年开展果蔬速测1075个、定量检测106个，未发现农药残留超标。加强农村假冒伪劣食品治理，全年检查食品生产企业23家，农村食品经营和餐饮服务单位9家，批发市场、集贸市场2个。配合开展省级例行监测抽检，共抽取样品85个，其中水果样品12个、蔬菜样品40个、畜禽产品30个、蜂产品3个，合格率达98.82%。

【农村留守儿童帮扶】 投入29.858万元，在全县15个村开展“百镇千村·助爱牵手”儿童关爱服务项目活动。全县配备5名儿童督导员，对全县523名留守儿童、困境儿童实施精准关爱。

【劳务开发与返乡创业】 全县农村劳动力总量6.0129万人，外出务工人数2.9611万人，占全县农村劳动力总数的49.2%，其中省内务工1.8773万人，占外出务工人数的63.4%；省外务工1.0838万人，占外出务工人数的36.6%。按性别划分，男性1.5836万人，占外出务工总人数的53.5%；女性1.3775万人，占外出务工总人数的46.5%。回引农民工返乡创业382人，为26名农民工发放创业担保贷款329万元。全年开展线上线下招聘会21场，发放宣传资料10000余份，共计提供岗位6000余个，助力农民工就业增收。

【主要领导人】 县委书记：宋骥；县人大常委会主任：彭红勤(4月止)，夏荣升(5月始)；县长：黄秀航；县政协主席：李学权；分管农业副县长：肖琳。

丹棱县编写组

青神县

【基本情况】 2020年，全县辖2乡4镇1个街道，辖区面积386.8平方千米，其中耕地面积9360公顷，减少98公顷，减少1.04%。年末总人口19.22万人(户籍人口)。有森林面积18562.9公顷，森林覆盖率47.96%，提高3.94个百分点。

【年度农业和农村经济运行】 2020年，全县实现第一产业增加值12.29亿元，增长6%。农村居民年人均可支配收入达21134元，增长8.9%。全县粮食作物播种面积13.87万亩，产量6.21万吨；出栏生猪10.03万头、肉兔158.18万只、小家禽552.75万只。青神县创建为四川省实施乡村振兴战略先进县、全省农村改革工作先进县、全省农民增收工作先进县，县农业农村局获评全国农村承包地确权登记颁证工作先进集体。

农村集体产权制度改革。与村级建制调整改革有效衔接，完成农村集体产权制度改革清产核资、成员身份确认、股权量化、登记赋码等，共确认成员165266人，颁发股权证12317本、集体经济组织登记证590本。全面完成农村集体产权制度改革和村级建制调整改革。完成农村集体资产年度清查和村级债务摸底调查，全面摸清集体家底和债务情况。调研集体经济发展典型案例并宣传推广，其中青竹街道兰沟村入选全省发展壮大集体经济典型案例。实施中央、省级财政资金壮大集体经济扶持村项目6个，指导“两项改革”后集体经济融合发展。

农村土地制度改革。青神县申报为全国、全省第二轮土地承包到期后再延长30年先行试点县，在青竹街道、白果乡及高台镇8个村民小组推进试点，探索解决缺地少地农户承包地问题的具体办法。全年接待群众农村承包地政策咨询180人次，为70户农户办理农村土地承包经营权证颁证(变更)，新增农村土地流面积1520.3亩，办理12345政务热线平台专办件15件，调处农村土地纠纷4起。

农产品品牌创建。全县认证绿色食品5个、有机食品3个、无公害产品14个、原产地证明商标1个，“三品一标”生产面积占农产品生产总面积的68.5%。青神椪柑、汉阳花生、青神茶叶等多次参加农博会、广交会，获评“四川省名优农产品称号”。

农村宅基地管理。县农业农村局、县自然资源局、县住建局联合印发《关于规范农村宅基地审批和住房建设管理的通知》，在各乡(镇、街道)设立农村宅基地管理机构。全年举办培训班4期249人次。全县审批宅基地共539宗101.4亩，办理12345热线宅量地信访件3件。

【种植业】 全县粮食作物播种面积13.87万亩，其中种粮大户面积1.4万亩，粮食总产量6.21万吨。粮食作物以水稻、玉米为主，面积、产量分别为9.75万亩、4.86万吨，2.6万亩、1万吨。全县经济作物播种面积5.55万亩，经济作物以油菜籽为主，播种面积5.4万亩，产量0.66万吨。申报四川省晚熟柑橘产业集群县之一，全县椪柑种植面积达13万亩，占全县水果总面积的95%，产量达15万吨，产值达17亿元。全县标准果园发展到271个，高标准果园面积达3.15万亩，推广草生栽培6万亩。争取全国晚熟柑橘产业集群项目，争取到中央财政资金5300万元。青神县椪柑现代农业园区获评全国柑橘绿色防控示范区和全省最大的无公害椪柑生产基地，创建为省三星级现代农业园区。

植保植检。全年发布《病虫情报》10期，指导农作物科学防治病虫草鼠害，全县农作物病虫害危害损失率控制在4%以下。开展种植业化肥减量增效、农药减量控害增效，全县主要农作物病虫害统防统治22万亩次，核心区绿色防控6.3万亩次，种植业农药使用量负增长1.5%。开展农药包装废弃物回收利用，回收12.58吨，回收率达87.1%，处置率达100%。加强种子种苗检疫，产地检疫58家，开出调运证书296份，检疫苗木562745株、水果2006吨。加强市场和田间检疫监管，检疫销毁柑橘苗木2030株；柑橘黄龙病桩头排查2442亩，检出柑橘黄龙病病株1株，销毁柑橘果树1802株，设立20个柑橘木虱监测点。

节肥节药减量行动。制订《青神县2020年化肥减量增效工作方案》《青神县2020年农药减量控害增效工作方案》，按照“少用、用好、会用”要求，推广测土配方施肥、有机肥替代、水肥一体化、新型肥料等措施。全县建立化肥减量示范点13个，推广水肥一体化面积0.4万亩、绿肥种植0.8万亩，实现全县种植业化肥使用量负增长；建立农药减量示范点13个、农药监测点20个，水稻、小麦、玉米三大作物专业化统防统治覆盖率达40%，果树、水稻、玉米、蔬菜、茶叶五类作物绿色防控覆盖率达35%，农药包装废弃物回收率达87.1%，实现全县种植业农药使用量负增长。

【畜牧业】 全县出栏生猪10.03万头、肉兔158.18万只、小家禽552.75万只、肉鸡370.1万只、肉羊1.68万只、肉牛6780头；肉、蛋、奶产量分别为28920吨、5984吨、5018吨；以生猪、肉兔、肉鸡为主的主要畜禽规模化比重分别达70%、96.5%、98.2%，良种化水平分别达95.5%、97.8%、97.8%。畜牧业促进农村居民人均可支配收入增收292元，增长1.5%。

疫病防控。全年共免疫注射畜禽达458.59万头(只)次，其中猪69.29万头次、牛(羊)口蹄疫2.66万头(只)、禽流感379.5万只次、羊小反刍兽疫0.97万只。对畜禽养殖圈舍进行彻底消毒，全县消毒面积达346.95万平方米，使用消毒药4.1吨，确保全县无重大动物疫病发生。开展春秋季免疫抗体检测，猪瘟抗体检测290份、猪O型口蹄疫290份、猪A型口蹄疫168份、禽流感H5抗体检测434份、H7抗体检测435份、新城疫抗体检测409份、羊O型口蹄疫279份、羊A型口蹄疫285份、羊小反刍抗体检测285份、牛O型口蹄疫145份、牛A型口蹄疫145份、犬抗体检测336份，合格率分别为97.24%、87.93%、98.81%、86.31%、95.16%、90.57%、99.27%、95.7%、75.44%、84.56%、86.9%、94.48%。牛(羊)布病检测673份、血吸虫病检测1159份，均符合部颁标准。开展动物疫病病原学监测，全年狂犬病检测犬唾液拭子325份、禽流感H5、H7检测拭子387份(禽咽喉/泄殖腔拭子297份、养殖场环境拭子90份)，全部为阴性；鸡新城疫检测咽喉/泄殖腔拭子50份，全部为阴性；猪瘟、猪蓝耳检测组织样54份。开展狂犬病防控，全年狂犬病免疫犬只5.65万只(春、秋两防)，占应免犬只的98.95%。

非洲猪瘟防控。召开非洲猪瘟防控培训会12次，培训人员700余人次，发放各类非洲猪瘟防控宣传资料6万余份。7—9月，开展非洲猪瘟“大清洗、大消毒”工作，统一时间对全县范围内的运载动物及其产品的车辆、生猪养殖场、生猪屠宰加工场、动物无害化处理点、场镇主要街道、村委会等人群活动密集场所进行消毒，消毒面积903.26万平方米。开展非洲猪瘟病毒监测，对生猪养殖场(户)、交易市场、屠宰场、无害化处理点、饲料企业、肉品加工企业、生猪运输车辆、冷库冻库、餐厨剩余物收运转储等重点区域进行监测采样。全年排查生猪养殖场14656户次、生猪45.87万头次、屠宰场1家，屠宰生猪27578头；非洲猪瘟核酸检测环境样427份、血样984份、组织样192份、精液和唾液样121份，全部为阴性；产地检疫生猪21.9万头，屠宰检疫22435头。

饲料兽药监管。全年开展兽药监督检查200余人次，涉及经营户和养殖户107家；抽检饲料经营户6家，抽样16份，抽检合格率达100%。全年立案查处违反《动物防疫法》案件3件，全部结案，并处罚金5.8万元。

奶牛产业。眉山富源牧业有限公司现存栏优质奶牛870头，年产奶2658余吨，推广使用优质冻精6500支；采取“干湿分离，种养结合”的发展模式租地近2000亩，种植优质牧草。青神县涛哥哥奶牛养殖第一牧场、青神县涛哥哥农牧有限公司存栏奶牛900余头，年产奶2360余吨，种植优质牧草3000亩，实现养殖粪污资源化利用。

项目建设。建设种养循环示范基地3个、省级示范场3个、市级示范场7个、县级示范场6个，改造提升畜禽养殖场12个。德康25万头生猪200个单元养殖项目建设签约175个单元，动工165个单元，完工28个单元。10个生猪养殖场共87个单元配套建设粪污资源化利用设施设备，总投资3647万元，已完成24个单元建设。实施川牛羊项目，建设青神县涛哥哥农牧有限公司乳肉兼用草畜一体肉牛养殖示范基地，项目总投资1667.35万元；实施苜蓿生产基地建设项目，在全县范围内种植优质苜蓿1000亩，年产优质苜蓿草3000吨，项目总投资120.5万元。

畜禽粪污资源化利用。全县共有畜禽粪污抽运队7支，全年服务养殖户691户、种植户853户，共抽运粪污20812立方米，粪污消纳面积10735亩。各乡（镇、街道）适度规模畜禽养殖场以上均有粪污收集设施，粪污收集率均达80%以上。全县畜禽粪污综合利用率达93.4%，规模场畜禽粪污综合利用率达96.3%。

【水产业】 全年水产养殖面积10830亩，其中50亩以上的养殖户有17户，占全县养殖面积的16.3%；渔业总产量达8168吨，增加21吨；实现渔业产值13824.7万元。省、市对全县水产品禁用药品进行抽检，抽检合格率达100%，养殖尾水管控率达100%。

【乡村振兴】 创新探索“三治融合”“两翼驱动”“十二分制”“邻里百家”等模式，青神县创建为四川省实施乡村振兴战略先进县、全省农村改革工作先进县、全省农民增收工作先进县，白果乡甘家沟村获评省级示范村，高台镇获评市级先进乡镇，罗波乡宝镜村、白果乡虎渡社区、汉阳镇文新村、瑞峰镇刘家场社区获评市级示范村。统筹推进“五大振兴”，推进竹产业、椪柑产业高质量发展，椪柑种植面积13万亩，竹林基地种植面积20万亩，建成国家级竹编产业园区、全国最大竹本色纤维材料生产基地、全国晚熟柑橘产业集群示范带、四川省首个柑橘博览园；与中国农业大学实行校地合作，建成乡村振兴研究院，成立宝镜社区大学，遴选竹艺名师、椪香明星、“田园明星”518人，命名“本土菁才”76名，新认定职业农民70人；培树全国劳动模范1名、道德模范和身边好人23名，评选星级文明户2万余户，文明乡（镇）实现全覆盖；有县级以上文明村50个，高台镇诸葛村获评“全国文明村镇”，建立农家书屋58个、综合性书屋13个、文化院坝58个。打好“蓝天”“碧水”“净土”三大保卫战，全域推进垃圾、污水、厕所三大行动，不断改善村容村貌；推进村级建制调整改革，行政村书记、主任“一肩挑”实现全覆盖。“产业、人才、生态、文化、组织”同频共振，“共谋、共建、共治、共管、共享”齐头并进。

【农村扶贫和移民工作】 产业就业扶贫。全年产业扶贫投入资金2亿元，带动3800余名有劳动能力的建档立卡贫困人口发展椪柑、竹编、种养等产业；发放扶贫小额信贷891.1万元，支持237人发展。探索股权量化扶贫模式，投入446万元入股合作社，吸纳贫困户参与投股470人，每年人均分红800余元。设置公益性岗位，安置贫困人口450人就业，平均每月增收1000余元；帮助3058名贫困群众实现务工就业。

“三保障”扶贫。投入资金800余万元，新建和改造贫困户住房250户，确保住房安全有保障；将1551户1889人建档立卡贫困户纳入低保，为311名贫困残疾人按照每人每年1100元的标准发放生活补贴；全面落实义务教育“三免一补”政策，发放家庭经济困难寄宿学生生活补助1500名次127万余元，救助县内各学段建档立卡学生1700人次170万余元，全县义务教育阶段内无学生失学辍学。严格落实省、市医疗救助政策，坚持为贫困群众提供基本卫生服务，实现贫困人口参保缴费零负担、全覆盖。落实296.45万元，为建档立卡贫困户购买基本医疗保险和补充医疗保险。累计为9309名贫困人口开展免费健康体检。卫生扶贫救助基金累计救助2079人次，支出160.53余万元。

项目资金管理。清理、录入项目库2014—2020年项目325个46219.78万元，其中专项财政资金6955.81万元，实施项目322个、46159.78万元，完成项目314个、45581.08万元；清理、录入2017年以来扶贫领域项目309个95220万元。按照“三盯三公开”精神，进行项目资金公示公告，开展项目清理等专项治理，巩固和提升全县脱贫攻坚群众满意度。

驻村帮扶。全县统筹落实33名县领导、3000余名帮扶干部，继续在26个已退出的市级贫困村派驻“五个一”帮扶力量1523人，在51个非贫困村派驻“三个一”帮扶力量1672人。“扶贫日”开展脱贫示范户和脱贫增收户评选活动，举办专场招聘会和脱贫成果展，引导全社会关注脱贫攻坚、关爱贫困人口，推动社会各界共同参与脱贫攻坚。

“扶智扶志”。在全县52个村和社区开展“脱贫不忘党恩 · 致富感谢祖国”主题活动、964期农民夜校活动，约5.2万人次参与。

移民安置。完成岷江虎渡溪航电枢纽工程移民搬迁安置9户，征地1616亩，保障建设工作有序推进。有效衔接仁寿县、井研县，完成复兴水库扩建工程移民征地和搬迁安置等。

移民后扶。全县移民后期扶持现金直补人口3010人，直补资金231.505万元。安排后期扶持项目9个640万元，其中用于全县移民安置点污水处理提档升级417万元、库区和移民安置点基础设施建设223万元（新建水泥路1000米，维修道路2000米，新建沟渠2800米，新建提灌站1座），改善、提升移民安置区生产生活条件。

【农村人居环境整治】 全域推进“垃圾革命”“污水革命”“厕所革命”，农村生活垃圾得到有效处理的村占100%，生活污水得到有效处理的村占96.2%，户用卫生厕所普及率达97.8%，无害化厕所普及率达96.7%，农作物秸秆综合利用率达92.55%。持续推行“拆、收、改、栽、画”五字工作法，以拆治乱、以收归序、以改提质、以栽增绿、以画添彩，全域提升村容村貌；持续开展“小菜园、小果园、小花园、小公园”建设，建设农村四小园5万余个，沿线沿路拆违1628处，改造房屋风貌1396户；建立“十二分制”农资管理办法，推广农药包装废弃物“1元押金制”回收处置模式。

【美丽宜居乡村建设】 启动22个村规划编

制，逐步推动乡村建设有序开展。加大农村基础设施建设力度，建设“四好农村路”120千米，完成10辆小型客车投放和9条路线规划，配套完成全县57个村级招呼站牌、25个港湾站选址、设立、改造。城区全面实现光纤到户，农村覆盖率达93.2%。完成5G网络布点50个。开展“文明家庭”“最美家庭”“文明村镇”等创评活动，建立农家书屋58家、综合性书屋13个、文化院坝58个，“文化惠民乡村行”、农民丰收节等文化活动群众参与率达95%以上。持续推进“竹里+”生态建设，打造“竹里海棠”“竹里桃花”等系列生态景观；推动“竹里巷子”“竹里院子”等乡村民宿建设；打响“竹里萤光”文旅IP，竹里系列IP特色彰显，建成最美环城竹林风景、沿江沿河竹林风景、沿路竹林风景和户户竹林风景，提升乡村宜居宜业水平。

【农业机械化】 全县农业机械总动力达179886千瓦。全县完成农作物机耕17.44万亩、机播9.29万亩、机收13.32万亩(其中水稻机插秧5.42万亩、机收8.97万亩，油菜机播2.81万亩、机收3.55万亩)、秸秆机械化粉碎还田5.97万亩，全县农业机械化水平达76.7%。全年年检拖拉机31台，年检率达70.5%。开展农机市场整顿，检查各类农机产品185台(件)，检查农机销售、维修网点22家。开展“百日专项”整治活动，查处无证驾驶、无牌行车、违法改装、违法载人等行为，全年与交警部门开展联合执法检查12次，出动执法人员75余人次，纠正各类违法违规行为45起，查处假牌假证1起；开展安全隐患排查3次，排除隐患3处；开展农机安全联组学习4次，参加安全教育学习车主及驾驶员共计560余人，向车主及驾驶员发送安全短信提醒10条；开展“安全下乡”宣传3次，发放各类资料0.52余万份，全年无重特大农机安全事故发生。全年完成156台(套)农机具44.29万元的补贴兑付，受益农户138户。

【沼气建设】 农村能源重点发展新村集中供气工程和大型沼气工程，全县共有户用沼气池1.8万余口，其中在使用的1300余口；大型沼气工程2处、新村集中供气工程2处。全年通过“科技赶场”活动，在竹编广场、各乡(镇)以展板展示、宣传标语、设立咨询台等方式宣传农村户用沼气安全生产知识，发放宣传资料、画册等1.1万余份，接受技术咨询400余人次；开展安全隐患排查16次，全年无安全事故发生。

【耕地质量调查监测与评价】 全县设立40个耕地质量调查点，开展田间调查与采样、样品检测；在青竹街道程家嘴村4组设立1个省级耕地质量监测点，种植制度为油菜—水稻；在白果乡白云村1组设立1个县级耕地质量监测点。按照统一建立的耕地质量等级评价指标体系计算耕地质量综合指数，划分县级耕地质量等级，通过产量对比验证、耕地质量主要性状对比验证和实地验证等对耕地质量等级评价结果进行核实确认。

【农产品质量安全监管】 成立领导小组，采取定点分片包干原则，在各乡(镇、街道)设监测点，全县部、省、市、县农产品质量安全监督抽样总体合格率达98%以上；修订完善种养殖技术规程，主要优势农产品标准化生产覆盖率达90%以上；推广测土配方施肥32.8万亩次，主要农作物病虫害统防统治22万亩次，核心区绿色防控6.3万亩次；开展入市检测538批次，合格率达100%。推行食用农产品合格证，通过省级农产品质量安全监管示范县复审。

【农业综合行政执法】 开展大小春农资专项整治行动，会同县、市场监管局对全县农资摊点进行检查；开展春季禁渔专项行动，全年不定时夜巡；开展生猪专项整治行动，会同县公安局、县交通运输局开展联合执法检查；开展兽药饲料厂家、门店专项检查和日常巡查。全年销毁地笼880余张、刺网130余张、电瓶3个、鱼竿400余根、电鱼竿9根、草钩80余副、三无渔船90艘；办理农业行政处罚案件10件，其中查处农资案件3件、畜牧案件3件、渔政案件3件、宅基地案1件。

【乡村人才培育】 制订《第二批“青神田园明星”培育计划实施方案》，公开遴选50名培育对象进行分类培育，并开展田园比武和导师帮带。申报实施深化职业农民制度省级试点，是全省15个深化职业农民制度试点县(市、区)之一。投入中央财政资金210万元，遴选、培育、认定、扶持70名新型职业农民，基本探索形成职业农民制度的政策框架和工作机制。培育高素质农民77人，其中省(市)调训7人、县级培训70人。公开遴选10名“眉州田园明星”培育对象，经县、市初评、审核确定余志宏等4人为第三批“眉州田园明星”培育对象；2名第二批“眉州田园明星”培育对象受到市政府表彰。

【乡村治理体系】 青神县创建为四川省实施乡村振兴战略先进县、全省农村改革工作先进县、全省农民增收工作先进县；创建百家池村全国乡村治理示范村，高台镇诸葛村获评“全国文明村镇”、兰沟村获评四川省首批乡村治理示范村、高台镇获评市级乡村治理示范镇，白果乡甘家沟村、青竹街道办兰沟村、罗波乡宝镜村获评市级示范村；创建“美丽四川·宜居乡村”46个，占比为88%。

【农旅结合项目】 投资400万元建成青神柑橘发展馆，具有科普教育和品牌宣传功能，是眉山市唯一一个柑橘发展馆。投资2.6亿元，建成青神县冷链物流园区，明晰“两园”功能分区，提升农旅融合产业支撑基础；投资35万元，开展园区道路景观提升，建成花墙景观4000米。投资60万元，打造具有柑橘文化特色的旅游节点1个。

【电商平台】 打造青神农产品在线产业集群，发挥青神县作为全省唯一，同时拥有“全国电子商务进农村综合示范县”“四川省电子商务集聚区”“四川省电子商务示范基地”“四川省农村商务信息服务试点县”四大称号综合优势，引导经营主体开辟特色农产品网上营销平台，推广“线上线下+国际国内”相融互促的营销模式，引导传统线下产业集群向互联网市场延伸、拓展。全县有6家A级益农信息社和电商平台，有25家淘宝、京东、微商，实现农产品线上线下同步销售，电商销售额达3亿元。

【高标准农田建设】 在高台镇百家池村、诸葛村、麻柳村、傅塘村、南坝子村，白果乡坛罐窑村、三清寺村、胡坝村、福全坝村、白云村、白庙村2个乡(镇)11个村实施完成青神县2019年高台、白果片区高标准农田建设项目，建设高标准农田1.3万亩(其中高效节水灌溉0.2万亩)，建设内容包括平整土地146.44亩，改良土壤1000亩，整治山坪塘4座、新建蓄水池44口，整治排灌渠系13.586千米，整治田间道路25.021千米，新建耕地质量监测点1处、耕地质量等级调查采样点2处，高效节水灌溉面积0.2万亩。

【农产品质量安全监管】 加强监测执法、责任落实和法律法规宣传培训，健全农产品质量安全监管、检测、执法体系，完成实验室“双认证”申报和评审工作。完成省级例行抽检4次，抽检样品50个，合格率达100%；市级风险抽检4次，抽检样品40个，合格率达100%。

【主要领导人】 县委书记：肖巍；县人大常委会主任：李志国(5月止)，卢明春(6月始)；县长：刘今朝；县政协主席：罗兴建(6月止)，陈开军(7月始)；分管农业副县长：宋麒麟。

青神县编写组

资 阳 市

【基本情况】 2020年，全市辖3个县（区），辖区面积5747平方千米。

【产业发展】 全市粮食总产量166.1万吨，生猪出栏增长20%以上；雁江佛山橘海现代农业产业园创建为省三星级园区；乐至国家林业科技示范园区加快建设；安岳现代农业产业园（柠檬）创建为国家级园区，安岳柠檬入列中欧首批地理标志保护名单。举办第二届世界柠檬产业发展暨柠檬采购商大会、2020首届中华节气菜大会。"雁城快送""柠都快送""乐易购"等区域电商平台应运而生，全年电商交易额503.5亿元。

【农村改革】 推进村级建制调整改革，全市建制村由1988个减少到963个，村（居）民小组由22740个减少到14270个。资阳市被确定为全国3个深化农村宅基地制度改革试点市之一，市本级和3个县（区）改革试点实施方案抓紧报批。

【脱贫攻坚】 开展"四大专项行动"、领导遍访和"挂牌督战"，抓好基础建设、产业发展、稳岗就业、消费扶贫、健康扶贫、政策兜底等工作，脱贫攻坚发现问题全部整改销号。开展"收官大核查"行动，通过脱贫攻坚普查调查和省级交叉考核。完善防止返贫监测和帮扶机制，常态化开展"回头看""回头帮"，脱贫攻坚成果得到巩固拓展。

【宜居乡村建设】 推进乡村振兴"三级联创"，创建省级乡村振兴先进乡（镇）2个、示范村20个。老君镇、中和镇明月村、丰裕镇半月村创建为全国文明村镇，乐至县旧居村被评为国家级乡村旅游重点村，雁江区晏家坝村、安岳县燕桥村被评为省级乡村旅游重点村，安岳圆觉洞文旅小镇被评为四川省第二批文化旅游特色小镇。完成农村人居环境整治重点县及"厕所革命"整村推进任务，资阳市成为全省唯一的人居环境整治重点县整市推进市、第二个畜禽粪污资源化利用整市推进市。

【基础设施建设】 启动实施农村公路品质提升三年行动，建制村通客车率达100%，全域被纳入省"金通工程"试点。毗河供水二期工程被纳入全国重大水利工程建设项目，老鹰水库饮用水源保护立法被列入省人大常委会立法程序。中小水利工程加快建设，24座病险水库除险加固有序推进。

【农村生态建设及环境保护】 中央和省环保督察反馈问题完成年度整改任务。河（湖）长制全面落实，沱江干流（资阳段）水环境质量达到2015年以来最好水平，3个国控考核断面全面稳定达标，九曲河水质由Ⅴ类提升为Ⅲ类，麻柳河黑臭水体整治初见成效，5个县级及以上集中式饮用水水源地水质达标率达100%。农业农村面源污染防治全面加强，畜禽粪污综合利用率达90%以上。资阳生活垃圾环保发电、安岳医疗废物处置中心项目竣工投运，4座污水处理厂完成提标扩能改造，建制镇污水处理厂实现全覆盖。"大棚房"、违建别墅整治成效明显，耕地和永久基本农田控制在红线以内，森林覆盖率提高到41.3%。乐至县获评全国绿化模范县。

【民生保障】 全面完成省下达的25件民生实事和市定19件民生实事任务，全年财政民生支出136.5亿元，占总支出的66.5%。全面落实返乡下乡创业25条措施，全市返乡下乡创业5万余人。全市基本养老保险覆盖198.8万人，城乡居民基本医疗保险参保人数242万人，对7200余名符合条件的退役士兵开展保险接续，城乡低保人数达12.9万人。全年改造农村危房3625户、农村土坯房1.4万户，维修农村B级房屋3870户，群众住房更加安全。

【主要领导人】 市委书记：廖仁松；市人大常委会主任：王荣木；市长：吴旭；市政协主席：陈莉萍；分管农业副市长：周月霞。

资阳市编写组

雁 江 区

【基本情况】 2020年，全区辖286个村75个社区，辖区面积1633平方千米。本地水资源总量6.12亿立方米，人均占有水资源量576立方米。有林业用地6.39万公顷，有林地面积4.76万公顷，活立木总蓄积量218.56万立方米，森林覆盖率29.13%。

2020年，全区GDP347.38亿元，增长4%，其中第一产业增加值52.59亿元，增长5.2%；第二产业增加值116.45亿元，增长4.6%（工业产值86.63亿元，增长3.2%）；第三产业增加值178.33亿元，增长3.2%。三次产业对经济增长的贡献率分别为16.5%、46.6%和36.9%。地方公共财政预算总收入完成16.63亿元；公共财政预算总支出48.03亿元，其中农林水事务投入99410万元。金融机构各项存款余额805.26亿元，比上年初增长7.3%；各项贷款余额623.61亿元，比年初增长26.6%，其中支持农业产业化发展项目贷款233.21万元。农业产业化龙头企业国家级、省级、市级分别为1家、6家、21家。

有各类学校419所，在校学生141654人，教职工9965人，其中普通中学65所，在校学生52635人；小学80所，在校学生57530人；学龄儿童入学率100%。有艺术表演团体25个，文化馆1个，公共图书馆1个。城乡居民（三、四档）基本医疗保险参保人数78.2万人，超额完成省上下达目标76万人的103%；新型农村社会养老保险参保人数376897人，参保率91.6%；被征地农民养老保险参保人数3245人，占总人数的100%。

【年度农业和农村经济运行】 2020年，全区实现农业总产值99.68亿元，增长6.2%。农民年人均可支配收入达19378元，增长8.4%。全区农产品质量抽检合格率比年初提高0.5个百分点。申报首批省级乡村治理示范乡（镇）1个、示范村6个；申报市级乡村治理示范乡（镇）1个、示范村11个。创建绿色食品认证11个、有机食品认证3个、国家地理标志保护产品2个。主要农产品产量见表1。

农业产业化发展。全区培育龙头企业20家、农民专合社1130个、家庭农场602个、种养大户7000余户，共创建国家级示范社5个、省级农民合作社42个、省级家庭农场22个。引进培育锦橘生态、旭境生态等7家农业龙头企业。引进培育正荣、正强等4家养殖企业，年存栏生猪近万头。

农用地产权制度改革。深化农村土地承包经营权流转改革，全区基本完成22个乡（镇）450个村（居）5788个村（居）民小组确权，组应确权率和面积确权率均达99.1%；颁证到户20.7万户，颁证率达95.2%。全区土地流转总面积达36.6万亩，适度规模流转总面积达16.8万亩。颁发《资阳市雁江区农村土地经营权流转证》60余户，贷款1180万元。

集体产权制度改革。出台《关于支持发展壮大村级集体经济的意见》《雁江区村集体组织章程》《资阳市雁江区农村集体经济组织成员资格界定指导意见》《资阳市雁江

表1　2020年雁江区主要农产品产量

主要农产品	单位	产量	同比(%)
粮食	万吨	51.84	0.1
水稻	万吨	12.69	-0.2
小麦	万吨	2.48	-9.4
玉米	万吨	21.36	0.3
马铃薯	万吨	3.31	0.9
油菜籽	万吨	8.15	5
蔬菜	万吨	57.88	4.4
水果	万吨	27.5	6.2
肉类	万吨	7.04	7.2
猪肉	万吨	5.19	7.6
牛肉	万吨	0.038	6.4
羊肉	万吨	0.4416	32.8
禽肉	万吨	1.287	-5.7
兔肉	万吨	0.09	19.2
禽蛋	万吨	2.3354	20.1
水产品	万吨	2.5046	5
牛奶	万吨	0.1908	-7.6

区农村集体资金资产资源管理办法》等规范性文件。全区已全部完成成员身份确认和股权量化，成员身份确认完成率达100%；完成按建制调整前的486个行政村股权量化，完成率达100%。

推进供销社综合改革。在8个镇率先推进深化供销合作社综合改革，配套建设农村综合服务社和庄稼医院，促进融合发展。完善新型农资供应保障体系，改(扩)建雁江区日杂公司民富水果批发市场，项目总投资300万元，改建营业门市68间、水果冷藏保鲜库14个。改造伍隍镇农贸市场141个摊位并交由伍隍供销社经营和管理。

现代农业园区建设。雁江现代农业产业发展功能区按照“一区两园”的布局，总规划面积35万余亩，“一区”，即晏家坝乡村振兴农旅融合示范区，按照“一个乡村社区、两条环线绿道、三大特色产业、四大田园社区”的规划布局，定位于打造全国、全省示范乡村公园社区。“两园”，即佛山橘海现代农业产业园，按照“一环两基地三区四中心”的总体规划，建设国家级现代农业产业示范园区；丹山稻渔现代农业产业园，按照“一带四区三中心”布局，集中力量打造“全国丘陵地区规模领先、稻渔综合种养集成技术领先、园区智慧管理领先、农产品质量安全领先”的稻渔综合种养产业园。晏家坝乡村振兴农旅融合示范区第一批招商引资晏家12院、文创工作室、特色店铺、乡村旧物件文创市集、乡创学校等21个项目，已签约18个，区政府相应配套专项奖补资金750万元。佛山橘海现代农业产业园冷链物流项目引进资阳市蒲阳果业有限公司，项目一期建设面积30亩，总投资1200万元。苗木繁育基地引进资阳市雁江区弗山橘源苗木有限公司新建苗木繁育基地100亩，总投资620万元。签约成都中际生猪养殖生产基地项目1个，签约总金额2亿元。与成都源生优鲜农业科技有限公司(汇源果汁)签订智慧果园建设项目(1亿元)，与北新大弘公司合作丹山稻渔项目。

【种植业】 全年粮食作物播种面积166.16万亩，增加0.1万亩，增长0.6%；粮食产量52.91万吨，增加1.1万吨，增长2.1%；增加粮食产值约2640万元，人均增收30元。新建百亩优质蔬菜展示基地2个。全区蔬菜复种面积30.33万亩，减少0.2万亩，减少0.66%；总产量63.03万吨，减少0.46万吨，减产0.7%；蔬菜总产值126876万元，增加4064万元，增长3.2%。水果种植总面积33.1万亩，种植面积最大的柑橘种植面积27.5万亩，其中早熟蜜柑13.5万亩、晚熟杂柑14万亩)；水果产量37.4万吨，其中柑橘产量35万吨。打造13万亩佛山橘海现代农业产业园，获评四川省四星级现代农业园区。

【林业】 全年完成338株古树名木挂牌保护，其中一级名木古树3株、二级28株、三级307株。全年共出动行政执法人员920余人次、执法车辆230余台次，开展自然资源和规划领域专项巡(检)查180余次，摸排涉自然资源和规划领域违法线索51条，办理自然资源领域行政处罚案件19件，处理相关违法当事人19人，收缴罚没收入20.9894万元。完成长期和临时征占用林地上报16宗，涉及林地面积25公顷，收缴森林植被恢复费451.7万元。全区营造林4.2万亩，其中人工造林0.8万亩、其他措施营林3.4万亩；按项目分，中央财政造林补贴项目造林0.8万亩、非林业项目支持的其他营林3.4万亩。巩固前期绿化成果，组织补植补造苗木6万余株。义务植树88万株，参加人数达30万人次；育苗面积0.2万亩，共育苗600万株；组织开展林业科技培训，培训林农0.5万人次。

【畜牧业】 全区存栏生猪59.02万头，其中能繁母猪6.17万头；存栏山羊13.92万只、牛0.51万头。出栏生猪85.93万头、山羊33.21万只、牛2724头、禽960.02万羽，分别增长42.46%、4.13%、2.29%、10.56%；禽蛋产量21003吨，增长8.03%；牛奶产量1913吨，减少7.41%。畜牧业总产值433872万元，增长77.29%，均完成今年畜牧生产目标任务。

【水产业】 全区水产品总产量达25340吨，农民年人均渔业纯收入约169元，水产品总产量比上年同期增长1368吨，约增长5.4%；渔业总产值约48350万元，增长3778万元，约增长7.8%。全区新增稻渔综合种养面积6000余亩，7个水产养殖基地库率先实现养殖尾水净化，新增国家级水产健康养殖示范场3个。全区水库已全面取缔施肥投饵养殖，推广池塘内循环流水养鱼(跑道养鱼)、高低位循环水养殖、圆形循环流水养鱼等新技术。

【扶贫开发】 严格落实“四个亲自”要求，区级领导点对点督战18个镇(街道)、136个重点区域、9个行业扶贫专项、17个薄弱环节，健全区、镇、村三级联动工作机制，推进“四大专项行动”、问题整改清零和“千人下基层”等重点工作落地见效，统筹解决284户边缘户、132户脱贫监测户稳定增收等难点问题，走好脱贫攻坚“最后一公里”。对18个镇(街道)、13个行业部门、67个帮扶单位开展5轮督战，对15个单位通报表扬，对39个单位通报批评，对15个单位挂“黄牌”。以“四大专项行动”、问题整改清零行动等为契机，统筹调度资金3600万元，彻底整改住房安全、广播电视、安全饮水等重点领域问题2669个，确保全区所有贫困村、贫困户脱贫持续稳定达标。通过开发“疫情防控”公益性岗位500余个、补助个体发展产业资金500万元、加强劳务输出和低保兜底等多种方式，拓宽贫困群众增收渠道，帮助贫困群众外出务工1.6万余人次，增长32%，防止了贫困户“因疫返贫”。3月和5月，开展两轮脱贫攻坚政策落实清理行动，全区累计63万余人次享受教育、医疗、就业等各类扶贫政策，确保扶贫政策“应享尽享”。开展解决相对贫困问题试点，作为全省解决相对贫困问题试点县，设立解决相对贫困基金2000万元，精准摸排，将低于2019年农村居民人均可支配收入28%的人员以户为单位整户纳入识别范围，按照“农户申请、民主评议、村委初审、镇（街道）复审、区级审定”的识别流程确定相对贫困人口，从政策帮扶、产业引导、整合力量、保险兜底和提升内生动力5个方面落实帮扶措施。全面摸清家底，开展“千人下基层·问题再发现”活动，统筹调度各级干部5700余人，组建466个工作单元，全覆盖走访63个贫困村20733户贫困户。全面开展问题整改“回头看”，核查2016—2019年中央和省（市）反馈问题、区级自查发现问题，梳理汇总具体问题98个。开展行业部门大排查，集中排查住房安全、安全饮水等突出问题2737个。坚持共性问题统筹解决、个性问题兜底解决的原则，区、镇、村、社区四级联动，立行立改。针对项目资金、住房安全、集体经济等重点问题，组建4个工作专班，推进32694个问题整改，按期全部整改清零。严格落实“阵型不乱、干劲不松”要求，问责驻村帮扶不力3人，因轮换退休等原因调整6人，因村级建制改革及时增派力量94人，持续加强帮扶力量。突出典型示范，以“四川扶贫印记”“讲好脱贫攻坚故事”等活动为载体，总结提炼“两强一带一激”“飞地抱团”、驻村帮扶“十个一”等典型经验，杨清文、秦凯被评为全省“脱贫攻坚榜样”，60个单位（个人）被评为市级先进，158个单位（个人）被评为区级先进。依托全国网络媒体大V资阳行、两院院士（专家）资阳行等活动，推广宣传雁江晚红血橙、花溪河等扶贫典型。开展“十六个一”宣传活动，增强社会宣传的广度和深度，通过干部入户走访、召开院坝会、“村村通”广播和建立微信群等方式提升贫困群众的满意度和认可度。“因户施策”探索创新多元化产业帮扶模式，提高贫困群众收入。用好“以奖代补”“劳务补助”“以工代赈”“幸福超市”等措施，开展文明家庭评比、文化体育比赛等活动，引导贫困群众通过自力更生、艰苦奋斗创造幸福美好生活。

【乡村旅游】 打造天府花溪、佛山橘海橘乐田园、晏家坝乡村公园等乡村旅游景点，举办2020年四川省乡村艺术节资阳市雁江区分会场活动暨雁江区国庆乡土文化旅游活动周。天府花溪、晏家坝乡村公园、佛山橘海橘乐田园三园齐开，吸引游客超20万余人次，深受群众好评，成为当地“网红打卡点”。和四川在线、资阳电视台合作，以“云赏花”模式，通过多平台推广创新开展赏花节活动，通过线上线下直播和互动展现雁江美景，点击率超过300万余次。佛山橘海·橘乐田园创建为国家3A级旅游景区。保和镇晏家坝村被评定为2020年四川省乡村旅游重点村。

【农村水利】 资阳市雁江区债务资金灌溉（农业节水）项目、西口林支渠、明阳水库除险加固3个项目主体工程完工，阳化河（中和场河）防洪治理工程、都江堰灌区续建配套与节水改造工程简资干渠、2020年薄弱环节病险水库除险加固等9个项目加快建设，老君龙安防洪治理工程、杨慈支渠、九曲河祥符镇段防洪治理工程3个项目加快前期工作，全年完成总投资近2.52亿元。

【农业机械化】 各乡（镇）召开大会进行宣传发动工作，每个乡（镇）落实示范片1000亩，提高全区粮油生产全程机械化综合水平。利用区、乡、村举办玉米机播、油菜直播机收、水稻机插秧及机收现场演示会等活动进行宣传共18次，其中区级较大规模的玉米机播、油菜直播机收、机插秧现场演示会5次，参加人数近700人次；乡（镇）现场演示会12次，参加人数近千人；村级现场演示会20次，参加人数近150人。举办水稻机插秧技术、油菜直播机收高产栽培技术、玉米直播高产栽培技术等培训班21期，培训农民1220余人次、技术人员30余人。

【农村教育】 整合15所完小为教学点，撤销教学点12个。有序推进集团办学模式，集中优势资源集中办学。公开招聘新教师182人。开展“送教下乡”2次，惠及教师6000余名；区内交流轮岗教师540人、校长6名。做好“三区”教师支教，选派22名教师到宁南县支教。坚持义务教育阶段划片、免试、就近入学原则，重点关注贫困乡村、贫困家庭少儿入学情况，利用中小学生学籍信息管理系统核查建档立卡贫困户学生6272人，确保全区建档立卡贫困户子女应读尽读。全县义务教育阶段入学率达100%。累计认定民办普惠性幼儿园176所，普惠性幼儿园在园幼儿占比达80%。同意雁江八小等17所学校增设学前班，新增公办幼儿园学位732个。开展“三残儿童”关爱行动，坚持以“特殊教育为骨干、普通学校随班就读为主体、送教上门为辅助”的三级教育模式，确保残疾少年平等接受义务教育，全区“三残”适龄儿童少年入学率达95%以上。

【农村科技】 抓好科技扶贫科技特派员服务团工作，15名科技特派员在全区及76个贫困村开展科技服务1100余天，联系、指导种养产业基地（农村合作组织）20余个；培育科技示范户或致富带头人500余人；开展科技培训300余场，培训贫困群众23000余人次；引进新品种50余个、推广新技术15项，累计开展新品种、新技术200余个（项）次。

【农村文化】 对全区贫困村文化室建设运行情况开展全覆盖“回头看”，改善贫困村文化室配套设施，提升贫困村文化室建设运行成果，充实群众文化需求，弘扬和巩固基层文化自信。发挥文艺志愿者力量，开展各类免费艺术培训服务，“艺辅寿乡 文兴雁江”贫困村文艺辅导志愿服务项目获得2020年全国文化和旅游志愿服务项目线上大赛二等奖，系四川省获得的最高奖项。宝莲街道黄泥社区、莲花街道向阳社区、三贤祠街道三贤祠社区、资溪街道黄泥井社区创建为市级基层综合性文化服务中心示范点，丹山镇综合文化站申报为四川省第二批乡（镇）提质增效阵地示范点，堪嘉镇雨佳村、保和镇六石包村被评为四川省2020年“文化扶贫示范村”。

【农村法制建设】 依托司法所原有和新建业务用房建立18个镇（街道）公共法律服务工作站，依托各村（社区）村公所推进公共法律服务实体平台建设314个公共法律服务工作室，实现公共法律服务“出门可见、触手可及”。整合11个律师事务所、16个法律服务所组建法律专业人才队伍，全区314个村（社区）实现法律顾问全覆盖。

抓统筹、重引领，推进法治雁江建设。通过“法律明白人”培训、“法治进乡村”和“美好生活·民法典相伴”等专题活动，在全区各镇、村采取“巡回法庭”“雁晓法”“以案释法”等形式，广泛宣传习近平法治思想、《宪法》《民法典》、生态环境保护、电信反诈等与群众生活密切相关的法律法规。全年共组织各镇、村开展法治宣传170余场，覆盖72000人次。发挥阵地传播法律知识、提升法治理念的法治宣传平台作用，结合全区基层治理示范创建，在社区、乡村重点培育一批特色法治示范点，已完成黄谷村、晏家坝村和中和安置小区示范点打造。对全区法治示范点位开展动态管理，从治理成效、党建引领、经济建设、人口特点等方面对全国民主法治示范村开展复核，3月，晏家坝村获得司法部、民政部命名的"全国民主法治示范村"称号。

优服务、惠民生，推进基层治理更加高效。以全区公共法律服务站为平台，需援群众可以就近向基层司法所申请法律援助，区法律援助中心实行线上线下同步申请，确保半小时内完成受理申请、审批程序，实现城镇居民15分钟、农村居民1个小时获得法律援助服务。区法律援助中心开通农民工欠薪法律援助"绿色通道"，对欠薪农民工一律免于审查经济困难条件，简化审批手续，做到当天申请、当天受理、当天审批、当天指派律师提供法律援助。全年中心共受理农民工讨薪案件224件，涉及金额867.5万元，讨回欠薪629万元。

"枫桥式"司法所建设。推进规范建设、密织服务网络、创新工作亮点、打造特色品牌，形成"枫桥式"司法所创建的"雁江模式"。宝莲司法所创建为省级"枫桥式司法所"，宝台镇人民调解委员会江晶调解室被司法厅命名为"金牌调解室"。

安置帮教统筹协作。落实中央13部委《关于加强刑满释放人员救助管理的意见》，加强与镇（街道）党委、政府、劳动保障、民政等职能部门的工作联动，多方配合，确保"三无"人员回归后"有房住、有饭吃、有人管"，推出远程探视便民措施，实现家门口的探视。

纠纷排查调处关键点。对18个镇（街道）、314个村（社区）人民调委会以及9个专业性、行业性人民调解调委会，1417名人民调解员进行重新调整备案，推广微小矛盾纠纷"随手调"、重大疑难纠纷"专家团会诊"工作机制，以司法所为主导，协调联动信访、公安、法庭、综治办等基层维稳力量，提升矛盾纠纷调处成功率，持续发挥人民调解维护社会稳定的"第一道防线"作用。

【涉农招商引资】 全区3000万元以上的农业招商引资重大项目3个，均为内资项目；项目总投资6.1亿元。

【农村社会保障】 重点突出全民参保计划、社保扶贫代缴政策、缴费领取等城乡居民关心的政策，在疫情防控期间通过QQ、微信等非接触式方式全方位、多角度地解答群众关于城乡居民养老保险政策的疑点、难点，宣传方式由"宣讲型"向"答疑型"转变。针对中老年居民，利用逢场赶集、下基层扶贫走访、社区志愿服务活动等时机，摆摊设点发放宣传资料、宣传年历，进村入户"送政策"，引导群众主动参（续）保。开展全民参保计划专题调研，通过电话、现场访问的形式收集全民参保计划问卷调查520份，并同步开展未参保人员数据核实，要求镇（街道）经办人员对"未参保人员数据"逐人逐户核准具体情况和未参保原因，实行精准推送式宣传，引导社会预期和舆论方向，确保全面推进全民参保计划工作落实，实现"应保尽保"。落实动态管理，与区扶贫办、区民政局建立数据对接机制，定期更新困难群众名单，及时动员办理参保手续，做到每月"清零"；加大核实力度，对以往申请过不办理的人员名单进行再核实、再动员；加强跨区协办，主动制作公函并请区民政局加盖公章予以确认后函告9个县（区）、市协助完成10人代缴工作，同时主动联系协助代缴16个县（区）、市的扶贫人员。社保扶贫16～59周岁完成19105人，其中代缴人数17710人，符合省上标注完成1395人，完成率100%；60周岁以上完成42207人，其中参保并领取待遇人数42125人，符合省上标注完成82人，完成率达100%。通过将区农业农村局提供的渔民名单与养老保险系统进行比对，生成初步台账，要求镇（街道）根据渔民台账核实退捕渔民信息，做好解释宣传，及时办理参保手续，确保退捕渔民参保动员政策落实到位。截至12月，全区退捕渔民共计628人，385人参加城乡居民养老保险。做好被征地农民参保工作，通过召开专题会议、发放宣传资料等形式，做好被征地农民参加养老保险政策宣讲和动员工作，增强被征地农民参保意识；加强与国土、财政和镇（街道）等职能部门的协调配合，指导做好符合条件被征地农民的养老保险材料收集和整理，摸清范围、核准对象，确保信息、数据登记手续的规范性和办理服务工作的效率；严格按要求对参保对象的户籍、征地情况等进行严格审核，确保各项资料齐全无误，做到各批次符合条件的被征地农民"应保尽保"。

【农村生态建设及环境保护】 通过争取中央、省项目资金，农发行贷款，多渠道筹措资金，为农村生活污水治理工作推进提供保障。通过结合聚居点污水设施建设、"千村示范工程"等项目实施农村生活污水治理，建成农村污水治理设施66套，日处理能力达788吨，截至2020年年底，全区146个行政村农村生活污水得到有效处置，污水得到有效处理的村占比57.26%（完成年度目标任务的50%）。

【农产品质量安全监管】 结合农资打假和农产品质量安全专项整治"利剑"行动、"放心农资下乡"、农产品质量安全抽检等，共出动农产品专项整治执法车辆500余台次、执法检查人员2618人次，检查生产经营企业、农资经营网点及专业合作社等3129个，发放宣传资料5000余份，举办培训班40期、2450人次，接受群众咨询1.2万人次。全区共抽检玉米、水稻品种200个批次、油菜品种42批次，合格率达95%以上。完成省、市、区三级农产品质量安全例行监测抽检1916批次，检测结果合格率达99.7%。全区有1445家生产主体实施合格证制度，发放食用农产品合格证4678张。

【农村市场体系建设】 农村小额人身保险。由人寿保险雁江支公司、人保财险雁江支公司、太平财险资阳中心支公司、中航安盟资阳中心支公司4家保险公司分区域提供农村小额人身保险服务。全区累计参保人数18.33万人，实现小额人身保险保费收入680.21万元，累计处理小额意外保险理赔案例1.92万件，赔付支出507.71万元。

扶贫小额信贷。开展扶贫小额信贷，建立由金融工作局、财政局、扶贫办、各承贷银行机构参与的扶贫小额信贷联席会制度，抓好扶贫小额信贷政策落实。承贷银行机构利用镇（村）基层网点、镇政府宣传栏、村务公开栏、坝坝会、农民夜校、入户走访等方式做好扶贫小额信贷政策宣传和贷款需求摸排。对全区建档立卡贫困户实行动态"名单式"管理，在有效防控贷款风险的前提下，通过新增、续贷、展期等多种方式全面满足贫困户发展生产的信贷需求。紧盯贷款使用及逾期情况，稳妥管控扶贫小额信贷风险，贷款逾期率长期低于0.8%。截至2020年年底，全区累计发放扶贫小额信贷1666户，金额6966.17万元，其中2020年新增143户，金额560.5万元。

农村信用体系建设。开展"信用村""信用乡（镇）"建设，解决农户贷款难问题，增强农户诚实守信意识。全区评定261个信用村、13个信用镇。

基础金融服务环境。引导金融机构继续下沉金融服务重心，延伸基层服务网点。全区共建立乡村金融服务站（点）98个、小额取款服务点903个，消除金融服务"空白村"，实现金融服务全覆盖。

"鸿雁"金融服务。区金融工作局与资阳农商银行共同建立"鸿雁"金融服务突击队，以助农服务为重点，以产业扶贫为主攻方向，发挥支农支小再贷款、创业担保贷款等贷款产品的组合优势，在各镇开展金融服务行动70余场，对接小微企业、新型农业经营主体等348户。

【农村留守家庭(儿童、学生)帮扶】 全区出台事实无人抚养儿童保障政策，新增孤儿13人、艾滋病病毒感染儿童1人、事实无人抚养儿童92人。截至2020年年底，全区共有孤儿124人、艾滋病病毒感染儿童5人、事实无人抚养儿童92人，累计发放基本生活补贴206.4万元。全区有农村留守儿童8250人、困境儿童3214人，其中低保儿童1931人、特困儿童44人、残疾儿童1239人。

【劳务开发与返乡创业】 开展外出务工农民工出行前免费健康体检服务及健康申报证明服务，出具《健康状况随访记录表》1.18万张，发放《健康申报证明》21.78万张。开展农民工外出务工返岗"春风行动"，提供"点对点"一站式直达运输服务，开通跨省返岗专车177车次，输送农民工4095人次；跨市返岗专车1868班次，输送农民工22911人次。开展跨省劳务协作，与浙江省玉环市政府签订劳务协作框架协议，组织"点对点"定向专车输送农民工到玉环市务工682人。开展就业帮扶，组织用工企业进镇、村开展"面对面"招聘30余场，帮助680余名农民工实现就近就业；组织贫困家庭劳动力转移务工，发放一次性交通补助81人13950元。实施农民工劳务品牌培训21期，培训农民工1000人；开展返乡农民工创业培训40期，培训农民工1200人；申报培训补贴241.75万元。获评"全国优秀农民工"1人；获评"省级返乡下乡创业明星"2人、"省级返乡下乡创业明星企业"1家；评选"市级优秀农民工"3人、"返乡下乡创业先进个人"3人、"农民工工作先进集体"6个。

【主要领导人】 区委书记：罗道坤；区人大常委会主任：姚忠志；区长：杨天学；区政协主席：孙家茂；分管农业副区长：欧阳建。

雁江区编写组

安 岳 县

【基本情况】 2020年，全县辖12乡32镇2个街道，辖区面积2689.81平方千米，其中耕地面积6030万亩，增长5.2%；人均耕地面积0.71亩。年末总人口153.5万人(户籍人口)，减少1.4%；人口出生率4‰；人口自然增长率0.12‰，符合政策生育率为97.19%。本地水资源总量15.96亿立方米，人均占有水资源量997.6立方米。有林业用地572460万公顷，有林地面积7.23万公顷，森林覆盖率43.45%。

2020年，全县GDP252.3亿元，增长6.7%，其中第一产业增加值77.7亿元，增长5.5%，农、林、牧、渔及农林牧渔服务业之比为673334：47888：528407：44778 ：120251；第二产业增加值52.8亿元，增长1.7%（工业产值34亿元，增长1.1%）；第三产业增加值134.5亿元，增长3.5%。三次产业对经济增长的贡献率分别为5.5%、1.7%和3.5%。全年接待游客849.3万人，实现旅游收入66.5万元。

公路通车里程6014千米(其中乡村公路1462千米)，密度6027千米/万人。社会消费品零售总额153.2亿元，减少2.5%。地方公共财政预算总收入完成11亿元，增长1.76%；公共财政预算总支出61.2亿元，增长26.33%。金融机构各项存款余额484.8亿元，比上年初增长10%；各项贷款余额216.3亿元，比年初增长10.6%。农业产业化龙头企业国家级、省级、市级分别为1家、6家、9家。

有各类学校360所，在校学生168441人，教职工9249人，其中普通中学7所，在校学生22427人；小学44所，在校学生71867人；学前教育入园率92%。省级课题立项2项，市级普教课题立项18项(重点课题1项)。有文化馆1个，公共图书馆1个。有卫生机构1448个，病床位7436张，卫生技术人员5793人。全县有医疗卫生机构1453个，其中基层卫生机构及其他卫生机构1437个(含中心卫生院10个、一般卫生院59个、村卫生室1236个、社区卫生服务中心1个、诊所、卫生所及医务室132个)、三级医院2家、二级医院8家(4家镇中心卫生院)；编制人数4115人，在职职工5638人(其中在编在职职工3314人、聘用职工2324人)；编制病床位5655张，实际开放病床位6020张。全县门急诊总诊疗91.87万余人次(含村卫生室)、总住院25.4万人次，门诊次均费用104.74元，住院次均费用4701元，总收入达20.24亿元(含财政拨款2亿元)。

【年度农业和农村经济运行】 2020年，全县实现农业总产值141.5亿元，增长17.7%；全县全年农业增加值达21.3亿元，增长17.7%。农民年人均可支配收入达18952.9元，增长8.5%。主要农产品产量见表1。

【农业项目建设】 围绕成资同城化、成渝地区双城经济圈建设、"7+3+1"现代农业产业体系及农田水利基础设施建设等策划包装推出农业项目8个，总投资72.63亿元。与成都市武侯区、遂宁市安居区和重庆市大足区、潼南区、荣昌区等区(县)合作对接，签订合作协议15个，初步形成《关于打造安岳潼南柠檬产区的总体方案》。重点项目建设有序推进，市、县级重点项目共9个(市级2个、县级7个)，项目总投资45.1亿元，年度计划投资8.26亿元，累计完成固定资产投资7.69亿元。

农用地产权制度改革。46个乡(镇、街道)农村集体产权制度改革工作、清产核资工作完成率为100%，村级债务清理完成率为100%，集体经营性资产股权量化工作完成率为100%，553个村(社区)集体经济组织登记赋码工作全面完成。全县农村产权流转交易中心已建成并正式运营，全年新增土地流转面积1.8万亩，全县土地流转面积达47.56万亩。

表1　2020年安岳县主要农产品产量

主要农产品	单位	产量	同比(%)
粮食	万吨	734656	99.8
水稻	万吨	287844	100.4
小麦	万吨	11345	83.9
玉米	万吨	220059	99.5
马铃薯	万吨	46244	100.7
油菜籽	万吨	91097	106.8
蔬菜	万吨	869258	105.6
水果	万吨	500874	103.4
肉类	万吨	93876	115.6
猪肉	万吨	69606	125.2
牛肉	万吨	1611	127.4
羊肉	万吨	4377	92.3
禽肉	万吨	16047	92.1
兔肉	万吨	1362	103
禽蛋	万吨	31817	106.5
水产品	万吨	27380	105
牛奶	万吨	14823	160.7

农产品品牌战略实施。加大农业品牌培育创建力度,"安岳柠檬"区域品牌价值实现188.34亿元,位列全省农产品区域公用品牌价值第二。全县134.3万亩耕地通过无公害农产品产地整体认定,获得无公害农产品认证47个;绿色食品产品认证6个;地理标志产品认证3个;10.3万亩水稻、15万亩柠檬、21.3万亩红薯获得全国绿色食品原料标准化生产基地认证。

【种植业】 全县粮食作物播种面积218.7万亩,增加2.2万亩;产量75万吨,增加1.4万吨,增长1.9%。油料作物播种面积43.7万亩,增加1.9万亩;产量9.1万吨,增加0.6万吨,增长6.8%。

【林业】 全县森林资源9.82万公顷,绿化率97%,林业用地面积67162公顷,森林面积66053公顷,森林蓄积451万立方米,森林覆盖率43.45%。有国有林场3个。全年完成营造林2.5万亩、低产低效林改造0.2万亩、森林抚育0.85万亩,新育苗110亩,义务植树275万株。

【扶贫开发】 整合各类扶贫资金2.63亿元,聚焦"两不愁三保障"等脱贫指标,及时对脱贫户和易致贫对象进行帮扶,提升贫困村基础设施水平,10.75万名贫困人口脱贫、162个贫困村(村级建制调整后为135个村)退出成果得到巩固。突出问题导向,夯实基础,开展脱贫攻坚"四大专项行动",建立问题台账,逐一销号,完成所有问题清零。坚持质量至上,全面检验脱贫攻坚成效,按照全省统一部署与要求,推进清查摸底、现场登记、数据审核各环节工作,完成全县脱贫攻坚普查任务并通过3次国家级、1次省级检查验收。

【乡村旅游】 持续推进宝森农旅互动示范片建设。依托安岳柠檬产业品牌形象,借助成安渝高速的对外窗口效应,以文化创意、主题游乐、生态度假等功能为重点,持续打造中国柠檬文化小镇。建设卧佛农旅融合发展示范点,以卧佛村卧佛院为核心,布局"三谷一街一院",打造集旅游度假、会议酒店、考古研究、商业物流于一体的世界级禅养旅居度假目的地。相继完成《资阳安岳莲花村、卧佛村乡村振兴研究性策划》《资阳安岳莲花村、卧佛村风貌协调导则》《资阳安岳莲花村、卧佛村建筑设计意向》编制,已启动项目招商,明确优惠政策。建立安岳县佛莲乡村旅游专业合作社。完成卧佛村农旅融合发展品牌设计,确定统一的LOGO。建设石羊农文旅融合发展区。依托毗卢洞—华严洞3A级旅游景区,加强与重庆市潼南区太安镇、卧佛镇、大足中敖镇、宝顶镇战略合作,打造川中石刻小镇。

【农村水利】 毗河供水一期工程建设加快推进,长河泄洪闸除险加固工程已投入运行,李家镇、元坝镇小清流河、乾龙镇、龙台镇龙台河防洪治理工程已全面开工,白家沟等15座小型病险水库除险加固有序实施。

【农业机械化】 全县农机总动力由2015年的80万千瓦增加到2020年的近100万千瓦,增长25%。主要农作物耕种收综合机械化率达70%以上,比2015年提高7个百分点。

【农村科技】 全县组织申报市级科普基地2家,组织申报市级农业科技园区1家。成立安岳县科技特派团,全年选派15名科技特派员到柠檬、畜牧、水产、中药材等特色产业园开展科技服务。组织多个部门100余名科技或科普工作者集中到龙台镇等乡(镇)开展"送科技下乡"活动,参加人员560人次,发放各类技术资料26万份,赠送各类科普书籍4.8万册,悬挂科普标语64幅、科普挂图445幅、科技展板58块,接受群众咨询12万人次,为群众义诊6130人;举办各类技术培训24场次,受训1480人。

【农村教育】 宝华乡爱心人士资助4名困难中小学生,发放资助金4800元。3月,浙江省阳光公益发展中心为28个乡(镇)68名贫困中小学生发放助学金7.5万元,浙江省阳光公益发展中心3年来长效性资助的困难学子达202人次,共发放助学金23.4万元。中心推荐李双均、戴卓林2名贫困初中毕业生被成都百年职校录取,中心向成都百年职校推荐贫困学生被录取的学生累计达29名。到石羊镇看望慰问受伤住院的困难学生邹发琼,发放慰问金500元。

【农村文化】 印发《安岳县文化扶贫专项2019年实施方案》,统筹推动文化文艺惠民。组织开展"送文化下乡""百姓大舞台"等文化惠民活动60余场,组织县体育协会(社团)队伍开展"体育活动下乡"服务20余场,更新34个拟退出贫困村农家书屋图书2.7万余册,组织到贫困村放映公益电影350场次,开展扶贫文艺采风3次、义务座唱6场。围绕"礼赞新中国,讴歌新时代"主题,策划开展"我的国·我的家"全国有奖征文、"致敬资阳非遗传艺人——安岳石刻"文化沙龙等活动。

【农村法制建设】 全面落实依法治县各项措施,开展"美好生活民法典相伴""全民普法·一月一主题"宣传,全年开展"法律七进"活动350余场次、专题法治宣传690余场次,发放宣传资料104000份。开展"法律明白人"培训2482人次。建成法治文化农家大院13个、法治文化长廊5个。"雪亮工程"4195个视频监控投用,安装"慧眼工程"8.8万余个,"天网"入城、"雪亮"入村、"慧眼"入户一体化视频监控体系基本建成。"扫黑除恶"专项斗争打掉黑恶势力团伙1个,共立案九类涉恶犯罪案件85件,抓获涉案人员141人。开展"百千万治安巡逻大行动"48次,调处矛盾纠纷9912件;合理划分网格746个,办结网格事项5.3万件。

【农村生态建设及环境保护】 定期开展农业面源污染"回头看"和督查工作,建立6河4库农业面源污染工作台账,制订农业面源污染防治方案。全县测土配方施肥面积143万亩,推广有机肥面积4.3万亩,种植绿肥1.3万亩,主要农作物专业化统防统治覆盖率达45.14%,绿色防控覆盖率达35.04%。农作物秸秆"五化"综合利用量29万吨,秸秆综合利用率达92%。全年指导建立农田残膜回收站点745个,推广农膜减量替代农业新技术10项,田间农田残膜回收率达81.6%。

【农产品质量安全监管】 配合完成省级种植业产品、畜禽蜂产品、水产品质量安全风险监测171个,合格率保持在99%以上。全面完成省级下达的2020年农产品质量安全监测工作任务100个,其中蔬菜、水果64个,食用菌5个,粮食11个,禽肉20个,合格率达99%以上;完成市级下达的2020年农产品质量安全监测工作任务25个,其中蔬菜、水果样品20个,食用菌5个,样品合格率达100%。开展农作物种子质量监督抽查2次,经检验合格样品53个,总合格率达88.3%。

【劳务开发与返乡创业】 全县共吸引返乡下乡创新人才68人,累计培育致富带头人2023人、农民专业合作社1715个、家庭农场773个;全力吸引社会资本投向"三农",争取上级资金和本级财政支农资金共计1000万元分险金助力农民专业合作社、家庭农场、种养大户等新型农业经营主体共计贷款1.17亿元。

【主要领导人】 县委书记:贾发扬;县人大常委会主任:刘云;县长:刘建华;县政协主席:魏斌;分管农业副县长:邹武超。

安岳县编写组

乐至县

【基本情况】 2020年，全县辖1乡18镇2个街道，辖区面积1424.45平方千米，其中耕地面积65.7万亩，增长0.09%，人均耕地面积0.93亩；基本农田26.1万亩。年末总人口79.1万人(户籍人口)，减少1%；人口出生率5.29‰，减少2.15个千分点；人口自然增长率-2.15‰，增加8.41个千分点。全县耕地有效灌面和保证灌面分别达到耕地总面积的100%和94.3%；本地水资源总量7.04亿立方米，人均占有水资源量858立方米。有林业用地4.74万公顷，有林地面积2.65万公顷，活立木总蓄积量241.3万立方米，森林覆盖率43.6%。

2020年，全县GDP195.1亿元，增长4.4%，其中第一产业增加值38.2亿元，增长5.5%，农、林、牧、渔及农林牧渔服务业之比为32.84 ∶ 4.42 ∶ 51.79 ∶ 4.29 ∶ 6.66；第二产业增加值59.4亿元，增长4.3%（工业产值40.7亿元，增长3.5%)；第三产业增加值97.5亿元，增长4%。三次产业对经济增长的贡献率分别为20.2%、38.6%和41.2%。乡(镇)中小企业增加值54.2亿元，增长2.1%；从业人员13656人。劳务输出25.08万人，收入45.8亿元。全年接待游客521.1万人，实现旅游收入464000万元，其中乡村旅游收入139000万元。

公路通车里程3592千米(其中乡村公路2028千米)，密度1.42米/平方千米。社会消费品零售总额85.1亿元，减少2.4%。地方公共财政预算总收入完成6.5亿元，增长1.7%；公共财政预算总支出37.9亿元，增长4.5%，其中农业投入6.62亿元，占支出的18.3%。金融机构各项存款余额310.9亿元，比上年初增长11.4%；各项贷款余额177.9亿元，比年初增长37.4%，其中支持农业产业化发展项目贷款4.34亿元。全年农业保费收入5.69亿元，增长2%；处理各项赔款和给付金额1.13亿元，增长0.1%。完成农业产业化项目101个，完成投资3.74亿元。农业产业化龙头企业省级、市级、县级分别为6家、26家、92家。

有各类学校162所，在校学生71474人，教职工5340人，其中普通中学41所，在校学生27175人；小学48所，在校学生28999人；学龄儿童入学率100%，提高0.49个百分点。完成省级以上科技成果9项，1项科技成果获得省级及以上科技进步奖。有艺术表演团体3个，文化馆1个，公共图书馆1个，博物馆1个。有卫生机构827个，病床位3375张，卫生技术人员2895人。城乡居民基本医疗保险参保人数57.86万人，参保率98%；城乡居民养老保险参保覆盖319070人。

【年度农业和农村经济运行】 2020年，全县实现农业总产值77.1亿元，增长6.3%；全县全年农业增加值达38.2亿元，增长5.5%；生猪、黑山羊、蚕桑、食用菌、伏季水果、蔬菜等特色优势农产品产量保持稳定增长。农民年人均可支配收入达18942元，增长8.5%。全县农产品质量抽检合格率达99%以上。主要农产品产量见表1。

新型农业经营主体培育。截至2020年年底，全县新注册农民专业合作社22家，累计达547家；新注册登记家庭农场79家，累计达965家。推荐6家农民专业合作社申报省级示范社、4家农民合作社申报市级示范社、31家家庭农场申报市级示范场。

农村集体产权制度改革。全面完成农村集体产权制度改革试点工作。全县共清查核实农村集体土地面积202.56万亩、经营性资产15287.93万元、非经营性资产21279.07万元，确认村(社区)集体成员691932人。开展股权量化登记为股份经济合作联合社的村集体525个，占村级集体组织总数的86.2%，发放股权证书211625本；未开展股权量化登记为股份经济联合社的村集体84个。支持124个村发展集体经济，建成集体规模生猪养殖小区25个、果蔬药材基地8000亩、水产养殖基地2000亩；集体经济组织年经营收入5万元以上的村达31个，全年村集体经济组织实现集体收入450余万元，人均集体经济收入约33元。

土地承包管理。开展土地承包经营权确权登记颁证工作，截至2020年年底，全县累计颁发土地承包经营权证书189505本，颁证率达98.03%，数据汇交率达100%。加强土地承包经营权流转管理，以农村土地“三权分置”为基础，逐步发展适度规模型经营，初步形成“企业带动型”“合作社带动型”“大户带动型”“集中流转带”等土地流转模式，全县新增土地流转面积0.8万亩。

农产品品牌战略实施。全县依托“乐滋乐味”农产品区域公用品牌，组织12家企业、家庭农场申请使用该区域公用品牌。全县“三品一标”产品保有量(有效期内)48个，其中无公害农产品24个、绿色食品12个、有机产品9个(8个在转换)、地理标志产品3个，其中乐至白乌鱼和天池藕粉获得国家质检总局地理标志登记保护，乐至黑山羊获得农业农村部农产品地理标志登记保护。

现代农业园区建设。国家农村产业融合发展示范园举办2020四川花卉(果类)生态旅游节主会场暨四川乐至首届迎春赏花节，共吸引各地游客6万余人次，增加旅游收入约100万元。加快推进EPC（产业大棚、高标准农田）、园林植物园、彩叶树木园、市政花卉园、组培中心提档升级和科技研发中心等在建项目建设，启动旅游接待及科教博览展示中心、主干道加宽及黑化、党建广场、河道绿化、组培中心塘堰整治、科技研发中心设施设

表1 2020年乐至县主要农产品产量

主要农产品	单位	产量	同比(%)
粮食	万吨	40.8	0.2
水稻	万吨	10.7	0
小麦	万吨	0.4	0
玉米	万吨	19.5	-0.5
马铃薯	万吨	5.5	0
油菜籽	万吨	6.57	5.9
蔬菜	万吨	23.42	3.7
水果	万吨	4.22	91.8
肉类	万吨	6.7	17.6
猪肉	万吨	4.6	24.3
牛肉	万吨	0.02	-2.5
羊肉	万吨	0.98	12.5
禽肉	万吨	1	11
兔肉	万吨	0.1	9.7
禽蛋	万吨	3.2	-0.6
水产品	万吨	2.08	4.2
牛奶	万吨	0.16	0.7

备与研发仪器的安装调试、生物基质及专用肥料研发中心等新项目建设。对组培中心进行提档升级建设，扩大产能，组培各类花卉、中草药苗50余万株；利用产业大棚培育出各类花卉10余万盆；采取复合种植模式林下套种羊肚菌，产干菌100余千克。加强与福建漳浦台湾农民创业园花卉协会的对接，共同建设珍稀花卉苗木集散中心，已签订战略合作协议。争取到2020年专项债券项目13.5亿元、“乐至县蒙溪河流域孔雀段水环境综合治理”工程项目补助资金1300万元、2019年省级财政乡村振兴转移支付资金1000万元、2019年省级财政林业生态保护恢复资金1000万元。阳化河现代农业产业园通过种养结合、生态循环等方式主要发展葡萄和生猪两大主导产业，园区内生产总值30619万元、农业总产值27557万元，葡萄和生猪两大主导产业总产值25397万元，占园区农业总产值的92%；园区土地生产率为3.88万元/亩，比全县土地生产率高3.3万元/亩。乐至县阳化河葡萄生猪现代农业产业园被省政府命名为“2020年度省三星级农业园区”，并获得省星级园区激励资金1000万元。

【种植业】 全县粮食作物播种面积124.7万亩，增加0.3万亩，增长0.02%；产量40.8万吨，增加0.1万吨，增长0.02%。其中，小春粮食作物播种面积11.53万亩，产量1.7万吨，与上年持平。大春粮食作物播栽面积113.14万亩，增加0.3万亩，增长0.02%；产量39.08万吨，增加0.1万吨。其中，水稻21.1万亩，产量10.7万吨；玉米50.7万亩，产量19.5万吨；红薯19.3万亩，产量5.5万吨；大豆21.6万亩，产量3.1万吨；马铃薯2.47万亩，产量0.65万吨；豌（胡）豆8.54万亩，产量1.07万吨。油菜种植面积39.3万亩，增加1.3万亩；产量6.57万吨，增加0.4万吨，增长6.75%。花生种植面积4.5万亩，增加0.3万亩；产量1.24万吨，增加0.09万吨。经济作物栽培面积29.27万亩，产量29.35万吨，其中水果种植面积8.12万亩，产量4.22万吨；蔬菜种植面积18.51万亩，产量23.42万吨；中药材种植面积0.93万亩，产量0.35万吨。青花椒等其他经济作物种植面积1.71万亩，产量1.36万吨。

【林业】 全年完成营造林面积3万亩，全县森林面积达93.16万亩；森林蓄积达241.3万立方米，增加3.1万立方米；森林覆盖率达43.6%，增长0.3%。加强11.1万亩退耕还林地日常管护，组织开展2020年前一轮退耕还林补助资金兑现1398295元，兑现面积11186.36亩。完成新一轮200亩退耕还林第二次资金60000元兑现，兑现率为100%。全年批准采伐蓄积量2629.12立方米，占年森林采伐限额的32.33%，森林采伐消耗控制在限额以内。坚持农村林地集体所有制，对新造、漏登林地进行确权颁证，对遗失林权证和林权登记有误的进行补办和纠错，累计办理漏登（新办）林权证26户27本（涉及林地79宗53.07亩），补办林权证88户103本（涉及林地384宗253.36亩），林权证纠错23户24本（涉及林地86宗69.35亩）。完成全县389株古树名木的鉴定审核及挂牌，根据卫星影像资料，完成69个疑似林地变化图斑的实地核查，对发现区划错误和经审批使用的林地图斑，聘请省林业和草原调查规划院对全县林地现状进行更新变更。全年共实施防治作业面积95260亩，其中蜀柏毒蛾（越冬代）63419亩（人工防治41969亩、飞机防治21450亩）、核桃长足象31841亩；使用无公害植物源农药3810千克，投入防治资金131.8万元（含群众投资投劳）。“四率”防治达标，种苗产地检疫率为100%，全县一亩以上森林成灾面积及成灾率均为零。加强森林防火，成立县森林防灭火专项整治工作领导小组，制发“1+10”森林防灭火专项整治方案，建立县级负责人包乡（镇）、乡（镇）负责人包片、驻村干部包村、村干部包社、社干部包户的“5级5包”责任机制；建立专业县消防救援队伍1支，为重点乡（镇）配备消防救援队伍，各乡（镇、街道）、村（社区）各成立一定人数的群众义务扑火队，各村（社区）配备1名由副书记担任的巡山护林员。全县共有森林防灭火物资11666台（套），修复风力灭火机、油锯、割灌机26台。

【畜牧业】 全年生猪出栏65.7万头，增长33.9%；存栏42.1万头，增长68.5%。山羊年出栏63.6万只，增长3.3%；存栏33.8万只，减少4.3%。小家畜禽年出栏588.66万只，增长20.9%；存栏496.98万只，增长9.2%。全年生猪规模化率达60%，山羊规模化率达42%。培育畜禽家庭农场264个，畜禽专业合作社147个，省、市畜禽产业化龙头企业5家；累计创建标准化示范场12个，其中部级示范场、省级示范场各6个。开展畜禽粪污资源化利用整县推进，90个养殖场共安装杯式饮水器4501套，新建干粪堆放场1484平方米，新建沼气池11880立方米，新建沼液储存池33278立方米，铺设沼液输送管网122179米，新建粪污异位发酵床28007平方米；20个种植园区共新建山间沼液池5126立方米、沼液田间输送管网205600米；新建有机肥厂1座。全县规模养殖场粪污处理设施装备配套率达100%，畜禽粪污综合处理量达121.34万吨，粪污综合利用率达90%以上。

【水产业】 全年淡水养殖面积2390公顷，其中池塘养殖面积1091公顷、水库养殖面积1069公顷、河沟养殖面积230公顷、稻田养殖面积3530公顷（不计入总面积）；水产品养殖产量20088吨，增加804吨，增长4.2%。全县小龙虾养殖面积达520公顷，小龙虾产量达714吨，增加100吨，增长16.3%；产值达2630万元。全县全年实现渔业经济总产值达37221万元，其中渔业产值33330万元，占比为89.5%；渔业流通和服务业产值3891万元，占比为10.5%。开展水产品质量安全专项行动，组织开展水产品质量安全宣传68次，发放资料1500余份。加大检查力度，全年共组织开展水产品质量安全检查30余次，参加检查人员120余人次。开展水产品质量抽检180批次，确保全县水产品质量安全。

【乡村振兴】 围绕美丽宜居乡村建设，开展大规模“绿化行动”，全县森林覆盖率达43.6%。推进农村户用厕所改造，完成24638户农村害化卫生厕所改造，农村卫厕所普及率达85.3%。深化农村生活垃圾“户分类、村收集、乡（镇）转运、县处理”收运处置体系建设，90%以上的行政村生活垃圾得到收集处理。结合“千村示范工程”、厕所改造等项目建设，全面推进农村污水治理，污水得到有效处理的村达67.09%；畜禽规模养殖场粪污处理设施设备配套率达100%，畜禽粪污综合利用率达90.2%。开展乡村振兴“三级联创”，建成省级乡村振兴先进镇1个、示范村7个，市级先进镇1个、示范村10个；创建“美丽资阳・宜居乡村”260个。

【扶贫攻坚】 全县贫困人口人均纯收入从2013年的2230.38元增加至2020年的9596.85元；累计实施1975人易地扶贫搬迁和10284户农村危房改造；全县有建档立卡贫困户6～15周岁适龄儿童少年4236人，入学率达100%；为所有建档立卡贫困户代缴基本医疗保险，县域内住院和慢性病门诊治疗医疗费用个人支付占比均在10%以内。累计投入各项资金15.99亿元（其中财政专项扶贫资金6.48亿元），建成道路860余千米、小型水利设施6.5万余米，发展集体经济及连片产业1.4万亩及资产收益扶贫项目30个，养殖家禽、家畜88万只（头），新建校舍2处，新（改）建村卫生室216个。64个贫困村实现“村村通水泥路、村村有文化室和卫生室、广播电视全覆盖”，集体经济年人均收入稳定在6万元以上。全县22015户贫困户、597个行政村、3个农村社区普查数据通过国普办审核验收。产业扶贫方面，出台《产业就业扶贫十一条激励措施》，落实到户产业扶持补助资金1251.6万元；利用产业扶贫专项资金，采取公司化运作模式，对64个贫困村1.4万亩规模连片产业进行统一管护。就业扶贫方面，安排财政专项资金941万元，鼓励支持贫困户外出务工和就近就业；开展“春风行动”，新增公益岗位1100余个；对接浙江、广东和成渝地区用工需求，1.7万余名贫困群众实现县外和县内就业。消费扶贫方面，安排财政专项扶贫资金100万元，支持龙头企业销售贫困村、贫困户农副产品，按照扶贫产品销售总量的3%予以补助，帮助销售（采购）扶贫产品近1亿元。

【乡村旅游】 陈毅故里创建国家5A级景区有序进行，“七塘映月·亲水赏荷”步游道景观提质项目全面完工并投入使用；陈毅生平事迹陈列馆陈列改展及文物库房建设项目、“弘毅之路”内环线建设项目已开工，总投资约8900万元；基础设施建设、服务设施建设、核心区景观提质改造、农房风貌整治4个项目有序推进。五彩林乡创建4A级景区加快推进，完成旅游接待及科教博览展示中心场平，花海景观及附属设施道路、排水渠等基础建设有序推进；启动主干道加宽及黑化、人居广场建设，争创国家3A级景区。劳动镇旧居村被评为全省乡村旅游重点村、全国乡村旅游重点村。争取到中央补助地方公共文化服务体系建设专项资金、省级公共文化体系建设资金、省级旅游厕所建设资金、省级文旅融合发展示范项目补助资金等1703.97万元。坚持部门统筹联动的原则，编制以劳动文旅特色小镇、陈毅故里创建5A级景区等为重点的招商引资项目27个，拟投资金额200余亿元。陈毅故里文旅融合发展示范园项目被纳入全省重点文旅融合发展示范项目，补助资金800万元。

【农村水利】 编制完成2020年水利项目7个并入库，完成固定投资7.15亿元。争取上级项目资金4079万元、项目7个。加快推进毗河工程建设，毗河一期工程乐至段总干渠、乐阳干渠、十里河充水渠等渠道主体工程基本完工，达到通水条件。1月6日，毗河一期总干渠自验式通水试验成功，水头到达朝阳水库。配合省二期办完成《四川省都江堰灌区毗河供水二期工程建设征地实物调查细则及工作方案》的确认、临时用地选址规划和环评公示等工作。推进水利基础设施建设，争取上级资金，推进中小河流治理、移民后扶、水土保持、病险水库整治等项目建设，建成村级公路32.86千米、田间道路12千米，整治山坪塘15座、囤水田8处，土地整理60亩，完成40座小型水库大坝安全鉴定、基本完成6座水库除险加固工程、治理水土流失面积22.86平方千米。

【农业机械化】 全县完成农机购置补贴任务，共投入资金270余万元（其中中央补贴资金80.642万元、购机农户自筹资金190余万元），补贴各类农机具共202台（其中拖拉机20台、田园管理机1台、微耕机131台、旋耕机7台、联合收割机41台、组合米机2台），受益农户和农机服务组织196户（个）。全县主要农作物耕种收综合机械化水平小麦88.48%、水稻72.5%、玉米41.29%、油菜53.28%。四大主要农作物耕种收综合机械化水平达52.34%，增加2个百分点，其中水稻机耕20万亩，机耕水平90.91%；机播面积9.5万亩，机播水平43.18%；机收面积17万亩，机收水平77.27%。油菜机耕面积36万亩，机耕水平92.31%；机播面积11.32万亩，机播水平29.03%；机收面积9.95万亩，机收水平25.51%。开展拖拉机和联合收割机的注册登记、年检、转移登记、期满换证等业务，开展宣传活动，与拖拉机机主、机手签订安全生产责任书、承诺书446份；加强变型拖拉机年检，发现并整治隐患24处。全年完成审验拖拉机驾驶证114个，驾照注销恢复4个，转出3个，转入3个，补证10个；拖拉机、联合收割机注册73台，检验356台，注销登记361台，拖拉机转移登记20个，上门服务28人次。全年农机安全零事故。

【农村科技】 在石佛镇举办科技养鱼培训班，讲授《先进渔业机械的种类与使用》《淡水鱼饲养安全与投喂》《淡水鱼无公害养殖管理技术与病害防治》，参会人数200余人。在回澜镇祠善村和花祠堂村举办优质高效蚕桑生产及夏蚕饲养培训会，参会人员150余人次。在回澜镇夏家沟村和花祠堂村举办省级科技扶贫项目《优质高效蚕桑生产与精深加工关键技术集成研究及产业化示范基地》推进会暨桑园冬春田间管理技术培训会，参训人员135人次。培训期间，向蚕农发放《桑树种植实用技术》《蚕桑生产技术规程汇编》和省力桑剪等养蚕工具。鼓励特派员推广新品种、新技术、新工艺，发挥黑山羊产业科技特派员工作站和柑橘产业科技特派员工作站作用，举办系列实用技术培训，受训人数达3000余人。实施四川乡村振兴科技在线省级农业科技项目，组建乡村信息员队伍和聘请农业专业人员，落实信息员324人，聘请108人，发送有效信息410余条，专家解答各种农业科技问题410余条（个），解决了农业技术和防治病虫害难题。

【农村教育】 全年为1156名中等职业学生发放国家助学金115.65万元；为4242名中等职业学生免除学费601万元；为838名中等职业建档立卡学生发放生活补助41.9万元；为3902名普通高中家庭经济困难学生发放普通高中国家助学金390.25万元；为3915名普通高中家庭经济困难学生免除学费180.09万元；为10768名义务教育阶段寄宿贫困生发放生活补助670.0375万元；为3425名义务教育阶段“五类”非寄宿生发放生活补助202.1625万元；为99065名义务教育阶段学生免除作业本费168.149万元；为2600名学前教育贫困儿童减免保教费138.9085万元；为422名乐至县户籍本（专）科建档立卡学生发放特别资助168.8万元；为5788名建档立卡贫困学生发放教育扶贫救助资金377.35万元；为2275名贫困大学生发放生源地信用助学贷款1606.0825万元。争取上级对教育的专项资金补助11476.02万元，其中农村中小学校舍维修改造资金1464万元、改善薄弱环节与能力提升资金1300万元，改善学前教育办学条件1所、义务教育办学条件1所。完成义务教育薄弱环节改善与能力提升项目规划薄弱能力提升项目2个，其中吴仲良中学综合楼建设项目总投资1400万元，新建校舍面积5000平方米；南塔九义校综合楼项目有序施工，总投资2245万元，新建校舍面积6000平方米，新建运动场11000平方米。完成2020年校舍维修改造建设项目，乐至县2020年学校校舍维修改造项目总投资4239万元，用于改（扩）建校舍面积70000余平方米、厕所3000余平方米以及完善教学设备等。

【农村文化】 东山镇八角庙村、回澜镇夏家沟村被评为四川省“文化扶贫示范村”，乐至李良国烤肉店被命名为资阳市第二批非物质文化遗产传习基地，劳动镇文化站创建为全市文化和旅游公共服务机构功能融合试点站，劳动镇、东山镇、回澜镇被确定为市乡村文化理事会示范点。全县64个贫困村文化室、图书室、文化院坝等基础设施全面建成并正常运行。64个贫困村村级广播系统正常运行，有线、无线调频信号实现全覆盖，实现了“广播村村通社社响、2.2万户贫困户有广播电视”的目标，并通过脱贫攻坚检查。挖掘和展示贫困村特色文化，树立水上云家、桑海东山、五彩孔雀等特色文化标志，引导农产品、非遗产品和特色商品进景区、进市场，推动贫困户人均收入增加1500余元。乡（镇）文化站、村文化服务中心均实施免费错时延时开放。完成乡（镇）、行政村区域调整后公共文化资产清理、整合及管理人员调整。举办“迎春七天乐”、“文化进万家”惠民演出、“戏曲进社区”、镇村文化演出等群众文化活动1200余场次，20余万名群众参加。

【农村卫生】 全面实施国家基本公共卫生服务项目，做好城乡居民电子健康档案、高血压人员、糖尿病人员规范化管理。指导童家镇、大佛镇创建国家级卫生乡（镇），指导南塔街道创建省级卫生乡（镇、街道）。落实贫困人口医疗保障政策，全县建档立卡贫困人口医疗报销29133人次（其中住院治疗16672人次、慢病门诊维持治疗12461人次），发生医疗费用合计9214.54万元，个人自付率为9.34%，县域内就诊率达96.66%。卫生扶贫救助基金工作有序开展，共救助贫困病患639人次，通过“一卡通”发放卫生扶贫救助基金64.89万元。加快贫困人员慢病认定工作，已累计办理慢病认定14714人。落实县域内医疗机构和跨县域转诊救治的危急重症贫困孕产妇住院分娩全免费政策，共救助67名贫困孕产妇，发放卫生扶贫救助基金7466.94元，贫困孕产妇专项结余补助28564.61元，实现危急重症贫困孕产妇住院分娩费用全免费。建立以县疾控中心为指导、乡（镇）卫生院和要卫生室为阵地、乡村医生为骨干的健康教育服务体系，持续加大对贫困人口的健康教育宣传。

【农村法制建设】 双河场乡海慧寺村被评为全国民主法治示范村，南塔街道文庙沟社区、南塔街道东郊社区被评为市级民主法治示范村。面向全县315个村（社区）开展“法律明白人”培训，开展县、乡（镇、街道）、村（社区）三级培训337场次、6648人次。加强法律服务，结合人民调解员、网格员培训等工作，实现基层调解员全覆盖、网格员培训全落实。联合县委组织部开展村（社区）“两委”干部培训4场次、1800余人次，加强农村干部的法治意识和依法办事能力。印发《乐至县2020年“法律进乡村”工作方案》，推动“法律七进”从“宣传”向“服务”“治理”的转变升级。全节点开展农村普法，制发《乐至县2020年“法治乐至·一月一主题”普法活动实施方案》，明确12个主题月、32项重点活动，开展“春（秋）季开学第一课”等专题普法活动4期，全县各级各部门累计开展农村普法活动1800余场次，辐射群众60余万人次。

【农村交通】 结合农村公路品质提升三年行动计划，投资1.8亿元，建成“四好农村路”示范路109.4千米。完成乡村客运“金通工程”建设，以推动实现城乡公共出行服务均等化目标，投资500万元对全县大中小型客车共计151辆按照“四统一”标准建设乡村客运“金通工程”。率先在全市启动“交邮融合”发展，投资600万元，打通断头路1.14千米，投放小型客车46辆，打通服务群众“最后一公里”，实现乡（镇）、建制村100%通硬化路，乡（镇）、建制村100%通客车。出台《乐至县农村公路“路长制”工作实施方案》和各种规范性制度，建立健全县、乡、村三级路长体系。投资1900万元，完成126千米生命防护工程建设；投资2300万元，完成大佛东禅寺村、宝林场镇、红泉磨盘坡等5处大型水毁路段整治。全年共组织应急抢险排危28次，累计出动干部280余人次，出动机械30余台次，清理桥梁锥坡29座，清除倒伏行道树176棵、杂树375株，设置危险警示区1处、安全提示牌3块、锥形安全标志桶170余个。

【农村社会保障】 全县城乡居民基本医疗保险参保人数57.86万人，参保率98%。城乡居民养老保险累计覆盖319070人，新增参保人员10087人；缴费成功13.14万人，累计征收保费10320.89万元；每月按时足额发放养老金待遇，领取待遇14.45万人。

【农村生态建设及环境保护】 落实河长制工作要求，采取“行政河长+技术河长+警长”综合治理方式分段开展系统治理，组织实地巡河、开展专题调研，对各段河流设置水质监测点，全县43个监测断面水质得到有效改善。将污水直排、农村面源污染治理作为水质保护的主要措施，加强源头管控治理，通过实地查看、无人机巡视等方式定期和不定期对全县21个乡（镇）开展河面保洁、入河排污口废水排放等巡查，县、乡级河长巡河1291次，治理童家河等黑臭水体2条，提能改造污水处理厂3个、农村生活污水治理点位157个，修复、新建污水管网179千米；全县43个监测断面水质改善率提高31%。全县所有乡（镇）污水处理厂及中天园区污水厂建成投运。

加强固体废物处置能力。乡（镇）垃圾中转站实现全覆盖，采取“户定点、村收集、乡（镇）转运、县处理”模式，由乡（镇）统一收集转运至县城市生活垃圾处理厂进行集中处理，确保生活垃圾日产日清，从源头遏制污染物质进入土壤。

【农产品质量安全监管】 开展种植业产品的有机磷农药和氨基甲酸酯类农药的定性分析，对全县21个乡（镇、街道）农产品生产基地、专合组织、家庭农场、运输、收购环节的主要蔬菜、水果、食用菌进行快速检测，共抽检样品1008个，检测样品1008个，样品全部合格。完成省、市级下达的定量检测抽样任务175个，其中省级下达定量检测抽样任务150个、市级下达定量检测抽样任务25个，确保全县农产品质量安全。全县实施食用农产品合格证制度生产主体398家，实施主体数量占应实施主体数量95.4%，其中合作社76家、家庭农场和种植大户297家（户）。

【农村市场体系建设】 农村金融。全县累计向建档立卡贫困户发放扶贫小额信贷245笔、金额1102万元，年末余额3599.38万元；项目精准扶贫贷款余额66786.32万元，比年初新增7223.44万元，增长12.13%，带动贫困人口35163人；产业精准扶贫贷款余额16440万元，提升了建档立卡贫困户就业率。落实扶贫小额贷款风险分担和补偿机制，全年为受疫情影响的还款困难的贫困户办理扶贫小额信贷无还本续贷25笔，金额93.5万元，缓解了贫困户的还款压力；推动建立扶贫小额信贷分险基金1160万元，启用分险基金29.06万元，分险机制运行有效。

农业保险。遵循“政府引导、市场运作、农民自愿”原则，增强农业、农村和农民抵御自然灾害风险能力，提高农业生产风险保障水平，促进农业产业结构升级和现代农业发展，全年政策性农业保险总保费收入1590.45万元，理赔430.82万元。

【农村留守家庭（儿童、学生）帮扶】 争取0.3万元临时救助资金救助帮扶3名儿童，用于其医疗、生活；争取省级“关爱留守儿童”项目和临时救助资金近6万元，开展关爱、救助活动5场，覆盖80余个家庭；精准使用春节慰问资金，慰问儿童13名。组织21个机关单位、679名爱心人士捐赠爱心款3.38万元、心愿礼物119份，并参与“小小微心愿 我帮你实现”公益活动，为986名留守（困境）儿童实现1167个微心愿；联合社会组织开展“情暖冬日　关爱留守”系列公益活动，通过关爱和陪伴、发放学习用品等方式让留守儿童感受到来自社会大家庭的关爱，200余名留守儿童和家长从中获益。在全县偏远学校、村（社区）开展巡讲活动21场，帮助学生、家长建立预防性侵和自我保护意识和观念；开展乡村家庭日活动；开展"弘扬优良家风·晒幸福家庭故事""喜迎金鼠年·阖家享团圆""书香飘万家·礼赞新时代"3个主题家庭亲子活动，90个农村家庭受益。开展"心手相牵　爱伴成长"留守（困境）儿童教育实践活动，组织来自乡（镇）的63名农村留守儿童参加活动，促进留守儿童健康成长。

【劳务开发与返乡创业】 全县累计转移输出劳动力25.09万人，实现劳务收入45.8亿元。开展返乡留乡农民工技能提升培训班34期，为1325名农民工夯实就业创业基础。实施"引凤归巢"工程，回引返乡创业393人，创办各类企业及家庭农场、农民专业合作社等新型农业主体389个，实现总产值1.04亿元，吸纳就近就业3264人次。

【特色农副产品】 乐至僵蚕。乐至僵蚕是家蚕4～5龄的幼虫感染（或人工接种）白僵菌后僵死的干燥全虫，被有白粉，故又称白僵蚕。在乐至蚕桑生产发展过程中，乐至僵蚕是副产物之一。乐至僵蚕略呈圆柱形，多弯曲皱缩，长2～5厘米，直径0.5～0.7厘米，被有白色粉霜状的气生菌丝和分生孢子。质硬而脆，易折断，断面平坦，外层白色，中间有亮棕色或亮黑色的丝腺环4个，气微腥，味微咸，性平。《本草纲目》记载僵蚕用于肝风夹痰，惊痫抽搐，小儿急惊，破伤风等疾病，是典型的平肝息风药；《神农本草经》载有"灭黑斑，令人面色好"的功效，是近2万个临床汤剂的中药成分。

乐至蚕桑发展史既是乐至僵蚕生产史。传统上，农民在养蚕中出现白僵菌感染，病死蚕发僵后即收获僵蚕，农民手中的僵蚕，多出售给走村窜巷的贩子，所得也可弥补一部分养蚕发病的损失。因此，农村养蚕过程中的僵蚕时有发生，一直与蚕桑生产相伴而生。近年来，随着农村养蚕农户逐步减少，僵蚕产量也不断下降。进入新时代以来，健康中国建设不但提升了传统中医药行业对僵蚕的需求，对僵蚕在保健美容等方面新作用的认识的不断深化，也推动僵蚕需求不断增长。乐至县试验研究规模化僵蚕集中生产技术，从菌种筛选、培育、保存、接种，到饲料化全年不间断智能化养殖配套技术等环节优化，形成了乐至僵蚕的优势明显乐至地域特色。

【主要领导人】 县委书记：文勇；县人大常委会主任：黄廷跃；县长：彭玉秀；县政协主席：吴琪；分管农业副县长：管昌平。

乐至县编写组

阿坝藏族羌族自治州

【基本情况】 2020年，全州辖1市12县，辖区面积84242平方千米，其中耕地面积6.59万公顷。有户籍人口89.73万人。

【文旅提档升级】 完成《阿坝州全域旅游发展规划》《阿坝州长征国家文化公园规划》《阿坝州全域旅游发展白皮书》编制和成果评审。获得2021年全省文化和旅游发展大会承办权，建立全州文旅大会暨全域旅游发展大会申办机制，确定每年召开一次全州文化旅游暨全域旅游发展大会。创建天府旅游名县1个（理县）、3A级景区3个、州级旅游度假区30个。壤塘壤巴拉文化旅游区、九寨嫩恩桑措、九寨爱情海3个景区"创4A"工作完成省级验收。九寨沟勿角、若尔盖花湖、壤塘高原林海、汶川康养创建省级生态旅游示范区工作通过省级验收。深挖"九大"品牌内涵，有序推进《阿坝州全域旅游形象宣传片》《阿坝州生态旅游宣传片》拍摄制作。创作完成全球唯一的《大熊猫百图唐卡长卷》，并在省图书馆举办为期7天的首展活动。组建阿坝州国家全域旅游示范区创建办公室，建立健全州级部门联席会议制度和景区县（市）联系协调机制，采取包片联县、督查通报、专家辅导、目标考核等方式推进各县（市）创建全域旅游示范区，汶川、九寨沟、松潘被认定为省级全域旅游示范区单位，理县、黑水、红原、金川、茂县、小金、若尔盖被确定为创建单位，九寨沟县进入第二批国家全域旅游示范区认定申请单位。

【文旅项目建设】 加快推进国道317线最美景观大道建设，制定国道317线最美景观大道建设作战图，倒排工期，加快理县、马尔康、金川、壤塘7个点位的建设进度。加快推进灾后重建项目建设，实行月会商、季督导和项目周报制度，推动九寨沟景区恢复提升，以景区地质灾害治理、恢复景区旅游设施、拓展景区旅游景点、提升景区管理水平为抓手加快推进智慧旅游大数据综合管理平台、景区立体式游客服务中心、诺日朗综合服务中心等项目建设，提升景区管理科技化、现代化水平。加快推进阿坝州中西部帮扶项目建设，推动若尔盖县文化产业建设项目、红原旅游基础设施建设项目、壤塘县乡村旅游打造项目等中西部帮扶项目建设。加快推进文化产业园区建设，稳步推进壤巴拉文化产业园、九寨沟文化产业园等园区建设；推动全州文化产业园区贯标，经与文化和旅游厅对接，国家、省有序修改文化产业园区、示范基地评定办法。

【公共文化服务体系建设】 第四批国家公共文化服务体系示范项目"藏羌戏曲进校园"通过验收。9月20日—23日，文化和旅游厅第四批国家公共文化服务体系示范项目专家组到阿坝州进行实地验收，通过"听、看、访、评"的形式，听取阿坝州公共文化服务体系建设情况和示范项目创建情况汇报，实地检查马尔康第二中学校、理县营盘街小学、州图书馆、州博物馆、汶川县文化馆、威州镇文化站、南桥社区文化服务活动中心等"藏羌戏曲进校园"示范学校和公共文化服务机构工作开展情况，核查大量创建工作档案资料，最终认定阿坝州示范项目创建情况为"优秀"等级，并对阿坝州形成的"18488"创建模式给予了高度评价。

全国首批阿来书屋建设任务完成。完成达古冰川景区、黄龙景区、四姑娘山景区、马尔康柯盘天街四个阿来书屋建设，各书屋藏书量均达到1300余册，收藏阿来、阿坝州本土作家等名家著作，内容涵盖阿坝州民俗风情、红军长征在阿坝等历史文化、民俗风情，并实现对外开放，让游客能一站式了解阿坝、熟悉阿坝、感受阿坝，受到广大游客及读者的一致好评。书屋作为州图书馆分馆，所有藏书已被纳入州图书馆藏书系统，并实现通借通还。

公共文化区域合作。与眉山市、广安市图书馆签订馆际联盟合作协议。成立渝阿公共图书馆战略合作联盟，在数字资源共建共享、省际阅读推广合作、总分馆体系建设、法人结构治理、人才交流、文旅融合等方面达成合作协议。

"五馆一站"免费开放。实现255个"五馆一站"免费开放，全州7个博物馆(纪念馆)、1个美术馆、14个图书馆、14个文化馆、219个乡(镇)文化站全部向社会免费开放，保障了群众享有免费公共文化服务权益。共安排中央、省级资金2225万元，其中中央补助资金1887.15万元、省级补助资金337.85万元。全面实现中央、省级资金100%下达到县上，拨付资金2373.27万元，拨付比例为107%。

【文化活动】 在抓好疫情防控的同时逐步恢复开展"送戏下乡"等文艺活动。开展以春节、藏历新年、中秋、国庆为主题的各类节日节庆文化活动1345场次，惠及民众100万余人次；组织九寨沟县、黑水县、金川县申报2021年度全省重大节庆主会场；按照省节庆办要求，对全州备案保留节庆活动进行全面审核整改。

【文旅扶贫】 完成606个贫困村文化室巩固建设经费606万元资金下达和贫困村文化室巩固建设工作。做好全州贫困村文化室建设和农民健身工程"回头看"自查和复查。在各县进行全覆盖自查的基础上，对全州2016年以来退出的贫困村文化室和农民健身工程按30%的比例逐一进行州级复查，通过复查，全州2016年以来退出的606个贫困村文化室均按照"有标识牌、有多功能文化活动室、有室外文化活动场地、有1套文化器材、有文化志愿者、有活动队伍、有运行管理机制"标准建设，均达到贫困村退出"有文化室"验收标准。开展旅游扶贫自查整改清零工作，针对国考、省考提出存在的问题，对旅游扶贫专项工作进行全面自查，经过自查，各县(市)针对各自在历年各级各类检查中发现的资料档案不规范等问题及时制定措施，按要求及时完成整改清零工作。清理规范旅游扶贫专项"三本台账"登记，组织各县(市)梳理2017年以来各年度旅游扶贫专项项目资金管理使用情况，国考、省考、"回头看"等发现的问题及整改情况，扶贫领域项目专项清理情况，并对照相关台账如实填写。通过清理登记，对全州旅游扶贫专项工作查漏补缺、旅游扶贫工作巩固提升起到促进作用。

【主要领导人】 州委书记：刘平；州人大常委会主任：李为国；州长：罗振化；州政协主席：尼玛木；分管农业副州长：李永亮。

阿坝藏族羌族自治州编写组

马尔康市

【基本情况】 2020年，全市辖4镇10乡，辖区面积6633.63平方千米，有户籍人口5.31万人。

【文旅宣传营销】 加强线上营销，与四川旅游网合作，通过四川旅游网平台和公司资讯、新闻推送宣传马尔康市文化旅游资源和产品；征集宣传马尔康文化旅游资源和民风民俗的抖音短视频；参加州文体旅局到甘肃省兰州市、陕西省西安市举办的宣传营销推介活动，配合全州全域旅游整合营销。

【文旅市场监管】 加强新冠肺炎疫情防控，文旅经营场所制定疫情防控应急预案，做好人员信息登记和体温测试等。开展森林草原防灭火工作，要求景区(景点)、涉旅宾馆酒店、KTV、网吧等娱乐场所坚持开展安全隐患排查。全年开展文化旅游市场检查12场次，共计出动42人次，受教育1000余人。

【文旅基础设施建设】 推进旅游厕所建设，完成2座公厕提升改造，共投入资金4.9万元；完成10座旅游厕所地图标注。推进公共基础设施建设，投入资金279万元，完成汶马高速路出口文化打造及宣传背景墙项目。投入资金245万元，实施莫斯都岩画保护工程；完成大藏寺文物保护项目。投入资金1000万元，完成卓克基土司官寨消防工程。投入资金1000万元，实施梭磨河峡谷旅游景区设施建设。

【公共文化服务体系建设】 推进"五馆"免费开放，投入资金110万元，免费开放图书馆、文化馆、13个乡(镇)文化站。举办藏文书法、美术、舞蹈等培训班。开展"送戏下乡"活动，全年"送戏下乡"84场，走进14个乡(镇)、社区、部队、敬老院等。推进图书馆分馆建设，在城区新建图书流动点1个，升级马四小图书流动点为分馆，新建1个分馆。推进文化扶贫项目，投入资金29万元，完成29个贫困村文化室设备采购项目；投入资金30万元，完成10个"村村响"设备采购项目；投入资金247万元，推进县应急广播体系建设项目。

【主要领导人】 市委书记：李清勇；市人大常委会主任：龚芹芹；市长：窦孝解；市政协主席：昌旺；分管农业副市长：杨成才。

马尔康市编写组

汶川县

【基本情况】 2020年，全县辖9镇，辖区面积4084平方千米，有常住人口8.3万人。

【景区管理】 统筹推进新冠肺炎疫情防控常态化和景区开放综合管理，制定印发《汶川县景区新型冠状病毒肺炎防控应急预案》《汶川县景区开放管理工作方案》《景区开放指南》等，组织A级景区和馆所做好景区和馆所开放期间企业员工管理、游客体温检测、游客信息登记、开园前期应急演练、景区基础设施消杀、安全生产检查等方面工作；助推"智游天府"平台管理、数据录入和扫码入园，共注册场所300余个，录入资料1000余条，各景区、馆所、精品民宿和酒店常态化开展资料更新。结合国家全域旅游示范区创建，开展景区基础设施和服务质量整改提升。定期完成文化和旅游部A级景区管理系统景区数据填报。开展文旅行业"扫黑除恶"专项行动，制订实施方案，规范目录清单，建立台账，发放宣传资料3000余份；完善景区突发事件应急响应机制，及时启动汛期应急预案和地质灾害防灾减灾应急预案；整合推进景区及周边环境综合治理、全域景区环境整治、全域无垃圾整改、景区人居环境综合整治和环境整治三年行动等，初步实现景区环境和服务质量的全面提档升级。

【文旅宣传营销】 融合"文化+旅游+体育+农业+工业"，全方位多渠道打造汶川文化旅游品牌，在国家级主流媒体进行宣传推广发布112篇、2219次；在专业旅游交易网站发布信息152篇、771次；通过官方公众号"熊猫家园·康养汶川"更新微信414期，公众号总阅读量24.01万次，被转发20321次；在"川报观察"等微信公众号大号上发送推文152篇，总阅读量达到20.6万余次；官微@遇见汶川微博粉丝量达到3.2万人，全年发布3372条，总阅读量3281.6万次；联合新浪四川助推话题、发博文，共发布相关图文信息416条，博文总阅读量612.2万次，话题总阅读量达到12138.3万次，其中#无忧汶川#话题总阅读量达到4903.6万次；抖音官方号"康养汶川"粉丝量达到68.2万人，共发布视频186个，总播放量2亿次，点赞量累计727万次；在境外自媒体INS、YouTube平台、Twitter发布"汶汶·川川"相关图文和视频信息共计150条；开展大熊猫"汶汶·川川"成长记专题宣传活动，通过抖音、微博、微信公众号、境外媒体共发布信息352条，总阅读量达到1484.3万余次，点赞量达到621万余次；新媒体微电影《春风十里遇见你》采用传统媒体和新媒体相结合的方式，通过国家级、省级、市级主流媒体及微信、抖音等新媒体进行集中展示和发布，搜索量达到272万余次，对汶川城市营销产生了较大的影响力。组织开展2020四川花卉（果类）生态旅游节分会场暨汶川甜樱桃采摘节活动，创新推出“线上5G引领+线下小规模精准市场配套活动”营销模式，开启甜樱桃采摘全新“云”模式，活动期间线上线下销售订单达到1028万千克，销售金额达到75.46万元。持续开展天府旅游名县推介活动，先后参加由文化和旅游厅主办的2020“春回天府·安逸四川”文旅季启动仪式、全省文旅宣传推广体系建设专题研讨会，借力成熟旅游平台推出全县文旅品牌，推广精品旅游线路、文创产品、历史人文民族文化，扩大汶川天府旅游名县的美誉度。提升文创产品的创意和品质，以“无忧之城·爱国情怀·熊猫家园”为主题，设计“无忧汶川系列”“家国情怀系列”“熊猫系列”三个系列的文创产品；践行“绿色发展”新理念，突出川西北生态康养旅游目的地建设，打造“家国情怀体验之旅”“森林康养体验之旅”“户外运动体验之旅”“羌藏文化体验之旅”4条精品线路。

【公共文化服务体系建设】 巩固贫困村文化室建设，为全县37个贫困村购置文化设施设备；加快“8·20”泥石流灾后重建恢复工作，为三江镇街村、绵虒镇羌锋村、灞州镇下庄村购置音响、点歌机、乐器等文化设备。开展文化惠民工作，组织指导各镇以及贫困村发挥乡（镇）综合文化站作用，开展“送文化下乡”惠民演出活动78场次；对全县贫困村文化室建设自查情况进行复查，并督导各镇及时整改；开展节庆文化活动，举办大禹庆典暨大禹文化旅游节、大熊猫O2音乐季暨熊猫生态旅游节、羌年等重大活动。

【非物质文化遗产保护】 完成85项非遗项目普查，完善基础资料，普查登记15项可申报为非遗的项目，将大禹华诞、藏羌剪纸、羌族传统手工茶制作技艺、羌族狩猎习俗等15项新发掘的项目申报为县级非遗项目，并予以公布。组织开展针对全县149名传承人的考核，评选出优秀代表性传承人10名，发放传承人补助31.8万元；完成县级非遗传承人申报，新吸收优秀县级传承人35名，县级传承人达到143名；开展以“非遗传承健康生活”为主题的文化和自然遗产日活动，完成羌戏《龚郎子讨亲》首演并组织50余名非遗代表性传承人开展线下首届非遗购物节活动，累计发放非遗法律法规宣传资料1000余份。

【主要领导人】 县委书记：张通荣；县人大常委会主任：郭铭；县长：旺娜；县政协主席：王志勇；分管农业副县长：杨荣甫。

汶川县编写组

理　县

【基本情况】 2020年，全县辖6镇7乡，辖区面积4318.36平方千米，有户籍人口4.29万人。

【文旅项目建设】 成立项目办，严格落实项目“一周一督查”“一周一总结”“一周一汇报”的“三个一”工作机制，形成主要领导带头抓、分管领导亲自抓、干部职工专心抓的工作格局。全县共有建设类工程项目10个，总投资9927.9万元，其中已完成薛城镇红色文化产业发展项目、藏羌古村落保护工程——较场村古村落保护项目、5人制足球场等项目建设，木城沟温泉景区基础设施项目、孟屯河谷旅游基础设施建设项目、桃甘景区建设项目等有序推进。

【文旅品牌创建】 理县被命名为第二批天府旅游名县，省级全域旅游示范区工作进入验收阶段，古尔沟省级度假区取得阶段性成果，桃坪镇桃坪村入选全国第二批乡村旅游重点村，华美达酒店、花田木屋、古尔沟温泉山庄、恭德岭庄园、顶上云间、木雅星空、浮云牧场、尔玛人家8家酒店被授予熊猫级标杆民宿和酒店称号，孟屯河谷景区创建为国家3A级景区，古尔沟温泉小镇度假区、毕棚沟旅游度假区、桃坪甘堡旅游度假区、孟屯河谷旅游度假区被评定为州级旅游度假区。

【“旅游+”融合发展】 “体育+旅游”。举办2020毕棚沟羊角花节暨半脊峰登山节“跑遍理县”山地马拉松系列赛、2020年56民族行马拉松系列赛（羌族·四川理县站）等体育赛事，吸引近万人参加。

“节庆+旅游”。利用节假日和节庆活动推动“文化+旅游”“节庆+旅游”融合，以非遗展示和藏羌文化展演的形式将藏羌文化送进景区（景点）。国庆节期间，组织全县群众和乌兰牧骑演出队在毕棚沟景区、桃甘景区、华美达酒店等开展近20场次的藏羌文化展演，吸引大量游客驻步观赏拍照留念。以“幸福羌年吉祥理县”为主题，围绕“一节一会一展”3个主体活动，非遗培训、黄河论坛、藏羌文化摄影展、体育赛事等系列活动，举办第四届四川省国家级羌族文化生态保护区成果展暨2020年羌历年庆祝活动及米亚罗红叶温泉节，展示全县深厚的藏羌文化和丰富的自然资源，提升全县的知名度和美誉度。

【公共文化服务体系建设】 在做好疫情防控的同时，推动文化馆、图书馆、博物馆、体育馆免费开放，累计接纳3.8万余人次。搭建集看书、听书、期刊、视频、活动等功能于一体的综合性阅读理县数字文化云平台，数字平台阅读量2.359万册。组织开展“送文化下乡”活动30场次、文化惠民系列活动20场次，开展“送戏下乡”88场次。开展“4·23”世界读书日“书香助力战‘疫’，好客理县欢迎您”“建设祖国，建设家乡——好少年寻访家乡美”及“幸福羌年　吉祥理县”趣味知识竞赛等活动。争取资金近100万元为各乡（镇）行政村持续完善补充各类体育健身器材、文化设施设备。扶持民间文艺团队，开展基层文体活动，丰富群众业余生活。

【非物质文化遗产及文物保护】 完成2020年理县文保员统计、文物建筑利用现状调查、文旅资源普查、革命文物统计调查等现有文旅资源的统计调查。完成薛城红四方面军总医院旧址修缮项目、筹边楼抢救性修缮工程等项目。申报“理县四门红军石刻标语群”为第九批省级文物保护单位。“藏羌戏曲进校园”示范基地（释比戏进校园）薛城小学通过第四批国家公共文化服务体系示范项目验收。建立代表性非遗传承人奖励、监督考核机制，鼓励和支持省、州级代表性传承人参与非遗保护。对全县非遗项目进行摸底调查，完成非遗项目普查97项，申报第四批州级传承人10名，申报省级非遗工坊。在营盘小学建立“非遗传承基地”，开设剪纸、藏织、羌绣、羊皮鼓舞、柯苏锅庄等非遗项目培训班。全年组织乡（镇）文化专干、非遗传承人、文保员、文化管家、当地群众开展文化艺术类培训约100场次，培训人数达到1.2万人。

【主要领导人】 县委书记：金天强；县人大常委会主任：葛永兰；县长：王世伟；县政协主席：蒋明平；分管农业副县长：熊伟。

理县编写组

茂　县

【基本情况】 2020年，全县辖11镇，辖区面积3903.28平方千米，有常住人口9.5万人。

【公共文化服务体系建设】 发挥县文化馆的阵地作用，在寒暑假期间联合青少年宫开展各类免费培训项目，包括少儿舞蹈、美术、书法、摄影、羌笛吹奏法及制作技艺的培训。在做好疫情防控的前提下，坚持馆办活动对外开放，提供免费服务项目，文化馆多功能厅、排练厅、展览室常年免费对群众开放，每天平均开放时间8小时，部分场馆开放时间长达10小时。开展总分馆建设，采取试点先行、逐步推广的方式，到10月中旬初步形成以茂县图书馆为总馆，乡（镇）图书馆为分馆，农家书屋、社区书屋为基层服务点，图书流动服务车为补充的基本模式。开展全民阅读活动，开展"书香茂县全民阅读""月圆庆中秋情"等一系列线上朗读活动，在全县形成"多读书、读好书"的良好氛围和文明风尚。图书馆每天正常开馆8.5小时，每周开馆时间56小时以上。受新冠疫情影响，博物馆共开放240天，接待参观者21.6万人次（其中青少年4万余人次），完成义务讲解230余次；开展第44届国际博物馆日宣传活动，举办"致力于平等的博物馆：多元与包容——茂县羌族博物馆对外交流图片展""区域历史与民族文化"2个主题图片展览；开展第15个文化遗产日宣传活动，在博物馆内开设6个图版专栏；完成营盘山展厅改展工作；收集420件（套）抗击新冠疫情见证物，并移交给阿坝州博物馆；编制《黑虎鹰嘴河碉群12号、14号碉楼及地基边坡加固维修项目计划书》，已上报省文物局进行立项；参与由四川民族出版社主持的"行走藏羌彝——博物馆里的历史记忆青少年读本"项目。开展"送文化下乡""送文化下基层"活动，用好演出队、文化志愿者队伍、社会文艺团队等力量，做好"送文化下乡"演出，把思想健康、主题鲜明、突出地方特色、贴近农村及农民生活的节目带到村寨、学校、企业，共计开展126场。

【非物质文化遗产及文物保护】 组织开展释比传承培训，完成第三批州级传习基地和生产性基地申报4个，申报第四批州级非物质文化遗产代表性传承人7人。协助羌语协会拟定羌语言文字培训方案。配合州文体旅游局做好第15个"文化和自然遗产日"阿坝州分会场系列活动。组织开展"瓦尔俄足""羌年"等民俗活动、第一届非遗购物节活动；组织县级非遗项目羌绣参加四川省乡村艺术集市展；组织参加2020年阿坝州文化旅游发展大会非遗项目羌笛演奏活态展；参加四川省举办的2020年羌医药传承人群培训；参加非物质文化遗产项目的展示、展演、宣传、研讨等活动，并收集有关图片、视频资料。

【广电建设】 全年完成64个村应急广播建设任务，提高农村应急广播覆盖能力，完善农村公共文化服务体系，满足广大城乡群众尤其是高半山边远村寨群众的基本公共文化需求，解决应急广播全覆盖"最后一公里"问题。推进茂县州、县广播电视节目覆盖工程及阿坝州茂县广播电视无线发射台站基础设施建设；对城区两个小区的广电双向网络进行改造提升，对"村村响"进行及时维护，并对乡（镇）文化站工作人员进行集中培训。

【主要领导人】 县委书记：高加军；县人大常委会主任：周启军；县长：唐远益；县政协主席：王斌说；分管农业副县长：钟刚。

茂县编写组

松潘县

【基本情况】 2020年，全县辖17个乡（镇），辖区面积8486平方千米，有户籍人口7.3万人。

【文旅重点项目建设】 松潘县西山景区旅游基础设施建设项目已完成97%，松潘县东平塔山景区已完成92%。五人制足球场建设已完成。督促加快七藏沟景区建设、黄龙复华度假世界、川主印象酒店等项目取得实质性进展。

【公共文化服务体系建设】 受疫情影响，全县于3月31日免费开放1个图书馆、1个文化馆、1个体育馆、25个乡（镇）综合文化站、1个博物馆纪念馆。对全县55个贫困村文化室查漏补缺，根据各村实际情况实施巩固提升工程，项目已完成。

【文物保护】 组织落实文物安全日常巡查及专项检查，对东门城墙进行抢救性维修；争取上级资金15万元，对县级文物保护单位城隍庙进行保护维修；组织完成塔坪山战斗遗址升级省级文物保护单位；完成31处县级文物保护单位公布；完成全县4处非遗生产传习基地复核验收。

【文化惠民活动】 在奇侠沟景区举办第二届中国阿坝冰雪节；举办以"清凉黄龙·相约松州"为主题的民俗风情展演活动、第四届古城花灯会、第三届黄龙极限耐力赛；参加"净土阿坝"·2020阿坝州群文新创文艺作品大赛，松潘县选送自创、自行收集整理的群舞作品《细说松潘》获得二等奖，音乐节目《砸酒里的歌》获得三等奖。全年到各乡（镇）、社区开展"送戏下乡、送书下乡"等文化惠民活动150次。

【主要领导人】 县委书记：贺松；县人大常委会主任：马永香；县长：李建军；县政协主席：马骞；分管农业副县长：任剑。

松潘县编写组

九寨沟县

【基本情况】 2020年，全县辖5镇7乡，辖区面积5288平方千米，有户籍人口6.69万人。

【景区品牌创建】 创建首批省级全域旅游示范区及天府旅游名县，通过国家全域旅游示范区验收。漳扎镇被评为全省文化旅游特色小镇，甲勿海生态旅游示范区通过省级生态旅游示范区验收，爱情海景区和甲勿海景区通过国家4A级景区初检，九寨鲁能胜地旅游度假区、世外罗依九寨庄园旅游度假区、九寨沟县云顶旅游度假区、爱情海景区被评为州级旅游度假区。开展省级旅游度假区创建，柴门关景区按照国家3A级景区标准进行提升改造。

【全域旅游】 开展2020"熊猫阿坝·相约九寨"主题活动暨九寨沟熊猫园开园仪式、"三九大"文化旅游联盟2020年会、"藏羌戏曲进景区"活动、"熊猫阿坝·相约九寨"主题月活动暨九寨沟熊猫园开园仪式、九寨沟县"两海一池一关"景区开园暨"全域5G游九寨"启动仪式等。"九寨有礼"线上线下旗舰店正式营业。举办九寨沟首届文创大赛，并在阿坝州首届A级景区文创产品设计大赛上取得优异成绩，打造九寨沟文创新品牌。加快甘海子生态文化旅游区、勿角民族生态旅游试验区、九寨沟县特色民宿及自驾营地等景区（景点）旅游基础配套设施建设。科学制定全域旅游精品线路，实现九寨沟景区与神仙池、甲勿海、甘海子等全域旅游景区（景点）、乡村旅游示范点优势互补、共同发展，加快形成全域旅游发展新态势，带动广大群众增收致富和就业创业。

【公共文化服务体系建设】 加快实施2020年文化室巩固提升项目，免费开放县、乡、村公共文化场所。县图书馆新增订期刊56种，免费开放接待读者3万余人，办理借阅证1870张，借阅图书8000余册。九寨书亭流通书籍600余册。开展全民阅读系列主题活动和"送文化下乡""五下乡"活动。建立九寨沟县文艺艺术团队，打造以"大熊猫"为主题的情景歌舞剧。

【非物质文化遗产保护】 开展2020年"文化和遗产日"非遗进校园进社区和首期藏羌织绣培训活动。完成非遗展示中心改造升级、第四批州级传承人申报资料和第六批县级传承人的普查公布、文化旅游资源普查工作。对全县非物质文化遗产代表性项目保护现状进行摸底调查，完善和充实各个项目的图片、视频和文字资料。

【广电建设】 加强广播电视地面卫星接收设施专项整治，在全县范围内开展清理收缴非法销售、使用广播电视地面卫星接收设施专项整治行动。为全县48个贫困村和1609户贫困户建立广播电视台账，开展全县“两不愁三保障”“回头看”“回头帮”广播电视大排查，做到及时梳理、及时整改，确保群众正常收看电视，巩固脱贫攻坚工作成效。

【特色农副产品】 九寨沟人参。人参自古以来就是珍贵的滋补中药材产品。九寨沟县属典型的高山峡谷地貌，境内地形复杂、河流纵横，冬无严寒，夏无酷暑，气候垂直差异大，气候温和，光热资源良好，气候的垂直差异性形成了适宜多种物种并存的自然优势。九寨沟县得天独厚的地理位置和土壤气候条件造就了丰富的中药材自然资源，因此九寨沟县有“天然药库”的美誉。九寨沟人参种植区域在海拔1600～2300米的原始阔叶林下，森林朝向，土壤类型、坡度、水分、植被等非常符合人参生长所需的环境条件。原始森林下肥沃而深厚的腐殖土层为九寨沟人参提供了生长所需的养分，确保了高原山地人参自然生长。九寨沟人参主要形态特征：参体呈圆柱形或纺锤形，皮色呈淡黄色，圆芦顶，参体形态密而紧促，外形甚是精致。芦碗头部较长，须根带珍珠点，坚韧不易断，纹细，皮紧，主根部分体态玲珑，体腿较为明显。九寨沟人参皂苷成分种类达百种，多糖、多肽以及氨基酸等营养成分含量高，有人参独特的香气，味微苦。九寨沟人参具有提高免疫力、抗疲劳、抗氧化延缓衰老、降低胆固醇、增强代谢酶等一系列功效。

近年来，九寨沟县委、县政府加大农业供给侧结构调整，高度重视农业生态发展，大力发展林下产业，延伸生态农业产业链，加大科技服务力度，不断提升农业产业产品附加值和产业综合效益，以科技创新推动特色种植业提质增效，开展技术指导服务为产业发展增添科技新动能。目前，九寨沟通过“公司＋园区＋农户”的生产经营模式，种植林下人参面积达1600亩，带动了周边群众就业增收，以产业发展助推乡村振兴。

【主要领导人】 县委书记：罗智波；县人大常委会主任：陈永清；县长：陶钢；县政协主席：葛林冲；分管农业副县长：班永国。

九寨沟县编写组

金川县

【基本情况】 2020年，全县辖4镇15乡，辖区面积5524平方千米，有户籍人口6.83万人。

【旅游协会建设】 为发挥涉旅企业、农家乐、民宿、宾馆酒店及从业人员的整体联运作用，及时启动旅游协会成立工作，推动金川旅游协会建设，金川县旅游协会已正式成立。

【全域旅游】 自创建国家全域旅游示范区以来，成立了县委书记和县长为双组长，全县涉旅部门、各乡（镇）党政“一把手”为成员的全域旅游示范区创建工作领导小组，建立全域旅游统筹联席会议制度，健全全域旅游创建工作指标体系和绩效考核机制；把全域旅游发展列为全县工作重点。成立综合行政执法局，解决多头执法、重复执法问题，为创建全域旅游保驾护航；组建金川县旅游发展专家智囊团，为全域旅游出谋划策。全县已建成观音桥和世外梨园2个国家4A级景区，观音桥·太阳河旅游度假区创建为州级旅游度假区。

【文旅项目建设及招商引资】 完成文体旅游申报入库中央预算资金项目11个，涉及资金3.1亿元；完成文体旅游申报入库浙江援建资金支撑项目1个，涉及资金500万元。推进续建项目、重点项目、援建项目、涉农项目、扶贫项目等工程项目建设，主推大东女、嘎达山、旅游公共服务等基础设施建设项目，重点推进藏区彝区产业扶贫项目，抓好浙川援建、旅游厕所建设，督促指导涉农融合项目实施。除旅游公共服务基础设施建设项目进行招投标工作外，嘎达山景区基础设施建设、大东女基础设施建设、藏区彝区产业园建设等重点项目均加紧建设，其他涉农整合、浙川援建、旅游厕所均建设完成。引进“一屋锦栖·天空的院子”、见微金川民宿、观音心海生态农庄和观音桥镇观音文化演艺中心4个旅游建设项目，其中观音心海生态农庄已开工建设，并完成投资1500万元。

【文旅宣传营销】 因受疫情影响，金川县利用联通智慧文旅5G远程互动直播梨花节活动，总点击量达108万次，“直播＋旅游”的宣传方式开启了“线上云游金川世外梨园景区”新模式。通过本地公众号平台发布工作动态、文旅资源信息等62条。

【文旅市场监管】 按时完成全县娱乐场所娱乐经营许可证年审、换证工作；完成2020年行政处罚清单认领、行政权力责任清单认领填报；开展文化市场行政检查，关闭无证经营歌舞娱乐场所1家。加强对全县A级景区、旅行社、互联网上网服务、歌舞娱乐场所、影院等经营场所的日常行政检查，建立巡察制度和台账，不定期、不定时督查疫情常态化防控工作。解决落实群众投诉的问题，营造文明、安全、和谐的文旅环境。

【非物质文化遗产及文物保护】 申报马家花园红军大学、河西甲咱村苏维埃政府旧址、沙尔丹扎木红军大学旧址为州级文物保护单位，并落实“四有”工作。完成老街红军革命纪念建筑群产权确权整理、规范，为申报国家文保单位打好基础。起草并上报国家文保单位曾达关碉保护项目及革命文物保护项目计划书。做好文物保护“四防”工作（防火、防盗、防毒、防事故的发生）和“四有”工作（有保护标志、有保护范围、有管理机构、有档案材料），加强对地面文物和馆藏文物的安全保护管理，并对文保员进行消防安全培训，确保文物安全。配合做好文旅资源普查，普查不可移动文物197处、可移动文物19件；普查非遗项目118项，涵盖文学、音乐、舞蹈、体育、医药等多领域。完成观音桥唐卡传习所建设工作，并申报阿坝州第三批州级非遗两基地，其中有藏族石刻技艺、昌都寺绰乌佐确金刚法舞、观音桥唐卡传习基地3个生产性保护示范基地。配合做好阿坝州首届A级景区文创产品设计大赛，收集文创产品5类30余样，筛选出绣花鞋、五行藏香、古法熬制雪梨膏等15件产品参加州级比赛，其中参赛展品“鲁班凳”获得实物类三等奖。

【主要领导人】 县委书记：卞思发；县人大常委会主任：申红霞；县长：朱锐；县政协主席：邓真华；分管农业副县长：卢永波。

金川县编写组

小金县

【基本情况】 2020年，全县辖7镇11乡，辖区面积5571平方千米，有户籍人口7.66万人。

【红色旅游配套设施建设】 投资1814万元，完成达维会师桥遗址、纪念碑及展陈服务中心项目建设。投资1300万元，完成两河口玛嘉沟景区道路、旅游厕所、游客中心等项目建设。投资960万元开工建设阿坝州小金县公共服务设施建设项目，已完成该项目主体建设。投资820万元，进行阿坝州小金县公共服务设施建设、后山不稳定斜坡治理工程建设。推进小金县四姑娘山镇旅游基础设施建设项目;完成小金县汗牛乡足木村产业项目足木村热溪河神树坪旅游综合项目建设、小金县高山玫瑰示范种植基地景观围栏工程建设、沃日土司官寨经楼与碉防雷工程项目。投资2.5亿元,完成四姑娘山嘉绒旅游文化综合体项目建设。投资600万元,完成沃日土司官寨村农旅文融合项目建设。完成上报各级文物保护单位的修缮、“三防”展示提升等项目8个,均已立项。编制完成沃日土司官寨、三关桥、达维喇嘛寺文物保护单位修缮方案。申报达维会师桥修缮保护方案,省文物局已下达修缮保护资金,进入招标阶段。

【文旅品牌建设及规划编制】 完成《小金县创建国家全域旅游示范区暨天府旅游名县实施方案》《小金县·中国高原玫瑰生态旅游示范区规划》《小金县沃日土司文化城创建国家3A级旅游景区工作方案》编制。完成四川省文化旅游特色小镇、四川省乡村旅游重点村和全国乡村旅游重点村申报,经文化和旅游厅、省发展改革委初步审查,将四姑娘山镇长坪村遴选为省级乡村旅游重点村。推进小金县四姑娘山特色小镇暨国家5A级景区和沃日官寨国家3A级景区创建。制定《小金县非物质文化遗产保护和传承发展管理办法》,完成4个州级非遗项目(四姑娘山朝山会、别斯满服饰、汗牛布扎戏、德勒布)、4名州级非遗传承人、2个县级非遗项目、19名县级非遗代表性传承人的申报。完成梦笔“雪山红路”、夹金山、猛固桥、达维喇嘛寺、两河口烈士陵园5处州级爱国主义教育基地申报。同时,将达维喇嘛寺红军联欢会遗址、抚边红军长征遗迹申报为第九批省级文物保护单位,将王家寨喇嘛寺、营盘街关帝庙、八角武圣宫申报为第三批州级文物保护单位。投资30万元实施别斯满服饰藏绣技艺挖掘传承与创新项目,投资35万元实施嘉绒藏族民歌创作服务。

【文旅新业态】 完成《小金县加快建设国际山地户外运动旅游目的地实施意见》《小金县山地户外运动旅游项目概念规划》《小金县虹桥沟红色生态旅游及户外越野基地项目规划》《小金县山地户外运动建设方案》编制。结合新冠肺炎疫情实际举办线上线下夹金山越野挑战赛及小金县苹果采摘节等活动,提高小金县的知名度和美誉度。推进户外招商引资,完成小金县结斯冰川生态旅游资源开发前期调查论证项目,策划小金县抚边乡山地户外运动公园建设、结斯冰川旅游开发、自驾车营地等一批户外运动招商项目。发展民宿旅游,制定《小金县促进乡村民宿发展实施意见》,以四姑娘山镇为试点打造精品民宿。

【公共文化服务体系建设】 完成小金县五人制社会足球场建设,自筹资金实施老体委篮球场维修改造项目。按照新冠肺炎防控要求完成文化馆、图书馆、乡(镇)文化站、农家书屋、体育馆、纪念馆免费开放,完成阿来书屋以及新华书店内的城市书坊作为图书馆分馆建设。投入88万元巩固贫困村文化室达标建设成果,为全县每个贫困村购置笔记本电脑1台、打字复印一体机1台、拉杆音箱1个、篮球2个。全覆盖开展“户户通”“村村响”、文化室、农牧民健身场地“回头看”工作,全面摸排存在的问题并及时研究解决方案完成整改,不断满足群众日益增长的精神文化需求。投资1685万元,完成州、县广播电视节目覆盖工程建设。到村、镇及学校、军营等开展“送戏下乡”演出126场次;联合社会文艺团体开展大型公益性演出5场次。组织1名山歌歌手参加川西藏族山歌大赛,获得二等奖。申报大型音乐剧《赤魂·夹金山》2020—2021年度“中国民族歌剧传承发展工程”重点扶持剧目。制订《小金县深入开展“四美”创建活动实施方案》,完成“四美”创建。

【主要领导人】 县委书记:姚奇杰;县人大常委会主任:杨健;县长:刘明刚;县政协主席:李恒春;分管农业副县长:雍茂。

小金县编写组

黑　水　县

【基本情况】 2020年,全县辖3镇14乡,辖区面积4140.08平方千米,有户籍人口5.99万人。

【文旅宣传营销】 整合达古冰山、卡龙沟、色尔古藏寨及涉旅企业、乡村旅游等营销资源,按照“统一思想、统一策划、统一预算、统一实施、分块承担”的原则,实行政策、活动、线路、产品等的统一筹划、运营和实施。融入大九寨旅游经济圈、环红原机场经济圈,共享宣传平台,整合资源进行推广。利用“黑水旅游”“人文黑水”“微黑水”等官方微信和官方微博做好黑水旅游产品的日常宣传推广,开展黑水旅游温馨提示、彩林季主题跟踪报道等系列宣传等,发送推广软文42篇,阅读量10万次;制定对口援建单位宣传政策,利用援建单位活动、节日等机会发布黑水旅游资源信息。同时,与四川电视台加强合作,为黑水旅游品牌宣传助力;与携程、驴妈妈、美团、去哪儿等线上旅游网站合作,加强对黑水旅游产品的推广。全年完成奶子沟景区、卡龙沟景区、色尔古藏寨景区、三奥雪山景区讲解员培训15名,完成彩林节讲解工作。共制作《人文黑水》93期,刊登原创文章42篇,浏览量达48万余次。2020年四川红叶生态旅游节暨黑水县第八届冰川彩林生态文化旅游季在四川电视台及黑水融媒体宣传浏览量达到120余万次。

【文旅市场监管】 截至10月19日,全县累计出动执法人员5317人次,出动执法246次(其中联合执法22次),检查互联网上网服务营业场所、娱乐场所、音像制品店、电影院、新华书店、邮政、快递、藏饰品店、打(复)印部、文物、景区(景点)及涉旅企业等1819家(处)次,查出存在问题(含安全隐患)88个,提出整改建议97个,已整改72个,限期整改16个,发放整改建议书22份,对能立即整改的督促现场立即整改。

【农村生态建设及环境保护】 投资1423.4万元,抚育国有林2万亩、封山育林2万亩、人工造林4200亩。完成草场禁牧49万亩、草畜平衡162万亩,改良草原2万亩,新增人工草场3000亩。

【主要领导人】 县委书记:刘飞;县人大常委会主任:陈永清;县长:欧涛;县政协主席:王扎;分管农业副县长:秦玲玲。

黑水县编写组

壤　塘　县

【基本情况】 2020年,全县辖11个乡(镇),辖区面积6640平方千米,有户籍人口4.7万人。

【文旅节会活动】 开展慰问老干部文艺演出、壤塘县上杜柯乡吉拉村“迎新春文艺演出”、2020年村(社区)党支部书记、村(社区)委员会主任培训人员展演文艺活动;对各乡(镇)普及壤巴拉第二套锅庄动作;开展尚蓝天路旅游宣传活动、高原林海生态旅游区创建省级生态示范区文艺晚会;为11个乡(镇)、村(社区)发放一体机(图书馆)。举办壤巴拉节,到各乡(镇)、村、敬老院、寺庙开展“送戏下乡”巡演活动。

【非物质文化遗产保护】 先后在县级非遗传承人的基础上优先筛选出藏式陶艺、觉囊唐卡、藏茶等13名县级非遗传承人作为州级非遗传承人申报人选,并选出觉囊梵音、觉囊藏医药、川西北民歌等7个传习所作为州级基地申报候选。举办壤巴拉各传习所与传承人文化研讨会,让各非遗传习所相互交流和沟通，相互借鉴好的管理模式和发展经验。壤巴拉觉囊唐卡传习所与呼伦贝尔蒙古族科研中心在成都市举行动画片《喜一》合作签约仪式，使古老的文化遗产与现代科技交融交汇，与动漫结合形成新的文化产业发展方式。动员有公司营业及产品制造销售的非遗传习所和非遗工坊在淘宝、京东等各大网店开店并上架产品。派遣非遗传承人、非遗公司化运营管理人员参加在茂县召开的全州非遗培训会议，代表壤塘县经验向全州发言，并做好文化遗产日宣传工作。参加净土阿坝消费扶贫直播节，将代表壤塘县的非遗产品通过直播卖货的形式向全国推广。参加四川省旅博会非遗展、阿坝州文旅大会，将全县非物质文化手工艺产品向当地居民及外来游客进行展示，并推广介绍全县非物质文化遗产。开展2020年壤塘县觉囊唐卡培训、全面非遗工坊建设培训，并先后参加四川乡村文化艺术节、全国丰收节展览及中国进出口博览会、上海手工造展，觉囊唐卡和擦擦参加在大连市举办的中国工艺美术博览会并获得2个非遗作品金奖。

【**重点文旅项目建设**】 非物质文化遗产传习基地（藏艺演艺厅）建设项目总投资2900万元，已完成初步验收，进行演艺厅附属设施建设；壤巴拉博物馆建设项目总投资2950万元，进行展陈及室内安装，已完成总工程量的95%；县图书馆、文化馆两馆排危建设项目总投资92.6139万元，已完成竣工验收；州、县广播电视节目无线覆盖工程总投资1324万元，已完成31个点位安装，并对前端机房设备订货、台站设备订货；日斯满巴碉房保护维修工程已完成初步验收待省级文物保护专家进行最终确认验收；县社会足球场场地设施建设项目下达资金100万元，已竣工并进行初步验收；岗木达镇尕日新区文化健身广场建设项目总投入400万元，已完成财评等前期工作，后续工作逐步开展。有序推进公共服务设施建设项目和中壤塘觉囊文化旅游景区旅游基础设施建设项目续建，公共服务设施建设项目总投资985万元，已完成工程量的70%；觉囊文化旅游景区旅游基础设施建设项目总投资800万元，已完工验收；按计划完成2个浙江援建项目建设，乡村旅游打造项目浙江援建215万元、专业合作社项目浙江援建50万元。有序推进新建项目，中壤塘旅游基础设施项目总投资2000万元，已完成前期工作；岗木达镇生态旅游基础设施建设项目总投资1200万元，已完成前期工作。配合州文旅局完成国道317线最美景观大道旅游基础设施建设。国道317线旅游产业廊道文化提升项目总投资900万元，采用EPC模式建设，已进场施工。

【**旅游宣传营销**】 “五一”、端午、国庆中秋“双节”等节假日期间，在国道317线沿线黑桥游客中心、腾都驿站、壤金交界处检查旅游商品并及时补充相应的宣传资料及旅游商品，同时进行宣传营销，做好接待游客的各项事宜。开展各类旅游人才培训。参加阿坝州全域旅游重庆推介会。

【**主要领导人**】 县委书记：严华；县人大常委会主任：刘木滚；县长：张德发；县政协主席：马秀珍；分管农业副县长：杨发义。

壤塘县编写组

阿坝县

【**基本情况**】 2020年，全县辖9乡6镇，辖区面积104.35平方千米，有户籍人口8.17万人。

【**文旅项目建设**】 全年拟实施文化旅游扶贫项目6个，计划投资3193.96万元；其他项目20个，计划投资602.26908万元，已完工项目19个，抓紧施工项目7个。计划投资3120万元，查理乡神座村乡村旅游提升项目已完工待验收、莲宝叶则景区旅游扶贫产业建设项目全面推进，河支乡旅游集体经济提升扩建项目已完工待验收。计划投资73.96万元，农家书屋图书补充更新项目开展选定补充书籍科目等前期工作、农村公益电影放映项目开展放映工作、巩固贫困村文化室达标建设成果工程已全面完成。计划投资602.26908万元，实施项目20个，其中“两馆一中心”配套设施类项目7个、全年旅游厕所建设目标项目1个、公共文化服务体系建设项目5个、其他货物服务采购类项目7个，已建设完成16个，另外4个项目全面推进。

【**全域旅游示范区创建**】 拟定《阿坝县省级全域旅游示范区申创工作实施方案》《阿坝县推进省级全域旅游示范区创建工作实施方案》，并修改完善《2020年旅游发展实施方案》。持续推进省级全域旅游示范区创建和莲宝叶则国家级生态旅游示范区创建，神座旅游景区创建为州级旅游度假区。

【**文旅市场监管**】 全年开展联合执法14次，检查公众娱乐场所、文化经营单位910家次，签订《阿坝县文化市场诚信经营责任书》29份、《网吧安全责任书》5份、《娱乐场所、KTV安全责任书》5份，发放《防控指南》10份。组织召开打复印店规范管理业务培训会1次。查处非法安装、使用地面卫星接收设施21套，查处各类非法出版物（请柬）6371份，办理出版物市场案件1起。下达整改通知书4份，要求6家场所配备消防灭火器，对县城3家未办证书店提出口头警告并要求其在规定期限内办理。制订《2020年阿坝县全域旅游执法实施方案》；开展旅游市场综合执法检查83次，出动执法人员790人次，累计检查购物点15家次、酒店36家次、景区（景点）182家次。开展联合执法检查15次，出动执法人员260人次，检查涉旅单位78家次。开展“法律政策进景区”活动37次，开展“法律大讲堂”4次，悬挂横幅5条，张贴标语300张，设立法制宣传展板3处，发放宣传资料1200份。加大旅游市场专项整治，严厉打击“黑车”“黑导”“强买强卖”“欺客宰客”等违法乱纪行为。与各景区签订本年度旅游安全生产责任书，开展旅游安全生产专项检查16次，发现隐患9处，已完成整改7处，持续整改2处。制定旅游投诉工作制度，畅通投诉渠道，做好投诉记录并及时处理，维护涉旅企业和广大游客的权益，处理有效投诉5起，涉及金额19960元。到各景区、涉文旅企业开展疫情防控、森林防火宣传、安全生产隐患排查检查，开展专项检查20余次，检查涉文旅企业260余家次、景区（景点）70余家次，排查文保单位6家次、体育场馆2家次、非遗传习基地2家次；加大对成阿公路沿线、莲宝叶则景区干线、中阿坝环线“三线”的道路交通整治，按照“洁化、绿化、美化”的要求，对损坏的旅游标识标牌以及安全基础设施进行了整修和更换，对损坏的路面以及道路边坡联系应急管理局、交通局等相关部门进行了抢修。

【**公共文化服务体系建设**】 全县分别建成乡（镇）文化站19个、行政村文化室88个，“村村响”实现全覆盖。投入资金17.5万元，共采购“户户通”设备500套，通过查缺补漏、清零、以旧换新等方式全部完成安装，并通过验收。全年完成“送戏下乡”演出114场，“十一”在莲宝叶则景区及神座景区开展演出活动7场；创作防控新冠肺炎疫情宣传视频《三句半》《藏语版三句半》《折嘎防疫版》《山东快板》《武汉加油中国加油》。在茸安乡、麦尔玛镇、河支乡敬老院开展“四下乡”活动暨“送戏下乡”等慰问演出。

【**非物质文化遗产及文物保护**】 加强非遗项目及传承人申报，将10名县级传承人申报为州级传承人。加大非遗宣传力度，组织非遗文化企业借助媒体平台对全县非遗产品进行线下线上宣传。帮助传习基地申报扶持资金并组织基地学员参加专业培训。完成藏棋宣传片视频的拍摄，对藏棋申报国家级资料进行修改并上报。唐卡挂饰系列——同情与和平之圆、团结之树获得阿坝州首届A级景区文创产品设计大赛实物奖三等奖。阿坝县革命烈士陵园、神座藏经阁、朱德故居申报为第三批州级文物保护单位。参与州级文物保护单位俄修寺前期维修保护方案编制；在不可移动文物基础数据平台录入信息75处；与各乡（镇）（场）签订《2020年文物安全目标责任书》，并联合相关部门对田野文物和寺庙文物进行安全隐患排查65次。

【主要领导人】 县委书记：李宁；县人大常委会主任：周启军；县长：陈宝华；县政协主席：措德；分管农业副县长：泽仁扎西。

阿坝县编写组

若尔盖县

【基本情况】 2020年，全县辖7镇6乡1个牧场，辖区面积10620平方千米，其中耕地面积4230.74公顷、林地面积23.44万公顷、草地面积59.66万公顷、城镇（村）及工矿用地面积264.7公顷、水域及水利设施用地面积1.53万公顷、其他土地面积17.39万公顷。年末全县户籍总人口79986人，其中城镇户籍人口12478人、乡村户籍人口67508人；男性39968人、女性40018人。本地水资源总量达21.8亿立方米，人均占有水资源量27595立方米。

2020年，全县GDP30.08亿元，增长2%，其中第一产业增加值13.96亿元，增长4.6%；第二产业增加值1.27亿元，减少6.8%；第三产业增加值14.85亿元，增长1.5%。第一产业增加值占GDP的比重为46.4%，第二产业增加值占GDP的比重为4.2%，第三产业增加值占GDP的比重为49.4%。地区生产总值三次产业结构比由上年的39.4∶5.4∶55.2调整为46.4∶4.2∶49.4。全年接待国内外游客275.8万人次，增长32.8%，增幅居全州第二位；实现旅游总收入19.6亿元，增长23.9%，增幅居全州第五位。其中，乡村旅游接待人数39.37万人次，增长70%；乡村旅游收入7.23亿元，增长50.99%。

公路总里程1260.8千米，其中县道2条8.9千米、乡道14条244.1千米、村道96条404.9千米。全县完成社会货运量268.2万吨，货运周转量56423万吨千米；客运量4.6万人次，旅客周转量723.5万人千米。社会消费品零售总额74990万元，减少3.8%。全县公共财政收入227605万元；地方财政总支出227605万元。金融机构各项存款余额250294万元，增长12.3%，其中住户存款余额143561万元，增长12.9%；各项贷款余额138311万元，增长15%。全县共有农民专业合作经济组织459个、家庭农牧场764家，其中国家级示范社1家、省级示范社4个，省级家庭农场1家、州级家庭农场5个。

有学校104所，其中幼儿园74所、小学23所、初级中学5所（含九年一贯制学校1所）、完全中学2所，在校学生分别为3132人、7500人、4103人、1732人。有医疗卫生机构（含村卫生室、诊所）149个，其中县级医疗卫生机构4个、中心卫生院4个、乡卫生院12个、社区卫生服务中心3个、私立医院3个、诊所21个、村卫生室102个，公立医疗卫生计生总编制459个。城乡居民基本医疗保险参保人数7465人。

【年度农业和农村经济运行】 2020年，全县实现农业总产值6624万元，增长49.5%，其中畜牧业产值199278万元，增长4.4%。生猪、食用菌、伏季水果、蔬菜等特色优势农产品产量保持稳定增长。建立牲畜改良点7个、牦牛人工授精改良点4个。全年提升乡道34条，规划总里程202.205千米；提升县道9条，规划总里程314.631千米。主要农产品产量见表1。

农业产业化发展。全县共有农民专业合作经济组织459个、家庭农牧场764家，其中国家级示范社1家（若尔盖县生态药材种植专业合作社）、省级示范社4个（若尔盖县阿西茸乡夺巴村优质油菜种植专业合作社、若尔盖县班佑乡求吉南哇村牦牛良种繁育专业合作社、若尔盖县唐克乡牦牛产业专业合作社、若尔盖县黑河畜牧业农民专业合作社），省级家庭农场1家（求吉夺吉家庭农场）、州级家庭农场5家（若尔盖县卡机岗农业林业农民专业合作社、若尔盖县迭绒生态苗木种植农民专业合作社、若尔盖县天际骑行环游服务农民专业合作社、若尔盖县巴西乡盛園蔬菜专业合作社、若尔盖诺尔宗生态畜牧产业发展农民专业合作社联合社）。有中央财政资金培育合作社项目6个，共扶持合作社项目资金80万元。

表1 2020年若尔盖县主要农产品产量

主要农产品	单位(万吨)	产量	同比(%)
粮食	万吨	0.61	-0.02
油料	万吨	0.1016	24
肉类	万吨	2.4425	0.6
猪肉	万吨	0.1	11.56
牛肉	万吨	1.89	-2.04
羊肉	万吨	0.4527	3
牛奶	万吨	3.994	-3.18

【种植业】 全年粮食产量6074吨，减少140吨。建成中药材、青稞、油菜、饲草4个万亩基地，蔬菜、马铃薯、高原香香李3个千亩基地，金丝皇菊1个百亩基地。开展各类新品种试验示范7个，在求吉乡开展青稞品种区域试验，参试品种15个，面积3亩；在求吉乡开展观光油菜品种试验，参试品种4个，面积0.13公顷；在求吉、巴西、阿西茸等乡（镇）种植蔬菜200公顷。在阿西、巴西、包座、铁布等乡（镇）建立以唐古特大黄为主的中药材种植基地266.67公顷。以白河牧场1万亩高原优质油菜观光基地为核心，重点在巴西镇、阿西镇等建设油菜种植基地333.33公顷，并辐射带动包座乡、阿西镇、巴西镇种植大户、专业合作社发展油菜种植，实现全县油菜种植规模达1333.33公顷以上。重点在铁布镇和求吉乡建设连片种植马铃薯基地200公顷，在铁布镇建设连片种植青稞基地153.33公顷、藜麦7.4公顷。

【林业】 完成若尔盖县2019年森林督查暨森林资源管理“一张图”年度更新和森林经营方案编制项目；完成森林资源二类调查；完成林木种质资源普查采购项目外业调查；完成2020年森林生态效益补偿和2020天然商品林停伐管护补助兑现；完成农户自用材划拨工作；完成若尔盖县第六次沙化治理监测项目外业工作。加强森林采伐管理，严格林地林权管理，加强森林资源监测。推进林业“两站”建设，完善林业工作站、木材检查站、科技推广站、森林管护站、病虫检疫站、林木种苗站设施设备。全年管护森林149.47万亩。设置2个片区森林管护站、9个乡森林管护站、6个护林站，落实850名管护员（其中正式职工24人、临聘管护75人、生态护林员751人），按照天然林资源保护和森林管护的五大职责要求开展巡护检查。

【畜牧业】 全年牲畜出栏453911混合头，其中牛155596头、羊282064只、猪16251头；存栏牲畜1220677混合头。全年肉产量25203.36吨，奶产量38208吨。

【统筹城乡和新型城镇化】 全年共有8个统筹城乡项目，其中新建项目4个、续建项目4个。立足中心城镇打造，完善基础设施建设，投资6174万元，建设完成达扎寺、辖曼等道路、污水管道8千米，安装标识标牌154个、路灯708盏，修葺改造外立面3万平方米。投资3032万元，建成唐克污水处理厂，日处理污水量达1500立方米。投资4243万元，铺设供暖管网24.33千米，增加学校、医院等供暖面积9万平方米。统筹城乡协调发展，投资1924万元，新建降扎、辖曼等4镇人行道5823平方米，硬化村道路5千米，新建微景观3处，改造外立面3.04万平方米。在铁布、阿西、降扎等6个乡（镇）42个村实施乡村振兴基础提升项目4个，提升改造公共厕所22座。

【扶贫开发和移民工作】 完成边缘户、监测户摸排29户137人，贫困户数据校核1733户，核查标注问题873条，核实完成率达100%。落实产业发展、教育医疗等扶贫政策，推进生态扶贫、就业扶贫、健康扶贫等行动，及时兑现低保、教育、医疗补助等资金200万余元。完成1741户贫困户、"边缘户"就业扶贫摸底，为1733户贫困户购买意外扶贫保险和医疗保险127.6万元，兑现建档立卡贫困户残疾人补助23.7万元。

【农村科技】 通过电视台、广播等方式全面宣传普及科学技术，通过微信发送牦牛口蹄疫防疫小知识2万余条，全年发放各类宣传资料等5万余份。联合畜牧中心藏兽医研究所制作《若尔盖县藏兽医医药技术传承与发展》的科教片，促进畜牧业健康持续发展。组织县域内企事业单位、专业合作社等争取并实施科技项目11个，项目资金达340万元。申报2021年省级项目7个，项目资金305万元，已立项3个，立项资金170万元；申请2021年县级科三经费110万元，用于科技应用技术研究与示范项目。

【农村文化】 全面完成对全县农家书屋出版物的补充更新，确保每个农家书屋补充图书不少于60种，补充更新图书5760本，同时完成农家书屋登记册、广播室登记册补充更新。结合全县藏汉双语宣讲，将文艺演出活动与宣讲教育活动相融合，全年共开展"藏戏进校园"5次、"送文化下乡"活动112场次。完成农村电影放映871场次。

【农村卫生】 开展义诊巡诊，全年共计诊疗1238人，发放免费药品价值4万余元；免费实施白内障手术38名；发放各种健康宣传资料3000余份。由县财政代缴全县建档立卡贫困人口最低医疗保险，参保率达100%。建档立卡贫困人口县域内住院、依归转诊至县域外、慢性病门诊维持治疗个人支付占比控制在5%以内，贫困孕产妇县域内住院分娩、高危孕产妇转诊至县域外住院分娩实行全免费。为1019名建档立卡贫困患者发放卫生扶贫救助基金92.91万元。

【农村法制建设】 全年累计接收社区矫正195人，解除矫正154人；社区矫正在册50人，进行集中教育30次、个别谈话教育100余次、心理辅导20次。开展"法律政策进乡村（社区）"活动300余次，解答法律咨询300余人次，张贴法治宣传单500余份，发放各类宣传资料7万余份，受教育人数达7万余人次。开展"法律政策进寺庙"活动50场次，发放各类宣传资料（普法产品）3000余份，解答法律咨询75人次，受教育僧侣达5000余人次；开展"法律政策进校园"活动60场次，发放各类宣传资料4000余份，受教育师生达2万余人次；开展"法律政策进景区"活动7场次，受教育人数达500余人次。

【农村生态建设及环境保护】 全面加强对唐克镇黄河、红星镇白龙江、冻列乡白龙江3个断面水质监测和全县乡（镇）级（16个）、县级水源地（2个）集中式水源地饮用水源的监测，地表水环境质量稳定达标，均符合饮用水源标准。白龙江、黄河出境断面水质均达到Ⅲ类标准，达标率为100%。完成农村环境质量试点监测，达到Ⅲ类水质标准限值要求。编制完成《〈土壤污染防治行动计划若尔盖县工作方案〉2020年度实施计划》，按照要求开展土壤污染防治；与自然资源、科农、林草等部门对接，开展县域内是否存在疑似污染地块的排查和梳理。结合"6·5"世界环境日，重点对污染防治、节能减排、环境保护、环保行政执法、环保行政审批等方面开展宣传，发放宣传资料1500余份，公众参与人数达1000余人。联合县人民法院开展环保设施"公众开放日"活动，组织县中学学生、人大代表50余人参观若尔盖县城市生活污水处理厂。

【农村社会保障】 全县城乡居民社会养老保险参保人数38444人，征收基金554.55万元。为2960名（低保对象2939人、特困人员21人）困难群体代缴城乡居民养老保险费29.6万元。全县城乡低保对象共计1399户4947人，其中农村低保中的建档立卡贫困户1261人。有城乡困难残疾人381人、重度残疾人933人，全年共计发放城乡低保金901.95万元、困难残疾人生活补贴34.1万元、重度残疾人护理补贴67.09万元。

【农村留守家庭（儿童）关爱】 建立"家长学校""儿童之家"各1所，发放援助金2万元。各乡（镇）妇联对各中心校开展关爱留守、贫困、单亲儿童慰问活动，并利用微信、公众平台、微视频等新媒体对各乡（镇）开展的庆"六一"活动进行宣传报道，营造全社会关心关爱儿童的氛围。

【主要领导人】 县委书记：泽尔登；县人大常委会主任：陈万里；县政协主席：阿达；分管农业副县长：唐郁鑫。

若尔盖县编写组

红 原 县

【基本情况】 2020年，全县辖6镇4乡，辖区面积8398.23平方千米，有户籍人口4.9万人。

【文旅项目建设】 推进月亮湾旅游基础设施建设项目以及达格则3A级旅游基础设施建设、九红草原风光路打造等重点文旅项目，完善各景区内停车场、栈道、旅游购物点、生态厕所、游客中心等建设；支持研发文创产品，相继推出雅克酸奶、雅克服饰、雅克红酒等系列产品；申请100万元文化旅游产业融合发展专项资金用于帮助文旅企业应对经营困难。

【文旅市场监管】 疫情发生以来，全县加强执法监督检查，指导文化、体育、旅游行业防疫及有序复工，抽派干部参与卡点值班和社区走访以及疫情防控知识宣传。开展文化旅游综合执法260余次，出动执法人员和疫情防控志愿者累计800余人次。撤除2处景区（景点）违规经营烧烤摊点，规划合理摆摊范围，结合标牌整治拆除不合理标识标牌，净化沿线路域环境；查处无证经营和违规经营行为，督查敲诈勒索、强买强卖、围追兜售、欺客宰客的违法行为，没收假冒风干牦牛肉36千克、氧气瓶6瓶、仿冒本地土特产品（红原奶粉）12袋、富氧水21件504瓶，责令整改商铺2家，停业1家，劝返5人。

【公共文化服务体系建设】 出台《红原县建设文化强县中长期规划纲要（2020—2025）》，配套出台《红原县加快构建现代公共文化服务体系实施方案（2020—2024年）》，形成

《红原县基本公共文化服务保障标准(2020—2024年)》,通过政府门户网站公布《红原县县级公共文化服务目录》,建立未来5年公共文化服务标准。为方便农牧民群众借书阅读,实现图书"随借随还",按照文化体制改革工作要求制订图书馆总分馆建设计划,前期摸排全县农家(社区)书屋、寺庙书屋总体情况,通过借书记录和管理员反馈情况了解各乡(镇)农牧民阅读习惯,有序推进图书馆总分馆建设。查明全县文化类资源分为地方戏曲剧种、非物质文化遗产、文物三大类共180个,旅游资源共有1025个。依据文化资源普查成果推进红原县川西藏族山歌平台化建设项目,APP进入试用阶段。开展各类大小文艺活动10次,共40场次,组织演职人员为敬老院的孤寡老人送去新年文艺演出;开展"送戏下乡""送戏进校园""送戏进乡(镇)""送戏进卫生院""送戏进寺院""送戏进养老院""送戏进军营"等系列演出活动2次,前后共计69场次;选派歌手班玛仁真获得川西藏族山歌大赛总冠军;选派多个节目参加全州第二届群文星创文艺作品大赛,分别获得音乐类和曲艺类2个三等奖;新创曲艺作品《吉祥如意》入选四川乡村艺术节。疫情防控期间,暂停举办文艺活动,指导草原之心艺术团原创抗疫歌曲《誓言无声》,玛萨呈祥弹唱队原创《抗疫歌》致敬一线抗疫勇士。浙江永嘉县邀请县艺术团参加邂逅"草原牧歌"——楠溪江雅克音乐季,开展为期一个月的巡回演出。通过全县10个公共服务网点维护维修362套,置换更新35套;组织实施建设13个贫困村村级文化室巩固提升建设项目,总投资13万元;继续实施深度贫困县应急广播建设项目,完成省级联调,维修设备13套,更换收扩机3个、喇叭12个。支持基层文化事业发展,投资35万元支持色地镇茸塔寺寺庙书屋及龙让寺文物保护。安排30万元文化惠民经费用于刷经寺镇、县老年协会举办文体活动及打造乡(镇)文化惠民中心。

【非物质文化遗产保护】 梳理红原传统文化脉络,开展文旅资源普查,完成第四批州级非物质文化遗产项目代表性传承人、第三批非遗传习基地推荐工作。录入文物保护单位基础信息系统(全国重点文物保护单位1处、县级文物保护单位6处、一般文物点44处)。对全县第三批州级文物保护单位拟推荐文保单位壤里红军石刻、塔子坝石刻藏经、麦洼寺度母殿3处文物保护单位设立保护界桩,共涉及1镇1乡;加强红色文化保护力度,红原日干乔红军过草地遗迹申报为第九批省级文物保护单位。申请全国重点文物保护专项资金985万元,对全国重点文物保护单位亚口夏山红军烈士墓进行维修维护。

【主要领导人】 县委书记:廖敏;县人大常委会主任:拉旺健;县长:嘉央罗萨;县政协主席:李戎生;分管农业副县长:兰刚。

红原县编写组

甘孜藏族自治州

【基本情况】 2020年,全州辖1市17县,辖区面积15.3平方千米,有户籍人口108.6万人。

【重大项目建设】 德格县雕版印刷博物馆等5个省级重点项目完成投资3.65亿元,新龙县拉日马扎宗村石板藏寨旅游基础设施、长征国家文化公园红军飞夺泸定桥展示工程项目等37个州级重点项目完成投资12.44亿元。新引进甘孜文旅驿站等重大文旅项目10个,总投资86.19亿元。色达县"格萨尔彩绘石刻·千幅石刻公园"项目、德格县百村抱团发展文化旅游扶贫产业园区建设项目、甲居藏寨文化保护与景区提升项目、理塘县勒通古镇·千户藏寨文旅融合建设项目进入全省文化旅游融合示范项目库。白玉县河坡藏民族手工艺开发有限公司、甘孜州玛卓贡嘎唐卡文化传播有限公司等12家文化企业获得"省级文化创意奖"称号。

【文旅品牌创建】 康定市被评为"第二批天府旅游名县",磨西镇被列入"四川省文化旅游特色小镇",墨尔多山镇基卡依村成为第二批全国乡村旅游重点村。稻城亚丁创建5A级景区完成省检验收并迎接国家暗访,德格印经院、甘孜格萨尔王城、石渠松格嘛尼石经城3家景区创建为4A级景区,桑堆河谷红草湿地、瓦须部落文化园、藏巴拉花海、措普沟、亚拉雪山等5家景区"创4A"完成省检验收,九龙猎塔湖景区、州博物馆等34家景区创建为3A级景区。指导贡嘎山旅游度假区申报国家级旅游度假区,丹巴美人谷旅游度假区创建省级旅游度假区完成省检验收。稻城桑堆河谷红草湿地、措普沟、甘孜雅砻湾湿地生态旅游区、德格多瀑沟生态旅游区4家景区创建省级生态旅游示范区完成省检验收。开展全域旅游示范区创建,推荐康定市、泸定县、道孚县、石渠县申报国家级验收单位,康定市、泸定县申报省级认定单位,指导丹巴、乡城、道孚、石渠、理塘、德格六县申报省级创建单位。

【文旅资源普查】 全州共查明六大类文化资源15073个,其中古籍5315册、美术馆藏品129(件)、传统器乐乐种32种、地方戏曲剧种5种、非物质文化遗产项目407项、可移动文物4460件(套)、不可移动文物4725处。新发现文化资源4279处,占总数的28.39%。全州共查明旅游资源36112个,其中五级旅游资源308个,占资源总数的0.85%;四级旅游资源754个,占资源总数的2.09%;三级旅游资源5243个,占资源总数的14.52%;优良级旅游资源(三、四、五级资源)共6305个,占资源总数的17.46%。新发现、新认定旅游资源点12509个,占资源总数的34.64%,其中新发现、新认定磨房沟七兄弟神山、章纳措、措达海子、岗拥沟、朵洛山脉群、克麦隆神山、天兵天将石林、亚都花谷等74处五级资源点,新发现、新认定洛若镇甲西沟、白龙峡谷、肯措海子、阿色沟、皮察沟一线天、丹霞地貌睡佛、米西沟、俄拉神山、妖枯大峡谷、六仙洞等223处四级资源点。按《四川省旅游资源分类、调查与评价(试行)》标准统计,全州旅游资源涉及8个大类、26个亚类、131个基本类型,分别占标准分类中大类的100%、亚类的100%、基本类型的100%。综合评价甘孜州核心资源品位高、垄断性强,在全州面积上资源分布平均,相对集中,以自然生态景观包括地文景观和水域景观为最主要优势资源,与历史悠久的藏族文化相融合,形成以康定—贡嘎、稻城亚丁—格聂山、格萨尔—康巴文化为主要旅游圈层的核心发展区。

【文旅活动】 举办2020四川山地旅游节活动、"圣洁甘孜·筑梦新时代"建州70周年庆祝大会大型广场文艺演出及"雪域赞歌·致敬新时代"专题文艺晚会、第三届贡嘎山喊山节暨高山杜鹃珍稀鸟类观赏季活动、格萨尔王城文旅宣传系列活动、“灌礼白藏房·寻秘香巴拉”乡城旅游推广季等文化旅游节庆节会活动，参加第十一届康巴艺术节、2020年四川省乡村艺术节、四川省第五届群众广场舞展演等文化艺术活动，促进康巴文化传播和文旅产业发展。

【文旅宣传营销】 加强媒体深度合作，组成宣传媒体矩阵开展网上“云直播”。创新推出“丝路甘孜·康藏秘境”康北旅游新品牌。筹备召开冰川温泉节及国际自驾旅游目的地峰会，启动风光自驾季活动，并通过腾讯网络等平台推广。11月，丁真凭借“高原美貌”走红后，全州借势营销，将个人特质与文旅IP深度融合，同“时差岛”拍摄发布《丁真的世界》，视频话题阅读传播量超过60亿次。“线上网流、线下促销”双管齐下，在成渝地区客源市场、省内二线城市开展营销，宣布至2021年2月1日，所有A级景区免票、酒店半价、机票打折等多项优惠政策。

【公共文化服务体系建设】 推动公共文化服务治理体系和治理能力现代化，推动炉霍县创建四川省第二批公共文化服务体系建设示范县，完成全州19个文化馆全国第五次评估定级自评，促成亚丁景区游客中心入围国家级县域公共文化机构和旅游服务中心服务功能融合试点单位。落实2176.05万元，全面实现全州公共图书馆、文化馆、乡（镇）综合文化站设施全面免费开放。投入4000万元的甘孜州国省干道沿线旅游基础设施建设项目已进场施工。建成甘孜州文旅驿站3个，分别是泸定五里沟、康定塔公和色达洛若。全州新（改）建旅游厕所50座。选址甘孜新区，启动州文化馆、州图书馆、州公共服务中心“两馆一中心”项目建设。持续开展群众文化活动，精心策划“送文化下乡”等活动1282场次，惠及群众38.46万人次。丹巴县《古碉藏寨美人谷文旅铺就脱贫路》、九龙县《非遗扶贫助发展军地携手一家亲》被纳入“四川省文化和旅游扶贫典型案例”。

【主要领导人】 州委书记：刘成鸣；州人大常委会主任：李康；州长：肖友才；州政协主席：向秋。

甘孜藏族自治州编写组

康定市

【基本情况】 2020年，全市辖7乡8镇2个街道，辖区面积11600平方千米，有人口10.63万人。

【年度农业和农村经济运行】 2020年，全市实现农林牧渔业总产值106738万元，增长7.7%，其中农业总产值61926元，增长7.3%；林业总产值4307万元，增长24.2%；牧业总产值37581万元，增长6.6%；渔业总产值5万元，减少82.1%。

【产业发展】 全年发展特色产业基地10.8万亩（新增0.84万亩），其中水果4万亩、蔬菜3.9万亩、黑青稞1万亩、紫皮马铃薯0.5万亩、中药材0.67万亩、食用菌0.48万亩、茶叶（花卉）0.05万亩；加快推进百公里绿色生态农牧产业带建设，新（改）建特色产业基地2.27万亩，其中羊肚菌0.27万亩、蔬菜0.7万亩、水果1万亩、花椒0.3万亩。实施省级财政现代农业发展工程项目。康定市食用菌产业提质增效绿色发展项目总投资500万元，已完成95.5亩大球盖菇种植，每亩补贴5000元；高寒藏区中药材藏药材种源及种苗繁育园区项目总投资200万元，编制完成《高寒藏区中药材和藏药材种源及种苗繁育园区实施方案》。

【林业】 全市退耕还林工程从1999年启动实施到2020年，共计实施退耕还林工程项目12.29万亩，其中退耕还林7.4万亩，完成7.4万亩，完成率为100%；退耕还林配套封山育林1.9万亩，完成1.9万亩，完成率为100%；新增巩固退耕还林成果专项建设1.49万亩；配套荒山造林1.5万亩，完成率为100%。整个工程共涉及17个乡（镇）204个村15948户23109个地块51754人。根据退耕还林补助政策，全市7.4万亩退耕还林从2016年开始逐步到期，到2020年全部到期。全市启动封山育林项目35800亩，完成人工造林11150亩，完成康定市道路绿化21千米，完成庭院节点绿化项目260亩，完成2019年沙化土地治理项目1300亩，完成康定市干旱半干旱项目1250亩。完成康定市瓦泽乡贡巴村机场路段7千米绿化，绿化面积20760平方米；孔玉乡色龙村村级1千米绿化，绿化面积11510平方米。完成10万亩天然草原改良任务和0.4万亩退化草地治理任务，建成草原监测站1个。依法加强对全市603.94万亩（其中国有森林管护282.4万亩，集体公益林森林生态效益补偿252.13万亩、集体和个人所有天然商品林停伐管护补助59.4万亩）森林的保护和管理，选聘建档立卡贫困人口生态护林员470人加强对森林的管护，通过“一卡通”形式兑现2020年集体公益林森林生态效益补偿3971万元和集体和个人天然商品林停伐管护补助367.67万元。选聘建档立卡贫困人口530人加强对草原进行管护，发放劳务补助318万元。全面完成草原监测任务，监测样地21个。

【农村改革】 深化农村土地改革，完成17个乡（镇、街道）复核，确权颁证面积11.19万亩，颁证率达92%，流转土地面积6026.44亩。深化农村集体资产产权制度改革，全面完成全市214个村（社区）清产核资，推进122个村成员界定，确认成员身份62587个，完成全市122个村成员股份量化，确认成员股份624615份。新培育农民专业合作社19家，总数达481家；新培育家庭农场23家，总数达142家。培育省级示范农民合作社1家、州级示范农民合作社8家；培育省级示范家庭农场1家、州级示范家庭农场2家、县级示范家庭农场8家。

【主要领导人】 市委书记：邓立军；市人大常委会主任：訾正勇；市政协主席：罗秀珍；分管农业副市长：杨恒。

康定市编写组

泸定县

【基本情况】 2020年，全县辖7镇5乡，辖区面积2165.35平方千米，总人口86242人。

【全域旅游】 完成国家全域旅游示范县资料申报，参加天府旅游名县竞争性遴选；完成5个全域全景图安装、龙吟半岛段绿道及旅游厕所、纪念碑公园地下停车场等项目；开展全域旅游监测管理系统、“一部手机游泸定”（进度视资金到位情况而定）、房车营地等项目建设。开展泸定桥国家5A级景区创建，完成《资源价值评估报告》并提交州文广旅局。

【文旅项目建设】 全县新开工项目共5个，总投资5970万元，其中长征国家文化公园红军飞夺泸定桥展示工程项目于3月5日完成设计施工一体化招标(EPC模式)，已完成展陈大纲、版式设计以及讲解词修改，已报省委宣传部审核，并逐级上报中宣部审核；泸定县州、县广播电视节目覆盖工程（一期）项目于7月10日完成招标，9月进场施工，已进行杆线架设；泸定县公共服务设施建设项目由于用地限制造成前期相关工作滞后，已确定选址用地，开展初步方案设计；泸定县樱桃谷景区建设项目3月报经主要负责人及相关部门同意，已完成建设规模及内容的调整，开展挂网招标；烹坝318线自驾游宿营地建设项目已进行挂网招标，10月21日进行招标。

续建项目。3月,续建项目经县防疫指挥部及行业主管等相关部门审核通过,陆续复工复产。续建项目共计3个,估算总投资2990万元,其中泸定桥景区旅游基础设施建设项目(二期)已完成主体工程,并移交县综合执法局管理投入使用;甘孜州泸定县红军飞夺泸定桥纪念馆项目(一期)开展小品安装,已完成计划工程总量的90%,10月底完工;泸定县杵坭旅游综合服务区基础设施建设项目(二期)已完成混凝土基础堡坎建设,项目二期游客中心房屋建设受地下桩基设计影响工程已停工,设计变更后相关清单编制工作有序开展。

【文旅品牌创建】《泸定县大渡河沿岸康养旅游产业带总体规划(2019—2035)暨五个示范片建设策划方案》通过州级评审,报县政府审查;《泸定县全域旅游总体规划》已完成中期稿;完成《牛背山街心花园修建性详细规划》编制并报县政府备案,《牛背山景区总体规划》修编调整有序进行;完成《长征国家文化公园红军飞夺泸定桥纪念地修建性详细规划》编制。政府采购确定四川旅游学院开展《泸定菜谱》编制,已制订开发计划。按照"两桥三山一带多点"旅游开发布局,启动杵坭樱桃谷景区4A级创建,邀请专家进行现场指导;制订泸桥海子山居景区、兴隆天下·和平景区创建国家3A级景区工作实施方案,指导泸桥镇、兴隆镇对照标准开展创建,并通过州级评审;指导化林老磨坊农家乐、久红樱桃山庄、馨园梦客栈、兴园山庄、雅卓庄子创建省级乡村酒店,指导21户民宿创建民宿达标户。

【文旅宣传营销】 运用抖音、微信公众号、今日头条等多种方式对泸定风土人情、旅游线路、旅游住宿、饮食、特色产品等进行宣传推广,打响"红城绿谷康阳泸定"品牌。举办"送文化下乡"、春节、红樱桃节、建州70周年、秋果采摘节等系列活动,宣传推广泸定旅游,推动泸定农特产品销售。"春赏花·红樱桃节"抖音话题播放量达到983.3万次,线上直播活动观看量达到7210.6万次;以甘孜州建州70周年为契机,发布《献礼70年》主题文艺汇演相关信息,营造活动声势;以泸定秋收助农的直播活动释放直播助农活动信息,提升城市好感度。在不同时间进行分角度、分批次的新闻报道及公众号宣传,在新华网、人民网、今日头条、四川旅游网、"泸定之声"等平台累计发布信息31篇。

【公共文化服务体系建设】 县文化馆、图书馆、纪念馆、7个乡(镇)综合文化站全部坚持免费对外开放,提供免费公共文化服务项目,免费开放经费拨付使用298.76万元,拨付比例达100%。按照公共文化服务指导标准,创新服务内容,指导"两馆一站"及村综合性文化服务中心开展文化工作。完成对全县7个乡(镇)综合文化站、38个退出贫困村的村级文化活动室"回头看"。开展深度贫困县应急广播系统建设。举办新春年俗文化活动(年猪节)、四川花卉(果类)生态旅游节分会场暨泸定第十届"春赏花·红樱桃节"、庆祝甘孜州建州70周年系列活动、泸定县热烈庆祝甘孜藏族自治州成立70周年暨第一届丰收泸定·秋果采摘节活动。全年累计开展"送文化下乡"活动41场,覆盖全县所有行政村,演出节目247个,约12000人次观看。全年举办基层文化业务骨干及文化志愿者培训4期,累计培训851人次。图书馆推出"书香助力战'疫',阅读通达未来"系列线上读书月活动,线上点击率达到4000余次。图书馆全年总流通3700人次,书刊文献外借806人次,外借图书1442册。纪念馆推出以"大渡河畔诉情怀、泸定桥头忆初心"为主题的线上5G文旅互动讲解直播、红军飞夺泸定桥主题画作展览、《泸定辉煌70年》图片展等活动,取得良好的政治效益和社会效益。纪念馆开放天数共计247天,共接待各类社会团体4.8万余人次,完成各类接待481场次。坚持开展对"村村响",州、县节目无线覆盖发射基站、接收站点的巡查巡检,全年巡查巡检81人次,对45个行政村"村村响"广播设备进行维修,更换高音喇叭60支,维修州、县节目无线覆盖光纤线路6次,维修州、县节目无线覆盖发射基站2次,维修播放州、县节目无线覆盖备用发电机1次,保障设备正常运行。全年开展公共服务管理员("村村响"管理员)培训3期,培训160余人次。

【非物质文化遗产保护】 继续收集、整理民间山歌、医药、饮食、民俗等调查资料,邀请本土专家进行非遗线索普查,并到岚安乡、冷碛镇、化林坪、盐水溪等地进行实地调研,共计收集非遗线索32条,深入调查14项,调查完整并申报为县级非遗2项。开展"非遗进校园、基层,景区、社区"活动,各类活动参与人次达3000余人。

【主要领导人】 县人大常委会主任:曾维勇;县长:王蕾;县政协主席:姜健康;分管农业副县长:杨莉。

泸定县编写组

丹 巴 县

【基本情况】 2020年,全县辖3乡9镇,辖区面积5649平方千米,总人口4.99万余人。

【景区提档升级】 甲居景区有序推进大环线工程建设,集中打造甲居镇观光产业示范基地,流转土地300余亩,建成油菜基地500亩、玫瑰园基地60亩、薰衣草基地10亩、观光采摘园1000亩,实现"一村一特色、村村景不同"。中路景区启动游客集散中心和小康示范村建设,加快推进中路旅游环线建设。梭坡景区启动小康示范村建设。党岭景区完成景区旅游公路建设。通过广东省惠州市、成都市成华区及其他省内对口支持力量,加强景区招商引资。继续推进"丹巴一机游"建设,完成投资208.788万元。启动实施"甲居景区智慧游",已完成投资284万元。启动《丹巴县民宿国际旅游目的地总体规划暨重点村落特色民宿发展规划》编制,对全县民宿行业作出科学规划,注重特色保护。制定《关于进一步加强农村宅基地审批和传统民居建筑风貌保护工作的意见》和《关于加强村寨民居传统建筑风貌保护工作的通知》,不断修订完善《丹巴县民宿提档升级管理办法》,对全县民宿进行提质升级改造。

【文旅项目建设】 完成文旅融合类项目——甲居景区文化保护与景区提升、泽周村旅游基础建设、最美景观大道、"厕所革命"、山地旅游节、智慧景区等项目,完成投资6473.6037万元;其他类项目6个,包括州、县广播电视节目覆盖、应急广播平台建设等,完成投资542万元,总计投资7984.5837万元,实现"文化创新、广电惠民、旅游富民"目标。启动丹巴罕额依新石器时代文化遗址和汉代石棺葬墓群保护维修项目,完成投资180.766398万元。启动丹巴古碉群保护维修项目,完成投资1862254.61万元。

【公共文化服务体系建设】 完成54个贫困村文化室设施设备的维护维修安装等,并补充完善电脑、音响、发电机等设施;采购图书5000余册,为8个村文化室建设及基层文化活动开展解决相关工作经费。开展文艺作品新创作,加强"两歌两舞一小品"新人新作节目编排创作。开展"送文化下乡"98场次,观众达49000人次。做好文化馆、图书馆、乡(镇)综合文化站免费开放,县级图书馆图书藏量达46800余册。开展舞蹈、美术、摄影免费培训7期,420余人次参训;指导各乡(镇)

开展各类文化活动培训，培训人数达1200人。到全县181个村对广播电视设备进行巡检维修服务，共巡检广播“村村响”300余套，维修广播电视“户户通”设备2100余台。完成州、县节目无线覆盖工程和应急广播平台招标。

开展灾后重建工作。“6·17”特大泥石流灾害灾情发生后，第一时间组织工作组到达灾区统计核实受灾情况。针对灾区人民房屋受损后不能收听收看到广播电视节目这一情况，派出工程技术人员到灾区安置点为灾区群众安装架设广播设备2套，解决了灾区安置点收听广播信息问题。同时，考虑到灾区群众恢复重建后无广播电视设备这一情况，立即与省、州主管部门联系，针对213户冲毁户损毁广播电视的情况，为全县受灾群众配备“户户通”设备300套，已全部入库。

【主要领导人】 县委书记：何文才；县人大常委会主任：阿根；县长：王俊；县政协主席：杨朋错；分管农业副县长：谢德刚。

丹巴县编写组

九 龙 县

【基本情况】 2020年，全县辖7乡9镇，辖区面积9770平方千米，其中耕地面积6.8万亩，与上年持平，人均耕地面积1.1亩。年末总人口6.41万人（户籍人口）；人口出生率8.09‰，增加4.31个千分点；人口自然增长率4.76‰，增加2.96个千分点。本地水资源总量27.28亿立方米，人均占有水资源量43183立方米。有林业用地37.93万公顷，有森林面积32.97万公顷，活立木总蓄积量5601.86万立方米，森林覆盖率48.75%。

2020年，全县GDP27.93亿元，增长2.5%，其中第一产业增加值4.08亿元，增长6.8%，农、林、牧、渔及农林牧渔服务业之比为47.19 ∶ 7.55 ∶ 44.46 ∶ 0.07 ∶ 0.73；第二产业增加值14.12亿元，增长2.3%；第三产业增加值9.74亿元，增长1.3%。一二三产业结构比为14.6 ∶ 50.5 ∶ 34.9。三次产业对经济增长的贡献率分别为35.09%、45.29%和19.62%。全县工业实现增加值13.69亿元，增长2.1%。全年接待游客90.84万人次，实现旅游收入9.9亿元。

公路通车里程1224千米。社会消费品零售总额4.07亿元，减少3.5%。地方公共财政收入完成1.89亿元，减少9.5%；地方公共财政支出13.89亿元，减少1.1%。金融机构各项存款余额23.92亿元，比年初增长5.8%；各项贷款余额27.42亿元，比年初增长12%。支持农业产业化发展项目贷款3776.31万元。完成农业产业化项目13个，完成投资3804万元。全年农业保费收入519.58万元，增长35%，其中处理各项赔款和给付金额744.85万元，增长59%。农业产业化龙头企业省级、州级分别为5家、3家。

有各类学校48所，在校学生12841人，教职工1229人，其中普通中学4所，在校学生4872人；小学24所，在校学生5797人；幼儿园20所，在园幼儿2172人；学龄儿童入学率99.59%。完成省级以上科技成果2项。有艺术表演团体1个，文化馆1个，公共图书馆1个，电影院1个，体育馆1个。有卫生机构23个，病床位410张。城乡居民医疗保险参保人数4.87万人，参保率97%；城乡居民养老保险参保人数3.14万人。

【年度农业和农村经济运行】 2020年，全县出台了《九龙县扶持农业产业发展财政奖励办法》《九龙县促进民营经济健康发展若干政策措施》《九龙县关于扩大开放促进投资若干政策措施的意见》等文件和政策。全年实现农业总产值70056万元，增长6.8%；实现农业增加值52573万元，增长10.8%。农民年人均可支配收入达16716元，增长8.5%。全县农产品质量抽检合格率比年初提高0.1个百分点；建成16个基层农业综合服务站。主要农产品产量见表1。

农业产业化发展。按照“五朵金花+”农业产业发展理念，编制完成现代农业产业园区“1+6”规划，重点培育九龙牦牛、毛驴、茶叶、花椒、生猪等六大现代农业产业园区（基地），并采取“合作社+农户”“龙头企业+农户”等模式实现一二三产业融合发展。九龙生态茶叶现代农业园区创建为州级农业园区，牦牛产业园区一期工程全面完成，屠宰场、仔猪繁育场建设有序推进，培育州级龙头企业2家。

农用地产权制度改革。全县登记家庭承包经营权12194户44492人，登记地块51103块，总面积64910.28亩，颁发农村土地承包经营权证书11760本。

农产品品牌战略实施。新增“三品一标”农产品8个，申报6个。九龙天乡茶叶“藏红”“藏雪”“金迷”“紫醉”等系列品牌连续多次获得四川国际茶博会金奖，“九龙花椒”在第二十一届中国绿色食品博览会上获得中国绿博会金奖。11月，在广东省东莞市举办九龙县文化旅游农牧产品推介会，与东莞市达成签约项目6个，与东莞企业达成肉牛产业战略合作协议，与东莞市茶文化促进会签订《九龙天乡茶推广销售协议》。

【种植业】 全年农作物总播种面积96012亩，其中粮食作物播种面积65715亩，粮食总产量20736吨，减少2.08%；经济作物播种面积30297亩。玉米规模化种植面积3.6万亩，马铃薯规模化种植面积1.3万亩，油菜规模化种植面积2165亩。实施高标准农田建设5000亩。

【林业】 春季退耕还林补植面积1000亩。完成森林抚育建设2万亩，造林绿化1000亩，巩固退耕还林成果7万亩。完成干旱、半干旱生态综合治理2250亩。

【畜牧业】 全年各类牲畜存栏18.37万头（只、匹），出栏7.94万头（只、匹），牲畜总增率、出栏率、商品率分别为36.32%、46.47%、17.58%，肉类总产量4897吨，奶产量3064吨。完成畜禽改良4万头（只）、本品种选育4000头（只），发展中蜂养殖示范户20户。引入新希望集团发展生猪标准化养殖，全县出栏生猪3.64万头。

【统筹城乡与新型城镇化】 全县全年城乡提升战略项目14个，其中做强县城项目6个、做

表1　2020年九龙县主要农产品产量

主要农产品	单位	产量	同比(%)
粮食	吨	20736	-2.08
水稻	吨	168	-1.75
小麦	吨	911	11.37
油菜籽	吨	343	17.47
蔬菜	吨	45765	-1.59
水果	吨	1916	0.31
肉类	吨	4897	8.22
猪肉	吨	2314	12.82
禽蛋	吨	59	-3.28
牛奶	吨	3064	-4.34

优乡(镇)项目5个、做美村寨项目3个。城南大道全面完工,县城供水工程和城南大桥建设有序推进。优化升级县城电网,新建4G和5G通信基站28个。建成休闲广场3个、观景平台5个、栈步道2.2千米、停车场3个,新(改)建公厕22座、新(改)建户厕2785座,设置共享公厕47座。

【乡村振兴】 完成《九龙县乡村振兴战略规划(2018—2022年)》《九龙县乡村空间布局规划》《九龙县天乡茶叶现代农业园区建设规划》等7个规划和16个乡(镇)乡村振兴战略规划、5个乡村振兴示范村专项规划编制。整合广东援建、脱贫攻坚、生态转移、国债等资金,启动实施九龙牦牛、毛驴、茶叶、花椒、生猪等农业产业园区(基地)和示范乡(镇)、村等建设项目,于10月举办全县乡村振兴暨重点工作推进现场观摩会,集中观摩6个乡(镇)现代农业产业园区(基地)建设。

【扶贫攻坚】 按照"四个不摘"总体要求,整合涉农资金1.28亿元,实施扶贫项目76个,出台《九龙县扶持村集体经济发展试点实施方案》等8项政策措施,新增村级经济组织34个,实现贫困村和非贫困村全覆盖;创建州级就业扶贫基地3个,建立产业扶贫合作社1家,开展贫困人口技能培训48场次,实现稳定就业511人,借助对口帮扶平台销售农特产品1700余万元,61个村集体经济收入均达10万元以上,贫困户人均纯收入达10780元;扶贫小额信贷累计还款5134万元,贷款逾期率控制在0.8%以下。制定出台防返贫动态监测分级预警办法,全年无新增贫困人口和返贫对象,通过脱贫攻坚全国普查和成效考核。

【乡村旅游】 全年乡村旅游接待游客23.27万人次,实现旅游收入2.6亿元。完成175份景区及住宿设施调查问卷和网上录入,完成涉旅企业持证上岗工作。开展旅游培训5期,培训438人次。新建酒店3家、精品民宿15家、旅游商品体验店1家。

【农村水利】 完成九龙河三垭段防洪治理工程建设;投资149万元,完成2020年安全饮水维修养护管材采购及更换架设;完成6处125人安全饮水巩固提升。完成湾坝镇灾后重建集中安置点安全饮水工程建设3处;完成烟袋镇集中供水净化设施改造工程建设;完成13处水土流失遥感监测野外复核和68个单元地块符合性复核。

【农业机械化】 全县农机总动力达7.75万千瓦。全年完成机耕面积4.95万亩、机播面积1.17万亩、机收面积1.47万亩、农机合作社机械化作业面积500亩。全县拖拉机年检率达20%以上。全年购置农机具74台(套),补贴资金51.25万元,购机补贴结算进度达90%以上。

【农村科技】 开展"送科技下乡"活动5场次,发放农业科技资料8560份(册);运用手机微信等方式开展春耕技术指导3230条。开展科普宣传活动1次,发放技术资料150册,参加咨询群众700余人次;开展培训2期,开展技术指导2次。在线平台完成技术供给信息4项,供销对接2项,完成有效信息咨询772条。

【农村文化】 全年开办少儿音乐、舞蹈免费培训班2期,社会人员及业余演出队骨干舞蹈培训班2期,非遗传承人员培训班1期。举办"送文化下乡"演出110场次,并分别在汤古镇、雪洼龙镇开展群众文化活动2场。完成九龙县文化和旅游资源普查,查明传统乐器乐种、非物质文化遗产、文物三大类文化资源433个,查明旅游资源1564处,新发现认定旅游资源901处。

【农村卫生】 全县建立规范化城乡居民电子健康档案61357份,电子健康档案建档率为94.4%。创建省级卫生乡(镇)3个、省级卫生村4个;评选"卫生家庭"120户、"健康红旗能手"30人。九龙县被国家爱国卫生运动委员会重新确认为国家卫生县城。全县县、乡医疗卫生机构国家基本公共卫生服务和重大传染病综合防治能力全面增强。

【农村法制建设】 持续开展"扫黑除恶""缉枪治爆"等专项整治行动,全年破获各类刑事案件14起,抓获嫌疑人24人,收缴枪支127支、子弹2800发、炸药180千克;受理群众来信和省、州交办信件69件,办结率达95%,化解疑难矛盾纠纷9件。

【农村交通】 国道549线九石路、省道469线文木路建设快速推进。全年改建通乡油路18.5千米,硬化通村通组路48.5千米。新建农村招呼站牌16个,全县61个村实现"两通"。完成农村公路路侧护栏安装43千米。

【农村社会保障】 全县医疗保险参保人数4.87万人,养老保险参保人数3.14万人,动态保障城乡低保对象5045人,代缴5427名贫困人口、低保对象、特困人员等困难群体城乡居民基本养老保险费。发放义务兵家庭优待金、自主择业金、优抚对象生活补助金382万元。

【农村生态建设及环境保护】 全面落实集体林生态效益补偿、草原生态奖补等政策,完成长江上游干旱河谷地区生态造林2250亩。森林草原防灭火专项整治、消防水池、航空灭火能力建设、防火检查站等6个项目全面完工,防火阻隔系统、扑火队营房等3个项目建设有序推进。环保前置审批项目72个,开展环保督察102次,查处违规行为58起,新建空气质量自动监测站1座。落实河(湖)长制,清理整治河道17.85千米,依法清退整治小水电84家,完成3条河流管理划界和河湖岸线保护利用规划编制,推进长江流域重点水域十年禁捕工作。新建4个乡(镇)生活垃圾焚烧场,启动16个乡(镇)54个村的农村生活污水垃圾治理清运建设项目。

【农产品质量安全监管】 全年例行检测果菜样品50批次、53个品种、573个样品,合格样品573个,合格率达100%。泸州市农业质量检验检测中心到九龙县开展农产品质量安全第二次例行监测,抽检蔬菜、食用菌共22个样品,合格样品22个,合格率达100%。启动食用农产品合格证开具,共开具合格证700张,上市农产品315.12吨。购置农产品快速检测箱10个,开展农产品质量安全检验检测技术人员培训60人。开展宣传323场次,咨询群众29124人次,发放宣传资料30000余份。

【农村市场体系建设】 全县已建成县级电子商务公共服务中心1个、商品展示体验中心1个、乡级电子物流服务点16个、村级电子商务物流服务点25个。电商公共服务中心入驻商家7家,孵化店铺11个。全年培育电商主体2家,完成创业活动4场;电商培训3054人次。完成外贸出口116万美元。

【主要领导人】 县委书记:赵景强;县人大常委会主任:王德宏;县长:宋晓军;县政协主席:四郎汪堆;分管农业副县长:牟晓光(9月止),张林(10月始)。

九龙县编写组

雅 江 县

【基本情况】 2020年,全县辖10乡6镇,辖区面积7569.53平方千米,总人口47500人。

【文旅市场监管】 开展疫情防控期间及"两会""两考"期间文化市场管理和安全生产排查治理专项整治,重点对全县9家经营性娱乐场所、2家网吧等人员密集公共场所进行监管。开展"扫黑除恶"、文化市场专项整治行动,重点对娱乐场所、网吧等文化市场含有诱发青少年违法犯罪、宣扬淫秽色情,宣扬暴力、迷信、赌博,噪声扰民等违规问题进行宣传教育管理,开展文化市场执法检查,共出动执法人员320余人次,检查1500余家次。组织力量对县境内(天路十八弯观景台等）各大酒店、旅游行业重点领域和食、住、行、游、购、娱等旅游要素市场开展安全生产活动，在景区明显位置悬挂安全生产横幅，利用“五一”“十一”假期向景区民居接待户和游客发放高原旅游安全、自驾游安全出行前准备旅游安全宣传资料200余份，并设立咨询服务台为游客提供服务，营造浓厚的“安全出行、安全旅游”氛围。按照“旅游发展、人人参与”的理念，推进涉旅从业人员持证上岗，为雅江旅游发展营造氛围。对涉旅企业定期开展检查，联合综合执法局处理旅游投诉2起。为做好节庆期间旅游工作，在“五一”“十一”期间到各观景台、洞子口设立咨询服务点，共出动人员260人次、车辆30台次；对涉旅酒店、餐饮、出租车、旅游商店等场所涉旅人员进行统一登记并发放工作证，已完成登记发放工作证1000余份。为提升全县旅游服务质量，提高涉旅人员素质，开展相关培训工作，已完成培训4期，累计培训人员641人次。组织人员对景区（景点）、观景台进行定期和不定期的执法检查，完善投诉受理机制，维护旅游消费者合法权益，确保旅游市场安全。每逢节假日对全县国道318线沿线各宾馆、饭店、旅游景点进行大排查，排查安全隐患、配备厕所“两纸一液”。同时，为保护游客合法权益，防止出现欺行霸市、强买强卖、哄抬物价等乱象，出动旅游服务保障车在天路十八弯、航拍基地、德孜沟综合服务点、八角楼乡日基（松茸产业园区）等6个观景台设立旅游咨询服务点，每个服务点至少安排2名工作人员进行蹲点值守，为游客提供各项保障服务。根据疫情防控工作总体部署，1～5月期间关闭全县所有文化娱乐场所，共11家演艺中心、KTV，3家网吧；取消所有群众文化活动和民俗活动，共计10余场；对全县宾馆、饭店等涉旅企业进行执法检查和宣传教育；不定期开展文化和旅游市场执法检查。

【非物质文化遗产及文物保护】 完善全县非物质文化遗产代表性项目及传承人体系建设，完成传统舞蹈、传统技艺、民俗三大类27个第七批州级非物质文化遗产代表性项目传承人申报，完成5个县级非物质文化遗产项目和传承人申报。开展“雅江县非物质文化遗产暨文化遗产日——非遗传承，健康生活系列展演”活动，展示少儿美术作品100余件、文学作品20余件、书法作品60余件、非遗手工艺作品10余件及原生态锅庄、舞蹈等非遗项目展演15件。完善雅江县非物质文化遗产项目数据库。抓好文物保护单位寺庙文物普查工作，落实文物安全责任，与全县33座寺庙签订文物安全生产责任书，全面开展文物安全检查，确保文物安全。

【主要领导人】 县委书记：刘宗建；县人大常委会主任：杨双寿；县长：旦灯；县政协主席：刘进顺；分管农业副县长：郑瑞源。

雅江县编写组

道 孚 县

【基本情况】 2020年，全县辖5个片区7镇12乡118个行政村3个社区，辖区面积7053平方千米。年末户籍人口55363人，其中农业人口47056人；总户数14613户，其中农业户数10038户；年末常住人口6.3万人，其中城镇人口2.1万人，城镇化率33.33%；人口出生率13.51‰，人口死亡率2.12‰，人口自然增长率11.39‰。

2020年，全县GDP14.1亿元，增长3%，其中第一产业产值3.22亿元，增长5.6%；第二产业产值1.36亿元，增长9%；第三产业产值9.52亿元，增长0.5%。工业增加值0.9亿元，增长9.1%。全社会固定资产投资15.7亿元，增长2.2%。社会消费品零售总额3.19亿元，减少4.4%。地方公共一般预算收入完成8206万元，增长1.2%。农（牧）民年人均纯收入达13167元，增长9.1%。

公路总里程2182.584千米，其中县道138.08千米、乡道351.647千米、村道1329.789千米，实现全县19个乡（镇）乡乡通公路和行政村通达的目标。全年客运周转量为25684000吨/千米，货运周转量为263543000吨/千米。

有医疗卫生机构181所，其中县级医疗机构5所、中心卫生院4所、乡卫生院17所、村卫生室146所、个体诊所9所；病床位282张，每千人拥有病床位5张。城乡居民养老保险参保人数32089人，城乡居民实际参保人数并缴费46003人。

【种养殖业】 全县农作物播种面积10.36万亩，其中粮食作物播种面积7.5万亩，经济作物播种面积2.86万亩。全县各类牲畜存栏15万头（只、匹）；各类牲畜出栏3.2万头（只、匹），出栏率为25.7%；牲畜出售总量2.7万头（只、匹），出售率为19.1%；肉类总产量0.31万吨，奶产量0.61万吨。

【统筹城乡发展】 围绕“做强县城、做优乡镇、做美村寨”的总体目标，城乡提升战略目标确定3个大项13个子项。鲜水镇初级中学男生宿舍项目建设已竣工验收；三完小食堂及附属和教师周转宿舍工程项目食堂建设竣工，周转房进入装饰装修阶段；鲜水镇幼儿园项目已完工并投入使用；县粮食局地块开发项目已完成外部装饰装修；道孚县黑桥至自来水厂道路改（扩）建项目已竣工投产交付使用；鲜水镇市政基础设施改（扩）建项目进行路基施工，道孚县人民医院二期项目已完工；鲜水河孜龙大桥段防洪堤项目进行堤身碾压；鲜水镇高级中学建设项目进行主体施工，完成工程量的45%；八美镇污水处理工程设施建设项目已竣工并完成验收；八美镇农贸市场项目建设已完工待验收。维它呷科村、甲宗镇兴岛科村等5个村生活垃圾低温热解处理设施设备项目建设已完成初步验收；乡村公厕建设项目已完工。

【农村教育】 全面落实“十五年免费教育”，对在园幼儿减免保教费183.25万元，免除幼儿午餐费133.72万元；减免义务教育“三免一补”学杂费677.93万元、书本费82.97万元，发放寄宿制生活补贴1081.88万元；拨付营养膳食补助资金542.33万元；拨付高海拔学生取暖费138.97万元；资助高中生50人，发放金额10万元。全面落实普惠性资助政策，回收助学贷款56笔 16万元，发放助学贷款281.92万元；待发放23名学生学费奖补30.68万元，审核通过35名学生非义务教育资助申请5.15万元；为266名学生发放教育扶贫资金35.51万元，为520名建档立卡贫困学生发放资助金78.85万元。做好特惠性学生资助，实施成都市郫都区221名大学生“圆梦行动”33.15万元；成都市郫都区“金杜鹃计划”170人、17万元。全县基础项目建设共涉及26所学校，共28个项目（续建8个、新开新建20个），已竣工17个。全年完成投资4520万元。道孚中学高中部建设项目总投资6107万元，总建筑面积15356平方米，已完成总工程量的45%。

【农村社会保障】 全县有农村低保人员2817户5984人，发放农村低保人员生活补助金2421.65893万元、农村低保物价补贴292.3399万元。全年累计救助因灾因病因学家庭及困难残疾人家庭60户（人），发放临时生活救助资金24.957万元；由于疫情对无法复工复产无经济来源的3109户7186名困难群众发放临时生活救助金257万余元。同时启动临时救助备用金制度，向22个乡（镇）下拨临时救助备用金22.8万元。

【主要领导人】 县委书记：林东升；县人大常

委会主任:呷沙东周;县长:扎多;县政协主席:琼措;分管农业副县长:丹巴多吉。

道孚县编写组

炉 霍 县

【基本情况】 2020年,全县辖4个工委12乡3镇139个行政村(其中纯牧业乡6个、半农半牧乡/镇9个),辖区面积4477.13平方千米,总人口47185人。

【文旅宣传营销】 为整合康北文化旅游资源优势,成立甘孜北线八县联盟的康北旅游宣传营销联盟,以"丝路甘孜 康藏秘境"为主题的旅游新地标正式点亮,同时与四川省营地与自驾游协会签订甘孜北线定向客源输送战略合作协议,甘孜北线八县渠道开拓正式启动。新路线推介暨建州70周年重大节庆活动发布会7月13日在成都市举行,7月14日—15日在重庆市举行。7月18日,"丝路甘孜,康藏秘境"首发体验团到炉霍县探寻炉霍的绝美秘境和人文风情。

【公共文化服务体系建设】 发挥图书馆藏书量大、门类齐全的优势,全面实行错时免费开放,全年借阅4300余人次,办理借阅卡73张;开展"送图书下乡"16次。县文化馆免费开放,继续免费开办艺术培训班,其中包括舞蹈、音乐、美术、藏汉文书法、绘画、龙头琴等,已有170名学生及干部群众参加培训。16个乡(镇)综合文化站免费开放1344次,共计接待3760人次,保证乡(镇)群众享受公共文化服务的权益。全面完成88个贫困村村级活动室的建设及文化设施设备的安装,并对村级文化活动室文化设施设备进行巩固及维护。组织县文化馆开展全年不少于48场次的"和谐乡村行,文化进万家"送文化下乡演出服务活动,分别到各村、军营、医院、学校开展"送文化下乡"96场次,每场惠及群众300～5000人不等。

【四川省公共文化服务示范县创建】 制订《炉霍县创建四川省公共文化服务体系示范县工作方案(2019—2021)》,成立炉霍县创建公共文化服务示范县办公室;向县财政提出每年50万元的资金申请,已拨付;组织工作人员到全县15个乡(镇)开展乡(镇)综合文化站、村级文化活动室普查;7月和9月,四川省公共文化服务体系示范县专家组2次到炉霍县指导创建工作;11月,省创建督导组到炉霍县开展创建工作中期评估。

【广电建设】 健全安全播出应急、监听、监视制度,推行机房定期维护、限时安装服务等便民措施,为广大用户提供优质的广播电视节目和信号。按照安全播出的规章推行机房24小时双岗值班制度,确保电视节目的安全播出。配合相关部门加强对安装非法地面卫星设施设备和非法卫星信号干扰设施行为的查处和打击,维护国家安全、社会稳定和人民群众的利益。全年维修有线电视用户270余次,发放"户户通"设备39套,自行维修"户户通"设备75台。

【主要领导人】 县委书记:伍强;县人大常委会主任:康玲;县长:巴登;县政协主席:吴小平;分管农业副县长:赵晶。

炉霍县编写组

甘 孜 县

【基本情况】 2020年,全县辖5个片区21个乡(镇)194个行政村4个社区,辖区面积7303平方千米,总人口7.26万人。

【旅游品牌创建】 根据中华人民共和国国家标准《旅游景区质量等级的划分与评定》和《旅游景区质量等级管理办法》要求,经有关市(州)文化和旅游行政部门推荐,文化和旅游厅组织评定并于5月18日完成公示,5月20日,甘孜县格萨尔王城景区被确定为国家4A级景区。

【提升旅游厕所建管水平】 创新实施"厕所革命",变旅游服务痛点为亮点,按照"生态化、人文化、实用化、景观化"原则,优先采用节能、节水等新技术、新材料,推广景区、旅游公路沿线、旅游酒店等重点区域"免冲式厕所"和"生态厕所",提升"厕所革命"科技化水平。

【旅游从业人员全员培训和持证上岗】 为落实旅游人才引进和培养,全县采取案例教学、现场观摩、导师讲座等方式开展培训。落实旅游扶贫政策,创新旅游扶贫人才培训。持证上岗工作已完成行政管理部门58人、景区49人、餐饮行业165人、酒店341人、民宿15人、出租车及公交行业148人、旅游商品行业79人、娱乐场所156人、上网服务场所24人共计1035人的信息收集、校对、设计、制作工作,并于5月31日将证件发放给各涉旅行业人员进行佩戴上岗,做到全县全覆盖。

【主要领导人】 县委书记:雷建平;县人大常委会主任:仁孜;县长:龙明阿真;县政协主席:呷玛生龙;分管农业副县长:仁青彭措。

甘孜县编写组

新 龙 县

【基本情况】 2020年,全县辖6镇10乡92个村民委员1个社区居民委员会273个村民小组,辖区面积9241.06平方千米,总人口4.57万人。

【公共文化服务体系建设】 累计投入资金7157万元,用于公共文化及旅游基础设施建设,其中投资3600万元,建成新龙县拉日马镇扎宗村石板藏寨旅游基础设施项目;投资50万元,建成新龙县土木寺保护维修项目;投资1000万元,建成新龙县公共服务设施项目;投资386万元,建成拉日马石板藏寨保护维修项目;投资386万元,建成波日桥保护维修项目;投资1645万元,完成州、县广播电视节目覆盖工程;投资90万元,完成文化和旅游资源普查项目。1月13日,州文旅集团与新龙县政府签订《新龙红山旅游景区开发合作协议》。3月,双方共同出资在新龙县完成公司注册。完成19个乡(镇)分馆建设、管理制度上墙和图书馆管理人员安排工作,并完成县图书馆儿童书籍上架2000余册、吴西新区书吧上架各类书籍4000余册。完成第五次全国文化馆评估定级。在县文化馆开办少儿暑期免费舞蹈、绘画培训班,并利用节假日在各乡(镇)文化站组织开展舞蹈、绘画免费培训,全年累计培训3500人次。在城关小学、县中学、乐安小学、大盖小学、三完小5所学校开展"非遗进校园"新龙锅庄普及少儿课间操活动。在县格萨尔广场、县城小举办"建设美丽新龙、倡导全民阅读"好书推荐、知识竞赛活动,并向县城小捐赠少儿书籍400余册,共580余名读者参加活动。开展"送图书下乡活动"45场次,并向全县各乡(镇)赠送各类书籍3500余册。持续开展图书馆免费开放。通过开展"清零行动",分别安排418人次进村摸排农牧民广播电视"户户通"、文化室建设、农家书屋管理情况,掌握准确的信息并进行及时更换、维护。

【非物质文化遗产及文物保护】 开展文物保护、申报、管理、普查、征集、宣传等工作,完成226处未定级文物、38处定级文物信息收集并建立文本。对国家级、省级、州级、县级不可移动文物开展15次安全隐患大排查,并与文物保护单位的使用者签订安全协议。完成38个文物的"四有"工作,其中县级文物27个、州级文物5个、省级文物4个、国家级文物2个。对全县38处文物保护单位开展"三定三禁"

工作。启动第七批州级非物质文化遗产代表性项目及传承人申报。完成藏香制作、新龙锅庄、藏式伸臂桥建造等技艺24名代表性传承人、非物质文化遗产代表性项目的视频拍摄和文字材料收集，并上报州局待评审。深挖非物质文化遗产资源，加强对外宣传推广，省级非遗项目药泥藏式面具和州级非遗项目藏族金属锻造非遗工艺品受邀参加非遗甘孜进成都宣传展示活动；4家非遗扶贫工坊的非遗产品被纳入2020年非遗购物线上销售平台；新龙县雄鹰藏传药泥面具有限公司开发藏式药泥面具新品4件；康藏工艺品有限公司应邀参加甘孜州建州七十周年展览会。

【文化活动】 县文化馆在微信公众号线上授课并上传新龙原生态健身锅庄，并制作成短视频在微信和抖音上进行宣传，营造公众广泛健身和学习的氛围。组织"康巴红"艺术团到海拔4000余米的群众虫草采挖点开展"藏历十三节""'把文化惠民的阳光洒满虫草山上'送文化下乡"活动125场次。抽调各部门、乡（镇）108名干部职工组成新龙锅庄队参与建州70周年庆祝大会大型广场舞表演并抽调优秀演员参与"携手奔康路、共筑同心圆"乌日娜教授师生走基层新龙县专场音乐会，"雪域赞歌、致敬新时代"庆祝建州70周年精品文艺节目到新龙县演出表演。组织歌曲《雪域明珠新龙》和舞蹈《锅庄之源》参加2020年"新人新作"专场评选活动及广场舞大赛，并获得甘孜州委、州政府颁发的"庆祝甘孜州建州70周年暨2020年甘孜州第四届新人新作大赛优秀组织奖"。以专题讲座、知识问答、非遗学习为方式，举办以"非遗传承、健康生活"为主题的"文化和自然遗产日"宣传活动。

【主要领导人】 县委书记：泽仁汪堆；县长：董德洪；县政协主席：泽翁；分管农业副县长：多吉格西。

新龙县编写组

德 格 县

【基本情况】 2020年，全县辖23个乡（镇）162个行政村3个居委会，辖区面积11439.28平方千米，有户籍人口8.77万人、常住人口8.85万人。

【旅游品牌创建】 完成印经院4A级景区创建，玉隆拉措景区完成国家4A级景区景观价值评审。圣仙沟景区、独木岭牧俗文化景区、玉隆拉措景区、麦宿传统民族手工艺产业园区、野花岭景区、康巴文化博览园、龚垭甲察林卡景区、阿须格萨尔文化演绎园景区等创建为国家3A级景区。推进多瀑沟省级生态旅游示范区创建，已完成景区景观价值评审并接受省级检查指导。创建申报全域旅游示范区。申报省级民宿达标户20户。

【文旅项目建设】 错阿镇格萨尔机场口航空港农旅产品展销基地项目计划投资950万元，已全面完工并交付使用。夏克刀登文化园项目总投资300万元，已全面完工。阿须格萨尔文化产业园区项目总投资600万元，已完工验收。德格县柯洛洞乡独木岭村牧俗文化旅游扶贫产业园区项目的牧人部落风情体验区已全面完工。德格县印经院文化产业园服务中心及藏文古籍展示区改造工程项目总投资907万元，已全面完工。德格县民族手工艺步行街文化打造项目总投资500万元，已全面完工。德格县百村抱团发展文化旅游扶贫产业康巴文化博览园总投资3.05亿元，共计12个项目，已全面完工。德格县印经院景区基础设施建设项目总投资8000万元，主体工程已全面完工。德格县百村抱团发展文化旅游扶贫产业园区文化墙打造项目总投资700万元，已全面完工并投入使用。德格县百村抱团发展产业扶贫龚垭乡普西村民俗风情帐篷自驾游营地建设项目总投资660万元，已全面完工并投入使用。德格县麦宿片区民族手工艺展示中心、民族手工艺培训中心及配套设施建设项目总投资2000万元，主体工程已全面完工。德格县麦宿片区民族手工艺扶持项目总投资1400万元，对19户民族手工艺传承人进行扶持，已全部完成扶持。

【公共文化服务体系建设】 对26个乡（镇）文化站进行资金补助，各乡（镇）依托传统节日等开展文化活动。为26个乡（镇）56个贫困村村级文化活动室配备112个图书书架，配送图书9040册。新冠肺炎疫情防控期间，开展"广播防疫"行动，利用应急广播系统、广播"村村响"播放疫情形势、疫情防控知识及中央、省、州、县应对疫情的工作措施及工作开展情况。开展广播电视脱贫攻坚大排查活动，对全县贫困户收看广播电视情况进行"回头看"大排查，对无法收看电视的农牧民群众的"户户通"设备进行维修，保障群众收听收看广播电视节目权益。各乡（镇）网点不定期对周边乡（镇）群众进行上门服务，查看广播电视收看情况，倾听其困难以及需要的帮扶问题，并制定帮扶措施，解决群众困难问题。利用应急广播系统、广播"村村响"播放森林防火知识及防汛知识。

【文化惠民活动】 策划组织各乡（镇）文化站借助民间传统文化活动及传统节庆日开展赛马、歌舞展演等活动20场次。县格萨尔艺术团通过舞蹈、声乐、小品等多种文艺演出形式在全县23个乡（镇）开展"送文化下乡"活动，完成"文化下乡"任务78场次，表演节目1100个，覆盖162个行政村，惠及群众16110名。开展文艺采风创作活动，组织文化馆工作人员创作反映人民幸福生活和谐稳定的文艺作品。

【主要领导人】 县委书记：嘎绒拥忠；县人大常委会主任：吴忠贵；县长：黄杰；县政协主席：熊文华；分管农业副县长：泽翁罗布。

德格县编写组

白 玉 县

【基本情况】 2020年，全县辖4镇12乡130个行政村、2个社区，辖区面积10591平方千米，总人口5.7万人。

【旅游提档升级】 持续推进"厕所革命"，投资2.5万元改建县城区公共服务厕所1座，全面摸清排查建厕所存在的问题并进行整改，逐村逐厕录入百度地图。完善旅游基础服务功能，与州旅游发展委和投资企业对接，做好7个旅游综合服务体对接协调，完成7个点位打桩定界。推进A级景区、"民间艺术之乡"、特色小镇、生态旅游示范区等品牌创建，申报特色精品酒店和民宿达标户。拉龙措景区和博美山景区创建为国家3A级景区。推进白玉县拉龙措古冰漂湿地4A级景区建设，完成拉龙措古冰漂湿地旅游景区前期工作，同步推进非遗元素与旅游线路，打造"非遗之旅"线路品牌。

【文旅人才培训】 组织开展338人次的文旅资源普查业务培训和宣传思想文化工作人才培训。全面实行涉旅行业从业人员持证、挂牌上岗，完成涉旅行业的摸底调查、分类统计，从业人员的信息登记，实现涉旅行业从业人员持证上岗。全县共有涉旅企业93家、涉旅行业从业人员306人，完成制发工作证40个、胸卡92个、胸牌156个。

【文旅资源普查】 对县域内文物保护单位进行安全检查，配合完成县内458个国家级、省级、州级、县级、未定级不可移动文物点位的收集、整理，并按时向上级文物管理部门上报。开展可移动文物普查，完成嘎托寺249件、安章寺558件文物登记录入。完成全国不可移动文物基础信息的网上录入。通过对文旅资源的科学量化和综合评估，分4个组到全县17个乡（镇）156个行政村2个社区开展文旅资源普查，普查文旅资源3550处，其中文化类1364处、旅游类2186处，新发现资源1037处。

【文旅宣传营销】 在“白玉旅游”等宣传平台推送旅游文化宣传信息43期。通过加入康北旅游宣传营销联盟，抱团融合发展，凝聚宣传合力，打造泛康北区域交流对话、经验分享、形象展示的全新载体平台。筹划“一部手机游白玉”，满足游客吃、住、行、游、购、娱、咨询、投诉等综合服务需求。开放文化中心1楼白玉县旅游咨询总服务站与白玉县旅游投诉点，发放宣传折页600余份。联动宣传部、档案、志办等相关部门和摄影爱好者等建立图片、视频、文字库、规划库，为建设遗址博物馆或展陈室奠定基础。邀请、对接专家团队到白玉县开展调研并通过网络推介宣传平台进行宣传推介。在旅游学院的帮助下搭建白玉县非遗网站，开通对外宣传专用网络平台。通过自办非遗农特展活动进行直播宣传，累计参加资源推介会2场。

【公共文化服务体系建设】 完善“1312+N”乡村社区综合文化站点建设，维修维护广播“村村响”27套、“户户通”设备247套。投资2412余万元实施县级应急广播平台，县、乡广电网络覆盖工程；投资63.13万元完成“寺庙通”工程。利用废弃舞台车建成“智能图书，阳光阅读”流动图书馆2个，配置书架5个、各类书籍共计1500余册，扩大公共图书馆的服务范围。全面实现公共图书馆、文化馆、乡（镇）综合文化站、公共服务网点免费服务开放。结合全民阅读开展“疫后春如故 乐享递书香”等主题图书活动10次，累计送阅图书2000余册，接待读者920余人，借阅各类书籍200余册，发放全民阅读宣传手册300余册。疫情防控期间，推进跳蚤云图APP在线阅读服务。健全新馆文化基础设施设备的同时开展白玉县文化馆润育工程，开展少儿舞蹈班、成人瑜伽班、舞蹈入门班等免费开放培训班4期，培训1586人次，丰富群众文化生活。开放白玉县广电文化设备集中公共服务网点，完成机顶盒维修237个，出售高频头61个、馈线49捆、遥控板35个、接收机15台，解决了边远山区农牧民群众听广播难、看电视难问题。

【文化活动】 围绕“四下乡”“脱贫奔康、文艺同行”等主题开展“送文化下乡”活动51场次，演出节目共计200余个，覆盖16个乡（镇）130个行政村。围绕脱贫攻坚、疫情阻击战、建州70周年等时代主题，开展“守初心·担使命·展风采”文化惠民演出，举办“感恩奋进新白玉・同心共筑小康梦”脱贫攻坚主题晚会。通过筛选择优，组织400名演员参加“甘孜州建州70周年庆祝大会暨大型文艺演出”。

【非物质文化遗产及文物保护】 完成国家级文物保护单位嘎托寺消防保护维修工程并竣工验收。加强对省级文物保护单位安章寺土青大殿维修工程的监督并争取获得省级文物保护资金80万元。配合“丝路甘孜”科考团队对“加瓦仁安摩崖石刻”等6处文物保护点进行考古研究。完成14项甘孜州第七批州级项目、28个非遗传承人的申报。推出各类文创产品50余种。

【主要领导人】 县人大常委会主任：周玉红；县长：阿央邓珠；县政协主席：何康雷；分管农业副县长：尹天林。

白玉县编写组

石渠县

【基本情况】 2020年，全县辖4个片区7镇14乡1场165个行政村（社区），辖区面积25191平方千米。有总户数10878户、总人口103633人，其中城镇人口16042人、乡村人口87591人；人口出生率8.46‰，计划生育率95.01%，人口自然增长率7.65‰，新生儿男女性别比为111：76。全年共接待国内外旅客129.4万人次，实现旅游收入12.53亿元。

2020年，全县GDP19.5637亿元，增长2.6%，其中第一产业产值6.3294亿元，增长2.6%；第二产业产值1.5477亿元，增长17.6%（工业产值0.1042亿元，增长9.2%）；第三产业产值11.6866亿元，增长0.5%。全社会固定资产投资11.7802亿元，减少54.7%。地方公共财政收入完成0.6006亿元，增长11.7%；地方公共财政支出23.8555亿元，减少15.1%。社会消费品零售总额4.9914亿元，减少4.5%。年末金融机构存款余额20.311亿元，减少10.6%；贷款余额8.1422亿元，增长31.2%。农牧民年人均纯收入达12902元，增长9.3%。广播电视覆盖率、新型农村合作医疗参合率均达100%。

【种养殖业】 全县农作物播种面积5.52万亩，粮食总产量8220吨；中药材和藏药材种植面积0.9万亩；建成特色农业产业基地1.78万亩。创建省、州级农民示范合作社6个，专业合作社达63个；家庭农场5家。全年共发放耕地地力保护、种粮大户、草原禁牧补贴1.44亿元。9月，石渠邓柯枸杞和石渠人参果申报为地理标志证书。全年各类牲畜存栏37.82万头（只、匹），出栏5.84万头（只）；出售肉用畜1万余头（只）。

【统筹城乡发展】 制定出台《石渠县城市精细化管理办法（试行）》。投入1.87亿元，实施“做强县城、做优乡镇、做美村寨”项目9个；投入700万元，完成虾扎、阿日扎基层政权建设；成立尼呷镇扶贫汽配产业园，城市分类分区管理有序推进；县城、洛须生活污水处理厂投入试运行。推进农村乱占耕地问题专项整治，完成13个乡（镇）50个行政村增减挂钩试点项目，结余指标1200亩；完成38宗用地预审，划定永久基本农田储备区面积1820亩。投资1500余万元，实施地质灾害治理项目9个；推进“厕所革命”，新（改）建农村户用卫生厕所1162户、公共卫生厕所22座。投入1300余万元，实施城市管护，市政基础设施逐步配套成型，各项功能日臻完善，常住人口城镇化率达40%，“政府主导、政民合作、齐抓共管、成果共享”的城市管理格局全面形成。

【扶贫攻坚】 全县累计投入46.63亿元，全面推进国道345线、国道215线、省道457线等国、省干线建设；投入资金25亿余元，新建通乡油路、通村硬化路3900千米，完成乡乡通油路、村村通硬化路“两个100%”目标任务；投入5.26亿元，建成深水井1266口、压水井1880口、自流引水5处，安装净水设备100套，群众安全饮水全面达标；投入8.2亿元，持续推进农村电网建设和农网改造提升工程，实现农牧民群众安全用电全覆盖；投入9.8亿元，完成易地扶贫搬迁安置3429户12099人和贫困村垃圾池、厕所、路灯等配套设施建设；藏区新居住房改造5591户、避险搬迁783户，建成幸福美丽新村、扶贫新村112个；投入375.44万元，发放更换广播、电视信号接收等设备7000余套；建设通信基站291处，铺设通信光缆5100千米，确保村村通宽带、户户通广播电视；投入594万元，建成乡（镇）便民服务中心22个，完成112个村“三室合一”建设，配套体育健身器材、卫生设备、应急广播、图书等并完善其功能。为112个贫困村注入产业发展资金6200余万元，以石渠县太阳部落农畜土特产产品开发有限责任公司为引领，变“单打独斗”为“抱团取暖”，推动农牧产品深加工，形成集生产、加工、销售等于一体的产业链。申报农产品有机转换认证4个、绿色认证9个，石渠特色牦牛酸奶获得国家SC认证，石渠白蘑、藏系绵羊、石渠人参果、邓柯枸杞等获得国家地理标志认证，牛（羊）肉获得省级无公害产品认证，牦牛肉等13类产品获得“四川扶贫”集体商标授权认定。持续推进教育扶贫，抓好“控辍保学”工作，全县在校学生达2.09万人，切实斩断贫困代际传递。加强医疗保障，建成达标乡（镇）卫生院23个、村级卫生室168个，配齐配备合格村医112名；全面落实“十免四补助”等卫生扶贫政策；包虫病综合防治“两抓四管六结合”石渠模式在全国涉藏地区推广，试点工作通过国家终期评估验收。加强社会保障，为农村低保对象发放生活保障资金4.36亿元；为困难残疾人、“五保”供养等对象发放救助供养、护理补贴等资金7756.53万元，实现全县城乡居民养老保险“应保尽保”。设立扶贫小额信贷基金1400万元，带动贫困群众稳定增收。加强资金监管，用足用活国家项目资金，坚持“资金服从项目、项目服从进度、进度服从质量”的原则，统筹行业部门力量，从项目评审、立项、施工、验收各环节，资金预算、划拨、审计等各方面全程监督、全面监控、全力监管，坚决防止“工程建起来、干部倒下去”的情况。坚持扶贫同“扶智”与“扶志”并重，开展“润育工程”，依托群众大会、马背宣讲、农牧民夜校等平台全覆盖、多层次开展“感党恩、爱祖国、守法治、奔小康”教育和政策、法规宣讲；开展技术培训1.2万人次，贫困人口就业13381人，激发群众内生动力。雅砻江上游深度贫困乡（镇）剩余96户402人通过省、州考核组的验收，贫困发生率从识别时的22.88%降至零，并在2020年脱贫攻坚成效考核综合评价中石渠县获评为市（州）、县（市、区）党委、政府脱贫攻坚成效考核综合评价为“好”的县、省内对口帮扶涉藏地区和彝区贫困县工作成效考核综合评价为“好”的受扶地、“五个一”帮扶工作成效考核综合评价为“好”的县、“涉藏县携手奔康工作”成效评价为“好”的县和易地扶贫搬迁工作成效考核综合评价为“好”的县。在现行标准下，全县112个行政村5691户25507名贫困人口全部脱贫出列，全县如期“摘帽”。

【全域旅游】 坚持“旅游发展全域化、旅游服务品质化、旅游效益最大化”，打造“四张名片”，完成省文旅普查工作，启动雅砻江源头旅游基础设施建设，完成照阿拉姆石刻景观、国道215线、省道456线沿线旅游观景台、观光亭和标识牌建设。申报乡村星级酒店1家，创建民宿达标户10户。开展旅游从业人员培训，规范旅游行业经营市场秩序。参与南丝绸之路甘孜康藏秘境石渠行自驾游环线穿越探索，配合完成精准脱贫美丽乡村主题摄影《走进甘孜康藏》石渠县创作活动，举办石渠县首届旅游人文风光摄影展。松格玛尼石经城旅游景区创建为国家4A级景区，石渠县成为全省唯一拥有5个国家4A级景区的县。加强旅游市场执法力度，以安全生产、疫情防控、诚信经营等方面为重点，检查涉旅企业、商铺178家次，全年接待游客129.4万人次，实现旅游收入12.53亿元。

【农村基础设施建设】 实施“交通先行”战略，全县165个行政村（社区）实现交通扶贫“两通”目标，城乡道路功能逐步完善；投入765万元，建成乡（镇）客运站、招呼牌136个；投入685万元，实施农村饮水安全巩固提升工程，新（改）建饮水工程7处，维修300余处；采购水质净化设备、一体化泵房123套；投入1000万元，实施防洪治理、太阳能泵站工程，新建防洪堤700米、太阳能提灌站3处，新增有效灌面950亩。

【农村教育】 兑现惠民资金7500余万元；选送380名学生到内地就读初、高中和“9+3”职业教育；投入9900余万元，新（续）建教育基础项目54个；拟投入2.5亿元，开工建设石渠县洛须九年一贯制学校；投入373万元，提升教育信息化水平。

【农村文化】 全年开展“送文化下乡”活动132场，覆盖群众9.6万人次；聘用乡（镇）广播维护人员23人，新（改）建乡村应急广播系统、无线发射台、“村村响”164套（个）。开展“扫黄打非”专项行动，净化文化市场。加强文物保护和非遗工作力度，完善文物档案928个，确定麻达寺等6处省级文物保护单位建控范围；归类整理9个非遗项目，申报真达锅庄传承人2名。

【农村法制建设】 做到依法治寺管僧，全面完成10座大型露天造像治理；净网、缉毒禁毒等行动有序推进，“智能化提升、深化改革、执法规范化建设、公安基层基础”四大工程逐渐铺开，涉藏地区现代警务机制初具雏形。打击侵害农民工合法权益行为，收缴农民工工资保证金1400万元，受理农民工工资信访案件54起，追回工资1380余万元。推进“法治石渠”建设，开展法律宣传174场次，发放资料8万份，覆盖群众8万余人次；成立公共法律服务中心，建设中心片区公共法律服务站4个，“一站式”法律服务有序推进；实施免费法律咨询便民工程，实现“一村（社区）一法律顾问”，全年共办理法律援助案件46件，社区矫正101人，“七五”普法工作通过州级验收。

【农村社会保障】 全县城乡居民医疗保险参保人数达8.8万人，贫困户参保率达100%；共报销医疗费用647.22万元，与青海省玉树州人民医院签订定点医疗机构服务协议。按照“兜底线、织密网、建机制”的要求，持续推进多层次社会保障体系建设。推进全民参保计划，参保人数达7.43万人次，发放9532人城乡居民基本养老保险1267万元，发放城乡最低生活保障1.08亿元，发放孤儿、残疾人等补助资金554.6万元，“应保尽保”目标基本实现。建立防汛减灾和地质灾害预警指挥、群测群防监测自动化系统，与多县签订跨区域应急联动救援协议，推进森林草原防灭火专项整治，开展消防安全隐患排查340次，排查隐患234处。

【农村生态建设及环境保护】 制订《石渠县黄河流域湿地保护修复制度实施方案》，与中科院成都生物所签署生态保护战略合作协议，开展黄河源区湿地水源涵养生态功能区监测与研究，投入4583万元，推进黄河流域湿地保护与修复工程；全面落实河（湖）长制，确定县、乡、村三级河长248名，编制完成147条河流“一河一策”管理保护方案；初步划定生态红线面积1.27万平方千米；空气质量优良天数比达100%；完成划区围栏建设、草地改良、人工种草、黑土滩治理20万亩，封山育林2万亩，栽植苗木21.4万株；兑现生态草补资金1.41亿元，发放草管员管护补助526万元；招聘长沙贡玛国家级自然保护区湿地巡护员300名，发放巡护补助及生态效益补偿资金1640万元；投资2510万元，实施环境综合整治，完成全国第二次污染源普查。

【主要领导人】 县委书记：袁明光；县人大常委会主任：刘泽；县长：罗林；县政协主席：达瓦绒波；分管农业副县长：马传勇。

石渠县编写组

色 达 县

【基本情况】 2020年，全县辖17个乡（镇）134个行政村，辖区面积9338平方千米（县城规划面积8.16平方千米），占全州总面积的5.94%，人均土地面积23.38公顷，其中农用地面积826534公顷，占全县总面积的94.13%；建设用地面积839公顷，占全县总面积的0.1%；其他土地面积50722公顷，占全县总面积的5.78%。年末常住人口61840人，户籍人口15343

户57145人(其中农村人口48961人、城镇人口8184人),县城常住人口13198人。森林面积4250431.05万亩。全县草原总面积1307.6万亩,可利用草原总面积1233.1万亩,其中重要放牧场(Ⅰ类)1193.7万亩、割草地(Ⅱ类)4.84万亩、人工草地(Ⅲ类)26.5万亩、具有特殊作用的草场(Ⅳ类)8.0064万亩;生态红线面积287899.2579公顷。有自然保护地5个,其中州级自然保护区1个、县级自然保护区2个、省级湿地公园1个、森林公园1个。全县湿地总面积34782.01公顷,其中河流湿地面积5879.91公顷、沼泽湿地面积28872.84公顷、湖泊湿地面积29.26公顷。水能资源理论蕴藏量63.448万千瓦,技术可开发量36.04万千瓦。风能资源理论蕴藏量约62万千瓦,技术可开发量约39万千瓦。

2020年,全县GDP148568万元,总量排全州第13位,增长3%,增速排全州第8位。全社会固定资产投资完成139290万元,总量排全州第11位,减少17.3%,增速排全州第13位。社会消费品零售额32231万元,总量排全州第15位,减少3.1%,增速排全州第2位。财政一般预算收入完成7943万元,总量排全州第12位,增长5.1%,增速排全州第11位。工业增加值完成8654万元,总量排全州第6位,增长38.7%,增速排全州第1位。

【年度农业和农村经济运行】 2020年,全县农村居民人均可支配收入达12986元,总量排全州第16位,增长9.3%,增速排全州第2位。在色柯镇等乡(镇)建成野生药材繁育基地2000亩。色达牦牛现代农业园区创建为州级农业示范园区,四川康康牦牛肉加工厂投入运行。研究出台《色达县牲畜出栏管理办法(实行)》,推进饲草基地、集体牧场建设,建成道地中藏药材种植基地2920亩。实施9个乡(镇)基层政权改造提升。新建4G基站19座、5G基站1座。实施安全饮水巩固提升工程,新建水井46口,新建整治管饮15处,解决615户1865人安全饮水问题。

【农村文化和旅游】 创建格萨尔文化艺术中心、翁达格萨尔藏寨、金马草原旅游景区4个国家3A级景区,完成金马草原旅游集散中心建设。开展全县旅游资源普查。完成村文化室、农家书屋、广播电视"村村响""户户通"建设,举办金马文化旅游节。

【非物质文化遗产】 全县有国家级非物质文化遗产3项、省级非物质文化遗产5项、州级非物质文化遗产5项。挖掘和培养非遗传承人,建立全县非遗项目传承人名录,截至2020年年底,共有各级非遗项目传承人47人,其中国家级3人、省级9人、州级35人。

【农村教育】 推进义务教育均衡发展,广州色达希望小学、色柯镇幼儿园全面建成并具备招生条件,新建村幼儿园4所。推进县、乡两级智慧教育建设。研究出台"尊师重教十条措施"。

【农村文化】 推进"润育工程",开展"感党恩、爱祖国、守法制、奔小康"主题活动,持续深化"倡孝和、惩忤逆"活动,弘扬社会主义核心价值观,开展文明创建,推树"色达典型",创建省级卫生城市和省、州、县级"四好村"68个、"文明村"106个、"文明单位"52个。

【农村卫生】 县人民医院全面托管翁达镇片区中心卫生院。贯彻落实中央、省、州疫情防控要求,构筑起联防联控、群防群控的防控格局,落实防控资金880万元,在全省第一个设立交通检疫站,全州第一个主动发现确诊病例、第一个实现治愈,阻断了疫情蔓延扩散,确保了本土疫情零发生、干部群众零感染。

【农村法制建设】 推进"依法治县"战略,"七五"普法工作全面完成。市域社会治理现代化能力不断加强,"扫黑除恶""缉枪治爆"专项行动和"血亲仇杀"专项整治推进有序,"控发案、破现案、攻积案"成效显著,各类刑事、治安案件发案率大幅下降,治安环境明显好转。"一标三实"有序推进,持续加强"天网工程""雪亮工程"建设。推进藏传佛教寺庙"一寺一策"依法规范管理,促进宗教人员、场所、活动、教务、财务管理规范化、法治化,全面完成寺庙达标升级。

【农村交通】 新建通村硬化路161.4千米、各类桥梁33座,新建县城农村公路机械化养护中心和16个乡(镇)交通管理服务站,开通16个乡(镇)93个行政村客运班线、36个行政村"预约式"客运班线,农村公路通乡率、通村率、管养率和客运班线覆盖率实现4个100%,创建为省级"四好农村路"示范县。

【农村生态建设及环境保护】 全面打响大气、水、土壤污染防治"三大战役",完成人工造林、封山育林、森林抚育、防沙治沙16.3万亩,管护国有森林249.15万亩,实施草原生态治理68.8万亩、道路绿化99.53千米、庭院绿化2024.7亩。整改、按时办结中央、省、州环保督察反馈问题17个,清理河道垃圾500余吨,拆除临河违建厕所109座。推进森林草原防灭火专项整治,保障人民生命财产安全和生态资源安全。

【农村社会保障】 推动"五险"扩面提标,城乡居民养老、基本医疗保险参保覆盖面大幅提升。就业增收战略持续推进,城乡困难人员、残疾人、孤儿等供养水平不断提高。授予军烈属和退役军人家庭光荣牌307个,获得"全省双拥工作先进县"称号。

【深化"放管服"改革】 建立公布"网上办""一次办"和县、乡两级"帮代办"事项清单,推进相对集中行使权力事项划转。推进城乡建设用地增减挂钩节余指标和耕地占补平衡指标异地有偿转让,实现收益3.3亿元。推进"政策招资、环境引资、土地吸资",实现招商引资1亿元。

【主要领导人】 县委书记:何飚;县人大常委会主任:扎西嘎瓦;县长:王东升;县政协主席:秋他;分管农业副县长:罗布。

色达县编写组

理塘县

【基本情况】 2020年,全县辖5个片区7镇15乡149个行政村,辖区面积14352平方千米。有常住人口67293人、户籍人口6.8万人,城镇化率为39.56%。

2020年,全县GDP196275万元,其中第一产业增加值65735万元、第二产业增加值18006万元(工业增加值13757万元)、第三产业增加值115508万元。三次产业结构比为33.4 ∶ 9.2 ∶ 57.4。社会消费品零售总额84362万元,减少3.9%。地方一般公共财政收入完成12202万元,增长10.7%;一般公共预算支出225406万元。金融机构各项存款余额238067万元,减少4.8%。

【年度农业和农村经济运行】 2020年,全县实现农林牧渔业总产值97127万元。农村居民年人均可支配收入达13009元,增长9.2%。建设特色农业产业基地4.63万亩,创建州级农民专业合作示范社6个。

【种植业】 全年农作物播种面积5281公顷,其中粮食作物播种面积3323公顷、油料作物播种面积667公顷、蔬菜播种面积878公顷;粮食总产量13266吨,油料作物产量1345吨,蔬菜产量63578吨。

【畜牧业】 全年各类牲畜出栏80768头(只、匹);各类牲畜存栏292838头(只、匹),其中大牲畜存栏237850头、羊存栏50523只。全年肉类总产量7130吨、奶产量11858吨。

【高原现代特色农牧业】 全县农作物播种面积稳定在8.27万亩,总产量8.13万吨,增长11.35%。实施高标准农田建设1.5万亩,覆盖

12个乡（镇）29个村。全年濯桑现代农业园区种植面积6639亩，实现产品初加工2.4万吨、总产值6997万元。完成投资3240万元，推进牦牛产业园一期建设。推进康藏现代农牧产业加工贸易园区建设，在珠海市、成都市开设理塘农特产品展销O2O体验店，全年各渠道销售农特产品价值6455.2万元。创建"国家级电子商务进农村综合示范县"，线上销售农牧产品价值2942万元。高原供氧健康产业、高原果蔬深加工等项目相继落地，实现招商引资2.6亿元。发展战略性新兴能源产业，完成奔戈乡扎拉村联村光伏扶贫电站示范项目建设，格木石刻文化产业园80千瓦光伏电站投入运行。

【疫情防控】 疫情发生后，全面启动重大公共卫生突发事件一级响应，第一时间成立疫情防控指挥部，打响疫情防控的总体战、阻击战，实现"确诊病例零发生、境外疫情零输入、聚集性疫情零发生、医护人员零感染"目标。紧密出台复工、复产、复市、复学等措施，新建核酸检测实验室，储备口罩防护物资，为13家企业发放稳岗补贴57万元，全县生产生活秩序基本恢复正常。

【城乡统筹发展】 围绕"建康南中心城市，创高原特色人居"发展目标，以城乡提升战略为引领，补齐市政基础设施建设短板，整治城乡乱象。投资2900万元，完成城市生活污水处理厂（一期）建设并投入使用；城市供暖（一期）项目建设有序推进。实施长青路北段市政基础设施建设，完成投资1400万元。投资4991万元，实施生活垃圾垃圾无害化处理项目建设。投资500万元，实施仙鹤林卡、白塔林卡等城市绿化工程，八大林卡初具雏形。新（改）建城市公厕36座，开放共享厕所29座。加大城乡乱象整治力度，开展第二轮土地乱象整治，缴纳土地出让金和罚款990万元。推进城市建设用地增减挂钩，完成甲洼镇等21个乡（镇）10个项目点前期工作。仁康古街成功申报历史文化街区。优化乡（镇）体系，推进乡（镇）区划调整和村级建制调整，撤并村65个、乡（镇）2个。投资383万元，新建下坝片区综合服务站。投资334万元，新建村级党群服务中心3个。投资752万元，实施甲洼镇污水处理站建设项目。投资662万元，完成4个社区4个乡（镇）1019盏太阳能路灯安装。投资1571万元，新（改）建农村户厕907座，安装农村无害化卫生厕所315座。投资3310万元，实施第四批、第五批14个国家级传统村落建设。投资541万元，完成濯桑乡汉戈村770亩万寿菊种植。投资590万元，启动木拉镇乃沙村18座蔬菜大棚房建设。

【扶贫攻坚】 对标"两不愁三保障"，整合涉农资金2.6亿元，接受省内外援助资金6435万元，共实施扶贫项目159个。落实"四不摘"要求，推动县级挂牌督战，全面完成脱贫攻坚普查，不断完善易地搬迁后续扶持，常态推进防返贫预警监测，实现年度121户506名贫困人口脱贫，贫困人口实现清零，全面完成脱贫攻坚既定目标任务。

【乡村旅游】 完成藏巴拉花海国家4A级景区省级现场验收，天空之城牧场、格木石刻产业园创建为国家3A级景区。持续推进千户藏寨4A级景区提档升级，丰富业态布局，打造微博物馆群、非遗体验群、文化精品业态群，全年共接待游客8.2万人，实现门票收入30万元。承办2020四川甘孜山地文化旅游节。投资330万元，推动牧旅产品销售点、旅游接待示范户建设。投资150万元，完成旅游资源普查，发现文旅资源点5230处。正面引导"丁真网红"舆情，聘其为理塘旅游形象大使，助推旅游发展。"十一"期间，五大景区发挥联合值班、扁平指挥、合成作战优势，共接待国内外游客6.68万人，增长158.1%；全年累计接待游客151.2万余人次，实现旅游收入16.6亿元。

【农村水利】 投资556万元，实施麦洼乡热鲁村等10个村农村饮水巩固提升工程。投资200万元，完成46处安全饮水维修养护。投资3027万元，新建堤防1.3千米，综合治理河道4.2千米。投资1217万元，实施禾尼乡骡子沟、甲洼镇江达村高效节水灌溉项目，新增灌面3600亩。

【农村电力及通信建设】 投资115万元，完成理塘下坝35千瓦输变电工程建设、下坝片区4条线路改造，标志着全部乡（镇）并入四川电网主网供电。投资2364万元，完成57个4G基站、3个5G基站、99个小区宽带建设。完成97个电子政务外网点位建设，基本实现电子政务外网全覆盖。

【农村教育】 投资3140万元，新建村级幼儿园13个、乡中心幼儿园8个。落实教育惠民政策，免除学杂费、书本费1324万元，发放教育惠民补助1389万元，兑现生源地助学贷款17万元。加强教师队伍建设，开展各类技能培训40场次，共计培训2000余人次。投资1239万元，配齐全县学校课堂硬件设施设备。落实控辍保学"六长责任制"。

【农村文化】 全年开展"送文化下乡"活动144场次。举办第四届仓央嘉措诗歌节、赛马会、汽车越野赛、半程马拉松等文体活动，到金堂县、成都市新都区、四川师范大学及重庆市开展《遇见仓央嘉措在理塘》音舞诗画剧感恩巡演和商演。获得2020年甘孜州校园足球联赛冠军、四川省青少年健身操舞规定曲目第一名。

【农村卫生】 持续推进计划生育长效节育，节育率为95%，兑现各项计划生育惠民资金137万元。兑现卫生扶贫、医药爱心基金救助1223万元，贫困人口就医个人支付比例控制在5%以内。

【农村交通】 投资4500万元，完成甲洼镇俄曲村、藏坝牦牛养殖基地等4条产业路建设。投资1203万元，完成53个村村道护栏建设。投资2624万元，完成7座危桥改造工程。

【农村社会保障】 全年发放青年就业见习补贴21万元、大学生自主创业补贴4万元、创业担保贷款12万元；开展技能提升培训50期，培训2349人；新开发公益性岗位149个，拨付岗位补贴695万元。举办专场招聘会，提供就业岗位5900余个，现场达成求职意向558人。发放城乡居民最低生活保障等社会救助金4143万元。

【农村生态建设及环境保护】 森林草原防灭火专项整治。投入191万元，增配20种防灭火物资1000件（个）。投入655万元，建成防灭火通道2条、消防水池5口、消防取水点2处。投入586万元，加强基层一线半专业扑火队单兵装备及灭火救援物资储备，建立县、乡、村、站四级物资储备库。成立专业、半专业扑火队4支，共计9750人。落实护林护草员网格化管理，整改隐患点159处。

生态保护。推进国家生态建设示范区创建，实施农牧区环境综合整治项目，加强城乡饮用水水源地保护整治。投资378万元，完成濯桑乡若拉村等7个村农村生态环境综合整治项目。投资718万元，完成濯桑乡汉戈村等11个村农村饮用水水源地保护建设项目。投资204万元，完成喇嘛垭乡俄多村等5个村农村污水治理。开展国土绿化、防沙治沙、退牧还草、湿地恢复等生态保护项目，投资800万元，完成沙化土地治理1.7万亩；投资881万元，完成湿地恢复810亩；投资1213万元，完成退牧还草1.4万亩；投资880万元，完成乡土草种基地建设3000亩；投资455万元，完成天然草原改良5.2万亩。完成义务植树14172株。做好环保督察问题整改落实，生态综合执法、环境监察机制得到健全。建立严管、勤查、联动、重罚的河（湖）长制工作机制，常态化开展“清河、护岸、保水、净水”四项行动，河湖面貌持续改善。

【社会治理】 推动全国市（州）域社会治理现代化示范州任务落地落实，争创示范标杆县，加快推进平安理塘建设。全面推进依法治县，开展“扫黑除恶”“奋进系列”“两项整治”等专项行动，全年破获刑事案件35起，打击违法犯罪嫌疑人80人；查处行政案件65件，依法处理45人。查纠交通违法行为237起；处理一般道路交通事故459起。破获涉枪案件13起，收缴各类枪支63支、子弹1362发、炸药109千克、导火索579米、雷管559枚、手榴弹10枚、管制刀具23把。推进普法工作，开展普法宣传1300余次，发放宣传资料6万余份，“七五”普法工作通过省、州验收。规范化开展信访工作，接访211件350人次，办结210件，按期办结率达100%，群众满意率及参评率达95%以上。民族宗教管理更加规范，按照“一寺一策”藏传佛教寺庙依法规范标准管理要求，建立人员、活动、场所、财务、教务管理等系列规章制度。全面完成寺庙基础数据调查统计和大数据平台录入。“双拥”工作有序开展，对全县952名退役军人及其他优抚对象进行大走访，实现“一人一档”规范管理。

【党建引领】 健全党建引领农村和城市基层治理体系，完成68个行政村“一肩挑”任务。建立288个党支部引领的网格点，实施“338细胞工程”，组建跨县和县域联合党支部50余个，构建基层治理共建共享共治新格局。加强党建引领依法治寺管僧，设立寺管局（会、所）党组织20个，实现寺庙管理党组织和党的工作全覆盖。筹资321万元，搭建“永远跟党走”高城先锋智慧党建平台。完成90个一般党组织、15个后进党组织晋位升级。全年发展党员377名，其中农牧民308人、机关68人、社会组织1人；新建机关支部1个，撤销机关支部2个；新建“两新”党支部4个，“一对多”选派党建指导员7名，实现“两新”党组织工作全覆盖。

【廉政建设】 以正风肃纪为抓手推进十项整治，着力巡视巡察反馈问题整改，组建4个综合纪检监察工作组，办理完成案件8件8人，组织处理16人，其中，以设立举报信箱、走基层大接访、督查暗访等方式发现问题线索23条；通报曝光典型案件2件4人；查处“对天保办失察失管”“不正确履行工作职责”等不担当不作为问题20件28人，给予党纪政务处分24人，组织处理4人；查处“没有审批手续情况下违规办理土地使用证”等土地乱象问题2件6人，给予党纪政务处分6人。按照县、乡、村“三公开”要求，乡（镇）和有关职能部门全面梳理2017年以来立项建设的扶贫项目、资金投入等情况，对到账的6.3亿元扶贫资金公示使用情况进行监督，确保资金、项目“谁分配、谁公开，谁使用、谁公开，哪里分配哪里公开”。召开专题会议研究巡察工作5次，完成两轮涉及32个县级部门的巡察任务和第6轮巡察“回头看”工作。在乡（镇）和村一级推行以政务村务公开、惠民政策公开、政策执行情况公开、举报方式公开、查处结果公开和提升群众满意度为内容的“五公开一提升”工作机制。利用“廉洁理塘”“话说理塘”微信平台推送廉政文章40余篇，制作宣传标语、横幅26幅，向主流媒体投稿80余篇。

【主要领导人】 县委书记：格勒多吉；县人大常委会主任：曲批；县长：郑显峰；县政协主席：王健琼；分管农业副县长：向阳。

理塘县编写组

巴 塘 县

【基本情况】 2020年，全县辖5个片区19个乡（镇）123个行政村（除3个牧业村外均属半农半牧村），辖区面积8186平方千米，其中耕地面积73586亩。总人口5.3万人，其中农业人口4.6万人，占总人口的86%。

【文旅市场监管】 加强与各执法部门的联系，加大重要节假日及旅游旺季期间联合执法力度，开展不定时联合执法检查，维护规范旅游市场，创造良好的旅游环境，全年开展旅游联合执法43次，出动执法人员158人次。重大节假日期间，在国道318线沿线旅游重要节点设置旅游咨询服务点，发放旅游宣传折页和便民服务卡，做好重大节假日旅游服务工作，在五一劳动节期间设立海子山、茶洛乡和车站服务咨询点，为过往游客提供服务。

【公共文化服务体系建设】 持续开展“两馆一站”免费开放，督促17个乡（镇）19个文化站免费开放。组织开展乡（镇）文化站全年文化工作卷宗检查，并拨付综合文化站免费开放经费。加大“两馆”分馆制建设力度，对巴塘县文化综合大楼内图书馆总馆进行提升建设。建设文化馆图书馆数字化平台，已完成PC端网站、微信小程序、公众号等数字文化馆公共服务平台建设，并申报文化馆为全国三级馆。开展“书香巴塘·全民阅读”“送图书下基层”等活动。举办“唱支山歌给党听欢乐巴塘行”活动；参加第十八届中国西部国际博览会甘孜州主题展馆活动“圣洁甘孜·绿色发展”主题活动，同成都市双流区文化馆组织开展双巴文化交流活动。开展“送文化下乡”“送戏曲下基层”“送文艺进军营”等文化惠民活动108场次，覆盖全县17个乡（镇），覆盖10000余人次。新创编《洗衣歌》《巴塘连北京》《旭日恩情》舞蹈作品3个，同时完成3个作品的音乐制作及录制。落实《数字音乐专辑（D R A）》《弦歌巴塘——国家级非遗巴塘弦子》创作相关事宜。弦子艺术团与藏戏团新创编的藏戏《文成公主》、小品《雪菊花开》、舞蹈《情韵》、广场舞《舞动巴塘》分别获得甘孜州第四届“新人新作”大赛优秀组织奖、曲艺类特等奖、曲艺类三等奖、广场舞三等奖。

【旅游扶贫】 通过对贫困村村民、旅游民居接待负责人、住宿业负责人等进行培训，规范管理旅游从业人员队伍，完成旅游从业人员培训4期，累计培训旅游从业人员160人次。

【主要领导人】 县委书记：汪玉琼；县人大常委会主任：代龙；县长：张家志；县政协主席：土登郎卡；分管农业副县长：珠扎。

巴塘县编写组

乡 城 县

【基本情况】 2020年，全县辖3镇7乡57个行政村3个社区，辖区面积5016平方千米，有常住人口3.56万人。

【旅游从业人员培训】 与四川旅游学校对接，分批邀请四川省旅游学校高级讲师团到乡城县开展乡村旅游人才培训5期，县文旅公司、扎西集团旅行社、亲德公司、香巴拉民族文化艺术团讲解人员以及来自各乡（镇）的民宿经营户共计510人参加培训，培训内容包括乡村旅游接待礼仪、餐饮服务技能、导游业旅游学、导游词讲解技巧、旅行社门市管理、旅行社营业网点服务营销技巧等。

【旅游扶贫】 根据对各乡（镇）发展较好的村落开展实地调研核实，最终确定青德镇白龚村申报旅游扶贫示范村，已结合该村实际情况整理制订扶贫示范村创建方案——《青德镇白龚村创建省级旅游扶贫示范村实施方案》，已完成该村25户农户的庭院改造，完成总工程量的100%，投资额达到125万元。

【文旅融合发展】 全县整合文化旅游职责职能，完善运行体制机制，优化组织结构，成立以县委书记、县长为组长的文旅融合发展全域旅游推进领导小组。实施查呈沟景区基础设施建设，完成投资570万元，已全面完工。全年共接待游客140万人次，实现旅游收入15.22亿元。

【文旅重点项目建设】 甘孜州乡城县查呈沟·天浴温泉4A级景区建设项目总投资1250万元，建设内容为新建景区内道路10000米、步游道3000米、环境整治10000平方米、标识标牌、消防设施及其他配套基础设施，中央预算内投资1000万元投资计划已下达，资金已到位，项目中标价560万元；该项目已基本完工，完成投资600万元。乡城县非物质文化遗产传习所建设项目总投资1496万元，项目主要建设内容为新建非物质文化遗产传习所1座，项目总用地面积1470.22平方米，总建筑面积1240.67平方米，项目已全面完工并投入使用。青德镇豆改村下坝村热宫村新农村建设项目总投资730万元，资金来源为广东省佛山市援建资金，项目主要建设内容为进行民俗博物馆改造、生态景观长廊工程、庭院改造50户和亮化工程，已完成民宿博物馆改造、亮化工程、绿化工程，完成投资600万元。州、县广播电视节目全覆盖工程总投资969万元，其中中央预算内投资775万元、地方配套资金194万元，项目建设年限为2019—2020年，项目主要建设内容为县域内建设传输平台1个、应急广播平台1个、发射台33个、机顶盒0.3万个、“村村响”广播设备56套，该项目已全面完工。乡城县公共服务设施建设项目总投资1300万元，建设内容为新建停车场、游客中心、步游道等基础设施，中央预算内投资1000万元投资计划已下达，资金已到位，项目中标价580万元；该项目已全面完工，完成投资600万元。

【公共文化服务体系建设】 全年开展“送文化下乡”活动52场，共计演出节目240个，覆盖10个乡（镇）57个行政村。完成乡城县香巴拉猫概念发布暨梦中的香巴拉实景音乐会文艺会演、微舞剧《香巴拉猫》、香巴拉农民艺术节、农民体育竞技赛、乡城县原生态锅庄舞会演、参演“甘孜州建州70周年庆祝活动”等文艺会演。县图书馆共接待读者1000余人次，同时开展“进机关、进社区、进部队、进学校、进农村、进寺庙、进企业”七进活动并捐书1500册。完成3个图书分馆建设（县中队、色尔宫、幸福社区）。加强基层文化阵地建设和基本队伍建设，规范举办文艺活动申报程序，并加强对乡（镇）综合文化站的管理及建设，持续完善乡（镇）政府对综合文化站的主体责任及文化广电工作人员的工作职责，同时补招香巴拉艺术团演员。

【文物保护】 对全县22处文物保护单位开展定期巡查，发现问题及时解决。汛期时分别对尼斯东碉楼（国家级文物保护单位）塔基积水、红军长征纪念馆（3A级景点）钢架与土墙接缝处大面积渗水、乡城桑披岭寺旧址墙体冰裂等进行抢救性维护。开展全国第三次文物普查，并对县境内的22处文保单位和139处不可移动文物进行名称记录与基础信息填报。

【主要领导人】 县委书记：曹建奎；县人大常委会主任：杨健；县长：黄进；县政协主席：丁淑群；分管农业副县长：陈文铭。

乡城县编写组

稻　城　县

【基本情况】 2020年，全县辖11乡3镇121个村3个居委会，辖区面积7323平方千米，有总人口3.2万人。

【文旅宣传营销】 举办“5·19”中国旅游日宣传活动。通过微信平台、官方抖音号宣传和线下组织活动，倡导文明旅游、健康出行，营造关注旅游、参与旅游、支持旅游、推动旅游的良好氛围，提升公民健康旅游意识和休闲意识，激发群众旅游出行热情。

参加各类推介活动。借助“珠海—稻城”航线开通仪式，推介稻城文旅资源，加强稻城文旅宣传，促进稻城文旅发展；参加第8届澳门国际旅游（产业）博览会并举办2020中国（四川）大熊猫文化旅游周活动，通过文旅推介会、直播互动、专场活动等方式宣传稻城文旅；参与云南华洋旅业及全国旅业同仁产品推介会，共同打造区域旅游品牌，建立区域旅游合作机制，实现资源互换，推动区域内旅游产业达成共识；参加为期10天的“冬游甘孜推介会”，加大冬春旅游宣传推广力度，促进冬春旅游市场升温；参加2020中国（四川）旅游景区暨文创产业创新发展博览会，宣传推广天府旅游名县品牌。

举办乡村旅游活动。接受“天府旅游名县一年看变化”采访活动，加强旅游宣传，提升稻城旅游知名度。中央民族歌舞团在稻城县开展“中华民族一家亲同心共筑中国梦”专场慰问演出；开展以“感恩奋进新甘孜”为主题的文艺演出活动，喜迎甘孜藏族自治州成立70周年，展现新时代稻城县干部群众精神风貌；组织开展老干支部主题党日活动，丰富老干支部的晚年生活，康定、泸定、成都等地的100余名离退休老干部参加活动。

【公共文化服务体系建设】 投入资金40万元，全面实施文化馆、图书馆对外免费开放及相关业务工作；投入资金70万元，用于乡（镇）综合文化站免费开放、开展各类群众文化活动以及设施设备维护等；投入资金55万元，用于55个贫困村文化活动室巩固提升、完善各功能室制度上墙、设备维护等；投入资金55万元，用于55个贫困村文艺演出队伍开展演出活动；投入资金15.168万元，购置贫困村文化室拉杆式音响设备，用于部分贫困村设备更换；坚持做好“文化惠民扶贫”巩固提升，探索文化精准扶贫新路径，组成工作小组对全县14个乡（镇）、55个贫困村进行3轮文化惠民扶贫工作“回头看”大检查。全年完成作品创作8个。继续加强对稻城县民间艺术团有限公司演职人员业务培训，聘请州文化馆专业指导老师对其进行业务及形体等培训；结合广电维护小分队开展的现场设备操作指导培训，开展全县各行政村文化活动室管理员业务操作培训；开展非遗传承人技能培训。维护人员对全县“村村响”进行全面排查和问题整理，全县89个行政村“村村响”均实现正常运行。采购680套“户户通”及配件用于基层群众“户户通”的置换；维护人员免费上门为群众完成517套机顶盒置换安装，安装配件634次，调试350次。

【群众文化活动】 举办稻城县2020年庆元旦全州文艺汇演活动；投入资金55万元，用于55个贫困村文艺演出队伍开展演出活动；投入资金42万元，推进“送戏下乡”及“送文化上虫草山”活动，截至12月，共完成96场，覆盖121个行政村，观看人数达到3.6万人次，完成比例为114%。配合州级主管部门筹备甘孜州建州70周年庆祝活动，派100余名演职人员参加开幕式活动；配合中央民族歌舞团在全县牧区寄宿制小学开展“文艺下乡”慰问活动；参加甘孜州第四届“新人新作”比赛，稻城县广场舞获得全州第二名，其他节目均获得优秀组织奖。

【主要领导人】 县委书记：曾关和；县人大常委会主任：唐晓庆；县长：樊玉良；县政协主席：斯朗娜姆；分管农业副县长：思子热太。

稻城县编写组

得　荣　县

【基本情况】 2020年，全县辖4镇6乡100个行政村3个社区，辖区面积2916平方千米，总人口2.6万人。

【文旅重大项目建设】 下拥景区基础设施建设项目总投资5800万元，其中中央预算内投资4640万元、地方配套资金1160万元，已进入施工阶段，完成拨付2628万元。州、县广播电视覆盖工程总投资1178万元，其中中央预算内投资942万元、地方配套资金236万元，已完成可研、勘察设计等前期工作，进入施工阶段。瓦卡镇旅游基础设施建设项目总投资2300万元，其中中央预算内投资1840万元、地方配套资金460万元，已进入招标挂网阶段。茨巫藏乡田园景区基础设施建设项目总投资1300万元，其中中央预算内投资1000万元、地方配套资金300万元，已进入招标挂网阶段。得荣县公共服务基础设施建设项目总投资1000万元（中央预算内投资），已进入招标挂网阶段。县级应急广播体系建设项目总投资450万元（中央预算内投资），由州文广旅局统一招标，已完成可研、勘察设计等前期工作，进入施工阶段。

【旅游提档升级】 翁佳景区创建为国家3A级景区。1月，正式启动瓦卡4A级景区创建，在4月初编制完成瓦卡镇建设特色民俗小镇4A级景区景观资源评审材料；5月25日，取得通过4A级景区景观质量评审意见书；7月，启动招标需求论证，加快完善相关硬件设施；8月8日，通过2020年甘孜州旅游品牌复核、州检验收等，进入攻坚阶段。同时，茨巫藏乡田园、白松桃花源等3A级景区创建也提上日程，逐步完善旅游配套服务的基础设施。

【旅游基础设施建设】 结合“乡村振兴”“全域旅游”“大香格里拉”的旅游发展思路，新建旅游厕所2座，推进下拥景区基础设施建设、瓦卡旅游基础设施建设、得荣县公共服务设施建设、智慧旅游平台建设，完善瓦卡景区旅游基础设施项目。下拥景区基础设施建设进入施工阶段，完成拨付2628万元；瓦卡旅游基础设施建设、得荣县公共服务设施建设项目均已进入招标挂网阶段；智慧旅游平台建设已完成域名注册，逐步完善景区平台数据及景区LOGO设计，景区总体规划已完成招标，进入规划编制程序。

【提升旅游服务水平】 发挥乡村旅游引领示范作用，加强旅游专业人才队伍建设，已完成旅游人才培训411人次。提升旅游服务水平，申报乡村酒店2个、民宿达标户6户。开展涉旅行业“持证上岗”，推进涉旅从业人员职业档案管理建设，已完成涉旅人员持证上岗第一阶段工作。做好节假日期间旅游咨询服务点工作，正确引导游客文明旅游。

【公共文化服务体系建设】 发挥图书馆职能，实行无障碍、零门槛进入，为引导全县广大干部群众爱读书、读好书创造良好的学习氛围，全年共接待读者8400余人次。在年初制定完善《得荣县文化馆免费开放服务工作方案》《得荣县文化馆免费开放服务管理办法》《得荣县文化馆免费开放服务项目》等，确定2020年免费开放服务的具体项目、方式方法、开放范围，为免费开放服务提供了制度、人员等保障。县文化馆分别在8月2日—8月9日、8月12日—8月19日开展暑期少儿培训班2期，开设二胡、舞蹈等4门课程，每科目参加人次达30～60人不等。

【文物保护】 加强革命文物保护利用，开展革命文物普查、挖掘、整理，保护全县红色文化遗址，弘扬全县红色文化，已完成扎纳亚口（红军碑）红色遗址收集整理。加强不可移动文物保护，组织文物非遗股工作人员实地开展为期一周的不可移动文物摸底排查，并已完成全县不可移动文物点（213处）、省级文保单位（3处）、州级文保单位（14处）、消失文物点（33处）系统录入。依托“世界文化遗产日”，6月13日在太阳谷广场开展得荣县2020首届非物质文化遗产购物节，围绕“非遗传承，健康生活”主题，非遗传承人现场展示民间接骨术、得荣石锅等手工艺产品，参与人数达500余人，共计售出手工艺产品价值7200余元。加强非遗申报，分别申报扎西拉姆等7个非遗项目州级传承人及1个州级非遗项目（莫丁石锅技艺），并申报得荣纳西红米种植技艺等10个民间项目为县级非物质文化遗产项目。完成贺龙桥、翁佳寺两处省级文保单位的立界立碑。

充实完善太阳谷艺术团。完成“新人新作”舞蹈作品编排及参赛，在庆祝甘孜州建州70周年暨2020年甘孜州第四届“新人新作”广场舞大赛中，得荣县参赛作品广场舞《情舞学羌》获得全州第一名，舞蹈《太阳谷上的一抹虹》、声乐《吉祥的太阳谷》获得第三名。到各行政村主动解决农牧民看电视难问题，已置换“户户通”设备121套，维修“村村响”设备32套。

【文化活动】 完成“送文化下乡”72场，覆盖全县10个乡（镇），共为乡（镇）农牧民群众送去文艺节目600余个。举办得荣县2020年“崩喜”传统节庆文化惠民系列活动——首届乡村舞蹈大赛，承办“艺术乡村·美好生活”2020年四川省乡村艺术节得荣县分会场活动、“用我们的关爱托起老年人的幸福晚年”重阳节文艺表演等系列文艺活动。组织工作人员分别于4月22日、4月23日在白松镇中学、二完小和太阳谷广场开展“公共文化惠民周”送书进校园、“点燃读书激情，共创书香得荣”世界读书日全民阅读及“‘全民阅读·书香得荣’4·23世界读书日图书七折优惠”等系列活动，营造了乐享阅读、共谈梦想、齐进奋斗的浓厚氛围。

【主要领导人】 县委书记：雷建新；县人大常委会主任：阿浪；县长：廖大洪；县政协主席：阿当扎西；分管农业副县长：降巴吉村。

得荣县编写组

凉山彝族自治州

【基本情况】 2020年，全州辖1市16县，辖区面积60294平方千米。全州实现增加值406.74亿元，增长4.8%，拉动GDP增长0.9个百分点。农村居民年人均可支配收入达15232元，增长9.5%，增速居全省第1位。

【特色农业产业】 烟草产业。全年种植烟叶86万亩，收购烟叶197万担，占全省总量的75%；综合产值达107.44亿元，烟农售烟收入27.14亿元，税金23.01亿元。“十三五”以来形成了从烟叶育苗到复烤加工、仓储物流的产供销一条龙生产体系，具备年生产、复烤加工300万担优质烟叶能力，凉山州成为全国重要的战略性优质烟叶基地，规模列全国市（州）第二位，其中会东县、会理县种植规模分别列全国县级第一、第二位。

蚕桑产业。全州桑园种植总面积55万亩，生产蚕种90万张，超过全省总量的70%，其中优质蚕种77.7万张；生产蚕茧55万担、生丝1200吨、桑椹11.39万吨，实现蚕桑茧丝综合产值50亿元，蚕农茧款和桑椹收入13亿元。桑椹产量11.39万吨，增产4.1万吨，增长57%；蚕农售果收入3.2亿元。全州蚕桑种植面积、产量均位居全省第一，6A级生丝产量位居全国第一。

"1+X" 林业生态产业。全年完成 "1+X" 林业生态产业提质增效示范基地建设49.95万亩，嫁接改良核桃基地100万亩，覆盖贫困村390个、贫困户39434户183762人。申报创建盐源县大水田核桃产业综合示范园区等州级园区8个、冕宁县万亩高标准油橄榄产业园区等省级园区3个。全州 "1+X" 林业生态产业总面积2298万亩，其中核桃种植面积1192万亩、干果年产量16.4万吨，实现产值24.8亿元；油橄榄种植面积11万亩，产量110万吨，实现产值11亿元；华山松种植面积209万亩，产量1.4万吨，实现产值3亿元。

"果薯蔬草药" 农牧产业。全州水果种植面积166.5万亩，产量208万吨；马铃薯种植面积242.77万亩，产量370.45万吨；蔬菜种植面积144.36万亩，产量332.8万吨；中药材种植面积13.7万亩，产量6.4万吨；花卉种植面积2.6万亩。全年猪、牛、羊、禽分别出栏416.19万头、39.87万头、473.75万只、2352.74万只，肉、蛋、奶量分别为51.63万吨、2.81万吨、5.09万吨。全年水产养殖面积16.38万亩，总产量2.64万吨，实现产值4.78亿元。"十三五" 以来，全州水果产量全省第一，形成了 "会理石榴" "盐源苹果" "雷波脐橙" 等著名水果品牌，建成西昌10万亩绿色食品原料蔬菜标准化生产基地，西昌、德昌、会东3个国家级蔬菜基地建设重点县。全州生猪规模养殖户6.9万家，其中出栏50头（专业户标准）以上的生猪养殖户（场）11614户（家）、500头以上的生猪养殖场499家；建成国家级、省级畜禽标准化养殖示范场26家；培育认定州级养殖园区9个。建成规模以上马铃薯加工企业14个，年鲜薯加工能力达130万吨以上。建成浓缩果汁年加工能力2000吨规模以上企业7家。

【农田水利建设】 全年完成高标准农田建设任务41万亩，其中高效节水任务1.8万亩。"十三五" 以来，全州累计建成高标准农田313万亩，占耕地面积的33.2%。粮食功能保护区面积182万亩。

【农村人居环境整治】 全年新（改）建公厕494座，新（改）建农户厕所110601户。建设 "美丽四川·宜居乡村" 230个，完成任务的115%。拆除危旧房5.2万余间、残垣断壁1.3万余处。"十三五" 以来，全州农村 "厕所革命" 建设累计投入资金7366万元，新（改）建农村卫生户厕490311户，普及率达44.16%；生活垃圾收转运体系建设累计投入资金15300万元，建成大型生活垃圾填埋场17座、生活垃圾焚烧发电厂1座、生活垃圾中转站83座、小型垃圾集中收集设施2万余个，配备城乡环卫车辆2818辆、环卫工人20927人。配备专职保洁员、开展村庄清洁行动的行政村均为100%，畜禽养殖粪污资源化利用率达86.56%，行政村污水有效治理率达25.4%。

【农产品精深加工及品牌创建】 发展农产品初加工和精深加工，建成商品化生产线36条，年加工能力72730吨，农产品初加工率、耕种收机械率、农业科技贡献率分别达50%、37.44%、55%，果蔬、肉类、奶类农产品冷链流通率分别达20%、25%、55%。推动农产品品牌建设，创建省级特色农产品优势区3个（凉山蚕桑、会理石榴、盐源苹果），申报国家级特色农产品优势区1个（凉山桑蚕茧）；认证 "三品一标" 农产品156个。省级农产品质量安全例行监测合格率达99.2%。"大凉山" 特色农产品品牌获得四川网友最喜爱的十大农产品品牌。德昌县 "昌字牌" 优质米被中国粮食行业协会评为 "全国首批放心米"。凉山州被命名为 "中国苦荞之都"，环太品牌获得 "中国驰名商标"，是中国苦荞行业唯一获得该称号的企业。大凉山 "清甜香型" 烟叶连续四届被评为 "四川名牌产品"，烟叶质量连年名列全国前茅。形成 "会理石榴" "盐源苹果" "雷波脐橙" 等著名水果品牌，获得 "中国石榴之乡" "中国青花椒之都" 等称号。创建 "凉山桑蚕茧" "宁南南丝路" "会东锦绣缘" 3个优质蚕茧品牌，"南丝路" 品牌创建为中国驰名商标。

【农业交流合作】 先后参加第七届农博会、成都市农博会、"三区三州" 扶贫农产品展会等各类农产品展会活动18次，组织120余家农业主体、300余种农产品参加展示展销。组织开展会理石榴万里行、黄联关镇第十三届石榴节、宁南县核桃开杆节等活动。"十三五" 以来，共建成益农信息社2070个，申报创建 "粤港澳" 大湾区农产品供应基地4个；"以购代捐" 累计采购农产品价值7.8亿元，惠及贫困群众6.5万户27.84万人。

【新型农业经营主体培育】 有农技专家服务小组48个、专家服务团队138人、基层农技员2028人，全省农业农村系统派出1123名农技人员支持凉山，特聘农技员61名。全年新增州级龙头企业15家、州级以上农民专业合作社86家、家庭农场232家，全州共有州级以上农业龙头企业131家、国家级重点龙头企业3家、合作社10104个、家庭农场23316家、农业科技示范户17658户、种养大户10万户、生猪散养户近60万户。

【农村集体经济发展】 推进农村集体产权制度改革，完成全州20782个集体经济组织年度清查任务，核实总资产199亿元。落实1.2亿元，在115个村实施扶持壮大村集体经济发展项目。开展集体经济组织成员身份确认，股权量化，已确认成员18.7万户62.5万人，量化资产总额19亿元。全州已有760个村（社区）成立新的集体经济组织。

【农村电商】 全州11个深度贫困县国家级电子商务进农村实现全覆盖，累计建成乡（镇）电商服务站423个、村级服务点1019个；依托电子商务平台发展特色网店5000余个，培育电商企业500余家，创建 "山里淘" "优品汇" "正中商城" 等特色网上电商平台60余个，网商总数达30926家。"线上线下" 开展产销对接活动，拓宽农特产品推广销售渠道，全年组织120余家 "大凉山" 农业经营主体参加网上助销农产品活动20余场次，组织参加中央广播电视总台 "心连心" 系列公益带货直播活动。

【劳务开发】 全年转移输出农村劳动力135.98万人，实现劳务收入266.62亿元，其中转移输出建档立卡贫困劳动力22.14万人，实现劳务收入31.05亿元。全年专项输出佛山建档立卡贫困户劳动力7020人，完成国、省下达目标任务的638.18%，在近三年全国东西部扶贫协作劳务专项输出佛山考核中均被评为 "好"。

【主要领导人】 州委书记：林书成；州人大常委会主任：达久木甲；州长：苏嘎尔布；州政协主席：杨文泉；分管农业副州长：向贵瑜。

凉山彝族自治州编写组

西 昌 市

【基本情况】 2020年，全市辖11镇7乡129个村45个社区，辖区面积2883平方千米，其中耕地面积70.39万亩。年末常住总人口95.5万人，其中户籍人口72.58万人。城镇化率达66.63%,是四川省县域经济发展强市、首批天府旅游名县、首批全省实施乡村振兴战略工作先进市。

【年度农业和农村经济运行】 2020年,全市实现农业总产值86.9814亿元,增长5.086%;全市全年农业增加值达56.8352亿元,增长4.8%。农民年人均可支配收入达21346元,增长8.6%。农村集体产权制度改革全面完成,被纳入全国农村宅基地制度改革试点。巩固拓展脱贫攻坚同乡村振兴有效衔接示范区创建有序推进。河(湖)长制取得实效,邛海通过全国首批示范河湖建设验收。"田长制""林长制"统筹推进。174个村(社区)建制调整全面到位。

新型农业经营主体培育。新培育省级示范社2家、州级示范社3家。全市共注册农民专业合作社828个,其中国家级示范社5个、省级示范社13个、州级示范社14个;共有社员18216户,出资总额19.11亿元。

【种养殖业】 全年水果产量11.2851万吨,增加5408吨,增长5.04%。蔬菜产量61.1561万吨,减少453吨,减少0.08%。全年生猪、牛、羊、家禽分别出栏30.46万头、2.09万头、18.04万只、477.28万羽,水产品产量11.8万吨。

【森林草原防灭火】 实施庐山生态修复造林5062亩,开设防火隔离带873千米,清除林下可燃物7930吨,建成防火通道1564千米、消防水池626口、地埋式消防水罐2692个,配备无人机10台、消防水车40辆,300人的专业扑火队、1256名巡山护林员队伍重组上岗,"森林草原防灭火翻身仗"全面打响。

【扶贫攻坚】 聚焦"两不愁三保障",按照"不落一户不落一人"要求,投入扶贫资金1.84亿元,全市47个贫困村、6450户27001名建档立卡贫困人口全部脱贫,通过脱贫攻坚国家普查和省级验收,提前三年消除绝对贫困。

【农业基础设施与技术装备建设】 全年建成高标准农田8.08万亩。全市农业机械总动力以年均1.1%的速度递增,达67万千瓦。主要农作物耕种收综合机械化水平达71.2%;农机经营总收入达13000万元以上。新建农产品冷藏库80个,新增库容量9000余吨,全市农产品冷藏库、气调库等冷藏设施贮存量达5万吨以上。

【农村人居环境整治】 完成2003户农村户厕新(改)建任务,卫生厕所普及率达92.6%。农业废弃物资源化利用及回收处置率中畜禽粪污资源化利用率达77.84%,病死畜禽无害化处理率达85.86%,农膜科学使用和农田残膜回收利用率达87.84%,农药包装废弃物回收处置率达79.32%,秸秆综合利用率达88.41%。

【乡村振兴】 市财政投入乡村振兴资金10.4亿元,同时获得2019年度省级乡村振兴先进市转移支付奖励资金6000万元及300亩建设用地指标,乡村振兴要素保障全面夯实。集中打造安哈镇摆摆顶村等8个生态文明示范村,创建省级乡村振兴先进乡镇1个、省级示范村3个、州级乡村振兴先进乡(镇)2个、州级示范村8个,通过乡村振兴先进市"回头看"省级交叉检查。

【主要领导人】 市委书记:马辉;市人大常委会主任:罗开莲;市长:马廷贵;市政协主席:唐云;分管农业副市长:鲍新国。

西昌市编写组

木里藏族自治县

【基本情况】 2020年,全县辖27个乡(镇),辖区面积13252平方千米,实有耕地面积27.17万亩,增加477亩,增长0.18%。

【新型农业经营主体】 全县有农民专业合作社413个、家庭农场195个。完成家庭农场扶持示范三类工程项目1个,扶持资金20万元;扶持州培育一类项目2个,每个扶持10万元;扶持培育二类工程项目17个,每个扶持10万元。完成合作社省级示范社(30万元/个)扶持项目1个、县级以上示范社(10万元/个)扶持项目10个。完成2020年省、州、县三级合作社、家庭农场评定申报,其中州级家庭农场5个、县级家庭农场17个;省级示范社2个、州级示范社4个、县级示范社17个。

【现代农业园区建设】 新建农特产品创意产业园区40亩,总投资2200万元,分两期工程建设,其中一期工程于2019年年初完工并投入使用;二期工程于2019年4月启动,2020年完成建设并投入使用。

【种植业】 全县粮食作物播种面积26.56万亩,粮食产量7.1万吨,增加0.02万吨,增长0.28%,其中,小春粮食产量1.03万吨、大春粮食产量6.07万吨。玉米播种面积12.91万亩,产量3.98万吨;马铃薯播种面积7.5万亩,产量2.13万吨;水稻播种面积200亩,产量51吨;大麦播种面积0.9万亩,产量0.18万吨;小麦播种面积2.45万亩,产量0.38万吨。

【畜牧业】 全年"四大牲畜"(牛、马、骡、驴)存栏16.13万(匹),减少10%,其中牛存栏14.13万头,与上年持平;羊存栏22万只,减少15.97%;猪存栏13.15万头,增长25.84%;家禽存栏36.95万羽,增长12.14%。全年"四大牲畜"(牛、马、骡、驴)出栏4.42万头(匹),增长0.45%,其中牛出栏4.41万头,增长0.7%;羊出栏22.51万只,增长0.6%;猪出栏15.58万头,增长14.47%;家禽出栏43.3万羽,增长19.51%。全年肉类总产量2.07万吨,增长8.95%;禽蛋产量326吨,增长1.56%;奶类产量6811吨,增长17.76%。

【水产业】 推行山区溪河流水养殖和天然河道人工增殖放流生态养殖,全年水产品总产量150吨。全年在木里河、水洛河、雅砻江共增殖放流鱼苗171.8万尾。加强长江流域水生生物资源保护,依法严厉打击整治非法捕捞等各类危害水生生物资源行为,为长江流域禁捕退捕工作暨"十年禁渔"工作奠定基础。

【特色产业】 在全县适宜地区种植羊肚菌0.1563万亩,羊肚菌鲜品产量0.0262万吨;新增设施蔬菜建设0.01万亩,全县蔬菜种植面积达1.386万亩,年产蔬菜4.56万吨;新增规划建设特色水果木里本地皱皮柑种植0.013万亩;在全县14个乡(镇)规划种植辣椒0.31593万亩。木里牦牛存栏10万头左右,藏香猪、藏香鸡养殖逐步向规模化方向发展。

【援建项目建设】 完成攀枝花市对口帮扶木里县援建资金893万元项目,其中建设农业产业示范园(中药材)基地1个、建设专业合作社项目8个,建设乔瓦镇防火隔离带产业示范点肉羊养殖场1个,完成三桷垭村幼教点风貌打造项目。完成浙江省湖州市对口支援帮扶项目农村户用沼气建设项目700口,投资272万元;沙湾乡特色产业辣椒加工厂房建设项目800平方米,投资100万元;特色水果皱皮柑基地建设项目130亩(三桷垭乡30亩、俄亚乡50亩、西秋乡50亩),投资100万元。

【耕作推新】 推广常规增产技术,在玉米生产上推广运用杂交良种、地膜覆盖栽培、宽窄行规范化种植、配方施肥、病虫害综合防治等增产措施;在马铃薯生产中推广运用脱毒种薯、洋芋高厢垄作等增产措施,推广马铃薯"青薯9号";小春生产中采用开厢匀播、小窝点播等,大春生产中采用地膜玉米、玉米宽窄行、洋芋高厢垄作等增产技术措施,全年完成种植杂交玉米8.56万亩、地膜玉米7.1万亩、马铃薯高厢垄作6万亩。落实马铃薯一级生产种薯繁育基地0.16万亩,完成粮食(马铃薯)扩种面积0.2万亩,全县马铃薯种植面积7.5万亩。

【品种改良】 全年共引进杂交玉米良种180.4吨、17个杂交玉米组合,推广到全县29

个乡（镇），种植面积8.56万亩；安排50个玉米新品种分矮、中、高山进行引种对比试验，并在全县设立40个试验点，对“鑫白单7号”“子玉3号”“水白玉1号”“罗单297”等品种进行全县多点示范种植；采购以“青薯9号”为主的优良马铃薯一级生产种薯0.2万吨、“青薯9号”原种0.02万吨、“丽薯6号”原种0.02万吨，完成脱毒马铃薯推广面积7.5万亩，其中完成“青薯9号”推广种植面积5.5万亩。引进西门达尔、安格斯优质肉牛冻精0.4剂，引进川中黑山羊优良种公羊120只。

【肥料施用】 实施“化肥零增长行动”，深化测土配方施肥技术推广，推进科学精准施肥，以玉米、马铃薯和蔬菜等作物为重点，施肥中遵循“控氮、稳磷、补钾”原则，增施有机肥，稳步提高化肥利用率，实现化肥使用零增长。全年采集土样51个、化验1173项次，测土配方施肥技术推广面积25万亩，技术覆盖率达85.5%，化肥使用量实现零增长。

【高标准农田建设】 完成2019年高标准农田建设项目（跨年度实施）2.2万亩、高效节水灌溉0.1万亩，项目总投资3320万元，其中完成土地平整130亩，土壤培肥0.24万亩，新建蓄水池25口，衬砌明渠27.69千米，埋设灌溉管道35.43千米，取水口设计15处，新建及整治田间机耕道13.34千米。

【草原牧业】 完成农牧民补助奖励政策基础信息系统核对及误差更正，以“一卡通”的形式及时兑现农牧民的“两项”补助资金共计2061.5万元，其中落实草原禁牧186.2万亩，兑现补助资金1396.5万元；推行草畜平衡266万亩，兑现奖励资金665万元。全面实行禁牧封育管理和推行草畜平衡，严格落实禁牧管理制度和草畜平衡管理制度，确保禁牧和草畜平衡效果，加快草原生态恢复，促进草原畜牧业持续健康发展。

【病虫害防治】 全年调运发放牛（羊）口蹄疫疫苗104万毫升、猪口蹄疫疫苗23万毫升、猪瘟疫苗50万头份、重组禽流感病毒灭活苗24万毫升、小反刍兽疫苗16万毫升，采购发放地方强制免疫疫苗猪细小病毒灭活疫苗0.5万毫升、猪圆环病毒灭活疫苗0.7万毫升、猪乙型脑炎活疫苗0.5万头份、伪狂犬病活疫苗0.8万头份、山羊支原体肺炎灭活疫苗31万毫升、牛多杀性巴氏杆菌病灭活疫苗88万毫升、气肿疽灭活疫苗13万毫升、鸡传染性法氏囊病活疫苗8万羽份、鸡痘活疫苗3万羽份、“鸡新+传支气”二联活疫苗（H120）11万羽份、“鸡新+传支气”二联活疫苗（H152）11万羽份、消毒药12吨。全年完成牛口蹄疫免疫20.4万头、羊口蹄疫免疫41万只，猪口蹄疫免疫22.2万头、猪瘟免疫22万头、鸡重组禽流感病毒免疫31万只、牛多杀性巴氏杆菌病免疫20.1万头、小刍反兽疫免疫14.6万头、羊包虫病免疫28万只，免疫应免密度达100%。全县农作物病虫害防治面积达种植总面积的90%以上。开展植物疫情监测调查，分别在牦牛坪乡、屋脚乡、李子坪乡、唐央乡、后所乡、芽祖乡、倮波乡、下麦地乡共8个乡（镇）建立35个监测点0.57万亩，监测调查马铃薯帚顶病毒、马铃薯金线虫；在依吉乡建立5个监测点，共监测调查柑橘黄龙病0.1万亩；在依吉乡建立1个防控示范区，实施植物疫情阻截防控0.33万亩。

【农村人居环境整治及能源发展】 全年共建设农村户用沼气池1000口，截至2020年年底，全县共有农村户用沼气池14300口。推动“厕所革命”，在瓦厂镇纳子店村（含夺卡村田兴组）实施新（改）建无害化卫生户厕207座，在沙湾乡麻窝村实施新（改）建无害化卫生厕所225座。截至2020年年底，全县有“卫生厕所”19937个，覆盖率达84%。

【农业行政执法】 抓好农机安全监理，完善农机安全生产工作制度，落实安全生产责任制，开展农机安全生产专项整治活动，加大农机安全监管力度，全年共检查农业机械328台次。开展变型拖拉机专项整治，“变拖”零增长，实现全县无重大农机事故发生。加大打击假冒伪劣种子工作力度，共出动执法人员51人次，规范种子市场经营秩序，保护种子生产者、经营者、使用者三者利益，确保农业生产安全。执行检疫规程，规范填写检疫证明，严禁对无耳标、无免疫证明或未经“瘦肉精”监测的动物出具检疫证明、严禁非检疫人员开具检疫证明，防止工作人员不作为和乱作为。全县共实施产地检疫生猪3625头、牛（羊）3095头（只）、禽类5383羽，共实施屠宰检疫生猪4849头。全面加强非洲猪瘟防控，防止疫情传入，加强疫情排查督查。做好农资打假专项工作，全年出动执法人员82人次、执法车辆7次，检查10次，对全县农贸集市进行全面清理整顿及对饲料、兽药经营市场和畜禽养殖场进行检查，共出动执法人员58人次、执法车辆11车次，检查20次，加强水产渔政执法和宣传，共开展专项执法检查5次，出动执法人员100余人次，印发宣传资料2000余份，查办电鱼非法捕捞案件1件，行政教育2人次，没收非法捕捞渔网30张，并在辖区开展执法和宣传，确保渔业投入品的安全和较好得实现禁渔目标。

【结构调整】 以脱贫攻坚成果提升为目标，稳定粮食生产，立足资源优势，调整种养殖结构，发展现代农牧业，按照“一乡一品，一村一业”发展思路，做好产业发展规划，落实农牧业各项措施，确保粮增产、钱增收，推进全县农牧业又好又快发展。主要发展辣椒产业、魔芋产业、马铃薯产业、蔬菜产业、羊肚菌产业等，推进农作物品种改良、畜牧改良，帮助贫困户发展畜牧养殖，合理调整种植结构，加快农牧特色产业发展，增加农牧民收入。加强基础设施建设，为农牧产业发展奠定基础；加强技术培训，抓好科技示范带动；发展规模农牧业，逐步形成产业化；发展精品农牧业，增加农牧民收入。

【牧场管理】 全县9个国有牧场总面积522.23万亩，其中草地面积319.6万亩。9个国有牧场总人口2352人。“四大牲畜”存栏总数4.05万头（匹），其中牛3.54万头；肉类产量587.1吨，奶产量1098.63吨，实现畜牧业产值1589.43万元。加强对牧场政务事务的指导，与各牧场签订《生产管理目标责任书》，检查监督牧场财务、生产、经营等方面的情况，指导牧场做好月报、季报和财务结算，督促牧场及时公开政务、财务。同时，加大各牧场森林草原防灭火工作的宣传、指导和督查。

【主要领导人】 县委书记：张振国；县人大常委会主任：杨克祖；县长：伍松；县政协主席：甘正友；分管农业副县长：孟宇。

木里藏族自治县编写组

盐源县

【基本情况】 2020年，全县辖30个乡（镇），辖区面积8398平方千米，有户籍人口38.51万人。

【文旅项目建设】 完成四川省旅游重点项目库项目上报，每月按时填报四川省文化和旅游项目管理平台项目进度，其中柏灵湖苹果庄园、泸沽湖布尔角农创项目进入全省旅游项目库，泸沽湖镇摩梭水景一条街项目建设有序推进并按期报送项目进展。申报国家、省、州旅发资金重点项目补助，全县申报中央预算内投资资金1000万元用于公母山景区建设、申报州级文化和旅游资源普查项目补助50万元。推进泸沽湖镇摩梭水景一条街项目，继续实施盐源县“两园”建设项目，摩梭家园一期酒店提升及花海、牧场等配套项目打造基本完成，柏灵湖苹果庄园田园综合体建设项目进入尾声；实施西昌至泸沽湖沿线旅游基础设施提升行动，投资2000余万元的卫城、平川土公铺、盐塘花鱼塘、梅雨娃儿嘴4个旅游服务站已全部完成建设并投入使用。

【A级景区创建】 推动泸沽湖创建国家5A级景区，争取各级各部门资金支持，已配备到位创建资金3147万元，已启动游客中心改造提升、国省干道及景区交通导视系统设置、“多线下地”等一批重点基础设施建设项目；完成景区新门禁系统建设、智慧景区平台建设、标识标牌设计安装、WiFi全覆盖、景区天网监控系统、个别广场停车场提升、景区重要景观节点邮政信箱增设、景区医疗服务点建设、主要景点警务室建设等项目；完成观光车站、自行车、电瓶车停放点、生态停车场及部分景点道路项目的设计；推进部分基础设施建设项目前期审批报件。启动公母山创建国家4A级景区，投入资金2300余万元，已完成规划编制、基础设施项目建设招标等工作。启动柏林湖苹果庄园创建国家3A级景区，项目主体建设稳步推进。

【旅游市场综合治理】 旅游投诉处理。坚持领导干部在岗带班制度，严格落实24小时值班制度，确保联络信息24小时畅通，全年共受理游客投诉55起，均已办结，其中有效投诉49起(酒店住宿类投诉7起、购物类投诉6起、景区投诉4起、旅游交通纠纷投诉1起)；收到旅游咨询1500余起，均按要求为游客提供服务。

旅游执法检查。开展旅游市场综合整治，开展两省联合执法检查2次、县级各涉旅部门联合执法检查6次、日常执法检查130余次，检查旅游团队19个，暂扣导游证2个；开展疫情防控、“扫黑除恶”等专项执法督查检查35次，发出整改通知书2份，已交泸沽湖镇政府督促购物点整改。实施全国旅游团队服务和电子行程单制度，使用覆盖率达60%以上。

【公共文化服务体系建设】 公共图书馆、文化馆等公共服务设施全年实行免费开放，基本公共服务过程中未出现重大失误。县文化馆在寒假期间举办免费文化艺术培训班，开设声乐培训班、舞蹈培训班、书法培训班、美术培训班，100余人参加培训。结合图书馆馆藏结构和读者需求，新购置各类图书1300余种5000余册；通过借阅室和书语楼的“新书专架”，及时向读者推荐好书、畅销书，共向读者推荐各类图书300余种；向机关、企事业单位发放借阅证160余张，吸引更多干部职工走进图书馆。春节期间，选购图书80余种近800册，拷贝共享工程光盘资源150张，均送到全县7个乡(镇)的综合文化站和农家书屋，同时对基层图书室、书屋进行业务辅导。深度贫困县应急广播体系建设完成招投标工作，待设备进场安装。创作歌曲《永远在一起》并获得“颂歌百年——庆祝中国共产党成立100周年”专题歌曲创作优秀作品展演，创作歌伴舞《好风好雨好时节》《文明盐源》，舞蹈《摩校姑娘》《百花争艳》等并在县内国庆、中秋等文艺晚会进行演出。全年开展“送文化下乡”活动200余场。组织开展“两师一员”、公共网点人员业务培训会等培训，参与人数300余人。

【主要领导人】 县委书记：邓天友；县人大常委会主任：彭屹；县长：尹江涛；县政协主席：张应聪；分管农业副县长：张成武。

盐源县编写组

德 昌 县

【基本情况】 2020年，全县辖12个乡(镇)2个街道65个村委会8个社区，辖区面积2284平方千米，其中耕地面积28.5万亩、基本农田面积17.6万亩。户籍人口217921人，城镇人口60852人；人口出生率13.2‰，人口自然增长率7.3‰，符合政策生育率98.5%。本地水资源总量14.98亿立方米。有林地面积14万公顷，活木总蓄积量1380万立方米，森林覆盖率70.1%。

2020年，全县GDP800329万元，增长6.4%，高于全州增速2.5个百分点，总量居全州第6位，增速居全州第3位，其中第一产业增加值233314万元，增长3.9%，拉动GDP增长1个百分点；第二产业增加值206050万元，增长12.4%，拉动GDP增长3.4个百分点，总量居全州第8位，增速居全州第3位；第三产业增加值360965万元，增长4.3%，拉动GDP增长2个百分点，总量居全州第6位，增速居全州第2位。人均GDP达36967元，增长7.6%。三次产业对GDP的贡献率分别为15.2%、53.5%、31.3%。一二三产业占GDP的比重分别为29.1 ∶ 25.8 ∶ 45.1。全年接待游客464万人次，减少4.49%；实现旅游总收入16.9亿元，减少3.65%。

全县公路运输总周转量95984万吨千米，增长3.9%。电信业务总量172376万元，增长55.2%；邮政业务总量2218万元，增长38.9%。国际互联网上网用户1.6万户，和上年基本持平；固定电话用户2.8万户，和上年基本持平；移动电话用户19.6万户，和上年基本持平。全县电话普及率74.5%。有普通中学5所、小学63所，普通中学专任教师1073人、小学专任教师1009人，普通中学在校学生12908人、小学在校学生23384人。

【年度农业和农村经济运行】 2020年，全县农林牧渔总产值(现价)达431832万元，增加22455万元，增长5.2%，其中农业产值255701万元，增加15955万元，增长6.2%；林业产值11180万元，减少220万元，减少19.7%；畜牧业产值151138万元，增加19194万元，增长12.7%；渔业产值3995万元，增加71万元，增长1.8%；农、林、牧、渔服务业产值9818万元，增加1835万元，增长24.4%。全年水产品产量4602吨，减少5.7%。全年农田有效灌溉面积10896公顷，增长1.6%；化肥施用量(折纯)8201吨；农业机械总动力26.1万千瓦，增长5.1%；农村用电量13694万千瓦时，增长1%；农用塑料薄膜使用量847吨，地膜覆盖面积12259公顷。

农产品品牌战略实施。全县以农业科技为支撑，围绕“三品一标”(无公害、绿色和有机食品，地理标识)农产品发展自有品牌，出台奖励政策，对获得驰名商标、著名商标和名牌产品的企业予以重点扶持、资金奖励，提升农产品的知名度和市场竞争力，创建国家地理标志产品保护2个(德昌桑椹、建昌板鸭)，四川省名牌产品3个(鑫叶牌烟草专用复混肥、阳光味道牌原果汁系列、童耳朵系列肉制品)，四川省著名商标3个(童耳朵、吉日、庄稼源)、地理标志性商标3个(德昌水牛、德昌香米、德昌桑椹)。

【种植业】 全年粮食作物播种面积18023公顷，增加35公顷；粮食总产量100962吨，减少112吨，减少0.1%。油料产量759吨，增长0.1%。糖类产量1912吨，与上年持平。蔬菜、瓜果产量293309吨，增长11.2%。水果产量6.5万吨，农户产业收入3.86亿元；蔬菜产量23.5万吨，农户产业收入5.93亿元；烤烟产量18.2万担，农户产业收入2亿元；蚕茧、果桑产量分别为2.2万担、6.75万吨，农户产业收入3.58亿元(售果收入3.29亿元)。“1+X”林业生态产业提质增效示范2万亩，核桃嫁接改良6万亩；茨达河流域定植优质桃3100亩；建成供港果蔬示范种植基地2000亩、设施蔬菜标准化示范基地200亩、牛油果标准化种植示范基地1001亩；初步建成现代果桑产业核心区6800亩，创建枇杷、桑椹2个州级现代农业产业园区。

【畜牧业】 全年出栏肉猪24.31万头，增长23.2%；出栏羊14.75万只，增长1.1%；出栏牛1.3万头，增长3.2%；出栏家禽119.6万只，增长0.4%。全年肉类总产量23518吨，增长10.7%，其中猪肉产量16517吨，增长16.6%；羊肉产量2362吨，减少3.7%；牛肉产量1667吨，减少0.6%；家禽肉产量2510吨，增长0.2%；牛奶产量134吨，和上年持平。

【农村扶贫及移民工作】 投入27147万元，完成相对困难户房屋改造581户、土坯危房改造566户、"三建四改"1065户，全面解决贫困群众入学就医、水电路网等问题。创新"高考三诊""户户见面""整改清零"等模式，提升脱贫成色，通过脱贫攻坚调查考核验收，完成对口帮扶和援建任务。率先在川滇两省完成白鹤滩水电站移民搬迁安置工作，实现首个签订外迁安置协议、首个启动安置房建设、首个实现安置点分房、首个建成安置点，共安置移民338户、1444人。

【农村教育】 营养餐、寄宿补助等普惠政策全面落实，"学前学普"行动全覆盖，"控辍保学"全部化解销号，学前、小学、初中适龄入学率均达100%，九年义务教育巩固率达95%。教师发展中心、三中改（扩）建等项目有序推进。

【主要领导人】 县委书记：瓦西亚夫；县人大常委会主任：吴仲海；县长：李友英；县政协主席：邱金华；分管农业副县长：陈东。

德昌县编写组

会 理 县

【基本情况】 2020年，全县辖4乡13镇3个街道，辖区面积4527平方千米，其中土地确权登记耕地面积150万亩、保有耕地面积97.5万亩、划定基本农田71.4万亩。年末总人口45.99万人（户籍人口）。森林面积26.6万公顷，森林覆盖率58.83%。

2020年，全县GDP175.9亿元，增长6.7%，其中第一产业增加值56.1亿元，增长4.7%；第二产业增加值49.3亿元，增长5.5%；第三产业增加值70.5亿元，增长8.9%。三次产业对经济增长的贡献率分别为19.7%、26.2%和54.1%。全社会固定资产投资（不含农户投资）增长12%。全年接待游客250.5万人次，实现旅游收入15.37亿元。

公路总里程2775千米，公路客运周转量36135万人千米，公路货物周转量185280万吨千米，公路运输周转总量188794万吨千米。社会消费品零售总额76.8亿元，增长2.1%。地方公共财政预算总收入完成9.4亿元，增长5.9%；公共财政预算总支出29.6亿元，减少1.1%。金融机构各项存款余额201.6亿元，比上年末增长12%；各项贷款余额80.8亿元，增长9.6%。

有各类学校188所，在校学生66032人，教职工3516人，其中普通中学13所，在校学生1.5万人；小学47所，在校学生2.9万人；学龄儿童入学率100%。有文化馆1个，公共图书馆1个，红军长征过会理纪念馆1个。有卫生机构503个，病床位2223张，卫生技术人员2490人。

【年度农业和农村经济运行】 2020年，全县启动《会理县"1+7+N"乡村振兴规划》编制，制订并出台《会理县实施乡村振兴战略重点工作配套奖励激励建议方案》。全年实现农业总产值57.41亿元，增长8%。农民年人均可支配收入达20658元，增长8.8%。全县农产品质量抽检合格率100%。牵头重大项目15个，其中续建项目7个、新开工重点项目1个、储备重点项目7个。主要农产品产量见表1。

农业产业化发展。全县在册农民专业合作社824个；新创建家庭农场412家，全县工商在册家庭农场1325家，家庭农场和合作社实现全县20个乡（镇）146个村19个社区覆盖。清理整顿空壳无经营情况家庭农场和农民专业合作社。开展农民合作社、家庭农场示范创建活动，累计申报省级示范家庭农场10个、州级示范家庭农场34个、县级示范家庭农场79个，国家级农民专业合作社示范社3个、省级百强农民专业合作社示范社1个、省级农民专业合作社示范社22个、州级农民专业合作社示范社33个。组织实施10个继续培育家庭农场、2个省级示范社、1个州级示范社、7个县以上示范项目，实行"财政扶持资金+自筹资金"双管齐下形式。

村级集体经济发展。制定并印发《关于进一步发展壮大村级集体经济的实施方案》《会理县发展壮大村级集体经济奖励办法（试行）》，命名城北街道三元村等15个村为全县集体经济发展示范村，申报命名3个州级示范村。建立完善扶持壮大村级集体经济联席会议制度，开展2018—2020年32个村资金3420万元的农村集体经济发展项目指导，全县146个村集体经济收入883.31万元，增长13.9%，其中村集体经济收入小于1万元的村有11个，减少91%；收入在1万～2万元的村有55个，收入在2万～5万元的村有51个，收入在5万～10万元的村有29个，收入大于10万元的村有14个。撬动社会资本，村民入股5272余万元注入集体经济发展基金。

现代农业园区建设。成立由县委书记任第一组长，县长任组长，县委、县政府相关县领导任副组长，31家县级相关部门、乡（镇、街道）、企业主要负责人为成员的现代农业园区创建工作领导小组，编制细化《2020年会理县现代农（林）业园区创建工作方案》，成立产业园区管委会，使用及整合涉农财政资金约1亿元投入园区建设。开展4个州级现代农业园区创建，会理县富乐有机石榴现代农

表1 2020年会理县主要农产品产量

主要农产品	单位	产量	同比(%)
粮食	万吨	34	0.4
水稻	万吨	7.11	1.4
小麦	万吨	5.19	0.5
玉米	万吨	18.12	–0.4
马铃薯	万吨	2.93	1.4
油菜籽	万吨	0.2	0
蔬菜	万吨	48.7	3.6
水果	万吨	78.3	16.4
肉类	万吨	6.83	1.9
猪肉	万吨	5.29	2.7
牛肉	万吨	0.39	2.6
羊肉	万吨	0.78	–2.5
禽肉	万吨	0.34	9.6
兔肉	万吨	0.049	2
禽蛋	万吨	0.7	1
水产品	万吨	0.21	4.5
牛奶	万吨	0.027	3.8

业园区、会理县黎溪生猪现代农业养殖园区2个园区创建为州级现代农业园区，获得州级现代农业园区奖补资金1600万元，其中会理县富乐有机石榴现代农业园区500万元、会理县黎溪生猪现代农业养殖园区600万元（会理县省级五星级石榴现代农业园区500万元，获得国家级园区培育资金500万元）。建成会理县木古天喆芒果现代农业园区等县级现代农业园区12个。

【种植业】 全县粮食作物播种面积6.7万公顷，产量34万吨，其中小春粮食作物播种面积25.3万亩，产量5.78万吨；大春粮食作物播种面积75.87万亩，产量28.55万吨。烟叶播种面积23万亩，收购烟叶54.55万担，均价28.14元/千克，烟农收入7.67亿元，烟叶税1.69亿元。桑园面积1.8万亩，四季养蚕（含种茧）1.79万张，四季产茧1.47万担；投产果桑0.3万亩，产果0.75万吨，果农收入0.22亿元。全县水果种植面积53.23万亩，产量78.3万吨，实现产值62.16亿元；蔬菜种植面积25.7万亩，产量48.7万吨，实现产值21.2亿元；茭白种植面积6.6万亩，产量19万吨，实现产值8亿元。全县石榴种植面积40万亩，果品产量72万吨，实现产值52亿元，果农收入35亿元；有从事石榴种植的农户2.46万户、10.2万人，人均售果收入3.4万元，单户农户最高收入600余万元；从事石榴产业链人数20万人，人均收入2.6万元。建成攀西晚熟芒果产业基地7.1万亩，果品产量4.8万吨，综合产值5亿元。建成沿江早市蔬菜面积2.7万亩，总产量7万吨，综合产值2亿元。建成云甸镇奶油果基地950亩，其中良繁基地50亩、大田推广900亩。加强石榴良繁体系建设，完成石榴园区品种改良8万余亩。成功申报创建“会理石榴中国特色农产品优势区”。开展石榴病虫害绿色防控，在鹿厂镇铜矿村、爱民乡红拉村、富乐镇三岔河村、彰冠镇代管村、关河镇菜籽园村建立石榴病虫害绿色防控示范片7500亩，辐射带动面积10万亩。

【林业】 全年共完成育苗1.2万株，育苗面积15亩；全民义务植树120万株。在太平镇大村村、樟木村完成1355亩华山松材果两用林质量精准提升建设；完成大规模“绿化凉山”行动下达会理县的2.95万亩营林目标；指导江河渠系绿化34.5千米、国省干线补植10千米；完成城郊西山1000亩柏树植苗客土造林、城北马鞍山2000亩火迹地云南松植苗造林、树堡乡大黑山1200云南松植苗造林任务。

全年发生森林草原火灾1起，森林火灾受害率连续45年控制在省、州下达0.8‰、县拟定0.5‰的指标以内。与全县所有农户、企业签订《会理县森林防火告知书》15万份，印制张贴《禁火令》773份、《公告》773份，并在会理有线电视台12时、20时、22时滚动播出，发放《森林草原防火户主通知书》3万份。各乡（镇、街道）进行森林草原防火宣传共25场次。三大运营商向全县群众发送100万条森林草原防火宣传短信；全县各单位（企业）与本单位职工签订《森林草原防火和“文明祭祀”承诺书》；书写森林防火宣传标语1000余条、防火宣传碑48座；学校利用期末开家长会契机，对学生和学生家长进行防火宣传，受教育人数3.7万余人。国务院专项对四川省森林草原防灭火专项整治工作进行督导，新建防火通道1292.57千米，修建摩托车道129.9千米，开设隔离带345.35千米，新建消防蓄水池119口；新建应急直升机停机坪1处、直升机取水点1个，组建专业化扑火队伍100人。全年共受理各类林业案件132起，其中刑事案件移送17件、行政案件受理115起，查处103起，查处率达78%。

完成2020年县级林业有害生物防治各类林业有害生物面积2.61万亩，防治率100%。完成40个常规监测点松材线虫病、红火蚁监测。苗木和木材检疫检测率100%；组织完成春、秋两季松材线虫病专项普查，未发现松材线虫病等重大林业有害生物。筹措资金开展林业有害生物防治，在太平、红旗国有林区林业有害生物危害严重区域开展保险索赔，全年森林保险理赔金额14.3万元。

编制完成国有林管护实施方案。县国有森林管护面积77.99万亩，其中有林地64.47万亩、灌木林地13.34万亩、未成林造林地1834亩，已将管护任务分解落实到山头、人头、地块，落实管护责任单位6个，共落实68名国有林业职工从事国有林森林管护，人均管护面积9749.6亩。层层签订责任书，对管护人员开展培训和指导，制定相关管护制度，所有小班均达到管护标准，管护合格率为90%。完成天然商品林10.33万亩停伐管护补助资金162.29万元；完成430.66万亩森林保险购买任务；开展全县20个乡（镇、街道）县、乡、村、组四级林长森林资源管护林长责任制体系建设并完成会理县林长制工作实施意见。全县生态公益林补偿金兑现面积272.04万亩，涉及全县20个乡（镇、街道），共兑现生态补偿资金4284.62万元，为近8万户农户编制生态效益补偿资金兑现方案。

开展科技、文化、卫生“三下乡”活动，在云甸镇、益门镇、彰冠镇、新发镇、鹿厂镇、新安乡等发放华山松、核桃、花椒、杨树、板栗等科普宣传资料2000余份，接受群众咨询600人次；陪同县科技局、人社局下基层调研，培训林农3000人次，现场指导1000人次；参与完成核桃良种扩繁关键技术推广示范基地建设，并通过省级验收；参与完成县实用技术职称评定工作；完成林产品及土样100批次检测任务，争取省级资金15万元。

完成2016年实施的新一轮退耕还林5000亩的检查验收及第三次政策补助兑现，兑现资金200万元。做好0.5万亩的补植补造和1.84万亩的抚育、管护，通过国家级检查验收；完成总面积907亩的前一轮退耕还林检查验收及资金兑现，共计兑现补助资金23.58万元；完成1999—2003年退耕还林生态林抚育补助资金兑现。

完成州下达“1+X”林业生态产业基地建设项目任务1.5万亩提质增效，嫁接改良核桃8万亩。实施“汉源贡椒”规范化种植示范基地建设2000亩，培训花椒种植户1000余人次。在国道108线及245线沿线构建“两核(2个核心区、3个辐射区)、四基地(4个核桃良种及科技示范基地)”，重点打造通安镇酸水村3120亩、益门镇龙泉村晚熟良种“冬晚”核桃基地1.18万亩核心区，总面积1.49万亩。两个核心区高分通过专家组考核验收，其中基地建设、资料编制成为全州园区建设模板予以推广。

编制完成会理县生态建设扶贫专项2020年实施方案，并确定171名建档立卡贫困户为生态护林员，支付劳动报酬61.56万元，解决其就业问题；完成生态公益林补偿金4232.46万元、退耕还林补助资金223.58万元、天然商品林停伐管护补助资金162.29万元的兑现；配合县农业农村局、自然资源局完成草补资金兑现820万元和地质灾害避险搬迁投入资金兑现225万元，帮助90户农户安置工作；参与三峡公司捐资产业扶贫项目建设，24个村级产业园区验收。

开展县境内6个片区沙漠飞蝗监测及草原病虫、鼠害监测调查；开展草原返青调查，完成禁牧区、平衡区的20个样地、60个样方，人工种草2个地块3个样方调查，养殖入户5户的舍饲圈养调查；完成会理县红旗畜牧场草原修复治理退化治理1000亩、天然改良2000亩；完成草原保护项目2个草原监测点建设；督促责任方会理县鸿基新能源公司普隆光伏电站项目缴纳草地播种植被修复费51

万元；完成省局对黎溪风电项目的现场监理查验；上报审批草原项目占用210.2亩，征收恢复费60.9万元；完成县局临时占用审批草原444.61亩，收取草原恢复保证金88.9万元；配合省林科院开展紫花苜蓿种植情况调查；配合完成生态修复项目及资金管理调研及草原图斑核实情况。

【畜牧业】 全县生猪存栏45万头，出栏73.1万头；羊存栏67.4万只，出栏52.4万只；牛存栏13万头，出栏3.3万头；家禽存栏215万羽，出栏322万羽；肉类总产量6.83万吨。启动实施会理县2019年生猪调出大县（第二批）奖励资金项目，项目户8户，计划新建生猪标准化养殖场圈舍5877平方米，投入项目财政补助资金144万元。启动实施会理县2020年"畜牧双百万工程"建设生猪项目，项目户18户，计划新建生猪标准化养殖场圈舍1.22万平方米，投入省级星级园区奖补资金300万元，竣工投产后年新增生猪出栏1万头以上。启动实施会理县2020年新增能繁母猪补贴项目，全县新增能繁母猪补贴任务1.31万头，投入财政补贴资金392万元，实际完成并验收合格生猪养殖场户1359户，新增能繁母猪6781头。会理县14万头生猪现代循环产业发展"1211"代养场建设项目竣工投产，69户项目户竣工验收投产，完成建设面积6.3万平方米。启动实施会理县2020年生猪调出大县奖励资金项目，项目下达资金660万元，已完成项目实施方案编制和县政府审批及备案。启动实施会理县2019年省级财政农业公共安全与生态资源保护利用工程资金支持牧区草牧业生产方式转型升级项目，项目下达资金75万元，建设优质人工饲草基地和黑山羊养殖标准化圈舍各2个，以及农牧民补助奖励政策管理信息系统数据采集核实与运行维护。启动实施会理县2020年现代畜牧业发展"双百万"工程山羊棚圈建设项目，项目户125户，项目下达资金200万元，新建黑山羊养殖棚圈1万平方米，补助标准为200元/平方米。

依法对全县畜禽规模养殖场（户）环评手续、污染治理设施建设及运行情况组织开展核查和监管指导，对全县畜禽规模养殖场（户）粪污资源化利用情况开展常年跟踪监测。实施畜牧养殖大县畜禽粪污资源化利用整县推进项目，推广"以种定养、种养结合、种养循环"发展新模式和雨污分离、干湿分离、沼气发酵、有机肥加工、粪肥还田等无害化处理利用新技术，提高畜禽粪污资源化利用率。全县畜禽养殖粪污资源化利用率达75%以上，畜禽规模养殖场粪污处理设施装备配套率为100%。

全年规模养殖场产地检疫申报率达100%、依法检疫率达100%、耳标佩戴率达100%、病害动物无害化处理率达100%。各乡（镇）动物检疫报检点检疫申报率和检疫率达100%；动物检疫申报点电子出证（A证、B证）率100%。依法检疫动物产品409万千克，其中猪肉产品387.52万千克、牛肉产品4.38万千克、羊肉产品1.86万千克、鸡肉产品14.21万千克、鸭肉产品4065千克、其他动物产品6230千克。开展动物规模养殖场（小区）等动物防疫条件合格证的审查核发，向符合条件的48个规模养殖场发放《动物防疫条件合格证》。动物卫生监督管理《动物防疫条件合格证》审查率100%。

流通及屠宰环节共检测"瘦肉精"4085头份，全部为阴性。开展畜产品质量安全专项整治行动210余次，出动执法人员1410余人次，检查生猪定点屠宰场16场次、屠宰经营户1500余户次、规模养殖场920余场次，发放宣传资料1.2万余份，签订告知书、承诺书、责任书8400余份。

落实生猪定点屠宰场官方兽医派驻制度及非洲猪瘟自检制度，配齐2个屠宰场驻场官方兽医。严禁无有效产地检疫证、无耳标、不健康生猪进场；严格屠宰企业按规定进行非洲猪瘟自检，做到"头头采、批批检、全覆盖"，检测结果如实记录；官方兽医严格屠宰检疫；屠宰企业加强消毒灭源，全县生猪定点屠宰申报率、检疫率100%，入场生猪耳标佩戴及回收率100%，各项动物检疫申报单规范填写率100%，待宰期死亡生猪依法销毁处理率100%。全面排查生猪规模养殖场、养殖户、生猪交易市场、屠宰场，落实生猪排查日报制度，全面实行网格化管理，全县排查生猪规模养殖场（户）1010.73万家（户）次，排查5270.18万头次；排查生猪屠宰场732家次，排查猪只5.31万头次，共计排查1010.81万家次，排查生猪5275.49万头次，均未发现非洲猪瘟病例。开展"大消毒、大宣传、大培训"三大行动，对屠宰场、养殖场、农贸市场、冻库、肉品加工厂、餐厨剩余物运输车辆等重点场所和重要节点开展持续性清洗消毒灭源。全年共免疫国家强制免疫病猪瘟98.36万头、猪口蹄疫99.76万头、牛口蹄疫19.79万头、羊口蹄疫128.39万只、小反刍兽疫44.5万只、禽流感260.42万羽、狂犬病2.2万只，免疫率达100%，已免猪、牛、羊戴标率100%，已免畜禽免疫档案建立率100%。全县乡（镇）有兽医74名，165个村有村级防疫员（兼疫情观察员）317名。春、秋"两防"开针前，分6个片区对乡（镇）兽医技术人员、村防疫员、规模养殖户开展动物重大疫病防控培训，共计培训2500余人次。建立非洲猪瘟检测实验室，检测猪瘟、牛羊口蹄疫、禽流感等免疫抗体1199份次，猪（牛、羊）布病2891头份，牛（羊）血吸虫病1000份，非洲猪瘟1867份，向凉山州动物疫病预防控制中心送检血清样品180份、组织样品110份，全县无动物重大疫病发生。

【水产业】 全县水产养殖面积0.57万亩，水产品产量0.21万吨，渔业总产值0.42亿元。全面完成省级水产品质量安全例行抽样检测9个样本送检任务。

【乡村振兴】 申报省级乡村振兴示范村4个（城北街道三元村、鹿厂镇铜矿村、云甸镇沙元村、彰冠镇大发村）。鹿厂镇、城北街道三元村获得"四川省首批乡村治理示范村镇"，会理县创建为"第四批特色农产品优势区"。会理县小黑箐镇茭白主题公园被认定为四川省省级示范农业主题公园，同时被列入"四川省2020年中国美丽乡村休闲旅游行精品景点线路"。会理绿陶、绿水镇松坪手工饵块、鹿厂铜火锅申报四川省农村生产生活遗产名录（第一批）。会理石榴获得第二十二届中国中部农业博览会金奖。

【产业扶贫】 2016—2020年累计投入产业扶贫保障资金1.28亿元，突出发展以烤烟、石榴、茭白、黑山羊、生猪、芒果、核桃、花椒八大脱贫产业。全县脱贫人口4623户1.75万人，其中依靠农业产业发展脱贫1.49万人，占总脱贫人口的85%；依靠发展种植业脱贫6694人，发展养殖业脱贫8183人。7月，通过国家脱贫攻坚普查。累计建成高标准农田25万亩，新建组装式机械冷藏保鲜库45处、各类容量型号保鲜库326座。建成规模化标准化猪舍7万余平方米、标准化牛圈2.67万平方米、标准化羊圈3万平方米、配套环保设施5万余立方米，建设贫困村村级种植示范园19个、贫困村养殖示范园区2个。"会理石榴"取得无公害农产品、绿色食品、有机产品和国家地理标志保护产品等"三品一标"认证，"一品榴金"石榴酒获得"四川省名牌产品"。会理黑山羊被列为国家地理标志保护产品，会理县获得"无公害肉羊产地"称号。实施以核桃为主的"1+N"百亿级生态产业工程，核桃、华山松、油橄榄、亚热带果蔬等种植面积100万亩，产值50亿元以上。创建国家级示范合作社3个、省级示范合作社18个、州级示范合作社31个，省级示范家庭农场10个、州级示范家庭农场21个。新型农业经营主体带动5500人脱贫，可复制、可推广的带贫益贫机制初步建立。品牌创建初见成效，获得国家地理标志保护产品3个、绿色食品2个(会理石榴、马铃薯)、有机农产品2个，在各类展示展销平台推介特色农产品20余个。58个贫困村共计实现村集体经济收入115.7万元，增长39.2万元；人均村集体经济收入实现27.26万元，增加9.31万元。建成农业科技示范基地25个、标准化养殖示范场112个；建成产业融合示范园区1个，示范推广现代农业科技新技术44项。培育农业科技示范户300户，组建专家服务团4个、农业技术巡回服务小组5个，累计举办各种形式的培训班580期，培训新型农民2.1万人次、村级两委会负责人1160人次、贫困户9246人次，发放各类种植养殖简明技术手册、各类宣传培训资料共4.78万份。

【农田基本建设】 建设高标准农田2.9万亩，总投资4410万元，新建及整治田间排灌渠道62.5千米；新建及整治田间机耕道路32.8千米；田型调整533亩；新建蓄水池12口，实施高效节水灌溉面积0.3万亩；实施地力培肥2.9万亩；推广测土配方施肥技术，发放有机无机复混肥507.8吨、有机水溶性肥料11.1万袋。

【农业机械化】 全县农业机械总动力70.58万千瓦，农业机械原值5.6亿元，净值3.78亿元。全年完成机耕面积7.16万公顷、机播面积2.94万公顷、机收面积3.69万公顷、农田机械节水灌溉9.8万亩、机械提水6000万立方米、机电灌溉68万亩，主要农作物农机化综合水平70.57%。建设修复提灌站35座35台829千瓦，改造22座22台700千瓦，新增提水设备348台4218千瓦，新建提灌站11座338千瓦，恢复灌溉面积1.9万亩，新增灌溉面积1.9万亩。农业机械购置补贴完成申请表298份，受益农户280户，补贴金额130.4万元。全县在籍拖拉机2169台、联合收割机3台，在籍拖拉机驾驶员2818人。新注册拖拉机登记入户105台，旧数据修改72台，办理变更及换证32起，检验拖拉机836台，发放农机驾驶证99人，驾驶证到期换证337人。健全安全责任承诺书签订制度，与拖拉机机主和驾驶人签订责任承诺书900余份，督促拖拉机销售商与购机者全部签订安全责任书；开展安全警示教育，对办理注册登记和参加驾驶培训的拖拉机驾驶人开展安全警示教育300余人次。全年检查拖拉机及其他农业机械900余台次，田间、场院无致人伤亡农机事故发生。按农业农村部要求，成立"会理县长江流域重点水域禁捕工作领导小组"，全县于1月1日起对鲹鱼河水产种质资源保护区实施禁捕，7月1日起城河全域全面禁捕，其余水域从12月1日起全面禁捕，禁捕时间为10年。

【农村科技】 推广大春14项科技兴粮措施，即实施水稻旱育秧12万亩；免耕栽培秸秆覆盖2.5万亩；地膜玉米高产栽培10万亩；玉米带状种植30万亩；马铃薯脱毒薯高产栽培10万亩；马铃薯高厢双行垄作10万亩；推广马铃薯新品种"青薯9号"2.8万亩，测土配方施肥12万亩；农作物药剂拌种35万亩；科技入户1450户；培训农民7.6万人次；水稻高产栽培示范6万亩；玉米高产栽培示范20万亩；马铃薯高产栽培示范2万亩；病虫害综合防治面达95%以上，杜绝重大病虫害大面积发生。推广10项小春科技兴粮措施，即麦类疏株密植13万亩；麦类药剂拌种22万亩；小麦化学除草10万亩；测土配方施肥5万亩；优质弱筋小麦20万亩；优质双低油菜3万亩；麦类高产示范片6万亩；油菜高产示范片1万亩；冬马铃薯高产示范片1万亩；病虫害综合防治面达95%以上，杜绝重大病虫害大面积发生。全县240名基层农技人员全部被纳入农技推广云平台建设，并注册使用"农技推广"手机终端；建设农业科技试验示范基地5个；培育农业科技示范户100户。完成驻村农技人员58名技能提升培训，其中乡(镇)15名。

【奖补资金发放】 全年审核、登记备案"一事一议"工程项目16个，涉及群众投工1.17万个，筹劳折资35.24万元，财政拨付奖补项目资金338万元；兑付稻谷补贴资金183.63万元，涉及17个乡(镇)107个行政村807个村民小组1.87万户农户，种植面积3.48万亩；耕地地力保护补贴资金涉及20个乡(镇)159个村1772个组8.98万户36.96万亩，兑付资金4619.97万元。

【农产品质量安全监管】 完善以县农产品检测站为重点，乡(镇)服务站为支撑，基地、市场速测室为补充的"四级"检测体系。开展种植业产品定性及定量检测，县级共抽检果蔬及畜产品样品184个，抽检率均为100%；20个乡(镇)共完成抽检果蔬样品220个批次、2250个样品，合格率为100%。办理农药经营许可证303份；重点开展禁用农药"百草枯"专项检查、"利剑"行动，排查种植业生产主体164家，共检查和查验农药产品标签700余个。实现监管机构(人员)县、乡、村三级全覆盖，初步形成县、乡、村、基地"四位一体"的网格化监管体系。县级农产品质量安全追溯监管平台与四川省及国家农产品质量安全追溯系统成功对接；制定完善质量追溯管理制度规范，以推行生产档案制度为重点，在农业新型经营主体中全面推行生产日志、科学用药、进货查验、购销台账等登记备案制度；全县43家农产品生产经营主体入驻农产品质量安全追溯信息管理系统，有效实施追溯管理工作。夯实农产品质量安全发展基石，完善监管服务体系，会理县通过省级农产品质量监管示范县资格复审。

完成省、州定量风险监测任务抽检150个，根据GB2763-2019限量规定，样品农药残留检测合格率100%。会理县农产品检验检测站通过农业农村厅组织的农产品质量安全检测技术能力验证，通过2020年度全省食品农产品领域检验检测机构专项监督检查。

全年开展种子市场质量抽检5次，抽检小春品种3个、蔬菜品种5个、大春品种7个，保障全县农户用种安全；加强新《种子法》继续学习和培训；组织全县212户种子经销商开展法律、法规和新《种子法》培训，发放资料1750份；完成种子经销商网上备案122家，全县17户总代理商进行网上备案培训；完成州局小麦(区域试验和生产试验)7个品种及国家、省、州、县玉米89个品种的区域试验、生产试验和品种筛选试验；调解6起种子种植纠纷事件。

【农业执法】 在抗击新冠疫情关键时期，加强农资经营行业疫情防控，保证农业物资保质保量供应，确保春耕生产。全年开展农资批发源头进货查验专项检查7次，查验农资产品569个，及时发现并责令召回问题产品19个；开展农资打假，出动执法人员327人次，清理整顿大小农资市场81个次，拉网式检查农资经营户712户次；立案查处各类违法违规案件12件，协助、指导办理其他案件14起，已全部办结，罚没款18万余元；依法下发《会理县农业农村局责令整改通知书》19份；联合相关部门将执法领域依法向生产环节延伸，重点开展对石榴种植专合社、大棚蔬菜大户等生产环节开展执法检查，发出行政告知书21份。

【主要领导人】 县委书记：黄玉超；县人大常委会主任：刘光平；县长：陈方勇；县政协主席：黄玲；分管农业副县长：沙正才。

会理县编写组

会 东 县

【基本情况】 2020年，全县辖20个乡（镇），辖区面积3227平方千米。新（改）建农村公厕31座、农村户厕1251户。

【新型农业经营主体培育及农村集体产权制度改革】 全县共有工商注册合作社520家，其中国家级4家、省级13家、州级17家；共有工商注册家庭农场1013家，其中省级11家、州级31家、县级128家。全年共投入中央财政资金475万元用于支持新型农业经营主体建设，其中支持农产品仓储保鲜设施建设4家，支持资金250万元；支持家庭农场建设7家（共80万元），其中培育工程6家（10万元/户）、示范工程1家（20万元/户）；支持合作社10个（共145万元），其中支持省级合作社2个（30万元/户）、州级合作社1个（15万元/户）、县级合作社7个（10万元/户）。开展省、州级家庭农场、农民合作社示范创建，加大对新型农业经营主体的扶持支持力度，引导新型农业经营主体与承包农户建立紧密利益联结机制，带动普通农户分享农业规模经营收益，推动土地向农业规模经营主体流转，促进农业适度规模经营。推进农村集体产权制度改革，全县清产核资工作已进入待验收阶段，成员身份确认工作全面完成，股权量化和登记赋码工作除移民村外基本完成。

【土地确权与流转】 全县已确权村315个、村民小组1759个、承包方89393户、承包方成员359053人；实测地块面积996300亩，实测地块894070个；实测家庭承包面积659497亩，实测家庭承包地块664784个；应颁证8.6062万本，已颁证8.4779万本，颁证率达98.5%，除嘎吉镇响水村6社、7社新老住户因土地权属纠纷暂缓颁证，以及部分农户因矛盾纠纷、历史遗留问题暂缓颁证外，做到应颁尽颁。收集整理并装订县、乡（镇）、村（组）、农户土地确权承包档案7.94万余宗，已全部完成扫描，待机房调试完成后，将统一存放在农村土地承包管理设备机房，为确权登记数据管理的便捷化、直观化奠定基础；纸质档案正按照程序移交档案馆，已完成确权登记数据汇交。截至2020年年底，全县实际流转土地3.28万余亩，农民年收入土地流转费245.27万元。

【现代农业产业园区建设】 截至2020年年底，全县已创建州级园区4个，培育省级园区1个，命名县级园区8个。依托2019年省级现代农业园区培育项目，在嘎吉镇响水村优化完善和提升3500亩烟田的水、路、渠等基础设施建设，设计"烟—草—畜—沼—烟"循环农业系统；在鲹鱼河镇官村村建设高标准烟田300亩。在鲹鱼河镇官村村建设智能化育苗大棚2000平方米，在嘎吉镇响水村建设育苗中棚200个；在嘎吉镇响水村升级改造烤房15座，建设任务已于9月全面完成，10万亩现代烟草产业园区不断提质增量。现代农业高标准蓝莓产业示范一期工程建设完成，生产运行良好；二期工程已完成土地流转，进行土地整理、苗木移栽。投资1.87亿元的鲹鱼河御咖生猪现代农业园区22万头仔猪繁育场于6月17日正式投产，存栏能繁母猪5600头，建成并投产生猪代养场39个。嘎吉蚕桑现代农业园区完成蚕桑种植3000亩，配套的大蚕房、小蚕共育室已完成建设并投入使用。淌塘3000亩牛油果现代农业园区完成总投资2250万元，建成3000亩牛油果定植，配套设施建设有序推进。

【种植业】 全县粮食作物播种面积83.95万亩，产量25.64万吨；油菜播种面积5.97万亩，产量1.1万吨；马铃薯播种面积19.01万亩，鲜薯产量28.9万吨；蔬菜播种面积15.69万亩，产量58.1万吨。

稻谷补贴兑付。按照"农户申报、村（组）确认、乡（镇）核实、部门审查"的原则，全年稻谷种植面积14566.88亩，涉及13个乡（镇）和2个街道共98个村423个村民小组、种植农户7207户。根据凉山州财政局关于下达2020年目标价格补贴（稻谷）的通知（凉财建〔2020〕153号）要求，全州执行统一的补贴标准为52.72元/亩，2020年稻谷补贴项目下达资金767965.92元，实际兑付15个乡（镇、街道）98个村423个村民小组7191户，兑付资金766127.17元，结余资金1838.75元。

病虫害防控。科学指导用药，全年发布病虫害简报8期、电视预报6期、防治预案3期。发布病虫害发生情况及防治意见，为科学指导病虫害防治提供理论依据，全县病虫害发生面积96.41万亩次，防治面积145.64万亩次，挽回损失16639.69吨。

统防统治。全年完成三大粮食作物14.36万亩、蔬菜7.74万亩、果树9.5万亩绿色防控示范基地建设，绿色防控覆盖率达41.5%；完成专业化统防统治水稻3.52万亩、小麦4.22万亩、玉米13.16万亩，共计20.9万亩，主要粮食作物病虫害专业化统防统治面积覆盖率达42%。加强农药包装废弃物回收，粮经作物主产区农药包装废弃物回收率达70%以上；农药用量控制在200.2吨。种子苗木生产、经营、调入者检疫的抽查率达50%，完成植物疫情防控处置率达100%。

【畜牧业】 全县生猪改杂面达100%，肉羊良种及改杂面达99.8%。全年生猪出栏44.06万头，羊出栏70.3215万只，肉牛出栏5.0021万头；全县肉类总产量达5.5231万吨，减少2291吨，减少4.3%。全年重大动物疫病群体免疫密度为100%，重大动物疫病有效免疫抗体合格率为75%，产地检疫开展面、生猪定点屠宰检疫及肉品检验开展面、生猪规模养殖场和定点屠宰场病死猪无害化处理以及动物卫生及兽药监督执法案件查处率均为100%。全县未发生重大畜产品安全事件。

恢复生猪生产。落实"菜篮子"主体责任，把宜养尽养任务细化落实到乡（镇）、村（社区）、项目和养殖场（户），并纳入年度目标绩效考核；建立恢复生猪生产台账，加强对生猪存栏、出栏、能繁母猪存栏及供求情况的跟踪调度，定期开展督促指导，准确掌握生猪生产情况，确保责任落实。通过先建后补等方式支持中小养殖场（户）改进设施装备条件。发挥龙头企业和专业合作经济组织的带动作用，通过统一生产、统一营销、技术共享、品牌共创等方式，与中小养猪场（户）形成稳定利益共同体，对散养户加强技术指导。铁骑力士22万头仔猪繁育场于6月17日正式投产，存栏能繁母猪11000头。全县已经建成并投产的生猪代养场及小区共27个，已经办理完善土地审批手续的46个，已开（复）工修建的39个。按照《凉山州财政局凉山州农业农村局关于下达2020年省级财政现代农业发展工程共同财政事权转移支付资金支持开展新增能繁母猪补贴的通知》（凉财农〔2020〕6号）文件精神，制订《会东县2020年新增能繁母猪补贴实施方案》，全年计划补贴能繁母猪10500头，每头新增能繁母猪补贴300元，补贴资金315万元。

民生项目。全年共发放精液37616份，配种18808窝，兑付补助资金752320元。完成2019年肉牛冻精采购1万支的任务，黄牛人工授精配种2974窝，发放黄牛冻精8442支。完成2020年草原生态保护补助奖励资金810万元兑付。推广人工种植优质牧草，免费发放紫花苜蓿种2100千克，种植面积1400亩；免费发放黑麦草种1500千克，种植面积1000亩。

畜禽疫病防控。建立"3+1"网格化管理体系，建立"春秋"两防能繁母猪免疫档案，开展“大消毒、大培训、大宣传”三大行动、非洲猪瘟排查和企业自检、“百日攻坚”行动。全年开展畜禽养殖圈舍消毒13万余户次，清理并无害化处理死猪11头，发放宣传资料1.7万份，培训动物防疫防控人员1.8万人次，排查养殖场(户)31403家(户)、猪77429头次，养殖企业自检6户665头；检查过往生猪运输车辆300余车次，检查生猪30236头，阻止了违法违规调运生猪行为。

动物检疫。省、州农产品安全监测种植业产品和畜禽产品抽检合格率达98.8%。全年完成产地检疫生猪11.32万头、牛1.09万头、羊27.63万只、禽3.25万羽，产品检疫猪肉264.88万千克、羊肉5.72万千克。全年养殖环节无害化处理169头；屠宰场共屠宰牲畜31034头，屠宰环节无害化处理143头，全县无害化处理率达100%。

【水产业】 全年水产养殖面积659公顷，其中池塘59公顷、水库420公顷、稻田180公顷；水产品总产量1165吨，其中池塘514吨、水库553吨、稻田85吨、捕捞12吨；繁殖各类鱼苗690万尾，实现渔业总产值2650余万元。1月，在鲹鱼河、大桥河、小岔河、岩坝河投放鲹鱼鱼苗鱼种4万尾，价值3.2万余元；在民权、梨园、秧发、三戈支等水库投放白鲢、花鲢、鲤鱼、草鱼、鲫鱼1450千克(约40万尾)；10月，在黑嘎、炸药厂、雪山、新华等水库投放青鱼鱼苗5万尾，价值7万元。

长江流域十年禁捕。加大禁捕工作宣传力度，在书写标语、固定标语的基础上，张贴高质量喷绘标语30条，悬挂横幅标语4条，在沿河重要地段张贴禁捕通告和红纸标语；在重点镇、村、组召开“坝坝会”，发放宣传单，引导群众了解禁捕时间、禁捕范围、禁止事项、违禁处罚等主要内容；发挥新闻媒体、微信公众号等平台的宣传作用，使禁捕退捕工作家喻户晓。开展联合执法行动，制订执法督查工作计划，出动执法人员52人次，共清理纠正16个涉江违法违规问题，开展执法巡查58次，收缴地笼网丝网78张，缴获非法电鱼工具3套，处罚违法电鱼人员5人，行政处罚罚款1500元，放生违法捕捞渔获物13.5千克，确保禁捕工作全面有效开展。

【特色产业发展】 全县新增水果种植面积1.59万亩，水果种植面积达15.84万亩，产量达21.6万吨，产值达15.36亿元。其中，柑橘种植面积0.39万亩，产量0.39万吨，产值0.29亿元；石榴种植面积6.12万亩，产量8.5万吨，产值7.65亿元；芒果种植面积4.01万亩，产量6.35万吨，产值4.12亿元。在大祟镇原有品种的基础上，从云南省孟连县引进新品种哈斯，新栽植0.31万亩。新增蔬菜种植面积0.75万亩，蔬菜种植面积17.03万亩，产量33.46万吨，产值13.38亿元；中药材种植面积2.46万亩，产量3.63万吨，产值0.24亿元。新引进艾草新品种“红宝石1号”和“翡翠1号”，并在江西街、新街、铅锌等乡(镇)种植0.5万亩，产量1.3万吨，产值0.33亿元；新增花椒种植面积0.3万亩，花椒种植面积9.7万亩，产量0.94万吨，产值0.65亿元；老鹰茶种植面积0.55万亩，产量16吨，产值500万元。新建和改造现代经作农业产业基地面积2.84万亩。

【烤烟产业】 全县种植烤烟27.3万亩；收购烟叶70.08万担，完成州下达任务73.709万担的95.08%；均价30.4元/千克，增加0.3元/千克；上等烟比例为73.81%，中部烟比例为69.9%，实现烟农收入10.65亿元，烟叶收购量、烟农收入、均价、上等烟比例4项指标连续九年位居全省第一。全县销售卷烟10414.41箱，完成全年计划的92.98%，增长1.34%；单箱结构3.14万元，增长9.89%；新增零售户126户。全年销售川烟3226.98箱，完成目标任务的187.61%，增长17.37%；销售宽窄系列369.23箱，完成目标任务的119.11%，增长94.69%。争取行业烟基建设资金6494.58万元，在全县建设机耕道10条5.8494千米、沟渠2条5.0989千米、新能源烤房1012座，修复烟叶调制设施项目1039座，建设育苗中棚200套，购买烟草农机(回潮机)60台、烟夹1740套，建设密集烤房1053座，项目已全面完工，并通过州、县两级验收。全年查获无证运输烟叶案52车次，共计2.6万千克，同比2019年查获涉案车辆上升15%，查获涉案烟叶数量上升20%。在打击“假非私”方面，以专项行动带动日常检查，突出案件查处，稳定市场态势，全年共查获“三烟”3000条。

防雹减灾。全年烤烟冰雹灾害面积3105亩，分别较2018年(11268亩)、2019年(4676亩)减少72.4%、33.6%。全年共实施作业290次，用弹4938发，与2018年(776次、12184发)、2019年(619次、10576发)相比大幅减少；烤烟防雹工作作业次数、弹药成本较2018年减少62.6%、59.5%，较2019年减少53.2%、53.3%。

合同管控。在按照“种植摸底—地块核实—计划分解—合同签订”四步曲进行计划分解落实的基础上，严格落实烟点点长、网格烟技员、监督员、烟农四方面对面集中签订合同制度。印发《合同签订情况告烟农书》19000余份，在分村公示的基础上，将烟农合同签订情况分社公示到户，发动烟农互相监督，挤干合同水分；移栽结束后，采用实地走访和电话询访相结合的方式对全县合同签订、品种、面积的真实性进行二次核实，确保烟叶合同的真实性。

技术管控。以合作社为依托，聘任“1+N”烘烤技术指导员270名，开展“1+N”烘烤技术指导6万亩；开展采烤技术培训60余次，参训烟农3000余人次。实施黄板诱蚜27.3万亩，开展烟蚜茧蜂、七星瓢虫控蚜各4万亩，安装各类诱捕器2.2万套；开展废旧地膜回收15万亩、农药包装袋回收10万亩；推广新能源烤房2317座，利用清洁能源烘烤烟叶4.5万亩；配备农残快检检测车，发放9个种类快检试纸条，加大烟叶样品抽检力度，农残快检措施不断落实。

【乡村振兴】 制订《会东县创建省州乡村振兴战略工作先进县、先进乡(镇)、示范村实施方案》，拟命名2020年四川省实施乡村振兴战略工作先进乡(镇)(姜州镇)、示范村(铅锌镇油房村、姜州镇大屯村、鱼城街道杉松社区)并完成公示。举办以“加快形成脱贫攻坚与乡村振兴相互支撑、有机衔接的良性互动格局”为主题的2020年第五期会东夜话座谈会，各级部门、社会各界共同交流研讨推进脱贫攻坚与乡村振兴有效衔接的方法举措，推进乡村振兴战略的落实。

【农业机械化】 全县农机拥有量增至8.5万台(套)，农机总动力达34.7万千瓦，主要农作物耕种收综合机械化水平达58%。

农机购置补贴。全县完成农业机械购置各类农业机械补贴131台，补贴资金105.722万元，其中动力机械(拖拉机)58台，补贴资金98.634万元；耕整地机械(微耕机)73台，补贴资金7.088万元。全县主要农作物完成机耕面积33万亩、机播面积2.55万亩、机收面积10.85万亩，其中小麦机耕面积8.95亩、机播面积1.2万亩、机收面积5.35万亩，水稻机耕面积7.5万亩、机播面积0.55万亩、机收面积4.7万亩；玉米机耕面积9.65万亩；油菜机耕面积6.85万亩、机收面积0.65万亩。

农机监理。县、乡(镇)驾驶员集中警示教育及培训率均达100%，安全承诺书签订率达100%，镇村责任书签订率达100%。年检拖拉机186台，新注册拖拉机65台。拖拉机驾驶证到期换证、补证226个；机化学校开展拖拉机驾驶员培训3期，新办理拖拉机驾驶证236个。

【高标准农田建设】 2019年高标准农田建设

项目投资3960万元，建设高标准农田2.6万亩，配套建设"田网""路网""渠网"及节水灌溉设施，已于11月18日通过州级验收，12月3日接受省级验收，名列全州前茅；2020年高标准农田建设项目全县五个标段于12月13日全面开工建设。

【农产品质量安全监管】 结合农产品产地和产季，加大农产品、农业投入品抽检力度，清理整顿全县农资市场114个次，检查农资经营户130户次，出动执法人员389人次，立案查处违法违规案件9件，罚没款60532.6元。全年农残快检累计抽样检测839个，检测合格率为99.8%以上；20个乡（镇）检测站累计检测2798个，检测合格率为99.8%以上；累计开展农残快检技术培训10余次。加强屠宰环节监管，加大生猪屠宰企业监管力度，督促屠宰企业落实生猪进场检查登记、待宰静养、肉品品质检验、"瘦肉精"自检等质量安全控制措施，打击私屠滥宰。利用"3·15""食品安全宣传周""法制宣传日"等开展农产品质量安全宣传活动4场次，发放宣传资料5000余份，接受农民咨询3000余人次。

【农民素质提升】 深化改革，建立健全农技推广体系，创新公益性农技推广服务方式，全县培育农业科技示范户111户，完成高素质农民培训122人；完成145名基层农技人员参加5天以上脱产业务省级调训和州级培训；农业、畜牧等技术人员37人进村担任驻村农技员；派出农业专家27人、研究生3人，分为8个组到全县19个乡（镇、街道）从事技术巡回指导。深化基层农技推广体系改革，驻村农技人员到位率达100%，专家服务团指导服务面达100%，完成农业生产社会化服务面积2万亩。

【蚕桑产业】 全年栽桑105万株，良桑嫁接411.82万株，新建"6215"优质桑园1002亩。新建共育室10间，技改1间；新建大蚕房37间，技改32间；新建桑园灌溉渠系5.5千米、作业道路1.4千米；配套纸板方格蔟12.3万片、省力化蚕台133套。全年养蚕110440张，产茧101008担，单产45.7千克/张，蚕农售茧收入17692万元。

园区培育。按照现代蚕桑产业园的标准和要求，制订州级园区建设方案，成立工作专班，并根据方案分步抓好落实。争取县级项目资金，完善园区基础设施，打造州级产业园区。

基地建设。沿鲹鱼河流域、大桥河流域及金沙江流域两大电站水库淹没线以上区域3个产业带重新转移部署蚕桑产业基地，同时按照"优势优先，重点突破"的原则，在嘎吉镇等重点区域新建"6215"优质桑园1002亩。建成铁柳、姜州蚕桑基地200余亩，规模效应初步显现。

科技推广。推广使用两对"秋华×平30""芳绣×白春"新蚕品种。分区域因地制宜开展春栽春接、摘芯养型、生长期枝接、嫁接苗移栽等新技术试验并获得成功，推动桑树快繁快植、速生丰产，缩短了桑园成园周期，提高了桑叶的产量和质量。在全县范围内推广"一日两回育"大蚕饲养技术，引进自动采茧机、电动枝剪等工具，节约了时间和成本，提高了蚕农效益。

综合利用。加大桑枝开发利用，利用桑枝加工食用菌棒，用冬春养蚕空窗期闲置蚕房设施种植桑枝食用菌，实现菌棒还田，形成"桑—蚕—菌—肥"的生态模式。全年种植食用菌5万余棒。

【主要领导人】 县委书记：环江红；县人大常委会主任：刘朝荣；县长：高峰；县政协主席：李晓娟；分管农业副县长：刘志斌。

会东县编写组

宁 南 县

【基本情况】 2020年，全县辖13镇79村，辖区面积1670平方千米。年末户籍总户数52507户，户籍总人口201389人。全年人口出生率11.13‰，人口死亡率5.84‰，人口自然增长率5.29‰。

2020年，全县GDP67亿元，增长4.8%，其中第一产业增加值23.9亿元，增长5.2%，对经济增长的贡献率为32.2%，拉动经济增长1.5个百分点；第二产业增加值15.1亿元，增长9.9%，对经济增长的贡献率为50.1%，拉动经济增长2.4个百分点；第三产业增加值28亿元，增长1.9%，对经济增长的贡献率为17.7%，拉动经济增长0.9个百分点。三次产业结构比由上年同期的33.2 ：23.3 ：43.5调整为35.7 ：22.6 ：41.7。社会消费品零售总额27.4亿元，减少1.6%。

公路总里程1034.3千米，其中等级公路1010.3千米、等外公路24千米、通乡油路512.3千米，通村水泥路覆盖率100%，行政村通客运率100%。全年公路运输完成客运周转量7339万人千米，减少22.8%；货物周转量14268万吨千米，增长4.8%。全年邮政业务总量728.3万元，邮政业务收入1664.1万元。

有各级各类学校40所，其中小学35所、初中3所、高中1所、职业中学1所；专任教师1726人，其中小学专任教师934人、中学（初中和高中）专任教师738人；在校学生31134人，其中小学生18394人、中学生（初中和高中）11346人、职业技术学校学生1394人。幼儿园23所，在园幼儿7870人，教职工224人。小学学龄儿童入学率100%，少数民族学龄儿童入学率100%。有县级科技馆1座；县级国家二级图书馆1座，藏书32万册；村级文化活动室79个，乡（镇）综合文化站25个，广播电视无线基站1座，"村村通"23991套；广播覆盖率96.41%，电视覆盖率96.41%。有中心医院4个、乡（镇）卫生院25个，病床位1312张；医院、卫生院技术人员761人，其中乡（镇）卫生技术员276人、执业（助理）医师349人。

【年度农业和农村经济运行】 2020年，全县实现农林牧渔及其服务业总产值34.81亿元，增长6%，其中农业产值16.74亿元，增长5.5%；林业产值2.22亿元，增长9.4%；畜牧业产值15.18亿元，增长5%；渔业产值0.25亿元，增长6.8%；农林牧渔服务业产值0.42亿元，增长11.8%。

农村产权制度改革。截至2020年年底，全县完成13个乡（镇）123个村790个组37363农户的农村土地承包经营权确权登记，形成1 ：1000比例尺航飞正射影像图7145幅。全年共确权地块716439块，调绘地块面积535728.57亩，其中承包地395401.55亩、自留地14113.01亩、机动地4638.3亩、开荒地120668.85亩，确权成果经省专家组验收通过，汇交数据通过检查并报送农业农村部。全县应颁发农村土地承包经营权证3.63万户，已颁发3.45万本，颁证比例达95.1%。

村集体经济发展。推动村集体经济发展，摸清79个村集体经济现状和发展思路、发展前景，协调建立2500万元专项扶持基金，设立每年500万元村级集体经济专项发展资金，分类扶持村级集体经济发展，推进13个扶持村集体经济项目，全县村集体经济收入5万元以上的村达32.9%。

蚕桑现代农业园区建设。宁南县蚕桑现代农业园区规划建设面积50000亩，覆盖3个镇5个村。园区在核心区建设高标准桑园面积1.2万亩，配套完善小蚕智能共育工厂、高标准蚕茧生产车间等设施设备。园区有国家级重点龙头企业1家、省级重点龙头企业1家、州级龙头企业1家，成立专合社1家，培育蚕桑家庭农场11家，建成蚕桑良繁基地1个、标准化蚕桑基地12216亩、鲜茧交易中心2个。园区年产值16394.3万元，年人均可支配收入24904

元,高出全县平均水平4860元,提档升级为四川省五星级现代农业园区。宁南县梓油蚕桑现代农业园区覆盖宁远镇福泉村、小田坝村和梓油村,建成优质桑园面积5610.8亩,有蚕茧收购站2个、茧丝及副产物深加工园1个。园区养蚕10621张,产茧10091担,生产干茧210吨、生丝80吨、蚕丝被1万床,实现工业产值1亿余元,农户售茧收入2184万元;园内农户蚕业收入3806万元,户均收入5万元,带动园内近千户农户和所有贫困户产业脱贫,创建为州级现代农业园区。

【种植业】 全县农作物总播种面积36834公顷,其中粮食作物播种面积25152公顷,总产量109455吨;水果种植面积951.93公顷,总产量2.2059万吨;蔬菜种植面积6877.07公顷,总产量42.6575万吨。

蚕桑产业。推进优质桑园向二半山转移,在全县海拔1500米以下的区域打造以金沙江、黑水河、碧迹河为主线的核心蚕桑产业带,打造百里农桑长廊。全年育苗600亩、栽桑2441万株、嫁接1280万株,海拔1200米以下基本实现桑园全覆盖。截至2020年年底,全县桑园面积达25万亩;桑树存量2.8亿株,优良品种覆盖率达99%以上。全年养蚕30.91万张,增加0.4万张;产茧28.77万担,增加5763担;农户售茧收入5亿元,减少1亿余元;户均养蚕收入2万元,减少4400元。全县"蚕茧总产、养蚕单产、人平产茧、蚕茧质量、蚕农收入"五项指标连续19年保持全省第一位。

烤烟产业。全县有种烟12个镇38个村127个组1927户烟农,签订47792亩、12万担烟叶种植收购合同。全年实际收购烟叶10.92万担,增收出口备货1.47万担,完成比例为91.06%;烟农售烟收入1.25亿元,户均收入6.48万元,增加1.3万元;亩均收入2614元,增加166元。

【林业】 全年完成造林面积2684.67公顷,森林管护面积78574.5公顷,森林覆盖率52.77%。以核桃和花椒为主推进"1+X"林业生态产业特色化发展,全县共完成核桃改良嫁接8万亩,其中成片嫁接8847亩、零星嫁接71153亩;在俱乐镇规划设计1757亩华山松提质增效,以跑马镇为重点开展2000余亩花椒提质增效,在竹寿、西瑶等镇完成11000余亩核桃提质增效。通过脱贫攻坚"123"林业技术人才培养计划为基层林业产业发展培养和输送11名林业专业技术人才。开展"送科技下乡""专家服务团"等活动,到各镇、贫困村组织完成林农核桃嫩枝嫁接、品种改良、修枝整形等实用技术种植技能培训6526人次。组织和指导贫困群众参与林业生态产业发展,全年"1+X"林业生态产业覆盖36个贫困村354户贫困户,涉及贫困人口1687人。

森林草原防灭火专项整治。全县列出重大风险、突出问题、整改任务、完善制度"四个清单",细化梳理72个具体问题和整改任务,创新运用"11545"工作法推动森林草原防灭火工作制度化、规范化、科学化。推进物防技防建设,投入1.06亿元,新建防火通道521千米、隔离带415千米、消防蓄水池2071口,种植耐火经济作物4711亩,购置多功能微型消防车60辆,在重点林区安装高清视频监控23套,形成镇、村"半小时"防火响应圈,消除火情隐患697个。新组建105人的专业扑火队伍和13个镇半专业扑火队;在全州首次建立森林辅警队伍,共招聘10名辅警在重点林区开展巡查以及配合执法。

【畜牧业】 全县"四畜"出栏43.16万头(只),其中生猪出栏24.31万头,增加38999头,增长19.11%;肉牛出栏2.1万头,增加1154头,增长5.82%;肉羊出栏16.48万只,增加6339只,增长4%;大牲畜出栏2628头(匹),增加29头(匹),增长1.12%。"四畜"存栏40.87万头(只),其中生猪存栏17.25万头,增长22.94%;牛存栏6.17万头,增长0.16%;羊存栏16.58万只,增长5.84%;大牲畜存栏8700头(匹),增长0.01%。全年肉类总产量2.23万吨,增长6.21%;实现牧业综合产值15.18亿元。

【乡村振兴】 产业振兴。以现代农业产业园区建设为抓手,发展蚕桑、烤烟、林业、畜牧、果蔬五大优势特色产业,推动农业特色化、品牌化、规模化发展,松新食用菌种植、肉牛养殖和大同特色蔬菜"三大基地"全面启动建设。全年建成高标准农田2.7万亩,建成标准化规模化生猪养殖场12个,提档升级省级五星园区1个,创建州级园区2个、县级园区4个,获得全省首批"省级家庭农场示范县"创建资格。累计建成地理标志农产品1个、无公害农产品13个。

人才振兴。协同打造驻村专家工作平台,拟定《宁南县共享专家工作站实施方案》,按需派驻专家到村开展智力服务。6月,宁南县乡村振兴"百千万人才"培养基地暨"驻村共享专家工作站"在松新镇碧窝村挂牌成立;11月,组织开展"下基层、助脱贫、促振兴"行动,在13个镇全覆盖开展技术培训。开展"五进活动",在全县13个镇开展蚕桑种养培训、畜禽养殖技术培训、烟叶采烤培训以及惠农政策宣传解读。培育新型职业农民,成立新型职业农民培育项目领导小组,在农民教育培训系统建立学员库、师资力量库,培育新型农业经营主体带头人38人、现代青年农场主1人、农业职业经理人1人。对接涉农高等学校,引进专家(团队)资源,协同组织部门举办宁南县农业特色产业发展论坛暨校地合作签约仪式,与四川农业大学签署《宁南县人民政府——四川农业大学战略合作框架协议书》。

文化振兴。借助"宁南榜样""宁南好人""四好村""四好家庭"等评选活动,用先进典型带动引领村风民风向上向善。发挥村规民约、乡贤能人等作用,遏制大操大办、天价彩礼、人情攀比等陈规陋习。深化农村殡葬改革,引导群众弘扬时代新风。开展四川省农村生产生活遗产名录(第一批)申报工作,宁南晒醋酿造技艺入选。

生态振兴。以垃圾、厕所、污水"三大革命"为重点,推进农村人居环境整治。全年完成"厕所革命"整村推进示范村1个,新(改)建农村卫生厕所1300户;健全"户分类、村收集、乡(镇)运输、县处理"的农村生活垃圾管理体系,行政村生活垃圾有效处理率达90%以上;实施"千村示范"污水整治项目工程建设,生活污水得到有效处理的村占比为40%。

【农村扶贫和移民工作】 全县3538户15839名贫困群众全部脱贫,并通过省级成效考核验收。投资7128万元,实施补短补差项目194个,完成678户贫困户、91户边缘户、84户"三类重点人群"住房功能配套和巩固提升。多渠道增加群众收入,发展"桑烟畜薯蔬"产业,加大技能培训和劳务输出力度,建立防止返贫监测和帮扶机制。开展"两不愁三保障"问题再排查,2562个问题全部清零,脱贫攻坚实现"收官"。

移民工作。选派300余名干部"一人包一户"反复做群众工作,累计签订搬迁安置协议5473户,完成率达98.4%;签订生产安置协议率达93.71%,筹措生产用地8734亩。通过"红黑榜"排名、进度末位接管、组建施工突击队、奖补激励等措施抢工期,房屋累计封顶4373户,移交2423户。松新南片区、花棚、华弹迁建小学基本完工。抓好搬离库区工作,建立县级领导联系移民镇、单位联村包组、干部包户制度,拟定分区、分块、分批交房计划,分期分批有序组织移民搬迁入住,累计完成搬迁5462户,搬迁率达98.4%;完成库底65.27%的建筑物、93.84%的林木清理。抓好基层治理,建立临时党群服务中心12个,成立临时党组织12个，新建社区6个，为移民提供“一站式”服务。

【乡村旅游】 宁南县陌上桑海农文旅融合项目被纳入省级文旅融合示范项目库，争取省级专项资金800万元。宁南县被列为四川省旅游厕所“一厕一码”试点工作县，全县10家星级农家乐通过州级复核。金桑庄园、布依三寨创建为国家3A级景区。

【农业机械化】 全县有拖拉机564台10001.5千瓦，农机装备总量达24879台(套)，总动力达10.7323万千瓦。全年完成机耕作业面积25640公顷、机播作业面积2910公顷、机收作业面积3650公顷，主要农作物耕种收综合机械化水平达50.9%。推广各类农机具158台。全年实现机电提灌保灌面积10.3万亩。

【农村科技】 全年新建科技试验示范基地3个。制定《宁南县基层农技推广体系科技示范户遴选办法》，遴选培养科技示范户107户，并对科技示范户进行资金补助和技术指导。投资3320万元，完成宁南县2019年度高标准农田建设2.2万亩目标任务。推进2020年度高标准农田建设项目实施，投入到位资金4303万元，建设高标准农田2.7万亩。

【农村教育】 全年省控辍保学动态系统累计锁定全县失辍学儿童总数1350人，化解率和销号率均达100%。全县义务教育阶段适龄儿童入学率99.9%，脱贫户适龄子女入学100%。加快民族寄宿制学校标准化建设步伐，推进对口支援民族乡，实施寄宿制学校科学、规范化管理。秋季学期，全县在校少数民族学生15701人，占学生总人数的50.1%，少数民族学生入学率99.2%，原8个民族乡学校年巩固率达99.6%。

【农村卫生】 全县16.96万人参加城乡居民医疗保险，征缴基金4241.25万元。全年城乡居民医疗保险待遇补偿23.41万人次，实际报销13913.85万元。全年卫生扶贫救助基金救助建档立卡贫困户3028人，发放救助金173.84万元。将全县16183名建档立卡贫困人口参加2020年城乡居民基本医疗保险个人应缴部分纳入财政代缴范畴，由财政部门给予全额代缴，全县建档立卡贫困人口参保率100%、全额代缴率100%。全年建档立卡贫困人口县域内住院补偿5476人次，实际报销1530.07万元，建档立卡贫困人口县域内政策范围内住院费用报销比例为98.44%；建档立卡贫困人口县域内慢性病门诊补偿690人次，实际报销35.33万元，建档立卡贫困人口县域内政策范围内慢性病门诊费用报销比例为93.77%。

【农村交通】 实施乡村客运“金通工程”“四统一”，安装招呼站(牌)148个，投入小型客车5辆，调度片区到村客运车21辆，建立班线为主、公交车、出租车补充，预约响应兜底的乡村客运基本服务体系，实现撤乡并镇后全县13个镇88个村(社区)通客运率达100%。投入资金1000余万元，提升改造农村道路66.74千米；落实总路长、县、镇、村四级路长管理体系，为全县919.02千米农村公路购买灾毁保险；完成乡(镇)交通综合服务站改造、农村公路信息化管理中心建设。

【农业保险及耕地补贴】 全县开展政策性农业保险品种有玉米、马铃薯、育肥猪、能繁母猪4个，合计保费收入334.79万元，其中农户缴纳保费72.49万元、各级财政配套保费262.3万元。全县应兑付耕地地力保护补贴资金1718.38万元、农户3.68万户、面积14.95万亩，补贴单价为114.92元/亩。截至2020年年底，已兑付36993户，完成资金兑付1967.16万元，发放率98.88%。

【农村基层组织建设】 对13个主题教育整顿软弱涣散村党组织集中“回头看”，整顿软弱涣散贫困村村“两委”班子1个。完成79个村评先定级初评。推进村级建制调整改革，规范改革后79个村党组织设置，并将移民搬迁、疫情防控、森林草原防灭火的实际表现纳入人选负面清单，做好拟职人选11部门联审，选优配强临时村“两委”。全县125个村撤并为79个，减少36.8%；同步优化村党组织设置，设立村党委2个、村党总支部56个、村党支部21个。推进村民小组调整，将819个村民小组减少为495个，减少39.6%，“一肩挑”比例达100%。出台《关于做好村级建制调整改革后相关工作通知》，举办新任村党组织书记培训班，提升其履职意识、履职能力。推动基层阵地提档升级，指导做好村级建制调整后活动阵地划转。制订村党群服务中心标准化建设实施方案，启动13个试点建设。试行“红管家”民事代办制度，畅通服务群众“最后一公里”。聚焦农民工党建，发挥33个农民工服务站和13个农民工“网上支部”作用，做好农民工关心服务和农民工党员学习教育；对769名农民工后备力量建账管理，回引97名优秀农民工进入村“两委”干部队伍。

【主要领导人】 县委书记：管昭；县人大常委会主任：杜刚双；县长：周应德；县政协主席：殷显国；分管农业副县长：周平。

宁南县编写组

普格县

【基本情况】 2020年，全县辖31乡3镇8个街道，辖区面积1918平方千米，其中耕地面积58.67万亩(第二轮土地确权面积)、基本农田28.84万亩(增长4.44%)；人均耕地面积2.68亩，增长1.6%。年末总人口21.8912万人(户籍人口)，增长0.55‰；人口出生率5.58‰。全县耕地有效灌面和保证灌面分别达到耕地总面积的22.47%和18.32%；本地水资源总量7.93亿立方米，人均占有水资源量11.42立方米。天然林资源保护工程管护国有林73.82万亩，其中有林地41.84万亩、灌木林地30.77万亩、其他林地1.21万亩，森林覆盖率32.11%。

2020年，全县GDP27.14亿元，增长5.97%，其中第一产业增加值9.41亿元，增长4.29%(农、林、牧、渔及农林牧渔服务业之比为42 ∶ 6 ∶ 40.7 ∶ 0.2 ∶ 24.1)；第二产业增加值8.11亿元，增长4.36%；第三产业增加值1.14亿元，增长0.31%。全年接待游客672万人次，增长18.13%；实现旅游综合收入6.45亿元，增长18.25%。

社会消费品零售总额17.02亿元，增长4.66%。地方公共财政预算总收入完成1.2043亿元，增长0.47%；公共财政预算总支出17.341亿元，增长11.32%，其中农业投入8.97432亿元，占支出的67.39.%。金融机构各项存款余额362.58亿元，比上年增长42.13%；各项贷款余额224.43亿元，比年初增长15.21%，其中支持农业产业化发展项目贷款24.67亿元。全年农业保费收入4317.89万元，增长3.13%。农业产业化龙头企业省级、州级、县级分别为1家、1家、4家。

公路通车里程940.113千米(其中乡村公路719.572千米)，密度375.168米/平方千米，42.944千米/万人。

有中小学校60所，其中小学34所、村点校21所、单设初中4所、高中1所；在校学生49035人，其中小学33914人、初中12047人、高中3074人；有学前教育机构172个，其中公办幼儿园4所、民办幼儿园17所、“一乡一园”16所、村级幼教点135所；有村级幼儿辅导员613名；在园幼儿17377人，净增2831人，增长19.46%。有公立医疗卫生机构38个，其中乡(镇)卫生院(社区卫生服务中心)34个、村卫生室153个；实有在编524人，空编33人，其中乡(镇)卫生院核定编制302人，实有在编人员285人(空编17人)；编制病床位总数854张，其中乡(镇)卫生院174张。新型农村合作医疗参合人数174358人，参合率97.64%；城乡居民养老保险参保人数88769人，其中享受养老待遇14272人，养金待遇支出1877.28万元；失地农民养老保险参保人数6478人。农村城镇化建设率达27%。

【年度农业和农村经济运行】 2020年，全县实现农业总产值18.36亿元，增长3.75%。农民年人均可支配收入达12985.15元，增长8.32%。在粮食、生猪、蔬菜生产中，科技投入的占比或科技贡献率75.12%。全县农产品质量抽检合格率比年初提高7.22个百分点。主要农产品产量见表1。

【种植业】 全县粮食作物总播种面积27.6135万亩，增加0.1155万亩；产量7.9934万吨，增加0.0464万吨，其中，大春粮食作物播种面积23.8065万亩，增加0.087万亩；产量7.3554万吨，增加0.0418万吨。小春粮食作物播种面积3.807万亩，增加0.0285万亩；产量0.638万吨，增加0.0046万吨。晚秋生产落实任务面积6.21万亩，其中秋荞2.01万亩、秋豌豆1.5万亩、秋红薯0.5万亩、秋菜2万亩、秋马铃薯0.2万亩。油料作物播种3750亩，总产量203吨。全县人均占有粮食量保持在400千克左右。水稻地膜育秧技术推广面积3210亩，水稻开厢填心技术推广面积13500亩，玉米地膜覆盖栽培技术推广面积23500亩，带状种植推广面积24600亩。建设优质苦荞麦绿色生产示范区20000亩、有机燕麦示范区1600亩、金豌豆绿色生产示范区21200亩、高山大春生态油菜绿色生产示范区3000亩。完成普格县稻渔综合种养现代农业园区建设1200亩。珍珠米绿色生产示范区12000亩，产量3600吨。有种烟乡(镇)25个、村90个、村民小组254个、烟农1810户，减少9.8%；户均种植烟22.1亩，增长11%。全县烤烟种植面积4万亩，收购烟叶65338.08担，烟农收入7969.28万元。6个蚕区乡(镇)带动周边建设4个乡(镇)蚕业新区。全县优质桑园达2万亩，产茧0.9391万担，实现蚕农收入1444.55万元的产业规模。光叶紫花苕种植面积4.45万亩，增长100%；饲用玉米0.34万亩；多年生牧草种植面积0.4万亩。全县共计完成5.19万亩，实施草原禁牧8.6万亩、草畜平衡105万亩，兑付资金327万元。以“一卡通”形式兑现草补资金、禁牧补助资金、草畜平衡补助资金，兑付率达93.86%，其中草补资金均按政策规定的禁牧补助7.5元每亩、草畜平衡2.5元每亩的标准兑付到户。2020年草补资金306.91195万元兑付到户，增长16%。

【林业】 实施天然林资源保护工程国有林管护73.82万亩，其中有林地41.84万亩、灌木林地30.77万亩、其他林地1.21万亩。完成森林生态效益补偿资金兑付，其中国有林1.7万亩、集体和个人61.4512万亩，投入资金967.85万元。完成0.91万亩集体与个人天然商品林停伐补助资金兑现11.49万元；完成2019年度1万亩退耕还林第一次补助兑现500万元；完成2016年度0.72万亩退耕还林第三次补助兑现288万元、2018年度0.5万亩退耕还林第二次补助兑现150万元；完成2020年度完善政策补助0.8万亩，兑现补助资金208万元。普格螺髻山现代林业科技扶贫产业园区首个开工建设项目——索玛花产业发展建设项目完成，完成以索玛花为主的景观示范区栽植301.4亩，栽植树木2.7万余株；完成项目区域内河道驳岸治理840米及配套蓄水工程建设。完成苗圃大棚建设500平方米，索玛花育苗30个物种，苗木展示苗圃8亩，栽植杜鹃花物种近10个。完成“1+X”生态产业核桃嫁接4万亩、核桃花椒提质增效2万亩、华山松花椒基地1万亩的建设任务。对夹铁乡莫尔非铁生态脆弱区石漠化治理、国道248线公路绿化、尖尖山周围绿化等项目造林进行全面管护和补植补造。全年处理野外违规用火133起，治安拘留114人；行政处罚19人，处罚6.7万元。推进森林草原防灭火专项整治，完成2座瞭望塔、10个防火检查站、5套视频监控系统建设。建成防火隔离带711.6亩，实施可燃物清理1327.4亩、计划烧除3万亩。全县全年未发生一起森林草原火灾，森林草原火灾损失率控制在0.8‰以下。对大唐风电、雅中—江西±800千伏特高压直流输电线工程等项目在县境内及螺髻山自然保护区(普格境内)的违法违规建设问题，按规定发放停工、整改通知，并按要求进行植被恢复。严厉打击乱砍滥伐、乱捕滥杀、乱开乱垦等违法行为，移交县森林公安局非法占用林草地案件3起，涉及林草地面积1.6566公顷、其中永久性占用0.6361公顷、临时占用1.0205公顷。配合森林公安破获外地入境的盗猎团伙1起，缴获捕猎工具20余件、猎物活体野鸡20只、野猪3只、果子狸15只，刑事拘留5人。关闭野生动物养殖场1家，放生麂子8只、蓝孔雀12只。全年防治森林病虫害0.85万亩、草原鼠害4万亩、草原虫害4万亩，改良天然草原0.5万亩。

【统筹城乡与新型城镇化】 投资80余万元，对县城主干道两侧行道树进行修剪、刷白及对260盏路灯进行亮化；完成建成区内7条共计12千米防洪沟清理，确保城市安全度汛；投资164.8万元，采购25T车厢可卸式垃圾车1辆、12T压缩式垃圾车1辆、2T车厢可卸式垃圾车3辆、4立方米垃圾箱体50个，用于城市垃圾收转运体系建设；县垃圾填埋场日处理生活垃圾8337.17吨，处理渗滤液3773.55立方米，碾压覆土1940平方米，铺设入场道路砂石195立方米，安装导气管151米，生活填埋场被评定为A级，位居全州前列。县城生活污水处理厂日处理污水量约3300吨，县城建成区污水处理率达90%以上；投资5300余万元，完成普基镇文倡村综合整治污水处理厂及配套管网项目建设，主要收集文倡村原有居民和自主搬迁的居民共约3000户2万余人的生活污水，建设污水收集管网约15千米；启动普格县螺髻山污水处理厂及配套管网工程代理招投标。脱贫攻坚安全住房建设实施全县34个乡(镇)154个村7136户安全

表1　2020年普格县主要农产品产量

主要农产品	单位	产量	同比(%)
粮食	万吨	7.9934	1.18
水稻	万吨	1.3431	9.33
小麦	万吨	0.2847	3.53
玉米	万吨	4.6127	0.91
马铃薯(折粮)	万吨	1.7539	0.63
油菜籽	万吨	0.025	0.0125
蔬菜	万吨	5.73	16.46
水果	万吨	0.059	4.75
肉类	万吨	1.55	2.016
猪肉	万吨	0.56	–0.59
牛肉	万吨	0.25	0.74
羊肉	万吨	0.6	1.5
禽肉	万吨	0.14	0.37

住房质量监管，发出监理整改通知书600余份、限期整改通知书19份；举办村级以上安全住房培训2期12次，参训1500余人次，发放宣传资料13000份。牵头组织实施2269户农村危房改造（其中广东佛山援建“东西部扶贫协作”危房改造793户、“三类重点”对象农村危房改造1476户）和6707户“三建四改”。对全县2016年以来建设的所有脱贫攻坚住房25109户进行安全性鉴定，其中C、D级6434户（已全部纳入东西部协作793户、“三类重点”1476户、特殊困难户2592户、边缘户2275户），18675户鉴定为A、B级，并已全部逐户出具质量安全达标鉴定报告。按要求完成2020年州、县反馈脱贫攻坚安全住房建设过程中的25个问题销号，其中“十查二十八核”发现问题住房不安全116户、房屋改造质量存在问题200户，共涉及18个乡（镇）316户。全年实现城镇新增就业1267人，增长25.4%；城镇失业人员再就业246人，就业困难对象再就业48人，下降90%；动态消除“零就业”家庭；城镇登记失业率为2.7%，降低0.01个百分点。

【扶贫攻坚】 为全县14382户贫困建卡户整合涉农资金2232万元，及时出台《普格县建档立卡户贫困户脱贫奔康农业产业发展奖补办法（试行）》，坚持“应种尽种，应养尽养，多种多养，一户一册”原则，按每户1500元标准，为每户贫困户提供种畜禽、种子、种苗支持，发展“短平快”扶贫产业，增强贫困群众持续增收能力。对2019年全县663户收入达不到4200元标准的贫困户和边远户，由县上统一采购1000头仔猪，对其进行发放，该批仔猪已全部达到育肥标准；为全县所有贫困户采购鸡苗并每户发放30只以上，共发放56万只。对适合蔬菜种植区域的贫困户发放辣椒、黄瓜、丝瓜、白瓜等种苗98.9万余株，涉及11个乡（镇）26个村。普格三阳畜牧有限公司带贫模式为“政府+企业+合作社+贫困户”，利益联结机制为“5221+”，即由政府引导组织所辖贫困户成立专业养羊合作社，每个合作社至少由7～8名兜底贫困户社员组成。以带贫合作社为主体申请政府引导资金，合作社利用政府引导资金向企业购买种羊，和企业签订代养协议，之后由企业回收，对收益进行分配。资金使用期限内，每年贫困户、养殖户、集体、合作社按贫困户获益50%、养殖户获益20%、集体获益20%、合作社获益10%进行利益分配，“+”即三阳畜牧为合作社提供种羊以及管理咨询等服务，达到回收标准的肉羊由三阳畜牧高于市场价10%回收。2019年和2020年，贫困户每年获得356万元收益，户均收益3900元。同时，普格三阳畜牧有限公司与103个贫困村、6个非贫困村利用村产业扶持基金3700万元签订托管代养，每年按投入产业扶持基金额度8%的比例村集体经济获得收益，109个村每年共获得收益金296万元，村集体经济平均收入2.7万元。特尔果乡普格县稻渔综合种养现代农业园区2018—2020年园区帮助当地农户包括贫困户就地实现务工，务工收入48.7万元，其中2020年务工收入35万元，平均每人增收1780元，户均增收3800元。建卡贫困户长期务工的6户贫困户户均实现经济收入4200元。园区每年每亩土地给农户租金1000元，引进企业每年每亩给该园区固定分红200元，园区建成后，每年给特尔果村带来经济效益144万元，贫困户全部脱贫。普格县特尔果乡桃花谷现代田园体建设园区带动60余名贫困人口就近务工，贫困群众年劳务收入50万元以上，带动村集体经济收益达10万元以上。会理县援建普格县5个极度贫困村产业扶贫项目在普基镇文倡村集中建设70亩食用菌产业园。外乡移民搬迁来的5个极度贫困村通过“股权量化”的方式，采取“村级集体经济+公司+基地+建卡贫困农户”的食用菌产业经营模式入股普格县船城助农农牧科技有限责任公司，由公司统一实施产业扶贫项目，年底按照10%分红，通过股权固定收益壮大村级集体经济，同时辐射带动5个极度贫困村有生产技能的建卡贫困农户自愿在食用菌生产基地务工增加其工资性收入。园区年产值达100万元左右，利润达60万元。全年脱贫攻坚项目库已入库项目756个，入库资金12.03亿元；开展扶贫项目县、乡、村三级公告公示，通过县政府门户网站、党代表微信群、“村村响”、“坝坝会”等方式公告公示项目586个，累计公告公示2897次。全年脱贫3687户17665人，退出贫困村15个，11月27日，省政府批准全县103个贫困村6.8617万名贫困人口全部脱贫，普格县退出贫困县系列。

【农村水利】 全年累计投资1.13亿元，建设完成2019—2020年农村饮水安全巩固提升工程、2020年农村饮水安全查漏补缺工程、2020年农村饮水安全对标补短工程等安全饮水工程，解决全县34个乡（镇）153个行政村2.3万户11.44万人饮水安全问题，其中建档立卡户5888户2.94万人，全县饮水安全普及率达100%，集中供水率达95%以上，自来水普及率达100%，水质达标率达99%；落实资金49.2万元，聘用供水工程水管员82名，培训800余人次，发放农村饮水安全“明白卡”3.5万张，确保农村安全饮水工程长效使用。完成投资2182.11万元，新建及续建特尔果乡农业园区堤防工程、五道箐乡防洪沟建设、普格县黑水河大河坝至公德房堤防工程、普格县三道沟防洪治理工程，新建堤防7.8千米。筹资55.4万元，完成大槽河堰、鲁溪河堰、莱子乡前进堰等灌溉渠系53千米的年度岁修，保障6个乡（镇）灌区2.5万亩耕地生产用水。投入205.26万元，在7个乡（镇）建成15口森林草原防灭火消防蓄水池，建设水源取水口9个，铺设引水管网14.11千米，新建蓄水池13口，总容积2100立方米；维修已有蓄水池2口、总容积600立方米。出动执法人员93人次、执法车35台次，严厉打击水事违法行为。发现“四乱点”29处；现场制止水事违法案件26起，立案查处非法盗采砂石案件3起，罚没金额4.73万元。对水利厅下达普格县29个图斑进行核查，发现2个项目存在涉嫌水保违法行为，依法进行整改查处。加强对普格县水土保持补偿费的征收，上缴入库465.206万元。制作安装或更换河湖（段）长公示牌共170个；与中国移动通信集团四川有限公司凉山分公司签订合作协议，使用巡河APP平台，正常开通使用电子巡河APP县级河长34名、乡级河长68名、村级河长100名、河长制工作人员6名，全面实现电子巡河在线监控；开展流域面积在50平方千米以上河流的管理保护范围划界，并划定黑水河、则木河、马和日呷河等14条河流管理保护范围界线，划定长度315.85千米。

【农村教育】 全县小学7～12周岁34738人（其中建档立卡贫困适龄人口12613人），已入学34692人（其中建档立卡贫困适龄人口12592人，休、免、缓21人），入学率99.87%（其中建档立卡贫困适龄人口100%）；初中13～15周岁16500人（其中建档立卡贫困适龄人口5839人），已入学16470人（其中建档立卡贫困适龄人口5828人，休、免、缓11人），入学率99.82%（其中建档立卡贫困适龄人口100%）。全县有村级幼教点辅导员613名，村级“有学前教育设施”已全覆盖。全县义务教育阶段公用经费3622万元，增加460万元；计免教科书费583.81万元，增加25.17万元；免作业本费141.78万元，增加11.1万元。落实学前教育计划补助金721.05万元，受益学生12650人；落实义务教育阶段学生营养改善资金3506.184万元，受益学生46134人；为2726名贫困家庭大学生办理生源地助学贷款1795.161万元；为26名大学生办理基层就业奖补37.856万元；为305名普通高校本、专科家庭经济困难新生入学资助路费19.3万元；春、秋季资助985名建档立卡中等职业学生共49.25万元；2019—2020年度资助784名建档立卡本专科学生共313.6万元；利用基本建设项目资金17532万元建设学校27所，实施单体项目48个，2020年在建项目5个共6623万元，在建面积22506平方米。配合县文明办对全县21所乡村少年宫学校进行管理，收集整理少年宫资料，全年新增中央项目学校5所、省级项目学校2所，基本实现全覆盖。东西部对口帮扶广东佛山中职学校录取就读22人，西南航空职业学院对口帮扶免费培养8人。开通微信公众号，建立学普办、乡镇学普、学校学普工作和幼儿园学普工作四个版块，利用公众号加大学普宣传力度。基本建设计划投入项目资金13475.14万元，其中中央7524万元、省级2770万元、州级1515万元，捐赠资金1030.14万元，捐赠资金到位900万元。落实资金12709万元，增加1378万元，其中"三区三州"中央伍道箐乡中心校学生宿舍921万元、特兹乡中心校学生宿舍540万元、泸州市龙马潭区对口扶贫捐赠龙马幼儿园200万元、三峡集团学前教育德育幼儿园700万元、扶贫提升省资金2112万元；改（扩）建校舍面积48988平方米，增加2012平方米。

【农村卫生】 新冠疫情发生后，在公路沿线喷绘户外中型宣传标语1幅、喷绘6条、条幅30余条（幅），各乡镇、村（组）制作疫情相关宣传标语1200余条（其中大中型户外广告3条）；利用"村村响"，在县域内153个村、8个社区适时广播彝汉双语疫情防控知识语音28余条、3万余次；利用县城、集镇40余处门店招牌、车站、广告位及各乡（镇、集镇）等LED电子显示屏不间断滚动播放相关疫情预防宣传知识、标语3000余条次；安排流动广播宣传车4辆至县城（周边）、各乡（镇）、村（组）不间断传播彝汉双语疫情防控知识，乡（镇）"广播死角"采取机动方式进行宣传640余次；在集镇张贴习近平疫情防控指示30幅，组建村民小组微信群加强宣传；发动微信公众号《普格微讯》，定时向全县各部门、各乡（镇）推送、发布开展疫情防控、政府应急指挥部办公室公告等信息；发布《致普格县关于主动上报和提供往来湖北等重点疫区人员线索的通告》《致从湖北等重点疫区返乡朋友们的告知书》《致普格籍在外人员的一封信》；核查电信、移动、联通三家通讯，公安、上级主管部门反馈信息3022条，累计排查17.29万人次，其中乡（镇）网格化排查2625人。全面落实分区分级精准防控策略，实施"春风行动"，办理健康证明23770人，实现4.4万名农民工安全有序返岗。排查境外来（返）普格3人，均进行了核酸检测，为阴性。建档立卡贫困患者通过"先诊疗后付费、一站式结算"享受待遇共11503人次，全县建档立卡住院患者住院总费用4295.41万元，其中基本医疗保险报销2608.54万元、大病保险报销236.21万元、医保兜底417.29万元、民政救助351.20万元、卫生扶贫救助基金救助453.41万元、爱心基金救助26.63万元。各级财政投入艾滋病防治专项经费842.9万元，其中中央资金735.99万元、州级资金19.78万元、县级配套资金87.13万元。对12个血防流行乡（镇）43个村162个组6 ~ 65岁人群进行询诊检查，共询诊检查36600人次，血检28079人次；开展发热病人血检1600人次（县医院800人次、中彝医院800人次）；疟疾病防治控制共计开展发热病人血片复核160人次（县医院80人次、中彝医院80人次），未发现疟原虫感染病人；克山病监测技术培训参加培训人员共30余人，开展扩张性心肌病例搜索20家（其中病区乡/镇医院17家次/病区村卫生室8个），共搜索出心肌病病例55例，其中扩张型心肌病病例14例；在乡（镇）学校采集200名学生家中的盐样200份送疾控中心检验室，进行定量测定食用盐的碘含量，经检测，学生尿碘中位数在碘营养状况的适宜值。居民健康档案累计建档171945份，纸质档案建档率为101.7%，电子档案172270份，电子档案建档率为101.9%。完成枯水期全县34个乡（镇）及2020年的脱贫村、60所中小学学校的农村饮用水监测点和8个城市供水监测点采样，共计完成105个水样监测点。农村妇女"两癌"筛查实施宫颈癌筛查2102人、乳腺癌筛查93人。对34个乡（镇）28328名育龄妇女开展"环孕情"监测服务，检测率达83.18%。春季和秋季组织人员分别对全县50余所中小学学校进行督导与宣传，已面向全县156个村卫生室配备156名具有医学背景、村医生资格证的合格村医生；面向34个乡（镇）卫生院配备或派驻具有执业助理医师及以上资格的卫生专业技术人员。

【农村交通】 全县34个乡（镇）153个行政村全部通公路。建成农村客运站24个。完成通村公路维修工程，其中菜子乡卫星村6.852千米、特兹乡甲木村11.034千米、瓦洛乡哄子村12.5千米、雨水乡西普村1.232千米、孟甘乡古里村1.046千米、孟甘乡米尔村1.693千米、花山乡联合村0.677千米等7条35.034千米；硬化五道箐乡产业园区道路1.215千米。

【农村社会保障】 全县城乡居民养老保险参保人数88769人，其中享受养老待遇14272人，养金待遇支出1877.28万元。代缴建档立卡（包括标注已脱贫人员）人员、低保人员、特困人员城乡居民养老保险43340人，代缴资金433.4万元。惠民惠农"一卡通"共办理使用社保卡22万余张。

【农村生态建设及环境保护】 全县以辖区行政区域划分34个乡（镇）151个村环境监管网格、辖区内各企业网格和以工业集聚区和自然保护区划分的9个环境网格，建立县、乡（镇、街道）、村、企业四级环境监管网格。按照《普格县2020年国家重点生态功能区县域生态环境质量考核工作方案》，开展县域内地表水、空气质量及集中式饮用水水源地监测，将螺髻山省级自然保护区、集中式饮用水源保护区等重点生态功能区以及生态环境敏感区和脆弱区纳入生态红线划定区域。完成生态保护红线评估调整，将生态红线面积从55488.6955公顷调整到55502.8899公顷。"绿盾2020"自然保护地加强监督检查工作，螺髻山自然保护区海口风电项目违规建设、破坏生态的问题完成整改并巩固。长江经济带生态环境问题集中排查整治反馈问题5项，已全部完成。对养窝镇中村进口断面和花山乡建设村（下茅坪子）出口断面开展水质监测，全年水环境质量总体保持稳定，水环境质量持续保持优良，2个监测断面均为Ⅲ类以上水质，地表水水质优良（达到或优于Ⅲ类）断面比例为100%；对全县31个乡（镇）集中式饮用水水源保护区进行规范化建设，安装围栏1004米、界碑98座、宣传牌60个、交通警示牌18个；全县2个县级及31个乡（镇）集中式饮用水水源地水质达标率均保持100%。完成3个村农村环境综合整治任务，完成规模化畜禽养殖场治理3家。

【农产品质量安全监管】 农业园区从大型养殖场购进（牲畜粪便）有机肥1750吨，占肥料使用量的94%；农村粮食生产有机肥的使用量占比率达34.75%。绿色食品品牌已创建7个优良品牌。五道箐生猪集中屠宰场严格入场屠宰的每1头生猪的检疫，保障进入市场的猪肉安全。

【农村市场体系建设】 全年新增乡(镇)农村市场超市13家,新注册小商店营业执照37户,清理注销过期营业执照18户。农村电信、移动网贯通线路982.5千米,农民线下交易率达48.95%。

【劳务开发与返乡创业】 全年实现劳务输出转移6.07万人,劳务输出创收11亿元,其中建卡户转移输出1.9万人,创劳务收入2.8亿元;向广东佛山输送建档立卡贫困户540人。农民工返乡开办家庭农场养殖畜牧业5人,在小集镇开办超市3人,购车进行乡村运输业11人。通过金融支持,助力返乡下乡创业人员带动贫困劳动力就业;"4050"就业困难对象社会保险补贴108人、76.6万元。通过分散培训和集中培训相结合的方式开展17期技能培训,其中14期分散培训、2期定点挖掘机培训、1期集中培训;全年培训2756人,其中建档立卡户2531人、品牌培训239人。使用就业创业补助资金新增安置贫困劳动力1457名,全年动态新增安置共709人,其中新增531人、变更新增178人。东西部公益性岗位安置2000人,其中安置建卡贫困劳动力1641人,共发放岗位补贴768.42万元。举办11场招聘会,其中"送岗位下乡"招聘会8场、就业扶贫专场招聘会(于民中开展)1场。组织136家企业开展现场招聘,共签订就业意向协议333份,同时通过招聘活动发放宣传资料,持续对有意愿的劳动力进行转移就业动员。

【主要领导人】 县委书记:刘若尘;县人大常委会主任:日海补杰惹;县长:沙英;县政协主席:张凌;分管农业副县长:叶忠明。

普格县编写组

布 拖 县

【基本情况】 2020年,全县辖3镇27乡190个行政村5个社区,辖区面积1685平方千米。年末总人口21.47万人,符合政策生育率达95.86%,人口出生率22.18‰,人口自然增长率控制在10.47‰以内。

2020年,全县GDP35.35亿元,增长5.2%,增速分别高于全国、全省、全州2.9、1.4、1.3个百分点;一二三产业增加值分别完成12.17亿元、5.72亿元、17.46亿元,分别增长5.2%、12.1%、3.1%。社会消费品零售总额5.91亿元。金融机构各项存款余额36.89亿元,增长3%;各项贷款余额12.86亿元,增长59.2%。全社会固定资产投资完成47.34亿元,增长31.8%,增速居全州第四位。地方一般公共预算收入完成1.4亿元,增长12.3%,增速居全州第四位;地方一般公共预算支出40.55亿元。

学前在园幼儿15386人,入园率达79.78%;小学在校学生35328人,入学率达93.04%;初中在校学生6145人,入学率达87.77%。

【年度农业和农村经济运行】 2020年,全县城乡居民人均可支配收入达14966元,增长9.5%,其中城镇居民人均可支配收入达30561元,增长5%,增速居全州第五位;农村居民人均可支配收入达10831元,增长11.1%,增速居全州第三位。中彝医医院、乡(镇)卫生院等项目全面竣工。丹红扎妮、哈博勒底、油布黄伞制作技艺被列入第六批州级非物质文化遗产名录。农民体育健身工程加快实施。安全生产专项整治三年行动落细落实,公共突发事件总体预案修订完善,科学应对处置"7·20"罗家坪爱国村1～2组暴雨灾害。

【种养殖业】 全年粮食作物播种面积38.57万亩,总产量10.67万吨。"四畜"存栏48.77万头(只)、出栏43.27万头(只),家禽存栏47.15万羽、出栏55.73万羽;肉类总产量2.17吨,禽蛋产量287万吨。高原蓝莓示范基地初具规模,黑绵羊良种繁育基地、现代化畜牧业生猪代养场建成投用,马铃薯、中药材、高原蔬菜等产业发展壮大,创建州级产业园区4个、县级产业园区8个。

【统筹城乡建设】 依撒、龙潭、呷施3个基层社区挂牌成立。电影院商住小区、国兴商贸综合楼二期和园丁小区一期等项目加快建设。±800千伏换流站拆迁户集中安置点建设项目如期完成,30个乡(镇)"安心工程"、农村太阳能路灯和雪亮工程等项目竣工投用。国道356线建设项目加快推进,国道7611西昭高速、国道4216宜攀高速布拖段开工建设。新建乡村连接路6条,整治"畅返不畅"公路143.62千米,实施农村公路安全生命防护工程302.57千米。划定永久基本农田保护面积1.88万公顷。实施城乡建设用地增减挂钩项目35个,取得节余指标2437.52亩,实现交易额5.96亿元。投入5589.76万元,实施土地整理项目2个,新增耕地1529.51亩。新建高标准农田2.2万亩。完成2019年安全住房安置点山溪沟治理项目。国家级电子商务进农村、商贸流通脱贫奔康示范县和农村商贸供应链项目同步建成完工,县级仓储配送中心投入运营。

【扶贫攻坚】 投入33亿元,建成安全住房11319套;投入4700万元,建成"1+N"活动中心59个;投入1.3亿元,建成农村饮水安全巩固提升工程170处;投入1.41亿元,建成阿布洛哈村等通村公路96.39千米;投入1000万元,升级改造农村电网30千米;投入2973万元,新建、升级5G(4G)基站64座和农村宽带端口10092个;投入4585万元,开展"微心愿"活动。投入2203.95万元,落实"以奖代补"政策;投入1.7亿元,建立村集体经济"补改投"利益联结机制,新开发安置农村公益性岗位1114个,转移输出劳动力6.1万人次,增收8.45亿元;销售扶贫产品1.19亿元,建档立卡贫困群众实现人均纯收入8744元。学龄前儿童入园率达83.1%,义务教育阶段入学率达98.89%。贫困户县域内就诊个人自付比例控制在5%以内。毒品专项治理、艾滋病综合防治和生育秩序整治阶段任务全面完成。中央定点帮扶、东西部协作和省内对口帮扶的各类项目基本完成。"两不愁三保障"回头看大排查等发现问题整改清零,剩余8162户40540名贫困人口全部脱贫、70个贫困村全部退出,整县退出贫困序列,通过国考、省考。11个全域实景博物馆基本建成。

【农村教育】 完成59个村幼教点、19个"一乡一园"设备采购和村幼教点环创工作。新提拔交流校长17人、副校长29人。242名(含141名合同制)新招聘教师全部到岗,选聘辅导员147名。落实学前阶段16152名在园学前幼儿免保教费1146.09万元、13082名农村学前幼儿膳食补助经费784.92万元、公办幼儿园13450名幼儿学前生均公用经费672.5万元。为43975名义务教育阶段学生免除学杂费3526万元、作业本费137.4万元;发放义务教育营养改善计划补助3376万元,25917名家庭经济困难寄宿制学生生活补助4421.91万元,8890名非寄宿"四类"家庭经济困难学生生活补助558.92万元;10700名学生高海拔取暖补助297万元。普通高中阶段6411名高中寄宿制学生生活补助108.97万元,生均公用经费、免学杂费、书费补助122.43万元,477名家庭经济困难学生高中国家助学金95.4万元。中职教育补发2019年中职和高职学生资助金6.5万元,建档立卡特别资助技工5.7万元。投入3.8亿元的35所基本均衡发展达标学校建设项目完成招标并陆续开工建设。投入9800万元的23个"一乡一园"建设项目完成招标,新建"一乡一园"7个、"一村一幼"27个。全面落实十五年免费教育、"三免一补"等惠民政策,下拨寄宿制学生生活补助、营养改善计划补助等资金1.14亿元。教育园区、义教均衡建设、"一乡一园"和足球田径场等项目建成投用。

【新型冠状病毒肺炎疫情防疫】 新型冠状病毒肺炎疫情发生后，迅速启动突发公共卫生事件Ⅰ级应急响应，构建五级防控责任体系，严格落实"四早"要求，制定出台联防联控"八不准"公告，全环节、全过程、全链条筑牢严密防线。投入2605万元，采购专业医疗设备和日常防控物资，建成投用核酸检测实验室2个、负压病房6间，分级设立发热门诊1个、发热哨点30个，规范打造集中隔离观察点3个、隔离治疗区1个，集中设置隔离房间177间、床位150张，不断提升县级重大传染病防控救治能力。落实涉外人员管控措施，全覆盖、无死角排查27万余人次，摸排涉外人员3113人，对中高风险地区入(来)县人员全部落实居家隔离、集中隔离和医学观察措施，全域实现确诊病例零发生。

【农村生态建设及环境保护】 投入8500万元，抓好森林草原防灭火专项整治，建成防灭火通道768.59千米、隔离带269.53千米、消防蓄水池112个，清理跨越林区线路84.19千米，组建专业扑火队伍1支91人，添置各类装备110种6000余件(套)。全年空气质量优良率达100%，SO_2、NO_2、PM2.5浓度同比下降29.3%、19.7%、11.8%，29个乡(镇)集中式饮用水水源地水质达标率保持在100%，土壤污染防治有序推进。单位面积能耗下降14.5%，人均综合能耗下降30%。辖区内河湖划界基本完成，编制印发《布拖县流域面积50平方千米以下32条河流"一河一策"管理保护方案》。清理整改验收销号小水电站28座。依法征缴水土保持补偿费569.88万元。持续深化宜居乡村行动，支持1.2万户农户改厕，新建农村无害化卫生公共厕所6座；城乡环卫设施不断健全，"周末卫生大扫除"活动常态化开展。实施大规模"绿化布拖"行动，有序推进尼姑河流域生态修复项目，新植补造青红花椒2.55万亩，完成义务植树150万株，完成封山育林1万亩、公益林造林5000亩、新一轮退耕还林补植补造8400亩。

【农村社会保障】 全年民生支出28.45亿元，占一般公共预算支出的70.2%。社会救助体系不断完善，全县农村低保对象增至4.7万人，共发放城乡低保、特殊困难儿童、残疾人等各类社会救助保障资金1.92亿元。城乡医疗保险参保人数达17.72万人，城乡居民基本养老保险参保率达92.6%。整治恶意欠薪，追回拖欠农民工工资750万元。

【禁毒工作】 全年破获毒品刑事案件13起，打处42人，打处人数排名全州第一，同比2019年、2018年、2017年分别下降57.85%、72.73%、79.21%，其中部目标2起、省目标3起；查处吸毒人员105人，缴获现金65万余元，扣押房产2处(价值300万余元)，外流贩毒人数同比减少91.8%，禁毒工作摘除戴了13年的"毒帽"。

【"放管服"改革】 30个乡(镇)便民服务中心建成投用，审批服务"马上办、网上办、就近办、一次办"实现"4个100%"。全年依托省级招商平台签约5亿元，招商引资到位资金7.43亿元，完成目标任务的185.8%。第三次全国国土调查、第四次全国经济普查、农村土地承包经营权确权登记全面完成，第七次全国人口普查顺利推进，农村集体产权制度改革加快实施。食品药品安全体系健全完善。粮食安全行政首长责任制全面落实。

【主要领导人】 县委书记：沙文；县人大常委会主任：乃古科且；县长：罗古阿吉；县政协主席：王金秀；分管农业副县长：比布有打。

布拖县编写组

金 阳 县

【基本情况】 2020年，全县辖4镇30乡，辖区面积1588.23平方千米，有户籍人口21.44万人。

【新型农业经营主体建设】 全年创建省级示范社1个、州级示范社1个、州级示范家庭农场3个。完成全县176个村清产核资、资产成员鉴定工作，全县土地确权颁证率达80.55%。

【现代农业园区创建】 新建金阳县脱贫攻坚青花椒产业园区，实现青花椒产地初加工和精深加工；与四川大学食品加工设计学院联合共建金阳青花椒产业技术研究中心和检测实验室，推动青花椒产品深度开发，产业关键技术和核心成果本土化，擦亮"中国金阳青花椒第一县"金字招牌。新建青花椒标准化种植示范基地1.28万亩，其中核心示范基地3000亩，5G智慧管理平台、轨道机器人、无人植保机、远程虫情监测仪等智能化设施设备在基地得到应用，并健全社会化服务体系，建设2座农事服务中心；新建高山蔬菜现代种植园区1个。

【农业产业扶贫】 年初计划投入资金5007.933万元，实施产业扶持项目21项35个，实现依靠农业产业脱贫1850户9200人。全年采取集中和分散多种培训方式开展各项农业技术培训500余次，共培训4万余人次。

【种植业】 全年粮食作物播种面积37.5235万亩，产量7.0449万吨，分别增加2455亩、460吨，增长0.6%，其中马铃薯播种面积12.96万亩，鲜薯产量达20.16万吨，折粮4.03万吨。油料作物播种面积0.126万亩，产量0.0206万吨；蔬菜播种面积4.15万亩，产量6.5086万吨；水果种植面积0.4131万亩，产量0.34万吨。

【畜牧业】 全年出栏猪12.2703万头、牛1.0519万头、羊16.1445万只、家禽51.5072万只；存栏猪8.3568万头、牛2.4648万头、羊16.5132万只、家禽42.1615万只；肉类总产量1.2389万吨。新建肉牛养殖基地2个、肉羊养殖基地8个；在32个乡(镇)128个村实施生态鹅养殖项目，受益贫困户5615户。与四川天兆猪业有限责任公司合作，采取"楼房养猪"新模式，建设"楼房"养殖基地2个。

【农业特色产业】 持续发展"春薯秋菜"，种植马铃薯高产示范片300亩，辐射带动全县11.85万亩春马铃薯的发展，亩产1.5吨以上，全县总产量15万吨以上，实现产值1.6亿元。全县111个贫困村种植2.525万亩秋季蔬菜，实现亩均收入2000余元，年产值1.3亿元以上。因地制宜发展特色水果产业，新建脐橙、李子种植基地350亩；新建雪桃种植基地250亩。

【农产品质量与安全监管】 加大监管力度，重点加强对畜禽、蔬菜、水果、食用菌等农牧产品的农药(兽药、瘦肉精)残留的检测。县农产品质量安全检测中心共完成891项次的检测工作，抽检合格率为100%，实现农产品质量安全"零事故"。

【农业基础设施建设】 全年新建高标准农田2.2万亩。种植错季蔬菜1800亩，平均亩产值达5000元。建设高山设施蔬菜园区分拣中心1个；新建年处理能力2000吨青花椒等农产品加工冷链烘干仓储中心各1个。

【疫情补贴】 为弥补群众"因疫缩水"的收入短板，整合财政涉农资金4400万元，对每户贫困户实施不超过3000元的产业到户奖补，扶持1.5万户贫困户开展"短平快"种养增收。利用中国工商银行捐赠资金1000万元实施运输补贴，出台《金阳县农牧产销售运输补贴实施方案》，缓解农牧产品"卖难"问题。

【主要领导人】 县委书记：毛正文；县人大常委会主任：曲木阿呷；县长：方凤华；县政协主席：谭福宣；分管农业副县长：毛勇。

金阳县编写组

昭觉县

【基本情况】 2020年，全县辖9乡11镇163个村(社区)，辖区面积2559.87平方千米，其中耕地面积67.1136万亩，增长5.54%，人均耕地面积2.04亩；基本农田48.5045万亩。年末总人口328477万人(户籍人口)，减少1.03%；人口出生率14.51‰，减少3.83个千分点；人口自然增长率11.42‰，减少0.61个千分点。全县耕地有效灌面和保证灌面分别达到耕地总面积的11.73%和0.02%；本地水资源总量18.35亿立方米，人均占有水资源量6678立方米。有林业用地12.56万公顷，有林地面积9.44万公顷，活立木总蓄积量412万立方米，森林覆盖率36.88%。

2020年，全县GDP41.92亿元，增长5.7%，其中第一产业增加值13.89亿元，增长5%；第二产业增加值5.6亿元，增长21.1%（工业产值8.05亿元，增长21.9%）；第三产业增加值22.43亿元，增长2.5%。三次产业对经济增长的贡献率分别为43%、21%和36%。全年接待游客18.9万人，实现旅游收入5040万元，其中乡村旅游收入89万元。

公路通车里程201.997千米，其中乡村公路1778.6千米。地方一般公共财政预算总收入完成1.686亿元，增长14.32%；一般公共财政预算总支出50.1亿元，减少21.18%，其中农业投入18428万元，占支出的3.68%。金融机构各项存款余额72.12亿元，比上年初增长9.55%；各项贷款余额25.61亿元，比年初增长97.61%。完成农业产业化项目34个，完成投资25216.29万元。农业产业化龙头企业省级、州级、县级分别为1家、3家、5家。

有各类学校91所，在校学生93151人，教职工4199人，其中普通中学2所，在校学生3398人；小学215所，在校学生52181人；学龄儿童入学率99.88%，提高0.7个百分点。有艺术表演团体1个，文化馆1个，公共图书馆1个。有卫生机构356个，病床位1461张，卫生技术人员1619人。城乡居民医疗参合人数24.66人，参合率99%；城乡居民社会养老保险参保人数127918人，参保率91.86%。

【年度农业和农村经济运行】 2020年，全县实现农业总产值24.9亿元，增长21.81%；全县全年农业增加值达13.98亿元，增长11.2%。农民年人均可支配收入达11324元，增长11.07%。建成47个基层农业综合服务站。全年受理报补农机具申请118台次户数104户，涉及补贴金额124.082万元，受益农户77户。主要农产品产量见表1。

农用地产权制度改革。全县农村土地承包经营权确权登记工作现阶段共完成47个乡(镇)，第一轮公示271个村，第二轮公示259个村；发放经营权证书4.346万本，颁证率达69.59%。推进产权制度改革，制定《昭觉县农村集体产权制度改革的实施意见》(昭委发〔2019〕9号)，成立以赫绍洪为组长，分管农业工作的常委、政府副县长为副组长，相关单位负责人为成员的领导小组(昭府办函〔2019〕38号)。聘请第三方机构完成2018年、2019年清产核资的数据录入，清产核资工作已完成报表录入。

农产品品牌战略实施。完成对昭觉县虹谷拉达农业开发有限公司、昭觉县九如生态农业科技发展有限公司申报的绿色食品现场检查和产品送检工作。上报完成5个无公害农产品的申报工作。

现代农业园区建设。全县在建农业产业园区15个，规模26590亩，产值达6752.5万元，累计用工42万余人次，带动农户增收2920.418万元。15个园区已新增流转土地1.4772万亩，真正实现通过园区建设构建起农民“土地租金+务工薪金+入股分红”的多元收入格局。

表1 2020年昭觉县主要农产品产量

主要农产品	单位	产量	同比(%)
粮食	万吨	12.07	-0.58
水稻	万吨	0.67	-7.62
玉米	万吨	1.43	0.45
马铃薯	万吨	9.14	0.53
蔬菜	万吨	6.16	18.64
肉类	万吨	2.23	-2.08
猪肉	万吨	1.21	-3.84
牛肉	万吨	0.37	-4.64
羊肉	万吨	0.69	2.7
禽肉	万吨	0.07	0.47
禽蛋	万吨	0.03	3.01
水产品	万吨	0.02	-6.91

【种植业】 全年农作物播种面积70.2411万亩，其中粮食作物播种面积42.6915万亩，增加0.0284万亩；粮食产量12.0661万吨，减少0.0709万吨。粮食作物中，小春粮食作物播种面积0.06825万亩，产量0.0672万吨；大春粮食作物播种面积42.009万亩，产量11.9989万吨。大春粮食作物中：稻谷播种面积2.08万亩，产量0.6716万吨；马铃薯播种面积29.48万亩，产量(折粮)9.1388万吨；玉米播种面积4.54万亩，产量1.4346万吨；荞麦播种面积4.356万亩，产量0.5955万吨；燕麦播种面积1.118万亩，产量0.0906万吨；大豆播种面积0.39万亩，产量0.0636万吨；杂豆播种面积0.045亩，产量0.0042万吨。蔬菜种植面积6.005万亩，产量6.1557万吨。水果种植面积1.671万亩，投产面积1.05万亩，产量1.075万吨，产值0.325万元，农民人均增收108元以上。花椒种植面积18.41万亩，干花椒产量0.12万吨，产值4210万元，农民人均增收140元以上。中药材种植面积2283亩，产量2040.8吨，产值903.8万元，农民人均增收30元以上。新(改)建经济作物生产基地0.17万亩以上；“应种尽种、宜养尽养”种植秋冬蔬菜面积6万亩，新增设施蔬菜大棚建设2000亩。夏草莓设施大棚标准化生产新增建设夏草莓标准化大棚2000亩。新增蓝莓示范推广标准化基地建设800亩。推广种植稻田轮作羊肚菌659.21亩，平均单产117.7千克/亩，平均单产产值11768元/亩。

【畜牧业】 全年“四畜”存栏71.814万头，其中猪12.2216万头、羊46.7912万只、牛9.4887万头；“四畜”出栏62.227万头，其中猪18.2711万头、羊41.1674万只、牛2.7885万头。西门塔尔牛产业已成型，建成人工授精点120个，授精人员121名，覆盖40余个乡；西门塔尔肉牛存栏2.6782万头、出栏1.2364万头；完成配种母牛1716头，涉及贫困户1716户6864人。抓好畜禽基础免疫和疫病检测，实现两个“努力确保”，春秋防期间共注射猪瘟22.18万头(只)、猪口蹄疫22.18万头(只)、牛(羊)口蹄疫97.85万头(只)、禽流感73.26万只，免疫密度占应免畜禽的100%，牲畜死亡率控制在标准以内；共采集送检畜禽血清180份，抗体水平均达到国家要求。抓好非洲猪瘟防控，支撑生猪稳产保供。落实重点防控措施，加强调运监管，减少疫情发生风险，全年排查出入县境运载生猪车辆60余车，排查生猪10000余头；出动执法人员16158人次，排查生猪483585批次832567头，排查屠宰场生猪10670头。借助2019年粮草轮作项目在全县完成以光叶紫花苕、园根和萝卜为主的一年生牧草建设23万亩，在碗厂乡建设优质饲草光叶紫花苕示范地1500亩。

【水产业】 全年水产养殖面积25公顷，水产品总产量225吨，增长0.03%。水产品的价格同比增幅6%以上，渔业经济稳步增长。

【乡村振兴】 建立健全乡村振兴的政策与工作协调机制，保持政策的连续性、可持续性。制订出台《昭觉县健全防止返贫动态监测和帮扶机制实施方案（试行）》（昭农领办发〔2021〕22号）、《昭觉县落实监测户帮扶责任实施方案》（昭委办发2021〕61号）、《昭觉县2021年度防止返贫动态监测和帮扶工作手册》等工作方案，开展防返贫监测和帮扶。健全农村低收入人口常态化帮扶机制，继续精准施策，建立“97533”防返贫工作体系，紧扣“找得到”目标，开展“九个找”行动，探索“红黄绿”三色管理机制，累计组织动员党员干部上万人次开展5次全覆盖防返贫动态监测，对排查出的438户实施红色重点管理，对18880户预警户实施黄色管理，以及38858户无风险户实施绿色管理。研究制定自发搬迁农民规范管理工作迁入地迁出地责任分工管理办法，抓好安全住房、教育医疗、公共服务、社会治理等工作，推动自发搬迁农民规范管理。落实中央和省关于乡村振兴战略的决策部署，编制《昭觉县“十四五”巩固拓展脱贫攻坚成果同乡村振兴有效衔接规划》，接续推进乡村全面振兴，完成全省巩固拓展脱贫攻坚成果同乡村振兴有效衔接现场会、全州易地搬迁后续扶持工作现场会筹办工作，沐恩邸社区、涪昭现代产业园区、九如草莓产业园区等成为两个现场会重要点位。做好国家级和省级乡村振兴重点帮扶县工作，申报省级重点县优秀帮扶村3个、获奖1个，州级重点县优秀帮扶村3个。对接浙江余姚、东方电气集团，绵阳市涪城区等对口帮扶单位，协同落实帮扶计划，建立主要领导会商制度，签订框架协议，与浙江省余姚市开展互访3次、对接活动8次，与东方电气集团开展会见或座谈4次、对接来访调研105人次，推动各项帮扶目标任务落实落地。

【扶贫开发】 聚焦短板弱项，集中力量持续攻坚，针对2014年以来彝家新寨住房建设档案资料缺失现状，制定“昭觉县彝家新寨一户一档”资料模版，指导各乡（镇）完善6301户彝家新寨、942户整合资金安全住房档案资料。按照“两不愁三保障”大排查反馈问题和贫困村“一超、六有”摸底结果，全面启动4666户住房功能不完善贫困户的“三建四改”，采取“农户自建、乡村自验、县级复验、合格拨付补助”的建设方式，重点完成入户路和庭院的新建工作，对厨房、畜圈和厕所进行完善和改建；统筹做好“边缘户”和非建不可户帮扶，全年共建设边缘户安全住房3576户，拨付专项扶贫资金18211.2万元。争取中央、省、州领导和定点帮扶单位的支持，广泛动员社会力量，取得了卓有成效的社会扶贫帮扶成果。以“地方政府+帮扶企业+龙头企业+农户”方式推动，以订单农业帮助促销形成拉力，推拉结合开展产业帮扶，形成当地稳定发展的产业基础；完成10所幼教点建设，为昭觉县10个村近500余名学龄前儿童学前学会普通话创造了更优良的学习环境；争取各类帮扶资金631.49万元，实施完成项目65个，多样形式提高人均收入，改善农户生产生活条件。全覆盖摸排已自发搬迁贫困农户的“两不愁三保障”落实情况，与迁入迁出地党委、政府对接，推进安全住房、安全饮水、生活用电等基础设施建设。持续做好大中型水库移民的后期扶持项目建设和信访维稳工作。全面深化“脱贫攻坚纪律作风保障年”活动，集中开展两轮“明目行动”，形成问题台账22项，完成整改22个。

【乡村旅游】 三岔河乡三河村入选四川省乡村旅游重点村。尼地乡署觉洼五村创建为省级旅游扶贫示范村，特布洛乡谷莫村获得2018中国最美村镇精准扶贫典范奖，支尔莫乡阿土列尔村入选全国乡村旅游重点村，尼地乡创建为大凉山旅游名镇。

【农村水利】 完成昭觉县2019年高标准农田建设项目，在四开乡、博洛乡等7个乡建设高标准农田2.4万亩，总投资3600万元，其中中央资金2577万元、省级资金1023万元。项目建设主要涉及沟洛及纳乌2个片区，其中沟洛片区项目投入金额1350.89694万元，占总投资金额的43.02%，田土型调整593.11亩；纳乌片项目投入金额1789.166562万元，占总投资金额的56.98%，田土型调整2051.35亩。

【农村教育】 利用科技宣传、培训会、现场培训等多种形式，发放各种科技丛书6000余册，现场咨询300余人次；覆盖10个乡开展各类技术培训，发放各种科技资料累计8000余份，解决问题5个。组织开展全县综合帮扶队162人集中培训1次；191名贫困村驻村农技员全覆盖集中开展培训5期，累计培训624人次，累计发放资料815份；农业产业技术指导专家服务团和非贫困村农业技术巡回指导小组开展集中技术培训7次，累计参加950人次，发放资料950余份，现场咨询解决10余个关键技术问题；科技示范户集中培训办班250个，培训贫困户6500人次，累计发放技术资料6500份；组织县、乡两级农技员参加省、州集中培训7期、110人。新建科技示范基地2个、面积600余亩，培育191个贫困村科技示范户342户，推广优质品种16个，推广适用技术9个，咨询解决9个关键技术问题。协助开展“三区三州”专家团队和“科技扶贫万里行”技术帮扶活动，攻克技术难题5个。依托农业园区培训中心和新型职业农民培育工程，提高农户（含贫困户）种养殖技术水平，开展农户（含贫困户）培训3万余人次，培养新型职业农民500人、乡村农技人员100人。

【农村文化】 举办“总书记，我们彝家脱贫了——2020中国彝历新年文艺晚会”“不忘初心·牢记使命——助力脱贫奔康走进昭觉文化惠民演出”等6场大型文艺演出，吸引县城及周边3万余名群众观看。聚焦基层群众文化需求，组织“五彩云霞”演出队到各村共开展282场“送戏下乡”文艺演出，覆盖全县20余万名基层群众。县文化馆、图书馆按照疫情防控期间开放管理方法，安全开展业务活动，保障群众安心、安全享受文化服务。其中，县文化馆在自疫情后于8月起免费开放美术、舞蹈、月琴等培训班，累计开展340余课时，培训群众达800人次；县图书馆新馆完成装修工程，各阅览空间布置完毕后于9月15日起对外开放，吸引读者700余人次，开展“送图书下乡”阅读活动4场。

【农村卫生】 通过实施公开招聘、引进人才、“三支一扶”“阳光天使”、定向培养、千名英才引进计划等项目，引进急需人才4人，公招18人充实基层医疗机构；定向委培农村医学专业中专学历村医16人，签订农村订单定向本科医学毕业生1人；引进专科医学毕业生2人，招聘“三支一扶”支医人员1人，签订贫困地区农村订单定向免费培养本科生1名。开展对口支援“传帮带”工程，带徒61名；选派40名乡（镇）卫生院管理人员到绵阳市涪城区参加培训。全县累计建立居民健康档案241739人，建档率达87.27%，其中累计建立

九寨沟县

县长陶钢（中）到白河乡调研脱贫攻坚、乡村振兴工作

县委常委、副县长李桢（左二）到黑河镇羌活沟村调研脱贫攻坚工作

副县长陈志敏（前排左一）到草地小学检查食堂食品安全工作

2021年，全县辖5镇7乡，辖区面积5288平方千米，其中耕地面积5433.1公顷，比上年增长0.2%。年末常住人口8.5万人，其中户籍人口6.69万人（城镇人口2.56万人、农村人口4.14万人），人口出生率10.8‰，人口死亡率3.9‰。全县GDP33.1亿元，比上年增长7.2%，其中第一产业增加值3.09亿元，增长6.8%；第二产业增加值5.09亿元，减少0.9%；第三产业增加值24.92亿元，增长9%。三次产业结构比为9∶16∶75。第三产业对经济增长的贡献率为92.64%。全县实现农业总产值6.32亿元，增长7.79%。农民年人均可支配收入达17315元，增长10.5%。全年接待游客365.55万人，比上年增长17.48%；实现旅游收入57.48亿元，增长23.57%。

副县长龚学文（左二）到白河乡调研脱贫攻坚和乡村振兴等工作

副县长向泉明（右一）到郭元乡摸底村段路基冲毁情况

环境优美的新城区一角

精品旅游村——勿角镇阳山村

罗依乡全景

县政府为白河乡南岸家村安装太阳能热水器、太阳灶、生物质气化炉，打造多能互补典型示范村

县城一角

总数854张，其中乡(镇)卫生院174张。新型农村合作医疗参合人数174358人，参合率97.64%；城乡居民养老保险参保人数88769人，其中享受养老待遇14272人，养金待遇支出1877.28万元；失地农民养老保险参保人数6478人。农村城镇化建设率达27%。

【年度农业和农村经济运行】 2020年，全县实现农业总产值18.36亿元，增长3.75%。农民年人均可支配收入达12985.15元，增长8.32%。在粮食、生猪、蔬菜生产中，科技投入的占比或科技贡献率75.12%。全县农产品质量抽检合格率比年初提高7.22个百分点。主要农产品产量见表1。

【种植业】 全县粮食作物总播种面积27.6135万亩，增加0.1155万亩；产量7.9934万吨，增加0.0464万吨，其中，大春粮食作物播种面积23.8065万亩，增加0.087万亩；产量7.3554万吨，增加0.0418万吨。小春粮食作物播种面积3.807万亩，增加0.0285万亩；产量0.638万吨，增加0.0046万吨。晚秋生产落实任务面积6.21万亩，其中秋荞2.01万亩、秋豌豆1.5万亩、秋红薯0.5万亩、秋菜2万亩、秋马铃薯0.2万亩。油料作物播种3750亩，总产量203吨。全县人均占有粮食量保持在400千克左右。水稻地膜育秧技术推广面积3210亩，水稻开厢填心技术推广面积13500亩，玉米地膜覆盖栽培技术推广面积23500亩，带状种植推广面积24600亩。建设优质苦荞麦绿色生产示范区20000亩、有机燕麦示范区1600亩、金豌豆绿色生产示范区21200亩、高山大春生态油菜绿色生产示范区3000亩。完成普格县稻渔综合种养现代农业园区建设1200亩。珍珠米绿色生产示范区12000亩，产量3600吨。有种烟乡(镇)25个、村90个、村民小组254个、烟农1810户，减少9.8%；户均种植烟22.1亩，增长11%。全县烤烟种植面积4万亩，收购烟叶65338.08担，烟农收入7969.28万元。6个蚕区乡(镇)带动周边建设4个乡(镇)蚕业新区。全县优质桑园达2万亩，产茧0.9391万担，实现蚕农收入1444.55万元的产业规模。光叶紫花苕种植面积4.45万亩，增长100%；饲用玉米0.34万亩；多年生牧草种植面积0.4万亩。全县共计完成5.19万亩，实施草原禁牧8.6万亩、草畜平衡105万亩，兑付资金327万元。以“一卡通”形式兑现草补资金、禁牧补助资金、草畜平衡补助资金，兑付率达93.86%，其中草补资金均按政策规定的禁牧补助7.5元每亩、草畜平衡2.5元每亩的标准兑付到户。2020年草补资金306.91195万元兑付到户，增长16%。

表1　2020年普格县主要农产品产量

主要农产品	单位	产量	同比(%)
粮食	万吨	7.9934	1.18
水稻	万吨	1.3431	9.33
小麦	万吨	0.2847	3.53
玉米	万吨	4.6127	0.91
马铃薯(折粮)	万吨	1.7539	0.63
油菜籽	万吨	0.025	0.0125
蔬菜	万吨	5.73	16.46
水果	万吨	0.059	4.75
肉类	万吨	1.55	2.016
猪肉	万吨	0.56	–0.59
牛肉	万吨	0.25	0.74
羊肉	万吨	0.6	1.5
禽肉	万吨	0.14	0.37

【林业】 实施天然林资源保护工程国有林管护73.82万亩，其中有林地41.84万亩、灌木林地30.77万亩、其他林地1.21万亩。完成森林生态效益补偿资金兑付，其中国有林1.7万亩、集体和个人61.4512万亩，投入资金967.85万元。完成0.91万亩集体与个人天然商品林停伐补助资金兑现11.49万元；完成2019年度1万亩退耕还林第一次补助兑现500万元；完成2016年度0.72万亩退耕还林第三次补助兑现288万元、2018年度0.5万亩退耕还林第二次补助兑现150万元；完成2020年度完善政策补助0.8万亩，兑现补助资金208万元。普格螺髻山现代林业科技扶贫产业园区首个开工建设项目——索玛花产业发展建设项目完成，完成以索玛花为主的景观示范区栽植301.4亩，栽植树木2.7万余株；完成项目区域内河道驳岸治理840米及配套蓄水工程建设。完成苗圃大棚建设500平方米，索玛花育苗30个物种，苗木展示苗圃8亩，栽植杜鹃花物种近10个。完成“1+X”生态产业核桃嫁接4万亩、核桃花椒提质增效2万亩、华山松花椒基地1万亩的建设任务。对夹铁乡莫尔非铁生态脆弱区石漠化治理、国道248线公路绿化、尖尖山周围绿化等项目造林进行全面管护和补植补造。全年处理野外违规用火133起，治安拘留114人；行政处罚19人，处罚6.7万元。推进森林草原防灭火专项整治，完成2座瞭望塔、10个防火检查站、5套视频监控系统建设。建成防火隔离带711.6亩，实施可燃物清理1327.4亩、计划烧除3万亩。全县全年未发生一起森林草原火灾，森林草原火灾损失率控制在0.8‰以下。对大唐风电、雅中—江西±800千伏特高压直流输电线工程等项目在县境内及螺髻山自然保护区(普格境内)的违法违规建设问题，按规定发放停工、整改通知，并按要求进行植被恢复。严厉打击乱砍滥伐、乱捕滥杀、乱开乱垦等违法行为，移交县森林公安局非法占用林草地案件3起，涉及林草地面积1.6566公顷、其中永久性占用0.6361公顷、临时占用1.0205公顷。配合森林公安破获外地入境的盗猎团伙1起，缴获捕猎工具20余件、猎物活体野鸡20只、野猪3只、果子狸15只，刑事拘留5人。关闭野生动物养殖场1家，放生麂子8只、蓝孔雀12只。全年防治森林病虫害0.85万亩、草原鼠害4万亩、草原虫害4万亩，改良天然草原0.5万亩。

【统筹城乡与新型城镇化】 投资80余万元，对县城主干道两侧行道树进行修剪、刷白及对260盏路灯进行亮化；完成建成区内7条共计12千米防洪沟清理，确保城市安全度汛；投资164.8万元，采购25T车厢可卸式垃圾车1辆、12T压缩式垃圾车1辆、2T车厢可卸式垃圾车3辆、4立方米垃圾箱体50个，用于城市垃圾收转运体系建设；县垃圾填埋场日处理生活垃圾8337.17吨，处理渗滤液3773.55立方米，碾压覆土1940平方米，铺设入场道路砂石195立方米，安装导气管151米，生活填埋场被评定为A级，位居全州前列。县城生活污水处理厂日处理污水量约3300吨，县城建成区污水处理率达90%以上；投资5300余万元，完成普基镇文倡村综合整治污水处理厂及配套管网项目建设，主要收集文倡村原有居民和自主搬迁的居民共约3000户2万余人的生活污水，建设污水收集管网约15千米；启动普格县螺髻山污水处理厂及配套管网工程代理招投标。脱贫攻坚安全住房建设实施全县34个乡(镇)154个村7136户安全立临时党组织12个，新建社区6个，为移民提供“一站式”服务。

【乡村旅游】 宁南县陌上桑海农文旅融合项目被纳入省级文旅融合示范项目库，争取省级专项资金800万元。宁南县被列为四川省旅游厕所“一厕一码”试点工作县，全县10家星级农家乐通过州级复核。金桑庄园、布依三寨创建为国家3A级景区。

【农业机械化】 全县有拖拉机564台10001.5千瓦，农机装备总量达24879台（套），总动力达10.7323万千瓦。全年完成机耕作业面积25640公顷、机播作业面积2910公顷、机收作业面积3650公顷，主要农作物耕种收综合机械化水平达50.9%。推广各类农机具158台。全年实现机电提灌保灌面积10.3万亩。

【农村科技】 全年新建科技试验示范基地3个。制定《宁南县基层农技推广体系科技示范户遴选办法》，遴选培养科技示范户107户，并对科技示范户进行资金补助和技术指导。投资3320万元，完成宁南县2019年度高标准农田建设2.2万亩目标任务。推进2020年度高标准农田建设项目实施，投入到位资金4303万元，建设高标准农田2.7万亩。

【农村教育】 全年省控辍保学动态系统累计锁定全县失辍学儿童总数1350人，化解率和销号率均达100%。全县义务教育阶段适龄儿童入学率99.9%，脱贫户适龄子女入学100%。加快民族寄宿制学校标准化建设步伐，推进对口支援民族乡，实施寄宿制学校科学、规范化管理。秋季学期，全县在校少数民族学生15701人，占学生总人数的50.1%，少数民族学生入学率99.2%，原8个民族乡学校年巩固率达99.6%。

【农村卫生】 全县16.96万人参加城乡居民医疗保险，征缴基金4241.25万元。全年城乡居民医疗保险待遇补偿23.41万人次，实际报销13913.85万元。全年卫生扶贫救助基金救助建档立卡贫困户3028人，发放救助金173.84万元。将全县16183名建档立卡贫困人口参加2020年城乡居民基本医疗保险个人应缴部分纳入财政代缴范畴，由财政部门给予全额代缴，全县建档立卡贫困人口参保率100%、全额代缴率100%。全年建档立卡贫困人口县域内住院补偿5476人次，实际报销1530.07万元，建档立卡贫困人口县域内政策范围内住院费用报销比例为98.44%；建档立卡贫困人口县域内慢性病门诊补偿690人次，实际报销35.33万元，建档立卡贫困人口县域内政策范围内慢性病门诊费用报销比例为93.77%。

【农村交通】 实施乡村客运“金通工程”“四统一”，安装招呼站（牌）148个，投入小型客车5辆，调度片区到村客运车21辆，建立班线为主、公交车、出租车补充，预约响应兜底的乡村客运基本服务体系，实现撤乡并镇后全县13个镇88个村（社区）通客运率达100%。投入资金1000余万元，提升改造农村道路66.74千米；落实总路长、县、镇、村四级路长管理体系，为全县919.02千米农村公路购买灾毁保险；完成乡（镇）交通综合服务站改造、农村公路信息化管理中心建设。

【农业保险及耕地补贴】 全县开展政策性农业保险品种有玉米、马铃薯、育肥猪、能繁母猪4个，合计保费收入334.79万元，其中农户缴纳保费72.49万元、各级财政配套保费262.3万元。全县应兑付耕地地力保护补贴资金1718.38万元、农户3.68万户、面积14.95万亩，补贴单价为114.92元/亩。截至2020年年底，已兑付36993户，完成资金兑付1967.16万元，发放率98.88%。

【农村基层组织建设】 对13个主题教育整顿软弱涣散村党组织集中“回头看”，整顿软弱涣散贫困村村“两委”班子1个。完成79个村评先定级初评。推进村级建制调整改革，规范改革后79个村党组织设置，并将移民搬迁、疫情防控、森林草原防灭火的实际表现纳入人选负面清单，做好拟职人选11部门联审，选优配强临时村“两委”。全县125个村撤并为79个，减少36.8%；同步优化村党组织设置，设立村党委2个、村党总支部56个、村党支部21个。推进村民小组调整，将819个村民小组减少为495个，减少39.6%，“一肩挑”比例达100%。出台《关于做好村级建制调整改革后相关工作通知》，举办新任村党组织书记培训班，提升其履职意识、履职能力。推动基层阵地提档升级，指导做好村级建制调整后活动阵地划转。制订村党群服务中心标准化建设实施方案，启动13个试点建设。试行“红管家”民事代办制度，畅通服务群众“最后一公里”。聚焦农民工党建，发挥33个农民工服务站和13个农民工“网上支部”作用，做好农民工关心服务和农民工党员学习教育；对769名农民工后备力量建账管理，回引97名优秀农民工进入村“两委”干部队伍。

【主要领导人】 县委书记：管昭；县人大常委会主任：杜刚双；县长：周应德；县政协主席：殷显国；分管农业副县长：周平。

宁南县编写组

普 格 县

【基本情况】 2020年，全县辖31乡3镇8个街道，辖区面积1918平方千米，其中耕地面积58.67万亩（第二轮土地确权面积）、基本农田28.84万亩（增长4.44%）；人均耕地面积2.68亩，增长1.6%。年末总人口21.8912万人（户籍人口），增长0.55‰；人口出生率5.58‰。全县耕地有效灌面和保证灌面分别达到耕地总面积的22.47%和18.32%；本地水资源总量7.93亿立方米，人均占有水资源量11.42立方米。天然林资源保护工程管护国有林73.82万亩，其中有林地41.84万亩、灌木林地30.77万亩、其他林地1.21万亩，森林覆盖率32.11%。

2020年，全县GDP27.14亿元，增长5.97%，其中第一产业增加值9.41亿元，增长4.29%（农、林、牧、渔及农林牧渔服务业之比为42 ∶ 6 ∶ 40.7 ∶ 0.2 ∶ 24.1）；第二产业增加值8.11亿元，增长4.36%；第三产业增加值1.14亿元，增长0.31%。全年接待游客672万人次，增长18.13%；实现旅游综合收入6.45亿元，增长18.25%。

社会消费品零售总额17.02亿元，增长4.66%。地方公共财政预算总收入完成1.2043亿元，增长0.47%；公共财政预算总支出17.341亿元，增长11.32%，其中农业投入8.97432亿元，占支出的67.39.%。金融机构各项存款余额362.58亿元，比上年增长42.13%；各项贷款余额224.43亿元，比年初增长15.21%，其中支持农业产业化发展项目贷款24.67亿元。全年农业保费收入4317.89万元，增长3.13%。农业产业化龙头企业省级、州级、县级分别为1家、1家、4家。

公路通车里程940.113千米（其中乡村公路719.572千米），密度375.168米/平方千米，42.944千米/万人。

有中小学校60所，其中小学34所、村点校21所、单设初中4所、高中1所；在校学生49035人，其中小学33914人、初中12047人、高中3074人；有学前教育机构172个，其中公办幼儿园4所、民办幼儿园17所、“一乡一园”16所、村级幼教点135所；有村级幼儿辅导员613名；在园幼儿17377人，净增2831人，增长19.46%。有公立医疗卫生机构38个，其中乡（镇）卫生院（社区卫生服务中心）34个、村卫生室153个；实有在编524人，空编33人，其中乡（镇）卫生院核定编制302人，实有在编人员285人（空编17人）；编制病床位

柴门关

诺日朗瀑布

罗依生态园

甘海子之秋

甘海子爱情公园

刺绣

民族纪念品

民族服饰展示

民族文化作品展示

甘孜藏族自治州

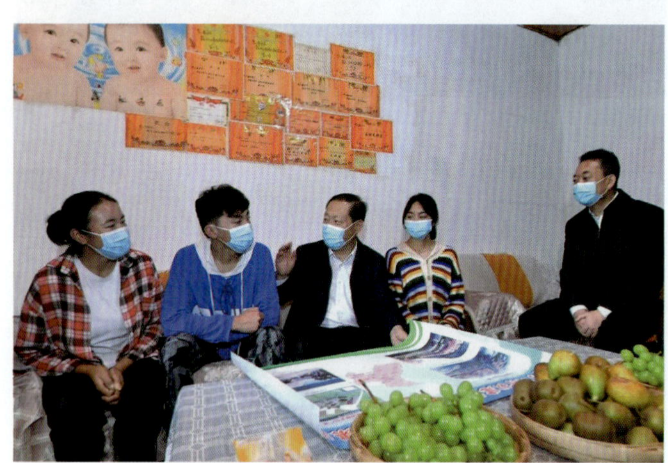
省委书记彭清华（左三）到九龙县乌拉溪镇格巴村慰问群众

州委书记沈阳（右三）看望慰问贫困群众

2021 年，是“十四五”规划实施开局之年，是全面建设社会主义现代化国家新征程开启之年。甘孜州深入贯彻落实中央、省、州农村工作会议精神，准确把握高原现代特色农牧业发展定位，把发展现代农业园区作为推动现代农业高质量发展的“牛鼻子”强力推进，聚力推动现代农业绿色发展、特色发展、创新发展、融合发展、共享发展，以“六大片区”现代农业产业带建设为抓手，紧紧围绕成片成带成规模发展农牧业，加快构建“10+2”现代农业产业体系。现代农业园区提档升级，着力构建“1+8+18+N”现代农业园区梯级发展体系，深入推进现代农业发展。实现巩固拓展脱贫攻坚成果同乡村振兴有效衔接，全面推进乡村振兴，加快农业农村现代化，促进农业高质高效、乡村宜居宜业、农民富裕富足，谱写甘孜“三农”新篇章。

甘孜州立足农业资源优势，做实“特”的文章，助力产业兴旺。建基地、搞加工、创品牌、促销售，大力发展蔬、果、菌、药、茶等优势特色产业，建成特色农林产业基地 204.94 万亩，启动建设现代农业园区 28 个，创建省星级现代农业园区 4 个，培育州级现代农业园区 15 个。累计登记认证“三品一标”农产品 205 个，通过使用“四川扶贫”农产品商标 119 个，“圣洁甘孜”成为全省十佳农产品区域公用品牌。泸定县杵坭乡杵坭村获得“中国美丽休闲乡村”称号，康定羊肚菌获得“四川省第二批农产品优势区”称号，康定达杠村苹果获得全国“一村一品”称号。

州长冯发贵（左二）到九龙县调研

州农牧农村局党组书记、局长王虎（中）到石渠县现代牦牛产业园区调研

大河沟农业园区

泸定县园艺作物标准示范园

水果 甘孜东部和南部光热资源丰富，日照长，适宜葡萄、苹果、梨、桃子、杏子、柑橘、石榴、樱桃等多种水果生长，特别是酿酒葡萄被专家称为中国顶级酿酒葡萄产区。干果以核桃、花椒为主，许多水果也常制成果干食用，如苹果干、柿饼等。全州建成特色经济林产业基地面积100.9万亩，其中核桃基地54.69万亩，花椒基地27.63万亩，野生枸杞、毛桃等其他基地2.35万亩，打造标准化示范基地1.88万亩。巴塘、泸定、炉霍、九龙4县为现代林业产业重点县。目前，水果种植面积17万亩，主要种植有苹果、青脆李、大樱桃、酿酒葡萄、核桃、琵琶、仙桃等特色水果，特别是酿酒葡萄已达到2.1万亩。年产核桃干果9810吨、花椒干果1001.2吨、板栗干果132吨、色鲜水果10443吨（湿）。有林果注册加工企业8家，产量630吨，产值2009万元，其中藏乡田园农业开发公司、康蓝农业科技发展公司、甘孜州贡嘎玫瑰生物科技公司生产的苹果系列饮料、水果干、玫瑰精油、玫瑰花茶等产品供不应求。

草莓采摘

葡萄采摘

仙桃生产基地

丹巴县革什扎乡酿酒葡萄基地

康定市前溪乡羊肚菌产业扶贫项目

松茸干片

菌类

甘孜州素有“菇菌之乡”的美称，可食用野生食用菌有 141 种，盛产松茸、石渠白菌、羊肚菌、獐子菌、野木耳等珍稀名贵菌种。人工种植有黑木耳、香菇、平菇、金针菇、银耳、灵芝等食用菌种，其中椴木香菇、雅江黑木耳等品质上乘。以野生食用菌为原料生产的清水保鲜食用菌和醋酸食用菌、松茸干片、松茸罐头、松茸虫草酒等系列产品畅销海内外。用菌烧汤做菜味道鲜美，各类汤锅、火锅、中餐小吃店生意兴隆，顾客满座。全州有野生菌类加工企业 37 家，龙头企业有青藏谷地、乡城雪松、雅江日基等，其中青藏谷地、达折渚、黄记三药王等高原野生菌加工企业规模相对较大，具有一定知名度。

木耳

粮食

甘孜州粮食作物主要有青稞、小麦、玉米、马铃薯、水稻、豌豆、胡豆、荞麦等。泸定元正食品公司、甘孜德琼庄园农业文化公司、炉霍粮食购销公司、贡嘎雪域生物等生产的水淘糌粑、青稞饼干、青稞糊、青稞麦片等产品品质优良。青稞籽粒是藏民族传统主食，营养丰富，具有降低胆固醇、降血糖、清肠通便、治疗心血管疾病和抗衰老作用，是糖尿病人不可多得的天然食品和保健品，是制作糌粑和酿制青稞酒的重要原料，也是时下绿色健康食品。全州青稞育种处于全国领先水平，青稞种植面积 53 万亩，年产量 12 万吨。青稞营养丰富，具有“四高四低“特点，即高蛋白质、高纤维素、高维生素、高矿物质，低脂肪、低胆固醇、低糖、低钠，具有较好的食用价值和保健作用，开发前景广阔。加工企业主要有泸定元正食品公司等，主要产品有青稞饼、青稞麦片、青稞米等。

道孚县青稞良种繁育基地

道孚县万亩青稞高产创建示范片

青稞机收现场

道孚县协德乡万亩油菜基地

黄羊养殖

畜产品组合图

畜禽甘孜州是全国五大牧区川西北牧区的主要部分，全州有天然草地 1.4 亿亩，是全省草食牲畜的主要生产基地。全州畜种资源丰富，牲畜以牦牛为主，藏绵羊、山羊、藏香猪、藏香鸡等特种畜禽分布较广。

牦牛。在青藏高原这块绿色天然无任何污染的圣洁世界，生长着世界上最珍稀的食用物种——牦牛。在海拔 3000 米以上的高寒地带，在零下 30 ~ 40 摄氏度的低温下可照常生活，被誉为“高原之舟”，是世界上公认的未受到污染的三种动物之一（北极熊、南极企鹅、牦牛）。作为青藏高原特有原始畜种，牦牛是当之无愧的“绿宝”，肉、奶、皮、绒、骨都可开发利用，且肉质鲜嫩，营养丰富。牦牛肉营养价值极高，较普通牛肉脂肪含量低 73.3%、蛋白质含量高 12.3%、锌含量高 45.2%、氨基酸含量高 2%，是研发高档食品的宝贵资源，已成为航母战舰特供食品。全州牦牛存栏 240 余万头（只），占世界牦牛存栏的 17%、中国牦牛存栏的 21%，是中国第二大牦牛集中养殖区。

藏香猪。藏香猪是世界上分布在海拔最高地区的放牧猪种之一，因肉质好、皮最薄、脂肪少、脂肪颗粒极小、瘦肉率高、肌肉纤维特细、营养价值高、味道鲜美独特而被誉为“藏香猪”。稻城木拉是中国藏香猪原种保护基地。用藏香猪腿子肉去蹄、去油脂，将完整的带骨瘦肉用椒盐腌制，便可制成可口的“香猪腿”。州内知名品牌有稻城藏香猪系列产品、丹巴“藏寨人家”香猪腿。

藏绵羊。是中国三大原始绵羊品种之一，分布广，数量多，常年采食天然牧草，饮用纯净水，肉嫩味美，高蛋白、低脂肪和维生素含量丰富，与牛肉一样可以做成美味的“砣砣肉”。石渠县是中国藏系绵羊原种保护区，存栏量 30 余万只。

藏香鸡。藏香鸡是世界上分布于高海拔地区人工选育程度最低的少数地方禽种之一，体形小巧，匀称紧凑，性情活泼，天生好斗，善于登高飞翔，常年栖息于圈梁棚架之上或露宿于宅旁树林，处于半野生状态。肉质鲜嫩、味道浓郁独特，肉、蛋均具有很高的营养价值。藏香鸡若佐以虫草、贝母或黄芪等炖汤，滋补上品、味道鲜美。2000 年，农业农村部已将乡城、稻城藏香鸡列入《国家品种资源保护名录》。全州有藏香鸡销售加工企业 4 家。

藏鸡养殖

藏猪养殖基地

牦牛

虫草

野生贝母

野生天麻

药材 藏医药是继中医药之后的第二大传统医药，其独特的体系和疗效，以从原药材采集到加工的独特性、严格性、神秘性及其药效的奇异性、制剂无污染等特点，在治疗中风、高血压、冠心病等心脑血管疾病和风湿、类风湿、痛风、肝胆、胃肠等疾病方面具有独特疗效，深受藏区群众和广大游客喜爱。甘孜作为“南派藏医”的发祥地，历经2000余年的传承发展，典藏丰富、名医辈出、疗效确切，2006年，“甘孜州南派藏医药”被列入国务院首批国家级非物质文化遗产。

境内药材资源丰富，有冬虫夏草、麝香、鹿茸、虫草、贝母、天麻红景天、雪莲花、独一味、雪山一支蒿、天麻、羌活、秦艽、重楼、大黄、黄芪、波棱瓜等等名贵药用动植物2378种，人工种植中藏药材7万亩，年产量上万吨。

川西獐牙菜

收集板蓝根种子

高原特色生态农产品——白菜

蔬菜　全州河谷地带光热资源丰富，半山气候凉爽，是全省最大的高山蔬菜种植区和全国高原生态有机蔬菜最佳生产区域。全州高山蔬菜种植面积达到 25 万亩，高山蔬菜年产量突破 80 万吨，主要品种有叶菜类的大白菜、甘蓝、茶椰菜；根茎类的窝笋、萝卜；茄果类番茄、青椒；瓜类的黄瓜、冬瓜、南瓜；葱蒜类的大蒜、大葱和薯芋类的马铃薯等。康定红皮萝卜、得荣树（海）椒、丹巴洋葱、磨西大白菜、康定莲花白、泸定蘑芋和蒜薹、道孚大葱、巴塘大蒜等，深受消费者喜爱。

道孚绿洲窝笋

康藏阳光萝卜基地

康定芫根

石渠蔬菜育苗

泸 定 县

甘孜州委书记沈阳（左二）到泸定县查看疫情防控和“黄金周”旅游服务保障工作

时任甘孜州长肖友才（左三）到冷碛镇调研森林草原防灭火、疫情防控工作

甘孜州政协主席舒大春（中）调研乡村振兴工作

2021年是“十四五”规划实施开局之年，是全面建设社会主义现代化国家新征程开启之年。近年来，泸定县以大力实施乡村振兴战略为统领，结合区位和资源优势，围绕建设“五个泸定”总目标，努力推动城乡一体发展。以省委“10+3”农业产业体系为导向，大力推进大渡河流域百里绿色产业带建设，全域推进农业景观化、精细化，构建了“特色水果、优质干果、绿色蔬菜、道地中药材、优质食用菌、生态畜牧业”六大特色产业，建成1个省级、7个州级现代农业万亩示范区，聚焦泸定元素、泸定特色、泸定特点，突出差异化、特色化、科学化，以乡村振兴“1+5”规划体系为指引，梯次推进36个乡村振兴示范村建设，大力推进大渡河流域乡村振兴示范区建设。2020年，泸定县磨西镇，杵坭村、和平村、海子环环村、沙湾村获评四川省乡村振兴示范镇、村。走出一条独具泸定特色的乡村振兴之路，不断谱写新时代乡村全面振兴泸定新篇章。

泸定县城

甘孜州委常委邓立军（中）到兴隆镇调研乡村振兴工作

县委书记宋晓军（右二）率队开展文旅重点项目建设专题调研

县长王蕾（中）到德威镇督导森林草原防灭火工作

县委副书记四郎志玛（左二）走访慰问贫困户

县委常委、组织部部长李森（右）调研村集体经济发展情况

副县长且军（右一）到岚安乡督导涉农整合资金项目建设情况

2021年泸定县高素质农民培训开班典礼

农牧农村和科技局科普宣传

科普志愿服务队

水稻新品种展示

花椒采摘

泸定黄草坪红富士苹果

泸定县杵坭红樱桃喜获丰收

泸定桃子喜获丰收

现代农业产业园区

泸定杵坭樱桃谷

村民蔬菜喜获丰收

贫困村果蔬套作

大棚种植

大棚种植草莓

林下种植中药材产业

泸定仙桃

党群服务中心

乡村振兴宣传栏

加郡乡新村风貌

烹坝镇沙湾村乡村振兴示范点

杵坭村村落风貌

烹坝镇新村风貌

兴隆镇化林村

四川省昭觉中学

党委书记兰涛（后排左一）和副校长则富荣（后排左二）到农户家中开展工作

党委书记兰涛（左二）到社区发放暖冬物资

四川省昭觉中学始建于1958年，1965年办成高完中。筚路蓝缕，以启山林；负重奋进，砥砺前行。建校以来，学校春华秋实，硕果累累，1981年被评为四川省首批重点中学，2013年被认定为“省级示范性普通高中”，2014年被认定为“全国零犯罪”学校、“四川省最佳文明单位”，2018年被认定为“四川省二级示范性普通高中”，2020年被评为“四川省脱贫攻坚先进集体”。学校还先后被评为“四川省卫生先进单位”“四川省文明标兵学校”“四川省体育工作先进学校”“凉山州四好班子”等多项荣誉。

栉风沐雨，朝乾夕惕；艰难困苦，玉汝于成。学校有2个校区，共计占地面积162亩，教辅用房面积36006.29平方米，运动场地面积54857.79平方米。学校绿树成荫、繁花似锦、香飘万里，建有雪松区、樱花道以及桂花园。行政楼、教学楼、综合楼、多功能厅鳞次栉比；语音室、图书室、音乐室、美术室星罗棋布；运动场地上健儿们健步如飞，计算机室内学子傲游苍穹；文化长廊图文并茂，浓缩历史、现在、未来成为微型画卷；名家名画、箴言警句在绿树林荫间展现睿智、启迪智慧。学校现有教学班125个，在校学生7634人，其中北校区4489人（初中1895

党委书记兰涛（右）到结对帮扶的农户家中慰问

党委书记兰涛（左一）带领学校教师到原齿可波西乡（现俄尔镇）以火母村入户慰问

学校副校长则富荣（左一）看望慰问结对帮扶农户

副校长高方华填写《帮扶明白卡》

党委书记兰涛（左三）和副校长则富荣（左二）到洛子阿里村开展"万师入户"问题整改

学校领导班子到伊乌社区开展移风易俗宣传工作

人、高中2594人）、南校区3145人。在职教师432人，其中北校区269人（在编246人）、南校区163人（在编87人）。

三尺讲堂、三寸舌、三寸笔、三千桃李；十年树木、十载风、十载雨、十万栋梁。学校秉承"蒙以养正、果行育德"的办学理念，"有教无类、教学相长"的办学宗旨，"明德新民、文明文成"的办学目标，"知行合一、止于至善"的校训，"上善若水、厚德载物"的校风，"循循善诱、诲人不倦"的教风，"博学笃志、切问近思"的学风，培养了一大批勤政为民的党政领导干部、知名学术专家以及学科骨干带头人，为民族地区经济社会发展做出了积极贡献。他们中的佼佼者有吉狄马加、曲木史

学校教师到俄尔镇开展"暖冬行动"

学校帮扶责任人到原大坝乡开展帮扶工作

学校教师在村委会准备入户走访

帮扶途中

教师吉比有日在入户中摔倒致脚骨折

哈、张支铁、罗凉清、俞樵博士、王小娅博士、巴莫阿依博士、王小丫、沙马阿果……

苟利国家生死以，岂因祸福避趋之；亦余心之所善兮，虽九死其犹未悔；路漫漫其修远兮，吾将上下而求索。下一步，四川省昭觉中学将始终强化党建引领，加强思想政治建设，锤炼一支忠诚、担当、廉洁、奉献的领导班子，锻造一支有理想信念、有道德情操、有扎实学识、有仁爱之心的“四有”教师队伍，培养一批德智体美劳“五育”并举的社会主义建设者和接班人，引领实现跨越发展，努力办好人民满意的教育，为民族地区经济社会发展做出更大贡献！

教师沈光华在帮扶途中

学校教师和农户孩子

新　龙　县

时任甘孜州长肖友才（前排右二）到尤拉西乡调研

甘孜州委常委、组织部部长姚彬（前排右一）到博美乡仁乃村调研农村产业发展情况

2021 年是“十四五”规划实施开局之年，是全面建设社会主义现代化国家新征程开启之年。近年来，新龙县围绕省委、省政府“10+3”，州委、州政府“10+2”产业发展体系和县委、县政府产业总体规划，结合“大融合、大产业、大旅游”思路，以园区“扩容、提质、增量、景区化”为重点，按照“特色民宿立园、中药材富园、梅花鹿强园、农旅结合兴园”的发展思路，积极探索乡村振兴新路子，通过仁乃农旅融合示范园以点带面、串点成线，逐步转变周边农户的思想观念，大力发展中药材种植，主要有藏雪菊、羌活、川断续、藏木香、芍药、川黄芪、唐古特大黄等，推动传统农业向特色农业转变，促进脱贫攻坚与乡村振兴有效衔接，探索出一条适合新龙县发展的乡村振兴新路径，不断谱写新时代乡村全面振兴新龙新篇章。

县委书记泽仁汪堆（前排右）入户开展乡村振兴工作调研

县长董德洪（中）到银多乡开展入户调研

雀格山村风貌

博美乡仁乃村农旅融合园区航拍图

色威镇谷日示范新村文化广场

博美乡仁乃村农旅融合示范园梅花鹿养殖

牦牛

子拖西乡吊栽木耳基地

雪域雄鹰酒类产品

新龙县首届雪菊花采摘节

措卡湖冬韵

白 玉 县

州农牧农村局党组书记、局长王虎（右五）到赠科乡千亩有机蔬菜、中药材和藏药材推广业示范基地调研

县长阿央邓珠（前排左二）带队到河坡片区开展春耕备耕、农事用火督导工作

县委常委马春林（右一）到赠科乡高原菊花种植基地调研

2021 年是“十四五”规划实施开局之年，是全面建设社会主义现代化国家新征程开启之年。近年来，白玉县认真落实中央、省委和州委系列决策部署，坚持农业农村优先发展理念，扎实做好新发展阶段“三农”工作。健全完善防止返贫动态监测帮扶机制，通过特色产业、消费帮扶、就业创业等方面抓好低收入人口稳定增收，做好易地扶贫搬迁群众后续扶持，加强扶贫项目资产后续管理，强化社会保障和兜底力度，坚决守住不发生规模性返贫底线。

聚焦现代农牧产业发展。围绕现代农业“8+2”特色产业体系，通过园区建设带动农业产业发展，提升农业产业整体水平。全力

甘孜州农牧农村局副局长王朝鸣（右一）到建设镇菊花种植基地调研

县农牧农村和科技局局长泽仁多吉（右三）带队到热加乡发展家庭牧场调研

县农牧农村和科技局组织科技宣传团到县广场开展“放心农资下乡进村、农机购置补贴、农业废弃包装物回收宣传活动”

县农牧农村和科技局到县广场开展以“科技兴安，安全发展”为主题的科技活动周活动

推进昌台牦牛园区、赠科现代农业产业园区建设，培育壮大白玉黑山羊、昌台牦牛保种繁育、赠科核心种植等基地建设，实施农业科创、农业实验试种、电商冷链物流、农副产品集中深加工发展。深入实施农产品品牌建设工程，加强“三品一标”申报，打造“昌台牦牛”“白玉藏黑山羊”“白玉藏菊”等绿色农产品认证，扩大“白瑜藏品”影响力。全力培育壮大优势特色产业，促进产业提质增效，带动群众就业增收。聚焦乡村振兴示范村创建，总结经验、打牢基础、创新举措，突出以点带面，努力推动乡村振兴立标杆、树样板，有效提升乡村治理能力和水平。深入推进农村人居环境综合整治，抓好乡村美化工作，着力改善群众生活品质。紧扣实际不断巩固拓展脱贫攻坚成果，接续推进乡村全面振兴，不断谱写新时代乡村全面振兴白玉新篇章。

县农牧农村和科技局到安孜乡组织发放动物免疫疫苗及防疫物资

县农牧农村和科技局到县城周边蔬菜种植基地开展科学种植技术培训志愿服务活动

县农牧农村和科技局会同州植物保护和检疫站在县域内开展农业环保督查工作

县农牧农村和科技局到灯龙乡洞拖村组织开展“农药及农膜”回收科学普及志愿服务活动

青稞种植

脱贫成果——幸福花开

白玉县现代农业产业园区——高原菊花种植基地

白玉县现代农业产业园区种植基地一角

白玉黑山羊保种繁育基地

察青松多自然保护区白唇鹿

现代农业产业园区建设

灯龙乡农民收割青稞

盖玉片区集中安置点

宜居乡村

金沙乡作英村搬迁点

麻绒乡格塔村宜居乡村成果

吉祥藏家

察青松多自然保护区

拉龙措国家湿地公园

理塘县

州委书记沈阳（前排中）到理塘县调研

时任甘孜州长肖友才（前排左一）到理塘县调研

县委书记格勒多吉（中）调研现代农牧业情况

近年来，理塘县坚持以习近平新时代中国特色社会主义思想为指导，紧紧围绕县委“12357”总体工作思路，立足新发展阶段、贯彻新发展理念、构建新发展格局，以“十四五”规划目标为引领，以推动绿色高质量发展为主题，以深化供给侧结构性改革为主线，以改革创新为动力，以做大做强优势产业为支撑，以满足人民日益增长的美好生活需求为目的，按照“产业兴旺、生态宜居、乡风文明、治理有效、生活富裕”的总体要求，统筹推动乡村振兴战略。为实现巩固拓展脱贫攻坚成果同乡村振兴有效衔接，大力实施脱贫成果巩固提升工程。从夯实做强乡村产业着手，拓宽乡村绿色发展途径，发展绿色产业，深化农业供给侧结构性改革，推行农业绿色发展方式，实施农产品品牌提升战略，构建乡村产业发展支撑体系。实施“藏粮于地、藏粮于技”战略，确保粮食播种面积稳定、粮食总产量达标。推动建设“一域一园两带八基地”，形成无量河流域产业链，推动自东向西沿国道318线沿线牧旅、文旅相融合的现代畜牧产业带，自北向南沿国道227线沿线现代特色农业产业带，推进“八个万亩基地”建设。加快完善提升现代农业园区产业体系、生产体系、经营体系水平，有力推动濯桑蔬菜、禾尼牦牛、拉波蓝莓等现代农业园区建设，形成产业特色鲜明、加工水平高、产业链条完善、设施装备先进、生产方式绿色、品牌影响力大、一二三产业融合、要素高度聚集、辐射带动有力的现代农业园区。将濯桑省五星级蔬菜农业园区与

原县长郑显峰（左）接受授牌

理塘县荣获“全国脱贫攻坚先进集体”授牌仪式（左二为原县长郑显峰）

理塘县蔬菜现代农业园区获评四川省五星级现代农业园区

理塘县蔬菜现代农业园区获评国家现代农业科技示范展示基地

藏巴拉花海

玛吉阿米花园农庄

濯桑现代农业示范园育苗大棚

圣地农庄白萝卜种植基地

牦牛园区等有效融合，并启动国家级现代农业园区创建工作。围绕“9+2”产业体系建设，建设一批产业特色鲜明、生产技术先进、脱贫带动明显、运行管理规范、可复制推广的科技扶贫产业示范基地。结合川西北生态示范区建设，依托川藏铁路和公路枢纽构建特色旅游产品线路、旅游市场营销、旅游服务保障、旅游扶贫新格局等体系。以“旅游＋”“＋旅游”的模式，走多产业融合之路，积极创建国家全域旅游示范区、天府旅游名县，将理塘县打造为国际山地旅游目的地和涉藏地区的旅游产业高地。

把产业发展作为乡村振兴的支柱，不断巩固拓展脱贫攻坚成果同乡村振兴有效衔接带来的结果。通过打造文旅产业、现代特色农牧业、现代商贸服务业三大产业集群促进农牧民增收，走出了一条具有理塘特色的乡村振兴之路。

勒通绵羊

毛垭游牧

星空帐篷基地

全程机械化

凉山彝族自治州

凉山州乡村振兴局正式揭牌，标志着凉山州圆满完成了脱贫攻坚历史使命，开启了巩固拓展脱贫攻坚成果接续乡村振兴的新征程

2021年，凉山州乡村振兴局牢记习近平总书记对“凉山寄予厚望”殷殷嘱托，深入践行伟大脱贫攻坚精神，全力巩固拓展脱贫攻坚成果，接续推进乡村振兴，坚决守住了不发生规模性返贫的底线。

一、紧盯“三类群体”防返贫。一是紧盯三类监测对象。建立州、县、乡、村四级监测队伍，采取“一月一摸排、两月一督查、一季一跟踪”方式，累计识别监测对象4万余户15.9万余人，全覆盖落实产业就业帮扶、防返贫保障基金托底等帮扶措施，确保“应排尽排、应纳尽纳、应帮尽帮”。二是紧盯农村低收入人口。保持到户保障政策不变，全年纳入低保兜底脱贫人口24.2万人，98.6万名脱贫人口医保费、33.4万名困难人员基本养老保险费实现财政全额代缴，开发公益性岗位解决2.1万名半劳动力、弱劳动力收入问题。三是紧盯易地扶贫搬迁群众。制定出台财政、土地、产业发展等13条政策举措，建立完善基层组织、公共服务、综合治理、社会保障、后续发展“五大体系”，实行“双线八包”责任制，确保35.3万名易地扶贫搬迁群众稳得住、融得入、逐步能致富。

二、突出“五个重点”固成果。一是突出脱贫群众稳定增收。用好“党组织＋村（居）民小组＋村民小组长（楼栋长）＋党员＋群众”五级就业帮带体系，常态化抓好劳务输出培训、组织、动员、服务，大力发展特色产业促进脱贫人口增收，脱贫人口人均纯收入达10633元，较2020

凉山州乡村振兴局上党课

“不负嘱托，感恩奋进”——共筑美好生活

州乡村振兴局领导调研自发搬迁聚居区基础设施建设情况

州乡村振兴局慰问困难群众

年增长 25.9%。二是突出义务教育成果巩固。继续“随机暗访、定期通报、定时调度”，严格落实“六长”“双线八包”和帮扶责任制，“控辍保学”实现动态清零。三是突出基本医疗成果巩固。保持基本政策不变，完善基本医疗、大病保险、医疗救助三重制度综合保障政策，脱贫人口县域内住院医保报销费用个人支付比控制在 5% 以内。四是突出安全住房成果巩固。开展农村脱贫人口住房安全动态监测，建立农村低收入人口住房安全保障长效机制。实施农村危房改造和农房抗震改造，提升基本住房安全保障水平。五是突出安全饮水成果巩固。实施安全饮水巩固提升工程，强化已建农村饮水工程管护，完善农村供水网络，加强规模化集中供水工程建设，切实让群众喝上安全水、放心水，脱贫人口安全饮水保障率达 100%。

三、抓实“三项工作”增成色。一是抓实禁毒防艾。全面实施新一轮禁毒攻坚三年行动、艾滋病等重大传染病防治第二阶段行动。二是抓实移风易俗。以实施“树新风促振兴”暨妇女儿童关爱提升三年行动为重点，积极开展“洁美家庭”“最美家庭”等评选活动。三是抓实环境整治。深入实施农村人居环境整治“五大行动”，农村生活污水得到有效治理的行政村占比达 45.36%，建制镇污水处理设施、行政村（社区）农村生活垃圾收转运覆盖率分别达 45.3%、76.73%。

四、构建“三大体系”促振兴。一是构建农业产业体系。以建设“中国农业硅谷”为契机，大力发展“大凉山”优势特色产业，创建省级星级现代农业园区 7 个，建成国家级农民专业合作社 23 个。二是构建服务产业体系。实施精品景区带动、旅游品牌打造、基础设施提升、文旅融会发展工程，成功创建省级旅游度假区 2 个、省级生态旅游示范区 2 个、全国乡村旅游重点村 2 个，通过发展乡村旅游带动群众就业 13.5 万人次。三是构建交通运输体系。实施撤并建制村畅通工程、乡村振兴产业旅游路工程、乡村运输“金通工程”，建成农村公路 449 千米。

凉山·宁波东西部协作签约仪式

五、压实“三个责任”强保障。一是压实主体责任。延续脱贫攻坚指挥调度运作模式，坚持州、县、乡、村“四级书记”抓，落实州级领导联系指导制度，实行党委分管副书记兼任农办主任，在农办下设综合协调、政策宣传、规划清单、项目推进、督查考核 5 个专班，分条块、分行业推动工作落实，形成指挥有力、运转高效的工作机制。二是压实部门责任。制订州、县（市）“1+17”实施方案和树新风促振兴“1+4”工作方案，将 5 年过渡期工作细化成 228 项具体任务，建立责任、任务、督查“三张清单”，逐一明确责任部门、目标任务、具体要求，确保干有方向、抓有目标、事有人干。三是压实帮扶责任。建立常态化帮扶机制，完成“两项改革”前半篇文章后，及时向 1573 个村调整派驻帮扶力量 4583 人，做到帮扶责任不悬空、帮扶措施不减弱。深化甬凉协作、定点帮扶、对口帮扶工作，深入推进“彝路相伴”三年行动和“牵手伴行”行动计划，不断凝聚社会帮扶的强大力量。

全州巩固拓展脱贫攻坚同乡村振兴有效衔接视频调度会

凉山州接续推进巩固拓展脱贫攻坚成果同乡村振兴有效衔接会议

昭 觉 县

省政协副主席崔保华（前排右二）到火普村调研脱贫攻坚工作，凉山州委书记林书成（前排右一），副州长、县委书记子克拉格（左二），县委副书记刘建波（左一）陪同调研

副州长、县委书记子克拉格（左二）到尼地乡署觉洼伍村日哈觉社调研异地搬迁项目

昭觉县位于四川省西南部，地处大凉山腹心地带，在彝语中译为“山鹰栖息的坝子”，历代王朝均以控制昭觉而威慑大凉山地区。西汉元光六年司马相如通西夷邛、笮设邛都县后，昭觉地属邛都县，昭觉曾是凉山州府所在地（1952—1978 年）。全县辖区面积 2559.87 平方千米，辖 20 个乡（镇）153 个行政村 10 个社区，总人口 33.1 万人，其中彝族占 98%，是全国最大的彝族聚居县。截至 2020 年年底，实现 191 个贫困村全部退出，22217 户 102347 人全部脱贫，昭觉县委、昭觉县三岔河乡三河村分别获得“全国脱贫攻坚先进集体”和“全国脱贫攻坚楷模”荣誉称号，脱贫攻坚取得全面胜利，曾经“一步跨千年”，如今实现了从贫困落后到全面小康的第二次历史性跨越。

昭觉自然生态资源良好。地形以山地为主，最高海拔 3878 米、最低海拔 520 米，年均降雨量 1042 毫米，年均气温 11.6℃。全县有农耕地 66.52 万亩、林地 191.61 万亩、可利用草地 226 万亩，森林覆盖率 26.81%。

昭觉民族文化资源丰富。拥有原汁原味的彝族文化资源，彝族服饰种类繁多，保留了完全迥异于其他区域的 300 余种彝服款式、上千种配饰和花纹，集中体现了凉山彝族北部地区服饰的特色；彝语方言齐全，交汇依诺、圣扎、所地、阿都四大方言，故有“不到昭觉就相当于不到凉山”之说。素有“彝族文化走廊”“彝族服饰之乡”“民间文化艺术之乡”等美誉。

昭觉旅游开发资源丰富。境内有位于解放沟镇的谷克德高原

凉山州扶贫移民局副局长段泽普（前排左二）到昭觉县调研，副州长、县委书记子克拉格（前排右二）、副县长王凉萍（前排右一）陪同调研

凉山州委组织部部长刘晓博（右二）到昭觉县委党校调研凉山东部区域中心党校建设情况，县长赫绍洪（右一）、县委组织部部长付开文（左二）陪同调研

省、州相关领导到昭觉县调研高山产业发展情况，县农业农村局局长马比小龙（左二）陪同调研

县委农办专职副主任、史志办主任、省脱贫攻坚先进个人徐棕骏办公现场

湿地、南诏大理国博什瓦黑“王者出行”岩画、三比洛嘎恐龙足迹化石群，位于地莫镇的明清利利兹莫土司衙门、三国孔明蜀汉军屯遗址，位于古里镇的古里大峡谷景区等。谷克德高原湿地景区力创国家4A级景区，悬崖村·古里大峡谷旅游景区项目建设完成前期工作等。

昭觉农牧产品种类丰富。农作物以马铃薯、荞麦、玉米、水稻为主，畜牧业以牛、羊、猪、鸡等养殖为主，获得“四川省无公害肉牛生产基地县认证”“全国无公害畜产品（肉羊）认证”“有机产品乌金猪生产基地县认证”“四川省无公害苦荞麦生产基地县认证”。2020年，全县粮食总产量达12.07万吨，四畜出栏62.28万头。

全县整体经济呈稳步发展态势。2020年，全县地区生产总值（GDP）完成41.61亿元，增速5.7%。全社会固定资产投资完成49.19亿元，增速5.3%。社会消费品零售总额完成9.19亿元，增速-7.2%。全体居民年人均可支配收入实现15286元，增速9.45%。城镇居民年人均可支配收入实现28899元，增长5.04%。农村居民人均可支配收入实现11324元，增长11.08%。公共财政预算总收入3亿元，其中地方一般公共财政预算收入完成1.69亿元，增速14.32%；税收收入9395万元，税收占比提高3.6%。完成全年财政支出50.1亿元。

昭觉县万亩大樱桃基地

昭觉县九如草莓园

昭觉县九如万亩草莓现代农业园

涪昭现代农业园

昭觉县九如冷链加工中心

荞麦

在洛昭产业园务工的脱贫户

收割水稻

火普村今昔

彝寨新村——特布洛乡谷莫村

城北镇沐恩邸社区

洒拉地坡乡坝子全景

幸福家园

谷克德

日哈乡索玛花盛开

谷克德湿地

雷 波 县

县长陈翔（左一）到顺河乡新洋丰果业有限公司脐橙园调研

基本县情。雷波县位于四川省西南边缘、凉山州东部、金沙江下游北岸，地处 2 省（四川省、云南省）、4 市（州）（凉山州、乐山市、宜宾市、昭通市）、7 县（屏山县、绥江县、马边县、美姑县、昭觉县、金阳县、永善县）接合部，辖 21 个乡（镇）158 个村 12 个社区，辖区面积 2838 平方千米。全县户籍总人口 28.59 万人，其中以彝族为主体的少数民族占 59%。

经济运行情况。2020 年，雷波县认真贯彻落实中央大政方针和省委、州委系列决策部署，扎实推进“四个全面”战略布局，牢固树立“五大发展理念”，大力实施工业强县、农业稳县、城建亮县、旅游兴县、民生和县“五大战略”，经济发展进入了追赶跨越、提质增效的黄金期。2020 年，全县地区生产总值实现 69.37 亿元，增长 1.4%；一般公共预算收入完成 8.99 亿元，增长 5%；固定资产投资完成 41.64 亿元，增长 45.8%；社会消费品零售总额 15.1 亿元，减少 8.7%；城乡居民人均可支配收入分别达 29290 元、12079 元，分别增长 4.63% 和 10.97%。

脱贫攻坚情况。2020 年按期完成剩余 73 户 308 人减贫任务；出台易地搬迁集中安置点治理与后续发展实施方案；整合扶贫项目资金 11.35 亿元，实施项目 298 个；劳务输出建档立卡贫困人口近 2 万人，发放低保等政策兜底资金 9600 余万元；加强“控辍保学”，183 名贫困辍学学生化解销号。

扶贫“天路”——大坪子乡大坪子村通村公路

箐口乡小海村集中安置点

青杠村脐橙种植基地

昔日贫困村，今朝示范村——卡哈洛乡大火地村

凉山彝族自治州农业农村局

根据省委、省政府批复的《凉山州机构改革方案》，将凉山州农村工作领导小组办公室、凉山州农牧局的职责，以及凉山州发展和改革委员会的农业投资项目、凉山州财政局的农业综合开发项目、凉山州国土资源局的农田整治项目、凉山州水务局的农田水利建设项目管理职责，相关机构的烟草工作职责等整合，组建凉山州农业农村局，作为州政府工作部门，挂州烟草工作办公室牌子。州委农村工作领导小组办公室设州农业农村局。将州农牧局的渔船监督管理职责划入州交通运输局。将州农村工作领导小组办公室承担的劳务开发暨农民工工作职责划入州人力资源和社会保障局，不再保留州农村工作领导小组办公室、州农牧局。

2020年以来，全州农业系统以习近平新时代中国特色社会主义思想和习近平总书记对四川、对凉山工作系列重要指示精神为指导，坚定不移贯彻落实新发展理念，以实施乡村振兴战略为总抓手，坚持稳中求进的总基调，紧紧围绕州委、州政府中心工作和省农业厅的工作部署，结合全面脱贫、补齐短板，按照“建基地、创品牌、搞加工、拓市场、强弱项、促改革”的工作思路，加快构建“大凉山”现代农业“10+3”产业体系，主动应变、扎实工作，农业经济总体平稳、持续向好，为全州脱贫攻坚工作大局提供了有力支撑。

会东县现代烟草农业园区

宁南县蚕桑现代农业园区

凉山彝族自治州医疗保障局

州医疗保障局党组书记、局长伍春（左一）入户调研

州医疗保障局党组书记、局长伍春（左一）入户调研

州医疗保障局领导班子成员到喜德县调研

凉山彝族自治州医疗保障局是根据《中共凉山州委 凉山州人民政府关于印发〈凉山州机构改革方案〉的通知》（凉委发〔2019〕2号）设立的正处级州政府部门，职能包括城镇职工和城乡居民基本医疗保险、生育保险、新型农村合作医疗、药品和医疗服务价格管理、医疗救助以及其他医疗保障行政职责。州医疗保障局的设立，完成了分散在人社、卫计、发改、民政等部门的医疗保障职能整合，是政府机构改革的重大探索，也是深化医疗卫生体制改革的重要内容。

2019年2月，中共凉山州医疗保障局党组经州委同意设立，现有党组成员4名，其中，局长1人、副局长3人。局党组带头贯彻落实党的路线、方针、政策，研究决定凉山医保重大问题，团结带领全州医疗保障系统干部职工，共同完成党和国家交给的医疗保障任务。

州医疗保障局到美姑县调研

四川省德昌县职业高级中学

校长许德权在2021年凉山州职教年会上发言

副校长魏寿明（左一）组织开展红色研学活动

2021年，四川省德昌县职业高级中学始终坚持以习近平新时代中国特色社会主义思想为指导，高举中国特色社会主义的伟大旗帜，深入贯彻落实国家“职教二十条”和《四川省职业教育改革实施方案》，秉承“德育为先、素质为本、技能为重、立业为志”的办学理念，坚持“专家治校、名师治教、对接高校、校企合作”的办学方向，加强党务、校务公开和民主管理，努力实现学校管理规范化，教育管理精细化。以创教育教学品牌和特色学校为奋斗目标，大力推进产教融合、校企合作，着力加强学校内涵建设，提高人才培养质量，增强服务发展能力，取得了丰硕的办学成果。

2021年，学校紧紧围绕“抓住机遇、科学发展、和谐团队、提升质量”的办学目标，狠抓“两个习惯”（学习习惯、行为习惯）、认真落实“三个常规”（教学常规、德育常规、安全常规），坚持“四个规范”（校园规范、教室规范、寝室规范、仪容仪表规范），抓实抓牢新冠肺炎疫情防控，以深入推进党史学习教育活动和示范校建设为契机，持续规范各专业部建设及教学常规工作，继续坚持升学、就业双通道的办学方向，全面落实立德树人根本任务，经过全校师生的共同努力，较好地完成了年度各项目标任务。

四川省德昌县职业高级中学秉持“培养人才，服务地方”和“品德素质有提高、专业技能有特长、就业创业有优势、职业发展有潜力”的育人理念，注重以岗导学、工学结合，强化学生

正高级教师讲座

2021年退休教师座谈会

师生心理健康系列活动讲座

2021级新生军训活动

素质教育、强抓学生专业技能，人才培养工作成绩斐然，升学就业新高不断。学校开办有幼儿保育、电子技术应用、数控技术应用、汽车运用与维修、中餐烹饪、计算机运用、旅游服务与管理、电子商务八大优质专业。

校园总建筑面积52680.48平方米，优美的景观式校园、温馨的学习和生活环境、规范的学校管理、一流的设施设备、优异的教学质量成为莘莘学子成长成才的摇篮。2021年度学校完成了综合实训楼产教融合项目和数字化校园三期建设，投入1116万元完善了专业实训教学设备设施。

学校坚持“五育并举”，认真贯彻落实“三全育人”，全面落实立德树人根本任务，初步构建了以“立德树人”为根本，以培养具有社会主义核心价值观、爱党爱国、民族团结、具有职业操守的社会主义建设者和接班人为目标的思想政治内容体系；形成了以课堂教育为主阵地，集校内外活动和社会实践相结合，融学生日常行为管理、职业素养、敬业精神培养于一体的思想政治教育体系，致力培养德智体美劳全面发展的新时代中国特色社会主义事业的建设者和接班人。

多年来，学校得到社会各界的大力支持。在各级领导的关怀下，通过全体教职工的共同努力，学校各方面工作取得了飞跃性的发展，迅速崛起成为凉山地区职业教育的一面旗帜。学校先后被授予国家级国防教育特色学校、全国教育系统先进集体、四川省脱贫攻坚先进集体、四川省重点中等职业学校、四川省高技能人才培训基地、四川省文明校园、四川省职业教育改革创新先进单位、四川省首批中等职业教育内务管理示范校、凉山州先进基层党组织、凉山州精神文明单位标兵、凉山州民族团结示范学校、凉山州语言文字规范化示范校等60余项荣誉称号。

中共德昌职中总支“行红色长征　悟苦难辉煌”研学实践暨参观凉山州脱贫攻坚展览活动现场

烹饪专业拜师仪式

学校社团招新活动

学校举办纪念“五四”102周年活动

承办凉山州第九届中等职业学校学生职业技能大赛

学校到木里县后所乡团结社区开展中式面点初级技能等级认定

学校组织实施布拖县依撒社区搬迁劳动力电工技能培训专项能力鉴定

西昌学院

学校党委书记彭正松（右）与美姑县委书记陈翔（左）共同为“西昌学院·美姑县校地合作基地”揭牌

2021 年是国家实施乡村振兴战略的开局之年，“脱贫摘帽不是终点，而是新生活、新奋斗的起点”。西昌学院深入贯彻落实中央巩固拓展脱贫攻坚成果同乡村振兴有效衔接指示精神，再接再厉，接续奋斗，发扬脱贫攻坚帮扶精神，持续巩固拓展脱贫成果，全力助推美姑县、布拖县乡村全面振兴。

及时组建机构，精心选派干部。成立西昌学院乡村振兴工作领导小组、西昌学院乡村振兴办公室。学校党委常委会和校长办公会专题研究乡村振兴帮扶工作，精心挑选政治素质高、业务技能强的优秀干部驻村。7 月 1 日，召开学校精准扶贫工作总结表彰会，全面总结学校五年来开展精准扶贫工作的总体情况、具体举措和取得的成效，安排部署巩固拓展脱贫攻坚成果同乡村振兴有效衔接工作。会上隆重表彰了 29 名挂职、驻村扶贫干部。7 月 13 日，召开学校乡村振兴定点帮扶工作动员会，新老队员交接工作，派驻布拖县俄里坪镇延务村、合洛村“第一书记”和美姑县候古莫镇沙溪洛村“第一书记”及两名队员分别于 7 月 14 日、8 月 9 日到岗开展工作。

深入调研，统筹谋划。在全覆盖摸底调研，掌握县、乡实际和村民需求，全面对接工作的基础上，认真落实中央和省委、省政府关于实现巩固拓展脱贫攻坚成果同乡村振兴有效衔接工作部署，拟定西昌学院乡村振兴定点帮扶工作 5 年规划并据此制订了 2021 年年度帮扶计划和年度实施项目计划。

加强对接，强化合作。党委书记彭正松、院长贺盛瑜率队与美姑县委、政府领导对接工作，举行西昌学院—美姑县校地合作座谈会，共商强化双方合作，开展乡村振兴帮扶工作事宜。会上举行了“西昌学院·美姑县校地合作基地”“西昌学院大学生实习基地”揭牌仪式。党委常委、副院长曲木伍各率队与布拖县委、政府领导对接工作，举行西昌学院—布拖县校地合作交流座谈会，共商合作和帮扶工作事宜。

党建结对促村委建设，为乡村振兴提供组织保障。安排彝语言文化学院、农业科学学院、动物科学学院党委分别与沙溪洛村、延务村、合洛村党支部结对，开展基层党组织共建活动，提升村党支部战斗力和凝聚力，提升村委管理治理能力，提高党员政治素养和综合能力，发挥支部战斗堡垒作用和党员先锋模范作用，为乡村振兴提供强有力的组织保障。

聚力教育扶贫，阻断贫困代际传递。自筹资金 180 万元，选派学生 160 人到美姑、昭觉等县开展顶岗实习和支教。党委书记彭正松、院长贺盛瑜率队到赴美姑县牛牛坝初级中学检查顶岗支教工作并看望慰问支教学生；自筹资金 1 万元在定点帮扶村开展教育奖励和教育宣讲动员；自筹资金 0.5 万元在沙溪洛村开展暑期中小学生素质提升培训；引进社会力量参与教育帮扶。

开展科技和产业扶贫，增强“造血”功能。校领导数次率相关部门负责人和农学、动科专家调研美姑、布拖产业发展现状，与县、镇领导实地察看种养殖基地，现场培训种养技术并与县主管部门共谋县、村产业发展路子；驻美姑、布拖工作队分别组织村（组）干部、致富带头人外出学习，开拓思路，提升发展能力；分别在沙溪

学校召开乡村振兴定点帮扶工作动员会，部署安排巩固拓展脱贫攻坚成果同乡村振兴有效衔接工作

学校党委书记彭正松（二排右九）、院长贺盛瑜（二排右八）率队到美姑县牛牛坝初级中学检查顶岗支教工作并看望慰问支教学生

学校捐赠沙溪洛村总价14万元的齐口裂腹鱼、花斑裸鲤等冷水鱼鱼苗投放鱼塘

学校在沙溪洛村和合洛村启动“马铃薯种薯基地建设”特色产业帮扶项目

洛村和合洛村启动“马铃薯种薯基地建设”项目，由学校免费提供总价38000余元的优质马铃薯新品种脱毒种薯和肥料，共完成7亩示范地种薯种植。学院科技扶贫专家组到美姑县候古莫乡沙溪洛村、佐戈依达乡八千洛村、竹库乡马勒故村、柳洪乡乐约村、布拖县拉果乡浪珠村等村、组开展魔芋产业发展调研、规划和技术指导。指导、参与俄里坪镇畜禽交易市场、养牛场建设规划；捐赠价值14万元的冷水鱼鱼苗7.8万尾投放沙溪洛村养殖场。启动总投资100万元的冷水鱼孵化鱼苗基地建设，与西昌市彝海苑、庐山饭店等几家餐厅签订订单式销售冷水鱼合同；出资7.5万元购买鸡苗在沙溪洛村整村推进岩鹰鸡养殖，为延务村、合洛村发放价值15万元的5400只鸡苗并现场开展养殖技术培训；出资23万元维修合洛村产业路，改造加固黑绵羊养殖场，修建饮水池并安装饮水管道，完善民俗活动坝子设施设备。

开展驻村工作。以村“两委”换届为契机，采取切实有效的措施，协助镇党委、政府优化沙溪洛村、延务村、合洛村班子结构，着力推动村干部队伍整体优化提升，为实施乡村振兴战略提供组织保障；定期召开支部党建月会；落实疫情防控措施和疫苗接种工作；开展特色产业发展和2021年度脱贫攻坚后评估全覆盖排查工作；通过入股农投公司和实施种养殖项目壮大村集体经济；开展防止返贫动态监测入户排查工作，对家庭收入、安全住房、基本医疗、义务教育、安全饮水等方面进行全面入户走访核查；狠抓乡风文明治理，制定新时代村规民约，开展环境整治工作等。

荣誉表彰。因在脱贫攻坚中成效显著，2021年学校被省委、省政府授予“四川省脱贫攻坚先进集体”“省直部门（单位）定点扶贫先进集体”称号；集体和29名个人被省委教育工委、教育厅给予全省高校系统脱贫攻坚记功和嘉奖奖励。

学院科技扶贫专家组到美姑县候古莫镇沙溪洛村、佐戈依达乡八千洛村、竹库乡马勒故村、柳洪乡乐约村及布拖县拉果乡浪珠村等村（组）开展魔芋产业发展调研、规划和技术指导

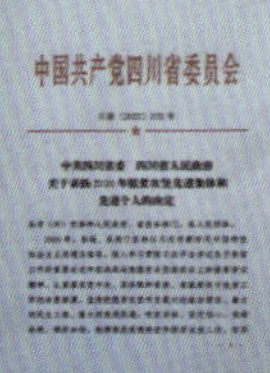

学校被省委、省政府授予“四川省脱贫攻坚先进集体”“省直部门（单位）定点扶贫先进集体”称号；集体和29名个人被省委教育工委、教育厅给予全省高校系统脱贫攻坚记功和嘉奖奖励

学校动物科学专家在沙溪洛村、延务村、合洛村鸡苗发放现场开展养殖技术培训

校领导分别率队到沙溪洛村、延务村、合洛村开展走基层“暖冬行动”

四川省滨水城乡发展有限责任公司

四川省滨水城乡发展有限责任公司（以下简称“滨水城乡公司”）是四川省港航投资集团有限责任公司一类核心投资平台，成立于2020年，注册资本4.8亿元， 已开发打造10余个农文旅重点项目，下辖26家子公司，总资产逾100亿元。

滨水城乡公司认真贯彻落实《中华人民共和国乡村振兴促进法》要求，服务四川省港航投资集团有限责任公司“打造四川开放型经济高地”战略任务，结合四川农业大省资源优势，聚焦实现产业振兴、人才振兴、文化振兴、生态振兴、组织振兴目标，通过产业建设、人才培养、品牌引领、生态发展、组织凝结五大举措，着力发展特色农业、休闲农业、现代农产品加工业、绿色建材、乡村旅游、康养和乡村物流、电子商务等乡村产业，探索乡村振兴发展新路径，打造美丽乡村生产生活新模式。通过模式的创新，找到了一条“企业与民生共荣”、用市场方式践行乡村振兴的新路径。

一、推动农业产业现代化建设，激活乡村振兴“动力源”

乡村产业是推进乡村振兴的核心牵引力。滨水城乡公司以南充·中法农业科技园（凤仪湾）等特色产业园区为载体，促进农业生产、加工、物流、研发、示范、服务等相互融合，加快产业链与价值链的重组优化和功能升级，创造新供给、满足新需求、引领新消费，不断提高农业供给质量和生产效益。

南充·中法农业科技园（凤仪湾）项目是省委、省政府在“一带一路”背景下推进川法合作的现代农业重点示范项目，是第21届联合国气候变化大会扶持项目。项目位于南充市高坪区江陵镇，总规划面积3万亩，一期规划建设面积1.7万亩，总投资20亿元。园区以智慧农业为切入点，重点建设万亩现代农业示范区，打造引领当地产业转型升级的示范基地。设施上，与国际一流设施农业企业法国瑞奇集团合作，建立全自动化智能温室等先进的现代农业设施设备，在建、栽、管、收各个生产环节进行全过程控制管理，确保产品安全可追溯性以及产品质量优质稳定；技术上，与全球食品花卉种植服务专家荷兰塔尔丰公司合作，引入智能管理系统、物联网、水肥药一体化技术，全面实施欧盟标准农业种植规范；产品上，重视国内种业发展，与中国农科院、四川省农科院合作，建立国家桃产业技术体系凤仪湾实验基地，深入开展果树、蔬菜等品类科技研发、品种选育、种植推广。在园区科技大示范引领下，带动当地政府对标打造了“百里柑橘产业带”和“中法农业科技园区产业环线”。

中法农业科技园的建设和运营，不仅实现了“带动一方产业发展”，更引领周边所在地村民生活方式全新转变，真正意义上实现了“富裕一方百姓”的愿景。一是实现了传统农业向集约化发展的转变。过去园区地村民依靠传统农业种植生产，生产效率低，产品质量参差不齐，收入不稳定。土地流转后，当地村民在项目带动示范下集中发展果树产业和旅游服务业，在一、二、三产业融合中实现多级营收。二是实现了村民外出就业向返乡创业的转变。中法农业科技园从建设到开园运营，给周边村（社）带

凤仪湾生态湿地

中法农业科技园区

凤仪湾湿地农业区

来了商机和创业平台。许多村民自办了特色鱼庄、民宿酒店、茶室餐饮、特色美食、书吧、咖啡屋等各式各样的实体产业，呈现出争先恐后、热火朝天的创业景象。三是实现了村民由四处散工向长期固定岗位服务的转变。园区建设前，当地劳动力主要依靠四处打临工、做散工获得收入。园区建成投运后，为当地提供了保安、保洁、售票、检票、收银、观光车驾驶、游船驾驶等稳定服务岗位200余个，当地村（社）专门成立了农民专业合作社，建设高峰时期日均用工超400人。项目所在地江陵坝村、元宝山村、牌坊村等5个村年获得土地租金近1000万元，当地村民年工资收入800余万元、经营性收入1.2亿元。

二、建好人才培养平台，助推乡村振兴“加速跑”

人才振兴是乡村振兴的基石，人才培训教育是人才振兴的必要之路。滨水城乡公司抓住人才振兴关键，创新打造“乡村振兴云学院”五位一体线上线下人才培养平台。通过整合高校教育资源、智库服务资源和政策引导资源，结合乡村振兴人才需求和国家相关学科建设特点，充分利用在线教育优势，市、县、乡体系化部署，积极探索目标明确、课程丰富、形式灵活、效益持续的乡村人才培养新模式，为乡村多层次人才队伍建设探索新路径。

乡村振兴云学院平台以“高校教育”“职业教育”和“党校教育”课程体系为参照，通过在线课程资源体系搭建整合优质教学资源，开发“必修课+选修课+扩展课”立体课程体系，围绕农业农村发展、乡村振兴等领域相关的国家政策解读、农业技术推广、生产经营管理、创业技能培训等主要内容，开发一站式多层次人才在线培养自助培训和教学系统。乡村振兴云学院目前已规划在广安、雅安、广元、绵阳、乐山及巴中等地开展试点部署。通过调研当地对于乡村产业人才培训的需求，征集当地相关

凤仪湾鸟巢亲子乐园

凤仪湾中法农业科技园

凤仪湾项目法式智能温室

单位与经营主体的属地化意见，进而在课程端进行课程体系个性化定制。该系统计划在3年内完成四川各市（州）的定制部署，而后逐步推向全国更多区域。

下一步，滨水城乡公司还将通过政企联建模式，持续打造公益性、开放性、长效性的服务平台——乡村振兴工作站，探索建立“资本+智库+产业+品牌”乡村振兴合作新模式，推动智库服务下沉、人才服务匹配、品牌产品推介、投资项目孵化，为当地群众提供农业项目实施、科技成果转化运用、农技推广等服务。

三、创新品牌建设模式，凝聚乡村振兴“引领力”

农业品牌化是乡村文化振兴重要路径，做强品牌农业有助于提升当地农产品影响力和竞争力，是助力农村产业振兴的关键举措和方向引领。滨水城乡公司致力于推动农业品牌建设，以“产品树品牌，品牌促产品，市场带基地，品牌引领产业链生态群建设”为核心思路，以品牌讲述品质，擦亮四川农业金字招牌，以品牌助农助力乡村振兴。

创建品牌与整合提升现有品牌相结合。滨水城乡公司围绕四川现代农业“10+3”产业体系，大力挖掘筛选川内具有区域明显特色优质农产品，打造自有品牌，目前已创建凤仪湾农场桃品牌、叶尖春晓系列茶品牌等多个农产品品牌，通过品牌文创、包装设计、营销推广等方式不断提升品牌影响力。此外，滨水城乡公司通过与有一定市场知名度及占有率的地方品牌合作、包装、整合等方式开展合作，在原有品牌基础上加以提升，打造知名品

专家指导生产

南充客运码头嘉舟丽港

牌。2021年，滨水城乡公司通过对凤仪湾农场品牌的打造，一周内累计销售桃类品牌商品果7.5万千克，出地均价6.5元/千克，远高于同期市场均价，有效实现了地方优质农产品的溢价增收。

产品品牌与交易平台品牌联动发展相结合。滨水城乡公司自主打造的集线上运营、品牌农产品指数管理与产品交易于一体的综合服务平台——“滨水购”，旨在为品牌农产品及其经营主体提供在线交易、品牌发布、大数据应用、合作交流、资讯等一站式服务。同时，严格把控农产品质量标准，严选优质、市场认可度高的爆款优质品牌农产品入驻“滨水购”交易平台，以产品品牌推动交易平台的品牌创建，以交易平台品牌拉动产品品牌创建。截至目前，“滨水购”手机APP、小程序同步上线各类产品240款，近三月完成订单交易额120余万元，有效形成了产品品牌与交易平台品牌的良性互动。

品牌创建与品牌应用相结合。品牌农产品体系创建后，滨水

成都市品牌农业促进会成立

百丈湖湿地

城乡公司已实践探索出一条品牌应用新路径。通过发起成立成都市品牌农业促进会，促进资源的集成和共享，增强农业品牌的活力和效益，提升品牌影响力，以品牌农产品引领市场，以市场规范加工仓储，以加工仓储带动种养基地，从田间到餐桌全流程品控，最终实现以品牌引领全产业链生态群建设，形成产品变品牌、品牌换效益的可持续发展模式。

四、坚持生态发展之路，塑造乡村振兴“新面孔”

习近平深刻指出，推进农业绿色发展是农业发展观的一场深刻革命。滨水城乡公司积极践行习近平生态文明思想，坚持生态优先、绿色发展，大力发展无公害、绿色、有机农产品，建设区域重要绿色农副产品生产加工基地和有机食品集聚地，择机布局农村清洁能源产业，力争形成绿色低碳现代农业产业领头优势。

养殖新模式推动乡村绿色农业发展。为落实绿色养殖发展要求，滨水城乡公司实施建设了集科技研发、种养结合、冷链物流等于一体的万州生态养殖循环农业产业集群发展项目。万州生态养殖循环农业产业集群发展项目位于重庆市万州区，规划面积

青白江云溪漫谷项目规划图

250亩，总投资35亿元。项目采用种养结合生态循环农业模式，先期实施饲料加工厂、生猪养殖示范区、生物有机肥生产区等建设，结合滨水城乡公司上万亩农业种植，以及重庆市万州区数十万亩经果林种植产业形成生态有机循环，实现污染粪水生产有机肥的资源化利用，达到零排放。

设计新思路带动乡村建设理念提升。推进美丽乡村建设，改善农村人居环境，突出乡村发展和建设特色是乡村振兴的重要任务。滨水城乡公司所属四川江源工程咨询有限公司专注于提供乡村振兴产业领域的专业工程技术支持与服务，通过加强乡村建筑设计的创作理念创新与探索，让乡村传统风貌融合新设计理念，满足新时期乡村生产生活新需求，提升群众的幸福感、获得感，逐步完成阆中水城、凤仪湾水镇等多个乡村振兴项目建设。其中，阆中水城项目以“自然生长”和“在地乡土”作为思考出发点，用当代建筑设计语言演绎古城沉睡千年的原乡生活空间，以建筑为媒介，唤醒人、自然与文化间的共鸣，在提升农村基础设施和公共服务配套、保护与修复农村生态环境的同时有效促进周

生态循环集群项目

现代化指挥室

绿色建材实验室

边群众自主创业增收、脱贫致富，有力推进了乡村宜居宜业、农民富裕富足。2021年，阆中水城特色乡村民宿获得GBE最佳酒店设计大奖和伦敦设计奖银奖。

技术赋能助力乡村建筑低碳化。农村住宅升级改造是农村人居环境改善的头等大事。美丽乡村建设既要有颜值，又要保护生态资源，体现原生态风貌，就需要对乡村建筑进行创新与应用，

滨水城乡公司机关第二支部与民兴村党支部签订支部共建协议

对建筑风貌进行合理控制与引导。滨水城乡所属上锦雅筑项目聚焦打造装配式建筑生产线，通过标准化设计、工厂化生产、装配化施工，把传统建造方式中大量的现场作业转移到工厂进行，从而实现建筑产品节能、环保、全生命周期价值最大化的可持续发展的新型建筑生产方式。装配式建筑使乡村风貌更加规范化和合理化，从而有效保护生态资源和自然环境。

五、探索组织凝结新途径，筑牢乡村振兴“主心骨”

滨水城乡公司把组织振兴作为乡村振兴的基础和关键，积极发挥党建主导和引领作用，坚持发挥组织优势、释放组织动能，以组织振兴引领乡村振兴。

结对共建聚合力。2021年10月26日，滨水城乡公司机关第二支部与青川县三锅镇民兴村签署了《滨水城乡公司机关第二支部委员会与青川县三锅镇民兴村支部委员会结对共建协议书》。《协议》以深入贯彻落实党的十九大精神、搭建村企党组织交流平台、以推动全面从严治党向基层延伸为宗旨，以“优势互补、资源共享、相互促进”为共建原则，双方围绕组织基础建设、人才队伍搭建、难点问题破解、资源融合利用等方面开展深入合作，最终实现“资源共享、帮扶精准、凝聚人心、促进发展”的目标。

滨水城乡公司与青川县座谈定点帮扶规划制订工作

村民协助巡逻园区

装配式建筑研究室

装配式建筑指挥室

党建联盟促发展。滨水城乡公司凤仪湾支部与南充市江陵镇党委、牌坊村党支部、江陵坝村党支部、牌坊村党支部基层通过“五联合”措施，建立党建联盟，实现党建与业务相互促进。一是组织联建。凤仪湾支部与园区指挥部、行政村、国有企业党组织签订党建联盟共建协议书，每季度召开一次联席会议，协商解决党建工作和项目实施等方面的困难问题。二是队伍联育。推行“三双”机制：村企党组织互派兼职委员，前往对方党组织挂职，以人员融合促进组织融合；建立实用人才信息库，将企业骨干、能人大户、乡土人才、返乡创业人员、退伍军人纳入人才库，为企业发展和园区用工提供人才支撑；实施定向和定点培养，推行村党组织为企业党组织培养党员，让企业党员培养对象接受农村基层实践锻炼。三是活动联办。开展三项红色活动：采取“走出去+请进来”方式，参观红色教育、警示教育等基地，邀请先进典型开设“红色课堂”；每年为困难党员群众送上一份包含资金、物资的“慰问礼包”，为普通党员送上一份包含党章、党史的“学习礼包”。四是治理联抓。在园区建立“党员驿站”，为游客提供咨询服务。五是发展联享。构建以凤仪湾中法农业科技园为主，元宝山村、江陵坝村、牌坊村协同的连片发展格局，打造党建引领下的农旅融合发展品牌，实现园区增效；探索“资产经营型、土地租赁型、股份合作型、产业带动型”四种模式，壮大村级集体经济，实现集体增值；实行“党支部+公司+合作社+农户”联动模式，通过“入园务工挣薪金、自主经营赚现金”等方式，实现群众增收。

绿色建材基地

滨水城乡公司定点帮扶队员为群众调解问题

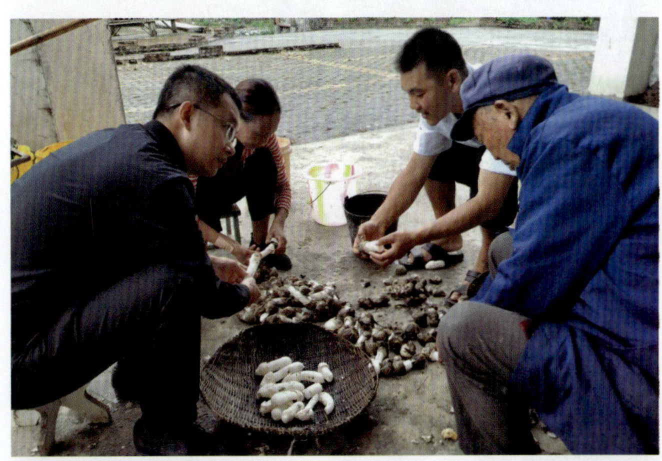
滨水城乡公司定点帮扶队员协助村民生产

金阳县马依足小学

金阳县马依足小学位于金阳县城东面22.5千米东山社区党群服务中心附近，学校占地面积22265.32平方千米，建筑面积21171平方千米，其中教学及辅助用房面积11377平方千米、生活及辅助用房面积9793平方千米、学生活动场地面积11151平方千米。

学校是金阳县第二所民办小学，始建于1954年，创办人为20世纪30年代全国优秀教师余文秀，曾培养出一大批地方优秀人才。学校以“传承彝风古韵，追求幸福校园生活”的办学理念，以“依法治校、质量立校、师资兴校、科研强校、特色亮校”的办学目标不断强化内部管理，完善制度，扎实推进学校各项工作的有序开展，取得了显著的成绩，实现了学校自主发展和特色发展。

学校现有1所中心校、3所村级小学教学点，有在校学生1923人、教师73人，其中村小学生328人、教师7人。中心校共有29个教学班级、学生1595人、教师66人，其中教师在编51人、临聘15人。

全校学生100%享受“三免一补”政策，即免除教科书费、作业本费、营养午餐费和寄宿制生活补贴。

学校2021年被评为凉山州“文明校园”“四川省脱贫攻坚先进集体”“金阳县先进基层党组织”。

学校旧貌

新学校选址

学校新貌

电子健康档案230027人，建档率达83.04%。全面落实贫困人口家庭医生签约服务，签约服务率达100%。开展健康教育，开展公众健康教育咨询活动578次，31905人次参与；举办健康教育讲座799次，43850人次参与；设置宣传栏293个，更新宣传栏860期，包含健康教育影音资料856次，播放时长2954小时，发放宣传资料515种、71115份。

【农村法制建设】 在全县各个乡（镇）、社区推进基层公共法律服务建设，在各乡（镇）建成公共法律服务站20个，在各村（社区）建成公共法律服务工作室163个，全年共受理法律援助案件244件，其中刑事案件60件、其他简易案件178件、未成年人附条件不起诉案件6件；法律咨询1200余件，接待来人来访1000余人次。科学化、规范化管理法律援助信息系统，实现法律援助日常管理工作网络化和信息化；夯实律师行业监管，坚持抓党建带队建促发展，推动律师党建工作制度化常态化；推进"放管服"改革，严格办证程序，多次为困难群众提供"送证上门"服务。健全矛盾纠纷化解机制，在各乡（镇）、村（社区）建立调委会183个，全年共调解各类矛盾纠纷900件。

【农村交通】 全县提前完成交通运输厅公路局提出的"三个100%"建设任务。整合资金6650万元，完成全县29座1848延米桥梁建设任务；安排5000万元，完成全县217.39千米安全护栏建设任务；整合41706.76万元，完成通社路建设831.23千米。全县农村公路里程共1778.6千米，其中县道250.3千米、乡道582.9千米、村道945.4千米。

【涉农招商引资】 全县3000万元以上的农业招商引资重大项目3个，均为内资项目，增长300%；项目总投资0.9341亿元，增长100%。协议资金69400万元，增长58%，完成全年任务的100%；到位资金9341万元，增长100%，完成年度任务的100%。

【农村社会保障】 全年救助城乡低保59423人，发放救助资金13204.8万元，其中农村低保救助56203人，救助资金11993.8335万元；城市低保救助3220人，救助资金1211.0566万元。临时救助722人，发放救助资金139.9928万元。

【农村生态建设及环境保护】 开展"村庄清洁行动"，出动宣传车30余次，发放宣传册1000余份，开展"进村入户"宣传教育68场次，张贴宣传标语60余条，发动村民投工投劳2000余人次，共清理农村生活垃圾34480余吨，清理村内水塘6个，清理村内沟渠211千米，清除村内私搭乱建等临时建筑物和乱贴、乱画，解决了垃圾围村、围田、围路、围河问题。全县共拆除违章建筑800余平方米，清除杂草垃圾8万余立方米。全县实施4809户易地扶贫搬迁项目、3168户土地增减挂钩项目、"三建四改"2279户，配备修建标准厕所，全年新建标准无害化厕所10256座，改建卫生厕所（含无害化厕所）23756户，普及率达34.67%，提高14.97%。

【农产品质量安全监管】 完成11次92个样品的例行抽检，检测结果为合格。配合州农业农村局完成全县农产品风险监测抽检，共抽检产品14个，其中马铃薯8个、鸡肉2个、蔬菜4个。协助乐山检测中心开展交叉检测，在比尔、央牧祖抽检马铃薯共4个样。5家园区企业参与食用农产品合格证试点工作，其中昭觉县汇珍农业有限公司、昭觉县虹谷拉达农业开发有限公司、昭觉县九如生态农业科技发展有限公司为2020年合格证试点企业，昭觉县天屹现代农业产业园、盛欣农业技术开发有限公司2家企业响应合格证制度试点工作。全县全年共出具233张合格证，附带食用农产品合格证上市农产品582吨，涉及红油菜、番茄、食用菌、草莓等特色农产品。共有15家企业（专合社）完成农产品质量安全追溯注册。

【劳务开发与返乡创业】 按照"先培训后输出，先提高再转移"的工作思路和"培训一人、就业一人、致富一户、带动一方"的要求，实施技能培训全覆盖行动。全年实施就业技能培训11090人次，其中11089人次为贫困建卡户，完成目标任务5200人的213%，并通过考核合格发放了相应合格证书。具有全县户籍，在劳动年龄内，有劳动能力，有就业要求，并经当地扶贫移民局核实、认定的2020年计划脱贫的建档立卡贫困家庭劳动力均被列入公益性岗位安置对象，开发乡村保洁、保安、护林、道路维护等岗位，共开发公益性岗位601个，按照550元/人逐月发放，为全县贫困村贫困群众脱贫奔小康提供了有力支撑。全县已完成转移输出农村劳动力9.3384万人（省外务工7.3523万人、州外省内务工0.3909万人、州内务工1.5952万人），实现劳务收入21.53亿元，其中建档立卡贫困户1.9589万人（省外务工1.0456万人、州外省内0.0909万人、州内0.8224万人），实现劳务收入3.0232亿元。有序输出农业劳动力4.3029万人，劳务农民人均纯收入5140元，占全县农民人均纯收入的45%。全县共向佛山专项输出农民工9批次1076人（建档立卡贫困户1025人），其中返岗30人；新增务工人数1046人，其中贫困户劳动力994人；稳岗满三个月的632人（其中贫困户606人），完成稳岗任务200人的301%。向浙江金华婺城区专项输出1批次，共计120人。全面落实就业政策，探索经济发展和就业促进联动机制，坚持以培训促进就业、创业带动就业、服务保障就业、调控稳定就业，开展促进就业各项工作。

【特色农副产品】 昭觉半细毛羊。凉山彝族自治州是全国彝族聚居最多的地区，所产昭觉半细毛羊是彝族人民在婚丧嫁娶、过年过节、走亲访友、招待贵客时必须宰杀的牲畜，它的地位仅次于牛，在彝族人民的生活中具有不可替代的作用。

昭觉半细毛羊属肉毛兼用性羊，生产于高海拔无工业污染区，纯草饲养，为绿色食品之一，其身体中等大小，羊毛覆盖至两眼连线，背腰平直，肋骨开张良好，四肢短，羊毛覆盖飞节以上，体质结构坚实，性成熟早，繁殖性能良好，遗传性能稳定，适应性强，成年公羊平均体重约65千克，剪毛量约6.55千克；成年母羊平均体重约47千克，剪毛量约4.84千克。昭觉半细毛羊所产肉质纤维细嫩，脂肪分布均匀，味美可口，营养价值丰富，脂肪中胆固醇含量底，比猪肉、牛肉低1～2倍，经常食用昭觉半细毛羊肉可防风除湿、提高机体免疫力、避免化学污染带来的危害等。

昭觉半细毛羊产毛性能优良，羊毛细度48～50支，白色，光泽好、有弹性、拉力强。是国防、造纸、轮胎、冶金、文体、化学等工业用呢、用毡的原料，也是凉山彝族人民披毡、察尔瓦、裙子的原料。

【主要领导人】 县委书记：子克拉格；县人大常委会主任：许世蓉；县长：赫绍洪；县政协主席：吉觉古史；分管农业副县长：王凉萍。

昭觉县编写组

喜德县

【基本情况】 2020年，全县辖23个乡（镇）166个行政村3个社区573个村（居）小组，辖区面积211775公顷，其中耕地面积30205公顷。年末总人口21.6万人（户籍人口），其中乡村人口186547人、城镇人口29419人；人口出生率16.13‰，人口死亡率3.86‰，人口自然增长率12.27‰。机电灌溉面积2671公顷。本地水资源总量15.9亿立方米，折合径流深721毫米。森林覆盖率达41.9%。

2020年，全县GDP32.87亿元，增长4.3%，其中第一产业增加值9.6亿元，增长8.8%；第二产业增加值3.88亿元，增长7.6%；第三产业增加值19.39亿元，增长1.8%。一二三产业比为29.21 ： 11.81 ： 58.98。三次产业对经济增长的贡献率分别为51.4%、22.1%和26.5%。劳务输出19483人。全年接待游客260万人，实现旅游收入5.04亿元，增长7%。

农村公路通车里程达1890.68千米，其中乡村公路991.3千米。社会消费品零售总额9.58亿元，比上年同期减少4.6%。地方公共财政预算总收入完成1.96亿元，增长9.8%；公共财政预算总支出32.44亿元，增长2.9%。金融机构各项存款余额48.77亿元，比上年同期增长4.7%；各项贷款余额17.22亿元，比上年同期增长57.1%。全年保险机构保费收入1619万元，赔偿及给付金额888万元。

有各类学校77所，在校学生52830人，教职工2748人，其中幼儿园25所，在园幼儿10262人；小学45所，在校学生27434人；普通中学7所(初级中学5所、完全中学2所)，在校学生15134人(初中生11846人、高中生3288人)；学龄儿童入学率达99.42%。有卫生机构211个，医院及乡(镇)卫生院实有病床位760张，卫生技术人员748人。全年城乡居民医疗保险参保人数173063人，参保率98.43%；城乡居民基本养老保险参保人数103564人。

【年度农业和农村经济运行】 2020年，全县第一产业增加值95990万元，增长8.8%。全年养殖面积315亩，鱼类总产量135吨。全年共开展禁渔行动5次。完成每月农产品质量安全例行检测并上报，协助上级农业主管部门完成2次风险监测抽样，协助执法队完成“利剑行动”监督抽检1次，省级农产品质量安全例行检测合格率达98%。主要农产品产量见表1。

农用地产权制度改革及村集体经济发展。加快农村土地承包经营权确权登记颁证，全县农村土地确权颁证工作发证3.9398万本，发证率达98.08%。采取“村集体+公司+农户”“村集体+大户+农户”等模式，投入资金1000万元，在冕山镇民主村、红莫镇瓦西村等10个村实施扶持壮大村集体经济项目。

农产品品牌战略实施。喜德县广阔农业科技有限公司主要生产青花椒及其加工产品，年产量640吨。喜德县绿园种植农民专业合作社主要种植克伦生牌葡萄，年产量400吨，申报为无公害农产品。开展有机产品认证，拉克乡水蜜桃、贺波洛乡乌洋芋、博洛拉达乡球盖菇、沙马拉达乡大红袍花椒、米市跑山鸡以及鲁基乡有机水稻、蔬菜、青花椒均获得有机转换证书。

现代农业园区建设。投资5180万元，建设鲁基乡坛罐窑、红莫镇回龙、两河口镇瓦尔西总3个现代种养循环产业园区，帮助村集体年均分红达12.9万元，带动1077户贫困户增收，解决农户就近务工3.35万人，实现年劳务收入268万元。

【种植业】 全县粮食作物总播种面积30.7775万亩，其中大春粮食作物播种面积27.839万亩，产量7.6313万吨(水稻2.15万亩，产量0.6923万吨；马铃薯12.85万亩，鲜薯产量3.945万吨；玉米7.07万亩，产量2.1988万吨；豆类0.143万亩，产量0.0147万吨；其他作物5.626万亩，产量0.7806万吨)；小春粮食作物播种面积2.9385万亩，产量0.7188万吨(小麦0.912万亩，产量0.187万吨；早春马铃薯1.9455万亩，产量0.523万吨；豆类0.081万亩，产量0.0088万吨)。全县水果种植总面积0.2万亩(其中投产面积0.15万亩)，总产量达1.23万吨，产值4920万元；蔬菜种植面积1.427万亩，总产量2.305万吨，产值3864万元。建成设施农业果蔬面积1600亩，产值3366万元。全县种植烤烟7164亩，收购烟叶13084.32担，实现两烟税收收入2352.97万元。

表1　2020年喜德县主要农产品产量

主要农产品	单位	产量	同比(%)
粮食	万吨	8.4	—
水稻	万吨	0.6923	—
小麦	万吨	0.187	—
玉米	万吨	2.1988	—
马铃薯	万吨	3.945	—
烟叶	万担	1.3084	—
蔬菜	万吨	2.305	—
水果	万吨	1.23	—
肉类	万吨	1.7892	30.7
生猪出栏	万头	20.04	68.8
牛出栏	万头	0.9144	2.5
羊出栏	万只	14.8	0.4
家禽出栏	万羽	77.66	—
水产品	万吨	0.0135	—

【林业】 完成山、水、林、田、湖(水果产业园)建设1.1万亩，种植雪桃、脆红李、樱桃等64万株。完成米市水库上游植被恢复项目2万亩。开展孙水河花椒产业园及贺波洛塔普花椒产业园2万亩的后续管理及检查验收。完成冕山镇五合村油橄榄基地703亩栽植任务。完成14个乡(镇)核桃低产低效林改造(核桃嫁接)3万亩，芽接78万亩，成活率达90%以上。森林覆盖率达41.9%。

【畜牧业】 全年生猪出栏20.04万头，牛出栏0.9144万头，羊出栏14.8万只，家禽出栏77.66万羽；猪存栏165522头，牛存栏22417头，羊存栏159862只。肉类总产量18142吨。

【乡村振兴】 全县136个贫困村建成300 ~ 500亩产业示范基地90个，种植总面积达3.84万亩；实施彝地花海万亩玫瑰产业园建设，建成800亩玫瑰繁育基地。建成集中养殖小区159个，养殖圈舍面积18.4万平方米，受益贫困群众达2628户。统筹协调东西部扶贫协作，省、州内对口(定点)帮扶，企业援建等8000余万元援建资金用于发展产业和基础设施。落实小额贷款6012笔、2.16亿元用于发展产业。

【扶贫开发】 全国扶贫开发信息系统中喜德县有贫困户16553户71485人。10月，通过州级验收，全县最后剩余的28个贫困村退出、4047户17192名贫困人口脱贫，全县累计完成136个贫困村全部退出，16553户71485人全部脱贫。全县建档立卡贫困家庭年人均纯收入超过2020年4100元的扶贫标准线，贫困人口人均纯收入在2014年的基础上翻四番以上。11月17日，省政府正式批准喜德县退出贫困县序列。

【乡村旅游】 制订《红莫镇瓦西村创建旅游扶贫示范村实施方案》，投入50万元，将红莫镇瓦西村创建为2019年旅游扶贫示范村，修建停车场1个、旅游厕所1座，建立旅游标识标牌，扶持开办农家乐3家。完成红莫镇瓦西村、鲁基乡大埂村、拉克乡新村村、冕山镇五合村4个涉旅行政村12户民宿达标户创建。在冕山镇五合村修建旅游步道480米和五合村大门及旅游标识标牌等旅游基础设施，在冕山镇小山村修建60平方米的生态环保旅游厕所。

【农村水利】 按照发展“生态水利、民生水利”的要求，加强防洪保安、民生水利和生态水利建设。2014—2020年，全县农村安全饮水工程累计总投资1.19亿元，完成339处农村安全饮水点建设，解决143892人安全饮水问题。全年投入资金1.247亿元，治理河道18.78千米，新建堤防24.7千米。全年征收水土保持补偿费132.836万元，全额缴入国库。全年治理水土流失面积808.22公顷，减少土壤侵蚀量2.53万吨，每年蓄水保水总量20.01万立方米。

【农业机械化】 全县农业机械总动力73790千瓦，检修维修农机具3850台次。农机化总投入34万元，农业生产燃油消耗2245吨。有拖拉机1387台、拖拉机配套农具1024台、耕整机3830台，耕作机具总动力达18493千瓦。全年完成机耕面积82000亩、机械植保面积65000亩、机收作业面积45000亩、机电灌溉面积40065亩、机械化秸秆还田5300亩。机械脱粒农产品总量28000吨，粮食初加工24000吨。拖拉机年检率达70%，未发生较大农机事故。

【农村教育】 全县义务教育均衡验收各项指标均达标。全县小学数学、科学仪器的配齐率为99.94%，音体美器材的配齐率为98.2%；初中理科仪器配齐率为100%，音体美器材配齐率为99.76%。全县小学用于教学的计算机3053台，每百名学生拥有计算机10.61台；初中用于教学的计算机889台，每百名学生拥有计算机8.26台；775个班拥有多媒体教学系统，实现“班班通”。小学图书藏书量53.81万册，生均18.71册；初中图书藏书量27.84万册，生均25.88册。全县完小以上学校功能教室建设达到《四川省中小学教育技术装备标准》要求。教育园区向荣中学、欣欣小学第一期项目完工，二期教师周转房基础建设完成并进入主体建设；佛山援建鲁基文瀚小学项目建设主体竣工验收并全面投入使用。

【农村科技】 全县申报四川科技扶贫在线平台建设与运行维护、科技特派员服务与创业示范、油橄榄高密度种植及榨油加工产业集成与示范3个省级项目，乌金猪特色畜禽加工技术研究与应用示范、科技示范村2个州级项目。完成1.17万亩东西扶贫协作万亩苦荞种植基地建设；与西昌学院合作，在贺波洛乡、米市镇开展荞麦品种区试验，建立“西荞1号”新品种示范360亩、“西荞2号”新品种示范260亩，在两河口镇斯果觉村开展黑白两种不同颜色玉米专用氧化生物双降解生态地膜试验。全年投资2536.1万元，在李子乡大兴村、红莫镇树库村、鲁基乡鲁基村等9个乡（镇）15个村25个点续建45个生猪代养场。

【农村文化】 通过政府购买服务的形式开展“送戏下乡”活动，全年完成演出任务144场次，受益群众达7万人次以上。组织图书专业人员到乡村文化活动室分类整理图书5000余册。新组建喜德县“五彩云霞演出队”。

【农村交通】 全县农村公路通车里程达1890.68千米，其中国道51千米，省道113.4千米，县、乡道166千米，村道825.3千米，组道613.98千米，脱贫攻坚产业路8千米，专用公路113千米。23个乡（镇）全部实现通畅，建成村级招呼站32个；全县166个行政村全面实现通乡畅通率达100%和通村畅通率达100%。118个村通班线客车，52个建制村采取电话预约响应方式开通客运车。

【招商引资】 全年完成招商引资项目到位资金7.4151亿元。完成签约任务6.2亿元，其中川商活动平台签约彝地花海1.2亿元。

【农村社会保障】 全县共有城乡特困人员506人，全年累计发放生活补助324.16万元；救助城乡困难群众116户488人，发放城乡困难临时生活救助金62.591万元；救助流浪乞讨人员76人，发放流浪乞讨救助金3610元。全县共有失地农民1570户，共发放生活补贴369.74万元；共有“三老”人员239人，共发放补助金115.12万元。

【农村生态建设及环境保护】 投入400万元，实施23个乡（镇）及以下集中式饮用水水源地规范化建设项目，完成则约乡石门村集中安置点等12个辖区内易地搬迁集中安置点一体化生活污水处理设施建设项目；投入746万元，在两河口镇洛各村安置点等12个安置点建设污水处理设施；编制《喜德县农村环境整治集中安置点配套项目实施方案》《喜德县农村环境整治移民安置点生活污水处理建设项目技术方案》；投入长江经济带奖励资金250万元，完成辖区内22个规模化畜禽养殖点污水处理设备安装并通过验收；编制《喜德县农村生活污水治理三年规划》《县城饮用水水源地污染防治方案》；制订《喜德县2020年蓝天保卫战行动计划》，与乡（镇）签订秸秆禁烧目标责任书。

【农产品质量安全监管】 开展以马铃薯、玉米、水稻、烤烟为主的病虫草害绿色防控面积4.32万亩。全年防治水稻稻瘟病0.15万亩、水稻白叶枯病0.025万亩、水稻黏虫0.52万亩，马铃薯早晚疫病0.45万亩、马铃薯蚜虫0.11万亩，玉米大小斑病0.23万亩、玉米锈病0.38万亩、玉米蚜虫0.074万亩、玉米草地贪夜蛾0.18万亩，大小麦白粉病0.07万亩、大小麦蚜虫0.39万亩、大小麦锈病0.045万亩，油菜蚜虫0.083万亩，防除农田杂草8.4万亩。全年共开展强制免疫大牲畜52万头、禽71万只（羽），督导检查重大动物疫病防控猪3248头、牛376头、羊4682只、家禽8754只（羽）、犬86只，免疫密度均达100%，猪、牛、羊免疫标识佩带率均达100%；非洲猪瘟防控调运监管22批次19180头份生猪；查处违法违规调运生猪案2件，罚款4914元。

【农村法制建设】 全县办理农业综合执法案件2件，全年无不良行风反映，未发生重大农产品安全事件；农产品质量安全例行监测合格率达98%，农产品种子质量抽检合格率达100%；化肥使用量年度增长量小于0.5%；秸秆资源化利用率达66.7%；饲料产品质量合格率达98%以上，无举报事件发生；渔政执法案件办结率达100%，兽药规范化管理率达100%。

【农村市场体系建设】 全县共有30余户大户参加能繁母猪保险，投保能繁母猪保费42万元，其中农民缴纳保费8.4万元；赔款101.85万元，受益农户679户。全年30余户农户参加育肥猪保险1.5万头，收取保费66.28万元，其中农民缴纳保费13.25万元；赔款79.14万元，受益大户30户。持续做好“小额农贷整村推进”项目，累计为农户授信9949户，用信9073户项目，累计发放小额农贷1.94亿元。

【困难儿童帮扶】 全县共有孤儿对象394人，发放补助金422.73万元，发放补助标准为每人每月900元；共有特殊困难儿童对象499人，发放补助金134.1万元，发放补助标准为每人每月200元；发放事实无人抚养儿童70人42.7045万元，发放补助标准为每人每月900元。

【劳务开发与返乡创业】 全县转移劳动力6.2415万人次，实现劳务收入10.48亿元。东西部劳务协作向佛山南海输送713人次，其中建档立卡贫困户655人次；“点对点”输出浙江金华1批次166人次，均为建档立卡贫困户。全年面向19个乡（镇）、3个大型集中安置点贫困户举办技能培训班51期（其中劳务品牌8期），共培训2360人，合格2171人，培训工种有起重装卸机械（挖掘机）、中式烹调师、种养殖、砌筑工、电焊工、汽车维修+C1驾驶、B2

驾驶、家政服务等实用类技能专业。举办喜德县首届大学生暨返乡下乡人员创业大赛,大凉山产业扶贫超能IP“袁野猪”、大球盖菇的“猕恋”、优质中药材种植产业、牧草种植及生态放养、大凉山喜德紫乌洋芋种植等均获奖。全年为10名返乡下乡创业人员发放创业补贴10万元,为全县范围内符合返乡下乡创业担保贷款的30名人员发放贷款435万元,为24名返乡农民工中4名贫困劳动力和1名高校毕业生发放首次创业补贴29万元。

【主要领导人】 县委书记:曲木伍牛;县人大常委会主任:杨开华;县长:黎平;县政协主席:宋国平;分管农业副县长:龙里体。

喜德县编写组

冕宁县

【基本情况】 2020年,全县辖15镇3乡1个街道,辖区面积4423平方千米,有常住人口36.9万人。

【文旅规划编制】《冕宁县全域旅游发展规划》编制已完成,航天旅游项目按规划逐步实施。冕宁县“东街红色文化一条街”规划已全部完成。东街陈家大院通过招标已完成修缮。卫星基地景区提升规划及方案、问天科技旅游开发规划已编制完成,“问天科技”旅游项目及整个航天小镇的规划与建设已全面启动。

【文旅融合发展】 围绕打造“攀西第一城、凉山会客厅”定位,随着疫情好转,旅游行业在下半年逐渐复苏,全县全年共接待国内外游客221.35万人次,同比减少49.29%;实现旅游综合收入18.24亿元,同比减少40.72%。创新推进文化旅游产业发展,配合完成冕宁县创建天府旅游名县竞演PPT制作,参加第七届四川国际旅游交易博览会,举办冕宁县农文旅康养成都招商推介会、冕宁县文旅康养项目成都宽窄巷子展、2020重庆国际文化旅游产业博览会主论坛——成渝双城经济圈文旅融合高峰论坛暨第三届T12中国西部文旅产业发展峰会等一系列活动,并获得“成渝经济圈·文旅融合发展榜样区(县)”称号。完成《冕宁县旅游发展总体情况》及创建资料的组织收集、“冕宁县创建省级全域旅游示范区指导服务机构”和“长征公园冕宁段规划编制”单位采购、《冕宁县全域旅游规划编制》调整修改及规划评审。推进县域内彝海景区、灵山景区、冶勒景区相关项目建设;组织开展并创建大凉山旅游名镇,特色旅游小镇漫水湾镇创建为大凉山旅游名镇、彝海镇创建为特色旅游小镇。石龙镇桃园村“世外桃园景区”、宏模镇优胜村“橄榄小镇景区”创建为国家3A级景区。完成彝海红色旅游基础设施建设,开展并完成彝海景区创建“省级生态旅游示范区”工作。

【非物质文化遗产保护】 申报第六批州级非遗项目名录及第五批州级传承人。申报“冕宁廖氏火腿”“宋氏百炼花纹钢”“冕宁铧口制作技艺”“冕宁李氏泥塑技艺”4个非遗项目,周作香、赵翠生、杨发芝3位非遗传承人。举办冕宁县2020年“文化艺术大讲堂”第二期、第三期、第四期非遗项目冕宁汉族栽秧歌培训班。

【广电建设】 为确保重点时段、重要保障期的广播电视安全播出,全面加大对系统内安全生产工作包括广播电视安全播出和行业运行管理的检查力度。同时,实行领导带班监督值班制度和安全播出零报告制度。推进“高清凉山智慧广电”县级平台建设,完成“高清凉山智慧广电”县级平台二级站建设。发挥“村村响”的宣传优势,做好疫情防控、森林草原防火宣传和脱贫攻坚督战工作。在防疫期间成立“疫情”防控党小组和“村村响”技术保障领导小组,及时召开“疫情防控”党小组会议,布置“新型冠状病毒感染的肺炎疫情”紧急防控响应,启动全县数字电视高清播放免费收视,并在数字电视系统中进行流动字幕宣传,指导群众“疫情”防控。对全县19个乡(镇、街道)232套“村村响”应急广播系统设备进行巡查、检修、调试,确保全县232套“村村响”设备的紧急保障运维,期间共组织技术人员295人次,动用车辆192辆次(其中摩托车126辆次),共维修处理各种故障176台次。组织开展由县文化广播电视和旅游局主办、大桥镇政府联办、县广播电视传输有限公司承办的“广播电视惠民服务周”,免费为大桥镇贫困户、困难群众维修电视机和落实惠民政策,修复电视机103台、家用电器26台。

【主要领导人】 县委书记:刘俊文;县人大常委会主任:拉一哈古;县长:刘长佐;县政协主席:管军;分管农业副县长:赵支勇。

冕宁县编写组

越西县

【基本情况】 2020年,全县辖38个乡(镇),辖区面积2256.56平方千米,有户籍人口37.51万人。

【集体经济组织清产核资】 截至2020年年底,全县集体经济组织清查核实集体资产总额11.17亿元,其中经营性资产2.22亿元。全县集体经济组织共确认成员33.61万人,量化资产总额1.96亿元。全县163个村(社区)集体经济组织取得登记证书。

【农用地产权制度改革及合作社发展】 全县颁发农村土地承包经营权证书6.45万本,颁证率为88.6%。全县承包地流转面积3.95万亩,占家庭承包总面积的7.6%。全年新增农民合作社114个,总数达506个;入社成员2.05万人。扶持64个农民合作社发展壮大,项目资金1497.02万元。

【农产品品牌建设】 全年新申报无公害农产品获证2个;新申报绿色食品获证1个,续展1个。共获得农产品地理标志3个,有效期内“三品一标”农产品达13个。

【现代产业园区和基地建设】 按照省、州现代农业示范园区创建标准,围绕苹果、花椒两大特色主导产业,全县重点抓好省、州级示范园区建设,越西现代农业(苹果)产业园区、越西东方甜樱桃现代农业园区、越西有机农业生态循环蛋鸡养殖园区和越西设施果蔬产业园区4个园区创建为州级现代农业产业园区,带动全县苹果种植面积达8万亩。

【美丽凉山·宜居乡村建设】 全县农村山水林田湖草系统治理和农业农村环境突出问题治理取得阶段性成效,农村人居环境明显改善,村庄干净整洁有序,村容村貌大幅提升,村民卫生习惯与健康意识普遍增强,环境管护长效机制初步建立,农业废弃物基本实现资源化利用,村内库塘渠水质功能性达标,历史文化村落、少数民族特色村寨、古民居得到有效保护,基础设施和公共服务短板基本消除。实现90%以上的行政村生活垃圾得到有效处理,60%以上的行政村生活污水得到有效处理,卫生厕所普及率达50%以上,农村自来水普及率达60%以上,全县建成“美丽宜居乡村”达标村15个。创建州级乡村治理示范村1个(中所镇五里牌村)。

【农村综合改革】 全县农村土地承包经营权确权登记颁证成果达到农业农村部技术规程要求,成果达到优秀。全年共完成土地流转备案127个、面积4.23万亩,摸清了农村集体耕地现状。建立数据库及管理信息系统,提高了土地承包管理的信息化水平。

【种植业】 全县粮食作物播种面积48万亩,产量13.69万吨,其中马铃薯种植面积22.5万亩，产量33.73万吨；荞麦种植面积9.7万亩，产量1.03万吨；油菜种植面积3.2万亩，产量0.56万吨；烤烟种植面积5.41万亩，收购烟叶11.66万担，产值1.75亿元；蔬菜种植面积6.5万亩，产值9800万元；新发展苹果种植面积3万亩。

植物检疫及病虫害防治。开展《农作物病虫害防治条例》宣传活动，张贴标语8条，发放资料3500份，培训1100人次。病虫草鼠害发生面积近33.56万亩次，累计防治面积37.2余万亩次，其中草地贪夜蛾发生面积0.1万亩，累计防治面积0.25万亩。开展绿色防控47.3万亩，建立水稻、水果、蔬菜、烟草等绿色防控示范片区6个，示范面积达0.2万亩，推广面积达0.8万亩；统防统治实施面积9.88万亩，建立统防统治与绿色防控融合示范片区4个。开展农药监管及农药包装废弃物回收，回收农药包装废弃物0.93吨，处置0.55吨。

【畜牧业】 全县按户年出栏生猪50头、羊150只、牛10头、肉鸡2000只、鸭2000只、鹅1000只以上，存栏蛋鸡500只、奶牛5头、能繁母兔40只以上。有规模养殖户451户，其中生猪养殖户110户，出栏生猪2.95万头；肉牛养殖户320户，出栏肉牛0.75万头；肉羊养殖户21户，出栏肉羊0.26万只。完成改（扩）建或新建畜禽标准化养殖场5个，100%完成任务；越西有机农业生态循环蛋鸡养殖园区以及关联项目15个肉牛养殖场通过州级验收。

防疫监督。春秋防共领取口蹄疫疫苗100万毫升，重大动物疫病免疫密度均达到省、州要求。免疫犬只狂犬病18665只，农村犬只免疫密度达87%。小反刍兽羊痘二联疫苗10万头份，免疫肉羊9.3万只，猪、牛、羊免疫标识佩戴率达到省、州要求。全县累计排查养殖环节生猪82800头次，无非洲猪瘟病例发生。

非洲猪瘟防控。全年共排查养殖场户、生猪定点屠宰场、交易市场25876场次，排查猪只175809万头次，自检和委托第三方检测非洲猪瘟全血及环境样品850份，结果均为阴性。

屠宰管理。全县生猪屠宰2378430千克，开展非洲猪瘟自检2730份，检测结果均为阴性。全县派驻生猪屠宰企业官方兽医4名，对生猪定点屠宰企业进行了全覆盖检查，现场出具整改通知1份，采集检测屠宰环节样品6份，开展安全生产检查8次，发现安全生产隐患2处，下达限期整改通知书2份。

【农业机械化】 落实补贴农机具，使用国补结存资金24万元，补贴农机户20户。全县农机总装备量9.18万千瓦，主要农作物耕种收综合机械化水平达27.4%。实施4座光伏提灌站建设，其中完成建设瑞香提灌站2台次、大兴提灌站1次、大同光伏提灌站1次。有农机合作社1个，农机合作社作业面积334公顷。

安全生产。加大对拖拉机驾驶人员的交通法规、安全知识的宣传力度，悬挂安全标语25幅，发放宣传资料400余份，共签订各种安全生产责任书2037份；参训学员获取农机驾驶操作资格，合格率达90%。全县拖拉机、联合收割机累计在册2037辆，新入户296辆，年检1220辆；拖拉机、联合收割机驾驶员累计在册1319人，申领驾驶证420人，考试合格420人。

【农村科技】 全县完成农业农村部马铃薯整建制绿色高质高效创建，创建"百千万"马铃薯高质高效示范面积1万亩。全年共新建农业科技示范基地2个，培育科技示范户180户，新招募特聘农技员4人，培训基层农技推广体系农技人员105人。

农技推广。实施"国家燕麦荞麦产业技术体系"秋荞麦新品引进试验1个，参试品种有"迪苦2号""川荞2号""六苦1501""云荞2号"，经测产验收，"迪苦2号"平均亩产142千克，"川荞2号"平均亩产140.5千克，"六苦1501"平均亩产107千克，"云荞2号"平均亩产135千克。完成马铃薯绿色增效生产技术集成示范1个，示范品种"青薯9号"，实施面积60亩，经实地测产，示范片最高亩产2113千克，最低亩产1755千克，平均亩产1934千克；当地常规种亩产为1465千克；示范片比对照亩产469千克，增产率为32%；亩新增效益656.6元。实施马铃薯块茎提升与集成技术示范1个，面积50亩。经测产，示范片最高青薯亩产2002千克，最低亩产1719千克，平均亩产1860.5千克；比农民常规种植亩产1465千克增产395.5千克，增产率达27%。实施马铃薯新品种引种筛选试验1个，参试品种为"川凉薯10号""希森6号"，其中"希森6号"试验面积150亩、"川凉薯10号"试验面积20亩，经测产，"川凉薯10号"折合亩产2226.2千克，"希森6号"折合亩产1807.2千克。

【农田基本建设】 上级下达全县2020年度1万亩高标准农田建设任务（含0.15万亩高效节水），项目涉及建设涉3个乡（镇）14个村。2020年度高标准农田项目总投资3000万元，其中中央资金1100万元、省级资金400万元、县级配套资金1500万元。项目新建及整治田间排灌渠道9.901千米；新建及整治田间机耕道及生产道路6.909千米、3.526千米；田型调整1160亩；采购有机复合肥554.3吨，实施地力培肥5543亩。

【农业行政综合执法】 全县农业综合执法大队全年共立案查处案件5件，罚款金额1.5万元。全县农业综合执法系统全年累计出动行政执法人员182人次，检查农资经营门市32个次，整顿农资市场3个次，印发各类宣传资料289份。

【农产品质量安全监管】 开展省级农产品质量安全例行监测，种植业产品共抽取样品113个，合格率为100%；畜禽产品共抽取样品24个，合格率为100%。

【农村地区疫情防控】 新冠疫情发生后，要求乡（镇）和村要严格执行上级农村地区新冠肺炎疫情防控工作方案，科学精准做好农村地区疫情防控工作。不断加强农村地区人居环境整治，引导群众培养健康的生活习惯。紧盯返乡重点人员管控和日常防疫工作宣传，用实际行动为打赢疫情防控阻击战贡献农村力量。县农业农村局成立4个督导组，针对农村地区疫情防控，到乡村采取直奔现场、暗访抽查等方式，通过与相关人员交流和查看文件、资料、记录及电话访谈等形式，对各乡（镇）进行督导。

【主要领导人】 县委书记：袁洪；县人大常委会主任：吉差阿木；县政协主席：谢宇光；分管农业副县长：代松。

越西县编写组

甘洛县

【基本情况】 2020年，全县辖9镇4乡，辖区面积2156平方千米，有户籍人口23.8万人。

【农业产业扶贫】 按照实施方案，到位资金5633.8万元，实施农业产业专项扶贫项目20个，持续推进9个园区基地建设，其中5个园区基地建设已基本完成，评定4个县级园区，甘洛县田坝—团结农旅融合发展示范园区、阿嘎乡绿色果蔬基地被评定为州级园区。

【农用地产权制度改革】 发展农业适度规模经营，按照依法、自愿、有偿的原则指导全县农村土地有序流转；开展农村宅基地管理工作。投入资金52.5万元，完成农村土地承包经营纠纷仲裁基础设施建设项目；完成农村土地承包经营权确权、清产核资。

【种植业】 全年粮食作物播种面积329110亩，产量101417吨；油料作物播种面积18570

亩，产量1201吨；中药材种植面积24000亩，产量16295吨；蔬菜种植面积49500亩，产量90700吨；水果种植面积42400亩，产量9600吨；茶叶产量7吨。

【农业综合执法】 开展药物饲料添加剂退出品种专项检查，继续加强"瘦肉精"专项整治工作，开展农产品质量安全"利剑"行动，处罚销售过期药品企业2家，销售假药企业5家，查处没收假兽药粉针剂13盒、水针剂34支、片剂47瓶、粉剂106袋、油剂5瓶、口服液31瓶、外用药阿维消毒透皮溶液14瓶，没收假兽药价值2358元。

【养殖业】 全年出栏生猪14.9127万头、牛2.1638万头、羊16.8624万只、家禽60.819万只；栏数猪10.4862万头、牛5.762万头、羊17.9976万只。肉类总产量1.5281万吨。淡水养殖面积150亩，产量110吨。启动长江流域十年禁捕工作。

动物疫病防控。全县免疫生猪18万余头、牛6万余头、羊12万余只、鸡70万余羽，重大动物疫病应免密度均达100%，免疫抗体合格率达90%以上。全县共监测生猪及病死猪样品1743份，共计12999头猪，暂未检测出疑似非洲猪瘟阳性样本。

【农业机械化】 全年受理各类农业机械业务1207件，受理驾驶证业务243人次。开展安全生产大检查和专项整治行动，出动执法人员73人次，共检查拖拉机461台，发现一般隐患81起，下发整改通知书81份。

【农产品质量安全监管】 加强农业投入品使用监管，重点排查农药销售、使用情况，全年共开展专项整治12次，对全县26家农资销售点进行抽查，发放农产品质量安全宣传资料2000余份。对全县范围内上市和县域内主要果蔬交易市场的蔬菜、水果进行抽样，开展农药残留检测，全年共抽检草莓、黄果柑、芹菜、莲花白、莴笋等果蔬样品339个，检测合格率达100%。

【农业特色产业】 发展以"果薯蔬草药荞"为主的特色产业，全年水果栽培面积达4.24万亩，产量达0.96万吨；蔬菜种植面积4.95万亩，产量达9.07万吨；中药材栽植面积2.4万亩，产量达1.6295万吨；马铃薯种植面积11.4万亩；荞麦种植面积5万亩；种植优质牧草5.01万亩。

【农业基础设施建设】 全年实施10条产业路建设共26.33千米，完成2019年高标准农田建设完成水网199560米、水泥硬化路面18.75千米、碎石路33千米，建设石河堰1座、提灌站2座、田洼塘1个、浇水渠3.4千米、混凝挡墙1720立方米。在海棠镇、嘎日乡等乡（镇）建设高标准农田2.2万亩，建设资金4110万元。

【新型农业经营主体培育】 全县有省级龙头企业1家、州级龙头企业3家、专业合作社845个、家庭农场347个、农业合作社联合社1个，申报评定省级示范社2个、州级示范社2个，省级示范场2个、州级示范场6个。培育青年农场主2人、农村职业经理人2人、新型职业农民133人；完成特聘农技员聘任5人；建立科技示范基地2个（田坝镇羊新村养殖基地、田坝镇新华村柑橘基地）。

【强农惠农补贴】 开展耕地地力保护补贴兑付工作，核定补贴面积211063.69亩，通过"一卡通"发放给农户，兑付资金1694.15万元。完成2019年稻谷补贴兑付工作，核实面积19159.69亩，补贴资金1010098元。在全县实施农牧民补助奖励政策项目，兑付资金231.5万元，涉及28个乡（镇）207个村；办理四批农机购置补贴，打卡111台，发放农机购置补贴资金113.845万元。

【农村人居环境整治】 实施完成甘洛县"厕所革命"整村推进示范村建设项目。改造农村卫生厕所204户，其中阿嘎乡四赶千村89户、资金27万元，苟尔莫村115户、资金35万元。完成沙岱乡各布村新建公共卫生厕所4座、资金73万元。

【主要领导人】 县委书记：陈建生；县人大常委会主任：吉拖哈史；县长：陈华；县政协主席：曹怀香；分管农业副县长：伏敏。

甘洛县编写组

美 姑 县

【基本情况】 2020年，全县辖36个乡（镇）3个居民委员会，辖区面积2573平方千米。年末总人口28.05万人（户籍人口），增长0.58%，其中少数民族人口27.84万人，占总人口的99.3%；彝族人口27.82万人，占总人口的99.2%；人口自然增长率12.86‰。有林地面积14.27万公顷，森林覆盖率38.1%。

2020年，全县GDP37.06亿元，增长2.3%，其中第一产业增加值13.03亿元，增长4.9%；第二产业增加值4.34亿元，与上年持平；第三产业增加值19.69亿元，增长1.5%。劳务输出7.8万人，收入10.2亿元。全年接待游客32.6万人，实现旅游收入2.02亿元。

公路总里程1419.65千米，其中国道1条127.7千米、省道3条共60.86千米、县道11条共370.95千米、乡道172条共882.15千米、村道191条共1413.2千米。公路客运周转量3998万人/千米，公路货运周转量6644万吨/千米。社会消费品零售总额7.74亿元，增长9.6%。地方公共财政预算总收入完成1.18亿元，增长27.6%；公共财政预算总支出51.33亿元，减少12%。金融机构各项存款余额21.01亿元，比上年初增长14.27%；各项贷款余额14.17亿元，比年初增长31.28%。

有幼儿园10所，其中公办3所、民办5所、公建民营2所（幼教点285个），接收幼儿19361人；义务教育教学所共142所，其中小学39所、小学教学点97个、初中6所；高中1所；小学在校生42537人，初中在校生13980人，高中在校生1337人。有教职工3160人，其中小学1975人、初中903人、高中94人、幼儿园118人；有"一村一幼"辅导员689人。有文化馆1个，公共图书馆1个。有医疗卫生保健机构323个，其中村卫生室266个、乡（镇）卫生院36个、社区卫生服务中心1个、县妇计中心1个、县疾控中心1个、县医院2个、民营医院2个、个体诊所14个；卫生机构在岗人员747人，卫生专业技术人才705人，执业（助理）212人，注册护士500人；有病床位648张。全年邮电业务总收入8900万元，年末国际互联网用户15500户；移动电话用户114437户。新型农村社会养老保险参保人数128797人。

【年度农业和农村经济运行】 2020年，全县农林牧渔业总产值25.66亿元，增长5.31%；农林牧渔服务业总产值2529万元，增长5.26%。其中农业总产值6.34亿元，增长3.4%；畜牧业总产值16.79亿元，增长6.97%；林业总产值2.27亿元，增长1.17%；渔业总产值10万元，增长3.65%。全年粮食作物播种面积36.6万亩，增长0.55%；粮食作物产量9.8万吨，增长1.03%。农村居民年人均可支配收入达10522元，增加1031元，增长10.86%；人均生活消费支出8154.09元，增长11.22%。

【林业】 全年有效管护国有林71.95万亩、集体公益林93.35万亩，兑现集体公益林生态效益补偿金1470.24万元。巩固退耕还林成果17.19万亩，兑现退耕还林补助2526万元。完成核桃嫁接改良4万亩，栽植花椒2万亩、竹子0.5万亩、华山松0.6万亩，花椒提质增效0.4万亩，核桃提质增效0.6万亩。林业有害生物监测实现全覆盖，松林监测覆盖率达100%，林业有害生物测报准确率达90%以上，种苗产地检疫率达100%，无公害防治率达85%，森林草原火灾损失率控制在0.8‰以下，实现连续41年无重特大森林火灾的佳绩。项目使用林地面积审核审批率达95%以上，破坏森林资源案件查处率达90%以上。新增森林面积22420亩，征占用林地减少808.38亩。净增森林面积21611.6亩，覆盖率增长0.56%；净增森林蓄积10.91万立方米。落实2019—2020年度生态护林员公益岗位2000个。实现林业产业总产值5.8亿元，农民人均在林业上获得的收入达1960元。

【畜牧业】 全年生猪出栏18.2万头，减少2.11%；存栏15.3万头，增长22.59%。羊出栏26.7万只，增长0.94%；存栏31.5万只，增长2.74%。牛出栏2.47万头，增长1.19%牛存栏7.2万头，增长3.06%。家禽出栏101.1万只，减少5.28%；存栏70.2万只，增长1%。

【扶贫开发】 全面完成6457户32336人脱贫、83个贫困村退出。全面完成易地扶贫搬迁10694户53223人，123户自发搬迁。全县完成13966户“三建四改”、4444户“三类人员”危房改造、494户特殊困难户建房、3897户边缘户建房、7083户住房功能提升，解决了非贫困户特别是七类重点人员住房安全隐患问题，实现所有贫困群众安全住房有保障。15年免费教育和“9+3”免费职业教育政策深入落实，投入12.5亿元，新（改、扩）建学校30所。全民参保计划和健康美姑战略有序推进，城乡居民参保率达95%，“因病返贫”隐患全面消除，25899名贫困人口获得救助。饮水安全实现全覆盖，投入3.4亿元，建成农村集中供水工程545处。全面实现安全用电，投入3.31亿元，新建、改造变电站6座，实施农网改造64486户，全县无电村、无电户得到全面“消灭”。实施“造血式”扶贫，建成标准化肉牛养殖场62个、绵羊养殖场7个、山羊养殖场15个、现代农业产业园区2个、冷水鱼养殖项目6个、扶贫工厂2个。加强省内对口帮扶、东西部扶贫协作劳务对接，全年转移输出劳动力7.8万人次，实现劳务收入10.2亿元。坚持公益性岗位应设尽设，累计开发公益性岗位7891个。

【乡村旅游】 全年接待旅客32.6万人次，实现旅游收入2.02亿元。完成1个景区、1个小镇、3个特色旅游村寨和1个农家乐创建，即洛俄依甘会盟文化小镇创建国家3A级景区，洒库乐美小镇创建大凉山特色旅游小镇，沙马乃托村、阿居曲村、处火千村创建特色旅游村，思源农庄创建三星级农家乐。

【农村水利】 投入资金7697.5万元，建成集中供水工程115处，其中改造工程83处、新建工程32处。建成万人以上集中供水工程1处、千人以下集中供水工程114处。全县292个行政村实现饮水工程全覆盖；对照农村饮水安全脱贫验收水量、水质、方便程度、保障率四项指标，全县饮水安全基本实现全覆盖，确保了建档立卡贫困人口饮水安全全部稳定达标，未出现连片、整村断水停水和严重水质超标等颠覆性农村饮水安全问题，如期完成脱贫攻坚任务。健全完善《美姑县农村供水工程应急抢险预案》，通过购买服务的方式，公开采购2支农村供水安全应急队伍负责农村供水工程应急处置工作。对水量不够又无法从其他地方引水的区域，购置发放应急不锈钢储水箱、水桶。制订完善《美姑县农村供水工程水费收缴工作方案》，加强节水、护水及有偿用水宣传，要求合理收取水费。除县自来水公司和国投公司运行管护的工程外，由乡（镇）和村运行管护的工程均召开村民“一事一议”会议，制定了相应的农村供水工程水费收缴办法。

【农村文化】 全县有乡（镇、街道）综合文化站34个、村（社区）文化活动室292个。组织参加国际火把节、彝历年民俗活动、非遗展演等节庆活动，推动文化旅游深度融合。

【农村社会保障】 全县农村居民社会养老保险参保人数128797人，城乡居民基本医疗保险参保人数230273人。农村居民纳入最低生活保障支出人数17979户59989人，保障资金支出16565.6万元。全年城乡居民人均可支配收入达12281元，增长9.64%。

【农村生态建设及环境保护】 全面完成11个乡（镇）垃圾压缩转运站（依果觉乡、峨曲古乡、牛牛坝乡、洛俄依甘乡、龙门乡、乐约乡、佐戈依达乡、拉木阿觉乡、候播乃拖乡、龙窝乡、洒库乡）、乡（镇）污水处理厂（龙窝乡、苏洛乡、候播乃拖乡、洛俄依甘乡、乐约乡、牛牛坝乡、拉木阿觉乡、依果觉乡、龙门乡、洒库乡、峨曲古乡）建设和销号，完成3个非正规垃圾堆放点（洒库乡、牛牛坝乡、觉洛乡）销号，环保督察反馈问题销号工作已全部完成。采购垃圾箱、垃圾压缩箱、IT勾臂车、电动环卫三轮、流动垃圾收集车等环卫车辆并完善上户手续。

【农产品质量安全监管】 开展“2020春雷行动”食品安全行动，对问题突出的豆芽菜、乌鸡、乌鱼等蔬菜进行重点整治。开展餐饮服务单位及散装白酒经营环节专项整治，保障食品消费安全。完成年度各类抽检计划，白酒专项检测、食品及食用农产品抽检共计抽检238个批次，快速检测食品及食用农产品248个批次，共检测出不合格食用农产品个10批次，已核查处置完成9件，剩余1件已核查处置有序推进。对校园周边、城乡结合部突出问题进行整治，共检查学校及幼儿园食堂129家、校园周边食品经营单位62家。根据辖区学校实际情况，安装校园内外食品安全投诉举报箱12个、食品安全公示牌32个。全年共检查农贸市场121户次、学校129所次，共出动执法人员435人次、执法车辆90余台次。全年共召开食品各项安全会议5次，发放宣传手册3000余份，并利用短信平台向所有移动手机用户发送宣传食品安全温馨提示。利用“3·15”国际消费者权益保护日、“4·26”世界知识产权日、“5·20”世界计量日、食品安全宣传周、全国安全用药月、质量月等重要时间节点，在广场、学校、医院、企业、社区、扶贫村开展多种形式的宣传活动，覆盖面达3200人次以上，提高了各类群体学法、用法、守法意识。

【劳务输出】 与乐山市人社局、广东省佛山市和浙江省金华市对接，组织举办14场专场招聘会，完成乐山市转移就业470人次；“佛—凉”东西部协作输出劳动力800人（建档立卡贫困户714人），其中稳岗满3个月236人，完成率分别为200%、118%；浙江省金华市浦江县输出劳动力146人。全年转移输出农村剩余劳动力7.8万人次，实现劳务总收入10.22亿元（建档立卡贫困户2.61万人，实现劳务收入3.43亿元），完成率分别为107.6%、107.6%。

【主要领导人】 县委书记：马小宁；县人大常委会主任：沙马拉林；县长：沈海涛；县政协主席：沙明英；分管农业副县长：杜春虹。

美姑县编写组

雷波县

【基本情况】 2020年，全县辖10乡11镇12个街道，辖区面积2838平方千米，其中耕地面积37.5万亩，增长0.048%，人均耕地面积1.46亩；基本农田28.5万亩。年末总人口28.5916万人（户籍人口），增长0.61%；人口出生率15‰，增加1.14个千分点；人口自然增长率8.9‰，减少0.64个千分点。全年净增森林面积56915.1亩，森林覆盖率51.28%，净增森林蓄积17.8万立方米，草原综合植被盖度增长0.16%。

2020年，全县GDP69.3666亿元，增长1.4%，其中第一产业增加值15.6003亿元，增长4.9%，农、林、牧、渔及农林牧渔服务业之比为46.64 ∶ 6.52 ∶ 41.46 ∶ 3.24 ∶ 0.14；第二产业增加值28.617亿元，增长0.2%（工业产值27.7806亿元，减少2.2%）；第三产业增加值25.1493亿元，增长1.3%。三次产业对经济增长的贡献率分别为22.49%、41.25%和36.26%。劳务转移输出75660人。全年接待游客90.2万人，实现旅游收入7.58亿元。

公路通车里程2237千米，其中乡村公路2161千米。社会消费品零售总额15.16971亿元，减少8.7%。地方公共财政预算总收入完成8.9959亿元，增长5.1%；一般公共财政支出34.3031亿元，减少12.97%。农业产业化龙头企业省级、州级、县级分别为1家、2家、14家。

有各类学校132所，在校学生70907人，教职工3179人，其中普通中学11所，在校学生18845人；小学50所，在校学生34067人；学龄儿童入学率92.8%。有艺术表演团体5个，文化馆1个，公共图书馆1个。有医疗卫生机构353个，病床位941张，执业（助理）医师435人。全县城乡居民医疗保险参保人数236970人，超额完成参保任务，参保率达105.32%；基本养老保险覆盖12.8万人。

【年度农业和农村经济运行】 2020年，全县实现农业总产值28.3586亿元，增长16.29%；全县全年农业增加值达15.631亿元，增长11.79%。农民年人均可支配收入达12079元，增长10.97%。在粮食、生猪、蔬菜生产中，科技投入的占比或科技贡献率31.2%。全县农产品质量抽检合格率100%；建成21个基层农业综合服务站。完成"雷波脐橙"证明商标续展，完成山葵、莼菜绿色食品认证。主要农产品产量见表1。

新型农经营主体培育。新培育省、州级农民合作示范社5个，新培育县级示范社5个；新培育省、州级家庭农场示范场3个，新培育县级示范场38个。新培育科技示范户273户，新培育新型职业农民250人，新培育致富带头人121人。

扶持壮大集体经济。下达扶持壮大村集体经济计划资金500万元，支持行政村5个，受益人口3388人，其中贫困人口867人；村集体经济总收入约534万元，人均收入约19元。

农用地产权制度改革。加快推进农村土地承包经营权确权登记颁证，完成农村土地承包经营权确权证书颁发25632户，开展农户个人户档资料收集整理38281户。加强农村宅基地管理，印发《雷波县农业农村局雷波县自然资源局雷波县住房和城乡建设局关于规范农村宅基地审批和住房建设管理的通知》雷农发〔2020〕18号，制订《雷波县农村村民建房管理办法》（试行）。

知识产权工作。加强维权保护，重点打击"雷波脐橙"、酒类假冒伪劣产品，立案查处4起，没收涉案物品货值金额2.93万元，罚款2.7万元。全年共计申请商标156件，初步审定32件，有效注册18件；申请发明专利1件。

现代农业园区建设。新培育省级现代农业园区1个；申报创建州级园区7个，获得认定州级园区2个（大火地脐橙种植园区、箐口乡高山芦笋种植园区）；规划申报县级园区14个。

表1　2020年雷波县主要农产品产量

主要农产品	单位	产量	同比(%)
粮食	万吨	9.1875	0.61
水稻	万吨	1.0259	-1.01
小麦	万吨	0.0181	0.56
玉米	万吨	4.9642	0.03
马铃薯	万吨	2.9101	1.29
油菜籽	万吨	0.1199	0.08
蔬菜	万吨	6.7521	0.08
水果	万吨	1.6789	6.34
肉类	万吨	1.2916	-1.08
猪肉	万吨	0.9096	-0.79
牛肉	万吨	0.1042	0.19
羊肉	万吨	0.2186	-4.75
禽肉	万吨	0.0546	1.87
兔肉	万吨	0.0079	—
禽蛋	万吨	0.2186	2.39
水产品	万吨	0.1227	1.24

【种植业】 全年粮食作物播种面积19800公顷，增加166公顷；粮食总产91900吨，增加439吨，增产0.5%。油料产量1531吨，增产0.2%。糖类产量1064吨，增长0.1%。蔬菜及食用菌产量67521吨，增产0.1%。瓜果产量139吨。全年实现农业产值137949万元（现价），增加10580万元，增长8.3%。

高标准农田建设。完成2019年度高标准农田建设项目2.4万亩，其中高效节水面积0.1万亩，受益农户3000余户、农业人口15067人。启动2020年度高标准农田建设项目1.5万亩，其中高效节水灌溉面积0.22万亩，已完成勘测设计、实施方案编制，完成代理、监理、施工招标，启动项目建设。

产业路建设。完成汶水镇红花村产业路硬化提升2.512千米、黄琅镇大海村飞地模式1.921千米、马湖乡荆竹村飞地模式1.167千米。19个贫困村申报的19条产业路已竣工13条，剩余6条有序建设。

【林业】 林业产业建设。花椒产业基地建设项目总投资51.4万元，建设面积337亩；美国山核桃引种栽培项目总投资7万元，引种栽培面积5亩；雷波县谷堆移民安置点绿化项目投入资金50万元，绿化总面积36.9亩；竹产业示范园区（核心区）基地建设项目投入资金2786.791万元，人工新造竹林1815亩，人工改造低效筇竹林1268亩，项目建设年限为3年，已开展政府采购招投标工作；G353（箐口一马湖公路沿线）笋材两用林建设项目涉及1个乡（镇）2个村，新增竹林面积199.26亩，项目建设年限为3年，投入总资金492.13535万元，已完成政府采购招投标；雷波县2020年度筇竹提质增效项目在马湖乡菖蒲村、箐口乡红岩村实施，建设规模202.8亩，项目建设年限为3年，投入总资金239.53万元，已完成政府采购招投标工作，开始实施基础设施建设；雷波县竹产业基地建设项目涉及6个乡（镇）11个村，总投资2500.2821万元，已完成政府采购招投标；续建项目完成雷波县2019年易地移民集中安置点（续建）项目的补植补造，项目涉及4个乡（镇）6个村，种植面积10897亩；完成雷波县2019年竹产业基地建设（续建）项目的补植补造工作，项目涉及8个乡（镇）18个村，种植面积23346亩；完成雷波县2019年花椒产业基地建设（续建）项目的补植补造工作，项目涉及2个乡（镇）5个村，种植面积达4602亩。

天保工程。完成雷波县101.0298万亩国有林2020年管护任务；完成2019年度2521

名建档立卡生态护林员劳务报酬拨付。全县2020年度集体公益林森林生态效益补偿资金合计1608.95万元，兑付1588.17万元，兑现率达98.71%。完成国有林区单位的清产核资专项审计报告；"四个小"采森工企业（谷堆林场、西宁林场、拉咪林场、双河林场）改革后新组建的雷波县锦林国有林保护处已正式挂牌，国有林区改革通过州级验收。

退耕还林工程。实施完成2019年度新一轮退耕还林工程10000亩当年栽植任务；完成上一轮退耕还林工程（4100亩）补助资金106.6万元的兑现；完成2016年度新一轮退耕还林工程（5000亩）第五年补助资金200万元的兑现；完成2019年新一轮退耕还林工程（10000亩）第一年补助资金500万元的兑现。

绿化造林。完成雷波县干旱半干旱生态综合治理（2017年度）面积1833亩，已进行检查验收；雷波县2018年脱贫攻坚造林专业合作社造林项目（第一批）涉及10个乡14个村，完成造林面积14581亩；雷波县脱贫攻坚造林专业合作社造林项目（第二批）涉及4个乡（镇）9个村，完成造林面积1600亩，绿化道路11.76千米。

森林草原防火。建成防灭火通道858.03千米，其中县交通运输局建成总里程316.64千米，县林业草原局建成总里程60千米，乡（镇）共建成481.39千米；建成消防蓄水池201口；在谷堆乡284原场部、谷堆乡三OO、拉咪乡三工区、箐口乡红岩村、马湖乡斯黎坪（罗汉坪）5个重点地区建设防火检查站5个，已完成招标；出动宣传车342台次，悬挂宣传横幅450幅，张贴标语16680张、《禁火令》1200份、防火公告2650份、防火告知书78650份，宣传面达95%。组建专业扑火队，招聘80人；组建以林场、林业站职工为主体的10支扑火队共200人；建立群众义务扑火队伍292支、14600人。采购防灭火物资资金达465.6万元，其中杉树堡乡1200平方米营房和250平方米物资储备库建设全面开启，投资382.6万元，已建设完工。

【畜牧业】 全年肉猪出栏13.92万头，增长2.11%；羊出栏13.93万只，增长0.07%；牛出栏0.75万头，增长3.76%；家禽出栏42.68万只，减少7.43%。全年肉类总产量12916吨，减少1.1%，其中猪肉产量9096吨，减少0.98%；羊肉产量2186吨，减少4.77%；牛肉产量1042吨，增长0.23%；家禽肉产量513吨，减少4.34%。全年畜牧业产值117576万元（现价），增长31.27%。

非洲猪瘟防控。设立非洲猪瘟检查卡，严格对过往车辆的消毒和检查，累计检查车辆9139余万车次，无害化处理违规调运生猪8头，劝返调运生猪及其产品8000余次，扣押并无害化处理生猪产品2.9544吨。开展非洲猪瘟等重大动物疫病"大消毒、大宣传、大培训"工作，累计发放宣传资料54000余份，培训4300余人次，消毒100万余平方米。在春秋两季开展重大动物疫病防控强制免疫，免疫密度在95%以上，免疫抗体合格率全年保持在70%以上。

标准化畜圈建设。通过"统规自建，先建后补"的方式，共建设标准化牛羊圈130个（其中牛圈80个、羊圈50个），已建设完成并验收110户。

【水产业】 全年水产品产量1227吨，实现渔业产值9192万元（现价），增加1482万元，增长19.22%。规划建设桂花乡易地搬迁冷水鱼项目，流水池养殖面积200亩，计划投资3880万元，已完成可行性研究报告编制及评审，争取下达前期工作经费和项目资金，加快项目立项。全县列入整改的38座小水电中全部完成水生生物影响评价报告，落实中小电站渔业资源补偿，维护河流水生生物多样性。

【特色产业】 通过实施四川省晚熟柑橘重大技术协同推广、贫困村优质脐橙及小水果产业项目水利配套设施工程、产业发展用水工程等项目，提升脐橙、小水果产业质量。全县水果种植面积36820亩，其中脐橙种植面积27400亩；新发展6000亩。通过实施基础设施建设、标准化建设、科研基地建设等项目，提升莼菜蔬菜茶叶产业内生动力。全县茶叶种植面积16800亩；蔬菜种植面积58590亩，其中莼菜种植面积600亩。中药材种植面积2968.9亩，其中天麻591.9亩、山葵1200亩、芦笋195亩、金银花982亩。生态畜禽产业完成年出栏1万头生猪养殖场建设1个；完成芭蕉芋猪基地改建2个。

【乡村振兴】 安排260万元资金通过政府采购第三方编制雷波县乡村振兴战略规划。完成全县乡村振兴统计监测，系统上报州统计局并通过审核。在卡哈洛乡大火地村、马颈子镇甲谷村、汶水镇汶水村、黄琅镇大杉坪村等实施乡村振兴试点建设项目，实施农村污水治理、垃圾处理、"厕所革命"、禽畜粪污资源化利用、村庄清洁"五大行动"、农村路、水、电、气、讯"五网"基础设施建设、高标准农田建设、现代农业园区建设、十大"川字号"优势特色产业、农业农村改革、促农增收、乡村治理、乡风文明建设，实现产业兴旺，户均增收7000元以上；通过人居环境整治，垃圾分类、收集、处理，农村人居环境得到改善，农民生活质量得到提升；通过社会治理，干群关系更加清明，党组织核心作用更加明显；农民精神风貌得到改善，乡村社会文明程度得到提高，焕发乡村文明新气象，真正实现"农业强、农民富、农村美"。马颈子镇甲谷村被评为"乡村振兴示范村"。

【扶贫开发】 选优配强"五个一""三个一"帮扶力量，39名县级领导全覆盖联系47个乡（镇），72个县级部门对口联系171个贫困村，累计选派"第一书记"386名、农技员172名、帮扶队员669名、帮扶责任人4145名。

基础设施建设。累计投入17亿余元，统筹实施易地扶贫搬迁、彝家新寨、工程移民、危旧房改造、土地增减挂等项目，建成安全住房2万余套。投入12.4亿元，建成268个村通村硬化路1376.4千米，改造国、省干线76千米，县、乡道路260千米，农村公路通达率、通畅率均达100%。投入1.3亿元，实施45个乡（镇）242个村饮水安全巩固提升工程，解决改善19.05万人饮水安全问题；投入6.1亿元，实施280个村农网建设和升级改造项目399个，保障农村生活用电。投入3.9亿元，完成596个通信网络基站建设，实现通信网络全覆盖和宽带进村。投入1787.5万元，全覆盖实施"户户通"和214个村级文化室项目，建档立卡贫困户全部看上了电视。投入11.6亿元，新建中小学3所，改（扩）建36所，实施风貌提升和文化建设59所，开办"一村一幼"306所，开班436个。投入4805万元，新建和维修乡（镇）卫生院42个、便民服务中心47个。投入0.6亿元，建成集功能于一体的综合体121个。

产业扶贫。设立产业扶持基金5643万元帮助贫困群众发展产业，发放扶贫小额信贷1.83亿元，投入3.4亿元实施农牧特色产业和"短平快"项目200个，人均增收1500元。采取"公司+专合社+基地+农户"等模式，投入2.79亿元支持发展"5+3"特色产业、电商、乡村旅游、彝绣加工等，扶持带动6.5万名贫困群众人均增收1500元，171个贫困村集体经济收入达到人均8元以上。新种植脐橙2万亩、核桃57万亩、中草药2.7万亩、笋用竹4.16万亩、青花椒1.69万亩；年均发展良种马铃薯10万亩、蔬菜5.5万亩，投放鸡苗6.7万羽。培育农业龙头企业15家、专合社450家、家庭农场316家。同步完成新型农民素质提升培训10837人、技能培训2.1万人，转移输出贫困劳动力6000余人，开发公益性岗位8707个。

村集体经济建设。集体经济从普遍的“空壳”达到人均19元以上，建设村、马处哈村等5个贫困村集体经济收入达10万元以上，贫困人口人均纯收入从2376元以下增加到6748元。2月14日，省政府批准雷波县正式脱贫“摘帽”，被省委、省政府授予“脱贫攻坚先进县”称号。

【乡村旅游】 马湖创建国家4A级景区工作已通过省级验收，并对苗寨国家3A级景区进行提升，新建停车场等相关设施，对景区公厕、观景长廊等进行提升改造，并利用省级文化和旅游发展专项资金在马湖景区新建2座旅游厕所；安装1套全域旅游导视系统，在进入县域主干道和县内重要节点建设旅游交通指示牌和其他旅游相关标识牌，在箐口垭口新建1座观景台。重新设计制作《旅游宣传画册》2000册。制作完成《雷波县旅游R实景平台》，通过与相关广告媒体合作，开展为期3个月的朋友圈宣传；通过宜宾翠屏文旅在线、文旅翠屏等媒体宣传雷波文旅资源。开展疫情防控工作，对景区进出人员进行体温检测并做好登记。做好森林草原防灭火，在景区内悬挂警示牌，并设立关卡，严禁携带火源上山，定期对景区进行森林草原防灭火检查。全年共接待游客90.2万人，实现旅游收入7.58亿元。

【农村水利】 麻柳湾水库工程完成投资6343万元，场外进场道路4.8千米，左右岸灌浆平洞贯已贯通，引水管线已基本完成，已实现提前供水。马湖水库除险加固工程于9月30日在黄琅镇海口举行雷波县马湖水库除险加固工程开工仪式，该项目完工后，将保障水库安全运行及水库下游2个乡(镇)8个村14400余人的生命财产安全。杉树堡水库工程已取得勘界、地质灾害等要件批复，可研和初设报告已上报待审。马湖水库中型灌区节水配套改造渠道14.6千米，已完成渠道隧洞整治11.39千米。渡口乡灌溉沟渠维修改造工程547万元，完成渠道5.4千米的整治任务。

农村饮水安全。投入资金497.93万元，实施农村饮水安全巩固提升项目，安装饮水管道74.741千米，建成水池26口、水窖20口，安装净化设备1套，完成271个村末稍水质检测，解决15个乡(镇)22个村14774人饮水安全问题。14个千人以上和328处集中供水工程已全面收缴水费，水费收缴率达97%，水费收缴率达92%，并投入资金260万元对全县所有农户水表进行安装。出台公益岗位农村饮水安全巡管员管理办法，全覆盖开展439名水利工程巡管员技术培训。聚焦“两不愁三保障”回头看大排查和达标复核自查工作，对排查出的327户1493人饮水安全问题逐一整改销号。聚焦水利部、水利厅到凉山州暗访发现的管道裸露问题，投入资金427万元，对681千米裸露饮水管道进行了埋设。

水利行业监管实行最严格水资源管理。完成60个取水工程(设施)核查登记，核发新取水许可证27个。安装国控水资源监测站点5处，开展水利行业节水机关创建，二级水表装表率和节水器具普及率达100%，人均日用水量低于《四川省用水定额》。完成拖欠水资源费清查追缴入库，做到“应收尽收、应缴尽缴”。

长江经济带小水电清理整改。清理整改水电站45座，完成销号工作；整改类除在建的6座外，完成已建32座水电站下泄生态流量监测监控设施安装，接入省、州下泄生态流量在线监控平台水电站13座。

长江岸线利用项目清理整治。开展长江岸线利用项目清理整治，完成明新码头、塘房码头2座码头的拆除取缔和复绿，完成下河坝、大河湾、顺河、回龙场、瓦屋和金塘港务6座码头的长江岸线利用项目整改规范任务，完成全县长江岸线利用项目清理整治。

河道砂石资源管理。金沙江向家坝库区河道采砂权公开拍卖，竞拍价7650万元。联合公安等部门进行河道非法采砂排查，开展执法检查77次，出动执法人员345人次，下发各类整改通知书46份，清离采砂船6艘，立案查处河道违法采砂案件7起，行政处罚18.1万元，遏制了水事违法行为的发生。

【农业机械化】 全县农机总动力达15.22万千瓦。完成机耕(耙)7.83万亩，机械植保8.1万亩，机电灌溉作业面积0.46万亩，机械脱粒3.5万吨；农副产品加工6.9万吨，农机运输作业1360万吨千米。利用基层农技推广体系项目资金公开采购农业微耕起垄覆膜机19套、粪污干湿分离器2套、手推车打药车(植保机)5台，并发放给专合社、种养大户共21户。落实农机购置补贴，补贴微耕机、拖拉机59台(套)，通过“一卡通”兑付资金445390万元。

【农村科技】 科技扶贫在线平台建设。完成科学技术需求信息分诊工作，分诊信息共计1683条，电话回访1683条。发布技术供给管理信息20条、地方特色产业信息13条、供销对接信息16条，现场宣传及回访工作共计341次。分诊员先后到黄琅镇、马湖乡、烂坝子乡、曲依乡、渡口乡等开展平台使用现场培训50余次。

科技培训。依托全县科技特派团搭建产业发展平台。推进高校和科研院所与贫困村建立合作联系及“一对一”“一对多”的帮扶机制，集聚科技资源，促成科技成果转化。协调四川农业大学、省农科院、凉山州农科所、四川省食品发酵工业研究设计院等高校和科研院所的“三区”科技人员和科技特派员到18个乡(镇)52个行政村开展山葵、莼菜、羊肚菌、芦笋等种植技术培训及肉兔、蜜蜂等养殖情况调研培训，组织开展技术培训23场次，培养“技术明白人”80人、农民830余人。引进新品种8项，发放新西兰种兔100只、钙镁肥和含腐植酸液体肥1400余千克。发挥基层科协作用，开展科技“三下乡”活动，科普宣传进校园、进乡村，借助农民夜校等平台，开展技术技能培训，提高群众自身“造血”功能，引导农民群众学科学、懂技术、明政策。

【农村教育】 落实“15年免费教育政策”，发挥建档立卡特别资助、教育救助基金救助作用，确保建档立卡贫困家庭适龄儿童全部入学并完成义务教育。加大惠民政策倾斜力度，投入资金9111万元，其中下达学前教育保教费1278万元，惠及学前幼儿18251人；下达生均公用经费4071万元，惠及学生44758人次。全年免除义务教育阶段学生作业本费147万元。划拨家庭经济困难学生生活补助资金1537万元；下达营养改善计划资金3581万元，全覆盖教育学校99所(含教学点)，受益学生49038名；下达高中困难学生国家助学金251万元，惠及学生3465名。中职教育实现“应读尽读”，生活补助政策得到有效落实，共向1621名中职学生发放生活补助资金245.85万元。2020年春秋两季共发放寄宿制学生生活补助3854.002万元，春秋两季小学初中累计共有50176人享受此补助。

【农村文化】 督促并指导乡(镇)免费开放文化站，公开招募“三区”计划文化工作者4名，为各村文化室补充拉杆音响、数码相机、民族月琴等设备；完成300余项行政权力事项的清理、认领和平台信息完善及相关事项的审批流程、办事指南制作等。以移风易俗、森林防火、禁毒防艾、党风廉政、脱贫攻坚等内容为主题，完成文化惠民下乡演出360场。

创作《绿水青山是我家》《金斗笠银斗笠》等音乐作品10余首以及舞蹈《红火红火》；拍摄脱贫攻坚主题音乐电视《新情深谊长》并在国内主流媒体转载，其中新华社客户端点击浏览量超过100万次。组建“五彩云霞”10人文艺演出队伍，新培养“九竹乐团”原生态器乐组合。开展“学雷锋”文化志愿者错时延时基层借阅服务及定时定点借阅服务共计180场，借阅图书3706册，收回2061册，阅读5709人次。利用“村村响”“户户通”广播电视优势，对接县委宣传部和州级媒体，录制专题广播节目，将脱贫“摘帽”政策宣讲植入“村村响”广播；通过“村村响”做好疫情防控和森林草原防灭火宣传。完成426个广播“村村响”应急广播系统的维修维护及“户户通”用户广播电视信号接收设备的维护，保障广播电视长期通、户户通。

【农村卫生】 加强基层卫生院建设，利用中央预算内资金为5个乡（镇）卫生院建设业务用房及周转宿舍，总投资1040万元，更新添置大批医疗设备，巩固完善47所乡（镇）卫生院、171个贫困村卫生室达标建设成果，查漏补缺配齐医疗设施设备、药品和医务人员，全县形成以县级医疗单位为中心、乡（镇）卫生院为枢纽、村卫生室为网底的覆盖城乡的医疗卫生服务体系。稳固贫困人口全面参保防线，保障财力支撑，投入资金1926.1万元，落实财政代缴贫困人口基本医保个人缴费政策，为贫困人口全额代缴参保费用，确保建档立卡贫困人口全部被纳入城乡居民基本医疗保险范围。巩固医疗保障政策落实防线，在县域内各级医疗机构持续实行贫困人口“先诊疗后付费，一站式服务”即时结算和信息交换。落实“十免四补助”“两保三救助三基金”等政策，通过“两保、三救助、三基金”救助政策累计救助贫困建卡户患者3.69万余人次，各种报销（救助）总金额4382.6万元，确保全县贫困人口“基本医疗有保障”。牢固医疗费用政策兜底防线，落实县级卫生扶贫救助基金兜底救助工作，于2016年设立县级卫生扶贫救助基金，基金合计1450万元，救助贫困患者1，5万人次，救助金额564.6万余元，实现贫困患者县域内住院、依规转诊至县域外住院和慢性病门诊维持治疗个人支付占比控制在5%以内，重大疾病住院医疗费用控制在当年贫困线以内。开展家庭医生签约服务工作，以全县成立的203个家庭医生签约服务团队为基础，对2019年签订到期的协议进行全面清理，重新签订协议并放如感恩袋，确保贫困人口家庭医生签约服务全覆盖。落实基本医疗有保障。

【农村法制建设】 加强社会治安综合治理，成立平安雷波建设领导小组，下设10个专项小组，审议出台工作要点、工作规划、专项行动方案。依托47个乡（镇）、281个村（社区）综治中心规范化建设，设立矛盾纠纷多元化调解室，调处各类婚姻、交通事故、土地、经济等50余起重大、疑难的纠纷。全县排查矛盾纠纷2043件，调解成功2030件，调解成功率达99.36%。全县47个乡（镇）网格管理完成全覆盖，建成“雪亮工程”监控探头2080个，利用视频监控服务群众300余次，治安案件同比减少70%以上。建成综治中心329个，其中县级1个、乡级47个、村级281个，实现100%全覆盖。完成18个司法所指挥中心建设，共受理各类人民调解案件622件，开展矛盾纠纷被排查703次。按照“1乡1所”的设置原则，将原有的24个司法所调整设置为21个；建立乡（镇）公共法律服务站21个、村公共法律服务室276个、片区法律服务微信群10个。针对全县易地扶贫搬迁大型集中安置点，建立6个公共法律服务平台。全年完成法律援助31件，其中刑事案件16件、民事案件14件、行政案件1件；完成法律咨询866件；完成代拟法律文书19件。在全县已建立功能完善的法律援助工作站55个受理公证事项306件，其中民事类公证299件、经济类公证7件，收取公证费9万余元；为困难群众免费办理小额继承公证69件，减免公证费用13800元。

【农村交通】 全年建成村（组）道路1802千米，县、乡道路359千米，改造国、省干线76千米。加强道路运输管理，规范发展农村客运，已规范农村短途客运车辆171辆；加强宣传，营造农村客运发展浓厚氛围。制作《雷波县规范整治农村道路运输市场通告》2000余份，并在城区主要位置及各乡（镇）交通集中点张贴，在城区及乡（镇、街道）、学校等人员集中点发放、宣讲，同时收集、整理素材，编辑成宣传片，增强宣传效果。推进城乡客运公交一体化，规划实施2条城乡公交一体化线路。完成82个村级招呼站年度建设。全县港区共规划岸线19段21处（含锚地及海事管理岸线）13800米，其中港口岸线12800米（规划利用岸线12645米，预留155米）。完成县政府招商引资，并已建设码头8个、乡（镇）渡口5个，马湖景区有6个旅游浮动码头。

【农村社会保障】 全县养老保险参加人数14.8062万人，其中城乡居民养老保险覆盖12.8万人，为26872名贫困人员按照每人每年100元标准代缴养老保险费2687200元。城乡居民医保参加人数23.697人，其中建档立卡贫困人口78898人，已全部参加医疗保险，参保率达100%。全年建档立卡贫困人口住院20396人次，发生医疗费用4521万元，政策范围内费用4365万元，基本医疗支付3608万元；大病保险支付68万元，倾斜支付396万元。建档立卡贫困户通过基本医疗保险、大病保险、倾斜支付、民政医疗求助、卫生扶贫基金补助等多层次保障后，个人自付比例均控制在5%以内。

【惠农惠民政策】 全县以“一卡通”打款方式完成耕地地力保护补贴资金兑付17268101.83元；草原生态奖补全县草原补贴面积140.5万亩，其中草原平衡面积130万亩、禁牧面积10.5万亩，涉及农户42630户，已兑付资金393.35万元；农机购置补贴项目补贴微耕机、拖拉机59台（套），通过“一卡通”兑付资金445390万元；完成2019年度2521名建档立卡生态护林员劳务报酬拨付；全县2020年度集体公益林森林生态效益补偿资金合计1608.95万元，兑付1588.17万元，兑现率达98.71%。

【农村生态建设及环境保护】 加强秸秆焚烧监管，加强县、乡、村三级秸秆禁烧责任，重点整治县城周边秸秆禁烧，推进秸秆肥料化利用、饲料化利用和能源化利用，拓宽秸秆综合利用渠道。全面施行河（湖）长制，落实县、乡、村三级河长制，县域河流的清河行动开展实现全覆盖，编制县域内23条河流的“一河一策”管理保护方案并按方案落实。开展全县38个集中式饮用水水源地、金沙江、马湖、乐水湖等重点河流水质监测，根据全年监测报告，水质全部达到Ⅲ类标准，达标率达100%；开展乡（镇）集中式饮用水水源地保护建设工作，实施汶水镇、千万贯乡等18个乡（镇）集中式饮用水水源地规范化建设，设立标识标牌，建立隔离栏、防护栏等设施，保护饮用水水源；开展黄琅镇马湖乡污水处理工程建设，助推马湖创建4A级景区；完成县城污水处理厂、锦城镇、西宁镇、汶水镇3个污水处理站的交接工作，交由第三方公司进行运维，减排水污染物。

推进“绿化雷波”七大行动。全年管护国有林101万亩，退耕还林4.53万亩，草原禁牧10.5万亩、草畜平衡130万亩，森林覆盖率提高至49.79%；治理水土流失面积172.42平方千米，全县空气优良天数率达98.3%。"四乱"问题得到有效治理，全面取缔溪洛渡向家坝库区非法养殖，完成长江岸线利用项目清理整治，拆除并复绿港口码头5个，整改规范港口码头6个，清理、整改小水电站45座；严厉打击金沙江非法捕捞，销毁渔具4400余副；清理拆除马湖景区"两违"建筑1.57万平方米。

农村人居环境整治三年行动。新建箐口乡红岩村集中供气项目1处，供气52户；以"先建后补、以奖代补"的原则新（改）建户厕403户；全县秸秆综合利用率为86.44%；推进农药使用量零增长行动，建立绿色防控核心示范区300亩，生物防治示范面积3.5万亩，减少农药用药量超过5.27吨。设立农药包装废弃物回收点56个，回收处置农药包装废弃物12.4吨，回收处置率达71%。实施耕地质量提升与化肥减量增效示范取土化验项目，完成采集土壤样品196个；新建省级农产品产地环境质量长期定位监测点1个、县级农产品产地环境质量长期定位监测点2个；完成全县48个乡（镇）的耕地土壤环境质量类别划分，划分结果为优先保护类26.36万亩、安全利用面积4.78万亩、严格管控0.197万亩。

【农产品质量安全监管】 配合凉山州农产品质量安全检测中心对脐橙、芦笋、莼菜、马铃薯等农特产品进行专项抽检，样品合格率达100%；开展农残快检工作，共抽检蔬菜、水果等农产品255批次，其中生产基地155批次，市场、超市100批次，合格率达100%；开展农产品质量安全专项整治"利剑行动"，出动执法监管人员101人次，检查生产经营主体69个次，办理行政执法案件7件，处罚款78451元；开展监督抽样样品24个，发放宣传材料1000份，指导培训场次23次，指导培训群众1000人次。试行食用农产品合格证制度，与县市场监管局联合印发《雷波县试行食用农产品合格证制度实施方案》，发放食用农产品合格证打印机10台，印制食用农产品合格证1000份，全县共计5家生产经营主体开展食用农产品合格证制度，已开具合格证331张，附带合格证产品上市6.6吨。

农产品质量安全追溯。新增10家农产品生产经营主体入驻国家农产品质量安全追溯管理信息平台，全县种、养生产经营主体达12家，上传监管信息5次，追溯码打印13批次。

农资市场监管。重点对本辖区内的农药、种子、肥料、兽药（渔药）、饲料的农资经营户从资质、品种、来源、生产基地等方面进行全面检查，从源头规范农资市场经营行为。全年共出动农业综合执法人员380余人次，检查经营单位130余家次，查处违法行为38起。

【农村市场体系建设】 电子商务。全县国家级电子商务进农村综合示范项目建设任务已基本完成。开展电商人才技能提升培训，全年共集中培训3次，共培训119人；组织全县部分骨干龙头企业参与电商直播、"县长带货活动"共3次，直接和间接销售农特产品400余万元；依托全县电商龙头企业雷波赶街电子商务有限责任公司，加大对全县农村电商的服务和孵化力度，新增网店38个、涉农电商企业4家，帮助贫困人口就业53人。在中纪委机关的帮扶下，帮助雷波8家涉农企业入驻建行善融、工行融E、中粮我买网等电商平台销售农特产品。凉山州首个淘宝直播村学院落地揭牌，雷波县与阿里本地生活、北京一亩田科技有限公司签订助农扶贫战略合作协议。

农村金融。农行雷波县支行在全县21个乡（镇）170个村（社区）布放助农取款服务点137个，乡（镇）覆盖率达100%，行政村覆盖率达83%。代理新农保（新农合）、移民后扶直补资金、贫困村公益性岗位补贴等涉农项目5个，累计发放惠农卡2.74万张。银讯通服务点实现金融性交易年均16万笔，金额1.4亿元。新增金融服务空白乡政物理网点2个，分别为中国农业银行股份有限公司雷波千万贯支行和中国农业银行股份有限公司雷波箐口支行。为两个金融服务空白乡（镇）村民提供金融支付结算服务；在瓦岗、上田坝、马颈子3个责任区及5个乡（镇）33个行政村涉及建卡户6584户，在前期建卡户评级授信基础上，按照"能贷则贷"的原则，截至2020年年底，小额扶贫贷款余额为9434万元，累计发放1.6亿元，农户获贷率达52%以上，带动3913户建档立卡贫困户户均每年增收3000元以上。雷波农商银行累计发放贫困户住房建设贷款8868笔，金额17153万元，余额14495万元；累计发放扶贫小额信用贷款1680笔，金额7086万元，余额1029万元；累计发放产业精准扶贫贷款1124万元，余额921万元；累计发放项目精准扶贫贷款37700万元，余额30050万元；发放国家助学贷款2079笔，金额1324万元；发放各类创业担保贷款503笔，金额3627万元，余额612万元；使用人行扶贫再贷款资金19000万元。在包片的4个片区（卡哈洛、上田坝、山棱岗和西宁）发放精准扶贫贷款5558笔，金额14418万元，余额7070万元，其中扶贫小贷1386笔，金额6496万元，余额443万元；贫困户住房建设贷款4172笔，金额7922万元，余额6627万元。按照"三个100%"要求在包片的四个片区15个乡（镇）68个行政村（其中52个贫困户村）对6269户贫困户开展评级、授信和用信工作，并将发放的扶贫小额信用贷款和贫困户住房建设贷款在村委会进行了公示。在金融服务空白乡（镇）、行政村建立助农取款综合金融服务站点，在全县范围内安装投放EPOS助农取款综合金融服务站点212个，基本覆盖全县没有金融机构的乡村，解决了边远地区农户、贫困农户生活中小额取现、转账、余额查询、话费缴纳等基本金融需求。

【儿童福利】 将全县221名孤儿纳入救助，按照每人每月900元的标准累计发放孤儿基本生活费973人次，累计发放金额262.26万元。纳入特殊困难儿童保障人数952人，补助标准为每人每月200元，累计发放特殊困难儿童救助费3885人次，累计发放金额233.7万元。4月，开始审核事实无人抚养儿童申请资料，符合条件儿童为67人；5月，乡（镇）将符合条件的儿童录入事实无人抚养儿童系统，按照每人每月900元的标准，累计保障168人次，累计发放金额45.36万元。将符合条件的31个孤儿收入南田叮叮马恩达福利院，并针对这31个孤儿的具体情况联系到不同的学校。开展贫困家庭先心病患儿免费医疗和白内障患者免费医疗，共救助先天性心脏病儿童9人、白内障患者2人。

【劳务开发与返乡创业】 全年转移输出农村剩余劳动力75660人，其中贫困劳动力10253人。发放就业困难人员灵活就业社保补贴225人，金额1256185.48元。提供创业担保贷款服务，全年共受理创业贷款申请53人，共发放23笔、395万元。开展各项职业技能培训，以16周岁以上、有劳动能力和就业愿望的建档立卡贫困人员为重点，兼顾其他有培训意愿的非建档立卡贫困劳动力人员，开展厨师、焊工、挖掘机等培训，培训各类劳动力2600余人，其中贫困劳动力2500余人。开发公益性岗位1246个，发放补贴822.28万元，帮助有就业愿望和一定劳动能力的贫困劳动力实现就地就近就业。

【主要领导人】 县委书记：王荣华；县人大常委会主任：阿木布沙；县长：陈翔；县政协主席：陆青；分管农业副县长：宋平。

雷波县编写组

调查与研究

加快推进农业科技创新 把“藏粮于地、藏粮于技”战略真正落实到位

四川省农业科学院党委书记、教授、博士生导师　吕火明

习近平总书记强调，实施乡村振兴战略，必须把确保重要农产品特别是粮食供给作为首要任务，把提高农业综合生产能力放在更加突出的位置，把“藏粮于地、藏粮于技”真正落实到位。四川坚持走创新型农业发展道路，聚力农业科技创新发展，夯实粮食生产科技支撑，推动“藏粮于地、藏粮于技”战略落到实处、取得实效，继2020年时隔20年突破700亿斤大关后，2021年四川粮食产量再创新高，达到716.4亿斤。四川粮食供求仍然处于紧平衡状态，抓好粮食等重要农产品生产供给，在保障国家粮食安全上体现新担当、实现新突破、展现新作为，是四川服务国家粮食安全战略的应尽职责，也是四川推进农业强省建设的应有之义。要坚持农业科技自立自强，加快推进关键核心技术攻关，坚决打赢种业“翻身仗”，走农业科技创新驱动的内涵式发展道路，用现代农业科技和物质装备巩固提升全省粮食综合生产能力，为全省粮食安全提供科技支撑。

发挥种业芯片驱动作用，坚决打赢种业“翻身仗”。种子是农业的“芯片”，是中国粮食安全的关键。种业创新是农业科技创新的核心问题，努力攻克一批种源“卡脖子”技术，加快优质高产、绿色高效、宜机宜饲、低镉安全、加工专用等突破性品种引育，实现种业科技自立自强、种源自主可控。一是强化基础研究。加强育种理论方法和技术、分子生物技术、品种检测技术、种子生产加工和监测检验技术等基础性研究，重大基因挖掘与功能解析、重要性状形成的分子机制前沿原创性突破和应用技术性研究，以及常规作物育种、无性繁殖材料选育和转基因生物新品种培育等研究。加强种质资源保护利用，组织开展种质资源搜集、鉴定、保护、研究、评价和利用，建好四川省种质资源中心库、西南特色作物种质资源中期库。二是提升科研平台。高标准、高质量、高效率建设四川省海南南繁育种工程中心，统筹考虑服务全省科研院所和种业企业、辐射全国，将南繁育种工程中心建设成为全省种质创新、品种选育、成果转化、科技交流、人才培养的科研平台。加快推进天府种业实验室建设，打造全国一流种业创新平台，抢占种业振兴制高点，为提升“川种优势”提供科技支撑。三是培优创新主体。深化种业创新体系改革，充分发挥公益性科研单位在种业创新中的基础性作用。建立健全商业化育种创新体系，强化市场主体培育，建立以企业为主体的品种创新体系，做大做强四川种业集团，培育一批育繁推一体化种子企业。四是建好种业基地。发挥好四川作为全国三大育种制种基地的优势，推动国家级杂交水稻制种基地、杂交玉米制种基地和特色优势农作物区域良繁基地、国家级畜禽核心育种场、国家级水产原良种场建设。

以耕地质量提升为重点，开展耕地建设技术攻关。耕地是粮食生产的“命根子”。“藏粮于地”，保住耕地数量是基础，提升耕地质量是关键。必须围绕耕地质量保护和提升，开展核心技术攻关，发挥农业科技在“藏粮于地”上的支撑作用。一是提升旱坡耕地基础地力技术。以提升旱坡耕地土壤有机质为目标，重点研发有机肥资源化利用、秸秆还田培肥、科学施肥和合理轮作等关键技术，集成应用耕地质量提升技术体系，增强旱地粮油作物持续丰产能力。二是耕地污染治理修复技术。以保障农产品质量安全为目标，研究集成与推广应用“低成本、能复制、易推广”的耕地污染治理修复与安全利用综合防治技术。

集成应用绿色生产技术，加快农机农艺融合发展。全面贯彻绿色

发展理念，加快耕地绿色生产"卡脖子"技术攻关。强化农机农艺融合发展，全面提升农业生产效率和效益。一是构建农业绿色低碳生产技术体系。聚焦绿色低碳发展，加强绿色低碳投入品和生产技术研发集成与应用。重点提高农业投入品使用效率，构建绿色高效利用的技术体系，持续开展低耗、生态、节本、安全、优质、循环条件下的高产示范，在产量实现突破的同时提高资源利用效率。二是促进农机农艺深度融合。加大对主要粮食作物生产全过程机械化、信息化、智能化融合关键技术的研究、集成和应用，建立农机、农艺协作攻关机制，因地制宜选择农机农艺技术，加快现代机械化技术及绿色高效智能化装备研发与示范。

加快农业科技成果转化，促进先进科技落地到人。坚持以市场需求和产业问题为导向，集成应用一批重大新品种、新技术、新产品、新装备、新模式等农业科技成果和技术模式，推动农业科技成果转化为现实的生产力。一是以粮食种植结构优化调整为手段推进优良品种推广。围绕市场需求，加快全省粮油种植结构协调性调整、特色性调整、竞争性调整，不断优化粮油产品供给结构和质量，推进优良品种的大面积转化推广。积极探索推广粮经统筹、粮经复合、玉米大豆带状复合种植、稻渔规范高效种养技术和模式，不断提高种粮比较收益。二是加强农业科技成果转化推广体系建设。进一步改革和完善基层农技推广体系，强化推广人才队伍建设，真正培养一批业务水平高、服务意识强、知识技术储备新的高素质农技推广人员。强化农业科技特派员、农业科技示范户、农业社会化服务组织的作用，构建适应农业发展新形势、新需求的技术转化推广模式。三是加强职业农民培育。积极培育以职业农民为核心的生产经营主体，提高粮食生产主体的技术应用能力。优化职业农民培训方式和内容，加大绿色生产、种养循环、智慧农业等现代农业新技术和电子商务、直播带货、休闲农业等新业态经营管理的培训力度，提高农民生产、经营、管理等综合技能。

完善科技创新体制机制，增强科技创新创造活力。大力推动农业科技创新体制机制改革，加快形成适应新时代农业科技创新发展需要的实践载体、制度安排和良好环境。一是改革重大科技项目立项和组织管理方式。突出原创导向、重大需求导向，探索实施"揭榜挂帅""立军令状""赛马制""擂台赛"等新型组织模式，推动技术总师负责制。构建协同创新模式，突破组织边界、地域边界、技术边界等限制，发挥整体优势，形成推动重大科技攻关的强大合力。开展长周期研发项目试点，探索建立"十年磨一剑"的稳定支持机制和长周期评价体系。二是深化科技成果使用权、处置权和收益权改革。完善科技成果转化机制，深化职务科技成果权属改革，推进职务科技成果转化前非资产化管理改革试点，探索开展职务科技成果持股改革试点，建立健全创新者分享产权的激励机制和职务科技成果转化容错免责机制，放活成果、放活人员，激发科研人员创新创业活力。

中国银行四川省分行根植县域"热土"为乡村振兴注入金融动能

中国银行四川省分行党委书记、行长　王　果

民族要复兴，乡村必振兴。2021年，中国银行四川省分行坚决贯彻落实国家决策部署，积极践行乡村振兴战略，扎实做好巩固拓展脱贫攻坚成果与乡村振兴有效衔接，加大信贷投放，推进科技赋能，精细金融服务，全方位"着墨落子"，在争做服务乡村振兴的金融"排头兵""主力军"的征途上结出了累累硕果。

一、强担当，以机制资源保障破题起势

"擦亮四川农业大省的金字招牌"，这是习近平总书记对四川农业农村工作的嘱托。深耕川蜀百余年的中国银行作为金融"国家队"，该如何作答这份田野上的考卷?

欲善其事，先利其器。"器"是方向，是制度。在深刻领会党中央及中国银行总行关于乡村振兴战略部署的前提下，四川中行党委立足实际，从巩固脱贫攻坚成果、做实定点帮扶、推进产业振兴等多个方面出台制度与方案，从制度层面指明四川中行助力乡村振兴大方向，保障金融助力乡村振兴落实落地。

调查研究是谋事之基、成事之道。四川中行党委率先垂范、躬身入局，先后带队到营山、大英、新津、冕宁、彭州、金堂、崇州等多家县域分支机构，深入农户、企业，开展实地考察调研，探讨乡村振兴之路，为擘画支持乡村振兴的蓝图提供依据。

思定而后谋动。四川中行深入领会国家战略部署，贯彻落实总行乡村振兴及县域金融行动方案，召开乡村振兴专题党委会，强调把支持乡村振兴摆在优先位置，并对组织架构、工作机制、推进重点等进行全面、周密部署，吹响服务乡村振兴发展的"集结号"。

事在人为，谋事在人。四川中行紧紧抓住"人"这一关键要素，专门成立乡村振兴服务领导小组及乡村振兴金融部，定期选拔优秀青年员工到县域岗位"练兵"锻炼，为县域机构员工提供专项培训及上派交流通道，同时倾斜资源配置，提供专项支持，"让听得到炮声的人司掌炮火，令司掌炮火的人呼叫炮火"，为广大员工在基层沃土建功立业搭建平台、撑腰鼓劲，夯实服务乡村振兴的人才底蕴。

二、精服务，为现代农业产业发展铺路架桥

务农重本，国之大纲。长期以来，四川中行不断提升金融服务精准度，围绕本地农村实际产业需求，重合作、强渠道、优流程，不断加大涉农信贷投放力度，让源源不绝的"金融活水"流进田间地头，催动现代农业产业蓬勃生长，在乡村的广阔天地中处处留下"中行红"。

强化"三农"重点领域融资保障——四川中行强化银政对接，与农业农村厅签订《共同推进乡村振兴战略合作框架协议》，与达州市开江县、南充市仪陇县、泸州市合江县签署《农村三资服务平台合作协议》，并主动对接相关主管单位，及时了解最新涉农政策、现代农业产业体系重点工作、重点项目，聚焦支农、惠农着力点，积极探索服务乡村振兴新模式。

支持本地特色、重点产业——四川中行相继编制了川茶、川粮油、川药等行业产业工作推进方案，引导辖属机构"一县一策"落地完善

服务体系，大力支持现代农业产业项目、农业龙头化企业及其链上企业；制订《“美丽乡村贷”业务服务方案》，推出“农旅贷”“养殖贷”“种植贷”“农基贷”“园区贷”系列产品，支持青白江“我的田园”、大邑“幸福农业”等农文旅项目，支持眉山泡菜、简阳羊肉、攀枝花芒果、资阳青花椒等地理标志及特色农产品发展；推出“天府科创贷”“服保贷”等产品，支持县域“专精特新”、科技型中小企业、新兴服务企业；在第四届进博会上，通过中银e企赢平台撮合现代农业、食品加工等行业企业与10余家外方企业对接洽谈，助力农业龙头企业“走出去”。

打通金融惠农“最后一公里”——四川中行持续推动金融资源、服务下沉，不断延伸县域网点辐射范围，加快优化县域网点布局。在同业中率先跨区域调优网点至凉山州3个空白贫困乡（镇），实现便携式智能柜台推广县域网点全覆盖。进一步加大手机银行、企业网银的县域推广力度，加强县域教育、医疗、支付场景建设，在阆中、安岳、隆昌等县域落地银联乘车二维码项目及“智慧校园”项目，强化对示范带动效应。截至2021年年底，四川中行涉农贷款余额近900亿元，较年初新增逾100亿元，增速近20%，位列当地“四大行”第一。

三、重创新，以数字化转型助乡村建设提档加速

随着农业农村数字化步伐的加快，四川中行也致力于在乡村数据库建设、乡村治理、乡村产业生态培育等方面发挥金融科技优势，助力弥合城乡“数字鸿沟”，推动涉农产业升级，增强乡村振兴后劲。

数字化平台构建加速“引擎”——落实省金融科技赋能乡村振兴示范工程，与各级政府部门共同创建社保金融农村惠民服务系统、“银村直联”项目试点、县域医疗共同体、“三资”管理平台，并积极推进“农贷通”“信贷直通车”平台建设，探索打造数字化、场景化、平台化结合的县域金融服务模式。助力县域“智慧医院”建设，打造互联网“掌上医院”，同业首创省级智慧医疗平台，向患者和医院提供“互联网医院”“掌上医院”、统一支付对账的一揽子“智慧医院”解决方案，其中资阳试点医院已通过省卫生健康委互联网医院专家评审，取得“互联网医院”牌照及运营资质。

重点领域典型经验注入加速“动能”——深入探索政策研究。成立数字乡村平台建设、高标准农田建设、农村土地治理及指标流转、农业产业链等专项课题组，支持成都市新津区农博园核心区域的农村集体建设用地综合整理项目、崇州市当地农村土地整理指标流转项目，推行“新津模式”（宅基地腾退）、“崇州模式”（小挂钩）。

创新性平台产品按下加速“启动键”——搭建特色供应链服务平台，打破地域限制，为郎酒及其全国经销商提供融资服务，支持县域酒类经销商快速融资。落地省内同业首笔“电力贷”业务，以电力数据为核心，实现银行系统与电力数据直连，在线评估小微企业贷款额度，直击小微企业“融资难、授信慢”问题，助力乡村振兴业务发展。截至2021年年底，四川中行共计为省内小微企业发放贷款近1100亿元。

“志不求易者成，事不避难者进。”自中国银行1915年首次在川设立机构至今，中国银行在光阴的考验与洗涤中已躬耕蜀地107年。百余年来，四川中行始终将自身的发展篇章融入当地高质量发展的宏大叙事中，活“金融水”、开“顶风船”、啃“硬骨头”、行“荆棘路”。未来，四川中行将进一步深化落实党中央、国务院有关战略部署，依托中银集团“一体两翼”战略发展格局优势，全方位加大乡村振兴支持力度，切实提升金融服务乡村振兴质效，以金融“活水”润泽“天府之国”，助力全面推进乡村振兴取得新进展、农业农村现代化迈出新步伐。

提升品质　全力推进全省“平安百年品质工程”建设

四川省交通工程质量监督站党委书记、站长　梁正钦

2021年，省交通工程质量监督站着力加强监督体系和监督能力建设，强化交通建设工程质量安全监督，统筹对全省37个高速公路项目3537千米、2个重点水运项目、12个地方铁路项目1174千米、21个市（州）国省干线及农村公路实施全覆盖、全过程、全方位监督，特别是对高速公路项目中151座特大桥、190座特殊结构桥梁、96座特长隧道、99座瓦斯隧道进行重点管控，实现在建工程质量安全形势总体稳定可控，为成渝双城经济圈、“一干多支”等重大发展战略提供质量安全支撑。

一、聚焦中心大局，质量安全监督工作水平不断提升

一是工程实体质量稳中有升。持续加大在建项目监督及工程实体质量抽检力度，对王通路等重点项目实施专班监督，促进质量问题整改到位，推动工程质量稳步提升。2021年，全省高速公路、干线公路、农村公路抽检指标总体合格率分别为95.98%、96.29%、94.02%，其中高速公路总体合格率与全国平均水平基本持平，路基、路面、隧道、交安等合格率均高于全国平均水平；高速公路和国省干线交工验收合格率达100%、农村公路交工验收合格率达99%，在建项目未发生一起质量事故，未出现因质量问题影响项目通车现象，为确保完成交通运输厅投资目标和通车任务提供了坚实的基础保障。

二是安全生产整体形势可控。不断强化重点时段、重点项目、重要部位安全管控，加大现场安全监督频次，确保建设领域安全形势处于受控状态。全年接报安全生产事故2起，死亡2人（不含沿江高速“10·1”隧道拱顶冒落事件），事故起数与死亡人数双下降，重点水运、国省干线等领域实现零事故。

二、注重基础保障，质量安全监督体系更加完善

一是切实推动质监职责落实。全省质监机构改革后，部分市（州）监督职能职责不清，在建项目监督出现缺位，省交通工程质量监督站及时代交通运输厅向省领导进行专题汇报，省政府向市（州）印发《关于加强市县公路水运工程质量安全监督能力保障的通知》，解决了市（州）监督人员不足、监督职责不清、监督工作脱节等，实现在建项目监督全覆盖。

二是狠抓监督能力保障。机构改革期间，督促21个市（州）均落实了建设项目监督机构，年均落实专项监督经费近5000万元，确保行业监督不留空白。特别是新的监督规定颁布后，省交通工程质量监督站连续两年共保障近800万元专项资金开展竣工验收复测工作，确保检测的独立性和公正性。成都、绵阳、凉山等市（州）创新落实安全专

项经费开展安全咨询服务。

三是狠抓监督理念提升。由注重建设从业单位单一监督向注重市(州)质监机构、投资主体、建设从业单位系统监督转变,由注重现场监督向注重行业系统监督转变,由侧重精细化监督向同步注重精准化、精细化监督转变,强化形成省市监督合力,建立多层级多维度抓好质量安全工作格局。

四是狠抓监督方式转变。在全面推广"监督组+专家组+第三方检测机构"现场督查机制基础上,全面推广购买社会服务、双随机一公开、信息化实时监控、完善盲样抽检工作等监督方式,切实提升质量安全监督实效。全省对在建项目监督力量投入、监督模式、监督频次和监督深度均受到交通运输部督查组的肯定。

五是狠抓监督行为规范。出台《质量安全监督工作手册》,规范现场检查行为和交竣工验收程序,加大质监系统业务培训,培训名额重点向"三州"地区倾斜,进一步明确做什么、怎么做,促进监督工作规范化、标准化。

三、强化监督检查,强力推进"平安百年品质工程"建设

一是着力推进平安百年品质工程建设。按照交通运输部部署,严格一项目一创建方案,组织起草《四川省平安百年品质工程实施方案》,全省宜攀、久马、泸石、G5成绵扩容、龙溪口航电枢纽5个项目成功被交通运输部确定为首批示范创建项目,数量排名全国第二,其中G5成绵扩容作为全国8个优秀方案之一,被交通运输部安质司推广借鉴。宜攀、泸石等项目在智慧梁场、环保、隧道成套化机械施工等方面成效明显。

二是着力开展质量提升专项行动。加快推广11项四新技术、全面淘汰35项落后工艺、加大工程实体质量检测、开展特殊原材料抽检、实施施工班组标准化改造、强化隐蔽工程监督,推动工程质量稳步提升。12个通车高速公路项目共计635千米交工验收合格率100%,完成竣工质量鉴定的高速公路项目优良率100%。

三是着力推进重点项目质量管控。对镇广高速王通段、CZ铁路配套公路、宜彝高速、双机场标志牌更换等交通运输厅重点项目、重点任务制定专项监督方案,派驻专人蹲点,实施专班监督。全年检查发现并整治质量问题共826个,及时查处工程质量投诉举报23起,未发生一起质量事故,推动建设一批高质量工程。

四是积极推动"平安百年品质工程"示范创建。深入开展"两区三厂"标准化建设、班组标准化改造,加快淘汰落后工艺、设备、材料等专项活动。按照"一项目一方案"要求,申报项目现场陈述方案、现场答辩、现场考核。

四、着重固本强基,安全监管全面有序扎实推进

一是强化安全生产源头治理。针对交通建设投资多元模式下项目安全生产责任体系不明晰的问题,推动项目建立《建设项目安全生产管理体系与安全工作清单》,理顺不同建设模式下参建各方安全生产管理体系和责任链条。

二是强化重点工程安全风险及隐患双重预防。配合交通运输厅出台《四川省公路水路交通行业重大安全风险及防控要点(2.0版本)》,系统梳理交通建设领域6类重大风险,对存在重大风险的139座特大桥梁、105座瓦斯隧道建立清单台账,纳入省级重点监管范围。首次购买安全监督社会服务,对15座瓦斯隧道开展重点监督。全面开展安全隐患专项检查,发现并督促整改安全问题及隐患648处,实现重大隐患销号、一般隐患清零,有效遏制重特大安全事故发生。

三是强化重点时段安全监管。按照交通运输厅"冬安行动""夏安行动"统一部署和厅分管领导要求,细化出台交通建设领域"冬安八条""夏安十二条""驻地六条",点对点发送工作提示函和特殊节假日预警,通过暗查暗访、专项监督、挂牌监督、跟踪监督、蹲点监督多种方式,有效保障重点时段安全形势可控。

四是强化安全生产专项活动。深入开展平安工地建设、安全生产专项整治三年行动、质量安全红线行动等5个专项整治活动,进一步夯实一线作业安全基础。同时加大安全问题整治,全年责令停工整改83次,开展安全生产约谈及风险提示会6次,通报批评24次,信用评价扣分3次,及时扭转安全生产不利势头。27个在建高速公路项目389个合同段平安工地考核全部达标,其中雅康高速大渡河大桥和二郎山隧道被交通运输部确定为公路水运建设"平安工程"推广等级项目

五是扎实开展"平安工地"建设。开展"平安工地"建设"三送行动",邀请专家与建设单位共同梳理分析全省"平安工地"建设重难点,在泸石高速安顺特大桥、大岗山隧道施工现场开展平安工地"三送行动"现场服务,多次组织重点地区、项目开展专家线上讲课,为进一步提升全省平安工地建设水平奠定基础。大力推动在建项目示范创优,雅康高速二郎山隧道及大渡河大桥获得交通运输部2018—2020年度平安工程冠名,并纳入推广等级。

五、加强环保督查,推动项目环保问题整改落实

一是加强环保组织领导。编制《四川省高速公路建设领域生态环境应知应会手册》、2021年环保检查要点,同步部署生态环保监督与质量安全监督,全力推进环保督查工作。

二是全面排查环保问题。组织开展高速公路环保监督检查,参与厅环保暗查暗访、巡回指导和蹲点督导,牵头落实攀西片区暗访工作。尤其对环保问题突出的九绵、久马两个项目进行蹲点督导,促进项目环保水平提升。

三是规范环保监督流程。为强化环保问题整改,促进标本兼治,省交通工程质量监督站修订2021年生态环保检查要点,印发《环保应知应会手册》,要求各督查组检查时将环保内容作为检查重点,目前正在探索制定环保监管相关制度,如生态环保监督管理办法、生态环保督查办法等。

四是强化环保监督检查。对生态环境部西南督察局和省环保督察组移交的、涉及7个高速公路项目共41个问题逐一现场核查。参与5个检查组分赴攀西、川西北、成都平原、川东北4个片区进行生态环境保护暗查暗访和销号核查,发现问题82个,涉及高速公路项目24个。组织开展在建高速公路项目生态环境保护督查工作,发现问题110个,涉及高速公路项目17个,并对发现的问题分类建立台账,严格督促整改,形成闭环,尤其对环保问题突出的九绵、久马两个项目,组织项目业主开展专项约谈会,确保整改到位。

五是加大问题整改力度。对省交通工程质量监督站综合检查发现的25个项目157个环保问题、省级单位移交的7个项目41个环保问题、交通运输厅暗查暗访发现的攀西片区交通运输领域78个环保问题及全省高速公路建设领域82个环保问题、中央环保督察组信访移交的高速公路建设领域23个环保问题,均建立清单台账,对重点问题蹲点指导,全部督促整改到位,按期销号,圆满完成中央环保督察迎检任务。

六、深化政务改革,推动监理检测市场规范发展

一是全面完成"一网通办"百日攻坚任务。实现监理检测服务事项全程网上办理,精简申请证明材料35项,办理时限缩短12个工作日,减少企业和群众前往政务中心1500余人次,为140家企业和3921

名从业人员提供服务，按时办结率和群众满意率均为100%。

二是切实加强市场监管。以资质符合性和检测仪器设备管理为重点，对40家企业开展"双随机、一公开"专项检查，督促整改问题74个。对省内109家检测机构进行检测能力比对，对161家监理检测企业和4366名从业人员进行信用评价，推动行业规范有序发展。

三是服务农村公路质量管理。组织45家检测机构对90个县（市、区）352个农村公路项目2306千米开展志愿帮扶检测，切实减轻基层负担。对26个县级交通运输主管部门和建设从业单位试验检测技术人员进行实操指导，促进基层质量检测水平提升。

七、理顺工作机制，扎实开展地方铁路监督

一是逐步理顺监督机制。积极与省发展改革委铁机办沟通协调，再次明确省交通工程质量监督站地方铁路监督范围。首次开展川南城际铁路和叙大铁路竣工验收，基本建立地方铁路验收工作机制。

二是加大铁路监督力度。对12个地方铁路项目开展监督检查22次、参与联合检查4次，检查建设单位1个、施工单位28个、涉及的监理单位19个；发出整改通知单22份，发现和督促整改问题353个，处理投诉举报5件。开展工程实体质量检测5次，检测点位70709处，总体合格率99.7%；原材料抽检6次，检测点位732组（件），总体合格率97.7%，2021年全省地方铁路工程建设项目安全质量总体可控。

省交通工程质量监督站将加强监督力量调配组织，加大现场监督检查力度，强化动态监管和检测，严格问题整治和查处力度，严把质量检测关、验收关，确保监督覆盖率、项目监督抽检率等五个100%监督，加快推进平安百年品质工程创建，努力实现安全生产零死亡目标，全面提升在建工程的安全性和耐久性。

2021年是"十四五"规划开局之年，也是交通强省建设的关键之年，随着高质量发展要求和人民群众对交通基础设施品质要求越来越高，质量安全工作的重要性日益凸显。党的十九大作出高质量发展和交通强国的战略部署，要求树立安全发展理念，健全公共安全体系，完善安全生产责任制，坚决遏制重特大安全事故，提升防灾减灾救灾能力。习近平总书记多次对质量安全进行批示指示，强调全力打造"精品工程、样板工程、平安工程、廉洁工程"，要求牢牢守住安全生产底线，切实维护人民生命财产安全。国务院印发《交通强国建设纲要》，交通运输部提出建设平安百年品质工程，推进交通强国建设试点，开展质量耐久性活动，全面提升交通基础设施本质质量安全。人民群众更加关注交通基础设施的质量和安全，提升交通项目建设质量安全水平迫在眉睫作。工程建设项目点多、面广、任务重，不良地质情况复杂，建设技术难度大、安全生产风险增加，工程质量安全监管面临巨大困难。新冠疫情对项目质量安全管控影响严重，建设任务不减、目标不变的总体要求给质量安全带来较大压力，特别是一些建成通车项目将面临质量安全与工期紧张的突出矛盾，质监工作面临前所未有的困难和压力。我们唯有踔厉奋发、笃行不怠，提升品质，全力推进全省"平安百年品质工程"建设，方能不负历史、不负时代、不负人民。

优化体制机制　创新发展模式　全力激发集体经济发展新动能

成都市青白江区农业农村局

近年来，成都市青白江区坚持把发展壮大集体经济组织作为实施乡村振兴战略的重要举措和支撑保障，不断优化管理模式、深化产权改革、创新发展路径、加强监管力度，全面增强集体组织"造血"功能，大大提升了村级组织的号召力、凝聚力、战斗力和服务力。全区共有54个村集体经济组织，其中年收入5万元以上的有22个、10万元以上的有15个、20万元以上的有10个、50万元以上的有4个。

一、以构建"管根本、重长远"的管理模式为出发点，推动工作落实

一是健全制度措施。结合工作实际，相继出台了《青白江区村级集体经济组织调整改革专项工作方案》等一系列文件，初步形成了有效保护和发展农村集体经济组织成员合法权益的机制，落实了集体经济发展任务，为发展壮大集体经济奠定了基础。二是完善组织形式。加强村党组织对集体经济组织的领导，全面推行村党组织书记通过法定程序担任村级集体经济组织负责人，向集体经济组织颁发《农村集体经济组织登记证》和统一社会信用代码，并指导制定集体经济组织章程，成立股份经济合作联合社，建立成员（代表）大会、理事会、监事会内部治理机构，切实保障集体经济组织成员的切身利益。三是加强业务培训。抽调各区级相关部门专家组成培训小分队就集体"三资"锁定与清理、调整合并工作方案拟定等10余项工作内容开展业务指导。常态化邀请西南财经大学、四川战旗乡村振兴研究院等专家就如何推动农村集体经济组织发展壮大相关内容展开线下培训，并借助战旗智库"乡村名家讲坛"互联网线上信息直播平台开展集体土地改革与实践线上课程培训，帮助村集体组织开阔思路，寻找发展壮大新路子。全年累计开展线上线下培训50余次，涉及2000余人次。

二、以营造"聚要素、激活力"的发展环境为着力点，释放改革活力

一是开展村集体资产清产核资。严控按照清查、登记、备案等9步操作流程开展村集体经济清产核资，彻底摸清各村集体经济家底。2019年共清理核实资产总额41330.5万元，核实资源性资产412057亩。二是科学确认集体成员身份。按照《农村集体经济组织成员资格界定指导意见》要求，在严格保护妇女、退伍军人、农村外出务工人员、外嫁女的合法权益的基础上，统筹考虑户籍关系、农村土地承包关系，对集体积累的贡献等因素确认集体成员身份。已登记认定集体经济组织集体成员237225人，并全部录入农村集体"三资"监管平台。三是推进集体资产股份化改革。在清产核资基础上，把集体资产所有权确权到不同层级的集体经济组织，并以份额形式进行股份量化到本集体成员，建立健全集体资产股权登记制度，对集体经济组织成员持有的集体资产股份信息进行登记，并出具股权证书予以确认。推进股权静态管理，建立集体经济组织成员镇（街道）登记、区级备案机制，实行集体资产股权不随人口增减变动而调整。指导集体经济组织健全集体收益分配制度，坚持以集体资产股权作为集体成员参加集体收益分配的基本依据，共量化集体经济组织股本总额18361.58万元。

三、以探索"多元化、长效化"的发展路径为突破点，拓宽增收渠道

一是整合资源，走土地租赁路子。整合农村土地资源，通过土地流转、集中承包等方式，将集体土地承包给企业和经营大户，实现土地规模化、集约化经营，由村集体收取租金，实现村集体经济“旱涝保收”。全区实现耕地流转面积16万亩，适度规模经营率达77.6%，实现收入近1亿元。二是做大存量，走资本增值路子。积极引导村集体利用集体建设用地和地理位置优势自建门店，通过出租门店收租金，确保村集体一次投资终身受益。已成功打造出城厢镇康家渡社区集体经济发展试点，社区利用自身区位优势，沿用“BT”模式修建配套商业楼，商业楼面积增加至3000余平方米，引入博艺教育、亚细亚文化培训学校、一家人餐饮集团等企业入驻，社区年集体资产实现保底收入60余万元。三是创新运营，走服务创收路子。探索“兴办服务创收”模式，引导镇（村）以村集体经济组织名义成立劳务服务公司或经济服务组织，组织培训本村闲散劳动力，提升其劳动服务技能，并承接村内外卫生保洁、垃圾清运、护林防火、项目施工等各项工作，通过有偿服务增加村集体经济收入。目前，已建立先锋劳务服务队等服务型、经营型组织10余个。四是龙头引领，走企业带动路子。探索“公司+村级集体经济组织+农户”的发展模式，大力引进优势企业开发，村集体利用闲置土地、房屋、剩余劳动力等资源入股，带动集体经济发展，已形成福洪镇杏花山上旅游区、姚渡镇桃花里等农商文旅体项目30余个，成立专业合作社159家、家庭农场820家。

四、以完善“科学化、规范化”的监管措施为支撑点，强化监督管理

一是健全集体“三资”管理制度。指导农村集体经济组织建立健全资金、资产、资源三本管理台账以及集体资产登记、保管、使用、处置和年报等制度，确保集体经济组织规范有序运行。结合村（社区）体制机制改革工作，全面完成全区原124个村（社区）主要负责人经济责任和社区保障激励资金专项审计工作。二是推行账务分开核算。建立村（社区）自治组织和集体经济组织账目分离、独立核算机制，制定《青白江区村级集体经济组织调整改革财务合并相关指导意见》。理清“三资”监管代理公司和会计核算软件公司、各镇（街道）村组代理会计核算中心三方职能职责，提高集体经济组织“三资”财务管理水平和独立自主能力。

双流区聚力“四抓”“四融合”　高质量推进城乡融合发展

成都市双流区农业农村局

近年来，成都市双流区认真贯彻落实中央、省、市全面推进乡村振兴的重大决策部署，深入推进城乡融合发展，聚力“四抓”“四融合”，乡村振兴实现良好开局，城乡融合发展纵深推进，探索出一条城乡业态叠加、同步更新、美美与共的城乡融合发展新路。2020年，全区城乡居民可支配收入分别增长5.6%、8.3%，连续6年获评“全省农民增收工作先进区”，荣获“中国全面小康百佳示范区”“中国最具幸福感城区”等荣誉。

一、抓规划，“一盘棋”统筹推进城乡空间融合

着力破解城乡二元结构，坚持“先策划后规划，不设计不建设”的原则，以科学规划、全局思维统筹推进全域乡村规划提升工程建设。

（一）战略引领明晰发展路径

以高质量建设践行新发展理念的“中国航空经济之都”为统揽，重塑城乡空间格局，高质量编制完成《双流区农业农村现代化“十四五”规划暨“一带一区一走廊”规划》和“大美田园”“天府农耕”2条市级乡村振兴示范走廊规划，重点以建设全域乡村大数据云和实施农村空间综合整治、乡村产业换挡、高端要素聚集等“五大工程”为抓手，承接和转化空港“物流、人流”实体资源和“信息流、价值流”虚拟资源，推进乡村全要素数据化、农事全主体在线化、农业全过程智能化，推动形成城乡融合、虚实融合的全国“双一流”融合发展典范。

（二）精心布局做强产业支撑

坚持做优乡村振兴的顶层设计，出台《双流区乡村振兴战略发展规划2018-2022》，依托全区国土空间规划编制，会同规划部门，围绕航空经济区、成都芯谷、天府国际生物城三大功能区，布局三大农商文旅融合发展功能区。在牧马山片区突出枢纽服务、高端商务、大地景观建设，布局打造世界一流的牧马山国际文旅会客区；在成新蒲片区突出智慧农业、数字乡村、科普研学，布局打造活力迸发的成新蒲乡贤智创留客区；在锦江流域片区融入旅游、康养、医美养生，布局打造绿色生态的锦江流域乡村旅居待客区。

（三）多规合一优化城镇体系

打破镇（街道）、村（社区）行政区划界线和城乡空间边界，按照“镇镇连片”“村村连片”思路，以项目为导向，依托产业功能区、生态功能区和综合交通枢纽，构建“功能区+特色镇（街区）+新型社区（林盘聚落）”城镇体系，编制永安镇景山村、彭镇兴福社区四村连片等5个“多规合一”的实用性乡村规划，形成历史文脉、经济流向、绿色廊道、产业分布交互融合的城乡空间结构。

二、抓生态，“一主题”践行推进城乡形态融合

以绿色田园为本底，以幸福美丽乡村为映衬，全域推进乡村景区化景观化建设，为乡村注入“绿色活力”。

（一）新农村更加“靓丽”

深入开展农村人居环境整治，健全农村人居环境治理和长效管护机制，对标南京市江宁区，建立“最美农户”评选积分管理制度，每年评选100个“最美农家”，给予1000元/户一次性奖励，调动村民积极性，营造农村人居环境人人参与、共建共管的浓厚氛围，累计改造农村户厕7600余户，建成农村垃圾收集点654个，城乡集中居住区生活垃圾分类覆盖率达98%以上，20户以上的农民集中居住区生活污水处理设施覆盖率达90%以上。开展农村地区违建棚房、拆而未用土地专项整治，借鉴苏州工业园植绿添景、拆墙透绿的方法，打造“可食绿地”、小游园、微绿地景观，进一步优化、美化农村环境，创建省级“四好村”20个、市级“四好村”44个。

（二）新家园更加“宜居”

按照“新村+林盘+绿道”模式，推进升级版幸福美丽新村建设，进一步优化农村居住环境，累计建成幸福美丽新村22个，惠及农户8803户26400余人，中央电视台《新闻联播》栏目深度聚焦双流，向全国推广双流幸福美丽新村建设经验。推进农村地区配套设施建设，坚持“城乡路网、水网、管网一体规划设计、一体推进”的原则，大力实施饮水安全工程、乡村道路建设和城乡主要道路“有路无灯”“有灯不亮”专项治理，累计建成“四好农村路”示范路125千米，农村地区自来水普及率达95%，成功创建“美丽四川·宜居乡村”达标村57个、“美丽蓉城·宜居乡村”示范村12个。

（三）新乡村更加“绿色”

以化肥农药减量化、畜禽养殖污染治理为重点，采取水溶性高效肥替代传统化肥，推广高效低毒低残留农药等治理方式，精细化开展农业面源污染防治，实现畜禽粪污综合利用率达90%以上、农作物秸秆综合利用率达98.5%以上、农药包装废弃物和农膜回收率达80%以上，化肥、农药用量连续4年实现负增长。大力实施生态惠民示范工程，加快推进绿道蓝网体系构建，扎实开展川西林盘保护修复，结合山水田林湖草等自然资源和空港观光农业、槐轩文化和古蜀农耕等要素，打造八角水寨、帅家院子、吴家染坊等具有地域文化特色的林盘、农村微景观，构建“城中有田、田中有城”的空港公园城市大美乡村形态。黄水镇白塔社区帅家院子林盘获评“十大川西林盘年度消费新场景”。

三、抓产业，“一张网”联动推进城乡业态融合

立足都市消费人群和千万级航空旅客流量的优势，创新推动农商文旅体深度融合，以产业叠加创造新供给，以产业融合催生新业态，横纵结合编织城乡业态资源要素流通网络，构建城乡产业融合发展体系。

（一）农业本底更加夯实

大力推进现代农业经营体系建设，全面贯彻实施“米袋子”“菜篮子”强基行动，扛稳粮食安全重任，完成8.12万亩高标准农田建设，稳定粮食种植面积8.5万亩、蔬菜种植面积15万亩。立足“近郊”“空港”优势，持续推进农产品标准化品牌化建设，创建“双流冬草莓”“双流二荆条辣椒”等地理标志产品4个，6个品牌进入“天府源”目录。

（二）项目融合更加多元

牢固树立“生产即生态，生产即景观”的观念，坚持运用商业逻辑推进乡村产业的跨界融合，依托古树竹林、传统民居、川西林盘聚落等特色资源，打造天府桃源、欣悦草莓、永安四友葡萄、海蒂和噜噜的花园等集农村电商、文化创意、旅游观光等产业跨界融合于一体的都市田园会客厅。坚持“景区化、景观化、可进入、可参与”理念，以绿道为脉串联建设全域绿色网络，有机植入三国文化、古镇文化、航空文化等元素，建成永安湖城市森林公园、空港花田、华侨城欢乐田园等一批重大农商文旅体融合项目，华侨城欢乐田园荣获“中国旅游景区欢乐指数2020年度乡村田园类优质体验景区”第一名。

（三）载体承接更加丰富

坚持以产业功能区、特色镇、川西林盘和绿道蓝网等为载体，进一步优化提升“特色镇、川西林盘、景区”的多元融合模式，积极推进模式、项目创新，促进田园景观与林盘、绿道、新村、公园等有机融合，打造了“空港花田+云华新村”“八角水寨林盘+新村”“黄龙溪古镇+欢乐田园”等高质量高水平的农商文旅体融合发展消费新场景，其中空港花田获评成都市第四届乡村振兴“十大乡村周末游目的地”。2021年上半年乡村旅游共接待游客458.21万人次，实现旅游收入37.58亿元。

四、抓基础，“一条龙”普惠推进城乡公共服务融合

坚持以提升群众获得感和幸福感为出发点，推动基础设施和公共服务重点向农村延伸、倾斜，大幅度提高农业农村的公共服务供给水平。

（一）教育服务向农村靠拢

深化“区域教育联盟”发展和“区管校聘”改革，推动名校（园）领办新建学校（幼儿园）、薄弱学校（幼儿园）和托管农村学校（幼儿园），探索完善教师交流制度，推进优质教育资源向农村覆盖。截至目前，全区在办的名校（园）领办、委托管理学校（幼儿园）34所，新建棠湖中学新校区等48所中小学（幼儿园），新增学位4.7万个，成为全国学前教育普及普惠县。

（二）医疗和公共卫生服务向农村集聚

高标准实施基层医疗卫生机构硬件提升工程，分别完成镇卫生院（社区卫生服务中心）基础设施提升改造项目9个、诊疗设备提档升级12家、村卫生室（社区卫生站）公有化标准化建设66家。创新“区管院用”“城乡中医药一体化”等工作机制，实施“空港健康英才”引育计划，推进农村地区基层医疗卫生机构人才队伍建设。深化医联体建设和合作办医，在全省率先推行“镇村一体化家庭医生团队服务模式”，全区基层医疗卫生机构全部达到全国“优质服务基层行”标准，创建社区医院3家，基层医疗服务能力位居成都市前列，农村地区医疗和公共卫生水平大幅提升。

（三）文体服务向农村延伸

双流区以政府投入为主，社会资本投资为辅，促进区、镇、村三级现代公共文化设施均衡发展，打通了公共文化服务“最后一公里”，实现镇（街道）、村（社区）综合性文化服务中心提档升级全覆盖，体育健身场地全覆盖，广电网络通达全覆盖，图书馆文化馆分馆建设全覆盖。按照“区里有品牌、镇（街道）有特色、村（社区）有亮点”的原则，围绕15分钟“公共文化服务圈”，用丰富多彩的公共文化服务满足城乡群众多层次、多样化的文化需求，打造“一镇一特色·月月大舞台”“群众文化艺术节”等主题文艺活动，每年举办“走基层”等各类文体惠民活动400余场次，建成全民健身路径6000余条、篮球场476个、乒乓球台1103个、公益性室内健身房24个，人均体育场地面积2.86平方米，远超成都市和四川省人均体育场地面积，位于全省前列。

彭州市食用菌产业发展现状及对策建议

中共彭州市委　彭州市人民政府

食用菌产业是中国农业中仅次于粮、棉、油、果、菜的第六大门类，在丰富国民餐桌美食的同时也为农村地区提供了大量就业岗位。四川省是全国重要的食用菌生产、加工基地和产品集散地，食用菌产业被列为省重点发展的十大优势特色种植业之一。彭州市作为四川省内较早从事食用菌生产的地区，年产量最高曾达17万吨，但随着技术和设施更新不够、市场竞争加大等因素影响，食用菌产业规模萎缩严重。调研组通过梳理彭州市食用菌产业基本情况，对比分析当前存在的问题和短板，为下一步彭州食用菌产业发展提出了对策建议。

一、食用菌产业发展现状

(一)全国食用菌产业发展现状

1.品种多样化，产业规模整体稳定发展

一是栽培品种持续增加。中国经过几十年行业发展，在市场经济的有力推动下，食用菌品种类型日趋多样化，可进行人工栽培的食用菌有60余种。二是种植规模持续增长。随着国民对食用菌需求的增加，中国食用菌种植规模及产量也逐年增长，从2014年的3270万吨增长到2019年的3961.91万吨，年均增长3.91%（见图1）。

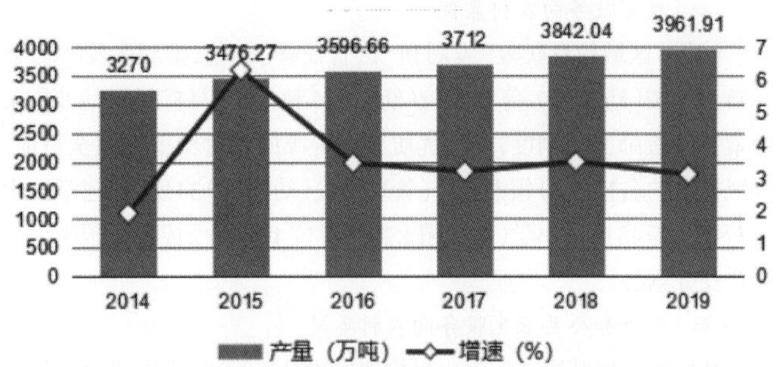

图1 2014—2019年中国食用菌总产量及增速趋势(数据来源：中国食用菌协会前瞻产业研究院)

中国前五大食用菌品种依次为香菇、平菇、黑木耳、双孢菇与金针菇，年产量均超过或接近300万吨，占全部食用菌产量的比例超过70%。三是产值逐年提高。2014年以来，中国食用菌市场总产值随着食用菌产量的提升也逐年增长，仅2017年小幅下滑，2018年全国食用菌总产值达到2937.37亿元，同比年均增长6.8%。四是进出口贸易不断扩大。中国食用菌进出口贸易以出口为主，进口量较小。2018年中国共进口各类食(药)用菌产品不足0.5万吨，出口各类食(药)用菌产品70.31万吨，出口金额达44.54亿美元，同比增长15.87%（见图2）。

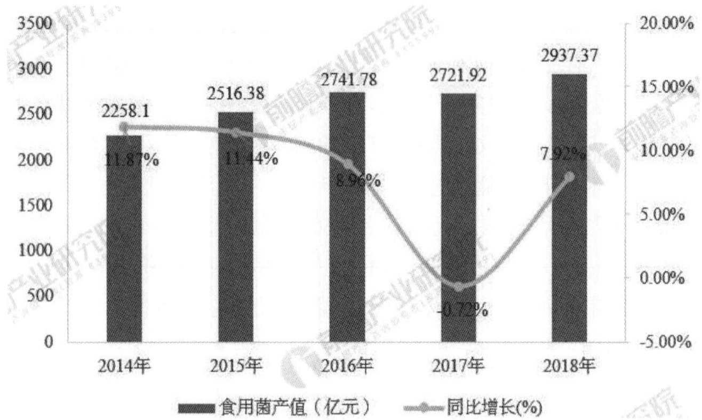

图2 2014—2018年中国食用菌市场总产值及其增长速度(单位：亿元，%)(数据来源：中国食用菌协会前瞻产业研究院)

2.生产多样化，种植方式不断创新改进

一是由季节性栽培向反季节性生产发展。通过国际交流，引进国外新菌种和先进的育种技术，中国的食用菌种植生产技术不断提高。在经济效益压力和市场需求驱动下，菌农和企业克服季节温度难题，持续推进夏香菇、高温蘑菇及深冬菇房增温栽培等新技术的推广与发展，使得食用菌生产打破了季节限制，实现了全季节生产。二是由家庭散户生产向支柱产业发展。过去中国的食用菌生产是分散的、自发的一般家庭副业，随着行业发展的逐步完善扩大和地方政府的重视，福建省古田县、河北省阜平县等地出台了系列发展措施，建立了规范的组织领导体系、技术推广体系和市场营销体系，食用菌产业已成为当地的支柱产业。三是食用菌需求持续增加，全国市场缺口大。中国是食用菌消费大国，食用菌行业具有巨大的消费市场前景，按照营养学家建议的每人食用菌日均消费量210克(鲜品)计算，国内每年需要食用菌10731万吨，2018年中国食用菌总产量仅为3842.04万吨。同时，中国食用菌进出口贸易以出口为主，进口量较小。2018年中国共进口各类食(药)用菌产品不足0.5万吨，出口各类食(药)用菌产品70.31万吨，实际国内食用菌消费3772.2万吨，仅占理论需求量的35%，市场发展空间巨大。

(二)四川省食用菌产业发展现状

1.种植生产规模不断扩大

四川省从20世纪70年代开始栽培食用菌，经过近50年的发展，逐渐成为西部最大的食用菌生产基地和产品集散中心。四川省通过持续推进现代农业产业基地建设，建成标准化生产基地1.33万公顷，栽培食用菌品种30余类。2018年，四川省食用菌(鲜品)总产量213.42万吨，同比增长3.82%；产值130.3亿元，同比增长8.54%，产量位居全国第八、西部第一(见图3)。

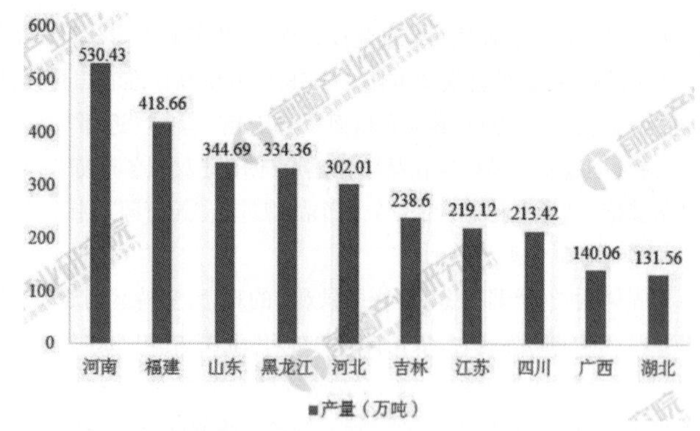

图3 2018年中国食用菌产量前十名地区及其产量(单位：万吨)(数据来源：中国食用菌协会前瞻产业研究院)

2.生产区域布局基本形成

随着食用菌产业区域布局的不断优化，四川省基本形成以“六菇三耳一菌”(平菇、姬菇、香菇、金针菇、鸡腿菇、双孢蘑菇，黑木耳、毛木耳、银耳，羊肚菌)为主，兼顾高档珍稀种类的多品种综合发展格局。经过多年的发展，形成了金堂的姬菇，大邑、蓬溪的双孢蘑菇，青川、宣汉的黑木耳，什邡、简阳的毛木耳，通江的银耳，甘孜的羊肚菌，崇州市、郫都区及红原县的金针菇等特色食用菌产业基地。根据食用菌种类分布、区域资源优势和产业化基础，四川省将食用菌产区划分为蘑菇产区、袋料栽培产区、反季节菇类产区、传统名特优菌类产区、野生珍稀菌类产区5个特色优势产区。

3.科技支撑能力持续增强

2009年，四川省成立食用菌科技创新团队，与国家食用菌产业技术体系联合攻关，在食用菌品种引进、技术创新以及产品研发等方面做了大量研究工作。四川省依托国家和省级技术团队，制定和颁布食用菌菌种、生产技术规程及产品质量标准近40个；通过省级审定品种

48个，其中国家认定品种19个；获得授权专利20余项；开发食用菌系列产品100余个。

4.产业发展水平不断提升

一是发展多样化栽培模式。根据不同食用菌的产品特性，大力推广应用标准化栽培、轻简化栽培、仿野生栽培、液体菌种栽培等新技术。二是采用灵活的生产经营模式。根据生产力水平和市场需求，培育多种经营主体，优化经营模式，提高应对市场风险的能力，成立省级食用菌示范专合社和协会10余个，带动20余万户农户、100余万人从事食用菌生产。三是强化规模化、专业化生产。各主产县通过园区规划建设，持续推进食用菌产业向集约化、工厂化方向发展，全省已建设21个食用菌典型生态区示范基地。

（三）彭州市食用菌产业发展现状

彭州市自20世纪80年代开始种植食用菌，主要以黄背木耳、平菇、金针菇、香菇、姬菇、羊肚菌、灵芝等为主，珍稀品类较少。2019年，黄背木耳年种植约670余万袋，产量1万吨，产值约0.3亿元；金针菇、平菇、香菇、姬菇、鸡枞菌等年种植800余万袋，产值约0.4亿元；羊肚菌、竹荪等年种植约500亩，产值约1500万元；海鲜菇、银耳年种植约1500余万袋，产量7000余吨，产值约0.8亿元。2019年，全市食用菌产量约3万吨，产值约1.7亿元。彭州市食用菌产业现状主要呈现以下特点：

适合食用菌种植的地形气候。彭州市气候优势和地理优势明显，地处成都平原与龙门山过渡地带，全市“六山一水三分坝”的格局使彭州市能满足大部分食用菌品种生长的自然条件。同时，彭州市属四川盆地亚热带湿润气候区，处于人民渠自流灌溉区，地下水资源丰富，人民渠等及其支流呈扇状分布全境，气候温和，雨量充沛，四季分明，年均气温15.7℃，是各类食用菌菌丝繁殖生长的沃土。

种植历史较长，具有种植技术基础。自20世纪80年代以来，彭州市食用菌产业经过近40年的发展，已具备了一定的种植基础。一是食用菌种植遍布全市。全市各镇（街道）均有食用菌种植户从事食用菌生产，主要以黄背木耳、海鲜菇、姬菇等为主，其中黄背木耳主要分布在敖平镇，海鲜菇主要分布在九尺镇，姬菇、金针菇主要在通济镇种植较多。二是具备一定的种植技术。全市既有采用传统方式种植木耳、姬菇的专业合作社，也有采用工厂化模式从事海鲜菇、银耳生产的食用菌企业，同时还有采用最新技术生产羊肚菌、灵芝的种植大户。此外，桂花镇罗坪村种植大户郭泽建作为食用菌种植技术培训师，技术输出罗马尼亚为当地农户进行种植培训。完善的种植技术为彭州市食用菌产业发展、农户增收致富奠定了基础。

具备产业发展的基础规模。彭州市有食用菌专业大户200余户，带动当地劳动就业人数约2000余人。有市级示范以上食用菌专业合作社3家，其中国家级示范专业合作社1家、省级示范专业合作社1家、市级示范以上食用菌家庭农场1家；工厂化食用菌生产企业1家（宁升绿康），栽培品种为海鲜菇、鲜银耳等，合计规模1500万袋，产量0.7吨，年产值超过8000万元，带动就业人数100余人；食用菌加工企业2家（新康绿和康笑），以金针菇加工为主，基本满足市域范围内的金针菇深加工需要。

利润可观，创造就近就业条件。以2019年情况来看，黄背木耳每袋纯利润可达1.5元以上，平菇、金针菇、香菇、姬菇等每袋纯利润平均1元左右，羊肚菌、灵芝等纯利润在1万～2万/亩，以种植100万袋（100亩）大户收益计算，年纯利润可达100万元以上，直接经济效益可观。食用菌种植属于劳动密集型产业，平均每户食用菌种植大户（10万袋以上）能够带动近10人就业，可为农村地区提供大量的就业岗位。同时，食用菌种植仅菌包生产环节（平均生产周期2个月）工作强度较高，其余时间工作相对轻松且自由，基本不影响农事生产，可吸纳大量农村人口（尤其是相对年龄较大的人群）就业，增加农民收入。

具备一定产业配套。彭州市有四川国际农产品交易中心、彭州白庙产地蔬菜批发市场两大农产品交易市场，具有完全畅通的销售渠道和广阔的市场空间。2家食用菌加工厂（新康绿和康笑）具备农产品精深加工、延伸产业链条的市场优势。拥有菌渣加工回收企业2家（正本源和农丰肥业），可基本实现全市区域内菌渣的回收和资源化利用。

二、彭州市食用菌产业发展存在的问题

（一）顶层设计缺失，配套政策不完善

缺乏产业发展统筹规划。彭州市的食用菌种植主要以自发性种植为主，缺乏相应的产业发展规划，种植范围仅在敖平镇和通济镇个别村（社区）具有成片种植条件，全市范围内主要呈现出点状分布特征，不利于食用菌产业发展配套，不能形成集聚效应，生产成本较高。

缺乏相应产业扶持政策。彭州市作为全国五大商品蔬菜生产基地、全国蔬菜产业十强县（市），辖区内广泛种植各种蔬菜，无法针对每个蔬菜种类均制定相应的专业扶持政策。加之食用菌产值仅占全市第一产业产值的1.71%（2019年，食用菌产值约1.7亿元，第一产业产值为99.6亿元），缺乏专门针对食用菌产业发展的扶持政策，对于菌农和企业的帮扶力度相较于食用菌产业发达地区较弱。例如：河北省阜阳县专门出台了食用菌产业发展扶持政策，从菇房建设、菌包生产、食用菌加工等全产业链进行了补贴；福建省古田县成立了食用菌产业管理局，专门统筹推进全县食用菌产业发展，并出台了《古田县促进食用菌产业链发展十五条措施》等推进食用菌产业发展的政策。

食用菌生产用地问题未得到根本解决。由于全市食用菌成产主要以农户自行种植为主，普遍采用自家耕地作为食用菌生产用地，导致土地实际用途与土地属性不一致，在历次用地整治中作为问题被要求进行整改。以敖平镇食用菌生产为例，生产区域大部分为基本农田，没有设施农业用地，面对上级卫片执法时，只能通过“写说明、作解释”进行解决，无法从根本上解决土地制约食用菌产业发展的现状。

（二）生产模式传统，生产效率较低

食用菌种植分散，组织化程度低。彭州市至今未建立正式的食用菌产业协会，因此对于全市食用菌生产、销售缺乏标准化指导。彭州市食用菌生产合作社发展缓慢，规模普遍偏小，全市共有食用菌生产专业合作社46家，平均每个合作社仅吸纳食用菌种植户15户，未能发挥抱团发展的优势。同时，各食用菌合作社主要以方便集中销售为建立目的，在食用菌生产上仍然采取各自为政的思路进行生产，技术共享、品牌共建、设施共用等方面推进缓慢。

生产技术落后，工厂化生产少。彭州市食用菌生产大部分仍然为家庭作坊式生产，种植户生产场所仍然以简易竹架、木架大棚为主，生产方式以传统人工栽培为主，制种、制袋、出菇、管理、销售等各环节基本独自完成，规模小，生产成本偏高，以木耳为例，经测算，采用工厂化生产较传统方式成产成本减少0.6元/袋。受种植户生产技术水平参差不齐影响，食用菌成品质量参差不齐，加工及其销售能力弱，应对风险能力较低，仅有工厂化食用菌生产企业1家（宁升绿康），年生产规模约为1500万袋，产量7000余吨，仅占全市食用菌种植规模的23.3%。

食用菌种植规模持续萎缩。总体来看，虽然彭州市食用菌产业发

展较早，但至今仍普遍采用传统的种植方式进行食用菌生产，导致食用菌种植户无力扩大规模；同时，大量原食用菌种植大户的新生代不愿意继续从事食用菌种植，致使彭州食用菌生产规模大幅萎缩。以黄背木耳为例，作为彭州具有代表性的食用菌产品，其主要生产区域敖平镇的种植规模，从2008年的3000万袋减少到现在仅1000余万袋，锐减2/3。同时，10万袋规模以上种植大户占比不到15%，种植规模不断萎缩。

（三）缺乏龙头企业带动，品牌力不深远

引领性龙头企业缺乏。未形成龙头企业带动效应，未培育具有知名度的“彭州食用菌”的品牌，整体呈现“有产品、无品牌”的局面。全市无年产值过亿的食用菌示范引领企业，市域范围内仅有宁升绿康1家较具规模的食用菌企业，但受限于企业自身资金和土地等因素，企业生产规模扩展缓慢，食用菌菌包生产能力仅为5万袋/天，在满足自身企业生产需求后，对周边农户的带动作用有限。

未建立规范化的销售渠道。彭州市的食用菌种植户之间缺乏有效的组织，均以自产自销的形式进行销售，不具备开拓市场渠道能力。未采用统一的包装、统一的质量标准、统一的价格体系，导致在市场上的话语权不足。虽然部分合作社会组织种植户联系相对固定的经销商协助销售，但合作社缺乏议价权，经销商为赚取更多利润，时常联合打压食用菌收购价格，甚至部分经销商要求先行销售，按销售后价格扣除经销商利润后与种植户进行结算，销售价格完全由经销商掌控，种植户为销售出产品只能无奈接受，严重影响种植户生产积极性。

未建立质量监管体系。彭州市由于具备优良的气候环境，食用菌产品质量相较成都市其他地区来说具有一定优势，例如彭州产姬菇在成都白家农产品市场具有很高知名度，产品价格相较于成都其他区市县所产姬菇高0.5 ～ 1元/千克；彭州产木耳以其肉厚、脆深受经销商青睐。但由于未建立质量监管体系，导致市场上时常出现假冒彭州产姬菇的情况，甚至出现经销商将彭州木耳与其他地方木耳混合冒充彭州木耳进行销售的情况，严重影响彭州食用菌声誉。

（四）产业链不完善，前后端均受制约

彭州市食用菌产业主要以中端生产、销售为主，但受限于生产技术和产品加工能力，阻碍了食用菌产业发展壮大。一是生产工艺落后，环境问题突出。彭州市食用菌种植户普遍采用传统生产工艺进行食用菌生产，在原材料储存、菌包高温灭菌、病虫害防治等方面均可能造成环境污染。尤其是在菌包高温灭菌方面，由于普遍采用煤炭加热的方式进行菌包灭菌（煤炭消耗量大约为0.075千克/袋，全市采用煤炭加热灭菌食用菌生产总规模近1500万袋，需消耗煤炭近1125吨），不符合当前环保要求。二是缺乏产品精深加工。食用菌产品加工能力较弱。现有的加工主要是为了便于食用菌储存，采用脱水、盐渍等工艺对食用菌进行粗加工，缺乏对即食型食用菌产品、食用菌保健食品、食用菌有效成分提取等高附加值精深加工企业的招引，产品附加值低下，限制了行业更大的业务发展空间和潜在市场规模。

三、下一步工作建议

（一）强化顶层设计，完善发展经营模式

一是加快产业规划编制。立足彭州市的资源、气候、区位等实际情况，科学编制食用菌产业发展规划。对彭州市食用菌产业进行整体研究，以食用菌产业园区、基地为抓手，在通济镇、敖平镇、九尺镇等区域科学布局全市食用菌产业发展重点，优化产业空间整体布局，进一步增强相关特色优势，通过产业留人、产业富人，带动农村经济快速向好发展。二是创新发展模式。创新建立“公司+联合社+合作社+农户”的发展新模式。以公司为龙头，重点围绕食用菌的生产、销售与联合社、合作社和农户实行有机的联合，进行一体化的经营，形成“风险共担、利益共享”的经营共同体。公司给农户提供种植技能培训、制订栽培计划，负责产品收购、销售；联合社作为经营主体，与公司签订供销协议，按政策规定申请设施农用地指标，解决合作社、农户产业发展用地需求；合作社统筹好农户的生产，按照公司要求提供相应的食用菌产品；农户按照“公司管菌包生产，农户负责出菇管理”统分结合的模式引导食用菌产业从小规模、分散经营向生态化、规模化、专业化、组织化、园区化生产转变。

（二）建立完善产业政策，提升产业扶持力度

一是培训推广创新方面，在全市组建食用菌专业技术团队，免费为全市食用菌种植户提供技术指导、培训，帮助种植户提升种植水平；对于食用菌工厂化种植企业，给予企业市级产业研发投入一定比例的资金补助，鼓励企业自主创新。二是食用菌生产方面，在现有全市蔬菜种植奖扶政策的基础上，结合食用菌产业特点，在生产设施建设、贮运保鲜、品牌推广上按照实际种植规模给予相应扶持资金。三是企业发展壮大方面，结合食用菌产业特点，在设施农业用地审批和企业融资等方面，由市规划和自然资源部门、市财政部门协调强化对食用菌生产企业的指导和帮扶，着力解决企业产业用地和资金问题。

（三）强化科技为支撑，提升现代化生产水平

一是突出院地合作。科学技术是第一生产力，科技创新是食用菌产业发展的原动力，针对现代食用菌产业发展新要求，加强彭州市产业主管部门与四川省农科院等科研院所的“院地合作”，不断提高彭州市食用菌产业技术水平，积极开展品种选育、配套高效栽培技术、病虫害绿色防控、食用菌贮运保鲜、精深加工工艺、副产物循环利用等方面的联合攻关，推动生产效率提升，拓宽延伸产业链，增加产业附加值，实现食用菌产业的提档升级。

二是推动集约化生产。集约化生产是现代食用菌产业发展的必然要求。鼓励各镇（街道）在食用菌种植集中区域规划标准化食用菌生产基地，促进规模化生产发展。强化食用菌产业流程分工，将研发、菌包生产、出菇管理和采收、销售、加工等进行分离，推进食用菌标准化生产（由科研院所负责食用菌新技术、新品种研发，工厂化企业负责菌包生产，种植户负责出菇管理和采收，销售企业负责鲜菇销售，食品企业负责精深加工），提高产业市场竞争力。

三是加快信息平台建设。成立彭州市食用菌产业协会，由食用菌产业协会搭建信息平台。加强各类食用菌生产、销售、加工信息采集，整合信息资源，形成方便、快捷、高效的产业管理体系和信息服务体系。促进信息资源共享。增强各经营主体和产业链间的合作与交流，共享市场信息，协调产供销关系，降低市场风险。不断扩展营销网络，利用互联网开展电子商务、订单式生产等新型营销方式拓展食用菌市场。

（四）扶持龙头企业，打造彭州食用菌品牌

一是增强品质建设。参照无公害或有机食用菌生产技术标准及产品质量标准，建立彭州市食用菌生产标准和技术规范，推进食用菌产业标准化建设。不断规范广大种植户和企业生产流程，建立可追溯的食用菌质量安全监督体系，提高食用菌质量安全水平。

二是强化对龙头企业实行政策倾斜。强化对食用菌龙头企业的

招引，持续加大对现有食用菌种植和加工企业的扶持力度，鼓励其向大向强发展，组建食用菌产业工作组，重点解决企业在生产过程中遇到的发展难题和政策限制，切实为龙头企业服好务。

三是加大对外宣传力度。实施品牌战略，围绕彭州姬菇、黄背木耳等主导品种，通过政策引导，打造一批特色食用菌品牌。同时，进一步推进彭州市食用菌基地和产品的认证工作，以品牌为载体，扩大彭州食用菌产品的影响力。将食用菌产品电商化发展与品牌化相结合，构建食用菌产品销售网络，引进、培育一批拥有品牌运营经验的专业化电商运营主体，通过品牌赋能实现平台交易、仓储物流、终端配送的线上线下一体化运营体系，在满足消费者对优质食用菌产品基本选购诉求的同时，通过与消费者价值共创给予消费者更多的增值服务，最大限度提升消费者对彭州市食用菌产品品牌的忠诚度，增强品牌黏性。

四是加大对食用菌市场的监管力度。对市域食用菌市场进行清理整顿，严厉查处经销商使用保鲜剂、防腐剂、增白剂等违法行为。加大对菌种生产经营违法违规行为的查处和打击力度，为食用菌产业发展营造一个良好的菌种生产流通环境，保障市场有序流通。

（五）推进“三产互动”，延伸产业链条

一是引进或培育一批食用菌精深加工企业，利用本地生产食用菌发展即食食品、调味品、保健品、药品等食用菌精深加工产品，构建彭州市现代农业和食品加工业的重要支撑点。二是在产业形态上，大力挖掘食用菌生态、社会、文化功能，建设食用菌使用、养生、休闲、观光基地。积极推进食用菌主题景观，食用菌示范生产和DIY菌包制作、食用菌科普教育和博览展示、蘑菇工坊、采菇活动、食用菌专营食堂、食用菌特色产品生产和销售等食用菌衍生产业发展。三是不断延伸食用菌产业链条。结合成都新材料产业功能区的原料优势，针对性的招引食用菌生产配套从事菌袋（聚乙烯、聚丙烯）、菌盖（合成树脂）等生产企业，努力延伸产业链，促进产业全覆盖。

打通全链条服务环节　助力农业生产现代化

中共蒲江县委书记　蒲发友

蒲江县是成都市西南近郊农业大县，全县有村和涉农社区84个，占90%；有农村人口16.6万人，占62.1%。2020年，全县农民人均可支配收入达25805元，排名全省第10位。近年来，按照农业农村部、农业农村厅和成都市委、市政府工作部署，县委、县政府围绕农业生产“降本增效”目标，聚焦特色水果和茶叶等主导产业“产、种、销”薄弱环节，创新“企业+合作社+基地”等模式，积极探索培育服务主体、创新服务机制、拓展服务领域、促进资源整合，加快发展多元化、多层次、多类型的农业社会化服务，着力解决农业社会化服务产业规模不大、能力不强、领域不宽、质量不高等问题，持续引领主导产业专业化、标准化、集约化和绿色化发展，促进小农户和现代农业有机衔接。

一、注重“力量整合”，做强农业社会化服务主体

一是大力培育农业服务组织。充分整合专业公司、合作社等多方服务力量，组建丑柑协会、猕猴桃协会、有机协会、冷链商会等行业协会24家，生产性服务主体23家，农技、植保、农机、劳务等专业服务队76支，主导产业社会化服务实现全覆盖。二是搭建农业社会化服务平台。引导70余家农业社会化服务组织成立蒲江县农业社会化服务产业联合会，推动服务资源整合、服务标准统一和服务力量集聚统筹，提高服务主体组织化程度，联合会拥有小型农机设备120余套，组建专业社会化服务队伍10余支，有从业人员800余名，服务面积1.4万余亩。三是着力培育新型农业经营主体。将新型农业经营主体作为社会化服务组织的重要来源，大力培育市级以上龙头企业23家、农民专合组织523个（市级以上示范社27家）、家庭农场360家（市级以上示范场41家）、农村电商主体6200余家，全县培育新型职业农民2672人、农业职业经理人1762人，实现小农户带动面达95%以上。

二、突出“三化联动”，构筑农业社会化服务基础

一是基地规模化。集中连片发展优质猕猴桃10万亩、茶叶10万亩、柑橘25万亩，产业集中度达90%以上，为推广代耕代种、联耕联种、统防统治、统供统销等农业社会化服务创造了条件。二是生产标准化。规范生产环节社会化服务，制定柑橘、猕猴桃、茶叶地方特色生产标准16个，健全县、乡、村、组“四位一体”农产品质量安全监管体系，三大主导产业均获批“国家级生产标准化试点县”。三是营销品牌化。规范流通环节社会化服务，创建“蒲江雀舌”“蒲江猕猴桃”“蒲江丑柑”区域公用品牌，制定品牌管理使用办法，授权使用主体达60余个，孵化企业品牌45个、产品品牌100余个，品牌营销率达55%。

三、聚焦“多元需求”，创新农业社会化服务模式

一是“企业+合作社+基地”模式。建立龙头企业、合作社、小农户共赢机制，以“统防统治”方式，打造企业生产原料基地2万余亩。如嘉竹茶业与同心茶叶合作社建立“三优两免一补一返”机制（即优惠提供农资、优先收购、优价收购，免费技术培训、免费病虫害防治，补助基地建设，返还部分利润），推动3000亩茶叶基地通过有机、GAP、国际“雨林联盟”认证，农户亩均增收200元。二是“服务主体+村‘两委’+农户”模式。充分发挥村“两委”组织优势，狮子树村、团结村、官帽社区探索整组整村对接农业托管公司，开展农业社会化服务，有效弥补了服务主体组织力不足短板的难题，实现农户增收达4800元/亩/年。三是“菜单托管”模式。针对农户经营规模、经营水平等不同情况，推出全托管、半托管、技术托管、爱心托管等12种托管“菜单”，全面覆盖耕、种、管、收、储、加、销等生产环节，农户按需“点菜”，服务面积已超过10万亩。四是“主营业务叠加”模式。服务主体以主营业务为基础叠加其他服务以满足农户需求。如四川卫农公司以“天敌防控”为主营业务，叠加“全程植保”和“药肥双减”设施装备等增值服务，“天敌防控”服务面积3万余亩；新朝阳公司以生物投入品生产为主营业务，在全县推广“健康植保8S农业全程标准化管理体系”1万余亩，两种模式实现农户亩均增收2000元以上。

四、强化“全产业链”，拓宽农业社会化服务领域

一是服务畜禽粪污资源化利用。以“PPP”模式，成立10家粪污转运处理合作社及公司，年处理沼肥50万立方米，就近还田和异地转运还田12万亩次，畜禽粪污综合利用率提高到95%以上。二是服务病虫害统防统治。示范推广"两个替代"工程（有机肥替代化肥、绿色防控替代化学防控），依托新朝阳、卫农天敌、民新植保等服务主体，采用植保机械、天敌防御、物理防治等方式推动农药减量10%以上，化肥实现"零增长"。三是服务种管收机械化作业。培育农机行业协会1个、专业合作社19个、专业服务队25个，农机从业人员10610人，带动全县发展农机具4.7万台（套），农业综合机械化率提高到76%。四是服务农产品商品化处理。培育冷链协会，带动全县发展冷链企业116家、总库容16万吨，建成农产品分级包装中心14个、水果分选线35条，农产品商品化处理率达90%以上。五是服务农产品销售领域。合作社等社会组织积极对接市场资源，助力"好产品卖上好价格"，如两河村与上海愚农农业发展有限公司签订《产销直供协议》，水果价格比散户高0.25元/千克以上。

下一步，全县将全域推广"两个替代"，探索建立"公司+社会化服务组织+合作社+农户"的模式，持续推进特色产业降本增效，助力农业更强、农村更美、农民更富，为全面推进乡村振兴、加快农业农村现代化贡献蒲江力量。

仁和区推进城乡融合发展综合改革试点　助推乡村振兴

攀枝花市仁和区农业农村局

一、试点总体情况

2018年，为贯彻落实中央和省委、省政府关于实施乡村振兴战略的决策部署，根据四川省关于开展城乡融合发展综合改革试点的指导意见，着力探索城乡融合发展体制机制，促进城乡一体化，增强农业农村发展的内生动力，提升"三农"服务功能，仁和区申报开展城乡融合发展综合改革试点。

围绕实施乡村振兴战略，坚持统筹城乡发展基本方针，以农民增收为核心，以发展现代农业、繁荣农村经济为首要任务，建立和完善乡村振兴的制度基础，着力探索城乡融合发展的体制机制、农业农村优先发展的具体体现、统筹推进六大建设的工作机制，为全省建立健全城乡融合发展体制机制和政策体系探索经验提供实践支撑。争取用3年时间基本形成乡村振兴的制度框架和政策体系，以土地制度为核心的农村改革、新产业新业态发展取得初步成效，农村一二三产业融合发展水平进一步提升，金融资金对乡村建设发展投入加大，基础设施日益完善，培养出一批熟悉"三农"、懂经营、善管理的复合型人才。

主要任务：一是土地方面，拓展土地规划统筹空间，盘活存量建设用地，规范设施农用地管理，大力开展土地整治，促进矿山环境恢复，促进三产融合发展。二是人才方面，加强"三农"工作队伍建设，切实加强农村优秀干部人才递进培养工作，强化教育培训，提高农村实用人才致富能力，认真贯彻落实就业创业培训政策。三是投入方面，探索建立仁和区涉农项目投资建设新模式，创新产业融合投融资机制，拓宽资金渠道，实施农业信贷担保工作，加大基础投入。四是新型集体经济发展方面。落实农村土地"三权分置"制度，探索颁发土地经营权证；加快推进农村集体产权制度改革，推进农村集体资产股份制改革；推进农村产权流转交易体系建设；全面完成农村各类产权确权、登记颁证。五是城乡民生共享机制方面，推进城乡教育均衡发展，建立统一的城乡居民基本养老保险制度，提升农村基层医疗卫生计生水平，推进城乡基本公共文化服务均等化，完善基层合作社和农村社区综合服务社功能。六是乡村治理机制方面，完善乡村治理机制，加强党组织的集中领导，推进"依法治乡""依法治村"工作，健全农村依法治理体系，建立健全遏制黑恶势力滋生蔓延的长效机制，健全农村公共法律服务体系，预防和化解农村社会矛盾机制建设。

二、主要做法

（一）稳步推进乡村振兴工作

一是启动《仁和区乡村振兴战略规划》编制工作。二是召开乡村振兴战略领导小组会议5次。三是在申报的6个乡（镇）18个村中按照自查评分的高低选定平地镇、大田镇2个乡（镇）及12个村为2020年乡村振兴先进乡培育乡、示范村培育村，并拟争大田镇榴园村、中坝乡团山村、平地镇白拉古村为2020年省级乡村振兴战略工作示范村。四是向农商行拨付乡村振兴农业产业发展贷款风险补偿金1500万元，针对审核通过的种养大户、农户等2073个申报经营主体发放贷款1.42亿元，为乡村振兴战略实施提供坚实基础。五是积极整合各级各类资金，补齐农业发展短板，加强农业基础设施建设。按照省上要求编制《攀枝花市仁和区2020年乡村振兴战略先进县乡村奖补资金使用实施方案》，部分用于2019年成功创建的省级先进乡和示范村，重点将奖补资金用于农村人居环境整治、产业发展基础设施配套、深化农业农村改革、乡村治理建设等方面。

稳步推进"三大革命"。2020年，整治围绕"三年行动收官"，结合疫情防控、乡村振兴、基层治理，以农村"厕所革命"项目、农村人居环境整治重点县项目、污水治理3P3推项目、农村基层公益设施管护试点县项目等为抓手，计划投入资金1.19亿元，其中"厕所革命"投入资金961.8万元、垃圾治理投入资金1100万元、污水治理项目投入3600万元、农村自来水投入200万元、绿化投入资金1820万元、人居环境整治重点县投入资金4111万元、区本级投入项目管理费160万元。一是"垃圾革命"。制订了农村"垃圾革命"专项方案。仁和区新中转站已修建完成并投入使用，实现江南片区农村垃圾应收尽收，及时清运。同时，与西区对接，实现江北片区福田、布德、同德、太平4个乡（镇）的垃圾经西区中转站压缩中转至旺能垃圾焚烧发电厂处理，解决垃圾清运的运距远、运费高的问题。截至目前，共清理农村生活垃圾4500余吨，转运至攀枝花市旺能发电厂焚烧处理。重点县项目资金500万元已经安排到各项目点开始实施。二是"污水革命"。制订了农村"污水革命"专项方案，编制农村生活污水治理专项规划。包装19个行政村的农村生活污水治理项目进入省项目库，计划申请农村环境综合整治资金600万元。开展农村黑臭水体排查，共排查出7处疑似黑臭水体，待现场核查后，按照要求及时安排乡（镇）进行整改。已经到位的

2020年农村人居环境整治重点县项目污水治理资金785万元安排在没有污水治理设施的25个聚居点建设，已进入设计阶段。三是"厕所革命"。按照目标要求和上级下达任务，广泛征求乡（镇）和部门意见，形成《仁和区2020年农村厕所革命整村推进实施方案》，已批复实施。"厕所革命"安排在5个乡7个项目村，新（改）建厕所2193座，项目总投资1126.5万元，其中财政资金补助501.7万元、农户自筹624.8万元。建立全区农户厕所总台账和乡（镇）三级台账（乡、村、组）。争取到的715万元重点县三格化粪池建设资金已安排到项目乡（镇），形成2020年农村人居环境整治重点县项目实施方案。采取以会代训方式对项目乡（镇）分管领导及工作人员开展集中培训，组成工作组到各项目村就厕所和三格化粪池技术要领、注意事项、政策等进行宣讲和辅导，及时纠正项目推进中出现的各种问题，已完成新（改）建厕所950座。

以电商为平台，促进一二三产业融合发展。一是帮助企业申请延期降息贷款，申请租金补贴、物流费用补贴等。积极培育一批龙头企业带动、合作社和家庭农场跟进、广大小农户参与的农村产业融合体，壮大融合骨干力量。二是努力搭建融合平台，助推企业树立品牌意识，提高品牌能力，实现品牌效益，打造攀枝花地方特色产品包装品牌。举办"汽车下乡"、赏花节等活动拉动本地消费，释放消费潜力，提高疫情后复工复产效率，促进经济复苏，拉动全民消费能力。三是及时对接超市、蔬菜批发市场经营业主、电商企业，为乡（镇）农户提供信息，实行精准对接、产销对接、农商对接、农超对接、线上线下的销售模式。四是持续壮大村级集体经济。2020年重点支持4个村（同德共和村、布德孟良坪村、中坝学房村、务本乌拉村）实施省级集体经济扶持项目，积极开展"三变"改革，推行集体土地投资或入股产业园建设模式，建立部门、企业对口帮扶机制，支持多村联合或乡（镇、街道）村抱团发展集体经济，增加村级集体经济收入。

（二）创新推进乡村综合治理工作

以适应群众需求为重点，强化文化供给能力。全面开展区、乡（镇）、村公共文化服务设施标准化建设"回头看"工作，完善村基层综合文化服务中心设施和功能，优化文体广场、活动中心布局。深入挖掘脱贫攻坚过程中的先进典型人物和事迹，创作反映精准扶贫和新时代新农村的快板和歌曲并在基层文艺巡演中进行宣传、推广。区、乡（镇）、村公共文化服务场馆全面实现无线网络覆盖，到场群众可免费通过固定上网终端、网络电视、手机等多种方式享受文化共享工程数字服务和场馆数字资源。开展三级图书数据加工工作，将乡（镇）综合文化站书屋、社区图书室、农家书屋的藏书纳入公共图书馆检索系统，达到"通借通还"的目标。

积极开展培训，提高就业竞争力。为贯彻落实好就业创业政策，不断提升仁和区重点就业群体就业技能，按照各级职业培训相关要求，全面开展培训需求摸底调查，将培训任务合理分解下发，联合部门力量，在确保符合疫情防控标准的前提下，及时组织开展线下集中的职业技能培训活动，同步推进线上培训模式，并对每个培训班通过视频抽查、实地核查、电话回访等形式开展日常监管不少于3次。

以"双四好"创建为重点，不断提升乡村治理水平。一是以"双四好"创建为重点，不断提升乡村治理水平。以"四好"党组织创建引领"四好村"创建，夯实基层党组织战斗堡垒作用，命名"四好"党组织15个，创建省、市级"四好村"39个。加强村务监督委员会建设，持续推进村务公开民主管理。开展农村社区治理实验区试点工作，将党组织建设引领作为创建农村社区治理的基础。开展"深化移风易俗、弘扬时代新风"主题活动，在所有村均建立"红白理事会"和"乡贤理事会"。开展村级建制调整改革工作，新设的12个村和2个社区均全面完成村党组织书记县级备案管理。对职数设置、薪酬待遇、资格条件等进行明确，妥善安置涉改村"两委"干部。持续推进涉改村党组织书记、村委会主任"一肩挑"。深入开展文明村镇创建活动，不断扩大创建活动的覆盖面和影响力。深入推进"平安乡村"建设，完成三期"雪亮工程"建设任务。完成布德镇自发迁居点人员信息及住房、耕地及林地、精准扶贫、重点人员、健康信息摸排筛查工作；在布德镇回龙湾地区落实技防措施，以"雪亮工程"为重点，拟新安装摄像头17个，实现安装技防信息联网联控。二是为确保村（居）换届选举工作的顺利进行，已下发关于开展村（居）换届财务审计工作通知。紧扣选前调研，严格审查、征求意见，仁和区换届选举筹备如期推进。同时，稳步推进非户籍常住居民参加社区居民委员会换届试点工作，印发试点方案，已完成选民登记、初步候选人、候选人联审工作。

以乡土人才培育为重点，优化人才资源配置。一是通过直接考核招聘高层次人才和紧缺专业人才、直接考核招聘免费师范生、卫生人员等方式，积极为乡（镇）机关、学校、卫生院补充人员。二是上半年直接考核招聘高层次人才和紧缺专业人才公告已发布，报名、面试、体检阶段已结束，下一步将按步骤做好乡（镇）机关公招及直接引才。下半年仁和区考核招聘中小学及幼儿教师和攀枝花市仁和区考核招聘省属公费师范生工作已经结束，51名教师已办理入编入职手续，全部到岗。三是统筹实施高校毕业生"三支一扶"计划，全年计划招募3名。三是全面开展区、乡（镇）、村公共文化服务设施标准化建设"回头看"工作，完善村基层综合文化服务中心设施和功能，优化文体广场、活动中心布局。在5个乡（镇）建设区图书馆、文化馆分馆，进一步完善公共文化设施。

（三）深化农村改革助推城乡融合发展

一是加强农村土地承包和宅基地管理。继续做好农村土地承包经营权确权登记工作，已完成519个村民小组的颁证，共计颁发经营权证书30624份，完成率达98.21%；全面开展土地确权档案资料移交，已移交同德镇、布德镇、前进镇、仁和镇、福田镇、平地镇、啊喇乡、太平乡、务本乡、总发乡10个乡（镇）土地确权相关纸质档案资料至仁和区农业农村局档案室保存，其余乡（镇）档案资料移交有序推进。二是持续推进农村股份制改革、土地制度改革。全区共80个村级单位618个组级单位进行成员资格界定工作，已完成二轮公示的组618个，完成率达100%；成员资格确认143203人；完成40个股份经济合作社赋码工作，其中村级29个、组级11个；对前进镇、中坝乡、务本乡、布德镇、福田镇、大田镇、大龙潭乡、平地镇、仁和镇、金江镇、啊喇乡等11个乡（镇）股份制量化及农村集体经济组织的登记赋码工作进行培训指导。三是全面开展仁和区完善和深化集体林权制度改革，制定了《仁和区完善和深化集体林权制度改革方案》《仁和区完善和深化集体林权制度改革具体操作细则》，健全完善林权登记管理制度，开展林权登记核查纠错，敢于面对历史遗留的林权问题，认真梳理集体林权流转各环节中存在的问题，采取有针对性的措施开展清理整顿，依法依规处理集体林权制度改革前后林权流转中存在的遗留问题。对错登、漏登、重登林权的进行核查纠错，对已经确权登记还未发证的尽快核发林权证，将联户承包和集体经济组织统一经营的林地按份额量化到户、林权证发放到户。四是区林业局林改办按照省、市工作要求对仁和区林权证登记信息入库开展数字化录入，林改办根据全区2009年林改数据库资料内容，2009年12月登记确权发证面积1530341.7亩，发放林权证21134本、面积1133207.3亩，未确权面积1558683亩；2020年林权证登记录入面积1577807.45亩，录入发证总宗地数46729宗，未录入面积108402.55亩，入库录入率达100%。

三、试点取得的主要成效

以现代农业产业园建设为核心，推动农业高质量发展。一是2019年省级现代农业园区培育资金项目已完成总体建设任务的100%；2020年省级奖补资金实施方案已由省上批复，并全面实施。二是高标准农田建设项目。2019年完成高标准农田建设1.9393万亩、高效节水灌溉面积0.8042万亩，实现投资4064.13万元，通过村、乡、区、市四级验收，新增农作物灌溉面积8000亩；2020年高标准农田建设围绕仁和区“旅游环线”战略，结合啊喇乡产业强镇项目和太平乡、前进镇采空区问题，建设硬化机耕道路、高效节水灌溉、土地整理等农业基础设施，投入资金1200.74万元；将1610.25万元投入太平乡和前进镇农业基础设施建设，项目建成后将有效改善采空区群众农业生产条件。三是围绕培育乡土经济、乡村产业，吸引资本聚镇、能人入镇、技术进镇，仁和区农业产业强镇建设取得显著成效，啊喇乡被列入全国2020年农业产业强镇建设名单，总投资2731万元。

圆满完成村级建制调整工作。一是超额完成市领导小组下达的目标任务，减少村级建制15个，减少19%，超目标任务数4个百分点。二是通过调整，整体提升优化村“两委”干部队伍。本轮村级建制调整改革涉及全区27个村，原有村干部219人，调整后村干部85人，减少134人，减幅达61%；原村干部平均年龄45岁，调整后平均年龄42岁，减少3岁，减幅达7%；原村干部高中以上学历占总人数的37%，调整后村干部高中以上学历占总人数的62%，高中以上学历村干部增加25个百分点；原村干部党员占总人数的66%，调整后村干部党员占总人数的72%，增加6个百分点，实现了服务调好、队伍调活、机制调新。三是通过调整，实现了村规模调大、布局调优、实力调强。全区64个村平均面积达26.19平方千米，比调整前的21.22平方千米增加4.97平方千米，增长23%；平均户籍人口达2189人，比调整的前1779人增加410人，增长23%，基本构建起了适应人口转移和产业发展趋势的集镇村、中心村、特色村，释放了全方位、深层次、持久性的改革红利，有效提升了群众的获得感、幸福感和安全感。

旌阳区“三变”改革实践与探索

中共德阳市旌阳区委　德阳市旌阳区人民政府

“三变”改革于2013年发端于贵州省六盘水市，经过几年实践，逐步走向全省、全国。2015年11月27日，习近平总书记在中央扶贫开发工作会议上提出：“要通过改革创新，让贫困地区的土地、劳动力、资产、自然风光等要素活起来，让资源变资产、资金变股金、农民变股东，让绿水青山变金山银山。”自2017年起，农村“三变”改革连续4年被写入中央“一号文件”，“三变”改革已成为中央到地方推动“三农”工作的关键抓手。旌阳区在推动两项改革“后半篇”文章工作中，以“三变”改革“五社”实践破题，着力推动农村资源整合利用、集体经济发展壮大、农民群众稳定增收，在区内各镇、村初步形成了可复制可推广的工作方法。2020年年初，首批6个改革村已实现分红822万元，户均分红3494元。2021年，五大股份合作社实现总收入1422万元。

一、开展“三变”改革“五社”实践的现实意义

（一）“三变”改革“五社”实践是城乡融合发展的必然趋势

一般认为，城镇化率由30%上升到70%的过程是经济快速发展的黄金时期。据统计，1990—2018年，中国城镇化率从26.41%增长到59.58%，这个阶段中国经济常年保持两位数增长，迅速跃升世界第二大经济体，但随之而来的是人、财、物从农村向城市单向流动，大量“空心村”出现，农村缺乏活力。在此背景下，党的十九大提出实施乡村振兴战略，强调“必须重塑城乡关系，走城乡融合发展之路”；2019年国务院发布的《关于建立健全城乡融合发展体制机制和政策体系的意见》提出：“坚决破除体制机制弊端，促进城乡要素自由流动、平等交换和公共资源合理配置。”2021年“十四五”规划也提出“建立健全城乡要素平等交换、双向流动政策体系”。这一系列方针政策的提出，主要目的是通过促进城乡融合发展校正过去的资源单向流动，激发农村内生动力。从旌阳区自身发展实际看，随着中央建设成渝地区双城经济圈和省委成德眉资同城化等重要战略的提出，旌阳区迎来了继“三线：建设、改革开放之后的第三次历史性机遇，也正值建设县域经济百强区的关键节点，这对县域内发展结构的合理化和城乡发展的平衡化提出了更高要求。但旌阳区的城镇化率已接近72%，处于城镇化发展后期阶段，单纯依靠城市拉动经济社会发展空间有限，通过改革和制度创新促进城乡之间人、财、物等发展要素充分流通，加速推进城乡融合发展是旌阳下一阶段的重点任务。推进“三变”改革“五社”实践就是为了跳出农业农村局限，在更大的视野和格局中促进人口、资源、产业等在城乡之间有效循环，持续释放农村发展动力，缩小城乡发展差距。

（二）“三变”改革“五社”实践是实现“共同富裕”的关键一招

改革之初，在旌阳区“三农”发展中，村集体经济较为薄弱，“造血”功能不足，大多数村集体经济收入来源主要靠出租土地、房屋、水库等资产和山、林等自然资源以及兴办专合社等经营性组织，缺乏更有效的投资渠道。2020年，全区集体经济收入10万元以下的村有46个，占总数的66.6%。同时，农民增收缺乏长效机制，2020年，全区农民人均可支配收入22122元，其中工资性收入11325元，占比达51.2%；经营性收入7882元，占比达35.6%；财产性收入1071元，占比达4.8%；转移性收入1844元，仅占5.4%，主要是保障和兜底功能。对农民而言，外出打工、多种经营仍是增收主渠道，但工资性收入增长缓慢，个体经营难以抵御市场风险。通过“三变”改革“五社”实践统筹乡村的资金、土地、劳动力等资源要素，一方面可以为农村资产资源的集聚、配置创造有利条件和转化环境，充分参与到全产业链各个环节，不断优化产业体系、生产体系和经营体系，进而壮大农村集体经济；另一方面可以增加农民租房租地、就近务工等收入，实现农民持续稳定增收。

（三）“三变”改革“五社”实践是推动农村社会有效治理的重要手段

随着长期以来的城镇化和工业化发展，旌阳区农村大量劳动力外出务工，全区有农村人口25.5万人，其中劳动力17.81万人，常年外出务工人数达9.61万人，占总人口的37.7%，占劳动力总数的54%，劳动力的外流使得“空心村”问题愈加突出，加之基层党组织薄弱问题一直存在，农村社会治理的压力越来越大。一方面，通过“三变”改革“五社”实践，农民群众实现分红，村集体经济组织得到壮大，村组干部收获报酬，有利于完善“一核五治”基层治理体系，提升基层党组织在农村经济社会发展中的政治引领功能，增强吸引力、凝聚力、战斗力；另一方面，通过五大合作社，农民群众投工、投劳、投钱参与合作，将自身与集体组织紧密相连，有利于密切农民群众与集体的联系，更好地组织发动群众参与到乡村治理中来，实现共治共享。

（四）“三变”改革“五社”实践是农村改革发展到一定历史阶段的迫切要求

20世纪70年代末，以家庭联产承包经营为基础、统分结合的双层经营体制极大地解放和发展了农村生产力，但随着市场经济的发展，资源、资金、农民分散的问题越来越突出，一家一户的分散式、家庭型小农生产格局难以适应市场经济带来的变化，难以享受到金融、流通、科技、信息等社会化服务，改革红利释放的边际效益递减，使得农村和农业发展的后劲不足、动力衰减。同时，国家近10年来陆续提出的“以城带乡、以工补农”等系列优惠政策和措施促进农村集体经济资本不断积累，经济结构和资本表现形态不断变化，现有农村集体经济组织制度越来越不适应新的发展形势，尤其是在集体资产所有权及其处置、组织成员资格界定、集体资产管理和经营等方面引发了一系列不容忽视的问题。2018年，旌阳区作为全国农村集体产权制度改革第二批试点，完成清产核资、成员界定、登记赋码等工作，在一定程度上解决了管理混乱的问题，但改革能否取得实效，关键是看清理出来的资产资源是否得到有效利用。“三变”改革“五社”实践通过股权量化、资产入股、股份经营，是对前一阶段改革成果的持续和深化，触动了农村的深层次变革，对探索农村集体所有制有效实现形式、创新农村集体经济运行机制具有深远意义。

二、旌阳区“三变”改革“五社”实践主要做法

旌阳区的“三变”改革“五社”实践是以多种形式的股份合作经营为纽带，组织农民以身份、现金、劳动力、房屋等生产要素入股集体资产、土地、劳务、旅游、置业五大股份合作社，开展土地流转、劳务承包、旅游服务和开发建设，实现单一农业生产服务向农村全要素资源整合经营的转变，推动农村资源变资产、资金变股金、农民变股东，形成土地流转得租金、资金入股得股金、基地务工得薪金、委托经营得酬金、超产经营得奖金、订单种植得售金的“六金”利益联接机制，实现集体经济壮大和农民增收“双赢”。

（一）坚持系统思维，建立推进机制

一是解放思想、统筹谋划。主动学习“三变”改革成熟经验，聘请全国“三农”专家为政府顾问，为改革“把脉问诊”。制订改革工作方案、实施方案并开展政策解读，为改革镇、村提供规范。二是试点先行、稳慎推进。按照先试点再扩面原则，根据资源禀赋、产业现状、人口结构等情况，通过村申报、镇审核、区审定确定两批次26个改革村；开展镇级竞演，确定3个改革镇。所选试点区域涵盖丘陵和平坝地区，发展现状差异明显，分别代表区内不同乡村类型，确保了试点经验具有典型性和可推广性。三是高位推动、部门联动。成立区领导小组、镇工作组和村筹建小组，落实5个区级部门结对联系五大股份合作社，抽调78名区、镇干部驻村蹲点，建立区统筹、镇主责、村实施的工作体系，全覆盖抓好干部群众宣传发动，形成共识、凝聚合力。

（二）把握关键环节，明晰改革路径

一是清产核资、摸清家底。组织26个改革村全面开展清产核资，建立资产管理、使用制度，为投资入股做好准备。共清理村级经营性净资产5652万元、组级经营性净资产2816万元。二是界定成员、明确标准。以土地承包权和户籍为基本条件，确认集体经济组织四类人员，明确四类人员享受不同股权，兼顾公平性和差异化。三是量化股权，理清权责。结合人员分类，合理设置基本股、农龄股、福利股，26个改革村共确认股东8.7万人，量化股权19.9万股。四是组建五社、规范运营。挂牌成立五社，完善集体经济股份合作社“筹、投、管、分”机制，作为“母公司”，享有市场主体同等地位；土地、旅游、劳务、置业股份合作社作为“子公司”，坚持土地只租不入股、房屋只租不出售、产业只租不经营，统筹各自领域资源规范经营。同时成立五大股份合作社股东（代表）大会、理事会和监事会，做到民主决策、科学管理。

（三）强化多方联动，健全政策体系

一是优化政策、强化服务。制定出台九大优惠政策，为五大股份合作社市场主体的确立、税收政策的优惠、土地要素的保障、财政金融的支持、人才队伍的培养等提供强力支撑；整合涉农项目和资金支持五社发展壮大，出台《旌阳区涉农项目建设管理办法》，明确财政单项投资额度100万元以下（不含100万元）的涉农项目建设管理可以依法采取村民自建方式，由农村集体经济组织实施。二是利益联结、共建共享。配套《旌阳区农村集体经济收益管理指导意见》，调动基层干部参与改革、服务发展的积极性、主动性；构建土地流转得租金、资金入股得股金、基地务工得薪金、委托经营得酬金、超产经营得奖金、订单种植得售金的“六金”利益联接机制，调动群众的积极性，26个改革村的农民主动参与占比达89.8%。三是多方参与，高效运营。探索建立“政府主推、合作社主导、农民主体、社会主动”的改革模式，与工商资本开展股份合作，全面参与乡村建设和产业发展。改革村与四川美丰等14家企业达成合作，吸引社会投资1.7亿元，筹集资金2149万元。支持五大股份合作社参与数字农业建设，将物联网等设施资源资产化，促进土地流转规模布局和价值提升，增加农民收入。同时，通过土地数字化赋码登记，为农业担保贷款申请提供便利，形成“贷款—盈利—还贷”良性循环发展模式。

三、取得的成效

经过近一年的实践，旌阳区的“三变”改革“五社”实践取得了阶段性成效。

一是农村资源要素得到盘活。通过五大股份合作社开展多种形式的股份经营，盘活了农村闲置土地、房屋、资金和闲散劳动力四大要素资源。26个改革村入股农户土地达5.1万亩，已流转3.5万亩，实现总收益1422万元。孝泉镇五会村土地股份合作社通过农交所将农户入股的4400亩土地经营权集中流转，实现总溢价52.8万元，

刷新了全市单次土地承包经营权流转交易体量记录，为2021年西南地区首例规模化土地经营权集中流转案例。东湖街道高槐村置业股份合作社登记闲置农房44栋，通过改造后进行租赁，实现年租金收入176万元，集体净收益达21万元。

二是农村产业提质增效。产业结构更加优化，与全区"2+5"现代农业体系紧密结合，促进一二三产融合发展；生产经营模式从小、散、弱转变为组织化、规模化，抗风险能力增强。双东镇金锣桥村土地股份合作社立足农文旅融合发展思路，整理土地680亩，通过"股份合作社+农户+企业"的订单农业产销模式规模化种植万寿菊，每亩产值达4000元，既解决了散小问题，又形成了"金锣鸣菊"品牌效应，形成了近郊特色旅游品牌；旅游股份合作社立足脱贫攻坚与乡村振兴衔接，开发凯江大回湾旅游资源，利用产业扶贫专项资金和乡村振兴资金近1000万元打造景观平台、补齐基础设施和人居环境短板，2021年赏花月期间共吸引游客40余万人。

三是集体经济和农民收入实现双提升。通过五大股份合作社规范经营，集体资产管得住、不流失、能增值，基层干部得报酬、提能力、有奔头，农民群众不失权、不失利、不失业。2019年，26个改革村中集体经济收入20万元以上的村有2个，30万元以上的村有1个；2020年改革后，集体经济收入20万元以上和30万元以上的村分别增至8个和4个，1个村突破100万元，农民收入同比增长8.4%。

四是乡村治理效能提高。通过规范设置五大股份合作社，配套成立理事会、监事会，由村"两委"干部兼任理事长、监事长，各方职责更加清晰，推动了村级组织政经分离、财务分开。五大股份制合作模式实现了集体组织与农民"联产联业、连股连心"，基层党组织的凝聚力、战斗力不断增强。全区69个行政村全部成立集体资产股份合作社，其中27个村已完成账务分设。孝感街道红伏村、德新镇五星村、东湖街道高槐村3个改革村被评为"四川省首批乡村治理示范村"。

五是农村改革持续深化。"三变"改革"五社"实践在不改变农村基本经营制度的前提下，通过创新经济组织方式提高家庭经营集约化水平、统一经营组织化程度，解决了分散农户"干不了、干不好、干了不合算"的问题，为提高农民市场化、组织化程度提供了重要途径，丰富和完善了统分结合的双层经营体制，是对家庭联产承包责任制改革的继续和深化。同时，通过五大股份合作社的运营，前一阶段农村集体产权制度改革成果得到充分利用，实现了农村改革在广度和深度上的新跨越。

关于广汉市推动家庭农场高质量发展的几点思考

广汉市人民政府副市长　梁筱萍

2019年，习近平总书记提出："突出抓好家庭农场和农民合作社两类农业经营主体发展，支持小农户和现代农业发展有机衔接。"为贯彻指示精神和实施乡村振兴战略要求，全市坚持以推进家庭农场"一组一场"为目标，以做实培育工程和示范工程为抓手，突出系统化培训、精准化帮扶、常态化管理、多元化互动"四化"服务，出台系列政策引导扶持各类家庭农场高质量发展，初步建立起以素质提升为基础、社保补贴为保障、金融扶持为助力、生产扶持为支撑的家庭农场政策扶持体系，家庭农场生产经营能力和带动能力得到巩固提升。

一、调研目的

为准确摸清全市农村家庭规模经营发展现状，着力探索以现行家庭规模经营为基础、探索发展家庭农场的途径和方式，本次在深入调研11个镇(街道)家庭农场的基础上，结合现代农业发展的要求，客观分析了全市在家庭规模经营发展中存在的主要问题，有针对性地提出了稳妥发展家庭农场的措施建议。

二、发展背景及现状分析

截至2021年6月底，全市入库家庭农场及规模户(种养大户、专业大户)总数达1253家，较2014年增加1223家，家庭农场已成为推进农业供给侧结构性改革、助推乡村振兴战略、推进农业"接二连三"、带动农民致富增收的主阵地、主战场、主力军。

(一)数量分布

全市有家庭农场1253家，分布于11个镇(街道)的62个行政村，已覆盖所有村民小组，达到"一组一场"。家庭农场注册数量每年呈现稳定增长趋势，年均注册约200家。数量较为密集区域主要体现在高坪镇(293家)、南丰镇(154家)、金轮镇(152家)、小汉镇(132家)、三水镇(108家)、连山镇(81家)，这些区域占全市家庭农场总数的73.4%(见表1)。

表1　广汉市家庭农场数量分布表

区域	数量	比例(%)
广汉市	1253	100
其中，汉州街道	24	1.92
金雁街道	17	1.36
三星堆镇	79	6.3
高坪镇	293	23.38
南丰镇	154	12.29
金轮镇	152	12.13
小汉镇	132	10.53
三水镇	108	8.62
连山镇	81	6.46
金鱼镇	138	11.01
向阳镇	75	5.99

(二)产业类型

全市家庭农场中，种植类数量最多，达720家(57.46%)；畜牧类数量次之，达429家(34.24%)；种养结合类为49家(3.91%)；渔业类为47

家(3.75%);其他为8家(0.64%)。种植业中主要以粮油为主,果蔬为辅,该产业类型分布为全市成功创建以粮油为主的国家级现代农业产业园提供了有力保障。粮油生产主要集中在高坪镇、连山镇和金鱼镇一带;蔬菜种植金轮镇居多;水果种植主要分布在连山镇、南丰镇、小汉镇、高坪镇(见图1)。

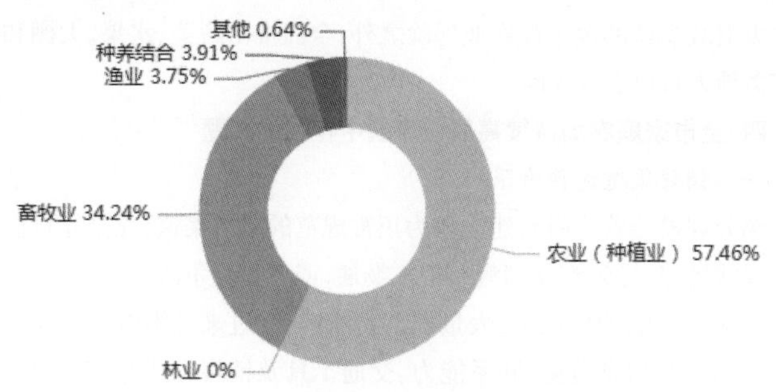

图1 广汉市家庭农场产业类型分配图

(三)经营管理

全市家庭农场中85%以上的农场主接受了高素质农民培育,是一支爱农业、有文化、懂技术、善经营的高素质农民队伍。经营主体呈现年轻化、高知化、专业化特点,其中40岁以下的家庭农场主有307人,40 ~ 50岁的有388人,50 ~ 60岁的有479人,60岁以上的有79人(见图2、图3)。家庭农场的管理趋向规范化,通过工商进行登记的家庭农场超过50%,购买了农业保险的占36.9%。全市新注册的家庭农场均要求进行工商登记并同步入库,实现了办理流程的规范化、数据监控的实时化。

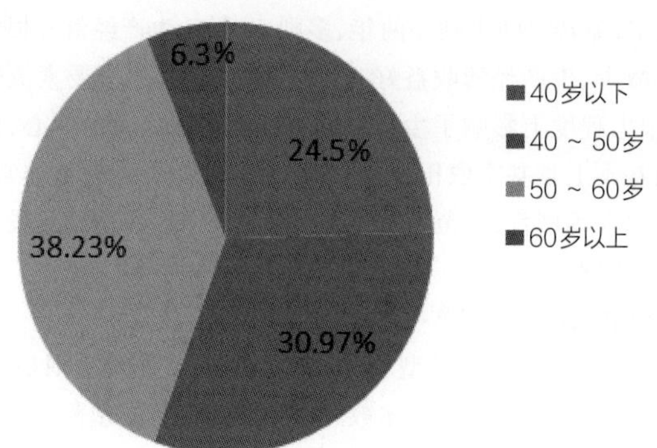

图2 广汉市家庭农场主年龄构成

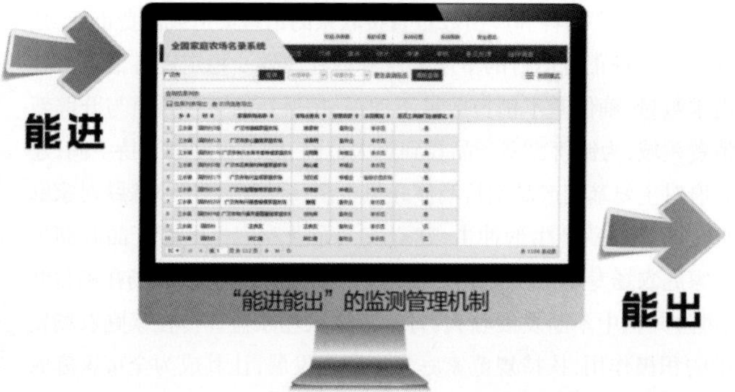

图3 广汉市家庭农场名录库数据实时监控

(四)示范作用

全市有示范家庭农场201家,其中省级示范家庭农场28家、德阳市级53家、市本级120家,省、市、县示范场比例约1 : 2 : 4,已实现89%的镇有省级示范场、100%的行政村有示范场、100%的村民小组有家庭农场(见图4),实现串点成线、连线成面,先进带领普通、先富拉动后富,梯度示范引领、全域共同致富。

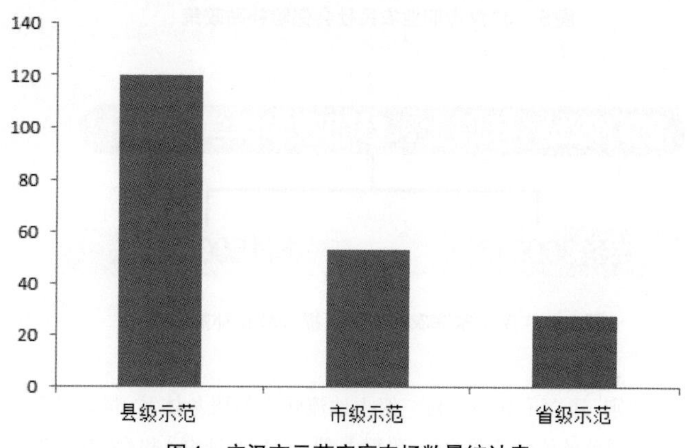

图4 广汉市示范家庭农场数量统计表

三、全市家庭农场工作相关举措

(一)优化人才政策

培育高素质农民队伍。坚持以农民现代化推动农业现代化的思路,全链条构建引、育、留农业人才服务机制。一是以激励措施"引才"。市委、市政府出台了学历提升补助、创先争优奖励等专项激励政策,对50周岁以下的入库家庭农场主领办创办家庭农场1年以上的,参加涉农类大专及以上学历提升教育,在取得国家承认学历的毕业证后给予学费一次性补贴,专科为3000元/人,本科为5000元/人,先后吸引1000余名优秀返乡创业大学生、农民工及农业科研推广人员等人才创办家庭农场、领办农民合作社。二是以服务手段"育才"。借鉴高校中的硕士博士培养模式,创新开展"农民导师制"和"寄学制"。将培育思路由"横向广谱"转向"纵向精深",鼓励师、徒为伴,终生教学相长。在培训规模上"大改小",实现小班教学;在培训内容上"广改精",实行细化专业教学;在培训形式上"旧改新",将辩论赛、知识竞赛、高校实验室学习等形式纳入培育过程。与发达地区建立联合培养机制,让高素质农民长见识,有本事,先后遴选80余名农民导师进行全程教学和跟踪服务,力求通过孵化式培训打造一支爱农业、有文化、懂技术、善经营的高素质农民队伍。全市累计培训农民3097人,包括85%的家庭农场主和农民合作社带头人。三是以职业化建设"留才"。市委、市政府出台职业农民养老保险补贴及职称评定政策,探索推进由农业创业向农业职业的转变,让更多人才真正留在农村,扎根农业,争当职业农民。按家庭农场的示范场级别给予4000 ~ 6000元/人/年的社会保障补贴,两年来,全市为100余名职业农民提供了社保补贴,57人通过农民职称评定(见图5、图6)。

(二)规范设施用地手续,强化用地政策支持

立足长期稳定、适度规模、集中成片的土地经营权供给,全力保障经营主体的用地需求。一是规范用地程序。按照国家对耕地红线的保护政策,全市对所有实施家庭农场培育(示范)项目的经营主体用地进行规范,保证所用设施用地必须要有合法用地手续,禁止在流转农用地上乱建违建。二是保障经营用地。全市出台家庭农场土地经营

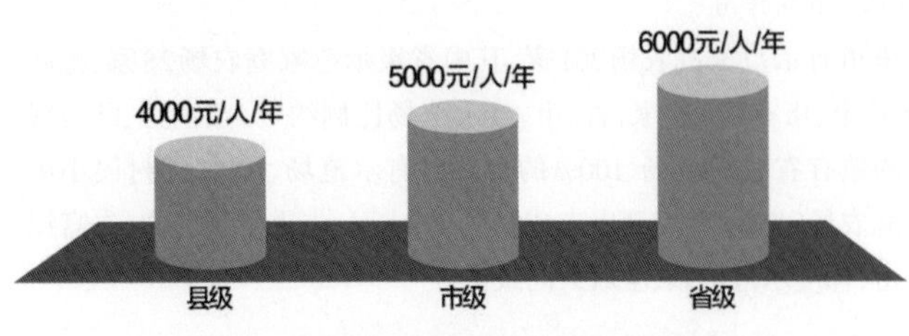

图5　广汉市职业农民社会保险补贴政策

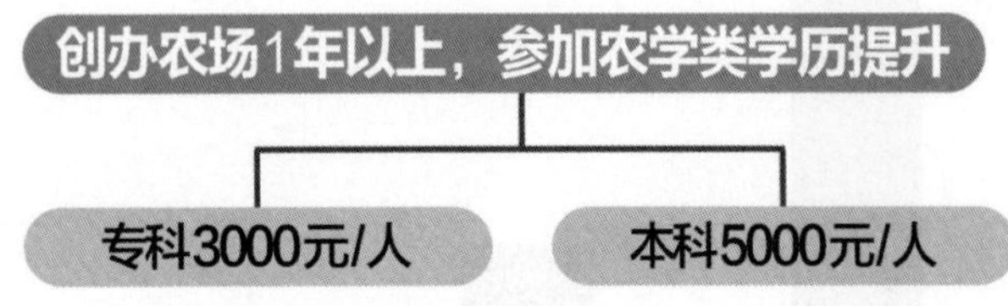

图6　广汉市家庭农场主学历提升教育补贴政策

权扶持细则，建立了县、乡、村三级土地流转交易服务体系，督促经营主体签订规范的流转交易合同，鼓励办理《交易鉴证书》和《农村土地经营权证》。三是保障设施用地。严格落实自然资源资源厅、农业农村厅《关于进一步完善设施农业用地管理有关问题的通知》精神，调配土地指标，最大限度满足两大主体对建设粮食仓储用房、粮食烘干房、果蔬冻库等设施农业用地需求。四是创新用地模式。全面完成农村承包地"三权分置"改革，在18个行政村率先探索"新型集体经济组织+家庭农场+农民合作社"组团集群发展模式。三水镇友谊村通过集体经济"筑巢引凤"、家庭农场"百花齐放"、合作社"锦上添花"三部曲由昔日的穷滩村变为易家河坝4A级风景区（见图7）。

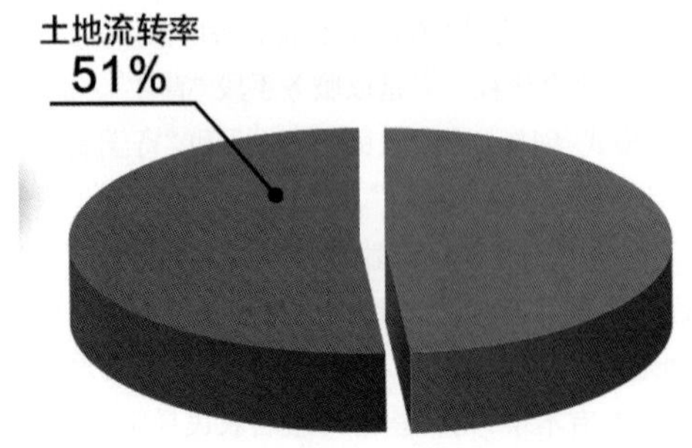

图7　广汉市土地流转情况图

（三）汇聚多方资金合力，增强经营主体活力

聚焦财政、社会和金融三方资源，解决经营主体的资金难题。一是发挥财政资金的引导作用。一方面，市级财政每年拿出不低于500万元的专项资金，全面落实养老保险补贴、学历提升补助、创先争优奖励等六大扶持政策，为两大经营主体添保障、强信心、鼓干劲；另一方面，争取中央、省项目资金，优先用于支持家庭农场完善农业基础设施，扶持农民合作社延长产业链、价值链和利益链。据统计，近两年全市累计投入财政资金8000余万元，扶持家庭农场和农民合作社300余家。二是发挥社会资金的主体作用。立足广汉的区位优势、政策优势和人才优势，坚持把社会投入作为农业经营性投入的主体地位不动摇，降低投入成本，增加产出效益。2019年以来，家庭农场和农民合作社累计新增投入1.2亿元，吸引其他社会资本2.5亿元。三是发挥金融资金的补充作用。设置2000万元乡村振兴产业贷款风险补偿金，在基本的纯信用贷款基础上，陆续开发出土地流转收益保证贷款、土地经营权抵押贷款、"职业农民贷"等金融产品，两年累计为两大主体发放经营贷款3亿元，满足了农业融资需求。广汉农商银行推出"农e贷"产品，根据联盟会员等级，授予最高50万元的授信，对联盟整体授信6亿元，全力支持广汉市家庭农场发展。同时，发挥农业保险保障功能，在中央财政支持的政策性农业保险之外，全面推出蔬菜、水果、大棚和小家禽地方特色农业保险。

四、全市家庭农场持续高质量发展中存在的问题

（一）销售渠道途径有限

部分规模经营户尚未建立较为正常规范的销售渠道，完全靠自己盲目寻找销路，导致产品销售渠道不畅通，或者在竞争激烈、市场冲击和极端天气影响的情况下，大量农产品滞销，反过来又影响了正常的生产经营。受信息资源、联系能力、交通工具及销售方式等多种因素影响，销售零星分散，耗费人力、物力和生产时间，影响规模经营效益。

（二）技术服务有待提高

规模种养殖生产需要相对专业的技术人员对生产进行技术指导，比如开展病虫害或疫病防治、对废弃物或病死畜禽进行无害化处理等，但现行规模化种养殖业专业服务提供跟不上，生产过程中各方面技术服务主要通过临时聘请人员或者靠种养殖户自学解决，技术保障方面存在诸多缺陷和漏洞。技术服务与生产要求脱节，势必影响规模经营质量效益，增加规模种养殖业的生产风险。

（三）生产要素无法满足

规模化种养殖业需要适度集中耕地、林地、养殖水面和设施用地等农业生产资源，各资源要素流转需要通过口头协商、书面协议方式确定，流转时间少则一两年、多则三五年，生产经营亏损时协议租金不减少、生产经营收益好时协议租金上涨，生产要素流转不稳定，在很大程度上影响了生产经营者长期投资经营的信心，加上全市境内基本上是基本农田，可用作设施农业用地的土地非常少，在实施家庭农场培育（示范）工程项目的过程中存在基础建设类项目落实用地困难。

（四）农业保险种类单一

全市家庭农场产业类型丰富，农业保险种类主要范围是粮食、生猪等政策扶持的种类，对于多数经济作物的保险受理范围还远远不够。加上近些年极端恶劣天气频发，农业产业频频受灾，多数保险公司报价上涨，甚至出现没有公司承保现象，增加了农业生产风险。

五、推动全市家庭农场发展的相关建议

（一）建立稳定的销售渠道，保障既得利益

建立与生产品种和产出数量直接联系的销售渠道或消费市场，是保证家庭农场正常运行的本质要求和内在属性。稳定现有消费市场与需求数量、确保基本销售数量不动摇，拓展新的销售渠道与开辟新的消费领域，为销售更多产品找到更大范围、更深程度的支持空间；建立政府对主要基础产品实行淡储旺供机制，缓解市场价格涨跌对家庭农场规模化经营产生的冲击；建立实力企业对规模经营产品收储加工与家庭农场专业化产品生产销售相联系机制，让家庭农场在利益共享、风险共担中不断发展壮大；肯定家庭农场联盟宣传在家庭农场发展中的积极作用，扶持规范家庭农场联盟发展，让其成为全市家庭农场抱团发展的中坚力量，成为信息供应的有效提供者，成为销售渠道的中间枢纽。

（二）落实技术职责，完善全方位服务

家庭农场专业化、规模化生产离不开科学技术的支撑，需要系统健全的配套服务。健全服务组织，配强技术力量，根据家庭农场从事产业的专业特点、规范化生产不断扩大产能和提高效率的实际需要，各有关部门和乡（镇）要加强协作，提供全方位、高质量服务，保障家庭农场持续健康发展。

（三）保障生产要素，加强扶持引导

家庭农场是农村经济发展的时代产物，是统筹城乡发展、增加农民收入的客观载体，各乡（镇）、有关部门要在生产要素组织、生产过程扶持、产品加工销售等方面放宽政策环境，加强资金扶持和技术支持，用强力有效的政策扶持措施保障家庭农场这一新型农村经济经营主体承载农村经济转型升级，为新形势下实现农民收入快速增长提供强大动力。

（四）完善保险机制，增强抗灾风险

为提高农业生产抗风险能力，保持“三农”工作的稳定健康发展，相关部门要加强协作，推动农业保险“扩面、提标、增品”工作，引入“农业巨灾指数保险”“农产品质量责任保险”等多种保险，降低暴雨、洪水、大风等重大自然灾害造成的经济损失，帮助农业经营主体快速恢复生产能力。政府部门应加强与保险机构的交流，建立健全长效协作机制。

提升气“智”　精准构筑灾害防线

德阳市气象局党组书记、局长　邓　勃

据统计，全球约90%的自然灾害是由洪水、风暴、干旱、热浪和其他极端天气造成的。有学者通过对近30年全球气象水文灾害演变趋势的研究得出结论：在全球气候变暖背景下，极端天气事件呈明显增多趋势，造成的经济损失也呈增加趋势，但在防灾减灾手段逐步完善的情况下，因灾造成的人员伤亡却呈明显下降趋势，中国的这种趋势更加明显。两相对比，说明我们的防灾减灾手段正在发挥明显作用。

一、当前气象灾害防御水平的发展及取得的成效

中华文明的发展史是一部人民不断与灾难抗争的历史，旱灾、洪灾、瘟疫等灾难记忆在史书中往往作为一段痛苦时期的序章。在封建社会，巨大的自然灾害频频成为底层人民走投无路、揭竿而起的第一诱因，成为王朝更替的重要原因。中华人民共和国成立后，中国共产党高度重视自然灾害的防范与治理，将其列入国家治理的重要体系。气象防灾减灾体系也在党的领导下稳步发展，中华人民共和国成立70余年来，中国气象事业取得了令世界瞩目的成就，德阳气象防灾体系建设日臻成熟，防灾减灾效益突出。

（一）不断完善现代气象观测体系，精测风云变幻

经过70余年的努力，中国综合气象观测能力已经达到世界先进水平，从以地面人工观测为主发展到“地—空—天”一体化自动化综合观测，形成了全球最大的综合气象观测网。全国现有近7万个地面气象观测站，覆盖全国所有乡（镇）；建成了由224部雷达组成的新一代天气雷达网，数据传输时效从8分钟提升到50秒；成功发射19颗风云系列气象卫星，8颗在轨运行，为全球100余个国家和地区、国内2600余个用户提供卫星气象服务。

德阳气象事业紧跟现代化建设步伐，全市建成5个国家气象观测站、225个自动气象观测站、12个交通气象站、10个风景区能见度监测仪、2个大气成分观测站、11个土壤水分自动观测站、1部风廓线雷达、1个梯度风观测站；建成“风云三号”和“风云四号”地面卫星接收站各1个，布设大气电场仪2个、车载式移动天气雷达3部、移动气象观测站5个，全境处于新一代多普勒天气雷达监测网无缝隙全覆盖范围内。全面实现地面气象观测自动化，初步构建了地空一体、覆盖全市所有乡（镇）的现代化气象观测体系。

随着精细化气象监测网络的建成，德阳对天气系统的捕捉能力显著提高。地面气象观测空间分辨率由原来的区县级观测迈入乡（镇）级，在绵竹、什邡等地质灾害易发区域实现对降水村社级精密监测，时间分辨率上由小时级迈入分钟级精细观测。全市极端天气监测能力显著提升，2010年绵竹清平特大山洪泥石流灾害、2013年西部山区强降雨、2018年和2020年全市极端强降雨天气均实现准确监测和有效预警，充分发挥了现代化综合气象监测网的作用。

（二）大幅提升气象预报预测能力，充分发挥防灾减灾第一道防线作用

中国气象预报从手工绘制天气图发展到自主创新数值天气预报，从站点预报发展到精细化智能网格预报，从传统单一天气预报发展到面向多领域的影响预报和风险预警，气候预测实现了由经验统计向客观定量化转变。气象预报预测的准确率、提前量、精细化和智能化水平显著提高，全国暴雨预警准确率达89%，强对流天气预警时间提前至38分钟，台风路径预报24小时误差减小到70千米。中国第一代全球大气再分析产品、高分辨率气候系统模式和第二代气候预测系统总体性能达到国际先进水平。2017年，中国气象局成为世界气象中心，标志着中国气象现代化整体水平迈入世界先进行列。

德阳市气象局着力发展以数值天气预报、智能网格预报产品为基础的智慧气象预报系统，通过研究开发《德阳城镇精细化预报系统》《德阳自动站全站查询系统》《德阳预警信号制作发布系统》《环境气象指数制作系统》《德阳雷电监测系统》等业务系统，构建起一批业务支撑平台，融入雷达、卫星、自动气象站等现代监测手段，建立起一套德阳本地现代气象预报预测体系，实现可用时效达到7天、空间分辨率到乡（镇）、时间分辨率到小时的城镇精细化预报产品，对暴雨、雷电、高温、强降温、大雾等灾害性天气的预警能力由原来的区（县）级提升至乡（镇）级；灾害性天气预警信号准确率接近100%，提前量52.2分钟；灾害天气预警TS评分达74.3分，预警时间提前量达278分钟。通过建立德阳灾害性天气个例库，提供灾害性天气研究的数据基础；完成德阳暴雨风险区划、暴雨强度公式项目研究，为德阳地方防灾减灾规划提供了科学依据。

近三年来，通过对灾害性天气准确的预报预警，德阳市气象部门为地方防灾减灾决策提供了准确的第一手气象信息，在应对创历史纪

录的极端天气时实现人员因灾零失踪、零失联、零死亡的目标，最大限度地减轻了气象灾害造成的损失，牢牢守住了灾害的第一道防线。

（三）气象信息化水平显著提升，保障气象服务能力实现跨越

气象信息化水平显著提高。物联网、大数据、人工智能等新技术在气象业务中不断应用。气象大数据云平台初步实现地面、高空、雷达、数值模式等九大类153种关键数据全序列的在线服务。建成高速气象网络、海量气象数据库和国产超级计算机系统，每日新增的气象数据量是中华人民共和国成立初期的100余万倍。“天镜”系统实现全业务、全流程、全要素的综合监控，初步形成了“云＋端”的气象信息技术新架构；气象数据率先向国内外全面开放共享，中国气象数据网用户累计突破34万人，海外注册用户遍布86个国家，累计访问量超过7亿人次。

德阳气象部门建立了主备分离的现代气象信息专用传输网，气象资料传输率保持全省前列，国家级台站观测资料业务可用性、传输及时率、数据可用率均达99%以上。初步建成德阳市突发事件预警信息发布系统，将以市、县、乡、村四级党政领导为主的防汛责任人纳入预警发布平台，同时将覆盖全市气象灾害关键位置的气象信息员全员纳入预警发布平台，成为预警传播的主渠道，为防灾决策提供第一手信息。预警信息还通过各主要网站、电视、广播、手机APP、网络新媒体等实时向社会发布。建立了暴雨黄色及以上预警在电视、网络全网发布机制，气象服务能力得到显著提升。

（四）气象防灾减灾机制进一步完善，防灾减灾能力显著提升

在德阳市委、市政府和四川省气象局领导下，德阳市气象局稳步推进“政府主导、部门联动、社会参与”的气象灾害防御机制建立健全。在市减灾委框架下，建立了年度、月度常规自然灾害联席会商制度，各成员单位根据气象预测分析研判本行业灾害发展趋势，提出应对措施，做到常态化灾害防范应对。在汛期建立防汛工作调度会制度，由市领导针对重大灾害性天气防御工作进行细化安排部署，协调做好灾害防御工作。在多次极端天气事件应对处置中，德阳充分发挥各部门、各行业的作用，综合运用科技、行政、法律等手段，着力加强气象灾害监测预警、预报服务、应对准备、应急处置工作，提高社会防灾减灾意识。近年来虽然气象灾害愈发极端，但灾害造成的损失显著下降，特别是人员损失德阳近三年都做到了“三零”目标，证明德阳的气象防灾减灾机制日臻成熟，效益明显。

二、当前气象防灾能力存在的问题

在党的领导下中国气象事业取得了显著成就，以纵向看，中国气象现代化水平可谓突飞猛进；以横向看，中国已经位列世界先进水平。党的十八大以来，习近平总书记多次强调，国泰民安是人民群众最基本、最朴素的愿望，以人民为中心是习近平新时代中国特色社会主义思想的价值灵魂和根本立场。习近平总书记在新中国气象事业70周年的重要指示中，将气象工作关系“生民安全”放在“四生”定位之首，提出“监测精密、预报精准、服务精细”的发展目标。按照习近平总书记的指示和殷切希望，对标人民群众对气象服务日益提升需求，当前气象发展水平距离满足人民对美好生活的要求还有较大差距。

（一）气象探测设施布局不均，部分要素探测存在盲区

多年来，通过努力，德阳市气象局不断完善气象监测设施，地面气象观测已实现乡（镇）级监测，满足了气温、气压、降水、风向、风速等基本要素的快速获取，但在这些自动气象站中，6要素（气温、气压、风向、风速、雨量、相对湿度）监测站点仅16个，占比7%；4要素（气温、雨量、风向、风速）监测站点45个，占比20%；2要素（气温、雨量）监测站点36个，占比16%；剩余均为单雨量站128个，占比57%。在城镇人口活动密集区等特殊区域对于短时强降雨、大风、大雾等高影响天气监测能力严重不足，城镇气象灾害敏感区精细化气象要素监测盲区较多，无法有效应对频发的局地极端天气。什邡、绵竹西部高山区海拔1500米以上区域是德阳市极端降雨易发区，也是主要上游主要汇水区，当前尚无气象监测设施，无法有效获取德阳市上游地区相关气象数据，是一大监测盲区，地面气象监测网尚待进一步织密织细。

地面气象监测网更加侧重事后监测，也就是天气事件已经发生后的要素获取，但对于天气运动预测更加重要的大气垂直探测设施严重不足，无法准确获取本地上空大气运动状态。全省仅有7个大气探空站，无法精密监测辖区面积达48.6万平方千米的全省大气运动状况，对于德阳这种局地天气演变的预测存在第一手探测资料盲区。当前大气污染防治等方面对气象垂直探测提出了更加精细的要求，但德阳目前尚无一处相关探测设施，监测能力严重不足。

德阳目前的地面自动监测设施始建于2005年，部分设备已经严重超期服役，存在运行风险。先期探测设备也存在智能化程度不高、抗灾能力较弱，需要进一步完善升级，以满足现代精细、智能探测需要，也要求能有效应对极端天气的监测需要。

（二）气象预报精准度需进一步提升

气象预测预报准确率的提升是气象事业发展最重要的目标，在多年努力下，通过数值预报模式，已经实现对基本大气运动的准确预测，10天以内日际天气可以准确预报，重大天气过程可以准确监测预报，实现灾害性天气不漏报。通过智能网格预报也能实现空间分辨率最小3千米时间分辨率1小时的精细化格点预报，但预报准确率尚待进一步提升。

气象预测的一大痛点就是小范围预报的精准化，这与当前气象探测资料获取精度不足、大气运动模式的精细化研究水平密切相关。目前通用的数值预报模式在当前探测资料不足的情况下大多通过插值方式实现小区域大气运动模式的运算，初始场的差异必然导致结果出现巨大偏差，具体到格点的预报结果与实况还存在较大差异。为解决这一问题，随着计算机运算能力提升，在最新推出的智能网格预报产品中通过实时滚动更新融合最新的实况反馈资料实现短期预报的准确率提升，可以满足格点短时准确预报需要。要彻底解决格点精细化预报难题，还需要在大气局地运动模式方面加大研究力度，根据需要加密大气垂直探测设施，以获取本地小气候大气数据，融入模式运算，使预报更加精准。

（三）气象现代化成果效益尚未充分发挥、气象精细化服务能力亟待提升

多年来，气象部门预报服务均实行统一的标准和模式，即所有预报产品均统一发布，尚未建立针对不同天气类型的精细化服务模式。实际上，不同的天气类型都有不同的敏感行业和敏感群体，对于气象服务的具体需求也是千差万别的。近年来，气象部门也逐渐意识到此问题严重影响了气象服务能力的提升，需要逐步通过气象服务供给侧改革来逐渐改变这一现状，但由于气象部门对细分行业的需求研究不足，相关专业人才缺乏，此项改革推进缓慢，具体业务标准、分工、流程都还未建立完善，在一定程度上影响了现有气象现代化成果效益的充分发挥。

气象事业发展“十四五”规划提出了大力发展基于影响的气象预

报产品，也是解决气象精细化服务需求的重要措施，但是要解决气象对于具体行业的影响，首先就要对相关行业有很深入的了解和研究，这需要前期投入较大的人力和财力资源开展相关基础研究，为后续预报提供基础数据支撑。如电力、健康、交通、环保、旅游等细分行业对气象敏感要素、敏感程度的详细研究均需要具体业务项目支撑，但目前气象部门尚无具体业务支撑计划，因为基础研究投入较大、需时较长，见效周期较长，一直以来是投入敏感区，但是如果无前端研究，后续服务产品也将如无本之木，无法与行业形成共鸣，满足行业需求。气象所有业务发展水平最终将通过气象服务能力来体现，更加精细的气象服务也是提升防灾减灾效率的最有效手段，因此亟需提升气象服务精细化水平。

（四）气象服务各环节融合程度不够，智能化手段缺乏

在长期的气象业务发展中，基本形成了气象探测、气象预报、气象服务三大部分，每部分业务相互独立但又相互衔接。长期以来，气象业务分割现象较为明显，如在四川上述三块业务分属观测和网络处、科技与预报处、应急与减灾处具体分管，这种业务管理体制在具体业务建设中能发挥强有力的作用，但如果在以气象服务为导向的情况下，各业务模块的融合贯通稍显不足。如气象探测更加侧重于气象探测信息的获取、传输，而对后端数据如何方便使用考虑不够；气象预报侧重于对前端收集到的数据进行分析运算，运算结果则是天气要素值，以此来反映天气预报结论更在意整个面上的总体结论正确性，以确定天气趋势预报准确性，对后续天气可能产生的影响也是着重于整体影响而言，更像是一个预报粗加工产品；预报服务相对于前两个环节在目前应该是最需要加强和完善的环节，相对于观测和预报从上到下成体系的业务流程，气象服务基本处于自由发挥状态，当前首要满足的是政府决策需求，侧重于基本气象服务产品的供给，满足农业生产、防灾减灾需要，而当前人民对于美好生活的需要，对细分的气象服务需求极大，而这块短板也是最大的。

气象业务体系以服务需求为导向的整体业务体系尚在完善中，各环节业务平台各自为政、互不兼容、互不联通的现象导致后端对现有气象资源利用率不足，难以发挥最大效益。如前端数据探测所开发的平台没有充分考虑后端应用的便利性，一般只具有查询功能，不能根据使用习惯方便地统计、分析和应用，很多部门都是下载原始数据，重新开发应用平台用于分析和统计，同一数据多处流动，既挤占网络资源，又造成资源重复建设，利用率低下。

气象部门大部分设备集中于10年前升级更新，当时不论网络技术、通信技术都不如当前发达，信息智能化水平与当前相比严重不足，很大一部分设备设施不能满足智能化服务需求，需要升级更新，以适应当前气象服务智能化需要。

综上，当前气象系统设计需要有一个整体观念，真正以服务需求为导向，无论硬件软件从根基开始就要考虑后端应用的便利化，从而实现气象服务系统智慧化。

（五）气象部门横向交流不够，社会行业数据与气象融合不足

气象部门属于垂直管理体制，有利于自身业务体系标准化、体系化发展，也是全国乃至全球气象监测预测网络布局的客观要求。但长期以来，气象系统相对于地方其他部门略显封闭，横向交流较为欠缺。气象部门与其他垂管机构有一个显著的不同点就是其服务终端、目标都在地方，也就是气象服务于地方经济、社会、生活的方方面面，这种横向交流的欠缺导致服务目标与需求存在一定程度的脱节。

由于气象本身业务的专业性，其业务系统长期以来都是自成体系，与地方经济社会等融合不足，特别是气象服务对象相关的基础地理信息、经济、人口活动、基础设施分布等数据融入严重不足，影响了气象服务精准化实施，导致气象防灾减灾效率不高。

（六）气象人才队伍结构无法满足智慧化气象服务需求

当前社会信息技术发展带动整个社会方方面面都进入智能化、智慧化时代，而气象行业的人员结构无法满足当前气象智慧化需求，而外包专业技术公司对复杂的气象业务本身理解有限，导致部分业务系统设计无法满足气象业务人员使用需要，不能充分发挥项目效益。特别是在气象大数据处理、气象算法设计、气象智能系统构建等方面严重缺乏相关专业人才，亟需构建一批既懂气象业务又精通现代信息技术的专业人才队伍，实现气象与信息技术的完美融合，提升气象智慧化水平。

三、对策建议

当前中国气象局大力推进气象事业高质量发展，6月与省政府签署《中国气象局四川省人民政府共同推进四川气象事业高质量发展合作协议》，德阳市气象局要以此为契机，结合“防风险、补短板”落实有关项目，进一步提高德阳气象监测预警能力，为防灾减灾提“智”增效，贡献气象力量。针对当前存在的一些问题和短板，提出以下建议：

（一）完善气象基础监测网络，提升气象极端天气探测能力

根据德阳地理、经济、人口活动，按照灾害发生、影响、类别有针对性地完善现有气象基础监测网络，优先弥补气象监测盲点、分类完善要素监测、提升监测智能化水平。

完善全市当前气象监测盲区站网布局，解决绵竹、什邡西部强降雨中心上游汇水区气象监测信息获取难题，防止突发山洪灾害威胁。针对不同的气象灾害，在各灾害敏感区有针对性地布局相关的要素监测设备，比如交通要道的能见度监测、城镇人口密集区的强降水监测、重要经济作物种养殖区的大风监测、重要能源客户的气温监测等，做到精准监测、有的放矢，提升气象监测效率。

布局建设德阳边界层垂直气象监测设施，解决局地小气候气象监测盲区，为德阳精细化气象预报预警提供基础数据支撑，提高气象服务精细化水平。

加强气象探测设施防御极端天气的能力。在重点区域布局建设一批极端天气监测站点，在监测能力、通讯、能源保障等方面均能应对极端天气下持续气象探测能力，防范气象业务运行风险。

提升探测设施智能化水平，便于后端对气象数据再工和应用。强化气象探测数据标准，统一探测设备接口标准，以易于使用为目标，开发能与现代智能设备相融合的智能化探测设备，满足当前多场景气象探测需要，如城市气象微站、农业气象微站、环境气象微站、无人近地层气象环境探测站等，具备小型化、智能化、易布设、数据获取方便等特点，可以用于城镇内涝、热岛效应、通风廊道、经济作物种植、文旅活动、交通出行等方面的气象监测，提升了气象探测专业化、精细化能力，为基于影响的气象预报服务提供专业的基础数据支撑。

（二）加大数据融合，实现气象预报预测专业化、精准化

充分发挥现有数值预报、智能网格预报产品潜力，进一步加大对行业数据、基础地理数据等的应用，开展不同天气类型对不同行业和群体影响的研究，形成基于影响的天气预报模式，提供更加精准的天气预报产品。

大力推进“气象+”发展，在强化和提升气象预报核心质量的同时

充分研究不同气象服务对象受天气影响的程度和机理，形成“气象+行业”的影响模式基础数据或理论支撑。

在气象预报分析制作系统设计中加强算法设计，充分融入行业数据，利用形成的“气象+”行业基础理论，根据气象数值模式或智能网格预报产品智能生成基于影响的气象预报产品，当有灾害性天气时可以针对不同灾害类别、强度等实现对特定目标行业的精准发布，提升灾害天气防御效率。

（三）以服务为导向，统筹建设现代智能化气象服务系统

气象服务是气象各环节最终面向政府、社会的终端，在气象系统建设中，建议以服务需求为导向，统筹布局相关运行平台的建设，强化总体设计，提升气象服务系统智能化水平，方便服务端产品制作、加工、发布。

在气象信息系统建设中尽量采取标准模块化设计，各功能模块要统一接口标准，易于融入整体系统，同时也便于各功能模块的取舍添加，也便于维护、更新和升级。

加强对气象服务对象，包括政府、部门、社会各行业的调查沟通，气象服务系统要以服务对象视角展开设计和建设，以最大限度满足服务需求。

（四）加强人才队伍建设，建设满足精准化服务要求的现代气象服务体系

人才是事业发展的核心，尤其对于气象这种技术型部门，要实现“监测精密、预报精准、服务精细”的发展目标，必须强化现代气象人才队伍建设。

提升现有气象人才的能力素质，加强气象业务学习，及时掌握新技术、新理论，并能应用于实际工作中。当前一线业务人员要加强对最新智能网格预报产品的应用和检验，在实际业务工作中强化问题分析能力，形成一套对智能网格产品本地化应用的正反馈机制或技术理论，进一步提升本地气象预报精准化程度。

气象智慧化和其他行业一样，离不开计算机信息技术，因此要强化气象专业人才队伍中的信息技术人才建设，通过培养或引进相关人才提升气象信息化水平。加大与项目合作公司的技术交流，使其能准确理解气象信息系统建设思路、使用目标，气象部门人员也可学习专业公司构建信息系统的思路、方法，共同建设更加完美的智慧化气象系统。

强化服务端人才队伍建设，能够完成基于不同天气、气象灾害，向不同服务对象提供个性化气象服务，满足构建精准、高效的现代气象服务体系需要。

（五）加强合作，精准构筑气象灾害防线

气象是灾害防御的“吹哨人”，被誉为灾害第一道防线。多年来，通过不懈努力，全市已经形成了一套较为成熟的气象灾害防御体系，经受住了一次次检验。但是，受限于当前预报预测水平，目前的灾害防御还处于粗放型阶段，不同灾种、不同影响程度的精准化防御体系尚待建立。因此，政府各部门、社会各行业需要加强合作，共享防灾资源，加强灾害影响研究，针对不同灾害研究精准防御办法形成防御方案，最终建成针对德阳的能精施策气象灾害防御流程体系，提升德阳灾害防御效率。

注重改革创新　全面实施乡村振兴的安州实践

中共绵阳市安州区委书记　胡　斌

近年来，绵阳市安州区深入学习贯彻习近平总书记关于“三农”工作的重要论述，认真贯彻落实中央、省、市决策部署，把实施乡村振兴战略作为新时代“三农”工作的总抓手，全面落实“四个优先”，持续推进“五大振兴”，加快推动农业农村现代化，促进农业高质高效、乡村宜居宜业、农民富裕富足，先后荣获全国农村创业创新典型县、国家农产品质量安全县、全省县域经济发展进步区、全省乡村振兴先进区等称号。

一、做到“四个坚持”，强化乡村振兴机制保障

一是坚持党政主责，健全工作机制。成立区委、区政府主要负责同志任“双组长”的实施乡村振兴战略领导小组，组建产业振兴、村容村貌提升等9个工作专班，构建起区、镇、村三级书记抓乡村振兴责任体系，全面推动乡村振兴工作做深做细。

二是坚持规划引领，明确发展方向。编制完成全区乡村振兴总体规划以及乡村产业发展、宜居乡村建设等6个专项规划，形成“1+6”乡村振兴规划体系，明确了乡村振兴时间表、路线图，为分类有序推进乡村振兴提供了保障。

三是坚持统筹衔接，筑牢振兴底板。严格落实“四个不摘”要求，保持脱贫攻坚政策总体稳定，选派65名干部开展新一轮驻村帮扶，健全防止返贫动态监测和帮扶机制，常态开展巩固脱贫成果“回头看”，摸清情况、找准问题、立行立改，推动巩固脱贫攻坚成果的责任落实、政策落实和工作落实，全区无一人返贫致贫。

四是坚持奖惩并举，倒逼责任落实。出台实施乡村振兴战略“20条”硬措施，健全乡村振兴干部考评激励机制，完善责任分工、工作保障、督促检查、考核评价、问责奖惩“五大机制”，实行“周报告、月督查”制度，倒逼各项工作任务落地见效。

二、落实“四个优先”，增强乡村振兴要素支撑

一是优先选配三农干部，打造干事创业主力。推动干部力量向农村倾斜，216个事业编制下沉乡（镇），138名科级干部、147名新招录干部、23名退役士兵充实到“三农”系统和乡（镇），乡（镇）乡村振兴办、农业服务中心实现全覆盖设置，在岗率在95%以上。配强带头人队伍，1480名村（社区）“两委”和后备干部中，优秀农民工、大学生等群体占比达80%。

二是优先要素资源配置，激发乡村发展活力。坚持经济区和行政区适度分离，把全区10个乡（镇）划分为4个镇级片区，已形成1个镇级片区乡村国土空间规划初步成果，其余3个预计6月底前完成。充分保障用地需求，全区29.38%的建设用地指标用于乡村产业发展和村民住宅建设。激活镇村闲置资产，通过出租、入股等模式，累计盘活166宗6.59万平方米，用于产业发展和壮大集体经济，盘活率达100%。

三是优先保障资金投入，持续加大支持力度。建立财政优先保障、金融重点倾斜的资金投入机制，2021年区财政本级一般公共预算总数17.02亿元，涉及乡村振兴资金2.17亿元，高于上年3.94个百分点，实现逐年增长。

四是优先安排公共服务，提高群众幸福指数。推进城乡教育均衡发展，乡村普惠性幼儿园在园人数达5233人。落实农村居民基本医保政策，住院费用报销比例达73.99%。做好兜底性民生建设，救助困难群众70.3万人次。服务"一老一小"，7000余名困难老年人、2300余名留守和困境儿童得到关心关爱。

三、突出"五大振兴"，提升乡村振兴发展质效

一是突出产业为本，大力发展现代农业。把产业振兴作为重中之重，下好乡村振兴"先手棋"。狠抓稳产保供，建成高标准农田40.32万亩，2021年粮食产量26.5万吨，增长1.89%，实现"十三连增"。抓实非洲猪瘟防控，全年出栏17万头，增长22.4%。发挥"国家级杂交水稻制种基地县"作用，发展水稻制种3.8万亩、产量7600吨。做大产业园区，紧扣"2+3+4"现代农业产业体系和"一线两区五业十园"总体布局，梯次建设10个现代农业园区，中药材、魔芋等特色产业面积达25万亩、产值达21亿元。强化联农带农，培育新型农业经营主体1000余家，带动农民人均年增收2000元以上，连续两年获评全省农民增收先进县。推进产业融合，发展休闲农业经营主体126家，实现经营收入3.5亿元；培育加工企业430余家，2021年产值达145亿元，加工能力位列全省前列，"安县魔芋""川菜王"等品牌享誉全国。

二是突出人才为要，持续激发乡村活力。创新人才政策，实施乡村振兴人才聚集行动，出台《乡村人才振兴行动方案》《推动乡村人才振兴十条激励措施》等政策，推出奖励补贴、招录招聘、职称评审等措施，打造乡村人才聚集高地。壮大人才队伍，与40余家高校、院所开展合作，共建"助力乡村振兴社会实践基地"，培训农村实用人才1.6万余人、高素质农民2070人。优化人才环境，实施"安州英才计划""安州育才计划"，评选表扬"农业菁英""创业菁英"等涉农人才60余名，获评全省返乡下乡创业工作先进区。

三是突出文化为魂，着力培塑文明乡风。加快文化惠民，建成乡（镇）综合文化站18个、村（社区）综合文化服务中心151个，117个农家书屋全部免费开放，年接待群众20余万人次。深挖文化资源，"中国春社·睢水踩桥"获中国最具民族特色节庆奖，电影《破门》入选庆祝建国70周年优秀国产影片展映名单。深化文明创建，推进文明村镇、家庭等细胞建设，创新开展"百家看·千家比"活动，大力推行文明实践活动，教育引导群众10万余人次，实现村（社区）新时代文明实践所（站）全覆盖，区级以上文明村达70.9%。

四是突出生态为先，加快建设美丽乡村。打造宜居环境，实施农村人居环境整治提升五年行动，行政村生活垃圾有效治理率和生活污水治理率分别达100%、85%，卫生厕所普及率达95%，"美丽四川·宜居乡村"达标村达95个。深化污染防控，农膜回收利用率达94.8%，秸秆综合利用率保持在98.3%以上，化肥农药连续五年负增长，粮油园区建成全省唯一的国家级化肥农药双减集成示范区。加强生态保护，全面建立河湖长、林长、路长管护体系，全区主要河流出境断面水质达到Ⅲ类标准；天然林保护、退耕还林还草工程全面完成，森林覆盖率达40.21%；农村公路列养率、等级比均达100%，获评全省首批"四好农村路"示范县。

五是突出组织为基，全面夯实基层堡垒。把组织振兴作为保障性工程来抓，建好乡村振兴"桥头堡"。加强运行保障，实行村社干部待遇报酬及运行经费差异化保障，薪酬整体增加792.72万元/年，村运行经费最高达30万元/村。投入3480万元实施"消薄"行动，年收入3万元以上的村有109个，占比达93.16%。建强干部队伍，完成村（社区）"两委"换届工作，"一肩挑"比例达99.1%。推行村（组）干部提级备案管理，2000余名村（组）干部分别纳入区委和镇党委管理。实施"头雁提能"三年行动计划，培训村（社区）干部1000余人次，298名村（社区）干部结成帮带对子，有效提升了干部履职能力。提升善治效能，创新"5+3"社区分类治理模式，构建"乡（镇）—社区—小区（院落）—楼栋"四级网格425个，"枣园大管家""科技赋能社区'智治'"等治理品牌被央、省主流媒体宣传报道，安州区入选全省城乡社区治理试点区。

四、注重改革创新，打造乡村振兴安州样板

一是创新引育路径，壮大农村领头雁。探索实施"翱翔计划"，为有效解决选调生重考调、轻培养等问题，将其选派到镇、村任职，通过"墩苗、帮带、淬炼、育才"四大工程，推动年轻干部快速成长，相关做法被《人民日报》宣传报道。探索实施"归雁工程"，通过破解返乡创业用地难、资金缺、保障弱等问题，引导优秀农民工等人员建成创业园13个、示范基地232个，创办实体3200余个，带动3万余名群众就近就业，相关做法被《中国改革报》刊载推广。探索实行"五联四帮三带"，通过"整体联动、专人联系、内外联建、支部联谊、全程联管"五种组织覆盖方式，采用"部门帮助解决难题、区镇村帮助处理困难、人社就业帮助提升技能、驻外机构帮助发布信息"四种服务途径，实现"党员带头示范、能人带领致富、支部带动发展"，提升优秀农民工回乡创业积极性，相关做法得到省委领导肯定，并作为全省基层党建创新案例。

二是拓展农事服务，推动发展新业态。探索农事服务新模式，发挥农机专合社组织作用，为农户提供农资配送、机耕、机种、机收、烘干、销售等于一体的"全程机械化+综合农事"服务，全区主要农作物耕种收综合机械化率达86.9%。探索开展"粮食银行"试点，引导农户把粮食经营权以"定期"或"活期"的形式让渡给合作社，合作社通过上市流通盘活粮食资源，带动农民获得增值效益，"粮食银行"存入粮食1.84万吨，带动农户增收730余万元，相关做法被《中国经济时报》专题报道。探索开展"村网共建"农村电力服务，在村干部中选拔兼职电力"网协员"，协助"电管家"做好线路巡查、简易问题处理、安全用电宣传等工作，有效提升了农村供电管护质效。

三是优化资源配置，培育发展新动能。优化整合农村资源要素，推动农业农村高质量发展。探索"土地银行"新模式。为提高土地集约利用水平，引导农户自愿将分散、零星的土地流转给村集体，进行整合管理或适度改造，再统一流转给新型农业经营主体，对新增的收益部分按村民小组20%、农户个人30%、村集体经济组织50%的比例进行分红，既有效壮大村集体经济，又促进农民增收，相关做法被《四川卫视》报道。探索"3+"以改促教模式，通过"公民合作普惠学前教育、并扩组改均衡义务教育、跟班专送普及特殊教育"方式，推动教育均衡优质发展，全区乡村普惠性幼儿园在园人数覆盖率达88.8%，义务教育阶段入学率和装备配备达标率均为100%。探索"1+N"农村养老服务体系，针对农村养老问题，整合养老机构、日间照料中心、村级活动阵地等资源，构建1个区域性养老服务联合体，提供信息平台、日间照护、安全巡视等"N"种服务方式，不断提升农村老年人养老服务水平。全区共有养老服务站点108个，相关做法被《四川改革专报》刊载推广。

大英县以做实两项改革“后半篇”文章为抓手全面推进乡村振兴

大英县农业农村局

大英县深入学习贯彻习近平总书记关于“三农”工作的重要论述、党的十九届六中全会、省委十一届十次全会和市第八次党代会精神，认真贯彻落实《中国共产党农村工作条例》《乡村振兴促进法》《四川省贯彻〈中国共产党农村工作条例实施办法〉》要求，以推动“十四五”规划开好局、起好步为要务，以做实两项改革“后半篇”文章为抓手，着力做好巩固拓展脱贫攻坚成果同乡村振兴有效衔接，围绕提质主线、做实项目支撑，对标竞进、示范引领，不断推进“三农”发展加速度、提质效，农业农村各项重点任务落地落实。

一、始终坚持党的领导，推动组织保障落实到位

加强和充实县委农村工作领导机构，下设巩固拓展脱贫攻坚同乡村振兴有效衔接、两项改革“后半篇”文章等7个专项工作领导小组。县委常委会、县政府常务会分别组织研究“三农”工作，编制完成《大英县“十四五”农业农村发展规划》。出台《县委农村工作领导小组工作规则》《县委农村工作领导小组办公室工作规则》《大英县巩固拓展脱贫攻坚同乡村振兴有效衔接实施方案》，乡村振兴工作领导机制加快完善。着力推动督导考核工作，制定《大英县实施乡村振兴战略实绩考核办法》《2021年度大英县镇、街道党政和县直部门(单位)领导班子领导干部推进乡村振兴战略实绩考核方案》。深化县级部门、镇乡村振兴三级联动，形成了工作合力，明确了工作举措，细化了工作任务，压实了工作责任。加大乡村振兴投入力度，2021年县本级财政安排乡村振兴投入2.4731亿元，占比为12.4%，比2020年增长1.9%；预算土地出让收入13亿元，优先支持乡村振兴建设4220万元，已达到省级规定本年度土地出让收入的3%。

二、始终突出产业优势，培育现代农业提档升级

自觉扛稳粮食安全责任，坚决制止耕地“非农化”、严格管控耕地“非粮化”。全年共复耕1.83万亩，占市下达目标任务的228.94%。建设高标准农田2万亩。全年粮食作物播种面积60万亩，超额1.2万亩；总产量21.27万吨，超额0.36万吨。围绕“1+3+6”现代农业产业布局，突出品种好、品位高、品相佳、品质优、品牌响，深入实施现代农业培育工程，培育农产品加工基地6个，无公害产品、绿色产品、地理标志产品24个，全县11家企业及农民合作社的25个品种获得“遂宁鲜”品牌授权。加快现代农业园区建设，围绕实施全省2021产油大县示范项目，规划建设粮油现代农业园区10万余亩，2021年建设现代粮油核心示范区3500亩，辐射带动发展优质粮油3万余亩。扎实推进现代农业园区提档升级，枳壳刺梨生猪种养循环园区、甜桃园区分别被纳入省级、市级现代农业园区培育。突出农旅融合，巩固提升“一环两线”休闲农业和乡村旅游示范带，推动“绿山微湖”乡村景点成为网红打卡地，升级军辉农场、红豆杉养身谷等一批星级农家乐。举办采摘节、观光体验等乡村游活动。

三、始终聚焦精品示范，建设宜居乡村提升颜值

以塑美乡村振兴之“形”，着力在生态宜居上下功夫，成立由四大班子主要负责人任组长的乡村振兴精品示范村规划建设领导小组，聘请幸福御业公司进行高标准规划，扎实推进精品示范村建设。依托道地中药材产业基地，着力发展生态观光、药膳餐饮等业态，精心打造隆盛镇土门垭村“乐香土门”康养休闲村。加强乡村基础设施建设，新(改)建撤并建制村直连路、乡村振兴产业路、美丽乡村旅游示范路113.7千米，延伸主供水管网115.8千米，实施电网升级改造项目12个，建设燃气管道37.2千米，铺设通信光缆519千米。持续改善农村人居环境，在8个村实施农村生活污水治理“千村示范工程”项目，清理农村生活垃圾及各类废弃物1.68万吨，整治废旧“三线”146.4千米，完成10012户农村无害化卫生厕所改造。切实优化农村公共服务，撤并学校(教学点)7所，新(改)建村卫生室、文化室、养老育幼设施63个。持续深入推进乡村生态建设，加强长江“十年禁渔”工作，建立三台、中江、大英“三县共治”郪江黄颡鱼国家级水产种质资源保护区保护机制。多措并举推进农业面源污染治理，畜禽粪污资源化利用率达92%，秸秆综合利用率达90%以上，农膜回收率达90%以上，主要农作物病虫害绿色防控覆盖率达47.47%，小春大春作物测土配方施肥技术覆盖率稳定在90%以上。

四、始终深入改革创新，引领主体带动激活要素

坚持城乡融合、改革创新，着力创新农业农村发展机制，不断激发农业农村发展活力。深入推进乡村人才建设，从吸引城市人才进乡下村、培育开发乡村人才、激励乡村人才创业就业、完善乡村人才服务保障4个方面入手。制定本土人才激励措施，全面启动“卓筒之星计划”，有序推动实施创新创业人才、产业工匠、乡土专家等8个领域人才培养计划，推动人才向乡村振兴一线流动。大力挖掘农村“土专家”，选聘13名农业科技人才组建科技特派员服务团队，开展农业实用技术培训，解决技术难题78个。抓好新型职业农民、致富带头人培训，不断提高农村实用人才就业、创业能力。全面推进省级家庭农场示范创建，培育各类家庭农场309家，累计发展家庭农场1139家。成功争取农民合作社质量提升整县推进省级试点县，创建国家级示范社4个、省级示范社29个、市级示范社38个、县级示范社50个。有效激活发展要素，因地制宜采取有效方式盘活村级公有资产，多种模式、多种渠道探索发展新型农村集体经济。全县168个新建制村实现村集体经济收入816.25万元，村均4.86万元；20个试点村实现集体经济收入259.27万元，村均12.96万元。全县农村产权制度改革成效在全市树立标杆，大英县被列为2021年全省农经工作典型地区。

五、始终围绕乡村文明，促进基层治理走深走实

坚持县、镇、村三级书记一起抓，县级层面建立“1+7”工作领导小组，镇级层面建立乡村振兴联席会议制度，村级层面选优配强工作队，形成“县级主推、镇级主抓、村级主干”的责任体系。分期分批举办党建引领乡村振兴主题培训班9期次，培训乡村干部880余人；举办党务干部专题培训班，培训党务干部180余人；实施党性学历“双提升”计划，支持230名村(社区)干部学历提升到大专以上，59名村(社区)书记学历提升到本科以上，不断提升乡村干部基层治理能力现代化水平。

扎实推进乡村治理，创新"院长+积分"模式，推进大型农村聚居点治理，在22个村开展"民主监督、民主协商、三治融合、场景营造、乡风文明"五个主题试点示范。以提升象山书院红色教育基地配套、规划建设阆仙诗苑为契机，深入挖掘和传承农耕文明。深度挖掘卓筒井文化，推行"文物保护+文化旅游+乡村振兴"农文旅融合发展模式，合理布局休闲游乐、民俗风情等业态，精心打造卓筒井镇为干屏村为"中国宋风古井桃源乡游第一村"。深入推进移风易俗，大力培育文明乡风、良好家风、淳朴民风，隆盛镇双龙桥村获评四川乡风文明名村，蓬莱镇吊脚楼村成功创建为全国乡村治理示范村。

下一步，全县将全面落实中央、省委和市委各项决策部署，做到在思想上不落后、行动上不掉队、工作上不落伍，以遂宁筑"三城"兴"三都"、加速升腾"成渝之星"为重要目标，以建设"大美大英·大美乡村"为重要抓手，推进各项工作有序开展，为全市实现"美丽乡村全面振兴"做出应有贡献。

坚持农业农村优先发展　助力乡村振兴

中共雅安市名山区委　雅安市名山区人民政府

雅安市名山区辖区面积614平方千米，辖2个街道11个镇，人口28万人。近年来，全区认真贯彻党中央"优先发展农业农村，全面推进乡村振兴"战略部署，深入落实《中国共产党农村工作条例》，围绕"产业兴旺、生态宜居、乡风文明、治理有效、生活富裕"总要求，按照省委、省政府《关于坚持农业农村优先发展推动实施乡村振兴战略落地落实的意见》部署，把实施乡村振兴战略作为新时代"三农"工作总抓手，聚焦"10+3"现代农业产业体系，凝心聚力推动"五大振兴"，先后获得全国现代农业（茶叶）基地强县、全国绿色食品原料（茶叶）标准化生产基地、全国茶树良种繁育基地县、全国首批无公害茶叶生产示范基地县、全国最美乡村示范县、全国农村产业融合发展试点示范县、全国农村一二三产业融合发展先导区、全国农村生活垃圾分类和资源化利用示范县、中国天然氧吧、四川省农村改革示范区、四川省乡村振兴先进区等荣誉称号。

一、坚持以高位推进为总揽，健全组织保障机制

（一）全面落实三级书记抓乡村振兴责任制

成立以区委书记、区长为双组长的乡村振兴工作领导小组，区委常委会、政府常务会及相关专题会研究乡村振兴80余次，编订《名山区实施乡村振兴战略责任分工方案》，将乡村振兴纳入镇（街道）、部门综合目标绩效考核，健全向人大报告、政协年度通报制度。

（二）健全完善政策支撑体系

编制《名山区乡村振兴战略规划》，出台《实施乡村振兴战略考评激励办法》《城乡融合发展加快新型城镇化促进乡村振兴的实施方案》等，构建《茶叶基地质量安全监管体系建设工作方案》《"新村民"计划实施办法（试行）》等14个自主创新体系，推动引领乡村振兴工作。

（三）不断强化资金投入保障

坚持财政优先保障和金融优先服务农业农村领域，逐年加大公共财政倾斜力度，全年统筹投入资金3.86亿元，同比增长68.19%；争取各项债券资金2.07亿元，发放涉农贷款46.54亿元，支持农村人居环境整治、村庄基础设施建设等"三农"重点领域。

二、坚持以高质量发展为主线，提升产业发展水平

（一）着力打造川茶产业发展"主力军"

创新实施茶叶质量安全监管"13122"工程，巩固提升27万亩全国绿色食品原料（茶叶）标准化生产基地，成功创建中国特色农产品优势区、国家级农产品质量安全监管示范区候选区，全区优质茶园面积稳定在35万亩以上，综合产值达65亿元以上，茶业助农人均增收近万元。深入实施"蒙顶山茶"品牌化发展战略，"蒙顶山茶"荣获2020年"中国气候好产品"首个农产品，区域公用品牌价值达37.14亿元，分别居全省第一位、全国第七位。

（二）着力打造农产品精深加工"新样板"

制定《雅安市名山区茶叶加工企业空间布局规划》，以茶企转型升级为突破口，以"1+3"茶业集中加工示范园建设为主抓手，引领推动茶叶加工规范化、规模化、品牌化发展，原1299家茶企缩减至418家。建成北部（黑竹）茶叶集中加工区、中部（新店）茶叶集中加工区，入驻茶企30家。成雅工业园区获评省级农副产品加工示范园，实现茶叶加工行业产值53亿元。

（三）着力打造农旅融合发展"示范区"

确立全域旅游"1+7+N"空间布局，全线提升中国至美茶园绿道，推出六条文旅精品线路，打造六大精品文旅景区，建成特色民宿、乡村度假旅游接待点等300余家，高水平举办第十届环中国国际公路自行车赛、全省2020年度"万人赏月诵中秋"主会场展演活动等重大活动，精心举办蒙顶山茶文化旅游节、农耕文化旅游节等会节活动，成功创建为天府旅游名县候选县。

（四）着力打造都市优质农产品"供给地"

巩固国家级生猪调出大县地位，建设无非洲猪瘟疫病区，非洲猪瘟防控经验获得副省长尧斯丹的高度肯定，《"三个四"非洲猪瘟防控法》在省《三农要情》刊登。落地建设唐人神年产100万头生猪绿色养殖全产业链项目。打造羊肚菌、佛手柑、猕猴桃等特色产业，建成现代化标准蔬菜生产基地2万亩、猕猴桃产业园1.6万亩，形成多元化特色农业产业格局。

三、坚持以园区建设为龙头，搭建高效农业载体

（一）坚持政府与市场协同发力

创新现代农业园区建设模式，统筹整合地方财政资金，综合运用融资担保贷款、财政奖补等政策，撬动社会资本投入园区建设，共投入财政资金3.6亿元，撬动丰丰茶业、蒙顶山茶业等12家龙头企业发展，跃华茶业被评为农业产业化国家级重点企业，"蒙顶山茶""蒙顶""蒙山"品牌获得中国驰名商标，"跃华""味独珍"等8个品牌获得省级著名商标，蒙顶山茶叶现代农业园区成功创建省级五星级现代农业园区。

（二）坚持产业与科技有机结合

茶叶科技创新成为支撑产业发展的核心竞争力，建成西南最大

的茶树基因库，年出圃良种茶苗15.96亿株。“陈宗懋院士工作站”落户名山，合作开展茶园农药减量研究项目，省茶科所茶叶科技创新与转化中心落地园区，“野生茶树种质资源发掘与特色新品种选育及配套关键技术集成应用”项目获得省政府科技进步一等奖。

（三）坚持管理与服务无缝对接

创新园区管理模式，实行园长负责制，成立蒙顶山茶叶现代农业园区服务中心，构建高效有序的管理运行机制。加快推进农业领域“放管服”，优质服务各类经营主体和小农户，建成园区为农服务中心4个、家庭农场25个、农民专业合作组织115个，形成“金字塔”园区效应。

四、坚持以五美共建为抓手，改善农村人居环境

（一）建设美丽庭院

农村“厕所革命”示范村整村推进项目扎实推进，新（改）建农村无害化卫生厕所1.5万余户，示范村无害化卫生厕所普及率达90%以上。常态开展“村庄清洁义务日”活动，评比创建“洁美家庭”“生态文明户”，引导群众自觉参与环境治理，实现村庄环境干净、整洁、有序。

（二）建设美丽村镇

全域推广农村垃圾分类处理“高岗村模式”，垃圾分类和清运减量均达40%，农村生活垃圾无害化处理率达98%。成功创建省级乡村振兴先进乡（镇）1个、示范村2个，中峰镇海棠村获得“2020中国美丽休闲乡村”称号。

（三）建设美丽田园

畜禽养殖废弃物资源化利用项目深入实施，建成水肥一体化茶叶生产基地20个，全域规模养殖场粪污处理设施装备配套率达100%，农业废弃物综合利用率达90%以上。

（四）建设美丽河湖

全面落实河（湖）长制，实施生态清洁型小流域、两合水梯级人工湖等项目，加快污水管网、污水处理设施建设，农村污水处理率达86.7%，出境断面水质达到Ⅲ类，美丽河湖建设助力乡村振兴在全省作经验交流。

（五）建设美丽绿道

建成100余千米的中国至美茶园绿道，沿线布局生态茶园、多彩林盘等自然景观和茶庄果园、新村公园等文旅融合节点，名山区被评为“四好农村路”省级示范县，中国至美茶园绿道被评为“中国十佳茶旅线路”“2019全国美丽乡村路”。

五、坚持以深化改革为动力，创新基层治理模式

（一）创新村级集体经济发展“987计划”

创新土地合作型、资源利用型、产业发展型等集体经济发展模式9个，健全党组织领导、法人治理、经营运行等机制8个，实施土地政策、财政资金、涉农项目等扶持7类，全区村级集体经济经营性总收入达524万元，30%以上的行政村集体经济收入超过10万元。

（二）创新综合性农业社会化服务体系

依托村级为农服务中心，有机整合供销社、集体经济组织和社会化服务组织三方资源，设立“四部四中心”，采取“菜单式、半托管、全托管”服务模式，农产品生产实现管理到销售全程社会化服务，构建覆盖全区域、支撑全产业、服务全领域的服务体系。

（三）创新“茶源义警”高效社会治理模式

整合基层干部、网格员等九类基层治理力量，组建104支“茶源义警”队伍。健全“支部吹号、义警报到”响应机制，聚焦宣传引导、信息收集、矛盾化解等6项基本职能，针对社会治理重点任务精准发力，累计参与各类宣传活动3270余人次，协助征地搬迁900余亩，化解矛盾纠纷900余件。

（四）创新村级便民服务全程代办机制

全面推行“一站服务不出村、下沉服务零距离、贴心服务转作风、暖心服务促发展”村级便民服务全程代办机制，下放服务事项46项，规范“接件记录—代办情况—代办去向—办结反馈”程序，形成“最多跑一次、只进一道门、只找一个人、办好一切事”集成服务机制，办理时限平均压缩60%以上，代办服务效率提升80%以上。

六、坚持以激发活力为路径，增强持续发展后劲

（一）强化农村基层党组织引领

坚持以加强村级党组织、带头人队伍和党员队伍建设为重点，扎实推进抓党建促乡村振兴，推动农村基层党建工作全面提升，顺利完成村级建制调整改革，减少行政村92个，减少48.42%，建制村数量、辖区面积、人口数量更趋合理；常职干部平均年龄42.7岁，较改革前降低4.2岁。

（二）致力脱贫攻坚与乡村振兴有效衔接

42个贫困村全部退出、5489户15860名建档立卡贫困户全部脱贫，顺利通过国家脱贫攻坚普查验收，获评“全省脱贫攻坚先进区”。完善扶贫对象常态化“回头看”“回头帮”和防止返贫监测、动态帮扶机制，提前谋划“十四五”规划编制，重点突出扶贫开发和乡村振兴有序有效衔接，推动农业农村持续快速发展。

（三）构建新时代乡风文明体系

整合各类公共服务阵地，搭建理论宣讲、文化服务等六大平台，围绕家风家训、德孝文化等主题开展宣讲770余次，受众2.9万人次。精心举办社区文化节、运动会等特色文体活动，弘扬主流价值观。加强文化设施建设，各行政村基层综合性文化服务中心达标率为100%。深入推进移风易俗，文明乡（镇）占比达55%，文明村占比达63.1%，延源村、石栗村、瓦子村、安吉村创建为“省级文化扶贫示范村”。

（四）“新村民”计划注入乡村人才

创新实施“新村民”计划，建立健全乡村人才引入、留用及培育机制，引入优秀人才带头投身乡村产业发展。实施“归雁”计划，回引各行业173名优秀农民工返乡创业，实施创业项目211个。组建科技特派员团，实现派驻科技特派员村级全覆盖，常态开展技术、创业培训等服务，推动先进适用技术和成果转化应用。

七、坚持以特色亮点为示范，积极作出“名山经验”

（一）农村垃圾分类处理“高岗村模式”全省推广

首创“组织引领、群众参与；垃圾分类、源头减量；建章立制、常态管理”农村垃圾分类处理“高岗村模式”，健全“户分类、村收集、镇清运、区处理”治理机制，有效解决农村垃圾分类减量问题，开启了保护青山绿水的农村人居环境治理新路子，“高岗村模式”入选全省深化改革示范案例，被住房和城乡建设部评为“全国农村生活垃圾分类和资源化利用示范县”。

（二）“茶园变公园、茶区变景区”，茶旅融合成效凸显

坚持以茶产业乡村振兴示范带建设为载体，建成中国至美茶园绿道，串联红草坪骑游茶乡、牛碾坪科普茶乡等7个茶乡组团，形成了连点成线、连线成片的茶旅融合、全域旅游发展格局。名山区获评全国农村一二三产业融合发展先导区。

（三）新型农民经营主体蓬勃发展

建成农民合作社395个（国家级2个、省级15个），辐射带动3.6万户农户实行产业化经营模式，形成高效联农带农激励机制，并推动发展合作制、股份制、订单农业等多种"农户+"新产业新组织方式，有力促进小农户和现代农业发展有机衔接。9月26日，与省社科院等单位联合举办县域农民合作社质量提升研讨会。10月18日，中国邮政助力农民合作社高质量发展交流活动在名山现场参观考察。

（四）全国唯一的四川蒙顶山合作社发展培训学院建成开院

农业农村厅深入谋划脱贫攻坚与乡村振兴有效衔接，围绕长效帮扶载体和手段等短板，支持打造四川蒙顶山合作社发展培训学院，构建多维培养模式，每年培养乡村振兴人才2000人以上。学院于9月建成并试运行，已开展浙江援川干部培训等5期，成为全国唯一一所定位于农村集体经济组织、农民专业合作社人才培养的民办非企业专业培训学校。

武胜县深入实施农业供给侧结构性改革　助推乡村振兴

中共武胜县委

一、武胜县实施乡村振兴战略工作推进情况

（一）注重"三产"互动，推动现代农业高质量发展

一是全域推进产业基地建设。以深化农业供给侧结构性改革为主线，以现代农业园区建设为重点，围绕全省现代农业"10+3"产业体系，确立武胜县"1+3"现代农业产业体系（"1"，即粮油主导产业；"3"，即武胜大雅柑、优质生猪、优质蚕桑特色产业），按照"集中连片、无缝衔接"原则，将全县23个乡（镇）全部纳入武胜大雅柑、优质蚕桑等产业发展范畴，推动现代农业全域发展。2020年，全县建成优质粮油基地2万亩；粮食播种面积76.64万亩，产量达33.97万吨；建成武胜大雅柑基地2万亩、稻渔综合种养基地0.8万亩、高标准农田2.5万亩。二是统筹农产品加工体系建设。注重延链、强链、补链，做精做深农产品加工，推进投资6000万元的国有大型柑橘初加工冷链物流交易中心建设，引领带动民营中小型产地初加工中心建设，提升农产品附加值；推进以火锅产业为主的农副产品加工园建设，依托安泰茧丝绸、华润雪花等龙头企业高质量发展农产品精深加工业。全年农产品加工产值达150亿元以上。三是深入实施品牌战略。利用中央电视台、农博会等各类平台，积极对外宣传推介武胜特色优势农产品，不断扩大知名度、提高市场占有率；注重农产品品牌培育创建，引导农业经营主体树牢品牌和质量意识，积极申报"三品一标"农产品。2020年，全县新申报无公害农产品8个、绿色食品4个。"武胜大雅柑"成功获批国家地理标志证明商标。四是发展新产业新业态。依托白坪—飞龙乡村振兴示范区、宝箴塞旅游区等农业融合园区，探索"旅游+""文化+"等发展模式，推进产业发展、新村建设与旅游、康养、教育、文化等互动融合，深度拓展农业功能，打造武胜农村旅游、康养、文创品牌，建设"诗画田园乡"。全县全年接待游客超150万人次，成功承办四川省乡村艺术节等活动。

（二）实施"五大行动"，推进生态宜居乡村建设

一是健全农村垃圾收处体系。推进农村垃圾压缩式中转站、垃圾池建设，配备垃圾桶、垃圾转运车，实现垃圾收运、处理设施全覆盖。累计开发公益性岗位配备保洁员2617人，全县村（社）保洁员配备实现全覆盖。试点推广"户分类、村收集、乡转运、县处理"模式，引导农户分类处置，推动垃圾前端减量30%以上。二是加快污水治理设施配套。根据人口聚居情况，坚持"因地制宜、分类实施"原则，推进103个新村聚居点污水处理设施建设，新建污水支管网46千米，实现73%以上的行政村生活污水得到有效治理。三是推进农村"厕所革命"。按照"两能"（能如厕、能洗澡）、"五有"（有面积达标的厕所主体、有地面砖墙面砖、有蹲便池、有冲水箱、有厕所门）标准，对农村户用卫生厕所进行全面改造，全县累计新建无害化卫生厕所3.5万余座，户用卫生厕所普及率达92%，行政村公共厕所实现全覆盖。四是抓好畜禽粪污资源化利用。在推进生猪产业恢复性发展的同时，巩固畜禽粪污资源化利用整县推进项目建设成果，加强对畜禽养殖场粪污处理设施装备配套的监管，持续抓好畜禽粪污资源化利用，全县畜禽粪污资源化利用率达98.84%，规模养殖场粪污处理设施装备配套率达100%。五是开展村庄清洁行动。全面开展"三清两改一提升"行动，引导农户树牢卫生意识，有效整治村庄环境卫生，改善村容村貌，建设宜居乡村。全县"美丽四川·宜居乡村"达标村达251个。

（三）致力"三治"融合，加快治理体系建设

一是狠抓基层组织建设。深入实施"农村党建先锋工程"，选拔政治素质过硬、善于抓班子带队伍的优秀干部担任乡（镇）党委书记，注重从优秀村书记、选调生、乡（镇）事业人员等群体中选拔乡（镇）领导干部。加大从优秀农民工、退役军人、农村致富能手、返乡大学毕业生等群体党员中选拔村党组织书记的力度。全年选优配强村三职干部1117名，"一肩挑"比例达84%。二是培塑良好文明乡风。以"一榜两评"活动为载体，定期开展环境卫生、文明村民、好公婆、好儿媳等评选评比，并以"红榜""黑榜"的形式公开公示，彰优亮丑，形成感恩奋进、乡风文明的好风气。全年共开展"一榜两评"活动县评乡16次、乡评村800余次、村评户20000余次，创建县级及以上文明乡（镇）20个、文明村239个。三是推进乡村治理现代化。成立县委基层治理委员会，梳理印发基层治理81项重点工作任务，推进自治、法治和德治"三治合一"的治理体系建设。完善以村民会议和村民代表会议为基础的村民自治制度，累计创建村民议事会、村民理事会等组织75个，规范各类人民调解组织781个；推进乡村司法体系建设，建成规范化司法所23个，行政村法律顾问实现全覆盖；坚持以"平安武胜"建设为抓手，开展"扫黑除恶"专项斗争；实施农村"天网""雪亮"工程，形成城乡重点部位公共安全"天网"体系，未发生有影响的重大案（事）件。

（四）建全长效机制，推进脱贫攻坚和乡村振兴有机衔接

以列入全省解决相对贫困试点县为契机，推动扶贫工作重心由绝对贫困逐步向相对贫困转变，建立解决相对贫困的长效机制，认真落实农民增收工作县委书记和县长负责制，推动脱贫攻坚与乡村振

兴有机衔接。一是巩固脱贫攻坚成果。严格按照“两不愁三保障”标准，加大边缘户及不稳定贫困户补短力度，落实好就业、产业、住房、医疗、教育、兜底保障等保障措施，持续巩固脱贫成效。二是建立相对贫困解决机制。探索建立“识别+退出+监测”“帮扶+产业+就业”“资金+编制+考核”等解决相对贫困机制，积极争取成为西部贫困地区乡村振兴重点帮扶县。2020年，全县共识别出相对贫困户975户2656人，全部被纳入帮扶范畴。三是持续推动农民增收致富。通过完善产业发展利益联结机制、增加劳务就业能力、深化农村改革创新增收渠道、落实政策保障等方式，千方百计多渠道促进农民增收。

二、特色亮点工作

（一）坚持“四个优先”，健全“三农”工作推进机制

一是优先考虑“三农”干部配备。深入学习贯彻《中国共产党农村工作条例》，成立县委书记任组长的县委农村工作领导小组，组织研究“三农”工作战略部署，统筹推进实施乡村振兴战略的重大事项。坚持把优秀干部充实到“三农”战线，加强“三农”干部配备培养和提拔任用，致力打造一支懂农业、爱农村、爱农民的专业干部队伍。成立武胜县乡村振兴服务中心，在23个乡（镇）均设立乡村振兴办公室，推动农业农村领域各项方针政策落地落实。二是优先满足“三农”发展要素配置。出台产业发展、人居环境整治、基础设施建设、农业农村综合改革等系列支持乡村振兴政策，形成激励有效、约束有力的制度环境，发挥市场在农业农村发展中的重要作用。建立政府资金撬动社会资源到农村投资兴业机制，2020年，撬动金融资本和社会资本10亿元投入乡村振兴。三是优先保障“三农”资金投入。坚持把农业农村作为财政优先保障领域和金融优先服务领域，加大县本级财政投入和涉农资金整合力度，用于产业发展、人居环境整治、基础设施建设和公共服务配套。四是优先安排农村公共服务。加快推动公共服务脉络向农村地区延伸，推进农村医疗、教育、道路、通讯、电力等基础设施建设，缩短城乡公共服务水平差距。全县通电网、路网、宽带互联网、4G网络的村民小组达100%；建成各类公办义务教育阶段学校91所，适龄儿童入学率达100%；建成基层卫生医疗机构34个，每千乡村人口卫生专业技术人员数达7.5人。

（二）聚焦“两园一片”，打造乡村振兴示范样板

一是推进现代农业园区创建。对照创建标准，以全产业链发展、联农带农机制建设为重点，立足武胜大雅柑、优质蚕桑、稻渔综合种养等优势特色产业基地，推进省四星级现代农业园区、市级现代农业园区创建和县级现代农业园区培育工作。2020年重点推进猛山蚕桑现代农业园区提档升星和清平稻渔综合种养现代农业园区创星工作。猛山蚕桑现代农业园区新建蚕桑产业基地1100亩，编制完成桑枝食用菌产业发展规划，在园区建成桑枝食用菌示范场3个，迎接2020年度省星级现代农业园区考评。清平稻渔综合种养现代农业园区完成土地流转7100余亩，专家大院、文化长廊、提灌站、粮食烘干中心、水产品初加工中心等设施建设有序进行。二是推进白坪—飞龙乡村振兴示范片提档升级。组建工作专班，定期召开例会，及时研究解决示范片推进过程中的重大问题。高质量推进示范片新村聚居点建设和老旧院落改造，合理规划乡村振兴示范片住房结构、功能、风貌，确保生态宜居。围绕产业发展和生态宜居，全力以赴加快乡村振兴示范片基础设施和公共服务配套建设。音乐院子、乡村嘉年华等一批休闲农业与乡村旅游项目建设有序推进。三是推进河西片区乡村振兴示范片建设。成立河西片区乡村振兴示范片建设工作领导小组，组建工作专班，科学制订完成河西乡村振兴示范片建设方案，统筹推进示范片建设。突出“产业兴旺”和“生态宜居”，重点推进产业发展、农村居民小区建设、“厕所革命”、道路基础设施建设等工作，引领带动全县乡村振兴战略实施。目前，新建武胜大雅柑基地3000余亩，已完成主要道路设施配套建设和土地增减挂钩项目居民点建设选址工作。

（三）创新“四种模式”，推动产业持续助农增收

一是推行返租经营。出台奖励扶持政策，引导企业类经营主体将自建的规模产业基地按照家庭农场30 ~ 50亩一个单元的标准进行分解，返租给农户自办经营，既提高了规模产业基地精细管理程度，又提升了联农带农实效，持续助农增收。二是仪评价保底收购。县财政和安泰公司共同出资，建立蚕桑产业收购保底基金；安泰公司与小农户签订收购协议，实行仪评价保底收购小农户生产的蚕茧，对鲜正茧按32元/千克最低保护价收购，若市场价高于最低保护价，则按市场价收购；若市场行情极其低迷，超出协议价差范围，则启动收购保底基金，既有效解决了产后卖不出、卖不好的问题，又充分保护了蚕农利益和发展产业的积极性，确保产业持续健康稳定发展。三是强化全程技术服务。建立“土专家”“田秀才”本土专业化人才队伍，采取网格化服务方式，根据种植、养殖进展需求，随时为产业发展经营主体提供产前、产中、产后全过程的技术指导服务，保障产业发展质量。同时，由政府出资，定期组织业主外出考察学习，进行技术、经营管理培训，提升业主发展产业能力。四是创新生产托管模式。将依托产业扶持基金、高标准农田项目等资金建成的稻渔综合种养基地、生猪养殖场托管给集体经济组织租赁给经营主体发展产业，通过收取租金和利润分红持续壮大村集体经济。

三、下一步计划

（一）深入推进农业供给侧结构性改革

围绕全省现代农业“10+3”产业体系，立足全县“1+3”产业体系，加快拓展新基地，提档升级老基地；充分利用外出考察、博览会、农交会等平台，做好农产品品牌推介工作；完善政策扶持措施，大力支持农产品初加工业发展，补齐农产品加工短板；建好农产品线上线下销售平台，健全销售联盟运行机制，畅通销售渠道。按照省级现代农业园区建设标准，对标西充、苍溪等园区建设先进区（县），做好现代农业园区提档升级和规划建设，引领带动产业高质量发展。

（二）全力保障粮食和生猪生产

落实“农业多贡献”要求，进一步抓好粮猪生产，实现稳产保供。粮食生产方面，突出抓好粮食生产物资、技术服务，强化撂荒地整治，落实粮食生产优惠政策，保障粮食播种面积和生产质量，突出抓好病虫害防治和洪涝、干旱等防灾减灾工作，实现粮食稳产扩面。生猪生产方面，加快新希望龙女镇联合村生猪养殖场、贫困村集体经济适度规模养殖场等一批生猪重点项目建设，以及早投产。持续抓好以非洲猪瘟为重点的动物疫病防控，保障猪肉供应，稳定市场价格。

（三）全面推进农村人居环境整治

以浙江“千万工程”为标杆，突出“三大革命”重点，推动农村人居环境整治三年行动落地落实，全面改善农村人居环境。加快推进农村生活垃圾治理和分类，继续试点并推广“户集、村收、镇运、县处理”城乡环卫一体化模式；加强污水处理，做好新村聚居点生活污水处理设施建设；加快推进农村户用卫生厕所建设和改造，实现农村无

害化卫生厕所全覆盖,补齐影响农民生活品质的短板。

(四)推动巩固拓展脱贫攻坚成果同乡村振兴有机衔接

加快编制乡村振兴"十四五"规划,引导乡村振兴有关项目优先向相对贫困人口较为密集的地区适度倾斜,统筹谋划、科学推进,推动脱贫攻坚与乡村振兴有机衔接。

(五)务实做好"三抓"工作

在抓项目方面,高标准、高质量推进高标准农田等重点项目建设,积极对接国家部委和省里项目投向,有针对性地策划、包装、储备一批带动农业农村发展的大项目、好项目。在抓政策方面,认真研究中央、省有关政策,捕捉有利于武胜农业农村发展的政策信息,并积极向上争取。在抓资金方面,突出乡村振兴示范片、现代农业园区建设等重点领域,主动争取对接,全面掌握相关信息,梳理中央、省资金类别,做好资金项目申报工作。同时,提高项目资金、债券资金使用绩效,加强使用全过程监管,把每笔资金用在刀刃上。

小农户"嵌入"大农业　花果山变成"聚宝盆"

中共汉源县委书记　郑朝彬

汉源县位于雅安市南部,属于典型的山区农业县,农业人口占比近90%,人均耕地面积仅0.87亩,近93%的耕地由家庭承包经营,农业以小农生产经营为主。党的十九大以来,汉源县深入学习贯彻习近平新时代中国特色社会主义思想,依托得天独厚的自然资源禀赋和业已形成的特色产业基础,充分发挥传统小农经济精耕细作、劳动力吸附力强等优势,致力以改革创新思维深化农业农村改革,以合作经营聚力、以数字经济赋能、以共建共享增效,着力破解小农经济"小生产"与现代农业"大市场"衔接过程中存在的基础薄弱、渠道狭窄、机制不畅等短板问题,逐步探索出了一条符合山区县实际的乡村振兴路子。

一、以合作经营聚力,引导小农户积极参与现代农业产业链

汉源县立足土地分散化、细碎化,"蛙跳田""斗笠田"多,连片集约开发利用难度大、成本高,难以实现机械化耕作和规模化经营等实际,跳过土地规模化,直接推进产业集中连片发展,把发展农民合作社、家庭农场等新型农业经营主体作为改造提升传统小农户的一种重要实现形式,规避了小生产面对大市场的不足,走出了"分"有余而"统"不足和大规模土地流转经营困难的双重困境,形成了具有山区县特色的适度规模经营模式,筑牢了带动小农户融入现代农业的底部支撑。一是选准特色产业增强支撑力。根据县内耕地海拔落差的地域特征和小农户密集劳动投入、精耕细作的生产特征,引导扶持小农户因地制宜选准特色产业,形成了以"金花梨、甜樱桃、黄果柑、红富士苹果、伏季水果五大水果,高山、早淡、秋延三大蔬菜,花椒、核桃两大干果"为主的79.3万亩"532"十大特色产业基地。按照"一带一主题、一域一特色"思路,全域规划布局汉源花椒、稻蒜轮作粮经复合、甜樱桃、黄果柑、枇杷、红富士苹果和高山蔬菜种养循环七大现代农业园区。二是强化利益联结增强组织力。发挥党组织核心引领作用,支持合作社、家庭农场等完善农资、生产、加工、销售、品牌等纵向产业链条,以及财务、议事、监督、激励等各项制度,鼓励发起成立联合社,促进农民合作社通过多元化利益联结机制实现与小农户协同发展,有效增强合作社实体化运营能力及对小农户的凝聚力和带动性。截至目前,全县共培育发展龙头企业21家、农民合作社1206家,全县农民合作社成员达31218户,2021年实现可分配盈利1.18亿元。三是着力精准提升增强牵引力。抢抓"全国农民合作社整县推进试点县"机遇,与四川省社会科学院合作,引入柯普咨询,通过市场化机制对具有代表性的新型农业经营主体进行评估,高效筛选、重点培育专业合作社和家庭农场,并通过构建内外双层辅导体系、培养沉淀本土团队、精准优化政策服务等措施,分区域、分类型、分层次对筛选出的重点培育对象进行重点打造提升,实现新型农业经营主体精准提升。

二、以数字经济赋能,促进小农户精准融入现代农业价值链

在推动小农户和现代农业发展有机衔接过程中,汉源县立足实际,针对小农种植规模小、品种散、监管难、效益差等特性,抓住生产、销售和资金三大关键,政策上实行效率优先、兼顾公平,路径上突出"统分结合"适度规模经营。充分发挥农民合作社在种苗供应、农资采购、技术指导和市场销售等方面的"统领"作用,为农户提供产前、产中、产后服务;家庭农场"分步"实行规模化、集约化、标准化、商品化生产。在巩固提升家庭经营优势基础上,运用数字物联、电商和金融在农业生产发展中的突出优势,高水平推动小农户生产经营提质增效、上档升级,促进小农户有效融合现代农业价值链。一是数字物联赋能。坚持把科技创新应用作为生产技术提升的重要手段,与阿里云深度合作推出阿牛农事APP推送种植技术,并通过实时数据分析可视化信息平台推动标准化技术落地到农事生产"最后一米",让"科技"成为"新农具"、"数据"变成"新农资",已有5万亩标准化特色产业基地实现数字化管理。二是数字电商赋能。坚持把电商作为解决产品销售的重要渠道,实施"电子商务乡村工程",依托淘宝网、邮乐网、易邮铺等平台,打造特色农产品"旗舰店""地方馆",建立电商生态产业园,开设"直播间",推动"电商"变为"新农活"。目前已形成汉源花椒油、汉源甜樱桃两个"万单级"产品,电商网点已覆盖全县90%的乡(镇)和85%的行政村。三是数字金融赋能。坚持以财政资金为撬动,设立2000万元乡村振兴风险补偿金和应急转贷资金,通过扩大创业担保贴息贷款规模、开展"新三板"挂牌上市、推出"融资E"线上纯信用贷款、"花椒贷"、开通绿色通道等措施深化政银合作,帮助新型经营主体解决融资难、担保难问题。2018年以来,全县乡村振兴担保贷款累计发放220笔、1.69亿元。

三、以共建共享增效,推动小农户有效衔接现代农业利益链

在小农户与现代农业发展有机衔接过程中,面临着生产基础设施滞后、产业融合深度不够、品牌影响力度不大等困难和问题,汉源县正确处理政府作用的边界关系,着力在具有极强公共属性的领域充分体现主体作用,深入践行"共享"发展理念,通过设施共建、业态共融和品牌共享进一步扩大成员覆盖面，壮大农民合作社资产，让资源要素得到有效利用和发挥，获取更好的经济效益，从而在有限的资源要素投入下强化小农户与现代农业发展有机衔接的保障，实现发展成果共享，有效推动小农户与现代农业利益链有效衔接。一是基础设施共建。实施农村公路、农田水利大会战，统一规划、统一改造、统一提升基础设施，采取"政府投、社会筹、群众积"等多元投入方式，以政府投入撬动农村经营主体出资、群众投工投劳，合力推动基础设施建设，提升投入的高效性。全县累计投入资金15.38亿元，有效撬动民间资本1.34亿元，硬化改造县、乡、村公路931千米，实现100%建制村通村公路硬化改造；维修、整治堰渠1798千米，新增、改善灌面21.33万亩。全县大量低产旱地改善为高产"水浇地"，夯实了产业发展基础，实现了农村基础设施共建共管共享，有效助推了特色资源优势加快转化。二是多元业态共融。依托特色规模农业产业和优势生态文化资源，全力接二产连三产，建成花椒集中加工产业园，开发以花椒调味料为主的系列深加工产品；按照"农业景观化、景观生态化、生态效益化"思路，建成"4+N"精品乡村旅游产业环线437千米，全域规划建设"九双"精品旅游环线、太平产业环线、最美甜樱桃采摘路线3条百千米乡村振兴产业环线，建设串联优势资源、人文历史、自然景观，兼具交通运输、旅游观光和民俗文化体验于一体的特色经济走廊。三是品牌红利共享。以"汉源红"区域公用品牌为引领，积极开展绿色食品、有机食品、地理标志产品认证和申报。引导小农户按照品牌标准开展生产，打造各领风骚又抱团发展的农产品品牌格局。连续举办梨花节、贡椒采摘节、乡村振兴峰会等会节活动，走进五洲传播中心、北京电视台等媒体推介汉源特色农产品，有效提升了汉源农产品的整体竞争力和影响力。全县已成功申报地理标志保护产品5个、绿色产品20个，获得中国驰名商标1个、地理标志证明商标2个、四川省著名商标5个、四川省名牌产品3个，形成了"公用品牌+行业品牌+企业品牌"品牌体系。

"做特三片"　推动洪雅农业现代化发展

洪雅县人民政府县长　周代军

习近平总书记亲自谋划、亲自部署，推动成渝地区双城经济圈建设，省委把成德眉资同城化发展作为"双城"建设的"先手棋"，市委作出建设成都都市圈副中心的决定，实施"西优"发展战略。为贯彻中央、省委、市委的决策部署，2020年9月，县委提出建设"两山"转化示范县，围绕发展特色农产品，打造"一杯茶""一树椒""一根竹"绿色产业示范片，明确洪雅县现代农业发展方向。

一、洪雅县农业发展现状

洪雅县是全省35个农产品主产区(县)，具有降水量多、洁净度高、优产度强等优势。2019年，全县农业综合产值超百亿元，农村居民人均可支配收入达18941元。

(一)产业基地初具规模

全县茶叶种植面积28.5万亩，有机茶认证面积达12800亩，茶产业年综合产值达30亿元；藤椒种植面积3万亩，藤椒产业年综合产值达10亿元；林竹面积205万亩，林竹产业年综合产值约50亿元，打造了具有一定规模的特色产业基地。

(二)经营主体不断充实

全县有市级以上龙头企业19家，占龙头企业总数的52.6%，其中茶叶生产加工类5家、藤椒油加工类4家、林竹类1家。有农民专业合作社549家，其中省级示范社22家、市级示范社34家。有家庭农场240家，其中省级示范家庭农场14家、市级示范家庭农场22家。全县土地流转面积13万亩，流转率达37.2%。

(三)品牌培育初显成效

全县拥有有机产品认证企业19家，共认证无公害农产品、绿色食品、有机食品79个，认证面积13882公顷，认证产量9.84万吨。洪雅藤椒全国领先，洪雅茶竹全省领跑，"洪雅绿茶"获得农产品地理标志登记，"洪雅藤椒"获得地理标志证明商标，"雅连""洪雅藤椒油"获得地理标志产品保护，培育了"幺麻子""雅雨露""屏羌""雅妹子"等知名品牌。

二、当前存在的问题

(一)产业发展分散

2020年4月，市委提出加快构建"583"农业产业体系，洪雅茶叶、藤椒、奶业、竹业四大产业位列其中。但全县丘陵多、山地多、平坝少，产业发展无法集中，直接限制了农业发展规模。长期以来受以家庭为单位的小农经济影响，洪雅农业发展呈现粗放型经营状态，农业发展仍处于起步阶段。因缺乏系统性和针对性的发展规划，各镇之间农业产业发展不均衡，主导产业布局小，集约化程度低，规模效益不明显。

(二)要素支撑不足

洪雅农业发展存在科技水平不高、人才队伍不强、生产组织化程度偏低等短板，影响了农产品品质和品牌发展。具体表现为：农业技术专业人才、管理人才匮乏，从业人员知识老化、专业结构不合理，农村青壮年劳动力流失，在技术装备水平、农业技术应用等方面存在差距，与四川省农业科学院、四川农业大学等科研院校合作层次不够深，研究范围不够广。

(三)融合程度较低

洪雅农业产业链条短，存在加工产业规模较小、精深加工程度不高、产业链条不完善、服务产业起步较晚等劣势，与加工业、流通业、餐饮业、旅游业、服务业等未能形成同步协调发展态势；茶叶、林竹等主导产业优势突出、特色明显，但均以销售原料或初加工产品为主，产品附加值低，农民收入提升不明显；公司化运营的农业电商平台较少，仅有绿淘公司一家，农产品电子商务配套服务跟不上，发展难度较大；农旅融合业态较少，竞争力不强，持续发展能力较弱。

三、未来农业发展方向

(一)建设特色农业片区

洪雅"七山二水一分田"，缺少平坝区域，难以发展集聚型大型农业园区，可根据自身地形环境、气候特点、基础条件等因素，依山就势，做好顶层设计，合理规划三大产业片区，统筹布局多种业态，突出产业特色，实现融合发展，打造示范典型。一是“一杯茶”产业片。该片区主要是规划打造集观光、体验、住宿、旅游等功能于一体的茶产业园。以中山镇前锋村、邹岗村、谢岩村、王沟村、桂花社区，中保镇平乐村，洪川镇共桐村、曲沿村等区域为重点，建设一批万亩优质茶基地，为有机茶加工提供鲜叶原料。依托青杠坪村茶叶基地，突出有机茶特色，2021年，建设青杠坪茶客小镇、天府茶博园等项目，高标准规划茶园观光园、茶艺体验馆、茶叶采摘基地等功能板块，布局精品民宿、茶文化体验区、综合多功能区等业态，游客可观光旅游，可采茶制茶，可休闲住宿，体验特色“茶之旅”。二是“一树椒”产业片。该片区主要发展规模化、产业化、市场化的藤椒产业，实现种植—初加工—精深加工—全链研发—延链发展的藤椒产业链。重点在余坪镇黄里村、新安社区、白马村，洪川镇石庙村、新庙村大力建设万亩藤椒基地，并推行“公司+新型农业经营主体+基地+农户”合作模式，规模化种植藤椒，力争到2025年，全县藤椒规模化种植面积达5万亩，产量达2万吨。依托藤椒调味品产业园，高标准布局藤椒餐饮、藤椒文化、藤椒农旅等功能板块，建设藤椒风味美食小镇，布局藤椒美食、文化、科普教育等业态，吸引游客品尝特色餐饮，购买生态产品，体验藤椒文化。三是“一根竹”产业片。该片区主要发展连线成片的竹林，以瓦屋山镇自新村，槽渔滩镇关顶村、文山村、竹箐社区，柳江镇凤凰村、赵河村、洪江村，中山镇王沟村、李山村，中保镇平乐村，将军镇清凉村、新安村，东岳镇八面山为主，力争到2022年，建成瓦屋山、柳江、中山3个省级竹产业示范基地共6万亩，其中瓦屋山片区以冷竹为主，建设笋用竹原料基地；柳江片区、中山片区以慈竹、楠竹、苦竹为主，为竹钢产业示范园区建设提供原料保障。高标准规划打造省级竹林小镇、省级竹林通道、省级竹林人家、省级翠竹长廊，2021年，将洪吴路柳江至赵河段打造成省级翠竹长廊。以柳江、瓦屋山片区为重点，布局竹体验、竹研学、竹美食、竹景观、竹民宿、竹科普等业态，促进“竹林+旅游”融合发展。

（二）强化龙头品牌引领

龙头企业要成为农业价值提升的实践者，加快构建科研、生产、加工、营销、物流、服务一体化发展新格局，从各个环节挖掘新的增值空间，带动农民参加农业结构调整，增强洪雅农业可持续发展能力。茶产业方面。建立公共品牌传播规划体系，制订品牌传播计划，注册推广洪雅绿茶公共品牌。依托洪雅公共品牌和“洪雅绿茶”农产品地理标志带动，培育一批5000万元以上的茶叶龙头企业。聘请全国顶尖品牌策划公司，根据龙头企业需求制订具体发展方案，明确主打产品、销售市场、品牌定位等，提供品牌传播、市场营销等细化方案。以绿茶为主导，红茶、黑茶、白茶为补充，建设洪雅茶叶商业综合体，为茶产品提供集中展示平台。完善商业策划和市场推广方案，打造包含实体专卖店、电子商务平台在内的市场网络体系。坚持绿色防控理念，对标欧盟、日本、美国出口标准，定制各类茶叶生产、加工、流通、贸易等从茶园到茶杯全流程环节技术规程和标准化体系。藤椒产业方面。总投资6.5亿元，加快推进省级藤椒现代农业园区建设，建成包含藤椒油传统闷制鲜榨生产线、3条超临界萃取生产线、2条藤椒固体复合调料生产线、藤椒活性物质提取生产厂、全自动罐装生产线、洪雅地方特色食材配送生产厂、藤椒产业文化博览馆、一代天椒营销中心、藤椒工程技术研究中心、现代化的全智能仓储物流中心在内的“九线一馆三中心”，2021年项目建成投产后，年加工鲜藤椒原料10万吨，将实现产值20亿元、税收2亿元，带动广大椒农增收致富。将幺麻子公司培育成为洪雅第一家上市企业。发挥幺麻子公司龙头引领作用，鼓励和鑫农业、麻老五、涛胖等其他藤椒加工企业发展壮大，拓宽藤椒食用价值，开发藤椒工艺、工业和药用价值，继续加大与川航、肯德基等知名企业的合作力度，不断提升藤椒产品知名度和品牌度。竹制品方面，总投资5亿元，加快推进竹钢国际生态产业园建设。加快投用包含竹钢慈竹板材生产线、竹钢楠竹户外模压地板生产线、竹钢园林建筑构件生产线、竹钢门窗生产线、竹钢家具生产线、竹钢集成建筑组装生产线、竹生化产品研发生产线、竹钢板材生产线和设计研究院、竹钢园林展示中心在内的“八线一院一中心”，2021年项目建成投产后，将实现产值10亿元、税收4000万元。力争与乐高乐园、城市触媒、金螳螂等知名企业合作，参与重大标志性建筑建设，提升产品影响力，扩大“竹钢”应用市场，推动“竹钢”新材料做大做强，将竹钢产品推向世界，培育竹元科技公司成为全国竹制加工企业的“领军型”龙头企业。

（三）突出要素保障支撑

要加快推进洪雅农业现代化，需加强资金支持、科技带动、人才引进等要素保障。一是政策资金。成立县政府农业示范片建设工作专班，规范和明确政府职责，统筹推进农业示范片规划建设。探索建立“示范片+管委会+镇”管理体制，为打造绿色产业示范片提供制度保障。认真落实“三比三看”要求，把三大示范片建设纳入片区目标考核，定时督查、定期通报。发挥财政资金“药引子”作用，整合使用涉农资金，建立企业、科研院所、集体经济组织、农户家庭、社会个人共同参与的多元投入经济，让特色农业片区成为社会资本下乡的主要载体。加大金融支持力度，争取省农担公司等政策性金融机构为特色农业片区提供农业贷款担保。增强耕地保护意识，加强土地用途管制，牢牢守住耕地红线。二是科技人才。农业要振兴，就要插上科技的翅膀。加大与中国工程院院士刘仲华专家团队的合作力度，制定洪雅县茶产业发展5年规划、10年远景规划和3年行动方案。继续与省农科院、战旗村乡村振兴研究院等科研院所保持深度合作，联合组建农业技术团队，建立茶叶、藤椒、竹林农业服务站、技术研发中心等平台，为三大片区发展提供先进技术和理念。设立新品种、新技术、新装备试验站，探索科技成果熟化应用有效机制。加大政策扶持力度，研究制定农业人才成长和开发的激励政策，总结前锋村经验做法，吸引农民工、退伍军人、大学生、乡贤等到农村就业创业，增强农村后备人才保障。三是经营主体。农民专业合作社是洪雅实现农业现代化的重要路径，洪雅应坚持以农民专业合作社为载体，以广大农户为基础，两大经营主体优势互补、合作共赢，在政府的引导下，打造三大农业示范片区，促进农业现代化。三大特色片区要组建一批农民专业合作社，不断提升农民合作社规范管理水平，因地制宜探索农民合作社多种发展模式，创建省级、市级示范社，加快推动农民合作社高质量发展。发挥农技推广机构、农业科技特派员的作用，在茶叶、藤椒、竹林种植管护技术培训上用力，加强基层农民合作社辅导员队伍建设，培养农民合作社带头人，打造高素质农业生产经营者队伍，增强农民合作社服务的带动能力。要不断总结农民合作社发展优秀案例，在每个片区树立标杆，打造样板，宣传推广茶叶、藤椒、竹林农民合作社发展行之有效的经验做法，通过示范带动、典型引路，整体提升农民合作社发展水平。

西部丘陵地区乡村振兴均衡发展之路的探索与研究

中共丹棱县委书记　宋　骥

近年来，丹棱县认真贯彻落实中央、省委乡村振兴战略部署，紧扣“产业兴旺、生态宜居、乡风文明、治理有效、生活富裕”二十字方针，实施擦亮农业金字招牌、建设国家乡村公园、打造群众文化院坝、开展党群集中活动、构建一体发展格局“五个一”工程，成功走出了一条西部丘陵地区乡村振兴均衡发展之路。成功入选中国乡村振兴先锋榜十大榜样，成功创建为首批省级实施乡村振兴战略工作先进县。

一、擦亮一个农业金字招牌，壮大产业支撑

一是标准化种出好果子。提出了“不与两湖抢早，不与赣南争中，大力发展以‘不知火’为主的晚熟桔橙品牌”的思路，创新科学选育解决好品种问题，创制标准规范解决好技术问题，创推精细栽培解决好品质问题。二是规模化形成好产业。发挥新型农业经营主体作用，出台《家庭农场发展奖励扶持办法（试行）》等奖补文件，以点带面、示范引领，解决了“谁来扶”的问题。与中国农科院柑桔研究所、省农科院长期合作，培养出了一大批桔橙种植“土专家”“田秀才”，解决了“谁来种”的问题。2020年，天府橙都·四川丹棱农业公园入围四川第二批省级示范农业主题公园名单。三是品牌化创出好名气。巧借东坡文化、端淑文化力量，实施“味在眉山·丹棱特产”战略，连续七年到北上南深等地举办丹棱“不知火”品牌推介会，连续七届举办“不知火”桔橙节。“丹棱桔橙”被农业农村部确定为全国八个、四川唯一的国家级农产品地理标志示范样板，连续三年荣登中国区域品牌（地理标志产品）百强榜，获评全国和四川省优秀区域公用品牌，品牌价值达44.35亿元。四是市场化实现好收入。强化“种植户+合作社+企业”市场合作，解决市场竞争的问题。运用“互联网+”，开设线上“丹棱特色馆”，县长直播带货，实现原产地直供、现摘果现发货。建立“不知火”产品质量安全监督管理体系，确保“不知火”从树上到舌尖可监控、可追溯、有保障。

二、建设一个国家乡村公园，促进环境蝶变

一是规划一张蓝图。高水平编制《国家乡村公园总体规划》，推进全域旅游要素深度整合，构建“一心、三极、全域、一廊、一环、多点”的产业空间布局，将丹棱打造为成渝大都市区“2.5天度假”最佳乡村旅游目的地。二是建好三条大道。加快建设路网交织、有机融合的全域旅游风景通道，构建“三环两射”全域旅游交通体系。大力推进奔康大道山地运动环线、丹名路风景绿道、丹蒲快速通道风景绿道等120千米慢行系统建设，将普通道路转变为融合交通、旅游观光、旅游体验、休闲度假、运动养生于一体的主题体验道路。三是实施六个全域。深入推进“美丽四川·宜居乡村”建设，全域实施农村生活垃圾治理提升工程，“一元钱创出大文明”工作经验全国推广；全域实施农村生活污水治理工程，成功创建全国农村生活污水治理改革试点县，经验做法先后获得副省长尧斯丹、副省长杨洪波的肯定性签批；全域实施畜禽污染治理工程，“三二一一”模式在全省推广；全域实施安全饮水工程，“引青入丹”“引青入杨”工程解决饮水难问题；全域实施有机肥替代化肥工程成效显著；投入5.2亿元全域实施清洁能源替代工程，在全省率先实现“气化丹棱”。

三、打造一个群众文化院坝，推动乡风醇美

一是把舞台搭在门口。出台《丹棱县民间众筹文化院坝建设标准》，设立“引导专项资金”300万元，撬动社会资本3600余万元。实施百企联百院行动，成立唢呐、舞龙、舞狮等民间特色文艺宣传队92支。组建文化志愿服务队，实行“院坝主人管要事、文化志愿者管日常”的管理服务机制。二是把文化种在乡间。以“院坝”为平台共享资源，搭建永不落幕的“农民大舞台”。采取乡（镇）实施、社团支持、群众参与的办法，成功打造“大雅新农民·快乐新农村”“乡村春晚”“党群集中活动日”三大文化品牌活动。三是让文产擦出火花。坚持以文化为载体共兴产业，形成“院坝助推产业发展、产业反哺院坝建设”良性循环。突出“文化院坝+合作社”发展销售，带动合作社员人均增收1.2万元以上。坚持“文化院坝+公司”搞加工，实现产业链条延伸、多环增值；坚持“文化院坝+农家乐”搞旅游，有效拓展乡村旅游广度、深度。“民间众筹文化院坝建设项目”在国家公共文化服务体系示范项目评审中获得西部第一，案例入选中宣部《全国宣传思想文化工作案例选编(2019)》。

四、开展一个党群集中活动，汇聚治理合力

一是支部引领强示范。突出政治引领、组织引领、行动引领，强化支部核心作用，成立党员先锋等队伍，充分发挥党员干部示范作用，着力解决支部“政治功能弱化、组织能力不足、带动作用不强”问题。二是群众参与添活力。坚持村事共议、村庄共治、村务共管，激发群众主动参与，让“党群集中活动日”真正成为群众自己的“组织生活”和“村节”。三是集中活动聚民心。坚持集中议事、集中服务、集中晾晒，解决党群所需所盼，强化基层民主协商功能，让群众高兴而来、满意而归。四是常态治理解难题。坚持清单管理、网格管理、分类管理，推进治理常态长效，累计挖掘回引优秀人才600余人，形成农村共建共治共享的生动局面。2019年获评“全国信访工作‘三无’县”，全省仅3个县获得该项称号。

五、构建一个一体发展格局，提升幸福指数

一是“大园区+小业主”促农增收。采取连块为片、整县推进办法，规划建设6个万亩现代农业园区，充分发挥国有丹橙果业公司的龙头带动作用，推动全县500余户新型经营主体走向“五网三化”现代化轨道，带动形成的面积超10万亩、产值超10亿元“大园区+小业主”经营模式惠及全县群众，农民人均存款5万元以上。二是“三变五合”强基固本。探索推行“三变五合”改革，建立盘活资源、清理违规、财政支持、劳动工程、土地流转、农房盘活“六型增收”模式，推动“股变钱、地生钱、力生钱、钱生钱、房生钱”。全县村集体经营性资产达10万以上（含10万元）的村有28个。三是“五心工程”惠泽万民。始终把改善民生作为一切工作的出发点和落脚点，大力实施“五心工程”，打造“端淑”系列的“高端基础教育基地”、让人民满意的“医疗卫生基地”、温情四溢的“关心关爱基地”。成功创建为全国义务教育发展基本均衡县、四川省第十一届双拥先进县、省级法治示范县，农村居民互助养老模式在全省推广。2019年，全县城乡居民收入比为1.76 ：1，优于全国、全省、全市平均水平，县域贫富差距全市最小，差距缩小程度全国领先。

立足绿色生态　加快打造现代高原特色农牧业基地

阿坝藏族羌族自治州农业农村局

阿坝州地处青藏高原东南缘，位于四川省西北部和川甘青结合部，辖13县(市)和1个特别行政区，辖区面积8.42万平方千米，总人口94万人，是全国唯一的藏族羌族自治州。境内山川秀丽、生态优美、地质构造复杂，地貌类型多样，立体气候显著，岷江、黄河、嘉陵江、大渡河、涪江五大水系530余条溪河分布全境，连绵起伏的群山、郁郁葱葱的森林、一望无际的草原形成了长江黄河上游一道道重要生态屏障，是长江黄河上游重要的水源发源地及涵养区，"中华水塔"、国家"第三大林区""五大牧区"的重要组成部分和国家重点生态功能区。

近年来，特别是"十三五"来，阿坝州坚持生态、区位和资源优势，全力打好绿色生态、优质特色牌，紧紧围绕"一州两区三家园"战略目标，立足"一屏四带、全域生态、三地同建、五业同优"发展新格局，严守生态保护红线，加快发展绿色生态农牧业，"十三五"末，全州农林牧渔业总产值达到142.2亿元，年均增长4%以上；农村居民人均可支配收入达到15539元，年均增长9.7%以上，实现了全州农牧产业持续丰收，绿色生态经济长足发展。

一是产业调整深入优化，生态经济持续稳定发展。围绕生态优先、绿色发展，加快引导生产要素向优势产业集聚，推动产业发展由数量型向质量型转变提升，探索构建现代高原特色农牧产业体系，建成果蔬核心示范基地76个、牦牛标准化养殖示范基地6个、万亩连片现代农业示范区5个；"十三五"末，全州发展特色果蔬97.8万吨，出栏各类畜禽209.98万头(只羽)，肉、奶产量24.69万吨，阿坝州已发展成为成渝及周边城市重要的"菜篮子""果盘子"供给地。

二是经营体系加快培育，产业业态融合创新提升。探索推行"龙头企业+合作经济组织+基地+农牧户"新型产业化经营运行机制，全力推进"净土阿坝品牌+"联动模式，积极拓展延伸农牧业生态特色功能，实行草旅结合、牧旅结合、农旅结合，打造农旅融合知名品牌，持续举办农旅融合节庆活动，推动三产融合发展，已建成农产品分级、预冷、烘干等初精深加工设施11处，实现农产品网上交易额超3.4亿元，休闲农业综合经营性收入达15.6亿元，阿坝州已成为全国乡村休闲旅游的主要目的地。

三是科技示范推广深入，产业生产能力稳步增进。深入现代农牧业种养植新技术的研发与创新，强化农牧科技示范运用与推广服务，大力推进"四新"示范和"六良"配套种植技术，示范推广"顺势三结合""4218"等牦牛轮换饲养、标准化养殖模式，现代农牧业发展质量和效益持续提高，实现全州农作物病虫危害损失率控制在4%以内，重大动物疫病应免畜禽免疫密度达100%，为推进农牧业高质量发展提供了有力支撑。

四是绿色生态保护落实，高质量发展成效提增。牢固树立"两山"生态发展理念，压实生态保护责任，加大生态环保监督，全力推进农业面源污染防治、生态环境保护和畜禽养殖污染治理，积极示范推广绿色、立体、循环种养，建成耕地质量监测点78个，完成13个县(市)耕地质量等级变更调查点资料审核、汇总、录入，实现农药化肥使用"零增长"，13个县(市)整体通过国家无公害农产品产地整体认定。同时，深入实施草原生态补奖政策，天然草原植被覆盖度提升至84.9%，草原平均超载率降低至8.47%。

全州农业农村基础设施持续改善，产业结构加快优化，综合生产能力不断提升，农业增效和农民增收成效突出，实现了13个贫困县(市)全部"摘帽"、606个贫困村退出、10.36万名贫困人口脱贫，农业农村整体发展水平再上新台阶，为稳步推进"十四五"农牧业高质量发展奠定了坚实基础。

"十四五"时期是开启全面建设社会主义现代化国家新征程的第一个五年，也是全面推进乡村振兴、加快农业农村现代化的关键五年，要实现阿坝州农牧业高质量发展，必须牢固树立绿色生态发展新理念，坚定重在保护、要在治理、高质量发展，统筹推进"五位一体"总体布局，协调推进"四个全面"战略布局，按照州委、州政府既定的战略目标和发展新格局要求，以"产业兴旺、生态宜居、乡风文明、治理有效、生活富裕"为统领，巩固推进乡村产业提质增效、乡村绿色发展等重点工程，全力筑牢长江黄河上游生态屏障，聚力打造"川西北阿坝生态示范区"和"现代高原特色农牧业基地"，为建设"和谐幸福、生态美丽、富裕小康"新家园做出贡献，让农牧民群众过上"三好两富"幸福生活。具体来讲应着重抓好六个方面。

一要深入优化空间结构，打造特色产业发展新格局。结合现有农牧产业发展基础，围绕东部提质增效、西部挖潜扩面，找准提升路径与支撑资源，补齐基础设施短板，深化结构调整与品质提升，加快打造三大现代高原特色农牧产业优势发展区和一批优势农产品基地，重点落实"6+N"产业结构优势布局，壮大牛羊(禽蜂)、生(藏)猪、特色水果、高原菜蔬、优质粮油、道地药材"六大主导产业"，发展优良牧草、食药菌类、高原花卉、特种养殖等N个新产业，形成优势突出、特色鲜明、功能互补的"三区联动"发展新格局。

二要深入推进品牌培育，提增农业农村发展新效益。牢固树立生态"大品牌"理念，加快发展绿色食品、有机农产品、地理标志农产品，提升阿坝农产品优质、生态、绿色、健康形象，推动"净土阿坝+"区域品牌联动模式，打造特色农牧业精品品牌体系，大力培育特色优势区域品牌，完善品牌产品认证、监管和退出机制，强化品牌识别体系建设，实施"互联网+产品、农业+新业态"行动，推进产品时节"串联"与地域"并联"，加大农超对接、农村电商等营销力度，巩固和提升成渝及周边城市"菜篮子""果盘子"重要供给的地位。

三要深入筑牢融合体系，增强农业农村发展新动能。立足资源特性、区位优势和产业集群，以产业升级、功能拓展为重点，推动农业与旅游、文化、康养等产业功能互补和深度融合，探索提升农牧业生产方式，调整优化产销结构，实施产品生产加工提升行动，推进加工物流园区建设，发展多种形式的规模适度经营，积极培育新型职业农民和新型农业经营主体，加快农村电子商务模式拓展，推进农村电子商务流通体系建设，实施"市场+直播带货"创新行动，促进产、加、销协调发展，推动农业由"经济型"向"经济+社会+生态"复合型转变。

四要深入加快服务创新，挖掘农业农村发展新潜力。提升农业公共服务能力，探索构建农技推广、动植物疫病防控、农产品质量安全监管"三位一体"的基层农业公共服务体系，巩固和完善农牧专家与现代农牧产业发展对接服务机制，加强优势特色产业技术和全产业链技术创新示范与推广运用，深入实施“藏粮于地、藏粮于技”行动，加快“顺势三结合”、“4218”牦牛轮换饲养、标准化养殖等创新模式的推广运用，落实“一控两减三基本”，着力推行种养结合、生态循环生产模式，发展现代生态循环农业。

五要深入探索推进改革，激发持续稳步发展新活力。保持农村土地承包关系稳定并长久不变，完善承包地“三权分置”制度，探索推行牧区草原家庭经营责任制，推进草原规范流转，开展草原确权登记颁证试点工作，发展多种形式适度规模经营，把小农户引入现代农业发展轨道，精准调整优化支农政策，加快完善政策性农业保险补偿机制，依托东西部扶贫协作和省内外对口支援等各类帮扶平台建立解决相对贫困长效机制，加强脱贫攻坚与乡村振兴有效衔接，实现农业农村改革发展取得重大突破。

六要深入强化监督指导，筑牢绿色生态发展新理念。牢固树立和践行“绿水青山就是金山银山”的理念，围绕建设川西北阿坝生态示范区，坚持绿色兴农、质量强农，严格落实国家、省、州生态文明政策制度，加强乡村生态保护与修复，推进绿色发展，强化农业生态环境治理与保护，开展农村人居环境整治，实施农村“厕所革命”，加快全产业链生态监管和质量安全追溯，全面实施农药减量和有机肥替代化肥行动，守护好阿坝净土，实施乡风文明建设行动，打造生态宜居产村相融美丽乡村，强化乡村治理，构建现代乡村治理新体系，提高农村法治水平，实现现代农业农村高质量发展。

巩固拓展脱贫攻坚成果　助力乡村振兴

泸定县人民政府县长　王　蕾

一、提高政治站位，充分认识乡村振兴重大意义

“十三五”以来，全县10503名贫困人口稳定脱贫，44个贫困村全部出列，贫困发生率由15.6%降至零，全县实现区域性整体脱贫。全县虽然全域脱贫，但任务依然艰巨，全县依然存在农业产业化程度不够高、扶贫产业带动能力不够强、农村基础设施还比较薄弱等问题，特别是受疫情影响，一些在外务工的贫困人口面临失业，存在返贫风险，这些问题都需要认真研究加以解决。

习近平总书记强调，脱贫攻坚取得胜利后，要全面推进乡村振兴，这是“三农”工作重心的历史性转移。从中华民族伟大复兴战略全局看，民族要复兴，乡村必振兴。从世界百年未有之大变局看，稳住农业基本盘、守好“三农”基础是应变局、开新局的“压舱石”。全县各部门、各乡（镇）要自觉对标对表习近平总书记的重要讲话精神和党中央、省、州委的部署要求，深刻认识到乡村振兴战略作为新时代“三农”工作总抓手，对实现第二个百年奋斗目标的重大意义和深刻内涵，进一步增强思想自觉、政治自觉、行动自觉，切实提高政治判断力、政治领悟力、政治执行力，继续发扬“上下同心、尽锐出战、精准务实、开拓创新、攻坚克难、不负人民”的脱贫攻坚精神，以永不懈怠的精神状态、一往无前的奋斗姿态，苦干、实干、接续干，扎扎实实把过渡期各项工作做好，坚定不移推进乡村全面振兴，确保脱贫不返贫、振兴不掉队。

二、明确目标任务，全面落实乡村振兴各项举措

巩固拓展脱贫成果是实现乡村振兴的基础和前提，全县上下要把防止规模性返贫作为头等大事，严格落实“四个不摘”要求，全力做好巩固拓展脱贫攻坚成果同乡村振兴有效衔接各项工作，扎实推动乡村振兴工作开好局、起好步、见实效。

（一）聚焦“防返贫”，强化动态监测

一是加强行业监测。民政、医保、应急、教育、人社、住建、水利等职能部门动态监测各自分管领域内全县农民的基本生活保障、基本医疗保障和受灾、子女受教育、就业、住房安全、饮水安全等情况，对发现可能出现返贫致贫的对象第一时间反馈给乡村振兴局和属地乡（镇），统筹做好情况核实、帮扶救助工作和信息纳入工作。二是加强属地监测。一方面，各乡（镇）加强政策宣传力度，引导符合条件的农户自主申报监测对象；另一方面，要组织镇、村干部，驻村工作队员定期开展集中排查，做好常态化预警工作。同时，结合部门反馈、农户自主申报信息，及时发现监测对象，及时录入全国防返贫监测系统。三是加强社会面监测。县委宣传部、群工局等有关部门要密切关注媒体、信访、“12345”圣洁甘孜热线、“麻辣四川”等信息渠道，发现因病、因灾、因学等造成生活困难的，及时向乡村振兴局和属地乡（镇）反馈。四是落实精准帮扶。采取“一户一档”“一户一专班”的办法，对监测对象逐户逐项精准落实产业扶持、务工就业、金融扶贫、教育资助、危房改造、健康保障、综合保障等帮扶措施，确保不返贫。对经过帮扶，返贫致贫风险稳定消除的，要及时退出，实行动态管理。

（二）聚焦“有保障”，落实帮扶政策

一是巩固拓展义务教育保障。全面落实义务教育“双线控辍保学”责任制和各项学生资助政策，确保脱贫家庭义务教育阶段适龄儿童少年不失学、辍学。二是巩固拓展基本医疗保障。进一步健全完善城乡居民基本医疗保险参保个人缴费差异化资助政策，确保“应保尽保”；加强基本医疗保险、大病保险、医疗救助三重制度保障，确保县域内、政策范围内住院费用支付比例总体稳定在70%左右，对低保对象、特困人员和监测人口给予倾斜支付。三是巩固拓展住房安全保障。健全农村住房安全动态监测机制，继续实施农村危房改造补助政策，做到“应改尽改、应补尽补”，确保住房安全。要加强易地扶贫搬迁后续扶持监测，确保搬迁群众稳得住、有就业、逐步能致富。四是巩固拓展饮水安全保障。对已脱贫户安全饮水条件开展排查，确保农村饮水安全；探索推行以城带乡、以大带小、小小联合等管护模式，健全完善供水价格和水费形成机制、饮水安全应急保障机制。五是巩固拓展就业保障。继续通过脱贫人口务工点对点输送、专场招聘、新型农业经营主体带动等方式推进外出务工，确保脱贫劳动力外出务工人数不低于往年。发挥好公益性岗位的作用，吸纳脱贫人口和防止返贫监测对象就地就近就业，让脱贫基础更加稳固、成效更可持续。

三、聚焦"补短板",推动问题整改

一是抓紧抓实上级反馈问题整改。各部门、各乡(镇)全面梳理国家脱贫攻坚成效考核、县级脱贫攻坚大排查等各级各类反馈的问题,认真核查是否真查真改、是否举一反三整改、是否完成整改,对于整改不到位的,集中力量进行攻坚。二是从严从快推进突出问题整改。当前,全县在扶贫项目建设、扶贫项目资产管理、扶贫小额贷款等方面还存在进度不快、管理不规范、逾期风险高等问题,乡村振兴局、财政局等有关部门和各乡(镇)要主动谋划、加强对接,拿出行之有效的办法,快速高效化解难题、解决问题,让落后的任务指标赶上来。

四、聚焦"促衔接",推进乡村振兴

一是加快推进农业产业化。突出抓好粮食稳产保供,坚决制止耕地"非农化"、防止"非粮化",坚决守住耕地面积目标和永久基本农田红线。要突出"一村一品"、区域特色,坚持"立体布局、农旅结合、循环发展、精准高效",重点围绕建设万亩苹果基地、万亩仙桃基地、万亩蔬菜基地、万亩核桃基地、万亩佛手柑基地、千亩食用菌基地和生态商品猪基地加快强链、补链、延链,打造一批优质农产品生产基地、培育和引进一批龙头企业、创建一批区域知名品牌,推动一二三次产业融合发展。二是加快实施乡村建设行动。统筹推进36个示范村建设,打造乡村振兴示范样板。结合全州"全域无垃圾试点行动",深入开展城乡环境常态提升综合整治专项行动。推进"厕所革命",建立健全农村人居环境整治长效管护机制,持续打造美丽宜居乡村。三是加强和改善乡村治理。深入推进乡(镇)和行政村"两项改革"后半篇文章,聚焦乡风文明,深化群众性精神文明创建,培育文明乡风、良好家风、淳朴民风。持续开展"平安泸定"建设,继续推行"一村(居)一警(辅)一网格员一法律顾问"制度,发挥好县、乡、村三级调解网络作用,构建自治、法治、德治相结合的乡村治理体系。

脱贫攻坚成效显　乡村振兴面貌新

九龙县人民政府县长　方和俊

2021年以来,九龙县始终坚持以习近平新时代中国特色社会主义思想为引领,深入贯彻党的十九大和中央农村工作会议精神,把农业农村优先发展作为现代化建设的一项重大原则,把乡村振兴作为巩固脱贫成效的一个重大任务,举全县之力推动农业全面升级、农村全面进步、农民全面发展。

一、脱贫攻坚基本情况

2014年,九龙县精准识别贫困村19个、建档立卡贫困人口1865户6985人。在脱贫攻坚进程中,全县始终坚持以习近平总书记扶贫开发战略思想和以人民为中心的发展思想为指导,始终把脱贫攻坚作为"头等大事",聚焦"两不愁三保障"总体目标,突出党建引领,完善形成"113"脱贫攻坚思路,狠抓各项重点工作,如期实现19个贫困村退出、所有贫困人口脱贫、贫困发生率下降至零的目标任务,于2019年3月高标准通过省级第三方考核评估验收,在县委、县政府工作成效考核和五个一"帮扶工作成效考核、省内对口帮扶工作成效考核中评价均为好。

二、主要做法及取得的成效

(一)发挥党建示范引领"这一核心",凝聚乡村振兴合力

始终坚持把发挥党建示范引领作用作为巩固脱贫攻坚成果和实施乡村振兴的中枢核心,把党建优势转化为坚强组织保障。一是创新建立"党建指导员"机制,即联系乡(镇)县级党员领导干部担任联系乡(镇)党建总指导员,并担任联系乡(镇)1 ~ 2个村(社区)党组织的党建指导员,要求党建指导员每年为基层党组织解决"急、难、愁、盼"问题不少于3件,为基层党员上党课不少于1次,参与基层党组织活动不少于2次,向县委党建领导小组提出可操作性建议不少于3条。同时,结合党史学习教育,整合全县党员干部力量,以群众需求为导向,扎实开展"我为群众办实事"实践活动,切实解决好群众的"急、难、愁、盼"问题,不断提升群众满意度、幸福感。二是全面加强基层阵地建设。整合资金资源,近年来先后新建3个村级活动场所,全县65个村(社区)均配套设立党员活动室、图书阅览室、"妇女儿童之家"等服务设施,将村(组)活动场所打造成凝聚人心、乡村振兴、服务发展的"红色阵地"。三是选优培强村级"两委"班子。延续打造一支"永不走的工作队"的理念,培养161名致富能手进入村"两委"班子。同时,建立健全正向激励机制,激发村级干部队伍干事创业的激情,凝聚了组织振兴、人才振兴、乡村振兴的强大合力。

(二)抓住就业增收"两个关键",拓宽致富奔康渠道

始终坚持把稳就业促增收作为民生之本、"六稳"之首,精准施策,多措并举,拓宽致富增收渠道,巩固脱贫攻坚成果。一是推进脱贫人口稳岗就业工作。以技能培训为重点,拓宽就业渠道,引导企业、合作社吸纳脱贫人口就近务工。全县开展技能培训10期,转移贫困劳动力就业1722人,人均增收达4000元。同时,开发生态护林员、保洁员、护草员等公益性岗位1245个,促进脱贫户持续稳定增收。二是大力发展特色产业,建成特色农业产业基地9.65万亩,扶持发展涉农企业25家、农牧民专业合作社414个、特色养殖小区1个,实现了九龙县北部群众仅靠虫草、松茸,南部群众仅靠传统种养殖收入单一局面向多元化特色现代农业的转变,切实拓宽了群众的收入渠道,预计户均增收1.2万元。

(三)建立健全"三个机制",持续巩固脱贫成果

始终坚持完善机制建设,坚决守住不发生规模性返贫的底线,巩固拓展脱贫攻坚成果。一是延续产业助贫机制。大力推动脱贫人口小额信贷,设立小额信贷风险基金1628万余元。全县扶贫小额信贷共计发放1462户7130.1万元,其中2021年新增贷款6户31万元。二是建立集体经济分红机制。全县61个村的产业发展资金入股隆之汇公司,在全州内率先实现所有行政村全部拥有村集体经济。全县集体经济收益累计实现分红507.55万元。三是健全防止返贫机制。制定《九

龙县致贫返贫监测对象临时救助基金使用管理(暂行)办法》,设立临时救助基金270万元,对纳入动态管理的致贫返贫监测对象开展有效帮扶,2021年,开展集中大排查,精准识别监测对象10户45人,落实各类防止返贫帮扶措施50余项、帮扶资金13.8万元,做到了"应纳尽纳,应扶尽扶",未发生返贫现象。

(四)严格落实"四个不摘"要求,切实保障脱贫成效

始终坚持"'摘帽'不摘责任、不摘政策、不摘帮扶、不摘监管",持续保持攻坚态势,切实保障脱贫成效。一是加强驻村帮扶力量。选派政治素养高、业务能力强、群众基础好的95名优秀干部担任驻村"第一书记"和工作队员,同时发挥杭州市西湖区、成都市青白江区和6家省直定点部门人才帮扶作用,选派支援各领域干部66名投身于乡村振兴战略中,其中6名直接深入农村一线担任"第一书记"。二是加大项目投入力度。2021年,安排第一批财政衔接资金3905万元,重点在巩固脱贫攻坚成果和衔接推进乡村振兴方面安排项目23个;安排第二批财政衔接资金6108.22万元,计划重点在乡村振兴示范村打造、基础设施建设、产业发展等方面实施项目74个。三是加强扶贫资产管理。发挥扶贫资产在脱贫攻坚与乡村振兴有效衔接中的作用,建立界权清晰、产权明晰、权责分明、管理规范、经营高效、监督到位、群众满意的扶贫项目资产长效管理运维机制,促进全县脱贫村集体经济稳步增长,脱贫村集体和易返贫致贫人群收入持续增加,巩固拓展全县脱贫攻坚成果。

(五)建好"五园区+三基地",夯实乡村振兴基础

始终坚持把做强、做优、做实产业作为致富增收的治本之策,在考虑市场前景的基础上,结合九龙县资源禀赋,大力发展以"五园区+三基地"的为主的现代农业产业,切实以特色产业发展巩固提升脱贫攻坚成果。"五园区",一是天乡茶叶现代农业园区。按照"政府引导、企业运作、农户参与"的模式,构建了以茶叶种植、茶叶加工,集生猪、肉牛养殖、休闲农业于一体的现代农业循环经济,创新了"企业+协会+合作社+农户"运营机制,园区主导产业以茶叶、生猪为主,园区总产值达6000万元以上。园区茶园面积6300亩,通过九龙藏区天乡原生态茶业有限公司、专合社等新型农业经营主体收购鲜叶,加工研发出"金迷""藏雪""紫醉·红茶""藏雪·白茶"等系列产品,实现产值2600万元以上;生猪产业通过希望集团采取代养模式从省内外引进长白猪、杜洛克猪等良种,截至2020年年底,园区年存栏8400头,年出栏8000头,年产值达2000万元以上。二是牦牛现代农业园区。按照"一中心九基地"的发展思路,开展九龙牦牛园区创建工作,湾坝万头牦牛育肥场(一期)工程已建成投产。三是花椒现代农业产业园区。九龙花椒素有"九龙贡椒"之称,其中又以"正路椒""大红袍""高脚黄"等更出名,九龙县因此被中国食品工业协会花卉食品专业委员会冠名为"中国花椒之乡"。2012年,九龙花椒获得地理标志产品保护,2019年获得绿色食品认证,其"双富"花椒油系列产品深受消费者青睐。全县已建成以乃渠、乌拉溪、雪洼龙为中心,辐射全县16个乡(镇)的花椒基地5.5万亩,年产花椒450吨,产值突破6000万元。四是中药材和藏药材现代农业园区。围绕"一个中藏药研发中心+N个种植示范基地"发展模式,全县扶持发展中藏药材种植基地及新型经营主体30余个,其品种主要以大黄、白芨、白芍、半夏等为主,种植面积达4500余亩,年产值达3800余万元,带动农户增收4000元以上。五是黑山猪园区。2019年,全县引进新希望六和股份有限公司与九龙县郎呷家禽养殖专业合作社等生猪养殖场合作,采取"代养"模式发展生猪产业,推动全县生猪现代农业园区创建工作。2020年,全县存栏500头以上的生猪规模养殖场共有10家,共存栏3.3万余头,共出栏3.5万头,总产值达1.08亿元。在三垭镇建设黑山猪产业园区综合服务中心,建成后将交由九龙县隆之汇农业发展有限公司、九龙县史洛农业发展有限公司经营,纳入三垭镇7个村集体经济分红。"三基地",一是小杂水果种植基地。全县雅砻江沿岸光热资源丰富,全年日照时数为1938小时,有利于小杂水果糖分的合成,以烟袋片区的露地中国樱桃为例,比泸定早上市1个星期,比内地早上市半个月左右,且含糖量也高于内地樱桃。全县将依托独特的气候资源等优势,在雅砻江沿岸的八窝龙、子耳、魁多、烟袋、乌拉溪等乡(镇)建设以桃、李、杏、柑橘、樱桃、葡萄为主的小杂水果基地,基地建成后将大幅提高群众的土地附加值,增加群众收入。二是山羊养殖基地。山羊产业是全县农牧民增收的主要产业之一,近年来,九龙县与西南民族大学、四川省畜科院合作,开展朵洛山羊遗传资源调查,力争将朵洛山羊列入《四川省畜禽品种资源保护名录》进行保护与开发利用。2019以来,全县年均财政投入1200余万元,在子耳、魁多、朵洛等乡(镇)发展山羊产业,创建山羊现代农业产业园区,现存栏6.5万只,产值达5000万元以上。三是野生菌种植基地。全县以呷尔为中心的几个乡(镇)森林覆盖率高,达47.43%,广袤的森林和草地间,野生食用菌资源丰富,主要包含松茸、猴头菌、牛肝菌、野生平菇和鸡枞菌、黄金银耳、黑木耳等数十种。九龙县祥海野生资源开发有限公司采取"公司+农户"的发展模式,对野生菌类进行收购、清洗、分级、冷却、包装,并开发了冻干(冰冻)野生菌、野生菌干片、松茸酒、松露酒系列产品,着力打造"圣洁甘孜"旗下的"祥海茸祖坊""祥海雪域山珍"企业品牌,其产品远销海内外,2020年创外汇达146万美元。

(六)大力实施"七大战略",助推乡村全面振兴

始终坚持把解决好"三农"问题作为重中之重,坚持"12357"总体工作思路,全面实施乡村振兴、交通畅连、产业富民、生态文明、基础提升、依法治县、科教兴县"七大战略",全面推动乡村振兴。一是基础设施不断提升。整合各类资金1.2亿元,不断提升市政、水利、供电、网络等基础设施建设水平,新建4G和5G通信基站28个,建成休闲广场3个、观景平台5个、栈步道2.2千米、停车场3个,新(改)建公厕22座,新(改)建户厕2785座,设置共享公厕47座,城乡配套功能不断完善。二是交通出行更加便利。全面实施交通先行战略,全县新(改)建通乡、通村和联户路580余千米,全面启动国道549线(九石路)和省道469线(文木路)建设,城乡公路通车总里程达1200余千米,是2015年的1.3倍,农村公路逐步实现由"线"成"网"、由"窄"变"宽"、由"通"向"好"的转变。三是民生保障持续改善。着力提高教育发展水平,全力实施湾坝片区寄宿制学校等56个教学设施项目。加强教师队伍建设,优化整合教育资源,教育教学质量稳步提升,中考、高考录取率均达97.1%。有序推进县人民医院第二医疗区和疾控中心实验大楼建设,县、乡医疗卫生机构国家基本公共卫生服务和重大传染病综合防治能力全面增强,群众幸福指数节节攀升。

三、下一步工作计划

下一步,九龙县将下大力气在改善基础设施、提升农村公共服务、深化凝聚帮扶合力、发展壮大乡村产业等方面抓住机遇、迎难而上、破

解难题，持之以恒实施乡村振兴战略，统筹推进乡村振兴各项工作，一是强化产业升级，提高经济发展质效。坚持以创建全省县域经济发展先进县为引领，以供给侧结构性改革为主线，以创新为驱动，破除体制机制障碍，优化升级经济结构，增强内生发展动力，推动经济发展提质增效。二是强化城乡基础，增强支撑保障能力。坚持以交通攻坚为突破，大力实施基础提升战略，着力改善城乡面貌，提高城乡融合发展水平。三是强化乡村振兴，激发农村发展活力。坚持以创建全省乡村振兴先进县为引领，大力实施乡村振兴战略，促进农业高质高效、乡村宜居宜业、农民富裕富足。四是强化生态建设，改善人居环境。坚持以创建生态文明建设示范县为引领，坚定不移走生态优先、绿色发展之路。五是强化改善民生，提高群众生活水平。坚持以人民为中心的发展理念，从人民群众最关心最直接最现实的利益问题入手，不断补齐社会事业发展短板。全县上下将以只争朝夕的精神状态和稳中求进的工作举措，把乡村振兴的美好蓝图一步步变为现实。

新龙县在发展乡村特色产业中面临的问题及破解思路

新龙县人民政府县长　丁　康

一、基本县情

新龙县位于四川省西部、甘孜州中部，距州府康定338千米、省府成都602千米，辖区面积9182平方千米，平均海拔3500米，辖6镇10乡92个村民委员会1个社区居民委员会273个村民小组。总人口4.57万人，其中藏族人口4.27万人，占全县总人口的93.52%。

二、产业发展现状

乡村振兴战略中，产业振兴是重中之重，近年来，全县按照“特色化开发、产业化推动、园区化管理”思路，突出发展特色产业，全力确保“三农”工作行稳致远。

一是以做实规划布局为立足点。完成全县乡村振兴规划编制，构建起集县总体规划、6个专项规划、16个乡（镇）规划于一体的“1+6+16”乡村振兴规划体系。明确川西北生态保护区定位，找准新形势下大力发展生态农业产业的发展方向，有效促进农村发展、农业增效、农民增收。

二是以做强特色产业为侧重点。立足县情实际，培育新型农业经营主体9个，建设农业特色产业基地4.3万亩、高标准农田1万亩，建成投用种植示范基地3个、集体牧场3座、县级农业园区1个、农旅融合发展示范园区1个。当前，全县正积极融入甘孜州北部片区牦牛特色产业集群建设，野生菌初加工产业逐步成型，与川酒集团合作开发的雄鹰系列酒品前景广阔，高原雪菊中藏药材种植等特色产业稳定增收，“三农”发展之路越走越宽。

三是以做大旅游产业为切入点。充分释放旅游资源禀赋，以融合发展理念优先发展全域旅游，着力打造“康巴红·甘孜腹心旅游高地”，成功将银多红山、麻日措卡湖、拉日马石板藏寨等景区创建为3A级景区。集中优势力量，引进专业团队加快推进以红山、措卡湖、石板藏寨3处景点为核心的旅游开发。同时，坚持景区开发和宣传推介协同推进，旅游产业呈蓬勃发展之势。

四是以做优营商环境为着力点。国家层面，把新龙县列入国家乡村振兴重点帮扶县；省、州层面，敲定在雅砻江流域部署现代化农业园区，为全县提供了坚强的政策保障和发展信心。全县成功打造省级乡村振兴示范村4个，县委、政府研究出台一系列特色乡村产业扶持激励政策，有利于产业上规模、增效益。

三、面临的主要问题

当前，全县乡村特色产业发展总体还处于起步阶段，发展水平低，距离现代化标准建设和人民群众期待仍有差距，主要还存在以下薄弱环节和短板亟需解决。

一是产业机制不健全，发展能力不强。特色种养殖业和特色乡村旅游业要实现规模化经营，离不开从上到下较为完善的产业链作支撑。而实际操作中，受经济发展水平低、县财政拮据、发展优惠政策配套还不够优化等因素制约，乡村特色产业没有实现高质量发展，农业资金基本都用在乡村产业项目的基础设施建设方面。例如，全县整合巩固拓展脱贫攻坚成果与全面推进乡村振兴有效衔接资金1.6亿元，但基本都用在基础设施建设方面，虽实施了66个产业帮扶基础设施项目，但在对其他产业链环节的支持和扶持上力度过少。

二是产业规模小、市场竞争力弱。新龙县属于藏区典型的半农半牧县，全年无霜期短，农作物品种固定，交通运输方式单一，加之受家庭为单位的传统生产经营模式影响，特色产业规模小而分散，形不成规模大户，同时大部分乡（镇）、村尚未建立具有本村特色的产业化基地，规模效益始终未得到显现。出售产品以原始产品和初加工产品为主，技术含量和产品附加值低，甚至受距离中心城市远的特殊区位影响，高昂的运费拉高了产品成本，从而大大削弱了市场竞争力。如全县马铃薯产量达到近25万千克，但因与周边同质化、物流运费、冷链仓储、不具备深加工能力等而滞销，只能采取帮扶市、省直单位“以购代捐”的方式消化。

三是缺乏企业支撑，带动效果不明显。受经济基础、特殊地域环境制约，乡村产业项目的融资非常难，吸引实力雄厚的企业落户新龙难度较大，缺乏持续发力、效率稳定、生命力强的龙头产业引领带动。如新龙县引入广州粤旺农业集团作为龙头企业试着辐射带动周边乡（镇）协同发展，但因区域位置过远、激励政策不全、保障机制不强等因素影响导致带动效果不够明显。

四是产业设施薄弱，基础建设滞后。县域虽然文化旅游资源多，也有已经具有一定热度的网红打卡旅游景点，但是道路、网络、水电、公共卫生等基础配套设施相对落后，严重影响游客旅游体验。如措卡湖旅游景点存在受基本农田制约无法拓宽道路、宾馆餐饮配套设施不齐全、接待能力不强等问题，县域景点连线成串的目标未能实现，没能很好带动游客消费。

五是技术人才短缺，内身动力激励差。乡村特色产业发展人才是关键，由于全县地处偏远，经济条件差，社会发育程度较低，人才引进难、留住难，专业技术人才稀缺成为乡村振兴的最大制约。虽然全县投入大量人力物力去培训本土人才，培育新型农业经营主体，但是群众接受度不高，从业技能较弱，新型职业农民偏少。在乡村旅游发展方面，缺乏优秀的旅游规划、开发团队，同时也缺乏服务意识强、经验丰富、综合素质高的服务型人才，影响了旅游业高质量发展。

四、破解思路

随着党中央、国务院，省委、省政府一系列重大战略的深入实施以及浙江省对口援建、省内对口帮扶政策的重大机遇，加上自身发展条件的日臻完善，全县将从以下几个方面发力，破除制约乡村振兴产业发展的瓶颈。

一是注重规划引领，全力完善产业发展保障。加强宣传引导，转变观念，进一步解放思想，增强群众发展产业主体意识。全力确保乡村振兴“1+6+16”规划体系落地深根、开花结果。在大抓产业发展基础设施建设的同时，注重加强对其他产业链环节的支持和扶持力度，不断完善乡村产业发展的激励机制和保障机制。

二是强化资源挖掘，着力提升产品附加值。把准地区资源优势，针对产业现状、市场空间、新型主体带动能力等问题，抓住雪菊、中藏药材、青杠木耳生产等初见成效、且有一定发展经验的农特产品，实行区域化布局、规模化生产、专业化经营，形成批量生产、打造规模。加快推行“订单农业”“互联网+农业”等产业电商带动模式，构建农产品线上推广、线下销售的平台，提升产品市场竞争力，活跃消费市场。

三是强化招商引资，大力促进产业融合发展。坚持“政府推动、市场运作、资金扶持、龙头带动”的思路，积极开展农业项目招商引资，加大项目政策扶持，着力培育龙头企业、农业园区、合作社和产业大户，千方百计引进一批农特产品精深加工企业，完善农产品加工产业链条。同时，加快推行“现代农业园区+基地+贫困户”“企业+合作社+贫困农户”“合作社、产业大户+贫困农户”等产业带动模式，增强农户抵御风险能力，促进一二三产业融合发展。

四是强化基础建设，助力乡村产业统筹发展。在以政府投资为主的同时，积极鼓励引导社会资本参与到基础设施建设中来。以美丽新村建设和农村人居环境治理为抓手，突出样板新村、旅游集镇打造，加强特色文化和传统村落保护，进一步做好道路交通、供水供电、通信网络、垃圾处理等方面基础设施建设。借助浙江援建和省内对口帮扶力量，引进专业团队，集中优势资源推进县域几个重点核心旅游景区的规划打造，力争将全县核心旅游产业打造为高质量旅游观光景区。

五是强化人才培养，合力补齐专技人才短板。采用“引进来、走出去”的方式，努力引进更多懂农业、懂技术、懂市场、懂管理、懂经营的专业人才。持续深化校企合作，建立人才培养长效机制，推行订单式培养。鼓励吸引新龙籍高学历、高素质人才回乡，打造一支留得住、带不走的本地人才队伍。继续实施“康巴英才雄鹰计划”和“硕博人才进甘孜”等优惠政策，大力集聚各方面优秀人才，形成全民参与的工作局面。

白玉县乡村振兴发展现状与下步思路探索

白玉县人民政府县长　阿央邓珠

一、工作开展情况

（一）规划先行，政策落地，重点帮扶县工作全面铺开

全县成立巩固拓展脱贫攻坚成果同乡村振兴有效衔接领导小组，充实农业农村工作领导小组，层层压实责任，组织保障到位；选派358名乡村振兴骨干进驻130个行政村，充实驻村帮扶力量，重点加大对74个脱贫村、37个重点帮扶村的帮扶力度，人才保障到位；出台《白玉县乡村振兴战略规划（2019—2025年）》，明确今后5年乡村振兴目标和重点，按照“六个优化”“四个尊重”要求，科学合理划分片区，因地制宜布局国土空间，规划引领到位；制订《白玉县健全防止返贫动态监测和帮扶机制办法》《白玉县实现巩固拓展脱贫攻坚成果同乡村振兴有效衔接实施方案》等5个政策性文件，严格落实“四不摘”要求，保持现有政策总体稳定，政策指导到位。

（二）全力巩固，加力扶持，筑牢夯实乡村振兴基础

一是统筹抓好政策衔接。结合中央和省、州系列惠农惠民政策，持续健全完善教育扶持、医疗卫生、社会保障等方面政策措施，强化政策针对性、实效性，全方位保障困难群众基本生活。二是常态抓实监测帮扶。结合白玉实际，健全完善动态监测帮扶机制，重点关注104户“三类”监测对象收入支出、“三保障”和饮水安全情况，做到早发现、早干预、早帮扶。三是全力推动保险政策。持续落实扶贫保、防贫保等保险政策，有效兜住因意外、疾病等方面致贫返贫的底线，进一步增强抗风险能力。全面推广“防贫保”政策，持续跟踪“扶贫保”后续工作，脱贫人口应对突发性灾害能力切实提升。四是深入落实金融帮扶政策。持续加大小额信贷投放力度，累计发放1039户4846.75万元，全年新增脱贫人口贷款96户453.8万元，有效激发群众内生动力，提升发展能力。

（三）注重统筹，合理调配，项目工作加紧加力推进

坚持“统筹出效益”的思路，制订《白玉县2021年统筹整合财政涉农资金使用方案》，整合涉农资金1.78亿元，设立产业发展、基础设施建设和公益性岗位项目110个，坚决守住“不发生规模性返贫”底线。稳慎推进“掉边掉角户”易地搬迁工作，采取村摸底、乡初核、县把关的方式锁定搬迁对象29户，建成后按照中央补助资金和县级统筹资金“6+2”方式进行补助。

（四）结合实际，因地制宜，凝心聚力培育高原特色

白玉县结合高原实际，投入4800余万元，组建白玉藏品农业发展有限责任公司，创新打造以牦牛肉、黑山羊、藏茶、菌类、中藏药等8大优势特色产业为重点，现代农业种植业、现代农业烘干冷链物流2大先导性产业为支撑的现代农业“8+2”特色产业体系。2021年，实现营利收入1755.34万元，劳务用工700余个，辐射带动当地群众致富增收。同时，注重品牌创建和地企、校地合作，不断推进“三品一标”发展，着力打造“白瑜藏品”区域商标品牌。积极探索休闲农业发展新模式，

推进“农业+文化”“农业+旅游”“农业+教育”等产业深度融合，促进农业功能从提供物质产品向精神产品、有形产品向无形产品拓展。紧扣“金沙林海·盛德白玉”旅游品牌形象定位，加快推进河坡民族手工艺文旅融合产业示范园区建设、拉龙措古冰漂湿地国家4A级景区创建、察青松多省级生态旅游示范区创建、麦拉降措国际重要湿地申报，积极争创省级全域旅游示范区。

（五）问题导向，逗真碰硬，全力以赴迎接“三项考核”

全县组建“三支队伍”，即“项目督办队伍”“战略实绩督促队伍”“回头看督查队伍”，分别围绕110个项目推进和资金支付进度加强党的领导、深化农业改革、乡村建设和落实惠农惠民政策等7个方面33项具体工作、巩固脱贫攻坚成果“回头看”工作，采取现场办公，到点督办，确保到期到点实现“三个百分之百。截至目前，白玉县应排查9879户农牧户，已完成入户排查8234户，排查进度69.8%；完成信息录入5631户，信息录入进度60%；排查出安全饮水、生活用电、通信网络、产业发展等6类350个问题，立行立改问题331个，剩余19个问题逐一明确责任，限时整改。

二、存在的困难问题

（一）农村基础设施落后

白玉县城乡基础设施建设虽在近年得到大幅改善，但公共财政收入困难、历史欠账多，加之高原气候条件恶劣，部分边远、边角、边界“三边”地区基础设施建设仍然滞后，已建成的基础设施项目维护成本高，与乡村振兴目标还有差距。

（二）产业带动效果不佳

白玉县地处偏远、交通不便，又处于国道盲区（国道215线和318线夹角），天然劣势明显。加之气候环境恶劣，产业发展十分困难。农牧产业“小、散、弱”现状还未彻底改变，短期内难以形成规模，效益不明显。县属龙头企业规模小、实力弱，市场竞争力不强，产品附加值不高，远没有达到现代化、商品化、市场化、品牌化的产业生态链，运距长、损耗高、商品率低，经济效益不高，带贫益贫能力弱、效果差。

（三）返贫致贫风险隐患多

白玉县生态环境脆弱，地质结构复杂，自然灾害频发，全县有89个山洪灾害危险区和207处地质灾害隐患点，覆盖大部分乡（镇）和村，加之因病、因灾、因突发事件和高原地区信号偏弱、设施设备和公共建设风化老化较快的实际，造成返贫致贫风险隐患多。

（四）通信网络信号质量差

全县村落大多处于高山半高山地区，地形复杂，气候多变，网络覆盖死角多、信号质量差、受天气因素影响大，在“回头看”督查中有多个村反映信号偏弱或者时常中断，尤其是阴雨天或者晚上信号难以连接。

（五）安全饮水维护难度较大

全县因高原冬季较长，雨雪天气多，昼夜温差大，安全饮水设施设备经常封冻，导致部分群众安全饮水出现水量不足、水管爆裂、水龙头损坏等情况，日常维护难度大、维护频率高，“回头看”中反映问题也相对较多（反映问题94个）。

（六）群众内生动力还需加强

全县农牧民群众受教育程度不高，平均受教育年限不足3年，小学及以下文化程度占85%以上，群众文化水平低、思想观念落后，自我发展能力薄弱，缺乏致富能力和发展门路，部分脱贫户存在“福利依赖”思想，等待帮扶、不劳而获的思想仍然存在，“有地不种、有畜不售”问题依旧存在。

三、下一步工作打算

（一）在政策学用上再加力

针对乡村振兴工作新人多，对巩固脱贫攻坚成果和有效衔接乡村振兴相关政策和文件会议精神还未吃透的实际，在下步工作中，全县将收集整理中央、省、州相关文件会议精神，结合县情实际，编制《政策汇编读本》，采取“领导干部带头学、宣讲队伍深入宣、乡村干部入户讲”的形式，读懂吃透政策精神，边学边干、边查边改，营造巩固脱贫攻坚成果和有效衔接乡村振兴的浓厚氛围。

（二）在问题整改上再加力

针对本次巩固脱贫攻坚成果“回头看”排查出来的问题，认真梳理总结，分类归纳，召集行业部门，统筹各方力量，明确时间节点，制定有效措施，限时整改到位，确保入户排查率100%、信息录入率100%、问题整改率100%。同时，加强104户监测户动态监测，“一户一策”加强管理和帮扶，并将排查出来的拟纳入监测对象及时新增，确保“应纳尽纳、应消尽消”。

（三）在政策支持上再加力

进一步完善《白玉县乡村振兴战略规划（2019—2025年）》，细化今后5年乡村振兴目标和重点，因地制宜布局国土空间；认真贯彻《白玉县健全防止返贫动态监测和帮扶机制办法》《白玉县实现巩固拓展脱贫攻坚成果同乡村振兴有效衔接实施方案》等5个政策性文件，进一步加大财政投入力度，优化支出结构，调整支持重点，真正实现涉农整合资金的有效聚合。同时，在资金安排上重点向乡村振兴示范点、关注村倾斜，逐步提高基础设施建设和产业发展比例，协同推动非贫困村、非贫困人口均衡发展。进一步加大金融政策支持，搭建银行、政府、企业对接平台，鼓励金融机构向乡村振兴创新金融产品和服务方式，拓宽服务领域。进一步加大土地政策支持，对乡村振兴、脱贫巩固和农牧区发展急需建设的重大项目以及产业园区项目用地优先安排。进一步加大人才培养支持，每年选派一定数量乡村振兴人才、乡村旅游人才、农业科技人才前往对口帮扶单位顶岗挂职，提升素质、增长才干。

（四）在项目推进上再加力

下步工作中，全县将持续推进29户掉边掉角农户易地搬迁工作，确保2022年6月底前搬迁入住；128个储备项目中，择优启动一批民生、特色产业和基础设施建设项目；2022年启动8个重点帮扶村项目，促进农牧民生产生活条件持续改善；动态监测104户监测户，及时消除风险隐患。完成国道215线（白玉至巴塘段）公路改建工程油面铺筑，岗白公路灾后恢复重建、省道458线（县城经赠科至甘孜机场段）工程建设，协调推进川藏铁路前期工作。加快推进产业和旅游廊道建设，建立完善农村公路管养机制，创建全省“四好农村路”示范县。“十四五”期间（到2025年）：实施一批基础设施、产业发展、改善民生的乡村振兴项目，实现人居环境全面改善；实现“三区三线”精准落地；扎实推进“8+2”体系建设，优势特色产业得到壮大，农牧民持续增收，完成37个省级重点帮扶村工作，建成一批美丽乡村示范点，实现高质量巩固拓展脱贫攻坚成果，乡村振兴全面推进。

（五）在推动文明进步上再加力

一是深入实施“润育工程”五大行动，积极开展文明乡村建设，全面推动文化惠民向一线延伸，群众精神文化生活不断丰富、主人翁意识显著增强。二是紧扣“七个提升”“七管齐下、四态合一”要求，常态化整治“十五乱一占”“九子一线”乱象，持续深入推进人居环境整治、“厕所革命”和乡村建设行动，城市治理体系不断完善，治理能力不断提升。三是深入推进农村移风易俗，坚持“法治、德治、自治”并举，创新开展“除陋习、尚科学、树新风”活动，全方位提升群众文明素养，乡风文明程度显著提高，不断实现群众对美好生活的向往，为全面建设社会主义现代化开好局、起好步奠定坚实基础。

补短强弱防返贫　全力推进谋振兴

——实现巩固拓展脱贫攻坚成果同乡村振兴有效衔接的思考

中共雷波县委　雷波县人民政府

党的十九届五中全会把“优先发展农业农村，全面推进乡村振兴”作为“十四五”时期全国经济社会发展的重要任务之一，提出了“实现巩固拓展脱贫攻坚成果同乡村振兴有效衔接”。雷波县是习近平总书记高度关心关注的“三区三州”深度贫困县，虽然通过六年的集中攻坚，2019年在凉山州率先退出贫困县序列，2020年全县所有贫困人口全部“清零”，但是如何巩固拓展脱贫攻坚成果同乡村振兴有效衔接是摆在全县面前的迫切任务和现实课题。

一、巩固拓展脱贫攻坚成果和乡村振兴战略的逻辑关系

脱贫攻坚与乡村振兴是中央提出的两大战略行动，全面脱贫是确保全面建成小康社会的底线要求和硬性任务，乡村振兴是开启全面建设社会主义现代化国家新征程的重大战略举措。

（一）两者之间一脉相承

一是相对贫困的农村人口。通过脱贫攻坚战已消除绝对贫困，但是进入乡村振兴阶段，相对贫困问题将长期存在，能否保障脱贫户有稳定的收入并持续地增长将直接影响实际脱贫攻坚成效。二是逐步缩小城乡差距。贫困和乡村衰退是当前全球可持续发展的关键难题，实施减贫与促进乡村发展政策、缩小城乡差距，是避免落入“中等收入陷阱”的重要举措。从发展经济学理论来看，脱贫攻坚和乡村振兴战略是一脉相承的有机整体，巩固拓展脱贫攻坚成果是乡村振兴发展的基本内容，乡村振兴发展是巩固拓展脱贫攻坚成果的根本目的。三是最终实现共同富裕。脱贫攻坚和乡村振兴虽然在实施时间、对象和贫困瞄准上有所不同，但从保障工作连续性和阶段性统一的角度观其目标具有一致性，都指向实现共同富裕的应有之义。

（二）两者之间互为条件

一是巩固拓展脱贫攻坚成果为乡村振兴战略打下坚实基础，使乡村振兴战略变为可能。脱贫攻坚与乡村振兴正处于统筹衔接的历史交汇期，脱贫攻坚以建档立卡贫困人口和贫困地区为对象，解决农村绝对贫困问题，弥补乡村振兴的最突出短板，全面巩固脱贫成果为乡村振兴筑牢根基、奠定基础。二是乡村振兴战略牵引脱贫攻坚成果巩固拓展，使稳定脱贫、全面脱贫、高质量脱贫成为现实。推动脱贫攻坚和乡村振兴平稳转型是一个渐进的接续过程，对退出的贫困县、贫困村和贫困人口，要保持现有帮扶政策总体稳定，“扶上马送一程”，形成稳定减贫的长效机制，确保脱贫成果的底色和成色。

二、当前巩固拓展脱贫攻坚成果面临的形势

（一）脱贫人数规模大，不稳定监测户数多

雷波县有贫困村171个、贫困户16858户77772人，贫困量大、面宽、程度深，是真正的贫中之贫、困中之困、坚中之坚，是硬骨头当中的“铁骨头”。贫困县“摘帽”后，对脱贫不稳定户600户2784人和边缘易致贫户1540户5833人（占脱贫人口总数的11.08%）进行分类管理，动态帮扶，已全部达标，解除风险并标注销号。考虑到个人综合素质和疫情冲击等因素影响，已脱贫的贫困户返贫不稳定因素增加，需要持续关注，抓好防范。

（二）脱贫户收入结构不合理、不稳定

全县实现了贫困县“摘帽”目标，但只是在现行标准下解决了绝对贫困和区域性整体贫困问题，脱贫质量和成色还不高。例如：2019年全县建卡贫困户生产经营性收入仅占总收入的25.8%，反映出贫困户有致富门路的占比不高；靠低保兜底有7527户27581人，占全县贫困人口的35.58%，反映出没有稳定收入来源的仍然不少，一旦政策调整、有大项支出或因灾因病等变故，贫困人口抗风险能力较低，因病因灾因残返贫致贫明显。

（三）公共服务基础设施滞后

雷波县山高坡陡灾害多、沟壑纵横行路难，全县25.2%的村受自然地理条件因素影响，晴通雨阻现象时有发生，仅今年汛期以来全县就累计发生公路灾害120余起，其中一车乡恩阿洛村、瓦古村通村路及柑子乡大沟村等50处水毁严重，造成直接经济损失达3000余万元。全县基础设施仍然存在诸多短板和弱项，尤其是农村道路、安全饮水等基础设施的维修养护机制还未有效建立，教育、医疗、文化等公共服务规模不足、水平参差不齐，城关小学、海湾小学、雷波中学、县医院等县城及周边学校、医院均超负荷20%以上，宝山、谷堆等偏远乡（镇）学校、医院不足设计负荷的60%，城乡资源配置失衡。

（四）市场竞争和抗风险能力弱

全县扶贫产业发展不足，缺少具有特色优势的产业项目，种类多、规模小，增收带动效益不明显。新型农业经营主体带动不足，市场开拓能力有限，市场占有率不高；品牌培育不多，品牌保护力度有待加强；推进三次产业融合发展不足，第一产业内部产业结构不合理，传统种养殖业仍占大部分，各项增收产业基本在培育阶段，与实现产业兴旺有较大差距。2020年，全县千方百计克服受疫情等因素影响，前三季度全县GDP增速、服务业增加值、城镇居民人均可支配收入等部分经济指标实现正增长，但在全州排名靠后且部分指标低于全州增速（如服务业增加值增长0.4%，低于全州1.7个百分点，居全州第十四位），全县规上工业增加值、社会消费品零售总额以及批发、零售、住宿、餐饮业等经济收入指标支撑乏力。

（五）贫困群众发展内生动力不强

贫困人口虽然已经脱贫，但是其脆弱性的属性没有发生根本性转变。特别是在产业扶贫、劳务输出、结对帮扶等工作过程中，部分群众财富积累意识、家园意识、发展意识不强，工作参与积极性不高，配合热情低，“等靠要”思想严重，“靠着墙根晒太阳，等着别人送小康”，没有实现精神脱贫，帮扶干部“热”、贫困群众“冷”现象不同程度存在。

（六）基层组织化程度有所弱化

在决胜全面建成小康社会的关键时期，在乡村振兴战略的启动之际，一部分农村基层组织软弱涣散，建设还存在弱化、虚化和淡化的问题。一是领导核心作用“弱化”。有的基层党组织履行党建主体责任不到位，党建工作普遍处于“说起来重要、干起来次要、忙起来不要”的状况，往往说得多、干得少，安排部署多、狠抓落实少，党组织的政治领导核心作用没有得到充分发挥；有的村组干部能力和素质不够，对优亲厚友习以为常，恃强凌弱不敢抓不敢管，调处民事纠纷和稀泥，村规民约成了摆设，没人遵守。二是党内政治生活“虚化”。有的基层党组织执行党内政治生活还存在“摆样子”的情况，不严肃不认真，召开组织生活会流于走过场、一团和气，只讲好话不批评，没有意见也不提建议。三是为民服务意识“淡化”。有的基层党组织在服务基层群众方面意识淡薄，开展结对帮扶也只是象征性地在节日期间送点慰问金和慰问品，服务效果不明显，群众意见较大。

三、巩固拓展脱贫攻坚成果丝毫不亚于啃下脱贫攻坚这块“硬骨头”

脱贫“摘帽”不是终点，而是新生活、新奋斗的起点，要集中力量、千方百计维护好、巩固拓展好脱贫攻坚成果。

（一）落实预警监测帮扶机制

要充分考虑脱贫成果巩固、乡村振兴平稳转型等多方面因素，传好“接力棒”，制定实施2020年后的巩固脱贫战略和政策，建立完善贫困动态监测与预警帮扶机制，严格按照《雷波县防止返贫致贫监测和帮扶工作方案》，采取“排、访、评、录、测、补、销”七步法，对收入在5000元以下的脱贫不稳定户、边缘易致贫户和因灾因病人群开展动态监测，进行分类管理，定期开展“回头看”，按“缺啥补啥”原则开展动态帮扶，防止返贫致贫。

（二）持续发展壮大扶贫产业

要从产业扶贫转向产业振兴，以带贫益贫产业园区为引领，加快推进现代农业发展，不断夯实扶贫产业基础。一是大力发展富民乡村产业，培育主导产业，做大做强优势产业，农业的产业结构要从种养业转到一二三产业融合发展，二、三产业要与工业化和城镇化结合起来，以城镇化工业化引领产业发展，推进产业经济提档升级。二是对贫困户和小农户要从产业扶贫转向产业带贫，提高贫困户和小农户的收入，促进脱贫群众产业致富。

（三）确保脱贫人口稳岗就业

要全面落实就业创业扶贫政策，拓展多元就业体系，广泛开展技能培训，完成脱贫户劳动力5000人培训的目标任务。要加大劳务输出工作力度，紧密对接宜宾和佛山等地用工单位，为脱贫家庭劳动力“量身定做”就业工作岗位。要努力扩大就地就近就业渠道，通过就业扶贫基地、“扶贫车间”、开发扶贫公益性岗位和重大项目建设等方式确保有劳动力的脱贫家庭至少1人就地就近稳定就业，2021年前享受公益性岗位政策的脱贫户不脱岗。要继续加大财政对脱贫就业政策支持，及时兑付家政、电商和厨师等培训补贴，对在创业孵化基地创业的脱贫家庭劳动力提供创业贷款，促进多种渠道就业。

（四）强化易地搬迁后续扶持

脱贫攻坚任务重、时间紧，易地扶贫搬迁后续工作仍需继续强化。要围绕“搬得出、稳得住、逐步能致富”的目标，进一步理顺管理体制、完善服务体系、提高群众融入程度，切实做到“五有”（即：有组织、有制度、有服务、有氛围、有队伍），让搬迁农户与本地居民相互融合，形成和谐稳定的社会结构。要加强教育引导，推进移风易俗，实现到新地方住新房子、过新生活、树新风气。推进后续产业发展和“扶贫车间”建设，建立“园区＋企业＋专合社＋农户”的利益联结机制方式发展产业，增加群众经营性收入。要加大对迁出地的拆旧复垦和生态修复力度，盘活搬迁群众的宅基地、耕地、林草地，以地入股，规范化运作发展中药材、经济林等，增加群众资产性收入。

（五）加强资金资产项目管理

在脱贫攻坚期间，全县整合大量资金投入扶贫领域，形成了较大规模的扶贫资产，如基础设施、公共服务、产业发展（资产收益）以及易地扶贫搬迁类资产等，但是这些扶贫资产家底不清，大多产权、责任、利益不够明晰，管理和监督机制缺失，是当前扶贫资产管理存在的突出问题。要进一步完善扶贫资产核算、登记、运营、收益分配和处置等管理制度，尽快开展清资核产工作，明确扶贫资产的所有权和收益权，加强后续经营管理、维护和监督，切实保障集体和农民的合法权益，确保扶贫资金资产项目安全运行、保值增值。

（六）继续保持兜底民生底线

要落实社会保障政策，全面实现农村最低生活保障制度与扶贫开发政策有效衔接，对家庭人均可支配收入低于4000元的脱贫户、符合低保条件的做到低保政策全覆盖，符合五保条件的做到五保政策全覆盖。要落实养老保险政策，确保脱贫户养老保险全覆盖。要全面落实残疾人补助政策，继续开展残疾人居家灵活就业、种养殖技术培训、创业直补等工作。积极为残疾儿童提供康复救助，发放适配器具等。要加大临时救助、慈善救助等社会救助力度，提高社会保障水平。要将脱贫户中大病、慢性病和残疾人作为重点监测对象，完善医疗救助和大病保险制度，根据物价指数逐步提高医疗救助标准，确保收入稳定并能得到及时救助。

四、巩固拓展脱贫攻坚成果与乡村振兴战略有效衔接

（一）用抓脱贫攻坚的力度来抓乡村振兴

要借鉴脱贫攻坚成功经验，把脱贫攻坚的领导体系、责任体系“无缝对接”同步至乡村振兴，落实好习近平总书记脱贫攻坚“四个不摘”要求，压实“五级书记”抓乡村振兴责任制，实行“一把手”负总责，实现两者同频共振、双向发力，为实现乡村振兴提供坚强保证。一是“摘帽”不摘责任，保持力度不减。继续把脱贫攻坚放到重要位置来抓，扎实做好脱贫攻坚巩固提升工作，采取“排、访、评、录、测、补、销”七步法开展致贫返贫监测摸排和监测，对脱贫不稳定户和边缘易致贫户开展常态化“回头看、回头帮”，进一步对标补短，全力遏制因病、因学、因灾致贫返贫现象。二是“摘帽”不摘政策，保持政策不变。要注意稳定脱贫政策和乡村振兴政策的有序衔接，保持政策的延续性和稳定性，对于确需退出的政策和制度保证过渡的科学性和合理性。持续对标“两不愁三保障”，集中精力和资源扎实做好固强补弱各项工作，因户因人施策，全面提高住房、交通、教育、医疗保障质量。持续加大产业发展、劳务输出、就业创业等政策措施，实现稳定脱贫。三是“摘帽”不摘帮扶，保持责任不松。要保持“部、所、室”指挥体系，压实23个专规部门行业扶贫责任、县级单位包村帮扶责任、“五个一”帮扶责任，保持669名驻村工作队和3000余名帮扶责任人队伍稳定。紧紧抓住三级纪委定点帮扶、东西部扶贫协作、省直单位定点帮扶、宜宾翠屏对口帮扶等资源优势，在干部交流、产业发展、劳务输出、教育医疗帮扶等方面寻求帮助，坚持内引外培相结合，助力解决基层实际困难和问题。四是“摘帽”不摘监管，保持标准不降。要用最严格的制度监督脱贫效果，保持督查等监督管理不变。建立预警监测机制，扎实开展贫困户信息监测，做好建档立卡人口动态管理和信息更新。加大致贫返贫风险的防控力度，建立相应的保障机制、风险规避机制，适时组织对脱贫人口开展“回头看”。扎实开展责任落实、政策落实、工作落实等“三落实”监管工作，确保脱贫成果经得起历史检验。

（二）要围绕“五个振兴”实现乡村振兴

巩固脱贫攻坚成果，促进乡村产业振兴。一是把扶贫产业纳入乡村振兴发展规划，支持扶贫产业发展继续成为乡村振兴发展的主要驱动力。以省级有机示范县为抓手建基地、创品牌，优先发展“三带”经济，培育六大产业园区，加快推进14个县级园区、7个州级园区、2个省级园区建设、加大新型农业经营主体培育，奋力实现脐橙种植面积达到6万亩以上、莼菜种植面积达到3000亩、茶叶种植面积达到2万亩、中药材种植面积达到2万亩、山桐子种植面积达到5万亩，做大规模、做优品牌、做好销售，带动群众增收。二是继续培育和扶持带动农民就业的扶贫企业，加快推动农业产业园区和山葵深加工、竹笋加工等农特产品深加工和冷链物流等扶贫产业链延伸项目建设。鼓励电商平台入驻，助推农村电商发展，将乡村特色农产品和传统手工艺品等转化为市场商品，提高产品附加值。三是要坚持“全域旅游”，抓好以马湖为龙头的旅游开发，用好绿水青山和特色文化旅游资源，着力打造“观大坝游峡谷、住马湖唱民歌、祭孟获品三国、逛草原捡玛瑙、游森林看熊猫、钻溶洞寻宝藏”六大旅游产品，加快推进特色农业与工业、旅游业融合发展。

巩固脱贫攻坚成果，促进乡村生态振兴。要坚持扶贫开发与生态保护并重的策略，坚持走生态优先、绿色发展之路，在乡村地区形成生态发展与乡村振兴相融互促的良好态势。扎实推进蓝天、碧水、净土保卫战，抓好中央和省、州环保督察反馈问题整改，有力有序有效推进污染防治各项任务的完成。要全力狠抓生态保护，补齐生态环境短板，促进磷化工产业转型升级，加快建设绿色高效的智慧园区，积极培育清洁能源、新材料产业。要将生态文化旅游业作为引领乡村经济高质量发展的主导产业，大力发展有机绿色农特产业和生态旅游康养产业，搞好生态文旅融合，优化旅游产品和服务供给，结合二十亿级优质脐橙基地建设，发展观光农业、采摘体验旅游，增强乡村生态旅游核心竞争力，打造“川滇生态旅游目的地”，建设生态宜居新乡村。

巩固脱贫攻坚成果，促进乡村人才振兴。一是通过巩固脱贫攻坚成果，建立起“事业留人、情感留人”的干事创业环境。稳定现有的帮扶人才队伍，健全长期帮扶激励机制，将愿意在农村干事创业的帮扶人才留在农村，继续为乡村振兴贡献力量。二是继续推进家庭劳动力职业教育和各类技能培训，培育起具有雷波特色、适应雷波环境、有利雷波发展的高素质乡村振兴骨干力量。培养贫困村产业发展带头人，贫困人口掌握1 ~ 2门实用致富技能。要建立健全“因岗而引、人岗相适、务实管用”的农村人才引进机制，特别是要引导更多的返乡创业农民工和大学毕业生到农村创新创业，确保人才引得进、用得上、流得动、留得住。

巩固脱贫攻坚成果，促进乡村文化振兴。一是要坚持“富脑袋”和“富口袋”并重，加强扶贫同扶志扶智相结合，借助快手、抖音和微信等群众喜闻乐见的新型社交平台让身边人讲身边事，通过先进宣传、示范引领和正向激励弘扬苦干实干正能量，形成“勤者荣、懒者耻”的社会风气。二是要大力倡导社会主义核心价值观，深化农村精神文明建设，强化乡村治理，开展移风易俗，抵制歪风邪气，破除红白喜事大操大办、厚葬薄养、互相攀比等陈规陋习，严厉打击“黄赌毒”违法行为，营造和谐良好的文明乡风，打造一批移风易俗示范乡（镇）、村（社区）和家庭，实现乡村经济建设和文化建设的平衡发展。

巩固脱贫攻坚成果，促进乡村组织振兴。一是乡村基层组织是巩固脱贫攻坚成果和实施乡村振兴战略的直接领导力量和坚强堡垒。要结合村级建制调整和村“两委”换届工作，持续深入整顿软弱涣散基层党组织，推行村党组织书记、村委会主任“一肩挑”工作。要强化村务监督委员会作用，发挥四议两公开、村务联席会议等制度优势，健全党组织领导的村民自治机制，增强推动发展、维护稳定、服务群众的能力。二是要相互衔接好脱贫攻坚和乡村振兴“五级书记”一起抓的工作机制，继续健全驻村“第一书记”的选人机制和驻村制度，按照“轮换一人、补充一人、只增不减”的原则打造一支“不走的工作队”。

继往开来新征程　不忘初心续辉煌

四川省德昌县职业高级中学　许德权

2021年是中国共产党成立100周年，是“十四五”规划开局之年。以习近平同志为核心的党中央高度重视发展职业教育，在全国职业教育大会召开期间，习近平同志对职业教育工作作出了重要指示，为职业教育的发展指明了方向。学校认真学习贯彻全国、省、州职教工作会议精神，深刻把握新时代、新理念、新格局的深刻内涵，坚持党的领导，以省示范中职学校建设任务为抓手，提质培优、增质赋能，持续推进内涵建设、提升办学质量。在中央、省、州、县委、政府和各级教育主管部门的关心支持下，在中共德昌县委教育工委和德昌县教体科局的精心指导下，学校一手抓新冠肺炎疫情防控工作，一手抓教育教学工作，新冠肺炎疫情常态化防控取得重大胜利，教育教学工作取得丰硕成果。

近年来，学校坚持以“职教20条”为引领，以省示范中职学校建设任务为抓手，扎实落实各项建设任务，不断推进学校高质量发展。通过努力，学校在教育厅“双示范”中期评审中，2019年获得A等、2020年获得B+等，并于2021年12月顺利通过网评验收。2021年，学校先后荣获“2020年度凉山州中职招生宣传工作先进集体”“四川省脱贫攻坚先进集体”称号。学校已成为教育厅面向社会公开推荐的25所优质中职学校之一。

总结过去是为了开创更加美好的未来。回望2021年，我们不忘初心；展望2022，我们仍需砥砺奋进。

一、党建引领定方向，立心为民促发展

学校以党史学习教育主题活动和庆祝建党100周年为契机，扎实推进学校党建、业务“双融合、双促进”。一是扎实开展党史学习教育，“我为群众办实事”有实效。通过创新学习教育形式，固化工作机制，把握“五四”“七一”“十一”“一二·九”等重要时间节点，通过领导带头学、支部集中学、个人自觉学，多形式、多渠道、全方位抓实党史学习教育，充分发挥了支部战斗堡垒作用；与此同时，扎实做好全校教职工体检、未返校学生复学动员、高三学生升学就业、招生宣传、安全教育、“职业教育活动周”“送技下乡”“七一”走访慰问老党员困难党员、职称评审及内部进岗等多方面的服务事项，做到办好关键、办出实效、办到心坎，增强广大师生的获得感、幸福感。二是坚持党建统领，推动学校高质量发展。以主题活动为抓手，坚持做到集中政治学习全覆盖，持续推进“两学一做”学习教育活动、“不忘初心、牢记使命”主题教育活动常态化制度化，严格实施党建“月会”工程，严格落实“三会一课”，深入学习贯彻习近平新时代中国特色社会主义思想和中央、省、州、县重大决策部署。引导全体教职工不断增强“四个意识”，坚定“四个自信”，做到“两个维护”。推动党建工作与业务工作深度融合，切实将党建统领的效应体现到推动学校高质量发展中来。2021年，德昌职中在顺利通过省示范中职学校网络评审的同时，被凉山州教育和体育局等多部门推荐为四星级四川省“三名”工程项目建设单位。

二、作风建设重实干，主体责任重落实

学校积极探索落实党组织领导下的校长负责制，在落实主体责任的同时不断转变工作作风。一是持续发挥榜样带动作用。不断完善党员先锋示范长廊建设，深入开展“示范评选”活动，持续展示近年来荣获省级以上奖励或表扬的党员教师事迹，并新设年度师生荣誉展板，不断提升榜样效能。二是抓实廉政建设，持续打造风清气正的教育环境。坚持“月度提醒、季度研判、半年总结”下沉式狠抓廉政及作风建设，全面推行党务、校务、财务公开，严格执行民主集中制，坚持“三重一大”决策制度，将专业部长以上党员干部全部纳入重点人群管理，全面拒腐防变。三是成立以党总支书记、校长许德权为第一责任人的工作领导小组，全面落实主体责任。学校将意识形态工作与党风廉政暨师德师风建设工作相结合，通过正面宣传、引导、管控与常态化警示教育相结合，在提高主流意识形态在校园的传播力、引导力、影响力的同时，不折不扣地把意识形态和党风廉政工作的各项任务要求落到实处。四是抓实重点工作落实。认真落实县委第二巡察组反馈意见整改工作；建立健全网络意识形态工作领导体制和工作机制，对学校网站、“两微一端”实行登记备案管理，形成了网络意识形态管理新格局，作为全县第一家主动申报将所有教师纳入“学习强国”平台全覆盖管理的学校，利用平台促使习近平新时代中国特色社会主义思想进一步深入人心。

三、大浪淘沙显特色，示范引领重内涵

作为首批省级示范中职学校建设单位，2021年是学校省示范学校建设验收的收官之年，学校持续从促进产教深度融合、推动专业特色发展、坚持标准规范办学、打造特色师资队伍、全面推进信息化建设、建设现代职业学校六大方面发力，不断推进学校高质量发展。一是在深化“现代学徒制”双元育人、“技能小师傅”协同育人、“大师工作室”模范育人探索上加大力度，“产教融合、校企合作”深度不断提升，专业特色更加鲜明。二是加强校园数字化顶层设计，实现了基础数据互通互用，有效解决了“孤岛”问题，师生信息素养得到明显提升。在做到完善硬件设施的同时，提升“软件”的应用水平。集体备课、多媒体教学得到广泛推行，教学手段不断革新，教师合作开发资源成果丰硕，资源库建设及应用不断完善，实现了教学效率和教学效果“双提升”。三是依托校园信息化建设，进一步完善规范办学制度体系和监督机制，教学诊改得到持续深化。四是加强职业技能社会培训，开展“1+X”证书试点，拓宽培训鉴定范围，高质量完成年度既定培训目标，现代职校社会服务功能不断增强。

四、传授技艺先育心，立德树人重养成

学校以“修身、励志、笃学、力行”为校训，将“行为凝聚习惯，习惯塑造品德，品德成就人生，人生创造幸福”作为学校的主要育人导向，在润物无声中落实立德树人根本任务。在坚持开足开齐国家规定的各类课程课时、向课堂教学要质量的同时，一是通过每日社团活动、每周国旗下讲话、每月主题班会等丰富德育形式和载体，做到“天天有活动、周周有主旨、月月有主题、期期有主线”，育人于无声之间。二是坚持落实“四规范”（仪容仪表规范、教室规范、校园公区规范、寝室内务规范）考核。由政教处协同值周组负责天天检查、周周总结、月月评比，并将考核结果与班主任的津贴、年度考核、评优晋级挂钩，确保重点常规工作抓实落细。三是通过每天“三操”（早操、课间操、眼保健操）、每周“两站位”（周二、周四站位训练）、每年“两会”（5月专业部部际篮球运动会、11月学生冬季田径运动会）等举措坚持引导学生每天锻炼1小时，在确保学生体质健康测试全通过的同时全面助推“五育”并举。

五、因材施教育新人，多措并举强师资

学校坚持对接高校，依托企业构建“升学就业双通道”的办学模式，不断创新教学、培强师资，保证教育教学质量。一是坚持“专家治校、名师治教、对接高校、校企合作”，按照“每个专业外聘1~2名专家，对接1 ~ 2所高校，依托1 ~ 2个大型企业”的专业建设思路，搭建升学就业双通道。教学中，尊重差异，分层教学，以促进就业为导向，立足学生终身发展，加强就业规划引导，让“职业无高下，品流有尊卑；勤劳一技在身，胜过家有万金”成为师生共识。2021年，学校职教高考再创佳绩，2018级高考单招考试上线767人，对口高职本科硬上线19人，加凉山照顾14人（电子2人、公服类2人、汽车类1人、数控3人、烹饪5人、旅游1人），小计考上本科33人；艺术类照顾上线7人，小计7人。全年合计考上本科40人、专科874人，上线率100%。就业班学生深受企业青睐，就业率达100%。二是学校坚持以赛促教，以赛促学，采用“大赛引领、理实一体、赛训结合”的教学模式，强化教学过程管理、教学科研、结果的考核与运用。2021年，学校15名师生参加全省中职学生技能大赛，6人获得二等奖，5人获得三等奖，获奖比例达73.3%，超设奖比例13.3个百分点；烹饪专业18名教师参加2021年凉山地方特色食材开发利用评选，获得一等奖5个、二等奖3个、三等奖9个、优胜奖1个，获奖率100%；60名学生参加第九届全州中职学生技能大赛，13人获得一等奖，20人获得二等奖，22人获得三等奖，获奖率91.7%，连续8年以总分第一获得团体一等奖。三是依托省示范校建设项目，全覆盖实施校本培训和校外轮训，在校内开展青蓝结对、技能比武、优质课竞赛的同时，组织专任教师参加各级各类规范培训。组织教师参加各级说课比赛、技能大赛、论文评选，鼓励师生参加科技创新大赛、技能大赛、艺术展演及各类征文比赛等，开创出"精益求精，你追我赶，技能为先，不甘人后"的良好局面。2021年，学校教师在各级各类教学(班主任)能力比赛中取得优异成绩，在中职学校教师教学能力比赛中，获得县级一等奖团队3个、二等奖团队5个、三等奖团队6个，州级一等奖团队5个、二等奖团队7个，省级二等奖团队1个、三等奖团队1个；在中职学校班主任能力比赛中，获得州级一等奖2人、省级三等奖2人。

六、凝心聚力重落实，资助育人固成果

自脱贫攻坚行动开展以来，学校积极发挥职业教育服务地方经济建设的显著优势，扎实开展各项帮扶工作，有力助推了德昌县全域全面脱贫奔康。但脱贫不是终点，为更好地巩固来之不易的脱贫攻坚成果，学校紧盯重点工作不放，确保巩固脱贫攻坚成果。一是坚持精准助学带动致富。为贯彻国家提出的精准识别和精准资助的工作要求，帮助脱贫后还相对困难的学生顺利完成学业，学校持续坚持精准识别、分档发放国家中职助学金，严格按照资助标准，根据学生家庭经济实际状况实行分档制，并坚持将"特别困难档"优先向建档立卡和低保户倾斜。同时，坚持"公平、公正、公开"原则，建立健全学生资助工作机制，积极创新工作方式，整合各类资助资源，不浪费一分钱，确保每个家庭经济困难学生都平等地享受到国家的惠民政策，不因贫困而辍学。二是持续拓宽升学就业双通道。继续秉持"培养人才，服务地方"和"品德素质有提高、专业技能有特长、就业创业有优势、职业发展有潜力"的育人理念，注重以岗导学、工学结合，强化学生素质教育、强抓学生专业技能。在与高校联合办学抓好中高职衔接的同时，努力抓好对口高考教育，不断提升本科升学率；此外，依托省示范学校建设，对就业学生采取"订单式培养、菜单式教学"，不断提升学生就业质量，通过优秀毕业生服务地方，持续巩固脱贫攻坚成果，努力做到"职教一人，就业一个，致富一家"。

七、服务地方献力量，振兴乡村促发展

2021年是全面实施"乡村振兴"战略的起步之年，为实现巩固拓展脱贫攻坚成果同乡村振兴有效衔接，学校积极响应国家号召，结合专业特点，紧紧围绕乡村振兴战略实施，积极开展社会服务，努力实现学校专业对接地方产业，助推地方经济繁荣。一是发挥烹饪、旅游专业优势助力乡村旅游。德昌县获评"中国天然氧吧"称号后，吸引了大批游客进昌旅游，学校持续组织餐旅学生服务"端午坝坝宴""角半樱桃节"和"桑葚节DIY大赛"等，在培养小导游、小厨师的同时利用师资设备优势，帮助餐饮经营户、农家乐、民宿村和度假酒店开展菜品开发和提升管理服务质量，深入服务德昌旅游业，推动乡村旅游和文化产业繁荣发展。二是利用计算机、电子商务专业优势助力农村电商。德昌气候宜人、物产丰富，学校持续与德昌县电商联盟紧密合作，培养大批优秀学生进入农村电商行业，指导帮助农户通过各大网络平台销售德昌特色蔬菜和水果，促进了德昌特色产业的发展和农民增收，助推了德昌乡村全面振兴。三是发挥数控技术应用专业优势助力农业自动化。德昌物产丰富但人口较少，特别是青壮年劳动力缺乏，学校持续发挥四川农业大学农村产业发展研究院攀西分院的优势，结合数控专业特点，积极开展新型农机、农具产品研发，同时加强农村急需紧缺职业技能社会培训，对企业职工、退役军人、贫困村致富带头人、移民、贫困人员等进行技术培训，将"教会一门技术，富裕一个家庭，带动一方经济"落在实处，为德昌乡村振兴贡献出了应尽的力量。

八、展望未来强信念，不忘初心续辉煌

2022年下半年将迎来党的"二十大"。为了以优异的成绩迎接党的"二十大"胜利召开，全体德昌职中人将不忘教育初心、牢记育人使命，坚定信念、砥砺奋进。一是要巩固党史学习教育成果，持续推动党史学习教育常态化制度，坚持党建统领学校发展，不断推进党建与业务深度融合，切实把牢社会主义办学方向。二是要巩固好省级示范校建设成果，抓好建设经验的固化总结和成果的示范推广，并在此基础上重点抓好"三名工程"项目建设，扎实完成好第一年度建设任务，深入推进虚拟仿真实训项目，不断深化提质培优。三是要抓好四川省民族团结进步示范校项目建设，确保通过项目验收，扎实推动德昌县创建成为四川省民族团结进步示范县，并全力抓好全国文明校园的申报和创建工作。四是要以"三名工程"创建为契机，实质性推进产教融合、校企合作，力争在生产性实训基地建设和现代学徒制探索上取得新的突破。五是要持续抓好新冠疫情常态化防控和森林草原防灭火宣传教育，巩固学校师生"零感染"的防控成果，守牢森林草原防灭火"两条底线"。

回望2021年，已成为历史；展望2022年，我们还需砥砺前行。德昌职中将继续在各级党委、政府的领导下，在各级教育主管部门的关心爱护下，继续发扬"三牛"精神，以虎虎生威的雄风、生龙活虎的干劲、龙腾虎跃的斗志不断提升内涵、开拓创新，不忘初心、再续辉煌！

脱贫攻坚我们在行动

金阳县马依足乡中心校党支部书记、校长　白学军

在脱贫攻坚帮扶工作中，我们可以清楚地认识到，扶贫工作就是一项解决民生实际问题、一项功在当前、利在千秋的事业，是联系群众最直接最根本的途径。开展扶贫工作，实现贫困地区、贫困户脱贫奔小康，离不开党的关心与支持，更离不开地方自身凝心聚力，不懈奋斗。做好扶贫工作，最需要走群众路线，最应持之以恒，践行一切为了群众、一切依靠群众，从群众中来、到群众中去的群众路线。作为一名

基层的小学校长如何做到更好，笔者认为应做好以下几个方面工作，

一、控辍保学讲实效

笔者根据上级文件精神，做好适龄流动人口子女、留守儿童、残疾儿童少年按时入学工作，及时了解掌握本校流动学生和留守儿童的去向，督促家长及时办理学生异动相关手续，全面加强学生学籍管理，确保义务教育阶段学校流动人口子女、留守儿童、残疾儿童少年全部按时返校。

一是落实制度确立，建立控辍专项领导小组，督促检查、指导控辍工作，把控辍工作纳入工作日程，认真抓好、抓实。实行“校级领导包校、主任包年级、班主任包班、科任教师包人”制度，形成领导把关、人人抓控辍的氛围。层层签订教师和家长“控辍保学”责任状，明确工作目标、具体要求。

二是加大控辍保学宣传力度，营造良好的控辍保学工作氛围，结合学校实际情况，通过校园电子屏幕、校园展板、公众号、微信群、《致家长一封信》等多种方式向老师、家长及学生进行控辍保学教育宣传，形成齐抓共管的良好工作格局。学校组织广大师生学习《义务教育法》《未成年人保护法》等法律法规和文件，对控辍保学工作提出以下几点要求：一要统一思想，提高政治站位，做到“三个到位”与“三个结合”；二要落实“四包”责任制，责任到人，确保控辍保学工作无一疏漏；三要做好教师家访活动，家访时向家长宣传控辍保学政策，及时关注孩子的生活和学习情况。

三是学校专门召开全校教师“控辍保学”班主任会。在会上和大家一起学习政策，重点关注，当场签订“控辍保学”责任状。

四是根据县委安排，校长带头执行“守卡点”任务，先后到金沙江大桥、通阳大桥“守卡点”，克服一切困难，实行24小时值班制度，把适龄儿童拦截在县内，积极对接相关乡(镇)，给有外出打工迹象的孩子做思想工作，苦口婆心动员适龄儿童完成学业。

控辍保学工作是教育教学工作中的重中之重，坚持面向全体学生，保障每个学生的受教育权是每个教师的最大期待。“控辍保学”工作任重而道远，学校将继续努力，始终保持零辍学率，争取每个孩子都能快快乐乐上学，享受教育的喜悦。

二、扎扎实实开展贫困户结对帮扶工作

为推进扶贫工作扎实、深入、有实效地开展，坚决贯彻上级决策部署，选派政治素质好、责任心强的教师深入脱贫攻坚一线，扎实开展入户帮扶活动。

帮扶分队通过入户走访，对帮扶户的户情、经济状况、发展愿望、存在困难、就医就学等问题进行了深入了解和交流，每到一户，帮扶干部均大力宣传党和政府的惠民政策，通过拉家常等强化与贫困群众的感情交流，真正想群众所想、急群众所急，能立刻解决的，哪怕是清理炉灶、清扫卫生这样的小事也绝不嫌琐碎；需要多部门协作解决的急难问题，积极协调相关部门单位合力帮扶。帮扶教师们用心用情用智用力帮助贫困群众补短板、强弱项，使群众真切感受到党和政府的温暖关怀，由衷盛赞党的政策好。

“扶贫先扶志，治贫先治愚”。帮扶分队将继续发挥好扶贫干部的骨干作用，紧盯“智志”双扶扶贫工作法，大力开展感恩励志教育，教育引导群众感恩奋进，打造整洁人居环境，营造良好社会风气，有效激发群众脱贫内生动力，确保如期打赢脱贫攻坚战。

三、开展“千师进万户”活动

全校老师深入学习“千师进万户”活动精神，根据学校的家访实施方案，有计划、有步骤、分阶段地开展家访工作，学校跟进督导，切实落实家访了解情况、培育情感、宣传政策、协商对策、携手共育的精神，收到良好的教育效果和社会效果。在具体的工作中，老师采用实地家访和电话或微信家访相结合的方式精心准备家访内容，做到“五心”和“四记”；家访后认真整理资料，确定回访和个案跟踪对象；做到“六回访”，让“特别的爱给特别的你”。每位老师谨遵学校要求，严守“六不准”规定，树立老师良好形象。

四、“中国好教师公益行动计划”送教下乡成果喜人

“送教下乡”充分发挥骨干教师、学科带头人的专业引领作用，近几年来学校共派出多位优秀骨干教师，以《小学语文核心素养与阅读》《如何在课堂教学中发展学生思维》《提升乡村小学教学质量》《在学科教学中发展学生的核心素养》《重视德育体验涵养行为习惯》等为主题，为全县兄弟学校送去优质的语文课、数学课和美术欣赏课共20节。课上教师精彩示范引领，课后和听课教师交流互动，并对与会教师困惑的问题做具体的指导、细致的解答。通过示范课、专题讲座、资源共享等形式，开阔了送教学校教师的视野，带来了新的教学理念、教学模式和科学的教学方法，提升了教师素质，提高了教育教学质量，而学校老师在送课过程中磨炼了自己的机会，积累了教学经验，有利于自身专业化的成长。老师们在研究与交流中共同提升了教研水平，促进了学校间文化相互交流、相互学习和共同进步。

加强对帮扶学校的支持和帮助，继续跟进“送教下乡”活动，把活动常态化，把效果落到实处，发挥名师辐射、示范、带动作用，努力提升工作室成员及帮扶学校对教学工作的管理、策划、实施能力。搭建城乡教育联系的桥梁，实现城乡教育资源互补，增进城乡教师的相互学习，以促进教育高效、公平发展。

“宝剑锋出磨砺出，梅花香自苦寒来”，近年来，学校的教育脱贫工作成效明显、成果丰硕，教育惠民政策实现了全覆盖，守住了控辍保学底线，学校质量也获得了较大提升，各项工作在全县走到了前列，多次受到上级表扬。

扶贫工作任重道远，完成扶贫任务使命光荣。在脱贫攻坚的路上，笔者正一步一个脚印，努力诠释着一个优秀校长的职责所在、情感所系和组织所托，用实际行动不断展示着一名党员“不忘初心、牢记使命”的神圣职责……

附　　录

新任（变动）省级领导

黄强，男，汉族，1963年4月生，浙江东阳人，1985年6月加入中国共产党，1983年7月参加工作，西北工业大学管理科学与工程专业毕业，研究生学历，工学博士学位，研究员级高级工程师。1979年9月—1983年7月，在西北工业大学航空自动控制系航空电气工程专业学习。1983年7月—1987年9月，为航空工业部第603所十四室设计员。1987年9月—1990年3月，在西北工业大学航空自动控制系航空电气工程专业学习，获得工学硕士学位。1990年3月—1992年12月，任航空航天部西安飞机工业公司工程发展部特设系统设计室工程师、副组长、副主任。1992年12月—1994年10月，任航空航天部、航空工业总公司第603所特设系统设计室主任（期间1994年3月—1994年8月，在中国航空技术进出口深圳公司挂职锻炼）。1994年10月—2000年4月，任中国航空工业总公司第603所所长助理、副所长兼科技实业总公司总经理、常务副所长（期间1998年2月—1998年6月在西安外语学院英语培训班学习；1999年3月—1999年7月，在中央党校地厅级干部进修班学习。2000年4月—2003年4月，任中国航空工业第一集团公司第603所所长。2003年4月—2003年6月，任中国航空工业第一集团公司第一飞机设计研究院筹备组组长。2003年6月—2005年6月，任中国航空工业第一集团公司第一飞机设计研究院院长、党委副书记兼上海飞机设计研究所所长。2005年6月—2006年1月，任中国航空工业第一集团公司第一飞机设计研究院院长、党委书记兼上海飞机设计研究所所长、党委书记。2006年1月—2008年6月，任国防科工委秘书长（期间2003年9月—2006年6月在西北工业大学管理学院管理科学与工程专业在职研究生学习，获得工学博士学位；2007年3月—2008年1月在中央党校一年制中青年干部培训班学习）。2008年6月—2014年1月，任国家国防科技工业局副局长、党组成员。2014年1月—2017年3月，任甘肃省副省长、省政府党组成员。2017年3月—2018年5月，任甘肃省委常委，常务副省长、省政府党组副书记。2018年5月—2018年6月，任河南省委常委。2018年6月—2020年11月，任河南省委常委，常务副省长、省政府党组副书记 。2020年11月—2020年12月，任四川省委副书记。2020年12月—2021年2月，任四川省委副书记，省政府副省长、代理省长、党组书记 。

尹力，男，汉族，1962年8月生，山东临邑人（山东济南出生），1983年6月加入中国共产党，1987年9月参加工作，研究生学历，医学博士。1980年9月—1986年7月在山东医科大学医学系医学专业学习。1986年7月—1988年11月，攻读山东医科大学卫生系社会医学与卫生事业管理专业硕士研究生，期间1987年9月—1988年6月，在上海外国语学院出国留学预备人员培训部培训。1988年11月—1993年11月，攻读俄罗斯医学科学院社会卫生、经济与卫生事业管理研究所卫生经济与卫生事业管理专业博士研究生。1993年11月—1994年11月，任国务院研究室教科文卫司干部。1994年11月—1997年4月，任国务院研究室教科文卫司副处长。1997年4月—1999年12月，任国务院研究室社会发展研究司处长。1999年12月—2003年5月，任国务院研究室社会发展研究司助理巡视员、巡视员，期间2001年3月—2001年6月在中央党校中央国家机关分校学习；2002年8月—2003年4月任美国哈佛大学访问学者。2003年5月—2003年10月，任卫生部办公厅副主任（正司级）。2003年10月—2006年7月，任卫生部国际合作司司长，期间2004年1月—2005年5月任世界卫生组织执委，并当选执委会副主席；2005年3月—2006年1月在中央党校一年制中青年干部培训班学习。2006年7月—2008年9月，任卫生部办公厅主任。2008年9月—2012年2月，任卫生部副部长、党组成员，期间2009年7月—2011年8月任中央社会治安综合治理委员会委员。2012年2月—2013年4月，任卫生部副部长、党组成员，国家食品药品监督管理局局长、党组书记。2013年4月—2015年3月，任国家食品药品监督管理总局副局长、党组副书记，国家卫生和计划生育委员会副主任。2015年3月—2015年4月，任四川省委副书记。2015年4月—2016年1月，任四川省委副书记、宣传部部长，期间2012年4月—2015年8月任中央保健委员会委员。2016年1月—2016年2月，任四川省委副书记、省长。2016年2月—2020年11月，任四川省委副书记、省长、省政府党组书记。

表　彰

2020年农业农村部畜禽养殖标准化示范场名单（四川省部分）

纳溪温氏畜牧有限公司、绵竹德康生猪养殖有限公司、凉山州御咖牧业科技有限公司、四川省鑫又新禽业有限公司、四川康宁农业有限公司、自贡市立华牧业有限公司、现代牧业洪雅有限公司、宣汉锦宏蜀宣牧业有限公司、青川福态牧业有限公司、乐山市仟和牧业有限公司、芦山金驰阳农牧有限公司、资阳正源农牧有限责任公司、蓬溪绿科农牧有限公司

2020年国家现代农业产业园创建名单

四川省资中县现代农业产业园

四川省南江县现代农业产业园

全国农村承包地确权登记颁证工作先进集体和先进个人名单（四川省部分）

先进集体：青神县农业农村局、自贡市农业农村局、四川省农村经营管理总站

先进个人：陈杰（绵阳市农业农村局）、张远湘（宜宾市长宁县农业农村局）、刘敏（广安市武胜县农村合作经济经营管理站）、郑富亮（内江市隆昌市农村经济发展指导中心）、杜勇（南充市农村合作经济经营管理站）、胡仁萍（凉山州木里藏族自治县农业农村局）、陈芳（雅安市石棉县农业农村局）

国家级旅游度假区名单（四川省部分）

峨眉山市峨秀湖旅游度假区

2020年中国“美丽休闲乡村”名单（四川省部分）

广安市岳池县白庙镇郑家村

宜宾市长宁县竹海镇永江村

绵阳市江油市新安镇黑滩村

巴中市南江县赤溪镇西厢村

成都市大邑县董场镇祥和村

乐山市犍为县罗城镇菜佳村

广元市朝天区两河口镇老林村

雅安市名山区中峰镇海棠村

达州市宣汉县三墩土家族乡大窝村

攀枝花市东区银江镇阿署达村

阿坝州汶川县漩口镇赵公村

德阳市绵竹市九龙镇新龙村

2020年第二批全国乡村旅游重点村名单（四川省部分）

成都市崇州市白头镇五星村

阿坝藏族羌族自治州黑水县沙石多乡羊茸村

泸州市纳溪区大渡口镇凤凰湖村

广元市利州区白朝乡月坝村

成都市龙泉驿区山泉镇桃源村

阿坝藏族羌族自治州理县桃坪镇桃坪村

成都市彭州市桂花镇蟠龙村

攀枝花市米易县新山傈僳族乡新山村

凉山彝族自治州德昌县德州镇角半村

甘孜藏族自治州丹巴县墨尔多山镇基卡依村

资阳市乐至县劳动镇旧居村

广安市武胜县飞龙镇高洞村

广元市青川县青溪镇阴平村

宜宾市筠连县腾达镇春风村

广安市广安区协兴镇牌坊社区

成都市都江堰市龙池镇飞虹社区

绵阳市涪城区杨家镇杨家社区

南充市蓬安县相如街道油房沟社区

遂宁市大英县卓筒井镇为干屏村

乐山市峨眉山市胜利街道月南村

德阳市绵竹市九龙镇新龙村

广元市青川县乔庄镇张家村

成都市都江堰市青城山镇泰安社区

2020年国家湿地公园名单(四川省部分)

四川平昌驷马河国家湿地公园
四川纳溪凤凰湖国家湿地公园
四川绵阳三江湖国家湿地公园
四川阿坝多美林卡国家湿地公园
四川遂宁观音湖国家湿地公园

2020年第二批国家全域旅游示范区名单(四川省部分)

德阳市绵竹市
成都市崇州市
成都市锦江区
乐山市市中区
阿坝藏族羌族自治州九寨沟县

2020年第四批中国特色农产品优势区名单(四川省部分)

威远县无花果中国特色农产品优势区
绵阳市三台县涪城麦冬中国特色农产品优势区
雅安市名山区蒙顶山茶中国特色农产品优势区
会理县石榴中国特色农产品优势区
渠县黄花中国特色农产品优势区

2020年农业产业化国家重点龙头企业递补名单(四川省部分)

宜宾五粮液股份有限公司
黄老五食品股份有限公司

2020年第四批国家生态文明建设示范市(县)名单(四川省部分)

成都市邛崃市、绵阳市盐亭县、乐山市峨眉山市、南充市仪陇县、阿坝藏族羌族自治州九寨沟县

2020年度四川省乡村振兴先进县(市、区)、先进乡镇、示范村名单

一、先进县(市、区)

崇州市　德阳市罗江区
武胜县　彭州市　青神县
绵阳市游仙区　南部县　射洪市
雅安市名山区　隆昌市

二、先进乡镇(50个)

(一)成都市
龙泉驿区洪安镇　新都区清流镇　双流区黄水镇
(二)自贡市
大安区何市镇　荣县双石镇
(三)攀枝花市
米易县撒莲镇
(四)泸州市
纳溪区大渡口镇　合江县荔江镇　古蔺县大寨苗族乡
(五)德阳市
绵竹市九龙镇
(六)绵阳市
涪城区杨家镇　江油市新安镇　梓潼县许州镇
(七)广元市
利州区龙潭乡　昭化区昭化镇　朝天区曾家镇
青川县乔庄镇
(八)遂宁市
蓬溪县任隆镇
(九)内江市
威远县向义镇
(十)乐山市
市中区悦来镇　峨眉山市符溪镇
夹江县新场镇
(十一)南充市
高坪区江陵镇　西充县古楼镇　仪陇县铜鼓乡
(十二)宜宾市
翠屏区金秋湖镇　叙州区樟海镇　长宁县竹海镇
(十三)广安市
前锋区代市镇　邻水县柑子镇
(十四)达州市
通川区青宁镇　宣汉县渡口土家族乡
大竹县乌木镇　渠县中滩镇
(十五)巴中市
平昌县土兴镇　通江县民胜镇　南江县长赤镇
(十六)雅安市
汉源县九襄镇
(十七)眉山市
彭山区黄丰镇　仁寿县文宫镇
(十八)资阳市
雁江区丰裕镇　安岳县龙台镇　乐至县劳动镇
(十九)阿坝州
松潘县川主寺镇　九寨沟县漳扎镇
(二十)甘孜州
泸定县磨西镇　乡城县青德镇
(二十一)凉山州
西昌市海南街道　会东县姜州镇　冕宁县复兴镇

三、示范村(500个)

(一)成都市

龙泉驿区:洛带镇宝胜村、柏合街道长松村、同安街道阳光村

青白江区:福洪镇三元村、弥牟镇白马村

新都区:桂湖街道新桥村、斑竹园街道双龙村

温江区:和盛镇陈家渡村、寿安镇新长青村

双流区:黄龙溪镇川江村、彭镇临江村、太平街道南天寺村、煎茶街道老龙村

郫都区:红光街道白云村、友爱镇农科村

新津区:兴义镇张河村、安西镇月花村、永商镇金龙村

都江堰市:天马镇金胜村、石羊镇七里村

彭州市:桂花镇蟠龙村、龙门山镇渔江楠村

邛崃市:高埂街道火星村、文君街道文笔山村、临邛街道马桥村

崇州市:白头镇大雨村、文井江镇大坪村

简阳市:平武镇尢安村、平泉街道太阳村、三星镇共和村、草池街道勤耕村、石板凳街道菜子村

金堂县:淮口街道龚家村、官仓街道玉皇山村

大邑县:王泗镇庙湾村、王泗镇七一村、安仁镇蒲墩村

蒲江县:成佳镇麟凤村、西来镇两河村、大兴镇水口村

(二)自贡市

自流井区:荣边镇尖山村、仲权镇竹元村

贡井区:成佳镇吴家祠村

大安区:何市镇黄桷村、何市镇瓦高村

沿滩区:永安镇云龙村、黄市镇群英村、九洪乡莲花村

荣县:双石镇蔡家堰村、双石镇大竹林村、鼎新镇西堰村

富顺县:代寺镇李子村、邓井关街道新湾村、李桥镇五条沟村

(三)攀枝花市

仁和区:大田镇榴园村、中坝乡团山村、平地镇白拉古村

米易县:攀莲镇贤家村、丙谷镇雷窝村

盐边县:桐子林镇金河村、红格镇联合村

(四)泸州市

江阳区:分水岭镇大南山村、通滩镇凤龙村、丹林镇梨花村

龙马潭区:特兴街道桐兴村、双加镇大冲头村

纳溪区:丰乐镇马村村、护国镇藕花村

泸县:得胜镇接官坝村、石桥镇洪安桥村、立石镇玉龙村、方洞镇薛湾村

合江县:尧坝镇白村村、白米镇斗笠村、真龙镇集中村

叙永县:叙永镇红岩村、向林镇棉竹村

古蔺县:金兰街道农场村、彰德街道小水村

(五)德阳市

旌阳区:孝泉镇涌泉村、德新镇五星村、天元街道扬嘉村

罗江区:金山镇二龙村、新盛镇老君村

广汉市:高坪镇李堰村、连山镇沙田村、金鱼镇上岑村

什邡市:湔氐镇龙泉村、蓥华镇石门村

绵竹市:九龙镇清泉村、广济镇云盖村、剑南街道五星村

中江县:会龙镇青杠村、辑庆镇尖寨村、通济镇茗坡村

(六)绵阳市

涪城区:杨家镇鲜家坝村、杨家镇回龙寺村、杨家镇罗汉寺村、新皂镇莲花池村

游仙区:新桥镇新民村、新桥镇柏龙村、仙鹤镇云水村

安州区:河清镇同盛村、桑枣镇齐心村、秀水镇龙泉村

江油市:青莲镇中河村、二郎庙镇青林村、双河镇牛踩石村、战旗镇白沙村

梓潼县:长卿镇中心村、石牛镇雁门村、宏仁镇金宝村、黎雅镇西安村

平武县:龙安镇义佛山村、平通羌族乡桅杆村、响岩镇清水村

北川县:擂鼓镇盖头村、桂溪镇宝城村、曲山镇玉皇山村、禹里镇望江村

三台县:紫河镇红花园村、永明镇永和村、景福镇宋观庙村、新鲁镇农纲村、立新镇高棚村、石安镇清泉村

盐亭县:黄甸镇三学村、九龙镇青松村、大兴回族乡青峰村、玉龙镇照红村

(七)广元市

利州区:三堆镇井田村、大石镇青岭村、宝轮镇范家村、嘉陵街道小岩村

昭化区:昭化镇朝阳村、射箭镇五房村、元坝镇紫云村

朝天区:沙河镇白虎村、中子镇黎明村、两河口镇老林村、朝天镇朱家村

剑阁县:汉阳镇云丰村、下寺镇中心村、下寺镇二龙村、普安镇民主村、普安镇水池村

旺苍县:木门镇三合村、东河镇南凤村、东河镇四新村、高阳镇鹿渡村、嘉川镇五红村

青川县:沙州镇幸福村、木鱼镇红旗社区、竹园镇银沙社区

苍溪县:岳东镇青龙村、歧坪镇旭光村、五龙镇玉龙村、白鹤乡古泉村、亭子镇佛山社区

(八)遂宁市

船山区:唐家乡东山村、桂花镇响堂村、河沙镇凤凰村

安居区:保石镇清泉村、玉丰镇金鸡村、磨溪镇向阳村、东禅镇马家桥村、横山镇石山村、常理镇海龙村、聚贤镇石板凳村

蓬溪县:文井镇白鹤林村、鸣凤镇七星村、群利镇九龙坡村、明月镇回水社区、红江镇红江村、蓬南镇常丰村

大英县:隆盛镇双龙桥村、隆盛镇百盛村、隆盛镇土门垭村、蓬莱镇吊脚楼村、蓬莱镇桅杆坝村

(九)内江市

市中区:全安镇洪坝村、龙门镇龙门村、凌家镇酒房沟村

东兴区:田家镇云台村、椑木镇红林村、高梁镇慈花村、富溪镇罗井村

隆昌市:界市镇桂花村、云顶镇云峰村、胡家镇黄金村、古湖街道巨星村、石燕桥镇净土村

资中县:银山镇金紫铺村、银山镇观音寺村、鱼溪镇双联村、陈家镇新店子村、明心寺镇宜古寺村、双河镇水口庙村、双龙镇三柏村

威远县:界牌镇南强村、新店镇石坪村、镇西镇桃李村、东联镇天宝沟村

(十)乐山市

市中区:悦来镇荔枝弯村、白马镇流村村、平兴镇三圣村

五通桥区:竹根镇龙门村

沙湾区:葫芦镇祝村、踏水镇柏林村

金口河区:永和镇胜利村

峨眉山市:桂花桥镇庙稿村、桂花桥镇红山村、龙门乡山河村

犍为县:舞雩镇银桥村、舞雩镇平安村、清溪镇灌引村

井研县:集益镇界牌村、周坡镇周坡村、研城街道新兴村

夹江县:漹城街道云吟村、黄土镇茶坊村、马村镇石堰村

沐川县:富新镇太和村峨边县:毛坪镇云心村、五渡镇铜河村

马边县:荍坝镇茶叶村

(十一)南充市

顺庆区:渔溪镇渔溪桥村、新复乡七坪寨村

高坪区:走马镇金凤山村、江陵镇三房沟村、阙家镇火烽村

嘉陵区:一立镇蒲马院村、李渡镇阁老村、世阳镇杨家寺村

阆中市:老观镇岳林垭村、天宫镇宝珠村、飞凤镇飞凤村、洪山镇金山观村

南部县:东坝镇银家湾村、宏观乡金猴村、万年镇子龙村、升钟镇回龙场村、大王镇羊角山村

西充县:青狮镇老家湾村、鸣龙镇凉快垭村、晋城街道板凳垭村、莲池镇灵宝宫村

营山县:东升镇朝阳村、新店镇梓坝村、青山镇开源村、老林镇麻柳村、望龙湖镇罐坪村

仪陇县:马鞍镇琳琅村、双胜镇永久村、赛金镇芝兰坝村、日兴镇白塔九湾村、铜鼓乡龙家店村、福临乡建华村、三蛟镇宝山村

蓬安县:杨家镇伏岭村、兴旺镇三青沟村、新园乡油坊坝村、河舒镇河西社区

(十二)宜宾市

翠屏区:金秋湖镇云辰村、金秋湖镇茶乡村、金坪镇罗家村、李庄镇安石村

南溪区:刘家镇石塔村、长兴镇水口村、江南镇新塔村、大观镇飞马村

叙州区:柏溪街道少峨村、柏溪街道喜龙村、南广镇七星村、安边镇黄江林村、高场镇清华村

江安县:下长镇复兴村、下长镇民主村、四面山镇普照村、夕佳山镇五里村

长宁县:古河镇幸福村、双河镇葡萄井村、竹海镇楠木村、长宁镇佛梨村

高县:胜天镇安和村、庆岭镇桥坎村

筠连县:筠连镇丰收村、蒿坝镇高桥村

珙县:巡场镇三合村、孝儿镇宝山村

兴文县:仙峰苗族乡群鱼村、共乐镇毛村

屏山县:锦屏镇万涡村、书楼镇高田村

(十三)广安市

广安区:大龙镇光明村、大龙镇战斗村、大安镇夏家村、大安镇小岩村、大安镇回龙村

前锋区:观塘镇八里村、代市镇帽合村、虎城镇水口村、代市镇长五村

华蓥市:华龙街道柏木山村、天池镇仁和村、永兴镇大佛山村、永兴镇马架坪村

岳池县:石垭镇张口楼村、顾县镇羊山湖村、顾县镇高桥村、白庙镇郑家村、白庙镇瞿家店村、苟角镇曾拱桥村

武胜县:猛山乡万民村、三溪镇观音桥村

邻水县:观音桥镇大安寨村、柑子镇菜垭村、柑子镇梳子村、丰禾镇鱼鳞滩村、袁市镇大光明社区

(十四)达州市

通川区:青宁镇化马村、蒲家镇八口村、磐石镇场坝村、碑庙镇陡坑村、罗江镇金凤村

达川区:百节镇肖家村、安仁乡米坊村、万家镇五洞村、赵家镇桂花村

万源市:旧院镇龙潭河村、太平镇快活坪村、石塘镇瓦子坪村

宣汉县:渡口土家族乡桃溪村、三墩土家族乡大窝村、胡家镇鸭池村、漆树乡朝阳村

开江县:普安镇宝塔坝社区、甘棠镇转洞桥村、回龙镇高板桥村、永兴镇龙形山村

大竹县:月华镇九银村、杨家镇天宝社区、乌木镇广子村、清水镇驷马村、团坝镇农华村

渠县:中滩镇天山村、渠南街道大山社区、新市镇五通村、李馥镇高硐村、三板镇大雾村、李渡镇新和社区

(十五)巴中市

巴州区:三江镇民主村、鼎山镇康民村、平梁镇相坪村、大和乡界牌村、清江镇蔡家湾村、玉堂街道苏山村、兴文街道红花村

恩阳区:柳林镇罐子沟村、上八庙镇来凤村、兴隆镇北斗村、司城街道花包村、登科街道狮子山村

平昌县:土兴镇华山村、邱家镇嘶峰村、板庙镇枫香村、灵山镇巴灵台社区、粉壁镇火花社区

通江县:三溪镇桅杆坪村、空山镇中坝村、兴隆镇翰林村、板桥口镇白果坝村

南江县:八庙镇明阳村、光雾山镇铁炉坝村、长赤镇玉白村、红光镇柏山村、公山镇金碑村

(十六)雅安市

雨城区:草坝镇顶峰村、上里镇五家村

名山区:中峰镇海棠村、红星镇骑龙村

荥经县:龙苍沟镇发展村

汉源县:清溪镇同心村

石棉县:王岗坪彝族藏族乡挖角村

天全县:仁义镇红军村、喇叭河镇紫石关村

芦山县:宝盛乡中坝村、飞仙关镇凤禾村

宝兴县:五龙乡东风村、硗碛藏族乡咎落村

(十七)眉山市

东坡区:三苏镇望苏村、三苏镇鸭池村、崇礼镇大定桥村、多悦镇林埂村

彭山区:黄丰镇团结村、谢家街道悦园村

仁寿县:曹家镇东联村、汪洋镇上游村、文宫镇桂湾村、高家镇鹰头村

洪雅县:瓦屋山镇复兴村、中山镇前锋村

丹棱县:顺龙乡幸福村、张场镇万年村

青神县:白果乡甘家沟村

(十八)资阳市

雁江区:丰裕镇七星村、丰裕镇半月村、保和镇黄谷村、临江镇仁里村、丹山镇袁桥村、丹山镇堰塘村

安岳县:兴隆镇金龙村、长河源镇金堂村、石羊镇龙柳村、镇子镇狮子坝村、姚市镇天鹅村、乾龙镇真南村、龙台镇龙头村、朝阳镇莲洞村

乐至县：宝林镇双碑村、宝林镇白云村、龙门镇金鼓村、佛星镇吴氏祠村、回澜镇花祠堂村、回澜镇棉花沟村、高寺镇石堰村

（十九）阿坝州

马尔康市：松岗镇直波村

汶川县：漩口镇赵公村、三江镇乐活村、耿达镇幸福村

理县：古尔沟镇丘地村

茂县：叠溪镇杨柳村

松潘县：川主寺镇牧场村

九寨沟县：黑河镇七里村

金川县：勒乌镇角木牛村

小金县：沃日镇官寨村

黑水县：知木林镇维多村

壤塘县：宗科乡加斯满村

阿坝县：哇尔玛乡铁穷村

若尔盖县：铁布镇冻列村

红原县：安曲镇下哈拉玛村

（二十）甘孜州

康定市：鱼通镇舍联村、呷巴乡俄达门巴村、新都桥镇水桥村

泸定县：冷碛镇杵坭村、兴隆镇和平村、泸桥镇海子环环村、烹坝镇沙湾村

丹巴县：东谷镇科里村、半扇门镇喇嘛寺村

九龙县：汤古镇伍须村、魁多镇里伍村

道孚县：泰宁镇街村、葛卡乡龙普村

炉霍县：雅德乡交纳村

甘孜县：呷拉乡自贡村

德格县：打滚镇芒布村、错阿镇马达村

白玉县：章都乡戈德村

色达县：杨各乡上甲斗村

理塘县：濯桑乡汉戈村、甲洼镇俄丁村

巴塘县：甲英镇党巴村

乡城县：香巴拉镇色尔宫村、青德镇布机村

稻城县：巨龙乡然央村、赤土乡子定村

得荣县：太阳谷镇扎格村

（二十一）凉山州

西昌市：安哈镇新营村、樟木箐镇丘陵村、高草回族乡羊角坝村

会理市：城北街道三元村、鹿厂镇铜矿村、云甸镇沙元村、彰冠镇大发村

木里县：列瓦镇羊棚子村

盐源县：树河镇大水田村

德昌县：麻栗镇民主村、金沙傈僳族乡观音堂村、永郎镇可郎村、巴洞镇宽裕村

会东县：铅锌镇油房村、姜州镇大屯村、鱼城街道杉松社区

宁南县：西瑶镇拉落村、宁远镇福泉村、宁远镇桃花村

普格县：特补乡甲甲沟村

布拖县：特木里镇特尔村

金阳县：天地坝镇务科村

昭觉县：三岔河乡三河村、解放乡火普村

喜德县：冕山镇民主村

冕宁县：石龙镇富强村、复兴镇春城村、惠安镇迫夫村

越西县：越城镇一棵树村

甘洛县：吉米镇以达村

美姑县：侯播乃拖镇依所解村

雷波县：黄琅镇大杉坪村

2020年度四川省农村改革工作先进县（市、区）名单

成都市青白江区、成都市新都区、自贡市大安区、自贡市沿滩区、攀枝花市仁和区、古蔺县、德阳市罗江区、三台县、苍溪县、遂宁市安居区、蓬溪县、内江市东兴区、井研县、南充市高坪区、宜宾市翠屏区、宜宾市南溪区、广安市广安区、达州市通川区、巴中市巴州区、芦山县、青神县、资阳市雁江区、九寨沟县、雅江县、会东县

2020年度全省农民增收工作先进县（市、区）名单

成都市龙泉驿区、成都市温江区、成都市双流区、自贡市沿滩区、荣县、盐边县、泸州市纳溪区、古蔺县、德阳市罗江区、什邡市、绵阳市涪城区、三台县、广元市利州区、苍溪县、射洪市、威远县、沐川县、南部县、西充县、宜宾市南溪区、江安县、广安市前锋区、武胜县、达州市达川区、大竹县、平昌县、雅安市雨城区、青神县、安岳县、汶川县、九寨沟县、康定市、丹巴县、木里县、盐源县

四川省十大最美草原名单

草原所属地	草原名称
阿坝州	红原大草原
阿坝州	曼则塘大草原
阿坝州	若尔盖热尔大坝草原
凉山州	百草坡草原
甘孜州	毛垭草原
甘孜州	塔公草原
甘孜州	格木草原
甘孜州	泥拉坝草原
凉山州	冶勒草原
攀枝花市	格萨拉日都尼西草原

四川省五大最美草地景观名单

草原所属地	草原名称
甘孜州	洛绒牛场草原
成都市	阳光里草坪
广元市	青川大草原
甘孜州	五须海草原
南充市	百牛渡江湖心岛草地

四川省2020年度（第八批）省级水利风景区名单

德阳市

旌阳区邻姑泉水利风景区　绵竹市鸳鸯湖水利风景区

什邡市雍湖水利风景区

广元市

朝天区双峡湖水利风景区

内江市

资中县沱江新画廊水利风景区

雅安市

石棉县安顺场水利风景区　名山区月亮湖水利风景区

甘孜州

德格县温拖水利风景区

第二批文化旅游特色小镇名单

成都市：双流区黄龙溪古镇、都江堰市灌县古城、彭州市白鹿镇

攀枝花市：米易县新山傈僳族乡

泸州市：合江县福宝镇

德阳市：绵竹市孝德镇

广元市：苍溪县黄猫垭镇、青川县青溪古城

内江市：东兴区范长江文旅特色小镇

乐山市：市中区苏稽镇

南充市：蓬安县周子古镇

宜宾市：叙州区横江镇

广安市：武胜县宝箴塞镇

巴中市：平昌县白衣古镇

雅安市：石棉县安顺场红色文旅小镇

资阳市：安岳县圆觉洞文旅特色小镇

阿坝州：松潘县川主寺镇、九寨沟县漳扎镇

甘孜州：泸定县磨西镇

凉山州：盐源县泸沽湖镇

2020年四川省第四批“四好农村路”省级示范县名单

成都市：彭州市、青白江区、新都区

自贡市：大安区

攀枝花市：西区

泸州市：龙马潭区

绵阳市：江油市、涪城区

遂宁市：射洪市、大英县

内江市：威远县

乐山市：井研县

南充市：嘉陵区

宜宾市：屏山县

广安市：武胜县、广安区

达州市：通川区、大竹县

巴中市：巴州区

眉山市：丹棱县

资阳市：安岳县

阿坝州：壤塘县、小金县

甘孜州：色达县

凉山州：会东县

2020年度四川省星级现代农业园区名单

一、四川省五星级现代农业园区(7个)

宁南县蚕桑现代农业园区

合江县荔枝现代农业园区

富顺县柑橘现代农业园区

开江县稻渔现代农业园区

眉山市彭山区葡萄现代农业园区

理塘县蔬菜现代农业园区

攀枝花市仁和区芒果现代农业园区

二、四川省四星级现代农业园区(11个)

汉源县花椒现代农业园区

仪陇县蚕桑现代农业园区

犍为县茉莉花茶现代农业园区

宜宾市南溪区酿酒专用粮现代农业园区

汶川县樱桃现代农业园区

蓬溪县食用菌现代农业园区

广元市朝天区蔬菜现代农业园区

中江县中药材现代农业园区

广元市昭化区猕猴桃现代农业园区

成都市新津区稻渔现代农业园区

资阳市雁江区柑橘现代农业园区

三、四川省三星级现代农业园区(41个)

自贡市大安区肉鸡现代农业园区

南充市高坪区猪+柑橘现代农业园区

渠县粮油现代农业园区

宣汉县肉牛现代农业园区

阿坝县青稞现代农业园区

剑阁县粮油现代农业园区

兴文县粮油现代农业园区

绵阳市涪城区蚕桑现代农业园区

威远县无花果现代农业园区

大竹县粮油现代农业园区

金堂县食用菌现代农业园区

乐山市市中区水产现代农业园区

红原县牦牛现代农业园区
德阳市旌阳区粮油现代农业园区
泸县高粱+油菜现代农业园区
乐至县葡萄+猪现代农业园区
绵阳市安州区油菜+水稻现代农业园区
内江市市中区水产现代农业园区
荣县粮油现代农业园区
泸州市江阳区蔬菜现代农业园区
平昌县茶叶+猪现代农业园区
夹江县茶叶现代农业园区
绵竹市猕猴桃现代农业园区
南充市嘉陵区蚕桑现代农业园区
米易县蔬菜+水稻现代农业园区
金川县梨现代农业园区
金阳县青花椒现代农业园区
天全县水产现代农业园区
青川县食用菌现代农业园区
巴中市巴州区枳壳现代农业园区
石渠县蔬菜现代农业园区
华蓥市梨现代农业园区
大邑县粮油现代农业园区
仁寿县水稻+油菜现代农业园区
岳池县粮油现代农业园区
盐源县苹果现代农业园区
筠连县肉牛现代农业园区
宜宾市翠屏区茶叶现代农业园区
昭觉县蔬菜+肉牛现代农业园区
遂宁市安居区水稻+油菜+渔现代农业园区
甘孜县青稞现代农业园区

2020年四川省乡村旅游重点村名单(100个)

成都市

龙泉驿区山泉镇桃源村
青白江区福洪镇杏花村
新都区桂湖街道新桥村
都江堰市龙池镇飞虹社区
都江堰市青城山镇泰安社区
彭州市桂花镇蟠龙村
崇州市白头镇五星村
邛崃市平乐镇花楸村
蒲江县成佳镇麟凤村

自贡市

沿滩区仙市镇百胜村
自流井区荣边镇尖山村
大安区三多寨镇三多寨村
沿滩区永安镇云丰村

攀枝花市

东区银江镇阿署达村
仁和区平地镇迤沙拉村
米易县新山傈僳族乡新山村
米易县撒莲镇禹王宫村

泸州市

江阳区分水岭镇董允坝村
纳溪区大渡口镇凤凰湖村
合江县尧坝镇白村
叙永县水尾镇西溪村
古蔺县双沙镇东山村

德阳市

绵竹市九龙镇新龙村
绵竹市清平镇盐井村
绵竹市麓棠镇玫瑰新村
广汉市三水镇友谊村
罗江区鄢家镇星光村

绵阳市

涪城区杨家镇杨家社区
江油市雁门镇青龙峡村
北川羌族自治县曲山镇石椅村
平武县白马藏族乡亚者造祖村
平武县平通镇桅杆村

广元市

利州区白朝乡月坝村
昭化区昭化镇城关村
朝天区曾家镇曾家社区
青川县青溪镇阴平村
青川县乔庄镇张家村

遂宁市

安居区常理镇海龙村
安居区玉丰镇金鸡村
大英县卓筒井镇为干屏村
蓬溪县常乐镇拱市村

内江市

市中区永安镇尚腾新村
东兴区田家镇正子村
隆昌市古湖街道古宇村
威远县向义镇四方村

乐山市

市中区悦来镇荔枝湾村
峨眉山市罗目镇青龙社区
峨眉山市胜利街道月南村
金口河区永和镇胜利村
犍为县罗城镇菜佳村

南充市

高坪区长乐镇苏家桥村
阆中市飞凤镇桥亭村

蓬安县相如街道油房沟社区
南部县八尔湖镇纯阳山村
仪陇县马鞍镇琳琅村
西充县莲池镇观音堂村

宜宾市

翠屏区李庄镇高桥村
长宁县竹海镇永江村
长宁县竹海镇集贤村
筠连县腾达镇春风村
兴文县僰王山镇博望村

广安市

广安区协兴镇牌坊社区
武胜县飞龙镇高洞村
岳池县白庙镇郑家村
华蓥市禄市镇月亮坡村

达州市

通川区磐石镇王家桥社区
万源市石塘镇瓦子坪村
宣汉县蒲江街道洋烈社区
宣汉县渡口土家族乡桃溪村

巴中市

恩阳区下八庙镇万寿村
巴州区大和乡界牌村
通江县沙溪镇王坪村
通江县诺水河镇玉皇坝村

雅安市

雨城区碧峰峡镇碧峰村
雨城区上里镇五家村
石棉县安顺场镇安顺村
宝兴县穆坪镇雪山村
荥经县龙苍沟镇发展村

眉山市

青神县青竹街道兰沟村
洪雅县瓦屋山镇复兴村
洪雅县瓦屋山镇自新村
丹棱县双桥镇梅湾村

资阳市

雁江区保和镇晏家坝村
安岳县文化镇燕桥村
乐至县劳动镇旧居村

甘孜藏族自治州

康定市孔玉乡色龙村
丹巴县墨尔多山镇基卡依村
理塘县濯桑乡汉戈村
阿坝藏族羌族自治州
汶川县映秀镇渔子溪村
理县桃坪镇桃坪村
茂县凤仪镇坪头村
小金县四姑娘山镇长坪村
黑水县沙石多乡羊茸村
阿坝县查理乡神座村

凉山彝族自治州

西昌市安哈镇长板桥村
昭觉县三岔河乡三河村
德昌县德州镇角半村
宁南县西瑶镇拉落村
越西县中所镇龙泉村
雷波县箐口乡罗汉沟村

2020年四川省级文化生态保护实验区名单

序号	名称	地区
1	嘉绒文化生态保护实验区	阿坝州（马尔康市、小金县、金川县、壤塘县、黑水县、汶川县、理县）、甘孜州（丹巴县）、雅安市（宝兴县）
2	河曲马黄河草原文化生态保护实验区	阿坝州（若尔盖县、红原县、阿坝县、松潘县、壤塘县、九寨沟县）
3	康巴文化（甘孜）生态保护实验区	甘孜州
4	龙文化（泸县）生态保护实验区	泸州市（泸县）
5	阆中文化生态保护实验区	南充市（阆中市）
6	白马文化生态保护实验区	绵阳市（平武县）、阿坝州（九寨沟县）

2020年度四川省级就业扶贫基地名单

成都市(2家)

四川华冠食品有限公司
成都统一企业食品有限公司

自贡市(8家)

自贡怡果农业有限公司
自贡市四月阳光家庭农场
四川千畦农业发展有限公司
四川聚兴生态农业开发有限公司
自贡沿滩区椒满园农业有限公司
荣县文锋机械有限公司
中昊晨光化工研究院有限公司
富顺锦业达贸易有限责任公司

攀枝花市(1家)

攀枝花东方钛业有限公司

泸州市(11家)

四川中飞包装有限公司
泸州裕同包装科技有限公司
泸州益和纸品包装有限公司
泸州中酿酒业有限公司
泸州市纳溪区金之盾保安服务有限公司
纳溪区上马镇上马社区集体资产经营管理有限责任公司
泸县汇兴保安服务有限责任公司
沈酒集团有限公司
古蔺县椒园镇启辰皮具有限责任公司
古蔺森巴斯服装有限公司
古蔺天宫演艺文化传播有限公司

德阳市(13家)

罗江县惠兴黄花种植专业合作社
罗江县印堂红柑橘扶贫产业园股份专业合作社
四川龙蟒磷化工有限公司
四川绵竹三佳饲料有限责任公司
四川回乡妹食品有限公司
四川依科制药有限公司
四川省广汉市和平玻璃有限公司
四川翠宏食品有限公司
四川亚度家具有限公司
四川宏发电声有限公司
中江县福瑞康水果专业合作社
四川宏达股份有限公司
四川孝恒农业发展有限公司

绵阳市(5家)

四川沉香生态农业科技有限公司
四川天水缘生态农业开发有限公司
鸿星尔克(绵阳)实业有限公司
绵阳市安州区秀水镇鹏程种植专业合作社
绵阳市安州区秀水镇青松家庭农场

广元市(12家)

苍溪县欣源家庭农场
苍溪县绿鲜食用菌专业合作社
四川川煤石洞沟煤业有限责任公司
剑阁县碗泉乡康绿农业发展有限公司
青川翊瑞农产品有限责任公司
四川省青川县川珍实业有限公司
广元鑫盛纸塑有限公司
四川俊业农业科技有限公司
广元海螺水泥有限责任公司
广元市野森哒种植专业合作社
广元泽兴农业开发有限公司
广元娃哈哈启力食品有限公司

遂宁市(28家)

遂宁市齐韵农业有限公司
遂宁绿果益农业科技有限责任公司
遂宁市百信兴鹏农业开发有限公司
遂宁市致康生态农业开发有限公司
遂宁市睿曦生态农业开发有限公司
四川江淮汽车有限公司
遂宁祉香食品有限公司
四川力扬工业有限公司
遂宁市辣海生态农业开发有限公司
遂宁市硕兴生态农业有限责任公司
射洪县旺利种植专业合作社
射洪市太乙海阔农机专业合作社
四川天应农业科技有限公司
射洪县伦强种植专业合作社
射洪市华飞塑料制品加工有限公司
射洪县柳欣秸秆综合利用专业合作社
射洪青岗山种植专业合作社
四川省绿然现代农业科技有限责任公司
蓬溪县民欣香桂有限责任公司
蓬溪县兵王种植专业合作社
蓬溪县四季阳光种植专业合作社
蓬溪县益参为民种植专业合作社
大英县浩翔种养殖专业合作社
大英绿鼎农业开发有限公司
大英昀皓光电科技有限公司
大英县富金柠檬种植专业合作社
四川喜之郎食品有限公司
遂宁立讯精密工业有限公司

内江市(5家)

资中县远林生态农业发展有限公司
威远县村上村茶叶种植农民专业合作社
内江市大山沃土农业有限公司
内江市紫金苑中药材种植农民专业合作社
内江市市中区发峰种植专业合作社

乐山市(7家)
乐山金石焦化有限公司
峨边新衡电子有限公司
峨边松林菌业有限公司
马边雪口山越马服饰有限公司
乐山市瑞通人力资源有限公司
四川凤生纸业科技股份有限公司
四川永祥新能源有限公司
南充市(7家)
南充市嘉豪光电有限公司
南充市绿盛农业科技有限公司
阆中市杨家河香桃种植专业合作社
阆中市明森木业有限公司
四川中义油橄榄开发有限公司
南充田园乐农业开发有限公司
南充恒顺农业开发有限公司
宜宾市(19家)
宜宾市辰安智能制造有限公司
宜宾市南溪区明鼎物业管理有限公司
宜宾金喜来大观园酒业有限责任公司
四川润厚特种纤维有限公司
宜宾林芬纺织科技有限公司
宜宾天之华纺织科技有限公司
宜宾德盛机械纺织科技有限公司
宜宾瑞兴实业有限公司
长宁红狮水泥有限公司
长宁县益康农业专业合作社
长宁县红商电子商务有限公司
四川红岩山早枝春茶业有限公司
四川新丝路茧丝绸有限公司
高县荣礼葡萄种植专业合作社
高县悠然柠檬开发有限公司
宜宾海丝特纤维有限责任公司
四川省宜宾惠美线业有限责任公司
宜宾丝丽雅股份有限公司
宜宾雅信物业管理有限公司
广安市(10家)
广安市广安区玖盛花椒种植专业合作社
广安市吉中汽车内饰件有限公司
四川铭利达科技有限公司
四川耀业科技股份有限公司
四川省华蓥山煤业股份有限公司
四川力泓电子科技有限公司
四川怡田科技有限公司
四川黍本道农业开发集团有限公司
四川安泰茧丝绸集团有限公司
四川裕罗电器有限公司
达州市(5家)
宣汉县漆碑乡仙峰茶叶专业合作社
宣汉县臻源生态种植专业合作社
万源市梦源巴山实业有限公司
四川屈氏金园农业科技开发有限公司
达州市铮锋能源有限公司
巴中市(10家)
通江蓝之美生态农业有限公司
四川省万峰科技有限公司
平昌县兴荣鞋业有限公司
四川省遐神云雾茶叶有限公司
四川巴蜀秦风茶韵茶叶有限公司
四川拓野生态农业有限公司
南江蜀丰农业有限公司
巴中海螺水泥有限责任公司
巴中市方圆环保科技发展有限责任公司
四川省胡婆婆食品有限责任公司
雅安市(6家)
石棉高成建勤环境卫生服务有限公司
四川蓝海化工(集团)有限公司
汉源县源富锌业有限公司
天全县天民昂州煤炭有限公司
雅安市天赐苗木有限责任公司
四川省俏佳人织业有限公司
眉山市(3家)
中建钢构四川有限公司
四川富生电器有限责任公司
四川思念食品有限公司
资阳市(1家)
四川安井食品有限公司
阿坝州(3家)
理县毕棚沟旅游开发有限公司
四川岷江电化有限公司
茂县新纪元电冶有限公司
甘孜州(6家)
四川贡嘎神汤温泉有限公司
甘孜州绿野农产品开发有限责任公司
德格县宗萨宁达艺术文化有限责任公司
巴塘县阿可荣莫食品有限责任公司
康定县木雅泽朵旅游投资开发有限责任公司
四川扎西集团有限公司
凉山州(5家)
四川省乃托特种水泥有限公司
凉山州益门煤矿
甘洛鑫晶源新材料有限公司
宁南县南丝路集团银鸿丝业有限公司
四川豪吉食品有限公司

第三批川台农业合作示范基地名单

成都市　　成都吉食道食品有限公司

攀枝花市	攀枝花宗展农业开发有限公司
泸州市	合江安豪农业有限公司
德阳市	中江县长盛林业有限公司
广元市	四川杉立农业开发有限公司
南充市	西充星河生物科技有限公司
宜宾市	四川爱吾农业综合开发有限公司
达州市	达州市中蓝瑞翔生物科技有限公司
巴中市	四川川台缘农业开发有限公司
眉山市	洪雅县蓝翔养殖专业合作社

四川省首批乡村治理示范村镇名单

一、示范乡镇(44个)

成都市(4个)	崇州市白头镇、大邑县安仁镇、温江区万春镇、郫都区唐昌镇
自贡市(2个)	大安区何市镇、荣县双石镇
攀枝花市(1个)	米易县撒莲镇
泸州市(2个)	纳溪区大渡口镇、合江县大桥镇
德阳市(2个)	绵竹市九龙镇、罗江区鄢家镇
绵阳市(3个)	安州区花荄镇、三台县芦溪镇、北川县擂鼓镇
广元市(2个)	昭化区昭化镇、朝天区曾家镇
遂宁市(3个)	射洪市瞿河镇、蓬溪县天福镇、大英县隆盛镇
内江市(2个)	隆昌市普润镇、威远县界牌镇
乐山市(3个)	井研县集益镇、沙湾区葫芦镇、市中区悦来镇
南充市(3个)	阆中市天宫镇、营山县清水乡、南部县八尔湖镇
宜宾市(3个)	翠屏区李庄镇、南溪区刘家镇、叙州区樟海镇
广安市(2个)	邻水县柑子镇、武胜县飞龙镇
达州市(2个)	渠县中滩镇、达川区百节镇
巴中市(2个)	恩阳区下八庙镇、平昌县土兴镇
雅安市(2个)	汉源县九襄镇、名山区茅河镇
眉山市(2个)	仁寿县曹家镇、东坡区三苏镇
资阳市(1个)	安岳县文化镇
阿坝州(1个)	汶川县映秀镇
甘孜州(1个)	丹巴县甲居镇
凉山州(1个)	会理县鹿厂镇

二、示范村(社区)(399个)

成都市(34个)
成都天府新区煎茶街道老龙村
成都东部新区贾家街道菠萝村
龙泉驿区柏合街道宝狮村
青白江区城厢镇十八湾村
新都区斑竹园街道三河村
温江区万春镇幸福村
温江区万春镇和林村
温江区寿安镇岷江村
双流区永安镇付家坝社区(原白果村并入)
双流区黄龙溪镇川江村
郫都区唐昌镇战旗村
郫都区唐昌镇先锋村
郫都区安德街道广福村
新津区永商镇烽火村
新津区花源街道东华村
简阳市平泉街道荷桥村
都江堰市天马镇金陵社区
都江堰市青城山镇泊江社区
都江堰市蒲阳街道棋盘社区
彭州市隆丰街道石迎村(原迎春村)
彭州市龙门山镇宝山村
彭州市葛仙山镇熙玉村
邛崃市羊安街道界牌村
邛崃市固驿街道开元村
崇州市隆兴镇群安村
崇州市白头镇五星村
崇州市道明镇龙黄村
金堂县又新镇祝新村
金堂县栖贤街道梨花沟村
金堂县淮口街道龚家村
大邑县安仁镇新福社区(原新福村)
大邑县沙渠街道祥龙社区(原祥和村)
蒲江县鹤山街道狮子树村
蒲江县寿安街道插旗山村
自贡市(20个)
自流井区荣边镇尖山村
自流井区飞龙峡镇新国村
贡井区成佳镇吴家祠村
贡井区桥头镇白房村
大安区三多寨镇八甲村
大安区何市镇瓦高村
大安区新店镇共和村
大安区牛佛镇关刀村
沿滩区永安镇云龙村
沿滩区九洪乡莲花村
沿滩区沿滩镇詹井村
沿滩区仙市镇百胜村
荣县来牟镇一洞桥村
荣县双石镇蔡家堰村
荣县鼎新镇西堰村
富顺县代寺镇李子村
富顺县狮市镇马安村
富顺县邓井关街道新湾村
富顺县板桥镇柑竹湾村
富顺县骑龙镇大田村
攀枝花市(8个)
米易县撒莲镇禹王宫村
米易县白马镇高龙村
仁和区大田镇榴园村
仁和区大龙潭乡混撒拉村

盐边县红格镇红格村
盐边县红格镇昔格达村
东区银江镇沙坝村
西区格里坪镇格里坪村
泸州市(20个)
江阳区丹林镇梨花村
江阳区黄舣镇罗湾村
江阳区通滩镇凤龙村
江阳区华阳街道西岸村
龙马潭区特兴街道走马村
龙马潭区特兴街道魏园村
龙马潭区双加镇大冲头村
纳溪区大渡口镇凤凰湖村
纳溪区丰乐镇马村
纳溪区护国镇梅岭村
泸县石桥镇洪安桥村
泸县牛滩镇新林村
泸县喻寺镇谭坝村
合江县白米镇斗笠村
合江县真龙镇瓦房村
合江县荔江镇花桂村
古蔺县永乐街道麻柳滩村
古蔺县箭竹苗族乡前丰村
叙永县水尾镇广木村
叙永县叙永镇红岩村
德阳市(20个)
旌阳区孝感街道红伏村
旌阳区德新镇五星村
旌阳区东湖街道高槐村
罗江区白马关镇万佛村
罗江区调元镇顺河村
罗江区新盛镇老君村
罗江区鄢家镇星光村
绵竹市孝德镇年画村
绵竹市九龙镇棚花村
绵竹市剑南街道五星村
绵竹市孝德镇年俗村
什邡市蓥华镇石门村
什邡市皂角街道箭台村
什邡市马井镇双石桥村
广汉市高坪镇李堰村
广汉市三水镇友谊村
广汉市连山镇沙田村
中江县辑庆镇尖寨村
中江县通济镇苕坡村
中江县普兴镇山川村
绵阳市(26个)
游仙区仙鹤镇洛水村
游仙区小枧镇遇仙村
游仙区魏城镇红岩村
涪城区杨家镇杨家社区
涪城区新皂镇刘家坪村
涪城区杨家镇鲜家坝村
安州区花荄镇红武村
安州区塔水镇七里村
安州区河清镇同盛村
三台县芦溪镇涪城村
三台县永明镇永明村
三台县立新镇高棚村
三台县新德镇崭山村
盐亭县巨龙镇钟沟村
盐亭县大兴回族乡林园村
梓潼县许州镇天宝村
梓潼县文昌镇东风村
江油市新安镇黑滩村
江油市大康镇星火村
平武县高村乡民主社区
平武县锁江羌族乡黄坪村
北川县桃龙藏族乡九成村
北川县坝底镇通坪村
北川县曲山镇石椅村
高新区永兴镇银花湖村
仙海区沉抗镇抗香村
广元市(20个)
苍溪县五龙镇双树村
苍溪县白驿镇岫云村
苍溪县白鹤乡古泉村
苍溪县岳东镇青龙村
旺苍县东河镇南凤村
旺苍县嘉川镇五红村
旺苍县木门镇三合村
剑阁县盐店镇五指村
剑阁县金仙镇西河村
剑阁县普安镇水池村
剑阁县下寺镇中心村
青川县乔庄镇张家村
青川县青溪镇阴平村
利州区三堆镇井田村
利州区大石镇青岭村
利州区盘龙镇深沟村
昭化区昭化镇朝阳村
昭化区射箭镇五房村
朝天区朝天镇明月村
朝天区羊木镇新山村
遂宁市(15个)
船山区河沙镇凤凰村
船山区河沙镇梓潼村
船山区保升镇宝凤村

安居区三家镇芦城村
安居区磨溪镇老木垭村
安居区拦江镇广福村
射洪市沱牌镇二教寺村
射洪市大榆镇龙凤泉村
射洪市香山镇桃花河村
蓬溪县常乐镇拱市村
蓬溪县大石镇牛角沟村
蓬溪县任隆镇八角村
大英县卓筒井镇为干屏村
大英县玉峰镇斗笠村
大英县回马镇山河村
内江市(14个)
市中区永安镇尚腾新村
市中区朝阳镇黄桷桥村
东兴区田家镇正子村
东兴区椑木镇红林村
东兴区高粱镇杨岭村
隆昌市普润镇印坝村
隆昌市古湖街道古宇村
隆昌市圣灯镇三台村
资中县重龙镇杨柳滩村
资中县公民镇高石坝子村
资中县双龙镇三柏村
威远县向义镇四方村
威远县严陵镇兴家村
威远县界牌镇南强村
乐山市(26个)
市中区苏稽镇程扁村
市中区平兴镇三圣村
市中区悦来镇荔枝弯村
五通桥区金山镇杏林村
五通桥区竹根镇龙门村
沙湾区太平镇罗一村
沙湾区福禄镇龙柱村
沙湾区踏水镇柏林村
金口河区金河镇曙光村
峨眉山市符溪镇战斗村
峨眉山市龙门乡山河村
峨眉山市绥山镇荷叶村
犍为县寿保镇邓坝村
犍为县舞雩镇银桥村
犍为县清溪镇灌引村
井研县纯复镇田家沟村
井研县研城街道新兴村
井研县竹园镇高石坎村
井研县高凤镇红星村
夹江县新场镇东风村
夹江县马村镇龚沟村
夹江县漹城街道云吟村
沐川县沐溪镇三溪村
峨边彝族自治县五渡镇铜河村
峨边彝族自治县毛坪镇云心村
马边彝族自治县荍坝镇茶叶村
南充市(25个)
顺庆区潆溪街道板凳垭村
顺庆区渔溪镇渔溪桥村
高坪区江陵镇元宝山村
高坪区阙家镇利光村
嘉陵区李渡镇阁老村
嘉陵区一立镇塘湾村
阆中市天宫镇天宫院村
阆中市天宫镇宝珠村
阆中市洪山镇良善垭村
阆中市飞凤镇桥亭村
南部县万年镇碾盘村
南部县东坝镇打鼓山村
南部县八尔湖镇纯阳山村
南部县楠木镇牌坊村
西充县古楼镇赵家庙村
西充县义兴镇盐水垭村
仪陇县日兴镇白塔九湾村
仪陇县福临乡建华村
仪陇县赛金镇芝兰坝村
仪陇县铜鼓乡龙家店村
营山县老林镇麻柳村
营山县渌井镇兴云村
蓬安县利溪镇花房子村
蓬安县兴旺镇三青沟村
蓬安县杨家镇伏岭村
宜宾市(25个)
翠屏区李庄镇高桥社区村
翠屏区李庄镇安石村
翠屏区金坪镇罗家社区村
翠屏区牟坪镇龙兴社区村
南溪区刘家镇大庙村
南溪区裴石镇月亮湾社区村
叙州区樟海镇瓦房社区村
叙州区蕨溪镇后坝社区村
叙州区柏溪街道喜龙社区村
叙州区柏溪街道少峨社区村
江安县阳春镇姜庙社区村
江安县下长镇民主村
长宁县梅白镇洪漠村
长宁县长宁镇马村
高县来复镇大屋社区村
高县庆岭镇桥坎村
筠连县腾达镇春风村

筠连县巡司镇银星村
珙县上罗镇代家村
珙县巡场镇三合村
兴文县僰王山镇水泸坝社区村
屏山县锦屏镇锦屏社区村
屏山县锦屏镇万涡村
三江新区双城街道崇德社区村
“两海”示范区竹海镇农林村
广安市(20个)
广安区大龙镇光明村
广安区大龙镇战斗村
广安区大龙镇干埝村
广安区大安镇夏家村
前锋区代市镇长五村
前锋区虎城镇水口村
华蓥市华龙街道柏木山村
华蓥市永兴镇马架坪村
岳池县石垭镇张口楼村
岳池县白庙镇郑家村
岳池县顾县镇羊山湖村
岳池县九龙街道马鞍山村
岳池县苟角镇石板坡村
武胜县猛山乡万民村
武胜县三溪镇观音桥村
武胜县飞龙镇卢山村
邻水县观音桥镇大安寨村
邻水县柑子镇桅子村
邻水县城北镇金垭村
邻水县石滓镇大河坝村
达州市(21个)
通川区磐石镇谭家沟村
通川区青宁镇岩门社区
通川区碑庙镇石笋村
达川区百节镇肖家村
达川区万家镇五洞村
达川区双庙镇南岳寺社区
万源市石塘镇瓦子坪村
万源市旧院镇龙潭河村
宣汉县渡口土家族乡桃溪村
宣汉县黄金镇康乐村
宣汉县漆树土家族乡朝阳村
大竹县庙坝镇长乐村
大竹县清水镇老书房何家村
大竹县川主乡平桥村
大竹县团坝镇农华村
渠县临巴镇凉桥村
渠县岩峰镇回龙村
渠县定远镇团寨村
渠县万寿镇灵感村
开江县任市镇竹溪村
开江县回龙镇锁口庙村
巴中市(13个)
巴州区水宁寺镇枇杷村
巴州区大和乡界牌村
恩阳区下八庙镇万寿村
恩阳区上八庙镇来凤村
南江县赤溪镇西厢村
南江县正直镇长滩村
南江县公山镇桥坝村
通江县民胜镇鹦哥嘴村
通江县沙溪镇王坪村
通江县广纳镇龙家扁村
平昌县土兴镇华山村
平昌县金宝街道五马社区
平昌县白衣镇长岭村
雅安市(20个)
雨城区草坝镇均田村
雨城区上里镇五家村
雨城区周公山镇余家村
名山区茅河镇香水村
名山区万古镇红草村
名山区中峰镇海棠村
天全县仁义镇红军村
天全县喇叭河镇紫石关村
天全县乐英乡爱国村
芦山县龙门镇青龙场村
芦山县龙门镇隆兴村
宝兴县大溪乡曹家村
宝兴县穆坪镇雪山村
荥经县龙苍沟镇发展村
荥经县新添镇庙岗村
汉源县九襄镇三强村
汉源县片马乡然莫村
汉源县清溪镇同心村
石棉县安顺场镇安顺村
石棉县美罗镇坪阳村
眉山市(20个)
东坡区尚义镇龚村
东坡区三苏镇新西村
东坡区秦家镇大佛村
东坡区万胜镇新星村
东坡区多悦镇正山口村
彭山区黄丰镇团结村
彭山区凤鸣街道江渔村
仁寿县高家镇鹰头村
仁寿县曹家镇梨树社区

仁寿县大化镇水利社区
仁寿县珠嘉镇棚村村
仁寿县文宫镇石家社区
洪雅县七里坪镇七里坪社区
洪雅县止戈镇青杠坪村
洪雅县止戈镇止火街社区
洪雅县中保镇联丰村
洪雅县槽渔滩镇玉岚村
丹棱县张场镇万年村
丹棱县仁美镇桂香村
青神县青竹街道兰沟村
资阳市(13个)
雁江区丰裕镇高洞村
雁江区保和镇晏家坝村
雁江区丹山镇大佛村
雁江区中和镇明月村
安岳县文化镇燕桥村
安岳县文化镇隆恩村
安岳县岳新乡桃坎村
安岳县岳阳镇柳溪村
安岳县卧佛镇卧佛村
乐至县龙门镇农科村
乐至县龙门镇金鼓村
乐至县宝林镇双碑村
乐至县东山镇孔雀寺村
阿坝州(13个)
马尔康市党坝乡格尔威村
黑水县知木林镇维多村
阿坝县查理乡神座村
汶川县映秀镇渔子溪村
红原县安曲镇哈拉玛村
金川县勒乌镇角木牛村
茂县凤仪镇甘青村
松潘县进安镇牟尼沟村
壤塘县蒲西乡斯跃武村
理县古尔沟镇丘地村
若尔盖县红星镇塔哇村
小金县达维镇夹金村
九寨沟县漳扎镇中查村
甘孜州(13个)
康定市姑咱镇若吉村
泸定县泸桥镇海子环环村
丹巴县墨尔多山镇八科村
九龙县魁多镇里伍村
道孚县麻孜乡沟尔普村
炉霍县雅德乡交纳村
新龙县博美乡仁乃村
德格县龚垭镇雨托村
雅江县西俄洛镇杰珠村
理塘县甲洼镇卡娘村
乡城县青德镇仲德村
稻城县巨龙乡然央村
得荣县松麦镇扎格村
凉山州(13个)
西昌市安宁镇凤凰村
德昌县乐跃镇高丰村
会理县城北街道三元村
会东县鱼城街道鱼山社区
宁南县宁远镇梓油村
普格县五道箐乡洛果村
昭觉县特布洛乡谷莫村
金阳县热柯觉乡丙乙底村
雷波县八寨乡甲谷村
甘洛县玉田镇觉铁村
冕宁县复兴镇建设村
盐源县卫城镇大堰沟村
木里县沙湾乡沙湾村

农业农村系统抗击新冠肺炎疫情先进集体、先进个人和抗击新冠肺炎疫情突出贡献农民名单

一、先进集体

四川省农业农村厅办公室
成都市动物疫病预防控制中心
内江市农业农村局
雅安市农业农村局

二、先进个人

彭 兰　四川省农业农村厅一级主任科员
严英夫　四川省农业农村厅三级主任科员
贾友忠　绵阳市委农办主任、农业农村局党组书记、局长
陈立春　泸州市农业农村局(泸州市农业资源综合利用站)一级科员

三、突出贡献农民

何志成　自贡市沿滩区沿滩镇詹井村一组
普国兵　攀枝花市仁和区大龙潭彝族乡新街村一组
刘 凡　泸州市古蔺县太平镇九龙村一组
赵 玲　什邡市洛水镇余安村十二组
赵牺平　广元市朝天区李家镇永乐村六组
唐扬平　华蓥市古桥街道新民村四组
夏 胜　达州市达川区大滩乡陡梯子村二组
李开明　巴中市巴州区江北街道牛鼻山村四社
李 伟　仁寿县富加镇大山村一组
杨 勇　资阳市雁江区中和镇中和村二组
江润安　小金县沃日镇窄小村三组
肖 亮　德昌县麻栗镇大坝村四社

2020年四川省级畜禽标准化养殖场名单

序号	市(州)	养殖畜种	养殖场名称
1	成都市	生猪	新津县永商养猪专业合作社
2		生猪	成都福康牧业有限公司(新津区)
3		生猪	成都友宏农业有限公司(青白江区)
4		生猪	蒲江县远大猪业专业合作社
5		生猪	简阳市万家乐牧业有限公司
6		生猪	简阳市同合乡唐中顺家庭农场
7		蛋鸡	成都市合美农业开发有限公司(金堂县)
8		生猪	成都市金堂科勇水果专业合作社
9		生猪	邛崃市冬兴猪业专业合作社
10		生猪	大邑县旺达农民养猪专业合作社
11		生猪	大邑县昌盛农民养猪专业合作社
12		生猪	大邑畜旺农民养猪专业合作社
13		生猪	大邑县静娇农民养猪专业合作社
14		生猪	大邑县金旺农民养猪专业合作社
15		生猪	大邑县重义农民养猪专业合作社
16		生猪	大邑县旭力农民养猪专业合作社
17		生猪	大邑县乐意农民养猪专业合作社
18		生猪	大邑县上安镇君运养殖场
19		生猪	大邑县弟华农民养猪专业合作社
20		生猪	大邑县浩瀚生猪养殖农民专业合作社
21		肉牛	四川省蓝博农业开发有限公司(崇州市)
22	自贡市	蛋鸡	四川海牧牧业有限公司(荣县)
23		生猪	自贡巴佑生猪养殖有限公司(荣县麦子山种猪场)
24		生猪	荣县九峰生态农业科技有限公司九峰养猪场
25		生猪	大安区大壮家庭农场
26		生猪	自贡市云忠农业发展有限公司(富顺县)
27		肉羊	富顺县万里种养殖家庭农场
28		肉牛	富顺县鑫鸿种养殖家庭农场
29		肉兔	自贡市巴卤家庭农场(贡井区)
30		肉羊	富顺县顺鸿养殖家庭农场
31	攀枝花市	生猪	攀枝花市泰源养殖有限责任公司(东区)
32		生猪	攀枝花市康瑞畜牧科技有限公司(仁和区)
33		生猪	攀枝花市镜羽农业开发有限责任公司(仁和区)
34		生猪	仁和区永强家庭农场
35		肉羊	盐边县佳和泰种养殖家庭农场
36		生猪	米易县黄泥堡养殖专业合作社
37		生猪	米易县垭口村众信种养殖专业合作社
38		生猪	米易县富强养殖专业合作社(李付祥)

续表1

39	泸州市	生猪	泸州木鱼山生态农业有限公司江阳分公司
40		生猪	纳溪区荣城家庭农场
41		生猪	泸县巨星兴旺农牧科技有限公司(方洞种猪场)
42		生猪	泸县巨星农牧科技有限公司(福集种猪场)
43		生猪	四川瑞康农业发展有限公司(合江县瑞康现代生猪养殖园)
44		生猪	合江温氏畜牧有限公司(虎头种猪场)
45		生猪	四川旺泰农业发展有限公司(合江县旺泰现代生猪养殖园)
46		生猪	叙永巨星农牧有限公司(后山吴家坪种猪场)
47		种鸡	四川丰岩牧野农业发展有限公司(叙永县)
48		生猪	合乐乡红店子村集体资产经营管理有限公司(叙永县东西项目养殖场)
49		中蜂	古蔺县北纬二十八度蜜蜂养殖专业合作社(枣林村中蜂场)
50	德阳市	生猪	德阳康润农业养殖场(罗江区)
51		生猪	中江恒鑫生猪养殖有限公司
52		生猪	罗江区龙德养殖场
53		生猪	四川省农原牧业有限公司(中江县)
54		生猪	中江众诚农业有限公司
55		生猪	德阳市旌阳区双东镇民生种猪养殖有限公司
56		生猪	四川绵竹好瑞养殖有限责任公司
57		生猪	德阳金雨农业有限公司(旌阳区)
58		生猪	罗江区振兴家庭农场
59		生猪	广汉市绿康生态畜禽养殖专业合作社
60		生猪	罗江区季畜家庭农场
61	绵阳市	生猪	江油市双河镇顺江家庭农场
62		生猪	江油市双河镇正宝林家庭农场
63		生猪	江油市追梦合作社
64		生猪	江油市嘉果农业有限公司
65		生猪	绵阳钲昆科技有限公司(江油市)
66		生猪	江油市新春乡桓晟家庭农场
67		生猪	江油市新兴乡堃银家庭农场
68		生猪	江油市双河镇峰朗家庭农场
69		生猪	江油市八一镇耘硕种养殖专业合作社
70		生猪	江油裕弘农业科技有限公司
71		生猪	绵阳家兴旺农业科技有限公司(三台县)
72		生猪	三台县永明镇禄骠养殖家庭农场
73		生猪	三台新希望农牧科技有限公司(三湾猪场)
74		生猪	三台新希望农牧科技有限公司(桐子猪场)
75		生猪	三台县刘营镇云强羽家庭农场
76		奶牛	绵阳市隆坤牧业有限责任公司(三台县)
77		生猪	盐亭县荣达生猪养殖有限责任公司
78		生猪	盐亭大疆牧业有限公司
79		生猪	盐亭县柳协生猪养殖场

续表2

80	绵阳市	生猪	盐亭县远业腾兴生猪养殖场
81		生猪	盐亭县龙坝垭家庭农场
82		生猪	盐亭县刘家匾家庭农场
83		肉羊	四川三开泰农牧科技有限公司(盐亭县玉龙养羊殖场)
84		生猪	富邦养殖责任有限公司(梓潼县)
85		生猪	冯子林生猪养殖场(梓潼县)
86		生猪	满满家庭农场(梓潼县)
87		生猪	梓潼县村子养殖专业合作社
88		生猪	梓潼县佑合生态养殖专业合作社
89		奶牛	绵阳市安州区鸿丰奶牛养殖有限公司
90		生猪	绵阳市安州区柒达生猪养殖场
91	广元市	生猪	广元洲和农业开发有限公司(剑阁县)
92		生猪	广元市远康农业开发有限责任公司(昭化区)
93		生猪	旺苍县九盛家庭农场
94		生猪	苍溪县双利生猪养殖专业合作社
95		生猪	剑阁源佳畜牧养殖专业合作社
96		生猪	旺苍县龙凤园山畜禽养殖农民专业合作社
97		生猪	广元市众诚三颗农业开发有限公司(利州区)
98		肉牛	广元市鑫煜农业开发有限公司(昭化区)
99		肉羊	四川羊乐农业开发有限公司(朝天区中子养殖场)
100		肉羊	苍溪县桓沣家庭农场
101		蛋鸡	四川鹤仙农牧发展有限公司(朝天区)
102		肉鸡	苍溪县华翔土鸡养殖合作社
103		肉鸡	广元市林园无公害农业专业合作社(利州区)
104		中蜂	青川县缪清蜂业有限公司
105		中蜂	青川县蜀蕊蜂业专业合作社
106	遂宁市	生猪	野逸养殖家庭农场(船山区)
107		生猪	遂宁市安居区久达养殖家庭农场
108		生猪	遂宁市佳宇农牧科技有限公司(安居区)
109		生猪	遂宁市友好养殖有限公司(安居区)
110		生猪	射洪县复喻养殖专业合作社(董华军猪场)
111		生猪	射洪县板桥沟家庭农场
112		生猪	蓬溪县金竹林养殖专业合作社(陈世军猪场)
113		生猪	蓬溪县圣罡阁种植合作社(李长春猪场)
114		生猪	蓬溪县珠峰缘养殖专业合作社(何永红猪场)
115		生猪	大英县蓬莱镇文燕生猪饲养场
116		生猪	大英县茂婷养殖场
117		生猪	大英县同星正家庭农场
118	内江市	生猪	内江市市中区圆溜溜养殖专业合作社
119		生猪	内江市市中区高标家庭农场
120		生猪	内江市市中区锟鹏养殖家庭农场

续表3

121	内江市	生猪	内江市市中区宏杰养殖家庭农场
122		生猪	内江市市中区佐霖养殖家庭农场
123		生猪	内江市市中区王润生养殖家庭农场
124		生猪	内江市市中区乡农种植专业合作社
125		生猪	内江市市中区召全养殖家庭农场
126		生猪	内江市市中区腾润养殖家庭农场
127		生猪	资中县潴源绿润养殖家庭农场
128		生猪	资中县万康牲畜养殖家庭农场
129		生猪	资中县茂鑫养殖家庭农场
130		生猪	四川根基农业有限公司(隆昌市)
131		蛋鸡	隆昌市助农畜禽家庭农场
132		生猪	威远县鑫联鑫养殖家庭农场
133		生猪	威远县潴源润养殖家庭农场
134		生猪	威远县高顶寨生猪养殖家庭农场
135		生猪	内江市东兴区华记养殖家庭农场
136		生猪	内江市国玉养殖专业合作社(东兴区)
137		生猪	内江旺牧养殖有限公司(东兴区)
138		生猪	内江市东兴区意合养殖家庭农场
139		生猪	内江市东兴区山山养殖家庭农场
140		生猪	内江市东兴区鑫连养殖专业合作社
141	乐山市	生猪	乐山市三多农业开发有限公司(五通桥区)
142		生猪	乐山市五通桥区老龙养殖专业合作社
143		生猪	乐山市五通桥区石麟镇富兴种养殖专业合作社
144		肉牛	乐山市金口河区吉庆养牛家庭农场
145		肉牛	乐山市金口河区志成农业开发有限责任公司
146		生猪	犍为县玖旺农牧有限公司
147		种猪	犍为巨星农牧科技有限公司
148		生猪	井研县泸艺畜牧养殖场
149		生猪	井研新正养殖有限责任公司
150		生猪	乐山奕嘉怡农业发展有限公司(井研县)
151		生猪	乐山市盛景园林绿化有限公司(井研县)
152		生猪	井研县携创种养专业合作社
153		生猪	井研县携同家庭农场
154		生猪	井研县天禾养殖场
155		生猪	夹江县三利农牧有限公司
156		蛋鸡	四川厚全生态农业有限公司(夹江县)
157		肉鸭	夹江县吉昌水果专业合作社
158		生猪	乐山市正康农牧科技有限公司(市中区)
159	南充市	蛋鸡	四川省绿科禽业有限公司金台蛋鸡养殖场(顺庆区)
160		生猪	南充荧镃农业科技有限公司东观生猪养殖场(高坪区)
161		生猪	阆中大北农农牧食品有限公司老观生猪养猪场

续表4

162	南充市	生猪	四川舒博农牧发展有限公司(阆中市)
163		肉牛	阆中市兴牧畜牧发展有限公司
164		生猪	四川省大元木生态农业有限公司流马生猪养殖场(南部县)
165		生猪	南部县元西牧养殖专业合作社
166		生猪	南部县窑场旺源养殖及种植专业合作社东坝生猪养殖场
167		生猪	四川红跃合创农牧科技有限公司南部县分公司宏观生猪养殖场
168		生猪	南部县国汇养殖农民专业合作社伏虎生猪养殖场
169		生猪	四川北龙牧业开发有限公司定水生猪养殖场(南部县)
170		肉牛	南部县金丰源农业开发有限公司八尔湖肉牛养殖场
171		生猪	西充县泉青养殖专业合作社常林生猪养殖场
172		生猪	西充福鑫农业科技有限公司占山生猪养殖
173		生猪	西充县鑫源生态家庭农场占山生猪养殖场
174		生猪	西充县智高专业合作社华光生猪养殖场
175		肉羊	四川星科农业发展有限公司晋城肉羊养殖场(西充县)
176		生猪	仪陇县顺北种养殖家庭农场
177		生猪	仪陇县谭洞坪种养殖家庭农场
178		肉牛	四川省芷蓝青河农牧开发有限责任公司新政肉牛养殖场(仪陇县)
179		生猪	仪陇县马鞍镇瑞兴牲畜饲养家庭农场
180		生猪	仪陇县周钱军养殖家庭农场
181		蛋鸡	营山县永鸿养殖有限公司
182		生猪	营山金福来生猪养殖专业合作社
183		肉牛	蓬安县群海牛羊养殖农民专业合作社金溪肉牛养殖场
184		肉羊	蓬安县兴农种养农民专业合作社杨家肉羊养殖场
185		生猪	蓬安县利溪镇君淞生态家庭农场
186	宜宾市	蛋鸡	宜宾山勾勾农业科技有限公司(翠屏区)
187		生猪	宜宾广联养殖有限公司柳嘉种猪场(叙州区)
188		生猪	宜宾广联养殖有限公司长宁分公司(长宁县)
189		生猪	高县德康农牧有限公司月江种猪场
190		肉牛	筠连县嘉岳农业发展有限公司落箭养牛场
191		生猪	珙县单府种养殖家庭农场
192		生猪	屏山县达顺养殖农民专业合作社
193		生猪	屏山县洞子湾养殖农民专业合作社
194	广安市	生猪	邻水县恒宇养殖专业合作社
195		生猪	邻水县正隆养殖场
196		生猪	广安亿盛养殖农民专业合作社(广安区)
197		生猪	武胜唐敏家庭农场
198		生猪	武胜青莲水果种植专业合作社
199		生猪	武胜县万隆谭凌养殖家庭农场
200		生猪	武胜县春林生猪养殖专业合作社
201		生猪	武胜飞鸿养殖专业合作社
202		生猪	武胜县吉兰家庭农场

续表5

203	广安市	生猪	华蓥市驴山生猪养殖场
204		生猪	岳池县腾飞生态农业发展有限公司
205		生猪	岳池县顾县镇观桥云升家庭农场
206		生猪	武胜县天顺生猪养殖专业合作社
207	达州市	肉兔	达州秦巴老农生态农业有限公司(通川区)
208		生猪	四川省丽天牧业有限公司麻柳镇潘家湾育肥场(达川区)
209		生猪	四川省丽天牧业有限公司麻柳镇八庙桥育肥场(达川区)
210		生猪	达州市铭远生态林业有限公司(宣汉县)
211		生猪	宣汉县相平种养殖专业合作社
212		生猪	开江县长岭镇松林家庭农场
213		生猪	四川自然天成农牧有限公司(大竹县)
214		生猪	大竹县鑫茂种猪繁育专业合作社
215		生猪	大竹县国牧生态农业科技有限公司
216		肉牛	渠县莱家山牲畜养殖有限公司
217		生猪	渠县顺琴家庭农场
218		生猪	渠县帝旺生猪养殖场
219	巴中市	生猪	南江县星缘农场
220		生猪	巴中市巴州区瑞泰惠农科技发展有限责任公司
221		生猪	通江县兴业种植养殖农民专业合作社
222		生猪	平昌县恒斌养殖专业合作社
223		牛	巴中市恩阳区来福家庭农场
224		生猪	平昌县林平兴旺养殖专业合作社
225		肉牛	四川牛先生农业科技有限公司(南江县)
226		生猪	巴中市恩阳区平鞍种养殖专业合作社
227		中华蜜蜂	通江蜂师兄农业科技有限公司
228		肉牛	通江县福康生态种养殖专业合作社
229		中华蜜蜂	巴中野蕊蜜源蜂业有限公司(巴州区)
230		牛	巴中市巴州区福鑫养殖专业合作社
231	雅安市	生猪	雅安市名山区兴牧生态养殖场
232		生猪	雅安市名山区绿源家庭农场
233		肉牛	芦山县众城肉牛养殖有限公司
234	眉山市	肉兔	仁寿县一品兔业家庭农场
235	资阳市	生猪	资阳富岩养殖有限公司(雁江区)
236		生猪	资阳滚水养殖有限公司(雁江区)
237		生猪	资阳祥顺养殖有限公司(雁江区)
238		生猪	资阳长堰养殖有限公司(雁江区)
239		生猪	资阳正博养殖有限公司(雁江区)
240		生猪	温氏兴隆种猪场(安岳县)
241		生猪	新希望元坝种猪场(安岳县)
242		生猪	安岳县谢奇伟家庭农场
243		生猪	陆牧家畜养殖专业合作社(安岳县)

续表6

244	资阳市	生猪	祥瑞农牧科技有限公司(安岳县)
245		生猪	四川和致达农业开发有限公司(乐至县)
246		生猪	乐至县拓鼎家庭农场
247	阿坝州	藏猪	黑水县益禾农业有限公司
248		中蜂	沙石多中蜂养殖场(黑水县)
249	甘孜州	生猪	九龙县魁多乡旭日养殖专业合作社
250		生猪	九龙县郎呷家禽养殖专业合作社(雪洼龙镇分场)
251		生猪	道孚县康丽种养殖有限责任公司
252		牦牛	雅江县河口镇富民牦牛养殖专业合作社
253		山羊	白玉县登龙黑山羊保种繁育基地
254		生猪	甘孜州海螺沟景区鑫杰生猪养殖专业合作社
255	凉山州	生猪	会东方南培养殖场

第六批四川省家庭农场省级示范场名单

总序号	市(州)	市(州)序号	县(市、区)	家庭农场名称
1	成都市	1	新都区	新都区清流镇汇圆乐家庭农场
2		2	新都区	新都区清流镇清泉家庭农场
3		3	简阳市	简阳市山人家庭农场
4		4	都江堰市	都江堰市乡音家庭农场
5		5	都江堰市	都江堰市道茗家庭农场
6		6	彭州市	彭州市鑫雨食用菌种植家庭农场
7		7	邛崃市	邛崃市宏达家庭农场
8		8	邛崃市	邛崃市勤奋家庭农场
9		9	邛崃市	邛崃市惠霖家庭农场
10		10	邛崃市	邛崃市南江尚品家庭农场
11		11	邛崃市	邛崃市兴国家庭农场
12		12	邛崃市	成都市龙王沟果果园家庭农场
13		13	崇州市	崇州市燎原好农农夫家庭农场
14		14	崇州市	崇州市创实家庭农场
15		15	崇州市	崇州市农韵家庭农场
16		16	崇州市	崇州市谭谭稻香家庭农场
17		17	崇州市	崇州市街子陶巴巴家庭农场
18		18	崇州市	崇州市华裕家庭农场
19		19	大邑县	大邑县大明家庭农场
20		20	蒲江县	蒲江县创优园家庭农场
21		21	蒲江县	蒲江县金橙源家庭农场
22		22	金堂县	金堂县竹篙镇小芳蔬菜种植家庭农场
23		23	金堂县	金堂县赵家镇幸福家庭农场
24		24	金堂县	金堂县三溪镇金溪林家庭农场

续表 1

25	自贡市	1	贡井区	自贡市治友家庭农场
26		2	贡井区	自贡市绿芳家庭农场
27		3	大安区	大安区庙坝镇大壮家庭农场
28		4	大安区	自贡田园风家庭农场
29		5	大安区	大安区牛佛镇紫藤家庭农场
30		6	沿滩区	沿滩区黄市镇萄宝家庭农场
31		7	沿滩区	自贡市兴贵家庭农场
32		8	富顺县	富顺县乐羊羊养殖家庭农场
33		9	富顺县	富顺县鑫鸿种养殖家庭农场
34		10	富顺县	富顺县顺烽养殖家庭农场
35		11	富顺县	富顺县君藤生态养殖家庭农场
36		12	富顺县	富顺县双驰甜橙种植家庭农场
37		13	荣县	荣县观山镇伟跃农场
38		14	荣县	荣县观山镇跑马坪山羊养殖家庭农场
39		15	荣县	荣县保华镇轩果坊家庭农场
40		16	荣县	荣县新桥镇洪燕柑橘种植家庭农场
41		17	荣县	荣县东佳镇鸿源种养殖家庭农场
42		18	荣县	荣县凤之源蛋鸡养殖家庭农场
43		19	荣县	荣县长山镇松禾种养殖家庭农场
44		20	荣县	荣县双石镇诚峰畜禽养殖家庭农场
45		21	荣县	荣县双石镇农高兴水果种植家庭农场
46		22	荣县	荣县度佳镇李满天下家庭农场
47		23	荣县	荣县乐德镇磨子种养殖家庭农场
48		24	荣县	荣县铁厂镇绿顺家庭农场
49	攀枝花市	1	仁和区	攀枝花市仁和区蓝凤养殖家庭农场
50		2	仁和区	攀枝花市耕樵农业家庭农场有限公司
51		3	仁和区	攀枝花市仁和区榆鸿家庭农场
52		4	米易县	米易县迷阳谷家庭农场
53		5	米易县	米易县云梦泽家庭农场
54		6	米易县	米易县富祥养殖家庭农场
55		7	米易县	米易县兄妹果蔬家庭农场
56		8	米易县	米易县阳易芒果种植家庭农场
57		9	米易县	米易县范方燕家庭农场
58		10	米易县	米易县言伶家庭农场
59		11	盐边县	盐边县渔门镇贵林种养殖家庭农场
60		12	盐边县	盐边县国胜乡箐山郎家庭农场
61		13	盐边县	盐边县盛源果蔬家庭农场
62		14	盐边县	盐边县格萨拉轩林家庭农场
63		15	盐边县	盐边县惠民乡羿霖种养殖家庭农场
64		16	盐边县	盐边县永兴镇岩门村养殖家庭农场
65	泸州市	1	江阳区	泸州市江阳区景盈湾家庭农场

续表2

66	泸州市	2	江阳区	泸州市江阳区淦吉燕家庭农场
67		3	龙马潭区	泸州市龙马潭区田源家庭农场
68		4	纳溪区	泸州市纳溪区天仙镇张礼纲家庭农场
69		5	纳溪区	纳溪区大渡口镇佰亿印象生态家庭农场
70		6	泸县	泸县绿源家庭农场
71		7	泸县	泸县玉蟾街道玉源家庭农场
72		8	泸县	泸县石桥镇昌清家庭农场
73		9	泸县	泸县玄滩新发站家庭农场
74		10	泸县	泸县玄滩绿微生态养殖家庭农场
75		11	泸县	泸县石桥罗明华生猪种养殖家庭农场
76		12	泸县	泸县玄滩镇飞跃家庭农场
77		13	泸县	泸县喻寺镇富强养殖家庭农场
78		14	泸县	泸县枣园家庭农场
79		15	泸县	泸县太伏镇毅兴家庭农场
80		16	泸县	泸县嘉明镇罗桥村贤仁无公害鱼养殖家庭农场
81		17	合江县	合江县幸福桑甜家庭农场
82		18	合江县	合江县岩湾农场
83		19	叙永县	叙永县天池镇清山家庭农场
84		20	叙永县	叙永县范波养殖家庭农场
85		21	叙永县	叙永县新恒太养殖家庭农场
86		22	叙永县	叙永县白腊乡天堂养殖场
87		23	古蔺县	古蔺县东新镇骑龙庄园
88		24	古蔺县	古蔺县太平镇九溪坞家庭农场
89		25	古蔺县	古蔺县丹桂镇梅寨家庭农场
90	德阳市	1	旌阳区	旌阳区林森家庭农场
91		2	旌阳区	旌阳区德新镇志豪家庭农场
92		3	旌阳区	旌阳区德新镇新玉盛源养殖家庭农场
93		4	旌阳区	旌阳区周录元苗木种植家庭农场
94		5	旌阳区	旌阳区富斌家庭农场
95		6	旌阳区	旌阳区黄许镇香八里家庭农场
96		7	旌阳区	德阳市钰兴家庭农场
97		8	旌阳区	旌阳区德新镇红阳村绿途家庭农场
98		9	旌阳区	旌阳区孝泉镇伦华家庭农场
99		10	旌阳区	旌阳区孝泉民安家庭农场
100		11	旌阳区	旌阳区鑫丰家庭农场
101		12	旌阳区	旌阳区紫玥家庭农场
102		13	旌阳区	旌阳区孝泉镇子荣家庭农场
103		14	旌阳区	旌阳区黄许镇小憩驿站家庭农场
104		15	旌阳区	旌阳区孝泉镇钉钉家庭农场
105		16	罗江区	罗江区蜀渥家庭农场
106		17	罗江区	罗江区申家湾家庭农场

续表3

107	德阳市	18	罗江区	罗江县金山镇海兰稻果香家庭农场
108		19	罗江区	罗江区畅欣园家庭农场
109		20	罗江区	罗江区东娃子家庭农场
110		21	罗江区	罗江区筱筱家庭农场
111		22	罗江区	罗江区绿之源家庭农场
112		23	罗江区	德阳六旺家庭农场
113		24	罗江区	罗江区调元镇阳科家庭农场
114		25	罗江区	罗江区双发益康家庭农场
115		26	广汉市	广汉市金色池塘家庭农场
116		27	广汉市	广汉市强民家庭农场
117		28	什邡市	什邡市师古镇绿丰种植家庭农场
118		29	什邡市	什邡市师古镇益农蔬菜种植家庭农场
119		30	什邡市	什邡市明涵家庭农场
120		31	什邡市	什邡市轩轩家庭农场
121		32	什邡市	什邡市江军种植家庭农场
122		33	什邡市	什邡市雷荣种植家庭农场
123		34	什邡市	什邡市鑫友家庭农场
124		35	绵竹市	绵竹市什地镇芳益家庭农场
125		36	绵竹市	绵竹市遵道镇贵菲家庭农场
126		37	中江县	中江峰华家庭农场
127		38	中江县	中江县福知家庭农场
128		39	中江县	中江龙幺婶家庭农场
129		40	中江县	中江晓丽家庭农场
130		41	中江县	中江晶顺家庭农场
131		42	中江县	中江鑫鼎丰家庭农场
132		43	中江县	中江铭辉家庭农场
133		44	中江县	中江何东家庭农场
134		45	中江县	中江翔藕家庭农场
135		46	中江县	中江升颜家庭农场
136		47	中江县	中江凌角塘家庭农场
137		48	中江县	中江勇玉家庭农场
138		49	中江县	中江县玉兴镇张秀芝家庭农场
139		50	中江县	中江县志平家庭农场
140		51	中江县	中江县汶远家庭农场
141		52	中江县	中江县美玲凤家庭农场
142		53	中江县	中江蟹虾虾家庭农场
143		54	中江县	中江县致远家庭农场
144		55	中江县	中江鱼摆摆家庭农场
145	绵阳市	1	涪城区	绵阳市涪城区福乐达家庭农场
146		2	游仙区	绵阳市游仙区星星家庭农场
147		3	游仙区	绵阳市众华家庭农场

续表4

148	绵阳市	4	游仙区	绵阳市岭阳牧歌家庭农场
149		5	游仙区	绵阳市游仙区连山湾家庭农场
150		6	游仙区	绵阳市游仙区利丰家庭农场
151		7	安州区	绵阳市安州区乐兴镇天乐猕生态家庭农场
152		8	安州区	绵阳市安州区强化家庭农场
153		9	安州区	绵阳市安州区穗香生态家庭农场
154		10	江油市	江油市西屏镇丰泰家庭农场
155		11	江油市	江油市方水镇三亩田家庭农场
156		12	江油市	江油市方水镇刘刚家庭农场
157		13	江油市	江油市樵夫家庭农场
158		14	三台县	三台县古井镇胡元鸿摩天岭家庭农场
159		15	三台县	三台县黎曙镇巴蜀老侬民家庭农场
160		16	三台县	三台县花园镇华松家庭农场
161		17	三台县	三台县立新镇崔兴江家庭农场
162		18	三台县	三台县芦溪镇鑫之隆家庭农场
163		19	三台县	三台县苍青园家庭农场
164		20	三台县	三台县永明镇梁强种植家庭农场
165		21	三台县	三台县芦溪镇三七特色水果观光农场
166		22	三台县	三台县木子村生态家庭农场
167		23	三台县	三台县建平镇刘哎呀家庭农场
168		24	三台县	三台县和善家庭农场
169		25	三台县	三台县古井镇富明家庭农场
170		26	三台县	三台县刘营镇德润发家庭农场
171		27	三台县	三台县东塔镇东松家庭农场
172		28	三台县	三台县刘营镇鹏展家庭农场
173		29	三台县	三台县刘营镇怡凡家庭农场
174		30	三台县	三台县张寿刚家庭农场
175		31	三台县	三台县刘营镇钰桐家庭农场
176		32	三台县	三台县春香家庭农场
177		33	三台县	三台县新鲁镇成先家庭农场
178		34	三台县	三台县古井镇心妙太阳花家庭农场
179		35	三台县	三台县灵兴镇凯亿吉家庭农场
180		36	盐亭县	盐亭县添旺家庭农场
181		37	盐亭县	盐亭县两河镇蜀美家庭农场
182		38	盐亭县	盐亭县黄甸井盐家庭农场
183		39	盐亭县	盐亭县鸡公岭家庭农场
184		40	梓潼县	梓潼县卧龙镇裕兴家庭农场
185		41	梓潼县	梓潼县鲤鱼沟家庭农场
186		42	梓潼县	梓潼县金龙场乡颜氏绿野家庭农场
187		43	梓潼县	梓潼县荣鸿家庭农场
188		44	北川县	北川羌族自治县精笙养殖家庭农场

续表5

189	绵阳市	45	北川县	北川羌族自治县金富家庭农场
190		46	北川县	北川农二哥家庭农场
191		47	平武县	平武县犇鑫家庭农场
192		48	平武县	平武县光全野猪饲养场
193		49	平武县	平武县徐蜂子家庭农场
194	广元市	1	利州区	广元市利州区王钦春家庭农场
195		2	利州区	广元市利州区隆鑫家庭农场
196		3	昭化区	广元市昭化区宾喻家庭农场
197		4	朝天区	朝天区源美家庭农场
198		5	青川县	青川县七佛乡嘉发茶叶种植家庭农场
199		6	剑阁县	剑阁县宏达蔬菜种植家庭农场
200		7	苍溪县	苍溪县彬鑫家庭农场
201		8	苍溪县	苍溪县五龙镇龙福家庭农场
202		9	苍溪县	苍溪县八庙镇翰阳家庭农场
203		10	苍溪县	苍溪县春晖家庭农场
204		11	苍溪县	苍溪县丰满园家庭农场
205		12	苍溪县	苍溪县歧坪镇康宏生猪养殖家庭农场
206		13	苍溪县	苍溪县欣源家庭农场
207		14	苍溪县	苍溪县东青镇德旺家庭农场
208		15	苍溪县	苍溪县双河乡马鞍山鑫源农场
209		16	苍溪县	苍溪县鸳溪镇发荣家庭家庭
210		17	苍溪县	苍溪县飨源家庭农场
211		18	苍溪县	苍溪县鸳溪镇惜缘家庭农场
212		19	苍溪县	苍溪县东青镇蜀椒家庭农场
213		20	苍溪县	苍溪县元坝镇鸿阳家庭农场
214		21	苍溪县	苍溪县元坝镇赵大春家庭农场
215		22	旺苍县	旺苍县三江镇旗山养殖家庭农场
216	遂宁市	1	船山区	船山区野逸养殖家庭农场
217		2	安居区	遂宁市安居区高古种植家庭农场
218		3	安居区	遂宁市安居区田园风家庭农场
219		4	安居区	安居区莲花乡兴田家庭养殖农场
220		5	射洪市	射洪县欣云家庭农场
221		6	射洪市	射洪铭翔家庭农场
222		7	射洪市	射洪市涪西镇曙光家庭农场
223		8	射洪市	射洪县涪西镇小兵家庭农场
224		9	射洪市	射洪市涪西镇昌辉家庭农场
225		10	射洪市	射洪县板桥沟家庭农场
226		11	射洪市	射洪县万林乡大地坡家庭农场
227		12	射洪市	射洪县洋溪镇皓鑫家庭农场
228		13	射洪市	射洪市涪西镇建国家庭农场
229		14	射洪市	射洪县万林乡洪发家庭农场

续表6

230	遂宁市	15	射洪市	射洪市官升镇旷怡家庭农场
231		16	射洪市	射洪县洋溪镇众鑫养殖家庭农场
232		17	射洪市	射洪县明星镇宏图家庭农场
233		18	射洪市	射洪市涪西镇华林家庭农场
234		19	射洪市	射洪琦畜养殖家庭农场
235		20	射洪市	射洪县农本堂家庭农场
236		21	蓬溪县	蓬溪县欣源种植家庭农场
237		22	蓬溪县	蓬溪县观心养殖家庭农场
238		23	蓬溪县	蓬溪县文井富桑种植家庭家庭农场
239		24	蓬溪县	蓬溪县赤城镇李悦养蜂家庭农场
240		25	大英县	大英县竹子田坎家庭农场
241		26	大英县	大英县军辉家庭农场
242		27	大英县	大英县代维家庭农场
243		28	大英县	大英福美家庭农场
244		29	大英县	大英县杨氏桃园家庭农场
245		30	大英县	大英县生财家庭农场
246		31	大英县	大英县松杰家庭农场
247		32	大英县	大英县正蓉家庭农场
248		33	大英县	大英悠然家庭农场
249	内江市	1	市中区	内江市中区果然乡柑橘种植家庭农场
250		2	市中区	内江市市中区老鱼养殖家庭农场
251		3	市中区	内江市市中区喜乐种植家庭农场
252		4	市中区	内江市市中区召全养殖家庭农场
253		5	市中区	内江市市中区禄平种植家庭农场
254		6	市中区	内江市市中区绿润源养殖家庭农场
255		7	东兴区	内江市东兴区农哥种养殖家庭农场
256		8	东兴区	内江市东兴区丰囿养殖家庭农场
257		9	东兴区	内江市东兴区刘秀种植家庭农场
258		10	东兴区	内江市东兴区隆秀萍生猪养殖家庭农场
259		11	东兴区	内江市东兴区华记养殖家庭农场
260		12	东兴区	内江市东兴区万友家庭农场
261		13	隆昌市	隆昌华丰水果种植家庭农场
262		14	隆昌市	隆昌孔二姐生猪养殖家庭农场
263		15	隆昌市	隆昌市助农畜禽养殖家庭农场
264		16	隆昌市	隆昌县銮洪家庭农场
265		17	隆昌市	隆昌县荣升麻竹种植家庭农场
266		18	资中县	资中县谭兵粮食种植家庭农场
267		19	资中县	资中县林小军生猪养殖家庭农场
268		20	资中县	资中县千弘春种植家庭农场
269		21	资中县	资中县超茂种植家庭农场
270		22	资中县	资中县腾旺养殖家庭农场

续表7

271	内江市	23	资中县		资中县俊龙种植家庭农场
272		24	资中县		资中县陈长明养殖家庭农场
273		25	资中县		资中县宽容种植家庭农场
274		26	资中县		资中县橘秀种植家庭农场
275		27	资中县		资中县香妈养殖家庭农场
276		28	资中县		资中县刘艳生猪养殖家庭农场
277		29	资中县		资中县金英养殖家庭农场
278		30	资中县		资中县九五后种植家庭农场
279		31	威远县		威远县豪诚养殖家庭农场
280		32	威远县		威远县红枣香猪养殖家庭农场
281		33	威远县		威远县虹德养殖家庭农场
282		34	威远县		威远县顺才生猪养殖家庭农场
283		35	威远县		威远县俩母山养殖家庭农场
284		36	威远县		威远县章浩生猪养殖家庭农场
285		37	威远县		威远县新场文龙生猪养殖家庭农场
286		38	威远县		威远县龙会镇水库村福康生猪养殖家庭农场
287		39	威远县		威远县界牌镇先华家庭农场
288		40	威远县		威远县艾米种植家庭农场
289		41	威远县		威远县鑫盛特种水产养殖家庭农场
290		42	威远县		威远县游有龙虾养殖家庭农场
291		43	威远县		威远县镇西镇超群王家庭农场
292		44	威远县		威远县绿森种植家庭农场
293		45	威远县		威远县高石镇青岗山种植养殖家庭农场
294	乐山市	1	五通桥区		乐山市五通桥区水晶火龙果家庭农场
295		2	沙湾区		乐山市沙湾区踏水镇肖洪清茶叶种植家庭农场
296		3	沙湾区		乐山市沙湾区嘉农镇秀英柠檬种植家庭农场
297		4	沙湾区		乐山市沙湾区葫芦镇初心水果种植家庭农场
298		5	峨眉山市		峨眉山仙骄农业家庭农场
299		6	峨眉山市		峨眉山市李子坪家庭农场
300		7	井研县		井研县联丰家庭农场
301		8	井研县		井研县帅博家庭农场
302		9	井研县		井研县新科家庭农场
303		10	井研县		井研神农生态家庭农场
304		11	井研县		井研县段勇家庭农场
305		12	井研县		井研县弘春家庭农场
306		13	井研县		井研县毛记果优家庭农场
307		14	峨边县		峨边宏荣科技种植养殖家庭农场
308		15	犍为县		犍为县不二家农场
309		16	犍为县		犍为县盛泰家庭农场
310		17	犍为县		犍为县红李绿叶家庭农场
311		18	犍为县		犍为县桐孝苑家庭农场

续表8

312	乐山市	19	犍为县	犍为县马庙三王家庭农场
313		20	犍为县	犍为大兴祖成家庭农场
314		21	马边县	马边怪兽兄弟土鸡养殖家庭农场
315		22	夹江县	夹江县海滨农场
316		23	夹江县	夹江县蜀佳农场
317		24	夹江县	夹江县鑫鹭家庭农场
318		25	夹江县	夹江县凯瑞家庭农场
319		26	夹江县	夹江县韩勇农场
320		27	市中区	乐山市市中区东梅家庭农场
321		28	市中区	乐山市市中区顺利家庭农场
322		29	市中区	乐山市市中区信庆旺家庭农场
323		30	金口河区	乐山市金口河区安逸坪种养殖家庭农场
324		31	金口河区	乐山市金口河区吉庆养牛家庭农场
325		32	金口河区	乐山市金口河区天星塘家庭农场
326		33	金口河区	乐山市金口河区洛子时迁家庭农场
327		34	金口河区	乐山市金口河区秀容种养殖家庭农场
328		35	金口河区	乐山市金口河区程连家庭农场
329		36	金口河区	乐山市金口河区茂盛种养殖家庭农场
330	南充市	1	顺庆区	南充市顺庆区农发种养殖家庭农场
331		2	顺庆区	南充市顺庆区盛丰家庭农场
332		3	高坪区	南充市高坪区斑竹乡心安寺香猪养殖家庭农场
333		4	高坪区	南充市高坪区日晟小龙虾养殖家庭农场
334		5	嘉陵区	嘉陵区临江乡鸿运家庭农场
335		6	嘉陵区	嘉陵区临江乡维兵家庭农场
336		7	阆中市	阆中市欣欣家庭农场
337		8	阆中市	阆中市静溢家庭农场
338		9	阆中市	阆中市坤玥家庭农场
339		10	阆中市	阆中市高老庄家庭农场
340		11	阆中市	阆中市军创家庭农场
341		12	阆中市	阆中元贞藤椒家庭农场
342		13	阆中市	阆中市晓芹家庭农场
343		14	阆中市	阆中市鑫力家庭农场
344		15	阆中市	阆中市碧盛家庭农场
345		16	阆中市	阆中市七龙山家庭农场
346		17	阆中市	阆中市思坤家庭农场
347		18	阆中市	阆中市周公寨家庭农场
348		19	阆中市	阆中市承彦家庭农场
349		20	南部县	南部县肖家乡君玉种植家庭农场
350		21	南部县	南部县盐乡农场
351		22	南部县	南部县窑场乡杨氏养牛家庭农场
352		23	南部县	南部县保城乡马家坪村旺绿家庭农场

续表 9

353	南充市	24	南部县		南部县双佛镇西山养殖家庭农场
354		25	南部县		南部县保城乡峥嵘生猪养殖家庭农场
355		26	南部县		南部县河坝镇石佛山村生态养殖场
356		27	南部县		南部县双峰乡胖土地村陈战伍养殖家庭农场
357		28	西充县		西充县青狮镇老木垭村金凤家庭农场
358		29	西充县		西充县庄园乐家庭农场
359		30	西充县		西充县双江乡陈桂华花椒种植家庭农场
360		31	西充县		东岱乡八角亭村北园春种养殖家庭农场
361		32	营山县		营山县柒号水产养殖家庭农场
362		33	营山县		营山县骆市镇鑫旺家庭农场
363		34	营山县		营山县回龙镇本刚畜牧养殖家庭农场
364		35	蓬安县		蓬安县利溪镇君淞生态家庭农场
365		36	蓬安县		蓬安县古峰村家庭农场
366		37	蓬安县		蓬安县凤石乡杨光家庭农场
367		38	仪陇县		仪陇县日兴镇久发家庭农场
368		39	仪陇县		仪陇县双庆乡金山畜禽养殖家庭农场
369		40	仪陇县		仪陇县大寅镇摩天岭种养家庭农场
370		41	仪陇县		仪陇县灵龙种养殖家庭农场
371		42	仪陇县		仪陇县大罗乡七一九农场
372	眉山市	1	东坡区		眉山市永权家庭农场
373		2	东坡区		眉山市东坡区叁成家庭农场
374		3	东坡区		东坡区黍离家庭农场
375		4	东坡区		眉山市东坡区姊妹家庭农场
376		5	东坡区		东坡区梭椤家庭农场
377		6	东坡区		东坡区中豪家庭农场
378		7	彭山区		眉山市彭山区沈厅家庭农场
379		8	彭山区		眉山市彭山区鼎加家庭农场
380		9	彭山区		眉山市彭山区宇帆家庭农场
381		10	彭山区		眉山市彭山区蜀地柚香家庭农场
382		11	彭山区		眉山市彭山区凯歌家庭农场
383		12	彭山区		眉山市彭山区开泰家庭农场
384		13	彭山区		眉山市彭山区孝乡家庭农场
385		14	彭山区		眉山市彭山区和睿家庭农场
386		15	彭山区		眉山市彭山区鑫丰园家庭农场
387		16	彭山区		眉山市彭山区浩扬家庭农场
388		17	彭山区		眉山市彭山区柚一村家庭农场
389		18	彭山区		眉山市彭山区慧裕家庭农场
390		19	彭山区		眉山市彭山区锦釉家庭农场
391		20	彭山区		眉山市彭山区金果子家庭农场
392		21	彭山区		眉山市彭山区丰年家庭农场
393		22	彭山区		眉山市彭山区洁淋家庭农场

续表10

394	眉山市	23	彭山区	眉山市彭山区醉香怡家庭农场
395		24	彭山区	眉山市彭山区雅杰家庭农场
396		25	彭山区	眉山市彭山区一点甜家庭农场
397		26	彭山区	眉山市彭山区圆梦家庭农场
398		27	彭山区	眉山市彭山区汉君家庭农场
399		28	彭山区	眉山市彭山区福满园家庭农场
400		29	彭山区	眉山市彭山区鼎祥家庭农场
401		30	仁寿县	仁寿县清新园养猪家庭农场
402		31	仁寿县	仁寿县青云家庭农场
403		32	仁寿县	仁寿县国和欣欣家庭农场
404		33	仁寿县	仁寿县白嘉园家庭农场
405		34	仁寿县	仁寿县茂态佳生态家庭农场
406		35	洪雅县	洪雅县花果山家庭农场
407		36	洪雅县	洪雅县刘天容家庭农场
408		37	丹棱县	丹棱县麻婆婆家庭农场
409		38	丹棱县	丹棱县富山居家庭农场
410		39	丹棱县	丹棱县老鹰石家庭农场
411		40	丹棱县	丹棱县圆园家庭农场
412		41	丹棱县	丹棱县大石包家庭农场
413		42	青神县	青神县衡鑫果品家庭农场
414		43	青神县	青神县喜羊羊家庭农场
415		44	青神县	青神县新业家庭农场
416	宜宾市	1	翠屏区	宜宾市翠屏区家贵家庭农场
417		2	翠屏区	宜宾市翠屏区钟幺妹家庭农场
418		3	翠屏区	宜宾市翠屏区唐微微家庭农场
419		4	翠屏区	宜宾市翠屏区鸿图家庭农场
420		5	翠屏区	宜宾市翠屏欣荣梅花鹿养殖场
421		6	翠屏区	宜宾市翠屏区才金家庭农场
422		7	翠屏区	宜宾市翠屏区廖仁强家庭农场
423		8	翠屏区	宜宾市翠屏区双谊茂盛家庭农场
424		9	翠屏区	宜宾市翠屏区远明家庭农场
425		10	翠屏区	宜宾市翠屏区绿点家庭农场
426		11	翠屏区	宜宾市翠屏区心舒家庭农场
427		12	翠屏区	宜宾市翠屏区兵哥家庭农场
428		13	翠屏区	宜宾市翠屏区常庆家庭农场
429		14	叙州区	宜宾市叙州区宸玉家庭农场
430		15	叙州区	宜宾市叙州区贵星家庭农场
431		16	叙州区	宜宾市叙州区郭志阳家庭农场
432		17	叙州区	宜宾市叙州区果之味家庭农场
433		18	叙州区	宜宾市叙州区惠森家庭农场
434		19	叙州区	宜宾市叙州区魏水珍家庭农场

续表 11

435	宜宾市	20	叙州区		宜宾市叙州区元洪家庭农场
436		21	叙州区		宜宾市叙州区圆嘟嘟家庭农场
437		22	叙州区		宜宾市叙州区镇彤家庭农场
438		23	叙州区		宜宾市宜宾县庆龙家庭农场
439		24	叙州区		宜宾市叙州区何模彬种养殖场
440		25	叙州区		宜宾市叙州区晓峰家庭农场
441		26	叙州区		宜宾市叙州区新奇家庭农场
442		27	叙州区		宜宾市叙州区宇鹏家庭农场
443		28	南溪区		宜宾市南溪区梦煊家庭农场
444		29	南溪区		宜宾市南溪区西来兴旺家庭农场
445		30	南溪区		宜宾市南溪区小龙侠家庭农场
446		31	江安县		江安县阳春镇福枣园蜜枣种植家庭农场
447		32	江安县		江安县怡乐镇水沐茶乡家庭农场
448		33	长宁县		长宁县梅白乡畜果家庭牧场
449		34	长宁县		长宁县牛迹滩家庭农场
450		35	高县		高县复兴镇兴欣家庭农场
451		36	高县		高县沙河镇新心家庭农场
452		37	高县		高县鸿林家庭农场
453		38	筠连县		筠连县武德乡兴鑫肉牛养殖家庭农场
454		39	筠连县		筠连县武德乡杨进平家庭农场
455		40	筠连县		筠连县巡司镇茗香家庭农场
456		41	珙县		珙县孝儿镇广富家庭农场
457		42	珙县		珙县孝儿镇万利家庭农场
458		43	珙县		珙县孝儿镇众诚家庭农场
459		44	兴文县		兴文荣耀家庭农场
460		45	兴文县		兴文县八角喜悦家庭农场
461		46	兴文县		兴文县大坝苗族乡友情家庭农场
462		47	兴文县		兴文县大河乡九龙中易家庭养殖农场
463		48	兴文县		兴文县佳恺家庭农场
464		49	兴文县		兴文县吕鸿家庭农场
465		50	兴文县		兴文县明均家庭农场
466		51	兴文县		兴文县其贵家庭农场
467		52	兴文县		兴文县太平镇龙宝山家庭农场
468	广安市	1	广安区		广安市广安区福万加水稻种植家庭农场
469		2	广安区		广安市广安区康牧生猪养殖家庭农场
470		3	广安区		广安市广安区花桥镇林科萍家庭农场
471		4	广安区		广安市广安区绿雅家庭农场
472		5	广安区		广安市广安区李春蔬菜种植家庭农场
473		6	广安区		广安市广安区才友家庭农场
474		7	广安区		广安区浩森家庭农场
475		8	广安区		广安市广安区龙台红旺家庭农场

续表 12

476	广安市	9	前锋区	广安市前锋区龙滩镇老徐家庭农场
477		10	华蓥市	华蓥市星光生态家庭农场
478		11	华蓥市	华蓥市阳和镇宏发家庭农场
479		12	岳池县	岳池县琳濠家庭农场
480		13	岳池县	岳池县齐福乡左氏生态梦想家庭农场
481		14	岳池县	岳池县朵朵猫种植家庭农场
482		15	岳池县	岳池县德云种植家庭农场
483		16	邻水县	邻水县秀安家庭农场
484		17	邻水县	邻水县袁市镇兴农家庭农场
485		18	邻水县	邻水县半边寨家庭农场
486		19	邻水县	邻水县饶氏撵山鸡生态农场
487		20	邻水县	邻水县土而奇果蔬农场
488		21	邻水县	邻水县山里来生态农业家禽养殖场
489		22	邻水县	邻水县祥瑞家庭农场
490		23	邻水县	邻水县叶盛发家庭农场
491		24	武胜县	武胜县果之友家庭农场
492		25	武胜县	武胜县归真家庭农场
493		26	武胜县	武胜县香妃家庭农场
494	达州市	1	通川区	达州市通川区龙祥裕家庭农场
495		2	通川区	达州沙咀河生态农业家庭农场
496		3	达川区	达州市问心生态家庭农场
497		4	达川区	达州市椒滋康家庭农场
498		5	达川区	达州市谷花村黄氏家庭农场
499		6	达川区	达川区一六八家庭农场
500		7	达川区	达州市火焰滩家庭农场
501		8	万源市	万源望月阁家庭农场
502		9	万源市	万源市川西大益家庭农场
503		10	万源市	万源市国素家庭农场
504		11	万源市	万源市橙子岭家庭农场
505		12	万源市	万源市利家家庭农场
506		13	万源市	万源市紫腾家庭农场
507		14	万源市	万源市盛源家庭农场
508		15	万源市	万源市朱昌林家庭农场
509		16	万源市	万源市鑫鸳鸯家庭农场
510		17	万源市	万源市钟娟家庭农场
511		18	万源市	万源市康德家庭农场
512		19	万源市	万源市远珍家庭农场
513		20	万源市	万源市格伯家庭农场
514		21	万源市	万源市荣星家庭农场
515		22	万源市	万源市军霞家庭农场
516		23	万源市	万源市志豪家庭农场

续表13

517		24	万源市	万源市宏泰家庭农场
518		25	万源市	万源市璀璨方竹家庭农场
519		26	万源市	万源市周轩家庭农场
520		27	万源市	万源市腊山家庭农场
521		28	宣汉县	宣汉县宝盛家庭农场
522		29	宣汉县	宣汉县龙木湾养殖家庭农场
523		30	大竹县	大竹县绿色家源家庭农场
524		31	渠县	渠县清山汉子家庭农场
525	达州市	32	渠县	渠县鸿湖家庭农场
526		33	渠县	渠县李晶家庭农场
527		34	渠县	渠县张秋家庭农场
528		35	渠县	渠县李勇家庭农场
529		36	开江县	开江县三益家庭农场
530		37	开江县	开江县语晨家庭农场
531		38	开江县	开江县鸿顺家庭农场
532		39	开江县	开江县岩门子家庭农场
533		40	开江县	开江县坚毅家庭农场
534		1	雨城区	雅安市雨城区成凯家庭农场
535		2	雨城区	雅安市雨城区王国忠家庭农场
536		3	雨城区	雅安市雨城区鑫彤家庭农场
537		4	雨城区	雅安市雨城区兴云家庭农场
538		5	雨城区	雅安市雨城区雨蒙农场
539		6	雨城区	雅安市雨城区园丰家庭农场
540		7	雨城区	雅安市雨城区正良家庭农场
541		8	雨城区	雅安市雨城区郑兴家家庭农场
542		9	雨城区	雅安市雨城区晶泽家庭农场
543		10	芦山县	芦山县开心家庭农场
544		11	芦山县	芦山县山凤家庭农场
545	雅安市	12	石棉县	石棉农乡玺丰家庭农场
546		13	石棉县	石棉县永洪家庭农场
547		14	天全县	天全县旭耀生态家庭农场
548		15	宝兴县	宝兴县顺山家庭农场
549		16	宝兴县	宝兴县凯源家庭农场
550		17	汉源县	汉源县草根家庭农场
551		18	汉源县	汉源县古路天边家庭农场
552		19	汉源县	汉源县李美丽家庭农场
553		20	汉源县	汉源县果之音家庭农场
554		21	汉源县	汉源县新黎家庭农场
555		22	汉源县	汉源县阳坪种植家庭农场
556	巴中市	1	巴州区	巴州区清江镇富强家庭农场
557		2	恩阳区	巴中市恩阳区下八庙镇荟芸家庭农场

续表 14

558	巴中市	3	恩阳区	巴中市恩阳区碧水蓝天家庭农场
559		4	恩阳区	巴中市恩阳区群乐镇宗平种养殖家庭农场
560		5	恩阳区	巴中市恩阳区龙生绿缘家庭农场
561		6	通江县	通江县康源家庭农场
562		7	南江县	南江县陈清华家庭农场
563		8	南江县	南江县黑潭乡顶兴农场
564		9	平昌县	平昌县鑫源种猪扩繁场
565	资阳市	1	雁江区	雁江区橘运来家庭农场
566		2	雁江区	雁江区芳元家庭农场
567		3	雁江区	雁江区联峰家庭农场
568		4	雁江区	雁江区小清家庭农场
569		5	雁江区	雁江区李雅家庭农场
570		6	雁江区	雁江区志志家庭农场
571		7	安岳县	安岳县顺悦鑫家庭农场
572		8	安岳县	安岳县洪友家庭农场
573		9	乐至县	乐至县金泓家庭农场
574		10	乐至县	乐至县通旅镇锦意家庭农场
575		11	乐至县	乐至县良安镇顺泰家庭农场
576		12	乐至县	乐至县东山镇维佳家庭农场
577		13	乐至县	乐至县中和场镇蓉蓉家庭农场
578	甘孜州	1	康定市	康定市舍联乡旭日种养殖家庭农场
579		2	泸定县冰	泸定县冰丰养蜂家庭农场
580		3	九龙县	九龙县亚丽家庭农场
581		4	丹巴县	丹巴县春梅养鸡场
582		5	丹巴县	丹巴县周家中药材种植家庭农场
583	阿坝州	1	茂县	茂县蔡氏兄弟家庭农场
584		2	茂县	茂县腾辉种植养殖家庭农场
585		3	松潘县	松潘县田园露宿农场
586		4	汶川县	汶川县雁羌品红家庭农场
587		5	小金县	小金县富仲家庭农场
588		6	阿坝县	阿坝县健君家庭农场
589		7	马尔康市	马尔康天来家庭养蜂场
590	凉山州	1	西昌市	西昌市小凤绿色循环种养殖家庭农场
591		2	德昌县	德昌县锦川新马生猪养殖家庭农场
592		3	会理县	会理县庄房建荣家庭农场
593		4	会理县	会理县周芮家庭农场
594		5	会理县	会理县鑫鹏苑家庭农场
595		6	会东县	会东县铅锌镇向阳杏李家庭农场
596		7	会东县	会东县祥合家庭农场
597		8	会东县	会东县江州镇李瑞福养殖家庭农场
598		9	普格县	普格县东方菌业家庭农场

续表 15

599	凉山州	10	甘洛县	甘洛县富荣家庭农场
600		11	甘洛县	甘洛县深溪沟家庭农场
601		12	越西县	越西县邓中福家庭农场
602		13	越西县	越西县黄清钢家庭农场
603		14	越西县	越西县瑞鑫养殖家庭农场
604		15	越西县	越西县山歌园林家庭农场
605		16	越西县	越西县童明江养殖家庭农场
606		17	宁南县	宁南县罗代云养殖家庭农场
607		18	宁南县	宁南县梁氏养殖家庭农场
608		19	宁南县	宁南县牧洲养殖家庭农场
609		20	宁南县	宁南县轶林种养殖家庭农场
610		21	冕宁县	冕宁县泰德农业种养殖家庭农场
611		22	冕宁县	冕宁县宏博种养殖家庭农场
612		23	冕宁县	冕宁县姐弟蔬菜种植家庭农场
613		24	冕宁县	冕宁县坤强养殖家庭农场
614		25	冕宁县	冕宁县青清种养殖家庭农场
615		26	冕宁县	冕宁县睿一种养殖家庭农场
616		27	冕宁县	冕宁县顺洪种养殖家庭农场
617		28	冕宁县	冕宁县桃园湖种养殖家庭农场
618		29	冕宁县	冕宁县伟俊种养殖家庭农场
619		30	冕宁县	冕宁县召召家庭农场
620		31	喜德县	喜德县易定香蔬菜种植家庭农场
621		32	美姑县	瓦席一林黑猪养殖家庭农场

四川省畜禽核心育种场名单(第三批)

序号	县(市、区)	畜种	育种场名称
1	彭州市	猪	彭州市金猪农业开发有限公司
2	邛崃市	蜂	成都众鑫种蜂场
3	达州市达川区	猪	四川省丽天牧业有限公司
4	开江县	鹅	开江县宝源白鹅开发有限责任公司
5	雅安市雨城区	鸭	四川农业大学水禽育种场
6	汶川县	鸡	茂县九顶原生态畜禽养殖有限公司汶川分公司

四川省第十批农业产业化省级重点龙头企业名单

成都喜来登实业发展有限公司

成都美溢德生物技术有限公司

通威股份有限公司

四川新荷花中药饮片股份有限公司

四川驰阳农业开发有限公司

华侨凤凰集团股份有限公司

四川想真企业有限公司

成都柯邦药业有限公司
四川金宫川派味业有限公司
成都市温江区国秀食品有限公司
成都巨龙生物科技股份有限公司
四川省老邻居商贸连锁有限责任公司
四川省中医药大健康产业投资有限责任公司
新希望集团有限公司
成都市盈宇食品有限公司
四川成都建华食品有限公司
四川川野食品有限公司
成都市都正达农业有限公司
成都国酿食品股份有限公司
成都中冠食品有限责任公司
成都市环丰食品有限公司
成都新繁食品有限公司
成都久森农业科技有限公司
四川省金熊粮油有限公司
四川老川东食品有限公司
成都市花中花农业发展有限责任公司
四川特驱投资集团有限公司
四川得益绿色食品集团有限公司
四川大北农农牧科技有限责任公司
成都伍田食品有限公司
成都民生食品集团有限公司
成都三旺农牧股份有限公司
中粮(成都)粮油工业有限公司
四川天府农博园投资有限公司
四川纳雅生态农业开发有限公司
成都东方希望动物营养食品有限公司
四川毛哥食品开发有限公司
成都希望食品有限公司
四川健生堂农业开发有限公司
成都市四友生物科技有限公司
四川省旺达饲料有限公司
四川省地宸农业有限责任公司
成都希福生物科技有限公司
巨星农牧股份有限公司
成都建丰林业股份有限公司
成都蜀之源酒业有限公司
成都市金正食品有限公司
四川润地农业有限公司
成都万良菌业开发有限公司
成都六汇鑫邦农业科技有限公司
四川省天保果业有限公司
成都雪国高榕生物科技有限公司
都江堰青城贡品堂茶业有限公司
四川圣寿源农业有限公司
都江堰同兴金色池塘大鲵养殖有限责任公司
都江堰市凯达绿色开发有限公司
都江堰新联水产养殖有限公司
成都德弘农业发展有限公司
四川都江堰青城茶叶有限公司
成都市绿沃农业有限公司
成都益农农业发展有限公司
成都市都江堰春盛中药饮片股份有限公司
简阳市盛地农业发展有限公司
四川省简阳东湖农牧发展有限公司
四川省五友农牧有限公司
四川简阳尽春意酒业有限公司
简阳市凌志农牧有限公司
简阳市棉丰榨油厂有限公司
四川徽记食品股份有限公司
成都孔师傅食品有限公司
四川省峰上生物科技有限公司
成都市金桑缘农业开发有限公司
成都市晋江福源食品有限公司
四川省正鑫农业科技有限公司
成都天绿菌业有限公司
四川省畜科饲料有限公司
四川省川粮米业股份有限公司
仲衍种业股份有限公司
四川省粮油集团有限责任公司
四川龙旺食品有限公司
四川广乐食品有限公司
四川省百世兴食品产业有限公司
四川三联家禽有限责任公司
四川白家食品产业有限公司
四川聚和生态农业发展有限公司
成都驿都果业有限责任公司
四川省阳家私坊食品开发有限公司
彭州市余之康农业发展有限公司
成都濛阳农副产品综合批发交易市场有限责任公司
四川省彭州市宝山企业(集团)有限公司
四川新绿色药业科技发展有限公司
四川民福记食品有限公司
四川协力制药股份有限公司
成都百信生态农业发展有限责任公司
成都日兴特种水产试验中心(普通合伙企业)
四川润兆渔业有限公司
成都萱源农产品有限公司
四川欣康绿食品有限公司
成都市宁升绿康食品有限公司
四川省旺达瑞生态农业开发有限责任公司
成都金大洲实业发展有限公司
四川省新绿色医药集团有限公司
四川友联味业食品有限公司

成都市金福猴食品股份有限公司
四川省郫县豆瓣股份有限公司
四川新华西乳业有限公司
成都市棒棒娃实业有限公司
成都三友药业有限公司
成都中延榕珍菌业有限公司
四川省成都红灯笼食品有限公司
四川饭扫光食品集团股份有限公司
四川丁点儿食品开发股份有限公司
吉峰三农科技服务股份有限公司
四川省丹丹郫县豆瓣集团股份有限公司
四川七环猪种改良有限公司
四川嘉竹茶业有限公司
成都佳享食品有限公司
成都市蒲议食品有限公司
四川好好吃食品有限公司
四川川辣妹食品有限责任公司
成都华高生物制品有限公司
佳沃(成都)现代农业有限公司
成都新朝阳作物科学股份有限公司
成都市家家美食品有限公司
益海嘉里(成都)粮食工业有限公司
成都市贵和高科农业开发有限公司
成都红旗油脂有限公司
成都宜家食品有限公司
四川康祖食品有限公司
四川省农业生产资料集团有限公司
四川省农产品经营集团有限公司
四川菊乐食品股份有限公司
四川老厨房米业有限公司
四川省棉麻集团有限公司
成都市新兴粮油有限公司
成都市鼎辰源农业开发有限责任公司
四川易林农业发展有限公司
四川省高宇木业有限责任公司
成都新太丰农业开发有限公司
四川金忠食品股份有限公司
四川省上庆农业开发有限公司
四川省春泉集团有限公司
成都嘉禾实业集团有限公司
成都春源食品有限公司
成都市金川茶业有限公司
四川省花秋茶业有限公司
四川省文君茶业有限公司
成都市碧涛茶业有限公司
成都市鑫禄福粮油有限公司
成都市红珊瑚农业开发有限公司
成都宏杨农业有限责任公司
成都农产品中心批发市场有限责任公司
四川天味食品集团股份有限公司
四川科道农业有限责任公司
正源控股股份有限公司
环太生物科技股份有限公司
四川德康农牧食品集团股份有限公司
四川斯特佳饲料有限公司
四川省远达集团富顺县美乐食品有限公司
四川省旺林堂药业有限公司
四川省六顺农业开发有限公司
自贡市锦程农业开发有限公司
富顺县蜀佳味业有限公司
四川省洛源食品有限公司
四川省贡富食品有限公司
富顺橘园酒店管理有限公司
四川戎春酒业集团有限公司
四川巴尔农牧集团有限公司
四川龙都茶业(集团)有限公司
四川旭阳药业有限责任公司
四川绿食佳农业有限公司
四川绿茗春茶业有限公司
四川大农和农业开发有限公司
自贡市新星源食品有限公司
自贡市春兰茶业有限公司
自贡市毓祥农业开发有限公司
自贡市雄丰粮油有限公司
荣县阳光农业发展有限公司
四川黄金叶茶业有限公司
自贡市博宏丝绸有限公司
四川太源井醋业有限公司
自贡市华润肉食品有限公司
四川金瑞克动物药业有限公司
自贡盐味源食品有限公司
自贡花香田园循环农业有限公司
自贡市泰福农副产品加工厂
自贡市顺水农业投资开发有限公司
四川金福星生物科技有限公司
四川自贡百味斋食品股份有限公司
四川牧天食品股份有限公司
自贡德康畜牧有限公司
攀枝花市行远牧业有限责任公司
攀枝花攀西阳光酒业有限公司
攀枝花二十六度果品开发有限公司
盐边县大笮风特色农业开发有限责任公司
攀枝花市锐华农业开发有限责任公司
盐边县松林堡特色农业有限责任公司
攀枝花市优农农科农业发展有限公司
盐边县二滩茶业有限责任公司

攀枝花四喜农业发展有限责任公司
盐边县天成丝绸有限责任公司
攀枝花市中康新润农业开发有限公司
盐边县民财茶业有限责任公司
攀枝花市龙腾四海农牧业有限公司
攀枝花和谐牧业有限公司
攀枝花鑫旺农业有限责任公司
攀枝花丽新园艺技术有限公司
攀枝花立新养殖开发有限公司
米易时光实业有限公司
米易县老高山农业科技有限公司
米易县百绿农产品开发有限责任公司
攀枝花市捷茂中药材种植有限公司
米易华森糖业有限责任公司
米易县绿生农业开发有限责任公司
四川益满达渔业有限公司
泸州市邓氏土特产品有限公司
四川天植中药股份有限公司
泸州绿阳现代农业发展有限公司
泸州老窖股份有限公司
泸州泰丰种业有限公司
泸州市四维禽业有限公司
泸州内藏老宅酒业有限公司
泸州鑫霸实业股份有限公司
泸州肥儿粉股份有限公司
四川银鸽竹浆纸业有限公司
四川凤岭茶业有限责任公司
四川省茂源食品有限公司
泸州永丰浆纸有限责任公司
四川省泸州市太山生态农业有限公司
四川瀚源有机茶业有限公司
泸州华明酒业集团有限公司
泸州纳溪竹韵贸易有限公司
泸州金土地种业有限公司
泸州荣丰农牧科技有限公司
泸州东方农化有限公司
泸州护国陈醋股份有限公司
叙永县马岭粮油食品有限公司
泸县环泰食品有限公司
泸州刘氏食品有限公司
四川天之骄子实业有限公司
四川泸州龙城粮油购销有限公司
古蔺县大寨苗家农业科技发展有限公司
四川绿本农业发展有限公司
古蔺亨泰商贸有限责任公司
古蔺县王氏凤妈农业发展有限公司
四川郎酒集团有限责任公司
古蔺三深农产品有限公司
泸州羽丰酒业有限责任公司
四川柯迪尔家私有限公司
四川威腾家具有限公司
合江县宋袁食品厂
合江丽川木业有限公司
四川宏基新型生态农业集团有限公司
叙永县鸿艺粉业有限公司
四川省泸州市百绿食品有限公司
泸州野植珍食品有限公司
泸州市恒飞源牧业有限公司
德阳市洪国种养殖发展有限公司
德阳市明润农业开发有限公司
德阳市金兴农机制造有限责任公司
四川爱达乐食品有限责任公司
四川畜丰猪业有限公司
四川省旌晶食品有限公司
四川在生源面粉有限公司
德阳东升农场绿色蔬菜有限公司
四川宇豪食品有限公司
四川蓝剑饮品集团有限公司
四川省什邡市绿康源生态农业有限公司
四川什邡但氏食品有限责任公司
四川唯怡饮料食品有限公司
四川朝天香食品有限公司
四川道泉老坛酸菜股份有限公司
四川米老头食品工业集团股份有限公司
益海(广汉)粮油饲料有限公司
四川省广汉熊家婆食品有限责任公司
四川盛龙食品有限公司
广汉市康达食品有限公司
四川翠宏食品有限公司
四川锦花米业有限责任公司
四川省绵竹市富王粮油有限公司
绵竹三溪香茗茶叶有限责任公司
四川华胜农业股份有限公司
四川回乡妹食品有限公司
绵竹市剑龙粮油有限责任公司
四川省绵竹市齐福酒业有限责任公司
四川省东圣酒业股份有限公司
四川御康农业科技有限公司
德阳星桥粮油食品有限公司
四川正鹏农牧科技有限公司
四川江中源食品有限公司
四川来金燕食品有限公司
四川雄健实业有限公司
四川省奉献农业有限公司
四川德阳市年丰食品有限公司
四川逢春制药有限公司

中江县颜氏粮油食品有限公司
四川万凤粮油有限公司
绵阳市高水农副产品批发有限公司
绵阳市鑫庆食品有限责任公司
新希望六和股份有限公司
绵阳天虹丝绸有限责任公司
绵阳原香农业科技有限公司
四川潮丰粮油有限责任公司
四川国沃生物科技有限公司
西科农业集团股份有限公司
绵阳市鲜绿果蔬有限责任公司
四川金太阳畜牧饲料集团有限公司
四川八品农产品开发有限公司
四川川仙农业科技有限公司
绵阳市蓝港农业开发有限公司
绵阳仙特米业有限公司
绵阳市游仙茧丝绸有限公司
四川浩东食品科技有限公司
绵阳市森泰农业开发有限公司
绵阳豪茂魔芋食品有限公司
绵阳绿源米业有限公司
绵阳宝华生猪养殖有限公司
四川新绵樱农牧有限公司
绵阳市安州区圣康禽业有限责任公司
绵阳辉达粮油有限公司
四川华欧油橄榄开发有限公司
绵阳市佳昊农业开发有限公司
四川同路农业科技有限责任公司
四川国豪种业股份有限公司
绵阳市全兴种业有限公司
四川雪宝乳业集团有限公司
四川绿点农业发展有限公司
四川铁骑力士实业有限公司
四川光友薯业有限公司
绵阳萄园农业科技有限公司
四川清香园调味品股份有限公司
四川皇嘉农业集团有限公司
绵阳五洲农业开发有限公司
绵阳市久诚食品有限公司
江油市彰明金谷植物油有限责任公司
四川德华皮革制造有限公司
四川鑫源种业有限公司
平武县康昕生态食品集团有限公司
四川代代为本农业科技有限公司
四川梓州农业科技开发有限公司
绵阳明兴农业科技开发有限公司
四川神龙粮油有限公司
三台县银泰丝绸有限公司
台沃科技集团股份有限公司
绵阳梓商农业科技(集团)有限责任公司
上海梅林正广和(绵阳)有限公司
北川羌族自治县羌山雀舌茶业有限公司
北川维斯特农业科技集团有限公司
四川省羌山农牧科技股份有限公司
绵阳安福魔芋开发有限公司
北川禹珍实业有限公司
北川羌族自治县禹农农业开发有限公司
四川新科汇农业投资开发有限公司
绵阳钟沟生态农业科技有限公司
四川天水缘生态农业开发有限公司
四川建丰林业有限公司
绵阳三合农业科技开发有限责任公司
绵阳长林食品股份有限公司
绵阳建丰林产有限公司
四川福欣食品有限公司
四川省青川县川珍实业有限公司
四川省青川县自然资源开发有限公司
青川县唐家河野生资源开发有限责任公司
青川海伶山珍商贸有限责任公司
四川唯鸿生物科技股份公司
广元市青川县山客山珍有限公司
广元市白龙茶叶有限公司
青川翊瑞农产品有限责任公司
苍溪县猕猴桃食品有限责任公司
四川省苍溪县面业有限责任公司
四川欣鸿宇食品发展有限公司
苍溪县金农粮油有限责任公司
四川毅力猕猴桃产业有限公司
四川食为天农业有限公司
四川省苍溪漓山粮油有限公司
苍溪温氏畜牧有限公司
四川兴食尚科技有限公司
四川尚绿农牧发展有限公司
四川苍药中药材有限公司
四川百夫长清真饮品股份有限公司
四川省精珍味业有限公司
广元市欣隆资源开发有限责任公司
广元市海鹏生物科技有限公司
广元天湟山核桃食品有限公司
四川省锐昌牧业科技有限公司
广元市海天实业有限责任公司
广元三禾农业开发有限公司
广元市天垠农业开发有限公司
广元壮牛农牧科技有限公司
四川三山茶业有限公司
四川木门茶业有限公司

旺苍县柏林畜禽发展有限公司
四川省汉王山生物科技开发有限公司
四川米仓山茶业集团有限公司
广元亿明生物科技有限公司
广元市鑫茂农业科技开发有限公司
广元市剑粮面业有限公司
剑阁县东山生态农业有限公司
剑阁巨星农牧有限公司
四川岚晟生物科技股份有限公司
（原名：四川岚晟生物科技有限公司）
四川金田农业科技有限公司
四川天冠生态农牧有限公司
四川可士可果业股份有限公司
四川回春堂药业连锁有限公司
四川省遂宁市南大食品有限公司
四川菌绿生态农业科技有限公司
四川高金实业集团有限公司
遂宁市三丰食品有限公司
齐全农牧集团股份有限公司
四川美宁食品有限公司
四川渴望生物科技有限公司
遂宁市齐韵农业有限公司
遂宁市凡是食品有限公司
遂宁市川梁农业开发有限公司
遂宁市中豪粮油有限公司
四川五斗米食品开发有限公司
射洪县峻原农业有限责任公司
射洪县超强肉类食品有限责任公司
四川合众生态农业有限公司
四川太阳湖农业有限责任公司
四川省振昊农业有限责任公司
四川省欣和泰实业有限公司
（原名：四川省和泰畜牧发展有限责任公司）
四川沱牌舍得集团有限公司
蓬溪华亨泰丰农牧发展有限公司
四川蓬溪建兴青花椒开发有限公司
遂宁市中通实业集团现代农业开发有限公司
四川琪英菌业有限公司
四川万成农业开发有限公司
四川普升农业发展有限公司
遂宁市龙婷生态农业有限公司
遂宁永荣高科技有限公司
遂宁辛农民粮油有限公司
四川遂宁祉香食品有限公司
大英县天骄纺织有限公司
四川南方烽润食品有限公司
四川省内江金鑫畜禽有限公司
四川省内江万千饲料有限公司
四川恒通动物制药有限公司
四川省浙新农业科技发展有限公司
内江市汉丰农业科技发展有限公司
内江市中区高家庄农业开发有限公司
四川新茂源农业发展有限责任公司
四川光辉好口碑农业发展有限公司
资中县银山鸿展工业有限责任公司
四川汇源农业产业化集团有限公司
四川省资中县唐源粮油有限公司
资中县宏和丝绸有限公司
四川滋味源粮油食品有限公司
四川弘升药业有限公司
四川天艺种业有限公司
资中县畅达农业开发集团有限公司
内江德康农牧有限公司
威远县金四方果业有限责任公司
四川省威远高山云雾茶业有限公司
四川百胜药业有限公司
四川内江威宝食品有限公司
黄老五食品股份有限公司
四川省复立茶业有限公司
四川久润泰科技有限公司
四川省威远泉威食品有限责任公司
四川康而好动物药业有限公司
四川正威实业有限公司
四川省隆昌县禽苗市场开发有限责任公司
四川普嘉特饲料有限公司
四川均益农牧业有限公司
四川省万林冷食品有限公司
四川兵牌农业有限公司
四川省内江市松林丝绸有限责任公司
内江市飞龙米业有限公司
四川佳美食品工业有限公司
四川千草生物科技股份有限公司
乐山市金鸿农业科技发展有限公司
乐山市继东饲料有限责任公司
四川天人农牧科技有限公司
四川罗城牛肉食品有限公司
乐山市念香米业有限公司
乐山市牛华芽菜食品有限公司
四川省五通桥德昌源酱园厂
四川巨星企业集团有限公司
四川省金福纸品有限责任公司
四川省乐山市明仕农业发展有限公司
乐山傲农康瑞牧业有限公司
乐山市金口河区宏祥菌业有限公司
乐山市金口河天池农业开发有限公司
四川省峨眉山竹叶青茶业有限公司

峨眉山市全林农业科技有限公司
峨眉山万佛绿色食品有限公司
四川峨眉山龙马木业有限公司
乐山正源畜牧科技有限公司
四川凤生纸业科技股份有限公司
犍为聚永益食品有限责任公司
四川省炒花甘露茗茶有限公司
四川犍为金福粮油工业有限责任公司
四川凉厅子茶业有限公司
四川省井研县食品有限责任公司
乐山市奇能米业有限责任公司
井研县林翔米业有限责任公司
乐山市何郎粮油有限公司
四川华象林产工业有限公司
乐山市丰润养殖有限公司
四川洪椿茶业有限公司
四川福华高科种业有限责任公司
四川华义茶业有限公司
四川佳美粮油工贸有限公司
四川省百岳茶业有限公司
四川永丰纸业股份有限公司
四川森态源生物科技有限公司
四川一枝春茶业有限公司
四川峨边五旺有限责任公司
四川奔乡农业科技有限公司
四川润物生态农业发展有限公司
四川谷咕农业发展股份有限公司
马边文彬茶业有限公司
马边金凉山农业开发有限公司
马边高山茶叶有限公司
南充莱达生态科技有限公司
四川省南充绿宝菌业科技有限公司
四川川北凉粉饮食文化有限公司
四川省绿科禽业有限公司
南充川北农产品交易有限公司
四川康健农业开发有限公司
四川本味农业产业有限公司
南充大唐农业开发有限公司
南充烟山味业有限责任公司
南充市过江龙食品有限公司
南充富达竹业有限公司
四川仲帮种业有限公司
南充花好农业有限公司
四川蓝灵现代农业有限公司
南充景民供应链管理有限公司
四川省玉润木泽农业科技有限公司
四川嘉陵江凤仪湾农业开发有限公司
四川天兆猪业股份有限公司
南充市广丰农业科技有限公司
四川尚好茶业有限公司
四川凸酒酒业有限公司
阆中生之源精细食品有限公司
四川木兰郡生物科技有限公司
阆中市优果鲜农业发展有限公司
四川杨氏生态农业有限公司
四川保宁醋有限公司
四川鸿宇食品有限公司
四川张飞牛肉有限公司
四川省阆州醋业有限公司
四川昌凌生物科技有限公司
四川阆中煜群农产品开发有限责任公司
阆中大北农农牧食品有限公司
四川顺翔银杏生物科技开发有限公司
四川元安药业股份有限公司
四川金泰纺织集团有限公司
四川方果食品有限公司
四川佰草庄园生物科技有限公司
西充县百科有机种养殖有限公司
四川明和农业开发有限公司
四川宏森有机农业食品有限责任公司
四川天盛竹业有限公司
四川省航粒香米业有限公司
西充星河生物科技有限公司
西充茂源生态农业发展有限公司
四川天马山生态农业有限公司
四川星科农业发展有限公司
四川省绿辰生态农业发展有限公司
四川润丰肉食品有限公司
南充永华食品有限公司
营山盛农农业发展有限公司
南充市营渔水产科技有限公司
南充佳美食品工业有限公司
南充特驱饲料有限公司
南充恒顺农业开发有限公司
四川花好月圆农牧业有限公司
四川省仪陇县辉煌农资有限责任公司
四川三溪农业发展有限公司
仪陇县中味食品有限公司
四川省茶业集团股份有限公司
四川省和久农业集团有限公司
四川省宜宾市叙府酒业股份有限公司
宜宾市申酉辰明威农业发展有限公司
四川宜宾碎米芽菜有限公司
宜宾黄桷庄粮油集团有限公司
宜宾顺风畜牧业有限公司
四川鑫锐投资有限公司

宜宾市富康食品有限公司
宜宾市义兴农业发展有限公司
宜宾茶缘牧业有限公司
宜宾五粮液股份有限公司
四川云辰园林科技有限公司
四川南溪徽记食品有限公司
宜宾市娥天歌食品有限公司
四川省宜宾市长兴酒业有限公司
四川锦城林业开发有限公司
四川嘉福乐食品有限公司
宜宾纸业股份有限公司
四川宜宾恒生福酒业集团有限公司
四川宜宾长兴畜牧产业化科技有限公司
四川横竖生物科技股份有限公司
四川省宜宾市汇宝食品有限责任公司
四川宜宾宝香园食品有限公司
四川宜宾九彩虹生态农业科技有限公司
宜宾市久顺食品有限公司
宜宾红楼梦酒业股份有限公司
四川省好耕农业集团有限公司
四川省青潭粮油有限公司
宜宾县吉新商贸有限责任公司
四川银皇食品有限责任公司
四川天堂湾农业开发有限公司
四川省宜宾市华夏酒业有限公司
四川天竹竹资源开发有限公司
江安德康生猪养殖有限公司
四川省宜宾竹海酒业有限公司
宜宾长宁盛园食品有限公司
国美酒业四川有限公司
长宁县大旗竹业有限公司
四川牛九牛农业股份有限公司
四川省宜宾高洲酒业有限责任公司
宜宾川红茶业集团有限公司
四川早白尖茶业有限公司
四川峰顶寺茶业有限公司
四川新丝路茧丝绸有限公司
四川腾耀农业科技开发有限责任公司
四川龙溪茶业有限公司
四川蓝伯特生物科技股份有限公司
宜宾市乌蒙韵茶业股份有限公司
宜宾市双星茶业有限责任公司
宜宾醒世茶业有限责任公司
宜宾牛犇食品有限公司
四川省凤鸣茶业有限公司
四川省珙县鹿鸣茶业有限公司
宜宾龙茶花海旅游开发有限公司
珙县智溢茧丝绸有限公司
兴文县石海竹木制品有限公司
兴文县金鹅粉业有限责任公司
宜宾市兴文县纯正油坊食用植物油有限公司
宜宾五尺道集团有限公司
宜宾满园春色茶业有限公司
四川欧阳农业集团有限公司
华蓥市德嘉农业科技有限公司
华蓥市新农科技开发有限公司
四川省金泰林业有限公司
华蓥市超奇农产品有限公司
华蓥市益友生态农业科技发展有限公司
广安高垭口生态农业有限责任公司
四川省岳池特曲酒业有限公司
四川省银丰食品有限公司
岳池银城德康畜牧有限公司
岳池顺福来油脂有限责任公司
岳池县久发粮食制品有限公司
四川天瑞仁合生态农牧开发集团股份有限公司
武胜县醉巴斯麻辣牛肉食品有限责任公司
广安万千集团有限公司
四川安泰茧丝绸集团有限公司
四川国邦农业开发集团有限公司
四川广安春叶食品有限公司
四川广安和诚林业开发有限责任公司
广安正大有限公司
邻水县钰锦现代农业园区有限责任公司
四川缪氏现代农业发展有限公司
邻水县柑桔产业开发有限公司
邻水县东鑫农业发展有限公司
广安鑫农发展有限公司
广安布衣农业有限公司
广安聚丰贸易有限公司
广安故里情食品有限公司
四川天王牧业有限公司
四川宜华酒业有限公司
达州市会农实业有限责任公司
四川省丽天牧业有限公司
达州市宏隆肉类制品有限公司
达州市鑫源食品有限责任公司
达州市复兴市场开发有限公司
达州源美冷链物流集团有限公司
达州市清泉食品有限公司
四川巴山雀舌名茶实业有限公司
万源市立川食品综合开发有限公司
四川天予植物药业有限公司
万源市花萼绿色食品有限公司
四川蜀雅茶业开发有限公司
四川发荣林业产业有限公司

万源市太一蜂业有限公司
四川国储农业发展有限责任公司
万源市蜀韵生态农业开发有限公司
四川竹海玉叶生态农业开发有限公司
大竹县顺鑫农业发展有限责任公司
四川省立川农业食品有限公司
四川国峰农业开发有限公司
四川玉竹麻业有限公司
四川东柳醪糟有限责任公司
四川省益寿农业开发有限公司
四川百岛湖生态农业开发有限公司
开江县宝源白鹅开发有限责任公司
四川天源油橄榄有限公司
四川秀岭春天农业发展有限公司
渠县通济油脂有限责任公司
四川省宕府王食品有限责任公司
四川省润宇食品有限公司
渠县菜家山牲畜养殖有限公司
达州市桃花米业有限公司
宣汉锦宏蜀宣牧业有限公司
宣汉巴人地窖酒厂
宣汉县兴旺食品有限公司
达州市铭远生态林业有限公司
四川塔基崧源农业科技有限公司
巴中精致现代农业开发有限公司
巴中市恒兴工贸有限责任公司
四川老廖家风味食品有限公司
巴中市弘昌农业有限责任公司
巴中市大水牛生态农业有限公司
四川北牧南江黄羊集团有限公司
南江县光雾山米业有限责任公司
南江县光雾山林业有限公司
四川省元顶子茶场
四川金枝玉叶茶叶有限公司
南江宏信生物科技有限公司
四川良源食品有限公司
四川省南江县长赤翡翠米业有限公司
四川七彩林科股份有限公司
巴中市巴山牧业股份有限公司
四川省通江县罗村茶业有限责任公司
四川省通江县银耳有限责任公司
四川裕德源生态农业科技有限公司
四川省通江山霸王野生食品有限公司
四川省通江县德富隆实业有限公司
通江县康源油脂有限公司
四川省鹰歌葡萄酒业有限公司
巴中川巴林农开发股份有限公司
四川深山农业科技开发有限公司
四川顺和通米业有限公司
巴中市红色恩阳银杏产业开发有限公司
巴中市三棵松农业科技有限公司
巴中市恩阳区现代农业有限公司
巴中市茂鑫农业科技发展有限公司
四川省巴中龙头食品有限公司
四川远鸿小角楼酒业有限公司
平昌县秦巴云顶茶业科技有限公司
平昌县欣旗食品有限公司
平昌丰瑞农业科技有限公司
平昌县玉鹿农业科技有限公司
四川平昌国家粮食储备库
四川江口醇酒业(集团)有限公司
四川秦巴茗兰茶叶科技有限公司
四川省蒙顶皇茶茶业有限责任公司
雅安市名山区西藏朗赛茶厂
四川蒙顶山跃华茶业集团有限公司
四川省蒙顶山皇茗园茶业集团有限公司
四川禹贡蒙顶茶业集团有限公司
四川省蒙顶山大众茶业集团有限公司
四川蒙顶山丰丰茶业有限公司
雅安市盟盛渊源茶业有限公司
四川省茗山茶业有限公司
四川川黄茶业集团有限公司
四川省大川茶业有限公司
四川蒙顶山茶业有限公司
四川蒙顶酒业有限公司
雅安太时生物科技股份有限公司
四川雅安周公山茶业有限公司
雅安市友谊茶叶有限公司
雅安茶厂股份有限公司
四川吉祥茶业有限公司
雅安市和龙茶业有限公司
雅安市凯安林食品有限公司
雅安市蔡龙茶厂
雅安市山雅茶业有限公司
四川田舍益家供销有限公司
四川海鑫茶业有限公司
四川省夹金印象农牧发展有限公司
四川省大渡河食品有限公司
四川五丰黎红食品有限公司
汉源县永丰和食品厂
四川汉源县昊月食品有限责任公司
雅安大彤农业发展有限公司
芦山钱记鲜蛋养殖有限公司
雅安迅康药业有限公司
雅安农耕时代生态农业有限公司
四川农兴源农业开发有限责任公司

天全县青竹茶叶有限责任公司
天全县西蜀雅禾生态农业开发有限公司
天全县汇美农业有限责任公司
天全县清元茶业有限公司
雅安大农商农业科技有限公司
四川省荥经县塔山有限责任公司
雅安市一民农业科技有限公司
四川荥泰茶业有限责任公司
四川茂华现代农业开发有限公司
千禾味业食品股份有限公司
四川岷江现代农业有限公司
四川李记酱菜调味品有限公司
四川省川南酿造有限公司
四川大自然惠川食品有限公司
四川菜花香食品有限公司
四川厨之乐食品有限公司
四川省眉山万家好种猪繁育有限公司
四川恒星食品有限公司
眉山市东坡果业有限公司
四川省味聚特食品有限公司
四川茂华食品有限公司
四川九升食品有限公司
四川茂华养殖有限公司
四川省邓仕食品有限公司
四川国威油脂有限公司
四川味之源食品有限公司
四川老坛子食品有限公司
吉香居食品股份有限公司
眉山市彭山区天鑫农业发展有限公司
中纺粮油(四川)有限公司
四川仁寿县碧海实业有限公司
四川仁寿张三农业科技有限公司
仁寿北斗鑫星生态农业开发有限公司
四川仁寿江陵食品有限公司
四川仁寿金利纺织有限公司
四川坤泉食品有限公司
洪雅县瓦屋山药业有限公司
四川雅妹子生态食品股份有限公司
现代牧业洪雅有限公司
幺麻子食品股份有限公司
眉山市金陆捌饲料有限公司
四川龙田丰生化有限公司
四川省丹橙现代果业有限公司
四川省青神县云华竹旅有限公司
四川省金兴食品有限责任公司
四川环龙新材料有限公司
四川彩虹制药有限公司
四川省丹妮生态生活护理用品有限公司
眉山市神果环球食品有限公司
四川川娃子食品有限公司
四川永鑫农牧集团股份有限公司
资阳市龙滩子生态农业有限公司
四川省资阳市临江寺豆瓣有限公司
资阳市盛美农业有限责任公司
四川九曲禾川实业有限公司
资阳市聚缘发生态农业发展有限公司
资阳市龙旺蔬菜食品有限公司
四川宝森农林科技集团有限公司
四川华通柠檬有限公司
四川薯霸食品有限公司
资阳市尤特薯品开发有限公司
四川乡旮旯生态农业有限公司
四川绿初原牧业集团有限公司
安岳县鑫永盛柠檬发展有限公司
四川通世达生物科技有限公司
乐至县天龙农牧科技有限公司
四川红旗丝绸有限公司
四川英瑞达食业有限公司
乐至县大自然农牧有限公司
四川省天翔食品有限公司
红原牦牛乳业有限责任公司
宇妥藏药股份有限公司
四川红原遛遛牛食品有限责任公司
四川红星领地酒庄有限公司
汶川农辉山鸡发展有限公司
四川大禹农庄科技股份有限公司
九寨沟天然药业股份有限公司
九寨沟县九寨庄园葡萄酒业有限公司
阿坝州雪松牦牛肉干有限公司
康定青藏谷地农牧业生物科技有限公司
甘孜藏族自治州康定蓝逸高原食品有限公司
甘孜州华康进出口有限责任公司
理塘县康藏阳光农牧业科技开发有限责任公司
理塘县高城鹏飞牦牛肉食品开发有限责任公司
泸定县桑吉卓玛青稞酒业有限责任公司
乡城县雪松天然绿色食品开发有限责任公司
乡城县硕曲绿色食品开发有限责任公司
四川扎西集团有限公司
甘孜州康定红葡萄酒业有限公司
甘孜县康巴拉绿色食品有限公司
九龙县祥海野生资源开发有限公司
甘孜州日基农业开发有限公司
四川濠吉食品集团有限公司
宁南县南丝路集团公司
宁南县南丝路集团银鸿丝业有限公司
四川好医生攀西药业有限责任公司

西昌华宁农牧科技有限公司
西昌市正中食品有限公司
西昌思奇香食品有限责任公司
凉山州中泽新技术开发有限责任公司
西昌新希望三牧乳业有限公司
西昌天喜园艺有限责任公司
凉山州惠乔生物科技有限责任公司
凉山阿斯牛牛春天工社农业有限公司
四川国源农业投资有限责任公司
四川省烟草公司凉山州公司
西昌富华生态农业科技有限公司
四川环太实业有限责任公司
西昌瑞星农业开发有限公司
西昌通生农业科技有限公司
凉山州丰源农业开发有限公司
西昌航飞苦荞科技发展有限公司
西昌鲜绿种业有限公司
凉山宏林农产品流通配送有限责任公司
德昌凤凰实业有限责任公司
德昌县蔬菜藏业开发有限公司
德昌县建昌食品有限责任公司
德昌县茂源长(童耳朵)食品有限责任公司
德昌县唯益农业科技有限责任公司
德昌川佳发展有限公司
会理县天泽实业有限责任公司
会理县瑞丰果品有限责任公司
会东县山松农业开发有限责任公司
会东县堵格牲畜市场经营有限责任公司
冕宁万树食用菌产业发展有限公司
冕宁元升农业科技有限公司
越西县绿金山农产品开发有限责任公司
昭觉县虹谷拉达农业开发有限公司
盐源县世富农业有限责任公司

2020年四川名村、农村疫情防控先进村和杰出“村主任”名单

一、四川产业兴旺名村

成都崇州市观胜镇联义村
自贡市富顺县狮市镇花园村
德阳什邡市皂角街道城东村
绵阳江油市大康镇星火村
广元市旺苍县木门镇三合村
内江市威远县向义镇四方村
乐山市夹江县甘江镇新生村
宜宾市南溪区刘家镇大庙村
广安市邻水县丰禾镇柏垭头村
达州市开江县任市镇竹溪村

二、四川生态宜居名村

成都市蒲江县甘溪镇明月村
绵阳市三台县新德镇崭山村
遂宁市蓬溪县常乐镇拱市村
内江隆昌市古湖街道古宇村
乐山市市中区大佛街道棕桥村
南充市仪陇县赛金镇潮水坝村
宜宾市江安县阳春镇姜庙村
巴中市平昌县三十二梁镇龙尾社区
眉山市丹棱县齐乐镇梅湾村
资阳市雁江区丹山镇大佛村

三、四川乡风文明名村

成都市温江区万春镇幸福村
自贡市荣县铁厂镇黑观音村
广元市苍溪县云峰镇狮岭村
遂宁市安居区磨溪镇老木垭村
宜宾市翠屏区牟坪镇龙兴村
广安市岳池县石垭镇张口楼村
达州市宣汉县君塘镇大渔池村
雅安市荥经县荥河镇王家村
眉山市洪雅县止戈镇青杠坪村
凉山州会东县姜州镇民权村

四、四川治理有效名村

成都市天府新区永兴街道南新村
自贡市沿滩区沿滩镇詹井村
攀枝花市米易县草场镇龙华村
泸州市合江县真龙镇瓦房村
德阳绵竹市九龙镇棚花村
绵阳市安州区花荄镇联丰村
南充阆中市天宫镇五龙村
宜宾市高县庆岭镇文武村
达州市渠县万寿镇灵感村
眉山市东坡区尚义镇龚村

五、四川改革创新名村

自贡市荣县来牟镇一洞桥村
攀枝花市米易县撒莲镇禹王宫村
泸州市泸县喻寺镇谭坝村
德阳市旌阳区孝感街道红伏村
绵阳市北川县曲山镇石椅村
广元市苍溪县五龙镇三会村
乐山市井研县纯复镇田家沟村
南充市南部县万年镇碾盘村
雅安市石棉县美罗镇坪阳村
眉山市青神县高台镇百家池村

六、农村疫情防控先进村

成都邛崃市文君街道邱店子村

泸州市泸县云龙镇大水河村
德阳市罗江区金山镇安家村
遂宁市蓬溪县荷叶乡涪兴坝村
达州市达川区安仁乡米坊村
巴中市恩阳区登科街道狮子山村
眉山市天府新区高家镇鹰头村
资阳市安岳县石桥街道洪坝村
阿坝州汶川县绵虒镇草坡新村
甘孜州乡城县青德镇呷乃卡村

七、杰出“村主任”

李　强　泸州市合江县法王寺镇天池村党支部书记
金利琼　德阳市罗江区白马关镇万佛村党总支书记、村委会主任
徐金莲　广元市利州区白朝乡徐家村党支部书记
立克拢拢　乐山市马边彝族自治县民主镇雪峰村党支部书记
胡　江　南充市西充县双凤镇跳蹬河村党支部书记
刘成华　宜宾市筠连县沐爱镇楼坪村党总支书记、村主任
陈自红　雅安市名山区万古镇红草村党委书记
康　特　阿坝州壤塘县上壤塘乡康垄村党支部书记
降秋杜吉　甘孜州康定市呷巴乡俄达一村村委会主任
木坡曲尔　凉山州昭觉县特布洛乡谷莫村党支部书记

2020年四川省“平安农机”示范乡(镇)及示范岗位名单

一、示范乡(镇)(11个)

绵阳市江油市:战旗镇、河口镇
绵阳市盐亭县:鹅溪镇、文通镇、玉龙镇、莲花湖乡
自贡市贡井区:成佳镇
自贡市荣县:观山镇
自贡市富顺县:代寺镇、骑龙镇
自贡市沿滩区:九洪乡

二、示范岗位(5个)

绵阳市农机监理所　杨东波
江油市农机监理站　李胜强
盐亭县农机监理站　赵红芳
富顺县农机监理站　颜昌丽
简阳市农业综合执法大队　叶春华

2020年度四川省“优秀职业农民”名单

王　顺　男　邛崃市蟲鑫蜂业专业合作社
张天义　男　成都龙泉长松水蜜桃专业生产合作社
罗剑华　男　荣县剑华谷物种植专业合作社
起学勇　男　攀枝花市彝山种养殖专业合作社
薛世兰　女　泸县雅龙水稻专业合作社
古帮泽　男　泸州市纳溪区杉树湾生态禽业专业合作社
刘光华　男　德阳市罗江区蔬菜种植专业合作社
李成国　男　广元市昭化区吞口坝畜禽养殖专业合作社
邓育银　男　江油市众望农机作业专业合作社
张　勇　男　安州区龙腾农机服务专业合作社
欧小荣　男　苍溪县金永丰农机服务专业合作社
黄　容　女　射洪市凤来镇倪桥富硒黑花生专业合作社、射洪市新农界养猪专业合作社
潘晓飞　男　大英县蜀鑫种养殖专业合作社
周璇曦　女　内江市中区正园种植专业合作社
郭俊华　男　井研县顺溜现代农业专业合作社
易继东　男　乐山市继东渔业专业合作社
江　河　男　蓬安县长梁乡绿洋种养农民专业合作社
盛学全　男　南充市高坪区盛家梁农机专业合作社
蒋友群　女　宜宾市叙州区功益茶叶专业合作社
秦梦泉　男　长宁县三月沃柑种植专业合作社
尹才华　男　武胜县荣华生态花椒种植专业合作社
严红梅　女　宣汉县尧培养殖专业合作社
秦才江　男　大竹县木鱼池黑山羊养殖专业合作社
李笃新　男　巴中市巴州区大观梁茶叶专业合作社
任素茂　男　汉源县山里红种养殖专业合作社
付志宏　男　洪雅县宏图茶叶专业合作社
易　奎　男　安岳县万达柠檬种植专业合作社联合社
李明贵　男　茂县明德种植专业合作社
曲　登　男　道孚县康巴渠德实业发展合作社
左子文　男　会理县万顷石榴专业合作社
孔学梅　女　崇州市隆兴孔学梅家庭农场
杨　波　男　新津县宝龙生态家庭农场
赵国明　男　合江县进达家庭农场
陈厚刚　男　德阳广汉小农夫家庭农场
何　俊　男　德阳市罗江区捌零后家庭农场
林红梅　女　三台县金石镇宏梅家庭农场
白飞龙　男　梓潼县泉源家庭农场
罗志刚　男　广元市旺苍县福庆乡志刚家庭农场
旷世力　男　遂宁市安居区绍兵家庭农场
张　强　男　射洪市雾宫家庭农场
王大春　男　仪陇县永乐镇宏兴生态养殖家庭农场
曲　光　男　南部县履霜家庭农场
刘　伟　男　宜宾市叙州区稻香坛种养殖家庭农场
郑　宇　男　长宁县牧源家庭牧场
秦小艳　女　岳池县大佛乡丰聚家庭农场
桂　刚　男　宣汉县海平种植家庭农场
余长寿　男　渠县清山汉子家庭农场
杨利君　女　巴中市恩阳区蜀渔家庭农场
黎可学　男　丹棱县兴农家庭农场
钟兰婷　女　宁南县晨阳养殖家庭农场

政策法规选编

四川省人民政府 关于落实生态保护红线、环境质量底线、资源利用上线制定生态环境准入清单实施生态环境分区管控的通知

川府发〔2020〕9号

各市(州)、县(市、区)人民政府,省政府各部门、各直属机构,有关单位:

为深入贯彻习近平生态文明思想,落实《中共中央国务院关于全面加强生态环境保护坚决打好污染防治攻坚战的意见》《中共中央国务院关于新时代推进西部大开发形成新格局的指导意见》《中共四川省委关于全面推动高质量发展的决定》等文件精神,现就落实生态保护红线、环境质量底线、资源利用上线,制定生态环境准入清单(简称“三线一单”),建立生态环境分区管控体系并监督实施提出如下要求,请认真抓好落实。

一、总体要求

(一)指导思想。坚持以习近平新时代中国特色社会主义思想为指导,全面贯彻党的十九大,十九届二中、三中、四中全会精神,深入贯彻习近平生态文明思想,按照党中央、国务院决策部署,建立实施生态环境分区管控体系,推进生态环境治理体系和治理能力现代化,加快建设美丽四川,助力成渝地区双城经济圈建设,筑牢长江、黄河上游重要生态屏障,协同推进经济高质量发展和生态环境高水平保护。

(二)主要目标。到2020年,全省生态环境质量总体改善,主要污染物总量大幅减少,环境风险总体有效管控,生态环境保护水平同全面建成小康社会目标相适应。初步建立生态环境分区管控体系和数据应用系统。

到2025年,全省生态环境质量持续改善,污染物排放总量得到持续降低,水和大气环境质量持续改善,土壤环境质量保持稳定,长江、黄河上游生态屏障建设取得新的成效。建立较为完善的生态环境分区管控体系和数据应用系统。

到2035年,全省生态环境质量实现根本好转,水、大气、土壤环境质量全面改善,节约资源和保护生态环境的空间格局、产业结构、生产方式、生活方式总体形成,美丽四川目标基本实现。建成完善的生态环境分区管控制度。

(三)生态环境分区管控及其要求。按照省委“一干多支、五区协同”的区域发展战略部署,立足五大经济区的区域特征、发展定位及突出生态环境问题,将全省行政区域从生态环境保护角度划分为优先保护、重点管控和一般管控三类环境管控单元。优先保护单元指以生态环境保护为主的区域,主要包括生态保护红线、自然保护地、饮用水水源保护区等,应以生态环境保护优先为原则,严格执行相关法律、法规要求,严守生态环境质量底线,确保生态环境功能不降低。重点管控单元指涉及水、大气、土壤、自然资源等资源环境要素重点管控的区域,应不断提升资源利用效率,有针对性地加强污染物排放控制和环境风险防控,解决生态环境质量不达标、生态环境风险高等问题。一般管控单元指除优先保护单元和重点管控单元之外的其他区域,主要落实生态环境保护基本要求。

建立全省统一的生态环境分区管控数据应用系统,将生态环境分区管控的具体要求,系统集成到数据应用系统,实现共建共享,动态更新。

二、主要任务

(一)服务经济高质量发展。省政府有关部门、各市(州)人民政府在相关政策制定调整中要将生态环境分区管控作为参考依据。各类开发建设应将生态保护红线、环境质量底线、资源利用上线等管控要求融入决策和实施过程。以生态环境分区管控推动经济高质量发展。

(二)支撑生态环境高水平保护。地方各级人民政府、省政府有关部门应将生态环境分区管控作为推进污染防治、生态保护、环境风险防控等工作的重要依据和生态环境监管的重点内容。各级生态环境部门应强化生态环境分区管控在环评、排污许可、生态、水、大气、土壤、固体废物等环境管理中的应用,严格落实生态环境分区管控要求。

(三)深化环评“放管服”改革。已实施生态环境分区管控的市(州),辖区内产业定位不涉及石化、化工、化学合成类制药、印染、酿造、制浆、冶炼、典型涉重产业(专业电镀、铅蓄电池制造、再生铅等)、含前工序的集成电路、放射性同位素生产(核技术利用)的产业园区,其原由生态环境厅审查(审核)的规划环评和跟踪评价调整为园区所在市(州)生态环境部门审查(审核)。已完成规划环评审查的园区,园区内建设项目环评内容可依法适当简化。市(州)人民政府对辖区内条件成熟的园区可试点推进环评审批“告知承诺制”改革。

(四)加快市(州)落地应用。各市(州)人民政府应组织发展改革、自然资源、生态环境等部门,根据生态保护红线评估调整等工作,充分衔接国土空间规划,进一步优化完善生态环境分区管控成果,适时提交生态环境厅组织审核,并做好本市(州)生态环境分区管控应用实施工作。

(五)实施动态更新调整。生态环境厅原则上每5年牵头组织1次生态环境分区管控数据评估与调整工作。生态环境厅应会同自然

资源厅等省政府有关部门，结合国家和地方发展战略、区域生态环境质量目标、生态保护红线评估调整、国土空间规划编制等重大变化，适时组织对生态环境分区管控数据进行更新。

三、保障措施

（一）加强组织领导。生态环境厅统筹协调，省政府有关部门积极参与，组织开展好生态环境分区管控的实施、评估、调整更新和宣传工作。各市（州）人民政府落实主体责任，有序推进生态环境分区管控的优化完善和应用实施工作。

（二）强化工作保障。地方人民政府要组建长期稳定的管理技术队伍，并安排工作经费，切实保障生态环境分区管控的实施、评估、更新调整、数据应用和系统维护等工作。

（三）加强宣传培训。结合管理需求和工作推进情况，充分运用多种形式广泛开展宣传培训，不断总结经验并逐步推广，切实推动生态环境分区管控体系应用实施。

附件：1. 四川省环境管控单元分布图

2. 四川省生态环境分区管控方案

四川省人民政府

2020年6月28日

四川省人民政府办公厅 关于切实加强高标准农田建设巩固和提升粮食安全保障能力的实施意见

川办发〔2020〕51号

各市（州）、县（市、区）人民政府，省政府各部门、各直属机构，有关单位：

为深入贯彻落实《国务院办公厅关于切实加强高标准农田建设提升国家粮食安全保障能力的意见》（国办发〔2019〕50号）精神，切实加强我省高标准农田建设，巩固和提升粮食安全保障能力，经省政府同意，现提出以下实施意见。

一、总体要求

（一）指导思想。坚持以习近平新时代中国特色社会主义思想为指导，深入贯彻习近平总书记对四川工作系列重要指示精神，认真落实党中央国务院和省委省政府决策部署，围绕深入实施乡村振兴战略，推动藏粮于地、藏粮于技，以提升粮食产能为首要目标，以“10+3”现代农业园区为有效载体，以粮食和重要农产品优势区为重点区域，大力推进高标准农田建设，加快补齐农田基础设施短板，稳步提高粮食生产能力，努力确保省内粮食总量供需平衡、基本自给，为保障国家粮食安全和建设农业强省奠定坚实基础。

（二）目标任务。到2020年，累计建成4430万亩集中连片、旱涝保收、宜机作业、节水高效、稳产高产、生态友好的高标准农田。到2022年，建成5000万亩高标准农田，稳定保障全省粮食年产量700亿斤以上。到2035年，全省高标准农田保有量进一步提高，权责明确、主体多元、保障有力的长效管护机制基本形成，粮食等重要农产品安全保障能力不断夯实。

二、重点工作

（三）科学规划布局。开展“十二五”以来高标准农田建设专项清查，摸清高标准农田数量、质量、分布和管护利用状况。结合国土空间、水资源利用等相关规划，编制全省高标准农田建设规划，指导各地同步制定规划，找准潜力区域，明确功能定位、目标任务、建设布局、重点项目和时序安排，突出抓好高效节水灌溉、小型水源工程和农田宜机化建设等，形成全省三级农田建设规划体系。永久基本农田保护区、粮食生产功能区和重要农产品生产保护区，以及“鱼米之乡”试点县和国家级、省级农作物制种基地县均要区域化整体推进高标准农田建设。〔农业农村厅，省发展改革委、财政厅、自然资源厅、水利厅和各市（州）、县（市、区）人民政府负责。逗号前为牵头单位，以下均需市（州）、县（市、区）人民政府负责，不再列出〕

（四）完善建设标准。根据《高标准农田建设通则》国家标准，加快修订地方标准，研究制定分区域、分类型的高标准农田建设标准及定额，健全耕地质量监测评价标准，构建我省高标准农田建设标准体系。完善高标准农田建设内容，统一规范工程建设、科技服务和建后管护等要求。综合考虑农业农村发展需求、市场价格变化和本地财力等因素，适时调整建设内容和投资标准。在确保完成新增高标准农田建设任务基础上，鼓励各地对已建项目区评估认定未达标的农田进行改造提升。（农业农村厅，省发展改革委、财政厅、水利厅、省市场监管局负责）

（五）精心组织实施。及时分解落实全省高标准农田年度建设任务。各地要推行项目法人责任制、招标投标制、建设监理制、合同管理制以及公示制等制度规定，规范开展项目前期准备、申报审批、招标投标、工程施工和监理、竣工验收、监督检查、移交管护等工作，实现高标准农田建设项目集中统一高效管理。充分发挥农民主体作用，调动农民参与高标准农田建设积极性，引导新型农业经营主体采取“先建后补”方式开展高标准农田建设，规范有序推进农业适度规模经营。强化过程监管，建立政府监督和群众监督有机结合的质量监督机制，推行农民质量监督员制度，打造精品工程。（农业农村厅，省发展改革委、财政厅、水利厅负责）

（六）加强竣工验收。按照“谁审批、谁验收、谁负责”的原则，严格按程序开展高标准农田建设项目竣工验收。竣工验收合格的要及时办理项目移交手续，落实工程建后管护主体和责任，并向社会统一公示公告，接受社会和群众监督。竣工验收中发现建设任务未完成、工程质量存在问题的要坚决整改，未完成整改的不得提出竣工验收申请。（农业农村厅，省发展改革委、财政厅负责）

（七）统一上图入库。综合运用遥感监控等技术，加快建立高标准农田管理大数据平台,以土地利用现状图为底图,全面承接高标准农田建设历史数据,统一标准规范、统一数据要求,把各级高标准农田建设项目立项、实施、验收、使用等各阶段相关信息上图入库,建成全省高标准农田建设"一张图"和监管系统,实现有据可查、全程监控、精准管理、资源共享。加快完成高标准农田上图入库工作,有关部门要及时做好相关数据共享和对接移交等工作。(农业农村厅,省发展改革委、财政厅、自然资源厅、水利厅负责)

三、强化资金投入和机制创新

(八)加强财政投入保障。建立健全高标准农田建设投入稳定增长机制。各地要优化财政支出结构,根据高标准农田建设任务、标准和成本变化,合理保障财政资金投入。对中央农田建设项目,落实中央投入标准要求,遵循共同事权原则,省级财政承担地方财政投入的主要支出责任。市、县要统筹整合相关涉农项目资金,分区域、分类型科学确定高标准农田建设补助标准,确保各级财政补助资金每亩总投入不低于3000元。加大土地出让收入对高标准农田建设的支持力度。(财政厅,省发展改革委、农业农村厅负责)

(九)创新投融资模式。发挥政府投入引导和撬动作用,采取投资补助、以奖代补、财政贴息等多种方式支持高标准农田建设。综合运用各类激励政策,有序引导金融和社会资本投入高标准农田建设,鼓励农民和农村集体经济组织自主筹资投劳。在严格规范政府债务管理的同时,鼓励开发性、政策性金融机构结合职能定位和业务范围支持高标准农田建设,引导商业金融机构加大信贷投放力度。完善政银担合作机制,加强与信贷担保等政策衔接。鼓励地方政府在债务限额内发行债券支持符合条件的高标准农田建设。有条件的地方在债券发行完成前,对预算已安排债券资金的项目可先行调度库款开展建设,债券发行后及时归垫。加强国际合作与交流,争取利用国外贷款开展高标准农田建设。(财政厅,人行成都分行、四川银保监局、农业农村厅、省地方金融监管局负责)

(十)完善新增耕地指标调剂收益使用机制。制定四川省新增耕地核定办法。加快推进高标准农田建设新增耕地核定工作,新增耕地指标经核定后,及时纳入补充耕地指标库,在满足本区域耕地占补平衡需求的情况下,可用于跨省域耕地占补平衡调剂。加强新增耕地指标省域内调剂统筹和收益调节分配,优先用于高标准农田建设再投入和债券偿还、贴息等,不断拓展高标准农田建设资金投入渠道。土地指标跨省域调剂收益要按规定用于增加高标准农田建设投入。(自然资源厅,财政厅、农业农村厅负责)

(十一)强化试点与技术支撑。在基础条件好、建设潜力大、工作积极性高的地区,开展高标准农田建设整县示范,探索通路、通水、通网(物联网等)和平整土地"三通一平"模式。强化工程建设与农机农艺技术集成应用,鼓励丘陵山区开展高标准农田宜机化改造模式创新。开展绿色高标准农田建设示范,推动耕地质量保护提升、生态涵养、农业面源污染防治和田园生态改善有机融合,提升农田生态功能。选取一批土壤酸化、退化和工程性缺水等区域,因地制宜开展高标准农田建设试验示范。围绕高标准农田建设关键技术问题,开展科学研究,通过科技攻关与引进推广相结合,推动科技创新与成果转化。(农业农村厅,省发展改革委、生态环境厅、科技厅负责)

(十二)健全工程管护机制。建立健全高标准农田管护机制,明确管护主体,落实管护责任,推进项目建设、管理一体化。建立高标准农田建设项目多元化管护经费合理保障机制,县级财政应根据实际需要合理安排落实管护经费。按照"谁使用、谁受益、谁管护"的原则,探索社会化和专业化相结合的管护模式,鼓励有条件的地方通过政府购买服务方式,调动受益主体管护积极性,确保建成的工程设施正常运行。将工程建后管护落实情况纳入年度高标准农田建设评价范围。(农业农村厅,省发展改革委、财政厅、自然资源厅、水利厅负责)

(十三)健全农田保护机制。对建成的高标准农田,要划为永久基本农田,实行特殊保护,防止"非农化",任何单位和个人不得损毁、擅自占用或改变用途。严格耕地占用审批,经依法批准占用高标准农田的,要及时补充,确保高标准农田数量不减少、质量不降低。对水毁等自然损毁的高标准农田,要纳入年度建设任务,及时进行修复或补充。探索合理耕作制度,实行用地养地相结合,加强后续培肥,防止地力下降。严禁破坏农田生态环境的活动,防止农田污染。(自然资源厅,农业农村厅、省发展改革委、财政厅、生态环境厅、水利厅负责)

四、保障措施

(十四)加强组织领导。高标准农田建设实行省负总责、市县抓落实、群众参与的工作机制。各级人民政府是高标准农田建设的实施主体和责任主体,要强化各级政府一把手负总责、分管领导直接负责的责任制,统筹抓好规划实施、任务落实、资金保障、监督评价和运营管护等工作。各级农业农村部门要全面履行好农田建设集中统一管理职责,发展改革、财政、自然资源、水利、人民银行、银保监等相关部门按照职责分工,密切配合,切实做好规划指导、资金投入、新增耕地核定、水资源利用和管理、金融支持等工作,协同推进高标准农田建设。(农业农村厅,省发展改革委、财政厅、自然资源厅、水利厅、人行成都分行、四川银保监局、省地方金融监管局负责)

(十五)健全奖惩机制。按照粮食安全省长责任制考核要求,完善高标准农田建设评价制度,制定四川省高标准农田建设评价激励实施办法。强化考评结果运用,对完成任务好的地方给予通报表扬和倾斜支持,对未完成任务的进行通报约谈和处罚,并将考评结果作为下一年度高标准农田建设任务分配的重要依据。加强对高标准农田建设资金全过程绩效管理,做好绩效运行监控和评价,对发现的问题及时督促整改,对履职不力、监管不严、失职渎职的,依法依规追究有关人员责任。(农业农村厅,省发展改革委、财政厅、省粮食和储备局负责)

(十六)加强基础支撑和风险防控。加强农田建设管理和技术服务体系队伍建设,重点配齐配强县、乡两级农田建设技术力量,打造一支懂建设、会管理、精技术的农田建设队伍。加强农田建设行业管理服务,加大培训力度,提升农田建设管理能力与技术服务水平。加强廉政建设,坚守底线思维,强化风险防控,严肃廉政纪律和财经纪律,树立良好工作作风,确保项目安全、资金安全、队伍安全。(农业农村厅,省发展改革委、财政厅负责)

四川省人民政府办公厅

2020年7月27日

四川省人民政府办公厅 关于印发四川省农村集体聚餐食品安全管理办法的通知

川办发〔2020〕54号

各市(州)人民政府,省政府各部门、各直属机构:

《四川省农村集体聚餐食品安全管理办法》已经省政府同意,现印发给你们,请认真贯彻执行。

四川省人民政府办公厅

2020年8月30日

四川省农村集体聚餐食品安全管理办法

第一章　总则

第一条　为保证农村集体聚餐食品安全,有效预防和控制食品安全事故,保障人民群众身体健康和生命安全,根据《中华人民共和国食品安全法》《中华人民共和国传染病防治法》《中华人民共和国村民委员会组织法》《四川省食品小作坊、小经营店及摊贩管理条例》等法律法规和相关规定,结合四川省实际,制定本办法。

第二条　在四川省行政区域内,举办或承办每餐次聚餐人数100人以上(含100人,下同)的农村集体聚餐活动及其监督管理,适用本办法。

第三条　本办法所称农村集体聚餐,是指农村家庭、其他组织或团体,在餐饮服务经营场所以外举办的各种群体性聚餐活动。农村集体聚餐餐饮服务分以下三种形式:

(一)举办者自己加工制作;

(二)应举办者要求由承办者上门加工制作(包括只提供加工服务和提供"加工服务+食品"等形式);

(三)举办者向承办者下订单,承办者采取远程制作加工与现场加工相结合等形式提供服务。

第四条　农村集体聚餐承办者("坝坝宴一条龙"、"家宴服务队"、农村流动厨师等),应当按照《四川省食品小作坊、小经营店及摊贩管理条例》规定,取得食品摊贩登记。

第五条　农村集体聚餐食品安全管理坚持食品安全第一、"谁举办(承办)谁负责"、政府督促指导、风险群防群控的原则。

第六条　县级人民政府统一负责、组织、协调本行政区域内的农村集体聚餐食品安全管理工作,建立健全相关工作机制,完善、落实食品安全责任制,强化农村集体聚餐食品安全突发事件应急处置工作,保障农村集体聚餐食品安全管理所需经费。加强对制止餐饮浪费行为的宣传教育,切实培养节约习惯,营造浪费可耻、节约为荣的氛围,坚决制止农村集体聚餐浪费行为。

第七条　乡(镇)人民政府(街道办事处)负责建立农村集体聚餐信息收集、报告工作机制;组织开展食品安全知识宣传培训和农村集体聚餐现场食品安全技术指导,负责对农村集体聚餐专业加工服务者进行登记,及时报告和协助处置农村集体聚餐食品安全事故。

村(居)民委员会协助乡(镇)人民政府(街道办事处)对农村集体聚餐活动进行管理。

第八条　县级食品安全监管部门负责对乡(镇)人民政府(街道办事处)农村集体聚餐食品安全管理工作进行培训和指导,负责组织对专业加工服务者的食品安全知识培训,指导制定规范本行政区域专业加工服务者的统一的食品安全管理制度。

县级卫生健康部门负责开展农村集体聚餐突发公共卫生事件流行病学调查、事故现场卫生处理和传染病防治知识的宣传、培训,会同食品安全监管等部门加强对农村集体聚餐食品安全风险的监测分析。

第九条　举办者、承办者是农村集体聚餐食品安全第一责任人,对其举办或者承办的农村集体聚餐食品安全负责,各自承担农村集体聚餐食品安全事故的相关法律责任。

举办者、承办者应当自觉履行农村集体聚餐报告义务,主动接受和采纳食品安全技术指导意见,采取有效措施保证农村集体聚餐的食品安全。

第十条　鼓励成立农村流动厨师协会组织,加强行业管理,提供技术服务,开展食品安全法律法规宣传培训,引导和督促农村流动厨师依法、诚信开展农村集体聚餐活动。

第十一条　鼓励投保食品安全责任保险,发挥保险的他律和风险分担作用。

鼓励运用信息化手段开展农村集体聚餐报告管理、专业加工服务者登记管理和食品安全知识培训。

第二章　专业加工服务者管理

第十二条　农村集体聚餐专业加工服务者应确定食品安全管理人员;其从业人员应取得健康证明,经食品安全知识培训合格。

第十三条　对农村集体聚餐专业加工服务者实行登记管理制度。乡(镇)人民政府(街道办事处)对从事农村集体聚餐的专业加工服务者进行登记。鼓励推行电子登记。

第十四条　农村集体聚餐专业加工服务者登记时,应当提交专业加工服务者的身份证明(复印件)、住所、联系方式、从业人员名单以及健康体检合格证明、食品安全培训情况等材料(纸质或电子形式),乡(镇)人民政府(街道办事处)依法予以登记,发放食品摊贩登记卡(纸质或电子形式),并将符合规定要求的专业加工服务者名单在辖区内予以公布。

第十五条　乡(镇)人民政府(街道办事处)应对专业加工服务者承办农村集体聚餐的食品安全情况进行跟踪监督,鼓励实施风险等级管理,定期向社会公示。

农村集体聚餐专业加工服务者违反《四川省食品小作坊、小经营店及摊贩管理条例》食品摊贩相关管理规定的,按照其规定依法处理。

第三章　报告管理

第十六条　对每餐次就餐人数100人以上的农村集体聚餐实行

报告管理制度。农村集体聚餐举办者或承办者应当在集体聚餐举办前2日(丧事家宴及时报告,下同),以纸质或电子形式报告并填写《农村集体聚餐报告表》,载明就餐时间、累计餐次、累计就餐人数、场地条件、主要菜品以及是否聘请专业加工服务者、所聘专业加工服务者健康证明、食品安全培训等信息。

第十七条 乡(镇)人民政府(街道办事处)接到举办农村集体聚餐的报告时,向举办者、承办者发放《农村集体聚餐食品安全告知书》,签订《农村集体聚餐食品安全承诺书》。

第十八条 农村集体聚餐按规模大小实行分级指导,具体办法由各市(州)人民政府结合实际制定。

指导人员开展农村集体聚餐现场检查,应如实填写《四川省农村集体聚餐现场检查指导记录表》,存档备查。

第四章 举办要求

第十九条 举办农村集体聚餐活动应当遵守相关食品安全法律法规,并符合以下要求:

(一)集体聚餐加工场所和食品贮存应远离禽畜圈舍、开放式厕所、垃圾堆、沼气池以及其他污染源,并事先进行环境清理,采取措施消除老鼠、蟑螂、苍蝇等病媒生物及其孳生条件。食品及原料存放、粗加工、餐饮具和工用具清洗消毒、烹调加工、备餐要合理分区。

(二)集体聚餐加工服务人员应身体健康,个人卫生习惯良好;患有痢疾、伤寒、甲型病毒性肝炎、戊型病毒性肝炎等消化道传染病的,患有活动性肺结核、化脓性或者渗出性皮肤病等有碍食品安全疾病的,近期有腹泻、发热、皮肤伤口或感染、咽部炎症等有碍食品安全症状的人员,不得进行餐饮食品加工制作。专业加工服务人员应持有健康合格证明、食品安全培训证明;举办者或承办者负责对临时加工服务人员进行岗前健康检查。

(三)配备足够数量的加工、贮存、清洗、消毒、保温、冷藏、冷冻等设施设备,加工过程所使用的工具容器应符合食品安全标准,做到生熟分开,避免交叉污染。

(四)加工用水应符合《生活饮用水卫生标准》,不得直接使用河水或田间水。洗手及蔬菜、肉类、水产品冲洗等宜使用流动水。

(五)农村集体聚餐举办者、承办者应加强农药、鼠药、醇基燃料等有毒有害物质的管理,不得在食品加工场所及就餐场所放置有毒有害物质;加工好的食物应妥善保存,严防投毒等不安全因素,并做到防鼠、防蝇、防尘。

(六)在饮用水水源保护区内进行集体聚餐的,应当遵守国家饮用水水源保护相关规定;对产生的餐厨废弃物应当在餐后及时清除,依法分类处理。

第二十条 专业加工服务者承接农村集体聚餐加工服务应当遵循下列要求:

(一)向举办者出示登记证明以及从业人员健康证明;

(二)与举办者签订《农村集体聚餐食品安全责任协议》,明确双方权利和义务;

(三)承接每餐次就餐人数100人以上的农村集体聚餐时,在举办前2日向乡(镇)人民政府(街道办事处)报告;

(四)按照食品安全的相关要求,协助举办者选择集体聚餐加工场所、采购符合要求的食品原辅材料;

(五)在餐饮食品制作加工过程中,严格遵守《餐饮服务食品安全操作规范》,加强对易引发食品安全事故的重点品种和关键环节的管理;

(六)督促、配合集体聚餐举办者按要求做好食品留样,供餐的每种食品应在冷藏条件下存放48小时以上,留样食品应按品种分别盛放在清洗消毒后的容器内,每个品种的留样量应能满足检验检测需要,且不少于125克,并记录留样食品名称、留样量、留样时间、留样人员等,留样食品不得进行再加热;

(七)遵守食品安全法律法规和本办法的相关规定。

第二十一条 专业加工服务者在承办农村集体聚餐中不得有下列行为:

(一)承接未向当地乡(镇)人民政府(街道办事处)报告的每餐次就餐人数100人以上的农村集体聚餐;

(二)在不符合本办法规定的场所加工制作农村集体聚餐;

(三)利用不合格食品原辅材料加工制作食品;

(四)使用亚硝酸盐、非食用物质和滥用食品添加剂;

(五)使用野生菌、发青发芽土豆、新鲜生黄花、四季豆等高风险食品原材料;

(六)提供无合法来源的散装白酒;

(七)食品安全法律法规规定的其他禁止性行为。

第二十二条 辖区有传染病疫情暴发、流行的,县级以上人民政府应当按照《中华人民共和国传染病防治法》规定,根据传染病疫情控制的需要,采取限制或者暂停举办农村集体聚餐等紧急措施,并向群众做好解释说明。

第二十三条 倡导婚丧嫁娶等红白喜事从简用餐,举办者按实际需要采购食品,承办者在食品加工制作过程中做到物尽其用,避免浪费食材。

第五章 应急处置

第二十四条 县级以上人民政府应当将农村集体聚餐应急处置工作纳入本级食品安全事故应急预案,落实相关制度和措施。

第二十五条 农村集体聚餐就餐人员如出现恶心、呕吐、腹痛、腹泻等症状的,举办者或专业加工服务者应立即予以处置,防止事故扩大;同时组织人员迅速将患者送往就近医院就诊,立即报告负责指导农村集体聚餐食品安全的工作人员和村(居)委会,保护现场,积极配合有关部门调查处理。

第二十六条 乡(镇)人民政府(街道办事处)接到疑似食品安全事故或食源性传染病报告,应按照预案要求,采取有效措施,妥善处置,并及时报告县级食品安全监管部门和卫生健康部门。

第二十七条 县级以上人民政府食品安全监管部门接到农村集体聚餐食品安全事故的报告后,应当立即会同同级卫生健康部门组织救治,积极开展事故调查,并采取有效措施,防止或减轻社会危害。涉及其他相关部门的,有关部门应予以配合。

第二十八条 农村集体聚餐发生食品安全事故,县级以上疾病预防控制机构应当对事故现场进行卫生处理,并对与事故有关的因素开展流行病学调查，有关部门应当予以协助。

第六章　附则

第二十九条　餐饮服务经营者、单位食堂等上门提供农村集体聚餐加工服务活动的，城区自办集体聚餐专业加工服务机构在城区上门提供家庭集体聚餐加工服务活动的，均参照本办法管理。

第三十条　各市（州）人民政府可根据本地实际情况，制定农村集体聚餐食品安全管理办法实施细则。

第三十一条　本办法自2020年10月1日起施行，有效期5年。

四川省人民政府办公厅
关于印发四川省深化农村公路管理养护体制改革实施方案的通知

川办发〔2020〕70号

各市（州）、县（市、区）人民政府，省政府有关部门、有关直属机构，有关单位：

经省政府同意，现将《四川省深化农村公路管理养护体制改革实施方案》印发给你们，请认真组织实施。

四川省人民政府办公厅

2020年11月24日

四川省深化农村公路管理养护体制改革
实施方案

为深入贯彻落实《国务院办公厅关于深化农村公路管理养护体制改革的意见》（国办发〔2019〕45号）精神，加快建立农村公路管理养护长效机制，结合我省实际，制定本方案。

一、指导思想

以习近平新时代中国特色社会主义思想为指导，深入贯彻党的十九大精神，认真落实习近平总书记关于"四好农村路"和对四川工作系列重要指示精神，按照党中央国务院决策部署，践行以人民为中心的发展思想，紧紧围绕打赢脱贫攻坚战、实施乡村振兴战略，坚持政府主导、强化保障、创新管理、转型发展，深化农村公路管理养护体制改革，加快构建与经济社会发展相适应、符合农村特点的农村公路管理养护体系，推动"四好农村路"高质量发展。

二、工作目标

到2022年，基本建立权责清晰、保障有力、齐抓共管的农村公路管理养护体制机制。农村公路治理体系初步形成，路长制全面推行，县乡村三级管理养护体系健全，养护专业化、规范化、机械化、信息化建设效果明显，通行条件和路域环境基本改善，抗灾能力显著提升，列养率达到100%，年均养护工程比例不低于5%，中等及以上农村公路占比不低于75%。

到2035年，全面建成体系完备、运转高效的农村公路管理养护体制机制，城乡交通运输公共服务均等化基本实现。农村公路治理体系全面完善，治理能力全面提高，全面实现"品质高、网络畅、服务优、路域美"的目标。

三、完善农村公路管理养护体制

（一）加强省级统筹和政策引导。省人民政府将农村公路管理养护工作情况纳入对市级人民政府绩效管理。交通运输厅加强对农村公路管理养护工作的指导和监管，制定发展政策，健全技术标准体系，会同财政厅制定以路况评定、资金使用和投入、组织和管养能力建设等为主要内容的年度绩效考核办法，加强结果应用，将绩效考核结果与交通投资计划、项目安排和"四好农村路"示范创建挂钩。财政厅会同交通运输厅加强资金使用监管，拓宽养护资金筹集渠道，逐步建立补助资金增长机制。省发展改革委、公安厅、自然资源厅、生态环境厅、住房城乡建设厅、农业农村厅、审计厅、省扶贫开发局等部门按照各自职能职责，做好相应工作。省级公路管理机构负责监督指导全省农村公路管理养护工作。

（二）加强市级政策支持和监督指导。市级人民政府要发挥好承上启下作用，以市（州）为单位整体推进区域内各县（市、区）体制改革相关工作，制定完善市级农村公路管理养护资金补助政策，指导督促县级人民政府履行主体责任，将农村公路管理养护工作纳入对县级人民政府绩效管理。市级交通运输主管部门应落实具体机构和人员负责指导辖区内农村公路管理养护工作。

（三）严格落实县级人民政府主体责任。县级人民政府要按照县乡村分级管理原则，明确县级相关部门、乡级人民政府、村民委员会的农村公路管理养护权力和责任清单；将养护资金、管理机构运行经费和人员支出纳入一般公共财政预算，加大履职能力建设和管理养护投入力度；推行由县、乡两级人民政府和村民委员会主要负责人担任路长的县、乡、村三级路长制；建立健全县、乡、村三级管理养护体系，形成"精干高效、专兼结合、以专为主"的管理养护运行机制；结合"美丽四川·宜居乡村"建设，加强路域环境整治。组织实施"金通工程"，提升农村公路客货运输服务水平。县级公路管理机构作为辖区内县道、乡道公路管理养护工作的组织和实施主体，要依法履行农村公路路政管理职责，采取切实可行措施保护农村公路路产路权。

（四）充分发挥乡村两级作用。乡级人民政府要落实专职工作人员负责农村公路管理养护工作，完善乡级交通管理站农村公路管理养护职能职责，指导村民委员会做好村道管理养护工作。乡级交通管理站是辖区内村道管理养护工作的实施主体，通过制定乡（村）规民约等方式，加强农村公路管理，协助县级公路管理机构保护农村公路路产路权。村民委员会负责实施村道的日常养护工作，要统筹用好村级公共设施运行维护基金等资金，按照"村民自愿、民主决策、量力而行"的原则，采取"一事一议"等方式组织实施村道管理养护工作。

（五）积极发动农民群众参与。县级人民政府要督促指导乡级人民政府、村民委员会将爱路护路纳入乡（村）规民约。鼓励农村集体经济组织和社会力量自主筹资筹劳参与农村公路管理养护工作；将农村公路管理养护纳入公益性岗位，优先聘用贫困家庭或个人；推广将日常养护与应急抢通捆绑实施并交由农民承包。推行养护公示制度，组织实施满意度调查，充分保障农民群众的参与权、知情权和监督权。

四、强化农村公路管理养护资金保障

（六）全面落实成品油税费改革资金。继续执行省人民政府对农村公路养护工程的补助政策，全省成品油税费改革新增收入替代原公路养路费部分（以下简称替代养路费部分）用于农村公路养护工程的资金比例不得低于15%。2022年起，替代养路费部分不再列支管理机构运行经费和人员等其他支出。

（七）加大各级财政资金支持力度。农村公路管理养护所需资金原则上由县级人民政府通过自有财力安排，市级人民政府应给予一定的资金支持。市、县两级人民政府要确保所承担的支出责任落实到位，将相关税收返还和转移支付用于农村公路管理养护。从2021年起，省、市、县三级公共财政资金用于农村公路日常养护的总额不得低于以下标准：县道10000元/年·公里、乡道5000元/年·公里、村道3000元/年·公里、桥梁隧道100元/年·延米；其中，省级财政承担30%，市级财政根据财力情况确定分担比例，原则上按20%承担，剩余部分由县级财政承担。省级财政承担部分按年度绩效考核、各县（市、区）财政收入情况、养护成本和农村公路里程分区分级统筹安排。省、市、县三级公共财政投入应建立与养护成本等因素相关联的动态调整机制，原则上每五年调整一次。具体分配办法由财政厅和交通运输厅另行制定。

（八）严格资金使用监管。各级财政和交通运输主管部门要加强农村公路管理养护资金的监管，确保规范使用。资金使用情况按有关规定及时公开，接受群众和社会监督。严禁农村公路建设采用施工方带资的“建设—移交(BT)”模式，严禁地方以“建养一体化”名义新增隐性债务。村务监督委员会要将村道养护资金使用情况纳入监督范围。各级审计部门要加强对资金使用情况的审计监督，从2022年起，严禁在替代养路费部分列支管理机构运行经费和人员等其他支出。

（九）积极探索投融资新路径。各级人民政府要充分发挥政府投资的引导作用，采取资金补助、以奖代补、先养后补等多种方式支持农村公路管理养护。将管理养护纳入地方政府一般债券支持范围。鼓励将农村公路建设和一定时期的养护进行捆绑招标，将农村公路与产业、园区、乡村旅游和运输等经营性项目实行一体化开发，运营收益按一定比例用于农村公路养护；鼓励村道公路折资入股参与农村集体经济组织经营，将分红资金用于管理养护，形成良性反哺机制。省、市两级财政部门要加强统筹，协调商业保险部门，探索建立灾毁保险制度，形成稳定灾毁资金保障。鼓励保险资金通过购买地方政府一般债券方式合法合规参与农村公路发展。

五、建立农村公路管理养护长效机制

（十）全面推行“路长制”。县级人民政府要全面推行路长制，完善“总路长+县、乡、村道路长”组织模式，建立总路长办公会议、公路巡查和绩效管理等三项制度，用好县、乡、村三级路政管理和养护管理两支队伍，确保管理养护责任有效落实。

（十一）完善养护生产组织模式。具备市场化条件的地区，养护服务可通过政府购买服务方式交由养护企业承担。其他地区要建立完善专业化养护队伍，统筹干线公路养护与农村公路养护捆绑实施；坚持“专群结合”的养护模式，乡道、村道公路日常养护可通过分段承包、定额包干等方式，吸收沿线群众参与。结合电商物流客运发展需求，完善养护站点功能。

（十二）推进养护市场化改革。将人民群众满意度和受益程度、养护质量和资金使用效率作为衡量标准，分类有序推进养护市场化改革，积极稳妥引导符合市场属性的公路事业单位转制为现代企业，支持养护企业在全省范围内参与竞争。农村公路养护合同周期原则不低于三年。鼓励通过招投标约定等方式与履约情况良好的企业续签长期养护合同，引导专业养护企业加大投入，提高养护规范化、机械化水平。

（十三）完善养护市场信用管理。交通运输厅要建立以养护质量为核心的信用评价机制，县级人民政府要加强养护市场监管。实施守信联合激励和失信联合惩戒，将信用记录按照国家有关规定纳入全国信用信息共享平台，依法向社会公开。

（十四）全面加强安全管理。县级人民政府要按照“三同时”原则，完善安全设施。按照国家和省有关规定，组织公安、交通运输、应急等部门参加农村公路竣（交）工验收。已建成但未配套安全设施的应及时完善，加强农村公路安全隐患整治，把安全设施的修复纳入农村公路养护工程。

（十五）切实加强路政管理。健全路政管理机构，加强县有路政员、乡有监管员、村有护路员的路政管理体系规范化建设；强化路产路权保护，探索村道公路通过民事赔偿保护路产路权。

（十六）加快推进农村交通信息化建设。市、县两级人民政府要加强信息资源整合，推动交通与“雪亮工程”、气象、水利、自然资源等信息资源共享。各级交通运输主管部门要充分应用数字化、物联网、大数据等信息化技术，推动农村公路管理数字化、智能化。

（十七）开展“幸福美丽乡村路”创建工作。各级交通运输主管部门要树立经济实用、绿色环保、融合发展理念，坚持“实、安、绿、美”发展方向，完善停车区等公共设施，鼓励绿道与农村公路融合发展，提升发展品质。

六、组织保障

市、县两级人民政府要加强组织领导，制定具体方案并组织实施，强化政策宣传，营造良好社会氛围。围绕路长制、创新养护生产模式、信息化管理等主题积极开展试点工作，利用好省“四好农村路”培训基地、乡村振兴学院和农民夜校等加强人才队伍培养。交通运输厅要会同相关部门加强跟踪、督查和指导，并及时总结推广应用好经验好做法。

本方案自印发之日起施行。《四川省人民政府办公厅关于农村公路管理养护体制改革的实施意见》（川办发〔2006〕42号）同时废止。我省相关农村公路管理养护体制改革规定与本方案不一致的，以本方案为准。

四川省人民政府办公厅关于印发四川省城镇生活污水和城乡生活垃圾处理设施建设三年推进总体方案（2021—2023年）的通知

川办发〔2020〕86号

各市（州）人民政府，省政府各部门、各直属机构，有关单位：

《四川省城镇生活污水和城乡生活垃圾处理设施建设三年推进总体方案(2021—2023年)》已经省政府同意，现印发给你们，请认真贯彻执行。

四川省人民政府办公厅

2020年12月29日

四川省城镇生活污水和城乡生活垃圾处理设施建设三年推进总体方案(2021—2023年)

为认真贯彻落实党中央、国务院关于生态文明建设的总体部署和省委、省政府关于生态环境保护、建设高品质生活宜居地的工作要求，按照国家发展改革委、住房城乡建设部等部门联合印发的《城镇生活污水处理设施补短板强弱项实施方案》和《城镇生活垃圾分类和处理设施补短板强弱项实施方案》要求，加快城镇生活污水和城乡生活垃圾处理设施建设补短板强弱项，经省政府同意，制定本方案。

一、总体要求

坚持以习近平新时代中国特色社会主义思想为指导，深入贯彻习近平生态文明思想以及党的十九大和十九届二中、三中、四中、五中全会精神，落实省委十一届六次、七次、八次全会精神，牢固树立新发展理念，坚决打好污染防治攻坚战，按照推进长江经济带、黄河流域生态环境保护和成渝地区双城经济圈建设要求，加快解决城镇生活污水和城乡生活垃圾处理设施建设、收集处理能力、监督管理水平不平衡不充分等问题，健全环境基础设施，改善城乡人居环境，提升治理能力现代化水平，满足人民日益增长的优美生态环境需要。

二、工作目标

（一）全面提高城镇生活污水收集、处理能力。加大生活污水收集管网配套建设和改造力度，促进生活污水资源化利用，推进污泥无害化资源化处理处置。到2023年底，县级及以上城市设施能力基本满足生活污水处理需求，所有建制镇具备污水处理能力；城市市政雨污管网混错接改造更新及建制镇污水支线管网建设取得显著成效，生活污水收集效能明显提升，力争地级以上城市生活污水处理厂进水生化需氧量(BOD)浓度平均达105毫克每升、县级城市平均达90毫克每升；城市污泥无害化处置率和资源化利用率进一步提高，力争地级以上城市污泥无害化处置率达92%、县级城市达85%；缺水地区和水环境敏感区域污水资源化利用水平明显提升。

（二）健全完善城乡生活垃圾分类投放、分类收集、分类转运、分类处理系统。加快生活垃圾焚烧处理厂、厨余垃圾处理设施和分类收转运体系建设，推动信息技术与垃圾处理设施建设运营深度融合。到2023年底，力争全省生活垃圾焚烧处理能力占比达60%以上，地级以上城市具备厨余垃圾集中处理能力；生活垃圾分类试点示范城市和7个区域中心城市基本建成分类处理系统；县城生活垃圾无害化处理率保持95%以上，乡镇及行政村生活垃圾收转运处置体系基本实现全覆盖；生活垃圾处理设施信息化监管水平明显提升。

三、加快推进城镇生活污水处理设施补短板强弱项

（三）科学编制生活污水设施建设规划。坚持污染治理与资源利用、工程措施与生态措施、集中与分散相结合，编制城镇生活污水处理设施建设“十四五”规划。结合乡镇行政区划调整改革，优化城镇生活污水设施布局，合理确定处理规模。加快推进市政生活污水收集处理设施向城乡结合部、近郊地区延伸辐射，积极推广低成本、低能耗、易维护、易监管的污水处理工艺。

（四）着力补齐生活污水处理能力短板。目前不具备污水集中处理能力的城镇要尽快建成生活污水收集处理设施。应建未建生活污水处理设施、现有处理能力不足、水体污染严重、环境容量较低以及水环境敏感的地区要加快提升污水处理能力，已建成未投运的生活污水处理设施应尽快实现达标投运。

（五）全力推进城镇生活污水处理提质增效。深入开展市政排水管网排查检测，健全市政排水管网定期排查检测制度，建立完善市政排水管网地理信息系统。结合城区人口规模、排水防涝设施建设规划等相关要求，科学确定排水管网建设规模，加大城中村、老旧城区、城乡结合部等城市“空白区”生活污水管网建设力度。有序实施城镇排水老旧破损管网改造修复，加强支线管网和出户管的连接建设。因地制宜开展合流制排水系统雨污分流改造，加快实施进水生化需氧量(BOD)浓度低于100毫克每升的城市生活污水厂服务片区管网系统化整治。持续巩固城市黑臭水体治理成效。

（六）加快实施生活污水处理设施改造。实施城镇生活污水处理厂改建工程，合理通过改造溢流口、增加人工湿地、增设调蓄设施等技术措施进行污水处理低成本改造，重点推进岷江、沱江重点流域城镇生活污水处理厂提标升级。岷江、沱江流域处理规模大于1000吨/日的城镇生活污水处理厂出水水质严格执行《四川省岷江、沱江流域水污染物排放标准》(DB51/2311—2016)。其他地区结合生活污水排放量和受纳水体环境容量等实际情况，合理确定排放标准。

（七）加快提升污泥无害化处理处置能力。按照“集散结合、适当集中”原则，统筹规划建设污泥无害化处理处置设施，加快改造现有未达标污泥处理处置设施。积极推广污泥垃圾协同处置，促进污泥资源化利用，逐步降低填埋处置所占比重。建制镇污水处理设施产生的污泥原则上应纳入城市集中无害化处置范围。加大非正规污泥堆放点和污泥处理处置单位的排查和整治力度，坚决查处污泥非法转移、堆放、倾倒、处置等违法行为。

（八）加强生活污水再生利用设施建设。坚持“就近处理、就地循环”原则，因地制宜确定再生水用途、规模和布局，加快推进再生水利用设施建设，鼓励城市杂用、工业生产、景观用水、河道补水等方面优先使用再生水。

（九）加快建立城镇生活污水处理监管体系。严格按照《四川省污水处理设施信息化监管平台建设导则》要求，加快推进全省污水处理设施运行监管网络建设，重点推进省、市（州）信息化监管平台建设，积极推动省、市（州）、县（市、区）各级监管平台互联互通。

（十）建立健全生活污水处理设施专业运维。积极推行生活污水处理厂、管网与河湖水体联动的"厂—网—河（湖）"一体专业化运行维护机制，优先实行"厂—网"一体化运行。建制镇生活污水处理设施应按照"以城带镇"的方式，纳入城镇一体化运营管理，提高专业化水平。建立健全废（污）水接入管理制度，严禁处理不达标的废（污）水进入市政管网。加强设施建设和运营过程中的安全监督管理。

四、扎实推进城乡生活垃圾分类和处理设施补短板强弱项

（十一）统筹规划生活垃圾分类处理及资源化利用设施。坚持"区域统筹、共建共享、城乡一体"原则，按照《四川省城乡生活垃圾处理设施建设专项规划编制导则（试行）》，全面摸清生活垃圾产生的种类、数量及区域分布情况，科学编制城乡生活垃圾处理设施建设"十四五"规划。大力推进农村生活垃圾就地分类减量和资源化利用，因地制宜选择农村生活垃圾治理模式。统筹规划布局建筑垃圾消纳场和资源化利用项目。

（十二）加强生活垃圾无害化处理设施建设和改造。严格按照生活垃圾焚烧发电厂规划选址要求，做好选址工作。全面推进焚烧处理能力建设，生活垃圾日清运量超过300吨的地区，加快发展以焚烧为主的垃圾处理方式，到2023年基本实现原生生活垃圾"零填埋"；生活垃圾日清运量不足300吨的地区，探索小型生活垃圾焚烧设施建设试点。稳妥推进生活垃圾填埋场建设，具备焚烧处理能力的地区，原则上不再新建原生生活垃圾填埋场，现有生活垃圾填埋场主要作为应急保障。积极推进既有焚烧处理设施和填埋场提标改造。同步加快飞灰、渗滤液、残渣处置设施和可回收物分拣、大件垃圾处理设施建设。

（十三）加快厨余垃圾处理及资源化利用设施建设。充分运用"集中规模化+分布小型化"建设模式，加快补齐厨余垃圾处理设施短板。健全完善厨余垃圾收运系统，结合厨余垃圾产生量及其分布情况，合理配置厨余垃圾收集容器和收运车辆。引导集贸市场、超市、食堂、餐饮服务单位以及有条件的居住区安装符合标准的厨余垃圾处理装置，就地处理餐厨垃圾。综合利用厨余垃圾开展生物处置和生产工业油脂、生物柴油、土壤调理剂、沼气等，提高资源化利用水平。

（十四）完善生活垃圾分类收运体系。按照"适度超前、循序渐进"原则，以"全过程分类"为目标，加快建立生活垃圾分类收运网络，统筹推进收集点和中转（压缩）站新（改）建项目建设，配套完善分类收集、分类运输设施设备。探索直收直运模式，防止生活垃圾"先分后混"和运输环节"二次污染"。到2023年底，成都、德阳、广元的城市生活垃圾回收利用率力争达40%以上，其他城市生活垃圾回收利用率力争达30%以上。

（十五）持续推进存量垃圾治理。按照《生活垃圾卫生填埋场封场技术规范》（GB51220—2017），加快推进使用期满或不再使用的卫生填埋场封场工程。对运行不达标的填埋场，应尽快改造达标，并同步做好填埋垃圾的安全处置。有条件的地方，要充分利用焚烧处理等技术手段逐步消纳存量垃圾，积极运用污水处理设施，协同处置垃圾渗滤液。全面完成非正规垃圾堆放点整治任务，结合"农村清洁行动"，加强垃圾规范化收运处置，避免形成新的非正规垃圾堆放点。

（十六）加强生活垃圾处理设施运行监管平台建设。严格按照《四川省城乡垃圾处理信息系统技术导则（试行）》，以市（州）、县（市、区）为单位，加快建设省、市（州）、县（市、区）生态环境监测平台和生活垃圾收集处理信息化监管平台，推动实现互联互通，提高信息化监管水平。督促指导生活垃圾处理单位按照有关规定，安装使用监测设备，做好污染物的排放情况监测，并将污染排放数据及时公开。

五、保障措施

（十七）加强组织领导。省污染防治攻坚战领导小组下设推进城镇生活污水城乡生活垃圾处理设施建设专项工作小组（以下简称推进工作组），负责相关工作的组织协调、监督管理和指导考核等。推进工作组办公室设在住房城乡建设厅。

各市（州）人民政府是当地城镇生活污水和城乡生活垃圾处理设施建设三年推进方案的责任主体和实施主体，要加大要素保障力度，严防"半拉子工程"。健全完善工作推进机制，结合发展实际，科学编制本地实施方案，明确年度目标任务、制定工作措施、建立项目实施清单。各市（州）于2021年1月25日前将本地实施方案报送住房城乡建设厅，实行备案管理。对因规划调整、自然灾害、乡镇合并等原因导致建设项目不具备实施条件的，在确保目标任务不变的前提下，由市（州）人民政府组织评估论证后统筹调整，并及时报送住房城乡建设厅备案。

各级发展改革、财政、住房城乡建设、城市管理、自然资源、生态环境、水利、商务等部门要各司其职，做好城镇生活污水和城乡生活垃圾处理设施建设相关工作，加强协调配合，完善配套政策，确保工作顺利推进。

（十八）统筹政策支持。积极主动对接长江经济带、黄河流域生态环境保护和成渝地区双城经济圈建设等重大战略，将各地实施项目纳入省级重点项目库，争取国家重点支持。省级发展改革、生态环境、住房城乡建设等部门每年要在各自的专项资金预算中继续给予重点支持。自然资源部门要将污水垃圾处理设施建设用地列入城市黄线保护范围，在国土空间规划中加以落实。结合行政审批制度改革，开通设施建设项目绿色通道。

（十九）加强资金保障。各地要加大公共财政投入力度，统筹用好城镇老旧小区改造、市域交通建设、水环境治理、智慧城市建设、中心镇发展等各类资金，推进生活污水垃圾设施建设，提高资金使用效率。健全完善污水垃圾处理收费制度，强化运营经费保障。推广政府和社会资本合作（PPP）模式，引导社会资本积极参与建设运营。创新融资方式，推动绿色金融债券、政策性银行专项贷款等支持项目建设。鼓励金融机构在风险可控、商业可持续的前提下给予中长期信贷支持。支持通过发行企业债券、公司债券和资产证券化等方式募集资金，用于项目建设。积极争取基础设施领域不动产投资信托基金（REITs）试点，探索项目收益权、特许经营权等质押融资担保。

（二十）强化监督管理。各地要严格遵守地方政府债务管理、污染防治、市容环境卫生、生活垃圾分类等相关法律法规，坚决遏制隐性债务增量，加强对生活污水垃圾处理处置设施建设和运行的监督管理，切实减少对环境的污染。加大执法力度，严肃查处污水偷排、污泥乱倒、垃圾乱放、渗滤液直排、设施闲置等问题并依法追究相关责任。积极引入第三方专业机构，提高科学监管水平。持续开展生活垃圾处理设施无害化等级评定、城市排水企业运行评估考核工作。建立健全定期巡查、公共监督、进展通报、情况反馈、挂牌督办、考核问责等工作制度，对工作不作为、慢作为、乱作为的地方，按照相关规定严肃处理。

编 写 组

《四川农村年鉴》省级部门编写组

单位名称	编写组组长	成　　员
四川省高级人民法院	熊　焱	殷　恒　沙敢长
中共四川省委政法委员会	吕　翔	黄凌波
中共四川省委台湾工作办公室	刘　浩	林　萍　吴红松　陈志龙　许贤维　赵少飞
四川省经济和信息化厅	何开华	罗　广
四川省教育厅	谢志道	苏盐生　史燕莉
四川省公安厅	吴　坤	杨　林　杜　彪　肖力搏　罗　智
四川省民政厅	赵　坤	彭啸涛
四川省生态环境厅	王　波	彭　勇　蒲　彬　秦海鑫　王　忠　芮永峰　李德俊　康　宁
四川省交通运输厅	黄　丽	王　谦
四川省水利厅	何　骐	杜晓刚　范　庚　孔　烨　陶熙珂　万　爽　覃　娇　周　燕 侯力文　张　颖　吴　平　向虹宇　卢泽华　汪正阳　张彦成 胡京祚　王　玥　白绍斌　孔祥东　张　译　王小会 冯　江　杜晓刚
四川省审计厅	康东进	魏旭敏　陈良龙
四川省市场监督管理局	李　明	黄　莎
四川省体育局	练雪松	张　弦　徐庆愿　吕　怡　邹　魁　雷　磊
四川省乡村振兴局	唐　义	韩　峰　付方东　白　楠　龙　渊
四川省地方金融监督管理局	傅　瑜	张　弛　孙华邹
四川省林业和草原局	林荣岗	郑夔荣　黄泽亮
四川省广播电视局	云　鹏	王维强

续表

单位名称	编写组组长	成员
四川省农业科学院	张雄	雷晓葵 周评平 蒋馨 龚一耘 蒋俊 杨双羽 李洪浩
四川省中医药管理局	杨正春	尹莉 陈莹 谭莉业
四川省通信管理局	何力	郭欢
四川省气象局	陈忠明	上官昌贵 李纯仪 贾舒涵 姜淦 章尔震
国家统计局四川调查总队	陈山俊	刘梦龙 李洋
四川省水产局	何强	何川 郑华章 夏明明 王放 张华萍
四川省地方电力局(四川省河湖保护局)	刘锐	李亚昕 周辉 崔西岭 吴磊 游元奎 王萍 卢勇 宋道国
中国银保监会四川监管局	杨立旺	罗崇东 弓灿 程涛 王会雨 周雪 黄亚男
中国农业发展银行四川省分行	黄敏	李燃
四川省自然资源科学研究院	谭小琴	向丽

《四川农村年鉴》市（州）编写组

城市	编写组组长	成员
成都市	袁容	杨生成 钟新怡
自贡市	龙腾鑫	姜华 祁向东 陈思禄 古荣华 余泓
攀枝花市	李仁杰	陈计全 杨明勇 沙孟旭
泸州市	张文军	李仁军 周洪华 傅浩然 赵付平 牟光彬 杨国超 刘康 常敏 李支勇 谭德卫 江维兵 周仁树 陈明鑫 陈立春
德阳市	罗文全	江小军 王英 江涛 潘鹏 屈直 邱明 唐华 何升元 王永川 叶科 兰勇 李麒麟 甘志 黄剑 肖静 王宁 杨方清 张全科 刘勇 张笠 何道钰 李嵘 罗万举 江山 周录学 张铭 张志强 代天磊 罗刚承
绵阳市	郑志恒	贾友忠 张廷伟 曾德军 熊帮照 周杨
广元市	杨浩	朱国勇 何开莉 蒲玉明
遂宁市	雷刚	徐建军 刘罡霏
内江市	徐炼英	蒋学飞 黎兆武 付海霞
乐山市	先平	叶道理 甘麟 李琪 张志 张羽 陈瑞国 张智辉 吴涛 吴梦婕
南充市	古正举	李洪君 何鹏 魏毅 姚连武
宜宾市	方存好	周文宇 李华
广安市	尹黎明	刘健 朱小龙 龚显军
达州市	严卫东	张杰

续表

城　　市	编写组组长	成　　员
巴中市	王　毅	程　秋　王　伟　冯金光　杨志强　苟斌才
雅安市	王双全	蒲丹会　曹晓玲
眉山市	肖忠良	严明宇　罗　敏　吴洪波　王建祥　胡　波　徐智勇　吴　翔 许　政　宋麒麟　邹成双　王　枫　冷　军　程志春　瞿泽林 王　绪　蔡卫东　段　超　杨德勇　朱科良　周泽轩　王　果 杨传华　刘伟巍　万红缨　钟利东　乐　军
资阳市	林显奎	张团结　管昌平　唐致朋　李析芮
阿坝藏族羌族自治州	严扎甲	张书俊　陈　君
甘孜藏族自治州	冯发贵	袁　纲　王　虎　王朝鸣　杨尚志
凉山彝族自治州	马小合	马联双　曾　斌　崔亚波　刘　犁　周　斌　王　建　胡定显 母　鑫　王开军　王天成　赵　超　刘　健

《四川农村年鉴》县（市、区）编写组

城　　市	单位名称	编写组组长	成　　员
成都市	锦江区	陈细辉	曾付刚　陈义田　徐　慧
	青羊区	蒋蔚炜	王志刚　杜忠云　李　浩　徐宝清　吴传方
	金牛区	阳　璐	黄　俊
	武侯区	孙　奇	徐敬国　伍三雄
	成华区	韩际舒	周海云
	龙泉驿区	曾勇达	张　毅
	青白江区	邱方林	张传金　彭予咸　汤仕芬
	新都区	马兴华	陈　莉　兰　波　刘世荣　张　平　肖前友　肖祥友　沈　锐　王俊波
	温江区	陈　岚	刘晓蓉　王通文
	双流区	苏　巍	薛　燕　沈登水　骆　程　曾　琦　龙　伟　张　君　黄　琦　余昌洪 兰小明　赵友源　武文胜
	郫都区	张怀东	肖　坤　唐奥颖　唐　棋　魏麟权
	新津区	陈志斌	徐　萍　李　璐　唐　钦
	都江堰市	唐　彬	刘　云　王明静　王雨沐　罗　强　蒲尚林　付岷霞　杨　戈　刘存婷 骆志家　刘　军　陈　彬　舒海玉
	彭州市	郑　川	李世斌　董秀凤
	邛崃市	高旭东	唐世杰
	崇州市	欧　昭	尹念红　刘学鹏　郑文学　罗加勇　杨　忠　李　毅　黄春江　黄　建 徐　宏　张舜阳　王东红　杨成伦
	简阳市	罗　巍	张健涛　黄　丽
	金堂县	陈小毅	刘雅荔
	大邑县	粟　彬	杨　斌　杨　颖　何晓惠
	蒲江县	冉启良	彭　东　张　敏　李　杰　左旭东　佘琼英　彭培炼　姚雄辉　张仕平 李　锦　佘水洋　杜济锦　王海燕　邓　娟

续表1

城　市	单位名称	编写组组长	成　员
自贡市	自流井区	邓　航	梁长远　杨红英　易　佳　罗　燕　宋司元
	贡井区	刘　勇	母　丹　冉雪飞　刘寒聪　董晓军　刘　利　陈　琳　廖　俊　郑　伟
	大安区	周　怡	李茂彬　刘冬梅　潘　军　刘华贵　黄　鲲　代一波　王贵勇　董　顺　陈永刚　袁思遥
	沿滩区	覃建波	党富龙　陈　勇　黄小龙　甘以清　张成兴
	荣　县	伍祁君	刘林海　张里慧　李小珍　刘　强　朱　建
	富顺县	曾　旭	段　彬　周　昌　廖远林　刘　波
攀枝花市	东　区	张　波	苏　波　杜　荣　张婷婷　胡　蓉
	西　区	胡昱冰	蒋莉娟　王　彬　胡彦杰　何春霞
	仁和区	罗雪明	唐光辉　张　桦　赵春贵
	米易县	李维华	雷正州　胡凌翔
	盐边县	李晓康	贺积强　李承峻
泸州市	江阳区	夏国禄	罗　杰　李春芳　韩明波　张富均　黄娅婷　张　俊　陈　亮　白连群　李亚男
	龙马潭区	杨　帆	袁富强　郭小英　汪　倩　彭华权　王顺南　艾玉洁　皇泸锋
	纳溪区	谭荣兵	袁维荣　邹　冰　王　霞　雍　涛　胡天璧　徐廷超　张明荣　王晓兰　郑永贵　李模成　彭取敏　杨铁森　刘跃先
	泸　县	肖　刚	郑晓波　曾雨宁　秦　操　邱清海　彭长江　文良洪　张庭胜　王泽敏　王孝芳　聂华明　徐必丹
	合江县	王　波	张　毅　梁启书　程焕超　冯　图　明佛辉　袁良海　赵光勇　黄亚南　李　斌　姚录平　王世福　匡红兰　廖永生　匡　蓉　陈　勇　赵经纬　梁　暇　胡方钢　李　波　罗偲夏
	叙永县	童正乾	潘　峰　蒋　胜　严　萍　郑廷聪
	古蔺县	谢　刚	李　旭　汤渊仲　蒲　良　周怀平　祁联飞　刘礼伦　罗　令　王崇东　何　秋　徐　静
德阳市	旌阳区	陈　然	李凌霄　董品婧　付　坚　杨昌平　何木刚　唐克斌　陈晓林　米文峰　王永钦　邱海文　石　强　胡朝全
	罗江区	杨　益	唐华明　胡　荣　彭　娟　周世坤　李　竞
	广汉市	梁筱萍	唐晓玮　郭邦富　周　捷　邓　洪　黄　庆　刘勇杰　贺　杨　范中建　张　路　赵忠涛　王　军　罗进银　左弟晶
	什邡市	陈　林	王云海　衡海兵　王　娟
	绵竹市	古广华	吉　刚　冷　静　李　强
	中江县	高　芳	王行之　许世顺　黄纯太　石忠兴　谢　颖
绵阳市	涪城区	张虚怀	林　勇　牟满涛
	游仙区	陈华斌	刘　辉　吴先强　吴　波　刘晓东　张礼兴　王丽峰　李　进　陈绍亮　钟加兵　叶　飞　张代利　胥洪林　王　斌　唐莉萍　李　慧　崔婷婷　刘绍彪
	安州区	蒋　波	张志勇　黄　俊　许伦勇　陈小明　李　欢　高　强　杨言富　潘　昕　张淦钦　陈　欢　周　鹏　文胜乙　陈鑫蕊　刘　念　王鹏越　吴芊沄
	江油市	薛长灏	李克勇　张泽民　程　锦　田春燕
	梓潼县	刘　强	黄　建　邓志军　胡　鹏　张怀勇　王　杉　张志敏
	平武县	黄　骏	郑茂君　李　强
	北川羌族自治县	瞿永安	李光辉　唐　丽　陈仁毅
	三台县	李昊天	敬　勇　汪　楠　廖芙香
	盐亭县	何长鹰	祝润明　衡洪志　赵红军　何　顺　彭光益

续表2

城　市	单位名称	编写组组长	成　员
广元市	利州区	郭祖炎	李兴鸿　张　磊　李依芮
	昭化区	陈正永	龙兆学　王　静　王　建　王　壮　王　振
	朝天区	蔡邦银	伏玉琼　张开翅　甘兴礼　苏科年　杨金军　张久全　马天星　贾长城　王发全　杨清明　周　密　郭友凤
	旺苍县	余飞宇	李　放　李　斌
	剑阁县	张世忠	范为民　张晓军　王清平　郑东方
	青川县	罗　云	刘自强　李彦江　牟淬华　张文斌　罗建中　陈文雨　刘会方
	苍溪县	杨祖斌	安宗明　张　祥　范毅邦
遂宁市	船山区	谯　强	聂　华　姜　木　刘　勇　唐　欣　陈洪敏　向福连　柴　菁
	安居区	谭久宏	唐文林　高　娟
	射洪市	王　能	王家伦　邹文才　曾发文
	蓬溪县	刘定华	谢才国　曾　维
	大英县	王　涛	何时雨　刘文志
内江市	市中区	杨　云	粟学书　魏新征
	东兴区	李　伟	罗　波　罗　洁
	隆昌市	王小波	钟　辉　苏　虎　黄汇婷
	资中县	唐　荣	杨　靖　罗文超
	威远县	许　凤	夏年方　黄雨谭　闵　洁
乐山市	市中区	赵　明	齐天军
	五通桥区	陶吉春	赵向锋
	沙湾区	王旭东	唐治江
	金口河区	周威洋	郭建刚
	峨眉山市	谢建平	简玉林
	犍为县	王　勇	张　林
	井研县	廖雷井	程　宇
	夹江县	杨加如	薛怀军
	沐川县	姜　华	杨进东
	峨边彝族自治县	叶道理	张蓉芳
	马边彝族自治县	黄　师	苏晓明
南充市	顺庆区	杜　彬	何　杰　付德勇　杨　波　范　虎　邓丽红
	高坪区	陈多平	兰吉春　杜素太　王　栋
	嘉陵区	史　燚	张青松　苏长龙　陶　刚　严　军
	阆中市	唐　硕	杨劲松　邓　健　杨君文
	南部县	黄　波	尹成平　袁彬峰　李　阳　梁德华
	西充县	张光全	邓　强　朱佳宇　李　红　刘　欢
	仪陇县	罗明远	敬　健　冯　娟　阳先锋　蹇建生　杨　光
	营山县	郭宗海	唐弘平　张北平
	蓬安县	崔竹君	唐方春　苟　毫　王　勇　费尚全

续表3

城　　市	单位名称	编写组组长	成　　员
宜宾市	翠屏区	张　林	何　健　熊　超
	南溪区	陈元华	李　彪
	叙州区	瞿　进	阳　兵
	江安县	何益伟	程　勇
	长宁县	徐创军	王志刚　李　政
	高　县	张锡恒	龚　平
	筠连县	谢晓丹	刘　伟
	珙　县	刘　毅	杨　勇
	兴文县	周明军	廖　斌
	屏山县	赵　丹	罗泽超
广安市	广安区	罗　钧	雍文超　王　历　陈全胜　刘春燕　程海奎　谢冰寒　马裕冬　李敏华
	前锋区	鲁崇兵	胡一卷　邹春林　吴德军　吴嘉明
	华蓥市	熊巧利	向　果　肖庆生　代　辉
	岳池县	龙军华	陈高林　赵　毅　范昭东　罗小萍　陈富威
	武胜县	张安民	段秋林　杨　姣
	邻水县	张春燕	赵宏剑　蒋明勇
达州市	通川区	覃永利	袁　安
	达川区	唐令彬	黎昌瓒
	万源市	朱　挺	万明鲜
	宣汉县	陈　军	许　超
	大竹县	郝玲玲	李锡全　周　庆　杨　华
	渠　县	王　飞	李　根
	开江县	李文章	陆世斌
巴中市	巴州区	周永红	刘映德　周　荣　陈　彬　陈廷玺
	恩阳区	何开国	侯　兵　屈富民　杨青松　谢支宁　扬　程
	南江县	赵燕飞	马　明　石　甫　廖安宁　张　江　张耀中
	通江县	熊纯俊	杨　文　王青松　屈天海　文显成
	平昌县	万学成	胥英豪　李治国　姜朝晖　邓仕军　龚显伦　秦长斌　方　彬　张　娜
雅安市	雨城区	高福强	陈建伟　廖　鹏　周雅军　冯林海
	名山区	黄勇刚	李良勇　马忠强　王龙奇　黄　茹　蒋培基　周　昌　包启繁　李　静　姚乂莎
	天全县	余　力	郑胡勇　高志祥
	芦山县	周建华	杨　俊　尹　清
	宝兴县	冯俊涛	罗显泽　杨现康　张　忠　彭　伟
	荥经县	李　蓉	古玉军　晋兆平　李　力
	汉源县	岑永杰	李树敏　刘　勇　郭朝宏　石　丝
	石棉县	罗　刚	张瑜锋　韩世康　宋　朝

续表4

城　市	单位名称	编写组组长	成　员
眉山市	东坡区	朱科良	何　波　豆成杰　彭　刚　王萌梅　杜　江
	彭山区	张潇丹	罗　杰　潘茂利
	仁寿县	李晓艳	张玉龙
	洪雅县	周代军	白海涛　陈天容　黄旭东　余能武　冉　峰　刘　洪　冯学东　潘　峰　张　英　王庆国　廖建如　黎　勇　王　义　杜国勋　刘卫权　刘体良　刘　洪　朱　波　夏邦伟　董　伟　胡国华　沈孝清　林　椿　谢　天　何永刚　陈　剑　贾　明　徐品三　侯　霞
	丹棱县	刘伟巍	叶晓梅　李利均　胡　曦　罗碧霞　商加梁　李光兰　殷　花　徐　毅　蒋　林　饶正大　戴轶琴　曹　华　金红玉　刘　兵　朱成刚　穆小山　张新雨
	青神县	万红缨	饶　舜　魏玲慧　胡文龙　杨攀峰
资阳市	雁江区	欧阳建	陈　勇　刘羽洁
	安岳县	邹其烈	吴芷竞
	乐至县	罗　宇	陈建军　赵　燕　邓　巧　陈吉军　李　萍　欧家建　罗　斌　刘　宽
阿坝藏族羌族自治州	马尔康市	杨成才	吴　均　朱学军　常玉春　李联明　张智励
	汶川县	岳洪春	刘　艳　唐琼芳　吴　丽　唐金福
	理　县	岳云刚	冯丽娟
	茂　县	周　耀	钟　宇　周　斌　苏泽松　谭　平　周顺友　全学军　曾雪梅　任国华　刘光华　汪建康　雍　茂　张成定　唐莉萍　苏泽民　万力基　赵子强　胡华宇
	松潘县	张立志	蔡大勇　曹林志　马良玺
	九寨沟县	龚学文	尤志强　廖红成　高浩双
	金川县	卢永波	谭　旭　贺萏松　张红军　赵明垚
	小金县	黄　敏	黄仁炎　吴品俊　马兴武　张　伟　王崇安　黄　河　蒋劲松　袁兴露　牛显文　杨　成
	黑水县	汪明胥	董平居　任青云　何　军　王维东　方　毅　梁栎彬
	壤塘县	王志蓉	刘　玲　李　伟
	阿坝县	杨　斌	温朝平　王昌建　范文辉　马顺兴　赵　林　吴　麟　孙玉波　蒋祖建
	若尔盖县	孙玉波	蒋祖建
	红原县	蒋明平	袁友兴　贡波华清　蒲　娟　唐月华　冯忠武　冯　澜　鲍　莉　邓仕强
甘孜藏族自治州	康定市	王　强	尹天林　杨国勇　胡德强
	泸定县	宋晓军	王　蕾　且　军　王永桥　王　云
	丹巴县	何文才	李　樱　叶悠霞
	九龙县	张　军	李建琴
	雅江县	郑显峰	钟　色　李洪俊
	道孚县	扎　多	根确单孜
	炉霍县	邓建光	王应蓉　杜　梅　黄　琳

续表5

城　市	单位名称	编写组组长	成　员
甘孜藏族自治州	甘孜县	其　太	何　鉴　郑富明　余兰英
	新龙县	丁　康	黄如一　银　虹　杨　梅
	德格县	方一舟	土　格　毕代刚　游　科
	白玉县	刘　堰	阿央邓珠　马春林　任志刚　张　杰　李忠文
	石渠县	王朝伟	廖华远
	色达县	降初夏姆	泽仁措　班马德吉　殷志勇
	理塘县	郑显峰	夏进孟　马新平　向　阳　俄　扎　王小明　达　瓦　周　冰　郭长生　胡文太　张根强　铁　民　廖　忠　雷红生　翁　登　格　绒　王建军　钮海江　孙建平
	巴塘县	张家志	洛绒拉珍　张　莉　余成建
	乡城县	杨　林	尼玛西日　陈文铭　谢红军　拥　初
	稻城县	格绒追美	袁　斌　李华竹
	得荣县	廖大洪	沈忠科　曾明友　斯郎拉错　阿　车　阿　姆
凉山彝族自治州	西昌市	刘腾云	万安民　杨　梅　唐　贤　詹祖雄　欧宇超
	木里藏族自治县	孟　宇	普　祖　海祖里　李　俊　张武科
	盐源县	罗科霖	冯明国　张申康　辜　红
	德昌县	龙里体	罗　伟　刘家林
	会理县	杨昌菊	赫德洪　李冬霞　李燕秋　康露曦
	会东县	张正维	徐　彬
	宁南县	周　平	张正权　江农华　邹　英
	普格县	俄木瓦来	期沙子虫　陈庆华
	布拖县	向国华	姚仲华
	金阳县	周　勇	俄木拉吉
	昭觉县	徐棕骏	瓦布阿嘎
	喜德县	赵生亮	孙　凡
	冕宁县	赵支勇	孔庆林　黄蜀粤
	越西县	向　兴	周咏春
	甘洛县	蒋　雪	杨秋璇
	美姑县	孙学元	洁　松　廖加伟　阿比阿曲　阿苦鲁清　普　云
	雷波县	马格胚	谷凉勇　胡　俊　李　灵　黄坐剑　胡帮平　马　丽　陈　奎　罗泽文　张　英　汪远伶　熊　彪　龙忠翔　沈小英　侯永在　刘茂丘　雷　雨

索 引

说 明

一、本索引按内容主题性质分类，以关键词首字按英文字母排序排列，页码后的a、b、c分别表示页面的左右栏。

二、本索引收录词条字体、字号设定和疏密安排均以方便读者查阅检索为要，欢迎读者提出宝贵意见。

A

阿坝藏族羌族自治州……303
阿坝县……309b
安居区……213c
安岳县……297a
安州区……201c

B

巴塘县……324b
巴中市……268
巴州区……269a
白玉县……319c
宝兴县……274b
北川羌族自治县……205a
编写组……462
表彰……405
布拖县……343a

C

苍溪县……211b
草原资源保护管理……031c
长宁县……242c
朝天区……208c
成都市……088
成华区……100a
崇州市……123c
船山区……213a
翠屏区……241a

D

达川区……262c
达州市……261
大安区……133b
大气污染防治……074a
大事记……013
大熊猫国家公园……071c
大邑县……128a
大英县……216a
大竹县……264a
丹巴县……314c
丹棱县……287b
道孚县……317b
稻城县……325b

得荣县 …… 325c
德昌县 …… 330b
德格县 …… 319a
德阳市 …… 168
调查与研究 …… 359
东坡区 …… 277b
东区 …… 142a
东兴区 …… 220c
都江堰市 …… 114c

E

峨边彝族自治县 …… 233c
峨眉山市 …… 231c
恩阳区 …… 269b

F

防汛抗旱 …… 048a
扶贫攻坚 …… 086
扶贫开发 …… 084
涪城区 …… 197a
附录 …… 404
富顺县 …… 140b

G

甘洛县 …… 351c
甘孜藏族自治州 …… 312
甘孜县 …… 318b
高坪区 …… 236a
高县 …… 243a
公共服务体系建设 …… 061
珙县 …… 243c
贡井区 …… 133a
古蔺县 …… 167b
管理与监督 …… 080
广安区 …… 252a
广安市 …… 245
广汉市 …… 182b
广元市 …… 206
国有林场林区 …… 037

H

汉源县 …… 275b
合江县 …… 161c
河（湖）长制工作 …… 052b
河（湖、库）管理 …… 051c
黑水县 …… 308b
红原县 …… 311c
洪雅县 …… 283b
华蓥市 …… 254a
环境保护 …… 074
荒漠化防治 …… 073b
会东县 …… 335a
会理县 …… 331a

J

集中式饮用水水源地保护 …… 076b
嘉陵区 …… 236b
夹江县 …… 232c
简阳市 …… 124b
剑阁县 …… 210a
江安县 …… 242a
江阳区 …… 151b
江油市 …… 203b
交通建设与管理 …… 054
金川县 …… 307b
金口河区 …… 231a
金牛区 …… 099a
金融体制改革 …… 080a
金堂县 …… 126b
金阳县 …… 344b
锦江区 …… 096a
旌阳区 …… 174c
井研县 …… 232b
九龙县 …… 315a
九寨沟县 …… 306c
筠连县 …… 243b

K

开江县 …… 267b

康定市 …… 313a

L

阆中市 …… 237a
乐山市 …… 223
乐至县 …… 299a
雷波县 …… 353c
理塘县 …… 322c
理县 …… 305b
利州区 …… 207b
凉山彝族自治州 …… 326
邻水县 …… 260b
林草产业 …… 030b
林草旅游 …… 033c
林业和草原 …… 028
流域治理 …… 051b
龙马潭区 …… 153c
龙泉驿区 …… 100c
隆昌市 …… 221b
芦山县 …… 274a
炉霍县 …… 318a
泸定县 …… 313c
泸县 …… 159c
泸州市 …… 148
罗江区 …… 178c

M

马边彝族自治县 …… 234a
马尔康市 …… 304b
茂县 …… 305c
眉山市 …… 276
美姑县 …… 352b
米易县 …… 147b
绵阳市 …… 196
绵竹市 …… 189a
冕宁县 …… 350a
民族地区教育 …… 062b
名山区 …… 272c
木里藏族自治县 …… 328b
沐川县 …… 233a

N

纳溪区 …… 156b
南部县 …… 237c
南充市 …… 234
南江县 …… 270a
南溪区 …… 241b
内江市 …… 216
宁南县 …… 337b
农产品标准化体系建设 …… 083a
农产品精深加工业 …… 040b
农产品市场安全监管 …… 043
农村财政、金融与市场监管 …… 078
农村财政与金融 …… 078
农村公路建设 …… 055a
农村黑臭水体治理 …… 077b
农村环境综合整治 …… 077c
农村基层治理 …… 067
农村基础教育 …… 061c
农村基础设施建设与管理 …… 046
农村交通运输 …… 056b
农村教育事业 …… 061
农村金融 …… 078a
农村居民家庭生活 …… 064
农村居民社会保障 …… 066
农村科技 …… 041
农村社会治安综合治理 …… 068
农村生活污水治理 …… 076c
农村生态环境 …… 069
农村体育 …… 063
农村通信建设 …… 057a
农村信息化建设 …… 057
农村邮政事业 …… 058
农村邮政综合服务体系建设 …… 059b
农村职业教育及成人教育 …… 062a
农田水利建设 …… 042
农业对台合作与交流 …… 044
农业发展概况 …… 026
农业机械化 …… 038a
农业气象服务 …… 060

农业装备发展 …… 038

P

攀枝花市 …… 141
彭山区 …… 278b
彭州市 …… 118c
蓬安县 …… 239b
蓬溪县 …… 215a
郫都区 …… 109b
平昌县 …… 271b
平武县 …… 204b
屏山县 …… 245b
蒲江县 …… 130b
普格县 …… 339c

Q

气候状况 …… 023
前锋区 …… 253c
犍为县 …… 232a
青白江区 …… 101b
青川县 …… 210b
青神县 …… 290a
青羊区 …… 097a
邛崃市 …… 121c
渠县 …… 267a

R

壤塘县 …… 308c
人口情况 …… 025
仁和区 …… 144a
仁寿县 …… 282b
荣县 …… 139c
若尔盖县 …… 310a

S

三台县 …… 205b
色达县 …… 321c
森林和草原病虫害防治 …… 033a
森林和草原防灭火 …… 032c
森林资源保护管理 …… 031a
沙湾区 …… 230c
射洪市 …… 214c
涉农保险 …… 080a
涉农工商管理 …… 080a
涉农广播电视工作 …… 063
涉农审计 …… 082a
什邡市 …… 185c
生态建设 …… 069
生态旅游 …… 074a
生态县建设 …… 073b
湿地资源保护管理 …… 071a
石棉县 …… 276b
石渠县 …… 320b
市（州）、县（市、区）农村工作概况 …… 088
市中区 …… 217b，230a
双流区 …… 107c
水产业 …… 035
水利工程建设与管理 …… 047b
水利建设 …… 046
水利科技 …… 050c
水土保持 …… 053c
水文工作 …… 049a
水污染防治 …… 075a
水资源管理 …… 046c
顺庆区 …… 235b
四川概况 …… 020
《四川农村年鉴》省级部门编写组 …… 462
《四川农村年鉴》市（州）编写组 …… 463
《四川农村年鉴》县（市、区）编写组 …… 464
四川农村信息网建设 …… 058b
松潘县 …… 306b
遂宁市 …… 212

T

特色经济林产业 …… 037
特色效益农业 …… 036
特载 …… 001
天全县 …… 273c
通川区 …… 262a
通江县 …… 270c

土壤污染防治 …… 075c

W

万源市 …… 263a
旺苍县 …… 209b
威远县 …… 222c
温江区 …… 105b
汶川县 …… 304b
五通桥区 …… 230b
武侯区 …… 099a
武胜县 …… 257c

X

西昌市 …… 327c
西充县 …… 238a
西区 …… 142c
喜德县 …… 347c
乡城县 …… 324c
小金县 …… 307c
新都区 …… 104c
新津区 …… 112a
新龙县 …… 318c
新任（变动）省级领导 …… 404
新型农村金融机构 …… 079b
新型农业经营主体培育 …… 040
兴文县 …… 244a
畜牧业 …… 034
叙永县 …… 166a
行政区划及变更 …… 024
叙州区 …… 241c
宣汉县 …… 263b

Y

雅安市 …… 271
雅江县 …… 316c
沿滩区 …… 136c
盐边县 …… 148b
盐亭县 …… 206a
盐源县 …… 329c
雁江区 …… 293b
野生动植物保护 …… 032a
仪陇县 …… 238c
宜宾市 …… 240
移民工作 …… 087
饮水民生工程 …… 050c
荥经县 …… 274c
营山县 …… 239a
游仙区 …… 197b
雨城区 …… 272b
岳池县 …… 255a
越西县 …… 350b

Z

造林绿化 …… 070a
昭化区 …… 208a
昭觉县 …… 345a
政策法规选编 …… 453
中国农业发展银行四川省分行涉农工作 …… 078b
中江县 …… 191c
中药材产业 …… 036
种业发展 …… 037
种植业 …… 026
资阳市 …… 293
资中县 …… 222c
梓潼县 …… 204a
自贡市 …… 132
自流井区 …… 132b
自然保护地建设和管理 …… 070c
自然生态 …… 069b
自然资源 …… 020